Юлию Зыслину
Директору Музея русской
поэзии и музыки
С благодарностью
за сохранение русской культуры
в Америке.
Президент Конгресса Русских
Американцев   Георгий Ависов

Юлию Зислину с благодарностью за создание Музея Русской Поэзии и Аллеи поэтов и композиторов.

Людмила Фостер, др. фил.
Вашингтонский представитель
Конгресса Русских Американцев,
составитель "Библиографии
русской зарубежной литературы,
1918-1968 г."

КОНГРЕСС РУССКИХ АМЕРИКАНЦЕВ

Е. А. Александров

РУССКИЕ В СЕВЕРНОЙ АМЕРИКЕ

Биографический словарь

Хэмден (Коннектикут, США) — **Сан-Франциско (США)** — **Санкт-Петербург (Россия)**

2005

ББК А-46
  92

Е. А. Александров

Русские в Северной Америке: Биографический словарь / Под редакцией К. М. Александрова, А. В. Терещука. — Хэмден (Коннектикут, США) — Сан-Франциско (США) — Санкт-Петербург (Россия), 2005 — 599 с.

ISBN 5-8465-0388-8

Издание осуществлено при участии Энциклопедического отдела и сектора Русского Зарубежья Института филологических исследований Санкт-Петербургского государственного университета.

ISBN 5-8465-0388-8

© Конгресс Русских Американцев (Congress of Russian-Americans, Ins.), 2005
© Е. А. Александров, 2005

ОТ СОСТАВИТЕЛЯ

Биографический словарь «Русские в Северной Америке» содержит биографии и краткие биографические заметки о русских, которые жили в Северной Америке, внесли вклад, даже самый скромный, в ее освоение, в развитие ее науки, техники, духовной жизни, искусства, литературы и которые служили в рядах ее вооруженных сил, начиная с XVIII столетия, заканчивая эмигрантами, прибывшими в Америку после Второй мировой войны, и их потомками.

Прибывавшие в Америку в течение более двухсот лет русские землепроходцы, промышленники и люди, стремившиеся начать здесь новую благополучную жизнь, а также искавшие убежища от постигшего их родину ненастья, все эти люди трудились и отдавали свои силы, знания и таланты приютившим их США и Канаде.

Составитель этого труда ставит своей задачей не допустить забвения их имен и дел. Биографический словарь «Русские в Северной Америке» должен послужить памятником этим людям на будущие времена. Большевистская революция и ленинско-сталинский террор нанесли губительные потери русской интеллигенции, ученым, инженерам, артистам, писателям, духовенству, военным и простым труженикам, вынудив их стать беженцами. Это люди, которых Россия потеряла, потеряла их таланты и творчество.

Составление словаря основано на использовании и изучении архивных материалов Русской академической группы в США, Общества русских инженеров в США, Архива русского центра в Сан-Франциско, Архива Конгресса Русских Американцев, Коллекции института Гувера, Общества русских ветеранов в Сан-Франциско, Генеалогического общества «Новик», библиографических изысканий, юбилейных изданий православных приходов, Русского объединенного общества взаимопомощи (РООВА), Общества русских братств, русских скаутов и разведчиков, русских газет и журналов, кладбищенских записей, автобиографий и интервью.

Каждая биография в словаре сопровождается указанием источника или источников, на основании которых она составлена. Значительная часть биографий снабжена фотографиями.

БЛАГОДАРНОСТИ

Составитель приносит свою искреннюю благодарность всем соотечественникам, помогавшим в сборе биографических сведений о русских в Соединенных Штатах Америки и Канаде и в подготовке настоящего труда к печати.

Автор благодарит петербургских издателей за очень трудоёмкое редактирование словаря, требовавшее энциклопедических знаний.

Незаменимую помощь оказал Ростислав Владимирович Полчанинов, журналист, историк Русской Америки, скаутский и общественный деятель, биограф. Ростислав Владимирович предоставил для биографического словаря из своего архива более 200 биографий русских землепроходцев, общественных, политических, научных, духовных и скаутских деятелей, деятелей искусства и литературы, трудившихся и творивших в Америке. Его вклад в составление словаря включает историко-биографические исследования и многочисленные консультации.

Мстислав Игоревич Могилянский, русско-канадский журналист, писатель и радиокомментатор, почти единолично снабдил составителя сведениями о русских, сделавших вклад в технику, науку и искусство в Канаде. Эти сведения включали его личные архивные материалы, фотографии и письма с биографиями русских канадцев.

Особой благодарности заслуживает Александр Феодосьевич Артемьев за свою бескорыстную работу по подготовке для биографического словаря 1000 фотографий.

Художник Вероника Дмитриевна Гашурова ретушировала и срисовала около 200 фотографий.

Составлению словаря оказали содействие также лица, имена которых перечислены ниже в алфавитном порядке:

Ависов Георгий Борисович (КРА, Калифорния)
Александров Владимир Евгеньевич (Йельский университет, Коннектикут)
Александрова-Карпека Наталья Владимировна (Хэмден, Коннектикут)
Алякринская Мария Владимировна (КРА, Сан-Франциско, Калифорния)
Будзилович Петр Николаевич (КРА, Наяк, Нью-Йорк)
Головченко Георгий Петрович (Общество русских инженеров, Нью-Йорк)
Жернакова Надежда Алексеевна (Русская академическая группа, Нью-Йорк)
Забелин Вячеслав Николаевич (Общество русских ветеранов I-й Мировой Войны)

Лобанов-Ростовский Никита Дмитриевич, князь (искусствовед, Англия)
† Пантюхов Олег Олегович, полковник армии США (Общество ветеранов, Нью-Джерси)
Рагозин Сергей Борисович (КРА, Вашингтон)
Солдатов Юрий Михайлович (церковные архивы, Миннеаполис, Миннесота)
Тарала Юрий Андреевич (Русский архив, Сан-Франциско)
Чистяков Владимир Дмитриевич (наследие Г. Д. Гребенщикова, Чураевка, Коннектикут)
Чавчавадзе Ирина Георгиевна (Оттава, Канада)
†Щербатов Алексей Павлович, князь (Русское дворянское общество, Нью-Йорк)

Евгений Александров

ОТ РЕДАКТОРОВ

Издание настоящего биографического словаря осуществлено по инициативе и на средства Конгресса Русских Американцев (КРА) — общественной организации, созданной нашими соотечественниками-эмигрантами более тридцати лет назад для представительства и защиты интересов русской диаспоры в США. Автор словаря Евгений Александрович Александров — геолог, заслуженный профессор, известный общественно-политический деятель Русского Зарубежья, один из основателей КРА. На протяжении многих лет он подвижнически занимался собиранием сведений о выходцах из России, волею судеб оказавшихся в Северной Америке и во многих случаях оставивших заметный след в её истории. Помимо очевидных академических целей Евгений Александрович преследовал и цель нравственного характера — увековечить в настоящем издании память о русских людях, почти не известных или вовсе забытых на родине. Уникальность концепции словаря состоит в том, что наряду с биографиями людей, имеющих всемирную известность, публикуются сведения о лицах, не прославивших свое имя, но достойно прошедших свой тернистый путь. Среди персонажей, представленных в настоящем издании, читатель обнаружит деятелей культуры и ученых, первопроходцев и военных, представителей духовенства, политических деятелей и промышленников... Не удивительно, что публикуемые статьи очень разнятся с точки зрения полноты биографических сведений.

Помимо справочных материалов, использованных автором (например, известное собрание некрологов В.Н. Чувакова «Незабытые могилы», материалы знаменитого журнала «Часовой» (Париж – Брюссель) и т. д.), для работы с первоначальной версией текста издателями дополнительно привлекался широкий круг источников и литературы, позволивший проверить, расширить, дополнить и уточнить многие биографические справки. Это энциклопедический биографический словарь «Русское Зарубежье» (М., 1997), энциклопедический словарь русской литературы с 1917 года В. Казака (Лондон, 1988), военный справочник В.В. Орехова и Евг. Тарусского «Армия и Флот» (Париж, 1931), энциклопедический биографический словарь К.А. Залесского «Первая мировая война. Правители и военачальники» (М., 2000), Мартиролог русской военно-морской эмиграции под ред. В.В. Лобыцына (М.; Феодосия, 2001), справочные труды и публикации московских историков С.В. Волкова и В.Г. Чичерюкина-Мейнгардта, нижегородского историка А.А. Корнилова, парижского историка Н.Н. Рутыча-Рутченко, известные дореволюционные издания — списки офицерским чинам, чинам Морского ведомства, полковникам и генералам по старшинству, издававшиеся в 1910–1916 гг., материалы русской зарубежной военно-исторической печати («Памятка Николаевского Кавалерийского Училища», журналы: «Вестник первопоходника» и «Первопоходник» (Лос-Анджелес), «Военная Быль» (Париж), «Наши вести» (Нью-Йорк – Милфорд – Монтерей – Санта-Роса), «Общеказачий журнал» (Нью-Джерси), издание отдела Общества Галлиполийцев в США «Перекличка» (Нью-Йорк), бюллетень СчРК «Корпусник» (Нью-Йорк), сборники материалов и документов о Русском Корпусе (1963 и 1999 гг. изд.) и т. д. В отдельных случаях использованы результаты исследований К.М. Александрова в архивах РФ и США.

В ходе подготовки авторского текста к изданию во многих случаях были уточнены и исправлены места рождения лиц, родившихся до 1917 года; эта информация была приведена в соответствие с административно-территориальным делением императорской России. Даты рождения людей, появившихся на свет до марта 1918 года, приводятся преимущественно по старому стилю, однако далеко не всегда нам удавалось установить, какой календарь использовался в личных документах (анкетах) или некрологах. Были исправлены очевидные фактографические неточности и опечатки, к примеру, приведены в соответствие с реалиями прошлого названия военно-учебных заведений дореволюционной России, РСФСР и СССР. Что же касается гражданских вузов, то, к сожалению, остались и неснятые вопросы. Так, в словаре фигурирует загадочный Институт журналистики в Ленинграде.

Словарь готовился к изданию более полутора лет. С особым тщанием была проверена работа по уточнению некоторых реалий русской военной истории. Были перепроверены, уточнены и в необходимых случаях исправлены названия и нумерация воинских частей (преимущественно полков); указание на конкретный полк в большинстве случаев дополнено упоминанием дивизии, в состав которой он входил. Нумерация взводов, рот, батальонов, полков, дивизий и армий даётся арабскими цифрами, корпусов — римскими, как это принято в военной историографии. В биографических справках о чинах Русского Корпуса указаны чины только по русской службе, по желанию составителя чины немецкого производства не указывались. При ознакомлении с биографиями чинов Русского Корпуса следует учитывать, что в период с 18 ноября 1941 по 30 ноября 1942 года Корпус официально назывался Русской Охранной Группой, в которой полки назывались отрядами, батальоны — дружинами, а роты — сотнями, что нашло своё отражение при указании командных должностей тех или иных офицеров. В биографических справках о военных чинах включались дополнительные сведения о производствах, должностных перемещениях, занимаемых командных должностях и т. д. Применительно к биографиям лиц, участвовавших во Власовском движении, следует участь, что власовская армия в 1944–1945 гг. называлась не РОА, а Вооруженными силами КОНР (ВС КОНР), именно это официальное название мы используем для обозначения власовских частей и подразделений в последние месяцы войны.

В словаре введена система сокращений и аббревиатур, проведена структуризация биографических материалов и библиографии. Курсивом выделены фамилии людей, чьи биографии вошли в настоящее издание. Качество воспроизводимого иллюстративного материала обусловлено характером переданных издателям оригиналов и копий. Издатели благодарны нашим петербургским коллегам — археографу и историку Вячеславу Михайловичу Лурье и специалисту по истории РОВС Игорю Борисовичу Иванову за любезно предоставленную возможность ознакомиться с редкими справочными и периодическими изданиями, которые были использованы в процессе подготовки к изданию этой книги. Мы также заранее благодарны тем читателям биографического словаря, которые пришлют на него свои отклики и, может быть, передадут нам материалы, позволяющие более полно осветить такую необозримо ёмкую тему, как «Русские в Северной Америке».

В случае, если словарь привлечет внимание потенциальных меценатов и жертвователей и состоится его второе издание все подготовленные издателями материалы непременно должны войти в книгу. Отклики на издание можно присылать на электронный адрес Александрова Кирилла Михайловича: aleksandrov_k@inbox.ru или на адрес КРА в США: Congress of Russian Americans, Ins. 2460 Sutter St., San-Francisco, CA 94115 USA

А

АБАЗА Алексей Борисович, (3 марта 1916 – 15 декабря 1994) — композитор. Учился в Харбине у проф. Л.С. Гурова. В 1944 стал победителем на IV Всеманьчжурском конкурсе рус. эмигр. поэтов, беллетристов, драматургов и композиторов в Харбине и был премирован за свою симфонич. поэму «Пробуждение».

Муз. изд-во А. Хьюкемайера опубликовало в Голландии его соч., включая «Среди картин художника Фалька», «Сонеты», «Китайские гравюры», «Лирич. вариации» на тему старинного романса А. Абаза «Утро туманное, утро седое...». В 1982–83 вел в Китае мастер-классы по фортепиано и композиции. Проживал в Сан-Франциско, где и скончался.

И с т. Архив КРА. *Рагозин С.* Письмо Е.А. Александрову от 16 марта 2002.
Л и т. Юбилей А.Б. Абазы // НРС. 1984. 21 дек.

АБДАНК-КОССОВСКИЙ Венедикт Александрович (1 февр. 1918 – 10 дек. 1994, Сиракузы) — общественный и полит. деятель, инж.-строитель. Отец **А.-К.** происходил из потомственных дворян Витебской губ., был офицером Императорской армии. Выйдя рано в отставку, жил несколько лет в Америке, где сотрудничал с *П.А.Дементьевым*. По возвращении в Россию женился, но вскоре умер, оставив годовалого сына и жену. В возрасте трех лет Венедикт с матерью выехал в 1921 в Литву, в Каунас. В Каунасе оконч. рус. гимназию.

С 18-летнего возраста принимал участие в рус. антикоммунистич. движении и стал членом Национального Союза Нового Поколения, известного позже как НТС. Много занимался самообразованием и был приглашен в рус. профессиональный театр *В.И. Бастунова*, в котором выступал с большим успехом. С приходом сов. армии в 1940 **А.-К.** грозил арест за антикоммунистич. деятельность. Нем. оккупация в 1941 опять создала угрозу расправы, на этот раз со стороны Гестапо, запрещавшего все рус. патриотич. орг-ции. Несмотря на это, продолжал подпольно полит. деятельность, включая акции по освобождению узников из нем. концентрационных лагерей. В 1943 ему удалось попасть в Белоруссию, где он занимался антифашистской и антикоммунистич. работой. В 1944 **А.-К.**, не желая вторично попасть под власть коммунистов, выехал в Германию.

В 1945 встал вопрос о помощи и спасении от насильственной репатриации сов. граждан. В этих акциях **А.-К.** принимал самое деятельное участие в англ. и амер. зонах оккупации. В беженском лагере женился на Светлане Николаевне Зориной и по оконч. геодезич. курсов переселился в Марокко, где жил в Касабланке. В Касабланке работал геодезистом и продолжал участвовать в рус. общественно-полит. и культурной жизни. В 1961 эмигрировал с женой и дочерью в США. Поселившись в Сиракузах в шт. Нью-Йорк, преподавал в военной школе рус. яз. Здесь включился в рус. жизнь, возглавлял Рус.-амер. просветительное об-во. Вступив в Конгресс рус. американцев (КРА), создал в 1976 на основе этого о-ва Сиракузский отдел КРА, председателем которого он стал. Неоднократно избирался в Главное правление КРА, в составе которого был одним из самых деятельных сотрудников. Выйдя на пенсию в 1979 по состоянию здоровья, целиком посвятил себя общественной жизни, осуществив ряд мероприятий во всеамер. масштабе. Ежегодно проводил вплоть до 1994 кампанию по ознаменованию 7 нояб. как Дня Скорби по всем мученикам, погибшим от рук коммунистов, и непримиримости к коммунизму. Эта инициатива подхватывалась всеми отделами КРА и получала положительные отклики и содействие при обнародовании прокламаций по этому поводу со стороны конгрессменов, сенаторов, губернаторов, Белого дома и мэров городов. **А.-К.** часто давал интервью и выступал по телевидению, радио и в амер. газ. о недопустимости смешения понятий «русский» и «советский», о нарушении прав человека в СССР и о русофобии во всех ее проявлениях. *Родственники*: вдова Светлана Николаевна; дочь и два внука.

Похоронен на кладбище Свято-Троицкого монастыря в Джорданвилле, в шт. Нью-Йорк.

Л и т. *Александров Е.А.* В.А. Абданк-Коссовский // РА. № 20. С. 198–200; *Его же.* В.А. Абданк-Коссовский // ПР. № 23. С. 14–15; Свежие могилы // НВ. 1995. № 439. С. 24.

АБРАМЕНКОВ Евгений Диомидович (2 февр. 1895 – 13 марта 1963) — войсковой старшина. Участник Белого движения на юге России. После 1920 — в эмиграции в Кор. СХС, затем в США.

Похоронен на кладбище при монастыре Ново-Дивеево возле Нанует в шт. Нью-Йорк.

И с т. Незабытые могилы / Сост. В.Н.Чуваков. Т. 1. С. 13.

АБРАМОВ Федор Федорович (23 декабря 1870 – 9 марта 1963) — Ген. штаба генерал-лейтенант. Род. в стан. Митякинской, на Дону. Оконч. Полтавский кад. корпус, Николаевское военное уч-ще и Николаевскую Академию Ген. штаба. Состоял на службе в Донской гв. батарее. Участник рус.-яп., Первой мировой и Гражданской войн на Юге России. В 1914 назначен нач-ком Тверского кав. уч-ща. Во время Гражданской войны командовал Сев. группой партизанских отрядов. В мае 1918 назначен нач-ком дивизии. Состоял инспектором Донской конницы. После эвакуации в Крым был командиром Донского корпуса.

В эмигр. занимал должность нач-ка IV отдела РОВС на территории Болгарии и Сербии. Во время Второй мировой войны поддержал Рус. освободительное движение. Член КОНР, подписал Пражский манифест. После оконч. войны переселился в США. Жил в Лейквуде, в шт. Нью-Джерси. Погиб из-за несчастного случая.

Похоронен на каз. участке Свято-Владимирского кладбища, возле Кэссвилла, в шт. Нью-Джерси.

И с т. Ген.-лейтенант Абрамов // Часовой (Париж). 1930. № 29. С. 4–5; Некролог // Часовой (Брюссель). 1963. № 444. С. 19.
Л и т. Каз. словарь-справочник. Т. 1. Кливленд, 1966. С. 1; *Окороков А.В.* Абрамов Федор Федорович // Материалы по истории РОД. Т. 1. М., 1997. С. 355–356.

АБРАМОВИЧ Рафаил Абрамович (1880 – 1963, Нью-Йорк) — журналист. Основатель и ред. журнала «Социалистич. вестник», член РСДРП. Издававшийся им журнал неизменно критиковал большевиков, оставаясь на марксистских позициях.
И с т. Абрамович Рафаил Абрамович // Незабытые могилы / Сост. В.Н. Чуваков. Т. 1. С. 14.

АБРИКОСОВ Дмитрий Иванович (? – 1951, США), автор книги «Признание русского дипломата». Книга вышла в 1964 на англ. яз. в переводе Джорджа Ленсена, в издании ун-та шт. Вашингтон в Сиэтле. Во время рус.-яп. войны 1904–05 **А.** был специальным атташе в рус. посольстве в Лондоне, в 1911–12 был вторым секретарем рус. дипломатич. миссии в Пекине. С 1916 — первый секретарь посольства в Токио вплоть до 1925 — до признания Японией СССР. В 1946 переехал в США.
И с т. АА. *Полчанинов Р.* Письмо Е.А. Александрову. 9 марта 2004.

АВАЛОВ Павел Михайлович — См. **БЕРМОНДТ-АВАЛОВ** Павел Рафаилович.

АВЕРИНО Ольга (1896 – 21 янв. 1989) — певица, лирич. сопрано, преподаватель пения. Приехала в США в 1918 и преподавала пение более 50 лет в колледже Уеллсли (Wellesley), школе «Longy» и в Новой муз. школе в Кембридже, в шт. Массачусетс. Была замужем за *Павлом Федоровским*, скрипачом Бостонского симфонич. оркестра. Выступала в многочисленных концертах и реситалах.
Л и т. Olga Averino, Soprano, 93 // The New York. 1989. January 21.

АВЕРКИЙ (в миру Александр Павлович **ТАУШЕВ**) (10 окт. 1906, Казань – 13 апр. 1976) — архиепископ РПЦЗ, богослов. Род. в семье военного юриста. В 1920 году семья Таушевых покинула Россию и нашла приют в Варне, в Болгарии, где молодой Таушев поступил в рус. гимназию, которую оконч. в 1926. С детских лет его привлекала мысль о принятии монашеского сана. Поступив на богословский ф-т Державного ун-та в Софии, оконч. его в 1930 и получил должность пом. секретаря Епархиального управления в городе Хусте, в Подкарпатской Руси, в Чехословакии. Здесь в 1931 принял монашеский постриг и был наречен **А**. На следующий день рукоположен во иеродиакона и через год — во иеромонаха. Служил приходским священником на Прикарпатской Руси.

В 1935 назначен ред. журнала «Православный карпаторусский вестник». Затем, в 1940, был вынужден переехать в Белград, где стал пом. митрополита *Анастасия*. Вновь став беженцем в 1945, переехал в Мюнхен, где состоял в теч. шести лет законоучителем в школе «Милосердный Самарянин» и «Гимназии бесподданных». После войны был хранителем чудотворной иконы Курской Божией Матери. В 1950 назначен Синодом на должность председателя Миссионерско-просветительного комитета. В 1951 прибыл в Америку. После переселения в США преподавал в Свято-Троицкой дух. семинарии в Джорданвилле, в шт. Нью-Йорк. В 1952 утвержден в должности ректора семинарии. В 1953 наречен во епископа Сиракузско-Троицкого. В 1960–76 — настоятель Свято-Троицкого монастыря в Джорданвилле, в шт. Нью-Йорк. В 1961 возведен в сан архиепископа. Автор «Собрания проповедей о современности во свете Слова Божия» в 2 томах. Был ред. «Православной Руси», составил толкование Апокалипсиса. В своих проповедях **А.** часто касался эсхатологии и характеризовал современность как апостасию.

Скончался в Свято-Троицком монастыре и там же погребен.

И с т. Аверкий (Таушев Александр Павлович) // Незабытые могилы / Сост. В.Н. Чуваков. Т. 1. С. 19.
Л и т. *Бобров Н.* Краткий историч. очерк строительства Свято-Троицкого монастыря. Джорданвилл, 1969; *Игнатий*, иеромонах. Жизненный путь Преосвященного Архиепископа Аверкия // ПР. 1976. № 9. С. 2–8; *Солдатов А.* Глашатай правды Божией // ПР. 1996. № 7. С. 7–10; *Нектарий, архимандрит.* Архиепископ Аверкий (Таушев) // ПР. 1998. № 22. С. 10–11.

АВИНОВ Андрей Николаевич (14 февр. 1884, Тульчин Подольской губ. – сент. 1949, Нью-Йорк) — ученый-энтомолог, художник. Род. в семье ген.-лейт. Н.А. Авинова, камер-юнкер Высочайшего Двора, оконч. Московский ун-т (1905). Начал службу при Полтавском окружном суде, затем состоял в I департаменте Правительствующего Сената пом. обер-секретаря, причислялся к канцелярии Высочайшего Двора. Пожалован в камер-юнкеры. Со студенч. лет увлекался энтомологией и зоологией. Перед Первой мировой войной избран Кобелякским уездным предводителем дворянства. Ок. 1910 организовал экспедицию в Среднюю Азию, во время которой проделал путь из Индии через Гималаи и Туркестан. Состоял членом Питтсбургского об-ва акварелистов и Амер. федерации искусства. Рисунки цветов, бабочек и птиц публиковались в журналах «Country Life», «Century Magazine», «Asia», «Carnegie Magazine». Преподавал в Питтсбургском ун-те, в Ин-те Карнеги, выступал с лекциями на тему: «Природа в искусстве». Член Рус. историко-родословного об-ва в Америке и Лит. об-ва им. Пушкина в Нью-Йорке.
И с т. *Мартьянов Н.Н.* Список — 1944. С. 84–88.

Л и т. *А.Н. Авинов* // Новик (Нью-Йорк) 1948–49. II отдел. 13-й год издания. С. 11–12; *Лейкинд О.Л., Махров К.В., Северюхин Д.Я.* Худ. Рус. зарубежья. С.73.

АВИНОВА [урожд. **Новосильцова**] Мария Юрьевна (1882 – 4 марта 1975, Нью-Йорк) — составитель альманаха «У Золотых ворот», издававшегося в 1957 лит.-худ. кружком в Сан-Франциско.
И с т. Авинова Мария Юрьевна // Незабытые могилы / Сост. Чуваков В.Н. Т. 1. С. 21.
Л и т. Некролог // РМ. 1975. 30 янв.

АВИСОВ Георгий Борисович (1927, Ленинград) — общественный деятель, инж. Род. в семье геолога и учительницы. В 2003 исполнилось 60 лет его пребывания за границей, из коих 7 лет в Германии и 53 года в США. Закончил полный курс образования, став инж.-механиком и получив лицензии двух штатов как специалист по гидросиловым устройствам и авиационным системам управления. В 1973 принимал участие в автоматизации сов. нефтемагистрали «Дружба». С 1976 — член КРА. Был районным представителем КРА на Зап. часть США, затем возглавил Калифорнийский отдел, а после был выбран президентом орг-ции. Под его председательством Главное правление КРА переехало из шт. Нью-Йорк в Калифорнию, где рус. история и большая рус. крепкая и традиционно настроенная колония способствует активности этой самой многочисленной рус.-амер. орг-ции.

По инициативе **А.** в 1986 году в Вашингтоне было открыто представительство КРА для осуществления контактов с федеральным правительством и законодателями по вопросам, касающимся представительства и защиты прав рус. этнич. группы в США. Рук. в Калифорнии программами благотворительной помощи населению России под названием «Морской мост» и детскому приюту в Нерехте Костромской обл. Состоит членом совета директоров по изданию газ. «Русская жизнь», является одним из ред. и сотрудником газ. Успешно провел несколько акций против средств массовой информации по борьбе с русофобией и клеветой на рус. народ. Участвовал в парламентских слушаниях РФ о рус. диаспоре. В 1992 удостоился получения почетной грамоты от орг-ции «Гуманитарная помощь гражданам России». В нояб. 1995 приглашен дать показания комитету Думы по социальным вопросам, а в 2001 на форуме соотечественников в Москве выступал с обращением к рос. руководству о необходимости поднять рус. национальное и патриотич. образование и исправить искажения в учебниках рус. истории. В 1988 в составе делегации КРА встречался с президентом Р. Рейганом в Белом Доме. Член Калифорнийского и Американского об-в профессиональных инж. Находится в отставке. За свою работу удостоился нескольких наград от командования Военно-морского флота США. Председатель Главного правления КРА XI (1999) и XII (2002) созывов. *Родственники:* жена (урожд. Фрейлих; в первом браке Гуцаловская) Алла Владимировна (в браке с 1972); дети: Михаил, Марина; пасынок Георгий; падчерицы Татьяна, Ирина; внуки.
И с т. Archives of the CRA. Avisov George B. Autobiography, 1999; *Ависов Г.Б.* Автобиография. Машинопись. 1 мая 2002.

АВКСЕНТЬЕВ Николай Дмитриевич (29 нояб. 1878, Пенза – 4 марта 1942, Нью-Йорк) — полит. деятель. Учился в Московском ун-те. До революции был членом ЦК партии социалистов-революционеров. Принадлежал к ее правому крылу, защищал легальность и отказ от террора. Во время Первой мировой войны был оборонцем и выступал в поддержку рус. войск, участвуя в изданиях «За рубежом» и «Новости».

Занимал пост председателя Всерос. совета крестьянских депутатов. С июля по авг. 1917 года — министр внутренних дел Временного правительства и состоял председателем Предпарламента. Во время гражданской войны в 1918 организовывал в Поволжье и в Сибири антибольшевистское сопротивление. Состоял членом Уфимской директории, свергнутой сторонниками адмирала А.В. Колчака. Эмигрировал в Париж, где редактировал журнал «Современные Записки» и возглавлял рус. масонскую ложу «Северная звезда». Вторым браком был женат на Берте Михайловне, урожд. Маркушевич, секретаре В.А. Маклакова. Во время Второй мировой войны переселился в Нью-Йорк.
И с т. Авксентьев Николай Дмитриевич // Незабытые могилы / Сост. Чуваков В.Н. 1999. Т. 1. С. 21.
Л и т. Некролог // НЖ. 1943. № 5; *Вильданова Р.И., Кудрявцев В.Б., Лаппо-Данилевский К.Ю.* Словарь // *Струве Г.* С. 276.

АВРАМЕНКО Дмитрий Михайлович (21 окт. 1910 – 11 янв. 1987, Сан-Матео, шт. Калифорния) — рук. ансамбля рус. нар. песни и пляски. Род. в семье донского каз. Учился в Политехнич. ин-те, оконч. педагогич. ин-т и получил муз. образование. Преподавал в Московской консерватории. Перед Второй мировой войной аранжировал нар. песни для хора в Советском Союзе. Был одним из хормейстеров в хоре Александрова. Во время Второй мировой войны выступал с хором в Пятигорске, вскоре захваченном нем. армией. В Пятигорске были обнаружены могилы расстрелянных сов. органами. По жертвам Сталина была отслужена панихида с участием хора **А.**

В ходе наступления сов. армии Авраменко выехал в Вену. Оказавшись за рубежом, выступал в Милане, Страсбурге и Женеве, в Южной Америке, в общей сложности дал ок. 1000 концертов. Переехав в 1964 в Калифорнию, **А.** дал ок. 100 концертов духовной нар. песни перед рус. и амер. слушателями. На пятом Международном конкурсе в 1967 в Сан-Франциско ансамбль **А.** получил первую премию — золотую чашу с пальмовой ветвью. В состав ансамбля входила танцевальная группа под управлением Елены Дмитриевой, Наталии Барсовой и оркестр нар. инструментов Виктора Кравченко. Для своего хора **А.** создавал красочные старинные рус. и каз. костюмы. Писал также духовные и светские песни и соч. муз. к ним. Его деятельность в качестве хормейстера охватывает 40 лет творчества в Юж. и Сев. Америке. Уйдя в отставку, рук. церковным хором в церкви св. Иоанна в Беркли, в Калифорнии.

Погребен на Серб. кладбище.

Л и т. *Новосадская К.* Руси есть веселие пети // «Голос России». 2 марта 1968; Некролог // НРС. 13 янв. 1987; *Ленская О.* Хормейстер и композитор Д.М. Авраменко // НРС. 13 дек. 1993; *Ленская О.* Хормейстер и композитор Д.М. Авраменко // РЖ. 24 февр. 1994.

АВТАМОНОВ Игорь Александрович (11 апр. 1913 – 26 апр. 1995, Лос-Анджелес) — инж. Общественный деятель. Род. в семье капитана I ранга в Севастополе. После ухода рус. флота из Крыма в Бизерту получил с семьей убежище в Кор. СХС. В 1923 начал учиться в рус.-серб. гимназии, откуда перешел в 5-й кл. Крымского кад. корпуса. Оконч. полный курс корпуса. Состоял в аэроклубе рус. сокольства и получил звание пилота на планерах. Поступил в Морскую академию Югославского флота, откуда перешел в Белградский ун-т, на механич. отделение, на котором получил звание авиаинж. Самолетостроение стало его профессией в Югославии, и на этом поприще он продолжал работать после переселения в США.

Став американским гражданином, устроился на должность инж.-конструктора в фирму «North American Aviation», ныне известную как «Rockwell International». Создатель электромеханич. систем управления для боевых и экспериментальных самолетов F-100, F-107, X-15 и космич. челнока «Shuttle». Принимал живое участие в рус. общественной жизни. Был членом Общекад. объединения, основателем и в теч. многих лет председателем Лос-Анджелесского отдела КРА, действительный член Об-ва рус. инж. в США и РАГ. Был великолепным оратором и докладчиком. Основал корпорацию «Наш храм», которая перестроила в рус. стиле храм Покрова Божией Матери в Лос-Анджелесе. Занимался лит.-историч. творчеством. Автор историч. поэм в стихах: «Рогнеда» (1970), «Владимир Мономах» и «Гита Гарольдовна», сб. стихов «Гроза» и «По дорогам».

Л и т. *Сперанский Г.* Памяти И.А. Автономова // Кад. перекличка (Нью-Йорк). Июль 1995. № 57. С. 153–154; *Тизенгаузен Д., Сергиевский А.* Игорь Александрович Автомонов // Там же. Июль 1995. № 57. С. 154–156; *Александров Е.* Игорь Александрович Автомонов // РА. 1997. № 21. С. 251–252 (with English summary).

АВТОНОМОВ Анатолий Николаевич (1886 – 20 июня 1976) — инж., общественно-полит. деятель, был председателем Флоридского отдела КРА. *Родственники:* жена Наталия Георгиевна.

И с т. Архив КРА.

АВТОНОМОВ Николай Павлович (1895 – 25 дек. 1985, Сан-Франциско) — филолог, педагог, общественный деятель. Оконч. по филологии Нежинский ин-т в 1912. С 1912 по 1937 преподавал в рус. гимназиях в Харбине, с 1927 по 1937 — в Рус. педагогич. ин-те, на Кит. юридич. ф-те, в Яп. колледже и ун-те, в Рус. политехнич. ин-те в Харбине. Переселившись в 1939 в США, преподавал в Орегонском штатном колледже в Корнваллисе, в Амер.-рус. ин-те методологии. Ред. двух журналов по методам преподавания рус. яз. Николай Павлович — автор ок. 300 работ, относящихся к методике преподавания рус. яз. для иностранцев, а также к вопросам просвещения в Маньчжурии и на Дальнем Востоке. Совместно с С.Н. Усовым составил учебник «Учитесь по-русски!», который выдержал 43 издания. В Харбине в 1938 году участвовал в составлении Рус.-Ниппонско-(Яп.)-Маньчжурского словаря. В США Николай Павлович был с 1947 по 1966 ред. педагогич. журнала. Автор «Обзора деятельности» Сан-Францисского отдела Рус.-Амер. союза защиты и помощи рус. вне России» (Сан-Франциско, 1970, 163 стр). Был старейшим членом РАГ в США. Работал над составлением истории Маньчжурии, которую не успел закончить.

И с т. *Автономов Н.П.* / Анкета РАГ в США. № 21; Некролог // Записки РАГ в США. Т. XVIII. С. 356; Автомонов Николай Павлович // Незабытые могилы / Сост. Чуваков В.Н. Т. 1. С. 23–24.

АВЧИННИКОВА Лидия Дмитриевна (25 марта 1894, Омск – 7 сент. 1983, Нью-Йорк) — актриса. Род. в зажиточной купеч. семье. Семья была музыкальная, все пять братьев Лидии хорошо пели. Первое выступление Лидии в качестве певицы перед публикой в возрасте 16 лет получило отрицательную критику со стороны ревнивого журналиста местной газеты. Выйдя замуж за летчика-подпоручика Боне, Лидия уехала в Петербург. Летчик погиб на войне. В 1917, живя в Гатчине, Лидия вступила в Союз любителей театрального искусства, в состав которого входили артисты, певцы, писатели, среди них — Северянин, Соллогуб и Куприн. Революция вынудила ее выехать в Югославию, где она продолжала учиться театральному искусству в Ницце. Потеряв второго мужа, В.Ф. Авчинникова, **А.** приехала в Белград и поступила в театр режиссера Черепова, в котором выступала в пьесах Островского, Беляева, Гоголя, Грибоедова. С 1934 начала выступать на концертах как чтец и рассказчица. Во время нем. оккупации театр Черепова закрылся, и **А.** пришлось зарабатывать на жизнь официанткой и подрабатывать шитьем. Став снова беженкой в конце войны, оказалась в Австрии и играла на сцене четыре года. В 1949 прибыла в Нью-Йорк, где оставалась 22 года до переезда на покой в шт. Мэн. Выступала в Нью-Йорке с худ. чтением рус. классиков почти на всех благотворительных вечерах, устраиваемых рус. орг-циями. Вскоре после приезда в Нью-Йорк вышла замуж за А.Д. Алтуева, с которым прожила 22 года до его смерти. В 1979 рус. общественность отметила 85-летие Лидии Дмитриевны.

Л и т. *Собен И.* Л.Д. Авчинниковой 85 лет // НРС. 27 февр. 1979.

АВЬЕРИНО Николай Константинович (2 июня 1871 (по метрике — 20 мая 1872) – 13 мая 1950, Нью-Йорк) — музыкант. Оконч. Таганрогскую гимназию. Поступил при помощи П.И Чайковского в 1887 в Московскую консерваторию по кл. скрипки. В 1895 начал играть в Астрахани, Баку и в Саратове. Преподавал музыку. В 1907 получил должность проф. Московского филармонич. муз. уч-ща. В 1911–20 — директор Ростовского отделения Императорского Рус. музыкального об-ва. Во время Гражданской войны служил при штабе Белой армии. После отступления из Крыма жил в Афинах и в Париже. В 1923 переселился в США, где 14 лет преподавал в Балтиморской консерватории. Опубликовал биографию П.И. Чайковского. Масон.

Кремирован 17 мая 1950 года в Нью-Йорке.

И с т. Авьерино Николай Константинович // Незабытые могилы / Сост. В.Н. Чуваков. Т. 1. С. 24–25;

Л и т. *Букинник М.* Памяти Н.К. Авьерино // НРС. 14 мая 1950.

АГАПЕЕВ Тихон Николаевич (? – 10 дек. 1931, Нью-Йорк). Старший лейтенант Гв.

экипажа. Оконч. в 1912 Морской корпус. Участник Первой мировой и Гражданской войн. В эмигр. проживал в Нью-Йорке.

И с т. Некролог // Часовой (Париж). 1932. № 75; Агапеев Тихон Николаевич // Незабытые могилы / Сост. В.Н. Чуваков. Т. I. С. 26.

АГАПИТОВ Петр Иванович (? – 24 дек. 1964, Сиракузы, шт. Нью-Йорк) — ветеран, сражался в рядах Рус. Корпуса в Югославии. После оконч. Второй мировой войны переселился в США.

И с т. Некролог. // Часовой (Брюссель). 1964. № 464; Агапитов Петр Иванович // Незабытые могилы / Сост. В.Н. Чуваков. Т. I. С. 26.

АГАТОВ Игорь Александрович — химик, общественный деятель. Род. в Киеве 6 марта 1915. В 1919 был вывезен родителями из России. Вырос в Югославии, где в 1933 оконч. один из рус. кад. корпусов. Учился в Белградском ун-те, изучал химич. технологию, но из-за начавшейся войны ун-та не оконч..

В 1944 с волной беженцев переехал в Австрию, где жил в беженских лагерях. В 1948 переселился в Канаду, где работал в лаборатории химич. ф-ки. В 1961 переехал в США. По настоянию жены, Галины Александровны, вновь возобновил занятия, поступив в Городской колледж в Нью-Йорке (City University of New York), где усовершенствовался по химии, и который оконч. в 1968. После получения диплома работал до ухода на пенсию в 1982 в городской лаборатории Нью-Йорка. Член Кад. объединения и КРА. Председатель Лонг-Айлендского отдела КРА (Long Island chapter of the CRA) с 1988 до 2003.

И с т. АА. *Агатов Игорь Александрович.* Автобиография, рукопись. 18 февр. 2002.

АГАФОНОВ Евгений Андреевич (29 янв. 1879, Харьков – 6 янв. 1955, Нью-Хэвен, шт. Коннектикут) — художник, график. Род. в купеч. семье. В 1896 оконч. Харьковское реальное уч-ще. В 1899 поступил в Академию художеств. В 1907 получил звание художника. Писал в условном декоративном стиле. Был новатором и основал экспериментальный театр «Голубой глаз». Работал и выставлялся в Москве, Петербурге, Харькове, Киеве, Ростове-на-Дону. В начале 20-х гг. переселился в США. Занимался живописью, графикой и торговой рекламой, устраивал выставки в Нью-Йорке и в Дерби, в шт. Коннектикут.

Похоронен на кладбище в Ансонии (шт. Коннектикут).

Л и т. *Плешко Н.Д.* Генеалогич. хроника // Новик. 1965. Отдел III. С. 1; *Лейкинд О.Л., Махров К.В., Северюхин Д.Я.* Худ. Рус. зарубежья.

АГОЕВ Константин Константинович, (6 апр. 1889 – 21 апр. 1971, Стратфорд, шт. Коннектикут) — ген.-майор. В эмигр. — атаман Терского каз. войска. Ветеран Первой мировой, Гражданской и Второй мировой войн. Род. в семье урядника. Оконч. Николаевское кав. уч-ще и Офицерскую гимнастич. и фехтовальную школу, в которой позже был преподавателем. Первую мировую войну провел на фронте в Волгском полку Терского войска, получил все боевые награды, включая Георгиевское оружие. Был дважды ранен. В 1917 году произведен в войсковые старшины. Возвратившись в родную стан., участвовал в восстании, поднятом его братом против большевистского террора.

В Гражданской войне занимал должности: командира 1-го Терского полка Кавказской конной дивизии, 2-й бригады Терской каз. дивизии, Терско-Астраханской бригады 3-й конной дивизии. В 1918 производится в полковники, в 1920 — в ген.-майоры. В 1919 году под Орлом вел в атаку кав. полк и в личном поединке с командиром большевистского полка вышел победителем, сразив большевистского командира полка, что обратило в бегство красный полк. Закончил военную карьеру командиром отдельной каз. бригады, с которой из Крыма эвакуировался на о-в Лемнос. В эмигр. — в Болгарии. В годы Второй мировой войны принимал участие в деятельности каз. орг-ций, направленной на продолжение борьбы с сов. властью. В конце Второй мировой войны переселяется в США. В дек. 1952 становится заместителем атамана Терского войска, а 4 янв. 1959 избирается на круге терцев-эмигрантов Войсковым Атаманом.

Похоронен на каз. участке Свято-Владимирского кладбища возле Кэссвилла (шт. Нью-Джерси). Черкеска А. с его оружием выставлена в витрине, посвященной каз., как ни странно, в азиатском отделе музея естественной истории в Нью-Йорке.

И с т. Агоев Константин Константинович // Незабытые могилы / Сост. В.Н. Чуваков. Т. I. С. 28.

Л и т. *Скрылов А.И., Губарев Г.В.* Каз. словарь-справочник. Кливленд, 1966. Т I. С. 1; Некролог // Часовой (Брюссель). Июнь 1971. № 540. С. 18; Поединок // Станица (Москва). Июнь 2000. № 3 (33). С. 26.

АГРЕНЕВ-СЛАВЯНСКИЙ (СЛАВЯНСКИЙ) Дмитрий Александрович (1836–1908) — певец, дирижер нар. хора, собиратель рус. нар. песен. Получил военное образование и был офицером Рус. императорской армии.

В 1858 ушел в отставку и посвятил себя исключительно нар. пению, выступая в России и славянских странах. В 1869 отправился со своим хором в США. Первый концерт А.-С. состоялся 29 нояб. в Нью-Йорке в концертном зале Стейнуэй на углу 14-й улицы и Юнион Сквера, и получил высокую оценку в амер. прессе. Хор Агренева-Славянского был первым рус. хором в национальных костюмах, выступавшим в Америке с нар. и духовным пением. Выступления хора были откровением для амер. публики, совершенно незнакомой с рус. нар. искусством и привлекли большое число рус. жителей города. Во время гастролей в Нью-Йорке была также поставлена опера Верстовского «Аскольдова могила». После возвращения из США А.-С. продолжал выступать с др. составом хора. Большинство хористов остались в Америке. Был женат на Ольге Христофоровне, своей помощнице и сотруднице в артистич. карьере, которая издала «Описание рус. крестьянской свадьбы (Москва, 1887), «Описание всех обрядов свадебного дня» (Тверь, 1887), «Плачи и причитания по умершим и рекрутам»

(Тверь, 1889). Их дочь, *Маргарита*, продолжила дело родителей.

И с т. *Н.С. Славянский Дмитрий Александрович* // Энциклопедич. словарь Брокгауза и Ефрона. 1900. Т. 59. С. 332.

Л и т. *Полчанинов Р.* Рус. музыка в Америке // НРС. 21 авг. 1986; *Славинский Н.* Письма об Америке и рус. переселенцах. СПб, 1871; *Полчанинов Р.* Первый концерт в США рус. хора из России // РЖ. 2002.

АГРЕНЕВА-СЛАВЯНСКАЯ Маргарита Дмитриевна (1881 – 16 окт. 1964, Нью-Йорк) — дочь *Дмитрия Агренева-Славянского*. Из-за революции выехала за границу. Жила в Китае и США, в Чикаго.

Создатель и рук. рус. нар. хора в Нью-Йорке, выступавшего совместно с балалаечным оркестром *А. Кутина* в третьем акте оперы *А.Т. Гречанинова*. «Добрыня Никитич».

И с т. Агренева-Славянская Маргарита Дмитриевна // Незабытые могилы / Сост. В.Н. Чуваков. Т. I. С. 29.

Л и т. *Шт-н. М.* Концерт Балалаечного оркестра А. Кутина и хора М. Агреневой-Славянской // НРС. 20 янв. 1954; Некролог // НРС. 16 окт. 1964.

АДАМ (в миру **Филипповский-Филипенко** Адам Аполлинариевич) (30 янв. 1881, С. Руда Жидачевского уезда в Восточ. Галиции – 29 апр. 1956) — архиепископ Филадельфийский и Карпаторосский. Из старинного рода священников, согласно семейному преданию, эмигрировавших из Екатеринославской губ. Его мать, Модеста Львовна Корнеевич — из семьи потомков гетмана Петра Конашевича-Сагайдачного, возобновившего православную иерархию на терр. Юго-Зап. Руси. По оконч. нар. уч-ща поступил в гимназию города Бережаны, которую оконч. в 1900. В гимназии вел тайный лит.-просветительский кружок по изучению рус. истории и лит., что было запрещено в Австро-Венгрии. Получил аттестат зрелости, поступил в Львовский ун-т на богословский, а затем и на юридич. ф-ты. Выдержав в 1903 первые гос. экзамены, выехал в Америку, где стал помещать свои статьи в рус. печати, в основном в газ. «Правда» (ныне «Truth»), вскоре став ее ред. Пел в архиерейском хоре. Встречаясь с архиепископом *Тихоном (Беллавиным)*, будущим патриархом, о. *Александром Хотовицким* и о. *Александром Немоловским*, решил принять сан.

Для того чтобы оконч. ун-т, вернулся в 1905 на родину, а по оконч. ун-та в 1912 снова приехал в Америку, где был рукоположен в сан диакона, а затем пресвитера. Ему было поручено организовать приход в Филадельфии, затем его переводили в Ньюарк, Бруклин, Нью-Йорк. **А.** являлся ред. газ. «Свет», проф. дух. семинарии в Тенафлай, в шт. Нью-Джерси, членом Учебного комитета епархии, секретарем об-ва «Ревнители православия». В 1916 назначен благочинным в Канаду. В 1917 стал кафедральным протоиереем в Виннипеге и посвящен в архимандриты. В 1922 хиротонисан в епископа Канадского. Способствовал возвращению униатов в православие. В 1953 вошел в состав Рус. Церкви в Америке, возглавлявшейся митрополитом Феофилом (Пашковским) и назначен на Филадельфийскую и Карпаторосскую епархию. В 1936 возведен в сан архиепископа. В 1944 был лишен сана за неподчинение митрополиту и Собору. Однако Синодом РПЦ, согласно прошению, направленному Патриарху Всея Руси Сергию, был принят в юрисдикцию Московской патриархии. В 1945 хлопотал о присоединении Холмщины, Лемковщины и Карпатской Руси к СССР. В 1954 ушел на покой.

Погребен на кладбище Маунт-Оливет, в городе Маспет, на Лонг-Айленде (шт. Нью-Йорк).

И с т: АА. *Солдатов Г. М.*, 24 нояб. 2003. Адам, Архиепископ (биография), машинопись, 1 с.

АДАМОВИЧ Лев Михайлович (15 февр. 1884 [по др. дан. 1881] – 22 апреля 1960) ген.-майор Л.-гв. Павловского полка. Ветеран Первой мировой и Гражданской войн. В эмигр. проживал в Лос-Анджелесе.

И с т. Адамович Лев Михайлович // Незабытые могилы / Сост. В.Н. Чуваков. Т. I. С. 31.

Л и т. Некролог // Часовой (Брюссель). 1960. № 413.

АДАМОВИЧ Наталия Игнатьевна (? – 1963) — художница, род. в семье ген. И. Маслова. Училась в Петербурге у Я.Ф. Ционглинского и Д.Н. Кардовского. Уходя от большевиков, эмигрировала через Дальний Восток. Жила в Шанхае и показывала свои работы на выставках. Переселилась в США, жила в Калифорнии, где и скончалась.

Л и т. *Лейкинд О.Л., Махров К.В., Северюхин Д.Я.* Худ. рус. зарубежья. С. 75; *Минухин Л.* Худ. рус. зарубежья // РМ. 2000. 2 февр.

АДАМОВИЧ Николай Николаевич (? – 22 апр. 1977, Лос-Анджелес) — корнет 7-го улан. Ольвиопольского полка. Эмигрировал в США, где жил в Калифорнии.

И с т. Адамович Николай Николаевич // Незабытые могилы / Сост. В.Н. Чуваков. Т. I. С. 31.

Л и т. Некролог // Часовой. 1977. № 607.

АДЛЕРБЕРГ Василий Александрович, гр. (1895 – 25 нояб. 1990). Скончался в возрасте 95 лет в Толстовском центре.

Похоронен на кладбище монастыря Ново-Дивеево, в Нанует, в шт. Нью-Йорк.

АЖОГИН Василий Михайлович (21 дек. 1893 – 26 дек. 1983) — ветеран Императорской и Добровольч. армий, общественный каз. деятель. Каз. ст. Ермаковской Войска Донского. Оконч. Воронежский кад. корпус и Николаевское кав. уч-ще в 1913. Служил в 9-м Донском каз. им. гр. Орлова-Денисова полку в чине хорунжего. В 1916 произведен в сотники и за отличие в боях получил в 1918 чин есаула — чин войскового старшины. Награжден орденами Станислава, Анны и Георгиевским оружием за храбрость. Участвовал с ген. Корниловым и Красновым в их походах на Петроград. Вернулся на Дон. Участвовал в Степном походе. Несколько раз ранен. Эвакуировался на о-в Лемнос, откуда выехал в Чехословакию, где оконч. ун-т. В 1923 прибыл в Соединенные Штаты. Работал на постройке домов. Был председателем Донского войскового совета в США, принадлежал ко многим каз. и рус. национальным орг-циям, включая КРА. В теч. 50 лет был старостой прихода св. Александра Невского в Лейквуде, в шт. Нью-Джерси.

Л и т. *Федоров Н.В.* Памяти В.М. Ажогина // НРС. 25 янв. 1984; *Федоров Н.В.* Биография В.М. Ажогина (рукопись). 1985; Некролог. // Часовой (Брюссель). 1984. № 648.

АЗАР (Заровский) Владимир Николаевич (1920 – 1984, Сан-Франциско) — издатель. До Второй мировой войны жил в Югославии. Был кадетом 1-го Рус. кад. корпуса им. Вел. Кн. Константина Константиновича. Во время Второй мировой войны вступил в РОА ген. Власова в чине подпоручка. После оконч. войны переехал в США, где жил в Сан-Франциско и основал издательство «Глобус», которое опубликовало ряд работ о рус. антикоммунистич., антисталинском движении во время Второй мировой войны.
И с т. Азар Владимир Николаевич // Незабытые могилы / Сост. В.Н. Чуваков. Т. I. С. 35, 175–176.
Л и т. Некролог // Часовой (Брюссель). 1984. № 652. С. 27.

АЗАРОВ Леонид Владимирович — физик. Род. в Москве. В 1954 защитил докторскую дисс. при Массачусетском технологич. ин-те (MIT). Работал в Чикаго. С 1957 по 1966 был проф. физики при Иллинойском технологич. ин-те. Затем перешел на должность проф. физики и директора ин-та по исследованию материалов при Коннектикутском ун-те. Вел исследования распределения атомов в кристаллич. решетках материалов и сплавов металлов.
Л и т. *Кеппен А.А.*

АЗОВА Людмила — певица, сопрано. Род. в рус. семье в Европе. Эмигрировала в США.

Ее репертуар состоял из романсов Чайковского, Медтнера, Василенко, *Рахманинова*, Шапорина и Мусоргского. Давала концерты в Нью-Йорке, выступала в Городской опере (City Opera), в 1960 в Гамильтоне, на Бермудских о-вах.
Л и т. *Davis Peter G.* Ludmilla Azova Offers Russian Song Recital // The New York Times. 1969. October 6. P. 59.

АЙВАЗОВСКИЙ Иван Константинович (1817–1900) — художник-маринист, член Императорской Академии художеств. Написал во время пребывания в США две картины: «Переход Джорджа Вашингтона через Делавэр» (находится в частном владении) и «Ниагарский водопад».
Похоронен в Феодосии, в Крыму.
Л и т. *Ushanoff Basil B.* The Russian contribution to the United States of America (A typescript).

АЙЗЕНШТАДТ Михаил Константинович, см.: **АРГУС**.

АКИНТИЕВСКИЙ Владимир Константинович (? – 25 апреля 1962, Нью-Йорк) — полковник. В 1903 оконч. Орловский Бахтина кад. корпус, в 1906 — Константиновское арт. уч-ще и Николаевскую Военную академию. Ветеран Первой мировой и Гражданской войн. Брат ген.-майора *К.К. Акинтиевского*. После оконч. Гражданской войны переселился в США, жил в Нью-Йорке.
И с т. Акинтиевский Владимир Константинович // Незабытые могилы / Сост. В.Н. Чуваков. Т. I. С. 41.
Л и т. Некролог // Часовой (Брюссель). 1962. № 434.

АКИНТИЕВСКИЙ Константин Константинович (1884 – 17 марта 1962, Нью-Йорк) — Ген. штаба ген.-майор. Оконч. Орловский Бахтина кад. корпус. В 1905 — Константиновское арт. уч-ще. В 1913 — Академию Ген. штаба. Ветеран Первой мировой и Гражданской войн. Воевал против большевиков в армии адм. А.В. Колчака. Жил в Нью-Йорке.
И с т. Акинтиевский Константин Константинович // Незабытые могилы / Сост. В.Н. Чуваков. Т. I. С. 41; Архив кладбища при женском монастыре Ново-Дивеево, Нанует, шт. Нью-Йорк.
Л и т. Некролог // Часовой (Брюсселя). 1962. № 432.

АКСАКОВ Николай Владимирович (? – 30 мая 1974, Лейквуд, шт. Нью-Джерси) — полковник Л.-гв. Егерского полка. В эмигр. жил в Лейквуде.
Л и т. Некролог // Часовой (Брюссель). 1974. № 578.

АКСЁНОВ (Asa) Александр Степанович (13 авг. 1902, стан. Ново-Александровская – ?) — инж. механик. В 1930 оконч. Политехнич. ин-т в Брно, в Чехословакии. С 1930 по 1934 работал конструктором на автомобильном заводе Пежо во Фр. С 1934 по 1939 строил водяные турбины в Бланско, в Чехословакии. В 1939–45 конструировал локомотивы на заводе AEG в Берлине. В 1947 переехал в Аргентину, где конструировал тяжелые кузнечные машины и занимал должность технич. директора на заводе по производству машин для обувных ф-к. Эмигрировал в США, с 1955 по 1963 работал в Чикаго на заводе по изготовлению тяжелых механич. прессов. С 1963 по 1967 был конструктором и инспектором атомных подводных лодок в корпорации Уайтинг (Whiting). Последующие два года служил в Комиссии по дорожному строительству в шт. Мэн. Владел шестью яз. Действительный член Об-ва рус. инж. в США (1956).
И с т. *Аксенов А.С.* Анкета Об-ва рус. инж. в США.

АКСЁНОВ Анатолий (1916, Вологодская губ. – 1983, Торонто, Канада) — электротехник, предприниматель. Оконч. 7 кл. средней школы и курсы младших лейтенантов Красной армии. Во время Второй мировой войны попал в плен к немцам. После оконч. войны проживал в Германии. Во время насильственной репатриации отказался возвращаться в Советский Союз. Подписал контракт на один год с канадской комиссией по вербовке рабочих для лесозаготовок. По истечении контракта лесоруб получал право остаться на постоянное жительство в Канаде. После оконч. контракта А. поступил в Торонто на курсы электромонтеров, оконч. которые работал по этой специальности. Затем открыл собственное электротехнич. предприятие. Кроме того, занялся куплей и продажей недвижимости в Канаде и в США. Его личная инициатива, напоминающая деятельность дореволюционных рус. купцов, выходцев из народа, вывела его к концу 1950-х в ряды канадских миллионеров. Будучи финансово независимым, решил продолжать образование, поступив в ун-т. После него осталась вдова.
И с т. АА. *Могилянский М.* Биографич. заметки, машинопись. 2002.

АКУЛЬШИН Родион Михайлович. См.: **БЕРЁЗОВ** Родион Михайлович.

АКЦЫНОВ Владимир Петрович (26 апр. 1877 – 9 июля 1936, Сан-Франциско) — ген.-майор. Оконч. Московский кад. корпус. Служил на Амурской железной дороге на Дальнем Востоке. Дослужился до чина полковника Отдельного корпуса жандармов. Участник Гражданской войны в Сибири, в период которой произведен в чин ген.-майора. В 1923 переселился с семьей в США в Сиэтл, а впоследствии — в Сан-Франциско, где участвовал в деятельности изд-ва «Новая заря».
И с т. Акцынов Владимир Петрович // Незабытые могилы / Сост. В.Н. Чуваков. Т. I. С. 44.
Л и т. Некролог // НРС. 15 июля 1936.

АЛАДЖАЛОВ Константин (18 нояб. 1900, Баку – 1987) — художник-иллюстратотр, график. Оконч. гимназию в Ростове-на-Дону. Самоучка. В 1921 эмигрировал в Константинополь, потом переехал в Германию, а в 1923 США. Расписывал ночные клубы, рисовал афиши, заказные портреты. С 1926 работал художником в журналах «Life», «Vogue», «The New Yorker», «New Masses», «Fortune», «Saturday Evening Post» и др. В своих рис. с легкой иронией высмеивал слабости американцев. Иллюстрировал книги, участвовал в выставках, преподавал, читал лекции.

Его работы представлены в Музее современного искусства в Нью-Йорке, в худ. музеях Филадельфии, Далласа, Хельсинки и Баку.

Л и т. *Martianoff Nicholas N.* Constantin Alajalov // «Russian artists in America». 1933. P. 205; *Лейкинд О.Л., Махров К.В., Северюхин Д.Я.* Худ. Рус. зарубежья. С. 77–78.

АЛАКОЗОВ Николай Порфирьевич (1891 – 18 нояб. 1972, Брайтон) — инж.-химик, оконч. Николаевское инж. уч-ще в чине подпоручика. Высшее образование получил в Харьковском технологич. ин-те. Участник Гражданской войны. Переселился в США.

Похоронен в Брайтоне.

И с т. Алакозов Николай Порфирьевич // Незабытые могилы / Сост. В.Н. Чуваков. Т. I. С. 45. Л и т. Некролог // РЖ. 14 дек. 1972.

АЛДАН Михаил Андреевич, см.: **НЕРЯНИН** Андрей Георгиевич.

АЛДАНОВ Марк (**Ландау Марк Александрович**) (1886, Киев – 1957, Ницца) — писатель, лит. критик, драматург, историк. Род. в семье промышленника Александра Марковича Ландау и его жены Софьи Ивановны, урожд. Зайцевой. В 1905 оконч. гимназию и в 1910 — Киевский ун-т по физ.-мат. и юридич. у ф-там. Во время Первой мировой войны занимался вопросами защиты Петрограда от возможных нем. газовых атак. Одновременно посвятил себя литературе и еще в России опубликовал две книги: «Толстой и Роллан» и «Армагеддон». После большевистского переворота выехал во Фр., где в Париже работал до самой смерти в обл. физич. химии. Параллельно в 1923 закончил в Париже Школу экономич. и социальных наук. В 1936 выпустил монографию «Лучевая химия», а в 1950 — книгу «О возможностях новых концепций в химии». Продолжал заниматься сочинительством, стал одним самых плодовитых писателей Рус. зарубежья. По издательским делам приезжал в Нью-Йорк.

Во время Второй мировой войны, в 1940, Алданов уехал с женой в Ниццу, а затем в США, откуда вернулся в 1947 во Фр., но периодич. наезжал в США. Во время проживания в Америке при содействии *М. Цетлина* создал «Новый журнал». Его историч. и современные романы внутренне связаны и в хронологич. порядке относятся к определенным годам и периодам в истории. Они начинаются «Пуншевой водкой» (1762), затем следует «Девятое термидора» (1792–94), «Чертов мост» (1796–99), «Заговор» (1800), «Святая Елена — маленький остров» (1821), «Могила воина» (1824), «Десятая симфония» (1815–54), «Повесть о смерти» (1847–50), «Истоки» (1874–81), «Ключ» (1916–17), «Бегство» (1918), «Пещера» (1919–20), отдельно стоят книги «Начало конца» (1937), «Живи как хочешь» (1948) и «Самоубийство». Книги Алданова переведены на 24 яз. Почти ежегодно выпускал по книге. Перу А. принадлежат и труды по физике. В нескольких томах он собрал появившиеся в периодич. печати «Портреты современников». В книге философского содержания «Ульмская ночь» А. проповедует идеи правильного, разумного устройства мира. Бунин назвал А. «последним джентльменом рус. эмигр.». Он был одним из самых образованных рус. писателей. Книги А. выходили в США в изд-ве Скрибнера и в Чеховском изд-ве. Марк Александрович был постоянным сотрудником газ. «Новое русское слово» и «Новом журнале» (Нью-Йорк).

Л и т. *Terras Victor.* Aldanov Mark Aleksandrovich // Handbook of Russian Literature, Yale University Press. 1985. P. 17–18; *Седых А.* 30 лет со дня смерти М.А. Алданова // НРС. 1987. 25 февр.; *Вильданова Р.И., Кудрявцев В.Б., Лаппо-Данилевский К.Ю.* Словарь // *Струве Г.* С. 87–89, 182–184, 278; *Наумов А.* Диалог с историей: Марк Алданов // НРС. 6 мая 1997.

АЛЕКСАНДЕР Алексей Маркович (Alexander Alex Mark) — геофизик. В 1925 оконч. Питсбургский ун-т с дипломом инж.-нефтяника. Открыл практич. способ понижения почти до нуля «температурного коэффициента» в магнитометрах. Работал геофизиком в «Empire Oil and Gas Company» в Бартлесвилле, в шт. Оклахома. Член Рус. об-ва оконч. амер. высшие учебные заведения при поддержке Рус. студенч. фонда.

Л и т. *Pestoff Alexis N.* Directory of Russian Graduates of American Colleges // Alumni Association of the Russian Student Fund, Inc. New York., Aug. 1929 P. 5.

АЛЕКСАНДЕР Борис — ветеран армии США, с 1941 по 1948 служил в арт. в чине капитана.

И с т. *Pantuhoff Oleg* — 1976. P. 6.

АЛЕКСАНДР (в миру Александр Васильевич **МИЛЕАНТ**) (род. 22 июня 1938, Одесса) — епископ РПЦЗ, миссионер-проповедник, инж. по связи с космич. кораблями. Во время Второй мировой войны отец без вести пропал на фронте, а семья, спасаясь от большевиков, бежала на Запад. Жили в Праге, в Риме и наконец попали в Буэнос-Айрес, в Аргентину, где А. после начальной школы оконч. электротехнич. среднюю школу. В нескольких фирмах работал чертежником электромашин и генераторов. Поступил в Буэнос-Айресский ун-т. С 9 лет прислуживал архиепископу Пантелеимону (Рудику), потом архиепископу Афанасию (Мартосу), который более трех лет систематич. обучал его богословским наукам. Желая читать святых отцов в оригинале, юный Александр сначала изучил новогреч., а потом древнегреч. яз. В 1963 поступил в Свято-Троицкую семинарию в Джорданвилле, в шт. Нью-Йорк, которую оконч. с дипломом бакалавра богословия в 1967. За год до этого архиепископ *Аверкий (Таушев)* рукоположил А. в диаконы, а Великим постом 1967 Митрополит Филарет (Вознесенский) рукоположил А. в священники и направил в Свято-Покровский приход в Лос-Анджелесе, где он настоятельствовал 33 года. С 1971 по 1985 возглавлял несколько паломничеств молодежи по святым местам Греции и Святой Земли. Богослужения в Свято-Покровском храме совершаются на церковнославянск. и англ. яз. При храме существует 10-летняя субботняя школа, в которой численность учеников достигает

110. Великим постом 1996 принял монашеский постриг, получив имя Александр в честь священномученика Александра, архиепископа Харьковского, погибшего в 1939 в сов. тюрьме. До того носил имя в честь благоверного князя Александра Невского. Окормляя Свято-Покровский приход, продолжил научно-технич. образование, получив в 1978 ст. бакалавра по электронике, потом ст. магистра по той же специальности и, наконец, в 1983 инженерную ст. в ун-те Юж. Калифорнии (USC) по связи с космич. кораблями и кодировке информации.

По специальности 25 лет работал инж. в NASA (Национальном управлении по аэронавтике и изучению космич. пространства), в лаборатории по космич. полетам при помощи реактивных двигателей, где состоит консультантом по вопросам, связанным с изучением космоса. Более 20 лет много сил и времени уделяет миссионерской деятельности и изданию дух. лит. Им издано более 600 брошюр на рус., англ., исп. и португ. яз. В них обсуждаются темы о Православной вере и христианской жизни, толкования Священного Писания, объяснение молитв, богослужений и церковных праздников, изложения жития святых и наставлений святых отцов. Много брошюр выпущено в защиту православной веры от сектантов и современных разрушительных культов. Начиная с 1990 огромное количество миссионерских листков было послано во все концы бывшего СССР, а также в др. страны. Издательская деятельность епископа Александра в финансовом отношении частично поддерживается КРА. Миссионерские листки на разных яз. помещены в интернете, где могут быть прочтены по адресу: www.fatheralexander.org. Согласно решению Архиерейского Собора, 28-го мая 1998 рукоположен в Синодальном соборе в Нью-Йорке во епископа Буэнос-Айресского и Южно-Американского. С тех пор несколько раз в году объезжает рус. приходы огромного материка. Епархия слишком бедна, чтобы содержать своего епископа и оплачивать его дорожные расходы. Поэтому Владыка Александр вынужден подрабатывать на гражданской службе. С помощью сотрудников создает заочную богословскую школу в Интернете в качестве ветви Свято-Троицкой семинарии в Джорданвилле. Адрес школы в интернете: www.holytrinitymission.org. На узле школы помещено много электронных учебников по основным богословским предметам. Школа нуждается в пожертвованиях, чтобы привлечь преподавателей и оплачивать их труд.

Л и т. *Ависов Г.Б.* Устное сообщение. 1998; *Рышко Валентина.* Переписка с Е. Александровым. 2003; *Епископ Александр.* Автобиография, на рус. и английском яз., машинопись. 23 июня 2003. С. 3.

АЛЕКСАНДР (в миру Александр Александрович **НЕМОЛОВСКИЙ**) (1876, Волынь — ?) — архиепископ ПЦА. Прибыл в Америку и был назначен епископом Аляскинским.

Во время революции возглавил Рус. православную церковь в Америке. Занимался вопросом потери средств, предоставлявшихся Церкви до большевистской революции Синодом. Поддержал восстановление Московской патриархии во главе с патриархом *Тихоном.* Содействовал в 1919 сохранении единства среди духовенства на Всеамер. соборе Православной церкви.

Л и т., Dark days of trasition // The Orthodox Church. 1994. Sept. P. 4; *Matusiak John, Fr. and Leonid Kishkovsky, Fr.* Archbishop Alexander Nemolovsky // Orthodox America 1794–1976. (gen. ed. Tarasar Constance). 1975. P. 174–181.

АЛЕКСАНДР Новомученик. См.: **ХОТОВИЦКИЙ** Александр.

АЛЕКСАНДРОВ Владимир — пресвитер, миссионер ПЦА, после революции священнослужитель обновленч. церкви. Род. в семье дьякона в Новом Посаде Херсонской губ. Учился до 4-го кл. в Елизаветградском дух. уч-ще. Продолжал занятия в Одессе на курсах для учителей, псаломщиков и дьяконов. В 1891–95 служил псаломщиком-учителем. Был представлен епископу Алеутскому *Николаю* (*Зиорову*), который принял его на службу в Америку. В 1896 был псаломщиком в Сиэтле. Учился в Wilson Modern колледже и в 1899–1900 слушал лекции в Вашингтонском штатном ун-те. Занимался миссионерской работой по воссоединению униатов с Православной Церковью. Удостоился получения благословенных грамот. В 1898 рукоположен в сан диакона. Продолжал миссионерскую деятельность в северо-зап. Канаде, где им было присоединено к Православию более 2000 чел. и крещено ок. 300 младенцев, начаты постройки шести церквей и часовен. В 1900 рукоположен в Сан-Франциско епископом *Тихоном* (*Беллавиным*), будущим Патриархом Московским и всея России в сан пресвитера. В 1906 основал в Ансонии, в шт. Коннектикут, братство св. равноапостольного князя Владимира и вечерние курсы. В 1908 слушал лекции в Йельском ун-те. По представлению архиепископа *Платона* (*Рождественнского*) был награжден в 1912 орденом св. Анны 3-й ст. и переведен настоятелем Свято-Троицкого Собора в Сан-Франциско, откуда совершал миссионерские поездки по Калифорнии, Неваде, Юте и Мексике, во время которых встречался с рус. сектантами и привлекал их в Православие. Во время Первой мировой войны содействовал посылке мед. помощи в Россию. После поездки в Россию во время Февральской революции начал выступления с обвинениями *Александра* (*Немоловского*) в том, что он окружил себя деятелями старого режима в России. За это запрещен в служении. Затем признал в 1924 назначение в Америку обновленч. митрополита Иоанна Кедровского. Был вновь запрещен в служении за споры по поводу личной хиротонии. После того обратился в католичество.

И с т. *Солдатов Г.М.* Владимир Владимирович Александров. Машинопись. С. 2.

АЛЕКСАНДРОВ Владимир Евгеньевич (род. 9 мая 1947, Ротвейл, Вюртемберг, Германия) — литературовед. Род. в семье рус. беженцев, *Евгения Александровича Александрова* и Наталии Владимировны, урожд. Карпека. В 1950 переселился с родителями в США. Оконч. в Нью-Йорке Квинс колледж, по специальности геолог. Получил ст. магистра по геологии в Сити колледже в Нью-Йорке и магистра по сравнительной лит. в ун-те Массачусетса, в Амхерсте. Защитил докторскую дисс. по сравнительной лит. при Принстонском ун-те. Был ассистентом при геологич. отделении в Квинс колледже и в Сити колледже. Затем был ассистентом-преподавателем по сравнительной лит. в ун-те Массачусетса и в Принстонском ун-те. После защиты дисс. занимал должность проф. в Гарвардском ун-те. Затем получил должность проф.

в Йельском ун-те в городе Нью-Хэвен, в шт. Коннектикут. В теч. двух трехлетних сроков возглавлял Отделение славянских яз. и литературы.

Автор книг: «Andrei Bely. The Majoram Symbnolist Fiction», Cambridge Massachusetts and London, England. 1965, 221 p.; «Nabokov's Otherworld» (Princeton University Press, Princeton, New Jersey, 1991, 270 p.); ред. «The Garland Companion to Vladimir Nabokov» (Garland Publishing, Inc., New York & London, 1995, 798 p.). Его статья «Набоков и "Серебряный век рус. культуры"» опубликована в журнале «Звезда» (СПб., 1996. № 11) и «Другость: герменевтич. указатели и границы интерпретации» в журнале «Вопросы литературы» (2002. Нояб.-дек.). Автор литературоведч. статей в трудах амер. и итальянских ун-тов. Ведет исследования в области герменевтики. Участник международных конференций и съездов. *Родственники:* жена Сибилла-София (урожд. Вильямс) — ст. преподаватель исп. яз. в Йельском ун-те; сын Николай; дочь София.
И с т. АА. Материалы. 2003.

АЛЕКСАНДРОВ Дмитрий — см.: **ДАНИИЛ**, епископ Ирийский.

АЛЕКСАНДРОВ Евгений Александрович (род. 11 сент. 1916, Черкассы Киевской губ.) — геолог, общественно-полит. деятель, биограф. Род. в семье учителя истории гимназии Александра Николаевича Александрова и учительницы франц. яз. Софии Андреевны, урожд. Степановой. С установлением сов. власти родители лишились работы ввиду закрытия гимназии и отмены преподавания истории и франц. яз. в сов. школах. В 1929 семья переехала в Киев, где отец получил должность специалиста по охране памятников искусства и старины. А. продолжал образование. В 1932 поступил на геологич. ф-т Киевского горного ин-та. К этому времени изучил и свободно владел франц., нем. и англ. яз. В 1935 Киевский горный ин-т был расформирован, а студенты-геологи переведены в Екатеринославский (Днепропетровский) горный ин-т. Оконч. ин-т с дипломом горного инж. — геолога 1-й ст. Работал геологом по разведке месторождений железной руды на магнитных аномалиях Курской и Кременчугской и в Кривом Роге. Во время Второй мировой войны, во время стремительного отступления сов. войск, оказался на оккупированной территории. Числился геологом в Геологич. ин-те до 1943 года, когда вследствие военных действий население Киева получило приказ от оккупантов оставить город. С потоком беженцев эвакуирован на Запад. Работал библиотекарем и подсобным рабочим в химич. ин-те. В конце войны находился в Германии, в Вюртемберге, вошедшем во франц. зону оккупации. Служил гражданским чиновником во франц. военном управлении, ведая опекой над так называемыми перемещенными лицами (беженцами, военнопленными и насильно вывезенными на работы в Германию) 13-ти национальностей, проживавшими в Ротвейле и его округе. Избежал насильственной репатриации в Советский Союз. В 1950 переселился на постоянное жительство в Нью-Йорк. Работал ред. аннотаций по геологии, горному делу и нефтяной промышленности в ежегодном, а в последствии ежемесячном справочнике «Engineering Index». Одновременно проходил курс аспирантуры и вел исследования на геологич. отделении Колумбийского ун-та, при котором защитил в 1965 докторскую дисс. С 1962 читал лекции по геологии полезных ископаемых, историч. геологии и минералогии на геологич. отделении Квинс колледжа (City University of New York).

Вышел в отставку в 1987 со званием заслуженного проф. Сотрудничал в журналах «Economic Geology», «International Geology Review», был советником в Американском геологич. ин-те (Вашингтон, Д.К.). С ранней молодости был противником сталинского террора. В США участвовал в создании и впоследствии руководил Рос. союзом беспартийных антикоммунистов. Издавал журнал «Русский Антикоммунист». В 1972 возглавил инициативную группу по созданию орг-ции для представительства интересов амер. граждан рус. происхождения, получившей название Конгресса русских американцев. В течение двух двухгодичных сроков избирался председателем Главного правления орг-ции и в дальнейшем состоял бессменным членом ее Главного правления, председателем Комитета 1000-летия Крещения Руси и ред. обзорных выпусков иллюстрированного журнала-альманаха «Русский Американец». Составитель биографич. словаря «Русские в Северной Америке». Член правления РАГ в США. Женат на Наталии Владимировне, урожд. Карпека, дочери проф. римского права ун-та Святого Владимира, впоследствии Ин-та нар. хоз-ва в Киеве. В 1938 проф. В.В. Карпека с женой Лидией Васильевной стали жертвами сталинского террора по вымышленному обвинению. Проф. Н.В. Карпека был расстрелян в Орле без суда по приказу Сталина в 1941. *Родственники:* сын *Владимир;* внуки: Николай, внучка София; невестка София-Сибилла (урожд. Вильямс).
И с т. *Александров Е.А.* Автобиография (рукопись). 2001.
Л и т. *Александрова Н.* Сталин убил моего отца // РА. 1995. № 20. С. 105–110; *Федукович Е.* История рождения Конгресса рус. американцев // РЖ. 22 апр. 1996.

АЛЕКСАНДРОВ Матвей, см.: **МАКАРИЙ**, иеромонах-миссионер.

АЛЕКСАНДРОВ Николай Николаевич (1886, Санкт-Петербург – 1970) — морской инж., капитан I-го ранга, специалист по баллистике и аэронавтике, декан Свято-Троицкой Семинарии в Джорданвилле, в шт. Нью-Йорк. Род. в С.-Петербурге. В 1906 оконч. с отличием Михайловскую военную академию и в 1913 вел исследования по баллистике, за что получил докторскую ст. Работая в академии, занимался созданием ракет для спасения погибающих в открытом море. Во время Первой мировой войны участвовал в сражениях с германским флотом. Во время Гражданской войны возглавлял инженерный отдел завода в Ромнах, преподавал в Севастопольской Военно-морской академии. После ухода рус. армии из Крыма за рубеж в 1920 был проф. прикладной математики в Бизерте во франц. военно-морском уч-ще. В 1926 по приглашению *И.И. Сикорского* переселился в Америку. С Сикорским был знаком еще по России. Преподавал экспериментальную механику в Массачусетском Технологич. ин-те и работал консультантом на заводе Сикорского. Затем преподавал с 1929 по 1932 в ун-те шт. Коннектикут, а в 1932 возглавил отдел аэронавтики и создал соответствующую лабораторию при ун-те шт. Род-Айленд. В общей сложности посвятил 32 года преподаванию технич. наук, связанных с авиацией, подчеркивая необходимость развивать в Америке исследование межпланетного пространства с научной и военной точек зрения в соревновании с Советским Союзом. Его американские студенты стали ведущими инж. в области ракетных двигателей, включая проекты ионных. Проживая в Коннектикуте, принял участие в создании Свято-Николаевского храма в городе Стратфорде. В 1946 занял должность первого декана Свято-Сергиевской дух. семинарии в Джорданвилле. Благодаря хлопотам А. семинария получила у амер. властей все права высшего учебного заведения. Начал строительство каменного учебного корпуса семинарии.

Сконч. в Свято-Троицком монастыре и там же похоронен возле своей жены.
Родственники: дочь Надежда.
Л и т. *Константин,* архимандрит. Памяти Николая Николаевича Александрова // ПР. 1970. № 9. С. 6–8; Сконч. проф. Н.Н. Александров // НРС. 28 апр. 1970; *Ларин Георгий,* протоиерей. Н.Н. Александров — первый декан Свято-Троицкой семинарии // ПР. 1998. № 18. С. 5–6; *De Lue Willard.* Russians have invaded New England Town // Boston Sunday Globe. 1931. May 3; *Whittmore Harold E.* From Czarist Russia to Jordanville USA // Utica Observer Dispartch. Section B. 1958. May 4.

АЛЕКСАНДРОВ Николай Николаевич (16 мая 1899, Санкт-Петербург – ?) — инж.-электрик. В 1929 оконч. Чешск. Политехнич. ин-т в Брно.

С 1930 по 1945 работал в Словакии по проектированию, расчетам, постройке и эксплуатации электрич. станций низкого, высокого и очень высокого напряжений, трансформаторов, электрич. подстанций и др. Переселившись в США, жил в Болдуине, на Лонг-Айленде, в шт. Нью-Йорк.
И с т. *Александров Н.Н.* Письмо в правление Об-во рус. инж. в США. 1949; Анкета Об-ва русс. инж. в США.

АЛЕКСАНДРОВА, урожд. Мордвинова (по мужу Шварц) Вера Александровна (1895–1966) — полит. деятель, литературовед. Оконч. гимназию в Ковно (Каунасе). Во время Февральской революции участвовала в полит. деятельности. В 1922 вместе с мужем, меньшевиком, была выслана большевиками за пределы России. В 1927 начала сотрудничать с журналом «Социалистический вестник». Перед Второй мировой войной переселилась в США, писала статьи с критикой сов. лит. В нач. 50-х занимала должность директора изд-ва им. Чехова в Нью-Йорке, в котором были опубликованы неизданные мемуары выдающихся рус. эмигрантов, покинувших Россию после гражданской войны, и произведения рус., оказавшихся за рубежом после Второй мировой войны.

Похоронена на кладбище Френклиф.
И с т. Александрова Вера Александровна // Незабытые могилы / Сост. В.Н. Чуваков. Т. I. С. 51–52.
Л и т. *Вильданова Р.И., Кудрявцев В.Б., Лаппо-Данилевский К.Ю.* Словарь // Струве Г. С. 278; На темы рус. и общие. Сб. материалов в честь Н.С. Тимашева / Ред. Сорокин П.А., Полторацкий Н.П. Нью-Йорк, 1965. С. 430; *Terras Victor.* Aleksandrova Vera // Handbook of Russian Literature, Yale University Press. 1985. P. 18–19.

АЛЕКСАНДРОВА Галина Александровна, по мужу **Женук** (Schenuk) (род. Киев, 1915) — художник. Во время Гражданской войны семья Александровых вынуждена была бежать в Екатеринодар, где Галина оконч. школу и начала учиться в худ. техникуме. Диплом получила в Ростове-на-Дону, оконч. четыре курса техникума и одногодичный специальный курс оформления театральных спектаклей. В Советском Союзе работала в Армавире, Таганроге и Ростове художником в кукольном театре, семь лет была главным художником в драматич. театре и создавала костюмы для балета.

После беженского периода в Европе переселилась в 1951 с мужем в США. Продолжала худ. образование в Филадельфии, в Пенсильванской академии изящных искусств. Работала театральным художником, создавала костюмы для знаменитых филадельфийских парадов Mardi Gras, Mummers Parade, Orange Bowl, оперных постановок, писала портреты по заказу. Ее работы были показаны на шести групповых выставках в Пенсильвании и Огайо и на восьми персональных выставках. Галина Александрова пишет маслом и акварелью. Темами ее творчества являются рус. сказочные образы. Она видит «внутреннее содержание во всем — в людях, животных, строениях, деревьях, цветах» и считает, что искусство «приводит человека к более возвышенному состоянию», как сказал Достоевский, и что «красота спасет мир».
И с т. АА. Alexandroff Galina. Curriculum vitae (typescript). 1988.

АЛЕКСАНДРОВСКИЙ Георгий Борисович (16 дек. 1900 – 8 марта 1981) — мичман, публицист. После смерти издателя, полковника *Н.П. Рыбакова,* девять лет издавал газ. «Россия» (Нью-Йорк). Сотрудничал в журнале «Часовой». Автор ряда научных соч. Его бумаги вошли в архив об-ва «Родина». Скончался от последствий автомобильной катастрофы, случившейся в 1973. После его кончины газ. «Россия» прекратила существование.

Похоронен на кладбище женского монастыря Ново-Дивеево возле Нануэт, в шт. Нью-Йорк.
И с т. Александровский Георгий Борисович // Незабытые могилы / Сост. В.Н. Чуваков. Т. I. С. 53.
Л и т. Некролог. // Часовой (Брюссель). 1981. Май-июнь. № 631; Кончина бывшего ред. газеты «Россия» // НС. 1981. 26 июня.

АЛЕКСЕЕВ Василий Иванович (Wassilij Alexeev) (6 окт. 1906, Владимир – 8 окт. 2002, Миннеаполис, шт. Миннесота) — проф. рус. литературы при ун-те Миннесоты, исследователь истории Рус. православной церкви, писатель. В 1930 оконч. Московский гос. ун-т, специализируясь по рус. истории. В том же году арестован большевиками по обвинению в создании «контрреволюционной орг-ции» — религиозно-философских кружков, и приговорен к пяти годам концентрационных лагерей. Освободившись в 1934, работал в научных учреждениях в качестве научного работника и ред. по договору. В 1941 мобилизован в Красную армию. В 1942 попал в плен к немцам. После конца военных действий решил остаться за рубежом. В 1951 переехал в США. С 1955 по 1975 преподавал рус. яз. и лит. в ун-те Миннесоты, где одновременно с преподаванием написал докторскую дисс. по рус. истории, которую защитил в 1967.

Дисс. была посвящена положению Рус. православной церкви на оккупированной нем. армией территории во время Второй мировой войны (The Russian Orthodox Church under German Occupation). В 1976 эта работа была издана в несколько измененном виде совместно с Феофаном Г. Ставру на англ. яз. (*Wassilij Alexeev. Theofanis G. Stavrou*, 1976, The Great Revival: Burgess Publishing Co., Minneapolis, MN, 229 p.). Рус. перевод этой книги был опубликован в журнале «Русское Возрождение» (№ 11 и 12 за 1980; 13–16 за 1981 и 17–18 за 1982).

Читал лекции в Ин-те Советоведения в Миддлбери, в Вермонте. А. также написал книгу «Роль Церкви в создании рус. государства», освещающую период от нашествия татар до Ивана III (1990, Комитет Тысячелетия Крещения Руси Конгресса Рус. Американцев). Ее продолжением является книга о роли церкви в эпоху централизации при Иване III, когда православие в России находилось в тяжелой борьбе с проникновением в Россию сектантства, которого не лишена и современная Россия. Эта поучительная книга вышла из печати при содействии КРА в авг. 2003 в Санкт-Петербурге. Активный православный церковный деятель. Многие годы состоял в редакционной коллегии журнала «Русское Возрождение», основанного протопресвитером *Александром Киселевым*. Деятельный член КРА со дня его основания. С 1973 по 1976 был вице-председателем Главного правления КРА на Средний Запад. Автор следующих книг: «Невидимая Россия» (Нью-Йорк, 1952), «Россия солдатская» (Нью-Йорк, 1954); двух работ: «Рус. православные епископы в Советском Союзе, 1941–1953» и «Иностранная политика Московской Патриархии, 1939–1953» опубликованные в «Material for the History of the Russian Orthodox Church in the USSR, Mimeographed Series № 61, 70, Research Program on the USSR, New York, 1954. 1955)». Опубликовал ряд статей в журналах: «Возрождение» (Париж), «Irenicon» (Chevetogne, Belgique), «The Slavic and East European Journal» (Urbana IL), «Eastern Churches Review» (Oxford, England),

Новый Журнал (Нью-Йорк), «Русское Возрождение» (Нью-Йорк), Religion in Communist Land» (Keston, Kent, England), «Записки РАГ в США» (Нью-Йорк), в газ. «Новое русское слово» (Нью-Йорк). Был женат на Людмиле Васильевне, по первому браку *Шаховской*, скончавшейся 2 мая 1998 года. Его пасынок, князь *Сергей Шаховской*, скончался в 1996.

Л и т. *Александров Е.* Василий Иванович Алексеев // РА. 1997. № 21. С. 163–164; *Вильданова Р.И., Кудрявцев В.Б., Лаппо-Данилевский К.Ю.* Словарь // *Струве Г.* С. 278.

АЛЕКСЕЕВ Григорий Иванович (7 февр. 1897 – 11 июня 1969, Ютика, шт. Нью-Йорк) — поручик. Оконч. Сибирский кад. корпус и Константиновское арт. уч-ще. Ветеран Первой мировой и Гражданской войн. Участвовал в 1-м Кубанском походе Белой армии. Состоял в рядах РОА ген. А.А. Власова. После оконч. войны переселился в США.

И с т. *Левитов.* Незабытые могилы // Часовой. Сент. 1969. № 512. С. 22.

АЛЕКСЕЕВ Игорь Александрович (род. 5 янв. 1931, Питтсбург) — физик, инж.-электрик. преподаватель. Род. 5 янв. 1931 в Питтсбурге. В 1952 оконч. Гарвардский ун-т со ст. бакалавра, в 1955 в Висконсинском ун-те получил звание магистра и в 1959 защитил при этом же ун-те докторскую дисс. Вел изыскания в фирме Вестингауза, руководил контролируемой термоядерной реакцией в Нац. лаборатории Оак-Ридж. Более 10 лет занимал должность проф. электротехники при ун-те Теннесси, был приглашен читать лекции в ун-тах Японии, Южной Африки, Бразилии, Индии. Удостоился многочисленных наград и похвальных отзывов от научных и профессиональных об-в США за свою выдающуюся преподавательскую деятельность и достижения в области ядерной физики и плазмы. *Родственники:* жена Анна (урожд. Фабина); дети Александр, Елена.

Л и т. Who's Who in America. 48th edition. V. 1. P. 45.

АЛЕКСЕЕВ Сергей Васильевич (1880 – 19 апр. 1967) — полковник артиллерии, ветеран трех войн. Оконч. 1-й Московский кад. корпус и Константиновское арт. уч-ще. Служил в 12-й арт. бригаде. Участник рус.-яп. войны. Во время Первой мировой войны служил в 4-й арт. бригаде и командовал дивизионом. Во время Гражданской войны сражался в корпусе ген. Бредова. Эвакуировался в Галлиполи, откуда переехал в Кор. СХС. После захвата страны югославскими коммунистами перешел на положение беженца. Переселился в США, жил в Нью-Йорке. Был почетным председателем Объединения офицеров, оконч. Константиновское арт. уч-ще. Участвовал в полит. жизни рус. эмигр. Организовывал традиционные митинги непримиримости с коммунизмом.

И с т. Алексеев Сергей Васильевич // Незабытые могилы / Сост. В.Н. Чуваков. Т. I. С. 56.
Л и т. Некролог. // Часовой. Июнь 1967. № 492. С. 23.

АЛЕКСЕЕВА Екатерина Григорьевна (Alexeieff Katherine) (21 янв. 1915, Москва – 25 мая 1996) — преподаватель рус. и франц. яз. Род. в семье, к которой принадлежали театральный деятель К.С. Станиславский и чемпион мира по шахматам А.А. Алехин. Ее дед был ректором Московского ун-та. После захвата власти большевиками в России выехала с родителями в Чехословакию, где стала студенткой Пражского ун-та. По обмену студентами прибыла в США и после оконч. образования стала преподавать франц. и рус. яз. в Нокс (Knox) колледже в Куперстауне, в шт. Нью-Йорк. Затем преподавала в школе св. Марии в Гарден-Сити и Ленокс школе в Манхэттене. В 1947 получила приглашение преподавать в Манхаттэнвиллском колледже и позже — в колледже Пурчэз, в шт. Нью-Йорк. В 1958 открыла новую страницу в преподавании рус. яз., выйдя на телеэкран. Дослужилась до звания полного проф. и вышла в отставку в 1980. Поселившись в Си-Клиффе, на Лонг-Айленде, читала лекции на англ. и рус. яз. по рус. лит. и культуре при местной библиотеке, церкви св. Луки и при православном приходе св. Серафима Саровского.

И с т. Алексеева Екатерина. Анкета РАГ в США. 1969.
Л и т. *Bailey Wes.* Meet Katherine Alexeieff // Glen Cove Record Pilot. 1986. Nov. 20; *Horton Pat.* Sea Cliff Loves Katherine // Glen Cove Record-Pilot. 1990. Feb. 8.

АЛЕКСЕЕВА Лидия Алексеевна (урожд. Довель, по мужу Иванникова) (22 февр. 1909, Двинск – 27 окт. 1989) — поэтесса. Род. в семье офицера, участника Первой мировой и Гражданской войн. В 1920 выехала с родителями из Севастополя в Константинополь, откуда переехала в Болгарию, а затем в Кор. СХС, где в 1929 оконч. рус. гимназию и в 1933 ф-т славянской филологии Белградского ун-та, получив за дипломную работу «Высшую Святославскую награду». Преподавала серб. яз. и лит. в Белградской рус. гимназии. В 1937 вышла замуж за писателя Михаила Иванникова (1904–68). Участвовала в рус. лит. журнале «Новый Арзамас». При приближении Красной армии уехала из Белграда в Австрию. Первые стихи **А.** отражали события Гражданской войны. Позднее они посвящались природе и утраченной родине. Политика разлучила **А.** с мужем, и он оказался за рубежом.

В 1949 переселилась в США. Жила в Нью-Йорке и работала в славянском отделе Публич. библиотеки. Начала публиковать стихи в 1930-е годы в рус. журналах, издававшихся в Югославии. Первый свой сб. стихотворений «Лесное солнце» опубликовала в 1954, затем вышли из печати сб. ее стихов «Прозрачный след» (1964), «В пути» (1959), «Время разлук» (1971) и «Стихи» (1980).

Л и т. Встречи. Ред. *Вал. Синкевич*. 1986, 1988; *Крейд В. С*. 597; *Халафова И.В.* Лидия Алексеева // Единение (Мельбурн). 1986. 12, 19 и 26 сент.; *Terras V.*, Alekseeva Lidiya // Handbook of Russian Literature. Yale UP. 1985. P. 19–20.

АЛЕКСЕЕВА (в первом браке **Шаховская**) Людмила Васильевна (25 июля 1913, Санкт-Петербург – 2 мая 1998) — общественный деятель, популяризатор рус. культуры председательница Миннеапольского отдела КРА. В 1928 переселилась в Чехословакию, где оконч. рус. гимназию в Моравской Тшебове. В 1943 оконч. в Праге Политехникум по специальности «страховая математика». До 1946 состояла в НТС. После войны жила в Мюнхене и в 1951 переехала в Нью-Йорк. Работала при Колумбийском ун-те в рамках программы по изучению Сов. Союза, субсидировавшейся фондом Форда.

С 1955 жила в Миннеаполисе, в шт. Миннесота. Двадцать лет работала в библиотеке Миннесотского ун-та. Одновременно оконч. этот же ун-т со званием магистра библиотеч. дела. При выходе на пенсию в 1978 была награждена почетной грамотой Миннесотского ун-та. В Миннеаполисе ежегодно организовывала участие рус. в международных фестивалях, ставивших своей целью ознакомление коренных жителей с рус. культурой, бытом и обычаями. После покойной остался вдовец, проф. *Василий Иванович Алексеев*, невестка Неонила Шаховская и двое приемных внуков. **А.** пережила на два года своего сына от первого брака, князя *Сергея Шаховского*, скончавшегося в 1996.

И с т. АА. *Алексеев В.* Биография Л.В. Алексеевой. Рукопись. 26 апр. 1999.
Л и т. Памяти ушедших, Людмила Васильевна Алексеева // РА. № 22. С. 171–172.

АЛЕКСЕЙ (в миру Александр **ПАНТЕЛЕЕВ**) (27 окт.1874, Новодворск Сольвычегодского уезда – 11 сент. 1948, Омск) — епископ. Учился в Архангельской дух. семинарии и С.-Петербургской дух. академии. В 1896 получил назначение учителем в женское епархиальное училище в Великом Устюге. В 1901 рукоположен во иерея. Служил тюремным священником и был настоятелем Воскресенской церкви в том же городе. Рук. церковными хорами и преподавал церковное пение.

В 1909 переведен на Аляску в Уналашку, где получил приход. В 1912 переведен в Питтсбург, Пенсильвания. Окормлял приходы в шт. Коннектикут и Нью-Джерси. В 1916 возведен в сан протоиерея. Преподавал рус. яз. в Рус. женском колледже в Бруклине и был проф. догматики и морального богословия в Свято-Платоновской семинарии в Теналфи, в штате Нью-Джерси. В 1917 снова получил назначение на Аляску, где служил в Михайловском соборе в Ситке. Овдовев в 1921, принял в 1925 монашество с именем Алексея и получил сан архимандрита. Был хиротонисан во епископа Аляскинского. Служа на Аляске, совершал длительные поездки по всей обширной территории епархии, снова занимался церковной музыкой. В 1942 назначен пом. ректора Свято-Тихоновской дух. семинарии, а после кончины архиепископа Арсения — ректором. Будучи в преклонном возрасте, решил умереть на родине и в 1946 уехал в СССР. Принят в патриархию и получил назначение архиепископом Омским и Тарским, в Сибири.

И с т. St. Tikhon's Orthodox Theological Seminary. Our path. 1938–1988. Arcbishop Alexey, Rector, P. 28–29.

АЛЕКСЕЙ АЛЕКСАНДРОВИЧ (2 янв. 1850 – 1 нояб. 1908) — Вел. Кн., четвертый сын императора Александра II. Ген.-адмирал, ген.-адъютант.

В 1871 назначен старшим офицером на фрегат «Светлана», на котором прибыл с официальным визитом в США по приглашению президента У. Гранта. Провел в США три месяца, за которые посетил тридцать четыре города, начиная с Нью-Йорка, познакомился с «Диким Западом», присутствовал на первом масленичном карнавале («Mardi Gras»), устроенном в его честь в Новом Орлеане и с тех пор традиционно повторяемом из года в год, без упоминания истории его возникновения. Это были времена самых дружеских отношений между Россией и Соединенными Штатами. Россию ценили тогда как самого надежного сторонника из всех стран международного сообщества. Путешествие **А.А.** произошло как бы в ответ на посещение России амер. делегацией в 1866 по поручению президента Э. Джонсона для вручения императору Александру II послания обеих палат Когресса США с поздравлением по поводу его избавления от смерти во время покушения террористов. В США помнили, что во время недавней Гражданской войны в Нью-Йорк и в Сан-Франциско прибыли флотилии рус. военных кораблей, чтобы своим присутствием поддержать А. Линкольна и предотвратить вмешательство Англии на стороне южан. В Нью-Йорке на Бродвее в честь **А.А.** был парад. Президент Грант принимал Великого князя в Белом доме. После официальной части визита направился на Запад, где с ген. Дж. Кастером, Баффало Билл Коди и индейцами племени Сиу охотился на бизонов. Эта охота изображена на картине кисти Чарльза Рассела, которая хранится в музее Гиллкрис в Талсе, в шт. Оклахома.

Л и т. Алексей Александрович. Дополнительный том I. С. 81. 1905; Алексей Александрович. БСЭ. 1970. Т. 1. С. 418; *Александров Е.А.* Так было тогда, когда Америка дружила с Россией // РА. 1997. № 21. С. 199–203; *Massie Suzanne.* The Grand Duke Alexis in the USA // GILCREASE. The Magazine of American History and Art. 1984. July. Vol. 6. № 3. P. 1–24.

АЛЕКСИЙ (в миру Алексей Георгиевич **ТОВТ**) (Toth Alexis), (14 марта 1853 – 7 мая 1909). Причислен к лику святых ПЦА. Защитник православия в Америке. Униатский священник-миссионер, по приезде в США возвратился в православие. Род. недалеко от Пресова в Словакии, входившей в Австро-Венгрию. Дух. образование получил в Римско-католич. семинарии в Эстергоме и в Униатской семинарии в Унгваре. Служил настоятелем в униатском приходе и пребывал на посту директора и проф. семинарии в Пресове. Овдовев и будучи бездетным, получил назначение в Америку, куда прибыл в 1889 и начал служить в Миннеаполисе. Здесь у него начались недоразумения канонич. характера с епархиальным римско-католич. епископом, которому он должен был подчиняться.

А. пришел к решению, что единственным выходом из конфликта было возвращение в лоно Православной Рос. Церкви. В 1891 за А. последовали первые 365 карпатороссов. Движение за воссоединение с Православной церковью быстро распространилось на Иллинойс, Пенсильванию, Коннектикут, Висконсин, Нью-Джерси и Нью-Йорк. К 1909 более 29 тыс. униатов вернулись в Православную Церковь. Воссоединение отражало также русофильство среди русинов, бывших подданными Австро-Венгрии, но отождествлявших себя с рус. Для новых прихожан строились церкви, организовывались занятия в воскресных и приходских школах. О. Алексей владел венгерск., карпаторус., рус., нем. и латинск. яз. Епископы *Владимир, Николай, Тихон* и епископ *Платон* высоко ценили дарования о. Алексея и поручали ему выступать перед инославными с разъяснениями о сути Православия. За свои труды на ниве Православия в Америке награжден Синодом Православной Рос. Церкви митрой и удостоился получения от императора Николая II орденов: св. Владимира IV и III ст. и св. Анны III и II ст. Прославление **А.**, как проповедника и защитника православия в Сев. Америке и причисление его ПЦА к лику святых состоялось 29–30 мая 1994 в Свято-Тихоновском монастыре в South Canaan в Пенсильвании, где покоятся его мощи. Потомки последователей **А.** составляют большинство прихожан ПЦА и в своем большинстве являются членами Об-ва рус. братств (ОРБ).

И с т. *Товт А.Г.* Жизнеописание // Запись в церковной книге. Рукопись, 1907.

Л и т. *Солдатов Г.* Юбилей Свято-Покровского прихода в Миннеаполисе // Путь. Православный альманах. 1993; Canonization of Father Toth... // The Orthodox Church. 1994. Apr./May; Proclamation in the Holy Synod of the Orthodox Church in America on the Glorification of the Holy and Righteous Arch-priest Alexis Toth // The Orthodox Church. 1994. June. P. 1; Saint Alexis of Wilkes-Barre // The Orthodox Church. 1994. July/Aug. P. 1, 7–11; *Soldatow G.* A proposal to the Holy Synod of the Orthodox Church in America to Glorify as a Saint // The Very Reverend Archpriest Alexis Georgievich Toth. 1993.

АЛЕКСИЙ (в миру Николай Александрович **БЕЛОЗЕРОВ**) (1905, Омск – 6 окт. 2000) — ветеран Гражданской и Второй мировой войн, монах. Род. в семье сибирского каз. В возрасте 7 лет принят на учебу в Военный каз. пансион, а в возрасте 9 лет — в Сибирский кад. корпус в Омске.

Будучи почти 15 лет поступил добровольцем в Сибирскую армию адм. А.В. Колчака. В составе кад. корпуса принимал участие в обороне Омска и затем вместе с корпусом отступил во Владивосток, откуда в 1922 в составе отходящих белых частей на кораблях адмирала Старка эвакуировался в Шанхай. В 1924 переехал на жительство в Сербию. Здесь женился на Раисе Степановне, закончил образование и работал в железнодорожном ведомстве. Во время Второй мировой войны участвовал в антикоммунистич. формированиях. По оконч. войны жил с семьей в Бельгии, откуда в 1953 переселился в США, где посвятил себя церковному служению при Св. Архангело-Михайловском соборе в Патерсоне, в шт. Нью-Джерси. После кончины супруги Николай Александрович поступил в 1988 в Свято-Троицкий монастырь в Джорданвилле, в шт. Нью-Йорк, где был в марте 1992 пострижен с именем Алексия, в честь мученика царевича Алексия. В монастыре послушанием инока Алексия была работа в монастырской книжной лавке. Скончался в возрасте 95 лет и погребен на монастырском кладбище.

Л и т. *Инок Всеволод.* Монах Алексий // Кад. перекличка (Нью-Йорк). Апр. 2001. № 70–71. С. 293–298.

АЛЕКСИЙ (в миру Александр Николаевич **ЧЕРНАЙ**) (1899, Ковно – ?) — архимандрит, РПЦЗ. Род. в семье судебного следователя. В годы Гражданской войны воевал в рядах армии ген. Юденича. Оконч. Вселенскую дух. семинарию. В 1925 рукоположен во диакона и в дек. 1925 — в сан иерея. Служил в приходах в Литве. Был настоятелем Свято-Сергиевской церкви в Векшнях. В 1943 возведен в сан протоиерея. В 1944 овдовел. С детьми отправился в путь беженства, опасаясь приближающейся Красной армии. Вместе с 20 православными семьями добрался до Эрфурта, в Тюрингии. В апр. 1946 основал в Наугейме православную миссию, которая открыла храмы в лагерях для перемещенных лиц в городах Ганау, Арользен и Гутенберг. Миссия оказывала материальную помощь, сотрудничала с международными орг-циями, содержала библиотеку в Гиссене и открыла детскую православную школу. В 1948 переселился в США. Служил православным миссионером в Цинциннати, в шт. Огайо, выписывал рус. беженцев из Европы. В 1950 назначен миссионером на шт. Техас с пребыванием в Хьюстоне. Основал несколько храмов в Техасе. В дек. 1957 пострижен в монашество с именем Алексий. Митрополит Анастасий возвел игумена Алексия в чин архимандрита. В 1958 был назначен администратором рус. православных общин в Юж. Африке. Возвратившись в США, служил в 1960–70 в приходах в Окснард, Санта-Барбара и Сан-Диего.

Л и т. *Прихожанка.* 50-летний юбилей Архимандрита Алексея (Чернай) // НРС. 8 февр. 1976.; *Корнилов А.А.* С. 19–20.

АЛИПИЙ (в миру Николай Михайлович **ГАМАНОВИЧ**) (род. 19 дек. 1926, с. Новая Маячка, Херсонской обл.) — архиепископ Чикагский и Детройтский (РПЦЗ), иконописец. Род. в семье потомственного кузнеца. Коллективизация вынудила семью Гамановичей покинуть родное село. После 4-классной школы в соседнем селе Кучеряво-Владимировке 8-летнюю школу. В 1942 направлен нем. оккупационными властями на работу в Германию. Оставив нелегально лагерь для восточных рабочих, **А.** присоединился в Берлине к монашеской братии преподобного Иова Почаевского, эвакуированной из Словакии при приближении сов. войск. После капитуляции Германии братия переехала в Женеву, где Николай принял монашеский постриг с именем **А.**

В дек. 1946 братия отправилась на постоянное жительство в Свято-Троицкий монастырь в Джорданвилле, в шт. Нью-Йорк. В монастыре занимался иконописью и поступил в дух. семинарию, после оконч. которой преподавал в ней церковно-славянск., греческ. и некоторые др. яз. На основе учебного курса была составлена и издана в 1964 и 1984 церковно-славянск. грамматика. В 1950 рукоположен во диакона, а в 1954 — во иеромонаха. В 1974 хиротонисан во епископа Кливлендского, в качестве викария Чикагско-Детройтского. В 1987 был назначен правящим архиереем, а в 1990 возведен в сан архиепископа. Помимо исполнения своих обязанностей по епархии владыка **А.** продолжает заниматься иконописным искусством. Им расписана в Кливленде Свято-Сергиевская церковь, частично расписана церковь Всех Святых в земле Рос. просиявших в Денвере, в шт. Колорадо, и почти целиком Покровский собор в Чикаго. В окт. 1999 состоялось празднование 25-летия архиерейского служения владыки **А.**

Л и т. Жизненный путь юбиляра, Архиепископа Алипия Чикагского и Детройтского // ПР. 1999. № 24; *Полчанинов Р.В.* Открытка Архиепископа Алипия // Зарубежная летопись изобразительного искусства. Май 2003. № 10.

АЛЛ. См.: **ДВОРЖИЦКИЙ** Николай Николаевич.

АЛЛЕН (Каценеленбоген) Михаил Юрьевич (род. 1911, Поневеж Ковенской губ.) — собиратель рус. фольклора. Оконч. лит. гимназию. В 1930 переехал к отцу в Канаду. Оконч. бухгалтерские курсы и работал по торговому делу. Во время Второй мировой войны, будучи на военной службе, попал в Германию, где встретился с бывшими сов. гражданами, привезенными во время войны на работы. **А.** стал записывать от руки их песни со всеми возможными вариантами. Когда появился магнитофон, то он стал записывать современный рус. фольклор на ленту, создавая коллекцию «Магнитиздата». Печатал тексты в Нью-Йоркской газ. «Новое русское слово», включая в коллекцию тексты, списанные с лент, нелегально полученных из СССР. Благодаря **А.** на Западе стали известны песни-стихи Б.Ш. Окуджавы, В.В. Галича, В.С. Высоцкого и др. Он также делал переводы этих песен на англ. яз. В 1972 вашингтонская фирма «Коллектор рекордс» выпустила пластинку «Песни советского подполья».

Л и т. *Полчанинов Р.В.* Миша Аллен (Уголок коллекционера) // НРС. 1976. 1 июня.

АЛФЕРОВ Захар Акимович (1874, стан. Еланская Обл. Войска Донского – 13 декабря 1957, Нью-Йорк) — Ген. штаба ген.-майор. Оконч. Ростовское реальное уч-ще и Новочеркасское юнкерское уч-ще в 1895, вышел хорунжим в 1-й Донской каз. полк. В 1906 оконч. курс Академии Ген. штаба. В 1913 назначен инспектором Ташкентского кад. корпуса. Первую мировую войну начал в должности командира Донского каз. полка. После революции состоял членом Донского Войскового Круга, окружным атаманом Верхне-Донского округа, командующим Сев. группой войск на Дону. Одно время был председателем Донского правительства. Эмигрировал в Кор. СХС, где был сотрудником Историч. отдела при Ген. штабе, где ознакомился с документами, касающимися предложения Серб. короля помочь каз. в войне с большевиками во время Гражданской войны, о чем писал в статье «Упущенные возможности» в журнале «Казачий союз» (1951. № 7 и 8). В 1950 выехал из коммунистич. Югославии в Триест и в 1955 — в США.

Похоронен на кладбище монастыря Ново-Дивеево, возле Нанует, в шт. Нью-Йорк.

Л и т. *Плешко Н.Д.* Генеалогич. хроника // Новик. 1958. Отд. III. С. 3; *Скрылов А.И., Губарев Г.В.,* издатели. Каз. словарь-справочник. Кливленд, 1966. Т. I. С. 21–22.

АЛФЕРОВ Северин Захарьевич (12 сент. 1901, Санкт-Петербург – ?) — инж.-электромеханик. Род. 12 сент. 1901 в Санкт-Петербурге. В 1927 оконч. Технич. ф-т Белградского ун-та. В США жил в Нью-Йорке. Действительный член Об-ва рус. инж. в США.

И с т. Анкета Об-ва рус. инж. в США.

АЛФЕРЬЕВ Евгений Евлампиевич (15 окт. 1908 [по др. дан. 1906], Санкт-Петербург – 2 марта 1986) — инж., проф. и декан Свято-Троицкой семинарии в Джорданвилле, шт. Нью-Йорк. Начал учиться в Царскосельской гимназии. Из-за захвата власти большевиками семья **А.** выехала на Дальний Восток, а затем переселилась в Маньчжурию, где оконч. в 1925 классич. гимназию.

В 1927 оконч. Электромеханич. ин-т в Париже, а в 1928 — Гренобльский ун-т. Состоял в рус. патриотич. орг-циях и объединениях. Работал инж. в Париже, во Французской Гвинее, в Китае, Испании, Швейцарии и с 1964 в США, где служил в ООН. Был женат на Ирине Андреевне Молостовой. Овдовев в 1969, приглашен в 1970 на должность декана Свято-Троицкой семинарии. Здесь в глубоко духовной обстановке занимался педагогич. деятельностью и совместно со своим старшим сыном Василием строительством здания семинарии. В монастыре написал книгу «Император Николай II как человек сильной воли» (М., 1991) и издал «Письма святых Царственных мучеников из заточения» (Санкт-Петербург, 1996).

Похоронен на кладбище Свято-Троицкого монастыря

Л и т. Е.Е. Алферьев — третий декан Свято-Троицкой семинарии // ПР. 1998. 28 нояб. № 22. С. 6–8.

АЛЬГИН Владимир Владимирович (2 авг. 1895 – 3 янв. 1973) — лейтенант, оконч. Морской корпус в 1915 и вышел в Черноморский флотский экипаж, где был назначен на канонерскую лодку «Донец», на которой ходил до взятия Трапезунда. В 1916 переведен на эскадренный миноносец «Гневный», на котором в дни революции был арестован, но ему удалось бежать и скрыться от красных. С 1919 служил в разных отрядах Добровольч. армии, а в 1920 на «Алмазе» эвакуировался в Бизерту. В 1923 приехал с семьей в США. Работал на ф-ках. По оконч. Механич. курсов работал чертежником в Нью-Йоркском порту. Выдержав экзамен на картографа, получил службу по этой специальности. Уйдя на пенсию, занимался переводами.

И с т. *Рагозин С.* Письмо Е.А. Александрову. 16 марта 2002.

Л и т. *Боголюбов Н.А.* Лейтенант Владимир Владимирович Альгин // Об-во Рус. Императорских морских офицеров в Америке. 1974. С. 7.

АЛЬМЕНДИНГЕР Владимир Вильгельмович — подполковник. Служил в Симферопольском офиц. полку.

В эмигр. был председателем Об-ва Галлиполийцев. Скончался в Лос-Анджелесе 16 нояб. 1974.

Л и т. Некролог // Часовой (Брюссель). Янв. 1975. № 583. С. 19.

АЛЬТАМЕНТОВ Андрей Иванович. См.: **КАСИМ** Андрей

АЛЬТШУЛЕР Григорий Исаакович (1870, Липецк – 1943) — врач, писатель. Учился на мед. ф-те Московского ун-та. Был врачом в Торжке и в Ялте. Лечил А.П. Чехова и Л.Н. Толстого. Выехал за рубеж в 1920. Став эмигрантом, продолжал образование в Карловом ун-те в Праге, где в 1924 получил диплом доктора медицины. С 1924 по 1930 был ассистентом при Карловом ун-те и с 1930 по 1938 старшим врачом легочной амбулатории в Праге. Написал 45 научных работ на франц., чешск., английск. и рус. яз., опубликованных в научных журналах. Опубликовал в Нью-Йорке биографию первого рус. доктора П. Постникова и историч. роман «Дело Тверитинова» о лекаре-вольнодумце времен Петра Первого. Был членом РАГ в США, членом Академии Медицины в Нью-Йорке, членом Нью-Йоркской академии наук и National History of Science Society.

И с т. Альтшулер Григорий Исаакович // Незабытые могилы / Сост. В.Н. Чуваков. Т. I. С. 68–69.

Л и т. Некролог. // НЖ. 1943. № 6.

АЛЬТШУЛЕР Модест — создатель рус. симфонич. оркестра в Америке. Прибыл в Нью-Йорк в 1896. По его словам, в то время здесь о рус. музыке ничего не слышали. В муз. мире господствовали нем. музыканты, исполнявшие нем. муз. произведения. Основал рус. квартет, выступавший в Купер Юнионе. Квартет исполнял увертюру из «Руслана и Людмилы» М.И. Глинки, «Шахерезаду» П.И. Чайковского и «Кавказские эскизы» Ипполитова-Иванова. Рус. эмигранты играли в этом квартете из любви к искусству, не получая жалованья. Концерты давались бесплатно. Кроме концертов в Нью-Йорке **А.** изъездил со своим оркестром Америку три раза, включая Канаду. Для его постановки «Прометея» Томас А. Эдисон создал в 1917 специальный аппарат для световых эффектов.

В 1916 пытался создать в Америке Амер. нац. консерваторию, но, несмотря на поддержку Маргариты Вильсон, дочери президента США, это осуществить в то время не удалось. Изыскивая средства для поддержки оркестра, обратился к амер. меценатам. На его начинание откликнулись Чарльз Крейн, Чарльз Флинт, Дж. Морган, Вестингауз и др. Больше всех оркестром заинтересовался рус. генеральный консул в Нью-Йорке Ладыженский. При поддержке этих лиц интерес к рус. музыке возрос необычайно. В программу оркестра входили произведения всех известных рус. композиторов. Через оркестр прошли ок. 2000 музыкантов, которые стали потом распространять интерес к рус. музыке по всей стране.

Л и т. *Альтшулер Модест.* Рус. симфонич. оркестр в Америке // Рус.-амер. справочник. Нью-Йорк, 1920. С.195–197.

АМАРИ. См. **ЦЕТЛИН** Михаил Осипович

АМАССИЙСКИЙ Леонид Яковлевич (31 июля 1895 – 27 июня 1976, Лос-Анджелес) — полковник. Старший офицер 6-го бронепоездного дивизиона. Был женат на Регине Николаевне, урожд. Махоткиной, скончавшейся 25 июня 1960 в Лос-Анджелесе.

Похоронен в Лос-Анджелесе.

Л и т. *Плешко Н.Д.* Генеалогич. хроника // Новик. 1960. Отд. III. С. 2; Некролог // РМ. 1975. 31 июля.

АМВРОСИЙ (в миру Адриан **МЕРЕЖКО**) (1889–1974) — схиархиепископ. Род. в крестьянской семье под Киевом. Вырос в Киево-Печерской Лавре. Не оконч. гимназии, служил в администрации Екатеринославской губ. Во время Гражданской войны сражался против большевиков. В 1920 эвакуировался из Крыма. Приехал в США в 1923, где познакомился с архиепископом *Виталием* (*Максименко*), у которого получил богословское образование.

В 1938 рукоположен во диакона владыкой *Виталием* и служил в Вознесенском соборе в Бронксе, в Нью-Йорке. В том же году *митрополит Феофил* рукоположил его во пресвитера. Был настоятелем Свято-Спиридоньевского прихода в Порт-Амбой в шт. Нью-Джерси. Признал автокефалию ПЦА. В 1955 хиротонисан во епископа Ситкинского и Аляскинского, наблюдал за Яп. Православной Церковью. В 1967 получил назначение архиепископом Питтсбургским и Зап. Виргинии. Однако у него появились разногласия с ПЦА из-за введения нового стиля, а также в управлении церковными делами. Это привело его в лоно РПЦЗ, принят митрополитом *Филаретом*. Служил в Синодальном соборе в Нью-Йорке. Скончался в Преображенском монастыре в Бостоне.

Похоронен за алтарем кафедрального собора в Свято-Троицким монастыря в Джорданвилле, в шт. Нью-Йорк.

Л и т. Памяти Схи-Архиепископа Амвросия // ПР. 1975. № 1. С. 78; *Верл Михаил.* 25 лет со дня кончины архиепископа Амвросия (Мережко) // ПР. Март 1999. № 9. С. 6.

АМИЛАХВАРИ Александр Владимирович, кн. (20 нояб. 1879, Царское Село Санкт-Петербургской губ. – 21 авг. 1968) — Гвардии полковник. Род. в семье потомков карталинских князей Грузии. Его мать, урожд. княжна Церетели, была внучкой последнего царя Грузии Георгия XIII. Крестной матерью **А.** была вдовствующая императрица Мария Федоровна. Пройдя кл. Тифлисского кад. корпуса, оконч. Пажеский корпус, был произведен в 1901 в хорунжие и вышел в 1-й Кизляро-Гребенской полк Терского каз. войска. В 1902 перевелся в Императорский конвой. В 1912 князь Амилахвари вышел в отставку, но во время Первой мировой войны вернулся в строй и командовал сотней Татарского полка Кавказской туземной дивизии, известной под названием «Дикая дивизия». В 1917 в чине полковника командовал Грузинским конным полком. После революции проживал в Грузии и в Гражданской войне не участвовал. Наступление большевиков вынудило **А.** в 1921 покинуть Грузию и эвакуироваться в Константинополь, а затем в Париж. Во время Гражданской войны в Испании (1936–39) поступил добровольцем в Национальную исп. армию для борьбы с коммунистами. После победы в Испании не был допущен во Фр. и жил в Перу. В 1957 переселился из Перу в США, где возглавил в Нью-Йорке Союз рус. военных инвалидов. Председателем Союза оставался до конца жизни. С 1902 был женат на баронессе Регине Карловне Гротгус, скончавшейся в 1934. После него осталась дочь, вышедшая замуж за голландца Гэстергауса, и внучка.

Л и т. Памяти полк. кн. А.В. Амилахвари // НРС. 1968. 8 сент.

АМИЛАХВАРИ Николай Дмитриевич (? – 26 апр. 1959, Нью-Йорк) — князь. Ветеран Рус. императорской армии. Ротмистр 18-го Драгунского Северского короля Датского Христиана IX полка. Член Объединения Северских драгун, Объединения Офицеров Императорской кав. и конной артиллерии, Союза рус. военных инвалидов в Нью-Йорке и Грузинского об-ва.

Похоронен на кладбище Маунт-Оливет, Маспет Квинс, в шт. Нью-Йорк.

Л и т. Некролог. // НРС. 1959. 28 апреля; *Плешко Н.Д.* Генеалогич. хроника // Новик. 1959. Отд. III. С. 3.

АМОРЕЙСКИЙ Павел Николаевич (1 марта 1888 – 26 февр. 1970) — ротмистр. Оконч. Воронежский кад. корпус и в 1909 Елисаветградское кав. уч-ще. Начал служить в 1915 в 12-м улан. Белгородском полку, командовал эскадроном. После оконч. военных действий эмигрировал в США. Когда после Второй мировой войны в США стали прибывать из Европы однополчане, оказывал им помощь и основал для этого полковое объединение, став его председателем.

Похоронен на кладбище Маунт-Оливет, Квинс, в шт. Нью-Йорк.

И с т. *Рагозин С.* Письмо от 16 марта 2002 Е.А. Александрову.

Л и т. *Баллод Б.* Незабытые могилы // Часовой (Брюссель). 1970. Июнь. № 528. С. 19.

АМФИЛОХИЙ (в миру **ВАКУЛЬСКИЙ**) (? – 19 дек. 1968, Аляска) — архимандрит, викарный епископ, миссионер на Аляске. Оконч. Казанскую дух. академию, в которой учился на специальных миссионерских курсах туземцов Сибири. Это способствовало тому, что прибыв на Аляску, быстро освоил эскимосский яз. и с 1900 по 1912 возглавлял Куипачскую миссию с пятью приходами.

Проповедуя христианство, много путешествовал по сев. Аляске, летом на каяке, а зимой на собачьей упряжке. В своей миссионерской работе основывал в эскимосских селениях небольшие группы обращенных в Православие молодых людей и преподавал им Священное писание, церковную историю, церковное пение, готовя из своих учеников учителей. В 1923 был посвящен в сан викарного епископа.

Л и т. Archimandrite Amphilokhy (Vakulski) // Orthodox Church. 1975. P. 289–290.

АНАМИН Александр Иванович (16 марта 1903 – июнь 1979, Сан-Луи), ветеран Белой армии, капитан РОА. В возрасте 16 лет поступил в Добровольч. армию. Сражался против большевиков в рядах 1-го Дроздовского полка, дважды ранен. При отступлении не эвакуировался с Белой армией. Во время Второй мировой войны был призван в Красную армию и в 1941 попал в плен к немцам. В 1945 поступил добровольцем в РОА ген. Власова. После оконч. войны жил в Германии, в Мюнхене. В 1952 переселился в США. Явился создателем Объединения ветеранов РОА и выступал в защиту участников Власовского движения. Доказывал, что если бы не 1-я дивизия РОА ген. Буняченко, то Прага, подобно Варшаве, лежала бы в развалинах.

Был в Нью-Йорке вице-председателем объединения пенсионеров.

Похоронен в Нью-Йорке.

Л и т. *Завалишин В.* Светлой памяти Александра Анамина // НРС. 1979. 4 июля; *Самарин В.* Некролог // Часовой (Брюссель). 1979. № 621; *Рагозин С.* Письмо от 16 марта 2002 Е.А. Александрову.

АНАНОВА Лидия Анатольевна. См.: **ХОЛОДОВИЧ**.

АНАСТАСИЙ [в миру Александр Алексеевич **Грибановский**] (6 авг. 1873, Братки [по др. дан. — С. Грибановка] Борисоглебского уезда Тамбовской губ. – 9(22) мая 1965, Нью-Йорк) — митрополит, Первоиерарх Рус. Православной Зарубежной Церкви (РПЦЗ). Из семьи приходского священника. Оконч. Тамбовскую дух. семинарию (1893), Московскую дух. академию (1897) со ст. кандидата богословия. В апр. 1898 принял монашеский постриг в Тамбовском Казанско-Богородицком монастыре с именем Анастасия в честь преподобного Анастасия Синаита, иеромонах. В 1898–1900 — пом. инспектора Московской дух. академии. В 1900–01 — инспектор Вифанской дух. семинарии (близ Троице-Сергиевой Лавры), в июле 1901 назначен ректором Московской дух. семинарии, архимандрит. Хиротонисан во епископа Серпуховского 29 июня 1906. Оставался на Серпуховской кафедре до 1914, заслужив любовь и уважение прихожан. Совершал богослужения в Успенском соборе и в Храме Христа Спасителя в Москве. В мае 1914 назначен на кафедру епископа Холмского и Люблинского. Во время Великой войны посещал войска Действующей армии, неоднократно попадал под обстрелы противника. Награжден орденами св. Владимира II ст. и св. блг. кн. Александра Невского с мечами. Отступление Рус. Императорской армии в 1915 заставило **А.** выехать в Москву, а затем в Петроград. В 1915 назначен на кафедру епископа Кишинёвского, 6 мая 1916 хиротонисан в сан архиепископа Кишинёвского и Хотинского. В 1917–18 участвовал в деяниях Поместного Собора Православной Рос. Церкви. На Соборе избран членом Св. Синода и ВЦС. Имя **А.** называлось в числе кандидатов на Патриарший Престол. **А.** получил 77 голосов из 309. Председатель двух комиссий, созданных для организации выборов и настолования Патриарха и для оповещения православного населения России о происшедших на Соборе событиях. После присоединения Кишинёвской епархии к Румынии в апр. 1918 Румынским Синодом устранён от должности архиепископа Кишинёвского и Хотинского. В окт. 1918 выехал из Москвы в Одессу с целью восстановления отношений с Бессарабией. В 1919 выехал из Одессы в Константинополь, управлял рус. православными общинами. В нояб. 1921 участвовал в Первом Рус. Всезаграничном Церковном Соборе в Сремских Карловцах (Кор. СХС), во время работы Собора возглавлял отдел дух. возрождения. С 24 апр. 1922 в Турции — председатель Рус. комитета помощи беженцам, пострадавшим от большевиков. В 1924–34 — наблюдал за деятельностью Рус. Дух. миссии в Иерусалиме. В 1935 принял участие в совещании, выработавшим временное положение об управлении Рус. Церковью Заграницей. Митрополитом Антонием (Храповицким) возведён в сан митрополита и оставлен на постоянное пребывание в Сремских Карловцах (Югославия) в качестве пом. Блаженнейшего митрополита Антония. После кончины митрополита Антония в 1936 избран Председателем Архиерейского Собора РПЦЗ, не признававшей юрисдикции Зам. Патриаршего Местоблюстителя митрополита Сергия (Страгородского) и признававшей в качестве главы Церкви Первого Патриаршего Местоблюстителя митрополита Казанского и Свияжского Кирилла (Смирнова), расстрелянного органами НКВД в 1937. Первоиерарх РПЦЗ с 28 июля 1936 по 27 мая 1964. Рук. работой Второго Всезарубежного Церковного Собора епископов, клира и мирян (авг. 1938), после которого Архиерейский Синод переехал из Сремских Карловиц в Белград. Последовательно занимал непримиримую позицию по отношению к сов. власти. В Рождественском послании 1939 митрополит **А.** заявил: «Ничто не нужно в такой степени для нас ныне перед лицом грядущих решительных событий, как тесное единение всех наших национальных сил, сосредоточенных на одной священной мысли — низвержении большевизма и возрождении России. К тому не перестаёт нас звать наша Матерь Церковь, исконная собирательница и печальница Рус. земли... к этому зовёт нас и Сам Христос Спаситель». В условиях начавшейся Второй мировой войны выступал категорич. противником достижения каких-либо компромиссов с сов. властью. После нем. оккупации и расчленения Королевства Югославия в 1941 митрополит **А.** был фактич. изолирован нацистами в Белграде. 22 июня 1941 покои митрополита **А.** были подвергнуты обыску агентами Гестапо, в котором **А.** имел репутацию англофила. От предложений оккупационной администрации выпустить какое-либо воззвание к рус. людям в связи с началом войны между Германией и СССР митрополит **А.** уклонился, сославшись на неопределённость полит. целей рейха в отношении России. Осенью 1941 благословил создание ген.-майорами *М.Ф. Скородумовым* и Б.А. Штейфоном в Сербии из белоэмигрантов Рус. Корпуса, использовавшегося в борьбе против просоветск. партизан И.Б. Тито, но не кор. четников Д. Михайловича. Неоднократно служил и выступал с проповедями перед чинами Корпуса, включая бойцов пополнения из быв. граждан СССР. В 1942 **А.** отказался исключать из молитвенного поминания полковыми священниками Корпуса имя югославского короля Петра II, выступавшего в Лондоне с резко антинацистскими заявлениями. В 1941–45 последовательно поддерживал формирование воинских частей из быв. граждан СССР и белоэмигрантов на стороне герм. Вооружённых Сил. Инициировал отправку на оккупированные терр. СССР икон, нательных крестиков, дух. лит. и церковной утвари, но любые др. начинания митрополита **А.**, направленные на развитие миссионерской деятельности РПЦЗ на оккупированных терр. СССР, встречали резкое противодействие со стороны нацистов. В 1941–44 **А.** сохранял неизменную лояльность и такт по отношению к арестованному нацистами Патриарху Серб. Православной Церкви Гавриилу и её священноначалию, поддерживал рус. воинские части в их попытках спасти серб. население Хорватии от геноцида усташей А. Павелича и по мере сил стремился облегчить положение православных верующих в Хорватии. Один из инициаторов проведения в Вене 21–26 окт. 1943 Архиерейского совещания иерархов Православной Рус. Церкви за границей, на которой были приняты резолюция о неканоничности избрания митрополита Сергия (Страгородского) в Москве патриархом Московским и всея Руси, воззвание к верующим о необходимости борьбы с большевиками и др. документы. В сент. 1944, накануне прихода Красной армии и войск Тито, вместе с членами и служащими Синода эвакуировался сначала в Вену, затем в Германию, с нояб. — в Карлсбаде. В последние месяцы войны открыто поддержал создание КОНР ген.-лейт. А.А. Власова и его военно-полит. мероприятия, благословив создание ВС КОНР (РОА). 18 нояб. присутствовал на торжественном заседании в Берлине, где зачитывался Пражский манифест — программный документ КОНР. 19 нояб. в Берлинском соборе после совершения молебствия о даровании победы власовской армии выступил с приветственным словом в адрес КОНР и использовал свой авторитет архипастыря для популяризации КОНР и Власовского движения в среде остарбайтеров, военнопленных и белоэмигрантов. Оконч. войны встретил в Баварии. В 1945–50 жил в Мюнхене и активно способствовал восстановлению деятельности Синода.

Осенью 1950 переехал вместе с Синодом в США, с февр. 1952 — в Нью-Йорке, откуда окормлял все епархии РПЦЗ. Поддерживал общение с митрополитом *Леонтием,* возглавлявшим ПЦА. Митрополит **А.** призывал иерархов амер. митрополии восстановить единство, но расхождения между юрисдикциями увеличивались, и воссоединения не произошло. С прибытием в США рус. иммигрантов из Европы число приходов РПЦЗ увеличилось до 100. Автор дух. и литературоведч. трудов. В 1964 по состоянию здоровья решил уйти на покой. Решением Архиерейского Собора РПЦЗ **А.** был присвоен титул Блаженнейшего. Почётный председатель Архиерейского Синода РПЦЗ в 1964–65. Наследовал **А.** в качестве Первоиерарха епископ Брисбенский *Филарет* (*Вознесенский*).

Похоронен в Свято-Троицком монастыре в Джорданвилле (шт. Нью-Йорк).

С о ч. Архипастырские послания, слова и речи Высокопреосвященнейшего Митрополита Анастасия, Первоиерарха Рус. Зарубежной Церкви. Юбилейный сб. ко дню 50-летия архиерейского служения. 1906–1956. Джорданвилл, 1956; Сб. избр. соч. Высокопреосвященнейшего Митрополита Анастасия. Джорданвилль, 1948.

И с т. ЛАА. *Александров К.М.* Митрополит Анастасий (Грибановский) — биографич. справка (2004); Анастасий (Грибановский) // Незабытые могилы / Сост. В.Н. Чуваков. Т. 1. С. 73–74; Приложение 2. // Акты Св. Тихона, Патриарха Московского... *М.Е. Губонин.* С. 837–838.

Л и т. *Амвросий,* архиепископ. Блаженнейший Митрополит Анастасий. К 100-летию со дня рождения // ПР. 1973. № 15. С. 2–8; Сообщение о смерти // Перекличка (Нью-Йорк). 1965. Май-июнь. № 161–162. С. 15; *Константинов Димитрий.* Записки военного священника. СПб., 1994. С. 20; *Корнилов А.А.* С. 21–23; Некролог // Посев (Франкфурт на Майне). 1965. 4 июня. № 23 (994). С. 11; *Шкаровский М.В.* С. 191–194, 196, 200, 202–206, 208, 213, 235, 243–245.

АНАТОЛИЙ (в миру Илья Георгиевич **Апостолиди**) (1895, Феодосия Таврич.

губ. – 26 июня 1976, Афины) — епископ. Род. в греч. семье. В 1916 оконч. Таврич. дух. семинарию, затем Чугуевское уч-ще. Ветеран Первой мировой и Гражданской войн. В боях с большевиками ранен и не смог эвакуироваться из Крыма. Арестован и сослан в лагерь принудительного труда. Благодаря хлопотам греч. посла в Москве выслан в Грецию, где служил священником в греч. армии и настоятелем рус. посольской церкви. После хиротонисания во епископы назначен епископом Монреальским и Канадским.

Л и т. Некролог. // ПР. 1976. 15/18 июля. № 14; Некролог. // Часовой (Брюссель). 1977. Апр. – май. № 605. С. 19.

АНДЕРСОН Павел Францевич (1894 – 27 июня 1985, США). Высшее военное образование получил в Николаевской академии Ген. штаба, основатель и многолетний сотрудник рус. изд-ва YMCA-Press и один из создателей Богословского ин-та в Париже.

Л и т. Некролог. // РМ. 1985. 5 июля.

АНДЕРСОН-ИВАНЦОВА Елизавета (1893–1973) — балерина. Балетное образование получила в Московской балетной школе. Была принята в балет Большого театра, в котором исполняла главные партии в «Лебедином озере», «Спящей красавице», «Раймонде», «Коньке-горбунке», «Дон-Кихоте» и др. балетах.

Выехав за рубеж, ставила короткие балетные номера для театра *Н.Ф. Балиева* «Летучая мышь», с которым приехала в 1923 в США и работала до 1936 в качестве балетной постановщицы. Успешно организовала в Нью-Йорке свою балетную студию, в которой работала до самой смерти. Была замужем за оперным и эстрадным певцом *И.В. Иванцовым*, скончавшимся в 1967 на Толстовской ферме в шт. Нью-Йорк.

И с т. Андерсон-Иванцова Елизавета // Незабытые могилы / Сост. В.Н. Чуваков. Т. I. С. 75–76.

Л и т. Некролог. // НРС. 1973. 14 нояб.

АНДРЕ Людмила — журналистка, сотрудница газеты «Daily News» в Нью-Йорке. Род. в Киеве. Выехала с родителями на Запад при эвакуации города по приказу нем. оккупантов. Училась и начала профессиональную карьеру журналистки в Нью-Йорке. От первого брака имеет двух сыновей. Вторым браком была замужем за ныне покойным *Рюриком (Юрием) Дудиным (Днепровым)*.

Л и т. Архив КРА.

АНДРЕЕВ Г. См.: **ХОМЯКОВ** Генадий Андреевич

АНДРЕЕВСКИЙ (АНДРИЕВСКИЙ) Леонид Иванович, (? – 10 февр. 1962) — полковник. Ветеран Первой и Гражданской войн. Служил во 2-м Дроздовском стрелковом полку Дроздовской стрелковой дивизии (на 1920). Награжден орденом св. Георгия IV ст.

Похоронен на кладбище монастыря Ново-Дивеево, возле Нанует, в шт. Нью-Йорк.

Л и т. Некролог. // Часовой (Брюссель). 1962. № 432; *Плешко*. Генеалогич. хроника // Новик. 1963. Отд. III. С. 3.

АНДРЕЕВСКИЙ Иван Михайлович (14 марта 1894, Санкт-Петербург – 30 дек. 1976) — педагог, врач-психиатр, публицист. Оконч. гимназию в Петербурге. Высшее образование получил в Сорбонне, в Париже, и в ин-те имени Бехтерева. Начал заниматься изучением творчества Ф.М. Достоевского, используя возможности современной психиатрии. Во время Гражданской войны работал врачом в Николаевском военном госпитале и в то же время учился на филолог. ф-те Петроградского ун-та. В 1922 занимал должность проф., но его лекции не были угодны большевистским властям, и он был назначен читать лекции по лит. в средней школе. В то же время тайно посещал лекции по богословию и религиозной философии. Выступил в 1927 против митрополита Сергия, призывавшего православное духовенство сотрудничать с сов. властью. Был арестован и провел в заключении 5 лет. Этот период был им описан в статьях «Православный еврей исповедник», «Пытки детьми», «Допрос академика Платонова» и др. После отбытия срока работал в психиатрич. лечебницах. Во время Второй мировой войны оказался на оккупированной немцами территории. С потоком беженцев добрался до Германии, откуда в 1950 переселился в США. Приглашен в качестве преподавателя в Свято-Троицкую дух. семинарию в Джорданвилле, в шт. Нью-Йорк, где работал до 1971. Там под псевдонимом «проф. И.М. Андреев» написал ряд книг: «Преподобный Серафим Саровский» (часть I и II, Мюнхен, 1946), «Очерки по истории рус. литературы XX века» (1968), «Краткий конспект курса лекций по психологии» (1960).

Л и т. Некролог. // НС. 1977. 1 февр.; *Полчанинов Р.В.* Проф. И.М. Андреевский // ПР. 1977. 14 февр. С. 11.

АНДРЕЙ, архиепископ Роклендский (в миру Адриан Адрианович **РЫМАРЕНКО**) (28 марта 1893, Ромны Полтавской губ. – 12 июля 1978). Род. в семье промышленника, владевшего табачной ф-кой. Оконч. реальное уч-ще и в 1917 экономич. отделение Петроградского Политехнич. ин-та. Еще в ин-те Адриан Адрианович состоял в христианском кружке. По призванию отправился в 1918 в Оптину пустынь, где познакомился со старцем Нектарием и др. старцами, которые дали ему совет идти служить Церкви. Приняв решение стать священником, А. вступил в брак с Евгенией Григорьевной, урожд. Шаховско-Корчинской, в 1921 рукоположен во диакона и через три дня в священники. Получив назначение священником в Александро-Невскую церковь, в родной город Ромны, продолжал общаться со старцем Нектарием в личном порядке и путем обмена письмами. Однако сов. власть стала преследовать молодого священника. В 1926 его выслали в Киев. Здесь он связался с местным духовенством, но в 1930 был заключен в знаменитую Лукьяновскую тюрьму. В тюрьме тяжело заболел и был вскоре выпущен. Совершал тайные богослужения и требы, стал на путь катакомбного священника. Одно время служил в крохотной часовне, скрытой среди огородов, позади Киевской обсерватории. Пройти туда можно было скрываясь между рядами кукурузы. В сент. 1941 нем. войска заняли Киев. Сразу стали открываться церкви, и А. стал духовником вновь открытого женского Покровского монастыря, организовал помощь нуждающимся, устроил старч. дом, больницу и приют для увечных, восстановил купола на церкви. В сент. 1943, в период наступления сов. армии, со своей паствой, матушкой и двумя сыновьями эвакуировался из Киева на Запад. В Берлине получил назначение на место настоятеля кафедрального Воскресенского собора, в котором на литургии собиралось до тысячи рус. беженцев и так называемых восточных рабочих, вывезенных немцами с Украины, из Белоруссии и России. Нем. власти пытались запретить восточ. рабочим посещать церковные службы, но А. не подчинился этому приказу. Во время атаки зап. авиации на гражданское население города погиб старший сын А. Ввиду превращения Берлина в прифронтовый город переехал со своей паствой в Вестерхейм, под Штутгартом, скоро ставший ареной сражений между американскими и нем. танками. Дом, в котором оказался А. со своими прихожанами, попал под огонь, загорелся. А. облачился, взял в руки икону, поднял ее высоко над головой и вышел впереди женщин и детей из горящего здания. Пораженные зрелищем противники прекратили огонь и пропустили беженцев. С приходом американцев появилась угроза насильственной репатриации сов. граждан. Помогал скрываться преследуемым.

В 1949 со своей общиной переселился в США, где в местечке Спринг Валли, в шт. Нью-Йорк вскоре приобрел при помощи прихожан большой участок земли, построил на нем церковь и в 1949 открыл женский монастырь, который назвал Новым Дивеевым. Рядом, на монастырской земле, было открыто православное рус. кладбище. Овдовев, принял в 1968 постриг и был наречен Андреем. В том же году хиротонисан во епископа Роклендского, по названию графства в шт. Нью-Йорк. Одно время монастырю начало грозить по законам шт. отчуждение земли, которая понадобилась для расширения соседнего аэродрома. После немалых хлопот при поддержке православных граждан США и Синода РПЦЗ и личного выступления в законодательной палате шт. отстоял монастырь и кладбище. В 1973, в день своего 80-летия, был возведен в сан архиепископа. Губернатор шт. Нельсон Рокфеллер поздравил архиепископа с 80-летием и известил его, что правительство США объявило построенный им монастырь национальным памятником. Этот акт обеспечил охрану монастыря и кладбища при нем на вечные времена. После А. остался младший сын.
И с т. *Александров Е.А.* Личные воспоминания. 1998.
Л и т. *Никон*, архиепископ. Пятидесятилетний юбилей Епископа Андрея Роклендского // ПР. 1971. № 19. С. 3; *Григорий*, епископ Аляскинский. Памяти Архиепископа Андрея Роклендского // НРС. 1978. 26 авг.; *Самарин Владимир.*

Путь подвижничества (Памяти Архиепископа Андрея) // Рус. Возрождение (Париж—Нью-Йорк—Москва). 1979. № 7–8. С. 262–277; *Самарин Владимир.* К 15-летию кончины приснопамятного Андрея, архиепископа Роклендского // ПЖ. 1993. № 9. С. 5–10.

АНДРЕЦ Сергей Николаевич (? – май 1969) — проф. рус. яз. Род. в 20-х гг. в Одессе в семье врача. После оконч. Второй мировой войны оказался в качестве «перемещенного лица» в Германии. Тяжело работал и одновременно учился. Переехал в США, где поступил в ун-т и одновременно преподавал рус. яз. в авиационной военной школе. Много помогал рус. беженцам в Европе в их хлопотах о переезде в Америку. По оконч. ун-та получил место преподавателя рус. яз. в ун-те шт. Мичиган, где скоро занял место директора образцовой языковой лаборатории и встал во главе опытной школы рус. яз. Одновременно начал готовиться к защите докторской дисс., писал статьи, делал доклады на съездах.
Родственники: вдова; четверо детей.
Л и т. *Бутков В.* Некролог С.Н. Андреца // НРС. 1969. 28 мая.

АНДРИЕНКО Илья Саввич (19 июля 1898 – 13 мая 1966) — подпоручик, ветеран, инж.-механик. В 1930 оконч. Политехнич. ин-т в городе Брно, в Чехословакии, с дипломом инж.-механика. В США жил в Нью-Йорке. Действительный член Об-ва рус. инж. в США (1951).
И с т. Анкета Об-ва рус. инж. в США.

АНДРО де ЛАНЖЕРОН. См.: **ЛАНЖЕРОН Андро де.**

АНДРОНИК (в миру Андрей **ЕЛПЕДИНСКИЙ**) (1894, Петрозаводск Олонецкой губ. – 1958) — архимандрит, миссионер. В Петрозаводске учился в дух. семинарии. Во время Первой мировой войны поступил добровольцем в Рус. Императорскую армию. После большевистской революции в 1920 покинул Россию и поселился в Германии, откуда в 1923 уехал во Фр. В Париже участвовал в Рус. студенч. движении и учился в Свято-Сергиевском богословском ин-те. В 1925 принял монашество и затем был рукоположен в сан иерея. Уехал в 1931 в Индию, где в теч. 18 лет, до 1949, занимался миссионерской деятельностью. Знал 10 яз. Переехав в США, написал книгу «18 лет в Индии», в которой описал свою миссионерскую деятельность и сотрудничество с духовенством православной церкви Траванкора. Разбился на подаренном ему англичанами маленьком самолете.

Л и т. *Ионов А.,* протоиерей. Некролог // НРС. 1960. 1 янв.

АНДРОНИКОВ Арчил, кн. (? – 26 нояб. 1928, Лос-Анджелес) — полковник. Сражался в рядах Кавказской туземной конной дивизии в составе Добровольч. армии. После эвакуации Рус. армии переселился в США. Зарабатывал на жизнь джигитовкой. Поселился в Лос-Анджелесе.
Л и т. Некролог. // Новая Заря. 1928. 28 нояб. № 1.

АНДРОНОВ Александр Михайлович (1894 – 7 апреля 1963, Сан-Франциско) — подполковник, ветеран Первой мировой и Гражданской войн. Оконч. 1-ю Симбирскую мужскую гимназию и в 1914 Казанское пехотное военное уч-ще. В чине подпоручика выпущен в 168-й пехотный Миргородский полк. В том же году в составе полка отбыл на фронт. В дек. 1914 контужен, а в марте 1915 ранен и взят в плен.

Возвратившись из плена по оконч. Первой мировой войны, вступил в Белую армию, в 6-й Симбирский стрелковый полк. С начала Первой мировой войны до оконч. Белой борьбы Александр Михайлович был произведен последовательно в поручики, в штабс-капитаны за отличия в боях и в подполковники за переход через Байкал (1920). Уйдя в эмигр., переселился в США, жил в Сан-Франциско, где был одним из старейших членов Об-ва рус. ветеранов. Кремирован.
И с т. Подполковник Александр Михайлович Андронов // АОРВВВ. Альбом II. 1963. Апр.

АНДРОСОВ Сергей Аркадьевич (? – 14 февр. 1957, Нью-Йорк) — Ген. штаба капитан. Род. в городе Осовец, в Польше. Ветеран двух войн. Член Союза рус. военных инвалидов. Церковный деятель ПЦА.
Похоронен на кладбище Свято-Тихоновского монастыря в Саут Канаан, в шт. Пенсильвания.
Л и т. *Плешко Н.Д.* Генеалогич. хроника // Новик. 1957. Отд. III. С. 3; Некролог // НРС. 1957. 17 февр.

АНДРУС Анатолий Евгеньевич (17 окт. 1896 – 30 янв. 1963, Пасифик Гров, шт. Калифорния) — капитан, оконч. Михайловское арт. уч-ще. Во время Первой мировой войны сражался на Кавказском фронте в конно-горной артиллерии. За боевые заслуги награжден Георгиевским оружием. Во время Второй мировой войны служил в офицерском чине во франц. армии. В 1956 переселился в США, в Калифорнию.

Похоронен на кладбище Сен-Женевьев де Буа. Был масоном.

Л и т. Некролог // Часовой (Брюссель). 1963. № 444.

АНИСИМОВ Борис Анатольевич — общественный деятель. Род. в Зап. Белоруссии, отошедшей после 1920 к Польше, в семье артиллериста, ветерана армии адмирала А.В. Колчака, по происхождению оренбургского каз. Его предки получили земли в Зап. Белоруссии за участие в Крымской войне. В конце Гражданской войны отец А. был ранен под Иркутском и попал в плен к большевикам. Был отпущен через три года с поражением во всех правах. Семья бежала в Польшу. Во время Второй мировой войны семья Анисимовых уехала в Австрию, затем переселилась в Мюнхен, где А. учился в Рус. гимназии.

В 1949 получили разрешение на въезд в США. В Лос-Анджелесе учился в колледже и зарабатывал на жизнь любой черной работой. Во время Корейской войны призван в американскую армию. Служил в разведке. Благодаря знанию рус., английского, нем. и польского яз. переведен с фронтовой службы в оккупационную армию в Германии. Отслужив, вернулся и поступил в Калифорнийский ун-т, который оконч. с дипломом инж. по электронике. Проходил курсы для аспирантов по деловой администрации. С 1996 занимает должность президента компании ME 101, 18 лет является консультантом по охлаждению воздуха и замораживанию. В корпорациях Tetron, Singer и General Instruments заведовал проектированием, созданием и установкой радарных систем для предотвращения столкновений, предупредительных систем для израильской авиации, для амер. военных вертолетов и военно-морского флота. Член Главного правления КРА. На зап. побережье США заведовал программой «Морской мост» по отправке грузов с благотворительной помощью в Россию. Продолжал заведовать девятью гуманитарными программами в России, включающими сбор средств для строительства и содержания детского приюта в Нерехте Костромской обл. в России, для оказания помощи детям-инвалидам в Пскове, одаренным школьникам в шести городах, центру для детей с ограниченным зрением и слепым детям в Санкт-Петербурге, кризисному центру для женщин в Санкт-Петербурге, семьям с приемными детьми, и финансированием издания учебника по рус. истории для средних школ в России. Занимал должность директора Рус.-Амер. общины (Rusian-American Community Service) в Сан-Франциско. За заслуги награжден Главным правлением КРА благодарственной грамотой. Первый вице-председатель Главного правления КРА XI и XII созывов (1999 и 2002).

И с т. *Anissimov Boris*. Autobiography. CRA Archives. 1999; Anissimov Boris. Resume (typescript). February 2002. 2 p.

Л и т. *Ширяева Е.* Но сердце рус. болит // РЖ. 2001. 26 мая.

АНИСИМОВА Ирина Александровна (род. 1922, Новороссийск) — преподаватель рус. яз., публицист. Среднее образование получила в Харькове. В Канаду эмигрировала в 1951. Оконч. бухгалтерские курсы, работала бухгалтером.

В 1960 поступила в Монреальский франц. ун-т, в котором получила звание бакалавра и в 1967 — диплом магистра. Вскоре приглашена в Монреальский ун-т Конкордия, в котором преподавала рус. яз. и лит. до ухода на пенсию в 1982. Автор коротких рассказов, которые печатались в канадских газ. и журналах, выходящих на рус. яз.

И с т. АА. *Могилянский М.* Письмо Е.А. Александрову. 2001.

АНИСФЕЛЬД (Бер-Анисфельд) Борис Израилевич (1879 – 1973, Уотерфорд, шт. Коннектикут) — художник-символист. Род. в Бессарабии. Учился в Одесской рис. школе. В 1901 поступил в Петербурге в Академию художеств, был учеником И.Е. Репина и Д.Н. Кардовского. В 1909 получил звание художника. Писал пейзажи, натюрморты, портреты, символич. картины и библейские сцены. В 1907 начал оформлять балетные спектакли С.П. Фокина. С 1909 работал для Рус. балета *М.М. Дягилева*. В 1917 выехал через Сибирь в Японию, в 1918 переселился с женой и дочерью в США, обосновался в Нью-Йорке. Устраивал выставки своих работ в Нью-Йорке, Чикаго, Лондоне н участвовал в групповых выставках рус. художников в Париже. Оформлял в Метрополитен-опера ряд спектаклей, включая «Снегурочку» Н.А. Римского-Корсакова, и написал декорации к опере «Любовь к трем апельсинам» С.С. Прокофьева в Чикагской опере. Писал портреты, в частности Ф.И. Шаляпина. Переехал в Чикаго, где преподавал с 1929 по 1959 в Худ. ин-те. Работы А. представлены в трех музеях в Москве, включая музей Большого театра. После А. осталась дочь Мара.

Л и т. *Бринтона Х.* Борис Анисфельд // Рус.-амер. справочник. Нью-Йорк, 1920. С. 198–201; *Лейкинд О.Л., Махров К.В., Северюхин Д.Я.* Худ. Рус. зарубежья. С. 88–89.

АНИЧКОВ Владимир Петрович (9 марта 1871 – 2 мая 1939, Сан-Франциско) — банкир, полит. и общественный деятель. Оконч. в СПб Коммерч. уч-ще и затем Высшее технич. уч-ще в Москве. Был директором Волжско-Камского банка в Екатеринбурге и директором Алапаевского горного округа на Урале. После революции 1917 был членом Исполкома Уральской обл. Член Совета министров Сибирского правительства. В 1923 бежал из Владивостока в Китай, в Шанхай, а оттуда — в США. В 1932 поселился в Сан-Франциско. где открыл книжный магазин «Русская книга». Участвовал в основании Рус. клуба.

Похоронен на Серб. кладбище.

Л и т. Некролог. // Новая заря. 1939. 3 мая.

АНИЧКОВ Юрий Дмитриевич (? – 16 нояб. 1986) — знаток франц. искусства XVIII века, работал в галерее Вильденштейна в Нью-Йорке. Член Рус. дворянского об-ва (Russian Nobility Association) в Нью-Йорке.

Л и т. *Dragadze P.* The White Russians // Town & Country. 1984. March. P. 174–182, 250–253.

АНОСОВ Иван Фомич (? – 16 июля 1957) — есаул Всевеликого Войска Донского. Род. в стан. Романовской. Служил в Донском Наследника Цесаревича Алексея полку. После оконч. Гражданской войны переселился в США. Состоял членом Объединения 3-го Калединского Георгиевского полка.

Похоронен на каз. участке Свято-Владимирского кладбища возле Кэссвилла, в шт. Нью-Джерси.

Л и т. Некролог. // НРС. 1957 18 июня.

АНРЕП фон, Юния Павловна (? – до 14 февр. 1973, Филадельфия) — сестра милосердия, преподаватель. Род. в семье тайного советника П.С. Хитрово. Оконч. гимназию Стоюниной в Санкт-Петербурге. Во время Первой мировой войны — сестра милосердия на передовых позициях. За мужество награждена Георгиевскими медалями 4-й и 3-й ст. с бантом. После Октябрьского переворота 1917 — в эмиграции в Великобритании. Оконч. курс англ. яз. и лит. в Лондонском ун-те. Преподавала 15 лет англ. яз. в амер. колледже в Варшаве. В США проживала в Филадельфии.

И с т. Анреп Юния Павловна, фон // Незабытые могилы / Сост. В.Н. Чуваков. Т. I. С. 100.

Л и т. Некролог // НРС. 1973. 14 февр.

АНСТЕЙ (**Штейнберг**) Ольга Николаевна (29 февр. 1912, Киев – 30 мая 1985) — поэтесса. Род. в семье юриста. Писала стихи с детских лет. Оконч. в 1931 в Киеве Ин-т ин. яз. В 1937 вышла замуж за поэта *Ивана Елагина* (*Матвеева*). В 1943 стала беженкой, жила в Праге и в Германии. Начала печататься в 1946. Она писала стихи, статьи, рецензии и рассказы, публиковавшиеся в рус. зарубежных журналах: «Обозрение», «Отдых», «У Врат», «Горн», «Явь и Быль», «Возрождение», «Дело», «Грани», «Новый Журнал», «Литературный Современник», «Опыты», «Мосты», «Воздушные Пути», «Встречи». Автор двух поэтич. сб.: «Дверь в стене» (Мюнхен, 1948) и «На юру» (Нью-Йорк, 1976). Ее стихи вошли в антологию «Вернуться в Россию стихами» (М., 1995) под ред. В. Крейда. Переводила Честертона, Теннисона, Гаусмана, Вальтера де ля Мара. В 1950 переселилась в Нью-Йорк, где работала переводчиком с 1960 по 1972 в ООН. Свои стихи посвящала любовной лирике, религиозным мотивам и родному Киеву. В 2000 в Киеве в изд-ве журнала «Радуга» вышло посмертное собрание соч. А. с предисловием *Татьяны Фесенко*. Вторым браком была замужем за поэтом *Борисом Филипповым*. После А. осталась дочь Е.И. Матвеева, поэтесса.

С о ч. Дверь в стене. Сб. стихов. Мюнхен, 1949; На Юру. Сб. стихов. Нью-Йорк, 1976; Мысли о Пастернаке // Лит. современник (Мюнхен). 1951. № 2; Посмертное собр. соч. с предисл. Т. Фесенко. Ки-ев, 2000.

И с т. Анстей Ольга Николаевна // Незабытые могилы / Сост. В.Н. Чуваков. Т. I. С. 101.

Л и т. Анстей Ольга // Содружество. 1966. Victor Kamkin, Inc. P. 347–350; Берега. Стихи поэтов вто-рой эмиграции / Под ред. Вал. Синкевич. Филадельфия, 1992. С. 256; *Вильданова Р.И., Кудрявцев В.Б., Лаппо-Данилевский К.Ю.* Краткий биографич. словарь рус. зарубежья. // *Струве Г.* С. 281; *Витковский Е.В.* Антология… Кн. 4. С. 352; *Казак В.* С. 49–50; *Крейд В.* С. 600; Ольга Николаевна Анстей // Рус. возрождение (Нью-Йорк — Париж — Москва). 1985. № 31. С. 199–201; *Таубер Е.* О поэзии Ольги Анстей // НЖ. 1986. Июнь. № 163. С.140–143.

АНТ Владимир (настоящая фамилия **Трипольский**) (1908, Самара – 1980) — поэт, художник-график. Род. в семье директора женской гимназии Трипольского. Детство провел в Киеве, куда переехали его родители. Рано осиротев, с сестрой остался целиком на воспитании матери. Работал инж.-гидротехником на строительстве речного порта. Его поэтич. талант зародился рано, но все что, он писал, не было созвучно коммунистич. идеологии. Поэтому он ничего издать не мог и не хотел. В сент. 1943 вместе с потоком беженцев оказался в Германии. Только после оконч. Второй мировой войны обрел свободу слова.

Переселившись с сыном в США в 1951, жил 13 лет в Нью-Йорке. Стал писать, используя такие поэтич. жанры, как поэмы, баллады, сонеты и басни. В первом своем сб. использовал яп. разновидность стиха «танка». «Танка» означает «короткая песня». Яп. поэзия не знает рифмы, но имеет ритм и танка состоит из пятистишия и 31 слога. В 1964 вышел его первый сб. стихов «Мои Танки» с рисунками *С.Л. Голлербаха*. В 1964 переселился в Калифорнию. В 1986 в Калифорнии вышла из печати сказка Владимира Анта в стихах про желудевых человечков под названием «Мал-Кок-Тит». Он был одним из председателей кружка поэтов и писателей «Литературные встречи» в Сан-Франциско. Его третий сб. был опубликован в 1971. Под впечатлением полетов на Луну он выпустил в том же году четвертую книгу «Песни космоса и земли». В 1977 выходит пятая книга — «По следам Баяна», в которую вошли поэмы, посвященные великим людям: «Достоевский», «Драматург Островский», «Рус. гений Пушкин», «Великий Петр». После кончины А. в 1982 стараниями его вдовы Людмилы Владимировны Трипольской (Стоцкой), вышел шестой, посмертный, сб. неопубликованной лирики — «Прощальный ветер», в который вошли стихотворения, посвященные любимому Киеву, поэма о Лермонтове и басни-сатиры. В баснях А. бичевал произвол сов. власти.

Л и т. *Стоцкая Людмила*. Заметки о жизни и творчестве поэта Владимира Анта // РА. 1982–1985. № 18. Str. 184–187; Берега. Стихи поэтов второй эмигр. / Под ред. Вал. Синкевич. Филадельфия, 1992. С. 256–257; *Витковский Е.В.* Антология… Кн. 3. С. 380.

АНТОНИЙ (в миру Алексей Георгиевич **ГРАББЕ**), гр. — православный епископ, основатель рус. гимназии, глава православной Палестинской миссии. Род. в 1926 в Белграде, в семье церковного деятеля и впоследствии протопресвитера Георгия Граббе, позже *епископа Григория* (РПЦЗ). В 1938–41 учился в Кад. корпусе в Белой Церкви. В 1942 поступил в монастырь. При приближении сов. войск выехал с родителями в Германию. В Мюнхене учился в 1946–48 на курсах технич. черчения. В 1947 оконч. среднюю школу.

В 1948 принял постриг под именем А. Организовал в Мюнхене монастырь Иова Почаевского. Переехав в США, учился в 1949–53 в Свято-Троицкой дух. семинарии в Джорданвилле и получил ст. бакалавра богословия. Занимал должность секретаря при *архиепископе Виталии*, а в 1954–58 стал секретарем Синода РПЦЗ. Служил в соборе Божией Матери Знамения в Нью-Йорке. Основал в 1959 в Нью-Йорке частную гимназию, которая позже была официально переименована в академию, аккредитованную Департаментом образования шт. Нью-Йорк. Преподавал Старый и Новый Завет, историю Церкви и историю восточной религиозной философии. В 1962 возведен в сан архимандрита. С 1968 состоит главой православной Палестинской миссии и заведует ее имуществом в Израиле. За годы своей деятельности, связанной с делами миссии, встречался с рядом глав государств. В 1986 перешел в юрисдикцию Греч. церкви, придерживающейся старого календаря. В 1996 хиротонисан этой Церковью в сан епископа. В 2001 принят в юрисдикцию Рос. Православной автономной церкви.

И с т. АА. *Солдатов Г.* Епископ Антоний Граббе. Машинопись. 2003. С. 1.

Л и т. *Айтуганов В.* Посвящение о. Антония во епископы // НРС. 1996. 26 окт.; *Храмов Петр.* Уникальная Рус.-Амер. школа в США // НРС. 1996. 24 апр.; Сообщение о принятии в юрисдикцию РПЦЗ Епископа Антония (Граббе) // Вертоград (Суздаль). 2001. 19 дек.

АНТОНИЙ (в миру Артемий Сергеевич **МЕДВЕДЕВ**) (1908, Вильно – 23 сент. 2000) — архиепископ Зап.-Амер. (РПЦЗ). Учился в Петровском Полтавском кад. корпусе. Эвакуировался из Крыма в Кор. СХС, где в Белой Церкви оконч. Крымский кад. корпус.

В 1930 поступил в Мильковский монастырь и принял в 1932 монашеский постриг, в 1934 рукоположен в иеродиаконы, а в 1938 — в иеромонахи. Во время Второй мировой войны иеромонах Антоний был военным священником в Рус. корпусе, сражавшемся с коммунистич. партизанами Тито в Югославии, и окормлял воинов РОА. Непродолжительное время был в обители Иова Почаевского в Карпатах. По оконч. войны переехал с братством в Свято-Троицкий монастырь в Джорданвилль, в шт. Нью-Йорк. Здесь занимался миссионерской работой. Игумен, а затем архимандрит **А.** открывает ряд новых приходов и временно является администратором приходов в Зап. Канаде. В 1956 хиротонисан во епископа Мельбурнского, викария Австралийской епархии. В 1968 прибыл в Сан-Франциско на Зап.-Амер. кафедру и возведен в сан архиепископа. С тех пор завершена постройка и роспись кафедрального собора Всех скорбящих Радости, построено четыре храма и ряд церковных зданий, образованы новые миссии, создана больница для престарелых во имя св. прав. Иоанна Кронштадтского в Кастро Валлей. Много лет был директором Кирилло-Мефодиевской гимназии в Сан-Франциско. С 1978 — член Архиерейского Синода РПЦЗ. В 1981 составил службы святым Новомученикам Рос., Исповедникам Рос., Оптинским старцам.

Похоронен в Свято-Троицком монастыре, в Джорданвилле, в шт. Нью-Йорк.

Л и т. Архиепископ Антоний // ПР. 2000. № 20; Архиепископ Антоний Зап.-Амер. и Сан-Францисский // Кад. перекличка (Нью-Йорк). 2001. Апр. № 70–71. С. 291–293; Высокопреосвященнейший Архиепископ Антоний // Юбилейный сб. в память 50-летия прихода и освящения Кафедрального Собора Пресвятой Богородицы всех Скорбящих радости 1927–1977 в городе Сан-Франциско, Калифорния. 1978. С. 102–104; *Перекрестов Петр*, протоиерей. Юбилей на Зап. побережье // ПР. 1993. С. 6–7; *Перекрестов Петр*, протоиерей. Тако да просветится свет твой пред человеки (К 40 дню кончины Высокопреосвященного Антония, архиепископа Зап.-Амер. и Сан-Францисского) // РЖ. 2000. 4 нояб.

АНТОНИЙ (в миру **Синькевич Александр Федорович**) (? – 31 июля 1996, Лос-Анджелес) — архиепископ Лос-Анджелесский. Род. в семье киевского священника.

Во время Гражданской войны вместе с отцом выехал на Юг. Оказался в Крыму в рядах армии ген. Врангеля. Эвакуировался с отцом в 1920 в Константинополь. Затем оба прибыли в Югославию, где поступил в ст. кл. Крымского кад. корпуса, который оконч. в 1924. Позже оконч. богословский ф-т Белградского ун-та, принял монашество с именем **А**. В 1931 в сане архимандрита был назначен нач. Рус. дух. миссии в Иерусалиме, оставаясь на посту в теч. 18 лет вплоть до 1950. **А.** управлял миссией, основанной в 1857, под руководством митрополита *Анастасия*, в условиях войны 1948, сложнейшей полит. обстановки и посягательств Московской Патриархии на недвижимое имущество миссии. В 1950 прибыл в США и в сане епископа принял Лос-Анджелескую епархию, которой, уже в сане архиепископа управлял до своей кончины. После **А.** остались братья — *Константин* с семьей и Михаил.

И с т.: АА. *Раевский Виктор.* Биографич. очерк о семье Синькевич, машинопись, 4 стр.; *Синькевич К.Ф.* Письмо Е. А. Александрову. 29 окт. 2003.

Л и т.: *Соллогуб А.А.* Рус. православная церковь за границей. Т. 1. 1968. С. 413–423.

АНТОНОВ Константин Николаевич (1 окт. 1888 – 9 авг. 1965, Нью-Йорк) — полковник-артиллерист, военный летчик. Оконч. Первый кад. корпус и Константиновское арт. уч-ще. Участник Первой мировой и Гражданской войн. Командовал авиационным дивизионом. После эвакуации из Крыма переехал в Кор. СХС. Служил в чине полковника в югославской военной авиации. Переселился в США.

Похоронен на кладбище при женском монастыре Новое Дивеево, возле Нанует, в шт. Нью-Йорк.

Л и т. Некролог. Незабытые могилы // Часовой (Брюссель). 1965. № 471. С. 15; Архив кладбища при женском монастыре Ново-Дивеево.

АНТОНОВ Николай Георгиевич (1890 – 20 нояб. 1951, Сан-Франциско) — штабс-капитан, ветеран Балканской, Великой и Гражданской войн. Учился во Владикавказском кад. корпусе и 2-й Тифлисской гимназии. Три года учился в Киевском политехнич. ин-те. В 1912, с началом тур.-болгарской войны, пошел добровольцем в болгарскую армию рядовым бойцом, принимал участие во многих боях. Когда Балканская война превратилась в Болгаро-Сербскую, Николай Георгиевич перешел к сербам. С 1914 сражался в рядах 161-го Александропольского пехотного полка, закончив войну штабс-капитаном и нач-ком команды разведчиков. С крушением армии проделал путь с Юго-зап. фронта в Тифлис, затем — в Крым, Одессу и на Волгу. В июле 1918 организовал восстание против красных в городе Хвалынске. За неделю до восстания был послан в город Вольск за оружием, которое привез на лодках по Волге, спрятав его в лесу и взявшись его единолично охранять, отпустив своих подчиненных в город для свидания с семьями. Был обнаружен красными, защищался против большой группы, использовав все патроны и гранаты, был взят в плен, подлежал расправе, но был спасен отрядом полковника

Махина. Прослужив в строевых частях, из-за последствий ранений должен был перейти на службу в штаб — во Владивостоке служил обер-офицером для поручений при нач-ке снабжения войск. Выйдя в отставку, служил на разных гражданских должностях. При правительстве Меркулова был избран членом Нар. собрания и играл видную роль в правых группировках.

Эмигрировав в Америку, жил одно время в Лос-Анджелесе, вступив в Об-во ветеранов. Переехав в 1938 в Сан-Франциско, вступил в Об-во рус. ветеранов Великой войны и трижды избирался его казначеем.

Похоронен на Серб. кладбище в Сан-Франциско.

И с т. Штабс-капитан Николай Георгиевич Антонов. АОРВВВ. Альбом № I. Нояб. 1951.

АНТОНОВА-АЛЛ Елена Анатольевна, (31 окт. 1904 – ?) — горный инж., поэтесса. Род. в поезде на пути из Сибири в Петербург. Окончила гимназию в Благовещенске, на Дальнем Востоке. После захвата власти большевиками выехала в Харбин. Жила в Токио, откуда в 1923, после землетрясения, уехала в США. В 1928 окончила в Сиэтле ун-т шт. Вашингтон с дипломом горного инж., но впоследствии работала инж.-металлургом и мостостроителем. Свои стихи печатала в «Новоселье», «Новом журнале», в «Новом русском слове» в Нью-Йорке, в рус. периодич. изданиях в Сан-Франциско, в сб. «У Золотых Ворот» и в антологиях «Содружество» и «Вернуться в Россию стихами» (М., 1995) под ред. В. Крейда. Издала книгу стихов «Отражения».

И с т. АОРИ : опросный лист.

Л и т. *Pestoff Alexis N.* Directory of Russian Graduates of American Colleges // Alumni Association of the Russian Student Fund, Inc. New York, August 1929; *Крейд В.* С. 600.

АНЧУТИНА-ЕГЛЕВСКАЯ Леда, (1916, Иркутск – 15 дек. 1989) — балерина, балетмейстер. Ребенком приехала с родителями в США и училась у *М.М. Фокина* в Школе американского балета, основанной *Дж. Баланчиным* и Линкольном Кирстейном в 1934 в Нью-Йорке. Выступала в «Серенаде» Баланчина и нескольких др. постановках. Ее главными ролями были Пиковая Дама в «The Card Party» и подруга невесты в «Baisée de la Fée» («Поцелуй феи»), созданных Баланчиным для фестиваля Стравинского в 1937. Выступала на Бродвее в «Great Lady» и в «Pocahontas». В сезоне 1941–42 танцевала в «Ballet Russe de Monte Carlo». Ее балетные выступления отличались изяществом и быстротой. В 1951 основала в Массапикве, на Лонг-Айленде, вместе с мужем *Андреем Еглевским* балетную школу, директором которой была до своей кончины.

Л и т. *Dunning Jennifer.* Leda Anchutina Eglevsky, 73, Dancer and Founder of Troupe // The New York Times. 1989. December 16.

АПОХАЛОВ Георгий Петрович (Apochalow) — инж.-строитель. Род. 14 сент. 1897. В 1928 окончил. Пражский политехникум. В США жил в Нью-Йорке. Действительный член Об-ва рус. инж. в США (1951).

И с т. Анкета Об-ва рус. инж. в США.

АППОЛИНАРИЙ (в миру Андрей Васильевич **КОШЕВОЙ**) (16 окт. 1874, Полтавская губ. – 19 июня 1933) — архиепископ РПЦЗ. Оконч. Полтавскую дух. семинарию, миссионерские курсы и Киевскую дух. академию.

В 1917 хиротонисан во епископа Рыльского Курской губ. В 1919 возглавил новую Белгородскую епархию. В зарубежье в 1924 назначен викарием Северо-Американской епархии с титулом епископа Виннипегского. Из-за разногласий по канонич. вопросам отошел от митрополита *Платона*. В 1927 утвержден на кафедре архиепископа Северо-Американского и Канадского. В его епархии было 62 прихода. В 1930 владыка дал свое благословение на основание Свято-Троицкого монастыря в Джорданвилле, в шт. Нью-Йорк.

Тело его было перенесено для погребения в Свято-Троицкий монастырь в Джорданвилле.

Л и т. Хроника церковной жизни // ПР. 1965. № 8. С. 12; Преосвященный Апполинарий, архиепископ Северо-Амер. и Канадский // ПР. 1974. № 22. С. 10–11.

АПРАКСИН Андрей Петрович (1917 – 11 марта 1992), гр. В 1920 уехал с родителями в Бельгию. В Брюсселе получил среднее и высшее образование (оконч. ф-т агрономии).

В 1952 эмигрировал в Канаду. Член Рук. центра Общерос. Монархич. фронта. Проживая в Канаде, первые годы служил страховым агентом. С 1960 до ухода на пенсию в 1985 преподавал химию и геологию в Монреальском франко-канадском колледже. После **А.** остались три дочери.

И с т. АА. *Могилянский М.* Письмо Е.А. Александрову. 5 февр. 2001; *Могилянский М.* Письмо Е.А. Александрову. 6 нояб. 2001.

Л и т. Некролог. // РЖ. 1992 18 марта.

АПРАКСИН Петр, гр., после революции бежал в Бельгию, откуда переселился в США, искусствовед, куратор коллекции Гилман в Нью-Йорке. Член Рус. дворянского об-ва (Russian Nobility Association) в Нью-Йорке.

Л и т. *Dragadze Peter.* The White Russians // Town & Country. 1984. March.

АПРЕЛЕВ Борис Петрович (?–1951) — капитан II ранга, оконч. Морской корпус и после службы на судах Балтийского флота оконч. Морскую академию и Военную академию Ген. штаба. Участник Первой мировой войны. После революции начал служить во франц. военном флоте. Потом поступил в армию адмирала А.В. Колчака и был назначен военным агентом в Италию и Кор. СХС. После оконч. Гражданской войны жил в Харбине и в Шанхае, где был ред. рус. газеты и издал несколько книг морских рассказов. Переселился в США, в Сан-Франциско. Автор рукописи в трех томах о рус.-кит. отношениях (1910). Его личные бумаги и дневники переданы Об-вом «Родина» в Смитсониевский ин-т, в Вашингтоне.

Л и т. Некролог // Часовой (Брюссель). 1951. № 310. С. 23.

АПУХТИН Сергей Александрович (? – 11 мая 1969, Хартфорд шт. Коннектикут) — полковник Петроградского полка. Военное образование получил в Алексеевском кад. корпусе и в Павловском военном уч-ще. В 1912 произведен в чин полковника. Участник Первой мировой и Гражданской войн. Награжден орденом святого Георгия IV ст. После отступления белых переселился в США. Жил в Хартфорде.

Л и т. Некролог. // Часовой (Брюссель). 1969. № 517.

АРАКЕЛОВ Армен Давидович (? – 22 июля 1976, Санта-Барбара, шт. Калифорния) — штабс-ротмистр. Оконч. Тверское кав. уч-ще корнетом и вступил в 16-й Тверской драгунский полк. Участник Первой мировой войны, награжден боевыми наградами. Во время Гражданской войны сражался в офицерском эскадроне полковника Гершельмана, в составе которого совершил первый поход с ген. Корниловым. С 1922 жил в Будапеште. В 1944 был вынужден переехать в Германию, откуда в 1950 переселился в США.

Л и т. Некролог. // Часовой (Брюссель). 1976. Авг.–сент. № 600. С. 19.

АРАПОВ Алексей Алексеевич (Алексей-Поль) (6 дек. 1905, Санкт-Петербург – 25 сент. 1948) — художник, скульптор, иконописец. Род. в семье ген.-майора мед. службы. В 1918 оконч. саратовскую гимназию. В 1921–22 учился в Саратовской худ. школе. С 1923 писал декорации и портреты в Москве. В 1925 выехал с театром «Кривое зеркало» на гастроли в Варшаву и не вернулся. Перебрался в Париж, где занимался живописью и участвовал в выставках. В 1930 переехал с женой-американкой Екатериной, урожд. Грин, в США. Стал писать картины на религиозные темы: «Страсти Господни». Помимо светской живописи и скульптуры занимался иконописью. Погиб в автомобильной катастрофе возле Бостона на 43-м году жизни.

Л и т. *Лейкинд О.Л., Махров К.В., Северюхин Д.Я.* Худ. Рус. зарубежья С. 98–99.

АРБАТСКИЙ Юрий Иванович (1911 – 4 сент. 1963) — композитор, музыковед, исследователь славянского фольклора. Занимал должность доцента при Ютика колледже Сиракузского ун-та в шт. Нью-Йорк. Автор книги «Этюды по истории рус. музыки» (Изд-во им. Чехова, Нью-Йорк,1956).

Похоронен на кладбище Свято-Троицкого монастыря в Джорданвилле, в шт. Нью-Йорк.

Л и т. Некролог. // НРС. 1963. 15 сент.

АРВИН Виктор (Victor Arvin) — ветеран армии США, в 1945 служил в американской зоне оккупации в Берлине, Т/4.

И с т. *Pantuhoff Oleg* — 1976.

АРГУС (псевдоним, также **Железнов**) Михаил Константинович (настоящая фамилия **Айзенштадт**) (1900 – 19 нояб. 1970) — фельетонист-юморист, писал в прозе и в стихах. Род. в семье врача, жил в Новгороде. Сов. власть не принял и в 1919 эмигрировал в Латвию. Начал работать в рижской газете «Сегодня». В 30-е годы переселился в США. Жил и работал в Нью-Йорке фельетонистом в газ. «Новое русское слово». Выбрал себе псевдоним Аргус. Печатался в журналах «Новоселье», «Новом журнале», «Мостах». Автор поэмы «Восточный герой» (1948), книг «Moscow on the Hudson» (1951), «A Rogue with ease», сб. «Полусерьезно полушутя» (1959), «Другая жизнь и берег дальний» (1969). Фельетоны А., изображавшие жизнь рус. людей на чужой земле, ценили И.А. Бунин и Г. Адамович. Юмор Аргуса был метким, но не обидным. Во время его выступлений перед публикой ничего, кроме веселого смеха и улыбок, его юмор не вызывал. Его стихи вошли в антологию «Вернуться в Россию стихами» (М., 1995).

Л и т. *Самарин В.* Некролог. // РМ. 1970. 19 нояб.; *Крейд В.* С. 600.

АРЕНСБУРГЕР (псевдоним **АРЕНСКИЙ**) Константин Евгеньевич (15 июня 1905, Ямбург Санкт-Петербургской губ. – 1 апр. 1985, Монтерей, шт. Калифорния) — театральный деятель и постановщик, фармаколог. Оконч. гимназию в Нарве и ун-т в Тарту, в Эстонии, где также играл в Рус. драматич. театре. Работал в области фармакологии в Германии и Швейцарии. В 1950 переселился в США, в Калифорнию, где продолжал свою исследовательскую работу, результаты которой опубликовал в американских мед. журналах. В Сан-Франциско участвовал в театральной жизни и ставил спектакли при Рус. центре. Автор двух книг на рус. яз.: «В Голливуде с В.И. Немировичем-Данченко» и «Письма в Голливуд». Печатал статьи в «Новом русском слове» и др. зарубежных газ. После А. осталась вдова Марина Владимировна.

Л и т. Некролог. // Часовой (Брюссель). 1985. № 656. С. 28; *Толстой И.* Эмигрантский календарь: Константин Аренский // НРС. 1997. 18 апр.

АРЕНСКИЙ. См.: **АРЕНСБУРГЕР** Михаил Константинович.

АРЕФЬЕВ Всеволод З. (Arefiev Vsevolod Z.) — ветеран армии США, сапер, специалист 4-го кл., в 1954 служил в округе Колумбия.

И с т. *Pantuhoff Oleg* — 1976.

АРИАДНА (1900–1996) — игуменья, перед революцией 1917 стала послушницей в женском монастыре в городе Чердынь Пермской губ. Бежала от большевиков во Владивосток в 1919 и поступила в женскую обитель Одигитрии-Смоленской. Оттуда выехала в Харбин, в Богородице-Владимирскую женскую обитель.

В 1931 пострижена в монахини. В 1937 стала настоятельницей обители. Руководила эвакуацией в лагерь беженцев на о-в Тубабао на Филиппинах, откуда в 1948 переселилась с обителью в Сан-Франциско. Таким образом Богодице-Владимирская женская обитель стала одной из первых рус. православных обителей в США. Прибыв в США, А. способствовала приезду многих рус. беженцев и помогала им обосноваться в этой стране

И с т. Музей рус. культуры в Сан-Франциско, Игуменья Ариадна. Коллекции ин-та Гувера, pdf 56,6 К.

АРИСТОВА Аста Александровна (род. 26 сент. 1936, Луга Ленинградской обл.) — биолог, преподаватель, участница скаутского движения, публицист. Отец — Александр Ильич Терских — инж. холодильного дела, участник Белого движения. Мать — Эльза Юльевна, урожд. Пясс, инж. путей сообщения, была арестована в 1938 вместе с двумя тетками и сестрами матери, приговорена по 58-й статье к восьми годам заключения. Тетки были расстреляны. Отец получил приказ покинуть Лугу и уехал вместе с дочерью к себе на родину в Армавир. Мать была освобождена в 1940 и воссоединилась с мужем и дочерью в Армавире. Летом 1942 город был занят немцами. В янв. 1943 семья Терских эвакуировалась в товарных вагонах на Запад. Во

Львове **А.** поступила в начальную школу. В 1944 семья попала в Краков, оттуда в Германию — в город Регенсбург, где училась во втором кл. В 1945 город был занят американцами. **А.** поступила в 1-й кл. рус. гимназии. В 1946 стала активно принимать участие в жизни ОРЮР. В мае 1949 перед отъездом в США получила аттестат за 5-й кл. гимназии.

В США семья Терских обосновались в городе Буффало в шт. Нью-Йорк. Закончив здесь среднее образование, поступила в 1954 на биологич. ф-т ун-та Буффало. В 1957 удостоилась ст. бакалавра по биологии и стала аспиранткой. После двухлетней работы лаборантом в госпитале для ветеранов в 1961 получила должность преподавателя биологии и естественных наук в средней школе. В 1963 оконч. аспирантуру со ст. магистра. 25 лет преподавала в средней школе в Лос-Анджелесе биологию, здравоохранение, рус., нем., математику, английский как второй яз. и даже три семестра рус. истории. В школе была попечителем различныхученич. клубов. Семь раз ездила с молодежными группами на экскурсии в Россию и один раз в Зап. Европу. Работала с молодежью в ОРЮР. Еще в 1951 начала печататься в скаутском журнале «Свисток» (Мюнхен), с 1964 — в газ. «Новое русское слово» (Нью-Йорк) и «Русская жизнь» (Сан-Франциско), в лос-анджелесском журнале «Родные дали», а затем в «Калифорнийском вестнике». С закрытием «Калифорнийского вестника» перешла исключительно в «Русскую жизнь», где печатала главным образом материалы о своих путешествиях под рубрикой «По белу свету» и собирала материалы для отдела «Дела минувших дней». В 2000 издала книгу воспоминаний о жизни перемещенных лиц «Что сохранила память». В 1991 вышла на пенсию. С 2001 стала главным ред. скаутского журнала для руководителей «Опыт». Сдав в Вашингтоне экзамен, стала сопровождавшей переводчицей на семинарах и для групп, приезжавших из СНГ. Продолжала участвовать в местной рус. общественной и культурной жизни. *Родственники:* муж Олег Александрович; дети: Наталия (1959 г.р.) и Андрей (1963 г.р.).

И с т. АА. *Аристова А.А.* Аста Александровна Аристова (Автобиография), машинопись. 25 янв. 2003. С. 3.

Л и т. *Полчанинов Р.В.* Аристова: Что сохранила память // РЖ. 1997. 18 апр.

АРКАНОВ Федор Захарович (? – июль 1959) — общественный деятель. Род. в Николаеве Херсонской губ. С юношеских лет работал на судостроительной верфи, потом был матросом торгового флота. В Америке работал одно время матросом, был шахтером в Пенсильвании, служил на сталелитейных заводах, последние годы заведовал большим многоквартирным домом в Бруклине. Десятилетиями занимал выборные должности в РООВА. Был председателем Нью-Йоркского штатного комитета, членом совета директоров, председателем 4-го отдела. После **А.** остались вдова, дочь, три сына, двенадцать внуков и правнук.

Похоронен на Свято-Владимирском кладбище в Кэссвилле, в шт. Нью-Джерси.

Л и т. *Лазаревич М.* Памяти Ф.З. Арканова // НРС. 1959.

АРЛЕНИНОВ Борис Владимирович (1923–1998) — режиссер и актер. Учился в театральной студии Тбилисского (Тифлисского) Гос. рус. театра имени Грибоедова под руководством режиссера Г.А. Товстоногова, преподававшего театральное искусство по методу К.С. Станиславского. Вместе со своей супругой *Вандой Константиновной* начал карьеру под рук. режиссеров Б.М. Харламова и С. Радлова. Во время Второй мировой войны они оказались в Крыму, где продолжали выступать перед рус. населением. Конец войны застал **А.** в Германии, где они работали с режиссером театра С. Радлова Лидией Яковлевой. Арлениновы исполняли ведущие роли в «Коварстве и любви» Шиллера, «Норе» Ибсена, пьесах А.Н. Островского, Н. Гоголя и др.

В 1948, находясь в Бельгии, создали свою театральную труппу и работали совместно с быв. актерами МХТ. Вместе с женой выступал в единственном профессиональном рус. театре в Зап. Европе, в Париже, в рус. классич. театральных постановках. Переселившись в Канаду, супруги Арлениновы образовали в 1957 рус. драматич. труппу и выступали с классич. постановками в ун-тах Монреаля, Торонто и Оттавы, на лит. вечерах, вечерах сатиры и юмора, «Днях рус. культуры», также на Радио Канады. Франц. и англ. пресса особо высоко отметила постановку «Василисы Мелентьевой» Островского, при участии хора под управлением А. Каминского. Ставилась «Бесприданница» и отрывки из «Дядюшкина сна», «Мертвых душ» Гоголя, «Маскарада» М.Ю. Лермонтова.

И с т. АА. *Арленинова Ванда.* Автобиография (рукопись, 3 С.). Дек. 2000; Арленинова Ванда. 1951–1977. Архив.

Л и т. *Могилянский М.* Жизнь прожить. М, 1995. С. 20–22; *Poronovich Walter.* Russian Theatre Group // The Montreeal Star. 1965. February 27.

АРЛЕНИНОВА Ванда Константиновна (род. 1924, Ленинград) — актриса. В Ленинграде провела первые годы детства. В 1937 переехала с родителями в Крым, где продолжала среднее образование, а впоследствии училась в драматич. студии Симферопольского гос. драматич. театра. Не успев оконч. театрального уч-ща, во время войны стала выступать на сцене в возрасте 18 лет. В 1943 вышла замуж за актера и режиссера *Б.В. Арленинова* и с тех пор до эмигр., в эмигр. в Зап. Европе и после переселения на постоянное жительство в Канаду ее театральное творчество было тесно связано с деятельностью *Б.В. Арленинова*.

И с т. АА. *Арленинова В.* Автобиография (рукопись, 3 С.). Дек. 2000; Арленинова Ванда. 1951–1977. Архив.

Л и т. *Могилянский М.* Жизнь прожить. М, 1995. С. 20–22; *Poronovich Walter.* Russian Theatre Group // The Montreeal Star. 1965. February 27.

АРНО де, Карл – гр., участник Гражданской войны 1861–65 на стороне северян. Подданный Рос. империи. В 1861–62 в чине капитана участвовал в боевых действиях в составе федеральных войск. В 1861 во время разведки в тылу у конфедератов установил намерение южан, используя превосходящие силы, разрезать пополам фронт северян. На основании рапорта **А.** федеральные войска перегруппировались и отразили жестокую атаку противника. Во время боя под **А.** была убита лошадь, а всадник получил ранение и контузию. В 1862 вернулся для излечения в Россию. Автор книги «Russia, Our Ally». 12 февр. 1902 во время 1-й сессии 57 объединённого заседания Сената и Конгресса **А.** была вынесена благодарность за исключительные боевые заслуги во время самого критич. периода Гражданской войны в США.

И с т. *Ushanoff Basil B.* The Russian contribution to the United States of America. A. Typescript.

АРНОЛЬД фон, Антонина Романовна (1896, Седлец, Царство Польское – 8 дек. 1988) — социальный работник. Род. в семье полковника Р.А. фон Арнольда (?–1930) — участника рус.-яп. войны 1904–05 и Белого движения на Востоке России. Отец **А.** после 1905 служил в Харбине и зав. полицией в полосе отчуждения КВЖД. Мать **А.** — Екатерина Христофоровна, директор Харбинской зубоврач. школы.

В США с 1923, по профессии — социальный работник. Продолжала образование в ун-те Бёркли (шт. Калифорния), магистр по своей специализации (1942). *Родственники*: муж Сергей Щербаков — художник.

И с т. АМРК. Арнольд фон, А.Р. // Коллекции Гуверовского института, pdf 101 К.; pdf 134 K; Арнольд Роман Аполлонович, фон // Незабытые могилы / Сост. В.Н. Чуваков. Т. I. С. 126.

АРНХОЛЬД Валентин Эрнестович (8 мая 1890, Санкт-Петербург – 21 февр. 1969, Сан-Франциско) — ротмистр, ветеран Первой мировой и Гражданской войн. После оконч. Коммерч. уч-ща поступил в Тверское кав. уч-ще, которое оконч. в 1910 с производством в корнеты и назначен в 1-й Улан. Петербургский полк. С объявлением Первой мировой войны выступил на фронт в составе полка. В период с 1914 по 1917 ротмистр Арнхольд находился в строю полка, затем в составе 21-го и 2-го Сибирских авиационных отрядов как лётчик-наблюдатель, а в 1916 был назначен адъютантом командующего Особой армией ген. от кав. Гурко. Последовательно был произведен в поручики, штабс-ротмистры и ротмистры.

За Великую войну награжден боевыми орденами, включая св. Владимира IV ст. с мечами и бантом. После революции назначен в постоянный состав полуэскадрона при Николаевской Военной академии, с которой был эвакуирован в Сибирь и далее, во Владивосток. С 1918 вступает в ряды Сибирской армии. По оконч. Белой борьбы попадает в Китай, в Шанхай, где служит в муниципалитете франц. концессии. В 1946 переехал в Сан-Франциско, где вступил в Об-во рус. ветеранов и ряд лет состоял в его правлении.

Похоронен на Серб. кладбище в Сан-Франциско.

И с т. АОРВВВ. Альбом III. 1969. Февр. Ротмистр Валентин Эрнестович Арнхольд.

АРОНСОН Григорий Яковлевич (1887 – 1968, Нью-Йорк) — полит. деятель, революционер, писатель. В России принадлежал к партии меньшевиков. После 1917 преследовался большевиками и переехал в США, писал статьи и воспоминания в журналах «Социалистич. вестник» и «Новое русское слово» (Нью-Йорк). Сотрудничал в газ. «Новое русское слово» (Нью-Йорк), журналах «За свободу», «Новом журнале», «Опыты», «Социалистич. вестник» и др. Написал историю рус. еврейства в двух томах и книгу о масонах в России и их влиянию на политику.

Л и т. *Вильданова Р.И., Кудрявцев В.Б., Лаппо-Данилевский К.Ю.* Словарь // Струве Г. С. 282.

АРСЕНИ Александр Спиридонович (1875, Ростов-на-Дону – 15 янв. 1930, Стратфорд, шт. Коннектикут) — полковник, корабельный инж., строитель самолетов-амфибий. Род. в семье капитана торгового флота. Оконч. реальное уч-ще и Киевский политехнич. ин-т. Получил должность инж.-технолога в Севастопольском порту. Сдал экзамен на должность корабельного инж., служил офицером кораблестроительной части — главным кораблестроителем Севастопольского порта, директором Рижского судостроительного завода и главным инж. портов Азовского моря. После эвакуации Добровольч. армии занимал должность инж.-кораблестроителя при рус. капитане Константинопольского порта. В 1923 переселился в США и стал работать в Стратфорде чертежником на заводе *Игоря Сикорского* и впоследствии был назначен конструктором самолетов-амфибий.

Л и т. *Шомин.* Некролог // НРС. 1930. 23 и 24 янв.

АРСЕНИЙ (в миру Андрей Львович **ЧАВЦОВ**) (10 марта 1866, Харьковская губерния – 4 окт. 1945, Скрантон, Пенсильвания) — архиепископ. Род. в дух. семье. Рано осиротел. В 1887 оконч. Харьковскую дух. семинарию, женился и был рукоположен во иерея. Получил назначение в сельский приход возле Харькова. Рано овдовел, оставшись с малолетним сыном, прослужив 13 лет, принял монашество с именем **А.** Отозвавшись на призыв епископа *Тихона*, будущего патриарха, прибыл в Америку в 1902. Прослужив в нескольких приходах в штатах Нью-Йорк и Пенсильвания, основал в Пенсильвании Свято-Тихоновский монастырь и при нем приют для сирот. В сане игумена возглавлял новый монастырь, на постройку зданий в котором начал собирать пожертвования и даже ездил в Россию, где успешно провел сборы необходимых средств. В 1908 был назначен настоятелем Свято-Троицкого собора в Виннипеге, в Канаде. Там он необычайно преуспел как проповедник, владея наречиями своих прихожан, будучи прозван канадским златоустом, способствовал возвращению в православие униатских приходов, особенно буковинских и галицийских.

В 1910 вернулся в Россию и был назначен настоятелем Григорьевского монастыря в Херсонской губернии. Во время Гражданской войны был военным священником в Добровольч. армии. После оконч. военных действий эвакуировался в Сербию. Его бывшие прихожане в Канаде обратились к митрополиту *Платону* с просьбой вернуть в Канаду. В июне 1926 был хиротонисан в Белграде во епископа с назначением в Виннипег, Северо-Американской епархии. В Канаде ему пришлось бороться с примкнувшими к «живой церкви» и с украинскими националистами, даже покушавшимися на его жизнь. Из-за ухудшающегося здоровья владыки **А.** митрополит Феофил перевел его в 1937 в Свято-Тихоновский монастырь. Здесь с благословения митрополита Феофила **А.** основал Свято-Тихоновское дух. уч-ще, ставшее впоследствии Свято-Тихоновской семинарией. За свои труды в 1939 возведен в сан архиепископа.

Похоронен в Свято-Тихоновском монастыре, в Пенсильвании.

И с т. St. Nikhon's Orthodox Theological Seminary. Our path. 1938–1988. Arcbishop Alexey Rector. P. 28–29.

АРСЕНЬЕВ Николай Сергеевич (1 мая 1888, Стокгольм – 18 дек. 1977) — проф. истории рус. культуры, богослов, поэт. Род. в семье первого секретаря рус. дипломатич. миссии. После оконч. средней школы поступил в 1905 на историко-филолог. ф-т Московского ун-та, где слушал лекции по истории у Ключевского и Виноградова. После оконч. обучения получил диплом первой ст. и был приглашен на кафедру романских яз. и лит. в Казанском ун-те. В 1910 едет в Германию, где слушает лекции в Мюнхенском, Фрайбургском и Берлинском ун-тах. После сдачи магистерских экзаменов в 1912 в Московском ун-те остается при кафедре западноевропейской лит. После работы в Красном Кресте в начале Первой мировой войны в 1916 читает лекции по лит. и культуре Средних веков и Возрождения в Московском ун-те и на Московских высших женских курсах. В бытность студентом состоял в «Религиозно-философском об-ве памяти Владимира Соловьева», в «Об-ве памяти князя С.Н. Трубецкого» и в «Кружке ищущих христианского просвещения». В 1918 получает профессуру в новом Саратовском ун-те. По своим полит. убеждениям проф. Арсеньев принадлежал к правому крылу партии октябристов. В 1919 большевики его арестовывали, и он решил уйти от них за рубеж. В 1920 переходит польскую границу и в нояб. 1920 начинает преподавать рус. литературу в Кенигсбергском ун-те. При этом же ун-те получает докторскую ст. В 1926–38, когда православие в Польше подвергалось ущемлению и разрушались православные храмы, читал курс сравнительного богословия, истории религий на православном богословском ф-те Варшавского ун-та и поддерживал дух своих православных студентов. С 1927 по 1937 деятельно участвовал в экуменич. движении. Он объединял в себе лучшие черты христианского Востока и христианского Запада. В теч. последующих 20 лет Николай Сергеевич преподавал в том же ун-те и стал экстраординарным проф. В конце 1944 вынужден оставить Кенигсберг и после непродолжительного пребывания в Германии в конце Второй мировой войны переехал в Париж, где читал в Католич. ин-те лекции по истории религиозной мысли и по рус. культуре Сорбонне и в Лозаннском ун-тах.

В 1948 переезжает в США и начинает преподавать в Свято-Владимирской духовной семинарии Новый Завет. Одновременно выезжает для чтения лекций в Монреальском ун-те и читает лекции в Фордэмском ун-те. **А.** продолжают приглашать для чтения лекций на летних сессиях в Европу, в Боннском ун-те, в Вену, в Грац и в Мюнхен. Подходил с величайшей осторожностью к вопросу об экуменизме. В двадцатых и тридцатых годах он участвовал в геоконфессиональных совещаниях протестантов и католиков. В 1959 имел личную аудиенцию у Папы Иоанна XXIII, с которым он беседовал о возможности соединения церквей. В 1960 удостоился присуждения почетной ст. доктора богословия от Парижского Богословского ин-та. В США был деятельным членом РАГ и опубликовал ряд статей в «Записках» Академич. группы, читал лекции по новейшей рус. истории для молодежи и на собраниях Академич. группы. Его научное творчество отражено в библиографич. списке, в котором числятся 273 научные статьи на рус., англ., франц. и нем. яз., включая книги, брошюры и сб. стихов на рус. яз. Главнейшими трудами **А.** являются: «Стремление к подлинному существованию», «Мистицизм и восточная церковь», «Рус. культурная традиция», мемуары «Дары и встречи на жизненном пути» и сб. стихов: «Безбрежное сияние» и «Порывы». В его поэзии отражается религиозное восприятие окружающей действительности. Главное содержание лирич. произведений **А.** заключается в вечной красоте природы и в бесконечной силе любви. *Родственники*: мать (урожд. Шеншина) Екатерина Васильевна; брат *Юрий*; сестра Вера (в браке Гагарина) (1893 – 19 авг. 1952, Си Клифф (шт. Нью-Йорк)).

Похоронен на кладбище Рослин (Нью-Йорк)

И с т. Арсеньев Николай Сергеевич // Незабытые могилы / Сост. В.Н. Чуваков. Т. I. С. 132; Гагарина (урожд. Арсеньева) Вера Сергеевна // Там же. Т. II. М., 1999. С. 15.

Л и т. *Балуев И.* Проф. Н.С. Арсеньев // НЖ. 1978. Кн. 131. С. 267–271; *Он же.* Проф. Н.С. Арсеньев // Рус. возрождение (Нью-Йорк–Париж–Москва). 1978. С. 232–234; *Белоусов К. Г.* Николай Сергеевич Арсеньев // Записки РАГ в США (Нью-Йорк). 1968. Т. II. С. 252–253; *Вильданова Р.И., Кудрявцев В.Б., Лаппо-Данилевский К.Ю.* Краткий биографич. словарь рус. зарубежья. // *Струве Г.* С. 282; *Зеньковский С.А.* Памяти Николая Сергеевича Арсеньева // Записки РАГ в США. 1978. Т. XII. С. 7–16; *Зноско-Боровский Митрофан*, протоиерей. Памяти проф. Н.С. Арсеньева // НРС. 1978. 1 янв.; *Оболенский А.П.* In Memoriam // Записки РАГ в США. 1978. Т. XII. С. 26–29; *Bird T.E.* Selected bibliography of the writings of Nicholas S. Arseniev (1888-1977) // Transactions of the Association of Russian-American Scholars in the USA. 1978. P. 47–61; Curriculum vitae // The same. 1976. V. X. P. 296–297; *Jernakoff N.* Nicholas Arseniev: His contribution to Russian Religious and Philosophical Thought // The same. 1994. V. XXVI. P. 129–143.

АРСЕНЬЕВ Юрий Сергеевич (? – 1970, Си-Клифф, шт. Нью-Йорк) — поручик, юрист по образованию. Во время Первой мировой войны был призван в кав. Оказался в плену. В Белом движении был в армии ген. Юденича в Конно-егерском полку и тяжело ранен. После эмигр. был в разных странах, переселился в США. После Второй мировой войны работал на радиостанции «Свобода» в Мюнхене и был членом НТС.

Похоронен на кладбище Рослин (Нью-Йорк)

Л и т. *А.Б.* Некролог. Незабытые могилы // Часовой. 1971, февр. № 536. С. 19.

АРТАМОНОВ Георгий Леонидович (21 апр. 1902, Курск – 13 апреля 1987, Роквилл, шт. Мэриленд) — полковник в отставке, ветеран Белой и амер. армий. Род. в семье ген. Рус. Императорской армии. Учился в Пажеском корпусе и Политехнич. ин-те в Петрограде. Юношей сражался в рядах Белой армии. В 1921 переселился на постоянное жительство в США. Продолжал образование в ун-те Джорджа Вашингтона и в Йельском ун-те, который оконч. в 1923 с дипломом инж.-электрика. С 1923 по 1931 работал в General Electric Co. В 1926 Георгий Артамонов стал гражданином США. Во время Второй мировой войны с 1942 по 1946 служил в американской действующей армии. Участвовал в военных действиях в Сев. Африке, в Италии, Фр. и Германии. В теч. войны участвовал в семи военных кампаниях и двух высадках десантов с боем. Награжден шестью орденами. После завершения военных действий работал в Токио по восстановлению экономич. отношений между США и Японией. Занимал пост президента компании «Сирс Интернэйшенал», был советником и администратором ряда корпораций в Нью-Йорке, Париже, Бразилии, Марокко, на Кипре, в Испании, в Бангкоке и Нигерии. Вышел в отставку в чине полковника. Автор ряда профессиональных статей и учебника о вложении капитала в развивающихся странах. Был женат, сконч. бездетным.

И с т. Анкета Об-ва рус. инж. в США; *Jeorge L. Artamonoff.* Curriculum vitae. 1968. July. Typescipt. 2 p.

Л и т. Умер полковник Артамонов // НРС. 1987. 14 апр.

АРТЕМЬЕВ Александр Феодосьевич (род. 2 дек. 1913, Видзы Ковенской губ.) — общественный деятель культуры. Род. в старообрядч. семье, предки которой бежали от притеснений во времена царя Алексея Михайловича. Среднее образование получил, оконч. в 1934 Технич. школу в Вильно, и в 1939 высшее — в Политехнич. ин-те в Варшаве. Вспыхнувшая в 1939 германо-польская война заставила его вернуться в Видзы, оккупированные войсками Советского Союза. Здесь в 1941 был мобилизован на строительство укрепления на новой границе между оккупированной немцами Польшей и присоединенной к СССР территорией. В первую неделю нем.-сов. войны попал в плен, был вывезен в Германию, где пробыл до освобождения англичанами в 1945.

В послевоенный период сотрудничал с Гамбургским комитетом, возглавлявшимся архимандритом *Виталием*, впоследствии митрополитом РПЦЗ. Участвовал в спасении от репатриации беженцев и «перемещенных лиц», не желавших возвращаться в Советский Союз. Принимал участие в создании под Гамбургом рус. лагеря Фишбек. В 1952 при помощи Мирового союза церквей приехал в Нью-Йорк. Проработав некоторое время на производстве механиком, устроился в фирму Landy Electronics & Systems Inc., конструировавшую антирадарные установки для самолетов и ракет и изготовлявшую для гражданской промышленности машины для сортировки чеков, почтовые машины для сортировки писем и др. На этом производстве проработал инж. 25 лет. В течение всего времени пребывания в США принимал участие в рус. общественной и культурной жизни. Участвовал в создании Лонг-Айлендского (шт. Нью-Йорк) отдела КРА. Шесть лет, до 1988, был его председателем. В 1989 создал при отделе видео-кружок для показа и проката рус. фильмов. Кружок вступил в 15-й год существования. Принимал деятельное участие в лекционном кружке, руководимом его женой, Татьяной Борисовной, урожд. Федяй. За 10-летнее существование кружка в зале при церкви св. Серафима Саровского в Си-Клиффе, где настоятелем был о. *Митрофан Зноско-Боровский*, будущий епископ Бостонский, было прочитано ок. 65 лекций на литературные, историч. и научно-популярные темы. В 1999, в 50-ю годовщину брака, Александр Феодосьевич и Татьяна Борисовна получили от Главного правления КРА почетную грамоту с оценкой их деятельности на пользу рус. общины. Александр Феодосьевич внес значительный вклад в создание биографич. словаря «Русские в Северной Америке», перефотографировав безвозмездно 1000 портретов.

И с т. АА. *Артемьев А.Ф.* Автобиография. Рукопись. 29 июля 2003.

АРТЕМЬЕВ Вячеслав Павлович (14 авг. 1903, село Березань Березанского уезда Киевской губ. [по др. дан. Москва] – ?) — участник Власовского движения, подполковник ВС КОНР. Род. в крестьянской семье. Оконч. школу в Москве (1918). Беспартийный. На службе в Красной армии с 1918, но в боевых действиях в Гражданскую войну не участвовал. Служил преимущественно в кав. частях. Оконч. Объединённую военную школу им. ВЦИК (1923), 1-ю Московскую кав. школу (1924), Киевскую Объединённую военную школу (1927). В 1923–33 — нач-к кон. разведки 41-го полка 14-й стрелковой дивизии, командир взвода, эскадрона, пом. нач-ка штаба полка в 1-й отдельной кав. бригаде. После 1933 служил в военизированной охране (ВОХР). Капитан (1940). Последняя должность — нач-к штаба ВОХР Карагандинских лагерей. В 1941–42 — на службе в Среднеазиатском ВО. Служил в 81-й кав. дивизии — в штабе, командиром 216-го кав. полка. Майор (1942), подполковник (1943). Оконч. пех. уч-ще при Военной академии им. М.В. Фрунзе (февр. 1943) и отправлен на фронт в должности командира 46-го гв. кав. полка VI гв. кав. корпуса. Попал в плен при прорыве обороны противника (сент. 1943). До июня 1944 — в лагере военнопленных в Летцене (Германия). Добровольно подал заявление о вступлении в РОА. Оконч. Дабендорфскую школу РОА (1944), служил в Дабендорфе командиром курсантской роты. С нояб. 1944 — командир 2-го гренадерского полка 1-й пех. дивизии ВС КОНР в чине подполковника. В марте 1945 в составе дивизии убыл на Восточ. фронт в р-н Фюрстенвальде на Одере. Участник боевых действий в апр. 1945 в полосе сов. 119-го укреплённого района 33-й армии и 5–8 мая 1945 в Праге против гарнизона Вермахта и войск СС (район Хухле — Сливинец, Лаговички, Збрыслав и др). После отступления дивизии от Праги на Пльзень участвовал в демонстративных переговорах с сов. командованием 162-й танковой бригады XXV танкового корпуса в ночь с 11 на 12 мая. Благодаря действиям **А.** продвижение сов. войск в р-н расположения 1-й дивизии было приостановлено, что позволило генерал-майору С.К. Буняченко осуществить роспуск дивизии. После роспуска дивизии 12 мая 1945 бежал в амер. оккупационную зону Чехии, откуда перебрался в Баварию. Принудительной репатриации избежал. До 1951 жил в р-не Мюнхена, участвовал в деятельности власовских послевоенных организаций АЦОДНР, САФ (1948–51) и СВОД, сотрудник рус. Ин-та по изуч. СССР (Мюнхен). В 1947–50 работал при разных учреждениях армии США в Европе, затем находился на службе в Ин-те армии США повышенной специализации по изуч. рус. и восточноевропейских процессов. После 1951 в эмиграции в США, привлекался к консультациям в Пентагоне, проф. военных наук, автор трудов по специальности.

С о ч. АГИВРМ. Коллекция А.Д. Далина. Коробка 22. Исправительно-трудовые лагеря МВД СССР. Очерк в двух частях. Часть I. Организация исправительно-трудовых лагерей, режим трудоиспользования, жизнь и быт заключённых. Бавария, июль 1950. Часть II. Охрана лагерей.

Бавария, авг. 1950; Первая дивизия РОА. Материалы к истории Освободительного движения народов России (1941–1945). Лондон (Канада), 1974; Режим и охрана исправительно-трудовых лагерей МВД. Мюнхен, 1956.

Л и т. *Александров К.М.* С. 72–75.

АРХИМАНДРИТОВ — произвел в 1846 описание берегов п-ова Кенай на Аляске и близлежащих о-вов.

Л и т. Краткая Географич. Энциклопедия. Т. 5. М., 1966. С. 400.

АРХИПЕНКО Александр Порфирьевич (30 мая 1887, Киев – 25 февр. 1964, Нью-Йорк) — скульптор. В 1908 поселился в Париже и начал работать в модернистском стиле. В 1920-х годах занимался кубизмом в Берлине. В 1923 переехал в США, создавал реалистич. скульптуры. В 1923 организовал худ. школы в Нью-Йорке и летнюю в Вудстоке, в шт. Нью-Йорк. В 1924–27 устроил механизм для создания иллюзии движения нарисованных объектов, названный им «архипентурой». За 40 лет устроил в США ок. 150 персональных выставок. После **А.** осталась вдова Франсуаза, урожд. Грей, на которой он был женат вторым браком, овдовев в 1957.

Л и т. *Косач Ю.* // РМ. 1957. Май; *Лейкинд О.Л., Махров К.В., Северюхин Д.Я.* Худ. Рус. зарубежья. С. 108–110.

АРХИПОВ [псевд. после мая 1945 **Гордеев**] Андрей Дмитриевич (1 марта [по др. дан. 5 янв.] 1893, Ялта Таврич. губ. – 1 мая 1979, Санта-Барбара, шт. Калифорния) — участник Белого движения на Юге России и Власовского движения, полковник. Сын рыбака. Оконч. гимназию, по I разряду Алексеевское военное уч-ще (1914) с назнач. в чине подпоручика в распоряжение штаба Московского ВО. Участник Первой мировой войны. Служил командиром 16-й роты 270-го Гатчинского полка 68-й пех. дивизии (на янв. 1915). С апр. 1915 прикомандирован к 151-му Пятигорскому полку 38-й пех. дивизии. Контужен (1915). Награждён за отличия орденом св. Анны IV ст. «за храбрость» (сент. 1915). После Октябрьского переворота 1917 — в белых войсках на Юге России. Служил в рядах 1-го Офиц. ген. Маркова полка (1918) 1-й пех. дивизии Добровольч. армии. В 1919 — командир 3-го офиц. ген. Маркова полка Марковской дивизии (?). Подполковник (на 1920). Эвакуировался из Крыма в составе Рус. армии в нояб. 1920. В 1920–21 — в Галлиполи, затем в Болгарии. В эмиграции во Франции (1926), с 1927 жил в Булони под Парижем. В 1930–39 работал таксистом в Париже. В 1932 оконч. основное отделение (Париж) Зарубежных Высших военно-науч. курсов систематич. изуч. военного дела (I выпуск) ген.-лейт. Н.Н. Головина. Чин РОВС и Об-ва Галлиполийцев. В 1942 добровольно отправился из Парижа на Восточ. фронт. Командовал ротой в восточ. батальоне, принимал участие в боях с партизанами, был ранен. Протестуя против нем. оккупационной политики, собирался подать в отставку и вернуться в Париж. В июне 1943 переведён в Дабендорфскую школу РОА в чине капитана. Майор и подполковник РОА (1943–44). В 1943–44 — пом. командира 1-й курсантской (офиц.) роты в Дабендорфе. С весны 1944 — командир курсантского батальона. С нояб. 1944 — командир 1-го гренадерского полка 1-й пех. дивизии ВС КОНР. Полковник ВС КОНР (1945). В марте 1945 в составе дивизии убыл на Восточ. фронт в р-н Фюрстенвальде на Одере. Участник боевых действий в апр. 1945 в полосе сов. 119-го укреплённого района 33-й армии и 5–8 мая 1945 в Праге против гарнизона Вермахта и войск СС (южный и средний р-ны города). После роспуска дивизии 12 мая 1945 в р-не Пльзеня бежал в амер. оккупационную зону Чехии, откуда перебрался в Баварию. В 1945–50 жил в р-не Мюнхена, один из инициаторов создания САФ (1948). Выступал за активное сотрудничество между САФ и РОВС.

После 1950 — в эмиграции в США. Принимал участие в деятельности Всерос. Комитета освобождения кн. *С.С. Белосельского-Белозерского*. Публикации **А.** появлялись на страницах газ. «Новое русское слово» (Нью-Йорк), журналов «Часовой» (Брюссель), «Первопоходник» (Лос-Анджелес) и др. рус. изданий.

С о ч. Ген. А.А. Власов // Первопоходник. 1972. Авг. № 8. С. 51–54; Не Драгунский, а власовцы. Письмо в ред. // НРС. 1960. 12 февр.; О переговорах первой дивизии РОА // Там же. 1962. 20 мая; Слово, сказанное галлиполийцем полковником Гордеевым-Архиповым на трапезе 30 авг. в Ричмонде // Перекличка (Нью-Йорк). 1964. Нояб. № 155. С. 15–16.

И с т. ЛАА. Справка *К.М. Александрова*. Новые сведения о судьбе полк. А.Д. Архипова (по материалам АГИВРМ, 2004); Архипов-Гордеев Андрей Дмитриевич // Незабытые могилы / Сост. В.Н. Чуваков. Т. I. С. 139.

Л и т. *Александров К.М.* С. 75–76; Некролог // Часовой (Брюссель). 1979. Июнь – июль. № 619. С.19; *Окороков А.В.* Антисоветские воинские формирования в годы Второй мировой войны. М., 2000. С. 148, 152; *Поздняков В.В.* Рождение РОА. Пропагандисты Вульгайде–Люкенвальде–Дабендорфа–Риги. Сиракузы, 1973. С. 103.

АРХИПОВ Василий Аверкиевич (27 февр. 1885, Криумша Ряз. губ. – ?) — инж.-машиностроитель, железнодорожник. В 1914 оконч. С.-Петербургский Технологич. ин-т. Автор статьи на серб. яз. о математич. определении элементов железнодорожного движения. В США жил в Терривилле, в шт. Коннектикут. Действительный член О-ва рус. инж. в США (1952).

И с т. АОРИ.

АРЦЫБАШЕВ Борис Михайлович (5 июня 1899, Харьков – 17 июля 1965) — художник-график. Оконч. Тенишевское уч-ще в Петербурге. Переселился в США в 1919. В Нью-Йорке иллюстрировал ок. 50 книг. Нарисовал портреты более 200 полит. деятелей для журнала «Time». Рисовал также рекламы.

Л и т. *Лейкинд О.Л., Махров К.В., Северюхин Д.Я.* Худ. Рус. зарубежья. С. 110–111.

АСЛАНОВ Александр Петрович (10 окт. 1874 – 11 июля 1960) — дирижер, уроженец Кавказа. Оконч. Санкт-Петербургскую консерваторию и был приглашен дирижером в Мариинский театр. С 1909 дирижировал и рук. летними симфонич. концертами в Павловске. В 1923 эмигрировал в США. В Детройте давал уроки музыки и пения.

Л и т. Александр Петрович Асланов // НРС. 1954. 10 окт.

АСМУС Владимир Константинович (25 апр. 1891, Санкт-Петербург – ?) — библиограф-ботаник. В 1908 оконч. 3-й Московский кад. корпус и в 1912 Николаевское инж. уч-ще в Петербурге. После производства в офицерский чин служил с 1912 по 1920 в инж. саперных частях. После эвакуации (1920) оказывал помощь беженцам в Константинополе и в Малой Азии, в Near East Relief. Эмигрировал в США, работал в Детройте на заводе Форда. С 1929 по 1931 служил у *И.И. Сикорского*. Затем в 1931–39 наступил период работы по составлению библиографий в библиотеке Нью-Йоркского ботанич. сада, в Arnold Arboretum в Джамейка Плейн и с 1939 по 1947 в библиотеке Гарвардского колледжа в Кембридже, в шт. Массачусетс. Принимал участие в составлении четырехтомной ботанич. библиографии, изданной Гарвардским ун-том. Составил серию биографич. очерков для Брит. энциклопедии о ботаниках всех национальностей. Составил указатель рус. ботаников и собирателей гербариев (1700 имен). Печатался в «Polyglotic dictionary of botanical terms» на семи яз. Опубликовал ок. 60 статей по истории естественных наук в России, в частности ботаники. Сотрудничал в рус. газ.: «Россия» (Нью-Йорк) и в «Рус. жизни» (Сан-Франциско), в журналах «Science», «Chronica Britannica» и др.

И с т. АМРК. Анкета В.К. Асмус, 5 июля 1947. Рукопись. 1 С.

АСПАТУРЯН Вернон — политолог. Род. в Армавире. В 1951 защитил докторскую дисс. при Калифорнийском ун-те в Лос-Анджелесе. Там же преподавал в 1950–1951. В 1952 служил в амер. администрации в Токио нач-ком отдела по ведению психологич. войны. С 1952 по 1956 был доцентом при Пенсильванском ун-те и с 1961 года стал проф. В 1964–65 читал лекции в Колумбийском, Джонс Гопкинс и Калифорнийском (Лос-Анджелесском) ун-тах. **А.** написал на английском яз. книги: «Новые политич. системы Европы» и «Советский Союз в мировой коммунистич. системе». Ему принадлежит новая концепция анализа сов. системы и ее внешней политики и дипломатии.

Л и т. *Кеппен А.А.*

АСТАФЬЕВ (псевдоним **Астори**) Константин Николаевич (1890–1975) — художник, реставратор, участник Белого движения. Покинул Россию в 1920. Переселился в США. Работал в Музее естественной истории в Нью-Йорке, где создал настенную роспись с изображением летающих ящеров — птерозавров.

И с т. Архив КРА.

АСТАФЬЕВА-ПУХИРЬ Варвара Ивановна — добровольная сестра милосердия. Урожд. Астафьева. Ветеран рус.-яп. войны (1904–05).

Пережила осаду и падение Порт-Артура, кратковременный плен у японцев и возвращение в Россию. Была контужена. Награждена Георгиевской серебряной медалью с надписью «За храбрость», франц. медалью «За Порт-Артур», нагрудным знаком защитников Порт-Артура, Гангутской медалью, медалью 300-летия царствования Дома Романовых и серебряной медалью «За усердие» на Анненской ленте. После оконч. Гражданской войны переехала в США и проживала в Нью-Йорке. Состояла членом Об-ва рус. морских офицеров в Америке. Ее воспоминания: «Оборона крепости Порт-Артур», посвященные ее дочери Музе, опубликованы в «Морских записках», 1944, том II, № 2, С. 102–128.

АСТОРИ. См.: **АСТАФЬЕВ** Константин Николаевич.

АСТРАХАНЦЕВ Лев Иннокентиевич (16 янв. 1897, Иркутск – 17 нояб. 1967, Сан-Франциско) — подпоручик, ветеран Гражданской войны. В Иркутске оконч. 8 кл. гимназии и в марте 1917 Иркутское военное уч-ще. Был произведен в прапорщики с назначением в 11-й Сибирский полк. После развала рос. армии находился в Сибири и вступил добровольцем в ряды армии адмирала А.В. Колчака.

Занимал должность младшего офицера в полку, заведовал техн. частью при штабе Иркутского военного округа младшим офицером в войсках барона Р.Ф. фон Унгерна в Монголии. Был произведен в чин подпоручика. После ухода в Харбин переехал в Сан-Франциско, где работал и, изучая англ. яз., поступил в 1928 в Берклейский ун-т, который оконч. в мае 1932. В апреле 1949 стал действительным членом Об-ва рус. ветеранов Великой войны и заведовал домом Об-ва. После **А.** осталась вдова Зоя Степановна.

Похоронен на Серб. кладбище в Сан-Франциско.

И с т. АОРВВВ. Подпоручик Лев Иннокентиевич Астраханцев. Янв. 1897.

АУЭР (Унковский) Михаил. (1905, Санкт-Петербург – ?) — киноактер. Сын Зои, старшей дочери Леопольда Ауэра. В конце Гражданской войны эвакуировался с матерью, девичью фамилию которой он потом принял. Переехал в США, где стал киноартистом в Голливуде. Играл в кинофильме «100 мужчин и одна женщина».

АФАН. См.: **АФАНАСЬЕВ** Алексей Евграфович.

АФАНАСИЙ (в миру Антоний **МИХАЙЛОВ**) — иеромонах, миссионер на Аляске. Род. в семье бывшего крепостного. В 1788 принял монашество под именем **А.** Член православной миссии, прибывшей из Валаамского монастыря на о-в Кадьяк в 1794 просвещать туземцев. В 1825, проведя 31 год на миссионерской работе, особо не преуспел и находился в открытом противостоянии с рус. администрацией, вернулся в Россию.

Л и т. *Петров В.* Рус. в истории Америки. Вашингтон, 1998; *Поберовский С.* Очерк истории Православия в Америке (1784–1867) // 1994. Апр. № 4. С. 20–28. Июль. С. 20–30.

АФАНАСИЙ (в миру Николай **СТУКОВ**) (? – 31 авг. 1970) — архимандрит, педагог. Род. в семье священника в Маньчжурии. В молодости участвовал в Белом движении на Дальнем Востоке. После захвата Сибири большевиками отступил в Китай. Поступил в Рус. дух. миссию в Пекине, где принял монашество и был рукоположен в священный сан под именем **А.**

Посвятил свою жизнь воспитанию рус. детей за границей. Многие годы преподавал Закон Божий в эмигр. школах. В 1947 прибыл в Сан-Франциско и был назначен архиепископом *Тихоном* в штат Кафедрального собора и стал управлять церковноприходским школьным делом. С 1950/51 учебного года церковно-приходская школа была переименована в Рус. церковную гимназию при Кафедральном соборе. За время его директорства гимназия сделала 18 выпусков.

Л и т. Архимандрит Афанасий // Юбилейный сб. в память 50-летия прихода и освящения Кафедрального Собора Пресвятой Богородицы всех Скорбящих радости (1927–1977) в городе

Сан-Франциско. Калифорния. 1978. С. 111–112; *Шачнев И.* протоиерей. К истории возникновения и развития Свято-Кирилло-Мефодиевской рус. церковной гимназии при Кафедральном Соборе Пресвятые Богородицы всех Скорбящих Радости в гор. Сан-Франциско // Юбилейный сб. в память 50-летия прихода и освящения Кафедрального Собора Пресвятой Богородицы всех Скорбящих радости (1927–1977) в городе Сан-Франциско. Калифорния. 1978. С. 136–141.

АФАНАСЬЕВ Александр Константинович (? – 13 авг. 1960, Нью-Йорк) — полковник. Оконч. в 1909 3-й Московский кад. корпус и в 1912 Константиновское арт. уч-ще. Ветеран Первой мировой и Гражданской войн. Переселился в США, жил в Нью-Йорке.
Л и т. Некролог // Часовой (Брюссель). 1960. № 413.

АФАНАСЬЕВ (Афан) Алексей Евграфович — инж., каз. деятель. Род. в стан. Ермаковской на Дону в семье рядового каз.-землепашца. По Высочайшему повелению был принят в Донской кад. корпус. В столетнюю годовщину Бородинского сражения в 1912 был с отцом в числе делегатов от Войска Донского. Во время Гражданской войны воевал против большевиков и был награжден за доблесть орденом св. Георгия и крестом Степного похода. В 1920 покинул Россию и поступил в Политехнич. ин-т в Праге. Участвовал в студенч. каз. орг-ции, а после оконч. ин-та состоял в правлении Общеказ. стан. в Чехословакии. В 30-х переехал в США и стал деятельно сотрудничать в каз. орг-циях, защищавших самобытность каз. земель и каз. Он также сотрудничал с орг-циями рус. старожилов РООВА, ОРБ и амер. общественностью. Приложил немало усилий вместе с В.Г. Глазковым для сооружения на каз. участке Св.-Владимирского кладбища в Джексоне, в шт. Нью-Джерси, памятника «Казаки — казакам». После оконч. Второй мировой войны оказывал помощь каз. при их переселении из Европы в США, способствовал их спасению от насильственной репатриации в Советский Союз.
Л и т. *Плешко Н.Д.* Генеалогич. хроника // Новик. 1960. Отд. III. С. 3; *Глазков В.Г.* Памяти А.Е. Афанасьева // НРС. 1982. 31 марта.

АФАНАСЬЕВ Дмитрий (Afanassiev Dmitri) — ветеран армии США во время Второй мировой войны, специалист 4 кл.
И с т. *Pantuhoff Oleg* — 1976.

АФАНАСЬЕВ Кузьма Яковлевич (Affanasiev Kosmo J.) (1 нояб. 1899 – ?) — инж. Работал в Сан-Франциско. С 1927 по 1929 — в Нью-Йорке, затем на инженерных должностях в Милуоки, Вашингтоне, Балтиморе. Продолжал свое образование в ун-те шт. Висконсин, в котором получил в 1932 ст. бакалавра — инж.-электрика и в 1935 — ст. магистра по электротехнике. Автор многочисленных статей в инж. журналах. В 1941 получил в Амер. ин-те инж.-электриков две премии — за статью о свойствах ферромагнитных материалов и за статью о методах определения ст. устаревания машин и заводов. Участвовал в американских технич. миссиях в Мексике, на Кубе и в Пуэрто-Рико. Был женат на Лидии Оливии, урожд. Уилдин (Wildin).
И с т. АОРИ. Опросный лист.

АФАНАСЬЕВ Митрофан Михайлович (4 дек. 1900, стан. Котовская Обл. Войска Донского – ?) — проф. ботаники и фитопатологии. Оконч. дух. семинарию. Во время Гражданской войны участвовал в сражениях против большевиков. В 1920 выехал в эмигр. Оконч. в 1927 Высшую агрономич. школу в Брно, в Чехословакии, с дипломом инж.-агронома и ст. бакалавра. В 1930 переселился в США, где продолжал образование и защитил в 1937 докторскую дисс. по химии и ботанике-фитопатологии. Преподавал в звании доцента и проф. ботанику в ун-те шт. Монтана в ун-те Небраски, там же читал лекции по фитопатологии и вел исследования в этой области. Опубликовал более ста работ по фитопатологии, по болезням сахарной свеклы, картофеля, фасоли, земляники, черешни и хлебных злаков. Состоял ред. «Журнала Американского Об-ва технологии сахарной свеклы». Состоял членом ряда научных об-в и орг-ций. Удостоился ряда наград и почетных дипломов. В 1968 ушел в отставку в звании проф. эмеритуса.
И с т. АОРИ. Анкета Афанасьев. М.М. от 28 февр. 1969.
Л и т. Каз. словарь-справочник / Сост. Губарев Г.В. Ред.-изд. А.И. Скрылов. Т. III. Сан Ансельмо. 1970. С. 337.

АФОНСКИЙ Николай Петрович (1894 – 20 мая 1971) — основатель церковного хора и регент. Воспитывался в Киевской Дух. академии, впитал в себя традиции церковного песнопения в Софийском и Владимирском соборах, в Киево-Печерской лавре. Начал заниматься пением в Киеве у проф. Гондольфи. Впервые стал рук. хором на фронте во время Первой мировой войны. Будучи офицером 139-го Бессарабского Вел. кн. Михаила Александровича полка организовал два хора — полковой хор (светский и церковный) и татарский. В полку было много татар. В конце Гражданской войны, уйдя за рубеж, сосредоточился главным образом на церковном пении. В 1922 был назначен регентом при рус. церкви в Висбадене, в Германии. Из Висбадена переехал в 1925 в Париж, где создал при Александро-Невском кафедральном соборе митрополичий хор. Этот хор стал необычайно популярным и занял первое место на объединенном концерте европейских хоров в Антверпене. Начал работать с солистами на фоне хора. Это его качество ценили Шаляпин, Смирнов, Мозжухин, Гречанинов, Рахманинов, а позже, в Америке, Николай Гедда. «Сугубая ектенья» Гречанинова, спетая Шаляпиным с хором Афонского, получила в 1935 первый приз на международном конкурсе в Париже.

После оконч. Второй мировой войны Николай Петрович приглашен в Соединенные Штаты занять должность регента хора Покровского кафедрального хора в Нью-Йорке. Помимо кафедрального хора управлял многие годы мужским хором «Капелла», лучшим хором Америки. Он также создал Рус. национальный хор, был у него и детский хор. Как регент пользовался международной известностью. Выступал со своим хором на радиостанциях «Голос Америки» и «ЭнБиСи». Помимо многочисленных грамот от высшего духовенства награжден Серб. Кор. правительством орденом Святого Саввы. Записи всех выступлений хоров под его управлением сохранились. *Родственники:* вдова Ольга Семеновна (? – 27 марта 1980, Толстовский центр); ее сын Гари Нова — эстрадный певец.

Погребен в Свято-Тихоновском монастыре, в Пенсильвании.
Л и т. *Завалишин Вяч.* Николай Афонский, о себе // НРС (Нью-Йорк). 1971. 22 мая; *Куликович Ник.* Поющие Ти (К 30-летнему юбилею Н.П. Афонского) // Там же. 1952. 18 мая; *Свет Г.* Юбилейный концерт Н.П. Афонского // Там же. 1952. 29 мая; *Скидан Ал.* Николай Афонский, каким мы его знали // Там же. 1971.30 мая; *Спасский Н.* Н.П. Афонский и его деятельность // РМ. 1971. 1 июля.

АХМАТОВА Полина Николаевна (1898–1988) — актриса драматич. театра, оперы и эстрады, создала свой рус. театр в Нью-Йорке.

Свою артистич. деятельность начала еще в России, в школе МХАТ. Переехав в США, продолжала выступления перед рус. аудиторией, в частности, выступала с концертами, отрывками из рус. пьес и инсценировками рассказов в теч. более четверти века в Свято-Серафимовском фонде, в Нью-Йорке. Своему искусству она посвятила ок. 75 лет.

Л и т. *Киселев Александр,* протопресвитер. Памяти П.Н. Ахматовой // НРС. 1988. 23 окт.

Б

БАБЕНКО Виктория Александровна (род. 1924, Одесса) — преподаватель рус. яз. и лит., поэтесса. Покинула родину во время Второй мировой войны. После войны оконч. в Гамбурге, в Германии, ун-т. Работала в нем. журнале «Der Spiegel». С 1964 по 1968 преподавала рус. яз. и лит. в Ин-те амер. армии в Гармиш-Партенкирхене. В 1968 переселилась в США, где с 1968 по 1973 была проф. рус. лит. в Ун-те шт. Огайо и с 1973 по 1989 — в колледже Уильяма и Мэри в шт. Виргиния. Соч. стихи с юных лет, но по-настоящему занялась поэзией за рубежом. Главным лицом в ее стихах является человек со всеми его чувствами и мыслями и его полит., социальной и духовной средой. Важное место в стихах **Б.** занимает стремление к свободе и духовным высотам наряду с разрушительными силами — войной, техникой и гос. репрессиями. Выпустила сб. стихов: «Грусть» (1972) и «Струны сердца» (1973).

И с т. Автобиография // Берега. Стихи поэтов второй эмигр. / Под ред. Вал. Синкевич. Филадельфия, 1992. С. 257.

БАБИН Алексей Васильевич (1866, Тамбовская губ. – 1930, Сан-Франциско) — библиотекарь. Род. в помещичьей семье. Приехал в США в юности. Оконч. ун-т и начал работать библиотекарем в Стэнфордском ун-те в Калифорнии и в др. ун-тах, включая Библиотеку Конгресса, в которой он заведовал славянским отделом. Автор двухтомника «История США».

И с т. Некролог // Новая Заря. 1930. 20 мая.

БАБКИН Александр Иванович (10 июня 1882, стан. Мигулинская Обл. Войска Донского – 24 декабря 1974, Монреаль, Канада) — Ген. штаба ген.-майор. В 1900 оконч. Донской кад. корпус и затем Михайловское арт. уч-ще. Служил в чине хорунжего в 6-й Л.-гв. Донской каз. батарее Гв. конно-арт. бригады. Оконч. Николаевскую академию Ген. штаба. Перед Первой мировой войной получил назначение на должность ст. адъютанта штаба XX арм. корпуса. За участие в Первой мировой войне награжден боевыми орденами, а также Георгиевским оружием. Революция произошла, когда **Б.** занимал должность нач-ка штаба 6-й кав. дивизии. В 1917 вернулся на Дон. В 1919 назначен нач-ком 2-й Донской каз. конной дивизии.

В 1920 по болезни эвакуирован за рубеж. В окт. 1920 г. был назначен директором Донского кад. корпуса. В 1925 уехал из Югославии во Фр., а в 1948 — в Канаду. Похоронен в городе Лашин.

Л и т. Некролог // Кад. перекличка (Нью-Йорк). № 11.

БАБКИН Андрей Владимирович (род. 3 сент. 1939, Франц.) — проф. рус. и франц. яз. и истории. Во Франц. получил начальное и среднее образование (Séminaire de St.-Jean).

Эмигрировал в Канаду в 1950. В 1963 получил ст. магистра по славистике при Монреальском ун-те. С 1963 по 1969 учился в аспирантуре и защитил дисс. по славистике. В 1958–61 служил в канадской армии и получил чин лейтенанта. С 1961 по 1965 командовал курсами милиции. В 1965 начал преподавать в средней школе франц., латынь и географию. С 1968 по 1975 преподавал в Монреальском ун-те рус. яз., читал лекции по рус. цивилизации и рус. истории. Преподавал франц. как второй яз. в Англ. колледже (BERGM) в Монреале и во франц. колледже как родной яз. Читал курс методики перевода с рус. на франц. и курс научного рус. яз. Автор статей в журналах «Études slaves et est européennes», «Annales de l'ACFAS», «Meta», «Canadian Slavonic Papers», «Вопросы истории» (Москва). Перевел 30 науч. статей для правительства провинции Квебек. После ухода на пенсию начал заниматься переводами на франц. яз. рус. худ. лит. Ряд лет принимал участие в оказании помощи рус. беженцам. *Родственники:* жена Луиза; двое детей.

И с т. *Babkine Andre*. Curriculum vitae, 5 pp. 2002.

БАБКИН Борис Петрович (25 дек. 1876, Курск – 1950, Монреаль) — физиолог. В 1904 оконч. Военно-мед. академию и начал заниматься исследованиями в обл. гастроэнтерологии в лабораториях Ин-та экспериментальной медицины, созданного академиком И.П. Павловым. Проводил опыты в теч. 11 лет под рук. Павлова. Затем последовало приглашение на должность проф. физиологии при Одесском ун-те. При сов. власти в 1919 был арестован, вскоре по приказу Ленина выслан за границу с большой группой ученых. Уехав в Англию, получил возможность продолжать научную работу. В окт. 1924 защитил докторскую дисс. по физиологии при Лондонском ун-те. Работами **Б.** об алиментарном тракте заинтересовались канадские ученые. Приглашен в 1924 в Канаду, где получил должность проф. и

затем стал зав. кафедрой в Монреальском ун-те Мак-Гилл. Рук. исследованиями в обл. физиологии, неврологии и нейрохирургии. Своими работами заслужил международную известность. В 1925 к **Б.** в Монреаль приезжал академик И.П. Павлов. В Москве **Б.** предлагали место проф., но он отверг предложение, потому что не хотел иметь ничего общего с режимом, лишившим его родины. За свои труды удостоился многочисленных наград. Свой последний печатный труд посвятил учителю и другу академику Павлову. В ун-те Мак-Гилл сохраняется большой архив ученого, содержащий рукописи его работ, переписку с учеными разных стран, рукопись книги об академике Павлове. Был женат на Александре Максимовне, враче-гистологе, скончавшейся в 1939.
И с т. АА. *Могилянский М.* Письмо Е. Александрову. 2001; *Могилянский М.* Жизнь прожить. М., 1995. С. 59–60;
Л и т. *Ковалевский П.Е.* С. 141; Некролог // Современник. 1968. № 17/18.

БАБУШКИН Георгий Михайлович (1878, Кострома – 5 марта 1954) — ветеран. По оконч. реального, а затем юнкерского уч-щ в 1898 вышел офицером в 161-й Александрийский пехотный полк. Участвовал в Яп. кампании и в Первой мировой войне. Был ранен и награжден рядом рус. и ин. орденов. После революции в 1919 обосновался с семьей в Ковно (Каунасе), в Литве, где прожил до 1944. В Литве был одним из основателей и бессменным членом правления Об-ва рус. преподавателей, основал рус. гимназию. Вследствие военных действий стал снова беженцем и в 1950 в возрасте 72 лет переселился в Бостон, где зарабатывал на жизнь на ф-ке. Состоял членом правления Об-ва рос. эмигрантов. После **Б.** остались вдова и две взрослые дочери.
Л и т. Памяти Г.М. Бабушкина // НРС. 1954. 14 апр.

БАГРАТИОН-МУХРАНСКИЙ Теймураз Константинович, кн. (1912, Павловск Санкт-Петербургской губ. – 10 апр. 1992, Нью-Йорк) — директор Толстовского фонда, общественный деятель. Сын офицера Кавалергардского полка и Татьяны Константиновны Романовой, дочери Великого Князя Константина Константиновича. Со стороны матери праправнук императора Николая I, а со стороны отца — потомок груз. царского рода Багратидов, к которому принадлежали многие груз. и армянские цари, включая груз. царицу Тамару, бывшую замужем первым браком за рус. князем Юрием, племянником Андрея Боголюбского. После революции семья **Б.-М.** была вынуждена бежать за границу. После проживания в Швейцарии Багратионы переселились в Югославию, где **Б.-М.** в 1927 поступил в Крымский кад. корпус. После оконч. корпуса в 1932 Теймураз продолжал образование в югославской Военной академии, оконч. которую прослужил 10 лет в гв. конно-арт. полку югославской армии и участвовал в войне против Германии.

Приехал в США в 1949 и работал в разных отделениях Толстовского фонда. В 1979 получил назначение директором-исполнителем фонда, сменив на этом посту *А.Л. Толстую* (окт. 1984). Возглавляя Толстовский фонд, продолжал оказывать большую помощь рус. эмигрантам. Был председателем амер. благотворительной орг-ции «Кэр» (Care), членом правления Амер. совета добровольных благотворительных агентств, а также одним из учредителей орг-ции «Interaction» («Взаимодействие»), объединяющей 100 разных благотворительных агентств. Сыграл важную роль в деле создания КРА. Пользовался большим уважением как со стороны рус., так и всех тех, с кем встречался во время своей многогранной деятельности. *Родственники:* вдова, Ирина Сергеевна, урожд. Безобразова. Член Рус. дворянского о-ва (Russian Nobility Association) в Нью-Йорке.
Л и т. *Александров Е.А.* Кн. Теймураз Константинович Багратион-Мухранский // РА. 1995. № 20. С. 205. (with English summary); Кн. Теймураз Константинович Багратион-Мухранский // Кад. перекличка (Нью-Йорк). 1993. Декабрь. № 53. С. 152–154; Светлой памяти кн. Теймураза Константиновича Багратион-Мухранского // НРС. 1992. 23 апр.; *Dragadze Peter.* The White Russians // Town & Country. 1984. March. P. 174–182, 250–253.

БАДЕН Михаил А. [Michael M. Baden] — ветеран амер. армии, участвовал в военных действиях во время Второй мировой войны в 1943–44 в чине «Pfc» химич. корпуса. Погиб в бою во Франц.
И с т. *Pantuhoff Oleg* — 1976.
Л и т. *Beresney Timothy A.* In Memoriam Editor-in-Chief // Russian Herald. 1947. January/February P. 137–163.

БАЖЕНОВА [по мужу **ПОСТНИКОВА**] Таисия Анатольевна (17 мая 1900 – 1978) — журналистка. Род. в лит. семье. Во время Гражданской войны опубликовала первые стихи в омской газ. «Заря». В 1920 переехала в Харбин, где стала корреспондентом газ. «Рус. голос» и «Заря».

В США была сотрудником рус. газ. Зап. побережья и помещала свои стихи, рассказы и интервью в журналах и сб. Была замужем за Александром Степановичем Постниковым, но продолжала публиковаться под девичьей фамилией.
И с т. АМРК. Баженова Таисия Анатольевна // Коллекции Гуверовского ин-та. (Pdf 75,4 К).

БАЗАВОВ Сергей Васильевич (? – 22 сент. 1958, Нью-Йорк) — предприниматель, председатель правления и директор спичечной ф-ки «Lion Match Company» в Квинсе, Нью-Йорк. На этой спичечной ф-ке могли получить работу многие рус. полит. беженцы, прибывшие в США после Второй мировой войны.
Похоронен на кладбище «Maple Grove», Кью-Гарденс на Лонг-Айленде, в шт. Нью-Йорк.
И с т. Базавов Сергей Васильевич // Незабытые могилы / Сост. В.Н. Чуваков. Т. 1. С. 173.
Л и т. Некролог // НРС. 1958. 25 сент.; *Плешко Н.Д.* Генеалогич. хроника // «Новик» (Нью-Йорк). 1957. Отд. III. С. 6.

БАЗАНОВ Николай Фёдорович (1900 – 4 сент. 1986) — поручик. Оконч. Читинскую гимназию. В 1918 поступил добровольцем в Особый Маньчжурский отряд. В февр. 1920 оконч. Читинское военное уч-ще. По оконч. уч-ща произведен в подпоручики и назначен в Броневую дивизию атамана Г.М. Семенова. Во время службы в Броневой дивизии произведен в поручики. За уничтожение батареи противника награжден орденом св. Анны IV ст. В эмигр. жил в США, в Калифорнии.
И с т. АОРВВВ. Альбом V. 1986. Сент. Поручик Николай Фёдорович Базанов

БАЗАРОВ Николай [Nicholas **Bazarov**] — сержант, ветеран амер. армии. В

1947 служил в военно-воздушном флоте в Берлине.

И с т. *Pantuhoff Oleg* — 1976.

БАЗИЛЕВСКИЙ Иван Клавдиевич (1 янв. 1893 – 6 дек. 1975, Нью-Йорк) — пианист. Оконч. Московскую консерваторию с золотой медалью и начал давать концерты. После захвата власти большевиками эмигрировал в Румынию, куда был приглашён на должность проф. Бухарестской консерватории по кл. фортепиано.

Выступал аккомпаниатором и в качестве преподавателя. Аккомпанировал *Ф.И. Шаляпину*, а впоследствии Николаю Гедда и др. Ф.И. Шаляпин привез Б. в США, где продолжалась его музыкальная карьера.

Похоронен на кладбище монастыря Ново-Дивеево, в Нанует, в шт. Нью-Йорк.

И с т. Базилевский Иван Клавдиевич // Незабытые могилы / Сост. В.Н. Чуваков. Т. I. С. 175–176.

Л и т. Некролог // НРС. 1975. 11 дек.

БАЗИЛИ де, Николай Александрович (1883–1963) — дипломат, коллекционер. Оконч. Александровский лицей (1903), служил дипломатич. курьером в европейском отделе Мин-ва ин. дел. Затем занимался политич. вопросами рус.-тур. взаимоотношений. После Октябрьского переворота 1917 — в эмиграции в США. Вдова Б. — Лассель де Базили пожертвовала Гуверовскому ин-ту Стэнфордского ун-та в Пало-Альто (шт. Калифорния) коллекцию произведений рус. искусства, личные бумаги, архивные материалы и обширную библиотеку на нескольких языках, ранее принадлежавшие мужу. Коллекция картин Б. занимает отдельную комнату в «Center of Russian and East European Studies» Стэнфордского ун-та. Автор мемуаров.

С о ч. The abdication of Emperor Nicholas II of Russia (пер. с франц. оригинала). Princeton, 1984.

Л и т. *Александров Е.А.* Коллекция произведений рус. искусства Николая де Базили в Гуверовском ин-те // РА. 1995. № 20. С. 137; De Basily Lascelle. Works of art in the Nicholas De Basily room of Hoover Institiution. Palo-Alto, 1972.

БАЗИЛЬ де, [наст. фам. **Воскресенский**] Василий Григорьевич (? – до 1951, Париж) — участник Белого движения на Юге России, полковник, балетмейстер. Казак Войска Кубанского. Служил добровольцем в отряде ген. от арт. П.И. Мищенко во время рус.-яп. войны 1904–05. Участник Первой мировой войны на Кавказском фронте. Участник Персидского похода 1915–16 (район Кередж – Нуверен близ Тегерана). На 1916 – сотник 3-го Сводно-Кубанского (Ейского) полка 3-й Кубанской каз. дивизии 1-го Кавказского кав. корпуса ген.-лейт. Н.Н. Баратова. Отличился в составе «партизанской сотни», совершившей рейд по тылам 6-й тур. армии. В 1917 — в отряде полковника Л.Ф. Бичерахова в Месопотамии. За храбрость награждён орденом св. Георгия IV ст. и брит. Военным Крестом (Military Cross). В 1918 отличился на Каспийском театре военных действий. В 1919–20 — в кубанских частях ВСЮР и Рус. армии. Полковник (на 1920). После 1920 — в эмиграции во Франции. Один из организаторов балетного объединения «Цербазон», затем объединил вокруг себя плеяду молодых танцовщиц и танцовщиков из рус. среды, имеющих мировое имя. Б. — сценич. имя, псевдоним. Балет Б. гастролировал с большим успехом в Европе и в США, где оказал серьёзное влияние на формирование классич. амер. национального балета.

И с т. Воскресенский Василий Григорьевич // Незабытые могилы / Сост. В.Н. Чуваков. Т. I. С. 636–637.

Л и т. *Бичерахов Л.Ф.* Генерал Л. Бичерахов о В.Г. Де-Базили // Часовой (Париж). 1934. Окт. № 135–136. С. 31; *Масловский Е. В.* Мировая война на Кавказском фронте 1914–1917. Париж, 1933. С. 217–218; Полковник де Базиль // Часовой (Брюссель). 1948. Февр. № 270. С. 29.

БАЙДАК Леонид Иванович (23 фев. 1894 - 16 сент. 1970, Сан-Франциско) — полковник, летчик. Оконч. Чугуевское военное уч-ще и Гатчинскую авиационную школу. Был военным летчиком во время Первой мировой войны, Гражданской войны в Сев. армии и после эвакуации — в Югославской Кор. авиации. В 1927 совершил успешный перелет из Белграда в Бомбей и из Бомбея в Нови Сад в Югославии. Был награжден многими орденами. В период Второй мировой войны служил в ВВС Югославии и ВВС КОНР. После переселения в США жил в Калифорнии

Л и т. Некролог // Часовой (Брюссель). 1970. Нояб. № 533. С. 26.

БАЙДАЛАКОВ Виктор Михайлович (19 апр. 1900, Конотоп – 17 июля 1967, Вашингтон) — ветеран, полит. деятель. Оконч. Елисаветградское кав. уч-ще. Имел чин хорунжего Донского каз. войска. Участник Гражданской войны.

После эвакуации из Крыма жил в Кор. СХС. Оконч. Белградский ун-т с дипломом инж.-химика. Основатель (1930) и с 1932 бессменный председатель Национального Союза Нового Поколения, переименованного в НТС (Национально-трудовой союз) и потом (1957) в Рос. демократич. союз за веру и свободу (группа единомышленников **Б.**). Во Вторую мировую войну работал над созданием подпольного рос. национального движения среди сов. военнопленных и на оккупированной территории СССР. Летом 1944 арестован Гестапо и вместе с др. сотрудниками отправлен в концентрационный лагерь. Освобожден по настоянию ген. А.А. Власова. В 1955, после раскола НТС, ушел с поста председателя и возглавил движение, ставившее своей целью создание рус. полит. орг-ции на национально-христианской основе. Издавал в Вашингтоне журнал «Вольная мысль». Преподавал в Джорджтаунском ун-те

С о ч. «Да возвеличится Россия, да гибнут наши имена...» М., 2002.

Л и т. *Желябина О.* Некролог // Часовой (Брюссель). 1967. нояб. № 497. С. 23; Некрологи // РЖ. 1967. 10 авг.; Часовой. 1967. Авг. № 494.

БАКАЛЕЙНИКОВ Владимир Романович (1885 – 5 нояб. 1953, Питтсбург, шт. Пенсильвания) — дирижер, виртуоз-альтист, композитор и педагог. В 1907 оконч. Московскую консерваторию по кл. скрипки. Играл совместно с Танеевым и Скрябиным. В 1910 вошел в состав «Мекленбургского» струнного квартета, созданного на средства герцога Мекленбургского. В 1914–16 занимал должность дирижера Театра музыкальной драмы в Петрограде. В 1920 по приглашению К.С. Станиславского стал дирижером Муз. студии Московского худ. театра, где пробыл до 1927. В 1927 эмигрировал в США, где ему оказал поддержку *Сергей Кусевицкий*, помогал ему в устройстве и *Сергей Рахманинов*. Вскоре стал известен как дирижер симфонич. оркестров в Цинциннати, исполнявших произведения рус. композиторов. Он стал известным преподавателем.

В 1943 из печати вышла его автобиография «Записки музыканта» с описанием рус. муз. жизни начала XX столетия. Кроме того, **Б.** написал ряд книг о дирижерском искусстве и об инструментах оркестра, которые стали учебниками.

И с т. *Гольдштейн Михаил*. Встречи с композитором Бакалейниковым // НРС. 1986. 15 марта.
Л и т. *Martianoff Nicholas N*. Undated. Vladimir Bakaleinikoff // Russian Artists in America. P. 21.

БАКИЧ Ольга (род. 20 янв. 1938, Харбин) — преподаватель рус. яз. и лит. В 1971 получила ст. магистра по изучению Азии при Национальном ун-те Австралии. Переехала в Канаду и продолжала образование в аспирантуре в ун-те Альберты, где в 1978 защитила докторскую дисс. Является ст. преподавателем и директором программы по рус. яз. при ун-те Торонто. Занимается историей рус. общины в Харбине и на КВЖД. Автор статей на эту тему в журнале «Canadian Slavonic Papers». Кроме рус. и англ. владеет кит. яз. Ред. ежегодника «Россияне в Азии», начавшего издаваться при ун-те Торонто. Сотрудница Музея Рус. культуры в Сан-Франциско.

И с т. АА. *Bakich Olga*. Curriculum vitae, manuscript. 1994.

БАКЛАНОВА Ольга Владимировна (19 авг. 1893 – 1974) — актриса Худ. театра, в США — киноактриса. В 1929 и 1931 играла на амер. сцене в водевилях, в которых пела с огромным успехом. Ее партнером был муж Николай Сусанин. В 1932 снялась в неудачном голливудском фильме «Монстры». В сезоне 1932–33 выступила в главной роли балерины в мюзикле «Гранд Отель». Разведясь с Сусаниным и переехав в Нью-Йорк, вышла замуж за миллионера Ричарда Дейвиса, уроженца Киева. В 1938 стала выступать по радио, на англ. яз. вела программу «Континентальное ревю Ольги Баклановой», в котором часто исполняла песни. В 1941 вернулась на Бродвей, получив там небольшую роль в мюзикле «Медиум и Телефон». Постановка была успешной и неоднократно повторялась. В 1943 снова приглашена в Голливуд и снялась в своей последней картине — «Клоди». В нач. 60-х годов муж **Б.**, Дейвис, по налоговым соображениям переехал в Париж, а впоследствии в Монтре, в Швейцарию. Скончалась в больнице для душевнобольных, похоронена в Веве возле Монтре. После **Б.** в США остались: сын Николай Сусанин, родившийся в 1930, внучка и трое внуков.

И с т. *Ushanoff Basil B*. The Russian contribution to the United States of America (A typescript).
Л и т. *Васильев А*. Ольга Бакланова // РМ. 1997. 6–12 апр.

БАКЛАНОВА-БОЗАК — см.: **БОКЛАНОВА-БОЗАК** Надежда Артуровна.

БАЛАБАНОВ Тарас (1876 – 9 июля 1936) — аккордеонист. В США приехал в 1903. Со своими пятью детьми, Еленой, Марией, Генрихом, Уильямом и Джоном, основал аккордеонный квинтет, в репертуар которого входила рус. симфонич. муз., включая песни и танцы многих наций.

Его выступления передавались по четырем радиостанциям.

Л и т. *Martianoff Nicholas*. The Balabanoff Accordion Quintet // Russian artists in America. 1933. P. 237.

БАЛАКШИН Петр Петрович [псевд. — **Б. Миклашевский**] (22 сент. 1898, пос. Барабаш близ Владивостока – 29 июля 1990, Сан-Франциско) — писатель, журналист. В дек. 1916 поступил в Александровское военное уч-ще, которое оконч. в 1917 и вышел прапорщиком в 34-й Сибирский стрелковый полк на Рум. фронте, где пробыл до февр. 1918. В марте прибыл на Дальний Восток и поступил в Конно-егерский полк, а затем был откомандирован в Приморский драг. полк. В борьбе с партизанами тяжело ранен. В 1920 эмигрировал в Японию, затем переехал в Шанхай, а в 1923 переселился в США. В 1937 купил в Сан-Франциско газ. «РЖ» и стал издавать ее под названием «Рус. новости — жизнь». В 1941 был вынужден газ. продать. Она была куплена Рус. центром в Сан-Франциско и снова стала выходить под первоначальным названием «РЖ». Издавал альманах «Земля Колумба». В 1945–65 служил переводчиком на амер. военной и гос. службе в Корее, Японии и Греции. Служил историком в штабе ген. Макартура. Вышел в отставку и жил до 1978 в Испании. Писал романы, историч. книги, из коих наиболее известны автобиографич.: «Повесть о Сан-Франциско» (1951), «Весна над Фильмором» (1951), роман «Свет пламени» (1977), а также историч. исследование в 2 томах «Финал в Китае» (1958–59). Много занимался благотворительной помощью рус. беженцам.

И с т. АОРВВВ. Некролог по П.П.Балакшину. 1990. Июль; Балакшин Петр Петрович // Незабытые могилы / Сост. В.Н. Чуваков. Т. I. С. 186–187.
Л и т. *Вильданова Р.И., Кудрявцев В.Б., Лаппо-Данилевский К.Ю*. Словарь // Струве Г. С. 283–284.; Хисамутдинов А. Из истории Рус. жизни. П.П. Балакшин. // РЖ. 2002. 2 марта. С. 4, 9.

БАЛАНЧИН Джордж [Баланчинадзе Георгий Мелитонович] (9 янв. 1904, Санкт-Петербург – 30 апр. 1983, Нью-Йорк) — танцор и хореограф. Род. в семье композитора Мелитона Антоновича Баланчивадзе и Марии Николаевны, урожд. Васильевой. Учился в консерватории и в театральной школе Мариинского театра. В 1923 начал заниматься хореографией. В 1924 получил разрешение выехать на гастроли за границу с группой балерин. Решил не возвращаться в СССР и работал в Париже с Дягилевым до 1929. В 1933 переселился в США, где развилась и прошла вся его хореографич. карьера. В янв. 1934 при содействии мецената Линкольна Кирстина (Кирстейна), открыл Школу амер. балета, из которой вырос Нью-Йоркский городской балет. В 1948 получил назначение на пост худ. директора балета. Этот ансамбль возили в СССР, где он выступал на сценах Большого и Мариинского театров, на сценах, на которых **Б.** начинал карьеру. За свою творч. жизнь поставил более двухсот балетов, в числе которых «Орфей», «Щелкунчик», «Лебединое озеро», «Аполлон», «Серенада», «Четыре темперамента», «Аллегро», Сюита № 3 Чайковского. Из его балетных постановок особо отмечают балеты «Жар-птица» и «Дон Кихот», а также балетные постановки для опер. **Б.** все время создавал новые образы и выработал свой собственный стиль. В свои постановки и голливудские фильмы вводил чисто амер. патриотич. элементы. Б. всю жизнь представлял рус. культуру в США и во всем мире, где ставились и продолжают ставиться его балеты. Б. говорил, что музыка и движение для него неразрывно связаны, что он иллюстрирует музыку движением и жестом артиста. Б. был большим поклонником П.И. Чайковского и написал на английском яз. о нем книгу «Balanchin's Tchaikovsky», вышедшую из печати уже после кончины автора. Любил церковные службы и в детстве мечтал стать священником. Несмотря на груз. происхождение, до конца своих дней оставался очень рус. В 1972 франц. правительство наградило Б. за его заслуги Командорским крестом.

В 1973 в Колумбийском ун-те Б. был вручен почетный диплом доктора гуманитарных наук. В 1982 президент США Р. Рейган наградил Б. медалью Свободы за исключительные заслуги в обл. культуры — самой высокой наградой для гражданских лиц. Был женат пять раз на балеринах: *Тамаре Жева, Александре Даниловой,* Вере Зориной, Марии Толлчиф и Танакил ЛеКлерк. После этих браков потомства не осталось.

Похоронен в Саг Харбор.

С о ч. Унтер-офицерская вдова, или как А. Л. Волынский сам себя сечёт // Театр. 1923. № 13; Рассказывает Баланчин // Сов. музыка. 1963. № 1; О балете и о себе // Лит. Грузия. 1963. № 1.

И с т. Баланчивадзе (Баланчин Джордж, псевд.) Георгий Мелитонович // Незабытые могилы / Сост. В.Н. Чуваков. Т. I. М., 1999. С. 187; *Волков С.* Диалоги с Джорджем Баланчиным // НРС. 1998. 1 мая.

Л и т. *Гольдштейн М.* Книга о Баланчине // Там же. 1985. 1 окт.; *Лепешинский О.* Джордж Баланчин // Там же. 1998. 30 апр.; *Седых А.* Баланчин // Там же. 1983. 3 мая; *Он же.* Жорж Баланчин // Там же. 1972. 20 февр.; *Соколов-Каминский А.* Баланчин Джордж // РЗ. Золотая кн. эм. С. 63–65; *Altman Lawrence.* The Mystery of Balanchine's Dearth is Solved // The New York Times. 1984. 8 May; Ballet Choreographer George Balanchine dies // The News and Observer. Raleigh NC. 1983. 1 May; *Buckle Richard* with *Taras John.* George Balanchine Ballet Master. New York; *Raymond B.,*

Jones D.J. The Russian Diaspora, 1917–1941. Maryland and London, 2000. P. 78–79.

БАЛАХНИН Александр Николаевич (26 окт. 1896 – 29 дек. 1977, Сан-Франциско) — капитан. Оконч. Барнаульское реальное уч-ще им. императора Николая II, первый курс горного отделения Томского Технологич. ин-та и Ташкентскую военную школу. В чине прапорщика в 1917 назначен мл. офицером в 11-ю роту 176-го полка 19-й запасной бригады, с которой отправился на фронт. В июле 1917 переведен в 303-й Сенненский (Сейченский) полк 76-й пех. дивизии и представлен к переименованию в чин подпоручика, исполняя должности мл. офицера 1-й роты саперной команды и затем командира роты. В нояб. 1917 переведен в 24-й Сибирский стрелковый полк, был зачислен мл. офицером в конно-пулеметную команду, исполняя должность полевого адъютанта. В янв. 1918 выехал в Сибирь, в Барнаул. Под угрозой расстрела бежал в Томск и продолжал образование в Технич. ин-те. В мае 1918 присоединился к сибирскому восстанию против большевиков. В июле 1918, после освобождения Сибири, по мобилизации назначен в 1-й Барнаульский стрелковый полк 1-го Сибирского корпуса, занимал должность командира отделения 1-й офиц. роты, командира взвода, мл. офицера учебной команды, командира сотни кон. разведчиков. В Забайкалье назнач. командиром II корпуса для наблюдения «золотого запаса». Затем переведен командиром роты погранич. стражи Временного правительства Приамурского края. В июле 1922 прикомандирован к Отдельному корпусу погранич. стражи с переименованием в чин ротмистра, являясь зам. командира кон. отряда. При производстве в чин поручика в марте 1919 награждён орденом св. Анны III ст. с мечами и бантом. В янв. 1920 произведен в чин штабс-капитана, в марте — в чин капитана. За Великий Сибирский поход 1920 награжден орденом св. Анны IV ст. с надписью «За храбрость».

После оконч. военных действий в России переселился в США и в Сан-Франци-

ско поступил в Калифорнийский ун-т. В 1927 вступил в качестве действительного члена в Об-во рус. ветеранов Великой войны, занимая в нем ряд должностей.

И с т. АОРВВВ. Капитан Александр Николаевич Балахнин // Альбом IV.

БАЛАЦКИЙ Евгений Васильевич — инж.-железнодорожник, полит. деятель, член САФ, лектор. Переселился с семьей в США в 1950. Зарабатывал на жизнь работой на ф-ке. Читал лекции американцам о Советском Союзе. *Родственники:* вдова и сын Валерий с семьей.

И с т. АА. *Александров Е.А.* Воспоминания.

БАЛАШОВ Николай Васильевич — инж. самолетостроитель. В 1925 оконч. Нью-Йоркский ун-т с дипломом авиационного инж. и ст. бакалавра наук. Участвовал в проектировке и был конструктором самолета «Bellanca Sesquiplane», модель «К», в корпорации Белланка в Вильмингтоне, в шт. Делавэр. Был первым секретарем и казначеем Рус. об-ва оконч. амер. высшие учебные заведения при поддержке Рус. студенч. фонда. Майор в запасе, ветеран амер. армии. Служил в 1946 в Берлине.

И с т. *Pantuhoff O.* — 1976.

Л и т. *Pestoff Alexis N.* Directory of Russian Graduates of American Colleges // Alumni Association of the Russian Student Fund, Inc. August 1929. New York. P. 6.

БАЛДИН Лионел Силуанович (15 мая 1907, Санкт-Петербург – ?) — инж.-консультант. Род. в семье ген.-майора *С.Ф. Балдина.* После захвата власти большевиками стал эмигрантом. Переселился в США, где оконч. в 1927 Колумбийский ун-т с дипломом инж.-электрика и там же получил в 1928 ст. магистра по электротехнике. Работал инж. в Нью-Йоркской телефонной компании. С 1931 по 1935 был доцентом в Горном ин-те при Колумбийском ун-те и преподавал математику в Городском колледже Нью-Йорка (City Colege N.Y.). Автор нескольких технич. статей в профессиональных журналах.

И с т. АОРИ. Анкета.

БАЛДИН Силуан Фемистоклович (1871 – 28 апр. 1961) — ген.-майор, военный инж., проф. Оконч. в 1887 Симбирский кад. корпус, в 1890 — Николаевское инж. уч-ще и в 1896 — Инж. академию в Санкт-Петербурге. Читал лекции в Петроградском технич. уч-ще. Во время Первой мировой войны командирован в США во главе военной комиссии по закупке вооружения для рус. армии. В 1917 поехал в Россию с докладом. Последовавший захват власти большевиками лишил **Б.** возможности возвратиться на свою должность в США. В 1919 бежал в США и остался там в качестве эмигранта. Работал инж. Написал несколько книг по инж. делу.

И с т. Балдин Силуан Фемистоклович // Незабытые могилы / Сост. В.Н. Чуваков. Т. I. С. 190; Некролог // НРС. 1961. 2 мая.

БАЛИЕВ Никита Федорович (1876 – 4 сент. 1936, Нью-Йорк) — артист Худ. театра, основатель театра «Летучая мышь». Почетный гражданин Москвы. В 1918 был вынужден закрыть свой театр и бежать от большевиков в Константинополь.

В 1920 открыл в Париже новый театр «Chauve Souris» («Летучая мышь») и стал успешным импресарио в Европе. В 1922 прибыл в США. После этого приезжал в США семь раз. В 30-х гг. привез декорации Судейкина, Бенуа и Ремизова.

Похоронен на кладбище Маунт Оливет в Маспет, на Лонг Айленде.

И с т. Балиев Никита Федорович // Незабытые могилы / Сост. В.Н. Чуваков. Т. I. С. 190.

Л и т. *Martianoff Nicholas N.* Nikita Balieff // Russian Artists in America. 1933. P. 185; Некролог // НРС. 5 сент. 1936.

БАЛИЕВА Елена Аркадьевна (? – 15 марта 1981, Нью-Йорк) — актриса. Первым браком была замужем за режиссером Ф.Ф. Комиссаржевским, в театре которого началась ее артистич. карьера. Выехала с первой эмиграцией за границу и вошла в группу *Никиты Балиева*, создателя театра миниатюр и сатиры. Вместе со всей группой поехала в США и на пароходе обвенчалась с Балиевым. После смерти Балиева в 1936 **Б.** оставила театр. От ее первого брака с Комиссаржевским род. сын Владимир, пошедший по стопам отца и бывший долгие годы режиссером в Лондоне.

И с т. Кончина Е.А. Балиевой // НРС. 1981. 17 марта.

БАЛУЕВ Иван Иванович (1918, Москва – 1988) — преподаватель рус. яз., литературовед. В возрасте восьми лет выехал с родителями за границу. Оконч. в Париже лицей и Сорбонну, где специализировался по франц. лит. Переехал в Бельгию и продолжал образование, изучая экономику в ун-те св. Игнатия. После оконч. ун-та работал в администрации в Бельгийском Конго (Заир). В 1960 переехал в США с женой Марией Всеволодовной, урожд. Горловской. Начал преподавать рус. яз. в ун-те Гэйнсвилл (шт. Флорида). Был доцентом в колледже Маунт Холиок. Продолжал образование в обл. рус. лит. и получил докторскую ст. в ун-те Вандербилта, в Нэшвилле, шт. Теннесси. Автор статей в журналах «La vie Economique et Sociale», «L'Ouest». Состоял членом РАГ в США

И с т. Балуев И.И. Анкета РАГ в США. 1966.

Л и т. *Зеньковский С.* Памяти проф. И.И. Балуева // НРС. 1988. 22 июля.

БАЛУЕВА Ольга (род. 3 янв. 1942, Брюссель) — специалист по физич. культуре и терапии. Образование получила в Лувенском и Бостонском ун-тах. Преподает и занимается вопросами терапии профессиональных заболеваний в ун-те Тафт.

И с т. Archives of the Ass. of Russian-American Scholars in the USA. *Baloueff Olga.* Curriculum vitae. 1971.

БАНДУРКО Федор Иванович (? – 1987, Нью-Йорк) — врач, каз. деятель, председатель Нью-Йоркского отдела СчРК, сражавшегося с коммунистами в Югославии.

Л и т. Некролог // Часовой (Брюссель). 1987. Апр. № 665. С. 30.

БАРАНОВ Александр Андреевич (1746, Каргополь Олонецкой губ. – 16 апр. 1819) — первый правитель Рус. Америки. Отец занимался торговлей. Научившись грамоте у дьячка, **Б.** отправился в возрасте 15 лет в Москву, где начал служить у ин. купцов. Стремясь развить собственное торговое дело, вернулся в 1790 в Сибирь, где поселился в Иркутске и открыл стекольный и винокуренный заводы, а затем начал торговлю с чукчами. Однако эта торговля закончилась разорением. Чукчи вероломно ограбили караван с товарами **Б.** и перебили его служащих. *Шелихов* пригласил **Б.** на должность управляющего Сев.-восточ. компании. **Б.** принял предложение и в авг. 1790 отправился на галиоте «Три Святителя» из Охотска в Америку. В пути галиот был разбит во время бури у о-ва Уналашка, но **Б.** с командой построил большую лодку и в апр. 1791 прибыл на о-в Кадьяк. Работать и командовать 150 своевольными промышленниками было трудно в суровых климатич. условиях, при постоянной нехватке пропитания, которое нужно было добывать самим. В 1784 на Кадьяк прибыли восемь монахов во главе с архимандритом Иосафом. **Б.** отпустил средства для постройки первой православной церкви в Америке.

В 1799 решил основать столицу рус. владений в более теплом месте и выбрал для этой цели о-в Ситку. Здесь основал Михайловский форт и вернулся на Кадьяк. В отсутствие **Б.** форт подвергся нападению индейцев-тлинкитов, которые взяли его штурмом. В 1804 было решено отбить Михайловский форт на Ситке. **Б.** отправился на Ситку с четырьмя небольшими судами и 300 байдарками с вооруженными алеутами. У берегов Ситки оказался рус. фрегат под командой капитан-лейтенанта *Ю.Ф. Лисянского*. После жестокого боя тлинкиты отступили, и **Б.** основал город Новоархангельск (ныне Ситка), который стал его резиденцией и столицей Рус. Америки, получившей впоследствие название «Париж Тихого Океана». Участвуя в сражениях с враждебными тлинкитами, **Б.** одевал под верхнюю одежду кольчугу, которая делала его неуязвимым для индейских стрел. В настоящее время кольчуга находится в Смитсониевском ин-те в Вашингтоне. За труды по укреплению и расширению рус. владений в Америке удостоился царских наград. В 1800 император Павел I наградил **Б.** специально отчеканенной золотой медалью за службу в амер. колониях, в 1804 ему был пожалован чин коллежского советника, а в 1807 император Александр I наградил **Б.** орденом св. Анны II ст. Успешно рук. делами Рус. Америки в теч. 28 лет. Открыл р. Медную, основал первые рус. поселения, снаряжал экспедиции для изуч. берегов Кенайского и Чугачского заливов и прилегающих о-вов. Распространил влияние на Сев. Калифорнию, где по его распоряжению был основан Форт Росс, установил дружеские отношения с Гавайским королем Камехамеха I и вел торговлю с американцами — «бостонцами». В Рус. Америке при участии православных миссионеров-просветителей успешно развивалось школьное дело. Туземцам оказывалась мед. помощь, а ин. купцам строго запрещалось продавать туземцам ром. У **Б.** были споры с духовенством, настаивавшим на гуманном отношении к туземцам. Нрава **Б.** был веселого, любил застолье по случаю радостных событий и соч. патриотич. стихи и оды, воспевая и описывая Рус. Америку. Примером соч. могут служить его песни 1799 «Ум рос. промыслы затеял» и «Здесь златорунных кож хоть не ведется, но драгое злато к нам отовсюду льется». В 1818 **Б.** было 72 года и он был вынужден подать в отставку. Отправившись в Россию на корабле «Кутузов», он заболел и скончался в Зондском проливе после выхода из Батавии, в голландской Ост-Индии. Тело **Б.** было предано морю. Потомки **Б.**, Афросины, живут в России. Правнук *Алексей Масальский* жил и скончался в Америке. Первого губернатора Рус. Америки на Аляске помнят. Его именем назван о-в, на котором находится Ситка. В Ситке на городской площади в 1989 **Б.** поставлен бронзовый памятник, на о-ве Кадьяк имеется музей его имени, в Джюно, столице Аляски, есть гостиница «Baranof». Именем **Б.** назван катер береговой охраны (Baranof) США. В 1997 в Каргополе к 250-летию рождения **Б.** установлен памятник.

И с т. *Загоскин Л.* Путешествия лейтенанта Лаврентия Загоскина в Рус. Америке в 1842–1844 гг. С. 379–380; *Ushanoff Basil B.* The Russian contribution to the United States of America (typescript); *Афросина З.Б.* Потомки А.А. Баранова (рукопись). 2001. 25 янв.
Л и т. Краткая Географич. Энциклопедия. М., 1966. Т. V. С. 398, 416; *Петров В.П.* Александр Андреевич Баранов // РА. 1976. № 6–7. С. 20–27; *Его же.* Рус. в истории Америки. XX век. Вашингтон, 1988. С. 101–110; *Его же.* История одной реликвии // НРС. 1996. 31 янв.

БАРАНОВ Антипатр Александрович — сын *А.А. Баранова* и его второй жены, индианки, в крещении Анны Григорьевны. Род. на Аляске, в Рус. Америке. В 1795 усыновлен А.А. Барановым после смерти его первой жены, Матрены.

И с т. АА. *Афросина З.Б.* Потомки А.А. Баранова (рукопись). 2001. 25 янв.

БАРАНОВ Макарий — капитан, священник-миссионер. Офицер 39-го Сибирского стрелкового полка. Во время Первой мировой войны состоял в Рус. экспедиционном корпусе во Фр., откуда переведен на Салоникский фронт. На войне потерял глаз. За боевые отличия награжден франц. орденом «Croix de Guerre» и серб. орденом св. Саввы. Во время Гражданской войны сражался против большевиков в рядах Добровольч. армии и был участником «Ледяного похода». После военных действий эмигрировал в Америку, принял сан священника. В 1937 по призванию стал миссионером и переехал с матушкой на о-ва Петра и Павла в Беринговом море, известные как острова Прибылова. Эти о-ва были открыты в 1788 рус. мореходом Прибыловым и заселены алеутами для промысла морских котиков. **Б.** со своей матушкой были там единственными рус., население алеутского поселка насчитывало всего 250 чел. Старики-алеуты еще немного владели рус. яз., который сохранился среди туземного населения со времен продажи Аляски США в 1867. При церкви была школа, в которой **Б.** преподавал Закон Божий и обучал детей чтению на церковно-славянск. яз. Большинство жителей о-вов имеют рус. фамилии, и в их яз. встречаются рус. слова. Некоторые из них знают кириллицу.

И с т. *Александров Е.А.* Путевые впечатления (рукопись). 1991.
Л и т. *Морозова О.А.* Биографич. сб. — черновая рукопись-73 (MS 268). С. 1–18. Архив при музее Рус. центра в Сан-Франциско.

БАРАНОВА Елена А. — географ. В 1970 окончила Бостонский ун-т со званием бакалавра по рус. яз. и лит., в 1974 получила звание магистра географии при том же ун-те и в 1987 защитила докторскую дисс. по географии. Преподавательскую деятельность начала в 1979 на географич. отделении Канзасского ун-та. В 1992 получила должность доцента (Assistant Professor) географии при ун-те Небраски в Омаха. Преподавала основы географии, полит. географию, географию Восточ. Европы, читала лекции аспирантам по истории и философии географии, урбанистике, по исследовательским методам и по независимым исследованиям. Консультант, ред. и исследователь по вопросам экономики, географии, анализу результатов переписи населения США.

И с т. Association of Russian American Scholars in the USA. *Баранова Елена А.* Curriculum vitae. 1994.

БАРАНОВА Ирина Александровна (1804–1824) — дочь *А.А. Баранова* и его второй жены, индианки, в крещении Анны Григорьевны. Род. в Рус. Америке, вышла замуж за лейтенанта *Яновского*.

И с т. АА. *Афросина З.Б.* Потомки А.А. Баранова (рукопись). 2001. 25 янв.

БАРАНОВА Катерина Александровна — дочь *А.А. Баранова* и его второй жены, индианки, в крещении Анны Григорьевны. Род. в 1808 в Рус. Америке. Вышла замуж за пом. капитана Г.И. Сунгурова. У них был сын Николай, родившийся в 1822.

И с т. АА. *Афросина З.Б.* Потомки А.А. Баранова (рукопись). 2001. 25 янв.

БАРАТ [**БАРАТ-БАРАНОВ**] Леонид Иванович (?–11 дек. 1993, Монтерей, шт. Калифорния) — ветеран амер. армии, журналист. Род. на Дону в семье атамана. Выехал за рубеж во время эвакуации Крыма. Поступил в кад. корпус. После переселения в США служил в конной погранич. охране на мексиканской границе. Служил в амер. армии во время Второй мировой войны. Дослужился до чина капитана. Дошел до Берлина, где служил в 1946. Остался в Германии на административной должности. После выхода на пенсию поселился в Мюнхене. Сотрудничал в журналах «Вече» (Мюнхен), «Часовой» (Брюссель), газ. «Наша Страна» (Буэнос-Айрес) и в каз. изданиях. Поддерживал рус. нар. хор «Полянушка». Основатель монархич. кружка «За веру и верность». Скончался в военном госпитале в Монтерее, в Калифорнии, куда был доставлен из Германии.

Похоронен на амер. военном кладбище.
И с т. *Pantuhoff Oleg* — 1976.
Л и т. Некролог // Донской атаманский вестник. 1995. № 143.

БАРДИН Сергей Сампсонович (1890, стан. Михайловская Обл. Войска Донского – 21 нояб. 1935, сан-Франциско) — есаул. Оконч. гимназию в 1913 и поступил в Николаевское кав. уч-ще. После оконч. уч-ща зачислен в 24-й каз. полк. Во время Первой мировой войны дослужился на фронте до чина есаула, был контужен и имел награды. После революции в 1922 через Харбин переселился в США.

И с т. Некролог // Новая заря. 1935. 23 нояб.

БАРДУКОВ Сергей Яковлевич (8 сент. 1979–21 июля 1943, Нью-Йорк) — капитан II ранга. Оконч. Морской корпус в 1898. Участник боя при о-ве Цусима на эскадренном броненосце «Ослябя». После оконч. Гражданской войны и эвакуации из России переселился в США. Состоял членом Об-ва рус. морских офицеров в Америке.

Л и т. Морские записки. 1943. Дек. С. 64.

БАРИ Владимир Александрович (30 сент. 1887 – ?) — предприниматель, участник борьбы с большевиками. Его отцом был американец, а мать — рус. В 1917 помогал защитникам Москвы от большевиков. Возглавлял орг-цию, помогавшую офицерам переправляться на Юг для поступления в Добровольч. армию. После сдачи телефонной станции, последнего пункта сопротивления большевикам, арестован. После допросов лично Ф.Э. Дзержинским революционный трибунал объявил **Б.** «врагом трудящихся и человечества» и приговорил его к расстрелу.

Б. удалось бежать, скрыться, а потом пробраться в Екатеринбург, находившийся в руках адм. Колчака, а затем во Владивосток, где было отделение его фирмы. Из Владивостока отплыл в Японию, а потом в США. В США был вице-президентом корпорации *И.И. Сикорского* «Sikorsky Engineering Corporation» на Лонг-Айленде до ее переезда в шт. Коннектикут. Финансировал корпорацию.
Л и т. К 90-летию В.А. Бари // НРС. 1977. 30 сент.

БАРИШКЕВИЧ Иосиф (Joseph C. Barishkevich) — ветеран амер. армии, в чине капрала воевал в Корее. Погиб в бою в 1953.
И с т. *Pantuhoff Oleg* — 1976.

БАРКЛАЙ де ТОЛЛИ — ветеран амер. армии, полковник ВВС. В 1944 служил на амер. базе в СССР.
И с т. *Pantuhoff Oleg* — 1976.

БАРМИН [Графф] Александр Григорьевич (1899–1987, пригород Вашингтона) — служил в Красной армии с 1919. Дослужился до звания командира бригады (комбрига), был на сов. дипломатич. службе. В 1937 в Греции перешел на Запад и стал разоблачать сталинскую диктатуру. В 1940 переселился в США. В начале Второй мировой войны поступил рядовым в амер. армию. Писал статьи в «Readers Digest», «Saturday Evening Post» и был сотрудником радиостанции «Голос Америки». *Родственники:* жена Галина; дети; внуки.
Л и т. *Перфильев В., Казак А.* // РЖ. 1990. 18 окт.; *Raymond Boris, Jones David Jones.* The Russian Diaspora 1917–1941. Maryland and London. 2000. P. 80.

БАРОМЫК Александр Яковлевич (23 февр. 1901, ? –?) — инж.-строитель. Уйдя в эмигр. в 1927, оконч. Политехнич. ин-т в Праге, в Чехословакии. В США жил в Нью-Йорке. Действительный член Об-ва рус. инж. в США.
И с т. АОРИ. Анкета.

БАРОНОВ Михаил Федорович — театральный художник. Род. в Смоленске. Оконч. Морской корпус. Участник Первой мировой и Гражданской войн. После эвакуации Рус. армии (1920), жил в Румынии, занимался живописью. В 1928 переехал с женой и дочерью Ириной в Париж. Иллюстрировал журналы. В 1936 эмигрировал в США. Писал декорации и рисовал костюмы для балетов в постановках *Дж. Баланчина* по телевидению. Скончался в Си-Клиффе, на Лонг-Айленде, на 59-м году жизни. После **Б.** осталась дочь *Ирина.*
Л и т. *Лейкинд О.Л., Махров К.В., Северюхин Д.Я.* Худ. Рус. зарубежья. С. 120.

БАРОНОВА Ирина — балерина. Род. в Петрограде в 1919. Выехала с родителями за рубеж. Училась у Преображенской в Париже. Ее дебют состоялся в Парижской опере в 1930. В 1932, в возрасте 13 лет, принята *Дж. Баланчиным* в Ballets Russes de Monte Carlo в качестве одной из «бэби балерин». Баронова создала роли в постановках Мясина «Les Prosages», «Jeux d'enfants», «Beau Danube» (1933) и «Les Cents Baisers» Нижинской. В 1939 эмигрировала в США, где стала играть в голливудских фильмах и выступать в муз. комедиях. В 1940 поступила в Театр амер. балета, где в 1941–42 удостоилась звания прима-балерины. В дальнейшем выступала в составе ряда балетных компаний и ушла в отставку в 1946. Переехала в Англию, где является членом Королевской академии танца (Royal Academy of Dancing). Замужем за театральным директором Джерри Севастьяновым.
И с т. http://androsdance.tripod.com/biograhies/baronova

БАРСУКОВ Валентин Н. [Valentin N. Barsukoff] — ветеран амер. армии, служил в морской пехоте. Погиб в бою в 1953 в Корее.
И с т. *Pantuhoff Oleg* — 1976.

БАРТОШ Яков Михайлович (23 нояб. 1912 – 17 нояб. 1979, Нью-Йорк) — певец, музыкант. Выехал из России мальчиком. Учился в Югославии в Крымском кад. корпусе и в муз. школе Станкевича. С 1945 играл в Большом оркестре радио Белграда и в оркестре Белградской консерватории. В 1950 с женой выехал в Касабланку, в Марокко, где выступал по радио. В 1956 переселился с женой и сыном в США. Оконч. курсы чертежников. В то же время выступал как певец в концертах, включая благотворительные.

Л и т. Некролог // НРС. 1979. 27 февр.

БАСАРГИН Владимир — лейтенант, командир корвета «Рында» в составе рус. эскадры под командой контр-адмирала А.А. Попова в Тихом океане, посетившей Сан-Франциско в 1863–64 для участия в защите северян от возможного выступления во время Гражданской войны в США Англии и Фр. на стороне Южной Конфедерации.
И с т. *Тарсаидзе А.Г.* К 90-летнему юбилею прибытия рус. эскадры в Америку, 1863–1953 // Морские записки (Харьков). Т. XI. № 3. С. 11–23.

БАСКЕВИЧ Николай Михайлович (10 дек. 1898, Харьков – ?) — инж.-механик, самолетостроитель. Оконч. ун-т в Нанси, во Фр., с дипломом инж.-механика. С 1927 по 1941 служил в чине инж.-майора в Кор. армии Югославии. В 1938 получил в Германии патент для съемки крыла самолета на имя завода Дорне в Фридрихсхафене. После Второй мировой войны эмигрировал в США, где с июля 1953 по апр. 1965 занимал должность инж.-конструктора в фирме Schulz Tool & Mfg. Co. в городе Сан-Габриел в Калифорнии. Несколько его конструкций, относящихся к клапанам на самолетах, были запатентованы компанией. Автор статьи о пропеллерах в швейцарском журнале «Technische Rundschau». После ухода в отставку продолжал работать в теч. двух лет в качестве конструктора
И с т. АОРИ. Анкета.

БАСОВ Емельян — сержант, мореход, основатель первой зимовки на острове Беринга в 1743–44.

БАСОВ Николай Иванович (17 нояб. 1903, Новочеркаск Обл. Войска Донского – 28 июля 1975, Монреаль) — инж., ветеран. Род. в семье офицера. Учился в Донском императора Александра III корпусе. Во время

Гражданской войны служил в Корниловском ударном полку. Участник 1-го Кубанского («Ледяного») похода 1918. За боевые заслуги награжден Георгиевским крестом IV ст. Эвакуировался в 1920 из Крыма.

Жил в Югославии, откуда переехал в Прагу, где оконч. Пражский политехникум с дипломом инж. Работал на чехословацких и нем. железных дорогах. В 1948 переселился в Канаду, служил на канадских гос. железных дорогах. Состоял членом Об-ва рус. инж. в США.

Похоронен на кладбище Свято-Троицкого монастыря в Джорданвилле, в шт. Нью-Йорк.

И с т. АОРИ. Анкета.

Л и т. Некролог // Кад. перекличка (Нью-Йорк). 1975. № 13.

БАСТУНОВ [наст. фам. **Сас-Корчинский**] Владимир Иванович (1894 – 15 июля 1986) — актер, режиссер. Род. в родовой усадьбе под Гродно. Начав учиться в гимназии в Москве, вошел в любительский театральный кружок под руководством профессиональных актеров. Это было началом, открывшим ему путь в театр. В 1914 ушел добровольцем на фронт. Вернувшись с фронта в 1917, начинает выступать в московском Молодом театре. Возвратившись в Гродно, поступает в местный рус. театр. В двадцатые годы театр выступает главным образом перед рус. зрителями с классич. рус. репертуаром в Литве, Латвии и Эстонии. В 30-е гг. выступает в городах Чехословакии, Балканских стран, Польши и, как всегда, в Прибалтике. Начинается сов. оккупация, затем Вторая мировая война и беженское положение в Германии. В 1945 в Кемптене, в Баварии, основывал театр «Прометей», привлекая в него молодые силы. За пять лет существования театр дал 40 спектаклей. Переселившись в 1950 в США, продолжал театральную деятельность и стал ведущим актером и режиссером Театра рус. драмы. Своим творч. внес огромный вклад в театральное искусство зарубежья. Б. сыграно несколько тыс. спектаклей, 240 разных ролей в 11 странах, в 86 городах. Занимаясь театральной деятельностью, начинал работать в качестве диктора и чтеца, а затем в качестве ред. и рук. лит. передач в рус. отделе радиостанции «Голос Америки».

В 1953 организовал в Нью-Йорке Театр комедии. Однако через год из-за перевода «Голоса Америки» в Вашингтон театр закрылся. В Вашингтоне не было достаточного количества рус. актеров и зрителей, чтобы обеспечить существование театра. Сотрудничал в рус. зарубежных военно-историч. журналах, собирал материалы и писал воспоминания о Первой мировой войне.

Л и т. *Жиглевич Е.* Рус. актер Владимир Бастунов // НРС. 12 авг. 1979.

БАТАЛИН Владимир Александрович (17 апр. 1914, Санкт-Петербург – 23 дек. 1984, Нью-Йорк) — агроном, деятель НТС. Происходил из рода крупных рус. ученых-ботаников и агрономов. Род. в семье инж.-агронома. После июльского восстания большевиков в 1917 уехал с родителями в Сызрань, потом в Иркутск, откуда в 1921 Баталины переехали на Украину. Оконч. 7-летнюю школу, а потом сельскохозяйственный техникум в городе Сквире, Киевской обл. После смерти отца в 1933 стал главой семьи (мать, малолетний брат), работал на сов. сельскохозяйственных предприятиях. В 1940 призван в армию. В начале войны 1941 был радистом при штабе 45-й стрелковой дивизии. Попал в плен к немцам под Черниговом. Побывал в лагере военнопленных, работал при нем. воинской части. После нескольких этапов через Польшу, Бельгию, Фр., Германию и Чехословакию прошел пешком в Брауншвейг, куда попали после долгих мытарств мать и брат. В лагере для «перемещенных лиц» работал директором детского дома. В 1949 эмигрировал в США, где оконч. курсы инж.-электриков и работал по специальности. Познакомился с работой НТС и, переехав в 1955 в Нью-Йорк, активно включился в деятельность орг-ции. Участвовал в демонстрациях и пропагандистских акциях в связи с революционными событиями в Венгрии и Польше. С 1957 — член НТС, десятилетиями был бессменным членом правления Сев.-Амер. орг-ции НТС, исполняя должность казначея.

Л и т. Некролог // Встречи (Франкфурт-на-Майне). 1984. Янв.-февр. № 267. С. 12.

БАХМЕТЬЕВ [БАХМЕТЕВ] Борис Александрович (2 мая 1880, Тифлис – 21 июля 1951) — проф. гидравлики Колумбийского ун-та, посол Временного правительства России в США. В 1898 оконч. Тифлисскую классич. гимназию, в 1903 — Петербургский Ин-т путей сообщения. Учился в 1903–04 в Цюрихском Политехнич. ин-те. В 1911 получил диплом инж. в Петербургском политехнич. ин-те. Состоял в партии меньшевиков, но потом перешел к конституционным демократам (кадетам). С 1905 по 1917 занимал должности от ассистента до проф. гидравлики, теоретич. и прикладной механики в Петербургском политехнич. ин-те им. Петра Великого. Занимался исследованиями неустановившегося движения жидкости. Работал в Красном Кресте. Во время Первой мировой войны был полномочным представителем Главного военно-промышленного комитета России, ставя перед собой задачу способствовать бесперебойному снабжению рус. армии. Прибыл в США в 1917. Участвовал в комиссии по закупке вооружения для России. После Февральской революции назначен на должность тов. министра торговли и промышленности. Через несколько месяцев Б. был предложен пост посла Временного правительства в США. После большевистской революции отказался признать сов. власть. Во время Гражданской войны поддерживал идею о свободной России и помогал тем, кто боролся с большевизмом. Признал номинально правительство адм. А.В. Колчака. Свой дипломатич. статус сохранял в Вашингтоне до 1922.

С 1923 работал в Нью-Йорке в качестве инж.-консультанта. В 1931 получил место проф. в Колумбийском ун-те, где организовал преподавание и исследования в обл. динамики жидкости. Получил международную известность за работы по общей гидравлике и гидравлике открытых русел, а также за исследования турбулентности. Основатель и член совета директоров спичеч. ф-ки «Lion Match Company» в Нью-Йорке, на которой работали почти исключительно рус. эмигранты. В 1935 принял амер. гражданство. Основал в 1936 фонд «Humanity Calls», цель которого заключалась в поддержке культурной и филантропич. деятельности среди рус. эмигрантов, а также для содействия рус. науке, включая исследования в обл. лит., истории и философии, и в ограниченной ст. для изысканий в обл. гидравлики. Состоял в правлениях ряда орг-ций, включая Рус. студенч. фонд. 15 апр. 1939 вошел в состав комитета Толстовского фонда. Член ряда профессиональных об-в и почетный член Об-ва рус.-амер. инж. в США. Автор трех учебников по гидравлике и течению жидкостей в открытых каналах. После кончины Б. и др. рус. членов правления управляющие фондом «Humanity Calls» решили передать 1400000 $ Колумбийскому ун-ту, при котором был основан Архив рус. и восточно-европейской культуры. Ликвидация «Бахметьевского» фонда лишила рус. зарубежье поддержки в его культурных начинаниях и крайне возмутила рус. общественность в США.

С о ч. Современные гидроэлектрич. устройства. СПб., 1907; О неравномерном движении жидкости в открытом русле. СПб., 1912; 2-е изд. Л., 1928; К вопросу о расчёте перепадов (О формах сопряжения ниспадающей с водослива струи с уровнем инж. бьефа). СПб., 1916; О равномерном движении жидкости в каналах и трубах. Л., 1929.

И с т. АА. *Щербатов А.* Пояснительная записка о Борисе Бахметьеве и его наследстве. Рукопись; Бахметьев (Бахметев) Борис Александрович // Незабытые могилы / Сост. В.Н. Чуваков. Т. I. С. 230.

Л и т. *Борисов В.* Бахметьев Борис Александрович // РЗ. Зол. кн. эм. С. 70–71; Борисов В.П., *Волков А.В.* Борис Александрович Бахметев – новые материалы о научной деятельности // ЗР. 1917–1939. Кн. 2. СПб., 2003. С. 195–198; Памяти Б. А. Бахметева // НЖ. 1951. № 24. С. 252–254; Б.А. Бахметьев // Часовой (Брюссель). 1951. № 311. С. 29; *Нестеров Е.А.* Штрихи из биографии Б.А. Бахметева // Мелиорация и водное дело. 2002. № 4. С. 46–48; Who is who. Bakhmeteff Boris Alexander. Chicago, 1963. V. VIII. P. 44.

БЕДРИН Евгений [Eugene C. Bedrin] — капрал, ветеран амер. армии, служил в 1951–53 в военной полиции.
И с т. *Pantuhoff Oleg* — 1976.

БЕЗКОРОВАЙНЫЙ Анатолий Игнатьевич — биохимик. Род. 11 февр. 1935 в Риге. Родители Б. и их семьи бежали в Прибалтику после захвата большевиками власти в России. В конце Второй мировой войны семья Безкоровайных вторично оказалась в числе беженцев. После переезда в США в 1956 стал гражданином США. В том же году оконч. Чикагский ун-т со званием бакалавра, в 1958 получил ст. магистра и в 1960 при Иллинойсском ун-те защитил докторскую дисс. на тему: «Выделение и характеризация некоторых кислотных гликопротеинов из плазмы человека». Помимо работы по специальности в 1973 начал изучать юриспруденцию в Юридич. колледже Иллинойского технологич. ин-та. В 1977 получил ст. доктора юриспруденции с правом заниматься адвокатурой в шт. Иллинойс. Преподавал с 1962 по 1970 начальную биохимию заболеваний и химию протеинов аспирантам в Иллинойском ун-те. Начиная с 1974 заведует преподаванием биохимии в Раш (Rush) мед. колледже, в котором является проф. и ведет исследовательскую работу.

Состоит членом шести профессиональных и научных об-в, удостоился четырех наград и участвует в ред. ряда научных биологич. журналов. Автор и соавтор 81 статьи о гликопротеинах серума, трансферине и метаболизме железа, молочных протеинах, биологии клеток, иммунохимии, продуктах питания и микробиохимии, а также обзорных статей. **Б.** написал шесть книг по биохимии, три из которых написаны совместно с др. учеными. Одна из этих книг, на англ. яз., посвящена науке и медицине в императорской России (Bezkorovainy, A., 1980. Science and Medicine in Imperial Russia, Privately published, 350 pp.). Автор и соавтор отдельных глав в 10 книгах. В девяти статьях **Б.** описывает развитие медицины и биохимии в дореволюционной России. Участвует в жизни прихода Свято-Троицкого православного рус. собора в Чикаго, был его старостой, состоит его казначеем и ред. юбилейного сб., посвященного столетию прихода. Многолетний член КРА.

И с т. АА. *Bezkorovainy Anatoly I.* Curriculum vitae (typescript). 1996. 18 pp.

БЕЗСМЕРТНЫЙ Александр Евгеньевич (1896, Киев – 9 сент. 1984) — церковный деятель. Оконч. дух. семинарию и учился в Одесском ун-те. Переселившись в нач. 20-х гг. в США, оконч. колледж в Балтиморе. Стал иподиаконом и секретарем митрополита *Платона*, возглавлявшего Рус. православную церковь в Америке. После кончины митрополита Платона продолжал быть пом. митрополитов *Феофила*, *Леонтия* и *Иринея*. Помогал беженцам из Европы, которые стали прибывать в США после оконч. Второй мировой войны. В числе беженцев оказалось много выдающихся рус. православных богословов, которые стали проф. Свято-Владимирской семинарии возле Нью-Йорка и Свято-Тихоновской семинарии в Пенсильвании.

Л и т. *Трубецкой С.* Памяти В.М. Безсмертного // НРС. 1984. 7 дек.

БЕКИШ Иван. См.: **ИРИНЕЙ**, митрополит.

БЕКЛЕМИШЕВ Анатолий Петрович [лит. псевд. Касьян Прошин] (10 июня 1890 – 25 мая 1959, Бостон) — инж., проф., журналист. Род. в имении отца в Рязанской губ. в семье, ведущей свой род от Ивана Никитича Берсеня-Беклемишева, жившего при Василии III и бывшего к нему в оппозиции. Образование получил в 4-й гимназии и в 1917 оконч. Политехнич. ин-т в Киеве. После оконч. ин-та работал в качестве инж. в Киеве и преподавал вплоть до заведования кафедрой в том же Политехнич. ин-те. В 1939 защитил дисс. на соискание ст. кандидата технич. наук. Во время нем. оккупации 1941–43 продолжал работать на водном транспорте и преподавать, стараясь, как и в сов. время, держаться подальше от властей. Понимая, что этим от сов. репрессий не спастись, **Б.** с женой, перед сдачей немцами Киева, решил уйти на Запад и стал беженцем. Сначала Беклемишевы жили короткое время в Польше, но потом переехали в Германию, где жили на положении «перемещенных лиц». В 1949 переселились на постоянное жительство в США. Не владея англ. яз., смог устроится только чертежником в строительной фирме, но вскоре хозяева фирмы, оценив его выдающиеся способности и знания, назначили **Б.** на ответственную, а с принятием амер. гражданства и на засекреченную работу по обороне. По расчетам **Б.** строились радарные установки. Состоял действительным членом Об-ва рус. инж. в США. Свободное время посвящал рус. общественности и лит. Его блестящие, остроумные статьи, посвященные критике сов. строя, регулярно появлялись в рус. прессе, в частности, на страницах ежедневной газ. «Новое русское слово» (Нью-Йорк). Подписывал статьи псевд. Касьян Прошин. **Б.** также сотрудничал в журнале «Российский антикоммунист». Давая оценку роли эмигр. в истории, **Б.** писал: «У эмигр. одна неоспоримая заслуга, она не захотела поклониться зверю». *Родственники:* жена Лидия Августиновна и сестра, *Н.П. Вакар.*

И с т. *Беклемишев А.* Письмо секретарю Об-ва русс. инж. в США. 1949. 4 декабря.

Л и т. *А.П. Беклемишев* // НРС. 1959. 28 мая; *Камышников Л.* Касьян Прошин // Там же. 1959. 5 июня.

БЕЛАВИН Александр Федорович (7 апр. 1881 – 30 окт. 1996, Сан-Франциско) — полковник, артиллерист. До революции заведовал удельными имениями в Финляндии и Польше. В эмигр. жил в США, в Сан-Франциско.

Похоронен на Серб. кладбище.

И с т. АРЦ. *Тарала Г.А.* Белавин Александр Фёдорович // Незабытые могилы / Сост. В.Н. Чуваков. Т. I. С. 306.

Л и т. Некролог // Часовой (Брюссель). 1967. Февр. № 488. С. 23.

БЕЛАВИН Михаил Александрович — каз. Астраханского войска, подпоручик, участник Первой мировой войны, Гражданской войны в рядах Белой армии и Рус. корпуса во время Второй мировой войны в борьбе с коммунистами в Югославии, куда он переселился в 1920 после ухода за рубеж. После оконч. Второй мировой войны переселился в США, где физич. трудом зарабатывал на жизнь. Всегда участвовал в рус. общественных орг-циях. Состоял членом Совета директоров Амер.-рус. союза помощи, был сотрудником Представительства рос. эмигрантов и председателем Союза Галлиполийцев в Америке. Скончался в 1993.

Похоронен на кладбище монастыря Ново-Дивеево возле Нанует в шт. Нью-Йорк.

Л и т. *Федоров Н.В.* Памяти белого воина (Белавина) // НРС. 1993. Апр.

БЕЛАВИНА Нонна — см.: **МИКЛАШЕВСКАЯ** Нонна Сергеевна.

БЕЛИКОВ Борис Михайлович (1894, Обоянск Курской губ. – 23 окт. 1973) — художник, ветеран двух войн. Во время Первой мировой войны служил в чине поручика в 1-м кав. полку. Сражался в рядах Добровольч. армии до ее эвакуации в Галлиполи. Поселился с семьей в Румынии, где занимался живописью. Переселился в США, жил и работал в Нью-Йорке. Участвовал в выставках.

Л и т. *Лейкинд О.Л., Махров К.В., Северюхин Д.Я.* Худ. Рус. зарубежья. С. 125.

БЕЛИКОВА-БАГИНСКАЯ [по мужу **Багинская**] Елена Владимировна — концертмейстер. Оконч. Киевскую консерваторию. С 1920 до 1940 жила в Румынии и работала концертмейстером в театре. В 1950 переселилась в США, в Нью-Йорк. Работала на телевидении, участвовала в культурной жизни рус. колонии. Сконч. 26 марта 1983 г.

Л и т. *Шерр Н.* Некролог // РМ. 1983. № 3495. 15 дек.

БЕЛИНКОВ Аркадий Викторович (29 сент. 1921, Москва – 14 мая 1970, Нью-Хэвен, шт. Коннектикут) — лит. критик, диссидент. Учился в Ленинградском лит. ун-те и в Лит. ин-те в Москве. Стал диссидентом и с 1942 по 1956 подвергался неоднократным арестам, длительным заключениям и высылкой в лагеря принудительного труда. Преподавал в Лит. ин-те в Москве. Опубликовал книги о Ю. Тынянове (1960), М. Булгакове, Ю. Олеше, А. Платонове. Статьи **Б.** появлялись в «самиздате». В 1968 бежал через Югославию на Запад. Переселился в США, где преподавал рус. лит. Выступал с лекциями. **Б.** не был созвучен старой патриотич. рус. эмигр. Умер в результате ранений, полученных при автомобильной аварии в Европе. Был проф. Йельского и Индианского ун-тов. После **Б.** осталась вдова Наталья, которая издала ряд его работ: сб. «Новый колокол» (1972), «Сдача и гибель советского интеллигента Юрия Олеши» (Мадрид, 1976).

Л и т. Аркадий Белинков // НРС. 1997. 17–18 мая.; *Казак В.* С. 88–89.; *Ляпунов В.* Некролог // НЖ. 1970. № 99.

БЕЛКИН Иван Николаевич — энтомолог. Род. в Санкт-Петербурге. Учился в Гарвардском ун-те. В 1946 защитил при Корнельском ун-те докторскую дисс. Вел исследовательскую работу в Раттерс ун-те, Мохок колледже и с 1949 по 1958 был проф. энтомологии при Калифорнийском ун-те в Лос-Анджелесе. С 1958 по 1962 занимал должность проф. зоологии в этом же ун-те. Его главным трудом на англ. яз. является книга в двух томах «Комары в Тихом океане». Автор многоч. статей по классификации и биологии комаров во всем мире и по мед. энтомологии.

Л и т. *Кеппен А.А.*

БЕЛОСЕЛЬСКИЙ-БЕЛОЗЕРСКИЙ Сергей Сергеевич (23 июля 1895, Санкт-Петербург – 23 окт. 1978, Нью-Йорк), кн., Рюрикович, общественный и полит. деятель, ветеран Белой армии, майор ВВС США. Род. в семье ген.-лейтенанта Императорской армии. Мать **Б.-Б.** была американкой по происхождению, дочерью ген. Чарльза Виттиера, известного поэта. В 1911 поступил в Пажеский корпус, который оконч. в 1914 с производством в чин корнета Л.-гв. Конного полка. С этим полком провел на фронте всю войну, закончив ее в чине ротмистра. После захвата власти большевиками поступил в Сев.-Зап. армию ген. Юденича, в которой занимал должность нач-ка штаба II корпуса. После оконч. Гражданской войны выехал через Финляндию в Англию, где служил в пароходных компаниях, а позже переселился во Фр. Во время Второй мировой войны князь работал в брит. мин. по делам снабжения. Был назначен в Нью-Йорк нач-ком брит. нефтеналивных судов, снабжавших англ. флот и армию горючим. Первым браком женат на гр. Елизавете Николаевне Граббе.

В 1945 вышел в отставку и поселился в США. Вскоре после развода с первой женой женился на Флоренс, урожд. Крейн, по первому браку Робинзон, принявшей имя Светланы при принятии православия. Состояние семьи позволило ему создать Амер.-Рус. союз помощи рус. вне СССР и передать союзу в собственность Дом Свободной России в Нью-Йорке. Кн. и его супруга оказывали огромную помощь рус. беженцам-антикоммунистам в получении виз на въезд в США. Выступал против насильственной репатриации бывших сов. военнопленных. Одна из таких акций приостановила начавшуюся было репатриацию сов. военнопленных из Форта Дикс в шт. Нью-Джерси. На средства супругов **Б.-Б.** в Глен-Кове, Лонг-Айленд, в шт. Нью-Йорк, для рус. существовало 6 старч. домов. В р-не Лэйквуда, в шт. Нью-Джерси куплен участок земли, который предоставлен для летних лагерей Патриотич. орг-ции рус. разведчиков. В Лост-Лэйк, в шт. Иллинойс, было куплено 72 акра земли, на которой был впоследствии основан рус. поселок Владимирово с православной церковью, где летом устраивается лагерь Православных рус. разведчиков. **Б.-Б.** были щедрыми жертвователями и поддерживали многочисленные рус. военные и патриотич. орг-ции и РПЦЗ. В 1964 основан Амер.-славянский ин-т по типу свободного ун-та, просуществовавший несколько лет. Основал и рук. Всерос. Комитетом освобождения, который переформировался после IV съезда во Всерос. зарубежное представительство, с отделениями в др. странах свободного мира, объединившее воинские, каз. орг-ции и эмигр. общественность для борьбы за освобождение России от коммунизма. Две замужних дочери Сергея Сергеевича и Светланы Ричардовны, Татьяна и Марина, живут в США. Марина вышла замуж в 1962 за Владислава Касарда. Прямого мужского потомства у князей Белосельских-Белозерских не осталось.

И с т. *Щербатов А. П.* Интервью автору. Сент., 2000; *Pantuhoff Oleg — 1976.*

Л и т. *Кадесников Н.* Памяти кн. С. П. Белосельской-Белозерской // НРС. 1969. 24 нояб.; Кнг. С. Р. Белосельская // Там же. 1969. 23 окт.; Кончина кн. С. С. Белосельского-Белозерского // Там же. 1978. 25 окт.; Некролог // Часовой (Брюссель). 1979. Янв. № 616. С. 27; *Щербатов А.П.*, кн. Памяти С. С. Белосельского-Белозерского // НРС. 1978. 31 окт.

БЕЛОУСОВ Борис Иванович (13 сент. 1905, Екатеринодар Обл. Войска Кубанского – ?) — инж.-конструктор паровозов. Эмигрировал в Кор. СХС в 1920, учился с 1920 по 1924 в Рус. кад. корпусе. В 1929 окончил. с дипломом магистра механич. отдел Политехнич. ин-та в Брно, в Чехословакии. С 1939 по 1940 учился в Пражском ун-те. После окончил. ин-та работал инж. по строительству паровозов, оборудованию химич. ф-к, котлов с давлением до 150 атмосфер и 700 градусов по С° и водотрубных котлов. Монтажный инж. на строительстве этих котлов. С окт. 1941 до марта 1942 был переведен на оккупированную немцами терр. Белоруссии для восстановления ф-ки, разрушенной отступавшими сов. властями. Затем год работал инспектором по сбору промышленных, финансовых и мед. данных в Минске. С июня 1945 по июнь 1949 имел в Мюнхене собственное бюро по проектировке машин для изготовления молочного порошка и механизма для контроля оборотов паровых машин. В 1949 эмигрировал в США, в Калифорнию, где работал по сбору апельсинов и лимонов. Затем устроился на технич. и затем инж. работу, занимался проектировкой установки токарных станков, гальванизирования, установки электрич. пил и сверлильных машин и др. Работал на инж. должности по контролю наводнений округа Лос-Анджелес. В общей сложности проработал в качестве инж. 40 лет. Действительный член Об-ва рус. инж. в США (1949).

И с т. АОРИ. Анкета; *Белоусов Б.* Заявление о приеме с автобиографией. Рукопись от 13 сент. 1949.

БЕЛОУСОВ Иван Борисович — инж.-строитель. В 1931 окончил. Новочеркасский строительный ин-т. В США жил в Бруклине, Нью-Йорк. Действительный член Об-ва рус. инж. в США.

И с т. АОРИ. Анкета.

БЕЛОУСОВ Константин Гаврилович (6 марта 1896, Ахтырка Харьковский губ. – 29 авг. 1977, Ричмонд Хилл) — инж.-гидравлик, общественный деятель, ученый. После окончил. Ахтырской гимназии поступил в 1916 в Петроградский Ин-т путей сообщения, но его образование было прервано во время Первой мировой войны призывом в ряды Рус. Императорской армии. Корнет 12-го улан. Белгородского полка. Произведен в офицеры в 1916. Принял участие в Белом движении в армии ген. гр. Ф.А. Келлера, формировавшейся в Киеве. В 1917 окончил. офиц. пулеметную школу. В чине корнета участвовал в сражениях Добровольч. армии против большевиков. Был тяжело ранен, но по выздоровлении возвратился в строй. После эвакуации из Крыма и галлиполийского сидения поселился в Чехословакии, где продолжал образование и в 1924 окончил. Пражский политехнич. ин-т. В 1929 защитил докторскую дисс. и стал работать по исследованию водной энергии. В 1940 избран экстраординарным, а потом ординарным проф. Политехнич. ин-та в Братиславе (Словакия). В конце Второй мировой войны был вынужден покинуть Чехословакию из-за наступления сов. армии и переехал в Германию. В Германии, в Мюнхене, был одним из основателей ун-та для «перемещенных лиц», находившегося под опекой UNRRA. Избран деканом строительного, архитектурного и межевого ф-тов ун-та.

В 1947 переселился с супругой в США, где занимался проектировкой и постройкой гидроэлектрич. станций, в частности, постройкой гидроэлектростанции на р. св. Лаврентия возле Ниагары (Power Authority of the State of New York). За работу, воплотившуюся в железе и бетоне, удостоился нескольких наград, в т. ч. медали и настольного знака. Провел генеральный гидротехнич. расчет 10 вариантов станции в 4 томах, по 400 страниц каждый. Опубликовал в США ряд науч. статей по своей специальности. В 1972 вышел на пенсию, но продолжал работать как консультант. Один из основателей РАГ в США и КРА. Почетный член Об-ва рус.-амер. инж. в США. Изучал проблему высыхания Каспийского моря и постройки плотины в Керченском проливе для решения ряда гидрологич. проблем Юга России. С 1964 по 1970 был проф. в Амер. ин-те славяноведения. Под его ред. вышло 10 томов «Записок» РАГ в США, единственного в мире независимого рус. науч. периодич. издания. В Нью-Йорке прочел ок. 50 докладов в науч. и общественных орг-циях. *Родственники:* вдова Татьяна Сергеевна, урожд. Верховская.

Похоронен на кладбище монастыря Новое Дивеево, в шт. Нью-Йорк.

И с т. АА. *Александров Е.А.* К.Г. Белоусов. Рукопись, 2001; Архив РАГ в США. *Белоусов К.Г.* Автобиография. Рукопись, 1975; *Белоусов К.Г.* Автобиография на рус. и англ. яз. Рукопись, 20 окт. 1968. 3 стр.

Л и т. *Арсеньев Н.* Несколько слов к 75-летию К.Г. Белоусова // Записки РАГ. 1972. Т. VI. С.327–329; *Баллод Б.* Некролог // Часовой (Брюссель). 1978. Янв.–февр. № 610. С. 19; *Пушкарёв С.Г.* Памяти К.Г. Белоусова // НРС. 1977. 17 сент.; *Щербатов А. П.* К. Г. Белоусов // НЖ. 1978. Кн. 130. С. 240–242.

БЕЛОУСОВ Николай Иванович (? – 4 дек. 1973, Лос-Анджелес) — юнкер Михайловского арт. уч-ща, поручик. Во время Гражданской войне принял участие в 1-м Кубанском «Ледяном» походе (1918). После эвакуации в Галлиполи окончил. в Чехословакии высшее учебное заведение и служил инж. Переехав в США, много занимался общественной работой, был председателем Союза инвалидов и первопоходников в Лос-Анджелесе.

Л и т. Некролог // Часовой (Брюссель). 1974. Март. № 573. С. 19.

БЕЛОУСОВИЧ Игорь Николаевич — подполковник амер. армии. Род. 3 апр. 1922 в Шанхае, в семье военного летчика штабс-капитана *Николая Ивановича Белоусовича*, участника Первой мировой войны и Гражданской войны в Сибири и на Дальнем Востоке. Семья Белоусовичей переехала в США в 1923 и поселилась в Сан-Франциско. Во время Второй мировой войны был призван в 1943 на военную службу и служил в рядах роты «Е» 273-го полка 69-й пехотной дивизии, совершившей прорыв нем. фронта в Германии и вышедшего на соединение с сов. армией на реке Эльбе. Эта операция разрезала Германию на две части. Как владеющий рус. яз., Б. назначен в патруль майора Крэйга, в задачу которого входило установить контакт с частями сов. армии. Первая встреча амер. патруля произошла с сов. кав. разъездом при переходе через реку Мульду. Достигнув р. Эльбы возле Торгау, американцы встретились с частями 58-й гв. дивизии и ее командиром ген. Русаковым. У **Б.** оказался фотоаппарат, и он запечатлел эту историч. встречу. После оконч. войны **Б.** вернулся в Калифорнию, которую называет в своих воспоминаниях блаженным краем, и стал продолжать свое образование в Калифорнийском ун-те в Беркли. В 1946 получил ст. бакалавра и в 1948 — магистерскую ст. на отделении славяноведения и изуч. России. Затем последовала работа в качестве лексикографа в Ин-те яз. и лингвистики при Джорджтаунском ун-те в Вашингтоне над составлением рус.-английского военного словаря для амер. армии. Работал библиографом в Библиотеке Конгресса и с 1956 по 1991 служил в Госдепартаменте. Большая часть работы заключалась в изуч. и анализе сведений об СССР и сов. политике в Азии.

В 1976 назначен на два года первым секретарем полит. секции амер. посольства в Москве. С 1978 по 1991 служил в Госдепартаменте ст. аналитиком по внутренним делам СССР, занимаясь полит. вопросами, вопросами законодательства, эмигр. из СССР, прав человека, КГБ, религии и культуры. Результаты исследований Б. были опубликованы в Cornell International Law Journal (New Soviet Parliaments, Procedures, and Legislative Priority, 1990) и в специальных засекреченных выпусках «Bureau of Intelligence and Research» (В качестве примеров могут служить: Soviet Citizenship and Emigration, Procedures, Linkages, Implications, 1988; USSR: Church and State under Gorbachev; и особенно — USSR: Rehabilitating History — The Antedecents of Glasnost). По прошествии времени эти работы были рассекречены и стали доступны широкой публике в США. Во время Берлинского кризиса (1961) **Б.** вызван из запаса на военную службу. В 1974 ушел с военной службы в отставку и зачислен в запас в чине подполковника. Однако встреча на Эльбе, в которой **Б.** был единственным амер. военным, владевшим рус. яз., определила его дальнейшую карьеру. Встреча на Эльбе была знаменательной вехой в ходе Второй мировой войны, столь же памятной, как высадка союзников в Нормандии (1944), переход через Рейн и падение Берлина. Память о встрече на Эльбе сохранялась, и годовщины отмечались, несмотря на холодную войну и сов. пропаганду, направленную против США. В 1975 в СССР торжественно отмечалась 30-я годовщина встречи на Эльбе, и **Б.** вошел в состав делегации амер. ветеранов, приглашенной в Волгоград. Когда в июне 1995 в Москве отмечалось 50-летие встречи на Эльбе, Пентагон назначил **Б.** в состав делегации амер. ветеранов, возглавлявшейся вице-президентом А. Гором. Состоит активным членом КРА. Был председателем Вашингтонского отдела КРА и делегатом на Всеамер. съезде. Состоит членом РАГ в США.

И с т. АА. *Письма И.Н. Белоусовича — Е.А. Александрову* 1991, 1997.

Л и т. Belousovich Igor N. // The Meeting on The Elbe — Its Personal and Larger Meanings. Hands Across the Elbe, edited by Delbert and Donna Philpott. Paducah, Kentucky, 1995. P. 31–39.

БЕЛОУСОВИЧ Николай Иванович (1891, Омск – 17 марта 1956, Сан-Франциско) — подполковник, ветеран, летчик. В 1914 оконч. Алексеевское военное уч-ще, Севастопольскую авиационную школу (1917) и был назначен летчиком в XIII корпусной авиаотряд. Оконч. школу высшего пилотажа. На фронте ранен несколько раз. За боевые подвиги имел все боевые ордена вплоть до св. Владимира IV ст. с мечами и бантом, Георгиевское оружие и орден св. Георгия IV ст. за мужество при захвате нем. пулемета. В 1918 — командир 2-го Славяно-Брит. авиаотряда в Архангельске. В 1919 переехал из Архангельска в Сибирь к адм. Колчаку для связи двух фронтов. После оконч. Гражданской войны переселился с женой и сыном *Игорем* (см. выше) из Шанхая в США и здесь имел права пилота. Поселился в Сан-Франциско, где в теч. 20 лет зарабатывал на жизнь в качестве шофера такси. Скончался от последствий ран и контузий, полученных во время Первой мировой войны.

Л и т. *Плешко Н. Д.* Генеалогич. хроника // Новик (Нью-Йорк). 1956. Отд. III. С. 1; Подполковник Н. И. Белоусович // Часовой (Брюссель). 1956. Июнь. № 366. С. 20.

БЕЛЯЕВ Антон Сергеевич (20 мая 1947, Мюнхен – 25 мая 1989, Вашингтон) — историк. Эмигрировал в США. В 1969 оконч. Дартмутский колледж, специализируясь по истории. Продолжал образование в Сиракузском ун-те, при котором защитил в 1975 докторскую дисс. по истории старообряд. купечества в Москве в период между 1771 и 1894 (The Rise of the Old Orthodox Merchants of Moscow 1771–1894). В 1971–72 преподавал в Сиракузском ун-те. С 1973 по 1982 работал в Библиотеке Конгресса. Опубликовал ряд работ о старообрядцах на англ., рус. и франц. яз. (Записки РАГ в США. Т. XXIII. 1990. С. 237).

Похоронен в Мериленде

И с т. *Беляев А.С.* Анкета РАГ в США.1982.

БЕЛЬЗЕН Яков Яковлевич (18 сент. 1879, С. Паткино Владимирской губ. – 1938, Нью-Йорк) — художник, график. Род. в лютеранской семье. Оконч. гимназию при реформатской церкви. Учился на юридич. ф-те С.-Петербургского ун-та. В 1890 поступил в Академию художеств, которую оконч. в 1894 г. Во время пребывания в Академии награжден серебряными медалями, в 1892 двумя малыми и в 1893 двумя большими. Писал пейзажи и портреты, иллюстрировал журналы и книги, устраивал выставки. В 1897 сделал 95 рис. к «Евгению Онегину» А.С. Пушкина. В 1919 выехал за рубеж, поселился в Берлине, где в 1921 выпустил альбом карикатур «Герои смутного времени». В 1937 эмигрировал в США, поселился в Нью-Йорке.

Л и т. *Лейкинд О.Л., Махров К.В., Северюхин Д.Я.* Худ. Рус. зарубежья. С. 129–130.

БЕЛЬСКИЙ Валентин Яковлевич (24 окт. или 10 июня 1898–26 июня 1974, Сан-Франциско) — полковник. Род. в военной семье. Образование получил во 2-м кад. императора Петра Великого корпусе, после которого оконч. Константиновское арт. уч-ще. В нояб. 1915 произведен в чин прапорщика с зачислением по полевой легкой артиллерии в 4-ю Сибирскую стрелковую бригаду. Последовательно был произведен в ходе службы во время Первой мировой и Гражданской войны в чины: подпоручика (июнь 1916), поручика (май 1917), штабс-капитана (янв. 1919), капитана (февр. 1920), подполковника (май 1920) и полковника (сент. 1921). Награжден орденами: св. Анны IV ст. с надписью «За храбрость», св. Станислава III ст. с мечами и бантом и св. Анны III-й ст. с мечами и бантом. Во время Гражданской войны получил: орден св. Владимира IV ст. с мечами и бантом и орден св. Станислава II ст. с мечами и бантом.

После оконч. войны, приехав в США, поступил в Об-во рус. ветеранов Великой войны в 1932, принимал деятельное участие в его работе и впоследствии избран его почетным членом. Проводил большую работу по оказанию помощи больным рус. ветеранам в Европе. Автор книги воспоминаний о 2-м кад. корпусе и Константиновском арт. уч-ще. В 1972 овдовел. Женой **Б.** была Елена Самуиловна. Бельские умерли бездетными.

И с т. АОРВВВ. Полковник Валентин Яковлевич Бельский. Некролог. Альбом VI. 1-В.; АРЦ. *Тарала Г.А.* С. 1.

БЕЛЬЧЕНКО Андрей Терентьевич (16 окт. 1873, с. Козловка Бобровского уезда Воронежской губ. – 1 февр. 1958, Сан-Франциско) — дипломат, ветеран «Боксерской войны». Род. в семье полтавских каз., переселившихся в Воронежскую губ.

Оконч. четырехклассную школу, а затем прогимназию и гимназию, заинтересовался Китаем и поступил на Восточ. ф-т Санкт-Петербургского ун-та по кит.-монголо-маньчжурскому отделению. Получив в 1897 диплом, поступил в Мин. ин. дел. В 1897 поступил на правах вольноопределяющегося в 200-й пехотный Александро-Невский полк. Оконч. военную школу, произведен в прапорщики запаса. В дек. 1898 получил назначение в Пекин в Императорскую дипломатич. миссию. В 1900 во время Боксерского восстания участвовал в обороне миссии, за что награжден орденом св. Владимира IV ст. с мечами и серебряной медалью за поход в Китай. Как самоотверженный защитник, получил военные ордена итальянский, яп., франц. и два кит. В 1915 назначен консулом в Ханькоу. На этом посту его застала Февральская революция 1917 в чине действительного статского советника. Оставался на посту Генерального консула России до 1920. После того занял место советника по рус. делам при комиссаре ин. дел провинции Хубей, встал во главе рус. колонии в Ханькоу и в 1924 приступил к обязанностям португ. консула. Такое положение официально сохранялось до 1946, продолжаясь даже при яп. оккупации с 1938 по 1945. В янв. 1948 прибыл с супругой Анной Васильевной в США и поселился в Сан-Франциско. Был сотрудником Музея рус. культуры и действительным членом Об-ва рус. ветеранов.

Похоронен на Серб. кладбище в Сан-Франциско.

И с т. АОРВВВ. Бельченко Андрей Терентьевич. 1958. Февр. Альбом II; АМРК. А.Т. Бельченко; Коллекция АГИВРМ. *Шмелёв А.В.* К 50-летию музея рус. культуры в Сан-Франциско. Машинопись, 1998. 3 стр.

БЕЛЬЧЕНКО Владимир Сергеевич (3 янв. 1894 – 22 июля 1969, Сан-Франциско) — капитан, ветеран Первой Мировой и Гражданской войн. Оконч. курс Суворовского кад. корпуса и Константиновского арт. уч-ща. В июле 1914 произведен в подпоручики с назначением в 9-й мортирный арт. дивизион в городе Белая Церковь, Киевской губ. Всю Первую мировую войну пробыл в рядах дивизиона. Произведен за боевые отличия в поручики и последовательно в штабс-капитаны и капитаны. Получил пять боевых наград, включая орден св. Владимира IV ст. с мечами и бантом. В мае 1919 поступил рядовым бойцом в Либавский стрелковый отряд кн. А.П. Ливена и зачисляется в состав Сев.-Зап. армии ген. Н.Н. Юденича на должность ст. офицера батареи. По ликвидации армии (зима 1919–20) поступил в армию ген. Б.С. Пермикина в Польше. В нояб. 1920 интернирован поляками и после освобождения остался жить и работать в Польше до 1944. Во время сов. оккупации (1939–40) арестован, как бывший офицер, и заключен в Кобринскую тюрьму, из которой освобожден немцами в июне 1941. В 1944 эвакуировался в Германию, а затем с янв. 1948 по 1960 работал бухгалтером в Марокко. В авг. 1960 переселился в США. Был членом Об-ва рус. ветеранов в Сан-Франциско.

И с т. АОРВВВ. Капитан Бельченко Владимир Сергеевич. 1969. Июль. Альбом III.

БЕМ Андрей (Генрих) Иванович (1881 Саратов –15 февр. 1967, Кэссвилл, шт. Нью-Джерси) — кооператор. Род. в Саратове в семье немцев-колонистов. Был командирован Временным правительством в США в качестве ст. инспектора мин. продовольствия. С 1922 по 1930 работал секретарем Центросоюза — представительства рус. кооператоров. Затем последовали 20 лет работы в «20 Century Fox Film» в обл. ин. налогов, был страховым агентом. Скончался на ферме РООВА в Нью-Джерси.

И с т. Бем Андрей Иванович (Генрих Иоганесович) // Незабытые могилы / Сост. В.Н. Чуваков. Т. I. С. 272.

БЕНДЕРОВА Ольга [Benderoff Olga] — ветеран, капитан мед. службы армии США. Оконч. школу медсестер при Western Reserve University.

После оконч. школы оставлена при ун-тском госпитале на должности пом. директора. В 1942 получила назначение на должность ст. сестры в амер. военный госпиталь в Австралию и произведена в чин первого лейтенанта мед. службы. Через год получила чин капитана. Под началом **Б.** служили 120 военных медсестер.

Л и т. Graduates in Active Military Service // Russian Student Fund Inc. Alumni News. 1944. April.

БЕНЗЕМАН Александр Георгиевич — инж.-электрик. Оконч. в 1929 в Париже Высшую промышленную электромеханич. школу. В США жил в Валли-Коттедж, в шт. Нью-Йорк. Действительный член Об-ва рус. инж. в США (1951).

И с т. Анкета Об-ва рус. инж. в США.

БЕНЗЕМАН Глеб Алексеевич, фон (? – 16 марта 1982, Нью-Йорк) — участник Белого движения на Юге России, капитан. Оконч. 1-й кад. корпус (1916). Произведён в офицеры в 1916. Служил в Л.-гв. Гренадерском полку, возрождённом в качестве батальона в 1919 в 1-м Сводно-гв. полку Сводно-гв. бригады ВСЮР. В 1920 — в чине поручика в гренадерской роте в 3-м батальоне Сводно-гв. полка. Эвакуировался из Крыма в составе Рус. армии в нояб. 1920. В 1920–21 — в Галлиполи. В эмиграции в Болгарии в составе Гв. отряда I арм. корпуса РОВС (на 1925). Последний чин – капитан. Жил во Франции, где состоял адъютантом Объединения Лейб-Гренадерского полка, затем переехал в США. Участник монархич. движения в рус. эмиграции. 11 нояб. 1949 на собрании рус. монархистов в Нью-Йорке избран членом Главного управления Рос. Общемонархич. Объединения в Сев. Америке. На 1951 — и. д. секретаря отдела Гв. объединения в США, где был представителем полкового Объединения. Член Нью-Йоркской комиссии (1957) по созыву Рос. Общемонархич. съезда в рус. диаспоре, который состоялся 22–24 марта 1958 в Нью-Йорке. Участвовал в работе съезда в качестве делегата от Союза Императорских конницы и арт. в Аргентине. Участвовал в деятельности Общерос. монархич. фронта, созданного в результате работы съезда. Автор журнала «Военная Быль» (Париж).

С о ч. Мальтийские святыни // ВБ. 1963. Май. № 60. С. 41–42; Георгиевский праздник // Там же. Окт. № 63. С. 19–20; Высочайший парад // Там же. 1964. Март. № 66. С. 11–13.

И с т. ЛАА. Справка *К.М. Александрова* на Л.-гв. капитана Г.А. фон Бенземана; Бенземан Глеб Алексеевич, фон // Незабытые могилы / Сост. В.Н. Чуваков. Т. I. С. 274.

Л и т. *Волков С.В.* Офицеры российской гвардии. С. 62; *Геринг А.А.* Список сотрудников журнала «Военная Быль» (с 1952 по 1967 год) // ВБ. 1967. Май. № 85. С. 39; *Чухнов Н.Н.* С. 204, 229, 237, 242, 246, 249.

БЕНЗИН [Подстепанский] Василий Митрофанович (Bensin Basil) (30 янв. 1881, пос. Царицын Кут Таврич. губ. –9 февр. 1973, Сев. Каролина) — селекционер, историк Церкви. Род. в семье православного священника. Оконч. Симферопольскую дух. семинарию и в 1905 Московскую дух. академию. Получил назначение в США на должность преподавателя в Миннеапольскую дух. семинарию. В 1906 поступил в Миннеапольский ун-т, который оконч. в 1910, получив диплом бакалавра по сельскому хоз-ву. Продолжал заниматься в ун-те и в 1912 получил ст. магистра за дисс. о засухоустойчивых сельскохозяйственных растениях. Возвратившись 1912 в Россию, поступил на службу в Департамент сельского хоз-ва в Петербурге в качестве специалиста по зерновым культурам. Был направлен в экспедицию в засушливую Центральную Азию для поисков засухоустойчивой ржи. Б. удалось такую рожь обнаружить (Secalum Turkestanicum Bensin). Две тонны семян ржи было привезено в Петербург, а затем распределено по экспериментальным сельскохозяйственным станциям. Во время голода в 1919–20 семена были съедены голодающими, и неизвестно, удалось ли потом снова найти засухоустойчивую рожь. Достижения экспедиции описаны Б. в двух докладах: «Записки моего путешествия в Туркестан» (Журнал практич. ботаники, 1913) и «Самоопыляющаяся Туркестанская рожь». После экспедиции в Среднюю Азию получил назначение на Кавказ, где должен был организовать сельскохозяйственный отдел на Сухумской опытной станции. Первая мировая война прервала его карьеру, когда он служил в интендантстве Кавказской армии. Будучи противником коммунистов, воспользовался возможностью поселиться в Чехословакии, где в 1921 получил работу по исследованию зерновых.

В 1921–30 — в аспирантуре при Чешск. политехнич. ин-те и защитил докторскую дисс. «Агроэкологич. исследование корневой системы маиса». В 1930 переехал в США, где в 1935 получил гражданство. В 1931 получил должность ст. агронома в Амер. славянской компании по колонизации, поручившей Б. исследование почвы в Техасе и Мексике для изуч. вопроса о ее пригодности для заселения. С 1932 по 1938 преподавал в Нью-Йоркском штатном ун-те, а с 1938 по 1942 — в Свято-Владимирской дух. семинарии. Дальнейшая карьера Б. включала работу по фотограмметрии в аляскинском отделении Геологич. службы Соединенных Штатов, агронома на Аляске, преподавателя земледелия и селекционера в ун-те Аляски. Употребляя семена пшеницы из Якутска и из субтропич. р-нов, вывел пшеницу, пригодную для посевов в условиях холодного климата. Автор многоч. статей по сельскому хоз-ву. Автор рукописи «К истории возникновения и развития науки Агроэкологии». Изобрел посадочную машину для посадки отдельных семян. Удостоился ежегодной премии за отличную службу на Аляске. Написал историю ПЦА и был сотрудником журнала «Russian Orthodox Journal». *Родственники:* жена (урожд. Горбунова) Александра Петровна — преподаватель, медсестра; дети: Владимир, Игорь.

Похоронен на Свято-Владимирском кладбище возле Кэссвилля, в шт. Нью-Йорк.

И с т. АМРК. В.М. Бензин // Коллекции АГИВРМ. Pdf 71 К; *Солдатов Г.М.* Д-р Василий Митрофанович Бензин. Машинопись, 2003. 2 стр.

Л и т. Who is who. 1948. June. Bensin Basil M. P. 145.

БЕНЗИН Игорь Васильевич — инж.-механик. Род. 2 апр. 1917 в Ростове Обл. Войска Донского. Изобретатель сверхзвукового ротошюта для стратосферных полетов, стабилизатора для вертолетов, легкого переносного электронного микроскопа (1949–50). Работал в General Electric Company в г. Скенектеди, в шт. Нью-Йорк.

И с т. Museum and Archives of Russian Culture, San Francisco.

БЕНИГСЕН Георгий (Михайлович) (27 апр. 1915 – 6 авг. 1993) — протоиерей ПЦА. Род. в семье военного инж. Императорской армии в Казани. В ходе Гражданской войны семья **Б.**, превозмогая лишения и террор большевиков, отступила с белыми войсками в Сибирь. В нач. 20-х гг. им удалось выехать в Латвию к деду. В Латвии **Б.** получил образование. Будучи студентом Православного отделения Богословского отделения Рижского ун-та, участвовал в РСХД и решил стать священником. В 1937 рукоположен в сан диакона, а в 1940 в сан священника в Рижском кафедральном соборе. Наступление немцев на Восток в 1941 открыло доступ православному духовенству в Россию. **Б.** занялся трудной в условиях нем. оккупации миссионерской деятельностью в Пскове. Здесь провел два с половиной года, будучи настоятелем храма св. вмч. Димитрия. Организовал школу на 200 учеников и приют на 40 детей. В 1944 во время наступления сов. армии был вынужден перейти на положение беженца. Оказавшись в Берлине, служил в соборе при митрополите Серафиме. Потом переехал в Мюнхен, где начал окормлять и опекать беженцев и перенял от *о. Александра Киселева* ред. «Вестника РСХД» в Германии.

В 1950 переселился в США и вскоре назнач. кафедральным протоиереем Свято-Троицкого собора в Сан-Франциско. При соборе **Б.** была организована школа со 130 учениками. Окормлял приход в Денвере, в шт. Колорадо и защитил магистерскую дисс. по рус. лит. Рук. летней школой яз. Калифорнийского ун-та в Санта-Круз. С 1981 — духовник храма женского Свято-Успенского ставропигиального монастыря, в городе Калистоге, в Калифорнии. В обязанности входили устройство церковной и богослужебной жизни, миссионерской работы среди православного населения Калистоги, проповедь православия среди инославных и создание в монастыре православной трудовой общины. За свои труды награжден Архиерейским Синодом митрой. После смерти *о. Александра Шмемана* был приглашен вести воскресные беседы на радиостанции «Свобода».

Л и т. 70-летие протоиерея о. Георгия Бенигсена // НРС. 1985. 26 апр.; *Соколов о. Виктор*, священник. Пастырю, учителю и другу // Там же. 1985. 14 сент.; *Бенигсен Георгий*. Успенская обитель // НРС. 1981. 3 июля.

БЕННИГСЕН Георгий Павлович (1879 – 8 нояб. 1963, Нью-Йорк) — гр. Оконч. Пажеский корпус. Во время Первой мировой войны служил при штабе ген. А.В. Самсонова и со 2-й армией попал в германский плен. В конце 1918 добровольно вступил в брит. армию и был в Мурманске. С 1920 жил в Лондоне, где занимался общественной деятельностью, был генеральным секретарем О-ва помощи рус. беженцам и в 1952 избран председателем РНО в Великобритании. Сотрудничал в рус. и англ. прессе. Переселился в США

Л и т. Некролог // Часовой (Брюссель). 1963. Февр. № 441. С. 21.

БЕНСЕН Игорь Васильевич (род. 1 апр. 1917, Ростов Обл. Войска Донского) — инж.-самолетостроитель, дьякон. Выехал с родителями за рубеж. Оконч. в 1937 Лувенский ун-т. Переехав в США, продолжал образование с 1934 по 1937 в Ин-те технологии Стивенса в Хобокене в шт. Нью-Джерси. В том же ин-те преподавал строительное искусство. С 1940 по 1951 работал инж.-проектировщиком и исследователем в компании Дженерал Электрик. С 1951 по 1953 занимал должность главного инж. по исследованиям и был летчиком-испытателем в корпорации Kaman Aircraft. В 1953 стал основателем и президентом корпорации Bensen Aircraft. В 1963 основал Popular Rotocraft Association. Главный ред. журнала «Popular Rotocraft Flying». В 1968 рукоположен в Св.-Владимирской семинарии в сан дьякона.

И с т. Анкета Об-ва рус. инж. в США.

БЕРБЕРОВА Нина Николаевна, (26 июля 1901, Санкт-Петербург –26 сент. 1993, Филадельфия) — писатель, лит. критик. Род. в семье проф. восточ. яз. В 19 лет стала писать стихи. Училась в ун-те в Ростове-на Дону, где участвовала в лит. и артистич. газ. В эмиграции во Франции. Сотрудник газ. «Последние новости» (Париж). В 1937 издала биографию П.И. Чайковского, в которой касалась интимной жизни композитора. Ее перу принадлежит биография Бородина. В 1938 в Париже вышел роман «Без заката». В 1947 была одним из основателей газ. «Русская Мысль» и ред. лит. отдела. В 1950 переехала в США, где стала ред. журнал «Мосты». В 1958 приглашена преподавать на славянском отделении Йельского ун-та, а в 1963 перешла на славянское отделение Принстонского ун-та в Нью-Джерси, где занимала должность проф. до оконч. преподавательской карьеры в 1971.

Опубликовала книги: в 1981 «Железная женщина» (о Марии Закревской-Будберг, Максиме Горьком и их окружении), в отдельной книге описала процесс *Виктора Кравченко* против клеветы парижской коммунистич. газ. «Lettre Franhaise». В 1986 вышла книга **Б.** «Ложи и люди» (о рус. масонах и их роли в политике XX века). Значительным произведением стали воспоминания **Б.** о лит. жизни в период между Первой и Второй мировыми войнами «Курсив мой», о рус. эмигр. 20–40-х годов. В автобиографич. двухтомнике живо описаны многоч. деятели рус. лит.: Анна Ахматова, Александр Блок, *Владимир Набоков*, Максим Горький и Федор Сологуб. В 1998 посмертно вышел перевод трех новелл на англ. яз. «The Ladies from St. Petersburg». **Б.** настаивала на том, что ей принадлежали крылатые слова о рус. эмигр.: «Мы не в изгнании, мы в послании». В 1983 получила почетную докторскую ст. в Миддлбери колледже и в 1992 — в Йельском ун-те. Произведения **Б.** высоко ценились во Фр., в 1989 награждена франц. правительством орденом Кавалера искусств и лит. Во франц. городе Арль (Arles) ее именем названа площадь (Place Berberoff).

Л и т. *Вильданова Р. И., Кудрявцев В. Б., Лаппо-Данилевский К. Ю.* Словарь // Струве Г. С. 286; *Крейд В.* С. 603–604; *Гайкис О.* И всё-таки Нина Берберова! // НРС. 1998. 27 февр.; *Сумеркин А.* «Я любила минуту жизни больше славы…» Памяти Н.Н. Берберовой // НЖ. 1993. № 192–193. С. 533–538; *Collins Glenn.* Nina Berberova, 92, Poet, Novelist and Professor // The New York Times. 1993. Sept.; *Raymond Boris, Jones David Jones.* Nina Berberova // The Russian Diaspora 1917–1941; Lamham, Maryland and Lonmdon, 2000. P. 83–84.

БЕРГ Борис Георгиевич (24 нояб. 1884– 1 декабря 1953) — гр., генеалог. Род. в семье полковника. Принадлежал к дворянству Великого княжества Финляндского. Оконч. в 1906 Императорский Александровский лицей и после оконч. лицея служил в Правительствующем Сенате, дослужившись до чина надворного советника и звания камер-юнкера Высочайшего Двора. После революции переселился в США. Жил в Нью-Йорке, где принимал участие в рус. Историко-родословном об-ве в Америке, занимался историч. исследованиями и участвовал в работе над журналом «Новик». Был женат на Софии Александровне, урожд. Санниковой, по первому браку Эрдели. Детей у **Б.** не было.

Л и т. *Плешко Н. Д.* Гр. Б.Г. Берг // Новик (Нью-Йорк). 1954. 18-й год изд. Отд. III. С. 6.

БЕРГ Оскар Фабианович — подполковник инж. войск, ветеран трех войн. Сражался в Порт-Артуре во время рус.-яп. войны 1904–05. Участник Первой мировой, во время Гражданской войны состоял в амер. экспедиционном корпусе в Сибири. Был награжден орденом св. Георгия IV ст. Скончался в Вашингтоне.

Л и т. Некролог // НРС. 1933. 23 нояб.

БЕРДНИКОВА Екатерина Васильевна — врач, церковный деятель. Род. в 1926 в рус. семье беженцев в Шанхае. Там же получила среднее и высшее образование — оконч. мед. ф-т.

В 1951 эмигрировала в Канаду. Сдала экзамены, давшие **Б.** право работать врачом в Канаде, сначала в Монреале в больнице Сан-Жюстин, а потом открыла частную практику. Была выбрана на пост старосты православной церкви Знамения Божьей Матери, где служба ведется на англ. и франц. яз.

И с т. АА. *Могилянский М.* Биография Е.В. Бердниковой. Рукопись, 2001; Письмо *Е.А. Александрову.*

БЕРЕЖЕЦКИЙ Григорий Владимирович (? – 9 июля 1971, Сиэттл) — унтер-офицер из вольноопределяющихся 12-го Белгородского полка. С 1919 в строю полка в Добровольч. армии, и в Заднепровской операции попал в плен к большевикам, откуда бежал через Румынию, Грецию в Галлиполи к однополчанам. В Югославии служил в погранич. страже, а во Вторую мировую войну служил в Рус. Корпусе, воевавшем в Югославии против коммунистич. партизан. После Второй мировой войны переселился в США..

Л и т. *Баллод Б.* Некролог // Часовой (Брюссель). 1971. Окт. № 544. С. 24.

БЕРЕЖКОВ Димитрий Николаевич (15 окт. 1869, с. Бережки Переславль-Залесского уезда Владимирской губ. – 3 июля 1961) — богослов. Род. в семье священника. Оконч. дух. уч-ще, дух. семинарию и Санкт-Петербургскую Дух. академию. В Дух. академии обучался как стипендиат и после оконч. образования должен был отслужить шесть лет, которые он служил в должности псаломщика в рус. православной церкви во Флоренции. Проживая во Флоренции, начал переводить на рус. яз. труд Паскале Виллари о Савонароле, о его богословских и философских речах. Вернувшись в Петербург, себя священству не посвятил, а поступил на службу в Мин. гос. контроля. Это дало ему возможность издать в 1913 двухтомный труд о Савонароле. В 1917 командирован в Италию, чтобы надзирать за выполнением военных заказов. Из Италии откомандирован в авг. 1918 в Америку в качестве пом. главного представителя гос. контроля Временного правительства России. По оконч. остался в США и решил заняться фермерским хоз-вом. Прослушал курс земледелия и написал две рукописи о пчеловодстве и куроводстве. Заниматься сельским хоз-вом **Б.** не пришлось ввиду того, что получил работу в микро-металлургич. лаборатории компании Юнион-Карбайд, где проработал 20 лет до 75-летнего возраста. Много занимался благотворительностью, помогая нуждающимся. Семьи не имел.

Похоронен на кладбище East Ridgelawn, возле Пассеика, в шт. Нью-Джерси.

Л и т. *Новицкий Г.* Светлой памяти Д.Н. Бережкова // НРС. 1961. 28 июля; *Плешко Н.Д.* Генеалогич. хроника // Новик (Нью-Йорк). 1961. Отд. III. С. 4.

БЕРЕЗИН Иван Николаевич (10 мая 1882, Сенгилей Симбирской губ. – 2 мая 1964, Саратога, шт. Калифорния) — полковник, ветеран рус.-яп., Первой мировой и Гражданской войн. Оконч. Самарскую гимназию и два семестра Дерптского Ветеринарного ин-та. Участник рус.-яп. войны 1904–05. В 1914 призван в армию прапорщиком из запаса кав. и назначен в 12-й драг. Стародубский полк, в котором провел всю Германскую войну. В 1916 дважды ранен и контужен. Офицер кав., поступил в формировавшиеся в Уфе части Белой армии.

В Гражданскую войну проделал весь страдный путь от берегов Волги до Владивостока, позже был участником тяжелой зимней экспедиции на Хабаровск, командовал полком, снова три раза ранен и под ним было убито несколько лошадей. Имея ряд боевых наград, полученных за три войны, имел еще орден св. Владимира IV ст. с мечами и бантом и Георгиевское оружие. По прибытии в Америку в 1923 долго и тяжело работал, сначала на цементном заводе, потом управляющим домом. В Об-во рус. ветеранов вступил в 1924. Выйдя на пенсию, поселился с женой Екатериной Андреевной в Саратоге, в шт. Калифорния, где был одним из создателей православного прихода.

Похоронен на Серб. кладбище в Сан-Франциско.

И с т. АОРВВВ. Полковник Иван Николаевич Березин. 1964. Май. Альбом II.

БЕРЕЗНИЙ Тимофей Аввакумович (1890, Ходоровка Киевской губ. – 5 апр. 1959, Чикаго) — общественный деятель. Род. в небогатой крестьянской семье. Собственными усилиями достиг высшего образования. После Первой мировой войны и революции приехал в Америку, в 1926 оконч. учительский колледж Колумбийского ун-та, вскоре стал членом РООВА. В 1937 избран генеральным секретарем об-ва и состоял в должности до 1949. Его деятельное участие в развитии РООВА сказалось в создании «Фермы РООВА» в Джаксоне (Кэссвилле), в шт. Нью-Джерси, развитии культурно-просветительной работы и привлечении многочисленных новых членов в об-во.

В 1938 к 950-летию принятия христианства на Руси способствовал ежегодному нар. празднованию Свято-Владимирского дня. В 1938 возле Кэссвилла было открыто Св.-Владимирское кладбище и при нем в 1953 освящена часовня-церковь Пресвятой Богородицы (ПЦА). По предложению **Б.** был поставлен памятник А.С. Пушкину, открытый 31 авг. 1941 в парке, известном под названием Пушкинского парка. В этом парке был поставлен также памятник рус. воинам амер. армии, павшим во время Второй мировой войны. Тимофей Аввакумович много лет был ред. «Русского вестника» — органа РООВА. При Покровском соборе в Нью-Йорке открыл школу англ. яз., через которую прошло несколько сот рус. эмигрантов. Был членом об-ва рус. студентов, получивших образование в Америке. *Родственники*: вдова *Полина Васильевна Сватикова-Березняя*.

Похоронен на Свято-Владимирском кладбище в Кэссвилле, в шт. Нью-Джерси.

Л и т. *Лазаревич М. Н.* Светлой памяти Т. А. Березнего // НРС. 1959. 15 апр.; *Его же, Винслов Я. А.* // Рус. вестник. 1947. Янв.–февр. № 153–154. Стр. 71–74, 77–79.; *Pestoff Alexis N.* Directory of Russian Graduates of American Colleges // Alumni Association of the Russian Student Fund, Inc. New York, 1929. August. P. 6; Березний Т.А. С. 206–215.

БЕРЁЗОВ [лит. псевд., наст. фам. **Акульшин**] Родион Михайлович (1896–1990, Ашфорд (шт. Коннектикут) — писатель-прозаик и поэт. Род. в крестьянской семье Акульшиных. В 1911 поступил в учительскую семинарию в селе Ровном, на Волге. В пятнадцать лет написал первое стихотворение. Стал писать рассказы из крестьянской жизни. После оконч. семинарии стал учительствовать в пятикласcной сельской школе. В 1923 поступил в Лит. ин-т им. Валерия Брюсова. Его рассказы стали появляться в журналах «Красная Новь», «Новый Мир», «Смена». Первая книга **Б.** — «О чем шепчет деревня» вышла в 1925. Выпустил в Москве шесть книг. Проживавший на Капри в Италии Максим Горький похвалил молодого писателя, писавшего рассказы под псевд. Березов. Это открыло **Б.** двери всех редакций. Дружил с Сергеем Есениным, был близко знаком с Максимилианом Волошиным и Осипом Мандельштамом. Однако в нач. 1941 в отношении **Б.** начались гонения, его перестали печатать. Началась Вторая мировая война, в ходе которой **Б.** пошел добровольцем на фронт, попал в плен ок. Смоленска. В плену чуть не умер от голода. Из лагеря удалось освободиться благодаря писательскому дарованию и протекции писателя *Сергея Максимова (Широкова)*, ведавшего в Берлине лит. отделом «ВИНЕТЫ», обслуживавшим лагеря для ин. рабочих в Германии. После войны печатался в «Гранях» под псевд. Д. Новоселов. С 1948 по 1968 издал ок. 20 своих книг в стихах и прозе, включая : «Веруй, надейся и жди» (1948), «Дождь и слезы» (1951), «Далекое сердце» (1952), «Радость» (1953), «Рус. сердце» (1954), «Песни души» (1956), «Золотая ракета» (1956), «Что было» (1958), «Чудо» (1961), «Красота» (1963), «Вечно живет» (1965), «Звезда» (1966), «Все новое» (1966), «Раздумья» (1968). Писал и на дух. темы и опубликовал сб. «Пророк» (1957), «Иосиф Прекрасный» (1959), «Окно в Евангелие» (1960), «Иов» (поэма, 1962) и много статей и проповедей. Ряд книг отражают баптистское вероисповедание автора. Война закончилась, и **Б.** стал хлопотать о переселении в Америку. В то время в лагерях для бывших военнопленных и беженцев действовало Ялтинское соглашение 1945, по которому бывшие сов. граждане, независимо от их желания, подлежали отправке в СССР, где их ждали концлагеря. Многие рус. беженцы, которые юридич. были сов. гражданами, стали искать выхода из безнадежного положения. Люди стали изменять анкетные данные, указывая фиктивные места своего проживания вне Сов. Союза. Многие меняли фамилии. Так сделал и Родион Михайлович Акульшин, назвав себя польским гражданином и став Родионом Михайловичем Березовым.

С выдуманной биографией приехал в США в 1950. В США решил рассказать правду, но был привлечен к ответственности за подлог и по закону подлежал высылке из страны. Об этом **Б.** рассказал в своей книге «Что было». За **Б.** вступились проф. *Г. Чеботарев*, *А.Л. Толстая* и ред. «Нового русского слова», *М.Е. Вейнбаум*, который через свою газ.у собрал петиции с 10000 подписей в защиту **Б.** Был вызван для дачи показаний в сенатскую комиссию в Вашингтон. После того сенатор Дж. Кеннеди внес в Палату представителей законопроект о легализации иммигрантов, которые при въезде дали о себе неправильные сведения, чтобы избежать выдачи большевикам по Ялтинскому договору между СССР и зап. союзниками. После принятия поправки к закону ок. 25 тыс. чел. получили возможность легально проживать в США. Таких людей стали называли «березовцами», а все явление «березовской болезнью» (Berezov thickness). Продолжал писать в Америке. В эмигр. опубликовал 17 сб. рассказов, стихов и книг. В 1952 опубликовал «Далекое и близкое» и в 1965–67 — двухтомник «Вечное живет». Будучи крестьянским писателем, был свидетелем насильственной коллективизации в деревне и связанных с этим жестокостей сов. власти в 30-х гг. Все это классич. отражено в его лит. произведениях. Отход **Б.** от православия был воспринят отрицательно православным рус. зарубежьем. Семьи не имел.

Похоронен в Хартфорде.

Л и т. Берега. Стихи поэтов второй эмигр /Под ред. Вал. Синкевич. Филадельфия, 1992. С. 257; *Крейд В.* С. 604; *Вильданова Р. И., Кудрявцев В. Б., Лаппо-Данилевский К. Ю.* Словарь // *Струве Г.* С. 287; *Кторова А.* Памяти автора «Румяной литературы». К годовщине кончины Родиона Берёзова // НРС. 1994. 14 июня; *Моргулис М., Седых А.* //. Там же. 1986. 20 апр.; Витковский Е.В. Антология… Кн. 2. С. 429; A Bill for the relief of Rodion Michael Akulshin // 432, In the Senate of the United States. 1953. January 13.

БЕРЕЧ [William N. Berech] Уильям Н. — лейтенант, ветеран амер. армии, служил в артиллерии в 1945 в Берлине.

И с т. *Pantuhoff Oleg* — 1976.

БЕРИНГ Витус Йонссен (1681–1741) — капитан-командор рус. службы. Выходец из Дании. Поступил на службу в рус. флот в 1703. По заданию Петра I возглавил в 1725–30 первую Камчатскую экспедицию, чтобы выяснить, соединяется ли Азия с Америкой. Как видно, доклад о походе *Семена Дежнева* и открытии пролива между Азией и Америкой до Беринга и Чирикова в 1648 был затерян. Беринг доложил после экспедиции, что материки разделены, но убедительного подтверждения не представил. Открыл о-в Ратманова. После кончины Петра I исследования продолжались, и в 1733–41 Беринг возглавил вторую Камчатскую экспедицию, состоявшую из двух судов, «Св. Петра», которым он командовал сам, и «Св. Павла» под командой ст. лейтенанта *Алексея Ильича Чирикова*. Задачей второй экспедиции были поиски в сев. части Атлантич. океана мифич. земли

Гама и амер. берегов. В пути из-за тумана корабли потеряли друг друга. Через 40 суток после выхода из Петропавловска-на-Камчатке Чириков первым подошел к берегам Аляски 15 июля 1741. **Б.** подошел к амер. берегу на день позже, достигнув 67 градусов 18 минут сев. широты. Открыл в 1741 сев. берега залива Аляски (от горы св. Ильи до о-ва Каяк), о-ва Шумагина и несколько Алеутских о-вов из групп Андреяновских (предположительно), Крысьих и Ближних о-вов. Оба корабля отправились обратно на Камчатку, ничего не зная о друг друге. На обратном пути команду начала одолевать цинга. Чириков достиг цели и вернулся в Петропавловск, а **Б.** потерпел кораблекрушение, высадился на одном из необитаемых Командорских о-вов, где пришлось зимовать.

От цинги и лишений умерли 12 моряков. **Б.** скончался 8 нояб. 1741 и был похоронен на о-ве, теперь известном как о-в Беринга. Остатки команды «Св. Петра» построили летом 1742 бот и вернулись в Петропавловск-на-Камчатке. Летом 1991 во Владивостоке была организована экспедиция «Беринг-91», которая провела археологич. исследования в бухте Командора на о-ве Беринга. Найдена могила **Б.**, на ней поставлен крест и положена надгробная плита. При помощи магнитной съемки обнаружены и извлечены 14 пушек с пакетбота «Св.Петр» и ок. 400 предметов обихода, снастей и снаряжения со «Св. Петра». Именем **Б.** назван пролив между Азией и Америкой и море на сев. Тихого океана, хотя этот пролив был открыт в 1647 мореходом Семеном Дежневым.

Л и т. *Жилин М.* Последняя стоянка командора // Рус. Америка. 1993. № 1. С. 26–28, 32; Краткая Географич. Энциклопедия, Москва. Т. 5. С. 397, 421; *Максаковская Е.* Между двух материков // Поиск. 1999. 26 февр. С. 12; *Петров В.* Открытие Сев. Америки экспедицией Беринга–Чирикова // НРС. 1991. 24 мая.

БЕРМОНДТ Павел Рафаилович [кн. **Авалов** Павел Михайлович] (4 марта 1884, Тифлис – 27 декабря 1973, Нью-Йорк) — ген.-майор. Род. в семье кн. Михаила Авалова и кнг. Софии, урожд. кнж. Кугушевой. Мать Павла после развода с Аваловым вторично вышла замуж за штабс-ротмистра Бермондта, который усыновил пасынка. Военную службу начал капельмейстером. Во время рус.-яп. войны 1904–05 вступил добровольцем в Действующую армию, был несколько раз ранен, получил два Георгиевских креста и за боевые заслуги произведен в первый офиц. чин прапорщика. В этом чине он получил орден св. Анны IV ст. с надписью «За храбрость». Будучи раненым, эвакуирован в Петроград. По выздоровлении был принят в 1-й улан. Петербургский полк, а для сдачи офиц. экзамена оконч. специальный курс при Тверском кав. уч-ще. Участник Первой мировой войны, четыре раза ранен. Произведен в чин ротмистра, а перед самой революцией — в чин полковника. В 1919 возглавил Особый рус. корпус, сформированный в Германии из рус. военнопленных и нем. добровольцев. Был командующим Зап. добровольч. армией. Вопреки приказу ген. И.Н. Юденича, в 1919 занял Ригу. Из-за конфликта с Антантой вынужден отвести свои части в Германию и там их расформировать. После интернирования в Германии переехал в Югославию. На средства жены оказывал благотворительную помощь рус. Издал на нем. яз. книгу «В борьбе с большевизмом» (Глюкштадт-Гамбург, 1925).

После Второй мировой войны переселился в США, где жил в Нью-Йорке.

И с т. Бермондт (Бермондт-Авалов Павел Михайлович) Павел Рафаилович // Незабытые могилы / Сост. В.Н. Чуваков. Т. I. С. 295.

Л и т. Некролог // НРС. 1974. 27 дек.; Некролог // Часовой (Брюссель). 1974. Май. № 575. С. 17; *Соратник.* Кн. П.М. Авалов-Бермондт // РЖ. 1974. 19 апр.

БЕРНАЦКАЯ (Бернацкая-Иванс) Татьяна Владимировна (1899, Санкт-Петербург –1988, Нью-Йорк) — публицист. Во время Второй мировой войны попала в Германию, откуда эмигрировала в США. Некоторое время работала корректором в газ. «Новое русское слово» (Нью-Йорк), в которой публиковала рецензии на книги. Выступала с лекциями на лит. темы. Автор сб. стихов и рассказов «Крошки жизни» (1965).

Похоронена на кладбище монастыря Новое Дивеево в Нанует в шт. Нью-Йорк.

Л и т. Берега. Стихи поэтов второй эмигр. / Под ред. Вал. Синкевич. Филадельфия, 1992. С. 258.

БЕРТЕНСОН Сергей Львович (1885 – 14 марта 1962, Голливуд) — искусствовед. Род. в Финляндии в семье врача, водившего знакомство с Достоевским, Тургеневым, Чайковским, Римским-Корсаковым, Бородиным, Мусоргским и др. Учился в Гейдельбергском ун-те. Оконч. историч.-филолог. ф-т Санкт-Петербургского ун-та. Получил должность в мин. Императорского Двора в отделе обеспечения и наблюдения за Императорскими театрами. После революции по приглашению К.С. Станиславского заведовал труппой и репертуаром Московского худ. театра и занимал должность зам. директора Муз. студии. В 1919–26 гастролировал с театром и студией по Европе и Америке. В 1926–28 работал в Голливуде с В.И. Немировичем-Данченко. Выпустил в соавторстве на англ. яз. книгу о Сергее Рахманинове и Мусоргском. Написал и издал в 1927 в Голливуде книгу «Вокруг искусства».

Л и т. *Аренский К.* Некролог // НЖ. 1962. № 68.

БЕСТИКОВИЧ Абрам Самойлович — математик. Род. в Бердянске. Оконч. Санкт-Петербургский ун-т в 1912. Был доцентом Петроградского ун-та с 1920 по 1925. В 1926–27 — проф. в Ин-те путей сообщения и в Педагогич. ин-те. С 1927 по 1958 занимал должность проф. математики в Англии. Читал лекции по математике с 1958 по 1962 по приглашению Пенсильванского ун-та. Преподавал в Дартмутском колледже, Висконсинском, Орегонском и Корнельском ун-тах. Автор трудов по математике и теории вероятностей.

Л и т. *Кеппен А. А.*

БЕШАРОВА-ДЖАПАРИДЗЕ Юстиния Людвиговна (20 мая 1921, Батум) — литературовед. В 1942 оконч. в Нью-Йорке Вассар колледж по средневековой цивилизации, в 1940 получила ст. магистра по рус. истории и лит. при Колумбийском ун-те и в 1953 защитила докторскую дисс. по славянским яз. и лит. при Гарвардском ун-те. Начиная с 1945 по 1973 преподавала в Колумбийском, Гарвардском и Нью-Йоркском ун-тах и в Колледже Вассар средневековую лит., рус. лит. XIX века и европейский романтизм. Автор «Imagery of the Igor's Tale in the Light of Byzantino-

Slavic Poetic Theory» (Leiden, 1956); «The Divine and Human Word»:St. Vladimir's Seminary Quarterly, vol. IV, 1955–56. «Remarks on Zadonshchina»: Year Book of the American Philosophical Society» (1960). Состояла членом РАГ в США.

И с т. Besharova-Djaparidze, Justinia. Curriculum vitae. Manuscript, 1975.

БИБИКОВ Илларион Илларионович (1900 – 17 янв. 1952) — инж.-механик, фабрикант, благотворитель. Прибыл в США в 1923 с волной беженцев от большевиков. После того как были преодолены трудности, с которыми столкнулись новоприбывшие, вместе со своим зятем В. Смирновым организовал и развил механич. мастерскую, в которой работало до 300 чел. специалистов и рабочих и где нашли заработок многие рус. Кроме того, занимался овцеводством на ферме ок. Челси, в шт. Мичиган. Там же гостил в последние дни своей жизни ген. *А.И Деникин*.

Участвовал в амер. полит. жизни. Сенатор Фергюсон из шт. Мичиган доложил Сенату о патриотич. поступке **Б.**, отказавшегося принять плату, причитающуюся ему за участие в митинге, организованном правительством, считая это непроизводительной растратой нар. средств. Работал в «Русском обществе», в котором создал благотворительный фонд, названный его именем. Был деятелен в создании церковно-православной общины в городе Анн-Арбор, в шт. Мичиган. *Родственники:* вдова Вера Леонидовна, дочь генеалога и основателя журнала «Новик» *Л.М. Савелова-Савелкова* и двое детей: Илларион Илларионович-младший, инж., занявший место отца на ф-ке (скончался в нояб. 2001 г.) и дочь, Надежда Илларионовна Алимпич; брат Владимир и две сестры — Ольга Смирнова и Ада Соловьева.

Погребен в Вэйн.

Л и т. *Знаменский А.*, протоиерей. К кончине И.И. Бибикова // Россия (Нью-Йорк). 1952.

БИБИКОВ Николай Петрович (17 дек. 1897 – 23 дек. 1960, Сан-Франциско) — штабс-ротмистр, ветеран Первой мировой и Гражданской войн. По оконч. Петровской гимназии поступил добровольцем в 13-й гус. Нарвский полк, чтобы сражаться против немцев. В февр. 1916 награжден за храбрость Георгиевским крестом IV ст. Произведен в корнеты по арм. кав. За последующие бои награжден орденом св. Анны IV ст. В июне 1918 вступил в Добровольч. армию в 1-й конный ген. Алексеева полк. Произведен в сент. 1918 в чин поручика и в 1919 — в чин штабс-ротмистра. В боях с большевиками два раза ранен.

После эвакуации из Крыма прибыл в Галлиполи, откуда перевезен в Югославию. Побывал во Фр., где работал на автомобильных заводах Рено. Уехал в Шанхай, где проживал до 1944, откуда был эвакуирован в США, был действительным членом Об-ва рус. ветеранов. Погиб в автомобильной катастрофе. После **Б.** осталась жена Надежда Викторовна.

Похоронен на Серб. кладбище в Сан-Франциско.

И с т. АОРВВВ. Штабс-ротмистр Николай Петрович Бибиков // Альбом II. 1960. Дек.

Л и т. *Плешко Н. Д.* Генеалогич. хроника // Новик (Нью-Йорк). 1961. Отд. III. С. 4.

БИЛИМОВИЧ [Бич-Былина-Билимович] Александр Дмитриевич (1876, Житомир – 1963, Сан-Франциско) — проф. полит. экономии и статистики. Род. в семье военного врача. В 1900 оконч. Киевский ун-т с золотой медалью и был оставлен при ун-те. В 1909 защитил магистерскую дисс. и выбран экстраординарным проф. Киевского ун-та. В 1915 защитил в Петрограде докторскую дисс. До конца 1918 был ординарным проф. Киевского ун-та по кафедре полит. экономии и статистики. Был известен как противник марксизма. Перед Первой мировой войной занимался вопросами, связанными со Столыпинской земельной реформой. Продолжал чтение лекций в Киевском ун-те и на Высших женских курсах и занимал должность тов. председателя Военно-промышленного комитета в Киеве. В 1919–20 был членом «Особого совещания» ген. *А.И. Деникина* и стоял во главе Управления земледелия и землеустройства. В России до ухода в эмигр. им было опубликовано 9 научных трудов. До 1917 сотрудничал в ультраконсервативных газ. Киева. После ухода Рус. армии ген. П.Н. Врангеля из Крыма переселился в 1920 в Кор. СХС, где с 1920 по 1944 занимал кафедру полит. экономии в Люблянском ун-те. Наступление коммунистов вынудило **Б.** встать снова на путь беженства. В 1946–47 был деканом эконом. и юридич. ф-та Международного ун-та для «перемещенных лиц» UNRRA в Мюнхене. В Европе **Б.** опубликовал 133 работы на рус. и ин. яз.

Переселился в 1948 в США и был приглашен Калифорнийским ун-том в Беркли вести семинар в Ин-те славяноведения на тему: «Пятилетний план Югославии по сравнению с сов. пятилетним планом». Проживая в США, опубликовал 15 науч. работ. Начиная с 1954 проповедовал идею планирования крупномасштабной экономики как средства предотвращения экономич. кризисов и безработицы. К концу жизни пришел к тезису о «социальном капитализме», приближающемся к «экономич. демократии». Состоял в РАГ в США.

Л и т. *Белоусов К.Г.* Проф. Билимович (1876–1963) // Записки РАГ в США. 1976. Т. Х. С. 302–303; *Вильданова Р.И., Кудрявцев В.Б., Лаппо-Данилевский К. Ю.* Словарь // *Струве Г.* С. 287; *Константин*, архимандрит. Памяти проф. А.Д. Билимовича // ПР. 1964. № 1. С. 9–10; Ishboldin Boris. History of the Russian Non-Marxian Social Economic Thaought // New Book Society of India. 1971.

БИНАСИК Лев Степанович (1 марта 1895 – 15 июня 1977, Саратога, шт. Калифорния) — подпоручик. Оконч. гимназию им. гр. Тарасова в Гродно и ускоренный курс Михайловского арт. уч-ща. Произведен в 1916 в чин прапорщика с назнач. в 4-ю запасную арт. бригаду в Саратове. В февр. 1917 произведен в чин подпоручика. Служил в тяжелом арт. дивизионе особого назнач. Эмигрировал в Польшу, в 1919–39 служил в Гос. контроле Мин. финансов Польского государства. Состоял в резерве Польской армии. Во время Второй мировой войны был на принудительных работах в Германии. Приехав в США в 1950, стал действительным членом Об-ва рус. ветеранов Великой войны.

Похоронен на Серб. кладбище в Сан-Франциско.

И с т. АОРВВВ. Подпоручик Лев Степанович Бинасик // Альбом VI. 2-В. 1977. Июнь.

БИННЕР Иван, зам. *А.А. Баранова* в управлении Рус. Америкой.

БИРКИН Димитрий Львович (17 февр. 1893, Санкт-Петербург – ?) — инж.-механик. В 1927 оконч. Политехнич. ин-т в Праге. В США жил в Нью-Йорке. Действительный член Об-ва рус. инж. в США.
И с т. АОРИ. Анкета.

БИРЮКОВ Роман Романович — авиационный инж. Род. в Августове, в России. Оконч. Нью-Йоркский ун-т с дипломом инж.-механика, продолжал образование в ун-тах Айовы и Нью-Мексико, специализируясь по гидродинамике. Занимался с 1952 по 1963 исследованиями динамики газа и воздуха в испытательной трубе. Организовал и руководил тремя международными симпозиумами по исследованиям в аэродинамич. трубе.
И с т. АОРИ. Анкета.

БИСК Александр Акимович (29 янв. 1883, Одесса Херсонской губ. – 3 мая 1973, Нью-Йорк) — литературовед, поэт, переводчик. Опубликовал первые стихотворения в 1903, а в 1912 —первую книгу стихотворений «Рассыпанное ожерелье». Был близок к рус. поэтам — Максимилиану Волошину, Константину Бальмонту. Эмигрировал в 1919. За рубежом жил в Бельгии, Фр. и с 1939 в США. Занимался переводами западноевропейских поэтов на рус. яз., главным образом Рильке. Был членом Кружка рус. поэтов в Америке. Член правления Лит. фонда, оказывавшего помощь рус. писателям за рубежом. Погиб во время пожара.
Л и т. Крейд В. С. 604; Вильданова Р. И., Кудрявцев В. Б., Лаппо-Данилевский К. Ю. Словарь // Струве Г. С. 288.

БИТЕНБИНДЕР Артур Георгиевич (1886 – 18 мая 1972, Питтсбург, шт. Пенсильвания) — полковник. Оконч. Виленское военное уч-ще и Академию Ген. штаба. Во время Первой мировой войны служил на должностях Ген. штаба. В 1918 прибыл в Добровольч. армию и был сначала ст. адъютантом штаба III арм. корпуса на Сев. Кавказе. Потом был переведен в I арм. корпус и был назначен нач-ком штаба Марковской дивизии. На этой должности закончил участие в Гражданской войне. После эвакуации остался в эмигр. Переселился в США.
Л и т. Некролог // Часовой (Брюссель). 1972. Июль. № 553. С. 15;

БИЦЕНКО Андрей Васильевич (17 окт. 1886, Курск – по-видимому, 1980) — художник, иконописец. Образование получил в Киевской худ. школе и в Рис. школе в Петербурге. С 1910 начал участвовать в киевских выставках. Во время Первой мировой войны призван в армию. После захвата власти большевиками вступил в Добровольч. армию, с которой эвакуировался на о-в Лемнос. Рис. этюды, изображавшие жизнь участников Белого движения на чужбине. В 1920 переселился в Кор. СХС, был портретистом. В 1928 писал иконы и фрески в кафедральном соборе в Лесковаце. Показывал свою живопись на трех выставках. Переехал в Париж, где работы Б. выставлялись в Национальном об-ве изящных искусств, членом которого стал в 1929. В 1951 в возрасте 65 лет эмигрировал в США.
И с т. АА. Письмо *Рышко Вал. — Е. А. Александрову*. Рукопись, февр. 2003.
Л и т. Лейкинд О. Л., Махров К. В., Северюхин Д. Я. Худ. Рус. зарубежья. С. 157.

БЛАВАТСКАЯ Елена Петровна (1831–1891) —теософ, мистик. Род. в аристократич. семье. Вышла замуж за эриванского вице-губернатора Никифора Блаватского, но покинула его и скиталась по Европе. Поселилась в Нью-Йорке, где зарабатывала на жизнь случайными работами. Путешествовала по Тибету и Индии. Отошла от христианства, основала в 1876 в Нью-Йорке теософское об-во с уклоном к буддизму, индуизму и спиритизму с трюкачеством. Автор ряда теософских книг и историческо-этнографич. очерков: «Из пещер и дебрей Индостана» (1883, под псевд. Радда-Бай) и др.
И с т. АА. Письмо *Р. В. Полчанинова — Е.А. Александрову*. Рукопись, 15 мая 2003.
Л и т. Blavatsky Helena Petrovna // Slavonic Encyclopedia. New York, 1949. P. 103.

БЛАГОВЕЩЕНСКАЯ Мария Николаевна — общественный и культурный деятель. Род. во Пскове. Среди родни Б. было много духовных лиц. Почти все мужское поколение семьи погибло по ложным обвинениям в сов. тюрьмах и концентрационных лагерях. Во время Второй мировой войны, в 1944 году, мать и бабушка Б. погибли во время воздушной бомбардировки сов. авиации. В ходе военных действий оказалась в Зап. Европе.

В 1945 жила в беженском лагере в Зальцбурге, успешно оконч. среднюю школу. В 1948 избежала насильственной репатриации в СССР и эмигрировала в Канаду, где работала санитаркой в госпитале в Броквилле. Решив продолжать образование, переехала в Торонто, где изучала счетоводство и бухгалтерию. Последующие 40 лет работала по специальности. Активно занималась общественной работой. С 1972 занимала пост зам. директора рус. православной школы при церкви Св. Троицы. С 1980 была председателем Рус.-канадского культурно-просветительного об-ва в Торонто. С 1980 состояла казначеем рус. православной церкви Св. Троицы. В теч. 25 лет работала в церковно-приходской школе и занималась вопросами иммиграции рус. в Канаду. В 1995 удостоилась чествования за свою самоотверженную добровольную работу на благо рус. общины в Торонто.
И с т. Anonymous. Maria Nicholaevna Blagoveshchensky (Curriculum vitae). Typescript.

БЛАЗИС [БЛАЖИС, БЛАЖИЕВИЧ] Александр Наполеонович (16 февр. 1894, Поневеж Ковенской губ. – 1963, Кливленд) — скульптор. Род. в семье полковника Императорской армии. Учился в Ярославской военной школе и коммерч. уч-ще. В 1913–17 занимался в Московском уч-ще живописи, ваяния и зодчества. Был учеником *С.Т. Коненкова*. В 1918 организовал и возглавил коллектив скульпторов «Монолит» для участия в программе монументальной пропаганды. Выехал в Литву, откуда в 1922 эмигрировал в США. Работал в Нью-Йорке, Детройте и Кливленде.

Построил в Кливленде мастерскую. Был проф. Академии художеств. Осуществил несколько монументальных проектов в Еврейском саду Рокфеллеровского парка, создал памятник Дж. Хантингтону, скульптуры для пресвитерианской церкви Согласия, группу «Город, заковывающий в кандалы Природу».

Л и т. *Лейкинд О.Л., Махров К.В., Северюхин Д.Я.* Худ. Рус. зарубежья. С. 157–158.

БЛАЙ Борис (24 июля 1898, Ровно Волынской губ. – 1985) — скульптор и педагог. Перед Первой мировой войной учился в Петербурге и в Париже. В начале 1920-х эмигрировал в США. Создал скульптурные портреты амер. президентов, *Анны Павловой*, памятники героям амер. Гражданской войны. В 1960 получил от Филадельфийского союза художников медаль. В теч. 30 лет был директором худ. школы при ун-те Темпл. В 1972 основал собственную школу в Мелроуз-Парк, в шт. Пенсильвания.

Л и т. *Лейкинд О.Л., Махров К.В., Северюхин Д.Я.* Худ. Рус. зарубежья. С. 159.

БЛИНОВ Всеволод Иванович (16 февр. 1903 – 4 окт. 1977) — химик. Оконч. в Петрограде Императорский Александровский лицей и в Эстонии Ревельский (Таллинский) ун-т, в котором **Б.** была присвоена докторская ст. по химии. Совершенствовался в Берлине по химии и физике. Переехал в Париж, где преподавал химию в «Art et Metier» и владел собственной фирмой. В 1947 переселился в США, где открыл свое предприятие «Alcolac».

Л и т. Некролог // НРС. 1977. 4 окт.

БЛЭК [урожд. Тевяшова] Лидия Сергеевна — исследователь Рус. Америки. Род. в 1925 в Киеве. Во время войны попала в Германию и в конце войны оказалась в зоне, оккупированной зап. союзниками. В 1950 переселилась в США. В 1987 была председателем Второй Международной конференции, посвященной Рус. Америке. Организатор конференции «Жизнь о. Иоанна Вениаминова на Аляске и в Сибири и его вклад в этнографич. исследование Арктики». Выступала с многочисленными лекциями по истории рус. православия в учебных заведениях США и Европы. Автор книг и монографий на рус. и англ. яз. По указу президента России Владимира Путина от 23 дек. 2000 **Б.** за свой вклад в изучение Рус. Америки награждена орденом Дружбы Народов.

Л и т. *Дунаев В.* Консульство в Сан-Франциско чествует исследователей Рус. Америки // РЖ. 2001. 28 апр.

БОБОШКО Игорь Васильевич (1883 – 25 дек. 1968, Нью-Йорк) — ген.-майор. Оконч. Николаевское кав. уч-ще, Академию Ген. штаба и Офиц. кав. школу. Участник Первой мировой войны, ветеран Гражданской войны, во время которой командовал кав. дивизией в Сев.-Зап. Добровольч. армии ген. Н.Н. Юденича. Через Грецию и Фр. переселился в США.

Л и т. *Гавликовский.* Некролог о И.В. Бобошко // Часовой (Брюссель). 1969. № 512. С.20.

БОБРИНСКАЯ [Bobrinskoy] Татьяна Николаевна — гр., общественный деятель, преподаватель, Директор шелкографной студии Zina Studios. Род. 9 нояб. 1923 в Берлине в семье проф. *Николая Тимашева* и Татьяны Николаевны Рузской, поэтессы и писателя. В 1940 оконч. Парижский ун-т со ст. бакалавра по философии. После переезда в США продолжала образование в аспирантуре Фордамского и Колумбийского ун-тов по теории социологии и по изучению коммунистич. о-ва. Кроме рус., владеет франц., исп. и итальянским яз. В 1958–66 преподавала рус. яз. и лит. в ун-тах Мэримаунт в Нью-Йорке и Св. Петра в Джерси-Сити, в Нью-Джерси.

В 1962–1966 была чтецом и критиком в изд-ве Питман. Совместно с И. Гзовским опубликовала в 1962 на англ. яз. в изд-ве Питман «Золотой век рус. лит.» (The Golden Age of Russian Literature), и «Произнеси правильно по-рус.» (Pronounce Russian Correctly). Помогала своему отцу в его исследовательской работе и ред. его трудов. Удостоилась получения при ун-те Джон Дюи почетной докторской ст. по лит. Дважды избиралась в состав Главного правления, КРА в 1984 и 1987, в котором занималась борьбой с русофобией, с превратным толкованием рус. истории в США, борьбой с дискриминационным законом 86-90, а также вопросами защиты прав человека, писала статьи. Состояла членом РАГ в США, была представителем от рус. этнич. группы в Совете славянского наследия, в Рус. дворянском об-ве. Состоит в Мальтийском ордене, ордене православных рыцарей госпитальеров св. Иоанна Иерусалимского, возглавляемом ее мужем, гр. *Николаем Алексеевичем Бобринским*, в совете директоров клуба военнослужащих США, в Рус. Богословском фонде. Автор библиографии трудов отца, опубликованной 1965 сб. «На темы русские и общие». В 2001 принимала участие в симпозиуме, посвященном Н.С. Тимашеву в Петербургском ун-те и в Политехнич. ин-те в Петербурге. Автор двух статей об отце в «Новом журнале» за 2003.

Потомки: дочь Екатерина Бобринская-Каст, внуки Михаил и Александра, сын Алексей Бобринской и внуки Аделина и Михаил.

И с т. *АА.* Бобринская Т. Н. // Анкета Биографич. словаря Рус. в Сев. Америке. 2003. 4 июня; *Bobrinskoy Tatiana.* Curriculum vitae // Archives of the Association of Russian American Scholars in the USA. 1987; Bobrinskoy Tatiana. Curriculum vitae. Typescript, 2003. 1 p.

БОБРИНСКОЙ Георгий В. [Bobrinsky, George V.] — доцент санскритского яз. и санскритской лит. в Чикагском ун-те.

И с т. *Мартьянов Н. Н.* Список — 1944. С. 84–88

Л и т. *Ковалевский П. Е.* С. 168.

БОБРИНСКОЙ Николай Алексеевич [Bobrinskoy] — гр., возглавляет рус. ветвь Мальтийского ордена, художник-декоратор. Род. 8 февр. 1921 в Ницце в семье беженца от большевиков Алексея Александровича Бобринского, праправнука императрицы Екатерины II, председателя Императорской археологич. комиссии и вице-председателя Императорской Академии художеств. Мать — Раиса, урожд. Новикова. Николай Алексеевич оконч. в Ницце рус. дворянскую школу Александрино, лицей, колледж в Каннах, Ин-т изящных искусств в Ницце и Fashion Institute of Technology в Нью-Йорке. Рано обнаружил способности художника. Будучи французским подданным, был взят немцами во время Второй мировой войны на принудительные работы в Германию. После освобождения амер. армией возвратился в Париж, где занялся росписью по тканям. Переселился в США в нач. 50-х гг., где стал профессионально заниматься шелкографией и основал мастерскую Zina Studios по воспроизводству музейных тканей и обоев. Продолжал работать как художник и выставлять свои работы на выставках. Занимался внутренней реставрацией историч. зданий в Ньюпорте. Николай Алексеевич участвовал в рус. общественной работе и занялся восстановлением рус. православной ветви древнего рыцарского ордена св. Иоанна

Иерусалимского, которая была утверждена в Америке.

Б. избран Великим приором державного Ордена православных рыцарей госпитальеров св. Иоанна Иерусалимского. Орден занимается благотворительной деятельностью и помогает жертвам стихийных бедствий, войн и междоусобиц во всем мире. С благословения патриарха Алексия II Орден стал помогать рус. детям после падения коммунизма в России. Состоит также в Корпусе ветеранов арт., в Клубе четырех родов войск, в Об-ве помощи рус. детям, в Рус. православном богословском фонде является Стюардом ПЦА, член Ордена короны Карла Великого, Ордена Магна Карта и Военного ордена Крестоносцев. Является почетным гражданином Фриули, в Италии, за оказание помощи после землетрясения. За благотворительную деятельность получил благодарственные грамоты от Колумбии, Гондураса и Доминиканской Республики. Член Рус. дворянского об-ва (Russian Nobility Association) в Нью-Йорке. Женат на Татьяне Николаевне, урожд. *Тимашевой*. У Бобринских двое детей, Екатерина и Алексей, и четверо внуков.

И с т. АА. *Бобринской Н. А.* // Анкета Биографич. словаря Рус. в Сев. Америке. 2003. Июнь.

Л и т. *Николаева Т.* Дворянин, художник, рыцарь // НРС. 2001. 14 февр.; *Dragadze Peter.* The White Russians // Town & Country. 1984. March. P. 174–182, 250–253; Social Register Observer. Winter 2002. P. 44–48.

БОБРИЦКИЙ Владимир [Bobritsky Vladimir; Bobri], (1898–1986) — театральный художник, декоратор, писатель. Оконч. Московское худ. уч-ще в 1911. Писал декорации и создавал костюмы для пьес Ибсена, Ростана и Метерлинка. Читал лекции и написал несколько книг. Ушел от большевиков за рубеж. В 1921–22 писал декорации и рис. костюмы для Рус. балета в Константинополе. В 1923 переехал в США. Расписывал рестораны и ночные клубы в Нью-Йорке. В 1924 оформил декорации для постановки «Sky Girl» (Небесная дева) по Ивану Нар. В 1925 открыл первую в США студию по росписи шелка. В 1926 нарисовал эскизы костюмов для «Rose Mary». С 1927 по 1931 занимался рекламной живописью для крупных универсальных магазинов в Нью-Йорке. Рис. иллюстрации для журналов «Vogue», «Vanity Fair», «Harper's Bazaar», «New Yorker», «Charm» и др.

Л и т. *Martianoff Nicholas N.* Vladimir Bobritsky (Bobri) // Russian artists in America. 1933. P. 207.

БОБРИЦКИЙ Юрий Викторович [Bobritzky George] (1917, Харьков – 30 нояб. 1998) — живописец, график, художник-декоратор и скульптор. Учился в Харьковском худ. уч-ще, в Австрии и в Студенч. худ. лиге в Нью-Йорке. Во время Второй мировой войны вывезен в Германию.

В 1949 переехал на постоянное жительство в США и в 1957 стал амер. гражданином. Работал в качестве иллюстратора, театрального декоратора, пейзажиста, портретиста и скульптора. Много путешествовал по Европе, США, Канаде и Мексике. Многие произведения **Б.** были созданы во время этих путешествий. Участвовал в более чем 20 амер. худ. выставках. Выставлял свои произведения на одиннадцати персональных выставках в США, Австрии и Германии. За свои произведения удостоился награждения золотой медалью National Academy of Design, рядом серебряных медалей, почетной медалью и занял несколько первых мест.

И с т. *Bobritky George.* Curriculum vitae (typescript), 1985.

Л и т. Встречи (альманах) / Под ред. Вал. Синкевич. 1986, 1988; *Gmoser Lu.* No matter where he goes, artist Bobritzky finds a studio // Review Press Reports. Bronxvioll e, NY. 1984. Nov. 8, 15.

БОБРОВА Элла Ивановна [Ella Bobrow Zuckert] — поэтесса, публицист, переводчица. Род. в 1911 в Николаеве. Девичья фамилия Рунг. По второму мужу Боброва-Цукерт. Училась и работала в Луганске, где оконч. кооперативный техникум. Ее отец, брат и четыре брата матери были арестованы и бесследно исчезли во время сталинского террора. В 1941 были высланы мать и все родные.

*Не спали матери и жены
Ночь. Гул мотора.
Чей черед ?
В стране под маскую закона
Шло беззаконие в поход.*

Во время Второй мировой войны в 1943 стала беженкой. Война разлучила **Б.** с мужем, Николаем Федоровичем Бобровым, и **Б.** с двумя малолетними детьми оказалась в Чехословакии, а затем в Германии. Первые стихи стала соч. в Баварии. В 1950 эмигрировала в Канаду. Работала на швейной ф-ке, потом поселилась в Торонто, где участвовала в создании журнала «Современник» и в его ред. до 1976. Ее произведения печатались также в «Новом журнале», «Новом русском слове», «Возрождении» и «Русской мысли». Автор сб. стихов, легенд и переводов: «Янтарный сок» (1977), «Я чуда жду» (1970).

Ирина Одоевцева писала об **Б.** как об отличном переводчике — не только с англ. на рус., но, что гораздо труднее, с рус. на англ. Впервые в истории рус. лит. перевела произведения канадских иннуитов — версию Чарльза Кона «11 эскимосских легенд». Публиковала произведения в нескольких зарубежных изданиях. С 1973 по 1979 участвовала в рус. передачах Радио Канады. Автор 9 книг, включая сб. стихов: «Сказка о том, как смелые снежинки помогли девочке Маринке» (1961), переведенный на шесть европейских яз. и на яп. яз., «Ирина Истомина» (1967) на рус., нем., англ., франц. и исп. яз. В повести в стихах «Ирина Истомина», полных трагизма и муки, **Б.** отражает жизнь в Сов. Союзе, жизнь при нем. оккупации во время войны и принудительной репатриации после войны. Эта частично автобиографич. повесть была опубликована в 1967 в Торонто и переведена на четыре европейских яз. Многие из стихов **Б.** переложены на музыку ее вторым мужем, композитором Леоном Цукертом, оконч. Императорское муз. уч-ще в России и скончавшимся в 1992. Сюда входит ратория в пяти частях, на рус. и на англ. яз. — «В свете северного сияния» (In the Gleam of Northern Lights), поэма о Канаде и ее народе. С 1991 Б. стала публиковаться в России. В 1995 изд-во «Наследие» выпустило ее литературоведч. работу об Ирине Одоевцевой. Б. — член Лиги канадских поэтов, Союза писателей и ПЭН клуба. Ее творч. получило высокую оценку у рус. и ин. лит. критиков, что отмечено Ин-том мировой лит. РАН.

И с т. АА. Письмо *Э.И. Бобровой — Е.А. Александрову* от 13 янв., 29 февр. 2001.

Л и т. Автобиография // Берега. Стихи поэтов второй эмигр. / Под ред. Вал. Синкевич. Филадельфия, 1992. С. 259–260; Встречи (альманах) / Под ред. Вал. Синкевич. 1985; *Могилянский М.* Рус. канадцы // Жизнь прожить. Воспоминания, интервью, статьи. М., 1995. С. 72–75; *Витковский Е.В.* Антология... Кн. 4. С. 356; *Одоевцева И.В.* Элла Боброва «Я чуда жду» // Возрождение (Париж). 1971. Апр. № 231. С. 137–139.

БОБРОВНИКОВ Николай Фёдорович (1896–1988) — проф. астрономии в ун-те Коламбас, шт. Огайо. Образование начал в 1914–16 в Петербургском горном ин-те, но в 1917 перевелся на астрономич. ф-т Харьковского ун-та. Во время Гражданской войны воевал в составе Белой армии. Потом наступила эвакуация 1920 с последующим переездом в Прагу, где он поступил в Рус. ин-т. В 1924 переселился в США, где продолжал заниматься в Чикагском ун-те. В 1927 защитил докторскую дисс. Работал в обсерватории Йеркс и обсерватории Ликк, в Калифорнии. В 1930 приглашен на должность директора обсерватории имени Перкинса при ун-те Огайо. При помощи фотоспектрографич. аппаратуры занимался изуч. комет с момента их рождения до распада. Сделал 4500 наблюдений над 45 кометами. В 1942 Б. был опубликован труд о физич. свойствах комет на основании спектрографич. данных.

И с т. *Мартьянов Н.Н.* Список — 1944. С. 84–88.

Л и т. *Бронштэн В.* Бобровников Николай Фёдорович // РЗ. Золотая кн. эм. С. 93–95; Raymond Boris, Jones David Jones. The Russian Diaspora, 1917–1941. Maryland and Lonmdon, 2000. P. 85.

БОБРОВСКИЙ Георгий Анатольевич (?, Москва – 12 авг. 1958, Провинстаун, шт. Массачусетс) — ветеран. Участник Первой мировой и Гражданской войн. Награжден орденом св. Георгия IV ст. После эвакуации жил в Чехословакии, окнч. чешск. гимназию в Моравской Тшебове и учился на архитектурном ф-те в Праге. В Париже окнч. рус. Богословский ин-т и был скаутмастером НОРС-Р. В 1952 переселился с семьей в США. Работал чертежником.

Л и т. Некролог // НРС. 1958. 14 авг. № 16583; *Плешко Н.Д.* Генеалогич. хроника // Новик (Нью-Йорк). 1958. Отд. III. С. 3

БОБУХ Захар Иванович — участник войны за независимость Америки. Уроженец Ревеля. Служил в нем. отрядах под командованием Дж. Вашингтона. В 1780 встречался в Нью-Йорке с первым «рус. американцем» *Фёдором Каржавиным*.

И с т. *Ushanoff Basil B.* The Russian contribution to the United States of America. Typescript.

Л и т. *Долгополов А.* Участие рус. в войне за независимость США // Родные дали (Лос-Анджелес) 1976. Июнь. № 257. С. 35–38.

БОГАЕВСКАЯ [урожд. Закаляева] Елизавета Дмитриевна (1889, стан. Усть-Медведицкая Обл. Войска Донского – 29 сент. 1981, Клермонт) — сестра милосердия, педагог. Окнч. Высшие женские Бестужевские курсы в Санкт-Петербурге. Была учительницей в женской гимназии в родной стан., а ее муж был директором мужской гимназии в той же стан. Участник Гражданской войны. После гибели мужа была сестрой милосердия в Белой армии. После эвакуации в 1920 через Константинополь в Болгарию, а затем Прагу училась в Рус. педагогич. ин-те. В 1926 переехала в Париж, где состояла в каз. орг-циях. В 1952 переселилась в США, жила в Нью-Йорке, а потом переехала в Глендор, в Калифорнию, где был основан каз. хутор, в котором она преподавала рус. яз. В 1964 опубликовала книгу «Митрофан Петрович Богаевский». С 1970 жила в доме каз. деятеля проф. *Владимира Григорьевича Улитина* в Клермонте.

Похоронена в Клермонте.

Л и т. Некролог // НРС. 1981. 23 окт.

БОГАЕВСКИЙ Алексей Яковлевич (2 окт. 1890, Полтавская губ. – 10 мая 1959) — врач, проф. медицины. В 1915 окнч. ун-т св. Владимира в Киеве. Занимался рентгенологией. Опубликовал ок. 150 работ, посвященных результатам экспериментальных исследований, клинич. работы и мед. практики. Состоял членом РАГ в США.

И с т. *Богаевской А.Я.* Анкета РАГ в США.

Л и т. *Плешко Н. Д.* Генеалогич. хроника // Новик (Нью-Йорк). 1959. Отд. III. С. 4.

БОГАЕВСКИЙ Евгений Африканович (? – 28 мая 1977, Нью-Йорк) — капитан. Род. в семье атамана Войска Донского. Окнч. Донской императора Александра III кад. корпус и военное уч-ще Сен-Сир во Фр. В Югославии служил в чине капитана в 5-м кав. полку. После Второй мировой войны переселился в США.

Л и т. Некролог // Кад. перекличка (Нью-Йорк). 1977. № 18; Некролог // Часовой (Брюссель). 1977. Окт.–нояб. № 608. С. 18.

БОГАЕВСКИЙ Николай Николаевич. См.: ВОРОБЬЕВ-БОГАЕВСКИЙ.

БОГАТЫРЧУК Фёдор Парфентьевич (14 нояб. 1892, Киев – 1984, Оттава) — проф. медицины, геронтолог, чемпион по шахматам, полит. деятель. После оконч. гимназии и мед. ф-та ун-та св. Владимира в Киеве был короткое время на фронте в качестве врача 309-го Овручского пех. полка. В 1918 начал изучать рентгенологию, которая стала его любимой областью практич. и науч. деятельности в теч. всей дальнейшей жизни. Во время Гражданской войны на Украине служил в дивизии Сечевых стрельцов (Січових стрільців). После установления сов. власти, оставаясь в Киеве, занимался мед. практикой и науч. работой. Был врачом-рентгенологом в Киевском рентгеновском ин-те и также преподавал рентгенологию во 2-м мед. ин-те в Киеве. В последние годы перед Второй мировой войной совмещал мед. практику и преподавательскую работу с научными изысканиями при Ин-те экспериментальной биологии. В 1940 защитил дисс. и получил звание доктора мед. наук. Во время нем. оккупации Киева был председателем Украинского Красного Креста (1941–42), в задачу которого входило оказание помощи сов. военнопленным, не защищенным никакими международными договорами. Они были обречены на произвол нем. командования. Немцы не допускали никакой помощи военнопленным. Ввиду того, что деятельность орг-ции не совпадала с истребительной политикой нем. властей, Красный Крест был закрыт, а Б. арестован. Выйдя на свободу, вернулся к врачебной практике и исследованиям в обл. рентгенологии, в частности к изуч. влияния рентгеновских лучей на злокачественные образования и к исследованиям проблемы роста и старения кости. В 1943 вместе с семьей покинул Киев и после беженских скитаний попал в Германию. В 1944 стал членом Президиума КОНР ген. А.А. Власова. Подписал Пражский манифест, провозглашавший борьбу за свержение сталинской диктатуры, за свободную Россию. Был председателем Украинской Национальной Рады, считая, что Украина должна существовать как автономия в рамках РФ. Конец войны застал

Б. в Байрейте, в Баварии, где он вскоре стал работать как врач-рентгенолог в госпитале для беженцев.

В 1949 переехал с семьей в Канаду, где был принят в число преподавателей мед. ф-та ун-та города Оттава, вначале в качестве лектора, а позже — как проф. анатомии. В ун-те продолжал заниматься науч. работой, разработав микрорентгенографич. метод изуч. кости, за что удостоился золотой медали имени Барклая от Брит. об-ва рентгенологов и был избран почетным членом Канадского об-ва рентгенологов. Его науч. работа поддерживалась средствами Амер. научного фонда (National Science Foundation). Перу Б. принадлежат 38 печатных работ, из коих 7 были опубликованы в России, а 31 за рубежом. Занимаясь науч. деятельностью, Б. не оставался в стороне и от общественно-полит. дел. Переехав в Канаду, не прекратил антибольшевистской деятельности, работал в контакте с Амер. Комитетом освобождения народов России. На съезде украинцев-федералистов в Найагара-Фоллс, в шт. Нью-Йорк, в 1952 был избран председателем Объединения украинцев-федералистов. Продолжал твердо стоять на позиции федерализма Украины, в первую очередь с Россией и Белоруссией. Был ред. газ. украинцев-федералистов «Східняк» и позже «Федераліст Демократ», издававшихся в Нью-Йорке. Сотрудничал в газ. «Новое русское слово», в которой выступал с критикой укр. националистов, сеющих рознь между рус. и укр. народами, и разоблачал их неправильное освещение истории Украины. Выступал за создание объединенного межнационального и надпартийного центра эмигрантов из СССР. В 1978 опубликовал автобиографию «Мой жизненный путь к Власову и Пражскому манифесту». Был выдающимся шахматистом. Его карьера в шахматном мире началась еще до Первой мировой войны. При объявлении войны в 1914 Б. был в составе рус. команды шахматистов в Германии, но с трудом избежал интернирования. В этой обл. много раз был чемпионом, и среди шахматистов имя Б. обладает международной известностью. Чемпион Киева в теч. двух десятилетий и дважды чемпион Украины. Имел звание международного и сов. мастера по шахматам. После эмигр. в Канаду принял участие в трех канадских чемпионатах. В этих чемпионатах был в числе первых пяти игроков, получивших призы. Единственная ныне покойная дочь Б. была замужем за *Ю.А. Елецким*. После Ф.П. Богатырчука остались внучка Галина; два внука — Александр (юрист) и Федор (защитник окружающей среды); правнучка Лара.

Похоронен в Оттаве.

С о ч. Мой жизненный путь к Власову и Пражскому манифесту. Сан-Франциско, 1978; Мои встречи с А.А. Власовым // Материалы по истории РОД. Т. I. С. 274–289.

И с т. Богатырчук Фёдор Парфентьевич // Незабытые могилы / Сост. В.Н. Чуваков. Т. I. С. 341; *Елецкая (Богатырчук) Т.Ф.* Воспоминания дочери // Материалы по истории РОД. Т. I. С. 290–307; Записи ген.-майора Василия Фёдоровича Малышкина (6 февр. 1945 – 7 марта 1946) // *Александров К.М.* Против Сталина. С. 318; Л и т. *Александров Е.А.* Проф. Ф.П. Богатырчук // Записки РАГ. Т. XVII. 1987. С. 320–321; *Белоусов К.Г.* (К.Б.) Фёдор Парфентьевич Богатырчук // Записки РАГ. Т. V. 1971. С. 262–263; *Днепров Р.* На смерть Ф.П. Богатырчука // НРС. 1984. 19 сент.; *Киевлянин*. Юбилей проф. Ф.П. Богатырчука // НРС. 1982. 1 дек.; *Окороков А.В.* Краткие биографич. данные участников Рус. Освободительного движения // Материалы по истории РОД. Т. I. С. 359–360; *Штейн Э.* Ф.П. Богатырчук / РМ. 1984. 6 дек.

БОГДАНОВ Джон Ли (род. 25 мая 1916, Ист Оранж, шт. Нью-Джерси) — проф. машиностроения. Род. в семье Павла и Луизы, урожд. Освальд. В 1938 окнч. Сиракузский ун-т с дипломом инж.-механика, в 1939 получил ст. магистра в Гарвардском ун-те и в 1950 защитил докторскую дисс. при Колумбийском ун-те. Занимался испытанием машин в авиационной корпорации Wright. В 1946–50 был преподавателем в Колумбийском ун-те. С 1951 по 1953 состоял доцентом инж. механики в ун-те Пурдю и в 1953 получил звание проф. Был также консультантом в промышленности. Получил амер. патент на электромеханич. регулятор. Автор более 20 технич. статей в разных инж. журналах на темы о вибрации, стохастич. процессах и механики. Женат на Рут Франклин Браун. У них Б. и дочь.

И с т. Анкета Об-ва рус. инж. в США.

БОГОЛЕПОВ Александр Александрович (15 янв. 1886, Срезнев Рязанской губ. – 31 авг. 1980) — проф. административного и каноних. права. В 1906 окнч. Рязанскую дух. семинарию и в 1910 — юридич. ф-т Санкт-Петербургского ун-та и был оставлен при ун-те для подготовки к проф. званию. В 1915 получил звание приват-доцента, в 1921 — проф. административного права ун-та. С 1915 по 1917 занимал должность юридич. советника министра финансов. В 1921 выбран свободным голосованием на должность проректора Петроградского ун-та по учебной части. В 1922 по приказу Ленина выслан с группой ученых за границу. В 1923 стал сотрудником Рус. науч. ин-та в Берлине и состоял его ученым секретарем до закрытия ин-та гитлеровскими властями в 1934. С 1924 по 1929 ездил ежемесячно в Прагу для чтения лекций на Рус. юридич. ф-те. В 1945 переехал в Зап. Германию, откуда в 1951 переселился в США. В 1951 занял пост проф. канонич. права в Свято-Владимирской дух. академии в шт. Нью-Йорк.

В 1963 получил ст. доктора богословия от Православного богословского ин-та в Париже, проф. которого стал в 1970. Был избран председателем, а затем почетным председателем РАГ в США. Труды А.А. Боголепова включают: «Die Rechtstellung der Auslaender in Soviet-Russland» (Правовое положение иностранцев в Сов. России, Berlin, 1927); «Православные песнопения Рождества, Страстной и Пасхи» (Таллин, 1934), переизданные в 1965 в США на английском яз. («Orthodox hymns of Christmas, Holy Week and Easter»); «Русская лирика от Жуковского до Бунина» (Нью-Йорк, 1952); «Церковь под властью коммунизма» (Мюнхен, 1958) и канонич. обоснование законности учреждения автокефальной православной церкви Америки «Toward an American Orthodox Church» (New York, 1963). Библиография трудов и избранных статей Б. опубликована в 1976, в X томе «Записок» РАГ в США. С. 292–293. В 1975 Б. была присуждена ст. доктора богословия Свято-Владимирской семинарии.

Л и т. К девяностолетию А.А. Боголепова // Записки РАГ в США. Т. X. 1976. С. 290–296; На темы рус. и общие. Сб. в честь проф. Н.С. Тимашева / Ред. П.А. Сорокин, Н.П. Полторацкий. Нью-Йорк, 1988; *Трубецкой С.Г.* Проф. А.А. Боголепов (1886–1980) // Там же. Т. XV. 1982.

С. 338–340; *Его же.* Юбилей проф. А.А. Боголепова // Рус. жизнь (Сан-Франциско). 1976. 4 марта; Чествование проф. А.А. Боголепова // Записки РАГ в США. Т. I. 1967. С. 206–207.

БОГОЛЮБОВ Алексей Борисович (6 февр. 1919, Таганрог Обл. Войска Донского – 17 сент. 2003, Вашингтон) — инж.-строитель. Оконч. Рус. кад. корпус в Белой Церкви, в Югославии. В 1944 получил звание инж.-строителя в Мюнхене и в 1961 ст. магистра по деловой администрации в Технологич. ин-те в Чикаго. Ведал 150 различными инж. проектами, включая строительство коммерч. и административных зданий, спортивных стадионов и гимнастич. залов, зданий промышленных заводов, химич. и сахарных заводов, силосных построек, терминалов для грузовиков, горных предприятий по добыче олова, марганца и угля в США и Марокко, где в Рабате имел в теч. 7 лет инж. бюро. Занимал должность инж.-строителя амер. посольства в Москве. С 1966 работал в American Cyanomide Co зав. лабораторией по изысканию и применению пластики в строительстве и в архитектуре. Вступил в КРА в 1975. Основал отдел орг-ции в Нью-Хэйвене, в шт. Коннектикут. После возвращения в США стал участвовать в работе КРА в Вашингтоне. Постоянный член Объединения рос. кадет зарубежных кад. корпусов. *Родственники:* вдова, сын и дочь.

Похоронен на кладбище Рокк-Крик в Мэриленде.

И с т. Анкета Об-ва рус. инж. в США с приложением подробного Curriculum vitae и образцов строительных проектов, 12 с.; Архив КРА. Список оконч. корпус за время 1920–1945 гг. // Кад. корпуса за рубежом. С. 484.

БОГОЛЮБОВ Семен Николаевич (1889, Никольск-Уссурийский Приморской обл. – 1971) — педагог. Род. в семье лесничего. Оконч. Хабаровский гр. Муравьева кад. корпус, а затем, следуя любви к природе, оконч. Сельскохозяйственный ин-т в Петербурге со званием ученого агронома-энтомолога. Был командирован в Туркестан для исследования методов борьбы с вредителями хлопка. Методы **Б.** были столь успешны, что мин. земледелия командировало **Б.** в Америку для дальнейших исследований. В начале Первой мировой войны поступил вольноопределяющимся в армию, был ранен, достиг чина поручика арт. В период Гражданской войны сражался в рядах Добровольч. армии. После эвакуации Крыма целиком посвятил себя преподавательской деятельности в Югославии. Был преподавателем в Харьковском ин-те в Белой Церкви, с 1926 по 1944 в Крымском, а затем в 1-м Рус. Княжеконстантиновском кад. корпусах. После оконч. Второй мировой войны преподавал в рус. гимназии им. Пушкина в Регенсбурге, потом в Ингольштадте, в Германии.

В США переселился в 1951, работал в ночную смену на спичечной ф-ке. Одновременно начал организовывать Свято-Владимирские кружки для рус. молодежи и рук. рус. и церковными школами при православных приходах. В обл. воспитания и педагогики следовал методу обогащения учащихся познаниями и идеалами, воздействуя на них через воспитанную к ним любовь.

Погребен на кладбище при монастыре в Ново-Дивееве, в шт. Нью-Йорк.

Л и т. *Апухтин,* капитан. Некролог // Часовой (Брюссель). 1971. Нояб. № 545. С. 19; Некролог // ПР. 1971. № 16. С. 12–13.

БОГОРАД Лаврентий — биохимик. Род. в Ташкенте. Защитил в Чикагском ун-те докторскую дисс. Преподавал в Чикагском и Гарвардском ун-тах. Вел исследования образования и разложения хематина и хлорофилла над пластидами, содержащими хлорофилл.

Л и т. *Кеппен А. А.*

БОГОСЛОВСКИЙ Борис Васильевич (1890, Рязань – 1966) — философ, педагог, ветеран. В Рязани оконч. классич. гимназию. В 1915 оконч. ф-т естественных наук Московского ун-та. Участник Первой мировой войны в качестве офицера-арт. После революции 1917 служил три года в Добровольч. армии. В 1920 командирован в США, где остался на всю жизнь. В Нью-Йорке поступил в Колумбийский ун-т на педагогич. ф-т, при котором в 1925 защитил докторскую дисс. В 1928 из печати вышла книга **Б.** «Техника противоречия», привлекла внимание англ. и амер. философов. **Б.** заинтересовался амер. методами прогрессивного обучения, основанного на развитии самостоятельности. После нескольких лет преподавания **Б.** совместно с женой, Христиной фон Сталь Голштейн, занялся вопросами образования в частной школе Черри Лоун Скул в Дэриен, в шт. Коннектикут. В 1936 изложил свои взгляды на образование в книге «Идеальная школа». В этой книге **Б.** отметил необходимость умственной дисциплины и предостерег от чрезмерных увлечений полной самостоятельностью учеников. Утверждал, что образование должно стремиться к развитию личности и не должно превращать учеников в хорошо натренированных работников. В 1944 по инициативе *П. Гальцова* был приглашен войти на время в редколлегию рус. отдела совещания в Сан-Франциско по выработке устава ООН. По приглашению правительства США принял на себя должность рус. ред.-переводчика на Нюрнбергском судебном процессе 1945–46 над нем. военными преступниками. После оконч. процесса получил назнач. на должность ред. рус. отдела переводчиков ООН, на которой пробыл до отставки в 1959. После отставки вернулся в Черри Лоун Скул в качестве директора отдела естественных наук, где прослужил до 1965.

Л и т. *Гальцов П.С.* Борис Васильевич Богословский // НРС. 1966. 10 дек.

БОГОСЛОВСКИЙ Евгений Николаевич (1882, Липецк Тамбовской губ. – 11 февр. 1939, Нью-Йорк) — общественный деятель. Служил земским нач-ком, зав. отделом Красного Креста в Кременчуге. Во время Гражданской войны занимал должность нач-ка уезда в Черниговской губ. В 1920 эвакуировался в Константинополь. В 1923 переселился в США. В Нью-Йорке стоял во главе центра Всерос. национал-революционной партии и был членом ее ЦК. Церковный деятель.

Л и т. Некролог // Россия (Нью-Йорк). 1939. 15 февр. № 1353.

БОГУСЛАВСКИЙ Борис Васильевич [Boguslavsky Boris William] (род. 21 сент. 1909, Владивосток Приморской обл.) — гражданский инж., проф. В 1934 оконч. ун-т шт. Вашингтон с дипломом гражданского инж. В 1935 в ун-те получил ст. магистра по инж. наукам. В 1938 защитил докторскую дисс. в Массачусетском технологич. ин-те. Будучи аспирантом, проектировал мосты в шт. Вашингтон. В 1941–42 проектировал самолеты в компании Consolidated Auircraft. В 1942 начал преподавать строительное искусство в ун-те Дакрон, дослужившись 1943–47 до звания полного проф., и в 1945–48 до должности главы департамента. В 1948–55 преподавал строительное проектирование на архитектурном ф-те Технологич. ин-та шт. Джорджия. Затем занимался консультациями. С 1955 занимал должность ст. инж. в Aramco Overseas Co. Автор ряда статей в инж. журналах, автор двух книг об инспекции и проектировании железобетона. Член профессиональных об-в инж.-строителей, инж.-электриков, Об-ва ун-тских проф., Об-ва рус. инж. в США, а также почетных об-в Сигма кси, Тау бета пи, Сигма тау и др. Женат на Серафиме Алютиной, у Б. сын Георгий, инж.-мостостроитель.

И с т. Анкета Об-ва рус. инж. в США.

БОДИСКО Александр Константинович (2 апр. 1869, Вашингтон – 13 нояб. 1946, Нью-Йорк) — офицер Императорской армии, дворянский деятель. Род. в семье секретаря рус. миссии в Вашингтоне камергера и советника Константина Александровича Бодиско и его жены Шарлотты-Елизаветы Бартон. По оконч. Пажеского корпуса в Санкт-Петербурге произведен в корнеты, в 1893 — в поручики, в мае 1894 зачислен в запас гв. кав., а в мае 1906 уволен из запаса в отставку. В мае 1894 определен на службу в департамент торговли и мануфактур. В 1896 избран заседателем Петербургской дворянской опеки. В 1899 переведен в в Мин. ин. дел, в 1903 пожалован в камер-юнкеры, а в 1907 — в камергеры. Во время войны 1914–17 зав. мобилизационным отделом Петроградской городской управы. После революции находился в Сибири. В 1919 был бельгийским консулом во Владивостоке. В 1922 прибыл в Нью-Йорк. С 1934 по 1939 состоял членом Совета рос. дворян в Америке, в 1939 был избран тов. председателя орг-ции. С того же года состоял членом Совета рус. историч. об-ва в Нью-Йорке, председателем Союза пажей и состоял в Объединении кавалергардов в Нью-Йорке. Скончался на 78-м году жизни в Нью-Йорке. Первым браком был женат на Александре Евгеньевне (урожд. Ламанской) и вторым браком — на Любови Ивановне (урожд. Ивановой).

Похоронен на кладбище Ок-Хилл в Вашингтоне.

Л и т. *Плешко Н.Д.* Юбилеи. А.К. Бодиско // Новик (Нью-Йорк). 1939. Вып. 3 (23). С. 31–32.

БОЖКО А.Е. (?–20 февр. 1970, Беркли, шт. Калифорния) — историк, филолог. Переселился из Харбина в США в 20-х гг. Оконч. историко-филолог. отделение Стэнфордского ун-та в Калифорнии. В Германии получил докторскую ст., после чего преподавал в Калифорнийском ун-те.

И с т. АРЦ. *Тарала Г.А.* С. 1.

Л и т. Некролог // НРС. 1970. 20 февр.

БОК Борис Иванович, фон (12 июля 1879 – 4 марта 1955, Сан-Франциско) — капитан I ранга. Оконч. Морской корпус. Во время рус.-яп. войны 1904–05 командовал батареей в Порт-Артуре. За боевые заслуги награжден орденом св. Георгия IV ст. С 1908 по 1911 занимал должность военно-мор. атташе при рус. посольстве в Германии. Участник Первой мировой войны. После революции и пребывания в Швеции жил в своем имении в Литве. В ходе сов.-германской войны стал беженцем в Германии, откуда в 1948 переселился в США. Был председателем юбилейного Порт-Артурского комитета. Печатался в газ. «Сегодня», подписывая свои статьи псевд. Порт-Артурец. *Родственники:* жена Мария Петровна, дочь П.А. Столыпина.

Л и т. Капитан I ранга Б.И. Бок. // Часовой (Брюссель). Май 1955. № 353. С. 15; Порт-Артурцы. Капитан I ранга Б.И. Бок. // Там же. Окт. 1955. № 533. С. 21.

БОК [БОКК] Мария Петровна (1886 – 20 июня 1985) — ст. дочь П.А. Столыпина. В 1908 вышла замуж за морского офицера *Бориса Ивановича фон Бока*. Опубликовала в газ. «Сегодня» воспоминания об отце. В 1953 воспоминания были изданы отдельной книгой. Мария Петровна сотрудничала в рижской газ. «Rigasche Rundschau».

Л и т. Некролог //Часовой (Брюссель). 1955. № 656; *Вильданова Р.И., Кудрявцев В.Б., Лаппо-Данилевский К.Ю.* Словарь // *Струве Г.* С. 289.

БОКЛАНОВА-БОЗАК Надежда Артуровна — литератор, деятель культуры, экономист. Род. в 1906. До 20-летнего возраста жила в Риге. Оконч. в Европе ун-т. После оконч. Второй мировой войны, во время которой потеряла мужа, жила в Швеции.

Переселилась с сыном в США, где получила работу в Национальном бюро экономич. исследований и, будучи сотрудницей Нобелевских лауреатов Мильтона Фридмана и Анны Шварц, выполняла расчеты для их книги «Monetary statsitics of the United States». Короткие рассказы Б. печатались в теч. более 20 лет на страницах «Нового русского слова». Она также сотрудничала в ряде др. европейских и амер. рус. изданий, включая альманах «Рус. женщина в эмигр.», изданный в 1970 по инициативе Лит.-худ. кружка в Сан-Франциско и Бёркли, в Калифорнии. Председатель Лит. об-ва имени Пушкина в Нью-Йорке, существовавшего с 1935 сделавшего значительный вклад в культурное наследие Рус. Америки.

Л и т. *Васильева Н.* Жить вне России // Новое рус. слово. 1993. 4 мая.

БОЛДАНОВ Алексей Иванович (1886 – 25 февр. 1977, Лос-Анджелес) — прапорщик, служил в Главном морском штабе. Член Об-ва ветеранов Великой войны в Лос-Анджелесе и Кают-компании.

Л и т. Сообщение о смерти // Часовой (Брюссель). 1977. Июнь – июль. № 606. С. 19.

БОЛДЫРЕВ Алексей Павлович (24 янв. 1884, Вологда – дек. 1939) — актер. Учился в Москве на курсах драмы А.И. Адашева. С 1908 по 1922 состоял в труппе МХТ. В 1922 выехал с 1-й студией театра за границу и порвал с Сов. Россией. Остался в США. Выступал в Пражской труппе Московского худ. театра.

Л и т. Некролог // РМ. 1990. 16 марта. № 3819; Там же. 23 марта. № 3820.

БОЛДЫРЕВ Василий Николаевич — проф. медицины, ученик И.П. Павлова. Основал в Гаттл-Крик, в шт. Мичиган, ин-т физиологии им. И.П. Павлова. Был директором ин-та.

Л и т. *Ковалевский П.Е.* С. 142.

БОЛДЫРЕВ Константин Васильевич (26 июля 1909, Гатчина Санкт-Петербургской губ. – 5 июля 1995, Валлей Коттедж, шт. Нью-Йорк). Сын Василия Георгиевича Болдырева, участника рус.-яп. и Первой мировой войн, командовавшего в 1920 в чине ген.-лейтенанта вооруженными силами Белого Приморья. Василий Георгиевич был арестован большевиками 5 нояб. 1922, в 1923 амнистирован, в 1933 снова арестован и расстрелян. Б. эвакуировался с кад. корпусом в конце 1922 из Владивостока в Шанхай, затем в Кор. СХС. В 1930 оконч. кад. корпус в Белой Церкви, а затем строительный ф-т Белградского ун-та. Вступил в НСНП-НТС в 1932. Работал инж. компании Consolidated Mines на рудниках Копаонике и Крупе, где добывалась сурьма. Когда Германия напала на Югославию в 1941, короткое время служил добровольцем в югославской армии до ее капитуляции. Избежав плена, вернулся на работу в главную контору горной компании в Белграде, но вскоре был арестован Гестапо по обвинению в саботаже и отправлен в лагерь, в Марбург. Бежал, при помощи местных членов НТС получил новые документы. Нелегально через Варшаву добрался до Минска, на оккупированную немцами территорию СССР, где работал в качестве инж.-строителя.

В ходе войны эвакуировался в 1944 с группой строительных рабочих из Брест-Литовска в Берг, близ Вены, где была создана фиктивная фирма «Эрбауер». В фирму **Б.** влилась группа каз., двигавшихся на лошадях и повозках в Сев. Италию. Это спасло каз. в 1945 от насильственной выдачи в Лиенце англичанами большевикам. К концу войны оказался в Тюрингии и спас ок. 2 тыс. рус. от выдачи большевикам. Тюрингия была передана американцами Красной армии, а ин. рабочие не имели права покидать лагерь, где их застал конец войны. **Б.** сумел вывезти всех в Менхегоф ок. Касселя. Там же, ок. Касселя, он спас ок. 100 бойцов РОА роты капитана С.А. Копытова, снабдив их штатской одеждой и документами. Эта группа вместе с группой менхегофцев была отправлена **Б.** на работу в Марокко. В 1948 с семьей прибыл в США, где как член Совета НТС представлял орг-цию перед амер. властями. Получил в Вашингтоне проф. кафедру в Джорджтаунском ун-те. Часто выступал перед амер. полит. деятелями, пытался добиться поддержки диссидентского движения в СССР. Состоял в Общекад. объединении. Скончался в старч. доме Толстовского фонда и похоронен на рус. участке Вашингтонского кладбища. *Родственники:* вдова Антонина Алексеевна, урожд. Жигмановская, скончалась на 90-м году жизни; дочь Елена Константиновна Болдырева-Семлер; внуки — Татьяна Пущина, Елена Керван-Тайлор и Петр Семлер; праправнук. Внучка Наталия была зверски убита в 1979 неизвестным преступником. В ее память был основан благотворительный фонд Natalia Parker Semler Foundation.
И с т. АА. *Полчанинов Р.В.* Болдырев и «Эрбауер». Машинопись.
Л и т. *Полчанинов Р.В.* Памяти К.В. Болдырева // НРС. 1995. 5–6 авг.; Anonymous. Constantin Boldyreff 85 former professor // The Washington Times. 1995. 24 July; Anonymous. C.W. Boldyreff 85 University Professor who fought Soviets // The New York Times. 1995. 24 July.

БОЛДЫРЕВ Олег (1911, стан. Ново-Николаевская Таганрогского округа Обл. Войска Донского – 14 нояб. 1998) — митрофорный протоиерей. Учился в Донском кад. корпусе, в возрасте девяти лет эвакуирован в составе корпуса в Египет. В 1923 поступил в Англ. гимназию для рус. эмигрантов в Турции. Переехал в Болгарию. Затем учился в Свято-Сергиевском богословском ин-те в Париже, который оконч. со ст. кандидата богословия. Духовное образование продолжал в Колледже св. Андрея в Кентербэри, в Англии. Возвратившись в Париж, женился на Наталии Всеволодовне Мялянович и рукоположен во диаконы, а затем во иереи, с назначением вторым священником в храм Христа Спасителя. Мобилизован во франц. армию и в начале войны служил в санитарной части. Попал в нем. плен. В 1941 освобожден и возвратился к пастырской деятельности во Фр. Окормлял с 1945 по 1946 православных в лагерях для рабочих и заключенных. До 1948 служил вторым священником в соборе св. Александра Невского в Париже. В 1948 с семьей эмигрировал в Канаду, где начал служить в соборе Петра и Павла, в Монреале. Был благочинным в Квебеке и Онтарио. С 1970 по 1974 служил в соборе Всех Святых в Детройте, в шт. Мичиган, а с 1974 по 1987 — был настоятелем храма св. Николая ПЦА в столице Канады — в Оттаве. *Родственники:* вдова; двое сыновей; 16 внуков и два правнука.
Л и т. Anonymous. The very Rev. Archpriest Oleg Boldireff // The Orthodox Church. 1997. Dec.

БОЛДЫРЕВ Сергей Владимирович (6 марта 1890 стан. Богоявленская Обл. Войска Донского – 28 окт. 1957) — полковник, историк-журналист, каз. деятель. В 1909 оконч. Донской кад. корпус. Назначен в чине хорунжего в 1-й Донской каз. полк, стоявший в Москве. Один из первых офицеров, получивших орден св. Георгия IV ст. во время Первой мировой войны. В 1916 служил в чине подъесаула в Новочеркасском каз. уч-ще, потом снова командовал пятой сотней в своем полку. В июле 1917 выступил в Петрограде со своей сотней в защиту Временного правительства от большевиков. Со своей сотней возвратился в янв. 1918 на Дон. В чине есаула участвовал в борьбе с красными, в Степном походе 1918. В мае 1918 во время восстания против большевиков вернулся в Новочеркасск и зачислен в конвой Атамана ген. П.Н. Краснова и занимал штабные должности. Ушел в эмигр. в чине полковника. Был награжден четырьмя орденами и знаком участия в Степном походе 1918. Был воспитателем в Донском кад. корпусе, рабочим на автомобильном заводе в Париже и на случайных работах в Югославии. Писал о каз. в «Возрождении», «Часовом», «Иллюстрированной России», «Атаманском вестнике», «Станице», «Казачьем пути», «Родимом крае», «Общеказачьем журнале», «Казачьей смене», «На пикете» и др. Темами статей **Б.** была каз. история, каз. быт. Во время Второй мировой войны в Рус. Корпус в Югославии и сражался против красных партизан Тито. В конце войны, находясь в Германии, попал в плен к французам и был освобожден только в 1946. Проживал в лагере для беженцев в Шляйсгейме, в Баварии, где был избран атаманом Общеказ. стан., организовал об-во ревнителей каз. истории, в 1948 издал «Казачий историч. календарь». В 1950 с женой Марией Николаевной и сыном Владимиром переселился в США. Продолжал заниматься историей каз. По своим взглядам близок к каз.-националистам. Зарабатывал на жизнь тяжелым физич. трудом. Единственный сын Владимир призван в амер. армию и погиб в 1952 в Корее.

Похоронен на каз. участке Свято-Владимирского кладбища возле Кэссвилла, в шт. Нью-Джерси.
Л и т. Каз. словарь-справочник. Изд. *А.И. Скрылов, Г.В. Губарев.* Кливленд, 1966. Т. I. С. 68–71. Репринт. М., 1992. Т. I. С. 81–83; Некролог // НРС. 1957. 30 окт.

БОЛЕСЛАВСКИЙ [Стржезницкий] Рудольф (Ричард) Валентинович (4 февр. 1889, Одесса – 17 янв. 1937, Голливуд) — актер, режиссер. Оконч. одесскую Техн. школу. Учился в Новороссийском и Московском ун-тах. В 1906 поступил в труппу МХТ. Один из организаторов 1-й студии МХТ. Участник Первой мировой войны в составе 1-го Польского улан. полка. Был ранен. Во время польско-сов. войны 1920 был военным фотографом. После оконч. военных действий работал постановщиком в Варшавском гос. театре и в Берлинском рус. театре миниатюр. В 1920 переселился в США, где поставил фильмы «Распутин», «Люди в белом», «Крашеная вуаль» с участием Г. Гарбо, «Сад Аллаха» с М. Дитрих. Автор автобиографич. книг «Манера копьеносца» и «Копьями вниз» (1932). Рук. в Голливуде постановкой 15 фильмов.
Л и т. Некролог // НРС. 1937. 19 янв. № 8752; *Roberts J.* Richard Boleslavsky: His Life and Work in the Theatre. Ann Arbor, 1981.

БОЛОГОВ Григорий Кириллович (1885 – 3 марта 1976, Сан-Франциско) — спаситель рус. дальневосточ. эмигр., общественный деятель в Китае, на о-ве Тубабао на Филиппинах и в Сан-Франциско. Каз. Енисейского войска, боевой офицер, войсковой старшина в годы Гражданской войны, председатель Рус. эмигр. ассоциации в Шанхае, представитель белых рус. в Китае. Во время наступления Кит. Красной армии в 1948 деятельность рус. ассоциации была прекращена кит. властями. Б. организовал из 36 чел. инициативную группу и добился у правительства Чан Кай-Ши разрешения возродить Рус. эмигр. ассоциацию. В ассоциации сразу зарегистрировалось 1,2 тыс. чел., а через год — более 1,5 тыс. чел. Председателем был избран Б., помимо благотворительной деятельности занявшийся вопросами спасения рус. эмигрантов от коммунизма. Начались хлопоты о вывозе рус. эмигрантов из Китая. При содействии амер. сенаторов в янв. 1949 было объявлено, что 6 тыс. желающих рус. эмигрантов будут вывезены из Китая и временно поселены на Филиппинах, на о-ве Тубабао. Эвакуация прошла очень организованно на морских судах и на амер. транспортных самолетах.

На о-ве Тубабао продолжал орг-ционную деятельность в сотрудничестве с благожелательным филиппинским правительством и IRO (International Relief Organization). Выбран председателем 20 национальных группировок, оказавшихся в беженском лагере. Были организованы рус. церковная и культурно-просветительная жизнь, школы, скаутская орг-ция. В апр. 1950, усилиями многих, была принята поправка к закону США о перемещенных лицах от 1948, касающаяся беженцев из Китая. Поправка была одобрена Конгрессом США и подписана президентом Г. Трумэном. Начался отъезд рус. в США. Б. поселился в Сан-Франциско и продолжал служить зарубежной Руси, был представителем Каз. союза и несколько лет председателем Рус. центра.

Л и т. *Некролог* // Часовой (Брюссель). 1976. № 598; *Ступина Т.А.* Честь и Слава // РЖ. 2000. 7 окт.

БОЛОГОВСКИЙ Юрий Николаевич (род. 1928, Севастополь) — инж.-электрик. Род. в 1928 в Севастополе. В 1949 приехал в США. В 1956 оконч. Городской колледж Нью-Йорка с дипломом инж.-электрика. В том же году начал работать в «Port Authority». Проработал там 35 лет, главным образом на проектах для аэродрома Кеннеди, аэродрома ЛаГардия и для нижней палубы Вашингтонского моста. Зарегистрирован как лицензированный профессиональный инж. в шт. Нью-Йорк и Нью-Джерси. Вышел на пенсию в 1992, проработав 19 лет в сев. башне Мирового торгового центра (WTC). Женат на Зое Борисовне, урожд. Константиновской, дочери проф. *Бориса Александровича Константиновского*.

И с т. АА. *Бологовский Ю.Б.* Автобиография. Рукопись, 1 июня 2003.

БОЛОТИН Леонид Ильич (17 апр. 1901 – 24 нояб. 1988) — скрипач, преподаватель игры на классич. гитаре. Муз. образование получил в Санкт-Петербургской консерватории, где учился в кл. проф. Ауэра. Переселившись в США, продолжал свои занятия у скрипача Ефрема Цимбалиста в Кэртис ин-те в Филадельфии. Оконч. ин-т, в нем же преподавал, но перешел на концертную деятельность.

Многие годы выступал с сольными концертами или солистом с симфонич. оркестрами по городам Америки. Ведущие газ. Америки писали о безукоризненной игре Б. Сократив свои разъезды на гастроли, Болотин стал заниматься гитарой для исполнения классич. музыки. Большую часть жизни прожил в США. Был женат на писательнице *Клеопатре Болотиной*.

Похоронен на кладбище при женском монастыре Ново-Дивеево возле Нанует в шт. Нью-Йорк.

И с т. Архив при кладбище монастыря Ново-Дивеево.

БОЛОТИНА Клеопатра — писательница, урожд. Микешина. Род. в Санкт-Петербурге, покинула Россию после революции. Поселилась в 1920 в США. Была замужем за *Л.Н. Болотиным*. Сестра композитора *Ариадны Микешиной*.

БОЛОТОВ Иосаф. См.: **ИОСАФ,** епископ.

БОЛОТОВСКИЙ Илья Юльевич (18 июня 1907, Санкт-Петербург – 1982) — художник-абстракционист. Отец был адвокатом, а мать художником-любителем. Во время революции семья Б. бежала в Константинополь, где Илья учился в колледже св. Иосифа. В США прибыли в 1923. Илья поступил в Нац. академию, где преподавание велось в реалистич. стиле. Для заработка на жизнь занимался рисунками для текстиля и коммерч. рекламы. После длительной поездки по Европе и создания работ с фовистским оттенком с примесью экспрессионизма и кубизма Б. стал экспериментировать в 1933, создавая геометрич. абстракции. В дальнейшем участвовал в монументальных абстрактных работах по заказу амер. правительства, в 1940 участвовал в выставке беспредметного искусства. Во время Второй мировой войны служил в качестве технич. переводчика в авиации США на авиационной базе в Номе на Аляске, которой пользовались сов. летчики, получавшие военные самолеты. Будучи антикоммунистом, Б. подвергался враждебным выпадам со стороны амер. левых художников, рассматривавших его искусство как буржуазное эстетство. Первая персональная выставка Б. прошла успешно в 1946 в Нью-Йорке, но продажа картин ему не обеспечивала жизнь, и он ряд лет преподавал живопись и рисунок в амер. колледжах.

И с т. *Голлербах С.* Памяти рус.-амер. художника Ильи Болотовского // Скрипт № 43 737-Р для программы «Культура» радио «Голос Америки». 1982. 28 нояб.

БОЛОТОВСКИЙ Юлий Юрьевич (1885–1957) — адвокат, общественный деятель. Оконч. в 1910 юридич. ф-т Петербургского университета и занимался юридич. практикой до своего отъезда из России в Турцию в 1921. Переселился в США в 1923 и получил амер. гражданство в 1929. Будучи адвокатом, представлял интересы Толстовского фонда, занимал должность председателя об-ва взаимопомощи «Надежда», состоял членом Фонда по оказанию помощи рус. писателям и ученым за рубежом, был юридич. советником Донского каз. хора и Об-ва РООВА. *Родственники:* вдова Анастасия, дочь Штейнберг, служащая радиостанции «Голос Америки», *сын Илья,* художник и профессор изящных искусств колледжа в городе Нью-Полц, в штате Нью-Йорк, и двое внуков.

И с т. Anonymous. Julius Bolotovsky, attorney, was 72 // The New York Times. 1957. August 26

БОЛТАДЖИЕВ [Балтаджиев] Павел Иванович (1896–1 марта 1975, Вейнланд, шт. Нью-Йорк) — капитан Марковского полка. Участник Первой мировой, Гражданской и Второй мировой войн, сражался в рядах Рус. корпуса в Югославии. Эмигрировал в США.

Л и т. Некролог // Часовой (Брюссель). 1975. Апр.– май. № 588–589. С. 191.

БОЛХОВСКОЙ [псевд. Сверчков] Сергей Николаевич (28 июня 1898 – 25 окт. 1955, Мюнхен) — полит. деятель, актер. Род. в дворянской семье. Артист МХТ. В нач. 1941 был призван в Красную армию. В окружении попал в плен. В лагере вошел в ЦК Рус. трудовой нар. партии. Работал диктором на радио «Винета», выступая против сталинского режима. Член КОНР (1944–45). После оконч. военных действий избежал насильственной репатриации и переехал в США, где продолжал полит. деятельность в СБОНР. Основал в Нью-Йорке профессиональный театр рус. драмы. Будучи режиссером, поставил ряд пьес, пользуясь псевд. Орловский. Вернулся в Германию, где работал в Мюнхене диктором радиостанции «Освобождение». После отъезда Б. основанный им театр продолжал постановки под рук. *Ю.И. Козловского* и был известен как театр Орловского. Скончался от сердеч. приступа. Предполагается, что Б., как активный антикоммунист, стал жертвой сов. агентуры.

Л и т. *Окороков А.В.* Краткие биографич. данные участников Рус. Освободительного движения // Материалы по истории Рус. Освободительного движения / Под ред. А.В. Окорокова. Вып. 1. М., 1997.

БОЛЬШУХИН Юрий Яковлевич — писатель, журналист. Род. в семье, принадлежавшей к боковой ветви кн. Белосельских-Белозерских. Образование получил в ин-те журналистики. Карьеру начал с работы в киевских газ. Во время Второй мировой войны стал беженцем. Вступил добровольцем в РОА. После оконч. войны схвачен сов. карательным отрядом СМЕРШ и насильственно отправлен в СССР. Чудом избежал расправы и возвратился к семье в Германию. Участвовал в рус. антикоммунистич. орг-циях и писал статьи на лит., общественные и полит. темы в журналах «Посев», «Грани» (Франкфурт-на-Майне), «Мосты» (Мюнхен). В последнем опубликовал повесть «Майор Иванов».

Многие статьи Б. посвящены критич. обзорам рус. зарубежных книг. Переехав на постоянное жительство в США, продолжал журналистскую деятельность и сотрудничество в газ. «Новое русское слово». Твердо верил, что демократия в России не сможет существовать без свободной прессы. Написал небольшую книжку «Размышления Кожуркина». Писал роман «Что мы знаем об ангелах», в котором стремился воплотить идеи философа Николая Федорова. Роман не был окончен, и его рукопись исчезла после кончины автора в 1994.

Л и т. *Кторова А.* Юрий Яковлевич Большухин. К десятилетию со дня кончины // НРС. 1994. 29 апр.

БОНГАРТ Сергей Романович (15 марта 1918, Киев – 1985, Санта-Моника, шт. Калифорния) — художник, поэт, педагог. Род. в семье юриста. Детство провел в деревне. Рано проявил худ. способности и стал брать частные уроки у художника Михаила Ярового. Оконч. Киевскую Худ. академию, в которой был учеником у Петра Котова. Картина «Пушкин в Михайловском» создала Б. известность. Вследствие военных действий во время Второй мировой войны оказался вне пределов СССР. Продолжал писать картины и учиться в Праге, Вене и Мюнхене. В 1947 опубликовал свои стихи в коллективном сб. «Стихи» (Мюнхен, 1947). В 1949 переехал в США, где завоевал известность в средних, юго-зап. и зап. шт. как живописец и преподаватель. Творч. выражал в пейзажах, портретах, жанровых картинах, натюрмортах, в которых он верен классич. традиции. Преподавал в Лос-Анджелесе и ежегодно в июле, в своем имении в Айдахо.

Проживал в Санта-Монике в доме со студией, построенном рус. художником *Николаем Фешиным*. Участвовал не менее чем в 40 выставках. Получил ок. 40 наград, включая семь медалей, две из которых золотые. Был членом Нац. академии рис. (National Academy of Design), Академии зап. искусства, Амер. об-ва акварелистов (American Water Color Society) и брит. Королевского о-ва изящных искусств (Royal Society of Arts). Картины Б. выставлены в нескольких амер. и рус. музеях. Его стихи в Америке опубликованы в сб. «Берега» (1992), под редакцией *Вал. Синкевич* а также в альманахах «Перекрестки» и «Встречи» (1985).

И с т. *Бонгарт С.Р.* Автобиография // Берега. Указ. соч. С. 260.

Л и т. *Александров Е.А.* Сергей Романович Бонгарт // РА. 1997. № 21. С. 152–153; *Крейд В.* С. 607; Встречи. Альманах / Под. ред. Вал. Синкевич. 1985; *Завалишин В.* Памяти Сергея Бонгарта // НЖ. 1985. Июнь. № 159. С. 294–301; *Витковский Е.В.* Антология… Кн. 4. С. 359.

БОНДАРИК Уолтер [Walter Bondarik] — ст. сержант военно-воздушных сил амер. армии, род. в 1920, воевал в 1943–44.

Погиб в сражении в юго-зап. части Тихого океана. Состоял членом 35-го отдела РООВА в Бронксе, Нью-Йорк.

И с т. *Pantuhoff Oleg — 1976.*

Л и т. *Beresney Timothy A.* Editor-in-Chief. In Memoriam // Russian Herald. 1947. Jan.–Febr. P. 137–163.

БОНДАРЧУК Феодор Степанович (22 июня 1888, с. Вилия Куневской волости Островского уезда Волынской губ. – ?) — предприниматель-самородок. Род. в крестьянской семье.

Рано остался сиротой, в возрасте 22 лет в 1912 приехал в Америку. Будучи почти неграмотным, работал на лесных заготовках, на заводах, рудниках, на прокладке новых дорог. В 1918 купил автомобиль и начал изучать его устройство и заниматься англ. яз. с намерением открыть дело. На своем участке земли в Трентоне, в шт. Нью-Джерси, соорудил большой гараж и начал продавать автомобили фирмы Шевроле. Добился получения автомобилей непосредственно у самой фирмы без посредников. Развивая дело, в 1922 продал 5 автомобилей, а в 1957 — уже 2 тыс. Сначала давал работу трем рабочим и постепенно перешел к найму 75 высококвалифицированных техников, механиков и служащих. Обороты его фирмы возросли с 2 тыс. долларов в год в 1918 до 3,5 млн. долларов в 1957. Феодор Степанович состоял членом и пайщиком Фермы РООВА, членом правления Об-ва рус. братств и еще восьми об-в, прихода в Трентоне и Торговой палаты. Возглавил комитет по постройке в Кэссвилле, в шт. Нью-Джерси храма-памятника первопросветителю Руси св. равноап. кн. Владимиру. Его философия как предпринимателя заключается в вере в здоровые деловые принципы, вере в себя и непреклонной воле к действию, честности и доверии. Был женат на Александре Иосифовне, урожд. Карловой.

Л и т. *Березний Т.А.* С. 59–63; *Ермаков С.М.* Храм-памятник тысячелетия (Ф.С. Бондарчук) // Рус. вестник. 1947. Янв. – февр. № 153–154. С. 71–74.

БОРГЕНГАГЕН Борис Борисович (1 дек. 1894, Москва – 12 мая 1969, Сан-Франциско) — капитан, ветеран Первой мировой и Гражданской войн. Будучи еще в классич. гимназии, с объявлением войны в 1914 поступил добровольцем-вольноопределяющимся в 14-й Малороссийский драг. полк, в котором пробыл до 1 нояб. 1914. В авг. ранен и вернулся в гимназию, которую оконч. в апр. 1915. В мае 1915 поступил в Виленское военное уч-ще. В сент. 1915 произведен в прапорщики с назначением в маршевую бригаду и отправлен на Юго-Зап. фронт, затем на Рум. фронт, где и находился до дек. 1917. Последовательно произведен в подпоручики, поручики и штабс-капитаны. За Великую войну имел пять боевых наград, включая Георгиевский крест IV ст. Ранен четыре раза. После развала армии поступил в добровольч. бригаду ген. Асташева в Кишиневе. В авг. 1918 прибыл в Донскую армию, а затем перешел в Добровольч. армию. Занимал должности разведчика и летчика-наблюдателя. В апр. 1919 произведен в капитаны. В Гражданскую войну ранен три раза. В 1922 из Галлиполи эвакуирован в Кор. СХС, служил в погранич. страже и чертежником в военном мин. Переселился в США, жил в Сан-Франциско, где был членом Об-ва рус. ветеранов.

И с т. АОРВВВ. Капитан Борис Борисович Боргенгаген // 1969. Май. Альбом III.1969.

БОРДЗИЛОВСКИЙ Антон Викентьевич (1876, Сибирь – 30 мая 1962, Принстон, шт. Нью-Джерси) — ген.-майор. Оконч. Сибирский кад. корпус и Константиновское арт. уч-ще. Во время Первой мировой войны заведовал охраной членов Императорской фамилии. Во время Гражданской войны участвовал в военных действиях против большевиков в Сибири. Переселившись в США, был нач-ком отдела РОВС и членом Кад. объединения в восточной части США.

Похоронен на кладбище монастыря Ново-Дивеево, в Нанует, в шт. Нью-Йорк.

Л и т. *Плешко Н.Д.* Генеалогич. хроника // Новик (Нью-Йорк). 1963. Отд. III. С. 4; Некролог // Часовой (Брюссель). 1962. Июль. № 434. С. 22.

БОРДОКОВ Георгий Александрович — железнодорожный инж., общественный деятель. Род. в Шанхае, в Китае, где учился в рус. и в англ. школах.

Переселившись в США, оконч. Сан-Францисский ун-т, специализируясь по электронике. Имеет калифорнийскую лицензию профессионального инж. по контрольным системам. Ст. инж. Скоростной железнодорожной системы р-на Залива («BART»).С 1950 по 1956 служил в Нац. гв. шт. Калифорния в чине сержанта I кл. Состоял членом совета директоров, секретарем и ред. Сан-Францисской газ. «РЖ». Член правления Рус. дома св. Владимира в Сан-Франциско. С 1966 по 1970 — секретарь, казначей и исполняющий обязанности председателя Фонда памяти св. Иоанна, архиепископа Сан-Францисского. Член Об-ва рус. инж. в США. Казначей Главного правления КРА XI созыва (1999).

И с т. Анкета Об-ва рус. инж. в США; Archives of the CRA. *Bordokoff G.* Authobiography, 1999.

БОРДЫГИН Георгий (1920, Москва – 1994) — художник-декоратор, театральный постановщик. В 1952 получил должность технич. зав. сценой в Балетном театре Нью-Йорка. Начиная с 1959, Бордыгин ведал технич. частью постановок балета Большого театра, Исп. балетной компании Иглесиас, Польской компании «"Slask" (Шлёнск), Кировского (Мариинского) балета и ряда др. В 1962 перешел в Питтсбургский балетный театр, директором которого была его жена — балерина Патриша Уайльд.

Л и т. Anonymous. George Bordyguine. Stage Artist was 74 // The New York Times. 1994. Sept. 16.

БОРЗЕНКО [Borsenko В.] Борис Алексеевич (3 мая 1890 – апр. 1970, Нью-Йорк) — ротмистр, оконч. в 1912 Николаевское кав. уч-ще, служил в Л.-гв. улан. полку. Участник Первой мировой и Гражданской войн. В 1918 в Киеве схвачен большевиками и попал под расстрел. Был ранен пятью пулями, упал и сочтен за убитого. Чудом спасся. В эмигр. жил в Нью-Йорке.

Похоронен на кладбище при женском монастыре Ново-Дивеево возле Нанует в шт. Нью-Йорк.

И с т. Архив кладбища при монастыре Ново-Дивеево.

Л и т. Некролог // Вестник гв. объединения. 1970. № 21.

БОРЗОВ Виктор Николаевич (22 сент. 1899, Томск – 16 нояб. 1975, Беркли, шт. Калифорния) — общественный деятель. Председатель Сан-Францисского отдела Рус.-амер. союза защиты и помощи рус. вне России. В 1945 и 1947 вел компанию протеста против насильственной репатриации рус. беженцев, вывезенных немцами на работы, и военнопленных из СССР, оказавшихся в конце войны в Европе. В 1948 под рук. **Б.** успешно провел хлопоты по принятию Конгрессом США закона об отмене насильственной репатриации. Вел благотворительную работу по оказанию материальной помощи рус. беженцам. В том же году были успешно проведены хлопоты в Конгрессе о распространении статуса «перемещенных лиц» на рус. беженцев из коммунистич. Китая, находившихся в лагерях на Филиппинских о-вах.

Б. осуществил объединение всех рус. благотворительных орг-ций в США, что помогло создать федерацию орг-ций. Беженцам, прибывавшим в США, оказывалась помощь в устройстве на место жительства и работу.

Похоронен на Серб. кладбище в Сан-Франциско.

И с т. АРЦ. *Тарала Г.А.* С. 1.

БОРЗОВ Николай Викторович (1871, Глазов – 1955, Беркли [по др. дан. Сан-Франциско (шт. Калифорния)] — педагог, изд., общественный деятель. Оконч. Санкт-Петербургский ун-т. После завершения образования поступил на службу в Мин. просвещения. В 1897 преподавал в Томской женской гимназии, был инспектором Томского коммерч. уч-ща. Создал в Томске вечернюю школу. Переехал в 1905 в Харбин, где получил должность директора Коммерч. уч-ща, существовавшего на средства КВЖД. Организатор изд-ва, в котором кроме учебников была издана книга *Г.К. Гинса* «Сибирь, союзники и Колчак». Переехав в США, начал издание ежегодного альманаха «День русского ребенка». Сотрудник газ. и журнала «Россия». Основал рус. детские сады в Беркли и Сан-Франциско. Председатель фонда имени И.В. Кулаева. Церковный деятель.

И с т. АМРК. Коллекции Гуверовского ин-та. Н.В. Борзов, pdf 159 К.

Л и т. Некролог // Россия (Нью-Йорк). 1955. 29 нояб. № 5741; *Плешко Н. Д.* Генеалогич. хроника // Новик (Нью-Йорк). 1956. Отд. III. С. 1.

БОРИС [ГИЗА] (18 нояб. 1923, Портадж (шт. Пенсильвания) – 30 декабря 2000, Эскондидо, шт. Калифорния) — епископ ПЦА. Род. в семье православного священника Феодора Гиза (Geeza). В 1945 оконч. Колумбийский ун-т и в 1946 — Свято-Владимирскую дух. семинарию. Женился на Елене, урожд. Кобра. Служил регентом церковного хора и был учителем в приходской школе церкви Трех Святителей в Гарфилде, Нью-Джерси.

В 1947 рукоположен во иереи. После службы в качестве настоятеля в Зап. Виргинии в марте 1953 назначен православным военным священником в амер. военно-морской флот. Прослужив 17 лет, включая службу во Вьетнаме, был назначен деканом всех православных военных священников и награжден крестом военного капеллана. Овдовев в 1971, прошел аспирантуру при Свято-Владимирской семинарии, назначен настоятелем Свято-Троицкого собора в Сан-Франциско и канцлером Зап. епархии ПЦА. В 1978 принял монашество, возведен в архимандриты и хиротонисан во епископы. Занимая пост епископа Чикагского, начал издавать газ. «The Vigil», основал несколько миссий и приходов в Средне-Зап. епархии ПЦА. Ушел на покой в 1988, но продолжал участвовать в церковной жизни. *Родственники:* сын Борис; дочь Елена; внуки: Мария и Николай Якубович.

Похоронен в Ошеансайд.

Л и т. Anonymous. Bishop Boris dies in retirement // The Orthodox Church. 2001. Jan.–Febr. P. 1, 5.

БОРИСЕВИЧ Борис — священник. См.: **КИПРИАН**, архиепископ.

БОРИСКЕВИЧ Иосиф Константинович (3 февр. 1925, Гастингс на Гудзоне (шт. Нью-Йорк) – 1944). После оконч. средней школы призван в армию в апр. 1944. Погиб на поле боя во Фр. Состоял в РООВА.

И с т. *Pantuhoff Oleg — 1976.*

Л и т. *Beresney Timothy A.* In Memoriam // Russian Herald. 1947. Jan.–Febr. P. 160.

БОРИСОВ Иван Семенович (1901, Сибирь – 21 мая 1941, Нью-Йорк) — художник. Оконч. Иркутское военное уч-ще. Участник Гражданской войны в Сибири. В 1923 переселился в США. Жил в Сан-Франциско, а потом в Нью-Йорке, где у него была худ. студия. *Родственники:* жена Надежда Львовна.

Похоронен на Лонг-Айленде, на кладбище Маунт Оливет.

Л и т. Борисов Иван Семёнович // *Лейкинд О.Л., Махров К.В., Северюхин Д.Я.* Худ. Рус. зарубежья. С. 167; Некролог // НРС. 1941. 22 мая. № 10330; 1942. 1 янв. № 10544.

БОРИСОВ Кирилл Борисович (?, Петербург – 14 февр. 1984, шт. Калифорния) — оперный певец. Мальчиком эвакуирован с Крымским кад. корпусом в Кор. СХС. Получив аттестат зрелости, поступил в Загребе в ун-т, затем в консерваторию. После оконч. консерватории продолжал совершенствоваться в пении. Первый контракт заключил с директором венской оперы Кербером, основателем зальцбургских фестивалей. Получив предложение переехать в Зальцбург, пел там первые партии. Затем приглашен гастролировать в Берлине, Вене, Будапеште и др. городах Европы. Гастроли прекратились из-за Второй мировой войны. После оконч. войны давал концерты в амер. зоне Австрии, где сов. оккупационные власти чинили ему препятствия для выезда в Милан для выступлений в опере Ла Скала. Переселившись в США, сразу начал петь в опере в Сан-Франциско и гастролировал с театром по Зап. побережью США и в Канаде, имел большой успех и отличные отзывы в прессе. Охотно давал благотворительные концерты в пользу рус. гимназии, постройки церкви в Бурлингейме и рус. орг-ций. Последние 17 лет занимался преподаванием.

Похоронен на Серб. кладбище в Сан-Франциско.

И с т. АРЦ. *Тарала Г.А.* С. 1.

Л и т. *Мейер Ю.К.* Памяти Кирилла Борисова // НРС. 1984. 15 марта.

БОРИСОВ-МОРОЗОВ Владимир Евгеньевич — архитектор. Проф. Нью-Йоркского Ин-та технологии. Скончался 1 июня 2000. *Родственники:* жена Ирина; сын Петр; сестра Ирина.

БОРИСОВ-МОРОЗОВ Евгений Павлович — юрист, актер. Род. в семье саратовского промышленника. В 1914 оконч. юридич. ф-т Московского ун-та. Был секретарем Московской городской думы. Участник Первой мировой войны. Эвакуировался с Рус. армией из Крыма в 1920 в Константинополь. В эмигр. жил в Югославии, где служил в мин. финансов до Второй мировой войны. В связи с наступлением коммунистов переехал в Австрию, оттуда переселился в США, в Нью-Йорк. Играл в

Театре рус. драмы у *В. Зелицкого*, а также в Новом драматич. театре, Общедоступном театре и в театре *Островского*. Скончался в Нью-Йорке.

Похоронен на кладбище монастыря Ново-Дивеево возле Нануэт, в шт. Нью-Йорк.

Л и т. Некролог // НРС. 1962. 28 авг., 1 и 11 сент.

БОРМАН Аркадий Альфредович (1891, Санкт-Петербург – 20 мая 1974, Глен-Ков на Лонг-Айленде, шт. Нью-Йорк) — журналист. Сын писательницы Ариадны *Тырковой-Вильямс*. Оконч. юридич. ф-т Санкт-Петербургского ун-та. Служил во ВСЮР. После эвакуации жил в Париже, где сотрудничал в газ. «Возрождение» (Париж), «Русская Мысль» (Париж), журнале «Часовой» (Брюссель) и др. рус. периодич. изданиях. В 1951 переселился в США, где 13 лет проработал в рус. ред. радиостанции «Голос Америки». Выйдя на пенсию, жил в Нью-Йорке. Сотрудничал в газ. «Новое русское слово» (Нью-Йорк).

Похоронен на кладбище Рок-Крик, в шт. Мериленд, рядом с матерью и дочерью.

Л и т. Некролог // НРС. 1974. 22 мая; Некролог // Часовой. 1974. Июль. № 577. С. 19.

БОРОВСКИЙ Александр Кириллович (1889, Енисейск – 28 апр. 1968) — пианист. Род. в Енисейске. В 1912 оконч. Санкт-Петербургскую консерваторию. В 1915 начал преподавать в Московской консерватории. Эмигрировал в 1920. В 1941 поселился в США. Выступал как солист Бостонского симфонич. оркестра под управлением *Сергея Кусевицкого*. В 1956 приглашен на должность проф. по кл. пианино Бостонского ун-та.

Л и т. Некролог // НРС. 1968. 29 апр.

БОРОДАЕВСКИЙ Виктор Иванович (27 авг. 1895, Одесса – ?) — инж.-механик. В 1931 оконч. технич. ф-т Белградского ун-та. В США жил в Нью-Йорке. Действительный член Об-ва рус. инж. в США (1952).

И с т. Анкета Об-ва рус. инж. в США.

БОРОДИЙ Николай Дмитриевич (19 мая 1894 – 1965, Нью-Йорк) — капитан, род. в военной семье, служил в 42-м пех. Якутском полку. Ветеран Первой мировой и Гражданской войн. За доблесть на Рум. фронте награжден офиц. орденом св. Георгия IV ст. и знаком отличия ордена IV ст. В Добровольч. армии служил в отряде ген. Бредова, отступившего со своими частями в Польшу, где они были интернированы. Из Польши эти части прибыли в Крым. Сражался в рядах Дроздовской стрелковой дивизии. В 1920 эвакуировался из Крыма в Галлиполи, а затем во Фр., где работал на алюминиевом заводе. Был беженцем в Германии, откуда эмигрировал в США. Жил в Нью-Йорке. После **Б.** осталась вдова.

Похоронен на кладбище монастыря Ново-Дивеево, в Нануэт, в шт. Нью-Йорк.

Л и т. *Кузнецов Б.М.* Некролог // Часовой (Брюссель). 1965. Июль. № 469. С. 23; *Чепахин С.* Памяти Николая Дмитриевича Бородий // НРС. 1965. 1 окт.

БОРОДИН [Daniel E. Borodin] Даниил Иванович (1920, Владивосток – 2000) — инж. по автоматизации, ветеран амер. армии Второй мировой войны на Филиппинах. Награжден рядом медалей. Семья Бородиных бежала от коммунистов в Харбин. Отец Даниила стал в Харбине успешным предпринимателем, но, опасаясь похищения сына кит. бандитами, отправил его в Шанхай, где он продолжал образование и оконч. два курса колледжа, но перевелся на Филиппины, где оконч. Дальневосточ. ун-т. В нач. войны с Японией поступил в филиппинскую армию и был переведен в 31-ю пех. дивизию амер. армии в чине сержанта. Сражался за Батаан. Был контужен. После падения Батаана попал в плен к японцам, был участником «марша смерти» при переходе из одного лагеря военнопленных в другой. Болел малярией, еле выжил на голодном пайке, пополняя свое питание травой и кокосовыми орехами и благодаря изобретательности в выживании.

После оконч. войны переселился в США. При содействии своего ст. офицера получил работу в Детройте в танковом арсенале. В 1953 начал успешно работать в обл. автоматизации на разных заводах и дослужился до должности главного инж. В 1963 основал собственное предприятие U.S. Automation. За свою карьеру запатентовал более 40 конструкций. Состоял активным членом КРА и был сопредседателем Комитета прав человека орг-ции. Рано овдовел. После **Б.** осталась дочь.

Л и т. Thomas Louise. The Mad Russian // The Detroiter. 1968. Febr. P. 7.

БОРОДИН Николай Андреевич (23 нояб. 1861, Уральск Обл. Войска Уральского – 22 декабря 1937, Кембридж, шт. Массачусетс) — ученый-ихтиолог, полит., общественный и каз. деятель. Оконч. С.-Петербургский ун-т. Служил делопроизводителем Войскового правления. В 1896–1906 занимал должность ст. специалиста по рыбоводству в департаменте земледелия. Одновременно — изд. и ред. в петербургских газ.: «Вестник каз. войск» (1900–03) и «Областное обозрение» (1903–04). Член I Гос. Думы от Уральской обл. Член кадетской партии. В 1915 был одним из основателей и тов. председателя Об-ва сближения между Россией и Америкой. В 1915–17 ред. «Известия» об-ва. Автор книги «Северо-Американские Соединенные Штаты». После захвата власти большевиками состоял в антибольшевистском «Национальном центре» в Москве. Затем оказался в Сибири. Колчаковец. В 1919 переселился в США. Работал в Амер. музее естественных наук в Нью-Йорке. Был приглашен на должность проф. в Гарвардский ун-т. В 1930 опубликовал в Париже свои воспоминания. Масон.

И с т. Бородин Николай Андреевич // Незабытые могилы / Сост. В.Н. Чуваков. Т. 1. С. 386.

БОРОДУЛЯ Николай Васильевич (1916 – 1986, Балтимор) — рук. и певец хора. Род. в США в семье церковного регента. По профессии инж.-химик. Был одним из основателей нью-йоркского мужского хора «Капелла» и вскоре стал его дирижером. Большинство молодых певцов хора принадлежали ко второму и третьему поколению рус. эмигрантов. Был директором и певцом мужского хора «Метрополитен» и регентом хора Свято-Николаевского собора в Вашингтоне. *Родственники:* вдова Мария; дочь Татьяна; сын Николай с семьей.

Похоронен на кладбище Вудлэнд, в Стамфорде, в шт. Коннектикут.

Л и т. Некролог // НРС. 1986. 19 дек.; *Скидан А.* Памяти Николая Бородули // Там же. 1986. 30 дек.

БОРОДЫЧЕВ Никифор Иванович (1888 – 6 окт. 1966, Патерсон, шт. Нью-Джерси) — каз. деятель. Ветеран трех войн. Во время Первой мировой войны служил на Юго-Зап. фронте в чине вахмистра сотни и прапорщика. В конце войны — подъесаул и командир сотни. Во время Гражданской войны участвовал во 2-м Кубанском походе 1918 в должности командира сотни

Корниловского конного полка. Эвакуировался из Крыма на о-в Лемнос, откуда переехал в Кор. СХС. Во Вторую мировую войну служил в Рус. Корпусе, воевавшем с коммунистич. партизанами в Югославии. После войны переселился в США, жил в Патерсоне, где был выбран атаманом Кубанской сотни.

Л и т. Некролог // Часовой (Брюссель). 1966. № 485.

БОРТНЕВСКИЙ Виктор Георгиевич (28 авг. 1954, Ленинград – 19 апр. 1996, Пало-Альто, шт. Калифорния) — историк, исследователь и популяризатор истории Белого движения и Гражданской войны. Род. в старой петербургской семье. После оконч. средней школы работал на Ленинградском металлич. заводе (ЛМЗ) формовщиком и токарем, некоторое время учился во ВТУЗе при ЛМЗ, затем отслужил срочную военную службу. В 1980 оконч. Ленинградский гос. ун-т (ЛГУ). Во время учёбы (1975–80) участвовал в науч. конференциях и занимался сюжетами из рус. истории первой трети XIX века. Оконч. аспирантуру Ленинградского отделения Ин-та истории СССР Академии наук, где защитил кандидатскую дисс. (1983) на тему: «Культурно-просветительские учреждения Ленинграда в период Великой Отечественной войны 1941–1945 гг.».

С 1984 читал лекции на ист. ф-те ун-та. Доцент кафедры истории сов. об-ва ист. ф-та ЛГУ (1986). Преподавал и вёл научные исследования в ЛГУ (1986–91). Основатель (1991) и главный ред. (1991–96) историко-документального альманаха «Русское прошлое» (СПб.), член ред. военно-ист. журнала «Новый Часовой» (1994–96). Постоянный автор периодич. изданий на родине: «Смена», «Вечерний Ленинград», «Невское время», «Вестник ЛГУ» (Ленинград — СПб.), «Собеседник», «Учительская газета», «Родина» (Москва) и др. В своих лекциях и многочисленных публ. (1990–91) **Б.** демонстрировал принципиально новый подход к истории Гражданской войны, опровергая сов. стереотипы о «реакционном» и «классово-сословном характере» Белых армий, бесперспективности Белого движения и т. д. Особое внимание учёный уделял биографике рус. ген., сопоставлению «красного» и «белого» террора, истории белой военной эмиграции. В отечественной печати **Б.** впервые были опубл. дневник декабриста П.С. Пущина 1813–14, биографич. очерки о ген. М.Г. Дроздовском, С.Л. Маркове, П.Н. Врангеле и др., записки А.В. Туркула, программные положения Пражского манифеста КОНР 1944, переписка между П.Н. Врангелем и И.А. Ильиным 1923–28 и др. ценные материалы по рус. истории. Принципиальная позиция **Б.** привела к конфликту с администрацией ист. фак-та и рядом коллег, придерживавшихся оценок и суждений сов. эпохи, в результате чего он был вынужден покинуть ЛГУ. Вёл исследовательскую работу в США с 1992. Читал курсы в ун-те Вашингтона и Ли в Лексингтоне (Виргиния), Калифорнийском ун-те в Риверсайде. Работал в Йельском ун-те (сент. 1992 – авг. 1994), в Гуверовском ин-те войны, революции и мира Стэнфордского ун-та в Пало-Альто (авг. 1994–авг. 1995), выступал с лекциями и докладами в Центре Кеннана, в Ин-те Гарримана, в Гарвардском рус. исследовательском центре, в Архиве Свято-Троицкого монастыря в Джорданвилле. Участник международных симпозиумов и конференций в Ирландии, Франции, Польше, Чехословакии и Канаде. Удостоен наград и стипендий от Ин-та Леннона, Гуверовского ин-та, Йельского ун-та, Фонда Меллона и Центра рус. и восточно-европейских исследований в Торонто (Канада), стипендии от КРА на издание книги по истории Гражданской войны. Член Дроздовского объединения (1994–96) в США. Трагич. ушёл из жизни. Материалы архива и коллекции **Б.** частично возвращены в Россию и введены в научный оборот коллегами учёного, но судьба большей части документов, оставшихся в США, неизвестна. *Родственники* в Санкт-Петербурге: отец Георгий Иванович, мать Марианна Викторовна Корчинская, в первом браке жена — Надежда Анатольевна (урожд. Голубятникова), дочь — Анастасия.

Похоронен на Большеохтинском кладбище в Санкт-Петербурге.

С о ч. Белое дело (Люди и события). СПб., 1993; Загадка смерти ген. Врангеля: неизвестные страницы по истории рус. эмигр. 1920-х годов. СПб., 1996; Избр. труды. СПб., 1999; (Полный перечень публ. см.: Избр. труды. С. 10–20.)

И с т. ЛАА. *Александров К.М.* Бортневский В.Г., биографич. справка (2004); Бортневский Виктор Георгиевич // Незабытые могилы / Сост. В.Н. Чуваков. Т. I. С. 388; *Bidlack R.* et al. Victor G. Bortnevsky. Typescript, 1996. 2 p.

Л и т. *Бидлак Р.* и др. Памяти проф. В.Г. Бортневского // Рус. жизнь (Сан-Франциско). 1996. 1 июня; *Бекетов М., Данченко В., Носков В., Поляков Л., Терещук А.* К читателю // Бортневский В.Г. Избр. труды. СПб., 1999; *Иванов И.Б.* Виктор Георгиевич Бортневский. 1954–1996. (Памяти друга и единомышленника) // Наши вести (Санта-Роза). 1997. Сент. № 448/2749. С. 23–24.

БОСТРЕМ (урожд. Лист) Кира Николаевна (1908, Москва – 26 янв. 1980, Коннектикут) — юрист, педагог. Род. в именитой купеч. семье. Оконч. юридич. ф-т Парижского ун-та. Переселилась с мужем в 1948 в США. Продолжала образование в Йельском ун-те, где получила диплом по рус. лит. Преподавала рус. яз. в колледже и участвовала в разработке программы введения преподавания рус. яз. в средних школах.

Л и т. Некролог // НРС. 1980. 26 янв.

БОТЕЗАТ де Георгий Александрович (7 июня 1882, Санкт-Петербург – 1 февр. 1940, Нью-Йорк) — авиаконструктор. По происхождению — потомственный дворянин Бессарабской губ. Оконч. реальное уч-ще в Кишинёве. Учился на механич. отделении Харьковского технологич. ин-та (1902–05), в электротехнич. ин-те Монтефо в Бельгии (1905–07). Дипломированный инж. (1908). В 1908–09 учился в Гёттингенском и Берлинском ун-тах. Защитил докторскую дисс. в Сорбонне (1911) на тему: «Исследование устойчивости самолёта». В 1911–14 — преподаватель по курсу воздухоплавания в Санкт-Петербургском Политехнич. ин-те, занимался исследованиями в области аэродинамики, внёс ценный вклад в развитие научно-опытной базы рус. авиации. Знания и опыт Б. использовались Военным мин. Экстраординарный (1914), ординарный (1915) проф. Донского Политехнич. ин-та в Новочеркасске. Эксперт (1914–15), член Технич. комитета Управления Военно-воздушного флота Военного мин. (1916). Инициатор и рук. создания Главного аэродрома, автор импульсной теории винтов, баллистич. таблиц для бомбометания. Первый опытный самолёт конструкции Б. разбился при испытаниях в окт. 1917. В эмиграции с весны 1918. С июня 1918 — в США. Эксперт Нац. консультативного комитета по аэронавтике США, читал лекции по специальности в Массачусетском технологич. ин-те, Колумбийском и Чикагском ун-тах. В 1921–26 — в исследовательском авиацентре Райт-Филл в Дейтоне. Создатель опытного образца вертолёта армии

США (дек. 1922), который удачно прошёл испытания, но не был оценён военными властями.

В 1926 вернулся в Нью-Йорк. Основал фирму De Bothezat Impeller Company, занимался созданием осевых вентиляторов высокого давления. В 1936 вернулся к строительству вертолётов. Совместно с *Б.В. Сергиевским* создал предприятие Air-Screw Research Syndicate (с 1937 — Helicopter Corp. of America), небезуспешная деятельность которого по созданию опытных вертолётов прекратилась после скоропостижной смерти учёного. Умер во время операции на сердце.

Соч. Исследование явления работы лопастного винта. Пг., 1917; Fan Engineering Fundamentals. New York, 1935.

Ист. ЛАА. Справка *К.М. Александрова* на авиаконструктора Г.А. де Ботезата.

Лит. *Михеев В.* Ботезат Георгий Александрович // РЗ. Золотая кн. эм. С. 105–107.

БОЧАРОВ Д. — географ-исследователь. В 1791 был первым из рус., кто пересек Аляску и открыл оз., названное позже озером Бочарова.

БОШКОВИЧ Наталия Стефановна (1901, Белград – 1973, Нью-Йорк) — рус.-серб. балерина. Род. в семье серб. ген., окончившего в 1899 Академию Ген. штаба в Петербурге, где он прошел курс геодезич. отделения и женился на Надежде Фёдоровне Степановой. В 1915 поступила в Императорскую балетную школу. Революция не дала закончить Б. балетное образование и она с матерью и ст. сестрой вернулась в Белград, где продолжала балетное образование. В 1921 впервые выступила в опере «Сказки Гофмана», в балете — в 1922. В 1925 получила стипендию для прохождения балетного курса в Париже. В 1926 солировала в балете «Копелия», участвовала в «Les nouveaux ballets Russes» и в «The Rusian Ballet». В 1944 уехала в Мюнхен, откуда в 1950 переселилась в США. В Нью-Йорке и в Канаде преподавала балетное искусство и занималась хореографией.

Похоронена на Серб. кладбище монастыря св. Саввы в Либертивилле ок. Чикаго.

Л и т. *Конради Д.* Прима-балерина Наташа Бошкович // НРС. 1983. 22 июня; *Полчанинов Р.В.* Наташа Бошкович — к столетию со дня рождения // Рус. жизнь (Сан-Франциско). 2001. 24 марта. С. 5, 11.

БОЩАНОВСКИЙ о. Василий (1 мая 1872, с. Самбек Екатеринославской губ. – ?) — протопресвитер РПЦЗ.

Оконч. Киевскую дух. академию и с 1897 состоял в сане священника. Священнич. службу начал в Житомирском Кафедральном соборе. С 1899 состоял законоучителем в разных учебных заведениях России и за границей — в Югославии, куда эмигрировал, уходя от большевиков. Переселившись в США, был с 1949 настоятелем Александро-Невской церкви в городе Лейквуде, в шт. Нью-Джерси. Решением Архиерейского Синода РПЦЗ, последовавшим по представлению архиепископа Виталия, возведён в 1956 в сан протопресвитера.

И с т. Протопресвитер о. Василий Бощановский // ПР. 1956. Янв. № 1. С. 5.

БРАЗОЛЬ Александр Сергеевич (7 янв. 1893 – 3 февр. 1993) — полковник Императорской армии. Происходил из дворянской семьи Полтавской губ. Учился в Петровско-Полтавском кад. корпусе, затем в Корпусе императора Александра II в Санкт-Петербурге.

Оконч. Николаевское кав. уч-ще. Во время Первой мировой войны служил в Л.-гв. Кирасирском полку. Награждён за храбрость шестью орденами и тремя медалями. В 1918 вступил в Добровольч. армию. После ранения в 1920 выбыл из строя и эвакуирован в Константинополь. Переехав во Фр., работал грумом на конюшне, шофером, таксистом. Пятнадцать лет проработал зав. складом на ф-ке. В 1947 переехал в США, где работал в ювелирной фирме, чертежником и преподавателем верховой езды. Будучи старейшим кадетом, участвовал в зарубежных воинских орг-циях и даже будучи 96 лет от роду — в попечительской работе РПЦЗ.

Скончался в возрасте 100 лет в шт. Нью-Хемпшир и похоронен на кладбище Новой Коренной Пустыни в городе Махопак, в шт. Нью-Йорк.

Л и т. *Полковник А.С.* Бразоль // Кад. перекличка (Нью-Йорк). 1993. Дек. № 53. С. 163–165.

БРАЗОЛЬ Борис Львович — председатель об-ва А.С. Пушкина, член Исполнительного комитета Рос. антикоммунистич. орг-ций в США.

Л и т. Воззвание Исполкома Рос. антикоммунистич. орг-ций в США // НРС. 1959. 28 авг.

БРАИЛОВСКИЙ Александр Яковлевич (1884, Ростов – 19 окт. 1958, Лос-Анджелес) — литератор, левый полит. деятель. Участвовал в революционном движении в России, бежал за границу. Работал в США в газ. «Русский голос», редактировал «Новый мир». В 30-х гг. полностью порвал с коммунизмом, стал сотрудником нью-йоркского «Нового русского слова». Автор сб. стихов «Дорогой свободной» (1955). *Родственники:* жена Софья Абрамовна; две дочери.

Л и т. Некролог // НРС. 1958. 19 окт.

БРАТИНА (Ilia Bratina) Илья — ветеран амер. армии, лейтенант, служил в 1946 в Берлине.

И с т. *Pantuhoff Oleg* — 1976.

БРАУНС Дмитрий Георгиевич (1915, Шанхай) — инж.-технолог, музейный деятель. Родители — петербуржцы. Оконч. Рус. гимназию им. Достоевского в Харбине. Оконч. 3 курса Восточ. ф-та ун-та св. Владимира в Харбине. Оконч. многочисленные вечерние и заочные курсы. Общепризнанный знаток истории, особенно рус. Работал на административных должностях в Китае и в США по технологич. специальности.

Председатель правления музея рус. культуры в Сан-Франциско с 1991. Музей включает библиотеку и архив. Женат с 1943. Имеет сына, двух дочерей, четырех внуков и одного правнука.

И с т. *АА*. *Браунс Д.Г.* Автобиография. Машинопись, июнь 2003; *Шмелёв А.В.* К 50-летию Музея рус. культуры в Сан-Франциско. Машинопись, 1998. 3 стр.

БРАШКО Александр (род. 6 авг. 1937, Ростов-на-Дону) — майор армии США. Сын командира зенитной артиллерии, пропавшего без вести в 1942 во время нем. налета под Москвой. Мать — секретарь в нар. суде, затем — медсестра. В 1944 покинул терр. СССР вместе с матерью. Мать вела **Б.** пешком через всю Восточ. Европу. После 1945 — в лагере «перемещенных лиц» под Мюнхеном. С 1947 в Бельгии.

С 1956 в США. Работал сварщиком в Линне (шт. Массачусетс). В 1956 призван в армию рядовым. Оконч. офиц. школу в Форт Беннинг (шт. Джорджия). Участвовал в операции «Белая звезда» в Лаосе. Два срока отслужил пилотом вертолета и офицером-связистом во Вьетнаме. Трижды ранен в бою. Благодаря знанию франц. яз. получил должность военного атташе в Заире (Конго). После выхода в отставку — на гражданской службе в Алжире, далее на гос. службе. Последняя должность — директор проекта по усовершенствованию систем связи, обеспечивающих связь между военными установками в США и в мире. *Родственники:* жена (урожд. Колесникова); сын Александр.

Л и т. *Брашко А.*, мл. лейтенант. Мой отец Александр Брашко, майор армии США в отставке // РА. 2000. № 22. С. 145–146.

БРЕДОВ Федор Эмильевич (1884 – 15 марта 1959, Сан-Франциско) — Ген. штаба ген.-майор. Оконч. 1-й кад. корпус, Павловское военное уч-ще и Николаевскую Академию Ген. штаба. Участник Первой мировой войны в чине подполковника. Во время Гражданской войны — нач-к штаба XI арм. корпуса. Участвовал в наступлении Белой армии на Орел и в отступлении до Новороссийска в чине полковника. Эвакуировался из Крыма в Галлиполи, где был произведен в ген.-майоры. Работал в Югославии землемером. Во время Второй мировой войны вступил в Рус. Корпус и принял участие во всех боях, включая отступление в Австрию. Командовал батальоном. После оконч. войны переселился в США. Участвовал в Об-ве ветеранов Рус. Корпуса и полит. жизни рус. эмигр.

Л и т. *Витковский В.К.* Незабытые могилы // Часовой (Брюссель). 1959. Май. № 398. С. 22; *Плешко Н.Д.* Генеалогич. хроника // Новик (Нью-Йорк). 1957. Отд. III. С. 6; *Окороков А.В.* (общий ред.). Материалы по истории РОД. 1998. Выпуск 2. С. 443–478.

БРЕНДЕЛЬ Виктор Александрович (1882 – 27 февр. 1969, Сан-Франциско) — Ген. штаба ген.-лейтенант. Оконч. кад. корпус и Константиновское арт. уч-ще.

Похоронен на Серб. кладбище.

И с т. АРЦ. *Тарала Г.А.* С. 1.

Л и т. Некролог // Часовой (Брюссель). 1969. № 515.

БРЖЕЗИНСКИЙ Николай Леонардович (? – 14 марта 1959, Сан-Луис, шт. Миссури) — инж.-электрик. Оконч. Санкт-Петербургский Политехнич. ин-т и С.-Петербургский ин-т инж. путей сообщения. До 1917 был инж. 6-го кл. Отделения морских портов. С 1917 по 1941 был главным инж. по строительству судостроительных верфей. Зав. кафедрой и был проф. механики при Технологич. ин-те. В конце Второй мировой войны оказался в Германии, откуда эмигрировал в США, в Сан-Луис в Миссури. Занимался проектной и консультационной работой при Вашингтонском ун-те. *Родственники:* вдова, Зинаида Андреевна, проживавшая в городе Нью-Хэйвене, шт. Коннектикут. Состоял членом Об-ва рус. инж. в США и Объединения СПб политехников.

И с т. Анкета Об-ва рус. инж. в США.

БРИДИЦКИЙ Виктор Францевич (? – 20 июня 1958, Сан-Франциско) — командир Рус. бригады Калифорнийской национальной гвардии. Возглавлял Рус.-амер. лигу для борьбы с коммунизмом.

Похоронен на Серб. кладбище в Сан-Франциско.

И с т. АРЦ. *Тарала Г.А.* С. 1; Некролог // НРС. 1958. 25 июня.

БРИЖИЦКИЙ [Brizicky] Георгий Константинович (1 апр. 1901, Николаев – 1968) — ботаник, инж.-лесовод, проф. В 1919 оконч. классич. гимназию. Вступил в Добровольч. армию. В 1920 эвакуировался в Галлиполи, откуда переехал в Чехословакию, где оконч. в 1932 лесное отделение Сельскохозяйственного ин-та в Брно. В 1938 оконч. естественный ф-т Масарикова ун-та в Брно. Защитил докторскую дисс. по естественным наукам при Братиславском ун-те, где с 1940 по 1945 был ассистентом, впоследствии доцентом и преподавал ботанику. После оконч. войны выехал в Германию, преподавал в рус. гимназии и занимал должность проф. при ун-те UNRRA в Мюнхене, с 1948 по 1950 был проф. фармацевтич. ботаники при Украинском технич. ун-те в Мюнхене. Переселившись в США, был, начиная с 1954 по 1960, научным сотрудником в обл. исследования анатомии дерева при Йельском ун-те, с 1960 — в Гарвардском ун-те. Изучал флору Юго-восточ. части США. Опубликовал 35 науч. статей, главным образом по прикладной ботанике-дендрологии, ботанике леса и лесной фитопатологии. Состоял членом РАГ в США. Действительный член Об-ва рус. инж. в США.

И с т. Анкета Об-ва рус. инж. в США; Archives of the Association of Russian-American Scientists in the USA // Brizicky George. Curriculum vitae, 1951.

БРИННЕР Вера Борисовна (?, Владивосток – 13 дек. 1967, Нью-Йорк) — ювелир, певица, сестра *Юла Бриннера*. Род. во Владивостоке, в семье предпринимателя, сына выходца из Швейцарии. В 1931 семья Бриннеров была вынуждена нелегально бежать из Владивостока на англ. корабле в Китай. В 1936 занималась живописью и скульптурой в Школе изящных искусств и ремесел. Вернулась в Маньчжурию в 1939, откуда в 1946 была вынуждена переехать в США. В Сан-Франциско брала уроки скульптуры у Майкла фон Маера и Ральфа Стакпола и зарабатывала преподаванием живописи в частных школах. Там же перешла на изготовление ювелирных изделий и постепенно получила признание. Переехала в Нью-Йорк и стала участницей международных выставок в Лондоне, Брюсселе и в Нью-Йорке; продолжала преподавать.

После пребывания в Женеве снова вернулась в Нью-Йорк и вдобавок к своим худ. работам стала певицей. После **Б.** осталась дочь.

Лит. Некролог // НРС. 1967. 15 дек.; *Ярмолинец В.* Надежда и жизнь (О В. Бриннер) // НРС. 1991. 4–5 мая.

БРИННЕР Юл [Юлий Борисович; Brynner Yul; Bryner Youl] (1920, Владивосток – 10 окт. 1986) — киноактер. Отец вместе с братьями владел транспортной конторой. Отец был швейцарского происхождения, а мать у него была рус. — урожд. Благовидова. Был крещен в православии. Приход большевиков во Владивосток вынудил большую семью Бриннеров переселиться в Харбин. В Харбине начал учиться, но его занятия были прерваны решением матери после развода с мужем уехать с детьми в США.

В США сделал блестящую карьеру в Голливуде и в театрах на Бродвее, в Нью-Йорке. Карьеру актера, вероятно, выбрал под впечатлением того, что еще в Харбине в семье Бриннеров были две актрисы — вторая жена отца, актриса МХТ театра Катерина Ивановна Карнакова, и жена дяди Елена Михайловна Бартневская. Попав в США, стал учеником голливудского артиста *М. Чехова*, что открыло **Б.** дорогу на вершины актерского искусства. Коронной ролью **Б.** в 4625 постановках муз. комедии «Король и я» в теч. 30 лет была роль сиамского короля. Снимался в трех десятках фильмов. За исполнение роли сиамского короля в фильме «The King and I» награжден премией Оскара. В «Десяти заповедях» играл роль фараона, в фильме «Тарас Бульба» — Остапа. **Б.** запомнился в «Великолепной семерке», «Братьях Карамазовых» и «Анастасии» — фильме о самозванке, заявлявшей, что она — дочь императора Николая II. Помимо театральной и кинематографич. карьеры занимался гуманитарной деятельностью. В 60-х гг. был консультантом при Верховном комиссаре ООН по вопросам о беженцах. В 1978 был в Женеве почетным председателем на съезде цыган из 22 стран. На этом съезде выступал против предубеждений по отношению к цыганам, огласил требование об уплате репараций за гибель полумиллиона цыган, убитых нацистами во время правления Гитлера. Конгресс принял решение о создании постоянного международного органа, представляющего цыган. В 1978 награжден мэром Нью-Йорка Э. Кочем бронзовой медалью «За выдающиеся сценич. достижения и гуманитарную деятельность». Любил окружать себя таинственностью и старался выглядеть экзотично. В биографиях **Б.** говорилось, что он швейцарско-монгольского происхождения и что род. на Сахалине. Женат четыре раза. Его последней женой была балерина Кэти Ли. После **Б.** остались сын Рок и дочери — Виктория, Миа и Мелоди. Рок Бриннер написал вышедшую в 1981 книгу «Баллада о привычке и случайности». Большой курильщик, **Б.** скончался от рака легких в возрасте 65 лет. Осознав вред курения, оставил посмертный призыв к людям не курить.

Лит. Мартин В. Второй Всемирный конгресс цыган // РМ. 1978; *Мечик Д.* Юл Бриннер — мой земляк // НРС. 1986. 2 нояб; Умер Юл Бриннер // Там же. 1985. 11 окт.; *Halliwell L.* The Film Goers Companion. N. Y., 1977. P. 110; *Thomson D.* A Biograhical Dictionary of Film. William Morrow & Co., 1976. P. 68–69; *Freeman Samuel G.* Yul Brynner. Known for Role in «King and I» // The New York Times. 1985. 11 окт.; *Raymond B., Jones D.J.* The Russian Diaspora 1917–1941. Lamham, 2000. P. 87–88.

БРОВЦЫН Борис Сергеевич (1900–1977, Вашингтон) — инж.-гидротехник, журналист. В 1938 оконч. гидротехнич. ф-т Эванстонского ун-та в Иллинойсе. В 1946–48 продолжал образование в Париже и в 1948–49 в Колумбийском ун-те, в Нью-Йорке. С 1949 по 1951 работал инж.-консультантом. С 1953 по 1957 был доцентом в ун-те Лаваль в Квебеке, в Канаде. Читал лекции по гидротехнич. сооружениям, железобетону и механике грунтов. Член Объединения СПб политехников. Сотрудник «Нового журнала».

И с т. Анкета Об-ва рус. инж. в США.
Лит. Некролог // Новый журнал. 1989. Дек. № 177.

БРОДЕНОВ Борис Вениаминович (? – 11 июля 1960, Нью-Йорк) — инж., актер-любитель. Помимо профессиональной работы, весь досуг посвящал театру. В Нью-Йорке играл в рус. театрах и труппах *В.Л. Зелицкого*, Л.О. Луганова и у *Татьяны Тарыдиной*. Работал в рус. отделе радиостанции «Голос Америки» с момента его открытия до своей кончины.

Лит. Некролог // НРС. 1960. 13 июля.

БРОДОВИЧ Алексей Чеславович (1 мая 1898, Оголичи – 1971, Париж) — художник, преподаватель. Учился в Тенишевском уч-ще и Пажеском корпусе. Служил в чине корнета в Ахтырском полку. После ухода с Рус. армией из Крыма в 1920 переехал в Париж. Стал работать и учиться прикладному искусству. В сферу творч. входили театральные декорации, иллюстрации к книгам, плакаты, худ. фотография, дамские моды, керамика, живопись. В 1930 переехал в США, где работал артистич. директором по рекламе крупных торговых фирм. Преподавал прикладное искусство в Филадельфии и Нью-Йорке, в Купер Юнионе. За свои работы удостоился ряда наград и медалей. Работы **Б.** отмечались в 1954, 1967 и 1971 в газ. «Нью-Йорк Таймс», в журнале «Америка» (№ 83), «Photography Annual» за 1972 г.

И с т. АА. *Просс Б.* Бродович Алексей Чеславович. Рукопись, 1975. 7 стр.

БРУНОВСКИЙ [Brounovsky] Аркадий Георгиевич (19 июля 1907 – ?) — дипломированный архитектор. В 1944 оконч. архитектурный ф-т Рижского ун-та. В США жил в Нью-Йорке. Действительный член Об-ва рус. инж. в США (1951).

И с т. Анкета Об-ва русс. инж. в США.

БРУНСТ Виктор Викторович (17 авг. 1902 – 1986, Буффало) — Проф. экспериментальной биологии. Раннюю юность провел в Петербурге. После революции поселился в Киеве. В 1924 оконч. Киевский ун-т и был оставлен в аспирантуре. По оконч. аспирантуры был доцентом и зав. лабораторией экспериментальной зоологии. В 1938 **Б.** была присуждена ст. доктора биологич. наук. В результате военных действий в 1943 оказался с волной

Переселившись в США, начал работать в Мэрилендском ун-те, а затем в исследовательском ин-те в Буффало, в шт. Нью-Йорк. Перу **Б.** принадлежат 142 печатные работы и 30 авторефератов, большинство которых опубликовано в эмигр. Работая в обл. экспериментальной биологии, занимался изуч. регенерации частей тела у примитивных животных. Был ст. научным сотрудником по раковым изысканиям. Был одним из первых вступивших в КРА, с которым поддерживал связь в теч. многих лет. *Родственники:* жена Екатерина Алексеевна, урожд. Шереметьева; дочь Екатерина Магеровская; внучка.

Похоронен на кладбище Свято-Троицкого монастыря в Джорданвилле, в шт. Нью-Йорк.

Л и т. *Александров Е.А.* Проф. В.В. Брунст // РА. 1995; *Балинский Б.И.* Памяти В.В. Брунста // НРС. 1987. 18 янв.

БРЫЧКИН [Brytchkin] Сергей Григорьевич (19 июня 1902 – ?) — доктор техніч. наук. Род. 19 июня 1902. В 1929 оконч. Политехнич. ин-т в Брно, в Чехословакии. Специалист по расчетам строительного бетона. В США жил во Флошинге, на Лонг-Айленде, в шт. Нью-Йорк. Действительный член Об-ва рус. инж. в США.

И с т. Анкета Об-ва рус. инж. в США.

БРЮНО де ла ФОРЖ Борис Степанович (1910–1995) — певец, полит. деятель. Род. в офиц. семье в Порт-Петровске (ныне Махачкала). В 1919 поступил во Владикавказский кад. корпус, который вскоре был эвакуирован в Константинополь. Оконч. кад. корпус в Югославии, где в 1930 вступил в НТС. Учился в ун-те, но не оконч. Стал известным эстрадным певцом, выступая по всей Югославии и за ее пределами. Во время Второй мировой войны ездил с артистич. группой по лагерям восточ. рабочих с репертуаром «на лезвии ножа», пользуясь огромным успехом. После оконч. войны заведовал театром в лагере Менхегоф. Принимал участие в разработке программы НТС. В 1946 вместе с группой *К.В. Болдырева* уехал в Марокко на топографич. работы. С 1963 по 1976 жил с семьей в США, где работал на заводе. Затем служил в библиотеке Стэнфордского ун-та. Был членом правления Амер. отдела НТС. Вернулся в центр НТС, во Франкфурт-на-Майне, где был ред. журнала «Встречи». Из-за болезни вернулся в США, где скончался в старч. доме при Толстовской ферме.

Похоронен на кладбище женского монастыря в Ново-Дивееве, возле Нанует, в шт. Нью-Йорк. После **Б.** остались трое детей.

Л и т. Некролог // За Россию (Москва). 1995. № 9.

БРЮХОВСКИЙ Николай Сергеевич [Bruchovsky Nicholas] (род. Торонто (Канада), 1936) — доктор мед., специалист по раку простаты. В 1961 оконч. Торонтский ун-т со званием доктора медицины. В 1966 при ун-те удостоился получения ст. доктора мед. биофизики. Начал последовательно заниматься научной работой в 1966–68 на мед. отделении Юго-Зап. мед. ин-та, в 1969–79 — на мед. ф-те ун-та Альберты, в 1976–79 получил в том же ун-те звание проф., в 1978–2001 возглавил Департамент эндокринологии рака Ракового агенства Брит. Колумбии, с 1993 является клинич. проф. урологии Мед. ин-та при ун-те шт. Вашингтон. С 2001 — почетный проф. Мед. ун-та Брит. Колумбии, работает в центре по борьбе с раком простаты при Ванкуверском Генеральном госпитале. С 2002 состоит членом консультативного совета при Исследовательском ин-те простаты в Лос-Анджелесе. Помимо занятий академич. и исследовательской деятельностью, работал с 1979 по 2002 клиниках госпиталя Ванкувера. Практич. деятельность **Б.** заключалась в лечении рака груди и простаты.

Состоит в восьми канадских и амер. мед. об-вах. За науч. труды и открытия удостоился наград от Канадского Нац. ин-та рака, Канадского Мед. исследовательского совета, ун-та Брит. Колумбии, Канадского о-ва по изучению рака и др. Исследования **Б.** заключаются в изуч. действия андрогена и контроля андрогенами роста опухолей. Исследования оплачивались за счет грантов от Мед. исследовательского совета Канады, Нац. ракового ин-та Канады, Амер. исследовательского центра Джорджа М. О'Брайана, Департамента обороны США и др. и составили в общей сложности ок. 15 млн долларов. Автор 166 научных статей, четырех книг, 181 автореферата и 161 лекции в др. ун-тах и об-вах.

И с т. *Bruchovsky Nicholas.* Biographical data. Typescript, 2003. 1 р.; *Bruchovsky Nicholas.* MD, PhD, FRCPC. Research intersts — Past and Present, 2002. 10 Oct. Typescipt, 3 р.

БУБЛИК Александр Васильевич (30 июня 1934 – 7 марта 1984) — каз. деятель. Инж. Род. в Югославии в каз. семье эмигрантов из России. В США оконч. ун-т с дипломом инж. Трижды избирался с 1975 по 1984 атаманом Кубанского каз. войска. Жил в шт. Коннектикут. Основал в Нью-Джерси, в р-не Лейквуда, Кубанский дом-музей, где хранятся знамена, штандарты, Императорские грамоты, вывезенные из Екатеринодара в 1920. Трагич. погиб в автокатастрофе. *Родственники:* вдова; сын.

Похоронен на каз. участке Свято-Владимирского кладбища в Джексоне (Кэссвилле), в шт. Нью-Джерси.

Л и т. Некролог // Часовой (Брюссель). 1984. № 649. С. 31.

БУБЛИКОВ Александр Александрович (1875, Санкт-Петербург – 29 янв. 1941, Нью-Йорк) — инж.-железнодорожник. Оконч. Санкт-Петербургский Ин-т инж. путей сообщения. Занимал пост нач-ка по изысканиям на жел. дороге Москва–Казань–Екатеринбург. Директор Ачинско-Минусинской жел. дороги. Автор книги «Неотложные вопросы железнодорожной политики» (1905). Член исполкома Всерос. съезда промышленников. Член IV Гос. Думы от Пермской губ. Почетный гражданин Екатеринбурга и Шадринска. Во время Первой мировой войны занимал должность вице-председателя Центрального военно-промышленного комитета. В Февральскую революцию 1917 был назначен Временным комитетом Гос. Думы комиссаром мин. путей сообщения. После захвата власти большевиками выехал за рубеж. Поселился в США, жил в Нью-Йорке. Печатался в газ. «Новое русское слово».

Л и т. Некролог // НРС. 1941. 30 янв.

БУГРИНА Анна Михайловна (1899, Белосток Ломжинской губ. – 24 окт. 1982, шт.

Калифорния) — библиограф, архивариус. Жена *Б.И. Николаевского*. Хотя политикой не занималась, но в 1922 была выслана по приказу Ленина из Сов. России вместе с представителями демократич. интеллигенции, проф., писателями и поэтами. Оказавшись за границей, продолжала в 1922–24 образование в Берлинском ун-те. Переехала во Фр., где изуч. археологию в Сорбонне. Поступила на юридич. ф-т ун-та и оконч. его. В 1930 изуч. раскопки в Афинах и в Риме. Вернувшись в Париж, перевела на франц. яз. два тома «Истории Византии» проф. А. Васильева и работу Р. Самойловича «Древняя Италия». Оба труда изданы в Париже. Одновременно стала работать над архивом *Б.И. Николаевского*. В 1940 Николаевскому удалось часть архива отправить в Америку, куда он переехал сам, а остальной архив был переправлен из Парижа в маленький городок на юге Фр., где поселилась Б. Внимание нем. разведки заставило ее перейти через нем. проволочные заграждения в неоккупированную часть Фр., откуда она уехала в США. В Нью-Йорке в 1942 году Анна Михайловна совместно с Б.И. Николаевским организовала Ин-т по изучению рабочего вопроса и была его директором до 1948. Приготовила для Библиотеки конгресса библиографию по истории рус. права и рус. ин. политики. В 1963 супруги Николаевские продали свои архивы Гуверовскому ин-ту войны, мира и революции. Переехав в Калифорнию, они продолжали работать над архивом, по количеству материалов считающимся одним из лучших из числа находящихся вне России.

Л и т. *Доценко П.* Памяти Анны Михайловны Бугриной // НРС. 1982. 17 дек.

БУГУРАЕВ [Buguraew Maxim] Максим Константинович (14 нояб. 1892 – июнь 1982) — полковник-арт. Род. на Дону. Оконч. курс Донского кад. корпуса и в 1913 — Михайловского арт. уч-ща. После завершения образования в чине хорунжего назначен в 6-ю Донскую каз. батарею. Во время Первой мировой войны воевал на фронте в рядах 12-й Донской каз. батареи. После большевистского переворота принял участие в борьбе против большевиков. Гражданскую войну закончил в чине полковника. В эмигр. жил в Болгарии. В 1941 вступил в Рус. Корпус, выступивший против коммунистов в Югославии. За три войны был контужен и трижды ранен. Награжден рядом орденов, включая орден св. Владимира IV ст. с мечами. В 1951 переехал на постоянное жительство в США с женой Софьей Ивановной и сыном Константином. Выступал в каз. прессе с воспоминаниями о событиях, свидетелем которых был. Проживал в Ошеан-Сити, в шт. Нью-Джерси. После Б. оставались жена София Ивановна, урожд. Ястребова и сын Константин.

Похоронен на каз. участке Свято-Владимирского кладбища возле Кэссвилла, в шт. Нью-Джерси.

Л и т. Каз. словарь-справочник / Изд. А.И. Скрылов, Г.В. Губарев. Кливленд, 1966. Т. I. С. 68–71. Репринт. М., 1992. Т. I. С. 90–91; *Фёдоров Н.В.* Некролог // Часовой (Брюссель). 1982. № 639.

БУДБЕРГ Алексей Павлович [**Будберг фон Беннингхаузен Фрейхерр фон Зеннен**] бар. (21 мая 1869 – 14 дек. 1945, Сан-Франциско) — Ген. штаба ген.-лейтенант. Оконч. Орловский кад. корпус и Михайловское арт. уч-ще. В 1895 оконч. Академию Ген. штаба с производством в чин капитана, причислен к Ген. штабу и назначен на службу в Приамурский ВО. 18 лет прослужил на Дальнем Востоке.

Во время Первой мировой войны занимал должность ген.-квартирмейстера штаба округа, командовал 40-й и 70-й пехотными дивизиями, а в 1917 был командиром XIV корпуса. Участник Гражданской войны в Сибири, где некоторое время занимал должность военного министра правительства адм. А.В. Колчака. Кавалер 10 рус. орденов, двух ин. и семи рус. медалей. После оконч. Гражданской войны переселился в США, в Сан-Франциско, где с 1924 до своей кончины в 1945, был председателем Об-ва Рус. ветеранов Великой войны. На этом посту превратил Об-во в центр рус. культурной жизни в Сан-Франциско. Для военных были организованы библиотека, музей, устраивались доклады. С 1926 стал издаваться Вестник Об-ва РВВВ, получивший высокую оценку у всех рук. РОВС. Его жена, *Валентина Петровна* скончалась в 1933.

Похоронен на Серб. кладбище в Сан-Франциско.

И с т. АОРВВВ. Ген.-лейт. Ген. штаба бар. Алексей Павлович Будберг // Альбом № 1. 1945. Дек.

Л и т. *Шмелёв А.В.* Сан-Францисскому Об-ву ветеранов Великой войны — 75 лет // Наши вести (Санта-Роза). 1999. Июнь. № 455/2756. С. 18–19.

БУДБЕРГ Валентина Петровна, бар. — жена Ген. штаба ген.-лейтенанта *А.П. Будберга*. Помогала мужу на всем пути службы в мирное время, в Действующей армии в Великую войну, в годы революции — в Белой армии. При раздаче подарков на фронте была тяжело контужена.

Сконч. 13 марта 1933 года.

Похоронена на Серб. кладбище в Сан-Франциско.

И с т. АОРВВВ. Бар. Валентина Петровна Будберг. Альбом № 1. 1933. Март; АРЦ. *Тарала Г.А.* С. 1.

БУДБЕРГ Пётр Алексеевич [**Boodberg Peter**] — заслуженный проф. восточ. яз. при Калифорнийском ун-те в Беркли. Во время революции в России эмигрировал с родителями в Маньчжурию. Затем переехал в США, где в 1924 в ун-те Беркли получил диплом бакалавра и в 1930 защитил докторскую дисс. В 1932 начал преподавательскую и научную деятельность в этом же ун-те. Ушел в отставку в 1970, но после этого многократно приглашался для чтения лекций. Печатные работы Б. охватывают очень широкий диапазон в изучении кит. цивилизации, включая историю, философию и фонологию. Последние годы исследовал эволюцию значений в древнем кит. яз. Проследил происхождение кит. письменности и создал новую номенклатуру для анализа иероглифов. Изучал жизнь и время Конфуция. С 1963 по 1964 был президентом Амер. об-ва востоковедения. Был членом Амер. академии искусств и наук. Дважды состоял членом фонда Гугенгейма. В 1960 назначен на кафедру восточ. яз. и лит. им. Агассиза. *Родственники:* жена Елена; дочь Ксения и двое внуков.

И с т. Архив КРА. Некролог; *Мартьянов Н.Н.* Список — 1944. С. 84–88.

БУДЗИЛОВИЧ Пётр Николаевич (род. 27 дек. 1926, Гомель) — инж., общественно-полит. и церковный деятель. Род. в семье преподавателя латинского яз. в мед. ин-те в

Гомеле, в Белоруссии. Учился в начальной школе. В результате военных действий в 1943 стал беженцем и до 1945 жил в Германии, где его отец был председателем Белорус. Рады в КОНР.

В 1949 переселился в США и работал пом. топографа. С 1950 по 1952 служил по призыву в амер. армии. Службу оконч. в звании сержанта пулеметного взвода роты тяжелого вооружения в Исландии. В марте 1953 стал гражданином США. С 1952 по 1957 учился в Массачусетском технологич. ин-те («MIT») и оконч. его со ст. бакалавра и магистра по электронике и автоматич. контролю. С 1957 по 1966 работал на разных предприятиях в качестве инж.-электронщика, а потом как специалист по сбыту продукции промышленными фирмами другим фирмам. В то же время начал применять свои знания техники и рус. яз. В 1958 помогал в создании отдела переводов и анализа технич. лит. на рус. яз. в изд-ве McGraw-Hill и входил в группу инж. и профессуры при Колумбийском ун-те, переводящую журнал «Прикладная математика и механика». С 1966 по 1968 — технич. ред. журнала «Electronic Design», а в 1969 — технич. ред. журнала «Control Engineering». За три года отредактировал и написал ок. 200 статей. В 1970 открыл собственную фирму для консультирования по вопросам сбыта, рекламы и общественных отношений между предприятиями. Клиентами Б. был ряд крупных фирм Америки. В 1988 оконч. книгу-руководство по орг-ции «Public relations». В 1973 состоял консультантом в Совете по технологии при президенте США по вопросу открытия сотруднич. между США и СССР в обл. науки и техники. Еще с 1957 начал принимать участие в жизни рус.-амер. диаспоры. С 1969 преподает на добровольных началах рус. историю в школе Свято-Покровского прихода в Наяке, в шт. Нью-Йорк. Участвовал в рук. рус.-амер. культурно-просветительного об-ва «Отрада». За годы преподавания написал курс рус. истории и пособие для ст. кл. с разоблачением марксизма. В 1972 стал одним из основателей КРА и с 1973 являлся членом его Главного правления и председателем в теч. трех сроков. Отв. рук. и основатель представительства КРА в Вашингтоне (Information Agency of the CRA). Вошел в качестве представителя амер. граждан рус. происхождения в Национальный совет Республиканской партии «Heritage». В 1992 создал программу благотворительной помощи для бедствующих в России под названием «Морской мост». Ред. официального бюллетеня-квартальника «CRA NEWS», выходящего с мая 1979 на рус. яз. с параллельным англ. текстом. Сотрудничал в журнале «Русский Американец» и в частном порядке в журналах «Православния Русь» (Джорданвилл), «Русское возрождение» (Нью-Йорк—Париж—Москва), «Кадетская перекличка», газ. «Литературная Россия» (Москва), «Русская Жизнь» (Сан-Франциско), «Русский вестник» (Москва), «Русь державная», «Веди», «Наша Страна» (Буэнос-Айрес), «Вече» (Мюнхен), «Единение» (Мельбурн), «Невский проспект», «Век», «Демократична Украина», «Град Китеж», «Русский пастырь», «Церковная жизнь», «Колокол». В 1990 удостоился награждения «Медалью почета Эллис Айленда», присуждаемой раз в пять лет лет лицам, сделавшим вклад в жизнь США и своих этнич. групп. В 1993 председатель городского совета Нью-Йорка вручил Б. грамоту за заслуги перед рус.-амер. общиной. За орг-цию и проведение благотворительной программы «Морской мост» награжден правительством России благодарственной грамотой. В 1999 отошел от работы в КРА, чтобы заниматься лит. деятельностью. Главное правление КРА выразило Б. благодарность за его многолетнюю бескорыстную общественную работу и наградило памятной бронзовой табличкой с выгравированной благодарственной надписью. После ухода на покой митрополита *Виталия (Устинова)* создал оппозицию по отношению к новоизбранному митрополиту *Лавру (Шкурла)* (РПЦЗ). Женат на Екатерине Ивановне, урожд. Левашёвой, имеет замужних дочерей Татьяну, Екатерину и Марию, женатого сына Николая и четырнадцать внуков и внучек (в 1998).
И с т. АА. *Будзилович Пётр Николаевич*. Краткий автобиографич. очерк (машинопись), 1994; *Budzilovich Peter N*. A biographical sketch (a typescript), 1994; *Pantuhoff Oleg* — 1976.

БУДЗИЛОВИЧ Глеб Николаевич (род. 7 сент. 1923, Злобин) — патолог, невропатолог, нумизмат. Оконч. мед. ф-т Мюнхенского ун-та в 1953. В 1954–64 занимался исследованиями в обл. патологии и невропатологии. Проф. медицины Нью-Йоркского ун-та, преподавал невропатологию студентам, аспирантам и врачам-резидентам. Занимал должность директора отделения невропатологии Нью-Йоркского ун-та и курсов по невропатологии для студентов при госпитале Бельвю в Нью-Йорке. Посвятил свою научную карьеру невропатологии СПИДа, невропатологич. расстройствам, связанным с диабетом, невроонкологии, травме центральной части черепа. Автор 71 статьи в журналах по общей патологии невропатологии, глав в учебниках. Женат на Татьяне Николаевне, урожд. Малявко-Высоцкой.
И с т. *Budzilovich Gleb*. Curriculum vitae, Assn. of Russian American Schcolars in the USA. 1988.

БУЙВИД Георгий М. [George M. Buivid], ветеран амер. армии, в 1947 служил в Берлине.
И с т. *Pantuhoff Oleg* — 1976.

БУЙВИД Михаил Дмитриевич — инж., умер 21 июня 1962 в городе Стратфорде, в шт. Коннектикут, похоронен там же.
Л и т. *Плешко Н.Д.* Генеалогич. хроника // Новик (Нью-Йорк). 1963. Отд. III. С. 5.

БУЙМИСТРОВ Владимир Владимирович (15 июля 1882, С. Насурово Рязанской губ. – 28 марта 1948, Гавана, о-в Куба) — придворный, представитель Рос. Красного Креста. Учился в Англии, в 1903 оконч. курс Императорского Александровского лицея. Камер-юнкер Высочайшего Двора, статский советник. После революции представлял адм. Колчака в Вашингтоне, был особоуполномоченным Рос. об-ва Красного Креста в Сев. и Юж. Америке и председателем Амер. об-ва помощи рус. беженцам. Был женат на амер. гражданке Елизавете Бертран.
Л и т. *Плешко Н.Д.* В.В. Буймистров. Генеалогич. хроника // Новик (Нью-Йорк). 1939. Приложение к II выпуску. С. 15; *Его же.* Некролог // Там же. 1948–1949. Отдел III. С. 1–2.

БУКАНОВСКИЙ Леонид (16 июля 1915 – 15 окт. 1992) — акробат-танцор, актер-комик. Прибыл в США, в Сан-Франциско из Шанхая через остров Тубабао на Филиппинах. Входил в состав рус. балета и рус. театра оперетты в амплуа комика.
И с т. АРЦ. *Тарала Г.А.* С. 1.
Л и т. *Четвериков Д.* Памяти Л. Букановского // РЖ. 1992. 24 окт.

БУКЕТОВ Игорь Феофанович (1914, Хартфорд (шт. Коннектикут) – 7 сент. 2001) — дирижер. Род. в семье рус. православного священника-миссионера. Через отца лично познакомился с *С.В. Рахманиновым*, пример которого его увлек и решил всю его дальнейшую судьбу. Впервые познакомился с творч. Рахманинова во время исполнения хором «Трех русских песен» под управлением Стоковского. Рахманинов хотел, чтобы в хоре звучали глубокие рус. басы. Этого удалось достигнуть при содействии отца, знавшего в Америке всех протодьяконов и духовных лиц с такими голосами.

Учился в Нью-Йорке в муз. школе Джульярд, в которой получил ст. бакалавра и магистра. В этой школе, в колледже Аделфи и в Колумбийском ун-те управлял хорами. Стал известен в муз. кругах как талантливый специалист по рус. музыке, особенно когда ввел в 1940 рус. пение в «Средневековую музыку» Густава Риса (Gustav Reese). Как выдающийся рус. дирижер, удостоился в 1941 и в 1967 первой премии Алисы Дитсон. В 1945 назначен на должность директора Оперной ассоциации Чатоква. В 1947 выехал на гастроли в Европу. После возвращения получил должность директора Филармонии Форта Уэйн и директора оркестрового отделения ун-та Бутлера в Индианаполисе. С 1948 по 1953 был дирижером на молодежных концертах Нью-Йоркской филармонии. С 1963 по 1966 управлял симфонич. оркестром Исландии. В теч. последних лет жизни приобрел известность оркестровкой неоконченной еще в 1908 опере Рахманинова «Monna Vanna». Премьера этого произведения состоялась в 1984 и была исполнена Филадельфийским оркестром под управлением Б. Составил новую оркестровку к опере М.П. Мусоргского «Борис Годунов», поставленной на сцене Нью-Йоркской Метрополитен Оперы в 1997 под управлением В. Гергиева. Внимание общественности привлекло восстановление Б. текстов в «Увертюре 1812 года» П.И. Чайковского. *Родственники:* жена Маргарита; дочь Варвара Моук (Barbara Mouk).

Л и т. *Kozinn A.* Igor Buketoff. 87 Conductor And Expert on Rachmaninoff // The New York Times. 2001. 11 Sept.

БУКЕТОВ Феофан Матвеевич, о. Феофан [**Theophan Buketoff**] (1879, Херсон – 1968) — протопресвитер, православный миссионер в Америке. Оконч. в 1901 Одесскую дух. семинарию. После рукоположения во диаконы и иереи прибыл в нач. 1902 в США, стал настоятелем церкви в Ансонии и содействовал воссоединению униатского прихода с православием в Уотербери.

Вел миссионерскую работу в восточ. Канаде, основал приход в Монреале, воссоединил второй униатский приход с православием в Бруклине и был назначен благочинным в Нью-Йорке. В 1911 возвратился в Россию, но в 1921 вернулся в США, где получил приход в Мэйнарде, в шт. Массачусетс. Служил в Нью-Джерси, был настоятелем собора Покрова Божией Матери, ред. журнал «Неделя» и возобновил в 1936 изд. журнала «Russian-American Orthodox Messenger». *Родственники:* сын, дирижер *Игорь Букетов.*

Л и т. Father Theophan Bouketoff // Orthodox America 1794–1976. Tarasar Constance (Gen. Ed.). 1975. P. 123.

БУКРЕТОВ Николай Адрианович (1876, Тифлис – 8 мая 1930, Нью-Йорк) — Ген. штаба ген.-майор. Занимал пост атамана Кубанского каз. войска (на апр. 1920). Ветеран Первой мировой и Гражданской войн. Георгиевский кавалер (1915). В эмигр. жил в Нью-Йорке. После Б. осталась вдова Вера Захаровна.

Л и т. Некролог // НРС. 1930. 11 мая.

БУЛАВИН Леонтий Васильевич (1893, стан. Суворовская Обл. Войска Кубанского – 12 июня 1934, Нью-Йорк) — есаул, ветеран Первой мировой и Гражданской войн. Командовал сотней 2-го Хоперского полка в чине есаула на Кавказском фронте. Был ранен. После оконч. войны и эвакуации переселился в США, где оконч. Практич. ин-т с дипломом инж. Служил в компании «Эдисон».

Похоронен на православном участке кладбища Маунт Оливет.

Л и т. Некролог // НРС. 1936. 21 апр.

БУЛАЦЕЛЬ Борис Федорович (23 декабря 1897 – 28 февр. 1984, Сан-Франциско) — подпоручик, оконч. Сергиевское арт. уч-ще. Участник Гражданской войны в рядах Добровольч. армии. Эвакуировался в Галлиполи и впоследствии эмигрировал в США.

Похоронен на Серб. кладбище.

И с т. АРЦ. *Тарала Г.А.* С. 1.

Л и т. Некролог // Часовой. 1984. Май – июнь. № 649. С. 31.

БУЛАШЕНКО Елена Ильинична (род. 27 мая 1909, Киев) — инж.-электрохимик. В 1934 оконч. химич. ф-т Киевского индустриального ин-та. В США жила в Филадельфии, в Пенсильвании. Действительный член Об-ва рус. инж. в США (1958).

И с т. Анкета Об-ва русс. инж. в США.

БУЛГАКОВ Лев Николаевич (1888–20 июля 1948, Нью-Йорк) — артист МХТ в 1911–1924. Был на гастролях в Париже и отказался возвращаться в Сов. Россию. В 1924 переселился с женой, *Варварой Петровной*, в США. Ставил пьесы в амер. театрах.

Л и т. Некролог // НРС. 1949. 17 июля.

БУЛГАКОВ Пётр (1862–1931, Беркли, шт. Калифорния) — православный священник, писатель. 15 лет был настоятелем рус. посольской церкви в Токио. Переписывался с патриархом *Тихоном.* Написал ряд трудов о Японии, в т. ч. двухтомник «Христианство в Японии» (рукопись). Переселился в США.

Похоронен на Серб. кладбище в Сан-Франциско.

И с т. АРЦ. *Тарала Г.А.* С. 1. Булгаков Пётр // Незабытые могилы / Сост. В.Н. Чуваков. Т. I. С. 442.

Л и т. Serisev In. Rev. Archprist Peter Ivanovich Bulgakov // Album Sydney. 1946. P. 14.

БУЛГАКОВА Варвара Петровна (? – 11 марта 1977, Окленд, шт. Нью-Джерси) — артистка. При Сов. власти поехала на гастроли в Париж с труппой МХТ, в которой состоял ее муж — режиссер *Л.Н. Булгаков,* и не вернулась. Переселилась в 1924 в США и играла в амер. театрах в пьесах, которые ставил ее муж. После смерти мужа в 1948 преподавала в школе театра «Винч» и в студии Тамары Дейкархановой. Скончалась в шт. Нью-Джерси, где она жила у сына.

Л и т. Некролог // НРС. 1977. 17 марта.

БУЛЫГИН Николай — морской офицер, ставший осенью 1808 по приказу *Баранова* нач-ком экспедиции на борту брига «Св. Николай» в устье реки Колумбии для основания там рус. поселения. Во время бури судно разбилось о прибрежные скалы, и **Б.**

со своей молодой женой и командой попал в плен к индейцам племени квиллают. **Б.** и его жена в плену погибли, но члены его команды во главе с *Тимофеем Таракановым* были впоследствии освобождены амер. моряками и вернулись в Рус. Америку.

Л и т. *Chevigny H.* Russian America. The Great Alaskan Venture, 1741–1867. Viking Press, 1965. P. 135–146.

БУЛЫГИНА Анна Петровна (1790–1809) — жена *Николая Булыгина*, участница экспедиции в устье реки Колумбии. После кораблекрушения попала в 1808 в рабство к индейцам племени квиллают и погибла в 1809.

Л и т. *Chevigny H.* Russian America. The Great Alaskan Venture, 1741–1867. Viking Press, 1965. P. 135–146.

БУЛЫЧЕВ Федор Кондратьевич (? – 1 нояб. 1971, Санта-Барбара, шт. Калифорния) — поручик Кавалергардского полка. Ветеран Первой мировой и Гражданской войн. За боевые заслуги награжден Георгиевским крестом. Служил в армии адм. А.В. Колчака и совершил Сибирский («Ледяной») поход 1920.

Похоронен в Сан-Франциско на Серб. кладбище.

Л и т. Некролог // Часовой (Брюссель). 1971. Дек. № 546. С. 19.

БУЛЮБАШ Евгений Григорьевич (1 сент. 1873, Полтава – 2 окт. 1967) — ген.-майор. Оконч. Киевский кад. корпус. Произведен из ст. портупей-юнкеров Павловского военного уч-ща в офицеры 8 авг. 1894. После оконч. Николаевской академии Ген. штаба в 1900 продолжал службу в Павловском военном уч-ще на строевых должностях и преподавал военные предметы. С производством в полковники в 1912 переведен в 170-й пехотный Молодеченский полк, с которым выступил на Первую мировую войну командиром батальона. Был тяжело ранен немцами при исполнении обязанностей парламентера. В 1915 назнач. командиром батальона Павловского военного уч-ща. После большевистского переворота 1917 бежал на Дон и принял участие в формировании Добровольч. армии с первых дней ее создания. Участник 1-го Кубанского («Ледяного») похода 1918, командир офиц. батальона Корниловского полка, 1-го Донского пластунского батальона. После Галлиполи и жизни в Болгарии переселился в 1950 США. В 1967 исполнилось 73 года со времени производства **Б.** в офицеры. Скончался в Виргинии.

Похоронен в Мюнхене, рядом с могилой жены.

Л и т. Ген.-майор Булюбаш // Часовой (Брюссель). 1955. Апр. № 352. С. 18; *Арский Б.* Незабытые могилы // Там же. 1967. Дек. № 498. С. 23.

БУРАЧЕК Степан Павлович — капитан II ранга, ветеран Первой мировой и Гражданской войн, двенадцатый председатель совета директоров Об-ва быв. рус. морских офицеров в Америке.

И с т. АА. Список председателей Совета директоров Об-ва Рус. императорских морских офицеров в Америке.

БУРЖИНСКИЙ Николай Петрович (1887 – 24 окт. 1966) — оконч. в 1913 Санкт-Петербургский Политехнич. ин-т по I разряду со званием инж.-электрика. Начал службу на Путиловском заводе и в конце 1915 был командирован в США арт. приемщиком. По оконч. работ арт. комиссии остался с семьей в Америке. Первые 10 лет служил в General Electric Co. и затем 29 лет на трансформаторном заводе Maloney Electric Co в Сан-Луисе, Миссури. За выдающиеся работы по расчетам и конструкциям электрич. трансформаторов удостоился получения почетного звания: Fellow of American Institute of Electrical Engineers. Состоял членом Об-ва рус. инж. в США и Объединения СПб политехников. *Родственники:* вдова Елизавета Михайловна.

И с т. Анкета Об-ва рус. инж. в США; *Нечволодов В.П.* Инж. Николай Петрович Буржинский. Некролог. Рукопись, 1966.

БУРКИН Иван Афанасьевич (род. 5 февр. 1919, Пенза) — поэт, скульптор, преподаватель рус. яз. Детство провел в Поволжье. В 1940 оконч. ф-т рус. яз. и лит. Педагогич. ин-та. В годы войны был на фронте, попал в плен, после чего некоторое время жил в Германии.

В 1950 переселился в США. После оконч. аспирантуры в Колумбийском ун-те в Нью-Йорке, 15 лет преподавал рус. яз. и лит. в Сиракузском ун-те в шт. Нью-Йорк и в Сан-Францисском штатном колледже. Занимался поэзией более 50 лет. Стихи начал публиковать в 1938 в Саранске (Мордовия). Печатался в рус. зарубежных журналах «Опыты», «Грани», «Мосты», «Перекрестки», «Встречи», «Современник», в газ. «Новое русское слово» (Нью-Йорк) и «Русская Жизнь» (Сан-Франциско). Автор сб. стихотворений «Только ты» (1947). «Рукой небрежной», «Путешествие из черного в белое» (1972), «Заведую словами» (1976), «13-й подвиг» (1978), «Голубое в голубом» (1980), «Луна над Сан-Франциско» (1992). В России стал снова публиковаться в перестроечные годы: в газ. «Литературная газета» (1988), «Русский рубеж» (1990), «Смена» (1991). В последние годы печатался в газ.: «Книжное обозрение» (1995), «День литературы» (1997), в журналах: «Новый Журнал» (1994), «Вотум» (1994), «Новый мир» (1995), «Многоточие» (1995, 1996, Донецк), «Комментарий» (1996), «Дружба народов» (1997), «Арион» (1997), «Наш современник» (1998), «Вестник современного искусства» (1998). В библиотеке альманаха «Петрополь» были изданы три сб. стихов: «Луна над Сан-Франциско» (1992), «Путешествие после поэта на край абсолютного сна» (1995), «Возмутительные пейзажи, лабиринт» и т.д. (1996). Участник зарубежных и рос. антологий: «Муза диаспоры», «Содружество», «Берега», «Антология русского верлибра», «Вернуться в Россию стихами», «Антология поэзии русского зарубежья», «Строфы века». В разные годы появлялись переводы с англ. на рус. (М. Пупин. «От иммигранта к изобретателю» (1953) и с рус. на англ. (стихи рус. поэтов), лит. критика и работы по поэтике.

И с т. АА. Буркин Иван Афанасьевич. Биографич. справка. Машинопись, 2 стр.

Л и т. Автобиография // Берега. Стихи поэтов второй эмигр. / Сб. под ред. Вал. Синкевич. Филадельфия, 1992. С. 261; *Крейд В.* С. 609–610; *Витковский Е. В.* Антология... Кн. 4. М., 1997. С. 359.

БУРКОВСКИЙ Василий Матвеевич (27 февр. 1902, стан. Каменская Обл. Войска Донского – ?) — инж.-механик. В эмигр. оконч. Высшую технич. школу в Брно, в Чехословакии, со званием инж. Работал на заводе Шкода в Пльзене. 20 лет занимался арматурой высокого давления, конденсаторами и паровыми турбинами. Переселившись в США, 20 лет служил в фирмах, производивших сельскохоз. машины, краны, буровые машины, холодильники, и строивших трубопроводы.

И с т. Анкета Об-ва рус. инж. в США.

БУРЛЮК Давид Давидович (9 июля 1892, Харьковская губ. – 1967, Лонг-Айленд, шт. Нью-Йорк) — поэт, художник, отец и «атаман» рос. футуризма. В детстве из-за несчастного случая потерял глаз. Учился живописи в Мюнхене, Париже и Москве. Из поездки в Зап. Европу вернулся в Россию увлеченный импрессионизмом. В лит. был футуристом. Ездил с выступлениями по городам России вместе с В.В. Маяковским и Вас. Каменским. В 1922, не желая подчиняться «политизации» поэзии, через Японию выехал в США. В США продолжал писать стихи и занимался живописью.

Л и т. *Рохлин А.* Ко дню рождения Давида Бурлюка // НРС. 1998. 11–12 июля; *Сухопаров С.* Одноглазый атаман // Там же. 1987. 1 сент.

БУРЛЮК Николай [Никита] Давидович (11 апр. 1915, Москва – 13 апр. 1995, Саутхемптон на Лонг-Айленде, шт. Нью-Йорк) — художник и публицист. Род. в семье художника-футуриста *Д.Д. Бурлюка*. В 1920 выехал в Японию с отцом и ст. братом. В 1922 семья переселилась в США и поселилась в Нью-Йорке. В 1938 оконч. Нью-Йоркский ун-т с дипломом журналиста. Начал заниматься искусством, но Вторая мировая война прервала его занятия. Четыре года служил в чине капрала в амер. армии. Участвовал в высадке союзников в Нормандии (1944). В 1950 оконч. Колумбийский ун-т со ст. магистра изобразительного искусства. Писал пейзажи, натюрморты и картины из жизни амер. провинции. *Родственники:* жена (урожд. Бойд) Жаннет; и дочь.

Похоронен на национальном кладбище в Калвертоне.

Л и т. *Вильданова Р.И., Кудрявцев В.Б., Лаппо-Данилевский К.Ю.* Словарь // *Струве Г.* С. 291; *Лейкинд О.Л., Махров К.В., Северюхин Д.Я.* Худ. Рус. зарубежья. С. 184.

БУРМАН Анатолий Михайлович (1888–16 нояб. 1962, Спрингфилд, шт. Массачусетс) — артист балета. Оконч. Санкт-Петербургскую балетную школу. Был принят в Императорский балет. Выехал при сов. власти за рубеж на гастроли и выступал с труппой С. Дягилева в Европе, в Юж. Америке и в США. Остался на постоянное жительство в США и стал балетмейстером. На этой должности работал семь лет в Нью-Йорке в театре Стренд. В 1930 организовал в Спрингфилде балетную школу и рук. ею в теч. 30 лет. В соавторстве с Дороти Лаймен Грин издал в 1936 на англ. яз. книгу «Трагедия Нижинского», которая впоследствии была переведена на рус., нем. и франц. яз.

Л и т. Некролог // НРС. 1962. 18 нояб.

БУРМИСТРОВ Василий Георгиевич (28 янв. 1896 г., Турово-Кашин Тверской губ. – ?) — инж.-строитель. Оконч. Кашинскую гимназию и поступил в Санкт-Петербургский Технологич. ин-т. Начало войны прервало занятия **Б.** В 1916 командирован в Америку как член Арт. комиссии по закупке для России вооружения. После оконч. войны остался в США. В 1923 оконч. Корнельский ун-т с дипломом гражданского инж. С 1923 по 1938 служил в частных компаниях, занимавшихся проектировкой домов. С 1938 по 1955 служил в Морском ведомстве. Производил расчеты построек: церквей, домов, бараков, мостов и др., заведовал и наблюдал за постройками. В 1955, после смерти брата, Ивана Георгиевича, принял на себя в Филадельфии основанную им компанию Vibration Specialty Co и стал ее президентом. Состоял членом Об-ва рус. инж. в США.

И с т. Анкета Об-ва рус. инж. в США. 1968. 15 окт.

БУРОВ Петр Никитич (1872, Костромская губ. – 2 нояб. 1954, Балтимор) — Ген. штаба ген.-майор. Прямой потомок Ивана Сусанина. Оконч. в 1894 в Петербурге Владимирское военное уч-ще и в 1902 Академию Ген. штаба. Служил в Туркестане. Исследовал Туркестан и написал о нем ряд науч. трудов. Нач-к Александровского военного уч-ща. Участник Первой мировой и Гражданской войн. Нач-к разведывательного отделения штаба 1-й армии ген. П.К. Ренненкампфа.

Командовал 37-м Екатеринбургским полком 10 пех. дивизии. Награжден Георгиевским оружием, орденом св. Георгия IV ст. и орденом Белого Орла I ст. Многократно ранен. Отступил с Белой армией через Галлиполи, жил в Болгарии, Фр. и США. Участвовал в работе рус. военных орг-ций в Париже и в США. *Родственники:* вдова *Нина Федоровна Бурова;* сын *Петр* с семьей; дочь *Нина.*

Л и т. Нач. Александровского военного уч-ща ген.-майор Буров // Часовой (Париж). 1931. 15 янв. № 47. С. 9; Некролог // Там же (Брюссель). 1955. № 349. С. 19.

БУРОВ Петр Петрович (род. 1916, Вел. Княжество Финляндское) — инж.-химик. Сын ген. *П.Н. Бурова,* потомок Ивана Сусанина. Учился во Фр. в лицее Карно. Совершенствовал свой рус. яз. в рус. гимназии в Париже. Поступил в Сорбонну.

В 1939 мобилизован во франц. армию, хотя призыву не подлежал как лицо, имеющее паспорт Нансена. Оконч. военное уч-ще в St. Maxent, с производством в офиц. чин. С офиц. батальоном участвовал в бою под Chinon. После оконч. войны вернулся в Сорбонну, в которой в 1944 получил диплом доктора химии. В 1949 эмигрировал в США, где уже был известен своими изобретениями. Был принят и награжден президентами Э. Гувером и Д. Эйзенхауэром. По проектам **Б.** построен ряд химич. заводов. Выйдя в отставку занимался консультациями. У Петра Петровича — дочь *Екатерина,* певица.

И с т. Анкета Об-ва рус. инж. в США. 1949; Архив КРА. *П. П. Буров,* машинопись (иллюстрированная статья).

БУРОВА Екатерина [Кита] (в браке де Сеза) — актриса и певица. Дочь *П.П. Бурова,* получила муз. образование в Парижской высшей школе театрального искусства. Солистка Радио-сити на Бродвее в Нью-Йорке. Ездила на гастроли в Москву, организованные фондом «Русская соборность» и др. орг-циями. Замужем за композитором, дирижером и пианистом Гарри де Сеза. Имеет сына Гарри Бурова де Сеза.

Л и т. *Мацкявичене М.* Катя Бурова, праправнучка Сусанина // РЖ. 1992. 29 февр.; *Её же.* Потомки Ивана Сусанина прибыли в Москву из Америки // Веч. Москва. 1992. 10 июля.

БУРОВА Нина Фёдоровна (1894, Вильно – 15 дек. 1998, Вашингтон) — ветеран Гражданской войны, искусствовед, общественный деятель. Род. в семье полк. Императорской армии Ф.П. Клыкова. Оконч. Мариинский ин-т с золотой медалью в 1911 и в 1912 — педагогич. курсы при ин-те. В 1917 оконч. историко-филолог. ф-т Московского ун-та, училась в Сорбонне, получила докторскую ст. по психологии и психиатрии при Парижском ун-те, изучала византийское искусство при Лувре в Париже. Была замужем за ген. *П.Н. Буровым*, многократно рисковала жизнью, была ранена, захвачена большевиками, чудом избежала расстрела, который был заменен каторжными работами на Соловках; в 1923 бежала через Польшу во Фр., где воссоединилась с мужем, в конце концов обрела спокойную жизнь в Америке. Многосторонне образованная, всю жизнь была очень деятельной, в теч. 30 лет преподавала искусство, иконографию и яз., знакомила американцев с рус. живописью за рубежом. Занималась портретной живописью, писала иконы в византийском стиле.

Член КРА и РАГ в США. Основала Об-во рус.-амер. художников в Калифорнии, и тридцать лет состояла членом Республиканской партии, всегда находясь в центре рус. общественной и полит. жизни в Вашингтоне, пользовалась признательностью со стороны соотечественников и уважением амер. сограждан. Сотрудничала в комитете по выборам президента США. Ее перу принадлежит книга «Река времен», в которой собран ряд статей на самые разнообразные темы, показывающие широкий диапазон интересов автора. Десятилетиями сотрудничала в рус. периодич. печати, в «Новом русском слове» (Нью-Йорк), «Русской жизни» (Сан-Франциско), «Русской мысли» (Париж) и в журнале «Часовой» (Брюссель), писала рецензии на книги. Б. не отставала от текущих событий. *Родственники*: дочь Нина (1914 г.р); сын Петр (1916 г.р.) с семьей; внучка Екатерина; правнук Гарри.

И с т. АА. *Bouroff Nina*. Curriculum vitae (manuscript), 1982.

Л и т. *Александров Е. А.* Нина Фёдоровна Бурова // РА. 1997; Врач и художник Нина Федоровна Бурова // НРС. 1998. 19–20 дек.

БУТАКОВ Иван Иванович — капитан I ранга, командир фрегата «Ослябя» в составе рус. эскадры в Атлантич. океане, посетившей Нью-Йорк в 1863–64 для участия в защите северян от возможного выступления Англии и Фр. во время гражданской войны в США на стороне Южной Конфедерации.

Л и т. *Тарсаидзе А.Г.* К 90-летнему юбилею прибытия рус. эскадр в Америку 1863–1953 // Морские записки. 1953. Нояб. Т. XI. № 3. С. 11–23.

БУТЕНЕВ [Хрептович-Бутенев] Сергей Аполлинарьевич (1922 – 18 апр. 1974) — гр. Ветеран, филантроп. До 14-летнего возраста жил во Фр. В 1936 семья переехала в свое имение в Польше под городом Новогрудком, но в 1939 попала под сов. оккупацию. Арестован сов. властями, однако по особому ходатайству королевы Италии освобожден и уехал в Италию. В 1940 переселился в США. Оконч. с золотой медалью консерваторию по кл. фортепиано в Цинциннати. Во время Второй мировой войны служил по призыву в амер. армии. После оконч. войны служил в посольстве США в Венгрии. В 1947 вернулся в США и служил до конца жизни в мин. внутренних дел. Был председателем Об-ва помощи рус. детям за рубежом и членом правления Богословского фонда. *Родственники*: вдова, Татьяна Сергеевна, урожд. княжна Трубецкая.

Л и т. *Трубецкой С.* Скончался С.А. Бутенев // НРС. 1974. 20 апр.

БУТЕНЕВА Татьяна Сергеевна (1928, Кламар (Франц.) – 15 янв. 1977) — преподаватель. Род. в княжеской семье Трубецких. Переехав в США, преподавала в частной женской школе в Нью-Йорке с 1956 по 1993 до ухода на пенсию. Участвовала в благотворительной деятельности Об-ва помощи рус. детям за рубежом. Организовывала сбор средств через устройство «Балов Петрушка». Была замужем за *Сергеем Бутеневым*. *Родственники*: сын, протоиерей Сергей Бутенев; дочь Марина Куломзина; сестра Вера Бутенева; брат Евгений Сергеевич Трубецкой; пятеро внуков.

Л и т. Tatiana Boutenef, Russian Teacher, 69 // The New York Times. 1997. January 27. P. B10.

БУТЕНКО Василий Феодосьевич (13 авг. 1894, Таврич. губ. – 5 февр. 1976, Нью-Йорк) — подполковник, общественный деятель. Оконч. в 1912 гимназию в Екатеринославе. Поступил в Петроградский политехникум, но с 3-го курса ушел в Ораниенбаумскую военную школу, оконч. которую получил чин прапорщика. Первую мировую войну оконч. в чине штабс-капитана. После захвата власти большевиками бежал на Дон, к ген. Л.Г. Корнилову. В составе Офиц. (затем — Марковского) полка участвовал в 1-м Кубанском («Ледяном») походе 1918. Эвакуировался в Кор. СХС. В 1928 оконч. Загребский коммерч. ин-т. Переехал в Прагу, где стал членом ЦК Крестьянской партии. Переселился в США, где пытался возродить эту партию, тщетно рассчитывая на рус. эмигрантов, прибывших в США после Второй мировой войны. Много лет работал в газ. «Новое русское слово» (Нью-Йорк). Ред. ежемесячник РООВА «Русский вестник», а также книги рус. эмигрантов.

Л и т. Некролог // НРС. 1976. 6 февр.; Некролог // Часовой (Брюссель). 1976. № 597. С. 19.

БУТЕНКО Митрофан Порфирьевич (22 нояб. 1894 – ?) — инж.-строитель. В 1926 оконч. Инж.-строительный отдел ун-та в Загребе. В США жил в Бруклине, Нью-Йорк. Действительный член Об-ва рус. инж. в США.

И с т. Анкета Об-ва рус. инж. в США.

БУТКОВ Владимир Николаевич (19 июня 1916, Таганрог Обл. Войска Донского – 11 февр. 2000, Вест Орандж) — общественно-полит. деятель, председатель РОВС (1999–2000), капитан. Род. в семье священника 17-го Донского ген. Бакланова полка протоиерея Владимира Буткова (?–1944) — будущего священника Дроздовской стрелковой дивизии Рус. армии. В эмигр. с семьёй в Болгарии, где оконч. рус. гимназию. В 1932 вступил в РОВС, оконч. унтер-офиц. и офиц. курсы при III отделе РОВС в Софии, произведён в корнеты. Участвовал в деятельности НОРР. Оконч. мл. кл. Высших Зарубежных военно-науч. курсов ген.-лейт. Н.Н. Головина.

В 1944 переехал в Белград, а затем в Вену. Зимой 1945 призван в Вермахт, в апр. 1945 переведён в Отдельный корпус ген.-майора А.В. Туркула (в составе ВС КОНР), в рядах которого служил командиром батальона. Капитан ВС КОНР (май 1945). Принудительной репатриации в сов. зону избежал. После войны — в Зап. Германии. В лагере «перемещенных лиц» Шляйхсгейм (Бавария) был одним из основателей СБОНР (1947–48). С янв. 1949 — в Касабланка (Марокко), где принимал участие в работе Марокканского подотдела РОВС. Представитель рус. эмигрантов при франц. дипломатич. миссии в Рабате. С 1954 — нач-к Марокканского отдела НОРР. В 1958 переехал с семьёй в США, где закончил образование. Магистр истории. Преподавал рус. и болг. яз. в амер. школе ВВС в Сиракузах (1958–60). В 1960–67 — преподавал рус. яз. в ун-те Рочестера (шт. Нью-Йорк). Зав. кафедрой ун-та Сент-Луис (шт. Миссури) (1967–74). С 1974 преподавал в ун-те Дж. Вашингтона в Вашингтоне. После отставки работал в рус. книжном магазине Камкина. Был председателем культурно-просветительского отдела вашингтонского прихода Свято-Иоанно-Предтеченского собора РПЦЗ, которым руководил 15 лет. За свою деятельность удостоен благодарственной грамоты Архиерейского Синода РПЦЗ. 10 лет состоял атаманом Вашингтонской Общеказ. ст. С 16 июня 1986 — Ст. группы Дроздовского стрелкового полка по приказу поручика *Н.Е. Новицкого* и последний председатель Дроздовского объединения в рус. эмигр. В 1986 ст. дочь **Б.** нашла в Париже в музее Л.-гв. Каз. полка, считавшееся утраченным Николаевское знамя 1-го стрелкового ген. Дроздовского полка (на 1920). На 1995 знамя хранилось в Предтеченском соборе в Вашингтоне. Председатель Вашингтонского отдела КРА **Б.** был принят в Белом Доме президентом США Р. Рейганом. В 1989 совершил поездку в СССР, побывал в Москве и Ленинграде, способствовал распространению трудов И. А. Ильина на родине. Собирал средства на восстановление Дроздовского участка на кладбище Сен-Женевьев де Буа (Франция) и на установление памятного знака на братской могиле воинов РОА на Ольшанском кладбище в Праге. С 1995 поддерживал деятельность юношеского отряда разведчиков-дроздовцев в Санкт-Петербурге. Зам. Председателя РОВС поручика *В.В. Гранитова* (март 1999). С 1 апр. 1999 — Председатель РОВС.

Похоронен на кладбище монастыря Ново-Дивеево (шт. Нью-Йорк).

С о ч. Историч. записки и воспоминания члена Рус. Обще-Воинского Союза // Вестник РОВС (Санкт-Петербург). 2001. № 1–2. С. 17–22; 2002. № 3–4. С. 17–20; № 5. С. 8–11; 2003. № 6–7. С. 23–25.

И с т. ЛАА. *Александров К.М.* Председатель РОВС капитан В.Н. Бутков (биографич. справка, 2004).

Л и т. Капитан Владимир Николаевич Бутков // Станица (Москва). 2000. Март. № 1 (31). С. 35; *Михеев Я.Л.* В.Н. Бутков // Кад. перекличка (Нью-Йорк). 2000. Июнь. № 68–69. С. 341–343; *Его же.* На закате Рус. Обще-Воинского Союза. Кончина последнего нач. капитана В.Н. Буткова // Бюллетень Объединения кадет рос. кад. корпусов в Сан-Франциско. 2000. Апр. № 63; Наши вести (Санта-Роза). 2000. Март. № 458/2759. С. 27–28; Там же. (Вест Милфорд). 1988. Дек. № 413/2714. С. 18.

БУТУЗОВ Василий Павлович (William Paul Butusov) — конструктор планеров. Род. в Санкт-Петербурге в 1846. В возрасте 18 лет поступил моряком на торговое судно и прослужил 16 лет. В 1880 оставил морскую службу в должности пом. капитана.

В 1882 поселился в Чикаго. Первый планер построил в 1889. В отделе рукописей Библиотеки Конгресса хранится составленное Бутузовым описание испытаний (документ без даты). Испытание происходило возле Mammoth Cave в шт. Кентукки. По описанию **Б.**, он стартовал с обрыва высотой 100 футов и планировал от 2000 до 3000 футов, что у исследователей вызывает сомнение. Второй планер «Альбатрос» был построен **Б.** из дерева и полотна в сотрудничестве с тремя американцами в Чикаго. «Альбатрос» имел размах крыла 12 метров и весил 75 кг. Испытания планера проходили на берегу оз. Мичиган, без человека на борту и закончились неудачно. Во время одного из испытаний планер рухнул, и **Б.** два года был парализован. Продолжал работать над летательными конструкциям до 1911.

Л и т. *Соболев Д.А.* В.П. Бутузов — амер. авиаконструктор и планерист XIX века // Рос. ученые и инж. в эмигр. / Под ред. В.П. Борисова. М., 1993. С.158–166.

БУШ [сценич. псевд. Шарыгин] Владимир Александрович (1910–26 июля 1964) — инж.-строитель. В 1935 оконч. Технич. ин-т в Эстонии. Работал инж.-консультантом в строительной фирме. В ходе военных действий между СССР и Германией семья Буш разделила судьбу беженцев из Восточной Европы. В 1947 переселился с женой, Марией, урожд. Бараниной, сыном и дочерью в США. Жил и работал по профессии в Нью-Йорке. Состоял в Об-ве рус.-амер. инж. в США. Организовал и рук. курсами чертежников, помогая многим рус. эмигрантам приобрести специальность и заработок. Участвовал в Нью-Йорке в рус. театральных постановках под фамилией Шарыгина, в память тетки — артистки. Внезапно скончался на 55-м году жизни, пережив сына Александра. *Родственники:* вдова Мария Петровна (скончалась в 2001); дочь Ольга.

Похоронен в Квинсе, Нью-Йорк, на кладбище Эвергрин.

И с т. АА. Воспоминания, рукопись

Л и т. Некролог // НРС. 1964. 28 и 30 июля.

БЭЙТС Джон Л. (Bates John L.). См.: **Пантюхов Олег Олегович**.

БЭЙТС-ЯКОБСОН Елена Александровна. См.: **ЯКОБСОН-БЭЙТС**.

БЫКАДОРОВ Владимир Исаакиевич (род. 4 марта 1923, Белград, Кор. СХС) — общественно-полит. деятель, инж. Род. в каз. семье. Сын ген.-майора И. Ф. Быкадорова (1882–1957). Оконч. в Белграде рус. гимназию и Технич. уч-ще. По гражданской специальности — инж.-машиностроитель, работал во Франции, где в Коломбеле (Нормандия) познакомился с членами НТСНП.

До 1940 участвовал в работе местной дружины (бригады) НОРР. После нем. оккупации части Франции (1940) — на работах в Германии по мобилизации. В Берлине вступил в ряды НОРМ, под прикрытием которой вели нелегальную деятельность рус. скауты-разведчики (НОРС-Р). Оконч. курсы для развед. руководителей и одновременно вступил в НТС. Рук. отделением, занимавшимся распространением запрещённой нацистами лит. Затем — и. д. секретаря Председателя Совета НТС

В.М. Байдалакова, с 1943 выполнял обязанности его телохранителя. После начала массовых репрессий против членов НТС арестован Гестапо (11 июля 1944). Обвинялся в принадлежности к рус. скаутской подпольной орг-ции. От дачи показаний отказался и был этапирован в концлагерь (Arbeitererziehungslager) Заксенхаузен, где помещён в изолятор для смертников. С сент. 1944 — в одиночной камере берлинской тюрьмы Александерплатц. 21 февр. 1945 освобождён в результате административной ошибки. Бежал из Берлина и скрывался. С 5 марта 1945 — курсант офиц. школы ВС КОНР в Мюнзингене (Германия), подпоручик (апр. 1945). В апр. - мае 1945 совместно с капитаном Н.Ф. Лапиным от имени командования ВС КОНР пытался участвовать в переговорах с представителями 7-й армии США на предмет предоставления власовцам полит. убежища. До 21 июля 1946 — в амер. плену, находился в группе пленных офицеров во главе с ген.-майором В.Ф. Малышкиным. Благодаря югославскому гражданству принудительной репатриации избежал. В 1948–51 жил во Франции, с 1951 — в Канаде, с 1959 — в США, где работал по специальности. Принимал активное участие в деятельности ОРЮР, в Монреале (Канада) был нач-м дружины ОРЮР. На пенсии с 1988, продолжает заниматься общественной деятельностью.

С о ч. ЛАА. Из коллекции В.И. Быкадорова: Жизнь за Россию! (Калифорния, 1988); Гимназия им. М.В. Ломоносова (при лагере Менхегоф) 1945–1947 гг. Санта-Роза, 2000; Мученич. КДР. К 48-й годовщине // Вестник Зап.-Амер. отдела ОРЮР-НОРС. 1990. Июль–авг. № 3. С. 3–5; Сергей Григорьевич Корольков 1905–1967. Анахайм, 1992; Тайное задание // Материалы по истории Рус. Освободительного Движения / Под ред. А.В. Окорокова. Т. IV. М., 1999. С. 475–503.

Л и т. *Александров К.М.* Против Сталина. С. 301, 303, 305–306, 308–310, 320; *Окороков А.В.* Быкадоровы // Станица (Москва). 1999. № 3 (29). С. 34–35.

БЫКОВ Никифор (1891 – 11 авг. 1989) — прибыл в США на заработки перед Первой мировой войной, общественный деятель РООВА.

Похоронен на Свято-Владимирском кладбище в Кэссвилле, в шт. Нью-Джерси.

И с т. АА. *Рагозин С.* — письмо *Е.А. Александрову* от 22 нояб. 2002.

БЫКОВ Николай Ефимович (13 нояб. 1896–6 дек. 1983, Сан-Франциско) — штабс-капитан. Оконч. Иркутскую учительскую семинарию и ускоренный курс Иркутского военного уч-ща. В сент. 1917 произведен в прапорщики и назначен в 119-й пехотный полк в Сызрани. В февр. 1918 по демобилизации уехал домой, в Сибирь, в Баргузин, Забайкальской обл. В сент. 1918 вступил в Белую армию. Сначала назначен в запасной полк в Иркутске, а затем направлен на фронт в составе 3-й Иркутской дивизии, в которой был до конца войны. Занимал должности мл. офицера, пом. коменданта полка и коменданта полка. Был произведен в чин штабс-капитана. В сент. 1919 ранен.

После оконч. военных действий эмигрировал через Китай в США. В Сан-Франциско вступил в Об-во рус. ветеранов Великой войны, занимал разные административные должности и был председателем ревизионной комиссии.

Похоронен на Серб. кладбище.

И с т. АОРВВВ. Штабс-капитан Николай Ефимович Быков // 1983. Дек. Альбом V.

БЫКОВ Федор Иванович (1900, стан. Усть-Хоперская Обл. Войска Донского – ?) — хорунжий. Оконч. среднюю школу, учился в Новохоперском каз. уч-ще, откуда вышел в полк и сражался в рядах борцов с коммунизмом. В 1920 эвакуировался на о-в Лемнос и ушел в эмигр. Продолжал образование в Горном ин-те в Пшибраме, в Чехословакии, работал по специальности. После оконч. Второй мировой войны выехал с женой, Ольгой Кондратьевной, через Германию в США, где служил в должности инж.

Л и т. Каз. словарь-справочник / Изд. А.И. Скрылов, Г.В. Губарев. Кливленд, 1966. Т. I. С. 68–71.

БЯЛКОВСКИЙ Николай Петрович (? – 29 сент. 1969, Лос-Анджелес) — полковник-арт. Оконч. Сибирский кад. корпус и Александровское военное уч-ще. Ветеран Первой мировой и Гражданской войн. Служил в 7-й арт. бригаде и 3-м Финляндском арт. дивизионе. В Белой армии командовал 7-й мортирной батареей Корниловской арт. бригады. Эвакуировался с армией ген. Врангеля в Галлиполи. Во время Второй мировой войны вступил в Рус. Корпус, сражавшийся против коммунистов в Югославии. После конца войны переселился в США. Жил в Лос-Анджелесе, где состоял председателем Калифорнийского отдела Об-ва рус. военных инвалидов и был старшим в Объединении корниловцев.

Л и т. Некролог // Часовой (Брюссель). 1969. № 521.

В

ВАВИЧ Михаил Иванович (1882 [1883] – 1930) — артист оперетты. Выступал до революции в Москве и в Петербурге. В 1929 поехал на гастроли в Зап. Европу в составе труппы *Н.Ф. Балиева* «Летучая мышь». Переселился в США, снимался в Голливуде. Церковный деятель. Председатель рус.-амер. клуба в Голливуде. Скончался внезапно за рулем автомобиля в Голливуде. *Родственники:* жена Татьяна, урожд. Павлова, артистка драмы.
Л и т. *Камышников Л.* Некролог // НРС. 1930. № 6463. 7 окт.

ВАГИН Александр Николаевич (26 авг. 1884 – 18 апр. 1953) — Участник Первой мировой войны и Белого движения. Ген. штаба ген.-майор. После 1922 — в эмиграции в Китае и США. Учредитель и почетный член Рус. центра в Сан-Франциско.
Похоронен на Серб. кладбище в Сан-Франциско.
И с т. *Тарала Г.А.* С. 6

ВАГИН Василий — горный инж. Род. в Екатеринбурге Пермской губ. Оконч. Мичиганский технологич. ун-т в городе Хотон (Haughton) с дипломом горного инж. и инж.-строителя. 34 года проработал в горной промышленности в шт. Миннесота и Пенсильвания. Вышел в отставку в 1963.
И с т. АОРИ. Анкета.

ВАДКОВСКИЙ [Wadkovsky Alexander] Александр Васильевич (20 марта 1911, Санкт-Петербург) — авиационный инж. Оконч. Нью-Йоркский ун-т с дипломом авиационного инж. Более 30 лет занимался проектированием самолетов и космич. кораблей, а также административной работой.
И с т. Archives of Assn. of Rus.-Amer. Engineers in USA. *Wadkovsky Alexander*. Curriculum vitae. 1968. November.

ВАДКОВСКИЙ Василий Васильевич (1 янв. 1876 – 13 сент. 1941 Си-Клифф на Лонг-Айленде, шт. Нью-Йорк). Сотрудник журнала «Новик», дворянский деятель. В 1900 оконч. Императорский Александровский лицей и причислен к Мин. внутренних дел. Отбыл воинскую повинность в Л.-гв. Конном полку и произведен в прапорщики запаса. Затем продолжал службу в МВД. Во время Первой мировой войны прикомандирован к Военно-эвакуационному отделу. В 1916 произведен в статские советники. После эвакуации из России и пребывания на Принцевых о-вах, в Венгрии и Германии прибыл в Нью-Йорк, где принимал участие в деятельности национально-монархич. орг-ций. В 1925 назначен представителем Вел. Кн. Кирилла Владимировича в США. В 1933 явился инициатором создания Союза рос. дворян в Америке, в котором был избран тов. председателя и состоял в должности до 1939. Вошел в число учредителей Рус. историко-родословного о-ва в Нью-Йорке. Автор нескольких родословных статей. *Родственники:* вдова Мария Евгеньевна, урожд. Утина; сыновья Василий и Александр; дочь Надежда, в замужестве Пущина.
Л и т. *Плешко Н.Д.* В.В. Вадковский // Новик (Нью-Йорк). 1941. Вып. 3(31). С. 34–35.

ВАКАР [урожд. **Клафтон**] Гертруда Павловна (16 сент. 1904 – 2 декабря 1973 Сарасота, шт. Флорида) — поэтесса и переводчица. Ее отец по происхождению англичанин. Во время Гражданской войны эвакуирована из Архангельска в Англию. Училась в Швеции и в рус. лицее в Париже. В 1941 приехала в США с мужем, *Н.П. Вакаром*, и двумя дочерьми. Печатала стихи в «Новом русском слове». Переводила на англ. яз. рус. авторов. Сб. «Стихотворений» В. опубликован посмертно в 1984 в Олбани, в шт. Нью-Йорк. Перевод книги Е.Н. Трубецкого о рус. иконе «Умозрение в красках» издан Свято-Владимирской академией (ПЦА).
Кремирована. Урна с ее прахом похоронена в могиле мужа, проф. *Н.П. Вакара*, на кладбище Моунт Оберн в Кембридже, в шт. Массачусетс.
Л и т. *Витковский Е.В.* Антология... Кн. 3. С. 370.; Некролог // НРС (Нью-Йорк). 1973. 8 дек.

ВАКАР Николай Платонович (26 или 27 мая 1894 Тульчин Подольской губ. [по др. дан. Киев] – 18 июля 1970 Сарасота, шт. Флорида) — публицист, переводчик, проф. Оконч. Александровскую гимназию в Киеве. Учился на юридич. ф-тах Московского и Киевского ун-тов. Ветеран Первой мировой и Гражданской войн. Ушел добровольцем на фронт. Произведен в чин поручика арт. В марте 1918 поступил в Добровольч. армию. В 1920 эмигрировал во Францию. В 1922 начал сотрудничать в парижских «Последних новостях», в которых с 1924 заведовал отделом информации, подписывая статьи инициалами Н.П.В. Перевел на рус. яз. 52 романа франц. и англ. авторов. В 1940 выехал из Парижа вместе с редакцией «Последних Новостей». Переселился в США. В 1945 защитил при Гарвардском ун-те магистерскую дисс. по славянской филологии. Там же защитил докторскую дисс. Читал лекции в амер. ун-тах. Автор книг: «Белоруссия», вызвавшей резкую критику в СССР, и «Корни советского общества» на англ. яз. Масон.
Похоронен на кладбище Маунт Оберн в шт. Массачусетс вместе с прахом кремированной жены, Гертруды Павловны.
Л и т. *Витковский Е. В.* Антология... Кн. 3. С. 370; Некролог // НРС (Нью-Йорк). 1970. 25 июля.

ВАЛЕНТИНА — См.: **САНИНА** Валентина Николаевна.

ВАЛСАМАКИС Христофор Спиридонович (4 дек. 1911, Ростов Обл. Войска Донского – ?) — горный инж. Оконч. в 1936 Горную академию во Фрайберге с дипломом инж.-металлурга. С 1937 по 1941 — декан Горного отделения ун-та

Адамсона в Маниле, на Филиппинах. С 1948 по 1950 работал горным инж. на золотом руднике Атоки и в горной компании в Маниле. Переселился в США и работал с 1952 по 1955 в медной компании Phelps Dodge в Лос-Анджелесе. Затем, в 1956–60 служил в Hughes Aircraft Co. С 1960 работал ст. металлургом в Automatics, в Анахайме (Калифорния).

И с т. АОРИ. Анкета.

ВАЛЮШКА [Waluschka Eugene] Евгений — инж. физик-оптик. Род. в семье эмигрантов. В 1967 окончил Бруклинский Политехнич. ин-т с дипломом бакалавра по физике. В 1969 получил ст. магистра по физике в Нью-Йоркском ун-те. В 1975 защитил при ун-те докторскую дисс., посвященную ньютоновской квантовой космологии. С 1968 по 1975, работая над дисс., был адъюнкт-инструктором по математике и физике. С 1976 по 1980 состоял штатным науч. сотрудником в Mathematical Application Group, Inc. В 1980–85 занимал должность ст. инж. в компании Perkin Elmer. С 1985 по 1990 был штатным ст. инж. в электроопт. отделении компании, изготовлявшей оптич. системы, включая космич. телескоп Hubble.

С 1991 работает в качестве физика в NASA — в Нац. управлении по аэронавтике и космич. пространству в Центре Годдард, в Мэриленде. Получил патент на оптич. устройство для эффективного и равномерного освещения поверхности свода. Состоит в Об-ве инж. по фотооптич. оборудованию, в Амер. физич. об-ве, в Группе IRIS (Группе противодействия инфракрасным лучам) и в Об-ве по исследованию военных операций.

Ист. АА. *Waluschka Eugene. Curriculum vitsae.* Typescript, 2003. 3 p.

ВАНАДЗИН [Vanadzin Boris] Борис Андреевич (19 нояб. 1923, с. Борисы на Полтавщине) — доктор мед., магистр физич. воспитания, врач, общественный деятель. Род. в учительской семье коренных жителей Екатеринослава. Вследствие большевистской продразверстки в Екатеринославе наступил голод. Один из дядей **В.**, любивший сельское хозяйство, объявил себя «безземельным» и получил во время нэпа 20 десятин на Полтавщине. Через два года у него уже было цветущее хозяйство, и он спасал от голода всех городских родственников, приглашая к себе. После нэпа семья поселилась под Кривым Рогом, где мать до Первой мировой войны была учительницей. В 1937 НКВД арестовал отца, и он погиб в ГУЛАГе. Десятилетку **В.** оконч. за месяц до нападения Германии на СССР. Вскоре Криворожье было оккупировано, и немцы быстро организовали «Арбайтсамт» (Бюро труда), который сразу же ввел «Арбайтспфлихт» (трудовую повинность) для мужского населения, после чего началась отправка на работы в Германию. Очутившись таким образом в нояб. 1941 на одной из угольных шахт Рурского бассейна, **В.** стал шахтером со статусом остарбайтера (восточного рабочего). Избежав насильственной репатриации после войны и по воле судьбы оказавшись в Мюнхене, поступил на мед. ф-т ун-та UNRRA, а после его закрытия перешел в Мюнхенский ун-т.

В 1950 иммигрировал в США как перемещенное лицо, надеясь закончить мед. образование в Америке. Но это не удалось, никто не выделял стипендий студентам медицины и др. «свободных профессий». Работая мед. лаборантом и собрав необходимые средства, вернулся в Мюнхен, где и оконч. мед. ф-т в 1955. После возвращения в США (Бостон) неожиданно получил приглашение как молодой врач в группу исследователей, занимавшихся тогда под эгидой департамента здравоохранения в шт. Массачусетс борьбой со свирепствовавшей эпидемией детского паралича. После оконч. работы зачислен в шт. департамента, где продолжал специализироваться в обл. публичного здравоохранения. В 1959 получил ст. магистра публичного здравоохранения от Калифорнийского ун-та в Бёркли. Вернувшись в Новую Англию, успешно сдал экзамен на мед. лицензию в шт. Мен, где получил должность директора департамента здравоохранения в самом большом городе шт., в Портленде. В 1965 сдал экзамен как специалист по здравоохранению. В 1966 получил должность «Commissioner of Health of Rockland County, New York», на которой оставался до выхода на пенсию. Активно участвовал в Голландском мед. об-ве, где служил многие годы как делегат в штатное мед. об-во. Устроил с помощью об-ва несколько массовых иммунизаций (от кори и др.). В 70-х и 80-х гг. состоял проф. в школе здравоохранения в Колумбийском ун-те. Под Рождество 1972, после большого землетрясения в Никарагуа, по приглашению посла, быстро создал и возглавил экспедицию врачей, сестер и др. мед. персонала в Манагуа, где при помощи оборудования привезенной экспедицией больницы амер. гражданской обороны заменили разрушенную городскую больницу. Эта больница существует и по сей день. Награжден грамотой округа Рокленд за мед. помощь в Никарагуа. Член Амер. мед. ассоциации, мед. ассоциаций шт. Нью-Йорк и округа Рокленд и Амер. здравоохранительной ассоциации. С конца 60-х гг. активно участвовал в создании об-ва «Отрада» и КРА. В то же время начал сотрудничать с Толстовским фондом, первоначально как член Совета директоров. Позже избран секретарем и в июне 2002 избран председателем Толстовского фонда. В теч. 50 лет был женат на ныне покойной Рите, урожд. Тороссиян. *Родственники:* сын — адвокат в Бостоне; две внучки.

И с т. АА. Анкета Биографич. словаря, 2003. *Ванадзин Борис Андреевич.* Автобиография, машинопись, 2 с. 9 июля 2003.

ВАНТЦ Герберт Робертович (? – 12 марта 1978, Сан-Франциско) — участник Белой борьбы под Андреевским флагом на Юге России, инж.-механик, капитан II ранга. Оконч. Мор. инж. уч-ще императора Николая I в Петрограде (1916). После Октябрьского переворота 1917 — в Белом флоте. Капитан II ранга производства ген.-лейт. П.Н. Врангеля (28 марта 1920). После 1920 — в эмиграции в США. Жил в Сан-Франциско, состоял председателем (1976–78) Кают-компании офицеров Рос. Императорского флота. *Родственники:* вдова Анна Георгиевна; сын Виталий.

С о ч. В море и на суше. Б. м., 1970.

Л и т. Мартиролог рус. военно-мор. эм. С. 35; Памяти ушедших // К. 1978. Апр. № 188 (25). Л. 1; Свежие могилы // НВ. 1978. Май – июнь. № 370/2671. С. 16.

ВАНЫШЕВ Александр Васильевич (1 авг. 1890 – 4 мая 1966) — прапорщик, ветеран Первой мировой и Гражданской войн. Оконч. нар. уч-ще и учебную команду 194-го Троицко-Сергиевского полка. На военную службу поступил 22 нояб. 1912, в 194-й Троицко-Сергиевский пех. полк, рядовым солдатом. В 1913 за отличное знание службы и примерное поведение произведен в фельдфебели. В июле 1914 в составе полка выступил на фронт и участвовал во всех боях и походах полка. После развала армии и захвата власти большевиками вступил добровольцем в Нар. армию Комуча, где получил должность вахмистра. В ходе Гражданской войны участвовал в Сибирском походе 1920. После перехода Байкала произведен в первый офиц. чин — прапорщика.

После оконч. военных действий переселился в США, где в 1936 вступил в Об-во рус. ветеранов Великой войны. Вместе со своей супругой, Екатериной Ивановной, вел хозяйственную часть Об-ва.

Похоронен на Серб. кладбище в Сан-Франциско

И с т. АОРВВВ. Прапорщик Александр Васильевич Ванышев // Альбом III. 1966. Май.

ВАРЕНИК Борис Сергеевич (? – 14 окт. 1964) — поручик, дроздовец, галлиполиец, воин-поэт. Покинул дом, ушел в Добровольч. армию в возрасте неполных 17 лет, был ранен. В эмигр. в Болгарии, затем в США.

Л и т. Некролог // Часовой (Брюссель). 1965. Янв. № 463. С. 29

ВАРЕНИК [Michael I. **Varenick**] Михаил Игнатьевич — ветеран рус. и амер. армий. Во время Гражданской войны в России служил вольноопределяющимся в Конно-горной ген. Дроздовского батарее. После эвакуации в Галлиполи был зачислен в Корниловский полк. Переселившись в США, служил с 1927 по 1930 в полевой арт. в Форт Силл, в Оклахоме. Во время Второй мировой войны служил с 1942 по 1945 в контрразведке в чине сержанта I кл. (Special Agent C.I.C.)

И с т. АА. *Вареник Михаил*, автобиография, 30 апр. 1976. Рукопись, 1 с.; *Pantuhoff O.* — 1976.

ВАРЛАМОВ [Nicolas **Varlamoff**] Николай Иванович (12 апр. 1910 – 1976, Нью-Йорк) — геолог. Род. в каз. семье в междуречье, между Волгой и излучиной Дона. В десятилетнем возрасте, отступая от большевиков, выехал с родителями на лошадях из родной стан., отстреливаясь от разъездов красных из винтовки наряду со взрослыми. За рубежом жил с родителями в Бельгии. В 1934 получил диплом горного инж. в Льежском ун-те, а в 1936 оконч. геологич. ф-т ун-та. Свою карьеру начал в Бельгии, где работал в промышленности по добыче строительных материалов. С 1934 по 1960 работал геологом-разведчиком в Заире (Бельгийское Конго), Руанде и Бурунди, на Мадагаскаре и в др. африканских странах. Занимался поисками месторождений олова, колумбита-танталита, вольфрама, берилла, литиевых минералов, золота, алмазов, угля, известняка и цементного сырья. Занимал должности главного инж. и директора горных компаний. В работе применял методы разведки на основании металлогении, изуч. распространения месторождений полезных ископаемых во времени и пространстве, в зависимости от геологич. эволюции материков. В 1960 был вынужден бежать из Конго с семьей из-за восстания коренного населения против бельгийской администрации. Два года работал в Чили, изучал полезные ископаемые в пустыне Атакама. С 1964 по 1975 занимал должность советника в ООН в Нью-Йорке по вопросам разведки металлич. и неметаллич. полезных ископаемых в Африке и на Мадагаскаре, пользуясь принципами металлогении, фотографиями со спутников, фотогеологии, геофизики, геохимии и тренируя специалистов из местного населения новых стран, образовавшихся после Второй мировой войны. Читал лекции в Квинс-колледже, в Нью-Йорке. Автор 43 статей о месторождениях редких металлов. Именем **В.** назван открытый им минерал варламовит. Владел четырьмя языками, включая суахили. Был членом Кор. академии наук (Academie Royale des Sciences d'Outre Mer) и семи геологич. и инж. об-в. *Родственники*: вдова Поль (Paule); четыре сына.

И с т. *Alexandrov Eugene A.* Nicolas Varlamoff. An Appreciaton: «Engineering and Mining Journal». Varlamoff Nicolas. Curriculum vitae (typescript) 8 p., 1975.

ВАРНЕЦКИЙ [Alexander **Warnecke**] Александр (2 июня 1923, Уилкс-Барр, шт. Пенсильвания – 1 июля 2001, Сиракузы, шт. Нью-Йорк) — протопресвитер ПЦА, благотворитель. Род. в православной семье Александра Варнецкого и Анны, урожд. Хорн. После оконч. средней школы поступил в военную авиацию США. Во время службы преподавал военным рус. яз. в Кэмп-Дэвисе, в Мериленде. Служил в качестве военного переводчика в отделе разведки при Амер. военном управлении в Германии. Демобилизовавшись в 1946, поступил в православную Свято-Владимирскую богословскую семинарию и одновременно в Колумбийский ун-т. Организовал в Колумбийском ун-те Православное христианское содружество и был его первым председателем. Женился в 1948 на Полине Степановне Шафран, родившейся в городе Олифант, в Пенсильвании. После оконч. семинарии рукоположен в 1950 во иереи. Содействовал созданию первого прихода при соборе Св. Богородицы в Нью-Йорке, в котором служба велась на англ. яз. В 1951 получил назначение настоятелем в Петропавловский приход в Сиракузы, в шт. Нью-Йорк. При его окормлении приход начал расти, церковь была обновлена и расписана известным иконописцем *Пименом Софроновым*. Содействовал приобретению земли на оз. Онеида, на которой впоследствии в теч. 40 лет устраивался Свято-Андреевский летний лагерь для детей, в который также привозили детей после падения коммунизма из Восточ. и Центральной Европы.

Приобрел земельный участок с несколькими зданиями в Крествуде, в шт. Нью-Йорк, и пожертвовал его Свято-Владимирской семинарии. В 1961 назначен канцлером Нью-Йоркской и Нью-Джерсийской епархии ПЦА. В 1970 основал на Стэтен-Айленде дом св. Косьмы и Дамиана для престарелых, в правлении которого занимал должности председателя и исполнительного директора. В 2000 возведен в сан протопресвитера. *Родственники:* матушка Полина; две дочери; несколько внуков.

Похоронен на Петропавловском кладбище.

И с т. Edittorial. Protopresbyter Alexander Warnecke // The Orthodox Church. 2001. July/August. Vol. 37. №№ 7/8.

ВАРХОЛ [Уорхол, **Warhol**] Энди — художник-нетрадиционалист, представитель «поп-арта» (популярного искусства), коммерч. очень преуспевавшего среди коллекционеров. Род. в Закарпатской Руси, в местечке Миккова. Родители переселились в США и осели недалеко от Питтсбурга в местности Руска Долина, где жизнь сосредоточивалась вокруг церкви. Портретистом иллюстрировал «Glamour Magazine», издавал журнал «Interview», опубликовал книгу «Philosphy of Andy Warhole» (1975). В 1994 в Питтсбурге открыт музей, посвященный работам **В.** В его честь почтовое ведомство США выпустило в 2002 марку с портретом, номиналом в 37 центов.

Л и т. *Козлова Н.* Родом из Рутении // НРС.

ВАРШАВСКИЙ Владимир Сергеевич (1906, Москва – 1978, Женева) — писатель, публицист. Род. в семье журналиста. Выехал с семьей после оконч. Гражданской войны в Прагу, где продолжал образование. Жил интересами рус. эмигрантской молодежи того времени и выработал в себе решимость защищать ценности и истины, противостоящие диктатурам. В 1926 переехал в Париж. В 1929 в Париже опубликовал первую книгу «Шум шагов Франсуа Вийона». В 1940, в возрасте 33 лет, поступил добровольцем во франц. армию. За защиту Булонской крепости награжден Военным Крестом. В ходе войны попал в нем. плен, откуда освобожден сов. войсками. С трудом репатриировавшись во Францию, опубликовал в 1950 книгу «Семь лет» — о довоенном рус. Париже, о войне и жизни в плену у немцев. В США книга в переработанном виде вышла под названием «Ожидание». В 50-х гг. переехал в Нью-Йорк и начал работать на радиостанции «Освобождение». В 1956 в Нью-Йорке Чеховским изд-вом была опубликована книга **В.** «Незамеченное поколение», посвященная поколению сыновей первой эмигр. Автор многоч. статей, опубликованных в «Новом Журнале», газ. «Новое русское слово» и в парижской «Русской мысли». Принял амер. гражданство. *Родственники:* жена Татьяна Георгиевна, урожд. Дерюгина.

Похоронен на Сен-Женевьев де Буа в Париже.

Л и т. *Вильданова Р.И., Кудрявцев В.Б., Лаппо-Данилевский К.Ю.* Словарь // Струве Г. С. 207–208, 292; *Седых А.* Памяти Владимира Сергеевича Варшавского // НРС. 1978. 24 февр.; *Фотиев о. Кирилл,* протоиерей. В.С. Варшавский // НЖ. 1978. № 131. С. 271–276.

ВАСЕНКО Ксения — певица, меццо-сопрано. Род. в семье ген. Рус. Императорской армии в Ардагане, в Турции. Мать **В.**, урожд. бар. Вера Баумгартен, была ее первой учительницей пения до пятнадцатилетнего возраста. Была замечена Титтой Руффо, отправившей **В.** к собственному учителю Лелио Кассини в Милан. Дальнейшее образование получила в Петроградской консерватории, которую оконч. с отличием в возрасте 22 лет. После оконч. консерватории приглашена в Московскую оперу, в которой выступала в главных ролях, в т.ч. вместе с *Ф.И. Шаляпиным.*

Ее карьера была прервана Первой мировой войной и революцией. Уйдя от большевистского террора, успешно выступала в Европе и США.

Л и т. *Martianoff Nicholas N.* Xenia Vassenko // Russian artists in America. 1933. P. 167.

ВАСИЛИЙ [в миру **РОДЗЯНКО** Владимир Михайлович] (1915, Отрада на Юге России – 17 сент. 1999) — епископ Сан-Францисский на покое (ПЦА). Внук председателя IV Гос. Думы. Выехал с родителями за границу в 1919. Оконч. богословский ф-т Белградского ун-та и рукоположен в сан священника Сербской Православной Церкви. После захвата власти в Югославии коммунистами подвергался заключению за «нелегальную религиозную пропаганду». Переехал в Англию и был настоятелем в лондонской православной церкви, ред. религиозных программ на Лондонском радио.

В 1955 переселился в США. Через год после смерти жены, матушки Марии, урожд. Колюбаевой, скончавшейся в 1978, принял монашество, стал иеромонахом и хиротонисан во епископа ПЦА. Выступал на радиостанции «Голос Америки» и на радиостанции Ватикана с комментариями на рус. яз. и с передачами богословского содержания. В 1981 возглавил Сан-Францисскую епархию, включающую большую часть зап. штатов. После кратковременного пребывания на посту епископа Вашингтонского в 1984 ушел на покой. После распада СССР вел церковные передачи на рос. телевидении. *Родственники:* сыновья: Владимир и Петр; три внука, проживающие в Англии; брат *Олег* с семьей в США. Похоронен в Вашингтоне.

Л и т. Почил в Бозе Епископ Василий Родзянко // НРС. 1999, 27 сент.; Anonymous. Basil Rodzianko. 84 Bishop in Orthodox Church // The New York Times. 1999. Sept. 24; Anonymous. Bishop Basil (Rodzianko) dies in retirement // The Orthodox Church. 1999. October/November. V. 35. № 10/11. P. 1, 4.

ВАСИЛИЙ Александрович, кн. — см. **РОМАНОВ** Василий Александрович.

ВАСИЛОВ Борис [**Vassiloff** Boris, Василёв] (1906 – 6 дек. 2000, Глен-Ков на Лонг-Айленде, шт. Нью-Йорк) — художник. Уроженец Кавказа. Первые уроки живописи получил у отца. Занимался в Академии художеств в Петрограде. Не имея возможности продолжать образование, отправился в Монголию к дяде. Писал картины этнографич. характера в красочной первобытной Монголии. После работы в этой стране делал зарисовки в Маньчжурии, Китае, Индокитае, Гонконге, Джибути, Франции, Испании, Португалии и в др. странах, добрался до Канады и в 1952 переселился в Нью-Йорк. Писал фрески в замках и гостиницах, а также портреты. В 1937 написал иконостас для рус. церкви в Бизерте. В Париже, в Лувре, занимался реставрацией картин. В Париже устроил выставку своих картин, посвященных культовым танцам монголов. Собрание этих картин находится в Швеции.

В США работал в качестве художника и реставратора. В Нью-Йорке устраивал выставки: в 1960 — «Исчезающая Монголия», в 1962 — «Испанские зарисовки», в 1965 устроил выставку, посвященную Греции. Музей *Рериха* в Нью-Йорке провел в 1967

выставку **В.** «Исчезающая Монголия», в 1971 — «Старый и уходящий Париж», в 1975 — «Воспоминания о Маньчжурии». Работы **В.** находятся во многих частных коллекциях, в Музее *Рериха* и в «Музее танца», в Швеции. Посмертная выставка его работ была устроена в период с 15 дек. 2001 до 4 янв. 2002 в галерее InterArt в Хантингтоне, в Лонг-Айленде.

И с т. АА. *Александров Е.А.* Интервью с Б. Василовым, 1990; *Рагозин С.* Архивные материалы. 2003. 14 янв.

ВАСИЛЬЕВ Александр Александрович (1867, Санкт-Петербург – 30 мая 1953) — академик, византолог, археолог, проф. Харьковского ун-та. Главным трудом **В.** была «История Византийской империи», над которым работал еще до революции в России и издал под названием «Лекции по истории Византии» (1917). С приходом сов. власти отказался следовать марксистскому подходу к истории, о чем писал в «Анналах» Академии наук. Отправившись в науч. командировку за границу, отказался возвращаться в СССР и переселился на постоянное жительство в США. Здесь продолжал науч. работу. В изд-ве Висконсинского ун-та в двух томах был опубликован первый труд (1928–1929). Этот труд был переведен на франц., исп. и тур. языки. Главный труд **В.** «History of Byzantine Empire» вышел из печати в 1952.

Л и т. *Дайков Ю.* Васильев Александр александрович // РЗ. Золотая кн. эм. С. 135–136; *Петров В.* Рус. в Америке, XX век. Вашингтон, 1992. С. 67–68.

ВАСИЛЬЕВ [Васлев] Алексей Васильевич (1893, Печеры Псковской губ. – ?) — предприниматель, общественный деятель. Оконч. двухклассную министерскую школу, учился в землемерном уч-ще, работал десятником на строительстве церквей и домов в Петербурге, строил суда в Ревеле, откуда в 1913 уехал в Америку.

Зарабатывал на жизнь тяжелой работой на сталелитейном заводе в Чикаго, а по вечерам ходил в школу англ. яз. После нескольких неудачных попыток открыл предприятие по уборке контор, в чем преуспел и расширил штат до 500 служащих. Стал известен как благотворитель, член Рус. независимого об-ва взаимопомощи в Чикаго, храмостроитель.

Л и т. *Березний Т.А.*

ВАСИЛЬЕВ Василий Никитич (1908, Киев – ?) — инж.-механик, конструктор. В Киеве получил среднее и высшее образование. После оконч. образования работал инж.-механиком. В сер. 30-х годов занимался проектированием и строительством танков. Один из создателей танка Т-34, признанного лучшим средним танком Второй мировой войны. В нач. 1941 занимал в Харькове должность главного конструктора. Попал в плен к немцам. Был полотером. После оконч. военных действий в 1945 отказался возвращаться в СССР. Проработав некоторое время в Бельгии на угольных шахтах и грузчиком, сдал экзамены, на основании которых получил от министра образования Бельгии право пользоваться в этой стране званием инж.-механика и сов. дипломом.

В 1951 эмигрировал в Канаду. Начал работать техником на заводе Эйр-Канада, на котором строили самолеты CL-28, Sabre F-86, а также самолеты для тушения лесных пожаров. На этом заводе занят установкой тяжелого оборудования для изготовления обшивки для самолетов. За рационализаторское предложение по ремонту формовочного пресса вскоре назначен на должность инж.-конструктора. Затем работал на ответственных должностях в компании «Алкан» и в фирме Маркони, занимаясь усовершенствованием навигационного оборудования для самолетов. Помимо канадских авиакомпаний это оборудование приобреталось голландской авиакомпанией KLM, а также ВВС США. Ушел на пенсию в 1974. После ухода на пенсию поступил вторично в компанию Эйр-Канада, заняв должность ст. штатного инж. в производстве пульта управления для ракеты-разведчика «Drone» («Трутень»). По состоянию здоровья в 1978 вынужден уйти в отставку вторично.

Ист. АА. *Васильев Василий Никитич.* Автобиография (рукопись, отрывки), 11 с; *Могилянский М.* Васильев Василий Никитич, биография. Машинопись, 1 с. 16 сент. 2002.

ВАСИЛЬЕВ Владимир Вениаминович (1895 – 30 мая 1976, Саратога, шт. Калифорния) — штабс-капитан. Получил образование в Каз. пансионе Сибирского войска (в 1905–06), в Сибирском кад. корпусе (в 1907–10), в 3-м Московском кад. корпусе (в 1911–13), в Петровско-Разумовской академии (в 1913). В 1915 оконч. Константиновское арт. уч-ще. Был произведен в чин прапорщика и выпущен в 191-ю арт. бригаду. Прошел курсы яп. и франц. арт. В 1917 произведен в чин штабс-капитана. За боевые заслуги награжден шестью орденами. Дважды ранен и контужен. В 1917–18 в рядах войск Центральной Рады в Киеве. После боев захвачен большевиками и приговорен к расстрелу, но бежал. В 1918 поступил в белые войска Восточ. фронта, с которыми прошел с боями до Алапаевска. В 1919–20 командовал батареей в Барнауле, затем состоял ст. офицером батареи Омского арт. уч-ща. Пройдя с боями до Владивостока, по оконч. Гражданской войны интернирован в Китае и проживал в Шанхае, где участвовал в 1926 в учреждении Рус. Шанхайского офиц. собрания.

После оконч. Второй мировой войны и прихода к власти коммунистов переехал с супругой в США. В 1947 вступил в Об-во рус. ветеранов Великой войны в Сан-Франциско. Жил и работал в Саратоге. *Родственники:* супруга Лидия Васильевна, умерла в 1972.

Похоронен на Серб. кладбище в Сан-Франциско.

И с т. АОРВВВ. Штабс-капитан Б. В. Васильев (Некролог) // Альбом VI. З-В. 1976. Июнь.

ВАСИЛЬЕВ Георгий Александрович (? – 1981, Монреаль) — собиратель рус. старины. Род. в крестьянской семье в глухой деревне в Псковской губ. После Гражданской войны уехал в нач. 20-х гг. в Канаду, где поселился в Монреале и все свободное время посвящал изучению рус.

истории и старины. Со временем открыл контору по продаже недвижимости. Это дало ему возможность и средства заняться собиранием редчайших старинных рус. книг, грамот, а также монет и медалей и создать уникальную коллекцию.

И с т. АА. Письмо *М. Могилянского* от 15 янв. 2000; *Могилянский М.* Жизнь прожить. Воспоминания, интервью, статьи. Люди и встречи. М., 1995. С. 212–216.

ВАСИЛЬЕВ Иван Филиппович, штурман. В 1819–22 пересек по суше Аляску, исследовал течение р. Кускокуим и Нушагак. В 1831 произвел опись тихоокеанских берегов полуо-ва Аляска.

ВАСИЛЬЕВ Игорь Владимирович (29 янв. 1925, Рига) — инж.-строитель. Оконч. Высшую технич. школу в Берлине и Колумбийский ун-т с дипломом бакалавра по гражданскому строительству. После оконч. образования 10 лет работал на строительстве мостов, дорог и дренажей. Был главным инж. в фирме Alexander Potter Associates, в Нью-Йорке.

И с т. АОРИ. Анкета.

ВАСИЛЬЕВ [**Vassilieff** Leon] Лев Мстиславович (1903, Санкт-Петербург – 27 авг. 1968, Вашингтон) — экономист. Род. в семье юриста. Отец рано умер, и Лев воспитывался матерью и отчимом, экономистом по образованию. Во время Первой мировой войны учился в коммерч. уч-ще. Получив среднее образование, работал на заводе, чтобы иметь преимущество при поступлении в высшее учебное заведение. После переезда семьи в Москву поступил на экономич. ф-т Ин-та нар. хозяйства им. Г.В. Плеханова. В ин-те у **В.** появились разногласия с марксистско-коммунистич. доктриной, что отразилось в его студенч. работах. Это привело к исключению из ин-та, хлопотам о восстановлении и борьбе с гнетом сов. бюрократизма. В 1926 оконч. ин-т и получил назначение на должность консультанта отдела промышленности и торговли Нар. комиссариата финансов Узбекской ССР в Самарканде. Столица Узбекистана была переведена в Ташкент, и **В.** получил назначение на должность нач-ка отдела Нар. комиссариата финансов, участвовал в осуществлении индустриализации. После 10 лет работы в Узбекистане в условиях бюрократич. гнета решил перевестись на Дальний Восток и после хлопот в Москве был назначен зам. управляющего строительным трестом. В 1937 назначен управляющим трестом и должен был работать в обстановке разгорающегося террора, арестов и насильственного выселения в Среднюю Азию китайцев и корейцев. Обстановка заставила **В.** хлопотать через старые знакомства о переводе в Москву, что и произошло в 1939, когда он получил должность зам. нач-ка отдела по финансированию нар. хозяйства в наркомате финансов. Находясь в одном из учреждений тотального гос. контроля всей жизни в СССР, наблюдал разрушительные результаты сов. гос. капитализма, вызвавшие разруху, голод, ссылки, полит. террор, подрыв устоев семьи и брака, что привело к огромным людским потерям. В начале войны получил назначение на должность зам. директора завода боеприпасов в Павлограде. После прохождения военной подготовки в 1944 получил назначение в звании майора в приемочную комиссии по «ленд-лизу» в Иране. **В.** стал свидетелем подрывной агентурной деятельности сов. представителей, направленной на захват Иранского Азербайджана и проникновение в др. страны.

Разочарованный в сов. гос. системе, решил порвать с ней и уйти на Запад. В результате в 1952 нашел убежище в США. Здесь в 1954 опубликовал на рус. яз. биографию, изложенную на фоне развития сов. системы — «Пути советского империализма». **В.** также давал интервью амер. печати об экономич. политике Коммунистич. партии Сов. Союза. Будучи экономистом, хорошо знавшим сов. централизованную систему гос. («народного») хозяйства, получил работу в качестве эксперта в Вашингтоне, в Госдепартаменте. Однако такая работа его не удовлетворяла, ибо не представляла возможности активно участвовать в борьбе за свержение сов. власти. Но такой борьбы не было, была только политика сдерживания. Познакомившись с полит. жизнью Рус. Зарубежья, **В.** был разочарован разделением его на разные течения и партии. Одно время принимал в Нью-Йорке участие в работе Рос. антикоммунистич. союза беспартийных.

И с т. АА. *Александров Е.А.* Воспоминания (рукопись).

Л и т. *Литвинский В.* Лев Васильев и его книга // НРС. 1954. 14 марта.

ВАСИЛЬЕВ Михаил Николаевич (1770 – 23 июня 1847) — мореплаватель, генерал-лейтенант флота. Оконч. Мор. корпус. В чине мичмана участвовал в бою у Ионических о-ов во время экспедиции эскадры адм. Ф.Ф. Ушакова в Средиземное море (1798–1800). В 1812 в чине капитан-лейтенанта сражался против франц. флота у Елгавы. В 1819–22 — нач-к кругосветной экспедиции в составе шлюпов «Открытие» и «Благонамеренный» (командир Г.С. Шишмарёв), предпринятой с целью поиска северо-восточ. прохода из Тихого в Атлантич. океан. Попутно исследовал юго-восточ. побережье Берингова моря, в восточ. части которого открыл о-в Нунивак, названный **В.** о-вом Открытия.

Затем служил комендантом порта в Кронштадте. Свою карьеру оконч. генерал-интендантом флота.

И с т. БСЭ. Т. IV. С. 324; Краткая географич. энциклопедия. М., 1966. Т V. С. 399, 430.

Л и т. *Pierce Richard A.* Russian America: A Biographical Dictionary. Ontario — Faibanks, 1990. P. 520.

ВАСИЛЬЕВ Николай Иванович (3 нояб. 1887, Московская губ. – 13 окт. 1970, Вильямстаун, шт. Массачусетс). В 1914 оконч. с дипломом I ст. и золотой медалью Московскую школу живописи, архитектуры и скульптуры, в которой был учеником К.А. Коровина. Ветеран Первой мировой и Гражданской войн. В 1920 эвакуировался в Константинополь, где продолжал заниматься живописью и написал декорации к балету «Шехеразада» Н.А. Римского-Корсакова. В 1923 прибыл в США, участвовал в выставках в Нью-Йорке и в Филадельфии. Картины **В.** находятся в нескольких частных коллекциях и в Бруклинском музее.

Похоронен в Лейнсборо.

Л и т. *Лейкинд О.Л., Махров К.В., Северюхин Д.Я.* Худ. Рус. зарубежья. С. 191; *Martianoff Nicholas N.* Nikolai Ivanovitch Vassilieff // Russian artists in America. 1933. P. 221.

ВАСИЛЬЕВ Ростислав Мстиславович (20 дек. 1899 – 6 нояб. 1988) — полковник.

Оконч. Пажеский корпус. Офицер Л.-гв. 2-й арт. бригады, ветеран Гражданской войны, подполковник Ген. штаба Югославской Кор. армии. В 1942–45 служил в Рус. Корпусе и ВВС КОНР, полковник (на 1945). Общественно-полит. деятель в США. Участник всех антикоммунистич. акций, проводившихся в Зарубежье. Имел в Нью-Йорке книжный магазин.

Похоронен на кладбище при женском монастыре Ново-Дивеево возле Нануэт, в шт. Нью-Йорк.

И с т. Архив при кладбище женского монастыря Ново-Дивеево.

Л и т. *Александров К.М.* С. 50, 337; Воззвание Исполкома Рос. антикоммунистич. орг-ций в США // НРС. 1959. 28 авг.

ВАСИЛЬЕВ Сергей Александрович (1883, Казань – 11 марта 1962, Нью-Йорк) — инж. Род. в семье проф. Казанского ун-та. Образование получил в Казанской гимназии и в Ин-те путей сообщения в Петербурге. До 1914 обследовал пути сообщения на Дальнем Востоке и исследовал Сибирь. Был назначен Временным правительством министром путей сообщения. После эвакуации Рус. армии из Крыма эмигрировал в Кор. СХС, где строил мосты. Строил дороги на Корсике. Переселился в США с женой Тамарой Христофоровной, урожденной *Дейкархановой*. Работал по специальности, инж. и ст. инж. в самолетостроительных компаниях. Автор 21 статьи в инж. журналах и книги «Река Лена и ее бассейн». Сотрудничал в «Новом русском слове» и в «Новом журнале» (Нью-Йорк). Читал лекции по истории искусства в студии Дейкархановой.

И с т. АОРИ. Материалы.

Л и т. *Хапгуд Э. Р.* Некролог // НЖ. 1962. № 68.

ВАСИЛЬЕВА Яна Владимировна — см. **ЖУКОВСКАЯ** Яна Владимировна.

ВАСИЛЬЕВСКИЙ Анатолий Николаевич (6 янв. 1895, Ялта Таврич. губ – 3 мая 1968, Нью-Йорк) — ротмистр, инж.-химик. Оконч. Елисаветградское кав. уч-ще. Ротмистр улан. полка. Ветеран Первой мировой и Гражданской войн. Эвакуировался через Турцию в Прагу, где оконч. в 1927 Политехнич. ин-т с дипломом инж.-химика. Переехал во Францию. Работал химиком и организовал Рус. химич. об-во. Изобретатель экономич. способа извлечения масел из глины. Автор технич. статей, опубликованных во Франции и в Германии. Переселился в 1957 в США, работал в науч. лаборатории, занимался исследованием редких металлов. Действительный член Об-ва рус. химиков в США (1958). *Родственники:* жена; сын; дочь.

И с т. АОРИ. Анкета; *Vasilevsky Anatole.* Resume, typescript, 3 p. 1959.

Л и т. *Ковалевский П. Е.* С. 149; Некролог // РЖ. 1968. 9 мая и 17 июня.

ВАСКЕВИЧ [D. Waskiewicz] Д. — ветеран амер. армии, рядовой, состоял в РООВА.

И с т. *Pantuhoff Oleg — 1976.*

ВАСЛЕВ Алексей Васильевич — см. **ВАСИЛЬЕВ** Алексей Васильевич.

ВАУЛИН [Петухов] Павел — ун-тский преподаватель, писатель. Род. в 1918 в крестьянской семье недалеко от Екатеринбурга, на Урале. В 1936 поступил в Свердловске в Ин-т журналистики. Будучи беспартийным, не смог устроиться по специальности и работал в качестве экскурсовода в местном музее. В 1941 мобилизован, прошел военные курсы и в звании мл. лейтенанта направлен в лыжный батальон на финский фронт. Попал в плен. Узнав о профессии **В.**, финское командование предложило ему выступать по радио. **В.** был противником коммунизма и сталинской диктатуры и включился в работу в финском отделе пропаганды. С приближением конца войны пропаганда стала менее острой. Но **В.** попал в сов. списки тех, кто подлежал выдаче в СССР, как предатель. При помощи финских властей **В.** переправлен в Швецию, где его не могли найти сов. репатриационные команды. В Швеции **В.** получил паспорт иностранца и разрешение работать. Вместе с др. беженцами нанял рыбачью шхуну и отправился в Америку, без карт и навигационных приборов. После остановки на Азорских о-вах шхуна добралась в авг. 1950 до Провинстауна. Прибытие шхуны с беженцами вызвало сенсацию и стало достоянием прессы. Оттуда направлен на Эллис Айленд в Нью-Йоркской гавани и через пять месяцев получил разрешение вступить в качестве легального иммигранта на тер. США. Зарабатывая на жизнь физич. трудом, стал писать статьи для газ. «Россия» (Нью-Йорк). Два года преподавал рус. яз. в военной школе в Монтерее, в Калифорнии. Следующей работой **В.** стали выступления по радио, направленные на СССР. Одновременно продолжал образование и, получив ст. магистра, преподавал рус. яз. и лит. в Бостонском ун-те. Следующие 17 лет, до ухода в отставку, преподавал в ун-те Южной Алабамы в городе Мобил. В 1984 с женой переехал в Ричмонд, в шт. Мэн, в рус. колонию, основанную бар. *Владимиром Пушенталем.* Здесь собственными руками построил каменный дом, не без учета возможной ядерной войны. Автор апокалиптич. пересказа в стихах «Сказания о граде Китеже» с рис. его жены Галины и романа «Записки секретного агента». В нач. 80-х издавал квартальник на рус. и англ. яз. под названием NIVA (National Institution for Victorious America). Публиковал полемич. статьи с критикой политики Соединенных Штатов, направленной на расчленение России. *Родственники:* сын Лев; внук Роман. В 1997 Ваулины переехали в Джорданвилл, чтобы жить поближе к Свято-Троицкому монастырю.

Л и т. *Jaster Robert S.* Russian Voices on the Kennebeck. The Story of Maine's Unlikely Colony // The University of Maine Press. Orono, 1999. P. 55–70.

ВАХРАМЕЕВ Артемий Альвианович (1904, Ярославль – 30 нояб. 1971, Бостон) — полковник амер. армии. Был женат на княж. А.А. Оболенской.

Л и т. Некролог // РМ (Париж). 1971. 9 дек.

ВАХТЕЛЬ [Wachtel Alexei] Алексей Ю. — ветеран амер. армии. Служил в пехоте с 1966 по 1969. Последний чин — сержант (Spec. — E/5). Сын общественного деятеля *Ю.А. Вахтеля.* Член КРА.

И с т. АА. *Вахтель А. Ю.* Письмо от 22 апр. 1976; *Pantuhoff O.— 1976.*

ВАХТЕЛЬ Юрий Александрович (10 авг. 1908, Барановичи Гродненской губ. – 13 мая 2001, Рочестер) — летчик, капитан Кор. югославской армии, храмостроитель, общественный деятель, журналист. Сын тов. прокурора Александра Ильича и Анны Степановны, урожд. Сцепуржинской. Семья проживала по месту службы отца в Екатеринодаре. С первого дня Гражданской войны отец ушел на фронт против большевиков, а семье пришлось эвакуироваться в 1920 с волной белых беженцев на о-в Лемнос, а потом в Кор. СХС. В Белграде оконч. гимназию и военное уч-ще. Стал офицером-летчиком югославской армии. В 1941 попал в плен к немцам, но был отпущен. Из разоренной Югославии переехал с женой и маленьким сыном в Австрию, где оказывал помощь беженцам из Сов. Союза. Спасал их от насильственной репатриаци, применяя свои худ. способности, изготовляя для них документы, избавлявшие от репатриации. Из Австрии семья переехала с двумя детьми в Аргентину, где **В.** вступил в РИС-О. Собственноручно вместе с др. рус. построил в городе Темперлей церковь Покрова Святой Богородицы (РПЦЗ). В 1963 переехал с семьей в США и поселился в городе Рочестере, в шт. Нью-Йорк. Сотрудничал под псевдонимом Сцепуржинский или Ю.В. в газ. «Наша страна» (Буэнос-Айрес), «Россия» (Нью-Йорк), «Русская жизнь» (Сан-Франциско), «Свободное слово Карпатской Руси», журналах «Вече» (Мюнхен), «Православная Русь» (Джорджвилл) и др. Одно время ред. «Имперский вестник». Дал интервью А.И. Солженицыну о жизни белой эмигр.

Был членом КРА и сотруднич. в Рочестерском филиале Сиракузского отдела. *Родственники:* супруга Мария Александровна; дочь Марина Субботина; сын *Алексей* с семьями.

Похоронен на кладбище Свято-Троицкого монастыря в Джорданвилле, в шт. Нью-Йорк.

И с т. *Дмоховский Ю.В.* Письмо от 24 нояб. 2002 *Е.А. Александрову*; *Субботина М.Ю.* Биография Юрия Александровича Вахтеля. Рукопись, 2003. 2 с.

Л и т. Некролог // ПР. 2001. 15/28 июля. С. 7; РЖ. 2001. 9 июня.

ВАЧНАДЗЕ Георгий Александрович (29 июня 1907, Баку — ?) — инж.-строитель. В 1935 оконч. Московский инж.-строительный ин-т. Во время Второй Мировой войны покинул СССР и вскоре переехал в США. В США жил в Нью-Йорке. Действительный член Об-ва рус. инж. в США.
И с т. АОРИ. Анкета.

ВАЩЕНКО Николай Владимирович (род. 1916, Рязань) — ветеран Второй мировой войны и РОА.

Учился в Сибирском лесотехнич. ин-те. Был откомандирован в Мелитопольское авиационное уч-ще, после оконч. которого служил в 134-м полку скоростных бомбардировщиков. В июне–июле 1941 совершил 27 боевых вылетов, был сбит и попал в плен. В 1943 вступил в РОА, где служил офицером связи, а затем в отделе пропаганды штаба 18-й армии в Риге, в ред. газ. «Русский листок». После войны проживал в Мюнхене, в Марокко и Австралии. В 1974 переселился в США. Автор воспоминаний и очерков.

Л и т. *Окороков А. В.* Краткие биографич. данные участников Рус. Освободительного движения // Материалы по истории РОД. Т. I. М., 1997. С. 355–401.

ВВЕДЕНСКАЯ Агнесса Юрьевна (1875 — 23 апр. 1967, Нью-Йорк) — общественный деятель. Во время Второй мировой войны работала в «Russian War Relief». Вдова инж. и изобретателя А.В. Введенского.

ВВЕДЕНСКИЙ Димитрий Димитриевич (1898, Харьков — 29 апр. 1985) — подпоручик, инж.-металлург. Оконч. Сергиевское арт. уч-ще (в Болгарии), ветеран. В 1929 оконч. Горный ин-т в Пршибраме, в Чехословакии. В США жил в Нью-Йорке. Действительный член Об-ва рус. инж. в США (1952).
И с т. Анкета Об-ва рус. инж. в США.
Л и т. Некролог // Часовой (Брюссель). 1985. Сент.-окт. № 656. С. 28.

ВВЕДЕНСКИЙ Димитрий Н. (7 мая 1903, Хабаровск Приморской обл. — ?) — металлург. Учился в Калифорнийском ун-те, в котором получил ст. бакалавра горного дела и металлургии.

Проработал более 35 лет в металлургич. промышленности США. Его специальностью являлась металлургия, обогащение и переработка металлич. и неметаллич. минерального сырья. Автор многоч. печатных работ. Директор исследовательского отдела компании «М.А. Ханна» в Кливленде, Огайо. В 1958 участвовал в составе амер. делегации специалистов стальной и железорудной промышленности в поездке в СССР.

И с т. Листок с биографиями участников делегации, посетившей СССР. Амер. ин-т железа и стали (1958).

ВЕБЕР Лев Федорович (1889 — 10 янв. 1979) — полковник арт. Оконч. Константиновское арт. уч-ще. Служил в 1-й арт. бригаде в Туркестане. Оконч. Офиц. гимнастич. фехтовальную школу. В Первую мировую войну командовал батареей. В Добровольч. армии был ст. офицером, а затем — командиром 2-й конной батареи. После эвакуации служил в Кор. СХС в погранич. страже.

Переселился в США. Жил на Лонг-Айленде, в шт. Нью-Йорк, 10 лет работал на рус. спичечной ф-ке «Lion Match Company».
Л и т. *Погорельский В.* Некролог // Часовой (Брюссель). 1979. Авг. – сент. № 620. С. 23.

ВЕБЕРНЕТ [Vebernett] Наталья Ивановна (род. 15 авг. 1914, Пенза) — химик-технолог. В 1938 оконч. Новочеркасский индустриальный ин-т. По специальности технолог электрохимич. производств. В США жила в Нью-Йорке. Действительный член Об-ва рус. инж. в США (1956).
И с т. АОРИ. Анкета.

ВЕЙХЕР де, Константин Александрович (1 июня 1883 – 30 июня 1940, Вашингтон) — участник Белой борьбы под Андреевским флагом на Юге России, инженер-механик, капитан I ранга. Оконч. Мор. инж. уч-ще императора Николая I (1904). С 1907 — офицер подводного плавания. Участник Первой мировой войны. После Октябрьского переворота 1917 — в Белом флоте. После 1920 — в эмиграции в США. В 1927–40 — на службе в Мор. ведомстве США.
Л и т. Мартиролог рус. военно-мор. эм. С. 52; Мор. записки (Нью-Йорк). 1943. Дек. С. 66.

ВЕЙНБАУМ Марк Ефимович (20 апр. 1890, Проскуров Подольской губ. — 19 марта 1973, Нью-Йорк) — журналист. В 1913 уехал в США. В 1914 начал работать в газ. «Русское слово». Ред. и впоследствии изд. «Нового русского слова».

Председатель «Литературного фонда», оказывавшего помощь рус. писателям в эмигр. Член Амер. академии полит. и общественных наук.

Л и т. *Вильданова Р. И., Кудрявцев В. Б., Лаппо-Данилевский К. Ю.* Словарь // Струве Г. С. 293; *Гуль Р.Б.* К 80-летию М.Е. Вейнбаума // НЖ. 1970. № 101; Некролог // Часовой (Брюссель). 1973. № 564.

ВЕКОВА [урожд. **Завадская**] Ксения Владимировна (16 июня 1907 — 13 марта 1973) — певица, дочь ген. Была приглашена солисткой в труппу Венской оперы, где стала примадонной. Переселилась в США. Давала концерты и выступала на рус. благотворительных концертах в Нью-Йорке. Обладала драматич. сопрано. Погибла в автомобильной катастрофе во Фрихольде, в шт. Нью-Джерси. Была замужем за артистом Большого театра Вековым.

Похоронена на Свято-Владимирском кладбище в Кэссвилле, Нью-Джерси.

Л и т. Некролог // НРС. 1973. 15 и 20 марта. 1974. 16 марта.

ВЕКСЛЕР Михаил Ефимович (1896, Митава Курляндской губ. — ?) — скрипач, преподаватель. Обучался музыке с 6-летнего возраста. В 1912 окончил Петербургскую консерваторию по кл. проф. Л.С. Ауэра. После турне по России, дав свыше 100 концертов, уехал в 1914 за границу, давал концерты в Маньчжурии, Японии, на Филиппинах, в Сиаме и преподавал в лучших муз. учебных заведениях. В 1935 переселился в США, поселился в Сан-Франциско. В 1981 овдовел; его женой и аккомпаниатором была Ольга Генина. 25 апр. 1986 **В.** исполнилось 90 лет. Как он сам говорил о себе, он не ассимилировался и сумел пронести сквозь годы культуру той России, в которой был рожден и стал музыкантом.

Л и т. *Абаза А.* Юбилей музыканта // НРС. 1986. 25 апр.

ВЕЛИКОВСКИЙ Эммануил — космолог, писатель-фантаст. Род. в Витебске. Учился в Московском экономич. ин-те и в Харьковском ун-те, который оконч. с дипломом врача. Переехав в Германию, работал в Берлинском госпитале «Шарите», в Цюрихе, в Швейцарии. Проходил курс психоанализа в Вене. С 1924 по 1939 работал в качестве врача и психолога в Палестине. Автор книг научно-фантастич. содержания: «Столкновение миров», «Годы хаоса», «Земля в перевороте» и др. **В.** первый предложил гипотезы, что поверхность Венеры имеет очень высокую температуру, что Юпитер излучает радиоволны и что земная магнитосфера достигает Луны.

Л и т. *Кеппен А. А.*

ВЕЛИКОТНЫЙ Александр Александрович (? – 1971, Виннипег, Канада) — штабс-ротмистр 14-го гус. Митавского полка, участник Белого движения в составе Конно-егерского полка Сев.-Зап. армии.

Л и т. Незабытые могилы // Часовой (Брюссель). 1972. Янв. № 547. С. 22.

ВЕЛИО Владимир Иванович, бар. (? — 5 янв. 1961, шт. Нью-Йорк) — ген.-майор. Оконч. Пажеский корпус. Ветеран рус.-яп. 1904–05, Первой мировой и Гражданской войн. В эмиграции в Прибалтике, Бельгии и с 1954 — в США. В США был членом Союза пажей и Объединения офицеров Императорской кав. и конной арт.

Похоронен на кладбище монастыря Ново-Дивеево, в Нануэт, в шт. Нью-Йорк.

Л и т. Незабытые могилы // Часовой (Брюссель). 1961. Февр. № 417. С. 23; Некролог // НРС. 1961. 5 янв. № 17468.

ВЕНГЕРОВА Зинаида Афанасьевна (1877, Минск – 1956) — пианистка, проф. музыки. Начальное музыкальное образование получила в Вене. В 1905 оконч. экстерном Санкт-Петербургскую консерваторию, где в 1907 начала преподавать. В 1924 переехала в США. Ее первое выступление состоялось с Детройтским симфонич. оркестром. Приняла участие в основании Ин-та Кертиса (Curtis Institute) в Филадельфии, в котором была проф. до конца жизни. За вклад в муз. образование в США получила в 1950 почетное докторское звание.

Л и т. *Raymond Boris, Jones David Jones.* Vengerova Izabella // The Russian Diaspora 1917–1941. Maryland and London, 2000. P. 224.

ВЕНИАМИН [**Басалыга** Василий] (1887 — 1963, Олд Фордж, шт. Пенсильвания) — архиепископ ПЦА. Род. в США. Рукоположен в сан иеродиакона в Свято-Владимирской церкви в Бруклине. Был настоятелем многих приходов Сев. Америки. В 1933 хиротонисан во епископы с назначением на Питтсбургскую кафедру. С 1946 по 1953 стоял во главе Рус. Православной Церкви в Японии. С 1953 до конца жизни возглавлял Питтсбургскую епархию.

Л и т. Некролог // РМ (Париж). 1963. 26 нояб.

ВЕНИАМИНОВ Иоанн. См.: **ИННОКЕНТИЙ**, митрополит Московский

ВЕНИКОВ Вячеслав Лукич (25 февр. 1887 — 2 мая 1929, Бёркли (шт. Калифорния) — подполковник, ветеран Первой мировой и Гражданской войн. Во время Гражданской войны воевал против большевиков в белых войсках Восточ. фронта в составе Ижевской стрелковой дивизии, состоявшей из рабочих. Прошел с боями всю Сибирь, принял участие в Приморских событиях 1921–22.

В 1923 эмигрировал в США. Зарабатывал на жизнь, работая поливальщиком улиц. Член Об-ва рус. ветеранов Великой войны. *Родственники*: вдова; дочь.

Похоронен на Серб. кладбище в Сан-Франциско.

И с т. АОРВВВ // Подполковник Вячеслав Лукич Венников. Биография. 1929. Май; АРЦ. *Тарала Г.А.* С. 2.

ВЕНЬ о. Илия — протопресвитер. Принял православие в возрасте 8 лет в Рус. дух. миссии в Пекине. Его родителями были Феопрепий и Сусанна Вень, также принявшие православие. В 1918 закончил курс дух. семинарии при миссии, где образование велось на кит. яз. После оконч. курса досконально овладел рус. яз., что дало ему впоследствии возможность окормлять рус. прихожан. В 1924 рукоположен во диакона, а в 1931 — во пресвитера.

Семнадцать лет священствовал в Шанхае, из коих три года служил настоятелем Шанхайского собора. С 1949 восемь лет окормлял православных в основанном им приходе в Гонконге. В 1957 переехал в Сан-Франциско и служил в старом и в новом соборе РПЦЗ. *Родственники*: матушка Харитина; дети: Александр, Симеон, Петр, Михаил, Нина, Иоанн и Василий.

Л и т. Протопресвитер Илия Вень // ПР. 1981. 15/28 дек. № 24. С. 14.

ВЕРА КОНСТАНТИНОВНА, Вел. Кнж. — см. **РОМАНОВА** Вера Константиновна.

ВЕРБИЦКИЙ Георгий Григорьевич (род. 19 апр. 1928, Сремска Митровица, Югославия) — инж. в обл. электроники, публицист, общественный деятель, коллекционер и собиратель ист. материалов. Род. в семье участника Белого движения на Юге России, офицера 33-й арт. бригады Григория Васильевича **В.** (1885–1966). Мать — София Николаевна (урожд. Товстолес, 1892–1980) — преподаватель нем. и франц. яз., сестра милосердия во время Гражданской войны. До 5-го кл. учился в гимназии в Земуне. Отец **В.** до 1943 служил в Рус. Корпусе. В 1944, накануне прихода сов. войск, за которыми неизбежно должны были последовать репрессии против белой эмигр., семья **В.** покинула Югославию и выехала в Германию. С марта 1945 — в Сев. Италии в Каз. Стане ген.-майора Т.И. Доманова, где учился в каз. кад. корпусе. Вместе с каз. и беженцами Стана семья **В.** эвакуировалась в период 30 апр. - 10 мая 1945 из Сев. Италии через Карнийские Альпы в Австрийский Тироль в р-н Лиенца, оказавшись в зоне брит. войск. Мать и сын 1 июня 1945 чудом избежали насильственной репатриации в сов. зону, а отец **В.**, несмотря на то, что он никогда не был гражданином СССР, подвергся принудительной выдаче. Григорий Васильевич отсидел 10 лет в сов. лагере, работая на угольной шахте в Пермской обл. В 1956 семье удалось добиться возвращения отца из СССР при помощи доброжелательных австрийцев и американцев. Избежав выдачи в Лиенце, семья **В.** переехала в Зап. Германию. Среднее образование завершил в Мюнхене, окончив рус. беженскую гимназию «Милосердный Самарянин», основанную протоиереем *Александром Киселёвым*. Член НТС с 1948.

С 1949 в США. В 1954 со ст. бакалавра окончил колледж Гров Сити (Grove City)

(шт. Пенсильвания) и был принят на работу в компьютерную фирму IBM. Будучи сотрудником IBM, получил ст. магистра в Сиракузском ун-те (шт. Нью-Йорк). Автор свыше 100 научных работ по специальности, изобретатель. Рационализаторские предложения и заслуги **В.** отмечены несколькими наградами IBM. На пенсии с 1986. С 1992 неоднократно посещал Россию. Участник проектов в рамках орг-ции городов-побратимов: Боровичи (Новгородская обл.) — Бингамптон (шт. Нью-Йорк). Один из учредителей рус.-амер. Бизнес-колледжа в Боровичах. Работает в местном колледже по программе Общественного содружества США — Россия. Коллекционер-филателист, собиратель и публ. уникальных свидетельств, воспоминаний, док. мат-в по истории сов. остарбайтеров (восточ. рабочих), вывезенных во время Второй мировой войны оккупационными властями на принудительные работы в Германию, переживших насильственную репатриацию и репатриированных в СССР. Благотворитель, финансировавший в России издание трудов по истории антисталинского протеста в 1939–45 и рус. истории. С 1996 — представитель в США и постоянный автор военно-ист. журнала «Новый Часовой» (СПб.). Автор публ. в филателистич. изданиях. Постоянный участник полемики с рос. периодич. изданиями по наиболее острым вопросам рус. истории XX столетия. Живёт в Вестале (шт. Нью-Йорк). *Родственники*: жена Лидия Александровна (урожд. Сикорская, 1926 г.р.); дети — Татьяна, Лидия и Александра; внуки — Александр, Наталья.

С о ч. Насильственная репатриация или счастливое возвращение? // Россия XXI (Москва). 1993. № 5; Почта остарбайтеров Второй мировой войны. США, 1996; Судьбы россиян — остовцы и военнопленные // Россия XXI. 1996. № 5–6; Выдача в Лиенце // НЧ. 1996. № 4; Возвращение на Родину (о судьбах остарбайтеров) // Там же. 1997. № 5; Насильственные выдачи россиян в 1945–1947 гг. в лит. на англ. яз. // Там же. 1999. № 8–9; Остарбайтеры. История россиян, насильственно вывезенных на работы в Германию (Вторая мировая война). США, 2000 (1-е изд.), 2002 (2-е издание). СПб., 2005 (3-е изд.).

И с т. АА. Интервью с Г.Г. Вербицким, 14 июня 2004.

ВЕРБОВ Михаил Александрович (10 дек. 1896, Екатеринослав — 4 апр. 1996) — художник, «портретист королей и президентов». Учился на юридич. ф-те Петербургского ун-та, но, следуя душевному влечению, перешёл в Академию художеств к известному педагогу и ученику И.Е. Репина Д.Н. Кардовскому. Кардовский развивал в своих студентах талант воплощать в рисунке внутреннее содержание событий и характер изображаемых людей. Для продолжения худ. образования поступил в ученики к И.Е. Репину. Влияние Репина на творчество **В.** проявилось в умении раскрыть перед зрителем духовный мир человека, изображенного на портрете. Во время Гражданской войны оказался в Средней Азии, где был с 1918 по 1921 директором Ташкентского худ. музея. В 1924 выехал за границу и поселился в Париже, где занимался портретной живописью. К западноевропейскому периоду творчества **В.** относится создание портретов короля Швеции Густава V, короля Исп. Альфонса XIII, рум. королей Фердинанда I и Кароля II, короля Испании Хуана Карлоса и югославской королевы Александры. Эти портреты способствовали тому, что **В.** стал известен как «художник королей».

В 1933 переселился в США, где его худ. деятельность достигла полного расцвета и принесла **В.** международную известность. Во многих городах состоялись его персональные выставки. Журнал «Art Digest» писал о творчестве **В.**, что зритель, глядя на созданные им портреты, видит не только сходство портрета с оригиналом, но и отражение духа изображенного на нём. Отмечалось разнообразие портретов кисти **В.**, его умение найти характерную позу для каждого и выразить на его лице склад ума. Также отмечалось умение художника не обременять портрет окружающими предметами. «Нью-Йорк Таймс» писала о **В.** как о традиционалисте. Искусствоведы говорят, что, глядя на портреты кисти **В.**, зритель воспринимает присутствие человека, изображенного на портрете. Написал за свою более чем 75-летнюю деятельность сотни портретов маслом, сангиной и пастелью. Кисти **В.** принадлежит ряд портретов рус.: нобелевского лауреата по литературе Ивана Бунина, *Федора Шаляпина*, Леонида Собинова, Ильи Репина, *Александра Гречанинова*, великих князей Димитрия и Александра Романовых и многих др. Среди гос. и полит. деятелей, позировавших **В.**, нужно отметить премьер-министра Индии

Индиру Ганди, ее сына, главу индийского правительства Раджива Ганди, президента Финляндии Урхо Калева Кекконена и его супругу Силви, премьер-министра Финляндии Вайно Таннера, сенатора Барри Голдуотера, посланников, проф. и артистов. Одним из выдающихся произведений **В.** является портрет Афиногора I, Вселенского патриарха Православной Церкви в Константинополе (Стамбуле), но самое главное внимание обращается на портрет герцога Альбы, написанный в Испании в 1951. Копию портрета **В.** подарил музею Прадо. Дирекция Прадо высекла имя и фамилию художника на мраморной облицовке у входа в музей, вместе с именами попечителей музея. Работы **В.** находятся в собрании Метрополитен музея изящных искусств в Нью-Йорке, в Нац. портретной галерее в Вашингтоне, в Третьяковской галерее в Москве, Метрополитен опере в Нью-Йорке (портрет Ф. Шаляпина в роли Бориса Годунова), в музее Большого театра в Москве, в музее современного искусства в Нью-Дели, в Индии, и во многих др. музеях и галереях. В 1973 избран членом-корр. Академии лит. и изящных искусств в Риме. На 54-й ежегодной выставке Профессиональной лиги амер. художников в 1982 получил золотую медаль за портрет Ивана Бунина. В качестве вице-председателя лиги, в которой состоит 1000 художников-традиционалистов, выступал в их пользу. Во время Второй мировой войны художник нарисовал 100 портретов амер. военнослужащих «для их матерей». Преподавал живопись в Колумбийском ун-те, Фэрли Диккенсон ун-те и многих др. частных ун-тах и клубах. Обладал басом-баритоном и выступал в концертах, в т.ч. в Карнеги Холл, в Нью-Йорке. 14 мая 1989 введен КРА в Рус.-Амер. Палату Славы. Его заслуги отмечены правительством России, и в 1995 **В.** был награжден Орденом Дружбы народов. Похоронен на кладбище монастыря Ново-Дивеево, в шт. Нью-Йорк.

Л и т. *Александров Е.А.* Художник М.А. Вербов // РА (Нью-Йорк). 1988. № 19. С. 64–77; *Его же.* Интервью с М.А. Вербовым // Там же. 1997. № 21. (with English summary). С. 250–251; *Бережков А.* Талант — это св. дар Господа и его нельзя осквернять // Вестник рус. культуры. 1995. Нояб. С. 36–37; *Голлербах С.* Юбилей Михаила Александровича Вербова // НРС. 1986. 10 дек.; *Завалишин Вяч.* В студии академика Вербова // РЖ (Сан-Франциско). 1991. 9 янв.; Cayuga Museum of History. Michael A. Werboff. Portraits; *Pell Claiborne.* Michael Verboff painter of kings // Congressional Record. 1985. July 18. V. 131. № 96; *Raymond Boris, Jones David Jones.* Verbov Mikhail // The Russian Diaspora. 1917–1941. Maryland and London, 2000. P. 225; *Smith Roberta.* Michael Werboff 99 Portraitist Whose Subjects Included Kings // The New York Times. 1996. April 14; *Werboff Michael.* «Statement»: Hearings Before the Subcommittee on Education, Arts and Humanities of the Committee on Labor and Human Resources United States Senate. 1985. 99-th Congress. First Session. S. 1264

ВЕРГУН [урожд. **Новосильцова**] Вера Николаевна (? – 4 окт. 1962) — общественный деятель, просветитель, славянофил. В ранней молодости вышла замуж за проф. *Д.Н. Вергуна*, преподавателя Венского ун-та, уроженца Закарпатской Руси. В Вене писала статьи для издаваемого мужем журнала «Славянский век», преподавала рус. яз. и периодич. читала лекции по рус. лит. в «Кружке любителей рус. яз.». Писала статьи в «Хрватска Мисао», в галицко-рус. газ. «Галичанин» и «Живая мысль». Переехав с мужем в Петербург, участвовала в ряде славянских орг-ций. Во время болгаро-тур. войны 1913 работала в рус.-болгарском комитете. Во время большевистской революции, когда муж был вынужден бежать за границу, осталась одна с четырьмя детьми. Зарабатывала на прокормление семьи службой в сов. учреждении «Гублеском», ведавшем лесами, и по вечерам преподавала на вечерних курсах нем. и франц. яз. В 1921 ей удалось выехать к мужу в Прагу, где она стала принимать участие в рус. культурной жизни и в Комитете помощи беженцам, в котором работала дочь президента Чехословакии Алиса Масарик. У Вергунов были три дочери и сын Кирилл, который организовал рус. молодежь для борьбы с коммунизмом и участвовал в деятельности НТС. Кирилл погиб при воздушном налете в апр. 1945. После оконч. войны Вергуны переселились в США. Овдовела в 1951.

Л и т. *Толстая А.* Памяти В.Н. Вергун // НРС. 1962. 21 окт.

ВЕРГУН Димитрий Николаевич (1871 — 3 сент. 1951, Хьюстон, шт. Техас) — доктор философии, деятель сокольства, уроженец Закарпатской Руси, преподаватель Венского ун-та, ред. «Славянского века». С 1907 проф. Петербургского ун-та, корреспондент «Нового времени». Во время большевистской революции вынужден бежать за границу, оставив семью. Обосновался в Праге, где через четыре года воссоединился с женой *Верой Николаевной* и детьми. Эмигрировал в США, был проф. ун-та в Хьюстоне.

Л и т. *Вильданова Р.И., Кудрявцев В.Б., Лаппо-Данилевский К.Ю.* Словарь // *Струве Г.* С. 293–294; Проф. Д.Н. Вергун // Часовой (Брюссель). 1951. Дек. № 314. С. 15.

ВЕРЕЩАГИН Василий Васильевич (26 окт. 1842 – 31 марта 1904) — художник-баталист. Оконч. в Петербурге Морской корпус, но на службе не остался. Поступил в Академию художеств. Участвовал в войне за завоевание Туркестана (1877–78), был ранен и за храбрость получил Георгиевский крест. Участвовал в рус.-яп. войне 1904–05. Его картины, написанные на основании зарисовок, посвященных сражениям в Туркестане, на Балканах и Отечественной войне 1812 года, в своем большинстве выставлены в Третьяковской галерее в Москве. В 1888 приезжал в США, где в нескольких городах с огромным успехом устраивались его выставки. Вторично приехал в Америку в 1901, когда в Чикаго была устроена его выставка Во время пребывания в США написал картину: «Взятие Рузвельтом Сан-Хуанских высот». Т. Рузвельт помогал Верещагину в собирании материалов для этой картины и ему позировал. По сведениям *В.В. Ушанова*, написал картину «Атака на хребет Мишионери под командой ген. Турчина». Где теперь находятся эти две картины — неизвестно. Погиб в 1904 на броненосце «Петропавловск» в Порт-Артуре.

И с т. *Ushanoff Basil B.* The Russian contribution to the United States of America (A typescript).

Л и т. *Климов Е.* Верещагин в Америке // НРС. 1986. 26 окт.

ВЕРИГИН [John J. **Verigin**] Иван Иванович — рук. хора духоборов. Внук Петра Веригина, главы общины духоборов в Гранд Форкс в Брит. Колумбии. Особенностью хоров духоборов является исполнение дух. песнопений без регента. Иван Веригин успешно выступал со своим хором в Зап. Канаде.

Л и т. Anonymous. Contributions to Canadian Development // Canadian Family Tree. 1967. P. 278.

ВЕРИГИН Петр Васильевич — духовный вождь духоборов, хлопотавший и способствовавший переселению духоборов из России в Канаду. Ввиду ухода духоборов из православия и отказа от военной службы последователи этого движения протестантского толка были переселены из Воронежской, Тамбовской, Екатеринославской губ. и Слободской Украины в 1841 в Закавказье. В 1899 при содействии Л.Н. Толстого в Зап. Канаду, в Саскачеван, Альберту и Брит. Колумбию приехали 7700 духоборов, где они занялись сельским хоз-вом. **В.** прибыл в Канаду в 1902 и встал во главе общинной жизни духоборов. В Канаде духоборы были освобождены от военной службы. Но так называемые независимые духоборы еще отказывались отдавать детей в школы и устраивали протестные демонстрации, сбрасывая одежду. Это привело к их арестам и тюремным заключениям.

В 1924 **В.** погиб от взрыва бомбы. Власти обвинили в покушении самих духоборов, хотя среди канадского коренного населения было много противников предоставления земельных наделов духоборам, что могло послужить причиной покушения.

Л и т. *Малов П.И.* Духоборцы, их история, жизнь и борьба. Б.м., 1948; *Хисамутдинов А.* Духоборы из России в Канаде // РЖ. 2002. 2 нояб.

ВЕРИГИН Петр Петрович [по прозвищу **Чистяков**] (? – 11 февр. 1939) — сын *П.В. Веригина.* Продолжал рук. общинами духоборов в Зап. Канаде. Был осужден за организацию «голых бунтов» на два года тюремного заключения. После кончины **В.** общины духоборов стали управляться выборными советами.

Л и т. *Хисамутдинов А.* Духоборы из России в Канаде // РЖ. 2002. 2 нояб.

ВЕРНАДСКИЙ Георгий Владимирович (20 авг. 1887, Санкт-Петербург – 18 июня 1973, Нью-Хэвен, шт. Коннектикут) — проф. истории Йельского ун-та. Род. в семье геохимика академика Владимира Ивановича Вернадского. В 1905 оконч. с золотой медалью классич. гимназию и поступил на историко-филологич. ф-т Московского ун-та, который оконч. в 1910. В 1913 сдал магистерские экзамены и получил звание приват-доцента по кафедре рус. истории. В 1917 защитил магистерскую дисс. по рус. истории. С 1914 по 1917 приват-доцент ун-та, в 1917–1918 — проф. Пермского ун-та, с 1918 по 1920 — проф. Таврич. ун-та в Симферополе. Одновременно был зам. нач-ка отдела печати в правительстве Юга России ген. П.Н. Врангеля. Эмигрировал в Константинополь. С 1922 по 1927 занимал кафедру проф. Рус. юридич. ф-та в Праге. Возглавлял «Seminarium Kondakovum». Еще в России примыкал к либерально-демократич. кадетской партии, но не принимал участия в полит. борьбе. В 1927 году переселился в США, преподавал в нескольких ун-тах и стал вести научно-исследовательскую работу в Йельском ун-те. В 1946–56 состоял в ун-те проф. рус. истории. Заслужил широкую известность как историк Евразийского движения, подчеркивающего роль России в геополитич. единстве между Россией и Азией. Колумбийский ун-т в Нью-Йорке удостоил в 1959 **В.** почетной ст. H.H.D. honoris causa. Автор книг: «History of Russia» (1929) «Lenin, Red Dictator», «Political and diplomatic history of Russia» (1936), «Ancient Russia» (1943), «Kievan Russia» (1948), «The Mongols and Russia» (1953), «Russia at the dawn of the modern age» (1959), «A history of Russia» в шести томах (5th revised edition, 1961), «Церковь и государство в системе соборного уложения 1649 г.» (На темы рус. и общие, 1965).

Труды **В.** как представителя евразийской историч. школы не переводились с англ. и не издавались в России до 1996. В его концепциях историч. процесса отразились мысли отца о человечестве как историч. планетной силе, концепция эволюции от биосферы до ноосферы. Автор многих науч. статей по рус. истории на рус., франц. и нем. яз. Перевел последнюю работу отца «The biosphere and the noosphere» в журнале «American Scientist» (1945. Vol. 33. № 1. P. 1-12). Был женат на двоюродной сестре, Нине Владимировне, урожд. Вернадской (1884–1971).

Похоронен в Нью-Хэвене.

И с т. *Вернадский В.И.* Дневники 1921–1925. М., 1998. С. 78–80, 156.

Л и т. Г. В. Вернадский // НЖ. 1967. № 88. С. 2-63–266; *Пушкарёв С.Г.* Проф. Г.В. Вернадский (К его восьмидесятилетию) // НРС. 1967. 15 авг.; *Его же.* Г.В. Вернадский // НЖ. 1973. № 113. С. 266–270; *Соничева Н.Е.* Георгий Владимирович Вернадский // Архивно-информационный бюллетень (Приложение к журналу «Историч. архив»). 1995. № 10. С. 107–116; *Ferguson Alan D.* and *Levin Alfred* (editors). Essays in Russian History. A Collection Dedicated to George Vernadsky and Biobliography // Archo Books. Hamden (Connecticut), 1964; *Raymond Boris, Jones David Jones.* Vernaddskii Georgii // The Russian Diaspora 1917–1941. Maryland and London, 2000. P. 225–226; На темы рус. и общие. *Сорокин П.А., Полторацкий Н.П.* (ред.). Сб. статей и материалов в честь проф. Н.С. Тимашева: Об-во друзей рус. культуры. Нью-Йорк, 1965.

ВЕРТЕПОВ Дмитрий Петрович (17 дек. 1897, сел. Ольты Карской обл. [по др. дан., ст. Прохладная Обл. Войска Терского] – 28 февр. 1976, Нью-Йорк) — участник Белого движения на Юге России, 1-й зам. председателя СчРК, Гв. полковник. Род. в каз. семье. Окончил Владикавказский кад. корпус (лето 1916). В июле–сент. 1916 — кадет-доброволец 1-й сотни 1-го Волгского полка 2-й Сводной каз. дивизии, участник боёв на р. Стоход (авг. 1916). За отличия по службе произведён в мл. и стар. урядники, награждён Георгиевской медалью. С 1 окт. 1916 — в Николаевском кав. уч-ще, по оконч. которого 1 окт. 1917 произведён в хорунжие. Из уч-ща вышел в 1-й Волгский полк Терского каз. войска. После демобилизации Рус. армии зимой 1917–18 жил в Прохладной. Участник Терского каз. восстания (июнь 1918), в ходе которого командовал станичной конной сотней. Затем в Добровольч. армии и ВСЮР: мл. офицер 2-го Горно-Моздокского полка и и. д. адъютанта по инспекторской части штаба 2-й Терской дивизии. С сент. 1919 — в Гв. Терском дивизионе. Участник боевых действий под Царицыном, Камышином, Пятигорском и Св. Крестом, дважды ранен (февр. 1920). По ранению эвакуирован через Владикавказ и Крым в Турцию. В 1920–21 — на о. Лемнос. В эмигр. (с июля 1921) в Кор. СХС, где служил в погранстраже на венг. границе. На осень 1925 — в составе дивизиона Л.-гв. Кубанской и Терской сотен, подъесаул. Работал на строительстве жел. дороги и служил чиновником на сахарном заводе. В окт. 1941 вступил в формировавшийся в Белграде Рус. Корпус и после прибытия из-под Оснека (Хорватия) дивизиона Собственного Е. И. В. Конвоя откомандирован мл. офицером в 7-ю гв. сотню 3-го батальона 1-го каз. полка. Участник боевых действий на терр. Югославии против партизан И.Б. Тито (1941–45) и сов. войск (1944). На 1 мая 1942 — командир 4-го взвода 12-й гв. сотни 3-й дружины 1-го сводного отряда Рус. Корпуса. Со своим взводом отличился в бою 11–12 мая 1943 в р-не Заполья. 17 февр. 1944 откомандирован в составе группы офицеров полковника *А.И. Рогожина* на формирование 5-го («Железного») полка Рус. Корпуса. На окт. 1944 — адъютант I батальона, обер-лейтенант Вермахта (по рус. чинопроизводству переименован в есаулы). 12 мая 1945 близ Клагенфурта в составе полка сложил оружие представителям брит. командования. В 1945–51 — в рус. беженском лагере Келлерберг (Австрия). В лагере по поручению полковника А.И. Рогожина приступил к изданию информационного листка чинов Рус. Корпуса «Наши вести», выпустив 2137 номеров (1945–51). В 1951 приехал в США, где в Нью-Йорке 1 февр. 1952 выпустил 1-й номер шестистраничного ротаторного бюллетеня «Наши вести» (с 1957 — 16-страничный журнал-ежемесячник), ставший главным органом печати СчРК. Бессменный ред.-изд. журнала на протяжении 24 лет. Последний номер «Наших вестей» (№ 461/2762) под ред. С.В. Волкова (Москва), И.Б. Иванова (СПб.) и А.В. Шмелёва (Сан-Франциско) [Дек. 2000–Май 2001] увидел свет в Санкт-Петербурге в 2001.

Активно участвовал в жизни рус. воинских и общественных орг-ций. В США состоял 1-м зам. председателя СчРК полковника *А.М. Лекторского*, 1-м вице-председателем СчРК в США, председателем фонда св. блг. кн. Александра Невского и вице-председателем фонда Царя-Мученика. Собиратель и ред. материалов и воспоминаний по истории Рус. Корпуса, которые были изданы в Нью-Йорке (1963). За многочисленные заслуги, патриотич. деятельность и в «воздаяние трудов по сохранению части» Вел. Кн. *Кириллом Владимировичем* произведён в войсковые старшины с переименованием в Гв. полковники (11 нояб. 1974), хотя в РОВС производство **В.** вызвало скептич. оценки. Автор воспоминаний. *Родственники*: жена Надежда Яновна (урожд. Малиновская; 1897, Баку – 18 сент. 1989, Нови-Сад, Югославия); дочь Татьяна (в Югославии на 1989); двоюродный брат Владимир Алексеевич (? – 22 февр. 1955, Лос-Анджелес) — хорунжий 1-го Сунженско-Владикавказского ген. Слепцова полка Терского каз. войска (на 1 янв. 1910), участник Белого движения на Юге России, полковник.

Дмитрий Петрович **В.** был похоронен 4 марта 1976 на кладбище Успенского женского монастыря Ново-Дивеево в Спринг-Валлей близ Нануэт (шт. Нью-Йорк) при большом стечении членов СчРК, чинов Гв. дивизиона, председателя рус. воинских и общественных орг-ций.

С о ч. «Царская Сотня» // ВБ. 1956. Май. № 18. С. 19–20; Памятка НКУ. С. 178–180; На войну // ВБ. 1959. Май. № 36. С. 9–13.

И с т. ЛАА. Справка *К.М. Александрова* на Гв. полк. Д.П. Вертепова; Вертепов Владимир Алексеевич // Незабытые могилы / Сост. В.Н. Чуваков. Т. I. С. 546; Вертепов Дмитрий Петрович // Там же. Вертепова Надежда Яновна // Там же; Общий список оф. чинам РИА — 1910. С. 623. Л и т. Верные долгу. С. 40, 44, 49, 51; *Вертепова Т.* На смерть Димитрия Петровича Вертепова // П. 1976. Апр. № 30. С. 62; *Войцеховский С.Л.* Памяти ред. и сотрудников // НВ. 1976. Апр.–июнь. № 358/2659. С. 10; *Волков С.В.* Офицеры рос. гвард. С. 95; *Геринг А.А.* Список сотрудников ВБ 1952–67 // ВБ. 1967. Май. № 85. С. 39; *Иванов И.Б.* Краткие биографич. данные чинов Рус. Корпуса, упомянутых в настоящем Сб.е // РК на Балканах. 1999. С. 393–394; Некролог // Часовой (Брюссель). 1976. Май. № 598. С. 15; РК на Балканах. 1963. С. 166, 186, 300; Свежие могилы // НВ (Нью-Йорк). 1976. 1 марта. № 357. С. 15; НВ (Санта-Роза). 1989. Сент. № 416/2717. С. 24.

ВЕРТОГРАДОВ Александр Иванович — инж.-электрик. Учился в Горном ин-те и Ин-те железнодорожного транспорта в Днепропетровске. После оконч. ин-та преподавал на кафедре электрич. сетей. Во время Второй мировой войны оказался с потоком беженцев и перемещенных лиц в Германии, откуда переселился на постоянное жительство в США. Работал по специальности в Пенсильвании. Был женат на Ирине Григорьевне, урожд. Христенко, скончавшейся 15 нояб. 2001 в Филадельфии и похороненной на Св.-Владимирском кладбище возле Кэссвилла, в шт. Нью-Джерси.

И с т. АА. Сообщение *М.Н. Добровольского* – *Е.А. Александрову* от 1 февр. 2002.

ВЕРХОВСКОЙ Роман Николаевич (28 янв. 1881, Вильно — 30 янв. 1968, Лонг-Айленд, шт. Нью-Йорк) — архитектор, художник, скульптор. Род. в семье инж. путей сообщения. Лауреат Императорской Академии художеств по кл. архитектуры с командировкой в Испанию. Занимал должность архитектора в С.Е.И.В. Канцелярии. Во время Первой мировой войны пошел добровольцем на фронт. Был произведен в офицеры и награжден. Участвовал в Гражданской войне. Эвакуировался в 1920 с Рус. армией. Жил в эмигр. и работал архитектором в Кор. СХС. По проектам **В.** сооружены несколько памятников, включая памятник защитникам Белграда в Первую мировую войну. За создание памятника награжден серб. орденом св. Саввы III ст. В 1937 переселился в США. В 1938 в Нью-Йорке состоялась выставка его проектов, устроенная Архитектурной лигой. Работал архитектором-советником при Синоде ПЦА и РПЦЗ. Выполнил 26 проектов храмов, включая проект Свято-Владимирского храма-памятника в Кэссвилле, в шт. Нью-Джерси, собора Свято-Троицкого монастыря в Джорданвилле, в шт. Нью-Йорк, проект Софийского храма для Греч. церкви и проект первого буддийского храма в США.

В. принадлежит проект Всеамер. рус. кафедрального собора в Нью-Йорке. Скончался в нужде и одиночестве.

Л и т. *А. К.* Некролог // ПР. 1968. № 4; Защитникам Белграда // Часовой (Париж). 1931. 15 дек. № 70. С. 28

ВЕРХОВСКОЙ Сергей Сергеевич (1907–1986, Бронксвилл, шт. Нью-Йорк) — богослов. Покинул Россию с родителями после захвата власти большевиками. Получил образование во Франции. После приезда в Америку занял в 1952 должность проф. Свято-Владимирской семинарии в Крествуде, в шт. Нью-Йорк. С 1955 по 1981 ректор семинарии. Ред. трудов «Православие и жизнь» (Нью-Йорк, 1953) и «Бог и человек» (1956). *Родственники*: три дочери — Мария Кариук, Вера Хоуг, Ольга Данлоп; девять внуков.

И с т. Архив КРА.

ВЕРШИНИНА Нина Александровна (1910, Москва – 16 декабря 1995, Рио-де-Жанейро) — балетмейстер. Во время революции семья Вершининых выехала в Китай. Заниматься балетом начала в Шанхае. В сер. 20-х родители отправили Нину с мл. сестрой в Париж где они начали заниматься у Ольги Преображенской, балерины Императорских театров. В 1929 дебютировала в Париже в группе Иды Рубинштейн, а в 30-х выступала в балетах Б.Ф. Нижинской в Монте-Карло. Затем начала танцевать в современном балете в Германии. В 1933 танцевала в

Монте-Карло в балете *Л. Ф. Мясина* на муз. П.И. Чайковского «Предзнаменование». Затем с большим успехом выступала в Лондоне в классич.-современном стиле. В США приглашена в 1937–38 в качестве хореографа в Сан-Францисскую оперу. После тура с балетом *де Базиля* в Австралии и Новой Зеландии вернулась в США, где в 1940–41 дала много спектаклей. В 1942 приглашена на Кубу на должность хореографа Кубинского балета. Затем последовало возвращение в группу де Базиля и гастроли в Юж. Америке. В 1957 в Бразилии был создан «Балет Нины Вершининой», успешно просуществовавший много лет. Впоследствии открыла свою балетную студию, выпустившую многих бразильских балерин. Продолжала преподавать в своей балетной школе в Рио-де-Жанейро вплоть до кончины в возрасте 85 лет. Потомков не осталось.

Л и т. *Васильев А.* Нина Вершинина — Звезда рус. балета // НРС. 1996. 28 мая.

ВЕСЕЛАГО Георгий Михайлович — ст. лейтенант. Оконч. Морской корпус в 1911. Тогда же произведен в мичманы. В 1915 переведен с Балтийского флота на Черноморский, в составе которого принимал участие в подготовке высадки десанта с применением переоборудованных пароходов и барж в Дарданеллах с целью занятия Константинополя. Произведен в лейтенанты в 1915. В 1916 вступил в командование эскадренным миноносцем «Жаркий». За действия «Жаркого» произведен в ст. лейтенанты. Награжден четырьмя орденами и Георгиевским оружием. Принимал участие в минировании подходов к Босфору. Разработал способ перегрузки мин по способу «борт о борт», который был принят в 1918 в амер. флоте. После оконч. Гражданской войны переселился в США. В чине лейтенанта зачислен во время Второй мировой войны в запас амер. военно-морского флота. Состоял членом Об-ва быв. рус. морских офицеров в Америке. Проживал в Филадельфии.

С о ч. Несколько эпизодов из моей службы на Чёрном море в 1915–17 гг. // Морские записки (Нью-Йорк). 1952. Июнь – сент. Т. X. № 1–2. С. 28–34. № 3. С. 22–28.

ВЕСЕЛАГО Николай Владимирович (? – 27 окт. 1962, Лос-Анджелес) — ротмистр, общественный деятель. В 1908 оконч. 2-й Московский кад. корпус. Ветеран трех войн: Первой мировой, Гражданской и Второй мировой (воевал в Рус. Корпусе в Югославии). После войны переселился в США. В Лос-Анджелесе был председателем об-ва «Humanity Calls», созданного для оказания помощи беженцам от коммунизма и выписавшего более 2 тыс. рус. антикоммунистов из Европы и Китая. Представитель Б. А. Хольмстон-Смысловского на зап. штаты США.

Л и т. Некролог // Часовой (Брюссель). 1963. Дек.– янв. № 439/440. С. 39.

ВЕСЕЛОВСКИЙ Владимир Александрович (15 дек. 1897, Тамбов – 9 апр. 1969, Вашингтон) — капитан-арт., инж.-металлург и механик. Род. в семье проф. Оконч. Тамбовскую гимназию. Поступил в Петербургский Горный ин-т, но в начале Германской войны оконч. ускоренный курс Константиновского военного уч-ща. В чине прапорщика служил на Кавказском фронте. После захвата власти большевиками поступил добровольцем в Белую армию. Дослужился до чина есаула Войска Донского. Эвакуировался с Рус. армией из Крыма в Галлиполи. Переехал в Чехословакию, где в 1928 оконч. металлургич. отделение Горного ин-та. С 1928 по 1945 работал на заводах и в ин-тах Чехословакии. В 1945 выехал в Германию, в Мюнхен, где открыл «Книжное товарищество русских книг». В 1955 переселился в США. Сначала работал в Нью-Йорке чертежником, а потом получил должность инж.-металлурга. С 1962 по 1969 работал науч. сотрудником Библиотеки Конгресса в Вашингтоне. Действительный член Об-ва рус. инж. в США.

Похоронен на каз. участке Свято-Владимирского кладбища в Кэссвилле, в шт. Нью-Джерси.

И с т. АОРИ. Анкета.

Лит. Некролог // Часовой (Брюссель). 1969. № 515.

ВЕСЕЛОВСКИЙ Владимир В. (3 февр. 1895, Санкт-Петербург –?) — инж.-химик, проф., референт. В 1931 оконч. Нью-Йоркский ун-т с дипломом инж.-химика. В 1934 при уч-те защитил докторскую дисс. по физич. химии. Сотрудничал с исследовательским фондом ун-та шт. Огайо, был директором программы по химич. военной тренировке. С 1942 по 1950 занимал проф. должности по физич. и неорганич. химии в ун-те св. Иоанна, Манхэттенском колледже, Колледже Сары Ли, Колледже Лафайет, в Питтсбургском ун-те, Ратгерском ун-те и ун-те шт. Вайоминг. В 1951 начал работать в качестве ст. физико-химика в Ин-те Баттелл, составлял рефераты статей из иностранных науч. и технич. изданий. С 1959 по 1963 был референтом в журнале Chemical Abstracts.

И с т. Материалы АОРИ. (*Vesselovsky Vladimir V.* Curriculum vitae: Archives of Assn. of Rus.-Amer. Engineers in USA.)

ВЕСЕЛОВСКИЙ Павел Николаевич (1880–1942, Голливуд, шт. Калифорния) — ген.-майор. В 1900 оконч. Чугуевское пех. уч-ще. Выпущен подпоручиком в 76-й пех. Кубанский полк. Ветеран трех войн: рус.-яп. 1904–05, Первой мировой и Гражданской (награжден за доблесть орденами и Георгиевским оружием). В 1917 произведен в ген.-майоры, командовал бригадой 12-й стрелковой дивизии. В 1918 — ген. для поручений при военном мин. гетмана П.П. Скоропадского. Во время Гражданской войны вступил в армию ген. А.И. Деникина. После эвакуации за рубеж переселился в США, в Голливуд. Возглавлял Об-во рус. ветеранов. Работал садовником.

Л и т. *Волошин А.А.* Некролог // НРС. 1942. № 10551. 8 янв.

ВЕТТЕР фон РОЗЕНТАЛЬ Густав Хайнрих (1753–1829) — эстляндский дворянин, рус. подданный, ветеран войны за независимость США. Согласно рукописи, хранящейся в историч. архиве Тарту (Юрьева), покинул Россию в 1775, чтобы принять участие в борьбе молодой амер. республики против Англии. **В.** стал адъютантом в чине майора у ген. Д. Джексона и был знаком с ген. Дж. Вашингтоном. За участие в войне за независимость США награжден орденом Цинцинната.

И с т. *Долгополов А.* Участие рус. в войне за независимость США // Родные дали (Лос-Анджелес). 1976. Июнь. № 267. С. 35–38.

ВЕЩИЛОВ Константин Александрович (15 мая 1878, Санкт-Петербург – 23 апр. 1945) — художник. В юности изучал в Валаамском монастыре рус. старинную иконопись. После того поступил в Академию художеств, где стал «личным» учеником И.Е. Репина, который видел в **В.** своего наследника в отображении рус. старины. В 1904 оконч. Академию с золотой медалью и получил двухгодичную командировку в Рим. В 1908 за картину «Стенька Разин» получил юбилейную премию и золотую медаль. В 1910 «Протопоп Аввакум» принес **В.** первую премию по историч. живописи. После гибели *Верещагина* в 1904 Адмиралтейство поручило **В.** выполнение отдельных заказов. В 1911 зачислен на действительную службу по Морскому мин. В 1912 получ. чин титулярного советника, в 1913 награжден орденом св. Анны II ст., а в 1916 — орденом св. Владимира IV ст. Был кандидатом в члены Императорской Академии художеств, членом Императорского Археологич. ин-та. Революция лишила **В.** возможности создавать картины, отображавшие рус. старину. В нояб. 1922 с женой покинул Россию. Ок. 4 лет работал на Капри, а в 1928 Вещиловы переезжают во Франц. Здесь успешно работает, получ. похвалы в прессе и устроил ряд выставок. На одной из них, в Брюсселе, выставил 100 полотен. Общее впечатление франц. критиков о картинах **В.** — «La Sainte Russie qui disparait» (Исчезающая Святая Русь).

В 1935 переселился в США, продолжил писать картины. Был почетным членом Об-ва быв. рус. мор. офицеров в Америке. По своей технике и сюжетам был ближе всего к своему учителю И.Е. Репину.

Л и т. Константин Александрович Вещилов. Биографич. очерк // Морские записки (Нью-Йорк). 1945. Т. III. С. 119–214.

ВИЗИ [по мужу **Туркова**] Мария Генриховна (17 янв. 1904, Нью-Йорк – 18 окт. 1994, Сан-Франциско) — поэтесса. Мать ее была рус., а отец — американцем. Училась в Петрограде. В 1918 уехала в Харбин, а затем в США, получила высшее образование. Ее первый сб. «Стихотворения» вышел в Харбине в 1929, второй — «Стихотворения II» — в 1936 в Шанхае и третий, «Голубая трава» — в 1973 в Сан-Франциско. Стихи **В.** вошли в антологию «Содружество», печатались в журналах «Современник», «Возрождение», в альманахах «Перекрестки» и «Встречи». Писала стихи на рус. и на англ. яз.

Л и т. *Крейд В.* С. 613; Встречи / Под ред. Вал. Синкевич. 1985; *Витковский Е.В.* Антология... Кн. 3. С. 381.

ВИКТОРИН, архимандрит — См.: **ЛЯБАХ** Викторин.

ВИКТОРОВ Федор — общественный деятель РООВА, сконч. 11 авг. 1976.

Похоронен в Маспет, на Лонг-Айленде, в шт. Нью-Йорк.

И с т. АА. *Письмо С. Рагозина — Е.А. Александрову* от 22 нояб. 2002.

ВИЛЛС [Boris N. **Wills**] Борис Н. — первый лейтенант, ветеран амер. армии, пехотинец, служил в амер. секторе в Берлине в 1945.

И с т. *Pantuhoff Oleg* — 1976.

ВИЛЬЗАК Анатолий Иосифович (29 авг. 1896, Санкт-Петербург – 15 авг. 1998) — балетный танцор, хореограф. Образование получил в Петербургском театральном уч-ще. После оконч. уч-ща в 1915 выступал в Мариинском театре. Выехал за рубеж в 1921. Состоял в балете С.П. Дягилева и в Балете Монте-Карло. Переселился в США, где был первым танцовщиком у *Дж. Баланчина*, в его Амер. балете, в Метрополитен-опера. Преподавал в Калифорнии в балетной школе. В возрасте 86 лет поставил в Сан-Франциско «Вариации» по мотивам старых балетов *Михаила Фокина*.

Похоронен на Серб. кладбище в Сан-Франциско.

И с т. АРЦ. *Тарала Г.А.* С. 2.

Л и т. Анатолий Вильзак и его «Вариации» // НРС. 1982. 17 февр.

ВИЛЬСОН Олег Яковлевич — авиационный инж., род. в 1923 в Польше в семье потомка выходца из Англии, приехавшего в Россию в нач. XIX в. Среднее и высшее образование получил во Франц.

В Канаду переселился в 1952 и начал работать в компании, строящей тренажеры для авиации. Ушел в отставку в 1988. Стал казначеем церковного прихода Знамения Божьей Матери в Монреале.

И с т. АА. *Могилянский М.* Биография О.Я. Вильсона. Письмо *Е.А. Александрову*, 2001.

ВИЛЬЧУР Марк Ефимович (1884, Переяславль Полтавской губ. – 1940, Нью-Йорк) — писатель, общественный деятель. Оконч. худ. школу в Миргороде. Был сотрудником газ. «Приднепровский край» в Екатеринославе. Приехал в США в 1910. Стал амер. сотрудником газ. «Утро России». Работал в Вашингтоне в статистич. бюро. В 1912 стал членом ред. газ. «Русское слово». Автор книги «В американском горниле: Из записок иммигранта» (Нью-Йорк, 1914), в которой описан выезд из России, прибытие в Нью-Йорк, приключения и мытарства рус. в Америке. Автор книги «Русские в Америке». В этой книге описаны жизнь и быт рус. иммигрантов, их экономич., культурные и дух. завоевания, история рус. колоний, рус. печати и рус. орг-ций в Америке, рус. землеробы, сектанты, революционеры в Новом Свете и рус. искусство в Америке.

Был председателем Фонда помощи рос. литераторам и ученым за рубежом. Автор многоч. статей в «Новом русском слове».

Л и т. *Браиловский А.* Памяти Марка Ефимовича Вильчура // НРС. 1940. № 10339. 31 мая.; *Мансветов Ф.* М.Е. Вильчур // Там же. 1940. № 10338. 30 мая.

ВИНЕР [**Viner** Dmitry D., «**Jimmy**»] Дмитрий Дмитриевич (1908, Киев – 15 июня 1998) — летчик-испытатель вертолетов. Род. в семье художника. В возрасте 15 лет выехал с родителями в США, поступил на работу на завод своего дяди *И.И. Сикорского*. Он был самым молодым, пятнадцатым по счету рабочим на заводе в Лонг-Айленде. Вначале выполнял разнообразные поручения: от посыльного до водителя грузовика. Одновременно учился в школе. В 1929 научился управлять самолетами, на которых налетал 1,5 тыс. часов. Перейдя на вертолеты, налетал на них 4 тыс. часов, став главным летчиком-испытателем заводов Сикорского в Бриджпорте, в шт. Коннектикут. В 1945 во время бури участвовал в спасении людей с тонущей нефтеналивной баржи в заливе Лонг-Айленда с применением вертолета, снабженного подъемной лебедкой.

Был первым гражданским пилотом, который провел операции по спасению летчиков в море с борта авианосца. На вертолете VS-300 установил рекорд длительности полета в восемь часов. Прослужил 44 года в авиации и получил признание как самый выдающийся летчик-испытатель вертолетов, демонстрировавший вертолеты Сикорского по всему миру. Сотрудники называли **В.** Джимми. Избран почетным членом «American Helicopter Society» и состоял членом «Society of Experimental Test Pilots».

И с т. Igor I. Sikorsky. Historical Archive. 1997/02/12.

Л и т. *Sikorsky Sergei* (editor). Straight Up: United Technologies, Sikorsky Aircraft. Stratford, 1984.

ВИННИКОВ Владимир Игнатьевич (14 июля 1900, стан. Михайловская Обл. Войска Кубанского – ?) — технолог, специалист по лесному строительному материалу. В 1930 оконч. Лесное отделение Политехнич. ин-та в Праге. В США жил в Астории, на Лонг-Айленде, в шт. Нью-Йорк. Действительный член Об-ва рус. инж. в США (1951).

И с т. АОРИ. Анкета.

ВИНОГРАДОВ Александр (1883, Виленская губ. –15 дек. 1970, Нью-Йорк) — химик, изобретатель составов для обработки дерева и тканей, делающих их огнеупорными. Оконч. ун-т во Фрайбурге, в довоенной Германии, где получил докторскую ст. по химии. Переселился в США в 1924. Открыл способ обработки дерева и текстильных материалов огнеупорным составом. Его метод был применен при постройке Колумбийского пресвитерианского мед. центра в Нью-Йорке, здания Крейслера, пароходов и обивки на самолетах. Изобрел способ обработки пластич. материалов красками под названием «Инлоннэ», в результате создавался рисунок, который походил на эмаль, отражающую все цвета радуги. Первая выставка работ **В.** состоялась в 1967 в галерее Кеннеди и затем в Музее естественной истории в Нью-Йорке. По имеющимся сведениям, на свои изобретения патентов не брал.

Л и т. *Седых А.* Памяти Александра Виноградова // НРС. 1970. 15 дек.

ВИНОГРАДОВ Владимир Петрович (1900? – 23 дек. 1971, Нью-Йорк) — участник Белого движения на Юге России, штабс-капитан. Оконч. Нижегородский гр. Аракчеева кад. корпус (1917), юнкер Константиновского арт. уч-ща. В нояб. 1917 с группой юнкеров прибыл из Петрограда на Дон и зачислен в Сводную Михайловско-Константиновскую батарею Алексеевской орг-ции (Добровольч. армии). Прапорщик (12 февр. 1918). Участник 1-го Кубанского «Ледяного» похода 1918. Затем в рядах белых войск на Юге России до эвакуации Крыма в нояб. 1920. Штабс-капитан (на 1920). В 1920–21 – в Галлиполи, в составе Технич. полка пех. дивизии I арм. корпуса Рус. армии. После 1921 в эмиграции в Кор. СХС, после 1945 – в США. Участвовал в жизни рус. воинских орг-ций.

Похоронен на кладбище Рослин на Лонг-Айленде (шт. Нью-Йорк).

И с т. Виноградов Владимир Петрович // Незабытые могилы / Сост. В. Н. Чуваков. Т. I. С. 568.

Л и т. *Волков С. В.* Первые добровольцы… С. 62; Марковцы в боях и походах за Россию в Освободительной войне 1917–1920 гг. Кн. I. 1917–1918 гг. Зарождение Добровольч. армии. 1-й и 2-й Кубанские походы / Сост. Марковского пех. пол-ка В. Е. Павлов. Париж, 1962. С. 51.

ВИНОГРАДОВ Матвей Иосифович (1920–1988) — общественный деятель. Род. в Эстонии, оконч. гимназию в Риге. Был мобилизован в Красную армию. В 1943 попал в плен к немцам.

В 1949 эмигрировал в Канаду. Зарабатывал на жизнь работой десятником на строительстве. С 1952 был пом. председателя Рус. отдела ветеранов войны, а с 1988, после смерти *Б.В. Орлова*, возглавил эту орг-цию. В нач. 80-х создал в Монреале отделение им. св. Георгия Победоносца, объединяющего рус. ветеранов войны. Это отделение было официально принято в состав Канадского Кор. Легиона ветеранов войны. За свою деятельность получал награды от Легиона, в т.ч. самую почетную награду — «Золотую ветвь». По инициативе **В.** на рус. кладбище в Роуден под Монреалем был возведен большой памятник рус. воинам работы проф. *Л. Скородинского* и художника *Ю.И. Карташева*.

И с т. АА. *Могилянский. М.* Письмо *Е.А. Александрову*, 2001; *Его же.* Биография М.И. Виноградова. Машинопись, дек. 2002.

ВИНОГРАДОВ Николай Иванович (1895 – 23 апр. 1968, Нью-Йорк) — врач, публицист. Оконч. гимназию в Петербурге и мед. ф-т ун-та св. Владимира в Киеве. Ветеран Первой мировой и Гражданской войн. Добровольцем ушел на фронт, прошел войну в составе 32-го моторного дивизиона. Произведен в офицеры и награжден орденом св. Георгия IV ст. Во время Гражданской войны служил в чине капитана в Марковском арт. дивизионе. Эвакуировался в Галлиполи. Переселился в США. Стал публицистом. Выпустил книгу по истории большевистской операции «Трест». *Родственники:* жена Елена Евгеньевна.

Л и т. Незабытые могилы. Некролог // Часовой (Брюссель). 1968. Июль. № 505. С. 19.

ВИНСЛОВ [**Winslow** Jacob] Яков — деятель РООВА. Сконч. 12 мая 1962 в возрасте 63 лет.

Похоронен на Свято-Владимирском кладбище в Кэссвилле, в шт. Нью-Джерси.

И с т. АА. Письмо *С. Рагозина*, 22 нояб. 2002.

ВИРЕН [Alexis R. **Wiren**] фон, Алексей Робертович (1897–28 авг. 1975, Окдейл на Лонг-Айленде, шт. Нью-Йорк) — филантроп, учредитель Рус. студенч. фонда в Нью-Йорке. Род. в семье адмирала Рос. Императорского флота. По семейной традиции должен был поступить в Военно-мор. академию, однако прежде чем поступить в Академию, начал изучать кораблестроение в Петроградском Политехнич. ин-те. Начавшаяся Первая мировая война изменила планы — **В.** перешел в Военно-мор. академию со специализац. в военно-мор. авиации и получил первый офиц. чин. Прибыл в США в 1917 в составе рус. военно-мор. и авиационной комиссии по закупке военного снаряжения. В России произошла революция, работа комиссии прервалась, и **В.** возобновил занятия по кораблестроению (Naval Architecture) в Массачусетском технологич. ин-те. В 1920 оконч. ин-т в возрасте 23 лет и начал хлопоты об основании Рус. студенч. фонда, просуществовавшего с 1920 по 1945. В этом весьма преуспел, быстро освоившись с амер. методами благотворительной работы и нахождения средств. Студенч. фонд оказал денежную помощь 600 рус. эмигрантам для оплаты высшего образования в 106 колледжах и ун-тах США. Это были быв. офицеры, участники войны против большевиков, быв. студенты инж. специальностей, прибывшие в США из многих стран мира, куда они попали после оконч. военных действий, выходцы из всех социальных групп старой России. К 1944 ссудами стали пользоваться дети эмигрантов, родившиеся в США. Отбор кандидатов на получение стипендий производился на основании личных данных, предыдущего образования, обязательств возвращать ссуду в рассрочку после оконч. учебного заведения и помогать в будущем эмигрантам в получении образования. Фонд ежегодно проводил опрос высших учебных заведений с целью выяснения успеваемости стипендиатов. На основании опросов оказалось, что за 25 лет существования фонда 44% рус. студентов, получавших ссуды, числились отличными студентами, 32% — хорошими студентами, 22% — приравнивались по отметкам к амер. студентам со средними отметками и 1% имел отметки ниже среднего. Из завершивших образование при содействии фонда 50% работали по инж. специальностям, а остальные стали химиками и агрономами, специалистами по лесному хоз-ву, геологами, биологами, металлургами, хозяйственниками, архитекторами, медиками и юристами. Ок. 100 чел. сражались в рядах армии США во время Второй мировой войны. В Совете директоров фонда состояло много видных представителей деловых кругов США, академич. мира и общественности. Общая сумма денег, которой располагал фонд, составляла 674 тыс. $. Один из основателей Толстовского фонда и его постоянный директор. Материально поддержал проф. *Д.С. фон Мореншильда*, начавшего издавать журнал «Russian Review». Занимал должность директора одного из департаментов страхового об-ва «Эквитэбл». Будучи в отставке, получил должность зам. президента Даулинг-колледжа на Лонг-Айленде. *Родственники*: племянница *Вера фон Вирен* с семьей.

Л и т. *Вирен фон, В.Р.* Памяти А.Р. Вирена // НРС. 1976. 20 авг.; С. 39; Скончался А.Р. Вирен // Там же. 1975. 31 авг.; *Davis Donald E.* Alexis R. Wiren (1897–1975) // Russian Review. 1975. P. 121–122; *Pestoff Alexis N.* Directory of Russian Graduates of American Colleges // Alumni Association of the Russian Student Fund, Inc. New York., 1929. August. P. 21.

ВИРЕН фон, Николай Робертович (5 дек. 1886 — 2 сент. 1943, Нью-Хэвен, шт. Коннектикут) — ст. лейтенант. Оконч. Морской корпус (1907). Ветеран Первой мировой и Гражданской войн, второй председатель совета директоров Об-ва быв. рус. мор. офицеров в Америке 1925–27.

Был членом Об-ва рус. студентов, оконч. амер. высшие учебные заведения при содействии Рус. студенч. фонда в Нью-Йорке.

Похоронен на кладбище св. Иосифа в Лордшип, в шт. Коннектикут.

И с т. Список Председателей Совета директоров Об-ва Рус. Императорских мор. офицеров в Америке, 1974.

Л и т. Морские записки (Нью-Йорк). 1943. Дек. С. 66; *Pestoff Alexis N.* Directory of Russian Graduates of American Colleges // Alumni Association of the Russian Student Fund, Inc. New York., 1929. August. P. 21.

ВИРЕН Роберт Карлович (10 мая 1896, Эстляндская губ. – ?) — инженер-механик. Оконч. в 1916 военное уч-ще в Петрограде. Учился в Пражском ун-те. Переселившись в Канаду, в 1926 оконч. Торонтский ун-т с дипломом инж.-механика. Работал инж. по паровым котлам, паровым машинам и турбинам. Преподавал в Торонтском ун-те в звании ассистента, доцента и с 1931 — проф. машиностроения. Его лекции и научная работа были связаны с термодинамикой, тепловыми двигателями, котельными установками, силовыми станциями.

И с т. АОРИ. Материалы.

ВИРЕН-ГАРЧИНСКАЯ фон, Вера Робертовна [von **Wiren-Garczynski Vera**] (род. 1922, Нови-Сад, Кор. СХС) — литературовед. Внучка адм. Р.Н. фон Вирена. В США с 1950. Оконч. Бруклинский колледж в Нью-Йорке со званием бакалавра (1958). Магистр Колумбийского ун-та (1961). В 1965 защитила докторскую дисс. в Нью-Йоркском ун-те. В 1962 начала преподавать в Квинс-колледже. С 1964 — преподаватель в Городском колледже (City College) Городского ун-та Нью-Йорка (CUNY), проф. славянской и рус. яз. и лит., сравнительной лит. Автор, соред. и ред. 6 книг по рус. лит., включая книгу о М.М. Зощенко. Автор публ. и перев. на англ. яз. К 200-летию США (1976) организовала в Нью-Йорке симпозиум, посвящённый роли рус. в амер. науке, технике и культуре.

Создатель и рук. Славянско-амер. культурной ассоциации и Амер. ассоциации по изуч. рус. наследия. Читала лекции и устраивала выставки, посвящённые славянской и рус. культуре. В 1986 награждена почётной медалью об-ва, основанного в честь Статуи Свободы. Занимается увековечиванием памяти и доброго имени адм. Р.Н. фон Вирена.

Л и т. *Даров А.* Наши медалисты // НРС (Нью-Йорк). 1986. 7 нояб.; *Vincent Stuart.* Russia Hero Revived, History Revise // Newsday. 1992. Jan. P. 19.

ВИРЕНИЦИН [Svetoslav **Virenitsin**] Святослав — ветеран амер. армии, специалист IV кл. (на 1957).

И с т. *Pantuhoff Oleg — 1976.*

ВИСКОВАТОВ Всеволод Юрьевич (род. 2 янв. 1920, Ростов Обл. Войска Донского) — инженер-электрик. В 1948 оконч. Высшую технич. школу в Брауншвейге, в Германии. В США жил в Бруклине, Нью-Йорк. Действительный член Об-ва рус. инж. в США.

И с т. АОРИ. Материалы.

ВИСКОВАТОВ Юрий Александрович (29 апр. 1890 — ?) — инженер-строитель. В 1923 оконч. механич. отделение Петроградского Политехнич. ин-та. В США жил в Нью-Джерси. Действительный член Об-ва рус. инж. в США (1951).

И с т. АОРИ. Материалы.

ВИТАЛИЙ [в миру **Устинов** Ростислав Петрович] (род. 18 марта 1910, Санкт-Петербург) — митрополит, Первоиерарх РПЦЗ (1986–2001). Род. в семье ст. лейтенанта Рос. Императорского ВМФ П.К. Устинова (1884–1958). Детство провёл с семьёй в Севастополе. В 1920 поступил в Феодосийский интернат при Константиновском военном уч-ще, который после эвакуации из Крыма (нояб. 1920) на константинопольском рейде был влит в Крымский кад. корпус. В эмигр. с корпусом в Кор. СХС (дек. 1920–окт. 1922 — Стрнище [Словения], затем в Белой Церкви). В 1923 оставил корпус и с матерью уехал в Париж. Оконч. лицей св. Людовика. В 1934 призван во франц. армию, успешно служил в 9-м кирасирском полку, но от продолжения военной карьеры по оконч. действительной службы отказался. Работал на англ. предприятии на юге Франции. Ростислава влекла дух. жизнь. Некоторое время учился в Рус. богословском ин-те, но оставил его, не найдя удовлетворения и вступил в переписку с миссионерской обителью преп. Иова Почаевского на Пряшевской (Закарпатской)

Руси в Чехословакии. В 1938 приехал в Ладимирово в обитель и стал послушником. В 1939 настоятелем обители *о. Серафимом (Ивановым)* пострижен в рясофор с именем **В.**, а затем в мантию. Иеродиакон. В 1941 в Братиславе архиепископом Берлинским Серафимом (Ляде) рукоположен в иеромонахи. Окормлял отдалённые от обители сёла: Медвежье, Порубку и Кориевцы. В июле 1944, накануне прихода сов. войск с братством эвакуировался в Братиславу, а затем в Берлин. После отъезда братии зимой 1945 на Юго-Зап. Германии вместе с архимандритом Нафанаилом (Львовым) остался в Берлине и, несмотря на приближение сов. войск, окормлял паству в Берлинском кафедральном соборе до апр. 1945. Окончание войны встретил на севере Германии в р-не Гамбурга (брит. оккупационная зона). Служил в лагерях «перемещённых лиц» (Фишбек и др.), вместе с архимандритом Нафанаилом участвовал в спасении быв. граждан СССР от насильственных репатриаций.

В 1946 в Лондоне возведён в архимандриты с назначением настоятелем прихода и благочинным на Великобританию. 12 июля 1951 хиротонисан во епископы и назначен Архиерейским Синодом РПЦЗ на кафедру викарного епископа в Сан-Паулу (Бразилия), где проявил себя как деятельный архиерей. С 1955 — на кафедре викарного епископа в Эдмонтонте (Канада). Епархиальный архиерей на всю Канаду с местопребыванием в Монреале и кооптацией в члены Архиерейского Синода (с 1957), архиепископ. В Канаде вновь открыл типографию и изд-во преподобного Иова Почаевского. В янв. 1986 по жребию избран митрополитом Америки и Канады, Первоиерархом РПЦЗ. Благословил создание параллельных приходов РПЦЗ в России, убеждённый противник сближения и диалога с МП РПЦ. В июле 2001 ушёл на покой в возрасте 92 лет, обстоятельства ухода **В.** вызывают противореч. оценки. **В.** наследовал архиепископ Свято-Троицкий и Сиракузский *Лавр (Шкурла)* — сторонник диалога с МП РПЦ. Затем в знак протеста против сближения с МП РПЦ **В.** отменил первоначальное решение об уходе на покой и объявил о создании собственного Архиерейского Синода, но из приблизительно 300 приходов РПЦЗ за ним последовали не более двух десятков, включая некоторые приходы в России.

И с т. Список кадет Крымского кад. корпуса, принявших дух. сан // Кад. корпус за рубежом. С. 161.

Л и т. Владыка Виталий — новоизбранный Первоиерарх Рус. Православной Церкви за границей // РМ (Париж). 1986. 21 февр.; *Корнилов А.А.* С. 37–38; Краткая биография Преосвященного Виталия, архиепископа Монреальского и Канадского // ПР. 1986. 22 янв.; 50-летие Архипасторства Митрополита Виталия // Там же. 2001. 1/14 авг. № 15. С. 2–4; *Гавриил*, епископ. Жизненный путь Митрополита Виталия // Там же.

ВИТАЛИЙ [в миру **Максименко** Василий Иоаннович] (8 авг. 1873, дер. Глафировка Таганрогского градоначальства – 21 марта 1960, Нью-Йорк) — архиепископ Восточно-Амер. и Джерсийский РПЦЗ. Род. в семье дьякона. Оконч. Мариупольское дух. уч-ще и Екатеринославскую дух. семинарию, учился в дух. академиях в Киеве и в Казани. В 1899 принял монашеский постриг, архимандрит в Почаевской Лавре (с 1903). Руководил Почаевским отделом Союза Рус. Народа, занимался церковной и общественной деятельностью на Волыни. Участник монархич. совещания в Петрограде 21–23 нояб. 1915. После Октябрьского переворота 1917 подвергался арестам и избиениям со стороны большевиков, католиков и петлюровцев. Был дважды приговорён к смертной казни. После 1920 Почаевская Лавра оказалась в пределах независимой Польши. **В.** перевёз типографию лавры во Владимирский монастырь в с. Ладимирово в Пряшевской (Закарпатской) Руси в Чехословакии, где в 1926 возобновилось издание дух. православной лит-ры. В 1934 в Белграде хиротонисан во епископский сан.

Во время Второй мировой войны в июле 1944 ввиду приближения фронта монастырь с типографией был эвакуирован в Братиславу, затем в Германию, Швейцарию и в 1946 — в США, здесь обосновался в Джорданвилле (шт. Нью-Йорк). Издательская деятельность возобновилась в Свято-Троицком монастыре. **В.** способствовал основанию и строительству к 950-летию Крещения Руси Свято-Владимирского храма-памятника в Джексоне (шт. Нью-Джерси). При деятельном участии **В.** в Северо-Амер. епархиях РПЦЗ построены 27 православных храмов. Перу **В.** принадлежит книга «Мотивы моей жизни».

Похоронен на Свято-Владимирском кладбище в Кэссвилле (шт. Нью-Джерси).

И с т. Виталий (Максименко Василий Иванович) // Незабытые могилы / Сост. В.Н. Чуваков. Т. I. С. 575.

Л и т. *Аверкий*, архиепископ. К столетию со дня рождения Архиепископа Виталия // ПР. 1973. № 15. С. 9–10; *Амвросий*, архиепископ. Памяти Архиепископа Виталия // Там же. 1972. № 15. С. 10–12; *Бобров Н.* Краткий историч. очерк строительства Свято-Троицкого монастыря. Джорданвилл, 1969; *Киселёва Т.В.* 40-летие кончины архиепископа Виталия // ПР. 2000. 1/14 апр. № 7. С. 4–5; *Лавр*, епископ. Архиепископ Виталий Максимович // Там же. 1970. № 6. С. 3–4; *Нектарий* (Чернобыль), архимандрит. Архиепископ Виталий (Максименко) // Там же. 1998. 14 нояб. С. 13–14; *Никон*, архиепископ. Архиепископ Виталий. К 100-летию со дня рождения. Джорданвилл, 1973; *Тальберг Н.* Памяти Архиепископа Виталия // ПР. 1960. № 6. С. 6–8.

ВИТКОВСКИЙ Владимир Константинович (21 апр. 1885 – 18 янв. 1978, Пало-Альто, шт. Калифорния) — участник Белого движения на Юге России, генерал-лейтенант. Оконч. 1-й кад. корпус (1903), Павловское военное уч-ще с производством 22 апр. 1905 в Л.-гв. подпоручики в Кексгольмский Императора Австрийского полк (Варшава) 3-й гвард. пех. дивизии. На 1 янв. 1910 — Л.-гв. поручик. На фронт Первой мировой войны вышел в рядах полка, в котором командовал ротой и батальоном. Л.-гв. полковник (дек. 1916). На 1917 — командир 199-го Кронштадтского полка 50-й пех. дивизии. Зимой 1918 в Яссах вступил в 1-ю нац. бригаду рус. добровольцев Ген. штаба полк. М.Г. Дроздовского, с которой участвовал в походе Яссы — Дон (март–апр. 1918). Участник 2-го Кубанского похода 1918. В июне — командир Солдатского (Самурского) батальона. С 24 июня — 2-го офиц. (Дроздовского) стрелкового полка, с 24 нояб. — командир бригады 3-й пех. дивизии Добровольч. армии. Ген.-майор (18 дек. 1918). С февр. 1919 — нач-к 3-й (затем Дроздовской) дивизии. Ген.-лейт. (20 апр. 1920) за десантную операцию в р-не Хорлы (Таврия). Снискал известность как храбрый офицер и блестящий нач-к дивизии.

4 авг. 1920 назначен командиром II арм. корпуса. Со 2 окт. — командующий 2-й армией. В нояб. в составе Рус. армии 1920 эвакуировался из Крыма. В 1920–21 — в Галлиполи, нач-к 1-й пех. дивизии и зам. ген. от инф. А.П. Кутепова.

В эмигр. в Болгарии с авг. 1921, командир I арм. корпуса. Жил в Софии. С 1926 во Франции. Командир кадров I арм. корпуса (1925–31) в составе РОВС. Председатель Объединения Об-ва Галлиполийцев и Парижской группы Объединения Л.-гв. Кексгольмского полка (на 1931) в Ницце. Нач-к I (Франц.) отдела РОВС (26 сент. 1938 – 15 окт. 1942), содействовал отправке чинов РОВС из Франции на Восточный фронт в 1941–42. Выезд **В.** на оккупированные терр. СССР был запрещён нацистами. После 1945 — в США, где до 1954 жил в Нью-Йорке, а затем в Пало-Альто. Нач-к Сев.-Амер. отдела РОВС (июнь 1950–60-е гг.). Представитель в США Объединения Л.-гв. Кексгольмского полка (на нояб. 1951). Ст. Георгиевский кавалер и Председатель отдела СЗРВ в Сев. Америке (на авг. 1953). Председатель Об-ва рус. ветеранов Великой войны в Сан-Франциско (1962–64). Участвовал в деятельности, направленной на разъяснение амер. общественному мнению природы и сути большевизма. Деятельно участвовал в жизни РОВС и Об-ва Галлиполийцев. Автор мемуаров и публ. в военно-политич. журнале отдела Об-ва Галлиполийцев в США «Перекличка» (Нью-Йорк), в которых опровергал суждения *Б.В. Прянишникова* по поводу инфильтрации в 30-е гг. «Внутренней линии» — контрразведки РОВС — сов. агентурой. За боевые отличия награждён 12 орденами, включая ордена: св. Георгия IV ст.; св. Владимира IV ст. с мечами и бантом, III ст. с мечами; св. Анны IV ст. «За храбрость», св. Анны III ст. с мечами и бантом, II ст. с мечами; св. Николая Чудотворца II ст. (11 июля 1920).

Похоронен на Серб. кладбище в Сан-Франциско.

С о ч. В борьбе за Россию. Сан-Франциско, 1963; Кровавая коммунистич. опасность // Перекличка (Нью-Йорк). 1955. Март. № 43(11). С. 10; Обращение ген. Витковского. Сан-Франциско, 21 авг. 1954 // Там же. 1955. Июнь. № 44(12). С. 8–9; По поводу статей ген. Миллере и Шатилове // Там же. 1964. Февр.—март. № 146–147. С. 10–13.

И с т. АОРВВВ. Ген.-лейт. Владимир Константинович Витковский. Альбом IV; БАКУ. Коллекция РОВС. Коробка № 140. Переписка по I отделу РОВС 1938–42 и 1942–44; ЛАА. Справка *К.М. Александрова* на ген.-лейт. В.К. Витковского; Витковский Владимир Константинович // Незабытые могилы / Сост. В.Н. Чуваков. Т. I. С. 577; Общий список оф. чинам РИА — 1910. С. 141.

Л и т. Армия и Флот. Военный справочник под ред. *В.В. Орехова* и *Евг. Тарусского*. Париж, 1931. С. 109; Владимир Константинович Витковский // Рус. дело. № 9. С. 31–32; Военный вестник (Нью-Йорк). 1953. 23 авг. № 2. Л. 8; *Волков С. В.* Офицеры рос. гвард. С. 100; *Его же.* Энциклопедия Гр. войны.С. 78; Ген.-лейт. В.К. Витковский // Часовой (Париж). 1932. 15 окт. № 90. С. 13; Там же (Брюссель). 1955. Апр. № 352. С. 18; *Лампе фон А.А.* Орден Св. Николая Чудотворца. Приложение 3-е. Кавалерский список // НЧ. 1949. № 1. С. 58; *Орехов В.В.* Ген.-лейт. В.К. Витковский // Часовой. 1970. Июнь. № 528. С. 14; *Его же.* Там же. 1977. Июнь – июль. № 606. С. 19; *Его же.* Некролог // Там же. 1978. Март–апр. № 611. С. 18; *Пронин Дм.* Ген.-лейт. В.К. Витковский (К 80-летнему юбилею) // Перекличка. 1965. Май–июнь. № 161–162. С. 20–21; *Рутыч Н.Н.* Биографич. справочник. Юг. С. 66; *Рутыч Н. Н.* и *К.В. Махров.* Биографич. справочник // *Махров П.С.* В Белой армии ген. Деникина. Записки нач. штаба Главнокомандующего ВСЮР. СПб., 1994. С. 224–225; *Чичерюкин-Мейнгардт В.Г.* Дроздовцы... С. 67, 84; *Шмелёв А.В.* Сан-Франсисскому Об-ву ветеранов Великой войны — 75 лет // НВ (СПб. — Санта-Роза). 1999. Июнь. № 455/2756. С. 18–19.

ВИТТ [Витковский] Георгий Николаевич (26 мая 1900, Рига Курляндской губ. –?) — горный инженер. Оконч. горно-металлургич. ф-т Калифорнийского ун-та в Бёркли с дипломом бакалавра (1923) и магистра (1924). Заведовал экспортом тракторов Caterpillar Tractor Co. Ст. ред. технич. журналов American Exporter Publications в Нью-Йорке. С 1941 по 1949 — вице-президент металлургич. компании «The A.J. Holden Co». Во время Второй мировой войны был членом Нац. исследовательского комитета обороны. Управляющий, инж.-консультант по разработке алмазных месторождений в Арканзасе. С 1956 — консультант по автоматизации проектирования и производства при помощи компьютеров в корпорации «United Aircraft». Автор статей о механизации выращивания сахарного тростника на Гавайях; о механизации лесоразработок в Маньчжурии, на Филиппинах и на о-ве Хоккайдо; о месторождениях и разведке алмазов в Арканзасе; об автоматич. теплообработке труб ракетного двигателя.

И с т. АОРИ. Анкета.

ВИТТЕ Николай Михайлович (?–9 дек. 1986, Лос-Анджелес) — участник Белого движения на Юге России, штабс-капитан. Кадет Суворовского корпуса. Оконч. в 1914 Павловское военное уч-ще и выпущен в 10-й гренадерский Малороссийский полк, в рядах которого участвовал в Первой мировой войне, был ранен. Несмотря на инвалидность, вступил в Добровольч. армию, в Дроздовский полк. После Галлиполи (1920–21) ушел в эмигр., в Болгарию. Переселился в США.

Л и т. Некролог // Часовой (Брюссель). 1987. Март. № 664. С. 31.

ВИЦЫН [Vicin] Петр Алексеевич (13 янв. 1900, Енисейск – ?) — инженер-строитель путей сообщения. В 1933 оконч. строительное отделение Политехнич. ин-та в Праге. В США жил в Нью-Йорке. Действительный член Об-ва рус. инж. в США.

И с т. АОРИ. Анкета.

ВИШНЕВСКИЙ Владимир Александрович (3 июня 1920, Хабаровск Приморской обл. – 8 сент. 2000, Вашингтон) — инж.-строитель, общественный деятель, один из последних председателей РОВС в рус. эмигр. (2000), штабс-капитан. Род. в семье офицера. Потеряв род. в младенчестве, воспитывался бабушкой и дедушкой, которые переехали из Хабаровска во Владивосток. В окт. 1922 года семья **В.** эвакуировалась в потоке беженцев на кораблях флотилии контр-адм. Г.К. Старка в Шанхай, а в 1924 переехала в Кор. СХС. Окончил рус. нач. школу в Белграде и I Рус. Вел. Кн. Константина Константиновича кад. корпус в Белой Церкви в составе XVIII выпуска 8-х кл. 1937–38 уч. года. Окончил Кор. Воен. Академию (пехота) в составе 66-го выпуска (1940) с производством в подпоручики Югославской Кор. армии. Участник нем.-югосл. войны (апр. 1941), во время которой оказался в Хорватии и, будучи православным, чудом избежал расстрела хорватскими сепаратистами. Был спасён серб. солдатами. В 1941–45 — в Рус. Корпусе, участвовал в боевых действиях на терр. Югославии против партизан И.Б. Тито. На окт. 1944 — командир взвода тяжёлого оружия 1-го батальона 4-го полка, лейтенант Вермахта (подпоручик по рус. службе). С окт. 1944 — прикомандирован со взводом к штабу 2-го полка. После оконч.

войны — в Австрии, откуда в 1947 переехал в Венесуэлу. Оконч. заочный ун-т по специальности: инж.-строитель. 15 лет работал в р-не р. Ориноко, затем в др. местах.

С 1991 в США, жил в Сакраменто и Вашингтоне. Состоял членом Объединения кадет Рос. кад. корпусов за рубежом. В 1993 капитаном *В.Н. Бутковым* привлечён к деятельности РОВС. С 1999 — представитель РОВС в Вашингтоне, был произведён по РОВС в поручики и штабс-капитаны. Состоял 1-м зам. Председателя РОВС В.Н. Буткова. С 7 февр. 2000 — и. о. Председателя, с 11 февр. 2000 — Председатель РОВС. В последние месяцы жизни **В.** принял решение о закрытии РОВС, но это решение не было поддержано всеми действительными членами Союза в эмигр. и в России, после чего почётным председателем РОВС стал Георгиевский кавалер, проф. *Н.В. Фёдоров* (1901–2003). *Родственники*: вдова Марина Константиновна (урожд. Кельнер); сыновья: Василий и Николай с семьями.

Похоронен на кладбище Рок-Крик (шт. Мэриленд).

Л и т. *Боголюбов А.* В.А. Вишневский // Кад. перекличка (Нью-Йорк). 2001. Апр. № 70–71. С. 300–302; РК на Балканах. 1963. С. 153; Список окончивших корпус за время с 1920–1945 гг. // Кад. корпуса за рубежом 1920–1945. Монреаль, б. г. С. 485; Список окончивших Рус. корпус гг. офицеров армии и флота и юнкеров военной, морской и интендантской академий Королевства Югославия // Там же. С. 498; Штабс-капитан Владимир Александрович Вишневский // НВ (СПб.). 2000. Сент. № 460/2761. С. 24.

ВИШНЯК Марк Вениаминович [Мордух Веньяминович] (2 янв. 1883, Москва – 31 авг. 1976, Нью-Йорк) — публицист, общественно-политич. деятель, правовед. Род. в семье лавочника, купца I гильдии. Оконч. с серебряной медалью 1-ю московскую гимназию (1901) и юридич. ф-т Московского ун-та (1908), защитив дисс. на тему «Личность в праве». С юности поддерживал знакомство с А.Р. Гоцем, *Н.Д. Авксентьевым* и др. деятелями ПСР, увлекался социалистич. теориями, в которых видел способ достижения общечеловеч. благ — свободы, справедливости и др. В 1903–04 изуч. мед. в Германии. С 1905 — член ПСР, занимался публицистич. и пропагандистской деятельностью, транспортировкой оружия. Член Московского комитета ПСР (окт. 1905), участник декабрьского восстания в Москве 1905, делегат I съезда ПСР зимой 1905–06. Арестован, из под ареста бежал (март 1906), в эмигр. в Германии. Разрабатывал концептуальные вопросы права в рамках народнич. идеологии. После возвращения на родину вторично арестован (февр. – авг. 1907), освобождён под залог. Служил пом. присяжного поверенного Н.К. Муравьёва (1908) и числился на кафедре гос. права при ун-те. В 1909–10 — за границей, с мая 1910 — в ссылке в Томской губ., которая в 1911 была заменена пребыванием за границей. Сотрудник журналов «Вестник права и нотариата», «Книга», «Русское богатство», газ. «Русские ведомости», «Знамя труда» (ПСР, Париж) и др. изданий. Критич. относился к перспективе столыпинской модернизации России и думскому конституционализму. После июля 1914 — «оборонец», служил в Главном комитете Всероссийского съезда городов и ред. газ. «Известия» (1915–16). После Февр. революции 1917 — член Московского комитета ПСР и ред. партийной печати, эксперт партии по вопросам публич. права. Деятельный участник Особого совещания по подготовке проекта «Положения о выборах в Учредительное Собрание» (с марта 1917), сторонник парламентской республики. Член Всероссийской комиссии по делам о выборах в УС (с 1 авг. 1917), участник Гос. и Демократич. Совещаний, секретарь Предпарламента (сент. – окт. 1917). После Октябрьского переворота 1917 — непримиримый враг большевиков и социальных экспериментов РСДРП(б). **В.** оценивал захват власти большевиков как «беду и катастрофу для России и человечества». Член Комитета спасения родины и революции. 23 нояб. 1917 с др. членами комиссии арестован большевиками, затем освобождён. Член УС по Тверскому и Ярославскому округам, секретарь созванного 5 янв. 1918 в Петрограде УС. После разгона УС подготовил к печати его стенографич. отчёт. Член Союза возрождения России (с апр. 1918), участник нелегальной деятельности ПСР (май – сент. 1918). С сент. 1918 — на гетманской Украине, в Киеве и Одессе служил в бюро Земского и Городового Союзов. В апр. 1919 через Афины выехал во Францию. С 1920 — секретарь Рос. об-ва защиты Лиги Наций. В 1920–38 — член редколлегии соц. журнала «Современные записки» (Париж, 1920–40), на страницах которого увидели свет более 100 публ. **В.** Проф. рус. юридич. ф-та при Ин-те Славяноведения (Париж), автор лекций и семинара по рус. гос. праву. В печати резко выступал против большевиков, полемизировал с монархистами, евразийцами, младороссами, участвовал в деятельности эсеровских групп и орг-ций. В 1938–39 — отв. секретарь журнала «Русские записки» П.Н. Милюкова. С окт. 1940 в США, жил и работал в Нью-Йорке. Гражданин США. Участвовал в издании журнала «За Свободу» (1940–47), «Нового журнала» (1942–66). Преподавал рус. яз. в амер. уч. заведениях (1943–46). В 1946–58 — ред. рус. отделения еженедельника «Тайм» (Нью-Йорк). Публиковался в «Новом русском слове» (Нью-Йорк, 1940–69). С марта 1949 — член Лиги Борьбы за Нар. Свободу (Нью-Йорк), позднее — в КЦАБ, сотрудник Ин-та по изучению СССР (Мюнхен). Сторонник создания общерос. соц. партии после падения сов. общественно-политич. строя на родине. Автор книг и мемуаров. Архив **В.** находится в отделе рукописей при Индианском ун-те.

С о ч. Личность в праве. СПб., 1907; К вопросу о судебной ответственности министров. Ярославль, 1914; Автономия и федерация. Пг., 1917; Учредительное собрание и пропорциональное представительство. Пг., 1917; Чёрный год. Париж, 1926; Два пути (Февр. и Окт.). Париж, 1931; Всероссийское Учредительное собрание. Париж, 1932; Доктор Вейцман. Париж, 1939; Дань прошлому. Нью-Йорк, 1954; Годы эмигр. 1919–1969. Стэнфорд, 1970; Современные записки. 2-е изд. СПб., 1994;

И с т. ЛАА. Справка *К.М. Александрова* на М.В. Вишнякова; Вишняк Марк (Мордух) Вениаминович // Незабытые могилы / Сост. В.Н. Чуваков. Т. I. С. 584.

Л и т. *Вильданова Р.И., Кудрявцев В.Б., Лаппо-Данилевская К.Ю.* Словарь // *Струве Г.* С. 295; *Гуль Р.Б.* Некролог // НЖ. 1977. № 126. С. 273–275; *Ерофеев Н.* Вишняк Марк (Мордух) Веньяминович // Полит. партии России. С. 115–118; *Чубыкин И.* Вишняк Марк Вениаминович // РЗ. Золотая кн. эм. С. 150–152.

ВЛАДИМИР, архиепископ, обновленец — См. **Александров** Владимир Владимирович.

ВЛАДИМИР [в миру Василий **НАГОСКИЙ**] (6 марта 1922, Донора, шт. Пенсильвания – 2 авг. 1997) — митрополит в лоне ПЦА. Служил в амер. армии во время Второй мировой войны. Оконч. ун-т Вестерн Резерв (Western Reserve). Продолжал образование в Колледже Миддлбери в Вермонте, в Колумбийском ун-те и в

Венском ун-те. Дух. образование получил в Свято-Владимирской семинарии в Крествуд, в шт. Нью-Йорк. Семинарию оконч. в 1959, рукоположен во иереи и назнач. священником в собор св. Архангела Михаила в Ситке, на Аляске. В 1961 принял монашество с именем Владимира.

В 1962 хиротонисан во епископы с назначением викарным епископом в Киото, в Японию. В 1964 г. назнач. правящим епископом Токио и Японии. В 1970 Православная церковь Японии получила в 1970 автономию от Московского патриархата, и епископ **В.** был возведен в митрополиты. В 1972 г. получил от Московского патриарха канонич. отпущение для Православной церкви Японии и возвратился в США. В 1974 назначен правящим епископом Сан-Франциско и Запада США ПЦА. В 1975 ушел на покой.

Похоронен в Свято-Тихоновском монастыре, в Пенсильвании.

Л и т. Anonymous. «His Eminence, Metropolitan Vladimir» // The Orthodox Church. 1997. September / October. P. 8; Metropolitan Vladimir // Orthodox America. Tarasar Constance J. (General Editor). 1975. P. 285.

ВЛАДИМИРОВ [Влади] Михаил Николаевич (1896, Великий Устюг — 12 апр. 1981, Лейквуд, шт. Нью-Джерси). Род. в богатой купеч. семье. Мать — из рода Кузнецовых, основателей крупнейшей чайной фирмы «Губкин и Кузнецов». Маленьким мальчиком, после смерти матери и вторич. женитьбы отца, отправлен тёткой учиться в гимназию в Дрезден, в Германию. По оконч. гимназии (1913) вернулся в Россию и поступил в Ин-т инж. путей сообщения. Во время Первой мировой войны оконч. военное уч-ще и воевал на фронте до революции 1917. Вернулся в Москву, откуда в 1923 бежал через границу в Польшу. В эмиграции во Франции, жил в Париже. Возобновил деятельность компании «Губкин и Кузнецов». В нач. 30-х гг. основал в Данциге чайную фирму «Два якоря». Во время Второй мировой войны изобрёл со своими сотрудниками искусственный чай «Сельмор» из специально обжаренной и высушенной моркови и сельдерея. Фирма **В.** продолжала работать до конца войны. В янв. 1945 в связи с приближением сов. войск бежал на Запад, где в Мюнхберге (Бавария) встретил оконч. войны. Поступил переводчиком в амер. военное управление, где работал до отъезда в США (1949). Получив гражданство США, поступил в Библиотеку Конгресса, где работал до выхода в отставку в 1971. После смерти жены переехал в Лейквуд. Участвовал в культурной жизни местной рус. общины. Переписывался с рус. писательницами *А.И. Делианич* и *Т.П. Фесенко*, искусствоведом Б. Кийн, предоставляя им сведения для их литературных и искусствоведч. трудов. Занимался благотворительной деятельностью. Потомства не было.

Похоронен на кладбище Ново-Дивеево близ Нанует (шт. Нью-Йорк).

Л и т. *Чичагов И.* Памяти М. Н. Владимирова // НРС. 1981. 21 нояб.

ВЛАДИМИР [в миру **СОКОЛОВСКИЙ** Василий] (1852, Полтава — 1933,?) — архиепископ Алеутский и Аляскинский. Оконч. Казанскую дух. академию (1878). В возрасте 26 лет принял монашество и рукоположен в иеромонахи. До назнач. в Америку служил пом. у свящ. Николая Касаткина, просветителя Японии. Возведён в сан епископа (1887) и в 1888 назначен на вакантную кафедру епископа *Нестора* (*Заккиса*). Владея англ. яз., перевёл дух. песнопения и способствовал ведению церковных служб в Сан-Францисской церкви на англ. яз. Прихожанами **В.** стали православные разных национальностей. В 1891 направил петицию в Святейший Синод о воссоединении с Православной церковью униатского священника восточ. обряда *Алексея* (*Товта*), причисленного впоследствии к лику святых.

Во время поездок по православным общинам пересёк США и был принят президентом США, которому докладывал о положении на Аляске. В окт. 1891 возвратился в Россию и поставлен во главе Острожской епархии. В 1910 возглавил Спасо-Андроников монастырь (Москва). По нек. дан.(?), в 1921–25 возглавлял Днепропетровскую епархию, с 1926 — в расколе (Временный ВЦС).

Ист. Приложение 3. Приложение 4. // Акты Святейшего Тихона, Патриарха Московского…; *М.Е. Губонин*. С. 921, 967.

Л и т. Frawley Joseph Rev. // The Orthodox Church. 1993. September / October. P. 12; Orthodox America 1974–1976. Tarasar Constance (General Editor). P. 30.

ВЛАДИМИРОВ Петр Николаевич (1893, Санкт-Петербург — 26 нояб. 1970, Нью-Йорк) — танцовщик, преподаватель балета. Оконч. в 1911 Театральное уч-ще, где был учеником *М.М. Фокина*. Выступал в Мариинском театре и в Рус. балетах С.П. Дягилева, быв. 5 лет компаньоном *А.П. Павловой*. В 1921 покинул Россию, участвовал в постановках Дягилева в Лондоне в качестве партнера балерины О.А. Спесивцевой в новой постановке «Спящей красавицы». В 1934 переехал в США. Преподавал по приглашению Дж. Баланчина до 1967 в школе амер. балета.

Л и т. Смерть П.Н. Владимирова // НРС. 1970. 27 окт.

ВЛАДЫКА [Alexander L. **Wladyka**] Александр Лукьянович (15 июня 1923 – июнь 1943) — рядовой амер. армии.

Оконч. рус. церковно-приходскую школу. Состоял в РООВА. Поступил добровольцем в армию. Погиб во время учений.

И с т. *Pantuhoff Oleg* — 1976.

Л и т. *Beresney Timothy A.* In Memoriam // Russian Herald. 1947. January–February. P. 160.

ВЛАДЫКОВ Вадим Дмитриевич (18 марта 1898, Харьков – 1980) — ихтиолог, аквариумист, бактериолог, серолог и фитопатолог. Учился в Харьковском ун-те. В 1919–20 сражался против большевиков в рядах Белой армии. После оконч. Гражданской войны переехал в 1921 в Чехословакию, продолжал занятия на биологич. ф-те Пражского ун-та. После оконч. образования вел научно-исследовательскую работу по ихтиологии в Прикарпатском крае. Научные круги Зап. Европы обратили внимание на его работу. **В.** было предложено место директора Этнографич. музея в Словакии, он был избран президентом о-ва аквариумистов. В 1928 приглашен во Франц., два года проработал в ин-те Пастера и в Нац. музее естествознания. За выдающиеся достижения удостоился награждения медалью франц. Центрального об-ва агрономии и рыболовства. В 1930 последовало приглашение в Канаду. Его исследовательская работа велась во всех провинциях этой страны, в основном в приантлантич., а также в шт. Мэриленд в США, исследовал анадромные виды рыб. В зимнее время преподавал в Торонтском ун-те. Гражданин Канады (1936). Ряд лет преподавал в Монреальском франц. ун-те и с 1958 по 1973 был проф. Оттавского ун-та, ушел в отставку со званием заслуженного проф. С 1943 по 1958 возглавлял биологич. лаборатории при Мин. рыбного хозяйства провинции Квебек. В 1961 и 1962 был консультантом по рыбному промыслу в Каспийском море, в Иране. В 1965–68 участвовал в трех экспедициях в Карибское море для изуч. амер. угрей и миног в личиночных стадиях. Одна из практич. работ **В.** заключалась в изуч. акклиматизации в Канаде осетровых рыб из России. После ухода на пенсию почетный советник Канадского музея естествознания, читал лекции по ихтиологии в др. странах. Результаты научных исследований **В.** по биологии и ихтиологии опубликованы в 197 печатных работах. В 1963 избран почетным членом Кор. об-ва Канады, в 1975 — почетным членом Канадского об-ва зоологов. В 1976 получил почетную ст. доктора юриспруденции в ун-те Wilfried Laurier, и в 1978 — почетную ст. доктора наук Honoris causa Оттавского ун-та. *Родственники*: вдова; две замужних дочери.

И с т. АА. Письмо от 30 сент. 2002 *М. Могилянского*; *Vadim D. Vladykov*. Curriculum vitae, 4 p. Typescript, July 4. 1980.

Л и т. *Могилянский М.* Рус. канадцы // Жизнь прожить. М., 1995. С. 62.

ВЛАСЕНКО о. Борис [**Плющов** Борис Петрович] (1921 (?) – после 1995, США) — участник Власовского движения, поручик ВВС КОНР, в сане протоиерей ПЦА. По показаниям майора ВВС КОНР М.В. Тарновского — уроженец Могилёва, гражданин СССР, лейтенант РККА, в нем. плену с 1941. По др. дан. — рус. эмигрант, учился на архитектурном ф-те Мюнхенского ун-та, откуда в 1942 прибыл в Берлин, где познакомился с полк. Рус. армии К.Г. Кромиади. Оконч. курсы переводчиков с присвоением административного звания зондерфюрера и убыл с полк. Кромиади на Восточ. фронт. С весны 1942 — в Абвергруппе-203 (Рус. Нац. Нар. армия, РННА) в Осинторфе под Смоленском, где по инициативе бело-эмигрантов формировались рус. части из быв. сов. военнопленных. Служил в 4-м батальоне РННА полк. А.Н. Высоцкого (Кобзева). После расформирования РННА зимой 1943 — в Бобруйске, переводчик и офицер связи при школе рус. восточ. запасного полка «Центр», затем — в офиц. школе Восточ. войск Вермахта в Мариамполе и Конфлянсе (Франц.). Осенью 1943 в Летцене познакомился с быв. полковником сов. ВВС В.И. Мальцевым (с осени 1944 — командующий ВВС КОНР, затем ген.-майор) и стал его адъютантом в чине подпоручика. Поручик ВВС КОНР (февр. 1945). В последние недели войны по просьбе В.И. Мальцева спас его жену Антонину Михайловну в амер. оккупационной зоне. Насильственной репатриации избежал.

После 1945 — в Зап. Германии, Бразилии, затем в США. Оконч. Свято-Владимирскую дух. семинарию. В 1963 рукоположен во иереи ПЦА. Окормлял православные приходы в Сент-Питерсбурге (шт. Флорида), в Огайо и в шт. Нью-Йорк. Преподавал рус. яз. в местных средних школах и в штатном ун-те в Бингэмптоне. Член КРА с 1977. В 1981 избран членом Совета директоров КРА, занимал должность председателя Флоридского отдела. Участвовал в создании памятника *А.П. Дементьеву-Деменсу*, основателю Сент-Питерсбурга во Флориде. Настоятель Преображенского собора в Бруклине (Нью-Йорк), на внешних стенах которого заботами **В.** были установлены памятные бронзовые щиты, созданные Комитетом 1000-летия Крещения Руси при КРА. В 1995 жил в Мэйлэнде (шт. Нью-Джерси).

С о ч. Архив доктора И. Хоффманна. Крылья свободы (рукопись); Ген. Мальцев. История ВВС Рус. освободительного движения в годы Второй мировой войны, 1942–1945. Сан-Франциско, 1982.

И с т. ЛАА. Интервью с протоиереем о. Борисом Власенко. 11 дек. 1995, Мэйлэнд; Служба Регистрации Архивных Фондов Управления ФСБ РФ по Санкт-Петербургу и Ленинградской обл. Архивно-следственное дело № 89804 Тарновского М.В., 1907 г.р. Л. 21; Справка *К.М. Александрова* на поручика ВВС КОНР Б.П. Плющова; Archives of the CRA. Vlasenko Boris. V. Rev. Curriculum vitae, 1993.

Л и т. *Александров К.М.* С. 307.

ВЛАСОВ [Vlasovs] Михаил Михайлович (1 июня 1888, Рига Курляндской губ. –?) — инж.-электрик. В 1943 оконч. Латвийский ун-т. В США жил в Нью-Йорке и в Чикаго.

И с т. АОРИ. *Власов М. М.* Анкета. 1959.

ВЛАСОВ Яков Дионисиевич (3 апр. 1908 — апр. 1983, Нью-Йорк) — певец, бас-баритон, художник. В Америку прибыл через Шанхай. В США участник хоров *Н.П. Афонского*, *С.А. Жарова* и *Н.Ф. Кострюкова*. Писал натюрморты и портреты.

Похоронен на кладбище монастыря Новое Дивеево возле Нанует, в шт. Нью-Йорк.

Л и т. *Николаев А.* Памяти Якова Власова // НРС. 1983. 16 июня.

ВЛЕСКОВ Владимир Николаевич (23 июля 1892, Тифлис – 19 сент. 1971, Сан-Франциско) — участник Белого движения на Юге России, штабс-ротмистр. Оконч. 3-й Московский императора Александра II кад. корпус, в авг. 1912 Киевское военное уч-ще. По оконч. уч-ща выпущен в чине хорунжего в 1-й Нерчинский полк Забайкальского каз. войска. В 1914 отправлен с полком в Монголию для охраны Рос. Ген. консульства в Урге. В конце 1914 переведен во 2-й Читинский каз. полк и с ним отправлен на Кавказский фронт. В составе полка участвовал во многих боях, занимал должности полкового адъютанта, затем — командира 5-й сотни. В 1916 произведен в чин сотника, а в 1916 — в чин подъесаула. В сер. 1917 перешел в чине штабс-ротмистра в 10-й гус. Ингерманландский полк. С полком участвовал в боях на Юго-зап. фронте, охранял тылы в Подольской и Киевской губ. Во время войны ранен, в 1918 изувечен красными, что повлекло за собой ампутацию левой руки. Награжден орденом св. Георгия IV ст. и еще четырьмя боевыми орденами. Во время Гражданской войны в Добровольч. армии участвовал в воссоздании 10-го гус. Ингерманландского полка. Для оконч. выздоровления отправлен в Минскую губ. Будучи отрезанным от Добровольч. армии поступил в Рус. Зап. армию *П.Р. Бермонд-*

та (П.М. Авалова), с которой был в дальнейшем эвакуирован в Германию.

В эмигр., несмотря на необходимость бороться за существование и за благосостояние семьи, состоял в Об-ве рус. ветеранов Великой войны в Сан-Франциско, в котором был в правлении и ведал ссудным капиталом. *Родственники:* сын о. Глеб — священник при храме женского монастыря Ново-Дивеево в Нануэт, в шт. Нью-Йорк.
И с т. АОРВВВ. Штабс-ротмистр Владимир Николаевич Влесков // 1971. Сент. Альбом VI. 4-В.

ВОЕВОДСКИЙ Георгий Степанович (8 марта 1891, Санкт-Петербург – 8 июля 1954, Лейк-Форест, шт. Иллинойс) — полковник. Оконч. гимназию, 1-й кад. корпус и в 1910 Пажеский корпус. Выпущен в Л.-гв. Кавалергардский полк, в рядах которого прошел всю Первую мировую войну и за храбрость награжден Георгиевским оружием. Воевал в рядах Белой армии. После эвакуации в Константинополь переехал в 1920 в Париж. Жил в Берлине. Переселился в США. Масон.
Л и т. Некролог // НРС. 1961. 3 нояб. № 17770.

ВОЕВОДСКИЙ Сергей Степанович (9 сент. 1889 — 31 окт. 1961, Нью-Йорк) — полковник. Оконч. в 1909 Пажеский корпус. Участник Первой мировой войны. Участвовал в кон. атаке на батарею противника в 1914. В 1915 откомандирован в военную авиацию, сдал экзамены на военного летчика и назнач. нач-ком 5-го арм. авиаотряда. В 1916 вернулся в Кавалергардский полк, в котором начинал службу. Командовал 4-м эскадроном. Участник Гражданской войны. Переселился в США. Занимал разные должности в Союзе рос. дворян в Америке. Член историко-родословного об-ва и член Союза пажей. Участвовал в издании рус. родословного журнала «Новик».

Похоронен на кладбище монастыря Ново-Дивеево, возле Нануэт, в шт. Нью-Йорк.
Л и т. Некролог // Часовой (Брюссель). 1962. № 428; *Плешко Н. Д.* Памяти Сергея Степановича Воеводского // Новик. 1962. Отд. III. С. 1–2.

ВОЕВОДСКИЙ Степан Васильевич (1805–1884) — тринадцатый правитель Рус. Америки. Мор. офицер, принят в 1834 на службу в Рос.-Амер. компанию и командовал ее кораблями до 1839. Вернувшись в 1841 в Россию, продолжал служить во флоте. В 1854 получил назначение на должность главного правителя Рус. Америки. Во время Крымской войны 1853–56 положение в Рус. Америке было очень тревожным. Англо-франц. флот совершил нападение на Камчатку. На амер. континенте соседом Рос.-Амер. компании была англ. компания Гудзонова Залива. Однако между компаниями во взаимных интересах был объявлен нейтралитет. Впервые в истории Рус. Америки в Ново-Архангельск был прислан сибирский батальон из ста солдат. В 1855 на форт Ново-Архангельск совершили нападение индейцы-тлингиты. Это, вероятно, произошло не без подстрекательства со стороны англ. агентов. Нападение было отбито с потерями с обеих сторон. В связи с этим событием В. потребовал присылки подкреплений, и в 1856 в Ново-Архангельск прибыл второй сибирский батальон из ста солдат.

Закончил службу в Рус. Америке в 1859, передав пост капитану 1-го ранга *И.В. Фуругельму*. Вернувшись в Россию, продолжал служить и в 1879 произведен в чин вице-адмирала. В США проживают потомки и родственники В. — Мэри Расселл и Михаил Воеводский. В архипелаге Александра на Аляске есть о-в В.
Л и т. *Петров В.* Потомки землепроходцев в Вашингтоне // Единение (Мельбурн). 1997. 14 февр. С. 1, 11; РЖ. 1997. 22 февр; *Его же.* Рус. в истории Америки. Вашингтон, 1988. С. 153–154.

ВОЗНЕСЕНСКИЙ Георгий Николаевич — См.: **ФИЛАРЕТ** Митрополит РПЦЗ.

ВОЗНЕСЕНСКИЙ Илья Гаврилович (19 июня 1816, Санкт-Петербург – 18 мая 1871, Санкт-Петербург) — исследователь природы и этнографии туземцев Аляски и Калифорнии. Род. в семье музейного служащего. Родители определили В. учеником в типографию, где он проучился шесть лет. В свободное время стал посещать Зоологич. музей, помогал препараторам делать чучела птиц и животных. В 1827 принят учеником в музей, проявив себя с самой лучшей стороны. Когда В. исполнилось 13 лет, назнач. в экспедицию на Кавказ, в р-н горы Эльбрус. В экспедиции изуч. зоологию и ботанику и зарекомендовал себя чрезвычайно способным и старательным юным сотрудником. В 1834 получил штатную должность пом. препаратора Зоологич. музея Императорской Академии наук. Достиг высокого уровня знаний в обл. естественных наук путем самообразования. В 1839 было решено отправить В. на три года в Рус. Америку и сопредельные земли для собирания зоологич., ботанич. и этнографич. коллекций. Ему были предложены маршруты и инструкции, как собирать и сохранять коллекции. Потом пришли к заключению, что трех лет для такой экспедиции недостаточно, и срок предложили продлить до пяти лет.

В конечном итоге В. пробыл в экспедиции 10 лет, изучив побережье и о-ва сев. части Тихого океана и Берингова моря. В. предстояло отправиться морским путем из Кронштадта на корабле, который должен был пересечь Атлантич. океан, обогнуть Юж. Америку и подняться вдоль Тихоокеанского берега обеих Америк до столицы рус. владений Ново-Архангельска (Ситки). Проведя в плавании 253 дня, прибыл 1 мая 1840 в Рус. Америку. Его первым путешествием было посещение р-на Форта Росс в Калифорнии, который В. подробно описал, свои записи снабдил картами и рис. Посетил залив Сан-Франциско и ряд исп. городков вдоль побережья. Наблюдал жизнь индейцев в Центральной Калифорнии и собирал для Академии наук предметы их обихода. Многие экспонаты настолько уникальны, что некоторых нет даже в музеях Америки. В нояб. 1841 В. предоставилась возможность побывать в

Мексике, где он продолжил исследования. В мае 1842 отправился в путешествие на Алеутские о-ва, где бриг, на борту которого **В.** находился, останавливался у всех рус. редутов и у многих о-вов. Везде собирал коллекции и обнаружил на полу-ве Катмай залежи каменного угля. Зимой жил на о-ве Кадьяк и приводил в порядок географич. записки. Там же собрал большую коллекцию предметов обихода алеутов, их одежды и личин-масок, ныне выставленных в Музее этнографии и антропологии в Санкт-Петербурге. Свои коллекции отправлял двумя путями — через Охотск и Сибирь и на кораблях вокруг света. Интересны описания **В.** плавания по Берингову морю, с заходом на о-ва Прибылова и Чукотку. 25 февр. 1843 получил предписание Академии наук продлить науч. экспедицию еще на три года и изучить Курильские о-ва. В ходе экспедиции побывал на Камчатке и Командорских о-вах. Затем более двух лет изуч. Камчатку. Его 10-летнее путешествие закончилось в 1849 в Кронштадте. К своему возвращению в Петербург получил назнач. на должность консерватора Зоологич. музея Академии наук и в итоге произведен в чин губернского секретаря. В музее продолжал работать еще 21 год, до своей безвременной кончины. Именем **В.** назван один из о-вов Алеутской дуги (Woznesenski Island). Заслуги **В.** перед наукой достойно оценены зоологами, ботаниками, геологами и этнографами. Особый интерес представляют его описания Рус. Америки, рус. селений, фортов и рус. людей, живших и трудившихся там в нач. XIX в.

Л и т. *Александров Е.А.* 1995, И.Г. Вознесенский, исследователь Рус. Америки // РА (Нью-Йорк). 1995. № 20. С. 146–148; *Алексеев А.И.* Илья Гаврилович Вознесенский. М., 1977; *Alexandrov E.* Ilya G. Voznesensky, explorer of Russian America // The Russian American (N.Y.) 1995. № 20. (abstract). P. 146; *Bates Craig D.* The California Collection of I.G. Voznesenki // American Indian Art Magazine. 1983. Summer. P. 36–41, 79; *Carter Annetta M.* I.G. Voznesenskii, Early Naturalist in Baja California. Mexico, 1979. April. P. 27–33.

ВОИНОВ Анатолий Евгеньевич (1896–9 февр. 1965, Нью-Йорк) — офицер Рус. армии. Оконч. военную школу. Участник Гражданской войны. После эвакуации из Крыма в Константинополь (1920) переселился в США. Снимался в Голливуде в немых фильмах. Один из основателей в Нью-Йорке ресторана «Russian Tea Room». В этом ресторане прослужил 34 года зав. и первым метрдотелем.

Л и т. Некролог // НРС. 1965. 9 февр.

ВОИНОВ Сергей Платонович (7 мая 1897–?) — горный инж. В 1927 оконч. Высшую технич. школу в Шарлоттенбурге, в Берлине. В США жил в Джексон Хайтс, Нью-Йорк. Действительный член Об-ва рус. инж. в США (1951).

И с т. АОРИ. Анкета С. П. Воинова.

ВОЙКОВ [лит. псевд. — **Салманов**] Юрий Николаевич (род. 20 дек. 1919, Смоленск) — инженер, архитектор, поэт. В 1940 оконч. механич. ф-т текстильного ин-та. Отец и отчим **В.** стали жертвами сталинского террора. Во время Второй мировой войны воевал в Прибалтике. Попал к немцам в плен. После оконч. войны выехал к родственникам в США, продолжал образование. Переквалифицировался и работал инж.-архитектором. Занимался лит. творч. Стихи начал писать еще в России в 15-летнем возрасте, публиковал их в журналах с 17-летнего возраста. Проживая за рубежом, издал сб.: «Стихи и песни» и «Юмор и лирика». Сотруднич. в журналах «Свободное слово Руси» и «Новый сатирикон». Считает основным и необходимым в своем творч. образность, песенность и четкость рифм. Творчество **В.** включает лирику, басни, эпиграммы, сатиру и юмор. Действительный член Об-ва рус. инж. в США (1957).

И с т. АОРИ. *Войков Ю.Н.* Письмо секретарю Об-ва рус. инж. в США, 1957; Анкета (1957). Л и т. *Салманов Ю.Н.* Автобиография // Берега. Стихи поэтов второй эмигр / Под ред. Вал. Синкевич. Филадельфия, 1992. С. 273.

ВОЙНОВСКИЙ-КРИГЕР Александр Сергеевич (род. 1923, Берлин) — инженер, проф. Род. в семье С.Э. *Войновского-Кригера*, беженца из России.

Оконч. гимназию и ф-т гражданских инж. Политехнич. ин-та в Берлине. До отъезда в 1950 в Канаду работал по специальности. По приезде в Канаду почти сразу приглашен занять должность преподавателя на ф-те гражданских инж. при ун-те Лаваль в Квебеке. В ун-те прослужил двадцать лет, сперва преподавателем, затем проф. вплоть до ухода на пенсию в 1991.

И с т. АА. *Могилянский М.* Войновский-Кригер Сергей Эдуардович. Машинопись, 2001. 1 С.

ВОЙНОВСКИЙ-КРИГЕР Сергей Эдуардович (25 декабря 1895, Санкт-Петербург – 1968, Монреаль) — гражданский инженер, преподаватель. По оконч. гимназии оконч. Санкт-Петербургский Ин-т путей сообщения.

После 1917 уехал в Зап. Европу, в 1924 оконч. Высшую технич. школу в Берлине (Шарлоттенбурге). Работал гражданским инж., главным образом в Германии. Опубликовал ряд работ по специальности и преподавал в одном из нем. высших учебных заведений. В 1950 переселился в Канаду, преподавал на инж. ф-те в ун-те Лаваль в Квебеке до ухода на пенсию в 1961. В 1933–54 опубликовал в нем. и амер. журналах 25 работ по проблемам сопротивления материалов. Совместно с проф. С. Тимошенко написал и опубликовал на англ. яз. книгу «Theory of Plates and Shells», которая вышла в двух изданиях. Действительный член Об-ва рус. инж. в США (1955).

И с т. АА. *Могилянский М.* Войновский-Кригер Сергей Эдуардович. Машинопись, 2001. 1 С.

ВОЙТИНСКИЙ Владимир Савельевич (12 нояб. 1885, Санкт-Петербург – 11 июня 1960, Вашингтон) — экономист, статистик, общественно-политич. деятель. Род. в семье проф. математики. Проблемами экономики увлёкся в гимназии, написав первую свою работу «Рынок и цены, теория потребления и рыночных цен» (опубл. при содействии М.И. Туган-Барановского в 1906). По оконч. гимназии поступил на юридич. ф-т Санкт-Петербургского ун-та, студентом принял участие в деятельности РСДРП. Позднее уехал в Екатеринослав для работы в местной соц.-дем. орг-ции. Арестован, сидел в тюрьме (1908–12), жил в Иркутске. Автор книг «Евреи в Иркутске», «Заработная плата во время войны». Участвовал в деятельности РСДРП(м), дружил с И.Г. Церетели. Ред. меньшевистских изданий «Сибирский журнал» и «Сибирское обозрение». Во время Первой мировой войны — оборонец. После Февральской революции 1917 вернулся в Петроград и вступил в РСДРП(м). Член Исполкома Совета рабочих и солдатских депутатов. После Октябрьского переворота 1917 — арестован большевиками, затем освобождён. В эмигр. в Грузии, ред. газ. «Борьба», работал в мин. ин. дел Груз. республики. С 1919 — в Риме, с 1922 — в Германии. Жил в Берлине, опубликовал на нем. яз.: фундаментальный труд (в 8 т.) «Мир в цифрах» («Die Welt in Zahlen»), воспоминания и 2 книги («Соединенные Штаты Европы» и «Факты и цифры Европы»). В нач. 30-х гг. разработал проект общественных работ для ликвидации безработицы, не осуществлённый из-за отсутствия средств, что, по мнению экономистов, способствовало приходу к власти в 1933 партии А. Гитлера. После установления нацистского режима выехал в Швейцарию, затем во Францию. С 1935 — в США. Как экономист, специалист по статистике и вопросам труда получил приглашение в Вашингтон в Центральное статистич. управление. Затем работал в Совете социального научного исследования и позже — на ответственной должности в Управлении социального обеспечения. Специалист по вопросам амер. экономики. В соавт. с женой написал труды «Население и производство мира» и «Торговля и гос. организация мира» (1953). **В.** оказался прав в прогнозировании вероятности экономич. кризиса после Второй мировой войны. По поручению Госдепартамента США совершил поездку с лекциями по странам Азии и Юж. Америки. Автор более 400 печатных трудов по специальности, включая книги (не считая переводов на 16 яз.). *Родственники*: жена (урожд. Шатхан) Эмма Савельевна.

И с т. Войтинский Владимир Савельевич // Незабытые могилы / Сост. В.Н. Чуваков. Т. I. С. 600.

Л и т. *Станка Вл.* В.С. Войтинский // НЖ. 1961. № 61. С. 237–231.

ВОЙТОВ Николай Александрович (8 марта 1899 — 1952) — инженер-лесовод. В 1932 оконч. лесной ф-т Сельскохоз. академии. СССР покинул во время Второй мировой войны. В США жил в Элмхерсте, Нью-Йорк. Действительный член Об-ва рус. инж. в США (1951).

Ист. АОРИ. Анкета Н.А. Войтова, 1951.

ВОЙЦЕХОВСКИЙ Сергей Львович (1900, Варшава – 21 янв. 1984, США) — общественно-полит. деятель, публицист. Род. в семье офицера. Детство и юность провёл в Могилеве, куда в 1912 был переведён на службу отец. Учился в Могилёвской гимназии. В 1915 поступил в Нижегородский дворянский ин-т. После Октябрьского переворота 1917 — на Украине, служил чиновником для особых поручений и переводчиком при гетманском мин. ин. дел (1918). В эмигр. в Польше (с 1921), жил в Варшаве. По общественно-полит. взглядам — убеждённый монархист, непримиримый противник большевиков, сов. теории и практики. С сер. 20-х гг. состоял в Варшаве резидентом разведывательно-информационной части канцелярии Вел. Кн. Николая Николаевича, которой руководил ген. от инф. А.П. Кутепов. Одним из первых начал догадываться о провокационном характере орг-ции «Трест» (1922–27). В частности **В.** принадлежит версия о том, что Э. Опперпут продолжал действовать в качестве агента ОГПУ и после разоблачения «Треста», остался жив, а затем участвовал в спецоперациях НКВД в Киеве в 1941–43, однако опубл. в конце XX в. материалы подтверждают гибель Э. Опперпута (Стауница) в июне 1927 в перестрелке с чекистами.

После гибели А.П. Кутепова (1930) **В.** активно участвовал в деятельности по защите интересов рус. диаспоры в Польше. Член ред. газ. «Молва» (1932). Инициатор создания и управляющий делами Рус. общественного комитета в Варшаве, который был преобразован после нем. оккупации Польши (1939) в «Руссише Фертрауенштелле». Будучи представителем рус. диаспоры перед нем. оккупационными властями (1939–44), с большим тактом защищал её интересы. По мере сил способствовал деятельности рус. орг-ций, вынужденных ввиду особенностей нацистской политики действовать полулегально и нелегально (НОРМ, НТСНП и др.). В 1944 эвакуировался из Варшавы в Германию. 30 апр. 1945 в Фельдкирхе с группой беженцев присоединился к подразделению (Einheit z. b. V. OKH-Generalstabes. Frontaufklaerungstrupp 1, Ost) полк. А. Хольмстона (Б.А. Смысловского), с которым был знаком по Варшаве. После выхода беженцев на границу Лихтенштейна вёл переговоры с премьер-министром княжества, но права на полит. убежище вместе с подчинёнными Б.А. Смысловского не получил. После 2 мая 1945 — во франц. зоне оккупации Австрии, оказывал активное противодействие сов. представителям в реализации политики насильственных репатриаций быв. граждан СССР. В 1945–46 франц. коммунисты и связанная с ними полиция пытались захватить **В.**, но после смены франц. правительства отношение военной администрации к рус. беженцам изменилось к лучшему. Представитель рус. диаспоры в Австрии перед амер. администрацией. Член РИС-О. До 1950 (1951?) жил с семьёй в Равенсбурге, затем при помощи Толстовского фонда переехал в США, где продолжал играть важную роль в общественно-политич. жизни рус. диаспоры. Работал в Толстовском фонде. Один из учредителей Рос. полит. комитета (1953). Автор газ. «Наша страна» (Буэнос-Айрес), «Новое русское слово» и «Россия (Нью-Йорк), журналов «Возрождение» (с 1949), «Новый журнал» (Нью-Йорк), «Часовой» (Париж — Брюссель). Труды **В.** публиковались в «Записках РАГ» (Нью-Йорк). Особую популярность приобрели публ. **В.**, посвящённые истории операции «Трест». *Родственники*: брат Юрий (?–1944) — общественно-полит. деятель рус. диаспоры и деятель РИС-О в Бельгии.

С о ч. После грозы // Часовой (Брюссель — Париж). 1938. 15 окт. № 221. С. 4; Сов. «сверх-азефы». Из истории «Треста». Письмо Потапова ген. Кутепову // Возрождение (Париж). 1950. Март – апр. № 8; Так было // Там же. 1948. Дек. № 280. С. 22–24; 1949. Май. № 285. С. 20–21; Трест. Воспоминания В.Т. Дриммера // Перекличка (Нью-Йорк). 1967. Янв. № 180. С. 11–15. Март–апр. № 181–182. С. 6–10; Май – июнь. № 183–184. С. 9–16; Трест. Воспоминания и документы. Лондон (Канада), 1974. Эпизоды. Лондон (Канада), 1978.

И с т. Войцеховский С.Л. // Незабытые могилы / Сост. В.Н. Чуваков. Т. I. С. 602; ЛАА.Справка *К.М. Александрова* на члена РИС-О С.Л. Войцеховского.

Л и т. *Орехов В.В.* Из недавнего прошлого // Часовой. 1948. 15 июля. № 276. С. 24; Там же. 1973. Июль. № 565. С. 12; *Его же.* Книжная полка // Там же. 1975. Янв. № 583. С. 13; *Его же.* С.Л. Войцеховский // Там же. 1984. Март – апр. № 468. С. 25–26; Памяти С.Л. Войцеховского // НС.(Буэнос-Айрес). 1984. 3 марта; *Полчанинов Р.В.* Скауты-разведчики накануне Второй мировой войны // НЧ. 1996. № 4. С. 261; С.Л. Войцеховский // Часовой. 1937. Нояб. № 200. С. 26.

ВОЙШИН-МУРДАС-ЖИЛИНСКИЙ Сергей Владимирович (1888 — 24 февр. 1962, Лос-Анджелес) — капитан артиллерии. Оконч. в 1910 Константиновское арт. уч-ще и вышел в 22-ю арт. бригаду. Участник Первой мировой и Гражданской войн. В США жил в Лос-Анджелесе.

Л и т. Незабытые могилы // Часовой (Брюссель). 1962. Июнь. № 433. С. 18.

ВОЛАСКОВ [Walter **Volaskov**] Владимир Федорович (8 авг. 1922–27 июля 1944) — морской пехотинец армии США. Род. в семье Федора Воласкова, члена РООВА. В дек. 1942 поступил в мор. пехоту. Отправлен на яп. фронт. Участвовал в атаке на о-в Сайпан. Был ранен и сконч. от ран.

И с т. *Pantuhoff Oleg* — 1976.

Л и т. *Beresney Timothy A.* In Memoriam // Russian Herald. 1947. January–February. P. 158.

ВОЛГОВСКОЙ Борис Владимирович — инженер-электрик. В 1926 оконч. ун-т в Цинциннати с дипломом инж.-электрика. Занимался исследованиями в обл. электротехники и читал лекции. Был пом. главного инж.-испытателя в «Union Gas & Electric Company» в Цинциннати. Член Об-ва рус. студентов, оконч. амер. высшие учебные заведения при содействии Рус. студенч. фонда в Нью-Йорке.

Л и т. *Pestoff Alexis N.* Directory of Russian Graduates of American Colleges // Alumni Association of the Russian Student Fund, Inc. (New York) 1929. August. P. 20.

ВОЛИН Михаил Николаевич — последователь учения йоги, писатель, лектор, преподаватель, известный в Индии как Суами Караманда. Род. в Китае в рус. семье. Много путешествовал и знакомился со знаниями тибетских монахов и индусских йогов. Автор 8 книг о разных аспектах философии и практики йоги, которые переведены на десять яз. Книги **В.** на англ. яз.: «Дыхание йогов», «Дух и практика», «Йога для женщин», «Йога после сорока лет», — изданы в США «Harper and Row» и «Double Day», их тираж превысил четверть млн. экземпляров. Автор книг: «Преодоление старости» и «Медитация». Более 30 лет преподавал «Хатха-йогу» (физич. йогу) в странах Дальнего Востока и в Австралии. В 70-х гг. переселился в США.

Л и т. *Резникова Н.* Первый рус. Суами // НРС. 1970. 13 сент.

ВОЛКОВ Александр Петрович (31 июля 1898, Екатеринославская губ. – ?) — инженер-строитель. В 1924 оконч. Белградский ун-т. В США жил в Нью-Йорке. Действительный член Об-ва рус. инж. в США.

И с т. АОРИ. Анкета.

ВОЛКОВ Борис (15 мая 1902, Рязанская губ. – после 1973, Торонто, Канада) — тан-цор и балетмейстер. Род. в крестьянской семье. Взяв пример со своего ст. брата, начал успешно выступать в качестве исполнителя рус. нар. танцев. После захвата власти большевиками призван в Красную армию, но, когда выяснилось, что **В.** талантливый танцор, его направили учиться в Московское балетное уч-ще, где он изуч. классич. балет. Вернувшись в уже знакомую ему танцевальную группу, выступал перед публикой на Дальнем Востоке, в Японии, Китае, юго-восточ. Азии, Австралии, Новой Зеландии, на Гавайях, в Мексике и в США. После распада танцевальной группы решил обосноваться в США, но иммиграционные власти предложили **В.** вернуться в СССР. Нелегально перешел границу Канады, остался здесь на всю жизнь. Начал выступать, основал в 1930 в Торонто балетную школу и из числа ее успешных учеников создал в 30-х гг. балет под названием «Балет Бориса Волкова», легализовал в Канаде свое положение. Один из основателей ежегодных Канадских балетных фестивалей. Во время Второй мировой войны распустил «Балет», сохранив только балетную школу. Однако после оконч. войны в Канаде начал расти интерес к балету, и **В.** стал участвовать в фестивалях, которые способствовали созданию при его участии в 1951 Торонтского Нац. балета, а в 1953 — Виннипегского балета, получившего впоследствии статус Кор. За 43 года работы в Канаде ок. 10 тыс. учеников прошли через его школу. 23 окт. 1973 канадское правительство отметило заслуги **В.** — пионера в деле обучения канадцев балету, — наградив его высшим орденом Канады.

И с т. *Могилянский М.* Жизнь прожить. М., 1995. С. 81–83.

Л и т. *Боброва Э.* Борис Волков — пионер канадского балета // НРС. 1973. 10 нояб.; Anonymous. Contributions to Canadian Development // Canadian Family Tree. 1967. P. 277; Anonymous. Volkoff Boris // Canadian Who is Who. 1967–69. P. 1116.

ВОЛКОВ Борис Алексеевич (? – 15 янв. 1980, Пало-Альто (шт. Калифорния) — штабс-капитан, участник Первой мировой и Гражданской войн. Эмигрировал в США. Пел в хоре *С.А. Жарова.*

Похоронен на Серб. кладбище в Сан-Франциско.

И с т.: АРЦ. *Тарала Г. А.* С. 2.

Л и т. Некролог // Часовой (Брюссель). 1980. Март – апр. № 624. С. 21.

ВОЛКОВ Борис Николаевич (1894, Екатеринослав – 1953, Сан-Франциско) — поэт, ветеран Первой мировой и Гражданской войн, Георгиевский кавалер. Перед Первой мировой войной учился в Московском ун-те. Участвовал в Белом движении. Ушел из России через Монголию. После скитаний по ряду дальневосточ. и азиатских стран переселился в США, жил в Калифорнии и работал портовым грузчиком. Публиковал стихи в альманахе «Дымный след» (Сан-Франциско, 1929), в «Калифорнийском сб.» (1934).

В 1934 опубликовал книгу стихов «В пыли чужих дорог». Стихи **В.** вошли в коллективные сб. «Земля Колумба» и «У золотых ворот». Критики отмечают, что наиболее интересные стихи **В.** посвящены пребыванию в Абиссинии. Сконч. от ранений, полученных в автомобильной катастрофе.

И с т. АМРК. Коллекции Гуверовского ин-та. Материалы *Б.Н. Волкова.*

Л и т. Автобиография // *Крейд В.* С. 613–614; *Вильданова Р.И., Кудрявцев В.Б., Лаппо-Данилевский К.Ю.* Словарь // *Струве Г.* С. 295; *Витковский Е.В.* Антология… Кн. 2. С. 421.

ВОЛКОВ Георгий Михайлович (23 февр. 1914, Москва — апр. 2000) — ядерный физик. Род. в семье проф., директора Политехнич. ин-та. После революции, в возрасте 8 лет, прибыл в 1922 с родителями в Канаду. Выехали они за рубеж легально, под предлогом изучения техники орошения. Однако отцу устроиться по специальности не удалось, и семья жила за счет продажи семейных драгоценностей. В поисках работы отец с семьей переехал в Маньчжурию, здесь получил должность преподавателя. Георгий оконч. в Маньчжурии с золотой медалью амер. гимназию, в которой учителя были рус. Однако для продолжения образования вернулся в Канаду. В 1936 стал натурализованным гражданином. Образование получил в ун-те Британской Колумбии и в США, в ун-те Бёркли, где в 1934 получил звание бакалавра, в 1936 — магистра, а в 1940 и 1945 удостоился ст. доктора наук. **В.** стал единственным ученым, который был приглашен из Канады в США для участия в разработке сверхсекретного «Манхэттенского проекта» по созданию атомной бомбы. Во время работы над проектом **В.** вместе с амер. физиком Р. Оппенгеймером выдвинул теорию о нейтронных звездах. Это предвосхитило на 30 лет открытие так называемых пульсаров. После оконч. войны возглавил отдел теоретич. физики при Нац. науч. совете Канады. В 1946 под его рук. был построен первый канадский атомный реактор (Chalk River), который считается самым безопасным в мире. **В.** возвратился в Ванкуверский ун-т, где возглавил ф-т теоретич. физики. Читал лекции в ун-тах Мак-Гилл, Пурдю и в Калифорнийском ун-те, в Лос-Анджелесе и в Бёркли, а также в Копенгагене, Стокгольме, Тронхейме и в Осло. Уйдя в отставку в 1979 в возрасте 65 лет со званием заслуженного проф. и декана, продолжал научно-исследовательскую работу. За профессиональную деятельность получил ряд наград и почетных званий, состоял в советах директоров семи научных об-в и был член ред. нескольких науч. журналов. *Родственники:* вдова Ольга, урожд. Окулич; сестра *В.И. Окулича,* проф. ун-та Британской Колумбии; дочери Елизавета и Ольга; сын Алекс; внук Давид.

И с т. АА. Письмо *М. Могилянского,* 2001; *Могилянский М.* Жизнь прожить. М., 1995. С. 60; *Volkoff George Michael.* Biographical Notes (typescript), 1980, February 1.

Л и т. Anonymous. Volkoff George // Canadian Who is Who. 1967–69. P. 1116; *Padmore Tim.* George Volkoff, A Particular Kind of Genius // Chronicle U.B.C. 1979. Autumn. P. 14.

ВОЛКОВ [Gleb N. **Volkoff**] Глеб Н. — ветеран амер. армии, рядовой (на 1944).
И с т. *Pantuhoff Oleg — 1976.*

ВОЛКОВ Лев Николаевич (1920 — 21 янв. 1974, Вашингтон) — журналист, летчик. Участник Второй мировой войны с сов. стороны. Совершил 80 боевых вылетов на бомбардировщиках. Имел звание подполковника. Будучи единственным спасшимся пассажиром в 1945 во время падения самолета в Югославии, остался за рубежом, переехал в США, в Нью-Йорк. Стал журналистом, печатал воспоминания в журнале «Newsweek». Автор пьесы «Летчики» (ставилась в Нью-Йорке на рус. яз. в театре *Ю.И. Козловского*) и книги «Страна молочных рек и кисельных берегов». *Родственники:* вдова (урожд. Цветаева) Галина; дети: Николай, Михаил и Марина.
Л и т. Некролог // РМ (Париж). 1974. 14 февр. № 2986.

ВОЛКОВ Николай Георгиевич (22 дек. 1893 — 16 марта 1964, Сан-Франциско) — Ген. штаба полковник, ветеран Первой мировой и Гражданской войн. Оконч. полный курс реального уч-ща и Алексеевское пехотное уч-ще (окт. 1914). Произведен в подпоручики, назнач. на службу в 79-й пех. запасной батальон. В дек. 1914 прибыл на театр военных действий в 267-й пех. Духовщинский полк.

Последовательно служил в 16-м Мингрельском гренадерском полку, проходил курс по радио-телеграфу, в 79-м самокатном запасном батальоне. При дальнейшем несении боевой службы произведен в чины штабс-капитана и капитана. После развала армии отбыл в Сибирь и поступил в корпус войск ген. В.О. Каппеля. После прохождения курса Академии Ген. штаба в Омске произведен в подполковники и в 1920 — в полковники. После оконч. Гражданской войны переселился в США, в Сан-Франциско, где жил, работал и состоял членом Об-ва рус. ветеранов.

Погребен на Серб. кладбище в Сан-Франциско.

И с т. АОРВВВ. Ген. штаба полк. Николай Георгиевич Волков // Альбом II. 1964. Март.

ВОЛКОНСКАЯ [Catherine **Wolkonsky**, урожд. Ольхина] Екатерина Александровна (1895, Санкт-Петербург – 19 марта 1992, Спринт-Валлей, шт. Нью-Йорк) — проф. рус. яз., автор книг. Род. в семье ген. А. Ольхина. Оконч. в Санкт-Петербурге гимназию. Во время Первой мировой войны сестра милосердия. Присоединилась к Добровольч. армии, с которой впоследствии эвакуировалась в Константинополь. Переехала в Белград, где вышла замуж за кн. Волконского. В 1924 переселилась с семьей в США. Училась в Колумбийском ун-те, специализируясь по рус. и франц. яз. и лит. Преподавала франц. яз. в частной школе в Куперстауне, в шт. Нью-Йорк, во время летних каникул продолжала образование в Сорбонне. Получила магистерскую ст. по франц. языку в Миддлбэри-колледже в Вермонте. В 1941 в США было решено в связи с начавшейся войной обучать офицеров рус. языку. Была приглашена в Корнельский ун-т преподавать рус. яз. и стала первой женщиной-преподавателем в ун-те. В 1957 был запущен сов. спутник, и снова возрос интерес к рус. яз. **В.** была приглашена в педагогич. ин-т Колумбийского ун-та читать лекции по методике преподавания рус. яз. В дальнейшем преподавала в Сторрсе, в шт. Коннектикут, возглавляла рус. отдел в Вассар-колледже в Нью-Йорке, в ун-те в Олбани. Читала по-англ. лекции о Л.Н. Толстом и Ф.М. Достоевском. С 1955 по 1968 преподавала в рус. летней школе в Миддлбэри, в шт. Вермонт. Вместе с проф.-филологом М.А. Полторацкой составила словарь рус. корней «Handbook of Russian Roots» (1961). Публиковала статьи в «Modern Language Journal», «Slavic and East European Journal», «Guide to the Teacher of Russian in America». После выхода в отставку по возрасту продолжала преподавать и основала рус. отдел в ун-те Нью-Йорка, в Олбани. В 1969 Норвичский ун-т удостоил **В.** докторской ст. «Honoris causa». Переехав на Толстовскую ферму в Валлей-Коттедж в шт. Нью-Йорк, помогала *А.Л. Толстой* ред. текст воспоминаний «Из прошлого». Продолжала преподавать в Норвичском ун-те до своего 90-летия. Состояла членом РАГ в США.

И с т. *Wolkonsky Catherine.* Curriculum vitae (manuscript), 1976.

Л и т. *Кесич Лидия В.* Проф. Е.А. Волконская // Записки РАГ в США (Нью-Йорк). 1992–93. Т. XXV. С. 348–350.

ВОЛКОНСКИЙ Борис Димитриевич, кн. (1897 – 11 дек. 1990) — ротмистр, церковный деятель. Служил до революции в 12-м гус. Ахтырском гус. ген. Дениса Давыдова полку 12-й кав. дивизии. В эмигр. жил в Сан-Диего, в Калифорнии, где был основателем и почетным старостой храма св. Иоанна Кронштадтского. *Родственники:* вдова Елизавета Вильгельмовна; замужние дочери Мария Марр и Сусанна Галлобрант; внук Павел Марр.

Похоронен на Голливудском кладбище.

Л и т. Некролог // НРС. 1991. 10 янв.

ВОЛКОНСКИЙ [Dimitry **Volkonsky**] Димитрий — капитан, ветеран амер. армии. Служил в Берлине (на 1945).
И с т. *Pantuhoff Oleg — 1976.*

ВОЛКОНСКИЙ [Peter **Volkonsky**] Петр — полковник, ветеран амер. армии .
И с т. *Pantuhoff Oleg — 1976.*

ВОЛКОНСКИЙ Сергей Михайлович, кн. (4 мая 1860, имение Фалль [Кейла-Йова?] близ Ревеля, Эстляндская губ. – 25 окт. 1937, Ричмонд, шт. Вирджиния) — театральный деятель, критик. Внук декабриста кн.

С.Г. Волконского (1788–1865), отец — кн. М.С. Волконский — тов. министра нар. просвещения (с 1880). Мать — светлейшая кн. Е.Г. Волконская — внучка А.Х. Бенкендорфа. Учился в Санкт-Петербурге в Ларинской гимназии. Оконч. ист.-фил. ф-т Санкт-Петербургского ун-та (1884). Затем состоял предводителем дворянства в Борисоглебском уезде Тамбовской губ. и занимал др. должности по выборам. В США впервые прибыл в 1893, будучи комиссаром от мин. нар. просвещения на Чикагской всемирной выставке. В 1896 читал лекции по рус. истории и лит. в Лоуэллском ин-те (Бостон) и др. науч. центрах США, следствием чего стало основание кафедры славяноведения в Гарвардском ун-те. С конца 80-х гг. выступал в печати как критик в обл. искусства. Камергер (1896). Директор Императорских театров (1899–1901), подал в отставку после конфликта с балериной М.Ф. Кшесинской. Некоторое время сотрудничал с С.П. Дягилевым и протежировал ему. **В.** изучил и анализировал систему К.С. Станиславского и др. выдающихся режиссёров, занимался теорией актёрского мастерства и декламации, снискал известность как изд. книг, посвящённых театральному искусству. Автор журналов «Аполлон», «Ежегодник императорских театров», «Мир искусства» и др. Популяризатор ритмич. гимнастики и организатор столич. курсов по её изучению (1912). В 1918–21 работал в Пролеткульте, преподавал лит. и театральных студиях Москвы, состоял в дирекции Большого театра. Автор книги о декабристах, основанной на семейных воспоминаниях. Дружба и сотрудничество **В.** с проф. И.А. Ильиным, подвергавшимся репрессиям со стороны Московской ЧК, привела к отстранению от преподавательской деятельности. С дек. 1921 в эмигр. в Германии, Италии (до 1925), затем во Франции. Жил в Париже, продолжал заниматься искусством, был театральным обозревателем газ. «Последние новости». В своих публ. оставался убеждённым защитником ценностей классич. искусства эпохи Серебряного века. Директор Рус. консерватории в Париже (1936–37), участвовал в лит. вечерах М.И. Цветаевой, с которой дружил с янв. 1920. Последние месяцы жизни провёл в США.

С о ч. Мои воспоминания. В 2 т. Берлин, 1923–24. М., 1992; Человек на сцене. СПб., 1912; Выразительное слово. СПб., 1913; Выразительный чел.. СПб., 1913; Отклики театра. Пг., 1914; О декабристах по семейным воспоминаниям. Париж, 1921; Быт и бытие. Из прошлого, настоящего и вечного. Берлин, 1924; Последний день. Париж, 1928.

И с т. Волконский Сергей Михайлович, князь // Незабытые могилы / Сост. В.Н. Чуваков. Т. I. С. 613.

Л и т. *Вильданова Р.И., Кудрявцев В.Б., Лаппо-Данилевский К.Ю.* Словарь // Струве Г. С. 296; *Кузнецов А.* Волконский Сергей Михайлович // РЗ. Золотая кн. эм. С. 154–155; Некролог. С.М. Волконский // Возрождение (Париж). 1937. 29 окт. № 4102. 5 нояб. № 4104.

ВОЛОХИН Иван Александрович (1921 – 28 янв. 1986) — подпоручик, чин Рус. Корпуса, сражавшегося против коммунистич. партизан в Югославии 1941–45. Переселился в США.

Л и т. Некролог // Часовой (Брюссель). 1986. Июль – авг. № 661. С. 30.

ВОЛОШИН Александр Александрович (1892, Ананьев Херсонской губ. – 26 нояб. 1960, Голливуд, шт. Калифорния) — артист и публицист. Офицер добровольч. дружин при гетмане П.П. Скоропадском в Киеве (дек. 1918). Позже вступил в Добровольч. армию. После эвакуации переехал в Берлин, где играл в театре Н. Агнивцева «Ванька-встанька». Ред. сб. «Под зеленой лампой». Переселился в США. С 1926 стал киноактером и киносценаристом в Голливуде. Играл в фильмах «Гаучо», «На Западном фронте без перемен». Печатался в Нью-Йорке в сатирич. журнале «Бич», в «Новом русском слове». В 1947 издавал в Голливуде на рус. яз. журнал «У рампы», сотрудничал в сан-францисской газ. «Русская жизнь». Под ред. *Г.Д. Гребенщикова* издал в 1953 три книги: «В путях и перепутьях», «Досуги вечерние», «Европа — Америка 1921–1952». В печати выступал под псевдонимом Негритос.

Л и т. Биография, 18 авг. 1946 // НРС. 1946. 18 авг. № 12350; Некролог // Там же. 1960. 26 нояб.

ВОЛЫНЦЕВА (лит. псевд.) [по мужу **Сеницкая**] Лидия Эразмовна (? – 1973, Нью-Йорк) — поэтесса, переводчик. Род. в семье, в которой традиционно существовал интерес к лит. Училась в Житомирской Мариинской гимназии. После захвата власти большевиками жила в Ровно, отошедшем к Польше. Печатала рассказы, пьесы и стихи в рус. прессе в Польше. Ее стихи вошли в «Сборник русских поэтов в Польше» (1930). В 1939 переселилась в Варшаву, где во время восстания 1944 сгорела большая часть ее архивов. После войны переводила стихотворения франц. и польск. авторов на рус. В 1964 переселилась в США, стала подписываться псевд. Волынцева. Печатала стихи в «Православной Руси», «Новом журнале», «Наших вестях». В 1975 опубликовала сб. стихотворений «Ледяные узоры».

Л и т. *Михальченко И.С.* Биография Л.Э. Волынцевой // Крейд В. С. 814.

ВОРИПАЕВ Александр Николаевич (2 янв. 1900, Санкт-Петербург – ?) — мор. офицер, инженер. В 1917 оконч. Военно-инж. уч-ще. В 1918–19 служил в Брит. военно-морском флоте. С 1919 по 1921 служил во флоте Белого движения. В 1920 оконч. офиц. школу по связи и торпедному делу. Затем, во время Второй мировой войны, служил в военно-мор. флоте США в чине капитана. С 1926 работал инж. в кораблестроительной промышленности. Награжден брит. и амер. военными орденами.

И с т. АОРИ.

ВОРОБЧУК-ЗАГОРСКИЙ Анастасий Прокопьевич (1881 – 22 авг. 1963, Лос-Гатос, шт. Калифорния) — общественный деятель, журналист. Оконч. Казанский ветеринарный ин-т и, будучи студентом, сотрудничал в нескольких украинских газ. По оконч. ин-та служил в Семиреченской обл., в Средней Азии, принимал участие в журналистской и общественной деятельности. Во время Первой мировой войны работал в Красном Кресте. В 1916 принял деятельное участие в организации самообороны во время спровоцированного германскими и турецкими агентами восстания казахов. В 1917 избран председателем Джаркентской городской думы. После большевистского переворота скрылся с семьей в Кульдже, был секретарем рос. консула, издавал антикоммунистич. газ. «Свободное слово». Спасал бежавших от большевиков офицеров Семиреченского каз. войска и их семьи. Принял деятельное участие в организации на кит. территории добровольч. отрядов, влившихся в армию адм. А.В. Колчака. В Тяньцзине был председателем Рус. нац. общины. Переехал в Гонконг, а потом в Шанхай, сотруднич. в независимой рус. прессе. Переехал в 1950 с женой Верой Константиновной в США. В Сан-Франциско работал в ред. «Русской жизни», состоял в правлении Рус.-Амер. ассоциации.

Л и т. А. П. Воробчук-Загорский // Часовой. 1961. Март. № 418. С. 18; 1963. Окт. № 448. С. 23.

ВОРОБЬЕВ [Vorobiov **Nicholas**, наст. фам. **Богаевский**] Николай Николаевич (21 нояб. 1908, Санкт-Петербург — 3 июля 1989) — поэт, художник, преподаватель рус. яз. Род. в каз. семье. Учился в Донском императора Александра III кад. корпусе, с которым эмигрировал в 1920 в Египет. Жил в Турции, Югославии, Германии. В 1943–45 воевал в Югославии против партизан Тито и сов. войск (1944) в составе 1-й каз. дивизии (XV кав. Корпуса в 1945). В 1950 переселился на постоянное жительство в США. Преподавал рус. яз. в Военном ин-те иностранных яз. в Монтерее, в Калифорнии. В Монтерее создал рус. хор из студентов, большинство которых не владело рус. яз. Все, что было им написано до 1950, пропало при переселении в США. Поэт решил начать лит. деятельность заново под псевд. Николай Воробьев. Написал поэму «Болванный бунт», которая была опубликована в России только в 1990. Много писал на каз. темы, печатался в журнале «Родимый край» (Париж). Отдельным изданием в 1969, после 10-летних изысканий в Монтерее, тиражом в 500 экземпляров вышла поэма В. «Кондратий Булавин», которая была перепечатана 10-тысячным тиражом в Ростове-на-Дону. В 1972 вышел сб. «Стихи о разном». Во Владивостоке должно выйти собрание соч. В. *Родственники:* вдова Марина Николаевна; сын Алексей Николаевич Богаевский.

Похоронен в Монтерее, в шт. Калифорния.

Л и т. Автобиография // *Крейд В.* С. 615; *Витковский Е. В.* Антология… Кн. 3. С. 381; *Филантьев А.* Николай Николаевич Воробьев-Богаевский // РЖ (Сан-Франциско). 1992. 24 окт.

ВОРОНОВ Георгий Николаевич (род. 16 июля 1928, Сан-Франциско) — инженер-электрик. Оконч. в 1958 Калифорнийский ун-т в Бёркли с дипломом бакалавра, инж.-электрика. В 1966 в ун-те получил ст. магистра по электротехнике. С 1958 принимал участие в создании микроволновых антенн. Ст. научный работник по микроволнам. За изобретения в обл. антенн получил три патента.

И с т. АОРИ; Анкета.

ВОРОНОВИЧ Николай Владимирович (26 апр. 1887, Санкт-Петербург – 18 июля 1967, Нью-Йорк) — офицер Рус. Императорской армии, Георгиевский кавалер, участник Гражданской войны, общественный деятель. Учился в Пажеском корпусе, но во время рус.-яп. войны 1904–05 прервал занятия и ушёл добровольцем на фронт. Участник рус.-яп. войны 1904–05. Камер-паж. Оконч. Пажеский корпус (1907) и в чине корнета Л.-гв. выпущен в Конно-гренадерский полк 2-й гв. кав. дивизии. На 1910 — корнет Л.-гв. Конно-гренадерского полка, в рядах которого принял участие в Первой мировой войне. Контужен (1915). Награждён за отличия орденом св. Георгия IV ст. (?). Л.-гв. штабс-ротмистр (на 1917). Во время событий Февральской революции 1917 **В.** — во главе выборного комитета в Луге. 1–2 марта 1917 со своими подчинёнными остановил и разоружил двигавшиеся с фронта на Петроград эшелоны 68-го Лейб-пех. Бородинского имп. Александра III полка 17-й пех. дивизии. В итоге действия **В.** способствовали успеху революции. После Октябрьского переворота 1917 — на Юге России. На Сев. Кавказе в р-не Новороссийска в тылах ВСЮР участвовал в т. н. «зелёном» движении (1919–20). После 1920 — в эмигр. в Чехословакии и Франции, зарабатывал на жизнь тяжёлым физич. трудом (лесозаготовки и пр.). Переехал в США из Европы в кон. 40-х гг. Автор газ. «Новое русское слово» (Нью-Йорк). В своих публ. **В.** резко обвинял в нарушениях присяги ген. от инф. Л.Г. Корнилова в связи с его соучастием в аресте императрицы Александры Фёдоровны утром 8 марта 1917 и др. прегрешениях. В свою очередь, чины РОВС и отдела Об-ва Галлиполийцев выдвигали серьёзные обвинения в адрес **В.** в связи с его деятельностью во время Февральской революции и Гражданской войны. Нач-к штаба Корниловской Ударной дивизии и Ген. штаба полк., проф. Е.Э. Месснер обвинил **В.** в «семи изменах», открыто заявив, что он, в частности, «изменил своему дворянскому происхождению, изменил традициям Пажеского корпуса, изменил чести Конно-гренадерского полка, офицерскому долгу, изменил Государю». Негативно оценивал поступки **В.** и свидетель событий Февральской революции Ген. штаба полк. *Б.Н. Сергеевский.* По этим причинам участия в жизни рус. воинских орг-ций в США **В.** не принимал. Инициатор создания «Бригады стариков» в Бруклине (Нью-Йорк), в которой занимался оказанием благотворительной помощи и сбором посылок для нуждающихся и забытых рус. эмигрантов. Заведовал приобретением и содержанием многоквартирного жилого дома для «Бригады стариков». Автор многоч. мемуаров.

Похоронен на кладбище при женском монастыре Ново-Дивеево близ Нанует (шт. Нью-Йорк).

С о ч. Всевидящее око. Нью-Йорк, 1951; Вечерний звон. Очерки прошлого (1891–1917). Нью-Йорк, 1952; Записки камер-пажа императрицы. Нью-Йорк, 1952; Рус.-яп. война. Нью-Йорк, 1952.

И с т. АА. *Александров Е.А.* Воспоминания. Машинопись, 1999; Воронович Николай Владимирович // Незабытые могилы / Сост. В.Н. Чуваков. Т. 1. С. 631; ЛАА. Справка *К.М. Александрова* о Н.В. Вороновиче; Общий список оф. чинам РИА — 1910. С. 153; *Сергеевский Б.Н.* Отречение 1917. Нью-Йорк, 1969. С. 31–32. Л и т. *Месснер Е.Э.* Письмо в ред. В ответ на вой гиены // Перекличка (Нью-Йорк). 1965. Май – июнь. № 161–162. С. 23–24; Некролог // НРС. 1967. 21 июля.

ВОРОНЦОВ Михаил Михайлович (? – 13 дек. 1963, Нью-Йорк) — полковник. В 1898 оконч. Тифлисский кад. корпус и в 1900 Константиновское арт. уч-ще. Служил в крепостной арт. Временно исполнял обязанности нач-ка штаба Приморского отряда ген. Л. В. Ляхова и нач-ка штаба р-на Трапезунда в Турции. Участник Белого движения. Переселился в США.

Л и т. Незабытые могилы // Часовой (Брюссель). 1963. Март. № 442. С. 21.

ВОРОНЦОВА Елена Владиславовна — певица-сопрано. Известна исполнением рус. нар. песен, с которыми выступала в России, Персии, Греции и в США.

В США переселилась в 1923. В Нью-Йорке выступала перед рус. аудиторией. Позже стала знакомить с рус. нар. песней амер. публику в Детройте, Чикаго и др. городах.

Л и т. *Животовский С.* // НРС. 1925. 31 мая; *Martianoff Nicholas N.* Elena Vorontzova // Russian artists in America. 1933. P. 169.

ВОРОНЦОВ-ДАШКОВ [Woronzoff-Dashkoff Alexander] Александр Илларионович, гр. (род. 16 мая 1945, Больцано, Италия) — проф. рус. яз. и лит. Род. в семье прямых потомков Екатерины Романовны Дашковой, основателя и первого президента Рос. Императорской Академии наук. В 1963 поступил в ун-т Южной Калифорнии в Лос-Анджелесе, который оконч. в 1968 со ст. бакалавра англ. и рус. яз. В 1970 удостоился при ун-те звания магистра славянской лит. и лингвистики, в 1971 — магистра сравнительной лит. и в 1975 защитил докторскую дисс. по сравнительной лит. на тему: "«Петербург» Андрея Белого и «Улисс» Джеймса Джойса". В 1970–73 преподавал рус. яз. в ун-те Южной Калифорнии, в 1972–73 науч. сотрудник в ун-те, затем преподавал в Военном ин-те иностранных яз. в Монтерее, в Калифорнийском ун-те в Сан-Диего, Смит-колледже, в котором, начиная с 1982 занял должность доцента и возглавил отделение рус. яз. В число предметов, которые преподавал **В.** входили и входят: рус. яз. на всех уровнях, обзор рус. лит., семинар по сов. лит., творч. Л.Н. Толстого. В обл. сравнительной лит. вел семинары для аспирантов о современном и историч. романе, современной драме и символизме. В 1995 получил звание полного проф. рус. яз. при Смит-колледже. Состоит в пяти профессиональных об-вах, включая РАГ в США. Перу **В.** принадлежат книги на англ. яз. об Андрее Белом и Джеймсе Джойсе, (Берне, 1982), о кнг. Дашковой (совместно с Jehanne M. Gheith, Duke University Press, 1995) «Екатерина Романовна Дашкова» (С.-Петербург, 1996), «Princess Dashkov», «Memoires d'une Femme de Lettre Russe a L'Époque des Lumières» (Paris, 1999), а также ок. 17 статей, ряд рефератов и докладов на литературоведч. темы в науч. журналах.

И с т. АА. *Woronzoff-Dashkoff Alexander.* Curiculum vitae, 1994. 8 p.; Archives of the Assn. of Russian-Ame- rican Scholars in the USA. *Woronzoff-Dashkoff Alexander.* Curiculum vitae, 1984.

ВОСТОКОВ Владимир Игнатьевич (11 июля 1968, Московская губ. – 5 авг. 1957) — митрофорный протоиерей РПЦЗ, дух. писатель. Оконч. Московскую дух. академию и рукоположен в сан иерея в мае 1891. Печатался в дух. журналах. С 1911 по 1917 ред. и изд. в Москве журнала «Отклики на жизнь». В 1914 в Москве изд. и ред. общественно-лит. журнал «Рассвет», название которого потом было изменено на «Славянофил», с приложением листков «Трезвый понедельник». Автор книги «Голос пастыря». За выступление против Г.Е. Распутина выслан в Уфимскую епархию. От этой епархии был избран делегатом на Всероссийский Церковный собор, восстановивший патриаршество. Был избран от Нижнего Новгорода членом Учредительного Собрания 1917–18. Присоединился к добровольцам и выступил с призывом бороться против богоборч. власти большевиков. Эвакуировался с Рус. армией ген. П.Н. Врангеля в Галлиполи. Окормлял рус. православные приходы в Сербии. Спасаясь от наступающей Красной армии, ушел в амер. оккупационную зону. В 1951 переселился в США. Служил настоятелем церкви св. Тихона Задонского в Сан-Франциско.

Похоронен на Серб. кладбище.

Л и т. Некролог // Часовой (Брюссель). 1958. № 383.

ВОЩИНИН Игорь Владимирович (1906, Санкт-Петербург — 9 авг. 1976) — инженер-строитель, полит. деятель. Род. в семье инж.-путейца. В 1924 оконч. в Белграде рус. гимназию, а в 1931 Белградский ун-т с дипломом инж.-строителя. После оконч. ун-та работал в Югославии по специальности. В 1945–46 служил в UNRRA в Германии, помогал беженцам из СССР, спасая их от насильственной репатриации. В 1947 переселился в США, до 1955 работал ст. инж. в крупной строительной фирме в Нью-Йорке. В 1955 поступил в аспирантуру в Бруклинский политехнич. ин-т и получил звание магистра. С 1956 по 1967 работал главным инж. и был вице-президентом крупной фирмы в Далласе, в Техасе. Одновременно в качестве проф. вел аспирантский курс при ун-те. С 1967 по 1975 занимал рук. пост в инж.-конструкторском бюро Городского управления в Вашингтоне. Действительный член Об-ва рус. инж. в США (1951). В НТС вступил вскоре после основания об-ва. Опубликовал в журнале «Посев» ряд статей по истории и идеологии солидаризма. Сб. статей **В.** был издан в виде брошюры, распространялся в России и вызвал отклики.

С о ч. Солидаризм. Рождение идеи. Франкфурт-на-Майне, 1969. 2-е изд. Данденонг, 1990.

Л и т. Некролог // Встречи (Франкфурт-на-Майне). 1976. Авг. – сент. № 172–173.

ВРАГА Натали — См. **ГРАНТ-ВРАГА** Натали.

ВРАНГЕЛЬ Алексей П. [Alexis P. **Wrangell**] — капитан, ветеран амер. армии. (на 1951).

И с т. *Pantuhoff Oleg — 1976.*

ВРАНГЕЛЬ Елизавета Васильевна — жена шестого правителя Рус. Америки *Фердинанда Врангеля.*

В возрасте 20 лет прибыла с мужем в 1830 в Новоархангельск (Ситку) и установила достойные отношения с членами рус. колонии и с индейцами-тлинкитами. Она была первой женой правителя, прибывшей в Рус. Америку. Перестроенный **В.** замок правителя стал средоточием частых официальных и дипломатич. приемов, концертов и балов. Прожив на Аляске пять лет и отдав должное школьному делу, вернулась в 1835 с мужем в Россию после оконч. его срока службы.

Л и т. *Antonson John M.* Sitka. Russian America // The Forgotten Frontier. The Washington State Historicalk Society, Tacoma, Washington, 1990. P. 165–173.

ВРАНГЕЛЬ [урожд. **Иваненко**] Ольга Михайловна, бар. (1882 – 8 сент. 1968, Си-Клифф на Лонг-Айленде, Нью-Йорк) — сестра милосердия, вдова Главнокомандующего Рус. армией ген.-лейт. П.Н. Врангеля. Во время Первой мировой войны сестра милосердия на перевязочном пункте. Награждена Георгиевской медалью. В эмигр. в Югославии помогала открыть санатории для рус. военных и их семей. Овдовела в 1928. После Второй мировой войны переселилась с детьми в США.

Похоронена на кладбище монастыря Ново-Дивеево, в Нанует, в шт. Нью-Йорк.

Л и т. Некролог // Часовой (Брюссель). 1968. № 508–509.

ВРАНГЕЛЬ Фердинанд Петрович, бар. (29 декабря 1796, Псков – 25 мая 1870, Дерпт (Тарту) Эстляндской губ) — мореплаватель, исследователь Арктики, шестой правитель Рус. Америки, почетный член Академии наук. Оконч. Морской кад. корпус в 1815. В 1817–19 и 1825–27 совершил два кругосветных плавания. В 1820–24 рук. Колымской экспедицией, целью которой было открытие в Ледовитом океане новых земель. На основании сведений, полученных от туземцев, определил положение о-ва, впоследствии названного его именем. В 1830 принял должность главного правителя рус. владений в Америке.

На Аляске жил с семьей. Под рук. **В.** продолжались исследования берегов Аляски и территорий внутри материка. Были приняты меры к укреплению южных о-вов, на которые стали обращать внимание англичане. В 1832 по поручению **В.** лейтенант *М.Д. Тебеньков*

основал на Михайловском о-ве Михайловский редут возле р. Квикпак. Ознакомившись с деятельностью православных миссионеров, высоко оценил преподобного Германа, вступавшегося за права коренных жителей и продолжавшего рук. православной миссией после отъезда в Россию др. оставшихся в живых членов этой миссии. Особое внимание уделял вопросу укрепления Форта Росс и предлагал занять прилегающие к нему равнины вокруг Сан-Францисского залива. Оконч. службу в Рус. Америке в 1835 и вернулся по суше через Мексику и морем в Нью-Йорк, Европу и в Санкт-Петербург. Во время посещения Мексики вел переговоры с новыми республиканскими властями о расширении рус. владений в Калифорнии вокруг Форта Росс. После возвращения в Петербург, с 1840 по 1849 занимал пост директора Рос.-Амер. компании. В 1855 в чине вице-адмирала получил должность Мор. министра. В 1856 произведен в чин адмирала и ген.-адъютанта, в 1864 вышел в отставку. Почетный член Императорской академии наук. Автор науч. печатных трудов. Именем **В.** на Аляске названы город, порт, пик, мыс и горная цепь, два о-ва, один на Аляске и второй в Ледовитом океане, а также др. географич. объекты. *Родственники:* жена *Елизавета Васильевна.*

Л и т. *Петров В.* Рус. в истории Америки. 1988. С. 146–148; *Поберовский С.* Очерк истории Православия в Америке (1784–1867) // РЖ. 1994. Июль.

ВРЕДЕН Николай (30 нояб. 1901 — авг. 1955). Во время революции был кадетом в Императорском военно-морском уч-ще в Петрограде. Вступил в ряды Белой армии и воевал под началом ген. Н.Н. Юденича. В 1920 поселился в США. После ознакомления с историей этой страны стал поборником американизации рус. эмигрантов. Его перу принадлежит книга «The unmaking of a Russian», W.W. Norton & Co., Inc., New York, 1935.

Похоронен на кладбище при монастыре Ново-Дивеево, возле Нануэт, в шт. Нью-Йорк.

Л и т. Wreden Nicholas. The making of an American // Russian Alumni of American Universities. Anniversary Bulletin. January 1941.

ВУД Наталия [Наталия Николаевна **Гордина**] (20 июня 1938, Сан-Франциско – 30 нояб. 1981). Ее фамилия также упоминается как Гурдина. Киноактриса. Род. в семье рус. эмигрантов Николая и Марии Гординых. В первый раз снималась в маленькой роли в фильме «Счастливый край», когда ей было четыре года. На следующий год снималась в рождественском фильме «Чудо на 34-й улице». С этого началась ее карьера популярной киноактрисы, выступавшей, с успехом снимавшейся в десятках кинокартин под фамилией **В.** (Wood). Три раза номинирована на премию «Оскар». В 1980 **В.** присуждена премия «Золотой глобус» за исполнение главной роли в фильме по роману Джонса «Отныне и до века».

Наибольшую известность **В.** принесла роль Марии в экранизированной постановке «Westside Story» по муз. пьесе Л. Бернстейна. Утонула во время прогулки на маленькой моторной лодке. Была замужем за Робертом Вагнером, Ричардом Грегсоном и после второго развода снова за Робертом Вагнером. **В.** посвящены более 13,5 тыс. статей, заметок и фотографий. *Родственники:* две дочери — Наташа Грегсон и Кортни Брук Вагнер.

Л и т. Гибель Натали Вуд // НРС. 1981. 1 дек.

ВЫГРАН Владимир Николаевич (13 марта 1889, Екатеринослав – 24 июня 1983, Сан-Франциско) — ген.-майор. После оконч. Полоцкого кад. корпуса вступил вольноопределяющимся в 17-й Нижегородский драг. полк Кавказской кав. дивизии. Затем оконч. Елисаветградское кав. уч-ще и в авг. 1910 произведен в корнеты с назнач. в 9-й Бугский улан. полк. К окт. 1917 подполк — дважды ранен в боях в Галиции и заслужил ряд наград, вплоть до орденов св. Станислава II ст., Анны II ст. с мечами, Владимира IV ст. с мечами и бантом, Высочайшего благоволения и Георгиевского оружия. В нояб. 1918 вступил в ряды Добровольч. армии с назначением пом. командира дивизиона. Вся служба **В.** проходила в кав. на разных должностях, вплоть до нач-ка дивизии. В Добровольч. армии дважды ранен и потерял глаз. Незадолго до конца Гражданской войны получил в чине ген.-майора назначение командиром 1-й кав. бригады, с которой служил в Галлиполи. Бригада была принята на службу в погранич. стражу Кор. СХС. Состоял на югославской службе до 1941. Награжден орденом св. Саввы. В теч. жизни за рубежом принимал живое участие в деятельности рус. зарубежных орг-ций. Был директором Рус. кад. корпуса в Версале и председателем Объединения офицеров кав. Возглавлял Комитет по сбору средств для рус. инвалидов Первой мировой и Гражданской войн и в Союзе рус. военных инвалидов.

Состоял членом Об-ва рус. ветеранов Великой войны в Сан-Франциско.

Похоронен в Сан-Франциско на Серб. кладбище.

И с т. АОРВВВ. Ген.-майор Владимир Николаевич Выгран // Альбом IV, 1983

Л и т. *Залесов А.* Ген.-майор В.Н. Выгран (К 50-летию производства в офицеры // Часовой (Брюссель). 1960. Сент. № 412. С. 22; Некролог // Там же. 1983. Сент. – окт. № 645. С. 31

ВЫРЫПАЕВ Василий Иосифович (18 дек. 1891 – 26 февр. 1977, Сан-Франциско) — полковник. Оконч. Коммерч. ин-т. С объявлением войны поступил вольноопределяющимся в 9-ю конно-арт. батарею 5-го конно-арт. дивизиона 5-й кав. дивизии. С начала авг. 1914 до дек. 1917 находился в Действующей армии. В нояб. 1914 за боевые отличия произведен в чин прапорщика. В июле 1915 ранен разрывом бризантной гранаты, получив 8 ран. Во время войны получил последовательно производства в чинах до чина штабс-капитана и награжден орденом св. Анны IV ст. и всеми очередными наградами до ордена св. Владимира IV ст. с мечами и бантом.

Весной 1918, с расформированием армии, состоял в антибольшевистской организации в Самаре. После свержения большевиков 6 июня 1918 командовал 1-й конно-арт. батареей Нар. армии в первом Самарском отряде полковника В.О. Каппеля. Во время Гражданской войны произведен в чин капитана и затем полковника. От предложения быть произведенным за Волжские бои (1918) в чин ген. отказался, так же как и за Сибирский «Ледяной» поход 1920. Переселившись в США, жил в Калифорнии. С янв. 1931 состоял в Об-ве рус. ветеранов Великой войны в Сан-Франциско.

Похоронен на Серб. кладбище в Сан-Франциско.

И с т. АОРВВВ. Полковник Василий Иосифович Вырыпаев; Некролог // Альбом IV 5-В. 1977. Февр.

ВЫСОЦКИЙ Александр Николаевич. Астроном. Род. в Москве. Оконч. физ.-мат. ф-т Московского ун-та. В 1913 начал работать в Пулковской обсерватории. В 1923 переселился в США и получил работу в обсерватории ун-та Виргинии. В 1926 при ун-те защитил докторскую дисс. и с 1945 по 1956 занимал кафедру астрономии. Науч. работы **В.** посвящены изуч. движения звезд и структуре Вселенной при помощи спектральной фотографии. Это привело к составлению списков «красных карликов» или звезд кл. «М». Автор многоч. публикаций.

И с т. *Мартьянов Н. Н. Список* — 1944.

Л и т. *Кеппен А. А.*; Raymond Boris, Jones David Jones. Vysotskii Aleksandr // The Russian Diaspora 1917–1941. Maryland and London, 2000. P. 230–231.

ВЫСОЦКИЙ Евгений Евгеньевич (? – 24 янв. 1937, Нью-Йорк) — капитан. Род. в Туркестане. Оконч. Михайловское арт. уч-ще и Михайловскую арт. академию. Участник Первой мировой войны. В 1917 командирован в США с комиссией по закупке снаряжения для рус. армии. До 1924 заведовал посольской канцелярией в Вашингтоне. Оконч. в Вашингтоне ун-т Джорджа Вашингтоне со ст. гражданского инж. В 1936 избран вице-председателем Об-ва помощи рус. детям за рубежом. *Родственники:* вдова Ирина Владимировна.

Л и т. Некролог // НРС. 1937. 25 янв.

ВЫСОЦКИЙ Михаил Валериевич (1 окт. 1890 – 6 июня 1969, Лос-Анджелес) — подполковник, ветеран Первой мировой и Гражданской войн. Оконч. курс петербургского Черняевского реального уч-ща и два курса технич. уч-ща, отбывал военную службу в качестве вольноопределяющегося в 199-м пех. Ровненском полку. С полком вышел на войну и награжден за храбрость Георгиевской медалью. Был откомандирован в Киевское военное уч-ще. Произведен в чин прапорщика и назначен в 49-й Сибирский стрелковый полк. Начал службу мл. офицером 5-й роты, затем батальона. В 1915 дважды ранен. После Октябрьского переворота 1917 — в белых войсках Восточ. фронта. В 1918 назнач. в 5-й Сызранский полк 2-й Сырзанской дивизии Нар. армии. Участвовал в боях с красными, наступавшими на Сызрань. В сент. 1918 назначен в 47-й Тагильский полк 12-й Уральской стрелковой дивизии, командующим 2-м, а затем Егерским батальонами. При отходе на Восток заболел и эвакуирован в Харбин. Имел пять военных орденов и Франц. военный крест с пальмовой ветвью.

Приехав в Америку, вступил в Об-во рус. ветеранов Великой войны в Сан-Франциско. Переехал в Лос-Анджелес.

И с т. АОРВВВ. Подполковник Михаил Валериевич Высоцкий. // Альбом III. 1969. Июнь.

ВЫСОЦКИЙ Петр Захарович (1893 – 25 февр. 1972, Флорида) — общественный деятель. Приехал в США в 1908. Посвятил свою жизнь РООВА и ферме РООВА в Кэссвилле (Джексоне) в шт. Нью-Джерси. Занимал должности вице-председателя РООВА и председателя фермы. Участвовал во многих общественных делах, оказывал помощь рус. людям и в сооружении памятника А.С. Пушкину по проекту скульптора *Н. Дмитриева*, открытого 31 авг. 1941.

Во время Второй мировой войны избран вице-председателем в центральном комитете при Russian War Relief для оказания помощи рус. народу.

Л и т. *Березний А.* С. 111–112; *Лазаревич М.И.* Петр Захарович Высоцкий //Рус. вестник.(Нью-Йорк). 1947. Янв. – февр. № 153–154. С. 75–76; Некролог // НРС. 1972. 6 апр.

ВЫШЕСЛАВЦОВ [псевд. — Michel Wyches] Михаил Михайлович (род. 1917, Петроград) — художник, иконописец. Образование получил в лицее и колледже в Афинах, затем в Нац. школе прикладного искусства в Ницце. Работал художником во Франции и в Ливане. Участвовал в оформлении Ливанского павильона на Всемирной выставке в Нью-Йорке в 1939.

Женившись в 1942 во Франции на сов. гражданке, вскоре отправлен с ней на работы в Германию, работал художником-декоратором на киностудии УФА. В 1945 вернулся во Францию, работал художником по интерьерам и занимался худ. стеклом. Перед выездом в Канаду в 1952 закончил монументальное панно (2,55 х 7,25 м.) по заказу города Марселя, воспроизводящее гравюру XVII в. с видом марсельского порта. Обосновавшись в Торонто, продолжал заниматься живописью, оформлением интерьеров, лаковым письмом на пергаменте, декоративным стеклом и абстрактной скульптурой. **В.** написаны иконы для Преображенского скита в Мансонвилле в провинции Квебек, для Свято-Николаевского собора в Монреале, Воскресенской церкви в Торонто и Покровской церкви в Гамильтоне, в провинции Онтарио. По рис. **В.** построено надгробие на кладбище в Торонто на могиле Вел. Кнг. *Ольги Александровны*.

И с т. АА. *Могилянский М.* Биография М.М. Вышеславцова. Письмо, 2001.

Л и т. *Лейкинд О.Л., Махров К.В., Северюхин Д.Я.* Худ. Рус. зарубежья. С. 193–194.

ВЯДРО Георгий Алексеевич — участник Белого движения на Юге России. Оконч. Корниловское военное уч-ще; поручик Корниловского ударного полка. Участник боев у Анапы и у стан. Камышеватой (1920). Галлиполиец, в 1941–45 — участник боев Рус. Корпуса в Югославии с партизанами Тито.

Л и т. Незабытые могилы // Часовой (Брюссель). 1976. Март – апр. № 597. С. 19.

ВЯЧЕСЛАВ [в миру **ЛИСИЦКИЙ** Гервасий] (8 янв. 1883, местечко Пулины Житомирского уезда Волынской губ. – 14 дек. 1952, Нью-Йорк) — епископ Питтсбургский и Западно-Виргинский ПЦА. Оконч. Житомирскую дух. семинарию (1913) и назнач. преподавателем в Житомирскую учительскую семинарию. В авг. 1914 рукоположен во диаконы и во иереи с назнач. в Острог. С 1915 — священник Преображенского собора в Овруче. Преподавал Закон Божий в епархиальном уще и был миссионером. В 1917 — второй священник Мор. собора в Херсоне, затем переведён в Действующую армию, служил полковым священником. В 1918–20 — на приходах Волынской и Варшавской епархий, территория которых оказалась после 1920 в составе Польши. Владея чешск. яз. продолжал церковное служение в Чешской православной миссии. В 1936 награждён митрой митрополитом Дионисием Варшавским. В сент. 1942 посвящён в епископы митрополитом Поликарпом (Сикорским) Украинской Автокефальной Церкви (УАЦ). С приближением сов. войск эвакуировался в Германию, окормлял православных в лагерях.

В США с февр. 1951. Посвящение во епископы в Польше признано неправомочным. 28 февр. 1951 хиротонисан митрополитом *Леонтием* во епископа Питтсбургского и Западно-Виргинского ПЦА. Архиерейским собором назначен ректором Свято-Тихоновской дух. семинарии, пробыв в должности до своей кончины.

Похоронен на кладбище Свято-Тихоновского монастыря в Пенсильвании.

И с т. Вячеслав // Незабытые могилы / Сост. В.Н. Чуваков. Т. I. М., 1999. С. 659.
Л и т. Vyacheslav, Rector // St. Tikhon's Orthodox Theological Seminary. Our Path 1938–1988.

Г

ГАБО [Певзнер] Наум Абрамович (5 авг. 1890, Брянск – 23 авг. 1977, Уотербери, шт. Коннектикут) — скульптор. Род. в семье инж. Подвергался заключению за участие в левом политич. движении. Оконч. в 1910 гимназию в Курске, изучал мед. в ун-тах Берлина и Мюнхена. С 1912 занимался живописью и скульптурой. В марте 1917 вернулся в Москву, выступал на семинарах и диспутах по проблемам современного искусства. В 1920 опубликовал «Реалистический манифест» — один из манифестов конструктивизма. В 1922 выехал в Берлин, создавал беспредметные скульптуры, проекты монументов для аэропорта, Ин-та физики и математики, занимался праздн. оформлением Бранденбургских ворот. В 1932–35 жил в Париже, стал одним из организаторов авангардистского объединения «Abstraction-Creation». С 1946 жил и работал в США, создавая разнообразные конструкции и проекты монументов, читал лекции. Поддерживал творч. отношения с деятелями сов. современного искусства.
Л и т. *Лейкинд О.Л., Махров К.В., Северюхин Д.Я.* Худ. Рус. зарубежья. С. 211–213.

ГАБРИЛОВИЧ [псевд. *Галич*] Леонид Евгеньевич (1879, Санкт-Петербург – 10 сент. 1953, Вашингтон) — публицист, философ, математик. Род. в семье врача. Печатал статьи в «Торгово-промышленной газете», «Новостях», в 1905 — в «Новой жизни», в газ. «Речь». Преподавал в высшей школе математику, был приват-доцентом в Томске, читал курс в Петербурге. Переселился в США, возглавлял крупную лабораторию.
Л и т. *Вильданова Р.И., Кудрявцев В.Б., Лаппо-Данилевский К.Ю.* Краткий биографич. словарь рус. зарубежья // *Струве Г.* С. 297; *Рябушинский Д.П.* Некролог // РЖ. 1953. 16 и 30 сент.

ГАБРИЛОВИЧ Осип Соломонович (7 февр. 1878, Санкт-Петербург – 14 сент. 1936) — пианист и дирижер. Оконч. консерваторию по кл. рояля. Переселился в США в 1906. С 1918 по 1935 занимал должность дирижера Детройтского симфонич. оркестра.

Знакомил американцев с рус. музыкой и этим внес вклад в амер. муз. культуру. Был женат на Кларе Клеменс, дочери писателя Марка Твена.
Л и т. *Шайкевич А.* Некролог // Возрождение (Париж). 1936. 19 сент. № 4044.

ГАВРИЛОВ — лейтенант на службе в управлении Рус. Америкой, исследователь устья реки Амур.

ГАГАРИН [Alexis M. **Gagarine**] Алексей М. — ветеран военно-воздушного флота США, полковник, служил с 1937 по 1969.
И с т. *Pantuhoff Oleg (Bates John L.)* — 1976.

ГАГАРИН Григорий Григорьевич (род. 1922, Висбаден) — инж.-электрик. Его родители были знакомы еще по Владивостоку, бежали разными путями от большевиков и вступили в брак в Париже. Рос в Париже, учился в рус. гимназии до 1934. Затем обучался в школе-пансионате в Швейцарии. В 1935 выехал с матерью в США, куда раньше эмигрировал отец. В Америке оконч. школу св. Павла в Гарден-Сити, в шт. Нью-Йорк. Получил диплом инж.-электрика в Массачусетском технологич. ин-те, ст. магистра по электротехнике при Пенсильванском ун-те в Филадельфии, учился в аспирантуре (управление торговыми делами) в том же ун-те и в аспирантуре (радарная электроника) в Гарвардском ун-те. Во время летних каникул работал с целью сбора средств для оплаты ун-тских расходов. С 1943 по 1946 проходил службу в военно-мор. флоте США, получил практику в области самолетной электроники и радарной техники. Был офицером связи в рамках программы «Lend-Lease», участвуя в передаче амер. самолетов-амфибий СССР. Вышел в отставку в чине лейтенанта военно-мор. флота США.

С 1946 по 1955 работал в Филадельфии, в Электротехнич. корпорации Вестингауза, занимался проектированием вагонов и электровозов. Затем до выхода в отставку в 1988 работал в разных фирмах, обеспечивал безопасность пассажирских вагонов и быстроходных локомотивов, занимал должности вплоть до президента и директора корпорации. Выйдя в отставку после 42 лет службы, в теч. шести лет был советником губернатора шт. Мэриленд и консультантом по вопросам приватизации в России. *Родственники*: жена; трое детей.
И с т. *Gagarin Gregory G.* A letter to Eugene A. Alexandrov and curriculum vitae. Typescript, 5 pp. 1995. January 3.
Л и т. *Александров Е.А.* Григорий Григорьевич Гагарин // РА. 1995. № 20. С. 34–35.

ГАГАРИН Сергей Андреевич, кн. (30 сент. 1889, Псковская губ. – 28 июня 1941, Нью-Йорк) — дипломат. Род. в семье директора Санкт-Петербургского Политехнич. ин-та. Во время Первой мировой войны был секретарем рус. посольства в Константинополе. В 1920 служил при ген. П.Н. Врангеле в министерстве иностранных дел. В 1923 переселился в США, служил в пароходной компании. Церковный деятель. *Родственники*: сыновья — Андрей, Сергей и Пётр.

Л и т. *Чепелев о. Иоанн.* Некролог // НРС. 1941. 5 июля. № 10374.

ГАГАРИН Сергей Николаевич, кн. (12 июня 1904, Курская губ. – 7 окт. 1958, Нью-Йорк) — певец, общественный деятель. В 1918 семья бежала от большевиков в Крым, откуда эмигрировала в Германию, Г. оконч. в Берлине рус. гимназию. В 1922 стал готовиться к карьере оперного певца. Пройдя школу Я. Рубина, давал концерты в Италии, Германии и др. странах. Был председателем Православного Богословского фонда. Переселился в США. Занимал должность вице-председателя правления Об-ва помощи рус. детям за рубежом.

Похоронен на кладбище Рослин на Лонг-Айленде (шт. Нью-Йорк).

Л и т. Некролог // НРС. 1958. 19 окт. № 16649; *Плешко Н. Д.* Новик (Нью-Йорк). 1959. Отд. 3. С. 4.

ГАГЕМЕЙСТЕР Леонтий Андреанович (16 июня 1780, Прибалтийский край – 23 дек. 1833) — правитель Рус. Америки, капитан-лейтенант рус. военно-мор. флота. Поступил на флот в возрасте 15 лет.

После обуч. в Англии в 1806 и участия в двух кругосветных плаваниях прибыл в нояб. 1817 в Ново-Архангельск, где на основании распоряжения Рус.-Амер. компании сменил *А.А. Баранова* и занял пост правителя Рус. Америки. Под влиянием преподобного *Германа* перешел из лютеранства в православие. Пробыл на должности всего около одного года и покинул Аляску в нояб. 1818. В 1828 совершил третье кругосветное плавание. Его именем назван о-в в заливе Бристоль.

Л и т. *Петров В.* Рус. в истории Америки, Вашингтон, 1988. С. 142–144; *Поберовский С.* Очерк истории Православия в Америке (1784 – 1867). 1994. Июль.

ГАЕВ [Haieff Alexei] Алексей (1914, Сибирь – 1 марта 1994, Рим) — композитор. В 1920 с родителями, уходившими от большевиков, переехал в Китай. В 1932 эмигрировал в США. Учился в школе Джулиард в Нью-Йорке, в Кембридже, в шт. Массачусетс, в Париже. Принял амер. гражданство в 1939. Будучи композитором, много преподавал в ун-те в Буффало, в Технологич. ин-те Карнеги (ныне — Ун-т Карнеги-Меллон) в Питтсбурге, ун-те Брандейс и ун-те Юта. Помимо Концерта № 1 для фортепиано известен своими тремя симфониями, «Дивертиссименто» и произведениями камерной музыки. Муз. критики чувствовали в его произведениях влияние *И.Ф. Стравинского*, с которым Г. дружил. После смерти *Дж. Баланчина* работал над возобновлением его постановок в Нью-Йоркском балете.

Л и т. *Holland Bernard.* Alexei Haieff, 90, A Ballet Comoposer and Teacher, Dies // The New York Times. 1994. March 3.

ГАЕВСКИЙ [Хейс] Валентин Григорьевич (29 июля 1902, Киев – 22 июня 1990) — историк театра, литературовед. Род. в семье приват-доцента Киевского ун-та св. Владимира. Оконч. ф-т Украинского театрального ин-та. После оконч. ин-та оставлен при кафедре и преподавал историю рус. и укр. театра. В период Второй мировой войны стал беженцем и попал в Баварию. В 1950 переселился с женой в США. Амер. карьеру начал с работы на апельсиновых плантациях в Калифорнии. Потом поступил на работу в телефонную компанию. Свою довоенную профессию Г. возобновить не удалось, но он участвовал в основании в 1964 в Лос-Анджелесе лит. кружка «ГОШЭ», названного по инициалам основателей — Гаевского, Овсепьяна, Шохина и Эллиса. Состоял рук. кружка в теч. 25 лет.

Похоронен на Голливудском кладбище.

Л и т. *Шохины М. и А.* Памяти друга // НРС. 1990. 20 авг.

ГАЙРАБЕТОВ Александр Арамович (1903, Таганрог Обл. Войска Донского – янв. 1978). Род. в семье зажиточного земледельца. Учился в таганрогской гимназии. В возрасте 16 лет поступил добровольцем в Белую армию и сражался до эвакуации из Крыма в 1920. После «сидения» в Галлиполи (1920–21) переехал в Кор. СХС, откуда с тремя друзьями прошел через всю Европу до Парижа. В 1924–26 ему довелось учиться в консерватории в Берлине. С группой рус. артистов участвовал в концертах в Австрии, Италии, Испании. В 1927 участвовал в Париже в операх «Сорочинская ярмарка», «Царская невеста», «Борис Годунов». В последней опере пел *Ф.И. Шаляпин*, а Г. исполнял роль Шуйского. С 1928 по 1930 гастролировал с труппой *Н.Ф. Балиева* в США. 40-е гг. провел в Латвии. Во время Второй мировой войны отправлен работать на фабрику в Польшу. Бежал в Баварию. После оконч. войны с женой и маленьким сыном переехал в Бразилию и, наконец, в 1955 переселился на постоянное жительство в США, в Чикаго. Зарабатывал на жизнь физич. трудом, принимал активное участие в жизни местной рус. колонии. Много лет собирал военные песни Императорской армии и флота и Гражданской войны, которые издал в 1959 в виде сб. из 120 песен, с нотами и рис. Член КРА.

Л и т. *Н. Б.* Памяти А.А. Гайрабетова // РЖ. 1984. 11 апр.

ГАЛЕНБЕК Адольф Эдуардович (? – 1946, Пало-Альто, шт. Калифорния) — генерал-лейтенант. Участник Первой мировой и Гражданской войн. Командовал Заамурской бригадой, охранявшей КВЖД. После эвакуации из Крыма жил в Греции и Болгарии. В 1922 эмигрировал с семьей в США. Жил в Пало-Альто.

Л и т. Некролог // РЖ. 1946. 17 авг.

ГАЛЕНКОВСКИЙ [Nicolas Galen] Николай Ильич (23 нояб. 1899 – ?) — инженер, дорожно-шоссейный строитель. В 1928 оконч. Пражский Политехнич. ин-т. В США жил во Флашинге, на Лонг-Айленде, в шт. Нью-Йорк. Действительный член Об-ва рус. инженеров в США (1951).

Л и т. АОРИ. Анкета.

ГАЛУШКИН Николай Васильевич (1893, Санкт-Петербург – 6 июля 1964, Лос-Анджелес) — участник Белого движения на Юге России, полковник дивизиона Собственного Е. И. В. Конвоя. Род. в семье сменного офицера Николаевского кав. уч-ща. Из казаков стан. Темнолесской Баталпашинского отдела Обл. Войска Кубанского. Окончил Воронежский кад. корпус (1911) и портупей-юнкером — Николаевское кав. уч-ще (6 авг. 1913). С производством в хорунжие выпущен в 1-й Екатеринодарский каз. кошевого атамана Чапеги полк 3-й Кавказской каз. дивизии, стоявший в Екатеринодаре. Участник Первой мировой войны. По мобилизации назначен во 2-й Екатеринодарский каз. полк 2-й Кубанской каз. дивизии, в рядах которого удостоен за отличия всех обер-офицерских боевых наград. За совершённый подвиг в Партизанском отряде награждён Георгиевским оружием (1915?). В 1916 отозван на службу в Собственный Е. И. В. Конвой, есаул (на 1917). После Октябрьского переворота 1917 — на Юге России, участник 1-го Кубанского («Ледяного») похода 1918. Помощник командира Гв. дивизиона полковника В. Э. Зборовского, войсковой старшина (на 1920). Эвакуировался из Крыма в нояб. 1920 в составе Рус. армии. В 1921 — в Гв. дивизионе 2-й Кубанской стрелковой дивизии Кубанского корпуса (лагерь Калоераки) на о. Лемнос. В эмиграции в Кор. СХС. В 1921–24 — помощник командира 3-го Сводно-Кубанского полка Кубанской каз. дивизии. На осень 1925 — в дивизионе Л.-гв. Кубанской и Терских каз. сотен. Проявил выдающиеся способности в деле сохранения Гв. дивизиона как строевой воинской части. К 1941 — с чинами дивизиона на работах в Белище близ Осека (Хорватия). 29 окт. 1941 во главе Гв. дивизиона прибыл в Топчидерские казармы в Белград на формирование Рус. Корпуса. С 5 нояб. 1941 — командир 7-й гв. сотни 3-го Кубанского 1-го полка, в (1942–43 — 12-й гв. и 1-й гв. сотен). Участвовал в боевых действиях против просов. партизан И.Б. Тито. Полковник рус. службы (на 1 янв. 1943). С 15 февр. 1944 — командир 1-го батальона 5-го («Железного») полка. Отличился в бою 1–2 мая 1944 в р-не с. Мравинци, отбив с батальоном 6 атак превосходящих сил противника и вырвавшись из окружения. 10 дек. 1944 тяжело ранен в бою под Травником и эвакуирован на излечение по ранению, по выздоровлении — вне строя. После 1945 — в Австрии и в США. Деятельно участвовал в жизни рус. воинских орг-ций. Состоял помощником командира дивизиона Конвоя, вёл организационную работу в СчРК, собирал материалы по истории Конвоя к 150-летию части (1811–1961). В некрологе на смерть Г. было сказано: «Смерть полковника Галушкина — это большая, незаменимая потеря для всех нас, ценивших труды покойного и уважавших его за верность и преданность, за патриотизм и горячую любовь к Родине». *Родственники*: вдова Евгения Карамановна (урожд. Ардишвили; 1896 – 11 дек. 1989, Лос-Анджелес); брат Михаил (1889–1960) — участник 1-го Кубанского («Ледяного») похода, полковник, в эмиграции во Франции.

С о ч. Собственный Его Императорского Величества Конвой. Сан-Франциско, 1964.

И с т. ЛАА. Справка *К.М. Александрова* на чина Рус. Корпуса полк. Н.В. Галушкина (1945); Галушкин Михаил Васильевич, Галушкин Николай Васильевич // Незабытые могилы / Сост. В.Н. Чуваков. Т. II. С. 28; Кавалеры Георгиевского оружия // Памятка НКУ. С. 254.

Л и т. Верные долгу 1941–1961. С. 40, 44–45, 51; *Волков С.В.* Офицеры российской гвардии. С. 117–118; *Иванов И.Б.* Краткие биографические данные чинов Рус. Корпуса, упомянутых в наст. сб. // РК. 1999. С. 394–395; Некролог // К. 964. 15 июля. № 23. Л. 1; Часовой (Брюссель). 1964. Сент.-окт. № 458–459. С. 34; РК. 1963. С. 40, 56, 142, 160–161, 167.

ГАЛЬЦОВ Павел С. (1887 – 1979, Фалмут, шт. Массачусетс) — морской биолог. Оконч. в 1910 Московский ун-т. В 1912 защитил докторскую дисс. и оставлен при ун-те в качестве преподавателя. В 1914 получил назнач. на должность директора Севастопольской биологич. станции Рос. Императорской Академии наук. Его науч. работа в России прервалась в 1920 из-за наступления большевиков. В 1921 прибыл с женой Евгенией, урожд. Трусовой, в США и занялся науч. деятельностью, поступив на службу в Бюро рыболовства, где заведовал отделом промысловых моллюсков. В 1925 участвовал в создании лаборатории для изучения моллюсков в Вудс Хоул, в шт. Массачусетс. Возглавив лабораторию, руководил ею до ухода на пенсию в 1957. Работал в общей сложности 43 года в области мор. зоологии и удостоился награды — золотой медали от министерства внутренних дел. В 1964 вышла из печати книга Г. «Американская устрица», изданная за счет государства, в которой подвел итоги всей своей науч. работы. Книга написана для специалистов, занимающихся охраной и эксплуатацией природных запасов устриц, которым угрожает гибель из-за загрязнения прибрежных вод. Госдепартамент приглашал Г. в качестве консультанта. В 1945 был одним из трех ред., обрабатывавших официальные переводы текстов учредительной конференции ООН. Был избран членом Амер. ассоциации науч. прогресса, Нью-Йоркской Академии наук и ряда др. амер. и иностранных научных об-в.

Л и т. Сконч. доктор Гальцов // НРС. 1979. 11 дек.

ГАМАЛИЙ Василий Данилович (1884, стан. Переяславская Обл. Войска Кубанского – 22 нояб. 1957, под Нью-Йорком) — полковник Кубанского каз. войска. Оконч. мл. портупей-юнкером Оренбургское каз. военное уч-ще в 1911. В 1916 служил в чине сотника, во главе сотни казаков 1-го Уманского полка. Отличился своими кав. походами в Персии (Иране). За 15 дней прошел от места дислокации кав. корпуса ген. *Н.Н. Баратова* до англ. передовых отрядов и связался с англ. войсками, действовавшими в Месопотамии. Благополучно вернулся обратно через 12 дней, двигаясь др. путем. За подвиг награжден по телеграфу императором Николаем II орденом св. Георгия IV ст. и королем Англии — Военным Крестом. Имел все боевые награды вплоть до ордена св. Владимира IV ст. с мечами и бантом и Георгиевского оружия. В Гражданскую войну был командиром 2-го Уманского полка, с которым в 1920 эвакуировался из Крыма на о-в Лемнос. После Второй мировой войны переселился в США. Участвовал в жизни каз. орг-ций.

Л и т. *Елисеев Ф.И.* Полк. Гамалий // Часовой (Брюссель). 1957. Март. № 374. С. 21.

ГАМБУРЦЕВ Владимир Владимирович (1880 – 20 окт. 1957) — юрист, художник-любитель. Воспитывался в Польше, входившей в состав Рос. империи. После оконч. ун-та служил в судебном ведомстве, в 1917 занимал должность тов. прокурора Окружного суда в Сибири. Эмигрировал в Маньчжурию, откуда переехал в США. В 1930 возвратился в Польшу и служил в польск. судебном ведомстве. Во время Второй мировой войны бежал от наступавших сов. войск. В 1950 через Германию вернулся в США. В Нью-Йорке работал на текстильной фабрике в отделе по созданию рисунков для тканей.

Л и т. Некролог // НРС. 1957. 23 окт. № 16188. 26 нояб. № 16222.

ГАМОВ [Gamow George] Георгий Антонович (20 февр. 1904, Одесса Херсонской губ. – 19 авг. 1968, Боулдер, шт. Колорадо) — физик-теоретик, невозвращенец. Род. в семье учителя рус. яз. и лит. Антона Михайловича и учительницы ист. и географии Александры Арсеньевны (урожд. Лебединцевой). В 1913–20 учился в Одесском реальном уч-ще, увлекался математикой и естественными науками, ин. яз. и поэзией. В 1920–22 — учился на физ.-математич. ф-те Новороссийского ун-та. С 1 авг. 1922 — студент Петроградского ун-та, одновременно работал на метеостанции, преподавал в Петроградской арт. школе и числился в комначсоставе РККА (1922–24). Учился у будущего академика и лауреата Нобелевской премии (1958) И.Е. Тамма (1895–1971). Получил диплом об оконч. ЛГУ (1925) с зачислением в аспирантуру, где учился и дружил с Л.Д. Ландау и Д.Д. Иваненко. В 1928–29 — на стажировке за рубежом в Гёттингене и Копенгагене, работал у Н. Бора. Будучи универсальным учёным и отличаясь энциклопедическими знаниями, Г. в 1928 опубликовал статью, которой заложил теоретические основы волновой механики, снискав международную известность.

Автор квантовой теории атомного ядра, благодаря которой возникло новое видение потенциального барьера атомных ядер. В 1929–31 по представлению Э. Резерфорда и др. учёных работал в Кавендишской лаборатории в Кембридже, опубликовав ряд трудов по специальности. Доцент ЛГУ, работал в Радиевом ин-те и Ленингр. физ.-технич. ин-те (1931–33). Одновременно у **Г.** усиливалось отриц. отношение к сов. общественно-политич. системе и психологич. климату на родине. Власть ограничивала командировки учёных за рубеж. У **Г.** возникли затруднения в связи с приглашениями на международный конгресс по ядерной физике в Риме (1931), в Данию и в Мичиганский ун-т (1932). Вместе с женой неоднократно и неудачно пытался нелегально покинуть СССР: трижды через Чёрное море в Турцию, на лыжах в Финляндию и, наконец, через сов.-афганскую границу. В окт. 1933 делегирован сов. правительством на Сольвеевский конгресс в Брюсселе. Добился у Председателя СНК СССР В.М. Молотова разрешения на выезд для жены в качестве незаменимого научного секретаря. За **Г.** поручились известный физик П. Ланжевен, рук. сов. делегации академик А.Ф. Иоффе и др. учёные. После конгресса в Брюсселе отказался возвращаться в СССР. Читал лекции в Париже, Кембридже и Копенгагене.

С 1934 в США, где получил приглашение на должность проф. и зав. кафедрой физики в ун-т Дж. Вашингтона и добился назначения на кафедру физика-теоретика Э. Теллера (с 1935). Совместно с Теллером установил правило отбора в теории бета-распада (1936), опубликовал труд по теории термоядерных реакций, аналогичных термоядерным реакциям внутри Солнца (1937). С 1938 занимался вопросами использования методов ядерной физики для исследования звёздного пространства. Во время Второй мировой войны — консультант отделения взрывчатых веществ в военном ведомстве, использовал свои знания и опыт для нужд ВМФ США, часто встречался с А. Эйнштейном. Как бывший гражданин СССР, принадлежащий в прошлом к комначсоставу РККА (1924), не был допущен к работе над атомной бомбой. Автор теории «горячей Вселенной» (1946–48). В 1948 приглашён в Лос-Аламос, совместно с Э. Теллером и С. Улемом участвовал в создании проекта водородной бомбы. Впоследствии работал в области применения термоядерных реакций в мирных целях. Это служило продолжением его планов по занятиям термоядерными реакциями, задуманных в 1928 в Ленинграде. Вместе со своими учениками разработал теорию происхождения химических элементов на ранних стадиях расширения зародившейся Вселенной, сторонник теории «большого взрыва» при создании Вселенной. С 1956 — проф. ун-та шт. Колорадо. В 50-х гг. разработал генетический код дезоксирибонуклеиновой кислоты (ДНК). В США снискал широкую известность как автор научно-популярных книг, написанных доступным и простым языком — «Атомная энергия в космической и человеческой жизни» (1946), «Раз, два, три... бесконечность» (1947), «Планета по имени Земля» (1963), «Звезда по имени Солнце» (1964) и «30 лет, которые потрясли Мир: История квантовой теории» (1966). Автор более 20 научно-популярных книг. В 1956 удостоен Калинговской премии ЮНЕСКО за популяризацию науки. Состоял членом АН СССР (до 1933), Академии наук и искусств США, Международного астрономич. Союза, Амер. физического об-ва и др. научных учреждений. Был жизнерадостным и остроумным человеком, с большим чувством юмора. Именем **Г.** названа звезда. На родине, где **Г.** был восстановлен в звании академика, имя учёного получило широкую известность после публикаций 1971 и 1989.

С о ч. Строение атомного ядра и радиоактивность. М.;Л., 1932; My World Line: An Informal Autobiography. N. Y., 1970.

И с т. АОРИ. *George Gamw*. A biography. Typescript, 5 р.; Гамов Джордж (Георгий) Антонович // Незабытые могилы / Сост. В.Н. Чуваков. Т. II. С. 34; *Мартьянов Н. Н.* Список... С. 84–88.

Л и т. *Борисов В*. Гамов Джордж (Георгий Антонович) // РЗ. Золотая кн. эм. С. 166–169; *Петров В*. Рус. в Америке. XX век. 1992. С. 49–52; *Харьковский А*. Звезда Георгия Гамова // НРС. 1986. 5 дек.; *Чернин А*. Русский физик, делавший американскую водородную бомбу // Там же. 1991. 19 нояб.; Anonymous. George Gamow a Physist, DFies // The New York Times. 1968. August 21; *Stuewer Roger H*. Gamow George. Dictionary of Scientiific Biographies. New York. v. V. P. 271–273.

ГАНЖУЛА Павел Афанасьевич (13 янв. 1895 – 8 авг. 1969, Бостон) — хорунжий, ветеран трех войн. Сын каз. стан. Староминской Обл. Войска Донского. Службу начал в Первую мировую войну рядовым казаком в 1-м Запорожском Екатерины Великой полку. В Гражданскую войну служил во 2-м Запорожском полку. За боевые отличия награжден Георгиевским крестом IV ст. После эвакуации жил в Югославии, где во время Второй мировой войны служил в саперном взводе Рус. Корпуса, сражавшегося против коммунистич. отрядов партизан. Эмигрировал в США.

Л и т. Некролог // Часовой (Брюссель). 1969. Нояб. № 521.

ГАНСОН Виктор Викторович (25 окт. 1895, Севастополь – 30 мая 1981, Бостон) — дипломированный инж.-архитектор, поручик инженерных войск. По оконч. Севастопольского Константиновского реального уч-ща оконч. в 1914 в Петрограде Николаевское инж. уч-ще. Начал службу в Очаковской минной роте (1914–18) и закончил ее в Черноморской десантной кабельной роте. Во время Гражданской войны участвовал в Белом движении в инж. войсках с первого до последнего дня. Эвакуировался из Севастополя. В эмигр., в Югославии, оконч. в 1928 Белградский ун-т, получив диплом инж.-архитектора, служил в Министерстве строительства шоссейных дорог, затем — в Министерстве строительных работ. Рук. в Белграде строительством зданий Главной почты, Министерства социальной помощи, Гос. типографии и др. После Второй мировой войны переехал в Аргентину, вел работы по сооружению железобетонной плотины в Андах и железных конструкций крупных резервуаров, ангаров, складов. В 1963 эмигрировал в США. Занимался строительством мостов.

И с т. АОРИ. *Гансон В.В.* Автобиография. Анкета от 12 окт. 1968.

Л и т. *Веденяпин Н.* Некролог // Часовой (Брюссель). 1981. Сент – окт. № 633. С. 24.

ГАНУСОВСКИЙ Борис Казимирович (10 окт. 1906, Севастополь – 5 нояб. 1993, Сент-Пол, шт. Миннесота) — журналист. Род. в семье астраханского казака, инженера путей сообщения. Учился в гимназии (неоконч.). После Октябрьского переворота 1917 семья **Г.** переехала на Юг. В Одессе поступил в Одесский Вел. Кн. Константина Константиновича кад. корпус. 25 янв. 1920 с частью кадет выступил из Одессы к рум. границе. После долгих мытарств 4 февр. 1920 перешёл по льду Днестра в Румынию, откуда позднее перебрался в Крым, где поступил в Сводный Полтавско-Владикавказский (с 22 окт. 1920 — Крымский) кад. корпус. В составе корпуса в ночь на 15 нояб. 1920 эвакуировался из Ялты в

Константинополь и далее через Бакар в Стрнище при Птуи (Словения, Кор. СХС), откуда в окт. 1922 корпус переехал в Белую Церковь (Банат, Кор. СХС). Оконч. Крымский кад. корпус в составе VII выпуска курса 7 кл. (1926). Учился в Белградском ун-те (неоконч.?), работал шофёром. Издавал сатирико-юмористич. журнал «Бух», по словам одного из эмигрантов, «полный насмешек над людьми и ценностями, заслуживавшими другого отношения». Накануне Второй мировой войны — представитель фирмы по продаже автомобилей и электроприборов. С 8 февр. 1942 до июня 1943 — журналист в Белграде, гл. редактор газ. Бюро по делам рус. беженцев «Новый Путь»; и. о. нач-ка отдела внешней политики в газ. «Ведомости Русской Охранной Группы» (затем — «Ведомости Русского Корпуса», расширилась в газ. «Русское дело»). В сент. 1943 с отцом вступил на службу в 1-ю каз. кав. дивизию Вермахта генерал-майора Х. фон Паннвица (с февр. 1945 — XV каз. кав. корпус). Участвовал в боевых действиях на терр. Югославии (1943–45). Делегат съезда казачьих фронтовиков в Вировитице (Хорватия, март 1945), на котором было принято решение о вхождении XV каз. корпуса в состав ВС КОНР. Участвовал в издании газ. «Казачий бюллетень» (позднее перем. в «Казачий клич»). Офицер взвода пропаганды пластунской бригады им. И.Н. Кононова формировавшейся 3-й каз. дивизии, поручик (по рус. службе) (на апр. 1945). Награды за отличия: крест «За военные заслуги» II кл. (нем). В составе части 9–12 мая 1945 капитулировал представителям 46-й пех. дивизии V корпуса 8-й брит. армии в р-не Клайн Санкт-Пауль (сев. Клагенфурта, Австрия). 29 мая 1945 в Юденбурге насильственно репатриирован брит. командованием в сов. оккупационную зону вместе с др. рус. офицерами XV каз. кав. корпуса, хотя и не был гражданином СССР и в соответствии с ялтинскими соглашениями союзников (11 февр. 1945) выдаче не подлежал. Содержался в центральной тюрьме Граца (2–10 июня 1945), затем в Темишоаре (Румыния). Военным трибуналом 57-й армии 3-го Украинского фронта осуждён на 10 лет лагерей по ст. 58-4 УК РСФСР («Оказание вооружённой помощи международной буржуазии»). С окт. 1945 — на пересылках и далее в сов. лагерях. Срок отбывал на Полярном круге — в лагере № 274 Печорлага, в штрафной колонне № 49 1-го отделения Печорлага (1945–50), на центральном лесорубочном лагпункте 12-го лаготделения Устьвымлага (р-н ст. Ропча Северо-Печёрской жел. дороги, пос. Вожаель Коми АССР, 1950–53). С июня 1953 — в политизоляторе Минлага (Особый лагерь № 1, с. Абезь Кожвинского р-на Коми АССР). Участник общелагерной забастовки и восстания на Воркуте в Речлаге (25 июля – 1 авг. 1953). В лагерях ослеп на оба глаза (1953). Зимой 1954–55 этапирован в репатриационный лагерь в Потьму. Освобождён как бывший югослав. подданный и 12 июля 1955 репатриирован с группой иностранцев в Австрию. В 1955–57 — в Вене, где Г. было восстановлено зрение на 30% на одном глазу.

В США с 1957. Работал на радиостанции «Освобождение» («Свобода»). Преподавал рус. и сербско-хорватский яз. в военной школе в Монтерее (шт. Калифорния) и в Маклестер-колледже в Сент-Поле (шт. Миннесота). Автор публикаций в газ. «Россия» (Нью-Йорк), «Русская жизнь» (Сан-Франциско) и «Наша страна» (Буэнос-Айрес). Участвовал в жизни Кадетского объединения в США. Полностью ослеп в 1986. Опубликованные воспоминания Г. стали одним из самых пронзительных человеческих свидетельств о сов. ГУЛАГе. *Родственники*: мать, сестра — в Севастополе (на нояб. 1920); вдова Наталия Алексеевна.

С о ч. 10 лет за железным занавесом. 1945–1955. Записки жертвы Ялты. Выдача XV казачьего корпуса. Сан-Франциско, 1983.

И с т. АГИВРМ. Колл. *С.А. Ауски*. Коробка 4. Письмо *Б.К. Гануcовского* — *К.С. Черкассову*. Нью-Йорк, 8 марта 1964; БАКУ. Колл. *Е.Э. Месснера*. Мемуары. Часть V. С. 314–315; ЛАА. Справка *К.М. Александрова* на Б.К. Гануcовского; Гануcовский Борис Казимирович // Незабытые могилы / Сост. В.Н. Чуваков. Т. II. С. 37–38; Росселевич А. Отход Одесского кад. корпуса на Румынскую границу в 1920 г. // Кад. корпуса за рубежом 1920–1945. Монреаль, б. г. С. 335–337, 350–351; Список кадет, окончивших Крымский кад. корпус // Там же. С. 149; Список офицеров корпуса, которые служили с фон Паннвицем // *Алферьев Б.О., Крук В.М.* Походный атаман батько фон Паннвиц. М., 1997. С. 150.

Л и т. *Маевский Вл.* Т. II. С. 315; *Окороков А.В.* Краткие биографич. данные участников РОД // Материалы по истории РОД / Под ред. А.В. Окорокова. Т. II. С. 449; Памяти ушедшего друга // ПР. 1994. № 2; *Синькевич К.* Борис Казимирович Гануcовский // Кад. Перекличка (Нью-Йорк). 1994. Сент. № 54. С. 128–130.

ГАНФМАН [**Hanfmann** George M.] Георгий М. Преподаватель на ф-те изящных искусств Гарвардского ун-та.

И с т. *Мартьянов Н. Н.* Список… С. 84–88.

ГАПОШКИН Сергей Илларионович (1898, Евпатория Таврич. губ. –1984) — астроном. Оконч. Берлинский ун-т. Переселился в Америку и получил должность астронома. В 1930-х гг. совместно со своей женой — проф. Цецилией Пэйн-Гапошкиной произвел миллионы наблюдений нескольких тыс. переменных звезд в астрономич. лаборатории Гарвардского ун-та. В 1932 защитил докторскую дисс. по астрономии. Ему принадлежит открытие одиннадцати двойных звезд. Изобрел способ измерения яркости звезд. Именем Г. назван астероид 2039. Автор ряда книг и статей по астрономии. Ушел в отставку в 1978. Овдовел в дек. 1979. *Родственники*: два сына; дочь.

И с т. *Мартьянов Н.Н.* Список… С. 84–88.

Л и т. *Кеппен А.А.*; Onitiuary. Dr. Cecilia Payne-Gaposhkin 79 // The New York Times. 1979. Dec. 8; *Raymond Boris, Jones David.* Gaposhkin Sergei // The Russian Diaspora. 1917–1941. Maryland and London, 2000. P. 108.

ГАРБУЗОВА [**Garbousova** Raya] Раиса (1906, Тифлис – 28 янв. 1997, Де Калб, шт. Иллинойс) — виолончелистка. В Тифлисе училась в консерватории. Ее первым учителем был Леопольд Ростропович, отец *М.Л. Ростроповича*. Впервые дебютировала в 1923 в Москве. В 1925 выехала за рубеж и в конце 20-х гг. с успехом выступала в Берлине, Париже и Лондоне. Ее первое выступление в Нью-Йорке состоялось в 1935. В 1939 переселилась в США на постоянное жительство. Композиторы скоро признали Г. «чемпионом нового стиля игры». Карол Ратгауз посвятил ей в 1950 свою «Rapsodia Notturna». Витторио Риетти создал для нее 1960 «Cello Concerto». Первой исполнила в Америке произведения Гиндемита, Прокофьева и Мартину. Преподавала в Муз. школе Гарт, в Коннектикуте, и в ун-те Сев. Иллинойса в Де Калб. Была замужем за Куртом Биссом.

Л и т. *Хентова С.* Рая Гарбузова, музыкант-легенда // НРС. 1991. 22 марта; *Kozinn A.* Raya Garbousova 87 Cellist // The New York Times. 1997. Jan. 30.

ГАРД Алексей, художник-карикатурист. Род. в Казани. Оконч. Морское военное уч-ще (?) в Петрограде. Во время занятий в уч-ще неоднократно подвергался взысканиям за карикатуры на старших офицеров. После большевистской революции перебрался через Японию, Китай, Индию и Египет во Францию. В Ницце получил признание своими рис. в юмористич. журнале «Sur La Riviera». Переехав в Париж, продолжал худ. образование и одновременно рис. для «Le Matin», «Fantasio», «Sourire» и др. юмористич. журналов.

В 1925 приехал в США. Стал сотрудничать в журнале «New Yorker» и в театральных отделах всех нью-йоркских газ., особенно в «N.Y. World Telegram» и «N.Y. Herald Tribune». Иллюстрировал две книги: «Broadway Portraits» Сэмюеля Маркса и «Times Square Tintypes» Сиднея Скольского. Расписывая занавес для театра Балиева «Chauve Souris», изобразил на нем в карикатурах известных бродвейских актеров и мировых знаменитостей.

Л и т. *Martianoff N. N.* Alex Gard // Russian artists in America. 1933. P. 211.

ГАРДЕНИН Александр Михайлович (? – 14 апр. 1977, Нью-Йорк) — штабс-ротмистр Л-гв. Сводного полка в Добровольч. армии. После эвакуации из Крыма эмигрировал в США.

Л и т. Некролог // Часовой (Брюссель). 1977. Июнь — июль. № 606. С. 19

ГАРТЕНБЕРГ Александр Николаевич (1861 – 2 мая 1939) — помещик Тверской губ. Родом из французов-гугентов. Участвовал в рус.-тур. войне 1877–78. После выхода в отставку был мировым судьей в Томске. Во время Гражданской войны, при адм. А.В. Колчаке, был губернатором Томска, затем — министр внутренних дел в Омске. Эмигрировал в США в 1922.

Л и т. Некролог // НРС. 1939. 2 мая.

ГАРТМАН фон, Максимилиан (Макс) Евгеньевич (? – 14 дек. 1960, Нью-Йорк) — инженер, полковник инж. войск. Оконч. 2-й кад. корпус. Во время Первой мировой войны был военным летчиком. Награжден Георгиевским оружием. В эмигр., в Париже, владел автомобильной и авиационной школами. После Второй мировой войны был директором школы автомобильной езды в Нью-Йорке. Член Союза бывших рус. летчиков в Америке. Автор книги «Как управлять автомобилем». Действительный член Об-ва рус. инженеров в США (1949). *Родственники*: вдова Тамара Андреевна; дочь Марина (в браке Светлова) — балерина.

Похоронен на кладбище женского монастыря Ново-Дивеево, возле Нанует, в шт. Нью-Йорк.

И с т. АОРИ. Анкета. 1954.
Л и т. Некролог // НРС. 1960. 15 дек.

ГАРТМАН Фома Александрович (21 сент. 1885, Хоружевка Харьковской губ. – 25 марта 1956, Принстон (шт. Нью-Джерси) — композитор и дирижер. Род. в семье помещика. Учился у А.С. Аренского и С.И. Танеева. Рук. муз. частью балетов, в т. ч. и в Мариинском театре. Автор балета «Аленький цветочек» (1907), поставленного в Мариинском театре. Выехал за рубеж в 1921. Переселился в США в 1951. Написал балет «Бабетта» (1935), три симфонии и др. произведения, исполнявшиеся в концертах С. Кусевицкого.

Л и т. Некролог // НРС. 1956. 2 апр. № 15619.

ГАРЦЕВ Валерьян Николаевич (15 дек. 1898, Ярославль – ?) — авиационный инженер. Поступил в военно-воздушный флот и получил чин лейтенанта Императорской авиации. После оконч. Гражданской войны оказался за границей. Эмигрировал в США и в 1929–30 работал проектировщиком в Авиационной корпорации «Эдо», на Лонг-Айленде. В 1933–35 — проектировщик гидропланов на заводе *И.И.* Сикорского в Бриджпорте, в шт. Коннектикут. В последующие годы занимался постройкой самолетов в Eastern Aircraft Div, Republic Aviation Corp, Fairchild Aircraft. С 1952 начал заниматься консультациями. Основные исследования **Г.** касались гидродинамич. расчетов летающих лодок без предварительных испытаний в бассейнах.

И с т. АОРИ. Материалы.

ГАСПАР Лев (2 марта 1882, Витебск – 21 февр. 1964, Таос) — художник. Род. в семье потомков гугенотов. Учился в Витебске, Одессе и Париже. В 1905 начал устраивать свои выставки. Два года путешествовал с женой по Сибири. Писал портреты, пейзажи и картины на рус. тему. Вернувшись в Париж, устроил выставку. Во время Первой мировой войны служил во франц. военной авиации. В 1916 переселился в США, жил и писал у рус. художника Н.И. Фешина в Таосе, в шт. Нью-Мексико. В нач. 1920-х посетил Центральную Азию, Японию и Китай. В 1932 путешествовал по Марокко, Алжиру и Тунису. Результаты путешествий отображены в его худ. произведениях.

Л и т. *Лейкинд, О. Л., Махров К. В., Северюхин Д. Я.* Худ. Рус. зарубежья. С. 218–219.

ГАШУРОВА [урожд. **Левицкая**] Вероника Дмитриевна (род. 18 апр. 1932, Киев) — художник. С родителями покинула город во время Второй мировой войны. До отъезда в США проживала в Баварии.

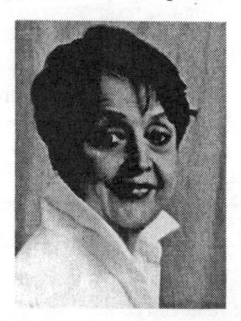

Прибыла в США в сент. 1949. В 1954 оконч. в Нью-Йорке худ. отделение Ин-та Пратт. В 1989 поступила в худ. школу при Нью-Йоркской нац. академии искусств. Ее кисти принадлежит ряд портретов, показанных на выставках в Нью-Йорке и в Нью-Джерси. Работы **Г.** находятся в собрании Рябова в музее Зиммерли при ун-те Нью-Брунсвик в Нью-Джерси. Ее кисти также принадлежат четыре картины на тему «Крик души», изображающие царскую семью, разрушенные храмы, парад на Красной площади с тенями замученных и побеждающих зло под названием «Сорок сороков». Работала над рис. для тканей, писала декорации, рис. и продолжает рис. рождественские открытки. Нарисовала открытку, изображающую христославов в Новом Архангельске (Ситке) в Рус. Америке в сер. XIX века. Начала помогать с 1988 брит. об-ву помощи рус. христианам, нарисовав для об-ва ряд поздравительных карточек, а в 1992 пожертвовала рис. для поздравительных карточек Детскому фонду ООН. Рис. портреты для словаря «Русские в Америке». *Родственники*: муж Глеб Вячеславович Гашуров (? – 30 марта 2005, Нью-Йорк); дети —Ирина, Андрей; внучка Ника.

И с т. АА. *Гашурова В.* Автобиография. Рукопись, 7 с.
Л и т. *Полчанинов Р.В.* В.Д. Гашурова // ПР. 1997. 14 дек. № 23. С. 12–13.

ГВОЗДЕВ Михаил — геодезист, вместе с подштурманом Иваном Феодоровым был одним из первых рус. увидевших берега

Америки в 1732 и, проходя мимо мыса Принца Уэльсского, высадившихся на острове Кинг.

Л и т. *Поберовский С.* Очерк Истории Православия в Америке (1794–1867) // ПЖ. 1994. Апр. № 4. С. 20–28.

ГВОЗДЕВ Николай Николаевич (? – 21 сент. 1931, Нью-Йорк) — архитектор. В 1917 оконч. в Петрограде Академию художеств по архитектурному отделению под руководством Л. Бенуа. Во время Первой мировой войны был на фронте, закончил войну в чине капитана. После революции бежал из России в Константинополь. Зарабатывал на жизнь продажей своих акварелей. В 1923 переселился в Нью-Йорк. Проектировал фасады и внутреннюю планировку небоскрёбов. Готовил на англ. яз. монографию о своей деятельности, но не успел ее издать.

Л и т. *Львов Л.* Некролог // НРС. 1931. 22 сент. № 6813; 23 сент. № 6814.

ГЕДЕОН [в миру Гавриил **ФЕДОТОВ**] (1770 – 1 нояб. 1843) — иеромонах, миссионер в Рус. Америке. Учился в Севской и Белгородской семинариях. В 1797 получил должность учителя риторики и франц. яз. в Белгородской семинарии. В 1803 вызван в Петербург митрополитом Амвросием, откуда на корабле «Нева» под командой *Ю. Ф. Лисянского* отбыл 22 июня 1803 на Кадьяк и прибыл на место назначения 2 июля 1804. За два месяца крестил 528 человек и совершил 38 венчаний. В 1805 открыл уч-ще для 50 учеников. О. Гедеон при помощи креола Парамона Чумовицкого перевел на яз. кадьякских эскимосов молитву Господню. В 1807 возвратился на Камчатку, оставив дух. миссию на попечение преподобного *Германа*. После отъезда из Америки возведен в сан архимандрита.

Л и т. *Поберовский С.* Очерк истории Православия в Америке (1784–1867) // 1994. Июль.

ГЕЙЛИХ Сергей Иосифович — подпоручик, горный инж. Оконч. Сумской кад. корпус, Сергиевское военное уч-ще. Служил в Л.-Гв. 3-й арт. бригаде. Получил в Чехословакии диплом горного инж. Переселился в США. Скончался в С.-Петербурге, в шт. Флорида.

Л и т. Некролог // Часовой (Брюссель). 1981. Май–июнь. № 631. С. 20.

ГЕЙНС [Уильям **Фрей**] Владимир Константинович — журналист, социалист, религиозный философ, оконч. Академию Ген. штаба. Имел чин капитана. В 1868 оставил военную службу и уехал в США. Проживая в Америке, писал очерки об амер. жизни в «Отечественных записках», «Деле», «Неделе» и в «Вестнике Европы». Здесь стал известен как Уильям Фрей. По своим взглядам был вначале социалистом, но потом примкнул к позитивистам. Спустя 10 лет писал, что «экономическая реформа еще недостаточна для улучшения людей, что собственность не есть корень зла, а только одно из многочисленных проявлений эгоизма». Фрей верил, что основой для обновления жизни должно быть религиозное чувство, облекающее идеи альтруистич. философии в живые поэтич. образы. В нач. 80-х гг. XIX в. Фрей вместе с группой интеллигентной молодежи из России, искавшей правды на земле, основал в Орегоне коммунистич. колонию «Новая Одесса». Эта затея провалилась. Позже выступал в Нью-Йорке с лекциями о нравственном самосовершенствовании и проповедовал «религию гуманности». Сконч. в 1890.

И с т. The Testament of William Frey, London, 1889.

Л и т. *Вильчур М.* Русские в Америке. Первое рус. издательство в Америке. С. 16–20; The Testament of William Frey. London, 1889.

ГЕЙЦМАН [Waldemar C. **Heizmann**] Владимир Христианович (7 окт. 1910, Одесса – ?) — инж.-теплотехник. В 1934 оконч. Одесский индустриальный ин-т. В США жил в городе Гранд Форкс, в Сев. Дакоте. Действительный член Об-ва рус. инженеров в США (1952).

И с т. АОРИ. Анкета.

ГЕЛЬТЕР Степан Владимирович (1893, Тюмень, Тобольской губ. – 21 янв. [предположительно] 1977) — капитан. Получив образование в гимназии, поступил в Томский ун-т на мед. ф-т. В 1916 ввиду досрочного призыва студентов в военную службу поступил вольноопределяющимся в 12-й Сибирский стрелковый полк. В 1917 принят на 4-месячный курс в Иркутское военное уч-ще, которое оконч. в чине прапорщика пехоты и вышел в один из полков III корпуса 2-й армии Юго-Зап. фронта. Благодаря хорошему знанию нем. яз. назначен в штаб 24-й Туркестанской дивизии. После братания рус. солдат с немцами и разложения армии дивизия и ее штаб были взяты немцами в плен. После Брест-Литовского мира 1918 чины штаба дивизии были освобождены. Вернулся в Сибирь, где присоединился к Южной Белой армии. Во время отступления армии на Восток был в составе чинов штаба армии ген. *В. О. Каппеля*. Прошел весь путь отступления через Сибирь, совершил переход через оз. Байкал и в Чите поступил в Броневую дивизию, дойдя с ней до Приморья. После оконч. войны и демобилизации армии **Г.** и его супруга Анастасия Ивановна, прошедшая с ним весь путь отступления, временно обосновались в Харбине.

В 1923 группа офицеров, бывших студентов, получила возможность переехать в Америку. В Сан-Франциско поступил студентом на инж.-строительное отделение Калифорнийского ун-та в Беркли и оконч. его с дипломом строительного инж. Состоял членом Об-ва амер. военных инженеров, служил в Гос. федеральном департаменте в отделе «Farm and Housing Administration», затем перешел на службу в Отдел дорожного строительства шт. Калифорния. В 1934 вступил в Об-во рус. ветеранов Великой войны, в котором был выбран почетным членом.

И с т. АОРВВВ. Некролог. Капитан Степан Владимирович Гельтер. // Альбом VI, 6-В. 1977.

ГЕНЗЕЛЬ [**Haensel** Vladimir] Владимир Павлович (род. 1 сент. 1914, Фрейбург, Германия) — академик, химик. Род. в семье проф. экономики Московского ун-та, в Германии, куда его родители приезжали из Москвы, где постоянно жили. После возвращения в Россию жил до 1927 в Москве. В 1927 с семьей был выпущен в Мюнхен, но оттуда в СССР не вернулся. После кратковременного проживания в Германии, Австрии и Франции переехал на постоянное жительство в США. Стал гражданином США в 1936. В 1935 оконч. Северо-Зап. ун-т со званием бакалавра, в 1937 получил ст. магистра — инж.-химика в Массачусетском технологич. ин-те и в 1941 защитил докторскую дисс. по химии при Северо-Зап. ун-те в Чикаго. Работал в «Universal Oil Products Co.», в которой сотрудничал с академиком *В. Н. Ипатьевым*. С 1964 занимал должность вице-президента научно-исследовательских лабораторий компании. В 1972 назначен вице-президентом науч. и технологич. отделения компании. Его исследования и публикации посвящены катализаторам, особенно катализу углеводородов. Главное открытие Г. заключается в применении катализаторов платинового типа на заводах по переработке нефти. За свои работы, связанные с производством газолина, получил в 1957 ст. почетного доктора Северо-Зап. ун-та, ряд наград от химич., нефтяных об-в, включая медаль Перкинса за исключительные достижения в прикладной химии и в 1973 — высшую награду от правительства США — «National Medal of Science». В 1971 избран членом Амер. нац. академии наук, а в 1974 стал членом Нац. инж. академии.

И с т. АА. *Haensel V.* Curriculum vitae (manuscript, 1975). 2 p.

Л и т. *Кеппен А. А.*; Who is who 1980–81.

ГЕНЗЕЛЬ [Haensel] Павел Петрович (8 февр. 1878, Москва – 28 февр. 1949) — экономист. В 1896 оконч. Московскую академию коммерч. наук, поступил на юридич. ф-т Московского ун-та, который оконч. в 1902 и был оставлен при кафедре. С 1903 по 1928 занимал должность проф. Был консультантом наркомата финансов и нач-ком финансового отдела Ин-та экономич. исследований в Москве. В 1928 выехал за границу и в СССР не возвратился.

Переселился в США и занял должность проф. экономики и финансов при Сев.-Зап. (Northwestern) ун-те в Эванстоне, шт. Иллинойс. В 1943 выступал перед Комитетом по налоговой реформе Конгресса США. Продолжал преподавательскую деятельность до 1948 в ун-те Виргинии. Сконч. в шт. Иллинойс.

И с т. АМРК. Колл. Гуверовского ин-та. П.П. Гензель, pdf 119 К; *Мартьянов Н.Н.* Список… С. 84–88.

Л и т. Who is who 1940–41.

ГЕНИШТА Борис Владимирович — полковник. Оконч. в 1914 Николаевское кав. уч-ще. Служил в Л.-Гв. Конно-гренадерском полку. Участник Первой мировой, а затем Гражданской войны в рядах Белой армии. Эмигрировал в США. Сконч. в Санкт-Петербурге (шт. Флорида).

Л и т. Некролог // Часовой (Брюссель). 1981. Нояб. — дек. № 634. С. 22.

ГЕОРГИЙ КОНСТАНТИНОВИЧ, Кн. (13 апр. 1903 – 7 нояб. 1938, Нью-Йорк) — Князь Императорской Крови, мл. сын нач-ка Главного управления военно-уч. заведений, Президента Императорской Академии наук, поэта («К.Р.»), генерала от инфантерии Вел. Кн. Константина Константиновича (1858–1915) и Вел. Кнг. Елисаветы Маврикиевны (урожд. принцессы Саксен-Альтенбургской, в браке с 1884) (1865–1927). Правнук императора Николая I. Один из братьев кн. **Г. К.**, кн. Олег (1892 г.р.), 27 сент. 1914 был смертельно ранен в рядах Л.-гв. Гус. Его Величества полка. Став перед смертью кавалером ордена св. Георгия IV ст., он скончался 29 сент. 1914 на руках родителей в госпитале в Вильно. Три др. брата — кавалер Георгиевского оружия Иоанн (1886 г.р.), Константин (1890 г.р.) и Игорь (1894 г.р.) — вместе с Вел. Кнг. Елисаветой Фёдоровной и др. мучениками ночью 18 июля 1918 были сброшены большевиками живыми в шахту Нижняя Селимская в 18 км от Алапаевска. Кавалер Георгиевского оружия брат Гавриил (1887–1955) — умер в эмиграции в Париже. Сестра Кнж. *Вера Константиновна* (1906–2001) — умерла в эмиграции в США. В эмиграции с матерью и сестрой с 1918 в Швеции, Бельгии (1920–22). Жил в Брюсселе, затем в Лондоне работал в фирме, занимавшейся внутренней отделкой домов. В США с 1929 в Нью-Йорке. Импрессарио в балете.

Был похоронен на кладбище Маунт Оливет, Маспет на Лонг-Айленде (Нью-Йорк), позднее перезахоронен на кладбище Успенского женского монастыря Ново-Дивеево близ Нанует (шт. Нью-Йорк).

И с т. *Вера Константиновна*, кнж. Из семейных воспоминаний // ВБ. 1956. Июль. № 19. С. 3–4; Георгий Константинович, кн. // Незабытые могилы / Сост. В.Н. Чуваков. Т. II. С. 69–70; *Спиридович А.И.* Т. I. С. 30–31.

Л и т. *Миллер Л.П.* С. 234–235.

ГЕРАСИМОВ [Guerasimoff Constantine N.**]** Константин Н. — инж.-механик. Оконч. в 1929 Технологич. ин-т Стивенса с дипломом магистра. Работал в «Oilgear Co» в Милуоки, в шт. Висконсин, специализируясь на создании гидравлич. прессов разной мощности, трансмиссий и насосов.

Л и т. *Pestoff Alexis N.* Directory of Russian Graduates of American Colleges // Alumni Association of the Russian Student Fund, Inc. New York., August 1929. P. 8.

ГЕРБОВ Тихон Васильевич (16 февр. 1877, Орловской губ. – 30 авг. 1981) — ветеран Рус. Императорской и Белых войск Восточ. фронта. Потомственный дворянин. Оконч. Ливенское реальное уч-ще, поступил на военную службу рядовым в 142-й Звенигородский полк. В 1897 получил чин мл. унтер-офицера и дослужился к 1912 до чина полковника. Во время Первой мировой войны за воинские заслуги награжден пятью орденами и рядом медалей. В годы революции был в Китае. Сражался с большевиками в формированиях ген.-лейт. А.И. Дутова. Занимал должность дежурного ген. штаба Оренбургской армии.

После оконч. Гражданской войны переехал в США. Работал в шт. Вашингтон и на золотых приисках на Аляске. Последние годы проживал на Толстовской ферме в Валлей Коттедж, в шт. Нью-Йорк. Был членом воинских орг-ций. Оставил после себя краткие воспоминания о борьбе с большевиками на Дальнем Востоке. К своему столетнему юбилею получил поздравление от президента Дж. Картера. Был старейшим членом КРА. Сконч. в возрасте 104 лет на Толстовской ферме.

Л и т. *Ватти А.* Тихон Васильевич Гербов // НРС. 1977. 6 февр.

ГЕРИЧ Андрей Владимирович (род. 27 янв. 1919, Речица Минской губ.) — инженер-строитель, скаутмастер. Род. в семье преподавателей Двинского реального уч-ща, эвакуированных во время Первой мировой войны: Владимира Андреевича (1883, Одесса, Херсонской губ. – 6 сент. 1927, Рига) и Натальи Александровны (урожд. Булгаровской, 1890, Кронштадт – 1974, Сан-Франциско). После двух арестов большевиками отца семья **Г.** в 1920 бежала в Двинск (ныне Даугавпилс), откуда переехала в Режице (ныне Резекне). В эмиграции в Латвии. Отец преподавал математику, мать — франц. яз. Семье **Г.**, оказавшейся в тяжёлом материальном положении после смерти отца, помогал ливенец, полковник Сев.-Зап. Добровольч. армии и рус. общественный деятель К.И. Дыдоров. С 1929 участвовал в скаутском движении, вступив в Резекне «волчонком» в 129-ю дружину (рус.) Латвийской скаутской орг-ции. В 1935 единственным рус. скаутом посетил международный скаутский слёт (джамбори) в Польше. Оконч. рус. гимназию в Резекне (1937), с 1938 учился на механич. ф-те Рижского ун-та, прервал учёбу после сов. оккупации 1940. Член рус. студенч. корпорации (орг-ции) «Рутения». В 1941–44 при нем. оккупации служил на железной дороге. В июне 1944 эвакуировался в Германию. После 1945 — в зап. оккупационных зонах Австрии и Германии. Слушал лекции в Мюнхенском технич. ин-те, преподавал рус. яз. в амер. военном уч-ще. Активно участвовал в деятельности ОРЮР.

В США с 1950, поселился в Калифорнии. Преподавал рус. яз. в амер. военной школе в Монтерее. Продолжал образование и оконч. Калифорнийский ун-т в Бёркли, магистр по строительству (1954). Работал инж. по специальности в разных фирмах. В Сан-Франциско состоял членом Рус. Центра, был его вице-председателем, а также членом правления газ. «Русская жизнь». Принимал активное участие в деятельности ОРЮР и в строительстве собора во имя Божией Матери всех Скорбящих Радости. С 1962 проживает в Вашингтоне. На пенсии с 1982. После выхода на пенсию занимался продажей недвижимого имущества в р-не Вашингтона. *Родственники*: жена (во втором браке) Светлана Александровна (урожд. Лепеха, род. 19 марта 1938, имение Кастышево быв. Ковенской губ.) — дочь полковника *А.А. Лепеха*, скаутинструктор ОРЮР; пасынок Кирилл.

И с т. ЛАА. Интервью с *А.В. Геричем*. Вашингтон, 17 июля 2003.

Л и т. А.В. Герич // РА. 1982–1985. № 18. С.109, 122.

ГЕРМАН Аляскинский, преподобный (1756 или 1759 – 25 дек. 1837, о-в Еловый) — монах, православный миссионер на Аляске, причислен к лику святых. Правитель рус. владений в Америке *С.И. Яновский* писал, что **Г.** род. в 1757 в купеч. семье в Серпухове Московской губ. Др. главный правитель, Фердинанд Врангель, утверждал, что **Г.** происходил из семьи богатых крестьян Воронежской губ. В возрасте 16 лет стал послушником в Троицком монастыре под Санкт-Петербургом, где принял постриг. По др. сведениям, **Г.** начал подвижнический путь в Саровском монастыре. Поступил в Валаамский монастырь на Ладожском оз. В 1794 назначен в группу из 8 миссионеров, отправлявшихся по инициативе *Г.И. Шелихова* во главе с архим. Иоасафом (Болотовым) из Валаамского монастыря через всю Россию и Сибирь в Рус. Америку. В состав миссии также входили: иеромонахи Афанасий, Макарий, Ювеналий, иеродиаконы Стефан и Нектарий, инок Стефан. После невероятных трудностей во время длительного пути миссия прибыла на Аляску и стала успешно вести миссионерскую работу, обратив в православие сотни алеутов и др. туземцев.

В 1800 остался единственным из состава миссии и возглавил миссионерскую деятельность. С большой любовью относился к туземцам и защищал их от обид, которые им причиняли рус. купцы и власти компании. Работал в пекарне миссии и в огороде на Еловом о-ве, где успешно выращивал в аляскинском климате картофель и др. овощи, удобряя их морскими водорослями. Обучал огородничеству местных туземцев, основал приют для сирот. Глубокая вера **Г.**, ревностное духовное окормление туземцев и рус., привлекло внимание правителя Рус. Америки *А.А. Баранова*, относившегося вначале недружелюбно к миссионерам. Неоднократно отклонял предложения о возведении в более высокий сан и переводе на пост главы рус. православной миссии в Пекине. Оставаясь простым монахом, снискал известность своей святостью во всей Рус. Америке, помощью всем приходящим советом и делом. Преподобный **Г.** говорил о себе: «Я здешних народов нижайший слуга и нянька», заступался за туземцев, утешал их и поучал их, ухаживал за больными во время эпидемий. В 1825 на Кадьяк прибыл священник Фрументий Мордовский, подвергнувший **Г.** гонениям. Память и почитание старца **Г.** сохранились среди православных на Аляске. 9 авг. 1970 первым причислен к лику святых как апостол-просветитель Аляски. Гробница с мощами **Г.** пребывает в церкви Воскресения Христова на о-ве Кадьяке.

Л и т. *Григорий*, епископ Аляскинский. Аляскинские мученики // НРС. 1980. Июнь; *Его же*. Когда скончался преподобный Герман? // Там же. 1982. 10 янв; *Петров В.* Рус. в истории Америки. 1988. С. 116; *Поберовский С.* Очерк истории Православия в Америке (1784–1867) // ПР. 1994. Апр. № 4. С. 20–28; Там же. 1994. Июль. № 7. С. 20–30; Чему учит нас преподобный Герман // Там же. 1994. № 23. С. 1–2.

ГЕРМАН (в миру Иосиф **СВАЙКО**) [Joseph **Swaiko**] (род. 1932, Бриарфорд (шт. Пенсильвания) — митрополит ПЦА. Оконч. колледж Роберт Моррис по администрации. После службы в амер. армии оконч. в 1963 Свято-Тихоновскую дух. семинарию. Был рукоположен в 1964 в сан диакона и затем священника. Преподавал церк.-славянск. яз. в семинарии, одновременно был настоятелем в двух приходах в Пенсильвании. В 1970 принял монашеский постриг с именем **Г**. В 1971 возведен в сан игумена Свято-Тихоновского монастыря. В 1973 хиротонисан во епископа Вилкес-Баррского, возглавлял казначейство ПЦА. Возглавлял комиссию по ознаменованию 200-летия православия в Америке.

В 1994 возведен в сан архиепископа. После ухода на покой митрополита Феодосия выбран 22 июля 2002 в Орландо, в шт. Флорида, на 13-м Всеамер. соборе клира и мирян главой ПЦА. 7 сент. 2002 официально возведен в должность первоиерарха ПЦА в Соборе св. Николая в Вашингтоне.

Л и т. *Kishkowsky Fr. Leonid*. Archbishop Herman elected Primate of the Orthodox Church in America // The Orthodox Church. 2002. July/August. Bishop Herman // Orthodox America. *Tarasar Constance J.* (Gen. Ed.). 1975. P. 286.

ГЕРМАН Анатолий Константинович (род. 10 марта 1906, Одесса, Херсонской губ.) — архитектор-строитель. В 1942 оконч. Технич. ф-т Белградского ун-та в Югославии. В США жил в Монтклэр, в шт. Нью-Джерси. Действительный член Об-ва рус. инженеров в США (1951).

Л и т. АОРИ. Анкета.

ГЕРЦО-ВИНОГРАДСКИЙ Николай Александрович (20 марта 1875 – 29 мая 1941, Милл-Валлей (шт. Калифорния)) — полковник, участник Первой мировой войны и Гражданской войны в Сибири. Оконч. 1-й кад. корпус и Михайловское арт. уч-ще. В 1897 произведен в подпоручики полевой артиллерии с прикомандированием к Л.-гв. 3-й арт. бригаде, в составе которой (а позднее в Л.-гв. мортирном арт. дивизионе) служил до назнач. в 1913 командиром 1-й батареи Константиновского арт. уч-ща. В мае 1916 назнач. командиром 2-го мортирного арт. дивизиона. В нояб. 1918 вступил в Сибирскую армию адм. А. В. Колчака, занимая должности командующего 9-й Сибирской стрелковой бригадой и нач-ка 1-го арт. уч-ща в Омске. По оконч. Гражданской войны и эвакуации во Владивосток жил в Харбине, где состоял в арт. кружке, исполняя должность вице-председателя и принимая участие во взаимопомощи и благотворительной деятельности.

Переехал в США, был инициатором создания 16 мая 1924 в Сан-Франциско ОРВВВ. В теч. нескольких лет избирался вице-председателем об-ва. За политич. работу Вел. Кн. Кириллом Владимировичем произведен в чин ген.-майора.

Похоронен на Серб. кладбище в Сан-Франциско.

И с т. АОРВВВ. Полк. Николай Александрович Герцо-Виноградский. Альбом № 1. Май 1941.

Л и т. *Шмелёв А.В.* Сан-Францисскому Об-ву ветеранов Великой войны — 75 лет // НВ. 1999. Июнь. № 455/2756. С. 18–19.

ГЕРЦОГ Юрий Алексеевич (11 мая 1913, Санкт-Петербург – 1972) — общественный деятель, поэт, драматург, актер. В раннем детстве, после Гражданской войны, уехал с родителями в Кор. СХС. Оконч. рус. гимназию в Белграде, а затем лесоводч. ф-т Белградского ун-та. Состоял в НТС, занимался идеологич. работой, сотрудничал в газ. «За Россию». Во время Второй мировой войны по заданию НТС ездил в Россию. Вошел в состав театральной группы, обслуживавшей «восточных рабочих» нем. строительной орг-ции Тодт. В конце войны оказался в Италии. В 1948 эмигрировал в Аргентину, работал науч. сотрудником в ботанич. лаборатории. Сотрудничал в «Посеве». В 1955 вышел из НТС, в котором состоял 25 лет, но сохранил лояльные отношения с орг-цией. В 1965 переехал с семьей в США, поступил в Вашингтоне в Джорджтаунский ун-т, занимался в аспирантуре, специализируясь по рус. литературе. Получил степень магистра. С 1965 работал в рус. отделе «Голоса Америки». Автор поэмы-трилогии «Эпопея» о жизни одной рус. семьи до, во время и после революции.

Л и т. *Неймирок А.Н.* Памяти Ю.А. Герцога // Встречи (Франкфурт на Майне). 1972. Май. № 121; Ю.А. Герцог. Некролог // Там же.

ГЕРШЕЛЬМАН Лев Карлович (14 июня 1889 – 10 июля 1979, Сан-Франциско) — участник Белого движения на Востоке России, ген.-майор. В 1900 поступил в Одесский кад. корпус, который оконч. в 1907 и взял вакансию в Михайловское арт. уч-ще, которое оконч. портупей-юнкером в 1910 и был произведен в офицеры Л.-гв. в 3-ю арт. бригаду. Первую мировую войну провел в рядах бригады. Летом 1918 оконч. ускоренный курс Академии Ген. штаба. За отличия в делах против неприятеля награжден шестью орденами и Георгиевским оружием. Во время Гражданской войны служил в рядах Сибирской армии адм. А.В. Колчака. В 1922 переехал с женой в США, в Сан-Франциско. Состоял в легитимно-монархич. орг-ции «Союз единства Руси». За политич. деятельность Вел. Кн. Кириллом Владимировичем произведен в Ген. штаба ген.-майоры. Был нач-ком Сан-Францисского отдела КИАФ, состоял почетным членом в Объединении Кадет Рос. кад. корпусов.

Л и т. Объединение кадет в Сан-Франциско. Некролог // РЖ. 1979. 12 окт.

ГЕСВЕНТ [Gesvent] — общественный деятель. Один из основателей рус. поселка Владимирово с церковью возле Лост-Лэйк, в Иллинойсе. На этой же терр. ежегодно устраивался летний лагерь рус. молодежи под руководством орг-ции Православных рус. разведчиков (ПОРР). Много лет боролся против отождествления рус. с коммунистами и России с СССР.

И с т. Архив КРА. Материалы.

ГЕССЕН Иосиф Владимирович (15 апр. 1865, Одесса, Херсонской губ. – 22 марта 1943, Нью-Йорк) — публицист, юрист, общественно-полит. деятель. Депутат II Гос. Думы. Один из лидеров партии кадетов. Один из основателей газ. «Право» (1898–1904). Совместно с П.Н. Милюковым ред. газ. «Свобода», в 1906–17 ред. газ. «Речь». В Гражданскую войну оказывал помощь ген. Н.Н. Юденичу. В 1919 через Финляндию выехал в Берлин, где стал одним из основателей изд-ва «Слово». В Берлине в 1920–31 ред. газ. «Руль». Издал XXII тома «Архива русской революции», мемуары С.Ю. Витте и др. В 1936 переселился во Францию. В дек. 1942 эмигрировал в США. Сотрудничал в «Новом русском слове», «Русской жизни» (Сан-Франциско) и др.

Л и т. *Вильданова Р.И., Кудрявцев В.Б., Лаппо-Данилевский К.Ю.* Краткий биографич. словарь рус. зарубежья // *Струве Г.* С. 298; *Карпович М.М.* Памяти И.В. Гессена // НЖ. 1943. № 6. С. 386–388.

ГЕТМАНОВ Михаил Демьянович (? – 26 янв. 1978, Нью-Йорк) — ген.-майор Кубанского каз. войска. Эмигрировал в США.

Л и т. Некролог // Часовой (Брюссель). 1978. Май — июнь. № 612. С. 20

ГЕТЦ Викентий Иванович (19 февр. 1889, Витебск – 22 февр. 1968, Нью-Йорк) — участник Белого движения на Юге России, полковник. Окончил реальное уч-ще в Двинске, Виленское военное уч-ще (1911) и вышел подпоручиком в 4-ю стрелковую Сибирскую арт. бригаду в рядах которой принял участие в Первой мировой войне. Капитан, командир батареи 137-го арт. дивизиона 2-й Сибирской стрелковой дивизии (на 1916), затем — нач-к школы траншейной арт. После Октябрьского переворота 1917 — на Юге России. В чине капитана в апр. 1918 вступил рядовым во 2-ю отдельную (с июня 1918 — 1-я ген. Корнилова) арт. батарею 1-й пех. дивизии Добровольч. армии. Участник 2-го Кубанского похода 1918. Служил вестовым при командире батареи, фуражиром, наблюдателем. Нач-к 4-го орудия (на сент. 1918), с 1 дек. 1918 — в 4-й арт. батарее 2-й пех. дивизии. С апр. 1919 — ст. офицер (фактически командир) 4-й батареи 2-го Корниловского арт. дивизиона 2-й арт. бригады. Командир 6-й батареи (с нояб. 1919) 3-го дивизиона Корниловской арт. бригады. Полковник (на 1920). За боевые отличия на полях Сев. Таврии батарея заслужила серебряные трубы с лентами ордена св. Николая Чудотворца (пр. Главкома № 3351 от 4 сент. 1920). Кавалер ордена св. Николая Чудотворца II ст. (пр. Главкома № 500 от 31 окт. 1921). Эвакуировался в составе Рус. армии из Крыма в нояб. 1920. В 1920–21 — в Галлиполи, состоял в кадрах Корниловского дивизиона 1-й арт. бригады I арм. корпуса Рус. армии. В эмиграции в Болгарии. Чин РОВС. Нач-к группы корниловцев-артиллеристов в Софии. Оконч. Высшие военно-науч. курсы систематич. изуч. военного дела Ген. штаба ген.-лейт. Н.Н. Головина (Белградское отделение?). В 1941 добровольцем отправился в качестве переводчика на Восточ. фронт и откомандирован в Софию после протестов в связи с нацистской оккупационной политикой. Из Болгарии в 1942 прибыл в Рус. Корпус, участник боевых действий на терр. Югославии против просов. партизан И.Б. Тито и сов. войск (1944). Командовал юнкерским взводом в 4-м полку (1942), 2-м (юнкерским) взводом 6-й роты во 2-м батальоне 2-го полка (на янв. 1943). С марта 1943 — командир 2-й особой (9-й) роты 3-го полка, сформированной из быв. сов. военнопленных, которые до зимы 1943–44 прилежно несли службу, а затем практически все перешли на сторону партизан или дезертировали. С 6 марта 1944 — командир 5-й роты 2-го батальона 3-го полка. В период тяжёлых боёв в долине р. Ибр (окт. — нояб. 1944) — командир 1-й роты запасного батальона Сводного полка полковника *А.И. Рогожина*. В составе запасного батальона (остатки 3-го полка) совершил поход в Австрию и был ранен бою 4 мая 1945 у с. Вигаун. Кавалер Железного креста II ст. за отличия. После капитуляции Рус. Корпуса представителям 8-й брит. армии — командир особого («буковинского») батальона из быв. сов. граждан (с 20 мая 1945), способствовал их спасению от принудительной репатриации в теч. лета 1945. С 1 нояб. 1945 — в рус. белом лагере Келлерберг. В 1950–56 — в Норвегии, с 1956 в США, где активно участвовал в жизни рус. воинских орг-ций. Состоял членом правления СчРК в США, председателем Нью-Йоркского отдела СчРК и нач-м Объединения Корниловского Ударного полка в США. Участвовал в составлении материалов по истории корниловских частей в 1917–1920, был зав. Домом Свободной России в Нью-Йорке (House of Free Russia — 349 West 86 Str. New York). Автор журналов «Наши вести» (Нью-Йорк) и «Часовой» (Брюссель). *Родственники*: вдова Александра Николаевна — быв. сестра милосердия 3-го Корниловского Ударного полка, член отдела Об-ва Галлиполийцев в США; пасынок Константин Антониевич Пио-Ульский.

Похоронен на кладбище монастыря Ново-Дивеево близ Нануэт (шт. Нью-Йорк).

С о ч. Из прошлого рос. армии: 4-я Сибирская стрелковая арт. бригада // Часовой (Брюссель). 1961. № 417. С. 19; № 421. С. 10–12; № 424. С. 15–16; 1962. 428. С. 13–14; 1963. № 442. С. 13–14; К месту службы // На службе От-

ечества. Сб. Сан-Франциско, 1963. С. 246–252; Копия письма в редакцию «Нового русского слова» // Перекличка (Нью-Йорк). 1965. Май — июнь. № 161–162. С. 22–23; Корниловская артиллерия // Корниловцы 1917 — 10 июня — 1967. Париж, 1967. С. 85–106; «Советская» рота // РК. 1963. С. 198–207.

И с т. Гетц Викентий Иванович // Незабытые могилы / Сост. В.Н. Чуваков. Т. II. С. 89–90.

Л и т. ЛАА. Справка *К.М. Александрова* на чина Рус. Корпуса полковника В.И. Гетца; *Волков С.В.* Энциклопедия Гр. войны. С. 131; *Иванов И.Б.* Краткие биографич. данные чинов Рус. Корпуса, упомянутых в наст. сб. // РК. 1999. С. 396; *Лампе фон А.А.* Орден св. Николая Чудотворца. Прилож. 6-е. Кавалерский список // НЧ. 1994. № 1. С. 70; Прилож. 7-е. // Там же. С. 73; Материалы для истории Корниловского Ударного полка. Отв. сост. *М.Н. Левитов*. Париж, 1974. С. 318–319; Незабытые могилы // Часовой. 1968. Апр. № 502. С. 23; Там же. Май. № 503. С. 23; Некролог // Перекличка. 1968. Март — апр. № 187–188. С. 23; Памяти ушедших. Приказ Союзу чинов Рус. Корпуса № 247 от 25 февр. 1968 // К. 1968. 15 марта. № 67. Л. 1; РК. 1963. С. 121–122, 155, 284, 383–384.

ГЕФДИНГ [псевд. В. **Федоров**] Владимир Федорович (1887 – 11 авг. 1979, Нью-Йорк) — экономист, публицист. Ученик П.Б. Струве по Политехнич. ин-ту. Сотрудник всех изданий Струве. Жил в Берлине до 1945, затем был арестован. В 1948 бежал из тюрьмы в Потсдаме. Переселился в США.

Л и т. Некролог // НРС. 1979. 29 сент.

ГЗОВСКИЙ Владимир Владимирович (? – 12 янв. 1962, Вашингтон) — юрист, оконч. юридич. ф-т Московского ун-та в 1911 В начале Первой мировой войны оконч. ускоренный курс Михайловского арт. уч-ща. Участник Первой мировой войны. В Гражданскую войну служил в Добровольч. армии. Георгиевский кавалер. В эмигр. жил в Болгарии, Югославии, Чехословакии, Венгрии. С 1927 жил в США, работал в Библиотеке Конгресса в Вашингтоне. Автор двухтомного труда «Советское гражданское право» и многоч. публикаций по вопросам сов. права.

Л и т. Некролог // НРС. 1961. 25 янв.; 5 февр.

ГИАЦИНТОВ Кирилл Эрастович — врач, председатель Дворянского объединения в Нью-Йорке.

ГИАЦИНТОВ Николай Эрастович — микробиолог. Оконч. ун-т в городе Сиракузы, в шт. Нью-Йорк. Проф. Нью-Йоркского ун-та. Автор 90 работ в области молекулярной биологии.

ГИАЦИНТОВ Эраст Николаевич (10 нояб. 1894, Царское Село Санкт-Петербургской губ. – 18 янв. 1975, Маунтэнсайд, шт. Нью-Джерси) — участник Белого движения на Юге России, полковник. Отец — действительный статский советник, вице-директор департамента железнодорожных дел Министерства финансов (с 1902) Николай Егорович (1856–1940?), мать (урожд. Мазаракий, за **Г.** вторым браком) Елизавета Владимировна (1858–1935). Окончил вице-унтер-офицером Николаевский кад. корпус (1906–1912), Константиновское арт. уч-ще (24 авг. 1914) и вышел подпоручиком во 2-ю батарею 3-й арт. бригады 3-й гренадерской дивизии. Участник Первой мировой войны. Командующий 2-й батареей, штабс-капитан (на окт. 1917). Ордена за отличия: св. Станислава III ст. с мечами и бантом (1914), св. Анны IV ст. «За храбрость», св. Анны III ст. с мечами и бантом, св. Станислава II ст. с мечами, св. Анны II ст. с мечами, св. Владимира с мечами и бантом IV ст. В окт. 1917 откомандирован из бригады в Москву. Зиму 1917–18 провёл на Юге России, но ни к одному из белых формирований не примкнул, затем в Москве. Работал в охране игорных домов. Дважды арестован большевиками. Из Москвы бежал в Тверскую губ., затем в Киев. С окт. 1918 — в Добровольч. армии. В службу вступил во 2-ю батарею 1-го отдельного лёгкого арт. дивизиона. Служил ездовым, 2-м номером, конным разведчиком. С марта 1919 — на бронепоезде «Генерал Корнилов», в авг. назначен нач-ком связи управления и команды разведчиков 2-го дивизиона Марковской арт. бригады. Ранен 4 сент. 1919 в бою под Субботино. Капитан и подполковник (8 авг. 1920). В кадрах формирующихся частей — старший офицер 5-й батареи (июль), мл. офицер учебно-запасной Кубанской батареи (авг.–окт. 1920). 3 нояб. 1920 участвовал в последнем бою у Геническа. 14 нояб. 1920 из Феодосии эвакуировался в составе Рус. армии в Константинополь. Переим. в полковники (?). Зимой 1920–21 — на о. Лемнос, откуда убыл на службу в Сирию во Франц. иностранный легион (1921–22), капрал. Комиссован по состоянию здоровья в окт. 1922. Затем в эмиграции в Белграде и Праге (с июля 1923). Оконч. Пражский Политехнич. ин-т (1928), по гражданской специальности — инженер-химик. С 1928 работал в Тарасконе (Франц.) в заводской лаборатории, затем (с 1933) химиком в Альби. 1935 при взрыве на заводе потерял глаз и получил сильные ожоги. Во время Второй мировой войны работал на химич. заводе в Линце (Австрия), по мере возможности помогал насильно вывезенным на работы рус. рабочим и находился под реальной угрозой заключения в концлагерь. После капитуляции Германии — переводчик в лагере «перемещённых лиц» под Линцем, участвовал в спасении быв. сов. граждан от насильственных репатриаций.

В США с семьёй с 1951, жил в Сиракузах, где был старостой православной церкви, пользуясь уважением среди местной диаспоры. Работал в медицинском колледже. Вёл с первой женой переписку, частично опубликованную в России в 1992 *В.Г. Бортневским* — дальним родственником **Г.** Последние годы жизни провёл в Маунтэнсайд. В одном из писем (от 8 янв. 1964) к первой жене **Г.** написал: «Я хочу сказать тебе, что я ни в чём не изменился. Мои убеждения остались теми же. И если бы я даже знал, что всё окончится крахом, я бы всё-таки пошёл туда, куда звала меня моя совесть и слово, которое я дал Тому, Кого и сейчас почитаю больше всех людей». *Родственники*: жёны: (в первом браке 1917–24) — двоюродная сестра, актриса 1-й студии МХТ Софья Владимировна **Г.**, позднее народная артистка СССР; (во втором браке с 1926) — (урожд. Мартынова) Зоя Сергеевна (1903 – 12 окт. 1970) — дочь полковника Рус. Императорской армии; сыновья: Кирилл — бизнесмен, президент компании «ДРГ Интернэйшнл», специалист в области медицинской и фармацевтической промышленности, председатель Дворянского объединения в Нью-Йорке, Николай — учёный биохимик, микробиолог, выпускник Сиракузского ун-та, проф. Нью-Йоркского ун-та, автор 90 научных трудов в области молекулярной биологии, Сергей — по образованию антрополог; внуки; сводные братья, по отцу Шишкины: Николай Николаевич (1877–?) — в РСФСР, расстрелян большевиками в 30-е гг., Борис Николаевич (1886–1905) — мичман, погиб при Цусиме на броненосце «Князь Суворов», Владимир Николаевич (1882–?) — в РСФСР, Георгий (1887–?) — участник Белого движения в донских каз. частях; родные сёстры: Вера (1888–1914) — в браке с Л.В. Хондажевским, Екатерина (1892–1950) — в браке с А.В. Лосcковым

(до 1920), затем — с кн. С.Г. Тархан-Мурaвовым, в эмиграции в Кор. СХС и Венесуэле; родной брат Юрий (1889–после 1945) — участник Белого движения, в эмиграции во Франции и Югославии. Супруги **Г.** похоронены на кладбище Свято-Троицкого православного монастыря в Джорданвилле (шт. Нью-Йорк).

С о ч. Записки белого офицера / Изд. под. *В.Г. Бортневским*. СПб., 1992.

И с т. ЛАА. *Александров К.М.* Жизненный путь полковника Э.Н. Гиацинтова (биографич. справка, 2004); Гиацинтов Эраст Николаевич // Незабытые могилы / Сост. В.Н. Чуваков. Т. II. С. 91; *Гиацинтова С.В.* С памятью наедине. М., 1989. С. 461–462.

Л и т. *Бортневский В.Г.* Честь, долг и совесть... (Э.Н. Гиацинтов и его записки) // Гиацинтов Э.Н. Указ. соч. С. 5–12; *Его же.* Комментарий // Там же. С. 229–261; Некролог // Часовой (Брюссель). 1975. Июнь – июль. № 588–589. С. 19.

ГИЖЕВИЧ Борис Георгиевич (21 июня 1895 – 2 дек. 1973, Нью-Йорк) — участник Белого движения на Юге России, полковник. Оконч. Михайловское арт. уч-ще. Служил в Дроздовской кон. арт.

Л и т. Некролог // Часовой (Брюссель). 1974. Февр. № 572. С. 19.

ГИЖИЦКАЯ Ирина Ильинична (1922, Познань, Польша – 26 июня 2002, Сан-Франциско) — общественный деятель. Потеряла мать в возрасте 3 лет. Отец женился вторично. Во время нем. оккупации участвовала в скаутской работе. Вместе с польск. населением спасала от гибели евреев. Была вынуждена выехать в Германию, оконч. курсы мед. сестёр и среднюю школу. После занятия Познани сов. войсками отец был арестован и вывезен в Сибирь. Вернулся только в 1954. Конец войны застал **Г.** на юге Германии. Началась насильственная репатриация сов. граждан. **Г.**, имевшая нансеновский паспорт, включилась в оказание помощи рус. беженцам, которым угрожала выдача в СССР. Стала участвовать в общественной и культурной жизни. Стала рук. ОРЮР и получила скаутское лесное имя Багира. В 1947 оконч. курсы для рук. ОРЮР. Посещала в Мюнхене ун-т UNRRA для «перемещенных лиц». В США переехала в 1950. В 1951 вышла замуж за скаутмастера *Льва Гижицкого*. У Гижицких род. двое детей: Ольга (1954) и Михаил (1958). В США продолжала общественную деятельность в Сан-Франциско, долгое время была членом ревизионной комиссии Рус. центра. Когда выросли дети, продолжила образование. Оконч. Калифорнийский ун-т и начала

готовиться к экзамену на степень магистра. В 2001 овдовела. Дети **Г.** получили высшее образование. Сын Михаил стал доктором мед., эндокринологом. В нач. 50-х начала работать в Об-ве помощи рус. детям. Стала председателем об-ва. Несмотря на паралич правой стороны тела, продолжала руководить Об-вом до своей кончины. Получив по завещанию значительную сумму денег, содействовала покупке земли для лагеря ОРЮР.

Л и т. *Астромова О.С.* Ирина Ильинична Гижицкая // РЖ. 2002. 24 авг.

ГИЖИЦКИЙ Виктор Адольфович (ок. 1895, Варшава – 23 мая 1966, Нью-Йорк) — подполковник арт. Оконч. 2-й Санкт-Петербургский им. Петра Великого кад. корпус и Константиновское арт. уч-ще. Во время Гражданской войны состоял в Добровольч. армии. Эвакуировался в Константинополь. В 1923 эмигрировал в Америку. Принял православие.

Л и т. Некролог // Часовой 1967. Июнь № 492. С. 23.

ГИЖИЦКИЙ Владимир Васильевич (31 марта 1895 – 4 апр. 1967, Нью-Йорк) — штабс-ротмистр, офицер 12-го драг. Стародубского полка. От имени Объединения Елисаветградского кав. уч-ща выпустил книгу «Незабываемое прошлое Южной школы».

Похоронен на кладбище при женском монастыре Ново-Дивеево, возле Нанует, в шт. Нью-Йорк.

Л и т. Некролог // Часовой (Брюссель). 1967. Июнь. № 492. С. 23.

ГИЖИЦКИЙ Лев Михайлович (1926 – 6 сент. 2001) — скаутмастер. Род. в семье рус. эмигрантов в Югославии. В скаутскую орг-цию вступил в Белграде. В 1941, в условиях нем. оккупации, оконч. подпольный курс скаутских руководителей. Наступление Красной армии вынудило **Г.** уехать в Германию. Продолжал скаутскую работу, основывал скаутские дружины в беженских лагерях, устроил послевоенный съезд рус. скаутов.

В 1950 переселился в Сан-Франциско и стал нач-ком Зап.-Амер. отдела ОРЮР–НОРС с лесным именем Старый Волк. Был нач-ком дружины «Киев» и рук. ее работой более 20 лет. В дружине в среднем было 120 мальчиков («волчат») и девочек («белочек»). При содействии рус. общественности закончил строительство скаутского дома на Гири-авеню, напротив Кафедрального собора. Приобрел землю, на которой ежегодно летом устраивался летний лагерь. Состоял членом Орденской думы ОРЮР, членом правления Рус. центра в Сан-Франциско. *Родственники*: вдова *Ирина Ильинична*, скаутмастер; дети Ольга, Михаил.

Похоронен на Серб. кладбище в Сан-Франциско.

Л и т. *Астромова О.С.* Памяти скм. Льва Михайловича Гижицкого // Вестник рук. ОРЮР. (Нью-Йорк). 2001. Сент. – окт.; №492. С. 5–7; РЖ. 2001. 27 окт.; Некролог // Там же. 2001. 15 сент.

ГИЛЬБИХ Николай Эрнестович (1883, Кронштадт – 9 февр. 1954, Нью-Йорк) — ротмистр. В Кронштадте оконч. среднее учебное заведение, по оконч. которого поступил во Владимирское воен. уч-ще. Произведен в офицеры, направлен в 91-й Двинский полк 23 пех. дивизии. В составе полка участвовал в рус.-яп. войне 1904–05. По возвращении с Дальнего Востока перешел в Отдельный корпус погранич. стражи. Великая война застала Г. в должности нач-ка Перновского отряда. После развала армии вступил в Добровольч. армию. С Рус. армией ген. П.Н. Врангеля покинул родину и через Константинополь вместе с семьей переехал в США.

Л и т. *Пио-Ульский А.Г.* Ротмистр Н.Э. Гильбих // Часовой (Брюссель). 1954. Июнь. № 343. С. 20.

ГИНЗБУРГ Михаил (1902, Москва – 1982, Блумингтон, шт. Индиана) — преподаватель рус. яз. Оконч. юридич. ф-т Петроградского ун-та. Выехав во Францию получил диплом Ecole du Louvre Парижского ун-та. В США преподавал с 1931 в ун-те шт. Небраска. В 1947 начал работать в ун-те Индианы и стал первым деканом славянского ф-та ун-та.

Л и т. Памяти Михаила Гинзбурга // НРС. 1982. 28 окт.

ГИНС [George C. **Guins**] Георгий Константинович (15 апр. 1887, Новогеоргиевск – 24 сент. 1971, Редвуд-Сити под Сан-Франциско) — проф., юрист, философ, участник Белого движения на Востоке России. Род. в Новогеоргиевской крепости (ныне Модлин, Польша) в семье главного топографа.

Окончил с золотой медалью 2-ю Кишинёвскую гимназию (1904) и поступил на юридич. ф-т Санкт-Петербургского ун-та. В 1905 опубликовал первую статью в газ. «Бессарабский листок». Во время учёбы удостоен серебряной медали за соч. «О сущности юридических лиц». Ученик проф. Л.И. Петражицкого. Окончил ун-т в 1909. Затем — на службе в Переселенческом управлении Главного управления землеустройства и земледелия, которым был командирован в Туркестан для изучения порядка и правил водопользования. Автор дисс. «Действительное водное право Туркестана» (1910). Преподавал в Петроградском ун-те по кафедре гражданского права, приват-доцент (1916). С апр. 1917 — старший юрисконсульт Министерства продовольствия. После Октябрьского переворота 1917 уехал в Омск. С весны 1918 — и. о. экстраординарного профессора по кафедре гражданского права Омского политехнич. ин-та. После свержения сов. власти в мае 1918 в Зап. Сибири — управляющий делами («деловым аппаратом») Зап.-Сибирского Комиссариата, затем — Временного Сибирского правительства (30 июня – 18 нояб. 1918). Активный участник общественно-полит. событий в Омске в 1918–19. Член Сов. Министров при Верховном правителе России адм. А.В. Колчаке (с 18 нояб. 1918). Председатель Гос. экономич. совещания (с апр. 1919), Главноуправляющий Сов. министров (с авг. 1919). С янв. 1920 в эмиграции в Харбине (Китай). Ред. журнала «Русское обозрение» (дек. 1920 – окт. 1927). Служил на КВЖД — нач-м канцелярии правления и главным контролёром (янв. 1921 – май 1926). Состоял председателем Комитета образовательных учреждений КВЖД. С 1923 — уполномоченный Харбинского общественного управления, председатель собрания уполномоченных. Проф. юридич. ф-та в Харбине (1920–37), декан, председатель испытательной комиссии ф-та (1935–37). Критик сменовеховства и оппонент Н.В. Устрялова. 23 апр. 1929 в Париже представил РАГ дисс. «Водное право и предметы общего пользования» и получил степень магистра гражданского права. От кафедры в одном из парижских ун-в отказался и вернулся в Харбин. С 1937 — преподаватель Харбинского коммерч. ин-та. 30 июня 1941 выехал из Харбина к сыновьям в Сан-Франциско. Активно участвовал в общественно-полит. жизни рус. диаспоры. Ред. газ. «Русская жизнь» (Сан-Франциско, 1942–44). Автор публикаций в «Новом журнале», газ. «Новое русское слово» (Нью-Йорк), журнале «Возрождение» (Париж), «The American Journal of Economics and Sociology». «The Washington Law Review», «International Journal» (Canada, Toronto), «Osteuropa Recht» и в др. изданиях. Проф. Калифорнийского ун-та в Бёркли (сент. 1945–54), преподавал историю рус. культуры и сов. право в Вермонт-колледже и ин-те ин. яз. в Монтерее (Калифорния).

С 1955 — в информационной службе США. В отставке с 1964. Состоял членом Кулаевского благотворительного фонда и участвовал в оказании помощи рус. учёным-беженцам и рус. культурно-просветительским учреждениям за рубежом. Член РАГ в США. Один из идеологов социально-экономич. системы солидаризма, постоянный автор изданий НТС «Посев», «Мысль» и «Наши дни» (Франкфурт-на-Майне). **Г.** внёс большой вклад в разработку теории права координации для гос-ва, основанного на принципах общественной солидарности. Автор 11 книг и десятков статей, посвящённых проблемам права, философии, социальной психологии. Последний фундаментальный труд проф. **Г.** «Россия — многонациональная империя» остался неоконч. Последние годы жизни провёл в Окленде под Сан-Франциско.

С о ч. Сельскохозяйственное ведомство за семьдесят пять лет его деятельности: 1837–1912. Пг., 1914 (в соавт. с *П.А. Шафрановым*); Продовольственное законодательство. (Организация народного хозяйства во время войны). Омск, 1918; Сибирь, союзники и Колчак. В 2 т. Пекин, 1921; (См. также в сб.: Колчаковщина. Из белых мемуаров. Под ред. и вступ. ст. *Н.А. Корнатовского*. Л., 1930. С. 20–102); Экономические проблемы современного Китая. Харбин, 1927.; Водное право и предметы общего пользования. Харбин, 1928; Новые идеи в праве и основные проблемы современности. Харбин, 1931 и 1932; Очерки социальной философии. Харбин, 1936; Социальная психология. Харбин, 1936; Право и культура. Харбин, 1938; Настоящее и будущее солидаризма // О солидаризме. Избранное 1945–1955. Сб. Франкфурт-на-Майне, 1955. С. 36–39; Soviet law and Soviet society. Hague, 1954; The Communism in Decline. 1956.

И с т. АМРК. Рус. коллекции Гуверовского института. Г.К. Гинс (text/html, 10K); ЛАА. Александров К.М. Жизненный путь проф. Г.К. Гинса (биографич. справка, 2004); Archives of the Association of Russian-American scholars in the USA. Guins George C. Curriculkum vitae (manuscript), 1968; Гинс Георгий Константинович // Незабытые могилы / Сост. В.Н. Чуваков. Т. II. С. 98–99; *Хисамутдинов А.* Георгий Гинс — учёный, политик, публицист // Интернет. Портал Соотечественники /gins_br.chtm

Л и т. *Головин Н.Н.* Рос. контрреволюция в 1917–1918 гг. Часть IV. Освобождение Сибири и образование «Белого» военного фронта Гражданской войны. Ревель, 1937. С. 8–9; 52; *К.Б.* Георгий Константинович Гинс // Записки РАГ. 1972. Т. VI. С. 330; *Ковалевский П.* Проф. Г.К. Гинс // Рус. мысль (Париж). 1971. 31 дек.; На темы русские и общие. Сб. статей и материалов в честь проф. Н.С. Тимашева / Под ред. Сорокина П.А., Полторацкого Н.П. Нью-Йорк, 1965; *Raymond B., Jones D.* Guins Georgii // The Russian Diaspora 1917–1941. Maryland and London, 2000. P. 116–117.

ГИРС Евгений Евгеньевич (1914, Евпатория, Таврич. губ. – 1993, Нью-Йорк) — ветеран Второй мировой войны, общественный деятель. Род. в семье военного судьи. После эвакуации Белой армии семья Гирсов поселилась в Кор. СХС. Оконч. в 1933 Донской кад. корпус. Поступил на технич. ф-т Белградского ун-та, который не оконч. из-за болезни отца и необходимости служить и поддерживать семью. Разразилась Вторая мировая война, **Г.** призван в армию, в школу офицеров запаса. Югославия капитулировала, и он оказался в нем. плену до конца войны, работая регистратором в канцелярии лагеря. После возвращения в Югославию в 1952 переехал с женой в США. Работал до выхода на пенсию, принимал участие в общественной жизни рус. общины. Был членом Кад. объединения и администратором по изданию журнала «Кадетская перекличка», направил журнал на деловой путь, увеличив число подписчиков. Ред. был *Н.В. Козякин*, сделавший журнал интересным для широкого круга читателей. **Г.** нашел каналы, по которым журнал шел в СССР, неся правду о гражданской войне, о Белой армии, о зарубежных кад. корпусах и о рус. эмигр. *Родственники:* вдова Нина Николаевна, урожд. Воронкова, его помощник в изд. и распространении журнала.

Л и т. *Гирс Е.Е.* Кадеты // Кад. перекличка (Нью-Йорк). № 53. Дек. 1993. С. 160–162; *Булкин В.* В нем. плену — памяти друга // Там же. 1993. С. 162–163

ГИЧ — см. **ЧЕРТКОВ** Георгий Иванович.

ГЛАД Николай — инж.-проектировщик самолетов. Оконч. Морское уч-ще в Петрограде. Работал с *И.И. Сикорским* с 1923 в теч. 50 лет, до ухода на пенсию.

Л и т. Westmoreland Avril. Aviation pioneer's early days recalled by friend, co-worker for 50 years // Bridgeport Press. 1972. Oct. 27.

ГЛАДКЕВИЧ Николай Константинович — мичман Рос. военно-мор. флота. Участник Первой мировой и Гражданской войн. В эмиграции в США. 19-й председатель Совета директоров Об-ва рус. императорских морских офицеров в Америке.

И с т. Список председателей Совета директоров Об-ва рус. императорских мор. офицеров в Америке, 1974.

ГЛАДКОВ Константин Иванович (11 дек. 1903, Таганрог Обл. Войска Донского – 18 дек. 1968, Лейквуд, шт. Нью-Джерси) — участник Белого движения на Юге России, инженер. Юношей вступил в Добровольч. армию, контужен (1920). В нояб. 1920 эвакуировался из Крыма в составе Рус. армии. В 1920–21 — в Галлиполи. В эмиграции в Чехословакии, получил высшее образование с дипломом инж.-межевика. Работал по специальности. Накануне прихода сов. войск в 1945 выехал на Запад, преподавал рус. историю в лагере для «перемещённых лиц» под Мюнхеном. Затем переехал в США, работал чертёжником. В 1956–62 преподавал в церковно-приходской школе храма св. блг. кн. Александра Невского в Лейквуде и в школе фермы РООВА в Кэссвилле (шт. Нью-Джерси).

И с т. Гладков Константин Иванович // Незабытые могилы / Сост. В.Н. Чуваков. Т. II. С. 110.
Л и т. // НРС. 1969. 1 янв.

ГЛАДЫК [Viktor P. **Hladyk**] Виктор П. (1873, с. Кункова Австро-Венгерской империи [ныне — Юго-Зап. Польша] – 1947) — издатель, общественный деятель. Род. в обедневшей крестьянской семье, по нац. — русин-лемко. Учился в сельской нач. школе, в средней школе в Ясло. Не имея средств для продолжения образования, выехал в США. Работал в угольных копях в Восточ. Пенсильвании. Принял православие. В нач. 1900-х гг. работал наборщиком в газете Свит (Світ). С марта 1902 издавал газ. «Правда» (газ. Орг-ции рус. братств, издаётся до сих пор). Русофил. Переехав в Канаду, основал в Виннипеге (пров. Манитоба) газ. «Русский народ» (ред. до 1918) и «Канадская православная Русь» (1914). Участвовал в создании православных приходов в Америке. Один из основателей «Конгресса русского народа» в Виннипеге (1918). Решением Конгресса включён в состав делегации, представлявшей на мирной конференции 1919 в Париже Лигу за освобождение Карпатской Руси, состоявшей преимущественно из русофилов — выходцев из быв. Австро-Венгрии. Выступал на конференции по вопросу о свободе вероисповедания в р-не к сев. от Карпатского хребта. Активность **Г.** и его сторонников вызвала конфликт с польскими властями, добиться независимости для лемко не удалось. Вернувшись в США, продолжил ред. «Правду». Совместно с С. Скымба учредил Карпато-рус. комитет, издавал православную газ. «Карпато-русское слово». Убеждённый противник нем. политики, которую расценивал как антиславянскую. После нападения Германии на СССР в 1941 участвовал в деятельности, направленной на поддержку Сов. Союза, выступал за включение территории, населённой лемками и Карпатской Руси, в состав СССР. Последние годы жизни посвятил основанному им Комитету помощи лемкам.

Л и т. Horbal B. Victor P. Hladyk // The Truth. 2002. Aprils. P. 5–6.

ГЛАЗОВ Всеволод Иванович (1889 – 20 апр. 1941) — офицер Рус. Императорской армии. Ветеран Первой мировой и Гражданской войн. После эвакуации в Галлиполи эмигрировал в США. Член правления рус. кооператива в Лейквуде, в шт. Нью-Джерси. Член правления 21-го отдела РООВА. Секретарь Об-ва галлиполийцев. Погиб во время пожара.

Л и т. Некролог // НРС. 1942. 17 апр. № 10649.

ГЛАЗУНОВ Андрей, в 1834–1836 исследовал северо-зап. Америку. В 1836–1838 разведал нижнее и среднее течение р. Юкон.

ГЛАЗУНОВ Михаил Захарович (21 окт. 1900 – ?) — инженер-строитель. После 1920 в эмиграции в Чехословакии. Окончил отделение по строительству мостов, путей сообщения и др. гражданских сооружений Пражского ун-та (1937). Занимался статическими расчётами скелетных, несущих конструкций, включая фундаменты. Работал в Праге, затем — в Австрии, Германии, Франции. В США с 1950. С 1951 работал в обл. строительной статики в разных фирмах Нью-Йорка, специализировавшихся на строительстве железобетонных и стальных сооружений. В мостовом отделении департамента гражданских сооружений (шт. Нью-Йорк) занимался расчётами, необходимыми для строительства мостов и шоссейных дорог. Действительный член Об-ва рус. инж. в США (на 1950). Владел пятью языками.

И с т. АОИР. Анкета (1954).

ГЛАССЕ Антония — литературовед, преподаватель рус. яз., переводчик. В 1956 оконч. ун-т шт. Мэн, специализировалась в обл. зоологии. В 1960 защитила магистерскую дисс. по англ. литературе и переводам произведений А.П. Чехова на англ. яз. в том же ун-те. В 1972 защитила докторскую дисс. по рус. литературе при Колумбийском ун-те. Работала переводчицей в ООН. С 1963 по 1965 преподавала рус. яз. в Бруклинском колледже. С 1966 по 1977 преподавала рус. литературу в Корнельском ун-те. В 1978 перешла на должность консультанта-переводчика в Исследовательский совет по международному обмену (IREX). В теч. ряда лет читала лекции во время летних семестров в колледже Миддлбери и в др. высших учебных заведениях. Между 1964 и 1983 участвовала в качестве старшего амер. научного сотрудника в обмене учеными с Академией наук СССР, Германией и Кореей. Автор более 29 статей по рус. литературоведению, опубликованных в академич. изданиях в СССР.

И с т. *Glasse Antonia*. Curriculum vitae. Typescript, 1970. 6 p.

ГЛЕН Анатолий — См. **ГОЛУБИНЦЕВ** Анатолий Константинович.

ГЛИНДСКИЙ Владимир Петрович (16 апр. 1890 – 1 мая 1977, Калифорния) — участник Белого движения на Юге России, полковник, в сане — протоиерей. Окончил кад. корпус, мл. класс Инженерного и старший класс военного уч-щ, ускоренный курс Императорской Николаевской Военной академии. Л.-гв. подпоручик 3-го Его Величества полка Гв. стрелковой бригады (1909?), служил мл. офицером, нач-м учебной команды, командиром роты, командующим батальоном.

Участник Первой мировой войны. Поручик (3 июня 1915), штабс-капитан (1916), капитан (1917), полковник (1918). Награждён за боевые отличия шестью орденами. Дважды ранен и контужен. Причислен ко II классу Александровского Комитета о раненых. После Октябрьского переворота 1917 — на Юге России. Представитель Добровольч. армии в Киеве. Занимал должности нач-ка штаба Приморского отряда Добровольческой армии в Новороссийске (1918–19), Астраханской кон. дивизии, командира Л.-гв. 3-го Стрелкового батальона. (?) После 1920 в эмиграции в США. Жил в Калифорнии. Состоял в Союзе рус. военных инвалидов и членом Об-ва рус. ветеранов Великой войны. В июне 1942 принял сан священника.

С о ч. Боевая летопись Л.-гв. 3-го стрелкового Его Величества полка. Париж, 1935.

И с т. АОРВВВ. Протоиерей Владимир Петрович Глиндский, до принятия сана священника — полковник. Материалы, май 1977.

Л и т. *Волков С.В.* Офицеры российской гвардии. С. 11; *Его же*. Энциклопедия Гр. войны. С. 295.

ГЛИНИН Валентин Георгиевич (27 сент. 1908 – июль 1983) — архитектор. С 1920 в эмиграции в Кор. СХС. Оконч. Крымский кад. корпус в Белой Церкви в составе VIII выпуска курса 8 кл. 1927–28 уч. года и архитектурное отделение технич. ф-та Белградского ун-та. Работал по специальности. По проектам Г. построены здание Ген. штаба Кор. армии Югославии и церковь в стиле сербской архитектуры времен турецкого владычества в с. Салтине. Во время Второй мировой войны оказался в Германии.

В США с 1949, действительный член Об-ва рус. инж. Работал в архитектурной фирме. Свободное время посвящал проектированию православных храмов. Одной из первых работ Г. стало проектирование фрагментов Свято-Владимирского храма-памятника в Джаксоне (шт. Нью-Джерси), к участию в создании которого он был привлечён архитектором *Р.Н. Верховским*. Г. сочетал архитектурное оформление храма с кружевной резьбой по дереву алтарной стенки, обрамления икон и аналоя. Подобного рода работы собственноручно выполнены им в Свято-Серафимовском храме (Си Клифф), в церкви Успения Пресвятой Богородицы на кладбище в Свято-Троицком монастыре (Джорданвилл) и в храме в Мансонвилле (Канада). По проектам Г. сооружены пристройки паперти и притвора к Свято-Троицкому храму (Джорданвилл), к церквям в Канберре (Австралия) и в Ютике (шт. Нью-Йорк). В ознаменование 1000-летия Крещения Руси создал для КРА проект памятника-звонницы, который не удалось воплотить в действительность. Архитектурная модель памятника-звонницы представляет собой музейный экспонат и хранится у вдовы Г. Участвовал в издании журнала «Кадетская Перекличка» (Нью-Йорк).

Родственники: во втором браке — вдова Мария Александровна (урожденная Лаврентьева); сын Александр (от первого брака) с семьёй.

Похоронен в Свято-Троицком монастыре (Джорданвилл, шт. Нью-Йорк).

И с т. Список кадет Крымского кадетского корпуса, окончивших ун-ты в Белграде, Загребе, Любляне, Брюсселе и Праге // Кад. корпуса за рубежом 1920–1945. Б..д., Монреаль.С. 165; Список кадет, окончивших Крымский кадетский корпус // Там же. С. 150.

Л и т. *Козякин Н.В.* Архитектор Глинин // РА. 1982–1985. С. 178–183.

ГЛИНКА Глеб Александрович (1903, Москва – авг. 1989, Монпелье, шт. Вермонт) — поэт, прозаик и лит. критик. Сын критика А.С. Глинки-Волжского. Оконч. Московский Высший лит.-худ. ин-т (1925). Публиковался с 1925. Примыкал к лит. группе «Перевал», о которой позднее опубликовал книгу воспоминаний «На перевале» (1954). Преподавал в Лит. ин-те и в Московском гос. ун-те. Работал старшим консультантом в издательстве «Советский писатель». Писал прозу, описывал собственные впечатления от экспедиций в Заполярье. В 1941 ушёл на фронт добровольцем и попал в плен. Освободившись, от возвращения в СССР отказался. После 1945 — в эмиграции во Франц., жил в Париже, откуда переехал в США и позднее принял амер. гражданство. Приобрёл известность как скульптор-любитель. В Нью-Йорке опубликовал поэтич. сборники. Известен как скульптор.

С о ч. Автобиография // *В. Крейд*. С. 617; Проза: Времена года. М., 1926; Эшелон опаздывает. М., 1932; Поэтич. сб.: В тени. Нью-Йорк, 1968; Было завтра. Нью-Йорк, 1977; На перевале. Нью-Йорк, 1984.

Л и т. Берега. 1992. С. 262; *Вильданова Р.И., Кудрявцев В.Б., Лаппо-Данилевский К.Ю.* Краткий биографич. словарь рус. зарубежья // *Струве Г.* С. 299; *Е.В. Витковский*. Антология... Кн. 3. С. 367; *Первушин Н.* Глеб Глинка // НЖ. 1989. № 177. С. 301–302.

ГЛОБАЧЕВ Николай Константинович (1904–1972) — общественно-полит. деятель. Сын ген.-майора К.И. Глобачева (1870–1941). Получил нач. образование в России. Революция перебросила семью с севера на Юг России, откуда в результате последней эвакуации из Одессы Глобачевы попали в Константинополь, где Г. завершил образование. В 1923 прибыл в США, но в конце 20-х уехал во Францию, где пел в Парижской опере. В 1931 в Париже вступил в РИС-О и стал его активным членом. С 1934 — член Верховного совета РИС-О.

В 1935 вернулся в Нью-Йорк для орг-ции отдела в Америке. В 1940–59 — Нач-к РИС-О. Активно участвовал во всех полит. и общественных делах на Восточ. побережье США. В нач. 50-х был одним из основателей Обще-Монархич. фронта и до конца жизни был членом его руководящего центра.

И с т. АА. *Фёдоров Г.А.* Биография Н.К. Глобачева. Машинопись, 2002; *Чухнов Н.Н.* С. 144, 204, 208, 229, 249.

ГЛОД Михаил Карлович (? – 9 мая 1972, Ричмонд (шт. Мэн)) — участник Белого движения на Юге России. Военный чиновник Рос. Императорского военно-морского флота. После Октябрьского переворота 1917 — на Юге России, участник Белой борьбы под Андреевским флагом на Чёрном море. После 1920 — в эмиграции в США. Участвовал в церковно-общественной жизни.

И с т. Глод Михаил Карлович // Незабытые могилы / Сост. В.Н. Чуваков. Т. II. С. 121.

Л и т. Незабытые могилы // Часовой (Брюссель). 1972. Сент. № 555. С. 15.

ГЛОТОВ Степан — мореплаватель. В 1759–69 вместе с П. Шишкиным на подступах к Аляске вторично открыл о-ва Умиак и Уналашка Лисьей группы Алеутской цепи. Исследовал открытые о-ва и составил их карты. На о-вах пробыл до 23 мая 1762, знакомился с жизнью туземцев и способствовал их обращению в христианство. Сын умиакского таена первым принял христианство, получив имя и фамилию своего восприемника Г. После оставления Г. о-ва Умиак, алеуты начали избивать рус. поселенцев и своих же алеутов-христиан. В 1763 совершил первую высадку на о-в Кадьяк. Миссионерская деятельность на о-вах возобновилась только через 20 лет при *Г.И. Шелихове.*

И с т. Краткая Географич. Энциклопедия, М., 1966. Т. 5. С. 398, 440.

Л и т. *Покровский И.М.* Рус. епархии в XVI–XIX веках. Казань, 1913. Т. 2. С. 808.

ГЛУХАРЕВ Михаил Евгеньевич (1892, Санкт-Петербург – ?) — участник Белого движения на Юге России, авиаконструктор, главный инженер заводов *И.И. Сикорского.* Окончил реальное уч-ще и Политехнич. ин-т Петра Великого в Санкт-Петербурге. Под впечатлением перелёта Блерио через Ла-Манш (1909) занялся конструкцией планеров. Во время Первой мировой войны ушёл добровольцем на фронт. По окончании военной Воздухоплавательной школы (1916) прикомандировывался к разным авиаотрядам в качестве лётчика-наблюдателя, затем пилота. После Октябрьского переворота 1917 — в Доброволь. армии. В нояб. 1920 эвакуировался из Крыма в составе Рус. армии. В эмиграции в Финляндии, спроектировал и построил несколько планеров с эффективным профилем крыла.

Переехал в США и вместе с братом поступил на работу к И.И. Сикорскому, в корпорации которого сконструировал аэроплан с новым профилем крыла. Машина Г. оказалась очень удачной, и Сикорский лично испытал её в полёте. Главный инженер «Sikorski Aircraft Division of United Aircraft Corporation». Сконструировал первый амер. самолёт, перелетевший через Тихий океан. По проектам Г. были построены самолёты «S-32», «S-33», «S-34», выпускавшиеся серийно и вошедшие в состав военного и гражданского воздушных флотов США. На безмоторном самолёте Г. «GRI» (1952) был поставлен мировой рекорд достижения высоты в 44,225 футов. После выхода в отставку (1960) — главный консультант заводов И.И. Сикорского, который назвал Г. в день празднования его юбилея «одним из 12 лучших авиаконструкторов в мире». Автор журнала «Journal of the American Helicopter Society». *Родственники*: брат *Сергей* (1904–58) — авиаконструктор, в эмиграции в США.

И с т. АОРИ. Материалы

Л и т. *Глухарев М.Е.* В интересах соблюдения истины // НРС. 1965. 25 янв.; М.Е. Глухарев // РА. 1995. С. 155.; Один из двенадцати // НРС. 1964. 19 дек.

ГЛУХАРЕВ Сергей Евгеньевич (1904 – 9 янв. 1958, Стратфорд) — авиаконструктор. В эмиграции после 1917 в Финляндии, оконч. Политехнич. ин-т (по др. дан. — политехникум). В 1924 переехал с братом в США, поступил на работу на авиационный завод *И.И. Сикорского* в шт. Коннектикут. Работал инженером, участвовал в проектировании и строительстве первого в мире одномоторного самолёта-амфибии. Один из авторов проекта первого четырёхмоторного летающего корабля, построенного в 1930 для воздушной линии «Пан Америкен Эйрлайнс», и двухмоторного гидроплана, использовавшегося морским ведомством. Главный инженер на заводах И.И. Сикорского (1934–43). *Родственники*: брат *Михаил* (1892–?) — авиаконструктор, в эмиграции в США; вдова, сестра, две дочери и сын.

И с т. Глухарев Сергей Евгеньевич // Незабытые могилы / Сост. В.Н. Чуваков. Т. II. С. 122.

Л и т. Сконч. С.Е. Глухарев // НРС. 1958. 10 янв. № 16267.

ГЛУХОВ Роман Андреевич (1890, стан. Ессентукская Пятигорского отдела Обл. Войска Терского – 16 мая 1952, Нью-Йорк) — участник Белого движения на Юге России, каз. общественный деятель. В службе с 1911 в 1-м Волгском полку 2-й сводной каз. дивизии Киевского ВО. В 1914 — вахмистр полковой учебной команды. Участник Первой мировой войны в рядах полка. Подхорунжий (на 1915). Полный Георгиевский кавалер (на 1916). В 1916 в составе полковой делегации представлялся в Санкт-Петербурге в Зимнем дворце императору Николаю II по случаю пожалования полку Шефства Августейшего Атамана всех Казачьих войск, наследника престола Цесаревича и Вел. Кн. Алексея Николаевича. Прапорщик (на 1917). Делегат Терского Войскового Круга 1917. Весной 1918 арестован большевиками, содержался в тюрьме в Пятигорске, откуда освобождён повстанцами полк. А.Г. Шкуро и ушёл с ними в горы. Атаман стан. Ессентукской (1918–20). Сотник (на

1920). В 1920 отступил с казаками через горы в Грузию. В эмиграции во Франции, зарабатывал на жизнь джигитовкой. В США с 1926, жил в Бруклине (Нью-Йорк), занимался общественной деятельностью в каз. среде. Состоял атаманом Терско-Кубанской каз. стан. в Нью-Йорке (1945–52). *Родственники:* трое сыновей — остались на Тереке (к 1930).

И с т. Глухов Роман Андреевич // Незабытые могилы / Сост. В.Н. Чуваков. Т. II. С. 122.

Л и т. *Елисеев Ф.И.* Памяти умершего 16 мая 1952 года в Нью-Йорке Атамана Терско-Кубанской каз. станицы Романа Андреевича Глухова // Общеказ. журнал (Нью-Джерси). 1952. Авг. № 15. С. 60–64; Каз. словарь-справочник / Изд. А.И. Скрылов, Г.В. Губарев. Кливленд, 1966. Т. I. С. 124–125. Репринт. М., 1992. Т. I. С. 136–137.

ГЛЫЖКА Василий Антипович (1891, стан. Екатериновская [возможно, стан. Екатеринославская Ейского отдела] Обл. Войска Кубанского – 23 нояб. 1975, Новая Кубань, р-н Патерсона, шт. Нью-Йорк) — участник Белого движения на Юге России, подхорунжий. Участник Первой мировой войны. После Октябрьского переворота 1917 — в белых войсках на Юге России, служил в кубанских частях. Эвакуировался из Крыма в нояб. 1920 в составе Рус. армии. В 1921 — на о. Лемнос. В эмиграции в Кор. СХС. В 1941–45 — в Рус. Корпусе, участвовал в боевых действиях на терр. Югославии против просов. партизан И.Б. Тито, служил во 2-й сотне 1-го каз. ген. Зборовского полка. После 1945 — в Австрии и в США, участвовал в жизни рус. воинских и каз. орг-ций. Состоял членом Патерсонского отдела СчРК.

Похоронен 26 нояб. 1975 на местном кладбище.

Л и т. Свежие могилы // НВ. 1976. 1 янв. № 355/2656. С. 15.

ГЛЮКМАН Григорий (1899 – 23 июля 1973) — художник. Род. в России. Оконч. Московскую школу живописи и ваяния, продолжил образование в Германии и Италии. В эмиграции во Франц. Первая выставка Г. состоялась в Париже в 1924. В своём творчестве сочетал традиции рус. реализма и франц. импрессионизма. Картины Г. приобретались многими франц. музеями, в частности Люксембургским музеем, Пети Пале и др. После начала Второй мировой войны переехал с женой в США, здесь супруги поселились в Беверли-Хиллс (шт. Калифорния). В США произведения Г. были приобретены Худ. ин-м в Чикаго, Галереей искусств в Сан-Диего, музеем Фрай в Сеатле и др. Картины Г. представлены в коллекции Брит. энциклопедии и приобретены многими амер. коллекционерами. В нояб. 1972 музей Пальм-Спрингс (шт. Калифорния) устроил ретроспективную выставку работ худ. В авг. 1973 в галерее Далзел Хэтфилд в Лос-Анджелесе состоялась мемориальная выставка, посвящённая его памяти. *Родственники*: жена Анна Юльевна.

Л и т. Скончался худ. Гр. Глюкман // НРС. 1973. 25 июля.

ГНЕВШИН Афанасий Никифорович (1 мая 1885, дер. Борисовка Дорогощанской волости Грайворонского уезда Курской губ. – 25 июля 1938, Лейквуд, шт. Нью-Джерси) — участник Белого движения на Юге России, корнет, общественный деятель. Из крестьян Курской губ. В 1906 призван на военную службу и зачислен в Л.-гв. Кавалергардский Гос. Императрицы Марии Фёдоровны полк 1-й гв. кав. дивизии с назначением в эскадрон Его Величества. В запасе с 1910 ст. унтер-офицером. С началом Первой мировой войны возвратился в полк. Вахмистр и Георгиевский кавалер за отличия. После Октябрьского переворота 1917 демобилизован. С янв. 1919 — в рядах ВСЮР. В авг. 1919 был ранен. Вахмистр в эскадроне Кавалергардов Сводного полка Гв. кирасирской дивизии, подпрапорщик (на нояб. 1919). В Рус. армии — в Конном корпусе ген.-лейт. И.Г. Барбовича (на авг. 1920), корнет за отличия. Эвакуировался из Крыма в составе Рус. армии в нояб. 1920. С 1923 в эмиграции в США, зарабатывал на жизнь физич. трудом. Основатель и председатель Всероссийского Крестьянского Союза в Нью-Йорке (1929–38), участники которого занимались антибольшевистской пропагандой и защитой прав православного меньшинства в Польше. Оказывал помощь и поддержку рус. печати.

Похоронен на кладбище Вудлон.

И с т. Гневшин Афанасий Никифорович // Незабытые могилы / Сост. В.Н. Чуваков. Т. II. С. 124–125.

Л и т. *Волков С.В.* Офицеры российской гвардии. С. 133; Некролог // Россия (Нью-Йорк). 1938. 26 июля. № 1182. 28 июля. № 1184.

ГОБАРЖЕВСКИЙ — см. **ГУБАРЖЕВСКИЙ**, о. Игорь.

ГОВАЛОВ А. — общественно-полит. деятель. Во время Второй мировой войны принял участие во Власовском движении. В 1944–45 — инспектор Главного управления пропаганды КОНР. После 1945 — в Австрии, откуда переехал в США. В США пытался основать рус. демократич. антикоммунистич. движение под названием ОРВИГ («Общероссийские высшеидейные гарды»). Издавал листовки, антикоммунистич. наклейки и брошюры с изложением программы будущего полит. и экономич. устройства России.

И с т. АА. Листовки А. Говалова; интервью с *Е.А. Александровым*, 1965.

ГОВОРУХИН Яков — См. **ЮВЕНАЛИЙ**, первомученик

ГОДУНСКИЙ Роман Гаспарович — инж.-химик. В 1934 оконч. ун-т в Загребе, в Югославии. В США жил в Нью-Йорке. Действительный член Об-ва рус. инж. в США (1950).

И с т. АОРИ. Архив.

ГОЕРЦ фон, Алексей Александрович (1884 – 6 апр. 1937, Нью-Йорк) — участник Белого движения, Ген. штаба подполковник. Окончил Константиновское арт. уч-ще. На янв. 1910 — поручик 30-й арт. бригады (Минск). Оконч. Императорскую Николаевскую военную академию (1911). Капитан (7 мая 1911). Участник Первой мировой войны. С 1 нояб. 1915 — и. д. ст. адъютанта отделения генерал-квартирмейстера штаба 2-й армии Зап. фронта. Подполковник (10 апр. 1916). После Октябрьского переворота 1917 — участник Белого движения. В эмиграции с 1920 (?). В США с 1923, жил и работал в Нью-Йорке, участвовал в деятельности рус. воинских орг-ций.

И с т. Гоерц Алексей Алексеевич (Александрович) // Незабытые могилы / Сост. В.Н. Чуваков. Т. II. С. 131. Общий список оф. чинам РИА–1910. С. 680. Список Ген. штаба — 1916. С. 126.

Л и т. Некролог // Часовой (Париж). 1937. 15 июня. № 192.

ГОЕРЦ фон, Владимир Никитич (1874 – 7 мая 1934, Нью-Йорк) — участник Белого движения, полковник. Сын героя Севастопольской обороны 1854–55. Оконч. Константиновское арт. уч-ще. На янв. 1910 — капитан 15-й арт. бригады (Одесса). Участник Первой мировой войны и Белого движения, командовал арт. бригадой. За отличия отмечен боевыми наградами. В эмиграции с 1920 (?). В США с 1924, жил и работал в Нью-Йорке, участвовал в деятельности рус. воинских орг-ций. *Родственники:* брат Николай (1872–?) — участник Белого движения на Сев.-Зап. России, полковник, в эмиграции в Германии.

И с т. Гоерц Владимир Никитич, фон // Незабытые могилы / Сост. В.Н. Чуваков. Т. II. С. 131;

Общий список оф. чинам РИА — 1910. С. 668.
Л и т. Некролог // Новая заря (Сан-Франциско). 1943. 15 мая. № 1365.

ГОЙНИНГЕН-ГЮНЕ фон, Николай Николаевич, бар. 1-й (12 окт. 1885 – 24 марта 1947, Нью-Йорк) — капитан II ранга. В службе с 1902. Оконч. Морской Корпус, мичман (1905). Служил в 1-м Балтийском флотском экипаже. В 1905–06 — в загранплавании на крейсере «Богатырь». Лейтенант (с 6 дек. 1908). *Ордена за отличия* (на 1915): св. Станислава III ст. (1908), св. Анны III ст. (25 марта 1912). Участник Первой мировой войны. Ст. лейтенант (на 1917). После 1917 — участник Белой борьбы под Андреевским флагом. Капитан II ранга (на 1920). В эмиграции в США. Состоял третьим председателем Совета директоров Об-ва быв. рус. морских офицеров в Америке.
И с т. Архив *Александрова Е.А.* Список председателей Совета директоров Об-ва быв. рус. морских офицеров в Америке, 1974; Список МЧ–1915. С. 245.
Л и т. Мартиролог рус. военно-мор. эм. С. 46.

ГОЛДОВСКИЙ [Goldovsky Boris] Борис (7 июня 1908, Москва – 15 февр. 2001, Бруклайн, шт. Массачусетс) — дирижёр, пианист, импрессарио. Мать — урожд. Лия Лубошуц — известная скрипачка. Поступил в Московскую консерваторию и вынужденно прервал занятия из-за революции 1917. Для продолжения образования отправлен в Берлин, в 1921 впервые выступил в Берлинской филармонии. Учился в Париже и в Академии Ф. Листа в Будапеште. По оконч. Академии переехал в США. Продолжил занятия в студии Кёртис (Филадельфия), где преподавала его мать. В Филадельфии стал помощником дирижёра Ф. Рейнера, занимался с оперными артистами. С 1938 — рук. оперной программы в Кливлендском ин-те музыки. Рук. оперной программы в консерватории Новой Англии в Бостоне (1942). В 1946 занял должность директора оперной программы в Беркширском муз. центре в Танглвуде — летнем месте пребывания Бостонского симфонич. оркестра, в котором тесно сотрудничал с *С.А. Кусевицким*. В Танглвуде получил полную свободу творчества, поставил ряд опер, включая «Пиковую даму» П.И. Чайковского. Основатель оперного театра Новой Англии, который выступал в Бостоне, гастролировал по США и впоследствии снискал известность как Оперный театр **Г.**, просуществовавший до 1984. В США **Г.** приобрёл известность как радиокомментатор субботних муз. передач из Метрополитен-оперы, которые он вёл с личным муз. сопровождением в теч. 50 лет. *Родственники*: вдова Маргарита; дочь Марина; сестра Ирина; трое внуков; четверо правнуков.
С о ч. Accents on Opera. 1953; Bringing Opera to Life. 1968; My Road to Opera. 1979.
Л и т. *Tommasini A.* Boris Goldovsky, 92, Musician And Opera Avid Evangelist // The New York Times. 2001. February 18.

ГОЛЕНИЩЕВ-КУТУЗОВ Сергей Александрович (4 июня 1885, крепость Таганрог одноимённого градоначальства – 12 нояб. 1950, Хьюстон (шт. Коннектикут)) — общественный деятель. Оконч. Пажеский корпус и вышел корнетом Л.-гв. в Кавалергардский Гос. Императрицы Марии Фёдоровны полк 1-й гв. кав. дивизии. В 1906–07 причислен к рус. посольству в Риме и состоял в должности до 1914. В отставке с 1908. С 1914 — предводитель дворянства Петроградского уезда одноимённой губ. После Октябрьского переворота 1917 — на Юге России. Жил в Кисловодске, затем в Крыму. Служил нач-м Ялтинского уезда (1918 – февр. 1920). В авг. 1920 эвакуировался в Константинополь, затем — в эмиграции во Франции. Жил в Париже, занимался коммерч. деятельностью. С сент. 1922 работал в Доме моды Г. Шанель. После 1945 — в США. Основатель Об-ва помощи одиноким русским, находящимся в госпиталях. По нек. дан., состоял в масонской ложе. *Родственники*: вдова Мария Александровна (урожд. гр. Чернышёва-Безобразова); дочери — София (1909 г.р., в браке Трубецкая) и Марина (1912–1969, в первом браке жена кн. Дмитрия Александровича, во втором — де Нефвилль).

Похоронен 16 нояб. 1950 на кладбище близ имения одной из дочерей.
И с т. Голенищев-Кутузов Сергей Александрович // Незабытые могилы / Сост. В.Н. Чуваков. Т. II. С. 134.
Л и т. *Волков С.В.* Офицеры российской гвардии. С. 134. *Оболенский М.А.* Некролог // НРС. 1950. 19 нояб. № 14086.

ГОЛЕНКОВ Валериан Григорьевич (1885, Верный Семиреченской обл. – 23 марта 1957, ферма РООВА в Нью-Джерси) — врач, общественный деятель. Изуч. мед. в Иене (Герм.) и получил диплом врача, сдав экзамен при Московском ун-те. Работал при Переселенческом управлении в Верном. Во время Первой мировой войны был мобилизован, служил военным врачом на Кавказском фронте. В 1917 работал в госпиталях Владивостока. С 1920 в эмиграции в США. Жил на ферме РООВА в шт. Нью-Джерси, где организовал детский лагерь.

Похоронен 27 марта 1957 на Свято-Владимирском кладбище в Кэссвилле (шт. Нью-Джерси).
И с т. Голенков Валериан Григорьевич // Незабытые могилы / Сост. В.Н. Чуваков. Т. II. С. 135.
Л и т. Некролог // Рус. вестник (Нью-Йорк). 1957. № 262.

ГОЛЕНКОВСКИЙ Николай Ильич (23 нояб. 1899 – ?) — инженер-строитель. После 1917 в эмиграции в Чехословакии. Окончил Пражский Политехнич. ин-т (1928). Работал инженером-проектировщиком и ведущим программу по шоссейно-дорожному строительству (1930–45). В США с 1950.
И с т. АОРИ. Анкета.

ГОЛИКОВ Иван Ларионович (1732, Курская губ. – 1805) — иркутский купец, сотрудник *Г. И. Шелихова*, один из создателей Рус.-Амер. компании. Вместе с Шелиховым участвовал в снаряжении и отправке рус. экспедиции в Америку. **Г.** в Америке не бывал, но хлопотал вместе с Шелиховым в столице о предоставлении компании монопольных прав на освоение новых земель и торговлю в Америке. Императрица Екатерина II не спешила с благоприятным ответом, но даровала им грамоту с выражением благодарности за Аляску, присоединённую к Рос. империи. **Г.** была дарована шпага и портрет императрицы с бриллиантами для ношения на груди. Похоронен в дер. Юрик в 18 км от Иркутска. По сведениям Томан (рус. жительницы Бостона), там же, вероятно, находится и его портрет. Прямой потомок **Г.** ныне покойная *М.С. Лавриновская* — дочь губернатора Воронежской губернии С.И. Голикова (1866–1929) — бежала от большевиков во время Гражданской войны и жила с семьёй дочери Е.Н. Квартировой в США, сохранив воспоминания о портрете **Г.**, изображённого после получения Высочайших монарших наград.
Л и т. *Петров П.Н.* История родов рус. дворянства. М., 1886 (2-е изд. 1991). С. 241–243; *Руссов*. Некрология. Минерва, 1806. Ч. I.

ГОЛИКОВ [Михайка **Сергеев** сын Голиков] Михаил Сергеевич — капитан, занимался землеисканием, «честь России умножая». Сооружал в Охотске суда для походов с «общниками» и исследования берегов Северной Америки.

ГОЛИЦЫН [Galitzin, Vladimir K.] Владимир Кириллович, кн. (род. 29 янв. 1942, Белград) — банкир. Род. в семье рус. эмигрантов кн. Кирилла Владимировича — потомка великого князя Литовского Гедимина — и его жены Марины Александровны (урожд. фон Энден). Во время Второй мировой войны семья Г. выехала на Запад и оказалась в Германии, откуда переехала в США. Получил среднее образование в закрытом уч. заведении в Хартфорде (шт. Коннектикут). Затем окончил Пэйс ун-т, Амер. школу для банкиров, Новую школу в Нью-Йорке по международному банковскому делу. В теч. 42 лет работал банкиром, вице-президентом товарного отделения «Bank of New York». Основная деятельность Г. заключается в финансировании международного товарного рынка, сотрудничестве в печати по банковскому делу; в развитии товарных рынков в России и в республиках быв. СССР. Один из 25 Голицыных, проживающих в Нью-Йорке и его окрестностях. На протяжении 25 лет состоит старостой Синодального храма РПЦЗ в Нью-Йорке, 30 лет — вице-президентом Рус. дворянского об-ва (Russian Nobility Association) в Нью-Йорке, 20 лет — казначеем Объединения кадет рос. кад. корпусов за рубежом (на апр. 2003). Часто читает лекции в России, на Украине, в Казахстане, Латвии и др., а также в Колумбийском ун-те в Нью-Йорке. *Родственники*: жена Татьяна Владимировна (1943 г.р., Берлин, урожд. Казимирова); сын Кирилл (в браке с Ниной Мальцевой); внуки — Кирилл, Владимир, Анна; сын Григорий (в браке с Елизаветой Чумаковой); внуки — близнецы Ксения и Пётр.

И с т. Архив *Александрова Е.А. Голицын К.В.* Анкета от 20 апр. 2003.

Л и т. *Dragadze P.* The White Russians // Town & Country. 1984. March P. 174–182, 250–253.

ГОЛИЦЫН Димитрий-Августин [**Gallitzin** Demetrius Augustine, в миру — кн. Дмитрий Дмитриевич Голицын] (22 дек. 1770, Гаага – 6 мая 1840) — первый рус. постоянный житель в Америке, римо-католич. священник, миссионер, основатель города Лоретто в Пенсильвании. Известен как «миссионер Аллеганских гор». Род. в семье чрезвычайного посла императрицы Екатерины II в Голландии кн. Дм. Голицына и его жены Амалии (урожд. фон Шметтау) — католичкой, принявшей православие при вступлении в брак. Воспитывался в православной вере и получил блестящее образование. После развода (1775) мать вернулась в католичество и в 1787 перевела в лоно Римо-Католич. Церкви без ведома и согласия отца в Лоретто (Ит.) сына с именем Августина и дочь Марианну. В окт. 1792 по настоянию отца под именем немца Августина Шмидта инкогнито прибыл в Балтимор, где поступил в католич. семинарию, по окончании которой рукоположен в священники, став первым католич. священником, получившим образование в Америке. Получив разрешение епископа и воспользовавшись денежной поддержкой матери, приобрёл в Пенсильвании около 20 тыс. акров земли с целью основания городка для католиков (1799), которому дал название Лоретто. На очень льготных условиях себе в убыток продавал земельные участки ирландским беженцам после их участия в неудачном восстании 1798 против брит. властей.

Скрывал княжеское происхождение, приняв фамилию Смит (англ. вариант фамилии Шмидт). Инкогнито Г. было раскрыто, на англ. яз. его фамилию стали писать «Gallitzin», что вошло в литературу. Проповеди произносил на англ. и нем. языках, участвовал в серьёзной богословской полемике с протестантами, что нашло отражено в его статьях. В знак признательности за благотворительную деятельность и помощь в заселении Пенсильвании, когда она граничила ещё с девственными землями Америки, именем Г. назван парк штата «Gallitzin State Park» (округ Кембрия, шт. Пенсильвания) и железнодорожная станция Gallitzin. Основанная Г. школа со временем стала колледжем. Дом и часовня, построенные Г. в Лоретто, существуют до сих пор, сохранилась его могила с надгробием и надписью на латыни.

Л и т. *Александров Е.А.* Парк имени князя Голицына в Пенсильвании // РА. 1995. № 20. С. 144; Деятельность Д.Д. Голицына и Е. Голицыной в США // Россия и Римо-Католич. церковь в США. С. 42–54; *Полчанинов Р.В.* Дмитрий Августин Голицын // НРС. 1983. 17 июля; Gallitzin Demetrius Augustine // Dictionary of American Biography. New York, 1932. Vol. IV. P. 113–115; *Hartzel T. V.* Gallitzin Demetrius Augustine // New Catholic Encyclopedia. New York, 1967. V. 6. P. 268–269. Second Edition. V. 6. P. 80.

ГОЛИЦЫН Кирилл Владимирович, кн. (20 июня 1917 – 15 июня 2000, Толстовская ферма, Спринг Валлей, шт. Нью-Йорк) — общественный деятель. Сотрудник *А.Л. Толстой* по опеке над рус. эмигрантами.

ГОЛИЦЫН Мстислав Львович, кн. (? – 10 мая 1970, Патерсон, шт. Нью-Джерси) — участник Белого движения на Юге России, есаул дивизиона Собственного Е. И. В. Конвоя. Из казаков стан. Тульской Майкопского отдела Обл. Войска Кубанского. Участник Первой мировой войны. Хорунжий (1917). Офицер конвоя нач-ка 1-й Кубанской кон. дивизии. После Октябрьского переворота 1917 — в белых войсках на Юге России (с 1919). Командир Л.-гв. 2-й Кубанской сотни Кубанского Гв. дивизиона. Эвакуировался из Крыма в составе Рус. армии. В 1921 — в Гв. дивизионе 2-й Кубанской стрелковой дивизии Кубанского корпуса (лагерь Калоераки) на о. Лемнос. Сотник (на 1921). В эмиграции в Кор. СХС в дивизионе Л.-гв. Кубанской и Терской сотен. 29 окт. 1941 в составе части прибыл из под Осека (Хорватия) в Белград на формирование Рус. Корпуса. Назначен мл. офицером в 7-ю гв. сотню 3-го батальона 1-го каз. полка. Участник боевых действий на территории Югославии против просов. партизан И. Б. Тито (1941–45) и сов. войск (1944). На 1 мая 1942 — командир 3-го взвода 12-й гв. сотни 3-й дружины 1-го сводного отряда Рус. Корпуса. Далее — командир взвода в гв. (1-й) сотне 1-го батальона. Обер-лейтенант Вермахта (на сент. 1944 с переим. по рус. службе в есаулы). 26 февр. 1945 ранен в бою у станции Буджановцы. После мая 1945 — в Австрии, откуда переехал в США. Участвовал в жизни каз. и рус. воинских орг-ций, председатель Нью-Йоркского отдела СчРК (?–1970). *Родственники*: вдова (урожд. Ершова) Екатерина Романовна (1902 – 17 нояб. 1991, Патерсон, шт. Нью-Джерси) — общественный деятель, председатель Дамского комитета Нью-Йоркского отдела СчРК, последние годы жизни состояла в Патерсонском отделе СчРК.

И с т. ЛАА. Справка *К.М. Александрова* на чина Рус. Корпуса есаула М.Л. Голицына; Голицын Мстислав Львович // Незабытые могилы / Сост. В.Н. Чуваков. Т. II. С. 137.

Л и т. Верные долгу. С. 40, 44, 45; *Волков С.В.* Офицеры российской гвардии. С. 136.

Некролог // НВ. 1991. Дек. № 425/2726. С. 28; Памяти ушедших // К. 1970. 15 мая. № 93. Л. 4; РК на Балканах. 1963. С. 281.

ГОЛИЦЫН Пётр Александрович, кн. (? – 21 марта [июня?] 1966, шт. Калифорния) — участник Белого движения. Учился в Императорском Александровском лицее (неоконч.). Участник Первой мировой и Гражданской войн. Вольноопределяющийся танкового дивизиона. Георгиевский кавалер. В эмиграции после 1920, жил в США.

И с т. Голицын Пётр Александрович // Незабытые могилы / Сост. В.Н. Чуваков. Т. II. С. 137–138.

Л и т. Незабытые могилы // Часовой (Брюссель). 1967. Февр. № 487. С. 23. № 488. С. 23.

ГОЛИЦЫНА [Galitzin Elizabeth] Елизавета Алексеевна, кнж. (22 февр. 1797 – 8 дек. 1843) — католич. монахиня, ген. секретарь Об-ва Святого Сердца Иисуса. Род. в России в семье кн. А. Д. Голицына. Воспитывалась в православной вере. В юном возрасте вслед за матерью (урожд. Протасовой) приняла католичество. Постриглась в Метце, окончательные обеты дала в Париже в 1832. Монахиней поступила в Об-во Святого Сердца Иисуса, в задачи которого входило развитие и поощрение высшего образования среди девушек-католиков. Была назначена ген. секретарём, инспектировала уч. заведения Об-ва в Европе и в Америке. В 1840 прибыла в Америку. Посетила шт. Миссури, Луизиану и Нью-Йорк, где содействовала открытию Манхаттэнвилль-колледжа и курсов рус. яз. при нём. По желанию папы Григория XVI основала центр Об-ва в Луизиане среди индейцев племени потаватоми. После посещения Европы и пребывания в Нью-Йорке в 1843 вернулась в Луизиану, заболела жёлтой лихорадкой и сконч.

Похоронена на кладбище св. Михаила на берегу р. Миссисипи.

Л и т. Деятельность Д.Д. Голицына и Е. Голицыной в США // Россия и Римо-Католическая церковь в США. С. 42–54; *Gallan L.* Galitzin Elizabeth // New Catholic Encyclopedia. Second Edition. V. 6. P. 64.

ГОЛЛЕРБАХ Людмила Алексеевна (25 ноября 1893, Вольск Симбирской губ. – 24 янв. 1980, Нью-Йорк) — преподаватель, филолог. Род. в семье офицера. Оконч. с золотой медалью гимназию. После 1917 работала счетоводом, затем окончила педагогич. ин-т, преподавала языки в Индустриальном ин-те в Ленинграде. В 1933 вышла замуж за инж. Льва Фёдоровича Г., который был репрессирован в 1935 и находился в заключении. В «кировском потоке» 1935 петербургской интеллигенции семья Г. была выслана из Ленинграда. В 1938 вернулась с сыном в Пушкин. С 1941 — в нем. оккупации. В 1942 отправлена с сыном на работу в Германию и покинула терр. СССР. После 1945 — в Зап. Германии, давала частные уроки рус. яз. Педагогич. деятельность продолжила в США, жила и работала в Нью-Йорке. *Родственники*: муж Лев Фёдорович (?–1943); сын *Сергей Львович* (1923 г.р.) — художник.

И с т. Голлербах Людмила Алексеевна // Незабытые могилы / Сост. В.Н. Чуваков. Т. II. С. 140–141.

Л и т. *Татаринова Е.* Некролог // РМ. 1980. № 3294. 7 февр. и 24 апр. № 3305.

ГОЛЛЕРБАХ [Hollerbach Serge] Сергей Львович (род. 1 нояб. 1923, Царское Село Петроградской губ.) — художник и график, литератор. Сын *Л.А. Голлербах*. В Пушкине оконч. 9 кл. средней школы. Накануне войны начал учиться в Худ. школе при Ленинградской Академии Худ. В нем. оккупации с 1941, в 1942 отправлен с матерью на работу в Германию и покинул терр. СССР. После 1945 — в Зап. Германии, учился в Мюнхенской Академии Худ. (1946–49).

В США с 1949, жил и работал в Нью-Йорке. Продолжил образование в Лиге студентов-художников «Art Student's League» и в «American Art School». Работал графиком, иллюстратором. Гражданин США (1955). Работал в жанре неоэкспрессионизма, абстрактная живопись Г. не привлекла. Писал жанровые сцены, с успехом выставлял произведения в главных картинных галереях. Индивидуальные выставки Г. устраивались в 10 галереях в России, Франции и США. Действительный член Амер. академии рисунка, проф. живописи, вице-президент Амер. об-ва акварелистов. Произведения Г. экспонируются в 9 музеях: Коннектикуте, Миннесоте, Нью-Джерси, Джорджии и Вирджинии. Несколько рис. Г. хранятся в коллекции Рус. музея в Санкт-Петербурге. Автор книг. Статьи и очерки Г., посвящённые творчеству современных рус. худ., публиковались в «Новом русском слове» (Нью-Йорк) и «Русской мысли» (Париж, с 1960), в «Новом журнале» (Нью-Йорк, с 1976 г.), «Slavic and East European Journal». В 1984–91 — сотрудник лит. ежемесяч. журнала «Стрелец» (Монтгерон — Джерси-Сити). В нач. 1990 картины Г. выставлялись в Париже в Музее современного рус. искусства и в галерее Мари-Терез Кошен. За 30 лет творч. деятельности удостоен более 50 наград, в т. ч. — золотой медали Амер. Об-ва акварелистов (1983), серебряной медали (1979) и золотой медали (1976) «Allied Artists of America». Разведён. *Родственники*: сын Лев.

С о ч. Заметки художника. Лондон, 1983; Жаркие тени города. Париж, 1990; Пляж. Париж, 1992; Мой дом. Париж, 1994; Улица/The Sreet. 1997; Sketches in pen & ink and watercolor. Wayne, PA, 1987; Composing in acrylics. N. Y., 1988.

И с т. AA. Hollerbach Serge. Curriculum vitae (typescript), 1995. 3 pp.; *Голлербах С.Л.* Автобиография, 1997. 7 стр. (машинопись); Опросная анкета, 1999. Рукопись; Archives of the Assn. of Russian American Scholars. Hollerbach Serge. Curriculum vitae, 1983.

Л и т. *Глезер А.* Персональная выставка Сергея Голлербаха в Париже // НРС. 1990. 8 февр.; *Зорин Ю.* Сергею Голлербаху — 70 лет // Там же. 1993. 30–31 окт.; *Левкова-Ламм И.* Н-ское сословие Нью-Йорка, альбом Сергея Голлербаха // Там же. 1993. 17–18 июля.

ГОЛОВАЧЁВ Мстислав Петрович (1893, Енисейск Енисейской губ. – 5 дек. 1957, ?) — проф. международного права, журналист. Оконч. юридич. ф-т Московского ун-та, служил помощником присяжного поверенного в Омской судебной палате. В 1917 защитил дисс. при Новороссийском ун-те и удостоен звания приват-доцента, с 1917 — проф. международного права Томского ун-та. После Октябрьского переворота 1917 — участник подпольной антибольшевистской орг-ции. После свержения сов. власти в Зав. Сибири — управляющий МИД Временного Сибирского правительства (июнь – сент. 1918). С осени 1918 — проф. теории гос. права в Омском агрономич. ин-те. В 1919 эвакуировался из Омска во Владивосток, где занял должность проф. международного права Дальневосточного ун-та. Министр ин. дел Приамурского правительства (1922?). С осени 1922 — в эмиграции в Харбине (Китай). Читал лекции по международному праву, участвовал в конспиративной антибольшевистской деятельности. В 1936 с группой рус. эмигрантов выслан японскими оккупационными властями из Харбина в Шанхай. Занимался адвокатурой, издавал газету и состоял вице-председателем Центрального Благотворительного комитета, опекавшего рус. беженцев. После 1945 эвакуировался на о. Тубабао (Филиппины). С 1950 в США. Сотрудник газ. «Россия» (Нью-Йорк). *Родственники*: вдова Ольга Сергеевна.

С о ч. Воспоминания // РЖ. 1952. 4 марта.

Л и т. *Балакшин П.П.* Т. I. С. 248–249; *Загорский А.* Профессор Мстислав Петрович Головачев // Часовой (Брюссель). 1957. Янв. № 372. С. 19; *Плешко Н.Д.* Генеалогич. хроника // Новик (Нью-Йорк). 1957. Отд. III. С. 4.

ГОЛОВИЗНИН [Головизнин 2-й] Владимир Семёнович (13 марта 1880 – 2 нояб.

1939, Нью-Йорк) — участник Белого движения на Юге (?) России, капитан I ранга. В службе с 1897. Оконч. Морской корпус (1900), мичман (1900). В 1901 и 1903 — в загранплаваниях на тральщике «Якут». Участник рус.-яп. войны 1904–05. Ст. лейтенант (6 дек. 1904). С 29 сент. 1909 — в Сибирском флотском экипаже. По оконч. курсов в минных классах — минный офицер 2-го (1909) и 1-го (1912) разрядов. С 28 янв. 1911 — ст. офицер тральщика «Уссури». На службе в Черноморском флотском экипаже. И. д. ст. офицера и ст. офицер линкора «Георгий Победоносец» (1912–14). Капитан II ранга за отличия (14 апр. 1913). С 16 июня 1914 — командир эсминца «Лейтенант Пущин». Участник Первой мировой войны. После Октябрьского переворота 1917 — участник Белой борьбы под Андреевским флагом. Капитан I ранга (на 1920). В эмиграции в США, где состоял членом Об-ва бывших рус. мор. офицеров. *Награды*: бронзовая медаль военных событий в Китае 1900–01 (1901); ордена — св. Анны IV ст. «За храбрость» (11 окт. 1904); св. Станислава III ст. с мечами и бантом (14 нояб. 1905); св. Анны III ст. (6 дек. 1912); св. Станислава II ст. с мечами (22 нояб. 1914); св. Георгия IV ст. (?). *Родственники* (на 1915): жена, дочь.

Похоронен на кладбище Маунт-Оливет на Лонг-Айленде под Нью-Йорком.

И с т. ЛАА. Справка *К.М. Александрова* на капитана I ранга Головзина 2-го В.С.; Список МЧ — 1911. С. 260. Список МЧ — 1915. С. 168.

Л и т. Мартиролог рус. военно-мор. эм. С. 47. Мор. записки (Нью-Йорк). 1943. Дек. С. 66–67. Здесь же: подробности прохождения службы и награды.

ГОЛОВИН Александр Сергеевич (28 февр. 1904, Одесса Херсонской губ. – 17 сент. 1968, Нью-Йорк) — скульптор, художник. После 1917 — в эмиграции в Кор. СХС и Чехословакии, оконч. рус. гимназию в Моравской Тршебове. Учился в Праге в Высшей архитектурной школе и в Худ. академии. Творчество **Г.** отличалось символизмом и стилизацией. С 1935 — в Париже, затем в США. Жил и работал в Нью-Йорке.

И с т. Головин Александр Сергеевич // Незабытые могилы / Сост. В.Н. Чуваков. Т. II. С. 143.

Л и т. *Лейкинд О.Л., Махров К.В., Северюхин Д.Я.* Худ. Рус. зарубежья. С. 229–230.

ГОЛОВИН Николай (1915, Одесса Херсонской губ. – ?) — инженер. Переехал с родителями в США в 1923. Учился в Колумбийском ун-те и в ун-те Дж. Вашингтона. Оконч. курсы по атомным реакторам при Комитете атомной энергии в Оук-Ридже. Директор науч. и технич. отдела в научном центре Уайт-Сэндс (шт. Нью-Мексико). Был заместителем директора Нац. бюро стандартов в Вашингтоне.

Л и т. *Петров В.* Русские в Америке. Вашингтон, 1992. С. 64.

ГОЛОВИН Сергей Николаевич (1889–?) — участник Белого движения на Юге России, лётчик. Из потомственных дворян. Оконч. Николаевское инж. уч-ще и Севастопольскую авиашколу в составе III выпуска (1912). В 1912–13 — подпоручик Гродненского крепостного авиаотряда. Участник Первой мировой войны. На 1914 — в XIX корпусном авиаотряде, затем (1914–18) — в эскадре Воздушных Кораблей. На сент. 1916 — командир VI воздушного корабля «Илья Муромец». После Октябрьского переворота 1917 — в белых войсках на Юге России. Помощник командира авиапарка (1919–20). В эмиграции в США, состоял членом Об-ва рус. военных лётчиков.

И с т. Архив НЧ. *Шебалин П.Л.* № 406. Л. 55.

ГОЛОВИНСКИЙ Пётр Александрович (29 дек. 1896, Москва – 14 окт. 1925, Сан-Франциско) — участник Белого движения на Востоке России, мор. лётчик, поручик по Адмиралтейству. Оконч. среднее технич. уч-ще в Касимове Рязанской губ. (1914), учился в Морском инж. уч-ще (неоконч.). Участник Первой мировой войны. Гардемарин на крейсере «Громобой» (1914). В 1915 откомандирован в Бакинскую школу мор. авиации, которую оконч. в авг. 1916. С авг. 1916 по апр. 1918 — в XI морском воздушном отряде Чёрного моря на Кавказ. и Рум. фронтах. За боевые отличия награждён Георгиевскими крестами IV, III и II ст. При одном из полётов на Рум. фронте совершил вынужденную посадку на воду в устье Дуная и на протяжении трёх суток умирал от голода, питаясь собственным кожаным ремнём, пока не был подобран рус. миноносцем. В 1919–22 — участник Белой борьбы под Андреевским флагом на Востоке России, поручик (на 1922). Эвакуировался в 1922 в составе чинов Сибирской флотилии контр-адм. Г.К. Старка через Шанхай в Олонгапо (Филиппины), откуда переехал в США. Жил в Сан-Франциско, работал уборщиком, мойщиком стёкол и т. п. Сорвался во время работы с карниза и разбился насмерть.

И с т. Архив НЧ. *Шебалин П.Л.* № 408. Л. 55.

ГОЛОВКОВ Владимир Константинович (? – 22 июня 1968, Лейквуд, шт. Нью-Джерси) — общественный деятель, есаул Всевеликого Войска Донского. В эмиграции в США — нач-к канцелярии Донского Атамана и ред. «Донского вестника».

И с т. Головков Владимир Константинович // Незабытые могилы / Сост. В.Н. Чуваков. Т. II. С. 146.

Л и т. Некролог // Часовой (Брюссель). 1968. Авг. № 506.

ГОЛОВКОВ Фёдор Андреевич (ок. 1893 – 4 марта 1939, Нью-Йорк) — участник Белого движения, полковник. Оконч. фельдфебелем Тифлисский кад. корпус (1910). Участник Первой мировой и Гражданской войн. В эмиграции в США, жил в Нью-Йорке с 1923. Был директором и владельцем технич. ин-та и автомобильной школы. *Родственники*: вдова Олиф.

И с т. Головков Фёдор Андреевич // Незабытые могилы / Сост. В.Н. Чуваков. Т. II. С. 146.

Л и т. Некролог // Россия (Нью-Йорк). 1939. 7 марта.

ГОЛОВНИН Василий Михайлович (1776, имение Гулынское Пронского уезда Рязанской губ. – 1831, Санкт-Петербург) — мореплаватель, член-корр. Рос. Императорской Академии наук, вице-адмирал. В 1788 определён в Морской корпус. В 14 лет кадетом участвовал в морских боях во время рус.-шведской войны 1788–90. Мичман (1793). Четыре года стажировался в брит. флоте. Первое кругосветное плавание совершил капитан-лейтенантом на шлюпе «Диана» (1807–13), изучив берега и о-ва сев. части Тихого океана. Путь **Г.** лежал через порты враждебной Англии и вокруг Южной Африки с вынужденной задержкой англичанами в Кейптауне.

В 1810 составил описание Беринговых и Алеутских о-вов, сев.-зап. берега Америки с посещением о-ва Кадьяка, где были фактории Рус.-Амер. компании. Здесь **Г.** встретился с первым правителем Рус. Америки *А.А. Барановым* и посетил порт Ново-Архангельск (ныне Ситка на о-ве Баранова). Изучая Курильские о-ва, пленён японцами на о-ве Кунасири (Кунашир). В плену (1811–13) в своих «Записках» описал японское гос-во, быт и обычаи японцев. В 1817–19 — во втором кругосветном путешествии на шлюпе «Камчатка». Совершил плавание от Ново-Архангельска к крепости Росс в Калифорнии (Нового Альбиона), в миссию Сан-Франциско и в порт Монтерей, откуда взял курс на Сандвичевы о-ва (ныне Гавайи). Описал местные географию, природу, этнографию и экономику. В должности генерал-интенданта построил на рус. верфях свыше 200 кораблей, включая первые 10 пароходов. Сконч. во время эпидемии холеры, оставив вдову и пятерых детей; старший — Александр (1821 г.р.).

С о ч. *Головнин Вас.* Сочинения. М., 1949.

ГОЛОВЧЕНКО Георгий Петрович (род. 15 февр. 1926, Брест-Литовск, Польша) — инженер-строитель. Оконч. Технич. школу с дипломом гражданского инженера (1943). Учился в Рус. реформированной реальной гимназии в Праге. После оконч. войны — на Западе. В 1945–47 слушал лекции в Мюнхенском ун-те, затем продолжал образование в Промышленной школе в Бельгии (1951–52). В США с 1954, гражданин США (1960). В 1961 оконч. Городской колледж Нью-Йорка (City College of N.Y.) с дипломом бакалавра наук и специальностью гражданского инж. Продолжал занятия в аспирантуре до 1976 и участвовал в семинарах для повышения квалификации. Лицензированный инж. в шт. Нью-Йорк. Имеет 44-летний стаж работы инж.-проектировщиком, строителем и ст. инж. (с 1958).

Работает в Нью-Йорке в компании Кон-Эдисон. Проектировал и строил здания для завода холодной прокатки стали, оборудования высокого давления, железобетонных фундаментов, надстроек, трубопроводов и др. Автор трёх печатных работ. Действительный член и многолетний председатель Об-ва рус. инж. в Нью-Йорке. Принимает активное участие в деятельности комитетов по планированию развития р-в Бронкса и Нью-Йорка. Состоит в 7 амер. профессиональных орг-циях, где в разное время состоял председателем, вице-председателем и членом правления. За профессиональную и общественную деятельность удостоен трёх наград, включая чествование 21 февр. 2000 Бронкским отделом Союза профессиональных инж. шт. Нью-Йорк. *Родственники:* жена — Зинаида Фёдоровна (урожд. Костина); дочь *Ксения* — морской геолог.

И с т. АОРИ. Анкета; *Golovchenko George P.* Resume. Typescript, 2003. 4 p.

ГОЛОВЧЕНКО Ксения Георгиевна (род. 1929, Льеж, Бельгия) — морской геолог и геофизик. Дочь *Г.П. Головченко.* Училась в Городском колледже Нью-Йорка (City College of New York), получила степень магистра наук при ун-те шт. Делавэр. Специализировалась по геологии в Колумбийском ун-те, где в 1990 прослушала курс по деловой администрации.

В 1976–77 преподавала стратиграфию на геологич. ф-те ун-та Сантьяго в Чили. Науч. сотрудник в отделе магнитных исследований геологич. лаборатории Ламонт-Дохерти Колумбийского ун-та (1978–81), участвовала в составлении магнитной карты мира. В 1981–86 изуч. в нефтяной компании Marathon стратиграфию и нефтяную геологию прибрежных и морских бассейнов. С 1986 вновь работала в лаборатории Ламонт-Дохерти, заведовала каротажем морских буровых скважин. Автор и соавтор (с 1973) 15 печатных работ по специальности, включая тектонич. карту континентальных плит Тихоокеанского бассейна, возрастные карты морского дна океана, книги о геологии коренных пород мира, статьи о кайнозойском осадконакоплении в бассейне Блэк-Багама, влиянии изменения уровня моря на окраины пассивного континентального шельфа в Атлантическом океане, в Антарктиде и на морфологию горных хребтов.

С о ч. The Bedrock Geology of the World. N. Y., 1984.

И с т. АА. *Golovchenko Xenia.* Career History and list of publications. Typescript, 4 p.

ГОЛОН Сергей — См. **ГОЛУБИЦЫН** Сергей.

ГОЛОХВАСТОВ Владимир Владимирович (1881, Ревель (?) – 12 мая 1923, Нью-Йорк) — участник Белого движения на Востоке России, полковник. Из потомственных дворян. В службе с 1899. По оконч. уч. заведения выпущен Л.-гв. подпоручиком в Егерский полк 1-й гв. пехотной дивизии. Л.-гв штабс-капитан (на янв. 1910), Л.-гв. полковник (на 1917). Участник Первой мировой войны в рядах полка. После Октябрьского переворота 1917 — в белых войсках на Востоке России. Служил по ведомству ин. дел (на 1920). После 1922 — в эмиграции в США, где жил в Нью-Йорке. *Родственники*: брат *Георгий* (1882–1963).

Похоронен на кладбище Маунт-Оливеет на Лонг-Айленде под Нью-Йорком.

И с т. Голохвастов Владимир Владимирович // Незабытые могилы / Сост. В.Н. Чуваков. Т. II. С. 146; Общий список оф. чинам РИА — 1910. С. 133.

Л и т. *Волков С.В.* Офицеры российской гвардии. С. 138; Некролог // НРС. 1931. 9 мая. № 6677.

ГОЛОХВАСТОВ Георгий Владимирович (1882, Ревель – 15 июня 1963, Нью-Йорк) — полковник Рус. Императорской армии, поэт. Из потомственных дворян. Окончил Пажеский корпус (1903) и выпущен Л.-гв. подпоручиком в Егерский полк 1-й гв. пехотной дивизии. Л.-гв поручик (на янв. 1910), Л.-гв. капитан (на 1914?). Участник Первой мировой войны в рядах полка. Полковник (на 1917). В 1917 (?) — в командировке в США, остался в эмиграции. [По др. дан. после Октябрьского переворота 1917 — на Юге России, жил в Феодосии (июль 1918)]. Жил на Восточ. побережье США. Состоял прикомандированным к Объединению 1-го кад. корпуса. В 1925 опубликовал 60 стихотворений в коллективном сб. «Из Америки», впоследствии периодически публиковался в сб. и разных изданиях. Участвовал в сб. «Четырнадцать». Член Лит. об-ва им. А.С. Пушкина в Нью-Йорке. Был одним из основателей Рус. историко-родословного об-ва в Америке. *Родственники*: брат *Владимир* (1881–1923).

С о ч. Полусонеты. Нью-Йорк, 1931; Гибель Атлантиды. Поэма. Нью-Йорк, 1938; Жизнь и мы. Сб. стихов. Нью-Йорк, 1944. Четыре стихотворения. Нью-Йорк, 1944.

И с т. Голохвастов Георгий Владимирович // Незабытые могилы / Сост. В.Н. Чуваков. Т. II. С. 146; Общий список оф. чинам РИА — 1910. С. 133.

Л и т. *Волков С.В.* Офицеры российской гвардии. С. 138; *Крейд В.* С. 618; Некролог // Часовой (Брюссель). 1963. Дек. № 450. С. 23; Памяти Г.В. Голохвастова // Новик (Нью-Йорк). Отд. III. С. 1–2.

ГОЛУБИНЦЕВ Александр Васильевич (28 февр. 1882, стан. Новочеркасская Обл. Войска Донского – 19 апр. 1963, Нью-Йорк [по др. дан. 17 апр. 1963, Кливленд, шт. Огайо]) — участник Белого движения на Юге России, генерал-майор. Из казаков Войска Донского. Оконч. Новочеркасскую гимназию и Новочеркасское военное уч-ще (1901), хорунжий (1902). Служил в донских каз. частях. Участник Первой мировой войны на Сев.-Зап. и Зап. фронтах. На 1917 — войсковой старшина, командир 3-го Донского каз. Ермака Тимофеевича полка 3-й кав. дивизии. После Октябрьского переворота 1917 — на Дону. Рук. подпольной орг-ции в стан. Усть-Хопёрской. Участник общедонского каз. восстания 1918 и рук. повстанцев Хопёрского и Верхне-Донского округов. Командующий Освободительными войсками вольных хуторов и стан. Усть-Медведицкого округа (на май 1918), командир 4-го кон. отряда (с 4 июля), командир отряда войск Усть-Медведицкого р-на Донской армии (авг.), затем — в распоряжении ген.-майора К.К. Мамонтова. Полковник (нояб. 1918). Отличился в боях под Царицыном и в Донецком каменноугольном р-не. С 6 марта 1919 — нач-к 5-й кон. дивизии. В июне – авг. 1919 — нач-к повстанч. Усть-Медведицкой кон. дивизии, затем — командир 14-й Донской отдельной кон. бригады I Донского отдельного корпуса. Участник Мамонтовского рейда (авг. – сент. 1919). Был ранен в голову в сабельном бою. Генерал-майор (30 нояб. 1919). Зимой 1919–20 командовал кон. группой. В Рус. армии — в Донском офиц. резерве. Эвакуировался в составе армии в нояб. 1920 в Константинополь. В эмиграции в Болгарии (1920–44), затем в Германии. В 1943–44 поддерживал формирование каз. частей в Вермахте. Зимой 1944–45 — на учёте в каз. резервном полке в Киршберге (Австрия), затем — на службе в ВС КОНР. В марте 1945 в Хойберге (Вюртемберг) совместно с генерал-майором *В.Г. Науменко* и др. каз. генералами участвовал в разработке «Положения о Совете Казачьих Войск» (СКВ) при ВС КОНР. С 23 марта 1945 — вр. и. д. Заместителя Атаманов 8 каз. войск Азиатской части России, член СКВ при ВС КОНР. После оконч. войны — в Зап. Германии. Жил в лагере «перемещённых лиц» Шляйхсгейм под Мюнхеном. Член редколлегии журнала Общеказ. стан. Шляйхсгейма «На пикете» (1947–48). В 1947 участвовал в деятельности ВМС, зам. председателя Окружного Совета Монархич. Объединений в Германии (с дек. 1948). Один из инициаторов создания САФ 18 апр. 1948. В апр. – июле 1948 — член АЦОДНР. Член Главного управления САФ (1948–51). 7 окт. 1948 в составе Комиссии представительства рус. эмигрантов принял от амер. оккупационных властей остатки Петроградской ссудной кассы, вывезенной из России в 1920, поступившие на попечение П.В. Глазенапа. С 4 янв. 1949 — нач-к отдела САФ «по делам национального воспитания молодёжи Русского Зарубежья». С 21 мая 1949 — член ВМС. После смерти председателя САФ генерал-майора П.В. Глазенапа 27 мая 1951 — вр. и. д. председателя орг-ции. С 9 июня 1951 — председатель САФ. В 1952 (?) переехал в США, пытался активизировать деятельность САФ, которая постепенно прекратилась в 1958–59. Делегат Общемонархич. съезда в Нью-Йорке 22–24 марта 1958, на котором избран членом Испол. бюро созданного Общерос. монархич. фронта (ОМФ). Автор соч. по истории Гражданской войны на Юге России. *Родственники*: жена Жанна Альбертовна (урожд. Винсент); сын *Александр* (1923 г.р.) — врач-психиатр.

С о ч. Донская степь. На смерть ген. А. Каклюгина // Общеказ. журнал (Нью-Джерси). 1952. Окт. № 17. С. 66–67; Русская Вандея. Очерки Гражданской войны на Дону 1917–1920 гг. Мюнхен, 1959; М., 1995.

И с т. АГИВРМ. Колл. *А.П. Архангельского*. Коробка 2. Список генералам, находящимся в Болгарии. Л. 4; Коробка 5. Папка «САФ». Список членов АЦОДНР // Орг-ции власовцев после 1948. Л. 6; Распоряжение по САФ от 2 нояб. 1948; Постановление Главного управления САФ от 4 янв. 1949; Информация Окружного Совета Рос. монархич. движения в Германии (Мюнхен, 31 янв. 1950); Письмо *А.Н. Черепова* – *А.П. Архангельскому* от 1 июня 1951; ЛАА. Справка *К.М. Александрова* на председателя САФ ген.-майора А.В. Голубинцева; Голубинцев Александр Васильевич // Незабытые могилы / Сост. В.Н. Чуваков. Т. II. С. 151; Науменко В.Г. Великое предательство. СПб., 2003. С. 340–344; *Чухнов Н.Н.* С. 139, 144, 185, 249.

Л и т. *Волков С.В.* Энциклопедия Гр. войны. С. 136. *Ленивов А.К.* Под казачьим знаменем в 1943–1945 гг. Мюнхен, 1970. С. 165, 171.

ГОЛУБИНЦЕВ [Глен] Анатолий Александрович (род. 14 апр. 1923, София) — врач-психиатр, общественный деятель. Сын генерал-майора *А.В. Голубинцева*, мать — Жанна Альбертовна (урожд. Винсент), обрусевшая француженка. В составе XIX выпуска с отличием оконч. рус. гимназию в Софии (1940). В 1940–44 учился на мед. ф-те Софийского ун-та, затем с семьёй в Германии. Окончил мед. ф-т Мюнхенского ун-та (1950). По специальности — врач-психиатр. Приехал в США 28 дек. 1950, гражданин США (1957). В 1950–57 занимался частной практикой. С 1957 — на гос. службе в госпиталях для ветеранов в Кливленде, Врексвилле и Санкт-Петербурге. Занимал должности главного врача, нач-ка психиатрич. отделения и амбулатории. Получил лицензию на практику в шт. Сев. Дакота (1957) и Огайо (1960). В госпитале Кэйз Вестерн Резерв (Кливленд, шт. Огайо) получил диплом, удостоверяющий сдачу квалификационных экзаменов Амер. комиссии по неврологии и психиатрии (1970). За 25 лет службы федеральному правительству награждён грамотой и значком (1982). Автор публикаций в мед. журналах с описанием интересных клинических случаев. На пенсии с 1986. Член Амер. мед. ассоциации и Нац. ассоциации быв. федеральных служащих. В 1960–78 вице-председатель Культурно-просветительного Рус. об-ва в Кливленде, вёл еженедельную рус. радиопередачу. Член КРА с нач. 80-х гг. С 1987 — председатель Рус.-Амер. клуба в Санкт-Петербурге (шт. Флорида). Ред. ежемесячного Информационного бюллетеня. *Родственники*: дочери от первого брака (1954, 1955 и 1958 г.р.); жена во втором браке — Наталия-Августа (урожд. Ленц).

И с т. АА. *Голубинцев (Глен) А.А.* Анкета от 28 мая 2003, машинопись.

ГОЛУБИЦКИЙ Сергей Александрович (1895, Москва – 15 окт. 1970, Лос-Анджелес) — ротмистр. Окончил Александровский кад. корпус, Николаевское кав. уч-ще (1915) и вышел прапорщиком во 2-й Лейб-гус. Павлоградский императора Александра III полк 2-й кав. дивизии. Участник Первой мировой войны в рядах полка. После 1917 — в эмиграции во Франции и США, где жил в Лос-Анджелесе. Зарабатывал на жизнь тяжёлым физич. трудом. *Родственники*: вдова Нина Константиновна; сын Константин.

Л и т. Незабытые могилы // Часовой (Брюссель). 1971. Май. № 539.

ГОЛУБИЦЫН Сергей [Серж **Голон**] (1903, Туркестан – 17 июля 1972, Квебек, Канада) — инженер, писатель. После 1917 — в эмиграции. Работал во Франц.

Конго, рук. производством на цементном и кожевенном заводах. В 1947 женился на француженке, репортёре Анне Голон. Принял фам. жены, в соавт. с которой написал 9 романов о приключениях храброй и прекрасной Анжелики, переведённые на 25 языков и экранизированные.

Л и т. Смерть русского — автора мировых бестселлеров // НРС. 1972. 10 мая.

ГОЛУБКОВ Игорь Викторович (31 мая 1903, Самара – 19 мая 1969, Сан-Франциско (?)) — участник Белого движения на Востоке России. Учился в гимназии (не оконч.). В окт. 1918 в возрасте 15 лет поступил вольноопределяющимся в прифронтовый комитет Рос. Красного Креста, где служил до отступления в Читу. Из Читы эвакуирован в Приморье, оконч. реальное уч-ще в Никольск-Уссурийске (1920). С апр. 1920 — военный чиновник в штабе II корпуса Дальневосточ. армии. С июня 1922 служил в отдельной Сибирской каз. кон. батарее Сводного отряда Сибирской каз. группы (Приамурская Земская Рать). В составе чинов батареи в нояб. 1922 перешёл границу Китая. В эмиграции в Китае. В Шанхае поступил в муниципалитет Международного Сеттльмента, до 1947 служил в полицейском департаменте.

В США с 1947, жил в Сан-Франциско. Состоял членом Об-ва рус. ветеранов Великой войны.

И с т. АОРВВВ. Вольноопределяющийся Игорь Викторович Голубков. Альбом III. 1969. Май.

ГОЛУБОВ Александр (род. 1949, Зап. Германия) — протоиерей ПЦА, литературовед. Род. в семье беженцев рус. эмигрантов, переехавших в США в 1949 и поселившихся в центральной части шт. Нью-Джерси. Окончил среднюю школу в Лейквуде и ун-т Темпл (Филадельфия) со ст. бакалавра по англ. лит. Продолжил образование в аспирантуре Рочестерского ун-та (шт. Нью-Йорк), специализировался по рус. лит. и истории развития дух. мысли. В 1973 получил науч. работу при Иллинойском ун-те (Урбан) для подготовки к защите докторской дисс., посвящённой православной духовности и религиозному символизму в рус. лит. С 1974 преподавал рус. яз., лит. и культуру в Уетон-колледже в Нортоне (шт. Массачусетс). Дух. образование получил в Ленинградской дух. академии. В 1980 рукоположен во диаконы и во иереи. Служил настоятелем церкви св. Георгия в Квинсе (Нью-Йорк), работал в Нью-Йоркской Публич. библиотеке.

С 1983 — настоятель церкви св. ап. Петра и Павла в Скрантоне (шт. Пенсильвания). Преподавал в Свято-Тихоновской дух. семинарии патристику, историю Церкви и дух. мысли. Участвовал в работе комиссий по вопросам религиозного образования, в деятельности исполнительного комитета Нац. Совета церквей и Комитета по богословию и межцерковным отношениям Нью-Джерсийского Совета церквей. После служения в Свято-Николаевском соборе Московской Патриархии в Нью-Йорке назначен на должность декана Свято-Тихоновской дух. семинарии (1996).

Л и т. Fr. Alexander Golubov named St. Tikhon's Dean // The Orthodox Church. 1996. November/December. P. 1, 4; Fr. Alexander Golubov appointed St. Tikhon's Dean // The Truth. 1997. February. P. 1, 6.

ГОЛЬДГААР 3-й Константин Августович (19 мая 1892 – 22 янв. 1974) — участник Белого движения на Юге России, полковник. Из потомственных дворян, сын полк. Рус. Императорской армии. Окончил Орловский Бахтина кад. корпус (1909), Михайловское арт. уч-ще (1912) и вышел Л.-гв. подпоручиком в Стрелковый арт. дивизион. Участник Первой мировой войны. На 1917 — Л.-гв. штабс-капитан (капитан?). После Октябрьского переворота 1917 — в белых войсках на Юге России. Служил в донских каз. арт. частях (49-я донская каз. батарея и др.). Полковник (на 1920). Эвакуировался из Крыма в составе Рус. армии в нояб. 1920. В эмиграции в Кор. СХС, жил в Земуне и участвовал в жизни рус. воинских орг-ций. После 1945 — в эмиграции в США. *Родственники*: братья — Борис — Л.-гв. штабс-капитан, в ссылке в СССР; Владимир (1887–1969) — участник Белого движения на Юге России, полковник, в эмиграции во Франции.

И с т. Гольдгаар К.А. // Незабытые могилы / Сост. В.Н. Чуваков. Т. II. С. 157.
Л и т. *Волков С.В.* Офицеры российской гвардии. С. 139. Незабытые могилы // Часовой (Брюссель). 1974. Март. № 573. С. 19.

ГОЛЬДШМИДТ Георгий Осипович [Иосифович] (30 авг. 1897 – 23 нояб. 1967, Нью-Йорк) — участник Белого движения на Юге России, поручик, художник. Оконч. Строгановское уч-ще и Тифлисское военное уч-ще, по окончании которого направлен в 13-й Туркестанский полк 4-й Туркестанской стрелковой дивизии. Участник Первой мировой войны на Кавказском фронте. После Октябрьского переворота 1917 прибыл на Дон и зачислен в Юнкерский батальон Добровольч. армии. Участник 1-го Кубанского («Ледяного») похода в рядах Офиц. полка. В 1918–20 служил в 1-м офиц. ген. Маркова полку. Подпоручик (на 1920). Эвакуировался из Крыма в составе Рус. армии. В 1920–21 — в Галлиполи. В эмиграции в Кор. СХС. Поручик (произв. по РОВС?). Член правления Союза Первопоходников в Белграде. Занимался живописью и графикой. После 1945 — в США, участвовал в жизни рус. воинских орг-ций. Состоял членом отдела Об-ва Галлиполийцев. В 1960–67 участвовал в изд. журнала Калифорнийского об-ва участников 1-го Кубанского ген. Корнилова похода «Вестник первопоходника» (Лос-Анджелес), в котором публиковал рис. и иллюстрации. *Родственники*: вдова Татьяна Сергеевна; дочь Мария (в браке Ловас). Похоронен 26 нояб. 1967 при большом стечении друзей и соратников.

И с т. Гольдшмидт Георгий Осипович // Незабытые могилы / Сост. В.Н. Чуваков. Т. II. С. 159.
Л и т. *Волков С.В.* Первые добровольцы… С. 79; Незабытые могилы // Часовой (Брюссель). 1968. Февр. № 500. С. 35; Некролог // НРС. 1967. 1 дек.; Памяти соратника // ВП. 1967. Дек. № 75. С. 42; Сообщение о смерти // П. 1968. Март – апр. № 187–188. С. 23.

ГОЛЬДШТЕЙН Иосиф Маркович (1868 – 1939, Нью-Йорк) — экономист, проф., доктор политэкономии, филантроп. Приват-доцент и ст. ассистент Московского ун-та. Преподаватель Московского коммерч. ин-та, проф. Высших женских курсов и Императорского Московского технич. уч-ща. В 1916 ред. журнал внешней политики и права «Проблемы великой России» (Москва). После 1917 эмигрировал в США, основал «Фонд помощи московским учёным, писателям и артистам».

И с т. Гольдштейн Иосиф Маркович // Незабытые могилы / Сост. В.Н. Чуваков. Т. II. С. 160.

ГОМОЛИЦКИЙ Владимир Николаевич (1893 – 1 окт. 1969, под Нью-Йорком) — участник Белого движения на Сев. России, капитан, спортсмен. Учился в Московском ун-те (не оконч.), оконч. Павловское военное уч-ще и вышел Л.-гв. подпоручиком в Павловский полк 2-й гв. пех. дивизии. Увлекался спортом, занимался футболом, плаванием, тяжёлой атлетикой, метанием диска и толканием ядра. Чемпион по боксу и плаванию (1912), член московского клуба «Санитас». В 1912 в составе рус. команды выступал на Олимпийских играх в Стокгольме. Участник Первой мировой войны в рядах полка. После Октябрьского переворота 1917 — на Сев. России, в 1919 — помощник командира Славянско-брит. легиона в р-не Архангельска. С 1920 в эмиграции во Франции, работал спортивным журналистом и рук. группой борцов. Публиковал спортивные новости в газ. «Возрождение» (Париж). В 1940–47 — офицер 6-го полка Иностранного легиона в Сирии. После 1947 — в США. Жил в Нью-Йорке, состоял вице-председателем Об-ва помощи рус. детям. Умер в доме для престарелых в окрестностях Нью-Йорка.
И с т. Гомолицкий Владимир Николаевич // Незабытые могилы / Сост. В.Н. Чуваков. Т. II. С. 166.
Л и т. *Волков С.В.* Офицеры российской гвардии. С. 140; Незабытые могилы // Часовой (Брюссель). 1969. Нояб. № 521; Некрологи // РМ. 1969. 23 окт. № 2761; 30 окт. № 2762; 1970. 2 апр. № 2784; 9 апр. № 2785;

ГОНЧАР [John **Goncar**] Иван Николаевич (род. 18 сент. 1920, Витебск) — инженер-механик. Покинул терр. СССР во время Второй мировой войны. Оконч. Высшую технич. школу в Карлсруэ в ФРГ (1950), затем переехал в США. Жил в Бруклине (Нью-Йорк). Действительный член Об-ва рус. инж. в США.
И с т. АОРИ. Анкета.

ГОНЧАРЕНКО Агапий [наст. **Гумницкий** Андрей Онуфриевич] (31 авг. 1832, с. Кривин Сквирского уезда Киевской губ. – 6 мая 1916, Нью-Йорк) — издатель первой газ. в США на рус. и англ. яз. (1868–72). Род. в семье священника. Оконч. Киевскую дух. семинарию (1853). Считал себя потомком запорожских казаков. Принял монашество в Киево-Печёрской лавре с именем Агапий. В сане иеродиакона послан в Афины, откуда писал в журнал «Колокол» А.И. Герцена (Лондон), пользуясь псевд. **Г.** За публикации в «Колоколе» выслан из Афин в Россию, по дороге бежал в Лондон. В США с 1864. В Нью-Йорке рукоположен греч. епископом в священники. Переехал в Сан-Франциско. С 1868 издавал газ. «Alaska Herald» для рус. читателей, включая жителей Аляски, недавно проданной Рос. империей США. Это была первая газ. на рус. языке в США. Вскоре газ. стала называться «Alaska Herald — Свобода», затем — «Свобода». В 1873 «Свобода» выходила на рус., англ. и укр. яз. На страницах газ. **Г.** знакомил рус. читателей с амер. конституцией, отстаивал единство всех рус. людей и критиковал администрацию Рус.-Амер. компании, многие служащие которой после продажи Аляски поселились в Сан-Франциско. Именуя себя протопресвитером, открыл в Сан-Франциско православный приход вне юрисдикции Православной Рос. Церкви. Совместно с Библейским об-вом готовил издание в США первого Евангелия на церк.-слав. яз. В 90-е гг. XIX в. сотрудничал с укр. радикальной партией.
Л и т. *Полчанинов Р.В.* Новое об Агапии Гончаренко // НРС. 1983. 30 окт.

ГОНЧАРОВ Владимир Васильевич (1930, Харьков – 1999, Монреаль, Канада) — литературовед. Из-за войны вынужден был прервать школьные занятия и возобновил их только во Франц., куда попал как беженец в 1945. В 1950 эмигрировал в Канаду и поступил в Монреальский франц. ун-т, с которым связал последующую жизнь. Оконч. ун-т, стал преподавать в нем рус. лит. Одновременно работал над дисс. в области литературоведения. После получ. ст. доктора философии занимал должность проф. литературоведения.
И с т. АА. *Могилевский М.* Гончаров Владимир Васильевич. Машинопись, 2 мая 2002.

ГОНЧАРОВ Владимир Иванович (15 июня 1910, Луганск Екатеринославской губ. – ?) — инженер-технолог по холодной обработке металлов. Покинул СССР во время Второй мировой войны (?). Жил в городе С.-Катарин (пров. Онтарио) в Канаде. Работал по специальности. Действительный член Об-ва рус. инж. в США (на 1957).
И с т. АОРИ. Анкета.

ГОНЧАРОВ Даниил Степанович (1889, Ходорково Киевской губ. – ?) — рабочий-механик, деятель РООВА. Оконч. церковно-приходскую школу. Сирота. В 1900 поступил на свеклосахарный завод. Благодаря любознательности и интересу к технике, в 14 лет стал помощником сахаровара, а затем сахароваром. В 1907 эмигрировал в США. Работал за 30 центов в день на заготовке сахарного тростника в Техасе. В 1910 поступил на завод по производству инструментов в Провиденс (шт. Род-Айленд) и одновременно — в «Rod Island School o Design». Член кружка самообразования и «Союза русских рабочих». Стремление **Г.** к самообразованию было отличительной чертой рус. иммигрантов-крестьян, переселившихся в Америку.

В 1917 с группой энтузиастов организовал кооперативное об-во «New York Grinding Corporation», специализировавшееся по ленточной резьбе и производству лекал для заводов, работавших по военным заказам. После 1918 продолжал работать механиком. В 1941–43 участвовал в создании трактора-тягача, который был отправлен по программе «ленд-лиз» в СССР и переоборудован в танк. Более 20 лет состоял членом РООВА, уделял много времени сборам пожертвований на деятельность Красного Креста.
Л и т. *Березний Т.А.* С. 94–98.

ГОНЧАРОВ [Nicholas T. **Goncharoff**] Николай Т. — основатель и директор Североамер. программы для гос. деятелей. Консультант Христианской Ассоциации Молодых Людей (YMCA) в США. Род. в Киеве. Вместе с родственниками выехал в конце Второй мировой войны на Запад. Учился в ун-тах в Мюнхене и Гейдельберге. В 1952 получил в мюнхенском ун-те докторскую ст. по истории. Переехав в США, изуч. в Колумбийском и Гарвардском ун-тах международное право, международные отношения и компьютерную технику. В 1976 занимался экономикой при ун-тах в Кембридже и Оксфорде в Англии. Педагог, специалист по полит. наукам, сравнительной истории, управлению и международным делам. В качестве обладателя стипендии им. Дэнфорта и Мак-Кинли выступал на собраниях, читал лекции и организовывал семинары в более чем 600 ун-тах и колледжах в США и в Канаде. В сотрудничестве с местными отделами YMCA организовывал семинары по вопросам нац. и международного взаимопонимания, включая семинары о роли искусства в жизни человека. Эти семинары предназначены для музыкантов, скульпторов, живописцев, писателей, артистов балета и детских театров, для поощрения духовного, интеллектуального и культурного развития и обогащения жизни членов YMCA. При попечительстве YMCA США, Канады и Мексики в разных частях света устраиваются трехнедельные семинары по искусству управления гос-вом. В рамках своей деятельности встречался со многими политиками на всех континентах. Советник и консультант по международным вопросам при Госдепартаменте США и во многих международных корпорациях. *Родственники:* жена Яна — специалист по внутреннему оформлению домов, вопросам, касающимся недвижимости и по связям с общественностью; четверо детей.

И с т. АА. *Goncharoff Nicholas T.* Curriculum vitae. Typescript. 1 p.

ГОПКО [**Hopko** Thomas John] Фома (род. 28 марта 1939, Эндикотт (шт. Нью-Йорк) — проф. богословия, протопресвитер ПЦА. Оконч. Фордамский ун-т по наукам о России бакалавром (1960), Свято-Владимирскую семинарию магистром богословия (1963). Магистр при ун-те Дюкен (1968). В 1982 защитил докторскую дисс. по богословию при Фордамском ун-те.

Рукоположен во иереи (1963), возведён в сан протоиерея (1970). В 1963–68 — настоятель церкви св. Иоанна Крестителя в Уоррен (шт. Огайо), в 1968–78 — церкви св. Григория Богослова в Уаппинджер-Фоллс (шт. Нью-Йорк), в 1978–83 — церкви св. Николая в Джамэйка-Эстэйтс (Нью-Йорк). Декан Свято-Владимирской дух. семинарии. Педагогич. деятельность **Г.** началась в Свято-Владимирской семинарии в 1968, где он читал лекции о доктрине и по пастырскому богословию. Доцент (1972–83), проф. (1991–92) догматич. богословия (1972–83). Адъюнкт проф. по восточ. христианству в Дюке, в Питтсбурге (шт. Пенсильвания) (1965–68), в Колумбийском ун-те (с 1983) и Фордамском ун-те (с 1984). Преподавал в Береа-колледже в Кентукки, Дрю ун-те в Нью-Джерси и в др. ун-тах. Делегат и представитель ПЦА на ассамблее и в комиссиях Мирового Совета церквей. Автор 8 книг на англ. яз. о христианской духовности и православной вере, значительная часть которых переведена на араб., серб., исп., фин., швед., голл. и яп. яз. Книги **Г.** выдержали три издания на рус. яз., одно из которых состоялось в Минске тиражом в 100 тыс. экз. Автор статей в ежеквартальнике Свято-Владимирской семинарии, греч. и рус. богословских журналах. Член РАГ в США.

И с т. Archives of the Assn. of Russian-American Scholars in the USA. *Hopko Thomas John, Fr.* Curriculum vitae, 1993.

ГОРБ [лит. псевд. **Кубанский**] Фёдор Иванович (10 июня 1908, стан. Староминская Ейского отдела Обл. Войска Кубанского – 24 мая 1988, Джексон (?), шт. Нью-Джерси) — священник ПЦА, литератор, прозаик. Казак Войска Кубанского. Оконч. станич. двухклассное уч-ще, помогал отцу по хоз-ву. В 1929 во время коллективизации семья **Г.** была раскулачена и депортирована на Урал под Свердловск, откуда после долгих лишений сумела возвратиться в родные места в 1931. Работал на железной дороге, окончил вечернюю среднюю школу и Ростовский метеорологич. техникум. Затем работал на Белореченской метеорологич. станции.

В 1938, опасаясь ареста, переехал в Куба Азербайджанской ССР. Репрессирован и заключен в лагерь сроком на три года, который отбывал в Ухто-Ижемском ИТЛ (р-н Ухты, Коми АССР). В 1942 мобилизован и отправлен на фронт. В плену с 1942. Освобождён как казак. Под псевд. Фёдор Печорин опубликовал воспоминания о голоде 1933 на Кубани в рус. газ. «Северное слово» (Рига). Далее публиковался в рус. антисов. изданиях на оккупированных терр. СССР и в Европе. Материалы **Г.** были посвящены сов. довоенной действительности, голоду 1933, лагерям и репрессиям. После 1945 — в Австрии, насильственной репатриации в СССР избежал. В своей прозе биографич. характера **Г.** живо, с юмором, своеобразным языком описывал быт кубанских казаков, обычаи, природу Кубани, особое место уделял трагич. судьбе казачества после 1917. В США с 1949. Печатался в газ. «Новое русское слово» и «Россия» (Нью-Йорк), «Новая заря» (Сан-Франциско), «Наша страна» (Буэнос-Айрес), жур. «Казак» (Нью-Йорк), «Сеятель» (Буэнос-Айрес), «Общеказачьем журнале» (Нью-Йорк) и др. изданиях, опубликовав несколько сот статей, очерков и рассказов под псевдонимом Фёдор К. В 1963 рукоположен во иереи ПЦА. Служил настоятелем церкви Рождества Пресвятой Богородицы в Джексоне (шт. Нью-Джерси). Автор полемич. полит. статей.

Похоронен на Свято-Владимирском кладбище близ Кэссвилла (шт. Нью-Джерси).

С о ч. В горах Дагестана. Зальцбург, б. г.; На привольных степях кубанских. 1955; Чёрный курган. 1957; На память. Сб. рассказов. 1958; Не забудем! Не простим! (на англ. яз.) 1959; Конституция Кубанского края (1960); Орлы Земли Родной. 1960; Степи привольные, кровью залитые. 1962; A momento for the free world (1959).

И с т. АА. *Кубанский Ф.* Письмо Е.А. Александрову; *Рагозин С.* Сообщение Е.А. Александрову, май 2001.

Л и т. Каз. словарь-справочник / Изд. А.И. Скрылов, Г.В. Губарев. Т. I. Кливленд, 1966. С. 132–133. Репринт. М., 1992. Т. I. С. 144–145; *Седых А.* 80-летие о. Фёдора Горб-Кубанского // НРС. 1988. 23 янв.

ГОРБАЧЕВИЧ Николай Григорьевич (? – 21 апр. 1975, Санта-Барбара, шт. Калифорния) — участник Белого движения на Юге России, подполковник. Оконч. Михайловское арт. уч-ще (после 1909). Участник Первой мировой войны, за отличия награждён боевыми орденами. После Октябрьского переворота 1917 — в белых войсках на Юге России. Служил на бронепоездах «Генерал Врангель» и «Единая Россия». Эвакуировался в составе Рус. армии из Крыма в нояб. 1920. В эмиграции в США жил в Калифорнии, участвовал в жизни рус. воинских орг-ций.

И с т. Горбачевич Николай Григорьевич // Незабытые могилы / Сост. В.Н. Чуваков. Т. II. С. 175.

Л и т. *Афанасьев С.И.* Некролог // Часовой (Брюссель). 1975. Авг. – сент. № 590–591. С. 24.

ГОРДЕЕВ Андрей Дмитриевич — см. **АРХИПОВ** Андрей Дмитриевич.

ГОРДЕЕВ Сергей Яковлевич (29 июня 1897 – 18 окт. 1973, Сан-Франциско) —

участник Белого движения на Востоке России, поручик. Общее образование получил в России, жил в Великобритании. После начала Первой мировой войны вернулся на родину. Оконч. Казанское военное училище (окт. 1916) и выпущен прапорщиком в 94-й запасной пехотный полк, в котором зав. авточастями. Участник боевых действий на Юго-Зап. фронте. Подпоручик, за отличия награждён орденом св. Анны IV ст. «За храбрость» (1917). В 1917 работал в брит. закупочной миссии. В июле 1918 поступил рядовым в Симбирский инструкторский батальон и представлял Главнокомандующего ген.-лейт. В.Г. Болдырева при Брит. военной миссии. В сент. 1918 ранен. Поручик (дек. 1918). Далее — в белых войсках Восточ. фронта.

После 1920 в эмиграции в Китае. Жил в Шанхае, работал на англ. и амер. предприятиях. После 1945 через Манилу переехал в США, жил и работал в Сан-Матео. Состоял членом Об-ва рус. ветеранов Великой войны в Сан-Франциско.
И с т. АОРВВВ. Поручик Сергей Яковлевич Гордеев // Альбом VI, 8-В. 1973. Окт.

ГОРДЕЕНКО Ольга Владимировна — См. **ГОРДИЕНКО**

ГОРДЕНЕВ [**Гюбнер** 1884–14] Милий Юрьевич (13 мая 1884, Севастополь – 25 июня 1955, Сан-Франциско) — участник Белого движения на Юге России, старший лейтенант Рос. Императорского военно-мор. флота, писатель-маринист. Род. в семье врача Ю. Гюбнера. В службе с 1902. Оконч. Морской корпус, мичман (1905), служил во Владивостоке вахтенным нач-м на транспорте «Монгугай». В 1906–07 — в загранплаваниях на крейсере «Аскольд». Штурман-офицер II разряда (1907). Командир миноносца № 205 (1908). Лейтенант (29 марта 1909). Командовал эсминцами «Бодрый» (1911–12), «Беспощадный» (1912). С 1912 — арт. офицер I разряда. В 1912–13 — и. д. арт. офицера штаба командующего Сибирской флотилией. В 1912–13 — в загранплаваниях на крейсере «Аскольд». С 1913 — в Черноморском флотском экипаже. 1 мая 1914 назначен и. д. арт. офицера штаба нач-ка Черноморской минной дивизии. После начала Первой мировой войны сменил фам. на **Г.** Участник боевых действий на Чёрном море. Ст. лейтенант (1915). *Награды за отличия* (на 1915): ордена св. Станислава III ст. (1910), св. Анны III ст. (6 дек. 1914). После Октябрьского переворота 1917 — участник Белой борьбы под Андреевским флагом. В эмиграции в США, жил в Сан-Франциско. Участвовал в деятельности Кают-компании и Об-ва быв. рус. морских офицеров в Америке. Автор книги о традициях и обычаях Рос. Императорского военно-морского флота. *Родственники*: жена, двое детей (на 1915).

Похоронен на Сербском кладбище в Сан-Франциско.
С о ч. Морские обычаи, традиции и торжественные церемонии Рус. Императорского флота. Сан-Франциско, 1937; М., 1992; Владивосток, 2001.
И с т. Список МЧ — 1915. С. 246.
Л и т. Мартиролог рус. военно-мор. эм. С. 47; *Хисамутдинов А.* Памяти настоящего моряка: М.Ю. Горденев из Сан-Франциско // РЖ. 2002. 16, 23 февр.

ГОРДИЕНКО [Гордеенко, урожд. Палицына] Ольга Владимировна (? – 18 нояб. 1932, ферма Глен Хеллен близ Соноры, шт. Калифорния) — участница народнич. движения 70-х гг. XIX в. Из потомственных дворян, род которых восходит к Авраамию Палицыну. Оконч. Франц. пансион, училась на Высших женских Бестужевских курсах. Участница «хождения в народ» 1876. Приехала с мужем в США в 1879. Жила в шт. Небраска и Калифорния. Занималась сельским хозяйством.

Кремирована на кладбище Монт Оливет в Сан-Франциско.
И с т. Гордеенко Ольга Владимировна // Незабытые могилы. Сост. *В.Н. Чуваков*. Т. II. С. 175.
Л и т. Некролог // Новая заря (Сан-Франциско). 1932. 22 нояб. № 998.

ГОРДИНА Наталия — См. **ВУД** Наталия.

ГОРДОН Борис Абрамович (1881 – до 2 мая 1952, Нью-Йорк) — купец I гильдии, издатель. Окончил Технологич. ин-т с дипломом инженера. Директор Рус. об-ва пароходства и торговли (РОПиТ), табачной фирмы В. Асмолова, совладелец (с И. Сытиным и З. Гржебиным) об-ва печатного дела «А.М. Гордон с Сыном». Владелец газеты «Приазовский край» (Ростов-на-Дону). Во время Гражданской войны помогал средствами Добровольч. армии. После 1920 — в эмиграции во Франц. В Париже стал новым владельцем еженедельного журнала «Иллюстрированная Россия», который выкупил у М.П. Миронова. В США с 1942, жил в Нью-Йорке, где был похоронен 2 мая 1952. *Родственники*: дочь Елена — ред. франц. журнала.
И с т. Гордон Борис Абрамович // Незабытые могилы / Сост. В.Н. Чуваков. Т. II. С. 181.
Л и т. *Зеелер.* Некролог // РМ. 1952. 14 мая.

ГОРЕВА [по мужу **Киреева**] Клавдия Матвеевна (15 мая 1899 – 21 июня 1986) — балерина. Выступала на сцене Императорского Мариинского театра в Санкт-Петербурге. Состояла в браке со своим партнёром по балету *И.Н. Киреевым*.

После 1917 — в эмиграции в США. Вместе с мужем основала в Нью-Йорке балетную школу.

Похоронена в Свято-Троицком монастыре в Джорданвилле (шт. Нью-Йорк).
Л и т. Некролог // НРС. 1986. 6 июля.

ГОРЕЦКИЙ Борис Арсеньевич (28 мая 1895, Луцк Волынской губ. – 3 февраля 1969, Делрей, шт. Флорида) — капитан Рус. армии, фермер. Оконч. гимназию (1914) и ушёл добровольцем на фронт Первой мировой войны. Служил в 44-м Камчатском полку 11-й пех. дивизии, последний чин — капитан. С 1923 в эмиграции в США. Занимался сельским хоз-вом. В 1958 вышел в отставку и переехал в Делрей (шт. Флорида).
И с т. Горецкий Борис Арсеньевич // Незабытые могилы / Сост. В.Н. Чуваков. Т. II. С. 183.
Л и т. Некролог // НРС. 1969. 15 февр.

ГОРЛЕНКО — семья участников Белого движения на Юге России, казаков стан. Спокойной Баталпашинского отдела Обл. Войска Кубанского.
Яков Александрович Г. (1888 – 5 нояб. 1968, Рэд Бэнк) — участник Первой мировой войны. После Октябрьского переворота 1917 — в куб. частях на Юге России. Эвакуировался из Крыма в составе Рус. армии в нояб. 1920. В 1921 — на о. Лемнос, в эмиграции в Кор. СХС. В 1941–45 — служил

в 5-й роте 2-го батальона 2-го полка Рус. Корпуса, участвовал в боевых действиях на терр. Югославии против партизан И.Б. Тито. Подхорунжий по рус. службе (на 1945). После 1945 — в Австрии и США, где участвовал в жизни рус. воинских и каз. орг-ций. Состоял членом отдела СчРК в Рэд Бэнке.

Похоронен 7 нояб. 1968 на кладбище РООВА.

Антон Александрович **Г.** (1892 – 7 сент. 1975, Рэд Бэнк) — участник Первой мировой войны. После Октябрьского переворота 1917 — в куб. частях на Юге России. Эвакуировался из Крыма в составе Рус. армии в нояб. 1920. В 1921 — на о. Лемнос, в эмиграции в Кор. СХС. В 1941–45 — служил в 5-й сотне 1-го каз. ген. Зборовского полка Рус. Корпуса, участвовал в боевых действиях на терр. Югославии против партизан И.Б. Тито. После 1945 — в Австрии и США, где участвовал в жизни рус. воинских и каз. орг-ций. Состоял членом отдела СчРК в Рэд Бэнке. *Родственники*: вдова София; дочери — Вера, Надежда, Любовь.

И с т. *Александров К.М.* Справка о семье Горленко (2004).

Л и т. Памяти ушедших // К. 1968. 15 нояб. № 75. Л. 2; Свежие могилы // НВ. 1975. 1 окт. № 352/2653. С. 15.

ГОРЛЕНКО Леонид Андреевич (? – 16 окт. 1953) — артист оперы, баритон. Муз. образование получил в Одессе. В России пел в столицах и больших городах. В 1919 с труппой Фёдорова выехал на Дальний Восток. Выступал в Японии, Китае, Индии, на о-ве Ява, на Филиппинах и в Сингапуре. В США приехал с труппой в 1921.

И с т. Горленко Леонид Андреевич // Незабытые могилы / Сост. *В.Н. Чуваков*. Т. II. С. 184.

Л и т. Некролог // НРС. 1953. 23 окт. № 15154.

ГОРЛОВА С. — См. **ТИМАШЕВА** Т.Н.

ГОРЛОВСКИЙ Анатолий Дмитриевич (12 янв. 1879 – 24 нояб. 1926, Нью-Йорк) — врач, общественный деятель. Оконч. гимназию в Николаеве Херсонской губ. и Московский ун-т (1906). В 1907 прикомандирован к Военно-мед. академии для усовершенствования знаний. Одновременно работал у проф. В.М. Бехтерева, ассистировал проф. С.Д. Заболотному. Изучил в Берлине у проф. Бригера физич. методы лечения, затем открыл частную лечебницу в Курске, где жил и работал до 1914. Во время Первой мировой войны приглашён Союзом городов заведовать санаториями для больных и раненых воинов в Москве. В 1918 откомандирован Союзом в Сибирь для орг-ции санитарно-технич. и курортного дела. Из Иркутска отправлен в Китай, служил врачом при рус. концессии в Ханькоу. В эмиграции в Китае. С 1921 в США, жил в Нью-Йорке. Участник инициативной группы по основанию Об-ва рос. врачей. Член комиссии по составлению докладной записки, сыгравшей важную роль в допуске рус. врачей к штатным мед. экзаменам.

И с т. Горловский А.Д. // Незабытые могилы / Сост. *В.Н. Чуваков*. Т. II. С. 186.

Л и т. Анатолий Дмитриевич Горловский // Юбилейный сборник Об-ва рос. врачей Нью-Йорка. 1939. Сент. С. 25–26.

ГОРОВИЦ Владимир Самойлович (18 сент. 1904, Киев – 5 нояб. 1989, Нью-Йорк) — пианист. Из семьи инженера Самуила Иоахимовича **Г.**, многие члены которой были связаны с муз. В 1912–21 — в Киевской консерватории, учился у В. Пухальского и С. Тарновского, с 1919 — у Ф. Блуменфельда. Приход к власти большевиков разорил семью **Г.**, позднее вспоминавшего: «В 24 часа моя семья потеряла всё, своими собственными глазами я видел, как они выбросили наш рояль из окна». Завершив досрочно учёбу, дебютировал в Харькове в 1921, затем с большим успехом гастролировал по РСФСР (1921–25), быстро снискав славу виртуоза. Поклонники творчества **Г.** называли его «Листом № 2». После 1925 при помощи импресарио А. Мееровича выехал на гастроли в Зап. Европу и дебютировал в Берлине 2 янв. 1926. Известность и слава пришли к **Г.** после его выступления в Гамбурге. В 1926–27 играл в Париже, Лондоне и др. европейских столицах, став одним из самых известных музыкантов рус. диаспоры.

В США с янв. 1928. Дебют в Нью-Йорке почтил присутствием *С.В. Рахманинов*, позднее предложивший пианисту играть Третий концерт, впервые записанный **Г.** в 1930. Исполнял произведения Ф. Листа, Ф. Шопена, К. Шумана, М.П. Мусоргского, С.В. Рахманинова, с которым тесно общался. В 1928–35 — жил и гастролировал в США и Европе, после Второй мировой войны — преимущественно в США. С 50-х гг. изучал творчество итальянск. мастеров Скарлатти, Клементи и др. После 1950 публич. концерты давал нечасто (самые известные — Нью-Йорк, «Карнеги-Холл» — февр. 1953, май 1965), но каждый из них становился событием. Автор многочисленных фонозаписей произведений выдающихся композиторов. Среди учеников **Г.** — Б. Джайнис, Г. Графман, Р. Турини. В 80-е гг. дал несколько концертов в Европе и Японии, в 1986 выступал в СССР (Москва и Ленинград). Последняя пластинка **Г.**, вся жизнь которого была посвящена искусству, вышла в свет незадолго до смерти пианиста. *Родственники*: отец Самуил Иоахимович — остался в СССР, репрессирован в 1934 и погиб в заключении; жена (урожд. Тоскани) Ванда (в браке с 1932).

Л и т. *Грохотов С.* Горовиц Владимир Самойлович // РЗ. Золотая кн. эм. С. 182–185; *Martianoff Nicholas N.* Vladimir Horowitz // Russian artists in America. 1933. P. 67; *Raymond B., Jones D. J.* Horowitz Vladimir // The Russian Diaspora 1917–1941. Lamham, Maryland and London, 2000. P. 118.

ГОРОХОВЕЦ Анатолий Григорьевич (1902, Харьков – 1980, Спринг-Валлей) — оконч. Харьковский худ. ин-т. Много лет работал как станковый живописец и книжный иллюстратор. В 1936 принял участие в создании большой фрески в Каневе, посвященной Т. Шевченко. Фреска впоследствии была уничтожена сов. правительством. Во время Второй мировой войны попал в Германию, откуда, как беженец, смог эмигрировать в 1951 в США. Сразу после оконч. войны создал две работы: «Воздушная тревога» тушью и «Разрушенный город» маслом. Запоминается также рис. **Г.** тушью «Доходяга», изображающий голодного и мерзнущего заключенного, безнадежно стоящего за колючей проволокой в сталинском лагере принудительного труда. Поселившись в США, занимался чистой живописью в лучших традициях рус. реализма. Каждое лето ездил в Массачусетс писать этюды. Бывал в Италии, писал гуаши в Венеции и Риме. В нескольких своих композициях соединил реальное и подсознательное, одновременно в «солнечном» и «лунном» свете. Участвовал в групповых выставках Об-ва рус. художников в Нью-Йорке. В 1982 в Нью-Йорке, в музее Рериха, состоялась посмертная выставка работ **Г.**. *Родственники*: сын Петр.

И с т. Архив КРА.

Л и т. *Голлербах С.* Две реальности: К посмертной выставке Анатолия Григорьевича Гороховца // НРС. 1982. 21 апр.

ГОРОШКО [Horoshko] Николай Калинникович (4 мая 1902, Просщицы, Минской губ. – ?) — лесной инженер. После 1917 в эмиграции в Чехословакии. Окончил Пражский политехнич. ин-т, работал по специальности. После 1945 — в США. Жил в Маспете на Лонг-Айленде (шт. Нью-Йорк). Действительный член Об-ва рус. инж. в США (на 1951).
И с т. АОРИ. Анкета.

ГОРУНОВИЧ Константин Андреевич (1 июня 1886 – 20 сент. 1963, Нью-Йорк) — участник Белого движения, полковник. Окончил Симбирский кад. корпус и Сергиевское арт. уч-ще. На янв. 1910 — поручик 2-й Восточ.-Сибирской стрелковой арт. бригады (с. Раздольное). Участник Первой мировой войны, Георгиевский кавалер. После 1917 — в одной из Белых армий. В эмиграции в США.
И с т. *Горунович Константин Андреевич* // Незабытые могилы / Сост. В.Н. Чуваков. Т. II. С. 192; Общий список оф. чинам РИА — 1910. С. 696.
Л и т. *Незабытые могилы* // Часовой (Брюссель). 1963. Дек. № 450. С. 23.

ГОРЧУКОВ Мирон Афиногенович (28 авг. 1873, стан. Кочетовская Обл. Войска Донского – 10 авг. 1952, Свято-Троицкий монастырь, Джорданвилл, шт. Нью-Йорк) — педагог, общественный деятель. Казак Войска Донского. Оконч. Новочеркасскую дух. семинарию и Московскую дух. академию. Преподавал рус. яз. и лит. в Новочеркасской дух. семинарии, Платовской гимназии и Новочеркасском каз. юнкерском уч-ще. Директор гимназии стан. Урюпинской (на 1916), затем — директор Новочеркасского реального уч-ща. С 1917 — депутат Донского Войскового Круга. Тов. председателя Донского округа. В 1920 выехал за границу в составе членов Донского Войскового Круга. В 1920–21 — на о-ве Лемнос, где организовал гимназию для взрослых. В эмиграции в Чехословакии. Работал директором рус. гимназии в Праге. Ред. журнала «Тихий Дон» (Прага). В 1938–39 — помощник ген. от кав. *П.Х. Попова* — одного из двух Атаманов Войска Донского. В США с 1949. Последние годы жизни — проф. рус. лит. при дух. семинарии в Джорданвилле, автор трудов по рус. лит., хранящихся в архиве Свято-Троицкого монастыря. *С.Г. Елатонцев* оставил о **Г.** следующие строки: «М.А. Горчуков… точно и определённо остановился на защите общероссийских государственных интересов, став в то же время горячим защитником векового казачьего народно-демократического уклада жизни. <…> Он был законченным знатоком русской литературы, знатоком всего русского уклада жизни, всех светлых и тёмных сторон российской действительности. Что особенно выделяло его из ряда критически мыслящих умов нашего времени, — это всестороннее знание именно духовно-религиозных истоков нашего российского национального сознания».
Похоронен 11 авг. 1952 на кладбище Свято-Троицкого монастыря.
И с т. *Горчуков Мирон Афиногенович* // Незабытые могилы / Сост. В.Н. Чуваков. Т. II. С. 193.
Л и т. *Елатонцев С.Г.* Вечная память // Общеказ. журнал (Нью-Джерси). 1952. Окт. № 17. С. 77–79. Казачий словарь-справочник / Изд. А.И. Скрылов, Г.В. Губарев. Т. I. Кливленд, 1966. С. 135. Репринт. М., 1992. Т. I. С. 147.

ГОРШКОВ Владимир Фёдорович (1901 – 25 июля 1969, Фэрбанкс, Аляска) — офтальмолог. По образованию — физик. Конструктор тонометра для измерения давления в глазах при глаукоме. В 1949–68 возглавлял Экспериментальную физ. лабораторию в Нью-Йорке, в которой был сконструирован точный тонометр для измерения давления в глазах. Тонометр **Г.** вошёл в практику офтальмологов в США и в др. странах. После 1946 оказывал помощь быв. гражданам СССР и рус. эмигрантам в переезде из Зап. Европы в США, устройстве на работу, получении специальности и т. д. *Родственники*: вдова О.И. Горшкова. Похоронен на Свято-Владимирском кладбище в Кэсвилле (шт. Нью-Джерси).
И с т. *Горшков Владимир Фёдорович* // Незабытые могилы / Сост. В.Н. Чуваков. Т. II. С. 194.
Л и т. *Ковалевский П.Е.* С. 150; Некролог // РМ. 1969. 9 окт. № 2759; Памяти Владимира Фёдоровича Горшкова // НРС. 1969. 10 авг.

ГОРЯНСКИЙ Лев Владимирович (? – 9 авг. 1967, Андовер, (шт. Массачусетс)) — участник Белого движения на Юге России, лейтенант Рос. военно-мор. флота, архитектор. Оконч. Отдельные гардемаринские классы (1917), мичман (1917–18?). После Октябрьского переворота 1917 — участник Белой борьбы под Андреевским флагом на Юге России. Лейтенант производства по ВСЮР (30 нояб. 1919). После 1920 — в эмиграции в США. Оконч. Массачусетский технологич. ин-т с дипломом бакалавра наук (1923). В 1923 устроил выставку собственных проектов. Магистр (1925). По проекту **Г.** создан фриз на баптистерии собора св. Иоанна Богослова в Нью-Йорке и ряд др. зданий, включая «Chemical Bank» на Бродвее. Участвовал в строительстве «Riverside Church» (1927–28). Член Об-ва рус. студентов, окончивших амер. высшие уч. заведения при содействии Рус. студенч. фонда в Нью-Йорке.
Л и т. Мартиролог рус. военно-мор. эмиграции. С. 48; *Pestoff A. N.* Directory of Russian Graduates of American Colleges // Alumni Association of the Russian Student Fund (N. Y.). 1929. August. P. 10.

ГОЧ [урожд. **Никитина**] Ирина Васильевна (род. 1929, Даугавпилс, Латвия) — филолог, общественный деятель. Училась на биологич. и физиологич. ф-те ун-та в Торонто (Канада), затем переехала в США, где завершила образование в ун-те в Сан-Франциско.

Преподаватель рус. яз. в военной школе ин. яз. Рук. семинарами при ун-те Миннесоты по вопросам преподавания ин. яз. В 1984 получила стипендию Фулбрайта для изучения рус. языковедения при МГУ. На протяжении ряда лет представляла КРА в округе Монтерей и проводила сборы средств для поддержки Вашингтонского представительства КРА и детского дома в Нерехте (Костромская обл.). Возглавляла комитет по правам человека при Главном правлении КРА. *Родственники*: Муж Александр; дочери Елена, Александра; сын Сергей.
И с т. АА. Переписка с И.В. Гоч, 2002; Архив КРА. *Гоч И. В.* Автобиография, 1999.

ГРАББЕ Алексей Юрьевич — См. **АНТОНИЙ**, епископ.

ГРАББЕ Дмитрий Юрьевич, гр. (род. 23 июля 1927, Карловац, Кор. СХС) — род. в семье Юрия Павловича Граббе, впоследствии епископа РПЦЗ *Григория* в США. Проф.-исследователь, специалист и изобретатель в области микроэлектроники и комплексирования интегральных схем и систем с интегральными схемами. С 1949 по 1953 работал часовщиком в Watches of Switzerland NYC. Карьеру в обл. электроники начал, занимая должность производственного инж. в Photocircuits Corporation (1953–64), основатель и президент Maine Research Corporation (1964–72). В 1972 занял должность пом. президента Rockwell International. Затем занимал должность зав. производством, директора исследования и технологий электронных соединений в компании Tyco. С 1980 по 1965 преподавал в Центре профессионального совершенствования. С 2001 — проф. Политехнич. ин-та Вустера, в шт. Массачусетс. Удостоился наград за статьи о суперпроводниках, за вклад в инж. механику и электронное комплексирование, в 1980 получил награду Амер. международного об-ва инженеров-механиков им. Леонардо да Винчи и др. На свои изобретения получил 145 амер. и 342 иностранных патента. Член Амер. международного об-ва инженеров-механиков, член Ин-та инженеров-электриков, пожизненный почетный член Международного об-ва микроэлектронщиков и специалистов по комплексированию интегральных схем (International Microelectronics and Packaging Society). Науч. центр Info Age приобрел у **Г.** коллекцию компьютерных компонентов, охватывающую 50 лет развития компьютеров. *Семья*: жена — Ксения Константиновна, урожд. герцогиня Лейхтенбергская, род. 20 мая 1930 в замке Траунштейн, в Германии; дочь — Мария.

И с т. АА. *Grabbe Dimitry G.*, Career history, typescript. 2001; *Будзилович П.Н.* Консультация. 2004. 23 июня; Internet: Dimitry Grabbe.

ГРАББЕ Юрий Павлович — См. **ГРИГОРИЙ**, епископ.

ГРАВЕ де Владимир Всеволодович — общественно-полит. деятель, ветеран. Уроженец Петрограда. Покинул Россию во время Новорос. эвакуации 1920. В эмиграции в Турции и Болгарии (1920–22). Учился в Крестовоздвиженской (Нератовской) школе в Константинополе и в Болгарии.

Во Франции с 1922, здесь завершил образование. До 1939 работал в Нормандии коммерческим представителем по электрификации сельского хоз-ва. Оконч. специальную арт. школу офицеров резерва. Участник Второй мировой войны. В 1939–40 — в рядах Франц. армии. В 1941–44 — представитель управления по зерновым ("Office des cereales") в Зап. Бретани. В 1944 примкнул к VIII корпусу армии США, участвовал в осаде мор. базы Брест и очистке от противника окрестных р-нов. Ранен в янв. 1945 и вышел из строя. В США с марта 1946. Был переводчиком в ООН. С 1948 на амер. правительственной службе. Член Республиканской партии с 1952. В 1954 сопровождал Гос. секретаря Дж.Ф. Даллеса и его помощника У.Б. Смита во время их поездки на Берлинскую и Женевскую конференции. В отставке с 1972. Участвовал в предвыборных кампаниях — губернаторской в шт. Мэриленд (1974) и президентской (1978). С июня 1976 работал в Нац. республиканском совете «Наследие» (Heritage), состоявшем из пред-ставителей разных этнич. групп, в который входили представители и граждан США рус. происхождения во главе с Ю.К. Мейером.

И с т. АА. *Граве де' В.В.* Автобиография, 1976 (рукопись).

ГРАДОБОЕВ Николай — См. **ДУДИН** Лев Владимирович.

ГРАМОТИН Александр Александрович (27 марта 1895, стан. Кавказская Кавказского отдела Обл. Войска Кубанского – 25 ноября 1967, Нью-Йорк (?)) — участник Белого движения на Юге и Востоке России, Гв. есаул. Казак Войска Кубанского. Оконч. Тифлисский кад. корпус (1912), в составе выпуска 23-й сотни — Николаевское кав. уч-ще (12 июля 1914) и вышел хорунжим в 1-й Хопёрский каз. Её Императорского Выс. Вел. Кнг. Анастасии Михайловны полк 1-й Кавказской каз. дивизии. По мобилизации переведён на службу во 2-й Хопёрский (льготный, второочередной) полк 2-й Кубанской каз. дивизии. Выступил в поход на Зап. фронт в составе полка мл. офицером дивизионной пулемётной команды.

Участник Первой мировой войны, был ранен. С нояб. 1915 — прикомандирован к Собственному Е. И. В. Конвою. За отличия — пять боевых орденов. Сопровождал императора Николая II в поездке из Ставки (Могилёв) в столицу и обратно. После Октябрьского переворота 1917 — на Юге России в Добровольч. армии в составе одной из гв. кубанских сотен, затем (1 авг. 1918) — Кубанского Гв. дивизиона. Есаул (1918). Служил в отряде Особого назнач. по охране лиц Императорской Фамилии, находящихся в Крыму (на окт. 1918). По желанию Вдовствующей императрицы Марии Федоровны откомандирован в Сибирь для выяснения судьбы Царской семьи. С 1919 — в белых войсках Восточ. фронта. С авг. 1919 — в распоряжении судебного следователя по особо важным делам Н.А. Соколова, с которым уехал в Читу. В февр. 1920 Главнокомандующим войсками Рос. Восточ. окраины ген.-лейт. Г.М. Семёновым откомандирован в Лондон к императрице Марии Фёдоровне, затем в эмиграции в Харбине (Кит.). Состоял членом Об-ва офицеров гв. на Дальнем Востоке (на 8 янв. 1922), членом Офицерского собрания в Шанхае (на 1941). В Шанхае служил во франц. полиции. В США с 1947. Был членом Об-ва рус. ветеранов Великой войны.

Похоронен на Сербском кладбище в Сан-Франциско.

И с т. АОРВВВ. Гвардии есаул Александр Александрович Грамотин // Альбом III. 1967. Нояб.; ЛАА. Справка *К.М. Александрова* на Гв. есаула А.А. Грамотина; Грамотин Александр Александрович // Незабытые могилы / Сост. В.Н. Чуваков. Т. II. С. 208.

Л и т. *Волков С.В.* Офицеры российской гвардии. С. 143.

ГРАМОТОВ Арсений Дмитриевич (2 марта 1882 – 27 апр. 1954, Сан-Франциско(?)) — участник Белого движения на Юге и Востоке России, полковник. Оконч. 3-ю Киевскую классич. гимназию, Киевское пех. военное уч-ще (1904) и вышел подпоручиком в 3-й Нарвский генерал-фельдмаршала кн. Михаила Голицына полк 1-й пех. дивизии. Участник рус.-яп. войны 1904–05. На янв. 1910 — поручик 28-го Восточ.-Сибирского полка 7-й Сибирской стрелковой дивизии (Иркутск).

Участник Первой мировой войны. За боевые отличия имел все награды до Георгиевского оружия включительно. Полковник (после марта 1916). После Октябрьского переворота 1917 — на Юге России, в Добровольч. армии с 1918. Осенью 1919 в составе отряда из 500 офицеров перевезён на англ. корабле на Восток и вступил в ряды Сибирской армии адм. А.В. Колчака. Участник Сибирского «Ледяного» похода 1919–20. После 1920 — в эмиграции в Китае, в Маньчжурии. С 1923 в США, зарабатывал на жизнь тяжёлым физич. трудом. Участвовал в деятельности рус. воинских и общественных орг-ций, состоял членом Об-ва рус. ветеранов Великой войны в Сан-Франциско.

Похоронен на Сербском кладбище в Сан-Франциско.

И с т. АОРВВВ. Полковник Арсений Дмитриевич Грамотов // 1954. Апр. Альбом I; Общий список оф. чинам РИА — 1910. С. 423.

ГРАНИТОВ Владимир Владимирович (4 апр. 1915, Петроград – 20 мая 1999, Сан-Франциско) — общественно-полит. деятель, Председатель РОВС (1988–99), поручик. Сын полковника 13-го Лейб-гренадерского Эриванского царя Михаила Фёдоровича полка Владимира Ивановича **Г.** (26 нояб. 1883, имение в Гдовском уезде Санкт-Петербургской губ. - 9 окт. 1968, Буэнос-Айрес) — участника Белого движения. Мать — (урожд. Стояновская) Нина Леонтьевна (1890 – 6 окт. 1985, Буэнос-Айрес). Второй ребёнок из пяти детей в семье **Г.** С 1917 — с матерью в Тифлисе, в эмиграции — на о-ве Лемнос (1920) и в Кор. СХС. Оконч. рус. гимназию в Белграде (1933), строительное отделение технич. ф-та Белградского ун-та (1938), портупей-юнкером — трёхгодич. военно-училищные курсы при IV отделе РОВС (1936) с производством в подпоручики по РОВС, отложенным до начала боевых действий. По оконч. курсов состоял в кадрах Объединения 13-го Лейб-гренадерского Эриванского полка. В 1938–41 — работал по специальности, одновременно по предложению подполковника М.Т. Гордеева-Зарецкого — инструктор роты допризывной подготовки при военно-училищных курсах РОВС в Белграде. Подпоручик по РОВС приказом нач-ка IV отдела ген.-лейт. И.Г. Барбовича от 10 апр. 1941. После приказа от 12 сент. 1941 генерал-майора М.Ф. Скородумова о начале формирования Рус. Корпуса явился с ротой в его распоряжение. Командир юнкерского взвода, принимавшего казармы для добровольцев в Топчидере (13–17 сент. 1941) и первый офицер по спискам Рус. Корпуса. Вместе с **Г.** в Рус. Корпусе служили его отец и брат Евгений. В 1941–45 участвовал в боевых действиях на терр. Югославии против партизан И.Б. Тито и сов. войск (окт. 1944). В 1941 — командир взвода и помощник командира Юнкерской роты 1-го полка, затем — командир отделения 1-й юнкерской роты, участвовал в защите рудника Столица. В 1942 в составе 4-го выпуска оконч. Высшие Зарубежные военно-науч. курсы систематич. изуч. военного дела Ген. штаба ген.-лейт. Н.Н. Головина (Белградское отделение). В чине лейтенанта Вермахта командовал противотанковым взводом 1-го сводного отряда (на 13 авг. 1942). Далее служил в 3-м полку — командиром взвода и в «особой» роте из быв. сов. военнопленных (1942–43). С 1944 — в 4-м полку: был старшим офицером 9-й роты 3-го батальона, командовал 3-й ротой 1-го батальона (на 6 сент. 1944). Отличился в операции под Зайчаром 6 сент. 1944. Тяжело ранен в бою с сов. войсками 6 окт. 1944 в долине р. Моравы. За отличия в боях в сент. — окт. 1944 награждён двумя Железными Крестами II ст. По излечении — вернулся в строй (март 1945). На апр. 1945 — оберлейтенант Вермахта (поручик по рус. службе), адъютант 1-го батальона 4-го полка. Др. награды за боевые отличия: ордена — «За усердную службу», «За храбрость» для восточных добровольцев (2), «За военные заслуги» II кл. с мечами; знак за ранение. После оконч. войны — в Австрии, Зап. Германии (с нояб. 1945), с 1948 — в Аргентине, работал по специальности. Участвовал в орг-ции Союза св. блг. кн. Александра Невского, объединявшего бывших корпусников, и деятельности РОВС. Рук. строительством Воскресенского кафедрального собора в Буэнос-Айресе.

В США с 1960. Работал в строительной фирме «Бехтель» и в железнодорожной компании по проектированию мостов («Pacific Railway»). На пенсии с 1982, продолжал оказывать технич. консультации. Активно участвовал в деятельности РОВС, СчРК и др. рус. воинских и общественных орг-ций, состоял секретарём СчРК в США. Был членом Кают-компании (до 1976) и Об-ва рус. ветеранов Великой войны. В Калифорнии рук. строительством Петропавловского собора (Санта-Роза), автор проекта Казанского храма-памятника Царской семьи (Сан-Франциско). С 1982 — председатель Сан-Францисского Комитета помощи зарубежным военным инвалидам. Председатель СчРК (1986–99) и РОВС (1 авг. 1988 – 1 апр. 1999). За заслуги — действительный член Объединения кадет Рос. кад. корпусов в Сан-Франциско. Состоял в правлении фонда им. И.В. Кулаева, председатель правления газ. «Русская жизнь» (Сан-Франциско). С марта 1998 — член редколлегии журнала «Наши вести» (Санта-Роза — Санкт-Петербург). Последние годы жизни **Г.** посвятил в первую очередь РОВС и орг-ции деятельности его отдела в России, которую неоднократно посещал в 1992–98. *Родственники* — вдова Тамара Александровна (урожд. Теславская; в браке с 1952) — дочь участника Белого движения на Сев.-Зап. России; брат Евгений — подпоручик РК; сёстры: Н.В. Музен, Н.В. Гранитова и М.В. Михайловская.

Похоронен 25 мая 1999 на Серб. кладбище в Сан-Франциско.

С о ч. Формирование взводов ПАК (Полковые взводы противотанковых орудий) // РК на Балканах. 1963. С. 103–109;

И с т. ЛАА. Справка *К.М. Александрова* на председателя РОВС (1988–99) В.В. Гранитова.

Л и т. *Александров К. М.* Интервью с В.В. Гранитовым. Сан-Франциско, 17 марта 1995 // НЧ. 1996. № 4. С. 242–245; *Бутков В.Н.* К 75-летию основания РОВС // РЖ. 1999. 27 нояб.; Владимир Владимирович Гранитов // НВ. 1999. Июнь. № 455/2756. С. 1–5; *Иванов И.Б.* Краткие биографические данные чинов Русского Корпуса, упомянутых в настоящем сборнике // РК на Балканах. 1999. С. 398–399; Памяти ушедших // К. 1986. Май – июнь. № 240. Л.2; РК на Балканах. 1963. С. 80, 158, 285; Свежие могилы // НВ. 1985. Дек. № 401/2702. С. 28; *Синькевич К.* Владимир Владимирович Гранитов // Кад. перекличка (Нью-Йорк). 1999. Нояб. № 66–67. С. 343–345.

ГРАНДМЕЗОН [Гранмезон] Николай Рафаилович (24 февр. 1892, Полтава – 23 марта 1978, Калгари (Банффе), Канада) — художник. Правнук франц. дворянина. Рис. увлекался с детства. Оконч. кад. корпус, военное уч-ще и в 1914 — геодезич. отделение Императорской Николаевской военной академии (?). По специальности — картограф и топограф. Участник Первой мировой войны, в 1914–18 — в нем. плену. После освобождения — в эмиграции в Великобритании. Продолжал образование в школе живописи в Лондоне (Saint Johns Art School). Получал заказы на портреты, посещал лондонскую худ. школу (St. John's Wood), по окончании которой продолжал образование в Париже.

В Канаде с 1923, работал на ферме и в издательстве. С конца 20-х гг. писал портреты, преподавал в Ин-те технологии и искусств в Калгари (1931–32). С нач. 30-х гг. писал портреты индейцев в Канаде и в США. В 1939 посвящён в почётные члены канадского племени лейган с именем Малое Перо. Перу **Г.** принадлежат портреты нескольких известных гос. деятелей Канады. Работы **Г.** находятся в музеях Уайт (Банфф) и Мак-Корд (Монреаль), в частных собраниях. Личный архив хранится в Нац. галерее Канады. Более 140 портретов и часть архива худ. переданы семьей **Г.** галерее ун-та в Летбридже. *Родственники*: жена *София Орестовна*; дети — *Орест*, *Тамара* (в браке Шолерман) — портретист, *Николай* — архитектор, *София* — специалист по торговле произведениями искусства, *Лу-Сандра* — витражист.

Похоронен на терр. заповедника индейцев племени пейган возле Форта Маклауд.

И с т. АА. *Максимова О.* «Бледнолицый» друг — Малое перо // РЖ. Копия в архиве; *Могилянский М.* Николай Грандмезон. Рукопись, 2002.

ГРАНДМЕЗОН Орест Николаевич (род. 1932, Ванкувер, Брит. Колумбия, Канада) — художник. Сын худ. *Н.Р. Грандмезона*. Получил образование в Банффской школе изящных искусств и в школе живописи Челси-скул в Лондоне. Приобрёл известность в связи с избранием его картины в качестве подарка Канады президенту США Д. Эйзенхауэру. Президент Ин-та живописи Зап. Канады.

И с т. АА. *Могилянский М.* Грандмезон Орест Николаевич. Рукопись, 2002.

ГРАНДМЕЗОН София Орестовна — художник-скульптор. Род. в России. После 1917 — в эмиграции в Зап. Европе, где получила специальное образование. В Канаде с 1923. Вышла замуж за худ. *Н.Р. Грандмезона*. Работала скульптором. Получила широкую известность, изваяв 8-футовую бронзовую статую первого премьер-министра Канады сэра Дж. Мак-Дональда, которая была ей заказана в связи со 100-летием Канадской конфедерации (1967), отмечавшимся в Риджайне.

И с т. АА. *Могилянский М.* Грандмезон София Орестовна. Рукопись, 2002.

ГРАНТ [George **Grant**] Георгий — ветеран амер. армии, капитан, служил в 1945 в Берлине.

И с т. *Pantuhoff Oleg* — 1976.

ГРАНТ-ВРАГА [урожд. **Марк** Наталья Константиновна] Натали (1901, Ревель Эстляндской губ. – нояб. 2002) — эксперт Госдепартамента США. После 1920 благодаря знанию ин. яз. работала в гуманитарной амер. орг-ции (ARA) по оказанию помощи нуждающемуся населению РСФСР. В эмиграции в США. Работала в Госдепартаменте. Эксперт по разоблачению сов. дезинформации, её философской основы и технич. обеспечению деятельности пропагандистского аппарата СССР. Во время «холодной войны» в круг задач **Г.-В.** входило изучение содержания сов. пропаганды с целью исследования степени достоверности.

Л и т. Смерть рыцарши холодной войны // НРС. 2002. 18 нояб.

ГРАФ Георгий Карлович (1885 – 26 марта 1966, Питтсбург, шт. Пенсильвания) — контр-адмирал. Во время Первой мировой войны служил на крейсере Балтийского флота «Новик». Морской писатель, автор книг: «На Новике» и «Моряки». Бывший нач-к канцелярии Вел. Кн. Кирилла Владимировича, претендента на рос. престол. В 1939 назначен личным секретарем Вел. Кн. Владимира Кирилловича. Переселился в США.

Л и т. Незабытые могилы // Часовой (Брюссель). 1966. Июнь. № 480.

ГРАФОВ Пётр Ильич (1895, Саратов – ?) — инженер-архитектор промышленных и гражданских объектов. Оконч. Ленинградский ин-т инж. пром. строительства (1934). СССР покинул во время Второй мировой войны. После 1945 — в США, жил в Йонкерсе (шт. Нью-Йорк). Действительный член Об-ва рус. инж. в США (на 1952).

И с т. АОРИ. Анкета.

ГРЕБЕНЩИКОВ [**Grebenschikov** Vladimir] Владимир Иннокентьевич (род. 12 мая 1919, Новониколаевск) — филолог. После 1920 — в эмиграции в Болгарии. Оконч. ун-т в Софии (1943), продолжал образование в Льеже (Бельгия), читал лекции в Льежском ун-те (1949–50). После 1950 — в Канаде. Учился в Монреале. Магистр (1957). В 1960 защитил докторскую дисс. по славянской филологии. Преподавал в Монреальском и Оттавском ун-тах (1960–65). С 1965, будучи доцентом, преподавал в ун-те шт. Мичиган. С 1971 — проф., возглавляет отделение при ун-те Карлтон в Оттаве (Канада). Автор и ред. учебников и статей, переводчик. Состоит членом РАГ в США.

И с т. АА. *Могилянский М.* Биография В.И. Гребенщикова. Рукопись, 2002; Archives of the Assn. of Russian-American Scholars in USA. *Grebenschikov Vladimir I.* Curriculum vitae, 1966.

ГРЕБЕНЩИКОВ [псевд. **Сибиряк**] Георгий Дмитриевич (24 апр. 1883, Томская губ. – 11 янв. 1964, Лейкхилл, шт. Флорида) — писатель и издатель. Род. в крестьянской семье. Отец работал на руднике. До Первой мировой войны написал двухтомник «В просторах Сибири». После захвата власти большевиками и Гражданской войны выехал в 1920 за рубеж.

После недолгого пребывания в Кор. СХС и Франции поселился в 1923 в США, в шт. Коннектикут, где возле Саутбери основал пос. Чураевку для рус. писателей, артистов и ученых. Первые поселенцы были ветеранами Белой армии или членами их семей. К ним присоединились после Второй мировой войны беженцы из СССР. **Г.** назвал пос. Чураевкой в память о месте своего рождения в Сибири. Из-за трудности произношения коренные жители называют этот поселок «Russian Village». Здесь Гребенщиков продолжал писать и издавать в 7 томах эпич. поэму «Чураевы»: «Братья», «Спуск в долину», «Веление земли», «Трубный глас», «Сто племен с Единым», «Океан Багряный», «Лобзание змия». Первый том «Чураевых» был напечатан еще в «Современных записках» в 1921–22 и тогда же вышел в Софии и Париже отдельной книгой. Седьмой том увидел свет в Чураевке в 1952. Кроме того, в Америке были изданы книги Г.: «Былина о Микуле Селяниновиче», «Гонец», «Радонега», «Купава», «Златоглав», «Первая любовь» и «Волчья сказка». В 1927 была также написана пьеса «Русская девушка в Америке» (Любушка). В 1934 соч. поэму «Царевич» о царевиче Алексее. В изд-ве «Алатас», в Чураевке, печатались книги *Н.К. Рериха*, А.М. Ремизова, К.Д. Бальмонта, *И.А. Сикорского* («Книга жизни: психологич. хрестоматия для школы и жизни», Чураевка, 1931) и сб. стихов И. Умова. Влияние творч. сказалось в том, что в рус. зарубежье стали появляться кружки, такие как «Молодая Чураевка» в Харбине, который являлся объединением молодежи и ее старших друзей, посвятивших себя творч. работе — науч., лит. и в обл. искусства. Возникла и «Шанхайская Чураевка». В Харбине изд. журнал Христианского Союза Молодых Людей (YMCA) «Молодая Чураевка», девизом которого было «проходить свой жизненный путь — бережно, полезно и красиво». Г. сотрудничал в журнале. Глеб Струве отдает должное свежести его стиля и силе в описаниях величественной алтайской природы и старообрядцев. В своей критике последующих томов эпопеи «Чураевы» Струве отнесся к ним критич., особенно к названиям отдельных томов. С др. стороны, *Ф.И. Шаляпин* был в восторге от произведений Г. и даже высказался, что, прочитав «Чураевых», он гордится тем, что он рус., и завидует, что не является сибиряком. Произведения нашли высокую оценку у Н. Рериха, И. Репина, *И. Сикорского*, М. Горького и мн. др. Во время приема в Колумбийском ун-те в честь Г. проф. Кларенс Маннинг подчеркнул лит. значимость «Былины о Микуле Селяниновиче» (The Turbulent Giant), олицетворяющей рус. крестьянство. Г. известен также как лектор. В теч. ряда лет прочел более 500 лекций в 40 шт., многие с показом диапозитивов. Эти лекции разделились по семи темам: 1. Неизвестная Россия; 2. Россия в изящном искусстве; 3. Современный рус. роман; 4. Сибирь — страна великого будущего; 5. Женщина — вечная невеста; 6. Пушкин, его жизнь и творчество; 7. Власть бедности. В 1941 с женой переехал во Флориду, преподавал рус. яз. После крушения коммунизма, книги Г. из Чураевки нашли путь в библиотеки России и воспринимаются там читателями и литературоведами с радостью и интересом, особенно в Сибири.

Похоронен рядом с женой Татьяной Денисовной на кладбище Oakhill в городе Лэйкхилл в шт. Флорида.

И с т. АА. Grebenstchikoff George, not dated: Author — Traveler — Lecturer. 10 pp.

Л и т. *Болдырева Т.* Творец «Чураевых» в Америке // Рубеж (Харбин). 1934. № 27; Георгий Д. Гребенщиков // Молодая Чураевка. 1928. Янв. № 1 (13). С. 24–25; *Петров В.* Рус. в Америке. XX век. Вашингтон, 1992. С. 75– 76; *Струве Г.* С. 95–96; *Чистяков В.* Чураевка в 1999 // РА. 2000. № 22. С. 98–105; *Cournos J.* The Turbulent Giant and Other // The New York Times Book Review. 1940. June 23; Snieckus Mary Ann. Russian village — cultural crossroads // The Weekly Star. 1988. June 27; *Hatch D.* Russian village seeks landmark status // The New Yoirk Times. 1988. July 24.

ГРЕВС Валериан Эдуардович (2 окт. 1876, Санкт-Петербург – 3 июня 1939, Нью-Йорк) — адвокат. Потомок англ. дворянина, поступившего на рус. службу в 1736. Оконч. Императорское уч-ще правоведения (1897). Служил в министерстве юстиции, затем занялся адвокатской деятельностью и возглавлял нотариальную контору. В 1917 — член Петроградского самоуправления и председатель продовольственного комитета. После Октябрьского переворота 1917 — в эмиграции в Сиаме, с 1920 в США. Состоял членом Объединения быв. присяжных поверенных. *Родственники*: вдова Александра Александровна (урожд. фон Галлерштейн, в первом браке Чаплинская).

И с т. Гревс Валериан Эдуардович // Незабытые могилы / Сост. В.Н. Чуваков. Т. II. С. 214.

Л и т. Некролог // Россия (Нью-Йорк). 1939. 4 июня. № 1447.

ГРЕВС Камилла, кнг. (? – до 1 сент. 1928, Амхерст, шт. Массачусетс) — сестра милосердия. До 1914 преподавала в женском ин-те в Самаре. Участница Первой мировой войны. Служила в военно-сан. отряде в Тарнове (Галиция), Юго-Зап. фронт. Перевезла 2 тыс. раненых. За отличия награждена Георгиевским крестом IV ст. В 1925 вышла замуж за амер. хирурга В. Магилла и выехала в США.

И с т. Гревс Камилла // Незабытые могилы / Сост. В.Н. Чуваков. Т. II. С. 215.

Л и т. Некролог // НРС. 1928. 1 сент. № 5700.

ГРЕЙ Женни — См. **ГРЭЙ** Женни.

ГРЕКОВ Андрей Александрович (ок. 1895 – 7 авг. 1978, Санкт-Петербург, шт. Флорида) — участник Белого движения на Юге России, есаул Л.-гв. Каз. Его Величества полка. Оконч. реальное уч-ще, Николаевское кав. уч-ще (1915) и вышел в Каз. Его Величества полк 1-й гв. кав. дивизии. Участник Первой мировой войны. Подъесаул (на 1917). После Октябрьского переворота 1917 — на Юге России, служил в Гв. Каз. полку Гв. бригады 1-й Донской кон. дивизии Донской армии (на 1918). Ранен, есаул (июль 1919). На 1920 — в отдельной Донской технич. сотне. Эвакуировался из Крыма в составе Рус. армии в нояб. 1920. В 1921 — на о-ве Лемнос в составе Донского технич. полка Донского корпуса. Затем в эмиграции во Франц. После 1945 — в США. Участвовал в жизни каз. орг-ций, состоял членом Гв. Объединения.

И с т. Греков Андрей Александрович // Незабытые могилы / Сост. В.Н. Чуваков. Т. II. С. 216.

Л и т. *Волков С.В.* Офицеры российской гвардии. С. 146; Незабытые могилы // Часовой (Брюссель). 1978. Нояб.–дек. № 615. С. 30.

ГРЕКОВ [George V. **Grekoff**] Георгий В. — ветеран амер. армии, в 1945 служил в амер. оккупационной зоне в Берлине.

И с т. *Pantuhoff Oleg* — 1976.

ГРЕННЕРС-СОКОЛОВ Николай Павлович (?, Либава Курляндской губ. – 4 нояб. 1961, Филадельфия) — полковник. Служил в береговой арт. на Балтийском море. Участник Первой мировой войны и Белого движения. После 1920 — в эмиграции в США.

Л и т. *Плешко Н.Д.* Генеалогич. хроника // Новик (Нью-Йорк). 1962. Отд. III.С. 4.

ГРЕЧ [Walter A. **Grech**] Владимир А. — ветеран амер. армии, капитан, в 1945 служил в амер. зоне оккупации в Берлине.

И с т. *Pantuhoff Oleg* — 1976.

ГРЕЧАНИНОВ Александр Тихонович (25 окт. 1864, Москва – 3 янв. 1956, Нью-Йорк) — композитор. В 1881 поступил в Московскую консерваторию, откуда перевелся в Петербургскую консерваторию, в стенах которой занимался у Н.А. Римского-Корсакова. После оконч. консерватории писал муз. для романсов и песен на слова А.С. Пушкина, Е.И. Баратынского и др.

С 1896 по 1922 жил и творил в Москве, где был проф. музыкально-драматич. уч-ща Московского филармонич. об-ва. Помимо светской музыки в рус. классич. стиле создавал дух. муз. произведения, в частности «Первую» и «Вторую» литургии для рус. православных хоров и для католич. мессы. В 1925 выехал в Париж, откуда в 1939 переселился в США. Его музыкальное наследство состоит из 200 произведений, включая муз. для пьесы А.И. Островского «Снегурочка» и оперы «Добрыня Никитич».

Урна с прахом **Г.** погребена 1 июня 1958 на Свято-Владимирском кладбище в Кэссвилле, в шт. Нью-Джерси, на могиле установлен и освящен памятник с медальоном работы Г.В. Дерюжинского.

И с т. *Гречанинов Александр Тихонович* // Незабытые могилы / Сост. В.Н. Чуваков. Т. II. С. 219.

Л и т. *Петров В.* Русские в Америке. XX век. Вашингтон, 1992. С. 80; *Седых А.* Жизнь А.Т. Гречанинова // НРС. 1956. 5 янв.; *Raymond B., Jones D.J.* Grechaninov Aleksandr // The Russian Diaspora 1917–1941 // Maryland and London, 2000. P. 113–114.

ГРИБАНОВСКИЙ Павел Викторович (1912, Санкт-Петербург – 1994, Бурлингейм, шт. Калифорния(?) — литературовед, протоиерей. Род. в семье полковника 2-го Сибирского каз. полка. После 1920 — с род. в эмиграции Болгарии (до 1926), затем в Париже. В 1930 семья **Г.** переехала в Харбин, затем в Шанхай, где **Г.** служил во франц. полиции.

В США с 1949. Преподавал рус. яз. в военной школе в Монтерее (шт. Калифорния). Оконч. ун-т в Сеаттле, магистр (1965). В 1968 защитил докторскую дисс., посвящённую творч. Б.К. Зайцева, преподавал в ун-те в Сиетле рус. яз. и лит. В 1979 рукоположен в сан священника и назначен настоятелем храма Всех Святых в земле Российской просиявших (Бурлингейм), который был построен **Г.** Состоял членом РАГ в США.

И с т. АА. *Gribanovsky Paul V.* Curriculum vitae (manuscript), 1972.

Л и т. *Киселев А.* Протоиерей о. Павел Грибановский // ПР. 1994. № 6. С. 14.

ГРИВСКИЙ Евгений Михайлович (20 дек. 1911, Псков – 19 февр. 1993) — химик-фармаколог. В эмиграции в Бельгии. Защитил докторскую дисс. в Брюсселе. Начал карьеру в фармацевич. фирме в Бельгии и позднее переведён в отделение фирмы в США (шт. Нью-Йорк). Вёл исследования и публиковал статьи в обл. органич. химии и фармакологии, синтеза новых лекарств. С 1958 — сотрудник по составлению рефератов для «American Chemical Society».

Л и т. *Кеппен А. А.*

ГРИГОРАШВИЛИ [GREGOR] Михаил Леонтьевич (1888, Дербент, Дагестанской обл. –1953[1954], Трентон (шт. Нью-Джерси)) — авиаконструктор. После оконч. среднего учебного заведения в Санкт-Петербурге поступил в 1906 в Ин-т путей сообщения. В 1908 был одним из основателей Императорского Всероссийского авиационного клуба. Одновременно участвовал в постройке первого рус. самолета для серийного производства. В 1914 поступил на должность инж. самолетостроителя на завод С. Щетинина. После захвата власти большевиками эмигрировал в США, и в 1921 получил должность проектировщика самолетов в шт. Род-Айленд. В 1923 проектировал скоростные боевые самолеты для фирмы Curtiss Wright. В 1932 получил должность зам. главного проектировщика в компании *Александра Северского*. В 1934 основал собственную компанию по постройке самолетов на Лонг-Айленде и строил легкие самолеты GR-1. Во время Второй мировой войны служил консультантом в канадской самолетостроительной промышленности.

Л и т. *Raymond B., Jones D.J.* Grigorashvili Mikhail // The Russian Diaspora 1917–1941. Maryland and London, 2000. P. 114

ГРИГОРИЙ [в миру **АФОНСКИЙ** Георгий] (род. 1925, Киев) — архиепископ ПЦА. Род. в семье священника, который был арестован в 1937 и этапирован в Соликамлаг (р-н Соликамска Молотовской обл.). Во время нем. оккупации вывезен на работу в Германию и покинул терр. СССР. После 1945 — в Зап. Германии. Оконч. рус. гимназию в Штуттгарте (1949), затем учился в консерватории. При содействии Объединения рус. православных клубов переехал в США. Работал на фабрике, одновременно рук. церковными хорами в Нью-Джерси и в Коннектикуте, служил переводчиком в Министерстве обороны. Оконч. Коннектикутский ун-т и в 1965 — Свято-Владимирскую дух. семинарию в Крествуде (шт. Нью-Йорк). В 1965 рукоположен во иереи и назначен служить в Свято-Сергиевскую часовню в Сайоссет на Лонг-Айленде (шт. Нью-Йорк). Магистр богословия при Свято-Владимирской дух. семинарии (1970), продолжал заниматься в ун-те Хофстра. Вёл исследовательскую работу в архиве ПЦА, в результате которой опубликовал ряд статей о православных канонич. законах и истории ПЦА.

В 1970 впервые посетил Аляску, участвовал в прославлении св. *Германа Аляскинского*. По благословению о. Адриана Рымаренко (в будущем — архиепископа *Андрея Рокленского*) стал на путь священства и служения на Аляске. В 1973 принял монашеский постриг с именем **Г.** и в соборе Архангела Михаила (Ситка), хиротонисан в сан епископа Ситкинского и Аляскинского ПЦА. Архиепископ (1995). Служил на Аляске 22 года, объезжая самые дальние приходы, возобновляя и обновляя старые, основывая новые. Создатель и преподаватель православной Свято-Германовской пастырской школы, преобразованной в богословскую семинарию (1977). Трудами **Г.** восстановлен уничтоженный пожаром Свято-Михайловский собор в Ситке. Последние два десятилетия продолжал исследовательскую работу в архивах, в которых обнаружил и сохранил ценные историч. документы, включая дневники св. *Якова Нецветова*. С 1995 на покое.

Л и т. *Николаев А.* Епископ Григорий Аляскинский // НРС. 1985. 17 апр.; Bishop Gregory // Orthodox America. *Tarasar Constance J.* (Gen. Ed.). 1975. P. 284; «Holy Synod accepts Archbishop Gregory's request to terire» // The Orthodox Church. 1995. Ocober / November. P. 1, 4.

ГРИГОРИЙ [в миру **БОРИШКЕВИЧ** Георгий Иоаннович] (18 апр. 1889, Межиринск Ровенского уезда Волынской губ. – 26 окт. 1957, Чикаго) — архиепископ Чикагский, Детройтский и Средне-Американский РПЦЗ. Оконч. Волынскую епархиальную семинарию (1910) и Императорскую Казанскую дух. академию со ст. кандидата богословия (1914), защитив дисс. «Значение церковной реформы Петра I в истории Российской Православной Церкви». Церковное служение начал чтецом. Диакон (30 янв. 1916), пресвитер (2 февр. 1916). С февр. 1920 — настоятель церкви св. Иоанна Богослова в Борисовичах на Волыни. Преподавал в уч. заведениях Житомирско-Волынской епархии, территория которой после 1920 оказалась в составе Польши. Служил настоятелем Владимиро-Волынского (1927), Кременецкого (1932), Покровского в Гродно (1939) соборов. Митрофорный протоиерей (на 1942), рекомендован архиепископом Гродненским Венедиктом (Бобковским) кандидатом в епископы. В 1943 [по др. дан. в 1942] принял монашеский постриг с именем Г. В окт. 1943 в Вене поставлен во епископа Гомельского и Мозырского Белорус. Автономной Церкви. Накануне прихода сов. войск в июне 1944 в составе епископата эвакуировался на Запад и покинул терр. СССР. После 1945 — в Зап. Германии, где белорус. архиереи окормляли беженцев вместе с архиереями РПЦЗ, к которой почти весь белорус. епископат присоединился в 1946. С 1946 — викарный епископ Бамбергский Берлинской и Германской епархии.

В 1947 назначен на Монреальскую и Восточно-Канадскую кафедру. Член Архиерейского Синода РПЦЗ (1950), архиепископ (1952). В 1954 поставлен на вновь образованную Чикагско-Кливлендскую епархию, к которой в 1957 была присоединена Детройтская и Флинтская епархия. В период управления кафедрой основал и освятил приходы в Денвере (шт. Колорадо), в Кливленде, Гошене, Форт-Вэйне (шт. Индиана). *Родственники*: матушка (в браке с 1915–16?) Ангелина Васильевна (урожд. Загоровская, ? – 1920).

Похоронен на монастырском кладбище за алтарём Свято-Троицкого собора в Джорданвилле (шт. Нью-Йорк).

Л и т. *Верл М.* Добрый пастырь. К 40-й годовщине блаженной кончины архиепископа Чикагского Григория (Боришкевича) // ПР. 1997. № 24. С. 6–10; *Корнилов А.А.* С. 47–48.

ГРИГОРИЙ [в миру **ГРАББЕ** Юрий Павлович], гр. (8 апр. 1902, Санкт-Петербург – 7 окт. 1995, Нью-Арк, шт. Нью-Джерси) — епископ РПЦЗ, богослов. Род. в семье офицера Кавалергардского полка, который, выйдя в отставку, получил должность штальмейстера Императорского Двора. Учился в Кисловодской гимназии. После 1920 выехал с родителями в Кор. СХС, здесь получил аттестат зрелости и затем учился на богословском ф-те Белградского ун-та. Был женат на Варваре Максимовне Яжембской. В Белграде писал статьи на богословские темы. В 1931 получил должность управляющего Синодальной канцелярией в Сремских Карловцах, участвовал в составлении «Временного положения об управлении Церковью заграницей». В Белграде был ред. газ. «Голос верноподданного». В ходе Второй мировой войны Синоду пришлось эвакуироваться в Чехословакию и, вторично, в Германию. В 1944 был рукоположен митрополитом Серафимом (Ляде) в сан иерея. В Мюнхене занимался защитой рус. военнопленных от насильственной репатриации и переселенч. делами беженцев.

В 1947 возведен в сан протоиерея, в 1956 награжден митрой, а в 1960 возведен в сан протопресвитера. В сане иерея и протопресвитера состоял секретарем Синода епископов и стоял в теч. 55 лет во главе администрации РПЦЗ. В 1967 назначен зав. отделом внешних сношений Синода. В 1978 избран на должность секретаря Синода. В 1979, овдовев, принял постриг с именем Г., возведен в сан архимандрита и хиротонисан во епископа с титулом Вашингтонского и Флоридского. Автор многочисленных богословских трудов, направленных главным образом против «сергианства». Автор книги «Правда о Русской Церкви», дающей всестороннее освещение положения православия в СССР и показывающей каноничность пути, по которому следует РПЦЗ. Собрание соч. Г. опубликовано в трех томах, в т. ч.: «Книга правил Вселенских соборов», «Правда о рус. Церкви на родине и за рубежом».

Похоронен иерейским чином на кладбище монастыря Ново-Дивеево, в Спринг Валли, в шт. Нью-Йорк.

И с т. АА. *Солдатов Г.* Епископ Григорий (Граббе), машинопись. 2003. 2 стр.

Л и т. *Ардов Михаил*, протоиерей. Его сиятельство, его преосвященство // НРС. 1996. 16 февр.;; Епископ Григорий // ПР. 1995. № 20. С. 5–6; *Колтыпин-Валловский П.* Церковное торжество // НРС. 1986. 14 марта; Правда о Рус. церкви на родине и за рубежом // ПР. 1962. № 3. С. 89;

ГРИГОРОВИЧ [Grigorowitsch] Всеволод Васильевич — инженер-электромеханик. После 1917 в эмиграции в Кор. СХС. Окончил Технич. ф-т Белградского ун-та (1931). В США (после 1945?) жил в Скенектеди (шт. Нью-Йорк).

И с т. АОРИ. Анкета.

ГРИГОРОВИЧ-БАРСКИЙ Дмитрий Николаевич (1870 [по др. дан. 17 апр. 1871] – 11 янв. 1958, Чикаго) — адвокат, судебный деятель. Служил по судебному ведомству в Киеве, затем перешёл в адвокатуру и приобрёл международную известность в 1913 в качестве одного из защитников по делу приказчика М.М. Бейлиса, обвинённого в ритуальном убийстве христианского мальчика А. Ющинского, якобы совершённого 20 марта 1911. С 1916 — председатель вновь образованного Киевского Совета присяжных поверенных. Состоял членом кадетской партии и возглавлял её областной комитет. В апр. 1917 назнач. ст. председателем Киевской Судебной палаты, на посту которого оставался до упразднения большевиками рос. судебной системы. После 1917 — в эмиграции в Германии, жил в Берлине (на 1922), затем во Франц., где более 20 лет возглавлял Объединение рус. адвокатов. В США с 1939. С 1941 жил в Чикаго, тов. председателя Чикагского комитета Толстовского фонда. По нек. дан., состоял в масонской ложе.

И с т. Григорович-Барский Дмитрий Николаевич // Незабытые могилы / Сост. В.Н. Чуваков. Т. II. С. 219.

Л и т. *Ковалевский, Николаевский*. Некролог // РМ. 1958. 5 апр. № 1195; Умер Д.Н. Григорович-Барский // НРС. 1958. 14 янв.

ГРИГОРЬЕВ Андрей Николаевич (? – 27 авг. 1960, Детройт) — певец, бас. Пел в Москве в хоре Успенского собора под управлением Чеснокова. В 1912 приглашён в Нью-Йорк, петь в рус. церковном хоре. Остался в США на постоянное жительство. Пел в профессиональных хорах: в Радио-Сити, в Симфонич. хоре Кибальчича, с 1943 — в Донском каз. хоре.

И с т. Григорьев Андрей Николаевич // Незабытые могилы / Сост. В.Н. Чуваков. Т. II. С. 228.

Л и т. Некролог // НРС. 1960. 27 авг. № 17337; 1 сент. № 17341; *Плешко Н.Д.* Новик (Нью-Йорк). 1960. Отд. 3. С. 4.

ГРИГОРЬЕВ Борис Дмитриевич (1886, Рыбинск – 8 февр. 1939, вилла «Боριселла» близ Ниццы, Кан-сюр-Мер, Франц.) — художник и график. После оконч. гимназии в Санкт-Петербурге поступил в 1899 в коммерч. уч-ще в Москве. В 1903 начал заниматься в Строгановской школе. В 1908 присоединился к авангардной группе и в 1909 принимал участие в выставке экспрессионистов. Много путешествовал, начал писать портреты. В 1919 бежал за границу через Финляндию. В 1923 посетил Нью-Йорк со своей выставкой. Здесь стал популярным портретистом и иллюстратором книг. В 1936 приглашён возглавить ф-т в Нью-Йоркской академии прикладных искусств. Сотрудничал в амер. модных журналах, таких как «Harper's Bazaar».

Л и т. *Raymond B., Jones D.J.* The Russian Diaspora 1917–1941. Maryland and London, 2000. P. 115

ГРИГОРЬЕВ Владимир — химик. Род. в рус. семье в Ханькоу (Кит). Китае. Оконч. Цюрихский ун-т (1932). Переехал в США, здесь защитил докторскую дисс. (1939) Работал на частных предприятиях. В 1947–53 — член совета Ин-та атомной энергии в Оак-Ридж. С 1964 — директор специальных проектов. В своих исследованиях занимался пиротехникой, изуч. состава стекла с малым коэффициентом расширения и синтетич. изоляционных материалов.

Л и т. *Кеппен А.А.*

ГРИГОРЬЕВ о. Дмитрий (род. 14 мая 1919, Туккенгам, Великобритания) — протоиерей ПЦА, литературовед, богослов. Оконч. гимназию в Латвии. Образование получил в Йельском и Пенсильванском ун-тах, в Свято-Владимирской дух. семинарии. Имеет учёные ст. магистра, докторскую степень и степень кандидата богословия. Проф. рус. яз. и рус. лит. Джорджтаунского ун-та в Вашингтоне. Автор трудов по специальности. Настоятель Свято-Николаевского собора ПЦА в Вашингтоне, построенного в память участников Белого движения. Состоял секретарём РАГ в США (1967). Награждён патриархом Алексием II орденом св. Иннокентия, апостола Рус. Америки (1998).

С о ч. Достоевский в рус. религиозно-философской критике. 1966; Достоевский и религия // Вольная мысль (Вашингтон). 1961; Пастернак и Достоевский // The Journal of AATSEEL, 1962; Historical Background of Ortodoxy in America // St. Vladimir Quarterly, 1961.

И с т. Archives of the Assn of Russian-American Scolars in USA. *Grigotrieff Dmitry F.* Curriculum vitae, 1966.

ГРИНБЕРГ [лит. псевдоним **Эрге**] Роман Николаевич (1893 [1897?] – 1969, Нью-Йорк) — редактор и издатель. После 1917 — в эмиграции в США (1918). Жил в Нью-Йорке, где занимался изд. и ред. деятельностью. Гражданин США. Ред. журнала «Опыты» (совм. с В.Л. Пастуховым № 1–3, Нью-Йорк, 1953–54), альманаха «Воздушные пути» (№ 1–5, Нью-Йорк, 1960–67), в котором была опубликована «Поэма без героя» А.А. Ахматовой (1960. № 1–2). В альманахе публиковались значительные произведения рус. лит. *Родственники*: жена София Михайловна.

И с т. Гринберг Роман Николаевич // Незабытые могилы / Сост. В.Н. Чуваков. Т. II. С. 235.

Л и т. *Адамович Г.* Некролог // РМ. 1970. 22 янв. № 2774.

ГРОДСКИЙ Владимир Александрович (21 дек. 1879, Ровно Волынской губ. – ?) — инженер-технолог. Оконч. Рижский Политехнич. ин-т (1904) со специальностью по чёрной и цветной металлургии. Работал на металлургич. заводах Урала. В 1915–19 в командировке в США, ст. приёмщик боеприпасов и вооружения для рус. армии. После 1917 — в эмиграции в США. Работал консультантом в сталелитейной промышленности, металлургом на орудийном заводе. В 1949–51 — консультант в Горном департаменте по вопросам иностранного минерального сырья. Автор статей по специальности в амер. технич. журналах.

И с т. АОРИ. Анкета (1954).

ГРОМЫКО Андрей Степанович (17 марта 1902 – 4 окт. 1977, Сан-Франциско) — юнкер, общественный деятель. Учился в Полоцком и Одесском кад. корпусах, в Рус. кад. корпусе в Кор. СХС в Сараево. В 1922 поступил в Николаевское кав. уч-ще в Белой Церкви, из которого выбыл в бессрочный отпуск в звании юнкера. Учился в Высшей технич. школе в Берлине. После переезда в США жил в Сан-Франциско, где был избран председателем Общекад. Объединения. Состоял почётным членом в Об-ве рус. военных инвалидов и участвовал в оказании им помощи. С марта 1974 — член Об-ва рус. ветеранов Великой войны в Сан-Франциско.

Похоронен на Серб. кладбище в Сан-Франциско.

И с т. АОРВВВ. Юнкер Андрей Степанович Громыко // Альбом IV. 1977. Окт.

ГРОТ [урожд. **Баранова**] Елена Петровна (? – 4 нояб. 1968, Саратога, шт. Калифорния) — поэтесса, публицист, литературовед. Род. в семье офицера Рус. Императорской армии. Оконч. гимназию в Воронеже и получила высшее образование на Бестужевских курсах в Санкт-Петербурге. Первые публикации Г. состоялись в России. В мае 1916 муж Г. — А.Ф. Грот — был командирован Главным арт. управлением в служебную поездку в США, выехала с мужем из России. После Октябрьского переворота 1917 осталась в США, поселилась в Калифорнии. Сотрудник газ. «Русская жизнь» (Сан-Франциско), в которой ред. лит. страницу. Участвовала в изд. лит. сб., занималась лит. деятельностью. Перу Г. принадлежат пьесы: «Родные мотивы», «Дымный след», «Карнавал жизни». Читала доклады по рус. истории и лит. Работала в журнале «Родные мотивы». В 1953–68 публиковала статьи и критику в газ. «Новое русское слово» (Нью-Йорк). Автор мемуаров о Бестужевских курсах.

Похоронена в Сан-Франциско.

С о ч. В тумане прошлого // Наша дань Бестужевским Курсам. Воспоминания бывших бестужевок за рубежом. Париж, 1971. С. 5–8; Корни творчества Есенина // У Золотых ворот. Сб. София, 1960; Свеча зажжённая. Сб. стихов. Сан-Франциско, 1930.

И с т. Грот Елена Петровна // Незабытые могилы / Сост. В.Н. Чуваков. Т. II. С. 250.

Л и т. *Гинс Г.* Памяти Е.П. Грот // НРС. 1968. 12 нояб.

ГРУДЗИНСКИЙ Сергей Сергеевич (27 мая 1905, Хабаровск Приморской обл. – 27 мая 1994, Ричмонд, шт. Мэн) — подпоручик Рус. Корпуса. Сын офицера Рус. Императорской армии. После Октябрьского переворота 1917 — семья Г. на Юге России, откуда эвакуировалась в Константинополь. В эмиграции в Кор. СХС. В 1941 вместе с братом Александром и двоюродным братом Константином (1895–1992) вступил в Рус. Корпус. В 1941–45 — участвовал в боевых действиях на терр. Югославии против партизан И.Б. Тито в рядах 1-го каз. ген. Зборовского полка. На 1945 — лейтенант Вермахта (подпоручик по рус. службе). После 1945 — в Австрии и США, участвовал в жизни рус. воинских орг-ций. Состоял членом СчРК. *Родственники*: вдова (урожд. Успенская) Елизавета Николаевна; дочь Елизавета.

Л и т. Памяти ушедших // НВ. 1995. Март. № 438/2739. С. 24.

ГРУЗИНОВ Алексей Александрович (22 апр. 1911, Кишинёв – ?) — горный инженер, оружейник. Оконч. Днепропетровский горный ин-т (1938), во время учёбы в котором входил в команду спортсменов-гимнастов. Работал в горной промышленности по проектированию горных разработок и проходке шахт. Покинул оккупированную терр. СССР вместе с женой во время Второй мировой войны. В Германии работал конструктором по стальным структурам. После 1945 — в Бельгии, работал в горной промышленности, был ответственным за ремонт угольных горных машин.

Переехав в США, работал инженером-конструктором по созданию лёгкого стрелкового оружия. Родственники: жена *Евгения Эгоновна*.

И с т. АОРИ. Анкета.

ГРУЗИНОВА [по мужу] Евгения Эгоновна (30 сент. 1917, Богодуховка Харьковской губ. – ?) — горный инженер. Окончила Днепропетровский горный ин-т (1938), во время учёбы в котором входила в команду спортсменов-гимнастов. В 1939–41 — инженер в Научно-иссл. ин-те угольной промышленности в Харькове. Покинула оккупированную терр. СССР вместе с мужем во время Второй мировой войны. После 1945 — в Бельгии и США. В 1954–69 — инженер-проектировщик при городском управлении Милфорд (шт. Коннектикут). *Родственники*: муж *Алексей Александрович*.

И с т. АОРИ. Анкета.

ГРУЛЁВ Лев [Leo **Gruliow**] (1913, Байонн (шт. Нью-Джерси) – 1997) — журналист, переводчик, советолог. Родители Г. родились в Санкт-Петербурге, но рус. яз. сына не научили. В юности стал работать журналистом.

Во время депрессии уехал в Москву, где работал в ред. газ. на англ. яз. для туристов. Самостоятельно выучил рус. яз. и стал переводчиком. Во время Второй мировой войны — представитель Амер. об-ва по оказанию помощи одеждой, продовольствием и лекарствами бедствующему населению в СССР. В 1969–72 рук. московским представительством амер. газ. «Christian Science Monitor». Перевёл на англ. яз. «Раковый корпус» А.И. Солженицына и «Вкус свободы» Б.Ш. Окуджавы. Основал в городе Коламбас (шт. Огайо) еженедельный журнал «The Current Digest of the Soviet Press» («Текущий обзор советской прессы»), ставший важным источником сведений для амер. исследователей и средств массовой информации о положении за «железным занавесом». Читал в амер. и иностранных ун-тах лекции о Советском Союзе.

С о ч. Москва. Нью-Йорк, 1977. (на англ. яз).
Л и т. *Thomas Jr., Robert McG.* Leo Gruliow Is Dead at 84; A self taught Soviet Scholar // The New York Times. 1997. July 20.

ГРУШКА о. Григорий (1860–1913), священник, общественный деятель. Род. в Галиции. Будучи греко-католич. (униатским) священником, приехал в США в 1889. Служил настоятелем в Шенандоа и в Джерси-Сити, где основал газету «Свобода». Перешёл в православие, соратник о. *Алексея Товта*. В 1893 инициировал создание «Народного руского союза», который позднее украинфильскими историками был назван «Украинским народным союзом». Оставив газ. «Свобода», в 1897–1901 издавал для православных русинов в США, Канаде и Бразилии двухнедельную русофильскую газ. «Світ» (Олд Фордж, Бриджпорт, Филадельфия, Нью-Йорке).

В 1901 ред. стал В. Туркевич. По дан. украинфильской историографии вернулся в Галицию и возвратился в униатство. Однако сотрудничество Г. с о. Алексеем Товтом и ред. газ. «Світ» остаётся неизгладимой страницей в истории Рус. Америки. Украинцы поставили в Кливленде памятник Г., но из-за угрозы вандализма перенесли его в украинский дачный посёлок «Союзівка» (шт. Нью-Йорк).

Л и т. *Полчанинов Р.В.* Памятник отцу Грушке // НРС. 1981. 20 дек.; Юбилейный сб. в память 150-летия Рус. Православной Церкви в Сев. Америке. Нью-Йорк, 1944.

ГРЭЙ [псевдоним, урожд. **Липовская**, по мужу **Цвибак**] Женни (1902, Москва – до 27 мая 1988) — актриса, певица, общественный деятель. Окончив гимназию, поступила на курсы дикции и декламации В.К. Сережникова, затем — в школу-студию МХТ, где училась у Е.Б. Вахтангова. По окончании студии выступала на сцене 2-й студии МХТ.

После Октябрьского переворота 1917 — в эмиграции во Франции. С успехом играла в Париже в рус. театре «Журналь». В 1932 вышла замуж за журналиста Андрея Седых (*Цвибака Я.М.*). По рекомендации В.И. Качалова принята в труппу *Н.Ф. Балиева* «Летучая мышь». Брала уроки камерного пения и в 1939 дала первый сольный концерт. Накануне нем. оккупации с мужем переселилась в США, взяла себе псевдоним Г. Выступала на концертах, занималась общественной деятельностью, работала в Литфонде, помогавшем рус. литераторам и учёным, помогала эмигрантам из России.

Л и т. *Вайнберг В.* Светлой памяти Женни Грэй // НРС. 2000. 24 мая.

ГРЮНВАЛЬД Эрнест Иванович (22 марта 1891, Рига Лифляндской губ. – 30 июня 1950) — моряк, общественный деятель РООВА. Служил во флоте в Гв. экипаже, плавал на императорской яхте «Полярная звезда». Участник Первой мировой войны — телеграфистом в морском батальоне на сухопутном фронте. После покупки Россией в 1916 у Японии трёх кораблей, поднятых японцами после рус.-яп. войны 1904–05, вошёл электротехником в команду крейсера «Варяг», на котором совершил поход до Мурманска. В 1917 — в командировке в США, остался в эмиграции после Октябрьского переворота 1917. В Нью-Йорке создал театральное товарищество при об-ве «Наука». С 1935 — член

РООВА, работал в 95-м отделе РООВА. Был председателем об-ва им. М.В. Ломоносова. *Родственники*: вдова Александра Лукинична.

Похоронен на Свято-Владимирском кладбище в Кэссвилле (шт. Нью-Джерси).

И с т. Грюнвальд Эрнест Иванович // Незабытые могилы / Сост. В.Н. Чуваков. Т. II. С. 250.

Л и т. Некролог // НРС. 1950. 2 июля. № 13946.

ГРЯЗНОВ [George **Griasnow**] Георгий — ветеран амер. армии, капрал, в 1967 был ранен во Вьетнаме.

И с т. *Pantuhoff Oleg* (*Bates John L.*) — 1976.

ГУБАРЕВ Георгий Витальевич (3 сент. 1894, стан. Елизаветовская Обл. Войска Донского – 23 июня 1994) — участник Белого движения на Юге России, подъесаул, историк. Казак Войска Донского. Оконч. реальное уч-ще, ст. портупей-юнкером — Новочеркасское каз. уч-ще и вышел прапорщиком в 53-й полк 6-й Донской каз. дивизии. Участник Первой мировой войны. Оконч. ускоренный курс Офиц. стрелковой школы в Ораниенбауме. После Февральской революции 1917 — делегат 53-го Донского каз. полка на Войсковом Круге 1-го созыва. С сент. 1917 ударник в рядах 16-го Донского каз. ген. Грекова 8-го полка, после демобилизации возвратился на Дон в составе штаба 2-й Сводной каз. дивизии. В 1918–20 — в белых войсках на Юге России, участвовал в борьбе против большевиков на строевых и штабных должностях. После 1920 — в эмиграции в Польше. Оконч. вечерние строительные курсы и владел строительной конторой. Казакиец, сторонник «казачьего национального возрождения». Вёл исследования по истории каз. древности. Автор ист.-публицистич. статей и стихов, «Книги о казаках», сотрудник ред. «Малого казачьего энциклопедического словаря». В США с 1951, автор многочисленных трудов по каз. истории. *Родственники*: жена (во втором браке) Ольга Антоновна; дети: в первом браке — Виталий (писатель), Игорь (лётчик); во втором браке — Мария (декоратор); братья: Александр (1891–1937) — чернецовец, участник Белого движения на Юге России; Владимир (1899–1919) — участник Белого движения в рядах Атаманского Конвоя, погиб в бою в стан. Семикараковской.

Л и т. Каз. словарь-справочник / Изд. А.И. Скрылов, Г.В. Губарев. Т. I. Кливленд, 1966. С. 142–143. Репринт. М., 1992. Т. I. С. 154–155;

ГУБАРЖЕВСКИЙ [Гобаржевский] о. Игорь [в миру Игорь Владимирович] (1905, Подольская губ. – 5 нояб. 1970, Нью-Йорк) — протопресвитер, филолог-славист, специалист по древнерус. и украинской лит., по укр. яз. Род. в семье сельского священника. Окончил Киевский археологич. ин-т (1927). В 1930 сдал экзамены при ист.-философ. ф-те в Киеве с правом преподавания в средних школах. Занимался исследованиями в обл. яз. и лит. С 1937 — доцент Киевского педагогич. ин-та, с 1938 — проф. по кафедре рус. филологии и лит. Во время нем. оккупации в 1941 принял сан и служил настоятелем в местечке Чековичи в Коростеньском р-не Житомирской обл. В 1943 накануне прихода сов. войск покинул терр. СССР и эвакуировался на Запад. В 1945–48 — настоятель православного прихода в лагере «перемещённых лиц» в Хайденау под Гамбургом в брит. зоне оккупации. В 1948–60 работал в Англии. В США с 1960. Совмещал церковное служение с преподаванием в Колумбийском ун-те и в Ин-те славяноведения (Амер. Ин-т по изучению рус. и славянских яз.) в Нью-Йорке. Ревнитель южнорус. и малорос. культуры, служивший вместе с тем делу взаимного понимания и взаимного уважения разных культур и народностей.

И с т. Гобаржевский (Губаржевский) Игорь Владимирович // Незабытые могилы / Сост. В.Н. Чуваков. Т. II. С. 126.

Л и т. *Арсеньев Н.* Светлой памяти проф. о. И.В. Губаржевского // НРС. 1970. 2 дек.; Некрологи // Там же. 9 нояб., 2 дек.

ГУБЯК [Fr. Daniel **Hubiak**] о. Даниил [в миру Даниил Афанасьевич] (род. 19 дек. 1916, Акрон, шт. Огайо) — протоиерей, канцлер Синода ПЦА, настоятель церкви ПЦА в Москве. Род. в семье протоиерея Афанасия Губяка. Служил в армии США во время Второй мировой войны. После войны оконч. Колумбийский ун-т и Свято-Владимирскую богословскую семинарию. 27 сент. 1952 митрополитом Леонтием рукоположен во иереи. Окормлял приходы в Детройте, в Огайо и Нью-Йорке. В 1963 назнач. казначеем митрополии. В 1970 входил в состав делегации, посетивший Москву для получения от патриарха Алексия I томоса об автокефалии ПЦА. С 1973 — канцлер митрополии в Америке. *Родственники*: матушка Евдокия (урожд. Мартинюк, в браке с 1952).

Л и т. Archpriest Daniel Hubiak // Orthodox America. 1975. *Tarasar Constance J.* (general editor). P. 284.

ГУДИМА Андрей Авксентьевич (19 авг. 1886 – 8 июля 1962, Нью-Йорк) — участник Белого движения, полковник, военный инженер-технолог. Окончил 3-й Московский кад. корпус и Михайловское уч-ще. На янв. 1910 — штабс-капитан 4-й арт. бригады (р-н Замброво Ломжинского уезда). В 1913 оконч. Михайловскую арт. академию. Участник Первой мировой войны, в чине капитана — командир 6-й арт. бригады (на 1917?). После Октябрьского переворота 1917 — в белых войсках, полковник (на 1920). После 1920 — в эмиграции в США. Работал столяром на мебельных фабриках и рабочим на стройках в Нью-Йорке. Участвовал в создании «бригады стариков» Н.В. Вороновича, помогавшей нуждающимся престарелым рус. эмигрантам, бывшим военным, живущим в Америке и Европе. Действительный член Об-ва рус. инж. в США.

Похоронен на кладбище монастыря Ново-Дивеево близ Нанует (шт. Нью-Йорк).

И с т. АОРИ. Анкета (1951); Гудима Андрей Авксентьевич // Незабытые могилы / Сост. В.Н. Чуваков. Т. II. С. 262; Общий список оф. чинам РИА — 1910. С. 660.

Л и т. Некрологи // НРС. 1962. 11, 13 июля; Часовой (Брюссель). 1962. Авг. № 435.

ГУДКОВ [**Goudkoff** Paul Pavel] Павел Павлович (1 янв. 1880 [по ст. ст. 1879?], Красноярск Енисейской губ. – 24 мая 1955, Голливуд, Лос-Анджелес) — геолог, инженер. Род. в семье управляющего золоторудными приисками на Енисее. С детских лет интересовался горным делом и геологией. В 1898–1907 учился в Санкт-Петербургском ун-те и Санкт-Петербургском Горном ин-те, который оконч. с дипломом горного инженера и металлурга. В Горном ин-те защитил магистерскую дисс. о медных месторождениях Акмолинского округа. В 1907–13 преподавал петрографию и общую геологию в Томском технологич. ин-те.

Первые публикации **Г.** относятся к 1911. Первая статья **Г.** о золоторудных приисках в Мариинском округе была написана совместно с проф. В.А. Обручевым, известным исследователем геологии Сибири. В 1913 в Томском технологич. ин-те защитил докторскую дисс., проф. петрографии, геологии рудных месторождений и полевой геологии. После Октябрьского переворота

1917 — министр торговли во Временном правительстве Сибири. Отступая с белыми войсками Восточ. фронта, переехал во Владивосток, где был профессором геологии в Политехнич. ин-те. В 1921 возглавлял делегацию Владивостокской торговой палаты в командировке в Вашингтон. Владея англ. яз., читал лекции по геологии и полезным ископаемым Сибири. В эмиграции в США. С 1923 работал в амер. нефтяных компаниях по оценке нефтяных полей. Инициатор создания рус. инж. кружка (1924). В 1926 в Лос-Анджелесе открыл лабораторию по микроскопич. исследованию осадоч. горных пород и по микропалеонтологии, состоял консультантом нефтяных компаний до смерти. Исследованиями и практич. работой приобрёл известность как выдающийся геолог-нефтяник в Калифорнии. Исследования Г. способствовали открытию многочисленных нефтяных месторождений и помогали избегать бурения разведоч. скважин впустую. Член шести амер. профессиональных геологич. об-в и Об-ва рус. инж. в Лос-Анджелесе. Около 20 статей Г. по специальности, опубликованы на рус. и англ. яз, включая амер. журналы. Занимался благотворительной деятельностью в рус. колонии Лос-Анджелеса, организовывал помощь беженцам, нуждающимся и старикам. Благодаря особенностям характера снискал популярность в качестве миротворца, умело вносил согласие и успокоение везде, где возникали споры и зарождались враждебные чувства.

Похоронен 27 мая 1964 на кладбище Голливуд в Лос-Анджелесе.

И с т. Гудков Павел Павлович // Незабытые могилы / Сост. В.Н. Чуваков. Т. II. С. 262

Л и т. *Плешко Н.Д.* Новик (Нью-Йорк). 1965. Отд. 3. С. 1; *Cuttler William W.* Paul Pavel Goudkoff (1880–1955) // Bulletin of the American Association of Petroleum Geologists. 1955. V. 39. №. 10. P. 2109–2112.

ГУЗЬ Иван Саввич (26 сент. 1891 – 27 дек. 1982, Сан-Франциско) — участник Белого движения на Востоке России, прапорщик. Получил общее среднее образование.

По мобилизации в нояб. 1915 зачислен в 29-й полк 8-й Сибирской стрелковой дивизии. Участник Первой мировой войны. После Октябрьского переворота 1917 — в белых войсках Восточ. фронта. Оконч. 2-ю Иркутскую школу прапорщиков и откомандирован на бронепоезд «Немезида». Во время боя и крушения поезда ранен, и выбыл из строя. За отличия награждён орденом св. Анны III ст. с мечами и бантом. Служил квартирмейстером штаба Приморского ВО. После 1922 — в эмиграции в Китае, откуда переселился в США. Жил в Сан-Франциско, состоял членом Об-ва рус. ветеранов Великой войны.

Похоронен на Серб. кладбище в Сан-Франциско.

И с т. АОРВВВ. Прапорщик Иван Саввич Гузь // Альбом IV. 1982.

ГУЛЕВИЧ Сергей Константинович (1893 – 10 авг. 1975, Патерсон, шт. Нью-Джерси) — полковник. Оконч. Суворовский кад. корпус и Михайловское арт. уч-ще. Участник Первой мировой войны. Во время Гражданской войны сражался в рядах Дроздовского арт. дивизиона. Эвакуировался и эмигрировал в Кор. СХС. Во время Второй мировой войны вступил в Рус. Корпус, сражавшийся против коммунистов. После оконч. военных действий переселился в США.

Л и т. Незабытые могилы // Часовой (Брюссель). 1975. Окт. № 592. С. 17

ГУЛИНА [уожденная **Загибалова**] Вита (? – 31 марта 1987) — художник-карикатурист. После 1917 — в эмиграции в Харбине (Кит.). Страница Г. в еженедельном журнале «Рубеж» была посвящена метким карикатурам с добродушным юмором, приуроченным к временам года, праздникам, текущим событиям. Темы карикатур сопровождались прибауткам и поговорками. Сатирич. карикатур Г. не рисовала, объясняя нежеланием обидеть человека.

В США работала по специальности в студии Уолта Диснея до выхода в отставку в 1985. *Родтвенники*: муж А. Гулин (?–1972).

Л и т. *Псакян К.* Памяти Виты // РЖ. 1987. 30 сент.

ГУЛЫГА Георгий Иванович (15 февр. 1884, стан. Незамаевская Ейского отдела Обл. Войска Кубанского – 15 дек. 1953, Сан-Франциско) — полковник, ветеран Первой и Второй мировых войн. Род. в семье ген.-лейт. Ивана Емельяновича Гулыги. В 1905 оконч. Павловское военное уч-ще. Начал службу хорунжим в 1-м Кавказском каз. полку. В 1908 прикомандирован к кубанской сотне Собственного Е.И.В. Конвоя. В начале Первой мировой войны перевёлся во 2-й Кавказский каз. полк. Во время Гражданской войны сражался против большевиков до ухода из Крыма за рубеж. В Югославии работал чертежником. В 1941 вступил в Рус. Корпус для борьбы против коммунистов Тито. После оконч. военных действий выехал в Австрию, откуда в 1951 переселился в США.

Похоронен на Серб. кладбище, там же похоронена его жена Елизавета Павловна, сконч. 31 дек. 1971 .

Л и т. Каз. словарь-справочник / Изд. А.И. Скрылов, Г.В. Губарев. Т. I. Кливленд, 1966. С. 144. Репринт. М., 1992. Т. I. С. 156.

ГУЛЬ Роман Борисович (21 июля 1896, Киев [по др. дан. Пенза] – 30 июня 1986, Нью-Йорк) — писатель, литературовед. Из потомственных дворян Пензенской губ., род. в семье предводителя дворянства Саранского уезда, юриста — потомка обрусевших шведов. Детство и раннюю юность провёл в имении отца Рамзай и в Пензе, где оконч. 1-ю мужскую гимназию (1914). В 1914–16 — студент юридич. ф-та Московского ун-та, учился у приват-доцента И.А. Ильина, читавшего введение в философию. В 1916 призван в армию, окончил четырёхмесячный курс школы прапорщиков в Москве. Участник Первой мировой войны на Юго-Зап. фронте. В 1917 — прапорщик, мл. офицер, командир роты, полевой адъютант командира 467-го Кинбурского полка 117-й пех. дивизии. По полит. взглядам — конституционалист, сторонник созыва Учредительного Собрания и социальных реформ. После Октябрьского переворота 1917 уехал на Юг и в дек. 1917 вступил в офиц. добровольч. им. ген. Корнилова партизанский отряд полковника В.Л. Симановского, влившийся в февр. 1918 в состав Корниловского Ударного полка Добровольч. армии. Участник 1-го Кубанского («Ледяного») похода во 2-й роте полка. В бою 17 марта 1918 у стан. Кореновской во время атаки на бронепоезд противника ранен в бедро. По возвращении армии на Дон — на излечении в Новочеркасске. Осенью 1918 оставил армию по полит. мотивам и уехал к родным в Киев. В нояб. – дек. 1918 — во 2-м подотделе 2-го отдела Киевской добровольч. дружины генерал-майора Л.Н. Кирпичёва, сформированной для защиты города от петлюровских сепаратистов. После захвата Киева войсками С.В. Петлюры (14 дек. 1918) — военнопленный, затем вывезен в Германию, где зимой 1919 оказался в беженском лагере Деберитц под Берлином. Работал дровосеком, занялся лит. творч., описывая впечатления от 1-го Кубанского похода. С 1920 жил в Берлине, работал в журнале «Жизнь» Б.В. Станкевича. Писал худ. прозу и литературоведч. статьи, публиковался в газ. и журналах «Время», «Русский эмигрант», «Голос России» и др. Состоял тов. председателя Рус. студенч. союза. В 1921–28 — секретарь ред. библиографич. журнала «Новая Русская Книга». Главным направлением творчества Г. стала биографич. лит. и публицистика, связанная с современниками, историч. личностями и событиями. Ценным источником сведений для писателя оставалась среда, в которой он вращался, круг общения, включавший в себя быв. рус. полит. деятелей, революционеров, участников Белого движения, однокашников сов. военачальников по рус. дореволюционным военно-уч. заведениям. С мая 1922 статьи и проза Г. стала появляться на страницах сменовеховской газ. «Накануне» (Берлин), что вызвало резкую реакцию в общественных кругах эмиграции и привело к его исключению из Союза рус. писателей и журналистов. Сотрудничал с Госиздатом в Москве, в 1927–28 — корреспондент ленинградских газ. К 1929, когда в СССР явно обозначилось свёртывание нэпа, расстался со сменовеховскими иллюзиями и до конца жизни оставался непримиримым противником власти на родине. Своё кредо писатель определял следующими словами: «Родина без свободы для меня не родина, а свобода без родины хоть и очень тяжела, но всё-таки остаётся свободой». В 1933 заключён нацистами в концлагерь в связи с тем, что следователь неправильно понял перевод историч. романа о Е. Азефе и Б.В. Савинкове «Генерал БО» (Берлин, 1929), приняв Г. за террориста. После трёхнедельного заключения освобождён из лагеря благодаря хлопотам жены, с сент. 1933 в эмиграции во Франции. Свои лагерные впечатления и переживания описал в книге «Ораниенбург. Что я видел в гитлеровском концентрационном лагере» (Париж, 1937). Автор газ. «Последние новости», журнала «Современные записке» (Париж) и др. изданий. В 1935 в Париже вступил в рус. масонскую ложу «Свободная Россия» (ложа «Великого Востока Франции»), мотивируя своё участие в ложе тем, что хотел использовать связи братьев для получения разрешения на въезд во Францию матери, оставшейся в нацистской Германии. После нем. оккупации Парижа (июнь 1940) бежал на юг Франции (Лотэ-Гаронн), жил на ферме близ Нерака, работал на заводе и в сельском хоз-ве. В Париж возвратился в 1945, занимался лит. творч. Создатель группы «Русское народное движение» и издатель газ. «Народная правда» (1948–52, Париж–Нью-Йорк), на страницах которой сов. власть критиковалась с умеренно-демократич. позиций. Оказывал помощь в натурализации быв. гражданам СССР, избежавшим насильственной репатриации.

В США с февр. 1950, поселился в Нью-Йорке. Автобиографич. роман Г. «Конь рыжий» (Нью-Йорк, 1952) оценил И.А. Бунин, в то же время укорявший автора «за вздохи о "братоубийственной войне"» и свойственное для писателя отождествление белых и красных. В США сотрудничал с радиостанцией «Освобождение» («Свобода») и 35 лет работал в редакции «Нового журнала» (Нью-Йорк). С 1959 [по др. дан. с 1966] — гл. ред. «Нового журнала». Г. внимательно следил за событиями на родине и новыми именами в рус. лит., высоко ценил творчество Б.Л. Пастернака, А.И. Солженицына, В.Д. Дудинцева, Б.Ш. Окуджавы. Наиболее значительные произведения Г. амер. периода: сб. «Одвуконь: Советская и эмигрантская литература» (Нью-Йорк, 1973), «Одвуконь 2: Статьи» (Нью-Йорк, 1982), в которые вошла лит. критика писателя; трилогия «Я унёс Россию. Апология эмиграции» (Нью-Йорк, 1981 [Т. I], 1984 [Т. II] и 1989 [Т. III]) — субъективная, но яркая и увлекательная панорама многообразной жизни эмиграции с нач. 20-х гг., признанная критиками ценнейшей работой. По своим взглядам до конца жизни Г. оставался народником, не присоединившимся ни к правым, ни к левым, ни к белым, ни к красным, сочетавшим свою специфич. позицию с непримиримостью к большевизму. В 1921–74 в свет вышли 42 книги Г. на рус., англ., нем., франц., исп., польск., лит., лат. швед., фин. и чешск. яз. В 1990 году за заслуги в обл. рус. лит. за рубежом Славянским отделением Нью-Йоркского ун-та удостоин звания Writer in Residence of the Department of Slavic Languages and Literatures at New York University. Состоял членом РАГ в США. *Родственники*: жена (урожд. Новохацкая, в браке с 1927) Ольга Андреевна (? – 4 апр. 1976, Нью-Йорк); брат Сергей (?–1945) — участник Белого движения на Юге России, доброволец Корниловского Ударного полка, в эмиграции во Франции.

Супруги Г. похоронены на кладбище монастыря Ново-Дивеево близ Нануэт (шт. Нью-Йорк).

С о ч. Ледяной поход. Берлин, 1921. М., 1923 и 1992; Киевская эпопея: Нояб. – Дек. 1918 // Архив рус. революции. Берлин, 1921. Т. II; Генерал БО. Берлин, 1929. Нью-Йорк, 1959 и 1974; В рассеянии сущие. Берлин, 1923; Жизнь на фукса. Берлин, 1927; Скиф. Берлин, 1931; Красные маршалы. Берлин, 1933; Дзержинский. Париж, 1936; Товарищ Иван // НЖ. 1968. № 92; Я унёс Россию. Апология эмиграции: Т. I. Россия в Германии. Нью-Йорк, 1981; Т. II. Россия во Франции. Нью-Йорк, 1984; Т. III. Россия в Америке. Нью-Йорк, 1989.

И с т. ЛАА. Александров К.М. Жизненный путь Р.Б. Гуля (биографич. справка, 2004); *Гуль Р.Б.* Моя биография // НЖ. 1986. Июнь. № 164. С. 7–88; Гуль Роман Борисович // Незабытые могилы / Сост. В.Н. Чуваков. Т. II. С. 268.

Л и т. Андреев Н. По касательной (Я унёс Россию) Романа Гуля // НРС. 1981. 26 июля; *Блинов В.* О верности самому себе. Роману Гулю — 90 лет // РМ. 1986. 28 февр.; *Вильданова Р.И., Кудрявцев В.Б., Лаппо-Данилевский К.Ю.* Краткий биографич. словарь рус. зарубежья // *Струве Г.* С. 126–127, 304; *Волков С.В.* Первые добровольцы… С. 86; *Казак В.* С. 247–249; *Магеровский Е.Л.* Роман Борисович Гуль // Записки РАГ. 1986. Т. XIX. С. 455–460; *Его же*. Памяти Р.Б. Гуля // НРС. 1986. Июль; *Померанцева Е.* Гуль Роман Борисович // РЗ. Золотая кн. эм. С. 200–202; *Филиппов Б.* Роман Гуль — прозаик // НРС. 1986. 8 янв.; *Terras V.* Gul Roman Borisovich // Handbook of Russian Literature. Yale University Press, 1985. P. 188.

ГУМЕНСКАЯ [урожд. **Аристова**] Екатерина Александровна (14 июля 1897, Казань – 1988, Эпп-Валли, шт. Калифорния) — художник, архивариус. В 1914–17 училась в Москве на Высших Голицынских сельскохоз. женских курсах. После Октябрьского переворота 1917 — в эмиграции в Харбине (Кит.). В США с 1921. Оконч. Калифорнийский ун-т в Бёркли, затем получила ст. магистра в Лос-Анджелесском ун-те. В 1945–52 — переводчик при Верховном Командовании амер. Вооружённых Сил в Европе. Произведения Г. выставлялись на 12 персональных выставках в Сан-Франциско и в Юж. Калифорнии. Многие из её картин хранятся в худ. галереях и в частных коллекциях, главным образом на Западе США. Кроме занятия живописью преподавала. Г. — пейзажист с оттенком абстракционизма. Среди худ. тем. Г. — рус. церкви, равнины, леса. Собирала семейный архив. *Родственники*: муж Дмитрий (в разводе с 1931).

И с т. АМРК в Сан-Франциско. Е.А. Гуменская // Коллекции Гуверовского института, pdf 119 К.
Л и т. *Серебренников Е.* Русский талант. Е.А. Гуменская // НРС. 1978. 26 дек.

ГУМЕНЮК [**Humeniuk** Samuel] Самуил Антонович (1891, с. Москаливка Новоград-Волынского уезда Волынской губ. – 2 окт. 1956) — общественный деятель. В США с 1912. Работал на заводе Болдвина. В 1925 основал в Честере отдел РООВА, учредитель 32-го отдела РООВА. Инициатор создания рус. школы для детей. Во время Второй мировой войны был председателем рус. военного фонда помощи. Состоял членом Главного правления РООВА (после 1945).

Похоронен 6 окт. 1956 на Свято-Владимирском кладбище в Кэссвилле (шт. Нью-Джерси).

И с т. АА. Письмо С. Рагозина, 23 нояб. 2002; Гуменюк Самуил Антонович // Незабытые могилы / Сост. В.Н. Чуваков. Т. II. С. 271

ГУМНИК Георгий Онуфриевич (16 марта 1901, Киев – ?) — инженер-экономист. Окончил Киевский ин-т кожевенной промышленности (1937). Покинул СССР во время Второй мировой войны. После 1945 — в эмиграции в США, где жил и работал в Нью-Йорке. Действительный член Об-ва рус. инж. в США.

И с т. АОРИ. Анкета.

ГУМНИЦКИЙ Андрей Онуфриевич — См. **ГОНЧАРЕНКО** Агапий.

ГУРДИНА Наталия — См. **ВУД** Наталия.

ГУРЛЕССКИЙ [псевдоним после 1941?] Игорь Федотович (? – 29 авг. 1993, ?) — участник Власовского движения, общественно-полит. деятель. Гражданин СССР. Во время Второй мировой войны попал в нем. плен и вступил из лагеря военнопленных в РОА. На апр. 1945 — командир 2-го батальона 4-го полка 1-й пехотной дивизии ВС КОНР, капитан. Участник боёв на Восточ. фронте (март–апр. 1945) и в Праге (5–8 мая 1945). Насильственной репатриации избежал. После оконч. войны — в Зап. Германии, откуда выехал в Канаду (?). Участвовал в общественно-полит. жизни рус. эмиграции. Зам. председателя СБОНР (после 1960).

И с т. ЛАА. Картотека учёта офицерских кадров Восточных войск Вермахта, казачьих частей и ВС КОНР из граждан СССР.
Л и т. *Александров К.М.* С. 331.

ГУРС [George **Gurs**] Георгий — ветеран амер. армии, капитан, служил в инженерных частях.

И с т. *Pantuhoff Oleg* (Bates, John L.) — 1976.

ГУРСКИЙ Владимир Викторович (1889, Радом Привислянского края – 7 февр. 1974, Лос-Анджелес) — участник Белого движения на Юге России, полковник. Окончил Псковский кад. корпус (1907), Павловское военное уч-ще (1909) и вышел подпоручиком во 2-й стрелковый арт. дивизион, стоявший в Новорадомске. Участник Первой мировой войны в рядах дивизиона. На 1917 — полковник, командир 2-й батареи. За отличия награждён Георгиевским оружием и всеми орденами до ордена св. Владимира IV ст. с мечами и бантом включительно. После Октябрьского переворота 1917 — на Юге России. Командир бронепоезда «Вперёд за Родину» (сент. – окт. 1919), нач-к 3-го бронепоездного дивизиона (с 13 сент. 1919). В 1920 — командир бронепоезда «Витязь». Эвакуировался из Крыма в составе Рус. армии в нояб. 1920. В эмиграции в Кор. СХС. Жил в Дубровнике, где служил на таможне. В 1941–45 — в Рус. Корпусе, участвовал в боевых действиях против партизан И.Б. Тито на терр. Югославии. После 1945 — в Австрии, с 1952 в США, участвовал в жизни рус. воинских орг-ций. Зарабатывал на жизнь физич. трудом. Состоял членом Общекад. Объединения, Лос-Анджелесского отдела СчРК и Об-ва рус. ветеранов Великой войны. Последние годы провёл в старческом доме.

Похоронен 12 февр. 1974 на кладбище Форест Лаун.

И с т. Гурский Владимир Викторович // Незабытые могилы / Сост. В.Н. Чуваков. Т. II. С. 281; Общий список оф. чинам РИА — 1910. С. 702.
Л и т. *Волков С.В.* Энциклопедия Гр. войны. С. 147; *Георгиевский В.* Некролог // НВ. 1974. 1 апр. № 334/2634. С. 14; *Лисицын К.* Незабытые могилы // Часовой (Брюссель). 1974. Май. № 575. С. 17.

ГУРСКИЙ Георгий Петрович (1888, Санкт-Петербург – 25 авг. 1972, Торонто) — участник Белого движения на Юге России, полковник. Сын офицера. Оконч. 1-й кад. корпус (1905), Елисаветградское кав. уч-ще (1907), Харьковскую худ. школу. На янв. 1910 — корнет 10-го гус. Ингерманландского Его Кор. Выс. Вел. герцога Саксен-Веймарского полка 10-й кав. дивизии, стоявший в Чугуеве Харьковской губ. Участник Первой мировой войны. Ротмистр, Георгиевский кавалер (на 1917). В Добровольч. армию пробился с боями из Чугуева осенью 1918. С янв. 1919 — командир эскадрона в дивизионе Ингерманландских гус. при 1-й кон. дивизии. С июля 1919 — помощник командира Ингерманландского гус. полка 1-й бригады 1-й кав. дивизии. Подполковник и полковник (30 сент. 1919). В Рус. армии служил в дивизионе Ингерманландских гус. 1-го кав. полка 1-й кав. дивизии. В составе части эвакуировался из Крыма в нояб. 1920. В эмиграции в Кор. СХС. Жил в Македонии, преподавал математику и рис. в гимназии в Велесе. В 1953 переехал в Канаду. Состоял председателем Кадетского Объединения. Художник. *Родственники*: жена Ольга Васильевна.

И с т. Гурский Георгий Петрович // Незабытые могилы / Сост. В.Н. Чуваков. Т. II. С. 281; Общий список оф. чинам РИА — 1910. С. 595.
Л и т. *Волков С.В.* Энциклопедия Гр. войны. С. 147; Некролог // НРС. 1975. 19 сент. № 22743.

ГУСЕВ-ОРЕНБУРГСКИЙ [наст. фам. Гусев] Сергей Иванович (5 окт. 1867, Оренбург – 1 июня 1963, Нью-Йорк) — писатель. Род. в каз. семье. Поэтому прибавил к своей фамилии «Оренбургский». Образование получил в дух. уч-ще и в дух. семинарии. Стал сельским учителем, затем был рукоположен в иереи и шесть лет служил священником. Однако в 1898 сложил с себя сан священника и стал писателем. Его первые рассказы были опубликованы в 1890. В 1903 **Г.-О.** опубликовал первый сб. рассказов из жизни рус. сельского духовенства. Полное собр. соч. **Г.-О.** издано в 16 томах в 1913–18 в Петрограде.

Не захотел жить при сов. власти и в 1921 выехал в Харбин, откуда переселился в

США, здесь прожил 40 лет. Ред. журнал «Жизнь», сотрудничал в «Новом русском слове» (Нью-Йорк), «Русском голосе», «Новой русской книге», «Еврейской трибуне», «Зарнице» и др. Принял амер. гражданство.

Л и т. *Вильданова Р.И., Кудрявцев В.Б., Лаппо-Данилевский К.Ю.* Краткий биографич. словарь рус. зарубежья // *Струве Г.* С. 305; Каз. словарь-справочник / Изд. А.И. Скрылов, Г.В. Губарев. Т. I. Кливленд, 1966. С. 146; Репринт. М., 1992. Т. I. С. 158; *Петров В.* Рус. в истории Америки. Вашингтон, 1992. С. 77.

ГУТНИКОВ Фёдор Глебович — деловой человек из крестьян-иммигрантов. В России получил минимальное технич. образование.

В США приехал накануне Первой мировой войны, во время которой работал на фабрике по изготовлению военного снаряжения. Присмотревшись к производству, научился делать лекала и штампы, открыл собственное дело, в котором вначале были задействованы 10–20 рабочих. Биография Г. — пример деловитости рус. крестьян в США, предприимчивости и личного совершенствования.

Л и т. *Березний Т. А.* С. 58–59.

ГЮББЕНЕТ Юрий Георгиевич (21 янв. 1913, Рига – 24 февр. 1986, Нью-Йорк) — общественный деятель. Род. в семье, происходившей от переселившихся в Россию франц. гугенотов. Уходя от большевиков, семья Гюббенет эмигрировала в 1920 в Польшу. Учился до 5-го кл. в нем. школе, а потом перешел в польск. гимназию. Оконч. юридич. ф-т Белградского ун-та.

В ходе войны стал беженцем и переселился в США. Работал страховым агентом в Нью-Йорке, где смог применить свое юридич. образование. Юрий Георгиевич принимал живое участие в рус. общественной и полит. жизни. Был деятельным сотрудником СБОНР и членом бюро Северо-Амер. отдела СБОНР. Был одним из основателей отдела КРА в Лонг-Айленде. Преподавал в субботней школе при Свято-Серафимовской церкви в Си-Клиффе (Лонг-Айленд) в шт. Нью-Йорк. *Родственники:* вдова Елена; сын Анатолий; два внука.

Похоронен на кладбище монастыря в Ново-Дивееве, Нанует, в шт. Нью-Йорк.

И с т. АА. *Гюббенет Е.* Биография Юрия Георгиевича Гюббенета (рукопись), 1986.

Л и т. 26 авг. 1986, Памяти друга // НР 1986. 26 авг.

ГУМЕНЮК Милий Юльевич — См. **ГОРДЕНЕВ** Милий.

Д

ДАБЕЛСТЕН [урожд. **Дубинина**] Ирина Михайловна (род. 1928, Братислава, Чехословакия) – дипломированная медсестра. Оконч. гимназию в Братиславе. В 1947 эмигрировала в Канаду. Работала в Торонто в детской больнице, параллельно оконч. трехгодич. курсы с дипломом медсестры. Получив должность главной медсестры, работала до ухода на пенсию в нач. 90-х гг., посвятив жизнь больным детям, иногда находившимся в безнадежном состоянии.
И с т. АА. *Могилянский М.* Письмо от 17 дек. 2002.

ДАБЕЛСТЕН Павел Петрович (род. 1956, Торонто, Канада) — инженер-лесотехник. Род. в семье рус. эмигрантов скандинавского происхождения. Оконч. местную школу и лесотехнич. ф-т Торонтского ун-та.

Занимает должность директора отдела научных исследований и развития в международной лесообрабатывающей корпорации, главное правление которой находится в Портленде (шт. Орегон).
И с т. АА. *Могилянский М.* Письмо от 15 июня 2003.

ДАВИДЕНКО Сергей Федорович (18 июля 1887, Москва – 11 окт. 1966, Нью-Йорк) — инженер, музыкант. Оконч. Московский ин-т инж. путей сообщения и курс Московской консерватории по классу композиции. Работал на железной дороге в Москве, одновременно изучал курс холодильного дела. Во время Первой мировой войны заведовал передвижением санитарных поездов при Ставке Верховного Главнокомандующего. После 1917 — в эмиграции в Кор. СХС, здесь получил два патента на холодильники с сухим льдом и на пустотелые кирпичи. Участвовал в строительстве Рус. дома им. Императора Николая II в Белграде. Затем в эмиграции в США, занимался технич. работами, кроме того, на протяжении 17 лет — первый альт в оркестре Квинс Колледжа во Флашинге (Нью-Йорк).
И с т. АОРИ. Анкета; Давиденко Сергей Федорович // Незабытые могилы / Сост. В.Н. Чуваков. Т. II. С. 295.
Л и т. Некролог // НРС. 1966. 10 нояб.

ДАВИДОВИЧ Александр Семенович (10 апр. 1892 – ?) — горный инженер. Оконч. Горный ин-т в Петрограде (1916). После Октябрьского переворота 1917 — в эмиграции в Чехословакии. Оконч. Высшую горную академию в Пршибраме (1923). Специалист по разработке угля, нефтяных месторождений, маркшейдерскому делу и изысканию воды. В эмиграции в США жил в Махопаке (шт. Нью-Йорк). Действительный член Об-ва рус. инж. в США (на 1951).
И с т. АОРИ. Анкета.

ДАВЫДОВ — на 1806 — лейтенант Рус. военно-мор. флота, состоял на службе в РАК.

ДАВЫДОВ Александр Васильевич (11 окт. 1881, Тамбов – 14 окт. 1955, Нью-Йорк). Правнук декабристов Давыдова и Трубецкого. Добровольцем участвовал в рус.-яп. войне 1904–05. Либерал. В эмиграции с 1920, покинул Россию вместе с Рус. армией. С 1922 — в эмиграции во Франц., жил в Париже. Переехал в США во время Второй мировой войны. Состоял членом правления Рус. лит. кружка в Нью-Йорке. Публиковался в газ. «Возрождение» (Париж), «Новое русское слово» (Нью-Йорк) и в «Новом журнале» (Нью-Йорк). Автор мемуаров. *Родственники*: вдова Ольга Яковлевна; дочь О.А. Давыдова-Дакс.
И с т. Давыдов Александр Васильевич // Незабытые могилы / Сост. В.Н. Чуваков. Т. II. С. 297.
Л и т. Некролог, 16 и 23 октября 1955 // НРС. 1955. 16 окт. № 15450; 23 окт. № 15457; *Плешко Н. Д.* Новик (Нью-Йорк). 1956. Отд. 3. С. 4.

ДАВЫДОВ Гаврила Иванович (1784, Лукино Тамбовской губ. – 1809, Санкт-Петербург) — мор. офицер, исследователь Рус. Америки и Курильских о-ов, этнограф. В Америке побывал дважды (1802 и 1805) под начальством *Н.П. Резанова*. В Рус. Америке вступался за голодавших рус. промышленников и алеутов. В 1806 вместе с Резановым на корабле «Юнона» участвовал в плавании за продовольствием в Сан-Франциско. Следуя концепции Резанова, дипломатич. миссия которого в Японии потерпела неудачу, совместно с *Н.А. Хвостовым* участвовал в карательных действиях против японцев на о-вах Сахалин и Итуруп. В результате рус.-яп. отношения оказались испорчены на 50 лет. На участников операции было наложено взыскание.

По возвращении в Санкт-Петербург описал первое путешествие (1802–04) в Америку. Эта часть записок Д. содержит этнографич. наблюдения, описание климата и фауны Кадьяка с приложением словарей яз. тлинкитов и кенайцев. Книга Д. содержит для того времени наиболее полные сведения о Рус. Америке. Погиб вместе с Хвостовым в Санкт-Петербурге при попытке перебраться через Неву. После гибели Д. вице-адм. А.С. Шишков составил на основании его писем вторую часть записок. Именем Д. адм. *И.Ф. Крузенштерн* назвал (1827) о-в в цепи Крысьих о-ов в гряде Алеутских о-ов, а также о-в у юж. берега Аляски (о-в Давид). В 1933 амер. лесничество в честь Д. назвало оз. (Davidof Lake) на о-ве *Баранова*.

Л и т. *Pierce Richard A.* Russian America: A Biographical Dictionary. Ontario – Faibanks, 1990. P. 112–115.

ДАВЫДОВ Николай Николаевич (ок. 1898 – 17 окт. 1984, шт. Флорида) — участник Белого движения на Юге России, корнет. Прямой потомок героя войны 1812, ген.-лейт., поэта Д.В. Давыдова. В 1914 ушел добровольцем на фронт Первой мировой войны, участник боевых действий в рядах 12-го гус. Ахтырского ген. Дениса Давыдова полка 12-й кав. дивизии, в которой служили отец и брат Д. Награжден за боевые отличия. После Октябрьского переворота 1917 — в рядах белых войск на Юге России. Эвакуировался из Крыма в составе Рус. армии в нояб. 1920. Корнет (на 1920). В эмиграции в Кор. СХС. В 1941–45 служил в Рус. Корпусе, участвовал в боевых действиях против партизан И.Б. Тито, командовал кав. подразделением (?).

После 1945 — в эмиграции в США, жил во Флориде. *Родственники*: брат Вадим (? – до 1968, США) — участник Первой мировой войны и Белого движения на Юге России, в эмиграции в Кор. СХС, чин Рус. Корпуса, после 1945 — в США; вдова Вадима Николаевича — Елизавета Вениаминовна; племянник С. Мюге.

Похоронен на кладбище монастыря Ново-Дивеево близ Нануэт (шт. Нью-Йорк).

Л и т. Некролог // НРС. 1984. 20 окт.; Свежие могилы // НВ. 1984. № 397/2698. Дек. С. 24; *Мюге С.* Памяти Н.Н. Давыдова // НРС. 1984. 26 окт.; К. 1968. 15 июня. № 70. Л.4.

ДАВЫДОВ Сергей Сергеевич (род. 17 июля 1945, Прага) — литературовед, проф. Оконч. Карлов ун-т в Праге со званием бакалавра (1968). Магистр при Мюнхенском ун-те (1972), доктор при Йельском ун-те (1978). Преподавал в Миддлбери колледже в Вермонте (1976–78), в Йельском ун-те (1978–81), с 1981 — в Брин-Мор колледже в Пенсильвании.

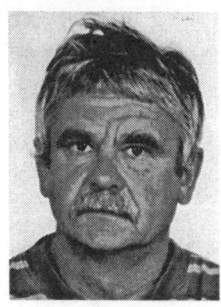

Специалист по творч. А.С. Пушкина и *В.В. Набокова*. Автор книг и статей в литературоведч. журналах, посвященных творчеству А.С. Пушкина, *В.В. Набокова*, К. Чапека, Ф.М. Достоевского, связям между рус. формализмом и чешск. структурализмом. Живет и преподает в Вермонте в Миддлбери колледже. Перечень трудов Д. частично опубликован: Записки РАГ в США (Нью-Йорк). 1990. Т. XXIII. С. 237.

С о ч. The Wilson Letters. Harper, 1980 (в соавт. с *С.А. Карлинским*); «Тексты-матрешки» Владимира Набокова. Otto Sagner, 1982.

И с т. АА. *Davydov Sergei*. Curriculum vitae (manuscript), 1984.

ДАДИАНИ Давид [Уча] Константинович, (1875 – 18 окт. 1932, Нью-Йорк) — светлейший кн., полковник. Представитель семьи кн. Мингрельских (Зап. Грузия). Оконч. Тифлисский кад. (1894) и Пажеский корпуса. В службу вступил хорунжим в 1-й Хоперский каз. Ее Императорского Выс. Вел. Кнг. Анастасии Михайловны полк Кубанского каз. войска (Кутаис). Офицер Собственного Е. И. В. Конвоя. Участник Первой мировой войны в рядах Чеченского конного полка 1-й Кавказской («Дикой») туземной кон. дивизии, командир сотни. Георгиевский кавалер. После Октябрьского переворота 1917 — на Юге России, полковник. В эмиграции в Константинополе. В США с 1923. Жил в Нью-Йорке, служил в конторе парфюмерной фирмы кн. Мачабелли. Состоял членом черкесского об-ва «Аллаверды», участвовал в шахматных турнирах. *Родственники*: племянник, кн. Леван Григорьевич Д.

Похоронен 22 окт. 1932 на кладбище Маунт-Оливет в Маспете на Лонг-Айленде (шт. Нью-Йорк).

И с т. Дадиани Давид (Уча) Константинович // Незабытые могилы / Сост. В.Н. Чуваков. Т. II. С. 303.

Л и т. *Волков С.В.* Офицеры рос. гвард. С. 157; Некрологи // НРС. 1932. 19 окт. № 7206; 20 окт. № 7207; 22 окт. № 7209.

ДАДУКИН Петр Алексеевич (1884, стан. Константиновская Обл. Войска Донского – 10 мая 1942, Нью-Йорк) — участник Белого движения на Юге России. Оконч. Казанское воен. уч-ще. Участник Первой мировой войны. На авг. 1914 — офицер 2-й армии ген. А.В. Самсонова Сев.-Зап. фронта, вывел более тыс. солдат из нем. окружения. После Октябрьского переворота 1917 — в белых войсках на Юге России, старший офицер при военно-санитарном инспекторе. С 1920 (?) в эмиграции в Константинополе. В США с 1923. Выступал на сцене, играл в амер. спектаклях.

Похоронен в Пассэйке (шт. Нью-Джерси).

И с т. Дадукин Петр Алексеевич // Незабытые могилы / Сост. В.Н. Чуваков. Т. II. С. 304.

Л и т. Некролог // НРС. 1942. 12 мая. № 10673.

ДАЛАНТИНОВ-МАНГАТОВ Содмон Лиджиевич (16 окт. 1908, стан. Денисовская Обл. Войска Донского – 14 июня 1963, Филадельфия) — инженер, общественный деятель. Казак-калмык Войска Донского. С 1920 — с отчимом в эмиграции в Константинополе, затем — в Кор. СХС. Учился в Донском императора Александра III кад. корпусе, продолжил учебу в Чехословакии. Оконч. в Праге рус. гимназию и политехникум (1935) со званием инж.-строителя. Вернулся в Белград, работал по специальности. После нем. оккупации Югославии (1941) переехал с др. калмыками в Германию. В 1946–47 — нач-к калмыцкого беженского лагеря в Пфаффенгофене (Бавария), в 1948 переведенного в Ингольштадт. В лагере занимал должность директора ремесленной школы. После переезда в США организовал Калмыцкое об-во «Братство» в Филадельфии и состоял его первым председателем. Получил от Мирового Совета Церквей средства для покупки 130 акров земли для устройства калмыцкого поселка близ Филадельфии. В США работал инж.-консультантом. *Родственники*: жена (в браке с 1940) Дела Джугнинова.

И с т. Далантинов-Мангатов Содмон Лиджиевич // Незабытые могилы / Сост. В.Н. Чуваков. Т. II. С. 305–306.

Л и т. *Бембетов В.* Некролог о Содмоне Далантинове-Мангатове // РМ. 1963. 13 июля. № 2020.

ДАЛИН [наст. фам. **Левин**] Давид Юльевич (24 мая 1889, Рогачев Могилевской

губ.– 21 февр. 1962, Нью-Йорк) — участник рос. соц.-дем. движения, писатель, советолог. Во время учебы на юридич. ф-те Санкт-Петербургского ун-та арестован за участие в соц.-дем. деятельности, образование продолжил за границей. Учился в Берлинском и в Гейдельбергском ун-тах. В Гейдельберге защитил докт. дисс. В Россию возвратился после Февральской революции 1917, член РСДРП. В период между фев. и окт. 1917 — сторонник группы «Единство» Г.В. Плеханова. После Октябрьского переворота 1917 участвовал в ненасильственном сопротивлении большевикам и попытках сохранить легальную рабочую партию в условиях политики «военного коммунизма». Член ЦК РСДРП (1917–21) и комиссии по профессиональному движению при ЦК партии. Зимой 1920–1921 выехал из РСФСР в Берлин, в эмиграции в Германии. С янв. 1921 — член Заграничной делегации РСДРП, соред. «Социалистического вестника» (Берлин — Нью-Йорк). После прихода к власти нацистов переехал с семьей в Польшу, затем во Франц., жил и работал в Париже. В США с 1940. После 1945 участвовал в сборе и анализе свидетельств быв. граждан СССР о сов. действительности. Гражданин США. Гос. учреждениями и уч. заведениями США привлекался в качестве эксперта в обл. советологии. 13 марта 1949 совместно с Б.Л. Двиновым, *Ю.П. Денике*, *Б.И. Николаевским* и др. участвовал в создании Лиги Борьбы за Народную Свободу — общественно-полит. орг-ции, призванной объединить рус. эмигрантов, разделявших леводемократич. взгляды. Сфера интересов Д. охватывала полит. процессы в СССР, особое внимание ученый уделял изучению сов. общественно-политич. и соц.-экономич. реальности. Автор 11 книг, увидевших свет в издательстве Йельского ун-та. *Родственники*: сын Александр (1924–2000) — историк, советолог.
С о ч. После войн и революций. Берлин, 1920; Прочь иллюзии // Социалистич. вестник (Берлин). 1921. Май. № 8; По поводу статьи Н.С. Тимашева // НЖ. 1949. Кн. XXI. С. 293–294; Forced Labor in Soviet Russia. New Haven, 1947 (together with B. I. Hicolaevsky); The Changing World of Soviet Russia. Oxford, 1956.
И с т. ЛАА. Справка *К.М. Александрова* на члена ЦК РСДРП (1917–1921) Д.Ю. Далина; Далин Давид Юльевич // Незабытые могилы / Сост. В.Н. Чуваков. Т. II. С.306.
Л и т. *Аронсон Г.Я.* К истории правого течения среди меньшевиков // Меньшевики после Октябрьской революции. Сб. статей и воспоминаний Б. Николаевского, С. Волина, Г. Аронсона / Ред.-сост. Ю.Г. Фельштинский. Бенсон, 1990. С. 232; *Вильданова Р.И., Кудрявцев В.Б., Лаппо-Данилевский К.Ю.* Краткий биографич.

словарь рус. зарубежья // *Струве Г.* С. 305; *Волин С.* Меньшевизм в первые годы НЭПа // Меньшевики после Октябрьской революции. Указ. соч. С. 156; *Гарви П.А.* Профсоюзы и кооперация после революции (1917–1921). Бенсон, 1989. С. 18–19; *Гуль Р.Б.* Некролог // НЖ. 1962. № 67; *Николаевский Б.И.* Меньшевизм в период военного коммунизма (1918–1921 гг.) // Меньшевики после Октябрьской революции. Указ. соч. С. 96; Raymond Boris, Jones David. The Russian Diaspora. 1917–1941. Maryland and London, 2000. P. 94.

ДАЛЬСКИЙ Михаил Семёнович (1876 [1878] – 23 нояб. 1935, Нью-Йорк) — артист оперетты. Образование получил в Москве. Выступал на сцене театров оперетты «Буфф», «Луна Парк» и др. С 1918 в эмиграции в Европе. В США с 1929. В Нью-Йорке выступал на амер. сцене в «Песне пламени», «International Review». Последние годы работал суфлером Рус. оперы. *Родственники*: вдова Ксения Георгиевна.
Похоронен на кладбище Маунт-Оливет на Лонг-Айленде (шт. Нью-Йорк).
И с т. Дальский Михаил Семенович // Незабытые могилы / Сост. В.Н. Чуваков. Т. II. С.307.
Л и т. Некролог // НРС. 1935. 25 нояб. № 8335.

ДАМАСКИН Николай Иванович (1 мая 1902, Измаил Бессарабской губ. – 8 апр. 1970) — инженер-электрик, общественный деятель. Род. в семье почтового чиновника. Отец Д. был переведен на должность нач-ка почты на рус.-кит. границе. Учился в Никольско-Уссурийской гимназии, последние два класса окончил в гимназии им. ген. Д.Л. Хорвата в Харбине.

Для продолжения образования в 1922 приехал в США. Оконч. Питтсбургский ун-т (1930) с дипломом инж.-электрика, бакалавр наук. Работал в обл. проектирования электрич. установок и инструментов в химич. промышленности, затем — в департаменте Общественных работ. В 1949–51 — председатель Об-ва русских, окончивших амер. ун-ты (Russian Alumni of American Universities). Один из создателей Об-ва рус.-амер. инж. Состоял активным членом правления и бессменным казначеем Об-ва со дня основания, казначеем Пушкинского об-ва, председателем Рус. православного об-ва Св. Владимира и др. рус. культурных и благотворительных орг-ций. *Родственники*: вдова Полина (урожд. Давыдова).
И с т. АОРИ. Анкета. 1954.
Л и т. *Лишин Л.* Памяти Н.И. Дамаскина // НРС. 1970. 17 апр.; Anonymous. Nicholas Damaskin // The Russian Student (In the American College and University). 1924. November. Vol. I. № 1. п. 7.

ДАН [наст. фам. **Гурвич**] Федор Ильич (19 окт. 1871, Санкт-Петербург – 22 янв. 1947, Нью-Йорк) — врач, полит. деятель, публицист. Входил в «Союз борьбы за освобождение рабочего класса». В 1903 бежал за границу. Ред. газ. «Голос социал-демократа». Во время Первой мировой войны — оборонец. Поддерживал Временное пр-во. В 1922 выслан большевиками за границу. С 1922 участвовал в Берлине в ред. «Социалистического вестника». В 1940 переехал с женой, Лидией Осиповной, его единомышленником и сотрудником, в Нью-Йорк.
Л и т. *Шварц С.* Некролог // НЖ. 1947. № 15.

ДАНАРОВ Александр Борисович (1888, Харьков – 5 авг. 1952, Голливуд, шт. Калифорния) — актер. Оконч. юридич. ф-т. Имел чин прапорщика запаса. Участник Первой мировой войны. После Октябрьского переворота 1917 — в эмиграции в Румынии. Затем жил в Польше и Германии. Совместно с Я.Г. Шигориным основал театр «Жар-птица». После гастролей в Германии (1923) выступал с театром в Юж. Америке и в США. Театр закрылся в Нью-Йорке. Работал на фабрике, был метрдотелем в рус. ресторане. В нач. 30-х гг. играл в амер. постановке на Бродвее в Нью-Йорке. В 40-х гг. снялся в двух фильмах в Голливуде, где прожил 10 лет. Владелец ресторана «Бублички». Участвовал в «Вечерах под зеленой лампой», выступал на благотворительных концертах. *Родственники*: жена Мария Владимировна.
Похоронен в Лос-Анджелесе.
И с т. Данаров Александр Борисович // Незабытые могилы / Сост. В.Н. Чуваков. Т. II. С. 309.
Л и т. Некролог // НРС. 1952. 5 авг. № 14710; 8 авг. № 14713.

ДАНИЕЛЬС [**Daniels Eugene**] Евгений — подполковник армии США. В 1944 служил в р-не Персидского залива.
И с т. *Pantuhoff Oleg* (Bates, John L.) — 1976.

ДАНИИЛ [в миру Дмитрий Борисович **Александров**] (род. 15 сент. 1930, Одесса) — епископ Ирийский РПЦЗ, архитектор, иконописец. Род. в семье быв. офицера Белой армии, впоследствии арестованного и пропавшего без вести в сов. тюрьмах. Правнук по материнской линии последнего правителя Рус. Америки кн. *Д.П. Максутова*. Максутовы — потомки татарского царевича Касима, перешедшего на службу к Вел. Кн. Московскому Василию Васильевичу Тёмному и получившего на кормление Городец на Оке, впоследствии Касимов Рязанской губ. Во время нем.-рум. оккупации Одессы 1941–44 Д. в 1944 начал служить псаломщиком при церкви св. Виктора и Виссариона. Во время эвакуации покинул Одессу и выехал на Запад. В Вене прислуживал в быв. рус. посольской церкви. С 1945 служил псаломщиком в церкви беженского лагеря в Фельддров (Австрия), затем при рус. церкви в Берне.

В 1949 с матерью переехал в США. С 1952 учился в Свято-Троицкой дух. семинарии в Джорданвилле (шт. Нью-Йорк), бакалавр богословия (1958). Начал заниматься иконописью под рук. *П.М. Софронова*. Написал образа для иконостасов Свято-Владимирского храма-памятника в Джексоне (шт. Нью-Джерси) и Троицкого храма в Астории (шт. Нью-Йорк). Совместно с П.М. Софроновым участвовал в росписи церкви в Ансонии (шт. Коннектикут). По проекту Д. возведен собор св. Иоанна Предтечи в Вашингтоне и церковь св. Пантелеймона в Хартфорде (шт. Коннектикут). С юных лет интересовался старообрядчеством и посвятил себя трудам в общении с единоверцами. В авг. 1965 рукоположен в сан диакона, затем в сан иерея. Принял монашество с именем Даниил. 13 авг. 1988 хиротонисан во епископа Ирийского, по городу Ири (шт. Пенсильвания), где долгое время существует община старообрядцев. Община воссоединилась в 1983 с РПЦЗ в связи с тем, что 25 сент. 1974 на III Всезарубежном соборе в Джорданвилле были сняты клятвы на старые обряды. Окормляет старообрядцев в РПЦЗ и ставит задачей содействие воссоединению других старообрядч. приходов с Рус. Православной Церковью. Автор 100 рус. басен в рукописи, перевел 22 басни И.А. Крылова на англ. яз. Д. переведена с укр. на рус. яз. «Энеида» Котляревского.
Л и т. *Александров Е.А.* Интервью с Епископом Даниилом Ирийским, 26 нояб. 1996 // РА. 1997. № 21. С. 217–219; *Андрей (Кастидис), иеромонах*. Особенности двух рус. богослужебных традиций. Интервью с Епископом Даниилом Ирийским // ПР. 1996. № 21. С. 10–12.

ДАНИЛЕВСКИЙ Александр Александрович (род. 1913, Санкт-Петербург) — инженер-гидротехник. После 1917 — в эмиграции в Чехословакии. Оконч. Пражский Технич. ун-т с дипломом инж. (1938). Работал в Аргентине, Германии, Уругвае, Франц., Чехословакии. Проф. ун-та в Буэнос-Айресе. В США с 1982, жил в Нью-Йорке. Активно сотруднич. с Международной комиссией по большим плотинам. Читал лекции в высших учебных заведениях в Буэнос-Айресе, Москве, Праге, Санкт-Петербурге и др. городах. Автор 60 работ, опубликованных на шести яз. в разных странах. 19 июня 2001 в Пражском Технич. ун-те Д. в торжественной обстановке была присуждена докт. ст. за выдающиеся работы в обл. гидротехнич. сооружений.
Л и т. Отличие для рус. эмигрантского учёного // НС. 2001. 1 сент.

ДАНИЛЕВСКИЙ Александр Иванович (4 авг. 1893 – 24 авг. 1966, Сан-Франциско?) — участник Белого движения на Юге России, штабс-капитан, инженер-электрик. Учился в Санкт-Петербургском политехнич. ин-те, откуда перешел в Павловское воен. уч-ще. В февр. 1915 из юнкеров произведен в прапорщики и начал службу в 30-м сапёрном батальоне. Участник Первой мировой войны, командовал прожекторной ротой. За отличия награжден орденами св. Анны IV и III ст., св. Станислава III ст. В боях под Варшавой контужен, затем ранен (1915). После Октябрьского переворота 1917 участвовал в расформировании 30-го сапёрного батальона (нояб. 1917 – янв. 1918). В янв. 1918 вступил в 1-ю нац. бригаду рус. добровольцев Ген. штаба полк. М.Г. Дроздовского. Участник дроздовского похода Яссы — Дон 1918. В Добровольч. армии и ВСЮР — в рядах 2-го кон. ген. Дроздовского полка 3-й пех. дивизии, Отдельной кав. бригады, 2-й бригады 2-й кав. дивизии. В 1918 вторично контужен. В Рус. армии (1920) — радиотелеграфный офицер в конно-сапёрной команде. Эвакуировался из Крыма в составе Рус. армии в нояб. 1920. После 1920 в эмиграции в Чехословакии. Чин РОВС и БРП, участник Рус. нац. движения в Праге. Оконч. Пражский политехникум (1927) с дипломом инж.-электрика. Служил инж. на заводе в Праге, конструировал электрич. сушилки и печи для выжигания красок на керамике. Накануне прихода сов. войск в 1945 выехал в Германию. В 1945–48 — беженец в зап. оккупационной зоне.

В США с 1948. Работал по специальности в разных фирмах, в частности у Вестингтгауза инж. по расчётам трансформаторов. Участвовал в жизни рус. воинских и общественных орг-ций. Состоял в Об-ве рус. ветеранов Великой войны и Об-ве рус. инж. в США. Похоронен на Серб. кладбище в Сан-Франциско.
И с т. АОРВВВ. Штабс-капитан Александр Иванович Данилевский // Альбом III. 1966. Авг.; Материалы АОРИ.

ДАНИЛОВ Борис Николаевич (6 февр. 1898, Баргузин – ?) — металлург. В США после 1920. С 1928 работал на амер. сталелитейных, сталепрокатных заводах и учился. Оконч. Горную школу Миссури с дипломом бакалавра и званием инж.-металлурга (1929). Магистр металлургии (1935), доктор по металлургии в Технологич. ин-те Карнеги (1935). Карьеру начал помощником металлурга, к 1943 — главный металлург мор. доков Сан-Франциско. Автор 7 статей в инж. журналах, соавтор книги «Сплавы железа и меди» (1934). Состоял членом Амер. ин-та горных инж., Амер. об-ва металлургов, Нац. ассоциации мор. технич. рук., почётных научных об-в. *Родственники*: жена (урожд. Шоу) Елена Глэдис; дети — Елена и Александр.
И с т. АОРИ. Анкета.

ДАНИЛОВА Александра Дионисиевна (7 нояб. 1904, Петергоф Санкт-Петербургской губ. – 13 июля 1997, Нью-Йорк) — балерина. Воспитывалась в семье ген. от инфантерии М.И. Ботьянова. В 1911 принята в Императорскую балетную школу при Мариинском театре в Петербурге, в которой ученицы и ученики воспитывались на основах классич. балета, перенесенного на плодотворную рус. почву из Франции Мариусом Петипа. После революции школа была переименована в Гос. балетную школу, которую Д. оконч. в 1920 и начала выступать в Петрограде в сольных номерах. В 1924 выехала в составе небольшой группы артистов, в которую входил и *Дж. Баланчин*, на летние гастроли в Зап. Европу. Баланчин был первым мужем Д. По оконч. турне вся группа решила остаться за рубежом. Во время одного из выступлений в Лондоне среди зрителей присутствовал С.П. Дягилев. Он пришел за кулисы и пригласил всех участников поступить в руководимый им Рус. балет. Поступив в этот балет, Д. скоро стала прима-балериной, выступая с неизменным успехом вплоть до кончины Дягилева в 1929.

Принадлежит к созвездию рус. балерин, прославивших рус. балет в США и во всем мире. Совместно с другими балеринами и танцорами проложила путь рус. балету в США. За свою многолетнюю творч. деятельность удостоилась чести, являющейся наивысшей для балерины, — она заслужила звание звезды балета. Это звание принято в балетном мире и звучит по-итальянски «прима балерина абсолюта». В Америку впервые приехала в составе Рус. балета Монте Карло. Наиболее известные постановки, в которых она танцевала с неизменным успехом: «Коппелия», «Лебединое озеро», «Парижское веселье», «Прекрасный Дунай», «Раймонда», «Сомнамбула», «Волшебная лавка», «Триумф Нептуна», «Бал» и др. постановки. Начиная с 1951 выступала с самыми крупными балетными компаниями мира. В 1954 совершила тур по Японии, через 30 лет после выступления в Японии *Анны Павловой*. Гастроли Д. в разных городах Америки чередовались с выступлениями в Европе. Достигнув вершины своей карьеры в балете, стала преподавателем и хореографом. Преподавала в балетной школе Амер. балета Баланчина в Нью-Йорке. Ее личным достижением является постановка «Коппелии» в 1975 в Нью-Йорке и в Женеве. «Коппелия» была полностью показана по телевидению из Линкольн-Центра. Д. играла роль преподавателя в фильме «Поворотный пункт», в котором она выступала с Анной Бакрофт, Шерли МэкЛейн и *Михаилом Барышниковым*. Джек Андерсон писал о Д. в газ. «Нью-Йорк Таймс», что она была балериной-волшебницей и стала передавать свое волшебство другим. Другие амер. журналисты наградили ее такими эпитетами, как «царица балета» и «королева Зап. мира рус. традиции». В 1982 о Д. был выпущен фильм «Размышления танцовщицы». В этом документальном фильме в теч. часа перед зрителями проходит вся жизнь танцовщицы. Об амер. танцовщицах и танцорах Д. говорила, что все они — ученики рус. балета. В благодарность за многолетнюю и самоотверженную творч. работу в деле популяризации рус. балетного искусства в Америке КРА чествовал ее 21 мая 1983 в Нью-Йорке с внесением ее имени в списки членов Рус.-Амер. Палаты Славы. В дек. 1986 мэр Нью-Йорка Эдвард Коч по представлению КРА наградил Д. за ее вклад в культурную жизнь Нью-Йорка медалью «Ethnic New Yorker Award». Она была в числе пяти выдающихся амер. артистов, которые были награждены 2 дек. 1989 в Госдепартаменте золотыми медалями. После этого их чествовали на концертах в Белом доме и в Центре им. Джона Ф. Кеннеди в Вашингтоне. Библиотека Конгресса США приобрела ее архивы и фотографии.

Л и т. *Александров Е.А.* Александра Данилова // РА. 1982–1985. № 18. С. 34–43; *Его же.* Александра Данилова // Там же. 1997. № 21. С. 250–253; *Аловерт Н.* Великая балерина Александра Данилова // НРС. 1983. 22 мая; *Её же.* Медаль — Александре Даниловой // Там же. 1986.19 дек.; *Её же.* Чествование Александры Даниловой // НРС. 1983. 1 июня; *Герцберг И.* Памяти Александры Даниловой // Там же. НРС. 1997. 25 июля; *Езерская Б.* Живая легенда русско-амер. балета // Там же. 1983. 23 окт.; Danilova Alexandra. Choura: The memoirs of Alexandra Danilkova // Alfred A. Knopf. New York, 1986. P. 211; *Gamarekian Barbara.* Performing artist is honored in words and musiv // The New York Times. 1989. Dec. 4; *Александров Е.* Александра Данилова // РА. 1997. № 21. С. 250–253; *Raymond B., Jones R.* Aleksandra Danilova // The Russian Diaspora 1917–1941. Maryland and London, 2000. P. 94–95.

ДАНИЛЬЧЕНКО Пётр Васильевич (1873, Санкт-Петербург – 9 июня 1953, Нью-Йорк) — участник Белого движения на Юге России, драматург. Сын капитана Л.-гв. Измайловского полка. Оконч. 1-й кад. корпус (1892), Константиновское воен. уч-ще (1894), служил в Л.-гв. Измайловском полку. В свободное от службы время осуществил постановку пьесы «Царь Иудейский» Вел. Кн. Константина Константиновича (К. Р.) на сцене Эрмитажного театра. Автор пьесы «Двенадцатый год», с успехом поставленной на сцене Малого театра к юбилейным торжествам в связи с 100-летием Отечественной войны 1812. Участник Первой мировой войны, в 1914 ушел на фронт командиром 11-й роты. В 1915 отморозил ноги. По выздоровлении — командир 7-го Ревельского ген. Тучкова VI-го полка 2-й пех. дивизии. Л.-гв. полковник. На 1917 — организатор Союза инвалидов в Одессе. В 1918–20 — в белых войсках на Юге России до эвакуации Новороссийска. В эмиграции в Кор. СХС (на май 1920). С авг. 1920 — в Рус. армии в Крыму, рядовой в офиц. роте. Эвакуировался из Севастополя в составе Рус. армии в нояб. 1920. В эмиграции в Болгарии (1921–23). Занимался общественной деятельностью по оказанию помощи рус. беженцам, организовал питание 2 тыс. человек, в воздаяние заслуг избран почётным членом Союза инвалидов. С 1923 в США. Жил в Нью-Йорке, зарабатывал на жизнь тяжёлым физич. трудом. Участвовал в деятельности Объединения Рос. кад. корпусов. После 1924 — чин КИАФ.

Похоронен на кладбище монастыря Новая Коренная пустынь в Магопаке (шт. Нью-Йорк).

И с т. Данильченко Пётр Васильевич // Незабытые могилы / Сост. В.Н. Чуваков. Т. II. С. 315.
Л и т. *Волков С.В.* Офицеры рос. гвард. С. 159; *де Рошефор*, гр. Полковник П.В. Данильченко // Часовой (Брюссель). 1953. Сент. № 334. С. 29.

ДАРАГАН Иван Михайлович (18 марта 1885, Калиш Привисленского края – 5 янв. 1977, Сан-Франциско) — участник Белого движения на Юге России, Ген. штаба подполковник. Оконч. Пажеский корпус (1904), Николаевскую академию Ген. штаба. Служил в Л.-гв. Уланском Её Величества Государыни Императрицы Александры Фёдоровны полку 2-й гв. кав. дивизии. Участник Первой мировой войны. На 1917 — подполковник, офицер отдела генерал-квартирмейстера Главного управления Ген. штаба. После Октябрьского переворота 1917 — в Киеве. С лета 1918 — штаб-офицер для поручений штаба Сев. армии ген. от кав. гр. Ф.А. Келлера. В 1919 — на терр. РСФСР, содержался в концлагере в р-не Москвы. С 1920 в эмиграции в Польше, после Второй мировой войны — в Аргентине. На 1951 — представитель председателя Гв. объединения на Аргентину. Состоял председателем отдела Союза Пажей (на 1954) и 3-го отдела Гв. объединения в Аргентине (на 1963). Затем переехал в США. Поселился в Сан-Франциско и участвовал в жизни рус. воинских орг-ций.

И с т. Дараган Иван Михайлович // Незабытые могилы / Сост. В.Н. Чуваков. Т. II. С. 318.

Л и т. *Волков С.В.* Офицеры рос. гвард. С. 159.

ДАРАГАН Пётр Михайлович (ок. 1893 – 1958, Сан-Франциско) — участник Белого движения на Юге России, подполковник. Оконч. в составе 86-го вып. Николаевское кав. уч-ще (6 авг. 1913) и Л.-гв. корнетом вышел в Кирасирский Её Величества Гос. Императрицы Марии Фёдоровны полк 1-й гв. кав. дивизии. Участник Первой мировой войны, Гв. штабс-ротмистр (на 1917). После Октябрьского переворота 1917 — на Юге России. С июля 1919 — в рядах ВСЮР в эскадроне Кирасир Её Величества 1-го гв. Сводно-кирасирского полка 1-й бригады 2-й кав. дивизии, затем — Сводно-гв. кав. полка 1-й кав. дивизии (на янв. 1920). В Рус. армии — в 4-м эскадроне Гв. кав. полка 1-й кав. дивизии. Подполковник. Ранен 9 авг. 1920. Эвакуировался из Крыма. В эмиграции в Кор. СХС, в списках полка (на янв. 1921). Затем — в эмиграции в США. Поселился в Сан-Франциско. Принимал деятельное участие в жизни рус. воинских орг-ций, состоял председателем Объединения быв. юнкеров Николаевского кав. уч-ща.

И с т. Дараган Иван Михайлович // Незабытые могилы / Сост. В.Н. Чуваков. Т. II. С. 319.

Л и т. *Волков С.В.* Офицеры рос. гвард. С. 159.

ДАРОВ [наст. фам. **Духонин**] Анатолий Андреевич (1920, Ярославская губ. – 8 февр. 1997, Нью-Йорк) — писатель, публицист. Род. в семье железнодорожного служащего. После оконч. средней школы учился на ф-те [по др. дан. — в ин-те] журналистики в Ленинграде. Пережил в Ленинграде блокадную зиму 1941–42, затем эвакуирован на Сев. Кавказ. В оккупации с авг. 1942. Зимой 1942–43 с оккупированной терр. СССР выехал на Запад. В 1943–44 — работал в ред. газ. частей и подразделений РОА «Доброволец». Оконч. войны встретил в Германии. Жил в амер. оккупационной зоне в Мюнхене (1945–48), насильственной репатриации избежал.

В 1945 опубликовал автобиографич. роман «Блокада» [полный вариант: «Грани» (Франкфурт-на-Майне), 1953], в котором ярко описал трагедию блокадного Ленинграда и произвол представителей сов. партийной номенклатуры. Роман выдержал пять переизданий, был переведён на франц. яз. (1959) и заслужил одобрение Б.К. Зайцева. В 1948–60 жил в Париже, в 1948–50 учился в Рус. богословской академии, занимался лит. творч. В США с 1960, постоянный автор газ. «Новое русское слово», «Россия» (Нью-Йорк), «Русская жизнь» (Сан-Франциско), писал очерки, рецензии, статьи о современной отечественной лит. Более 200 литературоведч. статей Д. увидели свет на страницах «Нового русского слова». Преподавал рус. яз. в Сиракузском ун-те. В нач. 60-х гг. опубликовал в «Гранях» первую часть романа «Главная любовь Ивана Подмосткина». После путешествия по Европе и посещения св. горы Афон опубликовал очерки «Берег — нет человека», об опустевших рус. монастырях на Афоне и в Греции. В романе «На Запад идти нелегко» (1973) описал горькую участь сов. граждан — военнопленных, беженцев и вывезенных на работу в Германию, подлежавших насильственной репатриации в СССР в 1945–47. В нач. 80-х гг. написал приключенческий роман «Продолжение побега». Перед смертью закончил роман с элементами фантастики «Евразия». *Родственники*: вдова Зоя.

Похоронен на кладбище Ново-Дивеево близ Нанует (шт. Нью-Йорк).

Соч. Блокада. Нью-Йорк, 1964; На Запад идти нелегко // на страницах НРС. 1973;

И с т. Даров Анатолий // Незабытые могилы / Сост. В.Н. Чуваков. Т. II. С. 319.

Л и т. *Буркин И.* Памяти Анатолия Дарова // НРС. 1997. 22–23 марта; Посев (Москва). 1997. № 3; *Его же.* Юбилей Анатолия Дарова // НРС. 1990. 3–4 нояб.

ДАТЧЕНКО Евгений Матвеевич (20 нояб. 1899, Ростов Обл. Войска Донского – ?) — инженер-механик. После Октябрьского переворота 1917 — в эмиграции в Чехословакии. Оконч. Высшую школу машиностроения и инж. наук в Праге (1925), в 1925–45 — работал по специальности. В США с 1950, работал в архитектурном бюро.

И с т. АОРИ. Анкета.

ДАШКОВ Андрей — Генеральный консул Рос. империи в Филадельфии при Александре I.

ДВОЙЧЕНКО-МАРКОВ [**Dvoichenko de Markov, Demetrius**] Дмитрий Владимирович (род. 1921, Греция) — историк. Отец Д. — полковник Крымского кон. Гос. Императрицы Александры Фёдоровны полка. В.А. Двойченко — участник Рус.-яп., Первой мировой и Гражданской войн, а также Гражданской войны в Испании (1936–39) на стороне франкистов в рядах монархич. формирований карлистов, кавалер Исп. военной медали. Д. в эмиграции с семьёй в Румынии (1921–41). Оконч. нем. лицей в Бухаресте. С 1942 в США. Участник Второй мировой войны в рядах армии США. Служил нач. группы рус. переводчиков на аэродроме на Аляске, где происходила передача амер. воен. самолётов сов. лётчикам в рамках программы «ленд-лиз». Гражданин США (1943). В 1946–53 работал переводчиком и занимался исследованиями для армии США. Оконч. Калифорнийский ун-т в Лос-Анджелесе со званием бакалавра (1950), магистр при Колумбийском ун-те (1951). В 1957–87 преподавал в колледже (ун-те) Монмаут в Вест Лонг Бич (шт. Нью-Джерси) рус. яз., историю, географию стран Вост. Европы и СССР. Вышел в отставку со званием проф.-эмеритуса. Автор 37 науч. статей, опубликованных в США, Германии, Греции, Испании, Румынии, Бельгии, Италии и Австрии. Член РАГ в США. Частично перечень трудов Д. см.: Записки РАГ в США (Нью-Йорк). 1990. Т. XXIII. 1990. С. 237–238.

И с т. Archive of the Assn. of Russian American Scholars in the USA. 1981. Demetrius.

Л и т. *Яремчук 2-й А. П.* Рус. добровольцы в Испании. Сан-Франциско, 1983. С. 367; *Burns G.* Dvoichenko-Markov to speak // Jersey Shore PTP Journal. 1991. March; *Dvoichenko de Markov.* Curriculum vitae and file.

ДВОЙЧЕНКО-МАРКОВА Е.М. — историк. По происхождению — донская казачка. Автор трудов, издававшихся Амер. философским об-вом, основанным Б. Франклином в Филадельфии. За пять своих трудов удостоилась стипендий Амер. философского об-ва. Лауреат стипендий за изыскания и труд «Франклин и граф Беньовский» (1954). Сотрудник «Донского исторического сборника» (Париж).

Л и т. Стипендии Е.М. Двойченко-Марковой // НРС. 1954. 2 янв.

ДВОРЖИЦКАЯ [**De Dvorjitsky**] Ирина Юрьевна — см. **САН-ФИЛИППО** Ирина Юрьевна.

ДВОРЖИЦКИЙ [псевд. **Алл**] Николай Николаевич — участник Белого движения на Востоке России, инженер, поэт. Род. в Санкт-Петербурге. Учился в Морском корпусе и в Константиновском арт. уч-ще. Участник Первой мировой войны. После

Октябрьского переворота 1917 — в белых войсках на Востоке России. После 1920 — в эмиграции в Маньчжурии. Ред. в Харбине еженедельник «Дальневосточный огонёк», сотрудник местных рус. газ., писал очерки, статьи, стихи. В США с 1923. Преподавал рус. яз. в Гарвардском ун-те, ред. «Русской газеты». Член кружка рус. поэтов в Америке. Стихотворения Д. опубликованы в сб. «Четырнадцать» (1949), «Содружество» и «Вернуться в Россию стихами».
Соч. Ектенья. Сб. стихов. Харбин, 1923.
Л и т. *В. Крейд.* С. 597.

ДВОРЖИЦКИЙ [Lt. Commander G.C. **Dvorjittsky**] Юрий Корнильевич (? – 30 июня 1971, Нью-Йорк) — участник Белого движения на Юге России, ст. лейтенант Рос. военно-мор. флота. Оконч. Морской корпус (1908). Участник Первой мировой войны. После Октябрьского переворота 1917 — участник Белой борьбы под Андреевским флагом на Юге России. Ст. лейтенант (28 марта 1920). После 1920 — в эмиграции в США. Состоял VII и XVII председателем Совета директоров Об-ва офицеров Рос. Императорского флота в Америке. Основатель и ред.-изд. Бюллетеней Об-ва (1934). Автор воспоминаний, опубликованных в «Морских записках» (Нью-Йорк). *Родственники*: жена Ольга Ивановна (? – 23 июня 1955, Нью-Йорк).

Похоронен на кладбище Свято-Троицкого монастыря в Джорданвилле (шт. Нью-Йорк).
С о ч. В Архангельске в нач. 1-й Великой войны // Мор. записки. 1943. Т. I. № 5; На англ. подводной лодке Е-19 // Там же. 1946. Т. IV. № 3–4.
И с т. Список председателей Совета директоров Об-ва офицеров Рос. Императорского флота в Америке, 1974; Дворжицкий Юрий Корнилиевич // Незабытые могилы / Сост. В.Н. Чуваков. Т. II. С. 323.
Л и т. Мартиролог рус. военно-мор. эм. С. 52; Незабытые могилы // Часовой (Брюссель). 1971. Авг. № 542. С. 19; *Плешко Н.Д.* Генеалогич. хроника // Новик (Нью-Йорк). 1965. Отд. III. С. 2.

ДВОРН Иван П. — см. **ДВОРНИЧЕНКО** Иван Павлович.

ДВОРНИЧЕНКО Иван Павлович (12 сент. 1877, Харьков – 1 [по др. дан. 3] июля 1969, Мэйн, шт. Нью-Йорк) — капитан I ранга, инженер-технолог. Оконч. Харьковский технологич. императора Александра III ин-т с дипломом инж.-технолога-кораблестроителя. В службе с 1904. Капитан по Адмиралтейству с переим. в инж.-механика ст. лейтенанта (1913). Служил на Чёрном море, занимал должность помощника главного инж. порта в Севастополе и Владивостоке. Последний чин — капитан I [по др. дан. — II] ранга. После Октябрьского переворота 1917 — в Константинополе, служил в составе администрации, заведовавшей рус. судами в порту.

В США с 1923. Работал по специальности в инж. фирмах. Занимался общественно-церковной деятельностью, участвовал в храмостроительстве. Один из устроителей и строителей Новой Коренной пустыни близ Пакипси (шт. Нью-Йорк), первый председатель Об-ва помощи рус. детям. Участвовал в создании и деятельности РООВА. Состоял членом Об-ва рус.-амер. инж., Об-ва офицеров Рос. Императорского флота в Америке, Гарнизона 297 Союза армии, флота и авиации США, Об-ва им. А.С. Пушкина в Америке и Рус. центра. *Родственники*: сын, внуки и правнуки. Похоронен на Свято-Владимирском кладбище близ Джексона (шт. Нью-Джерси).
И с т. АОРИ. *Дворниченко И.П.* Автобиография. Машинопись, 1 стр.; Дворниченко Иван Павлович // Незабытые могилы / Сост. В.Н. Чуваков. Т. II. С. 328.
Л и т. Мартиролог рус. военно-мор. эм. С. 52; Памяти Ивана Павловича Дворниченко // ПР. 1969. № 13. С. 11; *П. З. П.* Памяти И.П. Дворниченко // НРС. 1969. 1 авг. № 21598.

Де АРНО — см. **АРНО де**, Карл

Де БАЗИЛИ Н. А. — см. **БАЗИЛИ де**, Н. А.

Де БАЗИЛЬ В. Г. — см. **БАЗИЛЬ де**, В. Г.

Де БОТЕЗАТ Г. А. — см. **БОТЕЗАТ де**, Г. А.

Де ВЕЙХЕР К.А. — см. **ВЕЙХЕР де**, К. А.

Де ГРАВЕ — см. **ГРАВЕ де**, В. В.

Де ЛАНЖЕРОН Андро — см. **ЛАНЖЕРОН де**, Андро Александр Фёдорович.

Де ПОСТЕЛЬС Ф. Ф. — см. **ПОСТЕЛЬС де**, Ф. Ф.

Де РИБКОВСКИЙ — см. **РИБКОВСКИЙ де.**

Де САВИЧ Владимир — См. **САВИЧ де**, Владимир

Де СЕВЕРСКИЙ Александр Николаевич — См. **СЕВЕРСКИЙ де**, Александр Николаевич.

Де ТИЗЕНГАУЗЕН Алексей — См. **ТИЗЕНГАУЗЕН де**, Алексей

ДЕГЛИНГ Владимир Рудольфович, штабс-капитан (15 дек. 1898 [1897?] – 2 июня 1964, Сан-Франциско) — участник Белого движения на Юге России, штабс-капитан. Оконч. гимназию в Батуме, Тифлисское военное уч-ще и в февр. 1917 вышел прапорщиком в 297-й запасной пех. полк. Затем переведён в кон. бригаду в Тифлисе, где встретил демобилизацию 1918. В Добровольч. армии с нояб. 1918 в рядах 2-го офиц. (с 4 янв. 1919 — ген. Дроздовского) полка 3-й пех. дивизии. Служил рядовым, мл. офицером роты, нач-м команды кон. разведчиков. Дважды ранен, штабс-капитан (на 1920). Эвакуировался из Крыма в нояб. 1920 в составе Рус. армии. В 1920–21 — в Галлиполи. С 1921 — в эмиграции в Болгарии. Чин РОВС. В 1942 прибыл в Рус. Корпус в Сербии. Служил в 7-й роте 3-го полка, участвовал в боевых действиях на терр. Югославии против партизан И.Б. Тито (1942–45) и сов. войск (1944). После 1945 — в Австрии, с 1950 в США. Жил в Сан-Франциско, зарабатывал на жизнь физич. трудом. Участвовал в деятельности рус. воинских орг-ций (СчРК, Об-во рус. ветеранов Великой войны).

Родственники: вдова Неонила Ивановна (? – 27 июля 1985, Сан-Франциско); сын.
Похоронен 4 июня 1964 на Сербском кладбище в Сан-Франциско.
И с т. АОРВВВ. Штабс-капитан Владимир Рудольфович Деглинг // Альбом II. 1964. Июнь.
Л и т. Памяти ушедших // К. 1964. 15 июня.

№ 22. Л.1; Свежие могилы // НВ. 1985. Сент. № 400/2701. С. 28.

ДЕДУЛОВ Александр Александрович — инженер-строитель. Оконч. Массачусетский технологич. ин-т (1922) с дипломом гражданского инж. и ст. бакалавра. Проектировщик строительных работ в Венесуэле. Член Амер. об-ва гражданских инж. и Об-ва рус. студентов, оконч. амер. выс. уч. заведения при содействии Рус. студенч. фонда в Нью-Йорке.

Л и т. *Pestoff A. N.* Directory of Russian Graduates of American Colleges // Alumni Association of the Russian Student Fund, Inc. N.Y., 1929. August. P. 8.

ДЕЖНЕВ Семен Иванович (1605, Великий Устюг – 1673, Москва) — казак, мореход. Открыл в 1648 пролив между Азией и Америкой. Заслуженно назван «рус. Магелланом», хотя пролив назван именем *Беринга*, его второго открывателя в 1728.

Отправившись в 1647 из устья р. Колымы в Якутии, обогнул Чукотский Нос и с необычайными лишениями добрался до р. Анадырь, доказав своим походом, что между Азией и Америкой существует пролив. В составе экспедиции Д. было 90 мореходов на четырех кочах, гребных, парусных беспалубных судах. В пути кочи, кроме одного, унесло в море, и о судьбе их команд ничего не известно. Предполагается, что пропавшие без вести рус. мореходы погибли в сражениях с враждебными чукчами. Не исключено, что они попали на Аляску и вынуждены были там поселиться среди туземцев, о чем есть косвенные указания, которые нуждаются в исследовании. Уцелел только Д. с двенадцатью мореходами, он основал Анадырский острог и оставил якутскому воеводе описание своего похода для отправки царю Алексею Михайловичу. Эта челобитная по неизвестным причинам в Москву доставлена не была, и ее обнаружил в Якутске историк Миллер в 1733. Д., первооткрывателю пролива между Азией и Америкой, с большим запозданием было отдано должное. В 1898 указом императора Николая II мыс Восточ. на Чукотском п-ове был переименован в мыс Д. В 1910 на зап. берегу Берингова пролива в присутствии Приамурского ген.-губернатора был торжественно воздвигнут крест с бронзовой пластиной с надписью «Памяти Дежнева». Портрета Д. не имеется, хотя были попытки воссоздать его образ, взяв за основу портреты современных потомков поморов.

Л и т. Каз. словарь-справочник / Изд. А.И. Скрылов, Г.В. Губарев. Т. I. Кливленд, 1966. С. 149–152; *Скрябин Н.* Семен Дежнев (К 290-летию со дня его смерти) // НРС; Рос. Магеллан — Семен Дежнев // Вече. 1984. № 13 С. 56–64.

ДЕЙ Владимир Леонардович (? – 1952) — участник Белого движения. Уроженец Кавказа. Оконч. Михайловский Воронежский кад. корпус и Михайловское арт. уч-ще. Участник рус.-яп. войны 1904–05, Первой мировой войны. После Октябрьского переворота 1917 — в белых войсках. После 1920 — в эмиграции в США, здесь основал небольшую ферму на Восточ. побережье и занимался хоз-вом.

Похоронен 2 дек. 1952 в Лейквуде (шт. Нью-Джерси).

И с т. Дей Владимир Леонардович // Незабытые могилы / Сост. В.Н. Чуваков. Т. II. С. 329.

Л и т. *Пожидаев В.* Некролог // НРС. 1952. 3 дек. № 14830.

ДЕЙКАРХАНОВА [Daykarkhanova] Тамара (14 янв. 1891 – 1980) — актриса. Играла в театральных постановках в Нью-Йорке, исполняла главную роль в оперетте И. Штрауса «Летучая мышь». Совместно с *А. Тамировым* основала Академию сценич. грима. *Родственники*: муж *Васильев С.А.*, инж.

И с т. АОРИ. Материалы.

ДЕЙЧ [др. фам. **Лович**] Яков Львович (28 дек. 1896, Вильно – 17 авг. 1956, Пало-Альто) — писатель. Оконч. Благовещенскую муж. гимназию (1915), учился в Московском ун-те. В 1916 призван в армию, участник Первой мировой войны, контужен в бою под Ригой (авг. 1917). После Октябрьского переворота 1917 — в белых войсках Восточ. фронта. В 1919–20 — следователь при военно-полевом суде в частях Сибирской армии адм. А.В. Колчака. В 1920–22 — в эмиграции в Японии, с нояб. 1922 — в Сев. Китае. Под новой фам. Лович, образованной от отчества, работал в Харбинской библиотеке Д.Н. Бодиско, публиковался в газ. «Рупор». В 1927 переехал в Шанхай. Сотрудник газ. «Шанхайская заря» и местного журн. «Грани». Писал для журн. «Рубеж» (Харбин). В 1936 в соавт. с Георгием Мурашевым опубликовал книгу о Белом движении «Белая Голгофа». Автор романов «Враги», «Дама со стилетом», сб. расск. «Офицерская шинель» и др. произведений. После 1945 с женой выехал на о-в Тубабао (Филиппины). В 1951 переехал в США. У жены Д. обнаружили туберкулёз, отказав ей во въезде в США. Умер в госпитале Стэнфордского ун-та.

С о ч. Её жертва. Сб. расск. Харбин, 1931; Что ждёт Россию. Харбин, 1932.

И с т. Дейч Яков Львович // Незабытые могилы / Сост. В.Н. Чуваков. Т. II. С. 330.

Л и т. *Хисамутдинов А.* Некролог // НЖ. 1995. № 201.

ДЕЛАРОВ Евстрат — управляющий РАК.

ДЕЛАРОВ [Michael **Delaroff**] Михаил — ветеран армии США. В 1945 служил в чине сержанта (T/Sgt) в Берлине.

И с т. *Pantuhoff Oleg* — 1976.

ДЕЛАРОВА Евгения — см.: **Долл** Евгения.

ДЕЛЕКТОРСКИЙ Фёдор Павлович (1896 – 11 мая 1952, Лос-Анджелес) — участник Белого движения на Востоке России, штабс-ротмистр. По происхождению — уссурийский казак. Оконч. Хабаровский кад. корпус, Оренбургское военное уч-ще (1917) и вышел в Уссурийский каз. полк Уссурийской каз. дивизии. После Октябрьского переворота 1917 — в белых войсках Восточ. фронта, служил в рядах Приморского драг. полка. Штабс-ротмистр (на 1920?). После 1922 — в эмиграции в США. Во время Второй мировой войны служил в амер. армии, капитан армии США.

И с т. Делекторский Фёдор Павлович // Незабытые могилы / Сост. В.Н. Чуваков. Т. II. С. 333.

Л и т. *Осипов А.* Штабс-ротмистр Ф. П. Делекторский // Часовой (Брюссель). 1952. Июль. № 321. С. 19.

ДЕЛИАНИЧ [урожд. **Степанова**] Ариадна Ивановна (13 мая 1909, Севастополь – 23 [по др. дан. 31] авг. 1981, Сан-Франциско) — журналист, писатель. Род. в семье контр-адм. И.И. Степанова. В нояб. 1920 эвакуировалась с семьёй из Крыма. В эмиграции в Кор. СХС, училась и работала в Белграде, подданная Югославии. Получила высшее юридич. образование, оконч. школу журналистики. С 1933 писала для югославск. газ. «Время», «Обнова» и др. Автор двух сб. расск., изданных до войны в Югославии. После нем. оккупации 1941 — курьер и связник подразделений Кор. армии на родине (четников) ген. Д. Михайловича. Была замужем за офицером Кор. армии Югославии, убитым титовскими партизанами. В 1942 за контакты с четниками арестована белградским Гестапо и освобождена через 40 суток благодаря вмешательству Д.В. Летича — министра просвещения в серб. правительстве ген. М. Недича и рук. орг-ции «ЗБОР». Участвовала в боевых действиях против титовских партизан в составе частей Сербского Доброволч. Корпуса (СДК), была ранена. С дек. 1944 — офицер связи Особого полка «Варяг» (с 1945 — в составе ВС КОНР) полк. М.А. Семёнова, оперировавшего в р-не Любляны (Словения). В мае 1945 отступила с одним из батальонов полка из Словении в р-н Клагенфурт — Виктринг (Австрия). С 13 мая 1945 — в брит. плену. Пользуясь свободой передвижения, безуспешно пыталась установить связь между рус. частями, четниками, бойцами СДК в р-не Клагенфурта с командованием ВС КОНР. Во время насильственной репатриации 28–29 мая 1945 брит. армией серб. и словенских военнослужащих в зону ответственности армии И.Б. Тито чудом избежала выдачи. 8 авг. 1945 арестована представителями брит. разведки (FSS) по сфальсифицированному обвинению и 24 сентября этапирована в специальный лагерь (Internment Camp 373) по денацификации в р-не Вольфсберга (арестанский № 251926). Амер. следователями вменялись в вину Д. контакты с ген. А.А. Власовым, Д. Михайловичем и участие в диверсионном спецподразделении СДК. Лишена югосл. гражданства (1947). Освобождена летом 1947. В 1947–48 — учительница в лагере для югосл. «ди-пи» Вайдмансдорф, затем жила в Зап. Германии.

В США с 1950, поселилась в Сан-Франциско. Первое время работала прислугой. В 1953–73 — гл. ред. газ. «Русская жизнь» (Сан-Франциско). В США Д. приобрела известность как автор пронзительных свидетельств о судьбе быв. сов. военнопленных, власовцев, казаков, серб. четников и бойцов СДК, словенских домобранцев, оказавшихся в 1945–47 в тисках принудительных репатриаций (роман «Туманы» и др). Обвиняя правительства Великобрит. и США в бесчеловечной политике репатриаций, Д. писала на страницах мемуаров: «Западу есть о чём задуматься и вспомнить о тех ошибках, которые были им совершены в дни после капитуляции Германии. Сколько верных союзников было уничтожено благодаря услужливой готовности на все уступки, сколько верных союзников в лице, может быть, маленьких людей (но ведь люди создают мнение), были оттолкнуты и повергнуты в трагическое недоумение…»

С о ч. Вольфсберг — 373. Сан-Франциско, б. г.; Отель на Турахских высотах. Сан-Франциско, 1982; Трагедия обречённых (К 50-летию насильственных репатриаций: Свидетельства и воспоминания) // НЧ. 1995. № 3. С. 165–168.

И с т. ЛАА. Справка *К М. Александрова* о связной полка «Варяг» А.И. Делианич; Делианич Ариадна Ивановна // Незабытые могилы / Сост. В.Н. Чуваков. Т. II. С. 333.

Л и т. *Окороков А.В.* Краткие биографич. данные участников Рус. Освободительного Движения // Материалы по истории РОД. Т. II. М., 1998. С. 452–453; *Седых А.* Ариадна Ивановна Делианич // НРС. 1981. 8 сент.

ДЕЛОВ Владимир (1888, Киев – ?) — певец-бас. С 12 лет пел в церковном хоре, затем стал петь в оперных хорах. Выступал на концертах.

В США с 1913, участвовал в рус. муз. жизни, давал собственные концерты. В 1930 гастролировал в Европе. После возвращения в США возобновил творч. деятельность в Нью-Йорке, пел в рус. операх. Гастролировал по стране, пел соло на выступлениях балетной школы И. Дункан. Компания «Columbia Phonograph» выпустила более 25 пластинок с исполнением Д. песен.

Л и т. *Martianoff Nicholas N.* Vladimir Deloff // Russian artists in America. 1933. P. 129.

ДЕЛУР [Deloure] Роман Александрович (5 дек. 1891, Ростов-Яр – ?) — инженер механик. Оконч. реальное уч-ще в Вологде. После 1917 в эмиграции в Германии. Оконч. Технич. ун-т в Берлине-Шарлоттенбурге с дипломом инж.-магистра со специальностью общего машиностроения. Занимал должность помощника технич. директора на пушеч. заводах Bamag. Переселившись в США, продолжил образование в Колумбийском ун-те, где получил ст. магистра машиностроения. Автор работы на нем. яз. «Der Russische 5-Jahr Plan» об индустриализации в СССР.

И с т. Материалы АОРИ.

ДЕМБО Тамара (1902, Баку – 1993, Вустер, шт. Массачусетс) — психолог. Выросла в Санкт-Петербурге. После 1917 — в эмиграции в Германии. В 1930 получила докторскую ст. при Берлинском ун-те. Накануне Второй мировой войны эмигрировала в США, чтобы заниматься науч. работой в Смит-колледже. Затем продолжала науч. деятельность в Корнельском ун-те, ун-те шт. Айова, колледже Маунт Холиок и в Стэнфордском ун-те в Пало-Альто. С 1948 — доцент в Новой школе социальных исследований в Нью-Йорке. Ст. науч. сотрудник Гарвардского ун-та (1951). В 1953–72 — проф. в Кларк ун-те. Вышла в отставку (1972) со званием проф.-эмерита. Науч. деятельность Д. была посвящена восстановительной психологии и проблеме гневного состояния у людей. Д. пришла к выводу, что гневное состояние зависит главным образом от окружающей обстановки, нежели от особенностей личности человека. Результаты исследований Д. использовались при оказании помощи и реабилитации инвалидов с ампутациями, или людям, обезображенным во время войны.

Л и т. *Kennedy R.* Tamara Dembo, 91 Gestalt Psychologist // The New York Times. 1993. 19 Oct.

ДЕМЕНС — См.: **Дементьев** Пётр Алексеевич.

ДЕМЕНТЬЕВ Авраам — штурман пакетбота «Св. Павел», подошедшего 15 июля 1741 к берегам Аляски. 18 июля по приказу капитан-лейтенанта *А.И. Чирикова* под командой штурмана Д. была послана шлюпка с десятью вооружёнными матросами для обследования берега и поисков пресной воды. Д. подал с берега сигнал о высадке, но потом связь с десантом прекратилась. Через шесть дней на берег отправилась вторая шлюпка боцмана С. Савельева. Второй десант тоже исчез. В итоге появились две лодки с индейцами, угрожавшими оружием. За неимением др. шлюпок для продолжения поисков пропавших членов команды Чириков решил вернуться на Камчатку. О судьбе участников первых рус. десантов на амер. землю существует предположение, что они были схвачены местными индейцами. Возможно, что русские стали жить вместе с индейцами, женившись на индианках. О «белокурых индейцах», возможных потомках русских моряков писали испанцы, побывавшие в 1774 на Аляске. В 1784 *Г.И. Шелихов* упоминал о виденных им «белых» индейцах. Вопрос о судьбе вероятных потомков рус. матросов интересовал и камергера *Н.П. Резанова*, побывавшего в 1805 в Рус. Америке.

Л и т. *Петров В.* Открытие Америки экспедицией Беринга-Чирикова // НРС. 1991. 24 мая.

ДЕМЕНТЬЕВ [Demens Peter, псевд. **Тверской**] Пётр Алексеевич (1 мая 1850, Санкт-Петербург – 21 янв. 1919, имение Алта-Лома, шт. Калифорния) — основатель города Санкт-Петербург (Saint-Petersburg) в шт. Флорида. Род. в дворянской семье. Офицер Л.-гв., предводитель дворянства в Тверской губ., где находилось имение Д. Участвовал в деятельности местных земских органов.

В 1881 оставил выборные должности и уехал в США, полит. системе которых симпатизировал. В 1882 окончательно поселился в США с женой и четырьмя детьми. Принял фам. Деменс. Начал амер. жизнь практически без средств, работал фермером и рабочим на лесопилке во Флориде. Вскоре стал управляющим, затем хозяином лесопилки, строил здания для железнодорожной компании «Орандж Белт». Будучи акционером, занял пост президента компании и построил железную дорогу от Санфорда до Пинелас Пойнт на Мексиканском заливе. Здесь в 1888 был основан пос., названный Д. Санкт-Петербургом в честь столицы Рос. империи. Обладал незаурядным трудолюбием и предпринимательским талантом. Компаньоном Д. стал ген. в отставке армии США Дж. Вильямс, которому до 1976 приписывалось основание города. Житель города проф. *А.А. Сокольский* провёл исследования в архиве и в библиотеке города, подтверждающие, что официальным основателем флоридского Санкт-Петербурга был Д. С целью увековечения памяти основателя, органы самоуправления назвали его именем прибрежный парк, известный как Деменс Лэндинг (Пристань Деменса). Кроме Сев. Каролины, Флориды и Калифорнии Д. познакомился с Канзасом, Небраской, Аризоной, Миннесотой, Висконсином, Сев. Дакотой и Мичиганом. Писал статьи на социально-полит. темы в амер. и рус. печати. Описывал историю больших городов Америки, золотые прииски Калифорнии, население, промышленность транспорт и естественные богатства страны. Статьи Д. на родине публиковались в журналах «Вестник Европы», «Неделя» и в газ. «Слово». На страницах амер. печати публикации Д. посвящались России. Большую часть жизни в США предприниматель провёл в Калифорнии, куда он по состоянию здоровья переселился с семьей. В 1905 совершил поездку в Россию, где в Санкт-Петербурге издавал либерально-конституционный орган печати «Страна». Д. критич. отнёсся к революции 1905–07 и оставался непримиримым по отношению к захвату власти большевиками в России в 1917. *Родственники*: вдова Лариса (урожд. Борисенко); четверо детей. Потомки Д. Толстые, Бредли и Деменс живут в Калифорнии и в Брит. Колумбии.

С о ч. (Под псевд. *П.А. Тверской*) Десять лет в Америке // Вестник Европы (СПб). 1893. Янв. — май.; Моя жизнь в Америке // Там же. 1894. Янв.

Л и т. *Богачек И.* Санкт-Петербург — «столица» Америки // Звезда (СПб). 1993. № 7. С. 128–159; *Нитобург Э.Л.* Рус. амер. // США — Канада. 2001. № 9. С. 89; *Парри А.* История одной книги // НРС. 1987. 18 дек.; *Петров В.* Рус. в истории Америки, Вашингтон, 1988. С. 249–254; *Полчанинов Р.В.* Рус. предприниматель в США // НРС. 1988. 14 апр.; Санкт-Петербург во Флориде // Там же. 1974. 25 июня; *Сокольский А.А.* Выдающиеся заслуги русского во Флориде // РА. 1976. Июль. № 6–7. С. 16–20; *Его же*. П.А. Дементьев–Деменс. Выдающийся рус. амер. Флорида, 1988; *Parry A.* Full Steam Ahead! The Story of Peter Demens Founder of St. Petersburg. Florida, 1988.

ДЕМЕНТЬЕВ Сергей Иванович (5 июня 1896 – 1980, Сан-Франциско(?)) — участник Белого движения на Юге России, подпоручик. Оконч. реальное уч-ще. По два семестра учился в Варшавском и Петроградском Политехнич. ин-тах. Оконч. Владимирское воен. училище (май 1915) и в чине прапорщика вышел в 165-й Луцкий полк 42-й пех. дивизии. Участник Первой мировой войны, служил командиром роты в 165-м пех. Луцком полку. Подпоручик (дек. 1915). За отличия награждён орденами: св. Анны IV ст. с надписью «За храбрость»; св. Станислава с мечами и бантом. В 1916–18 — в плену. В нояб. 1918 вернулся в Россию. В 1919–20 — в белых войсках на Юге России. В нояб. 1920 эвакуировался из Крыма в составе Рус. армии. В 1920–21 — в Галлиполи. Затем в эмиграции в Кор. СХС. Жил и работал в Югославии (1922–41), Германии (1941–49), Марокко (1949–61), занимался строительством железных дорог, шоссе, домов и т. д. С янв. 1961 в США, поселился на Зап. побережье. В 1965 вступил действительным членом в Об-во рус. ветеранов Великой войны, в котором занимал ряд должностей. Участвовал в рус. общественной жизни в Калифорнии.

Похоронен на Серб. кладбище в Сан-Франциско.

И с т. АОРВВВ. Подпоручик Сергей Иванович Дементьев // Альбом IV. 1980.

ДЕМИДОВ Александр Петрович (1893, Ташкент Сырь-Дарьинской обл. – 17 мая 1961, Форкд-Ривер, шт. Нью-Джерси) — врач, экономист, общественный деятель. Оконч. Ташкентскую гимназию и мед. ф-т Московского ун-та. Интересовался проблемами экономики. Участник Первой мировой войны, военный врач. После революции 1917 участвовал в основании Ташкентского ун-та, где читал лекции по экономике. В конце 20-х гг. бежал из СССР через персидскую границу. В эмиграции во Франц., с 1930 — в США. Работал экономистом на амер. предприятиях. В 1953 сдал амер. экзамены на профессию врача, получив диплом и право практики. Имел практику в Кэссвилле, затем в Огайо, с 1960 — в Нью-Джерси, где открыл собственный кабинет. Состоял членом Об-в: помощи рус. детям за рубежом (на 1940), Пироговского мед., друзей рус. культуры, друзей Св.-Сергиевской дух. академии, «Родина» в Лейквуде. Ушёл из жизни на рабочем месте во время приёма больных.

И с т. Демидов Александр Петрович // Незабытые могилы / Сост. В.Н. Чуваков. Т. II. С. 337.

Л и т. Некролог // НРС. 1961. 19 мая; 13 июня; 16 нояб.

ДЁМИН Пётр Антонович (5 авг. 1890 – 6 апр. 1965) — участник Белого движения на Востоке России, полковник. Оконч. общеобразовательные курсы Мореходного уч-ща дальнего плавания, Виленское военное уч-ще (6 авг. 1910) и вышел подпоручиком в 13-й Сибирский полк 4-й Сибирской стрелковой дивизии, стоявший в с. Песчанка близ Читы. В 1910–12 — мл. офицер роты. Участник Первой мировой войны, дважды ранен (1914). Поручик (1914), штабс-капитан (1916). С апр.

1917 — командир роты 2-го полка 1-й Сибирской стрелковой дивизии, затем — вр. командовал батальоном. Капитан (май 1917). Ордена за отличия: св. Анны IV ст. с надписью «За храбрость»; св. Станислава III ст. с мечами и бантом; св. Анны III ст. Зимой 1918 демобилизовался. В февр. 1918 вступил в одну из серб. рот Особого Маньчжурского отряда, формировавшегося для борьбы с большевиками есаулом Г.М. Семёновым в полосе отчуждения КВЖД. Служил помощником командира и командиром дивизиона 1-го атамана Семёнова кон. полка Сводной Маньчжурской атамана Семёнова дивизии (1919). Затем — помощник зав. штабс-капитанскими курсами, помощник инспектора классов Читинского военного уч-ща (1920). Полковник за боевые отличия (1920).

После 1922 — в эмиграции в США. С 1932 — член Об-ва рус. ветеранов Великой войны в Сан-Франциско, участвовал в рус. общественной жизни в Калифорнии.

И с т. АОРВВВ. Полк. Пётр Антонович Демин // Альбом III. 1965. Апр.

ДЕМНОВ Пётр Игнатьевич (1898, стан. Закан-Юртовская [Романовская] Обл. Войска Терского – 12 февр. 1953, Голливуд, шт. Калифорния) — участник Белого движения на Юге России, агроном. Казак Войска Терского. Оконч. реальное уч-ще. После Октябрьского переворота 1917 — в белых войсках на Юге России. Служил в арт., затем откомандирован в Екатеринодарское военное уч-ще. После 1920 — в эмиграции в Чехословакии. Оконч. сельскохозяйственный ин-т в Брно. Инж.-агроном, работал по специальности. После 1945 — в Зап. Германии, откуда переехал в США. Занимался сельским хоз-вом.

Л и т. Каз. словарь-справочник / Изд. А.И. Скрылов, Г.В. Губарев. Т. I. Кливленд, 1966. С. 154. Репринт. М., 1992. Т. I. С. 166.

ДЁМУШКИН [лит. псевд. **Надеждин**] Михаил Иосифович (21 нояб. 1902, Владикавказ Обл. Войска Терского – 8 нояб. 1961, Сан-Франциско) — участник Белого движения на Юге России, поэт. Казак Войска Терского. Род. в семье войскового старшины Иосифа Корнеевича Дёмушкина и его жены Антонины Алексеевны (урожд. Журавлёвой). Учился во Владикавказском кад. корпусе. После Октябрьского переворота 1917 — в белых войсках на Юге России. По болезни не смог эвакуироваться в 1920 и остался на терр. РСФСР. Неоднократно подвергался арестам. 21 марта 1928 этапирован в СЛОН, затем — на поселении в Архангельском крае и в ссылке на Урале. В 1937–38 в очередной раз подвергся аресту и находился в заключении в тюрьме. В 1939–42 жил в Ставрополе. С лета 1942 — в нем. оккупации. В дек. 1942 с семьёй покинул оккупированную терр. СССР и выехал в Польшу. В 1943 разыскал брата Димитрия, эвакуировавшегося с Рус. армией в 1920 и переехал к нему в Брно. Накануне прихода сов. войск в апр. 1945 из Чехии семья Д. перебралась в Германию, где оказалась в амер. зоне оккупации. В 1945–50 — в Зап. Германии.

В США с марта 1950, поселился в Сан-Франциско. Работал в газ. «Русская жизнь», публиковался под псевд. Надеждин (по имени жены). Состоял членом совета директоров Рус. центра. Всю жизнь писал стихи о России. *Родственники*: жена (в браке с 1921) Надежда Ивановна (урожд. Григорьева); сын Святослав (1922–24); дочь Марина (в браке Столярова); внук Валерий Столяров; внучка Людмила Вильсон; правнук Иаким Вильсон; две правнучки; брат Димитрий (? – 20 апр. 1981, Сан-Франциско) — участник Белого движения на Юге России, подъесаул Войска Терского, инж.; сестра Екатерина.

Похоронен на Серб. кладбище в Сан-Франциско. Друзья И. и А. Кател посмертно издали книгу стихов Д., попавшую в библиотеки на родину поэта.

С о ч. Через страдания к звёздам. Сб. стихов. Мюнхен, 1963.

И с т. Дёмушкин Михаил Иосифович // Незабытые могилы / Сост. В.Н. Чуваков. Т. II. С. 342. Л и т. Берега. 1992. С. 272; *Витковский Е.В.* Антология... Кн. 2. С. 443–444; Каз. словарь-справочник / Изд. А.И. Скрылов, Г.В. Губарев. Т. I. Кливленд, 1966. С. 154. Репринт. М., 1992. Т. I. С. 166; *Плешко Н.Д.* Генеалогич. хроника // Новик (Нью-Йорк). 1962. Отд. III. С. 7.

ДЕМЧЕНКО Николай Степанович (6 апр. 1902, Харьков – ?) — инженер-строитель. Оконч. Харьковский технологич. ин-т (1930). До 1941 работал в Харькове в проектных орг-циях на должностях инж. и ст. инж. С 1941 — в нем. оккупации. Покинул оккупированную терр. СССР во время войны. В 1945–49 — в Зап. Германии. В США с 1949. Работал над архитектурными проектами в Хартфорде (шт. Коннектикут). Состоял действительным членом Об-ва рус. инж. в США.

И с т. АОРИ. *Демченко Н.С.* Письмо от 17 янв. 1949 секретарю Об-ва рус. инж. в США; анкета.

ДЕМЯШКЕВИЧ Михаил Иванович (? – 26 авг. 1938, Рокпорт, шт. Массачусетс) — педагог. Оконч. ист.-филологич. и археологич. ин-ты (?) в Санкт-Петербурге. После 1917 в эмиграции. В США с 1926. Доктор философии Колумбийского ун-та. Автор трудов: «Деятельность школы», «Дипломатия в оковах», «Неизменные факторы иностранной политики нации», «Введение в философию воспитания».

И с т. Демидов Александр Петрович // Незабытые могилы / Сост. В.Н. Чуваков. Т. II. С. 337. Л и т. Некролог // НРС. 1939. 12 янв. № 9473.

ДЕН фон, Александр Дмитриевич (1908 – 22 авг. 1979) — художник. Род. в Швейцарии. Сын гр. В. Воронцовой-Дашковой и Вел. Кн. Сергея Михайловича. Был усыновлен Софией Владимировной фон Ден, женой Д.В. фон Дена, рус. воен.-мор. представителя в Италии. Александр Дмитриевич был худ.-акварелистом, часто участвовал на выставках в Нью-Йорке. Активно работал в Амер.-рус. союзе помощи.

Л и т. Памяти А.Д. фон Дена // НРС. 1979. 22 авг.

ДЕНИКЕ Юрий Петрович (1887, Казань – 1964, Брюссель) — полит. деятель, журналист. Учился на историко-филологич. ф-те Московского ун-та. Законч. образование в Казанском ун-те. Побывал в рядах большевиков, меньшевиков, был под арестом у большевиков. В 1922 выехал в Германию в качестве сотрудника сов. посольства. Перешёл на положение эмигранта. При Гитлере попал в концентрационный лагерь. В 1941 эмигр. в США, стал ред. «Социалистического вестника», членом редколлегии «Нового журнала», сотрудником журналов «Вестник русского студенческого движения», «Возрождение»

(Париж), газ. «Новое русское слово» и «Русская мысль» (Париж). В 50-х гг. был сотрудником амер. радиостанции «Освобождение».

С о ч. К истории Власовского движения // НЖ. 1953. Кн. XXXV.

И с т. Денике Юрий Петрович // Незабытые могилы / Сост. В.Н. Чуваков. Т. II. С. 346.

Л и т. *Вильданова Р.И., Кудрявцев В.Б. Лаппо-Данилевский К.Ю.* Краткий биографич. словарь русского зарубежья // *Струве Г.* С. 306.

ДЕНИКИН Антон Иванович (4 дек. 1872, дер. Шпиталь Дольный при Влоцлавске Влоцлавского уезда Варшавской губ. – 7 авг. 1947, Анн-Арбор, шт. Мичиган) — один из основателей Добровольч. армии и Белого движения на Юге России, Главнокомандующий ВСЮР в 1919–20, Ген. штаба генерал-лейтенант. Сын крепостного крестьянина Саратовской губ. Ивана Ефимовича Деникина (1807–1885), сданного в рекруты (1834) и вышедшего в отставку (1869) в чине майора. Мать (в браке с 1871) Елисавета Фёдоровна [Францисковна] (урожд. Вржесинская, ? – 1916) — из мелкопоместных польских землевладельцев. Детство Д. прошло во Влоцлавске в большой нужде, семья из пяти человек жила на 36 руб. в месяц. С 9 лет Д. прислуживал в алтаре, пел на клиросе, затем был чтецом и в юности, по собственным словам, пришёл к следующему убеждению: «Человек — существо трёх измерений — не в силах осознать высшие законы бытия и творения. Отмечаю звериную психологию Ветхого Завета, но всецело приемлю христианство и православие». Учился во Влоцлавском (1882–89), окончил Ловичское (1890) реальное уч-ще. После смерти отца подрабатывал репетиторством. В 1892 окончил. военно-училищные курсы Киевского пех. юнкерского уч-ща и вышел подпоручиком во 2-ю арт. бригаду, стоявшую в г. Бела Седлецкой губ. (Варшавский ВО). После двух поступлений окончил Николаевскую академию Ген. штаба по I разряду (1899), к Ген. штабу причислен в 1902. В 1900–02 — во 2-й арт. бригаде. Затем служил в штабе 2-й пехотной дивизии, командовал ротой 183-го Пултусского полка 46-й пех. дивизии (1902–03), ст. адъютантом штаба II кав. корпуса (1903–04). Участник рус.-яп. войны 1904–05. Отличился на должностях нач-ка штабов: Забайкальской каз. дивизии в бою под Цинхеченом (24–30 нояб. 1904) и Урало-Забайкальской каз. дивизии в рейде по тылам противника (17–20 мая 1905). Ордена за отличия: св. Станислава III ст., св. Анны III ст. с мечами и бантом, св. Анны II ст. с мечами. Полковник за боевые отличия (1905). Штаб-офицер при штабе II кав. корпуса (1906) и при управлении 57-й пех. резервной бригады (1906–10). С 12 июня 1910 — командир 17-го Архангелогородского Е.И.В. Вел. Кн. Владимира Александровича полка 5-й пех. дивизии, стоявший в Житомире (Киевский ВО). Полит. либеральные взгляды Д. окончательно сформировались под влиянием столыпинской модернизации и, по собственному признанию, сводились к трём положениям: «1. Конституционная монархия, 2. Радикальные реформы, 3. Мирные пути обновления страны». 6 сент. 1911 в Житомире молился на панихиде по Председателю Совета министров П.А. Столыпину, которого считал выдающимся гос. деятелем. С марта 1914 — и.д. ген. для поручений при командующем войсками Киевского ВО. Генерал-майор за отличия по службе (1914). Участник Первой мировой войны. На фронт вышел генерал-квартирмейстером штаба 8-й армии Юго-Зап. фронта. С 6 сент. 1914 — командующий (затем нач-к) 4-й стрелковой («Железной») бригады [с авг. 1915 — дивизия] 8-й армии. На этой должности снискал славу одного из лучших рус. командиров Великой войны, а бригада заслужила название «пожарной команды». Неоднократно отмечен высшими наградами за храбрость и боевые отличия: Георгиевское оружие (1915) — за бои у Гродека 8–12 сент. 1914; орден св. Георгия IV ст. (1915) — за бои у Самбора 2–11 окт. 1914; орден св. Георгия III ст. (1915) — за бои у Лутовиско 18 янв. - 2 февр. 1915; Георгиевское оружие, украшенное бриллиантами (1916) — за бои в Луцком прорыве в мае — июне 1916. Генерал-лейтенант (1916) за взятие Луцка в 1915. Командир VIII арм. корпуса 9-й армии на Рум. фронте (1916–17). С 28 марта 1917 — нач-к штаба Ставки Верховного Главнокомандующего. Участвовал в разработке оперативных планов, решительно выступал против «демократизации» Рус. армии и революционных «преобразований». С 31 мая — Главнокомандующий армиями Зап. фронта. После провала наступления лета 1917 резко обвинял Временное правительство в разрушении армии. С 2 авг. — Главнокомандующий армиями Юго-Зап. фронта. 27 авг. выразил полную поддержку ген. от инф. Л.Г. Корнилову. 29 авг. «отчислен от должности с преданием суду за мятеж». В сент. — нояб. в тюрьме в Быхове Могилёвской губ. с участниками «корниловского выступления». 19 нояб. освобождён по приказу ген. от инф. Н.Н. Духонина и уехал на Дон. Один из создателей Добровольч. армии зимой 1918. С 30 янв. 1918 — нач-к 1-й Добровольч. дивизии. Участник 1-го Кубанского («Ледяного») похода 1918. Ближайший соратник ген. Л.Г. Корнилова, после гибели которого 13 апр. 1918 принял на себя должность Главнокомандующего Добровольч. армией. Храбрый и волевой офицер. Вопреки оперативной целесообразности в июне 1918 Д. избрал основным не царицынское, а сев.-кавказск. направление. Во время II Кубанского похода 1918 войска под командованием Д. показали высокую тактич. выучку и мастерство, очистив от значительно превосходящих сил противника зап. часть Сев. Кавказа. Главнокомандующий ВСЮР (8 янв. 1919 – 4 апр. 1920). Инициатор наступления на Москву (лето 1919) широким фронтом, для которого у армий ВСЮР не хватало сил, ресурсов и полит. основательности. В период пребывания Д. на должности Главкома ВСЮР Белые армии добились наивысшего оперативного успеха, вступив в окт. 1919 в пределы Тульской губ. В то же время, будучи лично порядочным и бескорыстным патриотом, Д. не смог остановить разложение тыла, пресечь бесчинства, грабежи и произвол, которыми были затронуты и отдельные старшие чины армии (А.Г. Шкуро и др.). «*Нет душевного покоя*, — писал Главком жене. — *Каждый день картина хищений, грабежей, насилий по всей территории Вооружённых Сил. Русский народ снизу доверху пал так низко, что не знаю, когда ему удастся подняться из грязи. Помощи в этом деле ниоткуда не вижу. В бессильной злобе обещаю каторгу и повешение... Но не могу же я сам один ловить и вешать мародёров фронта и тыла*». Правительство при Д. не сумело претворить в жизнь в 1919 программу социальных реформ, способных привлечь на сторону ВСЮР крестьянскую массу. При Д. резко обострились отношения между командованием ВСЮР и выборными органами управления каз. областей, что сыграло свою роль в снижении боеспособности каз. частей на рубеже 1919/20. В итоге зимой 1920 ВСЮР потерпели сокрушительное поражение, завершившееся катастрофич. Новорос. эвакуацией (март 1920). Почувствовав исчерпанность сил и моральное одиночество, Д. 4 апр. 1920 передал командование ген.-лейт. П.Н. Врангелю и на брит. миноносце вместе с семьёй из Феодосии эвакуировался в Константинополь. Весь «капитал» бывшего Главкома ВСЮР при оставлении родины составил 13 фунтов стерлингов. В эмиграции в Великобритании (1920). От брит. содержания отказался. Затем семья Д. жила в Бельгии (1920–22), Венгрии (1922–25), Бельгии (1925–26), с весны 1926 в Ванве под Парижем. Большую часть времени посвящал лит. творч. Первая публикация Д. состоялась в 1898 в журнале «Разведчик». Затем писал очерки из арм. быта, военно-политич. статьи, кроме «Разведчика» публиковался в «Варшавском дневнике», «Русском инвалиде» и др. периодич. изданиях. В эмиграции лит. талант Д. проявил себя в полной мере. Событием в рус. жизни стали публикации «Очерков русской смуты» (1921–26), сб. расск. «Офицеры» (1928) и др. произведений. Круг общения Д. составляли К.Д. Бальмонт, А.И. Куприн, И.С. Шмелёв и др. литераторы. От военно-полит. деятельности воздерживался, к «активизму» РОВС, усилиям ген. П.Н. Врангеля и ген. А.П. Кутепова сохранял отриц. отношение. Неоднократно читал публич. лекции в Париже. Уделял особое внимание защите имён и памяти Л.Г. Корнилова и М.В. Алексеева от обвинений в измене императору Николаю II в феврале — марте 1917, звучавших со стороны правомонархич. орг-ций и частных лиц. Сохраняя непримиримость к сов. власти, последовательно возражал против любых попыток использовать иностранную интервенцию для борьбы против СССР, выразив своё кредо (1933) так: *«Не цепляйтесь за признак интервенции, не верьте в крестовый поход против большевиков, ибо одновременно с подавлением коммунизма в Германии стоит вопрос не о подавлении большевизма в России, а о "восточной программе" Гитлера, который только и мечтает о захвате Юга России для немецкой колонизации»*. Надежды на свержение сов. власти связывал с неизбежными, как ему казалось, восстаниями в Советской армии и в нар. среде в случае большой войны. В мае 1940 семья Д. переехала в местеч. Мимизан (департамент Ланды) в юго-зап. Франции. С 15 июня по 4 июля 1941 жена Д. находилась под арестом с группой рус. эмигрантов, затем была освобождена. От предложения нем. оккупационных властей на переезд в более благоприятные условия в Берлин для продолжения лит.-творч. деятельности ответил решительным отказом. В Мимизане (1940–45) семья Д. жила в очень стеснённых условиях и остро нуждалась. Приветствовал военные успехи СССР, но собственных взглядов не изменил. В июне 1945 Д. вернулись в Париж. Опубликовал ряд открытых и резких писем против старших чинов РОВС, обвиняя Союз в сотрудничестве с нацистами в 1941–45. Результатом стали кратковременные аресты в Бельгии по обвинению в коллаборационизме ген. А.П. Архангельского, кап. В.В. Орехова и др. чинов РОВС. В связи с усилением влияния Коммунистич. партии во Франции осенью принял решение о переезде из Зап. Европы в США. При помощи ряда участников Белого движения Д. прибыли в Нью-Йорк 7 дек. 1945, где прожили до сент. 1946. Газ. «Новое русское слово», поместив большое интервью с Д., (9 дек. 1945) подчеркнула: «Он по-прежнему с русским народом, но не с советской властью». В США резко протестовал против союзнич. политики насильственных репатриаций в отношении быв. граждан СССР, обращаясь непосредственно к ген. Д. Эйзенхауэру (янв. 1946). Зимой 1946 выступил в Нью-Йорке с двумя публич. докладами, организованными местным отделом РОВС. На закрытом докладе «Мировая война и русская военная эмиграция» (21 янв.) вновь подверг жёсткой критике позицию РОВС в 1941–45 и осудил формирование Рус. Корпуса в Сербии, чем вызвал противореч. реакцию в среде слушателей. Открытый доклад «Пути русской эмиграции» (5 февр.) вызвал большой резонанс в рус. диаспоре в США. 11 июня 1946 отправил правительствам Великобритании и США меморандум, в котором предостерегал их от ведения войны против СССР с целью «расчленения и балканизации России».

В Нью-Йорке вёл скромный и уединённый образ жизни, близко общался с гр. С.В. Паниной и быв. участником Белого движения, книгоиздателем Н.Р. Вреденом. С весны 1946 постоянно посещал Публич. библиотеку Нью-Йорка на 42-й ул., работал над рукописями «Путь русского офицера» и «Вторая мировая война, Россия и зарубежье», которые не успел закончить. В США ред. дневники жены, завершил рукопись «Навет на Белое движение» — полемич. ответ на труд (1937) ген.-лейт. Н.Н. Головина «Российская контрреволюция в 1917–1918 гг.», но её судьба осталась неясна. К лету 1947 у Д. обострились приступы грудной жабы и он вместе с женой выехал на ферму в шт. Мичиган в гости к И. Бибикову, внуку генеалога *Л.М. Савелова*. В доме Бибикова 20 июля у Д. случился сердеч. приступ, и его положили в госпиталь при Мичиганском ун-те в Анн-Арборе. В больнице продолжал работу над рукописью. Последними словами Д., сказанными жене, было сожаление: «Вот не увижу, как Россия спасётся». Многие документы Д. хранились в Рус. Историч. Загранич. архиве в Праге, после 1945 вывезенном в Москву. Ныне они хранятся в ГА РФ, куда передала часть материалов из Парижа М.А. Деникина. Большая коллекция супругов Д. находится в БАКУ. *Родственники*: вдова (в браке с 1918) Ксения Васильевна (урожд. Чиж; 21 марта 1892, Бела Седлецкой губ. – 3 марта 1973, Париж) — в США с мужем, работала в Славянском отделе Колумбийского ун-та, публиковалась в рус. периодич. изданиях, последние годы жизни провела во Франции у дочери; дочь Марина (род. 20 февр. 1919, Екатеринодар); внук Михаил (1942 г. р., от первого брака матери 1941–43).

Д. был отпет в Успенской церкви в Детройте и временно похоронен с воинскими почестями армии США на кладбище Эвергрин. 14 дек. 1952 участники Белого движения торжественно перезахоронили останки Д. на Свято-Владимирском кладбище в Кэссвилле (шт. Нью-Джерси). Жена Д. похоронена на кладбище в Сент-Женевьев де Буа под Парижем. Последние годы поднимается вопрос о переносе останков Д. в Рос. Федерацию, вызывающий полярные оценки и суждения.

С о ч. Очерки рус. смуты. Т. I. Вып. 1. Париж, 1921. Вып. 2. Париж, 1922; М., 1991; Минск, 2002; Т. II. Париж, 1922; М., 1991; Т. III. Берлин, 1924; Минск, 2002; Т. IV. Берлин, 1925; Т. V. Берлин, 1926; Поход на Москву («Очерки русской смуты»). М., 1928 и 1989; Старая армия. Париж, 1927 и 1929; Офицеры. Париж, 1928; Мировые события и рус. вопрос. Париж, 1932; Рус. вопрос на Дальнем Востоке. Париж, 1932; Брест-Литовск. Париж, 1933; Международное положение России и эмиграция. Париж, 1934; Кто спас сов. власть от гибели? Париж, 1937; Путь рус. офицера. Нью-Йорк, 1953; М., 1990; «Судьба России важнее судеб эмиграции» / Публ. *В.Г. Бортневского* / Родина (Москва). 1991. № 6–7. С. 104–105.

И с т. БАКУ. Коллекция *А.И. и К.В. Деникиных*. Коробка 3. Папка Outgoing drafts — 1936–47. Письмо А. И. Деникина — директору газ. «Ле Суар» (1939); Письмо от 30 мая 1939 А.И. Деникина — Н.Л. Шапрон дю Ларре (урожд. Корниловой); Деникин Антон Иванович; Деникина Ксения Васильевна // Незабытые могилы / Сост. В.Н. Чуваков. Т. II. С. 346–347; *Махров П.С.* В Белой армии ген. Деникина. СПб., 1994; Судьбы рус. офицерства в изгнании во время Второй мировой войны. Переписка 1946 г. между ген. А.И. Деникиным и А.П. Архангельским. Публ. *К.М. Александрова* // НЧ. 2005. № 17 (в печати).

Л и т. *Головин Н.Н.* Рос. контрреволюция в 1917 – 1918 гг. Часть II. Кн. 5-я. Часть V. Кн. 11-

я. Ревель, 1937; *Залесский К.А.* С. 103–106; *Иоффе Г.* Ген. Деникин // НРС. 1996. 29 марта; *Лехович Д.В.* Белые против красных. Судьба генерала Антона Деникина. М., 1992; *Носик Б.* Генерал // НРС. 1994. 1 апр.; *Рутыч Н.Н.* Биографич. справочник. Юг. С. 82–85; *Трамбицкий Ю.* Деникин Антон Иванович // РЗ. Золотая кн. эм. С. 215–216.

ДЕНИСОВ Святослав Варламович (10 сент. 1878, стан. Луганская Обл. Войска Донского – 19 апр. 1957, Стратфорд (шт. Коннектикут) [по др. дан. Бриджпорт]) — участник Белого движения на Юге России, Ген. штаба генерал-лейтенант. Потомственный казак стан. Пятиизбянской. Представитель старинного каз. рода Д., родной внук ген.-лейт. А.К. Денисова (1764–1841), Георгиевского кавалера и Атамана Войска Донского (1818–21); сын ген.-майора В.А. Денисова. Оконч. Донской кад. корпус (1896), Михайловское арт. уч-ще (1898) и вышел на службу в 21-ю Донскую каз. батарею. В 1898–1905 — на службе в каз. батареях. Оконч. Николаевскую академию Ген. штаба (1908), командовал сотнями в каз. Донских 17-м ген. Бакланова и 7-м войскового Атамана Денисова полках. Затем служил по Ген. штабу. С 1911 — пом. ст. адъютанта штаба Омского ВО. Участник Первой мировой войны. Капитан, ст. адъютант штаба Уральской каз. дивизии (на 19 июля 1914). Затем — в штабе 4-й армии Юго-Зап. фронта. Полковник (6 дек. 1915). И.д. нач-ка штаба 2-й Сводной каз. дивизии ген.-майора П.Н. Краснова (1915–16). В 1916–18 — командир 11-го Донского каз. ген. от кав. гр. Денисова полка 7-й кав. дивизии. Демобилизовался и прибыл на Дон в янв. 1918, скрывался под видом техника в стан. Богаевской. Один из рук. Общедонского восстания 1918. Командующий Заплавской группой, нач-к штаба Донской армии, командующий Южной группой (апр. 1918). Генерал-майор (10 мая 1918). С 21 мая 1918 — командующий Донской армией и управляющий военным и морским отделом Всевеликого Войска Донского. Генерал-лейтенант (9 сент. 1918) за отличия в создании Донской армии. Деятельность Д. способствовала правильной орг-ции регулярных вооружённых сил и успешной защите терр. Дона от большевиков. Зимой 1919 выступил с резким возражениями против подчинения Донской армии ген.-лейт. *А.И. Деникину*. После демонстративного недоверия Войскового Круга — в отставке с 15 февр. 1919. С 1919 в эмиграции в Константинополе, Берлине (1922–23). В США с 1923. Инициатор создания и атаман (с нояб. 1923) Донской каз. станицы в Нью-Йорке. Из Нью-Йорка переехал в Стратфорд (шт. Коннектикут), где был избран председателем Каз. союза в Америке. Худ. образ Д. создан П.Н. Красновым на страницах заключительного тома романа-эпопеи «От двуглавого орла к красному знамени». *Родственники*: вдова Зоя Александровна; дети Игорь и Ирина.

Похоронен на местном кладбище.

С о ч. Записки. Гражданская война на Юге России 1918–1920. Кн. I Янв. — май 1918. Константинополь, 1921; *сост.*: Белая Россия. Альбом № 1. Нью-Йорк, 1937; репринт СПб., 1991. И с т. Денисов Святослав Варламович // Незабытые могилы / Сост. В.Н. Чуваков. Т. II. С. 350. Л и т. *Волков С.В.* Офицеры рос. гвард. С. 164; Каз. словарь-справочник / Изд. *А.И. Скрылов, Г.В. Губарев.* Т. I. Кливленд, 1966. С. 157–160. Репринт. М., 1992. Т. I. С. 169–172; *Краснов П.Н.* От двуглавого орла к красному знамени. Т. IV. Часть VII. Рига, 1992. С. 103–107; *Плешко Н.Д.* Генеалогич. хроника // Новик (Нью-Йорк). 1957. Отд. III. С. 4; *Поляков И.А.* Памяти ген.-лейт. С.В. Денисова // Часовой (Брюссель). 1957. Июнь. № 377. С. 20; *Рутыч Н.Н.* Биографич. справочник. Юг. С. 86–87;

ДЕПП фон, Филипп Георгиевич — авиационный инж., электромеханик. В России служил в Науч.-технич. лаборатории воен. ведомства. С 1918 по 1948 — главный аэродинамик на самолетном заводе Юнкерса в Германии. В 1945 вывезен в США инж. в Wright Авиационный центр Военной авиации США, в Дэйтон, шт. Огайо.

Л и т. Юбилейный сб. Объединения СПб политехников. 1952.

ДЕРЮГИН Владимир Владимирович (род. 9 мая 1919) — инженер-механик. После 1920 с семьёй в эмиграции в Германии. Оконч. Высшую технич. школу в Берлине (1943) со специализацией по авиационным моторам. После 1945 — в Зап. Германии, затем в США. Жил в Нью-Йорке. Состоял действительным членом Об-ва рус. инж. в США (на 1950).

Ист. АОРИ. Анкета.

ДЕРЮГИН Георгий Георгиевич (род. 1915, Псков) — экономист. После 1920 с семьёй в эмиграции в Германии. Оконч. ф-т юридич. и экономич. наук Берлинского ун-та (1939), доктор экономич. наук (1942). После 1945 — в Зап. Германии. Преподавал в Берлинском ун-те и в ун-те УНРРА (UNRRA) для «перемещённых лиц» в Мюнхене. Переехал в США. Преподавал в Южно-Калифорнийском ун-те (1955–64), затем — в Ин-те Советоведения в Миддлбери (шт. Вермонт). Труды Д. посвящены вопросам районирования, внутренней торговле и денежной системе СССР.

Л и т. На темы рус. и общие / Под ред. Сорокина П.А., Полторацкого Н.П. Нью-Йорк, 1965.

ДЕРЮЖИНСКИЙ [Derujinsky Gleb] Глеб Владимирович (13 авг. 1888, имение Отрадное Смоленской губ. – 9 марта 1975, Нью-Йорк) — скульптор. Род. в семье проф. Санкт-Петербургского ун-та. С ранних лет увлекался лепкой. С 1904, будучи гимназистом, посещал школу поощрения художеств и выразил желание стать скульптором. Отец противился, считая, что сын должен получить юридич. образование. *Н.К. Рерих* поддержал выбор Д., в результате он добился права заниматься скульптурой, но после завершения высшего образования. Блестяще оконч. юридич. ф-т Санкт-Петербургского ун-та, не прекращая лепить. Отклонив предложение остаться на ф-те при ун-те, уехал в Париж. Работал в худ. школе Коларосси и в Академии Жюльена. Произведения Д. заслужили одобрение О. Родена, ставшего другом скульптора. Возвратившись на родину (1913), поступил в Императорскую Академию худ., где его работы были оценены наивысшим образом. Первая выставка Д. (мрамор, бронза) состоялась в Петрограде (1915). После Октябрьского переворота 1917 — в Крыму, в имении кн. Ф.Ф. Юсупова, быв. соученика по гимназии. Продолжал заниматься скульптурой. Избежал расстрела, пережив череду массовых убийств, развязанных зимой 1918 большевистскими ревкомами Крыма. С весны 1918 — в нем. оккупации. Перебравшись в Новороссийск, поступил матросом на корабль, следовавший в Нью-Йорк (1919). В эмиграции в США, жил и работал в Нью-Йорке. В первой студии Д. побывали Н.К. Рерих и Р. Тагор, позировавшие скульптору. Первая выставка Д. в США состоялась в Нью-Йорке (1921). Изображал в скульптурных произведениях (дерево, бронза, глина, мрамор) выдающихся представителей Рус. Зарубежья и амер. об-ва. Мастеру позировали композиторы *А.Т. Гречанинов*, С.С. Прокофьев, *С.В. Рахманинов*, пианист *А.И. Зилоти* и др. Портрет Т. Рузвельта в бронзе работы Д. находится в доме, где род. президент США. Устраивал выставки в Лондоне, Париже, Филадельфии. В 1926 удостоен золотой медали в Филадельфии за «Еву». В Нью-Йорке получил золотую медаль за скульптуру «Сдвиг», изображающую женщину, разрывающую путы. Группа «Похищение Европы» украшала Международную выставку в Нью-Йорке (1939). В своём творч. был близок к классич. искусству и отрицательно относился к искажению форм в новых течениях. Создал много религиозных скульптур. Монументальные скульптуры Д. можно видеть в католич. храмах многих штатов: «14 ступеней Крестного пути» — в капелле кардинала Спеллмана в Нью-Йорке, «Голгофа и Младенец Иисус» (дерево) — в иезуитской миссии в Мокамэ (Индия). «Распятие Иисуса Христа» подарено Д. церкви Толстовского фонда. Скульптурные работы Д. находятся в музее Метрополитен (Нью-Йорк), в Смитсониевском ин-те и в Портретной галерее в Вашингтоне, в музее Мемфиса, в Теннесси, в Дэйтоне, в ин-те искусства; в музее Фонда Кранбрук, у Т. Витни в Коллекции рус. искусства в Вашингтоне и в Коннектикуте, в музее Центра Линкольн в Нью-Йорке и др. Более расширенный список произведений Д. см. в статье вдовы *Н. Резниковой-Дерюжинской*. *Родственники*: жёны: в первом браке — Александра Николаевна (? – 25 авг. 1956), во втором браке — Наталья.

Л и т. *Голлербах С.* Большой рус. ваятель // РМ. 1975. 5 июня; Памяти Г.В. Дерюжинского // НРС. 1975. 12 марта; *Плешко Н.Д.* Генеалогич. хроника // Новик (Нью-Йорк). 1957. Отд. III. С. 4; *Резникова-Дерюжинская Н.* Г.В. Дерюжинский // НЖ. 1980. Кн. 108. С. 87–100.

ДЖАНЕЕВ Иван Алексеевич — художник. Сконч. 12 июня 1955 в Нью-Йорке.

Л и т. *Плешко Н.Д.* Генеалогич. хроника // Новик (Нью-Йорк). 1965. Отд. III. С. 1.

ДЗВОНЧИК [**Dzwonczyk** John] Джон (1915, Мэйфилд (шт. Пенсильвания) – 1996) — общественный деятель.

Образование получил в ун-те Пенсильвании, специализируясь в обл. торговли и финансов. Изуч. применение компьютеров в счетоводном деле в ун-тах Теннесси и Питтсбурга. Во время Второй мировой войны служил по мед. части во флоте на Тихом океане. Был чиновником в администрации шт. Пенсильвания. В теч. 35 лет активно работал в Орг-ции рус. братств (Russian Brotherhood Organization), в которой занимал должности секретаря и председателя. Будучи прихожанином церкви Всех Святых в Олифанте, в Пенсильвании, работал учителем в рус. школе при церкви, пел в хоре и состоял председателем приходского совета. Член местной орг-ции ветеранов, работал добровольцем в Центре здравоохранения округа Лаккаванна и в комитете бойскаутской орг-ции. *Родственники*: сын Филипп; дочь Паула (Paula); трое внуков.

Л и т. John Dzwonczyk, R.B.O. Past President // The Truth. 1996. Dec. *Uram John* (Editor). P. 2.

ДЗЮБА Юрий Михайлович (7 сент. 1905 – ?) — инж.-механик. В 1937 окончил Киевский Индустриальный ин-т. В США жил в Лонг-Бич, на Лонг Айленде, в шт. Нью-Йорк. Действительный член Об-ва рус. инж. в США (на 1953).

И с т. АОРИ. Анкета.

ДЗЮБАЙ Иоанн (18 января 1893 Миннеаполис, шт. Миннесота – 9 дек. 1988) — протоиерей. Род. в семье, состоявшей в приходе о. *Алексея Товта*, вернувшего свой униатский приход в лоно Православной Церкви. Оконч. среднюю амер. школу и Миннеапольскую миссионерскую семинарию. Был регентом в ряде приходов. В 1920 в Миннеаполисе посвящен в диаконы, а в 1921 — в священники. Всю жизнь служил в Миннеаполисе. Принадлежал к ПЦА. Много занимался с молодежью, устраивая выступления хора и школы нац. танцев, представляя рус. американцев на штатных «фестивалях наций». Выступления хора и танцевальной группы в местных школах и ун-тах знакомили амер. молодежь с рус. нар. культурой. Для прихожан, плохо владевших рус. яз., издавал молитвенники на англ. яз., преподавал им рус. яз. Издал несколько брошюр, знакомивших местное население с православием, писал о рус. и России в местных газ., помогал православным сиротам в своем и в др. православных приходах. Ему никогда не пришлось побывать в России. У о. Иоанна была большая семья. На съезд рода Д. в 1986 прибыло более 300 его родственников.

Похоронен на православном кладбище в Миннеаполисе.

Л и т. *Солдатов Г.* Светлой памяти протоиерея Иоанна Дзюбая // РЖ. 1989. 14 января.

ДИ [**Dee** Sandra, урожд. Жук (**Zuk**) Александра] Сандра (1942, Байонн, шт. Нью-Джерси – 20 февр. 2005, Thousand Oaks, шт. Калифорния) — киноактриса. Играла в фильмах, рассчитанных на юных зрителей, среди которых: «Until they sail» (1957), «Invitation to Life» (1959), «A Summer Place» (1959), «Tammy tell me true» (1961), «Tammy and the Doctor» (1963), «You've got to be kidding» (1967), «Rosie» (1968) и др.

Родственники: муж (в разводе) Бобби Дарин — кинорежиссер; сын Дидо Дарин.

Л и т. Obituary. San Jose Mercury News // 2005. Febr. 20; *Fran Thomas*. et al. The World Almanac of Film. 1987. P. 119–120; Obituary. San Jose Mercury News // 2005. Febr. 20.

ДИАКОНОВ Константин Дмитриевич (20 марта 1885 – 7 января 1973, Нью-Йорк) — полковник. По оконч. Николаевского кав. уч-ща в 1907 вышел во 2-й Лейб-гус. Павлоградский императора Александра III полк 2-й кав. дивизии. В составе полка принял участие во всех походах и боях в Первую мировую войну. После захвата власти большевиками участвовал в Гражданской войне. После пребывания в Галлиполи (1920–21) прибыл в Белград. В эмигр. в Кор. СХС. Во Вторую мировую войну вступил в ряды Рус. Корпуса. В конце 40-х гг. из Германии выехал в США, занимался тяжелым физич. трудом.

Л и т. Незабытые могилы // Часовой (Брюссель). 1973. Июль. № 565. С. 19.

ДИКИЙ Андрей — См. **ЗАНКЕВИЧ** Андрей Иванович.

ДИКИЙ [**Дикой**] Иван Петрович (8 февр. 1896 – 18 июля 1990, Санкт-Петербург) — иконописец. Оконч. Харьковское худ. уч-ще. В 1920 эмигрировал с женой и дочерью в Кор. СХС, занимался мозаикой и фресками. Был приглашен королем Александром I для мозаичной отделки и росписи усыпальницы дома Карагеоргиевичей в Тополи-Опленец. Участвовал в росписи дворца и часовни короля Александра в Дединьи, православных церквей. Был награжден орденом св. Саввы IV ст. Работал в Вене, Каракасе и Торонто. В 1959 поселился в США, написал иконы для иконостасов в храмах свв. Петра и Павла в Меридене, Хартфорде, Стратфорде и Нью-Бриттене, в шт. Коннектикут, в Свято-Тихоновском монастыре в Пенсильвании, в Акроне, в Парме, в шт. Огайо. *Родственники*: дочь.

И с т. АА. *Полчанинов Р.В.* Письмо.
Л и т. *Лейкинд О.Л., Махров К.В., Северюхин Д.Я.* Худ. Рус. зарубежья. С.260.

ДИЛЬ Иван Иванович, конструктор самолетов. Начал работать в России в обл. авиации в 1910. В 1914 назначен зав. авиационным парком военно-воздушного флота Юго-Зап. фронта. В 1916 построил биплан-истребитель, в 1918 сконструировал биплан с меняющимся углом атаки крыла. Гражданская война прервала его работу по созданию новых самолетов, и Д. был вынужден уйти за рубеж — в Китай. В 1921 построил первый аэроплан на кит. терр. и основал в Маньчжурии первую летную школу. В 1924 переселился в США. Получил два патента на свои аэропланы с меняющимся углом атаки крыла и складывающимися крыльями. Ему также принадлежит патент пропеллера с меняющимся ходом.
И с т. Архив КРА. Материалы.

ДИМЕР Евгения Александровна (род. 1925, Киев) — поэтесса, публицист. Мать была врачом, а отец — агрономом-энтомологом. Писать стихи начала с детства. В 1943 стала беженкой и попала через Польшу и Австрию в Италию. Переехав в Зап. Германию, оконч. экономич. ф-т Мюнстерского ун-та. В 1951 переехала в США и поселилась в шт. Нью-Джерси. Начиная с 1955 опубликовала несколько сот рассказов, дорожных очерков, статей и стихотворений в Нью-Йоркском «Новом русском слове», «Современнике» (Торонто), «Новом журнале» (Нью-Йорк), «Мире», «Литературном зарубежье», «Альманахе» — 80, 87 и 91. Автор четырех книг, включая поэтич. сборников: «Дальние пристани» (1967), «С девятого вала» (1977), «Молчаливая любовь».
И с т. Автобиография // Берега / Под. ред. Вал. Синкевич. Филадельфия, 1992. С. 262–263; Автобиография // *Крейд В.* С. 621.

ДИМИТЕР Сергей Александрович (род. 8 окт. 1920, Белгород) — инженер-химик. Оконч. в 1943 инж. ф-т Софийского ун-та с дипломом инж.-химика. В 1943 начал работать в Варне, в Болгарии. Осуществил 25% эмульсификацию канифоли в жирной кислоте на самом большом нефтеочистительном заводе на Балканах. В 1945 был членом Гос. инж. и науч. комитета. В окт. 1945 г, получил должность технич. директора и химика-исследователя в Афинах. В 1947 открыл в Афинах собственную лабораторию и консультацию. Впервые выработал и изготовил сложную эмульсию для кожевенных товаров. В 1947 участвовал в соглашении об издании новой теории химии дубления. В 1951 создал новый продукт «Liqua-Leather». В 1952 составил новый состав XC-130 для обработки кожи. Вел исследования латекса, результаты которых опубликованы в бюллетенях компании Goodrich в Огайо. Изобрел сложное моющее средство. Разработал способы изготовления искусственной кожи и др. В общей сложности спроектировал, построил и организовал работу шести заводов, двух экспериментальных лабораторий и двух бюро для консультаций.
Л и т. Archives of the Association of Russian-American Engineers in USA. *Dimiter Sergei.* Curriculum vitae, typescript. 1968. Oct. 8. P. 3.

ДИМИТРИЕВ Владимир (1886 [1887] – до 7 сент. 1964, Нью-Йорк) — балетмейстер. Был постановщиком и певцом Мариинского театра в Петрограде. Помогал *Баланчину* в устройстве небольших балетных постановок. В 1923 приехал вместе с Баланчиным в США. В 1924 открыл свою балетную школу.
Л и т. Некролог // НРС. 1964. 7 сент.

ДИМИТРИЕВ Николай Васильевич (9 авг. 1887 – 23 января 1978) — скульптор. Интерес к искусству проявил в детстве, увлекаясь рис., лепкой и резьбой. Высшее образование получил на юридич. ф-те Московского ун-та, который оконч. со званием кандидата права. В Москве также учился в худ. школе Юона. В нач. Первой мировой войны поступил в арт. военное уч-ще, которое оконч. в 1915 и был направлен на фронт. Оказался за рубежом после оконч. Гражданской войны.

В 1923 переселился в США. Здесь познакомился со скульптором *С.Т. Конёнковым* и начал заниматься под его рук., изучать анатомию и лепить с натуры. Вскоре завоевал признание, и работы его, главным образом бюсты, стали появляться на выставках и в музеях Европы и Америки. Бюст основателя скаутского движения Бирда (?) работы Д. находится в «Галерее Славы» в Вашингтоне, бюст А.С. Пушкина — в Чикаго, «Голова девушки» — в музее в Праге. 31 авг. 1941 в Пушкинском парке в Кэсвилле, в шт. Нью-Джерси, попечением РООВА был торжественно открыт памятник А.С. Пушкину работы Д. Это был первый памятник Пушкину, воздвигнутый на амер. земле.
И с т. АА. *Федоровская М.Н.*, администратор. Письмо от 19 окт. 1999 С.Б. Рагозину.
Л и т. *Рагозин С.* Первый памятник Пушкину в США // РА. 2000. № 22; Стрем А.Л. Н.В. Димитриев // Рус. Вестник. 1941. 1 сент. № 112. С. 8–9.

ДМИТРИЕВ Борис Георгиевич (? – 6 июля 1960, Нью-Йорк) — сотник, инж., ветеран. Оконч. Кубанское Алексеевское военное уч-ще. Во время Гражданской войны воевал в рядах Добровольч. армии и дослужился до чина сотника. За доблесть награжден Георгиевским крестом IV ст. После эвакуации на о-в Лемнос (1920) и временного проживания в Болгарии переехал в Чехословакию. Получил высшее образование с дипломом инж. и докт. ст. После Второй мировой войны эмигрировал с женой и двумя сыновьями в США. Поселился в Нью-Йорке. Зарабатывал на жизнь работой на ф-ке. Состоял членом Гарнизона армии и флота 297.
Л и т. *Приходько П.* Над свежей могилой соратника — д-ра инж. Б.Г. Дмитриева // Россия (Нью-Йорк). 1960. 13 июля.

ДМИТРИЕВ Василий Васильевич (1870 – 16 авг. 1947) — полковник. Оконч. военное уч-ще в Казани и Офиц. стрелковую школу. Во время Первой мировой войны командовал в Самаре зап. полком. В Гражданскую войну служил у атамана Б.В. Анненкова. После оконч. военных действий через Маньчжурию и Шанхай эмигрировал в США. Работал на заводе. Умер вдовцом.
Похоронен в Сан-Франциско на Серб. кладбище.
Л и т. Некролог // Новая заря (Сан-Франциско). 1947. 19 авг.

ДМИТРИЕВ [Dmitry] Петр Софронович (15 янв. 1900, Екатеринослав – ?) — инж.-электрик. В 1932 оконч. в Берлине-Шарлоттенбурге Высшую технич. школу. В США жил в Нью-Йорке. Действительный член Об-ва рус. инж. в США.
И с т. АОРИ. Анкета.

ДМИТРИЕВ Степан Андреевич (? – 21 сент. 1983, Сан-Франциско) — сотник Забайкальского каз. войска. После ухода за рубеж проживал в США.
Л и т. Некролог. // Часовой. 1984. Янв. — февр. № 647. С. 29.

ДМИТРИЕВ Юрий Борисович (род. 18 мая 1928, Брно, Чехословакия) — инж.-

механик. В 1957 оконч. Стэнфордский ун-т в Калифорнии с дипломом инж.-механика. Изобретатель и конструктор, получил ряд патентов на автоматич. оружие. В США жил в Бетани, в шт. Коннектикут. Действительный член Об-ва рус. инж. в США.
И с т. АОРИ. Анкета.

ДМИТРОВСКАЯ-ШАХТЕР-ДИ Ирина — см.: **ШАХТЕР** [урожд. **Дмитровская**] Ирина.

ДМОХОВСКИЙ Юрий Владимирович (род. 23 мая 1917, Петроград) — заслуженный проф. математики, инж.-мостостроитель, специалист по статич. расчетам, общественный и церковный деятель. Крещен в соборе св. Иосифа в Могилеве, где отец служил в Ставке Верховного Главнокомандующего. Отец Д. сражался в рядах Добровольч. армии. В 1920 вся семья эвакуировалась из Новороссийска. Через Салоники прибыли в Кор. СХС. Отец работал в Мин. железных дорог управляющим телеграфным отделением в городе Суботица. В 1924 семья уехала во Францию, в Нанси, потом в Канн (Калвадос), где отец продолжил образование и получил диплом инж.-электромеханика. В 1926 вернулись в Югославию. Д. в 1935 оконч. с отличием в Белграде Рус.-серб. гимназию. Затем в 1942 оконч. строительный ф-т Белградского ун-та по специальности «статика и мостостроение». Дипломную работу писал у известного проф. Мицича, ректора ун-та. В 1939 за конкурсную работу получил Кор. академич. награду имени св. Саввы. Во время Второй мировой войны работал в шведской компании на гидростанции в городе Тетово. С конца 1944 занимался восстановлением трех железнодорожных мостов в городе Ужице, затем — через р. Саву в Славонском Броде, через р. Дунай у Белграда и вел самостоятельно монтаж известного моста через многоводную горную р. Дрину у Меджеджи. Начиная с 1949 рук. проектной группой инж.-специалистов по статич. расчетам при Мин. жел. дорог. Приглашен в качестве приват-доцента на Технич. ф-т в Белграде и работал у проф. Мицича при кафедре металлич. конструкций. В 1950 выехал в Мюнхен, в Зап. Германию, и оттуда в 1951 в Венесуэлу. Служил три года штатским инж. при штабе Венесуэльских воздушных сил в городе Маракай, затем два года занимался статич. расчетами для частных фирм в Каракасе. В 1956 переехал в Сиракузы, в США. Работал до 1962 специалистом по статич. расчетам в частных фирмах по проектировке мостов, потом в корпорации Solvay Process. В 1958 сдал экзамены шт. Нью-Йорк и получил права на профессиональную практику. В 1962 назнач. на должность проф. математики в Онондага-колледже в Сиракузах. Был выбран деканом. В 1968 перешел в Ютика-колледж Сиракузского ун-та, здесь выбран главой отделений физич. и естественных наук и математики. Написал учебник по векторному анализу.

В 1987 вышел на пенсию со званием заслуженного проф. математики. Член КРА с 1984. С 1994 по 1999 состоял членом Главного правления КРА, с 1995 по 2002 — председатель Сиракузского отдела КРА. Секретарь и казначей ряда рус. православных приходов. Сотрудник благотворительного об-ва «Русский дар жизни», занимавшегося опекой над рус. детьми, прибывающими в США для операций на сердце. Занимался сбором средств для оказания помощи слепым детям и детям с ограниченным зрением в Санкт-Петербурге. В 1979 рук. строительством храма св. Иоанна Кронштадтского в городе Ютика по проекту архитектора *В.Г. Глинина*.
Родственники: жена (урожд. Королёва) Лариса Сергеевна; пасынок Петр; падчерица Екатерина; шесть внуков.
И с т. CRA Archives. *Dmohowski George*. Curriculum vitae. 1999; *Дмоховский Юрий*. Автобиография, рукопись. 2002. Окт. С. 2.

ДНЕПРОВ Роман — См. **ДУДИН** Рюрик Владимирович

ДОБЖАНСКАЯ [урожд. **Сиверцова**] Наталья Петровна. Работала на кафедре генетики Ленинградского ун-та. В 1927 переехала в США. Вышла замуж за *Ф. Г. Добжанского*. Сконч. в 1968.
И с т. Ин-т геохимии и аналитич. химии им. В. И. Вернадского РАН. *Вернадский В. И.* Дневники 1921–1925. 1998. С. 165, 184.

ДОБЖАНСКИЙ [ДОБРЖАНСКИЙ] [**Dobzhansky** Theodosius] Феодосий Григорьевич (25 янв. 1900, Немиров Подольской губ. – 19 дек. 1975) — генетик, энтомолог, создатель синтетич. теории эволюции. В 1921 оконч. физико-математич. ф-т Киевского ун-та. В 1920–23 состоял ассистентом кафедры зоологии сельскохоз. ф-та Киевского Политехнич. ин-та. В 1924–1927 — ассистент кафедры генетики Ленинградского ун-та, преподавал генетику. В 1927 поехал в науч. командировку в США как Рокфеллеровский стипендиат, в лабораторию Т. Моргана. Начал работать в Колумбийском ун-те с проф. Нунтом. Отказался возвращаться в СССР, продолжал работать в обл. объединения дарвинизма с теорией Менделя. Его главным вкладом в теорию генетики была работа о генетике фруктовых мушек — дрозофил. В 30-х гг. синтезировал слияние дарвинизма с математикой, палеонтологией и генетикой. С 1936 — проф. Калифорнийского технологич. ин-та. В 1940 занял в Колумбийском ун-те кафедру зоологии. С 1971 — проф. Калифорнийского ун-та. В 1949 публично осудил преследование генетиков в СССР. Свои науч. открытия отразил в философском труде «Mankind evolving» («Развивающееся человечество»). В 1962 приглашен в Ин-т Рокфеллера в Нью-Йорке. Автор 400 науч. трудов и статей по генетике и теории эволюции. За науч. достижения удостоился награды — Нац. медали США.
Родственники: жена *Наталья Петровна* (урожд. *Сиверцева*).
И с т. Ин-т геохимии и аналитич. химии им. В.И. Вернадского РАН. *Вернадский В.И.* Дневники 1921–1925. 1998. С. 184, 165.
Л и т. *Брунст В.* Памяти проф. Ф.Г. Добжанского // НРС. 1976. 6 января; *Кеппен А.А.*; Raymond B., Jones R. Dobrzhanskii, Feodosii // The Russian Diaspora 1917–1941. Maryland and London, 2000. P. 98–99.

ДОБЖИЦКИЙ Яков Акимович (13 сент. 1893, Очаков Бессарабской губ. – ?) — инж.-строитель. Начал учиться в Киевском Политехнич. ин-те, но после перерыва смог продолжить образование в Пражском Политехнич. ин-те, который оконч. в 1928. В США жил в Джексон Хайтс, шт. Нью-Йорк. Действительный член Об-ва рус. инж. в США (на 1953).
И с т. АОРИ. Анкета.

ДОБКЕВИЧ Антон Антонович (1892 [1894], Дубно Волынской губ. – янв. 1973) — ветеран двух войн. Получил в 1913 офиц. чин в Киевском военном уч-ще. Служил в 6-м Заамурском погранич. полку. На Юго-Зап. фронте командовал пулеметным расчетом бронепоезда. В 1918 назнач. пом. нач-ка инж. отдела Рос. войск полосы отчуждения КВЖД. Затем до 1920 занимал разные должности, включая командование бронепоездом. Эмигрировал в США в 1922. Сконч. в Калифорнии.

И с т. АМРК. А.А. Добкевич // Коллекция Гуверовского ин-та. pdf 63,4 К.

ДОБКИН Дмитрий (1886 – 28 дек. 1953, Нью-Йорк) — певец, преподаватель пения. Муз. образование получил в России и Италии. Дебютировал в 1912 в Венеции в роли гр. Альмавивы в «Севильском цирюльнике». Преподавал пение в Санкт-Петербурге. После революции выехал в Скандинавию, затем в США. Выступал солистом в Нью-Йоркской филармонии и концертах. В 1929 создал Бруклинский симфонич. оркестр из безработных музыкантов.
Л и т. Некролог // НРС. 1953. 28 дек.

ДОБРОВОЛЬСКИЙ Алексей Борисович (9 авг. 1904, Харьков – ?) — инж.-механик, дизелестроитель. Образование получил в Морском корпусе в Севастополе и в Бизерте. В 1929 оконч. Гентский ун-т в Бельгии с дипломом инж.-механика. С 1929 занимался дизелестроительством. С 1929 по 1933 — инж. в бюро проектов дизелей на заводе Carels Frères в Генте. В 1933–47 — главный инж. завода Ateliers Waslschaerts в Брюсселе. На этом заводе под рук. Д. было спроектировано и выпущено три типа дизелей для промышленности и установки на судах. В 1947–64 строил дизельные моторы на своем предприятии в Аргентине. В 1965–68 занимался теоретич. работой по созданию нового типа дизеля для тракторов и грузовиков. Переселился в США, жил в Лос-Анджелесе.
И с т. АОРИ. Анкета.

ДОБРОВОЛЬСКИЙ Михаил Николаевич (род. 7 янв. 1912, Харьков) — инж.-электрик, общественный деятель. В 1934 оконч. Днепропетровский горный ин-т с дипломом инж.-электрика. Защитил в Днепропетровском металлургич. ин-те дисс. и получил ученую ст. кандидата технич. наук. В 1937–40 преподаватель в Металлургич. ин-те. С 1935 по 1940 занимал должность ассистента в этом же ин-те, а в нач. 1941 здесь Д. было присвоено звание доцента кафедры электротехники. Одновременно вел науч.-исследовательскую работу в обл. автоматизации металлургич. промышленности. В СССР опубликовал результаты работы в науч. статьях. В Библиотеке Конгресса в Вашингтоне хранится журнал «Теория и практика металлургии», в котором опубликована статья Д., посвященная автоматизации управления мартеновской печью. Другая работа — «Автоматизация регулирования прокатного стана» — была удостоена Гос. премии СССР. Во время Второй мировой войны покинул оккупированную терр. СССР и выехал на Запад.

В 1949 переселился с семьей в США. Сдал экзамены на лицензию профессионального инж. и работал с 1951 по 1971 инж.-электриком в Allied Chemical Corporation. Последующие 11 лет работал в фирме Stone and Webster Corporation, занимался проектированием и строительством электростанций. Как опытному специалисту, Д. поручили читать молодым инженерам лекции по измерительным приборам и элементам автоматич. систем. Состоял членом Ин-та инж.-электриков и инж. по электронике. Проживая в США, активно участвовал в общественной жизни рус. общины. Член КРА со дня основания. В 1984 выбран на должность казначея Главного правления КРА, которую занимал четыре года. Состоял бессменным казначеем Студенч. фонда КРА и состоит членом правления местного отдела КРА в Лонг-Айленде. Член РАГ в США и действительный член Об-ва рус. инж. в США. *Родственники:* Супруга Д., Людмила Иосифовна, урожд. Онищенко, род. в 1920 в Екатеринославе. Оконч. мед. ин-т. По приезде в США прошла усиленную врачебную тренировку в амер. больницах. Успешно выдержав все мед. экзамены, получила диплом амер. врача и работала до отставки, член КРА. Дочь, Ольга Миклашевская, по специальности биолог, активный член КРА; две замужние внучки; два правнука.
И с т. Archives of the Assn. of Russian-American Scholars in the USA. *Dobrowolsky Michael.* Curriculum vitae (manuscript). 1971; *Добровольский Михаил.* Автобиография (машинопись). 2000. 1 дек. С. 2.

ДОБРОВОЛЬСКИЙ Николай Людвигович — поручик Дроздовского полка. После эвакуации из России эмигрировал в США. Сконч. в мае 1987.
Л и т. Некролог // Часовой (Брюссель). 1987. Нояб. — дек. № 668. С. 31.

ДОБРОХОТОВ Димитрий Димитриевич (11 окт. 1897 – ?) — электромеханик. В 1932 оконч. Политехнич. ин-т в Праге, в Чехословакии. В США жил в 1954 в Нью-Йорке. Действительный член Об-ва рус. инж. в США (на 1951).
И с т. АОРИ. Анкета.

ДОБРОХОТОВА [урожд. **Евграфова**] Евгения Владимировна — певица, участница церковных хоров.

Пятидесятилетие ее церковно-певч. деятельности отмечалось в Новой Коренной Пустыни, в Махопаке, в шт. Нью-Йорк 20 авг. 1961.
Л и т. Церковно-певч. деятельность Е.В. Доброхотовой // НРС. 1961. 10 авг.

ДОБУЖИНСКИЙ Всеволод Мстиславович (1908[?], Санкт-Петербург – 1998) — художник.

Сын художника *М.В. Добужинского.* Эмигрировал в Литву. Служил рядовым в Лит. армии. Переселился с семьей на постоянное жительство в США. Работал художником в обл. рекламы. Возглавил комитет по устройству выставок рус. художников, свидетельствовавших в своих картинах и рисунках о преступлениях коммунистов против рус. народа. Состоял в правлении Рос. союза антикоммунистов. *Родственники*: жена — певица Каунасской оперы; две дочери; внучка.
И с т. АА. Интервью и личные воспоминания. 1970.

ДОБУЖИНСКИЙ Мстислав Валерианович (14 авг. 1875, Новгород – 20 нояб. 1957, Нью-Йорк) — художник, театральный декоратор, проф. Начал заниматься в худ. уч-ще в Санкт-Петербурге и продолжил его в Мюнхене. Его рис. публиковались в журналах «Аполлон», «Мир искусства», «Золотое руно». Рисовал декорации для постановок в МХТ. Д. выставлял свои произведения на многоч.

выставках в обеих столицах и главнейших городах России.

До 1922 проф. Академии худ. в Петрограде. После 1924 персональные выставки Д. состоялись в 35 европейских и амер. городах. В США выставки экспонировались в Нью-Йорке, Бостоне, Сан-Диего, Голливуде, Ньюпорте и в Дартмут колледже. В 1929 эмигрировал с семьей в Литву. Во время Второй мировой войны эмигрировал на Запад. Сначала проживал в Англии, потом переехал в США. Работал над театральными декорациями. За свою творч. жизнь создал декорации и костюмы для более чем 100 оперных, балетных и драматич. постановок в России, Англии, Франции, Италии, Монако, Бельгии, Германии, Голландии, Чехословакии, Литве, США, Канаде и в Аргентине. В США работал над декорациями и костюмами для семи главных театров, включая Метрополитен-опера в Нью-Йорке. Похоронен во Франции.

Л и т. *Александрова В.* Памяти М.В. Добужинского // НЖ. 1958. № 53; *Bowlt J.E.* The Early Graphic Work of Mstislav Dobujinsky // Transactions of the Association of Russian-American Scholars in the USA (New-York). V. IX. 1975. P. 249–286; *Raymond B., Jones R.* Dobujinsky Mstislav // The Russian Diaspora 1917–1941. Maryland and London, 2000. P. 99–100.

ДОВЛАТОВ [Мечик] Сергей Донатович (1941, Уфа – 1990, Нью-Йорк) — прозаик, журналист. Учился в Ленинградском ун-те. С 1976 печатался в рус. зарубежных журналах: «Время и мы», «Континент», «Третья волна». Изд-во «Ардис» выпустило его «Невидимую книгу». Эмигрировал в США в 1978. Ред. в Нью-Йорке в теч. двух лет еженедельник «Новый американец», сотруднич. на радио «Свобода», печатал статьи в «New Yorker», «Новом русском слове», в альманахе «Часть речи». В России прозу Довлатова начали печатать с 1989 (журн. «Звезда», «Октябрь», «Радуга» (Таллин)). Его произведения переведены на англ., нем., шведск. и яп. яз.

Л и т. *Завалишин В.* Памяти С.Д. Довлатова // НЖ. 1990. № 181.

ДОЛГИХ Александр Алексеевич (3 авг. 1907 –?) — авиационный инж. Род. 16 авг. 1907. В 1936 оконч. моторный ф-т Московского авиационного ин-та, стал инж.-конструктором по авиамоторостроению. В эмигр. с 1942. После оконч. войны работал автомехаником в частях амер. оккупационной армии. В США жил в Парксли, в шт. Виргиния, работал на ферме. Действительный член Об-ва рус. инж. в США.

И с т. АОРИ. *Долгих А.А.* Переписка с секретарем О-ва рус. инж. в США. 1950; Анкета.

ДОЛГИХ [Долина] Елизавета Андреевна — певица, меццо-сопрано. В 1941 оконч. муз. уч-ще в Курске. Начавшаяся Вторая мировая война и нем. оккупация прервали образование Д. в консерватории. Вместе с мужем, М.В. Долгих, вывезена на работу в Германию. После оконч. войны участвовала в концертах в рус. лагерях для беженцев и амер. воинских частях.

Избежав насильственной репатриации в СССР и переехав в США, в Чикаго, организовала вместе с *Н.Н. Куликовским* театр муз. миниатюры, который просуществовал пять лет. В теч. десяти лет рук. женским хором «Рябинушка». Выступала перед рус. аудиторией в Лос-Анджелесе, Чикаго, Сан-Франциско, Детройте, флоридском Санкт-Петербурге и др. городах. Д. выпущены девять долгоиграющих пластинок. В 1974 чета Долиных-Долгих переселилась из Чикаго в Санкт-Петербург, во Флориде, где М.В. Долгих продолжал свое книжное дело, а Д. возродила хор «Рябинушка» и выступала на концертах местного отдела КРА.

Л и т. *Березов Родион.* Творч. жизнь // НРС. 1974. 10 дек.; Творч. путь Елизаветы Долиной // НРС. 1985. 6 нояб.

ДОЛГОВ Михаил Константинович — инж.-электромеханик. В 1928 оконч. электромеханич. отделение Пражского Политехнич. ин-та с 1928 по 1945 работал по специальности в Чехословакии. В США жил в Нью-Йорке. Действительный член Об-ва рус. инж. в США (на 1952).

И с т. АОРИ. Анкета.

ДОЛГОВО-САБУРОВ Борис Авдеевич (1890, Ярославская губ. – 11 июля 1952) — полковник арт. Род. в старинной дворянской семье. По оконч. 3-го Московского кад. корпуса и Михайловского арт. уч-ща (1911) выпущен подпоручиком в 4-ю Сибирскую арт. бригаду. Первую мировую войну провел в составе ее горного дивизиона, получив все боевые награды до Георгиевского оружия включительно. После крушения фронта направился в Одессу, где вступил в тайную военную орг-цию. После занятия Одессы немцами бежал в Иркутск. Принимал участие в военном выступлении против большевиков. В июле 1918 вступил добровольцем в войска Сибирского правительства, занимая ряд командных должностей в арт. частях. В 1920 удостоился награждения орденом св. Георгия IV ст. за доблесть и блестящий результат в командовании пех. полком в бою у ст. Зима, когда посланные из Иркутска наперерез отступавшей Каппелевской армии красные части были наголову разбиты, и каппелевцы могли продолжать свой путь.

После пребывания в Харбине и Мукдене приехал в 1924 в Сан-Франциско, начав трудовую жизнь эмигр. Вступил в Об-во рус. ветеранов Великой войны, в котором был членом Суда Чести и вице-председателем. После кончины председателя Об-ва ген.-лейт. *А.П. Будберга* вступил во временное исполнение обязанностей председателя Об-ва. На протяжении ряда лет публиковал в «Вестнике» и др. журналах военно-бытовые очерки и рассказы. Участвовал в благотворительности, помогая зарубежным инвалидам и детям. Последние годы служил преподавателем рус. яз. в Арм. школе в Монтерее.

И с т. АОРВВВ. Полк. Борис Авдеевич Долгово-Сабуров. Альбом I. 1952. Июль.

ДОЛГОПОЛОВ Александр Фёдорович (1900 [1899], стан. Романовская Обл. Войска Донского – 12 марта 1977, Лагуна-Бич, Калифорния) — участник Белого движения на Юге России, исследователь истории Рус. Америки. В возрасте 18 лет поступил в Добровольч. армию и участвовал в сражениях против большевиков. Участник 1-го Кубанского («Ледяного») похода в рядах Кориниловского Ударного полка. Капитан (на 1920). Покинул Крым в нояб. 1920 Очень бедствовал в Константинополе.

В 1923 получил визу в США, попал в Нью-Йорк и одним из первых на автомобиле по бездорожью пересек амер. материк до Лос-Анджелеса. Устроившись на работу в кинематографич. студии, посвятил 50 лет жизни изуч. истории пребывания рус. в Америке, истории основания рус. Форта Росс в Калифорнии и Форта Елисавет на Гавайях. Собрал библиотеку из редких книг и историч. документов о Рус. Америке. Изучая окрестности Форта Росс, жил некоторое время среди местных индейцев, изучая их яз., в котором обнаружил слова рус. происхождения. Это послужило Д. доказательством культурного влияния рус. на индейцев этой части Калифорнии. Обладал глубокими знаниями в обл. истории Аляски и Калифорнии, был великолепным докладчиком на эту тему и выступал в качестве консультанта при реставрации Форта Росс. Один из основателей Об-ва друзей Форта Росс в Лос-Анджелесе. Автор ряда историч. исследований по истории Рус. Америки. Издатель двух журналов — «Родные дали» и «Первопоходник». Автор 200 статей, написанных на историч. темы. Был выдающимся коллекционером, собирая все, что относилось к истории России и истории Рус. Америки. Председатель Союза первопоходников в Калифорнии. *Родственники*: вдова Анастасия Андреевна, передавшая его архивы и коллекции в Форт Росс.

Л и т. *Волков С.В.* Первые добровольцы... С. 94; *Петров В.* Александр Федорович Долгополов // НРС. 1977. 29 марта; Некролог // Часовой. 1977. Июнь — июль. № 606. С. 19; *Полчанинов Р.* А.Ф. Долгополов (некролог) // НРС. 1977. 14 авг.

И с т. *Ushanoff Basil B.* The Russian contribution to the United States of America (A typescript).

ДОЛЕНГО-КОЗЕРОВСКИЙ Виктор Павлович — инж., ветеран Первой мировой войны, Георгиевский кавалер. Воевал в рядах Белой армии. Эвакуировался в Константинополь, откуда эмигрировал в Бразилию. Попал на работу на кофейную плантацию, владелец которой держал своих батраков в неволе под охраной собак. Д.-К. пришлось бежать через дикие джунгли до ближайшего порта, где он нанялся на корабль матросом и таким образом добрался до Нью-Йорка. Здесь над Д. взял опеку Рус. студенч. фонд, который включил его в 1923 в кооперативную программу для инж.-железнодорожников. В 1928 оконч. ун-т в Цинциннати с дипломом инж.-механика. Занимался проектированием турбинных локомотивов.

Л и т. Dolengo-Koserovsky had worked on Brazilian coffee plantation // The Russian Student (In the American college and university). 1924. Nov. V. 1. № 1. P. 1.; *Pestoff Alexis N.* Directory of Russian Graduates of American Colleges // Alumni Association of the Russian Student Fund, Inc. New York., Aug. 1929. P. 8.

ДОЛЛ Алекс — См. **ДОЛГОПОЛОВ** Александр Федорович.

ДОЛЛ [Деларова] Евгения (1911, Санкт-Петербург – 1990, Нью-Йорк) — балерина. Выехала за границу в 1926 и начала выступать в Париже, в «Фоли бержер». В 1928 вместе с мужем *Л. Мясиным* переселилась в США и выступала до 1931 в театре «Рокси». В 1933 вошла в состав Рус. балета Монте-Карло и танцевала под фамилией Деларова. Создала ряд характерных ролей, в т.ч. роль продавщицы цветов в «Gaité Parisienne». После развода с мужем выступала в качестве танцовщицы и актрисы на Бродвее. Вышла замуж за Henri D. Schlumberger'a, изобретателя геофизич. оборудования для разведки нефти. Много занималась благотворительностью, поддерживая балетные школы и компании, Амер. симфонич. оркестр, Бруклинскую муз. академию и франц. ин-т «Alliance Française». В 1986 франц. правительство наградило Д. орденом «Des Arts et des Lettres».

Л и т. *Dunning Jennifer.* Eugenia Doll, 79, Dancer and Patron of Ballet and Music // The New York Times. 1990. Dec. 15.

ДОМБРОВСКИЙ Николай (1911, Кременец Волынской губ. – 5 дек. 1979) — митрофорный протоиерей РПЦЗ. Оконч. Кременецкую дух. семинарию. Затем получил ст. магистра богословия в Варшавском ун-те. В 1938 рукоположен в пресвитеры. Прослужил шесть лет в Полесской епархии. Во время оккупации этой части Польши в 1939 сов. войсками переселился с семьей в Варшаву, где был приписан к митрополичьему собору. В ходе наступления Красной армии в 1944 выехал на Запад и в конце войны оказался в Австрии, в Зальцбурге, окормлял ряд беженских приходов и преподавал Закон Божий в рус. гимназии.

В 1948 переехал с семьей в Чили, а в 1953 окончательно переселился в США, в Сан-Франциско, где прослужил 26 лет в кафедральном Скорбященском соборе, был его ключарём, участвовал в строительстве собора, преподавал в церковно-приходской школе.

Л и т. *Герич А.В.* Памяти о. Николая Домбровского // НРС. 1980. 11 янв.; Митрофорный Протоиерей Николай Домбровский // Юбилейный сб. в память 50-летия прихода и освящения Кафедрального Собора Пресвятой Богородицы всех Скорбящих радости, 1927–1977, в городе Сан-Франциско, Калифорния. 1978. С. 113–114.

ДОМГЕРР Людвиг Леопольдович (25 дек. 1894 [1891], Керчь Таврич. губ. – январь 1984). Учился в Московском и Санкт-Петербургском ун-тах. Участник Февральской революции 1917. После захвата власти большевиками возвратился в Керчь. В нач. 20-х переселился в Петроград, зарабатывал на жизнь переводами ин. лит. для изд-ва «Академия». Работал в Ин-те лит. Академии Наук. Ред. юбилейное академич. полное собр. соч. А.С. Пушкина. Пережил блокаду Ленинграда в 1941–42. В 1942 эвакуирован с женой на Сев. Кавказ, вскоре занятый нем. армией. В ходе отступления немцев вывез с женой на Запад. Перебрался в Париж, где был управляющим балетмейстера *Л. Мясина*. Переводил на франц. яз. произведения Л.Н. Толстого. В 1951 переехал с женой в Нью-Йорк, служил в библиотеке Колумбийского ун-та. В 1956–71 ред. журнала на рус. яз. «Америка», издаваемого амер. службой информации для распространения в СССР.

Л и т. *Лидес, Моравский Н.* Некролог // НЖ. 1984. № 155.

ДОМНИКОВА Лариса Борисовна (1939, Одесса – июнь 1997, Лос-Анджелес) —

инж.-изобретатель, специалист по металлизации космич. оборудования, режиссер. Род. в семье проф. *Б. Константиновского*.

В США приехала с родителями в 1949. Оконч. химич. отделение Городского колледжа в Нью-Йорке. За академич. успехи получила стипендию для финансирования лабораторных работ. Удостоилась избрания в почетное об-во FBK. Работала ст. науч. работником в лаборатории Воздушной компании Хьюз (Hughes Aircraft Co.), получила для этой компании три патента: US Patents № 4.891.106, № 4.932.673 и № 5.025.068. В 1977 удостоилась получения похвальной грамоты, как лучший инж., за исключительно успешную работу по продлению пребывания спутников в космич. пространстве. В 1985 разработала процесс металлизации кварца для космич. атомных часов, за что удостоилась похвального циркуляра от директора программы по водородному мазеру при Нац. управлении по аэронавтике и исследованиям космич. пространства (NASA). В 1986 получила похвальную грамоту от председателя совета по изобретениям NASA за разработку способа предотвращения расслоения посеребренного тефлона. Была председателем и режиссером об-ва «Чайка» в Лос-Анджелесе, целью которого является ознакомление детей с классич. рус. танцем, муз., театром и нар. костюмом. *Родственники*: муж; два сына; дочь; сестра З.Б. Бологовская с семьей.

И с т. А. А. *Бологовская З.Б.* Биография Л. Домниковой. 2003. 14 мая; *Бологовская З.Б.* Письмо Е. Александрову. 2003. 1 июля; Baker I. Manager for NASA Spaceborne Hydrogen Maser Program, Commendation for Larissa Domnikov, typescript. 1985. Dec. 6. P. 2.

ДОНЦОВ Николай (1880, Мариуполь Екатеринославской губ. – 15 марта 1953, Нью-Йорк) — певец, гармонист. Приехал в США в 1923. Профессионально выступал в водевилях, держал ресторан.

Л и т. Некролог // НРС. 1953. 17 марта; Некролог // Там же. 1953. 27 марта.

ДОРДОПОЛО Владимир Иванович (1896, Ростов Обл. Войска Донского – ?) — писатель и поэт. В Ростове-на-Дону оконч. ин-т и работал инж.-строителем до 1943. Пытался печатать свои стихотворения, но сов. цензура их не пропускала.

После пребывания в Германии в качестве беженца и оконч. Второй мировой войны переехал в Париж, а затем в США, в Нью-Йорк, работал инж. по строительству мостов. Затем, переселившись в Сан-Франциско, проектировал строительство метро. Его стихотворения были впервые опубликованы в Париже. Написал две книги: «Сто стихотворений и один водевиль» и «Дорога к истине». Писал пьесы, которые ставились в Рус. центре в Сан-Франциско, где основал кружок «Литературные встречи».

Л и т. Юбилей писателя Вл. Дордополо // НРС. 1976. 4 июня.

ДОРОШЕВИЧ Николай Иванович (9 июля 1898, Минск – ?) — геоботаник. В 1926 оконч. лесной ф-т Сельскохоз. академии в Белоруссии. Автор статей о сельскохоз. характеристиках Белоруссии и Карелии. В США жил в Бруклине, Нью-Йорк. Действительный член Об-ва рус. инж. в США (на 1953).

И с т. АОРИ. Анкета.

ДОРОШИН Пётр — лейтенант Корпуса горных инж., геолог. В 1847 РАК принят на службу для исследования полезных ископаемых. Прибыв в Ново-Архангельск (16 апр. 1848), по распоряжению правителя *М.Д. Тебенькова* приступил к работе, начав исследования с устья р. Кенай и её притоков, где были обнаружены россыпи золота. При отправке очередного корабля с товарами в Калифорнию получил поручение о разведке золоторудных месторождений. Это было сделано в долине р. Юба, где в теч. 49 дней 10 матросов намыли 11 фунтов и 53 золотника золота. За часть намытого золота был куплен трёхмачтовый корабль, получивший название «Шелихов». После возвращения на Аляску в 1850 вновь получил предложение продолжить разведку на Кенайском п-ове. Но промышленных россыпей золота поисковики не обнаружили. Разведка коренных месторождений не состоялась из-за лесных пожаров и наступивший зимы. Д. было поручено заняться разведкой угля. В 1852 в нескольких местах были обнаружены пласты каменного угля и лигнита невысокого качества. По совету Д. на Кенайском п-ове в 1855–60 под рук. инж. Э. *Фуругельма* производилась добыча угля. Разработку прекратили из-за начала разработки угля более высокого качества в Брит. Колумбии и Калифорнии. Окончив работу по контракту, возвратился в Россию. На родине опубликовал несколько статей о геологии Рус. Америки. Именем Д. названы на Аляске небольшой залив, ледник и оз.

Л и т. *Pierce Richard A.* Russian America: A Biographical Dictionary. Ontario – Faibanks, 1990. P. 123–124.

ДРАЧИНСКИЙ Петр Григорьевич (1887 – 2 июля 1976) — юрист, журналист. Оконч. гимназию в Кишиневе и юридич. ф-т Одесского ун-та. 12 лет работал репортером в одесских газ. В 1920 эвакуировался в Кор. СХС. Работал счетоводом и одновременно в Белграде был ред.-издателем науч.-популярного журнала «Народный университет». После войны выслан коммунистич. властями за границу. Попал в беженский лагерь, откуда в 1951 эмигрировал в Канаду. Зарабатывал на жизнь в теч. 10 лет физич. трудом. Заслужив канадскую гос. пенсию, вышел в отставку. Печатался на рус. яз. в «Новом русском слове» (Нью-Йорк), «Русской жизни» (Париж) и в серб. газ.

Л и т. Некролог // НРС. 1976. 2 июля.

ДРАШПИЛЬ Алексей В. — ветеран армии США, майор, служил в 1945 в Берлине.

И с т. *Pantuhoff O.* — 1976

ДРОБЫШЕВСКИЙ [Дробашевский] Виталий Петрович (1896 – 12 янв. 1968, Нью-Йорк) — штабс-ротмистр. Оконч. Одесский кад. корпус и Тверское уч-ще. Ветеран трех войн. Во время Первой мировой войны служил в 12-м уланском Белгородском полку, затем в Добровольч. армии. Эмигрировал в Кор. СХС. Во Вторую мировую войну служил в Рус. Корпусе. В 1949 эмигрировал в США. Основатель и директор Музея рус. конницы, существовавшего в Нью-Йорке.

Л и т. Некролог // Часовой. 1968. Апр. № 502. С. 17.

ДРОБЯТКО Борис Павлович (? – 11 дек. 1985) — ефрейтор, в возрасте 14 лет поступил в Добровольч. армию. После эвакуации переселился в США.

Л и т. Некролог // Часовой (Брюссель). 1986. Март-апр. № 659. С. 30.

ДРОЗДОВ Матвей Антонович — общественный деятель РООВА.

Приехал в Америку до Первой мировой войны. Общественной деятельностью занимался с 1916. Был председателем Рус. нар. дома в Бруклине. В 1921 собирал средства для оказания помощи голодающим в Поволжье. После объединения рус. колонии в 1926 в РООВА принимал участие во всех съездах, конференциях и начинаниях об-ва более 15 лет. Семь лет был председателем 4-го отдела РООВА, 7 лет — секретарем.
Л и т. *Березний Т.А.* С. 64–65.

ДРУЖИНИН Филат — пом. *И.Г. Вознесенского* в исследованиях в Рус. Америке и северной части бассейна Тихого океана. По поручению Вознесенского с 1844 по 1845 исследовал природу на о-ве Уруп, в Курильской цепи о-вов, где было селение и крепость РАК.

ДРУЦКОЙ Алексей Александрович, кн. (19 сент. 1898, Санкт-Петербург – 15 мая 1976, Нью-Йорк) — издатель, благотворитель. Поступил в Императорскую Морскую академию, но революция помешала завершить образование. Через Финляндию бежал во Францию, откуда переехал на постоянное жительство в США. В Нью-Йорке поступил в Колумбийский ун-т и одновременно работал в фирме по продаже акций. Был близок к строителю вертолетов *И.И. Сикорскому*, авиаконструкторам *де Ботезату*, *А. Северскому* и летчику *Б.В. Сергиевскому*. В теч. 29 лет был ред. и издателем журнала «American Helicopter Magazine». Много занимался благотворительной деятельностью. Основал на свои средства в Нью-Йорке «Свято-Николаевский фонд». Фонд выписал из Европы 3 тыс. 600 рус. беженцев и устроил их на работу в Америке. Был попечителем «Литературного фонда» и участвовал в амер. общественной жизни. За свою деятельность удостоился многих наград, включая орден св. Георгия Великого от папы Римского Пия XII. *Родственники*: жена — итальянская принцесса Мария-Тереза Русполи; пятеро детей.

Похоронен на кладбище женского монастыря Новое Дивеево в Спринг Валли, в шт. Нью-Йорк.
Л и т. Сконч. кн. А.А. Друцкой // НРС. 1976. 18 мая.

ДУБАСОВ Олег Федорович (21 марта 1889 – 16 июня 1970, Гарден-Сити на Лонг-Айленде, шт. Нью-Йорк) — кавалергард, сын адм. Ф.В. Дубасова. Оконч. Александровский лицей в 1911 и поступил вольноопределяющимся в кавалергарды. В Первую мировую войну — корнет. В 1916 откомандирован под Новгород для обучения Кавалергардского полка. Эмигрировал в США. Начал тренировку лошадей для скаковых конюшен.

Похоронен на кладбище Ист-Хэмптон под Нью-Йорком.
Л и т. Некролог // РМ. 1970. 25 июня.

ДУБЕЛЬШТЕЙН Петр Александрович (1927, Белград, Кор. СХС – 1999, Лондон, Онтарио, Канада) — врач.

Род. в семье рус. беженцев шведского происхождения, переселившихся в Россию при Екатерине II. Высшее мед. образование получил в Белградском ун-те и в Торонтском ун-те, в Канаде, куда эмигрировал в 1951. Получив диплом доктора мед. в 1962, открыл частную практику. В 1967 приглашен занять должность главного врача Торонтской тюрьмы, в которой проработал до ухода на пенсию в 1992. *Родственники*: вдова; дети; внуки.
И с т. АА. *Могилянский М.* Письмо Е. Александрову. 2001.

ДУБЕНСКИЙ Аркадий (1888, Вятка –?) — скрипач и композитор. Оконч. Московскую консерваторию. Был первой скрипкой, девять лет играл в оркестре Императорской оперы. Написал три оперы, одна из них, «Роман с контрабасом» по произведению А.П. Чехова, была поставлена в Московской Императорской опере в 1916. Переехав в Америку, написал симфонию «Русские колокола», которая была исполнена под его дирижерством в 1926 Нью-Йоркским симфонич. оркестром. Д. также написаны две сюиты. Для оркестра Д. написана композиция «Песня старого русского солдата». Член симфонич. оркестра Нью-Йоркской филармонии.
Л и т. *Martianoff Nicholas N.* Arcady Dubensky (violinist and Composer) // Russian Artists in America. 1933. P. 91.

ДУБЕНСКИЙ Леон (1911, Москва – ?) — скрипач. Род. в семье скрипача и композитора *А. Дубенского*, который был первым учителем Д. Оконч. Московскую консерваторию.

Переехав в Америку, продолжал муз. образование. Член симфонич. оркестра Нью-Йоркской филармонии.
Л и т. *Martianoff Nicholas N.* Leon Dubensky (violinist) // Russian Artists in America. 1933. P. 92.

ДУБИНИН Михаил Григорьевич (20 мая 1891, Киев – 1 апр. 1989, Торонто) — публицист, пушкинист. Оконч. юридич. ф-т Киевского ун-та св. Владимира. Перед революцией успел поработать адвокатом в Киеве. Уходя от большевиков, покинул Россию в 1919 и нашел убежище в Чехословакии. Обладал красивым тенором, давал сольные концерты. В сер. 20-х получил место учителя в Карпатской Руси, занимаясь в свободное время историей лит., особенно творч. А.С. Пушкина. Результаты исследований публиковал в эмигр. журналах, включая нью-йоркский «Новый журнал». Став вторично беженцем во время наступления Красной армии, переселился после оконч. Второй мировой войны на постоянное жительство в Канаду. Публиковался в «Новом русском слове». Свою последнюю статью написал, когда ему было уже 96 лет. Десятки лет изуч. творч. и жизнь А.С. Пушкина, а также ту роль, которую играли в его жизни родственники, друзья, знакомые, правительство и Императорский Двор. Самые ценные исследования Д. касаются эволюции философских и полит. взглядов Пушкина. В 1976 опубликовал в Торонто книгу «Меркантильные обстоятельства

Пушкина» — книгу о финансовом положении поэта и его семьи. Д. обсуждал денежные дела Пушкина на основании сведений о его долгах, достигших 500 тыс. рублей, и о том, что поэт искал смерти. В этой книге освещены также взгляды Пушкина в его юные годы на идеи А.Н. Радищева и показано, как он изменил их в зрелом возрасте, когда заключил, что «радищевские сетования на несчастное состояние народа и на насилие вельмож — пошли и преувеличены».

Перу Д. принадлежат: книга «Гибель поэта» — тщательный анализ последнего периода жизни поэта и оставшаяся незаконченной «Косая Мадонна», в которой прослежен весь жизненный путь жены поэта, Натальи Николаевны. *Родственники*: три дочери с мужьями, одна из которых замужем за *М.И. Могилянским*; семь внуков; 14 правнуков.
И ст. А.А. *Могилянский М.* Письмо от 10 июня 2000.
Л и т. *Могилянский М.* Памяти М.Г. Дубинина // НРС. 1989. 21 апр.

ДУБИНСКИЙ Владимир — певец-баритон. Впервые выступал в опере «Кармен» в Москве. Перед Первой мировой войной пять лет пел в Московской опере. Во время войны служил ветеринаром-хирургом в кав. частях. В 1922 приехал в США и выступал в теч. двух сезонов в «Летучей мыши», поставленной *Н.Ф. Балиевым*, время от времени пел на концертах.

По приглашению Белого дома пел в 1922 вместе с Ниной Кошец. В сезон 1930 выступал в Филадельфии. Среди прочих ролей исполнял роль кн. Галицкого в «Князе Игоре».
Л и т. *Martianoff Nicholas N.* Vladimir Dubinsky // Russian artists in America. 1933. P. 131.

ДУБРОВИН Ю.Е. — композитор, в Голливуде занимался муз. оформлением фильмов, написал муз. для фильма «Splendid misery». Писал муз. и для драматич. театральных постановок, для двух балетов и радиопрограмм.
Л и т. Композитор Ю.Е. Дубровник // НРС. 1965. 24 янв.

ДУБРОВСКАЯ Фелла [наст. имя Длузневская Фелицата] (1896 – сент. 1981, Нью-Йорк) — балерина, преподаватель. По оконч. хореографич. уч-ща Мариинского театра в Санкт-Петербурге принята в труппу Императорского балета, на сцене которого с успехом танцевала до 1929. Уехав за рубеж, вступила в труппу С.П. Дягилева. Несмотря на свою классич. подготовку, легко приняла стиль «модерн», который доминировал в постановках дягилевского балета. Исполняла главные партии в постановках Брониславы Нижинской «Свадебка» и «Ода». При создании балетного театра в США *Дж. Баланчиным* вместе с мужем, выдающимся танцовщиком П.Н. Владимировым приглашена преподавателем в школу театра Нью-Йоркского городского балета (New York City Ballet). Сыграла большую роль в становлении амер. балета. Прекратив по возрасту танцевальную деятельность в 1967, продолжала влиять на развитие балетного искусства в США. Овдовела в 1970.
Л и т. Памяти рус. балерины // НРС. 1981. 22 сент.

ДУБРОВСКИЙ [Жорж] П. (29 мая 1885 – 30 окт. 1974) — певец-баритон. В эмигр. выступал с рус. оркестрами в Париже, совершенствовался как оперный певец в Риме и Милане. По возвращении в Париж пел в Рус. опере Кузнецовой, опере Агреневой-Славянской и в рус. опере, возглавляемой *Ф.И. Шаляпиным*. Во время гастролей в США был на первых ролях и официально считался дублером Шаляпина. С нач. Второй мировой войны остался в Нью-Йорке и преподавал пение в местных студиях. В 1943 вступил в Платовский Донской каз. хор под управлением *Н.Ф. Кострюкова* солистом и пел в нем в теч. 30 лет.
Похоронен на кладбище женского монастыря Ново-Дивеево возле Нануэт (шт. Нью-Йорк).
Л и т. Некролог // НРС. 1974. 4 дек.

ДУБЯГА [Дубяго] Георгий Александрович (? –17 июня 1954, Нью-Йорк) — Ген. штаба ген.-майор. Участник Первой мировой и Гражданской войн. Эмигрировал через Константинополь в США. Состоял чином РОВС.
Похоронен на кладбище женского монастыря Ново-Дивеево возле Нануэт (шт. Нью-Йорк).
Л и т. *Архангельский А.П.* Некролог // Часовой (Брюссель). 1954. № 345.

ДУДИН [Градобоев] Лев Владимирович (31 января 1910 – 25 января 1984, Нью-Йорк) — журналист, филолог, специалист по изучению полит. СССР. Оконч. ин-т ин. яз. в Киеве со специализацией по нем. и англ. яз. Преподавал в Хабаровске англ. яз. военным, с 1936 по 1939 в Киевском индустриальном ин-те и с 1939 до начала войны заведовал кафедрой ин. яз. в Киевском гос. ун-те. В марте 1941 защитил дисс. на соискание ст. кандидата филологич. наук и получил звание доцента. Во время войны занимался журналистикой. Выехал в Германию, где с 1943 принимал участие в Рус. освободительном движении. В нояб. 1944 стал заместителем нач-ка Главного Управления пропаганды КОНР. Участвовал в разработке текста Пражского манифеста КОНР. После оконч. войны работал в Германии переводчиком, преподавателем, журналистом в рус. и нем. прессе. Переселился в США и продолжал писать под псевдонимами Николай Градобоев, Иван Смирнов и др. Автор книги «Великий мираж» (Материалы по истории Освободительного движения народов России 1941–1945), изданной в 1970 в Лондоне (Канада). Многолетний сотрудник радио «Свобода» и «Свободная Европа». *Родственники*: жена, балерина *Елена Борисовна*; сын Лев.
Похоронен на кладбище женского монастыря Ново-Дивеево в Спринг Валли, в шт. Нью-Йорк.
Л и т. Материалы по истории Рус. освободительного движения (1941–1945 гг.) / Под ред. А.В. Окорокова. Т. I. М., 1997. С. 355–401.

ДУДИН [лит. псевд. Роман **Днепров**] Рюрик [Юрий] Владимирович (1924, Киев – 1989). Высшее образовании получил в Гейдельбергском ун-те, специализируясь по философии. В 1950 переселился в США. Получил в Фордамском ун-те магистерскую ст. С 1962 по 1966 работал диктором на радиостанции «Голос Америки». Многие годы был диктором и составлял тексты для передач на СССР радиостанции «Свобода». С 1966 по 1989 — ст. лектор на славянск. отделении Йельского ун-та. Полит. деятель-антикоммунист, один из основателей КРА. В 50-х гг. возглавлял

СБОНР. С 1950 по 1969 сотрудничал в газ. «Новое русское слово» (Нью-Йорк), а также в газ. «Русская жизнь» (Сан-Франциско), «Русская мысль» (Париж), в журналах «Наши вести» (США) и «Континент» (Париж). Статьи Д. отличались смелостью и четкостью изложения. *Родственники*: вдова Людмила; дочь от первого брака; два пасынка.

Похоронен на кладбище монастыря Новое Дивеево в Спринг Валли, в шт. Нью-Йорк.

И с т. АА. *Сапронов А.К.* Биография Р. Дудина (рукопись). 1997.

Л и т. *Сапронов А.К.* Рюрик Владимирович Дудин // РА. 1997. № 21. С. 256.

ДУДИНА Елена Борисовна — балерина, преподаватель Нью-Йоркской балетной школы. Вдова *Л.В. Дудина* (*Градобоева*).

ДУДКИН Николай Федотович (13 апр. 1894, Екатеринодар Обл. Войска Кубанского – 1976) — инж.-электрик. Оконч. Морской корпус в Санкт-Петербурге и курс по подводным лодкам в Севастополе. Был произведен в чин лейтенанта. После оконч. Гражданской войны эмигрировал в 1923 в США. В 1929 оконч. Технологич. ин-т Дрексель в Филадельфии. Работал инж. в Филадельфийской электрич. компании, в Корпусе инж. армии США и в др. компаниях. С 1954 занимался частной практикой как инж.-консультант. Зарегистрирован в шт. Пенсильвания и Делавэр в качестве профессионального инж. и консультанта-электрика.

И с т. АОРИ. Анкета.

Л и т. Некролог // НРС. 1976. 2 июля.

ДУДКОВ Герасим Миронович (4 марта 1892, с. Жерди Каменского уезда – 31 марта 1931) — художник. Род. в крестьянской семье. Оконч. четырехклассное рисовально-керамич. уч-ще в Каменец. В 1912 эмигрировал в США. В г. Уотербери, в шт. Коннектикут, написал декорации для зала Союза рус. граждан. С переездом в Нью-Йорк поступил в худ. школу им. Леонардо да Винчи. Написал картины «Мадонна», рис. портреты, расписал рус. церковь в Пенсильвании, создавал декорации для клубов.

Л и т. *Горди К.* Некрологи // НРС. 1931. 5 и 26 апр.

ДУДНИКОВ Василий Макеевич (1884, стан. Даховская Обл. Войска Кубанского – 1952, Форт-Лодердейл, шт. Флорида) — учитель, кубанский каз. офицер. В 1902 оконч. Морской корпус. Ветеран Первой мировой и Гражданской войн. Во время последней сражался в пластунском батальоне. В 1920 эвакуировался из Крыма с Рус. армией ген. П.Н. Врангеля. В 1923 переселился в США.

Л и т. Каз. словарь-справочник / Изд. А.И. Скрылов, Г.В. Губарев. Т. I. Кливлинд, 1966. С. 211.

ДУДОРОВ Борис Петрович (29 июля 1882, Владикавказ Обл. Войска Терского – 11 окт. 1965, Пало-Альто, шт. Калифорния) — контр-адмирал. В 1912 оконч. военно-мор. отделение Николаевской Военной академии. В 1912–17 командовал мор. авиацией на Балтийском море. Первый пом. Мор. министра Временного правительства, ушел в отставку в сент. 1917. Был назначен мор. агентом в Японию. В 1922 прибыл в Сан-Франциско с семьей. Был совладельцем конфетного предприятия. Состоял членом Об-ва бывших рус. мор. офицеров в Америке.

Л и т. Некролог // Часовой. 1965. Дек. № 474. С. 20.

ДУКЕЛЬСКИЙ [**Вернон Дюк, Vernon Duc**] Владимир Александрович (10 окт. 1903, Парфяновка Псковской губ. – 16 янв. 1969, Санта-Моника, шт. Калифорния) — композитор, пианист, поэт. В детстве занимался музыкой с бабушкой. Англ. яз. входил в программу его раннего образования, потому что отец готовил сына к дипломатич. карьере. В Киеве оконч. гимназию и обучался композиции в Киевской и потом в Одесской консерватории.

В 1920 Дукельские покинули пределы России. Оказавшись в Константинополе, стал перекладывать на ноты тур. нар. мотивы. В 1921 вместе с художником *Павлом Челищевым* написал «Восточный балет». С 1922 жил в Нью-Йорке. Его концерт в Карнеги-холл не был успешным, и А. Рубинштейн посоветовал поехать в Париж и пробовать там свои силы как начинающему композитору. Стиль музыки Д. отражал влияние джаза и мюзик-холла. В Париже С.П. Дягилев пригласил писать музыку для балетов, таких как балет *Мясина* «Зефир и Флора». Написал «Апрель в Париже». Занимался рус. поэзией и старался возродить петербургский «Цех поэтов». В 1928 написал оперу «Барышня-крестьянка», три симфонии, кантаты, хоры, муз. к фильмам. Из Парижа вернулся в США в 1929. Здесь сблизился с композиторами *Кусевитским* и Гершвиным, учеником и другом которого он себя считал. После смерти Гершвина некоторые его неоконч. произведения были закончены Д. Большая часть жизни и творч. Д. прошли в Лос-Анджелесе. В Америке сменил имя на сценич. Вернон Дюк. В 1938 была написана кантата «Конец Санкт-Петербурга», в которую композитор включил стихотворения М.В. Ломоносова, Г.Р. Державина, А.С. Пушкина и других поэтов, включая А. Блока и В.В Маяковского. Во время Второй мировой войны, после нападения японцев на Перл-Харбор (1941), записался добровольцем в армию и служил в чине лейтенанта в амер. мор. пограничной службе. Во время военной службы командование поручило Д. написать муз. для постановки из жизни амер. пограничников. В 1957 женился на певице Кэй МакКрекен, которой аккомпанировал на рояле. Много работал над стихами, выпустил четыре сб.: «Послания», «Страдания немолодого Вертера» (1962), «Картинная галерея» (1965) и «Поездка куда-то» (1968).

Л и т. *Витковский Е.В.* Кн. 3. С. 365; Крейд В. С. 597; *Полчанинов Р.В.* В.Ф. Дукельский – Вернон Дюк // НРС. 1984. 11 окт.; *Raymond B., Jones R.* The Russian Diaspora 1917–1941. Maryland and London, 2000. P. 100–101.

ДУЛЯ Борис Михайлович (25 июля 1892, Екатеринодар Обл. Войска Кубанского – 4 дек. 1942, Сакраменто, шт. Калифорния) — сотник Кубанского каз. войска, химик. Род. в семье врача. После оконч. гимназии поступил на химич. ф-т Московского ун-та. Проучившись 4 года, поступил добровольцем в армию. Прошел ускоренный курс в кав. уч-ще, участвовал в боях на Юго-Зап. фронте. После захвата власти большевиками вступил в Добровольч. армию. Воевал против красных два года. Эвакуировался в марте 1920 из Новороссийска в Крым. Из Крыма высаживался дважды с десантами ген. С.Г. Улагая на Кубань. Вел подробный дневник о всех боевых действиях. Будучи раненым, эвакуирован из Крыма в Грецию. Из Греции переехал в Чехословакию. Оконч. сельскохозяйственный ин-т. В 1928 переехал в США. Работал на авиационном заводе *И.И. Сикорского*. Решив продолжать образование, поступил на химич. ф-т Корнельского ун-та в Итака, в шт. Нью-Йорк, при котором защитил магистерскую дисс. по химии. Одновременно составил англо-рус. химич. словарь. В 1937 жил в Калифорнии, продолжил науч. и лингвистич. работу. В 1941 по конкурсу занял должность науч. сотрудника в химич. лаборатории в Сакраменто. Дневники Б.М. Дули военных лет переданы в архив Рус. центра в Сан-Франциско.

Л и т. *Степанченко Д.* Дневник участника улагаевского десанта // РЖ. 1999. 18 сент. С. 5, 7.

ДУМБАДЗЕ Александр Григорьевич (? – 23 дек. 1986, Цинциннати) — подпоручик, во Вторую мировую войну — кадет Рус. Корпуса. Эмигр. в США.

Л и т. Некролог // Часовой (Брюссель). 1987. Апр. № 665. С. 30.

ДУМБАДЗЕ Георгий Самсонович (1896, Тифлис – 24 января 1989, Лос-Анджелес, шт. Калифорния) — офицер Рос. Императорской армии. Род. в семье военного инж. По конкурсу принят в Тифлисский Вел. Кн. Михаила Николаевича кад. корпус. После производства отца в чин ген.-майора и назнач. его главным инж. Омского военного округа переведен в Омский императора Александра I кад. корпус, который оконч. в 1914. Участник Первой мировой войны в рядах 141-го Можайского полка 36-й пех. дивизии, кавалер ордена св. Георгия IV ст., капитан. Был командирован в Академию Ген. штаба, по оконч. которой зачислен по Ген. штабу. После революции стал участником Белого движения в Сибири, офицером в армии адм. А.В. Колчака. После оконч. Белой борьбы переехал в США. Состоял членом Об-ва ветеранов Первой мировой войны в Лос-Анджелесе, Объединения рос. кад. корпусов, РОВС в Америке. Сотрудничал в рус. газ. В газ. «Россия» писал с ностальгией и юмором о дореволюционном военном быте. *Родственники*: вдова Тамара с семьей. Похоронен на участке рус. ветеранов на Голливудском кладбище.

Л и т. *Зюзин Г.Н.* Памяти рус. офицера // НРС. 1989. 9 марта.

ДУНАЙ Богдан — См. **МУХИН** Николай.

ДУНКАН [Paul **Duncan**, Jr.] Павел, мл. — ветеран амер. армии, капитан, служил в 1945 в транспортных частях в Берлине.

Л и т. *Pantuhoff O.* — 1976.

ДУНКЕЛЬ Александр (род. 24 июля 1937, Нью-Йорк) — литературовед. В 1958 оконч. Хантер-колледж, в 1961 удостоился ст. магистра при Фордамском ун-те и в 1972 г. защитил дисс. по рус. лит. при Нью-Йоркском ун-те. Начал преподавать рус. яз. и рус. лит. в 1962 в Манхэттенском колледже, в 1966 преподавал в Нью-Йоркском ун-те и с 1973 преподает в ун-те Аризоны. Исследовательские интересы Д. посвящены рус. лит. XX столетия, рус. искусству, архитектуре и кинофильмам. Ред. учебник по рус. лит., изданный ун-том в Аризоне (Tuscon, 1981). Состоит в РАГ в США.

И с т. Archives of the Assn. of Russian-American Scholars in the USA. *Dunkel Alexander.* Curriculum vitae. 1984.

ДУНКЕЛЬ Евгений Борисович (30 апр. 1890 – 10 апр. 1972, Пелхан, шт. Нью-Йорк) — театральный художник. Учился у К.Ф. Юона, а затем — в Виленской рис. школе, которую оконч. в 1908. В 1916 сотрудничал в журнале «Солнце России». После захвата власти большевиками, эвакуировался в 1919 из Крыма в Болгарию. В 1923 эмигрировал в США, работал для бродвейских театров и рус. балетных трупп. В 1935 основал в Нью-Йорке мастерскую, в которой изготавливались театральные декорации для балета *Дж. Баланчина*, рус. балета Монте-Карло, балета Жоржа де Куэваса и Метрополитен-опера.

Л и т. *Лейкинд О.Л., Махров К.В., Северюхин Д.Я.* Худ. Рус. Зарубежья. С. 270.

ДУРИЛИН [**Durelin** Serge Jr.] Сергей, мл. — ветеран амер. армии, служил в мед. корпусе в 1951–53 в Германии в чине Pfc.

Л и т. *Pantuhoff O.* — 1976.

ДУРИЛИН Сергей Александрович (3 мая 1885, Херсон – 8 авг. 1981, под Нью-Йорком). Оконч. гимназию и Новорос. ун-т в Одессе. Получил звание кандидата естественных наук. Оконч. химич. отделение Киевского Политехнич. ин-та. Во время Первой мировой войны призван в армию, служил в железнодорожном батальоне. Во время Гражданской войны вступил в 1918 в Добровольч. армию. В 1920 эвакуировался из Крыма в Константинополь, а затем в Кор. СХС. С 1921 по 1941 работал инж. на заводах. Читал доклады, которые публиковались в хорватских и нем. журналах. Был председателем рус. колонии и старшиной сокольской орг-ции в городе Осиек. В 1942 попал в Германию. После оконч. войны жил в лагере для «перемещенных лиц» в Шлейсгейме, в Баварии. В 1950 эмигрировал в США, поселился под Нью-Йорком. С 1973 состоял членом РАГ в США.

Л и т. Некролог // Записки РАГ в США. 1982. Т. XV.

ДУРИЛИН Сергей Сергеевич (род. 11 авг. 1928, Панчево, Кор. СХС) — преподаватель рус. яз. и лит. В 1948 оконч. рус. гимназию в Шлейсгейме возле Мюнхена, в Германии. В 1949–50 изучал экономику в Мюнхенском ун-те. Переселившись в США, продолжал образование в Латиноамер. ин-те в Нью-Йорке, в 1955 получил здесь диплом специалиста по международной торговле. С 1956 до 1959 продолжал изучать международную торговлю на вечернем отделении Городского колледжа (CCNY). В 1965 получил диплом бакалавра по рус. яз. и лит. в Сиракузском ун-те. В 1969 получил ст. магистра по рус. яз. и славянск. лит. в ун-те Браун, в Провиденс, Род-Айленд. С 1955 по 1964 работал в банке. С 1965 начал преподавать рус. яз. в Сиракузском ун-те, рус. лит. и нем. яз. в ун-те Колгэйт, в Ассомшон-колледже в Вустере, шт. Массачусетс. Член РАГ в США.

И с т. АА. *Durilin Serge.* Curriculum vitae (typescript). 1973; Дурилин С.С. // Кад. перекличка. 1993. № 74. С. 316.

ДУРНОВО Кирилл Петрович (1 нояб. 1908, Санкт-Петербург – 27 сент. 1975, Нью-Йорк) — инж.-электрик-телефонист, дипломат. После революции выехал с родителями во Францию. Оконч. в 1929 École d'Électricité et de mécanique Industrielle с дипломом инж.-электромеханика. По специальности — инж.-телефонист, проектировщик автоматич. телефонных установок и сетей. Вице-консул США в Италии после Второй мировой войны. После прибытия в США заведовал контрактами в телефонной компании ITT. С 1958 по 1961 управлял производством и был ст. главным инж. фирмы «Adler Electroniks» в Нью-Рошел, в шт. Нью-Йорк. В 1961–64 — коммерч. директор на Африку фирмы «General Telephone and Electronics Corporation» с центром в Женеве. С 1964 по 1975 состоял коммерч. директором и консультантом «J.M. Shuller Org.» в Риме, с р-ном представительства в Сев. Африке и в Греции. Представлял в Европе два крупных амер. консорциума в обл. тропосферич. распространения лучей, радиоантенн и т. д. Автор печатных работ и статей о разбросанном распространении радиолучей, электромагнитной забронировке, теч. в тропосферич. распространении радиолучей и руководства для расчета тропосферич. радиосистем. Автор докладов перед военными инж. на тему «Реализация проекта связи за границей — вне США», перед военными авиационными инж. — «Основные принципы передового распространения радиолучей», перед Нью-Йоркским отделом профессиональных инж. — «Борьба иностранного инж. за успех в США», перед симпозиумом «ГЛОБЕКОН 5» (закрытое военное собрание) — «Последние и будущие тенденции в тропосферическом расбросанном распространении радиолучей». Владел шестью яз. Член Об-ва франц. инж.-электриков, Амер. ин-та инж.-электриков, Амер. об-ва радиоинж. Один из основателей КРА. *Родственники*: вдова София.

И с т. АА. *Александров Е.А.* Интервью с К.П. Дурново. 1975; АОРИ. Анкета.

ДУРНОВО Орест Дмитриевич (1869 – 29 марта 1934, Эдмонтон, пров. Альберта, Канада) — полковник Ген. штаба, математик, религиозный философ. В Санкт-Петербурге возглавлял кад. корпус. Автор книги «Так говорил Христос», изданной в России до 1917. После революции сражался в рядах Белой армии в Сибири, поселился в Харбине. В 1924 приехал в Канаду. Стал инициатором переселения рус. беженцев-старообрядцев из Китая в Канаду по проекту «Русская семья» для работы в сельском хоз-ве. Первая партия старообрядцев из 116 человек прибыла в Ванкувер в 1924 и поселилась в провинции Альберта на отведенных для них землях. Вторая партия рус. беженцев из Харбина, отобранная Д. и его сотрудниками, состояла из 625 человек и приехала в Канаду в 1925. Последнюю группу беженцев Д. привез в 1929 и обосновался в Эдмонтоне. *Родственники*: дочери — *София Орестовна Грандмезон*, скульптор, и *Мария Орестовна*, автор книги с описанием истории семьи Дурново; внуки — *Орест Грандмезон*, художник, *Орест Качканов*, математик, и Роберт Пикл, член канадской олимпийской баскетбольной команды.

И с т. *Могилянский М.* Биографич. заметки, машинопись. 2002.

Л и т. Некролог // Новая заря. 1934. 5 апр.

ДУТИКОВ Всеволод — протоиерей, общественный деятель. Образование получил в Ин-те Пратт, в Нью-Йорке, имеет технич. и духовное образование.

Активный деятель в скаутской орг-ции ОРЮР. Член Главного правления КРА. Рукоположен во иереи в лоне РПЦЗ, настоятель церкви в Астории, шт. Нью-Йорк. *Родственники:* Жена — *Ирина Владимировна*, две замужние дочери.

И с т. Archives of the CRA. *Dutikov Vsevolod.* Curriculum vitae.

ДУТИКОВА Ирина Владимировна — библиотекарь, общественный и церковный деятель. Долгие годы работала библиотекарем в ООН в Нью-Йорке. Состояла уполномоченной Главного правления КРА на территории Нью-Йорка и председателем Флашингского отдела КРА. Представляла рус. в Славянском объединении Нью-Йорка и участвовала в ряде культурных, общественных начинаний и программ, внесла вклад во взаимопонимание и сотрудничество славян в Америке.

По ходатайству Д. мэр Нью-Йорка внес православное Рождество и Страстную Пятницу в число выходных дней для православных христиан. Замужем за протоиереем *Всеволодом Дутиковым*. Матушка полностью посвятила себя жизни прихода.

Л и т. Наша летопись — И.В. Дутикова // РА. 1982. № 17. С. 53–54; Славянская неделя // РА. 1983. Окт., № 18. С. 74–75.

ДУХОНИН — См. **ДАРОВ** Анатолий

ДЫННИК Александр Георгиевич (1919, Либава, Латвия – 1995) — литературовед. В июне 1941 оконч. Киевский ун-т с дипломом географа. Мобилизован в Красную армию, вскоре попал в плен. Бежал из плена в Киев, к матери. Был вывезен немцами на работу в Германию. После оконч. войны работал на угольных шахтах в Бельгии. Из Бельгии эмигрировал в Канаду. Преподавал в средней школе и одновременно занимался в аспирантуре при Монреальском ун-те. В 1961 получил магистерскую ст. по славистике и там же защитил в 1964 докт. дисс. по рус. лит. Начиная с 1966 преподавал рус. лит. XX века в Мичиганском ун-те, в Ист-Лэнсинге. Читал лекции для аспирантов о рус. модернизме, ранних сов. писателях и современных рус. писателях. Автор книг на англ. яз.: «Kuprin A.I.: An essay on his life and work» (Мюнхен, 1969.), «Russian Literature until 1837» (издание Мичиганского ун-та, 1975) и на рус. яз.: «Русская литература первой половины XIX века» (изд-во «Русская Книга», Лэнсинг, Мичиган). В этой книге Д. дал обзор развития философско-эстетич. направлений в лит. и критике этого периода, а также анализ выдающихся произведений ранних классиков «Золотого века» рус. лит. Автор 19 статей, опубликованных на англ. и рус. яз. Состоял членом РАГ в США.

И с т. *Dynnik Alexander G.* Curriculum vitae (manuscript). 1982.

Л и т. А. А. *Ingram Frank* and *David Prestel.* Alexander Dynnik // Transactions of the Association of Russian American Scholars in the USA. 1995. V. XXVII. P. 372–373.

ДЭВИДСОН Екатерина, урожд. гр. **Шереметева**. Работала в библиотеке Моргана и в музее Метрополитен, в Нью-Йорке. Член Рус. дворянского об-ва (Russian Nobility Association) в Нью-Йорке.

Л и т. *Dragadze Peter.* The White Russians // Town and Country. 1984. March. P. 174–182, 250–253.

ДЮК Вернон — См. **ДУКЕЛЬСКИЙ** Владимир.

ДЯТЛОВ Николай Петрович (?, Нежин Черниговской губ. –13 июля 1941, Нью-Йорк) — юрист, прапорщик. Оконч. юридич. ф-т Московского ун-та. Ветеран Первой мировой и Гражданской войн. После эвакуации из Крыма работал на кофейных плантациях в Бразилии. Ходил пешком по Юж. Америке. Поступил на корабль и таким образом много путешествовал. Вел дневник путешествий. В 1924 переселился в США. Служил корректором в газ. «Новое русское слово» в Нью-Йорке.

Похоронен на Свято-Владимирском кладбище в Кэссвилле, в шт. Нью-Джерси.

Л и т. Некрологи // НРС. 1942. 14 и 19 июля.

ДЬЯКОВ, вероятно, Алексей Львович (1876 – 1940, Нью-Йорк) — ген.-майор. Оконч. 2-й Московский кад. корпус и Новочеркасское военное уч-ще. Провел Первую мировую войну в составе 46-го Донского каз. полка и произведен за боевые отличия в полковники. Во время Гражданской войны — в Донской армии (с мая 1918). Командир бригады, а затем дивизии. Произведен в чин ген.-майора. В Рус. армии ген. П.Н. Врангеля в составе Донского корпуса. После эвакуации и пребывания на о-ве Лемнос проживал в Кор. СХС. В 1928 эмигрировал в США.

Л и т. *Рутыч Н.Н., Махров К.В.* Биографич. комментарии // *П.С. Махров.* В Белой армии ген. Деникина. СПб., 1994. С. 230

ДЬЯКОВСКИЙ Евгений Эразмович — проф., член мед. об-ва им. Пирогова. Участвовал в орг-ционной работе Союза рос. беспартийных антикоммунистов в Нью-Йорке. Сконч. в мае 1959.

И с т. АА. Материалы.

ДЬЯКОНОВ Павел Васильевич (1905 – 22 марта 2001) — инж., доцент Московского ин-та инж. транспорта. В США продолжал образование и получил ст. магистра при ун-те Бёркли, в Калифорнии.

Погребен на Серб. кладбище в Сан-Франциско.

Л и т. Павел Васильевич Дьяконов // РЖ. 2001. 31 марта. С. 3.

ДЬЯКОНОВ Петр Алексеевич (3 января 1890, стан. Арчединская Обл. Войска Донского – 8 мая 1964 г) — протоиерей, юрист, подъесаул. Образование получил в Новочеркасской дух. семинарии и на юридич. ф-те Варшавского ун-та. Был присяжным поверенным в Новочеркасске. В 1916 мобилизован и командирован в Новочеркасское каз. уч-ще, после оконч. которого зачислен в чине прапорщика в 5-й Донской зап. полк. Во время Гражданской войны занимал военно-судебные должности. Через Крым эвакуировался за рубеж. Продолжил дух. образование на богословском ф-те Загребского ун-та. В 1926 переселился в США, работал на ф-ке самолетов и три года служил сержантом 244-го арт. полка береговой охраны США. В 1935 рукоположен во иереи и получил приход в г. Питтсбург, в шт. Пенсильвания. Последующие 14 лет окормлял приход в г. Питтсфильде, в шт. Массачусетс. Участвовал в зарубежной общественной деятельности более 50 лет, за что Общеказ. ст. наградила Д. званием Почетного старика.

Л и т. Каз. словарь-справочник / Изд. А.И. Скрылов, Г.В. Губарев. Т. I. Кливленд, 1966. С. 213.

Е

ЕВГЕНЬЕВ Е.Ф. — актер. Выступал в театре легкой комедии в Нью-Йорке в 50-х гг.

Л и т. Бенефис Е.Ф. Евгеньева // НРС. 1954. 30 апр.

ЕВДОКИМ (в миру **МЕЩЕРСКИЙ** Василий Михайлович (1869 – 1935, Москва) — архиепископ Православной Рос. Церкви. Род. во Владимирской епархии, где отец **Е.** был чтецом. Оконч. Московскую дух. академию и в 1894 принял монашеский постриг, рукоположен во иеромонахи и назнач. инспектором Новгородской семинарии. Продолжал образование в академии и получил ст. магистра богословия. В 1898 получил сан архимандрита и назнач. ректором Новгородской семинарии, а затем — деканом Московской дух. академии. В 1904 хиротонисан в викарного епископа Московской епархии. Участвовал в движении рус. религиозного возрождения и издавал журнал «Христианин». В 1909 занимал кафедру епископа Каширского.

В авг. 1914 получил назнач. в Амер. епархию, которую окормлял по 1917. Сменил на этом посту архиепископа *Платона*. За время управления **Е.** епархией в лоно Православной Церкви вернулись 30 приходов, пребывавших в унии с Римско-католич. церковью, и было открыто 35 новых приходов. В авг. 1917 возвратился в Россию для участия во Всерос. Церковном соборе. В 1919 назнач. архиепископом Нижегородским. В 1922 присоединился к «живой церкви». Назнач. митрополитом Одесским.

Л и т. Archbishop Evdokim // Orthodox America: 1794–1976. *Tarasar Constance* (Gen. Ed.). 1975. P. 129; A history of Orthodoxy in North America, Growth and decline // The Orthodox Church. 1994. July/Aug. 1994. P. 16.

ЕВДОКИМОВ Сергей Владимирович (? – 22 апр. 1960, Нью-Йорк) — участник Белой борьбы под Андреевским флагом на Юге России, контр-адмирал. Оконч. Морской корпус (1899). Участник Первой мировой войны, служил на Черном море. Георгиевский кавалер. В марте 1920 участвовал в Военном Совете в Севастополе по выборам нового Главнокомандующего ВСЮР. Затем — пом. нач-ка Мор. управления. После 1920 — в эмиграции в США. Жил в Нью-Йорке.

С о ч. Поход в Зунгулдак для заграждения порта // Мор. записки (Нью-Йорк). 1960. Т. VII.

Л и т. Мартиролог рус. военно-мор. эм. С. 58; Некрологи // Часовой (Брюссель). 1960. Июнь. № 410. С. 19; Сент. № 412. С. 22; *Рутыч Н.Н., Махров К. В.* Биографич. справочник // *Махров П.С.* В Белой армии ген. Деникина. СПб., 1994. С. 230–231.

ЕВСТАФЬЕВ Алексей Григорьевич (1779–1857, Нью-Йорк) — писатель, дипломат, донской казак. Род. в семье священника. Оконч. Харьковскую дух. семинарию. В 1799 послан в Лондон певчим в тамошнюю церковь при рус. посольстве. Совершенствуясь в игре на скрипке, досконально изуч. англ. яз., занимался переводами рус. лит. произведений на англ. яз. В 1806 опубликовал перевод на англ. яз. трагедии А.П. Сумарокова о Лжедмитрии. В 1807 издал брошюру «Выгоды России в нынешней борьбе против Наполеона», а в 1808 — брошюру о политике Александра I по отношению к Наполеону. Министерство иностранных дел в Петербурге оценило творч. **Е.** и назнач. его чиновником посольства в Лондоне. В 1809 получил должность рос. консула в Бостоне. В Америке много писал о России, о рус. народе, рус. армии и о казаках. В 1811 поставил в Бостоне трагедию «Мазепа, гетман Украины». В 1812 выпустил книгу «Думы, записи и оригинальные анекдоты, иллюстрирующие характер Петра Великого», а также трагедию «Царевич Алексей». В том же году опубликовал работу «Ресурсы России, если будет война с Францией», которая была очень популярна среди амер. федералистов и оказалась пророч. В 1813 бостонцы торжественно чествовали **Е.** В 1828 переведен на должность консула в Нью-Йорк, где сконч. и, вероятно, там же похоронен. Потомки **Е.** продолжают жить в шт. Техас и в Англии. Сведений о судьбе полит. и лит. произведений и **Е.** архивов пока нет.

Л и т. *Двойченко-Маркова Е.М.* Донской казак А.Г. Евстафьев — первый рус. консул в Бостоне // Донской историч. сборник. 1957. № 4; *Парри А.* Бостонская знаменитость — Алексей Евстафьев // НРС. 1980. 20 нояб.; *Хохульников К.Н.* Казак — консул в Бостоне // РЖ. 2001. 15 сент.

ЕГЛЕВСКИЙ Андрей Евгеньевич (1917, Москва – 4 дек. 1977, Элмер, шт. Нью-Йорк) — балетмейстер, танцовщик. Род. в семье офицера Рус. Императорской армии, участника Первой мировой и Гражданской войн. С детских лет учился балетному искусству. Эмигрировал после революции с родителями во Франц. В 1931, 14 лет от роду, принят в Рус. балет полк. *де Базиля*. Дальнейшая балетная карьера **Е.** включала выступления в Амер. балетном театре, Рус. балете Монте-Карло, в балете *Мясина* и в балете Нью-Йорк Сити. С 1951 по 1958 танцевал у *Дж. Баланчина*. Снимался в фильме Чарли Чаплина. В 1961 стал преподавать. Основал собственную школу балета в Массапикве, в Лонг-Айленде, в шт. Нью-Йорк, где преподавались классич. и характерные танцы. В то же время преподавал в школе при Нью-Йоркском театре балета. В дальнейшем основал свою балетную группу, которая с большим успехом выступала в Америке с постановками «Щелкунчика», «Золушки» и «Коппелии». После кончины **Е.** в школе занятия не прекращались и она продолжала существовать под названием Балета Еглевского (Eglevsky Ballet), пользуясь попечительством и помещениями Центра C.W. Post и ун-та Хофстра в Лонг-Айленде. В отчетных постановках Балета Еглевского — такие балеты, как «Щелкунчик» и «Valse Fantaisie» на муз. М.И. Глинки (постановка Дж. Баланчина) и «L'Histoire du Soldat» на муз. *И.Ф. Стравинского*. *Родственники*: жена, балерина *Леда Анчутина-Еглевская*; сыновья Андрей и Павел; дочь Мария, посвятившая себя балету, по примеру отца.

Л и т. *Leddic D.* Andre Eglevsky: From Moscow to Massapequa // Dance Magazine. 1959. Sept.; *Delatiner Barbara.* Dancers Rise from the Ashes // The New York Times. 1986. May 4.

ЕГОРОВ Борис Димитриевич (15 марта 1905, Санкт-Петербург – ?) — инж.-путеец. В 1929 окончил в Ленинграде Ин-т инж. железнодорожного транспорта. В США жил в Нью-Йорке. Действительный член Общества рус. инж. в США.

И с т. АОРИ. Анкета. 1959.

ЕГОРОВ Михаил Николаевич — служил в Рус. Корпусе, сражавшимся в 1941–45 против коммунистов в Югославии. После войны переселился в США. Сконч. в Нью-Йорке, предположительно в нач. 1987.

Л и т. Некролог // Часовой (Брюссель). 1987. Апр. № 665. С. 30.

ЕГОРОВ Николай Иванович (? – 21 дек. 1953, Майами (шт. Флорида) [по др. дан. 16 июня 1957, Нью-Йорк]) — участник Белого движения, генерал-майор Корпуса корабельных инж. В службе с 1899. Оконч. Харьковский политехнич. ин-т. В 1912 зачислен в чине полковника в Корпус корабельных инж. Участник Первой мировой войны. После Октябрьского переворота — в белых войсках (Восточ. Фронта?) до 1922, 7 раз ранен. Затем — в эмиграции в Польше и США.

Похоронен на кладбище Ново-Дивеево близ Нанует (шт. Нью-Йорк).

Л и т. Мартиролог рус. военно-мор. эм. С. 58; Генерал Н.И. Егоров // Часовой (Брюссель). 1954. Июнь. № 343. С. 20.

ЕГОРОВСКИЙ Александр Анатольевич (?, Одесса Херсонской губ. – 10 марта 1963, Нью-Йорк) — адвокат, капитан. Оконч. юридич. ф-т Санкт-Петербургского ун-та. Ветеран Первой мировой и Гражданской войн. Служил в арт. С Белой армией эвакуировался в Константинополь. В 1923 эмигрировал в США. Сорок лет был зав. типографией «Нового русского слова».

Л и т. Некролог // НРС. 1963. 11 марта.

ЕЙЗЕНШТАДТ [Железнов] — См **АРГУС** Михаил Константинович.

ЕЛАГИН [Матвеев] Иван [Зангвиль] Венедиктович (1 дек. 1918, Владивосток – 8 февр. 1987, Питтсбург) — поэт. Род. в семье поэта-футуриста Венедикта Марта [псевд.; наст. имя Матвеев Иван Венедиктович]. Зангвилем **Е.** назвала мать, поклонница англо-еврейского писателя И. Зангвиля. Семья Матвеевых уехала в 1919 в Харбин, но вскоре возвратилась в 1919 обратно. Отец неоднократно подвергался арестам. В Киеве он был арестован и исчез в сов. застенках в 1938. Его гибели посвящено стихотворение **Е.** «Амнистия» — («Еще жив человек, расстрелявший отца моего, летом в Киеве, в тридцать восьмом»). Учился в Мед. ин-те, но его призванием была поэзия. Начало войны в 1941 застало **Е.** в Киеве. Вместе с изгнанным немцами из Киева населением стал беженцем и попал в Германию. Жил в лагере для беженцев в Шляйхсгейме, возле Мюнхена. Впервые стал публиковать свои стихи в 1947–48. Сожалел, что не стал участником ОДНР. Это отражено в стихотворении **Е.** «За то, что руку досужую не протянул к оружию».

В 1950 эмигрировал в США, поселился в Нью-Йорке. 10 лет работал в газ. «Новое русское слово» и учился в Колумбийском ун-те. Защитил докторскую дисс. при Нью-Йоркском ун-те. Дисс. **Е.** стал перевод на рус. яз. поэмы Стефана Винсента Бенэ «Тело Джона Брауна». В 1979 перевод вышел отдельной книгой. Преподавал рус. лит. в колледже Миддлбери и в Питтсбургском ун-те. Подписывал свои произведения псевд. Иван Елагин. Творч. поэта отражено в сб.: «По дороге оттуда» (Мюнхен, 1947; Нью-Йорк, 1953); «Ты — мое столетие» (Мюнхен 1948); комедии «Портрет мадмуазель Таржи» (Мюнхен 1948); «Политич. фельетоны в стихах» (Мюнхен 1949); в США опубликовал: «Косой полет», «Отсветы ночные» (1963); «Дракон на крыше» (1973); «Под созвездием топора» (1976), «В зале вселенной»(1982); «Тяжелые звезды» (1986). Сотрудничал в журналах «Мосты» и в «Новом журнале» (Нью-Йорк). Еще в Киеве был женат первым браком на поэтессе *Ольге Анстей*. У них родилась дочь *Елена Матвеева*, поэтесса в третьем поколении. От второго брака с Ириной Ивановной, урожд. Тангейзер, есть сын Сергей. Вдова Ирина Ивановна передала в 1994 книги **Е.** в Музей Арсеньева во Владивосток, откуда он был родом и где жили его родители. Посмертно вышла книга стихов «Курган» и двухтомник стихотворений (1998).

Похоронен на кладбище Home Woods в Питтсбурге.

И с т. Автобиография // Содружество. Вашингтон, 1966; Берега. Стихи поэтов второй эмиграции. Под ред. *Вал. Синкевич.* Филадельфия, 1992. С. 263–264.

Л и т. *Вильданова Р.И., Кудрявцев В.Б., Лаппо-Данилевский К.Ю.* Краткий биографич. словарь рус. зарубежья // Струве Г. С. 309–310; *Витковский Е.В.* Антология... Кн. 4. С. 357; *Витковский Е.В.* Состоявшийся эмигрант // Иван Елагин. Стихотворения. М., 1998. Т. I. С. 5–40; *Днепров Р.* Иван Елагин, каким я его знал // НРС. 1987. 13 марта; Иван Елагин // НРС. 1998. 20 февр.; Иван Елагин (вместо некролога) // РЖ. 1987. 5 марта; *Крейд В.* С. 264; *Седых А.* Сконч. поэт Иван Елагин // НРС. 1987. 8 янв; Филипс-Юзвигг Е. Некролог // НЖ. 1987. № 166. С. 253–256; *Terras Victor.* Elagin Ivan // Handbook of Russian Literature. Yale University Press, 1985. P. 119.

ЕЛАГИН Юрий Борисович (?, Москва – 1987, Вашингтон). Род. в семье крупного инж. и хозяина текстильного завода — Богородской мануфактуры, окончившего свою жизнь в сталинских лагерях. Это стало препятствием для получения сыном репрессированного высшего образования. Однако, **Е.** оконч. Московскую консерваторию при заступничестве актеров и режиссеров Вахтанговского и Второго Худ. театров. Его призванием стали музыка и лит. **Е.** стал знатоком театральной и муз. жизни Москвы и Европы 1920–40-х гг. и впоследствии Америки. Был первой скрипкой в первоклассных театральных и симфонич. оркестрах под рук. дирижеров Бруно Вальтера, Барбиролли, Стоковского. В США стал автором двух мемуарных и театроведч. книг, вышедших на нескольких яз.: «Укрощение искусств» и «Темный гений», о Вс. Мейерхольде. По общественно-полит. мировоззрению — либеральный консерватор. Себя причислял к «февралистам». Уже в США стал членом Лиги борьбы за нар. свободу (1947–52), выступал вместе с *А.Ф. Керенским* и *Б.И. Николаевским, В.М. Зензиновым, П. Федотовым, Д.Ю. Далиным* и *М.В. Вишняком* на общественных форумах и в печати. Был преподавателем ун-та, ред. рус. изданий Амер. информационного агентства.

Л и т. *Филиппов Б.* Памяти Ю.Б. Елагина // НРС. 1987. 4 сент.

ЕЛАТОНЦЕВ Семён Георгиевич (3 февр. 1886, стан. Кременская – 23 июля 1955, Инглиштаун, шт. Нью-Джерси) — инж., полит. каз. деятель, хорунжий. Оконч. Новочеркасское реальное уч-ще и Технологич. ин-т в Петербурге. Когда началась Первая мировая война, поступил вольноопределяющимся в 32-й Донской каз. полк. Был награжден Георгиевскими крестами двух ст. и произведен в чин прапорщика. После ранения стал инвалидом и произведен в хорунжие. После революции — делегат Донского Войскового Круга, избирался членом Донского правительства. В эмиграции жил в Чехословакии, в 1925 переселился вместе с женой в США. Организатор и председатель Общеказ. центра, редактировал «Общеказачий журнал». Общеказ. центр создал отдел помощи казакам в Европе и в Америке с общежитием для прибывающих в двух домах возле Лейквуда, в шт. Нью-Джерси. Создал отдел организации фермерского поселка «Новая Кубань», отдел библиотеки и архива. Был сторонником федеративных отношений Дона с Россией. *Родственники*: вдова, казачка стан. Распопинская Лидия Петровна (урожд. Антонова).

Похоронен на каз. участке Свято-Владимирского кладбища возле Кэссвилла, шт. Нью-Джерси.

Л и т. Каз. словарь-справочник/ Изд. А.И. Скрылов, Г.В. Губарев. Т. I. Кливленд, 1966. С. 2-16–217; Некролог // Рус. вестник. 1956. № 252, 256.

ЕЛЕНЕВ Николай Артемьевич (1894 – апр. 1967) — юрист. Род. на юге России в старой помещичьей семье. Оконч. гимназию в Ялте. Учился на юридич. ф-те Московского ун-та. Образование было прервано революцией. Поступил в Добровольч. армию. В 1920 эвакуировался в Константинополь, оттуда переехал в Чехословакию. В Праге закончил высшее образование и получил ст. доктора права. Занимался историей рус. искусства. После оконч. Второй мировой войны переехал в США. Преподавал рус. яз. в воен. школе в Монтерее, в Калифорнии. Сотруднич. в газ. «Новое русское слово» (Нью-Йорк),

«Русская мысль» (Париж), «Последние новости» (Париж), журналах «Грани» (Франкфурт-на-Майне), «Мир и искусство», «Перезвоны» и др. После выхода на пенсию жил в Австрии, в Вене, родном городе жены. В марте 1967 умер на борту корабля «Рафаэлло» на пути в США.

Кремирован в Нью-Йорке, а урна с его прахом возвращена в Вену.

Л и т. *Вильданова Р.И., Кудрявцев В.Б., Лаппо-Данилевский К.Ю.* Краткий биографич. словарь рус. зарубежья. // *Струве Г.* С. 310; Некролог // РМ. 1967. 6 мая.

ЕЛЕЦКАЯ Тамара Фёдоровна (8 марта 1917, Екатеринослав – 9 янв. 1998, Оттава). Род. в семье известного врача-рентгенолога, проф., исследователя-геронтолога, шахматиста с международной известностью и сторонника федерации Украины с Россией, *Ф.П. Богатырчука* и его жены *Ольги Владимировны*, единственной дочерью которых она была. Вскоре семья переехала в Киев, где Тамара оконч. среднюю школу и мед. ин-т, став врачом, как и ее отец. В 1941 вышла замуж за палеонтолога *Ю.А. Елецкого*. 19 сент. 1941 Киев был оккупирован нем. войсками. В 1943 с семьей покинула Киев и, после беженских скитаний, попала в Германию. После оконч. войны работала врачом в больнице для «перемещенных лиц».

В 1949 переехала с мужем и двумя детьми на постоянное жительство в Канаду. Проживала в Оттаве и некоторое время работала в исследовательской лаборатории по проблемам старения у отца при Оттавском ун-те. Оставила значительное наследие в общественной жизни рус. канадцев. **Е.** основала и возглавляла в теч. ряда лет в Оттаве Об-во им. Чехова, в программу которого входило сохранение рус. культурного и историч. наследия в Канаде и борьба с русофобией. Об-вом регулярно устраивались концерты, читались лекции и писались письма в редакции газет с протестами против искажения рус. истории и русофобии. В 1983 в Оттаве изд-вом «Borealis Press» по инициативе **Е.** на англ. яз. под ее ред. был издан иллюстрированный сб. «Russian Canadians, their past and present, collected essays». Этот труд — вклад в непредвзятое изуч. истории рус. эмиграции в Канаде, что отражено в подробной рецензии А. Иванова в «Записках Русской Академической Группы» (т. XVII. 1984. С. 311–315). После прекращения деятельности Чеховского об-ва приводила в порядок архивы отца, относящиеся к ОДНР и участвовала в издании в Москве сб. в изд-ве «Грааль» под названием «Материалы по истории Русского Освободительного Движения. 1941–1945 гг.». Состояла членом РАГ в США, всесторонне образованным человеком, живо интересовалась текущими событиями, искусством и следила за новейшими изданиями. *Родственники*: сыновья Александр и Фёдор; дочь Галина; внучка Лара.

И с т. АА. *Елецкая Т.Ф.* Письма; Автобиография // Материалы по истории РОД / Под ред. *А.В. Окорокова*. Т. 1. М., 1997. С. 290.

Л и т. *Александров Е.А.* Тамара Федоровна Елецкая // Записки РАГ в США. 1998. Т. XXIX. С. 529.

ЕЛЕЦКИЙ [George A. **Jeletzky**] Юрий Александрович (1915, Пенза – 1988) — палеонтолог. Род. в семье офицера Романова, погибшего во время Первой мировой войны. Был усыновлен отчимом, хирургом Елецким. В Саратове оконч. среднюю школу. Участвуя в экскурсиях вдоль обрывов над Волгой, начал собирать свою первую коллекцию ископаемых моллюсков. Это предопределило его будущие интересы, дальнейшее образование и научную карьеру. В 1932, в возрасте 17 лет, поступил на геологич. ф-т Киевского Горного ин-та. В 1935 Юрий перевелся на геологич. ф-т Киевского ун-та, который оконч. в 1938 и поступил в аспирантуру. Закончив аспирантуру (1941), женился на *Т.Ф. Богатырчук*, дочери проф. *Ф.П. Богатырчука*. В Киеве пережил нем. оккупацию (1941–43) и в 1943 с семьей оказался в потоке беженцев. Конец войны застал **Е.** в Баварии, где он продолжал заниматься палеонтологич. исследованиями. Эмигрировал с семьей в Канаду, получил должность геолога при Геологич. службе. К тому времени у **Е.** уже было несколько печатных работ по стратиграфии побережья Азовского моря, бассейна р. Десны и Днепровско-Донецкой впадины. В Канаде успешно проработал в Геологич. службе более 40 лет. Темы исследований **Е.** — стратиграфия и фауна мезозойской эры о-ва Ванкувер, Канадских Кордильер и Юкона. Помимо стратиграфии, геологич. картирования и палеогеографии, посвятил много времени изуч. таксономии, филогении и эволюции моллюсков. Быстро стал экспертом по определению и классификации окаменелостей в коллекциях др. сотрудников Геологич. службы Канады, а также образцов, поступавших от нефтяных компаний. К этому нужно прибавить определение фауны из скважин, пробуренных по проекту глубоководных исследований океана Ламонт-Догерти обсерватории Колумбийского ун-та в Нью-Йорке. Помимо изуч. беспозвоночных, имеющих значение в разгранич. земных пластов, интересовался вопросами разгранич. отложений Мелового и Третичного периодов и временем вымирания динозавров.

Перу Е. принадлежит 125 науч. статей и монографий. Соавтор 16 печатных работ. В общей сложности им опубликовано более 4000 страниц, не считая таблиц с иллюстрациями, карт и геологич. разрезов, изданных в Канаде, США, а также в СССР (до 1941), Швеции, Герм., Дании, Великобр., Франц. и Японии. За свои труды награжден медалью Кор. об-ва Канады и медалью Геологич. ассоциации Канады. В честь Е. Канадская геологич. служба издала в 1982 науч. сб. В США многие годы участвовал в ред. серии трудов по палеонтологии беспозвоночных, издаваемых Геологич. обществом Америки, был членом геологич. об-в Канады и США и РАГ в США. Великолепно понимал, ценил и оберегал природу. Занимался спортом, в юности — плаваньем, лыжами и боксом. В зрелом и пожилом возрасте продолжал ходить на лыжах и был умелым рыболовом. Смотрел на жизнь открытыми глазами и всегда следил за книжными новинками. *Родственники*: жена Тамара Фёдоровна (урожд. Богатырчук), сконч. в 1998; сыновья Александр (юрист) и Фёдор (защитник природы); дочь Галина.

Л и т. *Jeletzky Jurij (George)* // Who is who in Canada. 1980; *Александров Е.А.* Памяти Ю.А. Елецкого // НРС. 1989. 18 апр.; *Александров Е.А.* Ю.А. Елецкий // Записки РАГ в США. 1990. Т. XXIII. С. 247–248; *Могилянский М.* Рус. канадцы // Жизнь прожить. М., 1995. С. 64.

ЕЛЕЦКОЙ Леонид Васильевич, кн. (19 февр. 1877 – 19 нояб. 1958, Нью-Йорк) — генерал-майор, Рюрикович, происходил от Вел. Кн. Михаила Черниговского. Оконч. в 1897 Николаевское кав. уч-ще и вышел Л.-гв. корнетом в Уланский Его Величества полк. В конце Первой мировой войны назнач. последним командиром Кавалергардского Императрицы Марии Фёдоровны полка и произведен в генерал-майоры. После оконч. Гражданской войны жил в Зап. Европе, а после Второй мировой войны переселился в США. Прибыл в Нью-Йорк, возглавлял Объединение офицеров Императорской гвардии, Кавалергардскую семью, Полковое объединение улан Его Величества, Союз рос. дворян в Америке и Объединение бывших юнкеров Николаевского кав. уч-ща. Издал небольшой сб. своих стихотворений. *Родственники*: вдова.

Похоронен на кладбище монастыря Ново-Дивеево, близ Нануэт (Спринг Валлей), в шт. Нью-Йорк.

Л и т. Незабытые могилы // Часовой (Брюссель). 1959. Февр. № 395. С. 21; *Плешко Н.Д.* Генеалогич. хроника // Новик (Нью-Йорк). 1959. Отд. III. С. 4; Кн. Л.В. Елецкой // Там же. 1959. Отд. III. С. 2–3.

ЕЛИН [Kronid M. **Elin**] Кронид Михайлович (26 авг. 1908, Томск – 4 февр. 1999, Чураевка-Саутбери, шт. Коннектикут).

Переселился с родителями в США в возрасте 8 лет. Учился в Спрингфилде, в шт. Массачусетс, а затем в мор. уч-ще в Бруклине. Начал плавать на кораблях торгового флота, постепенно продвигаясь по должности. Ветеран амер. военно-мор. флота, лейтенант-командор. После оконч. воен. службы работал в управлении Нью-Йоркского и Балтиморского портов. Состоял в орг-ции амер. офицеров в отставке. Масон. Член Епископальной церкви. *Родственники*: жена Джин (Jean), урожд. Ганеская (Ganesky); дочь Ксения; брат Михаил; внуки; правнуки.

И с т. *Pantuhoff O.* — 1976.

Л и т. *Beresney Timothy A.* In Memoriam // Russian Herald. 1947. Jan.-Feb. P. 157–163.

ЕЛИН [Michael M. **Elin**] Михаил М. — ветеран амер. армии, лейтенант. Один из выживших при гибели авианосца «Wasp».

И с т. *Pantuhoff O.* — 1976.

Л и т. *Beresney Timothy A.* In Memoriam // Russian Herald. 1947. Jan. – Feb. P. 157–163.

ЕЛИН Николай М. (1918 – 2 дек. 1943) — лейтенант-командор. Оконч. Нью-Йоркскую мор. торговую академию в 1937. В 1943 получил лицензию главного инж. на корабле. Плавал с воен. грузами в Мурманск, Сев. Африку, в р-н Адриатич. моря и Тихого океана. Погиб в Средиземном море 2 дек. 1943. *Родственники*: жена Новис (урожд. Уиттон); родители; два брата, лейтенанты — Кронид и *Михаил*.

И с т. *Pantuhoff O.* — 1976.

Л и т. *Beresney Timothy A.* In Memoriam // Russian Herald. 1947. Jan. – Feb. P. 157–163.

ЕЛИСЕЕВ Сергей Григорьевич — проф. дальневосточ. яз. и лит. при Гарвардском ун-те.

Л и т. *Мартьянов Н.Н.* С. 84–88.

ЕЛИСЕЕВ Фёдор Иванович (24 нояб. 1892 – 3 авг. 1987, Нью-Йорк) — полковник, каз. историк, литератор. Род. на Кубани, каз. Кавказского отдела. После оконч. в 1913 Оренбургского юнкерского уч-ща произведен в офицеры.

Первую мировую войну встретил в чине сотника и участвовал в кав. походах в Турции. В 1915 со своим отрядом дошел до Месопотамии (теперешней Сирии), где встретился с англичанами, наступавшими с юга. За боевые отличия награжден семью орденами. Во время Гражданской войны сражался против большевиков в рядах Добровольч. армии. Есаул (1918), полковник (1919). Командовал разными кубанскими каз. полками и дослужился до должности нач-ка дивизии. При отступлении вдоль Черноморского побережья (1920) попал в плен к красным и отправлен на Север, в лагерь, из которого сумел бежать в Финляндию, здесь организовал каз. хор. Из Финляндии переехал во Франц. Во Франц. создал конно-спортивную группу казаков-джигитов, которые показывали под рук. **Е.** свое искусство по всему миру. Вторая мировая война застала **Е.** во Вьетнаме. Поступил в Иностранный легион, в который французы зачислили **Е.** в чине лейтенанта. Во время боев с японцами попал в плен. После освобождения кит. армией продолжал служить во франц. армии и сражался под Дьен-Бьенфу, где был тяжело контужен и схвачен красными вьетнамцами. За доблесть награжден франц. Военным крестом. После репатриации во Франц. переселился с семьей в США. Здесь избран членом Кубанского Войскового Совета. На жизнь зарабатывал как простой рабочий. Обладая прекрасным слогом, писал в газетах и журналах статьи о кубанском казачестве, о каз. быте и традициях, о Гражданской войне и о войне в Юго-Восточ. Азии. Автор повести «Кубань в огне», многоч. брошюр и статей, составил сб. каз. песен. 28-м Собором Кубанского каз. войска за рубежом произведен 22 авг. 1981 в первый генеральский чин, но производства не принял и скромно продолжал считать себя полковником. *Родственники:* сын Георгий с семьей.

Похоронен на каз. участке Свято-Владимирского кладбище в Джексоне (шт. Нью-Йорк).

Л и т. *Александров Е. А.* Полк. Ф.И. Елисеев // РА. 1995. № 20. С. 206–207; *Горб-Кубанский Федор,* пресвитер. Памяти полк. Ф.И. Елисеева // НРС. 1987. 14 апр.; Каз. словарь-справочник / Сост. Г.В. Губарев. Ред.-изд. А.И. Скрылов. Сан-Ансельмо, 1970. С. 337–338; *Корсакова Н.* Писатель каз. зарубежья Ф. И. Елисеев // Донской атаманский вестник. 2002. Окт. № 9. С. 15–16; *Ткаченко Е.М.* Поздравление ген. Елисееву // НРС. 1982. 3 нояб.

ЕЛЬШИН Яков Александрович (30 дек. 1892 – 1976) — художник. Начал худ. образование в Санкт-Петербурге. Участник Первой мировой войны. После оконч. Гражданской войны жил и работал карикатуристом в Шанхае. В 1923 эмигрировал в США, писал картины и расписывал стены в Сиетле, в шт. Вашингтон. Участвовал в выставках. Картины **Е.** хранятся в музеях Сиэтла, Денвера и в Смитсоновском ин-те в Вашингтоне.

Л и т. *Лейкинд О.Л., Махров К.В., Северюхин Д.Я.* Худ. Рус. зарубежья. С. 274.

ЕМЕЛЬЯНОВ [Jemeson Dmitry] Димитрий Сергеевич (6 окт. 1905 – ?) — инж.-электрик. Оконч. электромеханич. отделение пражского Политехнич. ин-та. В 1946–47 прослушал в ун-те Эрланген, в Германии, курс ядерной физики. Затем, в 1962, изуч. проектирование атомных реакторов и в 1966 слушал обзорный курс для инж.-электриков в Калифорнийском ун-те в Лос-Анджелесе. В теч. 35 лет работал инж.-электриком, включая проектирование, строительство, установку, технич. обслуживание и ремонт силовых станций, паровых и дизельных, а также исследование при помощи рентгеновских лучей и проектирование освещения. В 1954–58 работал в Парагвае и Уругвае и с 1959, в амер. компаниях. Закончил карьеру в должности ст. инж. электрика.

И с т. *Jemesen D.* Curriculum Vitae // Archives of the Association of Russian-American Engineers in the USA; АОРИ. Анкета.

ЕМЕЛЬЯНОВ Иван Васильевич (1 нояб. 1880, Успенский завод Тобольской губ. – 17 дек. 1945, Вашингтон) — экономист, кооператор. В 1900 оконч. Тобольскую семинарию и в 1907 — Киевский Политехнич. ин-т, специализируясь по агрономии. С 1910 по 1912 был сельскохозяйственным агентом Екатеринославского земства в США. Возвратившись в Россию, сотруднич. с кооперативными хозяйствами. В 1919 при администрации Добровольч. армии назнач. председателем Харьковской губ. земской управы.

Эмигрировал в Прагу, участвовал в создании Рус. ин-та сельскохоз. кооперации и до 1927 был зам. директора. Основал журналы «Земледелие» и «Хутор». По приглашению Ратгеровского ун-та эмигрировал в США. В ун-те преподавал до 1933 г., затем работал в гос. учреждениях в должности экономиста. В 1942 защитил докторскую дисс. по теме «Экономическая теория кооперации» в Колумбийском ун-те.

И с т. АМРК. И.В. Емельянов // Коллекции Гуверовского ин-та.

ЕМЕЛЬЯНОВ Юрий Ананьевич (? – 22 янв. 1964, Ванкувер, Канада) — участник Белого движения на Востоке России, ротмистр, дипломат. Оконч. Бакинскую гимназию, студент Санкт-Петербургского ун-та (не оконч.), поступил в Николаевское кав. уч-ще, которое оконч. в февр. 1917. Вышел в 17-й драг. Нижегородский полк Кавказской кав. дивизии, в рядах которого оставался до конца войны. Всю Гражданскую войну пробыл в Сибири, освобождал от большевиков Новониколаевск, затем, командуя кав. отрядом, соединился с частями атамана Г.М. Семенова в Чите. Владел европейск. яз., был переведен атаманом Семеновым в дипломатич. корпус. Исполнял особые поручения в Японии. После Гражданской войны служил во франц. консульстве в Шанхае. Служил коммерч. атташе во франц. консульстве в Канаде, проживал в Ванкувере.

Л и т. Незабытые могилы // Часовой (Брюссель). 1964. Июль. № 456. С. 23.

ЕМЕЛЬЯНОВ-ЭМЕРИ Сергей Александрович — См. **ЭМЕРИ** Сергей Александрович.

ЕМЕЛЬЯНОВА-ЭМЕРИ Мария Александровна — см. **ЭМЕРИ** Мария Александровна.

ЕНГАЛЫЧЕВ Василий Николаевич, кн. (? – 27 янв. 1966, Женева) — церковный деятель, участник строительства храма св. Серафима Саровского в Си-Клиффе, на Лонг-Айленде (шт. Нью-Йорк). *Родственники*: вдова Мария Васильевна, урожд. Флуг.

Похоронен на кладбище Ново-Дивеево близ Нануэт (шт. Нью-Йорк).

Л и т. Памяти кн. Василия Васильевича Енгалычева // ПР. 1966. № 3. С. 7.

ЕНГАЛЫЧЕВ [Engalitcheff John Jr.] Иван Иванович, кн. (13 июля 1907, Москва – 18 нояб. 1984) — инж.-механик, специалист по охлаждению, филантроп. Во время революции семья Енгалычевых бежала на Юг, едва избежав ареста большевиками и расправы из-за своего княжеского происхождения. Покинув Россию, Енгалычевы поселились в Кор. СХС, здесь прожили пять лет. В 1924 они переселились в США и осели в Балтиморе, в шт. Мэриленд. Получил стипендию и учился в ун-те Джона Гопкинса, который оконч. в 1930 с дипломом инж.-механика. Занимаясь в ун-те, был не в ладах с англ. языком, но оказался успешным репетитором по физике и математике у др. студентов. На своей первой работе стал получать заработную плату в 26 $ в неделю. Это было время разорительной экономич. депрессии. Работая в обл. производства оборудования для охлаждения воздуха и для замораживания, основал в 1938 собственную компанию Baltimore Aircoil для строительства испарителей и охладительных башен, вложив в нее вначале всего $250. Предприятие успешно развивалось и дало в 1972 $40 млн дохода, имело отделения в Калифорнии, Канаде, Австралии и Юж. Африке. В 1941 прервал карьеру, поступив в военно-мор. флот, и как инж. направлен в Бразилию, здесь заведовал производством гелия. После оконч. войны возобновил работу в компании.

Е. принадлежат более 30 патентов на изобретения. Автор печатных работ: «Counter Flow Cooling Tower Selection & Performance Chart» и «Water Conservation Equipment. Theory and Application». Уйдя в отставку в 1970, изобрел несколько видов терапевтич. оборудование для восстановления силы мускулов руки. Всю жизнь боролся за разоблачение коммунизма и поддерживал амер. полит. устройство. Е. поддерживал деньгами ряд благотворительных фондов для изуч. принципов амер. полит. устройства, особенно Амер. науч. фонд («The Fund for American Studies). В 1975 в благодарность за поддержку фонд учредил премию им. Ивана Енгалычева для выдающихся студентов («John Engalitcheff Outstanding Young American Awards»), присуждаемую ежегодно двум-трем студентам. В 1990 Амер. науч. фонд получил по завещанию Е. и его жены (урожд. Портер) Вирджинии Рид наследство и был переименован в Ин-т Енгалычевых для сравнительного изуч. полит. и экономич. систем («Engalitcheff Institute on Comparative Political and Economic Systems»). В 1993 в этом ин-те должны были пройти курс 115 студентов. Ин-т присуждает премии членам Конгресса за исключительные услуги амер. обществу и амер. молодежи. Состоял членом Амер. Совета Безопасности, ряд лет входил в совет директоров этой орг-ции и поддерживал ее своими средствами. 15 нояб. 1984 Е. постиг удар во время чествования членов Амер. Совета Безопасности в Белом доме президентом Р. Рейганом. Сконч. через три дня. Вдова Е. Вирджиния сохранила по завещанию многомиллионное состояние, значительная часть которого после ее кончины в 1990 было распределено между благотворительными и образовательными орг-циями, включая Об-во помощи рус. детям.

Л и т. *Simpson Ralph.* Engineer started in Depression // The Sun. Baltimore, 1972. July 16; *Hendren Samantha.* Fund's Original Institute Renamed to Honor John and Virginia Engalitcheff // FASTRACK. 1993. Spring. P. 1, 6; *Harris Neil Fall.* The Extraordinary:Life of John Engalitcheff Jr. // RCWS (Russian Children Welfare Society) News. 1998. V. 4. № 1.

ЕРАШЕВ Федор Иванович (1897, стан. Вознесенская – 25 авг. 1989) — казак, наездник. Участник Гражданской войны, в эмиграции жил во Франции, с 1926 в США, в Калифорнии. Зарабатывал на жизнь вместе с др. казаками джигитовкой. В Голливуде казаки дублировали звезд экрана.

Л и т. *Шербан М.* Памяти Ф.И. Ерашева // НРС. 1989. 1 сент.

ЕРЕМЕЕВ Василий Сергеевич (?, Пермь – 14 мая 1952, Милуоки) — участник Белого движения на Востоке России, офицер рус. кавалерии. По оконч. Санкт-Петербургского ун-та оконч. в 1916 Николаевское кав. уч-ще и оставлен при нем. Принимал участие в Белом движении и, сформировав добровольч. отряд в Перми, первым поднял антикоммунистич. восстание чем оказал услугу подходившим к городу белым формированиям. Прошел всю Гражданскую войну в Сибири. В 1922 эмигрировал в Гонолулу, оконч. ун-т и был успешным гражданским инж.

Л и т. В.С. Еремеев // Часовой (Брюссель). 1953. Май. № 331. С. 27.

ЕРМАКОВ Борис Николаевич — инж.-строитель. Род. 20 июня в Санкт-Петербурге. В 1927 оконч. в Праге Политехнич. ин-т. В США жил во Флашинге, Нью-Йорк. Действительный член Об-ва рус. инж. в США.

И с т. АОРИ. Анкета.

ЕРМАКОВ Семён Матвеевич — общественный деятель РООВА, нар. поэт. Приехал в Америку до Первой мировой войны.

Участвовал в общественной работе в Об-ве И. Наумовича, Об-ве «Луч», организовал детскую школу рус. языка в Симур (Seymour) в шт. Коннектикут. В 1935 вступил в 19-й отдел РООВА в Клифсайде, в шт. Нью-Джерси. В 1936 начал работать в правлении Фермы РООВА, которой посвятил более 20 лет, занимая разные должности и помогая в разных начинаниях. Известен выступлениями на собраниях и фестивалях с чтением своих стихов.

Л и т. *Березний Т. А.* С. 91.

ЕРМОЛАЕВ Герман Сергеевич (род. 14 нояб. 1924, Томск) — филолог, проф.-литературовед. Род. в семье есаула С. Ермолаева, ветерана Белого движения. Вырос в стан. Цимлянской. Оконч. среднюю школу в Ростове-на-Дону. Во время Второй мировой войны выехал на Запад. Конец войны застал Е. в Австрии, где отец был предательски выдан англичанами СССР. Е. избежал насильственной репатриации.

Прослушав два курса в ун-те Граца, переселился в 1949 в США, оконч. Стэнфордский ун-т и затем аспирантуру в Калифорнийском ун-те. В 1959 удостоился ст. доктора филологии, защитив при ун-те докт. дисс. о возникновении и отрицательном влиянии социалистич. реализма на лит. С 1952 по 1959 преподавал рус. язык и лит. в Калифорнийском ун-те в Беркли. В 1959 получил должность преподавателя в Принстонском ун-те, в 1960 стал доцентом и в 1970 — занял в ун-те должность профессора рус. и сов. лит. Один из исследователей творч. М.А. Шолохова и признанный международный авторитет по роману «Тихий Дон». Роль Е. стала особенно значительной, когда начался спор о подлинности авторства Шолохова, которого стали обвинять в плагиате. Е. представил результаты своих тщательных исследований, доказывающих, что Шолохов является подлинным автором «Тихого Дона». Читает лекции о сов. лит., произведениях *А.И. Солженицына,* Л.Н. Толстого; автор книг и статей по литературоведению: «Soviet Literary Theories 1917–1934»; «The Genesis of Socialist Realism» (1963, 1977); «Michael Sholokhov and his Art» (1997); сост. и переводчик сб. «Maxim Gorky, Untimely *Thoughts*» (1968, 1970, 1995); сост. и комментатор сб.: М. Горький. «Несвоевременные мысли» (1971). Перу Е. принадлежит ряд статей в журналах, сб., энциклопедиях. Частичная библиография трудов **Е.** опубликована: Записки РАГ. Т. XXIII. С. 238. В 1967–68 награжден Принстонским ун-том McCosh Fellowship. Женат, имеет сына от первого брака и двух дочерей от второго. Многие годы состоит членом КРА; председатель Принстонского отделения КРА.

И с т. АА. *Ермолаев Герман Сергеевич.* Автобиография (рукопись). 1998.

Л и т. *Михеев В.* Заступники шолоховского реализма // Донская речь. 1996. 2 окт.

ЕРМОЛАЕВ Николай Владимирович (1890 – 26 апр. 1959, Рочестер, шт. Нью-Йорк) — участник Белого движения на Сев.-Зап. России, штабс-ротмистр 10-го улан. Одесского полка. В 1911 окончил Елисаветградское кав. уч-ще. Участвовал в Первой мировой войне. За боевые заслуги награжден орденами св. Владимира IV ст. с мечами и бантом, св. Анны IV ст. Во время Гражданской войны сражался в Сев.-Зап. Добровольч. армии ген. Н. Н. Юденича. После 1920 — в эмиграции в Кор. СХС. В 1941–45 служил в Рус. Корпусе. После 1945 — в эмиграции в США.

Похоронен на кладбище Свято-Троицкого монастыря в Джорданвилле (шт. Нью-Йорк).

Л и т. Некролог // Часовой (Брюссель). 1959. Июль. № 400. С. 34.

ЕРМОЛОВ Григорий Спиридонович (? – сент. 1961, Нью-Йорк) — артист. До Первой мировой войны — премьер Литейного театра в Санкт-Петербурге. Один из основателей театра «Кривой Джимми». В США приехал в 1924 с театром «Летучая мышь» *Н.Ф. Балиева*. Первым поставил в Нью-Йорке оперу Тейлора «Kings Hangman». Последние годы работал в концертном бюро «Колумбия».

Л и т. Некролог // НРС. 1961. 17 сент.

ЕРМОЛЮК [урожд. **Кузьминская**] Ольга Николаевна (19 июня 1915, Сухуми – 8 февр. 1999, Санкт-Петербург, шт. Флорида) — преподаватель рус. языка. Училась в Технологич. ин-те. Во время Второй мировой войны вместе с сыном стала беженкой. В 1949 эмигрировала в США. Переквалифицировалась в преподавателя рус. языка. Многие годы преподавала в Сиракузском ун-те, в шт. Нью-Йорк, и в Ин-те ин. языков Президио в Монтерей, в Калифорнии. *Родственники*: муж Джон (?–1974); сын Евгений; внуки.

Л и т. Некролог // НРС. 1999. Февр.

ЕРМОЛЬЕВ Иосиф Николаевич (? – 20 февр. 1962, Лос-Анджелес) — кинорежиссер. В России построил киностудию, выпустил много фильмов, в т. ч. «Отец Сергий» (с участием *И. Мозжухина*). После захвата власти большевиками переехал в 1920 во Франц., куда привез этот фильм. Фильм имел огромный успех, что дало возможность **Е.** выпустить ряд др. фильмов, включая «Таинственный дом» (с И. Мозжухиным). Переселился в США, принял амер. гражданство.

Л и т. Некролог // РМ. 1962. 17 марта.

ЕРШОВ Николай Георгиевич (5 апр. 1904, Пятигорск Обл. Войска Терского – ?) — инж.-механик. В 1931 оконч. Технич. ф-т ун-та в Загребе, в Югославии. В США жил в Нью-Йорке. Действительный член Общества рус. инж. в США (на 1951).

И с т. АОРИ. Анкета.

ЕФИМОВ Авенир Геннадиевич (6 окт. 1888 – 25 апр. 1972, Сан-Франциско) — участник Белого движения на Востоке России, полковник, участник Ижевского восстания (авг. –окт. 1918). Оконч. Симбирский кад. корпус (1907), Николаевское инж. уч-ще (1910) и вышел в 16-й саперный батальон. Поручик (окт. 1912), штабс-капитан (авг. 1915), капитан (сент. 1917).

Во время Первой мировой войны оконч. курсы Академии Ген. штаба. Был контужен. Награжден семью орденами и медалями. В авг. 1918 рабочие Ижевского и Воткинского заводов подняли восстание против большевиков, и **Е.** принял участие в формировании Ижевской бригады, впоследствии развернувшейся в дивизию, был начальником ее штаба, командовал полком, затем сводной бригадой. Произведен за боевые отличия в чин подполковника (авг. 1919) и в чин полковника — 23 янв. 1920. Награды за отличия: ордена — св. Анны II ст. с мечами; св. Владимира IV ст. с мечами и бантом; Георгиевское оружие; орден «За Великий Сибирский поход» I ст. Во время Гражданской войны дважды ранен. Был исключительно любим добровольцами-рабочими. В 1923 эвакуировался в Шанхай и потом переехал в США. Многие годы собирал документы по истории воинских частей ижевцев и воткинцев. Посмертно опубликован труд **Е.** «Ижевцы и воткинцы» (Конкорд, Калифорния, 1975).

И с т. АОРВВВ. Ефимов // Альбом V. 9-В; АМРК. А.Г. Ефимов // Коллекции Гуверовского ин-та.

Л и т. Незабытые могилы // Часовой (Брюссель). 1972. Сент. № 555. С. 15

ЕФИМОВ Игорь Андреевич — инж.-механик, филантроп. Род. в 1908 на Дону в каз. семье. Оконч. в Москве ин-т с дипломом инж.-механика и специализировался по конвейерам. Во время Второй мировой войны служил в сов. арт. на Волховском фронте. Попал в окружение (1912) и взят немцами в плен. Вступил в РОА ген. А.А. Власова. Был ст. преподавателем в школе пропагандистов РОА в Дабендорфе под Берлином.

После оконч. войны в 1949, эмигрировал в США, работал инж. — специалистом по конвейерам для горной и горно-обогатительной промышленности. Член КРА с момента основания орг-ции, член Амер. об-ва горных инж. и Об-ва инж.-механиков. Попечитель памятника ген.-лейт. А.А. Власову и его соратникам на кладбище женского монастыря в Ново-Дивеево, возле Нанует, в шт. Нью-Йорк. Овдовев, отметил в своем завещании, что предназначает сумму для основания памятной стипендии для рус. студентов под наименованием «Стипендия Конгресса рус. американцев имени Игоря и Ларисы Ефимовых».

И с т. АА. Беседы с И.А. Ефимовым. 2001.

ЕФРЕМОВ Арсений Николаевич (1886, Самарканд – 19 февр. 1955, шт. Нью-Джерси) — участник Белого движения на Юге России, подполковник. Оконч. 2-й Оренбургский кад. корпус (1903), Александровское воен. уч-ще (1905) и вышел в 59-ю арт. бригаду, откуда переведен в 1-ю Резервную, переформированную в 50-ю арт. бригаду, в составе которой и выступил на войну 1914–18. Награжден орденом св. Георгия IV ст. за участие в бою в нояб. 1914. Законч. службу командиром батареи бригады тяжелой арт. особого назнач. Служил в Добровольч. армии в составе комиссии по приему материальной части арт. от англичан. В эмиграции жил в США.

Л и т. Подполк. Арсений Николаевич Ефремов // Часовой (Брюссель). 1955. Май. № 353. С. 15.

ЕФРЕМОВ Михаил Васильевич (6 нояб. 1980 – 10 окт. 1943) — капитан II ранга. Ветеран. После оконч. Гражданской войны переселился в США. Проживал в Нью-Йорке. Состоял членом Об-ва рус. мор. офицеров. Похоронен на кладбище Маунт Оливет, на Лонг-Айленде под Нью-Йорком.

Л и т. Мор. записки (Нью-Йорк). 1943. Дек. С. 67.

ЕФРЕМОВ Николай Евдокимович (1904, Обл. Войска Кубанского – 14 сент. 1962, Нью-Йорк) — геолог, журналист, радиокомментатор. Род. в богатой каз. семье, сильно пострадавшей и понесшей потери из-за сов. власти. Вырос на Дону, высшее образование получил в Политехнич. ин-те в Новочеркасске и в Горном ин-те в Ленинграде, где был учеником академиков Вернадского и Ферсмана. После завершения образования работал в Москве в Геологич. ин-те Академии Наук и в Геологич. управлении, участвуя в работах на Кавказе, в Казахстане, на Урале и в Сибири. Автор около 80 печатных работ в обл. геологии, минералогии и геофизики. Именем **Е.** назван минерал — ефремовит. Во время сталинского террора, при Ежове (1937–38), арестован из-за своего социального происхождения и сослан в Арктику. Во время войны отправлен на фронт, попал в плен и в конце войны оказался в Германии. После войны — проф. в ун-те для «перемещённых лиц» УНРРА (UNRRA) в Мюнхене. Переселившись на постоянное жительство в США, старался вернуться к профессии геолога. Член Амер. геологич. об-ва, Амер. геофизич. союза, Амер. минералогич. об-ва и Амер. географич. об-ва. Делал на съездах об-в доклады, которые публиковались в изданиях этих об-в. Состоял членом Укр. Академии наук в Нью-Йорке; выступал с докладами в Об-ве рус. культуры. Работал в науч. комментатором на радиостанции «Свобода», вещавшей на СССР. Активно сотрудничал в рус. и укр. периодич. изданиях, в т. ч. в «Новом журнале», «Новом русском слове», «Мостах» (Нью-Йорк). Пользовался псевдонимом «Нижальский».

Л и т. *Гуль Роман.* Н.Е. Ефремов // НЖ. 1962. Сент. Кн. 69. С. 289–290; Каз. словарь-справочник / Сост. Г.В. Губарев. Ред.-изд. А.И. Скрылов. Т. II. Сан Ансельмо, 1968. С. 209.

Ж

ЖАБИНСКИЙ — См. **Юрасов**.

ЖАДАН [Ivan **Jadan**] Иван Данилович (12 сент. 1902, Луганск – 15 февр. 1995) — оперный певец-тенор. В 10 лет стал петь в церковном хоре. Начал работать на патронном заводе, где поступил в любительский муз. кружок. В 1923 принят в московский Муз. техникум при консерватории. В 1926 приглашен петь в передачах Московского радиокомитета. В 1927 принят в оперную студию Большого театра и поступил в труппу театра. С этого началась карьера Ж. — выдающегося певца-тенора (роли Синодала в «Демоне», Индийского гостя в «Садко», Берендея в «Снегурочке», Юродивого в «Борисе Годунове», Герцога в «Риголетто»). Песни Ж. записывались на пластинки. Выезжал с концертами за рубеж, где пользовался огромным успехом. Однако Ж. вскоре попал у властей в немилость. Его перестали выпускать на гастроли за границу и приглашать выступать на правительственных концертах. Большую часть времени проводил с семьей на даче в подмосковной деревне Манихино, которая была захвачена немцами в 1941. Ж. и др. артисты Большого театра по требованию немцев были вынуждены выступать с концертами. Во время отступления немцев им ничего другого не оставалось, как тоже уходить на Запад. Выступал с концертами в Германии. В 1944 в Праге участвовал в концерте хора РОА, посвященном официальному учреждению КОНР. Концерт был записан на пластинку, которая вскоре попала в руки Советов. Ж. пришлось скрываться. Его жена и мл. сын потерялись в беженских лагерях. Старший сын, отслужив всю войну в Действующей армии, был сослан как сын «невозвращенца». В 1948 переселился в США, но в полной мере возобновить карьеру певца не сумел. В Нью-Йорке состоялись всего два концерта. Амер. импресарио сторонились певца-невозвращенца, опасаясь, что, содействуя Ж., они не смогут заключать договоров с Большим театром и другими сов. театрами на их выступления в Америке. Со своей второй женой Дорис уехал во Флориду, работал садовником. Потом переехал на о-в Сент Джон, где прожил до конца своих дней, называя себя Робинзоном Карузо. Муз. наследство Ж. сохранено женой Дорис, собравшей записи его песен за период 1933–54 и выпустившей пластинку «Ivan Jadan. Great Russian Tenor of the Century», включившую романсы П.И. Чайковского и *С.В. Рахманинова*, арии и нар. песни. Посмертная пластинка «Ivan Jadan. St. John's Robinson Caruso» посвящена песням на англ. яз. Дорис Жадан устроила в своем доме на о-ве Сент Джон музей, посвященный мужу, и издала на англ. яз. книгу о нем с многочисленными фотографиями («The Great Life of Ivan Jadan»).

Л и т. *Сумеркин Александр*. Иван Жадан или рус. Робинзон Карузо // НРС. 1997. 28 авг.

ЖАЛКОВСКИЙ Игорь Дмитриевич (3 марта 1897, Винница Подольской губ. – ?) — инж.-строитель. В 1930 оконч. строительный ф-т Технич. ун-та в Праге. В США жил в Вудсайде, шт. Нью-Йорк. Действительный член Об-ва рус. инж. в США.

И с т. АОРИ. Вопросник. 1959.

ЖАРДЕЦКАЯ [урожд. **Тарановская**] Татьяна Федоровна — проф. Колледжа Дэвиса и Элкинса (Davis and Elkins) в Зап. Виргинии. Супруга *В. С. Жардецкого*.

И с т. АА. *Жардецкий Олег*. Анкета Биографич. словаря. 1999.

ЖАРДЕЦКИЙ [Wenceslas S. **Jardetzky**] Вячеслав Сигизмундович (16 апр. 1896, Одесса Херсонской губ. – 21 окт. 1962, Элкинс, шт. Зап. Виргиния) — математик-астроном, специалист по вычислению равновесия небесных тел и педагог с международной известностью. Отец происходил из дворянской семьи, польск. революционер. Мать Мария Васильевна, урожд. Кудрявцева. После оконч. гимназии учился в Новорос. ун-те в Одессе, который оконч. в 1917, выбрав своей профессией астрономию. Будучи ассистентом при Пулковской обсерватории, создал спектрограф, при помощи которого изуч. спектры звезды Вега. В 1920 при посещении Одессы очутился на терр. Белой армии и, уходя от большевиков, эмигрировал в Кор. СХС. Здесь под влиянием академика, проф. Белградского ун-та Милутина Миланковича начал заниматься в 1923 небесной механикой. В 1926 стал доцентом Белградского ун-та. В 1929 под рук. проф. *А.Д. Билимовича* защитил докт. дисс., и стал экстраординарным, а в 1939 — ординарным проф. Изуч. вопрос миграции континентов. В 1933 в Белграде была издана его книга «Гидромеханика», в 1935 — монография «Математические исследования эволюции земли» и в 1940 — «Теоретическая физика». После оконч. войны, уходя от коммунистич. власти, переехал в Австрию, был проф. физики и астрономии при ун-те Граца. В 1946–47 состоял директором Ин-та физики и астрономии и в 1947–49 — лектором геофизики в Высшей технич. школе Граца. С 1945 по 1949 занимал пост председателя Об-ва рус. эмигр. в Граце. В 1949 с семьей переселился в США. Начал работать ст. научным сотрудником (research associate) в Геологич. лаборатории Ламонт Колумбийского ун-та. Здесь занимался изуч. распространения сейсмич. волн. В итоге совместно с М. Юингом и Ф. Прессом опубликовал книгу «Распространение волн в тонких слоях». Гражданин США (1955). В 1958 в книге «Теория фигур небесных тел» подвел итог своим исследованиям небесной механики. В 1962 опубликовал работу «Периодические полярные движения и деформация земной коры». Удостоился избрания в Амер. Академию наук и искусств. *Родственники*: жена *Т.Ф. Тарановская*; сын *Олег*.

Похоронен на кладбище монастыря Ново-Дивеево, возле Нанует, в шт. Нью-Йорк.

И с т. АА. *Жардецкий Олег Вячеславович*. Анкета Биографич. словаря. 3 с.

Л и т. *Плешко Н.Д.* Генеалогич. хроника // Новик (Нью-Йорк). 1963. Отд. III. С. 8; *Ермолаева Н.* Жардецкий Вячеслав Сигизмундович // Рус. зарубежье. Золотая кн. эмигр. С. 235–236; Zardetskii Vencheslav // The Russian Diaspora, 1917–1941. Maryland and London. P. 239

ЖАРДЕЦКИЙ [Oleg Jardetzky] Олег Вячеславович (род. 1929, Белград) — биолог. Род. в семье математика-астронома *В.С. Жардецкого* и *Татьяны Федоровны*, урожд. Тарановской, дочери историка славянского права Федора Васильевича Тарановского. После оконч. гимназии два года учился на мед. ф-те в Граце, в Австрии. Переселившись с родителями в 1949 в США, оконч. в 1950 Макалестер-колледж в Миннесоте со ст. бакалавра химии и биологии. В 1953 при ун-те Миннесоты получил ст. магистра (MS) по физиологии. В 1954 оконч. мед. отделение со ст. МД, в 1956 удостоился докт. степени по физич. химии и физиологии. Специализировался по биофизике, молекулярной биологии и фармакологии. Гражданин США (1955). С 1950 по 1954 работал помощником науч. работника по физиологии при ун-те Миннесоты. С 1954 по 1956 — стипендиат American Heart Association на отделении физиологии ун-та Миннесоты. В 1956–57 — стипендиат нац. исследовательского совета на химич. ф-те Калифорнийского технологич. ин-та. С 1957 по 1967 состоял ассистентом и доцентом на мед. отделении Гарвардского ун-та. В 1966 стал исполнительным директором Биофизич. и Фармакологич. ин-та компании Меркк. В 1969 занял должность проф. фармакологии Стэнфордского ун-та и в 1975 стал директором Стэнфордской лаборатории магнитного резонанса. В 1995 назнач. на должность директора Международной школы по изуч. биологич. магнитного резонанса в Бриче (Brice) в Италии. Член 9 науч. об-в. 35 раз выезжал по приглашению за границу в качестве консультанта, лектора и проф. Автор 9 книг по молекулярной биологии, динамике протеинов, структуре протеинов и ядерному магнитному резонансу в молекулярной биологии. Соавторы пяти из этих книг — G.C.K Roberts и J.F. Lefèvre. Одна из книг посвящена науч. генеалогии — истории польск. шляхты «The Ciolek of Poland» (Akademische Druck und Verlaganstalt, Graz). Автор и соавтор более 250 статей в профессиональных журналах. Удостоился 15 наград. Два ун-та и один колледж присвоили Ж. почетные докт. степени. Стэнфордский ун-т наградил медалью Полинга (Pauling). За выдающиеся заслуги Международный совет по магнитному резонансу в биологич.

системах наградил **Ж.** Золотой медалью, а в Австрии — большим золотым почетным знаком. *Родственники:* жена Эрика (урожд. Альбенсбург) — историк, искусствовед; сыновья: Александр, *Федор* и Павел.

И с т. АА. *Жардецкий Олег Вячеславович.* Анкета Биографич. словаря. 1999. 3 с.; *Jardetzky Oleg.* Curriculum vitae. 1999. 7 pp.

Л и т. *Ермолаева Н.* Жардецкий Олег // РЗ. Золотая кн. эмигр. С. 236.

ЖАРДЕЦКИЙ Федор Олегович (род. 12 авг. 1960, Бостон, шт. Массачусетс) — молекулярный биолог, кристаллограф. Род. в семье проф. Стэнфордского ун-та *Олега Жардецкого*. В 1982 оконч. Стэнфордский ун-т со ст. бакалавра, а в 1986 получил магистерскую и докт. ст. при Базельском ун-те в Швейцарии. С 1986 по 1990 год был науч. сотрудником Гарвардского ун-та, а с 1994 преподает в Сев.-Зап. ун-те.

И с т. АА. *Jardetzky Theodor.* Curriculum vitae (manuscript). 1999. June 5.

ЖАРКОВА Елизавета Александровна — общественный и церковный деятель. Род. в Югославии в рус. семье. После захвата власти Тито (1944–45) выехала во Франц., а позже — в США.

С 1974 секретарь Главного правления КРА. Начиная с 1984 возглавляла комитет Рус.-Амер. Палаты Славы и организовывала торжественную часть введения в Палату ряда выдающихся рус. деятелей. Ряд лет была казначеем Свято-Троицкой церкви в Квинсе, шт. Нью-Йорк. Счетовод по профессии. Служила в Толстовском фонде. *Родственники:* муж Петр Николаевич Жарков — деятель Объединения кадет рос. кад. корпусов за рубежом, протоиерей РПЦЗ; дочь Сандра; внук.

И с т. Archives of the Congress of Russian Americans. *Jarkoff Elixzabeth A.* Curriculum vitae.

ЖАРКОВСКИЙ Александр Борисович (1893, Трубчевск Орловской губ. – 19 ноября 1974) — юрист, общественно-церковный деятель. Оконч. юридич. ф-т в Санкт-Петербурге. После революции выехал из России. С 1922 жил в Канаде, в Монреале,

отдавая свободное время церковной и общественной деятельности. Все 52 года проживания в Монреале был секретарем Кафедрального собора свв. Апостолов Петра и Павла, членом Епархиального совета, активным членом Рус.-Канадского православного фонда, опекавшего рус. беженцев в Германии.

Основатель и бессменный директор первой рус. публичной библиотеки в Монреале при Петропавловском соборе. Заведовал библиотекой до своей кончины.

И с т. АА. *Могилянский М.* Добавление к биографии А.Б. Жарковского, машинопись. 2003. 7 февр. Архив КРА.

ЖАРОВ [Serge **Jaroff**] Сергей Алексеевич (1896 [по др. дан. 1 апр. 1897, Касимов Нижегородской губ.] – 6 окт. 1985, Лейквуд (шт. Нью-Джерси)) — участник Белого движения на Юге России, основатель и бессменный рук. хора Донских казаков. Род. в купеч. семье в г. Макарьеве Костромской губ. на р. Унже, в краю града Китежа, Ипатьевского и Макарьевского монастырей и Ивана Сусанина. Пение для маленького Сережи началось с молитв, которым учила его мать, Анфиса Ивановна, урожд. Шестиперова. Пятилетнего Сережу его крестный отец, регент местной церкви, начал ставить в ряды вместе с певчими. Когда ему исполнилось 7 лет, **Ж.** уже хорошо пел по слуху. Тогда у крестного укрепилось желание сделать из него регента. После оконч. церковно-приходской школы был принят, ввиду своих певч. способностей, в Московское синодальное уч-ще хорового пения, директором которого был композитор дух. муз. А.Л. Кастальский. Это было уч-ще закрытого типа, в котором в теч. 11 лет помимо муз. предметов преподавались общие предметы в объеме гимназич. курса. В 1911 участвовал в выступлении Московского Синодального хора в Риме. Будучи членом этого хора, **Ж.** впервые встретился с *С.В. Рахманиновым.* После оконч. Синодального уч-ща в 1917 и Александровского военного уч-ща попал на фронт в составе ударного батальона Александровского уч-ща, сформированного ген. Л.Г. Корниловым. Оконч. школу пулеметчиков, не желая воевать на стороне большевиков, перешел к ген. К.К. Мамонтову и сражался в чине хорунжего в рядах Добровольч. армии. Следуя душевному влечению, исполнял обязанности полкового регента, даже под арт. огнем большевиков. Когда же наступала боевая страда, со своим взводом пулеметчиков на тачанках совершал чудеса храбрости и однажды лично спас полковое знамя. Отступал с Дона и Кубани в Крым, с остатками Рус. армии покинул последнюю пядь родной земли в нояб. 1920 в составе 3-й Донской дивизии, которая эвакуировалась из Керчи в Турцию. Казаков временно поселили в Чилингире, в 60 км от Константинополя. Жили там в тяжелых и унизительных условиях, но нач-к дивизии приказал собрать всех певцов и создать хор. В хор был призван и **Ж**. В 1921 казаков переселили на о-в Лемнос, где **Ж**. начал готовить хор к выступлению в церквях православных стран. Наступило время переселения военных беженцев на постоянное жительство. Хор отбыл в Болгарию. Одно из его первых выступлений состоялось в Софийском соборе, вместившем во время дух. концерта около 5 тыс. человек. После отъезда из Болгарии первое выступление хора состоялось в 1923 в Вене. Затем хор с необычайным успехом выступал в Зап. Европе, особенно в Германии. Хор пел без сопровождения оркестра, подражая муз. инструментам. В состав хора входили уроженцы многих губ. России. Репертуар хора состоял из простых нар. и каз. песен. В Копенгагене посещал со своим хором вдовствующую императрицу Марию Фёдоровну. В Англии хор выступал в Виндзорском замке перед королем Георгом V. На концерте в Штеттине германский фельдмаршал А. фон Маккензен поднялся на сцену и обратился к хору со словами: «Я приветствую моих славных противников с галицийских полей сражения. Казаки, здесь, в мирном концертном зале, я восхищаюсь вашим искусством. Вы, эмигр.-офицеры, можете открыто и гордо смотреть в лицо всем, всем, всему свету». Особенно тепло принимал у себя хор во дворце в Белграде большой друг рус. король Югославии Александр I Карагеоргиевич. Хор был восторженно встречен местным рус. населением в Прибалтике, особенно в Риге, где его принимала рус. студенч. корпорация «Фратернис Арктика». За первые 7 лет хор дал в разных странах Европы, Австралии и Нов. Зеландии 1,5 тыс. концертов, неизменно восторженно принимаемых слушателями. В 1930 переселился на постоянное жительство в Америку. В США выступал в 32 городах. Самым большим успехом хора было выступление на сцене Метрополитен-опера

в Нью-Йорке. В 1936 хор в полном составе получил первые гражданские документы, а в 1943 все жаровцы стали гражданами США. Когда Америка вступила во Вторую мировую войну (дек. 1941), хор стал выступать перед солдатами, ожидавшими отправки на поля сражений. После высадки амер. войск в Европе (1944) со своим хором выступал перед солдатами и офицерами амер. и союзной армий в Англии, Франц., Голландии и оккупированной Германии. Главнокомандующий союзными войсками ген. Д. Эйзенхауэр присутствовал на одном из концертов. Пение хора ему понравилось, и он четыре раза просил повторить на бис отдельные произведения и по-рус. сказал: «Спасибо!».

За 60 лет в репертуаре хора были сотни дух., светских и нар. песен, с которыми он триумфально шествовал по Европе и Америке. Хор дал последний концерт в 1976. За 55 лет было дано около 10 тыс. концертов в разных странах мира. **Ж**. был кавалером Звезды Румынии и югославского ордена св. Саввы IV ст. Оставил после себя наследие в виде записей на пластинках. Самой высокой и при его жизни недостижимой целью было спеть в России «Верую». КРА высоко оценил заслуги **Ж**. в популяризации рус. хорового пения и торжественно ввел его 17 окт. 1981 года в Рус.-Амер. Палату Славы. По этому случаю от президента Рейгана было получено поздравление. **Ж**. благодарил за оказанную ему честь и в своем кратком слове сказал: «Не наша с вами вина, что мы собрались здесь, а не в России, но я верю, что это не навсегда». *Родственники:* вдова Неонила; сын Алексей.

Похоронен на Св.-Владимирском кладбище возле Кэссвилла, в шт. Нью-Джерси.
И с т. АА. *Эберштейн Иван.* Письмо С.А. Жарову. 1981.
Л и т. *Клинский Е.* С. Жаров и Донской каз. хор // Издание Донского каз. хора. Берлинъ, 1931. 55 стр.; *Александров Е.А.* С.А.Жаров и его Донской хор // НРС. 1981. 3 окт.; *Мантулин В.* Творч. путь Сергея Жарова // РА. 1979–82. № 17. С. 21–33; *Скидан А.* Умер С.А. Жаров // НРС. 1985. 7 окт.;

Полчанинов Р.В. Рус. в старом Нью-Йорке // НРС. 1985. 28 июня, 5 июля; *Он же.* Памяти Сергея Жарова // НРС. 1985. 27 окт.

ЖАРОНСКИЙ [V.M. **Jaronsky**] В. Максимович (29 марта 1919 – 25 дек. 1944) — ветеран амер. армии. Член 2-го отдела РООВА в Нью-Йорке. Призван в армию в июле 1943. Рядовой, пал в бою в Люксембурге.

И с т. *Pantuhoff O.* — 1976.
Л и т. *Beresney Timothy A.* In Memoriam // Russian Herald. 1947. Jan. — Feb. P. 157–163.

ЖАРСКАЯ Варвара — регент хора. Род. в Барнауле, в Сибири. Начала рук. церковными хорами с 16-летнего возраста. Эмигрировала в Харбин после большевистской революции, была регентом хора монахинь. Пять лет училась в муз. школе им. Римского-Корсакова в Шанхае, зарабатывая на жизнь сестрой милосердия, выступала во многих ролях в теч. 12 лет в шанхайской опере. Вторично эмигрировала после захвата власти в Китае коммунистами. Выехала в 1959 в Венесуэлу, работала с рус. православным хором в Каракасе. Переселившись в США, была регент в Беркли, в Калифорнии, жила в шт. Нью-Джерси и Коннектикуте. Переехала на Аляску, рук. хором из 50 человек в Ситкинском соборе. Работала с хором православных индейцев из племени тлинкитов.
Л и т. Регент хора на Аляске // Единение (Сидней). 1974. 28 июня.

ЖДАНОВ [George **Shdanoff**] Георгий — киноактер.

Сотрудник *М. Чехова*. Во время Второй мировой войны служил рядовым в амер. армии. Вместе с Чеховым обучал актеров в Голливуде в своей актерской студии, снимался в фильмах. Сконч. в 1998.

Л и т. *Рахлин С.* Из России в Голливуд // Панорама. 1999. 8–14 сент.

ЖЕВА [Жевержеева] [Geva] Тамара (1906, Санкт-Петербург – 9 дек. 1997, Нью-Йорк) — балерина, актриса. Род. в семье зажиточного мусульманина, фабриканта церковных облачений, который был известным меценатом и поощрял авангардных артистов. В его дворце XVIII в. был небольшой театр и театральный музей. Музей продолжает существовать как Гос. театральный и муз. музей. Балетом стала заниматься частным образом с шестилетнего возраста. Когда произошла революция, в балетную школу Мариинского театра стали принимать нехристиан. Ж. поступила в школу, училась у *Дж. Баланчина*, женой которого стала в 1923.

Вместе с ним и др. артистами покинула СССР в 1924. Приехав в Париж, танцевала в Рус. балете С.П. Дягилева, а потом вошла в состав труппы *Н.Ф. Балиева*, с которой прибыла в Нью-Йорк и выступала в постановке «Chauve sourie» («Летучая мышь»). К тому времени уже была в разводе с Баланчиным. Выступала в ряде балетных постановок на Бродвее и в 1935 начала снова танцевать у Баланчина. Уйдя из балета Баланчина, посвятила себя кино и театру, в которых играла роли балерин и работала в качестве хореографа. Играла в таких картинах, как «Their Big Moment» (1934), «Manhattan Merry-Go-Around» (1937), «Orchestra Wives» (1942) и была хореографом в картине «Specter of the Rose» (1946). На сцене играла в антивоенной пьесе в Лондоне «Idiot's Delight» (1938), в 1947 в Лос-Анджелесе в пьесе Сартра «No Exit», в 1953 в «Misaliance» Б. Шоу. Ее последнее выступление состоялось в 1959 в театре «Вне Бродвея», в Нью-Йорке. Детей не имела.

Л и т. *Anderson Jack.* Tamara Geva is dead at 91: ballet dancer and Actress // The New York Times. 1997. Dec. 11.

ЖЕДЕНОВ Александр Николаевич (1886, Пенза – 29 янв. 1962). Оконч. Санкт-Петербургский Политехнич. ин-т, работал инж. путей сообщения. Во время Первой мировой войны служил на Зап. фронте в железнодорожном батальоне. В 1923 переехал в США, поселился в Сиэтле, где 36 лет проработал по специальности. Был председателем Об-ва рус. военных инвалидов Первой мировой войны, членом Об-ва помощи рус. детям за рубежом. Похоронен на кладбище ветеранов возле города Сиэтла.

Л и т. Некролог // НРС. 1962. 11 февр.

ЖЕКУЛИН [Zekulin Gleb N.] Глеб Николаевич (род. 13 апр. 1922, Прага) — проф. славянских яз. и лит. В Праге оконч. франц. лицей. С 1940 зарабатывал на жизнь частными уроками и работал приказчиком в скобяном магазине. В 1942 послан на принудительные работы в Германию. В 1944 арестован Гестапо, освободился в начале 1945. В 1948 оконч. Пражский ун-т со званием инж. и продолжал занятия на филологич. ф-те Карлова ун-та в Праге, из которого был удален в февр. 1949 при чистке студентов-антикоммунистов. С 1945 по 1949 работал в секретариате чехословацкого отдела Международной коммерч. палаты и учителем в Школе современных яз. в Праге. Арестован в 1949 и обвинен в антикоммунистич. деятельности. Освободился в янв. 1950 и бежал с женой и тремя детьми в Австрию, в июне 1950 эмигрировал в Великобританию. Работая по контракту на кожевенном заводе, получил возможность записаться на филологич. ф-т Ливерпульского ун-та, где смог также работать по вечерам преподавателем рус. яз. Получил в этом ун-те ст. магистра и с осени 1956 назнач. доцентом ун-та Глазго в Шотландии. Академич. год 1960–61 провел в США, преподавал рус. лит. в Пенсильванском и Форгамском ун-тах.

В 1963 переехал с семьей в Канаду. Доцент рус. яз. и лит. в ун-те Мак-Гилл в Монреале. В 1968 приглашен проф. рус. лит. в Торонтский ун-т. В том же году основал при ун-те кафедру чешск. яз. В 1979–84 директор Центра по изуч. России и Вост. Европы при ун-те. Проработав в общей сложности более 30 лет, вышел в 1987 на пенсию с титулом заслуженного проф. (Professor Emeritus). Автор более 50-ти печатных работ по рус. лит. XIX и XX вв. и по чешск. лит. XX в. на рус., англ., чешск. и франц. яз. Был ред. журнала «Современник», издававшегося на рус. яз. в Торонто. Исследовал рус. лит. XIX в., рус. лит. сов. периода и современную чешск. лит. Владеет рус., чешск., англ., франц. и нем. яз. Состоит в РАГ в США.

Родственники: жена (урожд. Елинкова) Лилит Антоновна; дети: Николай, Антон, Лилит, Ксения, Глеба.

И с т. АА. *Жекулин Глеб.* Автобиография, машинопись, 1 стр. 2000. Окт.; Archives of the Assn. of Russian-American Scholars in the USA. *Zekulin Gleb N.* Curriculum vitae.

ЖЕКУЛИН Никита Николаевич (3 июня 1917, Киев – ?) — инж.-механик. Оконч. в Чехословакии Пражское высшее технич. уч-ще со званием инж.-механика. Работал по специальности в англ. фирме в Иране. После Второй мировой войны эмигрировал в США, продолжал работать инж. в р-не Нью-Йорка. Владел пятью яз. Был женат на урожд. Фетисовой. Оба сконч.

Родственники: две дочери, сын; внуки.

И с т. АОРИ. Анкета; *Александров Е.А.* Личные сведения. 2003.

ЖЕКУЛИН Николай Глебович (род. 1946, Прага) — литературовед. Род. в семье проф. *Г.Н. Жекулина*. Среднее образование получил в Шотландии. В Канаду приехал в 1963, в Монреале оконч. в 1966 ун-т Мак-Гилл со званием бакалавра. Образование продолжил в Йельском ун-те в США. Защитив там докт. дисс., вернулся в Канаду и приглашен в 1970 на должность проф. в ун-те Калгари, в пров. Альберта. Пользуется известностью как тургениевед. Закончил труд, посвященный переписке Тургенева с Анненским.

И с т. АА. *Могилянский М.И.* Жекулин Николай Глебович. Машинопись, 1 с. 2002. 2 мая.

ЖЕЛЕЗНОВ — См. Ейзенштадт [Айзенштадт], АРГУС.

ЖЕЛНЕРОНОК Михаил (род. 12 июня 1909, Иллукстовский уезд Курляндской губ.) — протоиерей ПЦА. В 1933 оконч. Двинскую правительственную Рус. гимназию. После отбытия военной службы в Латвийской армии оконч. в 1936 Рижскую дух. семинарию. Рукоположен во диаконы и в 1940 — в сан священника. Окормлял ряд приходов в Латвии и был законоучителем в школах и гимназиях. Сов. власти лишили Ж. прихода. Вследствие последующих военных действий вынужден был выехать в 1944 в Германию, где начал организовывать православные приходы в нескольких лагерях восточ. рабочих.

В 1950 с матушкой Серафимой Димитриевной, дочерью Ларисой и сыном Николаем переселились на постоянное жительство в Калифорнию. Здесь поначалу зарабатывал на жизнь физич. трудом, но в 1951 начал строить в Саратоге храм во имя св. Николая. Его трудами и под его рук. храм был построен, при храме был построен зал, дом для священника и колокольня. В 1970 переведен из Саратоги в Сан-Диего, где ввел церковную службу на англ. яз., чтобы облегчить понимание литургии прихожанами второго и третьего поколения эмиграции.

Л и т. К празднованию двойного юбилея митрофорного протоиерея Михаила Желнеронка // РЖ. 1986. 14 авг.

ЖЕЛТУХИН Фёдор — капитан-лейтенант, командир корвета «Калевала» в составе рус. эскадры в Тихом океане под командой контр-адмирала А.А. Попова, посетившей Сан-Франциско в 1863–64 для участия в защите северян от возможного выступления во время Гражданской войны в США Англии и Франции на стороне Юж. Конфедерации.

Л и т. *Тарсаидзе А.Г.* К 90-летнему юбилею прибытия рус. эскадр в Америку, 1863–1953 // Мор. записки (Нью-Йорк). 1953. Нояб. Т. XI. № 3. С. 11–23.

ЖЕМЧУЖИН Павел Петрович (1893 – дек. 1961, Нью-Йорк) — политич. и общественный деятель, филателист. Участник Первой мировой и Гражданской войн. До Второй войны был в Дрездене представителем Управления делами рус. эмигр. в Германии и Саксонии. Специалист по филателистич. экспертизе рус. почтовых марок.

Л и т. Некролог // Наша страна (Буэнос-Айрес). 1961. 5 дек.

ЖЕНУК Сергей Алексеевич (27 янв. 1912, с. Осинники Кузнецкого уезда Томской губ. – 28 июля 1999, Трумбулл, шт. Коннектикут) — журналист, священник. Род. в семье священника-миссионера Алексея Женука в Сибири. Отец Ж. и матушка работали над изучением яз. местных скотоводов-алтайцев, не имевших своей письменности. Это делалось так, как в свое время начал делать просветитель Аляски *Иннокентий*, причисленный к лику святых. Рус. крестьяне-переселенцы, составившие там значительную часть населения, быстро, устраивались на новом месте и жили зажиточно. Это обстоятельство сделало их жертвой сов. власти, проводившей политику военного коммунизма, а вслед за тем коллективизации, сопровождавшейся голодом и смертностью трудящегося крестьянства. Семья подверглась гонениям со стороны большевиков. 29 дек. 1929 был арестован о. Алексей, Виктор, старший брат Ж., и сам Ж., в возрасте 17 лет. Виктор был расстрелян, о. Алексея приговорили к расстрелу, но заменили ссылкой на каторжные работы по постройке Беломоро-Балтийского канала, где он от лишений умер, а его тело было залито бетоном при постройке откосов. Ж. был отправлен на строительство домов для ГПУ в Новосибирске.

Отбыв срок в 1934, поступил на строительство в том же Новосибирске. Призван на срочную военную службу в строительный батальон, куда отправляли служить неблагонадежных с сов. точки зрения. Отслужив, оконч. курсы для учителей средней школы, начал работать учителем, но начальство докопалось, что Ж. сын священника, и он должен был перейти на работу в качестве электрика. Во время Второй мировой войны призван в армию, вскоре попал в плен к немцам. В конце войны провел некоторое время в лагерях для «перемещенных лиц». В Мюнхене начал сотрудничать в рус. газ. «Эхо». При содействии Мирового совета церквей переселился в США, здесь женился на художнице *Г.А. Александровой*. Работал в Филадельфии в небольшой компании электрич. и электронных приборов. Следуя своему настоящему призванию, снова включился в журналистскую работу. Писал для «Нового русского слова» (Нью-Йорк), «Русской жизни» (Сан-Франциско), парижской «Русской мысли», австралийского «Единения» (Сидней), «Нового журнала» (Нью-Йорк). В общей сложности из-под пера Ж. вышло более 800 корреспонденций, разоблачающих антинар. суть сов. власти. Во второй пол. 50-х и в нач. 60-х Ж. писал тексты передач для радиостанций, вещавших на СССР. Всю свою жизнь участвовал в церковной жизни. Прибыв в Филадельфию, работал в Скорбященском приходе в Филадельфии, где в 1981 был рукоположен во диаконы и через год — в священники. Ослепнув, проживал в старч. доме. Был приписан к Св.-Николаевской церкви в городе Стратфорде, в шт. Коннектикут. *Родственники:* вдова; дочь Марина; внуки.

И с т. *Женук, о. Сергий.* Воспоминания // РА. 1997. № 21. С.107–112; Иерей Сергий Женук // ПР. 2000. 1/14 февр. № 3. С. 11–12.

ЖЕРНАКОВ Владимир Николаевич (21 авг. 1909, Павловград, Сибирь – 15 февр. 1978, Сан-Франциско) — экономист, краевед. В юности жил и учился в Омске. Во время наступления большевиков переселился с родителями в Харбин, где оконч. в 1937 экономич. отделение Харбинского юридич. ф-та. С 1932 по 1945 зав. экономич. отделением Харбинского музея, а с 1939 по 1949 был содиректором музея. С 1943 преподавал в YMCA-колледже в Харбине, а с 1947 по 1951 — в Харбинском политехнич. ин-те. С 1946 по 1950 заведовал постоянной Транспортно-экономич. выставкой в Харбине и стоял во главе научно-исследовательского отделения Харбинского политехнич. ин-та. С 1951 г по 1962 был помощником директора и советником Музея Хейлунгчианской провинции в Харбине. Занимался исследованием Маньчжурского края и экономич. географией Китая. В 60-х гг. переехал в Австралию, а затем в США, проживал в Сан-Франциско. Опубликовал 149 научных статей на рус., кит. и яп. яз. по вопросам экономики и краеведения. Состоял членом РАГ в США.

Похоронен на Серб. кладбище.

И с т. АА. *Jernakov Vladimir N.* Curriculum vitae (manuscript). 1974.

Л и т. В.Н. Жернаков // Записки РАГ в США. 1985. Т. XVIII. С. 358; *Хисамутдинов А.* Из Китая в Калифорнию: В.Н. Жернаков // РЖ. 2002. 25 мая.

ЖЕРНАКОВА [Jernakoff Nadja] Надежда Алексеевна (род. 3 июня 1930, Брюссель) — литературовед. Проф. рус. яз. и лит. Оконч. среднюю школу в Брюсселе. Переселившись в США, продолжала образование в Хантер-колледже в Нью-Йорке и в ун-те в Олбани, в шт. Нью-Йорк, где получила последовательно ст. бакалавра и магистра по рус. яз. и лит.

В 1969 начала преподавательскую деятельность. С 1973 занимала должность инструктора в Юнион-колледже, в Скенектэди, в шт. Нью-Йорк. Председатель РАГ в США и ред. «Записок» этой орг-ции. Участник ряда международных литературоведч. съездов.

И с т. Архив РАГ в США. *Жернакова Надежда Алексеевна*. Автобиография. 1973.

ЖИВАГО [по мужу **Гришина**] Надежда Ивановна — автор и иллюстратор книг на англ. яз. для детей. Род. в Москве. Училась в России, Франции и Германии. В Америку приехала в 1923. Стала амер. гражданкой в 1930. С 1924 работала переводчицей при Интернациональном ин-те в Лос-Анджелесе.

И с т. АРЦ. *Морозова О.А.* Биографич. сборник — черновая рукопись: М-73 (MS 268). С. 2–24.

ЖИВОТОВСКИЙ Сергей Васильевич (11 марта 1864, Киев – 10 апр. 1936) — художник, журналист. Учился в Санкт-Петербургской Академии худ. Свое творч. посвятил батальной живописи. Преподавал в Ксенинском ин-те. Сотрудничал в «Биржевых ведомостях», в «Огоньке». После захвата власти большевиками инспектор трудовой школы и председатель «Деткомбеда». В 1919 бежал от голода в Финляндию. И.Е. Репин помог организовать Ж. выставку в Гельсингфорсе. Там же возобновил издание «Огонька», писал сценарии, иллюстрировал «Калевалу». Принимал участие в орг-ции издания в Берлине «Нового Огонька». В 1922 переселился в США, был председателем фонда помощи рус. писателям и ученым. Сотрудничал в газ. «Новое русское слово» (Нью-Йорк), подписывая свои статьи псевдонимом Пьер-О.

Л и т. Некролог // НРС. 1936. 11 апр.

ЖИТНИЦКИЙ [Gitnizky] Анатолий Константинович (3 июня 1905 – ?) — инж.-конструктор. В 1929 оконч. Днепропетровский Горный ин-т. В США жил и работал по специальности в Нью-Йорке. Действительный член Об-ва рус. инж. в США.

И с т. АОРИ. Анкета.

ЖОЛМЕРСКИЙ Сергей Алексеевич (? – 5 марта 1972) — ротмистр, ветеран Первой мировой и Гражданской войн. Переселился в США. Был членом Рочестерского отдела рус.-амер. инж. Похоронен на кладбище женского монастыря Ново-Дивеево, возле Нанует — Спринг Валли, в шт. Нью-Йорк.

Л и т. Некролог // НРС. 1975. 7 марта.

ЖУК Александра — См. **ДИ** Сандра

ЖУКОВ Алексей Николаевич (?, Рига Лифляндской губ. – 29 окт. 1973, Торонто) — инж. Оконч. в 1930 в Югославии 1-й Рус. Вел. Кн. Константин Константиновича кад. корпус. Оконч. с дипломом инж. технич. ф-т Белградского ун-та. После оконч. ун-та работал на заводе тяжелой промышленности в городе Босански Брод. С 1946 работал в Белграде в министерстве здравоохранения. Изобрел аппарат для анестезии, за что получил премию. В 1950 переселился в Канаду. Сначала работал на лесопилке, а потом в строительной фирме в Торонто. Был казначеем Общекад. объединения им. Вел. Кнг. Ольги Александровны в Торонто.

Л и т. Некролог // Кад. перекличка (Нью-Йорк). 1973. № 7.

ЖУКОВ Василий Федорович (род. 1924, Болгария) — офицер Рус. Корпуса, нач-к НОРР. Род. в семье кубанских казаков, принимавших участие в Гражданской войне на стороне Белой армии, прибывших после эвакуации из России на о-в Лемнос и затем переселившихся в Болгарию. Начав свое образование в рус. гимназии в Шумене, продолжил его в рус. гимназии с интернатом в Софии, которую оконч. в 1942. В 1935 вступил в НОРР. В 1936 вступил в РОВС и оконч. курсы унтер-офицеров. Во время Второй мировой войны в стремлении продолжать борьбу с коммунизмом поступил в Рус. Корпус в Югославии. В Корпусе прошел военно-училищные курсы и произведен в подпоручики. Оконч. курсы радиста, принимал участие в обучении новых радистов. После войны жил в лагере рус. беженцев. Переехал в Марокко, работал на частном предприятии электротехником, затем перешел на ф-ку «Кока-Кола», где в теч. 15 лет был зав. производством. Живя в Марокко, принимал участие в устройстве летних лагерей НОРР. В Атласских горах было проведено пять лагерей. Лагеря устраивались до тех пор, пока не начался разъезд рус. в др. страны.

В 1963 пришла квота и Ж. смог с семьей переехать в США. Вначале работал в автомобильном деле, а затем в страховой компании, в компьютерном отделе. В США тоже были лагеря НОРР, но после смерти ген. *Г.Д. Ивицкого* в 1952 устройство лагерей прекратилось. Вскоре после прибытия В.Ф. Жукова в Америку ему удалось в 1967 возродить НОРР. С тех пор в Катскилских горах, в шт. Нью-Йорк, на собственном участке, в 120 милях (190 км) к сев.-зап. от Нью-Йорка, каждый год успешно проводятся летние лагеря. НОРР была создана за границей с целью сохранения молодежи от денационализации. В орг-ции молодежи прививается любовь к историч. России и бескомпромиссный антикоммунизм. *Родственники*: жена Тамара Милорадовна; дочь; внуки.

И с т. АА. *Жуков В.Ф.* Автобиография, машинопись. 2003. 9 апр.

Л и т. *Жуков В.Ф.* Нац. орг-ция рус. разведчиков (Лагерь НОРР) // РА. 1995. № 20. С. 181–184.

ЖУКОВ Василий Яковлевич (1888 – 27 июня 1962) — преподаватель пения. Начиная с 50-х гг. 10 лет был регент Свято-Тихоновской дух. семинарии (ПЦА) в США. Более 50 лет возглавлял церковные хоры, которые выступали в ряде европейских стран и в Турции.

Похоронен на кладбище Саут-Канаан в Пенсильвании.

Л и т. Некролог // НРС. 1962. 1 июля.

ЖУКОВСКАЯ [урожд. **Васильева**] Яня Владимировна (род. 1912, Варшава) — прима-балерина нар. театра в Белграде между двумя войнами. В Белграде окончила театрально-балетную школу (Глумачко балетска школа) по классу Е. Поляковой. Кроме классич. балета занималась фольклором балканских народов. С мужем балетмейстером *А.М. Жуковским* покинула Югославию в 1943. Как балерина выступала в Вене, Германии и Франц. До 1950 состояла в Балете *де Базиля*. После переезда в США 25 лет преподавала балетное искусство в Сан-Франциско и в собственной студии в Пало-Алто, возле Сан-Франциско. Занималась вместе с мужем нар. танцами индейских племен.

Л и т *Арсеньев А.Б.* Руска емиграцуjа у српскоj културu XX века // Филологич. ф-т в Белграде, кафедра славистики и центр научных работ / Перевод с серб. Р.В. Полчанинова. Белград, 1994. С. 238; *Уртьев Павел А.* Яня Владимировна Жуковская // РЖ. 1999. 30 сент. С. 3.

ЖУКОВСКИЙ Анатолий Михайлович (1905, Седльце под Варшавой – 5 окт. 1998, Менло Парк, шт. Калифорния) — участник Белого движения на Юге России, скаутский деятель, балетмейстер. Род. около Варшавы, где стоял полк отца. Когда началась Первая мировая война, поступил во Владимирский Киевский кад. корпус. Во время Гражданской войны воевал в рядах Добровольч. армии, в которой служил отец. После Новороссийской эвакуации (весна 1920) продолжал занятия в Крымском кад. корпусе. После ухода Рус. армии из Крыма жил некоторое время в Греции, здесь вступил в рус. скаутскую орг-цию и этим начал свою карьеру служения рус. молодежи, продолжавшуюся в теч. 78 лет. Переехав в 1922 в Кор. СХС, продолжал занятия в Крымском кад. корпусе. После оконч. корпуса (1922) поступил на строительный ф-т Белградского ун-та. Однако, оконч. ун-т, избрал своей специальностью балет, в котором под рук. балерины Е.Д. Поляковой проявил большие способности и в 1930 стал солистом. Продолжал заниматься скаутской работой, проводя летние лагеря рус. скаутов в Греции, получив лесное имя «Сип». Будучи солистом балета, ездил на гастроли по всей Европе. В 1932 женился на балерине *Я.В. Васильевой*. В 1935 получил должность исполняющего обязанности балетмейстера Белградского гос. театра оперы и балета.

В 1941 поступил добровольцем в Югославскую армию, попал в плен к немцам, но бежал на третий день и вернулся в Белград, где продолжал работу в театре. В 1943, не желая попасть под власть коммунистов, выехал с женой в Вену. Затем, оказавшись во франц. зоне оккупации Германии, начал организовывать рус. скаутов, живущих в этой зоне. Выступал с женой в арм. театре, в Кор. балетном театре в Бельгии. В 1948 работал в рус. парижском балете *де Базиля*. В 1951 Жуковские прибыли в США. Анатолий Михайлович сразу присоединился к ОРЮР и стал нач-ком Зап.-Амер. отдела. В теч. 22 лет был членом Совета и 33 года — членом Главного Суда Чести ОРЮР. Ред. «Вестник руководителя» и содействовал объединению ОРЮР с НОРС. Преподавал танцы в колледже в Сан-Франциско, где дослужился до звания проф., и в консерватории Сан-Франциско. Программы преподавания Ж. включали этнологию танца, историю танца, балет и занятия с экспериментальной группой, которая выступала в ун-тах и на фестивалях нар. танцев. Вышел на пенсию в 1978 со званием проф. эмеритуса и внесением его имени в Палату Славы ун-та. Помимо профессиональной деятельности продолжал работу со скаутами в США. После падения коммунизма в России много времени посвящал оказанию помощи воскресающему на родине скаутизму. В общей сложности «Старый Сип» — Жуковский посвятил рус. скаутизму 78 лет своей жизни, способствуя сохранению среди молодежи рус. самосознания, чувства нац. солидарности и дружбы.

Л и т. *Уртьев П.А.* Светлой памяти скм. Анатолия Михайловича Жуковского (Старого Сипа) // Вестник руководителя. 1998. Окт. № 462.

ЖУРИН Юрий Владимирович (8 февр. 1930, Луцк, Польша – 24 мая 1971, Сан-Хосе, шт. Калифорния) — скаутский деятель, ветеран. В 1941 вступил в орг-цию юных разведчиков в Лодзи. В ходе Второй мировой войны стал беженцем и продолжал скаутскую деятельность в рус. лагерях в Менхегофе и в Шлейсгейме, в Германии. Переселившись в США, продолжал работу с молодежью на Зап. побережье, был скм. ОРЮР, выдающимся воспитателем и организатором. Во время Корейской войны (1950–53) провел год на передовой в танковых войсках США. После смерти Ж. осталась семья.

Л и т. *Герич А.В.* Умер Юра Журин // РЖ. 1971. 28 мая; *Полчанинов Р.В.* Приписка к некрологу А. Герича.

З

ЗАБЕЛИН Николай Петрович (28 авг. 1892, Москва – 1979, Сан-Франциско) — участник Белого движения на Сев.-Зап. и Сев. России, ротмистр. Оконч. общее реальное уч-ще Мазинга и Александровское воен. уч-ще, из которого выпущен в 1915 в чине прапорщика в 84-й Ширванский Его Величества полк 21 пех. дивизии. В 1916 дважды ранен, признан инвалидом, но продолжил служить. Награжден орденами св. Владимира IV ст. с мечами и бантом, св. Анны IV ст. с надписью «За храбрость», св. Анны III ст. с мечами и бантом, св. Анны II ст. с мечами и двумя орденами Св. Станислава. В 1919 служил в Сев.-Зап. армии ген. Н.Н. Юденича и в Сев., у ген. Е.К. Миллера. В 1920 находился с частями ген. П.Н. Врангеля в Крыму и Галлиполи (1920–21). В 1921 получил чин ротмистра. С 1921 до 1927 находился с частями ген. И.Г. Барбовича на погранич. службе в Кор. СХС. В Югославии оконч. землемерное уч-ще и Высшие Зарубежные воен.-науч. курсы систематич. изуч. воен. дела ген. Н.Н. Головина (Белградский филиал). В 1941 находился в Германии в плену.

После оконч. Второй мировой войны переселился с женой и сыном в США, в Сан-Франциско. В 1947 вступил действительным членом в Об-во рус. ветеранов.

Похоронен на Серб. кладбище в Сан-Франциско.

И с т. АОРВВВ. Ротмистр Николай Петрович Забелин // 1979. Альбом IV.

ЗАБЕЛИН Николай Филиппович (4 дек. 1894, Санкт-Петербург – 30 нояб. 1967) — участник Белого движения на Юге и на Востоке России, подпоручик. По оконч. шести кл. 6-й классич. гимназии в Петрограде вступил в 1-ю Петергофскую школу прапорщиков, которую оконч. 15 авг. 1915. Получил назнач. в 3-й маршевый зап. батальон 12-го Финляндского стрелкового полка. Полк был отправлен на Юго-Зап. фронт, в окт. 1915 во время боев попал в плен. Вернулся в Россию в авг. 1917. В февр. 1918 поступил добровольцем в Особый Рус. стрелковый полк. С 5 авг. по нояб. 1918 участвовал в восстании против большевиков в Терской обл. В дек. 1918 поступил в Добровольч. армию, в арт. дивизион, временно командовал орудием. В сент. 1919 награжден Георгиевским крестом IV ст., за участие в боях против красных под Грозным. Приказом по Добровольч. армии переименован в подпоручики. Затем — в белых войсках Восточного фронта. В бою у станции Покровка Хабаровской обл. 23 дек. 1921 получил три ранения.

В эмиграции в США. В Об-во рус. ветеранов вступил в нояб. 1949. Во время Второй мировой войны служил в Вооруженных Силах США.

Похоронен на Серб. кладбище в Сан-Франциско.

И с т. АОРВВВ. Подпоручик Николай Филиппович Забелин // 1967. Ноябрь. Альбом III.

ЗАВАДСКИЙ Василий Васильевич — композитор, пианист, дирижер, муз. критик. Род. в семье содержателя рус.-славянск. хора. Оконч. Петербургскую консерваторию по композиции, роялю и дирижерскому искусству. Учился у А. Глазунова, А. Лядова, Н. Черепнина.

Перед приездом в Америку гастролировал по европейским странам, имел свой оркестр из 75 музыкантов. Потом на 10 лет отошел от эстрады. Самым крупным произведением З. является «Симфоническая драма» (легенда в семи частях). Затем следуют сюита для драматич. сопрано и оркестра «Цветы Мория» на текст *Н.К. Рериха*, псалом «Да воскреснет Бог и расточатся враги его!», написанный в стиле рус. церковной муз. В другом стиле написаны «Вальсы» и «Сонеты Шекспира» для голоса с оркестром.

И с т. АРМЦ. *Морозова О.А.* Биографич. сб. черновая рукопись: М-73 (MS 268). С. 3.4, 3.17.
Л и т. Венок на гроб В.В. Завадского // НРС. 1954. 16 мая; *Martianoff Nicholas N.* Vassily Savadsky // Russian Artists in America. P. 79.

ЗАВАЛИШИН Вячеслав Клавдиевич (13 окт. 1915, Петроград – 31 мая 1995, Нью-Йорк) — журналист, лит. и худ. критик, поэт. Род. в семье быв. социалиста-революционера, расстрелянного в период «ежовщины». Во время сталинского террора мать З. была сослана в Караганду. Образование получил на историко-филологич. ф-те Ленинградского ун-та. Во время Второй мировой войны попал к немцам в плен, но бежал и скрывался под чужой фамилией в Новгороде и Пскове. Арестован Гестапо и отправлен в лагерь в Двинске, где за **З.** вступился митрополит Сергий (Воскресенский) и добился его освобождения. Перед оконч. войны стал беженцем, выехал в Германию и начал издавать книги. Изуч. старинную рус. иконопись и в Германии издал на рус. и нем. яз. свою работу «Андрей Рублев» (1948), затем издал стихотворения С.А. Есенина (в одной книге) и Н.С. Гумилева (в 4 т.). В 1951 переселился в США, работал при Колумбийском ун-те над книгой о ранней сов. лит. «Early Soviet writers» (1958, 1970). Регулярно публиковал отчеты и рецензии в «Новом русском слове» (Нью-Йорк) о рус. театральных постановках, концертах, выставках и лекциях. Начиная с 1952 сотруднич. в «Новом журнале» (Нью-Йорк). В теч. почти 20 лет писал тексты для радиопередач на рус. яз. о лит. и искусстве для амер. радиостанции «Свобода». Увлекался искусством и посвящал стихи художникам Рус. Зарубежья, что отражено в его книге «Плеск волны» (1980). В стихотворной форме перевел на рус. яз. «Центурии» (1974) — «предсказания» Нострадамуса, которые были дважды изданы на Западе и в нескольких издательствах в России. *Родственники*: вдова Галина Владимировна.

С о ч. *Витковский Е.В.* Антология... Кн. 4. С. 356

И с т. *Завалишин Вячеслав Клавдиевич.* Автобиография // Берега / Сб. под ред. Вал. Синкевич. Филадельфия, 1992. С. 264–265; *Завалишин Вяч.* Автобиография // *В. Крейд.* С. 625.

Л и т. Встречи. Альманах / Под ред. Вал. Синкевич; *Голлербах Сергей.* Памяти Вячеслава Клавдиевича Завалишина // НЖ. 1996. Кн. 197. С. 339–342; *Синкевич Вал.* Памяти Вячеслава Завалишина // НРС. 1995. 7 июня.

ЗАВАЛИШИН Дмитрий Иринархович (1804 – 1892, Москва) — мор. офицер, исследователь Рус. Америки. Был причастен к заговору декабристов. В 1822–24 посетил Калифорнию и Форт Росс, после чего выработал план расширения терр. рус. владений с тем, чтобы переселить туда для развития земледелия крестьян из России, освободив их с прибытием в Америку от крепостной зависимости. План занятия большой терр. в Калифорнии был им представлен Рос.-Амер компании и императору Александру I. В связи с этим планом вел переговоры с исп. миссионерами, находившимися в оппозиции к мексиканским воен. Для достижения своих целей даже пытался создать «Вселенский орден восстановления». Декабрист К.Ф. Рылеев, бывший управляющим делами Рос.-Амер. компании, прочил **З.** на пост правителя Форта Росс. Вопрос о членстве **З.** в Северном об-ве по сей день не решен. 14 дек. 1825 находился в отпуске, в Симбирской губ.

30 дек. 1825 арестован, доставлен в Санкт-Петербург, допрошен и вскоре освобожден. Будучи под арестом, продолжал ратовать перед императором Николаем I о необходимости и пользе для России занятия еще свободных земель в Калифорнии, гавани которой обеспечили бы России господство над Тихим океаном, способствовали бы торговле с Китаем и ограничили бы влияние США и Англии в этой части света. Весной 1826 вновь арестован, осужден и сослан в Читу, где прожил до 1863, когда получил разрешение вернуться в Европейскую Россию.

И с т. БСЭ. М., 1972. Т. IX. С. 266; Энциклопедия Брокгауза и Ефрона. 1894. Т. XII. С. 96.

Л и т. *Петров В.* Рус. в истории Америки. Вашингтон, 1988. С. 137–141; *Pierce R.* Russian America. 1990. P. 552–554.

ЗАВАЛИШИН Сергей Владимирович (? – 1 мая 1972, Бриджпорт, шт. Коннектикут) — основатель и владелец Всеславянского издательства, представитель журнала «Часовой» (Брюссель) в Америке.

Л и т. Незабытые могилы // Часовой. 1972. Сент. № 555. С. 15.

ЗАВАРИН Игорь Н. (1892 – 1961, Бостон) — инж., приехал в США в 1917 с рус. воен. миссией по закупке вооружения. После захвата власти большевиками остался в США на постоянное жительство и посвятил себя исследованиям в обл. физики и металлургии. С 1930 по 1940 занимал кафедру физич. металлургии при Массачусетском Технологич. ин-те. Во время Второй мировой войны поступил на правительственную службу. Разработал проект отливки оболочки для первой атомной бомбы, которая была сброшена на Хиросиму (1945). *Родственники:* вдова; сын; дочь.

Похоронен в Белмонте, в шт. Массачусетс.

Л и т. Сконч. проф. И.Н. Заварин // НРС. 1961. 23 авг.

ЗАВАРИН Константин Николаевич (3 окт. 1893 – 31 марта 1974) — лейтенант, инж. механик. Получил образование в начальном уч-ще Нижне-Тагильского завода и в Пермском Алексеевском реальном уч-ще. В 1913 поступил в механич. отдел Мор. инж. уч-ща. В июне 1916 произведен мичманом-инж.-механиком с назнач. в Сибирскую флотилию. С сент. 1916 служил на эскадренном миноносце «Бесстрашный», канонерской лодке «Маньчжур», эскадренном миноносце «Грозный», вспомогательном крейсере «Орел» и др. На «Грозном» вышел в загранич. плавание с учебным Гардемаринским отрядом в зону действий нем. подводных лодок. По расформировании отряда в Гонконге в 1918, списался с крейсера «Орел» и через Шанхай вернулся во Владивосток, где назнач. на эскадренный миноносец «Бравый». В сент. 1919 произведен в чин лейтенанта. В авг. 1919 откомандирован в распоряжение командира мор. силами Востока в Омск и назнач. инж.-механиком миноносца «И.М. Атанасов». В июле 1921 ушел с эскадрой в Шанхай. Получил награду-медаль 200-летия победы при Гангуте и был представлен к ордену св. Владимира IV ст. с мечами и бантом.

В 1927 переехал в Канаду и до 1932 работал на металлургич. заводах. Эмигрировал в США, жил в Сиэтле, а потом в Сан-Франциско. В 1940 сдал экзамены на механич. и кораблестроительного пом. инж. и работал по специальности на верфях Сан-Франциско до 1959, когда вышел в отставку. Был награжден медалью от Мор. ведомства США. Состоял членом Об-ва рус. ветеранов Великой войны и членом Об-ва Рус. Императорских мор. офицеров в Америке.

И с т. АОРВВВ. Лейтенант инж.-механик Константин Николаевич Заварин // 1974. Апр. 10-В.

ЗАВОЙКО Василий Васильевич (июль 1899, Санкт-Петербург – ?, шт. Коннектикут) — геолог-нефтяник и промышленник. Оконч. московский Технологич. ин-т. Во время Гражданской войны служил в Белой армии в чине штабс-капитана. Переселившись в США, продолжал образование в Массачусетском технологич. ин-те, в Кембридже, где получил диплом бакалавра наук. С 1924 по 1928 работал геологом в компании Sinclair Oilk. С 1928 по 1936 занимался консультациями по геологии и экономике. В 1936–42 работал инж.-геологом и экономистом в нефтяном отделении Chase National Bank. В 1943 участвовал в администрации нефтяной промышленности воен. времени. С 1944 по 1960 был консультантом. Член ряда амер. нефтяных и геологич. профессиональных об-в. Действительный член Об-ва рус. инж. в США. *Родственники:* вдова (урожд. Вергун) Ксения Дмитриевна; сыновья Василий, Георгий; дочь Вера. Сконч. в шт. Коннектикут.

И с т. АОРИ. Материалы.

ЗАВОЙКО [Завойка] Василий Степанович (27 июля 1810, с. Прохоровка Полтавской губ. – 27 февр. 1898) — адмирал, мореплаватель. В чине мичмана участвовал в Наваринском сражении 8 окт. 1827. В 1835–38 два раза совершил кругосветное плавание. Во время этих плаваний дважды побывал в Рус. Америке, о чем оставил подробные записки, вышедшие в 1840 в двух небольших книгах под названием «Впечатления моряка во время двух путешествий кругом света». Во время первого плавания побывал в Новоархангельске, а во время второго — в Форте Росс и его окрестностях, в рус. колонии в Калифорнии. Записки З. ценятся как лит. произведение с описанием географии, быта жителей, как рус., так и туземцев. Описал поселки и оборонительные укрепления, судостроение, мастерские, уч-ще и образцовую больницу. Ознакомился с миссионерской и научной деятельностью *Иннокентия Вениаминова*, произведшего на З. глубокое впечатление. Поступив на службу к Рус.-Амер. компанию, управлял ее Охотской факторией.

С 1849 занимал пост камчатского воен. губернатора и командира Петропавловского порта. В 1854 успешно отразил нападение англо-франц. эскадры на Петропавловск. В честь З. и в память об этом отражении во Владивостоке был установлен памятник, пошедший в 1930 на переплавку по распоряжению местных сов. властей. С 1856 служил в Петербурге в высшем воен.-мор. суде. *Родственники:* жена (урожд. Врангель) Юлия Егоровна — племянница управляющего Рус. Америки Ф. П. Врангеля, с которой З. познакомился в Новоархангельске; 10 детей.

Л и т. Завойко Василий Степанович // Энциклопедич. словарь Б. и Е. 1894. Т. XII. С. 105–106; Рус. Америка. Под ред. А. Д. Дриздо и Р. В. Кинжалова. 1994. С. 345–357; *Pierce R.A.* Russian America. Kingstone, 1990. P. 554–555.

ЗАВОЛИ Филимон Тимофеевич (1894 – 13 июня 1939) — поручик по Адмиралтейству. Ветеран. После оконч. Гражданской войны переселился в США. Проживал в Нью-Йорке. Состоял членом Об-ва рус. мор. офицеров в Америке.

Похоронен на рус. кладбище в Лейквуде (шт. Нью-Джерси).

Л и т. Заволи Филимон Тимофеевич // Мор. записки (Нью-Йорк). 1943. Дек. С. 67.

ЗАГИБАЛОВА Вита — См. **ГУЛИНА**

ЗАГОСКИН Лаврентий Алексеевич (1808 – 1890) — исследователь Рус. Америки, мор. офицер, с 1839 — на службе в Рос.-Амер. компании.

В 1842–44 исследовал прибрежный р-н залива Нортон на Аляске, бассейн р. Юкон и Кускокуим, нижнее течение р. Коюкук и открыл горный хребет, отделяющий Юкон от восточ. побережья залива Нортон. Описал индейское население северо-запада Северной Америки и собрал этнографич. коллекции. Перу З. принадлежит книга «Пешеходная опись части рус. владений в Америке, произведенная в 1842, 1843 и 1844» (часть 1–2, 1847–48). Эта книга была переиздана в 1956 под названием «Путешествия и исследования лейтенанта Лаврентия Загоскина в Русской Америке в 1842–44»

И с т. БСЭ. М., 1972. Т. IX. С. 272; Краткая географич. энциклопедия. М., 1966. Т. V. С. 454.

Л и т. *Pierce R.* Russian America. 1990. P. 549–550

ЗАДОРОЖНЫЙ [Zadorojny] Василий Степанович — художник-портретист. Учился живописи в студии Л.К. Гринберга в Харбине. Потом помогал брату писать иконы. В семье Задорожных четыре брата были художниками, а пятый был инж. Когда в 1945 сов. войска оккупировали Маньчжурию, был арестован и отправлен в концентрационный лагерь. После 10 лет заключения выслан в Казахстан. После смерти Сталина реабилитирован, уехал в Ленинград и поступил в Худ. ин-т имени Репина при Академии худ. и через четыре оконч. его. Работал в жанре портретной живописи. Вся семья З. уехала в США. Василию Степановичу сов. власти не давали визы на выезд в теч. пяти лет. Наконец в 1975 приехал в Сан-Франциско. Основным в его творч. является иконопись, но З. продолжает писать портреты, пейзажи и копии с картин знаменитых рус. художников.

Л и т. *Н.П.* Художник В.С. Задорожный // РЖ. 1989. 3 марта

ЗАЕВ Алексей Николаевич (9 марта 1881 – 4 дек. 1966, Нью-Йорк) — контр-адмирал. Оконч. Морской корпус (1902). Служил на кораблях Черноморского флота. Ветеран Первой мировой и Гражданской войн. В 1917 произведен в чин капитана 1-го ранга. В 1919 прикомандирован к нач-ку воен. сообщений Кавказской армии ген. П.С. Махрову для орг-ции водного транспорта на Волге. Затем — нач-к Волжской флотилии. В авг. 1920 — участник операции по высадке десанта на Кубани. Произведен в чин контр-адмирала. В нояб. 1920 ушел с флотом в Бизерту (Тунис).

В эмигр. жил в США. Восьмой и десятый председатель Совета директоров Об-ва бывших рус. мор. офицеров в Америке.

И с т. Список председателей Совета директоров Об-ва Рус. императорских мор. офицеров в Америке. 1974.

Л и т. Незабытые могилы // Часовой (Брюссель). 1967. Янв. № 487. С. 23; *Рутыч Н.Н., Махров К.В.* Биографич. справочник // *Махров П.С.* В Белой армии ген. Деникина. СПб., 1994. С. 231–232.

ЗАЙЦЕВ Михаил Алексеевич (12 марта 1894, Двинск Витебской губ. – 15 янв. 1957) — живописец, ветеран двух войн, математик. Оконч. Петербургский кад. корпус и Константиновское арт. уч-ще. В юности посещал рисовальные курсы в Пскове. Участник Первой мировой и Гражданской войн. После оконч. воен. действий завершил образование и был преподавателем математики во Владивостоке, в Латвии и Германии. В Латвии участвовал в выставках в Риге и Даугавпилисе (Двинске). В 1945–49 преподавал рис. в рус. гимназии в лагере для «перемещенных лиц» в Регенсбурге, в Баварии. Переселился в США (1949–51?) и продолжал преподавать математику. Занимался живописью и устраивал выставки.

И с т. АА. *Полчанинов Р.В.* М.Д. Зайцев, биография, рукопись. 2003.

Л и т. *Константин,* архимандрит. Памяти М.А. Зайцева // ПР. 1957. № 3. С. 12.

ЗАЙЦЕВ Павел Иванович (1884, Могилев – 5 марта 1953, Сан-Франциско) — горный инж., ветеран, журналист, защитник беженцев. Оконч. реальное уч-ще в Кременчуге и Горный ин-т в Санкт-Петербурге. По оконч. Горного ин-та отбывал воинскую повинность вольноопределяющимся в 10-й Сибирской арт. бригаде и в 1913 произведен в прапорщики. В 1914 получил должность по Министерству путей сообщения и откомандирован в распоряжение Управления водными путями Амурского бассейна. В 1918 переселился в Маньчжурию и получил должность по полит. линии при Верховном уполномоченном Омского правительства на Дальнем Востоке ген. Д. Л. Хорвате. Состоял председателем Об-ва изуч. Маньчжурского края. В 1923 переселился в Шанхай, посвятил себя журналистике и ред. рус. газ. «Слово». В 1948 переселился в США и приглашен занять должность ред. сан-францисской газ. «Русская жизнь». На этом посту начал в 1948–49 среди рус. и американцев кампанию по спасению рус. в Китае от нависшей над ними угрозы коммунистич. власти. В 1950 добился через амер. законодателей права на въезд в США для тысяч рус. беженцев из Китая, живших в лагерях на Филиппинах.

Похоронен на Серб. кладбище.

Л и т. *Загорский А.* Павел Иванович Зайцев // Часовой (Брюссель). 1953. Июнь. № 332. С. 21.

ЗАЛЕСОВ Александр Петрович (? – 20 июля 1973, Гринвилл) — участник Белого движения на Сев.-Зап. и Юге России, штабс-ротмистр, лесовод-агроном. В 1914 вступил вольноопределяющимся в 9-й улан. Бугский полк. После награждения Георгиевским крестом IV ст. произведен в том же полку, в 1915, в офицеры. Участвовал в Белом движении в Сев.-Зап. армии, а в 1920 прибыл в Рус. армию в Крыму, в возрожденный Бугский полк. После эвакуации в Галлиполи оконч. Загребский ун-т и служил лесоводом-агрономом. В конце Второй мировой войны эвакуировался в Германию, откуда переселился в США.

Л и т. Незабытые могилы // Часовой (Брюссель). 1973. Окт. № 568. С. 19.

ЗАЛЕССКИЙ Михаил Николаевич (4 мая 1905, Таврич. губ. – 22 марта 1979, Сан-Франциско) — поэт, публицист, историк. В возрасте 14 лет воевал в рядах Белой армии. Поступил в Донской кад. корпус, с которым эвакуировался в Кор. СХС. После оконч. корпуса поступил на химич. отделение Загребского ун-т.а. С юных лет писал стихи. Будучи членом НТС, вел в 1942–44 нелегальную работу в оккупированных немцами обл. России. Был в Минске, Харькове, Киеве. После войны работал в Ин-те по изучению СССР, в Баварии. Переселившись осенью 1949 в США, жил и работал с 1950 в Сан-Франциско. В 1973 вышел на пенсию. Регулярно печатался в калифорнийских изданиях как историк и лит. критик. Автор книги «Слава казачья» (Сан-Франциско, 1978). Посмертно издана его книга «Златоцвет» (Мюнхен, 1981). Все свои трудовые средства завещал Фонду Свободной России.

И с т. *Витковский Е.В.* Антология... Кн. 3. С. 371.

Л и т. М.Н. Залесский (некролог) // Встречи (Франкфурт-на-Майне). 1979. Март – апр. № 203–204.

ЗАЛЕТКИН Георгий Николаевич (? – 19 сент. 1984, Лос-Анджелес) — участник Белого движения на Юге России, подполковник. В 1914, по оконч. Одесского воен. уч-ща, вышел в 139-й Моршанский полк 35-й пех. дивизии. Участник 1-го Кубанского («Ледяного») похода 1918 в составе Корниловского Ударного полка. Был назнач. в особую почетную роту, с которой сопровождал из Новороссийска в Крым императрицу Марию Федоровну. Инвалид без правой руки, после ранения при оставлении Крыма эвакуировался в Галлиполи. Был в Болгарии и Югославии до 1954, работал, несмотря на инвалидность. Переселившись в США, продолжал работать.

Л и т. *В.О.* Некролог // Часовой (Брюссель). 1984. Ноябрь – дек. № 652. С. 27.

ЗАЛИВСКИЙ Александр Адамович (? – 13 нояб. 1973, Фридом, шт. Нью-Хемпшир) — участник Белого движения на Юге России, ротмистр. По оконч. в 1914 камер-пажом Пажеского корпуса, выпущен в Л.-гв. Кирасирский полк, в рядах которого прошел Первую мировую войну. В Доброволь. армии состоял при представительстве Главного командования в Константинополе. В эмигр. жил в Париже. В 1936 переселился в США, занимался сельским хоз-вом на своей ферме «Заливщина».

Л и т. *Черкасский И.,* кн. Незабытые могилы // Часовой (Брюссель). 1974. Март. № 573. С. 19.

ЗАМБРЖИЦКИЙ [**Замбжицкий**] Алексей Викторович (5 апр. 1911, Воронеж – 19 авг. 1965, Нью-Йорк) — инж.-строитель. Сын ген. Рус. Императорской армии Замбржицкого, в эмигр. — сотрудника журнала «Часовой». Выехал за границу подростком. Оконч. в Праге рус. гимназию и в 1938 — Политехнич. ин-т. Работал инж. в Марокко. Эмигрировал в США. Служил по специальности в амер фирме.

Похоронен на кладбище женского монастыря Ново-Дивеево близ Нануэт (шт. Нью-Йорк).

И с т. АОРИ. Анкета.

Л и т. Некролог // Часовой (Брюссель). 1965. Сент. № 471. С. 15

ЗАНКЕВИЧ [псевд. Андрей **Дикий**] Андрей Иванович (? – 4 сент. 1977, Нью-Йорк) — литератор, полит. деятель-антикоммунист. Род. в Черниговской губ. в дворянской семье. После эвакуации Рус. армии жил в Кор. СХС. Председатель Союза студентов Загребского ун-та. С 1926 участник Союза Нового Поколения. Во время Второй мировой войны поступил добровольцем в РОА ген. А.А. Власова. Занимал должность зам. нач-ка отдела кадров Гражданского управления КОНР. После оконч. войны переселился в США, жил в Нью-Йорке. Стал корреспондентом газ. «Новое русское слово» (Нью-Йорк), взяв псевд. Андрей Дикий. Был одним из основателей движения украинцев-федералистов, сторонников триединой Руси — федерации России, Украины и Беларуси. После расхождения с председателем, проф. *Ф.П. Богатырчуком,* издавал журнал «Общее дело», возглавил «Блок националов — народов России». В противовес книгам по истории Украины, написанным украинскими националистами, написал труд «Неизвращенная история Украины-Руси», в 2 т. (Нью-Йорк, 1960, 1961). Автор книги «Евреи в России и в СССР» (Нью-Йорк, 1967), вызвавшей отриц. критику.

Л и т. Материалы по истории Рус. Освободительного Движения / Под. общ. ред. *А.В. Окорокова.* Т. II. М., 1998. С. 454–455; Некролог // Часовой (Брюссель). 1978. Июль – авг. № 613. С. 20.

ЗАРЕМБО [Заремба] Дионисий Федорович (1797 – ?) — мореплаватель, путешественник, исследователь Рус. Америки. Командовал кораблями Рос.-Амер. компании. Исследовал и описал архипелаг Александра у зап. берега сев. Америки. По заданию *Ф. П. Врангеля* в низовьях р. Сахалин построил Дионисиевский редут, названный его именем. Совершил два кругосветных плавания, был пом. главного правителя Рос.-Амер. компании.

И с т. Краткая географич. энциклопедия. М., 1966. С. 399–400.

Л и т. Pierce R.A. Russian America. Biography Dictionary. Kingston, 1990. P. 551–552.

ЗАРЕЧНЯК Галина Васильевна — литературовед, библиотекарь. Получила докторат из ун-та Братиславы по рус. лит. и из Католич. ун-та в Вашингтоне ст. магистра по библиотеч. наукам. Состоит в РАГ в США. Замужем за *М.М. Заречняком*.

И с т. Архив РАГ.

ЗАРЕЧНЯК Михаил Михайлович (род. 18 нояб. 1920, Чехословакия) — проф. рус. яз. В 1967 защитил при Гарвардском ун-те докторскую дисс. по славянск. яз. и лит. Начал преподавать с 1950 на отделении лингвистики Джорджтаунского ун-та в Вашингтоне. Помимо преподавания занимается теорией и практикой переводов с ин. яз. при помощи компьютеров. Автор трех десятков науч. статей о языковедении, переводах на компьютерах и рус. истории. Кроме рус. и англ. владеет чешск., словацким и укр. яз. Состоит в РАГ в США.

И с т. Archives of the Assn. of Russian American Scholars in the USA. *Zarechnak Michael M.* Curriculum vitae. 1986.

ЗАРКЕВИЧ Федор Яковлевич (? – 8 марта 1977, шт. Флорида) — музыкант. Приехал в США в начале 20-х гг. Создатель многих оркестров, с которыми выступал в теч. 40 лет. Работал муз. директором Репертуарного театра. Был главным советником по славянск. репертуару граммофонной компании «Виктор». Написал 70 пьес для шести- и семиструнной гитары. 16 лет преподавал в трех муз. школах Нью-Йорка. Переехал во Флориду, продолжал преподавать.

Л и т. Некролог // НРС. 1977. 8 марта.

ЗАРОВСКИЙ — См. **АЗАР**.

ЗАРОЧЕНЦОВ Михаил Трофимович (18 сент. 1879, Ставрополь Кавказский – 1964) — изобретатель быстрого замораживания. В 1901 окончил Педагогич. ин-т в Тифлисе, а затем поступил в Ин-т путей сообщения в Москве, который окончил в 1909. В 1910 стал работать в обл. техники замораживания мясных продуктов. Перед революцией построил в России около 50 холодильных предприятий и 3 тыс. вагонов-холодильников. Был ред. журнала «Холодильное дело»; автор книг: «Холодильное дело» (М., 1911), «Холод и продовольствие» (Симферополь, 1911), «Ледники» (М., 1912). Во время Первой мировой войны рук. строительством и работой 19 заводов по замораживанию и упаковке мяса для снабжения армии и населения. Занимался холодильными установками Красного Креста, Земского и Городского союзов. Во время Гражданской войны переехал на Юг России, находившийся под властью рус. антибольшевистской администрации, и построил холодильный мясоупаковоч. завод. После эвакуации за рубеж переехал в Эстонию, здесь жил 7 лет и построил завод по быстрому замораживанию ветчины и мяса. Последующие годы, вплоть до 1945, прошли в работе по строительству замораживающих установок и заводов во многих странах мира, особенно в Юж. Америке.

В 1945 переехал в США и поселился в Лос-Анджелесе. Здесь продолжил развивать технику быстрого замораживания, получившего известность как процесс «Z». Был вице-президентом «American Z Corporation» и должностным лицом корпораций «Z-Pack» и «National Frozen Foods Sales Corporation». Вышел на пенсию в нач. 50-х гг. Сотрудник Музея рус. культуры в Сан-Франциско.

И с т. *Шмелев А.В.* 50 лет Музею рус. культуры, машинопись (1998), 3 с.; АМРК. М.Т. Зароченцев. Pdf 94,7 Kb; АОРИ. Набор статей о М.Т. Зароченцеве.

Л и т. *Петров В.* Рус. в Америке, XX век. Вашингтон, 1992. С. 40–43.

ЗАУЕР Александр Владимирович — участник Белого движения на Юге России, штабс-капитан. Ветеран трех войн. Род. в семье воен. в Бобруйске Минской губ. После оконч. Бобруйской гимназии принят в Петроградский Политехнич. ин-т. В 1916 пошел добровольцем в армию. После революции вступил в 1-ю нац. бригаду рус. добровольцев Ген. штаба полк. М.Г. Дроздовского. Участвовал в походе Яссы — Дон (1918). Был ранен, эвакуирован в Галлиполи, затем переехал в Кор. СХС. Отец З. расстрелян большевиками в 1918. В 1941–45 в Рус. Корпусе. В 1944 ранен. В 1951 эмигрировал в Канаду. Стал иконописцем. Церковный деятель в Виннипеге, потом в Лондоне, в пров. Онтарио. Особенно известен резной иконостас работы З. в храме Христа Спасителя в Лондоне.

Л и т. Некролог // Часовой (Брюссель). 1972. Июль. № 553. С. 15.

ЗАУЕР [Sauer Serge A.] Сергей Александрович — куратор собрания географич. карт, издатель. До Второй мировой войны жил и учился в Югославии. В нач. 50-х гг. эмигрировал в Канаду. Трудами З. с 1966 до ухода в отставку в 1992, при Центре об-венных наук ун-та в Лондоне, Онтарио, создана коллекция, в которую вошло 223 тыс. карт и 2500 атласов. В собрании имеются карты Рус. Америки историч. значения. В благодарность за труды З. ун-т назвал коллекцию карт «Serge A. Sauer Map Collection». Помимо работы с картами вложил много труда в книжное дело, основал рус. издательство «Заря», которое за двадцать с лишним лет своего существования опубликовало 120 книг. Помимо воспоминаний ряда известных людей, как, например, *А.Л. Толстой*, старался опубликовать книги некоторых рус. писателей, запрещенные советскими властями и ставшие библиографич. редкостью, например, «Окаянные годы» И.А. Бунина. Отправлял рус. зарубежные книги в Россию.

И с т. АА. *Могилянский М.* Зауер Сергей Александрович (биография), письмо от 8 марта 2002.

Л и т. Name recognizes Map Library development // Western News. 1992. Jan. 16. P. 3.

ЗАХАРЕВИЧ [Zacharevicz John] Джон (? – 19 июня 1977) — общественный деятель РООВА.

Похоронен на Свято-Владимирском кладбище в Кэссвилле, в шт. Нью-Джерси.

И с т. АА. *Рагозин С*. Письмо от 22 нояб. 2002.

ЗАХАРИН [Захарьин, Alexis Zacharin] Алексей Федорович — воен. инж., изобретатель, ветеран корейской войны 1950–53, скаутский деятель (ОРЮР). После оконч. службы в армии оконч. ун-т с дипломом инж.-механика.

За работу в обл. воен. техники в США удостоился 21-й награды.

И с т. *Зеленский Михаил*. Письмо // Золотой список рус. ветеранов. Архив полк. О.О. Пантюхова. 1976. 1 мая. 1 с.

ЗАХАРОВ Феодор Иванович (1882 – 28 авг. 1968) — художник. Получил худ. образование в Московской Академии искусств. В 1924 приехал в США для участия в выставке рус. художников в Grand Central Palace, в Нью-Йорке. После закрытия выставки остался в Нью-Йорке и впоследствии принял амер. гражданство. Писал портреты, пейзажи, виды моря и множество натюрмортов. Два портрета работы З. «Of the First Ladies of the Land» (первых дам страны) находятся в коллекции Белого дома. Получил призы, в 1928 — приз Липпинкота за картину «Мечты» в Пенсильванской академии искусств, в 1937 в галерее Коркоран в Вашингтоне за «Балерину», в 1941 — за картину «Свет и тени» на выставке Нац. клуба искусств, и в 1962 — первый приз за «Газету» в лиге амер. художников-профессионалов. В 1965 состоялась выставка работ З. в музее Raleigh в Сев. Каролине. Считал свое искусство аристократизмом чувства и объяснял, что он не реалист и пишет жизнь такой, какая она есть.

Л и т. Феодор Иванович Захаров, известный художник // НРС. 1968. 1 сент.

ЗАХАРОВА Елена Сергеевна (?, Санкт-Петербург – 11 июня 1983) — библиотекарь, сотрудник КРА. Род. в семье инж. Верховского. В 1919 оконч. гимназию. Революция застала семью в Троицке, возле Челябинска. Было решено уходить от большевиков. На лошадях семья добралась до Каспийского моря. Дальнейший путь лежал через Новороссийск в Константинополь. С 1921 Елена Сергеевна жила в Братиславе, в Чехословакии, училась в ун-те и работала в библиотеке. В 1945 переехала в Баварию и служила в амер. воен. комендатуре, помогала беженцам из Восточ. Европы.

В 1949 переехала на постоянное жительство в США. Поступила в Нью-Йорке в Ин-т Пратт для усовершенствования в библиотеч. деле. В последующие годы служила в ряде библиотек, включая библиотеку радиостанции «Свобода». С возникновением КРА стала деятельным сотрудником этой орг-ции и возглавила отдел в Ричмонд Хилл (шт. Нью-Йорк). Многие годы вела дела РАГ в США.

Л и т. Елена Сергеевна Захарова // РА. 1982–1985. № 18. С. 206

ЗАХАРЧЕНКО [Zakharchenko Constantine L.] Константин Львович — инж.-самолетостроитель. Род. в Люблине, оконч. гимназию в Киеве, в 1916 поступил в Петроградский Морской корпус. После оконч. корпуса и кратковременной службы на корабле Сев. флотилии переведен во Владивосток для дальнейшей тренировки. Служил в чине мичмана на крейсере «Орел» на Тихом океане. Помог группе офицеров разоружить пробольшевистскую команду крейсера. После поражения войск адм. А.В. Колчака «Орел» был направлен в Средиземное море. З. и часть команды сошли на берег в Калькутте. Оттуда они были направлены в Нью-Йорк в распоряжение мор. миссии при рос. посольстве. В 1921 поступил на авиационное отделение Массачусетского технологич. ин-та. Оконч. его в 1925 со ст. магистра. Стал работать в качестве проектировщика в самолетостроительной корпорации «Kaess Aircraft and Wright» и в «EDO Aircraft Equipment Co.». В 1934 отправился в качестве представителя компании в Китай помогать правительству Чан Кайши производить истребители типа «Кертис» (Curtis). В 1943 возвратился в США и приглашен главным проектировщиком на работу в корпорацию «McDonnell», в Сент-Луисе. Строил первые двухмоторные вертолеты и первый ракетный вертолет-таран. В 1947 участвовал в Англии в проектировании гигантского трехлопастного вертолета W-II «Air Horse» («Воздушный конь») Затем служил в Вашингтоне технич. директором экспериментального отдела Мор. бюро арт. и технич. оснащения. Был членом Об-ва рус. студентов, окончивших амер. высшие учебные заведения при содействии Рус. студенч. фонда в Нью-Йорке.

И с т. АОРИ. Вопросник.

Л и т. *Pestoff Alexis N*. Directory of Russian Graduates of American Colleges: Alumni Association of the Russian Student Fund, Inc. New-York, august 1929. P. 16; *Raymond B., Jones D. J.*. Zakharchenko Konstantine // The Russian Diaspora 1917–1941. Maryland and Lonmdon, 2000. P. 235.

ЗАХОДЯКИН Виктор Филиппович (?, Нижний Новгород – 27 мая 1966, Саммит, шт. Нью-Джерси) — участник Белого движения на Востоке России, конструктор двигателей внутреннего сгорания. Проживал в Томске. Во время Первой мировой войны в чине поручика командовал ротой пулеметчиков 85-го Выборгского полка 22-й пех. дивизии. Во время Гражданской войны воевал в рядах Сибирской армии адм. А.В. Колчака.

В 1923 переселился в США, занялся проектированием и испытанием моторов внутреннего сгорания для аэропланов. Автор многоч. изобретений в обл. двигателей внутреннего сгорания. Был президентом «Zahodiakin Engineering Corporation» и также избран президентом «Z-flex Piston Ring Corporation of New Jersey». Во время Второй мировой войны работал для флота США, награжден медалью.

Л и т. Некролог // НРС. 1966. 28 мая.

ЗБОРОВСКИЙ-БЕНТЛИ Борис Вениаминович (1945 – 3 авг. 1967) — сержант 9-й пех. дивизии США. Сын донского каз. Убит в бою во Вьетнаме.

Л и т. Некролог // Часовой (Брюссель). 1967. Нояб. № 297.

ЗБРУЕВ Николай Алексеевич (1890 – 9 дек. 1982, Рочестер, шт. Нью-Йорк) — участник Белого движения на Юге России, подполковник. Оконч. Тверское кав. уч-ще (1910) и вышел в 6-й драг. Глуховской Императрицы Екатерины Великой полк 6-й кав. дивизии. Участник Первой мировой войны, награжден боевыми орденами и произведен в чин ротмистра. Служил в Добровольч. армии. После эвакуации (1920) жил в Кор. СХС, потом эмигрировал в США.

Л и т. *Волков С.В.* Офицеры армейской кавалерии. С. 214; *Кузмин-Караваев Д.* Некролог // Часовой. 1983. Март – апр. № 462. С. 30.

ЗВЕРЕВ А.И. — инж.-электрик и электроник, инж.-консультант в фирме «Вестингауз». Автор науч. работ: «Синтез избирательных цепей, содержащих кристаллич. резонаторы», напечатанной в «Трудах международной конференции по теории электрич. цепей» (Белград, 1968); работы по проектированию радаров, применяющих индикаторы положений движущихся целей с помощью цифровой технологии (Труды ин-та по вопросам звука); работы, посвященной генераторам мощности сверхвысоких частот (Electronic Engineer, November 8, 1968). Автор четырех книг, включая наиболее известную — «Миллиметровые волны».

Л и т. Науч. работы А.И. Зверева // НРС. 1968. 7 дек.

ЗВОРСКИЙ Эразм Петрович (? – 4 июня 1941) — участник Белого движения, полковник. Оконч. Киевский кад. корпус, Константиновское арт. уч-ще и в 1914 Офиц. арт. школу. Первую мировую войну начал в чине подполковника. Командовал 4-й батареей 2-го дивизиона 1-й полевой тяжелой арт. бригады. В 1915 произведен в чин полковника. Командовал 21-м арт. дивизионом. После Гражданской войны и эвакуации эмигрировал в США. *Родственники:* вдова Серафима Александровна.

Кремирован, прах его похоронен в Лос-Анджелесе на Голливудском кладбище.

Л и т. *Щербинский Н.* Некролог // НРС. 1941. 4 июня.

ЗВОРЫКИН Владимир Кузьмич (30 июля 1889, Муром Владимирской губ. – 29 июля 1982) — основоположник телевидения, изобретатель, физик-исследователь. Отец З. занимался судоходством на р. Оке. Высшее образование получил в Санкт-Петербургском Технологич. ин-те, который оконч. в 1912 с дипломом инж.-электрика. Еще в стенах ин-та принял решение специализироваться в обл. телевидения.

Исследования проводил под рук. проф. Б. Розинга, который считал, что передача изображений на расстояние может осуществиться при помощи катодных ламп. В 1912 начал изучать лучи «Х» в Париже, в Коллеж де Франс, у проф. П. Ланжевана. Занятия З. были прерваны Первой мировой войной. Вернувшись в Россию, служил с 1914 по 1917 радистом в Действующей армии, был произведен в офиц. чин и стал преподавать в офиц. школе радистов. Гражданская война прервала его службу, и после долгих мытарств З. добрался в 1918 в Архангельск, где не было большевиков, с трудом получил визу в США и покинул Россию на борту англ. корабля.

Прибыв в США, в 1919, стал сотрудником компании Вестингауз. Гражданин США (1924). Продолжая исследования, защитил в 1926 при Питтсбургском ун-те докторскую дисс. В компании Вестингауз вел изыскания в обл. фотоэлектрич. излучений и телевидения. Это привело З. к созданию иконоскопа, пригодного для передачи изображений на расстояние. Следующим шагом было изобретение иконоскопа, или телевизионной лампы. Так начиналось телевидение, столь изменившее жизнь людей во всем мире и превратившееся в средство информации, образования, новый вид зрелищ. В 1929 занял должность директора исследовательской лаборатории Радиокорпорации Америки. В 1947 избран вице-президентом и технич. консультантом лаборатории компании. После ухода в отставку в 1954 избран почетным вице-президентом корпорации. З. заслуженно называют отцом телевидения, одного из самых выдающихся изобретений XX в. Но телевидение имеет и другое применение. Еще в 1930 З. предложил снабдить управляемые снаряды телевизионным аппаратом для обеспечения их попадания в цель. Во время Второй мировой войны изобрел приспособления, которые помогают видеть в темноте при помощи инфракрасных лучей («снайперскоп и снуперскоп»). В 1954 предсказал, что человек увидит поверхность Луны и других планет при помощи телевизора, который будет туда доставлен на борту межпланетного корабля. Вскоре после Второй мировой войны стал заниматься вопросами предсказания погоды и особенно изуч. поведения смерчей при помощи компьютеров. Еще в начале 50-х гг. создал модель автомобиля будущего, который будет управляться автоматич., без участия водителя. Успешное развитие мед., биологии и физики обязано З., создавшему электронный микроскоп. Обладатель 120 патентов, соавтор книг: «Television: The electrtonics of image transmission» (1940, 1954), «Electron optics and the electron microscope» (1945), «Photoelectricity and its applications» (1949), «Televison in science and industry» (1958). Опубликовал 100 науч. технич. статей в профессиональных журналах. В 1944 был почетным председателем рус. комитета «Russian War Relief», благотворительной орг-ции, занимавшейся отправкой посылок, главным образом одежды, нуждающемуся населению СССР. КРА, совместно с рус. общественностью в США отметил заслуги З. торжественным чествованием 29-го окт. 1978, когда он стал первым членом Рус.-Амер. Палаты Славы и ему было присвоено звание заслуженного рус. американца за его вклад в науку и технику Америки и всего мира. Награжден многими медалями и дипломами, избран членом Нац. Академии наук, Инж. академии и Нац. Палаты Славы изобретателей. В 1966 награжден «National Medal of Science». Его изобретением пользуется около 2 млрд людей во всем мире, проводящих ежедневно свой досуг перед экраном телевизора. Однако сам З. критич. относился к телевизионным программам, так как они удалились от образовательных и воспитательных целей. Незадолго до смерти в интервью газ. «New-York Times» З. охарактеризовал телевизионные программы как «ужасные». По распоряжению внучки, Нины Мелинды Туркевич, якобы согласно его желанию, его тело было кремировано. Прах З. был развеян над его любимым пос. Таунтон Лейк (Taunton Lake), возле его летней дачи в шт. Нью-Джерси.

И с т. АОРИ.

Л и т. *Александров Е.* В.К. Зворыкин — Отец телевидения // НРС. 1978. 22 окт.; Там же. 1982. 4 авг.; *Борисов В., Устинов Н.* Отец телевидения: К столетию со дня рождения В. Зворыкина // Сов. культура (Москва). 1989; *Борщевский Лев.* Рус. отец амер. телевидения // НРС. 1999. 28 июля; *Семенистов М.* В.К. Зворыкин // Рус. Американец. 1976. №21. С. 21–25; *Abramson A.* Zvorikin: Pioneer of Television // University of Illinois Press. 1995. PP. 204, 300; *Binns J.J.* Vladimir Kosma Zvorykin // Those Inventive Americans (*Robert Breeden*, Editor), National Geographic Special publications Division. 1971. P. 188–194; *Dobriner R.* Vladimir Zvorykin: The man who was sure TV would work // Electronic design. 1977.

ЗЕЛЕНОЙ Глеб Семенович — гардемарин, ветеран Первой мировой и Гражданской войн, 18-й председатель Совета директоров Об-ва быв. рус. мор. офицеров в Америке.

И с т. Список председателей Совет директоров Об-ва Рус. императорских мор. офицеров в Америке. 1974.

ЗЕЛЕНСКИЙ [псевд. **Аренский**] Евгений Васильевич (1919, Петроград – 25 нояб. 2001) — поэт, книгоиздатель, радиокомментатор, благотворитель, церковный деятель. Учился на филологич. ф-те Ленинградского ун-та. С последнего курса направлен в школу мл. командиров, а оттуда на Сев.-Зап. фронт. Попал в окружение и в плен, откуда был освобожден по ходатайству *В.К. Завалишина* и переведен в ряды идеологич. работников РОА ген. А.А. Власова. После оконч. войны, проживая в лагерях для «перемещенных лиц» в Германии, начал заниматься издательской деятельностью. Издавал альманах «Терем», журнал «Мир Божий» и в теч. ряда лет — «Ежедневную сводку последних известий». Ротаторным способом издал 20 небольших сб. рус. худ. лит. Типографским способом издал собственную сказку для детей «Весенняя сказка». Сотрудни. в ряде рус. газ. и журналов, издававшихся в Германии. Был ред. газ. «Голос России». Избирался в число членов Центрального представительства российской эмигр., был членом ВМС в Германии.

В 1953 переселился в США. Продолжал сотрудничать в рус. зарубежной печати. До 1956 пользовался псевд. Евгений Аренский. Опубликовал в Германии и в США свыше 200 рассказов, статей и очерков и издал четыре сб. стихов. С 1968 по 1972 работал внештатным очеркистом на радиостанциях «Голос Америки» и «Свобода». Ред. и издавал «Информационный вестник» и «Православный дневник». Публикации З. стали появляться в России в нач. 90-х гг. Занимался благотворительной деятельностью, был представителем Рос. благотворительного фонда им. Вел. Кнг. Елизаветы Федоровны в США. Состоял членом правления об-ва «Отрада». Был женат на Ларисе Федоровне. У Зеленских сын и две дочери. Мл. — Татьяна, родившаяся в США, стала жертвой оголтелой русофобии. Она была убита 24 окт. 1983 в Питтсфилде, в шт. Вермонт, двумя выстрелами из револьвера. Причиной убийства послужило рус. происхождение Татьяны. Убийство произошло на следующий день после атаки террористов на казарму амер. мор. пехотинцев в Бейруте. Конгрессмен Дэвид Е. Бониор внес 20 марта 1984 в записки Палаты представителей сообщение об этом убийстве.

Похоронен рядом с прежде скончавшейся женой на кладбище монастыря Ново-Дивеево (шт. Нью-Йорк).

Л и т. Убийство Тани Зеленской // РА. 1983. Окт. № 18. С. 74, 89; *Юпп М.Е.* Терем света Евгения Зеленского // Обзор. Филадельфия.

ЗЕЛЕНСКИЙ Михаил Николаевич (10 дек. 1900, Тифлис – ?) — инж.-строитель. В 1932 оконч. Технич. ф-т ун-та в Загребе, в Югославии. В США жил в Бруклине, шт. Нью-Йорк. Действительный член Об-ва рус. инж. в США (на 1951).

И с т. АОРИ. Анкета.

ЗЕЛЕНСКИЙ Павел Николаевич (23 янв. 1904, Владикавказ Терской обл. – 12 окт. 1978, Вашингтон) — общественно-полит. деятель, инж., поэт. Род. в воен. семье. С 1906 по 1915 семья жила в Иркутске, где отец командовал 25-м Сибирским стрелковым полком. После отъезда отца на фронт семья переехала в Одессу, где З. поступил в Одесский кад. корпус. В янв. 1920 большевики заняли Одессу, и кад. корпус вместе с войсками ушел к рум. границе, установленной после захвата Бессарабии. Румыны не пропустили отступавших, и кадетам пришлось возвращаться в Одессу. Не застав родных в Одессе, З. с приятелем решили идти пешком в Севастополь. Идти приходилось ночью, скрываясь днем от большевиков. До Севастополя им удалось добраться только летом 1920, З. определили в Крымский кад. корпус, с которым эвакуировался в Кор. СХС. Оконч. корпус в 1924, поступил на строительное отделение технич. ф-та Загребского ун-та. Будучи студентом, состоял в НТСНП. Написал песню «Молодёжная» («В былом источник вдохновенья…»), которая до сих пор исполняется в НТС и в скаут-разведческих орг-циях, и поэму «Поход загребцев осенью 1941» (подпольный журнал «Ярославна» №6, 1942). Из Югославии переехал в Австрию, в Зальцбург, в лагерь Парш, в амер. зону оккупации, где в июне 1945 стал издавать с единомышленниками «Информационный бюллетень». Участвовал в спасении сов. граждан от насильственной репатриации в СССР, сочиняя антирепатриационные плакаты, антисов. лит. и также печатая рис. худ. *С.Г. Королькова*. Сов. оккупационные власти требовали от американцев закрытия газ. Газ. продолжала выходить до 1949, когда З. с женой Татьяной Петровной, урожд. Кнышенко, и сыном Никитой переселился в США, в Сан-Франциско. Условия жизни были тяжелые, и З. приходилось браться за любой физич. труд.

В 1951 устроился преподавателем рус. яз. в Джорджтаунском ун-те в Вашингтоне, а с 1956 начал работать по своей специальности инж. В Вашингтоне активно работал при церкви св. Иоанна Предтечи (РПЦЗ), был председателем местного отдела КРА в шт. Виргиния.

Похоронен на кладбище Рок Крик в Вашингтоне.

И с т. АА. *Полчанинов Р. В.* Павел Николаевич Зеленский — к 25-летию со дня смерти. Машинопись (2003), 1 с.

Л и т. Жизненный путь Павла Николаевича Зеленского // Кад. перекличка (Нью-Йорк). 1979. Июнь. № 22; *Полчанинов Р. В.* Наши поэты, Павел Николаевич Зеленский // Страницы истории разведчества-скаутизма (Нью-Йорк). 2003. Янв. №21 (78).

ЗЕЛЕНЫЙ Павел — капитан-лейтенант, командир клипера «Алмаз» в составе рус. эскадры в Атлантич. океане под командой контр-адм. *С.С. Лесовского*, посетившей Нью-Йорк в 1863–64 для участия в защите северян от возможного выступления Англии и Франц. во время Гражданской войны в США на стороне Юж. Конфедерации.

Л и т. *Тарсаидзе А.Г.* К 90-летнему юбилею прибытия рус. эскадр в Америку, 1863–1953 // Мор. записки (Нью-Йорк). 1953. Нояб. Т. XI. № 3. С. 11–23.

ЗЕЛИЦКИЙ Владимир Леонардович (? – 23 окт. 1956) — актер Худ. театра, основатель рус. театра в Нью-Йорке, известного как «Театр Зелицкого». Род. на Украине, с юности проявлял тяготение к театру, посещая спектакли укр. труппы, а также и рус. драматич. театра. В Первую мировую войну призван в армию и воевал в ее рядах до самой революции. Дослужился до чина полковника и награжден за доблесть Георгиевским оружием. Служа в рядах Рус. Императорской армии, одновременно ставил солдатские спектакли. По оконч. Гражданской войны, в которой участвовал в рядах Добровольч. армии, очутившись в Берлине, присоединился к гастролировавшим здесь артистам МХТ, а впоследствии к отделившейся «Пражской группе», в которой выступал актером. Вместе с группой «пражан» прибыл в США. После оконч. гастролей труппы обосновался в Нью-Йорке. Здесь основал Рус. драматич. театр, который просуществовал около 20 лет, актер и режиссер. Спектакли ставились очень тщательно с блестящими декорациями и прекрасно сшитыми костюмами. Часто работал в театре после тяжелого физич. труда на ф-ке. В театре прошли почти все классич. пьесы рус. репертуара: пьесы Гоголя, Островского, Тургенева, Достоевского, Сухово-Кобылина, Чехова, Горького, Андреева. Из числа сыгранных З. ролей отмечались роли Луки из пьесы Горького «На дне», Фирса в «Вишневом саду», Серебрякова в «Дяде Ване», Жевакина в «Женитьбе», отца в «Детях Ванюшина», Суворова в «Измаиле», Фомы Фомича в «Селе Степанчикове» и мн. др. Последней его постановкой стала пьеса «Если б император знал» Ф. Мольнара.

Похоронен на Свято-Владимирском кладбище в Кэссвилле (шт. Нью-Джерси).

Л и т. *Камышников Л.* В.Л. Зелицкий // НРС. 1956. 25 окт.; Некрологи. // НРС. 26 окт. 1956, 27 янв., 17 окт. 1957.

ЗЕМЛЯКОВ А.Л. — ученый, агроном-мелиоратор. Род. около 1885. Эмигрировал из России в Японию, откуда переехал в Китай, в Ханькоу, а оттуда — в США. В США занимался посадками привезенных из Китая деревьев и осушал болота на Лонг-Айленде, под Нью-Йорком, где потом была устроена Всемирная выставка. В 1931 на португальском о-ве Сара Верде успешно искал грунтовую воду.

И с т. АРЦ. *Морозова О.А.* Биографич. сборник — черновая рукопись. М-73 (MS 268). С. 3.14.

ЗЕМЛЯКОВ Пётр Семёнович (ок. 1890, стан. Мигулинская Обл. Войска Донского – 28 ноября 1960, Поукипси, шт. Нью-Йорк) — участник Белого движения на Юге России, есаул, донской каз. В 1920, после оконч. Гражданской войны, эвакуировался из Крыма в Болгарию. В 1921 возвратился на родину, подвергался преследованиям со стороны НКВД и тюремному заключению. Во время Второй мировой войны вступил в каз. войско, чтобы продолжить борьбу против сов. власти. Отступал от Дона до Сев. Италии и берегов р. Дравы в Австрии. Избежал выдачи большевикам в Лиенце и скрылся в горах под вымышленным именем Никифора Семеновича Шебуняева. После оконч. войны переселился в США.

Л и т. Каз. словарь-справочник / Изд. А.И. Скрылов, Г.В. Губарев. Т. I. Кливленд, 1966. С. 282–283.

ЗЕМЦОВ Николай Сергеевич (1898, Санкт-Петербург – ?) — инж.-механик. В 1927 оконч. ун-т в Загребе. В США жил в Нью-Йорке. Действительный член Об-ва рус. инж. в США (на 1952).

И с т. АОРИ. Анкета.

ЗЕНЗИНОВ Владимир Михайлович (29 нояб. 1880, Москва – 20 окт. 1953, Нью-Йорк) — полит. деятель, писатель, ред. Род. в купеч. семье. В 1904 оконч. ун-т в Германии. Был активным членом партии эсеров. Ред. газ. «Дело народа». В 1917 — член Исполнительного комитета Петроградского Совета, противник захвата власти большевиками. В 1918 состоял членом Уфимской Директории. В 1919 стал эмигрантом. С 1920 жил во Франц. Сотрудничал в парижской газ. А.Ф. Керенского «Дни». Переехал в Нью-Йорк. Во время советско-финляндской войны в 1940 ездил в Финляндию для интервьюирования сов. военнопленных с целью создать себе представление о сов. людях. Опубликовал об этом книгу «Встреча с Россией». Помог бежать из представительства СССР в ООН *Ольге Касенкиной*. В Нью-Йорке издавал журнал «За свободу», который пользовался большим успехом у беженцев из СССР. С помощью З. десятки беженцев смогли приехать в США. Член Нью-Йоркской группы эсеров, об-ва «Надежда», Лиги борьбы за нар. свободу.

Кремирован, урна с прахом З. похоронена на кладбище Вудлон (Woodlawn) в Квинсе (шт. Нью-Йорк).

С о ч. Встреча с Россией. Как и чем живут в Советском Союзе. Письма в Красную Армию. 1939–1940. Нью-Йорк, 1940; Пережитое. Нью-Йорк, 1953.

И с т. *Калашников Н.* Из воспоминаний о Зензинове // НЖ. 1954. № 36.

Л и т. *Васильев С.* В.М. Зензинов // НЖ. 1954. № 36; *Вильданова Р.И., Кудрявцев В.Б., Лаппо-Данилевский К.Ю.* Краткий биографич. словарь рус. зарубежья // *Струве Г.* С. 311–312; *Вишняк М.* Памяти друга // НЖ. 1954. № 36.

ЗЕНЬКОВСКИЙ Александр Васильевич (1878 – 3 июня 1966. Нуарк, шт. Нью-Джерси). До революции жил в Киеве, где был одним из руководителей местной губ. управы. Сотрудник П.А. Столыпина по земельным вопросам. Проф. на кафедре земских и городских финансов Киевского коммерч. ин-та. Во время Гражданской войны приглашен франц.-итальянск. фирмой в Константинополь. Преподавал в Берлинском рус. науч. ин-те и в Праге. Издал книгу «Техника банковского дела». После Второй мировой войны переселился в США. Жил в Нью-Йорке. Член Рус.-амер. союза. Автор книги «Правда о Столыпине», воспоминаний о своей работе в России, составленной для Вост.-Европейского архива Колумбийского ун-та.

Л и т. Некролог // РМ. 1966. 7 июля.

ЗЕНЬКОВСКИЙ Сергей Александрович (1907, Киев – 1990) — историк, исследователь старообрядчества и Центральной Азии. В 1920 выехал с родителями в Берлин, а потом переехал в Прагу. В 1930 оконч. Сорбонну, специализировался по вост.-европейской и современной истории. В Париже вступил в РСХД. В 1942 получил докторскую ст. по рус. и современной истории в Карловом ун-те в Праге. В 1949 переселился в США и с 1950 по 1954 преподавал в ун-те Индианы, в Гарварде (1954–58), в ун-те Стэтсон во Флориде (1958–60) и в Колорадо, где был проф. славянских и вост.-европейских исследований. В 1962 получил должность проф. и директора рус. программы при ун-те Стэтсон. В 1967 приглашен в Вандербильтский ун-т в Теннесси, где преподавал до 1977, когда вышел в отставку со званием проф. эмеритуса. Главные труды З.: «The Old Believer Avvakum» (Bloomington, 1954), «Pan-Turkism and Islam in Russia» (Cambridge, MA, 1960), издана также и на турецком яз., «Conversational Russian for American students» (Englwood Cliffs, N.J., 1961), «Medieval Russia Chronicles» Epics and Tales» (New York, 1964), «Die Literatur des mittelalterischen Russlands» (Carl Hauser, 1965), перевод Никоновской летописи в 5 т. (1984–1989), который был им сделан совместно с женой Бетти Джин Зеньковской. Труды З. о старообрядчестве издаются в России Ин-том рус. лит. РАН.

Библиография книг, монографий, переводов, журнальных статей и рецензий З. содержит 202 названия, сюда не вошли около 30 заметок на рус. яз. в журналах, издававшихся в 1931–39 во Франц. и в 1939–40 на чешском яз. в Праге. Состоял членом РАГ в США и ряда академич. орг-ций.

И с т. *Zenkovsky Serge A.* Curriculum vitae (typescript). 1954; *Zenkovsky Serge.* Bibliography, 1992–93 // Записки РАГ в США. Т. XXV. С. 335–344.

Л и т. *Жернакова Надежда.* Проф. С.А. Зеньковский // Записки РАГ в США (Нью-Йорк). 1990. Т. XXIII. С. 248–249; На темы рус. и общие. Сб. статей и материалов в честь проф. Н.С. Тимашева / Под ред. П.А. Сорокина и Н.П. Полторацкого. Нью-Йорк, 1965. С. 422–423.

ЗЕРНОВ Николай Михайлович (1898, Москва – ?) — богослов. Род. в 1898 в Москве. После оконч. Гражданской войны в России поселился в Кор. СХС, оконч. в 1925 богословский ф-т Белградского ун-та. В 1932 получил ст. доктора философии Оксфордского ун-та. Преподавал в Свято-Сергиевской академии в Париже, в Школе славянск. яз. в Лондоне, в Оксфордском ун-те, в Католикат колледже в Индии, в Ун-те Дрю и в ун-те шт. Айова в США. Опубликовал книги: «Moscow the Third Rome» (London, 1927), «Three Russian prophets» (Khomiakov, Dostoevsky, Soloviev» (London, 1945), «Вселенская церковь и рус. православие» (Париж, 1952), «Eastern Christendom» (London, 1961), «The Russian religious renaissance of the XX century» (London, 1963).

Л и т. На темы рус. и общие. Сб. статей и материалов в честь проф. Н. С. Тимашева / Под ред. П.А. Сорокина и Н.П. Полторацкого. Нью-Йорк, 1965. С. 423.

ЗЕРОВ Михаил Захарович — См. **НИКОЛАЙ**, Архиепископ.

ЗИГЕРН-КОРН Анатолий Иванович (? – 31 авг. 1956, Нью-Йорк) — полковник. Оконч. Тифлисское реальное уч-ще, Киевское воен. уч-ще и Офиц. электротехнич. школу со званием воен. инж.-электрика. Ветеран трех войн — Рус.-яп. 1904–05, Первой мировой и Гражданской. В Первую мировую войну заведовал радиотелеграфом Кавказского фронта. За изобретение в радиотелеграфии получил награду Воен. министерства. Автор руководства для радиотехников. Эмигрировал в США, в 1952 стал членом-учредителем «Бригады стариков» (см. *Воронович*), основанной эмигрантами, прибывшими в США после Второй мировой войны и работавшими в бруклинской строительной фирме. *Родственники:* сын *Георгий*.

Похоронен на кладбище женского монастыря Ново-Дивеево близ Нанует.

Л и т. Некрологи // НРС. 1956. 6 и 8 сент.; 1957. 27 июля.

ЗИГЕРН-КОРН Георгий Анатольевич (1910, Санкт-Петербург – 8 сент. 2002, Нанует, шт. Нью-Йорк) — художник. Род. в семье офицера Императорской армии. Отец эвакуировался с семьей из Севастополя в Константинополь, а оттуда переселился в Кор. СХС. В Белграде оконч. Рус.-Серб. гимназию, а затем Белградскую Худ. академию. З.-К. стал расписывать фресками православные храмы Югославии. На его счету роспись 15 церквей. Вторая мировая война прервала карьеру художника, когда он оказался на терр., оккупированной англичанами, которые предательски выдали его СССР, хотя он и не был сов. гражданином. За этим последовал вывоз в СССР и заключение в «исправительно-трудовой лагерь» на 10 лет. В лагере стал свидетелем жизни заключенных, той жизни, которая потом стала известна как жизнь в Архипелаге ГУЛАГ. То, что *А. И. Солженицын* изобразил в своих произведениях пером, З.-К. засвидетельствовал в виде рис. и записок. Эти рисунки войдут в историю рус. лихолетья как свидетельства неизмеримых страданий народа и послужат для увековечения памяти невинных мучеников сталинского режима. З.-К. перенес холод, голод, бесчеловечность стражников и создал серию документальных и символич. зарисовок, которые названы: «Сталинский ГУЛАГ (Главное управление лагерями) глазами художника».

После смерти Сталина (1953) и освобождения из лагеря добрался до США, здесь проживали его родители. Они не знали о судьбе сына в теч. более 10 лет, но не теряли надежды на его спасение. *Родственники:* вдова Татьяна Семеновна; пасынок с семьей.

Похоронен рядом с родителями на кладбище женского монастыря в Ново-Дивеево.

И с т. *Александров Е.А.* Интервью с Георгием Зигерн-Корн // РА. 1997. № 21. С. 156–159 (With English summary).

ЗИЛОТИ Александр Ильич (9 окт. 1863 – 8 дек. 1945) — дирижер, пианист, музыковед, педагог. Двоюродный брат *С.В. Рахманинова*. Детство провел в имении на Украине. Благодаря исключительным муз. способностям был принят в Московскую консерваторию в возрасте 8 лет и занимался у Н. Рубинштейна. Когда ему исполнилось 12 лет, перешел к самому П.И. Чайковскому. В 1881, в возрасте 18 лет, оконч. консерваторию. В 1882 переехал в Германию, в Веймар, где продолжал занятия под рук. Ф. Листа. В 1888 приглашен на должность проф. Московской консерватории. Дирижировал симфонич. оркестрами в Москве и в Петербурге. В 1888–91 проф. Московской консерватории. В 1918 назнач. директором Мариинского театра в Петрограде, но арестован большевиками и заключен в тюрьму. В 1920 З. удалось бежать в Финляндию и возобновить выступления в Европе.

В 1922 переселился в США, дирижировал оркестрами в Нью-Йорке и др. городах. В репертуар З. входили произведения Баха, Листа, Шопена, Чайковского и др. композиторов. С 1924 по 1942 преподавал музыку в муз. школе О. Джулиарда. Автор воспоминаний о Листе (1911) и «Воспоминаний и писем» (Нью-Йорк, 1963). *Родственники:* жена (урожд. Третьякова) Вера Павловна (? –1929) — мемуаристка; дочь *Кириена*.

Л и т. *Аверьино Н.* Памяти А.И. Зилоти // Новый журнал. 1946; *Вильданова Р. И., Кудрявцев В. Б., Лаппо-Данилевский К. Ю.* Краткий биографич. словарь рус. зарубежья // Струве Г. С. 312; *Martianoff N. N.* Alexander Ilyitch Siloti // Russian Artists in America. P. 17.

ЗИЛОТИ Кириена Александровна (1895–1989) — преподаватель муз. В Санкт-Петербурге училась у *А. Глазунова*. Переселившись в США, давала уроки в Джулиард-школе вместо своего отца, когда он выступал на концертах. *С.В. Рахманинов,* ее двоюродный брат, принял ее методику преподавания с восторгом и даже называл себя учеником **З.**

Л и т. *Лазарева Ирина.* Памяти Кириены Зилоти // НРС. 1989. 4 авг

ЗИЛОТИ Сергей Сергеевич (2 июня 1907 – 11 марта 1992) — общественно-полит. деятель, председатель центра Общерос. монархич. фронта, председатель правления Американо-рус. союза помощи.

Похоронен на кладбище монастыря Ново-Дивеево близ Нанует (шт. Нью-Йорк).

Л и т. Некролог // РЖ. 1992. 12 марта.

ЗИНОВЬЕВ Андрей Александрович (30 сент. 1894 – 16 сент. 1967, Вашингтон) — участник Белого движения на Сев.-Зап. России, ротмистр, издатель. Оконч. Пажеский корпус (1914) и вышел в Л.-гв. корнетом в Кон. Его Величества полк 1-й гв. кав. дивизии. Участник Первой мировой войны, Л.-гв. штабс-ротмистр (на 1917). Георгиевский кавалер. После Октябрьского переворота 1917 — в Сев.-Зап. Добровольч. армии. Ротмистр, служил в 7-м Уральском полку 2-й пех. дивизии. С 1920 в эмиграции в Великобрит., затем — в Вене, Тунисе (1927–33), Швеции (после 1933). Тов. председателя (1950–53), председатель (с 1953) главного правления Рос. Нац. Объединения. Секретарь отдела Союза Пажей. Сотрудник журнала «Часовой» (Брюссель). Владелец издательства.

С 1957 в США. *Родственники:* вдова Евгения Христиановна (? – 1968, Вашингтон).

Л и т. *Волков С. В.* Офицеры российской гвардии. С. 200; Ротмистр А.А. Зиновьев // Часовой. 1967. Дек. № 498. С. 21.

ЗИСКИН Григорий Давидович (род. 1936, Харбин) — режиссер театра, кино и телевидения. Получил в Москве среднее образование и там же оконч. Ин-т театрального искусства. Продолжал образование в Театральном уч-ще им. Щукина. Осуществил более 200 постановок из произведений рус. и зарубежной классики в театрах и на телевидении России.

В 1982 эмигрировал в Канаду, работал в Монреале в Нац. школе Канады, на театральном отделении ун-та Конкордия, а также в ун-те Мак-Гил. Среди спектаклей в Монреале числятся такие, как «Чайка», «Три сестры», «Медведь» и «Предложение» А.П. Чехова, «Дядюшкин сон» Ф.М. Достоевского, «Самоубийца» Н.Р. Эрдмана и др. Некоторые спектакли шли на трех яз.: рус., англ. и франц. Одновременно с этими спектаклями поставил в США за последние 11 лет 16 спектаклей по произведениям А.П. Чехова, Н.А. Островского, М.А. Булгакова и современных рус. драматургов. Один из создателей Ассоциации рус. актеров Канады.

Л и т. АА. *Могилянский М.* Зискин Григорий Давидович, машинопись. 2001. 1 с.

ЗЛОБИН Владимир Афанасьевич (1894, Санкт-Петербург – 1967, Париж) — поэт, лит. критик, журналист. Учился на историко-филолог. ф-те Петроградского ун-та. В 1918–19 — участник лит. кружка «Арион». В конце 1919 вместе с Мережковскими нелегально эмигрировал в Варшаву. С 1920 был номинальным изд. и ред. газ. «Свобода». С конца 1920 жил в Париже, где был с 1927 по 1939 секретарем лит. собраний «Зеленая лампа». Соред. журнала «Новый корабль» (1927–28). В 1958–60 — член редколлегии журнала «Возрождение» (Париж). Переехав в США, весной 1966 преподавал в Канзасском ун-те. Сотрудничал в журналах «Возрождение», «Встречи», «Грани» (Франкфурт-на-Майне), «Новый журнал» (Нью-Йорк), «Опыты» (Нью-Йорк), в газ. «Новое рус. слово» (Нью-Йорк), «Общее дело», «Русская мысль» (Париж), «Свобода» и др.

Л и т. *Вильданова Р.И., Кудрявцев В.Б., Лаппо-Данилевский К.Ю.* Краткий биографич. словарь рус. зарубежья // Струве Г. С. 312.

ЗНАМЕНСКИЙ Александр Васильевич (4 дек. 1870, Ярославская губ. – 19 июня 1955, Лос-Анджелес) — химик. Член Казанской губ. землеустроительной комиссии, надворный советник. После революции переселился в США. Был проф. химии.

Л и т. *Плешко Н.Д.* Генеалогич. хроника // Новик (Нью-Йорк). 1959. Отд. III. С. 2.

ЗНАМЕНСКИЙ Георгий Александрович (28 марта 1890, хутор Тиховский стан. Мигулинской Обл. Войска Донского – 6 янв. 1975) — проф. рус. яз. Оконч. приходскую школу, учился в дух. уч-ще Усть-Медведицкой станицы, а после — в Новочеркасской дух. семинарии. Оконч. семинарию, в 1916 оконч. Киевскую дух. академию со званием магистра богословия. Начал преподавать в мужской гимназии в Калаче-на-Дону. В 1917 назначен директором гимназии. Был избран в члены Донского Войскового Круга от стан. Мигулинской. В ходе наступления большевиков эвакуировался с семьей через Екатеринодар, Новороссийск, Крым и Константинополь. В Константинополе при содействии архиепископа *Анастасия (Грибановского)* организовал рус. среднюю школу. Затем был директором и преподавателем лицея на о-ве Халки. В 1923 переселился в США. Здесь решил продолжать образование. Оконч. Гарвардский ун-т, получив звание магистра педагогич. наук и психологии. Преподавал в Гарвардском ун-те, Массачусетском технологич. ин-те, ин-те Браун и др. Приглашен в Саскачеванский ун-т на должность проф., организовал ф-т рус. яз. Возвратившись в Массачусетский технологич. ин-т, продолжал преподавание и дослужился до звания заслуженного проф. В теч. 25 лет был сотрудником газ. «Россия» (Нью-Йорк), публиковал статьи на религиозные и философские темы в «Православной Руси» (Джорданвилл). Похоронен на кладбище Свято-Троицкого монастыря в Джорданвилле (шт. Нью-Йорк).

Л и т. *В.П.* Жизнь и деятельность проф. Георгия Александровича Знаменского // ПР. 1975. №18. С. 11–12.

ЗНОСКО-БОРОВСКИЙ Митрофан — См. **МИТРОФАН**, епископ Бостонский.

ЗОЗУЛИН Владимир Михайлович (1923, Нови-Сад, Кор. СХС – 21 февр. 1988) —

химик, ветеран. Род. в семье рус. беженцев. В Нови-Сад получил нач. и среднее образование. В возрасте 18 лет поступил вместе с отцом в Рус. Корпус, в котором они прослужили до конца его существования. В самом конце войны оба тяжело ранены. Отец — смертельно. З. попал в плен, избежал выдачи в СССР, в котором никогда не жил. Эмигрировал в США, здесь пришлось много и тяжело работать, чтобы закончить образование. С 1970 преподавал органич. химию в Квинсборо Комьюнити колледже. После его кончины химич. департамент при колледже учредил фонд имени З. для выдачи наград особо успевающим по химии студентам. *Родственники:* жена (урожд. Безгулова, в браке 28 лет) Любовь.

Л и т. Памяти В.М. Зозулина // Кад. перекличка (Нью-Йорк). 1988. Сент. № 45. С. 151

ЗОЗУЛИН Сергей Васильевич (8 окт. 1885 – 15 марта 1966, Горнесвилл, шт. Калифорния) — участник Белого движения на Юге России, поручик. По окончании Полтавской классич. гимназии и Санкт-Петербургского Политехнич. ин-та поступил вольноопределяющимся в 27-ю арт. бригаду. В февр. 1914 произведен в чин прапорщика запаса полевой легкой арт.

С объявлением Первой мировой войны нёс службу офицера для поручений при зав. передвижением войск Санкт-Петербургского р-на. В янв. 1917 произведен в чин поручика. По расформировании бригады проживал в г. Кобеляки Полтавской губ. За Первую войну награжден четырьмя боевыми орденами. В нач. 1919 в Крыму вступил в Добровольч. армию, в которой занимал должность офицера при зав. передвижением Крымско-Азовского р-на, а с 1920 — офицером мобилизационного отделения отдела воен. сообщений. В эмигр. в Югославии служил в должности воспитателя интерната Рус. муж. гимназии и в должности классного наставника гимназии. По приезде в Сан-Франциско в июле 1951 вступил в Об-во рус. ветеранов Великой войны.

Похоронен в Горнесвилле.

И с т. АОРВВВ. Поручик Сергей Васильевич Зозулин // 1966. Март. Альбом III.

ЗОЛОТАРЁВ Борис Маркович (1889 – до 6 июля 1966) — художник, портретист и пейзажист. Оконч. Одесское худ. уч-ще, затем Академию худ. в Мюнхене. Картины З. находятся в Люксембургском музее в Париже, в Метрополитен музее в Нью-Йорке, в музеях Гарвардского ун-та и др.

Л и т. Некролог // НРС. 1966. 6 июля.

ЗОРИНА Вера — балерина. Род. в 1917. В возрасте 20 лет начала выступать в Рус. балете Монте-Карло. Была приглашена в Голливуд, где встретилась с *Дж. Баланчиным*, с которым работала в теч. 8 лет над созданием четырех кинофильмов.

И с т. АРЦ. *Морозова О.А.* Биографич. сборник, черновая рукопись. 1939. М-73 (MS 268). С. 2.3–70.

Л и т. *Waleson Heidi.* When Balanchin Brought Ballet to Hollywood // The New York Times. 1998. March 13.

ЗОТОВ — сражался в армии Линкольна.

ЗОТОВ Максим Евграфович (1890, стан. Треховянская Обл. Войска Донского – 8 янв. 1961) — войсковой старшина. Ветеран Первой мировой и Гражданской войн. В 1920 эвакуировался за рубеж. Переселился в США и проживал в Нью-Йорке, где много лет был атаманом Центральной станицы им. атамана П.Н. Краснова.

Похоронен на каз. участке Свято-Владимирского кладбища возле Кэсвилла (шт. Нью-Джерси).

Л и т. Каз. словарь-справочник. Изд. *Скрылов А. И., Губарев Г. В.* Т. I. Кливленд, 1966. С. 266–267.

ЗОЩЕНКО [Zochenko] — сержант, ветеран амер. армии.

И с т. *Pantuhoff O.* — 1976.

ЗУБАКИН Алексей Алексеевич (15 февр. 1900, Москва – ?) — участник Власовского движения в 1943–45 гг., полковник. Оконч. реальное уч-ще (1918). Участник Гражданской войны на стороне большевиков. В Красной армии с дек. 1918, беспартийный. Оконч. арт. курсы (1925, 1933), в 1921–41 — на разных должностях. Подполковник. Последние звание и должность — полковник (?), командир 685-го корпусного арт. полка. В плену с 1941. С 1943 преподавал в офиц. школах Восточ. войск (РОА) в Мариамполе (Литва) и Конфлянсе (Франц.), нач-к дома отдыха для ветеранов РОА в Италии (1944) и т.д. С янв. 1945 — командир арт. полка 2-й пех. дивизии ВС КОНР, 9 мая перевел большую часть полка в амер. оккупационную зону в Юж. Чехии. В 1945–46 — в амер. лагерях военнопленных. Насильственной репатриации из Платтлинга избежал. В мае 1946, ввиду изменившегося полит. положения в Европе, освобожден. Участвовал в деятельности власовских орг-ций СБОНР и СВОД. После 1950 в США.

С о ч. Выдача из Платтлинга 24 февр. 1946. Свидетельство полк. А. А. Зубакина; Платтлинг // *Кузнецов Б. М.* В угоду Сталину. Годы 1945–1946. Нью-Йорк, 1993 (2-е изд.). С. 40–41; 189–191.

Л и т. *Александров К.М.* С. 160–162.

ЗУЕВ Александр Васильевич (18 авг. 1897, Иркутск – ?) — инж.-строитель. В 1930 оконч. Калифорнийский ун-т. Жил в Массапикуе, на Лонг-Айленде, в шт. Нью-Йорк. Действительный член Об-ва рус. инж. в США.

И с т. АОРИ. Анкета. 1964.

ЗУЕВ Николай Алексеевич (1892 – 22 янв. 1953, Нью-Йорк) — полковник, ветеран четырех войн. В возрасте 13 лет несколько раз пробирался сквозь японск. позиции в осажденный Порт-Артур и был за это награжден Георгиевскими крестами и медалями. В 1906, по Высочайшему повелению, определен в Оренбургский кад. корпус и после его оконч. — в Михайловское арт. уч-ще. Участвовал в Первой мировой и Гражданской войнах. В последнюю командовал группой бронепоездов. После эвакуации (1920) вошел в орг-цию ген. А.П. Кутепова. В 1936 в Болгарии стал одним из основателей отделения военно-науч. курсов ген. Н.Н. Головина, здесь впоследствии создал и вел курс «Тактики гражданской и партизанской борьбы». В 1941 в числе первых отправился на оккупированную немцами терр. России для орг-ции борьбы с сов. властью. После оконч. Второй мировой войны переселился в США, проживал в Нью-Йорке.

Похоронен на кладбище монастыря Ново-Дивеево близ Нанует (шт. Нью-Йорк).

Л и т. Группа молодых офицеров из Болгарии. Полк. Н.А. Зуев // Часовой (Брюссель). 1953. Июль. № 333. С. 19.

И–Й

ИВАНИЦКИЙ Мстислав Николаевич (1910, Пермь – ?) — издатель. После революции семья Иваницких эмигрировала в Китай, а потом в Канаду, где И. оконч. среднюю школу. Высшее образование получил в США, ст. бакалавра — в ун-те Калифорнии и магистра — в Ин-те международных отношений в Монтерее, Калифорния. Во время Второй мировой войны работал на постройке кораблей. На заработанные сбережения купил типографию и основал изд-во «Дело». Печатал книги на рус. яз., периодич. издания, бюллетени, каталоги и т.д.

И с т. АМРК. *М.Н. Иваницкий*. Коллекции Гуверовского ин-та. Pdf 50 K.

ИВАНОВ А. — мореплаватель, около 1781 открыл на Аляске оз. Илиамна и р. Кускокуим.

ИВАНОВ Александр (1879 – 1925, Сеатл) — участник Белого движения на Востоке России, генерал. Участник рус.-яп. 1904–05 и Первой мировой войн. После Октябрьского переворота 1917 — в белых войсках на Востоке России, затем в эмиграции в Китае. В США прибыл через Харбин и Японию. При высадке с корабля заявил, что приехал, чтобы заработать на жизнь и выписать жену из Шанхая. Жил в Сеатле. Сконч. в результате несчастного случая.

Л и т. Некролог // НРС. 1925. 28 янв.; Anonymous. Ivanoff here to work // The New York Times. 1923. Jan. 4.

ИВАНОВ Александр И. — капельмейстер, дирижер, создатель балалаечного оркестра. Род. в Павловске Санкт-Петербургской губ. После оконч. школы капельмейстеров переехал в 1896 в Санкт-Петербург, где под рук. Н. А. Римского-Корсакова изуч. в консерватории гармонию и композицию. После оконч. консерватории преподавал муз., дирижировал оркестрами. В 1911 переехал в Америку, здесь создал балалаечный оркестр, с которым в теч. трех лет ездил на гастроли по всей стране. Потом 15 лет был дирижером оркестра «Ballet Russe». Развитие звукового кино открыло для И. новое поле деятельности на киностудиях в качестве муз. советника.

Л и т. *Martianoff Nicholas N.* Alexander N. Ivanoff // Russian artists in America. 1933. P. 239.

ИВАНОВ Александр Никитич (1879–31 марта 1942, Лейквуд, шт. Нью-Джерси) — специалист по акустике, состоял членом и был избран председателем отдела РООВА в Лейквуде.

И с т. Некролог // НРС. 1942. 1 апр.

ИВАНОВ [Andrew I. **Ivanov**] Андрей И. — ветеран ВВС США, майор, служил в 1945 в Берлине.

И с т. *Pantuhoff O.* — 1976.

ИВАНОВ Борис Михайлович (? – до 30 июня 1993, Детройт) — участник Белого движения на Юге России, капитан. В 1918–20 в Корниловских частях белых войск на Юге. Участник 1-го Кубанского («Ледяного») похода 1918, после 1920 — в эмиграции в Кор. СХС. Его статьи появлялись в журн. «Первопоходник» (Лос-Анджелес), «Атаманский вестник», в газ. «Русская жизнь» (Сан-Франциско). Председатель РОВС (1986–88).

Похоронен на кладбище Свято-Троицкого монастыря в Джорданвилле (шт. Нью-Йорк).

Л и т. Некролог // Наши вести. 1993.

ИВАНОВ Виктор Апполонович — геофизик. Оконч. в 1926 горный ф-т Питтсбургского ун-та со ст. магистра. Занимался исследовательской работой в обл. прикладной геофизики, высотомеров и оптич. приборов для авиации и аэропортов. Читал лекции о новейших барометрах. Автор статей и докладов о проектировании амортизаторов для самолетов и преимуществах многомоторных самолетов над одномоторными. Член Об-ва рус. студентов, оконч. амер. высшие учебные заведения при содействии Рус. студенч. фонда в Нью-Йорке.

Л и т. *Pestoff Alexis N.* Directory of Russian Graduates of American Colleges // Alumni Association of the Russian Student Fund, Inc. New York, 1929. August. P. 8.

ИВАНОВ Владимир Александрович (? – 10 июня 1958, Нью-Йорк) — капитан II ранга. В 1908 оконч. Мор. инж. уч-ще и выпущен гардемарином. В 1908 во время загранич. плавания участвовал в оказании помощи местному населению, пострадавшему от сильного землетрясения в Мессине на Сицилии. Служил на Черноморском флоте. В качестве инж.-механика командирован приемщиком заказов в Англию. Возвратившись в Россию, строил турбинные миноносцы. После революции ведал ремонтом мор. судов для Добровольч. армии. Эвакуировался в Константинополь, занимался ремонтом кораблей. В 1923 эмигрировал в США. Работал чертежником-конструктором на судостроительных заводах.

Л и т. *Любимов М.М.* Некролог // Бюллетень Об-ва быв. мор. офицеров в Америке. 1958. № 2.

ИВАНОВ Владимир Степанович (1885 – 22 дек. 1964, Нью-Йорк) — художник. Оконч. Харьковское коммерч. уч-ще. Начал заниматься в Харьковском технологич. ин-те, но переехал в Москву и поступил в худ. школу Рерберга. После захвата власти большевиками уехал в Крым и стал преподавателем рис. в гимназии Алушты. Во время эвакуации попал в Константинополь, где создал Союз рус. художников. В 1923 эмигрировал в США, жил и работал в Нью-Йорке. Писал картины и работал скульптором по дереву. Был участником Объединения художников и поэтов, состоял в Об-ве друзей рус. культуры.

Л и т. Некролог // НРС. 1965. 23 декабря.

ИВАНОВ Николай Николаевич (13 марта 1896, Грозный Обл. Войска Терского–?) — инж.-строитель. В 1928 окончил Пражский политехникум. В США жил в Нью-Йорке. Действительный член Об-ва рус. инж. в США.

И с т. АОРИ. Анкета.

ИВАНОВ [Nicholas P. **Ivanov**] Николай П. — ветеран амер. армии, штаб-сержант, служил в пехоте в 1952–54.

И с т. *Pantuhoff O.* — 1976.

ИВАНОВ Павел Дмитриевич (1885– 26 окт. 1972, Патерсон, шт. Нью-Джерси) — участник Белого движения на Юге России, полковник. Оконч. Тверское кав. уч-ще (1907) и вышел в чине корнета в 6-й драг. Глуховской Императрицы Екатерины Великой полк 6-й кав. дивизии, стоявшей в Остроленке. Участник Первой мировой войны. После Октябрьского переворота 1917 — в белых войсках на Юге России. Полковник (на 1920). После 1920 — в эмиграции. В 1941–45 — в Рус. Корпусе. После 1945 — в США, участвовал в жизни рус. воинских орг-ций.

Л и т. *Волков С.В.* Офицеры армейской кавалерии. С. 224; Некролог // Часовой. 1973. № 361.

ИВАНОВ Фрол Самуилович (1892, стан. Дурновская Обл. Войска Донского – 7 авг. 1985, Ховелл, шт. Нью-Джерси) — участник Белого движения на Юге России. Ветеран Первой мировой и Гражданской войн. В 1941–45 — в Рус. Корпусе. В США был атаманом Ермаковской стан.

Л и т. Некролог // Донской атаманский вестник. 1985. Окт.

ИВАНОВА-РОТОВА Ольга Дмитриевна (? – 7 янв. 1967, Канада) — сестра милосердия, участник Первой мировой и Гражданской войн, Георгиевский кавалер. В 1920 помогла спасти знамя Л.-гв. Финляндского полка. В эмигр. в Канаде

Л и т. Незабытые могилы // Часовой (Брюссель). 1967. Март. № 489. С. 23.

ИВАНОВСКИЙ Евгений Леонидович (7 сен. 1879 – 12 нояб. 1967) — участник Белого движения на Юге России, полковник. Род. в воен. семье. По оконч. реального уч-ща поступил в Михайловское арт. уч-ще, которое оконч. портупей-юнкером. В 1900 произведен в подпоручики с назнач. в Отдельный кон.-горный арт. дивизион в Киеве. В 1901 переведен в 8-ю кон. батарею, в рядах которой дослужился до чина штабс-капитана. В 1906 поступил в Николаевскую Академию Ген. штаба, по оконч. двух курсов которой в 1909 произведен в капитаны с назнач. в Кавказский кон.-горный дивизион. В составе дивизиона выступил на театр воен. действий, был ранен. Участник Первой мировой войны, занимал штабные и строевые должности в кав. и арт. За Первую мировую войну имел шесть боевых наград. В нояб. 1918 вступил в ряды Добровольч. армии, в которой занимал штабные должности, был контужен. В составе Рус. армии в нояб. 1920 эвакуировался в Галлиполи. В 1920–21 — в Галлиполи. После 1921 — в эмиграции в Кор. СХС. В рядах рус. кон. частей нес погранич. службу, затем воспитатель в рус. гимназии, ротный командир 1-го Рус. Вел. Кн. Константина Константиновича кад. корпуса. После 1941 вместе со слушателями организованных **И.** повторных офиц. курсов вступил в ряды Рус. Корпуса для борьбы с коммунистич. партизанами Тито. По оконч. войны попал в беженский лагерь в Австрии. Состоял председателем лагерного комитета, директор Рус. реальной гимназии (1946–50).

По приезде в Сан-Франциско в авг. 1950 вступил действительным членом в Об-во рус. ветеранов Великой войны. Инспектор рус. гимназии в Сан-Франциско. *Родственники:* вдова Маргарита Анатольевна (? – 1973) — служила в эмигр. в рус. учебных заведениях.

Ивановские похоронены на Серб. кладбище в Сан-Франциско.

И с т. АОРВВ. Полк. Евгений Леонидович Ивановский // 1967. Нояб. Альбом III.

Л и т. Константиновец-артиллерист // Часовой (Брюссель). 1968. Май. № 503. С. 22.

ИВАНУШКА [Michael **Ivanushka**] Михаил — ветеран амер. армии, майор.

И с т. *Pantuhoff O.* — 1976.

ИВАНЦОВ Дмитрий Николаевич (1886, Москва – 13 дек. 1973) — экономист. Оконч. юридич. ф-т Московского ун-та и оставлен в аспирантуре. После сдачи магистерского экзамена в 1915 получил должность приват-доцента при кафедре полит. экономии и статистики в ун-те. В 1916 избран проф. Ин-та сельского хоз-ва и лесоводства в Харькове. В 1919 — проф. Политехнич. ин-та в Екатеринодаре. В 1920 эмиграции с 1920. Был проф. экономич. наук при Рус. коммерч. ин-те в Белграде. С 1923 до 1930 занимал должность проф. Рус. ин-та сельскохоз. кооперации в Праге. До 1945 проф. Свободного ун-та в Праге. При приближении Красной армии стал беженцем в Германии, где в 1946–47 занимал должность проф. в ун-те UNRRA в Мюнхене. Переселившись в США, читал лекции в Фордамском и Колумбийском ун-тах. Вышел в отставку в 1955. Автор более 80 работ. Среди них: «К критике рус. урожайной статистики» (Пг., 1915); «Хозяйственный строй и кооперация» (Прага, 1926 и 1927); «Основной закон ценообразования» (Прага, 1933; София, 1938); «Очередные задачи теории цены» (Прага, 1925); «Опыт генетической классификации доходов» (Прага, 1928 и 1930); «Опыт социологии революционного оптимизма» (Прага, 1937); «Социально-психологич. корни рабочего движения» (Прага, 1929, Мюнхен, 1947 и 1952); «Русские беженцы в Югославии». В 1967 было отмечено 80-летие со дня рождения **И.** и 50-летие его проф. деятельности. Состоял членом РАГ в США.

Похоронен на кладбище монастыря в Ново-Дивееве близ Нанует (шт. Нью-Йорк).

И с т. АА. *Ivantsov Dimitri N.* Curriculum vitae (manuscript), 1966.

Л и т. 80-ти и 50-тилетние юбилеи проф. Д.Н. Иванцова // Записки РАГ в США. 1967. Т. I С. 208.

ИВАНЦОВ Иван Владимирович (1884 – 18 нояб. 1967, Толстовская ферма, Спринг Валлей, шт. Нью-Йорк) — певец, обладал высоким тенором. Начал карьеру в Петербургской муз. драме, потом выступал в Мариинском театре. После революции эмигрировал, пел и был директором Оперного театра в Болгарии, пел в Париже. В США выступал в Нью-Йорке в «Сити Сентер», исполнял партию Германа в «Пиковой даме», был премьером Вашингтонской нац. оперы. В 1966 ушел в отставку и жил на Толстовской ферме.

Родственники: жена Е. Андерсон-Иванцова — прима-балерина.

Похоронен на кладбище монастыря Ново-Дивеево, близ Нанует (шт. Нью-Йорк).

И с т. Незабытые могилы / Сост. В.Н. Чуваков. Т. III. С. 42.

Л и т. Некролог // НРС. 1967. 20 и 25 нояб.

ИВАНЧУКОВ Доржа Баджикович (? – 1 марта 1957) — каз. стан. Платовской Всевеликого Войска Донского, член комитета помощи казакам-беженцам в США.

Похоронен на буддийском участке Свято-Владимирского кладбища в Кэссвилле (шт. Нью-Джерси).

И с т. Незабытые могилы / Сост. В.Н. Чуваков. Т. III. С. 43.

Л и т. Некролог // НРС. 1957. 3 марта.

ИВАСК Юрий Павлович (14 сен. 1907, Москва – 13 февр. 1986, Амхерст, шт. Массачусетс) — литературовед, поэт, эссеист. После революции жил с родителями в Эстонии. Оконч. рус. гимназию и юридич. ф-т ун-та в Тарту. Перед оконч. Второй мировой войны выехал на Запад, чтобы не попасть вторично под власть Советов. Оказавшись в лагере для беженцев в Германии, поступил в Гамбургский ун-т, в котором посвятил себя изуч. славянской филологии, рус. лит. и философии. В 1949 переселился в США и поступил на славянск. отделение Гарвардского ун-та. Свою докт. дисс., посвященную П.А. Вяземскому как лит. критику, защитил в 1954. В дальнейшем преподавал рус. лит. в Канзасском, Вандербильтском и Вашингтонском ун-тах. Был приглашен в Массачусетский ун-т в Амхерсте, в котором получил должность проф. рус. лит. В общей сложности преподавал в США в теч. 22 лет и около 40 лет занимался лит. деятельностью. С 1955 по 1958 ред. журнал «Опыты». Под ред. **И.** были опубликованы книги: «Антология русской зарубежной поэзии» (Нью-Йорк, 1953) и «Антология петербургской поэзии эпохи акмеизма» (Мюнхен, 1973). Сотруднич. в «Записках Русской академической группы», в «Новом Журнале» (Нью-Йорк). В последнем вел отдел под названием «Похвала Российской Поэзии». Его статьи печатались в журналах «Воздушные пути», «Мосты», «Возрождение», амер. литературоведч. журналах и в газ. «Новое русское слово» и «Русская мысль». Поэзия **И.** вошла в пять сб.: «Северный берег» (1938), «Царская осень» (1953), «Хвала» (1967), «Золушка» (1970), и «Завоевание Мексики» (1984). Любил Мексику, Испанию и Португалию, преклонялся перед Византией и перед православием. В 1973 опубликовал автобиографич. поэму «Играющий человек» и в 1974 монографию «Константин Леонтьев. Жизнь и творчество» (Берн, 1974). Состоял членом РАГ в США. *Родственники:* жена (урожд. Межак) Тамара Георгиевна (? – 21 авг. 1982). Похоронен в Амхерсте

И с т. Association of Russian-American Scholars. Ivask George P. Personal file. 1971; *Иваск Ю. П.* Автобиография // *Крейд В.* С. 627.

Л и т. *Бобышев Д.* Муза Иваска // Звезда. 1995. № 2. С. 115–121; *Он же, Блинов В. Ю.* Иваск // НЖ. 1986. Кн. 163. С. 285–295; *Вильданова Р.И., Кудрявцев В.Б., Лаппо-Данилевский К.Ю.* Краткий биографич. словарь рус. зарубежья // *Струве Г.* С. 315; *Исаков С. Ю.П.* Иваск // Эстония. 1994. 23 сен.; *Перелешин В.* Юрий Иваск // НЖ. 1986. Декабрь. Кн. 165. С. 112–127; *Сечкарев В.* Юрий Павлович Иваск (1907–1986) // Записки РАГ в США (Нью-Йорк). 1986. Т. XIX. С. 453–455; *Чиннов И.* Памяти Иваска // НРС. 1986. 2 марта.

ИВИЦКИЙ Георгий Дионисиевич (1876, Санкт-Петербург – 18 авг. 1952, Бронкс, Нью-Йорк) — участник Белого движения на Юге России, Ген. штаба генерал-майор. Оконч. Оренбургский Неплюевский кад. корпус, Павловское военное уч-ще (1896), Николаевскую Академию Ген. штаба (1904). Курсовой офицер Киевского военного уч-ща. С 1911 — подполковник 166-го Ровенского полка 42-й пех. дивизии, стоявшего в Киеве. В 1914 с полком убыл на фронт, участник Первой Мировой войны. В нояб. 1914 на Юго-Зап. фронте тяжело контужен, затем на штабных должностях. За время службы награжден всеми орденами до ордена св. Владимира III ст. Полковник (на 1917). После Октябрьского переворота 1917 — в белых войсках на Юге России. В 1918 вступил рядовым в Партизанский отряд ген. М.А. Пржевальского. В 1919 — градонач-к Грозного и р-на нефтяных промыслов. Генерал-майор (февр. 1920). В эмиграции в США. Нач-к Сев.-Амер. отдела КИАФ. После 1945 возобновил в США деятельность НОРР. Член Рус. антикоммунистич. центра и Всерос. Комитета Освобождения. Церковный деятель. *Родственники:* вдовец, жена умерла в 1952.

Похоронен на гор. кладбище в Ньютауне (шт. Коннектикут).

И с т. ЛАА. Справка *К.М. Александрова* на ген.-майора Г.Д. Иваницкого; *Чухнов Н. Н.* С. 193

Л и т. *Волков С.В.* Энциклопедия Гр. войны. С. 220; Некрологи // НРС. 1952. 19 авг.; 1953. 15 февр.; Часовой (Брюссель). 1952. Окт. № 323. С. 19.

ИВЛЕВ Петр Михайлович (3 авг. 1893, Санкт-Петербург – 8 дек. 1933, Сан-Франциско) — участник Белого движения на Востоке России, штабс-капитан. Оконч. Санкт-Петербургское технич. уч-ще. В 1914 поступил вольноопределяющимся в 23-ю арт. бригаду. Воевал в составе 4-й Сибирской стрелковой арт. бригады. Офицер-разведчик. Георгиевский кавалер. В Гражданскую войну командовал батареей в Забайкалье.

Л и т. Незабытые могилы / Сост. Чуваков В.Н. Т. III. С. 48; Некролог // НРС. 1933. 19 дек.

ИГЛЕВСКИЙ Борис Александрович — экономист, об-венный деятель. Род. в России. После Гражданской войны поселился в Праге, где получил как среднее, так высшее образование в Карловом ун-те. Еще до начала Второй мировой войны **И.** удалось эмигрировать в Канаду, где в Торонто, будучи экономистом, поступил на гос. службу. После войны, когда в Канаду приехало много рус. «перемещенных лиц», по его инициативе в Торонто было образовано Рус. культурно-просветительное об-во, просуществовавшее ряд лет и издававшее газ. «Русское слово в Канаде».

И с т. АА. *Могилянский М.* Биография *Б.А. Иглевского* // Письмо от 8 марта 2002.

ИГНАТОВИЧ Александр Михайлович — инж.-механик. Род. в Гродно, в Польше. В 1968 оконч. ун-т Фарлей-Диккенсон с дипломом бакалавра. Действительный член Об-ва рус. инж. в США.

И с т. АОРИ. Анкета.

ИГНАТЬЕВ Алексей Павлович (29 марта 1907, Киев – 1992) — горный инженер. Род. в семье гр. *П.Н. Игнатьева*. В 1927 оконч. Кор. горный ин-т в Лондоне. Третий брат *Г.П. Игнатьева*. Возглавлял отдел топлива Канадского мин. горной промышленности в Оттаве. В 1959 награжден медалью Канадского горного и металлургич. ин-та за заслуги перед угольной промышленностью в тяжелый период ее существования. Рук. строительством горных предприятий в Европе, Африке и Центр. Америке. В 1965 участвовал в обмене специалистами между Канадой и СССР. *Родственники:* жена (урожд. Адамс) Марджори; дочери София, Варвара.

Л и т. Ignatieff Alex // The Canadian Who is Who. 1965. P. 528; Contribution to Canadian Development // Canadian Family Tree. 1967. P. 277; *Могилянский М.* Самая известная рус.-канадская семья // НРС. 1983. 10 июня; *Ignatieff Michael.* The Russiuan Album // Viking. 1987. 191 Pp.

ИГНАТЬЕВ Анатолий (1920, Владивосток – 1978) — переводчик и исследователь на гос. службе США. Переселился со своими родителями в США перед Второй мировой войной. Во время Второй мировой войны служил в амер. армии в Сев. Африке. В 1947 получил работу в Вашингтоне на Арм. картографич. службе (Army Map Service). В 1950 перевелся на работу в Библиотеку Конгресса. Затем, с 1963, служил в Отделе обороны в качестве исследователя науч. информации. Ушел в отставку по состоянию здоровья в 1975. *Родственники:* жена Ванда.

Л и т. Obituary. Anatoly Ignatieff, Translator and Defense Analyst // Washington Post. 1978. July 27.

ИГНАТЬЕВ Андрей Георгиевич, гр. (род. 1947, Торонто) — сотрудник орг-ций помощи детям. Род. в семье канадского дипломата гр. *Г.П. Игнатьева* и Алисон, урожд. Грант. Учился в ун-тах Трент и Торонто, изуч. археологию. В Гарвардском ун-те получил докторскую ст. Несколько лет был журналистом и проф. истории в Брит. Колумбии. Вел науч. работу в Кор. колледже в Кембридже. Писал сценарии для кино и телевидения. Автор книг на англ. яз.: «The Needs of Strangers» и «The Russian Album». Последняя является семейной хроникой Игнатьевых. Автор книги «Кровь и родство: Путешествие в мир современного национализма», изданной в 1993 г., ставящей вопрос: могут ли права одного народа наносить ущерб правам другого? В своей книге «Революция прав человека» (цикл лекций), призывает канадцев признать обоснованность притязаний нац. меньшинств Канады — эскимосов, индейцев и квебекцев, интересы которых сталкиваются с интересами др. народов. Директор Всемирного фонда по охране приматов.

И с т. АА. *Ignatieff Nicholas N.* Ignatieff Family History — The second generation. Typescript. 2002. Dec. 28.

ИГНАТЬЕВ Владимир Павлович, гр. (1908, Россия – 1996) — биохимик, агроном. Второй брат *Г.П. Игнатьева.* Изуч. сельское хоз-во в аспирантуре в ун-тах Альберты и Торонто, защитил докторскую дисс. по биохимии. Занимал должность зав. отделом почвоведения, удобрений и поливных земель в Международной и продовольственной орг-ции при ООН. *Родственники:* жена Флоренс Харгревс.

Л и т. Contributions to Candian Development // Canadian Family Tree. 1967. P. 277; *Могилянский М.* Самая известная рус.-канадская семья // НРС. 1983. 10 июня; *Ignatieff Michael.* The Russian Album // Viking. 1987. 191 Pp.

ИГНАТЬЕВ Георгий Павлович, гр. (16 дек. 1913 – 1989) — канадский дипломат, миротворец. Род. в семье министра нар. просвещения Рос. империи. В 1921 семья Игнатьевых, в которой было пятеро сыновей, вынужденно покинула Россию и нашла убежище в Англии. Они прибыли в Канаду без средств. И., мл. из пяти братьев, блестяще оконч. Торонтский ун-т и получил стипендию Рода для поступления в аспирантуру и продолжения образования в Оксфордском ун-те, в Англии.

После оконч. аспирантуры получил по конкурсу должность в канадском дипломатич. корпусе и в 1956 назнач. полномочным послом Канады в коммунистич. Югославию. В 1959 начал рук. в Оттаве отделом в министерстве ин. дел. В 1962 получил назнач. на должность постоянного представителя Канады в НАТО в Париже. В 1966 назнач. на пост представителя Канады в ООН. В 1968 Канада вошла в качестве временного члена в Совет Безопасности ООН. Избран председателем Совета Безопасности. Это избрание на самый ответственный пост в ООН совпало с сов. оккупацией Чехословакии (авг. 1968) и арестом А. Дубчека и его соратников. Благодаря заступничеству **И.** Дубчек был возвращен Советским Союзом в Чехословакию. В сер. 1970 оставил гос. службу и получил приглашение занять место ректора одного из колледжей Торонтского ун-та. В 1979 был почти решен вопрос о том, что он будет назнач. королевой Елизаветой II ген.-губернатором Канады. Однако премьер-министр Канады П. Трюдо воспрепятствовал этому. Уже будучи на покое, приглашен занять почетную должность ректора Торонтского ун-та. Восемь канадских ун-тов удостоили **И.** почетной ст. доктора философии. Разговорным яз. в семье Игнатьевых был англ. Все пять братьев *Игнатьевых* получили в Англии среднее образование и переселились с родителями на постоянное жительство в Канаду, где поступили в ун-ты. Благодаря исключительным успехам в ун-тских занятиях они начали получать стипендии и ради заработка во время летних каникул трудились на строительстве жел. дорог и в сельском хоз-ве. *Родственники:* жена Алисон (урожд. Грант), род. в пров. Новая Шотландия (Канада).

Л и т. *Могилянский М.* Гр. Игнатьев, спаситель Александра Дубчека // НРС. 1989. 31 авг.; *Он же.* Самая известная рус.-канадская семья // НРС. 1983. 10 июня; Contributions to Canadian Development // Canadian Family Tree. 1967. P. 277; *Ignatieff George* // The Canadian Who is Who. 1980. P. 472; *Ignatieff Michael.* The Russiuan Album // Viking. 1987. 191 Pp; *Raymond B., Jones D. J. Ignatieff Georgii* // The Russian Diaspora. Lamham, Maryland and London. P. 120.

ИГНАТЬЕВ Иван Иванович (3 июля 1900, Ковно – ?) — ветеран, строитель дорог, маркшейдер. Участник Гражданской войны в Белых войсках на Юге России в чине подпоручика инж. войск. С 1922, после ухода в эмигр., работал в Югославии на строительстве шоссейных и жел. дорог, улиц городов и сооружений по защите от наводнений на р. Дунай. С 1935 маркшейдер на горных изысканиях. Производил руднич. измерения на разработках цинка, олова и золота. В 1941–45 служил в Рус. Корпусе. После переселения в США прослушал курс геологии и минералогии. Принял гражданство США.

И с т. АОРИ. Вопросник.

ИГНАТЬЕВ [Ignatieff Lionel] Леонид Павлович, гр. (1913, Россия – 1989). Проф. рус. лит. и рус. яз. Четвертый брат *Г.П. Игнатьева*. Получил образование в англ., канадских и амер. ун-тах. Имеет ст. доктора философии.

Был проф. в ун-те Зап. Онтарио и занимал должность главы департамента рус. яз., лит. и истории.

И с т. АА. *Могилянский М.* Архивные сведения.

Л и т. *Могилянский М.* Самая известная рус.-канадская семья // НРС. 1983. 10 июня; *Ignatieff Michael.* The Russian Album // Viking. 1987.

ИГНАТЬЕВ Михаил Георгиевич, гр. (род. 1947) — писатель, журналист, очеркист, радиовещатель, лектор. Род. в семье гр. *Г.П. Игнатьева* и Алисон Грант. Получил образование в ун-тах Торонто и Гарварде. Преподавал в ун-те Симона Фразера, в Кембридже и в Гарвардском ун-те. Директор и проф. Центра Карра (Carr Center) по вопросам прав человека на ф-те Кеннеди при Гарвардском ун-те.

Публицист и критик, печатается в журнале «The New York Review of Books». Автор ряда книг, включая «Human Rights as Politics and Idolatry» («Права человека как политика и как поклонение кумиру»), «Virtual War: Kosovo and Beyond» («Фактическая война: Косово и за его пределами»).

Директор Центра Карра по вопросам прав человека при Школе Кеннеди в Гарвардском ун-те. Рус. яз. не владеет. *Родственники:* жена Сузанна (урожд. Жохар); дети: Тео и София.

Л и т. Революция гр. Игнатьева // Монреаль-Торонто. 2000. 18 дек.; *Ignatieff Nicholas N.* Ignatieff Family History — The second generation. Typescript. 2002. Dec. 28; *Ignatieff Michael.* The Russian Album // Viking. 1987.

ИГНАТЬЕВ Николай Николаевич (род. 1940) — общественный деятель, гос. служащий. Род. в семье гр. *Н.П. Игнатьева* и Елены Фрэзер. Учился в Торонтском ун-те, в ун-те Манитобы и в ун-те Лаваль. Служил помощником зам. министра труда, впоследствии — советник по административным вопросам и занимался церковными делами. *Родственники:* жена Цецилия (урожд. Андерсон); дети: Николай и Наталия; пятеро внуков.

И с т. АА. *Ignatieff Nicholas N.* Ignatieff Family History — The second generation. Typescript. 2002. Dec. 28.

ИГНАТЬЕВ Николай Павлович, гр. (1904, Россия – 1952). Оконч. Лондонский ун-т с дипломом инж. Прибыл в Канаду ок. 1925. Ст. брат *Г.П. Игнатьева*. В Канаде стал специалистом по охране естественных ресурсов. Проф. Торонтского ун-та. Помогал способным студентам, специализирующимся в муз. и изобразительном искусстве. *Родственники:* жена Элен [Елена] (урожд. Фрэзер).

Л и т. *Могилевский М.* Самая известная рус.-канадская семья // НРС. 1983. 10 июня; *Ignatieff Michael.* The Russiuan Album // Viking. 1987. Contributions to Canadian Development // Canadian Family Tree. 1967. P. 276–277.

ИГНАТЬЕВ Павел Владимирович (род. 1936) — сотрудник ООН. Род. в семье гр. *В. П. Игнатьева* и Флоренс Харгрэвс. Образование получил в ун-те Мак-Гилл. После завершения образования работал в Philips Indiustries of Canada. В теч. тридцати лет занимал должности в Международном фонде срочной помощи детям при ООН (UNICEF), в качестве директора орг-ции на Канаду, а также на местах — в Камбодже, Шри-Ланке, Австралии, Японии, Эфиопии, дослужившись до должности ст. директора в финансовом отделе и в Европейском отделе. Был зам. директора фонда ООН «Спасите детей». *Родственники:* жена Екатерина (урожд. Дунканн); дети: Александр, Николай, Лара; пять внуков.

Л и т. *Ignatieff Nicholas N.* Ignatieff Family History — The second generation. Typescript. 2002. Dec. 28.

ИГНАТЬЕВ Павел Николаевич, гр. (1870, Константинополь – 12 авг. 1945) — общественный деятель, губернатор, министр, администратор по вопросам земледелия, фермер. Род. в семье рус. посла. Окончив ун-т, занимался сельским хоз-вом в своем имении в Киевской губ. Был уездным предводителем дворянства. В 1907 получил должность Киевского губернатора, в 1909 — директора Департамента земледелия, в 1912–14 занял пост тов. министра земледелия. В 1915 стал министром нар. просвещения. После захвата власти большевиками выехал с семьёй в Англию, здесь стал фермером. Переселившись в Канаду в 1932, снова занялся фермерством. Отец пяти сыновей, ныне покойных — *Алексея, Владимира, Георгия, Леонида и Николая*, ставших известными деятелями в Канаде. Жена *Наталья Николаевна*, урожд. кнг. Мещерская, сконч. в авг. 1944 г. После них остались внуки — *София, Павел, Мика, Николай, Михаил и Андрей* и 15 правнуков.

И с т. АА. *Ignatieff N. N.* Ignatieff Family History — The second generation. Typescript. 2002. Dec. 28.

Л и т. *Карпович М.* Памяти П.Н. Игнатьева // НЖ. 1945. № 11; *Могилянский М.* Самая известная рус.-канадская семья // НРС. 1983. 10 июня; Contributions to Canadian Development // Canadian Family Tree. 1967. P. 276–277; *Ignatieff Michael.* The Russiuan Album // Viking. 1987.

ИГНАТЬЕВ Сергей Константинович (2 янв. 1890 – 9 апр. 1968, Сан-Франциско) — участник Белого движения на Юге России, подполковник. По окончании кад. корпуса и Константиновского арт. уч-ща произведен в авг. 1910 в подпоручики с назнач. в 10-ю кон.-арт. батарею. В 1912 произведен в поручики и переведен в 16-ю кон.-арт. батарею в Житомир. В авг. 1914 выступил на театр воен. действий в составе батареи, в рядах которой провел всю войну.

Участник Первой мировой войны. За боевые отличия в сент. 1915 произведен в штабс-капитаны, а в июле 1916 — в капитаны. После революции оставался в рядах 16-й кон.-арт. батареи, вплоть до оккупации Юга России немцами (1918). В июле 1918 назнач. помощником командира 1-го кон.-кав. полка в 1-й Укр. кав. дивизии. В авг. 1919, проехав через Польшу, вступил в ряды ВСЮР и принял командование 8-й кон.-арт. батареей, которая в авг. 1920 вошла в состав 1-й кав. дивизии, в составе которой эвакуировалась из Крыма. В 1920 произведен в подполковники. За Первую Мировую войну имел все боевые награды вплоть до ордена св. Владимира IV ст. с мечами и бантом. Все годы эмигр., сначала в Югославии, а затем во Франц. и Германии, работал землемером, топографом, маркшейдером в рудниках. В США прибыл в 1950, в Лос-Анджелес, где состоял членом Об-ва рус. ветеранов Великой войны. По приезде в Сан-Франциско в 1954 принят в число действительных членов Об-ва, неоднократно избирался членом Суда Чести и один год был его председателем.

Похоронен на Серб. кладбище в Сан-Франциско.

И с т. АОРВВВ. Подполк. Сергей Константинович Игнатьев // 1968. Апр.

ИГНАТЬЕВ Симеон Димитриевич (13 янв. 1891 – 3 мая 1974) — участник Белого движения на Юге России, капитан, регент. Образование получил в дух. семинарии и во Владимирском воен. уч-ще, которое оконч. 1 февр. 1916. По оконч. уч-ща оставлен при нем помощником курсового офицера, после чего откомандирован в 153-й Бакинский Его Императорского Выс. Вел. Кн. Сергея Михайловича полк 39-й пех. дивизии, находившийся на Кавказском фронте. 1 июля 1918 вступил в Добровольч. армию; служил в 1-й офиц. роте Корниловского Ударного полка, занимал должность нач-ка пулеметной команды и зам. полкового капельмейстера. Был представлен к очередным наградам и постепенно произведен в чины до капитана включительно. Эвакуировался в составе части из Крыма в нояб. 1920. В 1920–21 — в Галлиполи, затем в эмиграции в Германии. Создав в Берлине хор из кубанских казаков, давал концерты в Германии и Швеции. С 1924 чин РОВС. Переехав в Америку, рук. церковным хором в храме Христа Спасителя в Сан-Франциско. Эту деятельность вынужден был прекратить из-за ухудшения слуха. С 1956 до 1974 состоял в Об-ве рус. ветеранов Великой войны. Был женат.

И с т. : АОРВВВ. Капитан Симеон Димитриевич Игнатьев // 1974. Май. Альбом VI, 11-В.

ИГНАТЬЕВА [**Фарер**] Мика — социальный работник. Род. в семье гр. В.П. Игнатьева и Флоренс, урожд. Харгрэвс. Получила образование в ун-те Мак-Гилл. Занималась вопросами труда, тренировкой квалифицированных работников и региональным планированием для местной администрации в США. Замужем за Томасом Фарером, деканом юридич. ф-та Колорадского ун-та. Мать Паолы и Димы.

И с т. АА. *Ignatieff Nicholas N.* Ignatieff Family History — The second generation. Typescript. 2002. Dec. 28.

ИГНАТЬЕВА [урожд.кнг. **Мещерская**] Наталья Николаевна, гр. — жена *П.Н. Игнатьева*, мать пяти сыновей, *Николая, Алексея, Владимира, Леонида* и *Димы*. Семья Игнатьевых эмигрировала после Февральской революции в Англию, здесь, благодаря свободному владению англ. яз., все сыновья получили среднее образование. Эмигрировав с сыновьями в Канаду, занялась игрой на финансовой бирже, что позволило возможность дать сыновьям образование в Торонтском ун-те.

И с т. АА. *Могилянский М.* Письмо. 2002.

ИГНАТЬЕВА София [Sonya] Павловна (род. 1935) — исследователь. Род. в семье гр. *А.П. Игнатьева* и Марджори Адамс. Оконч. ун-т Мак-Гилл. Занималась исследовательской работой в библиотеке Парламента в Оттаве. После ухода в отставку посвятила себя общественной работе в обл. социальной справедливости. *Родственники:* дети — Давид, Наталия, Ян; четверо внуков.

И с т. АА. *Ignatieff Nicholas N.* Ignatieff Family History — The second generation. Typescript. 2002. Dec. 28.

ИЕРОНИМ [в миру **ЧЕРНОВ** Иван Иванович] (1878, Судогда Владимирской губ. – 1957) — епископ Детройтский и Кливлендский РПЦЗ. Род. в семье чиновника. Оконч. дух. семинарию во Владимире на Клязьме. После оконч. семинарии в 1899 был учителем и псаломщиком. В 1902 рукоположен во диакона и затем во иерея. Овдовев, оставался в приходе еще шесть лет. В 1909 поступил в Московскую дух. академию, которую оконч. в 1913 со ст. магистра.

Еще будучи в академии, в 1912 принял монашеский постриг. В 1914 назнач. преподавателем в Курскую дух. семинарию. Затем избран на должность инспектора семинарии. В 1918 занял пост наместника Курского Архиерейского Знаменского монастыря и был личным секретарем епископа Курского. Во время наступления большевиков в 1920 эвакуировался в Кор. СХС. В 1922 назнач. нач-ком Рос. дух. миссии в Иерусалиме. Переведен в Нью-Йорк, где в 1935 хиротонисан во епископы и заведовал приходом в Хайланд Парк в шт. Мичиган. В 1936 в звании епископа Восточ.-Канадского. В 1937 занял Детройтскую и Кливлендскую кафедру, на которой оставался до конца жизни.

Л и т. Преосвященный Иероним // Рус.-Амер. Православный Вестник. 1938. Февр. № 2. С. 22–23; Преосвященный Иероним // Юбилейный сб. в память 150-летия Рус. Православной Церкви в Сев. Америке. 1945. С. 210–211; *Соллогуб А.А.* Рус. Православная Церковь Заграницей, 1918–1968. 1968. Т. I. С. 81.

ИЖБОЛДИН Борис Сергеевич (1899, Москва) — экономист. В 1925 получил при Высшем коммерч. ин-те ст. кандидата коммерч. наук и в 1926 в Берлине — кандидата экономич. наук ; в 1928 — ст. доктора гос. наук в Кельнском ун-те. В 1937 защитил дисс. и удостоился ст. магистра полит. экономии и статистики при Рус. ин-те экономики и права. В 1930–39 работал в Рус. науч. ин-те при Белградском ун-те. Переселился в США и с 1945 преподавал на экономич. отделении ун-та Сэйнт-Луи. Его главные печатные труды: «Die russische Handelspolitik der Gegenwart» (Jena, 1930), «Die Lehre von der 'beseelten' Betriebswirtschaft» (Belgrad, 1931), «Economic synthesis» (New Delhi, 1964), «Critiques of econometrics» (New Delhi, 1948), «Essays on Tatar history» (New Delhi, 1963).

Л и т. На темы рус. и общие. Сб. статей и материалов в честь проф. Н.С. Тимашева / Под ред. П.А. Сорокина, Н.П. Полторацкого. 1964.

ИЗВЕРЕВ Борис Иванович (2 мая 1943, Чистяково Донецкая обл. – 28 декабря 1984) — канадский офицер. Род. в семье донского казака. Во время Второй мировой войны семья уехала в Германию, а потом на тяжелые работы в Бельгию. В 1951 Изверевы эмигрировали в Канаду. Поступил в воен. Кор. академию, которую оконч. в 1966 в чине офицера авиации. После ухода из армии работал в страховом об-ве.

Похоронен на кладбище в Ровдоне, возле Монреаля.

Л и т. Некролог // Донской атаманский вестник. 1985. № 115/116.

ИЗВЕРЕВ Иван Иванович (8 февр. 1936 – 13 нояб. 1999) — каз. деятель. Род. на Дону. Во время Второй мировой войны семья Изверевых решила уйти на Запад, сначала в Германию, затем в Бельгию и в сен. 1951 — в Канаду. Проживая в Монреале, 12 лет занимал пост атамана Общеказ. станицы им. атамана Каледина.

Похоронен на православном кладбище в Ровдоне, в пров. Квебек.

Л и т. Иван Иванович Изверев // Станица (Москва). 2000. Март. № 1 (31). С. 35.

ИЗВОЛЬСКАЯ [Helen **Iswolsky**] Елена Александровна (1896 – 24 дек. 1975, Колд Спринг) — писатель, переводчик, литературовед. Дочь бывшего министра ин. дел и посла России во Франц. А.П. Извольского. Совместно с *В.С. Яновским* изд. в с 1946 Нью-Йорке лит. журнал «The Third Hour» («Третий час»), большая почитательница В.С. Соловьева, автор книги «Американские святые и подвижники» (Изд. Рус. центра Фордамского ун-та, 1959). Писала книги о России. Приняла католичество. Много лет готовилась поступить в бенедектинский монастырь, устремленный к достижению единства христиан — католиков и православных, в котором **И.** была известна как «Сестра Ольга». Масон.

Л и т. *Коряков Мих.* Сестра Ольга // НРС. 1976. 18 апр.; Некролог // НРС. 1976. 18 апр.; Деятельность Д.Д. Голицына и Е. Голицыной в США // Россия и Римо-Католич. церковь в США. С. 42–54.

ИЗВОЛЬСКИЙ Григорий Александрович (12 нояб. 1892, Копенгаген – 2 июня 1951, Нью-Йорк) — ветеран франц. Ин. легиона, банкир. Род. в семье А.П. Извольского, министра ин. дел и посла России во Франц. Брат *Е.А. Извольской*. Во время Первой мировой войны жил во Франции и поступил добровольцем в Ин. легион, в рядах которого воевал три года и был произведен в офиц. чин. В 1918 ранен и освобожден от службы. Изуч. банковское дело. Эмигрировал в США, заведовал банком.

Л и т. Некролог // РМ. 1976. 1 янв.

ИЗДЕБСКИЙ Владимир Алексеевич (1881 – 20 авг. 1965, Нью-Йорк) — скульптор. Учился в Одесском худ. уч-ще. В 1902 побывал в Америке. Жил в Мюнхене, занимался скульптурой и новыми худ. течениями. В России устроил междунар. выставку картин и организовывал выставки рус. авангарда. В 1911 отошел от худ. творч. и занялся политикой, вступив в партию эсеров. После революции эмигрировал, жил в Париже. В 1940 переселился в США, жил в Нью-Йорке и выставлял свои скульптуры.

Л и т. *Лейкинд О.Л., Махров К.В., Северюхин Д.Я.* Худ. Рус. зарубежья. С. 298.

ИЗМЕСТЬЕВ [Y.V. **Izmestieff**] Юрий Владимирович (1903[?] – 1990) — полит. деятель, историк. В 14-летнем возрасте в Одессе присоединился к Белому движению. Попал в руки большевиков, которые тщетно добивались от него сведений об одесских белогвардейских орг-циях, восемь раз был под угрозой расстрела. После эвакуации жил в Кор. СХС, где окончил. кад. корпус и Загребский ун-т по экономике, стал членом НСНП — НТС. Во время Второй мировой войны проник в Одессу, оккупированную румынами и немцами, и начал подпольно организовывать борьбу за свободную Россию против оккупантов и коммунизма. В связи с приближением наступавших сов. войск был вынужден через Румынию уйти в Австрию, здесь принят в созданную НТС фиктивную строительную фирму «Эрбауэр». На основе этой «фирмы» возник лагерь для беженцев Менхегоф, где обосновался центр НТС и изд-во «Посев». Оказавшись после войны в Германии, помогал быв. сов. гражданам избежать насильственной репатриации. С 1949 по 1965 жил и работал в Марокко.

В 1965 переселился в США, преподавал рус. яз. в одном из ун-тов. Был одним из рук. ОРЮР. Преподавал рус. историю в гимназии и в церковно-приходской школе в Наяке (шт. Нью-Йорк). На основании лекций составил книгу «Россия в двадцатом веке», которая была издана при содействии Кад. объединения в 1990, в Нью-Йорке. Это была одна из первых зарубежных книг с правдивым описанием борьбы рус. нар. против коммунизма. Книгу **И.** стали переправлять в Россию еще до падения коммунизма.

Л и т. *Ю.В. Изместьев* // Встречи. 1991. Март-апр. № 302. С. 11–12; *Ильинский О.* Памяти Ю.В. Изместьева // Рус. возрождение (Нью-Йорк-Париж-Москва). 1991. № 54. С. 176–179; Некролог // Кад. перекличка (Нью-Йорк). 1991. № 50.

ИЛЬВОВА Зинаида Валериановна (30 мая 1892, Чернигов – 17 мая 1963, Сан-Франциско) — сестра милосердия, ветеран. Во время Первой мировой войны была сестрой милосердия. Участник 1-го Кубанского («Ледяного») похода 1918. Во время Гражданской войны несла службу в 1-м ген. Маркова полку. Была женой первопоходника лейтенанта флота В.Я. Ильвова.

Л и т. Некролог // Вестник первопоходника (Лос-Анджелес). 1963. № 21.

ИЛЬЕСКО [урожд. **Федорова**] Наталья Сергеевна (род. 1929) — проф. химии. Род. в семье рус. эмигрантов во Франц. Оконч. Сорбонну в Париже. В 1952 переселилась в Канаду, в Квебеке продолжила образование. В 1955 получила звание магистра по химии и в 1957 докторскую ст. С 1957 и до ухода на пенсию в 1996 была проф. химии в технологич. ин-те в ун-те Лаваль, последние шесть лет была во главе департамента химии ун-та. **И.** была первой женщиной-химиком в истории Канады, занимавшей такую должность.

И с т. АА. *Могилянский М.* Биографич. записки, машинопись. 2002.

ИЛЬИН Александр Алексеевич (13 сен. 1885, Санкт-Петербург – 21 сен. 1935, Нью-Йорк) — участник Белого движения на Севере России, ротмистр. Оконч. Пажеский корпус (1905) и вышел Л.-гв. корнетом в Кон. Его Величества полк 1-й гв. кав. дивизии. С 1910 в запасе. Четыре года рук. картографич. предприятием. Участник Первой мировой войны, ротмистр (на 1917). С 1919 – в белых войсках на Сев. России, лейтенант Брит.-Славянск. авиакорпуса. На февр. 1920 — адъютант в Мурманском авиадивизионе. После 1920 — в эмиграции в Польше, жил в Данциге (Гданьск). В США с 1924, работал в Нью-Йорке на спичеч. ф-ке, основанной *Б.А. Бахметьевым*. Совладелец рус. ресторана. *Родственники:* брат Алексей (? – после 1960, США) — выпускник Александровского лицея (1905), Севастопольской авиационной школы (1911). Полк Л.-Гв. Кон. Его Величества полка, инспектор авиации на Рум. фронте (на 1917). Участник Белого движения на Юге России, в 1919–20 служил в Управлении нач-ка авиации ВСЮР и Рус. армии. После 1920 в эмиграции в США.

Л и т. *Волков С.В.* Офицеры армейской кавалерии. С. 210; Некрологи // НРС. 1935. 24 сен.; 31 окт.

ИЛЬИН Глеб Александрович (1889 – 1968) — художник-портретист. Оконч. до революции Академию Художеств в России. В 20-х гг. эмигрировал в США. Сначала жил и работал в Нью-Йорке, потом переехал в Калифорнию, где устраивал выставки своих картин.

Похоронен на Серб. кладбище в Сан-Франциско.

И с т. АРЦ. *Тарала Г.А.* Сводка кладбищенских дат. 2003. С. 2.

Л и т. Незабытые могилы / Сост. В.Н. Чуваков. Т. III. С. 73; Некролог // НРС. 1968. 24 окт.

ИЛЬИН Кирилл Борисович (1896 – 21 дек. 1974) — участник Белого движения на Востоке России, подполковник. Оконч. Нижегородский гр. Аракчеева кад. корпус (1913), Николаевское кав. уч-ще (1914) и вышел во 2-й Лейб-гус. Павлоградский Императора Александра III полк 2-й кав. дивизии. Участник Первой мировой войны. После демобилизации (1918) — в белых войсках Восточ. фронта, служил в Сибирской армии адм. А.В. Колчака. Подполковник (на 1920). После 1922 — в эмиграции с семьей в США.

Л и т. *Волков С.В.* Офицеры армейской кавалерии. С. 229; Подполковник Кирилл Борисович Ильин // Часовой. 1975 (Брюссель). Март. № 585. С. 19.

ИЛЬИНА Ольга Александровна — поэтесса. Род. в 1897 в Казани, правнучка Е.А. Баратынского. Уехала из России в 1920-х. Опубликовала несколько сб. стихов.

Л и т. Встречи (Альманах) / Под ред. Вал. Синкевич. 1988.

ИЛЬИНСКАЯ Наталия Александровна (2 марта 1900[1903], Москва – 12 февр. 1989) — искусствовед. Оконч. Первый Московский Гос. ун-т по отделению искусствоведения при Ф-те общественных наук. Изуч. лингвистику и лит. и оконч. курсы переводчиков. Работала в Гос. историч. музее в Москве и его филиалах, изуч. старообрядч. храм на Рогожском кладбище, иконы в музее Донского монастыря и в старинных рус. городах. Вследствие Второй мировой войны оказалась в положении беженки и переселилась с семьей в США. Печаталась в «Новом Журнале» (Нью-Йорк) и в «The Slavic and East European Review». Читала лекции в рус. культурных общинах Нью-Йорка. Состояла членом РАГ в США.

И с т. АА. *Ильинская Н.А.* Curriculum vitae (manuscript). 1973.

ИЛЬИНСКИЙ Андрей Васильевич (1927 – 29 марта 1975) — инженер, скаутмастер ОРЮР. В 1944–45 служил в войсках ген. А.А. Власова.

Похоронен на кладбище монастыря Ново-Дивеево, близ Нанует (шт. Нью-Йорк).

Л и т. *Герич А.* Некролог // РМ. 1975. 19 июня.

ИЛЬИНСКИЙ Николай Петрович (13 мая 1890, Екатеринослав – ?) — инж. путей сообщения. В 1914 оконч. Ин-т инж. путей сообщения в Санкт-Петербурге. Работал с 1914 по 1920 в Харькове в Управлении Южных дорог на постройке линии Мерефа—Херсон. В 1920 выехал за границу. С 1923 по 1930 работал в Бельгийском Конго нач-ком участка на постройке жел. дороги Мамаду—Киншаса. С 1930 по 1932 — нач-ком технич. отдела в Руанда—Бурунди. С 1934 по 1951 работал в Ливане и Сирии на постройке дорог, осушении и орошении. В 1951 переселился в США. Работал в качестве инж.-строителя в разных компаниях и в отделе водоснабжения Нью-Йоркского городского управления. В 1954 получил от шт. Нью-Йорк лицензию профессионального инж. Член «Societé Royale Belge des Ingénieurs et des Industriels», действительный член Об-ва рус. инж. в США (на 1952).

И с т. АОРИ. Вопросник.

ИЛЬИНСКИЙ Олег Павлович (8 мая 1932, Москва – 9 сен. 2003) — поэт, литературовед. Попал на Запад с родителями во время Второй мировой войны. После войны оконч. гимназию, слушал лекции в Мюнхенском ун-те.

В 1956 переселился в США. В 1964 оконч. Бруклинский колледж в Нью-Йорке со ст. бакалавра философии, в 1965 получил ст. магистра по рус. яз. при Нью-Йоркском ун-те. В 1970 защитил при ун-те докторскую дисс. по рус. лит. и яз. Преподавал введение в рус. лит. в ун-те Хофстра, современную рус. прозу в Нью-Йоркском ун-те и курс современной рус. поэзии при Колумбийском ун-те. Помимо преподавания 15 лет занимался исследовательской и ред. работой. В теч. 30 лет выпустил пять сб. стихов. Печатался в «Новом журнале» (Нью-Йорк), «Возрождении» (Париж), «Гранях» (Франкфурт-на-Майне), «Мостах» (Мюнхен) и др. Стихи **И.** включены в антологии: «На Западе» (1953), «Муза Диаспоры» (1960), «Содружество» (1966), «Берега» (1992) и «Вернуться в Россию стихами» (1995). *Вал. Синкевич* отмечает, что в творч. **И.** отражено чувство восхищения Божественной красотой природы и красотой, созданной человеч. гением. Есть у **И.** и мрачные строки, в которых автор описывает разбитую Германию. Состоял членом правления РАГ в США и входил в ред. коллегию ежегодных «Записок» орг-ции. *Родственники:* вдова Татьяна Фёдоровна.

И с т. Archives of the Assn of Russian-American Scholars in the USA. *Ilyinski O.P.* Curriculum vitae. 1972; *Ильинский О.П.* Автобиография в сб. Берега. Стихи поэтов второй эмигр. Под ред. *Вал. Синкевич.* Филадельфия. 1992. С. 267; *Ильинский О.П.* Автобиография // *Крейд В.* С. 627.

Л и т. *Синкевич Вал.* Поэт Олег Ильинский // Рус. возрождение (Нью-Йорк—Париж—Москва). 1990; *Витковский Е.В.* Антология поэзии рус. зарубежья... Кн. 4. С. 362.

ИЛЬИНСКИЙ [Романов] Павел Дмитриевич (27 янв. 1928, Лондон – 10 февр. 2004, Пальм-Бич, шт. Флорида). Троюродный брат императора Николая II, праправнук императора Александра II. Сын Вел. кн. Дмитрия Павловича — участника убийства в 1916 Г. Е. Распутина — и Одри Эмери из Цинциннати, наследницы местных промышленников. В 1937 родители **И.** развелись. Когда началась Вторая мировая война, уехал в США к матери и впоследствии стал амер. гражданином, сменив фам. Романов на **И.** Получив среднее образование, вступил на службу в мор. пех. США. В перерыве во время службы посещал Виргинский ун-т. Участник Корейской войны 1950–53. После войны зарабатывал на жизнь торговлей недвижимым имуществом в компании семьи матери. В 1979 переселился в Пальм-Бич и здесь начал полит. карьеру. Был выбран мэром города и занимал должность в 1993–2000. Во время первых выборов в 1987 выступал против Yvelyne de Marcellus Marix, заявлявшего, что он потомок Карла Великого. Это вызвало необычайный интерес к выборам, которые **И.** проиграл. В 1993 выиграл выборы, был мэром 7 лет и 11 лет — членом городского совета. Любил говорить, что является единственным членом семьи Романовых, получившим выборную должность. Р.К. Масси, изучавший историю Дома Романовых, утверждал, что **И.** мог бы претендовать на рос. престол. Но **И.** интереса к престолонаследию не проявлял, заявляя, что он — американец и удовлетворён должностью мэра. *Родственники*: жена Анжелика; дети: Михаил, Дмитрий, Пола Комиссар, Анна Глоссенджер; пасынок Джордж Локк; 9 внуков.

Л и т. *Robertson Cambell.* Paul Ilyinski, a Romanov, 76, and a Mayor // The New York Times. 2004. Febr. 17.

ИЛЬЯШЕНКО Владимир Степанович (1884, имение Афанасьевка Екатеринославской губ. – 1970, Нью-Йорк) — поэт. Оконч. Александровский лицей и историко-филологич. ф-т Санкт-Петербургского ун-та. Под псевдонимом В.С. Федин опубликовал в Петербурге работу «А.А. Фет (Шеншин): материалы к характеристике». Получил службу в Вашингтоне, где **И.** застала революция. По его инициативе в 1925 был издан первый сб. рус.-амер. поэтов «Из Америки». Состоял в Кружке рус. поэтов в Америке, участвовал в изданном в 1949 этим кружком сб. «Четырнадцать». Печатал стихи в «Новом журнале» (Нью-Йорк) и в «Возрождении» (Париж). Писал стихотворения и на франц. яз. Будучи тяжело больным, покончил самоубийством.

Л и т. *Крейд В.* С. 627.

ИМЕРЕТИНСКИЙ Георгий Михайлович, светлейший кн. (17 мая 1872 – 26 марта 1932, Лос-Анджелес) — полковник, паж Императора Александра III. Служил в 1-м Сунжено-Владикавказском ген. Слепцова полку (Войска Терского) в сост. Кавказской кав. дивизии, землевладелец. Писатель и философ, масон. Похоронен на Серб. кладбище. *Родственники*: вдова, урожд. Климова Л.Н.; сыновья: Георгий, Константин, Михаил.

И с т. Незабытые могилы / Сост. В.Н. Чуваков. Т. III. С. 81

Л и т. Некролог // Новая заря. 1932. 29 марта.

ИМНАДЗЕ Евгений Семенович (1875 – ?, США) — участник Белого движения на Юге России, генерал-майор. В службе с 1893, произведен в офицеры в 1894. Оконч. Академию Ген. штаба (?). Участник Первой мировой войны. После Октябрьского переворота 1917 — в белых войсках на Юге России. С мая 1919 — в резерве чинов при штабе Главнокомандующего ВСЮР. Нач-к Одесского военного уч-ща (окт.-нояб. 1919). С 1920 в эмиграции в Болгарии, далее в США. Жил в Детройте (на 1930), Нью-Йорке (на 1932). Участвовал в жизни рус. воинских орг-ций. На 1938 — представитель журнала «Армия и Флот». Чин 2-го Сев.-Амер. отдела РОВС (на 1943).

Л и т. *Волков С.В.* Энциклопедия Гр. войны. С. 227; Приветствие // Мор. записки (Нью-Йорк). 1943. Дек. С. 58.

ИНГЕРМАН Анна Самойловна (1868 – 20 мая 1931, Нью-Йорк) — социал-демократ, врач по образованию. В 1893 оконч. Бернский ун-т. В 1908 переехала с мужем, Сергеем Ингерманом, в США. Работала в социалистич. партии в Америке, во главе которой стоял ее муж. Противник большевиков. Основала «Русское социал-демократическое общество».

Кремирована.

И с т. Незабытые могилы / Сост. В.Н. Чуваков. Т. III. С. 83.

Л и т. *Б-ий А.П., Зак А.И.* Некролог // НРС. 1931. 22 мая.

ИННОКЕНТИЙ [в миру Иван Евсеевич **ПОПОВ**, Иоанн **ВЕНИАМИНОВ**] (26 авг. 1797, с. Ангинское Иркутской обл. – 31 марта 1879) — священник, миссионер, ученый-исследователь, просветитель, епископ, митрополит Московский, причислен к лику святых. До 9-летнего возраста учился дома. После оконч. Иркутской дух. семинарии, где ему в качестве награды за блестящие успехи была присвоена фамилия Вениаминова в честь епископа Вениамина Иркутского, посвящен в 1817 в сан диакона. Помимо дух. предметов, изуч. в семинарии ботанику, астрономию, историю, латынь. В 1821 посвящен во иереи и причислен к церкви Благовещения в Иркутске, где создал первую воскресную школу. 20 сент. 1823 с женой, сыном, матерью и братом добровольно отправился в Ситку, столицу Рус. Америки. Получив назначение служить и просвещать туземцев на о-ве Уналашка, прибыл туда в мае 1824, проведя в пути 14 месяцев. На Уналашке вместо старой часовни построил в 1826 церковь во имя Вознесения Господня. Здесь начал миссионерскую деятельность, изуч. яз. туземцев и географию рус. владений. Одной из его главных заслуг было составление в 1830 на основе кириллицы алфавита и грамматики яз. алеутов. **И.** был составлен словарь и сделаны переводы Евангелия, катехизиса и дух. наставлений для алеутов. В школах занятия велись на местном яз., а также на рус. Среди туземцев поощрялось знание грамоты. Подобная работа была проведена и для индейцев-тлинкитов (колошей) в окрестностях Ново-Архангельска (Ситки), где стараниями **И.** в 1848 был построен кафедральный собор во имя Архистратига Михаила и основана дух. семинария для туземцев. В 1841 Академия наук в Петербурге издала труд **И.** о колошском и кадьякском яз. и рос.-колошский словарь. За эти труды удостоился избрания в члены-корр. Академии наук. Во время дух. карьеры совершил много путешествий и оставил после себя многоч. ценные путевые записки. Владел латинск. яз. настолько хорошо, что в бытность свою в Форте Росс при посещении католич. миссии в Президио (Сан-Франциско) свободно разговаривал на латыни с исп. патерами. Его статьи о Рус. Америке печатались в Санкт-Петербурге. Занимался географич., метеорологич. и историч. изысканиями. За «Записки об островах Уналашского отдела» в 1841 Императорской Академией наук **И.** была присуждена Демидовская премия. Учил алеутов ремеслам, изготовлению кирпича и плотницкому делу. Еще в детстве, живя с родителями в Агнинском, овладел ремеслом часовых дел мастера, стал большим умельцем в столярном деле и даже умел строить органы.

В 1834 получил приход в соборе Архангела Михаила в Ново-Архангельске (Ситке). Изготовленные **И.** часы были установлены на колокольне собора. В 1836 на Аляске вспыхнула эпидемия оспы, унесшая в могилу многих туземцев. Применял против оспы прививку, что прекратило эпидемию и увеличило его популярность среди туземцев и доверие к рус. Овдовев в 1839, принял монашество с именем Иннокентия и в 1840 хиротонисан во епископа Камчатского, Курильского и Алеутского с кафедрой в Ново-Архангельске. Стал первым православным епископом в Рус. Америке и на всем амер. материке. Именем Вениаминова на Аляске назван действующий вулкан. Требовал от духовенства изуч. местных яз. для богослужения и проповедей, чтобы при каждой церкви были школы и приюты для сирот. Вступался за алеутов, терпевших несправедливости со стороны администрации РАК. Дом **И.** в Ситке является теперь музеем, который входит в состав Нац. историч. заповедника. В доме епископа находилась также дух. семинария и навигационная школа. В 1845 открылась семинария. Первый набор состоял из 23 семинаристов — туземцев и креолов (потомков смешанных браков рус. с туземными девушками). Программа обучения включала, помимо богословских предметов, занятия по туземным яз.: алеутскому, эскимосскому и тлинкитскому. Программа также включала 3 года изуч. мед. и три латыни. В 1850 возведен в сан архиепископа с резиденцией в Якутске. Во время Крымской войны (1853–56) к берегам Охотского моря подошла англо-франц. эскадра (1854). Прибывшего туда **И.** англичане хотели было взять в плен, но отступились от этого намерения. В 1867 возведен в сан митрополита Московского и Коломенского, став первоиерархом Православной Рос. Церкви. После продажи Аляски Соединенным Штатам (1867) **И.** была создана Алеутская и Аляскинская епархия. В договор о продаже Россией Аляски было включено условие о сохранении имущества Церкви. В 1868 избран в почетные члены Московского императорского ун-та. Почитаемый в Америке и в России, был прозван Апостолом Америки. По инициативе ПЦА Святейший Синод РПЦ причислил в 1977 **И.** к лику святых.

Л и т. *Барсуков И.* Иннокентий, митр. Московский и Коломенский (Москва). 1883; *Григорий,* епископ Аляскинский. Аляскинские мученики // НРС. 1980. Июнь; *Ларин Г.*, протоиерей. Иннокентий, митр. Московский // Православная жизнь. 1993. Нояб. № 11. С. 1–21; *Петров В.* Рус. в истории Америки. Вашингтон. 1988. С. 1-22–136; *Поберовский С.* Очерк истории православия в Америке (1784–1887). 1994. Авг. № 8. С. 22–28; *Полчанинов Р.* Первый православный правящий епископ в Америке // НРС. 1984. 21 и 27 окт.; *Потапов Виктор,* протоиерей. Митр. Иннокентий Московский, «Апостол Америки» // Рус. возрождение (Нью-Йорк—Париж—Москва). 1986. № 36. С. 81–92; *Black L.* Ioann Veniaminoiv in Alaska and Siberia and his contribution to Arctic Social Science: Symposium topics. University of Alaska. Fairbanks, 1997. Dec. 5–7; *Garrett P. D.* St. Innocent, Apostle to America // St. Vladimir's Seminary Press. Crestwood, 1979. 345 Pp.; *Frawley J. Fr.* Saint Innocent: Missionary with many talents // The Orthodox Church. Nune 1993. P. 4; *Kishkovsky L. Fr.* Saint Inocent Veniaminov: A model for today and tomorrow // The Orthodox Church. 1997. Jan/Feb. P. 2; The 200th Anniversary of the Birth of Saint Innocent // The Ortodox Church. 1997. July/Aug.

ИННОКЕНТИЙ [в миру Александр Дмитриевич **ПУСТЫНСКИЙ**] (1869 – ?) — епископ в Америке с 1903 по 1909. Оконч. Киевскую дух. академию и получил звание магистра богословия при Московской дух. академии. В 1903 назнач. чтецом в Сан-Францисский собор. В 1894 принял монашеский постриг с именем **И.**, сразу рукоположен во диаконы и иереи и назнач. окормлять приходы в Осцеола Миллс и Аллегени, в Пенсильвании. Будучи возведен в 1903 в сан епископа, назнач. викарным епископом на Аляску. На Аляске все время посвящал посещениям отдаленных приходов и поселков. Пастырские путешествия по Аляске описал в журнале «Messenger».

После возвращение в Россию в 1907 архиепископа *Тихона*, будущего Патриарха Московского всея России, возглавил амер. православную епархию до назнач. на этот пост архиепископа *Платона*. Возвратился в Россию в 1909, возглавлял епархии в Якутске, в Верном, в Ташкенте и в Харькове. В Америке оставил о себе память как деятельный и способный помощник архиепископа Тихона в трудах последнего по преобразованию Северо-Амер. епархии в экзархат.

Л и т. Archimandrite Innocent (Pustynsky) // The Orthodox Church. 1994. April/May. P. 10; *Kishkovsky Leonid*, archpriest. Archbishop Tikhon and the North American Diocese // Orthodox America 1974–1976. Gen. ed. Tarasar Constance. 1975. P. 82–101.

ИННОКЕНТИЙ [в миру Георгий **ГУЛА**] (20 авг. 1949, Хэзлтон, шт. Пенсильвания – 7 мая 2002, Аляска) — епископ ПЦА. Род. в семье Георгия и Елизаветы, урожд. Бака. После оконч. школы поступил в ун-т Дюкен (Duquesne) в Пенсильвании, который оконч. в 1971 со ст. бакалавра философии и психологии. Затем получил в 1976 ст. магистра наук по религиозному воспитанию в Колледже Мэривуд, в Скрантоне, Пенсильвания. В 1977 оконч. Свято-Тихоновскую дух. семинарию. В февр. 1979 рукоположен во диаконы и во иереи. В 1980 основал церковь св. Григория в Сифорде, в шт. Нью-Йорк. Приняв пострижение, возглавил в 1982 монашескую общину Туксидо Парк в шт. Нью-Йорк, окормлял приходы в г. Нью-Йорке и в шт. Нью-Йорк. В 1994 получил назнач. преподавателем в Свято-Германовскую дух. семинарию на о-ве Кадьяк, на Аляске. Был хиротонисан во епископы в 1995 и назнач. викарным епископом Анкориджским, на Аляске. В марте 2001 ушел на покой.

Похоронен в Хэзлтоне, в Пенсильвании.

Л и т. In Memoriam, Bishop Innocent // The Orthodox Church. 2002. May/June. P. 4.

ИНОЗЕМЦЕВ Виктор Николаевич (род. 9 июня 1913, Санкт-Петербург) — архитектор. С 1934 по 1937 работал в строительном отделе Латвийского железнодорожного управления. В 1938 служил в строительном отделе Латвийской торгово-промышленной палаты, в 1939 — в строительном отделе Рижского городского управления и в 1940 — в Латвийской республиканской проектной конторе. В 1944 окончил в Риге архитектурный ф-т Латвийского гос. ун-та (бывший Политехникум) с дипломом архитектора. С 1951 начал работать в частных архитектурных фирмах в Ньюарке, в шт. Нью-Джерси, и в Нью-Йорке. Получил в шт. Нью-Джерси лицензию зарегистрированного архитектора. Действительный член Об-ва рус. инж. в США (на 1951).

И с т. АОРИ. Вопросник.

ИОАНН [в миру **ГАРКЛАВС** — John **Garklavs**] (1898, Умург, Прибалтика – ?) — архиепископ ПЦА. Оконч. дух. семинарию в Риге и рукоположен во диаконы и иереи в 1936.

Приняв монашеский постриг, хиротонисан в 1943 во епископы. В связи с наступлением Красной армии в 1944 вынужден оставить епархию и выехал в Германию, где провел несколько лет в лагерях для «перемещенных лиц». Был принят митрополитом *Феофилом* в Амер. митрополию (ПЦА). Прибыл в США в 1949 и назнач. епископом Детройтским и Кливлендским. В 1955 местоблюститель Чикагско-Миннеапольской епархии, возведен в 1957 в сан архиепископа. Член Святейшего Синода ПЦА.

Л и т. *Archbishop John Garklavs* // Orthodox America, 1794–1976. *Tarasar Constance* (Gen. Ed.). 1975. P. 224.

ИОАНН [в миру Иосиф **ЗЛОБИН**] (6 сент. 1880, с. Тетеревятники Камышинского уезда Саратовской губ. – ?)) — архимандрит, администратор Аляскинских православных церквей. Род. в крестьянской семье. В 1897, после паломничества по обету в Киев, принят в число братии в Спасов Скит при станции Борки Харьковской губ. В 1902 по отбытии воинской повинности переведен в Святогорский Успенский монастырь. В 1910 выдержал при Харьковской дух. семинарии экзамен на звание учителя церковно-приходских школ.

В 1910 отпущен на службу в Америку с назнач. в Виннипег. Получил постриг в 1911 с наречением имени **И**. Посвящен в сан диакона и затем в — иеромонаха. Шесть лет служил в Канаде. Получил назнач. в США в ряд приходов в шт. Нью-Йорк, Пенсильвания, Оклахома, Колорадо, Индиана, Орегон и Калифорния. Содействовал построению двух новых храмов. В 1929 митрополитом *Платоном* назнач. настоятелем и миссионером на Прибыловы о-ва, на о-в Св. Павла, где прослужил 6 лет. В 1935 переведен настоятелем кафедрального собора в Ситку (в прошлом Новоархангельск) и назнач. администратором православных Аляскинских церквей. Во время поездок по Аляске содействовал обращению алеутов в Православие. В селении Кэнтвелл обратил в христианско-православную веру одновременно 100 человек.

И с т. *Иоанн (Злобин)*, архимандрит. Автобиография // Юбилейный сб. в память 150-летия рус. православной церкви в Сев. Америке. 1945. С. 67–69.

ИОАНН [в миру Иван **КОЧУРОВ**] (13 июня 1871, дер. Бигильдино Донковского уезда Рязанской губ. – 31 окт. 1917, Царское Село Петроградской губ.) — новомученик, священник-миссионер в Америке. Причислен к лику святых. Во время революции стал первым православным пастырем, принявшим мученич. смерть от рук большевиков. Учился в Санкт-Петербургской дух. академии, где познакомился с епископом *Николаем Зеровым* из Сев. Америки. Завершив образование в 1895, решил посвятить жизнь миссионерской деятельности в Америке.

После женитьбы на Александре Васильевне рукоположен во иереи и назнач. настоятелем прихода в домовой церкви св. Владимира в Стриторе, в шт. Иллинойс. В приходе состояли рус., сербы, галичане, болгары и арабы. Решил построить церковь и ездил для сбора средств в Россию. На эти средства и вспомоществование состоятельных чикагцев по проекту архитектора Луиса Салливана в Чикаго был возведен Свято-Троицкий собор. Император Николай II сделал личный вклад на постройку собора и в 1903 наградил **И**. орденом св. Анны. Собор был освящен епископом *Тихоном*, епископом Северо-Амер., будущим патриархом Всея России, причисленным позднее к лику святых. Своей главной задачей ставил возвращение в Православие католиков восточ. обряда. После 12 лет пастырской службы в Америке с матушкой и тремя сыновьями возвратился в Россию. После Октябрьского переворота 1917, будучи настоятелем Екатерининского собора в Царском Селе, мужественно обличал беззакония и преступления новой власти. Арестован и по дороге в местный совет убит красногвардейцами и матросами. Патриарх Тихон, помянул мученич. кончину **И**. 31 окт. – 1 нояб. 1981 Архиерейским Синодом РПЦЗ было совершено прославление всех новомучеников, исповедников Православной веры, от безбожников пострадавших. В числе прославленных священномучеников был и **И**. Почти через 80 лет, 4 дек. 1994, в этом же соборе **И**. был причислен к лику святых мучеников. Прославление **И**. и о. *Александра Хотовицкого* возглавил патриарх Московский и всея Руси Алексий II совместно с митрополитом Феодосием ПЦА.

Л и т. *Тавифа*, монахиня. Священномученик отец Иоанн Кочуров // Православная жизнь. 2002. Янв. № 1 (624). С. 1–20; American missionaries added to list of saints // The Orthodox Church. 1995. Jan./Feb. P. 1, 8.

ИОАНН [в миру **ЛЁГКИЙ**] (29 апр. 1907, Двинск Витебской губ. – 25 февр. 1995) — епископ РПЦЗ, миссионер. В Двинске оконч. гимназию, а затем в Риге — Рус. педагогич. курсы, Рижскую дух. семинарию и курс богословских наук на православном отделении Богословского ф-та Рижского ун-та. В 1931 рукоположен во диаконы и во священники. До 1936 — священник и учитель. В 1936 назнач. священником в рижский Св. Троице-Сергиевский женский монастырь и законоучителем местных школ. В 1941–44 был членом Псковской дух. миссии на оккупированной немцами терр. России и занимался восстановлением разрушенных большевиками православных приходов, дух. воспитанием местного населения и массовым крещением людей в условиях разрухи, страшной нужды и жесткого режима оккупантов. Помимо дух. окормления населения занимался школами и обеспечением питанием детей и стариков. В ходе наступления Красной армии стал беженцем и с 1946 по 1949 был синодальным миссионером и наблюдателем за преподаванием Закона Божия в рус. школах Германии.

В 1949 переехал с семьей в США. С 1949 по 1959 священник при Вознесенском кафедральном соборе в Бронксе, Нью-Йорк. С 1959 по 1987 настоятель собора св. Архангела Михаила в Патерсоне, Нью-Джерси. С 1961 занимал должность благочинного Восточ.-Нью-Йоркской епархии. Овдовев в 1989, пострижен в 1990 в монашество с сохранением прежнего имени в память рукоположившего его в священнич. сан священномученика Иоанна, архиепископа Рижского. Хиротонисан во епископа, назнач. в Аргентину, но потом, через несколько лет, назнач. епископом Рокландского округа Нью-Йоркской епархии. Был пастырем в теч. 63 лет, из которых 50 лет служил в РПЦЗ. *Родственники:* дочери — *Ираида Пушкарева* и *Галина Лофберг*; внуки.

Похоронен на кладбище женского монастыря Ново-Дивеево в шт. Нью-Йорк.

И с т. *Иоанн*, епископ. Автобиография (машинопись). 1994.

Л и т. *Женочин Михаил*, протоиерей. Миссионер протоиерей Иоанн Легкий // Санкт-Петербургские епархиальные ведомости. 2002. 22 февр. С. 140–145; *Ларин Георгий*, протоиерей. Пастырь добрый // ПР. 1995. № 8. С. 3–4.

ИОАНН [в миру Михаил Борисович **МАКСИМОВИЧ**] (4 июня 1896, с. Адамовка Харьковской губ. – 1 июля 1966, Сан-Франциско) — св. Иоанн, чудотворец, архиепископ Шанхайский и Сан-Францисский РПЦЗ. Род. в дворянской семье. Оконч. Петровско-Полтавский кад. корпус в 1914 и в 1918 юридич. ф-т Харьковского ун-та. Во время Гражданской войны покинул Россию и поселился в Кор. СХС. В 1925 оконч. богословский ф-т Белградского ун-та и в 1926 принял иноч. сан. Получил назначение в Китай, окормлял в Шанхае православных рус. В 1936 издал в Шанхае книгу «Происхождение закона о престолонаследии в России». В 1934 хиротонисан во епископы с назнач. в Шанхай. Продолжал оставаться на своем посту во время Второй мировой войны и яп. оккупации.

В ходе наступления кит. коммунистов выехал в 1949 в США. Прибыв в США, своим архипастырским авторитетом способствовал переезду рус. беженцев из Китая на о-в Тубабао, на Филиппинах. В 1951 в сане архиепископа назнач. в Брюссель. Из Брюсселя переведен в Сан-Франциско, где возглавил епархию и основал богословские курсы. Вел аскетич. образ жизни. Благодаря церковному водительству **И.** было завершено строительство кафедрального собора Пресвятой Богородицы всех Скорбящих Радости, начатое архиепископом *Тихоном* в 1961.

Погребен в соборе Пресвятой Богородицы в Сан-Франциско. В 1994 причислен к лику святых.

И с т. Блаженный Иоанн Максимович. Калифорния, 1971.

Л и т. *Афанасий*, архимандрит // Юбилейный сб. в память 50-летия прихода и освящения Кафедрального Собора Пресвятой Богородицы всех Скорбящих радости, 1927–1977, в гор. Сан-Франциско. Калифорния, 1978. С. 111–112; Высокопреосвященный Архиепископ Иоанн // Там же. С. 97–101; *Гич*. Пастырь добрый // НРС. 1982. 18 авг.; Краткое жизнеописание иже во святых отца нашего Святителя Иоанна // ПР. 1994. № 13. С. 1–7; *Петр (Лукьянов)*, иеромонах. К 25-летию кончины Приснопамятного Владыки Архиепископа Иоанна (Максимовича) // ПЖ. 1991. Июль. № 7. С. 1, 17.

ИОАНН [в миру Стефан **МИТРОПОЛЬСКИЙ** — John **Metropolsky**] (? – 1914, Россия) — епископ Алеутских о-вов и Аляски. В связи с продажей Аляски Америке (1817) взамен Аляскинской православной миссии была создана епархия Алеутских о-вов и Аляски, во главе которой был поставлен епископ **И.** Эту епархию он окормлял с 1870 по 1876. Ознакомившись с положением дел в Новоархангельске (Ситке), **И.** пришел к заключению о желательности перевода епископской кафедры в Сан-Франциско. Это расширило возможности окормления православных не только в Калифорнии, но и на всей территории Сев. Америки. В 1872 в Сан-Франциско была переведена кафедра амер. православной церкви. Владел англ. яз., что открывало для **И.** широкие возможности для орг-ции миссионерской работы среди населения Америки. Будучи автором истории амер. религиозных сект в 5 томах, был хорошо подготовлен к ведению диалогов с неправославными на страницах амер. прессы. В 1876 отозван в Россию.

Л и т. *Frawley Joseph, Rev.* Bishops for America // The Orthodox Church. 1993. Sep./Oct. P. 1.

ИОАНН [в миру князь Дмитрий Алексеевич **ШАХОВСКОЙ**, псевд. — **Странник**] (23 авг. 1902, Москва – 30 мая 1989, Санта-Барбара) — архиепископ Сан-Францисский (ПЦА), поэт. Род. в семье камергера Двора. Учился в Царскосельской школе Левицкой, а затем в 1915 поступил в Императорский Александровский лицей. Писать стихи начал в возрасте 16 лет. Окончить лицей не успел. В 1918 бежал на Дон и вступил рядовым добровольцем в Белую армию. Сражался и был контужен под Царицыном. Демобилизовался и, пройдя курс во флотской беспроволочной телеграфной школе, стал радистом на бывшей императорской яхте «Алмаз». Выехал из России в 1920. В Париже учился в Школе полит. наук, окончил ун-т в Лувене. Был ред. журнала «Благонамеренный», который издавался в Брюсселе. Стал лит. и общественным деятелем. Писал стихи. Однако его влекла дух. жизнь. Отправившись на Афон, в 1926 принял монашество в Свято-Пантелеевском монастыре и наречен **И.** Учился в Свято-Сергиевской дух. академии в Париже. Начал пастырское служение в Белой Церкви в Югославии, где его стараниями была построена церковь. Там же начал писательскую и изд. деятельность. Издал книгу «Памятка», которая является извлечением из большого труда его отца — кн. А.Н. Шаховского, ставившего своей задачей дать рус. читателю, особенно юношеству, основы нац. гражданственности. Книга отпечатана в берлинском изд-ве «За церковь». В 1932 опубликовал сб. стихов «Белое иночество» и в 1938 — «Путь на север». Иеромонах, а затем архимандрит, с 1932 по 1945 был настоятелем церкви св. Владимира в Берлине, прихожанами которой во время войны стали беженцы и насильно вывезенные на работу в Германию рус. люди.

Переехав в США в 1946, продолжал миссионерскую и административную деятельность в лоне ПЦА на огромной территории. Его брошюра «Правда о Русской Церкви на Родине и за рубежом» (1961) вызвала полемику догматич. характера с протопресвитером *Георгием Граббе*, особенно в вопросе об отношении к экуменич. движению, которое архиепископ **И.** считал объединением перед лицом антихристианских сил. Через радиостанцию «Голос Америки» перенес миссионерскую работу в форме радиобесед за «железный занавес», в Советский Союз, и успешно вел ее многие годы. Его имя стало известно в СССР. Публиковал статьи на религиозно-философские темы в «Новом русском слове» (Нью-Йорк), в «Русской жизни» (Сан-Франциско) и «Вестнике РСХД» (Париж). Перу **И.** принадлежат книги: «Листья древа», «Книга свидетельств», «Московский разговор о бессмертии». В 1960 в Нью-Йорке опубликовал сб. своих стихотворений «Странствия», в 1966 — «Книгу лирики», «Упразднение месяца» (1968), «Нескучный сад» (1970), «Избрание тишины» и «Созерцания» (1971) и позже — «Рождение вещей». В 1974 в Стокгольме была издана его «Избранная лирика», «Поэма о русской любви» (1977), в 1977 в Париже в изд-ве YMCA-Press вышла его книга «Биография юности». Стихотворения в «Новом журнале» и др. журналах, а также книги подписывал псевдонимом Странник. В 1976 получил ст. доктора богословия Свято-Владимирской Академии и Колумбийского ун-та, а в 1979 удостоился степени доктора богословия Калифорнийского ун-та в Бёркли.

И с т. АМРЦ. *Морозова О.А.* Биографич. сборник, черновая рукопись. М-73 (MS 268). С. 1–20.

Л и т. *Вильданова Р.И., Кудрявцев В.Б., Лаппо-Данилевский К.Ю.* Краткий биографич. словарь рус. зарубежья // *Струве Г.* С. 316; *Витковский Е.В.* Антология… Кн. 2. С. 442; *Граббе Георгий.* Рус. зарубежная церковь в кривом зеркале (ответ Архиепископу Иоанну Шаховскому) // ПР. 1964. № 3. С. 4–8. № 4. С. 4–6; *Крейд В.* С. 657; *Левитин-Краснов А.* К 85-летию архиепископа Иоанна Шаховского // РМ. 1987. 4 сент.; *Он же.* Неутомимый странник // НРС. 1987. 5 сент.; *Николаев А.* К 80-летию архиепископа Иоанна Шаховского // НРС. 1982. 28 авг.; 50 лет монашества // РМ. 1976. 3 сент.; *Седых Андрей.* Пастырь добрый, архиепископ Иоанн (Шаховской) // НРС. 1982. 31 авг.; *Чиннов И.* Памяти архипастыря и поэта // НЖ. 1989. Сент. Кн. 176. С. 286–293; Archbishop John (Shahovskoy) // Orthodox America, 1794–1976. Gen. ed. *Tarasar Constance.* 1975. P. 225; *Raymond B., Jones D.J.* Ioann, Arcbishop of San Francisco // Russian Diaspora, 1917–1941. Maryland and London. P. 121–122.

ИОАСАФ [в миру Степан **АНТОНЮК**] — епископ ПЦА. Род. в Гродненском уезде, на Волыни. После оконч. 12-летнего дух. образования рукоположен в 1922 во иереи и окормлял приходы в Чите, в Сибири, и в Харбине, в Маньчжурии.

Прибыл в Америку в 1930 и 38 лет прослужил настоятелем Свято-Николаевского храма в Стратфорде, в шт. Коннектикут. Его матушка Еликонида Вячеславовна (урожд. Антонюк) была оперной и концертной певицей. Овдовев в 1968, принял монашество и в 1968 хиротонисан в Нью-Йорке во епископа Эдмонтонского. Был дух. наставником *И.И. Сикорского* и приезжал его хоронить.

Л и т. Bishop Iosaph // Orthodox Church, 1794–1976. *Tarasar Constance.* (Gen. ed.). 1975. P. 226; *Geller Herbert F.* Russian churches grew with area aircraft industry // The Sunday Post. Bridgeport, 1979. Oct. 14. P. 4.

ИОАСАФ [в миру Иоанн Ильич **БОЛОТОВ**] (1761, с. Стрешневка Кашинского уезда Тверской губ. – 1799) — епископ, миссионер на Аляске. Род. в семье священника. Обуч. в Тверской и Ярославской дух. семинариях. После завершения образования был учителем Угличского дух. уч-ща. Постригся в Толгском монастыре близ Ярославля. Прибыл в Рус. Америку на о-в Кадьяк во главе миссии в 1794. Миссия в составе восьми монахов из Валаамского монастыря была послана на Аляску по ходатайству *Г.И. Шелихова.* На Аляске, несмотря на административные недоразумения между монахами и администрацией РАК, миссионеры успешно обращали в православие местных туземцев, занимались просветительской деятельностью и защищали туземцев от произвола администрации. Помимо пастырской деятельности занимался исследованием о-ва Кадьяк и написал «Топографическое, климатическое, статистическое и нравственное описание о-ва Кадьяка», опубликованное в «Друге Просвещения» за окт. 1805. Вызван в Иркутск, где был хиротонисан во епископа и стал первым православным епископом в Америке. Возвращаясь в Америку, в 1799 погиб во время бури в Охотском море при кораблекрушении корабля «Феникс». С ним вместе погибли сопровождавшие его члены миссии иеромонах *Макарий* и иеродиакон *Стефан.*

Л и т. *Пежемский Ф.* Епископ кадьякский Иоасаф Болотов // Странник. 1862. Кн. 6; *Покровский И.М.* Рус. епархии в XVI-XIX вв. Казань, 1913. Т. 2. С. 809; *Полчанинов Р.* Первый православный епископ // НРС. 1983. 30 янв.; *Поберовский С.* Очерк истории Православия в Америке (1784-1867) // 1994. Апр. № 4. С. 20–28; Archbishop Ioasaph, Enlightener of Canada // The Orthodox Church. 1968. P. 88–92;

ИОАСАФ [в миру Иван Васильевич **СКОРОДУМОВ**] (1888 – 1955) — архиепископ РПЦЗ. Уроженец Новгородской губ. Оконч. Дух. академию со званием кандидата богословия и принял в 1911 монашество. Преподавал в дух. уч-ще Вятской губ. и в 1914 переведен на должность преподавателя в Полтавское дух. уч-ще. Во время Гражданской войны окормлял части Белой армии. Эвакуировался в Турцию с Рус. армией ген. П.Н. Врангеля. Переехав в Кор. СХС, преподавал в рус. кад. Донском корпусе. В 1930-х выехал в Канаду, где не хватало православных церковнослужителей. По вызову митрополита Антония (Храповицкого) вернулся в Югославию и возведен во епископа с назнач. на Канадскую кафедру в Эдмонтоне. При **И.** канадская епархия возросла до 40 приходов, были основаны монастырь на оз. Уайтфиш, скит Покрова и собор в Эдмонтоне.

После многолетней службы в Канаде возведен в сан архиепископа и назнач. в Аргентину.

Здесь вскоре скончался и погребен на англ. кладбище в Буэнос-Айресе.

Л и т. Памяти Архиепископа Иоасафа // ПР. 1965. № 22. С. 9–10; Наша страна (Буэнос-Айрес). № 773.

ИОВИЧ Никита Иванович (1900, стан. Вознесенская Лабинского отдела Обл. Войска Кубанского – 8 окт. 1993, Бостон, шт. Массачусетс) — участник Белого движения на Юге России, сотник. Оконч. гимназию в стан. Вознесенская (1918). С 1919 — юнкер Кубанского ген. Алексеева военного уч-ща. Хорунжий (1920). Эвакуировался из Крыма в нояб. 1920 в составе Рус. армии. В 1921 — на о. Лемнос, сотник. После 1921 — в эмиграции в Болгарии, Франц., Чехословакии. Учился в Пражском ун-те (неоконч.?). В 1941–45 — в Рус. Корпусе. После 1945 — в Австрии и США. Участвовал в жизни рус. воинских орг-ций. Член Бостонского отдела СЧРК. С 6 авг. 1988 — Зам. Председателя РОВС. Председатель РОВС (20 июня 1988 — 18 июля 1988). 18 июля 1988 передал должность своему зам. поручику *В.В. Гранитову.* Состоял членом КРА и Атаманом Бостонской каз. стан.

И с т. Незабытые могилы / Сост. В.Н. Чуваков. Т. III. С. 89.

Л и т. Некролог // НВ. 1993. № 433; Председатели и нач-ки РОВС. Материалы для истории // Там же. 1998. Март. № 450/2751. С. 18.

ИОНОВ Александр Михайлович (1880 – 18 июля 1950, Нью-Йорк) — участник Белого движения на Востоке России, Ген. штаба генерал-майор. Сын Атамана Семиреченского каз. войска. Оконч. 2-й Оренбургский кад. корпус, Константиновское арт. уч-ще, Николаевскую Академию Ген. штаба (1908). Участник Первой мировой войны. За храбрость награжден Георгиевским оружием и орденом св. Георгия IV ст. На 1917 — полковник, командир 2-го Семиреченского каз. полка 2-й Туркестанской каз. дивизии. Зимой 1918 привел полк с фронта домой. Арестован большевиками, освобожден семиреченскими казаками и избран Войсковым Атаманом. Далее — в белых войсках Восточ. фронта. Генерал-майор (на 1920). В эмиграции в Монреале (Канада). С 3 июля 1930 — нач-к Канадского отдела (?) РОВС. Затем в США, нач-к Сев.-Амер. отдела РОВС (на 1950). *Родственники:* дочери: Татьяна, Ольга.

Л и т. *Волков С.В.* Энциклопедия Гр. войны. С. 228; Каз. словарь-справочник / Сост. Г.В. Губарев. Ред.-изд. А.И. Скрылов. Т. II. Сан-Ансельмо, 1968. С. 10–11; Некролог // Часовой (Брюссель) 1950. № 300.

ИОНОВ Алексий (29 марта 1907, Двинск Витебской губ. – 4 февр. 1977) — протопресвитер РПЦЗ. После оконч. гимназии уехал в Париж и поступил в Свято-Сергиевскую дух. академию. Учился у о. Сергия Булгакова, В.В. Зеньковского и др. парижских богословов под пастырским рук. митрополита Евлогия (Георгиевского). После оконч. академии посвятил себя пастырству. Возвратился в Латвию, в сельский приход. В 1932 рукоположен во диаконы, а в 1933 во иереи. Затем переведен в Рижский приход св. Александра Невского. С 1941 во время нем. оккупации служил в Псковской дух. миссии. В 1944, перед наступлением сов. войск, уехал на Запад. После оконч. воен. действий окормлял рус. беженцев в лагерях в р-не Зальцбурга, в Австрии. В конце 40-х гг. переселился в США. До 1970 служил настоятелем церкви во имя иконы Казанской Божией Матери ПЦА в Си-Клиффе, на Лонг-Айленде, в шт. Нью-Йорк. После получения ПЦА от Московской Патриархии автокефалии перешел с частью прихожан в юрисдикцию РПЦЗ и вскоре переведен в Калифорнию.

Л и т. *Корнилов А.А.* С. 19.

ИОРДАН Алексей Борисович (28 февр. 1923, Палич, Кор. СХС – 21 авг. 2002, Си-Клиф, шт. Нью-Йорк) — экономист, кад. деятель. Сын полк. *Б.А. Иордана*. Мать, урожд. Кира Анатольевна Гудим-Левкович, род. в Киеве, была фрейлиной императрицы Александры Федоровны. Во время Первой мировой войны служила сестрой милосердия на фронте и за храбрость удостоилась четырех Георгиевских медалей. Оконч. Первый Рус. Великого Кн. Константина Константиновича кад. корпус в Югославии. Был вице-фельдфебелем XXI выпуска (1940–41). Имя **И.** было занесено на мраморную доску за отличные успехи. Учился в Белградском ун-те. С 1941 служил вместе с отцом в Рус. Корпусе, сражавшемся против коммунистов в Югославии. После оконч. войны перебрался в Париж, учился в Высшей коммерч. школе (École des Hautes Études Commerciale). Оконч. школу, переселился в США. Продолжал занятия в Нью-Йоркском ун-те, в котором получил диплом магистра экономики наук. С 1956 до выхода на пенсию работал в банке. В теч. 15 лет был казначеем Нью-Йоркского Кад. объединения. Участвовал на всех 16 съездах Объединения кадет рос. кад. корпусов за рубежом. В 1998 приложил много усилий по орг-ции и проведения 16-го съезда, который был созван в России.

В России работал совместно с нахимовцами, суворовцами и рук. новых кад. корпусов с целью возрождения кад. корпусов по образцу и традициям зарубежных корпусов и корпусов, существовавших в России до большевистского переворота, оказывая им идеологич., дух. и материальную помощь. Был председателем фонда содействия кад. корпусам в России. С 1993 отв. ред. журнала «Кадетская перекличка» (Нью-Йорк). Был казначеем Восточно-Амер. епархии РПЦЗ. В теч. 22 лет преподавал в церковно-приходских школах. Много лет проводил Владимирские конкурсы соч. на рус. яз. среди учеников церковно-приходских школ за рубежом, суворовских и нахимовских уч-щ и кад. корпусов в России. Лучшие из соч. публиковались в «Кадетской перекличке», и за них в России выдавались награды. В 1988 возглавил в Нью-Йорке празднование 1000-летия Крещения Руси, воплотившееся в грандиозную историч., муз. и театральную постановку, в которой участвовало много членов рус. орг-ций из разных городов Зарубежья, прихожан обеих православных юрисдикций и «греков». Постановка была записана на видеокассету. *Родственники:* жена Марья Александровна, урожд. Шишкова; дети *Николай* (1959), Михаил (1962), *Борис* (1966) и дочь Екатерина (1967) с семьями.

Похоронен на кад. участке кладбища при Успенском женском монастыре Ново-Дивеево близ Нануэт (шт. Нью-Йорк).

И с т. АА. *Иордан М.А.* Алексей Борисович Иордан, компьютерный набор. 2002. 11 сен. 2 стр.; *Кирсанова Г.А.* Письмо жены директора 1-го Московского кад. корпуса о пребывании А.Б. Иордана в Москве. 2002. 16 сент.; *Юсупов Э.С.* Письмо Юрию Шидловскому. 2002. 27 сент.

Л и т. Кад. перекличка (Нью-Йорк). 1999. № 66–67; 2000. 68–69; 2001. 70–71; *Иордан М. А.* Алексей Борисович Иордан // Там же. 2003. Май. № 74.

ИОРДАН [**Йордан**] [**Jordan** Boris] Борис Алексеевич (1967, Глен-Ков, шт. Нью-Йорк) — финансист. Род. в семье рус. эмигрантов из Югославии, переселившихся в США после Второй мировой войны. Сын кадета и внук полк. Ген. штаба. Помимо амер. начальной и средней школы, учился в рус. церковно-приходской школе. Состоял в ОРЮР. Оконч. Нью-Йоркский ун-т и получил звание бакалавра в обл. рос.-амер. отношений. Получив высшее образование, успешно работал в Нью-Йорке в банке. В 1992 переехал в Россию и работал в Москве в Credit Suisse First Boston. Получив значительную премию за свою удачную для банка сделку, стал самостоятельным банкиром, участвовал в создании компании Renaissance Capital. С 1998 Йордан делал вклады в средства массовой информации, металлургию, нефтяную и лесную промышленность, страховые и компьютерные компании. С 2001 по 2002 стоял во главе рос. телевизионной компании НТВ. **И.**, амер. гражданин, являет собой пример возвращения сына рус. эмигранта для плодотворной деятельности на родину своих предков. Занимается значительной благотворительной деятельностью. По семейной традиции оказывает помощь кад. корпусам, рус. орг-циям юных разведчиков и предоставляет средства для восстановления православных храмов, в частности собора, в котором погребен Вел. Кн. Константин Константинович, нач-к кад. корпусов в императорской России до революции. Женат, имеет двух сыновей и дочь.

Л и т. Американец во главе НТВ // НРС. 2001. 4 апр.; *Афанасьева Е.* Рус. американец возглавляет НТВ Телесеть, Радио Эхо Москвы и другие успешные предприятия // РЖ. 2002. 14 дек.; *Эндрю Д.* Кто Вы, мистер Йордан // НРС. 2001. 4 апр.; *Gordon Michael R.* Two Financiers to form № 1 Investment Bank in Russia // The New York Times. 1997. July 10; *Wines Michael.* Shareholders Reject Media Baron, an Opponent of Putin // The New York Times. 2001. April 4.

ИОРДАН Борис Михайлович (1888 – 20 июля 1956, Конкорд (шт. Нью-Йорк)) — участник Белого движения на Юге России, Ген. штаба полковник. Сын действительного статского советника. Оконч. Пажеский корпус (1907) и вышел Л.-гв. корнетом в Уланский Его Величества полк отдельной гв. кав. бригады. Оконч. Императорскую Николаевскую военную академию (2 класса, 1914). Участник Первой мировой войны в рядах полка (1914–15). С 1915 в службе Ген. штаба. На 1917 — капитан, и. д. нач-ка штаба Гв. кав. корпуса. После Октябрьского переворота 1917 — в белых войсках на Юге России. Служил в Военном управлении. С нояб. 1918 — помощник нач-ка, далее зав. полит. частью Полит. канцелярии Помощника Главнокомандующего ВСЮР. С июля 1919 — нач-к штаба 2-й кав. дивизии, затем нач-к штаба 2-го сводного гв. кав. полка, нач-к штаба V кав. корпуса. Полковник (на 1920). Эвакуировался из Крыма в нояб. 1920 в составе Рус. армии. После 1920 — в эмиграции в Кор. СХС, состоял на гос. службе. Участвовал в деятельности рус. воинских орг-ций и сокольства. В 1941–45 в Рус. корпусе. После 1945 — в Австрии и Германии. В марте-авг. 1949 — нач-к II (Герм.) отдела РОВС. С авг. 1949 в США. Нач-к Нью-Йоркского отделения РОВС, в рамках которого участвовал в воссоздании ячейки Л.-гв. Уланского Его Величества полка. Член Союз Пажей, Императорской кон. и кон. арт. В США зарабатывал на жизнь физич. трудом. *Родственники:* сын *Алексей;* внук *Борис.*

Похоронен на кладбище Новой Коренной Пустыни, Махопак (шт. Нью-Йорк).
И с т. ЛАА. Справка *К. М. Александрова* на Ген. штаба полк. Б. М. Иордана.
Л и т. *Волков С.В.* Офицеры рос. гвардии. С. 212; *Плешко Н.Д.* Генеалогич. хроника // Новик (Нью-Йорк). 1957. Отд. III. С. 4; *Ряснянский С.* Ген. штаба полковник Б.М. Иордан // Часовой. 1956. Окт. № 369. С. 9;

ИОРДАН Николай Алексеевич — экономист, род. в семье рус. эмигрантов из Югославии, переселившихся в США после Второй мировой войны. Сын кадета и внук полк. Ген. штаба *Б.М. Иордана*, работает в Deutscher Bank, консультирующем рос. предприятие «Газпром».

ИОХЕЛЬСОН Владимир Ильич (26 нояб. 1885, Вильно – 2 нояб. 1937, Нью-Йорк) — этнограф, антрополог. За участие в народничестве сослан на Колыму, в Якутию. С 1894 по 1911 изуч. яз. юкагиров, коряков и алеутов и культурные связи между этими нар. и племенами Сев. Америки. С 1912 по 1922 был хранителем Музея этнографии и антропологии Академии наук в Петрограде. В 1918 опубликовал в журнале «Былое» воспоминания. В 1922 выехал в командировку в США и отказался возвращаться в Сов. Россию. *Родственники:* вдова Дина Лазаревна.
Л и т. Некролог // НРС. 1937. 3 нояб.; Незабытые могилы. // Сост. *В.Н. Чуваков.* Т. III. С. 97.

ИПАТЬЕВ [Vladimir N. **Ipatieff**] Владимир Николаевич (21 нояб. 1867, Москва – 2 дек. 1952) — химик, «отец полимеризации», академик, генерал-лейтенант. С ранних лет, еще в воен. уч-ще, проявлял необычайный интерес к химии. После оконч. пехотного воен. уч-ща поступил на 3-й курс Михайловской арт. академии. Окончив Академию в 1892, остался в ней для продолжения науч. работ. Получив в 1896–97 командировку за границу, работал в Германии и во Франции над взрывчатыми веществами и органич. реакциями под высоким давлением. В то же время сделал ряд открытий, приведших к производству синтетич. каучука. В 1898 вернулся в Россию и занял кафедру химии Михайловской арт. академии. В 1906 удостоен Ивановской премии, присуждавшейся РАН один раз в десять лет. В 1907 возглавил кафедру химии Санкт-Петербургского ун-та, доктор химии (1908). Член-корр. РАН (1914), академик (1915). Быстро продвигаясь в чинах, возглавлял всю воен. хим. промышленность России. Во время революции остался на своем посту, продолжал рук. химич. промышленностью, был членом Президиума Высшего Совета Нар. Хоз-ва, неоднократно выезжал за границу, основал Ин-т высоких давлений. В 1927 получил от сов. правительства орден Ленина. Но с сов. властью примириться не мог. В доме родного брата И., в Екатеринбурге, большевики зверски убили императора Николая II со всей семьей и верными слугами.

В 1930 получил от АН СССР науч загранич. командировку. Прибыв с женой Варварой Дмитриевной в Германию, в СССР больше не вернулся. Сов. правительство сначала пыталось уговорить И. возвратиться, но потом объявило его изменником и потребовало от АН СССР его исключения. В 1937 в СССР из библиотек и исследовательских лабораторий были изъяты все печатные работы И. и арестованы почти все его ученики. Имя И. исчезло из науч. лит. и на его труды было запрещено ссылаться. В 1990 посмертно восстановлен в качестве действительного члена АН СССР. В 1930 эмигрировал в США, преподавал в Сев.-Зап. ун-те, затем занял должность директора химич. исследований фирмы «Universal Oil Products Company». Гражданин США (1936). Его вклад в органич. химию и нефтяную промышленность Америки огромен. Недаром амер. коллеги говорили, что Россия дала миру трех великих химиков: Ломоносова, Менделеева и И. Автор 399 печ. трудов и статей, запатентовал 211 открытий и изобретений. Самыми выдающимися были открытия И. в обл. катализа и производства высокооктанового газолина. Его открытия в обл. топлива для двигателей внутреннего сгорания необычайно упростили и удешевили производство газолина во время Второй мировой войны. Это обеспечило преимущество амер. авиации над нем. ВВС. Посещал Ферму РООВА в шт. Нью-Джерси, где выступал с популярными лекциями перед эмигрантами из России, прибывшими в Америку на заработки до Первой мировой войны и стремившимися к знаниям. Был встречен рус. эмигр. правого толка, прибывшей сюда после оконч. Гражданской войны, неприязненно. Ему не могли простить того, что И. был вынужден оставаться рук. химич. промышленности России после захвата власти большевиками. В 1939 даровал Сев.-Зап. ун-ту субсидию для постройки каталитич. лаборатории высоких давлений. Он сделал это для того, чтобы, как он говорил, «частично отплатить свой долг этой стране». Еще до революции получил в России малую и большую премии им. Бутлерова, награжден девятью рос. орденами, франц. орденом Почетного легиона и болгарским орденом. Помимо избрания действительным членом в РАН, состоял членом Парижской и Берлинской академий, Нац. академии наук США и почетным членом ряда ун-тов и химич. об-в, награжден медалями Лавуазье (1939), Бертло и золотой амер. медалью Villarda Гиббса (1940). Последней медалью до того были награждены только три ученых, включая Марию Кюри. Почетный член Об-ва рус.-амер. инж. в США. Погребен на кладбище Элмвуд в городе Элмвуд Парк, в шт. Иллинойс. Northwestern University назвал в честь И. лабораторию. Супруга, Варвара Дмитриевна, сконч. через десять дней после мужа. Дети остались в СССР, и им не разрешалось посетить родителей или присоединиться к ним. Амер. об-во химиков установило ежегодную премию им. **И.**

И с т. АМРК. В.Н. Ипатьев // Коллекции Гуверовского ин-та; АМРЦ. *Морозова О.А.* Биографич. сборник — черновая рукопись. М-73 (MS 268) С. 3.25; АОРИ. Материалы.

Л и т. *Кеппен А.*; *Кузнецов В.И., Максименко А.М.* Владимир Николаевич Ипатьев. М., 1992; *Шуберский А.Н.* Знаменательный юбилей // Часовой (Брюссель). 1947. Нояб. № 268. С. 17; *Raymond B., Jones D. J.* Ipatieff Vladimir // Russian Diaspora, 1917–1941. Maryland and London. P. 122–123; *Schmerling Louis.* Vladimir Nikolaevich Ipatieff // National Academy of Sciences, Biographical Memoirs. 1975. V. XLVII; *Whitmore Frank C.; Egloff Gustav; Evans Ward V.* Ipatieff V.N.; et al., 1942, Vladimir Ipatieff Testimonial in Honor of Three Milestones in His Career: American Institute of Chemists; Who knows — and what among Authorities — Experts and the Specially informed // The A.N. Marquis Co. Chicago, 1949. P. 316.

ИРИНЕЙ [в миру Иван **БЕКИШ**] (2 окт. 1892, Межерич Люблинской губ. – 18 марта 1981, Нью-Йорк) — митрополит всея Америки и Канады ПЦА. В 1914 окончил дух. семинарию в Холме. В 1916 рукоположен в сан священника, назнач. зам. настоятеля Люблинского собора и членом консистории Пинской епархии. Состоял председателем Миссионерского комитета и настоятелем приходов в Сарнах и Дамен-Кошурске, в Польше. Во время Второй мировой войны присоединился к беженцам, уходившим от коммунистич. власти и оказался в Германии на положении «перемещенного лица». При расселении беженцев по разным странам назнач. настоятелем рус. православной церкви в Шарлеруа, в Бельгии. В 1952 с матушкой Ксенией переехал в США и стал настоятелем Свято-Троицкой рус. православной церкви в Мэк-Эйду, в Пенсильвании. В 1953 овдовел, принял монашество и вскоре возведен в сан епископа с назнач. в Японию. В Японии восстановил Православную дух. семинарию в Токио и возродил православную церковь в стране.

В 1960 возвратился в США, возведен в сан архиепископа Бостонского и Новой Англии и стал помощником митрополита Леонтия по вопросам церковного управления. После конч. митрополита Леонтия в 1965 избран на Всеамер. церковном соборе архиепископом Нью-Йоркским и митрополитом всея Америки и Канады ПЦА. Во время его управления ПЦА насчитывала 1 млн прихожан. Был получен томос об автокефалии, и эта церковь стала независимой от Московской патриархии. Получение автокефалии ПЦА вызвало неодобрение со стороны иерархов РПЦЗ, не считавших возможным общение с патриархом Московским и всея Руси, деятельность которого огранич. и контролировалась в то время сов. властью. В связи с получением автокефалии получил титул «Блаженнейшего». **И.** с одобрением отнесся к основанию и программе деятельности КРА и преподал в 1976 свое благословение на деятельность этой орг-ции. В 1977 ушел на покой. Похоронен в Свято-Тихоновском монастыре в Пенсильвании.

Л и т. Metropolitan Iriney // Orthodox America, 1794-1976. *Tarasar Constance* (General Editor). 1975. P. 200; Meytropolitan Iriney: Primate of the Orthodox Church until 1977 // The New York Times. 1981. March 18.

ИРМАНЦЕВА К. [Кристина (Христина) Павловна **Кроткова**] — поэтесса, лит. критик, переводчик. По мужу Франкфурт. В эмигр. — с нач. 20-х, жила в Праге. С 1922 участвовала в объединении «Скит поэтов». В 30-х через Париж переселилась в Канаду, а потом в США. Печаталась в альманахах и сборниках: «На Западе», «Скит», «Эстафета», в «Новом журнале», «Перезвонах» и др. Сконч. в Нью-Йорке.

Л и т. *Вильданова Р.И., Кудрявцев В.Б., Лаппо-Данилевский К.Ю.* Краткий биографич. словарь рус. зарубежья // *Струве Г.* С. 316–317.

ИСАЕНКО Евгения Сергеевна (16 дек. 1899, Ашхабад – 1969, Сан-Франциско) — литератор. Род. в семье ген. Печаткина. Жила до революции в Харбине и входила в первую группу студентов, уехавших в 20-х гг. в США.

Живя в Сан-Франциско, зарабатывала на жизнь упаковщицей на ф-ке, судомойкой, швеей и т.д. Свободное время посвящала жизни рус. общины, участвуя в муз., театральных и лит. представлениях. Поставила ряд пьес и сама играла в них. Рассказы **И.** печатались в журнале «Современник» (Торонто). Автор романа «Перекати поле». Сотруднич. в «Литературном фонде», в Рус. центре.

И с т. АМРК. Е.С. Исаенко // Коллекции Гуверовского ин-та. Pdf. 117 Kb.

Л и т. *Тургаев В.* Некролог // РМ. 1970. 1 янв.

ИСЛАМОВ Илья Исхакович — инж.-самолетостроитель. В 1925 окончил Ренсселаерский политехнич. ин-т. Занимал должность зав. Bellanca Aircraft Corporation в Нью-Кастле, в шт. Делавер. В 1931 ведал постройкой самолета «Miss Liberty», совершившего полет в Данию, моноплана, поставившего мировой рекорд безостановочного полета с аэродрома Беннетт Фильд в Константинополь, и «Miss Weedal», совершившего в 1931 полет вокруг света, включая безостановочный полет через Тихий океан. Член Об-ва рус. студентов, окончивших амер. высшие учебные заведения при содействии Рус. студенч. фонда в Нью-Йорке.

Л и т. Ilia Islamoff: Russian Alumni of American Universities // Anniversary Bulletin. 1941. Jan.; *Pestoff Alexis N.* Directory of Russian Graduates of American Colleges // Alumni Association of the Russian Student Fund, Inc. New York, 1929. August. P. 11; *Raymond B., Jones D. J.* Isliamov Ilia // Russian Diaspora, 1917–1941. Maryland and London. P. 123–124.

ИСЛАМОВ [**Ислямов**] [**Islamoff** Jacob I.] Яков Исхакович [**Исаакович**] (1887, Санкт-Петербург – ?) — летчик-испытатель. Род. в семье контр-адм. Окончил реальное уч-ще, Мор. корпус и Мор. академию. После завершения образования служил на броненосце «Россия» на Балтике. В 1914 принял участие в экспедиции на Сев. полюс под началом лейтенанта Я. Седова. После революции в России переехал в Америку, начал работать на заводе *И.И. Сикорского*. Был навигатором на борту самолета Сикорского, который должен был совершить перелет через Атлантич. океан в Париж, но в начале полета самолет потерпел крушение, во время которого Исламов погиб.

И с т. Незабытые могилы / Сост. В.Н. Чуваков. Т. III. С. 107.

Л и т. Islamoff Jacob I. (Obituary) // Brigadier-General John V. Turchinoff Garrison № 297, Army and Navy Union U.S.A. Bulletin. 1938. May 21.

ИСТОМИН Евгений Юрьевич (26 нояб. 1925, Нью-Йорк – 10 окт. 2003) — пианист. Род. в рус. семье. Игре на рояле начал учиться с 6-летнего возраста у *А. Зилоти*. Учился в муз. колледже, а затем в Кертис Ин-те в Филадельфии. В возрасте 17 лет занял первое место на конкурсе молодых пианистов им. Левентрита. В том же году выступал с Филадельфийским и симфонич. оркестрами.

Объездил почти все страны мира и в общей сложности дал около 4000 концертов. За одну только поездку в Австралию сыграл там 500 концертов. Каждый год выступал на фестивалях, устраивавшихся на юге Франции Пабло Касальсом. Аспекты личности **И.** как музыканта отражены в его исполнении произведений Дебюсси, Равеля, Рахманинова, Чайковского, Моцарта, Бетховена. По его словам, всегда стремился проявить свою личность исключительно средствами муз., звуками своей игры. В 1975 женился на вдове Пабло Касальса, вторично овдовевшей после смерти **И.**

Л и т. *Коряков М.* Беседа с Истоминым // НРС. 1972. 11 июня; *Kozinn Allan.* Eugene Istomin, Pianist, known for German Repertoir // The New York Times. 2003. Oct. 11.

ЙОВИЧ — См. **ИОВИЧ**.

ЙОРДАН — См. **ИОРДАН**

К

КАБАНОВА Ольга Николаевна (1898 – 21 авг. 1972, Сан-Франциско) — род. в семье проф. мед. Подобно кав.-девице Надежде Дуровой — героине войны 1812 — вступила во время Первой мировой войны добровольцем в Действующую армию под именем Олега Кабанова. Была ранена в щеку навылет, но осталась в строю. За доблесть награждена орденом св. Георгия IV ст.

Во время Гражданской войны поступила в Добровольч. армию, в рядах которой сражалась вплоть до эвакуации Крыма в 1920. Переехала в Кор. СХС и училась под видом мужчины на мед. ф-те Белградского ун-та. В середине 20-х открылась другу, П. И. Завадскому, что является женщиной, и вышла за него замуж. *Родственники:* дочь Ольга Павловна, по мужу Кованько.
Л и т. Некролог // НВ. 1997. №448.

КАБЛИЦКИЙ Николай Евстафьевич (? – 25 июня 1939, Нью-Йорк) — Ген. штаба полковник. В США — член Рус. центра.

Похоронен на кладбище Маунт Оливет на Лонг-Айленде, возле Нью-Йорка.
Л и т. Некрологи // НРС. 1939. 27 июня; 5 авг.

КАВАРИК [J. Kavarick] И. Мл. — ветеран амер. армии, первый лейтенант, служил в пехоте во время Второй мировой войны.
И с т. *Pantuhoff O.* — 1976.

КАВЕЦКАЯ-ДЕРЮГИНА [Kavetsky-Derugin Anna] Анна Павловна — общественный деятель. Оконч. в 1983 ун-т Лайола-Мэрримонт в Лос-Анджелесе со ст. бакалавра электротехники. Работала по микросистемам. С 1990 преподает в субботней церковно-приходский школе. С 1999 член Главного правления КРА.
И с т. Archives CRA. *Kavetsky-Derugin A.* Autobiography, 1999.

КАВУРА Николай Андреевич (?–1970) — агроном, культурно-общественный деятель. Род. на Юге России в семье богатого землевладельца. Оконч. реальное уч-ще, но дальнейшее образование продолжал в Чехословакии, куда прибыл после большевистской революции в России.

Оконч. в Брно ун-т с дипломом агронома, переселился в США в конце 20-х гг. Зарабатывал на жизнь физич. трудом. В свободное время выступал в рус. драматич. театре и занимался декоративным искусством. В конце 30-х гг. начал заниматься куроводством. После постройки в Хоуэлл, в Нью-Джерси, храма св. блг. кн. Александра Невского, состоял членом совета попечителей храма. Организовал рус. любительский театр, ставил пьесы и писал к ним декорации. Ряд лет занимался оказанием помощи рус. «перемещенным лицам». В 1954 участвовал в орг-ции культурно-просветительного об-ва «Родина». Был избран его председателем и занимал этот пост до своей кончины в 1970.

Похоронен на Свято-Владимирском кладбище возле Кэссвилла, в шт. Нью-Джерси.
Л и т. *Пожидаев Вс.* Н.А. Кавура // Сб. к 25-летней годовщине культурно-просветительного об-ва «Родина».

КАДЕСНИКОВ Николай Зотикович (13 ноября 1895, Вятка – 12 авг. 1971, Нью-Йорк) — лейтенант, морской инж.-механик, педагог. По оконч. реального уч-ща поступил в Петроградский Политехнич. ин-т. Во время Первой мировой войны учился в Николаевском мор. инж. уч-ще, которое оконч. инж.-механиком и был произведен в мичманы с назначением на службу в Балтийский флот, на крейсер «Гангнут». После захвата власти большевиками оставил флот и уехал на Юг, где уже началась борьба с большевиками и возрождался воен. флот. Во время Гражданской войны служил на канонерской лодке «Терец». После оставления Крыма жил в Кор. СХС, получил место преподавателя математики в серб. гимназии. С началом развития в Югославии авиации перешел на службу в штаб авиации и работал инж.-механиком. Принимал участие в рус. общественных и полит. орг-циях, в сокольском движении. Перед захватом власти в Югославии коммунистами с семьей переехал в Триест, где в лагере для беженцев при его участии была создана гимназия, директором которой он был в теч. пяти лет. По приезде в США в 1955 посвятил себя рус. гимназии в Нью-Йорке. Одновременно уделял время общественной и лит. деятельности. Им написаны книги: «Белая борьба под Андреевским флагом», учебные пособия для гимназии «Краткий курс истории России XX века» и «Родная речь». Сотрудничал в рус. зарубежных газ. и в журнале «Часовой» (Брюссель). Автор патриотич. пьесы «Талисман» из жизни мор. офицера во время революции, Гражданской войны и в эмиграции.
Л и т. *Лиходей П.* Незабытые могилы // Часовой.

1971. Сент. № 543. С. 23; *Н.З.Р.* Н.З. Кадесников // Там же. 1938. 1 июня. № 213. С. 18.

КАДУШКИН Николай Алексеевич (25 февр. 1890 – 19 апр. 1967, Нью-Йорк) — участник Белого движения на Юге России, полковник. В 1907 окончил. Воронежский кад. корпус, затем Николаевское кав. уч-ще и ускоренный курс Академии Ген. Штаба. Участник Первой мировой и Гражданской войн. В Добровольч. армии служил в штабе Кубанского войска. Первопоходник.

Л и т. Незабываемые могилы // Часовой (Брюссель). 1967. Июнь. № 492. С. 23.

КАДУШКИНА [урожд. кнж. **Мачабели**] Нина Соломоновна (1889 – 5 декабря 1989, Лос-Анджелес) — сестра милосердия, ветеран. Эвакуировалась с Белой армией в Галлиполи. Была членом Союза рус. сокольства.

Похоронена на кладбище Свято-Троицкого монастыря в Джорданвилле (шт. Нью-Йорк).

Л и т. Некролог // НВ. 1989. № 417.

КАЗАК [Igor G. **Kazak**] Игорь Г. — ветеран амер. армии, служил в чине специалиста 4-го класса в 1963–65.
И с т. *Pantuhoff O.* — 1976.

КАЗАНЦЕВ Николай Леонидович (род. 31 мая 1946, лагерь Парш под Зальцбургом, Австрия) — журналист, ред. Род. в семье Леонида Борисовича Казанцева, окончившего Югославскую Воен. академию, служившего во время Второй мировой войны в чине лейтенанта во 2-м полку Рус. Корпуса на Балканах. Мать — Клавдия Николаевна Флоренская, родственница о. Павла Флоренского. В 1948 семья переехала в Буэнос-Айрес, в Аргентину. Окончил. гимназию и учился на ф-те социологии. В 1967 начал ред. основанную в 1948 в Буэнос-Айресе И. Л. Солоневичем газ. «Наша страна». В 1990 переехал в США и продолжал ред. эту газ. В 90-х гг. состоял членом редколлегии выходившего в Калифорнии и в Санкт-Петербурге (Россия) журнала «Наши вести». В Аргентине работал журналистом, был воен. корреспондентом в Никарагуа, Ливане, Сальвадоре, Ливане и Ираке. Единственный воен. корреспондент на Мальвинских (Фолклендских) о-вах во время англо-аргентинской войны 1982. За участие в войне награжден аргентинским воен. орденом «За выдающиеся заслуги» и медалью аргентинского конгресса. Автор книги на исп. яз. «Мальвины огнем и кровью» (1982), разошедшейся в количестве 85 тыс. экземпляров. В США работал на телевизионных компаниях Си-Эн-Эн и Телемундо. Кроме того, что ред. газ. «Наша страна», работает репортером на Эн-Би-Си. *Родственники:* жена; четверо детей.
И с т. АА. *Казанцев Н.Л.* Автобиография, машинопись (окт. 2003).

КАЗАРИНОВ Донат К. (22 февр. 1892, Москва – 9 февр. 1957) — математик. Род. в семье арм. офицера. В 1901 поступил в гимназию и в 1912 в Императорский Московский ун-т. В 1916 окончил. ун-т с дипломом первого класса и получил должность преподавателя математики в том же ун-те. Продолжал занятия математикой, особенно геометрией. Это способствовало тому, что в 1918 **К.** стал стипендиатом для поездки в США.

По прибытии в США выяснилось, что стипендиального фонда не оказалось. На помощь **К.** пришел департамент математики Чикагского ун-та, благодаря хлопотам которого он преподавал один год в Карлтон колледже в Миннесоте и затем был принят на должность инструктора при ун-те Мичигана. В ун-те преподавал классич. геометрию и высшую математику с 1919 до 1956. В 1954 получил звание доцента. Из-за плохого состояния здоровья был вынужден уйти в отставку. *Родственники:* жена; дочь; два сына; восемь внуков.
И с т. University of Michigan Department of Mathematics Archives. *Kazarinoff D. K.* Curriculum Vitae, 2003. 5 p.

КАЗАРИНОВ Николай Донатович (1929, Анн-Арбор, шт. Мичиган – 21 ноября 1991, Албукерк, Нью-Мексико) — математик, проф. Род. в семье доцента математики *Доната К. Казаринова*. Окончил. в 1950 Мичиганский ун-т с дипломом бакалавра по физике и в 1951 удостоился ст. магистра в той же обл. Занявшись математикой, перешел в Висконсинский ун-т в Мэдисоне, в котором защитил в 1954 докторскую дисс. С 1953 по 1956 преподавал в ун-те Пурду, а затем возвратился в Анн-Арбор. Здесь преподавал в теч. 15 лет, дослужившись до звания полного проф. Лето 1954 и 1959–60 учебный год провел в воен. исследовательском центре в Мэдисоне. В 1960–61 и 1965 преподавал в Ин-те математики им. В.А. Стеклова АН СССР в Москве. Во время первого пребывания в Москве читал лекции аспирантам в Московском гос. ун-те.

В 1971 покинул Мичиган и принял должность главы Департамента математики в ун-те штата Нью-Йорк (SUNY), в Буффало. В 1975 ушел с поста главы Департамента и остался проф. до своего ухода в отставку в 1990. За свое пребывание в составе ф-та ун-та многократно выбирался членом ун-тского сената. Науч. работа **К.** заключалась в изуч. применения дифференциальных исчислений, теории чисел и специальных функций. Сотрудничал с АН СССР, Оксфордским ун-том и ун-том Тренто, в Италии. Автор 80 науч. статей, в т. ч. в журнале прикладной математики SIAM. Автор трех книг: «Analytic inequalities» (1961) («Аналитич. неравенства»), «Geometric inequalities» (1961) («Геометрич. неравенства») и «Ruler and the Round» (1971) («Линейка и окружность»). Участвовал в местной общественно-полит. жизни и, будучи демократом, избирался в 1961–71 в городской совет города Анн-Арбор, преимущественно республиканском округе. Сконч. в Албукерке, куда поехал для науч. работы в ун-те. *Родственники:* жена Луиза; дочь Катерина; пять сыновей — Михаил, Николай, Павел, Александр и Димитрий; восемь внуков.

Похоронен в Анн-Арбор.

И с т. Archives of Association of Russian-American Engineers in USA; *Kazarinoff N.* Biographical Sketches. 2 p.
Л и т. *Coburn Lewis.* UB Mathematics Professor, Nicholas Kazarinoff, Dies // University of Buffalo News. 1991. Nov. 22. P. 29–30; Nicholas D. Kazarinoff // SIAM News. 1992. Jan.

КАЙДАЛОВ Александр Алексеевич (1898 – 20 янв. 1989, Сан-Франциско) — участник Белого движения на Востоке России. Окончил. реальное уч-ще в Благовещенске. В 1918 участвовал в борьбе против красных в Амурской обл. В эмиграции жил в Калифорнии, был членом Об-ва рус. ветеранов. *Родственники:* вдова Вера Васильевна.

Похоронен на Серб. кладбище в Сан-Франциско.

И с т. АОРВВВ. Некролог по А.А. Кайдалову // Альбом VI. 1989. Янв.

КАЙДАНОВА-БЕРВИ [Kaydanova-Bervy] Ольга Владимировна (1867, Тифлис – ?) — педагог. Род. в семье проф. математики. Карьера ее отца была осложнена тем, что он организовал кружок для чтения перевода книги Фурье и попал в черный список, связанный с процессом «петрашевцев». Он не был радикалом, но был либералом. Оконч. в Тифлисе гимназию, образовала группу самообразования для женщин. В ранней молодости поставила целью жизни нар. образование и в 1885 открыла в Тифлисе женскую воскресную школу. В 20-летнем возрасте совершила с отцом путешествие за границу, ознакомилась с революционной лит., но революционных идей не приняла. Ее девизом было эволюционное развитие об-ва. В 1896 на Конференции по профессиональному технич. образованию сделала доклад о воскресных женских школах. В 1897 читала в Петербурге в восьмом классе женской гимназии лекции по истории педагогики.

В 1900 вышла замуж за проф. математики Н.В. Берви. Переселившись с мужем в Москву, организовала курсы для рабочих. Революцию 1905–07 не приняла. Не приняла она и Октябрьскую революцию 1917. Составленная **К.** азбука получила первое место на конкурсе и была издана тиражом в несколько миллионов экземпляров. Овдовев, поселилась в Кингстоне. Написала и издала в англ. переводе в трех томах свой труд «Очерки по истории народного образования в России и при советской власти» (изд-во Huntington в Вашингтоне, Д.К.). Ее старшая дочь была проф. астрономии, с 1927 жила и преподавала в Канаде.

Л и т. *Serisev In.*, Rev. Album of Great, Outstanding and Eminent Personalities of Russia. Part II. Sydney, 1946. P. 29.

КАКУРИН Иван Иванович (1 янв. 1896 – 19 ноября 1975, Нью-Йорк) — есаул Л.-гв. Е.И.В. полка. Оконч. в Петрограде Николаевское кав. уч-ще. Служил в Л.-гв. Каз. полку. В чине хорунжего участвовал в 1-м Кубанском («Ледяном») походе. После эвакуации из Крыма жил в Кор. СХС. В 1941–45 — в Рус. Корпусе. После оконч. воен. действий жил в Австрии. Избежал насильственной выдачи в СССР. В начале 50-х переселился в США. Зарабатывал на жизнь физич. трудом. Был членом правления Об-ва первопоходников и ряда других воинских и каз. орг-ций. Автор книги о «Ледяном» походе.

Л и т. *Самсонов Е.* Некролог о И.И. Какурине // Донской Атаманский вестник. 1975. № 80/81.

КАЛАШНИКОВ Николай Сергеевич (1888, Минусинск – 17 авг. 1961, Нью-Йорк) — журналист, писатель, полит. деятель. Коренной сибиряк. Еще будучи гимназистом, в возрасте 16 лет включился в революционное движение. За участие в революции 1905 арестован и сослан на 5 лет на крайний север Сибири. В начале Первой мировой войны поступил добровольцем в армию, сражался на фронте до 1917 и дослужился до чина капитана. При Временном правительстве занимал пост помощника нач-ка войск Иркутского воен. округа. После большевистского переворота сражался в Нар. армии Комуча. В 1919 бежал в Китай, откуда в 1924 эмигрировал в США. Гражданин США (1930). В 1939 опубликовал на англ. яз. первую книгу «Взявшие меч», получившую высокую оценку у амер. критиков. Затем последовали книги: «Скакун», «Тойон», «Мой друг Якуб», «Защитник». Все эти книги были переведены на несколько яз. Твердо верил, что Сибирь есть основа рус. государственности, основная территория, нужная и важная для всего рус. народа. Состоял старейшим членом партии социалистов-революционеров и членом правления Лит. фонда в Нью-Йорке. В 1949 был одним из организаторов Лиги борьбы за нар. свободу. Соред. сборника «Памяти В.И. Лебедева» (1958). *Родственники:* жена Элизабет Лоренс-Калашникова, ред. книгоизд-ва «Harpers».

Л и т. *Васильев С.* Памяти Н.С. Калашникова // НРС. 1961. 24 авг.; *Вильданова Р.И., Кудрявцев В.Б., Лаппо-Данилевский К.Ю.* Краткий биографич. словарь рус. зарубежья // *Струве Г.* С. 317; Скончался Н.С. Калашников // НРС. 1961. 18 авг.; *Трутнев А.* Николай Сергеевич Калашников // НРС. 1961. 27 авг.

КАЛИНА Александр И. — инж.-теплотехник. Уроженец России. Выработал новый экономный способ выработки пара с целью повышения эффективности паровых турбин, работающих на геотермальном (подземном) пару, на пару тепловых станций, работающих на угле. Цикл **К.** основан на введении в качестве теплопередаточ. смеси воды и аммиака. С применением цикла **К.** на геотермальных станциях ожидается повышение эффективности использования тепла на 50% и снижение стоимости выработки энергии. Для обычных тепловых станций эти показатели составят соответственно 20 и 16%.

КАЛИНИН Д. — мореплаватель, в 1802–04 под командой *Ю. Лисянского* принял участие в составлении описания берегов о-ва Кадьяк, части архипелага Александра и о-ва Чичагова.

КАЛИНИН Николай Иванович (род. 27 окт. 1916) — инж.-электрик. В 1941 оконч. Технич. ф-т Белградского ун-та. Переселился в США в 1953. Работал чертежником в сфере электроники и проектирования электрич. подстанций. Действительный член Об-ва рус. инж. в США.

И с т. АОРИ. Анкета.

КАЛИНИН Феоктист — участник Власовского движения, старший лейтенант Красной армии. Во время Второй мировой войны попал в нем. плен. Вступил добровольцем в РОА. Был взят в плен американцами и привезен в США, заключен в Форт Дикс, в шт. Нью-Джерси. В соответствии с Ялтинским соглашением подлежал насильственной репатриации в Советский Союз. При выдаче покончил жизнь самоубийством 29 июня 1945.

Похоронен на кладбище Финнс Пойнт, в шт. Нью-Джерси, рядом с могилами покончивших с собой при насильственной выдаче антикоммунистами Игнатом Назаренко и Филиппом Платоновым.

Л и т. *Девлет-Кильдеев,* кн. Некролог // РМ. 1965. 19 окт.

КАЛИНОВИЧ Борис Александрович (? – 24 июня 1982, Монреаль) — лейтенант Рос. Императорского военно-мор. флота. Эмигрировал в Канаду.

Л и т. Некролог // Часовой (Брюссель). 1982. Сент. – окт. № 639. С. 31.

КАЛИШЕВСКИЙ Анатолий Иосифович (28 марта 1870 – 1 апр. 1937, Вудбери, шт. Нью-Джерси) — участник Белого движения на Сев.-Зап. и на Востоке России, генерал-лейтенант. В 1887 оконч. Тифлисский кад. корпус, в 1889 2-е Константиновское уч-ще, в 1890 Михайловское арт. уч-ще и в 1899 Николаевскую Академию Ген. штаба. После службы в арт. частях переведен в 1899 в Ген. штаб. В 1908 назнач. нач-ком штаба 2-й сводной каз. дивизии. С 1910 по 1914 преподавал в Павловском воен. уч-ще. Во время Первой мировой войны воевал на фронте в Галиции и произведен в генералы. Занимал должности нач-ка штабов 2-й Туркестанской и Финляндской стрелковых дивизий. В февр. 1917 ведал эвакуацией и военнопленными. Вместе с ген. Н.Н. Юденичем организовал Сев.-Зап. армию, затем вступил в армию адм. Колчака. После прекращения воен. действий в Сибири выехал в Японию. В 1921 эмигрировал в США. Зарабатывал на жизнь физич. трудом. Был основателем и председателем Об-ва рус. офицеров в Лос-Анджелесе и почетным председателем Союза рус. воен. инвалидов в Нью-Йорке.

Похоронен в Нью-Джерси.

Л и т. Некролог // НРС. 1937. 3 апр.; Некролог // Россия (Нью-Йорк). 1937. 3 апр. и 11 мая.

КАЛЛАУР [**Kallaur** Constantine H.] Константин (род. 2 февр. 1934, Польша) — преподаватель рус. яз. и лит. Оконч. Колумбийский ун-т со ст. бакалавра и магистра и защитил докторскую дисс.

Оконч. Свято-Владимирскую дух. семинарию. Занимал должность доцента при коммунальном колледже графства Нэссо в Гарден-Сити, на Лонг-Айленде, в шт. Нью-Йорк. Принял сан священника. Скаутский деятель при ПЦА.

И с т. Archives of the Assn. of Russian-American Scholars in the USA. *Kallaur Constantin H.* Curriculum vitae. 1968.

КАЛЛИ [псевд. К. **Михайлов**] Константин Михайлович (27 июля 1914, Белорецк-на-Урале – 8 ноября 1997, Ланкастер) — проф. рус. яз. во Франклин и Маршал колледже. Один из основателей КРА, в теч. ряда лет был членом Главного правления КРА. Содействовал основанию местных отделов КРА в Ланкастере и Филадельфии, Пенсильвания. Состоял главным ред. и членом редколлегии журнала «Русский Американец». Семья была многодетная. У него было три брата и шесть сестер. Все получили высшее образование. Оконч. педагогич. ин-т в Уфе. После оконч. ин-та работал в ТАСС и в ежедневной газ. Во время Второй мировой войны призван в армию в звании капитана и послан на фронт. После десяти месяцев сражений его ослабленная дивизия оказалась в окружении и попала в плен к немцам. К. попал в плен месяцем позже, пытаясь перейти линию фронта. После войны жил в Германии. Был председателем лагерного комитета для «перемещенных» лиц. Деятельно боролся против насильственной репатриации сов. граждан в СССР. Совместными усилиями общественных орг-ций демократич. стран и рус. антикоммунистов насильственная репатриация была остановлена и более одного миллиона советских граждан было спасено от сталинских концентрационных лагерей и смерти.

В США получил ст. магистра рус. яз., лит. и культуры при ун-те Индианы, в Блумингтоне. Большую часть своей жизни в Америке он посвятил преподаванию рус. яз. Преподавал в колледже Франклина и Маршалла в течение 20 лет и десять лет читал летом лекции в ун-те Индианы. Как выдающийся проф. он фигурирует в таких изданиях, как «Кто есть кто, справочник об амер. ученых» и в «Международном биографич. словаре». Проф. Калли был сорeд. ежемесячного журнала «Vedomosti», издаваемого рус. департаментом колледжа Франклина и Маршалла для всех высших учебных заведений, в которых преподаются славянские яз. Он также был ред. и сорeд. двух книг на рус. яз.: «Предки и потомки Пушкина и Толстого» В. Раевского и книги проф. В.И. Алексеева «Роль церкви в создании рус. государства». Константин Михайлович вышел в отставку в 1980. Он был членом Амер. ассоциации преподавателей славянских и восточноевропейских яз. *Родственники:* вдова Мария Михайловна; сын Виктор; дочь Маргарита; три внука.

И с т. *Kally Konstantin.* Biography, typescript. 1997.

Л и т. *Александров Е.А.* Константин Михайлович Калли // РА. 1997. №21. С. 258–260 (with English summary).

КАЛМЫКОВ Иван Леонидович (1865, Новочеркаск Обл. Войска Донского – 1925, Лос-Анджелес) — художник. В 1884–89 учился в Московском уч-ще живописи, ваяния и зодчества. Был учеником В.Е. Маковского, В.Д. Поленова, И.М. Прянишникова. Художник-традиционалист, писал пейзажи маслом и акварелью, участвовал в выставках, проводил персональные выставки. В 1924 эмигрировал в США.

Л и т. *Лейкинд О.Л., Махров К.Я., Северюхин Д.Я.* Калмыков Иван Леонидовича // Худ. Рус. зарубежья 1917–1939. С.311.

КАЛЯКИН Николай Алексеевич (род. 20 нояб. 1922, Прага) — инж.-строитель, общественный деятель. Род. в семье рус. эмигрантов в Праге, в Чехословакии. Оконч. в 1953 Калифорнийский ун-т в Бёркли, в Калифорнии, с дипломом инж.-строителя.

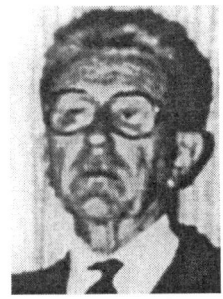

С 1953 до ухода на пенсию служил в разных строительных конторах в Лос-Анджелесе на должностях начиная с чертежника и кончая нач-ком инж. отдела в фирме George Vernon Russell and Associates. Член правления и председатель благотворительно-культурного Кулаевского фонда (см. *Кулаев*). Вступил в КРА в 1980. Член делегации КРА в Россию в мае 1992.

И с т. АОРИ. Вопросник; Archives of the CRA. *Kaliakin Nikolai A.* Curriculum vitae. 1993.

КАЛЬБУС Георгий (род. 21 июня 1939, Нью-Йорк) — преподаватель славянск. яз. и лит. Оконч. Колумбийский ун-т, в котором получил звание бакалавра по рус. яз. в 1960 и магистра — в 1961. В 1968 защитил при Нью-Йоркском ун-те докторскую дисс. по славянск. яз. В 1966–67 был инструктором при ун-те Пурдю, с 1967 по 1973 — ассистентом проф. в Дартмут колледже и с 1973 доцентом в штатном ун-те Огайо. Изучает рус. символизм, рус. драматич. произведения и фольклор. Опубликовал около 20 статей в «ADFL Bulletin» и «Russian Language Journal», «Slavic and East European Journal», «Canadian American Slavic Studies», «Canadian Slavonic Papers», «Russian and Slavic Literature», «Perspectives in Contemporary Literature» и др. Состоит членом Ассоциации Рус.-Амер. ученых в США.

И с т. Assn. of Russian-American Scholars in the USA. *Kalbouss George.* Curriculuim vitae. 1993.

КАЛЬФА Михаил Федорович (16 апр. 1895, Одесса Херсонской губ. – ?) — инж.-механик. В 1927 окончил пражский Политехнич. ин-т. В Чехословакии работал контролером, зав. производством, инж.-конструктором водяных турбин и в обл. общего машиностроения. В США прибыл в 1950, жил в Бруклине, Нью-Йорк. Действительный член Об-ва рус. инж. в США (на 1952).

И с т. АОРИ. Анкета. 1954.

КАЛЬФЕ Гавриил Ильич (10 дек. 1897, Одесса Херсонской губ. – ?) — химик-технолог. В 1930 окончил химико-технологич. отделение Пражского Политехнич. ин-та. В США жил в Бруклине, Нью-Йорк. Действительный член Об-ва рус. инж. в США (на 1952).

И с т. АОРИ. Анкета.

КАМБУЛИН Дмитрий Ильич (1879 – 27 июня 1959, Лос-Анджелес) — участник Белого движения на Юге России, ротмистр (на 1920), сокольский деятель. По происхождению каз. Оренбургского каз. войска. По окончании вахмистром Елисаветградского кав. уч-ща произведен в офицеры 5-го гус. Александрийского Ее Величества Гос. Императрицы Александры Федоровны полка 5-й кав. дивизии (Самара), в рядах которого прошел всю свою воен. службу, был дважды контужен в период Первой мировой войны. Еще до войны окончил Главную офиц. гимнастич.-фехтовальную школу и участвовал в Об-ве «Рус. Сокол». После Октябрьского переворота 1917 — в белых войсках на Юге России. Оказавшись после Гражданской войны в Кор. СХС, немедленно принял участие в возрождении рус. сокольства за границей в роли нач-ка об-ва «Русский Сокол» в Белграде. Под началом **К.** рус. сокольство в составе 103-х человек было представлено в 1932 на IX Всесокольском слете в Праге, на котором получило первенство по стрельбе из малокалиберной винтовки. Сам **К.** занял первое место. Его работа в деле физич. воспитания членов Союза Рус. Сокольства была успешной, что выразилось в образовании до 90 об-в в разных странах мира. Изд. журнал «Руководитель». Во время Второй мировой войны сокольская деятельность прервалась. **К.** поступил в Рус. Корпус для борьбы с коммунистами в Югославии. После окончания воен. действий возглавил в Мюнхене «Центр связи Русского Сокольства». Сокольство удалось возродить. Переехав в Калифорнию, организовал в Лос-Анджелесе, вдобавок к основанному в Сан-Франциско по мюнхенскому примеру, Сокольское Об-во, способствовал воссозданию Временного устава Об-ва «Русский Сокол» в США, принятого и в др. странах. Снискал всеобщее уважение и был известен среди молодежи как Дядя Митя.

Похоронен на Серб. кладбище в Сан-Франциско.

Л и т. *Волков С.В.* Офицеры армейской кавалерии. С 238; *Сергеевский Б.Н.* Светлой памяти Д.И. Камбулина // Родные Дали. 1959. Авг. № 65.

КАМЕНДРОВСКАЯ [урожд. **Анциферова**] Татьяна Николаевна — актриса. По приезде в Нью-Йорк поступила ученицей в студию *С.Н. Орловского* и в нач. 50-х годов стала выступать в «Новом Театре». Театр просуществовал три сезона, в репертуаре было около десяти постановок. Шли такие пьесы, как «Горе от ума» А.С. Грибоедова, «Василиса Мелентьева» А. Н. Островского и его же «Невольницы», «Сверчок на печи» Ч. Диккенса и «Стакан воды» франц. драматурга Скриба. Были и современные пьесы: *С. Максимов* написал для «Нового Театра» пьесу «Семья Широковых», а *С. Малахов* — пьесу «Летчики». Впоследствии работала в рус. отделе радиостанции «Свобода». Была замужем за *А.М. Камендровским*.

И с т. АА. *Оболенская-Флам Л.* Новый Театр в Нью-Йорке. Машинопись. 2002. 3 с.

КАМЕНДРОВСКИЙ Алексей Михайлович (1915 – 30 окт. 1962) — певец, художник. В эмиграции жил в Данциге. Состоял в хорах *С.А. Жарова* и *Б.М. Ледковского*. Уходя из Данцига перед наступающей Красной армией, переселился в США. В Нью-Йорке работал художником в студии NBC, «Новом Театре» *С.Н. Орловского*.

Похоронен на кладбище монастыря Ново-Дивеево близ Нанует (шт. Нью-Йорк).

И с т. АА. *Оболенская-Флам Л.* Новый Театр в Нью-Йорке. Машинопись. 2002. 3 с.

Л и т. Некрологи // НРС. 1962. 31 окт. и 3 нояб.; Некролог // Новик (Нью-Йорк). 1963.

КАМЕНКА Ипполит (1896 – 1990) — архитектор. Учился в Санкт-Петербурге. Продолжал образование в Париже, где окончил Политехнич. Ин-т (Ecole Politechnique). В 20-е и 30-е построил в Париже клинику Мирабо и строил виллы на юге Франции. В 1940 переселился в США. В Нью-Йорке спроектировал ряд высотных зданий на 56-й и 57-й улицах, а также ряд жилых домов для людей с низкими и средними заработками в Нью-Джерси.

Л и т. Hyppolyte Kamenka, Architect, Dies at 94 // The New York Times. 1990. May 25.

КАМЕНСКИЙ Василий Михайлович (1895, с. Великие Пустыни Псковской губ. – 1982, Санкт-Петербург, шт. Флорида) — участник Белого движения на Сев.-Зап. России, богослов, церковный деятель. Образование получил в дух. уч-ще, в Псковской дух. семинарии и Демидовском юридич. лицее. В 1914 поступил добровольцем в Рус. Императорскую армию. После прохождения обучения произведен в чин прапорщика и воевал на Рум. фронте до 1918. За боевые заслуги награжден орденами св. Анны IV ст. и св. Станислава. Сражался в рядах антибольшевистских повстанцев в Ярославле (1918). После падения Ярославля продолжал воевать до 1920 в армии ген. Н.Н. Юденича, в составе 2-го Островского полка. Уйдя за рубеж, учился в Парижском богословском ин-те, который окончил в 1929. Из Франции переехал в Литву, получил должность преподавателя на пастырских курсах и служил секретарем в епархии митрополита Елевферия, возглавлявшего Литовскую православную церковь. В конце Второй мировой войны снова стал беженцем. Эмигрировал в Канаду и затем в США, где в 1950 получил должность проф. Свято-Тихоновской семинарии в Пенсильвании, а затем стал секретарем главной канцелярии ПЦА. В 1973 Василий Михайлович ушел на покой и жил Санкт-Петербурге (шт. Флорида).

Л и т. *Трубецкой С.* Памяти В.М. Каменского // НРС. 1983. 24 сент.

КАМЕНСКИЙ Михаил Яковлевич (1862, Екатеринодар Обл. Войска Донского – 30 сентября 1938) — врач-эпидемиолог, основатель Об-ва рус. врачей в Нью-Йорке. По окончании гимназии поступил в 1879 на естественный ф-т петербургского ун-та, но в 1880 перевелся на мед. ф-т Московского ун-та, который окончил в 1885 со ст. лекаря и званием уездного врача. Как казенный стипендиат, в 1886 назнач. на гос. мед. службу на Кавказе у Черноморского побережья. В 1888 переведен на службу в погранич. участки Персии (Ирана) и Турции, населенные фанатичными туземцами, жившими в примитивных условиях с предрассудками против врача, боровшегося с эпидемиями. Участвовал в борьбе с тремя эпидемиями азиатской холеры: в 1892, 1893 и 1917. В 1903 вышел в отставку. После долгого перерыва вернулся в родной Екатеринодар, где поступил на городскую службу в качестве зав. медико-санитарным бюро. В 1923 эмигрировал в США. Здесь стараниями К. в 1924 было основано Об-во рус. врачей, во многих комиссиях которого он активно участвовал. Печатал статьи и воспоминания в местной рус. прессе. В 1926, не имея возможности из-за преклонного возраста зарабатывать, поселился в доме для престарелых, где и сконч.

Л и т. Михаил Яковлевич Каменский // Юбилейный сб. Об-ва рос. врачей Нью-Йорка. 1939. 19 сент. С. 4–5.

КАМЕНСКИЙ Федор Федорович (2 сент. 1836, Санкт-Петербург – 26 авг. 1913) — скульптор, строитель города Клируотер во Флориде. Род. в семье директора Лесного ин-та. Учился в Императорской академии художеств, награжден четырьмя серебряными и золотыми медалями за свои рис. и лепные работы. В 1860 окончил. Академию с Большой Золотой медалью и в 1863 на казенный кошт поехал для совершенствования во Флоренцию. Статуя работы К. из мрамора «Мальчик-скульптор» была выполнена для императора Александра II. За скульптуру «Вдова с ребенком» удостоился звания академика. По заказу императора выполнил в 1870 скульптуру «Первый шаг», переданную позже в Эрмитаж и находящуюся ныне в Рус. музее в Санкт-Петербурге. На игрушечном паровозе, изображенном на этой скульптуре, было обнаружено слово «Свобода». Это бросило тень на скульптора, как на лицо, причастное к революционерам. Вероятно, это послужило причиной того, что в 1871 К. выехал во Флоренцию, а в 1873 переселился в Америку. Вначале устроился в шт. Канзас, где пытался заниматься земледелием. По состоянию здоровья переехал в 1883 во Флориду, где поселился на берегу моря в маленьком поселке Клируотер, в котором тогда жили всего 16 семейств. Население поселка стало возрастать, и К. построил здесь трехэтажную гостиницу. Строительство расширилось, когда он выписал из России своего племянника *И. Филиппова*. В 1893 на Всемирной выставке в Чикаго К. от имени рус. правительства был главным художественным рук. строительством Рус. павильона. Помимо того украсил своими работами многие др. павильоны.

И с т. АА. *Сокольский А.А.* Переписка.

Л и т. *Ф.П.* Каменский Ф.Ф. // Энциклопедич. словарь Брокгауза и Ефрона. 1895. Т. XXVII.

С. 172–173; *Самойлов А.Н.* Ф.Ф. Каменский, 1836–1913 // Очерки о жизни и творчестве художников середины XIX. М., 1958.

КАМКИН Виктор Петрович (?, Санкт-Петерубрг – 1974, Вашингтон) — участник Белого движения на Востоке России, основатель торговли рус. книгами, издаваемыми в СССР и в России, изд. Род. в семье чиновника по проведению в жизнь столыпинской земельной реформы. Революция застала К. в стенах реального уч-ща, которое он покинул и поступил добровольцем в Белую армию адм. Колчака, с которой прошел весь страдный путь до Харбина. В Харбине оконч. реальное уч-ще и юридич. ф-т. Переехал в Шанхай, где в 1929 открыл свое первое дело — библиотеку, книжный магазин и изд-во. Перед вступлением коммунистов Мао Цзе-дуна в Шанхай был выбран председателем рус. эмигрантского об-ва по выезду из Китая на Филиппины при помощи орг-ции UNRRA, находившейся в ведении ООН. С Филиппин с супругой Еленой Андреевной переехал на постоянное жительство в США, в шт. Теннесси, где они стали заниматься фермерским хозяйством. Однако К. решил вернуться к прежнему занятию — книготорговле. Переехав в Вашингтон, супруги вскоре открыли книжную торговлю «Vicror Kamkin Bookstore». Это начинание было очень успешным, разрослось и стало процветать, особенно после первого полета сов. спутника, пробудившего у советологов, славистов, ученых и инж. интерес к специальной лит. на рус. яз. Все эти книги приобретались через сов. торговую орг-цию «Международная книга» в Москве.

Камкины создали самую крупную в мире рус. книготорговлю и самое большое книжное дело в Америке. Помимо торговли занимался с 1950 по 1970 изд. деятельностью и выпустил собрание соч. Н.С. Гумилева, антологии поэтов-эмигрантов: *Ивана Елагина, Ирины Одоевцевой, Ираиды Легкой*. Его магазин стал местом, где собирались рус. зарубежные писатели и поэты, устраивались вечера. Сюда приезжали писатели из СССР и России. Магазин стал самым большим в мире по торговле книгами, газ. и журналами на рус. яз. Книжное дело К. внесло очень значительный вклад в познание СССР и России. Основанная им книготорговля продолжалась под рук. его вдовы, *Е.А. Камкиной*. Магазин перешел во владение внука Камкиных — Игоря Калагеорги. Ввиду возникших финансовых затруднений часть книг должна быть передана в дар и на хранение в Библиотеку Конгресса США.

Л и т. *Киселева М.* Рус. книги пойдут в Библиотеку Конгресса // РЖ. 2002. 20 апр. С. 7; *Кторова А.* Книжное дело Елены и Виктора Камкиных // НРС. 1997. 31 янв.; *Седых Андрей.* Два миллиона книг В.П. Камкина // НРС. 1969. 10 мая.

КАМКИНА [урожд. *Давыдова*] Елена Андреевна (8 сент. 1913 – 27 окт. 2000, Роквилл (шт. Мэриленд)). Род. в небольшом селении на берегу оз. Байкал в семье юриста. Отец получил пост мирового судьи в Маньчжурии, куда переехала вся семья. К. оконч. там классич. гимназию, училась в Харбине в Стоматологич. школе и на курсах фармакологии. Работала в кит. госпитале. В 1937 вышла замуж за *В.П. Камкина*, совместно с которым основала книжное и издательское дело. В конце 40-х гг. Камкины переехали в США. Первые годы они жили и работали на ферме в шт. Теннесси.

В 1951 перебрались в Виргинию. Вскоре в Вашингтоне открылся маленький магазин рус. книги, который постепенно расширялся и превратился в самую крупную в Рус. Зарубежье торговлю рус. книгами, главным образом —книгами и журналами из СССР — «Victor Kamkin Bookstore». Продолжала вести книготорговлю после кончины мужа в 1974.

Л и т. *Киселева М.* Рус. книги пойдут в Библиотеку Конгресса // РЖ. 2002. 20 апр. С. 7; *Кторова А.* Книжное дело Елены и Виктора Камкиных // НРС. 1997. 31 янв.; *Толстикова И.* Е.А. Камкина (некролог) // РЖ. 2000. 16 декабря;

КАМЛАЧ Иван Климентьевич (? – 5 марта 1979, Сен-Пол, шт. Миннесота) — участник Белого движения на Юге России, подполковник. Участник Первой мировой войны. Зимой 1917–18 вступил в 1-ю нац. бригаду рус. добровольцев Ген. штаба полк. М.Г. Дроздовского. Участник похода Яссы — Дон 1918, затем служил в дроздовских арт. частях. Эвакуировался из Крыма в нояб. 1920 в составе Рус. армии. В 1920–21 — в Галлиполи, затем в эмигр. в Кор. СХС. В 1941–45 — в Рус. Корпусе, сражался с коммунистич. партизанами Тито на терр. Югославии. После 1945 — в Австрии, Германии и США. Участвовал в жизни рус. воинских орг-ций.

Л и т. Некролог // Часовой (Брюссель). 1979. № 619. С. 19.

КАМЫШНИКОВ Лев Маркович — журналист, театральный критик. Оконч. Коммерч. уч-ще в Одессе. Начал сотрудничать в 1902 в одесской газ. «Южное обозрение», когда ему было неполных 18 лет. В 1904 занял пост секретаря газ. «Юг» в Херсоне. В 1907 некоторое время сотрудничал в «Одесских новостях», писал на лит. и театральные темы. Переехал в Петербург, где стал секретарем первого «Салона» С.К. Маковского. Работал с группой «Мир искусства». Писал статьи в журналах «Новый мир», «Нива», «Солнце России», «Журнал для всех». В 1909–10 состоял секретарем худ. комитета при Театре интермедии. Публиковал театральные рецензии в «Аполлоне». Сотрудничал в газ. Киева, Харькова и Москвы. В 1910 вернулся в Одессу, где стал ред. газ. «Южная мысль». Писал фельетоны, статьи, рецензии. Принимал живое участие в выборах в III и IV Гос. Думы.

Вследствие революции уехал за границу — в Константинополь, откуда, не дождавшись крушения власти большевиков, переселился в США. Его профессиональный опыт пригодился здесь, и он снова стал журналистом, сотрудником «Нового русского слова» (Нью-Йорк). Писал передовые статьи, фельетоны, рецензии, лит. заметки, давал хронику, правил корректуру, бичевал большевиков и их амер. прислужников. Пробовал издавать собственный «Зеленый журнал», посвященный лит. и искусству, ежедневную газ. «Раннее утро», а потом — еженедельную газ. «Время», но эти издания оказались недолговечными, и К. вернулся на постоянную работу в «Новое русское слово». В 1952 рус. общественность Нью-Йорка отмечала 50-летие его лит. деятельности. *Родственники:* жена Лидия Владимировна — актриса.

Л и т. *А.С.* Чествование Л.М. Камышникова // НРС. 1952. 28 мая; *Вейнбаум М.* Л.М. Камышников, к 50-летию лит. деятельности // Там же. 1952. 21 мая.

КАНАКОВ Георгий [Юрий] Павлович (18 янв. 1897, Симферополь Таврич. губ. – 12 марта 1973) — участник Белого движения на Юге России, летчик, палеонтолог, языковед. Оконч. в 1914 в Санкт-Петербурге Воен. Академию Императора Павла I, а в 1915 историко-филологич. ф-т Харьковского ун-та. Участвовал в Белом движении. Эвакуировался из Крыма в Константинополь. В 1929 эмигрировал в США, жил в Лос-Анджелесе. Работал в Лос-Анджелесском окружном Музее естественной истории до ухода в отставку в 1966. В музее занимал должность куратора отдела морских беспозвоночных плейстоценового и плиоценового возраста. После ухода в отставку продолжал исследовать плейстоценовую морскую фауну в Юж. Калифорнии. Владел десятью яз. и работал переводчиком в Гос. департаменте. Многие годы преподавал ин. яз. Его перу принадлежат многоч. статьи в обл. филологии, воен. дела, зоологии и палеонтологии. К. был ученым, исследователем и художником. Ред. газ. «Согласие».

Л и т. Некролог // НРС. 1973. 25 мая; *Wilson Edward C.* Eulogy for George P. Kanakoff. Typescript. 1973. March 15.

КАНН Владимир Вячеславович (? – 1971, шт. Иллинойс) — участник Белого движения на Юге России. Кадет Тифлисского кад. корпуса, вступивший в Добровольч. армию. По оконч. Гражданской войны вступил в I-й Рус. кад. корпус в Югославии и оконч. его в 1921, затем поступил в Белградский ун-т. После Второй мировой войны переселился в США.

Л и т. *Гуторович Г.С.* Незабытые могилы // Часовой (Брюссель). 1972. Янв. № 547. С. 22.

КАНТАКУЗЕН [Кантакузин], кн., гр. Сперанский Михаил Михайлович (29 апр. 1875 – 15 марта 1955, Сарасота, шт. Флорида) — генерал-майор. Воспитание получил в Императорском Александровском лицее, откуда поступил в эскадрон Николаевского кав. уч-ща и вышел Л.-гв. корнетом в 1895 в Кавалергардский Императрицы Марии Федоровны полк 1-й гв. кав. дивизии. В 1897 прикомандирован к Рос. посольству в Риме. В 1907 назнач. адъютантом к главнокомандующему Гвардии и Петербургского воен. округа Вел. Кн. Николаю Николаевичу. В 1912, в чине полковника прошел курс переменного состава Офиц. кав. школы. В 1914, с объявлением мобилизации, вернулся в Кавалергардский полк, с которым вышел на театр воен. действий в составе 1-й гв. кав. дивизии. В первом же бою в авг. 1914 ранен в живот и остался в строю, продолжая давать распоряжения до потери сознания и эвакуации в тыл. За этот бой награжден Георгиевским оружием и произведен в генерал-майоры с назнач. командиром Кирасирского полка и зачислением в Свиту Его Величества. В апр. 1917 вышел в запас чинов Гв. кав. Находясь в эмиграции, до самой кончины состоял почетным председателем Объединения чинов Л.-гв. Кирасирского полка. Был женат на Клариссе, урожд. Куртис. Брак кончился разводом (сконч. в Нью-Йорке в 1939). Был женат вторым браком на Юлии (урожд. Грант, дочери ген. США времен Гражданской войны. У них было трое детей, шесть внуков и восемнадцать правнуков.

Л и т. *Девлет-Кильдеев*, кн., полк. Ген.-майор кн. М.М. Кантакузен — гр. Сперанский // Часовой (Брюссель). 1955. Июнь. № 354. С. 23; *Плешко Н.Д.* Генеалогич. хроника // Новик (Нью-Йорк). 1955. Отд. III. С. 2.

КАПАЦИНСКИЙ Дмитрий Константинович (1900, Владимирская губ. – 10 сент. 1956, Нью-Йорк) — инж., экономист, общественный деятель. Уходя от Сов. власти, эмигрировал в 1921 в Польшу. Сотруднич. в рус. газ. «За свободу» (Варшава). В 1925 переехал в Прагу, где оконч. в 1929 Ин-т сельскохоз. кооперации. Эмигрировал в США, работал на заводе *И.И. Сикорского*. Оконч. экономич. отделение Колумбийского ун-та со ст. магистра. Работал в воен. ведомстве США. Помогал калмыкам в их приезде и устройстве в США. С 1938 был бессменным председателем об-ва «Наука» 2-го отдела РООВА в Нью-Йорке.

Л и т. Об-во калмыцкого братства. Друг калмыцкого народа // НРС. 1956. 23 сент.

КАПЛИН Иосиф Леопольдович, (14 июля 1896 – 30 нояб. 1987, Сан-Франциско) — участник Белого движения на Востоке России, штабс-капитан. Оконч. Суворовский кад. корпус и Александровское воен. уч-ще. Участник Первой мировой войны. После Октябрьского переворота 1917 — в белых войсках Восточ. фронта. В 1919 попал в плен к красным возле Кургана, приговорен к смерти, получил 14 штыковых ран, но выжил. Выздоровев, поступил в отряд атамана Б. В. Анненкова. При отступлении интернирован в Китае. С 1924 по 1965 жил на Филиппинах. Переселился в США. Был членом Об-ва рус. ветеранов Великой войны.

Похоронен на Серб. кладбище в Сан-Франциско.

И с т. АРЦ. *Тарала Г.А.* Сводка кладбищенских дат. 2003. С. 2.

Л и т. Некролог // Вестник ветеранов Великой войны (Сан-Франциско). 1988. № 261.

КАППЕЛЬ Л.А. — благотворитель. Организовала в Америке в 1938–39 группу женщин, «крестных матерей», для индивидуального попечения о рус. воен. инвалидах за границей. В 1940 в оргции **К.** в Сан-Франциско было 72 таких крестных матери. Они заботились об инвалидах — безруких, безногих и больных туберкулезом, нашедших убежище после оконч. Гражданской войны в Болгарии, Сербии, Франции и Германии, переписывались с ними и помогали им в оплате личных расходов.

И с т. АРЦ. *Морозова О.А.* Биографич. сборник (черновая рукопись). М-73 (MS 268). С. 4.38.

КАРАВАЕВ Семен Васильевич [Сеня] (14 февр. 1895 – 14 марта 1972, Нью-Йорк) — эстрадный нар. танцор-виртуоз. Род. в России. Самостоятельно научился плясать рус. танцы.

Приехав на гастроли в США, остался здесь на всю жизнь. Выступал партнером *А. В. Павловой* в рус. танце. Плясал в рус. клубах и ресторанах. Пел в церковном хоре. Был членом правления Об-ва помощи рус. детям за рубежом и Об-ва помощи рус. воен. инвалидам в Америке. *Родственники:* жена Евдокия Николаевна (? – 1942).

Л и т. Некрологи // НРС. 1972. 16, 18 и 25 марта.

КАРАКОЗОВ [Paul F. **Karakosoff**] Павел Ф. — ветеран армии США, капитан. Служил в 1945 в Берлине.

И с т. *Pantuhoff O.* — 1976.

КАРАЛИ Альберт Павлович (1918 – 3 сент. 1998) — общественно-полит. деятель. Родом из кн. черкесской семьи. Во время Второй мировой войны служил в РОА. После оконч. войны в 1948 эмигрировал в США. Создал в Патерсоне, в штате Нью-Джерси, Черкесский освободительный центр и был его почетным председателем. Состоял в «Коалиции за свободу России». Монархист. *Родственники:* вдова Шарифа.

И с т. Незабытые могилы / Сост. В.Н. Чуваков. Т 3. С. 192.

КАРАПЕТОВ Владимир Никитич (8 янв. 1876 – 1948) — инж.-электрик. Оконч. в 1897 Ин-т инж. путей сообщения. В 1899–1900 учился в Технич. ун-те в Дармштадте, в Германии. После переезда в 1903 в США защитил докторскую дисс. при Политехнич. ин-те в Бруклине, в шт. Нью-Йорк. С 1904 по 1939 год был проф. электротехники в Корнельском ун-те. С 1930 по 1940 год читал лекции в Технологич. ин-те Стивенса. В 1909 стал гражданином США. В 1942–43 служил в гос. Комитете по ведению экономич. войны. С 1944 работал консультантом в фирме «Bethlehem Steel Cº» и в Воен.-мор. академии США. Имел чин лейтенанта-командора запаса ВМФ США. Автор книг и патентов по электротехнике. Получил ряд наград и медалей от амер. научных об-в. Овдовел в 1931. Его вторая жена, Р.М. Карапетова-Кобб, основала в память **К.** ежегодную премию «Vladimir Karapetoff Eminent Member's Award of Eta Kappa Nu» для выдающихся инж.-электриков.

И с т. АОРИ. Материалы.

Л и т. *Кеппен А.А.*; *Hantman Nancy T.* Vladimir Karapetoff Eminent Member's Award // Bridge of Eta Kappa Nu. 1997. Vol. 93. № 4. P. 16.

КАРАСИК [Igor J. **Karassik**] Игорь Иванович (1911, Санкт-Петербург – 2 июля 1995) — инж.-механик. После революции покинул Россию с родителями в 1919. Прожив 5 лет в Турции и пять лет во Франции, прибыл в США в 1928. В февр. 1929 поступил в Технологич. Ин-т Карнеги, в котором получил в 1932 ст. бакалавра по механич. инж. делу, а в 1933 — магистра инж. искусства. За последние два года пребывания в Ин-те Карнеги построил первый опытный канал для фотографирования двумерного потока. Принимал участие в расчетах и изготовлении гидравлич. насосов. В 1937, в сотруднич. с двумя инж., разработал концепцию специфич. скорости всасывания для центробежных насосов, ставшую краеугольным камнем проектирования насосов. С 1937 служил в Worthington Pump Co. в Харрисоне, в шт. Нью-Джерси. С 1946 сосредоточился на исследованиях переходных условий в системах питания водой паровых котлов. Был первым в проектировании и применении скоростных питательных насосов для котлов с критич. давлением. С 1959 по 1963 работал инж.-консультантом и зав. проектного отдела. В 1971–76 вице-президент вышеупомянутой компании. Уходя на пенсию в 1976, получил назнач. на пост главного инж.-консультанта, а затем ст. инж. консультанта. Автор 20 патентов в области питательных насосов для паровых котлов и в установках теплообмена. **К.** опубликовано 530 статей о центробежных насосах и о смежных вопросах. Его статьи и их переводы были опубликованы в 1686 выпусках 174 технич. журналов в 21 стране на 10 яз. Автор книг на англ. яз.: «Centrifugal Pumps — Selection, Operation and Maintenance», «Engineers Guide to Centrifugal Pumps», «Centrifugal Pump Clinic», соавтор «Pump Questions and Answers». В 1980 награжден Амер. об-вом инж.-механиков медалью Генри Р. Вортингтона. В 1981 избран почетным членом Рус.-Амер. ассоциации инж. Принимал участие в общественной жизни и одно время состоял в КРА. *Родственники:* вдова Евгения; две дочери; два сына; восемь внуков; два правнука.

И с т. *Пантюхов О.О.* Архивные сведения; *Karassik Igor J.* Biographiical Sketch, typescript. 1995. 2 pp.

КАРАСИК [John I. **Karassik**] Иван И. — ветеран армии США, первый лейтенант.

И с т. *Pantuhoff O.* — 1976.

КАРДИНАЛОВСКАЯ [урожд. **Пилипенко**] Мартала Сергеевна (род. 1929, Харьков) — скульптор, поэтесса. Род. в семье украинского писателя С. Пилипенко, арестованного в 1933. С четырехлетнего возраста жила с матерью и сестрой в Калинине. В 1939 вернулась на Украину, откуда в 1943 была вывезена нем. оккупантами на работу в Германию. После оконч. войны избежала насильственной репатриации в СССР и в 1947 переселилась в США, здесь оконч. худ. школу Бостонского музея по классу скульптуры. Получила ст. бакалавра искусств в ун-те Тафт. Является профессиональным скульптором. Скульптуры **К.** экспонировались на многих выставках в США, находятся в собрании Гарвардского ун-та, в Компании Форда и др. Автор сб. на рус. яз. «Стихи» (1972), а также «Thought Forms» на рус. и англ. яз. о скульптуре и стихах (1986). Сочетает свою скульптуру со стихами и муз. в видеопрограмме на трех яз. «Путь человека» с добавлением к ним пластич. движений танцора в этюде «Свет и тени».

И с т. *Кардиналовская М.С.* Автобиография // Берега. Сб. Стихи поэтов второй эмиграции / Под ред. Вал. Синкевич. Филадельфия, 1992. С. 268.

КАРЕЛИЦ Георгий Б. (3 янв. 1895 – ?) — инж.-механик, проф. В 1918 оконч. Петроградский Политехнич. ин-т с дипломом инж.-механика и мор. архитектора. С 1918 по 1921 был инж.-консультантом в Сев.-зап. пароходстве. Переселился в США и с 1923 работал в фирме Вестингхауза. С 1930 — доцент, затем проф. машиностроения в Колумбийском ун-те. Автор книги на англ. яз. «Вопросы механики» (1939), в изд-ве Макмиллэн, и статей в технич. журналах и трудах Амер. об-ва инж.-механиков (ASME), председателем которого он был одно время.

И с т. АОРИ.

КАРЕЛИЦ Михаил Б. (16 дек. 1901, Двинск Витебской губ. – ?) — инж.-механик, физик. Переселившись в США, принял в 1929 амер. гражданство. В 1925 оконч. Калифорнийский политехнич. ин-т с дипломом бакалавра физики и инж. В 1930 получил в Питтсбургском ун-те звание магистра и инж.-механика. Работал в фирме Вестингхауза. В 1936–41 был инж.-механиком в Астрофизич. обсерватории Калифорнийского технологич. ин-та. Ведал механизмами 200-дюймового телескопа. В 1941–42 стал сотрудником радиационной лаборатории Массачусетского технологич. ин-та. В дальнейшем занимался засекреченными проектами ВВС и ВМФ США. Консультировал работу с 164-дюймовым циклотроном в Колумбийском ун-те, в Брукхэвенской нац. лаборатории и в Нац. астрономич. радио-обсерватории. Автор печатных работ о радарных сканерах в издании McGraw-Hill (1947) и технич. заметок в журнале «Mechanical Engineering». В 1947 получил похвальную грамоту Армии и Флота США.

И с т. АОРИ.

КАРЕТНИКОВ Антон Ипатьевич (1890 – 11 сент. 1959, Данбери, шт. Коннектикут) — участник Белого движения на Юге России, полковник, ветеран Первой мировой, Гражданской и Второй мировой войн. Жил в Югославии, служил в Рус. Корпусе. После оконч. воен. действий эмигрировал в США.

Л и т. Некролог // Часовой (Брюссель). 1959. № 404.

КАРЖАВИН Фёдор Васильевич (20 янв. 1745, Санкт-Петербург – 1812). Первый «рус. американец», живший в Америке в XVIII столетии и внесший свою лепту в борьбу за ее независимость. Род. в семье купца первой гильдии Вас. Никитича Каржавина, «вольнодумца» в полит. и религиозных вопросах.

Провел в Америке 12 лет, из коих в США — пять с половиной лет, с весны 1777 до нач. 1780, был участником борьбы за независимость и другом президента Дж. Мэдисона. Дед **К.**, Никита Тимофеевич, с сыновьями Василием и Ерофеем были ревностными старообрядцами и тайно помогали своим единоверцам. Однако позже братья прервали связь со старообрядчеством. Василий вел торговлю в Польше, Дании и Англии. Он владел иностранными яз. и сам стал обучать сына рус. и лат. грамоте. Когда **К.** исполнилось десять лет, был зачислен в школу Лезье в Париже, затем определен в Сорбонну, где изуч. фармакологию, яз., естественную историю, философию и мед. Живя в доме рус. посла в Париже кн. Голицына, проникся идеями энциклопедистов. Вернувшись в 1765 в Россию, отказался заниматься торговлей, на чем настаивал отец, и стал преподавателем франц. яз. в семинарии Троице-Сергиевой Лавры. В 1769 занял должность помощника известного архитектора В.И. Баженова, с которым проработал до 1769, после чего уехал за границу, работал и жил в Голландии и Франции. С 1776 у **К.** начинается амер. период жизни. Решение отправиться в Америку не было необдуманным. В доме кн. Голицына выказывались симпатии к американцам, боровшимся за свободу. Общественное мнение в Петербурге было на стороне американцев. Таким образом, решение **К.** отправиться в Америку объясняется его стремлением принять участие в борьбе за свободу молодой республики. Впервые на амер. землю он ступил на франц. о-ве Мартиника. Первое же действие **К.** было направлено на оказание помощи Америке. В товариществе с капитаном Лессером был снаряжен корабль, который направился с о-ва Мартиника в Карибском море на другой франц. о-в, Микелон, в заливе Св. Лаврентия. О-в Микелон был указан в корабельных бумагах конечной целью путешествия для того, чтобы пройти вдоль амер. берегов, не вызывая подозрения англичан, блокировавших амер. порты. **К.** был на этом корабле «воен. начальным человеком». Груз корабля был хорошо закамуфлирован. Англичане остановили корабль возле Порто-Рико и пропустили его, не обнаружив ничего из воен. снаряжения. У берегов Виргинии корабль был вновь остановлен англичанами, но ему удалось уйти в густом тумане. Местная газ. от 16 мая 1777 сообщала о прибытии этого корабля с Мартиники с грузом пороха, оружия, соли и других товаров, крайне необходимых американцам. Это совпало с тяжелым периодом борьбы за независимость, когда Нью-Йорк и Филадельфия оказались захвачены англичанами. В Виргинии прожил 22 месяца. В февр. 1779 снарядил второй корабль под командой Лапорта, но в море корабль был захвачен англичанами и отведен в Нью-Йорк. Подвергаясь большим лишениям и опасностям, с франц. паспортом в кармане, отправился пешком в Бостон хлопотать о корабле. Потерпев неудачу, снова пошел пешком в Филадельфию. Наконец добравшись до Виргинии, принял участие в эвакуации в глубь страны, когда англичане высадились на берегах Чесапикского залива. В Виргинии жил в Вильямсбурге, который теперь является городом-музеем, в доме капитана Лапорта. Неугомонный **К.** снова вернулся на Мартинику и снарядил третий корабль. Однако этот корабль был захвачен 22-пушечным англ. капером и отведен на о-в Антикву. Стараясь вернуться окольными путями в Виргинию, нанялся врачом на исп. корабль, направлявшийся в Нью-Йорк. Прибыв в Нью-Йорк, пытался переправиться через Гудзон и следовать в Виргинию, но англичане пресекли его намерение и отобрали паспорт. Пришлось возвращаться с испанцами в Санто-Доминго и ждать до 1784, когда Нью-Йорк был освобожден от семилетней англ. оккупации. Из Нью-Йорка через Филадельфию наконец вернулся в Виргинию. В Виргинии опять проживал большей частью в Вильямсбурге, где имел большой круг знакомых, в число которых входил Медисон, будущий президент США. Возник вопрос: в каком доме там жил **К.**? Сведения об этом нам любезно предоставила г-жа Эмма Л. Пауэрс, историк из Фонда Колониального Вильямсбурга. По этим сведениям, **К.** жил в Вильямсбурге дважды, в 1779–80 и в 1785–87. Известно, что жил он у своего соратника и приятеля, капитана Лапорта, державшего в Вильямсбурге лавку рядом с таверной «Kings Arms». На месте лавки Лапорта теперь устроена мастерская по изготовлению париков в стиле XVIII в., являющаяся частью этого историч. города-музея. Во время своей жизни в Америке потерял два корабля, разорился и вынужден был добывать себе пропитание торговлей, работой в качестве врача, аптекаря, переводчика. Как побывавший в плену у англичан, получал одно время солдатский паек. Друзья предложили ему поехать с дипломатич. миссией в Россию, по примеру того, как Б. Франклин был послан во Францию. Однако сам **К.** счел, что ему неудобно, как рус., отправляться в Россию в качестве представителя США. Прожив в Америке еще пять с половиной лет, вернулся через Францию в Россию, получив для этого денежное пособие из рус. посольства в Париже. Возвращаясь в Россию, привез с собой обширный архив, включая рукописи, составляющие часть его книги о США. В России служил переводчиком в Коллегии иностранных дел. За свою жизнь опубликовал несколько печатных работ по филологии и естественной истории. Ему также приписывается сотрудничество в журнале Н.И. Новикова «Живописец». **К.** любил Америку и под своими сочинениями ставил подпись «Рус. американец».

Л и т. *Абарбарчук С.* Первый рус. американец // НРС. 1993. 21 дек.; *Александров Е.А.* // РА. 1977. Август. С. 20–24; *Двойченко-Маркова Е.* Федор Каржавин — «русский американец» XVIII века // НРС. 1952. 27 июля; *Дуров Н.П.* Федоръ Вас. Каржавин // Рус. старина. 1875. Т. XII. С. 272–294; *Петров В.* Рус. в борьбе за независимость США // НРС. 1976. 7 ноября; *Старцев А.И.* Ф.В. Каржавин и его амер. путешествие // История СССР (Москва). 1960. Май-июнь. № 3. С.132–139; *Он же.* Первый рус. американист (Новые материалы из амер. архива Ф.В. Каржавина) // Там же. 1986. Сент. - окт. № 5. С. 122–126; *Турков А.* По следам одной судьбы // Известия (Москва). 1986. 12 мая; *Dvoichenko-Markov M.* A Russian traveler to eighteenth century America // Proceedings of the American Philosophical Society. 1953. V. 97. № 4. P. 350–355; *Powers Emma L.* The Colonial Williamsburg Foundation Correspondence. 1997.

КАРИНСКАЯ [урожд. **Жмудская**] Варвара (1886, Харьков – 1983, Нью-Йорк) — театральная костюмерша. С детства увлекалась рукоделием. После революции основала в Москве мастерскую по вышивке и работала в музее. В 1923 **К.** удалось выехать с дочерью в Брюссель, а затем в Париж, где она продолжала работать художницей по созданию театральных костюмов. В 1927 сшила первые костюмы для фильма «Казанова», затем начала работать для Рус. оперы в Париже (Opéra Russe à Paris) и Рус. балета Монте Карло (Ballet Russe de Monte Carlo).

Перед началом Второй мировой войны переселилась в США и начала работать в Голливуде и в Нью-Йорке. В Нью-Йорке начала сотрудничать с *Дж. Баланчиным*, создавая костюмы для балерин и танцовщиков в его балетах в теч. почти 50 лет. **К.** созданы костюмы для балетов «Щелкунчик», «Сон в летнюю ночь», «Венские вальсы». В 1948 получила Академич. премию за костюм для Ингрид Бергман в фильме «Жанна д'Арк» и в 1961 удостоилась премии «Капецио». *Родственники:* племянница *Н.А. Жернакова* с семьей.

Л и т. Некролог // НРС. 1983. 20 окт.

КАРИУС Эдуард Фердинандович (23 апр. 1893 – 19 июля 1974, Лос-Анджелес) — генерал-майор, приписной каз., потомок гугенотов, прибывших в Россию, спасавшихся от преследований во Франции. Произведен в поручики из Виленского воен. уч-ща. Воевал во время Первой мировой войны в рядах 8-го ген.-адъютанта Кауфмана полка 2-й Туркестанской стрелковой дивизии. После прохождения курса Офиц. стрелковой школы в Ораниенбауме, оставлен в ней инструктором. В 1916 отправлен на Кавказский фронт в Донскую пластунскую бригаду. В дек. 1917 на Кубани включился в борьбу против большевиков, став командиром бронепоезда. Участвовал в 1-м и 2-м Кубанских походах в рядах Кубанского стрелкового полка. В 1918, в чине полковника получил назнач. на должность нач-ка пулеметно-стрелковой школы. С 1920 в эмиграции; проживая в Венгрии, до 1927 состоял там представителем Кубанского атамана. Во время Второй мировой войны там же был представителем атаманов Дона, Кубани, Терека и Астрахани. Эвакуировался в Кемптен, в Баварию. В 1956 переселился в США. *Родственники:* вдова Зинаида Степановна, сконч. через год после смерти мужа.

Супруги похоронены на Голливудском кладбище.

И с т. Каз. словарь-справочник / Сост. Г.В. Губарев. Ред.-изд. А.И. Скрылов. Т. II. Сан-Ансельмо, 1968. С. 51–52; *Рагозин С.* Письмо Е. Александрову. 2001. Май.

КАРЛИНСКИЙ [**Karlinsky** Simon] Семен Аркадьевич (род. 22 сент. 1924, Харбин, Маньчжурия) — проф., литературовед, ветеран. Род. в рус. колонии в Маньчжурии. Приехал в США в 1938. Учился в средней школе в Лос-Анджелесе. Служил с 1943 по 1946 в амер. армии в чине сержанта. Потом был переводчиком в Контрольном совете в Германии (1946–48), переводчиком и офицером связи в Гос. департаменте в Германии (1945–50) и офицером связи при Амер. командовании в Берлине (1952–57). Одновременно учился в Париже в Ecole Normale de Musique по классу композиции. Его муз. произведения были опубликованы и исполнялись. Вернулся в США для завершения высшего образования. В 1964 защитил докторскую дисс. о творч. Марины Цветаевой при ун-те Бёркли в Калифорнии. Его руководителем был *Г. Струве.* В 1961 стал проф. в Департаменте славянских яз. и лит. в своей альма-матер и стоял во главе департамента с 1967 по 1969. Преподавал в Гарвардском ун-те. Ушел отставку в 1993. За свою карьеру написал 250 работ, библиографии которых посвящена книга под редакцией Michael S. Flier and Robert P. Hughes. Значительную часть исследований **К.** посвятил малоизуч. писателям, а также таким деятелям искусства, как *Стравинский* и *Дягилев.* **К.** считают наследником Глеба Струве, следующего традиции исследования и сохранения рус. эмигрантской лит. Эту традицию **К.** передавал ученикам. За свои многолетние науч. исследования и преподавание удостоился получения многоч. наград, грамот и членства в почетных об-вах.

И с т. *Pantuhoff O.* — 1976.

Л и т. Kasinec E. Introduction (biography) // For SK. In Celebration of the Life and Career of Simon Karlinsky, Berkeley Slavic Specialties. Edited by Michael S. Flier and Robert P. Hughes, 1994. P. 1–2.

КАРНИЛОВА [Maria **Karniloff**, Maria **Karnilova**] Мария Филипповна (3 авг. 1920, Хартфорд, шт. Коннектикут – 20 апр. 2001, Нью-Йорк) — балерина, характерная актриса. Род. в рус. семье Филиппа Довголенко и Степаниды, урожд. Карнилович. После переезда в Бруклин стала заниматься с Маргарет Кёртис в Балетной школе Метрополитен опера в Нью-Йорке. Мария начала карьеру с выступления в детском балете в Метрополитен опера. Одним из учителей **К.** был известный хореограф *М.М. Фокин.* Ее выступления на сцене начались с участия в небольшой танцевальной группе, рук.

Фокиным и *М. Мордкиным*, ставшей ядром будущего Балетного театра. Выступала в этом театре и с 1946 в муз. комедиях на Бродвее и на телевидении. Была солисткой в Метрополитен опера, выступая в «Свадьбе Авроры», «Спящей красавице», «Суде Париса», «Синей Бороде», «Троянской Елене», «Трех девственницах и дьяволе». Многостороння актриса, К. получила в 1964 награду «Тони» за сыгранную роль Гольды в «Скрипаче на крыше» («Fiddler on the Roof»). Была номинирована на премию Оскар за исполнение роли Гортензии в фильме «Грек Зорба». *Родственники:* муж, актер Джордж С. Эрвинг; сын Александр; дочь Екатерина; трое внуков.

Л и т. Kisselgoff Anna. Maria Karnilova, 80, Star of Ballets and Broadway // The New York Times. 2001. April 25.

КАРНОВ Павел — общественный и культурный деятель. Изготовил модель крейсера «Варяг», который был построен по заказу Рос. Императорского флота в Филадельфии. Модель корабля длиной 5 футов, выставлена в музее Ин-та Франклина в Филадельфии и является частью выставки, посвященной 300-летию судостроительства на р. Делавер. Вторая модель крейсера находится в мор. музее при об-ве «Родина» в Лейквуде, в шт. Нью-Джерси. Член КРА.

И с т. АА. *Karnow Paul*. Manuscript. 1984; *Рагозин С.* Сообщение от 26 марта 2004.

КАРНОВА Надежда Павловна (род. 1947, Филадельфия) — скульптор, педагог. Персональные выставки в США. Участница многих нац. выставок в США.

Л и т. Встречи (Альманах). 1985, 1986, 1987 / Под ред. Вал. Синкевич.

КАРПАШЕВИЧ [Leonard **Karpashevich**] Леонард (род. 18 сент. 1921, Бронкс (Нью-Йорк)) — ветеран амер. армии. Оконч. Нью-Йоркский ун-т с дипломом авиационного инж., прошел при ун-те воен. подготовку, оконч. офиц. школу. Служил в чине первого лейтенанта в воен.-воздушном корпусе в 1943–45.

Погиб при крушении самолета во время служебного полета в Индиане.

Похоронен на Свято-Владимирском кладбище в Кэссвилле, шт. Нью-Джерси.
И с т. *Pantuhoff O.* — 1976.
Л и т. *Beresney T.A.* In Memoriam // Russian Herald. 1947. Jan. – Feb. P. 160.

КАРПЕНКО Анатолий Николаевич (1916, Харбин, Маньчжурия – 13 янв. 1995, Сан-Франциско) — инж.-электрик, изобретатель. В 1933 оконч. гимназию Христианского Союза Молодых Людей (YMCA) и в 1937 Харбинский политехнич. ин-т. В Шанхае был одним из основателей компании, изготовлявшей электрич. оборудование. В 1949 эмигрировал в США. В Сан-Франциско был главным инж. технич. компании. Получил за изобретения по арматуре высокого давления 14 патентов, из них 12 — в США, один — в Европе и один — в Австралии.

Л и т. Незабытые могилы / Сост. В.Н. Чуваков. Т. III. С. 205.

КАРПИНСКАЯ — геолог, преподаватель, референт. Во время Второй мировой войны эвакуирована из осажденного Ленинграда на Сев. Кавказ, который в 1942 был оккупирован немцами. При последующем нем. отступлении эвакуирована с мужем в Германию. USBM в Вашингтоне по вопросам минерального сырья в Сов. Союзе и в Восточ. Европе. Супруга *Карпинского*.

КАРПИНСКИЙ А. — геолог, во время Второй мировой войны эвакуирован на Сев. Кавказ, вскоре оккупированный немцами. Племянник академика А.П. Карпинского. Во время отступления нем. армии выехал в Берлин, работал в Геологич. службе. Вошел в состав КОНР. После оконч. войны жил в беженских лагерях в Германии. Переселился в США, жил в Нью-Йорке, где работал в строительной фирме и занимался вопросами механики грунтов. Был женат на Карпинской.

И с т. АА. *Александров Е.* Личные сведения и сведения Н.В. Козякина.

КАРПИНСКИЙ Сергей Львович (2 сент. 1896 – 27 сентября 1983) — участник Белого движения на Востоке России, штабс-ротмистр. По оконч. гимназии поступил на кораблестроительное отделение Политехнич. ин-та Императора Петра I. Но в начале Первой мировой войны перешел в Михайловское арт. уч-ще, которое оконч. в июле 1917 с производством в прапорщики и переводом в 4-ю зап. арт. бригаду в Саратове. Затем переведен в 4-ю Кавказскую арт. бригаду на Кавказском фронте, где

пробыл в составе 6-й горной батареи до мая 1918, до ее расформирования.

С авг. 1918 до конца 1922 — в составе Белой армии на Урале, в Сибири и на Дальнем Востоке — в Забайкалье и Приморье. В авг. 1918 вступил в партизанский отряд, действовавший против большевиков. Этот отряд был влит в Екатеринбургский улан. полк 1-й кав. дивизии. В рядах полка прошел весь путь до Китая, занимая должности мл. офицера и адъютанта полка. Был произведен в подпоручики с переименованием в корнеты по кав. Затем произведен в поручики и за Сибирский ледяной поход (1920) в штабс-ротмистры. Имел боевые награды: ордена св. Анны IV ст. с надписью «За храбрость», св. Анны III ст. с мечами и бантом и Знак воен. ордена за Сибирский «Ледяной» поход. При переходе в Китай совершил поход от Хунчунь до г. Гирин, где находился в лагере для интернированных. В 1923 уехал в Харбин. В 1963 переселился в США. Был членом Об-ва рус. ветеранов Великой войны в Сан-Франциско, в котором занимал должности секретаря и вице-председателя.

Похоронен на Сербском кладбище в Сан-Франциско.
И с т. АОРВВВ. Штаб-ротмистр Сергей Львович Карпинский // 1983. Альбом IV.

КАРПИС Ольга (20 февр. 1910 – 23 февр. 1998) — певица. Выступала в Нью-Йорке в клубе «Две гитары». Проживала в г. Глендэл, в Калифорнии.
И с т. Social Security Death Index.

КАРПОВ Александр Владимирович (26 авг. 1888 – 1978) — инж. Оконч. Харьковский технологич. ин-т с дипломом гражданского инж. и Дармштадтскую высшую технич. школу в Германии. Покинул Россию с Белой армией. Приехал в США в 1920. Сразу устроился на рук. должность по строительству здания компании Бош Магнетто в Нью-Йорке, бетонного моста в Питтсбурге и гидроэлектрич. проекта реки Литтл Теннесси, плотин в Виргинии. За этим последовали командировки в Италию и Францию для изуч. возможности строительства гидроэлектростанций на р. Тибр и в Пиренеях. Во время Второй мировой войны, после высадки амер. войск в Сев. Африке, в качестве воен. инж. провел ряд технич. работ в Марокко, Алжире и Тунисе. После оконч. войны работал в ООН, оказывал технич. помощь в Индии, Пакистане и странах Лат. Америки. Автор многоч. статей в технич. журналах. В 1973–74 — опубликовал «Галактическую теорию ледниковых периодов».
И с т. АОРИ.
Л и т. *А.Г.* А.В. Карпов // НРС. 1978. 13 дек.

КАРПОВ Александр Константинович (25 нояб. 1903, Екатеринослав – 23 сентября 1995, Си Клифф на Лонг-Айленде, шт. Нью-Йорк) — инж.-строитель, общественный деятель. Во время Гражданской войны поступил в Крымский кад. корпус, который оконч. в 1922 после эвакуации Белой армии в Кор. СХС. В 1926 оконч. технич. ф-т Загребского ун-та. Работал на строительстве жел. дорог. Вторично в жизни вынужден был уходить от коммунистов. Около года провел в Германии, откуда в 1946 переехал в США, здесь после сдачи экзаменов в Пенсильванском и Нью-Йоркском ун-тах и получения лицензии стал амер. инж. и успешно работал по специальности.

Состоял деятельным членом Общекад. объединения и возглавлял в Нью-Йорке «совет старшин». Был членом КРА и собирал книги и журналы на рус. яз. для отправки в Россию. Участвовал в проектировании и сооружении в 1994 памятника кадетам, «на поле брани живот свой положившим, в смуте убиенным, в мире скончавшимся и славному прошлому Рос. Кад. Корпусов, взрастивших поколения верных сынов историч. России» на кад. участке в Новом Дивееве. *Родственники:* вдова Светлана Сергеевна.

Похоронен на кладбище монастыря Новое Дивеево в шт. Нью-Йорк.
И с т. АОРИ. Вопросник.
Л и т. *А.И.* Александр Константинович Карпов // Кад. перекличка (Нью-Йорк). 1996. Март. № 58. С. 157–158; *Карпов А.* О памятнике на кад. участке кладбища в Ново-Дивееве // Там же. 1994. № 54. С. 122–124;

КАРПОВ Борис — ассистент по астрономии при Вассар колледже.
И с т. *Мартьянов Н.Н.* Список. С. 84–88

КАРПОВ Константин Павлович (22 авг. 1898, Москва) — инж., строитель плотин. В 1926 оконч. строительный колледж в Харбине, в Китае. В 1934 получил ст. бакалавра при Калифорнийском ун-те. С 1934 работал мл. инж. по постройке земляных плотин и по орошению. В 1936–41 работал в Bureau of Reclamation на строительстве Imperial Dam, исследуя гидравлич. и структурные свойства земляных склонов, изучая возможности улучшения их устойчивости и проектируя для них водонепроницаемое покрытие. В 1941–44 изуч. возможность орошения, использования водной энергии и контроля паводков в Орегоне. В дальнейшем до 1963 работал в лаборатории механики грунтов, испытывал устойчивость грунтов и свойства строительных материалов, включая бетон. Автор восьми статей в журн.: Civil Engineering, Western Construction News, Proceedings of the Highway Research Board, Earth Laboratory Reports и др. Создал 14 аппаратов, приспособлений и методов по определению просачивания, измерения устойчивости «защитных фильтров», аппарата для определения электрич. и физич. свойств почв перед применением электроосмотич. или электрохимич. стабилизации, создал автоматич. машину для уплотнения почв, улучшения бетонных агрегатов, открыл влияние абсорбции воды на объемную деформацию бетона. За свои работы удостоился шести наград. Член Об-ва амер. воен. инж.
И с т. АОРИ.

КАРПОВА Лидия Ивановна (1885, Санкт-Петербургская губ. – 1976) — создатель балетной школы в Зап. Канаде. Проявив с юных лет большой интерес и способности к классич. балету, принята в Петербургское балетное уч-ще, в стенах которого подружилась с *А.М. Павловой*. После оконч. уч-ща несколько лет выступала на сцене Мариинского театра в Петербурге. Вскоре после событий 1917 выехала в Зап. Европу, здесь начала очень успешно выступать, в частности в Париже, под рук. С.П. Дягилева, познакомившего Францию с рус. балетом и оперным искусством. Но К. очень хотелось повидать Новый Свет и в 1922 она приехала, по примеру подруги, Анны Павловой, в Сев. Америку. Из всех городов, где она выступала, Ванкувер просто покорил К. своей красотой. Узнав у местных театралов, что Зап. Канада вообще не знакома с классич. балетом, решила остаться в Ванкувере и знакомить канадцев с балетом. С помощью местных меценатов создала первую в истории Зап. Канады балетную школу, которая сразу же обратила на себя внимание публики и стала расти. После кончины К. эта школа продолжает существовать.
И с т. АА. *Могилянский М.* Биография Л.И. Карповой (машинопись). 2001. 6 нояб.

КАРПОВИЧ Вера (род. 17 авг. 1925, Ленинград) — преподаватель рус. яз. и лит. В 1961 оконч. Колумбийский ун-т со ст. бакалавра, в 1965 получила ст. магистра и в 1970 защитила докторскую дисс. В теч. 4-х лет преподавала в Колледже Бернард и Вассар. Вместе с *Е. А. Карповичем* составила рус.-англ. химич. словарь (второе издание — 1963), изд. «Technical Dictionaries Co» в Нью-Йорке.
И с т. *Carpovich Vera.* Curriculum vitae (typescript). 1972.

КАРПОВИЧ Евгений — доктор наук, составитель рус.-англ. словарей по химии, биологии, медицине, металлам, атомной физике, математике и технологии в изд-ве «Technical Dictionaries Co» в Нью-Йорке.

КАРПОВИЧ Михаил Михайлович (1887 [1888], Тифлис – 7 нояб. 1959, Кембридж, под Бостоном) — историк. Будучи студентом Московского ун-та, в 1904–05 состоял в партии эсеров. Был арестован и сослан. Отказавшись от революционных идей, вернулся к образованию. Оконч. Санкт-Петербургский ун-т. В 1914 приглашен в ун-т в качестве преподавателя истории. При Временном правительстве получил назначение в Рос. посольство в США. После захвата власти в России большевиками остался в США, перейдя на положение полит. эмигранта. В 1927–57 преподавал рус. историю в Гарвардском ун-те. С 1949 по 1954 возглавлял Славянский департамент ун-та. С 1949 по 1959 был ред. «Нового Журнала» (Нью-Йорк). По оценке К., в революции были виновны в одинаковой ст. как представители власти, так и вожди об-ва. Вместе с *Вернадским* издал в Йельском ун-те трехтомную «Историю России». Со-ред. сб. «Русский литературный архив».

Л и т. *Вильданова Р.И., Кудрявцев В.Б., Лаппо-Данилевский К.Ю.* Краткий биографич. словарь рус. зарубежья // *Струве Г.* С. 318; *Плешко Н.Д.* Генеалогич. хроника // Новик (Нью-Йорк). 1960. Отд. III. С. 5; *Тимашев Н.С.* М.М. Карпович // НЖ. 1960. Кн. 59. С. 192–195; *Raymond B., Jones D.* Karpovich Mikhail // The Russian Diaspora 1917–1941. Maryland and London, 2000. P. 125–126.

КАРТАШЁВ Юрий Иванович (1923, Кор. СХС – декабрь 2001) — художник, архитектор. Родился в рус. семье. В Югославии получил среднее образование и после оконч. Второй мировой войны поступил на архитектурный ф-т Белградского ун-та. Будучи студентом, занимался живописью и участвовал в выставках. После оконч. ун-та уехал в Триест, в Италию, где прожил 5 лет в беженском лагере и принимал участие в худ. выставках. В 1955 переселился в Канаду, в Монреаль. Работал по технич. части и все свободное время посвящал живописи. Стал членом худ. клубов и студий, в которых ежегодно выставлял свои картины. Многие полотна **К.** находятся в частных собраниях в Канаде и др. странах, включая Россию. Став пенсионером, целиком посвятил себя живописи.

В своем творч. не ограничивался каким-то определенным жанром. Его интересовало все: люди, животные, цветы, предметы, но больше всего — природа, «отражение Творца», как он говорил. Работал маслом, акварелью, акриликом и др. Его девиз — «надо писать все, что тебя окружает, искренне и правдиво».

И с т. АА. *Карташёв Ю.* Автобиография (машинопись). 2000. Нояб.

КАРТВЕЛЛИ Александр Михайлович (1896, Тифлис – 1974) — конструктор самолетов. Во время Первой мировой войны служил в офицерском чине в Императорской арт. В 1919 направлен грузинским правительством в Париж для продолжения обучения летному делу. После захвата в 1921 власти в Грузии большевиками решил остаться во Франции. Получив должность инж. в Société Industrielle, участвовал в создании одноместного гоночного самолета Bernard et Ferbois, поставившего мировой рекорд скорости в 1924. Переселившись в США, строил одномоторные самолеты меньшего размера под названием «Uncle Sam». В 1931 поступил на должность главного проектировщика в компанию, основанную *А. Северским*. Это сотрудничество ознаменовалось выпуском самолета-амфибии SEV-3, тренировоч. самолета АТ-8, истребителей Р-35 и 2РА. Работая в «Republic Aircraft Corporation», достиг должности вице-президента. Вплоть до 1960 оставался главным проектировщиком корпорации и создателем в 1941 самолета Р-47 «Thunderbolt». Во время Второй мировой войны эти самолеты сыграли значительную роль в боях с противником.

Л и т. *Raymond B., Jones D.* Kartvelli Alexsandr // The Russian Diaspora 1917–1941. Maryland and London, 2000. P. 127–128.

КАРЦЕВ Борис Ефимович (?–1965) — основатель и председатель Объединения абитуриентов рус. гимназий в Латвии.

Похоронен на кладбище монастыря Ново-Дивеево, близ Нанует, в шт. Нью-Йорк.

Л и т. Некролог // НРС. 1966. 23 июля.

КАСАТКИН Сергей Владимирович (род. 5 окт. 1917, Омск) — преподаватель рус. яз., синолог. Во время Гражданской войны выехал с родителями в Харбин, в Маньчжурию, где в 1936 оконч. Ин-т восточных яз. и коммерч. наук со ст. ученого-синолога. Переселившись в США, продолжал образование в Калифорнийском ун-те в Беркли, в котором специализировался по восточно-азиатским яз. и получил в 1950 диплом бакалавра, а в 1952 — магистра. Продолжал слушать дополнительные курсы в 1952–56 В 1936–45 работал в торговых фирмах в Харбине и в Шанхае. С 1945 по 1948 — офицер связи брит. армии в чине майора на Яве и в Японии. В 1948 начал преподавать рус. яз. в Арм. школе яз. в Монтерее, в Калифорнии. В 1949 занял место ст. преподавателя рус. яз. в Калифорнийском ун-те в Беркли. Там же в 1950–60 занимал должность ученого-лингвиста, составлял монгольско-англ. словарь. В 1959 получил должность ст. лектора при отделении рус. яз. и лит. Помимо этого участвовал в написании учебников для Арм. школы иностранных яз. В 1962–64 был консультантом по разработке способов механич. переводов с рус. и кит. яз. на англ. Член РАГ в США.

И с т. Archives of the Assn. of Russian-Americam Scholars in the USA. *Kassatkin Serge.* Curriculum vitae. 1974.

КАСЕНКИНА Оксана (1896–1960, Нью-Йорк) — учитель биологии. Была послана из СССР преподавать в школе для детей советских дипломатов в Нью-Йорке. Решила не возвращаться в СССР и бежала из сов. консульства, спрыгнув с третьего этажа. Сильно ушиблась и попала в больницу. Ее бегство по полит. причинам произвело сенсацию. Муж **К.** стал в 1937 жертвой сталинского террора. Толстовский фонд и лично *А.Л. Толстая* оказывали ей содействие в получении полит. убежища. Сов. агентура похитила **К.** после выздоровления, но под давлением общественного мнения и правительства США вынуждена была отпустить. Об этой трагедии написала в 1949 книгу «Прыжок в свободу».

КАСИМ [Альтаментов Андрей Иванович] Андрей (1891, Саратов – 18 июня 1956, Нью-Йорк) — инж.-текстильщик, ветеран, поэт. Родился в Саратове. Во время Второй мировой войны призван в Красную армию. В 1942 попал к немцам в плен. После оконч. войны отказался возвращаться в СССР и жил под Мюнхеном в лагере для «перемещенных лиц». Печатал стихи в журнале «Обозрение» под псевд. Уральцев. В 1951 переселился в США. Работал в Нью-Йорке на спичечной ф-ке. Его стихотворения вошли в 1947, в Мюнхене, в коллективный сборник «Стихи». Печатался в журналах «Грани», «Литературный современник», лит. антологиях: «На Западе» и «Берега».

Л и т. *Крейд В.* С. 628.

КАСПЕРУК [псевд. Константин Сибирский] Константин Георгиевич (? –14 апр. 1961) — писатель и журналист. До Второй мировой войны жил в СССР. Оказавшись на Западе, избежал насильственной репатриации. После оконч. воен. действий эмигрировал в США. Был членом редколлегии и сотрудником журнала Об-ва политкаторжан («The Challenge») в Нью-Йорке. Журнал был посвящен свидетельствам быв. заключенных сов. лагерей принудительного труда.

Л и т. Некролог // НРС. 1961. 3 мая.

КАССИНИ Игорь, гр. (1915, Севастополь – 2002) — журналист. Род. в семье Александра Лоевского, принявшего фамилию своей жены де Кассини, дочери итальянского гр., находившегося на рус.

дипломатич. службе. Вскоре после переезда в США стал корреспондентом газ. «Вашингтон Таймс-Геральд» и описывал жизнь известных амер. семей. Это создало конфликт с описанными им семьями. Благодаря этому стал известен в прессе. Стал сотрудн. в газ. Херста и получил в газ. «Нью-Йорк Джорнал-Американ» должность ред. отдела, посвященного высшему амер. об-ву. Достигнув вершины своей журналистской деятельности, подписывал свои статьи псевдонимом Чолли Никкербокер. Его стали печатать в газ. синдикате, в который входили 150 газ. в США и в др. странах, число читателей которых доходило до 20 миллионов. Был женат пять раз. *Родственники*: дочь Марина; сыновья — Александр, Николай и Димитрий; четыре внука; два правнука.

Л и т. *Severo Richard.* Igor Cassini Hearst Columnist, Dies at 86 // The New York Times. 2002. January 9.

КАССИНИ, де [**Cassini** Oleg] Олег, гр. (род. 11 апр. 1913, Париж) — создатель женских мод. Сын рус. посла в США Александра Лоевского. Его мать была урожд. гр. де Кассини. После революции семья Кассини, покинув Россию, жила во Флоренции. Переселился в США в 1930 и первые десять лет работал в Голливуде, создавал костюмы. Во время Второй мировой войны служил в чине лейтенанта в амер. армии.

В 1950 основал компанию по созданию модной одежды для состоятельных женщин и приобрел известность как законодатель моды. В 1987 опубликовал свою биографию «По моей моде» («In my own fashion»).

Л и т. *Сулькин Олег.* Олег Кассини // НРС. 1996. 31 янв., 1 февр.; *Witchell Alex.* Oleg Cassini // The New York Times. 1995. Nov. 16.

КАССИНИ-ЛОЕВСКАЯ Маргарита Артуровна, гр. — дочь рос. посла в США, гр. Кассини и жена чиновника Министерства иностранных дел, состоявшего при адм. Колчаке. Была крестной матерью броненосца «Ретвизан» и крейсера «Варяг», погибшего в рус.-яп. войну 1904–05. У нее было два сына: *Игорь*, журналист и *Олег* — создатель дамских мод.

Л и т. Незабытые могилы // Часовой (Брюссель). 1961. Нояб. № 426. С. 23.

КАССИНСКИЙ Александр Степанович (10 февр. 1899, Варшава – ?) — горный инж.-обогатитель. В 1929 оконч. Горный ф-т Уральского политехнич. ин-та. В США жил в Бруклине, Нью-Йорк. Действительный член Об-ва рус. инж. в США (1952).

И с т. АОРИ. Анкета.

КАТЕНЕВ Николай Иванович (1898, Таганрог Обл. Войска Донского – 9 нояб. 1979, Мистик, шт. Коннектикут) — участник Белого движения на Юге России, капитан дальнего плавания, писатель. Получил среднее образование. Во время Гражданской войны служил в Доброволч. армии, участвовал в 1-м Кубанском («Ледяном») походе 1918. После эвакуации из Крыма в Константинополь поступил матросом на греч. пароход. Дослужился до должности капитана. Свои поездки красочно описывал в очерках, присылаемых в нью-йоркскую газ. «Новое русское слово». Эмигрировал в США, здесь оконч. экономич. ф-т Колумбийского ун-та. Автор нескольких книг, включая юмористич. «Саша Попандопуло и я». Состоял в Мор. об-ве в Нью-Йорке. *Родственники*: сын.

Л и т. Некролог // НРС. 1979. 11 нояб.

КАТКОВ Кирилл Михайлович (9 июля 1905, Москва – 27 июня 1995) — художник, иконописец, реставратор. Род. в семье проф. римского права Киевского ун-та М.М. Каткова. Эмигрировал, с 1922 жил в Праге. Посещал семинары Н.П. Кондакова, написал более 60 икон для церкви Успения Пресвятой Богородицы на Ольшанском кладбище. В 1929 жил в Париже, слушал лекции по византийскому искусству в Сорбонне. В 30-х гг. расписывал католич. храмы в Аргентине. В 60-х гг. переселился в США, работал для музея *Н.К. Рериха*. Расписывал православные церкви в Монреале, в Канаде, и в монастыре Ново-Дивеево (шт. Нью-Йорк).

И с т. АА. Н. Александрова, личные сведения.

Л и т. *Лейкинд О.Л., Махров К.В., Северюхин Д.Я.* Худ. Рус. зарубежья. С. 319–320.

КАТРЕНКО Михаил Спиридонович (13 сентября 1896 – 24 декабря 1979, Нью-Йорк) — участник Белого движения на Юге России, штабс-капитан. Оконч. Сергиевское арт. уч-ще. Был выпущен в Тяжелый арт. дивизион, в котором оставался до полного развала фронта. Участвовал в сражениях в рядах Доброволч. армии. После эвакуации (1920) и пребывания в Галлиполи (1920–21) жил в Болгарии и Чехословакии, здесь оконч. в Брно политехникум со званием инж. Служил в Словакии до переезда в США. В США состоял членом рус. воинских и об-венных орг-ций, включая Об-во Галлиполийцев в США. Действительный член Об-ва рус. инж. в США.

И с т. АОРИ. Анкета.

Л и т. *Куксевич В.* Незабытые могилы // Часовой (Брюссель). 1980. Март – апр. № 624. С. 21.

КАУН [**Kaun** Alexander] Александр — доцент славянск. яз. при ун-те Беркли, в Калифорнии.

И с т. *Мартьянов Н.Н.* Список. С. 84–88.

КАЧИНСКАС Генрих Иеронимович — актер рус. «Нового Театра» в нач. 50-х гг. в Нью-Йорке. Театр просуществовал три сезона, в репертуаре было около десяти постановок. Шли такие пьесы, как «Горе от ума» А.С. Грибоедова, «Василиса Мелентьева» А.Н. Островского и его же «Невольницы», «Сверчок на печи» Ч. Диккенса и «Стакан воды» франц. драматурга Скриба. Были и современные пьесы. *С. Максимов* написал для «Нового Театра» пьесу «Семья Широковых», а *С. Малахов* — пьесу «Летчики». После закрытия театра ряд лет работал в рус. отделе радиостанции «Голос Америки».

И с т. АА. *Оболенская-Флам Л.* Новый Театр в Нью-Йорке, машинопись. 2002. 3 с.

КАЧИНСКИЙ Александр (18 окт. 1888, Харьков – 1958) — художник-график, сценограф. Учился в Петрограде и в Париже. В 20-е гг. работал для Рус. балета *С.П. Дягилева*. В 1930 переселился в США. Занимался графикой и оформлял интерьеры.

Л и т. *Лейкинд О.Л., Махров К.В., Северюхин Д.Я.* Худ. Рус. зарубежья. С. 320–321.

КАЧИНСКИЙ Викторин Романович (1891–1986) — пионер рус. мор. авиации. В 1910 оконч. Мор. кад. корпус. В 1912 поступил в мор. авиацию Императорской армии. После обучения пилотажу получил назнач. на первую в мире авиаматку, несшую гидропланы. Для взлета эти гидропланы должны были спускаться на воду. Во время Первой мировой войны служил в Черноморском флоте и бомбил турецкие воен. склады. Награжден орденом св. Владимира IV ст. с мечами и бантом и св. Станислава II ст. В боевой обстановке совершил первый в истории авиации ночной полет во время налета на Варну в 1916, за что удостоился награждения Георгиевским оружием. Был также представлен к награждению орденом св. Георгия IV ст. и производству в чин капитана II ранга. В 1917 чуть не подвергся расстрелу матросами и после пребывания, против своей воли, на Украине в качестве командира укр. мор. авиации, бежал в Польшу. В Польше возглавил мор. авиацию.

После переселения из Польши в Бельгию переехал в 1928 в США, здесь начал работать на авиационном заводе *И.И. Сикорского*. Авиационный отдел Смитсониевского ин-та в Вашингтоне признал **К.** как одного из выдающихся рус. летчиков и наградил медалью Бэрда. Имел рус., польск. и брит. награды. *Родственники:* вдова Элен; дочь; внуки; правнуки.

Л и т. *Александров Е.* Викторин Романович Качинский // РА. 1997. № 21. С.226; *Драшпиль Б.В.* Лейтенант Викторин Романович Качинский // Кад. перекличка. 1986. № 41. С. 113–114; Умер старейший рус. летчик // НРС. 1986. 11 февр.

КАШЕВАРОВ А.П. — директор Историч. музея и библиотеки в Джуно, на Аляске, сотрудник Музея рус. культуры в Сан-Франциско.

И с т. АА. *Шмелев А.В.* 50 лет Музею рус. культуры, машинопись. 1998. 3 с.

КАЩЕНКО Александр Александрович (?, Ставропольская губ. – 11 июля 1955, США) — участник Белого движения на Юге России, математик, фермер. Род. в деревенской купеч. семье. Оконч. математич. ф-т Московского ун-та. Срочную воинскую службу отбывал в 1-м гус. Сумском Его Величества Кор. Дании Фредерика VIII, ныне ген. Сеславина полку 1-й кав. дивизии. Во время Первой мировой войны состоял в рядах 18 драг. Северского полка Кавказской кав. дивизии. Воевал на Зап. и Кавказском фронтах. Во время Гражданской войны вступил в Добровольч. армию. Будучи в составе отряда ген.-лейт. Н.Э. Бредова, перешел в Польшу, откуда пробрался окольным путем в Крым, где вновь присоединился к Белой армии. Эвакуировался с остатками армии ген. П.Н. Врангеля в Константинополь, откуда переехал в Кор. СХС, здесь работал на прокладке дорог. В 1920 эмигрировал в США, стал фермером, занимался разведением кур.

Л и т. *Деникина К.В.* Некролог о А.А. Кащенко // НРС. 1955. 11 июля.

КВАРТИРОВ Алексей Александрович (5 нояб. 1911, Москва – 12 янв. 1992, Си Клифф, Лонг Айленд) — инж.-электрик и электронщик. Родился в Москве. В эмиграции оконч. Технич. ун-т в Берлине. Был приглашен в Швейцарию организовать для всей страны телевизионные передачи, создав все необходимое оборудование. Во время Второй мировой войны работал над развитием телевизионных передач в Париже. Перед оставлением немцами Парижа препятствовал запланированному ими взрыву Эйфелевой башни.

В США прибыл в апр. 1958. Принял амер. гражданство в 1963. Работал по созданию аппаратуры для телевизионных передач из студии. Имел патенты, делал доклады на конференциях специалистов по телевидению. Был членом Амер. Об-ва инж. электриков и электронщиков. Состоял членом КРА. Принимал активное участие в церковных делах РПЦЗ. *Родственники:* жена (урожд. *Лавриновская*) Екатерина Николаевна, потомок И. Л. Голикова, помощника «рус. Колумба» *Г.И. Шелихова*; сын — Александр, род. в 1947, инж.-электронщик; внучка — Людмила, в замужестве Шафранек.

Похоронен в Рослине, на Лонг-Айленде, в шт. Нью-Йорк.

И с т. *Александров Е.А.* Интервью с А.А. Квартировым. 1989; *Квартирова Е.* Анкета Биографич. словаря. 2003. Июль.

КЕДРОВА Лили [Елизавета Николаевна] (1918, Петроград – 16 февр. 2000) — актриса, киноактриса. Род. в семье муз. После захвата власти большевиками Кедровы бежали за границу и стали эмигрантами в Париже. **К.** в Париже убегала из дома к цыганам, в цирк, и с 12-летнего возраста стала участвовать в театральных постановках по методу К.С. Станиславского. Ее игра на сцене была инстинктивной, но, поняв, что для работы артистке нужно образование, начала учиться драматич. искусству у режиссера Пьера Вальде, ставшего впоследствии её мужем.

С нач. 50-х гг. начала пользоваться успехом на франц. сцене в ряде пьес, включая «Вкус меда» и «Братья Карамазовы». Выступала в десятках театральных постановок и кинофильмах в Европе, Англии и в Канаде. В 1969 вышла замуж за театрального постановщика Ричарда Хоуарда. За свою карьеру удостоилась многих наград, в 1955 получила франц. — «César», в 1969, в Лондоне — «Evening Standard Award» за игру на сцене в постановке «Вишневого сада», в 1970 — канадскую «Genie», в 1980 — Золотую маску Сицилии. Ее самой знаменитой ролью была роль старой куртизанки madame Hortense в амер. фильме «Грек Зорба», которую **К.** талантливо сыграла вместе с Энтони Куинном в 1964. За эту роль получила высшую голливудскую награду «Оскара» и ежегодную награду «Tony Award». После этого исполняла эту же роль на Бродвее. **К.** с мужем имела дома в Париже, Торонто и в Соулт Сэйнт Мари в Канаде, где она сконч.

Л и т. Е. Кедрова получила «Оскара» // НРС. 1965. 7 апр.; Карьера Лили Кедровой // Там же. 1964. 11 окт.; Лили Кедрова выступит на Бродвее // Там же. 1965. 13 мая; Лиля Кедрова — кандидатка на «Оскара» // Там же. 1965. 5 марта; *Van Gelder Lawrence.* Lila Kedrova, known for Oscar winning role in «Zorba», Dies // The New York Times. 2000. April 20.

КЕДРОВСКИЙ Вениамин (26 авг. 1888 – 1968) — протоиерей ПЦА. Обучался в Вологодской дух. семинарии. В США — с 1909 по 1968. В окт. 1911 рукоположен в сан священника. В Америке три его родных брата, Александр, Рафаил и Апполинарий, уже были священниками. Получил от митрополита *Платона* назначение в г. Гери, в шт. Индиана, где еще не было ни прихода, ни церкви. Обустроив в молитвенном доме с большими трудностями церковь Покрова Божией Матери и освятив ее, приступил в 1912 к строительству деревянной церкви на собственной земле, освященной в авг. 1912 владыкой Александром. Помимо исполнения обязанностей настоятеля в Гери обслуживал весь Чикагский округ и участвовал в основании др. православных приходов в этой обл., где развивалась промышленность и очень быстро росло рабочее население, в составе которого было много православных, главным образом эмигрантов из Прикарпатской Руси, вернувшихся в Америке в Православие еще при протоиерее *Алексии Товте*. Прихожане Покровской церкви живо откликались на полит. события, свидетелями которых они были. Начало Первой мировой войны было отмечено прорус. демонстрациями и надеждами на освобождение славян от австрийской неволи. Рус. приход под руководством К. организовал отдел Красного Креста для помощи России. Вступление США в войну против Германии (1917) вызвало патриотич. манифестации и приток православных добровольцев в ряды амер. армии. Жизнь прихода продолжалась и развивалась.

С 1917 занимал должность благочинного. В 1922 была расширена церковь, построена приходская школа, церковная ограда и приобретена земля для кладбища. Созидательная деятельность К. проходила в условиях, когда православная церковь в Америке переживала попытки большевиков завладеть ею и внести в ее ряды раскол, чему способствовал протоиерей Иоанн Кедровский, однофамилец о. Вениамин и противник митрополита Платона. Помощницей К. в приходе была матушка Юлия Дмитриевна. *Родственники:* три сына: Георгий, Виктор, Владимир; дочь Вера.

С о ч. Кедровский Вениамин, протоиерей. На ниве Божией. История Св. Покровской православной рус. церкви в г. Гери, Индиана, Сев. Америка. Типография Алатас в Чураевке. Коннектикут, 1931.

КЕЙ Лев Николаевич (1893, Новочеркасск Обл. Войска Донского – 5 марта 1979) — магистр социальных наук, инж. в Лос-Анджелесе. Оконч. местную гимназию и юридич. ф-т Санкт-Петербургского ун-та. В конце 1920 вместе с частями Белой армии выехал из Феодосии в Константинополь. В 1922 ему с большими трудностями удалось выписать из России жену Лидию Васильевну с малолетним сыном. Затем вся семья переехала в США и обосновалась в Нью-Йорке. Несмотря на все трудности, решил продолжать образование и в 1931 оконч. Колумбийский ун-т со ст. магистра об-венных наук, а за два месяца до своей кончины получил во Флоридском ун-те ст. доктора по той же специальности. К. много участвовал в об-венной жизни, оказывал помощь бывшим сов. гражданам, бежавшим от коммунизма. Для этого на зап. побережье *С.М. Келл* и К. была создана орг-ция «Humanity Calls». Эта орг-ция при содействии амер. деятелей помогла двум тыс. рус. эмигрантов переехать из Европы в Калифорнию и обосноваться в ней. Среди них — чины Рус. Корпуса, быв. белые офицеры, воевавшие с коммунистами во время Второй мировой войны в Югославии. После оконч. воен. действий и отступления в Австрию корпусники были интернированы англичанами. Им угрожала отправка в СССР по требованию сов. правительства, хотя среди них не было сов. граждан. Ген. *М.Ф. Скородумов* обратился к К. за помощью и, благодаря хлопотам последнего ветераны Рус. Корпуса получили статус «перемещенных лиц» и смогли приехать в США. Работе по оказанию помощи беженцам посвятил десять лет жизни. Автор книги «От пещеры к небоскребу», изданной еще до Второй мировой войны. *Родственники:* вдова Лидия Васильевна; сын.

И с т. АРЦ. *Морозова О.А.* Биографич. сборник — черновая рукопись. М-73 (MS 268). С. 4.2.

Л и т. *Осипов А.* Памяти Льва Николаевича Кей // НРС. 1979. 12 апр.

КЕЙДЕН [**Kayden** Eugene M.] Евгений — проф. экономики при ун-те Юга (University of the South).

И с т. *Мартьянов Н.Н.* Список. С. 84–88.

КЁЛЕР [**Koehler** Ludmila] Людмила (род. 17 марта 1917, Троицк) — литературовед. Оконч. Ломоносовскую гимназию в Риге, в 1938–40 училась на юридич. ф-те Гос. Латвийского ун-та в Риге. В 1947 оконч. юридич. ф-т Мюнхенского ун-та со ст. бакалавра. В 1963 защитила докторскую дисс. по славянским яз. и лит. при Вашингтонском ун-те. В 1963 стала преподавать в Орегоне, с 1964 — в Айове и с 1967 в Питтсбургском ун-те. Занимается исследованием рус. лит. начала XIX в. и постсталинской лит. Член РАГ в США.

И с т. Archives of the Assn. of Russian-American Scolars in the USA. *Koehler Ludmila.* Curriculum vitae. 1983.

КЕЛЛ София Михайловна (? – 22 июня 1971, Лос-Анджелес?) — общественный деятель. Сотруднич. с Об-вом рус. ветеранов Великой войны в Калифорнии. В 1940 участвовала вместе с *Л.Н. Кеем* в основании Орг-ции помощи рус. в Европе и Азии. Потом стала председателем этой орг-ции. Возглавляла созданную в 1948 в Лос-Анджелесе орг-цию по оказанию помощи жертвам коммунизма (Humanity Calls).

И с т. Незабытые могилы / Сост. В.Н. Чуваков. Т. 3. С. 256.

КЕЛЛЕР фон, Артур [Arthur von Keller] — ветеран ВМФ США, командор.

И с т. *Pantuhoff O.* — 1976.

КЕЛЛЕР фон, Николай [Nicholas von Keller] — ветеран амер. армии, майор. Служил в 1939 44. Последнее место службы — Берлин. Скончался.

И с т. *Pantuhoff O.* — 1976.

КЕОНДЖАН Эдуард Николаевич (1908, Тифлис – 6 сентября 1999, Грин Валлей, шт. Аризона) — микроэлектронщик, благотворитель. Род. в семье врача. Высшее образование получил в Ленинграде. Там же занимался в аспирантуре, вел научную работу и преподавал микроэлектронику. В 1941 оказался в городе, осажденном немцами. Ослабев от голода, был заживо похоронен, но спасся чудом. Последовала эвакуация на Сев. Кавказ, вскоре оккупированный немцами (1942). Во время отступления (1943) нем. армия эвакуировала в Германию специалистов, оказавшихся на занятой ими территории.

Избежав насильственной репатриации в Советский Союз, переселился в США, где состоялся расцвет его карьеры, закончившейся получением звания заслуженного проф. микроэлектроники при ун-те шт. Аризоны. При ун-те К. основал фонд для оказания помощи аспирантам; существует лаборатория его имени, в которой собраны образцы всех его изобретений, конструкций и печатных работ в обл. микроэлектроники. Был человеком рус. культуры, состоял членом КРА и вместе с женой, Марией Александровной, основал ежегодную стипендию для рус. студентов. Его перу принадлежат иллюстрированные воспоминания на англ. яз. «Survived to tell» («Выжил, чтобы рассказать») о жизни в России до революции и при сов. власти, об осаде Ленинграда и голоде, об эвакуации на Кубань, отправке в Германию, о переселении в США и расцвете его карьеры в этой стране. *Родственники:* вдова Мария Александровна; сын; внучка от первого брака с покойной Викторией.

И с т. Архив КРА. *Кеонджан Э.Н.* Письма и интервью с Е.А. Александровым; Archives of the Association of Russian-American Engineers in USA. *Keonjian Edward.* Curriculum vitae.

Л и т. *Александров Е.А.* Кончина проф. Э.Н. Кеонджана // РЖ. 1999. Сентябрь.

КЕППЕН [Andreas von **Koeppen**] Андрей Александрович (род. 8 окт. 1915, Петроград) — инж.-химик, специалист по бумажной и химич. промышленности. Род. в рус. дворянской семье. Предки К. прибыли в Россию из Германии при Екатерине II. Прадед, Петр Иванович Кеппен, был академиком и одним из учредителей Рус. Географич. об-ва. Получил высшее образование инж.-химика до Второй мировой войны и продолжал его после войны в аспирантуре в Технич. ун-те Граца, в Австрии, а затем — на химич. ф-те Высшего технич. ин-те в Дармштадте, в Германии, в котором получил в 1948 ст. доктора-инж. После завершения образования пять лет работал в научно-исследовательском ин-те Мельбурна, в Австралии, по использованию древесины тропич. деревьев для производства бумаги.

После переселения в США в 1956 работал в бумажной промышленности в Виргинии и Мичигане. Затем, в теч. двух лет, с 1959 по 1961, читал лекции в качестве проф.-исследователя при ун-те Зап. Мичигана, в Каламазу (Western Michigan University). В 1968 перешел на работу в химич. промышленность, в которой проработал 12 лет. Возглавлял научно-исследовательскую работу химич. фирмы, изготовляющей специализированные химикалии для водоснабжения, водоочистки и паровых котлов. К. и его сотрудники занимались исследованием новых типов ингибиторов коррозии, не содержащих веществ, вредных для окружающей среды. Под рук. К. были разработаны новые типы ингибиторов коррозии, основанные на солях молибдена и органич. азотистых веществах. Им был разработан новый быстрый электрохимич. метод для измерения коррозии, давший возможность ускорить оценку эффективности ингибиторов коррозии в лабораторных условиях с 4 недель до 4-5 часов. Впоследствии этот революционный метод нашел широкое применение в лабораториях и промышленности США. Перед уходом в отставку занимал должность вице-президента химич. фирмы в Чикаго. После ухода в отставку, в 1980, стал консультантом и основал собственную фирму. Автор 30 печатных науч. работ, посвященных главным образом изготовлению бумаги. Ему принадлежат четыре патента на производство новых типов полуцеллюлозы, ее отбелку, обработку бумажной макулатуры и обработку восковой бумаги и картона для получения целлюлозы. Член КРА с начала его существования. Был секретарем, а затем председателем Чикагского отдела орг-ции. В теч. 10 лет после выхода на пенсию собирал сведения о науч. достижениях рус. эмигрантов в Сев. Америке и опубликовал их в серии статей в калифорнийской газ. «Русская жизнь», в журнале, издаваемом Ин-том США и Канады РАН, и в книге «Культура российского зарубежья» (под ред. А.А. Квакина и Э.П.Шулепова. М., 1995).

И с т. АА. *Кеппен А.* Автобиография (рукопись). 1997; *Кеппен А.* Переписка с Е.А. Александровым. 1995–98.

КЕРЕНСКИЙ Александр Фёдорович (22 апр. 1881, Симбирск – 11 июня 1970, Нью-Йорк) — полит. деятель, юрист. Род. в семье директора гимназии, в которой учился В.И. Ульянов (Ленин). Оконч. гимназию с отличными отметками в Ташкенте, куда его отец был переведен на должность главного инспектора уч-щ Туркестанского края. Начал участвовать в революционной деятельности и был арестован за хранение листовок. В 1904 оконч. юридич. ф-т Санкт-Петербургского ун-та и стал заниматься адвокатской практикой в Ташкенте и Саратове. Приобрел всерос. известность ведением защиты в судах дел полит. характера. Особенно нашумевшей оказалась его защита эстонских крестьян, которые сжигали поместья прибалтийских нем. баронов. Был выбран депутатом от Саратова в IV Гос. Думу, в которой возглавил фракцию трудовиков. В 1912 вступил в масонскую ложу. Во время Первой мировой войны был оборонцем. В 1917 вступил в партию социалистов-революционеров. После Февральской революции 1917 — министр юстиции, воен. министр и премьер-министр Временного правительства. Опасаясь за судьбу царской семьи, пытался отправить ее в Англию, но эта попытка не осуществилась из-за позиции короля Георга V. Настаивал на продолжении войны, исполняя обязательства перед Францией и Англией. В авг. 1917, опасаясь установления воен. диктатуры, пресек попытку генерала Л.Г. Корнилова войти со своими войсками в Петроград. После этого армия встала по отношению к К. в оппозицию, что оставило Временное правительство беззащитным. После 25 окт. 1917, когда большевики захватили вооруженным путем власть в Петрограде совместно с командующим III кон. корпусом ген. П.Н. Красновым организовал наступление на Петроград с целью свержения захвативших власть большевиков. В поддержку наступлению в Петрограде под рук. Комитета спасения родины и революции восстали юнкера. Однако антибольшевистские силы потерпели поражение. Затем скрывался на нелегальном положении. Выехал за рубеж через Архангельск в Англию. Из Англии переехал в Берлин, а затем в Париж, где ред. с 1922 по 1932 газ. «Дни», выпустил несколько книг («Дело Корнилова», 1918, и «Гатчина», 1922). В эмиграции изд. свою книгу «Издалека» (1922). В журналах многие годы печатались его очерки «Из воспоминаний» (1928–38), «Накануне Версаля» (1945). За рубежом выступал с докладами, в которых резко критиковал предоставление большевикам иностранных кредитов.

В 1940 переселился в США, где жил на положении полит. эмигранта и амер. гражданства не принимал. За время проживания в США не прекращал полит. деятельности, писал воспоминания, преподавал в ун-тах, читал лекции, выступал на полит. собраниях. Был одним из основателей Лиги борьбы за нар. свободу (1949), к которой присоединились эмигранты, бежавшие от сталинской диктатуры и избежавшие насильственной репатриации в СССР, был ред. журнала «Грядущая Россия», работал в 1950–60 в Стэнфордском ун-те и Гуверовском ин-те, готовил трехтомник по истории Временного правительства, который вышел на англ. яз. в 1961. Последней книгой **К.** стала «Russia and History's Turning Point». Постоянно подвергался и продолжает подвергаться посмертно критике со стороны большинства рус. эмиграции, обвинявшей и продолжающей обвинять **К.** в участии в революции и свержении монархии, разрушении армии и попустительстве по отношению к большевикам. С 1951 возглавлял группу «Рос. нар. движение». Большевики видели в **К.** одного из главных антисов. деятелей за рубежом и вели за ним наблюдение при помощи агентуры. Пользуясь вниманием амер. полит. и об-венных кругов, выступал против начавшейся в Америке после Второй мировой войны политики отождествления России с СССР, а также против планов расчленения России и поддержки сепаратистов. Сконч. после несчастного случая в Нью-Йорке. *Родственники:* вдова Ольга Львовна (?–1975); сыновья: Олег (?–1984), сын Глеб (?–1990); внук Олег Олегович (?–1993).

Похоронен на кладбище Патни Вэйл, в Лондоне, где жил его сын.

И с т. Керенский, Александр Федорович // БСЭ. 1973. Т. 12

Л и т. *Вильданова Р.И., Кудрявцев В.Б., Лаппо-Данилевский К.Ю.* Краткий биографич. словарь рус. зарубежья // *Струве Г.* С. 319; *Войцеховский С.Л.* Керенский о масонах // Эпизоды. Лондон (Канада), 1978. С.162–172; Керенский в Лондоне // НРС. 1931. Нояб.; *Керенский Г.А.* 100-летие А.Ф. Керенского // Там же. 1981. 17 мая; *Парри Альберт.* А.Ф. Керенский: знакомство и встречи // Там же. 1987. 29 сентября; *Abraham Richard.* Alaxander Kerensky: The First Love of Revolution. New-York, 1987; *Raymond B., Jones D.* Kerenskii, Aleksandr // The Russian Diaspora 1917–1941. Maryland and London. P. 129–130.

КЕРР Александр Карлович (? – 1941, Майами, шт. Флорида) — участник Белого движения на Юге России. Окнч. математич. и юридич. ф-ты Московского ун-та. Перед Первой мировой войной служил в Тяньцзине, в Китае. С 1914 до 1918 воевал в рядах 3-го Заамурского полка. Служил в Добровольч. армии, с остатками которой эвакуировался в Константинополь. В 1923 эмигрировал с семьей в США. Работал в Детройте, в Бюро натурализации.

Л и т. Некрологи // НРС. 1941. 20 дек.; 1942. 1 янв.

КЕРША Игорь Николаевич — общественный деятель, федералист, основатель книжной торговли. С волной беженцев из Киева оказался в Германии, откуда эмигрировал с женой в США.

Основал в Бруклине книжное дело и принимал активное участие в рук. движением украинцев-федералистов, отстаивавших единство «трех ветвей рус. народа — великороссов, малороссов и белорусов, и всех других народов, совместно созидавших Россию». Сотрудничал с укр. федералистами *А. Диким (Занкевичем)* и проф. *Ф. П. Богатырчуком.* Женат на Анне Семеновне. У них сын и дочь.

Л и т. Поздравление супругам А.С. и И. Керша с 55-летием брака // Свободное слово Карпатской Руси. 1991. Декабрь

КИБАЛЬЧИЧ Василий — создатель и рук. рус. симфонич. хора и оркестра. Род. в Конотопе Черниговской губ. С раннего детства имел влечение к хоровому пению и в 12 лет уже дирижировал хором. После пребывания в дух. семинарии поступил в Петербургскую консерваторию, в которой занимался в классе композиции под руководством Н.А. Римского-Корсакова.

В 1906 стал дирижером Архангельского хора. Затем выехал за рубеж и с большим успехом выступал в качестве дирижера симфонич. оркестров и регента рус. церковных хоров. Его выступления были высоко оценены А.К. Глазуновым, *А.Т. Гречаниновым, И.Ф. Стравинским* и Дебюсси. Особенностью муз. деятельности **К.** было создание хора, в котором человеч. голоса звучали бы, как симфонич. оркестр. Создав такой хор, выступал с ним в Европе, включая рус. соборы в Женеве и в Париже. По приглашению амер. композитора Стронга гастролировал со своим хором в Нью-Йорке, Бостоне и др. городах США. Жил в Сан-Франциско.

Л и т. *З-н В.* Василию Кибальчичу 95 лет // НРС. 1978. 27 авг.; *Корева Вал.* Неотправленное письмо // Там же. 1995. 8-9 июня; *Martianoff N. N.* Basile Kibalchich and the Russian Symphonic Choir // Russian artists in America. 1933. P. 177.

КИБАРДИН Виктор Матвеевич (13 окт. 1901, Пермь – ?) — авиационный инж.-испытатель. В 1931 окнч. Мичиганский ун-т с дипломом бакалавра воздухоплавания, а в 1934 получил ст. магистра машиностроения. Работал в авиационных компаниях по исследованию напряжений в самолетах. Занимался аэродинамикой и испытанием самолетов в полете. *Родственники:* жена Эвелин Перл.

И с т. АОРИ.

КИНСКИЙ Леонид (5 апр. 1903, Санкт-Петербург – 8 сентября 1998, Фаунтейн Хиллс, шт. Аризона) — киноактер. После революции выехал за рубеж и выступал в характерных ролях в Зап. Европе и Юж. Америке. Переселился в США и стал играть в кинофильмах в Голливуде. За свою карьеру участвовал в 30 кинофильмах, исполняя характерные роли, часто изображавшие рус. В 50-х гг. временами появлялся на экранах телевидения. Был вдовцом.

Л и т. *Van Gelder Lawrence.* Leonid Kinskey, 95, Bartender в «Casablanca» // The New York Times. 1998. Sept. 12.

КИПАРСКИЙ Валентин — автор рус. историч. грамматики. Был проф. в Хельсинки. Переехал в США, здесь продолжал преподавательскую деятельность. Автор двух работ: «Русская историческая грамматика и развитие системы звуков» и «Ударение в рус. письменном языке» (1962–1963).

Л и т. *Ковалевский П.Е.* С. 146.

КИПНИС Александр (1891, Житомир Волынской губ. – 1968) — певец бас. Учился в Варшавской консерватории, изучал гармонию, контрапункт, оркестровку. Потом окнч. Берлинскую консерваторию по классу пения. Во время Первой мировой войны задержался в Германии и был интернирован. Затем приглашен петь в опере в Висбадене, а с 1922 в Берлинской гос. опере. Переселился в США, здесь возобновил свою карьеру оперного певца в Чикаго и впоследствии, с 1939 по 1948, в Метрополитен опера в Нью-Йорке. Известен как исполнитель нар. песен в собственной аранжировке, записанных на пластинках.

И с т. АРЦ. *Морозова О.А.* Биографич. сборник — черновая рукопись. М-73 (MS 268). С. 4.42.

КИПРИАН [в миру Борис Павлович **БОРИСЕВИЧ**] (15 авг. 1903, Холм, Царство Польское – 15 дек. 1980) — архиепископ ПЦА. После оконч. дух. уч-ща поступил в Волынскую дух. семинарию, которую оконч. в 1925. В 1928 рукоположен в сан священника. Помимо окормления прихода преподавал Закон Божий в Гродненской гимназии. В 1931 защитил магистерскую дисс. при Ф-те православного богословия Варшавского ун-та. Став беженцем после Второй мировой войны основывал приходы в Австрии и Германии.

В 1949 переехал с матушкой в США и окормлял приходы городов Канзас-Сити, Балтиморы и Стамфорда. Овдовев в 1961, принял монашеский постриг с именем К., хиротонисан во епископа с титулом Вашингтонского и назначен ректором Свято-Тихоновской дух. семинарии. В 1964 получил назначение на епископскую кафедру в Филадельфии. В 1970 был возведен в сан архиепископа и заведовал отделом внешних сношений ПЦА.

Л и т. Сконч. архиеп. Киприан // НРС. 1980. Дек.; Archbishop Kiprian // Orthodox Church 1794–1976. Tarasar Constance (Gen. Ed.). 1975. P. 226.

КИПРИАН [в миру Кирилл Дмитриевич **ПЫЖОВ**] (7 янв. 1904, Санкт-Петербург – 20 марта/2 апр. 2001) — участник Белого движения на Юге России, архимандрит РПЦЗ, иконописец, художник. Детство и юность К. прошли в г. Бежецке Тверской губ. После революции отец служил в г. Щигры Курской губ. Во время Гражданской войны Щигры были заняты Добровольч. армией, и К. с отцом отправились в Крым, где К. в возрасте пятнадцати лет был принят в Белую армию. Вместе с Белой армией отступал до Симферополя и эвакуировался в Константинополь. После Галлиполи попал в Болгарию, здесь оконч. Александровское воен. уч-ще. Затем жил в Париже, учился в школе живописи. Переехав в Ниццу, стал учеником матушки Тамары Александровны Ельчаниновой, преподававшей ему первые уроки иконописи. Сама Ельчанинова была ученицей иконописца старообрядца *П.М. Софронова*, преподававшего в Париже при об-ве «Икона». К. до того был светским художником, расписавшим в Париже один из ресторанов Монмартра и создавшим декорации для фильма «Дон Кихот», в котором играл *Ф.И. Шаляпин*. Вдохновился иконописью, стал защитником и проповедником строго православного церковного искусства. Узнав в 1932 о типографском братстве Преподобного Иова Почаевского в селе Ладимирове, в Закарпатской Руси, решил отправиться туда и там трудиться. Здесь по поручению архимандрита *Виталия*, впоследствии епископа *Максименко*, расписал монастырский храм. В 1933 пострижен в рясофор и наречен К. В 1938 рукоположен во иеродиакона, а в 1940 — во иеромонаха.

В связи с приближением Красной армии братство Преподобного Иова Почаевского было вынуждено покинуть Ладимирово и в 1946 прибыло в Свято-Троицкий монастырь, возле Джорданвилля, в шт. Нью-Йорк. В 1950 была окончена постройка каменного собора, который расписал К. со своим учеником, впоследствии архиепископом *Алипием Чикагским и Детройтским*. Свою жизнь К. посвятил развитию и укоренению в странах рус. рассеяния древнерус. канонич. школы иконописи. Автор множества картин и рис., включая рождественские и пасхальные карточки, выполненные акварелью, гуашью и маслом. Был воспитателем многих поколений семинаристов и духовником сотен рус. эмигрантов, монашествующих и даже архиереев.

Погребен в усыпальнице за алтарем главного монастырского собора в Джорданвилле, в шт. Нью-Йорк.

Л и т. *Всеволод*, инок. Архимандрит Киприан (Пыжов) // ПР. 2001. 1/14 апр. №7. С. 6–10.

КИРЕЕВ Иван Николаевич (1902 – 1991) — балетмейстер. Начал учиться в 1911 Санкт-Петербурге в Императорской балетной школе, которую оконч. в 1919. В Мариинском театре был партнером прима-балерины *А. Павловой*. В 1923 выехал за границу. До Второй мировой войны выступал в Варшавском театре оперы и балета. После Второй мировой войны вновь стал беженцем и переселился в США, здесь продолжал хореографич. карьеру. Был женат на балерине *К.М. Горевой* и был ее партнером.

Похоронен в Свято-Троицком монастыре в Джорданвилле, в Нью-Йорк.

КИРЕЕВА Клавдия Матвеевна — см. **ГОРЕВА** Клавдия Матвеевна.

КИРИЛЛ — Архиепископ Сиэтлский РПЦЗ.

КИРИЛЛОВ Александр — дирижер. Приехал со своим оркестром в США в 1910. После нескольких гастрольных поездок по стране обосновался в Нью-Йорке. Выступал совместно с артистами Метрополитен опера, с *А. Павловой*. Во время Первой мировой войны играл перед ранеными солдатами, во время благотворительных предприятий и перед президентом Вильсоном. Оркестр был приглашен для записи компанией «Victor». Помогал в создании славянск. программ и ведал их струнными оркестрами, выступлениями певцов и хоров. В 1928 ангажирован со своим оркестром компанией «National Broadcasting Company» и выступал по радио с программами «Русское веселье», «Кочевники», «Кремлевское эхо», «Тройка». Со своим оркестром представлял собой одну из старейших, если не самую старую, профессиональную муз. орг-цию в США.

Л и т. *Martianoff N. N.* Alexander Kirilloff // Russian artists in America. 1933. P. 241.

КИРИЛЛОВ Александр Акимович — участник Белого движения на Востоке России, инж., специалист по микроволнам, проф. В 1913 окончил Киевское воен.-инж. уч-ще. Участник Первой мировой войны в частях XVIII арм. корпуса и Белой борьбы в Сибири, в армии адм. А.В. Колчака. В 1917 поднял в Томске восстание против большевиков. Командир 2-го Тобольского полка. Участник Сибирского «Ледяного» похода 1920 ген. В.О. Каппеля. В 1922–49 радиоинж. во Франции в École Supérieure d'Électricité. 27 лет работал по электронике, микроволнам, радарам и телекоммуникации. С 1946 по 1948 был проф. Политехнич. ин-та в Париже по кафедре микроволн и электронной физики.

Потом, в 1949, переехал в США, продолжал работать над усовершенствованием радиоаппаратов и консультантом по электронным установкам для управляемых снарядов. Автор статей по микроволнам, радиотехнике, электронике, клистроне и др. во Франции и США. В 1955 стал амер. гражданином.

И с т. АОРИ.
Л и т. *Ковалевский П.Е.* С. 156.

КИРПИЧЁВА [урожд. **Тюлина**] Ольга Сергеевна (1889 – 28 февр. 1973) — сестра милосердия, Георгиевский кавалер. Вдова ген. Л.Н. Кирпичёва, погибшего во время Гражданской войны в борьбе с большевиками. Будучи сестрой милосердия, удостоилась получения за заслуги трех Георгиевских крестов. После революции эмигрировала в США. Сконч. в доме для престарелых на Толстовской ферме в Спринг-Валли, в шт. Нью-Йорк.

Похоронена на кладбище монастыря Ново-Дивеево, близ Нануэт (шт. Нью-Йорк)

Л и т. Некролог // НРС. 1973. 9 марта.

КИРШНЕР Андрей Львович — инж., театральный меценат. Прибыл в США из Германии после оконч. Второй мировой войны с артистом *С.Н. Орловским*. Вместе с ним включился в работу по созданию в начале 50-х в Нью-Йорке «Нового Театра». Был единственным меценатом, который помогал артистам в летние сезоны, готовился к репертуару, в надежде, что театр сможет себя окупить. Дочь К., Татьяна, в замужестве Ретивова, была артисткой в этом театре, а потом служила радиовещателем на радиостанции «Свобода».

И с т. АА. *Оболенская-Флам Л.* Новый Театр в Нью-Йорке, машинопись. 2002. 3 стр.

КИСЕЛЕВ [**Kiselev** Alexander V. Rev.] Александр (1905 – 2 окт. 2001, Москва) — протопресвитер, просветитель, общественный деятель. В юности участвовал в рус. скаутском движении и был отмечен за успехи Ст. Рус. скаутом *О.И. Пантюховым*. В 1933 принял сан священника и начал служение Православию и рус. людям в Эстонии. Патриарх Московский и всея Руси Алексий II в юности прислуживал **К.** в церкви и этим начал свой дух. путь. Во время Второй мировой войны в 1940 стал беженцем и оказался в Германии, где впоследствии начало зарождаться движение ген. А.А. Власова, дух. наставником которого он стал. Занимал должность священника при центральном штабе власовской армии (ВС КОНР, 1945). В период наступления сов. войск выехал из Берлина в Баварию, где сразу после оконч. воен. действий и прихода американцев основал в Мюнхене среди развалин дом «Милосердный Самарянин», рус. гимназию и Свято-Серафимовскую церковь. Дом «Милосердный Самарянин» стал прибежищем для рус., главным образом тех, кто искал спасения от насильственной репатриации в СССР.

Переехав с матушкой Каллистой Ивановной и детьми в Нью-Йорк, создал в 1950 Свято-Серафимовский фонд, деятельность которого была направлена на религиозно-просветительное воспитание студенч. молодежи. При фонде была церковь, а летом регулярно организовывался лагерь для детей и юношества на лоне природы. Зимой занятия с детьми велись при церкви и индивидуально по почте. В 1953 для летнего лагеря было приобретено поместье в Аккорде, в шт. Нью-Йорк. Летний лагерь К. явился некоей вехой в воспитании нового рус. поколения в Америке. Из числа его воспитанников вышел ряд ученых и ун-тских проф. нового поколения. При Свято-Серафимовском фонде, в собственном здании на 108 ул. в Нью-Йорке, приобретенном в 1964 при попечительстве *Б.В. Сергиевского*, десятилетиями велась большая культурно-просветительная работа, читались лекции, устраивались семинары, посвященные определенным темам, ставились театральные постановки и устраивались концерты. Было основано книгоизд-во «Путь жизни», выпускавшее книги В.Н. Ильина, Б.К. Зайцева, Е. Климова, И.С. Шмелева, М.В. Добужинского. Автор книг «Чудотворные иконы Божьей Матери в русской истории», «Облик генерала А.А. Власова» (1976), «Память их в род и род (1981)», «Пути России» (1990). При подготовке к празднованию 1000-летия Крещения Руси стал издавать в 1978, по благословению РПЦЗ, журнал «Русское Возрождение» (Нью-Йорк — Париж — Москва). Журнал преследовал цель быть собирателем и глашатаем дух. чаяний рус. народа. Один из основателей и один из духовников КРА. Перейдя в юрисдикцию Московской патриархии, переехал с матушкой Каллистой на постоянное жительство в Москву, в Донской монастырь. Журнал «Русское Возрождение» продолжает редактироваться как независимый рус. православный нац. журнал в Америке и выходит с благословения Святейшего патриарха Московского и всея Руси Алексия II в России три раза в год. *Родственники*: матушка Каллиста (? – 1999, Москва); сын *Алексей*; *Милица* (в браке *Холодная*); внуки.

Л и т. *Николаев А.* К 50-летию священнослужения митрофорного протоиерея Александра Киселева // НРС. 1983. 19 июня; Обзор деятельности Свято-Серафимовского Фонда, 1950-1970. Нью-Йорк, 1971.

КИСЕЛЕВ Алексей Александрович — полковник запаса армии США, преподаватель в отставке рус. яз. в школах воен.-воздушных сил. Сын протопресвитера *Александра Киселева*.

И с т. *Pantuhoff O.* — 1976.

КИСЕЛЬ [Peter D. **Kisel**] Пётр Данилович (3 янв. 1916 – 1 июля 1944, Франция) — ветеран амер. армии, рядовой пехотинец. Оконч. в Нью-Йорке среднюю школу Стайвесант и Бруклинскую торговую школу.

Был призван в армию в 1943. Зачислен в 116-ю пех. дивизию и отправлен в Англию. Участвовал в высадке 6 июня 1944 во Франции. 30-го июня был ранен нем. снайпером и сконч.

Похоронен на амер. воен. кладбище Ля Комбль, во Франции.

И с т. *Pantuhoff O.* — 1976.

Л и т. *Beresney Timothy A.* In Memoriam // Russian Herald. 1947. Jan.—Feb. P. 157–163.

КИССЕВАЛЬТЕР Георгий — подполковник армии США в запасе. В 1947 служил в Берлине.

И с т. *Pantuhoff O.* — 1976.

КИССЕЛЬ-МИКЛАШЕВСКИЙ Михаил Сергеевич (? –10 дек. 1960, Арлингтон) — участник Белой борьбы под Андреевским флагом на Востоке России, лейтенант флота. В 1909 оконч. Пажеский корпус. Служил в Тихоокеанской эскадре. Во время Первой мировой войны командовал минными заградителями. Оконч. школу подводников. Изобрел устройство для контроля стрельбы минами. Командовал подводной лодкой «Ягуар». Во время Гражданской войны служил в мор. штабе адм. А.В. Колчака, позже — в Мор. корпусе. После оконч. воен. действий выехал в Японию, откуда эмигрировал в США.

Л и т. Некролог // Часовой (Брюссель). 1961. № 419.

КИСТЯКОВСКИЙ Георгий Богданович (18 нояб. 1900, Киев – 7 дек. 1982) — участник Белого движения на Юге России, химик, советник президента США по науч. вопросам. Род. в семье проф. международного права. Учился в Киевском ун-те Св. Владимира и мечтал о науч. карьере. Революция и захват власти большевиками разрушили его планы. Во время Гражданской войны сражался в рядах Добровольч. армии против большевиков и петлюровцев. После эвакуации Севастополя (1920) попал в Константинополь, а потом в Болгарию, где ему пришлось одно время работать помощником стекольщика. Затем удалось выехать в Германию, где в 1925 в Берлине защитил докторскую дисс. В 1926 переселился в США, работал в Принстонском ун-те над катализом и фотохимией. Принял амер. гражданство. Первым доказал, согласно предсказаниям А. Эйнштейна, что скорость химич. реакций может измеряться при помощи скорости звука. В 1930 перешел в Гарвардский ун-т, где до 1959 был проф. химии. В 1941 включился в работу по созданию оборонной промышленности США. Участвовал в создании первой амер. атомной бомбы и изобрел для нее детонатор. **К.** лично принадлежит честь взрыва первой атомной бомбы в Аламогордо 16 июля 1945. Создал взрывчатые вещества, с успехом применявшимися кит. партизанами против яп. армии. Эти вещества имели вид муки, из них можно было безопасно выпекать хлеб, так что противник не догадывался об их истинном назначении. В 1955 защитил вторую докторскую дисс. при Гарвардском ун-те. В 1959 назначен главным науч. консультантом Белого дома по науч. и технологич. наукам.

В 1961 стал личным советником по делам науки президента Д. Эйзенхауэра. На этой должности ему была предоставлена возможность свободно высказывать свое мнение, не считаясь с соображениями полит. или практич. характера. Президент редко принимал решение по науч. вопросам, не запросив перед этим мнение **К.** От его мнения зависел успех нац. обороны США. Занимая высокую должность в Белом доме, говорил с рус. акцентом. Сослуживцы по-приятельски называли **К.** «Кисти». Заслуженный проф. Гарвардского ун-та, до своего ухода в отставку возглавлял кафедру им. Абботта и Джеймса Лоренса (Abbott and James Lawrence). Науч. деятельность **К.** заключалась в изуч. кинетики и термодинамики органич. молекул, волн детонации, молекулярной спектроскопии. В 1965 номинирован на должность президента Нац. АН США. Однако принял номинацию только на пост вице-президента Академии и был избран на этот почетный пост дважды. В АН занимался вопросами роста населения и упорядочил процедуру оценки академич. работ. После применения атомной бомбы, в создании которой принял непосредственное участие, пришел к заключению о необычайной опасности, которую представляет этот вид оружия для существования человечества, и выступил с предложением о его запрете и исключении из воен. арсенала. В 1977 избран председателем «Совета мира, пригодного для жизни» (Council for Livable World), орг-ции, ставящей перед собой задачу предотвращения ядерной войны. Оставался скромным человеком. О себе **К.** говорил: «Я — самый обыкновенный русский эмигрант». В его послужном списке фигурируют многоч. медали, награды, почетные ученые ст. и благодарности от науч. об-в за его достижения. Среди этих наград нужно отметить: Медаль свободы от президента США, награду за исключительную службу в ВВС, Нац. медаль за науч. достижения и три именных награды от Амер. химич. об-ва. Выбран иностранным членом Кор. об-ва в Великобритании и удостоился получения почетных докторских ст. от Гарвардского, Оксфордского, Принстонского, Пенсильванского, Технологич. ин-та Карнеги, Колумбийского, Брандейс и Уилльямс ун-тов. *Родственники:* дочь Вера Георгиевна — проф. Массачусетского ин-та технологии; два внука избрали науч. карьеры.

Л и т. *Кеппен А.А.*; Назнач. Кистяковского // НРС. 1959. 29 мая; Сконч. Б. Кистяковский // Там же. 1982. 9 декабря; *Dainton, Sir Frederick.* George Bogdan Kistiakowsky, 1900–1982 // Biographical Memoirs of Fellows of the Royal Society. 1985. Nov. V. 31. P. 377–408; George Kistiakowsky Dies; Harvard Esxpert on A-Bomb // Washington Post. 1982. Dec. 9; *Raymond B., David J.* Kistiakovskii George // The Russian Diaspora 1917–1941. Maryland and London. P. 132–131; *Sagan Carl.* Talks with Gorge Kistiakowsky. Interview on NOVA Confessions of a Weaponer // WGBH Transcripts. 1987. March 3; *Wilson E. Bright et. al.* G.B. Kistiakowsky: Minutes Faculty of Arts & Sciences // Harvard Gazette. 1984. Dec. 21.

КИТАИН Анатолий — пианист. Род. в Санкт-Петербурге в муз. семье.

Оконч. Императорскую консерваторию у ученика Антона Рубинштейна Феликса

Блюменфельда. Продолжал образование в Германии у ученика Франца Листа Фредерика Ламонда. Получил первый приз на конкурсе им. Листа в Будапеште. Выступал с концертами в Париже, по всему миру и в Америке. Последние годы жил Калифорнии, где сконч. в 1980.

Л и т. Сконч. Анатолий Китаин // НРС. 1980. 1 авг.

КИТИЦЫН Михаил Александрович (17 сентября 1885, Чернигов – 22 авг. 1960, Маунт Дора, шт. Флорида) — капитан I ранга. Род. в семье тов. прокурора окружного суда. Поступил в гимназию, но его стремлением была морская карьера. При переходе в 4-й класс гимназии, в 1899, сдал экзамены в Морской корпус в Петербурге, который окончил в 1905 с производством в мичманы. Службу на флоте начал в Амурской речной флотилии, плавал на «Тунгусе» в Татарском проливе. После службы на Дальнем Востоке переведен на Балтийский флот. Стремясь к новой обстановке, в 1908 он перевелся в охрану рыбных промыслов в Сев. Ледовитом океане. Вернувшись в Либаву, назнач. на Черноморский флот, произведен в лейтенанты, стал командиром подводной лодки «Судак». В 1913 поступил в Николаевскую Мор. Академию, посвятив себя изуч. стратегии мор. боя. В начале Первой мировой войны вернулся на Черноморский флот и в 1915 получил в командование подводную лодку «Тюлень». За действия на «Тюлене» награжден боевыми орденами и произведен в ст. лейтенанты и капитаны II ранга. После Февральской революции 1917 назнач. зав. обучением Отдельных гардемаринских классов для их отправки во Владивосток. Во Владивостоке командовал десантными операциями. Самым тяжелым, с моральной стороны, в жизни К. был мор. поход из Владивостока в Севастополь и уход в Бизерту (1920), где рус. флот законч. свое существование (1924–25). В 1922 прибыл в Нью-Йорк, где вскоре нашел работу помощника инж. по постройке туннеля под рекой. Был выбран председателем Об-ва быв. мор. офицеров. В 1925 стал почетным председателем об-ва. В начале Второй мировой войны получил должность топографа в Минном городке в шт. Виргиния. После оконч. войны работал до ухода на пенсию по ирригации в зап. шт., планируя расположение оросительных каналов. Последние годы жизни провел в г. Маунт Дора.

И с т. *Юнаков М.* Мои воспоминания о капитане I ранга Михаиле Александровиче Китицыне // Мор. записки (Нью-Йорк). 1961. Т. XIX. № 1/2 (54). С. 24–40.

Л и т. *Плешко Н.Д.* Генеалогич. хроника // Новик (Нью-Йорк). 1960. Отд. III. С. 6; *Таубе Н.* Капитан I ранга Михаил Александрович Китицын // Мор. записки (Нью-Йорк). 1961. Т. XIX. № 1/2 (54). С. 3–23;

КИЦЕНКО Надежда Борисовна (род. 1961, Нью-Йорк) — историк. Родители прибыли в США из Германии после Второй мировой войны. В 1982 оконч. Гарвардский ун-т со ст. бакалавра (magna cum lauda), в 1993 получила в Ин-те Аверелла Гарримана сертификат по рус. яз. и советоведению и в 1995 получила при историч. отделении Колумбийского ун-та докторскую ст., защитив с отличием дисс. о трудах «Современного святого Иоанна Кронштадтского и рус. народе, 1861–1917» (The making of a Modern Saint: Ioann of Kronstadt and the Russian People). Ее магистерская дисс. была посвящена вопросу непрерывности в трудах С. Эйзенштейна. С 1989 по 1992 преподавала чтение для исследований в обл. междунар. отношений и экономики. В 1994 получила должность ассистента проф. истории при ун-те в Олбани, в шт. Нью-Йорк, где преподавала историю России, вела курсы, посвященные религии и истории, в т. ч. курсы для аспирантов: введение в историографию, введение в первоисточники по истории Центральной Европы, рус. и сов. историю через показ фильмов.

Автор пяти статей и четырех рецензий на книги. 18 раз выступала с докладами и давала интервью по телевизору об истории России, православии и других проблемах, связанных с Россией. Ее научная работа поддерживалась и поощрялась грантами и стипендиями, включая студенч. стипендию КРА. Владеет рус., древне-славянск., укр., белорус., франц., итальянск. и нем. яз. Замужем за Владимиром Павловичем Фрутье.

И с т. АА. *Kizenko Nadieshda.* Curriculum vitae, 3 pp. 1999; *Киценко Надежда.* Анкета Биографич. словаря. 1999.

КИШКОВСКАЯ [урожд. **Куломзина**] Александра Федоровна — основатель и рук. благотворительной орг-ции «Русский дар жизни», заботящейся о детях, приезжающих из России в США для операций, в первую очередь операций на сердце, которые им делают бесплатно амер. хирурги. *Родственники:* муж — о. *Леонид Кишковский*; дочери. Ст. София — корр. газ. «Нью-Йорк Таймс» в Москве.

И с т. Архив КРА.

КИШКОВСКИЙ Леонид (род. 24 марта 1943, Варшава) — протопресвитер ПЦА, ред. ежемесячника на английском яз. «The Orthodox Church». Кишковские стали беженцами в Германии во время Второй мировой войны и эмигрировали в США в 1951. С 1961 по 1964 изуч. политологию и историю в ун-те Юж. Калифорнии, а с 1964 по 1968 — богословие в Свято-Владимирской дух. семинарии. В 1969 женился на *А. Ф. Куломзиной*, рукоположен во диаконы и сан священника в том же году.

Получил первое назначение служить в часовне св. Иннокентия Иркутского при Свято-Троицком соборе в Сан-Франциско. В 1974 переведен настоятелем храма Казанской Божьей Матери в Си-Клиффе, на Лонг Айленде, в шт. Нью-Йорк. С 1990 по 1991 занимал должность председателя Нац. совета христианских церквей США (NCCCUSA). В нояб. 1996 приглашен Гос. департаментом в состав Комитета советников по вопросам религиозной свободы за границей, председатель Исследовательского центра по вопросам религии и прав человека в закрытых об-вах, член совета директоров Международного фонда православных благотворительных орг-ций (International Orthodox Christian Charities), попечитель Фонда совести (Appeal of Conscience), член постоянного комитета конференции канонич. православных епископов в обеих Америках и т.д. Помощник канцлера ПЦА по вопросам межцерковных отношений, наблюдатель над экуменич. движением. Участник междунар. переговоров, увенчавшихся освобождением в конце апр. 1999 трех амер. военнопленных в Югославии. *Родственники:* матушка Александра; дочери.

И с т. Архив КРА; *Kishkovsky Leonid, V.R.* Biographical information, typescript, 1 p.

Л и т. *Matusiak John, Fr.* Fr. Leonid Kishkovsky // The Orthodox Church. 1999. June. P. 1, 6.

КИЯЩЕНКО Георгий Титович (1872, Стародуб – 19 янв. 1940, Сан-Франциско) — генерал-майор. Оконч. Чугуевское воен. уч-ще. Участник Первой мировой войны. Занимал должность нач-ка воен. транспорта на Дальнем Востоке.

Переехал в США. В 1920–30-х гг. был церковным и монархич. деятелем в Сан-Франциско. Публиковал статьи в периодич. изданиях: «Наше слово», «Вера и правда», в брошюрах, которые сам издавал.

И с т. АМРК. *Т. Киященко* // Коллекции Гуверовского ин-та. Pdf 70,9 К.

КЛАР Евгений Иосифович (род. 1927, Житомир) — химик, художник. Иммигрировал в Канаду в 1949, получив на родине среднее образование. В Торонто оконч. педагогич. колледж, а затем химич. ф-т Ин-та Раерсон. До ухода на пенсию работал химиком в Гидроэлектрич. компании пров. Онтарио. Переехав в Ванкувер, начал серьезно заниматься живописью под рук. известных канадских и амер. художников и достиг больших успехов как художник-пейзажист.

И с т. АА. *Могилянский М.* Биография Е.И. Клара, машинопись. 2003. 7 февр.

КЛАР Михаил Евгеньевич (род. 1951, Торонто) — врач. Род. в семье выходцев из Австрии, живших в России с середины XVIII в. до середины XX в., когда им удалось эмигрировать в Канаду.

Среднее и высшее мед. образование получил в Торонто. В 1975 получив диплом доктора мед., работает в клинике «Сентениал» в Торонто и является мед. консультантом при министерстве юстиции пров. Онтарио.

И с т. АА. *Могилянский М.* Письмо. 2001.

КЛАРК [урожд. **Плистик**] Параскева Андреевна (28 окт. 1898, деревня под Витебском – 11 авг. 1986, Торонто) — художник. В детстве переехала с родителями в Санкт-Петербург. В 1917–18 училась в Академии драматич. искусств и посещала рис. классы. В 1918–21 занималась в Петроградской Академии художеств. В 1920 работала декоратором в московском Малом театре. В 1922 вышла замуж за худ.-пейзажиста Ореста Аллегри, который вскоре погиб в результате несчастного случая. В 1923 переехала с сыном Бенедиктом во Францию, здесь продолжала совершенствоваться в искусстве и устраивала выставки своих работ.

В 1931 вышла замуж за канадца Филиппа Кларка и переселилась с ним в Торонто. Начала писать акварелью — лес и окрестности Торонто, городские пейзажи и портреты. С 1932 участвовала в групповых выставках в Торонто и представляла канадское искусство на выставках США и в Европе. С 1936 вошла в Канадскую группу живописцев, с 1937 — в Канадское об-во акварелистов, с 1938 — в Канадское об-во графиков, с 1954 — в об-во художников Онтарио. За период с 1937 по 1956 провела девять персональных выставок. В 1942 участвовала в оказании благотворительной помощи жертвам войны в России. В 1966 стала членом Кор. Канадской академии. В 1974 провела в Торонто совместную выставку со ст. сыном Беном Кларком (Бенедиктом Аллегри). В 1982 Канадская кинематографич. ассоциация выпустила о ней фильм «Портрет художницы в старости». Автопортрет (1942) Параскевы Кларк и ее картина «Петрушка» (1937) находятся в Нац. галерее в Оттаве. Представлена также в др. музеях Канады. В мае 2000 в Канаде была выпущена монета достоинством в 100 долларов, посвященная Женскому дивизиону Кор. воздушных сил Канады. На реверсе этой монеты изображена женщина — фрагмент картины К. «Ремонтные работы в ангаре», хранящейся в Канадском воен. музее.

И с т. АА. *Могилянский М.* Биографич. записки, машинопись. 2002.

Л и т. *Максимова О.* Параскева Кларк — рус. художница в Канаде // Montreal; Toronto. 2000. 24 авг. С. 13.

КЛЕЙН Андрей Иванович (? – 16 февр. 1960, Нью-Йорк) — участник Белого движения на Юге России, полковник. Оконч. Николаевское кав. уч-ще (1911) и вышел корнетом в 17-й гус. Черниговский Е.И. Выс. Вел. Кн. Михаила Александровича полк 2-й отдельной кав. бригады, стоявший в Орле. Участник Первой мировой войны, ротмистр (на 1917). После Октябрьского переворота 1917 — в белых войсках на Юге России. На сент. 1919 — в Особом кон. отряде Екатеринославской бригады Гос. стражи. Полковник (на 1920). В эмиграции в США. После 1945 — председатель Объединения Черниговских гусар.

Похоронен на кладбище монастыря Ново-Дивеево блих Нанует (шт. Нью-Йорк)

И с т. ЛАА. Справка *К.М. Александрова* на полк. А.И. Клейна.

Л и т. *Волков С.В.* Офицеры армейской кавалерии. С. 256; Некрологи // НРС. 1960. 18 февр.; 24 марта; 17 нояб.; Некролог // Часовой (Брюссель). 1960. № 408.

КЛЕЙН Виктор Иосифович (род. 15 февр. 1897) — авиационный инж. В 1928 оконч. механич. отделение Политехнич. ин-та в Брно, в Чехословакии, и в 1932 — Авиационный отдел Политехнич. ин-та в Праге. В США жил в Бронксе, Нью-Йорк. Действительный член Об-ва рус. инж. в США (на 1950).

И с т. АОРИ. Анкета.

КЛЕМЧУК П. — ветеран амер. армии, член 24-го отдела РООВА. Погиб в бою.

И с т. *Pantuhoff O.* — 1976.

Л и т. *Beresney Timothy A.* In Memoriam // Russian Herald. 1947. Jan. – Feb. P. 157–163

КЛЕСТОВ Михаил Яковлевич (род. 4 марта 1953, Харбин) — посредник в торговле недвижимостью, общественный деятель. В 1953 семья К. переехала в Бразилию, откуда в 1958 эмигрировала на постоянное жительство в США, в Сан-Франциско. С 1974 по 1977 работал в страховой компании. Оконч. курсы по купле и продаже недвижимости и в 1977 стал посредником в торговле и заведовании недвижимостью. С 1980 — президент Рус. Центра в Сан-Франциско, самого большого культурно-просветительного учреждения в Сев. Америке. *Родственники:* жена; двое детей.

И с т. АА. *Клестов М.* Автобиография. 2003. 8 апр.

КЛИМЕНКО Геннадий Александрович — инж.-строитель, историк. Рано потерял отца, расстрелянного по ложному обвинению во время сталинского террора.

В конце Второй мировой войны стал беженцем и жил с матерью в Германии, откуда эмигрировал в США. Получив высшее образование, работал инж.-строителем. Один из основателей КРА. Автор историч. работы о рус. в шт. Нью-Джерси, опубликованной к 200-летию США. Избирался членом совета директоров КРА. Был казначеем орг-ции. Начиная с 1973 участвовал в этнич. делах шт. и с 1978 был представителем рус. в этнич. совете при губернаторе шт. Нью-Джерси. Разведен. Имеет трех сыновей

И с т. Archives of the CRA. *Klimenko Gennady A.* Curriculum vitae. 1981.

КЛИМЕНКО Тимофей Тимофеевич (1899, Обл. Войска Кубанского – 16 июля 1966, Нью-Йорк) — певец. Род. в каз. семье. В 1917 зачислен в хор Кубанского гв. дивизиона. После эвакуации из Крыма в 1920 был в составе хора, который выступал на Балканах и в Юж. Америке. В 1927 с хором сотника Соколова приехал в США. Уволился из хора и зарабатывал на жизнь физич. трудом. Был атаманом и помощником атамана Общеказ. стан. в Нью-Йорке и одним из основателей Общеказ. центра в Америке.

Похоронен на каз. участке Свято-Владимирского кладбища в Кэссвилле, в шт. Нью-Джерси.

Л и т. Некролог // НРС. 1966. 21 авг.

КЛИМКОВСКИЙ Афанасий Ильич (1793–1868). Сын енисейского морехода и алеутки Анны Паниияк. В 1819–20 исследовал р. Медную и открыл горы Врангеля на юге Аляски.

Л и т. *Pierce R.* Russian America. 1990. P. 239–241.

КЛИМОВ Алексей Евгеньевич (род. 23 апр. 1939, Рига, Латвия) — литературовед, переводчик. Род. в семье художника *Евгения Евгеньевича Климова*. В 1962 оконч. Мичиганский ун-т со ст. бакалавра рус. яз. в 1965 в том же ун-те получил ст. магистра. В 1972 защитил при Йельском ун-те докторскую дисс. Преподает рус. яз. и лит. в Вассар колледже, в Покипси, в шт. Нью-Йорк. Изучал творч. Вяч. Иванова и Ф.М. Достоевского. Член правления РАГ в США, член ред. коллегии «Записок Русской Академической группы».

И с т. Archives of the Assn of Russian-American Scholars in the USA. *Klimoff Alexis.* Curriculum vitae. 1971.

КЛИМОВ [George **Klimoff**] Георгий Евгеньевич (28 сентября 1895, Митава Курляндской губ. – 1 декабря 1967) — участник Белой борьбы под Андреевским флагом на Юге России, мор. офицер. Оконч. рус. гимназию в Варшаве. Поступил в Морской корпус в Санкт-Петербурге, который оконч. в 1916. Был произведен в мичманы и командирован в Гельсингфорс на офиц. арт. курсы. Участник Гражданской войны. После эвакуации из Крыма переехал в Ригу, работал страховым агентом, собирал антиквариат и произведения рус. искусства.

После того, как стал беженцем, переселился в 1951 Канаду. В Квебеке имел антикварный магазин, помогал вдовам рус. мор. офицеров. Стал канадским гражданином. Был женат на Софии Терентьевне Теодорович. Супруги К. сконч. в Оттаве. *Родственники:* сын; дочь; внуки; правнуки.

И с т. АА. *Бен Чавчавадзе И.Г.* Анкета о К. для Биографич. словаря (рукопись). 1999; *Могилянский М.* Биография Е. Климова (рукопись), письмо. 2001.

Л и т. *Marchand Clément.* Les frères Klimoff // Le Bien Public. 1974. le 7 et 14 juin.

КЛИМОВ Евгений Евгеньевич (8 мая 1901, Митава Курляндской губ. – 29 дек. 1991) — художник, искусствовед, иконописец, публицист и педагог. Отец был юристом, а мать — учительницей. Учиться начал в гимназии в Варшаве и завершил среднее образование во время Гражданской войны в Новочеркасске. В 1929 оконч. Латвийскую академию художеств. В 1930–44 преподавал искусство и историю искусств в Рижском ун-те и в рус. Ломоносовской гимназии. Пейзажист и портретист. В 1940 назнач. на должность директора рус. отдела Музея изобразительных искусств в Риге. Во время нем. оккупации уволен с должности, но продолжал заниматься преподаванием. В 1944 переехал в Прагу, где до конца войны реставрировал иконы при рус. Кондаковском ин-те.

В 1945 был вынужден переехать в Германию, откуда в 1949 с семьей переселился в Канаду. Занимался литографией и выпустил двенадцать альбомов. В Квебеке преподавал в 1955–60 рус. яз. Читал лекции по истории рус. лит. и искусства в ун-тах Канады и США. Его кисти принадлежит более ста работ, у К. более десяти личных выставок, в том числе три выставки в Москве (1989), Пскове (1990) и в Риге (1990). Его картины можно встретить в ряде больших музеев разных стран. К. не считал абстракционистов и модернистов подлинными художниками. До войны был сотрудником газ. «Сегодня», а после переселения в Канаду опубликовал много статей в «Новом рус. слове», «Новом журнале», «Записках русской академической группы в США» и ряде нем., франц., англ. и итальянск. журналов. Сб. его статей «Русские художники», охватывающий историю рус. искусства от Андрея Рублева до 50-х гг., вышел в Нью-Йорке в изд-ве

Свято-Серафимовского фонда в 1974. Стал жертвой автокатастрофы в возрасте 89 лет. *Родственники:* сыновья Илья и Алексей с семьями.

Похоронен в Оттаве.

И с т. АА. *Могилянский М.* Биография Е.Е. Климова (рукопись), 2001.

Л и т. *Львов.* О современной живописи, доклад Е.Е. Климова // НРС. 1954. 14 марта; *Полчанинов Р.* Е.Е. Климов (1901–1990) // Записки РАГ в США (Нью-Йорк). 1990. Т. XXIII. 254–255; *Он же.* Е.Е. Климов, 1901–1990 // НРС. 1991. 15 февр.; *Шлеев В.* Просветитель // Русская жизнь. 1992. 28 февр.; *Marchand Clément.* Les frères Klimoff // Le Bien Public. 1974. le 7 et 14 juin.

КЛИМОВ [Constantine **Klimoff**] Константин Евгеньевич (25 дек. 1896, Митава Курляндской губ. – 1985, Монреаль) — преподаватель музыки. В 1915 оконч. в Варшаве гимназию и поступил в консерваторию по классу скрипки. Оконч. в Риге консерваторию по классу рояля. После оконч. консерватории преподавал в Риге в Ломоносовской рус. гимназии. Во время Второй мировой войны стал беженцем.

В 1951 эмигрировал в Канаду. Преподавал муз. в г. Труа Ривьер, в Квебеке. Был приглашен на должность полного проф. в ун-т Лаваль в Квебеке. Получил канадское гражданство в 1994. Автор рукописи 1919. *Родственники:* жена (урожд. Александрович) Ксения Борисовна.

И с т. *Бен Чавчавадзе И.Г.* Анкета для Биографич. словаря (рукопись). 1999; *Могилянский Мстислав.* Биография К.Е. Климова (рукопись), письмо Е. Александрову.

Л и т. *Marchand Clément.* Les frères Klimoff // Le Bien Public. 1974. le 7 et 14 juin; *Raymond B., David J.* The Russian Diaspora 1917–1941. Maryland and London, 2000. P. 133.

КЛИМЧУК [P. **Klimchuk**] П. — ветеран амер. армии, сержант, служил в мед. корпусе.

И с т. *Pantuhoff O.* — 1976.

КЛИОС-ЗАХВАТОВИЧ Александр Александрович (? –25 окт. 1970) — гр., подполковник, ветеран Первой мировой и Гражданской войн. Георгиевский кавалер. Искусствовед.

Похоронен на кладбище монастыря Ново-Дивеево, возле Нануэт, в шт. Нью-Йорк.

Л и т. Некролог // НРС. 1970. 27 окт.

КЛОЧКОВ [Vladimir **Klochkov**] Владимир — ветеран воен.-мор. флота США, матрос, погиб во время боя у о-ва Окинава на воен. корабле, на который спикировал яп. самолет с летчиком-самоубийцей («камикадзе»). Способствовал отражению атаки яп. самолета и его уничтожению. За мужество посмертно награжден орденом Бронзовой Звезды, врученным адм. Д.Б. Берном его сестре — Вере Клочковой.

И с т. *Pantuhoff O.* — 1976.

Л и т. *Beresney Timothy A.* In Memoriam // Russian Herald. 1947. Jan.—Feb. P. 157–163.

КЛУГЕ Константин Иванович (30 мая 1884, Санкт-Петербург – 20 нояб. 1960, Сан-Франциско) — участник Белого движения на Востоке России, полковник. Среднее образование получил в Кишиневской гимназии. В авг. 1904 поступил на воен. службу вольноопределяющимся в Варшавское крепостное управление, в янв. 1906 в звании кондуктора уволен в запас. Воен. образование получил в Киевском воен. уч-ще, поступив в него в июле 1906. Оконч. со званием ст. портупей-юнкера и произведен в подпоручики в июле 1908. Служил в Малорос. пех. полку (?) и произведен в чин поручика в 1911. В 1912 вышел в запас армии, но в 1914 вновь призван на воен. службу и назнач. в 304-й Новгород-Северский полк 76-й пех. дивизии, с которым выступил в поход. Участник Первой мировой войны. В 1915 тяжело ранен. В делах против неприятеля награжден шестью воен. наградами, включая орден св. Георгия IV ст. В 1916 произведен в штабс-капитаны. В 1917 назнач. командующим Технич. батальоном. В том же году прослушал курсы при Николаевской Воен. академии. После Октябрьского переворота 1917 — в белых войсках Восточ. фронта. В 1918 исполнял должность нач-ка штаба 1-й Забайкальской отдельной бригады. Последовательно произведен за боевые заслуги в делах против большевиков в капитаны и в 1920 — в чин полковника. В эмиграции жил в Китае, в Харбине и в Шанхае, где 10 лет служил во Франц. волонтерской роте.

В 1950 прибыл с о-ва Тубабао на Филиппинах в Сан-Франциско.

Похоронен на Серб. кладбище в Сан-Франциско.

Л и т. АОРВВВ. Полк. Константин Иванович Клуге // 1960. Нояб. Альбом II.

КЛЫКОВ Александр Михайлович (? – 7 янв. 1951, Сиэттл) — участник Белой борьбы под Андреевским флагом, контр-адмирал. В 1894 оконч. Морской корпус и был выпущен в Черноморский флот. Во время Первой мировой войны командовал миноносцем «Лейтенант Шестаков» и линейным кораблем «Ростислав». В 1917 получил командование 1-й бригадой линейных кораблей. Удостоился награждения всеми орденами вплоть до ордена св. Владимира III ст. с мечами и бантом и Георгиевским оружием. Участник Гражданской войны. В эмиграции жил в Париже, откуда переехал в 1949 к сыну в США.

Л и т. Некролог // Бюллетень Об-ва быв. мор. офицеров в Америке. 1951. № 1.

КЛЫКОВ Владимир Александрович (1896–?) — инж.-самолетостроитель. Оконч. гимназию, в 1916 поступил на судостроительный ф-т Петроградского политехнич. ин-та. Был призван в армию и служил в инж. войсках. Демобилизован в 1918 и в 1919 выехал в США. Продолжил образование в Массачусетском технологич. ин-те, зарабатывая на жизнь физич. трудом. Окончив ин-т, в 1923 начал работать в авиационной компании в Детройте, занимаясь проектированием металлич. оболочки для дирижабля ZM-2. В 1928–29 проектировал летательные аппараты легче воздуха. Читал лекции о дирижаблях в Детройтском ун-те. Участвовал в многоч. гонках аэростатов. Заведовал отделом по исследованию прочности материалов в «Detroit Aircraft Co.» и потом в «Douglas Aircraft Corp.» в Санта-Моника, в Калифорнии. Работая в этой обл., играл важную роль в проектировании большинства самолетов, выпущенных данной корпорацией. Одно время был председателем комитета по безопасности полетов в администрации NASA.

Л и т. *Raymond B., David J.* Klykov Vladimir // The Russian Diaspora, 1917–1941. Maryland and London, 2000. P. 133–134.

КЛЮЧИНСКИЙ В.Е. — См. **КЭЙ** В.Е.

КНУТСОН Марта Андреевна (1884, Санкт-Петербург – 5 февр. 1967) — род. в семье шведск. происхождения. Дружила с *А.Л. Толстой*. С 1924 по 1930 преподавала в Яснополянской школе. В 1934 переехала в США и стала сотрудничать с Толстовским фондом. Ведала хозяйством, бухгалтерией и домом для престарелых.

Сконч. в этом доме и похоронена на кладбище монастыря Ново-Дивеево, возле Нанует, в шт. Нью-Йорк.

Л и т. Некрологи // НРС. 1967. 7 февр.; 8 февр.; 17 февр.

КНЮПФЕЛЬ Евгений Владиславович (1860, Ницца, Франция – 16 марта 1934, Сан-Франциско) — контр-адмирал. В возрасте 16 лет был волонтером-юнгой и совершил кругосветное плавание на фрегате «Светлана». Был ст. офицером на канонерской лодке «Кореец», на крейсерах «Адмирал Корнилов» и «Владимир Мономах». Участвовал в подавлении боксерского восстания в Китае, был командиром контрминоносца «Сердитый» в Порт Артуре, где пробыл всю осаду во время войны с Японией 1904–05. Был командиром линейного корабля «Евстафий» в Черноморской эскадре. В 1911 командовал воен. силами в Каспийском море. Эмигрировал в США в 1922. Жил в Калифорнии, состоял в Объединенном комитете Рус. нац. орг-ций, был почетным членом Зарубежного союза рус. воен. инвалидов.

Похоронен на Серб. кладбище.

Л и т. Некрологи // НРС. 1934. 26 марта; 1935 1 янв.; Некролог // Часовой (Брюссель). 1934. № 127.

КНЯЗЕВ [Kniazeff A.J.] А.И. — ветеран амер. армии, капитан, служил в 1945 в амер. зоне в Берлине.

И с т. *Pantuhoff O.* — 1976.

КНЯЗЕВ Алексей Николаевич (5 авг. 1909, станция Цицикар КВЖД – 11 мая 1993, Сан-Франциско) — хорунжий, инж.-электромеханик, мастер-сержант армии США. Род. в семье обер-офицера Заамурской железнодорожной бригады. Учился в подготовительной школе Хабаровского кад. корпуса в Харбине. Оконч. Коммерч. уч-ще КВЖД и затем в 1927 Амер. гимназию в Харбине. В 1933 оконч. Харбинский Политехнич. ин-т со званием инж.-электромеханика и унтер-офиц. курсы при Харбинском отделении РОВС. Продолжил воен. образование, в 1934 был выпущен ст. портупей-юнкером после двухгодичных воен.-уч-щных курсов РОВС в Харбине с производством в хорунжие по Забайкальскому каз. войску. Работал в Тяньцзине и в Шанхае. Был эвакуирован на о-в Тубабао, откуда в 1951 переселился в США. С 1954 по 1963 находился на службе в амер. армии, закончив службу в звании мастер-сержанта. Три года преподавал в Арм. школе ин. яз. в Монтерее (шт. Калифорния). Потом получил должность инж.-инструментальщика в Bechtel Corpration, а затем инж.-электрика в Pacific Gas and Electric Company, где прослужил с 1958 по 1974.

Работал в орг-ции рус. скаутов с 1922. Занимал пост Ст. Скаута НОРС. В 1975 вступил в Об-во рус. ветеранов Великой войны. Был ред. журнала «Вестник Об-ва рус. ветеранов Великой войны». *Родственники*: вдова Евгения Иосифовна.

Похоронен на Серб. кладбище в Сан-Франциско.

И с т. АМРК. А.Н. Князев. Pdf 92,7 Kb; АОРВВВ. Хорунжий Алексей Николаевич Князев // 1993. Май. Альбом V.

КНЯЗЕВ Иван Дмитриевич (1887, Казань – 26 марта 1971, Сан-Диего, шт. Калифорния) — доктор мед. В 1913 оконч. мед. ф-т Казанского ун-та. Был оставлен при отделении патологии и терапии ун-та. Во время Первой мировой войны — хирург 275-го Лебедянского полка 69-й пех. дивизии. Налаживал госпитальные службы во Владивостоке. В 1918 переехал в Харбин. Помимо службы в больнице создал в Маньчжурии лабораторию по производству вакцины от бешенства. Имел частную практику в Харбине и Шанхае. В 1947 переехал в США, работал в Нью-Йорке и в Калифорнии. Занимался исследованием лейкемии. Состоял пожизненным членом Амер. мед. ассоциации и Рус.-амер. мед. об-ва. *Родственники*: вдова Екатерина Николаевна, урожд. Дунаева.

Л и т. Некролог // НРС. 1971. 3 апр.

КНЯЗЕВ Николай Иванович (28 янв. 1881, Москва – 11 сент. 1959, Сан-Франциско) — участник белого движения на Востоке России, капитан. Оконч. в Москве Комиссаровское технич. уч-ще и в 1906 Алексеевское военное уч-ще. В авг. 1906 произведен в подпоручики с назнач. на службу в 4-й Заамурский железнодорожный батальон, квартировавший в Харбине и в 1909 развернувшийся во 2-й железнодорожный полк, в котором его застала Великая война 1914 в чине штабс-капитана. Командуя ротой в оставшейся на мирных квартирах части полка, подготавливал пополнение для железнодорожных частей на фронте. Был награжден орденами св. Анны III ст. и св. Станислава II и III ст. По расформировании полка в 1918 перешел на службу на КВЖД. В годы Гражданской войны служил в отделе передвижения Восточ.-кит. р-на и занимал должности коменданта станций Харбин и Маньчжурия. 15 лет работал лаборантом в Политехнич. ин-те в Харбине.

С 1940 по 1948 проживал и работал в Тяньцзине, откуда в 1949 прибыл в Сан-Франциско, где зарабатывал на хлеб, работая управляющим домом. В 1949 вступил в Об-во рус. Ветеранов. *Родственники*: сын Алексей.

Похоронен на Серб. кладбище в Сан-Франциско.

И с т. АОРВВВ. Капитан Николай Иванович Князев // 1959. Сент. Альбом II.

КОВАЛЁВ Иван Захарович (4 окт. 1904 – ?) — инж.-механик. В 1930 оконч. технич. отделение Харбинского Политехнич. ин-та. В США жил в Бруклине, Нью-Йорк. Действительный член Об-ва рус. инж. в США.

И с т. АОРИ. Вопросник.1962.

КОВАЛЕВСКАЯ Зинаида Алексеевна — поэтесса. Род. в России ок. 1915. Уехала с родителями в 1920 в Египет, а оттуда — в Югославию. Прожила там 20 лет до отъезда в США. Поселилась в Лос-Анджелесе, где состояла в лит.-просветительском кружке «ГОШЭ». Печаталась редко.
И с т. Витковский Е.В. Кн. 4. С. 355.

КОВАЛЕВСКИЙ Леонид Георгиевич (16 апр. 1916 – ?) — инж.-строитель. В 1942 оконч. строительный отдел Технич. ф-та Белградского ун-та в Югославии. В 1950 защитил докторскую дисс. при Technische Hochschule в Мюнхене. Специалист по статике и железобетону. В США жил в Грэт-Некк, в Нью-Йорке. Действительный член Об-ва рус. инж. в США (на 1951).
И с т. АОРИ. Анкета.

КОВАЛЕНКО Александр Николаевич (13 марта 1894 – 10 декабря 1963, Сан-Франциско) — участник Белого движения на Востоке России, штабс-ротмистр. Оконч. Мариупольскую Александровскую гимназию и Елисаветградское кав. уч-ще. В октябре 1914 произведен в корнеты в Приморский драг. Полк Уссурийской каз. бригады, во всех боях которого участвовал с октября 1914 до нояб. 1917. В июне 1915 в кон. атаке ранен четырьмя пулями. Награжден за боевые заслуги орденом св. Анны IV ст. с надписью на шашку «за храбрость» и орденом св. Владимира IV ст. с мечами и бантом. Полное разложение армии вынудило К. отправиться на Дальний Восток. В нач. января 1918 поступил на службу в крейсерскую флотилию при штабе Заамурского округа. Участвовал в формировании Приморского драг. полка, в котором командовал эскадроном. За кон. атаку в 1918 награжден Георгиевским крестом 4-й ст. В 1919 ранен пулей.

По оконч. Белой борьбы эмигрировал в Шанхай. По прибытии в США, в Сан-Франциско вступил в Об-во рус. ветеранов Великой войны, в котором проявил себя деятельным членом.

Погребен на Серб. кладбище в Сан-Франциско.

И с т. АОРВВВ. Штабс-ротмистр Александр Николаевич Коваленко // 1959. Декабрь. Альбом II.

КОВАЛЕНКО М.С. (1889 – 1954, Стамфорд, шт. Коннектикут) — проф. астрономии и высшей математики.
Л и т. Некролог // НРС. 1954. 1 апреля.

КОВАЛЬ [Ковальский] Леонид Петрович (8 авг. 1897, Золотоноша Полтавской губ. – ?) — инж.-электрик. В 1915 оконч. Уманскую гимназию (Киевская губ.). В 1915–16 и 1919 учился в Екатеринославском Горном ин-те. Оконч. Николаевское арт. уч-ще в составе V ускоренного вып. После оконч. Гражданской войны жил во Франции, где в 1928 оконч. в Гренобле Электротехнич. ин-т с дипломом инж.-электрика. С 1930 по 1945 был нач-ком группы в городе Аржентей и с 1946 по 1951 служил инж. в Париже. Переехал в США, с 1952 работал проектировщиком в Ньюарке, в шт. Нью-Джерси; с 1957 по 1962 в Плэйнвилле, в шт. Коннектикут и с 1963 по 1966 — консультантом в Лос-Анджелесе. Имел три патента, которыми пользуется компания General Electric.
И с т. АОРИ. Вопросник. 1954.

КОВАЛЬЧИК Алексей Максимович (17 марта 1871, с. Устье Русское, округ Горлица, Галиция, Австро-Венгерская империя – ?) — деятель ОРБ, предприниматель. В селе посещал школу.

Прибыл в Америку в 1892. С 1902 состоял в ОРБ. Получил амер. гражданство. Являлся владельцем магазина мебели и скобяных товаров в городе Олифант, в Пенсильвании. Несколько раз выбирался в главное правление ОРБ и был членом главного суда братства. Основатель в Олифанте 10-го отделения Братства свв. Кирилла и Мефодия и юношеских отделений. Состоял в Олифанте директором «Miners Savings Bank». Член городской Думы города Олифанта.
И с т. Иллюстрированный Рус.-Амер. календарь на 1926, Филадельфия. Изд. ОРБ.

КОВАНЬКО Георгий Александрович (? – 19 марта 2002, Сан-Рафаэль, шт. Калифорния) — ветеран, общественный деятель, кадет XXI вып. 1-го Рус. Вел. кн. Константина Константиновича кад. корпуса в Югославии. Эмигрировал в США. Состоял в Объединении кадет Рос. кад. корпусов в Сан-Франциско и в Об-ве рус. ветеранов. *Родственники:* влова Ольга Павловна, урожд. Завадская, сын Александр с семьей.

Похоронен на Серб. кладбище в Сан-Франциско.
И с т. АРЦ. *Тарала Г.А.* Сводка кладбищенских дат. 2003. С. 2.
Л и т. Георгий Александрович Кованько // РЖ. 2002. 30 марта.

КОВАРСКАЯ Лидия Антоновна (1874, Варшава – 16 апр. 1965, Нью-Йорк) — педагог, писатель. Род. в семье военного православного священника Налон-Домбровского. Оконч. в Варшаве гимназию и в Петербурге — ист.-филологич. ф-т Бестужевских курсов. Преподавала рус. яз. и лит. Принадлежала к левому крылу рус. интеллигенции. Уехала с мужем в Мюнхен. В начале Первой мировой войны вернулась в Россию. В 1917 избрана в члены Московской городской управы. Переселилась в США, здесь опубликовала сб. стихов для детей: «Родное», «Дети — детям» и книгу «Русские Писатели».
Л и т. Некролог // НРС. 1965. 20 апреля.

КОВАРСКИЙ Илья Николаевич (1880, Двинск Витебской губ. – 8 июля 1962, Нью-Йорк) — врач, общественный деятель, журналист. Среднее образование получил в гимназии в Нижнем Новгороде. Оконч. мед. ф-т Юрьевского ун-та. После оконч. ун-та служил врачом при городской управе Москвы. После революции был гласным городской Думы и тов. городского головы Москвы. Будучи членом ПСР, избран в состав УС, разогнанного большевиками. Свою журналист. деятельность начал в московской газ. «Возрождение». Вследствие большевистского переворота был вынужден выехать за рубеж. Поселился во Франции, где прожил с 1919 по 1940. Оконч. в Париже Ин-т детской мед., получил возможность заняться врачебной практикой и был председателем Мед. об-ва им. Мечникова. Одновременно занимался об-венной и лит. работой, участвуя в издании «Современных Записок» и книг в изд. «Родник». Переселившись в 1940 в США, продолжал заниматься врачебной практикой, был председателем Об-ва рос. врачей в Нью-Йорке. Член корпорации «Нового журнала».

Л и т. *Роман Гуль*. И.Н. Коварский // НЖ. 1962. Сент. Кн. 69. С. 288–289.

КОВАЧ Михаил — доктор богословия, священник ПЦА. Род. в Пенсильвании в православной семье выходцев из Австро-Венгрии. Защитил докторскую дисс. при Колумбийском ун-те, пом. президента Миллерсвилльского колледжа в Пенсильвании, один из основателей КРА, ряд лет был представителем рус. населения при губернаторе шт. Пенсильвания.

И с т. Архив КРА.

КОВАЧОВ Николай — домрист и танцор. Начал играть на маленькой домре и плясать с шестилетнего возраста. В 1906 был главным танцором и музыкантом в «Ballet Russe» и в балалаечном оркестре А. Волковского, дававшего концерты в Европе и Азии, включая королевские дворцы. В 1910 ушел из оркестра и прибыл в Лондон, где стал с необычайным успехом выступать соло как домрист. В 1912 выступал соло с кнг. Барятинской в театре «Амбассадор» в Лондоне и на Рус. выставке, где он выступал перед королевой Александрой.

В 1915 переселился в США и приглашен танцевать премьером в «Катеньке» А. Гаммерштейна. Последующие годы провел в турах с выступлениями солистом и рук. балаласчного оркестра.

Л и т. *Martianoff Nicholas N.* Nicholas Kovacoff // Russian artists in America. 1933. P. 243, 245.

КОВЕРДА Борис Софронович (21 авг. 1907, Виленская губ. – 18 февр. 1987, Адельфи, шт. Огайо) — полит. деятель, антикоммунист-мститель. Во время Первой мировой войны эвакуировался с родителями в Самару. Вернулся в Вильно, учился в белорус., а потом в рус. гимназии. Работал в качестве журналиста в белорус. газ. Был убежденным антикоммунистом. В возрасте 20 лет из мести застрелил на Варшавском вокзале сов. полпреда (посла) в Варшаве Петра Войкова (Пинхуса Вайнера), участника убийства царской семьи и сокрытия следов убийства. Приговорен польским судом к пожизненному тюремному заключению. Однако через 10 лет, в 1937, освобожден и выехал в Югославию. В Югославии сдал экзамены на аттестат зрелости при рус. кад. корпусе в Белой Церкви и поступил на инж. ф-т Белградского ун-та. В 1939 вернулся в Польшу, откуда пришлось уходить ввиду наступления большевиков. После Второй мировой войны решил переселиться с женой в США, но из-за судимости за убийство Войкова получил отказ на въезд. *А.Л. Толстая* и *С.С. Белосельский-Белосельский* хлопотали через конгрессмена Вальтера о предоставлении **К.** разрешения на переселение на постоянное жительство в США. Конгрессмен Вальтер внес законопроект о предоставлении **К.** разрешения переселиться в США. Законопроект был принят и подписан президентом Д. Эйзенхауэром. На основании закона прибыл в США в 1956. Сотрудничал в газ. «Россия» и «Новое русское слово» (Нью-Йорк).

Пользовался большой популярностью среди рус. антикоммунистов за рубежом и в Советском Союзе как человек, рисковавший жизнью для отмщения большевистскому палачу. В США много размышлял о своем поступке и пришел к выводу, что его подход к мести был ложным, несовместимым с убеждениями православного христианина. *Родственники:* вдова Нина Алексеевна; дочь Наталья.

Похоронен на кладбище монастыря Ново-Дивеево в шт. Нью-Йорк.

Л и т. Борис Коверда // Часовой (Париж). 1930. 15 июня. № 33. С. 25; *Киселев Александр*, протопресвитер. Памяти Бориса Софроновича Коверды // Рус. Возрождение (Нью-Йорк—Париж—Москва). 1987. № 38–39. С. 303–304; *Орехов В.* Некролог // Часовой (Брюссель). 1987. Апрель. № 665. С. 30; *Полчанинов Р.В.* Верный сын России // НРС. 1987. 8 марта.

КОГАН Борис (1904, Санкт-Петербург) — пианист. Род. в семье скрипача *Зиновия Когана*. В возрасте 12 лет поступил в Императорскую консерваторию в Москве, где учился под рук. проф. Г. Прокофьева и Василенко. Революция вынудила **К.** переехать в Берлин, где он продолжал муз. образование. В 1928 играл в Лондоне и Париже в оркестре Рус. оперы и в балетной компании С.П. Дягилева.

После смерти Дягилева переехал в 1929 в США и стал аккомпаниатором *Нины Кошиц* и др. франц. и исп. певиц.

Л и т. *Martianoff N.N.* Boris Kogan, pianist // Russian artists in America. 1933. P. 73.

КОГАН [Zinovy **Kogan**] Зиновий — скрипач, дирижер. Род. на юге России. Оконч. Московскую консерваторию. После выступлений в Германии назнач. концертмейстером в оркестр гр. Шереметева в Петрограде. Был дирижером в опере Зимина и проф. в Ин-те муз. драмы в Москве, играл в струнном квартете Рус. Императорского муз. об-ва, был приглашен К.С. Станиславским на должность директора и тренера в основанную им оперную студию. Из-за революции покинул Россию и переехал в Берлин, занял пост дирижера. Гастролировал в качестве дирижера Рус. романтич. театра по всей Европе.

В 1927 приехал в США, рук. оркестром Рус. театра, с которым гастролировал по страна. Был приглашен преподавателем в Мичиганский колледж

Л и т. *Martianoff N. N.* Zinovy Kogan // Russian artists in America. 1933. P. 23.

КОЖЕВИН Константин Владимирович (1 июля 1891, Санкт-Петербург – после 1960, Нью-Йорк) — инж. путей сообщения. Прошел курс наук в Ин-те инж. путей сообщения Императора Александра I. Диплом на звание инж. путей сообщения получил в 1920 в Екатеринбургском политехникуме. В США жил в Нью-Йорке. Действительный член Об-ва рус. инж. в США (на 1953).

И с т. АОРИ. Анкета. 1954.

КОЗАК Василий Борисович (? – ок. 20 дек. 1960, Нью-Йорк) — общественный деятель РООВА. Секретарь первого отдела, был членом об-ва «Наука».

Похоронен на кладбище Маунт Оливет.

Л и т. Некрологи // НРС. 1960. 22 дек.; 1960. 23 дек.

КОЗЕНКО С. (1866, Тифлис – 30 июня 1932, Бустер, шт. Нью-Йорк) — архитектор. Внук кавказского наместника светлейшего кн. Воронцова-Дашкова. Худ. образование получил в Мюнхене. Жил в Париже. В 1897 приехал в США для составления чертежей бронзовых дверей для Публичной библиотеки в Нью-Йорке и зданий в Филадельфии.

Л и т. Некрологи // НРС. 1932. 25 июня; 1932. 30 июня.

КОЗЕНЦЕВ Степан Степанович (4 сент. 1899 – 6 июля 1975, Сан-Франциско) — участник Белого движения на Востоке России, подпоручик. Получил образование в Иркутской гимназии, прошел первый курс Технологич. ин-та. После Октябрьского переворота 1917 — в белых войсках Восточ. фронта. В 1918 поступил добровольцем во 2-ю батарею Иркутского арт. дивизиона. Дойдя с боями до Читы, поступил в Читинское военное уч-ще и в 1920 выпущен в чине подпоручика в дивизион броневых поездов атамана Г.М. Семенова. Был контужен и ранен. По оконч. военных действий обосновался в Харбине. В 1923 переехал в Америку, где в Сан-Франциско, берясь за случайные работы, оконч. среднюю школу. Одновременно выдержал ряд штатных и федеральных экзаменов. В 1942 призван в армию США. Пройдя курс в арм. школе, получил должность арм. переводчика. По оконч. Второй мировой войны получил «почетное увольнение» и устроился обслуживать лифт в штатном здании в Сакраменто. Однако в скором времени нашел должность чертежника в управлении шт. Калифорния. Проработал в должности 25 лет, быстро продвигаясь по службе, достиг должности зав. отделом, в котором работал.

С 30-х гг. состоял в Об-ве рус. ветеранов Великой войны. Вышел в отставку в 1966.

И с т. АОРВВВ. Подпоручик Степан Степанович Козенцев // 1975. Июль. Альбом VI. 13-В.

КОЗЛИНСКИЙ [Kozlinsky Nicholas Luke] Николай Лукич — горный инж. Оконч. в 1928 Горный ин-т в Миссури со ст. бакалавра, а в 1929 получил ст. магистра при ун-те Алабамы. Работал в отделении Горного департамента США при том же ун-те. Член Об-ва рус. студентов, окончивших амер. высшие учебные заведения при содействии Рус. студенч. фонда в Нью-Йорке.

Л и т. *Pestoff A.N.* Directory of Russian Graduates of American Colleges // Alumni Association of the Russian Student Fund. 1929. Aug. New York. P. 12.

КОЗЛОВ [Alexis **Kosloff**] Алексей Федорович (1887, Москва –?) — артист балета, хореограф и писатель. Играл в постановках «Broadway Brevities» (1920); «The Love Song» (1927); «Goyescas» и «La Fille Mal Gardée» (1940). Выступал в кино «The Dancers Peril». Писал статьи о танцах в журналах.

И с т. http://www.streetswing.com/histmai2/d2-koslfl.htm

КОЗЛОВ И.А. — возглавлял с 1991 в Сан-Франциско Об-во ветеранов Великой войны.

Л и т. *Шмелев А.В.* Сан-Францискому Об-ву ветеранов Великой войны — 75 лет // НВ. 1999. Июнь. № 455/2756. С. 18–19.

КОЗЛОВ Леонид Николаевич (21 февр. 1892, Тамбов – ?) — инж.-строитель. В 1913 оконч. в Москве реальное уч-ще. В 1928 оконч. Инж.-строительное отделение Белградского ун-та. В 1928–29 гг. проектировал жел. дороги и железнодорожные сооружения в Югославии. Затем до 1948 работал в обл. строительства, проектирования и постройки жел. дорог и сооружений. В США жил в Наяке, в шт. Нью-Йорк.

И с т. АОРИ. Анкета.

КОЗЛОВ [Theodore **Kosloff**] Федор Михайлович (3 февр. 1882, Москва – 21 нояб. 1956, Голливуд, Лос-Анджелес) — танцовщик. В 1901 оконч. Московское хореографич. уч-ще. Выступал с 1900 в Большом театре, с 1901 по 1904 — в Мариинском театре. В 1909 стал танцевать в Париже в «Ballet Russe» *С.П. Дягилева*. В 1910 танцевал в Англии и в США, впоследствии основал свои балетные школы в Сан-Франциско, Далласе и в Голливуде, оказавшие влияние на развитие амер. балета. В Голливуде снимался в целом ряде фильмов.

И с т. КРА. Архив.

КОЗЛОВСКИЙ Сергей Степанович (род. 7 окт. 1922, Либава, Латвия) — специалист по междунар. торговле. Род. в семье офицера Рус. Императорского флота, ветерана Первой мировой войны. Эмигрировал в Канаду в 1949. Оконч. Sir George William ун-т в Монреале с дипломом бакалавра. По профессии — специалист по торговле недвижимым имуществом.

Состоит в Либеральной партии Канады, орг-циях: «World Federalists» («Всемирные федералисты»), и Об-ве рус. дворян в Америке. Женат, имеет двух детей, 7 приемных детей и 7 внуков.

И с т. АА. *Козловский С.С.* Автобиография. 2003.

КОЗЛОВСКИЙ Юлий Иосифович (1924, Погребище Киевской губ. – 1985?, шт. Коннектикут) — актер и режиссер рус. театра в Нью-Йорке. Род. в польской семье. Рос в Киеве, где оконч. нем. школу-семилетку. Учился в киевском театральном уч-ще. Во время Второй мировой войны с семьей выехал на родину отца в оккупированную немцами Польшу. С волной беженцев оказался в Германии, откуда переселился в Нью-Йорк. Участвовал в театральных постановках С.Н. *Дубровского-Орловского*. Театр просуществовал три сезона, но в репертуаре было ок. десяти постановок. Шли такие пьесы, как «Горе от ума» А.С. Грибоедова, «Василиса Мелентьева» А.Н. Островского и его же «Невольницы», «Сверчок на печи» Ч. Диккенса и «Стакан воды» франц. драматурга Скриба. Были и современные пьесы: *С. Максимов* написал для «Нового Театра» пьесу «Семья Широковых», а *С. Малахов* — пьесу «Летчики». Создав театр на профессиональном уровне, артисты снимали дачу, на которой летом репетировали пьесы следующего сезона, по очереди неся дежурства на кухне. Там же на даче сами делали декорации и шили костюмы. Потом Юлий принял на себя режиссерство «Нового Русского Театра», с успехом выступавшего на профессиональном уровне в Нью-Йорке. Однако театр не мог обеспечить постоянным заработком актеров, жертвенно посвятивших сцене несколько лет. Все должны были, помимо игры в театре, одновременно зарабатывать на жизнь на др. работах.

Многие годы работал на радиостанции «Голос Америки» диктором и директором передач на рус. яз. *Родственники*: вдова (урожд. Ярецкая) Рогнеда (?–2001); сын Юлий; дочь Виктория (?–2000); две внучки; брат Георгий с семьей.

После смерти кремирован.

И с т. *Александров Е.* Личные воспоминания. 2002.; *Оболенская-Флам Л.* Новый Театр в Нью-Йорке, машинопись, 3 стр. 2002.

КОЗМЕЦКИЙ [George **Kozmetsky**] Георгий Георгиевич (1914, Сиетл, шт. Вашингтон – май 2003, Остин, шт. Техас). Род. в семье рус. эмигрантов. В 29 лет оконч. ун-т шт. Вашингтон, во время Второй мировой войны состоял на военно-мед. службе. Затем получил ст. магистра и защитил докторскую дисс. по коммерч. наукам в Гарвардском ун-те и в ун-те Меллон в Питтсбурге. Всю жизнь работал над расширением связей между научными и деловыми кругами. Отличался необычайной трудоспособностью, работая до 18 часов в сутки. В 1960 соучаствовал в основании небольшой электронной компании Теледайн с капиталом в 350 тыс. $, выросшей в объединение, состоявшее из 130 компаний. После 6 лет работы в Теледайн, перешёл в Техасский ун-т в Остин, заняв должность декана делового (Business) ф-та. На этой должности работал 16 лет, осуществляя свою идею о необходимости слияния академич. наук с деловым миром с целью создания полноценного человека, которого К. называл человеком Возрождения, таким, каким были люди эпохи Возрожде-ния XVI в. Вместе с женой Роней основал Фонд RGK (сокращ. от Роня и Джордж К.), который ныне располагает капиталом в 103 млн. $. В янв. 2004 супруги К. пожертвовали 6 млн. $ для поддержки сотрудничества в обл. технологии между Техасским и Стэнфордским ун-тами. В теч. ряда лет оказал помощь более 100 компаниям в их успешном развитии, состоял членом совета директоров ряда крупных предприятий. Президентом США Б. Клинтоном награждён медалью технологии. Соавтор книг: «Pacific Cooperation and Development» (1989), «Modern American Capitalism» (1980), «Modeling and Simulation of advanced Space programs» (1981), «Globalism crosses national Boundaries» (1991), «The Technopolis Phenomenon» (1992), «Creating the Technopis» (1994), «Global Economic Competition» (1997), «Zero Time» (2000) и др. *Родственники*: вдова (в браке 58 лет) Роня; дети: Григорий, Надя Скотт; 7 внуков.

Л и т. *Bayot J.* George Kozmetsky, 89, Dean And a Co-Founder of Teledyne // The New York Times. 2003. May 7

КОЗОРЕЗОВ Пётр Ильич (10 февр. 1908, Новочеркаск Обл. Войска Донского – ?) — инж., геолог-разведчик. В 1931 оконч. Новочеркасский Политехнич. ин-т. Автор статей в науч. журналах. В США жил в Нью-Йорке. Действительный член Об-ва рус. инж. в США.

И с т. АОРИ. Анкета.

КОЗЯКИН Николай Васильевич (4 мая 1909, Баку – 26 июня 1991) — инж.-строитель, специалист по мостостроительству и фундаментов, полит. и об-венный деятель. Один из основателей КРА. Род. в семье офицера Рус. Императорской армии, участника Первой мировой войны и Доброволч. армии в чине полковника. Из Крыма семья К. эвакуировалась за рубеж и устроилась в Кор. СХС, где Николай продолжал образование, оконч. в 1928 Крымский кад. корпус. Во время пребывания в корпусе приобрел верность традициям и чувству долга по отношению к порабощенной коммунистич. диктатурой России, которые руководили им всю жизнь. В 1934 оконч. строительный ф-т Белградского ун-та с дипломом инж.-строителя. Будучи студентом, участвовал в работе НСНП (позднее НТС). Еще в Югославии выполнил ряд строительных работ, в т. ч. смелый проект по перестройке железного моста без его разборки по частям. Участник Второй мировой войны в рядах Кор. Югославской армии. Во время нем. оккупации Югославии помогал членам НТС скрываться от Гестапо. В 1944, не желая оказаться под властью коммунистов, покинул с семьей Югославию и переехал в Германию, занимался ремонтом дорог. После оконч. войны и начала насильственной репатриации сов. граждан, оказавшихся на Западе, всячески помогал им спастись от насильственной отправки в СССР. В 1947 с семьей переселился на постоянное жительство в США. Здесь сразу начал работать в обл. строительства в крупной компании, в которой скоро занял должность нач-ка ее технич. отдела, потом стал партнером компании и рук. многочисленными крупными строительствами в Нью-Йорке. Специализировался главным образом в обл. проектирования и закладки фундаментов для гигантских зданий. Читал лекции в Городском колледже (City College) ун-та Нью-Йорка.

В Америке продолжал общественно-полит. деятельность. Участвовал в создании КРА, был членом его Главного правления, председателем IV и V Всеамер. съездов и бессменным деятельным членом Объединения кадет рос. кад. корпусов за рубежом. Поставил своей задачей передачу в Россию рус. историч. и дух. наследия, сохранившегося неприкосновенно и приумноженного в течение более семидесяти лет за рубежом. С этой целью К. организовал изд. двух книг: «Белое движение на Юге России» Вас. Матасова и «Россия в XX веке» Ю.В. Изместьева, которые предназначались в первую очередь для России. Был ред. журнала «Кад. перекличка» (Нью-Йорк) и идеологом кад. объединений. В Рус. Зарубежье не было общественно-полит. предприятия, в котором **К.** не принял бы участия. **К.** завершил свой жизненный путь передачей эстафеты в Россию перед самым крушением коммунизма. Незадолго до смерти потерял жену и безвременно скончавшегося единственного сына.

Погребен на кладбище монастыря Ново-Дивеево в шт. Нью-Йорк.

И с т. АА. *Koziakin Nicholas.* Curriculum vitae (manuscript). 1967; АОРИ. *Козякин Н.В.* Автобиография, послужной список, 3 с.

Л и т. *Александров Е.А.* Эстафета в Россию (Памяти Н.В. Козякина) // Кад. перекличка. 1992. Июнь. №51. С. 117–119; Николай Васильевич Козякин // Там же. 1992. Июнь. № 51. С. 4–8; *Александров Е.А.* Н.В. Козякин // РА. 1995. № 20. С. 201–202., with English summary.

КОЗЯКИНА Лидия Ивановна (? –1978, Нью-Йорк) — педагог, мать *Н.В. Козякина*. В эмиграции жила в Югославии. Одна из старейших сотрудниц Свято-Серафимовского фонда в Нью-Йорке, основанного *о. Александром Киселевым*. Учительница в школе и в детском летнем лагере фонда в Кэтскильских горах под Нью-Йорком.
Родственники: сын Николай; дочь Евгения Перкова; внук.

Л и т. Некролог // НРС. 1978. 11 мая.

КОЙРАНСКИЙ Александр Арнольдович (1984 – 1968, Пало-Альто, шт. Калифорния) — художник-график, худ. критик. Занимался в Московском уч-ще живописи, ваяния и зодчества у К.Ф. Юона. Был близок к Худ. театру. Соч. стихи под влиянием В.Я. Брюсова. В 1919 эвакуировался из Одессы в Грецию, откуда переехал в Париж, где сотрудничал в газ. Был секретарем «Современных записок». В 1922 выехал в США в качестве художника-декоратора и помощника режиссера театра *Н.Ф. Балиева* «Летучая мышь». Оформлял балеты, ред. и подготовил к изд. книгу К.С. Станиславского «Моя жизнь в искусстве». Преподавал рус. яз. и лит. в ряде ун-тов. Принял амер. гражданство. Печатался в ряде рус. журналов и газ.

И с т. Архив Р.В. Полчанинова.

Л и т. *Вильданова Р.И., Кудрявцев В.Б., Лаппо-Данилевский К.Ю.* Краткий биографич. словарь рус. зарубежья. // Струве Г. С. 321; *Лейкинд О.Л., Махров К.В., Северюхин Д.Я.* Худ. Рус. зарубежья. С. 336–337; Некролог // НРС. 1968. 19 декабря.

КОЛЕНДОРСКИЙ Иван — ветеран амер. армии, участник Второй мировой войны, рядовой.

И с т. *Pantuhoff O.* — 1976.

КОЛЕСНИКОВ Владимир Степанович (1899, Самара – 1972) — экономист, об-венный деятель. Оконч. Санкт-Петербургский ун-т, занимался журналистикой. Во время Первой мировой войны занимал ответственный пост в управлении военной промышленностью. При Временном правительстве (1917) назнач. нач-ком управления по снабжению населения продовольствием. После Октябрьского переворота 1917 принял активное участие в борьбе с большевиками. Был министром ин. дел Дальневосточ. правительства. В США приехал в 1921, поступил наборщиком в газ. «Новое русское слово» и одновременно занимался в Колумбийском ун-те, который оконч. со ст. магистра. В 1926 был председателем Рус. общеколониального съезда в Филадельфии, на котором было положено начало РООВА. Был первым председателем РООВА. Поступил на гос. службу в Вашингтоне, на которой оставался до 1956. Работы **К.** по статистич. классификации заслужили междунар. признание. В 1934–36 преподавал рус. лит. в ун-те Дж. Вашингтона.

Л и т. Сконч. В.С. Колесников // НРС. 1972. 14 июля.

КОЛЕСНИКОВ Иван Михайлович (1871 – 24 сент. 1935, Нью-Йорк) — участник Белого движения на Юге России, ген.-майор. В юности жил в Херсоне. Оконч. военное уч-ще в Одессе. В 1900 участвовал в подавлении «боксерского» восстания в Китае. Во время Первой мировой войны служил на Кавказском фронте, командовал 28-м Кавказским стрелковым полком. Георгиевский кавалер. Жена Елизавета Михайловна была во время Первой мировой войны на фронте сестрой милосердия и награждена за храбрость Георгиевским крестом, врученным ей Вел. кн. Николаем Николаевичем. После эвакуации Белой армии в Константинополь, переселился с женой в США.

Л и т. Некролог // НРС. 1935. 25 сент.; *Матисюк Д.* // Россия (Нью-Йорк). 1935. 3 октября.

КОЛЕСНИКОВ Иван Петрович (1897, стан. Константиновская Лабинского отдела Обл. Войска Кубанского – 30 октября 1983, Лос-Анджелес) — участник Белого движения на Юге России, сотник дивизиона Собственного Е.И.В. Конвоя. После оконч. Гражданской войны переселился в Кор. СХС. Во время Второй мировой войны служил в 7-й гв. сотне 1-го каз. ген. Зборовского полка в составе Рус. Корпуса, сражавшегося с коммунистами в Югославии (1941–45). После войны эмигрировал в США. Состоял в СчРК.

Л и т. Некролог // Наши вести. 1984. № 394.

КОЛИН Александр — биофизик. Род. в Одессе Херсонской губ. Учился в Берлинском политехникуме. В 1934 защитил докторскую дисс. в Пражском ун-те. В том же году эмигрировал в США. Преподавал в Колумбийском, Нью-Йоркском и Чикагском ун-тах. В 1956 занял должность проф. биофизики в Калифорнийском ун-те в Лос-Анджелесе. Изобрел способ электронного измерения потока жидкости. Занимался исследованием электрофореза, открыл явление электромагнетофореза.

Л и т. *Кеппен А.А.*

КОЛИН Николай Федорович (7 мая 1878, Санкт-Петербург – 3 июня 1973, Наяк, шт. Нью-Йорк) — актер. В Санкт-Петербурге оконч. гимназию и учительский ин-т. Переехал в Москву, где начал театральную карьеру в первой студии МХТ. К.С. Станиславский и В.И. Немирович-Данченко предоставили **К.** возможность совершенствоваться в актерском мастерстве, в котором **К.** достиг высот сценич. искусства. После захвата власти большевиками не смог работать под их гнетом и выехал навсегда за границу. За рубежом занял ведущее положение в кино, работая на франц. и нем. киностудиях.

С женой, Тамарой Гавриловной, переселился в США в 1956, но продолжать карьеру на новом месте уже не смог. Им очень интересовались, несмотря на запрет сов. нач-ков, московские актеры, приезжавшие на гастроли в США, помнившие его и слышавшие о нем. Овдовел в 1965.

Похоронен рядом с женой на кладбище монастыря Ново-Дивеево, возле Нанует, в шт. Нью-Йорк.

Л и т. *Аренский К.* Н.Ф. Колин // НРС. 1980. 24 июля; *Колин Н.Ф.* Письма артиста МХТ Н.Ф. Колина // НЖ. 1973. № 113.

КОЛОДЬКО Иван Васильевич (?, стан. Приморско-Ахтырская Обл. Войска Кубанского – 1972, близ Лейквуда, шт. Нью-Джерси) — участник Белого движения на Юге России, агроном, ветеран, общественный деятель. Сражался в рядах Добровольч. армии. Участвовал в высадке десанта из Крыма на Кубань (авг. 1920). Эвакуировался из Крыма, переселился в Кор. СХС. Учился на агрономич. ф-те в Загребе, а затем — в Праге.

В Праге вступил в загранич. орг-цию «Крестьянская Россия». Продолжал в ней состоять и работать, переселившись в США. Работал на спичечной ф-ке *Б.А. Бахметьева*.

Л и т. Некролог // НРС. 1972. 16 нояб.

КОЛОСОВ Андрей Иванович (1870, Нижний Новгород – 10 апреля 1939, Сан-Франциско) — полковник. Род. в семье священника. Начал свою службу в Рус. Императорской армии в 1890. Принял участие в подавлении боксерского восстания в Китае. В чине штабс-капитана переведен по Адмиралтейству. Продолжая служить на Дальнем Востоке, явился участником рус.-яп. войны 1904–05 и борьбы с красными во время Гражданской войны (1918–22). Переселился в США, жил в Сан-Франциско, где ведал технич. частью изд. «Вахтенного журнала» и всеми делами рус. «Морского издательства».

Л и т. Подробности прохождения службы и награды // Мор. записки (Нью-Йорк). 1943. Декабрь. С. 67–68; Полковник А.И. Колосов // Часовой (Брюссель). 1939. 1 авг. № 240–241. С. 39.

КОЛТЫПИН Иван Александрович (1898, Санкт-Петербург – 12 мая 1952) — участник Белого движения на Юге России, капитан, инж.-электротехник. По оконч. гимназии в 1917 поступил в Константиновское арт. уч-ще. В дни Октябрьского переворота юнкером принял участие в борьбе против большевиков. Бежал на Дон и вступил в Добровольч. армию ген. М.В. Алексеева и Л.Г. Корнилова. Беспрерывно служил на фронте в рядах Марковской арт. бригады до эвакуации Крыма (1920). Два раза был ранен. Через Галлиполи и Болгарию переехал в Чехословакию, оконч. электротехнич. ф-т Политехникума в Брно. Служил в Чехословакии по специальности до 1945. Вновь стал беженцем и через лагеря для «перемещенных лиц» в Германии выехал в 1950 в США. Действительный член Об-ва рус. инж. в США.

Л и т. *В.И.* Капитан Иван Александрович Колтыпин // Часовой (Брюссель). 1953. Май. № 331. С. 27.

КОЛТЫПИН-ВАЛЛОВСКИЙ Николай Евгеньевич (29 сент. 1900, Чернигов – 4 мая 1965) — участник Белого движения на Юге России, лейтенант, иконописец. Потомственный дворянин Тверской губ. Оконч. Николаевский кад. корпус. Корнет. В 1918 зачислен в 8-й Астраханский полк, в конце переведен в 11-й гус. Изюмский ген. Дорохова полк. Участвовал в сражениях против большевиков с 1918 по май 1920. Дважды ранен, остался в строю. В третий раз ранен и эвакуирован из Крыма в Галлиполи. Затем попал в Константинополь. Вскоре переехал в Кор. СХС, здесь получил назначение на должность наездника-инструктора при Дворе короля Александра I. За эту работу получил золотую медаль и две серебряных. Начал писать иконы и расписывать церкви, писал портреты и картины, изображающие кав. сражения.

В Белграде состоял в РОВС, оконч. Высшее Зарубежные Военно-науч. курсы систематич. изуч. военного дела ген.-лейт. Н.Н. Головина (Белградский филиал). Вступил в боевую группу ген. А.Г. Туркула для борьбы с большевиками в Советском Союзе. Два раза засылался в СССР для выполнения секретных заданий. После 1941 — в Рус. Корпусе, подпоручик по рус. службе (лейтенант). Вскоре по личному желанию перешел в Берлин на службу при штабе ген. Шкуро. В 1945 перевелся во 2-ю пех. дивизию ВС КОНР ген. А.А. Власова. В 1945 принимал активное участие в спасении от насильственной репатриации военных и гражданских эмигрантов из Сов. Союза. В том же году с женой Ларисой и сыном Петром переехал в Мюнхен и продолжил свое худ. творчество. Одновременно работал с рус. и нем. антикоммунистич. орг-циями. Участвовал в переговорах с амер. военным командованием о возможном создании формирований из рус. добровольцев в случае военных действий или войны с Советским Союзом. Активно участвовал в деятельности САФ и СБОНР. Участвовал в составлении первой карты концентрационных лагерей в Советском Союзе для распространения. В 1951 переехал с семьей в США, в Стратфорд, в шт. Коннектикут. За 14 лет своей жизни в Америке работал главным образом как художник, расписывая церкви и принимая заказы на иконы. В Америке снова включился в работу рус. активных военно-полит. и антикоммунистич. объединений. *Родственники:* вдова Лариса Васильевна Колтыпина-Валловская, урожд. Пащенко-Синицкая, сконч. 15 февр. 2000 в возрасте 100 лет; сын *Петр Николаевич* с женой *Анной Васильевной;* внуки *Владимир* и *Георгий* и внучки-близнецы *Наталья* и *Тамара.*

Похоронен на кладбище Новая Коренная Пустынь в Магопаке, в шт. Нью-Йорк.

И с т. АА. *Колтыпин-Валловский П.Н.* Жизнеописание Георгиевского кавалера лейтенанта Николая Евгеньевича Колтыпина-Валловского (машинопись 2 с.). 2001. Авг.

КОЛТЫПИН-ВАЛЛОВСКИЙ Пётр Николаевич (род. 27 сент. 1933, Панчево, Югославия) — общественно-полит. деятель, кавалер ордена св. Михаила, ветеран армии США, строитель ракет. Род. в семье потомственных дворян: ветерана Гражданской войны *Н.Е. Колтыпина-Валловского* и *Ларисы Васильевны* урожд. Пащенко-Синицкой. Образование начал в рус.-серб. гимназии в Белграде. В связи со Второй мировой войной продолжил его в Германии и закончил в США. В 1945 Колтыпины попали в плен к американцам, избежали насильственной репатриации в СССР и поселились в Мюнхене.

В сент. 1951 с отцом и матерью переехал в США, где после оконч. технич. и электронных курсов работал в RCA Communications. С 1956 по 1958 служил по призыву в амер. армии в штабе 737-го ракетного батальона. Во время Берлинского кризиса 1961 вызван из запаса и служил в армии вторично. После арм. службы поступил на службу в AVCO-Lycoming, исполнявшую военные заказы — ракетные головки для снарядов ICBM. Получив допуск к секретной работе, назначен в космич. электронный отдел по строительству и проверке качества работы контрольного центра ракет и взрывательного устройства. На этой службе проработал 35 лет до ухода на пенсию в возрасте 62 лет. В теч. всей жизни занимался самообразованием в обл. истории и политики. Закончил курсы «Психологические войны действующих армий». Свою деятельность на благо рус. дела начал с 14-летнего возраста, вступив в скаутскую орг-цию ОРЮР, участвовал во всемирном антикоммунистич. скаутском джембори (слете) под названием «Нации из-за железного занавеса». В 1952 поступил в РИС-О, в котором последовательно назнач. на рук. должности, вплоть до должности нач-ка Ордена, которую занимал 25 лет, и члена Верховного совета Ордена. Участвовал в созыве Рос. Общемонархич. фронта. Назначен зав. делами и казначеем Вел. кн. Владимира Кирилловича. Занимался изд. многотысячными тиражами и распространением монархич. лит. и лит., разоблачающей коммунизм. Устраивал и участвовал в антикоммунистич. демонстрациях, вплоть до ООН, произнес речь у Статуи Свободы «Боже, благослови Америку», помещенную в «Congressional Records». Был номинирован кандидатом от третьей партии на выборах в Конгресс США от шт. Коннектикут. Организовывал сбор средств в защиту брит. историка Н.Д. Толстого-Милославского в его судебной тяжбе с англ. офицерами, проводившими насильственную выдачу каз. на расправу в СССР. Организовывал защиту во время суда над *В.Д. Самариным*. Был изд. и в некоторых случаях ред. изданий: «Имперский стяг», сб. «30 лет РИС-Ордену», журнала «Наш путь», книги «Вечная память» по случаю кончины Вел. кн. Владимира Кирилловича и др. Организовал более 20 выступлений рус. антикоммунистов в амер. прессе, в рус. прессе в США и в России, по телевидению в США и в Москве. Основатель и участник объединения «За свободу России», «Фонда царя Мученика», «Фонда казны Великого князя Владимира Кирилловича», «Гарнизона армии и флота 297», ОРЮР, основатель и председатель Рос. зарубежной экспертной комиссии и др. Экспертная комиссия не признала подлинными останки, выдаваемые за таковые убиенной Императорской семьи. Это мнение было признано Патриархом и Архиерейским Синодом в России. *Родственники:* жена (урожд. Потемкина) *Анна Васильевна* — преподаватель нем., фр., исп., и лат. яз, регент церковного хора;

сыновья — Владимир — микробиолог, Георгий — лейтенант армии США, танкист; дочери: Тамара — магистр деловых отношений, Наталья — специалист по страховому делу.

И с т. АА. *Колтыпин-Валловский П.Н.* Автобиография, рукопись, 7 с. (авг. 2002).
Л и т. Воззвание Исполнительного комитета Рос. антикоммунистич. орг-ций в США // НРС. 1959. 28 авг.; *McDonald Larry, Hon.* God Bless America Rally, Address by Mr. Peter Koltypin // Congressional Record, Proceedings and Debates of the 96th Congress, First Session. 1979. July 12. Vol. 125. № 93. E 3555-3556.

КОЛТЫПИНА-ВАЛЛОВСКАЯ Анна Васильевна (род. 9 сент. 1946, Зальцбург, Австрия) — преподаватель рус., франц., исп., португальск. яз., а также лат. Род. в семье Василия Никитича и Екатерины Афанасьевны Потемкиных. Оконч. Ун-т Sacred Heart со ст. магистра преподавания. Изуч. исп. яз. в ун-тах Сантьяго и Саламанки, в Испании. Преподавала яз. в средних школах в шт. Коннектикут, в Квебеке, в ун-те Бриджпорта и с 1976 по 1993 была лектором рус. яз. и лит. на славянск. отделении Йельского ун-та в Нью-Хейвене. Читала лекции на пяти уровнях: элементарные курсы первого обучения, второго и третьего года обучения, включая усиленные промежуточные курсы. Рук. учебными экскурсиями в Лондон, Испанию и Португалию, в Италию и Грецию. Преподавала в рус. субботних школах. В 1967 была переводчицей для труппы Большого театра во время Всемирной выставки в Монреале. Помимо преподавания является регентом хора в рус. православных храмах в Стратфорде и в Хартфорде, в шт. Коннектикут, за что удостоилась в 1988 и в 1992 благословенных благодарственных грамот. Состоит в профессиональных орг-циях для преподавателей рус. яз. *Родственники:* муж *П.Н. Колтыпин*; дети: Владимир, Георгий, Наталья, Тамара.

И с т. АА. *Колтыпина-Валловская А.В.* Анкета Биографич. словаря (июнь 2003); *Koltypin Anna.* Twenty years of teaching experience in foreign languages, activities and memberships, typescript, 3 p. 2003.

КОЛЧИН Иван Андреевич (1 авг. 1893, Вятская губ. – апрель 1967, Сан-Франциско) — хормейстер церковный и светский. Получил муз. образование, специализируясь в дух. пении. С 1912 по 1917 был студентом Казанского ун-та и управлял ун-тским хором. Во время Гражданской войны эмигрировал в Китай, дирижировал церковным хором в предместье Харбина. С 1936 по 1940 управлял созданным им хором церкви св. Николая в Шанхае. Одновременно выступал с созданным им мужским хором, выезжавшим на гастроли в города Китая и за его рубежи.

Был приглашен рук. хором собора св. Троицы в Сан-Франциско. Управлял хором с 1940 по 1962. Одновременно выступал с концертными программами в Калифорнии.

И с т. АМРК. И.А. Колчин. Pdf 60,3 К.

КОМАРЕВСКИЙ Василий И. (1895, Москва – 1967) — химик, специалист по синтетич. горючему. Учился в Москве. Занимался науч. работой в Ин-те Кайзера Вильгельма в Берлине. В 1930 был назнач. читать лекции в Сев.-Зап. ун-те. В 1936 получил предложение основать исследовательскую и образовательную лабораторию катализа. В 1938 возглавил лабораторию и выработал процесс «платформинг», получивший широкое применение в переработке нефти. Разработал процесс для использования бутана в производстве синтетич. резины. Этот процесс был широко использован во время Второй мировой войны. Благодаря исследованиям **К.** оказалось возможным производство высокооктанового газолина, что значительно способствовало амер. превосходству в воздухе во время Второй мировой войны. Работа **К.** выразилась в получении им более 50 патентов в обл. катализа. В некоторой степени его работа развивалась параллельно с науч. открытиями академика *В. Ипатьева*.

И с т. Archives Association of Russian-American Engineers in USA. Biography of Vasili I. Komarewsky.

КОМАРНИЦКИЙ Р.С. (13 сент. 1900 – ?) — инж., самолетостроитель, испытатель брони. В 1924 г, оконч. Технологич. ин-т в Берлине. В 1925–27 работал у *И.И. Сикорского*. Затем занимался нержавеющей сталью и броневой защитой самолетов, арм. вооружения и мор. судов. Выработал способ баллистич. испытания защитной брони. Организовал контроль качества броневых плит на 32 заводах Standard

Steel Spring C°, поставившей 62% всей брони для амер. армии во время Второй мировой войны. Контролировал качество изготовления осей и трансмиссий для тяжелых грузовиков. *Родственники:* жена (урожд. Ольшанская) Стефания; дети: Олег, Инна.

Ист. АОРИ.

КОМАРОВ Ипполит Ипполитович (? – 11 мая 1978, Нью-Йорк) — полковник. Оконч. Пажеский корпус. Служил в Л.-гв. Преображенском полку. Георгиевский кавалер. Эмигрировал в США.

Л и т. Некролог // Часовой (Брюссель). 1978. Июль-авг. № 613. С. 20.

КОМАРОВ Симон А. (1891, Луганск Екатеринославской губ. – предположительно 31 марта 1964, Филадельфия) — физиолог. Высшее образование получил в России. Работал под рук. академика И.П. Павлова. Приехал в США в 1929. Был проф. физиологии в ун-те Темпл.

Л и т. Некролог // НРС. 1964. 2 апреля.

КОМАРОВ Тихон Илларионович (12 июня 1901, стан. Краснокутская Обл. Войска Донского – 26 сент. 1964) — участник Белого движения на Юге России, каз. деятель. Оконч. станич. школу, с 1918 состоял добровольцем в отряде ген. И. Ф. Семилетова. За отличие в боях произведен в офиц. чин. Отступая к Новороссийску, попал в плен к большевикам и мобилизован ими в Красную армию. После возвращения в станицу сослан в 1929 вместе с семьёй в Сибирь. Через десять лет получил разрешение вернуться в станицу. В 1941 мобилизован в Красную армию. Попал к немцам в плен и вступил в ряды противников коммунизма. Избежав насильственной репатриации, переселился в США. В 1962 избран на пост Окружного атамана. Сконч. от последствий пребывания в лагере.

Погребен на каз. участке Свято-Владимирского кладбища возле Кэссвилла, в шт. Нью-Джерси.

Л и т. Каз. словарь-справочник / Сост. Губарёв Г.В. Ред.-изд. А.И. Скрылов. Т. II. Сан-Ансельмо, 1968. С. 51–52.

КОМИССАРЖЕВСКИЙ Фёдор Фёдорович (1882, Венеция – 16 апреля 1954, Дариен, шт. Коннектикут) — режиссер драматич. театра, директор театра, преподаватель. Карьеру начал у сестры, В.Ф. Комиссаржевской, под рук. В.Э. Мейерхольда. Был главным знатоком системы К.С. Станиславского. Долгие годы был режиссером в Большом Театре, в Малом Театре, в Театре Зимина. В эмиграции жил в Париже. В теч. 7 лет был режиссером шекспировского театра в Стрэтфорде-на-Эвоне, в Англии. До К. никогда ни один иностранец не занимал этого поста. В 1938 эмигрировал в США, где в Нью-Йорке основал театральную студию. Преподавал в Йельском ун-те. Создал три постановки для Нью-йоркской оперы в 1948, 1949 и 1952 гг. Для двух из них декорации создал *М. Добужинский*. Поставил на сцене Нью-Йорка «Преступление и наказание». Перу К. принадлежат три книги о театре. *Родственники:* жена в первом браке (урожд. Балиева) Елена Аркадьевна; сын (в Лондоне); жена во втором браке (урожд. Стогелл) Эрнестина.

Л и т. Сконч. известный режиссер Ф.Ф. Комиссаржевский // НРС. 1954. 17 апреля.

КОМЯКОВ Николай Константинович. Род. в Вологодской губ., в России был социалистом-революционером.

В США эмигрировал в 1920. Об-венный деятель РООВА, в 1926–37 гг. был его секретарем. Сконч. 16 января 1945.

Похоронен на Свято-Владимирском кладбище в Кэссвилле, в шт. Нью-Джерси.

Л и т. Некролог // Рус. вестник. 1951. № 20-6/207.

КОНДРАТОВИЧ Сергей Лукич (? – 10 окт. 1964, Нью-Йорк) — полковник Л.-гв. Литовского полка, ветеран Первой мировой и Гражданской войн, об-венно-полит. деятель в Нью-Йорке. Член Исполнительного комитета Рос. полит. орг-ций в США.

Л и т. Воззвание Исполнительного комитета Рос. антикоммунистич. орг-ций в США // НРС. 1959. 28 авг.; Некролог // Часовой (Брюссель). 1964. № 461.

КОНДРАТЬЕВ [псевд. **Каппа**] Александр Алексеевич (24 мая 1876, Санкт-Петербург – 26 мая 1967, Наяк, шт. Нью-Йорк) — поэт, прозаик, лит. критик, переводчик. Род. в семье директора Гос. типографии. Оконч. юридич. ф-т Петербургского ун-та. Служил в Министерстве путей сообщения и делопроизводителем в Гос. Думе. После захвата власти большевиками в 1918 г. уехал в Крым, а оттуда в Польшу, где жил возле Ровно в Дорогобуже до 1939, когда из-за прихода сов. войск снова стал беженцем и ушел на Запад. Жил в Австрии, Германии, Югославии, Италии. С 1952 поселился в Швейцарии. Уже в пожилом возрасте через Триест и Швейцарию переехал в 1957 США. До революции печатал стихи в журналах «Рус. мысль», «Весы», «Аполлон». Опубликовал восемь книг, включая два поэтич. сборника: «Стихи» (1905) и «Черная Венера» (1909). За рубежом издал «На берегах Ярыни» (1930) и книгу сонетов «Славянские боги» (1936). Посмертно в «Новом журнале» (1990, июнь) вышла его повесть «Сны» и сб. стихотворений «Закат» под ред. *В. Крейда*. Печатался в альманахах и сб.: «Антология рус. поэзии в Польше», «Вертоград небесный», «Священная лира», журналах «Возрождение», «Новом журнале» и др.

Ист. Архив *Полчанинова Р.В.*

Л и т. *Вильданова Р.И., Кудрявцев В.Б., Лаппо-Данилевский К.Ю.* Краткий биографич. словарь рус. зарубежья // *Струве Г.* С. 321–322; *Крейд В.* С. 631–632.

КОНДРАТЬЕВ Анатолий Митрофанович (19 сент. 1900, Симферополь Таврич. губ. –?) — архитектор. В 1930 оконч. Специальную архитектурную школу Ин-та урбанизации Парижского ун-та. В США жил в Нью-Йорке. Действительный член Об-ва рус. инж. в США (на 1951).

Ист. АОРИ. Анкета.

КОНЕВЕГА Владимир Иосифович (? – 3 июня 1934, Калифорния) — полковник. Учился в Сибирском кад. корпусе, Михайловском арт. уч-ще и Михайловской арт. академии. Произведен в офицеры и в 1905 направлен в 3-й мортирный арт. полк. В 1907 переведен в 4-й Сибирский мортирный арт. дивизион, с которым участвовал в боях.

Во время Гражданской войны преподавал и был помощником нач-ка по учебной части 1-го арт. уч-ща в Омске. После оконч. военных действий в Сибири был учителем математики и физики в реальном уч-ще в Харбине. Уйдя в эмиграцию, поселился в Сан-Франциско. Состоял почетным членом и секретарем Об-ва рус. ветеранов. Сконч. вследствие автомобильной катастрофы. Похоронен на Серб. кладбище в Сан-Франциско.

И с т. АОРВВВ. *Будберг А.П.* Полковник Владимир Иосифович Коневега // 1934. Июнь. Альбом I; АРЦ. *Тарала Г.А.* Сводка кладбищенских дат. 2003. С. 3.

Л и т. Некролог // НРС. 1934. 19 июня.

КОНЁНКОВ Сергей Тимофеевич (1874, дер. Караковичи Смоленской губ. – 1971) — скульптор. Род. в крестьянской семье. В 1892–96 учился в Московском уч-ще живописи, ваяния и зодчества. В 1898 стал известен благодаря своей бронзовой скульптуре «Камнебоец». В 1899–1902 продолжал образование в Петербургской Академии художеств. Больше всего любил создавать скульптуры из дерева, хотя его резцу принадлежат также мраморные, бронзовые и малахитовые скульптуры. В 1909 создал скульптуру «Великосил» и «Старичок-лесовичок», в 1910 — «Стрибог». В 1916 был избран членом корреспондентом этой Академии. В 1924 эмигрировал в США, где занимался скульптурой до 1945. В Америке делал рис. на религиозные темы и скульптуры, изображавшие рус. эмигрантов — «Русский из Нуарка» (посвященную Судейкину), «Маша» (образ отчаявшейся женщины), «Мы из Ельни». В Советском Союзе подвергался критике за «упадочные настроения», отразившиеся в его работах.

В 1945 вернулся в Москву, где получил звание почетного члена Академии Художеств СССР. Вернувшись, сравнивал свое возвращение с прогулкой по кладбищу, подразумевая трагич. судьбы своих единомышленников, которых знал до отъезда в Америку. В Москве создал скульптуры Ф. Достоевского и Л. Толстого, хотя **К.** навязали и сов. тематику — скульптуры Ленина и Сталина. После смерти Сталина смог вернуться к исканиям прежних лет, к религиозно-мистич. рельефам по мотивам византийской и старорус. иконописи. Ученики **К.** продолжают творить в его традициях. В Москве был открыт его мемориальный дом-музей, в котором уделяется много внимания рус. художникам, ушедшим в эмиграцию.

Л и т. *Завалишин Вяч.* Скульптуры Конёнкова // НРС. 1987. 12 июня.

КОНОВАЛОВ Александр Иванович (1875, Москва – 1948, Нью-Йорк) — гос. и обвенный деятель. Род. в семье текстильного промышленника. Основатель Торгово-промышленного союза. Занимал должность министра торговли и промышленности во Временном правительстве. Эмигрировал во Францию, здесь был председателем Земгора. Переселился в США.

Л и т. *Вронская Д., Чугунов В.* Кто есть кто в России и бывшем СССР. 1994.

КОНОВАЛОВ Петр Ильич (1881 – 27 апр. 1960, Нью-Йорк) — участник Белого движения на Юге России, Ген. штаба ген.-лейтенант. Оконч. учительскую семинарию, Новочеркасское каз. юнкерское уч-ще и в 1912 Николаевскую Военную академию. Участник Первой мировой и Гражданской войн. С декабря 1915 — штаб-офицер для поручений при штабе VII арм. корпуса. В 1917 произведен в чин подполковника. Георгиевский кавалер. В Донской армии с 1918. Ген.-майор. В 1919 — командир II Донского корпуса, ген.-лейтенант. Эвакуировался с Рус. армией ген. П.Н. Врангеля из Крыма и в 1922 проживал в Кор. СХС. Эмигрировал в США. Погиб в результате несчастного случая.

Л и т. *Рутыч Н.Н., Махров К.В.* Биографич. словарь // П.С. Махров. В Белой армии ген. Деникина. СПб., 1994. С. 236.

КОНОН [Walter **Konon**] [Кононенко] Владимир Николаевич (род. 19 янв. 1944, Львов) — проф. строительного искусства, профессиональный инж. Род. в семье беженцев из Харькова, где его отец стал жертвой нем. оккупантов при взятии заложников среди гражданского населения. С волной беженцев попал с матерью Татьяной Георгиевной и бабушкой Варварой Ивановной в Германию. Конец войны застал их в Вюртемберге, ставшем частью франц. оккупационной зоны. Избежав насильственной репатриации, Кононенко эмигрировали в США и 11 октября 1949 приехали в Нью-Йорк, где у них были родственники, бежавшие от большевиков. Здесь, в Нью-Йорке, прошло все образование **К.**, начиная с начальной школы, специальной школы для одаренных учеников «Стайвесант» и кончая высшим образованием. Параллельно с амер. школами учился в рус. субботней школе Свято-Серафимовского фонда и каждое лето до поступления в высшее учебное заведение, проводил в летнем лагере Свято-Серафимовского фонда, устраиваемым протопресвитером о. *Александром Киселевым* по образцу рус. скаутских лагерей. В этом же летнем лагере был ряд лет рук. младших ребят. При натурализации отчим **К.**, *П.И. Щеголев* изменил его имя и фамилию на Walter Konon. В 1966 оконч. Городской колледж Нью-Йорка со званием бакалавра, инж.-строителя и в 1970 получил магистерскую ст. инж.-строителя в Нью-Йоркском Городском Ун-те (City University of New York). Начал работать в 1966 инж.-испытателем, с 1972 по 2003 последовательно заведовал проектом туннеля под рекой Ист Ривер в Нью-Йорке, ведал постройкой 5-й секции метро, постройкой очистительной станции для воды в Нью-Джерси, заведовал строительством административного здания и складов, консультировал по юридич. и строительным делам. В 1979 был по программе Фонда Фулбрайта ст. проф. в Московском инж.-строительном ин-те (МИСИ), а в 1991 — в Киевском инж.-строительном ин-те (КИСИ). Начиная с 1974 является проф. департамента гражданского и природобезвредного инж. искусства Ин-та технологии Нью-Джерси и нач-ком строительного отдела ин-та.

Автор 27 статей в профессиональных журналах и докладов на съездах, включая патент на очистку грунтовых вод от загрязнений. Выступал восемь раз по телевидению как эксперт с докладами о безопасности при постройке туннелей, о выяснении причины утечки воды из главного водопровода, снабжающего водой Нью-Йорк, и способов его устранения. Освещал вопросы взрывания зданий в Нью-Йорке, устойчивости Бруклинского моста и Статуи Свободы. Телевизионные выступления **К.** привлекали до 7 миллионов зрителей. *Родственники:* жена (урожд. Гренберг) Инна; дети — Наталия (юрист), Дмитрий (инж.-строитель) и Ирина (патолог); внучка Кира.

И с т. АА. Личные сведения; *Konon W.* Resume, 2003. (3 р.).

КОНОНЕЦ [John H. **Kononetz**] Иван [Джон] Харитонович — ветеран военно-воздушных сил США, служил в чине капрала. Находясь на службе, погиб в 1946 в авиационной катастрофе.

И с т. *Pantuhoff O.* — 1976.

Л и т. *Beresney T. A.* In Memoriam // Russian Herald. 1947. Jan. — Feb. P. 160.

КОНОНОВ-КОНОНОВИЧ Константин Лукич (11 нояб. 1892, Лодзь – 17 января 1988, Сан-Франциско) — участник Белого движения на Востоке России, Ген. штаба полковник, преподаватель. Род. в семье полковника арт. По оконч. гимназии поступил в Константиновское арт. уч-ще, но через год перевелся в Елисаветградское кав. уч-ще, из которого в 1913 вышел корнетом в 8-й драг. Астраханский ген.-фельдм. Е. И. Выс Вел. Кн. Николая Николаевича полк 8-й кав. дивизии, стоявшей в Тирасполе. С полком прошел Первую мировую войну. Прошел курс Николаевской Военной академии. Затем — Гражданская война, в которой служил в армии Верховного Правителя адмирала А.В. Колчака. Последнее место службы — крепость Владивосток. Во время Второй мировой войны поступил в польскую армию и служил под брит. командованием. Оконч. Академию Ген. штаба в Варшаве. По оконч. Второй мировой войны преподавал рус. яз. в Лондонском ун-те и в Политехнич. ин-те в Лондоне.

По прибытии в США снова преподавал рус. яз. в ун-те в Сан-Франциско. Вступил в Об-во рус. ветеранов и потом состоял в нем председателем суда чести. Откомандирован от Об-ва в Союз амер. ветеранов, в котором был выбран почетным председателем. Занимался благотворительностью.

Похоронен на Серб. кладбище в Сан-Франциско.

И с т. АОРВВ. Памяти полковника Ген. штаба К.Л. Кононова-Кононовича // Альбом V; АРЦ. *Тарала Г.А.* Сводка кладбищенских дат. 2003. С. 3.

КОНРАДИ Андрей Андреевич (22 июля 1931, Прага – 18 авг. 2002) — технолог по воздушно-космич. пространству. Род. в семье беженцев из России Андрея и Людмилы, урожд. Хмелевской. Учиться начал в школе, в городе Траун, в Австрии и в Мюнхене.

В 1949 переселился в США. Оконч. школу (High School) им. Дж. Вашингтона в Нью-Йорке. В 1954 оконч. колледж Франклина и Маршалла в городе Ланкастере, в Пенсильвании, с дипломом физика. Докторскую дисс. по экспериментальной ядерной физике защитил в 1961 при Рочестерском ун-те. С 1964 по 1980 занимался экспериментальной работой по исследованию энергетики частиц, пользуясь данными спутников. В 1980 начал работать в лаборатории NASA/JSC. В общей сложности с 1961 по 1970 был технологом по воздушно-космич. пространству и, с 1970 до 2002 был астрофизиком, ведя исследования в отделе изуч. солнечной системы NASA/JSC. Автор и соавтор 51 статьи в Journal of Geophysical Research, NASA Technical Papers, NASA Conference Publications, Journal of Spacecraft and Rockets, Science, Nuclear Tracks and Radiation Measurements, Advances in Space Research и др. За свою работу удостоился получения шести похвальных грамот и наград. Состоял членом четырех науч. об-в, включая Нью-Йоркскую Академию наук. *Родственники*: вдова (в браке 45 лет) Изабелла; дети —Вадим, Андрей, Аманда, Марианна, Мелания; внуки.

И с т. *Konradi Andrei*. Resume and list of publications, typescrfipt, 7 p. 2002; *Konradi Isabel*. Andrei Konradi (obituary), typescript, obits@chron.com. 2002. Aug. 20.

КОНСТАНТИНОВ Димитрий (Васильевич) (1908, Санкт-Петербург) — протоиерей, исследователь положения РПЦ под сов. властью. В Петрограде и Ленинграде получил среднее и высшее образование, в 1929 законч. аспирантуру в Ленинградском научно-исследовательском ин-те книговедения. Работал ред. и преподавал в высших учебных заведениях, подготовил к защите докторскую дисс. «Издательская деятельность Петра Великого». Еще будучи студентом, служил чтецом в церкви Введения во храм Пресвятой Богородицы до ее закрытия большевиками в 1929. В 1941 мобилизован в Красную армию. В 1944 попал в плен. Был из лагеря освобожден и отправлен в Берлин, где рукоположен в сан дьякона митрополитом *Анастасием* (*Грибановским*), а затем во иереи митрополитом Серафимом (Ляде). В последние месяцы войны — протопресвитер ВС КОНР. После оконч. войны — в Зап. Германии. Насильственной репатриации избежал. Окормлял приходы православных беженцев на территории Германии, находившейся под оккупацией западных союзников. Писал о церковной жизни в газ. «Эхо», издававшейся в Регенсбурге. в Баварии. В 1949 выехал в Аргентину, где служил до 1960 настоятелем Свято-Троицкого кафедрального собора и церкви Казанской Божией Матери в Буэнос-Айресе. Проживая в Аргентине, много лет сотрудничал с Мюнхенским ин-том по изуч. Сов. Союза, который опубликовал ряд его работ по истории РПЦ. Перу о. Димитрия принадлежат публикации: «Я сражался в Красной армии?» (Буэнос-Айрес, 1952), «Православная молодежь в борьбе за церковь в СССР» (Мюнхен, 1956), в 1967 «Гонимая церковь. Рус. православная церковь в СССР» (Нью-Йорк, 1967, 384 стр.), «The Crown of Thorns: Russian Orthodox Church in the USSR, 1917–1967» (London, Ontario, 1978). «Религиозное движение сопротивления в СССР» (Лондон, Онтарио, 1967), «Малые беседы» (Нью-Йорк, 1971) «Зарницы дух. возрождения» (London, Ontario, 1973). Автор серии статей для «Нового русского слова» под рубрикой «На религиозном фронте». Полный перечень публикаций до 1975 содержится в его книге «Церковь и религия в СССР. Библиографический указатель печатных работ», (Лондон, Онтарио, 1975). Одной из последних работ о. Димитрия является статья «Вторая волна» — воспоминания и раздумья о рос. эмиграции в сборнике «В поисках истины» (Москва, 1997). В 1960 переведен ПЦА в Свято-Троицкий кафедральный собор в Сан-Франциско. Затем перешел в Сиракузы, в шт. Нью-Йорк, где преподавал рус. яз. и лит. в ун-те. В 1964 стал настоятелем Свято-Благовещенской церкви в Мейнарде возле Бостона. В 1972 переехал в Вест Хайаниспорт в шт. Массачусетс, где окормлял прихожан открытой им часовни Казанской Божией Матери, в которой находится вся утварь из походной церкви РОА. **К.** рассматривает ОДНР и РОА как попытку продолжения

Гражданской войны 1917–20 за свержение коммунизма в России. В 1994 в Санкт-Петербурге в серии «Библиотека журнала "Новый Часовой"» увидели свет его мемуары — «Записки военного священника» (1-е изд. Лондон, Канада, 1980). Частичная библиография его трудов содержится в «Записках русской академической группы в США» (т. XXIII, 1990, с. 239.). Передал личный архив в Гос. архив Рос. Федерации. Член РАГ в США.

И с т. Архив РАГ в США. *Константинов Д.*, протоиерей. Анкета, 1975; *Константинов Д.* Автобиография // Пути и судьбы второй эмиграции. / под общ. ред. А.В. Попова. Вып. II. М., 1997. С. 56–57.

Л и т. *Окороков А.В.* Краткие биографич. данные участников Русского Освободительного Движения // Материалы по истории РОД 1941–1945. Т. 1. М., 1997. С. 355–401; *Соколов Виктор*, священник. К пятидесятилетию пастырской церковно-писательской деятельности прот. Д.В Константинова // Записки РАГ в США. 1994. Т. XXVI. С. 385–388.

КОНСТАНТИНОВ Петр Филаретович — ученый-агроном, бывший член Рос. Академии наук и Рус. географич. об-ва. Основатель и первый председатель Музея рус. культуры в Сан-Франциско (1948–54).

И с т. АА. *Шмелев А.В.* 50 лет Музею рус. культуры. Машинопись, 3 с. 1998.

КОНСТАНТИНОВСКИЙ Борис Александрович (30 нояб. 1899, Севск Орловской губ. – 1977) — проф. истории права, общественно-полит. деятель.

Оконч. юридич. ф-т Московского ун-та по истории рус. права и там же защитил магистерскую дисс. С 1924 по 1944 преподавал историю права в Одесском ун-те. Будучи непримиримым противником коммунизма, выехал с волной беженцев на Запад и сотрудничал в Мюнхене в Амер. ин-те по изуч. СССР. Преподавательскую деятельность возобновил в 1949 с переселением в США, где в теч. девяти лет читал лекции и вел исследования в Гарвардском (1949–52) и Колумбийском (1956–58) ун-тах. С 1955 по 1966 был консультантом при Амер. комитете освобождения. В 1966 преподавал в Амер.-рус. славянск. ин-те. Автор трех книг на англ. яз.: о сов. праве в действии («Soviet Law in Action», Harvard University Press, Cambridge, 1953), о законе и труде «Law and Labor» Research Project on the USSR», 1952) и о судопроизводстве при Временном правительстве («Legal Developments and Russian Provisional Government», Heidelberg University, 1954). Сотруднич. в рус. зарубежной прессе, в которой писал о конституционном законе, выступал по радио и читал лекции для об-венности и для рус. молодежи в Нью-Йорке по истории рус. права. Лекции **К.** отличались красочностью и точностью изложения, чему способствовала его великолепная память. Один из основателей КРА и РАГ в США. *Родственники:* дочь Бологовская с семьей.

И с т. АА. *Konstantinovsky Boris.* Curriculum vitae (manuscript). 1967.

Л и т. *Александров Е.* Борис Александрович Константиновский // НРС. 1978. Июль; *Н.К.* Проф. Б.А. Константиновский // Записки РАГ в США. 1980.

КОНЦЕВИЧ Елена Юрьевна (1893, Санкт-Петербург – 1989) — церковная писательница. Ее отцом был Ю.С. Карцов, друг философа К.Н. Леонтьева.

Познакомившись в юности с письмами Леонтьева, **К.** восприяла его мышление, что повлияло на ее дух. убеждения и следование заветам Оптинских старцев. После революции эмигрировала и проживала в Париже, где вышла замуж за церковного писателя *И.М. Концевича* и вместе с ним переехала на постоянное жительство в США. Ее статьи дух. содержания с отражением свято-рус. идеала печатались в «Русской жизни» (Сан-Франциско), «Нашей стране» (Буэнос-Айрес), «Православном благовестнике» и др. газ. и журналах. Опубликовала записки своего дяди Давида Озерова об Иоанне Кронштадтском. Участвовала в составлении книги на англ. яз. «Катакомбные святые российские» (1982), выпущенной Свято-Германовским братством в Калифорнии, и в издании трудов мужа.

Л и т. *Ильин Герасим*, монах. Памяти православной писательницы // НРС. 1990. 21 мая.

КОНЦЕВИЧ Иван Михайлович (19 окт. 1893, Полтава – 6 июля 1965) — участник Белого движения на Юге России, богослов. В 1914 оконч. математич. ф-т Харьковского ун-та. Был дух. сыном Оптинского старца Нектария. Ушел с 4-го курса ф-та и поступил рядовым в Добровольч. армию. После отступления Белой армии за рубеж (1920) оконч. в Галлиполи военное Николаевское-Алексеевское инж. уч-ще. После производства в офицеры работал на проходке туннеля в Болгарии. Эмигрировал во Францию, где в 1930 оконч. Сорбонну и 1948 — Рус. богословский ин-т. Оканчивая Ин-т, подал кандидатское соч., состоявшее из двух частей: «I. Старчество и II. Путь к нему».

Переселившись с женой *Еленой Юрьевной* в США, в 1952 г начал преподавать в Свято-Троицкой дух. семинарии. Написал и издал при участии жены книги: «Стяжание Духа Святого в путях Древней Руси» (Париж, 1952) и в перев. на англ. яз.: «Acquisition of the Holy Spirit in Ancient Russia» (Platina, California, 1990). В 1954 переехал в Сан-Франциско, где написал книги: «Источники душевной катастрофы Толстого» (Мюнхен, 1960) и «Оптина Пустынь и ее время», изданную посмертно в США в 1970. Перу **К.** принадлежит книга «Иеромонах Нектарий, последний Оптинский старец» (Св.-Троицкий монастырь, 1953) и 17 статей на богословские и агиографич. темы.

Л и т. *Подмошенский Г.* Проф. И.М. Концевич // Православный путь. 1965. С. 154-165; *Ильин Герасим*, монах. Памяти православной писательницы // НРС. 1990. 21 мая.

КОНЮС Лев Эдуардович (1871, Москва – 18 января 1944) — музыкант. Род. в семье франц.-итальянск. происхождения. Отец был преподавателем музыки. Учился в Московской консерватории по классу фортепиано. Изучал композицию

у А.С. Аренского. П.И. Чайковский предложил К. аранжировать для фортепиано свою Патетич. симфонию. С 19-летнего возраста преподавал в Московском Ин-те для благородных девиц. Основал в Москве муз. школу и преподавал в консерватории. Во время революции уехал со своей женой-пианисткой Ольгой Николаевной, урожд. Ковалевской, в Париж. В Париже был одним из основателей рус. консерватории. В 1937 переселился с женой в США. Получил место преподавателя в Муз. колледже в Цинциннати. *Родственники:* вдова Ольга Николаевна, сконч. в 1976 в возрасте 86 лет.
Л и т. *Свиридова Алла.* Некролог о Л.Э. Конюсе // Наша заря (Сан-Франциско). 1944. 28 января; Некролог о О.Н. Конюс // РМ. 1976. 30 сент.

КОНЬКОВА Вера Аристарховна — инж.-химик. Завершила высшее образование в 1927. Соавтор в науч. трудах. В США жила и работала в Йонкерсе, Нью-Йорк. Действительный член Об-ва рус. инж. в США.
И с т. АОРИ. Анкета.

КОПЕНХАГОВ Николай Владимирович (? – 3 нояб. 1969, Монреаль) — участник Белого движения на Юге России, ротмистр. Оконч. Тверское кав. уч-ще в 1909 и выпущен в 14-й гус. Митавский полк, входивший в состав 4-й армии. Участник ряда кав. боев с немцами. После революции полк был расформирован в апреле 1918. Поступил в Доброволч. армию. После оконч. военных действий и эвакуации переселился в Канаду.
Л и т. Некролог // Часовой (Брюссель). Незабытые могилы. 1970. Май. № 527. С. 21.

КОПЕСТОНСКИЙ [Stephen P. **Kopestonsky**] Степан Пантелеймонович (11 авг. 1910, Олд-Фордж (шт. Пенсильвания) – 26 октября 1994, Мэгадор) — церковный и общественный деятель. В 20-летнем возрасте занимался привлечением православной молодежи в Федерацию рус. православных клубов Америки в обл. между Филадельфией и Вашингтоном. В результате этой работы образовался новый округ Федерации рус. братств, управляющим которого он стал. До ухода в отставку зарабатывал на жизнь в хозяйственной части изд-ва и находил время для церковно-общественной работы. Состоял членом совета ПЦА при Митрополите *Иринее*. В 1963 участвовал в основании газ. «The Orthodox Church» («Православная церковь») и заведовал ее изд. в теч. 20 лет. В 1970 был членом комиссии по получению томоса об автокефалии ПЦА от Патриарха Московского и всея

Руси Пимена. В течение 25 лет был ред. этнич. газ. «Truth» («Правда») ОРБ в США. За свою деятельность был награжден Синодом Епископов ПЦА четырьмя грамотами и грамотой Свято-Владимирской дух. семинарии в Крествуде, Нью-Йорк.

30 лет был регентом церковных хоров и возглавлял Филадельфийское об-во аккордеонного симфонич. оркестра. *Родственники:* сын, протоиерей; невестка; три внучки.
Похоронен на кладбище Свято-Тихоновского монастыря в Саут Канээн, в Пенсильвании.
Л и т. Anonymous. In Memoriam, Stephen P. Kapestonsky // The Orthodox Church. 1994. Dec.; Stephen P. Kopestonsky, Former Editor of the Truth, Dies // The Truth. Editor Uram J. 1994. Nov.-Dec.

КОПТЕВСКИЙ Сергей Леонидович (9 марта 1897, Моршанск Тамбовской губ. – ?) — инж.-металлург. В 1916 оконч. Петроградский Политехнич. ин-т им. Императора Петра Великого. Автор 17 науч. работ по специальности, из коих три — на нем. яз., опубликованных в металлургич. журналах. В США жил в Нью-Йорке. Действительный член Об-ва рус. инж. в США (на 1951).
И с т. АОРИ. Анкета. 1954.

КОПЫЛОВ Алексей Николаевич (25 февр. 1898, Одесса Херсонской губ. – ?) — инж., доцент строительной механики и сопротивления материалов. Образование получил в Новороссийском ун-те (1916–20) и Пражском политехнич. ин-те (1921–30). С 1931 по 1939 читал лекции по высшей математике, теоретич. механике и теоретич. физике на инж.-строительном ф-те Пражского политехнич. ин-та. В период 1941–45 проектировал железобетонные сооружения в Германии. С 1946 по 1949 читал лекции по сопротивлению материалов и по строительной механике в Интернациональном ун-те (UNRRA) в Мюнхене. В 1942 получил диплом инж.-строителя в Высшем технич. ин-те Фредериане в Карлсруэ, Баден, в Германии (Badische Technische Hochschule Fredericiana zu Karlsruhe). Переселившись в США, в теч. 19 лет занимался проектированием железобетонных зданий электрич. станций и промышленных зданий. Принимал участие в рус. общественной и культурной жизни в Нью-Йорке и состоял членом правления РАГ в США.
И с т. АА. *Kopylov Alexei.* Curriculum vitae (manuscript). 1975.

КОПЫТОВ Николай Васильевич (1833–1901) — капитан-лейтенант, командир фрегата «Пересвет» в составе рус. эскадры в Атлантич. океане под командой контр-адмирала *С.С. Лесовского*, посетившей Нью-Йорк в 1863–64 для участия в защите северян от возможного выступления Англии и Франции на стороне Юж. Конфедерации во время Гражданской войны в США. В последующем участвовал в проектировании первых отечественных броненосных кораблей, дослужился до чина вице-адм.
Л и т. *Тарсаидзе А.Г.* К 90-летнему юбилею прибытия рус. эскадр в Америку, 1863–1953 // Мор. записки (Нью-Йорк). 1953. Нояб. Т. XI. № 3. С. 11–23.

КОР [**Корнатович**] Олег Ипполитович (род. 23 окт. 1916, Чита Забайкальской обл.) — разведчик. Род. в семье офицера, служившего в погранич. страже. По матери, урожд. Любимской, является потомком А.Н. Радищева. После захвата власти большевиками семья К. бежала через Монголию в Маньчжурию. В Харбине начал учиться в рус. гимназии, где помимо рус. яз. изуч. кит. яз.

В 1929 семья переехала в США, где уже проживал отец. После оконч. амер. школы поступил в Вашингтонский ун-т, в котором специализировался по полит. наукам, рус. и кит. яз. В ун-те проходил военную подготовку. Получая амер. гражданство, сократил свою фамилию до Кор. Поступив во время Второй мировой войны в Действующую армию под команду ген. Стилвелла, был направлен в Индию, где ему была поручена подготовка 2 тыс.

присланных из Китая новобранцев для наступления против японцев в Бирме. Участвовал в наступательных боях в тропич. джунглях, дослужился до чина капитана. В 1946 назначен переводчиком в штаб ген. Макартура в Токио, где **К.** приходилось иметь дело с сов. военными. Оконч. службу в Японии, получил назначение в военную разведку в Корее. Перейдя на службу в ЦРУ, включился в работу против Сов. Союза с терр. Германии и Ирана. Служба была крайне опасная. В 1962 перешел на работу в Вашингтоне, в Агентство нац. безопасности, в котором прослужил до ухода в отставку в чине подполковника в 1972.

Л и т. *Сулькин Олег.* Потомок Радищева, секретный агент // НРС. 1996. 11 и 12 января.

КОРВИН-КРУКОВСКИЙ [Korvin-Kroukovsky Boris] Борис Вячеславович (6 февр. 1895 – ?) — инж. самолетостроитель. В 1912 оконч. в Петербурге Первый кад. корпус, в 1914 — Инж. уч-ще им. Императора Николая II и в 1915 — Авиационную школу в Гатчине, в которой был с 1916 по 1917 ст. инструктором. После Гражданской войны переселился в США. В июне 1922 при поддержке Рус. студенч. фонда оконч. Массачусетский технологич. ин-т с дипломом инж.-самолетостроителя и ст. магистра. Стоял во главе проектного отдела «Aeromarine Plane and Motor Company» в городе Кипорт в шт. Нью-Джерси. Участвовал в постройке по особому заказу спортивного гидроплана, описанного в «Aviation Magazine» за авг. 1924. Главный инж. в «Edo Aircraft Corporation». Член и секретарь Об-ва рус. студентов, окончивших амер. высшие учебные заведения при содействии Рус. студенч. фонда в Нью-Йорке.

И с т. АОРИ.

Л и т. *Pestoff Alexis N.* Directory of Russian Graduates of American Colleges // Alumni Association of the Russian Student Fund, Inc. New York, 1929. Aug. P. 8; Russian alumnus airplane designer // The Russian Student. 1941. Jan. P. 3.

КОРВИН-ПИОТРОВСКИЙ Владимир Львович (1891, Белая Церковь Киевской губ. – 2 февр. 1966, Лос-Анджелес) — участник Белого движения на Юге России, поэт. Род. в старинной дворянской семье, относившей себя к потомкам венгерского короля XV в. Матвея Корвина. Воевал против большевиков в рядах Добровольч. армии. В 1920 через Польшу переехал в Берлин. В Берлине печатал стихи в рус. газ. и журналах, рук. отделом поэзии в журнале «Сполохи». Первый сб. его стихов «Полынь и звезды» вышел в 1923 и в том же — книга поэм «Святогор-скит», а в 1925 — сб. «Каменная любовь». В 1929 опубликовал книгу драматич. поэм «Беатриче». В 1933 переехал в Париж. Во время нем. оккупации участвовал в движении Сопротивления, был арестован и заключен в нацистскую тюрьму. После оконч. войны начал печататься в изданиях, получивших репутацию просоветских. Переселился в США, где жил в Лос-Анджелесе. Печатал стихи в «Новом журнале» (Нью-Йорк). Опубликовал две книги стихов — «Воздушный змей» (1950) и «Поражение». В 1968–69 вышло собр. его произведений в двух томах, в которые вошли стихотворения, поэмы и критич. статьи. Печатался в альманахах и сб.: «Веретено», «Встреча», «Деревня в рус. поэзии», «Мосты», «Невод», «Новоселье», «Одиссея», «Роща», «Струги», «Эстафета» и др. и в ряде журналов: «Возрождение» (Париж), «Грани» (Франкфурт-на-Майне), «Новый журнал» и др. Посмертно вышло его соч. «Поздний час» (Вашингтон, 1968–69), в двух томах. *Родственники:* вдова Нина Алексеевна, сконч. 18 нояб. 1975; сын — проф. математики ун-та шт. Индианы.

И с т. *Полчанинов Р.В.* Архив.

Л и т. *Вильданова Р.И., Кудрявцев В.Б., Лаппо-Данилевский К.Ю.* Краткий биографич. словарь рус. зарубежья // *Струве Г.* С. 322; *Гуль Р.* Некролог о В.Л. Корвин-Пиотровском // НЖ. 1966. № 66; *Крейд В.* С. 632; *Шохины М. и А.* Н.А. Корвин-Пиотровская // РМ. 1976. 6 января;

КОРГУЕВ Сергей Павлович (1863, Кронштадт Санкт-Петербургской губ. – 26 нояб. 1932, Ганновер, шт. Нью-Гэмпшир) — скрипач, концертмейстер дворцового оркестра. В 1888 оконч. Санкт-Петербургскую консерваторию по классу скрипки. В 1908 получил в консерватории должность проф. Занимался исследованием кустарного производства муз. инструментов в России, о чем опубликовал книгу. После захвата большевиками власти в России эмигрировал в США. С 1925 преподавал музыку в Дартсмутском колледже.

Л и т. Некролог // НРС. 1932. 28 нояб.

КОРЖЕНКО Василий Михайлович (? – 27 янв. 1961, Сан-Франциско) — участник Белого движения на Востоке России, Ген. штаба полковник. Учился в Санкт-Петербурге в Психоневрологич. ин-те (не оконч.). В 1911 поступил в Тверское кав. уч-ще. После его оконч. в 1913 вышел в 5-й улан. Литовский Его Величества короля Виктора-Эммануила III полк 5-й кав. дивизии, стоявшей в Симбирске. Во время Первой мировой войны в 1915 перешел в авиацию, был летчиком-наблюдателем. Награжден Георгиевским оружием. В 1918 оконч. курс Николаевской Военной академии. После Октябрьского переворота 1917 — в белых войсках Восточ. фронта. Во время Гражданской войны был офицером Ген. штаба, служил в корпусе ген. В.О. Каппеля в Сибири. После оконч. военных действий жил в Харбине. Служил на КВЖД. Эмигрировал в США.

И с т. Незабытые могилы / Сост. В.Н. Чуваков. Т. III. М., 2001. С. 457.

Л и т. Некролог // Часовой (Брюссель). 1961. № 419.

КОРМИЛЕВ Евгений Александрович (13 марта 1909, Житомир – 23 авг. 1992, Санкт-Петербург, шт. Флорида) — инж., дорожный строитель. Род. в офиц. семье. Эвакуировался с семьей из Одессы в Кор. СХС. Учился в рус. гимназии, но перешел в Крымский кад. корпус в Белой Церкви, а потом в Донской корпус в Гораже, который оконч. в 1929. После оконч. корпуса работал землемером. В 1956 переселился в США, 18 лет работал ст. проектировщиком дорог. Выйдя на пенсию, переехал во Флориду. Занимался общественной деятельностью в рус. орг-циях — в Кад. объединении, в Рус.-амер. клубе и КРА. Брат *Н.А. Кормилева*.

Похоронен на кладбище Royal Palm в Санкт-Петербурге.

Л и т. *Кормилец Н.* Некролог о Евгении Кормилеве // Кад. перекличка (Нью-Йорк). 1993. № 53.

КОРМИЛЕВ Николай Александрович (1901, Ялта Таврич. губ. – 1982?) — энтомолог. Род. в дворянской офицерской семье. В 1919 оконч. 4-ю Одесскую гимназию. В 1920 эвакуировался с Белой армией в Турцию, откуда переселился в Кор. СХС. В 1926 оконч. сельскохоз. отделение Загребского кор. ун-та в со званием инж. агрономии. В 1931 сдал экзамен по зоотехнике. Свою карьеру начал в Югославии с преподавания в сельскохоз. школах. В 1944 во время наступления коммунистов выехал в Германию, откуда переехал в Бельгию и из Бельгии в 1947 — в Аргентину. С 1952 по 1956 преподавал в Collegio Maximo, San Miguel в Буэнос-Айресе, в Аргентине и 1948 по 1952 вел науч. работу в музее в Буэнос-Айресе. В 1957 переселился в США. По специальности должности получить не удалось, и **К.** работал на ф-ке электрич. батарей мл. инж., продолжая работать в обл. энтомологии в свободное время. С 1958 сотрудничал со Смитсониевским ин-том в Вашингтоне, Амер. музеем естественной истории в Нью-Йорке и музеями во многих странах. В 1968–70 работал в музее в Гонолулу. Результаты исследований опубликовал в 163 статьях. Частичная библиография: «Записки русской академич. группы в США» (Нью-Йорк) Т. XXIII. 1990. С. 239–240. Кроме того, сотруднич. в газ. «Новое русское слово» в Нью-Йорке и «Русская жизнь» в Сан-Франциско. Брат *Е.А. Кормилева*.

И с т. Архив РАГ в США. *Кормилев Николай Александрович*. Анкета. 1976.

КОРНАТОВИЧ Олег Ипполитович — См. **КОР** Олег Ипполитович.

КОРНИЛОВ Александр Васильевич (22 авг. 1874 – 22 марта 1961, Лос-Анджелес) — участник Белого движения на Востоке России, ген.-майор. В 1894 оконч. Омский кад. корпус, а затем Николаевское кав. уч-ще. Вышел хорунжим во 2-й Сибирский каз. полк. Ветеран трех войн: участвовал в подавлении боксерского восстания в Китае (1900–01), ветеран рус.-яп. (1904–05) и Первой мировой войн. Командовал 4-м Сибирским каз. полком. После оконч. Гражданской войны переселился в США, жил в Лос-Анджелесе, состоял в Об-ве рус. ветеранов Великой войны, был членом каз. станицы, один из основателей, первый председатель и почетный член Общекад. объединения.

Похоронен в Голливуде.

Л и т. Некролог // Часовой (Брюссель). 1961. № 422.

КОРОБКО Яков Николаевич (28 марта 1902, Беловеж – ?) — инж.-машиностроитель. Уйдя в эмиграцию, оконч. Белградский ун-т. С 1927 по 1941 проектировал ремонтные мастерские на Югославских гос. жел. дорогах. С 1942 по 1945 делал расчеты конструкций самолетов на заводе Мессершмитт, в Германии. С 1947 работал в теч. 10 лет в собственном предприятии по восстановлению домов и ф-к. С 1952 по 1959 проектировал трубы и котлы. В 1959 получил шт. Нью-Йорк лицензию профессионального инж. В 1959–65 исследовал напряжения в аппаратуре для запуска ракетных снарядов. С 1965 проектировал промышленные здания, силовые станции и плотины. Действительный член Об-ва рус. инж. в США.

И с т. АОРИ. Вопросник.

КОРОГОДОН Евгений Васильевич (род. 4 марта 1921, Кличев Могилевской губ) — инж.-геодезист. В 1950 оконч. ун-т в Бонне, в Германии. В США жил в Бруклине, Нью-Йорк. Действительный член Об-ва рус. инж. в США (на 1951).

И с т. АОРИ. Анкета.

КОРОЛЕВА Варвара Михайловна (18 октября 1890, Тифлис – 3 нояб. 1978, Нью-Йорк) — певица. В 1910 поступила статисткой в тифлисскую оперу, исполняла небольшие роли. В 1913 начала исполнять рус. и цыганские песни. В 1916 переехала в Москву, где снималась в кино. В 1918 переехала в Харбин, где выступала в оперетте и на эстраде. После гастролей по Дальнему Востоку в 1922 вернулась в Европейскую Россию. Успешно выступала со своим ансамблем. В июне 1941 попала под нем. оккупацию. Давала концерты рус. нар. песни и пляски на оккупированных территориях, на Украине, в Чехословакии, Германии и Австрии. В 1944 в Австрии попала под сов. оккупацию, но избежала репатриации. Нашла убежище в рус. беженском лагере в амер. зоне оккупации в Шлейсхейме, возле Мюнхена, в Баварии, где организовала ансамбль рус. нар. песни и пляски и выступала с частушками под гармонь.

В 1949 переехала на постоянное жительство в Нью-Йорк, где с большим успехом выступала на концертах перед рус. слушателями. На жизнь зарабатывала главным образом работой на ф-ках. Обучала нар. пению рус. молодежь. Поддерживала рус. антикоммунистич. деятельность. Свой старинный рус. сарафан пожертвовала в музей при об-ве «Родина» в Хоуэлле, в Нью-Джерси. На родине у К. остался сын, которому сов. власти отказали во встрече с матерью.

Похоронена на кладбище монастыря Ново-Дивеево.

Л и т. *Завалишин С.* Варвара Михайловна Королева // Рус. Журнал. 1956. №1. С. 88-90; *Н.Н.* Чествование Варвары Королевой // НРС. 1966. 17 нояб.; Некролог // НРС. 1978. 7 нояб. 1978.

КОРОЛЕНКО Ирина Васильевна (род. 3 марта 1926, Киев) — преподаватель рус. яз., общественно-полит. и скаутский деятель. Три года училась в парижской мед. школе. Продолжала образование в США, в Сиракузском ун-те, где получила ст. магистра по рус. языку. Тема ее дисс.: «Русские элементы в языке Курбского». Преподавала рус. яз. в Сиракузском ун-те, в шт. Нью-Йорк. Занимала должность доцента в ун-те Пурдю в Форте Уэйн, в Индиане. Обл. науч. интересов **К.** является история рус. яз. Помимо того читала перед разными аудиториями лекции по истории России с критикой превратного освещения рус. истории и смешения понятий «русский» и «коммунисты», «СССР» и «Россия». На эти же темы она писала статьи в местных газ. В 1990 была выбрана на трехлетний срок в состав Главного правления КРА. Одна из руководительниц рус. скаутской орг-ции ОРЮР. Опубликовала ряд статей в скаутском журнале. Вместе со своим мужем, священником о. Андреем и двумя сыновьями, Владимиром и Сергеем, провела значительную компанию по оказанию благотворительной помощи для нуждающихся в России. Состоит в РАГ в США.

С о ч. Как помогает одна семья // РА. 1995. № 20. С. 84.

И с т. Archives of the Assn. of Russian-American Scientists in the USA. *Korolenko Irina V.* Curriculum vitae. 1987.

КОРОЛЬКОВ Николай Евдокимович (1898, стан. Константиновская Обл. Войска Донского – 13 дек. 1977) — участник Белого движения на Юге России, общественный деятель. В стан. Константиновской получил среднее образование. В 1914 призван в армию, зачислен в Л.-гв. и воевал на фронте. Дослужился до подъесаула. Был несколько раз ранен и награжден несколькими орденами. После захвата власти большевиками воевал против них, начиная с первого похода до эвакуации Крыма. Из Константинополя уехал учиться в Чехословакию, в ун-т Брно, который оконч. с дипломом инж.-агронома. В США приехал с семьей в 1929. Поселился вблизи города Лейквуда, в шт. Нью-Джерси, работал агрономом и занимался торговлей недвижимым имуществом. Посвятил все последующие годы участию во всех рус. общественных начинаниях. Возглавлял ряд рус. и каз. орг-ций. Много помогал каз., бежавшим от коммунистов и прибывавшим в США из разоренной войной Европы. Участвовал в создании Александро-Невской церкви и в постройке рус. культурно-просветительного клуба «Родина» в Хоуелл возле Лейквуда, в Нью-Джерси. Сотрудничал в газ. «Новое русское слово».

Похоронен на каз. участке Свято-Владимирского кладбища возле Джексона, в Нью-Джерси.

Л и т. Некролог // Часовой (Брюссель). 1978. № 611; Сконч. Н.Е. Корольков // НРС. 1978. 15 декабря.

КОРОЛЬКОВ Сергей Григорьевич (1905, стан. Константиновская Обл. Войска Донского – 1967, Нью-Йорк) — скульптор и художник, донской каз., старообрядец. Детство провел в Сальских степях, что сблизило К. с каз. бытом, донской природой. Рис. начал с пятилетнего возраста, развивая в себе необычайную зрительную память, сохранившую в нем виденные образы до конца жизни. Гражданская война разрушает казачество. Гибнет его отец, умирает старший брат. Вместе с матерью переселился в устье Дона на хутор Шмат, где в возрасте 15 лет устроился в рыбацкую артель. В свободное время зарис. жизнь рыбаков и лепил из местной глины. В 1926 на творчество К., особенно на его рис. карандашом, обратили внимание ростовские художники. Талантливого самоучку пригласили в Ростов, в школу Андрея Семеновича Чиненова. К. хотел поступить в Академию художеств, но преподаватели Академии посчитали, что у него уже свой сложившийся стиль и изуч. др. течений в искусстве принесет ему вред. Первая выставка К. состоялась в Ростове, когда ему было 22. Его работы на батальные темы выставлялись в краевом Музее Сев. Кавказа. В 30-х гг. выполнил горельефы на тему о Гражданской войне на фасаде Ростовского драматич. театра. По совету М. Горького Михаил Шолохов пригласил К. иллюстрировать роман «Тихий Дон». Иллюстрации первого изд. «Тихого Дона» оказались исключительно удачными. Однако изображенная на них каз. жизнь до революции и времен Гражданской войны не совпадала с сов. политикой уничтожения казачества, и последующие издания выходили без иллюстраций К. В нояб. 1941 Корольков попал в Ростове под нем. оккупацию. При отступлении немцев ушел с женой, художницей Елизаветой Ивановной, и сыном Александром на Запад. Создал много рис., изображающих каз. быт и сцены из жизни заключенных в сов. лагерях. В 1944 выставлял свои рис. к «Тихому Дону» и из каз. быта на выставке укр. художников во Львове. При содействии своего родственника, *Н.Е. Королькова,* переселился с семьей в США, где жил в Нью-Йорке. Написал документальную картину «Выдача казаков большевикам англичанами в Лиенце в 1945 году», вылепил скульптуру «Ермак Тимофеевич», находящиеся в Каз. музее в Нью-Джерси, и создал модель памятника жертвам коммунизма «Россия на Голгофе», ожидающего своего осуществления. Сотрудничал в орг-ции выставок произведений рус. зарубежных художников, изобличавших преступный характер сов. власти. По заказу Информационного агентства США создал серию антисов. карикатур для их возможного использования в виде листовок.

Похоронен на каз. участке Свято-Владимирского кладбища возле Кэссвилла, в шт. Нью-Джерси. Его жена, художник Елизавета Ивановна, скончалась после него и похоронена рядом. После К. остался сын Александр с семьей, художник-декоратор.

И с т. АА. Личные воспоминания автора.
Л и т. *Быкадоров В.И.* Сергей Григорьевич Корольков // РЖ. 1983. 4 и 5 мая.

КОРОНА [Сандро **Корона**] Александр Александрович (1891, Тифлис – 24 марта 1967, Нью-Йорк) — композитор, художник. С 15 лет писал музыку для театра Яворской и Мейерхольда, учился в Санкт-Петербургской консерватории и одновременно слушал лекции на юридич. ф-те Петербургского ун-та. В 1923 поселился с женой, Надеждой Александровной, в Нью-Йорке. Много писал для Бродвея и одновременно увлекался живописью в модернистском стиле. Выставлял свои работы во многих галереях. Автор стихотворений опубликованных в сб. «Содружество». Романсы К. часто исполнялись на концертах, и автор любил аккомпанировать певцам. Вместе с женой занимался благотворительностью и с этой целью выступал на концертах.

Л и т. Некролог. Сконч. А. А. Корона // НРС. 1967. 23 марта.

КОРОТОН Надежда Тимофеевна (февр. 1901, имение Белоцерковское Полтавской губ. – 1994) — доцент рус. яз. и рус. цивилизации. Род. в семье Тимофея Семеновича Негеевича и Анастасии Павловны, урожд. Левешко, в родовом имении. Оконч. гимназию и поступила в ун-т, но не смогла продолжать занятий из-за того, что происходила из семьи дореволюционной интеллигенции. С приходом к власти коммунистов семья начала подвергаться преследованиям, арестам и была выселена из своего дома. В 1923 вышла замуж за юриста Павла Коротона. Только после 1936 смогла возобновить свое образование, когда Сталин объявил, что «дети за родителей не отвечают». Оконч. в Запорожье два ин-та, специализируясь по рус. лит., поэзии и языку. Павел Коротон все время подвергался преследованием со стороны большевиков. Был арестован пять раз, последний раз в 1941, после чего домой уже не вернулся и погиб в сталинских застенках. Все эти обстоятельства развили у К. с дочерью Верой естественное убеждение в необходимости полного отрицания коммунизма и сов. системы. Начавшаяся Вторая мировая война изменила их судьбу. В 1943 К. решила не попадать снова под сов. власть и бежала с дочерью на Запад. Попав в Мюнхен, они четыре года бедствовали в лагере для «перемещенных лиц».

В 1949 эмигрировали в США. Как раз в это время в колледже Дартмут организовывался рус. департамент, председатель которого пригласил К. преподавать рус. яз. Предложение было принято и с 1950 она стала преподавать разговорный рус. яз. Летом 1952 должность стала постоянной и в мае 1955 удостоилась проф. звания. Была первой женщиной-проф. в колледже, в котором в теч. 200 лет профессура состояла исключительно из мужчин. В том же году стала амер. гражданкой. Ее лекции включали чтение рус. классиков, выдержек из Нового Завета и личные рассказы о жизни в СССР. Особое внимание уделялось рус. нар. пословицам, выражающим нар. мудрость. Во время летних семестров преподавала в Колледже Миддлбери. Преподавание К. было очень популярно среди студентов и неизменно получало высокую оценку у ее коллег. В 1998 в ее память на англ. яз. была издана книга с красочными иллюстрациями к 100 рус. пословицам: «Russian Proverbs. 100 Favorites of Professor Nadezda Timofeevna Koroton», Editors — Vera Politis, Alan A. Reich and Richard Sheldon, Darthmous Triad Associates, 154 р., с предисловием Дж. Биллингтона, зав. Библиотекой Конгресса, со статьями ее дочери *Веры Политис,* содержащими биографич. сведения о К.

КОРОТУН [**Korotoun**] Гавриил Афанасьевич (24 марта 1894 – 28 марта 1973,

Сан-Франциско) — капитан. Служил в 13-м Белозерском ген.-фельдмаршала кн. Волконского полку 4-й пех. дивизии. Участник Гражданской войны в Дроздовском полку. В 1920 эвакуировался из Крыма в составе Рус. армии. В 1920–21 — в Галлиполи. Затем в эмиграции во Франции. Чин РОВС. Переселился в США, участвовал в рус. общественной жизни.

Похоронен на Серб. кладбище в Сан-Франциско.

И с т. АРЦ. *Тарала Г.А.* Сводка кладбищенских дат. 2003. С. 3.

Л и т. *Глоба*, капитан. Незабытые могилы // Часовой (Брюссель). 1973. Июль. С. 19.

КОРСАКОВСКИЙ Петр — служащий РАК, в 1818–19 исследовал оз. Илиамна на Аляске, побережье Берингова моря между Бристольским заливом и дельтой реки Юкон.

Л и т. Краткая географическая энциклопедия. — М., 1966. Т. 5, С. 399, 467.

КОРСУНЦЕВ [Corson] Михаил Георгиевич (7 дек. 1885 – ?) — инж.-металлург. В 1911 окончил Киевский Политехнич. ин-т. Участник Гражданской войны на севере России. За свой счет содержал отряд, несший оборону против большевиков на Сев. фронте. Эвакуировался через Архангельск. Успешно работал в обл. металлургии в США и является автором патента на изготовление специальной бронзы. Действительный член Об-ва рус. инж. в США.

И с т. АА. *Александров Е.А.* Личные воспоминания; АОРИ. Анкета.

КОРФ Д.В., бар. (1874 – 15 июля 1939, Сан-Бернардино, шт. Калифорния) — полковник, сенатор, ветеран. В США приехал из Владивостока.

Л и т. Некролог // НРС. 1939. 18 июля.

КОРФ Оскар Александрович, бар. (1883 – 1 авг. 1958, Нью-Йорк) — дипломат. С 1912 был в Нью-Йорке Генеральным консулом России. Во время Первой мировой войны возглавлял рус. комиссию по закупке вооружения.

Л и т. Некролог // НРС. 1958. 14 авг.

КОРФ Сергей Александрович (19 февр. 1876 – 7 марта 1924, Вашингтон) — юрист. В 1889 окончил Императорское училище правоведения, получил докторскую ст. Опубликовал ряд работ в обл. гос. и административного права. Был проф. Санкт-Петербургского ун-та. В 1904–16 был придворным. Состоял проф. междунар. права Гельсингфорсского ун-та. При Временном правительстве состоял помощником финляндского ген.-губернатора. После захвата власти большевиками эмигрировал в США. Занимал должность проф. Колумбийского ун-та в Нью-Йорке, читал лекции в Джорджтаунском ун-те в Вашингтоне и в ун-те Джона Гопкинса в Балтиморе. Изд. книги: «Иностранная политика России» и «Самодержавие и революция». Был председателем РАГ в США.

И с т. Незабытые могилы / Сост. В.Н. Чуваков. Т. III. С. 478.

КОРФ Сергей А. (1906 – 1989) — физик, исследователь космич. лучей. Род. в семье вице-губернатора Финляндии, входившей тогда в состав Рос. империи. Прибыл с семьей в США во время Первой мировой войны. Оконч. среднюю школу в Вашингтоне. Получил высшее образование в Принстонском ун-те, который оконч. в 1928. При этом же ун-те защитил докторскую дисс. по физике. После оконч. ун-та работал в Ин-те Карнеги, в Филадельфии, в фонде Бартол Франклин Ин-та, и в Калифорнийском технологич. ин-те. В 1940 получил должность проф. Нью-Йоркского ун-та. Начиная с 30-х гг. занимался исследованием космич. лучей. С 1967 по 1971 был президентом Амер. Географич. об-ва. В 70-х гг. был президентом Нью-Йоркской академии наук.

Л и т. *Петров В.* Рус. в Америке, XX век. Вашингтон, Д.К., 1992. С. 62–63.

КОРЯКОВ Михаил Михайлович (1911, Елисейская губ. – 20 авг. 1977, Коннектикут) — журналист, капитан Красной армии. Род. в крестьянской семье. Был учителем, работал в газ. В 1939 поступил науч. сотрудником в Музей-усадьбу Льва Толстого в Ясной Поляне. В 1941 был мобилизован в Красную армию и направлен в Московское военно-инж. уч-ще. В звании лейтенанта командовал ротой. В декабре 1942 переведен на работу в газ. «Сокол Родины». Весной 1944 на Волыни заказал в местной православной церкви панихиду по только что скончавшемуся патриарху Московскому Сергию. За это был уволен из газ. и переведен в пехоту. Накануне капитуляции Германии 22 апреля 1945 в бою под Дрезденом взят немцами в плен. Через две недели американцы освободили К., и он добрался до Парижа. В Париже, ожидая репатриации в СССР, работал выпускающим ред. газ. «Вести с Родины», издававшейся посольством СССР. В день репатриации, 19 марта 1946, бежал из посольства и скрывался, пока при помощи рус. эмигрантов не смог улететь в Бразилию. Прожив в Рио-де-Жанейро ок. 4 лет, в 1950 переселился в США. Автор книги на франц. яз. «Почему я не возвращаюсь в сов. Россию» (Париж, 1947), переведенную на семь языков. В 1951 на франц. яз. вышла его вторая книга, «Москва слезам не верит». В 1952 Изд-во имени Чехова опубликовало в Нью-Йорке на рус. яз. его книгу «Освобождение души». В 1977 в изд-ве «Echo Press» в Мюнхене вышла четвертая книга К. «Живая история (1917–1975)», состоящая из историч. очерков, каждый из которых посвящен одному году после октябрьской истории России. Внезапно скончался.

И с т. Автобиография // Живая история (1917–1975). Мюнхен, 1977.

С о ч. *Вильданова Р.И., Кудрявцев В.Б., Лаппо-Данилевский К.Ю.* Краткий биографич. словарь рус. зарубежья // *Струве Г.* С. 322–323.

КОСАЧЕВА [Natalia G. Kosachova, урожд. **Баум**] Наталия Григорьевна (? – 4 дек. 1998, Торонто) — доктор филологич. наук, общественный и церковный деятель. Защитила докторскую дисс. по рус. яз. и лит. при Оттавском ун-те. Преподавала рус. яз. в ун-те Торонто. Изуч. историю и быт духоборов в Канаде. Автор главы о духоборах в книге «Russian Canadians» (Ottawa, 1983). Публиковала статьи о духоборах в «Новом русском слове» (Нью-Йорк). Рук. в Торонто церковным хором и выступала на сцене в качестве певицы на рус. и укр. языках. Состояла членом Рус. об-ва в Торонто, Онтарио.

И с т. АА. *Могилянский М.* Письмо. 2002.

Л и т. Некролог // НРС. 1998. 19-20 декабря 1998.

КОСМОДЕЛ Александр Николаевич (? – 10 янв. 1972, Либертивиль) — капитан арт. Оконч. в 1914 г. Константиновское арт. уч-ще. Во время Первой мировой войны служил во 2-м Финляндском стрелковом дивизионе. Переселился в США. В Чикаго был нач-ком отделения РОВС.

Л и т. Некролог // Часовой (Брюссель). 1972. Март. № 549. С. 19.

КОСОБУДСКИЙ Борис Константинович (1900 – 3 сент. 1963, Пало-Альто, шт.

Калифорния) — врач, проф. мед. Перед Второй мировой войной был проф. и деканом Киевского мед. ин-та. Автор ряда науч. работ, опубликованных в сов. и ин. журналах. Во время Второй мировой войны стал беженцем. Жил и практиковал в Марокко. Приехал в США в 1959. Работал на кафедрах анатомии в Стэнфордском и Калифорнийском ун-тах.

Похоронен на Серб. кладбище в Сан-Франциско.

И с т. *АРЦ. Тарала Г.А.* Сводка кладбищенских дат. 2003. С. 3.

Л и т. Некролог // НРС. 1963. 11 сент.

КОСОЛАПОВ Геннадий Михайлович — химик. Род. в Вятке. В 1933 защитил магистерскую дисс. по биохимии при Мичиганском ун-те. Работал в частных научно-исследовательских лабораториях. С 1953 — проф. Обернского (Auburn) ун-та в Алабаме. Читал лекции по химии фосфора и органо-фосфорным соединениям. Автор книги об органо-фосфорных соединениях.

Л и т. *Кеппен А.А.*; Who is who 1962–63.

КОСОРОТОВ Владимир Георгиевич (29 марта 1891 – 26 октября 1939) — участник Белой борьбы под Андреевским флагом, лейтенант Рос. военно-мор. флота. Оконч. Мор. корпус в 1911. Ветеран. После оконч. Гражданской войны переселился в США. Состоял членом Об-ва рус. мор. офицеров в Америке.

Похоронен на кладбище Маспет, на Лонг-Айленде, под Нью-Йорком.

Л и т. Мор. записки (Нью-Йорк). 1943. Декабрь. С. 68.

КОССОВИЧ Феодосий Андреевич (19 сент. 1896 – сент. 1973) — участник Белого движения на Юге России, инж.-строитель. По оконч. Первого московского кад. корпуса поступил в Михайловское арт. уч-ще в Петрограде. Оконч. его в 1915 и был выпущен в 13-й кон. батарею при 7 Кав. дивизии, в рядах которой провел всю Первую мировую войну. В 1919 вступил в Доброволч. армию и служил до эвакуации Рус. армии из Крыма в 1920. После годичного пребывания в Галлиполи и двухгодичного — в Кор. СХС переехал в Чехословакию, где в 1928 оконч. Пражский Политехнич. ин-т со званием инж.-строителя. Получив диплом, работал в Словакии в министерстве общественных работ, строил гидроэлектрич. станции. В 1945, перед занятием Братиславы сов. войсками, эвакуировался в Германию, где в 1946 был ст. ассистентом и инструктором по водным постройкам в Междунар. ун-те в Мюнхене. Рук. работами студентов старших курсов. В 1949 переселился в США и продолжал работать в качестве инж.-конструктора. Действительный член Об-ва рус. инж. в США (на 1951). Вступил в РАГ, в которой более 23 лет был казначеем.

И с т. АОРИ. Анкета.

Л и т. *К.Б.* Феодосий Андреевич Коссович // Записки РАГ в США. С. 263–264.

КОССОВСКИЙ Венедикт Александрович — см. **АБДАНК-КОССОВСКИЙ**.

КОСТЕЦКИЙ Владимир Григорьевич (? – 16 сент. 1962, Нью-Йорк) — полковник, журналист. Участник Белого движения, первопоходник, инвалид. В эмиграции жил в Париже и Германии, откуда переехал в США. Публиковал под псевд. В. Горич в журналах «Грани» и «Посев» (Франкфурт-на-Майне) статьи на науч.-популярные темы, полит. фельетоны, лит. рассказы и стихи. Переехал в США. Сотрудничал в газ. «Новое русское слово» (Нью-Йорк). Получил 3-ю премию Пенклуба за рассказ «Адам, я и Капитоша».

Л и т. Некрологи // НРС. 1962. 22 и 25 сент.; Некролог // Часовой (Брюссель). 1962. № 438; Некролог // Новик (Нью-Йорк). 1963.

КОСТРИЦКИЙ Георгий Е. (род. 13 июля 1922, Шанхай) — архитектор. Род. в рус. семье. В 1949 оконч. Калифорнийский ун-т с дипломом бакалавра архитектуры. В 1950 продолжал заниматься в аспирантуре по архитектуре в Принстонском ун-те и в 1951 — в Массачусетском технологич. ин-те. Начиная с 1954 работал проектировщиком в Филадельфийской плановой комиссии, был директором планового совета в Балтиморе, работал в фирмах, в которых состоял партнером. В его задачи входило градостроительство в Нью-Хэйвене, шт. Коннектикут; в Юджине, шт. Орегон. Составлял проекты зданий, подземных гаражей, площадей. С 1952 по 1954 преподавал архитектуру в Орегонском ун-те и по приглашению читал лекции в Гарвардском ун-те, в Массачусетском технологич. ин-те, в Йельской архитектурной школе и в Сиракузском ун-те.

И с т. Archives of Association of Russian-American Engineers in USA. *Kostritsky George E.* Curriculum vitae. 1970.

КОСТРОМИТИНОВ Петр Степанович — рос. консул и представитель РАК в Сан-Франциско в 1849.

Л и т. *Pierce R.* Russian America.1990. P. 259–262.

КОСТРУБА Елена Николаевна (? – 26 июня 1976, Санта-Барбара, шт. Калифорния) — врач, ветеран и инвалид Первой мировой войны. После эвакуации жила в эмиграции. Переселилась в США.

Л и т. Некролог // Часовой (Брюссель). 1977. Октябрь – нояб. № 608. С.18.

КОСТРЮКОВ [Kostrukoff] Николай Федорович (3 декабря 1898, стан. Цымлянская Обл. Войска Донсого – 9 нояб. 1987, Нью-Йорк) — создатель хора донских каз. им. атамана Платова. В стан. Цымлянской на Дону оконч. реальное уч-ще. Поступил в Донское военное уч-ще в Новочеркасске. Во время Первой мировой войны служил добровольцем в каз. полку. Участвовал в Гражданской войне. Сражался в рядах Донской армии в составе Калединского полка. После оконч. Гражданской войны эвакуировался на о-в Лемнос, откуда выехал в Болгарию. Затем переехал в Чехословакию, где был студентом Пшибрамской горной академии. В 1927 создал при академии студенч. хор, состоявший из 35–37 человек, студентов Пражского хутора Общеказ. станицы в Чехословакии. Выступления хора сопровождались большим успехом. Президент Чехословакии Т. Масарик стал покровителем хора. Начались гастроли хора по странам Европы, Сев. и Юж. Америки, в Австралии и Новой Зеландии, на Дальнем Востоке, на Гавайях и в Мексике. В репертуар хора входили церковные песнопения, рус. нар. песни, каз. и военные песни. Хор с большим успехом выступал в 65 городах на пяти континентах и в Океании и дал более 6 тыс. концертов, собиравших до 18 тыс. человек. Многие солисты хора получили образование еще в дореволюционной России.

В 1931 хор переехал в США и продолжал здесь успешные выступления перед рус. аудиторией и перед коренными американцами, включая президента Г. Трумэна в Вашингтоне, пригласившего артистов в Белый дом.

И с т. АМРК. *Н.Ф. Кострюков.* Коллекции Гуверовского ин-та. Pdf 59,6 К; Архив КРА. *Рагозин Сергей.* Сообщение. 2001. Май.

Л и т. Донской каз. хор имени Платова // Рус. Журнал. 1956. № 1. С. 84–87; *Петров В.* Рус. в Америке, XX век. Вашингтон Д.К., 1992. С. 89–90; *Хохульников К.Н.* Платовский хор // РЖ. 1995. 23 июня.

КОСТЮКЕВИЧ Константин Константинович (род. окт. 1917, Житомир) — общественный деятель, инж.

В ходе Второй мировой войны стал беженцем и переселился в США. Оконч. Йельский ун-т, инж.-механик, специалист по котлам. Общественный деятель, член КРА с 1974. Был представителем Совета директоров КРА на Новую Англию. Содействовал основанию отделов КРА в шт. Массачусетс и Мен и в городе Хартфорде, шт. Коннектикут. В качестве председателя Хартфордского отдела КРА имел деловые встречи по вопросам дискриминации и защиты прав человека с сенаторами и конгрессменами, представляющими шт. Коннектикут. Проводил встречи с представителями польск., укр. и литовск. орг-ций по вопросам борьбы с коммунизмом. Один из основателей Рус. фонда по оказанию помощи рус. независимым фермерам (хуторянам) и монастырям. Церковный деятель. Жена — Любовь Лукинична.
И с т. Archives of the CRA. *Kostukevich Konstantin K.* Curruculum vitae. 1993.

КОТЕЛЬНИКОВ Филипп — студент, член экспедиции *Н. Булыгина* в 1808. Взят в плен индейцами, обращен в рабство и пропал без вести в р-не устья р. Колумбии, на терр. нынешнего шт. Вашингтон.
Л и т. *Chevigny Hector.* Russian America. New York, 1965. P. 135–146.

КОТЕЛЬНИКОВА Ирина Васильевна (род. 29 дек. 1912, Санкт-Петербург) — архитектор. По оконч. в 1936 архитектурного отделения Технич. ф-та ун-та в Белграде служила в Министерстве общественных работ. После Второй мировой войны переехала в США, где была архитектором. Действительный член Об-ва рус. инж. в США (на 1951).
И с т. АОРИ.

КОТТОН [Joseph **Cotton**] Иосиф (29 янв. 1919, Куинси, шт. Массачусетс) — ветеран амер. армии. После оконч. средней школы поступил в 1938 добровольцем в армию. Служил в пехоте в Зоне Панамского канала. Оконч. службу, вновь записался добровольцем. В 1943 закончил подготовку в летной школе военно-воздушного флота и произведен в чин первого лейтенанта. Получил назначение в 856-ю эскадрилью 492-й группы бомбардировщиков. Погиб в бою с нем. истребителями над терр. Голландии. Награжден двумя медалями с дубовыми листьями и двумя орденами «Purple Leaf». Был членом 24-го отдела РООВА. *Родственники:* вдова Лиллиан, урожд. Чинкотта.
Похоронен на военном кладбище в Греннингене, в Голландии.
И с т. *Pantuhoff O.* —1976.
Л и т. *Beresney Timothy A.* In Memoriam // Russian Herald. 1947. January — February. P. 160.

КОХАНИК Петр (1880, Пряшевская Русь, Словакия — 20 мая 1969, Пассейк, шт. Нью-Джерси) — протопресвитер ПЦА. В США приехал в 1892. В 1894 вернулся в Европу и поступил в Санкт-Петербургскую дух. семинарию. Переведен в Таврич. дух. семинарию, которую оконч. в 1902. В 1903 рукоположен в Симферополе в сан священника и послан в США. Первый приход получил от епископа *Тихона*, будущего патриарха всея России. Окормлял паству в разных приходах Америки, ред. газ. «Свет», впоследствии захваченную украинцами, переведшими ее изд. под названием «Свiт» на укр. яз. Последние 44 года был настоятелем церкви Св. Иоанна Предтечи в Пассейке.
Похоронен на местном кладбище.
Л и т. Некролог // НРС. 1969. 25 мая.

КОЦЕБУ Отто Евстафьевич (1788–1846) — мореплаватель.

Трижды обогнул земной шар, исследовал Чукотское море, открыл в 1816 залив, названный потом в его честь, и исследовал северные берега п-ова Сьюард. Принимал участие в исследовании Берингова пролива для отыскания сев.-восточ. мор. прохода. О своих кругосветных путешествиях и открытиях написал в книгах «Путешествие в Южный океан и Берингов пролив для отыскания северо-восточного морского прохода, предпринятое в 1815–18. Иждивением Его сиятельства господина Государственного канцлера графа Н.П. Румянцева, на корабле "Рюрик" под начальством флота лейтенанта Коцебу» (1821–1823) и «Путешествие вокруг света, совершенное по повелению государя Императора Александра I на военном шлюпе "Предприятие" в 1823–1826 гг. под начальством флота капитана лейтенанта Коцебу» (1828).
Л и т. Краткая географическая энциклопедия. — М., 1966. Т. 5, С. 399, 468.

КОЦЮБИНСКИЙ Аристарх (15 апреля 1886, с. Юрковцы Могилевского уезда Подольской губ. – 8 января 1977) — митрофорный протоиерей РПЦЗ. В 1909 оконч. Каменец-Подольскую дух. семинарию и несколько лет был учителем. Рукоположен во иереи в 1916, был настоятелем в с. Писаревка Ямпольского уезда, Подольской губ., где прослужил 11 лет до закрытия в 1927 церкви большевиками. После этого **К.** постоянно приходилось менять места жительства и заниматься разными ремеслами, чтобы существовать и не попасть в концлагерь. Во время Второй мировой войны ушел на Запад. Оказался в Германии, где служил в лагерях для православных беженцев. Эмигрировал в США. Имел приходы в Скенектеди, шт. Нью-Йорк, в Миллвилле, шт. Нью-Джерси, в Олбани и Буффало, Нью-Йорк. В этих приходах расширил и оборудовал церкви. В Буффало прослужил 12 лет. В 1962 был награжден митрой.
Родственники: матушка Евгения.
Л и т. *Коцюбинская Евгения,* матушка. Памяти митрофорного протоиерея Аристарха Коцюбинского // ПР. 1977. 15/28 февр.

КОЧЕРГА [G.I. **Kocherga**] Г.И. — ветеран амер. армии, первый лейтенант, в 1945 служил в Берлине.
И с т. *Pantuhoff O.* — 1976.

КОЧЕТКОВ Леонид Дмитриевич (8 февр. 1894 – 10 нояб. 1959) — участник Белого движения на Юге России, поручик. Оконч. Владивостокскую мужскую гимназию и поступил в Петербургский Политехнич. ин-т, в котором пробыл более трех лет. Война прервала его занятия и он был принужден поступить на военную службу в Николаевское инж. уч-ще, которое оконч. в сент. 1916, произведен в чин прапорщика и командирован на службу в Заамурскую железнодорожную бригаду пограничн. стражи. В сент. 1917 прибыл на театр военных действий в р-н IV арм. Кавказского корпуса Кавказской армии. После революции вступил в Добровольч. армию, в отдельную инж. роту. В сент. 1919 произведен в подпоручики и в мае 1920 — в поручики. Уйдя в эмиграцию, работал в Греции топографом, строителем дорог, ведал сооружением осушительных и оросительных каналов.

В 1951 переселился в США. В 1952 вступил в Об-во рус. ветеранов.

Похоронен на Серб. кладбище в Сан-Франциско.

Л и т. Юбилейный сб. (1952) Объединения СПБ политехников.

И с т. АОРВВВ. Поручик Леонид Дмитриевич Кочетков // Нояб. 1959. Альбом II.

КОЧКАНОВ Орест — проф. математики и декан в ун-те Дальхаузи, в Галифаксе, в Новой Шотландии, в Канаде.

И с т. АА. *Могилянский М. Биографич. записки, машинопись. 2002.*

КОЧУБЕЙ Виктор Викторович, князь (13 июня 1893, Санкт-Петербург – 25 нояб. 1953) — политехник, паж. Родители — главноуправляющий делами ген.-адъютант кн. В.С. Кочубей и кнж. Белосельская-Белозерская. Оконч. в 1916 экономич. отделение Петербургского Политехн. ин-та. Затем оконч. ускоренный курс Пажеского корпуса и вышел в чине прапорщика в Кавалергардский Ее Величества Гос. Императрицы Марии Федоровны полк 1-й гв. кав. дивизии. После революции прикомандирован к военной миссии в Париже. В 1918 уехал в США и полгода работал простым рабочим на заводе. В 1919 вернулся во Францию, был секретарем в Рус. бюро по трудоустройству. В 1937 окончательно переселился в США. Открыл в Нью-Йорке пансион. Сконч. в имении кн. С. Белосельского-Белозерского возле Ипсвича, шт. Коннектикут.

Похоронен на кладбище монастыря Новая Коренная Пустынь, в Махопаке, шт. Нью-Йорк.

Л и т. Некрологи // НРС. 1953. 22 и 28 нояб.

КОЧУБЕЙ Сергей Михайлович (? – 25 дек. 1960) — концертный певец-бас. Со стороны бабушки — потомок декабриста Сергея Волконского и Марии Николаевны Волконской. Детство провел в родовом имении отца в Вороньках Черниговской губ. Оконч. кад. корпус. Во время Гражданской войны воевал в рядах Добровольч. армии. В 1920 эмигрировал из Крыма в Болгарию. Состоял в хоре *Кострюкова*, с которым выступал во многих странах Европы. В 1930-х совершенствовался в пении в Италии. В 1953 переехал с семьей в США.

Л и т. *Г.* Некролог о Сергее Кочубее // НРС. 1961. 1 февр.

КОЧУГОВ Иван Михайлович (11 авг. 1892, Рига Курляндской губ. – ?) — инж.-кораблестроитель. В 1915 оконч. Кораблестроительное отделение Морского инж. уч-ща в Кронштадте. С 1915 по 1922 работал в Севастополе кораблестроительным инж. С 1922 по 1944 работал по специальности в Риге и в Либаве, в Латвии. В США прибыл в 1951, занимался проектированием понтонов для плавучих кранов. Действительный член Об-ва русских инж. в США (на 1951).

И с т. АОРИ. Анкета.

КОЧУРОВ Иоанн — См. **ИОАНН**, св.

КОШЕНОВА Тука — публицист. Сотруднич. в нью-йоркской газ. «Новое русское слово».

КОШИЦ Георгий Павлович (6 сент. 1890 – 17 авг. 1984, Роудон близ Монреаля) — участник Белого движения на Юге России, математик. Род. на Украине, оконч. физико-математич. ф-т Московского ун-та. Преподавал в гимназии в Ростове-на-Дону. Вступил в Добровольч. армию. В 1920 эвакуировался в Галлиполи, переехал в Болгарию, жил в Югославии. В 1923–33 преподавал математику в Крымском, позже в 1-м Рус. Вел. кн. Константина Константиновича кад. корпусах. До 1944 был учителем в Белградской рус.-серб. гимназии. В 1946–50 преподавал в средней метеорологич. школе в Белграде. Стал беженцем в Триесте, в 1955 эмигрировал в США, жил в Гленкове, в шт. Нью-Йорк. В 1971 переселился в Монреаль, в Канаду. Скончался в Роудоне, близ Монреаля.

Похоронен на русском кладбище в Роудоне. *Родственники:* вдова Вера Павловна; дочери — Марина Кормашова и Елена Либеровская.

Л и т. Некролог // Кад. перекличка (Нью-Йорк). 1973. № 6.

КОШИЦ Нина Павловна (30 дек. 1894 – 15 мая 1968, Санта-Анна, шт. Калифорния) — певица сопрано. Род. в семье певца Павла Кошица. Училась у Умберто Мазетти.

Выступала с 1913 на сцене по обе стороны Атлантич. океана в оперных и камерных ансамблях, в одном ансамбле с *С.В. Рахманиновым*, который ей аккомпанировал и посвятил романс «Сирень». После захвата власти в России большевиками эмигрировала в Константинополь, а затем, в 1920 — в США. Пела в Чикагской опере, в Филадельфии, в симфонич. концертах, с дирижером Стоковским. С 1932 жила в Лос-Анджелесе, выступала по радио, телевидению, снималась в фильмах. В 1941 основала в Голливуде школу пения. У нее училась Марлен Дитрих. Дружила с *Ф.И. Шаляпиным, С.В. Рахманиновым, А.Т. Гречаниновым,* Н. Метнером, А. Глазуновым.

И с т. АМРЦ. *Морозова О.А.* Биографич. сборник (черновая рукопись). М-73 (MS 268). С. 4.15.

Л и т. Некролог // НРС. 1956. 28 февр.

КОШКИН [**Koshkin** Simeon John] Сёмен Иванович (26 сент. 1879, Ростов-на-Дону Обл. Войска Донского – ?) — предприниматель, инж.-консультант. Род. в семье, основавшей разработки антрацита в 1818. Оконч. в 1901 в Париже École Centrale des Arts et Manufactures с дипломом инж.-механика и металлурга. Работал управляющим в угольной промышленности. Сотруднич. с Carnegie Steel Cº., Русско-бельгийской металлургич. компанией в Енакиево, в Донецком бассейне. Был инж. по топливу на заводах в Сормово, возле Нижнего Новгорода, исполнительным секретарем Русской арт. комиссии. В 1918–19 стал консультантом в Нью-Йорке. Работал в технич. отделе YMCA. Проф. по инж. механике при Корнельском ун-те, Итака (Ithaca), шт. Нью-Йорк. *Родственники:* жена (урожд. Никитина) Феоктиста; дети — Людмила, Евгений.

И с т. АОРИ. Материлы; *Мартьянов Н.Н.*

КРАВЦОВА Нина Сергеевна. После оконч. гимназии поступила в технологич. ин-т, но одновременно училась в Киев-

ском худ. ин-те. Оконч. ин-т, четыре года выступала на сцене. Гражданская война вынудила К. уехать из России в Западную Европу, а потом в США, где она продолжала свое артистич. образование. В теч. последующих 50 лет выступала на сцене в Сан-Франциско. Выступала в главных ролях в классич. драмах и комедиях Н.В. Гоголя, А.Н. Островского, А.П. Чехова, А.С. Пушкина, М.А. Булгакова и др. Чтобы обогатить репертуар и жанр сценич. постановок, создала русскую оперетту и работала в ней в качестве режиссера и примадонны.
Л и т. Н. Петлин. 50 лет на сцене // РЖ. 1989. 16 марта.

КРАВЧЕНКО Виктор Андреевич (1905, Екатеринослав – 25 февр. 1966, Нью-Йорк) — инж.-металлург, разоблачитель коммунизма. В Екатеринославе получил высшее образование. Во время Второй мировой войны состоял членом сов. закупоч. комиссии в США. Разочаровавшись в сов. системе и политике Сталина, отказался возвращаться в Советский Союз и опубликовал в 1947 книгу «Я избрал свободу». В своей книге описал насилие Сталина над населением и террор Берии. Книга была переведена на ряд яз., вызвала огромный интерес и переоценку отношения свободного мира к сталинскому режиму после союзнич. отношений во время войны. Франц. коммунистич. газ. «Lettre Française» выступила против книги **К.** как лживой. Автор подал на газ. в суд за клевету и выиграл в Париже процесс благодаря показаниям многоч. свидетелей из числа беженцев из СССР, представлявших все слои населения. Этот процесс нанес еще больший урон сов. пропаганде в международном масштабе, чем сама книга. С 1943 жил в США в Нью-Йорке под именем Питера Мартина. Вследствие всего пережитого стал страдать депрессией. Покончил жизнь самоубийством.
Л и т. *Вильданова Р.И., Кудрявцев В.Б., Лаппо-Данилевский К.Ю.* Краткий биографич. словарь русского зарубежья // *Струве Г.* С. 323; Некрологи // НРС. 1966. 30 дек.; 1967. 7 янв.

КРАВЧЕНКО Николай (род. 31 марта 1929, Рымки, Польша) — инж.-строитель. Переехав в США, оконч. Городской колледж Нью-Йорка с дипломом бакалавра. Работал над проектами и планами контроля паводков, перемещения речных русел и дренажа в шт. Нью-Йорк, Нью-Джерси, Огайо, Виргиния и Массачусетс. Занимался вопросами дорожного строительства. Зарегистрирован как профессиональный инж. Член Амер. об-ва инж.-строителей и Об-ва амер. воен. инж.
И с т. АОРИ. Вопросник.

КРАМАРОВ Валерьян Яковлевич — участник Белого движения на Юге России, полковник 4-й Кубанской батареи, быв. командир Кубанского конно-арт. дивизиона. Прошел воинский путь от Первой мировой войны, через Гражданскую до Второй мировой войны, во время которой состоял в рядах Рус. Корпуса, воевавшего в Югославии против коммунистов.
Л и т. Некрологи // Часовой (Брюссель). 1957. № 374, 375.

КРАПОТКИН — См. **КРОПОТКИН.**

КРАСНОВ Владислав Георгиевич (род. 24 февр. 1937, Пермь) — литературовед. Оконч. Московский ун-т в 1960 с дипломом по истории и антропологии.

В 1962 бежал из СССР. В 1963 получил сертификат преподавателя русского яз. в ун-те Гётеборга в Швеции. Переехав в США, продолжал образование в ун-те шт. Вашингтон в Сиэтле, где получил ст. магистра в 1968 и в 1974 защитил докторскую ст. по русской лит. Свою преподавательскую карьеру начал в Швеции (1963–65), занимал должность инструктора русского яз. и лит. в Техасском ун-те в Остине (1971–74), ассистента — в Южном методистском ун-те в Далласе (1974–78), и с 1978 — доцента при Монтерейском ин-те междунар. исследований. Науч. интересы **К.** находятся в обл. русской лит., идеологич. вопросов, междунар. отношений и японологии. Автор публикаций на англ. яз. о *Солженицыне* и Достоевском («Univ. of Georgia Press», 1980); о Карле Марксе в качестве Франкенштейна («Modern Age», 1978) и на рус. яз. в «Гранях» (Франкфурт-на-Майне, 1978); о русском складе ума или зап. состоянии умов (Континент, 1980); о междунар. стратегии Р. Пайпса («Новый журнал» (Нью-Йорк, 1979) и «Encounter», 1980). Состоит в РАГ в США
И с т. Archives of the Assn. of Russian-American Scholars in the USA. *Krasnov V.* Curriculum vitae. 1981; Archives of the Congress of Russian Americans. *Krasnov V.* Curriculum vitae. 1990.

КРАСНОУМОВ [Boris **Krasnoumov**] Борис — майор армии США времен Второй мировой войны.
И с т. *Pantuhoff O.* — 1976.

КРАСОВСКАЯ [Лесли — по отцу, шотландцу] Наталья — прима-балерина. Род. в Санкт-Петербурге, представляя в своей семье третье поколение балерин, в которой бабушка, урожд. гр. Соллогуб, танцевала под фамилией Красовская. Учась в Москве в гимназии, одновременно занималась в балетных классах школы Большого театра. Когда большевики захватили власть, три поколения балерин **К.** собрались в Париже, где Наташа продолжала свое балетное образование у О.О. Преображенской. В этой школе **К.** заметил Сергей Лифарь и пригласил репетировать импровизацию «Призрак Розы». С этого, несмотря на очень юный возраст, началась ее карьера и гастроли. Выступала в Парижской опере. В 1933 танцевала в Лондоне в труппе *Дж. Баланчина*, затем в «Балле Рюсс де Пари». В 1936 Наталья Красовская была приглашена в труппу Монте Карло, затем у Николая Фокина дебютировала в «Раймонде», «Жизели» и «Карнавале».

Вторая мировая война заставила целую плеяду балерин и хореографов, включая **К.**, с большими трудностями перебраться в Америку. Здесь они выступали в Метрополитен Опера, в Нью-Йорке, затем в Монреале. Потом Наталья вернулась в Лондон, гастролировала в Юж. Америке и в 1961 переселилась навсегда в Америку. Поселилась в Далласе, в Техасе, стала амер. гражданкой, основала собственную балетную школу, передавала своим ученикам стиль, вкус и трактовку партий классич. рус. балета.
Л и т. *Васильев А.* Как мимолетное виденье // РМ. 1989. 27 янв.

КРАСОВСКИЙ Александр Александрович (21 авг. 1907, Киев – ?) — инж.-агроном и технолог, доктор технич. наук. В 1931 оконч. Политехнич. ин-т в Праге, в Чехословакии. В США жил в Нью-Йорке.

Действительный член Об-ва рус. инж. в США (на 1952).

И с т. АОРИ. Анкета.

КРАСОВСКИЙ Вадим Владимирович (1911, Санкт-Петербург – 1 нояб. 1988, Бурлингейм, шт. Калифорния) — скаутский и общественный деятель. Род. в Санкт Петербурге в семье полковника Императорской армии, преподававшего во Владимирском воен. уч-ще. В результате большевистского переворота семья Красовских покинула столицу и перебралась на Волгу, откуда с Белой армией через Сибирь отступила в Китай, в Маньчжурию, где поселилась в Харбине. Оконч. в Харбине русскую гимназию, а затем англ. школу, служил в коммерч. предприятиях. С 1926 примыкает к русской скаутской орг-ции и активно участвует в «Братстве русской правды», РОВС, в студенч. и каз. орг-циях. В 1934 он покидает Харбин и переезжает в другой центр русского рассеяния — Шанхай. В Шанхае он занимается скаутской деятельностью и поступает в Шанхайский волонтерский корпус. В корпусе, за участие в обороне Шанхая он награждается медалью. В Шанхае пробыл до 1949. Будучи членом Исполнительного комитета русской ассоциации, ввиду наступления коммунистов способствовал эвакуации из Китая около 6 тыс. русских эмигрантов. В 1954 семья Красовских через Бангкок и Гонконг переехала на постоянное жительство в США, в Калифорнию. Здесь В.В. Красовский успешно организовал православное братство в честь Всех Святых, в земле Рос. просиявших, руководя строительством храма в городе Бурлингейме, вблизи которого была устроена летняя резиденция митрополита Анастасия (РПЦЗ). В июне 1980, В.В. Красовский в составе небольшой инициативной группы принимает участие в создании Калифорнийского отдела КРА, который со временем становится самым деятельным отделом КРА в США. Скончался в Бурлингейме в возрасте 77 лет.

Л и т. *Ависов Б.* В.В. Красовский // Русский Американец. 1995. № 20. С. 211 (with English summary); *Уртьев П.А.* Скаутмастер Вадим Владимирович Красовский // РЖ. 1989. 17 июня.

КРАСОВСКИЙ Владимир Павлович (8 июня 1884 – 7 янв. 1955) — участник Белого движения на Юге России, капитан. По оконч. реального уч-ща вступил юнкером рядового звания в Тифлисское воен. уч-ще, которое оконч. в 1906. Произведен в подпоручики и вышел в 81-й Апшеронский Е. И. Выс. Вел. кн. Георгия Михайловича полк 21 пех. дивизии, стоявшей во Владимире. Участвовал во всех боях и походах полка.

Восемь раз ранен и за боевые отличия награжден орденами св. Владимира IV ст. с мечами и бантом, св. Анны IV ст. с надписью «За храбрость» и Георгиевским оружием. Последовательно произведен в поручики, штабс-капитаны и в 1917 — в капитаны. В окт. 1919 вступил в ряды ВСЮР, в танковый дивизион. Потом вернулся в родной Апшеронский полк. После оконч. Гражданской войны эвакуировался за границу и переселился в США. Был действительным членом Об-ва русских ветеранов Великой войны.

Похоронен на Серб. кладбище в Сан-Франциско.

И с т. АОРВВВ. Капитан Владимир Павлович Красовский // 1955. Янв. Альбом № I.

КРАШЕННИКОВ Иван Васильевич (? – 19 янв. 1980) — полковник, быв. курсовой офицер Виленского воен. уч-ща. Эмигрировал в США.

Л и т. Некролог // Часовой (Брюссель). 1980. Март – апр. № 624. С. 21.

КРЕМЕР О.К. — капитан-лейтенант, командир корвета «Витязь» в составе рус. эскадры в Атлантич. океане под командой контр-адм. *С.С. Лесовского*, посетившей Нью-Йорк в 1863–64 для участия в защите северян от возможного выступления Англии и Франции во время Гражданской войны 1861–65 в США на стороне Юж. Конфедерации.

Л и т. *Тарсаидзе А.Г.* К 90-летнему юбилею прибытия рус. эскадр в Америку, 1863–1953 // Мор. записки (Нью-Йорк). 1953. Нояб. Т. XI. № 3. С. 11–23.

КРЕМЕРЬ Сергей Яковлевич (25 нояб. 1890, Харьковская губ. – 3 февр. 1958, Сан-Франциско) — участник Белого движения на Юге России, штабс-ротмистр. В 1909 оконч. Сумской кад. корпус, но в воен. уч-ще не пошел. В 1912 поступил вольноопределяющимся в полк. В 1913 произведен в прапорщики запаса по арм. кав. По объявлении войны в 1914 призван из запаса и отправлен в 8-й улан. Вознесенский Е.И. Выс. Вел. кнж. Татианы Николаевны полк 8-й кав. дивизии. Участвовал с полком в боях с австро-германцами. Награжден боевыми орденами до ордена св. Анны II ст. с мечами и бантом включительно. Контужен тяжелым снарядом и ранен пулей. Последовательно произведен в чины корнета, поручика и штабс-ротмистра. Вследствие революции демобилизован, но в нояб. 1918 поступил в Добровольч. армию, в Сводный кав. полк, входивший в состав Одесской бригады ген. Н.С. Тимановского. Участвовал во всех боях бригады с большевиками, с бандами атамана Григорьева. По оставлении Одессы французами и греками, бригада вынуждена была отойти в Румынию, откуда в 1919 добровольч. части были переправлены в Новороссийск. Участвовал в боях до исхода Рус. армии из Крыма.

В 1923 уехал из Константинополя в США. Первые годы эмиграции провел в Детройте, где работал на автомобильном заводе Форда. В Детройте вступил в Об-во русских ветеранов. Переехал в Калифорнию. В Сан-Франциско жил в доме Об-ва ветеранов. Свой заработок и пенсию употреблял для оказания помощи старым немощным однокашникам по корпусу. Последние годы занимал должность казначея Об-ва.

Похоронен на Серб. кладбище в Сан-Франциско.

И с т. АОРВВВ. Штабс-ротмистр Сергей Яковлевич Кремерь // 1958. Февр. Альбом II.

КРЕНИЦЫН Петр Кузьмич — мореплаватель. В 1768 вместе с М. Левашовым открыл Исаноцкий пролив и исследовал юго-зап. выступ п-ова Аляска, доказал о-вной характер о-ва Умиак и провел точное определение географич. положения сев.-восточ. части Алеутских о-вов. Именем К. назван пролив между о-вами Онекотан и Харимкотан в группе Лисьих о-вов. Погиб в море в 1770.

Л и т. Краткая географическая энциклопедия. — М., 1966. Т. 5, С. 398, 469.

КРЕСТИНСКАЯ [**Мыслинская** Мария] Мария Мечиславовна (4 сент. 1904, Ястшемб, Польша – 15 нояб. 1990, Бостон) — полит. деятель, писатель, поэт и художник. Род. в имении отца. До Второй мировой войны проживала с мужем Борисом Павловичем Крестинским в Чехословакии. Оконч. филологич. ф-т Пражского ун-та. Крестинские переселились в США в 1950, жили в Бруклайне возле Бостона. В теч. многих лет оба были активными членами НТС, читали доклады, писали статьи, передавали в СССР антикоммунистич. лит. Помогали сов. перебежчикам и участникам венгерского восстания, прибывавшим в 1956 в США. Состояли в Рус. антикоммунистич. союзе беспартийных. Состояла членом КРА и членом Международного ин-та в Бостоне. Еще будучи студенткой Пражского ун-та, стала членом «Скита поэтов». Пользуясь псевд. Мария Мыслинская, печатала стихи и прозу в журналах «Воля России», «Центральная Европа». В 1977 она выпустила сб. стихотворений «Осколки», ее стихотворения публиковались в альманахе «Перекрестки» за 1978.

Похоронена рядом с мужем в Бостоне.

Л и т. *Вильданова Р.И., Кудрявцев В.Б., Лаппо-Данилевский К.Ю.* Краткий биографич. словарь рус. зарубежья // Струве Г. С. 339; *Зезюлин В.* Памяти М.М. Крестинской // Встречи. 1991. Янв. – февр. № 301.

КРЖИЖАНОВСКИЙ [Krzyzanowski] Сергей Павлович (род. 23 окт. 1924, Рига) — инж.-электрик. В конце Второй мировой войны оказался в Зап. Германии. После занятий в международном ун-те UNRRA для беженской молодежи поступил в Мюнхенский технологич. ин-т, в котором оконч. в 1950 механич. ф-т с дипломом инж.-электрика. В годы учения принимал активное участие в русской студенч. орг-ции ОРС. Некоторое время был членом правления.

Сразу после оконч. ин-та переселился в США. Шесть лет работал в компаниях оборонного значения в шт. Коннектикут. Работал с 1950 в Electric Regulator Corp. в Норуок, в American Machine & Foundry Corp. в городе Стамфорд, в Коннектикуте, и с 1957 — в OTIS Elevator Corp. в Нью-Йорке на должностях проектировщика, инж.-контролера и ст. инж. по точным электромеханич. аппаратам и контрольным устройствам. В последней компании прослужил 25 лет и затем еще 8 лет в «Leviton Electric Co.» до выхода на пенсию в 1992. Активно работал в Об-ве русских инж. в США. Около 10 лет исполнял должность председателя об-ва.

И с т. *Кржижановский С.П.* Автобиография, машинопись. 2003. 1 с.; АОРИ. Анкета. 1954.

КРИВЕЦКАЯ Ольга Николаевна (?, Новочеркасск Обл. Войска Донского – 20 марта 1969, Майами-Бич, шт. Флорида) — художник, языковед, экономист. В Новочеркасске оконч. Ин-т благородных девиц. Училась на курсах франц. яз. в Киеве. Затем оконч. Экономич. ин-т и курсы восточ. яз., изуч. персидский и арабский яз. В 1930 работала в Харькове библиографом и искусствоведом. Во время Второй мировой войны попала в Германию, откуда эмигрировала после оконч. воен. действий в США. Жила во Флориде, в Майами-Бич, где занималась прикладным искусством, получала награды от «Art and Craft».

Л и т. Некролог // НРС. 1969. 29 марта.

КРИВОБОК Всеволод Николаевич (1 нояб. 1893, Полтава – ?) — металлург, проф. Оконч. инж. школу Гарвардского ун-та, последовательно получая ст. бакалавра, магистра металлургии и доктора. Был директором исследовательского отдела Стальной компании Аллегени и главным металлургом самолетостроительной корпорации Lockheed. С 1934 по 1940 занимал пост проф. металлургии в Калифорнийском технологич. ин-те. В 1944 начал работать над нержавеющей и легированной сталью в исследовательском отделе International Nickel Co. Соавтор книги «Forming of Austenitic Chromium-Nickel Stainless Steel» и автор более 50 статей о легированной стали в мемуарах Амер. ин-та металлов и Британского ин-та металлов.

И с т. АОРИ.

КРИВОШЕЕВ Леонид Андреевич (? – 1 февр. 1971, шт. Флорида) — полковник. Участник Первой мировой и Гражданской войн. После эвакуации из Крыма жил в Кор. СХС. Переселился в США. Собирал и хранил экспонаты и архив, относящийся к Волынскому полку, в рядах которого служил. Был председателем Объединения Л.-гв. Волынского полка.

Л и т. Некролог // Часовой (Брюссель). 1971. № 537.

КРИВОШЕИН Григорий Григорьевич (14 февр. 1898 – ?) — инж.-механик. В 1930 оконч. Политехнич. ин-т в Праге, в Чехословакии. В США жил в Лонг-Айленд Сити, шт. Нью-Йорк. Действительный член Об-ва русских инж. в США.

И с т. АОРИ. Вопросник.

КРИВОШЕИНА [урожд. Могилат] Вера — художник.

Оконч. худ. отделение Купер Юнион в Нью-Йорке. По рис. К. КРА отчеканены памятные медали и изд. марка-наклейка, посвященные 1000-летию Крещения Руси.
Родственники: муж Кривошеин Алексей; двое сыновей.

И с т. Архив КРА.

КРИВСКАЯ Мария Владимировна (1902 – 28 нояб. 2002) — церковный деятель. Род. в семье сенатора В.В. Раевского. После бегства из России жила в Кор. СХС. Была замужем за А.Е. Кривским, полковником Л.-гв. Кексгольмского полка, погибшим в 1942. После гибели мужа выехала с сыном Владимиром за границу. В 1952 поселилась с ним в США, в городе Ютика, в шт. Нью-Йорк. В 1953 начала работать в Фонде им. св. Иоанна Кронштадтского. В этом фонде и при храме-памятнике проработала 30 лет.

Родственники: сын Владимир с женой Ниной; внучки Наталия и Мария; правнуки.

Похоронена на семейном участке на кладбище Свято-Троицкого монастыря в Джорданвилле.

Л и т. *Кривский В.* Мария Кривская (некролог) // ПР. 2003. № 1.

КРИНИЦКИЙ Александр Иванович (1881, Гродно – 19 марта 1968, Вашингтон) — полковник, воен. инж.-металлург. В 1902 оконч. в Санкт-Петербурге Михайловское арт. уч-ще и в 1907 — Михайловскую арт. академию, специализируясь по металлургии. Был назнач. нач-ком литейного цеха на Петербургском трубном заводе. В 1915 получил назнач. в состав комиссии по закупке вооружения в Америке. После захвата власти большевиками в России остался в США. Принял амер. гражданство. Работал в Бюро стандартов. В 1952 избран пожизненным почетным членом Амер. об-ва литейного дела. 50 лет прожил в Вашингтоне.

Л и т. Криницкий // НРС. 1968. 28 марта.

КРИНИЦКИЙ Василий Яковлевич (? –19 нояб. 1963, Бруклин, Нью-Йорк) — полковник арт. Оконч. Петровско-Полтавский кад. корпус в 1893 и Александровское воен. уч-ще. Во время Первой мировой войны служил в арт. частях. Командовал батареей 42-й арт. бригады, был награжден орденом св. Георгия IV ст., Георгиевским оружием и двумя Высочайшими благоволениями. В Югославии был председателем Союза Артиллеристов. После Второй мировой войны, уходя от коммунистич. режима, переселился в США.

Л и т. *Кузнецов Б.* Полк. Василий Яковлевич Криницкий // Часовой (Брюссель). 1964. Февр., № 452. С. 23.

КРИСТОФОВИЧ-ЗЕЛЕНСКАЯ Елизавета (род. 19 июня 1952, Нью-Йорк) — литературовед, историк. Образование получила в Джорджтаунском ун-те по русской истории и удостоилась звания бакалавра в 1974, магистра русской истории в 1980 и докторской ст. по русскому яз. в 1993. Преподавала в Амер. ун-те в Вашингтоне, в ун-те Дж. Мэсона, и на историч. отделении Джорджтаунского ун-та. Науч. интересы **К.-З.** заключаются в исследовании русской лит. XVII в., семиотике русской имперской культуры, православной тематики и русской детской культуры, что отражено в ее печатных работах. Состоит в РАГ в США.

И с т. Archives of the Assn. of Russian-American Scholars in the USA. *Kristofovich-Zelensky Elizabeth.* Curriculum vitae. 1997.

КРИУЛЬКО Антон Прохорович — русский общественный деятель. Род. в деревне Завшиц Слуцкого уезда Минской губ. Во время рус.-яп. войны 1904–05 и после нее служил на жел. дороге в Сибири, где принимал участие в рабочем движении. В Америку приехал в 1907 и начал принимать деятельное участие в жизни русской колонии в Бруклине и в самом Нью-Йорке. В 1908 создал первый в Бронзвилле православный храм и братство. За ними

последовали: об-во взаимопомощи, Славянское об-во со страхованием членов, приобретение русского нар. дома, создание школы русского яз. для детей и взрослых, орг-ции молодежи и работа по объединению мелких русских орг-ций в одно рус.-славянск. об-во.

Особенно много личного труда и средств **К.** вложил в 4-й отдел РООВА, в оказании помощи русским людям, оказавшимся в нужде, в орг-ции концертов и лекций. Последнее было характерной чертой русских иммигрантов из крестьян в их стремлении к знаниям.

Л и т. *Березний Т.А.* С. 80–81.

КРОН [урожд. **Эрнст**] Алла Владимировна — литератор. Род. в Харбине. Ее родители попали в Маньчжурию с беженской волной и отступавшей Сибирской Белой армией. В середине 1930-х вместе с родителями очутилась в Шанхае, где после третьего класса русской гимназии закончила образование в католич. лицее.

Еще до 1945 сотрудничала в харбинских и шанхайских периодич. изданиях — в русских журналах «Рубеж», «Мысль и творчество» и в газ. «Шанхайская заря». На конкурсе дальневосточ. русских поэтов получила третий приз. Автор романа на англ. яз. «Солнце всходит на востоке» (Dell Books, 1982), посвященного Гражданской войне в Сибири и Ледяному походу. За этот роман получила приз «Porgy» и почетные отзывы на конференции Тихоокеанских северо-западных писателей и от Нац. лиги амер. женщин-писателей. Второй роман — «Ветры над Маньчжурией», выпущенный в том же изд-ве (1983), охватывает период от 1905 до Второй мировой войны. Третий роман — «На крыльях дек.», выпуск которого был намечен на весну 1984, основан на материалах, изученных автором в архиве Гувера и собраниях Музея русской культуры в Сан-Франциско. *Родственники:* муж Крон — ген. военно-мед. службы армии США; сыновья — Рик, Билл.

Л и т. *Лукашкин А.С.* Алла Владимировна Крон // РЖ. 1983. 26 авг.

КРОПОТКИН [**Крапоткин**] Алексей Александрович, кн. (17 янв. 1859 – 15 марта 1949) — участник Белого движения на Востоке России. Крестник императора Александра III. По окончании Николаевского кав. уч-ща в 1879 произведен в корнеты Л.-Гв. полк. В 1886 вышел в чине поручика в запас армии. Награжден орденом св. Владимира 4-й ст. В Первую мировую войну ввиду предельного возраста призван в армию не был. Участник земского движения. В 1917 был делегатом на Всерос. крестьянский съезд. С началом Гражданской войны вновь взялся за оружие. Работал в Казанской антибольшевистской орг-ции, подчиненной ген. М.В. Алексееву. Принимал участие во взятии Казани (авг. 1918). Отбыл в Сибирь с отступающей армией. В Сибири при адм. М.В. Колчаке был председателем Комитета помощи армии по снабжению всем необходимым.

В 1923 эмигрировал в США с женой и дочерью.

Похоронен на Серб. кладбище в Сан-Франциско.

И с т. АОРВВВ. Поручик кн. Алексей Александрович Кропоткин // 1949. Март. Альбом I.

Л и т. Некролог // РЖ. 1949. № 131.

КРОПОТКИН Игорь (1919 – 3 марта 1987, Нью-Йорк) — специалист по торговле книгами. Отец — офицер Рус. Императорской армии, погиб, участвуя в Белом движении во время Гражданской войны. Мать с сыном выехали в Китай. В США с 1927. В 1941 начал карьеру книготорговца, получив должность клерка в книжном магазине Скрибнера на 5-м авеню в

Нью-Йорке. Занимая разные должности, стал генеральным директором магазина. С 1960 — вице-президент, с 1967 — ст. вице-президент, в 1970–85 — президент корпорации «Чарльз Скрибнер и сыновья». В 1962 избран президентом ассоциации Амер. книготорговцев. Председательствовал на ежегодных съездах ассоциации. Председатель Лиги книготорговцев Нью-Йорка (1965). Вышел в отставку в 1985. *Родственники*: жена Марджори; дети: Михаил, Валерия; два внука.
Л и т. *McDowell E.* Igor Kropotkin, Former Head of the Scribner Bookstores // The New York Times. 1987. March 10.

КРОТКОВ Глеб Павлович (1901, Москва–1968) — специалист по физиологии растений. Род. в семье *П.В. Кроткова*, эколога. После захвата власти большевиками выехал в Чехословакию, где, окончил агрономич. ф-т Карлова ун-та, занялся физиологией растений. В 1930 переселился в Канаду, продолжал вести свои исследования. В 1934 защитил при Торонтском ун-те докторскую диссертацию. После получения докторской ст. получил приглашение ун-та Куинс в Кингстоне, Онтарио, занять место проф. с предоставлением возможностей для науч. работы. Впоследствии был главой биологич. ф-та ун-та. Весь 1962 году провел по приглашению в Лондоне, где читал лекции и вел науч. работу в Брит. колледже науки и техники (Imperial College of Science and Technology). Возвратившись в Канаду, возглавлял биологич. ф-та ун-те Куинс. Своими печатными трудами по физиологии растений, опубликованными в Канаде и Англии, завоевал международную известность. За свои труды удостоился многих наград, в частности в 1963 награжден золотой медалью и денежной премией Фалвелла. Эта награда присуждается раз в три года Канадским кор. об-вом наиболее выдающемуся канадскому ученому.
И с т. АА. *Могилянский М.И.* Биографии П.В. и П. Кротковых, машинопись, 1 с. 2003. 23 февр.
Л и т. *Могилянский М.* Русские канадцы // Жизнь прожить. 1995. С. 62-63.

КРОТКОВ Павел Васильевич (? – 1940, Торонто) — эколог, ботаник. Воспитанник Московского ун-та. После революции выехал в Чехословакию, откуда переселился в Канаду. Здесь занимался науч.-исследовательской работой при Торонтском ун-те и был хранителем гербария. Из многих науч. работ К. по экологии и флоре наиболее известна книга «Ботанические исследования полуострова Брус». *Родственники*: сын *П. Кротков*.

И с т. АА. *Могилянский М.И.* Биографии П.В. и П. Кротковых, машинопись, 1 с. 2003. 23 февр.

КРОТКОВА Христина Павловна (26 янв. 1904, Самара – ?) — доктор химич. наук. В 1929 окончила Карлов ун-т в Праге, защитив диплом на тему о каталитич. свойствах солей марганца при реакциях трехвалентного железа. В США жила в Нью-Йорке. Действительный член Об-ва русских инж. в США (на 1955).
И с т. АОРИ. Анкета.

КРУГОВОЙ Георгий (род. 24 янв. 1924, Харьков) — философ, литературовед. Окончил в 1951 философский ин-т Зальцбургского ун-та в Австрии, специализируясь по русской и зап. философии со званием бакалавра и в 1953 защитил докторскую диссертацию. Свою педагогич. деятельность начал после переселения в США в 1959 в Сиракузском ун-те. В 1960–63 преподавал в Принстонском ун-те, в 1963–64 — в Нью-Джерси, в 1964 снова преподавал в Принстонском ун-те в звании проф. русской лит. и затем — в Свартмор колледже в Пенсильвании. В своей преподавательской и академич. работе занимался и занимается вопросами русской философии, Достоевским, историей русской культуры, сов. лит. и русским фольклором. Опубликовал многоч. статьи в русских и итальянск. журналах. Частичная библиография — в «Записках русской академич. группы в США». Т. XXIII. 1990. С. 240. Состоит членом РАГ в США.
И с т. Archives of the Assn. of Russian-American Scholars in the USA. *Krugovoy George.* Curriculum vitae. 1971.

КРУЗЕНШТЕРН фон, Константин Акселевич (15 июля 1883, Селемяки Эстляндской губ. – 16 окт. 1962, Монреаль, Канада) — участник Белого движения на Сев.-Зап. России, Л.-гв. полковник. Учился в Николаевском кад. корпусе, окончил Пажеский корпус (1902), Академию Ген. штаба (1908). Офицер Л.-гв. Семеновского полка. Участник Первой мировой войны, служил уполномоченным Красного Креста 10-й армии Зап. фронта. В 1916 — подполковник, служил в развеч. отделении штаба Зап. фронта. После Октябрьского переворота 1917 — в белых войсках на Сев.-Зап. России, оберквартирмейстер штаба Сев. корпуса (на февр. – март 1919). С апр. 1919 — нач-к штаба корпуса. Генерал-майор (май 1919). С лета 1919 — начальник отдела внешних сношений. После 1919 — в эмиграции в Германии, Франции, Германии. В США (с 1957?), далее в Канаде. Состоял членом Объединения Л.-гв. Семеновского полка и способствовал воссозданию его деятельности в США. *Родственники*: брат Оттон (1880–1935) — офицер Л.-гв. Конно-гренадерского полка, участник Белого движения на Сев.-Зап. России, ген.-майор, в эмигр. в Бразилии.
Л и т. *Волков С.В.* Офицеры российской гвардии. С. 258; Некролог. Незабытые могилы // Часовой (Брюссель). 1963. Янв. № 439–440. С. 39.

КРУЗЕНШТЕРН-ПЕТЕРЕЦ фон, Юстина [Иустина] Владимировна (19 июня 1903, Владивосток – 8 июня 1983, Сан-Матео, шт. Калифорния) — журналистка. Род. в семье кадрового офицера Императорской армии. Ее предком был мореплаватель адм. И.Ф. Крузенштерн.

С матерью и братом бежала от большевиков в Маньчжурию и поселилась в Харбине, где получила образование и стала работать журналисткой в русских газ. Переехала с семьей в Шанхай, где работала в ежедневной газ. «Шанхайская заря» и в англ. газ. «North China News», подписывая свои фельетоны «Merry Devil» («Веселый чертенок»). Вышла замуж за русского поэта и публициста Николая Петереца. В конце сороковых выпустила сб. «Антигона» о «зажиме» творч. и интеллектуальной жизни в СССР. В 1946 вышел сб. «Стихи». Участвовала в шанхайском литературном кружке «Пятница», выпустившем сб. «Остров». Овдовев, пережив яп. оккупацию и прожив несколько лет под властью кит. коммунистов, с трудом выхлопотала разрешение на выезд в Бразилию, откуда в 60-х гг. переселилась в США. Здесь устроилась на работу в русский отдел радиостанции «Голос Америки», переводила новости дня, составляла полит. обзоры и вела культурно-просветительные программы. Сотруднич. в Нью-Йоркской газ. «Новое русское слово» и в других русских газ. Писала о русских поэтах-дальневосточниках в журнале «Возрождение» (дек. 1968). В 1969 изд. в Канаде книгу рассказов «Улыбка Психи». В 1982 вышла в отставку в «Голосе Америки» и была приглашена занять должность ред. Сан-Францисской газ. «Русская жизнь». Ее статьи и фельетоны были веселыми, но часто саркастич., незаслуженно высмеивавшими некоторых русских общественных и культурных деятелей.

И с т. АМРК. *Ю.В. Крузенштерн-Петерец* // Коллекции Гуверовского ин-та. Pdf 85,5 К.

Л и т. *Витковский Е.В.* С. 377; *Крейд В.* С. 634; *Моравский Н.* Ю.В. Крузенштерн-Петерец // НЖ. 1983. Дек. № 153. С. 302–304

КРУКОВСКИЙ В.Н. — преподаватель агрономии при сельскохоз. колледже Корнельского ун-та.

И с т. *Мартьянов Н.Н.*

КРУМИНС [Долгополов] Олег Михайлович (род. 1932, Зубцов на Волге). В 1941 город был оккупирован немцами. В 1942 немцы стали отступать, и семья присоединилась к потоку беженцев. С 1942 по 1944 скитались по России и Украине. В 1944 приехали в Германию, в Ульм. После прихода американцев переехали в Штутгарт.

В 1950 переехали в США и поселились в Лейквуде, в шт. Нью-Джерси. В 1952 призван в армию. Служил до 1954. В 1955 поступил в Технич. ин-т, после оконч. которого начал работать в Мор. ведомстве (Naval Air Trust Facility R/D, Lakehurst, N.J.). В 1958 выбран в совет старшин культурно-просветительного об-ва «Родина» в Хоуелл, шт. Нью-Джерси. В 1975 стал председателем об-ва «Родина». После 35 лет службы в Морском ведомстве вышел в отставку и продолжает возглавлять об-во «Родина». При об-ве «Родина» был создан известный военно-историч. музей, материалы которого в качестве отдельной экспозиции, посвященной Рус. Императорским армии и флоту, Белым армиям, вошли в коллекцию Центрального музея Вооруженных Сил РФ в Москве. Материалы из музея об-ва «Родина» пользуются у посетителей огромным успехом. *Родственники:* жена (урожд. Швыдкая) Людмила; сын Николай — инж.; дочь Татьяна — координатор мед. программ.

И с т. АА. *Круминс (Долгополов) О.М.* Автобиография, рукопись. 2003. Авг.

КРУПИЧ [Krupitsch Victor S.] Виктор Сергеевич (род. 28 авг. 1923, СССР) — литературовед, филолог. Оконч. ф-т славянск. филологии и лит. Пенсильванского ун-та со ст. магистра и защитил докторскую диссертацию. Преподает с 1957 в Вилланова ун-те русский яз. и лит. Автор книги об Аполлоне Григорьеве. Состоит в РАГ в США.

И с т. Archives of the Assn. of Russian-American Scholars in the USA. *Krupitsch Victor.* Curriculum vitae. 1967.

КРУШИНСКИЙ Виктор Феликсович (?–1960) — участник Белого движения, полковник. Кадет выпуска 1910 из Орловского-Бахтина кад. корпуса. Ветеран Первой мировой и Гражданской войн. После эвакуации Белой армии поселился в Канаде. Был почетным председателем Общекад. объединения в Монреале.

Л и т. *Плешко Н.Д.* Генеалогич. хроника // Новик (Нью-Йорк). 1960. Отд. III. С. 7.

КРЫЖАНОВСКИЙ Леонид Владимирович (16 июля 1887, Грозный Обл. Войска Терского – 18 авг. 1967, Сан-Франциско) — участник Белого движения на Востоке России, поручик. Среднее учебное заведение оконч. в Баку. После переезда в Сибирь поступил на горное отделение Томского Технологич. ин-та, где прослушал четыре курса. Во время мобилизации студентов, в 1915 командирован в Александровское воен. уч-ще, которое оконч. в окт. 1915 и получил назнач. в 25-й Сибирский запасный батальон, в город Томск. Отправлен в Действующую армию в нач. 1916 командиром роты. Оставался в Действующей армии до начала 1918 и вместе с полком прибыл в Самару, где в апр. 1918 полк был расформирован.

После демобилизации в мае 1918 уехал в Томск. Там сразу же принял участие в восстании против большевистской власти и после переворота вступил в Белые части Сибирского правительства, а позднее сражался в рядах 1-й армии адм. А.В. Колчака, сначала как рядовой боец, позднее командовал офиц. взводом. Большую часть Гражданской войны находился в составе 1-й Томской инж. роты. В дек. 1920 после перехода армии через границу Китая оказался в Харбине и служил в Охранной страже КВЖД. В США приехал в 1923, поселился в Сиэтле. Через три года переселился в Сан-Франциско и тогда же вступил в Об-во русских ветеранов Великой войны, в котором состоял 40 лет. На жизнь зарабатывал переплетным делом.

Похоронен на Серб. кладбище в Сан-Франциско.

И с т. АОРВВВ. Поручик Леонид Владимирович Крыжановский // 1967. Авг. Альбом, III.

КРЫЖИЦКИЙ Сергей Павлович (? – 4 авг. 2002) — проф. русской лит. В 1965 защитил докторскую диссертацию при Йельском ун-те.

Преподавал в разных амер. ун-тах и колледжах, включая Йельский ун-т. Ушел в отставку со званием заслуженного проф. Оберлин колледжа. Опубликовал около 150 статей, ряд книг. В теч. ряда лет был представителем русского изд-ва «Заря» в Канаде. Ред. «Окаянных дней» И.А. Бунина (Лондон, Онтарио, 1977) и книги «Дочь» А.Л. Толстой (Лондон, Онтарио, 1979). Автор статей в «Записках Русской академической группы в США» и в «Новом журнале» (Нью-Йорк). В 1991 вступил в КРА. Избран в совет директоров орг-ции и занимал должность секретаря по делам связи с корреспондентами в России. *Родственники:* жена (урожд. Волочкова) Галина Викторовна (? – 16 авг. 2000); дети: Ксения, Михаил.

Похоронен рядом с женой на кладбище Ново-Дивеево близ Нанует (шт. Нью-Йорк)

И с т. АА. Личные сведения. 2000; Archives of the CRA. *Kryzytski Serge P.* Curriculum vitae. 1993.

Л и т. Некролог // НРС. 2002. 17–18 авг.

КРЫЛОВ Владимир Иванович (род. 15 июля 1918) — инж.-механик по холодильному делу. Оконч. Высшее технич.

уч-ще в Карлсруэ, в Германии. В США жил в Нью-Йорке. Действительный член Об-ва русских инж. в США (на 1951).

И с т. АОРИ. Анкета. 1954.

КРЫНИН Димитрий Павлович (27 апр. 1877, Москва – ?) — инж.-консультант по механике грунтов. В 1901 окнч. в Петербурге Ин-т путей сообщения. В 1901–07 построил последнее соединение на Транссибирской жел. дороге в р-не оз. Байкал. В 1907–09 строил жел. дороги и мосты в Аргентине. Преподавал в Московском политехнич. ин-те. Затем был проф. в Йельском ун-те и занимался науч. работой в Калифорнийском ун-те. Консультант в Департаменте обороны. Автор книг: «Soil Mechanics» («Механика грунтов», 1941, 1947), «Principles of Engineering Geology and Geotechnics» («Принципы инж. геологии и геотехники», 1957), «Highway Engineering» («Строительство дорог»). Последняя книга выдержала три изд. на рус. яз. Автор многоч. статей в технич. журналах. Вдовец. *Родственники:* сын — П.Д. Крынин.

И с т. АОРИ.

КРЫНИН [**Krynin** Paul D.] Павел Дмитриевич (19 сент. 1901, Красноярск Енисейской губ. – 12 сент. 1964, Буффало, шт. Нью-Йорк) — проф. геологии. После окнч. средней школы учился на геологич. ф-те Московского ун-та, который окнч. в 1924. Переселившись в США, продолжал образование в Калифорнийском ун-те. Перед поступлением в аспирантуру работал в теч. трех лет полевым геологом в Центральной Америке. В 1936 получил докторскую ст. по геологии при Йельском ун-те. В 1937 начал преподавать в ун-те шт. Пенсильвания, в котором дослужился до звания полного проф. и стал в 1944 во главе департамента минералогии. В теч. науч. карьеры получил междунар. известность благодаря исследованиям осадочных пород, их происхождению и классификации. Его статья «Мегаскопичское изучение и полевая классификация осадочных пород» была опубликована в 1948 в «Journal of Geology» и является классич. вкладом в современную петрографию осадоч. пород, ставшую теперь важным звеном в геологич. науке. К. предназначил статью для студентов, уподобившись в этом отношении Вернеру, отцу геологии XVIII в., самые значительные заключения которого были сделаны в аудитории и передавались дальше через студентов, а не через обыч. публикации. Обл. исследований и открытий К. простиралась от классификации геосинклиналей (подвижных поясов земной коры, в которых накапливаются осадоч. породы) до значения отпечатков дождевых капель в древних породах при изуч. климата прошедших геологич. эпох.

Гавной работой **К.** стала классификация осадоч. пород и соотношение между их составом и движениями земной коры. Последние 10 лет жизни посвятил философии науки и науч. методам в геологии. Следствием стало создание специального курса лекций по истории и основам геологии, увенчавшего достижения всей его преподавательской деятельности. Был всесторонне образованным человеком, помимо геологич. наук обладал знаниями в обл. математики, имел глубокие познания в греч. философии, свободно владел франц., исп. и рус. яз., читал по-немецки. В своих занятиях со студентами он делал упор на работу в лаборатории с поляризационным микроскопом, развивал в студентах логическое мышление и умение делать профессиональные выводы, имеющие научно-теоретич. значение и практич. применение, в первую очередь в разведке нефти и горючего газа. Автор 64 статей в амер. геологич. журналах.

Л и т. *Williams Eugene G.* Memorial to Paul D. Krynine (1901–1964) // Geological Society of America Bulletin. 1965. May. P. 63–67.

КРЫНИЦКИЙ Александр Иванович (28 нояб. 1880 – ?) — артиллерист, металлург. В 1899 окнч. гимназию, в 1902 — Михайловское арт. уч-ще и в 1907 — Михайловскую арт. академию. В 1915–18 работал на гос. заводе взрывателей в Петербурге, а в 1915–18 был инспектором взрывателей замедленного действия, заказанных Россией в США. Оставшись в США после революции, работал металлургом в Нац. бюро стандартов, нач-ком экспериментальной литейной. Автор и соавтор многоч. статей, включая «Влияние перегрева, температур разлива и микроструктуры на эластич. свойства некоторых обычных и легированных чугунов». *Родственники:* жена (урожд. Маковецкая) Елен; дети — Зора, Иван.

И с т. АОРИ.

КРЮГЕР Георгий Федорович (1894–?) — участник Белого движения на Юге России, поручик, художник, скульптор. Образование получил в реальном уч-ще св. Михаила в Москве и Московском худ. уч-ще. В 1916 поступил в армию на правах вольноопределяющегося. После перерыва по болезни вернулся в строй и в авг. 1916 окнч. учебную команду при 1-й запасной арт. бригаде. В окт. 1917 принял участие в защите от большевиков Александровского воен. уч-ща в Москве в качестве наводчика единственного орудия, где и получил контузию. В 1918 пробрался на Дон, а затем в Обл. Терского каз. войска и поступил в партизанский отряд полк. А.Г. Шкуро, а затем — в армию ген. А.И. Деникина, был назначен адъютантом коменданта Ессентуков. Оставался на этой должности до конца существования армии, отступил с ее остатками в Грузию. В 1918 произведен в чин подпоручика и в 1919 — поручика. В эмиграции в США, будучи художником по образованию, работал по специальности.

В 1946 вступил в Об-во рус. ветеранов Великой войны в качестве действительного члена. Обладая талантом скульптора, был известен своими работами в Сан-Франциско, особенно созданием иконостаса в Соборе Пресвятой Богородицы всех Скорбящих Радостей.

И с т. АОРВВВ. Поручик Георгий Федорович Крюгер // Альбом VI, 14-В.

КРЮКОВ Борис А. (20 июля 1898, Казань – янв. 1983, Лонг-Айленд, шт. Нью-Йорк) — ботаник, почетный куратор Нью-Йоркского ботанич. сада. При финансовой поддержке Рус. об-ва окончивших амер. ун-ты в 1928 в Сиракузах, в шт. Нью-Йорк, окнч. Лесной колледж, известный позже как Колледж по изуч. окружающей среды и лесов. Работал ботаником-консультантом и специалистом по южноамер. каучуку. Между 1928 и 1955 совершил восемь экспедиций в джунгли Амазонки. Был в экспедициях в Африке и на о-ве Суматра. В 1981 получил почетную ст. доктора наук в ун-те Нью-Йорка (City University of New

York). Во время экспедиций было открыто много совершенно новых видов растений. По завещанию им оставлены средства для научных изысканий ботанич. садам Нью-Йорка, Миссури, в Англии и в Лейдене, в Голландии. Автор многоч. статей в Брит. энциклопедии.

Л и т. Boris Krukoff // The Russian Student. 1941. Jan.

КТОРОВА [Шандор Виктория Ивановна, урожд. Кочурова] Алла — писатель. Род. в Москве. В 1956 оконч. Московский ин-т ин. яз. Преподавала англ. яз. Выйдя замуж за гражданина США карпаторос. происхождения, получила разрешение выехать в США, где начала писать по-русски под псевд. Алла Кторова. Ее перу принадлежат повесть «Лицо Жар-птицы» из быта москвичей при сов. власти с воспроизведением его говора, «Обрывки неоконченного антиромана» (США, 1969), «Экспонат молчащий» (Германия, 1964), ряд очерков в газ. «Новое русское слово» (Нью-Йорк).

КУБАНСКИЙ Федор — См. **ГОРБ** Федор.

КУВШИНОВ Николай Васильевич (1908, Россия – 1997) — художник новокубист. Эмигрировал в США с родителями в детском возрасте. Сначала Кувшиновы жили в Миннесоте, а потом переехали в Сиэтл, где отец К., священник Василий Кувшинов, построил в Каскаде рус. православную церковь св. Спиридона, в которой К. венчался с художницей Бертой Хорн (Horne). Худ. карьера К. началась еще в школе, когда он рис. для рекламы, а потом стал карикатуристом в «Seattle Post Intelligence». Впоследствии открыл собственную худ. школу в Порт Таунсенд. Создавал абстрактные картины, которые напоминали работы Пикассо. Во время Второй мировой войны между 1943 и 1946 служил. в амер. армии в Индии, Бирме и в Китае, где расписывал стены в офиц. собраниях. За воен. службу награжден двумя бронзовыми звездами. Устраивал персональные выставки картин и скульптур в США и в Европе. Картины Николая и Берты Кувшиновых находятся во многих музеях мира, включая Музей изящных искусств в Сиэтле. Жена К. называла свою живопись «фантасизмом». Помимо живописи и скульптуры занимался игрой на балалайке. *Родственники:* вдова Берта (в браке 57 лет) (?–1999).

И с т. АА. Рагозин С. Архивные материалы. 2003. 24 янв.

КУГЕЛЬ Аркадий (1898, Симферополь Таврич. губ. – ?) — композитор. Оконч. Петербургскую консерваторию. С 1928 по 1948 занимал должность директора Ин-та муз. при Амер. ун-те в Бейруте, в Ливане. Переехал в Париж и преподавал в École Normal de Musique. В 1952 переселился в Нью-Йорк и продолжал преподавательскую деятельность. Был также композитором, написал концерт для фортепиано, концерт для 60 виолончелей, два для струнных квартетов, три сонаты для рояля, две сонаты для виолончели, литургич. произведения и другие произведения, такие как «Медитация», «Поэма», «Колыбельная» и «Восточный танец».

Л и т. 80-летие Аркадия Кугеля // НРС. 1978. 12 нояб.

КУГЛИНОВ Иван — секретарь *А.А. Баранова*, первого правителя Русской Америки.

Л и т. *Pierce R.* Russian America. 1990. P. 259–262.

КУДАШЕВ Николай Всеволодович, кн. (1903 – 3 сент. 1978) — поэт, участник Белого движения на Юге России, поручик. Юношей вступил в Добровольч. армию. Учился в Крымском кад. корпусе, с которым эвакуировался в 1920 в Кор. СХС. Тогда же начал писать стихи. Двадцать лет служил в Югославии пограничником. В 1941–45 — в Рус. Корпусе, в конце войны откомандирован в ВС КОНР. Насильственной выдачи избежал. В 1947 арестован оккупационными властями в Германии за выступления против насильственной репатриации сов. граждан. В конце 1940-х. переселился в США, зарабатывал на жизнь физич. трудом. В 1978 издал сб. стихотворений «Тени» (Сан-Франциско, 1978). Его стихи преисполнены любовью к России и носят автобиографич. характер.

Л и т. Дюкин В. Незабытые могилы // Часовой (Брюссель). 1978. Нояб.—дек. № 615. С. 20; Крейд В. С.634.

КУДЕЛИН Константин Георгиевич (? – 19 окт. 1961, Лос-Анджелес) — участник Белого движения на Юге России, инвалид. Оконч. в 1902 Михайловское арт. уч-ще. Участник рус.-яп. войны 1904–05. Во время Первой мировой войны, в 1914, был нач-ком противовоздушной обороны Варшавы. Командовал тяжелым арт. дивизионом. Во время Гражданской войны участвовал в Дроздовском походе 1918, был инспектором арт. Донской группы ген. Павлова. В эмиграции жил в США, был председателем Союза русских воен. инвалидов.

Л и т. Некролог // Часовой (Брюссель). 1962. № 429.

КУДИНОВ Георгий Васильевич (6 мая 1986 – 17 марта 1969) — участник Белой борьбы под Андреевским флагом, оперный певец. Во время Гражданской войны служил на Белом флоте во Владивостоке. Уходя от большевиков, оказался в Харбине, где в сер. 1920-х начал свою концертную деятельность. Вскоре приобрел популярность как в Харбине, так и в Шанхае, куда перебрался в 1932. В 1937 вошел в состав труппы Russian Light Opera Company в Шанхае.

Эмигрировав в 1948 в США, был солистом Донского каз. хора *С. Жарова*.

И с т. АМРК. И.А. Колчин // Коллекции Гуверовского ин-та. Pdf 60,3 К.

КУДРИН Анатолий Николаевич (17 нояб. 1892 – 29 авг. 1969) — военно-мор. врач. По оконч. Московского ун-та с лета 1917 служил врачом на Черноморском флоте на гидрографич. судне «Казбек». Поступил в Добровольч. армию в сент. 1918, занимал должность воен. врача в дивизии полковника С.Г. Улагая, 2-й Кубанской каз. дивизии и затем служил ст. полковым врачом 80-го Кабардинского ген.-фельдмаршала кн. Барятинского пех. полка. В эмиграции служил врачом в полках болгарск. и чехословацк. армий и с 1930 работал как практикующий врач в Германии.

По приезде в США в 1956 вступил в Об-во рус. ветеранов.

И с т. АОРВВВ. Военно-мор. врач Анатолий Николаевич Кудрин // 1969. Авг.

КУДРЯВЦЕВ Всеволод Александрович — физик, специалист по ядерному магнитному резонансу. Род. в Режице, в Латвии. Перед Второй мировой войной жил и работал в Риге. Переселился в США, стал амер. гражданином и ученым в обл. разработки методов и аппаратуры, показывающих, что ядерная индукция может создавать изображения структуры биологич. объектов. Построил первый измеритель течения — флометр. Этот флометр заложил основы возникновения современной техники — квантовой флометрии. Созданные **К.** аппараты, позволяющие следить на экране телевизора за течением крови в венах и артериях, дают возможность устранять препятствия, замедляющие течение крови — например тромбы. Особенно важны такого рода наблюдения в кровеносных сосудах мозга. Применение аппаратов **К.** открывает широкие возможности определения приближения инсульта. Его работы получили высокую оценку амер. и англ. ученых. Работы в обл. квантовой флометрии ведутся с помощью Нац. ин-та по изуч. сердца, легких и крови в ун-те Бёркли, в Калифорнии, и в Мед. колледже в Висконсине. Автор нескольких десятков статей, опубликованных в науч. журналах. Вместе со своим ближайшим сотрудником Халбахом написал книгу с изложением основ новой науки, ее практич. применения и описанием аппаратов, созданных при его участии.

Л и т. *Мейер Ю.* Вклад нашего соотечественника // НРС. 1981. 12 июля.

КУДРЯВЦЕВ [**Кэй**] Михаил Владимирович (27 июня 1888, Тобольск – 22 янв. 1969, Нью-Йорк) — инж.-консультант. Начал карьеру в России проектировщиком железнодорожных зданий. В 1914–15 служил помощником главного инж. Гос. воен. порохового завода в Тамбове. В 1915–16 командовал саперной ротой в 10-й армии Зап. фронта. В 1916 командирован в США в Рос. Комитет по покупке паровозов, ремонтных мастерских, автомобилей, машин для дорожного строительства и заводов для строительства автомобилей и тракторов в России. После революции остался в США и в теч. 52 лет был консультантом по инж. проектам — железнодорожному строительству, строительству многоэтажных жилых домов, разработке нефтяных месторождений. Занимал должность вице-президента компании *Юркевича* по строительству мор. судов (1937–1939). В 1942–49 консультировал корпорацию Belle Isle в Луизиане по вопросам использования полезных ископаемых. Имел лицензию профессионального инж. шт. Нью-Йорк. В последние годы жизни составлял технич. рефераты по сов. науч. и технич. журналам в компании McGraw-hill и в изд-ве Engineering Index. *Родственники:* племянница Магда Поливанова.

И с т. АОРИ. 6 стр.

КУДРЯВЦЕВ Николай Федорович (1896 – 1 сент. 1981) — ген.-лейтенант, импресарио. Род. на Юге России возле Николаева в имении отца. В Одессе получил образование агронома, чтобы успешно работать в имении отца. Революция и Гражданская война вынудили **К.** покинуть Россию и искать убежища в Берлине, тогдашнем центре рус. эмиграции. Потом переселился в Париж, где стал писать рецензии на выступления рус. артистов во франц. прессе. Это дало ему возможность стать театральным агентом для рус. балетных трупп, хора *С. Жарова* и отдельных солистов.

Для подготовки турне начиная с 1932 стал часто приезжать в Америку. Побывав в Канаде, убедился в том, что в Канаде нет ни одного крупного импресарио, имеющего связи с Европой, и решил переселиться в эту страну, выбрав Монреаль местом жительства. С этого началась карьера **К.** импресарио, длившаяся 40 лет, во время которой он знакомил канадцев с лучшими франц. театрами, такими как Comédie Française, с англ. театрами, балетными труппами. В 1958, по поручению канадского правительства заключил в Москве договор по культурному обмену. Это дало канадцам возможность увидеть балет Большого театра и услышать самых выдающихся сов. солистов. Со своей стороны Канада смогла познакомить Россию со своими солистами и симфонич. оркестрами. За свою деятельность в 1962 награжден франц. орденом Почетного легиона и в 1973 получил за свою деятельность в обл. развития культуры высший канадский орден.

Л и т. *Могилевский М.* Русско-канадский просветитель // НРС. 1983. 14 сент.; *Могилянский М.* Русские канадцы // Жизнь прожить. Воспоминания, интервью, статьи. М., 1995. С. 75–78; *Солодовников А.* Импресарио Н.Ф. Кудрявцев // НРС. 1974. 14 февр.

КУДРЯВЦЕВА [урожд. **Липковская**] Татьяна Яковлевна (1907, Санкт-Петербург – 16 мая 1970, Монреаль) — балерина. Оконч. балетную школу при Мариинском театре. Выступала в Париже в труппе С. Дягилева и в труппе рус. балета Монте Карло. В 1934 переселилась в Канаду и открыла в Монреале школу классич. танца. Была замужем за *Н.Ф. Кудрявцевым*.

Л и т. Некролог // НРС. 1970. 21 мая.

КУЗМЕНКО Игорь Михайлович (1919 – 25 марта 1989) — полит. деятель. Сын полковника Белой армии, поселившегося после ухода за рубеж в Кор. СХС. Игорю с матерью удалось выехать из Сов. России и присоединиться к отцу. Учился в кад. корпусе в Белой Церкви. Не свыкшись с новой обстановкой, решил бежать назад в Россию, но неудачно. Пришлось оставить кад. корпус и продолжать занятия в рус.-серб. гимназии в Белграде, которую оконч. в 1937. Вступил в НТС и, когда началась Вторая мировая война, пробрался на оккупированную немцами территорию СССР для ведения антикоммунистич. работы. Там женился. В период наступления Красной армии оказался в Германии. После оконч. воен. действий переехал с женой в Марокко, откуда переселился в США, жил в Калифорнии. *Родственники:* вдова Нина Федоровна; сын; дочь.

Л и т. *Леонтьев Е.* Памяти Игоря Михайловича Кузменко // РЖ. 1989. 19 апр.

КУЗНЕЦ [**Смит**] Симон (30 апр. 1901, Харьков – 8 июля 1985) — экономист, лауреат Нобелевской премии 1971. Переселился в США в 1922. В 1926 оконч. Колумбийский ун-т. Занимался изуч. цикличности экономич. развития предприятий. С 1930 по 1954 был проф. экономики Пенсильванского ун-та. С 1955 до ухода в отставку преподавал в Гарвардском ун-те. Автор книги «Национальный доход и его составляющие», в которой провел анализ количественной экономики за период между 1919 и 1938.

КУЗНЕЦОВ Адя [Андрей **Гаспарович**] (? – 10 авг. 1954, Бруклин, Нью-Йорк) — эстрадный певец и артист в Нью-Йорке.

Л и т. *Камышников Л.* Некролог об Аде Кузнецове // НРС. 1954. 12 авг.

КУЗНЕЦОВ Константин Константинович (16 мая 1895, Санкт-Петербург [по др. дан. — Воронеж] – 9 марта 1980, Лос-Анджелес) — художник-график. Род. в семье директора гимназии. Служил в офиц. чине во время Первой мировой войны. Вступил в Добровольч. армию, в составе Рус. армии эвакуировался из Крыма в нояб. 1920. Жил в Кор. СХС, посещал в Панчево курсы живописи и рис. Занимался иллюстрированием книг, рис. карикатуры, плакаты. Издал 26 юмористич. сборников («комиксов»). В 1944, уходя от коммунистов, бежал в Австрию. В 1950 выехал в США. Работал иллюстратором, писал картины, иконы.
Л и т. *Лейкинд О.Л., Махров К.В., Северюхин Д.Я.* Худ. Рус. зарубежья. С. 353–354; Некролог // НРС. 1980. 4 апр.

КУЗНЕЦОВ Петр Николаевич — инж.-механик. Род. в Сызрани. В 1940 окончил Политехнич. ин-т в Праге, в Чехословакии. В США прибыл в 1951. Действительный член Об-ва рус. инж. в США (на 1951).
И с т. АОРИ. Анкета.

КУЗНЕЦОВА Галина Николаевна (10 дек. 1900, Киев – 8 февр. 1978, Мюнхен) — прозаик, поэтесса. В 1920 выехала во время эвакуации в Константинополь, откуда переехала в Прагу, училась во Франц. ин-те. Ее стихи появились около 1922 на страницах «Современных записок», также в журнале «Благонамеренный», «Звено», «Перезвоны». Переселилась во Францию, где жила с 1927 по 1942 в Париже и в Грассе в семье Буниных. В 1930 вышел первый сб. ее рассказов «Утро», а в 1933 — роман «Пролог». В 1937 опубликовала сборник стихотворений «Оливковый сад». В 1938 участвовала в антологии «Якорь». В 1949 переехала на постоянное жительство в США, восемь лет работала в изд-ве ООН. Печаталась в «Новом журнале» и «Мостах». В 1967 издала в Вашингтоне «Грасский дневник» о жизни в семье Буниных.
И с т. *Кузнецова Г.Н.* Автобиография // *Крейд С.* С. 635.

КУЗНЕЦОВА Елена Ивановна (род. 18 окт. 1905, Киев) — инж.-химик. В 1930 окончила Киевский Политехнич. ин-т. Прибыла в США в 1951 и стала работать инж.-химиком на заводе.
И с т. АОРИ. Анкета. 1954.

КУЗЬМИН Алексей Михайлович (род. 20 июня 1923, Рига) — инж.-строитель. В 1944 окончил Политехнич. ин-т в Брюсселе. В США прибыл в 1951, работал проектировщиком в строительных фирмах.
И с т. АОРИ. Анкета. 1954.

КУЗЬМИН Михаил Иванович (16 сент. 1892, Вильно – ?) — участник Белого движения на Востоке России, инж.-строитель. В 1910 окончил Рижскую гимназию. Во время Первой мировой войны служил воен. инж. в рус. армии. С 1916 по 1918 работал на постройке Колчугинской жел. дороги в Сибири. Затем три года был воен. инж. в армии адм. А.В. Колчака. После поражения армии пробрался через терр. всей России в Латвию, где работал на разных инж. должностях до 1925. В 1923 окончил Рижский Политехнич. ин-т. Получил приглашение на работу в Бельгию, где работал до 1941. Затем был направлен нем. администрацией в Германию, на ремонт шоссейных дорог и мостов. С 1945 по 1951 работал при брит. армии по восстановлению воен. зданий и аэродромов в англ. зоне оккупации. Переселился в США, жил в Нью-Йорке. Действительный член Об-ва рус. инж. в США (на 1952). Женат.
И с т. АОРИ. Анкета; *Kuzmins [Kuzmin] Michael J.* Personal data, record of employlment (typescript). 1951. 19 Oct.

КУЗЬМИНСКИЙ Георгий Константинович (17 марта 1888 – февр. 1956, Финикс, шт. Аризона) — участник Белого движения, полковник. В 1905 окончил Петровско-Полтавский кад. корпус и в 1907 — Александровское воен. уч-ще с производством в Л.-гв. подпоручики Измайловского Его Величества полка 1-й гв. пех. дивизии. Участник Первой мировой и Гражданской войн. Был награжден орденами. Эмигрировал в США.
Л и т. Некролог // Россия (Нью-Йорк). 1956. 10 марта.

КУЗЬМИНСКИЙ Евгений Константинович (? – 11 янв. 1961, Нью-Йорк) — участник Белого движения на Юге России, полковник. Окончил Петровско-Полтавский кад. корпус и Михайловское арт. уч-ще. Служил в Л.-гв. 2-й арт. бригаде. Участник Первой мировой и Гражданской войн. В белых войсках на Юге России служил в гв. частях. Галлиполиец. Эмигрировал в Болгарию, после 1945 — в США. Был председателем Гв. объединения.
Похоронен на кладбище монастыря Ново-Дивеево, близ Нанует (шт. Нью-Йорк).
Л и т. Некролог // Часовой. 1961. № 418.

КУКСЕВИЧ Василий Михайлович (29 июля 1894, Могилев – 24 марта 1990, Джексон, шт. Нью-Йорк) — участник Белого движения на Юге России, агроном, общественный деятель. Штабс-капитан, участник Первой мировой и Гражданской войн. В 1928 окончил Сельскохоз. ин-т в Брно, в Чехословакии. Был председателем правления Об-ва Галлиполийцев в США. Действительный член Об-ва рус. инж. в США.
Похоронен на кладбище монастыря Ново-Дивеево, Спринг Валлей в шт. Нью-Йорк.
И с т. АОРИ. Анкета.

КУКУЛЕВСКИЙ Александр [Юрьевич] (1873, Киев – 1963) — православный миссионер в Америке, протопресвитер ПЦА. Окончил Киевскую дух. академию.

Прибыл в США в 1901 и назнач. чтецом и учителем при церкви в Галвестоне, в Техасе, а позднее в Аллегени, в Пенсильвании. После основания в 1907 семинарии в Миннеаполисе назнач. туда учителем. После женитьбы в России рукоположен во иереи. Помимо преподавания в семинарии был настоятелем в Миннеаполисе, потом переведен в Пенсильванию. Входил в состав делегации духовенства на Всерос. Соборе в 1917–18. После возвращения в США служил в Нью-Йорке, Кливленде, в Саут Ривер, в шт. Нью-Джерси, в Бруклине и в Бриджпорте, в шт. Коннектикут. Издавал ежемесячный журнал «Voice of the Church», состоял советником при митрополите Феофиле и разрабатывал устав ПЦА, который был утвержден на Всеамер. совещании в 1937 в Кливленде.
Л и т. *Бензин Василий.* Важнейшие моменты в истории Русской Православной Церкви в Америке // Юбилейный сборник в память 150-летия РПЦА. 1945. С. 39–42; Father Alkexander Kukulevsky // Orthodox America. (Gen. Ed. Tarasar Constance) 1975. P. 179.

КУЛАЕВ Иван Васильевич (1857, Красноярск Енисейской губ. – 1941, Голливуд, шт. Калифорния) — предприниматель, золотопромышленник, благотворитель. Внук крепостного, отпущенного кн. Трубецким на волю в 1805. Сын крестьянина, сосланного в Сибирь за протест против тогдашних условий воен. службы. Окончил четыре класса гимназии, оставил школу и стал помогать отцу в его делах. Осиротев на семнадцатом году жизни, стал самостоятельным хозяином. Основал первый в Сибири медеплавильный завод. Начал разрабатывать золотые прииски в Ачинской тайге и на Алтае. Это предприятие было малоудачным. При постройке Великого Сибирского пути взял на себя бытовое снабжение железнодорожных служащих и рабочих, что принесло ему богатство. В 1902 в Харбине развил новую кипучую деятельность — занялся постройкой мельниц, основал Рус. мукомольное товарищество, и вскоре Русско-Азиатский банк передал в его ведение все мукомольные дела. **К.** были основаны крупные мельницы в Ново-Николаевске, Никольске-Уссурийском и во Владивостоке, принимал участие в операциях Русско-Азиатского банка, организовал Банк взаимопомощи и Банк домовладельцев, открыл ломбард, доходы от которого отдавал на благотворительность, а в качестве гласного Харбинской Городской думы защищал русские интересы в отношениях с кит. властями. Еще раз в жизни, уже во время Первой мировой войны, **К.** взялся за золотопромышленность, на этот раз более удачливо, так как в 1915 открыл на своих приисках в Дарасуне богатейшие залежи рудного золота. Революция оборвала эту кипучую разностороннюю деятельность. Его богатые золотые прииски были национализированы. С переходом власти в руки большевиков состояние **К.** в Сибири и на Дальнем Востоке было потеряно. Считал себя коренным жителем Харбина и с 1900 по 1920 вложил много сил и средств в дело развития и благоустройства города. Харбин был административным центром обл., не подчиненных сов. власти, и в первые послереволюционные годы и по оконч. Гражданской войны в нем оказалось большое количество беженцев из Сибири и Европейской России. В связи с этим встал вопрос о возможности получения высшего образования для рус. молодежи, получившей среднее образование в Харбине. Тогда же возник план орг-ции высшего учебного заведения на месте, с привлечением профессуры из Томского ун-та. Принял деятельное участие в работе орг. комитета. Как член комитета он привлек к финансовой поддержке этого начинания харбинских коммерсантов. Поддерживал финансово реальное уч-ще в Харбине и частные начальные школы на станциях КВЖД. С наплывом беженцев в Харбин оказывал помощь школе и столовой для детей беженцев. Коммерч. деятельность **К.** распространилась на Китай, где он основал торговые дела в Тяньцзине и Шанхае. Как всегда, его торговая деятельность сопровождалась крупной благотворительностью. В Тяньцзине, куда **К.** переехал в начале двадцатых, он построил церковь и больницу, оказывая помощь детским приютам и другим благотворительным и просветительным учреждениям.

Некоторое время делил свое время между Америкой и Китаем, а затем окончательно обосновался в Калифорнии, сначала в Бёркли, где в Калифорнийском ун-те учились его дети, а затем переселился в Лос-Анджелес. В последнее десятилетие жизни много путешествовал по США, где его неизменно интересовала постановка промышленной деятельности, и по Зап. Европе, где он вникал в жизнь и нужды рус. эмигрантов. В этом кратком перечне коммерч. предприятий **К.** можно не касаться обстоятельств его борьбы с суровой природой Сибири, а также др. препятствий, возникавших на его пути. Опуская многочисленные случаи, когда он подвергался смертельной опасности, упомянем лишь его похищение в Харбине бандитами, когда **К.** отказался подписать распоряжение о выплате выкупа. К счастью, он был освобожден полицией, так как похищение произошло днем, и номер автомобиля похитителей был замечен случайным прохожим. Имя **К.** могло потонуть среди множества преуспевавших коммерч. и хозяйственных деятелей предреволюционной России и Сибири, если бы его не выделяло то, как он пользовался нажитым капиталом. Он тратил свои крупные средства не на личную роскошь, типичную для быстро обогащающихся дельцов. В личной жизни был всегда очень скромен и не тратил своих средств на доставление роскоши детям. Само получение прибыли было для него главным стимулом неутомимой деятельности. Не в меньшей мере его интересовал хоз. и культурный подъем того края, в котором он жил и работал и который своей деятельностью он пробуждал к новой жизни. И столь же, если не больше, интересовала **К.** та помощь, которую приобретенные средства позволяли ему оказывать нуждающимся, те школы, церкви и просветительные учреждения, которые он мог создавать и поддерживать своим достатком. В этом сказалось его служение высшим ценностям, в котором **К.** видел цель своей трудовой жизни. В эмиграции продолжал широкую благотворительность. Венцом явился Просветительно-Благотворительный Фонд его имени, основанный им в 1930 в Сан-Франциско. Отныне имя талантливого рус. самородка-хозяйственника и жертвенного благотворителя неразрывно связано с этим Фондом. На праздновании восьмидесятилетия **К.**, отвечая на многочисленные приветствия, полученные к этому дню со всего света, а также на поздравления, выраженные лично на этом торжественном собрании, среди прочего сказал: «Жизнь моя прошла в скромной деятельности, в настоящее же время я испытываю чувство глубокого удовлетворения от того, что на склоне лет имею возможность, по мере сил, оказывать поддержку большому русскому общественному делу — делу воспитания и образования юношества, идущего на смену нам, старикам, в надежде, что оно даст полезных людей для нашей родины России. Мое последнее, искреннее желание заключается в том, чтобы оставить по себе добрую память здесь, на земле, где столь много мне было даровано Богом». На торжественном собрании, посвященном десятилетию деятельности Фонда, в ответ на приветствия и поздравления **К.** ответил: «Бог помог мне, я один из тех, очень немногих русских эмигрантов, которые оказались за границей в таких исключительно благоприятных условиях, что имеют возможность помогать другим, и я счастлив, что не уклоняюсь от этой возможности, и что основанный мною Фонд помогает делу обучения и образования русской молодежи за границей. На старости лет меня удовлетворяет сознание, что мне выпало счастье в жизни своей сделать кое-что полезное и нужное для других». *Родственники:* жена (урожд. Шайдурова) Глафира Виссарионовна (? – 1928, Тяньцзин, Китай); дочь; четверо сыновей; зять; внучка.

И с т. АА. *Калякин Н.* Биография И.В. Кулаева (машинопись). 1996; Просветительно-благотворительный фонд имени И.В. Кулаева. Сан-Франциско, 1997. 21 с.

Л и т. *Калякин Н.* Иван Васильевич Кулаев, предприниматель и благотворитель // РА. 1997. № 21. С.142–144 (With English summary).

КУЛАКОВА Анна Ивановна (1894 – 25 марта 1992, Лос-Анджелес) — во время Гражданской войны была сестрой милосердия в Доброволь. армии. Эмигрировала с мужем, ротмистром Дагестанского полка Е.А. Кулаковым, из Югославии в

США. Была членом Об-ва Галлиполийцев и СчРК. Овдовела. *Родственники:* дочь Лидия Евгениевна Мистулова.

И с т. Незабытые могилы / Сост. В.Н. Чуваков. Т. III. С. 620–621.

Л и т. Некролог // НВ. 1992. № 426.

КУЛЕША Ирина Борисовна (род. 26 февр. 1938, Краков) — химик, общественный деятель. В 1960 оконч. Колледж Вагнер на Стэйтен Айленде, Нью-Йорк, со ст. бакалавра по химии, в 1963 получила ст. магистра по органич. химии в Ратгерском ун-те в Нью-Брансуике, Нью-Джерси. Науч. работник в обл. мед. химии в фирме «Hoffman La Roche» в Натли, Нью-Джерси, исследователь химии пептидов, синтеза производных витамина D и метаболитов. Автор многоч. статей, одна из которых написана совместно с Нобелевским лауреатом по химии Р.Б. Меррифилдом. Член РАГ в США, КРА и культурно-просветительного об-ва «Отрада» в графстве Уэстчестер, в шт. Нью-Йорк.

И с т. Archives of the Assn. of Russian-American Scholars in the USA. *Kulesha Irina.* Curriculm vitae. 1987.

КУЛИБИН Владимир Константинович (1868–?) — правовед, публицист. Род. в семье потомков Ивана Петровича Кулибина, талантливого механика самоучки, возведенного в царствование Императрицы Екатерины в потомственное дворянство. Оконч. в 1889 Императорское уч-ще Правоведения и занимал гос. и судебные должности. В 1906–07 ред. газ. «Владимирский край». Сотруднич. под псевд. в газ. «Русское знамя», «Земщина», «Русская земля» и «Россия». После революции и эвакуации состоял в Константинополе советником по рус. законам и прокурором Брит. секции Междусоюзного суда. В Нью-Йорке состоял тов. председателя Союза «Единство Руси» и в янв. 1930 был назначен членом Гос. совещания. С 1927 по 1935 занимал должность юрисконсульта Соборной юрисдикции ПЦА. В Нью-Йорке в теч. 5 лет ред. журнал «Правое дело». *Родственники:* жена (урожд. Усова, дочь контр-адм.) Надежда Михайловна; дочь (в браке Измайлова) Наталья Владимировна.

Л и т. *Плешко Н.Д.* Юбилеи (В.К. Кулибин) // Новик (Нью-Йорк). 1939. Вып. 3 (23). С. 32–33.

КУЛИКОВ Валерьян Лукьянович [псевд. **Савин**] (30 марта 1907, Саратов – 1975) — публицист, экономист. В 1928 поступил на ф-т права и хоз. Саратовского гос. ун-та. В 1928 был переведен на III курс Саратовского межобл. ин-та потребительской кооперации и законч. в нем полный курс в мае 1931 по плановому отделению. Был приглашен на должность ассистента в Саратовский ун-т на отделение полит. экономии. Затем переведен в Алма-Ату, в Казахстан, на должность зав. отделением финансов и планирования республиканского кооперативного союза.

В 1934 арестован по ложному обвинению в контрреволюции и оказался в лагере принудительного труда, откуда освободился в 1936. После освобождения работал на должности нач-ка отдела планирования Беломор-Балтийского канала. В 1941 призван в Действующую армию в звании лейтенанта. Попал в плен к финнам на Карельском фронте и после оконч. войны, избежав насильственной репатриации в СССР, переселился в 1949 в Германию и затем в Канаду. Стал канадским гражданином. Занялся публицистикой. Печатал статьи в разных журналах, включая журнал «Современник», основанный в Торонто проф. *Л.И. Страховским.* После конч. проф. Страховского в 1963 **К.**, пользовавшийся псевд. Савин, стал гл. ред. журнала. Состоял членом РАГ в США.

И с т. АА. *Kulikov Valerian.* Curriculum vitae (manuscript). 1969.

Л и т. Валериан Лукьянович Савин-Куликов (1907–1975) // Записки РАГ в США (Нью-Йорк). 1975. Т. IX. С. 319.

КУЛИКОВСКАЯ-РОМАНОВА Ольга Александровна, Вел. кнг. (1 июня 1882 – 25 нояб. 1960). Дочь императора Александра III, сестра императора Николая II. В 1901 выдана замуж за принца П.А. Ольденбургского. Была шефом 12-го Ахтырского полка. Брак с принцем Ольденбургским кончился, с высочайшего разрешения, разводом. Согласно желанию императора Николая II, после семилетнего ожидания вышла в 1916 вторично замуж за полковника Николая Александровича Куликовского. Во время Первой мировой войны работала сестрой милосердия в лазаретах в Ровно и в Киеве. После революции семья Куликовских жила в Крыму, где у них род. сын — *Тихон,* а на Кубани род. *Гурий.* Избежав смертельных опасностей со стороны большевиков, Куликовские выехали из России в 1919 в Кор. СХС, откуда в 1928 переселились в Данию, где жила вдовствующая императрица Мария Федоровна, мать Ольги Александровны. После ее кончины Куликовские купили возле Копенгагена ферму. Писала картины, которые выставляла на выставках, писала иконы, которые дарила. Разразилась Вторая мировая война, Дания была оккупирована. Помогала нуждающимся рус. После оконч. войны в Дании оказалось много быв. сов. граждан, которые отказались возвращаться под власть Сталина. Вел. кнг. при помощи датских властей помогала беженцам выехать в Юж. Америку. В связи с этим возникла опасность и для семьи Куликовских быть захваченными сов. агентами.

В 1948 они переселись в Канаду, где занялись сельским хоз-вом. Вел. кнг. была художницей, выставки ее картин и рисунков устраивались в Торонто и находятся в галерее Торонто. Многие из ее картин изображали быт семьи императора Александра III.

Похоронена рядом с мужем в Торонто на кладбище Йорк.

Л и т. Вел. кнг. Ольга Александровна // Часовой (Брюссель). 1961. Янв. № 414. С. 13; *Куликовский Т.Н.* Е.И.В. Вел. кнг. Ольга Александровна // Кад. перекличка (Нью-Йорк). 1987. Май. С. 71–78; Хроника // Новик (Нью-Йорк). 1960. Изд. 24-й. Ч. III. С. Б; *Olga Grand Duchess.* This is My story // Chatelaine. 1960. Apr. P. 23–26, 104, 106–109, 111–112; May. P. 36–37, 108, 110–113; *Vorres J.* Last Grand Duchess. London, 1964. (Главы из этой книги опубликованы в переводе В.В. Кузнецова // Звезда (Санкт-Петербург). 1998. № 9. С. 107–125).

КУЛИКОВСКИЙ Гурий Николаевич (1919, стан. Новоминская Ейского отдела Обл. Войска Кубанского – 1995, Оттава, Канада). Внук императора Александра III, племянник императора Николая II. Его матерью была Вел. кнг. *Ольга Александровна,* состоявшая в морганатич. браке с полковником Л.-гв. Николаем Александровичем Куликовским. Родной брат *Тихона*

Куликовского-Романова. В 1919 семья Куликовских выехала в Данию, где уже проживала вдовствующая императрица Мария Федоровна, дочь датского короля Христиана IX. Состоял в родстве с брит., норвежск., греч. и исп. кор. домами. Стал датским подданным и служил в датской армии.

Приехав с семьей в Канаду в 1948, работал на строительстве дорог. Был женат на датчанке. От первого брака у него было двое детей. Вторым браком был женат на венгерке. От этого брака у него была дочь. Третьим браком женился на русской.
И с т. АА. *Могилянский М.И.* Письма. 2001. 6 нояб.; 2002. 16 сент.
Л и т. *Vorres J.* Last Grand Duchess. London, 1964. (Главы из этой книги опубликованы в переводе В.В. Кузнецова // Звезда (Санкт-Петербург). 1998. №9. С. 107–125).

КУЛИКОВСКИЙ Николай Александрович (1883 – 11 авг. 1958) — полковник. Офицер Л.-гв. Кирасирского полка, полковник 12-го Ахтырского гус. полка, второй муж Вел. кн. *Ольги Александровны*. После бегства от большевиков в 1919 в Ростов, где его семье дал убежище датский консул, и проживания в Югославии, а с 1928 в Дании, пережив нем. оккупацию, переселился в 1948 с семьей в Канаду, где занимался фермерством. Сконч. в своем имении в Куксвилле, в пров. Онтарио.
Родственники: вдова Вел. кн. Ольга Александровна; сыновья *Гурий*, *Тихон*.
Похоронен на православном кладбище Йорк в Торонто.
И с т. АА. *Могилянский М.И.* Письма. 2001. 6 нояб.; 2002. 16 сент.
Л и т. *Плешко Н.Д.* Генеалогич. хроника // Новик (Нью-Йорк). 1958. Отд. III. С. 4.

КУЛИКОВСКИЙ Тихон Николаевич (25 авг. 1917, Ай-Тодор Таврич. губ. – 8 апр. 1993, Торонто) — внук императора Александра III, племянник императора Николая II. Его матерью была Вел. кн. *Ольга Александровна*, родная сестра императора Николая II, а отцом — полковник Л.-гв. *Н.А. Куликовский*. В 1919 семья Куликовских выехала в Данию, где уже проживала вдовствующая императрица Мария Федоровна. Состоял в родстве с брит., норвежск., греч. и исп. кор. домами.

В Дании семья Куликовских стала центром колонии рус. беженцев. Вступил в Датскую Кор. гв. и ушел в отставку в чине капитана. Вел. кнг. Ольга Александровна помогала после оконч. войны беженцам из СССР избежать насильственной репатриации. Это вызвало конфликт между правительствами СССР и Дании, что вынудило семью Куликовских переселиться в Канаду. В Торонто много лет работал в Департаменте дорог пров. Онтарио. Короткое время преподавал рус. яз. в Торонтском ун-те. Последние годы был почетным председателем Фонда помощи России им. Вел. кнг. Ольги Александровны. Был женат на датчанке, покинувшей его после переезда в Канаду.
Погребен на кладбище Йорк рядом со своими родителями.
И с т. АА. *Могилянский М.И.* Письма. 2001. 6 нояб.; 2002. 16 сент.
Л и т. *Правление Фонда помощи России им. Е.И.В. Вел. кн. Ольги Александровны.* Тихон Николаевич Куликовский-Романов // Кад. Перекличка. 1993. Дек. № 53. С. 155–159; *Vorres J.* Last Grand Duchess. London, 1964. (Главы из этой книги опубликованы в переводе В.В. Кузнецова // Звезда (Санкт-Петербург). 1998. №9. С. 107–125). НРС. 1993. 26 апр.

КУЛИНИЧЕНКО Александр Семенович (2 марта 1907, Екатеринослав – 18 сент. 1972, Нью-Йорк) — инж.-металлург-проектировщик. Род. в семье вагоновожатого трамвая. В 1932 оконч. Днепропетровский Политехнич. ин-т с дипломом инж.-механика, а в 1934 — Орджоникидзевский Ин-т цветных металлов. Работал перед Второй мировой войной в Днепропетровске. В 1943 эвакуировался на Запад. После пребывания на положении «перемещенного лица» переселился в июле 1949 с семьей в США. Жил и работал в Нью-Йорке и ездил в длительные профессиональные командировки в Турцию. Был членом Амер. Об-ва горных инж. и металлургов (AIME).
Родственники: вдова (урожд. Мурзина) Ирина Алексеевна — инж.-строитель; дочь Ариадна.

Похоронен на кладбище монастыря Ново-Дивеево.
И с т. АА. Личные сведения; *Кулиниченко И.А.* Анкета Биографич. словаря «Русские в Северной Америке». 2003. 11 июля.

КУЛИЧКОВ Сергей Никитич (? – 10 сент. 1978, Лос-Анджелес) — участник Белого движения на Юге России, капитан, инж.-строитель. Оконч. Михайловское арт. уч-ще портупей-юнкером. Первопоходник Алексеевского арт. дивизиона во время Гражданской войны. Переселился в США. Один из основателей Об-ва «Форт Росс» в Калифорнии.
Л и т. *Лисицын*, полк. Некролог // Часовой (Брюссель). 1978. Нояб. – дек. № 615. С. 20.

КУЛОМЗИН [**Koulomzine** Theodore] Федор Яковлевич (3 сент. 1906, Санкт-Петербург – 1 мая 1972, Монреаль) — геофизик. После революции семья Куломзиных переехала на Украину, где отец и два брата матери К. были зверски убиты большевиками. В 1921 семье удалось бежать за границу. Оконч. в Чехословакии гимназию с золотой медалью. Дальнейшее образование продолжил во Франции, в 1928 оконч. Сорбоннский ун-т и получил диплом инж.-геолога. В 1929 оконч. в Страсбурге Высшую школу нефтяной промышленности с дипломом инж.-геофизика. После оконч. ун-та получил работу в Алжире и Марокко по изысканию железорудных месторождений. В 1933 занимал должность директора компании во Франции. В 1934 переехал на постоянное жительство в Канаду. С 1937 по 1963 был создателем и совладельцем трех компаний по геофизич. и геологич. разведке. Под его рук. в теч. этих лет были произведены исследования 470 участков, где были возможности открыть месторождения полезных ископаемых. Начал разработку залежей меди, золота, цинка и никеля в р-не, где потом развился город Вал д'Ор в Квебеке с населением 20 тыс. человек. В этом городе построил православную церковь. В своей практич. работе применял собственные методы изысканий и разведоч. бурения, за что получил несколько патентов.

С 1963 до 1972 заведовал кафедрой геофизики в Высшей технич. школе в Монреале. **К.** опубликовано 23 науч. статьи на англ., франц. и нем. яз.х. Был членом Об-ва инж. Квебека, Канадского об-ва горных инж. и металлургов, Амер. ин-та горных инж., металлургов и нефтяников, Канадского геологич. об-ва, Об-ва геофизиков и РАГ в США. Был известен своей благотворительностью и оказанием помощи рус. беженцам. *Родственники:* жена (урожд. кнж. Щербатова) Мария Николаевна (1905–1971); четыре дочери; внук; внучка.
И с т. АОРИ.
Л и т. *К.Б.* Федор Яковлевич Куломзин // Записки РАГ в США (Нью-Йорк). 1972. С. 330–331; *Юрасов Вл.* Памяти проф. Ф.Я. Куломзина // НРС. 1972. 10 мая.

КУЛОМЗИНА [Sophie **Koulomzin**] София Сергеевна (1903, Санкт-Петербург – 29 сент. 2000, Валей Коттедж, шт. Нью-Йорк) — автор православной лит. Основатель православной комиссии по вопросам образования, лектор Свято-Владимирской семинарии. Род. в семье общественного деятеля С.И. Шидловского. После захвата власти большевиками семья Шидловских вынуждена была бежать в Эстонию. Много занималась самообразованием, получила стипендию для занятий в Берлинском ун-те, а затем при содействии Фонда Рокфеллера продолжала в 1926–27 образование в Колумбийском ун-те в Нью-Йорке, получив ст. магистра по дух. образованию. Возвратившись во Францию, получила должность директора отдела образования РСХД. Во время Второй мировой войны семья Куломзиных жила в Париже, а потом в провинции, где помогала сов. военнопленным. Выйдя в 1949 замуж за инж. Никиту Куломзина, с семьей переехала в Америку и стала работать в отделе образования митрополии (ПЦА), организовала Комиссию по православному христианскому образованию, ред. журнал этой комиссии «The Bulletin», изд. журналы «Young Life» для детей, «Upbeat» для молодежи и квартальник «Concern» для взрослых. Посетила Аляску для изучения положения и нужд церковного образования.

С 1956 по 1973 преподавала курс по вопросам христианского образования в Свято-Владимирской семинарии. Автор книг на англ. яз. «Our Church and our Children», «God is with us», «History of the Orthodox Church» и воспоминаний «Many Worlds». Участвовала в основании при церкви Покрова Божией Матери в Наяке, в шт. Нью-Йорк, журнала на рус. яз. для детей «Трезвон», распространяемого по всему миру. Будучи эмигранткой, писала для эмигрантов и увидела свои работы изданными в освободившейся от коммунизма России. До самой смерти возглавляла оргцию по отправке дух. книг в Россию. В авг. 1999 награждена Патриархом Алексием II Орденом Святой Софии за деятельность, посвященную возрождению православия в России. За свою деятельность в обл. дух. образования удостоилась получения благодарственной грамоты от митрополита всея Америки и Канады *Феодосия*. *Родственники:* муж, инж. Никита Куломзин; дочери — Елизавета Лопухина, Ольга Полухина, Ксения Калинина; сын Георгий; 11 внуков.
Л и т. *Kazich T.* Sophie Koulomzin // Orthodox Church. Tarasar Constance J.(Gen. Ed.). 1975. P. 235; Mrs. Sophie Koulomzine honored for lifelong publishing, religious education ministry // The Orthodiox Church. 1999. Dec.; *Kishkovsky S.* Sophie Koulomzin Dies at 96, Orthodox Christian Educator // The New York Times. 2000. Oct. 4; *Jennings P., Brewster T.* Sophie Koulomzin, in Century // Donbleday. 2000.

КУЛЬ Василий Михайлович (? – 26 окт. 1957) — общественный деятель. Род. в крестьянской семье. Приехал на заработки в США в марте 1914. Работал рудокопом в шт. Нью-Джерси, а затем литейщиком на заводе. Начал заниматься общественной деятельностью с 17-летнего возраста. В период 1920–26 работал над подготовкой объединения разрозненных рус. орг-ций в Америке. Прошел курс технич. образования, что дало ему возможность занять должность ст. техника на заводе. В 1926 на колониальном съезде в Филадельфии возглавлял Федерацию прогрессивных об-в взаимопомощи. Участвовал в 14 съездах РООВА, в котором занимал ответственные выборные должности.

С 1942 по 1952 был председателем РООВА. Ему принадлежит много проектов и их осуществление, таких как сооружение памятника А.С Пушкину в парке на Ферме РООВА, библиотеки-архива, детской дачи, памятника рус. воинам, павшим в рядах амер. армии, дома для престарелых. Снискал известность как журналист, неутомимо выступавший в прессе по вопросам РООВА. Особенно заботился об изд. и распространении «Русского вестника», отображавшего жизнь и заботы Об-ва. *Родственники:* вдова; сын Павел.
Л и т. *Винслов Я.А.* Василий Михайлович Куль, 20 лет на Роовской ниве // Рус. вестник. 1947. Янв. – февр. № 153–154. С. 71–74; Некролог // Там же. 1957. № 267.

КУМАНСКИЙ Георгий Васильевич (род. 21 янв. 1923, Вильно, Польша) — общественный и полит. деят., инж.-электрик. Род. в семье офицера Рус. Императорской армии, Георгиевского кавалера, в Вильно. В 1940 бежал с отцом от красных в Германию. В 1944 оконч. Рус. реальную гимназию в Праге, в Чехословакии. В 1946 бежал второй раз от красных из Праги в Австрию. В 1949 уехал из Австрии в Аргентину, где принимал участие в общественной жизни рус. колонии и в 1952 вступил в РИС-О.

В 1963 в связи с увеличивающимся коммунистич. влиянием в Аргентине уехал в США. Работал на проектах электростанций и участвовал в общественной жизни рус. колонии в Сан-Франциско в качестве зам. нач-ка РИС-О и представителя на Зап. побережье США и вице-председателя Госпиталя св. Иоанна Кронштадтского для престарелых, члена правления Дома Св. Владимира (предоставление жилья для неимущих ст. возраста), члена правления газ. «Русская жизнь», члена совета Зап.-Амер. Епархии; «Старший друг скаутов» (звание получено от основателя рус. скаутизма *О.И. Пантюхова*), член Рус. центра, председатель ревизионной комиссии СчРК, в теч. 10 лет — председатель родительского комитета Рус. гимназии свв. Кирилла и Мефодия и член Объединения Кадет Рос. кад. корпусов. За свою деятельность удостоился получения почетной грамоты от города Сан-Франциско, благодарности от Музея им. В.К. Арсеньева во Владивостоке, ОРЮР в России, полковника О.И. Пантюхова, Рус. дома св. Владимира в Сан-Франциско, РОВС, РИС-О (50-летие пребывания в строю), Русско-Амер. общины, награжден нагрудным знаком «Лиенц 1945–2000», грамотой от «Bechtel Information Program» и других. Женат на Лидии Фердинандовне.
И и т. Архив КРА. *Куманский В.* Автобиография и копии похвальных грамот. 2002.

КУН фон ПУШЕНТАЛЬ — См. **ПУШЕНТАЛЬ** Владимир фон, бар.

КУНОВСКИЙ [Kounovsky Nicholas] Николай (1913, Одесса Херсонской губ. – 1993, Толстовский центр Валей Коттедж, шт. Нью-Йорк) — преподаватель физкультуры. После ухода из России проживал в Париже, где изуч. аэронавтику и гимнастич. тренировку. Выработал свою систему упражнений, основанных на шести основных факторах, определяющих физич. выдержку гимнаста — выносливости, гибкости, чувстве равновесия, силе, скорости и ловкости или координации движений. Он назвал эти шесть факторов «шестимерием» (sixometry). Прибыл в США в 1940 и основал гимнастич. школы в Нью-Йорке, в Лонг-Айленде и в Голливуде. Познакомил американцев с европейской гимнастикой, написал на англ. яз. три книги о методах индивидуальной физич. подготовки. Аавтор многоч. статей в спортивных журналах.
Л и т. Nicholas Kounovsky, Fitness expert, 80 // The New York Times. 1993. Dec. 8.

КУПЕР Эмиль Альбертович (13 дек. 1877, Херсон – 16 нояб. 1960, Нью-Йорк) — дирижер, скрипач. Дирижировал в Киеве, в опере Зимина в Москве и в Мариинском театре в Санкт-Петербурге. В 1909–11 дирижировал спектаклями «Русских сезонов» в Париже. С 1919 был членом дирекции, зав. муз. частью и дирижером Мариинского театра. Занимал должность проф. Петроградской консерватории и был одним из организаторов Петроградской филармонии. Печатал статьи в журналах «Театр» и «Утро России». В 1924 выехал из Сов. России в Ригу. В 1928 эмигрировал в США. Рук. симфонич. оркестром в Батон-Руж в шт. Луизиана.
Л и т. Некролог // НРС. 1960. 17 нояб.; *Raymond B., David J.* Kuper Emil // The Russian Diaspora, 1917–1941. Maryland and London, 2000. P. 137–138.

КУПРЕЯНОВ Иван Антонович (1799 – 1857) — седьмой правитель Рус. Америки. Его мор. карьера началась с участия в антарктич. экспедиции на шлюпе «Мирный» под командой лейтенанта *М.П. Лазарева*. Вторым кораблем, участвовавшим в экспедиции, был «Восток», под командой капитана II ранга *Ф. Беллингсгаузена*. В 1834 получил назнач. на пост правителя Рус. Америки. Отправившись в путь через всю Сибирь, прибыл с женой на место 25 окт. 1835. Во время правления Купреянова у о-ва Баранова в 1837 погиб корабль «Чилкат» под командой лейтенанта Воронкова со всей командой. Старый замок в Ново-Архангельске был снесен и на его месте построен новый.

На смену К. 1 мая 1840 прибыл капитан II ранга А.К. Этолин. К. с женой отправились мор. путем вокруг Юж. Америки и через Атлантич. океан в Кронштадт. После возвращения в Россию продолжал служить и получил в 1852 чин вице-адм. Именем К. названа бухта на Алеутских о-вах, пролив и гора на Александровском архипелаге и гора на о-ве Кадьяк. Потомки К. проживают в России.
Л и т. *Pierce R. A.* Ivan Kupreianov // Builders of Alaska. The Russian Governors, Queen's University. 1986. P. 18–19; *Петров В.* Рус. в истории Америки. Вашингтон, 1988. С.148–149; *Быков В.* Поездка в Форт Росс // Неделя. Воскресное приложение к Известиям (Москва). 1991. № 11.

КУР А.А. — см. **КУРЕНКОВ** Александр Александрович

КУРГАНОВ Александр М. — певец-тенор. Оконч. уч-ще при Московской филармонии и стал выступать с концертами. Присоединился к труппе «Летучая мышь».

Ездил на гастроли с опереткой Щукина. После выступления в Бакинской опере приглашен в Москву в Муз. драматич. театр, а затем — в частную оперу Зимина. Перед отъездом из России приглашен в Мариинский театр в Петрограде. Выступал в героич. ролях, таких, как Рауль в «Гугенотах», и в лирич. ролях — в роли Ленского в «Евгении Онегине». Продолжал совершенствоваться в итальянск. стиле пения под рук. проф. Маринетти, ставшей впоследствии его женой. Выехав за границу, выступал в операх и на концертах во Франции, Италии, Египте и Испании, где пел с *Ф.И. Шаляпиным* в «Борисе Годунове». Переселившись в США, пел сначала перед рус. публикой. Был очень хорошо принят амер. публикой в Филадельфии и в Нью-Йорке.
Л и т. *Martianoff N.N.* Alexander M. Kurganoff // Russian artists in America. 1933. P. 147.

КУРГАНОВ Иван Алексеевич (1 янв. 1895, Курган Вятской губ. – 16 сент. 1980, Нью-Йорк) — экономист, полит. деятель. Род. в семье бедного крестьянина. В 1904 оконч. сельскую трёхклассную школу. Работал переписчиком в сельском правлении, конторщиком на заводе. В 1911 оконч. учетно-экономич. курсы. После оконч. курсов служил бухгалтером в крупных кооперативных орг-циях. Занимался самообразованием и в 1915 выдержал экстернтом экзамен за гимназич. курс. В 1915 призван в армию. Оконч. Чистопольскую школу прапорщиков. Участник Первой мировой войны. Участвовал в воен. действиях на Кавказском и на Зап. фронтах. После Октябрьского переворота вступил в Белую армию и сражался против большевиков в Сибири. Был захвачен большевиками (1920) и, избежав расстрела, вернулся в Петроград, но в 1921 в связи с Кронштадтским восстанием был арестован, как быв. белый офицер. После подавления восстания вышел на свободу и стал служить в кооперативных орг-циях. Одновременно учился. Скрыв свое участие в Белой армии, преподавал в Ленинградском финансово-экономич. ин-те и в Московском кооперативном ин-те. В 1934 получил звание проф. и в 1940 удостоен ст. доктора экономич. наук. Автор учебника по торговому учету и планированию, учебника по оперативно-балансовому учету и ряда науч. работ по теории учета фондов, теории баланса. В СССР опубликовал 12 трудов. В 1941–42 — в блокадном Ленинграде. Весной 1942 эвакуирован на Сев. Кавказ накануне его занятия нем. армией, занимал пост исполняющего должность директора Ленинградского финансово-экономического ин-та. С авг. 1942 — в нем. оккупации, работал в органах самоуправления на Сев. Кавказе. Зимой 1942–43 с семьей выехал через Киев и Львов на Запад, оказавшись в Германии. Сочувственно относился к Власовскому движению, однако ввиду антинацистских высказываний **К.** нацисты не разрешили его кооптацию в члены КОНР. До конца войны работал на ф-ке в Берлине.

После оконч. военных действий бежал с семьей в амер. зону оккупации, откуда эмигрировал в США. В Нью-Йорке был вынужден сначала работать упаковщиком на спичечной ф-ке. Стал участвовать в полит. жизни Рус. Зарубежья. В 1957 участвовал в работе Конгресса за права и свободу в России, состоявшегося в Гааге, был зам. председателя и председателем Координационного центра освобождения народов России, председателем Координационного центра антибольшевистской борьбы. Подвергался угрозам со стороны большевистской агентуры. В 1959 перешел на научно-публицистич. работу. Им опубликованы три книги: «Нации СССР», «Семья в СССР», «Женщины и коммунизм» и ряд статей и брошюр о коммунизме в России. В книге «Семья в СССР», которая охватывает период с 1917 по 1967, сделал анализ состояния семьи в СССР в условиях коммунизма, при котором семья должна отмереть. Процесс отмирания начался, что подтверждается демографич. данными, указывающими на катастрофич. падение рождаемости.

Л и т. Иван Алексеевич Курганов // Записки РАГ в США (Нью-Йорк). 1970. Т. IV. С. 243–244; И.А. Курганов (к 80-летию) // НРС. 1975. 15 июня; *Самарин В.* Памяти И.А. Курганова // НРС. 1980. 1 окт.; И.А. Курганов (некролог) // Встречи (Франкфурт-на-Майне). 1980. Сент. – окт. № 221–222. С. 12.

КУРЕНКО [Kurenko Maria] Мария Михайловна (16 авг. 1890, Москва – 17 мая 1980, Нью-Йорк) — оперная певица, исполнительница рус. песен и романсов. Род. в зажиточной семье знатоков и любителей музыки, что определило ее увлечение музыкой и пением.

В 1915 она оконч. с золотой медалью Московскую консерваторию и в то же время получила в Московском ун-те диплом юриста. В 1916 начала выступать с большим успехом в Харьковской опере, но вскоре вернулась в Москву, где начала петь в Оперном театре, исполняя главные роли в рус. и итальянск. операх. Захват власти большевиками вынудил **К.** покинуть родину и поселиться в Латвии, откуда она выезжала на гастроли в др. балтийские страны, Польшу и Финляндию. После весьма выдающегося концерта в Париже получила приглашение в Америку. Начала выступать в Лос-Анджелесской опере. Приняла амер. гражданство. В теч. последующих десятилетий выступала на концертах по всей стране и по радио. Во время Второй мировой войны выступала перед войсками и на многих благотворительных концертах. Записи в ее исполнении стали очень популярными. Дирижер *Сергей Кусевицкий* считал **К.** лучшей в мире исполнительницей романсов Чайковского. *Родственники:* сын Вадим Федорович Гонцов — киноактер.

Похоронена на кладбище монастыря Ново-Дивеево, близ Нанует (шт. Нью-Йорк).

И с т. АА. *Федоровская М.Н.* Письмо С. Рагозину. 1999. 19 окт.; АРЦ. *Морозова О.А.* Биографич. сборник, черновая рукопись. М-73 (MS 268). С. 4.41.

Л и т. Сконч. Мария Куренко // НРС. 1980. 20 мая; *Raymond B., David J.* Kurenko Maria // The Russian Diaspora, 1917–1941. Maryland and London, 2000. P. 138–139.

КУРЕНКОВ [Кур] Александр Александрович (1892 – 2 мая 1971, Менло-Парк, шт. Калифорния) — участник Белого движения на Востоке России, ген.-майор (по КИАФ). Участник Первой мировой войны. Был отравлен газами и ранен, Георгиевский кавалер. Во время Гражданской войны, будучи в чине капитана, организовал в Шадринске Пермской губ. партизанский отряд для борьбы с большевиками. Освобождал Екатеринбург (1918). В 1919 стал командиром 27-го Верхотурского полка 7-й Сибирской стрелковой дивизии (с янв. 1919). Участник Сибирского («Ледяного») похода 1920.

После оконч. Гражданской войны эмигрировал в 1923 в США. Позже изменил фам. на Кур. Был председателем Союза участников Сибирского «Ледяного похода», сотрудником Музея рус. культуры в Сан-Франциско. Автор работ по философии, религиоведению и естествознанию. Увлекался языкознанием. Изд. и ред. монархич. газ. «Вестник правды». Интересовался так наз. «Велесовой книгой», рукописью, якобы датированной V–VI вв., отвергнутой всеми компетентными учеными как подделка. В 1937 Вел. кн. Владимир Кириллович присвоил **К.** чин ген.-майора.

Похоронен на участке Союза Георгиевских кавалеров на Серб. кладбище в Сан-Франциско.

И с т. АА. *Шмелев А.В.* К 50-летию Музея русской культуры в Сан-Франциско. Машинопись, 3 с. 1998; АМРК. А.А. Куренков // Коллекции Гуверовского ин-та. Pdf 86, 2 К; Незабытые могилы / Сост. В.Н. Чуваков. Т. III. С. 647.

Л и т. *А.Д.* Некролог // Первопоходник (Лос-Анджелес). 1971. № 1.

КУРИЛО Иван Григорьевич (23 авг. 1910, Санкт-Петербург – ?) — инж.-химик. В 1932, оконч. ун-т в Лилле, во Франции, с дипломом инж.-химика. В США жил в Нью-Йорке. Действительный член Об-ва рус. инж. в США.

И с т. АОРИ. Анкета.

КУРОЧКИН Тимофей Иванович — бактериолог. Род. в Благовещенске, окончил Петербургский ун-т, по непроверенным сведениям, вел исследования в Монголии. После переселения в США более 10 лет работал при Бостонском ун-те. После того перешел в Рокфеллеровский ун-т.

И с т. АРЦ. *Морозова О.А.* Биографич. сб. — черновая рукопись. M-73 (MS 268). С. 4.23.

КУСЕВИЦКАЯ Наталья Константиновна (1881, Москва – 11 янв. 1942, Бостон) — скульптор. Род. в семье миллионера и мецената К.К. Ушакова. Худ. образование получила в Москве и там же посещала ун-т. В 1905 вышла замуж за музыканта *С.А. Кусевицкого,* помогала ему в орг-ции концертов. В 1920 выехала с ним в Париж. В 1924 Кусевицкие переселились в США. Создала бюст мужа, скульптурные портреты Я. Сибелиуса и М. Равеля. Участвовала в выставках в Париже и в Нью-Йорке.

Л и т. *Лейкинд О.Л., Махров К.В., Северюхин Д.Я.* Худ. Рус. зарубежья 1917–1939. С.358; Некрологи // НРС. 1942. 13 янв.; 1952. 12 янв.;

КУСЕВИЦКАЯ Ольга Александровна (1901, Самара – 1978, Нью-Йорк) — карикатуристка, деятель в муз. фонде. Род. в семье министра земледелия Александра Наумова. После большевистского переворота семья Наумовых покинула Россию и поселилась на юге Франции. Ольга занималась рис. карикатур, главным образом на музыкантов. В 1939 переехала в США, куда ее выписала тетка, первая жена дирижера *С.А. Кусевицкого.* Работала секретарем у *Кусевицкого.* Через семь лет после смерти тетки стала женой Кусевицкого. После смерти мужа посвятила себя работе в основанном мужем Муз. фонде Кусевицкого, а также в Амер. междунар. муз. фонде, в Колонии Мак-Доуэлла для творч. артистов. За работу в обл. муз. культуры получила премию Ассоциации друзей муз. в Танглвуде и золотую медаль им. Луиса Брандейса.

Л и т. Сконч. Ольга Кусевицкая // НРС. 1978. 8 янв.

КУСЕВИЦКИЙ Сергей Александрович (26 июля 1874, Вышний Волочок Тверской губ. – 4 июля 1951, Бостон) — дирижер, контрабасист, музыковед. Род. в семье еврейского свадебного музыканта. Образование получил в муз.-драматич. уч-ще Московского филармонич. об-ва. С 1901 преподавал в том же уч-ще. Как контрабасист выступал с большим успехом во время гастролей по городам России и Европы. В Берлине совершенствовался как дирижер. В 1909 создал Московский симфонич. оркестр. С 1917 по 1920 был главным дирижером Гос. симфонич. оркестра. В 1920 выехал за границу и поселился в Париже, выступал в серии симфонич. концертов. Награжден орденом Почетного легиона.

В 1923 выехал в США, здесь с 1924 по 1949 был дирижером Бостонского симфонич. оркестра, с которым исполнял произведения рус. композиторов: от Мусоргского, Римского-Корсакова, Глазунова и Рахманинова до Прокофьева и Шостаковича. Как организатор известен созданием ежегодного муз. фестиваля Тэнглвуде, в Ленноксе. В Ленноксе существует музей, устроенный в доме Кусевицкого под названием Саранак (акроним, составленный из имен Сергей и Наталия — так звали его жену). В 1949 ушел в отставку, продирижировав Бостонским симфонич. оркестром 25 лет и получив почетные дипломы доктора муз. от двух амер. ун-тов. Стравинский и Тосканини относились к дирижерству Кусевицкого критически. *Родственники:* жена (урожд. Ушакова) *Наталья Константиновна.*

Л и т. АРЦ. *Морозова О.А.* Биографич. сборник — черновая рукопись. M-73 (MS 268). С. 4.15.

Л и т. *Вильданова Р.И., Кудрявцев В.Б., Лаппо-Данилевский К.Ю.* Краткий биографич. словарь рус. зарубежья // *Струве Г.* С. 326; *Каплан Роман.* Там русский дух. // НРС. 1987. 13 сент.; *Свет Г.* Сергей Кусевицкий // Там же. 1964. 1 авг.; *Сидоренко В.* С.А. Кусевицкий / РМ. 1974. 24 янв.; Raymond B., David J. Kusevitskii Sergei // The Russian Diaspora, 1917–1941. Maryland and London, 2000. P. 139.

КУСКОВ Иван Александрович (1765, Тотьма Вологодской губ. – 1822, Тотьма) — основатель Форта Росс в Калифорнии. В 1790 познакомился с будущим правителем Рус. Америки *А.А. Барановым* и заключил с ним контракт, по которому отправился из Охотска в Уналашку, на Аляске.

Прибыв туда после кораблекрушения, в 1791 стал помощником Баранова. Отличался твердостью характера и великолепными организаторскими способностями. Помогал Баранову в снабжении населения рус. колоний пропитанием, одеждой и снаряжением для охоты на мор. пушного зверя, постройкой крепостей и в обороне рус. поселений от тлинкитов. К этому нужно прибавить участие в заключении торговых и промышленных соглашений с ин. компаниями. За службу награжден в 1806 медалью «За усердие» на Владимирской ленте для ношения на шее, врученной ему камергером *Н.П. Резановым,* прибывшим в Рус. Америку из Петербурга и присвоившим ему чин коммерции советника, расширивший его административные и торговые полномочия. В 1808 по совету Резанова Баранов поручил К. основание рус. поселения в Калифорнии для снабжения Аляски пропитанием. Такая задача требовала тщательной подготовки. Для выбора места для будущего поселения совершил пять мор. походов в Калифорнию для осмотра и описания ее берегов. Во время пятого похода место для основания колонии было выбрано в 15 верстах выше впадения р. Славянки (теперь Russian River). Началось строительство крепости, и, 30 авг. 1812 после молебна на мачте со стеньгой был торжественно поднят трехцветный флаг. Обустроил форт, вооруженный 15 пушками, в котором были: дом нач-ка, казармы, склады, мельницы на конской тяге, мастерские, кожевенный завод, баня и скотные дворы, строились мор. суда, в окрестностях велась охота на мор. зверя и дичь, разводились огороды и сады. Занимался дипломатич. отношениями и торговлей с испанцами, поселения которых располагались к югу от Форта Росс. Население Форта Росс достигло 500 человек — рус., алеутов и кадьякцев. Оставался на посту правителя Форта Росс и сопредельных земель до 1821. При его управлении калифорнийские владения РАК достигли самого высокого уровня процветания. В 1822 вернулся в родную Тотьму.

Л и т. *Петров В.* Русские в истории Америки. Вашингтон, 1988. С. 45–57; Русская Америка / Под ред. Дридзо А.Д., Кинжалова Р.В. М., 1994.

КУСКОВА Екатерина Прохоровна — жена основателя Форта Росс. По происхождению — индианка с сев.-зап. побережья Аляски.

Открыла школу для детей рус. жителей Форта Росс, детей алеутов и местных индейцев, которых обучала грамоте. Изуч. яз. индейцев, живших в окрестностях Форта Росс, и способствовала мирным отношениям между рус. и индейцами.

Л и т. *Петров В.* Русские в истории Америки. Вашингтон, 1988. С. 45–57; Русская Америка / Под ред. Дридзо А.Д., Кинжалова Р.В. М., 1994.

КУТИН Александр (1900 – 31 мая 1986) — основатель и рук. балалаечного оркестра в Нью-Йорке. За 50 лет дал в Америке более тыс. представлений. *Родственники*: вдова Рита.

И с т. Незабытые могилы / Сост. В.Н. Чуваков. Т. III. С. 658.

Л и т. Некролог // Русский голос. 1986. 5 июня.

КУТОРГА Георгий Александрович (1903, Курск – 12 окт. 1975, Сан-Франциско) — участник Белого движения на Юге России, корнет. В 1913 поступил в Орловский Бахтина кад. корпус. Кадетом мл. класса ушел добровольцем в Белую армию и нес службу на бронепоезде «Генерал Корнилов».

В 1920 эвакуирован из Новороссийска на о-в Лемнос, а затем перевезен в Кор. СХС. Здесь поступил в Крымский кад. корпус, окончил его в 1922, определился в Николаевское кав. уч-ще в Белой Церкови. По оконч. уч-ща (1924) произведен в чин корнета и вышел в ячейку 17-го Черниговского гус. полка. Работал с перерывами в фирме «Ремингтон». В промежутке выезжал с женой Лидией Константиновной на работу в Германию. Вернувшись в Белград, не смог эвакуироваться при приближении Красной армии. Был арестован по обвинению в сотрудничестве с немцами и осужден на два с половиной тюремного заключения и на тяжелые работы. Выслан правительством Тито, как нежелательный русский, в Триест. Из Триеста эмигрировал в США, в Сан-Франциско, где вступил в Общекад. объединение и в Об-во рус. ветеранов Великой войны.

И с т. АОРВВВ. Некролог. Корнет Георгий Александрович Куторга // Альбом VI, 15-В.

КУХТА [**Kuchta** George] Георгий (1895 – 11 марта 1969) — общественный деятель РООВА. Прибыл в США на заработки перед Первой мировой войной.

Похоронен на Свято-Владимирском кладбище в Кэссвилле, в шт. Нью-Йорк.

И с т. АА. *Рагозин С.* Письмо. 2002. 22 нояб.

КУЧМАЗУКИН [**Koshmazok** Krym G.] Крым-Гирей (14 сент. 1906 – ?) — инж.-электрик. В 1933 оконч. Политехнич. ин-т в Праге. С 1934 по 1948 занимал должности ответственного инж. и ст. инж. на силовых станциях и по проведению линий высокого напряжения в Стамбуле, в Турции. Прибыл в США в 1948. Работал над проектами освещения и оборудования зданий сталелитейных заводов.

И с т. АОРИ. Анкета.

КУЧУГУРА Юрий Михайлович (род. 27 авг. 1925, Мукачево, Чехословакия) — инж. Среднее образование получил в лицее во Франции и высшее — в ун-те в Германии, в Саарбрюккене, с дипломом инж.-механика.

В 1951 эмигрировал в Канаду, где в Монреальском франц. ун-те написал дисс. на философскую тему и получил звание магистра. В 1955 поступил на работу в большую канадскую компанию «Белл Телефон», в которой проработал 35 лет до выхода на пенсию в 1990. В Монреале в 1998 вышла его книга мемуаров «Le temps passe, Les souvenirs restent» («Время уходит, воспоминания остаются»).

И с т. АА. *Могилянский М.* Биография Ю.М. Кучугуры (рукопись). 2001. АОРИ. Вопросник.

КУШНАРЕВ [George S. **Koushnareff**] Георгий Сергеевич — ветеран амер. армии. Сын *С.Г. Кушнарева*. Воен. подготовку получил, будучи студентом Сити колледжа в Нью-Йорке.

В 1944 в чине лейтенанта командовал отделением минометов при высадке десанта возле Орана, в Алжире. Был ранен и скончался в Оране (Сев. Африка).

И с т. *Pantuhoff O.* —1976.

КУШНАРЕВ Сергей Георгиевич (1894, Москва – 10 сент. 1955, под Вашингтоном) — участник Белого движения на Юге России, доктор философии, экономист. Учился в Московском ун-те и одновременно в Московской консерватории. Во время Первой мировой войны поступил в 1916 добровольцем на флот. Был зачислен на Черноморский флот. Служил навигационным лейтенантом на авиационной матке «Александр III». Во время Гражданской войны служил в белых войсках на Юге России, занимая ответственные должности в портах Керчи и Севастополя. В 1920 эвакуировался с семьей из Крыма в Константинополь. Затем эмигрировал в США, жил в Нью-Йорке, преподавал игру на рояле, имел небольшой оркестр. Решив продолжать образование, поступил в 1929 в Колумбийский ун-т. Получил ст. магистра и потом — доктора философии по экономике. Печатал статьи и обзоры о мор. торговле. Заведовал ввозом грузов в пароходной компании «U.S. Lines». С 1943 был ст. экономистом в ин. отделе министерства торговли. Представлял США на междунар. конгрессах в Лондоне и Риме. *Родственники*: жена (урожд. Григорьева) Ясса Николаевна; сын *Георгий*.

Л и т. Некролог // Бюллетень Об-ва быв. рус. мор. офицеров в Америке. 1955. № 3.

КЭЙ В.Е. [**Ключинский** В.Е.] — инж.-конструктор аэромобиля. Уроженец Пятигорска. В 1915 оконч. Петербургский ун-т и Московское высшее технич. уч-ще, в котором был студентом у проф. Н.Е. Жуковского, читавшего впервые в России курс по аэродинамике. В то же время под руководством Жуковского работал в Аэродинамич. ин-те под Москвой, устроенном на частные средства Д.П. Рябушинского. Рос. Земский союз отправил **К.** во время Первой мировой войны в США в составе закупочной комиссии, и после 1917 он обосновался в Америке, главным образом в Калифорнии, в Лос-Анджелесе. Здесь занимался проектами аэромобиля («флай-мобиля») и летающего дилижанса, соединяющих в себе автомобиль и вертолет.

Л и т. *Зароченцев М.Т.* Аэромобиль // Новая заря (Сан-Франциско). 1946. 10 янв.

КЭЙИ Нора [**Kaye** Nora, урожд. **Корева (Koreff)**)] (1920, Нью-Йорк – 28 февр. 1987, Лос-Анджелес) — балерина. Род. в семье быв. артиста Московского театра Корева. Начала заниматься балетом у *М. Фокина* с пятилетнего возраста. В возрасте 15 лет принята в кордебалет Метрополитен опера, танцевала в Амер. балете, основанном *Дж. Баланчиным*. Переменила фамилию, потому что считала, что амер. балерина должна иметь амер. фамилию. Выступление в роли Хагар в «Огненном столпе» дало **К.** звание прима-балерины и создало мировую известность. Ушла со сцены в 1961, но продолжала участвовать в постановках кинофильмов.

Л и т. *Dunning J.* Nora Kaye is dead, Leading Ballerina // The New York Times. 1987. March 1.

Л

ЛАБЗОВСКИЙ Николай (1913 – 1991, Торонто, Канада) — вирусолог. Род. в России, где получил среднее образование. В нач. 20-х гг. эмигрировал в Канаду, где получил высшее образование и степень доктора. До ухода на пенсию многие годы заведовал вирусной лабораторией Гос. департамента здравоохранения провинции Онтарио.

И с т. АА. *Могилянский М.* Николай Лабзовский. Рукопись, 2002.

ЛАБУНСКИЙ Александр Николаевич (17 авг. 1901 – ?) — горный инженер. Род. в России. Окончил Колумбийский ун-т с дипломом бакалавра наук и Горное уч-ще (School of Mines) при ун-те, получив диплом горного инженера. Во время Второй мировой войны участвовал в разработке «Манхэттенского проекта» по созданию атомной бомбы. С 1948 — президент Royal Mining Co. Инженер-консультант по обследованию, оценке и финансированию проектов горных и промышленных предприятий. Обладатель пяти патентов на процессы обогащения, включая обогащение урановой руды. *Родственники*: жена Елизавета (урожд. Джэнуаэй); дети: Анна и Александр Стивенс.

И с т. Материалы АОРИ в США.

ЛАБУНСКИЙ Виктор (1895, Санкт-Петербург – 1974, Нью-Йорк) — композитор, пианист. Учился в Санкт-Петербургской консерватории. В 1920–28 — зав. отделением фортепиано Харьковской консерватории. Переехав в США, в 1928 впервые выступил в зале Карнеги в Нью-Йорке. С 1928 — зав. отделением фортепиано консерватории в Нашвилле (шт. Теннесси). В конце 30-х гг. переселился в Канзас (шт. Миссури). Возглавил консерваторию при ун-те в Канзас-Сити. В отставке с 1971.

Л и т. Сконч. Виктор Лабунский // НРС. 1974. 30 янв.

ЛАБУНСКИЙ [Stephan B. **Labunsky**] Стефан Б. — ветеран армии США, рядовой I класса. В 1945 служил в Берлине.

И с т. *Pantuhoff Oleg* (Bates John L.) — 1976.

ЛАВОР Георгий [George **Lawor**] (23 окт. 1917 – 6 марта 1944) — ветеран армии США. Член РООВА. Поступил в армию в марте 1941. После тренировки в инженерных частях отправлен на фронт.

Участвовал в составе 36-го боевого соединения в высадках в Сев. Африке, на Сицилии и на предмостном укреплении в Анцио. Проявил мужество при спасении раненых товарищей от нем. огня. Ранен при разминировании минного поля противника. Скончался от ран. Похоронен на амер. военном кладбище в Наттуно (Италия). Удостоин ордена «Purple Heart» («Пурпурное сердце»).

Л и т. *Beresney Timothy A.* In Memoriam // Russian Herald. 1947. Jan. – Febr. P. 160.

ЛАВР [в миру **ШКУРЛА** Василий Михайлович] (род. 1927, Закарпатье, Чехословакия) — митрополит Восточ.-Амер. и Нью-Йоркский, Первоиерарх РПЦЗ. Род. в православной семье. В юности поступил во Владимирский монастырь в с. Ладимирово, где стал послушником. Во время Второй мировой войны при приближении сов. войск эвакуирован в Братиславу, затем вместе с братией — в Германию. В 1946 переведен в США в Свято-Троицкий монастырь РПЦЗ в Джорданвилле (шт. Нью-Йорк). Окончил дух. семинарию, принял монашеский постриг с именем Л. (1947). В 1954 рукоположен во иеромонаха, преподавал догматическое богословие и каноническое право. Игумен (1959), архимандрит (1966). В 1967 хиротонисан во епископа Манхэттенского, викария Восточ.-Амер. епархии и назначен секретарем Архиерейского Синода РПЦЗ. С 1976 — настоятель Свято-Троицкого монастыря, возглавил Свято-Троицкую епархию, ректор семинарии. Архиепископ (1981).

Гл. ред. изданий Свято-Троицкого монастыря, включая журнал «Православная Русь». Под рук. владыки Л. в монастыре проводились многочисленные строительные работы, построена кладбищенская церковь, паперть собора, общежитие для семинаристов, к 1000-летию Крещения Руси возведена колокольня. 10 июля 2001 заменил ушедшего на покой митрополита *Виталия (Устинова)*, Первоиерарха РПЦЗ. На архиерейском соборе РПЦЗ 25 окт. 2001 избран Первоиерархом и интронизирован 28 окт. 2001 г. В 2004 во главе делегации РПЦЗ впервые совершил визит в Россию. Сторонник сближения и диалога с МП РПЦ.

И с т. Православная Русь: orthrus@tlkenet.net

Л и т. *Бобров Н.* Краткий историч. очерк строительства Свято-Троицкого монастыря. Джорданвилл, 1969; Рус. православие объединяется // НРС. 2001. 29 окт.

ЛАВРИНОВСКАЯ Мария Сергеевна (1891 – 1986, Си Клифф, шт. Нью-Йорк) —

прямой потомок Ивана Ларионовича Голикова, финансировавшего экспедиции *Г.И. Шелихова*, в результате которых на Алеутских о-вах, на Аляске и в Сев. Калифорнии возникла Рус. Америка.

Дочь последнего дореволюционного губернатора Воронежской губ. Сергея Голикова. Перед революцией вышла замуж за вице-губернатора той же губ. Николая Лавриновского. После 1917 семья Л. бежала от большевиков и поселилась в Париже. Переехала с семьей дочери Екатерины Николаевны Квартировой в США. *Родственники*: дочь, внук и правнучка.

И с т. *Квартирова Е.Н.* Записка о матери (рукопись).

Л и т. Некролог. М.С. Лавриновская // РА. 1988. С. 226.

ЛАВРОВ Александр Иванович (1890, стан. Солёноозерная на Енисее – 4 окт. 1953, Лос-Анджелес) — участник Белого движения на Востоке России. Участник Первой мировой войны. После 1917 — в белых казачьих частях на Восточном фронте, есаул. С 1922 в эмиграции в Китае, затем в США. Жил в Калифорнии.

Л и т. Каз. словарь-справочник / Сост. Г. В. Губарев. Ред.-изд. А. И. Скрылов. Т. II. Сан-Ансельмо, 1968. С. 115.

ЛАВРОВ [Alexander I. **Lavrov**] Александр И. — ветеран ВВС США, майор. В 1945 служил в амер. секторе в Берлине.

И с т. *Pantuhoff Oleg (Bates John L.)* — 1976.

ЛАВРОВ Георгий Савельевич — общественный деятель.

Род. в рус. семье в Иокогаме (Япония), где окончил англ. гимназию. Продолжил образование в США, бакалавр по международной торговле. Работал 25 лет в области страхования в Японии и в странах побережья Тихого океана. В 1993–95 — председатель Рус.-Амер. торговой палаты в Сан-Франциско. Член правления Калифорнийского отдела КРА, состоял секретарём Главного правления КРА.

И с т. Архив КРА. *Lavrov G.* Autobiography, 1999.

ЛАГУНОВ Валентин В. [Valentine V. **Lagunoff**] — ветеран армии США, сержант. В 1945 служил в Берлине.

И с т. *Pantuhoff Oleg (Bates John L.)* — 1976.

ЛАЗАРЕВ Владимир Григорьевич (?, стан. Усть-Белокалитвенская Обл. Войска Донского – 1984, шт. Флорида) — участник Белого движения на Юге России, художник и иконописец. Подростком участвовал в Гражданской войне. После 1920 — в эмиграции в Кор. СХС. Оконч. Донской императора Александра III кад. кор-пус и Горную академию в Чехословакии. До и после Второй мировой войны около 20 лет выступал в качестве певца и танцора в хорах *Н.Ф. Кострюкова* и *С.А. Жарова*. В составе хоров объехал много стран. Искал и приобретал каз. оружие, снаряжение, каз. одежду, собрал ценную коллекцию. После 1945 — в США. Жил с семьёй в Нью-Йорке, где много и успешно работал художником и иконописцем. Картины на каз. тематику и иконы старообрядческ. письма Д. выставлялись на ежегодных выставках в Нью-Йорке. В пер. пол. 90-х гг. 86 произведений Д. были переданы в музей истории донского каз. в Новочеркасске. О судьбе коллекции каз. оружия Д. сведений нет. *Родственники*: два сына.

Л и т. Казак — художник и коллекционер // Каз. вольница — в газ. Приазовский край (Ростов-на-Дону). 2004. 15, 28 июля.

ЛАЗАРЕВ Михаил Петрович (1788–1851) — мореплаватель, адмирал. В 1760–64 участвовал в открытии о-в Алеутской цепи. Соратник А.В. Суворова.

И с т. Краткая географич. энциклопедия. М., 1966. Т. V. С. 398, 473.

ЛАЗАРЕВИЧ Михаил Игнатьевич — деятель РООВА, предприниматель. Выходец из дер. Слободка Минской губ. В 1913 приехал в США и в первую очередь занялся самообразованием. Изучил англ. яз., окончил технич. и бухгалтерские курсы. Работал в нескольких фирмах по разным специальностям. Основал собственное дело по изготовлению и продаже мебели. С 1928 посвятил себя общественной работе — строительству Народного дома в Бруклине, затем деятельности в РООВА, где состоял председателем Главного правления (1937–45 и 1952–54).

Л и т. *Березний Т.А.* С. 179–181.

ЛАЗУХИН Виктор Сергеевич (род. 1927, Краматорск) — художник-график. До войны начал учиться живописи. С 1941 — в оккупации. Был вывезен с братом *Михаилом Л.* на работу в Германию. После 1945 — в Зап. Германии, где возобновил занятия искусством. Переселившись в США, продолжал занятия в Пенсильванской Академии художеств, в Пенсильванском ун-те и в Филадельфийском колледже искусств. Участник многочисленных выставок в США и Европе. Творчество Л. начал с реалистич. живописи с экспрессионистскими тенденциями. В США вернулся к реализму, но в 60-е гг. сделал поворот к фигуративному экспрессионизму. К концу 60-х гг. перешёл к комбинации литографии, коллажа, шёлкографии и конструкции. В 80-е гг. переключился на компьютерную графику. Проф. живописи и графики в Вестчестерском ун-те. Член Пенсильванской Академии художеств и Амер. об-ва цветных эстампов.

Л и т. *Голлербах С.* Виктор Лазухин — 50 лет творчества // НРС. 1988. 7 янв.

ЛАЗУХИН Михаил Сергеевич (род. 1923, Краматорск) — художник-график, педагог. С 1941 — в оккупации. Был вывезен с братом *Виктором Л.* на работу в Германию. После 1945 — в Зап. Германии и США. Работы Л. находятся во многих частных собраниях и музеях в США и за рубежом. Член Мирового центра графики, Национального общества акварелистов и Амер. об-ва цветных эстампов. Участник международных выставок. Работы Л. экспонируются в музеях США, Испании, Польши, Франции, Бразилии, Швеции, Англии.

Л и т. Встречи / Под ред. Вал. Синкевич. 1985 и 1989; Лазухин Михаил Сергеевич // Перекрёстки. 1981.

ЛАЙМИНГ Георгий Михайлович (14 апр. 1865, Путивль Курской губ. – 3 янв. 1958, Лос-Анджелес) — участник Белого движения на Юге России, генерал-лейтенант, педагог. Окончил Киевский кад. корпус (1883), фельдфебелем Павловское военное уч-ще (1885) и вышел подпоручиком с прикомандированием к Л.-гв. Финляндскому полку. Окончил курс Александровской военно-юридич. академии, служил по Военно-судебному ведомству, затем — Л.-гв. капитан в Финляндском полку. С 1898 — офицер-воспитатель Николаевского кад. корпуса в Санкт-Петербурге. Воспитатель Вел. Кн. Димитрия Павловича (1901–11), генерал-майор (1908). С 1911 служил по Главному управлению военно-учебных заведений, генерал для поручений. После 1917 — на Юге России, нач-к военно-учебных заведений ВСЮР (на дек. 1919). В 1920–23 — скрывался на нелегальном положении в Петрограде, затем выехал за рубеж. В эмиграции во Франции, с конца 30-х гг. — в США. Жил в Лос-Анджелесе, с 1947 — председатель Объединения Л.-гв. Финляндского полка и представитель Объединения в США. В апр. 1955 было торжественно отпраздновано 90-летие Л. *Родственники*: жена Мария Николаевна (урожд. Экк); сын Борис.

Л и т. *Волков С.В.* Офицеры российской гвардии. С. 271–272; *Ходнев Д.* Редкий юбилей // Часовой (Брюссель). 1955. Февр. № 350. С. 19.

ЛАНГ Валериан Димитриевич фон, (8 янв. 1895, Варшава – ?) — инженер-механик. В эмиграции в Чехословакии. Окончил Высшую Технич. школу в Брно (1930). В США с 1951. Жил в Бангоре (шт. Мэн). Действительный член Об-ва рус. инж. в США.

И с т. АОРИ. Анкета (1954).

ЛАНГСДОРФ [**Langsdorf von**, Georg Heinrich] Григорий Иванович (18 апр. 1774, Германия – 29 июня 1852, Фрейбург) — натуралист и этнограф. Оконч. Геттингенский ун-т с дипломом врача и хирурга. Служил врачом в португальской армии во время войны 1801 с Испанией. В 1803 присоединился к кругосветной экспедиции *И.Ф. Крузенштерна* и *Н.П. Резанова*. После несостоявшейся дипломатич. миссии Резанова в Японии и пребывания в Петропавловске-на-Камчатке прибыл в Рус. Америку в качестве личного врача Резанова. Путевые записки Л. (в 2-х т.) опубликованы во Франкфурте в 1812. В своих записках описывал недостатки в обращении РАК со своими служащими и туземцами, испытывавшими нужду в питании, одежде и врачебной помощи. Отмечал развитие огородничества, скотоводства и куроводства. Обращал внимание читателей на быстрое восприятие алеутами и не столь быстрое — тлингитами рус. культуры. Сопровождал Резанова в Калифорнию.

В 1808 с коллекций редких растений для рус. музеев прибыл в Санкт-Петербург. С 1808 — член Императорской РАН. Дальнейшая карьера Л. развивалась в Бразилии; в 1812–25 — рус. консул в Рио-де-Жанейро. Изучал страну, организовывал экспедиции в глубь материка, собирал этнографич. материалы о культуре и яз. индейцев гуана, апиака, бороро и др. племён, также собирал биологич. коллекции, отсылая собранное в Санкт-Петербург. Свои записки опубликовал на нем. яз. в 1821 и на португальском в 1822 («Memoire sur le Bresil»). Заболев малярией, вследствие которой потерял память, в 1830 вернулся во Фрейбург (Германия), жил на пенсию РАН. Записки и коллекции Л. до сих пор подлежат изуч. В 1974 АН СССР провела конференцию, посвящённую 200-летию со дня рождения Л.

И с т. БСЭ. Т. XIV. С. 141.

Л и т. *Pierce Richard A.* Russian America: A Biographical Dictionary. Ontario – Faibanks, 1990. P. 289–292.

ЛАНДРЕ [урожд. **Обыденная**] Лариса (1906, Москва – ?) — балерина. Училась в Петроградской балетной школе, ученица А.Я. Вагановой.

По окончании школы (1923) выехала к матери в Бухарест и была принята в балет Бухарестской оперы. Переехав в Париж, приглашена в труппу полковника *В.Г. de Базиля*. Балетная карьера Л прошла на сцене «Ла Скала», в Милане и Берлине, затем — в рус. балете С.П. Дягилева. После 1929 гастролировала с мужем М. Ландре, польским танцовщиком, в Южной Америке, США и в др. странах. С 1946 занималась преподавательской деятельностью. В 1948 году в Сиэтле открылась школа, в которой преподавание велось по методу Вагановой и было поставлено более 20 балетов. Многие ученицы, окончившие школу Л., стали профессиональными балеринами и открыли собственные балетные школы.

Л и т. *Мессина В.* Последняя жемчужина серебряного века // НРС. 1994. 28 окт.

ЛАНЖЕРОН АНДРО де, Александр Фёдорович [Людовик Александр **Андро де Ланжерон**], гр. (1763–1831) — генерал-лейтенант. В 1783 в качестве французского добровольца воевал в армии Дж. Вашингтона в чине лейтенанта, награждён орденом Цинцинната. После возвращения во Францию дослужился до чина полковника. Революционный террор 1793–94 вынудил Л. эмигрировать в Россию, где он поступил на рус. службу. Участник кампаний против шведов, турок и французов, генерал-лейтенант.

Служил под командованием А.В. Суворова и М.И. Кутузова. Участник войны 1812, командовал 50-тыс. корпусом. 1 янв. 1814 г. перешёл Рейн, затем — в сражениях во Франц. Занял Монмартрские высоты и, таким образом, участвовал во взятии своего Парижа. Родоначальник рус. рода Андро де Ланжеронов, потомки которого после ухода от большевиков проживают в США.

Л и т. *Александров Е.А.* От Вашингтона до Кутузова // РА. 1978. Июнь. № 14. С. 10–12.

ЛАНИНА — см. **ПОПОВА** Александра Григорьевна.

ЛАНКОВСКИЙ Борис Сергеевич (6 апр. 1891 – 7 мая 1943, Нью-Йорк) — лейтенант Рос. военно-морского флота. Окончил Морской корпус (1912). Участник Первой мировой войны и Белого движения. После 1920 — в эмиграции в США. Состоял членом Об-ва быв. рус. морских офицеров в Америке.

Тело Л. было предано сожжению.

Л и т. Морские записки (Нью-Йорк). 1943. Дек. С. 68.

ЛАНКОВСКИЙ Всеволод Владимирович — инженер. Служил при городской управе Лос-Анджелеса (шт. Калифорния). Затем — нач-к отдела, занимавшегося проведением высоковольтной линии от гидроэлектрич. станции на реке Колорадо до Лос-Анджелеса.

И с т. АМРЦ. *Морозова О.А.* Биографич. сборник — черновая рукопись: М-73 (MS 268). С. 5.3.

ЛАНСКОЙ Илларион Сергеевич, гр. (8 окт. 1894, Тверская губ. – 16 авг. 1984, Джорданвилл, шт. Нью-Йорк) — участник Белого движения на Юге России, ротмистр (на 1920). Участник Первой мировой войны в рядах 12-го драгунского Стародубовского полка 12-й кав. дивизии. После Октябрьского переворота 1917 — в белых войсках на Юге России. Эвакуировался из Крыма в составе Рус. армии в ноябре 1920, в 1920–21 — в Галлиполи в рядах 2-го кав. полка кав. дивизии I арм. корпуса. В эмиграции в США.

И с т. Ланской Илларион Сергеевич // Незабытые могилы / Сост. В. Н. Чуваков. Т. IV. С. 48

Л и т. *Волков С.В.* Офицеры армейской кавалерии. С. 303; Некролог // Часовой (Брюссель). 1984. Нояб. – дек. № 652. С. 27.

ЛАНЦЕВ Георгий Вячеславович (? – 22 окт. 1955, Бёркли, шт. Калифорния) — профессор рус. истории. Окончил Санкт-Петербургский ун-т, ученик С.Ф. Платонова. После 1917 — в эмиграции в США. Окончил Стэнфордский ун-т (Пало-Альто, Калифорния), в котором с 1946 занимал кафедру истории. Преподавал историю в Уэлсли-колледже (Wellesley College) в шт. Массачусетс.

И с т. Ланцев Георгий Вячеславович // Незабытые могилы / Сост. В. Н. Чуваков. Т. IV. С. 48; *Мартьянов Н.Н.* Список... С. 84–88.

ЛАПИКАН [Peter P. **Lapikan**] Пётр П. — ветеран армии США, капитан. В 1945 служил в Берлине.

И с т. *Pantuhoff Oleg (Bates John L.)* — 1976.

ЛАПИН Леонид Васильевич (3 июня 1884 – 17 апр. 1977, Лос-Анджелес, шт. Калифорния [по др. дан. 18 апр. 1977, шт. Коннектикут]) — участник Белого движения на Юге России, инженер-механик, капитан II ранга (1920). Окончил Морское инж. уч-ще (1908), участник оказания спасательных работ во время землетрясения на Сицилии (1908). Один год учился в Морской академии. После Октябрьского переворота 1917 — на Юге России, участник Белой борьбы под Андреевским флагом. После 1920 — в эмиграции в США, где работал авиационным инженером-проектировщиком.

И с т. АОРИ в США. Вопросник; Лапин Леонид Васильевич // Незабытые могилы / Сост. В. Н. Чуваков. Т. IV. С. 49.

Л и т. Мартиролог рус. военно-мор. эм. С. 82.

ЛАПИН [Peter **Lapin**] Пётр — ветеран армии США. На службу вступил добровольцем. Воевал во Вьетнаме в рядах 4-й пехотной дивизии в чине специалиста IV класса (22 янв. 1969 – 21 янв. 1970). Кавалер боевых наград: National Service Medal, Combat Infantryman Badge, Veteran Service Medal with 2 Bronze service stars, Vietnam Campaign Medal, Good Conduct Medal.

И с т. Архив *О.О. Пантюхова*. Лапин Пётр. Автобиография для «Золотого списка русских военных ветеранов» (1 с.), 1976.

ЛАПТЕВ Алексей Виссарионович (1905–?) — архитектор, промышленный художник. Окончил архитектурный ф-т Мичиганского ун-та в Анн-Арборе (1933). Работал художником и скульптором по созданию новых форм автомобильных кузовов в корпорации «Дженерал моторс» и в др. компаниях. Лепил модели архитектурных ансамблей.

И с т. АА. *Лаптев А.* Письмо, 1976.

ЛАРИНА Зинаида — балерина. Род. в Сибири. Окончила Девичий ин-т в Иркутске, где начала балетную карьеру под рук. балерины пражской оперы Марии Стеки. В 1920 с балетной труппой попала во Владивосток, откуда переехала в США. В Нью-Йорке продолжала учиться балетному искусству у Тарасовой и *М.М. Фокина*. Выступала в Нью-Йорке и Лос-Анджелесе с разнообразным репертуаром (джазовые танцы и классич. балет), в театрах «Капитоль», «Парамаунт», «Рокси».

И с т. АМРЦ. *Морозова О.А.* Биографич. сборник — черновая рукопись: М-73 (MS 268). С. 5.28.

ЛА СОТА [Leonid A. **La Sota**] Леонид Андреевич (1919 – 22 нояб. 1943) — участник Второй мировой войны, ветеран военно-морского флота США. Состоял членом 63-го отдела РООВА в Хэмпстеде, Лонг-Айленд (шт. Нью-Йорк). Погиб во время сражения в Тихом океане.

И с т. *Pantuhoff Oleg (Bates John L.)* — 1976.

Л и т. *Beresney Timothy A.* In Memoriam // Russian Herald. 1947. Jan. – Febr. P. 157–163.

ЛАХМАН Гизелла Сигизмундовна (1895, Киев – 28 окт. 1969) — поэтесса, переводчик. Училась в Киеве, детство провела в родительской усадьбе. С 1919 — в эмиграции в Германии, жила в Берлине. В 20-х гг. поселилась в Швейцарии, с 1941 в США. В Нью-Йорке была близка к кружку рус. поэтов в Америке. В 1949 участвовала в издании сборника «Четырнадцать», названного так по числу участников. В 1950 переехала в Вашингтон и работала в Библиотеке Конгресса США. В 50-х и 60-х гг. стихотворения и переводы Л. регулярно публиковались на страницах журналов «Мосты» (Мюнхен), «Новый журнал» (Нью-Йорк), газеты «Новое русское слово» (Нью-Йорк) и др. рус. зарубежных периодич. изданий. В двух сб. произведений Л. «Пленные слова» (1952) и «Зеркала» (1965) опубликованы 199 стихотворений и переводов Э. Диккенсон, Р. Фроста и Э. Ст. Винцент Миллей. В произведениях Л. преобладают лирич. миниатюры и чувствуется влияние акмеизма.

Л и т. *Вильданова Р.И., Кудрявцев В.Б., Лаппо-Данилевский К.Ю.* Краткий биографич. словарь рус. зарубежья // *Струве Г.* С. 328; *Витковский Е.В.* Антология... Кн. 2. С. 425; *Крейд В.* С. 636; Ledkovsky Marina et al. Dictionatry of Russian Women Writers. Westprotrt, London, 1994. 869 pp.

ЛЕБЕДЕВ Александр Сергеевич (1901, Санкт-Петербург – 1962, Квебек, Канада) — радиокомментатор, журналист. Окончил петербургскую гимназию, учился в Санкт-Петербургском ун-те. После 1917 — в эмиграции в Латвии, образование завершил в Риге. В Канаде с 1951. Работал в международном отделе «Радио Канада», где для коротковолновых передач администрация использовала знание Л. англ., франц., рус., нем. и лат. яз. По состоянию здоровья перешёл на журналистскую работу. Публиковал статьи на лит. темы и выступал с докладами во франц. ун-те Лаваль в Квебеке. Деятельность Л. положительно освещалась во франко-канадской печати.

И с т. АА. *Могилянский М.* Биография А.С. Лебедева. Машинопись, 4 нояб. 2002.

ЛЕБЕДЕВ Александр Фёдорович (1893–1982) — участник Белого движения на Волге, проф. геологии. После 1920 остался в Сов. России. В 20–30-е гг., скрывал своё прошлое, занимался изучением угольных месторождений бассейна р. Печоры. Преподавал геологию в Москве. Во время Второй мировой войны был эвакуирован с семьей на Сев. Кавказ, с 1942 в оккупации. Был эвакуирован с семьей в Германию. Работал в геологич. ведомстве в Берлине. В 1945 переехал в Вюртемберг, где оказался во франц. зоне оккупации. Насильственной репатриации в СССР избежал. Жил в Бразилии, где зарабатывал на жизнь живописью, затем в США. Работал в Калифорнии. Продолжал писать картины, продавал их в собственном ателье и на выставках. *Родственники*: дети Лариса; *Сергей*.

И с т. АА. *Александров Е.А.* Воспоминания (рукопись, письма), 1945–70; АРЦ. *Тарала Г.А.* Сводка кладбищенских дат, 2003. С. 3.

ЛЕБЕДЕВ Владимир Александрович (1917–?) — художник, реставратор. Член Амер. федерации искусств, международного ин-та художников-реставраторов. Участник выставок во Франции, Голландии и США. Расписывал внутри павильон Советского Союза на всемирной выставке 1939 в Нью-Йорке.

Л и т. Лебедев Владимир Александрович // Перекрестки. 1979.

ЛЕБЕДЕВ Владимир Иванович (1884, Ахалцихе, Грузия – 30 марта 1956, Нью-Йорк) — журналист, общественно-политич. деятель. Окончил Тифлисское военное уч-ще. Участник рус.-яп. войны 1904–05. Затем оставил службу, член ПСР. Участвовал в эсеровской деятельности в Севастополе. С 1908 во Франции. Ред. журнала «За народ», автор «Русского богатства». Участник Первой мировой войны. В 1914 сформировал рус. отряд в составе Франц. армии, в котором служил рядовым. Лейтенант франц. армии за боевые отличия. Автор статей и репортажей с передовых позиций. После Февральской революции 1917 вернулся в Россию. Ред. газ. «Воля народа». Управляющий Морским ведомством (до авг. 1917). После Октябрьского переворота 1917 — на Волге, участник создания Народной армии Комуча, в которой служил рядовым. Уфимским Гос. Совещанием откомандирован во Владивосток и далее — в США. После 1920 — в эмиграции в Чехословакии, Франции и Кор. СХС. Ред. журнала «Воля России», автор рус. зарубежной социалистич. печати. В конце 20-х гг. совершил нелегальную поездку в СССР. Председатель Земгора, по нек. дан., состоял в масонской ложе. В США с 1936, жил в Чикаго, с 1938 в Нью-Йорке. Член ред. газ. «Новое русское слово» (Нью-Йорк), основатель (1942–56) и председатель благотворительного Об-ва приехавших из Европы. *Родственники*: жена Маргарита Николаевна; дочь Ирина.

Похоронен на Свято-Владимирском кладбище в Кэсвилле (шт. Нью-Джерси).

И с т. Лебедев Владимир Иванович // Незабытые могилы / Сост. В. Н. Чуваков. Т. IV. С. 68–69.

Л и т. *Вильданова Р.И., Кудрявцев В.Б., Лаппо-Данилевский К.Ю.* Краткий биографич. словарь рус. зарубежья // *Струве Г.* С. 328–329.

ЛЕБЕДЕВ Дмитрий Александрович (1920, Петроград – 1977, Монреаль) — химик, режиссёр радиопередач. Выехал с родителями в Германию, где получил среднее и высшее образование с дипломом химика. В Канаде с 1951, несколько лет работал химиком в Квебеке.

После испытания получил должность режиссёра радиопередач («продюсера») в рус. секции международного отдела «Радио Канада». В 1970–77 — главный режиссёр рус. секции.

И с т. Архив КРА. *Могилянский М.* Биография Д.И. Лебедева. Машинопись, 4 нояб. 2002.

ЛЕБЕДЕВ Иван (? – 16 мая 1950) — киноартист, ветеран. Учился в Санкт-Петербурге, готовился к дипломатич. карьере. Во время Первой мировой войны поступил вольноопределяющимся в драгунский полк. После 1917 — в эмиграции в США. В 1931 сыграл одну из главных ролей в пьесе «Шах королю». По долгосрочному контракту работал в Америке в «Radio Orfeum Corporation».

Похоронен на Сербском кладбище в Сан-Франциско.

И с т. АМРЦ. *Морозова О.А.* Биографич. сборник — черновая рукопись: М-73 (MS 268). С. 5–13; АРЦ. *Тарала Г.А.* Сводка кладбищенских дат, 2003. С. 3.

ЛЕБЕДЕВ Олег Иванович (11 янв. 1893, Екатеринодар – ночь с 14 на 15 нояб. 1973, Нью-Йорк) — участник Белого движения на Юге России, генерал-майор. Казак стан. Роговской Таманского отдела Обл. Войска Кубанского. Окончил Воронежский кад. корпус, Николаевское кав. уч-ще (1912) и вышел хорунжим в 1-й Екатеринодарский каз. кошевого атамана Чапеги полк 3-й Кавказской каз. дивизии (Екатеринодар). Участник Первой мировой войны, кавалер ордена св. Георгия IV ст. и др. боевых наград. Есаул (на 1917). После Октябрьского переворота 1917 — в белых войсках на Юге России. Полковник (1918), генерал-майор (1920). Командир 1-го Екатеринодарского полка 1-й конной дивизии (1919), нач-к Кубанского ген. Алексеева военного уч-ща (1920). Эвакуировался из Крыма в составе Рус. армии в 1920. В 1921 — на о. Лемнос. В эмиграции в Болгарии (на 1925). Нач-к гарнизона Сеймена (Болгария). На 1931 — во Франции. Служил директором кад. корпуса им. императора Николая II в Версале.

После 1945 — в США, жил в Нью-Йорке. Работал для Синода РПЦЗ, преподавал в Свято-Сергиевской гимназии, зам. директора Синодальной субботней школы. Состоял председателем Объединения окончивших Кубанское военное уч-ще, вице-председателем Союза Георгиевских кавалеров, командиром Гарнизона № 297 Союза Армии и Флота США. Похоронен на кладбище монастыря Ново-Дивеево (шт. Нью-Йорк).

И с т. Лебедев Олег Иванович // Незабытые могилы / Сост. В. Н. Чуваков. Т. IV. С. 72–73.

Л и т. *Волков С.В.* Энциклопедия Гр. войны. С. 72–73; На отпевании О.И. Лебедева // НРС.

1973. 22 нояб.; Незабытые могилы // Часовой (Брюссель). 1974. Янв. № 571, С .19.

ЛЕБЕДЕВ Сергей Александрович (1928, Москва – 1990) — физик. Род. в семье проф. геологии *А.Ф. Лебедева*. Во время Второй мировой войны эвакуировался с родителями на Сев. Кавказ, где в 1942 семья Л. оказалась в нем. оккупации и затем выехала в Германию. Учился в нем. школе. Эмигрировал с родителями в Бразилию, где продолжал образование. Переселился на постоянное жительство в США. Учился в аспирантуре в ун-те Бёркли в Калифорнии, получил докторскую степень по физике. Далее совершенствовал знания в Королевском ун-те в Белфасте (Сев. Ирландия), в ин-те Макса Планка в Германии и в унте Дж. Гопкинса в США.

В теч. 20 лет вёл исследования в обл. физики атмосферы при ин-те Годдарда Национальной администрации аэронавтики и по изучению межпланетного пространства. При помощи компьютерных вычислений создавал модели влияния газов атмосферы на мировой климат. Около 30 лет изучал природу и причины климатич. изменений за последнее столетие. Автор трудов по специальности. *Родственники*: жена Джин (урожд. Крешак).

И с т. АА. Переписка с А.Ф. Лебедевым (1990).
Л и т. Sergej A. Lebedeff, 62, Atmospheric Scientist // The New York Times. 1990. Nov. 2.

ЛЕБЕДЕВ Юрий Евгеньевич (28 окт. 1906 – ?) — металлург-исследователь. Окончил Горный ин-т Южной Дакоты (1927) с дипломом горного инженера. Магистр (1937), доктор наук (1952). Работал химиком-аналитиком и учёным-исследователем-металлургом. Научный сотрудник Ратгерского ун-та, член комитета по радиоактивным изотопам. Получил лично и с сотрудниками 49 американских и 38 иностранных патентов за изобретения.
И с т. Материалы АОРИ.

ЛЕБЕДЕВА Елена Георгиевна (род. 1931, Югославия) — зав. рус. секцией «Радио Канада». Окончила рус. гимназию, три года училась в Белградском ун-те.

В Канаде с 1954. В 1963 поступила в рус. секцию международного отдела «Радио Канада», где проработала 28 лет. Занимала должности постановщика, затем — старшего постановщика и зав. секцией. На пенсии с 1991. После ухода в отставку приглашена заведовать рус. библиотекой при Петропавловском соборе в Монреале.
И с т. АА. *Могилянский М.* Биография Е.Л. Лебедевой. Рукопись, 2001.

ЛЕБЕДИНСКИЙ Борис Александрович (1930, Белград – 1989) — архитектор. Род. в семье рус. беженцев. Окончил рус. кад. корпус. Эмигрировал в Канаду, где получил высшее образование в Торонтском ун-те и на архитектурном ф-те ун-та Мак-Гилл в Монреале. До 1959 работал в Торонто в архитектурной фирме. В 1959–89 рук. собственной архитектурной фирмой в Торонто.
Ист. АА. *Могилянский М.* Биография Б.А. Лебединского. Машинопись

ЛЕВАНДОВСКИЙ Михаил Александрович (25 авг. 1890 [по др. дан. 1889] – 13 апр. 1967, Нью-Йорк) — участник Белого движения на Юге России, полковник. Окончил Николаевское кав. уч-ще (1914). Участник Первой мировой войны, штабс-ротмистр 18-го гус. Нежинского полка 2-й отдельной кав. бригады (на 1917). После Октябрьского переворота 1917 — в белых войсках на Юге России. С мая 1918 — в рядах 2-го офицерского конного (с 1919 — ген. Дроздовского) полка 3-й пехотной дивизии Добровольч. армии. Полковник (на 1920). Эвакуировался из Крыма в нояб. 1920. В 1920–21 — в Галлиполи. Командир взвода Николаевского кав. уч-ща (на 1921). В эмиграции в Кор. СХС. В 1941–45 — в рядах Рус. Корпуса, командир роты 4-го полка. Был ранен. После 1945 — в эмиграции в США. *Родственники*: жена (урожд. Бекар); сын Александр (1922–77, Понтиак) — подпоручик Рус. Корпуса.
И с т. Левандовский Михаил Александрович // Незабытые могилы / Сост. В. Н. Чуваков. Т. IV. С. 82.

Л и т. *Волков С.В.* Офицеры армейской кавалерии. С. 305; Некролог // Часовой (Брюссель). 1967. Июнь. № 492. С. 23.

ЛЕВАНДОВСКИЙ Н.Р. [N.R. **Levandovsky**] — ветеран армии США, первый лейтенант.
И с т. *Pantuhoff Oleg (Bates John L.)* — 1976.

ЛЕВАШОВ Михаил Дмитриевич (1739–1775) — мореплаватель. В 1768 совместно с *П.К. Креницыным* участвовал в исследовании и нанесении на карту Алеутских о-вов и побережья Аляски. Составил географо-этнографич. описание Алеутских о-вов. Именем Л. названы один из проливов Курильских о-вов, мыс и вулкан на о-ве Парамушир.
Л и т. Краткая географич. энциклопедия, М., 1966. Т. V. С. 398, 475.

ЛЕВЕНЕЦ Борис Георгиевич [**Levenetz Boris**] (род. 3 февр. 1913, Санкт-Петербург) — инженер, специалист по материалам для строительства самолетов. Окончил механич. отделение Технич. ун-та в Берлине (1938) со степенью магистра по самолётостроению. Работал в Германии инженером проектировщиком и аналитиком, ответственным за создание тренировоч. самолёта и за разработку концепций лёгких самолётов. После 1945 — преподавал, консультант египетского правительства по материалам для самолётостроения и их испытанию при высоких температурах.

В США работал в самолётостроительных компаниях Anderson, Cessna, Solar и корпорации Whittaker по проектированию и испытанию корпуса самолета, слоистых неметаллических материалов сложного состава и созданию универсальной обмоточной машины. Получил ряд патентов, включая патенты на обмоточную машину, плетеные подкрепления для сложных структур, линейные структуры и структуры из плетеных волокон. Член Об-ва по созданию и применению материалов для воздушно-космич. пространства. Автор статей по специальности в технич. журналах.

И с т. Archives of Association of Russian-American Engineers in USA; *Levenetz Boris*, Curriculum vitae. 1968. Oct. 23.

ЛЕВИН Вениамин Михайлович (1892, Санкт-Петербург – 12 дек. 1953, Нью-Йорк) — поэт, лит. критик, мемуарист. Окончил реальное уч-ще, учился в психоневрологическом ин-те. Член ПСР. За участие в революционном движении в 1910 был приговорён к пожизненной ссылке в Иркутскую губ. В 1917 вернулся из ссылки, сотрудник Чрезвычайной следственной комиссии Временного правительства. После захвата власти большевиками уехал в Сибирь, затем в эмиграции в Китае. В США с 1922 (1923?). Сотрудник журнала «Жизнь», газ. «Русский голос» и «Новое русское слово» (Нью-Йорк).
С о ч. Песнь о Пекине. Сб. стихов. Нью-Йорк — Париж, 1927.
И с т. Левин Вениамин Михайлович // Незабытые могилы / Сост. В. Н. Чуваков. Т. IV. С. 87.
Л и т. *Вильданова Р.И., Кудрявцев В.Б., Лаппо-Данилевский К.Ю.* Краткий биографич. словарь рус. зарубежья // *Струве Г.* С. 329.

ЛЕВИН Иосиф Аркадьевич (13 дек. 1874, Орёл – 1 дек. 1944, Нью-Йорк) — пианист. Проф. Московской консерватории (1902–05). В 1906–14 давал концерты в разных странах Европы. В США с 1919. Преподавал в школе Джуллиард в Нью-Йорке, где учеником Л. был В. Клайберн (Клиберн).

ЛЕВИТСКИЙ [Левицкий] Иван Иванович (1 февр. 1906, Вильно – 5 марта 1983) — церковный деятель, регент-псаломщик и композитор, преподаватель. Род. в семье митрофорного протоиерея Иоанна Л. Воспитанник Виленской дух. семинарии и Варшавской консерватории. С 1930 служил регентом-псаломщиком в Люблине и др. городах Польши. В 1935 принят в православную военную епархию при польской армии. При приближении сов. войск в 1944 уехал в Вену, затем в Зальцбург, где принимал активное участие в церковной жизни. В Штутгарте восстанавливал рус. церковь, разрушенную при бомбардировках. В 1950 с семьёй приехал в Нью-Йорк, а затем в Ютику, где получил должность регента-псаломщика. Трудился в приходе бесплатно и работал простым рабочим на фабрике. В 1954 переехал в Сиракузы, где вскоре получил должность преподавателя рус. яз. в школе лётчиков при Сиракузском ун-те. Из слушателей Л. организовал хор, с успехом выступавший перед амер. военной аудиторией. Автор нескольких дух. произведений и многочисленных аранжировок, создатель дух.-патриотич. произведений, записанных на четырёх долгоиграющих граммофонных пластинках, выпущенных в 1956 (по случаю 50-летия архиерейского служения митрополита *Анастасия (Грибановского)*, в 1959 в память 50-летия кончины о. Иоанна Кронштадтского, в 1960 («Привет тебе пасхальный, Россия») и в 1983 («Сказание и страшном суде»). *Родственники*: жена (в браке с 1947) Екатерина Георгиевна (урожд. Ландзуриади).
Л и т. *Полчанинов Р.В.* Памяти И.И. Левитского // НРС. 1984. 29 марта.

ЛЕВИЦКАЯ [урождённая **Семёнова**] Тамара Алексеевна (26 апр. 1906, Киев – 4 июля 2001) — актриса, режиссёр. Театральное образование получила в студии Соловцова, служила актрисой киевского Рус. драматич. театра и снималась в кино. Во время Второй мировой войны оказалась в Германии. После войны нашла с семьёй временный приют в лагере для перемещённых лиц в Шлейсгейме (Бавария), где начала заниматься театральными постановками и устройством концертов.

В сент. 1949 переехала с мужем и дочерью в США. Работала два года на фабрике. Затем был основан Театр рус.-амер. молодёжи, существовавший в Нью-Йорке (1968–78) под попечительством КРА. Л. была его режиссёром, много занималась с молодёжью театральным искусством и исправлением произношения некоторых актёров, говоривших по-русски с акцентом. Эскизы костюмов и декорации для спектаклей рисовала дочь Л. Репертуар театра включал в себя около 12 пьес и постановок по произведениям рус. классиков. Под рук. Л. театр выезжал на гастроли в соседние города, где выступал с большим успехом. Овдовела в 1988. *Родственники*: муж *Дмитрий Фёдорович* Л.; дочь *Вероника* (в браке *Гашурова*) — художник; внучка, правнучка и зять.

Похоронена на кладбище женского монастыря Ново-Дивеево близ Нануэт (шт. Нью-Йорк).
И с т. АА. *Гашурова В.* Жизнеописание Тамары Алексеевны Левицкой и анкета КРА. Рукопись, 2001. 5 с.
Л и т. *Гашурова В.* Доброй памяти Тамары Алексеевны Левицкой // РМ. 2001. 23 июня.

ЛЕВИЦКИЙ Александр (род. 22 июля 1947, Прага) — литературовед. Род. в семье эмигранта из России, проф. консерватории и дирижёра. В США с 1964, гражданин США (1965). Окончил ун-т Миннесоты со степенью бакалавра. В 1977 защитил докторскую дисс. по славянским яз. и лит. при Мичиганском ун-те в Анн Арбор. С 1975 преподаёт родные яз., чешск. и рус., читает курсы по истории рус. лит. в ун-те Браун и во время летних семестров в Миддлбэри колледже (Вермонт). Проф. ун-та Браун. Свободно владеет польским яз., читает на нем., франц., шведск. и всех славянских яз. Главная обл. исследований — рус. лит. XVIII в. Печатные труды Л. включают книгу «Russian Eighteenth-century Sacred Verse» (Русская ода духовная XVIII столетия) по теме докторской дисс. Помощник ред. и переводчик на англ. яз. антологии чешск. поэзии. Автор около 30 статей, посвящённых обзору дух. стихов, элементам поэтики света в лит. Киевской Руси, дух. стихам XVII в. в России и в Польше, Ломоносовским псалмам, византийскому влиянию на раннюю рус. архитектуру, рус. фантастике начиная с 1840 до сегодняшнего дня. Частично библиография трудов Л. опубликована в «Записках Русской академической группы в США» (Нью-Йорк, 1990. Т. XXIII. С. 240-241). Член РАГ в США. *Родственники*: жена; двое сыновей, две дочери.
И с т. Archives of the Association of Russian-American Scholars in the USA. *Levitsky A.* Curriculum vitae, 1985.

ЛЕВИЦКИЙ Димитрий Александрович (род. 4 февр. 1907, Ченстохов) — славист, общественно-политич. деятель. Сын офицера 14-го гус. Митавского полка, участника Первой мировой войны, убитого большевиками зимой 1918. Во время Первой мировой войны, когда отец был на фронте, семья Л. эвакуировались в Курскую губернию, а в 1917 переехала в Москву, где Димитрий поступил в гимназию. После гибели отца семья Л. выехала в Латвию и поселилась в Риге, где проживала до 1944. Окончил Рижскую городскую рус. гимназию (1925) и юридич. ф-т Латвийского ун-та (1935). Гражданин Латвии, состоял в рус. студенч. корпорации «Рутения». Юрист, работал в страховом об-ве, продолжал работать в обл. страхования во время сов. (1940–41) и нем. оккупации (1941–44). Во время нем. оккупации — управляющий делами и зам. председателя Рус. комитета при гражданском управлении в Риге. С приближением сов. войск эвакуировался в Берлин. Участник Власовского движения. С нояб. 1944 — нач-к секретариата Главного организационного управления КОНР генерал-майора В.Ф. Малышкина. Об участии Л. во Власовском движении упомянуто в пяти книгах, включая опубликованные в России посмертные записки В.Ф. Малышкина. После окончания войны — в амер. оккупационной зоне Германии. Преподавал рус. яз. в школе армии США в Обераммергау (Бавария). В США с 1951. Преподавал рус. яз. в гос. учреждении. Окончил славянск. ф-т Пенсильванского ун-та (1969). Защитил докторскую дисс. о творч. Арк. Аверченко. Перу Л. принадлежит брошюра «Материалы по истории русских студенческих корпораций» (Нью-Йорк, совместно с А.Я Флауме), а также около 60 статей, опубликованных в разных сб. и изданиях, в т.ч. — в «Новом журнале» (Нью-Йорк), журнале «Посев» (Франкфурт-на-Майне), «Записках РАГ» (Нью-Йорк), газ. «Новое русское слово» (Нью-Йорк), «Русская жизнь» (Сан-Франциско) и под псевд. А. Димов в газ. «Русская мысль» (Париж).

Публицистика Л. посвящена правовому положению рус. в Латвии, латвийской тематике, русофобству, текущей политике и истории. Многолетний член КРА, несколько раз избирался в состав правления Вашингтонского отдела КРА, состоит членом РАГ в США. На пенсии с 1975, проживает с супругой в Арлингтоне (Виргиния), продолжает писать статьи в защиту рус. от шовинистич. клеветы. В журнале «Русский американец» (Нью-Йорк, № 21) опубликована статья Л. о русофобии. *Родственники*: жена Эстер Вальтеровна.

С о ч. Аркадий Аверченко: жизненный путь. Вашингтон, 1973; М., 1999; О положении рус. в независимой Латвии // НЖ. 1980. № 141. С. 206-233,

И с т. АА. Переписка с Д.А. Левицким (1997); Архив РАГ в США. *Левицкий Д.А.* Автобиография, перечень публикаций (1979); *Кромиади К.Г.* «За землю, за волю...» Сан-Франциско, 1980; *Штрик-Штрикфельд В.К.* Против Сталина и Гитлера. Генерал Власов и Русское освободительное движение. Франкфурт-на-Майне, 1975; *Strik-Strikfeldt W.* Gegen Stalin und Hitler. Mainz, 1970; Л и т. *Александров Е.А.* 1997, Димитрий Александрович Левицкий // РА. 1997. С. 166–167 (With English summary); *Журавлёв С.* Ветеран «рутенов» // Диена (Рига). 1997. 21 апр.; Из записной книжки генерал-майора Василия Фёдоровича Малышкина // *Александров К.М.* Против Сталина. С. 296, 300–301; *Фрёлих С.Б.* Генерал Власов. Рус. и немцы между Гитлером и Сталиным / Пер. с нем. Ю.К. Мейера при участии Д.А. Левицкого. Тёнэфли, 1990; *Fisher G.* Opposition to Stalin. Cambridge, 1952; *Fröhlich S.* General Wlassow. Russen und Deutsche zwischen Hitler und Stalin. Köln, 1987;

ЛЕВИЦКИЙ Дмитрий Фёдорович (19 окт. 1903, Ташкент – 10 июля 1988, Нью-Йорк) — инженер-электрик, педагог. С 1908 жил с семьёй в Киеве. Окончил электротехнич. ин-т (1929), с 1937 — главный инженер теплоэлектроцентрали. Пережил в Киеве Гражданскую войну, искусственный голод 1933 и сталинский террор. С 1941 в нем. оккупации, выехал с семьёй из Киева в Германию и в 1945 оказался с женой и дочерью в качестве перемещённого лица в Кемптене. С единомышленниками организовал школу для рус. детей, которая позднее влилась в рус. гимназию в Шлейсгейме.

В сент. 1949 семья Л. переехала в США и поселилась в Нью-Йорке. Первые годы зарабатывал на жизнь чёрной работой. С 1952 работал чертёжником и проектировщиком. Вёл класс по рус. лит. при церковно-приходской рус. школе во Флашинге под Нью-Йорком, в которой учились около 100 учеников. Помогал жене *Тамаре Алексеевне Л.* в театре рус. молодёжи. *Родственники*: жена Тамара Алексеевна (урожд. Семёнова); дочь Вероника; зять; внучка и правнучка.

Похоронен на кладбище женского монастыря в Ново-Дивеево близ Нануэт (шт. Нью-Йорк).

И с т. Архив КРА. *Гашурова В.* Жизнеописание Дмитрия Фёдоровича Левицкого. Рукопись и анкета, 1989. 5 стр.

ЛЕВИЦКИЙ Евгений Львович (4 февр. 1897 – 30 марта 1975) — участник Белого движения на Востоке России, подполковник. Образование получил в Уфимской мужской гимназии. Окончил Ташкентское военное уч-ще и офицерские кав. курсы. С мая 1915 — в распоряжении штаба Иркутского ВО. Служил мл. офицером и нач-м команды конных разведчиков 35-го Сибирского стрелкового полка, затем — мл. офицером самокатных частей. Штабс-капитан (на 1917), кавалер трёх орденов за отличия. В марте 1918 уволен от службы по демобилизации. В авг. 1918 вступил добровольцем в Народную армию Комуча и назначен мл. офицером 1-го эскадрона 4-го Уфимского кав. полка. Подполковник (апр. 1920), командир отдельного конного дивизиона (1922–23). Кавалер ордена «За Великий Сибирский поход» на Георгиевской ленте I ст. Был ранен.

После 1923 — в эмиграции в США. Член Об-ва рус. ветеранов Великой войны в Сан-Франциско (с 1926).

Похоронен на Сербском кладбище в Сан-Франциско.

И с т. АОРВВВ. Некролог. Подполковник Евгений Львович Левицкий // 1975. Март. Альбом VI, 16-В.

ЛЕВИЦКИЙ Сергей Александрович (15 марта 1908, Либава Курляндской губ. – 24 сент. 1983, Вашингтон) — философ, последователь Н.О. Лосского. Сын капитана II ранга А.П. Левицкого. Оконч. гимназию в Таллине, Карлов ун-т в Праге (1939). Получил ст. доктора философии за дисс. «Свобода как условие возможности объективного познания», в которой развил интуитивистские взгляды рус. философов Н.О. Лосского и С.Л. Франка. Был лектором Свободного рус. ун-та в Праге. Л. писал в своих полемич. статьях, что «национальная исключительность чужда русскому духу, и поэтому и русский национализм не имеет в себе резкого разграничения на "наших" и "не наших", которое свойственно большинству других националистов. В русском национализме нет отрицательной нацеленности».

Член НТС с 1942, один из идеологов солидаризма. При наступлении сов. войск эвакуировался в Берлин, занимался журналистикой. После войны — в беженском лагере Менхенгоф под Касселем. В США с 1949. Доцент (1950–56), лектор (до 1958) и проф. (1964–65) в Джорджтаунском ун-те. В 1955–65 работал на радиостанции «Голос Америки», где был ст. ред. передач и ведал культурными программами. Творч. Л. как «достойного преемника русской философии» высоко ценил Н.О. Лосский. Многоч. философские статьи и социально-политич. публицистика Л. появлялись на страницах журналов «Посев», «Грани» (Франкфурт-на-Майне), «Новый журнал», альманаха «Мосты» (Нью-Йорк) и в рус. зарубежных газ.

С о ч. Основы органич. мировоззрения. Менхегоф, 1946; Очерки по истории рус. философской и общественной мысли. Т. I. Франкфурт-на-Майне, 1968; Т. II. Двадцатый век. Франкфурт-на-Майне, 1981; Солидаризм как социальное мировоззрение и др. // О солидаризме. 1945-1955. Франкфурт-на-Майне, 1955. С. 11–20 и др.; Трагедия свободы. Франкфурт-на-Майне, 1958 и 1984.

И с т. АА. *Levitsky S.* Curriculum vitae (manuscript), 1971; Левицкий Сергей Александрович // Незабытые могилы / Сост. В. Н. Чуваков. Т. IV. С. 101;

Л и т. *Бутков В.Н.* Памяти проф. Сергея Александровича Левицкого // Рус. возрождение (Париж – Нью-Йорк). 1984. № 25. С. 185–188; *Киселёв Александр,* протоиерей. Памяти старого друга // Там же. 1983. № 23. С. 203–205; К кончине С.А. Левицкого // Посев (Франкфурт-на-Майне). 1983. Ежекв. вып. IV. С. 84–85;

ЛЁГКАЯ-ПУШКАРЁВА Ираида Ивановна — см. **ПУШКАРЁВА** Ираида Ивановна.

ЛЕДИН [George **Ledin** Jr.] Георгий Георгиевич (род. 28 янв. 1946, Зеекирхен, Австрия) — математик-статистик в области биохимии. Род. в семье рус. беженцев. Переехал с родителями в Венесуэлу. В США с 1962. Окончил Калифорнийский ун-т в Бёркли по инженерной математике, работал над докторской дисс. С марта 1965 — математик-статистик в химико-биологич. ин-те Сан-Францисского ун-та. Член правления амер. математич. об-ва «Fibonacci» и помощник ред. журнала об-ва. Член правления и секретарь научно-исследовательской компании «SCIND». Автор и соавтор статей в «The Pharmacologist», «Proceedings, W. Pharmcol. Soc.», «J. Chromatography» и «Fibonacci Quarterly», «Cryobiology», «American Math. Monthly» и в др. изданиях. Член 10 профессиональных и научных об-в.

И с т. АА. *Ledin G.* Curriculum vitae, Nov. 1968. 5 p.

ЛЕДКОВСКАЯ [**Ledkovsky** Marina, урожд. Фазольт] Марина Викторовна (род. 12 мая 1924, Берлин) — языковед. Род. в семье офицера-улана Баварской королевской кав., участника Первой мировой войны, впоследствии искусствоведа, погибшего в 1944 в связи с последним покушением участников антинацистской оппозиции на А. Гитлера. Мать Л. — урожд. Набокова, двоюродная сестра писателя *В.В. Набокова* и родная сестра композитора *Н.В. Набокова.* Среднее образование получила в лицее Cecilienschule, который окончила в 1942. В Берлине состоял членом НОРМ и НТС. В мае – дек. 1942 изучала итал. яз. и лит. в ун-те Перуджии. В 1943–44 изучала романскую филологию, археологию и историю искусства в ун-те Фридриха-Вильгельма в Берлине.

После 1945 — в США. Окончила философский ф-т Колумбийского ун-та по славистике, рус. и польской лит. Будучи аспирантом, преподавала рус. яз. и возглавляла отделение франц. яз. и лит. в средних школах. Гражданин США (1957). В 1969 защитила докторскую дисс. по славянск. яз. и лит. Проф. рус. яз., рук. рус. департамента Бернард-колледжа Колумбийского ун-та, преподавала рус., франц. и нем. яз. Вышла в отставку в 1996 со званием Professor Emerita. Под ред. Л. совместно с Шарлоттой Розенталь и Мэрфи Зизин вышла книга «Dictionary of Russian Women Writers» (Westport Ct, 1994. 369 pp.). Автор 36 статей в научных журналах и сборниках. Частичная библиография трудов Л. опубликована в «Записках Русской академической группы в США» (Нью-Йорк, 1990. Т. XXIII. С. 240). Член правления РАГ в США, член редколлегии «Нового журнала» (Нью-Йорк). Состоит в административном комитете Бахметьевского архива при Колумбийском ун-те. Член КРА. Удостоилась 14 наград и поощрений, в т.ч. — грамоты Свято-Владимирской семинарии и «Lifetime Achievemnent Award» Ассоциации женщин в славяноведении. *Родственники:* муж *Борис Михайлович;* сыновья: Александр — регент хора Синодального собора в Нью-Йорке, программист и консультант; Дмитрий — инженер-строитель; Михаил — архитектор; дочь Татьяна — программист; внуки.

С о ч. Russia According to Women: An Anthology of Works by Women Writers Covering the Soviet Period. Hermitage, N.J., 1989 и 1991; The Other Turgenev: From Romanticism to Symbolism. Colloqium. Slavicum / Jal-Verlag, Wuerzburg, 1973.

И с т. АА. Ледковская М.В. Жизнеописание — анкета, 1999. 4 с.; Ledkovsky M. Curriculum vitae (typescript), 1999. 6 pp.; Archives of the Assn. of Russian-American Scholars in the USA. *Ledkovsky M.* Curriculum vitae, 1966.

ЛЕДКОВСКИЙ [**Ledkovsky** Boris M] Борис Михайлович (9 мая [по др. дан. 26 сент.] 1894, Слобода Аграфеновка под Новочеркасском Обл. Войска Донского – 6 [по др. дан.7] авг. 1975, близ Нью-Йорка) — музыковед, дирижёр, композитор, регент церковного песнопения, участник Белого движения на Юге России. Род. в семье инспектора дух. уч-ща [по др. дан. — священника Донской епархии]. По отцовской линии предки Л. были православными священниками, потомками польских шляхтичей, принявших православие в конце XVI – нач. XVII вв. В 14 лет Л. уже управлял хором в приходе отца. Общее образование получил в Новочеркасской дух. семинарии и в реальном уч-ще в Ростове на Дону. Окончил Московскую консерваторию по классу композиции, дирижёрства и музыковедения. Одновременно с занятиями Л. пел в хорах московских храмов, главным образом под управлением А.Д. Кастальского, восприняв отличную от петербургской московскую церковно-певческую традицию и стилистич. направление. В 1918 вместе с двумя мл. братьями вступил в Добровольч. армию. За храбрость награждён Георгиевским крестом IV ст. В 1918–20 — в белых войсках на Юге России. Эвакуировался из

Крыма в составе Рус. армии в нояб. 1920. В 1920–21 — в Галлиполи. После 1921 — в эмиграции в Болгарии, где был приглашён помощником хормейстера в оперный театр в Софии и регентом в кафедральный собор св. Александра Невского. С 1925 — в Париже, управлял хором в синодальной церкви и играл в оркестрах. Хор донских казаков им. Атамана А.М. Каледина пригласил Л. в Германию на место дирижера. Работал в Берлине. Затем основал собственный хор Черноморских казаков, просуществовавший до июня 1941, когда хор был запрещён как рус. национальное предприятие. В 1941–45 — регент хора рус. церкви на Находштрассе при настоятеле архим. *Иоанне (Шаховском)*. После 1945 — в Зап. Германии. В США с 1951. Знаток богослужебного пения Л. был регентом церковных и светских хоров, дирижёром оркестров, преподавал музыку, в частности церковное песнопение. В 1952 по приглашению митрополита *Анастасия (Грибановского)* стал регентом Синодального собора Знамения Божией Матери (Нью-Йорк) РПЦЗ. Опубликовал книги муз. композиции и аранжировок древних распевов: «Обиход церковного песнопения» (Часть I); «Всенощное бдение (знаменный, киевский, греческий распевы)» и сб. церковно-муз. соч. (Т. I и II). Т. III был издан посмертно в Свято-Троицком монастыре в Джорданвилле. Всего было издано четыре сборника, включая «Всенощное бдение».

В 1953–68 преподавал богослужебное пение в Свято-Владимирской православной дух. академии, где основные литургич. песнопения были переложены под рук. Л. на англ. яз. Хорами под управлением Л. напеты и светские, и дух. граммофонные пластинки, увековечившие творч. жизнь регента. Состоял членом РАГ в США. *Родственники*: вдова *Марина Викторовна*; сыновья: Александр — регент хора Синодального собора в Нью-Йорке, программист и консультант; Дмитрий — инженер-строитель; Михаил — архитектор; дочь Татьяна — программист; внуки; брат Григорий (12 февр. 1900 - 1969, Нью-Йорк) — участник Белого движения на Юге России, нач-к команды конных разведчиков 2-го дивизиона арт. ген. Маркова бригады.

Похоронен на кладбище при Свято-Троицком монастыре в Джорданвилле (шт. Нью-Йорк).

И с т. АА. *Ледковская М.В.* Добавоч. биографич. сведения о Б.М. Ледковском (рукопись), 1999; *Ледковский А.Б.* Борис Михайлович Ледковский (1894–1975). Доклад, 10 стр. (машинопись), 1998; Ледковский Борис Михайлович; Ледковский Григорий Михайлович // Незабытые могилы / Сост. В. Н. Чуваков. Т. IV. С. 109–110; Archives of the Association of Russian Scholars in the USA. *Ledkovsky B.M.* Curriculum vitae (manuscript), 1966.

Л и т. *Гарднер И.А.* Борис Михайлович Ледковский // НРС. 1974. 17 дек.; Записки РАГ в США (Нью-Йорк). Т. XXVI. С. 388–391; *Почитатель*. Борис Михайлович Ледковский // ПР. 1994. № 10. С. 5–6 (по мат-м И.А. Гарднера, А.А. Свана и др.); *Рахманинов М.* Ледковский Борис Михайлович // РЗ. Золотая кн. эм. С. 354.

ЛЕДНЕВ Николай Алексеевич (17 апр. 1902, Санкт-Петербург – ?) — инженер-механик. После 1917 — в эмиграции в Кор. СХС. Окончил Технич. ф-т Белградского ун-та (1932). Затем в эмиграции в США, где жил в Элмхарсте (шт. Нью-Йорк). Действительный член Об-ва рус. инж. в США.

И с т. АОРИ. Вопросник (1961).

ЛЕДОВСКИХ Сергей Иванович (6 июля 1912, Кулунда [Зап. Сибирь] – 9 марта 2003, Шелтон (шт. Коннектикут)) — участник Власовского движения, майор. Оконч. среднюю школу и педагогич. техникум. Учился в Новосибирском ун-те, на втором курсе призван в Красную армию. После оконч. краткосрочных курсов служил при командующем Дальневосточ. армии. Участник боёв на оз. Хасан (авг. 1938). В 1938 демобилизован как неблагонадежный, работал бухгалтером на Дальнем Востоке и в Зап. Сибири. В 1941 вторично призван в армию.

Служил на Дальнем Востоке. Участник Московской битвы 1941–42. Ранен, по излечении вернулся на фронт. В плену с осени 1942. Из лагеря военнопленных вступил в Рус. нац. нар. армию (РННА) в Осинторфе (р-н Орши), служил пом. нач-ка штаба. С авг. 1943 — в Берлине, служил в подразделении зенитной арт. В 1944 переведён в формирования ВВС КОНР генерал-майора В.И. Мальцева в Мариенбаде (Чехия). В 1944–45 командовал учебно-хоз. ротой. На апр. 1945 — майор, зам. командира парашютно-десантного отряда (батальона) майора А.Л. Безродного. В составе батальона 30 апр. 1945 в Лангдорфе сдался представителям XII корпуса 3-й армии США. С мая 1945 — в лагерях военнопленных в союзнич. оккупационной зоне. Принудительной репатриации в СССР избежал. Работал шахтёром в Бельгии. В США с 1952, занимался разными видами работ, в т.ч. 17 лет — химиком в фабрич. лаборатории. С 1989 — казначей в Рус.-амер. клубе в Шелтоне. Вдовец. *Родственники*: жена Анастасия Гавриловна (урожд. Максимишина); дети Валерий и Татьяна; два внука.

Похоронен на кладбище в Стратфорде (шт. Коннектикут).

И с т. АА. *Ледовских С.И.* Автобиография (рукопись), май 2002; ЛАА. Материалы коллекции по истории власовской армии Александрова К.М

ЛЕЙБО [Lejbo] Алексей Никанорович (17 марта 1895, стан. Кавказская Кавказского отдела Обл. Войска Кубанского – ?) — инженер-строитель. После 1917 — в эмиграции в Кор. СХС. Окончил строительное отделение технич. ф-та Загребского ун-та (1927). В США жил в Бруклине. Действительный член Об-ва рус. инж. в США (на 1952).

И с т. АОРИ. Анкета.

ЛЕЙХТЕНБЕРГСКИЙ Дмитрий [Димитрий] Георгиевич, герцог (18 апр. 1898, Санкт-Петербург – 25 дек. 1972, Сен-Совёр-де-Монтань, провинция Квебек, Канада) — участник Белого движения на Юге России, предприниматель, благотворитель. Род. в семье, принадлежавшей к рус. ветви рода Л., потомков сына от первого брака франц. императрицы Жозефины и дочери императора Николая I. Юнкером участвовал в восстании юнкеров в Петрограде 27–28 окт. 1917. Затем — в заключении в Петропавловской крепости. Освобождён зимой 1918, после освобождения — в белых войсках на Юге России. Служил в Конногв. эскадроне 1-го гв. Сводно-кирасирского полка 1-й бригады 2-й кав. дивизии (1919), затем — в Рус. армии. Летом 1920 ранен, затем служил в Конвое Главнокомандующего ген.-лейт. П.Н. Врангеля, корнет (на 1920). Эвакуировался из Крыма в нояб. 1920. В эмиграции в Германии (1920), Италии (1921), с нач. 20-х гг. в Канаде, где открыл гостиницу и ресторан для любителей лыжного спорта. Основал в Канаде Рус. православный благотворительный фонд для оказания помощи рус. студентам в канадских ун-тах и рус. школам. *Родственники*: вдова (в первом браке Чавчавадзе, во втором браке с Л. с 1921) Екатерина Александровна (урожд. Арапова, 1900–1991); дети Елена (1922 г.р.) и Георгий (1927–63).

И с т. Лейхтенбергский Дмитрий Георгиевич // Незабытые могилы. Сост. / В. Н. Чуваков. Т. IV. С. 116.

Л и т. *Волков С.В.* Офицеры российской гвардии. С. 277; Скончался герцог Д.Г. Лейхтенбергский // НРС. 1972. 27 дек.

ЛЕЙХТЕНБЕРГСКИЙ-БОГАРНЕ [Leichtenberg de Boharnais] Сергей Николаевич (7 июля 1903, Санкт-Петербург – ?) — инженер-электрик. После 1917 — в эмиграции во Франции. Окончил в Лилле Высшую технич. школу (1925). В США жил в Нью-Йорке. Свободно владел пятью яз. Действительный член Об-ва рус. инж. в США (на 1952).

И с т. АОРИ. Анкета.

ЛЕМАН Владимир Эдуардович (4 июля 1888, Смоленск – ?) — инженер. Окончил Технич. ин-т в Германии с дипломом инженера. По сдаче экстерном экзаменов в ин-те путей сообщения в Москве получил диплом инженера путей сообщения. Работал в отделе службы пути Московско-Курской ж.д., проектировал мосты. Занимал должность зав. технич. отделом по строительству железобетонных элеваторов-зернохранилищ. Участник Первой мировой войны, состоял прикомандированным к штабу 9-й армии Юго-Зап. фронта. После 1917 — в эмиграции в Кор. СХС, работал инженером-строителем. В США с 1923. С нояб. 1923 — инженер-проектировщик, затем — инженер-мостостроитель на Центральной ж.д. Главный инженер в администрации водоснабжения Нью-Йорка (1936–52). Исследовал и проектировал строительство водопровода длиной 120 миль, с водораздела р. Делавер в Нью-Йорк. Проект включал постройку плотин, водохранилищ, туннелей и др. гидравлич. сооружений. Автор статьи о кавитации в выпускных трубопроводах в высоких плотинах.

С о ч. Proceedings of the American Society of Civil Engineers. 1941. April.

И с т. АОРИ. Анкета.

ЛЕМИШ [Lemish John] Иван Адамович (4 июля 1921, Ром [Rome], шт. Нью-Йорк – 1999) — геолог. Род. в семье эмигранта-крестьянина из России. Ветеран Второй мировой войны. В 1943–45 служил в ВВС, награждён медалью «Air Medal with Oak Leafs». Окончил Мичиганский ун-т, бакалавр по геологии (1946), магистр геологич. наук (1947). В 1955 защитил докторскую дисс. по геологии и минералогии. Три года был инструктором при Мичиганском ун-те. В 1955–59 — ассистент проф. в ун-те шт. Айовы. Доцент (1959–62). Проф. геологии (1962) штатного ун-та в Эймсе (Айова), специалист по месторождениям бурого угля. Автор трудов по специальности, в т.ч. около 20 статей в геологич. журналах. Член совета по полезным ископаемым при губернаторе штата, заслуженный член Амер. геологич. об-ва, член Об-ва экономич. геологов, Амер. Ассоциации геологов нефтяников, Амер. ин-та горных инж., председатель комитета по переводам при Амер. геологич. ин-те, состоял членом РАГ в США.

С о ч. Jeff Carson, young geologist. N.Y., 1960 (совместно с *Дж.Т. Лемиш*); Mineral Deposits of Iowa. Iowa Southern Utilities, 1969.

И с т. Archives of the Assn. of Russian American Scholars in the USA. *Lemish J.* Curriculum vitae, 1974.

Л и т. Who is who in America 1972–1973. V. 2. P. 1867.

ЛЕНКОВ [Nicholas A. **Lenkoff**] Николай А. — ветеран армии США, сержант. Служил в 1953–71.

И с т. *Pantuhoff Oleg* — 1976.

ЛЕОНИД [наст. **Берман**] Леонид Густавович (1896, Санкт-Петербург – 1976) — художник. В 1918 брал уроки у *Н.К. Рериха*. В 1919 продолжил худ. образование в Париже. С 1923 выставлял свои пейзажи. В 1926 участвовал в выставке, положившей начало неогуманистич. или неоромантич. теч. в живописи. См. подробнее: *Лейкинд О.Л., Махров К.В., Северюхин Д.Я.* Худ. Рус. зарубежья. С. 378–379.

ЛЕОНИДОВ [**Leonidoff** Leon] Леон (1894, Бендеры Бессарабской губ. – 1989, Норт Палм Бич, шт. Флорида) — режиссёр. Род. в семье зажиточ. купца. Учился в Женевском ун-те. Увлекался занятиями в студенческом драматич. кружке. Поступил в рус. театральную труппу, быв. проездом в Женеве, и вскоре основал собственную рус. балетную компанию «Изба». Со своим балетом прибыл в Нью-Йорк и в 1920 выступал с огромным успехом на сцене Метрополитен-оперы. Создатель 350 постановок в театре Рокси (1927–32). С 1932 — режиссёр в Радио Сити Мюзик Холл, где работал 42 года. Постановки Л. осуществлялись на огромной вращающейся сцене с оркестром, балетом, солистами и богатыми красочными костюмами. Особенно знаменитым был балет танцовщиц «Rockets», существующий и после смерти Л.. Постановки на сцене комбинировались с показом нового кинофильма. Л. создал ежегодные зрелища «Слава Пасхе» и «Рождество». «Рождество» ставится с 1934 и включает появление на сцене живых верблюдов, овец и слонов. Режиссёр постановок на воде, в Морском театре на берегу океана.

Л и т. *Shepard R.F.* Leon Leonidoff, 95, the Producer of Radio City Shows for 42 years // The New York Times. 1989. Aug. 1.

ЛЕОНОВ [**Leonoff** Gabriel] Гавриил (5 апр. 1897, Москва – дек. 1968) — певец-тенор. Приехал в США после того, как Л. Стоковский выбрал Л. для участия в премьере «Воццека» А. Берга, поставленной в Филадельфии в марте 1931.

Ранее Стоковский приглашал Л. выступать в «Свадебке» (Les Noces) *И.Ф. Стравинского*, которая ставилась в апр. 1929 на сцене Метрополитен-опере в Нью-Йорке. Пел в Детройте в «Pro Musica Society», в Пальм Бич «Society of Arts» и в «Schola Cantorum» в Нью-Йорке совместно с *Н. Кошец*.

Л и т. *Martianoff N.N.* Gabriel Leonoff // Russian artists in America. 1933. P. 149.

ЛЕОНТИЙ [в миру **ТУРКЕВИЧ** Леонид Иеронимович] (8 авг. 1876, Кременец Кременецкого уезда Волынской губ. – с 13 на 14 мая 1965, Нью-Йорк) — митрополит всея Америки и Канады ПЦА. Род. в семье протоиерея. Образование получил в Кременецком дух. уч-ще (1885–89), Волынской дух. семинарии (1889–95) и Киевской дух. академии (1896–1900). Кандидат (1900), доктор богословия (1954). Помощник инспектора в Екатеринославском дух. уч-ще (1901–02), преподаватель Обоянского дух. уч-ща (1903–05). Диакон (1905). 28 сент. 1905 рукоположен во иереи и решил стать настоятелем церкви в Кременце на месте отца, где служил в 1905–06. В 1906 приглашён епископом Тихоном (Белавиным) на должность ректора первой дух. семинарии в Миннеаполисе (шт. Миннесота), с нояб. 1906 — в составе Сев.-Амер. епархии ПРЦ. Инспектор дух. семинарии в Миннеаполисе (1906–12) и в Бергенфильде (шт. Нью-Джерси, 1912–15). С 1914 издатель газ. «Свет», в 1914–32 ред. журнал «The Russian-American Orthodox Messenger». Кафедральный протоиерей Свято-Николаевского собора в Нью-Йорке (авг. 1915 – июнь 1933). В 1917–18 представлял Сев.-Амер. епархию на Всерос. Поместном Соборе ПРЦ. Л. принадлежала инициатива выдвижения архиепископа Тихона в качестве одного из трёх кандидатов на Патриарший престол. Вернувшись в Америку через Сибирь и Японию, Л. вёл борьбу за сохранение единства в епархии, нарушенного революцией. Один из организаторов (1924) созыва Всеамер. собора, в соответствии с решением Поместного Собора 1917–18, установившего автономию ПЦА. Овдовев в 1924, принял монашество с именем Л. и хиротонисан в 1933 во епископа Чикагского. В 1938 основал Свято-Владимирскую дух. академию в Скарсдэле (шт. Нью-Йорк). В 1950 избран митрополитом всея Америки и Канады ПЦА.

Подвижнич. деятельность Л. завершилась созданием соборной ПЦА в духе преданности рус. православию, с сохранением связи с рус. корнями этой юрисдикции. Поддерживал дух. и личное общение с митрополитом *Анастасием (Грибановским)*, первоиерархом РПЦЗ, после его переезда из Европы в США. *Родственники*: матушка (в браке с 1905) Анна (урожд. Червинская, ? – 1924); дети: *Антоний* и *Иван*.

Погребён в Свято-Тихоновском монастыре в Пенсильвании.

И с т. Леонтий // Незабытые могилы / Сост. В.Н. Чуваков. Т. IV. С. 128.

Л и т. *Schmemann A.* Archpriest, Metroploiten Leonty in Tarasar Consatnce (General Editor). Orthodox America, 1974–1976. P. 229–233.

ЛЕОНТОВИЧ [Eugenia **Leontovich**] Евгения — балерина, актриса. Первые выступления Л. состоялись в Большом театре в Москве. После Октябрьского переворота 1917 бежала из страны, сумела перейти персидскую границу в одежде крестьянки. Из Персии добралась до Парижа, где присоединилась к группе рус. актёров, создавших «Revue Russe». В 1922 группа была приглашена в Америку. С ней в США приехала Л. и её муж Григорий Ратов. В США выступала под псевдонимом «Грузинская». Сначала Л. выступала в кордебалете гастролирующей компании «Blossom Time». После гастролей по Америке получила в Нью-Йорке роль в постановке «Topics of 1923», для участия в которой должна была овладеть англ. яз. Сыграла ведущую роль в постановке «Grand Hotel» на Бродвее.

Л и т. *Martianoff N.N.* Eugenie Leontovich // Russian artists in America. 1933. P. 187.

ЛЕОНТЬЕВ [Wassily **Leontief**] Василий Васильевич (6 авг. 1906, Санкт-Петербург – 5 февр. 1999, Нью-Йорк) — экономист, лауреат Нобелевской премии по экономике (1973), проф. Нью-Йоркского ун-та. Отец Л. родом из купеч., старообрядч. семьи, проф. политич. экономии Санкт-Петербургского ун-та; мать, принявшая православие, — из еврейской семьи. В 15 лет поступил в Петроградский ун-т и окончил его в 1925. Обладая независимым мнением, неоднократно подвергался арестам. В 1925 выехал с род. из СССР в Германию, где отец был сотрудником сов. торгпредства и в сер. 30-х гг. объявил себя невозвращенцем. Доктор экономики Берлинского ун-та (1928). Затем работал консультантом кит. правительства по вопросам строительства жел. дорог.

В США с 1931. В 1932–75 преподавал в Гарвардском ун-те, проф. (1946), организатор исследовательского центра по экономике (1948). Автор метода экономич. анализа «затраты — выпуск» (капиталовложения и их отдача в экономике), за который был удостоен Нобелевской премии. Метод Л. применяется при исследованиях определённых процессов замещения одних частей общественного продукта др. в отраслях частнопредпринимательской экономики. Автор многоч. статей и трудов по специальности, включая труд по экономич. производительности, в котором разработан метод анализа производительности, используемый экономистами в более чем 50 странах мира. Метод Л. позволяет предвидеть экономич. последствия неожиданных событий, таких как заключение мира, разоружение или мобилизация, и предсказать взаимодействие разных видов народного хоз-ва. Известен открытием так называемого «Леонтьевского парадокса», в соответствии с которым в США капитал, а не рабочая сила, является дефицитным фактором в производстве. В 1975 вышел в отставку. Причиной ухода Л. послужила его неудовлетворённость создавшимися условиями в отделении экономики. В 1976 рук. международной группы экономистов, подготовивших для департамента экономики ООН доклад о будущем мировой экономики. Метод Л. «Input-output analysis» входит в учебники высшей прикладной математики для экономистов и используется в экономике многих государств. С 1978 — директор Ин-та экономич. анализа при Нью-Йоркском ун-те. Под рук. Л. Ин-т разработал для ООН модель мировой экономики, провёл анализ запасов и использование основных видов минерального сырья в амер. экономике. Почётный доктор Брюссельского, Йоркского, Лувенского, Сорбонны, Пенсильванского, и Ланкастерского ун-в. За труды в обл. прогнозирования развития франц. экономики награждён орденом Почётного легиона и орденом Пизанского ун-та. Член Национальной Академии наук США, член-кор. Брит. Академии и Франц. Академии, РАН (с 1988), почётный член Кор. Ирландской Академии и др. научных об-в в Японии, Англии, Италии и США. Противник конфронтации между США и СССР, но в сов. печати Л. ещё в 80-е гг. упрекали в «игнорировании антагонистических противоречий капитализма». После 1990–91 занимался вопросами состояния экономики на терр. быв. СССР и проблемами перехода к рыноч. экономике. Рук. международной группы экономистов, разработавших концепцию «Будущего мировой экономики» для департамента по экономич. и общественным делам ООН. По оценке Л., Россия начнёт играть ведущую роль в мировой экономике после восстановления собственного хоз-ва. Рус. общественность в США отметила вклад Л. в амер. и мировую экономич. науку его торжественным введением 18 окт. 1980 в Рус.-Амер. Палату Славы, учреждённую КРА. В России в Санкт-Петербурге существует Центр социальных и экономич. исследований им. Л.. *Родственники*: вдова (в браке с 1932)

Эстел Хелен (урожд. Маркс) — поэтесса; дочь Светлана (в браке Альперс) — проф. истории искусств в Калифорнийском ун-те в Бёркли; двое внуков.

С о ч. Исследование структуры амер. экономики. Теоретич. и эмпирич. анализ по схеме затрата-выпуск. М., 1958; Будущее мировой экономики. М., 1979; Экономич. эссе. Теории, исследования, факты и политика. М., 1990; The Future of the World Economy. N.Y., 1977.

И с т. АА. Переписка с В.В. Леонтьвым (1979–84); Леонтьев Василий Васильевич // Незабытые могилы / Сост. В.Н. Чуваков. Т. IV. С. 130.

Л и т. *А.Л.* Палата Славы // Новая газета. 1980. 25–31 дек.; *Александров Е.А.* Чествование проф. В.В. Леонтьева // НРС. 1980. 5 нояб.; *Александров Е.А.* Вас. Вас. Леонтьев // РА. 1997. № 21. С. 162–163 (With English summary); *Васина Л.* Леонтьев Василий Васильевич // РЗ. Золотая кн. эм. С. 355–357; *Введенский С.* Модель Василия Леонтьева // НРС. 1998. 5 авг.; *Вощанов П.* Человек на рынке // Комсомольская правда (Москва). 1989. 11 марта; *Дорошкевич М.* Подождём семь лет // НРС. 1990. 7 дек.; *Несговоров А. (Александров Е.А.).* Рус.-Амер. Палата Славы // РА. 1979–82. С. 14–21; Проф. Вас. Вас. Леонтьев // НРС. 1973. 20 окт.; *Dorfman R.* Wassily Leontieff's contribution to economics // Swedish Journal of Economics. 1973. P. 430–449; *Golden S.* Harvard Economics Teaching Criticized // The New York Times. 1975. Febr. 9.; Leontief Nobel Laureate, joins NYU economics research center // The New York University Alumni News. 1975. Febr.; *McKenzie H.* Russian community honors Nobel laureate economist // The New York Times. 1980. Oct. 19.; *Noble Holcomb B.* Wassily Leontief, Economist // Ibid. 1999. Febr. 7; *Raymond B., Jones D.* Leontiev Vasilii // The Russian Diaspora. 1917–1941. Maryland and London, 2000. P. 142–143; United Nations. Summary of Report on Future of World Economy // The New York Times. 1976. Oct. 14.

ЛЕПЕХА Александр Александрович (23 февр. 1890, Полтавская губ. – 1 марта 1974, Фоллс Чёрч, Вашингтон) — участник Белого движения на Юге России, полковник. Сын полковника. Окончил 1-й кад. корпус (1908), по I разряду — Елисаветградское кав. уч-ще (6 авг. 1910) и вышел корнетом в 3-й драг. Новороссийский Е.И.Выс. Вел. Кнг. Елены Владимировны полк 3-й кав. дивизии, стоявший в Ковно. Участник Первой мировой войны. После Октябрьского переворота 1917 — в белых войсках на Юге России в рядах эскадрона новороссийских драгун Сводно-драгунского полка (на 1919). Последний командир дивизиона новороссийских драгун в составе 7-го кав. полка 2-й кав. дивизии, полковник (на осень 1920). Эвакуировался из Крыма в составе Рус. армии в нояб. 1920. В 1920–21 — в Галлиполи. После 1921 — в эмиграции на Балканах. В 1941–45 — чин Рус. Корпуса. После 1945 — в Австрии и США, где участвовал в жизни рус. воинских орг-ций. Состоял членом Паттерсонского отдела СЧРК. *Родственники* (в США): дочь Светлана (в браке Герич; род. 19 марта 1938, имение Кастышево быв. Ковенской губ.); внук Кирилл (Лепеха).

И с т. ЛАА. Материалы по истории семьи Лепеха–Герич. Интервью С.А. Герич — К.М. Александрову (Фаллс Чёрч, 2003); Лепеха Александр Александрович // Незабытые могилы / Сост. В. Н. Чуваков. Т. IV. С. 130.

Л и т. Некрологи // НВ. 1974. 1 апр. № 334. С. 15; Часовой (Брюссель). 1974. Июнь. № 576. С. 19.

ЛЕПЕШКИН В.В. — специалист по коллоидальной химии, химии протоплазмы и некробиотическим лучам.

Л и т. *Ковалевский П.Е.* С. 146.

ЛЕПОРСКАЯ [Leporska Zoya] Зоя (1918, Сибирь – 29 дек. 1996, Нью-Йорк) — балерина. Выросла в Китае. Приехав в США, стала ученицей *Дж. Баланчина.* Выступала в балете Сан-Францисской оперы, была балериной и хореографом в театрах на Бродвее, в опере Нью-Йорка (New York City Opera) и др. балетных постановках.

Л и т. Zoya Leporska, 78, Theater Choreographer // The New York Times. 1996. Dec. 29.

ЛЕРМОНТОВ Михаил Александрович (род. 26 янв. 1928, Скопле, Македония, Кор. СХС) — архитектор, художник, общественно-полит. деятель. Род. в семье полковника 12-го гус. Ахтырского ген. Дениса Давыдова, ныне Вел. Кнг. Ольги Александровны полка Александра Михайловича Л. (1882–1944). Окончив 6 кл. сербской школы, поступил в 1-й кл. сербск. гимназии. После смерти матери был отдан отцом во 2-й кл. 1-го Рус. Вел. Кн. Константина Константиновича кад. корпуса в Белой Церкви. Из 4-го кл. в сент. 1941 ушёл добровольцем на фронт, вступив в ряды Рус. Корпуса, воевавшего на терр. Югославии против коммунистич. партизан Тито. Служил в частях связи и в разведке. Поручик (1945). После 1945 — в Германии, где поступил на архитектурный ф-т Мюнхенского ун-та. Не завершив обучения, женился на Стефаниде Климовне Свинаровой. С женой в США с 1950. Работал на куриной ферме в шт. Нью-Джерси. Завершил образование на заоч. курсах. Получив диплом, работал по специальности. В 1957–98 — директор, инспектор, затем преподаватель рус. истории в церковно-приходской школе св. блг. кн. Александра Невского в Лейквуде (шт. Нью-Джерси), в которой по 2001 учились 600 учащихся. Один из создателей рус.-амер. культурно-просветительского об-ва «Родина». 25 лет был секретарём об-ва, участвовал в разработке проекта здания и учреждении при об-ве Рус. историч. музея. Позднее, в России, участвовал в переговорах и в передаче музейных экспонатов Центральному музею Вооружённых Сил в Москве. Основав худ. студию для молодёжи, на протяжении 17 лет преподавал основы классич. рус. искусства. Организатор ежегодных худ. выставок в зале об-ва «Родина». Участвовал в оформлении юбилейных сб. 10- и 25-летия об-ва «Родина». Иллюстрировал 2 книги *В.Н. Мантулина* «Песенник российского воина». Состоял в ред. коллегии кадет-княжеконстантиновцев, составивших 7-ю, юбилейную, Кадетскую памятку. Иллюстрировал книгу *А.Б. Иордана* «Честь родного погона» (под ред. Е.П. Исакова; М., 2003). В 1989 участвовал в худ. выставках произведений представителей рода Л. «Продолжение традиции» (Москва, Анапа, Пятигорск); передал большое кол-во работ в дар лермонтовской Ассоциации и лермонтовским музеям. Инициативный член Ассоциации «Лермонтовское наследие», созданной её президентом М.Ю. Лермонтовым на международном съезде потомков поэта (1991). В 1996 Л. подарил Ассоциации проект часовни-сруба, построенной на личные средства членов Ассоциации у стен Авраамиево-Городецкого монастыря в Костромской обл., где по преданию похоронены Георг Лермонт, его дети и внуки. Известно, что здесь покоится прах капитан-лейтенанта Николая Петровича Л., Сергея Михайловича Л. и их жён. По проектам Л. построены церковь св. вмч. Георгия Победоносца в каз. посёлке Freewood Acres и часовня-памятник св. Иоанна Предтечи на Владимирском кладбище в Джексоне (шт. Нью-Джерси) в память насильственной выдачи казаков в Лиенце в 1945. Автор статей и воспоминаний, опубликованных на странице журналов «Кадетская перекличка» (Нью-Йорк) и «Кадетское братство» (Мурманск). Проработав 48 лет, Л. вышел на пенсию. Проживает рядом с мл. дочерью на сев. шт. Вермонт. *Родственники:* дочери (Лермонтовы) Елена, Ольга и её дети (внуки Л.): Никита и Михаил (Лермонтовы)

С о ч. Его Величество коварный случай. Автобиографич. повесть // Дон (Ростов-на-Дону). 1998. № 9.

И с т. АА. *Воронцов И.В.,* вице-президент Ассоциации «Лермонтовское наследие». Аннотация для поколений рода Лермонтовых. Машинопись, 2 с. (2004, март).

ЛЕСЛИ — см. **КРАСОВСКАЯ** Наталья

ЛЕСНИКОВ Константин Петрович (4 июля 1909, Николаев Херсонской губ. – 2 дек. 1984, Бёркли, шт. Калифорния) — поручик, землемер. Сын врача П.К. Лесникова (ок. 1881–1930). С 1919 с семьёй в эмиграции в Кор. СХС. Окончил курс 7 кл. (1927) в составе VIII вып. Крымского кад. корпуса. Поручик Кор. армии Югославии, по гражданской специальности — землемер. Во время нем.-югосл. войны в апр. 1941 взят в плен, откуда был освобождён как офицер, изъявивший желание отправиться на Восточ. фронт сражаться против коммунистов. В 1942–43 — на оккупированных терр. СССР, работал вместе с рус. землемерами, которые подвергались нападениям сов. партизан. Затем — служащий строительной орг-ции ТОДТ в Норвегии. В 1945 — в Австрии, помог вывести из сов. зоны в амер. зону оккупации сотню кадет 1-го Рус. Вел. Кн. Константина Константиновича кад. корпуса.

В 1950 с семьёй выехал в Эфиопию, где работал инженером на строительстве дорог. В США с семьёй с 1960. Служил нач-м землемерной группы в Волнут Крик. *Родственники*: жена Зоя Васильевна (урожд. Соостар); сын.

Похоронен на Сербском кладбище в Сан-Франциско.

И с т. АОРВВВ. Константин Петрович Лесников // 1984. Альбом IV; Список кадет, окончивших Крымский кад. корпус // Кад. корпуса за рубежом 1920–1945. Монреаль, б. г. С.150–151; Лесников Константин Петрович // Незабытые могилы. Сост. *В.Н. Чуваков*. Т. IV. С. 139.

ЛЕСОВСКИЙ Степан Степанович — контр-адмирал, командующий рус. эскадрой в Атлантич. океане, посетившей Нью-Йорк (1863–1864) для участия в защите северян от возможного выступления Англии и Франции на стороне Южной Конфедерации во время Гражданской войны в США 1861–65.

В состав эскадры входили фрегаты «Александр Невский» (командир — капитан I ранга М.Я. Федоровский), «Ослябя» (командир — капитан I ранга И.И. Бутаков) и «Пересвет» (командир — капитан-лейтенант Копытов), клипер «Алмаз» (командир — капитан-лейтенант П. Зелёный), корветы «Витязь» (командир — капитан-лейтенант О.К. Кремер) и «Варяг» (командир — капитан-лейтенант Р.А. Лунд).

Л и т. *Тарсаидзе А.Г.* К 90-летнему юбилею прибытия русских эскадр в Америку, 1863–1953 // Морские записки (Нью-Йорк). 1953. Нояб. Т. XI. № 3. С. 11–23

ЛЕУЩЕНКО [Aleksej **Leuschenko**] Алексей — ветеран военно-морского флота США, матрос I кл.

И с т. *Pantuhoff Oleg* — 1976.

ЛЕХОВИЧ Владимир Андреевич (31 марта 1860 – 7 июня 1941, Париж) — участник Белого движения на Юге России, генерал-лейтенант. Окончил Орловскую Бахтина военную гимназию (1877), Михайловское арт. уч-ще (авг. 1880) и вышел с прикомандированием к Л.-гв. 2-й арт. бригаде. В 1898 окончил курс Офицерской арт. школы. Генерал-майор (1906), командир Л.-гв. 2-й арт. бригады (1906–09). В 1909 назначен в Правительственный Сенат помощником нач-ка Главного арт. управления (ГАУ), генерал-лейтенант (1910). Участник Первой мировой войны. С 1915 — помощник нач-ка ГАУ по снабжению фронта предметами боевого арт. снабжения. 22 февр. 1917 назначен помощником военного министра, но из-за событий Февр. революции 1917 в должность не вступил. Нач-к ГАУ (март – нояб. 1917), затем 24 дек. 1917 уехал в Киев. С авг. 1919 — на службе во ВСЮР, состоял на службе при Управлении по арт. снабжению. С февр. 1920 — в эмиграции в Кор. СХС, состоял председателем Об-ва арт., член Совета Объединённых офицерских орг-ций. В 1924 уехал в США к дочери. Жил в Нью-Йорке до марта 1929. Председатель Гв. объединения, Объединения Гв. арт., Объединения Л.-гв. 2-й арт. бригады, нач-м отдела РОВС в Сев. Америке, был организатором Об-ва рус. военных инвалидов и инициатором проведения Дней рус. инвалида. С марта 1929 — в Париже. На 1931 — нач-к группы Гв. арт. и Л.-гв. 2-й арт. бригады в Буа. *Награды*: ордена Белого Орла, св. Владимира IV, III и II ст., св. Анны IV, III и II ст., св. Станислава IV, III и II ст., Почётного легиона (франц.), Двойного Дракона II ст. (кит).

Родственники: жена Людмила Борисовна (урожд. Похвиснёва, 1864–1955); дети: Ольга (в браке Головастая), Андрей (1897–1920), Димитрий (1901–1995, Нью-Йорк) — учащийся Александровского лицея, участник Белого движения на Юге России, автор книги о ген. А.И. Деникине «Белые против красных» (М., 1992); внучки Мэри Ребиндер и Ольга Лехович; внук Владимир.

И с т. АА. Lehovich Vladimir. Lehovich (Lekhovich) Vladimir Andreievich. General-lieutenant: biograpic note to CRA. Typescript, 1/22/2003. 2 p.; ЛАА. Материалы о семье Лехович.

Л и т. *Волков С В.* Офицеры российской гвардии. С.281; Генерал-лейтенант В.А. Лехович // Часовой (Париж). 1930. 15 сент. № 39. С. 10; *Рутыч Н.Н.* Биографич. справочник. Юг. С. 137–138.

ЛЕЩ [Vladimir Bill **Lesch**] Владимир (1910 – 21 янв. 1966) — деятель РООВА.

Похоронен на Свято-Владимирском кладбище возле Кэссвилла (шт. Нью-Джерси).

И с т. АА. *Рагозин С.* Письмо Е.А. Александрову от 22 нояб. 2002.

ЛИБЕРМАН Александр Семенович — скульптор, живописец, худ. ред. Род. в Киеве. Учился в Англии и во Франции. С 1929 занимался живописью и архитектурой. В 1941 переселился в Нью-Йорк, был худ. ред. журнала «Vogue» и гл. ред. издательского объединения «Condo Nast Publications». В своём творч. Л. прошёл путь от фигуративных картин до абстрактных геометрич. композиций. См. подробнее: *Лейкинд О.Л., Махров К.В., Северюхин Д.Я.* Худ. Рус. зарубежья. С. 379.

ЛИБЕРОВСКИЙ Алексей — зав. архивом ПЦА.

ЛИБЕРОВСКИЙ Павел Павлович (род. 1929, Югославия) — художник, портретист и график. Род. в рус. семье. Окончил рус. гимназию и Академию Художеств в Белграде.

В Канаде с 1954. С 1967 — штатный художник в газ. «Montreal Star». Одновременно на протяжении ряда лет приглашался как художник на временную работу в канадских национальных киностудиях в Монреале. Работал иллюстратором для издательств «MacMillan» и «Random House».

И с т. АА. *Могилянский М.* Биография П.П. Либеровского. Рукопись, 2001.

ЛИВЕН Александр Андреевич, светлейший кн. (1912, Санкт-Петербург – 1987, Монреаль) — журналист, радиокомментатор. После Октябрьского переворота 1917 семья Л. бежала на Юг России, затем — в эмиграции в Болгарии. Отец Л. служил священником в Софии. После 1945 несколько лет работал журналистом в Зап. Европе.

В Канаде с 1951, сотрудничал во франко-канадск. газ., затем — в рус. отделе «Радио Канада», где работал режиссёром (1954–85). На пенсии с 1985, продолжал писать для франц. газ. Монреаля. *Родственники*: вдова; сын Андрей.

И с т. АА. *Могилянский М.* Письмо от 30 нояб. 2000 — Е.А. Александрову.

ЛИНИЦКИЙ Александр Александрович (12 дек. 1895 – 3 [по др. дан. 8] мая 1977, Нью-Йорк) — участник Белого движения на Юге России, подполковник. Сын генерал-майора. Окончил Сумской кад. корпус, Николаевское кав. уч-ще (окт. 1914) и вышел корнетом Л.-гв. в Уланский Его Величества полк Отдельной гв. кав. бригады. Участник Первой мировой войны, Гв. штабс-ротмистр (на 1917). Участник Корниловского выступления (авг. 1917). После Октябрьского переворота 1917 — в белых войсках на Юге России. Командир эскадрона улан Его Величества в составе 2-го Гв. Сводно-кав. полка 1-й бригады 2-й кав. дивизии (на июль 1919). В Рус. армии (на 1920) — в составе Гв. кав. полка (6-й эскадрон) 1-й бригады 1-й кав. дивизии, подполковник. Кавалер пяти орденов за боевые отличия. Эвакуировался из Крыма в составе Рус. армии в нояб. 1920. В 1920–21 — в Галлиполи. С 1921 — в Кор. СХС, служил в пограничной страже. В 1925–27 окончил инж. отделение Белградского ун-та, работал на строительных предприятиях (1927–53).

Переселился в США, состоял в Об-ве рус. ветеранов Великой войны в Сан-Франциско, председатель Кад. Объединения в Сан-Франциско (с 1960), участвовал в жизни др. рус. воинских орг-ций.

Похоронен на Сербском кладбище в Сан-Франциско.

И с т. АОРВВВ. Подполковник Александр Александрович Линицкий // 1977. Май. Альбом VI, 17-Ю; Линицкий Александр Александрович // Незабытые могилы / Сост. В. Н. Чуваков. Т. IV. С. 160.

Л и т. *Волков С.В.* Офицеры российской гвардии. С. 283; Некролог // Часовой (Брюссель). 1977. Окт. – нояб. № 608. С. 18.

ЛИПКО Пётр Иванович (20 июня 1909, Керчь – 24 окт. 1983, Амарилло, шт. Техас) — регент, церковный композитор. Род. в купеч. семье, которая бежала от большевиков в Константинополь (1920). Пел в церковном хоре с 12-летнего возраста. Окончил Британскую школу для рус. мальчиков и девочек в Турции. С 1926 учился в австр. колледже св. Георгия, пел в хоре Свято-Пантелеймоновского подворья Афонского монастыря в Константинополе. В 17 лет написал первое соч. «Разбойник благоразумный». С 1933 — регент в Свято-Андреевском подворье Афонского монастыря.

В США с окт. 1935, с женой поселился в Нью-Йорке. Более 25 лет работал на текстильной ф-ке. Одновременно пел в церковном хоре, затем стал регентом в Вознесенском соборе в Бронксе (Нью-Йорк). С мая 1967 — регент в Благовещенском храме во Флашинге (Нью-Йорк). Автор 70 муз. церковных произведений, не считая аранжировок. Творч. Л. высоко ценил *С.А. Жаров*. *Родственники*: жена (в браке с 1933) Екатерина Борисовна (урожд. Войнова). Погиб в автокатастрофе.

И с т. Липко Пётр Иванович // Незабытые могилы / Сост. В. Н. Чуваков. Т. IV. С. 165.

Л и т. *Полчанинов Р.В.* Памяти П.И. Липко // НРС. 1983. 4 дек.

ЛИСИЦЫН Константин Алексеевич (? – 1985, Лос-Анджелес, шт. Калифорния) — участник Белого движения на Юге России, подполковник. Курсовой офицер Корниловского военного уч-ща (1920–21?). После эвакуации и переезда в США жил в Лос-Анджелесе, состоял членом Об-ва рус. ветеранов Великой войны.

И с т. Лисицын Константин Алексеевич // Незабытые могилы / Сост. В. Н. Чуваков. Т. IV. С. 170.

Л и т. *П.Ч.* Некролог // Часовой (Брюссель). 1985. Март – апр. № 654. С. 28.

ЛИСИЦЫН Оливер (1912, Москва – 1994, Хартфорд, шт. Коннектикут) — проф. международного права и дипломатии. Род. в семье адвоката. В США с 1923. Учился в Колумбийском ун-те, бакалавр (1933). В 1935 закончил юридич. образование, защитил докторскую дисс. (1942). В 1941–43 служил в Вашингтоне в Управлении стратегических служб. После 1945 преподавал в Колумбийском ун-те и занимал кафедру международного права и дипломатии им. Гамильтона Фиша. Ушёл в отставку после 34 лет преподавания. Автор ряда статей, посвящённых отношению к

ЛИСОВОЙ Яков Маркович (ок. 1882 – 2 авг. 1965, Чикаго) — участник Белого движения на Юге России, Ген. штаба полковник. После Октябрьского переворота 1917 — на Юге России. Участник 1-го Кубанского («Ледяного») похода 1918 в штабе Добровольч. армии. В 1919–20 — нач-к политич. отдела штаба армии и штаба Донского Атамана. Зимой 1920 эвакуирован в Константинополь. Директор «Музея современных событий в России». Ред. сб. статей «Белый архив» (1926–28) по истории и лит. войны, революции, большевизма, Белого движения и современности, отдельные статьи из которого были переведены на англ. яз. В 1926 организовал в Париже «Музей существ». Переехав в США, выступал с лекциями перед амер. и рус. аудиториями в Чикаго и на Тихоокеанском побережье, с выставками экспонатов Первой мировой, Гражданской и др. войн, проходивших под названием «Войны мира». Коллекцию мат-в и док-в Л. передал в Гос. Публичную историч. библиотеку в Москве. *Родственники*: жена Ольга Ивановна; дети Игорь и Владимир.
И с т. АМРЦ. *Морозова О.А.* Биографич. сборник — черновая рукопись: М-73 (MS 268). С. 5.3; Лисовой Яков Маркович // Незабытые могилы / Сост. В.Н. Чуваков. Т. IV. С. 171–172.
Л и т. *Волков С.В.* Первые добровольцы… С. 181.

ЛИСОВСКИЙ А. — см. **ПРЯНИШНИКОВ** Борис Витальевич.

ЛИСОВСКИЙ Николай Семёнович (7 мая 1892, Каменец-Подольск Подольской губ. – ?) — инженер путей сообщения. Окончил Киевский политехнич. ин-т (1925). Занимался проектированием мостов и промышленных сооружений. В США с 1951. Работал над расчётами мостов и промышленных зданий. Действительный член Об-ва рус. инж. в США (на 1951).
И с т. АОРИ. Анкета.

ЛИССИМ [Лисим] Семён Михайлович (11 окт. 1900, Киев – 10 мая 1981, Неаполь, шт. Флорида)) — художник-декоратор. Окончил гимназию и Киевское худ. уч-ще. Учился рисовать с 13 лет. В 1919 семья Л. эмигрировала. Учился в Германии в школе Реймана, потом во Франции у Бакста, Григорьева, Лукомского, Судейкина. Окончил в Париже Национальную школу декоративного искусства. Главное призвание Л. — декоративное, театральное и прикладное искусство. В Париже написал декорации к постановкам «Конёк-Горбунок», «Кащей Бессмертный», «Царь Салтан»; в Брюсселе и Барселоне декорации к постановкам — «Князь Игорь»; в Риге — «Орлёнок». Во время Второй мировой войны переехал в США, где преподавал декоративное искусство в Городском колледже (City College). Устраивал выставки во Франции, Лондоне, Нью-Йорке (во время международной выставки). Расписывал севрский фарфор в стиле, характерном для влияния Л. Бакста и укр. народных орнаментов.
И с т. АМРЦ. *Морозова О.А.* Биографич. сборник — черновая рукопись: М-73 (MS 268). С. 5-13; Лисим Семён Михайлович // Незабытые могилы / Сост. В.Н. Чуваков. Т. IV. С. 169.
Л и т. *Лейкинд О.Л., Махров К.В., Северюхин Д.Я.* Худ. Рус. зарубежья. С. 383–384.

ЛИСЯНСКИЙ Юрий Фёдорович (1773-1837) — мореплаватель, капитан корабля «Нева». Прибыл на Аляску в сент. 1804. Помог *А.А. Баранову* отвоевать у индейцев-тлингитов захваченную ими Ситку, ставшую затем Ново-Архангельском и столицей Рус. Америки.

В 1804–1805 произвёл описание берегов о-ва Кадьяк, частично архипелага Александра и у Чатамского залива. Назвал открытые им о-ва о-вами Чичагова, Якоби, Баранова и Крузова. В 1805 открыл и описал о-в, названный впоследствии о-вом Л. Перу Л. принадлежит книга «Путешествие вокруг света в 1803–1806 годах на корабле "Нева"» (1812).
И с т. Краткая географич. энциклопедия. М., 1966. Т. V. С. 398, 478.

ЛИТВАК Анатолий Михайлович (5 [по др. дан. 10] мая 1902, Киев – 16 дек. 1974, Нейи-сюр-Сен под Парижем) — кинорежиссёр. Учился в Петроградском ун-те, специализируясь по философии. Был актёром и режиссёром в театре Е. Вахтангова и В. Мейерхольда. Дебютировал как режиссёр в 1923 фильмом «Татьяна» (студия «Севзапкино»). В 1925 выехал для продолжения обучения во Францию и в СССР не вернулся. Играл в театрах в Париже, работал декоратором и ассистентом режиссёра А. Волкова. С 1929 в Германии, где начал карьеру кинорежиссёра (1930). В 1930–36 работал на студиях Берлина, Лондона и Парижа. Снимал комедии, приключенч. фильмы, мелодрамы. В США с 1936, работал в Голливуде. Участник Второй мировой войны, в 1942–46 служил в армии США, участвовал в боевых действиях в Сев. Африке и Нормандии. Полковник (на 1946). Убеждённый противник нацизма, мастер документального кино, впервые рассказавшей амер. зрителю о военных усилиях СССР в рамках антигитлеровской коалиции. Кавалер Военного Креста и ордена Почётного легиона (франц.). За свою жизнь Л. снял более 30 худ. и док. фильмов. У Л. снимались такие знаменитые актёры, как Х. Богарт, Ш. Буайе, *Ю. Бриннер*, К. Дуглас, Я. Кипура, В. Ли, С. Лорен, П. О'Тул, Л. Харвей, О. Шариф и др. Наибольшую известность Л. принесли фильмы «Майерлинг» (1936), «Признание нацистского шпиона» (1939), «Битва за Россию» (1944), «Акт любви» (1954), «Пять миль в полночь» (1962), «Ночь генералов» (1967) и др. *Родственники*: жена (в браке с 1937) Мириам Хопкинс
И с т. Литвак Анатолий Михайлович // Незабытые могилы. Сост. *В.Н. Чуваков*. Т. IV. С. 174.
Л и т. *Гиоева Т.* Литвак Анатолий Михайлович // РЗ. Золотая кн. эм. С. 364–366.

ЛИТВИНЕНКО [Лит] Александр Тихонович (1894, Киев – ?) — инженер-строитель. Окончил Строительный ин-т в Москве (1928). В США жил в Бронксе (Нью-Йорк). Действительный член Об-ва рус. инж. в США (на 1951).
И с т. АОРИ. Анкета.

ЛИТВИНОВ Михаил Васильевич (1862 – ?) — деятель РООВА, путешественник. Окончил в Санкт-Петербурге школу десятников (1886). Прошёл пешком всю Россию от Киева до Владивостока, работая по дороге и пройдя в общей сложности 13 тыс. вёрст. В США с 1907. Семь лет путешествовал по Америке, сделав 17 тыс. миль. В 1920 окончательно поселился в Нью-Йорке. Член об-ва «Наука», где жертвенно работал, оплачивая многие строительные работы за свой счёт.

Похоронен на Свято-Владимирском кладбище возле Фермы РООВА.
Л и т. *Березний Т.А.* С. 70–73.

ЛИТВИНОВИЧ В.Н. — проф. рус. яз., славист. Род. в местечке Голобы. В 1937 получил в Варшавском ун-те степень магистра по классич., славянской и индоевропейской филологии. В 1947 защитил докторскую дисс. по славянской лит. при Римском ун-те. Преподавал рус. яз., латынь, рус. лит. в рус. и польской гимназиях в Варшаве, церк.-славянск., восточноевропейскую диалектологию, рус. яз. и лит. в Ровенском педагогич. ин-те. После 1945 преподавал в Польском военном лицее в Риме, затем (1950–54) — рус. и польск. яз. и лит., церк.-славянск. яз. в ун-те Торонто. Читал лекции в ун-те Карлтон в Оттаве (1954-57), был лектором и ассистентом в ун-те Мак-Гилл в Монреале (1957–64). В 1963–70 — проф. церк.-славянск. и рус. яз. при Свято-Владимирской дух. семинарии. Автор статей по славяноведению в европейских и амер. журналах, состоял соред. «Записок Русской академической группы в США». В теч. 6 лет был ген. секретарём РАГ в США.
И с т. Archives of the Ass. of Russiam-American Scholars in the USA. *Litwinowicz V.N.* Curriculum vitae (typescript), 1971.

ЛИТКЕ [**Friedrich Luetke**] Фёдор Петрович (17 сент. 1794, Санкт-Петербург – 1882, Санкт-Петербург) — мореплаватель. Внук эмигранта из Германии. В 1813 поступил во флот. Участвовал в боях на море против франц., заслужив чин мичмана и орден св. Анны IV ст. Участник кругосветной экспедиции с заходом в Рус. Америку (25 авг. 1817 – 6 сент. 1819) на шлюпе В.М. Головина «Камчатка». В 1821 в чине лейтенанта стал нач-ком экспедиции для составления карты Новой Земли, чем занимался на протяжении четырёх лет. С 1825 участвовал в составлении карт сев.-зап. Америки и северо-восточ. Азии. Результаты экспедиции описаны Л. в трёхтомном труде (с атласом), изданном в Санкт-Петербурге в 1833. Во время экспедиции помощники Л. собрали для Академии наук огромные коллекции биологич. образцов, сделали 1250 рис. В 1832 назнач. воспитателем Вел. Кн. Константина Николаевича, позднее сыгравшего важную роль в подготовке отмены крепостного права в России в 1861.

Инициатор основания Рус. Географич. об-ва (1845). Вице-председатель об-ва (1845–50, 1856–73), президент Императорской РАН (1864–81). Комендант и губернатор порта Ревель (1850–53). Во время Крымской войны 1853–56 — губернатор Кронштадта, вёл подготовку к защите Кронштадта от возможного нападения противника. Адмирал (1855).
С о ч. Путешествие вокруг света на военном шлюпе «Сенявин» в 1826–1829 гг. 2-е изд. М., 1948; Четырёхкратное путешествие в Сев. Ледовитый океан на военном бриге «Новая Земля» в 1821–1824. 2-е изд. М., 1948.
И с т. БСЭ. Т. XIV. С. 528–529.
Л и т. *Pierce Richard A.* Russian America: A Biographical Dictionary. Ontario – Faibanks, 1990. P. 313–315.

ЛИФАНТЬЕВ [**Lee** or **Lifantieff**] Павел Александрович (26 июня 1903, Санкт-Петербург – 11 нояб. 1983, Вашингтон) — общественно-политич. деятель. В 1914 семья переехала во Владивосток, где Л. окончил гимназию и до 1923 учился в ун-те. Бежал от большевиков в США, гражданин США (1929). В 1935 окончил Коммерч. колледж в Бёркли, где помимо экономич. наук прослушал ряд курсов по рус. яз.

Участник Второй мировой войны, служил в ВВС США в южной части Тихого океана. После военной службы работал в гос. учреждениях в Вашингтоне. Состоял членом Демократич. партии и принимал деятельное участие во всех выборах. Вынужден был уйти в отставку из-за споров в Госдепартаменте, защищая рус. национальные интересы. Затем — управляющий жилищного кооператива. Многолетний член КРА, состоял казначеем Вашингтонского отдела КРА. *Родственники*: вдова Анна (урожд. Трембак; Tremback — Anne T. L-Lee).
И с т. АА. *Мейер Ю.К.* Письмо Е.А. Александрову, 1984; *Lifantieff P.* Curriculum vitae (typescript)

ЛИХВЕНЦОВ Александр Иванович (1890 – 3 февр. 1961, Нью-Йорк) — участник Белого движения на Юге России, ротмистр. Окончил кад. корпус (1911), Николаевское кав. уч-ще (1913) и вышел корнетом в 8-й гус. Лубенский полк 8-й кав. дивизии, стоявший в Кишинёве. Участник Первой мировой войны. В 1916 — нач-к конно-партизанского отряда, действовавшего в тылу противника на Зап. фронте. Георгиевский кавалер за боевые отличия. На 1917 — штабс-ротмистр Крымского конного полка. В дек. 1917 участвовал в боях с большевиками в Крыму в составе 1-го Крымско-татарского полка. Затем — в белых войсках на Юге России в дивизионе Крымского полка в составе 4-й пехотной дивизии Крымско-Азовской армии (зима 1918–19) и Сводно-драгунского полка (лето 1919) 3-й бригады 2-й кав. дивизии. На янв. 1920 — командир эскадрона Крымского конного полка в составе причисленного ко 2-му Лабинскому полку Войска Кубанского. Участник Бредовского похода 1920. С авг. 1920 — в Рус. армии, ротмистр (на 1920). Эвакуировался из Крыма в составе Рус. армии в нояб. 1920. После 1920 — в эмиграции во Франции. В 1941–45 — чин Рус. Корпуса. После 1945 — в Австрии и США.

Похоронен на кладбище монастыря Ново-Дивеево близ Нануэт (шт. Нью-Йорк).
И с т. ЛАА. Справка *К.М. Александрова* на чина Рус. Корпуса А.И. Лихвенцова; Лихвенцов Александр Иванович // Незабытые могилы / Сост. В.Н. Чуваков. Т. IV. С. 186.
Л и т. *Волков С.В.* Офицеры армейской кавалерии. С. 317–318; *Плешко Н.Д.* Новик (Нью-Йорк). 1961. Отд. 3. С. 10.

ЛИШИН Лавр Андреевич (22 авг. 1898, род. усадьба, с. Михайловка Таврич. губ. – ?) — инженер-технолог. Окончил технич.

курсы и занимал инженерные должности в Металлцентре Харькова, работал инспектором по прокату металлов. Окончил Харьковский машиностроительный ин-т (1934), затем — нач-к технич. отдела Экспериментального завода. Преподавал технологию металлов в Авиационном ин-те (доцент) и в ин-те повышения квалификации инженерно-технич. работников. С 1941 в нем. оккупации. В 1942 работал размётчиком в фирме Круппа в Эссене (Германия). В 1944–45 — инженер-строитель дорог в Австрии. Принудительной репатриации избежал. Директор рус. гимназии в Траунштейне (1946–47). В 1948–60 — инженер-конструктор в Аргентине. В США с 1961. Был машинистом, чертёжником и до ухода на пенсию — старшим инспектором в Queens Watch Corporation. Проживая в Нью-Йорке, участвовал в рус. обществ. жизни, включая активную деятельность в Об-ве рус. инж.

И с т. АОРИ. Лишин Л.А. Вопросник (1968).

ЛИШИНА Татьяна — см. **РЯБУШИНСКАЯ** Татьяна

ЛОБАНОВ Валентин Сергеевич (? – 9 марта 1984) — инженер. После Октябрьского переворота 1917 приехал в США, поселился в Сан-Франциско. Днём работал как простой рабочий, вечерами продолжал занятия. Окончил ун-т с дипломом инж.-нефтяника. Работал в нефтяных компаниях, состоял их вице-президентом в Калифорнии, Нью-Йорке и Пенсильвании. После ухода в отставку стал частным консультантом по нефтепромысловому делу. *Родственники*: вдова; пятеро сыновей с семьями.

Л и т. *Миткевич Г.Г.* Памяти В.С. Лобанова // НРС. 1984. Март.

ЛОБАНОВ-РОСТОВСКИЙ Андрей Анатольевич, кн. (5 мая 1892, Иокогама (Яп.) – 17 февр. 1979, Вашингтон) — участник Белого движения на Юге России, историк. Род. в семье рус. дипломата, крещён в православной церкви в Токио. Окончил лицей в Ницце, получил юридич. образование в Санкт-Петербурге. Участник Первой мировой войны. Л.-гв. поручик Сапёрного батальона. За боевые отличия награждён орденами св. Анны IV, III и II ст., св. Станислава III и II ст., св. Владимира III ст. Воевал на Салоникском фронте (1917), затем вступил добровольцем во франц. армию и сражался в секторе Нанси до перемирия 1918. С весны 1919 — в рядах ВСЮР. С 1920 — в эмиграции в Кор. СХС. В 1923 окончил школу политич. наук при Парижском ун-те (École des Sciences politiques), работал иностранным корреспондентом в Barings Bros. Ltd. в Лондоне (1924–30). Читал лекции на славянском отделении Лондонского ун-та, в Королевском ин-те международных отношений и др.

В США с 1930, гражданин США (1936). Лектор, далее проф. истории (1945) в Калифорнийском ун-те в Лос-Анджелесе. В программу лекций Л.-Р. входили курсы общеевропейской истории, истории России, лекции о великих личностях в европейской истории. Во время летних семестров читал лекции в Калифорнийском ун-те в Бёркли, в ун-тах Вайоминга, Миннесоты, Мичигана и в Стэнфордском ун-те по истории России, истории Дальнего Востока, истории рус. революции, истории рус. лит., и международных отношений после 1648. В отставке с 1961. Автор двухтомника по истории рус. дипломатии в Европе, монографии «Россия и Азия» (1933) и воспоминаний о войне и революции в России «The Grinding Mill» (1935). *Родственники*: жёны (в первом браке 1927) — Grace Shaw Pope, (во втором браке 1958) — Mary Margaret Conkling; сыновья от первого брака — Игорь, Олег и Борис; дочь от второго брака — Марина.

И с т. АМРЦ. *Морозова О.А.* Биографич. сборник — черновая рукопись: М-73 (MS 268). С. 5-28; The University of Michigan. *Lobanov-Rostovsky A.* Curriculum vitae. Typescript, 1961. 2 p.; Лобанов-Ростовский Андрей Анатольевич // Незабытые могилы / Сост. В.Н. Чуваков. Т. IV. С. 192; *Мартьянов Н.Н.* Список... С. 84–88.

Л и т. *Волков С.В.* Офицеры российской гвардии. С. 286.

ЛОБАНОВ-РОСТОВСКИЙ Никита Дмитриевич, кн. Рюрикович (род. 6 янв. 1935, София) — геолог, экономист, знаток и собиратель произведений рус. театрального искусства. Род. в семье беженцев из России: кн. Дм. Лобанова-Ростовского и Ирины (урожд. Вырубовой). После Второй мировой войны бежал вместе с родителями из коммунистич. Болгарии в Грецию, где семья Л.-Р. попала в руки коммунистич. партизан и была насильственно возвращена в Болгарию. После ареста родителей Л.-Р. пропали без вести, став жертвами красного террора. Л.-Р. был освобождён из заключения по ходатайству дяди, офицера ген. Ш. де Голля. В эмиграции во Франции и Великобритании. Окончил Оксфордский ун-т (1958).

Переехал со студенч. визой в США, магистр по геологии при Колумбийском ун-те (1960). При содействии Толстовского фонда и лично *А.Л. Толстой* получил возможность жить в США после истечения срока его студенч. визы. Работал геологом в Патагонии. После возвращения в Нью-Йорк продолжал образование в обл. экономики. Гражданин США. Работал в банковской системе, дослужившись до должности исполнительного директора банка. С 1969 живёт и работает в Лондоне. Кроме англ., рус. и болгарск. яз. владеет исп. и франц. яз. Стал собирателем произведений рус. художников, посвящённых театру — рисунков балетных, оперных и театральных костюмов и декораций работы Л. Бакста, А. Бенуа, М. Добужинского, М. Ларионова, К. Малевича, Н. Гончаровой, П. Челищева. Устраивал выставки своей коллекции в Денвере, в музее Метрополитен в Нью-Йорке и в России (1984). Создал уникальное собрание произведений 150 рус. художников-авангардистов (1 тыс. произведений). Соавтор иллюстрированной книги на англ. и рус. яз. о рус. театральном искусстве. Ряд статей Л.-Р. о рус. искусстве опубликованы в «Записках Русской академической группы в США» (Нью-Йорк), а также в англ., рус. и болг. прессе. Консультант лондонской фирмы Сотби. В теч. 10 лет был консультантом южно-африканской фирмы де Бирс, контролирующей торговлю сырыми алмазами во всём мире, включая якутские алмазы. Член Комиссии по правам человека, с 1991 — член Российского фонда культуры. Член РАГ в США. В сент. 2001 в Москве в Филёвском парке открылся мемориальный дом кн. Лобановых-Ростовских в знак признательности правительства России семье Л.-Р. за возврат историч. реликвий на родину.

С о ч. Воспоминания. Записки коллекционера // Памятники культуры. Изд. РАН. Т. 30. М., 2003.

Рус. левая живопись на аукционе Christies. Обзор рынка — лето 1999 // European Herald (London). 1999. Aug. 13. № 31; Valuation for Russian artworks // Ibid. 1996. Sept.

И с т. АА. Переписка с кн. Н.Д. Лобановым-Ростовским.

Л и т. *Александров Е.А.* Амер. мечта сбылась // РА. 2000. № 22; *Андреев К.* Из театрального плена // НРС. 1984. 1 апр.; *Боулт Дж.* След от полёта бабочки // Культура (Москва). 1994. 8 окт.; *Вершвовский М.* Выставка рус. искусства в Брюсселе // Наша газета (Москва). 1998. Апр. № 4(20); *Горбовский А.А.* Рюрикович. Детство Никиты. М., 2004; *Данилевич Н.* Возвращение легенды: Европа Центр // Russische Zeitung in Deutschland (Берлин). 1998. 28 авг. – 10 сент. № 17; *Данилевич Н.* Художники на сцене // Там же. 1994. 29 окт.; *Дарьенков Н.* Гиды или шпионы // Известия (Москва). 1961. 18 янв.; *Завалишин Вяч.* Коллекция кн. Лобанова-Ростовского // НРС. 1987. 18 сент.; *Когин Ив.* Никита Лобанов: Судьба — Коллекция — Россия // Наша газета (СПб.). 1999. Апр. № 2(18); *Левчев Л.* Кто вы, кн. Лобанов-Ростовский // Культура. 1994. 29 окт.; *Лапидус Н.* Служение Отечеству (Штрихи к портрету русского князя) // Рус. газета Балтии (Рига). 1999. Июнь. № 6(78); Средство от фальшивок — на этот раз сильнодействующее // Наша газета. 1996. 5–11 сент.; *Тесленко Вл.* Алмазная монополия «Де Бирс»: Взгляд изнутри // Ювелирный мир (Москва). 1998. № 1(7).; *Тесленко Вл.* Не слишком ли дорогая коллекция // Эксперт (Москва). 1998. 6 апр. № 13; *Tallack G.* Russian Diamonds — conflicting interests under scrutiny // European Herald. 1998. Febr. № 18. P. 5-6; Княз Лобанов: Наричаха ме недоклан буржуа // Стандарт (София). 1998. 4 ноември.

ЛОБОВ Пётр Андреевич (1890, стан. Митякинская Донецкого округа Обл. Войска Донского – 28 нояб. 1962, Нью-Йорк) — экономист, инженер, деятель каз. орг-ций. Сын А.А. Лобова — экономиста и предпринимателя, автора проекта электрификации Дона, реализации которого помешала революция 1917. Экономич. образование получил в Лондоне. Проекты отца осуществлялись по теоретич. разработкам Л. и при его личном участии. Состоял членом правления Донского Горнопромышленного об-ва, одним из директоров Электрич. компании Донецкого бассейна и Юго-восточ. промышленного банка. В эмиграции с 1920. Тщетно пытался продолжать предпринимательскую деятельность отца, безнадежно добиваясь возврата средств, замороженных в Лондонском банке. В США по поручению Донского Атамана *П.Х. Попова* зав. отделом внешних сношений при образовавшемся в марте 1958 Донском правительстве в изгнании. Добивался в Госдепартаменте США права на признание ген. Попова законным представителем интересов всех каз. политич. об-в и орг-ций.

Похоронен на каз. участке Свято-Владимирского кладбища возле Кэссвилла (шт. Нью-Йорк).

И с т. Лобов Пётр Андреевич // Незабытые могилы / Сост. В.Н. Чуваков. Т. IV. С. 196.

Л и т. Каз. словарь-справочник / Сост. Г.В. Губарев. Ред.-изд. А.И. Скрылов. Т. II. Сан-Ансельмо, 1968. С. 134–135.

ЛОВЕТ-ЛОРСКИЙ Борис (25 дек. 1891, Ковенская губ. – 1973) — скульптор, живописец, график. В 1913–17 учился скульптурному искусству в Санкт-Петербургской Академии художеств. Участник Первой мировой войны, служил в гус. полку. После Октябрьского переворота 1917 — в эмиграции в США, жил и работал в Нью-Йорке. Гражданин США (1926). Создавал плоские декоративные скульптуры животных, позже перешел к академич. стилю. Исполнил скульптурные портреты *Ф.И. Шаляпина*, А. Тосканини, А. Эйнштейна, членов итальянского Королевского дома. Проводил персональные выставки в нью-йоркских галереях. Создатель абстрактных литографий. Работы Л.-Л. представлены в музеях Метрополитен (Нью-Йорк), Бостонского и Колумбийского ун-тов, Парижа и Лондона. См. подробнее: *Лейкинд О.Л., Махров К.В., Северюхин Д.Я.* Худ. Рус. зарубежья. С. 386–387.

ЛОЗОВИК Луис (10 дек. 1892, Киевская губ. – 9 сент. 1973, Саут-Оранж, шт. Нью-Джерси) — художник-график. Учился в Киевской худ. школе. В США с 1906. Учился в Нью-Йорке в Национальной Академии искусств. В 1915–18 занимался на историко-филологич. ф-те ун-та Огайо. В 1918 служил в армии США. В Париже посещал Сорбонну. После знакомства с сов. искусством увлёкся конструктивизмом. Вернувшись в США (1924), создавал рис. и литографии, посвящённые амер. промышленности и городам. Выставлял свои произведения на групповых и персональных выставках в Европе и США.

Л и т. *Лейкинд О.Л., Махров К.В., Северюхин Д.Я.* Худ. Рус. зарубежья. С. 388–390.

ЛОМИКОВСКИЙ Николай Владимирович (13 авг. 1895, Владивосток – 9 янв. 1938, Бёркли, шт. Калифорния) — участник Белого движения на Востоке России, капитан, инженер. Окончил Хабаровский гр. Муравьёва кад. корпус, Павловское военное уч-ще и вышел подпоручиком в 6-й Сибирский полк 2-й Сибирской стрелковой дивизии. Участник Первой мировой войны. С дек. 1914 — в 1-м Сибирском горном арт. дивизионе. Мл. офицер 2-го отдельного Заамурского конно-горного арт. дивизиона (с нояб. 1915). За отличия награждён боевыми орденами вплоть до ордена св. Владимира IV ст. с мечами и бантом.

После Октябрьского переворота 1917 — в белых войсках Восточ. фронта. Командир 2-й отдельной конно-арт. батареи, капитан (на 1920). Во время отступления Белой армии в Сибири заболел тифом, оставлен в Красноярске. Взят в плен большевиками и заключён в тюрьму. После трудностей и лишений бежал в Харбин, где несколько лет работал шофёром. В США с 1927. Зарабатывал на жизнь тяжёлым физич. трудом на заводах. Изучив дизельные моторы и электрическую сварку, получил место управляющего золоторудной компании в шт. Невада. Изучив процессы добычи золота, назначен управляющим прииском. С 1930 — член Об-ва рус. ветеранов Великой войны, в котором деятельно участвовал в работе распорядительного комитета.

И с т. АОРВВВ. Капитан Николай Владимирович Ломиковский // 1938. Янв. Альбом № I.

ЛОНГ Ольга Филипповна (21 янв. 1898, Юзовка – ?) — инженер-электрик. Окончила Харьковский электротехнич. ин-т (1931). В США жила в Нью-Йорке. Действительный член Об-ва рус. инж. в США (на 1951).

И с т. АОРИ. Анкета.

ЛОПАТИН Иван Алексеевич (4 янв. 1888, стан. Слочинская Забайкальской обл. – 6 марта 1970, Лос-Анджелес) — этнограф, антрополог. Предки Л. — яицкие каз., отец служил в станич. управлении Уссурийского каз. войска. Окончил Хабаровское реальное уч-ще (1908), с дипломом I ст. — естественный ф-т Казанского ун-та (1912). В 1912–17 преподавал географию в реальных уч-щах в Хабаровске и во Владивостоке. Нач-к учительской семинарии в Николаевске-на-Амуре (1917–19), директор музея Рус. географич. об-ва во Владивостоке (1920). Занимался исследованием этнографии

Дальневосточ. края. Приват-доцент Дальневосточ. гос. ун-та во Владивостоке (1920–25). В 1925 уехал в Харбин, где преподавал в школе методистской церкви, затем — в Брит. Колумбии (Канада), где продолжил образование при ун-те. Магистр (1929). Участник экспедиций в Амурском крае и в Брит. Колумбии. Читал курсы по антропологии в ун-те шт. Вашингтон в Сиетле (1930–31). В 1935 получил докторскую степень по антропологии в ун-те Юж. Калифорнии в Лос-Анджелесе, где в 1935–68 преподавал антропологию, археологию и этнографию, дослужившись до звания полного проф. и, при выходе в отставку, — заслуженного проф. Автор 8 работ, опубликованных Дальневосточ. кустарным комитетом, Об-вом изуч. Амурского края, Об-вом изуч. Маньчжурского края. («Гольды амурские, уссурийские и сунгарийские»), «American Journal of Physical Anthropology» (Антропология Орочен), «Anthropos» (The Tungus Languages, Tungusische Volksdichtung), «The University of Southern California, Social Science Series» (Social Life and Religion of the Indians in Kitimat, British Columbia). В свободное время занимался муз. и живописью. Автор романсов «Парус» (на стихи М.Ю. Лермонтова) и «Берёзонька кудрявая» (на собственные стихи). *Родственники*: вдова.

Похоронен на кладбище Валхала.

И с т. АА. *Lopatin I.A.* Curriculum vitae (typescript), 1969; Лопатин Иван Алексеевич // Незабытые могилы / Сост. В.Н. Чуваков. Т. IV. С. 212.

ЛОПАТНИКОВ Николай (1903, Эстляндская губ. – 8 окт. 1976, Питтсбург) — композитор, преподаватель. Учился в консерваториях в Петрограде, в Финляндии и в Германии, куда семья Л. переехала после революции. Помимо увлечения муз. композицией окончил технологич. ин-т в Карлсруэ. После первого успеха в Европе на поприще композитора полностью посвятил себя музыке, давал фортепианные концерты. В США с 1939, преподавал в муз. колледже Харт (Hart College of Music) в Хартфорде (шт. Коннектикут) и в Вестчестерской консерватории в Уайт Плэйнс (шт. Нью-Йорк). Затем преподавал муз. композицию в технологич. ин-те Карнеги (ныне ун-т Карнеги-Меллон). Автор оперы «Дантон», четырёх симфоний, двух концертов для рояля, скрипичного концерта, квартетов и произведений камерной муз. Питтсбургский симфонич. оркестр исполнил премьеру четвёртой симфонии Л. в 1972 году, вариации и эпилог для виолончели и оркестра в 1973. Балет «Плавильный котёл» (Melting Pot) Л. был поставлен в 1975 в Индианополисе. Под термином «плавильный котёл» предусматривается слияние всех этнич. групп Америки в единую нацию. Обладатель наград от фонда Гуггенгейма, муз. фонда Кусевицкого и Национального ин-та искусств и лит. (National Institute of Arts and Letters).

Л и т. *Anonymous.* Nikolaj Lopatnikoff, 73, Composer and Professor // The New York Times. 1976. Oct. 9.

ЛОПУХИН П.Е. (? – 24 нояб. 1953, Нью-Йорк) — актёр. Окончил Московскую драматич. школу. С 1912 — в труппе Малого театра, быстро снискал известность. Неоднократно гастролировал по рус. провинции, по городам Поволжья, исполнял ответственные роли в пьесах бытового репертуара. Всероссийскую известность Л. принесло чтение детских рассказов. После Октябрьского переворота 1917 — в эмиграции в Константинополе, затем в США. В теч. 15 лет играл в рус. драматич. театре в Нью-Йорке. В 1952 в Нью-Йорке состоялось торжество, посвящённое 40-летию театральной и сценич. деятельности Л.

Л и т. П.Е. Лопухин // НРС. 1953. 26 нояб.

ЛОРДКИПАНИДЗЕ Георгий Николаевич (30 дек. 1877, Тифлис – 16 мая 1942, Нью-Йорк) — капитан II ранга. Окончил Морской корпус (1905). Служил на Балтийском флоте. Во время плавания на линкоре «Слава» (1908) участвовал в оказании помощи пострадавшим от землетрясения на Сицилии и Калабрии. В США приехал в 1916 с закупоч. комиссией. Состоял членом Груз. об-ва взаимопомощи, Об-ва рус. морских инж. в Америке. Подробности прохождения службы и награды: Морские записки (Нью-Йорк). 1943. Дек. С. 68.

И с т. Лордкипанидзе Георгий Николаевич // Незабытые могилы / Сост. В.Н. Чуваков. Т. IV. С. 216.

Л и т. Мартиролог рус. военно-мор. эм. С. 85.

ЛОРЕНЦ [Lawrence **Lorenz**] Борис Александрович (род. 1 янв. 1944, Тегеран) — инженер-проектировщик. Род. в семье рус. эмигрантов в Иране. По образованию — математик. Работает старшим конструктором в компании General Motors над проектами корпусов новых автомобилей. Член Дворянского об-ва в Нью-Йорке.

И с т. АА. *Lawrence B.* Questionnaire for the Biographical Dictionary, 2003.

ЛОРИС-МЕЛИКОВ В.А., кн. — биолог, участник Первой мировой войны и Белого движения на Юге России. Офицер Л.-гв. Преображенского полка. После 1920 — в эмиграции во Франции, где учился в Сорбоннском ун-те. Завершил образование в США в Калифорнийском ун-те. При окончании ун-та получил стипендию за труды в обл. изучения метаболизма. Оставлен при ун-те для работы в области координации сердца и питуитарной железы. В 1940 открыл в Голливуде бактериологич. лабораторию.

И с т. АМРЦ. *Морозова О.А.* Биографич. сборник — черновая рукопись: М-73-5. С. 5.3.

ЛОСЕВ Павел Николаевич (16 янв. 1892, Самара – 26 апр. 1979, Нью-Йорк) — участник Белого движения на Юге России, штабс-ротмистр. Участник Первой мировой войны в рядах 15-го гус. Украинского Её Императорского Выс. Вел. Кнг. Ксении Александровны полка. После Октябрьского переворота 1917 — в белых войсках на Юге России. Эвакуировался из Крыма в составе Рус. армии в нояб. 1920. В эмиграции в Константинополе и Берлине, где изучил профессию линотиписта. Переехал в Париж, работал 30 лет линотипистом в типографии газ. (журнала) «Возрождение». В США с женой с 1953, супруги Л. поселились в Нью-Йорке. Работал в газ. «Новое русское слово» (Нью-Йорк). Выступал вместе с женой в рус. театре *В.Л. Зелицкого*. Член прихода Свято-Серафимовской церкви. *Родственники*: вдова (в браке с 1923) Ксения Михайловна (урожд. Дубравина).

Похоронен на кладбище монастыря Ново-Дивеево близ Нанует (шт. Нью-Йорк).

И с т. Лосев Павел Николаевич // Незабытые могилы / Сост. В.Н. Чуваков. Т. IV. С. 217.

Л и т. Некролог // Часовой (Брюссель). 1979. Авг. – сент. № 620. С. 23; *Седых А.* Памяти П.Н. Лосева // НРС. 1979. 28 апр.

ЛОССКИЙ Николай Онуфриевич (6 дек. 1870, Креславка Двинского уезда Витебской губ. – 24 янв. 1965, Сент-Женевьев-де-Буа под Парижем) — философ, историк философской мысли. Из семьи обрус. православного поляка. Учился в витебской гимназии, откуда был исключён в 1887 за пропаганду социализма и атеизма без права поступления в др. учебные заведения. Уехал за границу и случайно был завербован во франц. Иностранный легион в Алжире, откуда сумел вырваться с трудом. В 1889 вернулся на родину. Получил гимназич. аттестат (1891), окончил естественно-научное отделение физико-математич. ф-та Санкт-Петербургского ун-та (1896) и вольнослушателем историко-филологич. ф-т. Защитил дипломную работу по философии (1898), приват-доцент (1900) кафедры философии Санкт-Петербургского ун-та. В 1903 защитил магистерскую дисс. С 1904 занимался общественно-политич. деятельностью, по взглядам — левый кадет, член партии Народной свободы (1905–17). Доктор философии (1907). Автор нового направления в гносеологии — интуитивизма. Под влиянием философа А. Козлова следовал традициям Г. Лейбница, переосмыслив её на основе интуитивизма и персонализма. С 1909 занимался метафизикой, во время Первой мировой войны вернулся к религии. С 1916 — экстраординарный проф. Санкт-Петербургского ун-та. К захвату власти большевиками отнёсся отрицательно. В 1921 за защиту догмата о Св. Троице уволен из ун-та. В нояб. 1922 в составе большой группы выдающихся рус. учёных выслан большевиками за границу. В эмиграции в Чехословакии (1922–46). Читал лекции в Рус. ун-те, а также в Варшаве, Париже, Лондоне, Белграде, посетил США и Швейцарию. С 1942 — зав. кафедры философии в Братиславском ун-те. В США с 1946. Проф. философии в Свято-Владимирской дух. академии в Нью-Йорке (1947–50), почётный член международного об-ва М. Твена. Гражданин США (1952). С 1960 жил в Рус. доме в Сент-Женевьев-де-Буа. *Родственники*: жена (урожд. Стоюнина) Людмила Владимировна; сыновья: Владимир (1903–58) — богослов и Борис (1905 г.р.) — искусствовед.

Похоронен на кладбище Сент-Женевьев-де-Буа с сыном Владимиром. Последователем философских взглядов **Л.** в рус. эмиграции стал *С.А. Левицкий*.

С о ч. Мир как органич. целое. М., 1917; Логика. Берлин, 1923; Типы мировоззрений. Париж, 1931; Ценность и бытие. Париж, 1931; Чувственная, интеллектуальная и мистич. интуиция. Париж, 1938; Мемуары. Мюнхен, 1968; Избранное. М., 1991; History of Russian Philosophy. N.Y., 1951 и М., 1993 и др.

И с т. АМРЦ. *Морозова О.А.* Биографич. сборник — черновая рукопись: М-73-5. С. 2. 4-2; Лосский Николай Онуфриевич // Незабытые могилы / Сост. В.Н. Чуваков. Т. IV. С. 219.

Л и т. На темы рус. и общие. Сб. ст. и мат-в в честь проф. Н.С. Тимашева. Нью-Йорк, 1965; Некролог // Часовой (Брюссель). 1965. Март. № 465. С. 18; *Шалимов П.* Лосский Николай Онуфриевич // РЗ. Золотая кн. эм. С. 371–373.

ЛОУЛЕР [George **Lawler**] Георгий — ветеран армии США. Сержант в инж. части, пал в бою в 1944.

И с т. *Pantuhoff Oleg* — 1976.

ЛОХМАТОВ В. — священник, преподаватель (доцент на 2001) Свято-Троицкой дух. семинарии РПЦЗ в Джорданвилле (шт. Нью-Йорк).

И с т. АА. *Лохматов В.* Письмо *Е.А.Александрову* (2001).

ЛОШАКОВ [псевд. **Лапко**] Иван Павлович (1 мая 1902, Александровск Екатеринославской губ. – 31 янв. 1992, Нью-Йорк) — общественно-полит. деятель. Оконч. в Запорожье (до 1921 — Александровск) индустриальный ин-т. По специальности металлург. Преподавал высшую математику. С 1941 в нем. оккупации. В 1943 попал на работу в Германию.

В США с семьёй с 1947. В Нью-Йорке работал инж. в компании Egli Co. Участник движения украинцев-федералистов, сотрудник проф. *Ф.П. Богатырчука*. Федералисты считали, что Украина должна иметь автономный статус в составе Рос. Федерации и боролись против идеологии укр. националистов. Участвовал в изд. газ. «Східняк» («Восточник») и «Українець-федераліст» (Нью-Йорк), существовавших в противовес печати укр. националистов и сепаратистов. *Родственники*: вдова Валентина Григорьевна (23 янв. 1910 – 24 июля 2004) — врач; дочь Людмила (в браке Чухнова); зять Павел Юрьевич Чухнов; внук; две внучки (обе замужем); два правнука.

Супруги **Л.** похоронены на кладбище монастыря Ново-Дивеево близ Нануeт (шт. Нью-Йорк).

И с т. АА. *Александров Е.А.* Интервью с Л.И. и П.Ю. Чухновыми, 5 дек. 2004.

ЛУГОВСКИЙ Павел Васильевич (1897, стан. Кисляковская Ейского отдела Обл. Войска Кубанского – 17 дек. 1953, Сан-Франциско) — участник Белого движения на Юге России, Гв. войсковой старшина (полковник Войска Кубанского). Окончил Екатеринодарскую гимназию и Николаевское кав. уч-ще (1917?). После Октябрьского переворота 1917 — на Юге России. Участник 1-го Кубанского («Ледяного») похода 1918 в рядах 1-го конного дивизиона Добровольч. армии. Хорунжий производства ген. Л.Г. Корнилова (февр. 1918). Затем — в рядах Кубанского гв. дивизиона. Был ранен и потерял глаз. Сотник (на 1920). Эвакуировался из Крыма в составе части в нояб. 1920. В 1921 — на о-ве Лемнос, затем в эмиграции в Кор. СХС. На 1925 — в составе дивизиона Л.-гв. Кубанской и Терской сотен, подъесаул. В окт. 1941 в составе Гв. дивизиона прибыл на службу в Рус. Корпус. В 1941–45 — служил в 1-м каз. полку Рус. Корпуса, участвовал в боевых действиях на терр. Югославии против коммунистич. партизан И. Тито. С 20 нояб. 1941 — мл. офицер 7-й сотни 3-й дружины 1-го сводного отряда. На 1 мая 1942 — командир 1-го взвода 12-й гв. сотни. Войсковой старшина (1942). На 31 дек. 1943 — войсковой старшина (капитан), командир 1-й гв. сотни 1-го батальона (до мая 1945). Неоднократно отличился в боях. После 1945 — в Австрии, Зап. Германии и в США (с 1950). Участвовал в деятельности СчРК, каз. и др. рус. воинских орг-ций. Состоял в списках дивизиона Собственного Е.И.В. Конвоя.

Похоронен на Сербском кладбище в Сан-Франциско.

И с т. ЛАА. Справка *К.М. Александрова* на чина Рус. Корпуса П.В. Луговского; Луговской Павел Васильевич // Незабытые могилы / Сост. В.Н. Чуваков. Т. IV. С. 225.

Л и т. *Волков С.В.* Первые добровольцы… С. 185; Верные долгу 1941-1961. С. 40, 44; Каз. словарь-справочник / Сост. Г.В. Губарев. Ред.-изд. А.И. Скрылов. Т. II. Сан-Ансельмо, 1968. С. 134–135; РК. 1963. С. 118, 149, 154.

ЛУЗАНОВ [**Loosanoff** Victor] Виктор Львович (3 окт. 1899, Киев – 15 июня 1987) — участник Белого движения на Востоке России, морской биолог. Род. в семье офицера. В 1918–22 — в белых войсках Восточ. фронта. Окончил Омский кад. корпус (1918) и вступил добровольцем в партизанский отряд есаула Б.В. Анненкова, действовавший в р-не Омска. Откомандирован в Иркутское военное уч-ще. Подпоручик арт. (1919), поручик (на 1922). В эмиграции в США (с 1922). Работал на лесных разработках, в угольных шахтах, на рыбачьих судах. Вместо четырёх лет окончил штатный Вашингтонский ун-т за три года. Ассистент по морской биологии (1927–30). С 1931 — морской биолог шт. Виргиния. Затем переехал на работу в Милфорд (шт. Коннектикут) для изучения устриц. Одновременно занимался в аспирантуре в Йельском ун-те, при котором защитил докторскую дисс. (1936). В 1940 получил средства на создание лаборатории в Милфорде. В 1952 получил деньги для строительства второй, самой передовой лаборатории для изучения морских беспозвоночных.

Торговая палата Милфорда установила в честь Л. почётную доску за его вклад в науку. Обл. научных исследований Л. — Тихий океан. Занимал должность старшего научного сотрудника морской станции в Диллон-Бич (шт. Калифорния). Удостоен званий научного советника Йельского ун-та, почётного проф. зоологии Ратгерского ун-та в Нью-Джерси, вице-президента Коннектикутской Академии наук, проф. Тихоокеанского ун-та, советника Министерства внутренних дел США по вопросам качества воды. Избран членом ряда научных об-в. Награждён министерством внутренних дел США «Distinguished service award» за более чем тридцатилетнюю работу в обл. морской биологии. Перу Л. принадлежит более 300 научных трудов по морской биологии, в первую очередь посвящённых устрицам, гребешкам и др., их разведению и защите от вредителей, акклиматизации европейских устриц в водах у побережья Атлантич. океана. Также приобрёл известность как писатель, композитор и поэт. *Родственники*: вдова Т.А. Лузанова.

И с т. АМРК. Материалы; АОРВВВ. *Леонтьев Е.* Поручик Виктор Львович Лузанов // 1987. Июнь. Альбом V.

Л и т. Каз. словарь-справочник / Сост. Г.В. Губарев. Ред.-изд. А.И. Скрылов. Т. II. Сан-Ансельмо, 1968. С. 138–139; *Петлин Н.* Известный учёный Виктор Лузанов // РЖ. 1978. 15 дек.; *Hedgpeth Joel W.* A Life From Cossack To Marine Biologist 1899–1987 // The Ark. 1987. August 5. V. 15. № 31.

ЛУЗИН Борис Дмитриевич (29 дек. 1918, Москва – 15 нояб. 2000, Лонг-Айленд (шт. Нью-Йорк)) — общественно-политич. деятель, инженер-электрик. Мать Л. была прибалтийской немкой, что позволило семье выехать в Латвию (1921). Учился в латышской гимназии, состоял в 5-й дружине рус. скаутов. После окончания гимназии окончил техникум. В 1940 Латвия оказалась оккупирована СССР и скаутская орг-ция была запрещена. С 1941 в нем. оккупации. Член НТС с 1942. В 1944 участвовал в оказании помощи рус. сиротам, эвакуированным из под Пскова. При приближении сов. войск эвакуировался на Запад. Оказавшись в Регенсбурге (Зап. Германия), включился в общественную жизнь рус. эмигрантов. Один из основателей регенсбургской дружины юных разведчиков «Нижний Новгород». В США с 1950. Окончил Городской колледж (City College) с дипломом инженера-электрика, работал по специальности. Принимал деятельное участие в рус. общественной жизни в Бруклине и в Лонг-Айленде. С 1989 — один из инициаторов создания и сотрудник орг-ции «Русский дар жизни», ставшей отделением амер. орг-ции «Gift of Life», выписывавшей из России больных детей для бесплатной операции на сердце. Участвовал в работе ОРЮР. *Родственники*: вдова Елена Павловна (урожд. Мамай); дети Сергей, Наталья и Ольга.

Похоронен на кладбище в Рослин на Лонг-Айленде.

Л и т. *Полчанинов Р.В.* Памяти Б.Д. Лузина // За Свободную Россию (Нью-Йорк). 2000. Дек.; *Полчанинов Р.В.* Письма друзьям (Нью-Йорк). 2000. Дек. № 26.

ЛУКАШЕВИЧ [John **Lukashevich**, Jr.] Иван (12 нояб. 1917, Бруклин (Нью-Йорк) – 1945, Люксембург) — ветеран ВВС США, сержант. Состоял членом рус. православного прихода Св. Троицы в Бруклине. После окончания средней школы в июне 1943 призван в армию.

Участник Второй мировой войны в Европе, парашютист 17-й воздушно-десантной дивизии. Во время битвы в Бельгии (Battle of the Bulge) 5 февр. 1945 ранен при взрыве мины. Скончался от ран в Люксембурге и похоронен на амер. военном кладбище в Фуа (Бельгия).

И с т. *Pantuhoff Oleg* (Bates John L.) — 1976.

Л и т. *Beresney Timothy A.* In Memoriam // Russian Herald. 1947. Jan. – Febr. P. 160.

ЛУКАШКИН Анатолий Стефанович (20 апр. 1902, Ляоян, Юж. Маньчжурия, Китай – 6 окт. 1988, Сан-Франциско) — биолог, натуралист, общественный деятель. Род. в семье железнодорожника. Окончил в Хайларе начальную железнодорожную школу и продолжил образование в Читинской гимназии, поступил в Горный ин-т. Революция 1917 прервала занятия Л., и он вернулся в Хайлар, где поступил на службу на КВЖД. После перевода в Харбин учился в Восточ. ин-те ориентальных и коммерч. наук, на мед. курсах. Увлекаясь местной природой, стал одним из ведущих исследователей природы Маньчжурии.

С 1930 — куратор музея Об-ва изуч. Маньчжурского края. Развивая исследования, привлёк к сотрудничеству др. рус. учёных, изучавших флору, фауну и археологию. Благодаря успешной работе Л. ин-т привлёк внимание учёных многих стран. В США с семьёй с февр. 1941. После получения амер. гражданства приглашён в Калифорнийскую Академию наук на должность биолога по морским наукам. Возглавил отдел по изуч. сардинок и анчоусов, имеющих большое значение в рыбном промысле в Калифорнии. Автор 80 опубликованных печатных трудов по специальности. Состоял в правлении Рус. центра, директор Музея рус. культуры в Сан-Франциско и корпорации газ. «Русская жизнь» (1948–66). Привлекал в музей новые поступления от частных лиц и орг-ций, сформировав исключительный фонд по истории рус. диаспоры в Китае. Был исполнительным директором Федерации рус. благотворительных орг-ций, принимавших участие в оказании помощи рус. перемещённым лицам после Второй мировой войны, состоял в Объединенном комитете рус. национальных орг-ций и т.д. *Родственники*: вдова (в браке с 1922)

Евдокия Афанасьевна (урожд. Рекевич); дочери Нина и Татьяна.
И с т. АА. *Шмелёв А.В.* К 50-летию Музея рус. культуры в Сан-Франциско. Машинопись, 1998. 3 с.; АМРК. А.С. Лукашкин // Коллекции Гуверовского ин-та. pdf 131 К.; Лукашкин Анатолий Стефанович // Незабытые могилы / Сост. В.Н. Чуваков. Т. IV. С. 231.
Л и т. Памяти Анатолия Степановича Лукашкина // РЖ. 1988. 23 дек.

ЛУКИН И. — исследователь Рус. Америки. Произвёл в 1863 совместно с англ. Р. Кенникотом исследование всего течения р. Юкон на Аляске.
И с т. Краткая географич. энциклопедия. М., 1966. Т. V. С. 398.

ЛУКИН С. — исследователь Рус. Америки. Вместе с *И. Васильевым* исследовал в 1830 течение р. Кускокуим на Аляске.
И с т. Краткая географич. энциклопедия. М., 1966. Т. V. С. 398.

ЛУКИНА Екатерина Петровна (род. 1963, Тинекке, шт. Нью-Джерси) — общественный деятель. Род. в семье *П.Н. Будзиловича*.

Помимо амер. образования оконч. субботнюю приходскую школу при церковном приходе в Наяке (шт. Нью-Йорк). Впоследствии стала учительницей рус. яз. в той же школе. Член КРА с 1985. В 1987–99 — казначей Главного правления КРА. Организатор съезда рус. православной молодёжи. Была связной между Главным правлением КРА и местным конгрессменом. Многие годы состояла в Рус. хоровом об-ве. По профессии — программист. Участвует в развитии деловых контактов с Россией.
И с т. Archives of the CRA. *Lukin K.* Curriculum vitae, 1993.

ЛУКОМСКАЯ [по мужу **Карлтон**] Е.В. — актриса, общественный деятель. Начала карьеру в России, в театре В.Ф. Комиссаржевской. В США приехала в 1935 из Шанхая, где играла в драматич. театре. В Голливуде ставила пьесу Трахтенберга с участием местных рус. актёров. Занималась общественной деятельностью.
И с т. АМРЦ. *Морозова О.А.* Биографич. сборник — черновая рукопись: M-73 (MS 268). С. 5-13.

ЛУКЬЯНОВ Валерий Семенович (род. 21 дек. 1927, Шанхай) — инженер-строитель, протоиерей РПЦЗ. Переселившись в США, окончил Бруклинский политехнич. ин-т (1955). Получил лицензию профессионального инженера в шт. Нью-Йорк и Нью-Джерси. Избрав путь дух. служения, рукоположен во иереи в 1963 и назначен настоятелем храма св. Александра Невского в Лейквуде (шт. Нью-Джерси).

Автор дух.-лит. статей в церковных журналах, вышедших в изд-ве Братства св. Германа Аляскинского. В 1978 — благочинный Восточ.-Амер. епархии. Временный нач-к Дух. миссии в Иерусалиме (1986–87), восстановил экономич. и политич. положение монастырей РПЦЗ. Попечением и под рук. о. Валерия в приходе св. Александра Невского были построены новый церковный дом, здание приходской школы и дом для причта.
И с т. АОРИ. Вопросник.
Л и т. *Маргушин П.* 25-летие священнослужения протоиерея Валерия Лукьянова // НРС. 1989. 6 февр.

ЛУКЬЯНОВ Григорий Михайлович (1888, Обоянь Курской губ. – 27 февр. 1959) — инженер-электрик. Окончил Курское реальное уч-ще. Учился на электромеханич. отделении Санкт-Петербургского Политехнич. ин-та. В 1916 командирован в США в составе арт. комиссии для проверки качества выполнения военных заказов для России. После 1917 остался в США. Продолжил образование на электротехнич. отделении Массачусетского технологич. ин-та. Окончил ин-т со званием магистра. Работал в компании General Electric в Питсфилде (шт. Массачусетс) проектировщиком в отделе трансформаторов малых размеров; инженером по разработке изоляции для высоких напряжений.
И с т. АОРИ. Вопросник.

ЛУКЬЯНОВ Павел Андреевич — см. **ПЁТР**, епископ.

ЛУНД Р.А. — капитан-лейтенант, командир корвета «Варяг» в составе рус. эскадры в Атлантич. океане под командованием контр-адм. *С.С. Лесовского*, посетившей Нью-Йорк в 1863–64 для участия в защите северян от возможного выступления Англии и Франции на стороне Юж. Конфедерации во время Гражданской войны 1861–65 в США.
Л и т. *Тарсаидзе А.Г.* К 90-летнему юбилею прибытия русских эскадр в Америку, 1863–1953 // Морские записки (Нью-Йорк). 1953. Нояб. Т. XI. № 3. С. 11–23

ЛУПИНИН [**Lupinin** Nickolas] Николай Борисович (род. 19 нояб. 1941, Латвия) — историк. Окончил историч. ф-т Сиракузского ун-та (шт. Нью-Йорк), магистр (1966). Преподавал историю в Нью-Йоркском ун-те и ун-те шт. Нью-Джерси в Монтклэр. Преподаёт рус. яз. и европейскую историю во Франклин Пирс-колледже в Риндж (шт. Нью-Хэмшир). Занимался ред. работой, переводами и издательством. Автор книг «Russia in Turmoil: Church, Schism and State in the 17th century» («Смута на Руси в XVII в.: раскол и государство»), «A New Empress. Peter III and Catherine II, 1761–1768» («Новая Императрица. Пётр III и Екатерина II») и статей, в частности — о письме царя Алексея Михайловича патриарху Никону, комментарии к неопубликованному письму В.И. Ленина к членам Политбюро, о просьбе Б. Хмельницкого к патриарху Никону, об особенностях сов. политики по отношению к церкви и религии. Перевёл на англ. язык труд *Г.В. Вернадского* «Russian Historiography: A History» (Belmont, MA: Nordland Publishing, 1979).

Исследования Л. посвящены взаимоотношениям Турции и Греции по проблеме Кипра, вопросам социальной истории России XVII в., социально-политич. положения сов. об-ва и др. В программе курсов проф. Л. — лекции о зап. цивилизации, средневековой и последующей истории России, истории Среднего Востока, истории рус. культуры и религии, об Оттоманской и современной Турции. Владеет, кроме рус. и англ., древнеславянск., укр., турецк. и нем. яз. Состоит членом Амер. историч. ассоциации, РАГ в США, Ассоциации по исследованиям Турции и КРА.

И с т. Archives of the Assn. of Russian-American Scholars in the USA. *Lupinin N.* Curriculum vitae, 1971.

Л и т. *Rohrbacher K.* Russian history professor has a Russian history // Keene Sentinel. 1999. Apr. 17.

ЛУРЬЕ Роман Александрович (5 дек. 1891, Ростов Ярославской губ. – ?) — инженер-механик. Окончил Высшее технич. уч-ще в Берлине-Шарлоттенбурге (1931). В США жил в Нью-Йорке. Действительный член Об-ва рус. инженеров в США (на 1958).

И с т. АОРИ. Вопросник.

ЛУСТГАРТЕН [Michael B. Lustgarten] Михаил Б. — ветеран армии США, сержант.

И с т. *Pantuhoff Oleg* (Bates John L.) — 1976.

ЛЫЗЛОВ Евгений (14 янв. 1901, село Козулино Смоленской губ. – 10 авг. 1982, Филадельфия) — митрофорный протоиерей, поэт. Род. в семье священника о. Фотия. Окончил гимназию в Белом (1917). Осенью 1918 призван в Красную армию, затем после демобилизации окончил Смоленскую дух. семинарию. В Смоленске рукоположен в диаконы и в священники (1925). Служил в сёлах Смоленской обл. и в Осташкове Тверской обл. В 1935–37 — настоятель кладбищенской церкви в Великих Луках. Неоднократно преследовался большевиками, подвергался аресту и несправедливому налогообложению. Накануне Второй мировой войны преподавал в Гжатске математику, работал дирижёром городского оркестра и хора льнозавода. В церкви не служил, но и сана не отрёкся. Работал в разных учреждениях Ржева. С 1941 в нем. оккупации. Служил священником кладбищенской церкви и окормлял сов. военнопленных. Вместе с семьёй был отправлен на работу в Германию. После окончания войны — в Зап. Германии. Служил священником в лагерях для перемещённых лиц в Кемптене, Фюссене и Шлейсгейме. Пережил в Кемптене насильственную выдачу быв. граждан СССР в сов. оккупационную зону. В США с 1949. Добился разрешения на приезд в США из лагеря Шлейсгейм около 300 рус. семей, большая часть которых приехала в Филадельфию, где Л. основал приход и построил храм в честь иконы Божией Матери «Всех Скорбящих Радосте». Автор иллюстрированного сборника стихов для детей. *Родственники*: матушка (в браке с 1923) Наталья Михеевна (урожд. Смирнова); дети.

Похоронен на Свято-Владимирском кладбище возле Кэссвилла (шт. Нью-Джерси).

И с т. АА. Письмо от 14 сент. 2003 *Р.В. Полчанинова*.

Л и т. *Корнилов А.А.* С. 55–56; *Корнилов А.А.* Риза светлая. Нижний Новгород, 2001; *Юпп М.Е.* Священник и поэт Евгений Лызлов // Лит. Россия (Москва). 2003. 28 февр.

ЛЫЗЛОВА Т.А. — художник-иконописец. Расписала храм Свято-Успенского монастыря в Калистоге (шт. Калифорния).

ЛЬВОВ Сергей Александрович, кн. (27 сент. 1885 – 25 янв. 1954, Лейквуд, шт. Нью-Джерси) — участник Белого движения на Юге России, полковник. Окончил Тверское кав. уч-ще. Участник Первой мировой войны. На 1917 — подполковник 17-го драг. Нижегородского Его Величества полка Кавказской кав. дивизии. Кавалер ордена св. Георгия IV ст. за боевые отличия. После Октябрьского переворота 1917 — в белых войсках на Юге России. На окт. 1919 — командир эскадрона Нижегородских драгун Сводно-Кавказского кав. дивизиона в составе 3-й бригады 2-й кав. дивизии. Участник Бредовского похода 1920. Полковник (на 1920). Эвакуировался из Крыма в нояб. 1920. После 1920 — в эмиграции в США. Похоронен на местном кладбище.

Л и т. *Волков С.В.* Офицеры армейской кавалерии. С. 323.

ЛЮБИМОВ Михаил Михайлович (30 марта. 1889, Вятка – 6 апр. 1972, Нью-Йорк) — инженер-механик, старший лейтенант Рос. военно-морского флота. Окончил Морское инж. уч-ще (1910) в Кронштадте. В США с 1923. С 1934 — на федеральной службе, морской инж., специалист по судовым машинам и котлам. Состоял членом Об-ва рус. инж. в США (на 1954). Похоронен на кладбище Моравиан.

И с т. АОРИ. Вопросник (на 1954).

Л и т. Мартиролог рус. военно-мор. эм. С. 86.

ЛЮКОВ Владимир Алексеевич (24 сент. 1899 – 23 окт. 1971, Сан-Франциско) — участник Белого движения на Востоке России, поручик, майор Амер. Национальной гв. Окончил Симбирский кад. корпус (1917) и ускоренные курсы Михайловского арт. уч-ща. Прапорщик (нояб. 1917). После захвата власти большевиками — на Востоке России. С июня 1918 по февр. 1920 — в белых войсках Восточ. фронта: участвовал в боях на Волге, на Урале, в Сибири и в Забайкалье. Подпоручик (февр. 1919), поручик (февр. 1920). Служил в Сызранской арт. бригаде, на реч. боевых судах (Шилкинская реч. флотилия) и на бронепоезде «Храбрый». С 1920 — в эмиграции в Китае, затем в США, где поселился в Сан-Франциско. Участник антибольшевистской орг-ции. Служил в рядах Амер. Нац. гв., майор. Член Кад. Объединения (кад.-симбирцев) и Об-ва рус. ветеранов Великой войны. Изучал историю Первой мировой войны, подготовки революции 1917 и характер действий, направленных против Государя-мученика и его семьи, о чём публиковал статьи в «Вестнике» Об-ва рус. ветеранов Великой войны (Сан-Франциско). *Родственники*: вдова Александра Семёновна.

И с т. АОРВВ. Некролог. Поручик Владимир Алексеевич Люков // 1977. Окт. (1976?). Альбом VI, 18-В; Люков Владимир Алексеевич // Незабытые могилы / Сост. В.Н. Чуваков. Т. IV. С. 272.

ЛЯБАХ Викторин (25 марта 1922, Субботнице, Кор. СХС – 22 марта 1986) — архимандрит, военный священник, скаутмастер. В 1938 вступил в отряд скаутов-разведчиков св. блг. кн. Александра Невского. В 1941–45 — священник в Рус. Корпусе. После 1945 — в Австрии, вернулся к скаут-разведческой деятельности. Нач-к Австрийского отдела ОРЮР.

В США с 1949. Назначен митрополитом *Анастасием (Грибановским)* зав. хоз-вом монастырского подворья в Магопаке (шт. Нью-Йорк). Стараниями **Л.** на земле подворья состоялся первый летний лагерь разведческой дружины. По назначению Архиерейского Синода РПЦЗ — настоятель прихода в Тегеране, представитель Толстовского фонда на Иран. В Тегеране читал лекции о православии на богословском ф-те университета. В 1968 удостоен степени доктора «honoris causa» с награждением золотой медалью. По болезни вернулся в США. Настоятель храма св. Серафима Саровского в Толстовском центре (Валлей Коттедж, шт. Нью-Йорк), где и скончался.

Л и т. *Полчанинов Р.В.* Памяти скм. о. Викторина Лябаха // Вестник руководителя ОРЮР. 1986. Апр. № 334. С. 1–2.

ЛЯБРЕК Наталия — см. **ПЕРВУШИНА-ЛЯБРЕК** Наталия.

ЛЯПУНОВ Святослав Всеволодович (род. 23 сент. 1936, Тарту, Эст. республика) — инженер по подводным передатчикам. Окончил Купер Юнион в Нью-Йорке (1957) с дипломом бакалавра — инженера-строителя. Магистр инж. наук при Колумбийском ун-те (1959). Работал проектировщиком в Hudson Laboratories, занимался теоретич. и практич. вопросами по подводным передачам. Работал на строительстве зданий, мостов для автострад и силовых станций.

И с т. АОРИ. Вопросник.

ЛЯХОВСКИЙ Михаил Максимович — морской инженер. Род. в Вильно. Окончил Петроградский политехнич. ин-т (1914). В США с 1921. Работал конструктором в Кливленде (шт. Огайо), корабельный инж. (1925–45) в Питтсбурге (шт. Пенсильвания). С 1947 — консультант, исследователь и инж. по разработке новых проектов. Обладатель лицензии профессионального инж. от шт. Пенсильвания.

И с т. АОРИ. Вопросник.

ЛЯШЕВИЧ-СКИДАН Лидия Владимировна — певица, меццо-сопрано. В Нью-Йорке выступала соло в составе Vocal Arts Ensemble с репертуаром «Русская душа», включавшим песни Н.А. Римского-Корсакова, А.С. Даргомыжского, Ц.А. Кюи и Николаевского. Пела в зале Карнеги со студенч. хором под управлением *Б.М. Ледковского*. Участвовала в юбилейном концерте КРА в зале Аллис-Тулли, посвящённом 200-летию США. Традиционно выступала на концертах рус. орг-ций в Нью-Йорке. *Родственники*: муж А.Н. Скидан (? – 1988) — музыковед.

И с т. Архив КРА. Материалы.

Л и т. *Rockwell J.* Vocal Arts Program Focuses on Largely Ignored Program // The New York Times. 1978. Dec. 10.

ЛЯШЕВСКИЙ Стефан (17 июня 1899, Таганрог Обл. Войска Донского – 2 июня 1986, Огаст, шт. Мэн) — протоиерей, геолог. Получив высшее образование, работал инженером-геологом, рук. геологоразведоч. партиями Новочеркасского геологич. управления. До 1934 читал курс историч. геологии в Новочеркасском техникуме. Старший геолог Азово-Черноморского силикатного треста в Ростове-на-Дону (1934–36). В 1936 арестован сов. карательными органами по ложному обвинению и заключён в лагерь в Сибирь на три года. Освобождён в 1939, работал старшим геологом в Краснодаре. **Л.** с юности был церковным человеком, совершал паломничества в Дивеевский монастырь, встречался в Москве с патриархом Тихоном (Белавиным). С 1942 в нем. оккупации. Рукоположен во иереи. Переселившись в Киев, участвовал в восстановлении Владимирского собора, где служил до эвакуации на Запад (1943). В Германии служил на рус. приходах, в т.ч. в Гамбурге. Переселившись в США, был настоятелем приходов в Балтиморе и в Тампе (шт. Флорида). *Родственники*: матушка (в браке с 1919) Капитолина — иконописец, с 1975 в монашеском сане. Автор книг: «Канонический сборник», «Дивный путь Церкви Христовой» (в 4 т.), «Шесть дней творенья в свете современных геологических знаний» (1945 и 1947, на рус. и нем. яз.), «Первые люди на земле по библейскому сказанию и современной археологии» (1947), «Царство четырёх Серафимов», «Преподобный старец Герман Аляскинский», «Доисторическая Русь», «История Христианства в Земле Русской с I по XI вв.» и др.

Л и т. *Корнилов А.А.* С. 103–104.

ЛЯШКОВ Максим Мартьянович [Мартемьянович] (? – 21 дек. 1986, Лос-Анджелес) — участник Белого движения на Юге России, поручик. Окончил учебную команду в одной из гв. частей и школу прапорщиков (1917). После Октябрьского переворота 1917 — в белых войсках на Юге России, был ранен. На 1920 — поручик 2-го Корниловского полка. Эвакуировался из Крыма в составе Рус. армии в нояб. 1920. В 1920–21 — в Галлиполи. После 1921 — в эмиграции в Болгарии и Франции, где окончил химич. ин-т. В США работал инженером и занимался благотворительностью в рус. диаспоре.

И с т. Ляшков Максим Мартьянович // Незабытые могилы / Сост. В.Н. Чуваков. Т. IV. С. 283.

Л и т. Некролог // Часовой (Брюссель). 1987. Июнь – июль. № 666. С. 31.

М

МАГАЗИНОВ В. — ветеран гражданской войны 1861–65 в США. Сражался в рядах армии А. Линкольна.

МАГЕРОВСКИЙ Евгений Львович (род. 11 дек. 1934, Прага) — полковник Ген. штаба армии США (в отставке), доктор философии полит. наук Колумбийского ун-та, быв. содиректор кафедры россиеведения Джорджтаунского ун-та в Вашингтоне. Род. в семье *Л.Ф. Магеровского*. Учился в рус. гимназии в Праге. При вступлении сов. войск в Чехословакию семья **М.** переехала в амер. оккупационную зону Германии. Продолжал образование в рус. реальной гимназии в Регенсбурге. Переселился с семьёй на постоянное жительство в США и завершил среднее образование в Джордж Вашингтон Хай-Скул, удостоившись членства в орг-ции «Ариста» (Нью-Йорк). Затем учился в Городском колледже Нью-Йорка, где параллельно с академич. курсом занимался на офиц. курсах. Оконч. колледж с похвальной грамотой и «cum laude» с дипломом бакалавра искусств, почётной грамотой по общественным наукам. Одновременно — мл. лейтенант запаса (1956). Затем поступил на ф-т полит. наук и в Рус. ин-т (позднее — Харримановский) Колумбийского ун-та. Параллельно с занятиями преподавал в разных ун-тах и начал службу в тактич. разведке. Окончив Рус. ин-т со степенью магистра искусств, приступил к подготовке дипломной работы на соискание степени доктора. Несмотря на военную службу и преподавание, успешно защитил свой труд, получив степень доктора историч. наук со специализацией по рус. и восточ.-европейской истории в аспирантуре ф-та политич. наук Колумбийского ун-та. В рамках исследований работал почти во всех главных книгохранилищах, архивах Европы и Америки, досконально знаком с их орг-цией и системами классификаций мат-в. В теч. долгих лет помогал отцу в переписке, классификации и обработке архивных материалов. Детально знаком с фондами Бахметьевского архива Колумбийского ун-та (ныне Columbia University Libraries, Rare book and Manuscript Library, Bakhmeteff Archive — BAR), его орг-цией, спецификой условий хранения фондов. Попечитель материалов от ряда рус. зарубежных национальных орг-ций, переданных в BAR на хранение. В случае недееспособности отец **М.** — куратор и основатель архива — в порядке личного доверия официально назначил сына распорядителем и попечителем всех материалов, переданных при нём в архив. Таких собраний в фондах BAR насчитывается несколько сот.

Один из основателей, затем — зам. нач-ка отдела славяноведения Нью-Йоркского ун-та. Занимал должность помощника директора Ин-та советоведения при Миддлбери-колледже, где читал курсы по истории России и СССР. Преподавал в отделе истории и в Ин-те по изуч. современной России Фордамского ун-та. Консультировал Нью-Йоркское управление народным образованием по вопросам, касающимся преподавания рус. яз. и россиеведения, учреждения рус.-англ. «двуязычных» программ обучения в городских школах. Занимал ряд др. науч., науч.-исс. и науч.-адм. должностей. Член пяти амер. профессиональных орг-ций. На службе в стратегич. разведке консультировал Военное министерство США. Служил оперативным офицером, затем — командиром оперативного отделения стратегич. разведки. В 70-х гг. провёл несколько лет академич. офицером в армейском ин-те изуч. России и Восточ. Европы в Гармиш-Партенкирхене (ФРГ), где участвовал в ряде коллоквиумов и симпозиумов по вопросам, связанным с «холодной войной». Совершил ряд продолжительных поездок по странам Восточ. Европы. Вернувшись в США, служил в Военном министерстве до выхода в отставку. Об-во офицеров запаса Вооружённых Сил США вручило **М.** наградную грамоту в связи с 30-летием военной службы и 25-летием членства в об-ве. Участвовал в семинарах и читал лекции в ун-те национальной обороны США. Консультант и советник гос. и частных науч.-исс. учреждений по вопросам международных отношений, гос. обороны и национальной безопасности. После выхода в отставку — проф. Джорджтаунского ун-та. Содиректор кафедры россиеведения и проф. рус. истории для аспирантов Джорджтаунского ун-та в Вашингтоне. Затем — в отставке по состоянию здоровья. Продолжает заниматься академич. и общественной деятельностью. Соред. «Нового журнала» (1980–86). Вице-председатель РАГ в США. Соред. ежегодных «Записок Русской академической группы в США». Вице-председатель Рос. зарубежной экспертной комиссии, задача которой заключается в способствовании возвращению России к историч. традициям. Член общественного комитета «Преемственность и возрождение России» (Москва), целью которого является популяризация в обществе взглядов и предложений, связанных с необходимостью установления правовой и историч. преемственности современной Рос. Федерации от досов. России. Поддерживает отношения с об-вом «Они были первые» (Прага), состоящим из потомков рус. эмигрантов, приехавших в Чехословакию в 20-е гг. и подвергавшихся преследованиям и сов.

репрессиям. *Родственники*: жена Екатерина Викторовна (урожд. Брунст); дочь Екатерина.

И с т. АА. *Магеровский Е.Л.* Автобиография. Машинопись, 1986 и 2003; Archives of the Assn of Russian American Scholars in the USA. *Magerovsky E.L.* Curriculum vitae, 1966.

Л и т. Награждение Е.Л. Магеровского // Часовой (Брюссель). 1984. Сент. – окт. № 651. С. 23.

МАГЕРОВСКИЙ Лев Флорианович (18 февр. 1896, Одесса – 8 июля 1986, Нью-Йорк) — участник Белого движения на Юге России, правовед. Жизненный путь **М.** прошёл в служении об-ву, историч. правде и делу антибольшевистского сопротивления. Учился в Ришельевской гимназии-лицее (неоконч.), затем на стипендию Каменец-Подольского потомственного дворянства окончил Владимирский Киевский кад. корпус (1914) и поступил на юридич. ф-т Киевского ун-та. После начала Первой мировой войны прервал занятия. Окончил Михайловское арт. уч-ще (1915). Участник Первой мировой войны на Юго-Зап. фронте, командовал зенитной батареей. По конкурсу принят в Военно-юридич. академию. После захвата власти большевиками в 1917 прервал занятия и вернулся в Киев. Автор газ. «Киевлянин». Из Киева отступил с частями ВСЮР в Крым, где совместно с В.Л. Бурцевым работал в службе прессы и информации правительства Юга России (1920). После 1920 — в эмиграции в Чехословакии. Окончил Карлов ун-т (1924), участвовал в орг-ции Рус. Загранич. историч. архива (РЗИА) в Праге. Состоял членом учёного совета РЗИА и зав. одним из четырёх отделов. При вступлении сов. войск в Чехословакию семья **М.** переехала в амер. оккупационную зону Германии (май 1945). С лета 1945 — в Регенсбурге. Участвовал в создании Греко-православной церковной орг-ции для спасения быв. граждан СССР от принудительной выдачи в сов. зону оккупации.

В США с 1948. **М.** посвятил себя воссозданию рус. архива взамен РЗИА, захваченного большевиками в Праге. В итоге в июне 1951 на основании «джентльменского соглашения» при участии быв. посла Рос. Временного правительства *Б.А. Бахметьева*, ген. Д. Эйзенхауэра и проф. Ф. Мозли был открыт Архив рус. и восточноевропейской истории и культуры при Колумбийском ун-те, впоследствии — Бахметьевский (ныне Columbia University Libraries, Rare book and Manuscript Library, Bakhmeteff Archive — BAR). Куратор архива (1951–77). За 26 лет создал в свободном мире второе по своему значению и объёму хранилище архивных мат-в, документирующих недавнее рос. прошлое, Белую борьбу, а также почти все антибольшевистские движения в их многообразии по всем странам рус. рассеяния. К концу 1977 архив содержал около 600 коллекций (2 млн единиц хранения). По примеру РЗИА **М.** настоял на том, чтобы при BAR был создан особый попечительский комитет из представителей рус. культуры за рубежом. В комитет входили: проф. *М.М. Карпович* (председатель), *А.Л. Толстая*, *М.А. Алданов*, *Б.И. Николаевский*, а также проживавшие в Париже Нобелевский лауреат И.А. Бунин и общественный деятель В.А. Маклаков. Деятельность **М.** по сбору и хранению док-в и мат-в способствовала написанию и публикации десятков книг и монографий, около сотни дисс. и многочисленных магистерских работ, статей и рефератов. После вынужденной отставки **М.** (1977), несмотря на «джентльменское соглашение» 1951 и протесты рус. зарубежных орг-ций, включая КРА, представители Рус. Зарубежья были отстранены администрацией Колумбийского ун-та от наблюдения за сохранностью и состоянием архива и лишены права выбора кандидата на должность куратора архива. *Родственники*: жена Ольга Николаевна (урожд. Меркпинг, ? – 1973); дети: Галина и *Евгений* с семьями.

Похоронен на кладбище во Флашинге в Квинсе (Нью-Йорк).

И с т. АА. *Магеровский Е.Л.* Льву Флориановичу Магеровскому — 90 лет. Рукопись, 1988. 6 с.; Магеровский Лев Флорианович // Незабытые могилы / Сост. В.Н. Чуваков. Т. IV. С. 288.

Л и т. *В.Б.* Памяти Льва Флориановича Магеровского // НРС. 1986. 12 июля; *В.Б.Л.* Памяти Льва Флориановича Магеровского // РМ. 1986. 5 сент.; *В.О.* Некролог // Часовой (Брюссель). 1987. Янв. № 663. С. 25; *В.Б.Л.* Лев Флорианович Магеровский // РА. 1988. № 19. С. 222–224; Лембер В.Б. Лев Флорианович Магеровский // Записки РАГ. 1986. Т. XIX. С. 461–466;

МАГУЛА Дмитрий Антонович (20 янв. 1880, Санкт-Петербург – нояб. 1969) — горный инженер, переводчик, поэт. Окончил гимназию и Горный ин-т. Работал на Монетном дворе и в Горном ин-те. В 1914 командирован в США для закупки оборудования для Монетного двора. После Октябрьского переворота 1917 — в эмиграции в США. В 1920 по поручению рус. посольства в Вашингтоне был направлен с грузом припасов для Рус. армии ген. П.Н. Врангеля. Эвакуировался из Крыма в нояб. 1920 и вернулся в США. В США работал горным инженером. В 1925 вместе с *Г.В. Голохвастовым*, *В.С. Ильяшенко* и *Е. Христиани* издал в Нью-Йорке лит. сб. «Из Америки», в который вошли 42 его стихотворения. Совместно с др. рус. поэтами участвовал в сб. «Четырнадцать» (Нью-Йорк, 1949).

С о ч. Автобиография // *В. Крейд*. С. 638; Свет вечерний: Сб. стихов. Париж, 1931; Последние лучи: Сб. стихов. Нью-Йорк, 1943; Fata morgana. Нью-Йорк, 1963.

МАДЗЕЛАН [Vasil **Madzelan**] Василий — ветеран армии США. Первый лейтенант, служил в пехоте.

И с т. *Pantuhoff Oleg* — 1976.

МАЗУР [**Mazour** Anatol] Анатолий — доцент истории обществоведения в ун-те шт. Невада.

И с т. *Мартьянов Н.Н.* Список... С. 84–88.

МАЗУРОВСКИЙ [Samuel T. **Masurowsky**] Самуил Т. (1927, Честер, шт. Пенсильвания – 11 окт. 1944, Бельгия) — ветеран армии США. Член 32-го отдела РООВА. Был призван в армию и служил в противотанковом корпусе в чине рядового I класса. Участник Второй мировой войны в Зап. Европе. Пал смертью храбрых при штурме нем. «линии Зигфрида».

Похоронен на кладбище Харт Шапель в Бельгии.

Награждён орденом «Purple Heart».

И с т. *Pantuhoff Oleg* — 1976.

Л и т. *Beresney Timothy A.* In Memoriam // Russian Herald. 1947. Jan. – Febr. P. 157 – 163.

МАЙЕР Георгий Викторович (10 нояб. 1887, Киев – 21 мая 1976, Сан-Франциско) — участник Белого движения на Юге России, поручик. Окончил в Санкт-Петербурге классич. гимназию и Лесной ин-т (1915), инженер. Участник Первой мировой войны. В 1915 вступил вольноопределяющимся в армию. Прапорщик, мл. офицер 2-й минной роты Кронштадтской сапёрной бригады (1915–16). С конца 1916 — в 12-м железнодорожном батальоне. Контужен и ранен. Поручик (на 1917). После демобилизации 1918 проживал в Петрограде и в Москве. С янв. 1919 — в Доброволь ч. армии. Служил в Корниловской Ударной дивизии и в железнодорожных частях. Эвакуировался из Крыма в нояб. 1920 в составе Рус. армии. После 1920 — в эмиграции в Кор. СХС. Работал инж. в Белградском городском управлении.

В США с 1947. Работал чертёжником в шт. Монтана, затем — мл. инж. Переехав в Сан-Франциско, вступил действительным членом в Об-во рус. ветеранов Великой войны. Действительный член Об-ва рус. инж. в США *Родственники*: вдова Анна Николаевна; дочь Ксения.

Похоронен на Сербском кладбище в Сан-Франциско.

И с т. АОРВВ. Некролог. Поручик Георгий Викторович Майер // 1976. Май. Альбом VI, 19-В; АОРИ. Анкета (1954).

МАЙЕР Юрий Константинович — см. **МЕЙЕР** фон, Юрий Константинович

МАЙКОПАР Кирилл Фёдорович (1904, Санкт-Петербург – 1961, Квебек, Канада) — экономист. После Октябрьского переворота 1917 — в эмиграции в Бельгии. Окончил экономич. ф-т Антверпенского ун-та. В Канаде с 1951. Работал бухгалтером и главным бухгалтером в крупной франко-канадской компании. Был известен как пианист.

И с т. АА. *Могилянский М.* Биография К.Ф. Майкопара. Машинопись, 4 нояб. 2002.

МАЙСУРОВ [**Maissurow** Donald K.] Дмитрий Константинович (21 апр. 1898, Санкт-Петербург – ?) — лесной инженер. Окончил Ленинградский Лесной ин-т (1925) и Лесное отделение Йельского ун-та в шт. Коннектикут со степенью магистра лесоводства (1928). Автор трёх исследований, опубликованных в Journal of Forestry. Действительный член Об-ва рус. инж. в США (на 1969).

И с т. АОРИ. Анкета.

МАКАВОЙ Павел Порфирьевич (1890 – 11 сент. 1976, Бурлингейм под Сан-Франциско (шт. Калифорния)) — участник Белого движения на Востоке России, ротмистр. Окончил портупей-юнкером Виленское военное уч-ще (авг. 1910) и вышел подпоручиком в 8-й гренадерский Московский Вел. герцога Мекленбург-Шверинского Фридриха полк 2-й гренадерской дивизии, стоявший в Твери. В февр. 1912 переведён в Отдельный Корпус пограничной стражи с переименованием в корнеты. Поручик (1913), штабс-ротмистр (авг. 1915). Участник Первой мировой войны. С 1915 — в арм. кав. За боевые отличия награждён четырьмя орденами и тремя медалями. На 1917 — в составе 1-й рус. бригады во Франции. В 1919 по личному желанию отправлен во Владивосток, далее — в белых войсках Восточ. фронта. Служил в рядах Заамурского конно-егерского полка. Ротмистр (янв. 1920). После 1920 — в эмиграции в Китае. Служил в иностранных фирмах. С 1927 в Чили, где учредил антикварное предприятие.

В США с 1951, гражданин США (1957). Работал бухгалтером, состоял секретарём митрополита *Анастасия (Грибановского)*. Затем переехал в Бурлингейм (шт. Калифорния). С 1961 — действительный член Об-ва рус. ветеранов Великой войны. Печатал воспоминания из жизни своего полка в «Вестнике» Об-ва (Сан-Франциско). *Родственники*: вдова Нина Сигизмундовна.

Похоронен в Сан-Франциско на Сербском кладбище.

И с т. АОРВВ. Некролог. Ротмистр Павел Порфирьевич Макавой // 1976. Сент. Альбом VI, 20-В.

Л и т. Некролог // Часовой (Брюссель). 1977. Янв. № 603. С. 19.

МАКАРИЙ [в миру Матвей **Александров**] (ок. 1750, С. Чаянки Севского уезда Орловского наместничества – 1799) — иеромонах, миссионер на Аляске. Род. в семье крепостного кн. Кантемира. Получив отпускную, постригся в монахи (1770). Диакон (1782) с определением в Рождественский Коневский монастырь Санкт-Петербургской епархии. По призыву митрополита Гавриила Новгородского и Петербургского отправился в Америку. В составе православной миссии архимандрита *Иоасафа (Болотова)* прибыл на о-в Кадьяк в Рус. Америке (1794). Два года проповедовал православие среди туземцев. В 1799 сопровождал архимандрита Иоасафа в Иркутск на епископскую хиротонию. На обратном пути на борту корабля «Феникс» погиб в море во время кораблекрушения со всеми спутниками.

Лит. *Петров В.* Русские в истории Америки, Вашингтон, 1988; *Поберовский С.* Очерк истории Православия в Америке (1784 – 1867). 1994. Апр. № 4. С. 20–28.

МАК-КИНЕЙ Татьяна Сергеевна — художник. Родилась в Белом Тверской обл. в семье судьи С.М. Ладыгина. В 1922 выехала с матерью в Латвию. Окончила в Либаве рус. гимназию (1927). В 1928-30 начала заниматься живописью. В 1945-48 продолжала худ. образование в Рио-де-Жанейро. Писала городские пейзажи, сцены из народной жизни в Бразилии, затем (1959–62) писала в Греции. После ухода мужа на пенсию (1963) переселилась с ним в США во Флориду. Участвовала в групповых и персональных выставках. С 70-х гг. занималась религиозной живописью для католич. храмов и православной церкви в Венис (шт. Флорида). См. подробнее: *Лейкинд О.Л., Махров К.В., Северюхин Д.Я.* Худ. Рус. зарубежья. С. 400–401.

МАКОСЕЙ-ШИБИНСКИЙ Владимир Антонович (24 авг. 1897 – 27 янв. 1971, Сан-Франциско) — участник Белого движения на Востоке России, штабс-капитан. Окончил Владимирский кад. корпус и Михайловское арт. уч-ще (1915). Участник Первой мировой войны. После Октябрьского переворота 1917 — в белых войсках Восточ. фронта. После 1920 — в эмиграции в США.

Похоронен на Сербском кладбище в Сан-Франциско.

И с т. АРЦ. *Тарала Г.А.* Сводка кладбищенских дат, 2003. С. 4; Макосей-Шибинский Владимир Антонович // Незабытые могилы / Сост. В.Н. Чуваков. Т. IV. С. 320.

Л и т. Некролог // Часовой (Брюссель). 1972. Февр. № 548. С. 23.

МАКСИМОВ Александр Александрович (3 февр. 1874, Санкт-Петербург – 4(5) дек. 1928, Чикаго) — биолог, эмбриолог. Окончил гимназию К. Мая (1891) и Военно-мед. академию (1896, далее ВМА) с отличием. Защитил докторскую дисс. (1898). В 1900-02 стажировался в

Берлине и Фрайбурге. Проф. гистологии и эмбриологии ВМА (1903). Своими исследованиями и трудами о клетках, ткани и крови снискал мировую известность. Участник международных науч. мед. форумов. Во время послереволюционной разрухи 1918–1920 в Петрограде погибла уникальная лаборатория **М.** Член-корр. РАН (дек. 1920). В февр. 1922 с женой и сестрой через Финский залив бежал на буере в Финляндию, затем — в эмиграции в США. Жил в Чикаго, проф. анатомии Чикагского ун-та. Специалист по воспалительным процессам. Работал над культурами клеток зародышей млекопитающих на их ранних стадиях развития, до гистогенеза и туберкулезных опухолей. Автор рук. по гистологии (Textbook of Histology), выдержавшего семь изданий на англ., четыре на исп., одно на португальск. и одно на корейск. яз. В 1928 с большим успехом выступал в науч. центрах Зап. Европы. После скоропостижной смерти учёного его архивы в составе 23 томов были оставлены Чикагскому ун-ту.

С о ч. Основы гистологии (Учение о клетке). Пг., 1914; Учение о тканях. Пг., 1915; Development of Nongranular Leucocytes (Lymphocytes and Monocytes) into Polyblasts (Macrophages) and Fibroblasts in vitro // Pros. Soc. Exp. Biol. and Med., 1926/27. Vol. 24. и др.

И с т. Максимов Александр Александрович // Незабытые могилы / Сост. В.Н. Чуваков. Т. IV. С. 322.

Л и т. *Кеппен А.А.*; *Ковалевский П.Е.* С. 142; *Ульянкина Т.* Максимов Александр Александрович // РЗ. Золотая кн. эм. С. 380–381; *Raymond B., Jones D.* Maximov Alexander // The Russian Diaspora. 1917–1941. Maryland and London, 2000. P. 147–148.

МАКСИМОВ Андрей Васильевич (18 нояб. 1887, Киев – ?) — инженер-электрик. Окончил Петроградский политехнич. ин-т (1918). В США жил в Бруклине (Нью-Йорк). Действительный член Об-ва рус. инж. в США (на 1952).

И с т. АОРИ. Анкета.

МАКСИМОВ Борис С. — подполковник запаса армии США, инженер. Сын Александры Васильевны Максимовой, крестьянки, приехавшей в Америку в 1925, чтобы дать сыну лучшее образование. Это ей удалось благодаря многим годам тяжёлого труда. Окончил среднюю школу и Массачусетский технологич. ин-т с учёной степенью (1936). Углубил и расширил образование в Англии. Участвовал во Второй мировой войне в рядах армии США. Получил награды за боевые отличия. Благодаря хорошему знанию рус. яз. служил офицером связи между англо-амер. и сов. военными штабами. Вышел в отставку в чине подполковника. Открыл своё дело по изготовлению инструментов для авиации и частной промышленности — индикаторов, счётчиков, показателей при полёте самолётов и в работе машин на заводах.

Л и т. *Березний Т. А.* С. 56–57.

МАКСИМОВ Борис Святославович (род. 27 нояб. 1926, Ростов-на-Дону) — общественный деятель, инженер-электронщик. Род. в семье агронома-селекционера. После 1945 в США. В 1961 окончил ин-т технологии Нью-Джерси (New Jersey Institute of Technology) со званием инженера-электронщика («BSEE»). Кроме того, прослушал по выбору ряд курсов по программе аспирантуры. Во время Корейской войны 1950–54 служил в армии США. Работал в Нью-Джерси в промышленных компаниях по проектированию и производству электронного оборудования для межконтинентальных ракет и исследования межпланетного пространства. Ушёл в отставку после 30 лет работы инж. и администратором. Был членом ин-та инженеров электриков и электронщиков. Занимался переводами технич. и науч. лит. с рус. яз. на англ.

Состоял вице-председателем правления Нью-Джерсийского отдела КРА в Принстоне. Председатель уставного комитета и член Главного правления КРА. Представлял рус. этнич. группу шт. Нью-Джерси в Этнич. ассоциации штата. С переселением во Флориду возглавил Флоридский отдел КРА. С 1992 издавал «Бюллетень» отдела. С 2001 — председатель Стипендиального комитета КРА для студентов высших учебных заведений и аспирантов в России. Редактор бюллетеня КРА (CRA News). *Родственники*: жена Людмила Константиновна; сын с семьей

И с т. АА. *Maximov B.* Resume. Typescript, 1986; CRA Archives. *Maximov B.* Autobiography, 1999.

МАКСИМОВ Сергей Сергеевич [он же Сергей **Широков**, наст. фам. **Пашин**] (1 июля 1916, С. Чернопенье Костромской губ. – 12(12) марта 1967, Лос-Анджелес) — писатель, поэт, драматург, мемуарист. Род. в семье сельского учителя. С 1923 проживал в Москве. С нач. 30-х гг. публиковался в детских журналах «Мурзилка» и «Смена». В 1934 поступил в Лит. ин-т им. М. Горького. В 1936–41 — в заключении по обвинению в антисов. пропаганде. Срок отбывал в печорских лагерях. В 1941 возвратился в Москву, выслан в Калугу, откуда ушёл в Смоленск. С осени 1941 в нем. оккупации. В Смоленске опубликовал первые произведения под псевд. «Сергей Широков». Был арестован Гестапо по обвинению в антинем. деятельности, полгода провёл в заключении, затем отправлен на работы в Германию. С 1943 в Берлине. Привлечён к работе в Восточ. отделе министерства пропаганды. Публиковался в рус. газ. «Новое слово» (Берлин). В 1945 — в Гамбурге в брит. зоне оккупации, принудительной репатриации избежал. С 1946 — соред. журнала «Грани» (Менхегоф, затем Лимбург-на-Лане). Широкую известность **М.** принёс опубликованный в «Гранях» роман «Денис Бушуев» (1949; вторая часть — «Бунт Дениса Бушуева», 1956), ставший знач. лит. событием. Первая часть заслужила одобрение И.А. Бунина. В США с 1949, поселился в Нью-Йорке. Принял амер. гражданство. Публиковался на страницах рус. газ. и журналов: «Возрождение» (Париж), «Грани» (Лимбург-на-Лане, Франкфурт на Майне), «Народная правда», «Новое русское слово», «Новый журнал» (Нью-Йорк), «Посев» (Франкфурт на Майне) и др. Пьеса **М.** «Семья Пирожковых» с успехом была поставлена на сцене «Нового театра» *С.Н. Орловским (Болховским)*.

Похоронен на Сербском кладбище в Сан-Франциско.

С о ч. Денис Бушуев. Лимбург-на-Лане, 1949; Тайга. Нью-Йорк, 1952; Голубое молчание. Сб. Рассказы, стихи, пьесы. Нью-Йорк, 1953; Бунт Дениса Бушуева. Нью-Йорк, 1956.

И с т. Максимов Сергей Сергеевич // Незабытые могилы / Сост. В.Н. Чуваков. Т. IV. С. 326–327.

Л и т. *Вильданова Р.И., Кудрявцев В.Б., Лаппо-Данилевский К.Ю.* Краткий биографич. словарь рус. зарубежья // *Струве Г.* С. 334; *Казак В.* С. 464–465.

МАКСИМОВА Александра Васильевна. Из крестьян, жертвенная мать, приехавшая в Америку в 1926 с целью упорным физич. трудом обеспечить сыну *Борису* высшее образование, что ей удалось в полной мере.

Яркий пример стремления рус. крестьян в Америке к образованию и личному совершенствованию.
Лит. *Березний Т. А.* С. 56–57.

МАКСУТОВ Дмитрий Дмитриевич, кн. (13 авг. 1870 – 1952, Вэйленд, шт. Нью-Джерси) — капитан I ранга (1914), сын кн. *Д.П. Максутова* от второго брака. Окончил Морской корпус (1891). Капитан-лейтенант (1908). Командовал крейсером «Коршун». Нач-к отряда транспортных флотилий Чёрного моря. После Октябрьского переворота 1917 — в эмиграции в США, служил капитаном в торговом флоте. *Родственники*: жёны: в первом браке — Елена Павловна (урожд. Ефремова); во втором браке — Наталья Васильевна (урожд. Андожская).
Лит. Мартиролог рус. военно-мор. эм. С. 88; Морские записки (Нью-Йорк). 1943. Т. I. С. 31; *Плешко Н.Д.* Кн. Максутовы // Новик. 1939. Вып. 3 (23). С.26;

МАКСУТОВ Дмитрий Петрович, кн. (1832 – 1889) — последний рус. губернатор Аляски, контр-адмирал. **М.** — потомки татарского царевича Касима, перешедшие на службу к Вас. II (Тёмному) и получившему «в кормление» Городец на Оке (позднее Касимов Рязанской губ.). Окончил морское уч-ще (1849), начал службу на Балтийском флоте. В 1851 переведён в Петропавловск на Камчатке, где вместе с братом Александром участвовал в Восточ. войне 1853–56. При отражении англо-франц. десанта (1854) командовал береговой арт. Брат получил тяжёлое ранение и скончался, а **М.** был командирован в Санкт-Петербург с известием об отступлении неприятеля. В столице **М.** принял император Николай I, произвёл в капитан-лейтенанты и наградил орденом св. Георгия. С 1858 — помощник Главного правителя Рус. Америки, затем — Главный правитель (1863). В Ново-Архангельске у **М.** родилось трое детей, но в 1862 его жена Аделаида (урожд. Бушманн) скончалась и была похоронена в Ново-Архангельске (Ситке). Вторым браком **М.** сочетался в 1864 с Марией Владимировной Александрович — дочерью быв. губернатора Восточ. Сибири и Наказного Атамана Забайкальского каз. войска. После продажи Аляски Соединённым Штатам (1867) передавал терр. Аляски амер. представителям. Торжественный акт со спуском рус. флага и подъёмом амер. флага состоялся 18 окт. 1867.

Возвратился в Россию в апр. 1869. С 1873 — вновь на службе в Балтийском флоте. Контр-адмирал (1882) с увольнением от службы. Сцена передачи Аляски американцам изображена на картине В.В. Ушанова (см. Рус. Американец (Нью-Йорк). 1985. № 18. С. 166–163). Правнук **М.** — епископ РПЦЗ *Даниил Ирийский*, окормляет старообрядцев в Ири (шт. Пенсильвания).
Ист. АА. *Даниил, еп.* (в миру Дм. *Александров*). Интервью с *Е.А. Александровым*, 1996. 26 сент.
Лит. *Петров В.* Русские в истории Америки, Вашингтон, 1988. С. 155–157; *Плешко Н.Д.* Кн. Максутовы // Новик. 1939. Вып. 3 (23). С. 20–30; *Pierce Richard A., Prince D.P. Maksutov: Builders of Alaska* // The Russian Governors 1818–1867. Ontario, 1986. P. 44–53.

МАКСУТОВ Константин Дмитриевич, кн. (10 нояб. 1908, Ревель Эстляндской губ. – ?) — инженер-химик. *Сын Д.Д. Максутова*. Оконч. I Рус. Вел. Кн. Константина Константиновича кад. корпус в Сараево (Кор. СХС) в составе VIII вып. 8 кл. 1927–28 уч. года. В США окончил ун-т в Анн Арбор (шт. Мичиган). Наследственный член Об-ва быв. морских офицеров в Америке. *Родственники*: жена Татьяна Платоновна (урожд. Матвеева).
Ист. Список окончивших корпус за время 1920–1945 // Кад. корпуса за рубежом 1920–1945. Монреаль, б. г. С. 480.
Лит. *Плешко Н.Д.* Кн. Максутовы // Новик. 1939. Вып. 3 (23). С.27;

МАКСУТОВА [урожд. Бушманн] Аделаида Ивановна (? – 1862, Аляска) — первая жена кн. *Д.П. Максутова*, последнего губернатора Рус. Америки.
Похоронена в Ново-Архангельске (Ситке).

Лит. *Плешко Н.Д.* Кн. Максутовы // Новик. 1939. Вып. 3 (23). С.23.

МАКСУТОВА [урожд. **Александрович**] Мария — вторая жена кн. *Д.П. Максутова*, дочь иркутского губернатора, Наказного Атамана Забайкальского каз. войска и его жены Елены Васильевны (урожд. кн. Горчаковой).

Лит. *Плешко Н.Д.* Кн. Максутовы // Новик. 1939. Вып. 3 (23). С.23.

МАКШЕЕВ Леонид Захарович (?, Санкт-Петербург – 4 янв. 1969, Пальма [о-в Майорка], Исп.) — участник Белого движения на Юге России, архитектор. Сын ген. от арт. З.А. Макшеева (1858–1935). Окончил императора Александра II кад. корпус (1914) и поступил в Ин-т гражданских инж. (неоконч.). Участник Первой мировой войны на Кавказском фронте. После производства в офицеры в Пажеском корпусе вышел в горный дивизион 39-й арт. бригады. После Октябрьского переворота 1917 — в белых войсках на Юге России. После 1920 — в эмиграции в Кор. СХС. Оконч. архитектурное отделение политехникума в Загребе (1925), затем открыл собственное бюро по проектированию домов. Во время Второй мировой войны — беженец. После 1945 — в эмиграции в Венесуэле, где 14 лет работал архитектором. Затем — в США, поселился в Калифорнии, продолжал заниматься строительством. Сотрудник газ. «Новое русское слово» (Нью-Йорк). Последнее время провёл на Майорке, где строил для себя дом. *Родственники*: жена Анастасия Александровна.
Ист. АОРИ.
Лит. Памяти архитектора Л.З. Макшеева // НРС. 1969. 14 марта.

МАЛАХОВ А. — вместе с *А. Глазуновым* участвовал в изуч. нижнего и среднего теч. р. Юкон на Аляске (1835–38). Открыл бассейн р. Суситна и участок южного склона Аляскинского хребта (1844).
Ист. Краткая географич. энциклопедия. М., 1966. Т. V. С. 400.

МАЛАХОВ Сергей — драматург. Автор пьесы «Лётчики», поставленной в Нью-Йорке на сцене «Нового театра» под управлением режиссёра *С.Н. Орловского (Болховского)*.

МАЛАШКИН [Vladimir **Malashkin**] Владимир — ветеран армии США. Специалист IV класса, служил в 1951.
И с т. *Pantuhoff Oleg* — 1976.

МАЛЕВАНОВ Владимир Львович (1881 – 3 сент. 1954, Глен-Ков, Лонг-Айленд, шт. Нью-Йорк) — участник Белого движения на Юге России, Ген. штаба генерал-майор. Оконч. Киевский кад. корпус (1889), Николаевское кав. уч-ще (1901) и вышел корнетом в Приморский драг. полк Уссурийской конной бригады. Оконч. Николаевскую академию Ген. штаба (1909). Участник Первой мировой войны. На 1917 — полковник, нач-к штаба 26-й пех. дивизии. После Октябрьского переворота 1917 — в белых войсках на Юге России. Командовал 3-м сводным полком (1918) и 2-й бригадой (1919)1-й Кубанской каз. дивизии, затем — в распоряжении Кубанского Атамана, генерал-майор (на 1920). После 1920 — в эмиграции в Кор. СХС и Франции. В 1941 одним из первых вступил в Рус. Корпус, в 1941–45 — в Рус. Корпусе. После 1945 — в Зап. Германии и США, где участвовал в монархич. движении. *Родственники*: жена Августа Владимировна (? – 1970, Глен-Ков).
Похоронен на монастырском кладбище в Махопаке.
И с т. ЛАА. Справка *К.М. Александрова* на чина Рус. Корпуса В.Л. Малеванова; Малеванов Владимир Львович // Незабытые могилы / Сост. В.Н. Чуваков. Т. IV. С. 337.
Л и т. *Волков С. В.* Офицеры армейской кавалерии. С. 333; *Рутыч Н.Н.*, *Махров К.В.* Биографич. справочник // *Махров П.С.* В Белой армии ген. Деникина. СПб., 1994; С. 240.

МАЛЕЕВ Владимир Леонидович (20 февр. 1879, Тифлис – ?) — инженер-механик, проф. Окончил Московский политехнич. ин-т 1902). В 1912 в Киевском политехнич. ин-те получил степень доктора прикладной механики. Преподавал в Санкт-Петербургском политехнич. ин-те (1902–05). В 1906–13 доцент машиностроения в Томском ин-те, проф. (1913–17). В 1917–19 — президент Гос. политехнич. ин-та в Омске. После 1920 — в эмиграции в США. Поселился в Лос-Анджелесе, занимал должности проектировщика, инж.-механика, главного инж. Проф.-иссл. по машиностроению в A&M колледже в Оклахоме (1930–44). Работал старшим инж.-экспериментатором по дизелям, изготовляемым для Военно-морского флота США в Аннаполисе в Мериленде. Затем вернулся в Калифорнию, консультант и лектор по машиностроению. Автор книги о двигателях внутреннего сгорания и статей по специальности. Почётный член Об-ва рус. инж. в США. *Родственники*: жена Наталья (урожд. Беликова); дети — Леонид (ок. 1916 – 7 янв. 1939, Калифорния) — спортсмен-альпинист, разбился в горах; Маргарита.
С о ч. Internal Combustion Engines. McGraw-Hill, 1943.
И с т. АОРИ. Материалы; Малеев Леонид // Незабытые могилы / Сост. В.Н. Чуваков. Т. IV. С. 339.

МАЛИКОВ Владимир Александрович (? – 14 дек. 1952, Нью-Йорк) — участник Белого движения на Юге России, полковник. Род. на Сев. Кавказе. Оконч. гимназию, Чугуевское военное уч-ще (1908) и вышел подпоручиком в 82-й пехотный Дагестанский Е.И.Выс. Вел. Кн. Николая Михайловича полк 21-й пехотной дивизии, стоявший в Грозном. Участник Первой мировой войны. Ранен и контужен, орден св. Георгия IV ст. и др. боевые ордена за отличия. Окончил офицерский курс военной автомобильной школы (1915). Переведён в автоброневые войска, командир 81-го броневого автомобильного отделения (2-я бронедивизия, Зап. фронт). После Октябрьского переворота 1917 — в белых войсках на Юге России. Командир 1-й броневой автомобильной дивизии. После 1920 — в Кор. СХС. Капитан I класса Кор. армии Югославии, служил в автокоманде Военного министерства в Белграде. В отставке с 1940, в 1941 вновь призван на военную службу. В 1941–45 — в Сербии, Австрии, Германии, после 1945 — в США.
Похоронен на рус. кладбище в Лейквуде (шт. Нью-Джерси).
И с т. Маликов Владимир Александрович // Незабытые могилы / Сост. В.Н. Чуваков. Т. IV. С. 342.
Л и т. *Брагин К.* Полковник В.А. Маликов // Часовой (Брюссель). 1953. Май. № 331. С. 27.

МАЛИНИН Иван Михайлович (1892, Старая Русса Новгородской губ. – 14 мая 1970, США) — врач, проф. Окончил 1-й кад. корпус и учился в Военно-мед. академии (неоконч.). Из академии ушёл на фронт Первой мировой войны, служил врачом на Сев.-Зап. фронте. После 1917 — в Петрограде. Был арестован по делу о Кронштадтском восстании 1921. После 1921 — работал на кафедре патологоанатомии Крымского ун-та, затем в Екатеринодаре (Краснодаре). Специализировался на изуч. эпидемиологии проказы. Зав. кафедрой патологич. анатомии Кубанского мед. ин-та. В июле 1942 арестован по обвинению в подготовке вооружённого восстания, бежал при перевозке заключённых. Затем — в нем. оккупации. В 1943 эвакуировался на Запад. После 1943 — в Праге, после 1945 — в США. Первое время вынужденно работал уборщиком в госпитале в Хартфорде, затем до 1964 работал врачом-патологом в Восточ. Виргинии, где в 1964 закончил науч. работу по детскому аппендициту. В отставке с 1964. Затем — в Зап. Виргинии, в Александрии читал лекции по патологич. анатомии. Вёл научную деятельность в Джорджтаунском ун-те.
И с т. Малинин Иван Михайлович // Незабытые могилы / Сост. В.Н. Чуваков. Т. IV. С. 343.
Л и т. *Ковалевский П.Е.* С. 141.

МАЛИНОВСКИЙ Димитрий Апполонович (? – 29 июля 1972, Лос-Анджелес) — участник Белого движения на Востоке России, полковник. Окончил 2-й Московский императора Николая I кад. корпус, Константиновское арт. уч-ще (1913) и вышел Л.-гв. подпоручиком во 2-ю арт. бригаду. Участник Первой мировой войны, дважды ранен. На 1917 — Гв. капитан 2-й арт. бригады. После Октябрьского переворота 1917 — в белых войсках Восточ. фронта. Участник попытки спасения Царской семьи (1918). В 1918–20 — на разных должностях. Зимой 1919–20 — в управлении ген.-квартирмейстера Ставки, полковник. Участник Сибирского «Ледяного» похода 1920. Выдан красным, бежал в Забайкалье. После 1920 — в эмиграции в Харбине. На 1922 — в управлении КВЖД, затем в эмиграции в США. *Родственники*: жена Анна Михайловна.
И с т. Малинин Иван Михайлович // Незабытые могилы / Сост. В.Н. Чуваков. Т. IV. С. 345.
Л и т. *Волков С.В.* Офицеры российской гвардии. С. 299–300; Некролог // Часовой (Брюссель). 1972. Сент. № 555. С. 15.

МАЛИНОВСКИЙ Фёдор Николаевич (22 июля 1902 – ?) — горный инженер. Окончил Новочеркасский политехнич. ин-т. В США жил в Нью-Йорке. Действительный член Об-ва рус. инж. в США (на 1950).
И с т. АОРИ. Анкета (1954).

МАЛОЗЕМОВ Платон Александрович (1909, Санкт-Петербург – 7 авг. 1997, шт. Коннектикут) — горный инженер, промышленник, директор ряда горных предприятий и банков. Прозван коллегами «королём меди». В 1994 введён в Палату Славы горных инж. США. Род. в семье горного инж., впоследствии работавшего на Ленских золотых приисках. В детском возрасте М. решил идти по стопам отца, став горным инж.

В 1920 семья М. бежала от большевиков и поселилась в Калифорнии. Окончил с отличием Калифорнийский ун-т в Бёркли (1931), затем получил степень магистра в Горном ин-те шт. Монтана. Работал в нескольких горных компаниях в США и в Юж. Америке. С 1945 — горный инж. в компании Ньюмонт, главный управляющий компании (1974). За 32 года превратил компанию в предприятие международного значения: стоимость компании за указанный период увелич. в 156 раз — с 14,7 млн $ до 2,3 млрд $. Большинство горных предприятий компании занимались добычей меди. В 1973 за заслуги в развитии горного дела в международном масштабе удостоен золотой медали — высшей награды Брит. ин-та горных инж. и металлургов. Колорадский горный ин-т (Colorado School of Mines) удостоил М. почётной степени доктора инж. искусств (Doctor of Engineering). В 1976 М. чествовал «Клуб медной промышленности», наградивший его званием «Человек меди 1976 года» (Copper-Man-of-the Year for 1976). Состоял председателем совета директоров Толстовского фонда и опекуном Музея естественной истории в Нью-Йорке. Попечением М. преобразован музейный отдел минералогии, ставший одним из выдающихся и богатейших собраний минералов в мире. *Родственники*: жена Александра Ивановна; дети — Алексей, Ирина; внучка и 4 внука.

Похоронен на кладбище монастыря в Ново-Дивеево близ Нанует (шт. Нью-Йорк).

И с т. АА. *Малоземова А.И.* Переписка 1982–84; *Malozemoff P.* Letter to E. Alexandrov (1984); Малоземов Платон Александрович // Незабытые могилы / Сост. В.Н. Чуваков. Т. IV. С. 351.
Л и т. *Александров Е.А.* Амер. Горные инженеры чествуют Платона Александровича Малоземова // РА. 1995. № 20. С. 118–119; *Александров Е.А.* Платон Александрович Малоземов // Там же. 1997. № 21. С. 255–256 (With English summary); Anonymous. Plato Malozwmoff, 88, Retired Executive // The New York Times. 1997. Aug. 12; Anonymous. Mining Engineering. N.Y., 1994. P. 1070–1071; Anonymous. Newmont Brings In Nevada Gold — The Modern Way // Mining Engineering. N.Y. 1965. July. P. 138–140.

МАЛОЗЕМОВА Елизавета Андреевна (26 июля 1881, Санкт-Петербург – апр. 1974) — литературовед. После 1920 — с семьёй в эмиграции в США.

Оконч. Калифорнийский ун-т в Бёркли. Защитила докторскую дисс. по рус. лит. (1938). Вела переписку с рядом ведущих писателей Рус. Зарубежья. *Родственники*: муж Александр — горный инж.; сыновья: *Платон* — горный инж.; Андрей — историк.

И с т. АМРК. Е.А. Малоземова // Коллекции Гуверовского ин-та. Pdf 69.4 К.

МАЛЯВКО-ВЫСОЦКИЙ Пётр Петрович (16 мая 1900 – ?) — химик. Оконч. ун-т в Тарту (1927) со степенью магистра химии. В 1934–44 работал по специальности в Риге. В 1945–46 работал в исследовательских лабораториях в Германии. В 1944–54 технич. зав., главный химик и зав. лабораторией по исследованию перегонки нефти, промышленных химич. продуктов в компаниях Израиля. Затем вернулся в Германию, где год работал контролёром и зав. лаборатории. С 1959 жил и работал в Монреале, занимался хроматографией, органич. и неорганич. анализами. Действительный член Об-ва рус. инж. в США.

И с т. АА. Moliavko-Visotzky Peter. Resume, typescript (1961); АОРИ. Вопросник.

МАЛЬЦЕВ Алексей Георгиевич (? – 13 марта 1961, Хартфорд, шт. Коннектикут) — регент и знаток церковного пения, ученик композитора Сибелиуса. Оконч. мед. ф-т Санкт-Петербургского ун-та и консерваторию. Во время Первой мировой войны — военный врач. В США с 1924. Дружил с финским композитором Я. Сибелиусом. Служил регентом соборного храма Христа Спасителя в Нью-Йорке. Последние годы жизни рук. церковным хором в Хартфорде.

И с т. Мальцев Алексей Георгиевич // Незабытые могилы / Сост. В.Н. Чуваков. Т. IV. С. 357.
Л и т. *Плешко Н.Д.* // Новик. 1961. Отд. III. С. 11.

МАЛЬЧЕВСКИЙ Алексей Павлович (февр. 1910, Екатеринослав – 5(6) февр. 1991, Калифорния) — журналист, писатель, поэт и художник. Сын Георгиевского кавалера, полковника П.А. Мальчевского (1866–1929). После 1920 — с семьёй в эмиграции в Кор. СХС. Окончил I Рус. Вел. Кн. Константина Константиновича кад. корпус в Сараево в составе IX вып. 8 кл. 1928–29 уч. года, Югославскую военную академию. Капитан Кор. армии Югославии (на 1941). Участник Второй мировой войны, четыре годы провёл в нем. плену. После войны вернулся в Югославию, но решил уехать из коммунистич. государства. В США с семьёй с 50-х гг. Автор газ. «Новое русское слово» (Нью-Йорк) и «Русская жизнь» (Сан-Франциско), журнала «Кадетская перекличка» (Нью-Йорк). Перу М. принадлежит книга рассказов и поэма-сатира. Рисовал рус. кавалеристов, был известен как карикатурист. Преподавал в церковно-приходской школе. *Родственники*: жена Адель; дети: Татьяна, Игорь.

Похоронен на рус. участке кладбища в Пало-Алто (Калифорния).

С о ч. Ступенями в прошлое: Сб. рассказов. Сан-Франциско, 1979.
И с т. Мальчевский Алексей Павлович // Незабытые могилы / Сост. В.Н. Чуваков. Т. IV. С. 360; Список окончивших корпус за время 1920–1945 // Кад. корпуса за рубежом 1920–1945. Монреаль, б. г. С. 481.
Л и т. *Жуковский А.* Светлой памяти А.П. Мальчевского // РЖ. 1991. 16 февр.

МАЛЬЧЕВСКИЙ [Igor Malcevsky] Игорь — ветеран ВВС США. Штаб-сержант, служил на действительной службе в 1966 – 69.

И с т. *Pantuhoff Oleg* — 1976.

МАМАНТОВ Илья Александрович (17 февр. 1914, Юрьев Эстляндской губ. – 12 янв. 1991, Ричардсон шт. Техас) — геофизик, проф. рус. яз. и современной истории. Учился в Риге, состоял в рус. студенч. корпорации «Рутения». Во время Второй мировой войны — беженец. Продолжил образование в США. Работал геофизиком в нефтяных компаниях. Состоял в Об-ве проф. геофизиков и был выбран его председателем. После выхода в отставку преподавал рус. яз. Проф. Южного методистского ун-та в Далласе. В США состоял в студенч. корпорации «Ruthenia» («Рутения»).

И с т. АА. *Мамантов И*. Переписка.
Л и т. Некролог // НРС. 1991.

МАМОНТОВ Николай Иванович (17 мая 1887 – 10 июля 1958, Калифорния) — участник Белого движения на Востоке России, войсковой старшина. Оконч. Сибирский Александра I кад. корпус, Киевское военное уч-ще (1909) и вышел хорунжим в 1-й Верхнеудинский полк 1-й Забайкальской каз. бригады, стоявший в Троицкосавске.

Участник Первой мировой войны, есаул (на 1917). Награждён боевыми орденами за отличия. После Октябрьского переворота 1917 — в белых войсках Восточ. фронта. Войсковой старшина (янв. 1918). Зам. последнего Войскового атамана Забайкальского каз. войска. После 1920 — в эмиграции в США, где жил в окружении многоч. родственников. Состоял действительным членом Об-ва рус. ветеранов Великой войны.

Похоронен на Серб. кладбище в Сан-Франциско.
И с т. АОРВВ. Войсковой старшина Николай Иванович Мамонтов // 1958. Июль. Альбом II.
Л и т. Каз. словарь-справочник / Сост. Г.В. Губарев. Ред.-изд. А.И. Скрылов. Т. II. Сан-Ансельмо, 1968. С. 159.

МАМУЛЯН [Mamoulian] Рубен Захарович (1898, Тифлис – 1987) — кинорежиссёр. Род. в семье банкира. Оконч. с золотой медалью гимназию, затем учился два года на юридич. ф-те Московского ун-та. Одновременно изучал театральное искусство. После Октябрьского переворота 1917 — в Грузии. В Тбилиси поставил несколько пьес. Увлекался Шекспиром. С 1919 — в эмиграции в Великобрит. В Лондоне поступил в ун-т, изучил англ. яз. В Лондоне начал театральную карьеру в театре St. James's. Постановки **M.** привлекли внимание американцев, пригласивших режиссёра в США. Дебютом **M.** в Нью-Йорке стала пьеса «Порги», которая выдержала 367 постановок. С 1929 работал в Paramount Pictures, где изучил кинематографич. искусство. В 1931–42 поставил ряд кинофильмов, вошедших в историю амер. кинематографа. В 1942 вернулся в Нью-Йорк. В 1943–48 ставил муз. пьесу «Oklahoma!». В 1957 переделал фильм «Ниночка» (1939) на муз. комедию «Шёлковые чулки» (Silver Stockings, 1957).
Л и т. *Raymond B., Jones D.* The Russian Diaspora. 1917–1941. Maryland and London, 2000. P. 148–149.

МАНАЕНКО Леонид Максимович (18 июня 1895 – 15 февр. 1975, Бостон, шт. Массачусетс) — участник Белого движения на Юге России. После Октябрьского переворота 1917 — в белых войсках на Юге России. Служил в Дроздовской дивизии (1919–20), поручик (на 1920). Георгиевский кавалер. После 1920 — в эмиграции в США. *Родственники*: жена *Марта*.
И с т. Манаенко Леонид Максимович // Незабытые могилы / Сост. В.Н. Чуваков. Т. IV. С. 368.
Л и т. Некролог // Поручик Леонид Максимович Манаенко // Часовой (Брюссель). 1975. Апр. – май. № 586–587. С. 19

МАНАЕНКО Марта Михайловна (22 марта 1897 – 15 февр. [по др. дан. 20 янв.] 1975, Бостон, шт. Массачусетс) — сестра милосердия. После Октябрьского переворота 1917 — в белых войсках на Юге России. Георгиевский кавалер. После 1920 — в эмиграции в Кор. СХС. В 1941–45 — в Рус. Корпусе. После 1945 — в США. *Родственники*: муж *Леонид*.
И с т. Манаенко Марта Михайловна // Незабытые могилы / Сост. В.Н. Чуваков. Т. IV. С. 368.
Л и т. Некролог // Часовой (Брюссель). 1975. Авг. – сент. № 590–591. С. 24.

МАНДРОВСКИЙ [Boris N. **Mandrovsky**] Борис Н. — ветеран армии США. Рядовой I класса, в 1945 служил в Берлине.
И с т. *Pantuhoff Oleg* — 1976.

МАНДРУСОВ Александр Сергеевич (13 марта 1887 – 20 июня 1986, Сан-Франциско) — военный врач. Окончил экстерном 2-й московский императора Николая I кад. корпус и Московский ун-т (1914). Участник Первой мировой войны на должностях мл. и старшего врача. Ордена за отличия: св. Станислава III ст. с мечами; св. Анны III ст с мечами. После Октябрьского переворота 1917 — в белых войсках на Юге России. Эвакуировался из Крыма в нояб. 1920 в составе Рус. армии. В 1920–21 в Галлиполи. После 1921 — в эмиграции в Кор. СХС, работал в госпитале. В 1945 — фельдфебель, санитар при штабе ВВС КОНР. После 1945 — в Зап. Германии, затем в США. Жил в Сан-Франциско. Состоял председателем Об-ва Галлиполийцев и вице-председателем Комитета помощи рус. военным инвалидам. *Родственники*: сын Вячеслав (? – 1969, Сан-Франциско) — военный врач. Оконч. вице унтер-офицером I Рус. Вел. Кн. Константина Константиновича кад. корпус в Белой Церкви в составе XVIII вып. 8 кл. 1937–38 уч. года. В 1941–44 — врач Рус. Корпуса. В 1945 — капитан мед. службы власовской армии, военный врач при штабе ВВС КОНР.

После 1945 — в Зап. Германии, затем в США. Состоял членом СчРК и Кадетского Объединения. Вдова — Мура.

Похоронен на Серб. кладбище.
И с т. АОРВВВ. Военный врач Александр Сергеевич Мандрусов // Альбом V.; ЛАА. Справка *К.М. Александрова* на врачей ВС КОНР А.С. и В.А. Мандрусовых; Мандрусов Александр Сергеевич; Мандрусов Вячеслав Александрович // Незабытые могилы / Сост. В.Н. Чуваков. Т. IV. С. 372; Список, окончивших корпус за время 1920–1945 // Кад. корпуса за рубежом 1920–1945. Монреаль, б. г. С. 485.
Л и т. *Александров К. М.* С. 335–336; Некролог // Часовой (Брюссель). 1986. Сент. – окт. № 662. С. 27.

МАНЕВИЧ Абрам [Абрахам] Аншелович (25 нояб. 1881, Мстиславль Могилёвской губ. – 30 июня 1942, Нью-Йорк) — художник. Учился живописи в Киевском худ. училище и в Мюнхене. Писал пейзажи, портреты, натюрморты, изображал еврейские местечки. Устраивал персональные выставки. В 1915 вернулся в Россию, участвовал в выставках. В 1921 выехал в Варшаву, откуда эмигрировал в США. Продолжал писать пейзажи. Картины **М.** выставлены в амер. и канадских музеях, Рус. императора Александра III музее в Санкт-Петербурге и Третьяковской галерее в Москве. См. подробнее: *Лейкинд О.Л., Махров К.В., Северюхин Д.Я.* Худ. Рус. зарубежья. С. 407–408.
И с т. Маневич Абрам // Незабытые могилы / Сост. В.Н. Чуваков. Т. IV. С. 372.

МАНСВЕТОВ Владимир Фёдорович (1909, Енисейск Енисейской губ. – 1974,

Вашингтон) — литератор, поэт. В 1920 выехал из Владивостока с семьёй в Прагу. В эмиграции в Чехословакии. Оконч. рус. гимназию (1925), Карлов ун-т (нач. 30-х гг.), при котором защитил докторскую дисс. (1938). Участник пражского лит. кружка «Скит поэтов». Публиковал стихи в сб. кружка (1933, 1934 и 1937), а также в журнале «Воля России» (Прага) и в антологии «Якорь». В США с 1939. Публиковал лит.-критич. статьи в газ. «Новое русское слово», в «Новом журнале» (Нью-Йорк), в сб. «Ковчег» (Нью-Йорк, 1942). Писал о сов. худ. прозе и об истории эмигрантской поэзии. Главный ред. отдела культуры радиостанции «Голос Америки» (1947–74). Публиковал стихи в альманахе «Перекрёстки».

Л и т. *Вильданова Р.И., Кудрявцев В.Б., Лаппо-Данилевский К.Ю.* Краткий биографич. словарь рус. зарубежья // *Струве Г.* С. 334–335; *Витковский Е.В.* Антология... Кн. 2. С. 382; *Крейд В.* С. 64.

МАНТУЛИН Валентин Николаевич (род. 1921, Сараево, Кор. СХС) — общественно-политич. деятель. Род. в семье рус. беженцев. Отец **М.**: Николай Михайлович — уроженец Черниговской губ., в России народный учитель, в Югославии — учитель музыки; мать Евгения Ивановна (урожд. Кумановская, ? – 16 окт. 1983, Нью-Йорк) — учительница из Полтавской губернии. Дядья по линии матери — офицеры Рус. Императорской армии, погибли во время Первой мировой войны, расстреляны коммунистами во время революции; двое выжили и эмигрировали. Оконч. нач. школу в Тузле (1931) и вице унтер-офицером I Рус. Вел. Кн. Константина Константиновича кад. корпус в Белой Церкви в составе XIX вып. 8 кл. 1938–39 уч. года. Учился в муз. уч-ще и на экономич. ф-те Белградского ун-та (неконч.), прекратил занятия после нем. нападения на Югославию (1941). Продолжал петь в Синодальном хоре Е.П. Маслова. После 1944 — в Германии.

В США с 1950. Работал на фабрике, где получил увечье руки. Бакалавром оконч. Колумбийский ун-т (1959). Работал экономистом в Трёхтактной плановой комиссии до её расформирования в сер. 80-х гг., после чего вышел на пенсию. С детских лет собирал старинные военные песни, которые опубликовал в США («Песенник Российского воина». Нью-Йорк, Т. I. 1970 и Т. II. 1986). Песенник **М.** представляет собой уникальный сб. военных, солдатских, каз., флотских, полковых, юнкерских и кад. песен, а также церковных песнопений и гимнов, наиболее употребительных в Рос. Императорских армии и флоте с англ. перев. для четырёхголосного мужского хора (Нью-Йорк 1970). В 1987 была выпущена пластинка, напетая кад. хором и специально для этой цели созданным Хором рос. наследия. После падения сов. власти (1991) в Рос. Федерации на основе сб. был выпущен ряд аудиокассет и дисков без указания первоисточника; однако последние издания указывают обработку **М.** Инициатор проведения первого кад. съезда в Монреале (1967). С первых дней орг-ции КРА (1973) **М.** участвовал в работе Комитета защиты прав человека, через который добился дотации от шт. Нью-Йорк для Рус. хорового об-ва. После приёма в Белом Доме при содействии сенатора Э. Кеннеди способствовал освобождению из сов. концлагеря участника сопротивления на родине и правозащитника И.В. Огурцова, бывшего в заключении (1968–83) и в ссылке (1983–88). В правлении КРА **М.** постоянно отстаивал идею восстановления рус. этнич. эмиграции из СССР, как единственного способа сохранить рус. меньшинство в США. Один из основателей Объединения кадет Рос. кад. корпусов за рубежом. Неоднократно призывал к воссозданию закрытого уч. зав. Это обращение **М.** было отклонено в США в 1990, но приобрело благосклонный отклик со стороны членов Суворовско-Нахимовского союза в России, в результате чего первым был воссоздан Донской кад. корпус в Новочеркасске (1991). В 1992 произошла историч. встреча зарубежных кад. с членами Суворовско-Нахимовского союза, в теч. которой впервые после 1917 была проведена традиционная воинская «Заря с церемонией», в которой принимал участие лучший оркестр страны военно-муз. ф-та, получивший ноты и указания от **М.** В кач. главного ред. **М.** участвовал в издании VII «Кадетской памятки» (1997), юбилейной, признанной образцом руководства в воспитательной работе для всех кад. корпусов, которых в России насчитывается более тридцати. Кульминацией кад. деятельности **М.** можно считать XVI и Первый в России кад. съезд (1998), когда впервые после революции кад. были отслужены панихиды у гробниц А.В. Суворова и М.И. Кутузова с отданием воинских почестей при участии молодых суворовцев и был принят парад военных уч-щ в Петропавловской крепости. Кроме кад. изданий **М.** сотрудничал во многих изданиях, в т.ч. — в газ. «Россия», в альманахе (журнале) «Русский Американец» (Нью-Йорк). Со дня основания состоит членом культурно-просветительского об-ва «Отрада». *Родственники*: жена Елена Дмитриевна; сын Василий (1946 г.р., Бавария) — физик.

И с т. Архив КРА. *Мантулин В.Н.* Автобиография. Машинопись (2 с.), 3 сент. 2002; Список окончивших корпус за время 1920–1945 // Кад. корпуса за рубежом 1920–1945. Монреаль, б. д. С. 485.

МАНУЛЕВИЧ [Манулевич-Мейдано-Углу] Александр Феофилович (6 марта 1894 – 7 [по др. дан. 2] июля 1979, Нью-Йорк) — участник Белого движения на Юге России, полковник. Участник Первой мировой войны. На 1917 — Л.-гв. капитан Петроградского полка 3-й гв. пехотной дивизии. После Октябрьского переворота 1917 — в белых войсках на Юге России. Служил во 2-м офиц. стрелковом ген. Дроздовского полку (1919–20), подполковник (на 1920). Эвакуировался из Крыма в составе Рус. армии в нояб. 1920. В 1920–21 — в Галлиполи. В эмиграции в Болгарии, на 1925 — в составе Гв. отряда. В эмиграции в США, член Союза Инвалидов. *Родственники*: жена; брат Георгий (? – 1962) — Л.-гв. капитан Петроградского полка, участник Белого движения на Юге России, в эмиграции в Бельгии.

И с т. Манулевич Александр Фёдорович // Незабытые могилы / Сост. В.Н. Чуваков. Т. IV. С. 379.

Л и т. *Волков С.В.* Офицеры российской гвардии. С. 303; Некролог // Часовой (Брюссель). 1979. Февр. № 620. С. 23.

МАРАДУДИН [Maradudin Alexei Peter] Алексей Петрович — металлург. Окончил Стэнфордский ун-т (1928) бакалавром, затем — магистром по горному делу и металлургии. Занимался ускоренными методами определения усталости в стали. Нач-к отдела «Nevada Consolidated Copper Company». Член Об-ва рус. студентов, окончивших амер. высшие уч. зав. при содействии Рус. студенч. фонда в Нью-Йорке.

Л и т. *Pestoff Alexis N.* Directory of Russian Graduates of American Colleges // Alumni Association of the Russian Student Fund, Inc. New York, Aug. 1929. P. 13.

МАРГО [Марголис] Борис (7 нояб. 1902 – 1986) — живописец, график. Учился в Одесском ин-те изобразительных искусств и в Москве. В Канаде с 1929. В США с 1930, переехал в Нью-Йорк. Учился в худ. школе музея Н.К. Рериха. Писал сюрреалистич. картины. В 1940–60 ежегодно проводил персональные выставки в нью-йоркских галереях. Картины **М.** представлены в музее Метрополитен (Нью-Йорк), Нац. худ. галерее в Вашингтоне и худ. ин-те в Чикаго. См. подробнее: *Лейкинд О.Л., Махров К.В., Северюхин Д.Я.* Худ. Рус. зарубежья. С. 413.

МАРГОЛИС Давид — живописец и скульптор. Род. в Волочиске. Мл. брат *Б. Марго*. Оконч. Одесский ин-т изобразительных искусств (1927). В 1929 продолжал учиться в Монреале, затем — в Нью-Йорке. В 30-е гг. исполнил в Нью-Йорке росписи под названиями «Прогресс Человека», «Современные коммуникации» и «История американской музыки». Участвовал в выставках. См. подробнее: *Лейкинд О.Л., Махров К.В., Северюхин Д.Я.* Худ. Рус. зарубежья. С. 413–414.

МАРГУШИН Пётр Фёдорович (18 авг. 1905, Москва – ?) — инженер-строитель. Оконч. Технич. ф-т Белградского ун-та (1929). В США жил в Бруклине (Нью-Йорк). Действительный член Об-ва рус. инж. в США (на 1952).
И с т. АОРИ. Анкета.

МАРИОН [Peter A. **Marion**] Пётр А. — ветеран армии США. Рядовой I кл., служил в морской пехоте в 1975 г. Умер.
И с т. *Pantuhoff Oleg* — 1976.

МАРК — епископ Бетесдинский ПЦА.

МАРКЕВИЧ Андрей Александрович (? – 3 июня 1974, Бриджпорт (шт. Коннектикут)) — участник Белого движения на Юге России. Оконч. Орловский Бахтина кад. корпус и Киевское военное уч-ще. После Октябрьского переворота 1917 — в белых войсках на Юге России, служил в марковских частях. После 1920 — в эмиграции в США.
И с т. Маркевич Андрей Александрович // Незабытые могилы / Сост. *В.Н. Чуваков*. Т. IV. С. 393.
Л и т. Некролог // Часовой (Брюссель). 1974. Авг. № 578. С. 19.

МАРКОВ Анатолий Львович (28 дек. 1893, Щигровский уезд Курской губ. – 10 авг. 1961, Сан-Франциско) — участник Белого движения на Юге России, ротмистр, капитан англо-египетской службы, публицист. Род. в служилой дворянской семье, сын офицера. Окончил Воронежский кад. корпус (1914) и Николаевское кав. уч-ще (1914). Участник Первой мировой войны. Служил в 12-м драг., 2-м гус. и Ингушском (Кабардинском) кон. полках. Был тяжело контужен и ранен. После выздоровления — в распоряжении военного губернатора занятых обл. Турции, где **М.** застали революция 1917 и развал фронта. Пробравшись с Кавказа через Украину на Дон, вступил (лето 1918) в Добровольч. армию. Служил в Офиц. кон. полку. Вторично ранен и контужен при взятии Екатеринодара (авг. 1918). Ромистр (на 1920). Эвакуирован англичанами в Египет. В Александрии поступил на англо-египетскую службу в военную полицию. Работал в отделе по борьбе с большевизмом. В отставке капитаном египетской службы (1952). С первых лет эмиграции — сотрудник рус. зарубежной печати. Автор 8 газ. («Россия» (Нью-Йорк), «Русская жизнь» (Сан-Франциско) и др.) и 6 журналов («Военная Быль» (Париж), «Часовой» (Брюссель) и др.). Писал историч. очерки, политич. статьи, воспоминания, рассказы. В «Новом русском слове» **М.** подписывал статьи своим именем, но иногда использовал псевдоним Шарки. Избран членом Византийского ин-та в Мадриде (1952) за ряд публикаций во франц. и греч. печати по истории Византии.

За многолетнюю деятельность в пользу Церкви награждён патриархом Александрийским Командорским крестом ордена св. Марка. *Родственники*: вдова; дочери — Евгений (в браке Селенс) и Виктория (в браке Суровцева); брат Евгений — чин Рус. Корпуса, провел 25 лет в ГУЛАГе, скончался от рака спустя 2 года после освобождения в СССР.

Похоронен на Сербском кладбище в Сан-Франциско.
С о ч. Кадеты и юнкера. Буэнос-Айрес, 1961.
И с т. Марков Анатолий Львович // Незабытые могилы / Сост. В.Н. Чуваков. Т. IV. С. 397–398.
Л и т. *Волков С.В.* Офицеры армейской кавалерии. С. 338; *Л. М.* Анатолий Львович Марков // Часовой. 1962. Февр. № 429. С. 17.

МАРКОВ Владимир Фёдорович (род. 1920, Петроград) — литературовед, лит. критик, поэт. В 1937 поступил на романо-германское отделение филологич. ф-та Ленинградского унта. В 30-е гг. потерял родителей, ставших жертвой сов. властей. В июле 1941 ушёл добровольцем на фронт. В плену с осени 1941. В 1945 освобождён из плена, поселился в Регенсбурге (Зап. Германия) В США с 1949. Преподавал рус. яз. в Defence Language Institute в Монтерее (шт. Калифорния). Одновременно учился в аспирантуре в Калифорнийском унте в Бёркли, где в 1957 защитил докторскую дисс. по филологии. Проф. рус. лит. Калифорнийского ун-та в Лос-Анджелесе (1957–90). Автор книг о поэтах и поэтич. направлениях (русский футуризм, имажинизм), ред. и сост. антологий русской поэзии «Приглушённые голоса» (1952). Автор сб. «Манифесты и программы русских футуристов» (1967). Свои университетские годы **М.** описал в стихах в книге «Поэзия и однострокИ» (1983). Автор лит.-критич. статей в рус. зарубежных и западных периодич. изданиях. Гражданин США.
И с т. Автобиография // Берега / Под ред. Вал. Синкевич. Филадельфия, 1992. С. 270.
Л и т. *Вильданова Р.И., Кудрявцев В.Б., Лаппо-Данилевский К.Ю.* Краткий биографич. словарь рус. зарубежья // *Струве Г.* С. 335.

МАРКОВ Сергей Трофимович (22 сент. 1888 – 18 нояб. 1978, шт. Вермонт) — участник Белого движения на Юге России, военный лётчик, капитан. Окончил военно-топографич. уч-ще. Участник Первой мировой войны, лётчик-наблюдатель (на 1915). Окончил Севастопольскую авиашколу (1917) и затем служил в XXXI авиаотряде. После Октябрьского переворота 1917 — в белых войсках на Юге России. Помощник нач-ка авиации Донской армии (на 1918). После 1920 — в эмиграции в Кор. СХС. В 1941–45 служил в Рус. Корпусе. После 1945 — в США.
И с т. Марков Анатолий Львович // Незабытые могилы / Сост. В.Н. Чуваков. Т. IV. С. 402.
Л и т. *Куксевич Вас.* Некролог // Часовой. 1979. Июнь – июль. № 619. С. 19.

МАРКОВА-ДВОЙЧЕНКО Е.М. — см. **ДВОЙЧЕНКО-МАРКОВА** Е.М.

МАРКОВИЧ Эмиль Исидорович (1894 – 15 янв. 1981, Нью-Йорк) — фотограф-художник, коллекционер. В эмиграции с 20-х гг. Автор фотопортретов *А.Ф. Керенского*, К.А. Коровина, С.А. Кусевицкого, *С.В. Рахманинова*. Специалист по эринологии. Коллекционер рус. виньеток (не почтовых марок), рус. фискальных марок до 1917 г., почтовых марок России и РСФСР, земских почтовых марок, благотворительных марок, юбилейных марок, марок, посвящённых борьбе галицкого народа за свою русскость, франц. виньеток, посвящённых рус.-франц. дружбе, виньеток, выпущенных в Германии и Австро-Венгрии на рус. тему (посвящённых «зверствам» русских), виньеток «Украинского легиона», сражавшегося в рядах Австро-Венгерской армии против Рус. армии и др. Автор нескольких альбомов благотворительных марок России

И с т. Маркович Эмиль Исидорович // Незабытые могилы / Сост. В.Н. Чуваков. Т. IV. С. 404.
Л и т. Полчанинов Р.В. Э.И. Маркович (Уголок коллекционера) // НРС. 1969.6 июля.

МАРЛИ Анна — см. **СМИРНОВА** Анна

МАРМУЛЕВ Михаил Георгиевич (1892, Орловская губ. – ?) — деятель РООВА. Род. в крестьянской семье. Рано остался сиротой и в юношеском возрасте сам должен был устраивать жизнь и помогать семье. Оконч. сельскую приходскую школу.

В 1910 поступил на работу в шахту, а в 1911 стал артельщиком и зав. кухни, обслуживавшей рабочую артель в шахтах. В 1913 призван на военную службу, зачислен в арт. Поступил в учебную команду, блестяще окончил курс и был определён в зенитную батарею, стоявшую в Царском Селе. Участник Первой мировой войны на Зап. фронте. За храбрость награждён Георгиевскими крестами IV и III ст. После Февральской революции 1917 через Владивосток переехал в Шанхай. Работал в рус. типографии, матросом на амер. корабле. В США с 1920. Работал на разборке домов в Нью-Йорке. Поступил в профсоюз разборщиков домов, где состоял более 30 лет, из которых 4 года был председателем профсоюза и 25 лет — производителем работ. В нач. 30-х гг. во время строительства небоскрёба «Empire State Building» был приглашён на строительство помощником распределителя материалов. В 1934 РООВА купило 1,4 тыс. акров для устройства на этой земле рус. культурного центра. С 1941 — председатель правления фермы РООВА. Вывел ферму из долгов, обустроил и поставил на ноги.

Л и т. *Березний Т. А.* С. 99–106; *Лазаревич М.И.* Михаил Георгиевич Мармулев // Рус. вестник. 1947. Янв.– февр. № 153–154. С. 79–81.

МАРМЫЖЕВ [Marmujev Pavel] Павел (1892, Екатеринослав – ?) — инженер-химик по бумажному и целлюлозному производству. Оконч. гимназию (1909), Харьковский технологич. ин-т (1918). Имел 25 лет заводской и лабораторной практики. Доцент ун-та (1939–41). В 1944 работал в Германии на целлюлозном заводе и рук. производственной лабораторией. В США с1950. Гражданин США (1956).

И с т. АОРИ. Анкета; *Marmujev P.* Resume, typescript (1959).

МАРР Иван Илларионович — см. **МАХАРАДЗЕ** Иван Илларионович.

МАРТИНОВИЧ Степан Степанович (13 окт. 1928, Панчево, Кор. СХС – 29 марта 1988, Пало-Альто, шт. Калифорния) — скаутский деятель, рук. ОРЮР. Род. в семье рус. эмигрантов. Кадет-Княжеконстантиновец. Семья М. бежала от коммунистов из Югославии и после оконч. войны оказалась в Австрии. В 1945 в лагере Парш вступил в ОРЮР. Приехав в США, в Лос-Анджелесе вступил в скаутскую дружину «Нижний Новгород» и вскоре стал её нач-м. С 1987 — нач-к Зап.-Амер. отдела (ЗАО) ОРЮР. Скончался, активно работая на этом посту. Посмертно награждён высшей наградой ОРЮР — орденом «Белого Медведя» I ст. *Родственники*: сын от первого брака; жена Валентина Степановна (во втором браке); две дочери; внуки.

Похоронен на Серб. кладбище в Сан-Франциско.

Л и т. *Жуковский А.* Безвременная кончина начальника ЗАО С.С. Мартиновича // Вестник руководителя ОРЮР. 1988. Март. № 356. С. 3–4; *Жуковский А.* Памяти Степана Мартиновича // Кад. перекличка (Нью-Йорк). 1989. Апр. № 46.

МАРТЫНОВ Алексей Евгеньевич (1887 – 26 февр. 1963, Сан-Франциско) — участник Белого движения на Востоке России, Ген. штаба генерал-майор. Окончил Оренбургский Неплюевский кад. корпус, Николаевское инж. уч-ще (1908), Императорскую Николаевскую военную академию (1915). Участник Первой мировой войны, за боевые отличия награждён Георгиевским оружием. На 1917 — нач-к штаба дивизии, полковник. После Октябрьского переворота 1917 — нач-к штаба отряда полковника Л.Ф. Бичерахова, защищавшего рус. земли от турок. Затем — нач-к штаба Главнокомандующего Прикаспийским краем. Награждён орденом св. Георгия IV ст.

И с т. Мартынов Алексей Евгеньевич // Незабытые могилы / Сост. В.Н. Чуваков. Т. IV. С. 412.
Л и т. Некролог // Часовой (Брюссель). 1963. Май. № 444. С. 23.

МАРТЫНОВ Борис Евгеньевич (ок. 1890 – 6 янв. 1978, Силвер Спринг, шт. Мэриленд) — участник Белого движения на Юге России, полковник. Окончил Одесский кад. корпус (1907), Николаевское кав. уч-ще (1909) и вышел Л.-гв. корнетом в Уланский Его Величества полк Отдельной гв. кав. бригады. Участник Первой мировой войны. За отличия награждён Георгиевским оружием. После Октябрьского переворота 1917 — в белых войсках на Юге России. На дек. 1918 — в эскадроне Улан Его Величества в Запасном кав. полку Крымской дивизии Добровольч. армии. Служил военным комендантом Ялты, полковник (на 1920). После 1920 — в эмиграции. В США с 1924. Общественный и церковный деятель, возглавлял Союз рус. дворян.

Похоронен на кладбище монастыря Ново-Дивеево близ Нануэт (шт. Нью-Йорк).

И с т. Мартынов Борис Евгеньевич // Незабытые могилы / Сост. В.Н. Чуваков. Т. IV. С. 412.
Л и т. *Волков С.В.* Офицеры российской гвардии. С. 305; Некролог // Часовой (Брюссель). 1978. Март – апр. № 611. С. 18; *Попов С., Завалишин В.К.* У могилы Бориса Мартынова // НРС. 1978. 14 янв.

МАРТЫНОВ [Serge V. **Martinoff**] Сергей Б. — ветеран армии США, сержант. В 1948 служил в Берлине.

И с т. *Pantuhoff Oleg* — 1976.

МАРТЬЯНОВ Николай Николаевич (1894, Минусинск Енисейской губ. – 1984, Нью-Йорк) — участник Белого движения на Юге России, издатель. Род. в семье биолога. В гимназич. годы познакомился с *А.Ф. Керенским*, попав под его влияние. Студентом Московского ун-та вступил в партию социалистов-революционеров. После Октябрьского переворота 1917 и разгона Учредительного Собрания в янв. 1918 участвовал в борьбе с большевиками. Участвовал в заговоре эсеров против Ленина. Заговор не удался и М. после ареста бежал на Юг России, где вступил в Белую армию. С 1920 в эмиграции в Чехословакии. В Праге продолжил образование, окончил Пражский ун-т. Переселился в США и поступил в Колумбийский ун-т, где получил диплом по «Business Administration». Начал работать в ред. газ. «Новое русское слово» (Нью-Йорк).

Основал и успешно вёл на протяжении десятилетий собственное издательское дело, занимался торговлей рус. книгами. Особый успех **М.** принесло издание большими тиражами отрывных и настольных календарей на рус. яз. Отрывные календари **М.** выходили в теч. 60 лет и продолжают выходить после его кончины. Настольные календари содержат сведения о законодательстве и истории США, необходимые рус. эмигрантам, а также объявления, по которым можно судить о жизни и интересах русских в Нью-Йорке. *Родственники:* жена Джейн Хьюстон; сын, дочь.

Л и т. *Седых А.* Скончался Н.Н. Мартьянов // НРС. 1984. февр.

МАРЧЕНКО Николай Владимирович — см. **НАРОКОВ**.

МАРЧЕНКО Николай Николаевич — см. **МОРШЕН**.

МАРШАД-МАРШ Александр Владимирович (20 сент. 1881 – 11 окт. 1968, Сан-Франциско) — военный врач, участник Белого движения на Востоке России. Оконч. мед. ф-т Харьковского ун-та (июнь 1907), служил врачом Южных жел. дорог, с 1909 — на строительстве Амурской жел. дороги.

С апр. 1915 — на военной службе, ординатор Благовещенского военного госпиталя, затем — врач лагерей военнопленных (до 1919). С весны 1919 — в белых войсках Восточ. фронта: в отдельном Амурском стрелковом отряде, врачом при штабе Походного Атамана Дальневосточ. каз. войск. В окт. 1920 эвакуировался из Читы, в эмиграции в Харбине, где занялся частной практикой. С 1924 в Шанхае, врач рус. госпиталя (1924–26). В 1931–41 служил в рядах Шанхайского волонтёрского корпуса. В США с 1949, поселился в Сан-Франциско. Состоял членом Об-ва рус. ветеранов Великой войны.

После смерти кремирован.

И с т. АОРВВВ. Доктор Александр Владимирович Маршад-Марш // 1968. Окт. Альбом III.

МАСАИНОВ [Масаинов-Масальский] Алексей Алексеевич — поэт. Потомок *А.А. Баранова*. Единственный из всех его потомков, выехавший в США. Один из средних сыновей правнучки А.А. Баранова — Веры Александровны Барановой и её мужа Алексея Никифоровича **М.** Род. в Вологде, где получил домашнее образование. Продолжил образование в Царском Селе, где жил в доме, построенном *Антипатром Барановым*. Окончил Санкт-Петербургский политехнич. ин-т (1914) с дипломом инж.-экономиста и химика, прошёл курс истории и юридич. наук. К захвату власти большевиками отнёсся отрицательно, тяжело переживал потерю фамильного имущества. После Октябрьского переворота 1917 — на Юге России, куда выехал с женой Еленой Николаевной (урожд. Череповой). В 1920 покинул Россию, в эмиграции в Турции, Греции. Затем **М.** с женой отправились на Гавайи, где **М.**, как потомок А.А. Баранова, рассчитывал получить земли, которые король Камеха-Меха I подарил Баранову. Земли получить не удалось, и чета **М.** вернулась в Европу, поселившись в Ницце (Франц.). В Ницце **М.** познакомились с американкой Кларой Дюран, трагически потерявшей семью. Дюран проявила заботу о **М.**, оставшихся без средств и стала их опекать. **М.** и Дюран переехали в Калифорнию, где построили дом и прожили вместе до своей кончины в 1971. В США работал экономистом, химиком, в кино, занимался своей родословной и историей России. Клара Дюран пережила **М.** всего на несколько месяцев, но успела перевести через Инюрколлегию ближайшим родственникам **М.** наследство, оставленное им по завещанию. В СССР были обнаружены шесть родственников, из них четверо жили в Москве. **М.** соч. стихи и печатался вместе с И.В. Северяниным в изд. футуристов — в альманахах «Очарованный странник» (1915) и «Винтик». В каждый из последующих альманахов («Мимозы льна» и «Острова очарований» — 1917) вошли около 30 стихотворений **М.** В эмиграции продолжал заниматься поэтич. творч.

В США опубликовал в Голливуде цикл стихов в альманахе «Дымный след» (San-Francisco, 1926). Занимаясь своей родословной, пришёл к выводу, что **М.** происходили от кн. Рюриковичей, Рубец-Масальских. В своих исследованиях генеалогии царствовавшего дома в России **М.** полагал, что род Романовых прервался на Павле I. Критич. рассматривал засилье немцев среди придворной знати и офицерства в Рос. империи. Однако **М.** подчёркивал, что многие из состоявших на службе в России немцев были более русскими, чем сами русские. **М.** относился критич. и к характеристике России как империи, аргументируя свою точку зрения тем, что в империях западного типа метрополии процветали за счет колоний, а Россия содержала окраины, ошибочно именуемые западными историками колониями.

С о ч. Лик зверя. Поэма. Париж, 1924; Отходящие корабли. Сб. стихов. Париж, 1925; Легенды Океании. Париж, 1926; Легенды острова Мангаерева. Париж, 1927.

А.А. *Афросины З.В.* и *О.П. Письмо Е.А. Александрову.* Машинопись, 1998.

Л и т. *Крейд В.* С. 640.

МАСЛЕВЦЕВ Иван Дмитриевич (31 июля 1899, стан. Михайловская Обл. Войска Терского – 5 марта 1953) — участник Белого движения на Юге России, художник-реставратор. Оконч. Владикавказскую учительскую семинарию. После Октябрьского переворота 1917 — в белых войсках на Юге России. В эмиграции с 1920, с 1923 в США. Окончил строительный колледж, работал чертёжником и реставратором старых картин. Состоял секретарем Общеказ. центра в Америке.

Похоронен на каз. участке Свято-Владимирского кладбища возле Кэссвилла (шт. Нью-Джерси).

Л и т. Каз. словарь-справочник / Сост. Г.В. Губарев. Ред.-изд. А.И. Скрылов. Т. II. Сан-Ансельмо, 1968. С. 138–139.

МАСЛЕННИКОВ Борис Михайлович (27 янв. 1899 – 1 мая 1962, Сан-Франциско) — участник Белого движения на Востоке России, подпоручик. Оконч. Хабаровский кад. корпус (июль 1917), Павловское военное уч-ще (окт. 1917), но из-за большевистского переворота в офицеры произведён не был.

Затем — в белых войсках Восточ. фронта. В янв. 1919 поступил в Инструкторскую школу на о-ве Русский под Владивостоком, по оконч. которой (май 1920) оставлен в постоянном составе. Подпоручик (13 дек. 1919). С 1922 (1923?) — в эмиграции в США. С 1941 — действительный член Об-ва рус. ветеранов Великой войны в Сан-Франциско.

Похоронен на Серб. кладбище в Сан-Франциско.

И с т. АОРВВВ. Подпоручик Борис Михайлович Масленников // 1962. Май. Альбом II; Масленников Борис Михайлович // Незабытые могилы / Сост. В.Н. Чуваков. Т. IV. С. 427.

МАСЛЕННИКОВ [Маслеников] Олег Александрович (12 июня 1907, Владивосток – 9 (10) янв. 1972, Бёркли, шт. Калифорния) — проф. славистики. В США с 1920. Оконч. Калифорнийский ун-т в Бёркли (1934) со степенью бакалавра искусств. В 1935–36 учился в Пражском ун-те. В 1942 защитил докторскую дисс., посвящённую творч. А. Белого, став в Калифорнийском ун-те первым обладателем докторской степени по рус. лит. В 1944–52 и 1966–67 — возглавлял отдел славистики. Автор хрестоматии по древнерус. лит. Преподавал в Бёркли рус. яз. и лит. Автор многоч. статей на рус. и англ. яз., рук. семинаром в Калифорнийском ун-те.

С о ч. Обезумевшая Россия. Бёркли, 1956.

И с т. Масленников Олег Александрович // Незабытые могилы / Сост. В.Н. Чуваков. Т. IV. С. 428.

Л и т. *Хисамутдинов А.А.* 30 лет тому назад (биография О.А. Масленникова) // РЖ. 2002. 22 июня.

МАСЛОВ Влас Данилович (24 февр. 1894, стан. Грушевская Обл. Войска Донского – 25 (26) авг. 1960, Хайалиа, шт. Флорида) — участник Белого движения на Юге России, каз. деятель. По образованию — ветеринарный фельдшер. Участник борьбы с большевиками. С 1920 в эмиграции, с 1926 в США. Содействовал строительству домов в Горско-каз. стан. Лос-Анджелеса и в Общеказ. стан. Фармингдейла (шт. Нью-Джерси). Участвовал в создании Амер. Общеказ. центра и в издании «Общеказачьего журнала» (Нью-Джерси), постоянный сотрудник журнала. Сотрудник атамана Общеказ. стан. в Фармингдейле *С.Г. Елатонцева*. Оказывал помощь в устройстве казакам, переехавшим в США из Европы после 1945.

Похоронен на каз. участке Свято-Владимирского кладбища возле Кэссвилла (шт. Нью-Джерси).

И с т. Маслов Влас Данилович // Незабытые могилы / Сост. В.Н. Чуваков. Т. IV. С. 430.

Л и т. Каз. словарь-справочник / Сост. Г.В. Губарев. Ред.-изд. А.И. Скрылов. Т.II. Сан-Ансельмо, 1968. С. 161; *Плешко Н.Д.* Генеалогич. хроника // Новик. 1960. Отд. III. С. 8.

МАСЛЯНИКОВ Алексей Владимирович (29 марта 1907, Варшава – ?) — инженер-строитель. В эмиграции в Кор. СХС. Оконч. строительное отделение Технич. ф-та ун-та в Загребе (1933). В США жил в Буффало (шт. Нью-Йорк). Действительный член Об-ва рус. инж. в США (на 1956).

И с т. АОРИ. Анкета.

МАСЮКОВ [Маслюков] Павел Иванович [по др. дан. Михайлович] (26 марта 1862, с. Борогонцы Якутской обл. – 28 авг. 1935, Сан-Франциско) — протоиерей. Оконч. Иркутскую дух. семинарию (1883). Служил учителем Читинской миссионерской школы и псаломщиком при Нерчинском Воскресенском соборе. Рукоположен в диаконы, затем в священники (1888), служил в читинской Спасо-Преображенской церкви. Был законоучителем в военно-фельдшерской школе, городском уч-ще, Мариинской детской и Спасо-Преображенской приходских школах Читы. Священник штаба войск Забайкальской обл. (1896). С 1900 — в ведении протопресвитера военного и морского духовенства. В 1900 с отрядом ген. Орлова перешёл кит. границу, участник Кит. похода 1900–01. На станции Фуляэрди с казаками-забайкальцами построил часовню в память их боевого крещения. Благочинный военных церквей Забайкальской обл. (с 1901), с 1905 — священник 1-го Читинского стрелкового и 2-го резервного пехотного полков, благочинный Сибирской стрелковой дивизии. В 1905 участвовал в боях во время рус.-яп. войны 1904–05. С 28 сент. 1905 — священник штаба войск Забайкальской обл., благочинный её военных церквей. Протоиерей (1905). В 1924–25 — священник Антониевской общины в Чите.

С 1925 — в эмиграции в Харбине. Затем выехал из Маньчжурии в США, где поселился в Сан-Франциско у детей и родственников. Служил заштатным священником Свято-Троицкого собора. Был священником Об-ва рус. ветеранов Великой войны, почётным членом которого состоял.

Похоронен 31 авг. 1935 на Серб. кладбище в Сан-Франциско.

И с т. АОРВВВ. Протоиерей Павел Иванович Масюков // 1938. Авг. Альбом № 1; Масюков Павел Михайлович // Незабытые могилы / Сост. В.Н. Чуваков. Т. IV. С. 436.

МАТАСОВ Василий Дмитриевич (28 дек. 1900, Ростов Обл. Войска Донского – 27 окт. 1999) — участник Белого движения на Юге России, подпоручик, инженер. Оконч. Ростовскую гимназию (1919), затем — в белых войсках на Юге России. В Рус. армии (на 1920) — подпоручик конной арт. После 1920 — в эмиграции в Кор. СХС. Оконч. механич. ф-т Белградского ун-та (1928) с дипломом магистра. До 1944 служил в министерстве путей сообщения в Белграде, как специалист по паровозам. После 1944 — в Австрии, занимался ремонтом паровозов. В США с 1948. Работал в фирме Combustion (1948–61), затем — в механич. отделе ведомства водоснабжения Нью-Йорка. Вдовец. Занимался историей Белого движения на Юге России. *Родственники*: дети и внуки.

С о ч. Белое движение на Юге России 1917–1920. Под ред. *Н.В. Козякина*. Монреаль, 1990.

И с т. АА. Личные сведения; АОРИ. Вопросник (1954).

МАТВЕЕВ Борис Владимирович (28 февр. 1907 – 27 авг. 1997, Нью-Йорк) — архитектор, скульптор. Сын полковника, учился в Тифлисском кад. корпусе и в худ.-архитектурном ин-те. При сов. власти бежал из страны, перейдя сов.-иранскую границу. В Тегеране работал над проектами шахских дворцов. После 1945 в США. Жил в Нью-Йорке, работал в архитектурных фирмах. Выйдя в отставку, вырезал из гипса для КРА образцы настенных щитов, посвящённых 1000-летию Крещения Руси. По образцам **М.** были отлиты щиты диаметром 36 и 18 дюймов, помещённые на стенах нескольких православных церквей в США.

АА. *Александров Е.А.* Воспоминания (рукопись).

МАТВЕЕВ Иван Венедиктович — см. **ЕЛАГИН** Иван.

МАТОЛЯК [Matolyak John**]** Джон (род. 26 июня 1939, Джонстаун, шт. Пенсильвания) — проф. физики. Оконч. колледж св. Франциска (St. Francis College) в Лоретто (шт. Пенсильвания) со степенью бакалавра физики и математики (1963). Магистр по физике при ун-те Толидо в Огайо (1966). В 1975 защитил докторскую дисс. о магнитострикции в дифлюориде марганца и окиси марганца при ун-те Зап. Виргинии. Работал в области телеметрии в NASA в Годдард центре по межпланетным полётам. Консультант по ночному видению в армейской Электрооптич. лаборатории. Проф. физики в ун-те Индиана (Индиана, шт. Пенсильвания), где преподает квантовую механику, теоретич. физику, общую физику, основанную на высшей математике. Автор 15 статей и докладов. Провёл семь исследований в обл. магнитострикции и исследования, связанные со свойствами полупроводников. Интересуется рус.-славянской православной историей. Член РАГ в США.

И с т. Archives of the Assn. of Russian-American Scholars in the USA. *Matolyak J.* Curriculum vitae, 1988.

МАТРЕНИНСКИЙ Иван Сергеевич (28 апр. 1895, Кяхта, рус.-монгольская граница – 14 апр. 1964, Сан-Франциско) — участник Белого движения на Востоке России, ротмистр. Оконч. Николаевский кад. корпус (1915), портупей-юнкером Тверское кав. уч-ще (1916) и вышел корнетом в 6-й улан. Волынский полк 6-й кав. дивизии. Участник Первой мировой войны. После Октябрьского переворота 1917 — в белых войсках Восточ. фронта. Участник подпольной офиц. орг-ции полк. Бобрика в Томске, где в 1918 при помощи чехов произошло свержение большевиков. Затем — в Ургинском отряде Г.М. Семёнова. С осени 1919 — в Симбирском (Литовском) улан. полку 1-й кав. дивизии. Участник Сибирского «Ледяного» похода 1920. Ротмистр (на 1922). После 1922 — в эмиграции в США. Жил в Сан-Франциско, где трагич. погиб.

И с т. Матренинский Иван Сергеевич // Незабытые могилы. Сост. *В. Н. Чуваков*. Т. IV. С. 445. Л и т. *Волков С.В.* Офицеры армейской кавалерии. С. 344–345; Некролог // Часовой (Брюссель). 1964. Июль. № 456.

МАТЮШКИН Фёдор Фёдорович (21 июля 1799, Санкт-Петербург – 28 сент. 1872, Штутгарт, Германия) — мореплаватель, адмирал.

Оконч. Царскосельский лицей (1817). Был ближайшим товарищем А.С. Пушкина. Поступил добровольцем во флот. Участник второго кругосветного плавания *В.М. Головнина* (1817–19) на шлюпе «Камчатка», которое включало плавание от Ново-Архангельска к крепости Росс в Калифорнии (Нового Альбиона) в миссию Сан-Франциско и в порт Монтерей. В 1820–24 — в составе арктич. экспедиции *Ф.П. Врангеля*. Участник рус.-тур. войны 1828–29. Служил на Черноморском (1835) и на Балтийском (1850–51) флотах. С 1852 занимал высшие административные должности в военно-морском ведомстве. С 1858 — председатель Морского учёного комитета. Сенатор (1861).

Л и т. *Кремер Г.Б.* Матюшкин Фёдор Фёдорович // Большая сов. энциклопедия. 1974. Т. 15. С. 515.

МАХАРАДЗЕ [Марр] Иван Илларионович (1896, Огургеты Кутаисской губ. – 1 авг. 1965) — участник Белого движения на Востоке России, капитан, инженер. Детство провёл в Кронштадте.

Учился в Императорской Николаевской военной академии (неоконч.), ушёл на фронт Первой мировой войны. Воевал на нем. фронте, дважды ранен, капитан (на 1917). После Октябрьского переворота 1917 — в белых войска Восточ. фронта. Адъютант следователя Н.А. Соколова, проводившего следствие по делу об убийстве царской семьи (1918). После 1920 — в эмиграции в Маньчжурии. С 1923 в США. Жил и работал в Нью-Йорке. После выхода в отставку — декан Свято-Троицкой семинарии в Джорданвилле (шт. Нью-Йорк).

И с т. *Ларин Георгий*, протоиерей. Воспоминания о И.И. Марре // ПР. 1998. № 22. С. 6.
Л и т. *Марр Иларион*, иподиакон. И.И. Махардзе (Марр) — второй декан Свято-Троицкой семинарии // ПР. 1998. № 22. С. 6.

МАЧКОВ Пётр (1880–1964) — общественный деятель, карпаторосс. Род. на Подкарпатской Руси в униатской семье. Будучи русинами, родители **М.** считали себя русскими или карпатороссами, что для них было одно и то же. Переселившись в США, **М.** остался верен и России, и унии, которую он называл «русской верой». По примеру чешских общественных деятелей основал в Чикаго (июнь 1910) первое Сокольское отделение Соединения Грекокафолич. рус. братств с целью обеспеч. своих членов страховкой и сохранения всего того, «что было и есть русскому народу родным, милым и святым». Благодаря стараниям **М.** рус. сокольство стало привлекать в свои ряды русинов-униатов. В 1910 насчитывалось 12 об-в (262 члена), в 1914 — 110 об-в (2625 членов). Издавалась газ. «Сокол Соединения» (приложение к газ. «Американский русский вестник»). С 1 авг. 1914 «Сокол соединения» стал выходить как самостоятельная газета. С 1914 выпускал «Календарь американского русского Сокола соединения». Кроме статей на рус. лит. яз. с примесью русинских слов и оборотов, делал перепечатки из рус. сокольских журналов, выходивших в Праге и Белграде. В календаре на 1936 был напечатан «Русский национальный гимн» («Боже царя храни»). Ред. «Сокол соединения» в 1918–64. **М.** принадлежат три букваря для карпаторусских детей (1921) и сб. духовных стихов «Венец».

Л и т. *Полчанинов Р.В.* Брат Пётр Мачков. К 30-летию смерти // Пути рус. сокольства (Нью-Йорк). 1994. Июнь. № 20 (52).

МАШКИН Николай Николаевич (? – 9 июля 1977, Спокан, шт. Вашингтон) — участник Белого движения на Юге России, ротмистр. Оконч. Суворовский кад. корпус (1913), Тверское кав. уч-ще (1914) и вышел корнетом в 4-й улан. Харьковский полк 4-й кав. дивизии. Участник Первой мировой войны, штабс-ротмистр (на 1917). После Октябрьского переворота 1917 — в белых войсках на Юге России. Адъютант 2-го Туземного конного полка 2-й отдельной сводной конной бригады, ротмистр (на июль 1920). Эвакуировался из Крыма в нояб. 1920 в составе 4-го кав. полка 2-й кав. дивизии Рус. армии. В 1920–21 — в Галлиполи. После 1921 — в эмиграции в Кор. СХС. В 1941–45 — в Рус. Корпусе. После 1945 — в эмиграции в США. Член Об-ва Галлиполийцев в Калифорнии, председатель Кад. Объединения в Лос-Анджелесе (на 1951).

И с т. Машкин Николай Николаевич // Незабытые могилы / Сост. В.Н. Чуваков. Т. IV. С. 464.
Л и т. *Волков С.В.* Офицеры армейской кавалерии. С. 346; Некролог // Часовой (Брюссель). 1977. Сент. – окт. № 608. С. 19.

МЕДВЕДЕВ Валерьян Филиппович (? – 1975, Патерсон, шт. Нью-Джерси) — участник Белого движения на Юге России, капитан. Участник Первой мировой войны. После Октябрьского переворота 1917 — в белых войсках на Юге России в рядах Марковского пехотного полка. После 1920 — в эмиграции в Кор. СХС. В 1941–45 — в Рус. Корпусе. После 1945 — в эмиграции в США.

И с т. Медведев Валерьян Филиппович // Незабытые могилы / Сост. В.Н. Чуваков. Т. IV. С. 469.
Л и т. Некролог // Часовой (Брюссель). 1975. Июнь – июль. № 588–589. С. 19.

МЕДВЕДЕВ [Medvedeff Nicholas John] Николай Иванович — инженер самолётостроитель. Оконч. Массачусетский технологич. ин-т со степенью магистра и дипломом авиационного инженера (1926). Вице-президент «Aircraft Improvement Corporation». Член Об-ва рус. студентов, окончивших амер. высшие учебные заведения при содействии Рус. студенч. фонда в Нью-Йорке.

Л и т. *Pestoff Alexis N.* Directory of Russian Graduates of American Colleges // Alumni Association of the Russian Student Fund, Inc. New York, Aug. 1929. P. 13.

МЕДВЕДЕВ Николай Сергеевич (25 окт. 1899, близ Ельни Смоленской губ. – ?) — инженер. Оконч. 8-кл. гимназию в Ельне (1917). Два года учился на мед. ф-те Московского ун-та. Прервал занятия из-за революции и Гражданской войны. После 1920 — в эмиграции в США. Оконч. электрич. отделение инж. ф-та ун-та в Акрон (шт. Огайо) со званием инж.-электрика (1931). Занимался математикой два года в аспирантуре в Акронском ун-те и полтора года в Колумбийском ун-те в Нью-Йорке. 40 лет работал на заводе Goodyear Aerospace Corporation, дослужился до должности старшего инж.-специалиста-математика. Занимался технич. и науч. пер. с рус., франц., нем., итальянск. и тур. яз. на англ. яз.

И с т. АОРИ. Вопросник.

МЕДВЕДНИКОВ Василий Георгиевич — первый нач-к рус. крепости на Ситке. В июне 1802 погиб в бою с тлингитами.
Л и т. *Pierce R.* Russian America. 1990. P. 349–350.

МЕДИШ Вадим Маркович — историк, специалист по международным отношениям, экономист. Род. в СССР, где оконч. среднюю школу. Во время Второй мировой войны служил в сов. армии. В 1945–49 жил в Зап. Европе. Высшее образование по юриспруденции и экономике получил в Зап. Германии. В США с 1949. Продолжил образование на рус. отделении в ун-те шт. Пенсильвания, бакалавр (1954). Изучал историю в аспирантуре Джорджтаунского ун-та, международные отношения — в Амер. ун-те. Магистр (1961), защитил докторскую дисс. (1963).

Гражданин США. 8 лет служил в армии США и контрразведке в Корее и Японии. Аналитик разведданных (1950–60). Преподавал рус. яз. и вопросы ист. Восточ. Европы в ун-те Дж. Вашингтона и в Амер. ун-те (1960–63). Автор учебников о России и многоч. статей. Участвовал в подготовке телепередач. Работал в обл. международной торговли между США, Кореей и Японией, в обл. связей с общественностью. Вице-президент консультативной компании Shatalin and Associates по вопросам торговли между Америкой и Россией (1990–96).

И с т. АА. *Medish V.* Curriculum vitae. Typescipt, 1 p. (2002).

МЕЙЕНДОРФ Иоанн Феофилович, бар. (17 февр. 1926, Нейи-сюр-Сен под Парижем – 22 июля 1992, Монреаль) — протопресвитер ПЦА, богослов, византолог, амер. рук. экуменич. движения. Род. в аристократич. семье рус. эмигрантов во Франции. Оконч. франц. лицей, Свято-Сергиевский богословский ин-т (Париж), получил докторскую степень в Сорбонне (1958).

Рукоположен в сан иерея (1958), переехал в США. С 1959 — проф. Свято-Владимирской дух. семинарии в Крествуде (шт. Нью-Йорк), декан семинарии (1984). Старший науч. сотрудник при Центре исследований Византии Гарвардского ун-та, проф. истории Византии в Фордемском ун-те. Читал лекции в Колумбийском ун-те. **М.** получил широкую известность благодаря преподавательской деятельности в амер. ун-тах и участию в экуменич. диалоге между христианскими церквами. Один из организаторов и первый рук. международного движения православной молодежи «Синдесмос», президент Православного об-ва Америки. Представлял ПЦА в центральном комитете Всемирного Совета Церквей. Член фонда Гугенхейма, член-корр. Брит. академии. Слово **М.** при помощи радиовещания проникало и звучало на родине, томившейся под игом атеизма, труды **М.** распространялись в самиздате. **М.** говорил о возвышении личности в Боге, а не в отрыве от Него; о православной ойкумене и главных частях её — Византии и России; об уникальной роли Церкви в допетровской истории, её решающем знач. в процессе собирания рус. земель. Автор науч. трудов: «A study of Gregory Palamas» (1959); «Christ in Eastern Christian Thought» (1969); «Byzantine Theology» (1973); «Byzantine and the Rise of Russia» (1980); «Imperial Unity and Christian Divisions: The Church 451 – 680 A.D.» (1989). **М.** писал свои труды, твёрдо веруя в целостность богословия и духовности. Активно участвовал в жизни ПЦА. Патриархом Московским и всея Руси Алексием II награждён орденом св. Владимира (1991). *Родственники*: вдова Мария (урожд. Можайская); дети — Павел, Сергей, Елизавета (в браке Мейерс) и Анна (в браке Браун); шесть внуков; сестра Екатерина Бильдерлинг.

Погребён на кладбище Окленд в Йонкерсе (шт. Нью-Йорк).

И с т. *Мейендорф Иоанн Феофилович* // Незабытые могилы / Сост. В.Н. Чуваков. Т. IV. С. 480.

Л и т. *Василий (Родзянко)*, еп. Памяти о. Иоанна Мейендорфа // РМ. 1992. 7 авг.; *Мигула А.* Памяти верного сына России // НРС. 1992. 3 авг.; Памяти о. Иоанна Мейендорфа //РМ. 1992. 31 авг.; *Сендеров В.А.* Пастырь учёный // Там же. 1992. 7 авг.; *Kesich V.* Father John Meyendorff // Записки РАГ (Нью-Йорк). 1992–93. С. 147–148.

МЕЙЕР Валериан [Валерьян] Михайлович, фон (6 авг. 1892 – 27 дек. 1967, Сан-Франциско) — участник Белого движения на Востоке России, генерал-майор. Учился в Одесском кад. корпусе до 1913 (не оконч.). Оконч. Николаевское кав. уч-ще. Участник Первой мировой войны в рядах 11-го гус. Изюмского ген. Дорохова полка 11-й кав. дивизии, за отличия награждён Георгиевским оружием (?). После Октябрьского переворота 1917 — в белых войсках Восточ. фронта. Командир конного отряда в Дальневосточ. армии ген.-лейт. Г.М. Семёнова (на 1920). Награждён за отличия орденом св. Георгия IV ст. После 1922 — в эмиграции в США.

И с т. *Мейер Валерьян Михайлович* // Незабытые могилы / Сост. В.Н. Чуваков. Т. IV. С. 482.

Л и т. *Волков С.В.* Офицеры армейской кавалерии. С. 348; Некролог // Часовой (Брюссель). 1968. Апр. № 502. С. 23.

МЕЙЕР Михаил Михайлович, фон, бар. (1894 [по др. дан. 1896] – 6 дек. [по др. дан. 24 нояб.] 1984, Сан-Франциско) — участник Белого движения на Востоке России, скульптор. Участник Первой мировой войны. После Октябрьского переворота 1917 — в белых войсках Восточ. фронта. После 1922 — в эмиграции в США. Зарабатывал на жизнь физич. трудом и одновременно учился в школе изящных искусств по классу скульптуры. Ваял скульптуры для парков и общественных зданий в Сан-Франциско, здания представителей Конгресса в Вашингтоне, павильонов Всемирной выставки в Сан-Франциско (1939) и др. Последние годы провёл в одиночестве, умер в доме для престарелых. См. подробнее: *Лейкинд О.Л., Махров К.В., Северюхин Д.Я.* Худ. Рус. зарубежья. С. 419.

МЕЙЕР [George C. von Meyer] Юрий Константинович, фон (19 сент. 1896 [1897?], Вольск, Саратовской губ. – 11 дек. 1993, Вашингтон) — участник Белого движения на Юге России, общественно-полит. деятель, журналист. Род. в семье предводителя дворянства Орловской губ., позднее получившего назначение управляющим Мургабским Государевым имением в Туркестане. Окончил с серебряной медалью 1-ю Самарскую гимназию (1915), учился в Петрограде в Александровском Императорском лицее, после Февральской революции 1917 г. — в Пажеском корпусе. С авг. 1919 — в рядах ВСЮР. В 1920 служил в Сводно-гв. полку 1-й кав. дивизии, корнет. По ранению эвакуирован из Ялты в Константинополь. С 1922 — в эмиграции в Кор. СХС. В Югославии возглавил кредитное и экспортно-импортное дело, активно участвовал в деятельности рус. общественных антикоммунистич. орг-ций, член Высшего Монархич. Совета (ВМС). В 1944 переехал с фирмой в Германию, где впервые столкнулся с ужасным положением восточ. рабочих, вывезенных немцами на работы из оккупированных областей СССР. Участвовал в деятельности, направленной на улучшение условий труда и быта восточ. рабочих. Рук. секретариатом Главного Гражданского управления КОНР (нояб. 1944 – апр. 1945). В 1945–53 — в Зап. Германии, участвовал в создании Антибольшевистского центра Освободительного движения народов России (АЦОДНР) и возрождении ВМС, публиковался в рус. периодич. печати.

С 1953 — в США, поселился под Вашингтоном в Силвер Спринг. Преподавал в военно-мор. уч-ще, с 1970 в отставке. В то время явилась необходимость создания в США орг-ции, представлявшей интересы рус. этнич. группы перед местными и федеральными властями и законодателями и **М.** стал членом инициативной группы (1972) по созданию КРА (1973). Член правления КРА, возглавлял отдел КРА в р-не Большого Вашингтона, официально представлял интересы амер. граждан рус. происхождения в столице США. **М.** принимали законодатели, и он был вхож в Белый Дом. Автор многоч. статей, посвящённых «русскому вопросу» и борьбе с коммунистич. угрозой, публиковался на страницах таких газ., как «Новое русское слово» (Нью-Йорк), «Русская жизнь» (Сан-Франциско), «Наша страна» (Буэнос-Айрес). Много усилий **М.** приложил для борьбы за отмену дискриминационного закона 86-90, отождествлявшего русских с коммунистами. Переводил собственные злободневные статьи и меморандумы на англ. яз., стараясь привлечь внимание англояз. печати к таким проблемам, как предотвращение Третьей мировой войны, сохранение мира и т.д. На статьи **М.** были получены благоприятные отзывы, включая благодарственное письмо от президента США Р. Рейгана, свидетельствующие о том, что автор достиг поставленной цели. Дважды организовал переиздание известной монографии С.С. Ольденбурга «Царствование императора Николая II» (Мюнхен, 1949; Вашингтон, 1981) и совместно с *Д.А. Левицким* перевёл на рус. язык книгу С.Б. Фрёлиха «Генерал Власов. Русские и немцы между Гитлером и Сталиным» (Тёнефли, 1990). Многие годы хлопотал перед правительством США о предоставлении полит. убежища беженцам из СССР, о включении в переговоры с сов. правительством вопросов о свободе передвижения и вероисповедания для сов. граждан. Принадлежал к Республиканской партии, возглавлял Национальный совет рус. республиканцев. Член орг-ции «Heritage» («Наследие»), представлявшей этнич. группы Америки. В рамках орг-ции «Heritage» успешно вёл борьбу с укоренившейся в ней русофобией. Участвовал в церковной жизни, способствовал строительству в Вашингтоне Свято-Иоанно-Предтеченского храма. Участвовал в деятельности КРА, посвящённой юбилею 1000-летия Крещения Руси. *Родственники*: дочь Наталия (в браке Кларксон); четыре внука. Архив **М.** хранится в Бахметьевском архиве Колумбийского ун-та (Columbia University Libraries, Rare book and Manuscript Library, Bakhmeteff Archive) в Нью-Йорке.

И с т. АА. Переписка с Ю.К. Мейером 1971-1993; *Мейер Юрий Константинович* // Незабытые могилы / Сост. В.Н. Чуваков. Т. IV. С. 484–485.

Л и т. *Александров К.М.* «Картина провинциального быта на десятом году существования советской власти». Эпизод одного судебного процесса. (По материалам Ю.К. Мейера, подготовленных на основании документов «Смоленского архива») // РП. 2005. № 10; *Александров Е.А.* Ю.К. Мейер // РА. 1995. № 20. С. 203–205; *Бутков В.Н.* Памяти Юрия Константиновича Мейера // НРС. 1993. 29 дек.; *Бутков В.Н.* Юрий Константинович Мейер // Кад. перекличка (Нью-Йорк). 1995. № 55–56. С. 225–227.

МЕКК Владимир Владимирович, фон, бар. (13 июля 1877, Москва – 16 мая 1932, Нью-Йорк) — художник, коллекционер, общественный деятель. Оконч. юридич. ф-т Московского ун-та. Коллекционировал картины современных рус. художников. Участвовал в орг-ции выставок журнала «Мир искусства». Зав. благотворительными учреждениями Вел. Кнг. Елизаветы Фёдоровны (1899–1903). Состоял Уполномоченным Красного Креста в Японии и занимался отправкой на родину русских военнопленных (после 1905). Во время Первой мировой войны — уполномоченный госпитальных складов. В 1919 и в 1923 выставлял в Москве собственные театральные эскизы. В 1923 получил командировку для устройства выставки рус. искусства в Париж. Остался за границей. В эмиграции во Франции, откуда выехал в США. См. подробнее: *Лейкинд О.Л., Махров К.В., Северюхин Д.Я.* Худ. Рус. зарубежья. С. 419–420.

МЕЛЬНИКОВ Георгий Викторович (14 авг. 1931, Франц. – 22 февр. 1992, Оттава, пров. Онтарио, Канада) — преподаватель рус. яз. Высшее образование получил в ун-тах Лиона и Нанси по рус. яз., лит., педагогике. В 1956–58 преподавал рус. яз. в Нанси, затем в Канаде — в Эдмонтоне и в ун-те Карлтон. Проф. Карлтонского ун-та. Автор «Краткого обзора русской литературы». Был помощником ред. «Canadian Slavonic Papers». Состоял членом РАГ в США.
И с т. АА. *Melnikov G.* Curriculum vitae (manuscript), 1966; Мельников Георгий Викторович // Незабытые могилы / Сост. В.Н. Чуваков. Т. IV. С. 499.

МЕНКНАСУМОВ Лама Нима (? – 15 июля 1962, Фривуд Эйкрс, шт. Нью-Джерси) — глава Буддийского духовенства в эмиграции из России.
Похоронен на буддийском участке Свято-Владимирского кладбища возле Кэссвилла (шт. Нью-Джерси).
И с т. Менкнасумов Лама Нима // Незабытые могилы / Сост. В.Н. Чуваков. Т. IV. С. 506.
Л и т. *Плешко Н.Д.* Генеалогич. хроника // Новик (Нью-Йорк). 1963. Отд. III. С. 13

МЕНЬШИКОВА [Mentschikoff] Soia] Зоя Сергеевна (1915, Москва – 1984, Корал Гэблс, шт. Флорида) — проф. правоведения. В 1918 с род. переехала в Нью-Йорк, где работал отец М. Оконч. Хантер колледж в Манхэттене (1934), юридич. ф-т Колумбийского ун-та (1937). В Колумбийском ун-те стала помощницей проф. Карла Никкерсона Леуеллина (Llewellyn) в процессе составления коммерч. свода законов, принятого во всех 50 штатах и в округе Колумбия. В 1947 вышла замуж за проф. Леуеллина. В 1950 приглашена с мужем занять проф. кафедры юридич. ф-та Чикагского ун-та. Первая женщина, преподававшая на юридич. ф-те Гарвардского ун-та, первый декан-женщина юридич. ф-та ун-та в Майами (Флорида). Первая женщина, занимавшая ведущие положения в юридич. корпорациях и фирмах. Овдовела в 1962. Продолжала преподавать и консультировать до ухода в отставку (1982). *Родственники:* две племянницы, которых М. удочерила: Александра Леуеллин и Евгения Меньшикова — адвокат в Чикаго.
Л и т. *Volsky G.* Soia Mentschikoff, Professor and Ex Law Dean, Dies at 69 // The New York Times. 1984. June 18.

МЕРИНОВ Дмитрий Васильевич (1896, Псков – 1972 [1971?], Нью-Йорк) — художник. Род. в купеч. семье, вскоре переселившейся в Елец. Учился в реальном уч-ще (неоконч.) и уехал в Санкт-Петербург, где поступил в школу живописи *Н.К. Рериха*. В 1915 призван в армию и направлен в авиашколу в Гатчине. Участник Первой мировой войны в рядах Рус. экспедиционного корпуса на франц. фронте. После окончания военных действий в 1920 году попал в Париж, где продолжал занятия в школе декоративных искусств. Работал в рус. эмигрантских декоративных мастерских. Обучался гравюре и резьбе по дереву. Работал по реставрации Нойонского собора в Эрмоне и расписывал вокзал парижского университетского городка. Выставлял работы в парижских салонах (1925–38). Во время Второй мировой войны жил в свободной зоне Франции в Барбасте, где продолжал работать над совершенствованием стиля — перехода от фотографич. перспективности в сторону двумерной орнаментальности. В США с 1947, жил в Нью-Йорке. Жил в добровольной изоляции, на жизнь зарабатывал рис. для тканей. Продолжал претворять свою живопись в «неодухотворенные существа», используя в своих произведениях кроме красок мешковины и ветки деревьев. Устраивал персональные выставки в Нью-Йорке (1949), Милане (1961) и Турине (1962). Коммерч. успеха не достиг, стараясь следовать развитию худ. течений в Америке.
И с т. Меринов Дмитрий Васильевич // Незабытые могилы / Сост. В.Н. Чуваков. Т. IV. С. 512.
Л и т. *Голлербах С.* Художник Димитрий Меринов // НЖ. 1982. Дек. № 149. С. 91–99; *Лейкинд О.Л., Махров К.В., Северюхин Д.Я.* Худ. Рус. зарубежья. С. 420–421; *Шаршун С.И.* Художник А.В. Меринов // НЖ. 1972. Кн. 100. С. 301–303.

МЕСНЯЕВ Григорий Валерьянович [Валерианович] (30 марта 1892, Тула – 11 нояб. 1967, Нью-Йорк) — участник Белого движения на Юге России, писатель. Оконч. Орловский Бахтина кад. корпус (1909), но дефект сердца не позволил М. стать кадровым офицером. Образование продолжил на юридич. ф-те Киевского ун-та св. Владимира. В 1914 поступил в Виленское военное уч-ще, по оконч. которого вышел в 152-й пехотный Владикавказский ген. Ермолова полк 38-й пехотной дивизии. Участник Первой мировой войны. После Октябрьского переворота 1917 — в Добровольч. армии, служил в Марковском пехотном полку. При отступлении (1920) заболел тифом и остался в Ростове-на-Дону. При сов. власти М. скрывал своё прошлое. В нем. оккупации с 1942. В 1943 эвакуировался на Запад, с потоком беженцев добрался до Баварии. После 1945 — в США. Давнее влечение М. к литературе осуществилось после освобождения от большевистского гнёта. Судьба писателя нашла отражение в автобиографич. повести «Давнее». Автор книг: «В полях неведомой земли» (очерки о ген. М.Д. Скобелеве и Н.С. Гумилёве); «По следам минувшего» (эпич. панорама рус. жизни и славы в годы Отечественной войны 1812). Книга М. о Н.М. Карамзине осталась неоконч. В эмиграции М. стал единомышленником проживавшего в Париже историка С.П. Мельгунова — председателя Союза борьбы за свободу России. После кончины *Б.Л. Бразоля* М. был избран председателем Об-ва им. Пушкина в Нью-Йорке. *Родственники:* брат *Пётр*.
И с т. Месняев Григорий Валерианович // Незабытые могилы / Сост. В.Н. Чуваков. Т. IV. С. 517.
Л и т. *Войцеховский С.Л.* Г.В. Месняев // НРС. 1977. 11 окт.

МЕСНЯЕВ Пётр Валерьянович [Валерианович] (1896, Белевский уезд Тульской губ. – 1 июля [по др. дан. 26 мая] 1971) — участник Белого движения на Юге России, капитан. Род. в старой дворянской семье. Оконч. гимназию, Чугуевское военное уч-ще (1916). Участник Первой мировой войны, где заслужил боевые ордена. После Октябрьского переворота 1917 — в белых войсках на Юге России в рядах 1-го офиц. ген. Маркова полка. Эвакуировался из Крыма в составе Рус. армии в нояб. 1920. В 1920–21 — в Галлиполи. После 1921 — в эмиграции в Болгарии и Франции. После 1945, работая в международной орг-ции, спас многих быв. сов. граждан от принудительной выдачи в СССР. С нач. 50-х гг. в США, где создал Объединение марковцев, из переехавших в Сев. Америку чинов

Марковской дивизии. Работал в Об-ве Галлиполийцев и Союзе рус. военных инвалидов, был церковным деятелем. *Родственники:* брат *Григорий*.

И с т. Месняев Пётр Валерианович // Незабытые могилы. Сост. *В. Н. Чуваков*. Т. IV. С. 517.
Л и т. *Старый Марковец*. Некролог // Часовой (Брюссель). 1971. Авг. № 542. С. 19.

МЕСНЕР Георгий Викторович (10 апр. 1928, Скопле, Кор. СХС – 24 янв. 1996, Си Клифф на Лонг-Айленде, шт. Нью-Йорк) — инженер, общественно-политич. деятель. Род. в семье рус. офицера. Учился в Белграде в нем. нач. школе, затем — в рус. гимназии, где познакомился с рус. скаутами и членами НТС. В 1944 при приближении сов. войск стал беженцем. В 1944–45 — в Судетах и Австрии, затем поступил в офиц. школу власовской армии в Мюнзингене (Германия). Оконч. войны встретил со школой в Чехии, подпоручик ВС КОНР (12 мая 1945). После демобилизации переехал в Мюнхен. Участвовал в деятельности ОРЮР, НТС и центра «Милосердный самарянин» *о. Александра Киселёва*. Член НТС с 1946. В 1950 переехал с матерью в США. Работал на заводе, вечерами учился на электротехнич. ф-те Нью-Йоркского городского ун-та. По оконч. ун-та (1960) — инженер в фирме Photocircuits, в которой разрабатывал печатные схемы для электронной аппаратуры. В 1961 наладил первую в мире линию по производству многослойных печатных схем. Директор по разработке процессов в Photocircuits (1963–71), затем — управляющий технич. информации PCK Technology. Автор более 150 статей и докладов, представленных на международных конференциях. Состоял членом и председателем ряда профессиональных объединений в обл. микроэлектроники, получил несколько наград и участвовал в установлении международных стандартов для печатных схем. Выступал с докладами в Москве и Санкт-Петербурге (1994–95). Участвовал в воспитательной работе ОРЮР и в деятельности благотворительной орг-ции «Дар жизни», занимавшейся обеспечением приезда из России детей, нуждающихся в операции на открытом сердце. **М.** поддерживал деятельность скаутов-разведчиков в Санкт-Петербурге (дружина ОРЮР «Крым») и исследования по истории Власовского движения (1994–95). По инициативе и при финансовом участии **М.** в России в серии «Библиотека военно-исторического журнала "Новый Часовой"» был издан уникальный труд его дяди, полковника Е.Э. Месснера «Судьба русского офицера» (СПб., 1997). До своей внезапной кончины продолжал участвовать в деятельности НТС. *Родственники*: жена (урожд. Лукашук) Елена Георгиевна (21 июня 1931, Брест – 6 окт. 1993, Нью-Йорк) — дочь священника ПЦА Георгия Лукашука, в США с 1949, член НТС с 1952; дети: Павел, Анна; дядя Евгений Эдуардович (1891–1974) — Ген. штаба полковник, проф., последний нач-к штаба Корниловской Ударной дивизии (1920), в эмиграции в Аргентине.

Похоронен 27 янв. 1996 на рус. кладбище в Лейквуде (шт. Нью-Джерси) рядом с преждепочившей женой.

И с т. АОРИ. Вопросник; Archives of Association of Russian-American Engineers in the USA. *Messner G.* Biographical outline; Месснер Елена Георгиевна // Незабытые могилы / Сост. В.Н. Чуваков. Т. IV. С. 519.
Л и т. *Александров К.М.* Георгий Викторович Месснер // Новый Часовой (СПб.). 1996. № 4. С. 264; *Пушкарёв Б.С.* Верный до конца (памяти Г.В. Месснера, 1928–1996) // За Россию (Москва). 1996. № 2 (325). С. 4; Пушкарёв Б.С. Памяти Г.В. Месснера // Посев (Москва). 1996. № 2. С. 60–61.

МЕЩАНИНОВ Оскар Самойлович (9 апр. 1886, Витебск – 14 июля 1956, Болонья, Италия) — скульптор. В Витебске получил нач. образование. В 1905–06 учился в Одесском худ. уч-ще. В 1907 уехал в Париж, где продолжил худ. образование. Создавал погрудные портреты из мрамора, гранита и бронзы. Выставлялся в Париже и в России. Обследовал древние каменные храмы Юго-Восточ. Азии и Индии, создал коллекции для музеев Франции. С 1941 в США, где работал над скульптурными портретами. Выставлял свои произведения на выставке рус. искусства в Лондоне. См. подробнее: *Лейкинд О.Л., Махров К.В., Северюхин Д.Я.* Худ. Рус. зарубежья. С. 421–422.

МЕЩЕРСКИЙ Борис Алексеевич кн., (13 мая 1889, Санкт-Петербург – 29 июня 1957) — художник, декоратор. Оконч. лицей императора Александра I (1911). Произведён в офицеры из вольноопределяющихся (1912). Учился на юридич. ф-те Санкт-Петербургского ун-та, в худ. школе М.Д. Бернштейна, в академии П. Рансона. Участник Первой мировой войны. Поручик Л.-гв. конной арт., Георгиевский кавалер. После 1920 — в эмиграции во Франции. Изучал технику фресковой живописи. Расписывал храмы и частные дома. Занимался оформлением спектаклей. В 1936 переселился в Нью-Йорк, работал как сценограф, исполнял эскизы костюмов для балета «American Youth Ballet», основанного его племянницей, балериной Татьяной Семеновой. Погиб в автомобильной катастрофе по дороге из Лос-Анджелеса в Нью-Йорк. См. подробнее: *Лейкинд О.Л., Махров К.В., Северюхин Д.Я.* Худ. Рус. зарубежья. С. 422–423.

МИГАЙ Владимир Васильевич (4 янв. 1897 – 10 янв. 1978, Сакраменто, шт. Калифорния) — участник Белого движения на Юге России, межевой инженер. Участник Первой мировой войны. После Октябрьского переворота 1917 — в белых войсках на Юге России. Эвакуировался из Крыма в нояб. 1920 в составе Рус. армии. В 1920–21 — в Галлиполи, затем в Болгарии. Оконч. Сергиевское арт. уч-ще, подпоручик. Затем в эмиграции в Чехословакии. Оконч. политехникум в Брно (1927). Имел собственную контору межевого инж. (1936–45). После 1945 — на Западе, с 1950 в США. Состоял членом Об-ва Галлиполийцев.

И с т. АОРИ. Анкета; Мигай Владимир Васильевич // Незабытые могилы / Сост. В.Н. Чуваков. Т. IV. С. 530.

МИДДЕНДОРФ фон, Владимир Андреевич (1826 – 20 сент. 1868, Санкт-Петербург) — естествоиспытатель при Академии наук.

В 1848 получил назнач. в Рус. Америку на должность заведующего магнитной обсерваторией в Ново-Архангельске (Ситке). С 1850 — преподаватель семинарии в Ново-Архангельске. Кроме того, собирал образцы тлингитских произведений искусства и ремёсел, занимался этнографич. наблюдениями. Возвратился в Кронштадт в 1857. Этнографич. записки М. были использованы Л. Радловым. Похоронен на Смоленском кладбище в Санкт-Петербурге.

Л и т. Pierce Richard A. Russian America: A Biographical Dictionary. Ontario – Faibanks, 1990. P. 357.

МИЗИНОВ Иван Алексеевич (? – 4 сент. (окт.?) 1940, Сан-Франциско) — участник Белого движения на Востоке России, старший унтер-офицер. Уроженец Пермской губ. Участник Первой мировой войны. В службу вступил в 1915 в 144-й Каширский полк 36-й пехотной дивизии, служил в пулемётной команде. После демобилизации (1918) вернулся в Пермь. С 1919 — в белых войсках Восточ. фронта. Служил во 2-м пехотном Барабинском полку 1-й Сибирской стрелковой дивизии I Средне-Сибирского арм. корпуса Сибирской армии.

После 1920 — в эмиграции в Маньчжурии. Жил в Харбине, затем эмигрировал в США. В Сан-Франциско состоял членом Об-ва рус. ветеранов Великой войны.

Похоронен на Серб. кладбище в Сан-Франциско.

И с т. АОРВВВ. Старший унтер-офицер Иван Алексеевич Мизинов // 1940. Сент. Альбом I.

МИКВИЦ Юлиана Эрнестовна (1891 [по др. дан. 3 мая 1889], имение Халлила, Вел. Кн. Финляндское – 22 авг. 1976, Вашингтон) — общественный и церковный деятель. Род. в семье нем. происхождения. Окончила в Санкт-Петербурге нем. школу Анненшуле. Отрицая революцию и большевизм, выехала в Варшаву, где работала в брит. посольстве, затем (до 1942) — в посольствах США в Варшаве, Гааге, Берлине, Афинах и Лиссабоне. Переехав в США, служила в Министерстве обороны. После ухода в отставку (1963) продолжала свою работу на общественном поприще. Одна из основателей прихода св. Иоанна Предтечи в Вашингтоне, много лет была старостой прихода, руководила церковно-приходской школой, боролась с процессом денационализации рус. детей. Основатель отдела КРА в шт. Виргиния. Состояла членом Республиканской партии.

И с т. Миквиц Юлиана Эрнестовна // Незабытые могилы / Сост. В.Н. Чуваков. Т. IV. С. 533.
Л и т. *Мейер Ю.К.* Памяти Ю.Э. Миквиц // НРС. 1976. 8 сент.

МИКЕЛАДЗЕ Владимир Парменович, кн. (? – 8 июня 1985, США) — участник Белого движения, капитан танкового дивизиона в Белой армии. После эвакуации переселился в США.

Л и т. Некролог // Часовой (Брюссель). 1985. Сент. – окт. № 656. С. 28.

МИКЕШИН Борис Михайлович (11 авг. 1873, Санкт-Петербург – 25 сент. 1937, ферма в Кольденхэме близ Ньюбурга, шт. Нью-Йорк) — скульптор. Род. в семье академика М.О. Микешина — автора памятников «Тысячелетие России» в Новгороде и Екатерине II в Петербурге. Участник рус.-яп. войны 1904–05. Систематич. худ. образование не получил, скульптурой начал заниматься самостоятельно. В 1904 получил I премию за проект памятника рус. воинам, павшим при взятии крепости Карс (1877), I премию за проект памятника генерал-адъютанту К.П. Кауфману и войскам, покорившим Туркестан (1867–68). Автор памятника М.Ю. Лермонтову в Петрограде (1914). После Октябрьского переворота 1917 создавал скульптуры на сов. тематику. В 1921 покинул Петроград и ушёл в Финляндию. В США с 1924 г. Продолжал заниматься скульптурой.

Похоронен в Кольденхэме.

См. подробнее: *Лейкинд О.Л., Махров К.В., Северюхин Д.Я.* Худ. Рус. зарубежья. С. 423–424.

МИКЕШИНА Ариадна (17 окт. 1900 – май 1982) — пианистка, композитор. В восьмилетнем возрасте принята в Санкт-Петербургскую консерваторию в класс рояля проф. Н.С. Лаврова. Посещая класс гармонии, написала аккомпанемент, затем его концертный вариант. Директор консерватории А.К. Глазунов обратил внимание на композиторские способности **М.**, предложив ей после окончания консерватории заняться композицией под его рук. Этому не было суждено осуществиться, так как

Октябрьский переворот 1917 заставил семью **М.** эмигрировать в США, где развивалась её последующая карьера. В 1920 филармонич. оркестр Лос-Анджелеса с большим успехом исполнил симфонич. поэму **М.** «Отчаяние». В 1930 поступила в Академию Санта-Сесилия (Рим), где работала три года под рук. композитора Респиги. По оконч. академии написала ряд муз. произведений — симфонич. поэму «Земля», симфонич. танец «Казачок», балетную сюиту «Арлекин» (1937) и др. Автор симфонич. произведений для рояля, скрипки, виолончели и квартетов, церковной музыки. Большим успехом пользовались «Интернациональная сюита» **М.** и её кантата «Молитва о Мире». Произведения **М.** исполнялись не только амер., но и симфонич. оркестрами в др. странах, включая СССР (1978). Сочетала композиторскую деятельность с сольными концертами.

Похоронена на кладбище женского монастыря Ново-Дивеево близ Нануэт (шт. Нью-Йорк).

И с т. Микешина Ариадна // Незабытые могилы / Сост. В.Н. Чуваков. Т. IV. С. 534.
Л и т. А.С-Х. Памяти Ариадны Микешиной // 1982. 29 мая.

МИКЛАШЕВСКАЯ [лит. псевдоним Нонна **Белавина**] Нонна Сергеевна (1915, Евпатория Таврич. губ. – 24 авг. 2004) — поэтесса. Род. в семье офицера. После 1920 — с семьёй в эмиграции в Константинополе и Кор. СХС (1922). Оконч. Мариинский Донской женский ин-т, затем училась на заоч. отделении юридич. ф-та Белградского ун-та. Одновременно служила в городском суде в провинции. Во время войны поступила в Рус. драматич. театр в Белграде, где вскоре стала помощником режиссёра. Вышла замуж за артиста и режиссёра *О.П. Миклашевского*. Накануне прихода сов. войск в 1944 семья **М.** покинула Белград и эвакуировалась в Зап. Германию, где встретила оконч. войны. Стихотворения на рус. и сербск. яз. писала с 1928. В Германии печаталась под псевдонимом Нонна Белавина в периодич. изданиях «Явь и быль» и «Обозрение» (Мюнхен).

После переезда в США (1949) публиковалась в журналах «Мосты» (Мюнхен), «Современник» (Торонто) и «Возрождение» (Париж), в альманахе «Перекрёстки». Автор сб. стихотворений «Синий мир» (1961), «Земное счастье» (1966), «Утверждение» (1974) и «Стихи» (1985). Стихи **М.**

включены в антологию «Вернуться в Россию стихами» (М., 1995). *Родственники*: муж Олег Петрович (1903–92); сын *Игорь*; внучки Наталия и Елена (обе в браке); два правнука.

Похоронена в городе Рослин, Лонг-Айленд (шт. Нью-Йорк).

С о ч. Автобиография // Крейд В. С. 603.

Л и т. *Витковский Е.В.* Антология… Кн. 4. С. 355.

МИКЛАШЕВСКИЙ Игорь Олегович (род. 7 марта 1946, Мюнхен) — экономист. Сын *Нонны Сергеевны* и *Олега Петровича* М. В США с род. с 1949. Получил высшее образование в обл. деловой администрации в экономике со степенью магистра. Работает в авиационной компании, где занимает должность вице-президента по кадрам. Состоит в международном об-ве воздушного транспорта (IATA) и Амер. об-ве управляющих (АМА). Автор нескольких статей в коммерч. журналах и программ по подготовке служащих. Член совета директоров Об-ва рус. дворян. Переводчик-доброволец в работе орг-ции «Мост надежды» (Bridge of Hope), оказывающей мед. помощь рус. детям, которых привозят в США для хирургич. операций.

Родственники: жена Ольга Николаевна (урожд. Добровольская); дочери: Наталья (в браке Дубровская), Елена (в браке Церахтова); внуки Димитрий и Андрей.

И с т. АА. *Миклашевский И.О.* Анкета словаря, июнь 2003.

МИКЛАШЕВСКИЙ Олег Петрович (21 марта 1903, Ялта Таврич. губ. – 27 июля 1992, Нью-Йорк) — участник Белого движения на Юге России, актёр, режиссёр. Род. в дворянской семье. Юношей вступил вольноопределяющимся в Добровольч. армию в эскадрон 15-го улан. Татарского полка, сражавшийся в составе 2-го кав. полка 2-й кав. дивизии Рус. армии (на 1920). Эвакуировался из Крыма в составе части в нояб. 1920. В 1920–21 — в Галлиполи в офиц. учебном кав. полку. В эмиграции в Константинополе, затем — в Кор. СХС. С успехом выступал на сцене Белградского рус. театра. Участвовал в постановках в Сербском гос. театре. Режиссёр рус. театра до 1944. Накануне прихода сов. войск эвакуировался с семьёй в Зап. Германию. В США с 1949. Жил в Нью-Йорке, где продолжил муз. и театральную деятельность. *Родственники*: вдова *Нонна* (1915–2004); сын *Игорь* с семьёй.

Л и т. *Бодиско В.* Некролог // Кад. перекличка (Нью-Йорк). 1992. № 51. С. 127–129.

МИКЛАШЕВСКИЙ Павел Ильич (род. 1920, Кисловодск) — финансовый аналитик, церковный деятель.

Среднее образование получил в Ницце, высшее — в Париже: диплом «Hautes Études Commerciales» (1940), в США — диплом «Chartered Financier Analyst» (1965). Работал финансовым аналитиком в Монреале (1954–89). После выхода в отставку посвятил себя церковной деятельности.

И с т. АА. *Могилянский М.* Письмо, 2001.

МИКЛУХИН Платон Фёдорович (род. 1916, Петроград) — инженер-строитель. Предком **М.** был известный географ и путешественник Н.Н. Миклухо-Маклай. В Канаде с 1947. Специалист по расчётам больших сооружений. Владеет компанией инженеров-консультантов в Торонто.

И с т. АА. *Могилянский М.* Письмо, 30 сент. 2002.

МИКУЛЬЧИК Александр (1898 – 3 мая 1978) — деятель РООВА.

Похоронен на Свято-Владимирском кладбище возле Кэссвилла (шт. Нью-Джерси).

И с т. *Рагозин С.* Письмо, 22 нояб. 2002.

МИЛЛЕР-БРАЖНИКОВА [урожд. **Миллер**] Евгения Карловна (22 окт. 1907, Санкт-Петербург – 20 июня 1980) — живописец, график. Род. в семье проф. истории К.К. Миллера, племянница вождя Белого движения на Севере России Ген. штаба ген.-лейт. Е.К. Миллера. После 1917 — в эмиграции. В нач. 20-х гг. жила в Японии, где отец служил при рус. посольстве. Ок. 1925 поселилась в Париже, где занималась в мастерской В.И. Шухаева. В 1926–27 изучала в Италии живопись эпохи Возрождения, работала под рук. художника-реставратора Н.Н. Лохова. Участвовала в групповых и персональных выставках. В 1939 выехала с мужем, инж. Б. Бражниковым, в Бразилию. В 1960 выпустила альбом литографий с архитектурными видами Бразилии. В США с 1960, переехала в Бёркли (шт. Калифорния), где работал муж. В 70-е годы писала картины и панно по своим бразильским эскизам.

См. подробнее: *Лейкинд О.Л., Махров К.В.,* Северюхин Д.Я. Худ. Рус. зарубежья. С. 434.

МИНАЕВ Михаил (1889, стан. Каменская Обл. Войска Донского – 23 авг. 1961, Скенектеди (шт. Нью-Йорк)) — участник Белого движения на Юге России, протоиерей. Оконч. Донскую дух. семинарию в Новочеркасске, физико-математич. ф-т Санкт-Петербургского ун-та, сельско-хоз. отделение Пражского ун-та. Во время Первой мировой войны произведён в офицеры из Константиновского арт. уч-ща. Изучил курс авиашколы. Во время Гражданской войны служил офицером в арт. частях. В эмиграции с 1920. Принял сан иерея в 1951, был настоятелем рус. храмов в Австрии (1945–50, Келлерберг). В США служил настоятелем церкви в Скенектеди. Одновременно занимал должность инспектора Духовной семинарии при Свято-Троицком монастыре в Джорданвилле.

Похоронен на кладбище Свято-Троицкого монастыря.

И с т. Минаев Михаил // Незабытые могилы / Сост. В.Н. Чуваков. Т. IV. С. 552.

Л и т. Каз. словарь-справочник / Сост. Г.В. Губарев. Ред.-изд. А.И. Скрылов. Т. II. Сан-Ансельмо, 1968. С. 172.

МИРОЛЮБОВ Юрий Петрович (30 июля 1892, Бахмут Екатеринославской губ. – 13 [6?] нояб. 1970) — участник Белого движения на Юге России, поэт, публицист, химик. Род. в семье священника. Учился в дух. уч-ще, но перевёлся в гимназию, по оконч. которой поступил в Варшавский ун-т. Накануне Первой мировой войны продолжал образование на мед. ф-те Киевского ун-та св. Владимира. В 1914 добровольцем ушёл на фронт, участник Первой мировой войны, прапорщик. После Октябрьского переворота 1917 служил в Киеве в войсках Центральной Рады, но уехал на Дон и вступил в Добровольч. армию. С 1920 — в эмиграции в Египте, с 1921 — в Чехословакии, где поступил в Пражский ун-т. Выехал в Бельгию, где работал в химич. лаборатории Лувенского ун-та. Автор стихов, сотрудник ряда рус. изданий.

В США с женой с 1954. Поселился в Сан-Франциско, где ред. журнал «Жар-птица» и сотрудничал в рус. газ. Жена М. — немка по рождению, изучила рус. яз. и стала помощником мужа. Член РИС-О. Умер на борту корабля во время путешествия из США в Германию. Стараниями жены в 1975 был выпущен посмертный сборник стихов М. «Родина-мать», а затем ещё семь сборников его произведений.

И с т. АМРК. *Ю.П. Миролюбов* // Коллекции Гуверовского ин-та. Pdf 101 К; Миролюбов Юрий Петрович // Незабытые могилы / Сост. В.Н. Чуваков. Т. IV. С. 567.

Л и т. *Степанченко Дм.* Бессмертна только красота. Жизнь и творчество Ю.П. Миролюбова // РЖ. 1999. 16 окт. С. 9.

МИРОНОВ Пётр Александрович (23 авг. 1881, Боржоми, Грузия – 20 июня 1938, Нью-Йорк) — участник Белого движения на Юге России, полковник, общественный деятель. Учился на естественном отделении математич. ф-та Московского ун-та (неоконч.), откуда перешёл в Михайловское военное уч-ще в Тифлисе. По оконч. уч-ща (1904) вышел в 159-й Гурийский полк 40-й пех. дивизии, стоявший в Могилёве. Затем — ст. адъютант штаба I Кавказского арм. корпуса, нач-к военно-судебного отделения штаба Кавказского военного округа. Во время Гражданской войны — в штабе Добровольч. армии и ВСЮР. После 1920 — в эмиграции в Константинополе. В США с 1923, жил в Нью-Йорке. С 1926 участвовал в деятельности Об-ва помощи рус. военным инвалидам, председатель Об-ва (1929–38). Член 37-го отдела РООВА, староста храма Христа Спасителя в Нью-Йорке.

Похоронен на кладбище Маунт Оливет, Маспет, на Лонг-Айленде (шт. Нью-Йорк).

И с т. Миронов Пётр Александрович // Незабытые могилы / Сост. В.Н. Чуваков. Т. IV. С. 569.

Л и т. Некролог // Часовой (Париж–Брюссель). 1938. 1 сент. № 217/218. С. 24.

МИСТУЛОВ Эль Мурза [в крещении — Георгий] Дзанчекович (1 марта 1922, Кор. СХС – 30 мая 1990, Вашингтон) — участник борьбы с большевиками во время Второй мировой войны, общественный и церковный деятель. Представитель семьи казаков-осетин Войска Терского. Род. в семье участника Белого движения на Юге России есаула Дзанчека Асланбековича М., служившего в 1941–45 в Рус. Корпусе, выданного англичанами в Лиенце (1945) и погибшего в сов. лагерях. Оконч. I Рус. Вел. Кн. Константина Константиновича кад. корпус в Белой Церкви в составе XXI вып. 8 кл. 1940–41 уч. года, военно-училищные курсы. Состоял в монархич. орг-ции Рос. нар. ополчение ген. *М.Ф. Скородумова*. В 1941–45 — в Рус. Корпусе, подпоручик (переим. в хорунжие). Служил в 1-м, 2-м и 5-м полках. За боевые отличия награждён Железным крестом II класса. В 1945 откомандирован в ВС КОНР. После 1945 — в Австрии и Зап. Германии. После переезда в США жил и работал в Лос-Анджелесе. Активный член Объединения кадет рос. кад. корпусов за рубежом, член КРА, Атаман Горско-каз. стан. Терского каз. войска, старший офицер Дивизиона Собственного Е.И.В. Конвоя (на 1989). Вице-председатель отдела СчРК. *Родственники*: дети Георгий, Александр.

Похоронен на кладбище Голливуд в Лос-Анджелесе.

И с т. ЛАА. Справка *К.М. Александрова* на подпоручика ВС КОНР Г.Д. Мистулова; Мистулов Эль Мурза // Незабытые могилы / Сост. В.Н. Чуваков. Т. IV. С. 575; Список окончивших корпус за время 1920–1945 // Кад. корпус за рубежом 1920–1945. Монреаль, б. г. С. 486.

Л и т. *Филипс-Юзвиг Ек.* Памяти Эль Мурзы Мистулова // НРС. 1990. 15 июня.

МИТИНСКИЙ Александр Николаевич (1875, Санкт-Петербург – 15 окт. 1953, Вашингтон) — проф., горный инженер. Оконч. Санкт-Петербургский Горный ин-т и оставлен ассистентом для подготовки к проф. званию. С 1906 — директор правления Верхне-Исетских заводов в Петербурге. В 1912 — директор департамента испытания материалов при Министерстве путей сообщения. В 1919–20 — инж. при Белых армиях Юга России. С 1920 — в эмиграции в Болгарии. Работал инж. при Софийском арсенале в Болгарии. С 1921 — в Кор. СХС, ординарный проф. в Люблянском ун-те. В 1924 переехал в Чехословакию, проф. в Горной академии в Пшибраме. В 1935–39 — консультант заводов Шкода в Пльзене. Автор книг по специальности. В 1945 при наступлении сов. войск выехал в Зап. Германию. В Мюнхене принял руководящее участие в орг-ции ун-та UNRRA для перемещённых лиц, в котором стал деканом и первым ректором. В США с 1949, работал по специальности.

И с т. Митинский Александр Николаевич // Незабытые могилы / Сост. В.Н. Чуваков. Т. IV. С. 576.

Л и т. *Алимов Н.* Проф. А.Н. Митинский // Часовой (Брюссель). 1954. Июнь. № 343. С. 20.

МИТКЕВИЧ Григорий Григорьевич — общественно-полит. деятель.

Генеральный секретарь Амер.-Рус. представительства в Америке, на основе которого в 1961 было создано Рос. зарубежное представительство и Объединение Рос. эмигрантов в 16 странах.

С о ч. *Миткевич Г.Г.* Деятельность Представительства рос. эмигрантов в Америке // Рус. дело. 1961. Окт. С. 2–3.

МИТРОФАН [в миру Митрофан Константинович **ЗНОСКО-БОРОВСКИЙ**] (4 авг. 1909, Брест-Литовск – 15 февр. 2002, Си-Клифф, шт. Нью-Йорк) — епископ Бостонский РПЦЗ. Род. в семье военного священника 8-го Финляндского стрелкового полка, протопресвитера о. Константина Зноско. Оконч. приходскую школу в Ельце, рус. гимназию (1929) в Брест-Литовске, который в 1920 вошёл в состав Польши. В условиях полонизации учился в 1929–31 на богословском ф-те Варшавского ун-та. Во время учёбы решил занять место старшего брата, священника Арсения, расстрелянного большевиками в 1925. Продолжил образование при содействии патриарха Сербской Церкви Варнавы на богословском ф-те Белградского ун-та, который оконч. в 1934. 14 июня 1936 принял сан священника. Преподавал Закон Божий в брестской русской гимназии (с 1937), опекал православных в Польше. В 1936 защитил дипломную работу, магистр богословия Варшавского ун-та. В 1937–44 — настоятель храма св. Николая, преподаватель Закона Божьего в Брестской рус. гимназии. В 1939 Брест-Литовск попал под сов. оккупацию и М. столкнулся с сов. гонением на православие. Протоиерей (23 июня 1941) «за стойкость в Православии в дни гонения на веру и за ревностные труды в Церкви Христовой», благочинный Брестского уезда. С 1941 — председатель епархиального управления Брестской епархии. В годы нем. оккупации — организатор и преподаватель на учительских курсах. В 1944 во время пребывания в Зап. Белоруссии передвижного поселения Каз. Стан, состоявшего из беженцев с терр. Дона, Кубани и Терека, окормлял чинов 2-го Донского Ермака Тимофеевича полка, боровшихся с сов. партизанами. Вместе с волной беженцев ушёл на Запад. В 1944–45 — в Австрии, служил под омофором митрополита Берлинского и Германского, и Среднеевропейского Серафима (Ляде). Окормлял служащих и рабочих в иностранных рабочих лагерях фирмы «Эрбауер» в Берг Энгерау (авг. – дек. 1944). С июня 1945 — настоятель Благовещенского соборного храма в лагере перемещённых лиц Менхегоф под Касселем (Зап. Германия). В 1948 направлен митрополитом *Анастасием (Грибановским)* сопровождать из Германии в Африку группу в 1,5 тыс. рус. антикоммунистов, нашедших убежище и работу в Марокко. Организатор и настоятель рус. общины в Марокко, администратор рус. приходов в Алжире, Тунисе и Марокко (1948–59). 17 дек. 1954 награждён митрой. Попечением **М.** в Касабланке был построен каменный Успенский храм (1958).

По указу митрополита Анастасия в 1959 с семьёй переселился в США. Настоятель Свято-Серафимовского храма юрисдикции РПЦЗ в Си-Клиффе на Лонг-Айленде (шт. Нью-Йорк). Состоял в личном распоряжении председателя Архиерейского Синода, расследуя и улаживая нестроения в ряде приходов. В 1968–75 преподавал в Свято-Троицкой дух. семинарии в Джорданвилле (шт. Нью-Йорк), и.о. ректора семинарии (1972–73). Протопресвитер (1986). Овдовев, принял в 1990 монашество. Архимандрит (24 нояб. 1990) с наречением **М.** в память архиепископа Астраханского Митрофана (Краснопольского), замученного большевиками в 1919. 11/24 нояб. 1992 хиротонисан во епископа Бостонского,

викария Восточ.-Амер. и Нью-Йоркской епархии. Состоял членом КРА, поощрял деятельность КРА и разрешал чтение культурно-просветительных лекций в своем приходе. *Родственники*: матушка (урожд. Цибрук, в браке с 1935) Александра Семёновна (? – 1989); две дочери с семьями.

Похоронен на кладбище Свято-Троицкого монастыря в Джорданвилле (шт. Нью-Йорк) рядом с могилой матушки.

С о ч. В защиту правды. 1983; Из миссионерско-пастырской деятельности на ниве Христовой в эмиграции. Джорданвилл,1985; На ниве Христовой. Кн. 2-я. М., 1992; Сравнительное Богословие. М., 1992; Хроника одной жизни. (К 60-летию пастырского служения). Нью-Йорк – М., 1992; Слово архимандрита Митрофана при наречении во Епископа Бостонского // ПР. 1992. 14 дек. № 23. С. 3 – 4;

И с т. АА. *Митрофан*, епископ Бостонский. Послужной список (машинопись), 2001.

Л и т. *Корнилов А.А.* С. 77–79; *Папков Андрей*, священник. Памяти новопреставленного Преосвященного Митрофана (Зноско-Боровского) Епископа Бостонского // ПР. 2002. 14 марта. № 5. С. 3–6.

МИТРОФАНОВ Николай Михайлович (род. 5 февр. 1918, Валдай) — ядерный физик, поэт, писатель-фантаст. В 1940 защитил кандидатскую дисс. при Московском ун-те, доктор физич. наук (1943). В 1945–48 — в Австрии. Затем в Чили. Преподавал ядерную физику и вёл семинары по энергетич. проблемам в ун-те Сантьяго (1950–62).

В США с 1962. Проф. физики и астрономии при ун-те Мэриленда (1962–64). С 1965 работал старшим науч. сотрудником в химич. компании Хэршо (Harshaw) в Кливленде (шт. Огайо). С 1962 — консультант в Центре NASA Годдард по полётам в межпланетном пространстве в Грин Белт (Мэриленд) и в Delta Nuclear Inc. в Форте Уорт (Техас). Автор учебника по физике (1946), 8 статей по специальности, в т.ч. — «Single transmission effects for slow neutrons passing through magnetized Pd-Ni alloy, containing absorbed hydrogen» (Physical Review, 1962); «Increase of magnetic saturation induction of highly hydrogen saturated iron» и др. Автор восьми изобретений, на которые получил амер., нем., англ. и франц. патенты. Удостоен ряда наград и почётных грамот. Приобрёл известность как поэт и автор науч.-фантастич. повестей и рассказов. В Австрии издавал еженедельник «Колумб». Автор сб. стихов «Каравеллы», посвящённого Валдаю (1980), сб. стихов и фантастич. рассказов «Осенняя Элегия» (1983), повестей: «Тени прошлого» (1984), «Межзвёздный скиталец», «Тень Эхнатона» и «Космический Молох» (1985).

И с т. АА. *Mitrofanov N.* Biography (typescript), 1986.

Л и т. *Д'Альби А.* Фантастич. повести Николая Митрофанова // РЖ. 1985. 2 и 3 авг.; *Витковский Е.В.* Антология… Кн. 4. С. 359; *Завалишин Вяч.* Фантастич. повести Николая Митрофанова // РЖ. 1985. 2 авг.; *Завалишин Вяч.* О науч.-фантастич. прозе Николая Митрофанова // Там же. 1987. 1 мая; *Шислер Т.И.* Многогранный талант // НРС. 1988. 29 окт.

МИТЬКОВ Прокопий — мореплаватель. В 1835 – 41 вместе с *Д. Зарембо* участвовал в заключительных исследованиях неисследованных частей архипелага Александра.
И с т. Краткая географич. энциклопедия. М., 1966. Т V. С. 400.
Л и т. *Pierce R.* Russian America. 1990. P. 359.

МИТЧЕЛЛ [Vladimir E. **Mitchell**] Владимир Е. — ветеран армии США. В 1945 — рядовой I класса, служил в Берлине.
И с т. *Pantuhoff Oleg* — 1976.

МИТЧЕЛЛ [**Подтягин**] Николай Е. — ветеран ВВС США, майор (на 1943).
И с т. *Pantuhoff Oleg* — 1976.

МИХАИЛ — епископ Торонтский юрисдикции РПЦЗ.

МИХАЙЛИК Михаил Сергеевич (12 мая 1894, стан. Великокняжеская Обл. Войска Донского – ?) — инженер-строитель. После 1920 — в эмиграции в Чехословакии. Оконч. политехнич. ин-т в Праге. В США жил в Бронксе (Нью-Йорк). Действитель-

ный член Об-ва рус. инж. в США.
И с т. АОРИ. Анкета.

МИХАЙЛОВ К. — см. **КАЛЛИ** К.М.

МИХАЙЛОВ Николай Николаевич (13 нояб. 1870 – 6 апр. 1930, Нью-Йорк) — участник Белого движения на Юге России, полковник. Оконч. Михайловский Воронежский кад. корпус, 1-е военное Павловское уч-ще (1891) и вышел подпоручиком в 96-й Омский полк 24-й пехотной дивизии, стоявший во Пскове.

Участник Первой мировой войны, был дважды ранен и дважды контужен. Награждён за боевые отличия орденами и Георгиевским оружием. На 1917 — командир 16-го пехотного пограничного Заамурского полка. После Октябрьского переворота 1917 — в белых войсках на Юге России. В нояб. 1920 в составе Рус. армии эвакуировался из Крыма. В 1920–21 — в Галлиполи. Затем в эмиграции в Болгарии и Франц., откуда переселился в США. Жил в Нью-Йорке. Состоял в РОВС, Союзе Галлиполийцев и Союзе рус. военных инвалидов. Работал на авиационном заводе в Бриджпорте. Умер во время богослужения в храме Христа Спасителя в Нью-Йорке.
И с т. Михайлов Николай Николаевич // Незабытые могилы / Сост. В.Н. Чуваков. Т. IV. С. 589.
Л и т. Старый друг. Некролог // Часовой (Париж). 1930. 30 июня. № 34. С. 27.

МИХАЙЛОВСКИЙ Иван (1 мая 1911 – 1 марта 1992) — водолаз. В 1938 спас 34 человека с амер. подводной лодки при помощи водолазного колокола. За совершённый подвиг произведён в офицерский чин ВМФ США.
И с т. АМРЦ. *Морозова О.А.* Биографич. сборник — черновая рукопись: М-73 (MS 268). С. 5.40.

МИХАЛЕВСКИЙ [Alexander S. **Mikhalevsky**] Александр Сергеевич (ок. 1923 – 25 янв. 1981, Вашингтон) — подполковник армии США. В 1968 — подполковник, служил в пехоте в Зап. Берлине.

Похоронен на национальном кладбище в Арлингтоне.
И с т. *Pantuhoff Oleg* — 1976; Михалевский Александр Сергеевич // Незабытые могилы / Сост. В.Н. Чуваков. Т. IV. С. 598.

МИХАЛЕВСКИЙ [S. **Mikhalevsky**] С. — ветеран ВМФ США, капитан.
И с т. *Pantuhoff Oleg* — 1976.

МИХАЛЬЧЕНКО Игорь Сергеевич (род. 15 авг. 1913, Пенза) — юрист, преподаватель рус. яз. После 1917 переселился с семьёй в Польшу, где учился в рус. гимназии в Ровно (1923–31). Учился в Львовском ун-те (1931–36). Оказавшись беженцем в Германии, работал адвокатом в Равенсбурге, где представлял интересы перемещённых лиц. Юрисконсульт при Международной орг-ции помощи (International Relief Organization) в Эбингене во франц. зоне оккупации в Германии (1948–50). В США (после 1950) продолжал образование в Йельском ун-те, магистр (1958). Преподавал рус. яз. в Йельском ун-те (1958–68). В 1971 защитил при Нью-Йоркском ун-те докторскую дисс. по рус. яз. и лит. Проф. рус. яз. в Маунт Холиок колледже (1968–78). В 1978 вышел на пенсию со званием заслуженного проф. (Professor Emeritus). Автор рус. хрестоматии (Russian Intermediate Reader, Pitman Publishing Corporation) для амер. студентов (1967).

Член КРА. В отставке жил в Чураевке (шт. Коннектикут). В авг. 2003 переехал на постоянное жительство в Польшу.
И с т. Архив КРА. *Михальченко И.С.* Автобиография (1999).

МИХЕЕВ Леонид Михайлович (14 нояб. 1883, Рыльск Курской губ. – 6 февр. 1962, Нью-Йорк [по др. дан. Ричмонд]) — участник Белого движения на Юге России, военный инженер, генерал-майор. Казак стан. Клетской Обл. Войска Донского. Род. в семье сотника донск. арт. Оконч. Оренбургский Неплюевский кад. корпус (1901), портупей-юнкером Николаевское инж. уч-ще (1904) и вышел подпоручиком в 4-й Восточ.-Сибирский сапёрный батальон. Участник рус.-яп. войны 1904–05. Оконч. Николаевскую инж. академию (1909, 1910?). Строитель форта Новогеоргиевской крепости. Участник Первой мировой войны. Капитан, служил в штабе Сев.-Зап. фронта (на 1915). Оконч. Киевскую авиашколу (1915). Автор метода быстрого картографирования аэрофотоснимков. Полковник, штаб-офицер для поручений при нач-ке авиации (на 1917). После Октябрьского переворота 1917 — в белых войсках на Юге России. Участник Степного похода 1918. Нач-к военно-инж. управления Войска Донского (1919). Нач-к инж управления Донского корпуса Рус. армии, генерал-майор по Войску Донскому (на 1920). Эвакуировался из Крыма в составе Рус. армии в нояб. 1920. В 1920–21 — в Чилингире, затем — на о-ве Лемнос. Командир Донского технич. полка Донского корпуса (1921). В эмиграции (с 1923) в Кор. СХС. Работал инженером-строителем. Преподаватель Белградского отделения Рус. Высших Зарубежных военно-науч. курсов ген. Н.Н. Головина, проф. В 1942–43 — в Рус. Корпусе, зав. инженерной частью при штабе Корпуса (30 марта 1942 – 13 марта 1943). 13 марта 1943 нем. командованием уволен от службы. В 1944–49 — в Австрии. В США с 1949. Читал лекции по специальности, участвовал в рус. общественной жизни. Организатор Ин-та по исследованию проблем войны и мира. Автор журнала «Часовой» и др. рус. периодич. изданий.
Родственники: вдова (урожд. Анисимова) Агния Михайловна (1899 – 13 июня 1984, Нью-Йорк); дети: *Максимилиан*, Михаил (1 февр. 1923, Пожаровец, Кор. СХС – 1 июля 1976, Нью-Йорк) — выпускник I Рус. Вел. Кн. Константина Константиновича кад. корпуса (1942), секретарь Кадетского Объединения в Нью-Йорке, *Ярополк*; внучки.

Похоронен на кладбище Ново-Дивеево близ Нанует (шт. Нью-Йорк).
И с т. ЛАА. Справка *К.М. Александрова* на чина Рус. Корпуса Л.М. Михеева; Михеев Леонид Михайлович; Михеев Михаил Леонидович; Михеева Агния Михайловна // Незабытые могилы / Сост. В.Н. Чуваков. Т. IV. С. 600–601.
Л и т. *Волков С.В.* Энциклопедия Гр. войны. С. 342; Каз. словарь-справочник / Сост. Г.В. Губарев. Ред.-изд. А.И. Скрылов. Т. II. Сан-Ансельмо, 1968. С. 138–139; РК. 1963. С. 77, 114.

МИХЕЕВ Максимилиан Леонидович (1 февр. 1923, Пожаровец, Кор. СХС – 27 июля 1979) — скаутский и церковный деятель, художник-график Сын генерал-майора *Л.М. Михеева*. Оконч. начальную школу-интернат в Храстовце около Марибора и вице-унтер-офицером I Рус. Вел. Кн. Константина Константиновича кад. корпус в Белой Церкви в составе XXII вып.

8 кл. 1941–42 уч. года. При наступлении сов. войск в 1944 уехал в Австрию, откуда эмигрировал в США. Передал нью-йоркскому отряду скаутов имя и старшинство основанного им в Зальцбурге в янв. 1948 отряда св. блг. кн. Александра Невского. Подготовил открытие и проведение первого нью-йоркского лагеря (авг. 1950) на земле Новой Коренной пустыни в Магопаке (шт. Нью-Йорк). С нояб. 1952 — нач-к дружины «Царское Село». С 1975 активно участвовал в работе 10-го одиночного отряда ген. Л.Г. Корнилова. Когда отряд развернулся в отделение, был назначен на должность помощника нач-ка, на которой пребывал до смерти. Член Объединения кадет зарубежных корпусов. Состоял в Комитете празднования 1000-летия Крещения Руси. Работал художником-графиком. *Родственники*: вдова Татьяна Дмитриевна (урожд. Фесенко-Навроцкая); дети: Наталья, Надежда; братья: Михаил (1923–76); *Ярополк*.

И с т. Список окончивших корпус за время 1920–1945 // Кад. корпуса за рубежом 1920–1945. Монреаль, б. г. С. 487.

Л и т. *Полчанинов Р.В.* Памяти М.Л. Михеева // РЖ. 1979. 4 окт.

МИХЕЕВ Николай Михайлович (1893 – 15 авг. 1975, шт. Калифорния) — участник Белого движения на Юге России, полковник. Получил образование в Оренбургском Неплюевском и Суворовском кад. корпусах. Оконч. Михайловское арт. военное уч-ще (1913) и вышел подпоручиком в 49-ю арт. бригаду.

Участник Первой мировой войны. Штабс-капитан (на окт. 1916). Оконч. школу лётчиков-наблюдателей (1917) и получил назначение в 26-й авиаотряд на Рум. фронт. За боевые отличия награждён всеми орденами, включая ордена св. Анны II ст., св. Владимира IV ст., Георгиевским оружием. Отмечен семью Высочайшими благоволениями и высшими рум. орденами Короны и Звезды Румынии. Был трижды ранен и один раз отравлен газами. Во всех случаях оставался в строю. После Октябрьского переворота 1917 — в белых войсках на Юге России. Служил старшим офицером 1-й батареи Донской тяжёлой арт., школьной батареи для перевооружения на англ. пушки. Войсковой старшина (1918), полковник (1919). После 1920 — в эмиграции в США. Жил в Калифорнии. Состоял действительным членом Об-ва рус. ветеранов Великой войны в Сан-Франциско.

И с т. АОРВВВ. Некролог. Полковник Николай Михайлович Михеев // 1975. Авг. Альбом VI, 21-В.

МИХЕЕВ Ярополк Леонидович (род. 29 апр. 1939, Косовска Митровица, Югославия) — инженер-строитель, участник скаутского движения (ОРЮР), есаул Войска Донского за рубежом, общественный деятель. Сын генерал-майора *Л.М. Михеева*. Оконч. нач. рус. школу 4 класса I Рус. Вел. Кн. Константина Константиновича кад. корпуса и 4 класса рус. реальной гимназии в Зальцбурге (Австрия). Высшее образование по строительному искусству получил в Городском колледже в Нью-Йорке; в Канадском науч. и технологич. ин-те. Учился два года в Свято-Троицкой дух. семинарии, прошёл курсы для кандидатов на офицерский чин в Нью-Йоркской Национальной гвардии. Служил 6 лет в полевой разведке и два года заведовал подготовкой кадров полка. Прослушал ряд курсов для руководителей ОРЮР, Американского Красного Креста, курс фельдшеров Ордена мальтийских рыцарей. Десять лет работал в ин-те по исследованию проблем войны и мира им. ген. Леера. 20 лет состоял в каз. орг-циях. Приказом Войскового Атамана произведён в есаулы Всевеликого Войска Донского за рубежом со старшинством от 31 дек. 1999. Имеет свыше 40 лет стажа инж. работы по строительству железнодорожных туннелей, городской подземной жел. дороги, мостов, фундаментов, проектирования ракетной запускной межпланетной станции во Флориде. Состоял членом рус. Сокола (1936-42 и 1949–72), ОРЮР (1942–2001). Чин РОВС, секретарь Об-ва Галлиполийцев.

Секретарь КРА в теч. трёх лет, член Главного правления КРА (1974–84). Автор изданий ОРЮР, журнала Об-ва рус. инж., каз. изданий, журналов СчРК «Наши вести» (Санта-Роза – СПб.), «Вестник РОВС» (СПб.), «Кадетская перекличка» (Нью-Йорк). Автор статей по истории древней Руси, военной истории, Белой борьбы, истории Церкви, казачества, педагогики. Издатель 5 песенников. *Родственники*: жена (во втором браке) Ольга Сергеевна (урожд. Синькевич).

И с т. АА. *Михеев Я.Л.* Послужной список (машинопись) 2 стр., 2001; *Miheyev Yaropolk L.* Resume and Experience (typescript), 1 p. (2001).

МИЦКЕВИЧ Денис — проф. рус. яз, основатель и рук. рус. хора Йельского ун-та. Род. в рус. муз. семье в Латвии. С восьми лет начал играть на гитаре, в 10-летнем возрасте стал брать уроки игры на пианино, пел в детском хоре Рижского собора. Жил с родителями в оккупированной немцами Польше. В конце войны переехал с семьёй в Австрию, где поселился в лагере для беженцев, выступал на концертах. В Зальцбурге возобновил занятия муз. в Моцартеуме и оконч. гимназию. Был помощником регента в православной церкви. Для заработка на жизнь исполнял в разных оркестрах венскую музыку, джаз и цыганские мотивы.

В США с семьёй с 1952. Поступил в муз. школу Йельского ун-та. Основал вместе с Дж. Литтоном хор из небольшой группы студентов, изучающих рус. яз. и получивший название Рус. хора Йельского ун-та. Со временем развил и аранжировал для хора широкий репертуар народных, церковных и классич. произведений. В 1958 совместно с симфонич. оркестром Нью-Хэвена хор **М.** поставил оперу М.И. Глинки «Жизнь за царя». В 1962 хор получил международное признание. После выступлений в столицах Зап. Европы хор отправился на гастроли в Советский Союз, где, несмотря на натянутые в тот момент сов.-амер. отношения, с успехом выступал перед народом на площадях и на ул. Москвы с дореволюционными рус. песнями, возрождая интерес к рус. муз. наследию. Бакалавр по муз., затем — доктор по славянск. яз. и сравнительной лит.

в Йельском ун-те. Академич. карьера **М.** прошла в колледже шт. Коннектикут, штатном ун-те Мичигана, ун-тах Эмори и Дюк. В последних двух шт. **М.** занимал должность главы отделения рус. яз. и лит. Перу **М.** принадлежат статьи о современной рус. поэзии. Вернулся к составлению муз. произведений, включая переложенные на ноты для пения и пианино стихи поэта-символиста Вяч. Иванова, которые исполнялись в США и в России. Один из основателей оперы в городе Лансинг (шт. Мичиган). Связь **М.** с Рус. хором Йельского ун-та не прекращается. В связи с 300-летием С.-Петербурга и собственным 50-летним юбилеем хор дал концерт 25 окт. 2003. В юбилейном выступлении участвовали 160 исполнителей, состоящих в хоре и состоявших в нём последние десятилетия, съехавшиеся в Нью-Хэвен со всей страны.

Л и т. *Педерсен Дж. (Pedersen Jamie).* Рус. хору Йельского университета 40 лет (1953–1993) // РА. 1995. № 20. С. 90–93; Anonymous. Alumni of the Yale Russian Chorus Fiftierth Anniversary Concert, Denis Mickiewicz, Founding Conductor, 21 p. 2003. Oct. 25.

МИШАКОВ [наст. **Фишберг**] Михаил — скрипач. Род. в Проскурове Подольской губ. Оконч. Санкт-Петербургскую консерваторию (1912) с золотой медалью и получил приз Рубинштейна. Дебют **М.** состоялся в Липецке. Проф. консерватории в Нижнем Новгороде (1918–20), играл в Московской опере (1920–21), в оркестре Варшавской филармонии (1921–22). С 1922 в США, выступал соло в симфонич. оркестрах в Нью-Йорке (1924–27), Филадельфии (1927–29) и Чикаго (с 1930). Основатель Мишаковского струнного квартета.

И с т. АМРЦ. *Морозова О.А.* Биографич. сборник — черновая рукопись: М-73 (MS 268). С. 5.60.

МИШКОВ [Peter P. **Mishkov**] Пётр П. — ветеран армии США, капитан.

И с т. *Pantuhoff Oleg* — 1976.

МИШЛЕ [наст. **Левин** Михаил Исаакович] Мишель (1899, Киев – ?) — виолончелист, композитор. Учился игре на виолончели и на рояле в Киевском муз. уч-ще. Окончил по классу виолончели Лейпцигскую консерваторию и сдал в Санкт-Петербурге экстерном экзамены для получения диплома «свободного художника». Продолжал учиться композиторскому мастерству в Киевской консерватории, где директором был Р.М. Глиер. Играл на виолончели в струнном оркестре, образовавшемся при консерватории. Участвовал в основании в Киеве Об-ва друзей А.Н. Скрябина. С первой женой через Польшу переехал в Вену, где стал проф. консерватории по классу виолончели. Играл в камерных ансамблях, был приглашен на должность муз. директора Рус. романтич. балета в Берлине. Автор балета «Охота Дианы». Поселившись в Париже, писал муз. для первых звуковых фильмов, соч. муз. для фильмов в Берлине. Всего в Европе **М.** была написана музыка для 108 звуковых фильмов. Для Ф.И. Шаляпина аранжировал церковное песнопение «Покаяние» и «Ныне отпущающи». После оккупации немцами Парижа (1940) бежал в США. В Голливуде продолжал писать муз. для кинофильмов. Автор фортепианного цикла «15 видений современного искусства».

Посвятил себя концертной музыке, написав композиции для струнного квартета, два трио, квинтет для четырёх флейт, две сонаты для виолончели, концерт для трёх скрипок с оркестром, оперы, муз. комедии, романсы на стихи А.С. Пушкина, А.А. Ахматовой, К.Д. Бальмонта и др.

Л и т. *Гольдштейн М.* Композитору Мишелю Мишле 85 лет // НРС. 1984. 21 июня.

МИШТОВТ [Basil **Mishtowt**] Василий (? – до 1976) — ветеран армии США, полковник.

И с т. *Pantuhoff Oleg* — 1976.

МИШТОВТ Илларион Викентьевич (1880 [по др. дан. 10 февр. 1881] – 22 авг. 1974, Вашингтон) — капитан I ранга, быв. военно-мор. агент в США, старейший мор. офицер (на 1974). Выпускник Мор. корпуса (1900), участник рус.-яп. войны 1904–05. *Родственники*: брат Анатолий (? – 26 апр. 1971, Сан-Франциско) — участник Белого движения на Востоке России, мичман производства А.В. Колчака (1918).

И с т. Миштовт Илларион Викентьевич // Незабытые могилы / Сост. В.Н. Чуваков. Т. IV. С. 608.

Л и т. Мартиролог рус. военно-мор. эм. С. 94; Некролог // Часовой (Брюссель). 1974. Нояб. № 581. С. 19.

МОВЧАН Александр Маркович (1907, Феодосия Таврич. губ. – 4 дек. 1986) — инженер-электрик, общественный деятель. Маленьким мальчиком потерял отца, после чего переехал с матерью и сестрой в Киев. Вскоре лишился матери, остался круглым сиротой. Был помещён в приют, где жил и учился в тяжёлые времена. Окончил школу, Киевский политехнич. ин-т со званием инженера-электрика. Работал инж.-диспетчером. Мл. лейтенант запаса сов. армии. С 1941 — в нем. плену. Содержался в лагере для военнопленных под Киевом. Освобождения **М.**, как инженера, необходимого для работы на электростанции, добилась тётка. При наступлении сов. войск в 1943 выехал на Запад. После 1945 — в Зап. Германии.

В США с 1950. Здесь начало новой жизни было трудным. Тяжело работал на сборке электромоторов в Детройте. Друзья помогли **М.** переехать в Нью-Йорк, где он получил должность инженера-проектировщика, проработав 21 год. На пенсии с 1973. Переехал с женой певицей *С.В. Мовчан-Блиновой* в Лейквуд (шт. Нью-Джерси). Оказывал помощь рус. культурно-просветительному об-ву «Родина». Член КРА, состоял председателем местного отдела КРА в теч. трёх лет.

Похоронен на Свято-Владимирском кладбище возле Кэссвилла (шт. Нью-Джерси).

Л и т. *Мовчан-Блинова С.В.* А.М. Мовчан // РА. 1995. № 20. С. 209 (with Enlish simmary).

МОВЧАН-БЛИНОВА [урожд. **Сергеева**] Серафима Васильевна (14 июля 1908, Нарва Ревельского уезда Эстляндской губ. – 27 марта 2002, Толстовская ферма, Валлей Коттедж, шт. Нью-Йорк) — исполнительница русских народных песен. Род. в семье рабочего В.С. Сергеева. В 1918 Нарва вошла в состав Эстонской республики. Оконч. рус. гимназию (1937), пела в церкви, танцевала в балетной школе, пела в светских хорах. В 1939 переехала в Ревель (Таллин), где продолжала выступать в больших хорах, в репертуар которых входили отрывки из опер, дуэты и трио. Накануне сов. оккупации 1940 выехала через Латвию в Германию. В Ганновере перешла исключительно на народный рус. репертуар и очень успешно выступала на концертах. В США с 1950. Поселилась в Нью-Йорке, выступала перед рус. слушателями. Гражданин США (1957). Напела собственную пластинку, получала приглашения для выступлений по всей Америке и в Канаде. В 1973 после выхода мужа на пенсию переехала в Лейквуд (шт. Нью-Джерси). Вместе с мужем участвовала в деятельности культурно-просветительского об-ва «Родина», которое в 1979 отпраздновало 25-летний юбилей. К тому времени образовала ансамбль, с которым успешно выступала во многих местах.

Оставила сцену в 1980. Вторым браком была за *А.М. Мовчаном* (1907–86). В 1998 отпраздновала 90-летие, проживала в Толстовском центре. *Родственники*: дочь от первого брака; внуки — проживают в Австралии.

Похоронена рядом с мужем на Свято-Владимирском кладбище возле Кэссвилла (шт. Нью-Джерси).

И с т. АА. *Мовчан-Блинова С.В.* Автобиография, рукопись (1999), 3 стр.

МОВЧАНОВСКИЙ Георгий Феликсович (1890, Александровск Екатеринославской губ. – 1 мая 1953, Филадельфия, шт. Пенсильвания) — участник Белого движения на Юге России, поручик. Оконч. гимназию и юридич. ф-т Харьковского ун-та. Вольноопределяющимся вступил во 2-й конно-горный арт. дивизион, в составе которого участвовал в Первой мировой войне. За храбрость награждён Георгиевским крестом IV ст. и произведён в офицерский чин. В Добровольч. армии с 1918. Служил в составе частей ген. И.Г. Барбовича. После эвакуации из Крыма (нояб. 1920) жил в Париже. В 1945–50 — в Зап. Германии. В США с 1950, где жил с семьей в Филадельфии.

И с т. Мовчановский Георгий Феликсович // Незабытые могилы / Сост. В.Н. Чуваков. Т. IV. С. 612.

Л и т. *Стефанов П.Н.* Некролог // Часовой (Брюссель). 1953. Июль. № 333. С. 24.

МОГИЛАТ Елена Тихоновна (18 дек. 1896 – 16 дек. 1980, Толстовская ферма, Валлей Коттедж, шт. Нью-Йорк) — преподаватель рус. яз., общественный деятель. В США с 1921. В теч. 44 лет преподавала рус. яз. в Колумбийском ун-те. В отставке с 1965. Одна из основателей Об-ва помощи рус. детям за границей (1926), бессменный сотрудник этого фонда. С 1971 жила на Толстовской ферме.

И с т. Могилат Елена Тихоновна // Незабытые могилы / Сост. В.Н. Чуваков. Т. IV. С. 612; *Мартьянов Н.Н.* Список… С. 84–88.

Л и т. *Харкинс В.* Памяти Е.Т. Могилат // НРС. 1981. 15 янв.

МОГИЛЯНСКАЯ Елена Мстиславовна (род. 1951, Монреаль) — преподаватель пения и франц. яз. Род. в семье *М. Могилянского*. Образование получила в англо-канадск. гимназии и на муз. ф-те ун-та Мак-Гилл в Монреале. В Англии оконч. учительский колледж. Обладая сопрано, преподавала пение (1974–79). Вышла замуж за проф. Оксфордского ун-та Лока. В браке родились трое детей, однако брак кончился разводом. Вернулась к преподаванию. С 1989 преподавала в Торонто франц. язык.

И с т. АА. *Могилянский М.* Биографии Могилянских. Рукопись (2002).

МОГИЛЯНСКАЯ [урожд. **Дубинина**] Ольга Михайловна (род. в 1924, Прага) — языковед, историк, учёный библиотекарь. Род. в семье пушкиниста *М.Г. Дубинина*. Образование получила в рус. гимназии в Праге, в венгерском Педагогич. колледже, во Франкфуртском ун-те в Германии (два года) и после приезда в Канаду (1947) — в Монреальском франц. ун-те, в котором оконч. Славянский департамент. Посвятила несколько лет описанию Смутного времени в России XVII в. За этот труд ун-т удостоил **М.** звания магистра истории. Затем приглашена на место директора частной публич. библиотеки, существующей на средства состоятельных монреальцев. Знания **М.** языков способствовали изуч. историч. документов.

Работала в библиотеке до выхода на пенсию (1985). *Родственники*: муж *Мстислав Игоревич*; дети: *Юрий, Елена*; трое внуков.

И с т. АА. *Могилянский М.* Письмо, дек. 2002.

МОГИЛЯНСКИЙ [Mogilansky Mstislav] Мстислав Игоревич (род. 6 апр. 1917, Петроград) — публицист, сотрудник рус. отдела «Радио Канада», капитан дальнего плавания. Род. в семье проф. ин-та гражданского воздушного флота, потомка митрополита Петра Могилы, основателя Могилянской академии в Киеве. Учился в ин-те гражданского воздушного флота. Исключен из ин-та в связи с тем, что его отец был репрессирован и отправлен на строительство канала Москва – Волга после убийства С.М. Кирова (1 дек. 1934). Работал на строительстве московского метро. В 1935 Сталин заявил, что «сын за отца не отвечает». Это дало возможность **М.** продолжить образование в морском уч-ще, готовившем капитанов дальнего плавания. По оконч. уч-ща (1941) работал старшим помощником капитана на кораблях в Балтийском море. В 1942 отец **М.** — специалист по строительству аэропортов — был расстрелян по ложному обвинению. Оставил морскую службу. Будучи призван рядовым в армию, воевал на Ленинградском фронте. В Ленинграде во время блокады умерли младшие брат и сестра **М.** На фронте попал в плен к испанцам из состава 250-й пехотной («Синей») дивизии, сформированной из добровольцев-франкистов. Познакомившись с биографией **М.**, испанцы отнеслись к нему сердечно и освободили из плена.

После 1945 — в англ. зоне оккупации в Германии, работал переводчиком в лагере Фишбек. В Канаду приехал в качестве лесоруба. Через год открылся рус. отдел «Радио Канада», где **М.** работал 30 лет зав. международного отдела, составляя передачи для слушателей в СССР. Подготовил 1,5 тыс. передач, посвящённых событиям в Канаде, её истории, и интервью. Позднее на основании передач и интервью подготовил к печати книгу, изданную на родине. Автор истории Канады на рус. яз. (1975). Соавтор книги по истории рус. канадцев (1983), изданной на англ. яз. под ред. *Т. Елецкой*. По приглашению *А. Седых* писал для газ. «Новое русское слово» (Нью-Йорк). Автор передач для рус. сайтов в сети Интернет. Член Канадского Кор. легиона. Участвует в рус. лит. вечерах в Монреале. *Родственники*: жена *Ольга Михайловна* (урожд. Дубинина); дети: *Юрий*, *Елена*; трое внуков.

С о ч. Жизнь прожить. Воспоминания, интервью, статьи. М., 1995; Radio broadcasting in Russian; The first Russian settlers in Canada // Russian Canadians, edited by Tamara Jeletzky. The Chekhov Society of Ottawa. Ottawa, 1983. P. 1–9; 181–186.

И с т. АА. *Могилянский М.* Автобиография (машинопись), 2 С. (1999).

МОГИЛЯНСКИЙ Юрий Мстиславович (род. 1955, Монреаль) — мед. технолог. Род. в семье *М.И. Могилянского*. Оконч. англо-канадскую гимназию, колледжи в Торонто и Монреале, ун-т Мак-Гилл. Работает в обл. мед. технологии в больнице им. королевы Виктории в Монреале.

И с т. АА. *Могилянский М.* Биографии Могилянских. Рукопись (2002).

МОЖАЙСКИЙ Владимир Иванович (12 июля 1900 – 1950) — горный инженер. Оконч. Горный ин-т в Пршибраме (1929) в Чехословакии. В США жил в Бруклине (Нью-Йорк). Состоял действительным членом Об-ва рус. инж. в США.

И с т. АОРИ. Анкета.

МОЗЖУХИН Иван Ильич (26 сент. 1887, Пенза – 17 янв. 1939, Нейи под Парижем) — киноактёр. Снимался с 1908 в немых фильмах. Успех **М.** принесла роль юродивого в небольшой картине, выпущенной к 300-летию дома Романовых. Играл в фильмах «Отец Сергий» (1918), «Тайна королевы» (1915), «Пылающий костер», «Мишель Ставрогин», «Дитя карнавала» и др. В эмиграции (после 1920) жил и работал в Париже, откуда переехал в Голливуд. Снимался в фильмах «Царский адъютант». «Погром». Однако, когда кино стало звуковым **М.** остался в тени. Скончался в бедности.

Похоронен с певцом братом Александром (1877–1952) в одной могиле на кладбище Сент Женевьев-де-Буа.

И с т. АМРЦ. *Морозова О.А.* Биографич. сборник — черновая рукопись: M-73 (MS 268). С. 2.4.–41; Мозжухин Иван Ильич // Незабытые могилы / Сост. В.Н. Чуваков. Т. IV. С. 617.

МОИСЕЕВ Георгий Митрофанович (род. 27 авг. 1924, Волковыск, Зап. Белоруссия в составе Польши) — участник борьбы с большевиками во время Второй мировой войны, архитектор, каз. деятель. Потомственный дворянин, сын каз. офицера, участника 1-го Кубанского («Ледяного») похода 1918 г., генерал-майора Войска Донского М.А. Моисеева (ок. 1892 – 1984). Учился в частной гимназии в Гродно (1933–39). В 1939 бежал от Красной армии в Литву. Учился в Пушкинской гимназии в Вильнюсе (1939–40). Накануне сов. оккупации Литвы (1940) вторично бежал от сов. войск в Восточ. Пруссию. В 1942–44 участвовал в формировании рус. каз. частей в составе Вермахта на Восточ. фронте. В Варшаве служил в разведоргане Абвера «Зондерштаб "Р"» полковника Б.А. Смысловского. Летом 1942 — офицер связи в элитных кав. школах Вермахта и каз. формирований. Выполнял особые задания в сов. тылу на Восточ. фронте. В 1944 эвакуировался из Зап. Польши в Прагу, затем — в Мюнхен. В 1945–49 учился на архитектурном ф-те Мюнхенского ун-та UNRRA. В эмиграции в Австралии. В 1950 основал в Аделаиде первый в Австралии Клуб рус. молодёжи. Старший член Кор. ин-тов архитекторов в Австралии и в Англии, член пяти профессиональных орг-ций. Специализировался на планировке госпиталей и мед. зданий.

В Канаде с 1967. С 1948 писал для рус. национально-патриотич. изданий. Автор трилогии «Страницы жизни» и более 3 тыс. статей, опубликованных на страницах «Суворовца», «Нашей страны» (Буэнос-Айрес), «Часового» (Брюссель), «Знамени России» (Нью-Йорк), «Русской жизни» (Сан-Франциско), «Русского в Канаде». После 1990 печатается на страницах рус. антикоммунистич. изданий на родине. Нач-к РОВС на Канаду (1984–87). Член Верховного Совета РИС-О. Автор проекта детского госпиталя в Оттаве, признанного одним из лучших в мире. Три года работал в качестве специалиста по архитектурным проектам в Саудовской Аравии. Консультант по планировке госпиталей в частной фирме в Дюссельдорфе (1983–86). С 1990 издаёт «Белый листок» — национально-патриотич. обзор событий в России (тираж 480 экз.). Полковник Войска Донского, почётный член Объединения журналистов Казачества в России (почётная грамота 2000). Любитель рус. народной муз., каз. фольклора, рус. истории, акварелист. В прошлом джигит, ныне осторожный наездник. *Родственники*: жена (в браке с 1949); четверо детей; пять внуков; правнучка.

И с т. АА. *Моисеев Г.М.* Автобиография (машинопись), 2002.

МОКИЕВСКИЙ-ЗУБОК Олег Львович — чин Рус. Корпуса, гляциолог. Род. в Черногории (Кор. СХС). Сын участника Белого движения Л.С. Мокиевского-Зубка (? – 1962). Оконч. сербскую реальную гимназию в Шабаце. В сент. 1941 вступил вольноопределяющимся в Рус. Корпус, в надежде на то, что Корпус станет ядром Рус. освободительной армии. Участвовал в боях против коммунистич. партизан И.Б. Тито. После оконч. войны (1945) — в Австрии. Продолжил образование на инж. ф-те ун-та. Выехал с семьёй в Австралию. В 1956 переселился в Канаду. Работал чертёжником, инспектором по бурению и землемером. Оконч. ун-т Карлтон в Оттаве (1966) с дипломом бакалавра физич. географии. В 1966 перешёл на гос. службу. После защиты магистерской дисс. — старший гляциолог в Федеральном гидрологич. исследовательском ин-те. Автор ряда науч. работ. Участвовал в орг-ции Рус. клуба — Об-ва им. А.П. Чехова в Оттаве.

С о ч. Автобиография // Материалы по истории РОД (1941–1945 гг.) / Под ред. А.В. Окорокова. Т. II. М., 1998. С. 337.

МОЛЧАНОВ Борис [в миру **Молчанов** Борис Николаевич] (1896, Санкт-Петербург – 22 авг. 1963, Нью-Йорк) — митрофорный протоиерей. Оконч. Санкт-Петербургскую дух. семинарию (1916) и военное уч-ще, по оконч. которого служил в арт. частях на Рум. фронте Первой мировой войны. Участник Белого движения в рядах Сев.-Зап. Добровольч. армии ген. Н.Н. Юденича. С 1920 — в эмиграции во

Франции. В 1927 рукоположен в сан диакона и назначен на рус. приход в Медоне. Оконч. Парижский Свято-Сергиевский богословский ин-т (1928) и перешёл в клир РПЦЗ. Настоятель прихода в Лондоне (1933–38), затем в Бейруте и в Белой Церкви (Югославия). Преподавал Закон Божий в I Рус. Вел. Кн. Константина Константиновича кад. корпусе и в девичьем ин-те. С янв. 1942 — полковой священник 3-го полка Рус. Охранной Группы. С 26 мая 1945 — и.о. священника 5-го полка, и.д. священника Рус. Корпуса. В Австрии служил вторым священником, преподавал Закон Божий в лагере для рус. беженцев в Парш. Во Франции с 1950, настоятель прихода в Нильванже. В 1952 служил в кладбищенской церкви в Сент Женевьев-де-Буа. Помощник настоятеля в Версале и законоучитель кад. корпуса императора Николая II (1953-56). В США с 1956. Служил настоятелем приходов в Миннеаполисе и Джексон Хайтс (шт. Нью-Йорк). С 1959 — второй священник синодального храма, сотрудник канцелярии Архиерейского Синода РПЦЗ в Нью-Йорке. Автор книги «Эпоха апостасии» и ряда статей. Состоял членом Нью-Йоркского отдела СчРК. В 1962 награждён правом ношения митры.

Погребён на кладбище женского монастыря Ново-Дивеево близ Нанует (шт. Нью-Йорк).

И с т. Молчанов Борис Николаевич // Незабытые могилы / Сост. В.Н. Чуваков. Т. IV. С. 627.
Л и т. *Корнилов А.А.* С. 31–32.

МОЛЧАНОВ Викторин Михайлович (23 янв. 1886, Чистополь Казанской губ. – 10 янв. 1975, Сан-Франциско) — участник Белого движения на Востоке России, генерал-майор. Сын чиновника. Оконч. Елабужское реальное и Александровское военное (1906) уч-ща. Служил во 2-м Кавказском (1906–08) и 2-м Восточ.-Сибирском (1908–14) сапёрных батальонах. Участник Первой мировой войны. Подполковник, командир 3-й отдельной инж. роты 3-й Сибирской стрелковой дивизии (на 1917). После Октябрьского переворота 1917 — в белых войсках Восточ. фронта. Рук. антибольшевистского восстания (авг. 1918) и нач-к партизан в Елабужском уезде. Полковник, генерал-майор (1919). Командир Ижевской стрелковой бригады, нач-к Ижевской дивизии, сформированной из восставших (1918) рабочих Ижевского завода на Урале. Один из лучших командиров Сибирской армии. Командир 3-го стрелкового корпуса Дальневосточ. армии (1920–21), командир Поволжской группы Земской Рати (1922). В 1921 ген.-лейт. Г.М. Семёновым произведён в генерал-лейтенанты, но от производства отказался, считая его незаконным. В эмиграции в США. Жил с семьёй в Сан-Франциско. Много лет работал на благо церкви, оказывал помощь рус. беженцам. Суперинтендант в здании Саттер и Монтгомери в Сан-Франциско.

Похоронен на Серб. кладбище в Сан-Франциско.

И с т. Молчанов Викторин Михайлович // Незабытые могилы / Сост. В.Н. Чуваков. Т. IV. С. 627.
Л и т. *Волков С.В.* Энциклопедия Гр. войны. С. 344; *Ефимов А.Г.* Ижевцы и воткинцы. (Борьба с большевиками 1918–20 гг.) Конкорд, 1975; Молчанов Викторин Михайлович // Генерал Дитерихс. М., 2004. С. 621; *Рождественский С.* Генерал В.М. Молчанов // НРС. 1975. 28 февр.

МОНОМАХОВ Георгий Павлович, гр. (род. 8 сент. 1906, Горловка, Донецкий бассейн) — металлург, ветеран армии США. Род. в дворянской семье. Сын Павла Владимировича **М.** и его жены Александры Владимировны (урожд. Ореус). Получил домашнее образование. Оконч. рус. школу в Выборге (Виппури) в Финляндии, куда семья бежала из Петрограда от большевиков в 1917. Затем учился в лицее Мишлен в Париже. По специальности — металлург.

В США с 1929. Во время Второй мировой войны служил в армии США в Европе. Офицер разведки 87-й пехотной дивизии. За отличия награждён Бронзовой звездой (Bronze Star with cluster). Член Рус. дворянского об-ва в Америке. Владеет рус., франц., финск., нем. и англ. яз. *Родственники:* жена Эйлин (урожд. Донкин); дочери: Александра и Кэтлин.

И с т. *Monomakhoff Eileen* Questionnaire for the Biographical Dictionsary Russians in North America. 2003.May 27.

МОРАВСКИЙ Никита Валерианович (род. 14 сент. 1923, Шанхай) — историк, публицист. Род. в семье рус. эмигрантов. Отец **М.** до 1917 сотрудничал в петербургской газ. «Речь», а во время Гражданской войны участвовал в сибирском областнич. движении. Оконч. Рус. коммерч. ин-т в Шанхае (1947). В февр. 1949 в числе более 8 тыс. беженцев, преимущественно русских, был эвакуирован на Филиппины, где прожил два года в лагере для перемещённых лиц на о-ве Тубабао. Вскоре по приезде в Сан-Франциско в 1951 поступил в Армейскую школу яз. в Монтерее, где до 1958 преподавал рус. яз. Переехав в Вашингтон (1958), работал в издававшемся Информационным агентством США русскояз. журнале «Америка», который распространялся в СССР. В 1963 перешёл на дипломатич. работу и был назначен зам. директора выставки «Американская графика», экспонировавшейся в Алма-Ате, Москве, Ереване и Ленинграде. Из СССР переведён в Румынию, где провёл показ выставки в трёх городах. По возвращении из Румынии — атташе по культурным делам в посольстве США в Москве (1965–67).

В 1967–77 работал на гос. радиостанции «Голос Америки»: зам. нач-ка культсекции рус. передач; зам. директора сов. отдела (рус., укр., армянск., грузинск. и узбекск. радиослужбы). На пенсии с 1977. Поступил в аспирантуру Джорджтаунского ун-та. Доктор философии (1989) по изуч. России (Russian Area Studies). Читал лекции по истории рус. культуры в ун-те им. Дж. Вашингтона (1983–85, 1988); вёл курсы по переводу русскояз. политич. и лит. текстов на англ. яз. в Амер. ун-те (1989–91). Участник конференций по лит. критике в Новосибирске (дек. 1990 и дек. 1992), проходивших в Академгородке под эгидой Ин-та филологии Сибирского отделения РАН. Автор доклада «Развитие жанровых форм в литературной критике Сибири», ряда статей на рус. и англ. яз., некоторые из которых были опубликованы в журнале «Грани» (Франкфурт-на-Майне — Москва), «Новом журнале» (Нью-Йорк), в «Записках Русской академической группы в США» (Нью-Йорк) и в «Orthodox Church». В 1995 в московском сб. «Культура российского зарубежья» была опубликована статья **М.** об архиве его отца, хранящемся в Гуверовском ин-те войны, революции и мира при Стэнфордском ун-те в Пало-Альто. Калифорнии.

С о ч. см.: Россияне в Азии. Ежегодник // 1997. № 4; 1998. № 5; Остров Тубабао, 1949–1951. Последнее пристанище рос. дальневосточ. эмиграции. М., 2000; Глазами рус. американца. Статьи разных лет. М., 2003.

И с т. АА. *Moravsky N.* Curriculum vitae (manuscript), 1984; *Моравский Н.В.* Биографич. справка (февр. 2003), 3 с.

МОРГУЛЕВА Татьяна Сергеевна (род. 30 марта 1908) — инженер-строитель. Оконч. строительное отделение Харьковского технологич. ин-та (1932). В США жила в Нью-Йорке. Действительный член Об-ва рус. инж. в США.

И с т. АОРИ. Анкета (на 1954).

МОРДВИНОВ Николай (27 сент. 1911, Санкт-Петербург – 1973 [по др. дан. 1908 – до 24 апр. 1974], США) — художник, график. После революции жил с родителями в Париже, где оконч. ун-т и учился в Академии современного искусства. В сер. 30-х гг. отправился в Полинезию, где провёл 10 лет и устраивал персональные выставки. После 1945 переселился в США. Выставлял свои работы в Нью-Йорке и Филадельфии. В 1950–60-е гг. иллюстрировал и оформлял детские книги, был иллюстратором журналов «Harpers Magazine» и «Atlantic Monthly». См. подробнее: *Лейкинд О.Л., Махров К.В., Северюхин Д.Я.* Худ. Рус. зарубежья. С. 434.

МОРДКИН Михаил Михайлович (9 дек. 1880, Москва – 15 июля 1944, Милбрук, шт. Нью-Джерси) — танцовщик, хореограф. Оконч. Московское театральное уч-ще (1900). Актёр Большого театра, где танцевал в 1900–10 и 1912–18, а также преподавал с 1904. Партнёр А.П. Павловой (1910–12), с которой блестяще выступил в США и Великобр. Затем — хореограф у *М.М. Фокина* в «Русских балетах». В 1914 в Москве открыл собственную балетную студию. В 1918–23 успешно гастролировал по стране с труппой «Балет Мордкина». В 1923 выехал на гастроли за рубеж и на родину не вернулся. В США с 1924. Ставил театральные постановки в США и в Англии. В 1926 организовал свою балетную труппу, в репертуар которой вошли постановки предыдущих лет и балет П.И. Чайковского «Лебединос озеро» (1927). Основал балетную школу в Милбруке, где сам преподавал. В 1937 вернулся на сцену как танцовщик, с 1938–39 занимался частной педагогич. деятельностью. Среди учеников М. — Л. Чейз, В. Эссен, Л. Варкс и др. звёзды амер. балета.

И с т. Мордкин Михаил Михайлович // Незабытые могилы / Сост. В.Н. Чуваков. Т. IV. С. 638.
Л и т. *Чернова Н.* Мордкин Михаил Михайлович // РЗ. Золотая кн. эм. С. 427–429; *Martianoff Nicholas N.* Mordkin Michael // Russian artists in America. 1933. P. 105.

МОРЕНШИЛЬДТ [Dimitri von **Mohrenscildt**] Димитрий Сергеевич фон, гр. (11 апр. 1902, Мозырский уезд Минской губ. – 9 июня 2002, ашрам Шри Ауробиндо, Пондичерри, Индия) — проф. рус. истории и сравнительной лит. Род. в семье предводителя дворянства. Учился в минской гимназии (до 1916), в Севастопольском Морском корпусе (1916), в Морском корпусе в Петрограде (1917–18). Во время Гражданской войны был захвачен большевиками. Спасся от расстрела тем, что попал в перечень лиц, позднее обмененных на захваченных поляками сов. пленных. В США с 1920. Оконч. Йельский ун-т (1926) со степенью бакалавра и магистра по романск. яз. и лит. Гражданин США (1926). Опубликовал на англ. яз. несколько статей о М. Прусте. В 1936 защитил при Колумбийском ун-те докторскую дисс. о роли России в интеллектуальной жизни Франции XVIII в. В 1941 основал журнал «The Russian Review», посвящённый рус. культуре, истории и цивилизации. Проф. и заслуженный проф. рус. истории и лит. при Чартистском колледже (1941–67) в Ганновере (шт. Нью-Хэмпшир). Продолжал почти единолично издавать основанный им журнал. Одновременно заложил в колледже основание для департамента рус. цивилизации, главой которого был многие годы. В июне 1967 ушёл в отставку и перенёс свою деятельность в Стэнфордский ун-т, где продолжил издание «Russian Review».

В задачи журнала входило разъяснение истинных целей и надежд рус. народа. Подчеркивалась несовместимость понятий «русский народ» и «советский коммунизм». Старший науч. сотрудник (senior research fellow) Гуверовского ин-та (1968–76). Читал лекции по рус. истории и лит. в др. амер. ун-тах. Вёл исследования для ред. журналов «Life» и «Time Magazine». Перу М. принадлежит монография на англ. яз., ряд трудов, статей и рефератов в лит. и профессиональных журналах. Автор мемуаров о большевистской революции 1917 («A memoir of the Bolshevik revolution: my arrests, imprisonment and liberation, 1918-1920»). Удостоен «президентской» медали от Дартсмудского колледжа (1991), похвальной грамоты (1995) от Амер. ассоциации по славянским исследованиям (American Association for Slavic Studies). Участвовал в оказании гуманитарной помощи России. Состоял членом РАГ в США. С 1976 проживал в ашраме Шри Ауробиндо в Пондичерри (Индия). Незадолго до кончины участвовал в Ауровилле в торжественном заложении Рус. павильона, посвящённого сохранению и развитию рус. культуры, автором проекта которого был М.

Кремирован. Прах М. развеян над Бенгальским заливом. Дополнительные сведения о М. см. в архивах Dimitry von Mohrenschildt Archives in Hoover Institute. Stanford University, California; а также в Auroville Archives // Auroville 605101, India, T.N.

С о ч. Духовная эволюция человека. Киев. 1995; Russia in the Intellectual Life of Eighteens Centujrfy France. N.Y., 1936; Toward U.S. of Russia: Plans and Projects of Federal Reconstruction of Russia: East Brunswick, N.J., 1981;

И с т. АА. *Мореншильдт фон, Д.С.* Автобиография (рукопись 1999), 4 с.;*Von Mohrenschildt D.* Curriculum vitae (typescript), 1967; Anonymous. Russian Newsletter, Dartmouth College. 2002. 2 p.

Л и т. *Pestoff Alexis N.* Directory of Russian Graduates of American Colleges // Alumni Association of the Russian Student Fund, Inc. New York, Aug. 1929. P. 21.

МОРОЗАН [**Morosan**, **Морозов**] Владимир Петрович (род. 19 июля 1951, Мюнхен) — хоровой дирижёр, церковный регент, муз. издатель, автор, переводчик и педагог. Семья матери, Зои Семеновны Злотовой, из Киева была насильственно вывезена немцами в Германию. Отец Пётр Павлович М. (Морозов) — участник обороны Севастополя 1941–42, был взят в плен. Фамилию изменил, чтобы избежать насильственной репатриации в СССР. Прибыл с род. в США в 1951. Оконч. колледж Occidental в Лос-Анджелесе со степенью бакалавра (1973). Магистр (1976) муз. (Master of Music), доктор (1984) муз. искусства (Doctor of Musical Arts) в ун-те Иллинойса в Урбане. Специалист в обл. рус. церковного и хорового пения. Основатель и президент нотного издательства

«Musica Rossica», главного издательства за пределами России, специализирующегося по рус. дух., светской и народной муз. Гл. ред. издания «Памятники русской духовной музыки», увидевшего свет в связи с 1000-летием Крещения Руси.

Основатель и дирижер рус. хоровых об-в в Нью-Йорке, Лос-Анджелесе и при Иллинойском ун-те. Церковный регент. Обладатель грантов от Амер. фонда гуманитарных наук, фонда Фулбрайта и фонда Т. Дж. Уотсона. Автор труда, посвящённого исполнению хоровых песен в дореволюционной России. Составитель и гл. ред. издания «Тысяча лет русской церковной музыки: 988–1988» (Musica Russica, 1988; «Musica Russica», 1991); полных собраний дух.-муз. произведений *С.В. Рахманинова* (1984), *П.И. Чайковского* (1996), *Н.А. Римского-Корсакова* (1999) и *В.С. Калинникова* (2001) в изданиях Musica Rossica. Автор монографий и журнальных статей. Участник и автор докладов на церковно-певческих съездах, устраиваемых фондом ROCM (Russian Orthodox Church Musicians' Fund). Председатель об-ва PSALM (Pan-Orthodox Society for the Advancement of Lithurgical Music) — орг-ции православных церковно-певческих деятелей в Америке. Член Амер. об-ва хоровых дирижёров (American Choral Directors' Association). *Родственники*: три сына и две дочери.

С о ч. Choral Performance in Prerevolutionary Russia. Ann Arbor, 1986; reprint ed. Musica Russica, 1994.

И с т. АА. *Морозан В.П.* Анкета Биографич. словаря, 2 стр. Машинопись, 11 июля 2003.

МОРОЗОВ Д. — сотрудник музея рус. культуры в Сан-Франциско.

И с т. АА. К 50-летию музея рус. культуры в Сан-Франциско. Машинопись (1998), список 3 с.

МОРОЗОВ Михаил Петрович (21 нояб. 1910 – ?) — инженер-механик. Оконч. Новочеркасский индустриальный ин-т (1936). В США жил в Бруклине (Нью-Йорк). Действительный член Об-ва рус. инж. в США.

И с т. АОРИ. Анкета.

МОРОЗОВ Николай Георгиевич (26 авг. 1896, Фюрстенфельдбрук, Бавария – ?) — инженер-строитель. Учился в Петроградском политехнич. ин-те (1914–16). После 1917 — в эмиграции в Чехословакии. Оконч. политехнич. ин-т (1926) в Праге с дипломом магистра, инженера-строителя. Работал инж. по проектам водных сооружений, дорог и мостов, дренажных проектов, водоснабжения и речных плотин. Получив гос. лицензию, работал в южной части страны по осушению земель, регуляции р. Тисы, строительству мостов и др. В 1945 фирма **М.** переехала в р-н Мюнхена, где он начал работать в амер. администрации по восстановлению Регенсбурга. В США с 1948. Служил в строительных фирмах инж.-проектировщиком. Служил в штатных учреждениях Колорадо (1956–64), проектировал мосты и дороги. В отставке с 1964. Состоял инж.-советником при дорожно-строительной администрации р-на Grand Junction.

И с т. АОРИ. Вопросник (на 1954).

МОРОЗОВА [урожд. **Колесова**] Ольга Александровна (3 июля 1877, Харьков – 1 янв. 1968, Лос-Анджелес) — журналист, писатель, общественный деятель. Род. в семье директора сельскохозяйственной школы А.А. Колесова. Оконч. Харьковский ин-т благородных девиц (1895) ведомства императрицы Марии Фёдоровны. На собственные средства основала под Харьковом нач. школу для крестьянских детей. Занималась журналистикой. Опубликовала несколько работ на сельскохоз. темы. В 1911 с мужем агрономом И.М. Морозовым переехала в Семипалатинск.

Во время Первой мировой войны работала в Рус. Красном Кресте. В 1918 основала в Семипалатинске больницу на 50 мест. Во время Гражданской войны при эвакуации Омска (нояб. 1919) её муж и дочь были убиты большевиками в поезде Верховного правителя России адм. А.В. Колчака; вторая дочь Вера спаслась. Наступление большевиков в 1919 заставило **М.** с сыном Борисом уехать из Семипалатинска. В 20-е гг. после изнурительного перехода через пустыню Гоби жила в разных обл. Китая. С 1928 — в Тяньцзине. В этом городе написала романы «Судьба», «Невозвратное», «Нора» (изданы в Китае в 1928–38). В 1949 при наступлении кит. коммунистов вновь стала беженкой и оказалась в лагере перемещённых лиц на о-ве Тубабао на Филиппинах. В США с 1951. Гражданин США (1956). Автор неопубликованных воспоминаний о всех пережитых скитаниях. Работала над черновой рукописью биографич. сб., хранящейся в архиве при музее Рус. центра в Сан-Франциско.

И с т. АМРК. Морозова О.А. // Коллекции Гуверовского института», pdf 66,8 К; Морозова Ольга Александровна // Незабытые могилы / Сост. В.Н. Чуваков. Т. IV. С. 648.

МОРТ Виктор Константинович (28 окт. 1900, Киев – 16 февр. 1992, Сиэтл, шт. Вашингтон) — писатель-юморист. Детство и юность провёл с семьёй на Кавказе. Возвратившись в Киев (после 1917), стал писать юмористич. рассказы. Вдохновение черпал в произведениях Арк. Аверченко и Арк. Бухова. В Киеве работал сменным инж. на обувной фабрике. С 1941 — в нем. оккупации. В 1943 с женой, дочерью и матерью эвакуировались на Запад. В 1945 — в Баварии. В США с 1949. На жизнь зарабатывал физич. трудом, но своего лит. призвания не оставил. Издал ряд книг, включая большой роман «Прожигатели жизни», а также: «Неудачники», «Картинки с выставки», «Пятна на солнце». В своих рассказах **М.** с юмором описывал жизнь в Америке быв. граждан СССР, противников сов. власти, но тоскующих по родине. Повесть **М.** «Белая ворона» вышла в Нью-Йорке на англ. яз. Автор публикаций в газ. «Новое русское слово» (Нью-Йорк), «Русская жизнь» (Сан-Франциско), «Единение» (Мельбурн), в журналах «Современник» (Канада), «Родные дали» (Лос-Анджелес) и «Вестник русской колонии» (Сиэтл).

И с т. Морт Виктор Константинович // Незабытые могилы / Сост. В.Н. Чуваков. Т. IV. С. 650. Л и т. *Лукич Н.* 50 лет рука об руку с газетой «Русская жизнь» // РЖ. 1990. 27 окт.; *Сорокин Б.* На смерть писателя // Там же. 1992. 26 февр.; *Сорокин Б.* Памяти писателя // НРС. 1992. 4 марта.

МОРШЕН [наст. фам. **Марченко**] Николай Николаевич (8 дек. 1917, Киев – 31 июля 2001, Монтерей, шт. Калифорния) — поэт, преподаватель рус. яз., переводчик. Род. в семье *Владимира Нарокова (Марченко)*. Оконч. физич. ф-т Киевского ун-та. Во время войны в 1944 попал в Германию. После войны жил в лагере для беженцев в Гамбурге. В США с 1950. Преподавал рус.

яз. в Военном ин-те иностранных языков в Монтерее. Занимался перев. с рус. на англ. Публиковался с конца 40-х гг. Автор сб. стихов: «Тюлень» (1959), «Двоеточие» (1967), «Эхо в зеркале» (1979). Поэзия **М.** публиковалась на страницах журналов «Грани» (Франкфурт-на-Майне), «Новый журнал» (Нью-Йорк) и альманаха «Встречи» (Филадельфия).

Похоронен в Монтерее.

С о ч. Пуще неволи. Собр. стихов. М., 2000.

И с т. Автобиография // Берега / Под ред. Вал. Синкевич. Филадельфия, 1992. С. 271 и *Крейд В.* С. 641; Моршен Николай Николаевич // Незабытые могилы / Сост. В.Н. Чуваков. Т. IV. С. 650.

Л и т. *Вильданова Р.И., Кудрявцев В.Б., Лаппо-Данилевский К.Ю.* Краткий биографич. словарь рус. зарубежья // *Струве Г.* С. 339; *Витковский Е.В.* Антология... Кн. 4. С. 357; *Степанченко Д.* Живёт поэт на берегу океана // РЖ. 1998. 2 мая.

МОСКВИТИНОВ Иван Осипович [Иосифович] (14 сент. 1885 – июль 1963, Нью-Йорк) — участник Власовского движения, проф. гидравлики. До революции учился в США. Оконч. Сити колледж в Нью-Йорке. Вернулся в Россию и работал по специальности.

В 1913 заведовал гидравлич. исследованиями в Туркестане. В 1916 — лектор по гидравлике и использованию водных сил. В 1921 по всерос. конкурсу избран проф. политехнич. ин-та по кафедре гидравлики. Проф. по кафедре промышленного водоснабжения (1934–42). Автор 26 печатных работ на рус. яз. С 1942 в нем. оккупации на Сев. Кавказе. В 1943 эвакуировался на Запад и прибыл в Берлин. Работал в Геологич. службе Германии. В нояб. 1944 вошёл в КОНР, член Учёного Совета. После 1945 — в Зап. Германии. Проф. ун-та UNRRA для перемещённых лиц в Мюнхене (1945–48). Эмигрировал с женой в США, где преподавал гидравлику в Городском колледже (City College) в Нью-Йорке, где учился до 1917. Почётный член Об-ва рус.-амер. инж. в США. Умер в Нью-Йорке.

Похоронен на кладбище монастыря Ново-Дивеево близ Нанует (шт. Нью-Йорк). Вдова **М.** вернулась в СССР к сыну.

И с т. АА. Сведения автора.

Л и т. Материалы по оокорикова РОД (1941–1945 гг.). Под ред. *А.В. Окорокова*. Т. I. М., 1997. С. 385.

МОШКАЛОВ Дмитрий Николаевич (26 окт. 1898, Баку – 1978, Сан-Франциско) — участник Белого движения на Востоке России, подпоручик по адмиралтейству, морской лётчик. Оконч. гимназию (1915) и поступил добровольцем в армию. Участник Первой мировой войны. Прапорщик (1917). Оконч. Бакинскую школу морской авиации (1918) со званием морского лётчика. Затем — в белых войсках Восточ. фронта. В 1922 воевал в составе Земской Рати в Приморье, был ранен. После 1922 — в эмиграции в США. Жил в Сан-Франциско, где вступил в качестве действительного члена в Об-во рус. ветеранов Великой войны. Похоронен на Серб. кладбище,

И с т. АОРВВВ. Подпоручик по адмиралтейству Дмитрий Николаевич Мошкалов // 1978. Альбом IV.

МУЗЕП Пётр Владимирович — астроном. Род. в Николаеве. Выехал за границу с Белой армией. В эмиграции в Кор. СХС. Оконч. Белградский ун-т. Работал в обсерватории Белградского ун-та (1939–42). Эмигрировал в США. Служил в ун-те Цинциннати (1942–49) в шт. Огайо. Защитил докторскую дисс. по математике (1955). С 1962 — проф. астрономии при Мэрилэндском штатном ун-те. Опубликовал ряд работ по астрономии, принимал участие в программе по изуч. искусственных спутников земли. Изуч. влияние Луны и Солнца на искусственные спутники Земли.

Л и т. *Кеппен А.А.*

МУРАВЬЕВ Матвей Иванович — четвёртый правитель Рус. Америки (1820–25). Морской офицер. В 1817 на борту корабля «Камчатка» под командованием капитана II ранга В.М. Головнина участвовал в экспедиции вдоль берегов Камчатки, Алеутских о-в и Аляски. Вступив в должность Главного правителя Рус. Америки, подробно исследовал берега Аляски. Укрепил Ново-Архангельск (ныне Ситка), построил новое здание для правителя. Помогал преподобному *Герману* в его благотворительной деятельности по оказанию помощи сиротам после эпидемии на Кадьяке. В июле 1825 передал дела прибывшему на смену *П.Е. Чистякову*. Именем **М.** названа гора на о-ве *Баранова*.

Лит. *Петров В.* Русские в истории Америки, Вашингтон, 1988. С. 144–145; *Поберовский С.* Очерк истории Православия в Америке (1784 – 1867). Июль 1994; *Pierce R.* Russian America. 1990. P. 368–371.

МУРАВЬЕВ [Muraviev Peter A] Пётр Александрович (род. 8 февр. 1922, Белград) — инженер-экономист, писатель, художник. Сын полковника А.И. Муравьева (? – 15 марта 1955, Нью-Йорк), бывшего до Первой мировой войны ротным командиром и преподавателем топографии в Александровском военном уч-ще в Москве, участника Первой мировой войны и Белого движения на Юге России.

Оконч. рус. школу в Белграде, Белградскую рус. гимназию (1941). Затем уехал в Германию на работу при рус. отделе Баварской библиотеки в Мюнхене. Одновременно поступил на курсы политич. экономии при Мюнхенском ун-те. Оконч. ун-т в 1947. Дальнейшее образование по лит. получил в США при Нью-Йоркском ун-те; доктор (1970). Работал в Нью-Йорке и в его р-не инж.- экономистом и консультантом. В теч. 4-х лет занимал должности промышленного инж. и нач-ка кадров в фирме Fanny Farmer; 4 года был инж.-проектировщиком в финансовом отделе фирмы Curtis Wright; 3 года работал консультантом в Ин-те автоматизации (Institute of Automation); 3 года занимал должности проф. экономики и промышленной техники в штатном колледже Ньюарка (Newark Engineering College) в шт. Нью-Джерси; 18 лет был проектировщиком в отделе товарного снабжения J.C.P. Со. Приобрёл известность как писатель и художник. Сотрудник и соред. мюнхенских газ. «Новости» и «На переломе» (1946–48). Опубликовал в Нью-Йорке романы «Время и день», «Полюс Лорда», сб. расск. «Тень Дон Кихота» и «Звезды над Смоленском». В Москве вышли из печати роман **М.** «Полюс Лорда», многоч. расск., пьеса, статьи и эссе в семи разных издательствах. Произведения **М.** обсуждались на страницах «Роман-газеты» (Москва), журналов «Юность», «Москва», «Бежин Луг» и «Русское зарубежье». Автор газ. «Новое русское слово» и «Нового журнала» (Нью-Йорк). Недавно **М.** завершил работу над новой книгой «А. Волынский», посвящённой истории критич. мысли России XIX в. Картины **М.** выставлялись в 1986 и 1987 на выставках в штатном музее в Трентоне (шт. Нью-Джерси), где по заслуженным наградам заняли вторые места. В сент. 1988 в Нью-Йорке в музее Николая Рериха, состоялась персональная выставка картин **М.** Состоял председателем Об-ва друзей рус. культуры (1968–71). *Родственники*: жена Татьяна Петровна (? – 2003); дочь (в браке).

И с т. Архив КРА. *Муравьёв П.А.* Биографич. сведения, рукопись.

МУРЗИН Николай Николаевич (23 нояб. 1886, Курск – 16 дек. 1978, Ричмонд (шт. Мэн)) — участник Белого движения на Юге России, полковник. Оконч. Хабаровский гр. Муравьёва Амурского кад. корпуса (1905), старшим портупей-юнкером Константиновское арт. уч-ще (1908) и Л.-гв. подпоручиком вышел в 3-ю арт. бригаду. Участник Первой мировой войны в рядах Л.-гв. тяжёлого мортирного арт. дивизиона. За боевые отличия награждён многими орденами и Георгиевским оружием. После Октябрьского переворота 1917 — в белых войсках на Юге России. Командир мортирной батареи Гв. арт. (1919). Эвакуировался из Крыма в составе Рус. армии в нояб. 1920. В 1920–21 — в Галлиполи, затем в эмиграции в Болгарии и Кор. СХС (на 1925). Председатель Объединения Л.-гв. 1-го мортирного арт. дивизиона в Белграде (на 1938). В 1941 (?) вступил в Рус. Корпус. С 30 марта 1942 — командир 8-й роты 3-го полка. Затем командовал арт. взводом при 5-м полку (на 1944). 8 сент. 1944 отличился в бою против коммунистич. партизан в Иошаничкой Бане. После оконч. войны — в Австрии. В США с 1951. Состоял членом СчРК. *Родственники*: жена Елизавета Васильевна; дети: Николай, Валентина (в браке Донцова).

И с т. Мурзин Николай Николаевич // Незабытые могилы / Сост. В.Н. Чуваков. Т. IV. С. 673;
Л и т. *Волков С.В.* Офицеры российской гвардии. С. 331–332; *Донцов И.* Некролог // Кад. перекличка (Нью-Йорк). 1979. Июнь. № 22. С. 113; РК. 1963. С. 77, 157, 166.

МУРЗО Владимир Феликсович (29 окт. 1895, Колпино Санкт-Петербургской губ. – 12 янв. 1970, Монреаль, Канада) — инженер-строитель. После 1917 — в эмиграции в Кор. СХС. Оконч. строительное отделение технич. ф-та Белградского ун-та (1934). Работал на изысканиях, строительстве железных и автомобильных дорог, гидроэнергетич. сооружений. В Канаде с 1954. Работал старшим инж. на строительстве гидроэнергетич. сооружения Berrinus-Lac Cassé. Участвовал в строительстве морского пути, включающего отрезок от р. св. Лаврентия до Великих Озёр. *Родственники*: жена Валентина; дочь: Нина; внуки: Владимир, Александр, Елена.

Похоронен на рус. кладбище в Родене.
И с т. АОРИ. Материалы.

МУРОМЦЕВ Илья Эммануилович (1882, Санкт-Петербург – 1954, Монтклер, шт. Нью-Джерси) — физик, специалист по радио и радару. Оконч. военное инж. уч-ще (1906) и Военную академию. Продолжал специализироваться в технологич. ин-те в Дармштадте в Германии. В нач. Первой мировой войны вернулся в Россию, зачислен в инж. войска в чине полковника. Осуществил первую связь по радио между Петроградом и Парижем и удостоен франц. ордена Почётного легиона. В 1917 прибыл в США в составе закупоч. комиссии. После захвата власти в России большевиками остался в США. Поступил на работу в компанию Вестингауз, где работал 23 года зав. лаборатории радиопередатчиков. С 1942 — директор отдела электроники, в котором разрабатывался радар для применения в военных целях. С 1947 — проф. физики в Упсала-колледж. *Родственники*: две дочери.

И с т. АОРИ. Материалы.
Л и т. Скончался проф. И.Э. Муромцев // НРС. 1954. 20 мая.

МУСИН-ПУШКИН Василий [в миру Мусин-Пушкин Василий Владимирович, гр.] (? – 10 июня 1959, Кэссвилл, шт. Нью-Джерси) — участник Белого движения на Юге России, протоиерей. Учился в Императорском уч-ще правоведения (неоконч.).

Участник Первой мировой войны в составе отряда Красного Креста (1917). После Октябрьского переворота 1917 — в белых войсках на Юге России. Служил в эскадроне Кавалергардов 1-го гв. Сводно-кирасирского полка 1-й бригады 2-й кав. дивизии, корнет (июль 1919). Ранен в бою в авг. 1919. Поручик (на 1920). Вторично ранен в апр. 1920 на Перекопе. После 1920 — в эмиграции во Франции, затем в США. Настоятель и председатель строительного комитета Свято-Владимирского храма-памятника в Кэссвилле. *Родственники*: матушка Евгения Викторовна; приёмный сын Дмитрий Задонский.

Похоронен 13 июля 1959 у алтарной апсиды наружной стены храма-памятника.
И с т. АА. *Александров Е.А.* Личные воспоминания о разговорах с о. Василием (1958); Мусин-Пушкин Василий Владимирович, гр. // Незабытые могилы / Сост. В.Н. Чуваков. Т. IV. С. 676.
Л и т. *Волков С.В.* Офицеры российской гвардии. С. 332.

МУСНИНСКИЙ [Fred J. **Musninsky**] Фред И. — ветеран армии США. Член 37-го отдела РООВА в Бруклине (шт. Нью-Йорк). Поступил добровольцем в армию США (1943), рядовой I класса.

Служил в 1943–44, погиб во время военных учений в шт. Джорджия.
И с т. *Pantuhoff Oleg* — 1976.
Л и т. *Beresney Timothy A.* In Memoriam // Russian Herald. 1947. Jan. – Febr. P. 157–163.

МУСТАФИН Константин Владимирович (? – 27 апр. 1982, Лос-Анджелес (шт. Калифорния)) — участник Белого движения на Юге России, штабс-капитан. Служил в Алексеевском пехотном полку. В 1920–21 — в Галлиполи. В эмиграции в США. В Лос-Анджелесе состоял председателем Об-ва Галлиполийцев.

И с т. Мустафин Константин Владимирович, гр. // Незабытые могилы. Сост. *В.Н. Чуваков*. Т. IV. С. 680.
Л и т. Некролог // Часовой (Брюссель). 1982. Июль – Авг. С. 31.

МУХАРИНОВ Лидже Д. (? – 10 янв. 1961, Кэссвилл, шт. Нью-Джерси) — бакша, глава буддийского духовенства Донских калмыков в эмиграции; настоятель буддийского храма в Фармингдейле (шт. Нью-Джерси).

Похоронен на буддийском участке Свято-Владимирского кладбища в Кэссвилле.

Л и т. *Плешко Н.Д.* Генеалогич. хроника // Новик (Нью-Йорк). 1961. Отд. III. С.11.

МУХИН Николай [Богдан Дунай] (1916, Киев – 6 мая 1962, Филадельфия) — скульптор. Став студентом Академии искусств в Киеве, затем в Одессе, **М.** ещё до оконч. академии преподавал скульптуру в Харькове. С 1941 — в нем. оккупации. В 1942 с женой, художницей Софией Кобринской и дочерью выехал в Германию, где семья **М.** прожила до 1945 и решила остаться за рубежом. Семья **М.** была схвачена сов. солдатами для насильственной репатриации. Сов. командование приказало **М.** создать ряд памятников павшим солдатам в Восточ. Германии. Под охраной двух солдат работал в Костлесхаузене, создавая скульптуры из мрамора, которые ставились на гранитные пьедесталы. **М.** удалось подготовить план бегства в амер. зону оккупации в лагерь для беженцев в Геттингене. Достав через друзей документы на др. фам. **М.**, под фам. Богдана Дуная бежал с семьёй в зап. зону оккупации. Работы, созданные **М.** в последующие 5 лет, были подписаны этим именем. В США с семьёй с 1953. Поселился в Филадельфии. Создал много скульптур из мрамора, дерева, бронзы, меди. Среди работ **М.** отмечены статуи кн. Игоря Рюриковича, св. кн. Владимира, всадника на вздыбленном коне, два иконостаса тонкой работы — резьба по дереву с филигранной работой из серебра и золота. *Родственники*: дочь Мария (в браке Арчер).

Похоронен в Филадельфии.

Л и т. *Чалис-Камендровская И.* Трагич. жизнь замечательного скульптора Николая (Богдана) Мухина. К 30-летию его смерти // РЖ. 1991. 11 мая.

МЫСЛИНСКАЯ Мария — см. **КРЕСТИНСКАЯ** Мария Мечиславовна

МЫШЕЦКИЙ Дмитрий Владимирович, кн. (5 мая 1902 – дек. 1985) — церковный деятель.

В возрасте 21 года в Киеве стал бессменным помощником и духовным сыном священника Андрея Рымаренко, будущего архиепископа *Андрея Роклендского*. Переносил с о. Андреем все преследования, которым подвергалось духовенство во время сов. власти, беженство во время войны. Участвовал в работе по созданию женского монастыря Ново-Дивеево (шт. Нью-Йорк).

Похоронен на кладбище при женском монастыре Ново-Дивеево близ Нануэт (шт. Нью-Йорк).

Л и т. *Самарин В.Д.* Путь подвижничества (памяти Архиепископа Андрея) Рус. возрождение (Париж – Нью-Йорк – Москва). 1979. № ?. С. 262–277.

МЯСИН Леонид Фёдорович (27 июля 1895, Москва – 16 марта 1979, Кёльн, ФРГ) — балетмейстер. Род. в семье музыкантов. В 1903 поступил на балетное отделение Московского театрального уч-ща, по оконч. которого (1912) зачислен в кордебалет Большого театра (1912–14). В юности участвовал в драматич. спектаклях Малого театра. В янв. 1914 вступил в «Русский балет» С.П. Дягилева, с которым работал солистом в 1914–21 и 1925–28. С нач. 20-х гг. преимущественно исполнял главные партии в собственных постановках. Гастролировал по Южной Америке, ставил балеты в Англии. В США с 1928. Поставил десятки балетов, первым (с 1933) начал ставить хореографич. симфонии, используя классич. муз. П.И. Чайковского и др. композиторов. В 1939 начал турне со своим балетом и оркестром по Зап. побережью США, выступая в Лос-Анджелесе, Сан-Франциско и в 70 др. городах. К хореографич. созданиям **М.** принадлежат «8-я симфония Бетховена», «Благородное видение» в декоративном обрамлении Челищева, «Треуголка» и «Голубой Дунай». В 1942 возглавил «Ballet Russe de Monte Carlo», с которым работал с 20-х гг. Работал в балетном театре в Нью-Йорке. Гражданин США (1944). С 1947 работал преимущественно в Европе. За свою сценич. деятельность осуществил постановки около 100 балетов. Творч. **М.** в Америке познакомило американцев с рус. классич. балетом и привело к созданию амер. балета. *Родственники*: жёны: (в браке 1921–24) Вера Савина (наст. фам. Кларк) — балерина; (в браке 1928–38) Евгения Делярова — танцовщица; Татьяна Милишникова (в браке с 1938) — танцовщица; дети (в браке с Деляровой): Татьяна (1941 г.р., в замужестве бар. Стефан де Ватсдорф) — танцовщица, Леонид (1944 г.р.) — балетмейстер.

И с т. АМРЦ. *Морозова О.А.* Биографич. сборник — черновая рукопись: М-73 (MS 268). С. 5.40; Мясин Леонид Фёдорович // Незабытые могилы / Сост. В.Н. Чуваков. Т. IV. С. 691.

Л и т. *Андреевская Г.* Мясин Леонид Фёдорович // РЗ. Золотая кн. эм. С. 437–440.

МЯЧ Александр Павлович (13 апр. 1897, Екатеринодар Обл. Войска Кубанского – 27 февр. 1975, Лос-Анджелес) — участник Белого движения на Юге России, есаул Войска Кубанского. Оконч. Тифлисское военное уч-ще (1916), участник Первой мировой войны. На 1917 — поручик 23-го Туркестанского полка 5-й Туркестанской стрелковой дивизии. После Октябрьского переворота 1917 — в белых войсках на Юге России. С нояб. 1917 служил в отряде полк. В.Л. Покровского. Участник 1-го Кубанского («Ледяного») похода 1918, командовал конвойной сотней ген. В.Л. Покровского. Затем в 1-м Кубанском конном дивизионе и штабе Кубанской армии. Участник десанта на Кубань в авг. 1920, командир конвойной сотни ген. Н.Г. Бабиева. Эвакуировался из Крыма в составе Рус. армии в нояб. 1920. В эмиграции (1920–21) в Чаталдже, на о-ве Лемнос; далее в Константинополе и Кор. СХС. В 1941–45 — служил в 1-м и 2-м полках Рус. Корпуса, в 1945 — в ВС КОНР. После 1945 — в Зап. Германии. В США с 1949, жил с женой в Лос-Анджелесе. Один из организаторов (1950) Калифорнийского отдела Союза участников 1-го Кубанского ген. Корнилова похода. Член редколлегии журнала «Вестник первопоходника», председатель Союза первопоходников, ред. журнала «Первопоходник» (Лос-Анджелес). *Родственники*: жена Нина Борисовна (? – 12 авг. 1992, Лос-Анджелес) — член редколлегии журнала «Первопоходник»; братья: *Василий*, Сергей — участник Белого движения на Юге России; в эмиграции во Франции. Похоронен 1 марта 1975 на кладбище Голливуд в Лос-Анджелесе.

И с т. ЛАА. Справка *К.М. Александрова*; Мяч Александр Павлович; Мяч Нина Борисовна // Незабытые могилы / Сост. В.Н. Чуваков. Т. IV. С. 693–694.

Л и т. *Волков С.В.* Первые добровольцы... С. 213; Некролог // Часовой (Брюссель). 1975. Апр. – май. № 586–587. С. 19.

МЯЧ Василий Павлович (13 апр. 1895, Анапа Обл. Войска Кубанского – 13 дек. 1966, Лос-Анджелес) — участник Белого движения на Юге России, сотник. Оконч. Чугуевское военное уч-ще (1914) и вышел прапорщиком (?) в 237-й Грайворонский полк 60-й пехотной дивизии, в рядах которого участвовал в Первой мировой войне.

Был тяжело ранен (13 ран) и пострадал от газов, но оставался после выздоровления в полку. Поручик (на 1917). После Октябрьского переворота 1917 — на Дону. С нояб. 1917 в Добровольч. армии. Участник 1-го Кубанского («Ледяного») похода 1918 командиром взвода 6-й роты Корниловского Ударного полка, затем — в 1-м Кубанском конном дивизионе. Участник 2-го Кубанского похода 1918 командиром сотни 2-го Сводно-Кубанского каз. полка 1-й Кубанской каз. дивизии. Сотник. Адъютант ген. В.Л. Покровского (на 1920). В эмиграции с ген. Покровским (с 1920) в Болгарии, затем — в Кор. СХС. В 1941–45 — в 1-м каз. ген. Зборовского полку Рус. Корпуса. После 1945 — в Австрии, затем в США. Один из организаторов (1950) Калифорнийского отдела Союза участников 1-го Кубанского ген. Корнилова похода. Член редколлегии журнала «Вестник первопоходника», председатель правления Союза первопоходников (1963–66). С 1960 участвовал в издании журнала «Вестник первопоходника» (Лос-Анджелес). Выпустил около 60 номеров журнала, посвящённого истории Первого похода и др. событиям Гражданской войны. *Родственники*: вдова Варвара Сергеевна; сын (? – 1965, Вентура); внучка Ирина; братья: *Александр*, Сергей — участник Белого движения на Юге России; в эмиграции во Франции.

Похоронен на кладбище Голливуд в Лос-Анджелесе.

И с т. ЛАА. Справка *К.М. Александрова*; Мяч Василий Павлович // Незабытые могилы / Сост. В.Н. Чуваков. Т. IV. С. 694.

Л и т. *Волков С.В.* Первые добровольцы… С. 213–214; Некролог // Часовой (Брюссель). 1967. Февр. – март. № 488–489. С. 19.

Н

НАБОКОВ [лит. псевд. 1926–40 **Сирин**] Владимир Владимирович (10 апр. 1899, Санкт-Петербург – 2 июля 1977, Монтрё, Швейцария) — писатель, поэт, лит. критик, энтомолог. Творч. Н., владевшего англ. яз. столь же совершенно, как и рус., представляет собой уникальное явление в мировой лит. Наследие писателя включает романы, повести, очерки, стихотворения, пьесы, короткие рассказы, воспоминания и переводы. Кроме того, Н. был учёным-лепидоптерологом, изучавшим бабочек. Род. в аристократич. и зажиточ. семье. Отец, Владимир Дмитриевич (1869–1922), — юрист, либеральный политич. деятель, один из основателей кадетской партии, павший в Берлине жертвой правого политич. экстремиста. Мать, (урожд. Рукавишникова) Елена Ивановна (1876–1939) — из рода сибирских золотопромышленников, после смерти мужа в эмиграции в Чехословакии. Н. изуч. англ. яз. с трёх лет. Семья почти ежегодно путешествовала по Европе. В 1911 поступил в Тенишевское уч-ще, где изуч. рус., франц. и нем. яз. В 1916 изуч. рус. лит. под рук. поэта Вас. Гиппиуса. В 1916 и 1918 частным образом опубликовал в Петрограде первые сб. стихов. После захвата власти большевиками семья Н. переехала в Крым, где отец в 1918 занимал должность министра юстиции в Крымском правительстве. С марта 1919 — в эмиграции в Греции, затем в Великобритании. Первая науч. статья Н. о бабочках опубликована в 1920. Оконч. с отличием Тринити-колледж Кембриджского ун-та (1922). Переселился в Германию, где прожил 15 лет. Стал успешно соч. стихи и повести. В Берлине издал сборники стихотворений «Гроздь» (1923) и «Горний путь» (1923). Известность к Н. как к писателю пришла в 1926 после публикации романа «Машенька», за которым последовали романы «Король, дама, валет» (1928), «Защита Лужина» (1930), «Камера обскура» (1932), «Отчаяние» (1934, 1936), «Приглашение на казнь» (1936, 1938), «Дар» (1937–38, 1952).

Зарекомендовал себя как замечательный стилист, соединивший в своих произведениях эрудицию с интеллектуализмом, остроумием и сатирой.

В 1937–40 — в эмиграции во Франции, откуда с женой и сыном переехал в США. Вёл науч. работу по энтомологии при Гарвардском ун-те, изуч. лепидоптера (бабочек). Автор 18 науч. статей. Гражданин США (1945). Преподавал рус. лит. в Уэллсли колледже, Стэнфордском, Гарвардском и Корнельском ун-тах и продолжал изуч. бабочек. Продолжая лит. творч., перешёл на англ. яз., которым владел с детства. Автор воспоминаний (1951) «Conclusive evidence» — в рус. перев. «Другие берега» (1954). В 1955 написал роман «Лолита», принесший Н. всемирную известность как одному из талантливейших писателей XX столетия. За «Лолитой» последовали романы «Пнин» (1957), «Бледный огонь» (1962) и др. Сам переводил ранние произведения на англ. яз., а «Лолиту» — на рус. Кроме своих произведений Н. перевёл на англ. яз. «Слово о полку Игореве» и роман в стихах А.С. Пушкина «Евгений Онегин» в трёх томах с комментариями (1964). С 1960 с женой и сыном в Швейцарии. Продолжал лит. деятельность, не прекращая любимых занятий по энтомологии. В Монтрё (1961–77) романист продолжал писать, законч. роман «Бледный огонь» (1962), написал романы «Ада, или страсть: Семейная хроника» (1969), «Призрачные вещи» (1972), «Смотри, Арлекины!» (1974), занимался перев. своих произведений на англ. яз. Стихотворения Н. вошли в сб. «Стихотворения 1929–1951 гг.» (1952) и «Poems and problems» (1970), а также в собр. соч. писателя. А.И. Солженицын, получив Нобелевскую премию по лит. (1970), номинировал на эту же премию Н., но тщетно. *Родственники*: жена (урожд. Слоним, в браке с 1925) Вера Евсеевна (ок. 1901 – 7 апр. 1991, Веве, Швейцария); сын Дмитрий (1934 г.р.) — оперный певец.

Кремирован в Веве, похоронен на кладбище в Кларенсе рядом с прабабушкой Прасковьей Н., урожд. Толстой. В апр. 1999 Монтрё, где писатель жил в гостинице «Палас Отель», отмечал 100-летие со дня рождения Н. В апр. 1999 в гостинице состоялась выставка «Глаза бабочки», посвящённая писателю, его семье и его бабочкам. Здесь Н. начал писать книгу «Бабочки в искусстве», отрывки из рукописи которой можно видеть на выставке. Увлечение Н. бабочками отмечено огромной бабочкой из дёрна перед гостиницей в парке. В залах на трёх этажах музея Старого Монтрё была устроена юбилейная выставка, о которой сообщали расклеенные по всему городу плакаты с портретом Н. На выставке экспонировались его книги, интервью, фотографии, мебель из его квартиры и бабочки. Москва преподнесла Монтрё статую Н. совместной работы отца и сына Рукавишниковых, Александра и Филиппа. Памятник писателю установлен перед гостиницей «Палас Отель». В доме Н. в Санкт-Петербурге (Морская ул., 47) в 1998 был открыт музей, посвящённый романисту, произведения которого были под запретом во время сов. власти. В музее устраиваются Набоковские чтения, семинары, выставки, лит.-муз. вечера. В апр. 1999 музей Н. и Набоковский фонд провели при содействии Ин-та «Открытое Общество» (фонд Дж. Сороса) Международный Набоковский фестиваль, посвящённый 100-летию со дня рождения писателя. В 1999 посмертно издано в англ. пер. Дмитрия Н. собр.

статей и заметок его отца «Nabokov's Butterflies» («Набоковские бабочки»). Из 17 опубликованных романов **Н.** — семь экранизированы, в т.ч. «Лолита» дважды. Творч. наследие **Н.** продолжает привлекать внимание литературоведов многих стран, включая Китай, Тайвань и Японию.

С о ч. Возвращение Чорба. Берлин, 1930; Соглядатай // Современные записки (Париж). 1930. № 44; Подвиг. Берлин, 1932; Отчаяние. Берлин, 1936; Весна в Фиальте. Нью-Йорк, 1956; Собр. соч. в 4-х т. М., 1990. т. 5 (допол.). М., 1992.

И с т. АМРЦ. *Морозова О.А.* Сирин. Биографич. сборник — черновая рукопись: М-73-8, 2.4-150-151, 155; Набоков Владимир Владимирович / Набокова Вера Евсеевна // Незабытые могилы / Сост. В.Н. Чуваков. Т. V. С. 13–16;

Л и т. *Александров В.Е.* Набоков и потусторонность: метафизика, этика и эстетика. Пер. с англ. Н.А. Анастасьева. СПб., 1999; Брошюра о музее В.В. Набокова в Санкт-Петербурге. Ин-т «Открытое общество». 1999; *Вильданова Р.И., Кудрявцев В.Б., Лаппо-Данилевский К.Ю.* Краткий биографич. словарь рус. зарубежья // *Струве Г.* С. 118–123, 188–198, 340; *Гривнина И.* Узник Montreux // НРС. 1999. 24 – 25 апр.; *Иваск Ю.* В.В. Набоков // НЖ. 1977. С. 128, 272–276; *Казак В.* С. 508–511; *Коровина Г.* Столетие Набокова // НРС. 1999. 15–16 апр.; *Красавченко Т.* Набоков Владимир Владимирович // РЗ. Золотая кн. эм. С. 441–445; *Alexandrov V.* Nabokov's Otherworld. Princeton, 1991; *Alexandrov V. (Editor).* The Garland Companion to Nabokov: Garland Publishing. N.Y., 1995; *Boyd B.* Vladimir Nabokov. The Russian Years. Princeton, 1990; *Boyd B.* Vladimir Nabokov. The American Years. Princeton, 1991; *Coates S.* Nabokov's Work, on Butterflies, Stands the Test of Time // The New York Times. 1997. May 27; *Nabokov Dm.* (translator), *Boyd B.* and *Pyle M.* (editors). Nabokov's Butterflies (unpublished and uncollected writings). Boston, 1999; *Wood M.* Nabokov on the Wing // The New York Review. 2001. June 21. P. 39–41.

НАБО́КОВ Николай Дмитриевич. (17 апр. 1903, Санкт-Петербург [по др. дан. Гродненская губ.] – 6 апр. 1978, Нью-Йорк) — композитор. Двоюродный брат *В.В. Набокова*. С 1919 — в эмиграции в Германии, изуч. композицию в Штуттгартской и Страсбургской консерваториях, Муз. академии в Берлине. В 1923 получил стипендию для продолжения образования в США, где остался. Преподавал в колледже Уэллсли в Аурора (шт. Нью-Йорк). Автор оратории-балета «Ода» к «Вечерним размышлениям о Божьем величии» М.В. Ломоносова (1928), «Лирической симфонии» (1930), оратории «Иов», муз. к балету «Южный Тихий Океан» («South Pacific»), симфонич. поэмы «Жених», муз. к балету Дж. Баланчина «Дон Кихот», двух опер, балетов «Афродита», «Мирный союз», «Жизнь Полишинеля», «Последний цветок». В 1945–47 — офицер связи по культурным делам при амер. оккупационной армии в Зап. Германии. Гражданин США. Ген. секретарь Конгресса «За свободу культуры» (1951–63). Зав. рус. отделом радиостанции «Голос Америки». В 1963–67 рук. Берлинским фестивалем. Автор автобиографич. книг: «Старые друзья и новая музыка» (1951); «Мемуары русского композитора» (1975). *Родственники*: вдова Доминик — пятая жена **Н.**

Похоронен в Кольбсхейме (Франц.).

И с т. Набоков Николай Дмитриевич // Незабытые могилы / Сост. В.Н. Чуваков. Т. V. С. 15.

Л и т. *Вильданова Р.И., Кудрявцев В.Б., Лаппо-Данилевский К.Ю.* Краткий биографич. словарь рус. зарубежья // *Струве Г.* С. 340–341; *Сиротин А.* Вдова Николая Набокова вспоминает // НРС. 1998. 19 авг.; Скончался композитор Н.Д. Набоков // НРС. 1978. 7 апр.

НАДЕЖДИН Николай Иосифович — см. **ДЕМУШКИН** Николай Иосифович.

НАЗАРЕВИЧ [**Nazarevich** Leo Serge] Лев Сергеевич — инженер-химик. Оконч. Ин-т Пратт (1928) в Нью-Йорке с дипломом инж.-химика. Занимался исследованиями в издательской компании Херста. Читал лекции о химич. процессах в фотографич. деле. Член Об-ва рус. студентов, окончивших амер. высшие учебные заведения при содействии Рус. студенч. фонда в Нью-Йорке.

Л и т. *Pestoff Alexis N.* Directory of Russian Graduates of American Colleges // Alumni Association of the Russian Student Fund, Inc. New York, Aug. 1929. P. 13.

НАЗАРЕЦ [Michael A. **Nazaretz**] Михаил А. (род. 29 окт. 1947, Гамбург, Зап. Германия) — исследователь физики верхней атмосферы. Род. в семье беженцев, переселился с родителями в США. Оконч. амер. среднюю школу. Летние каникулы проводил в лагере для рус. юношества под общим рук. протопресвитера о. Александра Киселёва. Оконч. Сев.-зап. ун-т, бакалавр по физике (1969), магистр по физике в Case Western Reserve University (1971), где защитил докторскую дисс. (1976): «Atmospheric Neutrons at Geomagnetic Rigidities of 0.4, 4.5, 11.5 GV». Участвовал в создании аппаратуры для исследования верхней атмосферы. Преподавал физику, совместно с другими исследователями опубликовал работу об аппаратуре для исследования нейтронов в верхней атмосфере. *Родственники*: жена; дочь.

И с т. АА. *Nazarets M.A.* Resume, typescript.

НАЗАРОВ Александр Николаевич (ок. 1896 – 13 марта 1982, Кастро Валлей под Сан-Франциско) — участник Белого движения на Юге России, капитан. Участник Первой мировой войны. После Октябрьского переворота 1917 — в белых войсках на Юге России, служил в Алексеевском пехотном полку. Эвакуировался из Крыма в нояб. 1920 в составе Рус. армии. В 1920–21 — в Галлиполи. Затем — в эмиграции на Балканах. В 1941–45 — чин 3-го полка Рус. Корпуса. После 1945 — в Австрии и США, где участвовал в жизни рус. воинских орг-ций (СчРК и др.). Состоял председателем Суда Чести СчРК. Псаломщик храма-памятника Казанской иконы Божьей Матери.

Похоронен на Серб. кладбище в Сан-Франциско.

И с т. АРЦ. *Тарала Г.А.* Сводка кладбищенских дат, 2003. С. 4; Назаров Александр Николаевич // Незабытые могилы / Сост. В.Н. Чуваков. Т. V. С. 26.

Л и т. Некролог // Часовой (Брюссель). 1982. Июль – авг. № 638. С. 31.

НАЗАРОВ Василий Васильевич (17 авг. 1899, Владимирская губ. – 29 февр. 1968, Сан-Франциско) — участник Белого движения на Юге России, подпрапорщик. Род. в семье межевого инженера. Окончил Тобольскую гимназию. Весной 1918 принял участие в восстании против большевиков. Через полгода отправлен во фронтовую арт. учебную команду, по оконч. которой назначен в 1-ю батарею 1-го ударного арт. дивизиона. Подпрапорщик. Участник наступления Сибирской армии через Урал на Запад и отступления на Восток (1919). Участник Сибирского («Ледяного») похода 1920, боёв за Нерчинск и Даурию. 20 нояб. 1920 отступил с остатками Добровольч. бригады ген. Осипова и под огнём красных перешёл кит. границу. В 1922 — в составе Земской Рати в Приморье. В окт. 1922 в последний раз оставил рус. землю. В Харбине поступил на юридич. ф-т.

В США с 1925. Жил и работал в Сан-Франциско. Член Об-ва рус. ветеранов Великой войны (с 1935). *Родственники*:

вдова Ольга Николаевна (урожд. Крумзе); сын Юрий — врач, проф.; дочь Наталья — учительница.

Скончался на 71 году жизни и похоронен на Серб. кладбище в Сан-Франциско.

И с т. АОРВВВ. *Седьмых А.Д.* Подпрапорщик Вас. Вас. Назаров // 1968. Февр. Альбом III.

НАЗАРОВ Иван Степанович (1864, Красноярск Енисейской губ. – 24 сент. 1930, Нью-Йорк) — юрист, проф. мед. Получив юридич. образование в Ташкенте, изуч. (1888–92) курс юридич. наук в Московском ун-те. Поступил на мед. ф-т ун-та св. Владимира в Киеве, врач (1900). После практики среди туземного населения Ташкента переехал в Одессу (1903), где работал в диагностич. клинике Новороссийского ун-та. В 1906 командирован за границу. Занимался в Париже в Пастеровском ин-те, в лаборатории И.И. Мечникова. Защитил дисс. на соискание степени доктора мед. (1908) в Военно-мед. академии. С 1919 — в эмиграции в Константинополе, с 1922 — в США. Работал в лаборатории городского госпиталя Нью-Йорка. С 1925 занимался частной практикой. Член Об-ва рус. врачей (1927).

Л и т. Иван Степанович Назаров // Юбилейный сб. Об-ва рос. врачей г. Нью-Йорка. 1939. Сент. С. 27–28.

НАЗАРОВ Николай Иванович (? – 2 июля 1984, Пассейик, шт. Нью-Джерси) — чин Рус. Корпуса. После 1920 — в эмиграции в Кор. СХС. Быв. кадет Донского императора Александра III кад. корпуса. В 1941–45 — чин Рус. Корпуса, сражавшегося с коммунистич. партизанами. Ефрейтор (на 1945). После 1945 — в Австрии и США.

И с т. Назаров Николай Иванович // Незабытые могилы / Сост. В.Н. Чуваков. Т. V. С. 28.

Л и т. Некролог // Часовой (Брюссель). 1985. Янв. – февр. № 653. С. 25.

НАЗИМОВА [наст. **Левентон** Аделаида Яковлевна] Алла Александровна (4 июня 1879, Ялта Таврич. губ. – 13/14 июля 1945, Голливуд, шт. Калифорния) — актриса. Род. в семье аптекаря. Детство провела на Юге России и в Швейцарии. Училась по классу скрипки в Одесской консерватории. В 1896 уехала в Москву, где училась у В.Н. Немировича-Данченко. Оконч. муз.-драматич. уч-ще Филармонич. об-ва в Москве (1898), играла на сцене МХТ, где овладела методом К.С. Станиславского. Второстепенные роли не удовлетворяли **Н.**, она оставила МХТ. Играла на сценах провинциальных театров в пьесах по произведениям Г. Ибсена и Ф.М. Достоевского. С 1904 — в труппе П. Орленева. На гастролях в Европе и США (1905). Игра **Н.** получила у критиков оценку как начало революции на амер. сцене благодаря методу Станиславского. Орленев с труппой возвратился в Россию, а **Н.** осталась в США на всю жизнь (1906). В 1905–39 год играла в Нью-Йорке на Бродвее в 30 театральных постановках, в т.ч. в пьесах рус. писателей в перев. на англ. яз. — А. Толстого, Е. Чирикова, А. Чехова и Л. Андреева. В 1916 в Голливуде дебютировала в кино, сыграв до 1944 ведущие роли в 22 фильмах, в т.ч. «Из тумана» (1918), «Красный фонарь» (1919) и др. Гражданка США (1927). **Н.** никогда не смогла избавиться от рус. акцента. Однако её игра на сцене и в кино от этого не страдали и она была известна в Америке как звезда первой величины. С 1928 вновь играла на Бродвее, в 1939 вернулась в кино. В прессе **Н.** называли апостолом драматич. искусства и гениальной рус. актрисой. Вместе с мужем занималась постановками на сцене в театре и в кино. *Родственники*: муж Чарльз Брайант — режиссёр-постановщик.

И с т. Назимова Алла Александровна // Незабытые могилы / Сост. В.Н. Чуваков. Т. V. С. 30.

Л и т. *Безелянский Ю.* Амер. грезы Аллы Назимовой. // НРС. 1996. 23–24 нояб.; *Литаврина М.* Амер. сады Аллы Назимовой. М., 1995; *Lambert G.* 1997, Nazimova. A Biography. N.Y., 1997.

НАЙДЕНОВ Андрей Михайлович (1896, Москва – 1972, Сан-Франциско) — экономист. Оконч. Московский коммерч. ин-т (1917). Работал в разных сов. гос. учреждениях, в т.ч. в «Азнефти» и 10 лет — в плановом отделе Наркомата лёгкой промышленности Азербайджанской ССР. Автор книги о сов. управлении азербайджанск. промышленностью «Administration of Azerbaijani Insustry» (издана в 1952 — «Research Studies Institute of the Air University»). Во время Второй мировой войны покинул СССР и выехал на Запад.

В США с 1949. Работал чертёжником. Стал журналистом, разоблачавшим коммунизм в зарубежных изданиях. Был комментатором на радиостанции «Голос Америки», вещавшей на СССР.

И с т. АМРК. А.М. Найденов // Коллекции Гуверовского ин-та. Pdf 71,7 К.

НАЙДЕНОВ Пётр Георгиевич (ок. 1898, стан. Архангельская Обл. Войска Донского – 22 февр. 1960) — участник Белого движения на Юге России. После Октябрьского переворота 1917 — в белых войсках на Юге России. Сражался в частях ген. Н.Г. Бабиева. С 1920 — в эмиграции в Грузии, с 1923 — в США. Состоял членом Общеказ. стан. в Нью-Йорке. После 1945 помогал переселиться в США казакам, оказавшимся в Европе.

Похоронен на каз. участке Свято-Владимирского кладбища в Кэссвиле (шт. Нью-Джерси).

И с т. Найдёнов Пётр Георгиевич // Незабытые могилы / Сост. В.Н. Чуваков. Т. V. С. 31.

Л и т. Каз. словарь-справочник / Сост. Г.В. Губарев. Ред.-изд. А.И. Скрылов. Т. II. Сан-Ансельмо, 1968. С. 194.

НАКАМУЛИ [урожд. **Бек**] Вера Евгениевна (?, имение Заруцкое Глуховского уезда Черниговской губ. – 3 дек. 1971, Наяк, шт. Нью-Йорк) — художник. Оконч. Киевский ин-т благородных девиц. В конце 1917 два брата **Н.** были расстреляны красными, и семья бежала на Юг. Выехала через Новороссийск в Египет, где прожила в беженских лагерях до 1921. Преподавала во франц. лицее, училась живописи. В 1928 и 1929 посещала Париж, где проходила курсы при Худ. академии «Жулиана». Картины **Н.** с успехом выставлялись на многих выставках в Александрии и в Каире под покровительством посла Франции и губернатора Александрии. После революции в Египте переехала с мужем в США. Жила около Бостона и продолжала творч. деятельность. *Родственники*: муж Рене.

Л и т. *Рерберг Н.* Памяти В.Е. Накамули // РМ. 1972. 13 апр.

НАЛБАНДОВ [**Nalbandov** Andrew] Андрей (? – 24 сент. 1986) — зоолог. Заслуженный проф. физиологии и зоологии на ф-те физиологии и биофизики Иллинойского ун-та в Урбане-Champэн (шт. Иллинойс).

И с т. *Мартьянов Н.Н.* Список… С. 84–88.

Л и т. Memorial notice // 1986. October 2. Memorial Services for Dr. Andrew Nalbandov: University of Illinois at Urbana-Champain.

НАРЕЙКИС — см. **ТРОИЦКИЙ** Николай Александрович

НАРОКОВ [наст. **Марченко**] Николай Владимирович (26 июня 1887, Бессарабия – 3 окт. 1969, Монтерей, шт. Калифорния) — писатель, политич. деятель. Жил в Киеве, где преподавал математику в средних школах. Подвергался в 30-х гг.

арестам и заключению в лагерях принудительного труда. С 1941 — в нем. оккупации. При наступлении сов. армии в 1943 и изгнании немцами населения Киева семья **М.** выехала на Запад. В 1945 — в лагерях для перемещённых лиц в Германии. Насильственной репатриации избежал.

В США с 1950. Жил в Нью-Йорке, в 1950 переехал в Монтерей. Преподавал рус. яз. Автор романов «Мнимые величины» (1952), «Могу!» под лит. псевдонимом **Н.** Гражданин США. Писал статьи в рус. зарубежной прессе («Новое русское слово», «Новый журнал» в Нью-Йорке и др.), сотруднич. с рус. зарубежными орг-циями (Рус. антикоммунистич. союзом беспартийных и др.). *Родственники*: сын *Николай Моршен* (1917 – 2001) — поэт.

И с т. АА. *Марченко Н.В.* Переписка с Е.А. Александровым; Нароков Николай Владимирович // Незабытые могилы / Сост. В.Н. Чуваков. Т. V. С. 36.

Л и т. *Вильданова Р.И., Кудрявцев В.Б., Лаппо-Данилевский К.Ю.* Краткий биографич. словарь рус. зарубежья // *Струве Г.* С. 341.

НАРЦИССОВ Борис Анатольевич (14 февр. 1906, Саратовская губ. – 27 нояб. 1982, под Вашингтоном) — поэт, журналист, химик. Вырос в семье врача в Ямбурге. С 1919 — с семьёй в эмиграции в Эстонии. Оконч. в Тарту гимназию (1924) и естественно-математич. ф-т Эстонского гос. ун-та (1930). Магистр химии. Работал в научно-исследовательских ин-тах, в гос. и частных лабораториях, включая газозащитную лабораторию Министерства обороны Эстонии. В 1934–38 участвовал в Таллинском Цехе поэтов. Стихи **Н.** печатались в журналах «Новь» (Таллинн) и «Современные записки» (Париж). С 1940 — преподаватель военно-химич. дела в Таллинском военном уч-ще. В 1941 уч-ще было эвакуировано в Тюмень, а **Н.** направлен на службу в Эстонский корпус Красной армии. После боёв в р-не Великих Лук заболел плевритом и из госпиталя бежал в Эстонию, где оказался в нем. оккупации. Из Эстонии выехал в Тюбинген и оказался в Германии. С 1945 — в лагере перемещённых лиц под Мюнхеном. В 1951–53 — в Австралии. В США с марта 1953. С 1954 работал в научно-ис. ин-те Бателла в Колумбусе (шт. Огайо), затем работал в группе специалистов в обл. технич. лит. при Библиотеке Конгресса США (1959–72).

После 1972 занимался исключительно лит. творч. С конца 40-х гг. писал стихи, рецензии и очерки. Публиковался на страницах «Нового журнала» (Нью-Йорк), «Граней» (Франкфурт-на-Майне), «Возрождения» (Париж), газ. «Новое русское слово» (Нью-Йорк). Поэтич. творч. **Н.** было очень широкого диапазона и глубины. Стихи **Н.** литературоведы относят к романтич. школе. Он верил в рассудок, в правоту числового анализа, в упорядоченный строй уравнений. После многих поисков ответов на вопросы о жизни и смерти в философии и мистицизме в конце жизни искренне пришёл к православию. Посмертный сборник стихов и рассказов «Письмо самому себе» был издан его вдовой Лидией **Н.** в Нью-Йорке.

С о ч. Автобиография // Содружество. Нью-Йорк, 1966. С. 534–535; Стихи. Сб. Нью-Йорк, 1958; Голоса. Франкфурт-на-Майне, 1961; Память. Вашингтон, 1965; Подъём. Лувен, 1969; Шахматы. Вашингтон, 1974; Звёздная птица. Вашингтон, 1978.

И с т. Нарциссов Борис Анатольевич // Незабытые могилы / Сост. В.Н. Чуваков. Т. V. С. 37.

Л и т. *Анстей О.* Памяти Бориса Нарциссова // НЖ. 1983. № 151. С. 217–221; *Витковский Е.В.* Антология… Кн. 3. С. 373; *Казак В.* С. 517–518; *Крейд В.* С. 642; *Фесенко Т.* Памяти друга // Новый журнал. 1983. № 151. С. 209–216.

НАРЫШКИН Георгий — гр. Врач при больнице в Томс-Ривер (шт. Нью-Джерси). Доктор **Н.** и его супруга — попечители Кубанского каз. музея в Нью-Джерси. Член Рус. дворянского об-ва (Russian Nobility Association).

Л и т. *Dragadze P.* The White Russians // Town & Country. 1984. March. P.174–182, 250–253.

НАТОВ-ПОПЛЮЙКО [наст. фам. **Поплюйко**, псевд. **Натов, Иванов**] Анатолий Иванович (25 окт. 1909, Екатеринослав – 5 февр. 1999, Вашингтон) — публицист, экономист-демограф. Оконч. металлургич. ф-т Екатеринославского горного ин-та. Защитил дисс., кандидат технич. наук (1934). Доцент и зав. кафедрой орг-ции производства и экономики промышленности при Днепропетровском химико-технологич. ин-те. Преподавал в Горном ин-те. Главный инж. в Днепропетровском филиале Ин-та управления. Корр., референт и ред. ряда металлургич. и технич. журналов, автор двух учебников для техникумов. С 1941 — в нем. оккупации. В 1943 из Одессы эвакуировался на Запад. Насильственной репатриации избежал. С 1945 — в лагере перемещённых лиц под Гамбургом (брит. зона оккупации). Член НТС. Преподавал рус. яз. в амер. военной школе в Баварии (1951–55), работал на радио «Освобождение» в Мюнхене (1955–62).

С 1962 в США. Работал в Нью-Йорке, комментатор по вопросам экономики. В отставке с 1974. Автор около 100 публикаций, включая статьи ист.-литературоведч. характера, посвящённых А.С. Пушкину, Н.В. Гоголю, И.С. Тургеневу, А.П.Чехову. Сотрудник журналов «Грани» (Франкфурт-на-Майне), «Голос народа» (Мюнхен), «Возрождение» (Париж), «Новый журнал» (Нью-Йорк), «Вестник Мюнхенского Института по изучению Советского Союза» (Мюнхен), газ. «Посев» (Франкфурт-на-Майне) и «Новое русское слово» (Нью-Йорк). Член Амер. Академии политич. наук и правления РАГ в США. Читал для рус. молодёжи в Нью-Йорке лекции по новейшей рус. истории, организованные РАГ. Благодаря усилиям **Н.** состоялись розыск и спасение могил дочерей Ф.М. Достоевского. *Родственники*: вдова *Н.А. Натова* (1918–2005) — литературовед. Похоронен на церковном участке кладбища Рок Крик в Вашингтоне.

С о ч. История сталелитейной техники // Теория и практика чёрной металлургии. 1937. № 12; Иконография Ф.М. Достоевского. Нью-Йорк, 1981.

И с т. Архив РАГ в США. *Натов-Поплюйко А.И.* Автобиография (1970); Натов-Поплюйко Анатолий Иванович // Незабытые могилы / Сост. В.Н. Чуваков. Т. V. С. 42.

НАТОВА [урожд. **Тихоцкая**; Надин Натова] Надежда Анатольевна (1918, Ташкент – 18 февр. 2005, Роквилл, шт. Мэриленд) — литературовед, проф. рус. лит. (русистики и романистики), специалист по творч. Ф.М. Достоевского, радиожурналист. Оконч. среднюю школу в Самарканде (до 1933), Московский ин-т ин. яз. (1938), где училась в аспирантуре (1939–41). Выехала на Запад с оккупированной терр. СССР во время Второй мировой войны. После 1945 — в Зап. Германии. Училась в Гамбургском ун-те (1947–50). В 1951 слушала спецкурс в Сорбонне. В США с апр. 1959. Доктор философии при Мичиганском ун-те (1969). Преподавала в нем. средней школе в Нейграбен (1949), в амер. военной школе в Обераммергау (1951–54). Работала радиожурналистом в Мюнхене на радиостанциях «Освобождение» и «Голос Америки» (1954–58). В США работала в Нью-Йорке на радио «Свобода» (1959–60). Затем преподавала франц. и рус. яз. и лит. в Мичиганском штатном ун-те в Окленде (1960–63), рус. яз. и лит. в ун-те Дж. Вашингтона (с 1963). В отставке с 1990 со званием заслуженного проф.

Автор трёх монографий и более 100 публикаций на рус., англ. и франц. яз. Публиковалась на страницах журналов и альманахов: «Новый журнал», «Записки Русской Академической Группы в США (Нью-Йорк)», «Dostoevsky Studies (Klagenfurt – Ljubljana)»; «Dostoevsky Studies — New Series» (Тюбинген); «Revue de Littérature Comparé» (Paris); «Cahiers — Ivan Turgenev, Pauline Viardot» (Paris); «Europa Orientalis» (Roma); «Достоевский — материалы и исследования» (Санкт-Петербург); «Достоевский и мировая литература» (Москва); сб. статей-докладов в Японии; «XXI век глазами Достоевского» (Москва); «Diagonales Dostoevskiennes» (Paris); «Canadian American Slavic Studies» (Vancouver); «Dostojevskij und die Littérature» (Кёльн);»Literarische Avangarde» (Heidelberg) и др. В своих статьях **Н.** проводила художественный и философско-сравнительный анализ творч. Ф.М. Достоевского, М.А. Булгакова, А.С. Пушкина, И.С. Тургенева, А.П. Чехова, А. Камю и И.А. Бунина. Частично библиография трудов **Н.** опубликована, см: «Записки Русской Академической Группы» (1990. Т. XXIII. С. 241). Доклады на конференциях (1982–84) описаны в XVIII томе. Состоит членом 6 научных об-в, включая «North American Dostoevsky Society», «International Dostoevsky Society» и РАГ в США. В 1995 на 9 симпозиуме Об-ва Ф.М. Достоевского в Австрии избрана почётным президентом Об-ва. *Родственники*: муж *А.И. Натов-Поплюйко* (1909–1999) — экономист, публицист.

С о ч. Пастернак — поэзия. Франкфурт-на-Майне, 1961; Достоевский в Бад Эмсе. Франкфурт-на-Майне, 1971; Mikhail Bulgakov. Boston, 1985.

И с т. АА. *Натова Н.* Автобиография. Рукопись (март 2003), 4 с.

НАУМЕНКО Вячеслав Григорьевич (25 февр. 1883, стан. Петровская Таманского отдела Обл. Войска Кубанского – 30 окт. 1979, Толстовская ферма, Валлей Коттедж, шт. Нью-Йорк) — участник Белого движения на Юге России, Ген. штаба генерал-майор, общественный деятель. Оконч. Воронежский кад. корпус (1901), Николаевское кав. уч-ще (1903) и вышел хорунжим в 1-й Полтавский кошевого атамана Сидора Белого полк 2-й Кавказской каз. дивизии, стоявший в Эриванской губ. Оконч. Императорскую Николаевскую военную академию (1914). Участник Первой мировой войны. За боевые отличия награждён Георгиевским оружием (1915). С марта 1915 — ст. адъютант штаба 1-й Кубанской каз. дивизии. На 1917 — подполковник, нач-к штаба 4-й Кубанской каз. дивизии. В нояб. 1917 — нач-к Полевого штаба Кубанской обл. Участник 1-го Кубанского («Ледяного») похода 1918. Командовал (июль – авг. 1918) 1-м Кубанским (далее Корниловским) полком, 1-й бригадой 1-й конной дивизии, полковник (сент. 1918). С дек. 1918 — нач-к 1-й конной дивизии, генерал-майор. Член Кубанского войскового правительства. Командир 2-го Кубанского конного корпуса Кавказской армии ВСЮР (1919). В Рус. армии: участник десанта на Кубань (авг. 1920); командир конной группы после гибели ген. Г.Ф. Бабиева (окт. 1920). Эвакуировался из Крыма в составе Рус. армии в нояб. 1920. В 1920–21 — на о. Лемнос, где был избран (4 дек. 1920) Атаманом Войска Кубанского (1921–59). В эмиграции с 1921 в Кор. СХС, жил в Белграде и Кральево, участвовал в общественно-политич. жизни и деятельности рус. воинских и каз. орг-ций. Способствовал вступлению кубанцев в ряды Рус. Корпуса (1941–42). С 1943 поддерживал контакты с полномочными представителями Казачьего управления (Kosakenleitestelle) при Министерстве по делам восточ. оккупированных терр. С 12 марта 1944 — член Главного управления Каз. Войск (ГУКВ) при нем. Генерале Добровольч. войск (Восточ. войск Вермахта). По болезни ген. П.Н. Краснова был и.о. нач-ка ГУКВ (1944). Посещал каз. части на фронте. Накануне прихода сов. войск в сент. 1944 выехал из Белграда в Берлин, обеспечив эвакуацию регалий Войска Кубанского. С дек. 1944 поддерживал отношения с ген.-лейт. А.А. Власовым и выступал за включение каз. частей в состав формировавшейся власовской армии (ВС КОНР). В нач. февр. 1945 подал в отставку и 18 февр. 1945 освобождён П.Н. Красновым от должности члена ГУКВ. В февр. – марте 1945 участвовал в разработке «Положения о Совете Казачьих Войск» (СКВ) при КОНР. 22 марта призвал казаков-кубанцев подчиниться ген. А.А. Власову. Член СКВ при КОНР (с 23 марта 1945). После оконч. войны — в Зап. Германии.

С 1949 в США. Зарабатывал на жизнь физич. трудом. Занимался историей Войска Кубанского, собирал документы и материалы о насильственных выдачах (1945–47) брит. военным командованием казаков на расправу большевикам в Лиенце (Австрия) и в др. местах. Материалы, собранные и опубликованные **Н.**, остаются бесценным источником для историков. Участвовал в жизни рус. орг-ций, один из основателей Кубанского каз. музея. Сотрудничал с рус. представительством кн. *С. С. Белосельского-Белозерского*. Последние годы жизни провёл в доме Толстовского фонда.

Похоронен на кладбище монастыря Ново-Дивеево близ Нануэт (шт. Нью-Йорк). *Родственники*: дочь (в браке).

С о ч. Великое предательство. Выдача казаков в Лиенце и др. местах (1945–1947). Т. I. Нью-Йорк, 1962; Т. II. Нью-Йорк, 1970; дополненое и исправленное изд. под ред. *П.Н. Стрелянова (Калабухова)*. СПб.;М., 2003.

И с т. ЛАА. Справка *К.М. Александрова* о генерал-майоре В.Г. Науменко; Науменко Вячеслав Григорьевич // Незабытые могилы / Сост. В.Н. Чуваков. Т. V. С. 43.

Л и т. *Александров К.М.* Армия генерал-лейтенанта А.А. Власова, 1944–1945. Материалы к истории Вооружённых Сил КОНР. СПб., 2004. С. 102–103, 110–111; *Волков С. В.* Энциклопедия Гр. войны. С. 354–355; *Елисеев Ф.И.* январь-февраль 1979 Ген. Науменко // Часовой (Брюссель). 1979. Янв. – февр. №. 623. С. 23; Каз. словарь-справочник / Сост. Г.В. Губарев. Ред.-изд. А.И. Скрылов. Т. II. Сан-Ансельмо, 1968. С. 196; *Лашков С. И.* Кубанский атаман, генерал-майор В.Г. Науменко // Часовой (Париж). 1939. 5 июня. № 236–237. С. 12; *Рутыч Н.Н.* Биографич. справочник. Юг. С. 168–169; *Толбатовский А.* Ген. В.Г. Науменко // Часовой (Брюссель). 1963. Май. № 444. С. 20.

НАУМОВ Александр Николаевич (8 сент. 1868 – 3 авг. 1950, Ницца, Франц.) — политич. деятель. Род. в помещичьей семье. До 1914 — предводитель дворянства Самарской губ. Член Гос. Совета. С 1915 — главноуправляющий землеустройства и земледелия. После Октябрьского переворота 1917 — в эмиграции в США и во Франции. Состоял в масонской ложе «Астрея».

С о ч. Из уцелевших воспоминаний. Нью-Йорк, 1954.

И с т. Материалы архива КРА; Наумов Александр Николаевич // Незабытые могилы / Сост. В.Н. Чуваков. Т. V. С. 44.

НЕБОЛЬСИН Аркадий Ростиславович (род. 21 окт. 1932, Монтрё (Швейцария)) — педагог, историк-культуровед. Сын *Р.А. Небольсина*. Оконч. Оксфордский ун-т с дипломом бакалавра по истории (1955). Магистр истории (1961) при Колумбийском ун-те, где защитил докторскую дисс. (1971) по сравнительной и рус. лит.

С 1961 преподавал франц. и рус. яз. в Колумбийском ун-те. Инструктор в Йельском ун-те (1967–70), лектор в Нью-Йоркском ун-те (1971–75), доцент славянской и сравнительной лит. в Питтсбургом ун-те (1971–78). Был приглашён для чтения лекций в Московском и Тверском ун-тах, в Ин-те мировой лит. Адъюнкт-проф. в ун-те Дрю (Drew). Автор книги «Метафизика прекрасного», статей о творч. А.И. Солженицына, В.В. Вейдле, Б.П. Вышеслав-

цева, о христианском реализме, Дюрере, церкви, реформистском пуританизме и др. Труды **Н.** публиковались на англ., франц., рус. и португальск. яз. В 1979 основал Амер. об-во по охране рус. памятников и культуры. Член РАГ в США и Рус. дворянского об-ва (Russian Nobility Association). Председатель центра по изуч. Португалии. Награждён португальск. орденом св. Мигуэля де Ала.

И с т. АА. *Nebolsine A.* Curricvulum vitae, typescript (1978), 2 pp.; Curriculum vitae (2003).

Л и т. *Башкирова Г., Васильев Г.* Путешествие в Рус. Америку. Рассказы о рус. эмиграции. М., 1990; *Dragadze P.* The White Russians // Town & Country. 1984. March. P. 174–182, 250–253.

НЕБОЛЬСИН Ростислав Аркадиевич (17 апр. 1900, Санкт-Петербург – 16 сент. 1990, Лонг-Айленд, Нью-Йорк) — инж., специалист по очистке вод. Сын контр-адмирала А.К. Небольсина (1865–1917), убитого в Гельсингфорсе на второй день Февральской революции 1917. Оконч. Первый кад. корпус (1917) и поступил в Петроградский политехнич. ин-т, но прервал занятия после захвата власти большевиками.

С 1920 в эмиграции в США. Оконч. Массачусетский технологич. ин-т и Гарвардский ун-т (1920). Работал во Франции, США, в странах Юж. Америки и на Дальнем Востоке в обл. очистки сточных вод путём скоростной фильтрации. Более чем за 20 лет по проектам **Н.** построены около 100 очистных станций в 11 странах мира. Вклад **Н.** в дело фильтрации заключался в применении измельчённого твёрдого антрацита вместо песка. В 70-е гг. вёл обширные работы по ирригации и водоснабжению в Алжире. Зарегистрирован как профессиональный инженер в шт. Нью-Йорк, Пенсильвания, Иллинойс, Луизиана, Индиана, Нью-Джерси, Огайо, Калифорния и др. Автор печатных трудов. Состоял попечителем Об-ва помощи рус. детям за рубежом и Рус. православного Богословского фонда. *Родственники*: сын *Аркадий*; внуки; братья: Георгий (1902 – 1964) — адвокат, в эмиграции во Франции; Евгений (? – 27 апр. 1966, Нью-Йорк) — гардема-

рин Рос. военно-мор. флота, лейтенант ВМФ США; племянники.

И с т. АОРИ. Материалы; Небольсины Георгий Аркадьевич, Евгений Аркадьевич; Ростислав Аркадьевич // Незабытые могилы / Сост. В.Н. Чуваков. Т. V. С. 50; Anonymous. 1990. July 14.

Л и т. *Башкирова Г., Васильев Г.* Путешествие в Рус. Америку. Рассказы о рус. эмиграции. М., 1990; *Васильев Г.* Чистые воды. Встречи с рус. американцами // НРС. 1989. 3 нояб.

НЕВЕЛЬСКАЯ-БАРДЫГИНА Мария Карловна (25 дек. 1903 – 28 июля 1971, Нью-Йорк) — хореограф. Балерина Московского Большого театра. После Октябрьского переворота 1917 — в эмиграции во Франции. В 1923 в Ницце открыла школу танцев. Труппы **Н.-Б.** выступали по всей стране. Ученики **Н.-Б.** преподают танцы в Париже, Ницце и в Аддис-Абебе. В США с 1953. Жила в Нью-Йорке, где преподавала танцы до 1971. Погибла в бюро своей студии от насильственной смерти.

Похоронена на Свято-Владимирском кладбище в Кэссвиле (шт. Нью-Джерси).

И с т. Невельская-Бардыгина Мария Карловна // Незабытые могилы / Сост. В.Н. Чуваков. Т. V. С. 52–53.

Л и т. Памяти Невельской-Бардыгиной // РМ. 1971. 21 окт.

НЕВОДЧИКОВ [**Новодчиков**] Михаил (1706 – после 1767) — мореплаватель. Член экипажа *В. Беринга*. Совершил первые высадки на Ближние о-ва Алеутской цепи Атту и Ататту 25 сент. 1745. Именем **Н.** названа бухта на одном из Ближних Алеутских о-ов

И с т. Краткая географич. энциклопедия. М., 1966. Т V. С. 398, 491.

НЕГИН [сценич. имя Коля **Негин**; наст. фам. **Гуляев**] Николай Константинович — полковник, артист эстрады и кино. Род. в Киеве.

Служил в арт. и в военной авиации, участник Первой мировой и Гражданской войн. Будучи офицером, оконч. кинематографик. и лит. курсы писателя А. Вознесенского. В эмиграции в Болгарии. С 1920 выступал в качестве профессионального эстрадного певца в Варне (Болгария) и Константинополе. В США выступал по всей стране, в Канаде и в Мексике. Выступления **Н.** передавались по четырём радиостанциям. Снялся в семи немых и одном звуковом фильмах.

Л и т. *Martianoff N.N.* Kolia Negin (Nicholai Constantinovich de Gouliaeff) // Russian artists in America. 1933. P. 227.

НЕДАШКОВСКИЙ Николай Иосифович (1895 – 1924, Сан-Франциско) — художник. Учился живописи в школе живописи в Харькове. Продолжил образование в школе живописи, ваяния и зодчества в Москве, по оконч. которой путешествовал по Туркестану в поисках тем для своих работ. Ученик К.А. Коровина. После Октябрьского переворота 1917 через Владивосток и Харбин выехал в Японию (1918). В США с 1922. В Сан-Франциско в музее изящных искусств устроил персональную выставку работ, написанных в Японии.

И с т. Недашковский Николай Иосифович // Незабытые могилы / Сост. В.Н. Чуваков. Т. V. С. 57.

Л и т. *Манухин Л.* Художники Рус. зарубежья // РМ. 2000. 2 февр. С. 17.

НЕДЗЕЛЬНИЦКИЙ [John **Nedzelnitsky**] Иоанн (18 июля 1866, Одесса Херсонской губ. – 22 нояб. 1946) — митрофорный протоиерей, миссионер. Оконч. Одесскую дух. семинарию, Киевскую дух. академию (1887), рукоположен во диаконы и иереи. Успешно занимался миссионерской работой и храмостроительством в Елисаветграде.

По приглашению епископа Николая прибыл в 1895 в США. Создавал новые православные приходы в шт. Среднего Запада и в Пенсильвании. В 1906 возвратился в Россию, занимался миссионерской и преподавательской деятельностью. С 1923 вновь в США. Окормлял приходы в Массачусетсе и в Миннесоте. Автор печатных трудов по церковной истории и богословию. В 1944 ушёл на покой после 34 лет службы в Америке и 59 лет пребывания в сане священника и просветителя.

Л и т. Orthodox America. 1974–1976. Tarasar Consatnce (gen. ed.). 1975. P. 60.

НЕКЛЮТИН Константин Николаевич (30 июля 1887, Самара – ?) — инженер-машиностроитель. Оконч. Александровское коммерч. уч-ще (1906) в Москве, электромеханич. отделение Санкт-Петербургского политехнич. ин-та (1913). Гласный Самарской гор. думы и комитета биржи. В 1919 — управляющий Министерства торговли и промышленности в Омске. После 1920 — в эмиграции в Китае. В Харбине работал контролёром на КВЖД. В США с 1923. Служил механиком в Сеатле на авиастроительном заводе. В 1926–28 проектировал машины в Universal Match Corp. в Сан-Луи (шт. Миссури), главный инж. (1929). С 1951 — вице-президент компании, зав. техннч. частью по автоматич. машинам. Разработал механизм, на основе которого совместно с инж. К. Земельсом и *Н.М. Чупраковым* основал машиностроительную компанию (1952). Автор статей по автоматизации.

И с т. АОРИ. Вопросник.

НЕКРАСОВ Владимир Алексеевич — журналист, лектор. Математик, знаток истории развития науки в России.

В 1937–57 опубликовал на страницах печатного органа РООВА «Русский вестник» 14 статей и прочитал в разных отделах РООВА более 100 докладов. Произнёс речь на открытии памятника А.С. Пушкину на ферме РООВА 31 авг. 1941. Автор неопубликованного труда (1958) «Human Science in Russian Life».

Л и т. *Березний Т. А.* С. 137.

НЕКРАСОВ Павел С. (род. 12 нояб. 1931, США) — физик, инженер, проектировщик искусственных спутников. Оконч. Виргинский политехнич. ин-т с дипломом магистра физики (1953). Работал над докторской дисс. в Виргинском политехнич. ин-те. С 1959 — в межпланетно-электронном отделе радиокорпорации Америки в Принстоне (шт. Нью-Джерси).

Занимался проектированием межпланетных кораблей и силовых систем, включая спутники для полётов на Луну и слежения за ними в пространстве. Автор труда «Проектировка межпланетных силовых систем при помощи компьютеров» (1967). Это десятый труд **Н.**, опубликованный в науч. лит., посвящённой проблемам искусственных спутников.

И с т. Archives of Association of Russian-American Engineers in USA. *Nekrasov P.S.* Curriculum vitae (1968).

Л и т. Успех инж. П.С. Некрасова // НРС. 1967. 10 дек.

НЕКТАРИЙ [в миру **КОНЦЕВИЧ** Олег Михайлович] (1905, Латвия (?) – 6 февр. 1983, Сан-Франциско) — епископ Сеатлийский, викарий Зап.-Амер. епархии РПЦЗ. Оконч. реальное уч-ще, ин-т инженеров путей сообщения в Харькове и аспирантуру. Несколько раз посещал Оптину пустынь, получив благословение старца о. Нектария. Духовный сын о. *Адриана Рымаренко*. С 1941 — в нем. оккупации в Киеве, откуда беженцем выехал на Запад в 1943. Иподиакон в Берлинском кафедральном соборе (1944–45). После оконч. войны — в Вендлингене близ Штутгарта (Зап. Германия).

Из Германии переехал в США, поселившись в Сан-Франциско. Участвовал в церковной жизни. В 1953 принял монашеский постриг в Новой Коренной пустыне (Магопак, шт. Нью-Йорк) с именем **Н.** Через неделю после пострига 1 нояб. 1953

посвящён митрополитом *Анастасием* (*Грибановским*) во иеромонахи с назначением в штат духовенства кафедрального собора Пресвятой Богородицы всех Скорбящих радости в Сан-Франциско, где служил до хиротонии во епископа Магопакского (1962) с назначением на кафедру в Сеатл. Духовный руководитель и наставник скаутов-разведчиков (ОРЮР) в Калифорнии. Владыка **Н.** приложил много сил к подготовке прославления Новомучеников и Исповедников Российских (1981).

Похоронен на братском кладбище в Свято-Троицком монастыре.

Л и т. *Корнилов А.А.* С. 92; Преосвященнейший Епископ Нектарий // Юбилейный сб. в память 50-летия прихода и освящения Кафедрального Собора Пресвятой Богородицы всех Скорбящих радости 1927–1977 в городе Сан-Франциско. Калифорния, 1978. С. 104–106.

НЕКТАРИЙ [в миру Фёдор **ПАНОВ**] (? – 1814) — иеродиакон, миссионер на Аляске. В миру был горным офицером. В 1794 из Валаамского монастыря прибыл в составе православной миссии на о-в Кадьяк на Аляске с миссионерской целью. Преподавал математику в уч-ще, основанном иеромонахом Гедеоном на Кадьяке. Провёл 12 лет в Америке и возвратился в Россию в 1806. Поступил в Киренский монастырь, где умер в сане иеромонаха.

Л и т. *Петров В.* Русские в истории Америки. Вашингтон, 1988; *Поберовский С.* Очерк истории Православия в Америке (1784–1867). 1994. Апр. № 4. С. 20–28; Июль. № 7. С. 20–30.

НЕЛЕДИНСКИЙ Евгений Николаевич [лит. псевд. Евгений **Шугаев**] (10 авг. 1886, Псков – 23 янв. 1963, Нью-Йорк) — участник Белого движения на Юге России, инженер-архитектор, публицист. После Октябрьского переворота 1917 — в белых войсках на Юге России. После 1920 — в эмиграции в Чехословакии. Оконч. архитектурное отделение политехнич. ин-та в Праге (1927). Автор статей в журнале «Русский зодчий за рубежом» (Прага, 1935–39). После 1945 — в Зап. Германии. Жил в Гамбурге, публиковался на страницах еженедельника «Путь». Автор статей, опубликованных в газ. «Посев» и журнале «Грани» (Франкфурт-на-Майне). В США с 1950. Жил в Нью-Йорке. Состоял действительным членом Об-ва рус. инж. в США. Преподавал рус. яз. в Джорджтаунском ун-те. После выхода на пенсию занимался переводами на рус. яз. для изд-ва им. А.П. Чехова (Нью-Йорк).

И с т. АОРИ. Анкета (1954); Нелединский Евгений Николаевич // Незабытые могилы / Сост. В.Н. Чуваков. Т. V. С. 71.

НЕЛИДОВ Иван Мануэлович (6 марта 1894, Санкт-Петербург – ?) — инженер-строитель гидравлич. сооружений. Оконч. классич. гимназию (1912), политехнич. ин-т им. Петра I с дипломом гражданского инж. (1917). Работал в Восточ. Сибири в Благовещенске и Владивостоке по изуч. бассейна р. Амур. В 1919–23 служил на КВЖД в Харбине. Переселившись в США, занимался с 1923 проектированием разного вида плотин. Автор и соавтор статей в профессиональных журналах. *Родственники*: жена Александра Ивановна (урожд. Широкова); сын Георгий.

И с т. АОРИ. Материалы.

НЕЛИДОВА-ФИВЕЙСКАЯ [Lydia Nelidova-Fiveisky] Лидия Яковлевна — балерина, поэтесса, скульптор, живописец. Род. в вагоне поезда по дороге из Самарканда в Ташкент. В возрасте двух лет потеряла отца. Когда **Н.-Ф.** было пять лет, её мать вторично вышла замуж за инж. А. Новикова, забравшего жену и падчерицу в Сибирь. В возрасте 9 лет поступила в Томскую Мариинскую гимназию, которую успешно оконч., проявив большие способности и интерес к лит., поэзии, живописи и балету. Выступала в сольных партиях в балете Тифлисской оперы. Вышла замуж за дирижёра *М.М. Фивейского*.

В 1922 прибыла с мужем в составе рус. оперы в США. Выступала в балетных постановках *М.М. Фокина* и *М.М. Мордкина*. В США написала пять книг, включая пьесу о Фёдоре Кузьмиче, загадочном страннике, под именем которого якобы скрывался тайно покинувший трон император Александр I. Стихи начала писать в 1924 в США. В 1927 опубликовала сб. стихов «Подснежники», затем сб.: «У чужих берегов» и «Запечатленные мгновения». Автор романа «Право на жизнь». Поэзию **Н.-Ф.** высоко ценили артист МХТ И.М. Москвин, композиторы *С.В. Рахманинов*, *А.Т. Гречанинов*, певец *Ф.И. Шаляпин* и др.

С о ч. Запечатлённые мгновения. Сб. стихов. Нью-Йорк, 1952.

И с т. АМРЦ. *Морозова О.А.* Биографич. сборник — черновая рукопись: M-73 (MS 268). С. 6.7.

Л и т. *Serisev In.*, rev. Album of Great Outstanding and Eminent Personalities of Russia. Part II. Sydney, 1946. P. 29.

НЕМЕШАЕВ Николай Алексеевич (1896 – 6 марта 1974, Сан-Франциско) — участник Белого движения на Юге России, капитан. Оконч. коммерч. и Константиновское арт. уч-ще (дек. 1915). Вышел прапорщиком с назначением по конной арт. в запасной конно-арт. дивизион в Орле. С авг. 1916 — в 18-й конной батарее 2-й кав. дивизии. Участник Первой мировой войны. Поручик (май 1917). За отличия в боях награждён орденами: св. Станислава III ст. с мечами и бантом, св. Анны IV ст. с надписью «За храбрость». После Октябрьского переворота 1917 — на Юге России. В мае 1918 вступил в арт. батарею 3-й пехотной (Дроздовской) дивизии Добровольч. армии. В июле 1918 ранен. С дек. 1918 — в 4-й конно-арт. батарее. Штабс-капитан (янв. 1919), капитан (июль 1920). Эвакуировался из Крыма в нояб. 1920 в составе Рус. армии. В 1920–21 — в Галлиполи.

С 1921 — в эмиграции в Кор. СХС, в составе группы конной арт. служил в пограничной страже. Оконч. Белградский ун-т (1930). Работал нач-м чертёжного отдела в Ливане (1930–48), чертёжником в Иракской нефтяной компании (1948–58). Состоял в рус. воинских орг-циях в Ливане и Сирии. После переезда в США — член Об-ва рус. ветеранов Великой войны. Вдовец. *Родственники*: сын Вадим.

И с т. АОРВВВ. Капитан Николай Алексеевич Немешаев // 1974. Март. Альбом VI, 22-В.

НЕМЧИНОВА Вера Николаевна (14 авг. 1899, Москва – 22 июля 1984, Нью-Йорк) — балерина, хореограф. Оконч. частную балетную школу *Л.Я. Нелидовой*, рекомендовавшей **Н.** в 1915 С. П. Дягилеву. Выехала за границу. Выступала у Дягилева в «Русских балетах» (до 1926), в «Балете

Монте-Карло» и у Б. Нижинской. Лучшими ролями Н. стали роли царицы лебедей в «Лебедином озере» и Девушки в голубом в балете «Лани» (Les Biches). Вместе с первым мужем Н. Зверевым основала «Русский балет Веры Немчиновой» (1927). В 1931–35 выступала в Каунасе (Литва). В 1940 со вторым мужем *А.Н. Обуховым* переехала в США. Поселилась в Нью-Йорке, где с 1947 преподавала в балетной школе. В 1962 открыла в Нью-Йорке собственную школу классич. балета.

И с т. Немчинова Вера Николаевна // Незабытые могилы / Сост. В.Н. Чуваков. Т. V. С. 79.

Л и т. *Москвин Л.* Вера Немчинова // НРС. 1984. 26 июля; *Седых А.* Скончалась Вера Немчинова // Там же. 1984. 28 июля; Скончалась Вера Немчинова // Там же. 1984. 25 июля.

НЕПОМНЯЩИЙ Виктор Николаевич (род. 17 июня 1929) — инженер-строитель. Оконч. в 1959 в Сиднее (Австралия) Высшую школу гражданского строительства (School of Civil Engineering). В США жил в Энглвуде (шт. Нью-Джерси). Действительный член Об-ва рус. инж. в США.

И с т. АОРИ. Вопросник.

НЕРЯНИН Андрей Георгиевич [псевд. после 1945 **Алдан** Михаил Андреевич] (4 окт. 1904, Юрюзанский завод, Челябинский уезд Оренбургской губ. – 10 янв. 1957, Вашингтон) — участник Власовского движения, полковник. Род. в семье рабочего. В нояб. 1919 добровольцем вступил на службу в РККА, служил в Сибири. Оконч. церковно-приходскую школу (1913), Томскую пехотную школу (1925), по I категории — Военную академию им. М.В. Фрунзе (1934) и Академию Ген. штаба (1939). Участник боевых действий на границе с Китаем (1929). В РККА служил на разных должностях от командира пулемётного взвода (1925) до командира 154-го стрелкового полка 52-й стрелковой дивизии (1937). Имел блестящие аттестации. Член ВКП(б) в 1925–41. В 1941 — нач-к оперативного отдела и зам. нач-ка штаба 22-й армии Зап. фронта, полковник. В нем. плену с нояб. 1941 (по др. дан. с янв. 1942). Разочаровавшись в сов. действительности, в 1942 решил принять участие в антисталинском движении. Оконч. курсы пропагандистов в Вульгайде под Берлином (1942), затем работал в отделе антикоммунистич. пропаганды «Винета». С окт. 1944 — нач-к оперативного отдела центрального штаба власовской армии (ВС КОНР). 9 мая 1945 в составе штаба и частей армии перешёл в амер. зону оккупации в Юж. Чехии. Летом – осенью 1945 — в амер. плену, был рус. нач-м лагеря военнопленных № 115 и зам. командующего кадрами ВС КОНР ген. М.А. Меандрова. Бежал по канализационной трубе из лагеря № 22 в Регенсбурге накануне принудительной выдачи. В 1946–53 — в Зап. Германии, жил и занимался политич. деятельностью в Мюнхене. На предложения вернуться в СССР при условии амнистии ответил отказом. С нояб. 1948 — председатель СВОД, воинской орг-ции быв. власовцев. Член Рук. Совета СБОНР (1949–57), один из инициаторов создания «Архива РОА». В 1953 приглашён министерством обороны США на преподавательскую деятельность в Пентагон. Читал лекции офицерами армии США о Сов. армии. Автор мемуаров. *Родственники*: жена Евгения Васильевна (ум. в СССР после 1980); дочь (проживает в РФ).

Похоронен в Вашингтоне.

С о ч. Армия обречённых. Нью-Йорк, 1969.

Л и т. *Александров К.М.* С. 217–218; *Власовец*. Полковник А.Г. Алдан // Часовой (Брюссель). 1957. Март. № 374. С. 21.

НЕСТОР [в миру бар. Николай **ЗАККИС**] (20 дек. 1825, Архангельск – 30 июня 1882) — епископ Алеутский и Аляскинский ПЦА. Род. в дворянской семье. Служил офицером в Рус. Императорском военно-мор. флоте. Занимался дух. самообразованием. Посвятил себя служению православной Церкви, приняв монашеский постриг. Рукоположен во иеромонахи. Впервые посетил в США в качестве корабельного священника-иеромонаха на борту рус. фрегата во время Гражданской войны 1861–65, когда союзные рус. военные эскадры стояли на рейдах Нью-Йорка и Сан-Франциско.

Вторично приехал в США в 1870 и занял кафедру в Сан-Франциско, после продажи Аляски США (1867) и отъезда в Россию епископа *Иоанна* (*Миропольского*). Свободно владел англ., франц. и нем. языками, что делало возможным его общение с американцами и иммигрантами из Европы. Большую часть времени проводил на Аляске, выступая в защиту прав и интересов православной церкви. Посещал отдалённые посёлки с православным населением. В 1882 вторично отправился на Аляску, посвятив визит эскимосам, жившим в долине р. Юкон. Н. начал работы по перев. Священного писания на эскимосский язык. В этом отношении епископ следовал по стопам св. Иннокентия, апостола Аляски. Вёл обширную переписку по церковным делам со многими выдающимися современниками, включая президента Ратерфорда Б. Хайеса, митрополита Исидора Новгородского. Поддерживал контакты с Смитсониевским ин-том. Погиб в Беринговом море при возвращении с Аляски в Сан-Франциско.

Л и т. Bishop Nestor (1870–1882) // Orthodox America. Tarasar Consatnce (gen. ed.). 1975. P. 29; *Frawley J.*, rev. The Orthodox Church. 1993. Sept./Oct. P. 12; The Right Reverend Nestor. Bishop of the Aleutians and Alaska, 1870–1882. Correspondence, reports, diary // AARDM Press Minneapolis. Minnesota, 1993. (Soldatow G., translator and editor). Vol. I–II.

НЕФЕДЬЕВ Константин Павлович (12 марта 1884, Санкт-Петербург – 24 нояб. 1981, Сент-Питерсберг, шт. Флорида) — участник Белого движения на Юге России, войсковой старшина. Род. в офиц. семье, казак стан. Убежинской Обл. Войска Кубанского. Оконч. Александровское [по др. дан. Екатеринодарское] реальное и Одесское военное (1914) уч-ща.

Участник Первой мировой войны. Службу начал хорунжим в 18-м Кубанском пластунском батальоне, в составе которого участвовал в боевых действиях на Кавказском фронте. После Октябрьского переворота 1917 — на Кубани. В марте 1918 — в 5-й полевой батарее Кубанской армии. Участник 1-го Кубанского («Ледяного») и 2-го Кубанских походов 1918. В 1918–19 — командир 1-го Кавказского полка 1-й конной (с нояб. 1918 — 3-й Кубанской каз.) дивизии. Ранен под Царицыном (1919), по излечении — комендант Атаманского дворца в Новочеркасске. В Рус. армии: командир сотни при комендантском управлении штаба ген. П.Н. Врангеля, войсковой старшина (на 1920). Эвакуировался из

Крыма в нояб. 1920 в составе Рус. армии. После 1920 — в эмиграции в Кор. СХС. Занимался печатным делом. Слушал лекции на философском ф-те Белградского ун-та. В 1941–45 — в Рус. Корпусе. До дек. 1943 — в 1-м полку. На 1 мая 1942 — командир 2-го взвода 10-й сотни 3-й дружины. С 15 дек. 1943 — командир 2-й роты 4-го полка. После 1945 — в Австрии и в Зап. Германии. В США с 1949. Жил в Филадельфии, работал линотипистом. Участвовал в жизни рус. воинских орг-ций, состоял в СчРК. *Родственники*: жена Татьяна Матвеевна; дочь (в браке Трубицына) Елена (ок. 1926 – 24 июля 1980, Сент-Питерсберг); внучка. Автор воспоминаний.

С о ч. Два первопоходника // Первопоходник (Лос-Анджелес). № 13.

И с т. ЛАА. Справка *К.М. Александрова* на войскового старшину К.П. Нефедьева; Нефедьев Константин Павлович // Незабытые могилы / Сост. В.Н. Чуваков. Т. V. С. 93.

Л и т. Верные долгу 1941–1961. С. 44; *Волков С. В.* Первые добровольцы… С. 221; Каз. словарь-справочник / Сост. Г.В. Губарев. Ред.-изд. А.И. Скрылов. Т. II. Сан-Ансельмо, 1968. С. 209; РК 1963. С. 115–116.

НЕХОРОШЕВ Владимир Иванович (13 нояб. 1885, Оренбург – 2 дек. 1963, Сан-Франциско) — участник Белой борьбы под Андреевским флагом на Юге и Востоке России, лейтенант инженер-механик. Оконч. Санкт-Петербургский политехнич. ин-т (1915) по механич. отделению. В дек. 1915 зачислен в гардемарины Балтийского флотского экипажа для прохождения курса строевого обучения. В янв. 1916 командирован в Морское императора Николая I инж. уч-ще. Корабельный гардемарин-механик, мичман (дек. 1916). Участник Первой мировой войны. Служил в Черноморском флоте на линейных кораблях «Иоанн Златоуст», «Императрица Мария» и «Император Александр III» — командиром 2-й роты (на янв. 1917). Затем служил на крейсере «Прут». Награждён Георгиевской медалью 4-й ст. за доблесть, проявленную при спасении матросов после взрыва линкора «Императрица Мария» 7 окт. 1916. После Октябрьского переворота 1917 — на Юге России. С янв. 1919 — прикомандирован к штабу нач-ка охраны Севастопольских рейдов. С февр. — в Каспийской военной флотилии. Служил на военных кораблях. Инженер-механик-лейтенант (март 1920). В период с 5 мая 1920 по авг. 1921 — интернирован англичанами в Месопотамии. С сент. 1921 — в Сибирской флотилии. Служил на корабле «Илья Муромец», вахтенный нач-к-механик (на 1922). В марте 1923 списался на Филиппинские о-ва.

В эмиграции в США, был рабочим. Член Об-ва рус. ветеранов Великой войны в Сан-Франциско.

Похоронен на Серб. кладбище в Сан-Франциско.

И с т. АОРВВВ. Лейтенант, инженер-механик Владимир Иванович Нехорошев // 1963. Дек. Альбом II; Нехорошев Владимир Иванович // Незабытые могилы / Сост. В.Н. Чуваков. Т. V. С. 94.

Л и т. Мартиролог рус. военно-мор. эм. С. 99.

НЕЦВЕТОВ [Jacob **Netsvetov**] о. Яков (? – 26 июля 1864, Ново-Архангельск, Ситка) — просветитель народов Аляски — алеутов, юпьиков и атабасков. Причислен в 1994 Священным Синодом ПЦА к лику святых, последователь *св. Иннокентия*, апостола Америки. Род. на о-ве Атка в цепи Алеутских о-вов. Мать Н. — алеутка Мария Алексеева, отец — рус. из Тобольска Игорь Нецветов. Оконч. школу, Иркутскую дух. семинарию. Затем по вступлении в брак рукоположен во иереи (4 марта 1828). С 1820 — первый священник на родном о-ве. В 1820–35 окормлял приход, терр. которого растянулась вдоль многоч. Алеутских о-ов на 2 тыс. миль. Продолжал дело, начатое св. Иннокентием, занимаясь переводом Священного Писания с церковно-славянск. яз. на алеутский. В 1836 овдовел и подал прошение об уходе в монастырь в Иркутске. Просьба Н. была отклонена, так как его некем было заменить. С 1844 рук. миссионерской работой среди жителей в дельтах р. Кускоквим и Юкон. Суровые климатич. условия отрицательно отразились на здоровье Н., особенно на зрении. Несмотря на это обстоятельство, усердно продолжал просветительское дело. Изучал новые яз., в частности, алеутско-юнанганское наречие. Основал школу, в которой дети обучались рус. и алеутско-юнанганскому яз. Свои труды Н. описал в дневниках. Помимо просветительской и пастырской деятельности, занимался собиранием коллекции рыб и морских животных для столич. музеев. С 1863 — на покое по состоянию здоровья. За свою пастырскую деятельность Н. привёл в лоно православия несколько тыс. туземцев, способствовал созданию для них собственной письменности и двуязыч. школ. Благодаря деятельности Н. туземцы имеют возможность для возрождения своего племенного самосознания и достоинства, так как продажа Аляски США сопровождалась запретом на употребление учениками и учителями в двуязыч. школах алеутского и др. местных языков, что ставило их под угрозу полного исчезновения.

Л и т. Editorial. Celebration continues as Father Jacob Metsvetov is glorified // The Orthodox Church. 1994. Oct./Nov. P. 11; Editorial. Proclamatiom of the Holy Synod of the Orthodox Church in America on the Glorification of the Holy and Righteous Archpriest Jacopb Netsvetov // The Orthodox Church. 1998. Oct./Nov. P. 1, 11.

НЕЧАЕВ Вячеслав Яковлевич (1905, Ивано-Вознесенск Московской губ. – 1960, Си Клифф, шт. Нью-Йорк) — инженер, поэт. Род. в семье полковника Рус. Императорской армии. По проф. инж. Эвакуировался из Ялты в 1944 на Запад. В 1945 – 50 — в Зап. Германии. В США с 1950. Поселился в Нью-Йорке, где работал на фабриках, затем — чертёжник. В 1947 под псевд. «ВЯН» выпустил рукописный сб. стихов «Моя муза», украшенный рисунками и заставками.

Л и т. Стихи поэтов второй эмиграции. Под ред. *Вал. Синкевич*. Филадельфия, 1992. С. 272.

НЕЧАЕВ Юрий Вячеславович (род. 23 окт. 1929) — инженер-строитель. В 1962 оконч. Городской колледж Нью-Йорка (N.Y. City College). Жил в Си-Клиффе на Лонг-Айленде (шт. Нью-Йорк). Действительный член Об-ва рус. инж. в США.

И с т. АОРИ. Вопросник.

НЕЧВОЛОДОВ Вадим Платонович (1 окт. 1884, Санкт-Петербург – 13 февр. 1977, Сент-Луис, шт. Миссури) — инженер. Сын ген.-лейт. П.П. Нечволодова (? – 1936) — зав. арт. управлением Рус. армии. Оконч. электротехнич. отделение политехнич. императора Петра I ин-та (1908) с дипломом инж.-электрика. Инж.-механик на Петроградском орудийном заводе (1908–16). В 1916 командирован в США в качестве арт. приёмщика. По оконч. службы в Арт. комиссии решил остаться с семьей в США. В июле 1921 поступил на службу на сталелитейный завод Commonwealth Steel Co. (позднее — General Steel Casting Corp. и General Steel Industries, Inc.) в Сент-Луисе, где прослужил 30 лет. Производил расчёты на прочность отливок паровозных рам и товарных вагонов. Разработал методы расчётов балок с переменным сечением с разными типами нагрузки. Проводил расчёты и испытания экстенсометрами напряжений и деформаций разных стальных отливок для подвижного состава амер. железных дорог. В 1952–63 служил в Universal Match Co., Armament Division, работавшей над военными заказами морского ведомства США. *Родственники*: жена Бланш-Анна-Амелия (урожд. Флорэн), в честь которой в Сент-Луисе назван отдел Об-ва помощи рус. детям за рубежом. Состоял членом Рус. клуба в Сент-Луисе.

И с т. АОРИ. *Нечволодов В.П.* Автобиография (1973), 2 с.; Нечволодов Вадим Платонович // Незабытые могилы / Сост. В.Н. Чуваков. Т. V. С. 97.

Л и т. Вадим Платонович Нечволодов // Новик (Нью-Йорк). 1947. Отдел II. С. 43.

НИЖАЛЬСКИЙ [псевдоним] Николай Евдокимович — см. **ЕФРЕМОВ** Николай Евдокимович

НИЖИНСКАЯ [Nijinsky Kyra] Кира Вацлавовна (1914, Вена – 1 сент. 1998, Сан-Франциско) — балерина. Род. в семье известного рус. танцовщика и хореографа Вацлава Федотовича Нижинского (1889–1950). Училась балетному искусству в Швейцарии у своей тётки, хореографа Б.Ф. Нижинской. Периодически училась в балетных школах. С 30-х гг. выступала в Лондоне. В 1936 вышла замуж за дирижёра Игоря Маркевича. Во время Второй мировой войны жила в Италии и была на короткое время арестована нацистами. В США с 1954. Поселилась в Сан-Франциско, где занималась живописью и писала стихи на духовные темы. *Родственники*: сын Вацлав Нижинский-Маркевич; четверо внуков; тётка Бронислава Фоминична (27 дек. 1890, Минск – 21 февр. 1972, Лос-Анджелес) — хореограф; оконч. Императорскую школу балета в Санкт-Петербурге, танцевала в труппе Мариинского театра (1908–11), затем в балете С.П. Дягилева в Париже; в эмиграции в США, до 1952 — одна из ведущих хореографов Амер. балета.

И с т. Нижинская Бронислава Фоминична // Незабытые могилы / Сост. В.Н. Чуваков. Т. V. С. 100.

Л и т. *Anderson. J.* Kyra Nijinsky, 84, Daughter of a Dancer and one Herself // The New York Times. 1998. Nov. 14.

НИЗОВЦЕВ Арсений Михайлович (5 сент. [по др. дан. 5 окт.] 1895 – 23 дек. 1959) — участник Белого движения на Юге России, подполковник. Получил среднее образование. Оконч. Иркутское военное уч-ще (1916) и в чине прапорщика вышел в Сибирский запасной стрелковый полк. В составе 1-й маршевой роты убыл на пополнение 4-го Морского полка Отдельной Балтийской морской дивизии. Участник Первой мировой войны. В чине подпоручика командовал 4-й ротой, был ранен и награждён за отличия орденом св. Анны IV ст. В янв. 1918 на Рум. фронте добровольцем вступил в 1-ю нац. бригаду рус. добровольцев Ген. штаба полк. М.Г. Дроздовского. Участник похода Яссы – Дон 1918. Далее — в составе 2-го офиц. стрелкового (с 1919 — ген. Дроздовского) полка. Дважды ранен. Капитан (30 сент. 1919). Подполковник за отличия (авг. 1920). Эвакуировался из Крыма в составе Рус. армии в нояб. 1920. В 1920–21 — в Галлиполи. С 1921 — в эмиграции в Рущуке (Болгария), состоял в кадрах Дроздовского полка (1925). Член правления Об-ва Галлиполийцев, нач-к отдела Союза Первопоходников в Рущуке. После 1941 — в Рус. Корпусе. Служил командиром взвода и роты в 4-м и 5-м полках. Ранен в бою 21 февр. 1945. После мая 1945 — в Австрии.

В США с 1949 (1950?). Участвовал в жизни рус. воинских орг-ций. Состоял членом правления Об-ва Рус. ветеранов Великой войны в Сан-Франциско, нач-м Объединения чинов Дроздовской стрелковой дивизии, членом СчРК, председателем правления отдела Об-ва Галлиполийцев.

Похоронен на Серб. кладбище в Сан-Франциско.

И с т. АОРВВВ. Подполковник Арсений Михайлович Низовцев // 1959. Дек. Альбом II; Низовцев Арсений Михайлович // Незабытые могилы / Сост. В.Н. Чуваков. Т. V. С. 101.

Л и т. *Волков С. В.* Первые добровольцы... С. 221; РК 1963. С. 285.

НИКИТИН [лит. псевд. **Фокагитов**] Димитрий Владимирович (16 июля 1869, Санкт-Петербург – 8 авг. 1962, Сиэтл) — контр-адмирал, морской писатель. Оконч. Морской корпус, мичман (1891). Участвовал в рус. интервенции в яп.-кит. войне (1895), в занятии Порт-Артура (1898), в подавлении боксёрского восстания (1900), в рус.-яп. войне 1904–05, Первой мировой войне и Белом движении на Востоке России. Командовал миноносцами, учебно-минным отрядом. С 1920 — в эмиграции в Японии, жил в Иокагаме, где преподавал рус. яз. Из Японии переехал в США, жил в Сиэтле, а затем в Сан-Франциско. Лит.-публицистич. творч. **Н.** началось в 1900. Статьи **Н.** на военно-мор. темы появлялись в журнале «Часовой» (Париж – Брюссель). Постоянный автор газ. «Русская жизнь» (Сан-Франциско). Был церковным деятелем. Рус. общественность и ветераны отметили в 1961 92-летие со дня рождения **Н.**, 70-летие производства в мичманский чин и 63-летие публицистич. деятельности. Автор воспоминаний, публиковавшихся на страницах «Морских записок» (Нью-Йорк, 1943 [т. I] и 1961 [т. XIX]).

С о ч. В отлива час. Сан-Франциско, б. г.; На берегу и в море. Сан-Франциско, б. г.

И с т. Никитин Димитрий Владимирович // Незабытые могилы / Сост. В.Н. Чуваков. Т. V. С. 106.

Л и т. Контр-адм. Д.В. Никитин (Фокагитов) // Часовой (Брюссель). 1961. Нояб. № 426. С. 22; Мартиролог рус. военно-мор. эм. С. 100; *Хисамутдинов А.* Прославляя морскую историю: Д.В. Никитин-Фокагитов // РЖ. 2002. 2 февр. С. 4, 9.

НИКИФОРОВ Илья Николаевич (1 мая 1915 – ?) — инженер-механик. После Октябрьского переворота 1917 — с семьёй в эмиграции в Кор. СХС. В 1939 г. оконч. механич. отделение технич. ф-та Белградского ун-та (1939). В США после 1945. Жил в Ньюарке (шт. Нью-Джерси). Состоял действительным членом Об-ва рус. инж. в США (на 1951).

И с т. АОРИ. Анкета.

НИКОЛАДЗЕ Лев Галактионович (23 янв. 1918, близ Иркутска – 6 июля 1990, Кайлуа, Гонолулу, шт. Гавайи) — инженер-электрик. После 1918 семья **Н.** эмигрировала в Маньчжурию и поселилась в Харбине. Оконч. Харбинскую гимназию (1934) Христианского союза молодых людей (YMCA), Харбинский политехнич. ин-т (1938) с дипломом инж.-электрика. В США успешно работал в газовой компании. После вступления США во Вторую мировую войну (дек. 1941) перешёл на работу по строительству морских судов, затем сдал экзамен на морского инж. Служил в Морском ведомстве. Совершил несколько трудных и опасных плаваний по доставке буксирных судов через Тихий океан. После 1945 работал в области автоматич. сварки нефтетрубопроводов. В 1947–49 строил насосные установки, установки по переработке нефти и электрич. распределительные системы в Саудовской Аравии.

В 1949 заведовал в Аравии строительством системы подстанций, связывающих линии высокого напряжения. Шесть лет работал на Гавайях на строительстве дизельных электрич. станций для морского флота США. В 1957–58 — на строительстве амер. баз в Испании. После истеч. срока контракта в Испании переселился с супругой на Гавайи, где продолжал работать в нескольких фирмах. В отставке (с 1985) занимался консультированием. Изобрёл и получил патент на электрич. генератор, способный подавать постоянное напряжение под полной нагрузкой, независимо от синхронной скорости до двойной синхронной скорости, с использованием меняющейся энергии ветра или воды. Своей работой и изобретениями способствовал развитию промышленности США. Вдовец. *Родственники*: жена (урожд. Мортенсен) Мэри (? – февр. 1987); брат.

Похоронен рядом с женой на кладбище всех вероисповеданий в Гонолулу.

И с т. Николадзе Лев Галактионович // Незабытые могилы / Сост. В.Н. Чуваков. Т. V. С. 113.

Л и т. *Друг.* Л.Г. Николадзе // РЖ. 1990. 16 авг.

НИКОЛАЕВ Александр Михайлович (16 авг. 1876, Варшава – 1967) — Ген. штаба полковник. Оконч. Елисаветградское кав. уч-ще (1897) и в чине корнета вышел в 5-й улан. Литовский Его Величества короля Виктора Эммануила III полк 5-й кав. дивизии, стоявший в Симбирске. Оконч. Офиц. кав. школу, Николаевскую Академию Ген. штаба (1903). Полковник (1912). Рос. военный агент в Пекине, Лондоне, с 1916 — в Вашингтоне. После Октябрьского переворота 1917 вышел в отставку и остался жить в США. Работал в амер. банке, затем 20 лет — в отделе каталога Нью-Йоркской Публич. библиотеки. Писал книжные рецензии газ. «New York Times». Автор книг по яп. армии и военной тактике. Гражданин США (1933). Перевёл и издал на англ. яз. книгу ген. Н.Н. Головина «Русская армия в мировой войне». Во время Второй мировой войны служил в органах амер. военной цензуры. *Родственники*: жена Мэри (урожд. Ней).

И с т. Николаев Александр Михайлович // Незабытые могилы / Сост. В.Н. Чуваков. Т. V. С. 113.

Л и т. *Волков С. В.* Офицеры армейской кавалерии. С. 376; Сконч. А.М. Николаев // НРС. 1967. 8 апр.

НИКОЛАЕВ Борис Александрович (? – 21 марта 1968, Моррастаун, шт. Теннесси) — участник Белого движения на Юге России, капитан. Оконч. Константиновское арт. уч-ще (1910). Курсовой офицер уч-ща. Участник Первой мировой войны. После Октябрьского переворота 1917 — в белых войсках на Юге России. В эмиграции (с 1920) собирал мат-лы о Рус. Императорской армии и родном уч-ще. Жил в Париже, в Юж. Америке и США. Сотрудник журнала «Военная Быль» (Париж), член Общекад. объединения во Франции. Собранный материал Н. передал на хранение в Общевойсковой музей при об-ве «Родина» под Лейквудом (шт. Нью-Джерси). Впоследствии экспонаты музея были переданы музею Вооружённых Сил РФ в Москву, где Белым армиям посвящён отдельный зал.

И с т. Николаев Борис Александрович // Незабытые могилы / Сост. В.Н. Чуваков. Т. V. С. 115.

Л и т. *Константиновец-артиллерист.* Незабытые могилы // Часовой (Брюссель). 1968. Май. № 503. С. 22.

НИКОЛАЕВ Димитрий Димитриевич (2 авг. 1891, стан. Дуроевская Обл. Забайкальского каз. войска – 1 июня 1964, Санта-Роза, шт. Калифорния) — участник Белого движения на Востоке России, войсковой старшина. Оконч. Хабаровский гр. Муравьёва-Амурского кад. корпус, Николаевское кав. уч-ще (1 дек. 1914) и вышел хорунжим в 1-й Верхнеудинский каз. полк 1-й Забайкальской каз. бригады. Участник Первой мировой войны, служил в Забайкальской каз. батарее. Сотник (1916). После демобилизации (зима 1917–18) — в белых войсках Восточ. фронта. С февр. 1918 — в Особом Маньчжурском отряде есаула Г.М. Семёнова. Был ранен. Сменный офицер Читинского военного уч-ща (на 1920). Награждён 6 орденами, включая орден св. Владимира IV ст. с мечами и бантом.

После 1922 — в эмиграции в США, жил в Калифорнии. Член Об-ва рус. ветеранов Великой войны. Похоронен на Серб. кладбище в Сан-Франциско.

И с т. АОРВВВ. Войсковой старшина Димитрий Димитриевич Николаев // 1964. Июнь. Альбом II; Николаев Димитрий Димитриевич // Незабытые могилы / Сост. В.Н. Чуваков. Т. V. С. 116.

НИКОЛАЕВ Константин Николаевич (1884–1965, Нью-Йорк) — юрист, общественный деятель. Присяжный поверенный. В трудных условиях боролся за существование Православной Церкви в Польше, когда польское правительство в 20-30-е гг. закрывало православные храмы и в Варшаве был взорван рус. православный собор. Автор книги о восточ. обряде, ставшей важным аргументом в защите православия от униатства. За свою деятельность выслан из Польши и нашёл убежище в Югославии, где продолжал борьбу в защиту православия. После 1945 — в США. Постоянный сотрудник ряда рус. зарубежных антикоммунистич. изданий, прекрасный оратор. В своих выступлениях перед рус. аудиторией Н. высоко оценивал состояние рус. интеллигенции, равной которой он не видел в др. странах.

И с т. Материалы БАКУ (BAR).

Л и т. *Константин*, архимандрит. Памяти К.Н. Николаева // ПР. 1965. № 13. С. 12.

НИКОЛАЕВ Николай Николаевич (2 дек. 1872, Москва – 31 июля 1957, Кэссвил, шт. Нью-Джерси) — участник Белого движения на Юге России, присяжный поверенный, общественно-политич. деятель. Оконч. Кубанскую войсковую классич. гимназию в Екатеринодаре. Учился на мед. ф-те Московского ун-та, но через год перевёлся на юридич. ф-т Санкт-Петербургского ун-та. По оконч. (1896) служил по судебному ведомству, 20 лет был присяжным поверенным. Депутат IV Гос. Думы (1912–17) от Черноморской губ., каз. населения Кубани и Терека. Во время Первой мировой войны — зав. госпиталями Кавказского фронта. После Октябрьского переворота 1917 — на Юге России. Участник 1-го Кубанского («Ледяного») похода 1918 добровольцем в пулемётной команде 1-го Кубанского стрелкового полка. Член Кубанской Рады (1919). В 1920 с детьми эвакуировался из Новороссийска. С 1920 — в эмиграции в Бизерте и Константинополе. С 1922 (1923?) — в США. Зарабатывал на жизнь физич. трудом. Затем открыл в Нью-Йорке школу рус. яз. и лит. Участвовал в общественной работе, в предвыборных кампаниях Демократич. партии. Был корр. рус. газ., состоял в Союзе Рус. присяжных поверенных, председателем которого избирался многие годы. С 1923 член Рус. православного об-ва взаимопомощи, затем — главный секретарь. Автор устава РООВА, зарегистрированного в столице Олбани (шт. Нью-Йорк) и принятому в окт. 1926 на Филадельфийском съезде. Состоял членом I отдела РООВА, председателем Ревизионной комиссии фермы РООВА в Кэссвилле и членом Комитета по постройке Дома им. А.С. Пушкина для престарелых близ памятника поэту, установленному в 1941. *Родственники*: дети Борис и Вадим.

Похоронен 2 авг. 1957 в Кэссвиле на Свято-Владимирском кладбище.

И с т. АА. Письмо от 10 нояб. 1999 *С. Рагозина*; Николаев Николай Николаевич // Незабытые могилы / Сост. В.Н. Чуваков. Т. V. С. 118.

Л и т. *Волков С. В.* Первые добровольцы... С. 222; *К.Н.Н.* Присяжный поверенный Н.Н. Николаев // Часовой (Брюссель). 1957. Окт. № 380. С. 20; Н.Н. Николаев // Russian Herald. 1947. Янв. – февр. № 153-154. С. 84; *Плешко Н.Д.* Генеалогич. хроника // Новик (Нью-Йорк). 1958. Отд. III. С. 5.

НИКОЛАЕВ [Peter N. **Nicolaeff**] Пётр М. — ветеран армии США. Сержант, служил в 1942– 45.

И с т. *Pantuhoff Oleg* (Bates John L.) — 1976.

НИКОЛАЕВА [урожд. **Тарасевич**] Татьяна Петровна (1924, Бежице Брянской губ. – 1993, Сан-Франциско) — пианистка. Род. в семье скрипача и виолончелиста. Оконч. Московскую консерваторию (1947). Успешно участвовала в международных конкурсах. Переселилась в США, где выпускала пластинки с записью своих концертов.

Л и т. *Вронская Дж., Чугунов В.* Кто есть кто в России бывшем СССР. Б.м., 1994.

НИКОЛАЕВСКИЙ [псевд. Борис **Андреев**, Г. **Голосов** и др.] Борис Иванович (8 окт. 1887, Белебей Уфимской губ. – 21/22 февр. 1966, Маунтейн близ Пало-Альто, шт. Калифорния) — участник рос. социал-демократич. движения, историк, общественно-политич. деятель. Род. в семье священника. Учился в самарской и уфимской гимназиях (неоконч.). С 1901 участвовал в социал-демократич. движении: в 1903–06 — большевик, затем меньшевик. До 1917 арестовывался 8 раз. Вёл политич. деятельность в Уфе, Самаре, Омске, Санкт-Петербурге и т.д. С 1912 публиковался на страницах меньшевистской печати, секретарь ред. газ. «Луч» (Пг., 1914). На 1-м съезде Советов (июнь 1917) избран членом ВЦИК. К захвату власти большевиками отнёсся отрицательно. В 1918–19 — представитель ЦК РСДРП(м) в Поволжье и Сибири, призывал к совместной борьбе с большевиками против Сибирской армии адм. А.В. Колчака. Член ЦК РСДРП(м) с 1920. Протестовал против большевистской диктатуры, в 1921–22 — под арестом в Бутырской тюрьме. В февр. 1922 освобождён и выслан за границу. В эмиграции в Берлине (1922–33), Париже (1933–40). Ред. журнал «Социалистический вестник», на страницах которого опубликовал 170 статей (1922–65). Собирал архив К. Маркса, постоянный автор рус. зарубежных периодич. изданий. В СССР до 1931 публиковался в журнале «Каторга и ссылка». После осуждения коллективизации лишён сов. гражданства (1932). Разоблачал сталинские суд. «процессы» 1936–38. В США с 1940, где продолжал заниматься историей рос. революционного движения. Публиковался в «Новом журнале», «Народной правде» (Нью-Йорк), газ. «Русская мысль» (Париж), «Новое русское слово» (Нью-Йорк), журналах «Возрождение» (Париж), «Вестник Института по изучению истории и культуры», «Голос минувшего на чужой стороне» и др. **Н.** оказывал помощь (1947–50) бывшим власовцам и участникам Освободительного движения в их переезде из Зап. Европы в США и Австралию, первым опубликовал историч. материалы о Власовском движении (1948). Один из основателей леводемократич. Лиги борьбы за народную свободу (1949). Лит. наследие **Н.** насчитывает более 500 книг, статей и док. публикаций, изданных на 10 яз. Историк ред. архивные материалы Ю.О. Мартова (1924), Г.В. Плеханова (1925). Автор книги о двойном агенте Е. Азефе (1926), [«История предателя»; на англ. яз, 1932)], биографии К. Маркса (1936), А.Н. Потресова (1937). Особую известность получила статья **Н.** «Как подготавливался московский процесс. Из письма старого большевика» (Социалистич. вестник. 1936. Дек. – 1937. Янв.), основанная на беседах с Н.И. Бухариным, погибшим во время сталинских «чисток» в 1938. Совместно с *Д.Ю. Далиным* опубликовал работу о принудительном труде в СССР (1947) и сб. «Власть и советская элита» (1965). После 1945 принимал участие в исследованиях по истории меньшевизма, проводившихся при Колумбийском ун-те. Создатель уникальной коллекции архивно-историч. мат-в (более 250 фондов), проданной в 1963 Гуверовскому ин-ту войны, революции и мира при Стэнфордском ун-те в Пало-Альто (шт. Калифорния). В 1963–66 занимался описанием и хранением коллекции. *Родственники*: жена *А.М. Бугрина* (1899–1982). Похоронен в Маунтейн близ Стэнфордского ун-та.

С о ч. История одного предателя. Террористы и политич. полиция. Берлин, 1932 и М., 1991; Пораженчество 1941–1945 годов и ген. А.А. Власов // НЖ. 1948. Кн. XVIII; Меньшевики в дни Октябрьского переворота. Нью-Йорк, 1962.

И с т. ЛАА. Справка *К.М. Александрова*; Николаевский Борис Иванович // Незабытые могилы / Сост. В.Н. Чуваков. Т. V. С. 121–122.

Л и т. *Вильданова Р.И., Кудрявцев В.Б., Лаппо-Данилевский К.Ю.* Краткий биографич. словарь рус. зарубежья // *Струве Г.* С. 342; *Розенталь И.* Николаевский Борис Иванович // РЗ. Золотая кн. эм. С. 458–459; *Raymond B., Jones D.* Nikolaevskii Boris // The Russian Diaspora. 1917–1941. Maryland and London, 2000. P. 158–159.

НИКОЛАЕВСКИЙ Лев Львович (6 февр. 1892, Харьковская (Полтавская?) губ. – 20 июня 1974, Сан-Матео, шт. Калифорния) — участник Белого движения на Востоке России, военный лётчик, подполковник. Оконч. Киевское военное уч-ще (1916). Участник Первой мировой войны. В 1916–18 — в 6-м полку Рус. экспедиционного корпуса во Франции. После 1918 — в Иностранном легионе, лейтенант. Кавалер ордена Почётного легиона. В 1919–22 — в белых войсках Восточ. фронта, нач-к авиации штаба округа во Владивостоке (1919). Награждён орденом св. Анны IV ст. с надписью «За храбрость». С 1922 в эмиграции в Китае, с 1923 — в США, где поселился в Сан-Франциско. Подполковник армии США. Вместе с женой основал Благотворительный фонд им. В.И. и М.П. Аничковых (1947), выдававший ссуды рус. беженцам на переезд из Европы и Азии в США. За 25 лет было выдано 927 ссуд на сумму 140920$. С 1952 — председатель рус. благотворительных орг-ций в США. Почётный председатель Союза рус. офицеров на франц. фронте (1956). Член Республиканской партии США. Вице-председатель Представительства рос. эмигрантов на Зап. побережье. *Родственники*: жена Наталья Владимировна (урожд. Аничкова).

Похоронен на Серб. кладбище в Сан-Франциско.

И с т. Николаевский Лев Львович // Незабытые могилы / Сост. В.Н. Чуваков. Т. V. С. 122.

Л и т. *Миткевич Г.Г.* Деятельность Представительства рос. эмигрантов в Америке // Рус. дело. 1961. Окт. № 10. С. 2–3; Некролог // Часовой (Брюссель). 1974. Авг. № 578. С. 19.

НИКОЛАЙ [Nicholas **Ziorov**, в миру Михаил Захарович **ЗЁРОВ (ЗИОРОВ)**] (21 мая 1851, Херсонская губ. – 1915, Петроград) — архиепископ. Оконч. Московскую дух. академию (1878). До 1887 — инспектор в Вологодской и Могилёвской дух. семинариях. В 1887 принял монашеский постриг, рукоположен во диаконы и иереи, назначен ректором Московской дух. семинарии. В 1891 хиротонисан во епископы Алеутских о-вов и Аляски. Помимо дух. окормления православных занимался гос. вопросами. **Н.** ездил в Вашингтон и выступал с большим достоинством в Госдепартаменте с критикой плохой амер. администрации на Аляске.

Во время прибытия **Н.** в США, кроме Аляски здесь существовали всего пять приходов, а перед его возвращением на родину уже насчитывались 12 новых приходов, состоявших из бывших униатов, воссоединившихся во главе со своими настоятелями с Православной Рос. Церковью. Перевёл миссионерскую школу для чтецов, певчих и регентов из Сан-Франциско в Миннеаполис. Способствовал изданию еженедельного журнала «The Russian-American Messenger», который ред. о. *Александр Хотовицкий*. Наиболее способных из студентов **Н.** отправлял для дальнейшего образования в Санкт-Петербургскую дух. академию. По настоянию императрицы Марии Фёдоровны дважды совершил поездку по Аляске, посетив 9 приходов и 30 часовен, окормлявших 15 тыс. прихожан — православных туземцев. Возвратился в Россию в 1898, где возглавил Тверскую и Кашинскую епархии. Архиепископ Варшавский.

Л и т. *Frawley J.*, rev. The Orthodox Church. 1993. Sept./Oct. P. 12; Orthodox America 1974–1976. Tarasar Consatnce (gen. ed.). 1975. P. 29.

НИКОЛЕНКО Николай Иосифович (10 сент. 1912, дер. Алексеевка Елисаветградского уезда Херсонской губ. – 12 мая 1975, Мюнхен) — художник, иконописец. Род. в семье священника. Отец **Н.** погиб в застенках сов. карательных органов, мать была репрессирована. С 1928 учился в студии Крюгера-Прахова. В 1930 перешёл в Киевский худ. ин-т. Учился в мастерской проф. Бойчука, знатока византийского и древнерус. искусства., погибшего в сов. лагерях. В 1933 арестован, в 1933–39 — в концлагере. В 1939 арестован вторично по ложному обвинению в подготовке вооружённого восстания. Приговорён к расстрелу, с заменой 10-летним заключением. В 1940 освобождён по амнистии. Зарабатывал на жизнь, иллюстрируя книги, работал театральным художником. В 1941 призван в армию и, как быв. заключённый, направлен в штрафной батальон. Был несколько раз ранен, попал в нем. плен и отправлен в рабочий лагерь под Дрезденом. После оконч. войны принудительной выдачи избежал. Вернулся к живописи, исал рецепты красок старых мастеров. Преподавал в Рус. худ. школе в Гамбурге, ставившей своей задачей разработку стилистики и техники византийской и древнерус. иконописи и фрески. В 1950 с помощью Толстовского фонда эмигрировал в США. В 1951 в Фордэмском ун-те состоялась первая выставка **Н.** Участвовал в выставке византийского искусства в Вашингтоне (1956). Автор выставки док. рис. «Колыма». Участвовал в выставке «Искусство США в 1958 г.» (1958). В 1961 состоялась персональная выставка **Н.** в музее Атланты, вызвавшая интерес к творч. художника, ушедшего за пределы социалистич. реализма. В 1962 выполнил 104 рисунка для книги «Мифы о героях» — сб. легенд разных народов в пересказе Нормы Лорри Гудрич, изданной «Орион Пресс». В 1969 вернулся к изображению природы, к архитектурным пейзажам и сюрреализму. В 1970 с женой переехал на постоянное жительство в ФРГ. Оформлял книги А. Галича, А.В. Кузнецова, Дж. Орвелла и др. авторов, выходивших свет в издательстве «Посев» (Франкфурт-на-Майне). *Родственники*: жена (урожд. Воинова) Лада Ростиславовна (1915, Петроград – 5 июля 1996, ФРГ) — искусствовед, писатель.

И с т. Николенко Лада Ростиславовна; Николай Иосифович // Незабытые могилы. Сост. В.Н. Чуваков. Т. V. С. 126–127.

Л и т. *Зорин Ю.* Николай Николенко // НРС. 1975. 1 июня.

НИКОЛЬСКИЙ Александр Александрович (ок. 1904, Москва – 17(15?) февр. 1963, Принстон, шт. Нью-Джерси) — инженер, конструктор вертолётов. Род. в дворянской семье, учился в Морском корпусе. Революция 1917 застала **Н.** во Владивостоке, где он служил на учебном корабле Рос. Императорского военно-мор. флота. После поражения Белой армии кадеты увели корабль в Японию, где он был интернирован. Из Японии **Н.** переехал в Каир, где собирались офицеры, кадеты и матросы рус. флота. В Париже местные рус. эмигранты помогли **Н.** продолжить образование в Сорбонне.

Получив дипломы по математике (1924), механике (1926), а также диплом инж.-электрика и инж.-механика, решил переехать в США, поступив матросом на торговый корабль, шедший в Филадельфию (1928). Прибыв на место, нелегально покинул корабль и отправился в Бостон. Местная рус. община в Бостоне взяла **Н.** под свою опеку и помогла ему поступить на инж.-авиационное отделение Массачусетского технологич. ин-та (MIT). Магистр воздухоплавания (1929), затем — инж. по испытанию материалов на предприятии *И.И. Сикорского*. Работал нач-ком по созданию вертолётов и помощником нач-ка проектного отдела завода. Гражданин США (1937). Член небольшой группы инж., создавшей в сотруднич. с Сикорским первый в мире вертолёт, который нашёл практич. применение в авиации. С 1942 — преподаватель нового инж. ф-та воздухоплавания Принстонского ун-та. Проф. (1944), зав. кафедры (1954). Автор учебника «Теоретические заметки о проектировке вертолётов» (Notes on Helicopter Design Theory), монографии (1951) «Анализ вертолета» (Helicopter Analysis), автор и соавтор 10 печатных работ, посвящённых вертолётам. В Принстонском ун-те оборудовал аэродинамич. лабораторию для испытания процессов вертикальных полётов на моделях в специально построенной башне и на взлётной полосе под крышей. Консультировал коллег на заводе Сикорского, состоял советником при Науч. комитете амер. армии (U.S. Army Scientific Advisory Panel Committee), членом комитетов Национальной аэронавтики, Морских исследований и департамента обороны. Подготовил плеяду специалистов, успешно работавших над проектированием вертолётов. Простой и скромный в общении с сотрудниками был известен под дружеским именем Ник. В память **Н.** Амер. вертолётное об-во (American Helicopter Society) учредило цикл лекций.

И с т. Никольский Александр // Незабытые могилы / Сост. В.Н. Чуваков. Т. V. С. 129.

Л и т. *Stepniewski W.Z.* Alexander A. Nikolsky // Journal of the American Helicopter Society. 1982. V. 27. № 2. April. P. 3–5.

НИКОЛЬСКИЙ Александр Михайлович (13 авг. 1903, Москва – ?) — горный инженер. После 1917 — в эмиграции в Чехословакии. Оконч. Горный ин-т (1933). В США (после 1945?) жил в Маунт-Верно́н (шт. Нью-Йорк). Действительный член Об-ва рус. инж. в США.
И с т. АОРИ. Вопросник (1961).

НИКОН [в миру Алексей Иванович **ДЕ ГРЕВЕ**; Alexis de **Greve**] (6 февр. 1895, Батуми – 12 июня 1983, Нью-Йорк) — архиепископ ПЦА. Оконч. Тифлисский кад. корпус, Павловское военное уч-ще и вышел в Л-гв. Московский полк 2-й гв. пех. дивизии. Участник Первой мировой войны на Зап. и Кавказск. фронтах, за отличия награждён Георгиевским оружием. Дважды ранен. После Октябрьского переворота 1917 — в белых войсках на Юге России. Полковник (на 1920).

После 1920 — в эмиграции во Франции. Оконч. Свято-Сергиевский богословский ин-т (1928) в Париже. В 1928 принял монашеский постриг с именем Н. Священник-миссионер (1928–35) в Братиславе в Чехословакии. Затем служил в соборе св. блг. кн. Александра Невского в Париже, архимандрит. Преподавал в рус. гимназии, основатель братства св. преп. Сергия Радонежского и журнала «Сергиевский листок». Помощник митрополита Евлогия (Георгиевского). Во время нем. оккупации подвергался интернированию. После ареста епископа *Александра (Немоловского)* в Бельгии — местоблюститель Бельгийской епархии. Епископ Бельгийский (1946). В 1947 после возвращения епископа Александра выехал в США и прибыл в Нью-Йорк. Ректор Свято-Тихоновской дух. академии, епископ Филадельфийский (до 1952). В 1952–57 — на Торонтской кафедре в Канаде. Архиепископ Токийский и Японский (1959–63). В 1963 вернулся в США, став помощником митрополита всея Америки и Канады *Леонтия (Туркевича)*. С 1965 — архиепископ Бруклинский в Манхэттене (Нью-Йорк), настоятель храма Христа Спасителя. Архивариус ПЦА.

Погребён во Франции под Парижем на кад. участке на кладбище Сент-Женевьев-де-Буа.
И с т. Никон (Греве Алексей Иванович) // Незабытые могилы / Сост. В.Н. Чуваков. Т. V. С. 132.
Л и т. Некролог // Часовой (Брюссель). 1983. Сент. – окт. № 645. С. 31; Archbishop Nikon // Orthodox Amnerica (gen. ed. Tarasar Constance). 1975. P. 224.

НИКОН [в миру Николай Павлович **РКЛИЦКИЙ**] (4 дек. 1892, с. Борки [по др. дан. Острог] Черниговской губ. – 4/17 сент. 1976, Нью-Йорк) — архиепископ Вашингтонский и Флоридский (титул с 1960) РПЦЗ. Родился в семье протоиерея. Оконч. Черниговское дух. уч-ще, Черниговскую дух. семинарию и юридич. ф-т Киевского ун-та (1915), кандидат права. Участник Первой мировой войны. Оконч. ускоренный курс Николаевского кав. уч-ща и вышел офицером в Действующую армию. После Октябрьского переворота 1917 — в белых войсках на Юге России, капитан (на 1920). С 1921 — в эмиграции в Кор. СХС, близкий ученик первоиерарха РПЦЗ митрополита Антония (Храповицкого). Занимался издательским делом, журналист. Изд. газ. «Военный вестник», затем (с 1928) «Царский вестник» (Белград). В окт. 1941 принял монашеский постриг с именем Н., в честь св. преп. Никона Радонежского. Рукоположен в иеродиакона и иеромонаха. С 5 февр. 1942 — военный священник запасного батальона (Белград) Рус. Корпуса, сражавшегося с коммунистич. партизанами на терр. Югославии. В окт. 1944 ранен в боях за Чачак. С 1 янв. 1945 — священник Рус. Корпуса. Великим постом 1945 присоединился к братии, беженцам из Почаевского монастыря (Владимирово на Карпатах), находившимся в Германии в Фельдштетене (р-н Ульма). С авг. 1945 — с братией в Женеве (Швейцария), где стал секретарём митрополита *Анастасия (Грибановского)*.

В США прибыл с братией в нояб. 1946. Работал в епархиальном управлении в Нью-Йорке, секретарь архиепископа *Виталия (Максименко)*. 14/27 июня 1948 хиротонисан во епископа Флоридского, викария Сев.-Ам. и Канадской епархии. Преподавал в Свято-Троицкой семинарии в Джорданвилле (шт. Нью-Йорк). Работал над составлением жизнеописания митрополита Антония (Храповицкого) (в 10 т.); затем увидели свет «Творения митрополита Антония» (в 7 т.). Архиепископ, викарий Восточ.-Ам. епархии (1959). С 1964 — первый зам. председателя и постоянный член Архиерейского Синода РПЦЗ. *Родственники*: брат Пётр — участник Белого движения на Юге России, галлиполиец, корнет 1-го гус. полка (1922).

Погребён в Свято-Владимирском храме-памятнике в Джексоне (шт. Нью-Джерси).
С о ч. Жизнеописание Блаженнейшего Антония, митрополита Киевского и Галицкого. Т. I–VII. Нью-Йорк, 1956–61; Мой труд в винограднике Христовом: Сб. статей и проповедей. Т. I – II. Джорданвилл, 1993.
И с т. ЛАА. Справка *К.М. Александрова* на священника Рус. Корпуса игумена Никона (Рклицкого); Никон (Рклицкий Николай Павлович) // Незабытые могилы / Сост. В.Н. Чуваков. Т. V. С. 133.
Л и т. *Волков С. В.* Офицеры армейской кавалерии. С. 445; *Корнилов А.А.* С. 89–90; Некролог // Часовой (Брюссель). 1967. Нояб. – дек. № 602. С. 19; *Помазанский М.* Светлой памяти новопреставленного Архиепископа Никона // ПР. 1979. № 18. С. 3–4; РК 1963. С. 77, 279.

НИКОНИШИН Григорий М. — ветеран. Во время Второй войны служил в ВВС США. Занимал должность по вооружению истребителей. Состоял председателем отдела КРА в столич. округе Колумбия (на 1977). Член РАГ в США,
И с т. АА. *Никонишин Г.М.* Автобиография (1977).

НИКУЛИЧЕВ [Basil **Nicoolicheff**] Василий Акимович (15 июля 1896 – 16 сент. 1974, шт. Коннектикут) — участник Белой борьбы под Андреевским флагом на Юге России, лейтенант Рос. военно-мор. флота. Оконч. Морской корпус (1916). Участник Первой мировой войны. Служил на Черноморском флоте на линкоре «Синоп», затем — на эскадренных миноносцах «Завидный» и «Счастливый». После ухода флота в Новороссийск (1918), остался в Севастополе. С 1918 — в Добровольч. армии. Лейтенант (1920). В нояб. 1920 в составе эскадры эвакуировался в Бизерту. В США с 1923, жил в Нью-Йорке. Работал в разных отраслях,

включая Колумбийский ун-т. Поселился после отставки в шт. Коннектикут.
А А. Лейтенант Василий Акимович Никуличев // Бюллетень. 1966. 10 апр. № 1/109; Архив КРА. *Никуличев В.А.* Док-ты о служебных назнач.
Л и т. Мартиролог рус. военно-мор. эм. С. 100.

НОВАК Тарас Константинович (10 марта 1887, Веркиевка Черниговской губ. – ?) — инженер по эксплуатации путей сообщения. Оконч. Киевский Политехнич. ин-т (1926), Ин-т науч. аспирантуры при Киевском ин-те железнодорожного транспорта (1932). Выехал на Запад во время нем. оккупации. После 1945 — в США. Активный деятель орг-ции украинцев-федералистов-демократов возглавляемой *А.И. Диким*. Состоял действительным членом Об-ва рус. инж. в США.
И с т. АА. Личные сведения; АОРИ. Анкета.

НОВИКОВ Алексей Вениаминович (1914, Чернигов – 1987, Нью-Йорк) — биохимик. Оконч. Колумбийский ун-т, где защитил докторскую дисс. (1938). Преподавал в Вермонтском мед. колледже Вермонтского ун-та (на 1953), но потерял место за отказ сотруднич. с комитетом Сената по внутренней безопасности, требовавшим стать осведомителем среди коллег. В 1973 ун-т принёс Н. публичное извинение в присутствии 8 тыс. студентов и преподавателей, удостоив его почётной степенью доктора наук. Проф. патологии в мед. колледже Альберта Эйнштейна в Нью-Йорке (1954–82).

Вёл исследования и публиковал работы по биологич. цитологии здоровых и больных клеток. Соавтор (вместе с Э. Хольцманом) основного учебника по биологии «Cells and Organelles». *Родственники:* вдова Филлис Новикова — доцент патологии колледжа Альберта Эйнштейна; сыновья: Кеннет и Лоренс.
Л и т. *Кеппен А.А.*; Anonymous. Alex B. Novikoff Dies, Professor and biologist // The New York Times. 1987. Jan. 11.

НОВИКОВ Василий Борисович (31 марта 1895 – ?) — инженер-электромеханик. После 1917 — в эмиграции в Чехословакии.

Оконч. Пражский политехникум (1930). В США (после 1945?) жил в Нью-Йорке. Действительный член Об-ва рус. инж. в США.
И с т. АОРИ. Анкета.

НОВИКОВ Василий Матвеевич (1873 [по др. дан. 1879] – 15 дек. 1938, Сан-Франциско) — участник Белого движения на Востоке России, машинный кондуктор. Образование получил в Туркестанской учительской семинарии и в школе машинных квартирмейстеров в Кронштадте. Машинист в Рос. Императорском военно-мор. флоте (1896–1905). Ходил в море на эскадренных броненосцах «Сисой Великий», «Гангут» и «Петропавловск». Участник рус.-яп. войны 1904–05 на транспорте «Уссури», награждён бронзовой медалью. В мирное время работал мастером на Ижевском заводе. Труд **Н.** на Ижевском заводе был отмечен рядом наград. Участник Ижевско-Воткинского антибольшевистского восстания (авг. – нояб. 1918) на Урале. Затем — в белых войсках Восточ. фронта. С окт. 1920 служил в Сибирской флотилии. С 1922 — в эмиграции в Маньчжурии, на Филиппинах, затем — в Сан-Франциско. С 1925 член Об-ва рус. ветеранов Великой войны.

Похоронен на Серб. кладбище в Сан-Франциско.
И с т. АОРВВВ. Машинный кондуктор Василий Матвеевич Новиков // 1938. Дек. Альбом № I; Новиков Вас. Матвеевич // Незабытые могилы / Сост. *В.Н. Чуваков*. Т. V. С. 148.

НОВИКОВ Владимир Саввич (1889, Тирасполь – 21(27?) авг. 1964, дом Толстовского фонда, Спринг Валлей, шт. Нью-Йорк) — сценограф, художник. Род. в семье каз. офицера. Оконч. Одесское юнкерское уч-ще (1908). За успехи в рисовании направлен командованием полка на 6 мес. в Московское уч-ще живописи ваяния и зодчества для получения худ. образования. Участник Первой мировой войны, кавалер Георгиевского оружия. Демобилизован по ранению. В 1915–20 писал в Одессе театральные декорации. С 1920 — в эмиграции в Константинополе, затем работал в Софии и Праге. С 1924 работал для нем. киностудии «UFA», затем художник в Берлинской опере (1930–35). Оформил более 20 спектаклей, включая 6 рус. опер. С 1935 работал в Праге. После 1945 — в США, где продолжал работать сценографом. См. подробнее: *Лейкинд О.Л., Махров К.В., Северюхин Д.Я.* Худ. Рус. зарубежья. С. 443–444.
И с т. Новиков Владимир Саввич // Незабытые могилы. Сост. *В.Н. Чуваков*. Т. V. С. 148.

НОВИКОВ [Laurent **Novikoff**] Лаврентий Лаврентьевич (1888, Москва – 1956) — балетный танцовщик, хореограф, педагог. Оконч. Императорскую балетную школу и в 1906 дебютировал в Большом театре в балете «Конёк-горбунок». Стал солистом и в 1909 участвовал в первом Рус.. сезоне С. П. Дягилева в Париже. В 1914 вернулся в Россию, был хореографом и танцовщиком в Московской опере. В 1918 эмигрировал. С 1919 — партнёр Т. П. Карсавиной в рус. балете, затем до 1928 — танцор и хореограф в компании *А.П. Павловой*. В США — балетмейстер (1929–33) Чикагской общественной оперы (Chicago Civic Opera). За три года поставил балет «Лебединое озеро» П.И. Чайковского и собственный балет «El Amor Brujo» на муз. М. де Фалья. В 1941 – 45 — хореограф в Метрополитен-опере в Нью-Йорке.
Л и т. *Raymond B., Jones D.* The Russian Diaspora. 1917–1941. Maryland and London, 2000. P. 161.

НОВИКОВ Михаил Михайлович (ок. 1876, Москва – 19 дек. 1964, Наяк, шт. Нью-Йорк) — проф. зоологии, общественно-политич. деятель. Оконч. коммерч. уч-ще, прервав дальнейшее образование из-за недостатка средств. Оконч. естественное отделение Гейдельбергского ун-та (1904) со званием доктора естественных наук. В 1906 избран приват-доцентом Московского ун-та. Доктор зоологии (1911), ординарный проф. Московского коммерч. ин-та (1912) и Московского ун-та (1916). Участвовал в общественно-политич. жизни. Член Московской гор. думы (1908–18), в которой ведал вопросами образования. Депутат IV Гос. Думы (1912–17) от избирателей Москвы, кадет. Дважды избирался ректором Московского ун-та; последний свободно выбранный ректор после Октябрьского переворота 1917. В 1920 оставил пост ректора в знак протеста против вмешательства большевиков в дела ун-та. Был заключён в Бутырскую тюрьму и в 1922 выслан из Сов. России в составе большой группы рус. учёных по распоряжению В.И. Ленина. В эмиграции в Чехословакии. Организовал в Праге рус. народный ун-т, ректором которого состоял 16 лет. Одновременно был председателем комитета рус. науч. станции в Villefranche (Франц.). Проф. Карлова ун-та в Праге (1935). Ординарный проф. и директор лаборатории ун-та в Братиславе (1939–45). При приближении сов. войск эвакуировался с семьей на Запад. Участвовал в основании ун-та UNRRA для беженцев в Мюнхене (1946), где был проф. и деканом ф-та естественных наук (1946–47). В 1947–49 — проф. на отделении Мюнхенского ун-та в Регенсбурге.

В США с 1949. Председатель РАГ в США (1951–65). Н. возглавил группу рус. учёных, пытавшихся основать Рус. ун-т. Но эта попытка не увенчалась успехом из-за бюрократии властей шт. Нью-Йорк и, главное, из-за отсутствия средств. Гражданин США. Науч. деятельность Н. посвящена цитологич., гистологич. и сравнительно-анатомич. исследованиям. Работал в обл. физиологии. Автор мемуаров и 125 печатных трудов, опубликованных в 1905–56. Член ряда международных об-в биологов и зоологов.

С о ч. Исследования о теменном глазе ящериц. М., 1911; От Москвы до Нью-Йорка. Моя жизнь в науке и политике. Нью-Йорк, 1952.

И с т. АА. *Novikov M.* Curriculum vitae (typescript), 1965; Новиков Михаил Михайлович // Незабытые могилы / Сост. В.Н. Чуваков. Т. V. С. 150–151.

Л и т. *Вильданова Р.И., Кудрявцев В.Б., Лаппо-Данилевский К.Ю.* Краткий биографич. словарь рус. зарубежья // Струве Г. С. 343; *Белоусов К.Г.* М.М. Новиков // Записки РАГ в США (Нью-Йорк). Том IX. 1975. С. 306–308; Новиков М.М. Пятидесятилетие научной деятельности. Нью-Йорк, 1956; M.M. Novikoff (Summary) — 50 years of scientific work. N.Y. P. 70–79.

НОВИКОВ Юрий Дмитриевич (? – 6 авг. 1982, Лос-Анджелес) — инженер-химик. Сын командира крейсера «Адмирал Нахимов». В 1917 поступил добровольцем на Черноморский флот. После эвакуации из Крыма (1920) — в эмиграции в Чехословакии. Получив стипендию, окончил. химич. ф-т политехникума. Работая инж.-химиком, пострадал при взрыве. После выздоровления открыл своё производство. В 1944–45 оказывал помощь рус. монахам обители св. преп. Иова Почаевского, эвакуировавшимся на Запад накануне прихода сов. войск. После 1945 — в США. С 1957 жил в Сан-Франциско, где участвовал в общественной и церковной жизни. *Родственники*: жена Алла Дмитриевна.

И с т. Новиков Юрий Дмитриевич // Незабытые могилы / Сост. В.Н. Чуваков. Т. V. С. 152.

Л и т. *И.А.* Некролог // Часовой (Брюссель). 1983. Май – июнь. № 643. С. 26.

НОВИЦКИЙ Георгий Исакиевич (10 янв. 1889, Ростов Великий Ярославской губ. – 12 дек. 1966, Бруклин, Нью-Йорк) — инженер, общественный деятель. Оконч. Петроградский электротехнич. ин-т императора Александра III (1916). Работал инженером в России и в США, куда переехал в 20-х гг. Жил в Нью-Йорке и Лейквуде. 27 лет работал в компании «Ронсождейтэд Эдисон». Один из основателей, позднее председатель Об-ва друзей Свято-Сергиевской рус. православной богословской академии в Париже и Рус. православного богословского фонда. В теч. 17 лет состоял председателем Об-ва друзей рус. культуры, в теч. 15 лет — председателем Об-ва помощи рус. детям за рубежом. Один из учредителей и член правления Мед. об-ва им. проф. Н.И. Пирогова.

Председатель Рус. республиканского клуба. Много занимался церковными делами. С 1952 — почётный член Свято-Сергиевской академии.

Похоронен на Свято-Владимирском кладбище в Джексоне (Нью-Джерси).

И с т. Columbia University. Catalog of he Bakhmeteff Archive. P. 74; Новицкий Георгий Исакиевич // Незабытые могилы / Сост. В.Н. Чуваков. Т. V. С. 156.

Л и т. *Зеньковский Вас.*, протоиерей. Георгий Исакиевич Новицкий // Записки РАГ в США. 1996–97. Т. XXVIII. С. 25–26.

НОВИЦКИЙ Николай Евгеньевич (4 нояб. 1902, Санкт-Петербург – 17 июня 1988, р-н Вашингтона) — участник Белого движения на Юге России, подпоручик, общественный деятель. Сын командира Л.-гв. Семёновского полка ген.-лейт. Е.Ф. Новицкого (1867–1931). Оконч. Первый кад. корпус. Зимой 1917–18 вступил в 1-ю нац. бригаду рус. добровольцев Ген. штаба полк. М.Г. Дроздовского на Рум. фронте. Участник похода Яссы – Дон 1918. В бою за Ростов (апр. 1918) ранен, контужен и за отличия награждён Георгиевским крестом IV ст. Далее — в дроздовских частях Добровольч. армии. Подпоручик (1920) за подрыв бронепоезда красных у Синельниково в Сев. Таврии. Эвакуировался из Крыма в составе Рус. армии в нояб. 1920. В 1920–21 — в Галлиполи. С 1921 — в эмиграции в Болгарии и Кор. СХС. Оконч. Офиц. инж. школу (Галлиполи — Болгария). В 1941 призван в Кор. Югославскую армию и участвовал в войне против Германии. После 1945 — в США. Жил в Лейквуде (шт. Нью-Джерси). Состоял бессменным членом Совета Старшин культурно-просветительского об-ва «Родина». В 1977–84 — председатель Объединения Дроздовцев в США. Учредитель фонда ген. Дроздовского для награждения учеников рус. церковно-приходской школы Вашингтонского прихода за отличное знание рус. яз. *Родственники*: вдова Екатерина Константиновна.

Похоронен на Свято-Владимирском кладбище в Джексоне (шт. Нью-Джерси).

И с т. Новицкий Николай Евгеньевич // Незабытые могилы / Сост. В.Н. Чуваков. Т. V. С. 157.

Л и т. *Дроздовец*. Памяти белого воина // РЖ. 1988. 6 авг.

НОВОДЧИКОВ — см. **НЕВОДЧИКОВ** Михаил.

НОВОСЁЛОВ — см. **БЕРЁЗОВ** Родион Михайлович.

НОВОСИЛЬЦОВ Игорь Леонидович (12 авг. 1905, Калуга – 15 окт. 2002, Спринг Валей, шт. Нью-Йорк) — общественно-политич. деятель. Род. в старинной дворянской семье, родственной Гончаровым, из которых происходила жена А.С. Пушкина. Отец, Леонид Николаевич Н. (1872–1934) — полковник, юрист, депутат I Гос. Думы, член ЦК кад. партии, участник антибольшевистского подполья (1918). После 1920 — в эмиграции в Кор. СХС. Вице-унтер-офицером оконч. Рус. кад. корпус в Кор. СХС Сараево в составе V вып. 8 кл. 1924–25 уч. года. Переехал в Чехословакию, где шесть семестров учился в Лесном ин-те. Слушатель Рус. народного ун-та в Праге. Играл в рус. театре и служил в коммерч. фирмах. Во время Второй мировой войны жил в Германии, где работал на радиостанции в Берлине («Винета»), вещавшей на СССР. В 1943 познакомился с ген.-лейт. А.А. Власовым, поддерживал его мероприятия в среде рус. эмиграции. По личной рекомендации ген. Власова в дек. 1944 стал нач-ком отдела культуры и искусства Главного управления пропаганды КОНР. После оконч. войны выехал в Италию, где был представителем Синода РПЦЗ, оказывавшим помощь быв. сов. гражданам в спасении от принудительных выдач в сталинское государство.

В США с 1962. Преподавал рус. яз. в школе ВВС США при Сиракузском ун-те. Автор статей по истории Рус. освободительного движения. Основатель и главный деятель об-ва «Сеятель» (Russian Farm Supply Fund, Inc.) после 1991 содействовавшего возрождению сельского хоз-ва в России при помощи отправки на родину семян и сельскохоз. оборудования. Помощь об-ва распределялась по монастырям, среди фермеров и быв. офицеров, занявшихся в отставке сельским хоз-вом. *Родственники*: брат *Олег* (1907–2002).

Похоронен на кладбище монастыря Ново-Дивеево (шт. Нью-Йорк) вместе с братом.

С о ч. А.А. Власов // НЖ. 1977. Дек. № 129. С. 183–190.

И с т. ЛАА. Интервью И.Л. Новосильцова — К.М. Александрову (Сент-Питерсберг, март 1995); Список окончивших корпус за время 1920–1945 // Кад. корпуса за рубежом 1920–1945. Монреаль, б. г. С. 478.

Л и т. *Поповский М.* Посев продолжается // НРС. 1995. 20 окт.; *Окороков А.В.* Краткие биографич. данные участников Рус. Освободительного движения // Мат-лы по истории Рус. Освободительного движения 1941–1945 гг. (Статьи, документы, воспоминания). Т. I. М., 1997. С. 386.

НОВОСИЛЬЦОВ [Novosilzov Oleg] Олег Леонидович (6 апр. 1907, Калуга – 13 июля 2002, Оксфорд, шт. Коннектикут) — инженер-архитектор. Сын полк. Л.Н. Новосильцова (1872–1934).

После 1920 — в эмиграции в Кор. СХС. Вице-фельдфебелем оконч. Рус. кад. корпус в Кор. СХС в Сараево в составе VII вып. 8 кл. 1926–27 уч. года, затем — Высшую технич. школу в Праге. После 1945 — в Венесуэле, откуда в конце 50-х гг. эмигрировал в США. Работал в Нью-Йорке в крупных архитектурных фирмах над проверкой и координацией планов, архитектурно-строительных, электромеханич. и др. Гражданин США (60-е гг.). Вместе с женой-художником создал в Оксфорде рус. дом «Олтан» (сокращ. от имён Олег и Таня). На перестройку и худ. оформление дома резьбой и росписью стен в рус. стиле ушло 30 лет. Дом взят под охрану Комитета по охране достопримечательностей штата, представляет собой образец рус. народной архитектуры и заслуживает того, чтобы быть превращённым в музей. Состоял членом Объединения кад. Рос. кад. корпусов за рубежом. *Родственники*: брат *Игорь* (1905–2002); две дочери от первого брака; вдова (во втором браке) Татьяна Николаевна.

Похоронен на кладбище монастыря Ново-Дивеево (шт. Нью-Йорк) рядом с братом.

С о ч. *Т.Н. и О.Л. Новосильцовы.* Рус.дом в Коннектикуте // РА. 2000. № 22. С. 105–110. (English Summary).

И с т. АА. *Новосильцов О.Л.* Вопросник биографич. словаря (1998); Архив КРА. Материалы; Список окончивших корпус за время 1920–1945 // Кад. корпуса за рубежом 1920–1945. Монреаль, б. г. С. 479.

НОВОСИЛЬЦОВА [Novosilzoff Tatiana, урожд. **Оловягина**] Татьяна Николаевна (род. 17 нояб. 1924) — художник, чертёжница. Образование получила в сов. архитектурно-строительном техникуме и в Бельгии — в Льежской академии изящных искусств. Покинула родину во время Второй мировой войны. После 1945 — в Бельгии.

В США с нояб. 1960. Гражданка США (60-е гг.). В Нью-Йорке работала как свободный художник. Выполняла рис. на тканях для фирм, занимавшихся внутренним оформлением зданий. Фотографии работ **Н.** публиковались в журнале «Architecture Digest». Работала в Союзе рус. женщин в Нью-Йорке, члены которого помогали собирать средства в фонд дома для тяжело и неизлечимо больных при Толстовском центре. В теч. 30 лет помогала мужу *О.Л. Новосильцову* в перестройке и худ. оформлении дома в рус. стиле в Оксфорде (шт. Коннектикут), взятым под охрану Комитетом по охране достопримечательностей штата.

И с т. АА. *Новосильцова Т. Н.* Вопросник биографич. словаря (1998).

НОГАЕВ А. — Рус. доброволец. Сражался в рядах армии А. Линкольна во время Гражданской войны 1861–65.

НОГИРО-КОРНОУХОВ [Карнаухов] Алексей Тимофеевич (18 марта 1897 – 20 апр. 1990, Сан-Франциско) — участник Белого движения на Востоке России, штабс-ротмистр. Оконч. Павловское военное уч-ще (1 февр. 1917) и в чине прапорщика по арм. пехоте отправлен на фронт (июнь 1917). Участник Первой мировой войны. После Октябрьского переворота 1917 — на Востоке России. В 1918 вступил добровольцем в Народную армию и назначен в 1-й пехотный полк. В июле 1918 перешёл в партизанский отряд войскового старшины Б.В. Анненкова и произведён в подпоручики. Штабс-ротмистр в рядах кирасир (1920). После 1922 — в эмиграции в США. В 1986 вступил в Об-во рус. ветеранов Великой войны в Сан-Франциско.

Похоронен на Серб. кладбище.

И с т. АОРВВВ. Некролог по А.Т. Ногиро-Корноухове // 1990. Апр.; АРЦ. *Тарала Г.А.* Сводка кладбищенских дат, 2003. С. 4; Ногиро-Корноухов Алексей Тимофеевич // Незабытые могилы / Сост. В.Н. Чуваков. Т. V. С. 163–164.

НОМИКОСОВ Николай Васильевич (1886 – 12 сент. 1952, Наяк, шт. Нью-Йорк) — участник Белого движения на Юге России, полковник. Из казаков стан. Новочеркасской Обл. Войска Донского. Оконч. Московский Катковский лицей (1907), Николаевское кав. уч-ще (1909) и вышел Л.-гв. хорунжим в Каз. Его Величества полк 1-й гв. пех. дивизии. Участник Первой мировой войны. За отличия награждён всеми орденами до ордена св. Владимира IV ст. Л.-гв. Есаул (на 1917). Во время развала армии откомандирован в Петроград, откуда вывез на Дон полковые реликвии и штандарты родного полка, на основании которых в эмиграции в Париже был создан музей и собрание Л.-Гв. Каз. Его Величества полка. После Октябрьского переворота 1917 — на Дону. В 1918–19 — командир сотни в Л.-гв. Каз. полку Гв. бригады 1-й Донской конной дивизии Донской армии. Войсковой старшина, был ранен (1919) и эвакуирован по ранению. В Рус. армии (с июля 1920): командир резерва Донских гв. частей, полковник. Эвакуировался из Крыма в нояб. 1920 в составе Рус. армии. В 1921 — на о-ве Лемнос. С 1921 в эмиграции в Кор. СХС, представлял Объединение Л.-гв. Каз. Его Величества полка в Югославии (на 1938). Затем в эмиграции в США. Автор воспоминаний.

И с т. Номикосов Николай Васильевич // Незабытые могилы / Сост. В.Н. Чуваков. Т. V. С. 168.
Л и т. *Волков С. В.* Офицеры российской гвардии. С. 348; *Шепетковский*, Гв. полк. Полк. Н.В. Номикосов // Часовой (Брюссель). 1952. Дек. № 325. С. 21.

НОРКИН Александр Никитич (6 сент. 1902 – ?) — инженер-механик. Оконч. Донской политехнич. ин-т (1927). После беженства во время Второй мировой войны жил в лагере для перемещённых лиц в Баварии, откуда переселился в США. Действительный член Об-ва рус. инж. в США.

И с т. АОРИ. Анкета.

НОТБЕК Евгений [от рожд. Курт] Иванович, фон (? – 20 окт. 1961, Нью-Йорк) — участник Белого движения на Сев.-Зап. России, старший лейтенант Рос. военно-мор. флота. Оконч. Морской корпус, мичман (1913). Участник Первой мировой войны на крейсере «Баян», младший штурман (1917). После Октябрьского переворота 1917 — в Эстонии. В 1919 — в Сев.-Зап. Добровольч. армии ген. Н.Н. Юденича. С 1920 — в эмиграции в Эстонской республике, служил в эстонском флоте. Участвовал в составлении международных морских справочников о боевых кораблях (на англ., нем. и франц. яз.). После сов. оккупации Эстонии (1940) бежал в Германию, чудом оставшись в живых. В 1941–45 служил переводчиком. После 1945 — в Зап. Германии. С 1952 в США, зарабатывал на жизнь в Нью-Йорке тяжелой работой на фабрике. С 1954 — сотрудник «Морских записок» (Нью-Йорк), автор обзоров сов. флота и флотов мира. За несколько месяцев до кончины перешёл в православие. *Родственники*: вдова Вера Ивановна.

Похоронен на «морском» участке кладбища монастыря Ново-Дивеево близ Нанует (шт. Нью-Йорк).

С о ч. Морское управление Сев.-Зап. армии. Машинопись // Архив-библиотека Рос. фонда культуры (Москва).
Л и т. Мартиролог рус. военно-мор. эм. С. 101; Памяти ст. лейтенант Е.И. фон Нотбек // Мор. записки. 1962. Нояб. Т. XX. № 3–4. С. 94–95.

О

ОБОЛЕНСКАЯ [по мужу **Мали**] Елизавета [Лукреция] Владимировна, княж. (род. 30 янв. 1938, Лос-Анджелес). Род. в семье кн. Владимира Алексеевича и кнг. Елизаветы (урожд. Нарышкиной). Оконч. Калифорнийский ун-т в Лос-Анджелесе.

Председатель совета директоров об-ва «100 Year Association of New York». Член Рус. дворянского об-ва в Нью-Йорке.

И с т. АА. *Obolensky E.* Questionnaire for the Biographical Dictionary «Rissians in North S. America», June 2003.

ОБОЛЕНСКАЯ-ФЛАМ Людмила Сергеевна (род. 14 июня 1931, Рига) — специалист по радиовещанию, журналист. Дочь инж. Сергея Николаевича Чернова (1905–92) и Зинаиды Петровны (урожд. Якоби) (1908–95), внучка известного рус. юриста П.Н. Якоби, издававшего на рус. яз. в Риге (1929–38) журнал «Закон и суд» и погибшего в сов. застенках после 1940. Оконч. рус. гимназию Милосердного Самарянина в Мюнхене. Изуч. франц. яз. на курсах в Касабланке (Марокко), англ. в Лондоне и исп. в Мадриде. В США с 1956. Долголетний сотрудник радиостанции «Голос Америки». Диктор и автор скриптов в мюнхенском отделении радиостанции (1952–56), корр. «Голоса Америки» в Нью-Йорке (1964–73). В 1974–81 — зав. ред. культурных программ рус. отдела радиостанции. Корр. «Голоса Америки» (1981–82) при Мадридской конференции по безопасности и сотрудничеству в Европе. В 1982–85 — нач-к Закавказского и Среднеазиатского отдела станции, затем — старший корр. (1985–93). На пенсии с 1993. Рук. летними лагерями и была нач. рус. скаутской дружины в Марокко (1948–52).

Член НТС (1947–54). Председатель об-ва «Книги для России», занимающегося отправкой в Россию зарубежных книг и журналов, изданных на рус. яз. Награждена правительством Москвы благодарственной грамотой за передачу ценных материалов к 850-летию Москвы. Статьи **О.-Ф.** печатались в «Новом журнале» (Нью-Йорк), газ. «Русская мысль» (Париж), альманахе «Встречи» и др. рус. периодич. изданиях. *Родственники*: мужья: в первом браке (с 1954) — кн. *В.А. Оболенский* (1925–77); дети — Сергей и Анна (в браке Раевская); во втором браке — Илай Флам, дипломат, ред. лит. журнала «Potomac Review».

С о ч. Вики, княгиня Вера Оболенская. М., 1996; Закон и суд // РЖ. 2001. 15 сент.

И с т. АА. *Флам Л.С.* Curriculum vitae, typescript (2001), 2 pp.;

ОБОЛЕНСКИЙ Александр Петрович, кн. (14 июня 1915, Петроград – 26 янв. 2002, Нью-Бедфорде, шт. Массачусетс) — литературовед. Род. в семье, ведущей свою родословную с IX в. (Рюриковичи). Родителей **О.** арестовали большевики. Мальчиком тайком перевезен через Финляндию в Англию, а оттуда во Францию, где оконч. нач. и среднюю школы. В 1937 призван во франц. армию. В составе 8-го пехотного полка участвовал в боях против немцев (1940). В Дюнкерке попал в плен, откуда бежал с приключениями. В США с 1947. Пользуясь франц. опытом, успешно развил в Нью-Йорке ресторанное дело, что часто освещалось по телевидению, радио и в прессе. Однако **О.** влекла интеллектуальная деятельность. В возрасте более сорока лет поступил в Пенсильванский ун-т, где получил степени магистра и доктора по рус. яз. и лит. Проф. рус. яз. и лит. Преподавал в Городском колледже в Нью-Йорке, в Нью-Йоркском штатном ун-те в Олбани и во Франц. лицее в Нью-Йорке. Статьи **О.** появлялись в «Canadian Slavonic Papers», «Cross Currents», «Institut des Études Slaves», «Записках Русской Академической Группы в США» (Нью-Йорк), «Новом русском слове» (Нью-Йорк) и др. изданиях. Перу **О.** принадлежит монография «Footnotes on Gogol», опубликованная в 1972 ун-том Манитобы. Автор предметного указателя журнала «Путь», ред. рус. философом Н.А. Бердяевым в Париже (1925–40) и изданного в 1986 РАГ в США. Состоял председателем, почётным председателем РАГ и членом ред. коллегии «Записок». Член Об-ва франц. проф. в Америке, Об-ва литераторов (Gens de Lettre) и федерации ветеранов в Нью-Йорке. В свободное время увлекался путешествиями по миру, включая совершенно дикие места.

Похоронен на кладбище Свято-Троицкого монастыря в Джорданвилле (шт. Нью-Йорк). *Родственники*: вдова (в браке 60 лет) Елена Георгиевна; сын Михаил с семьёй.

И с т. АА. *Obolensky H.* Prince Alexander Obolensky, typescript (2002, Febr. 1); Assn. of Russian-American Scholars in the USA. Obolensky A. Curriculum vitae. 1968;

Л и т. Оболенский Александр, кн. // НРС. 1994. 14 окт. С. 33–34; PLN. Disparition. Le prince Alexandre Obolensky // France-Amérique. 2002. 23 fevrier – 1-e mars.

ОБОЛЕНСКИЙ Валерьян Александрович кн. (20 июля 1925, Нейи-сюр-Сен под Парижем – 12 янв. 1977, Вашингтон) — радиокомментатор, дипломатич. переводчик. Внук Санкт-Петербургского градоначальника А.Н. Оболенского и расстрелянного большевиками В.А. Бутурлина. Учился в рус. гимназии. В 1939 проживал в Лондоне. Поступил как танцор и декоратор в труппу Н. Дольского, выступавшую перед брит. военнослужащими в Европе во время Второй мировой войны. Вернувшись в Англию, стал основателем и ред. газ. «Россиянин» и сотрудником радиостанции «Би-Би-Си».

В 1952 переехал во Франкфурт-на-Майне для работы в центре НТС. В связи с расколом в орг-ции (1955) отстранился от активного участия в работе НТС и стал синхронным переводчиком в ООН в Женеве. В 1956 приглашён на радиостанцию «Освобождение» (Мюнхен) возглавить отдел последних известий. Со временем О. и его жена переехали в Нью-Йорк, где он стал директором программ радиостанции «Свобода» (до 1973). Лингвист. Последние годы жизни работал дипломатич. переводчиком на переговорах ОСВ (Strategic Limitations Talks) в Женеве. *Родственники*: вдова (в браке с 1954) *Л.С. Оболенская-Флам*; сын и дочь.

Похоронен на кладбище Рок-Крик в Вашингтоне.

И с т. АА. *Оболенская-Флам Л.С.* Биография В.А. Оболенского, машинопись (2001); Оболенский Валериан Александрович, кн. // Незабытые могилы / Сост. В.Н. Чуваков. Т. V. С. 185.

ОБОЛЕНСКИЙ Иван Сергеевич, кн. (5 июня 1913 – дек. 1975) — Рюрикович, вице-президент компании «Sterling, Grace & Company». Был женат на Мэри (урожд. Моррис). Член Рус. дворянского об-ва (Russian Nobil) в Нью-Йорке. Советник Толстовского фонда.

Л и т. *Dragadze P.* The White Russians // Town & Country. 1984. March. P. 174–182, 250–253.

ОБОЛЕНСКИЙ-НЕЛЕДИНСКИЙ-МЕЛЕЦКИЙ Сергей Платонович, кн. (20 сент. 1890, Царское Село Санкт-Петербургской губ. – 29 сент. 1978, ферма Гросс Пойнт, шт. Мичиган) — участник Белого движения на Юге России, полковник Рус. армии и армии США; участник Второй мировой войны, парашютист; деловой и светский человек. Род. в Летнем дворце. Сын генерал-майора кн. Платона Сергеевича Оболенского-Нелединского-Мелецкого и его жены Марии Константиновны (урожд. Нарышкиной). Получив среднее образование (1910), в теч. двух лет изуч. агрономию в Санкт-Петербургском ун-те. Затем отправился в Англию, где занимался политэкономией в Оксфордском ун-те. В 1914 возвратился в Россию и вступил в офицерском чине в Кавалергардский Е.И.В. Гос. Императрицы Марии Фёдоровны полк 1-й гв. дивизии. Участник Первой мировой войны. За боевые отличия на нем. фронте награждён тремя Георгиевскими крестами. После Октябрьского переворота 1917 — в белых войсках на Юге России. Полковник (на 1920).

После 1920 — в эмиграции в США. Гражданин США (1932), успешный деловой предприниматель. В нач. Второй мировой войны поступил добровольцем в амер. армию и получил назначение на должность нач-ка стратегического отдела при штабе ген. У. Донована — рук. стратегич. разведки США. Оконч. в Джорджии школу парашютистов. Назначение на должность инструктора парашютистов не удовлетворило О., и он подал рапорт с просьбой о переводе в Действующую армию. Первым боевым подвигом О. в рядах амер. армии стало участие в десанте из четырёх парашютистов, выброшенном в тыл нем. войск на Сардинии. На Сардинии О. убедил представителей итальянского командования перейти на сторону союзников и выступить вместе с ними против немцев. Вторым боевым подвигом О. (1944) стало командование парашютным десантом, выброшенным в тылу у немцев во Франции с целью захвата электростанции, снабжавшей Париж энергией. За спасение электростанции от разрушения отступающей нем. армией награждён франц. орденом Croix de Guerre.

После оконч. войны вернулся в Нью-Йорк. Возобновил деловую деятельность в обл. гостинич. предприятий, курортов, увеселительных клубов и рекламы. Состоял членом правления Толстовского фонда и в нескольких рус. орг-циях. Член Русского дворянского об-ва (Russian Nobility Assn.) в Нью-Йорке. Похоронен на кладбище Holly Sepulcher в Саут Филд (шт. Мичиган). *Родственники*: жёны: в первом браке светлейшая кнг. Екатерина Александровна (урожд. Юрьевская — дочь от морганатич. брака императора Александра II, 1879–1959); во втором браке Алиса-Мюриель (урожд. Астор — дочь миллионера, утонувшего при гибели «Титаника», 1902–56); в третьем браке Мэрилин (Фрэзер-Уолл); сын Иван (1925 г.р.; по его линии внуки — Марина, 1951 г.р.; Иван 1952 г.р.; Давид 1953 г.р.); дочь Сильвия (1931 г.р., в 1-м браке Ганцхоф ван деер Меерш, во 2-м браке Гирей); правнучки: Наталья (1985 г.р.) и Октавия (1991 г.р.) Давидовны; брат Владимир (1896, Санкт-Петербург – 12 окт. 1968, Нью-Йорк) — офицер (с 1915) Л.-гв. Конного полка, участник Первой мировой и Гражданской войн, в эмиграции в Зап. Европе и в США (с 1947). Похоронен на кладбищеHolly Sepulcher в Саут Филд (шт. Мичиган)

И с т. Оболенский-Нелединский-Мелецкий Сергей Платонович, кн. // Незабытые могилы / Сост. В.Н. Чуваков. Т. V. С. 189; *Pantuhoff Oleg* (Bates John L.) — 1976.

Л и т. *Волков С.В.* Офицеры российской гвардии. С. 350–351; Смерть кн. С.П. Оболенского // НРС. 1978. 3 окт.; *Dragadze P.* The White Russians // Town & Country. 1984. March. P. 174–182, 250–253.

ОБРАЗКОВ Сергей Иванович (? – 12 апр. 1969, Санта-Барбара, шт. Калифорния) — участник Белого движения на Юге России, ротмистр, художник. Оконч. Киевский кад. корпус, Елисаветградское кав. уч-ще (1914) и вышел в 7-й драг. Кинбурнский полк 7-й кав. дивизии. Участник Первой мировой войны, штабс-ротмистр (на 1917). После Октябрьского переворота 1917 — в белых войсках на Юге России. Эвакуировался из Крыма в составе Рус. армии. В 1920–21 — в Галлиполи в составе 2-го кав. полка кав. дивизии. С 1921 — в эмиграции в Кор. СХС. Оценив худ. способности О., патриарх Сербский Димитрий поручил ему реставрировать средневековые фрески и иконы в старинных сербских монастырях. Состоял членом объединения художников Вардарской обл. в Скопле. В 1930 участвовал в выставке рус. искусства в Белграде. После 1945 — в США. Работал портретистом и иконописцем в Санта-Барбара. Написал иконы для иконостаса в Монтерейской православной церкви. *Родственники*: жена Янина Августовна.

И с т. Образков Сергей Иванович // Незабытые могилы / Сост. В.Н. Чуваков. Т. V. С. 190.

Л и т. *Волков С.В.* Офицеры армейской кавалерии. С. 384; *Лейкинд О.Л., Махров К.В., Северюхин Д.Я.* Худ. Рус. зарубежья. С. 434; *Трембовельский А.* Незабываемые могилы // Часовой (Брюссель). 1969. Май. № 515. С. 24.

ОБУХОВ Анатолий Николаевич (ок. 1896, Санкт-Петербург – 25 февр. 1962, Нью-Йорк) — танцовщик, балетмейстер, педагог. Балетное образование получил в Санкт-Петербургском Императорском театральном уч-ще (1913). В 1914 — партнёр *А.П. Павловой*. В 1911–20 — танцевал в Мариинском театре, с 1917 — первый танцовщик. С 1920 — в эмиграции в Германии. Выступал в балетных театрах в Берлине, Каунасе, в «Русском балете Монте-Карло». В 1940 переехал с женой *В.Н. Немчиновой* в Нью-Йорк, где преподавал до 1962 в Балетной школе города.

И с т. Обухов Анатолий Николаевич // Незабытые могилы / Сост. В.Н. Чуваков. Т. V. С. 192.

Л и т. *Седых А.* Сконч. Анатолий Обухов // НРС. 1984. 28 июля.

ОБУХОВ [Oboukhoff Nicholas M.] Николай Михайлович (8 июля 1873, Новочеркасск Обл. Войска Донского – ?) — проф. физико-математич. наук. Оконч. Новочеркасскую классич. гимназию (1891), Московский ун-т (1895) с дипломом математика и физика, Харьковский технологич. ин-т (1904) с дипломом инженера механика. В 1909 в Париже в École Supérieure d'Électricité получил диплом инженера-электрика. Доцент физики и электротехники в Иркутском ун-те и в Томском технологич. ин-те (1914–18). После 1919 — в эмиграции в Маньчжурии. Проф. физики и электротехники в Харбинском политехнич. ин-те (1921–30). Переселившись в США, защитил в 1929 (?) докторскую дисс. при Калифорнийском ин-те технологии. Проф. электротехники Сельскохоз. и Механич. штатного колледжей Оклахомы в Стиллуотер. Автор 43 статей, опубликованных в науч. и технич. журналах. За свои изобретения получил патенты в России, Франции и в США. Член Академии наук Оклахомы. *Родственники*: жена Нина (урожд. Агишева).

И с т. АОРИ. Материалы; *Мартьянов Н.Н.* Список… С. 84–88.

ОБЫДЕННАЯ Лариса — см. **ЛАНДРЕ** Лариса.

ОВСИЕВСКИЙ Леонид Павлович (? – 11 мая 1971, Нью-Йорк) — участник Белого движения на Юге России, полковник. Участник Первой мировой войны. После Октябрьского переворота 1917 — в белых войсках на Юге России. После 1920 — в эмиграции на Балканах. В 1941–45 — служил в Рус. Корпусе, воевал во 2-м полку. После 1945 — в Австрии и США. Состоял членом СчРК. *Родственники*: вдова; сын (оба умерли в 2001).

Похоронен на кладбище монастыря Ново-Дивеево близ Нануэт (шт. Нью-Йорк).

Л и т. Памяти ушедших // НВ. 1971. 1 июля. № 301. С. 15

ОВСЯННИКОВ [Овсов] Георгий Павлович (? – 30 авг. 1964, Лос-Анджелес) — участник Белого движения на Востоке России, мичман. Оконч. Морской корпус (1917), служил в Балтийском флоте и Каспийской флотилии. В 1919 покинул Энзели (Персия) и пешком дошёл до Багдада. Затем переправился во Владивосток, где присоединился к антибольшевистской оргции С.Д. Меркулова. Участвовал в боях с красными партизанами (1921–22). В окт. 1922 эвакуировался из России, в эмиграции на Филиппинах. В США с 1952. Прибыл в Лос-Анджелес, где был деятельным членом местной Кают-компании и Об-ва рус. ветеранов Великой войны. Автор воспоминаний.

С о ч. На «Диомиде» от Владивостока до Филиппинских ов-ов // На морские темы. Сб. Лос-Анджелес, 1958.

И с т. Овсянников (Овсов) Георгий Павлович // Незабытые могилы / Сост. В.Н. Чуваков. Т. V. С. 196.

Л и т. Мартиролог рус. военно-мор. эм. С. 102; Некролог // Часовой (Брюссель). 1965. Янв. № 463. С. 29.

ОГРОХИН Лазарь Иванович (1 янв. 1889 – 27 дек. 1970, Сан-Франциско) — полный Георгиевский кавалер, участник Белого движения на Востоке России, штабс-капитан. Оконч. Одесское реальное уч-ще. Воинскую повинность отбывал (с нояб. 1911) в Л.-гв. Московском Наследника Цесаревича полку 2-й гв. пех. дивизии, где оконч. учебную команду. Участник Первой мировой войны. За боевые отличия награждён Георгиевскими медалями Георгиевскими крестами всех четырёх ст. Откомандирован во 2-ю Одесскую школу прапорщиков, по оконч. которой (апр. 1916) вышел прапорщиком в 11-й Сибирский стрелковый Её Величества Гос. Императрицы Марии Фёдоровны полк 3-й Сибирской стрелковой дивизии. За боевые отличия награждён орденами св. Анны IV ст. и св. Владимира IV ст. с мечами и бантом. В авг. 1917 командирован в запасной полк в Иркутск. После Октябрьского переворота 1917 — в белых войсках Восточ. фронта. В окт. 1918 выехал в Омск с вице-адм. А.В. Колчаком. Командовал батальоном в Конвое Верховного правителя России. После 1920 — в эмиграции в Харбине, затем в США, где началась новая борьба за существование.

Занимался тяжёлым физич. трудом. Состоял действительным членом Об-ва рус. ветеранов Великой войны в Сан-Франциско.

И с т. АОРВВВ. Штабс-кап. Лазарь Иванович Огрохин // 1970. Дек. Альбом VI, 23-В.

ОДИНОКОВ Владимир Васильевич (1907, Москва – 4 авг. 1997, Саутбери, шт. Коннектикут) — художник и театральный декоратор Нью-Йоркской Метрополитен-оперы. Ученик Е.Е. Лансере, ставший его ассистентом. Начал работать как самостоятельный художник-декоратор. Во время Второй мировой войны был призван на фронт, попал в плен и после окончания войны стал невозвращенцем. Избежал насильственной репатриации в СССР.

В США с 1949. Работал в театральной мастерской *Е.Б. Дункеля*. В 50-е гг. получил место нач-ка театральной мастерской Метрополитен-оперы. Знаменитое панно М. Шагала на здании оперы исполнено **О.** по эскизам Шагала. В 1971 расписал по шагаловскому проекту занавес для балета «Жар-птица». Последние годы проживал в Саутбери. Продолжал заниматься живописью и участвовал в выставках. Театральные эскизы **О.** вошли в коллекцию *Ю. Рябова* в музее Зиммерли при ун-те Ратгерс в Нью-Бранcвик (шт. Нью-Джерси). Член Союза амер. худ. театра.

Похоронен на кладбище монастыря Ново-Дивеево близ Нанует (шт. Нью-Йорк).

Л и т. *Голлербах С.* Памяти художника Владимира Одинокова // НРС. 1997. 15 сент.

ОДИНОКОВ Николай Евлампиевич (? – 19 сент. 1971, Лос-Анджелес) — участник Белого движения на Юге России, поручик. Оконч. военное уч-ще в Москве и вышел в 159-й Гурийский полк 40-й пех. дивизии. Оконч. инструктором главную Офицерскую фехтовально-гимнастич. школу в Санкт-Петербурге. Участник Первой мировой войны в рядах родного полка. После Октябрьского переворота 1917 — в белых войсках на Юге России. Эвакуировался из Крыма в составе Рус. армии в нояб. 1920. В 1920–21 — в Галлиполи, инструктор Фехтовально-гимнастич. школы. С 1921 — в эмиграции в Болгарии, преподавал в гимназии. В 1942 прибыл в Сербию и вступил в Рус. Корпус, в рядах которого сражался против коммунистич. партизан до конца войны. После 1945 — в Австрии и США. Состоял членом СчРК.
Родственники: вдова Ксения Александровна (ок. 1900–9 марта 1992, Пласервиль, шт. Калифорния).

И с т. Одиноков Николай Евлампиевич; Одинокова Ксения Александровна // Незабытые могилы / Сост. В.Н. Чуваков. Т. V. С. 204.

Л и т. *В.Н.С.* Незабытые могилы // Часовой (Брюссель). 1972. Март. № 549. С. 19.

ОДИНЦОВ Борис Николаевич (1882, Московская губ. – 19/20 июня 1967, Глен-Ков на Лонг-Айленде, Нью-Йорк) — учёный-почвовед. Род. в помещичьей семье, сын врача. Учился на физико-математич. ф-те Московского ун-та, где начал специализироваться в обл. почвоведения. Оконч. Санкт-Петербургский ун-т. Ассистент, затем — проф. по кафедре агрономии. Земец. Читал лекции в Санкт-Петербургском сельскохоз. ин-те, где стал проф. общего земледелия (1917). Труды проф. **О.** публиковались в университетских «Материалах по изучению русских почв». В 1921 избран проректором Петроградского ун-та, но оказался нежелательным для сов. Наркомата просвещения. В 1922 арестован и принудительно выслан за границу в составе большой группы рус. учёных по личному распоряжению В.И. Ленина. В эмиграции в Чехословакии. Читал лекции в Пражском ин-те кооперации, работал в Рус. народном ун-те и Минералогич. ин-те Карлова унта. В Чехословакии опубликовал ряд работ, в т. ч.: «Органические вещества почв и их влияние на плодородие» (1924), «Динамическая геология и общее почвоведение» (1928), «Продукты разложения растительных остатков» (1929). Перед приходом сов. войск в Чехословакию (1945) с женой и сыном переехал в Зап. Германию. В США с 1951. Продолжал писать статьи в рус. прессе на общественные и науч. темы. Состоял членом и тов. председателя РАГ в США

И с т. Одинцов Борис Николаевич // Незабытые могилы / Сост. В.Н. Чуваков. Т. V. С. 205.

Л и т. Проф. Б.Н. Одинцов // Записки РАГ в США (Нью-Йорк). 1967. Т. I. С. 208–210.

ОДИНЦОВ Глеб Николаевич (1889–5 июня 1972, пров. Квебек, Канада) — участник Белого движения на Юге России, полковник. Оконч. юридич. ф-т Санкт-Петербургского унта и поступил вольноопределяющимся в Л.-гв. Кирасирский Ея Величества Гос. Императрицы Марии Фёдоровны полк 1-й гв. кав. дивизии. Корнет (1913). Участник Первой мировой войны. Л.-гв. штабс-ротмистр, адъютант полка (на 1917). После Октябрьского переворота 1917 — в белых войсках на Юге России. С осени 1918 — адъютант эскадрона Кирасир Ея Величества в составе команды конных разведчиков Сводно-гв. полка 2-й бригады 1-й дивизии Добровольч. армии. Весной 1919 — адъютант Сводного полка гв. кирасирской дивизии в составе Отдельной кав. бригады III арм. корпуса ВСЮР. Командовал эскадроном (окт.–нояб. 1919). На нач. 1920 — командир дивизиона, нач-к пулемётной команды Сводно-гв. кав. полка 1-й кав. дивизии. Тяжело ранен в ногу в бою под Ростовом (февр.–март 1920). Эвакуирован из Новороссийска в Константинополь (1920). С 1921 — в эмиграции в Кор. СХС, состоял в списках полка. Затем — в Бельгии. Служил в Бельгийском и Франц. Конго, затем — в Канаде.
Родственники: жена Варвара Фёдоровна (1883–?) — сестра милосердия.

И с т. ЛАА. Справка *К.М. Александрова*; Одинцов Глеб Николаевич // Незабытые могилы / Сост. В.Н. Чуваков. Т. V. С. 205.

Л и т. *Волков С.В.* Офицеры российской гвардии. С. 352; *Литвинов А.А.* Незабытые могилы // Часовой (Брюссель). 1972. Июль. № 553. С. 15.

ОЗЕРОВ [Ozeroff William John] Уильям Джон [Василий Иванович?] (1918, Пасс-Крик, Брит. Колумбия – 1981). — физик, специалист по атомным силовым станциям. Во время Второй мировой войны работал в Науч. совете Канады и в обл. разработки способов ведения военных действий против подводных лодок. В США работал в Массачусетском технологич. ин-те (1946–48). Став гражданином США, заведовал крупными атомными станциями в Ганфорде (Вашингтон) и ядерным центром Вальеситос (Калифорния). Два года работал во Франции над вопросами использования атомной энергии в мирных целях. Последние годы посвятил исследованиям в области теоретич. физики.

Л и т. Anonymous. William B. Ozeroff. Physicist, Developed Nuclear Reactors // The New York Times. 1981. July 2.

ОКУЛИК Николай Максимович (10 сент. 1896, Новогрудок Гродненской губ. – ?) — инженер-электрик. Оконч. Рус. высший технич. ин-т в Париже. В США жил в Нью-Йорке. Действительный член Об-ва рус. инж. в США.

И с т. АОРИ. Вопросник (1959).

ОКУЛИЧ Андрей Владимирович (род. 1941, Торонто, Канада) — геолог. Сын *В.И. Окулича*. Оконч. ун-т Брит. Колумбии со степенью бакалавра наук и при нём же защитил докторскую дисс. Работает в Геологич. управлении (Geological Survey) Канады.

И с т. АА. *Okulitch V.J.* Family Notes, typescript.

ОКУЛИЧ Владимир Иосифович (род. 1906, Санкт-Петербург – 1995, Канада) — палеонтолог. Род. в семье *И.К. Окулича-Окши*. С 1920 — с семьёй в эмиграции в Кор. СХС. Был скаутским руководителем, издавал журнал «Костёр одиночек». В Канаде с 1927. Оконч. геологич. ф-т ун-та Брит. Колумбии (1931) со степенью бакалавра, магистр по инж. геологии (1932). В дальнейшем занимался в аспирантуре в ун-те Мак-Гилл в Монреале, где защитил докторскую дисс. (1934). Приглашён в Гарвардский ун-т в США для научно-исследовательской работы. Доцент палеонтологии Ванкуверского ун-та (1944–49), проф. палеонтологии и стратиграфии (1949–71). В 1953–59 возглавлял геологич. отделение ун-та. Зав. почётной кафедрой им. Брока (1959–63), декан геологич. ф-та (1963–71). Будучи деканом, ведал всеми науч. проектами ун-та, в т.ч. — проектом телескопа на горе Кобо (Kobau). Проводил обширные геологич. исследования в Восточ. Канаде и в р-не Кордильер Зап. Канады. По приглашениям читал лекции в ун-те Юж. Калифорнии и в Гавайском ун-те. Состоял в 8 канадск. и амер. геологич. и науч. об-вах. Труды **О.** посвящены палеонтологии палеозойских бесхребетных, особенно из отложений кембрийского и ордовикского периодов. Автор 60 печатных трудов, в т. ч. монографии об археоциатах. Известен как фотограф, относившийся к фотографии как к искусству и получивший много наград на выставках. Любитель астрономии и альпинизма. *Родственники*: жена (в браке с 1934) Сусанна (урожд. Кухар, Susanne Kouhar); дети *Андрей* и *Пётр*; брат *Георгий*.

И с т. АА. *Окулич В.И.* Автобиографич. заметки. Машинопись (1971), 1 с.

Л и т. *Кеппен А.А.*; *Могилянский М.* Жизнь прожить. Воспоминания, интервью, статьи. М., 1995. С. 63–64; *Жуковский А.* Светлой памяти скм. Владимира Иосифовича Окулича // Вестник руководителя ОРЮР. 1995. Окт. № 431. С. 4; Cocking. Dean Okulich Photograpoher // U.B.C. Alumni Chronicle. 1969. P. 23–24; Okulitch. Vladimir Joseph // The Canadian Who is Who. 1967–69. P. 834.

ОКУЛИЧ Георгий Иосифович — подполковник канадской армии. Оконч. ун-т Брит. Колумбии с дипломами бакалавра и магистра. Служил в танковых частях. В 1947–48 — помощник военного атташе при посольстве Канады в Москве. После ухода в отставку — ген. директор Ассоциации молоч. хоз-в долины Фрэзер.

И с т. АА. *Okulitch V.J.* Family Notes, typescript.

ОКУЛИЧ [Окулич-Окша] Иосиф Константинович (1 нояб. 1871 – 21 янв. 1949, Ванкувер) — учёный-агроном. Енисейский казак. Оконч. Швейцарский политехникум в Цюрихе (1894), получив диплом инж.-агронома. С 1896 — на гос. службе в министерстве земледелия в качестве агронома Томской губ. Действительный статский советник, директор департамента сельского хоз-ва, член Совета министров. Ездил в загранич. командировки для ознакомления с европейским опытом в сельском хоз-ве с целью перенести полезные мероприятия на сибирскую почву. Содействовал развитию кооперации в Сибири.

В 1919 выехал в США в качестве дипломатич. представителя Верховного правителя России адм. А.В. Колчака. Представлял рус. национальное правительство до 1923 в США, Англии и Франции. С 1922 — в эмиграции. Автор статьей по экономич. и политич. вопросам. Автор «Общеказачьего журнала» (Нью-Джерси). Считал, что в будущем Россия придёт к федеративному устройству. Сотрудник музея рус. культуры в Сан-Франциско. Занимался фермерством в Брит. Колумбии. *Родственники*: дети — *Владимир* и *Георгий*; внуки — *Георгий* и *Пётр*.

И с т. АА. *Шмелёв А.В.* 50 лет Музею рус. культуры. Машинопись (1998), 3 с.; АМРК. И.К. Окулич // Коллекции Гуверовского ин-та; *Okulitch V.J.* Family Notes, typescript; Окулич Иосиф Константинович // Незабытые могилы / Сост. В.Н. Чуваков. Т. V. С. 216.

Л и т. Каз. словарь-справочник / Сост. Г.В. Губарев. Ред.-изд. А.И. Скрылов. Т. II. Сан-Ансельмо, 1968. С. 209.

ОКУЛИЧ Пётр Владимирович (род. в 1946, Ванкувер) — клинич. психолог. Род. в семье *В.И. Окулича*. Оконч. ун-т Брит. Колумбии со степенью бакалавра по психологии. В ун-те Висконсина получил степень магистра и защитил докторскую дисс. по клинич. психологии. Работает в Портланде (шт. Орегон).

И с т. АА. *Okulitch V.J.* Family Notes, typescript.

ОКУЛОВ Николай Константинович (9 нояб. 1897, Котельниче Вятской губ.–?) — инженер-механик и строитель. Оконч. Петроградский технологич. ин-т с дипломом инж.-механика. Эмигрировав в США, оконч. Калифорнийский ун-т с дипломом бакалавра. С 1922 до 60-х гг. работал инж.-строителем в разных компаниях, преимущественно в Нью-Йорке. Получил лицензию профессионального инж. в шт. Нью-Йорк.

И с т. АОРИ. Анкета.

ОЛЕКСА Михаил — протоиерей ПЦА, историк, переводчик на Аляске. Род. в Аллентауне (шт. Пенсильвания). В 1970 поселился в Старой Гавани на Аляске, где преподавал Закон Божий в Ситке и Хунаах клану Каагуаантаан племени тлингитов. Овладел яз. юпьик и перевёл на него православные дух. тексты, вечерню, Божественную литургию. Оконч. Свято-Владимирскую дух. семинарию (1973), защитил магистерскую дисс. по богословию и возвратился на Аляску. Преподавал в новооткрытой Свято-Германовской семинарии. Рукоположен во иереи в Напаскиаке и назначен настоятелем церкви в Биллинхэме, окормляя православных в 17 деревнях вокруг Бристольского залива и оз. Лиамна. Помимо церковной службы преподавал яз. юпьик в народных школах, в местном колледже и Свято-Германовской семинарии. О. продолжил дело, начатое св. *Иннокентием*, просветителем Аляски. В 1977–80 служил в Старой Гавани, где стал изуч. историю алеутского народа. Исследования завершились в 1988 защитой на богословском ф-те в Чехословакии докторской дисс.»Православная церковь и развитие национального самосознания алеутов среди коренных народов юго-западной Аляски» (The Orthodox Church and the Evolution of the Aleut Identity among the Indigenous Peoples of Southwewstern Alaska). В теч. 15 лет преподавал в Тихоокеанском ун-те в Анкоридже и в ун-те Аляски в Фэйрбанксе. Статьи О. о миссионерской работе на Аляске регулярно появлялись на страницах журналов «International Review of Mission» (Женева), в богословском квартальнике Свято-Владимирской семинарии и в журнале «Again». Первая книга О. — антология архивных материалов о православной миссионерской деятельности за 1794–1900 гг. («Alaskan Missionary Sprirituality») опубликована в 1987 Paulist Press. Издательство Свято-Владимирской дух. семинарии издало докторскую дисс. О. под названием «Orthodox Alaska» (Православная Аляска). В 1995–96 преподавал в Москве в Свято-Тихоновском богословском ин-те. Декан Свято-Германовской дух. семинарии (март 1996 – нояб. 1998) на о-ве Кадьяк на Аляске. *Родственники*: матушка Ксения (урожд. Анджела) — художник-акварелист с международной известностью; две дочери и два сына.

Л и т. Fr. Oleksa elected Dean of St.-Herman's Seminary // The Truth (Uram John, editor). 1996. June. P. 1, 8.

ОЛЕХНОВИЧ Алексей Семёнович (? – 6 авг. 1965, Нью-Йорк [по др. дан. Ричмонд]) — Ген. штаба генерал-майор. Оконч. до 1939 Высшие Зарубежные военно-науч. курсы систематич. изуч. военного дела проф., Ген. штаба ген.-лейт. Н.Н. Головина. После 1939 — в эмиграции в США. В Нью-Йорке возглавлял КИАФ, участвовал в деятельности монархич. легитимистских орг-ций. *Родственники*: дочь Елизавета (в браке Дени); внуки; падчерица Мария (в браке Лаек).

И с т. Олехнович Алексей Семёнович // Незабытые могилы / Сост. В.Н. Чуваков. Т. V. С. 221.

Л и т. Незабытые могилы // Часовой (Брюссель). 1965. Сент. № 471. С. 15.

ОЛИНСКИЙ Иван Григорьевич — художник и преподаватель. Эмигрировал с семьей в 1890 в США. Четыре года учился в Национальной академии искусств и два года — в Худ. студенч. лиге. После двух лет работы в Италии и Франции вернулся в

Нью-Йорк, где открыл мастерскую. Писал портреты и создавал стенные росписи. 30 лет преподавал в Национальной академии изящных искусств. Устраивал выставки своих произведений.

См. подробнее: *Лейкинд О.Л., Махров К.В., Северюхин Д.Я.* Худ. Рус. зарубежья. С. 445.

ОЛФЕРЬЕВ Павел Васильевич (10 мая 1915 – 6 апр. 1983) — деятель Общекад. объединения в США. После 1920 — с родителями в эмиграции в Кор. СХС. Оконч. вице унтер-офицером I Рус. Вел. Кн. Константина Константиновича кад. корпус в Белой Церкви в составе XIV вып. 8 кл. 1933–34 уч. года. Поручик арт. Югославской Кор. армии (1941). В США — основатель журнала «Кадетская перекличка» (Нью-Йорк) и многолетний председатель Общекад. объединения.

Ист. Олферьев Павел Васильевич // Незабытые могилы / Сост. В.Н. Чуваков. Т. V. С. 225; Список, окончивших корпус за время 1920–1945 // Кад. корпуса за рубежом 1920–1945. Монреаль, б. г. С. 483.
Лит. Некролог // Часовой (Брюссель). 1983. Июль – авг. № 644. С. 30.

ОЛЬГА АЛЕКСАНДРОВНА, Великая Кнг. — см. **КУЛИКОВСКАЯ-РОМАНОВА** Ольга Александровна.

ОЛЬХОВСКИЙ Андрей Васильевич (1901 – 15 февр. 1969, Вашингтон) — композитор, музыковед. Ученик композитора и публициста Б. Астафьева. В годы, предшествовавшие Второй мировой войне, был деканом муз.-историч. ф-та Киевской гос. консерватории им. П.И. Чайковского. Во время войны покинул оккупированную терр. СССР и выехал на Запад. В США с 1949. Автор четырёх симфоний, двух симфонетт, нескольких романсов и оратории «Гефсимания», изданной в 1956. Оратория состоит из трёх частей и занимает 490 страниц. Оратория написана на библейские темы Прюдома и предназначена для солистов, хора, чтеца и симфонич. оркестра. Музыковедч. наследие О. — тыс. страниц ист.-критич. произведений, среди которых наибольшую известность получили труды: «Русская музыка в прошлом и настоящем», «Настоящая русская музыка», «Музыкальная культура народов СССР», «Музыка в системе советской политики», «Шостакович и современная музыка», «С.С. Прокофьев», «История украинской музыки» и др. В 1954 в изд-ве Прегеля в Нью-Йорке была опубликована на англ. яз. книга О. «Музыка под советской властью: агония искусства». Этот труд в 1955 был переиздан в Лондоне и посвящён проблемам развития рус. музыки в условиях действительности более чем за 50 лет.
Лит. *Фиала Ю.* Памяти А. В. Ольховского // НРС. 1969. 18 мая.

ОЛЬХОВСКИЙ Юлиан [Иулиан] (2 июня 1880, с. Мотыкалы Брестского уезда Гродненской губ. – 14 июня [по др. дан. июля] 1959, Патерсон, шт. Нью-Джерси) — протопресвитер РПЦЗ. Оконч. православную Литовскую дух. семинарию в Вильно (1903). 15 сент. 1905 рукоположен во иереи. Служил в епархиях западных губ. Рос. империи, в годы Первой мировой войны — в Москве. После 1919 оказался на терр. Польши в связи с изменением госграниц. Многие годы состоял благочинным, законоучителем в разных учебных заведениях и духовником духовенства. В 1944 служил в Зальгау (Герм.). С 1945 — благочинный православных приходов франц. оккупационной зоны в Зап. Германии, состоял членом епископского совета Германской епархии РПЦЗ. В США с 1950, прибыл в Нью-Йорк. Состоял в клире Вознесенского собора. Получил от архиепископа *Виталия (Устинова)* поручение организовать православный приход в Патерсоне. В короткий срок основал Михаило-Архангельский собор. За 50-летнюю службу в священническом сане возведен в сан протопресвитера (1955). С 1958 — председатель дух. суда Восточ.-Амер. и Канадской епархии.

Ист. Ольховский Иулиан // Незабытые могилы / Сост. В.Н. Чуваков. Т. V. С. 230.
Лит. *Корнилов А.А.* С. 115; Протопресвитер о. Юлиан Ольховский // ПР. 1956. Янв. № 1. С. 5.

ОЛЬХОВСКИЙ Юрий — проф. рус. яз. и лит. Род. в Кутах. Оконч. Миннесотский ун-т (1956) со степенью бакалавра по истории, магистр (1957). В 1968 защитил докторскую дисс. по истории при Джорджтаунском ун-те.

Преподавал в Агенстве нац. безопасности (1957–62). С 1952 — до ухода на пенсию проф., глава (с 1974) славянского отделения, помощник декана (1965–66) в ун-те Дж. Вашингтона. Кроме рус. и англ. владеет укр., польским и нем. яз. Состоял членом Главного правления КРА. Член РАГ в США.

Ист. Assn. of Russian-American Scholars in the USA; *Olkhovsky Y.* Curriculum vitae (1976).

ОЛЬШАНСКИЙ Борис — участник Второй мировой войны, журналист. Род. в семье врача. Оконч. математич. ф-т Воронежского ун-та. В 1941–45 прошёл боевой путь в составе Красной армии от родного Воронежа до Берлина. После оконч. военных действий в звании капитана назначен в состав сов. военной администрации в Восточ. Берлине. Вступил в в конфликт с командованием, препятствовавшим браку О. с немкой. Вместе с невестой нелегально перешёл границу амер. оккупационной зоны Германии и стал эмигрантом. Переехал на постоянное жительство в США, где стал сотрудником на радиостанции, вещавшей на СССР. Критикуя марксизм, разошёлся во мнениях с ред. передач по этому вопросу и был вынужден уйти с работы. Автор книги «Мы приходим с Востока», посвящённой ужасам последней войны и поведению сов. войск в Германии в 1945. Во время сенатских слушаний в Вашингтоне по делу о расстреле польских офицеров в Катыни (1940) выступал в сенате с показаниями. Свидетельствовал со слов друга своего отца, академика Бурденко, участвовавшего во вскрытии братских могил и установившего, что массовый расстрел — преступление сов. карательных органов, а не немцев, как утверждало сталинское правительство. Будучи неустроенным, без заработка, О. неожиданно исчез. Вероятно, О. вернулся в СССР, где пропал без вести. Очевидно, О. стал жертвой сов. агентуры, не простившей ему разоблачения и стремившейся добиться его возвращения.

Соч. Мы приходим с Востока (1941–1951). Буэнос-Айрес, 1954.
Ист. *Александров Е.А.* Беседы с Б. Ольшанским (1954).

ОЛЬШЕВСКИЙ Димитрий Евгеньевич (10 нояб. 1900, Лодзь – ?) — физик, инженер-авиаконструктор. После 1917 — в эмиграции в Чехословакии. Оконч. Пражский технологич. ин-т (1926) с дипломом инж.-электрика. Кандидат на докторскую степень при Карловом ун-те в Праге (1926). Переселившись в США, защитил в 1928 докторскую дисс. по физике при Питтсбургом ун-те, где был ассистентом по физике. Науч. сотрудник Йельского ун-та (1928–31). Работал в исследовательском отделе корпорации Goodyear-Zeppelin в Огайо (1931–33). Дальнейшая карьера О. проходила в компании Pioneer Instrument,

Bendix Aviation. С 1939 — директор Aero Research Co. Занимал должность главного физика Корнельской воздухоплавательной лаборатории, работал у *И.И. Сикорского*.

Занимал должности: главного инж. и ген. директора Вертолётной корпорации Америки (Helicopter Corporation of America), инж.-консультанта корпорации Bell Aircraft. Исследования **О.** посвящены кристаллам, воздухоплаванию, рентгеновским лучам, синтетич. смолам, авиационным инструментам, управлению, моделированию, цепям Маркова.

И с т. American Men of Science. Olshevsky, Dr. Dimitry // American Men of Science, 9th edition. 1955. Vol. I. Physical Sciences. P. 1445.

ОНОШКО [Waldemar P. **Onoshko**] Владимир П. — ветеран армии США, подполковник. Служил в 1940–68 в р-не Персидского залива и в Берлине.

И с т. *Pantuhoff Oleg* (Bates John L.) — 1976.

ОНОШКО [George P. **Onoshko**] Георгий П. — ветеран армии США, майор. Служил в 1940–47, последние годы — в Берлине.

И с т. *Pantuhoff Oleg* (Bates John L.) — 1976.

ОПАРИН Константин Игнатьевич (9 мая 1883 – 7 окт. 1968, Санта-Барбара, шт. Калифорния) — участник Белого движения на Востоке России, коллежский секретарь. Получил домашнее образование. В 1910 выдержал экзамен на первый классный чин при Оренбургском учебном округе. Военную службу начал в янв. 1905 года солдатом во 2-м Ходженском резервном батальоне в Ташкенте. По оконч. учебной команды — старший писарь в управлении Туркестанской резервной бригады. В 1907 уволен в запас. Служил делопроизводителем межевого управления в Уфе. В 1914 призван по мобилизации на военную службу и зачислен на особый учёт с нахождением в 127-м запасном полку. Получил отсрочку и продолжал работу в межевом отделе Уфимского губ. управления. В июле 1918 вступил добровольцем в Народную армию Комуча в Уфе. Занимал должность делопроизводителя в арт. частях. В составе частей Волжского корпуса прошёл всю Сибирь. Имел медаль в память 300-летия дома Романовых и знак отличия за Великий Сибирский поход 1920.

После 1922 — в эмиграции в США. В Сан-Франциско вступил в Об-во рус. ветеранов Великой войны.

Похоронен в Санта-Барбара.

И с т. АОРВВВ. Коллежский секретарь Константин Игнатьевич Опарин // 1968. Окт. Альбом III.

ОПУЛЬСКИЙ Альберт Игнатьевич (9 мая 1921, Екатеринбург – 25 февр. 1986, Ванкувер, Канада) — учёный-литературовед, проф. рус. лит. Род. в семье инж. по строительству жел. дорог. Детство провёл в Сибири, Средней Азии и на Украине. Оконч. школу, Московский Ин-т философии и лит. (1946). Со студенч. лет общался с выдающимися литературоведами Б.В. Томашевским, В.Б. Шкловским, поэтами А.А. Ахматовой, Б.Л. Пастернаком, прозаиками М.М. Зощенко, Е.Л. Шварцем и др.

С 1946 — науч. сотрудник, позднее — учёный секретарь музея Л.Н. Толстого Академии наук СССР. Автор нескольких книг о жизни и творч. Л.Н. Толстого, участвовал в подготовке и ред. 90-томного собр. соч. Л.Н. Толстого и собр. соч. Ф.М. Достоевского. Автор более десяти книг и ок. 200 статей. Заинтересовавшись в 60-е гг. болгарской поэзией, изуч. болгарский язык. В 70-х гг., когда дочь вышла замуж за болгарина, переехал на постоянное жительство в Болгарию. Будучи антикоммунистом, стремился вырваться на свободу. В 1976 получил визу на туристич. поездку в Австрию, где попросил политич. убежища. В Канаде с 1976. Получил проф. кафедры по классич. рус. лит. в ун-те Мак-Гил и в Монреальском ун-те. Потеряв зрение, переехал с женой в Ванкувер, где жила дочь с семьёй. При помощи жены продолжал работать и издал книгу «Вокруг имени Льва Толстого». Сотруднич. с ред. «Нового журнала» (Нью-Йорк). Последняя монография **О.** «Житие святых в произведениях русских писателей» вышла из печати после кончины автора. *Родственники*: жена; дочь с семьёй.

С о ч. Вокруг имени Льва Толстого. Сан-Франциско, 1981.

И с т. Опульский Альберт Игнатьевич // Незабытые могилы / Сост. В.Н. Чуваков. Т. V. С. 240.

Л и т. *А.Ш.* Памяти проф. А.И. Опульского // НРС. 1986. 18 марта.

ОРДА Юрий Николаевич (14 мая 1900, Санкт-Петербург – ?) — гражданский инженер. После 1917 — в эмиграции в Германии. Оконч. Высшую технич. школу в Берлине-Шарлоттенбурге (1928). В США (после 1945?) жил в Си-Клиффе на Лонг-Айленде (шт. Нью-Йорк). Действительный член Об-ва рус. инж. в США (на 1953).

И с т. АОРИ. Анкета.

ОРДЫНСКАЯ Евгения Вячеславовна — юрист. Оконч. Калифорнийский ун-т в Бёркли, специализируясь на изуч. СССР. Продолжала юридич. образование в ун-те Балтиморы.

Исполнительный директор Вашингтонского представительства КРА (июнь 1987 – дек. 1991). Занимая эту должность, находилась в постоянном общении по делам рус. этнич. группы в США с законодателями, Госдепартаментом и Белым Домом, а также с правительством России. По ходатайству **О.** от имени КРА рус. делегация была принята 18 дек. 1988 президентом США Р. Рейганом в Белом Доме в связи с ознаменованием 1000-летия Крещения Руси. Владеет консультационной фирмой по делам вложения средств, торговли, общественных отношений и капиталовложений в России. Читает лекции о возможностях развития деловых предприятий в России и обучает рус. бизнесменов и банковских деятелей принципам торговли и управления.

И с т. Archives of the CRA. *Ordynsky E.V.* Curriculum vitae, 1993.

ОРДЫНЦЕВ Леонид Эразмович (ок. 1900, Крым, Таврич. губ. – 28 авг. 1980, под Нью-Йорком) — общественный деятель. До 1917 жил и учился в Санкт-Петербурге. После 1917 некоторое время жил в Бельгии и во Франции. Эмигрировал в 20-х гг. в Бразилию. Жил в Сан-Пауло и Рио-де-Жанейро. В 1934 переехал на север страны, где находился на гос. службе в группе генерал-майора И.Д. Павличенко. В 1951 вернулся в Рио-де-Жанейро, посвятив себя оказанию помощи рус. эмигрантом, главным образом прибывшим из Китая. Доставал визы, помогал с проверкой документов новоприбывших, доставлял их в гостиницу, помогал оформлять документы на постоянное жительство. Среди новоприбывших О. звали «сеньор Ле». После того как поток эмигрантов в Бразилию иссяк, переехал на постоянное жительство в США. Многие годы работал в ун-те в Нуарке (шт. Нью-Джерси).

И с т. Ордынцев Леонид Эразмович // Незабытые могилы / Сост. В.Н. Чуваков. Т. V. С. 242.

Л и т. *Кириллов А.* Памяти Л.Е. Ордынцева // НРС. 1980. 14 сент.; *Кириллов А.* In Memoriam — Леонид Эразмович Ордынцев // 1980. 6 нояб.

ОРЕХОВ Владимир Николаевич (10 июля 1894 – 12 нояб. 1971, Нью-Йорк) — участник Белого движения на Юге России, капитан арт. Бывший вице-председатель Союза инвалидов, основанного ген. Н.Н. Баратовым после Крымской эвакуации 1920.

И с т. Орехов Владимир Николаевич // Незабытые могилы / Сост. В.Н. Чуваков. Т. V. С. 245.

Л и т. Незабытые могилы // Часовой (Брюссель). 1972. Февр. № 548. С. 23

ОРЕХОВ Константин Николаевич (ок. 1900 – 18 марта 1953) — участник Белого движения на Юге России, штабс-капитан. Казак Войска Донского. Оконч. Донской императора Александра III кад. корпус (1917), учился в Новочеркасском каз. уч-ще (неоконч.). После Октябрьского переворота 1917 — в белых войсках на Юге России. Зимой 1917–18 — в партизанском отряде полк. В.М. Чернецова. Участник 1-го Кубанского («Ледяного») похода 1918 в рядах 3-й отдельной батареи Добровольч. армии. В 1919 — в рядах Корниловской арт. бригады. Участник Бредовского похода 1920. В Рус. армии — вновь в Корниловской арт. бригаде. Эвакуировался из Крыма в нояб. 1920 в составе Рус. армии. В 1920–21 — в Галлиполи во 2-й батарее Корниловской арт. дивизиона. С 1921 — в эмиграции в Болгарии, затем — в Кор. СХС (на 1925). После 1945 (?) — в США.

И с т. Орехов Константин Николаевич // Незабытые могилы / Сост. В.Н. Чуваков. Т. V. С. 245.

Л и т. *Волков С.В.* Первые добровольцы… С. 228; *Пио-Ульский*, полк. Штабс-капитан К.Н. Орехов // Часовой (Брюссель).1954. Июнь. № 343. С. 20.

ОРЛИЕВСКИЙ [Igor **Orliefski**] Игорь — ветеран армии США, капрал. Служил в 1954.

И с т. *Pantuhoff Oleg* (Bates John L.) — 1976.

ОРЛОВ Борис Владимирович (1895–1988) — капитан Рус. армии, общественный деятель. Окончил Михайловское арт. уч-ще. Участник Первой мировой и Гражданской войн. После 1920 — в эмиграции в Зап. Европе, с 1922 в Канаде. Поселился в Монреале, зарабатывал на жизнь, работая бухгалтером до ухода на пенсию. Благодаря инициативе и хлопотам в Оттаве добился официального разрешения канадских военных властей на создание (1952) Рус. отдела ветеранов войны в Монреале, который вошёл в состав Канадского Кор. Легиона ветеранов войны, названного именем св. Георгия Победоносца. В 1952 в отдел вошли более 150 рус. ветеранов, включая участников рус.-яп. войны 1904–05.

При содействии местного предпринимателя О. и его помощник *М.И. Виноградов* купили большой участок земли в пос. Роуден возле Монреаля, где многие рус. владели дачами, и подарили участок отделу Рус. ветеранов для создания кладбища. Совместными усилиями рус. канадцев на участке была построена небольшая церковь св. Серафима Саровского. На средства, главным образом, рус. ветеранов на кладбище был возведён по проекту проф. *Н.А. Скородинского* внушительный памятник рус. воинам. На кладбище в Роудене покоится более 200 рус. канадцев, в т.ч. около 150 ветеранов войн, включая О.

И с т. АА. *Могилянский М.* Биография Б.В. Орлова (Письмо Е.А. Александрову, 2001).

ОРЛОВ Николай. Получил муз. образование в Московской консерватории, где благодаря своим способностям был назначен проф. В 1922 выехал из Сов. России.

С успехом выступал с концертами в Европе. Переехав в США, совершил пять концертных туров по стране

Л и т. *Martianoff N.N.* Undated, Nikolai Orloff // Russian Artists in America. P. 75.

ОРЛОВ Николай (1915, Москва – 14 авг. 2001) — танцовщик, балетмейстер, педагог. Учился в Париже. Среди преподавателей О. — Ольга Преображенская и Виктор Гзовский. Выступал солистом в «Русском балете Монте-Карло», Амер. балетном театре и в Большом балете маркиза де Куэваса. Известен исполнением ролей Барабанщика в «Выпускном балу» Д. Лишина (1940), Меркурио в одноактном балете А. Тудора «Ромео и Джульета» (1943), Петрушки в балете «Петрушка» и в «Жизели» (1949). Был популярным преподавателем в балетных школах, балетмейстером в Денверском балете (70-е гг.). Снимался в кино в франц. фильме «Dream Ballerina» («Балерина моей мечты», 1950), в муз. комедии «Pipe Dream» («Несбыточная мечта») и в «On Your Toes»(1954). Брак О. с балериной Ниной Поповой завершился разводом. *Родственники*: сын Алекс.

Л и т. *Dunning Jennifer* Nicholas Orloff, 86, Teacher and Stylish Ballet Master // The New York Times. 2001.Aug. 17.

ОРЛОВСКИЙ Сергей Николаевич — см. **БОЛХОВСКОЙ** Сергей Николаевич

ОСТ [наст. **Островский**] Владимир Владимирович — каз. и общественный деятель, председатель Нью-Джерсийского отдела КРА. Уроженец Кубанской обл. После оконч. Второй мировой войны оказался на Западе. Избежал насильственной репатриации в СССР.

Переехав в США, поселился с семьей в Патерсоне (шт. Нью-Джерси). Работал, участвовал в церковной и общественной жизни. Организовал в 1995–96 сбор благотворительной помощи для нуждающихся в России и отправку контейнеров в Краснодар (быв. Екатеринодар), Нальчик и в Екатеринбург. Лично сопровождал контейнеры и присутствовал при распределении помощи на местах. За благотворительную деятельность награждён каз. атаманами двумя орденами и благодарственными грамотами.

Л и т. Сев. Нью-Джерси. Владимир Ост // РА. 1997. № 21. С. 91.

ОСТРОВСКАЯ [Lina Ostrovsky] Лина — певица-сопрано. Род. в России. Муз. образование получила в Италии. С большим успехом выступала на концертах рус. муз. в Швейцарии. Гастролировала в США и выступала соло с Вагнеровским оркестром. Помимо др. выступлений в Нью-Йорке, пела в рус. операх («Золотой петушок», «Борис Годунов» и «Хованщина»).

Л и т. *Martianoff N.N.* Lina Ostrovsky // Russian artists in America. 1933. P. 151.

ОСТРОМЫСЛЕНСКИЙ Иван Иванович (25 авг. 1880, Москва – 16 янв. 1939, Нью-Йорк) — биохимик. Окончил кад. корпус. С 1896 учился в технич. уч-ще (неоконч.). В 1899 уехал в Швейцарию для продолжения образования. Оконч. философский ф-т Цюрихского ун-та (1902), получив степень доктора философии, а затем — доктора мед. (1906). В 1907 получил диплом инж.-химика в политехникуме в Карлсруэ (Герм.). Вернувшись в 1907 в Россию, работал в Московском ун-те, в технич. уч-ще, читал лекции на зубоврачебных курсах. Основал собственную лабораторию (1912). Во время Первой мировой войны — зав. химико-терапевтич. отделением науч. ин-та в Москве. Главные труды О. посвящены синтезу исходных мономеров и каучука и превращения каучука в резину. В 1911 предложил вводить в синтетич. каучук органич. основания (толуидины, нафтиламины и др.) для улучшения его свойств. В 1914 сдал магистерский экзамен. С 1917 — проф. Нижегородского ун-та, эвакуированного из Варшавы. В 1915 разработал способ получения бутадиена (дивинила) путём пропусканием смеси паров этилового спирта и уксусного альдегида над окисью алюминия при температуре 440–460 °C. После отъезда (1922) из Сов. России в США приглашён в фирму «United States Rubber Co», в которой работал в 1922–25. Работая в лаборатории, был одним из первых учёных, занявшихся кополимеризацией диена со стерином. Этот метод позже был использован для производства искусственной резины. Много работал в обл. изуч. полистирола. Последние годы работал в лаборатории «Eastman Kodak Co» Работы О. также касались исследований в областях морфинизма, иммунитета, бактериологии аллергич. заболеваний, кристаллографии и фотографии. С 1928 — член Об-ва рос. врачей Нью-Йорка.

Похоронен на Лонг-Айленде (шт. Нью-Йорк).

Л и т. Иван Иванович Остромысленский // Юбилейный сб. Об-ва рос. врачей Нью-Йорка. 1939. Сент. С. 31–32; *Кеппен А.А*; Остромысленский Иван Иванович // Большая сов. энциклопедия. М., 1974. Т 18. С. 591–592.

ОСТРОРОГ Владимир Васильевич (19 окт. 1913, Ханьдаохедзе, Маньчжурия — 23 авг. 1996, Сеатл) — инженер. Оконч. инж.-строительный ф-т Харбинского Политехнич. ин-та (1937). В 1945–47 — проф. в Centre de Technique Supérieur в Шанхае. Работал инж.-строителем в Китае, Бразилии и в США, куда приехал в 1956. После 1956 работал в инж. и консультативных компаниях, включая Combustion Engineering в Хартфорде (шт. Коннектикут). После ухода на пенсию переехал в Сеатл, где продолжал работать консультантом. *Родственники*: жена; дочь (в браке).

И с т. АА. *Острорг Л*. Письмо от 12 нояб. 1996 Е.Д. Синегурскому.

ОСТРОУМОВА-НЕННЕСБЕРГ Татьяна Иосифовна (1(4?) июля 1901 – дек. 1969) — поэтесса, преподаватель рус. яз. Первые стихи О.-Н. были опубликованы в петроградских и севастопольских газетах. В эмиграции печаталась в «Современных записках» (Париж), «Перезвонах», «Ковчеге», «Новоселье», «Новом журнале» (Нью-Йорк), в газ. «Новое русское слово» (Нью-Йорк). В поэзии О.-Н. преобладали рус. мотивы. Более 20 лет преподавала рус. яз. на славянском отделении Колорадского ун-та в Болдере. Проф.-ассистент (1959). После отставки поселилась в Денвере. Дважды овдовела. *Родственники*: трое детей.

И с т. Остроумова-Неннесберг Татьяна Иосифовна // Незабытые могилы / Сост. В.Н. Чуваков. Т. V. С. 279.

Л и т. *Витковский Е.В.* Антология… Кн. 2. С. 4-41; *Иваск Ю*. Т.И. Остроумова-Неннесберг // НРС. 1970. 15 марта.

ОФФЕНБЕРГ Владимир Христианович (? – 18 нояб. 1927, Йонкерс под Нью-Йорком) — генерал-лейтенант. Оконч. Морское инж. уч-ще (1878). Служил по Корпусу морских инж. До 1917 дослужился до должности старшего помощника главного инспектора кораблестроения Морского ведомства. После 1920 — в эмиграции в США. Похоронен на кладбище Маунт Хоуп в Непера Парк (шт. Нью-Йорк). *Родственники*: сыновья: Сергей (1892–1981, Коннектикут) — участник Белой борьбы под Андреевским флагом на Юге России; выпускник Морского корпуса (1913), старший лейтенант (1920), командир подводной лодки «Тюлень» в Бизерте (на 1921), в эмиграции в США; Павел (? – 10 сент. 1955, Кембридж, шт. Нью-Йорк) — бывший воспитанник Морского корпуса (неоконч.).

Л и т. *Волков С.В.* Энциклопедия Гр. войны. С. 392; Мартиролог рус. военно-мор. эм. С. 103; Некролог // Морские записки (Нью-Йорк). 1943. Дек. С. 68.

ОХОТИН Николай Алексеевич — художник. Род. в Нью-Йорке в семье православного священника. Одновременно с занятиями в худ. школе Парсонс и в Студенч. лиге оконч. в Нью-Йорке Купер Юнион и получил степень магистра в Куинс-колледже. Картины О. экспонировались в Париже и в Нью-Йорке на выставке, посвящённой 1000-летию Крещения Руси.

П

ПАВЕЛ [в миру Пётр Алексеевич **ГАВ-РИЛОВ**] (1866, Курская губ. – 10 апр. 1933, Чикаго, шт. Иллинойс) — епископ Детройтский ПЦА. Оконч. Курскую дух. семинарию, диакон (1897). Иерей (1899), настоятель Преображенской церкви в с. Мазеповка Рыльского уезда Курской губ. С 1901 — настоятель Свято-Покровской церкви г. Рыльска, где служил до 1919. Занимал административные должности в епархиальном управлении, в Рыльской земской и городской управах. Гласный городской думы. Овдовел. В 1919 эвакуировался с войсками ВСЮР на Юг. С 1920 — в эмиграции в Кор. СХС, далее — в Иерусалиме.

Из Иерусалима командирован в 1922 в США для сбора пожертвований в пользу Иерусалимской миссии. Исполняя поручение, по просьбе митрополита *Платона* (*Рождественского*), остался в США. С 1923 — настоятель Всесвятской церкви в Детройте, приход которой находился в тяжбе с просов. группой прихожан. Распря была улажена путём выкупа. Митрополит Платон переименовал церковь во Всесвятский собор. В 1928 пострижен в монашество с именем П., архимандрит (авг. 1928). Епископ Детройтский (дек. 1928 – нояб. 1932). С 12 дек. 1932 — епископ Чикагский.

Погребён 19 апр. 1933 в Свято-Тихоновском монастыре (шт. Пенсильвания).

И с т. Павел (Гаврилов Пётр) // Незабытые могилы / Сост. В.Н. Чуваков. Т. V. С. 289.

Л и т. *Давидов Иоанн С.*, протоиерей. Преосвященный Павел // Юбилейный сб. в память 150-летия Рус. Православной Церкви в Сев. Америке. Б.м., 1945. С. 211–214.

ПАВЛИК [John J. **Pavlick**] Иван И. — ветеран армии США, майор. Служил в 1961.

И с т. *Pantuhoff Oleg* — 1976.

ПАВЛИК [Maria A. **Pavlick**] Мария — ветеран армии США, майор. Служила в 1962.

И с т. *Pantuhoff Oleg* — 1976.

ПАВЛИЧЕНКО Т.К. — преподаватель сельскохоз. экологии.

ПАВЛОВ Александр Константинович (19 янв. 1894, Херсонская губ. – 12 сент. 1963, Нью-Йорк (по др. дан. Бёркли, шт. Калифорния)) — участник Белого движения на Юге России, капитан (после 1920). Оконч. Кишинёвскую гимназию, учился в Санкт-Петербургском ун-те (неоконч.). Оконч. Киевское Константиновское военное уч-ще (1916). Участник Первой мировой войны. На 1917 — подпоручик 495-го Ковенского полка 124-й пех. дивизии. Зимой 1917–18 на Рум. фронте вступил в 1-ю нац. бригаду рус. добровольцев Ген. штаба М.Г. Дроздовского. Участник похода Яссы – Дон 1918. Затем — во 2-м офиц. стрелковом (с 1919 — Дроздовском) полку 3-й пех. дивизии Добровольч. армии. На 1919 — поручик, старший офицер 4-й роты 1-го полка Офиц. стрелковой ген. Дроздовского дивизии. Штабс-капитан, нач-к полковой пулемётной команды (на 1920). Тяжело ранен. Эвакуировался из Крыма в составе Рус. армии в нояб. 1920. В 1920–21 в Галлиполи. В эмиграции в Болгарии, Латвии (1923–25), Чехословакии (с 1925). Состоял в кадрах полка. Чин РОВС, член правления Об-ва Галлиполийцев (1934–36). С 1936 — член РНСУВ, близкий сотрудник генерал-майора А.В. Туркула. Весной 1945 служил в формировавшемся в р-не Зальцбурга (Австрия) Отдельном корпусе ВС КОНР. После 1945 — в Зап. Германии. С 1951 в США. Ред. журнала Об-ва Галлиполийцев «Перекличка». После конфликта с Об-вом Галлиполийцев издавал собственный журнал «Наша перекличка». *Родственники*: вдова (урожд. Коваленская) Нина Григорьевна (1889–1994, Лос-Анджелес); дети Николай (1920 г.р.), Ирина.

Похоронен на Сербском кладбище в Сан-Франциско (?).

И с т. ЛАА. Справка *К.М. Александрова* на капитана ВС КОНР А.К. Павлова; Павлов Александр Константинович // Незабытые могилы / Сост. В.Н. Чуваков. Т. V. С. 289.

Л и т. *Волков С.В.* Первые добровольцы... С. 231–232; Некролог // Часовой (Брюссель). 1963. Нояб. № 449. С. 23.

ПАВЛОВ Борис Арсеньевич (26 окт. 1906, Тверь – 16 февр. 1994, Монтерей, шт. Калифорния) — участник Белого движения на Юге России, горный инженер. Род. в семье служащего Министерства нар. просвещения. Детство провёл в Торжке Тверской губ. и Клину Московской губ. Летом 1917, получив стипендию от тверского дворянства, выдержал вступительные экзамены во 2-й Московский кад. корпус, переим. во 2-ю Московскую военную гимназию (1917), сов. школу 1-й ступени (1918). В 1919 выехал из Москвы с сестрой к отцу в Ливны Орловской губ., куда в сент. 1919 пришли части Марковской дивизии. Осенью 1919 семья П. разделилась. Разыскивая родственников, на станции Студеный Колодец в р-не Ливен в возрасте 13 лет П. пристал к штабу 1-го Партизанского ген. Алексеева полка Алексеевской дивизии ВСЮР и был взят в семью командира полка капитана П.Г. Бузуна. До сент. 1920 — в рядах Алексеевского полка (в апр. – июне — батальон 52-го пех. Виленского полка). В янв. 1920 по личному заданию ген. А.П. Кутепова совершил разведку в тылу у большевиков в Ростове и по возвращении награждён Кутеповым Георгиевским крестом IV ст. Ст. унтер-офицер (1920), служил при штабе полка. 27 марта 1920 в составе полка эвакуировался из Новороссийска в Крым. Участник десантов на Геническ (апр. 1920) и Кубань (авг. 1920), в которых погибла большая часть полка. С сент. 1920 — в сводно-кад. роте при Константиновском военном уч-ще в Феодосии, затем в Феодосийском кад. интернате при Крымском кад. корпусе, в составе которого 13 нояб. 1920 эвакуировался из Крыма в Турцию. В эмиграции с корпусом с дек. 1920 в Кор. СХС. Оконч. Крымский кад. корпус в Белой Церкви в составе VI выпуска 8 кл. 1925–26 уч. года. Член НТСНП (нач. 30-х – 50-е гг.). Играл в любительском рус. театре. Оконч. ун-т в Любляне (1940) со званием горного инженера. В 1940–44 — инженер на руднике Трбовле (Словения), в 1944–45 строил подземные бомбоубежища в Германии и Австрии. В 1945–48 — в Зап. Германии, был ассистентом по минералогии и геологии в международном ун-те UNRRA в Мюнхене (1946–48). В США с 1948, поселился с семьёй в Калифорнии, первое время работал уборщиком (1948–49) в Сан-Франциско. С 1950 с семьёй жил в Монтерее. 22 года работал в компании Judson Steel Corporation в Эмеривилле (Калифорния). Автор статей, опубликованных в газ. «Новое русское слово» (Нью-Йорк), журналах «Часовой» (Брюссель), «Военная Быль» (Париж), «Перекличка» (Нью-Йорк) и воспоминаний. Кроме рус. и англ., владел словенск., сербск. и нем. яз. Состоял членом РАГ в США, Кад. Объединения в Сан-Франциско. С конца 60-х гг. несколько раз посещал родину. В 1993 как один из последних белых воинов и Георгиевских кавалеров дал большое интервью съёмочной группе Рос. ТВ. *Родственники*: вдова (урожд. Билимович) Татьяна Александровна (1907 – 19 дек. 1996, Монтерей) — дочь проф. *А.Д. Билимовича*; дети: Ольга (1940 г.р., в браке Матич), Михаил (1947 г.р.); остались в Сов. России — сёстры Татьяна, Софья; брат Леонид.

Похоронен на кладбище в Монтерее.

С о ч. Первые 14 лет [под псевд. «Борис Пылин»]. Калифорния, 1972; изд. допол. и исправ.: Первые 14 лет. Посвящается памяти алексеевцев / Послеслов. О. Матич. М., 1997.

И с т. ЛАА. Справка *К.М. Александрова* на члена НТС Б.А. Павлова; Archives of the Assn. of Russian American Scholars in the USA. Pavlov B. Curriculum vitae (1976); Павлов Борис Арсеньевич // Незабытые могилы / Сост. В.Н. Чуваков. Т. V. С. 296; Список кадет, окончивших Крымский кад. Корпус // Кад. корпуса за рубежом. С. 148.

ПАВЛОВ [Valentine Pavlov] Валентин — ветеран армии США, сержант (MSgt). Служил в 1951 в оккупационной зоне в Германии.

И с т. *Pantuhoff Oleg* — 1976.

ПАВЛОВ Павел Павлович (4 нояб. 1892, Санкт-Петербург – ?) — архитектор, художник. Оконч. архитектурное отделение Академии художеств в Санкт-Петербурге (1914). В США жил в Валлингфорде (шт. Коннектикут).

И с т. АОРИ. Вопросник.

ПАВЛОВА Анна Павловна [по док. отчество Матвеевна] (19 янв. 1881, Санкт-Петербург – 23 янв. 1931, Гаага) — балерина. Оконч. Санкт-Петербургское театральное уч-ще (1899), затем успешно танцевала на сцене Мариинского театра, получив в 1906 звание прима-балерины. Сотрудничала с *М.М. Фокиным* (1907–09), с блеском выступила в первом дягилевском сезоне в Париже (1909). В 1910 создала свою труппу и гастролировала по всему миру. Впервые выступила в США в Нью-Йорке 16 февр. 1910. Гастролировала в Бостоне, Филадельфии, Балтиморе. Затем выступала в России и за рубежом. Заслуженная артистка императорских театров (1913). В последний раз выступала в России в Санкт-Петербурге в мае–июне 1914. Начало Первой мировой войны застало **П.** в Берлине, откуда она сумела переехать в Лондон и продолжила знакомить мир с рус. искусством. Балетные выступления **П.** показали миру лучшие образцы рус. балета. Импресарио С. Юрок годами устраивал для **П.** выгодные контракты, чем вызвал интерес к балету в США. **П.** способствовала становлению балетного искусства в Америке. После Октябрьского переворота 1917 **П.** оказывала помощь рус. беженцам, бежавшим за границу от большевиков, организовала отправку посылок нуждающимся учащимся Петроградской балетной школы. Устраивала благотворительные выступления для поддержки бедствующих рус. артистов и голодающего населения в Поволжье (1922). Сов. правительство осложняло получение бедствующими помощи от **П.** Постоянно жила в Великобритании.

Скоропостижно скончалась на гастролях, была похоронена в Лондоне. В сент. 2000 прах **П.** перенесён в Москву на Новодевичье кладбище.

Л и т. Анна Павлова вернётся в Россию // НРС. 2000. 4 сент.; *Красовская В.* Анна Павлова. Л.; М., 1964; *Соколов-Каминский А.* Павлова Анна Павловна // РЗ. Золотая кн. эм. С. 483–486.

ПАВЛОВСКАЯ [Irene **Pavlovsky**] Ирина — ветеран армии США, майор. Служила в 1964.

И с т. *Pantuhoff Oleg* — 1976.

ПАВЛОВСКИЙ — полковник-артиллерист армии США. Служил в 40-х гг.

И с т. *Pantuhoff Oleg* — 1976.

ПАВЛОВСКИЙ Ростислав Михайлович (5 авг. 1897, Белосток – ?) — инженер-механик и электрик. После 1920 — в эмиграции в Кор. СХС. Оконч. Белградский ун-т с дипломом инженер-механика и инженера-электрика (1925). В США жил и работал в Нью-Йорке. Член (с дек. 1955) О-ва рус. инж. в США.

И с т. АОРИ. Анкета.

ПАВЛУСЬ Георгий Гаврилович (6 мая 1881, с. Болшово, округ Рогатин, Галиция, Австро-Венгерская империя – ?) — учитель, регент, член правления Об-ва рус. братств (ОРБ). Пять лет учился в дух. уч-ще (бурсе) Ставропигийского ин-та во Львове.

В США с 1906. Был учителем церковно-приходской школы и регентом хора в Маганой Сити (шт. Пенсильвания). Гражданин США. С 1911 — член ОРБ, член Контрольной комиссии ОРБ (1918). Организовал в Олифанте (шт. Пенсильвания) 128-й отдел ОРБ. Состоял членом многих рус. орг-ций в Маганой и за его пределами.

Л и т. Иллюстрированный Рус.-Амер. календарь на 1926 год. Филадельфия, б. г. Изд. ОРБ.

ПАДЮКОВ Сергей Николаевич (23 окт. 1922, Брест, Польша – 22 окт. 1993) — архитектор, общественно-политич. деятель. Оконч. рус. гимназию в Бресте. Оккупация Бреста сов. войсками (1939) вынудила **П.** переехать в глубь быв. терр. Польши, занятой немцами. Затем вывезен на работу в Германию. После 1945 — в Зап. Германии. Оконч. ф-т архитектуры и градостроительства политехнич. ин-та в Карлсруэ (1950). В 1950–54 работал в системе НТС в ФРГ. В США с 1954, работал в архитектурных фирмах (1954–60). В

1960 сдал гос. экзамен при Принстонском ун-те, получив диплом архитектора. В 1960 открыл в Томс-Ривер (шт. Нью-Джерси) собственное дело, занявшись проектированием и строительством церквей. На этом поприще **П.** успешно работал в теч. 30 лет. Одной из главных работ **П.** стало восстановление сгоревшего православного собора Архангела Михаила в Ситке (Ново-Архангельске) на Аляске. Этот собор был построен в 1848 попечением епископа *Иннокентия (Вениаминова)*, впоследствии ставшего митрополитом Московским, ныне причисленного к лику святых. Собор в Ситке официально считается национальным историч. памятником США. За свою жизнь **П.** спроектировал и построил в США 44 церкви. Особо отмечены церкви работы **П.**: св. Марии в Маккиспорте (шт. Пенсильвания), зарегистрированная как архитектурный памятник и св. Александра Невского в Питтсбурге.

Участвовал в строительстве храма-памятника св. равноап. кн. Владимира в Джексоне (шт. Нью-Джерси). Кроме архитектуры занимался скульптурой. Участвовал в общественно-полит.. жизни и в правозащитной деятельности в России, связанной с защитой прав рус. меньшинств в бывших республиках СССР. Состоял членом КРА. После 1991 перенёс деятельность в Россию.

И с т. Archives of Assn Rus.-Amer. Engineers in USA. *Padukow S.* Professional History, typescript (1968. 21 Oct.); Падюков Сергей Николаевич // Незабытые могилы / Сост. В.Н. Чуваков. Т. V. С. 312.

Л и т. *Зарудский Н.Н.* Памяти С.Н. Падюкова // НРС. 1993. 19 нояб.; *Юрьев А.* Рус. зодчий в Америке // Там же. 1986. 4 мая.

ПАЛЕН Юрий Платонович, фон дер, бар. (? – 1 нояб. 1962, Си-Клифф, шт. Нью-Йорк) — участник Белого движения на Юге России, штабс-ротмистр. Оконч. Воронежский кад. корпус (1911), Николаевское кав. уч-ще (1913). Участник Первой мировой войны, поручик 17-го гус. Черниговского Е. И. Выс. Вел. Кн. Михаила Александровича полка 2-й отдельной кав. бригады (на 1915). В 1915–17 — в нем. плену. После Октябрьского переворота 1917 — в белых войсках на Юге России. На 1919 — командир 1-го эскадрона дивизиона Черниговских гусар в составе Сводно-гус. полка 3-й бригады 1-й кав. дивизии. Штабс-ротмистр (1919). Зимой 1919–20 эвакуирован в Кор. СХС, где остался в эмиграции. С 1949 в Бельгийском Конго, в США приехал в 1962. Похоронен на кладбище Рослин (Лонг-Айленд, Нью-Йорк).

И с т. Пален Юрий Платонович // Незабытые могилы / Сост. В.Н. Чуваков. Т. V. С. 316.

Л и т. *Волков С.В.* Офицеры армейской кавалерии. С. 395; Некролог // Часовой (Брюссель). 1963. Дек – янв. № 439–440. С. 39.

ПАЛЕХ [Ignattyi I. **Palekh**] Игнатий И. — ветеран армии США, рядовой I кл. Служил в мор. пехоте в 1954.

И с т. *Pantuhoff Oleg* — 1976.

ПАЛИЙ-ДРОЗДОВ Пётр Николаевич (род. 26 янв. 1908, Ковель Волынской губ.) — участник Власовского движения, майор ВС КОНР (РОА), публицист. Оконч. Киевский политехнич. ин-т (1930). Прошёл срочную службу в Красной армии (1930–33). В 1933 арестован сов. карательными органами по ложному обвинению, освобождён через 8 мес. за недоказанностью. С 1934 жил в Киеве. Работал прорабом, главным инж. строительства II очереди Киевской теплоэлектростанции. Награждён орденом «Знак Почёта» (1939). В янв. 1941 призван в армию, военинженер III ранга. После 22 июня 1941 — командир инж. батальона 114-го стрелкового полка 162-й стрелковой дивизии. 26 июля дважды ранен и взят в плен. В 1941–43 — в лагерях военнопленных в Бобруйске, Молодечно, Хаммельбурге и др. С 1943 — участник Власовского движения. Оконч. офиц. курсы в Циттенхорсте и Дабендорфскую школу РОА. В 1945 — майор, нач-к штаба полка снабжения 2-й пех. дивизии ВС КОНР. 9 мая 1945 в Чехии в р-не Оберлангедорф организовал переход своей части в амер. зону оккупации. Насильственной репатриации избежал. В 1945–48 — в Зап. Германии. В США с 1948. Работал чертёжником, с 1955 — в авиаконструкторской фирме Локхид в Калифорнии. Оконч. Калифорнийский ун-т (1962). До ухода в отставку (1974) занимал должность старшего инженера-исследователя. В 1973–76 участвовал в переговорах с сов. инженерами по вопросам авиастроения, 9 раз ездил в СССР. Участвовал в общественной деятельности. Был одним из основателей местного Рус.-амер. культурно-просветительского об-ва, состоял вице-председателем его правления. Участвовал в издании журнала «Калифорнийский вестник». Автор 8 книг, более 75 статей на науч. и полит. темы, более 20 рассказов и 130 стихотворений. Публиковался на страницах «Нового журнала» (Нью-Йорк), журнала «Вече» (Мюнхен), газ. «Новое русское слово» (Нью-Йорк), «Русская жизнь» (Сан-Франциско), «Русская мысль» (Париж).

С о ч. От серпа и молота к андреевскому знамени. М., 1998.

Л и т. *Александров К.М.* Армия генерал-лейтенанта А.А. Власова, 1944–1945. Материалы к истории Вооружённых Сил КОНР. СПб., 2004. С. 196; *Окороков А.В.* Краткие биографич. данные участников Рус. Освободительного движения // Материалы по истории Рус. Освободительного движения 1941–1945 гг. (Статьи, документы, воспоминания). Т. II. М., 1998. С. 465–466.

ПАЛЧЕВСКИЙ Владимир Евгеньевич (? – 17 сент. 1975, Лос-Анджелес) — участник Белой борьбы под Андреевским флагом на Востоке России, мичман. Оконч. Отдельные Гардемаринские классы (1918), далее служил на Каспийской флотилии. Эвакуировался из Владивостока в 1922. В эмиграции в США.

Похоронен на кладбище Голливуд в Лос-Анджелесе.

Л и т. Незабытые могилы // Часовой (Брюссель). 1975. Нояб. № 593. С. 24.

ПАЛЬЧИКОВ Николай — ветеран армии США во время Второй мировой войны. Сын офицера Добровольч. армии. Род. в Японии в Хиросиме. В 16 лет отправился учиться в США, родители **Н.** остались в Хиросиме. В дек. 1941 после нападения японцев на Пёрл-Харбор поступил на службу в армию США. Благодаря знанию яп. яз. назначен в разведку. Об атомной бомбардировке Хиросимы 6 авг. 1945 узнал из сообщения яп. радио в тот же день. Вскоре командирован в Японию для проверки выполнения японцами условий капитуляции, решив найти родителей в Хиросиме. Посетил город через 3 недели после атомного взрыва. Своих родителей **П.** нашёл невредимыми вне зоны подвергшейся атомному жару и радиации. Впечатления о последствиях взрыва **П.** описал в 56-ю годовщину бомбардировки в газ. «Нью-Йорк Таймс». Кроме 1945, посещал Хиросиму в 1986 и 1995. Ужасные разрушения и свидетельства мучительной гибели жителей, полученные **П.** из уст выживших очевидцев и свидетелей, привели его к глубочайшему убеждению о том, что атомная бомбардировка является безжалостным преступлением.

Л и т. *Palchikoff N.* The Nuclear August of 1945 // The New York Times. 2001. Aug. 6.

ПАНИН Сергей Александрович (13 авг. 1903, Санкт-Петербург – 1985) — филолог, лингвист. Образование получил в Бакинском ун-те и в Лингвистич. ин-те в Москве. В 1936–41 — зав. отделением ин. яз. в политехнич. ин-те в Минске. В результате войны стал беженцем и переселился в США, где преподавал в Арм. школе яз. (1949–57). Переводчик в ООН (1957–65). Затем — доцент (1968–72) в штатном ун-те в Олбани (шт. Нью-Йорк). Автор двух учебников для Армейской школы яз. Состоял членом РАГ в США.

И с т. АА. *Panin S.* Curriculum vitae (manuscript), 1979.

Л и т. *Первушин Н.В.* С.А. Панин // Записки РАГ в США (Нью-Йорк). 1986. Т. XIX.

ПАНИНА Софья Владимировна, гр. (1871 – 13 июня 1956 [по др. дан. 1957], Нью-Йорк) — общественно-полит. деятель. Падчерица И.И. Петрункевича (1843–1928). Организатор «Народного дома» в Санкт-Петербурге на Тамбовской ул. Член ЦК кад. партии. С 24 мая 1917 — тов. министра гос. призрения Временного правительства. С 14 авг. — тов. министра народного просвещения. 28 нояб. 1917 арестована за отказ передать большевикам 93 тыс. рублей из кассы министерства просвещения. Петроградским рев. трибуналом **П.** обвинялась в присвоении средств и финансировании протестной забастовки петроградских служащих (дек. 1917). Трибунал вынес **П.** общественное порицание и постановил содержать её под стражей до внесения денег. После передачи денег в Наркомат просвещения (19 дек. 1917) освобождена. После 1920 — в эмиграции в Чехословакии, с 1939 в США. Состояла членом масонской ложи. Член комитета по основанию Толстовского фонда (апр. 1939). *Родственники*: муж (в разводе) Половцев; муж в гражданском браке: Николай Иванович Астров (1868–1934) — член ЦК кад. партии, участник Особого Совещания при Главкоме ВСЮР (1919), в эмиграции в Чехословакии. Похоронена на кладбище монастыря Ново-Дивеево близ Нануэт (шт. Нью-Йорк).

И с т. Панина Софья Владимировна // Незабытые могилы. Сост. *В. Н. Чуваков*. Т. V. С. 326.

Л и т. *Плешко Н.Д.* Генеалогич. хроника // Новик (Нью-Йорк). 1956. Отд. III. С. 3

ПАНТЕЛЕЕВ Максим Петрович (1887–1958) — певец-баритон. Начал сценич. деятельность в Санкт-Петербурге в 1914. В 1918 отправился в турне по странам Дальнего Востока, откуда уехал в США. Выступал на концертах в Сан-Франциско и в Голливуде. В Нью-Йорке основал компанию «Russian Art Grand Opera». Исполнял партии: Бориса Годунова — в опере «Борис Годунов» М.П. Мусоргского; Демона — в композиции А. Рубинштейна, Царя Додона — в опере Н.А. Римского-Корсакова «Золотой Петушок» и др.

И с т. АМРК. М.П.Пантелеев // Коллекции Гуверовского ин-та. Pdf 56,2 К.

Л и т. *Martianoff N.N.* Max Panteleieff // Russian artists in America. 1933. P. 153–154.

ПАНТЕЛЕЙМОН [в миру Петр Адамович **НИЖНИК**] (4 янв. 1895, Речица Гродненской губ. – 13 янв. 1985, Свято-Троицкий монастырь, Джорданвилл, шт. Нью-Йорк) — архимандрит РПЦЗ, основатель и строитель Свято-Троицкого монастыря. Род. в крестьянской семье.

В 1913 поехал на заработки в США, работал на заводе в Чикаго. В 1918 поступил послушником в Свято-Тихоновский монастырь в Пенсильвании. Послушание проходил в теч.10 лет, занимаясь земледельч. хоз-вом монастыря. Мечтой **П.** было основать часовеньку и жить при ней. Чтобы собрать средства на покупку земли для такого скита, **П.** поступил рабочим на авиазавод *И.И. Сикорского*. Собрав небольшую сумму денег, в 1930 поселился на приобретённой земле и положил начало небольшому трудовому монашескому братству, насельники которого занимались фермерским трудом. После 1945 братство превратилось в Свято-Троицкий монастырь с дух. семинарией, изд-вом дух. лит., журналом «Православная Русь» и музеем.

Похоронен на кладбище Свято-Троицкого монастыря.

Л и т. *Бобров Н.* Краткий историч. очерк строительства Свято-Троицкого монастыря. Джорданвилл, 1969; *Николаев А.* Памяти архимандрита Пантелеймона // НРС. 1985. 23 янв.

ПАНТЮХОВ Игорь Олегович (1911, Санкт-Петербург – 25 сент. 1972, США) — художник-портретист. Мл. сын Гв. полковника *О.И. Пантюхова* и брат полк. *О.О. Пантюхова*. После Октябрьского переворота 1917 — с семьёй на Юге России, затем в эмиграции в Турции, с 1923 в США.

В 1927 начал учиться в Нац. академии художеств (National Academy of Design Arts) в Манхэттене (Нью-Йорк). Удостоился стипендии для оплаты учебной поездки в Европу. Журнал «Town and Country» поместил на обложке один из портретов работы **П.** С этого начался взлёт карьеры **П.** как портретиста. Работы кисти **П.** находятся в 20 частных собраниях, включая собрание кнж. Грэйс Монакской, Лоренса Рокфеллера, Антони Д. Дюка (Нью-Йорк), Эдуина Поли (Калифорния), мадам Т.В. Сунг (Вашингтон), Уильяма Кудахи (Чикаго) и др.

И с т. Пантюхов Игорь Олегович // Незабытые могилы / Сост. В.Н. Чуваков. Т. V. С. 334.

Л и т. Town and Country. 1933. Febr. 15. Vol. 87.

ПАНТЮХОВ Олег Иванович (13 марта 1882, Киев – 25 окт. 1973, Ницца, Франц.) — основатель рус. скаутизма (разведчества), Ст. Рус. Скаут (1920), участник Белого движения на Юге России, полковник. Мл. сын в семье И.И. Пантюхова (1836–1911) — военного врача и учёного. Оконч. Тифлисский Вел. Кн. Михаила Николаевича кад. корпус (1899), ст. портупей-юнкером и фельдфебелем роты Его Величества Павловское военное уч-ще (1901) и вышел Л.-гв. подпоручиком в 1-й Стрелковый Его Величества батальон, стоявший в Царском Селе. Великолепный стрелок, дважды отмечен денежными призами и Высочайшими знаками за отличную стрельбу. 17 апр. 1909 в Павловском парке создал группу подростков для занятий стройподготовкой и гимнастикой. Эта дата (30 апр. по н. ст.) считается днём рождения рус. скаутизма-разведчества. После публикации книги ген.-лейт. брит. службы Р.С. Баден-Пауэлла "Scouting for boys" (СПб., 1909) увлёкся скаутизмом как методикой нац.-патриотич. воспитания. В 1910 встречался с Р.С. Баден-Пауэллом во время его пребывания в Санкт-Петербурге. Автор первых пособий для рус. скаутов-разведчиков. В 1911–14 способствовал деятельности Царскосельской дружины скаутов-разведчиков. Участник Первой мировой войны. Нач-к учебной команды Л.-гв. 1-го стрелкового Его Величества полка (авг. 1914 – май 1915) в Царском Селе. С мая 1915 — на фронте в р-не Ломжи под Варшавой, командовал 2-м батальоном. Л.-гв. полковник (1915). За боевые отличия в 1915 награждён орденом св. Георгия IV ст. Дважды контужен (1915–16) и тяжело ранен в р-не Ковеля (1916). В 1916–17 — на излечении в Крыму, где способствовал развитию скаутского движения. К 1917 в 143 населённых пунктах России насчитывалось ок. 50 тыс. скаутов-разведчиков. Командир 29-го Сибирского полка 8-й Сибирской стрелковой дивизии (июнь – авг. 1917), нач-к 3-й Московской школы прапорщиков (с авг. 1917). Участник боёв с большевиками в Москве 25 окт. – 2 нояб. 1917. Затем жил с семьёй в Крыму. В 1919 вступил в ряды ВСЮР, служил в ОСВАГе. На скаутском съезде в Новочеркасске осенью 1919 избран Ст. Скаутом России (с 1920 — Ст. Рус. Скаут). С февр. 1920 — в командировке в Константинополе, где остался в эмиграции. Создатель Орг-ции рус. скаутов за границей (с 1924 — Всерос. Нац. Орг-ций Рус. Скаутов (ВНОРС), с 1934 — НОРС, с 1942 — Орг-ция Разведчиков, с 1945–46 — НОРС и ОРЮР).

В США с 1923 [по др. дан. с окт. 1922]. Участвовал в рус. общественной жизни. Председатель Объединения Л.-гв. 1-го стрелкового полка (с 30-х гг.), председатель отдела Гв. объединения в США (на 1951). В 1945–57 П. формально возглавлял НОРС и ОРЮР. Автор мемуаров. После 1945 — в эмиграции во Франции, жил в Ницце. *Родственники*: брат Андрей (1875 [1877?], Киев – 31 июля 1934, Нью-Йорк) — военный врач, участник Белого движения на Юге России, член Об-ва рус. врачей в Нью-Йорке; брат Николай (с семьёй) — остался в Петрограде; жена (урожд. Добровольская, в браке с 1908) *Нина Михайловна*; дети: *Олег* и *Игорь*; три внучки. Похоронен в Ницце на православном кладбище Кокад. Большой фонд П. хранится в Архиве Гуверовского ин-та Стэнфордского ун-та в Пало-Альто (Калифорния, США).

С о ч. В гостях у Бой Скаутов. СПб., 1914; О днях былых. Семейная хроника Пантюховых. Маплвуд, 1969; Памятка юного разведчика. Царское Село, 1911.

И с т. *Александров К.М.* Олег Иванович Пантюхов // Три века Санкт-Петербурга. Материалы к энциклопедии по XX в.; Пантюхов Игорь Олегович // Незабытые могилы / Сост. В.Н. Чуваков. Т. V. С. 334.

Л и т. *Волков С.В.* Офицеры российской гвардии. С. 364; *Полчанинов Р.В.* Орг-ция Рос. Юных Разведчиков // РА. 1996. № 20. С. 173–188; *Орехов В.В.* Некролог // Часовой (Брюссель). 1973. Дек. № 570. С. 16; *Полчанинов Р.В.* Страницы истории разведчества-скаутизма (Нью-Йорк). 1998. № 3(60) и № 4(61).

ПАНТЮХОВ [John L. **Bates**] Олег Олегович (2 мая 1910, Царское Село Санкт-Петербургской губ. – 20 сент. 1995, Форт Белвуар, шт. Нью-Джерси, [по др. дан. Вашингтон]) — полковник запаса армии США, переводчик ген. Д. Эйзенхауэра, скаутмастер, один из основателей КРА. Ст. сын Гв. полковника *О.И. Пантюхова*.

С 1920 с семьёй в эмиграции в Константинополе, с 1923 в США. Оконч. гимназию и один курс ун-та в США (на 1931). Военную службу начал в рус. арт. батарее Нац. гв. США. Проходил сборы в 244-м арт. полку. С 1 дек. 1930 — вольноопределяющийся на правах прикомандированного, член Объединения Л.-гв. 1-го Стрелкового Е.И.В. полка. Второй лейтенант армии США (1935). Участник Второй мировой войны. В 1942 командовал зенитной батареей по защите Вашингтона. Оконч. курсы Ген. штаба армии США (янв. 1943). В 1943–44 служил в Иране в чине майора в должности адъютанта Главнокомандующего амер. войсками в Иране и офицера связи с представителями сов. войск. Знание яз., в первую очередь рус., сыграло важную роль в дальнейшей карьере П. В 1943 в качестве переводчика сопровождал ген. Д. Конолли для проверки поставок по «ленд-лизу» в Москве, Киеве и Ленинграде. Переводчик во время международных конференций глав государств антигитлеровской коалиции в Тегеране (1943), Ялте (1945) и Потсдаме (1945). По служебным обязанностям П. приходилось встречаться с Главнокомандующим союзными армиями в Европе ген. Д. Эйзенхауэром, президентами США Ф.Д. Рузвельтом и Г.С. Трумэном, наркомом ин. дел СССР В.М. Молотовым и председателем Гос. Комитета Обороны СССР И.В. Сталиным. В Тегеране П. видел Сталина вблизи, представлял ему членов амер. делегации и сопровождал сов. лидера в апартаменты Рузвельта. Тогда произошёл совершенно невероятный случай, когда П. оказался наедине со Сталиным в проходной комнате в президентские апартаменты. Начало разговора между Сталиным и Рузвельтом переводил П. Во время Ялтинской конференции в февр. 1945 был в Крыму только четыре дня. По требованию сов. стороны П. не допустили к участию в дальнейшей работе конференции, обязав покинуть пределы СССР. Требование сов. стороны объясняется тем, что большевики хотели устранить рус. антикоммуниста и сына белого офицера от участия в переговорах, в рамках которых обсуждалась перспектива насильственной репатриации союзниками из Европы на родину быв. граждан СССР. После мая 1945 служил военным атташе и личным переводчиком ген. Д. Эйзенхауэра при переговорах с маршалом Г.К. Жуковым в Берлине. За службу дважды удостоен награды «Army Commendation». Но П. было ближе к сердцу личное письмо Эйзенхауэра с благодарностью за службу. Указом президента США награждён орденом Отличия (Legion of Merit). После отъезда Эйзенхауэра в США, занимал должность нач-ка отдела связи протокола Главнокомандующего амер. силами в Европе ген. Л.Д. Клея. На протяжении следующих 28 лет продолжал службу в Вашингтоне, Колорадо, Сев. Каролине и Нью-Йорке. В 1951 вновь вызван ген. Эйзенхауэром, когда тот стал командующим союзными силами в Европе, предполагая, что снова будут переговоры с СССР. **П.** был известен в международном штабе как John L. Bates. Переговоры с СССР не начались, и Эйзенхауэр возвратился в США. Командовал 25-м зенитным арт. батальоном, затем — полком, состоящим из четырёх батальонов (12AAA group) в Карлсруэ (ФРГ). В отставке в чине полковника с 1959. Автор воспоминаний (на англ. яз.) «Journey Through Two Worlds» («Путешествие через два мира»). После выхода в отставку поселился в шт. Нью-Джерси близ Нью-Йорка. Участвовал в рус. общественной жизни. Член-основатель КРА (1973), член Главного правления КРА. К 200-летнему юбилею США составил список рус. ветеранов Вооружённых Сил США, использованный в наст. словаре. В теч. 15 лет состоял в правлении Толстовского фонда. Уделял много внимания скаутскому движению и возрождению рус. скаутизма-разведчества на родине (с 1989–90). В 1979 способствовал объединению в США ОРЮР и НОРС в одну орг-цию. В составе делегации ОРЮР участвовал в 1-м съезде по возрождению скаутизма в Москве (нояб. 1990). *Родственники*: жёны: в первом браке (урожд. Рагозина) Наталья (?–1959), во втором браке Хестер; три дочери (от первого брака, воспитаны второй женой).

Похоронен 25 сент. 1995 на кладбище Mt. Herbon, Upper Montclair (шт. Нью-Джерси).

С о ч. *Pantuhoff Oleg* — 1976.

И с т. ЛАА. *Александров К.М.* Справка о членстве О.О. Пантюхова в Объединении Л.-гв. 1-го стрелкового Е.И.В. полка (по материалам фонда О.И. Пантюхова в АГИВРМ); *Пантюхов О.И.* О днях былых. Семейная хроника Пантюховых. Маплвуд, 1969; Пантюхов Олег Олегович // Незабытые могилы / Сост. В.Н. Чуваков. Т. V. С. 335.

Л и т. *Александров К.М.* Олег Олегович Пантюхов // Новый Часовой (Санкт-Петербург). 1996. № 4. С. 265; *Александров Е.А.* Полковник О.О. Пантюхов // РА. 1995. № 20. С.163–167; *Александров Е.А.* Олег Олегович Пантюхов // Там же. 1997. № 221. С. 248–250 (With English summary); *Селинская Л.Р.* О.О. Пантюхов // Кад. перекличка (Нью-Йорк). 1996. Март. № 58. С. 153–154; *Селинская Л.Р.* Памяти О.О. Пантюхова // НРС. 1995. 12 дек.; *Lambert B.* John L. Bates, 85, Interpreter for Roosevelt at Stalin Talks // The New York Times. 1995.

ПАНТЮХОВА [урожд. **Добровольская**] Нина Михайловна (3 дек. 1883, Рига Лифляндской губ. – 12 янв. 1942, Нью-Йорк) — художник, деятель рус. скаутского движения. Дочь командира 3-го сапёрного батальона полковника М.К. Добровольского, жена (в браке с 11 мая 1908) *О.И. Пантюхова*. Оконч. женскую гимназию в Вильно. Училась в живописи в Санкт-Петербурге в худ. мастерской у Я.Ф. Ционглинского и в Париже у худ. Англадо. Занималась в худ. школе бар. Штиглица в Соляном городке в Санкт-Петербурге. С 1910 рис. эмблемы, открытки, эскизы для Царскосельской дружины рус. скаутов-разведчиков. После Октябрьского переворота 1917 — на Юге России. С 1920 — в эмиграции в Константинополе, где имела худ. мастерскую. С 1923 в США. В Нью-Йорке вновь открыла худ. мастерскую. За время своего творч. издала 34 рус. рождественских и пасхальных открыток, включая патриотич. открытки, открытки с портретом О.И. Пантюхова и открытки со скаутской символикой. Ряд картин **П.** из серии «Видения старой России» использованы для открыток. *Родственники*: муж *Олег Иванович* (1882–1973); дети *Олег и Игорь*.

Прах **П.** перенесён в Ниццу (Франц.) и похоронен на православном кладбище Кокад рядом с могилой мужа.

И с т. *Пантюхов О.И.* О днях былых. Семейная хроника Пантюховых. Маплвуд, 1969; Пантюхова Нина Михайловна // Незабытые могилы / Сост. В.Н. Чуваков. Т. V. С. 335.

Л и т. *Полчанинов Р.В.* Пантюхова Нина Михайловна // Зарубежная летопись изобразительного искусства. 1998. Июнь. № 2. С. 2–4.

ПАПКОВ Николай Александрович (24 янв. 1906, Зубриловка Балашёвского уезда Саратовской губ. – 17 мая 1994, Куперстаун, шт. Нью-Йорк) — художник. Род. в семье священника, мл. ребёнок из 7 детей. Для продолжения детьми образования отец **П.** перевёлся в Саратов, где был назначен служить в Казанский храм. Первые занятия по рис. **П.** получил в 12 лет у И.П. Степашкина, преподавателя Саратовской худ. школы. После Октябрьского переворота 1917 **П.**, как сын священника оказался лишён доступа к высшему образованию. Поступил в Петроградскую школу поощрения искусства, где учился 4 года, и получил диплом свободного художника. Постоянной работы не имел, жил в страхе, ожидая возможного ареста. Во время советско-финляндской войны 1939-40 призван на службу в части береговой обороны Финского залива. Летом 1941 контужен и в нач. авг. 1941 немцами взят в плен, где едва выжил из-за голода, болезней и издевательств охраны. Положение **П.** улучшилось, когда немцы узнали о его профессиональных способностях. Получал заказы, расписывал театральные декорации в Каунасе (Литва). В 1945 — в Германии. Чудом избежал принудительной репатриации в СССР. До 1956 жил в беженском лагере. Участвовал в выставках, был принят в Союз нем. художников, занимался иконописью, работал худ. в одном из мюнхенских изд-в. Исполнил заказы, полученные из США из Казанского храма в Ньюарке (шт. Нью-Джерси) и из монастыря Ново-Дивеево (шт. Нью-Йорк). Хлопотал о переезде в США. Подвергался длительным проверкам здоровья, подорванного в лагерях военнопленных и проверкам полит. характера.

В США с семьёй с сент. 1956. Получил большой заказ на роспись Свято-Серафимовского храма в женском монастыре Ново-Дивеево, завершив работу за три года. Затем жил в Наяке, расписывал храмы Покрова Пресвятой Богородицы, св. преп. Сергия Радонежского в Валей-Коттедж (шт. Нью-Йорк) на Толстовской ферме. Написал икону Новомучеников и Исповедников Российских для Богоявленского собора в Бостоне. **П.** был монументалистом. Его фрески органично связаны с храмовой архитектурой, на почерк художника влияла традиция мастеров раннего Возрождения. По собственному признанию, **П.** шёл в своём творч. от реализма к иконе, например в образах-портретах Оптинских старцев. Автор 26 работ, включая храмовые фрески и иконостасы. Кисти **П.** принадлежат 11 портретов св. Иоанна Шанхайского, о. Серафима Слободского, членов семьи и близких друзей. Одна из последних работ художника — серия из 20 картин, посвящённых рус. лихолетью, начиная от убийства Царской Семьи и заканчивая Второй мировой войной. *Родственники*: вдова (урожд. Самойлова) Надежда — помощник мужа; дети с семьями: Андрей, Надежда — художник.

Похоронен на кладбище Свято-Троицкого монастыря в Джорданвилле (шт. Нью-Йорк).

Л и т. *Папкова Н.Н.* Н.А. Папков. К 10-летию со дня кончины // ПР. 2004. Май. № 5. С. 34; № 6. С. 34.

ПАПОВ (Papov) В. — см. **ПОПОВ** В.

ПАРР [Boris (Robert) **Parr**] Борис Васильевич (род. 1932, Китай) — ветеран армии США, преподаватель, общественный деятель. Род. в рус. семье, с которой в 1946 прибыл в США. Оконч. среднюю школу (High School), учился в Городском колледже (City Vollege) в Сан-Франциско, Калифорнийском ун-те в Бёркли и в Сан-Францисском штатном ун-те. Бакалавр (1961), преподаватель (1962), магистр (1964). В 1993 после 32 лет преподавания завершил карьеру учителя, помощника директора и директора средней школы Вестборо (Юж. Сан-Франциско). В качестве консультанта по преподаванию ин. яз. исполнял обязанности помощника нач-ка отдела образования школьного округа.

В 1952–91 — на службе в ВВС США, полковник. Одновременно работал консультантом по ин. яз. в штатном департаменте образования Калифорнии. Более 20 лет служил по контракту переводчиком в Госдепартаменте США. Во время этой работы работал переводчиком 11 недель в Вене и 9 недель в Хельсинки в ходе сов.-амер. переговоров об огранич. стратегич. вооружения, в результате которых был подписан Московский договор 1971. Затем был переводчиком во время переговоров между президентом США Р. Никсоном и Генеральным секретарём ЦК КПСС Л.И. Брежневым в Сан Клементе (шт. Калифорния). С 1980 член КРА. Занимал посты вице-председателя и председателя правления Калифорнийского отдела КРА. Член Главного правления КРА, директор отдела общественных отношений. Организовал и провёл в Калифорнии два съезда КРА. Устроил трёхмесячную выставку рус. культуры в историч. музее в Сан-Матео. Добровольно взял на себя на четыре года должность зав. Православной академии св. Иоанна в Сан-Франциско. Член церковного совета православной церкви в Бурлингейме (шт. Калифорния). Вице-председатель и секретарь благотворительного фонда Бориса и Веры Богарт. Член редколлегии журнала «Русский Американец» (Нью-Йорк). *Родственники*: жена Ольга Константиновна; дети — Михаил и Алекс.

И с т. Archives CRA *Parr B.* Authobiography, 1999; *Parr B.* Biography, typescript, 2002.

ПАРРИ [**Parry** Albert] Альберт Осипович (1901, Ростов Обл. Войска Донского – после 1988, Санкт-Петербург (шт. Флорида)) — историк, советолог, специалист по рус.-амер. топонимике. В США с 1921. Оконч. Чикагский ун-т со степенью бакалавра (1935), защитил при Чикагском ун-те докторскую дисс. (1938) о рус.-кит. отношениях 1689–1917. Автор книг (на англ. яз.) об американце Уистлере, строившем Николаевскую жел. дорогу между Москвой и Санкт-Петербургом, о *П.А. Дементьеве-Деменсе*, о рус. названиях амер. городов. Автор многоч. статей, опубликованных в «Новом русском слове» (Нью-Йорк) и в амер. газ. В теч. 22 лет был проф. по изуч. России и СССР в ун-те Колгэйт в Гамильтоне (шт. Нью-Йорк). Ушёл в отставку со званием проф.-эмеритуса. Член Ассоциации преподавателей славянских и восточноевропейских яз. Последняя книга П. о Дементьеве-Деменсе вышла на англ. яз. в 1987. *Родственники*: два сына.

С о ч. История одной книги // НРС. 1987. 18 дек.; Full Steam Ahead! The Story of Peter Demens, Founder of St. Petersburg, Florida. St. Petersburg, 1987.

Л и т. *Полчанинов Р.В.* 50-летие рус.-амер. топонимики // НРС. 1974. 14 апр.; Parry Albert // Who knows — and what among Authorities — Experts and the Specially informed. Chicago, 1949. P. 488.

ПАРФЁНОВ Стефан Стефанович — юрист. Род. в крестьянской семье Вятской губ. Во время рус.-яп. войны 1904–05 поступил добровольцем в лазарет Красного Креста в Маньчжурии. В России оконч. в Нар. доме в Санкт-Петербурге курсы счетоводов. Владел несколькими яз. Прибыв в США, служил 3 года в кав. Оконч. курсы для кадровых офицеров. Оконч. юридич. ф-т одного из ун-тов.

Во время Первой мировой войны служил в армии США инструктором для особых поручений. Проживая в городе Гери (Индиана), занимался адвокатурой. Активный прихожанин Свято-Покровской церкви. Автор трудов на рус. и англ. яз., в частности по истории «Русской правды» кн. Ярослава Мудрого. Читал лекции перед рус. и амер. аудиториями.

Л и т. *Кедровский Вениамин*, протоиерей. На ниве Божией. История Свято-Покровской православной рус. церкви в городе Гери. Индиана, 1931. С. 206–208.

ПАСЕЧНИК Михаил Андреевич (4 нояб. 1900, Екатеринослав – 15 дек. 1989, Гонконг) — общественно-политич. деятель. В конце Второй мировой войны эвакуировался на Запад. После 1945 — с семьёй в США. Участвовал в движении украинцев-федералистов, сотрудничавших с рус., белорус. и мусульманскими антикоммунистич. орг-циями. Жил в Нью-Йорке, затем (до 1984) в Ричмонде (шт. Мен). С 1984 жил в Гонконге. *Родственники*: дочери Лариса, Светлана и Наталья с семьями.

И с т. Архив КРА. Материалы.

ПАСТУХОВ Всеволод Леонидович (1894 [по др. дан. 1896] – 10 нояб. 1967, Нью-Йорк) — пианист, поэт. Юность провёл в Санкт-Петербурге. После 1918 — в эмиграции в Латвии. Жил в Риге, Митаве. Рук. школой игры на фортепиано. Во время Второй мировой войны эвакуировался на Запад. С 1945 — в Зап. Германии, жил в Мюнхене. В США с 1949. В 1957–67 жил с женой в Дугластоне под Нью-Йорком. В 1953–54 — соред. лит. журнал «Опыты» (Нью-Йорк, № 1–3). Участвовал в кружке «Лига». Гражданин США. Автор газ. «Новое русское слово» (Нью-Йорк).

С о ч. Хрупкий полёт. Сб. стихов. Нью-Йорк, 1967.

И с т. Пастухов Всеволод Леонидович // Незабытые могилы / Сост. В.Н. Чуваков. Т. V. С. 358.

Л и т. *Вильданова Р.И., Кудрявцев В.Б., Лаппо-Данилевский К.Ю.* Краткий биографич. словарь рус. зарубежья // Струве Г. С. 346; Крейд В. С. 647.

ПАХМУСС [**Pachmuss** Temira] Темира (род. 24 дек. 1927, с. Скамья, Эстонская республика) — литературовед. Оконч. в Австралии со званием бакалавра рус. и нем. яз. (1954) Мельбурнский ун-т, где позже (1955) получ. звание магистра рус. лит. Переселившись в США, защитила докторскую дисс. при отделении славянск. яз. и лит. Вашингтонского ун-та (1959). Преподавательскую деятельность начала в 1958 в Мичиганском ун-те. Преподавала в Колорадском ун-те (1959–60). С 1960 — проф. рус. яз. и лит. в Иллинойском ун-те в

Урбане. Автор 7 книг (на англ. яз.): «Ф.М. Достоевский: дуализм и синтез человеческой души» (1963), «Зинаида Гиппиус: интеллектуальный профиль» (1971), «Зинаида Гиппиус: избранная поэзия» (1971), «Интеллект и идеи в действии: избранная переписка Зинаиды Гиппиус», «Зинаида Гиппиус: Избранные произведения» (1972), «Зинаида Гиппиус как драматург» (1972), «Между Парижем и Санкт-Петербургом: Избранные дневники Зинаиды Гиппиус». Перу **П.** принадлежит свыше 80 статей на англ. яз. по рус. литературоведению. Частично биогеография трудов **П.** опубликована (см.: «Записки Русской Академической Группы в США» (Нью-Йорк). 1990. Т. XXIII. С. 241–242). Владеет кроме рус. и англ.., нем. и польск. яз. Состояла членом РАГ в США.

И с т. Archives of the Assn. olf Russian-American Scholars in the USA. *Pachmuss T.* Curriculum vitae, 1973.

ПАХОМОВ Георгий Сергеевич (род. 7 марта 1941, Кривой Рог) — литературовед. Род. в семье горного инж. *С.А. Пахомова*. Во время Второй мировой войны оказался с родителями в числе беженцев в Австрии, затем — в Зап. Германии.

Среднее и высшее образование получ. в США. Во время летних каникул на протяжении ряда лет был рук. в юношеском лагере Свято-Серафимовского фонда под общим рук. о. *Александра Киселева*. Оконч. Бруклинский колледж со степенью бакалавра по сравнительной лит. (1964), магистр в Нью-Йоркском ун-те (1967). В 1972 при поддержке International Research and Exchanges Board прослушал в Московском гос. ун-те серию курсов по рус. яз., лит. и методике преподавания. В 1973 при отделе славянск. яз. и лит. Нью-Йоркского ун-та защитил докторскую дисс. «Romantisizm in Turgenev: Turgenev as the Inheritor of the Themes and Concerns of Russian Romaticizm». В теч. трёх лет преподавал рус. яз., рус. лит. и сравнительную лит. в Куинс-колледже во Флашинге (шт. Нью-Йорк). Преподавал во время летних семестров в Рус. школе Миддлбери-колледжа. С 1973 — проф. рус. яз. и лит. в Брын-Мор колледже (шт. Пенсильвания). Читал лекции аспирантам. Автор трудов: «Russian Grammar Exercises» («Упражнения по русской грамматике») (1971), «In Earthbound Flight: Romaniticism in Turgenev» (V. Kamkin Books, 1983), «Russian Society, 1389–1425» (Academic International Press, 2001). Публиковался на страницах «Записок Русской Академической Группы в США» (Нью-Йорк). Автор 17 статей, опубликованных в журналах: «Russian Language Journal», «Forum», «Queens Savic Papers», «Canadian-American Slavic Studies» и др., 8 лит. обзоров и 29 докладов на съездах, посвящённых рус. лит. и яз. Состоит в 3 амер. об-вах по изуч. и преподаванию рус. и славянск. яз. Член РАГ в США и КРА. *Родственники*: жена (урожд. Шепард) Даниэль (Даша); дочь Лара.

С о ч. Частич. библиографию трудов **П.** см.: Записки РАГ в США. 1990. Т. XXIII. С. 242.

И с т. АА. *Pahomov G.S.* Curriculum vitae, revised, typescript 6 p. (June 2001); Archives of the Assn. of Russian-American Scholars in the USA. *Pahomov G.S.* Curriculum vitae, 1971.

ПАХОМОВ Сергей Анатольевич (1909, Новочеркасск Обл. Войска Донского – 16 авг. 1982, шт. Нью-Джерси) — горный инженер, каз. деятель. Род. в семье каз. офицера. Оконч. Криворожский горный ин-т с дипломом горного инж. (1936). Специализировался по разработке рудных месторождений. Подвергался аресту сов. карательными органами по вымышленному обвинению, пробыл в заключении 3 года. Затем работал инж. на железорудной шахте в Кривом Роге. Во время Второй мировой войны выехал с семьёй на Запад.

После 1945 — в Зап. Германии, жил в Мюнхене. Переехал в США, работал в строительной фирме и участвовал в деятельности каз. орг-ций. Действительный член Об-ва рус. инж. в США. *Родственники*: вдова (урожд. де Сирон) Тамара Августиновна (? – 16 сент. 2001) — похоронена рядом с мужем; сын *Георгий* — литературовед; невестка; внучка.

Похоронен на каз. участке Свято-Владимирского кладбища возле Кэссвилла (шт. Нью-Джерси).

И с т. АА. Личные сведения; *Пахомов Г.С.* Письмо Е.А. Александрову, 2002; АОРИ. Анкета.

ПАШ [**Пашковский**, Boris T. **Pash**] Борис Т. — ветеран армии США, полковник.

И с т. *Pantuhoff Oleg* — 1976.

ПЕВЗНЕР Наум Абрамович — см. **ГАБО** Наум Абрамович

ПЕНИОНЖИК [**Пенн**] Алексей Михайлович (10 февр. 1901 – 13 янв. 1985, Наяк, шт. Нью-Йорк) — участник Белого движения на Юге России, инженер-строитель. В Рус. армии до эвакуации Крыма в нояб. 1920. В 1920–21 — в Галлиполи, юнкер. Подпоручик (после 1921). В эмиграции в Чехословакии. Оконч. в Праге политехнич. ин-т с дипломом инж.-строителя. Переселился в США. Член Об-ва рус. инж. в США.

И с т. АОРИ. Анкета (1954).

Л и т. Некролог // Часовой (Брюссель). 1985. Май – июнь. № 655. С. 26.

ПЕРВУШИН Николай Всеволодович (1899, Казань – 14 [15?] июня 1993, Монреаль, пров. Квебек, Канада) — литературовед, филолог, историк, экономист, специалист по синхронному переводу. Мать **П.** — Александра Андреевна Залежская, двоюродная сестра В.И. Ленина. Среднее образование получил в Казани. В 1917 выступал в печати в поддержку Всерос. Учредительного Собрания. Оконч. юридич. ф-т Казанского ун-та (1919), затем — доцент. Арестован большевиками за критич. политич. замечания. **П.** грозил расстрел. Освобождён как племянник Ленина по материнской линии. С 1921 — проф. Самарского ун-та, но вскоре возвратился преподавать в Казань. В 1923 отправился в Германию для изуч. промышленности и работы над дисс. Работал экономич. консультантом сов. промышленных предприятий в Зап. Европе. Политэмигрант (1930). Порвал с сов. властью, поселился в Париже и читал лекции по рус. истории и экономике. В США с 1946. В теч. 16 лет работал старшим переводчиком и преподавателем рус. яз. для дипломатов в ООН. Два года рук. рус. секцией письменных переводов в ЮНЕСКО в Париже. С 1960 — проф. Ин-та критич. яз. при Вермонтском ун-те в Норвиче, где читал лекции о рус. культуре и истории, директор Ин-та (1971). Проф. Мак-Гиллского ун-та в Монреале (1962), доцент Оттавского ун-та. Автор статей о творч. Н.С. Тургенева, М.Ю. Лермонтова, *А.И. Солженицына* и др. В 1971 участвовал в создании Международного и Американского об-ва по изуч. творч. Ф.М. Достоевского. Обладатель почётной ст. доктора по гуманитарным наукам в Норвичском ун-те (1977).

Первые публикации **П.** появились в 1917. В центре внимания учёного — широкий круг проблем от вопросов экономики до иконописного искусства и методики преподавания рус. яз., лит. Автор 6 книг и брошюр на рус. яз., 3 — на франц. яз., 16 статей в сб. «В помощь преподавателям русского языка» (Сан-Франциско, 1948); статей в журналах «Русский язык», «Новый журнал» (Нью-Йорк) и «Современник». В 1989, в год 90-летия **П.**, из печати вышли его книги: «Страницы русской истории» (на рус. яз.); «Между Лениным и Горбачёвым. Мемуары родственника и критика Ленина» (на англ. яз.). *Родственники*: дочь *Наталья*; двое внуков.

Похоронен 18 июня 1993 на православном кладбище в Роудоне (пров. Квебек).

И с т. АА. *Первушин Н.А.* Автобиография (рукопись, 1975); Пастухов Всеволод Леонидович // Незабытые могилы. Сост. *В. Н. Чуваков*. Т. V. С. 382.

Л и т. К 80-летию Н.В. Первушина // Записки РАГ в США (Нью-Йорк). Т. XIII. С. 347–350; *Могилянский М.* 90-летие проф. Н.В. Первушина // НРС. 1989. 15 июня.; *Могилянский М.* Памяти Н.В. Первушина // НРС. 1993. 25 июня; *Могилянский М.* Рус. канадцы // Жизнь прожить. М., 1993. С. 65–67; На темы рус. и общие. Сб. статей и материалов в честь проф. Н.С. Тимашева. Под ред. *П.А. Сорокина* и *Н.П. Полторацкого*. Нью-Йорк, 1965; *Неплох Б.* Пращуры и потомки по боковой линии // НРС. 1996. 24 сент.; *Филипп В.* Н.В. Первушин // Записки РАГ в США. 1994. Т. XXVI. С. 411–414.

ПЕРВУШИНА-ЛЯБРЕК Наталья Николаевна (1933, Париж – 2002) — художник, искусствовед, поэтесса. Дочь *Н.В. Первушина*, внучатая племянница В.И. Ленина. В детстве жила несколько лет в Перми. Послана к родителям во Францию, где прожила 20 лет, получив общее и специальное образование по изобразительному искусству. Оконч. Худ. школу изящных искусств. В Канаде с 1949. В Квебеке занималась живописью и поступила в аспирантуру Монреальского франц. ун-та, магистр (1966). Область интересов **П.** — православная иконопись ранних веков. Дважды ездила в командировки в Россию, автор дисс. «Об истории эволюции православных иконостасов в России» (1978; изд. 1982).

В 1994 под влиянием взглядов А. Данте, Г. Гете, В.С. Соловьева и Т. де Шардена начала писать труд «Вечно женственное». Автор книги «Вся жизнь в портретах» (1999) с собственными иллюстрациями и текстом на рус. и франц. языках,. В книге опубликованы несколько стихотворений **П.** на рус. яз. с перев. на франц. *Родственники*: муж (в браке с 1952) Пьер Лябрек; два сына.

И с т. АА. *Могилянский М.* Биография Н.Н. Первушиной-Лябрек (машинопись), 2000; письма *М. Могилянского* от 18 марта 2001, 3 марта и 30 сент. 2002.

ПЕРЕВОЗОВСКИЙ Николай Александрович (5 окт. 1896, Екатеринодар Обл. Войска Кубанского – 22 [по др. дан. 9] нояб. 1959, Лонг-Айленд, шт. Нью-Йорк) — участник Белого движения на Юге России, инженер-электромеханик. Прапорщик (на 1917). После Октябрьского переворота 1917 — в белых войсках на Юге России. Участник 1-го Кубанского («Ледяного») похода 1918 в составе пулемётной команды Кубанского стрелкового полка 1-й бригады Добровольч. армии. Сотник (на 1920). После 1920 — в эмиграции в Чехословакии. Оконч. электромеханич. отделение Пражского политехнич. ин-та (1928), работал конструктором (1928–45). После Второй мировой войны — в Зап. Европе. В США с 1949. Работал конструктором в Нью-Йорке, специализировался в обл. машиностроения и обработки изделий из листового материала. В США проживал в Лонг-Айленд-Сити (Нью-Йорк). Действительный член Об-ва рус. инж. в США (1951). Член Главного правления Союза Первопоходников.

И с т. АОРИ. Анкета; Перевозовский Николай Александрович // Незабытые могилы / Сост. В.Н. Чуваков. Т. V. С. 387.

Л и т. *Волков С.В.* Первые добровольцы… С. 238.

ПЕРЕГУДОВ Билл [Bill **Perehudoff**] — художник, педагог. Род. в Лэнгхэм (пров. Саскачеван) в семье фермера-духобора. С детских лет увлекался рисованием. Продолжал летом работать на своей ферме, но также учился в Центре изящных искусств в Колорадо-Спрингс и в Нью-Йорке. Позже путешествовал и учился в Европе. Возвратился в Саскачеван и занимался живописью. Две его самые известные фрески были заказаны **П.** в Саскачеване орг-цией «International Packers».

Л и т. Bill Perehudoff // Canadian Family Tree. 1967. P. 276.

ПЕРЕКРЕСТЕНКО Владимир Михайлович (7 июля 1897, Киев – 29 нояб. 1980, Сан-Франциско) — участник Белого движения на Юге России, поручик. Оконч. (?) Киевский ун-т и поступил во 2-й полк 1-й Заамурской погранич. пех. дивизии, где произведён в офицеры. Участник Первой мировой войны. За храбрость награждён Георгиевским оружием, переведён в инж. войска. После Октябрьского переворота 1917 — в белых войсках на Юге России. Зимой 1917–18 — в отряде полк. В.М. Чернецова на Дону, затем — в Донской армии. В 1919 — участник рейда 4-го Донского корпуса ген.-лейт. К.К. Мамантова. После 1920 — в эмиграции в Кор. СХС, после 1945 — в Бельгии. Жил в Брюсселе. Состоял секретарём Союза рус. писателей и журналистов и членом РНО.

В США с 1961, жил в Сан-Франциско. Был корреспондентом многих рус. зарубежных газ. Свой архив передал в музей рус. культуры в Сан-Франциско. Автор двух неопубликованных работ: «Лагеря» и «На перепутье», в которых описал жизнь в лагерях для «перемещённых лиц».

И с т. АМРК. В.М. Перекрестенко // Коллекции Гуверовского ин-та. Pdf 52,9 К; Перекрестенко Владимир Михайлович // Незабытые могилы /

Сост. *В.Н. Чуваков*. Т. V. С. 389.
Л и т. *В.О.* Некролог // Часовой (Брюссель). 1982. Янв. – февр. № 635. С.24

ПЕРЕСЛОВ Анатолий Павлович (9 февр. 1897 – ?) — инженер-строитель. После 1918 — в эмиграции в Чехословакии. Окончил лесотехнич. отделение (1926) и строительное отделение (1928) Пражского политехникума. В США проживал в Лонг-Бич на Лонг-Айленде (шт. Нью-Йорк). Член Об-ва рус. инж. в США.
И с т. АОРИ. Анкета.

ПЕРМИНОВ Сергей Иванович (1887, Ковно – 1973, Сан-Франциско) — основатель рус. деревни в Калифорнии, инженер. После 1917 — в эмиграции в Харбине. В США с нач. 40-х гг. Приобрёл в 70 милях от Сан-Франциско на Рус. речке (Russian River) на окраине Хилдсбурга участок земли, который стал распродавать по частям знакомым русским. В результате возник рус. посёлок из 23 домов. В 20 домах люди жили круглый год. Летом население посёлка достигало 40 человек.
Л и т. *Полчанинов Р.В.* Рус. посёлок Перминов Тракт // НРС. 1975. 3 авг.

ПЕРФИЛОВ Владимир Глебович (1918, Новочеркасск Обл. Войска Донского – 30 янв. 2003) — учитель народных танцев, хореограф, деятель рус. сокольства. После 1918 — в эмиграции с семьёй в Чехословакии, где родители обосновались в Праге. В детстве посещал занятия в сокольском об-ве. После Второй мировой войны переехал в Австрию, здесь создал группу нар. танцев. Эмигрировав в США, поселился в Сан-Франциско. Инструктор, затем — нач-к Об-ва «Русский сокол». Параллельно создал группу народных танцев. В 1963 танцевальный ансамбль **П.** стал профессиональным, гастролировал в Калифорнии и Канаде, участвовал в съёмках для телевидения и кино. Хореографировал сюиты: рус., укр., венгерск., восточ., половецкие пляски из оперы А.П. Бородина «Князь Игорь» и др. В результате деятельности **П.** в р-не Сан-Франциско возникли три танцевальные группы. *Родственники*: вдова Марьяна Эрвиповна; дети: Татьяна (в браке Бентли, с семьёй), Глеб, Елена; внук Михаил.
Л и т. Светлой памяти Володи // РЖ. 2003. 8 февр.

ПЕРЦОВ [Pertzoff Constantin] Константин Александрович — архитектор. Оконч. архитектурное отделение Гарвардского ун-та со званием магистра (1924). Создатель ряда архитектурных проектов, за которые получил три награды, включая награду за проект небольших домов. Проекты **П.** освещались в изданиях: «Pencil Points», «Chicago Tribune», «Architectural Record». Работал архитектором в фирме «Maginnis & Walsh». Вице-президент Об-ва рус. студентов, оконч. амер. высшие учебные заведения при содействии Рус. студенч. фонда в Нью-Йорке.
Л и т. *Pestoff Alexis N.* Directory of Russian Graduates of American Colleges // Alumni Association of the Russian Student Fund, Inc. New York, Aug. 1929. P. 13.

ПЕСТОВ [Pestoff Alexis Nicholas] Алексей Николаевич — инженер-химик. Оконч. в Нью-Йорке химич. отделение Ин-та Пратт (1927). Работал инж.-химиком в исследовательском отделе «U.S. Metals Refining» в Картерет (шт. Нью-Джерси). Занимал должность президента Об-ва рус. студентов, оконч. амер. высшие учебные заведения при содействии Рус. студенч. фонда в Нью-Йорке.
Л и т. *Pestoff Alexis N.* Directory of Russian Graduates of American Colleges // Alumni Association of the Russian Student Fund, Inc. New York, Aug. 1929. P. 13.

ПЕТЕРС Николай Иванович (? – 1 нояб. 1966, Санта-Барбара (шт. Калифорния)) — участник Белого движения на Юге России, ротмистр. Оконч. Суворовский кад. корпус (1909), Елисаветградское кав. уч-ще (1912, по др. дан. 1911) и вышел корнетом в 12-й драг. Стародубовский полк 12-й кав. дивизии. С 1913 — офицер Крымского кон. Её Вел. Гос. Императрицы Александры Фёдоровны полка. Участник Первой мировой войны, награждён боевыми орденами за отличия. Штабс-ротмистр (на 1917). После Октябрьского переворота 1917 — в Крыму, где участвовал в боях с большевиками зимой 1917–18. Командир эскадрона 1-го Крымско-татарск. полка (дек. 1917). В рядах ВСЮР (1919) — в Чеченской кон. дивизии. В Рус. армии: в рядах Татарского кон. полка (март – апр. 1920). С мая 1920 — в дивизионе Крымского кон. полка в составе 2-го Туземного кон. полка Туземной бригады 3-й кон. дивизии. Ротмистр (на 1920). Эвакуировался из Крыма в составе Рус. армии в нояб. 1920. В 1920–21 — в Галлиполи в составе Запасного кав. дивизиона. С 1921 — в Константинополе, затем в Бельгии. С 1949 (?) в Нью-Йорке, откуда переехал в Калифорнию. Участвовал в жизни рус. воинских орг-ций. *Родственники*: жена Мария Александровна.
И с т. ЛАА. Справка *К.М. Александрова* на ротмистра (на 1920) Н.И. Петерса; Петерс Николай Иванович // Незабытые могилы / Сост. *В.Н. Чуваков*. Т. V. С. 409.

Л и т. *Волков С.В.* Офицеры армейской кавалерии. С. 404; Некролог // Часовой (Брюссель). 1967. Февр. № 488. С. 23.

ПЁТР [в миру Павел Андреевич ЛУКЬЯНОВ] (род. 9 авг. 1948, Сан-Франциско) — епископ РПЦЗ, богослов, преподаватель. Среднее амер. и рус. образование получил в Сан-Франциско. Оконч. Свято-Троицкую дух. семинарию в Джорданвилле (1971) со ст. бакалавра богословских наук. Магистр по рус. лит. при Норвичском ун-те (1972), оконч. Белградский православный богословский ф-т. Принял монашеский постриг и рукоположен во иеромонаха. С 1972 преподавал в Свято-Троицкой семинарии историю Рус. Церкви, Новый Завет, историю мира и цивилизации, был деканом семинарии и её секретарем.

Занимался науч. работой по истории Рус. Церкви. Автор статьей в церковных изданиях под псевдонимом. Состоял нач-м Рус. Дух. миссии в Иерусалиме (с 2000). В сент. 2003 хиротонисан во епископа Чикагского РПЦЗ.
И с т. Архив РАГ в США. *Лукьянов П.* Анкета. 1984.
Л и т. Назнач. нового нач-ка Рус. Дух. миссии в Иерусалиме // ПР. 2000. 1/14 дек. С. 2; Наречение и хиротония архимандрита Петра во епископа Кливлендского, викария Чикагского и Детройтской епархии // Там же. 2003. 1/14 сент. № 17 (1734). С. 1–5.

ПЁТР [до крещения — **Чунагнак**] — алеут, св. мученик. Был крещён с именем **П.** на Аляске, откуда прибыл в Форт Росс. Входил в артель Тарасова, промышлявшего мор. зверя у берегов исп. Калифорнии при губернаторе Пабло Винсенте де Сола (1815). Исп. солдаты задержали промышленников, включая **П.** Захваченным было предложено принять католичество, от чего все отказались. Тарасов и его команда, за исключением **П.** и второго алеута по имени Кыхляй, были переведены в миссию Санта-Барбара, откуда потом бежали. **П.** подвергся истязаниям с целью принуждения переменить веру, чему свидетелем был Кыхляй. Во время истязаний замучен до смерти. Рос. правительство предъявило дипломатич. протест Испании по поводу убийства подданного Рос. империи. За стойкость и приверженность православию причислен Церковью вместе с первомучеником *Ювеналием* к лику святых мучеников.

Л и т. *Григорий*, епископ Аляскинский. Аляскинские мученики // НРС. 1980. Июнь.

ПЕТРЕНКО [Eugen S. **Petrenko**] Евгений С. — ветеран армии США. Сержант (MSgt), в 1945 служил в амер. секторе в Берлине.

И с т. *Pantuhoff Oleg* — 1976.

ПЕТРЕНКО Марк Ильич (?–1971) — участник Белого движения на Юге России, подхорунжий. Каз. стан. Прохоровской Обл. Войска Терского. Участник Первой мировой, Гражданской и Второй мировой войн. В 1941–45 — в 1-м каз. ген. Зборовского полку Рус. Корпуса. С мая 1945 — в Австрии, затем в США. Жил в Лейквуде (шт. Нью-Джерси), где был атаманом Терской станицы.

Л и т. *Протопопов Н.Н.* Памяти М.И.Петренко // Родной Терек. № 5. С.16

ПЕТРОВ [**Petroff** Alexander Nicholas] Александр Николаевич (5 сент. 1897, Данилов Ярославской губ. – ?) — инженер-авиаконструктор. Оконч. Мичиганский ун-т с дипломом авиационного инженера (1928). Занимался исследованиями в аэродинамич. лаборатории ун-та на соискание ст. магистра. В 1928–35 — директор авишколы при ун-те Уичиты. Внештатный проф. Калифорнийского и Мичиганского ун-тов. Был членом Об-ва рус. студентов, оконч. амер. высшие учебные заведения при содействии Рус. студенч. фонда в Нью-Йорке.

И с т. АОРИ. Анкета.

Л и т. *Pestoff Alexis N.* Directory of Russian Graduates of American Colleges // Alumni Association of the Russian Student Fund, Inc. New York, Aug. 1929. P. 16.

ПЕТРОВ Виктор Порфирьевич (22 марта 1907, Харбин, Маньчжурия, Сев. Китай – 18 авг. 2000, Роквилл, шт. Мэрилэнд) — проф. географии, исследователь истории Рус. Америки, писатель, один из основателей и деятель КРА. Род. в семье священника. Учился в гимназии в Благовещенске. После захвата большевиками Дальнего Востока (окт. 1922) вернулся в Харбин, перейдя границу под обстрелом красноармейцев. В Харбине продолжал образование, оконч. рус. гимназию и юридич. ф-т. В 1930–40 жил в Шанхае, где занимался репортёрской работой. Благодаря знанию кит., англ. и нем. яз., работал в крупной торговой фирме. Лит. деятельность начал в Китае, здесь издал три книги на рус. яз. Вследствие военных действий и наступления яп. армии переехал в США (1940). До 1945 служил в управлении жел. дорог и писал для двух рус. газ. Продолжал образование. Бакалавр, магистр Амер. ун-та в Вашингтоне, затем защитил докторскую дисс., специализируясь в обл. международных отношений, истории и географии. Преподавал в Военно-мор. школе при Колорадском ун-те (1945–46), школе ин. яз. Военно-мор. ведомства в Вашингтоне (1946–65), где дослужился до звания полного проф. Читал лекции по географии в Ин-те по изуч. Китая и СССР при ун-те Дж. Вашингтона (1962–67). Преподавал географию (1965–67) в штатном колледже в Шиппенсбурге (шт. Пенсильвания), штатном ун-те в Лос-Анджелесе и в ун-те Виктории в Брит. Колумбии. В общей сложности читал лекции в теч. 35 лет. В 1967–70 — помощник директора по программам Нац. иссл. фонда (National Science Foundation).

Автор 8 книг на англ. яз., посвящённых промышленности СССР, Китая и Монголии, около 100 статей в науч. журналах США, Великобрит., Греции, ФРГ и Японии, главным образом посвящённых проблемам СССР и Китая. Одна из статей **П.** о сов. океанографич. флоте способствовала выделению в США ассигнований 670 млн. $ на модернизацию соответствующего флота. Благодаря статьям **П.**, публиковавшимся в журнале «Missiles and Rockets» и посвящённым анализу развития космонавтики в СССР, в 1962 члены Сената обратили внимание на отставание США в этой области. В результате началась энергич. программа по изуч. и освоению космич. пространства. Имя проф. **П.** впервые появилось в справочнике «Who is Who in America in 1971». Автор 27 книг на рус. яз., более 300 статей в рус. зарубежных газ. и журналах, посвящённых преимущественно путешествиям и истории Рус. Америки. Среди книг **П.** отмечают следующие: «Сага Форта Росс», «Колумбы российские», «Завершение цикла», «Камергер двора», «Русская Америка», «Столетняя годовщина прихода русских эскадр в Америку» (соавтор), «Краткий очерк пребывания русских в Калифорнии в начале прошлого столетия» и др. С 1950 занимался живописью, написал около 30 картин, на которых изображены рус. пейзажи и натюрморты. Приложил много труда при хлопотах перед властями шт. Калифорния о необходимости реставрации Форта Росс. Деятельный член КРА (с 1973), состоял членом Главного правления и председателем Вашингтонского отдела КРА. Представлял американцев рус. происхождения в Госдепартаменте и в Белом Доме. С 1994 — иностранный член Центра по изуч. Рус. Америки и амер.-рус. отношений при Ин-те всеобщей истории РАН. За заслуги перед США и рус. общественностью имя **П.** внесено КРА в Рус.-Амер. Палату Славы (1995). 22 марта 1997 состоялось празднование 90-летия **П.** Президент США Б. Клинтон с супругой прислали **П.** свои поздравления, отметив его заслуги перед страной. Вдовец. *Родственники*: жена Елизавета Михайловна; внук Рик Туторский (сын покойной падчерицы). Указом от 23 дек. 2000 президента РФ В.В. Путина **П.** посмертно награждён орденом Дружбы Народов за изуч. истории исследования рус. первопроходцами Сев.-Амер. материка и вклада рус. в развитие Нового Света.

Похоронен на местном кладбище в Роквилле.

С о ч. Катаклизм. Вашингтон, 1982; Форт Росс и его культурное значение. Вашингтон, 1982; Город на Сунгари. Вашингтон, 1984; на яп. яз. — Токио, 1987; Рус. в истории Америки. Вашингтон, 1988; М., 1991; Рус. в Америке. XX век. Вашингтон, 1992; Изгой. Автобиография. Вашингтон, 1994; Россия на Дальнем Востоке. Вашингтон, 1996.

И с т. АА. *Петров В.П.* Письма; Archives of the Assn. of Russian-American Scholars in the USA. *Petrov V.* Curriculum vitae (1976; 1980 manuscript); Congressional Record // Senate. 1959. 11 Sept. Oceanographic studies; Congressional Record // Senate. 1962. May 31. Staff Report. Congress. 2d Session. Committee on Aeronautical and Space Sciences. P. 73–80.

Л и т. *Александров Е.А.* Виктор Порфирьевич Петров // РА. 1995. № 20. С.113–117; *Он же*. Виктор Порфирьевич Петров // Там же. 1997. № 21. С. 167–169 (Wirh English summary); *Он же*. Кончина Виктора Порфирьевича Петрова // НРС. 2000. Авг.; *Он же*. Светлой памяти Виктора Порфирьевича Петрова // РЖ. 2000. 26 авг.; *Бутков В.Н.* Высокая оценка деятельности и трудов Виктора Петрова // НРС. 1994. 10 авг.; *Он же*. Писателю Виктору Петрову — 85 лет //

НРС. 1992. 13 марта; *Гольденберг М.* «Я — русский этим сказано всё» (О В.П. Петрове) // Там же. 1993. 31 дек.; *Журавлёв В.* Известный неизвестный // Сов. культура (Москва). 1989. 7 дек.; *Фостер Л.* Чествование историка Рус. Америки Виктора Петрова // НРС. 1995. 5 мая.

ПЕТРОВ [Vladimir **Petrov**] Владимир Николаевич (1915, Екатеринодар Обл. Войска Кубанского – 17 марта 1999, Кенсингтон, шт. Мэриленд) — преподаватель рус. яз., проф. международных отношений. Ленинградским студентом в 1935 арестован по ложному обвинению. В комнате **П.** была обнаружена лит., считавшаяся контрреволюционной, и письма амер. филателистов. За мнимый шпионаж провёл 6 лет на золотых приисках на Колыме, где был свидетелем каторжного труда и массовой гибели заключённых в нечеловеческих условиях. В 1941 освобождён, возвратился в Краснодар. С авг. 1942 — в нем. оккупации. Будучи противником сов. власти, участвовал в создании добровольч. каз. подразделений для борьбы с большевиками. При отступлении нем. армии (янв. 1943) ушел на Запад. Попал в Австрию, где был арестован Гестапо, но бежал в оккупированную американцами Италию. В США с 1947. Преподавал около 20 лет рус. яз. в Йельском ун-те, где продолжил образование. В 1965 защитил докторскую дисс. по международным отношениям и перешёл на работу в Ин-т кит.-сов. отношений при ун-те Дж. Вашингтона в Вашингтоне. Автор статей, посвящённых взаимоотношениям И.В. Сталина и Мао Цзэдуна, проблемам среднеазиатских республик быв. СССР. В отставке с 1985. Автор книг «Советское золото» («Soviet Gold», 1949) и «Мой уход из России» («My Retreat From Russia»,1950), свидетельствующих об использовании принудительного труда в СССР. *Родственники*: жёны — в первом браке Миртала (урожд. *Кардиналовская*), во втором браке Джин; сын от первого брака; пять дочерей и три сына от второго брака; шестеро внуков.
Л и т. *Barnes B.* Vladimir Petrov, Russian Scholar, Dies at 83 // The Washington Post. 1999. March 19; *McCoubrey C.* Vladimir Petrov is dead at 83, Soviet Prisoner // The New York Times. 1999. March 22.

ПЕТРОВ [Oleg P. **Petrov**] Олег П. — ветеран армии США, майор. Служил в 1940–48, последние годы — в амер. секторе в Берлине.
И с т. *Pantuhoff Oleg* — 1976.

ПЕТРОВ Павел Петрович (13 янв. 1882, Псковский уезд Псковской губ. – 24 июля 1967, Сан-Франциско) — участник Белого движения на Востоке России, Ген. штаба генерал-майор. Из крестьян Псковской губ. В службу вступил в 1903 вольноопределяющимся в 93-й Иркутский Его Императорского Выс. Вел. Кн. Михаила Александровича полк 24-й пех. дивизии, стоявший во Пскове. Оконч. мл. портупей-юнкером Санкт-Петербургское юнкерское уч-ще (24 марта 1906) и вышел прапорщиком в 3-й Финляндский полк 1-й Финляндской стрелковой бригады, стоявший в Гельсингфорсе. Оконч. Императорскую Николаевскую военную академию (1913). На 19 июля 1914 — по цензу командир роты 170-го Молодеченского полка 43-й пех. дивизии (Виленский ВО).

Участник Первой мировой войны. Служил по Ген. штабу на должностях в штабах II арм. корпуса 1-й, 10-й, 7-й армий (1914–16) и 1-й армии Сев. и Юго-Зап. фронтов (1916–18). Участвовал в сражениях в Восточ. Пруссии, под Варшавой, у Гродно и Сейны, в боях при ликвидации нем. прорыва на Молодечно. Подполковник (на 1917). За отличия удостоен 6 боевых наград. В апр. — июне 1918 служил в Самаре в штабе ПриВО Красной армии. В июне 1918 перешёл на сторону участников антибольшевистского восстания, далее — в белых войсках Восточ. фронта. Служил нач-м оперативного отдела штаба Народной армии Комуча (1918), нач-м штаба VI Уральского арм. корпуса Зап. отдельной армии (янв. – июнь 1919); затем — пом. нач-ка снабжения Зап. армии, нач-к 4-й Уфимской стрелковой ген. Корнилова дивизии Уфимской группы 3-й армии (сент. 1919 – март 1920). Генерал-майор (1920). Участник Сибирского («Ледяного») похода 1920. С дек. 1919 — де-юре командующий 3-й армией. С марта 1920 — в Чите. Нач-к снабжения Дальневосточ. армии (авг. – нояб. 1920). С нояб. 1920 — в эмиграции в Китае, откуда весной 1921 выехал в Приморье. Нач-к штаба Белоповстанч. армии (1921–22). С авг. 1922 — нач-к штаба Приамурской Земской Рати Ген. штаба ген.-лейт. М.К. Дитерихса. С нояб. 1922 — вторично в эмиграции в Китае. В 1931–32 — нач-к канцелярии Дальневосточ. отдела РОВС в Мукдене. С 1932 — в Японии, жил в Иокогаме. Председатель Об-ва рус. эмигрантов в Японии, зав. рус. военной школой. В США с семьёй с 1947. Жил в Сан-Франциско, где участвовал в жизни рус. общественных и воинских орг-ций. Член Об-ва рус. ветеранов Великой войны (с 1947), председатель Об-ва (1953–62). В 1948–55 — преподавал рус. яз. в арм. школе яз. в Монтерее. *Родственники*: жена (урожд. Степанова, в браке с 1919) *Ольга Петровна* (1892–1962); дети. Похоронен на Серб. кладбище в Сан-Франциско.
С о ч. Воспоминания (неопубл.); От Волги до Тихого океана в рядах белых. Рига, 1923; Крушение Императорской России. 20 лет спустя от февр. революции. Из летописи рус. революции. Харбин, 1938; Роковые годы. Франкфурт-на-Майне, 1965.
И с т. АОРВВВ. Ген. штаба генерал-майор Павел Петрович Петров // 1967. Июль. Альбом III; ЛАА. Справка *К.М. Александрова* на Ген. штаба генерал-майора П.П. Петрова; Петров Павел Петрович // Незабытые могилы / Сост. *В.Н. Чуваков*. Т. V. С. 424.
Л и т. *Волков Е.В., Егоров Н.Д., Купцов И.В.* Белые генералы, служившие в Нар. армии Самарского Комуча // Каппель и каппелевцы. М., 2003. С. 565–566; *Шмелёв А.В.* Сан-Францисскому Об-ву ветеранов Великой войны — 75 лет // Наши вести (Санта-Роза — СПб.). 1999. Июнь. № 455/2756. С. 18–19.

ПЕТРОВ Яков Иванович (12 авг. 1888 – 14 окт. 1966, Сан-Франциско) — участник Белого движения на Юге России, певец, проф. пения. Оконч. реальное уч-ще (1906) и Санкт-Петербургскую консерваторию по классу пения (1911). Аттестован на усовершенствование муз.-вокального образования в Италии. Начало Первой мировой войны застало **П.** в Италии, где он по завершении образования дебютировал в итальянск. опере. Немедленно вернулся в Россию. Не имея возможности вступить в ряды армии, вместе с несколькими видными артистами организовал артистич. труппу, с которой объезжал ближайшие к фронту госпиталя, боевые части. Устраивал для раненых и усталых воинов спектакли и концерты, часто под аккомпанемент орудийной стрельбы. После Октябрьского переворота 1917 — на Юге России. В 1919 вступил вольноопределяющимся в 10-й гус. Ингерманландский полк 1-й бригады 1-й кав. дивизии (в составе V кав. корпуса ВСЮР). 5 сент. 1919 в бою под Конотопом ранен, но остался в строю. Мл. унтер-офицер (1920). С 1920 — в эмиграции в Болгарии и Кор. СХС. В Югославии стал проф. пения. В 1941–45 — в Рус. Корпусе. После оконч. войны — в Австрии, затем в США.

В Сан-Франциско занимался устройством благотворительных концертов, участвовал в жизни Об-ва рус. ветеранов Великой войны. *Родственники*: жена Тамара Владимировна; дочь.

Похоронен на Серб. кладбище в Сан-Франциско.

И с т. АОРВВВ. Мл. унтер-офицер из вольноопределяющихся Яков Иванович Петров // Альбом III. 1966. Окт.

ПЕТРОВА [урожд. **Степанова**] Ольга Петровна (6 августа 1892, Троицк-на-Урале – 5 марта 1962, Сан-Франциско) — сестра милосердия. Оконч. с серебряной медалью полный курс в Казанском Родионовском ин-те благородных девиц и мед. курсы при Казанском ун-те. Во время Первой мировой войны служила сестрой милосердия в Оренбургском городском госпитале. После Октябрьского переворота 1917 — в белых войсках Восточ. фронта.

С 1919 — жена Ген. штаба ген.-майора *П.П. Петрова*. Участвовала с мужем в составе каппелевских частей в Сибирском («Ледяном») походе 1920. Имела Знак отличия Военного ордена «За Сибирский поход» I ст. Во время боя под Красноярском (янв. 1920) перевязывала раненых. Оставила Владивосток осенью 1922. В эмиграции — в Китае и Японии. Занималась вопросами воспитания детей в школе, детском саду и в пансионе. В США с 1947. Участвовала в работе Об-ва рус. ветеранов в Сан-Франциско, председателем которого был муж **П**. *Родственники*: муж; дети.

Похоронена на Серб. кладбище в Сан-Франциско.

И с т. АОРВВВ. Ольга Петровна Петрова // 1962. Янв. Альбом II; Петрова Ольга Петровна // Незабытые могилы / Сост. В.Н. Чуваков. Т. V. С. 430.

ПЕТРОВСКАЯ-ХАЛИЛИ Тамара Петровна (1915 – 3 июля 2001, Нью-Йорк) — писатель и журналист. Рус. уроженка Эстонии, учительница по профессии. Начала заниматься журналистикой в нач. 50-х гг. на радиостанции «Голос Америки» в Мюнхене. После эмиграции в США работала (до 1974) в Нью-Йоркском отделении радиостанции «Свобода». Вела еженедельную программу «Приметы времени», посвящённую сов. самиздату — неподцензурную лит. в СССР. Автор книг: «Рассказы о русских людях в Эстонии», «По дороге оттуда» и «Рассказы о старом и новом мире». Последняя книга была посвящена путешествиям по штатам Америки. Публиковала статьи в газ. «Новое русское слово» (Нью-Йорк) и «Русская мысль» (Париж), используя псевд. «Тамара Петрова». *Родственники*: муж Энвер Халили (ныне покойный) — инж. радиостанции «Свобода».

Похоронена на кладбище монастыря Ново-Дивеево близ Нанует (шт. Нью-Йорк).

Л и т. *Шидловский Г.* Тамара Петровская Халили // ПР. 2001. № 19. С. 15.

ПЕТРОВСКИЙ Владимир Алексеевич (4 февр. 1885, Глухов Черниговской губ. – 11 янв. 1969, Сан-Франциско) — участник Белого движения на Юге России, капитан. Род. в семье полковника Рус. Императорской армии. Оконч. Житомирскую 1-ю гимназию и Елисаветградское кав. уч-ще. В службу вступил в окт. 1907 во 2-ю батарею 44-й арт. бригады. Подпоручик (1911), поручик (1913).

Участник Первой мировой войны в рядах 44-й бригады. Штабс-капитан, ст. офицер 1-й батареи (авг. 1915). В сент. 1916 отравлен газами, но остался в строю. Капитан (янв. 1917). После Октябрьского переворота 1917 — на Украине. В дек. 1918 в составе добровольч. частей принял участие в защите Киева от войск С.В. Петлюры. В авг. 1919 вступил в ряды ВСЮР и назначен в 3-ю Киевскую офиц. роту. Участник Бредовского похода 1920, в составе которого интернирован в Польше, а затем прибыл в Крым. В Севастополе назначен помощником нач-ка патронно-снарядного отдела. Эвакуировался из Крыма в нояб. 1920 в составе Рус. армии. В 1920–21 — в Галлиполи, затем — в Кор. СХС. До 1942 служил землемером в министерстве финансов. В авг. 1944 уехал в Австрию, где работал в лагере Парш по переплётному делу. В США с марта 1950. Жил в Сан-Франциско, состоял членом Об-ва рус. ветеранов Великой войны.

Похоронен на Серб. кладбище в Сан-Франциско.

И с т. АОРВВВ. Капитан Владимир Алексеевич Петровский // 1969. Янв. Альбом III.

ПЕТРОВСКИЙ [Petrowsky John F.] Иван Ф. (18 дек. 1884 – ?) — инженер-электрик, проектировщик. В США оконч. Купер Юнион в Нью-Йорке. Работал инспектором в компании Вестингауза и в др. компаниях по проектированию и испытанию электрич. оборудования, работавшего на переменном токе. Член Амер. Об-ва инж.-электриков с 1920.

И с т. АОРИ. Материалы.

ПЕТРОШЕНКО Вадим Александрович (? – 21 янв. 1978, Сиракузы (шт. Нью-Йорк) — штабс-капитан, артиллерист. После 1920 — в эмиграции в США.

Л и т. Некролог // Часовой (Брюссель). 1978. Май – июнь. № 612. С. 20.

ПЕТРУК Виктор Константинович (12 нояб. 1898 — 21 апр. 1969, Нью-Йорк) — инженер-механик. Оконч. Киевский политехнич. ин-т (1926). Выехал на Запад с оккупированной терр. СССР во время войны. В США с 1949. Жил в Нью-Йорке. Член Об-ва рус. инж. в США.

И с т. АОРИ. Анкета (1954); Петрук Виктор // Незабытые могилы / Сост. В.Н. Чуваков. Т. V. С. 437.

ПЕТРУНКЕВИЧ Александр Иванович (12 дек. 1875, Плиски Березнянского уезда Черниговской губ. – 10 марта 1964, Нью-Хэйвен, шт. Коннектикут) — зоолог-энтомолог, специалист по паукообразным.

Род. в семье юриста, земца, будущего основателя кад. партии И.И. Петрункевича (1843–1928). В 1894 поступил в Московский ун-т. Будучи настроен революционно, был вынужден выехать в Германию, где продолжал образование во Фрейбурге. Оконч. Фрейбургский ун-т (1903) и переселился в США. Проф. Индианского и Гарвардского ун-тов (1906), науч. сотрудник Амер. музея естественной истории в Нью-Йорке. С 1910 — проф. зоологии Йельского ун-та, в Нью-Хэйвене. В 1915 читал лекции в ун-те Пуэрто-Рико. Экспедиции по сбору пауков и насекомых проводил главным образом в Центральной Америке. За свою карьеру в теч. 34 лет, до отставки в 1944, стал авторитетным учёным с мировым именем по паукообразным. После отставки продолжил науч. деятельность. Книга П. в 790 с. о исследованиях амер. пауков была опубликована в 1911. Автор около 100 печатных работ на англ., нем. и рус. яз., включая книги «Морфология беспозвоночных», «Натуральная классификация пауков». «Исследования пауков из янтаря». Занимался переводами стихов с рус. на англ. и с англ. на рус. *Родственники*: сёстры Анна (в браке Сала) и Ванда (в браке Крибут).

И с т. Петрункевич Александр Иванович // Незабытые могилы / Сост. В.Н. Чуваков. Т. V. С. 437–438.

Л и т. *Кеппен А.А.*; *Петров В.* Рус. в Америке. XX век. Вашингтон, 1992. С. 58–59; Anonymous. Prof. Akexander Petrunkevich, Authority on Spiders Dies at 88: // The New York Times. 1964. March 10; *Wilson Donald D.* Venerated Arachnologist // Yale Alumni Magazine. 1948. June. Vol. 9. P. 9.

ПЕТРУЧУК [Dimitri T. **Pitt**] Димитрий Тимофеевич — агроном. Оконч. Вермонтский ун-т со ст. бакалавра агрономии (1926), Ратгерский ун-т в Нью-Джерси со ст. магистра сельско-хоз. экономики (1927). В 1927–28 — кандидат на докторскую степень по обществоведению. Вёл статистич. исследования условий для продажи овощей из шт. Нью-Джерси на рынке в Нью-Йорке. Изучал историю налогообложения и рост населения в шт. Нью-Джерси. Преподавал в Ратгерском ун-те. Занимал должность штатного статистика при сельскохоз. департаменте в Трентоне. Член Об-ва рус. студентов, окончивших амер. высшие учебные заведения при содействии Рус. студенч. фонда в Нью-Йорке.

Л и т. *Pestoff Alexis N.* Directory of Russian Graduates of American Colleges // Alumni Association of the Russian Student Fund, Inc. New York, Aug. 1929. P. 13.

ПЕЧКОВСКИЙ [**Petchkovsky** Michael John] Михаил Иванович (21 нояб. 1884 – 18 нояб. 1968, Нью-Йорк) — адвокат. Оконч. юридич. ф-т Санкт-Петербургского ун-та. Состоял членом петроградской адвокатуры. После 1917 — в эмиграции в США. Оконч. юридич. отделение Колумбийского ун-та с дипломом бакалавра (1926). Занимался практикой в США: эксперт по рус. праву, затем — член сословия амер. адвокатуры. Был юрисконсультом ПЦА, одним из основателей кружка дух. общения и др. рус. культурных и общественных орг-ций. Член Об-ва рус. студентов, окончивших амер. высшие учебные заведения при содействии Рус. студенч. фонда в Нью-Йорке.

Похоронен на кладбище монастыря Ново-Дивеево близ Нануэт (шт. Нью-Йорк).

И с т. Печковский Михаил Иванович // Незабытые могилы / Сост. В.Н. Чуваков. Т. V. С. 444.

Л и т. *Pestoff Alexis N.* Directory of Russian Graduates of American Colleges // Alumni Association of the Russian Student Fund, Inc. New York, Aug. 1929. P. 13.

ПЕЩУРОВ Алексей Алексеевич (1834–1891) — капитан-лейтенант. Командир клиппера «Гайдамак» в 1863–64 в составе рус. Тихоокеанской эскадры контр-адмирала *А.А. Попова*, прибывшей в Сан-Франциско для участия в защите северян от возможного выступления Англии и Франции во время Гражданской войны 1861–65 на стороне Юж. Конфедерации.

Далее — капитан, командир рус. воинского отряда во время торжественной передачи Аляски амер. армии 18 окт. 1867 в Ново-Архангельске (Ситке) (см. картину В. Ушанова // Р.А. (Нью-Йорк). 1982–1985. С. 163). Капитан I ранга (1862), вице-адмирал (1880).

Похоронен на Новодевичьем кладбище в Санкт-Петербурге.

Л и т. *Тарсаидзе А.Г.* К 90-летнему юбилею прибытия русских эскадр в Америку, 1863–1953 // Мор. записки (Нью-Йорк). 1953. Нояб. Т. XI. № 3. С. 11–23; *Pierce R.A.* Russian America. A Biographical Dictionary. Kingston, 1990. P 395.

ПИВЕНШТЕЙН Андрей Иванович (15 апр. 1887, крепость в Варшаве – 14 (15?) янв. 1963, Сан-Франциско) — участник Первой мировой и Гражданской войн, штабс-капитан Рус. армии (июль 1917). Сын военного чиновника. Образование получил в Варшавском реальном уч-ще и в Одесском пехотном уч-ще (авг. 1910), по оконч. которого вышел подпоручиком в 94-й Енисейский полк 24-й пех. дивизии, стоявший во Пскове. Поручик (сент. 1913). В 1914 вышел на фронт мл. офицером пулемётной команды. Затем командовал пулемётной командой. В сент. 1916 переведён в XI радиотелеграфный дивизион при штабе 11-й армии Юго-Зап. фронта. За боевые отличия награждён 4 орденами, включая св. Владимира IV ст. с мечами и бантом. Был ранен и контужен. В 1918–21 — в армии Укр. Нар. Рады, полковник (?).

После 1921 — в эмиграции в США. Член Об-ва рус. ветеранов Великой войны в Сан-Франциско. Автор статей религиозного и патриотич. содержания в газ. «Вестник» (Париж), «Россия» (Нью-Йорк) и «Русская жизнь» (Сан-Франциско).

И с т. АОРВВВ. Штабс-капитан Андрей Иванович Пивенштейн // 1963. Янв. Альбом II; Пивенштейн Андрей Иванович // Незабытые могилы / Сост. В.Н. Чуваков. Т. V. С. 448–449.

ПИВОВАРОВ Иван Дмитриевич (1901 – 10 сент. 1986, Лейквуд, шт. Нью-Джерси) — экономист, общественный деятель. В Ростове-на-Дону получил среднее образование, в 1925 оконч. ун-т со специальностью экономиста, в 30-е гг. — Ин-т промышленной экономики. Работал по специальности. Во время нем. оккупации эвакуировался на Запад.

В США с 1951. Жил и работал в Нью-Йорке в разных строительных фирмах и в теч. 19 лет — в департаменте дорожного строительства, занимая должность инженера. Уйдя в отставку, в 1970 вместе с женой переселился в Лейквуд, где стал одним из самых деятельных членов КРА.

Л и т. *Шахназаров Л.Г.* И.Д. Пивоваров // РА. 1995. № 20. С. 210.

ПИЕТРАСАНТА Александра — см. **ТРУБЕЦКАЯ** Александра.

ПИЛКИН-первый Константин Павлович — капитан II ранга. Командир клипера «Абрек» в составе рус. Тихоокеанской эскадры контр-адмирала *А.А. Попова*, посетившей Сан-Франциско в 1863–64 для участия в защите северян от возможного выступления Англии и Франции на стороне Юж. Конфедерации во время Гражданской войны в США 1861–65.

Л и т. *Тарсаидзе А.Г.* К 90-летнему юбилею прибытия русских эскадр в Америку, 1863–1953 // Морские записки (Нью-Йорк). 1953. Нояб. Т. XI. № 3. С. 11–23

ПИМЕНОВ Б.А. Род. в старообрядч. семье на терр., отошедшей в 1920 к Польше. Депутат польского сейма от рус. населения. Боролся за преподавание рус. яз. для рус. учеников в польских школах. В 1944 эвакуировался с семьёй на Запад, чтобы не попасть под сов. оккупацию. Переселился в США. Был управляющим фермы РООВА в Кэссвилле (шт. Нью-Джерси).

И с т. АМРЦ. *Морозова О.А.* Биографич. сборник — черновая рукопись: М-73 (MS 268). С. 6.7.

ПИМЕНОВ Климентий Иванович (?, Барнаул, Томской губ. – ?) — инженер-строитель, лектор. Оконч. в Монреале с дипломом гражданского инж. ун-т Мак-Гилл, где в 1931–35 читал лекции по строительному искусству. С 1935 работал инж.-строителем, зав. проекта, главным инж. и нач-ком строительного бюро.

И с т. АОРИ. Вопросник.

ПИО-УЛЬСКИЙ Константин Антониевич, гр. (род. 12 апр. 1935, Белград) — инженер-механик, спортсмен, виртуоз-балалаечник, фотограф-портретист. Род П.-У. происходит из польской шляхты, ведущей родословную с XI в. Дед: Георгий Николаевич (1864, Псков – 13 авг. 1938, Белград) — учёный, ген.-майор Корпуса инж.-механиков Флота, проф., автор труда «Русская эмиграция и её значение в культурной жизни других народов». Родители: отец — Антоний Георгиевич (4 июля 1894, Ораниенбаум – 20 февр. 1956, Нью-Йорк) — участник 1-го Кубанского («Ледяного») похода 1918, полк. Корниловской арт. дивизиона, чин Рус. Корпуса; мать (во втором браке Гетц) — Александра Николаевна — быв. сестра милосердия 3-го полка Корниловской Ударной дивизии; отчим — *Гетц Викентий Иванович* (1889–1968) — полк. Корниловского арт. дивизиона. Детство провёл в Югославии. В 1944–45 жил с матерью в Берлине. В 1945–50 — в рус. лагере для «перемещённых лиц» Келлерберг в брит. зоне в Австрии. В 1950–55 — в Норвегии, здесь оконч. в Осло ун-т, с дипломом инж.-механика. Ведущий игрок в составе юношеской сб. команды Норвегии по футболу. Член Норвежского балалаечного оркестра.

В США с 1955. В 1957 призван в армию, служил в ФРГ. В теч. двух лет занимал первые места в арм. конкурсах талантов в категории «соло на балалайке». В 60-х гг. как игрок на балалайке участвовал в бродвейской постановке «Аня», посвящённой Вел. Кнж. Анастасии Николаевне — мл. дочери императора Николая II. Выступал с лекциями об истории создания балалайки в Йельском ун-те, по телевидению и по радио. Продолжает выступать с сольными концертами. Фотограф-портретист. В теч. 30 лет владеет фотосалоном «Konstantin Photosalon» в Манхэттене. Член Дворянского собрания, Объединения рус. кадет и Рус. монархич. об-ва. *Родственники:* жена (урожд. Павлова) Ольга Ивановна. Последний представитель рода П.-У., потомков не имеет.

АА. *Пио-Ульский К.А.* Биография, машинопись (2003), 2 стр.; *Pio-Ulsky K.* Questionnaire for the Biographical Dictionary Russians in North America (2003).

ПИСЬМЕНСКИЙ Евгений Матвеевич (7 февр. 1887 – ?) — военный инженер. Оконч. в Санкт-Петербурге Военно-инж. академию (1913). В США жил в Бруклине (Нью-Йорк). Член Об-ва рус. инж. в США (1951).

И с т. АОРИ. Анкета Об-ва.

ПИТАЛЕВ Василий Михайлович (13 апр. 1895 – ?) — инженер по лесному хозяйству (лесокультурам и лесопаркам). Оконч. отделение лесного хоз-ва Ленинградского лесного ин-та. Член Об-ва рус. инж. в США.

И с т. АОРИ. Анкета Об-ва.

ПИТЕРС Елизавета Петровна — переводчик, лектор-преподаватель, общественный деятель. Род. в Уфимской губ. Приехала в США в 1923 из Башкирии, где служила переводчиком в АРА — Амер. орг-ции по оказанию помощи голодающим в Сов. России. За активное участие в работе АРА позже получила благодарность от президента США Г. Гувера. Была хорошо знакома с В.В. Маяковским. Когда поэт приезжал в Америку, П. была его гидом и переводчиком. Позже работала над рукописью «Маяковский в Манхэттене: мемуары». В Ланкастер (шт. Пенсильвания) супруги П. переехали из Нью-Йорка в 1940. Много лет преподавала рус., франц. и нем. яз. в одной из средних школ графства, а также в колледже им. Франклина и Маршалла. В России успела получить только среднее образование, университетские дипломы — бакалавра и магистра — получила в США. В отставке с 1972. Работу не прекращала до самого последнего времени, безвозмездно организовывала кружки по изуч. рус. яз., истории и культуры, выступала с лекциями. С 1973 активный член КРА, несколько лет состояла председателем Ланкастерского отдела КРА.

Л и т. *Михайлов К.* Е.П. Питерс // РА. 1982–1985. № 18. С. 205.

ПИЧУГИН Анатолий Константинович — основатель и регент хора. В начале деятельности, в 1928, хор состоял из пяти человек. К 1938 хор возрос до 38 исполнителей, выступал с концертами в Сан-Франциско и в др. городах.

И с т. АА. *Полчанинов Р.В.* Письмо от 9 марта 2004.

Л и т. *Фарафонтов А.П.* Рус. песня за океаном // Рубеж. 1936. № 39.

ПИШВАНОВ Александр Михайлович (1893 [по др. дан. ок. 1886], Новочеркасск Обл. Войска Донского – 6 авг. 1964, Глен-Хэд на Лонг-Айленде (шт. Нью-Йорк)) — участник Белого движения на Юге России, поручик, инженер. Род. в семье помещика — владельца кон. завода. В семье П. было 12 братьев и сестёр. Начав изучать агрономию, перешёл на инж. ф-т, увлёкся воздухоплаванием. В 1912 (1913?) получил диплом лётчика, ученик известного рус. лётчика Хиони. В 1914 поступил вольноопределяющимся в армию. Оконч. подпрапорщиком Одесскую лётную школу (1916), дополнительный курс Московской лётной школы. Участник Первой мировой войны на Рум. фронте. Кавалер Георгиевского креста IV, III, II и I ст., орденов св. Владимира, св. Анны и св. Станислава. В дек. 1917 перелетел в Новочеркасск и поступил в Добровольч. армию. В 1918–20 — в белых войсках на Юге России. После 1920 — летный инструктор в брит. ВВС.

В США с 1926. Работал инж. на заводе *И.И. Сикорского*. Гражданин США (1928). С 1931 — на работе в Авиационной корпорации *А.Н. Северского*, с которым у **П.** развилось тесное сотрудничество. Совместно с А.Н. Северским и У. Дисни в 1942 работал над фильмом «Победа — через воздушную мощь» (Victory through air power).

Похоронен на православном участке кладбища в г. Рослин.

И с т. Пишванов Александр Михайлович // Незабытые могилы / Сост. В.Н. Чуваков. Т. V. С. 473.

Л и т. *Durkota A., Darcey T. and Kulikov V.* The Imperial Russian Air Service. Famous Pilots and Aircraft of World War I. Mountain View, CA and Stratford, 1995. P. 95-97.

ПЛАТОН [в миру Порфирий Фёдорович **РОЖДЕСТВЕНСКИЙ**] (11 февр. 1866, Грайворонский уезд Курской губ. – 20(-21?) апр. 1934, Нью-Йорк) — митрополит всея Америки и Канады ПЦА. Род. в семье священника Курской епархии. После оконч. Курской дух. семинарии (1886) и женитьбы рукоположен во иереи (1887). В 1894 овдовел и принял монашество с именем **П.** Оконч. Киевскую дух. академию (1895). Магистр богословия (1898), ректор и епископ Чигиринский, викарий Киевской епархии (1902). Член II Гос. Думы (1907). С 8 июня 1907 — архиепископ Алеутский и Североамер., сменив архиепископа *Тихона* (*Беллавина*). За время правления **П.** Амер. епархия увеличилась на 72 прихода, почти исключительно за счёт возвращения униатов, карпато-рус. эмигрантов из Австро-Венгрии в лоно Православной Церкви. По инициативе **П.** православная дух. семинария была переведена из Миннеаполиса в Тенальф (шт. Нью-Джерси), ближе к центру церковного управления.

С 1914 — архиепископ Кишинёвский и Хотинский. В 1915–17 — архиепископ Карталинский и Кахетинский, Экзарх Грузии. Состоял членом Святейшего Синода. С 13 авг. 1917 — митрополит Тифлисский и Бакинский, Экзарх Кавказский. Участник Поместного Собора Православной Рос. Церкви 1917–18. С 9 февр. 1918 — выбранный митрополит Херсонский и Одесский. В эмиграции в США с 1920, управляющий православными приходами в Америке. Участвовал в разрешении финансового кризиса, вызванного прекращением притока средств из России в епархию. Деятельность **П.** была направлена на сохранение церковного единства и противостояние наступлению «живой церкви», рук. Иоанном Кедровским. В янв. 1924 постановлением патриарха Тихона отстранён от управления Североамер. епархией, но указу не подчинился. В США принимался президентами в Белом доме. В 1933 объявил временную автономию ПЦА и скончался вне общения с церковным управлением зам. Патриаршего Местоблюстителя митрополита Сергия (Страгородского) на родине.

Похоронен на кладбище Свято-Тихоновского монастыря (Саут Канаан, шт. Пенсильвания).

И с т. Платон (Рожденственский Порфирий Федорович) // Незабытые могилы / Сост. В.Н. Чуваков. Т. V. С. 478.

Л и т. *Губонин М.Е.* С. 887; Metropolitan Platon // Orthodox America. (Gen. ed. Tarasar Constance). 1794 — 1976. P. 128, 183.

ПЛАТОНОВ Игорь Сергеевич (род. 1933, Братислава) — доктор. Род. в семье рус. эмигрантов. В Канаде с 1951. Среднее образование получил в Монреале. Оконч. Монреальский ун-т со званием доктора ветеринарной мед. Затем получил ст. магистра в той же обл. при ун-те Мэдисон (шт. Висконсин).

И с т. АА. *Могилянский М.* Письмо Е.А. Александрову, машинопись от 17 дек. 2002.

ПЛАТОНОВ Николай Сергеевич (род. 1918, Чехословакия). Род. в семье рус. эмигрантов. Гимназию оконч. в Германии. Эмигрировал в Канаду, оконч. в Оттаве отделение ветеринарных наук. В ун-те Гуелф в пров. Онтарио получил диплом доктора фармакологии и ст. магистра токсикологии.

И с т. АА. *Могилянский М.* Письмо Е.А. Александрову, машинопись от 17 дек. 2002.

ПЛАТОНОВ Олег Сергеевич (род. 1925, Будняны, Чехословакия) — инженер-строитель. Род. в семье рус. эмигрантов. Среднее образование получил в Братиславе. В Канаде с 1952. Оконч. Монреальский политехнич. ин-т с дипломом инж.-строителя (1955). Работал инж. в департаменте водоснабжения Монреаля.

И с т. АА. *Могилянский М.* Письмо Е.А. Александрову, машинопись от 17 дек. 2002; АОРИ. Вопросник.

ПЛАТОНОВ Сергей Владимирович (1897, под Киевом – 1985, Монреаль) — инженер-агроном. Среднее образование получил в Киеве. Эмигрировал в Чехословакию, где оконч. Пражский ун-т с дипломом инж.-агронома. В Канаде с 1951. *Родственники*: жена (урожд. Колосова) Елена Семёновна (? – 1976, Монреаль); дети *Игорь, Николай* и *Олег*.

И с т. АА. *Могилянский М.* Письмо Е.А. Александрову, машинопись от 17 дек. 2002.

ПЛАТОНОВА [урожденная **Вэндт**] Вера Николаевна (род. 1935, Братислава, Чехословакия) — археолог. Оконч. ун-т в Брно, где получила ст. доктора археологии. В Канаде с 1966.

И с т. АА. *Могилянский М.* Письмо Е.А. Александрову, машинопись от 17 дек. 2002.

ПЛАХОВ Лев Георгиевич (11 авг. 1901, Елизаветполь, Закавказье — ?) — инженер-архитектор. После 1918 — в эмиграции в Кор. СХС. Оконч. технич. ф-т Белградского ун-та (1929). В США с 1951.

И с т. АОРИ. Анкета (1954).

ПЛЕТНЕВ [псевд. **Даниэль**] Ростислав Владимирович (28 марта 1903, Санкт-Петербург – 26 нояб. 1985, Монреаль) — участник Белого движения на Юге России, литературовед, публицист, писатель. Род. в семье проф. Военно-юридич. академии. Мать **П.** — франц. происхождения из семьи гугенотов Даниэль, переселившихся в Россию при Петре I и принявших православие. Учился в классич. гимназии им. Карла Мая, которую не оконч. из-за революции 1917. В 1919 вступил в Добровольч. армию, был ранен в бою и вернулся после излечения в строй. После 1920 — в эмиграции в Кор. СХС, в Белграде. Оконч. рус.-сербск. гимназию с золотой медалью (1923), учился в Праге в Карловом ун-те, где защитил докторскую дисс. «Природа в произведениях Достоевского» (1928). Читал лекции на философские и филологич. темы в Нар. ун-те в Праге. С 1936 читал лекции в Коларчевом ун-те в Белграде, где продолжал науч. деятельность в обл. славянской лит. и яз. О **П.** появились статьи в энциклопедиях, включая СССР. В 1941 вступил в Кор. армию, попал в плен, откуда бежал и скрывался от нем. властей. После 1945 — на Западе.

С 1955 преподавал рус. лит. в Монреальском франц. ун-те, проф. Оттавского ун-та. С 1960 работал в ун-те Мак-Гилл в Монреале. В отставке с 1975. Занимался творч. Ф.М. Достоевского. Автор более 150 трудов, включая монографии, на рус., сербск., чешск., англ. и франц. яз., посвящённых истории древнерус. лит., славянск. яз., сербск. лит., лирике А.С. Пушкина. Автор двухтомника «История русской литературы XVIII и XIX веков», книг о лирике А.С. Пушкина, о происхождении церковно-славянск. яз., рус. яз., о творч. *А.И. Солженицына*. Последний сб. статей **П.** «Для немногих» вышел в 1984. Автор «Нового журнала» (Нью-Йорк), газ. «Русская жизнь» (Сан-Франциско) и «Новое русское слово» (Нью-Йорк), журнала «Часовой» (Брюссель). Был членом ред. журнала «Русское возрождение» (Нью-Йорк — Париж — Москва). Посмертно вышла книга **П.** «О Крещении Руси». *Родственники*: вдова Нина Андреевна.
И с т. *Могилянский М.* Жизнь прожить. Люди и встречи. М., 1995. С. 156–161; Плетнёв Ростислав Владимирович // Незабытые могилы / Сост. В.Н. Чуваков. Т. V. С. 482–483.
Л и т. *Вильданова Р.И., Кудрявцев В.Б., Лаппо-Данилевский К.Ю.* Краткий биографич. словарь рус. зарубежья // *Струве Г.* С. 347; *Могилянский М.* Памяти Р.В. Плетнева // НРС. 1985. 11 дек.; Некролог // Часовой. 1986. Июль – авг. № 661. С. 30; *Пагануцци П.* Памяти проф. Р.В. Плетнева // Рус. возрождение. 1986. № 33. С. 198–201; *Пагануцци П.* Памяти Р.В. Плетнева // НРС. 1985. 27 дек.

ПЛЕШАКОВ Николай Никитич (1 мая 1891 – 24 июня 1978, Сан-Франциско) — участник Белого движения на Юге России, подпоручик, мор. лётчик. По оконч. гимназии поступил студентом в Санкт-Петербургский Технологич. ин-т. В 1917 оконч. Офиц. школу морской авиации в Баку. Подпоручик (окт. 1917), выпущен в Каспийскую флотилию. С нояб. 1917 — в белых войсках. Назначен на авиаматку «Волга» на Каспии. Служил мор. лётчиком и комендантом пристани Логань.

После 1920 — в эмиграции в США, работал по строительству в Сан-Франциско и др. городах Калифорнии. В 1961 вступил в Об-во рус. ветеранов Великой войны в Сан-Франциско. *Родственники*: вдова и сын.

Похоронен на Серб. кладбище в Сан-Франциско.
И с т. АОРВВВ. Подпоручик Николай Никитич Плешаков // 1978. Июнь. Альбом № IV.

ПЛЕШКО Николай Дмитриевич (? – 14 дек. 1959, Нью-Йорк) — участник Белого движения, полковник, генеалог, историк, публицист. Происходил из рода польских дворян Плескавских, родоначальник которого отличился в войсках короля Стефана Батория при осаде Пскова в 1581. Оконч. Пажеский корпус (1906). Полковник Л.-гв. Конно-гренадерского полка. После 1920 — в эмиграции в США. В 1939–59 — помощник ред. и ред. журнала «Новик» (Нью-Йорке).

Автор многоч. статей по родословным рус. дворянских родов, опубликованных на страницах журнала. Председатель Полкового объединения в США.

Похоронен на кладбище монастыря Ново-Дивеево близ Нанует (шт. Нью-Йорк).
Л и т. *Волков С.В.* Офицеры российской гвардии. С. 376; *Коцебу П.* Памяти друга // Новик. 1960. 24-й год изд.

ПЛЮТО Антон Адамович (1888, дер. Курдяки Велейского уезда Виленской губ. – ?) — общественный деятель. Род. в крестьянской семье. Оконч. нар. уч-ще (1899), помогал отцу по хоз-ву, занимался самообразованием. В 1906–09 работал сельским учителем. В 1909 отбыл воинскую повинность.

В США с 1910, работал на портняжных фабриках. Поступил в Международный профессиональный союз дамских портных. В нач. 30-х гг. вступил в Об-во им. А.П. Чехова — 8-й отдел РООВА, в котором 18 лет состоял секретарем. В общей сложности проработал 25 лет на ответственных местах в профессиональных и братских орг-циях. *Родственники*: жена; сын и дочь (получили высшее образование).
Л и т. *Березний Т.А.* С. 67–68.

ПОГОЖЕВ Владимир Дмитриевич (? – 13 (12?) нояб. 1956, Нью-Йорк) — участник Белой борьбы под Андреевским флагом на Юге России; капитан II ранга, общественный деятель. Оконч. Морской корпус (1903). Участник рус.-яп. войны 1904–05, кругосветной экспедиции (окт. 1904 – май 1905) 2-й Тихоокеанской эскадры вице-адм. З.П. Рожественского на миноносце «Быстрый» и Цусимского сражения 14–15 мая 1905. После 1905 продолжал службу в Балтийском флотском экипаже. Участник Первой мировой войны, командир эсминца «Внимательный». После Октябрьского переворота 1917 — в Белом флоте на Юге России. Капитан Севастопольского порта (на 1920). Затем — в эмиграции. В США с нач. 30-х гг. Один из основателей Объединения рус. мор. офицеров в Америке. С 1945 — бессменный председатель Комитета помощи при Об-ве. Энергично участвовал в оказании помощи рус. беженцам, переселявшимся из Европы в США.

Похоронен на кладбище монастыря Ново-Дивеево близ Нануэт (шт. Нью-Йорк).

И с т. Погожев Владимир Дмитриевич // Незабытые могилы / Сост. В.Н. Чуваков. Т. V. С. 501.

Л и т. *Н.С.* Капитан II ранга В.Д. Погожев // Часовой (Брюссель). 1957. Янв. № 372. С. 19.

ПОГОЖЕВ [Dimitry **Pogojeff**] Димитрий — ветеран армии США. Капитан, служил в пехоте в 1941–45.

И с т. *Pantuhoff Oleg* — 1976.

ПОГОРЕЛИЦКИЙ Александр Емельянович (12 сент. 1895, Павлоград Екатеринославской губ. – 6 сент. 1964, Миллвилл, шт. Нью-Джерси) — участник Белого движения на Юге России, капитан. В 1914 ушёл добровольцем на фронт Первой мировой войны, служил в арт. частях. После Октябрьского переворота 1917 — в белых войсках на Юге России. Капитан 1-го Офиц. ген. Маркова полка (на 1920). Эвакуировался из Крыма в нояб. 1920 в составе Рус. армии. В 1920–21 — в Галлиполи. Затем — в эмиграции в Кор. СХС, жил в Шабаце. В 1942 вступил в Рус. Корпус, служил во взводе тяжёлого оружия 2-го батальона 4-го полка. После оконч. войны в 1945 — в лагере Келлерберг (Австрия), откуда выехал в США. Участвовал в жизни рус. воинских орг-ций. Состоял зам. председателя правления Вайнлендского отдела СчРК. Регент рус. церковного хора в Миллвилле. *Родственники*: вдова Елена Францевна.

Похоронен 9 сент. 1964 на рус. участке кладбища в Вайнленде.

И с т. ЛАА. Справка *К.М. Александрова* на чина Рус. Корпуса А.Е. Погорелицкого; Погорелицкий Александр Емельянович // Незабытые могилы / Сост. В.Н. Чуваков. Т. V. С. 503.

Л и т. Некролог // К. 1964. 12 сент. № 25. Л. 2; Часовой (Брюссель). 1965. Февр. № 464. С. 23.

ПОГУДИН [**Pogoudin**] Алексей Матвеевич (11 марта 1896 – 4 сент. 1985, Сан-Франциско) — участник Белого движения на Юге России, штабс-капитан. После Октябрьского переворота 1917 — в Добровольч. армии. Участник 1-го Кубанского («Ледяного») похода 1918. После 1920 — в эмиграции в США. Был долголетним вице-председателем музея рус. культуры в Сан-Франциско. *Родственники*: вдова Лидия Афанасьевна.

Похоронен на Сербском кладбище.

И с т. АРЦ. *Тарала Г.А.* Сводка кладбищенских дат, 2003. С. 4; Погудин Алексей Матвеевич // Незабытые могилы / Сост. В.Н. Чуваков. Т. V. С. 505.

Л и т. Некролог // Часовой (Брюссель). 1986. Янв. – февр. № 658. С. 27.

ПОДКИН Владимир Михайлович (13 марта 1897, Санкт-Петербург – ?) — инженер-механик. После 1918 — в эмиграции в Чехословакии. Оконч. механич. ф-т политехникума в Брно (1930). Автор трудов об электроплазмозисе, центрифугальном литье чугуна, стали и др. металлов. Имел патенты. В США жил в Нью-Йорке.

И с т. АОРИ. Анкета.

ПОДТЯГИН Владимир — см. **МИТЧЕЛЛ**.

ПОДУШКИН Константин Николаевич (25 марта 1897 – 11 дек. 1969, Нью-Йорк) — участник Белого движения на Юге России, ротмистр, художник. Род. в семье генерал-майора, командира 19-го драг. Кинбурнского полка. Оконч. Киевский кад. корпус (1915), Елисаветградское кав. уч-ще (1916) и вышел в 18-й гус. Нежинский полк 16-й кав. дивизии. Участник Первой мировой войны. Корнет (на 1917). В июне 1918 поступил на службу во 2-й кон. (с 1919 — ген. Дроздовского) полк при 3-й пехотной дивизии Добровольч. армии. Участник 2-го Кубанского похода 1918. Был трижды ранен (1918–19). Ротмистр (сент. 1919). Эвакуировался из Крыма в составе Рус. армии в нояб. 1920. В 1920–21 — в Галлиполи. После 1921 — в эмиграции в Кор. СХС. Оконч. Высшие военно-науч. курсы систематич. изуч. военного дела ген. Н.Н. Головина (Белградский филиал). В 1941–45 — в Рус. Корпусе. В 1945 — в лагере для «перемещённых лиц» Парш в Зальцбурге (Австрия). В США с 1950. Председатель Общекад. объединения, один из основателей Объединения быв. юнкеров Елисаветградского кав. уч-ща (1959) и секретарь. Объединение ставило своей целью оказание помощи инвалидам и престарелым выпускникам Елисаветградского уч-ща, изд. историч. очерка, посвящённого Южной кав. школе (Нью-Йорк, 1965). Будучи кадетом Киевского корпуса, **П.** брал уроки рис. у проф. Галимского. В Австрии (1945–50) участвовал во всех худ. выставках, устраиваемых в лагере Парш, и стал профессиональным художником. Публиковал статьи и выступал с докладами на военно-историч. темы. Безвозмездно рис. открытки, которые выпускались Объединением. Изд. открытки совместно с А. Яременко и местным отделом Об-ва Галлиполийцев в США. Последние издавались в пользу дома для престарелых. Всего **П.** был создан 51 рис., а всего, с повторением, было выпущено 55 открыток, посвящённых «Ледяному» походу 1918, рождественских и пасхальных. Автор воспоминаний. *Родственники*: жена Мария Владимировна; брат Владимир (?–1919) — убит в рядах 2-го кон. (Дроздовского) полка.

С о ч. 18-й гус. Нежинский полк // Военная Быль (Париж). 1967. Июль. № 86. С. 26–29.

И с т. ЛАА. Справка *К.М. Александрова* на ротмистра К.Н. Подушкина.

Л и т. *Волков С.В.* Офицеры армейской кавалерии. С. 415; *Полчанинов Р.В.* К.Н. Подушкин и его открытки // Зарубежная летопись изобразительного искусства. 2003. Июль. № 12.

ПОДЧЕРНИКОВ Алексей Матвеевич (1886?, Владимир – 31 окт. 1933) — живописец-пейзажист. Род. в семье художников. Худ. образование начал у деда Дм. Золотарёва, затем учился у И.Е. Репина и В.В. Верещагина. В Москве получил золотую медаль за картину «Мой любимый русский лес», приобретённую Императорской комиссией по изящным искусствам. В 1905 эмигрировал в США и поселился в Сан-Франциско, в 1913 переехал в Санта-Барбару. Писал в стиле Коро — пейзажи в Сев. Калифорнии, особенно в р-не Марин, изображающие побережье. Последние годы жил в Пасадине. Работы **П.** хранятся в музее Окланда и в Москве. *Родственники*: жена Ида Мария (1868–1944) — художница, уроженка Миннесоты, писавшая картины на религиозные темы; сын Алексей Анджело (1912–87) — литограф и художник.

И с т. АА. *Рагозин С.* Архивные материалы (24 янв. 2003); http://www.askart.com /artist/P/.alexis matthew podchernikoff

ПОЖАРСКИЙ Владимир Иосифович (11 авг. 1923, Панчево, Кор. СХС – 1999) — инженер-архитектор. Оконч. архитектурное отделение Высшей технич. школы в Белграде (1950), в 1961 — архитектурное отделение Йельского ун-та в Нью-Хэйвене (шт. Коннектикут). Один из авторов книги «Man Made America» (Рукотворная Америка), посвященной вопросам городского строительства. Действительный член Об-ва рус. инж. в США.

И с т. АОРИ. Анкета.

ПОЗДНЯКОВ [после 1945 — псевд. **Волжанин**] Владимир Васильевич (4 мая 1902, Санкт-Петербург – 21 дек. 1973, Сиракузы, шт. Нью-Йорк) — участник Власовского движения, полковник. Род. в семье почётного гражданина Санкт-Петербурга. В Красной армии с 1919. Беспартийный. По военной специальности — военный химик и преподаватель военно-химич. дела. Участник Гражданской войны на Юго-Зап. фронте (1920). Оконч. Высшую военно-химич. школу (1926), затем — командир-химик в войсках. С 1928 — на преподавательской работе в военно-учебных заведениях Саратова. Майор (1937). В 1937–39 — репрессирован как «враг народа». Подвергался пыткам, но виновным себя не признал. Летом 1939 освобождён, в 1939–41 — преподаватель химич. дела в Полтавском автотехнич. уч-ще. Подполковник, нач-к химич. службы 67-го стрелкового корпуса (1941). В окт. 1941 взят в плен под Вязьмой. В 1941–42 — в лагере военнопленных в Польше. Оконч. курсы пропагандистов в Вульгайде (1942), с 1943 участник Власовского движения. Служил в Дабендорфской школе РОА, помощник по строевой части нач-ка школы ген. Ф.И. Трухина (1943). Полковник РОА, старший рус. офицер пропаганды при штабе группы армий «Север», оперативный адъютант ген. А.А. Власова (1944). С нояб. 1944 — нач-к командного отдела штаба ВС КОНР. В мае 1945 участвовал в переговорах с амер. командованием по поводу условий сдачи частей власовской армии, затем бежал в амер. оккупационную зону. В сов. оккупационной зоне заочно приговорён к расстрелу (окт. 1945). В 1945–50 (?) — в Зап. Германии. Насильственной репатриации в СССР избежал. Представитель амер. разведки в Баварии (на 1948). Участвовал в деятельности СБОНР и СВОД.

В США с нач. 50-х гг. Преподавал в военно-учебных заведениях США, в школе военных лётчиков в Сиракузах (60-е гг.). Автор более 50 статей и 2 книг по истории Власовского движения. Публиковался на страницах газ. «Новое русское слово» (Нью-Йорк) и др. периодич. изданий. Создатель уникальной историко-документальной коллекции по истории Власовского движения, которая хранится в Военном архиве во Фрайбурге (ФРГ). *Родственники*: вдова Нина Сергеевна (? – после 1974); дочь (в ФРГ).

С о ч. Рождение РОА. Сиракузы, 1972; Андрей Андреевич Власов. Сиракузы, 1973; А.А. Власов и 1-я дивизия под Прагой // НРС. 1966. 6 февр.; О переговорах 1-й дивизии РОА с советчиками // Там же. 9 июня; Сов. агентура в лагерях военнопленных в Германии (1941–1945) // НЖ. 1970. № 101.

И с т. ЛАА. Справка *К.М. Александрова* о родственниках В.В. Позднякова.

Л и т. *Александров К.М.* С. 228–229.

ПОКРОВСКИЙ Корней (7 июня 1885, Маньчжурия – 23 [по др. дан. 31] дек. 1962, Линкольн, шт. Массачусетс) — инженер-консультант.

Похоронен на кладбище Линкольна.

Л и т. *Плешко Н.Д.* Генеалогич. хроника // Новик (Нью-Йорк). 1962. Отд. III. С. 15.

ПОЛЕТИКА Пётр — инженер-строитель объектов из железобетона. Оконч. инж.-строительное отделение и отделение путей сообщения Пражского политехникума (1930). В США жил в Нью-Йорке. Член Об-ва рус. инж. в США.

И с т. АОРИ. Анкета.

ПОЛЕТИКА Пётр Иванович — дипломат. Был секретарем Рус. посольства, затем — посланником в Вашингтоне. В 1826 написал на франц. яз., позже переведённый на англ. яз. «Очерк внутреннего состояния Соединенных Штатов Америки и их политические отношения с Европой». Вернулся в Россию, здесь умер.

ПОЛЕЩУК [Полок] Михаил Филиппович (17 окт. 1884, с. Соротяга Уманского уезда Киевской губ. – 5 дек. 1957, США) — деятель РООВА. В 1905 приехал в США и долго не находил постоянного пристанища. До 1908 жил в Новой Англии. Потом переехал в Омагу (шт. Небраска), где поступил на литейный завод. В 1911 переехал в Канаду, работал на строительстве жел. дороги. В 1912 обосновался в Филадельфии, где записался в Рус. об-во взаимопомощи. Член 7-го отдела РООВА; дети и внуки П. тоже состояли в РООВА. Неоднократно избирался председателем и секретарем отдела. Постоянный корр. журнала «Русский вестник» (Нью-Йорк), автор газ. «Новое русское слово» (Нью-Йорк). Член Филадельфийского драматич. кружка. *Родственники*: жена (?–1952).

Похоронен на Свято-Владимирском кладбище в Кэссвиле (шт. Нью-Джерси).

И с т. Полещук Михаил Филиппович // Незабытые могилы / Сост. В.Н. Чуваков. Т. V. С. 537–538.

Л и т. *Березний Т.А.* С.68–69.

ПОЛИТИС Вера Павловна — общественный деятель, педагог, литературовед. Род. в Полтаве в семье юриста Павла Коротон и его жены, литературоведа *Надежды Тимофеевны* (урожд. Негеевич). По ложному обвинению отец пал жертвой сталинского террора. В 1943 **П.** с матерью решили никогда больше не попадать под власть коммунистов и присоединились к потоку беженцев, эвакуировавшихся на Запад. В 1945–49 — в Зап. Германии.

В США с 1949. Оконч. Мичиганский ун-т со ст. бакалавра, магистра сравнительной лит. и магистра по науч. библиотеч. делу. В теч. 8 лет преподавала в Мичиганском ун-те. С 1974 сотрудничала с КРА. Была выбрана членом совета директоров КРА. Возглавляла в КРА Комитет защиты прав человека, в котором особенно много трудилась по защите преследуемых христиан и узников совести в СССР, хлопотала о них перед сенаторами и членами Конгресса. По ходатайству **П.** через сенатора от шт. Мичиган Ригла (Riegle) и конгрессмена Брумфилда (Broomfield), была проведена резолюция 76, требовавшая освобождения из сов. лагеря диссидента и политзаключённого

И.В. Огурцова. Участвовала в кампании по борьбе с русофобией, включая дискриминационный закон о порабощённых нациях, исключавший русских из перечня народов и нац. меньшинств, ставших жертвами коммунизма. Давала показания перед Хельсинкской комиссией. В 1986 возглавляла делегацию КРА, участвовавшую в заседании Комитета по делам мира и безопасности в Европе. Член делегации Республиканской партии от шт. Мичиган, участвовавшей в конвенции этнич. групп США. Член Мирового комитета по инвалидности (World Committee on Disability) и Амер. Конгресса эллинов. Пожизненный член Толстовского фонда. Ред. и автор книги (на англ. яз.), посвящённой матери, «Russian Proverbs».
Родственники: муж Димитрий — доктор, проф. в отставке.

И с т. АА. *Политис В.П.* Анкета для биографич. словаря «Русские в Северной Америке» (2003, май); Архив КРА. *Политис В.П.* Автобиография (1987).

ПОЛТОРАЦКАЯ Марианна [Маргарита] Артемьевна (1906, Санкт-Петербург – 7 сент. 1968, Олбани, шт. Нью-Йорк) — филолог, исследователь нар. речи на Дону. Оконч. Ленинградский гос. ун-т (1928) и педагогич. ин-т ин. яз. В 1932–37 работала при ин-те яз. и мышления АН СССР. Защитила дисс. В 1936–43 — зав. кафедрой рус. и общей лингвистики в педагогич. ин-те и ун-те в Ростове-на-Дону. Автор трудов по фольклору и диалектологии населения Дона. Занималась изуч. яз., фольклора и быта каз.-некрасовцев. С 1942 — в нем. оккупации. В 1943 выехала на Запад. С 1945 — в Австрии, проф. и зав. кафедрой рус. яз. и лит. в ун-те Граца (1945–50). В США с 1950. Читала лекции в Колумбийском ун-те по рус. лингвистике. С 1957 преподавала в Джорджтаунском ун-те. Директор летних рус. школ при Виндхэмском колледже (1960–68) и при Норвичском ун-те в Вермонте (1968). С 1966 — проф. ун-та в Олбани.

Похоронена на кладбище Ново-Дивеево близ Нанует (шт. Нью-Йорк).

С о ч. См.: В помощь преподавателю рус. яз. в Америке (Сан-Франциско). Тетради 31-я и 32-я (VIII т.).

И с т. Полторацкая Марианна (Маргарита) Артемьевна // Незабытые могилы / Сост. В.Н. Чуваков. Т. V. С. 554.

Л и т. Каз. словарь-справочник / Сост. Г.В. Губарев. Ред.-изд. А.И. Скрылов. Т. II. Сан-Ансельмо, 1968. С. 228.

ПОЛТОРАЦКИЙ Николай Петрович (16 февр. 1921, Константинополь (Стамбул) – ночь с 14 на 15 окт. 1990, Ленинград) — проф. рус. лит., культуры и философии. Род. в семье рус. беженцев. Оконч. рус. гимназию в Софии и Сорбонну (1954), где получил докторскую ст. В США с семьёй с 1955. Занимался исследовательской работой в Бруклинском колледже в Нью-Йорке (1956–58). С 1958 преподавал в Ин-те советоведения в Миддлбери (шт. Вермонт) и читал лекции в ун-те шт. Мичиган (1958–67), где в 1962 занял пост директора рус. программы. Проф. рус. лит. и культуры (1964), зав. отдела славянск. яз. и лит. Ред. нескольких рус. зарубежных периодич. изданий и сб., в т.ч.: «Вторая мировая война (1939–1945)»; «Политическая жизнь США» под псевд. Н. Петровский (Regensburg, 1947); «На темы русские и общие» — сб. статей и материалов в честь проф. Н.С. Тимашева (Нью-Йорк, 1965) и др. Специалист по творч. Н.А. Бердяева и И.А. Ильина. Автор трудов по истории рус. мысли XX века, советоведению и ин. политике. Ред. книг: «Русская литература в эмиграции» (Нью-Йорк, 1972); «Русская религиозно-философская мысль XX века» (Питтсбург, 1975); «Монархия и республика в восприятии И.А. Ильина» (Нью-Йорк, 1979); «И.А. Ильин и полемика вокруг его идей о сопротивлении злу силой» (Лондон, Онтарио, 1975); «П.Б. Струве как политический мыслитель» (Лондон, Онтарио 1981); «Иван Александрович Ильин» (Нью-Йорк, 1989). Автор курса лекций, посвящённых взглядам и поискам И.А. Ильина, его религиозно-философскому наследию. Состоял членом РАГ в США. Последние десятилетия был связан с Питтсбургским ун-том, где с 1967 зав. кафедрой славянских яз. и лит. Скоропостижно сконч. в Ленинграде, куда в окт. 1990 был приглашён прочесть ряд лекций в ун-те.

Похоронен на кладбище Свято-Троицкого монастыря в Джорданвилле (шт. Нью-Йорк).

С о ч. Николай Бердяев в России. Нью-Йорк, 1967.

И с т. АА. *Poltoratzky Nikolai P.* Curriculum vitae file (typescript, 1968); Полторацкий Николай Петрович // Незабытые могилы / Сост. В.Н. Чуваков. Т. V. С. 554–555.

Л и т. *Алексеев Вас.* Памяти друга // НРС. 1990. 30 окт.; *Дынник А.* Проф. Н.П. Полторацкий // Записки РАГ в США. 1990. Т. XXIII. С.249–251; На темы рус. и общие. Сб. в честь Н.С. Тимашева. Под ред. *П.А. Сорокина и Н.П. Полторацкого.* Нью-Йорк, 1965. С. 425; *Политис В.П.* Памяти друга и коллеги Николая Петровича Полторацкого // РЖ. 1990. 7 нояб.; *Политис В.П.* Памяти Николая Петровича Полторацкого // НРС. 1990. 5 нояб.; *Klimoff A* N.P. Poltoratzky // Transactions of the Association of Russian-American Scholars in the USA. 1990. V. XXIII. P. 252–253.

ПОЛУТОВ Д. — мореплаватель. В 1774–76 изучал Лисьи и Андреановские о-ва Алеутской дуги и о-в Кадьяк.

И с т. Краткая географич. энциклопедия. М., 1966. Т V. С. 398.

ПОЛУШКИН Николай Сергеевич (5 дек. 1876 – 10 мая 1962, Си-Клифф, шт. Нью-Йорк) — полковник. Оконч. Императорский Александровский лицей (1899), Николаевское кав. уч-ще (1901) и вышел корнетом во 2-й Лейб-гус. Павлоградский императора Александра III полк 2-й кав. дивизии, стоявший в Сувалках. В мае 1903 переим. в Л.-гв. подпоручики и переведён в Измайловский Его Величества полк 1-й гв. дивизии, стоявший в столице. Состоял в распоряжении финляндского ген.-губернатора (1910–12), затем продолжал службу при Главном штабе. Полковник (на 1917). В марте 1917 ушёл в отставку, затем эмигрировал в США. *Родственники*: жена (урожд. фон Бретцель) Анна Яковлевна.

И с т. Полушкин Николай Сергеевич // Незабытые могилы / Сост. В.Н. Чуваков. Т. V. С. 557.

Л и т. *Плешко Н.Д.* Генеалогич. хроника // Новик (Нью-Йорк). 1963. Отд. III. С.15; *Полушкин Н.С.* Полушкины // Там же. 1940. Т. I (25). С. 36.

ПОЛЧАНИНОВ Михаил Ростиславович (род. 12 февр. 1951, Мюнхен) — врач, биомеханик, компьютерный специалист, изобретатель. Род. в семье *Р.В. Полчанинова.*

Прибыл в США с родителями 9 окт. 1951. Оконч. 8 кл. нач. школы и Бруклинскую технич. школу (1969). В 1959–64 посещал рус. церковное Бруклинское образцовое уч-ще. В 1969 поступил на инж. ф-т Нью-Йоркского ун-та, где в 1971–72 также слушал курс по рус. лит. Затем перешёл на подготовительный мед. курс ун-та (1972–73) и в 1978 оконч. Нью-Йоркский колледж по лечению заболеваний стопы. (Podiatric Medicine). Будучи студентом, в 1976 начал писать статьи по новой мед. технологии для космич. программ для «NASA Tech Briefes». Доцент по биомеханике (1978–88). Обратив внимание на статьи, фирма Langer Biomechanics Group пригласила **П.** консультантом по

технологии диагностики болезней ног. В результате в 1982 **П.** запатентовал первый электронный прибор (патент № 4,426,-884), затем улучшенный вариант (1985; патент № 4,503,705). С 1982 — вице-директор фирмы Langer Biomechanics Group, в которой проработал до 1985, имея одновременно небольшую частную практику. Изобретатель электронного прибора, благодаря которому США опередили в этой обл. др. страны. Автор многочисленные науч. статей, опубликованных в мед. журналах. Выступал в США и в Англии с докладами в госпиталях и ун-тах. В 1987 перешёл работать в качестве компьютерного специалиста в фармацевтич. фирмы, где требовались одновременно знания мед. и компьютерных технологий.
Родственники: мать Валентина Петровна; сестра *Людмила* (в браке *Селинская*).
И с т. АА. *Полчанинов Р.В.* Автобиография, машинопись (2002).

ПОЛЧАНИНОВ [Polchaninoff Rostislav] Ростислав Владимирович (род. 14/27 янв. 1919, Новочеркасск Обл. Всевеликого Войска Донского) — историк, общественный деятель, скаутмастер. Сын участника Белого движения и полковника Рус. армии Владимира Павловича Полчанинова (14 июля 1881, Гори Тифлисской губ. – 27 мая 1939, Сараево). С 1920 с род. в эмиграции в Кор. СХС. Оконч. 4-х кл. нач. рус. школу в Сараево, учился в югославянской гимназии и на юридич. ф-те Белградского ун-та. С 1931 югославянский и рус. скаут. Член Рус. Сокола (1934) и НТСНП (1936). Совместно с Б.Б. Мартино и др. рук. рус. скаутов-разведчиков участвовал в разработке методич. системы подготовки вожаков звеньев и рук. скаутской деятельности. Участвовал в нелегальной деятельности НТС на оккупированной немцами терр. в Пскове, используя свою работу в Псковской православной миссии. В 1943 в Пскове женился на Валентине Петровне Наумовой. Один из рук. подпольной деятельности рус. скаутов-разведчиков в Европе. 28 апр. 1945 провёл первый сбор дружины рус. скаутов-разведчиков в Нидерзаксверфене (Германия). В 1945–51 — в Зап. Германии. Участвовал в деятельности НТС, ОРЮР, возглавлял Союз Югославянск. Скаутов в изгнании. В США с 1951. Работал рабочим на ф-ке в Нью-Йорке, на радио «Свобода» (1967–83). На пенсии с 1983. До 1979 преподавал в рус. приходских школах. Член инициативной группы по созданию орг-ции амер. граждан рус. происхождения, позднее КРА (1971), орг-ции югославянских соколов (1987), РАГ в США (1990). В 1987 возобновил издание журнала «Пути русского сокольства» (до 1941 изд. в Белграде). Журналист. Автор более 2 тыс. статей и публикаций на рус., сербско-хорватск. яз. и др. яз. С 1968 вёл в газ. «Новое русское слово» рубрику «Уголок коллекционера». В 1982–86 выпустил на рус. яз. четыре номера «Newsletter of Flushing Chapter of the Congress of Russian Americans».

Автор 12 учебников для церковных школ в США по истории России, географии СССР, в т.ч.: «История русского искусства» (1972); «История Русской Америки и Американской Руси» (1979); «О Югославии и русских в Югославии» (1989); «Русское и славянское сокольство» (1991); «Мы — сараевцы и наши песни» (1992). В 1965 возглавил Историч. комиссию ОРЮР (затем — сектор истории Главной Квартиры ОРЮР), автор статей по истории рус. скаутизма и разведчества в России и за рубежом. Один из инициаторов и организаторов возвращения рус. разведчества на родину (1988–90). В 1992 участвовал в орг-ции и проведении курсов для начальников разведческих отрядов и единиц под Санкт-Петербургом. Постоянно оказывает разнообразную помощь дружинам и отрядам рус. скаутов-разведчиков в России, коллекционерам, историкам и историч. изданиям, исследователям, занимающимся биографикой Рус. Зарубежья. Издаёт листок «Письма друзьям», в котором высказывает мысли о текущих событиях в зарубежье, в России и на международной арене, о молодёжных орг-циях и книжных новинках. *Родственники*: дети *Михаил*, *Людмила* (в браке *Селинская*); внуки Николай, Георгий.
С о ч. Заметки коллекционера. Лондон (Канада), 1988; К истории молодёжных орг-ций Рус. Зарубежья. Рецензия на книгу А.В. Окорокова «Молодёжные организации русской эмиграции (1920–1945)» // Новый Часовой (СПб.). 2002. № 13–14. С. 494–495; К истории Рус. Сокольства в США // Там же. 1994. № 2. С. 201–203; К истории юных разведчиков — рус. скаутов // Там же. 1995. № 3. С. 227–237; Молодёжные орг-ции Рос. Зарубежья. СПб., 1995; Ю.В. Кудряшов. Рос. скаутское движение. Рецензия // Там же. 2000. № 10. С. 419–421 и др.
И с т. ЛАА. Письмо Р.В. Полчанинова (об отце) — К.М. Александрову; Archives of the Assn. of the Russian-American Scholars in the USA. *Polchaninoff R.* Curriculum vitae (1990); Автобиография // Заметки коллекционера. С. 3–4; Несколько слов о себе // Блоковский сб. XIII. Тарту, 1990. С. 350–351.
Л и т. *Александров К.М.* Полчанинов Ростислав Владимирович. Комментарии к воспоминаниям Я.А. Трушновича «Русские в Югославии и Германии 1941–1945 гг.» // Новый Часовой. 1994. № 2. С. 153–154; *Мельникова Н.А.* Ростислав Владимирович Полчанинов // Австралиада. 1999. № 21. С. 13–14; *Солдатов Г.* Р.В. Полчанинову — 80 лет // ПР. 1999. № 9. С.12–13; Кубанец. 1999. Авг. С. 14–15.

ПОЛЬ Капитон Михайлович (1901, Уландвинск, Внешняя Монголия – ?) — финансист. Род. в семье врача. По рассказам **П.**, во время Первой мировой войны в 1914 бежал на фронт и был «усыновлён» каз. полком. По ранению попал в нем. плен, из которого бежал. В 1917 добрался до США, здесь включился в группу пропагандистов выпущенного при президенте В. Вильсоне «Займа свободы». Назначен нач-ком отделения банка в Харбине. Впоследствии жил с женой Джозефиной в Пальм Бич.
Л и т. Капитон Михайлович Поль // НРС. 1961. 27 дек.

ПОЛЬСКИЙ Михаил (6 нояб. 1891, стан. Новотроицкая Обл. Войска Кубанского – 21 мая 1960, Сан-Франциско) — протопресвитер РПЦЗ, историк. Род. в семье псаломщика. Оконч. Ставропольскую дух. семинарию (1914). Ещё до принятия сана начал миссионерское служение, противостоял соблазнам сектантства.

Рукоположен во иереи в 1920. С 1921 учился в Московской дух. академии, которая была закрыта большевиками. Арестован в 1923. После тюремного срока заключён на три года в концентрационный Соловецкий лагерь особого назначения (СЛОН). С весны 1927 — катакомбный священник. С 1929 — вместе с викарием Московским, епископом Богородским Платоном (Рудневым) в ссылке в Усть-Сысольске Зырянского края. Тайно служил на частных квартирах. В 1930 бежал, прошёл пешком по всей терр. СССР и перешёл сов. границу с Ираном. Мать и жена П. умерли в годы разлуки. С 1931 — священник в Иерусалиме и Бейруте. В 1938–48 жил и служил на приходе в Лондоне. В США с 1948. Был причислен к Свято-Скорбященскому собору в Сан-Франциско. Участвовал в качестве специалиста по канонич. праву в судебном процессе между РПЦЗ и ПЦА, что описано в работе П. «Американская митрополия и дело Лос-Анджелесского прихода» (Джорданвилл, 1952). За труды возведён в сан протопресвитера. На покое с 1959. Автор ряда полемич. брошюр и статей, в которых обосновывал канонич. статус и правоту РПЦЗ. Труды П., посвящённые новомученикам, нелегально распространялись в 70–80-е гг. в среде верующих и духовенства на родине, имея неоценимое значение для формирования мировоззрения молодых клириков и семинаристов.

С о ч. Положение Церкви в сов. России. Очерк бежавшего из России священника. Иерусалим, 1931. (под псевд. «Михаил Священник); О духовном состоянии рус. народа под властью большевизма. Белград, 1938; Канонич. положение Высшей церковной власти в СССР и заграницей. Джорданвилл, 1948; Новые мученики российские. Джорданвилл. Т. I. 1949, Т. II. 1957.

И с т. Польский Михаил // Незабытые могилы / Сост. В.Н. Чуваков. Т. V. С. 560.

Л и т. *Андреев И.М.* Светлой памяти друга и союзника по Соловецкому концлагерю протопресвитера о. Михаила Польского // ПР. 1960. № 11. С. 4–7; Высокопреосвященнейший Архиепископ Антоний. Юбилейный сб. в память 50-летия прихода и освящения Кафедрального Собора Пресвятой Богородицы всех Скорбящих радости 1927–1977 в городе Сан-Франциско. Калифорния, 1978. С. 109–110; *Корнилов А.А.* С. 76.

ПОЛЯКОВ Александр Абрамович (5 окт. 1879 – 16 окт. 1971, Нью-Йорк) — юрист, журналист. Оконч. юридич. ф-т Санкт-Петербургского ун-та. Журналист с 1904. Работал в газ. «Одесские новости», «Биржевые ведомости», «Русское слово» (Пг.). В 1918 уехал из Петрограда в Киев. С 1919 жил в Севастополе, где ред. газ. «Юг» («Юг России»). В 1920 эвакуировался из Крыма в Константинополь. С 1922 — в Париже, работал в ред. газ. «Последние новости» П.Н. Милюкова. С 1942 жил в Нью-Йорке. До 1970 — сотрудник газ. «Новое русское слово» (Нью-Йорк). Публиковался в журнале «Русская школа за рубежом». Гражданин США.

Похоронен на Одесском участке кладбища Бет Эл (шт. Нью-Джерси).

И с т. Поляков Александр Абрамович // Незабытые могилы / Сост. В.Н. Чуваков. Т. V. С. 562.

Л и т. *Вильданова Р.И., Кудрявцев В.Б., Лаппо-Данилевский К.Ю.* Краткий биографич. словарь рус. зарубежья // *Струве Г.* С. 348.

ПОЛЯКОВ Виктор Викторович (1 окт. 1895, с. Костырево Саратовской губ. – 18 окт. 1972, Сан-Франциско) — участник Белого движения на Юге России, штабс-ротмистр. Оконч. гимназию в Царицыне, 4 курса Московского ун-та (1916) и Алексеевское военное уч-ще (1916). Л.-гв. прапорщик с прикомандированием к Волынскому полку 3-й гв. пех. дивизии (окт. 1916). Участник Первой мировой войны. В 1917 по состоянию здоровья освобождён от военной службы и отправлен в Царицын для лечения. Подпоручик (1917). После Октябрьского переворота 1917 дважды арестован большевиками и приговорён к принудительным работам. С мая 1918 — в Добровольч. армии в составе Татарского кон. (Туземного) полка. В сент. 1919 откомандирован на формирование эскадрона 14-го улан. Ямбургского полка, с которым принимал участие в боевых действиях до апр. 1920.

Эвакуировался из Крыма в нояб. 1920 в составе Рус. армии. В 1920–23 — в Галлиполи. С 1923 в эмиграции в Кор. СХС. Работал строительным техником. По прибытии в США, работал в частной фирме. Состоял действительным членом в Об-ве рус. ветеранов Великой войны.

Похоронен на Серб. кладбище в Сан-Франциско.

И с т. АОРВВВ. Некролог. Штабс-ротмистр Виктор Викторович Поляков // 1972. Окт. Альбом VI, 24-В.

ПОЛЯКОВ [Polakov Walter Nicholas] Владимир Николаевич (6 июля 1870, Луга Санкт-Петербургской губ. – 17 апр. 1936, Вашингтон) — инженер. Оконч. Московский Императорский Технологич. ин-т. Участвовал в строительстве паровозного завода в Туле. Занимал должность главного инженера Управления навигацией и портами Каспийского моря. В США с 1909. Работал на разных инж. должностях, имевших отношение к железнодорожному транспорту, паровозам и паровым котлам. Автор трёх книг по управлению производством. Председатель Об-ва рус. инж. в США. В качестве инж.-консультанта ездил в СССР. *Родственники*: жена (урожд. Петрова) Антуанетта; дочь Екатерина.

И с т. АОРИ. Материалы; Поляков Владимир Николаевич // Незабытые могилы / Сост. В.Н. Чуваков. Т. V. С. 564.

ПОЛЯКОВ Григорий Иванович (13 марта 1907, стан. Каменская Обл. Войска Донского – 27 февр. 1998, Нью-Йорк) — благотворитель. При наступлении большевиков эвакуировался с Донским кад. корпусом из Новочеркасска в Египет, затем в Чехословакию, где продолжил образование в Моравско-Тшебовской гимназии. Поступил в ун-т и получил диплом инж.-электрика. Во время Второй мировой войны попал в Германию.

После 1945 — в США. Работал в Нью-Йорке на спичеч. ф-ке «Lion Match Co.», затем в городской школе. *Родственники*: жена (урожд. Незведская) Ирина Савельевна. Оставил по завещанию щедрые пожертвования Синоду РПЦЗ, Толстовскому фонду, на изд. журнала «Кадетская перекличка» (Нью-Йорк), КРА на административные расходы и на изд. журнала «Русский Американец» (Нью-Йорк).

Похоронен на кладбище Ново-Дивеево близ Нанует (шт. Нью-Йорк).

И с т. АА. *Жаркова Е.А.* Григорий Поляков, рукопись (1999);

Л и т. Григорий Иванович Поляков // Кад. перекличка. 1999. Нояб. № 66-67. С. 335.

ПОЛЯКОВ Иван Алексеевич (10 авг. 1886, Новочеркасск Обл. Войска Донского – 16 апр. 1969, Нью-Йорк) — участник Белого движения на Юге России, Ген. штаба генерал-майор. Казак стан. Ново-Николаевской Таганрогского округа Войска Донского. Оконч. Донской императора Александра III кад. корпус, Николаевское инж. уч-ще (1908), Императорскую Николаевскую военную академию (1914). Участник Первой мировой войны. На 1917 — подполковник, пом. ст. адъютанта отделения генерал-квартирмейстера штаба 9-й армии Рум. фронта. С дек. 1917 в Донской армии. Полковник (1918). Участник общедонского каз. восстания весной 1918. Нач-к штаба Донской армии и штаба Всевеликого Войска Донского (май 1918 – февр. 1919). Генерал-майор (авг. 1918). С 1919 — в эмиграции в Кор. СХС. С 1944 в Германии. Организатор переговоров между ген. от кав. П.Н. Красновым и ген.-лейт. А.А. Власовым зимой 1944–45. В 1945 — в Австрии и Сев. Италии. Чудом избежал насильственной выдачи в Лиенце (28 мая – 1 июня 1945). В 1945–52 — в Зап. Германии. В 1947–65 исполнял обязанности одного из двух Атаманов Войска Донского. В США с 1952. Автор книг по истории Белого движения и мемуаров. Создатель фонда им. П.Н. Краснова и Памяти жертв Лиенца. Ряд суждений **П.**, высказанных им на страницах своих книг, встретил критич. отзывы в среде каз. эмиграции.

Похоронен на Свято-Владимирском кладбище в Кэссвилле (шт. Нью-Джерси).

С о ч. Краснов — Власов. Нью-Йорк, 1959; Донские казаки в борьбе с большевиками. Мюнхен, 1962.

И с т. Открытые письма войскового старшины Н.Г. Назаренко — генерал-майору И.А. Полякову // *Науменко В.Г.* Великое предательство. Казачество во Второй мировой войне / Сост. П.Н. Стрелянов (Калабухов). СПб., 2003. С. 4-15–422; Поляков Иван Алексеевич // Незабытые могилы / Сост. В.Н. Чуваков. Т. V. С. 565.

Л и т. *Волков С.В.* Энциклопедия Гр. войны. С. 436–437; Некролог // Часовой (Брюссель). 1969. Июнь. № 516. С. 23.

ПОЛЯКОВ Олег Сергеевич (14 марта 1922, Ниш, Кор. СХС – 5 февр. 1989, Нью-Йорк) — общественно-полит. деятель, политзаключённый, скаутмастер. Отец, Сергей Петрович **П.** (1885–1959?), — участник Белого движения на Юге России, полковник инж. войск Войска Донского, в 1922 командовал каз. сапёрной частью, принятой на гос. службу. Оконч. в Цетинье (Черногория) черногорскую гимназию. По предложению *Р.В. Полчанинова* в Цетинье в янв. 1938 был организован отряд разведчиков им. фельдмаршала М.И. Кутузова, в деятельности которого **П.** принял активное участие. Член НТСНП. Осенью 1940 поступил на архитектурный ф-т Белградского ун-та, который был закрыт после нем. окку-

пации (апр. 1941). Скаутская работа, в т. ч. и рус., была запрещена, поэтому **П.** продолжал работать с молодёжью нелегально. Попытка выехать на оккупированную терр. СССР для антикоммунистич. деятельности не удалась. Из Сербии переехал в Берлин. Работал на ф-ке. Осенью 1942 поступил на инж.-строительный ф-т Политехнич. ин-та. Вступил в Нац. орг-цию рус. молодёжи (НОРМ), при которой было создано «Ушкуйное войско разведчиков», служившее легальной формой для нелегальной работы рус. скаутов-разведчиков. С осени 1943 — на Юге СССР. В Кировограде по заданию НТС вёл разъяснительную работу в каз. частях, для того чтобы дезавуировать пропаганду «казакийцев» — каз.-националистов, безоговорочно поддерживавших нацистов. Составлял и печатал листовки под лозунгами «За Россию против Гитлера и Сталина». Участвовал в создании групп НТС из местной молодёжи в Кировограде и Одессе. При наступлении сов. войск эвакуировался в Румынию, позднее занятую Красной армией. 12 окт. 1944 арестован контрразведкой «СМЕРШ». Постановлением Особого Совещания при НКВД СССР от 28 июля 1945 осуждён на 25 лет лагерей по ст. 58-4 («помощь международной буржуазии»), 58-6 ч.1 («подозрение в шпионаже»), 58-8 («террор») и 58-11 («организованное участие») УК РСФСР. Срок отбывал на Воркуте и на Колыме. 28 нояб. 1956 Военная коллегия Верховного Суда СССР исключила последние 3 пункта обвинения за недостоверностью, назначив меру наказания по ст. 58–4 в виде 10 лет лагерей. С учетом их фактического отбытия (1945–56) освободился. В праве на выезд за границу в США к родителям **П.** было отказано. Поселился в Калинине, женился на москвичке — быв. политзаключённой. В 1965 получил прописку в Москве, работал в Ин-те технич. информации. В дек. 1981 с женой, сыном и дочерью эмигрировал в США. При помощи *Б.С. Пушкарёва* устроился в Нью-Йорке на работу на несколько дней в неделю в научно-исследовательское градостроительное бюро, что давало **П.** минимальные средства для жизни. Скаутмастер ОРЮР. Всё свободное время отдавал работе в НТС, ОРЮР и в Свято-Серафимовском фонде, помогая о. *Александру Киселеву* в распространении журнала «Русское возрождение» (Нью-Йорк — Париж — Москва). Автор газ. «Русская жизнь» (Сан-Франциско) и «Единение» (Мельбурн), журналов «Вече» (Мюнхен), «Скаут-разведчик» (Нью-Йорк) и др. Состоял членом правления Рус. фонда по изуч. альтернатив сов. политики. *Родственники*: вдова; сын Сергей; дочь.

По инициативе петербургского историка К.М. Александрова, обратившегося в 2001 в органы прокурорского надзора, Главная военная прокуратура РФ (Москва) 12 апр. 2001 полностью реабилитировала **П.**, признав его репрессированным по полит. мотивам. Архивно-следственное дело **П.** хранится в ЦА ФСБ РФ в Москве. Сообщение московского историка А.В. Окорокова о службе **П.** в органах нем. разведки (см.: *Окороков А.В.* «Фашизм и русская эмиграция (1920–1945 гг.)». М., 2002. С. 489) не соответствует действительности. В период 23–31 июля 2001 в Обнинске Калужской обл. рус. разведчики провели I курсы для нач-в (КНО) разведческих отрядов памяти скм. Олега Сергеевича **П.** (орг-ция Корпус Разведчиков).

Похоронен на кладбище монастыря Ново-Дивеево близ Нанует (шт. Нью-Йорк).

И с т. ЛАА. Справка о реабилитации гражданина Югославии О.С. Полякова № 7уа-4351-45 от 12 апр. 2001; Поляков Олег Сергеевич // Незабытые могилы / Сост. В.Н. Чуваков. Т. V. С. 566.

Л и т. О.С. Поляков. Некролог // Встречи (Франкфурт-на-Майне). № 291; *Полчанинов Р.В.* Памяти О.С. Полякова // РЖ. 1989. 11 марта.

ПОЛЯКОВ Семён Константинович (1886, Новочеркасск Обл. Войска Донского – 11 июля 1977, Сан-Франциско) — участник Белого движения на Юге России, полковник. Оконч. Донской императора Александра III кад. корпус, Николаевское кав. уч-ще (март 1906) и вышел хорунжим в 1-й Донской каз. генералиссимуса кн. Суворова-Италийского полк 1-й кав. дивизии, стоявший в Москве.

Участник Первой мировой войны. Награждён за боевые отличия орденами: св. Анны IV, III и II ст.; св. Станислава III и II ст. После Октябрьского переворота 1917 — в белых войсках на Юге России. Помощник командира по строевой части 1-го Донского сапёрного батальона, войсковой старшина (1917). Полковник (1918). В марте 1919 награждён орденом св. Владимира IV ст. После 1920 — в эмиграции в Кор. СХС. В теч. 20 лет работал топографом. После 1945 — в США. Участвовал в жизни рус. воинских орг-ций. Состоял вице-председателем и председателем союза быв. юнкеров Николаевского кав. училища в Сан-Франциско и членом Донской каз. стан. Член Об-ва рус. ветеранов Великой войны (с 1953). Похоронен на Серб. кладбище в Сан-Франциско.

И с т. АОРВВВ. Некролог. Полк. Семён Константинович Поляков // 1977. Июль. Альбом VI, 25-В.

ПОЛЯНСКИЙ Евгений Викторович (24 дек. 1894 [по др. дан. 1883], Майкоп Обл. Войска Кубанского – 13 [по др. дан. 19] июня 1968, Сан-Франциско) — участник Белого движения на Юге России, военный лётчик, полковник. Род. в семье офицера. Оконч. Воронежский Вел. Князя Михаила Павловича кад. корпус и Михайловское арт. уч-ще (июль 1914). Участник Первой мировой войны. В 1916, будучи наблюдателем в тяжёлой арт., отличился во время Луцкого прорыва. За храбрость и отличия награждён орденом св. Георгия IV ст., пятью боевыми орденами и Рум. звездой. Откомандирован в XXVIII корпусной авиаотряд для прохождения курса лётчиков-наблюдателей. Был ранен. Капитан (окт. 1917). В нояб. 1917 прибыл в Екатеринодар и вступил в формировавшиеся войска Кубанской Рады. С янв. 1918 — командир 1-й Кубанской доброволч. батареи Кубанского отряда войскового старшины П. Галаева.

Участник 1-го Кубанского («Ледяного») похода 1918, командир 1-й Кубанской батареи. Контужен (1918). Служил лётчиком-наблюдателем в 1-м Донском авиаотряде. Командир 6-й горной батареи 21-й арт. бригады (на сент. 1919). Весной – летом 1920 — в антибольшевистских партизанских отрядах на Сев. Кавказе. В июле 1920 прибыл в Севастополь для доклада Главнокомандующему Рус. армии ген.-лейт. П.Н. Врангелю о положении на Черноморском побережье. Назначен в Кубанский резервный батальон в Феодосии. В составе Рус. армии эвакуировался за границу 15 нояб. 1920. В эмиграции в Кор. СХС. В 1944 эвакуировался в Германию. В США с 1948, жил в Сан-Франциско. С 1948 член Об-ва рус. ветеранов Великой войны. Состоял членом Суда Чести Об-ва. Долгие годы заведовал Об-вом помощи за рубежом, помогая детям, инвалидам соратникам. *Родственники*: жена Елена Васильевна.

Похоронен на Серб. кладбище в Сан-Франциско.

С о ч. Первый бой на Кубани // Вестник первопоходника (Лос-Анджелес). № 16.

И с т. АОРВВВ. Полк. Евгений Викторович Полянский // 1968. Июнь. Альбом III; Полянский Евгений Викторович // Незабытые могилы / Сост. В.Н. Чуваков. Т. V. С. 571.

Л и т. *Волков С.В.* Первые добровольцы... С. 251.

ПОЛЯНСКИЙ Константин (1901, Харьков – ?) — создатель и рук. рус. балалаечного оркестра, ветеран. Служил в Рус. Императорской армии, полковник (?). В 1918 выехал в Константинополь, где организовал из рус. беженцев балалаечный оркестр, с которым выступал перед публикой.

С 1923 в США, здесь организовал новый балалаечный оркестр, с которым выступал на концертах и по нескольким радиостанциям. В 1926 играл со своим оркестром в Филадельфии на выставке, посвящённой 150-летию США. В 1931 играл в Синсинати (шт. Огайо).

Л и т. *Martianoff N. N.* Constantin Poliansky // Russian artists in America. 1933. P. 247.

ПОМАЗАНСКИЙ Михаил (6 нояб. 1888, с. Корысть Ровенского уезда Волынской губ. – 4 нояб. 1988) — протопресвитер РПЦЗ. Род. в дух. семье. Образование получил в Клеванском духовном уч-ще, Волынской дух. семинарии и Киевской дух. академии, кандидат богословия. Противосектанский миссионер в Тирасполе (1912). Преподаватель Калужской дух. семинарии (1913–16). С 1916 преподавал рус. словесность при женской гимназии в Ровно, затем — преподаватель Ровенской рус. гимназии (1920–34). Иерей (1936), ред. еженедельной церковной газ. «Слово», клирик Свято-Марие-Магдалинского Варшавского собора, где служил до июня 1944. Эвакуировался в Словакию, затем — в Зап. Германию. В 1945–49 — в лагерях для «перемещённых лиц» в Менхегофе и Шляйхсгейме. Ред. журнала Синода РПЦЗ «Церковная жизнь» (Мюнхен). В США с семьёй с 1949. Преподавал в Свято-Троицкой дух. семинарии в Джорданвилле (шт. Нью-Йорк) греч. и церк.-славянск. яз., догматич. богословие. Автор статей, трактатов, брошюр и учебника для семинарий «Православное догматическое богословие» (1963). *Родственники*: матушка (урожд. Шумская, в браке с 1913) Вера Фёдоровна (? – 18 марта 1982) — дочь священника.

Л и т. *Корнилов А.А.* С. 19–20.

ПОМЕРАНЦЕВ Георгий Васильевич (5 авг. 1910 – 16 окт. 1969, Монтпелиер, шт. Вермонт) — инженер-строитель, землемер. Оконч. трёхгодич. Технич. школу IRO в Равенсбурге в Германии (1949). Член-соревнователь Об-ва рус. инж. в США (1950). Жил в Бруклине (Нью-Йорк). *Родственники*: брат Леонид, сестра Нина.

И с т. АОРИ. Анкета; Померанцев Георгий Васильевич // Незабытые могилы / Сост. В.Н. Чуваков. Т. V. С. 572.

ПОМЕРАНЦЕВ Олег Борисович (1910 – 7 окт. 1993, Тулуза, департамент Верхняя Гаронна, Франц.) — инженер-биомедик, физик. Работал в теч. 33 лет в Исследовательском ин-те по глазным болезням в Бостоне. **П.** принадлежит ряд изобретений для исследования глаза, включая бинокулярный офтальмоскоп, дающий возможность получить внутреннее изображение глаза в трёх измерениях, что облегчило операции сетчатки. *Родственники*: жена Евгения; три дочери; сын; пасынок.

Похоронен в Бостоне.

И с т. Архив КРА; Померанцев Олег Борисович // Незабытые могилы / Сост. В.Н. Чуваков. Т. V. С. 572.

ПОМЕТИЛОВ — мореплаватель. В 1819–20 описал Бристольский залив на Аляске.

И с т. Краткая географич. энциклопедия. М., 1966. Т V. С. 399.

ПОНЯТОВ Александр Матвеевич (25 марта [по др. дан. 27 окт.] 1892, дер. Аиша, Казанской губ. – 24 [по др. дан. 27] окт. 1980, Пало-Альто, шт. Калифорния) — инженер, изобретатель, военно-мор. лётчик. Род. в семье зажиточ. лесопромышленника. Оконч. Казанскую гимназию, Казанский ун-т, Московское высшее технич. уч-ще. В

1910 поступил в Политехникум в Карлсруэ (Германия).

Первая мировая война застала **П.** в Германии, бежал через Бельгию в Россию. В 1916 служил в береговой арт. в Ревеле на Балтийском море. Затем перешёл в военно-мор. авиацию (1917), но в воздушных боях не успел принять участие. После Октябрьского переворота 1917 — в белых войсках Восточ. фронта. Летал в составе авиации Сибирской армии. Участник Сибирского («Ледяного») похода 1920, в 30-градусный мороз отступал через Сибирь в Маньчжурию. С 1922 в эмиграции в Китае, где поселился в Шанхае. Работал перев. сообщений агентства Рейтер с англ. яз. для рус. газ., занимался лесоторговлей и философией, затем — инженер-электрик на Шанхайской электростанции. В США с 1927. Ждал визу 7 лет и прибыв в Сан-Франциско, **П.** пришлось доказывать амер. иммиграционным чиновникам законность въезда в страну. Работал в компании «General Electric» в Скенектеди (шт. Нью-Йорк) над оборудованием, на которое получил два патента. В 1930 переселился в Калифорнию, куда всё время стремился. Гражданин США (1932). Работал по конструированию и испытанию аппаратуры для контроля температуры. В 1944 приступил к работе по созданию воздушного радара для военно-мор. флота США. Сроки создания аппаратуры были жёсткие, и **П.** сам сконструировал необходимые для проекта электромоторы и электрогенераторы. В результате приложенных усилий возникла компания **П.** «Ampex» (по его инициалам «AMP» и «EX» от слова «excellency»). В 1946 необходимость в производстве военного снаряжения отпала, и инженер решил искать новую обл. специализации. Внимание **П.** привлёк трофейный нем. магнитофон. Нанял инж. Г. Линдси, поручив ему создание магнитной головки для звукозаписи на ленте. Идея встретила скептич. оценки. Многие инж. считали, что применение магнитной записи не имеет будущего. Первые опыты с помощниками проводил в своем гараже в Редвуд-Сити. Опыты оказались успешными, и на этой основе начало развиваться предприятие по изготовлению аппаратуры для звукозаписи, которая удовлетворяла профессиональных музыкантов, певцов и использовалась на радиостанциях. Известный амер. певец Б. Кросби содействовал развитию предприятия. Кросби пел для записи только в студиях, оборудованных аппаратурой **П.** В 1955 «Ampex» создал первую в мире муз. стереоаппаратуру для домашнего употребления. Фирма «Ampex» стала чрезвычайно успешной и в 1956 приступила к выпуску аппаратуры для записи видеофильмов на магнитной ленте. Впервые **П.** продемонстрировал оборудование в Чикаго на выставке «National Association of Radio and Television Broadcast». Запись на магнитной ленте чрезвычайно быстро нашла широкое применение в самых разнообразных обл., включая запись сердцебиения астронавтов на борту космич. кораблей. В теч. 20 лет «Ampex» стало одним из 500 предприятий в США с числом рабочих и служащих более 10 тыс. человек, превратив запись на магнитной ленте в одну из ведущих отраслей электронной промышленности в США. Автор технологии дистанционного управления телевизором. Председатель совета директоров фирмы «Ампекс» (1955–70). В 1968 Амер. Электронной Ассоциацией награждён медалью за достижения в обл. электроники. После ухода в отставку (1970) занимался мед. исследованиями и философией. В 70-е гг. основал при Стэнфордском ун-те кафедру физики. Участвовал в жизни местной рус. общины. Состоял председателем Об-ва рус. лётчиков в США, фонда А.М. Понятова и друзей Дома св. Владимира, технич. директором Биологич. исследовательского ин-та, носящего его имя. Попечитель Образовательного фонда им. Кулаева. Был председателем совета при Науч.-мед. ин-те им. Линуса Паулинга и Международного ин-та мед. электроники и применения инж. дела в биологии. *Родственники*: жена (урожд. Гесс, 40 лет в браке) Хэйзел (Hazel Hess).

И с т. Archives of Association of Russian-American Engineers in USA; Понятов Александр Матвеевич // Незабытые могилы / Сост. В.Н. Чуваков. Т. V. С. 581–582.

Л и т. *Н.П.* Сконч. А.М. Понятов // РЖ. 1980. 29 окт.; *Стефановский П.А.* Памяти А.М. Понятова // Там же. 1980. 6 нояб.; *Addeo E.G.* The AMPEX Story // Monitor. 1969. 36 assorted pp.; AMPEX Monitor. (Editor Kane Veronica). 1970. June. V. 15. № 6. P. 2–9; *Keonjian E.* Survived to Tell. An Autobiography. Santa Fe, NM, 1997. P. 176–177; *Morgan J.* Electronics in the West. The First Fifty Years. Palo Alto, 1967. P. 159–174; *Raymond B., Jones D.* Poniatov Aleksandr // The Russian Diaspora. 1917–1941. Maryland and London, 2000. P. 170–171;

ПОПЛЮЙКО Анатолий Иванович — см. **НАТОВ-ПОПЛЮЙКО**

ПОПОВ Александр Васильевич (19 авг. 1887 – 6 сент. 1955, Нью-Йорк) — инженер-строитель. Оконч. Николаевскую инж. академию (1913). После 1920 — в эмиграции в Кор. СХС. В 1922–44 работал в Югославии проектировщиком, занимался строительством дорог и зданий. В США с 1950, проживал в Нью-Йорке. Работал на заводе *И.И. Сикорского*. Член Об-ва рус. инж. в США (1951). Похоронен на кладбище в Лордшипе в Стратфорде (шт. Нью-Йорк).

И с т. АОРИ. Анкета; Попов Александр Васильевич // Незабытые могилы / Сост. В.Н. Чуваков. Т. V. С. 586.

ПОПОВ Андрей Александрович (22 сент. 1821, Санкт-Петербург – 6 марта 1898) — адмирал Рос. Императорского военно-мор. флота, учёный, кораблестроитель. Род. в семье кораблестроителя ген.-майора А.А. Попова. Оконч. Морской корпус, служил на кораблях Балтийского флота. В 1838 в чине мичмана переведён на Черноморский флот. Занимал командные должности, включая командование одним из первых вооружённых пароходов Черноморского флота. За боевые заслуги во время Крымской войны 1853–56 награждён двумя орденами и Золотым оружием.

В 1863–64, командуя рус. Тихоокеанской эскадрой, посетил Сан-Франциско для оказания помощи северянам в случае возможного вмешательства Великобрит. и Франц. в Гражданскую войну 1861–65 на стороне Юж. Конфедерации. Командовал рус. эскадрой в составе: корветы «Богатырь» (командир — капитан II ранга *П.А. Чебышев*), «Рында» (командир — лейтенант *В. Басаргин*), «Новик» (командир — капитан-лейтенант *К.Г. Скрыплев*) и клипера «Абрек» (командир — капитан

II ранга *К.П. Пилкин I*), «Гайдамак» (командир — капитан-лейтенант *А.А. Пещуров*); «Калевала» (командир капитан-лейтенант *Ф. Желтухин*). Во время пребывания эскадры **П.** в Сан-Франциско в городе вспыхнул бунт, начались пожары. Команды рус. моряков были спущены на берег и принимали участие в наведении порядка. Много занимался вопросами кораблестроения. Создатель первых бронированных кораблей с мощной нарезной арт., превосходивших аналогич. англ. и франц. корабли. Адмирал (1891).

Л и т. *Азаров П., Фёдоров М.* К 150-летию со дня рождения адм. А.А. Попова // Часовой (Брюссель). 1972. Апр. № 550. С. 6–7; *Тарсаидзе А.Г.* К 90-летнему юбилею прибытия русских эскадр в Америку, 1863–1953 // Мор. записки (Нью-Йорк). 1953. Нояб. Т. XI. № 3. С. 11–23

ПОПОВ Борис Иванович (1 июня 1894 – 1970, Сан-Франциско) — участник Белого движения на Востоке России, Ген. штаба полковник. Оконч. Одесский кад. корпус (1912), Александровское военное уч-ще (1914), ускоренный курс Императорской Николаевской военной академии I очереди (1916). Произведен в подпоручики (1914) и назначен в 1-й Кронштадтский крепостной арт. полк. Штабс-капитан (март 1917). Присягу Временному правительству (март 1917) не давал. После Октябрьского переворота 1917 — на Волге. В Казани состоял в подпольной Поволжской орг-ции, которую возглавлял отец, ген.-лейт. И.И. Попов. В мае 1918 вместе с отцом арестован большевиками. После расстрела отца освобождён из сов. тюрьмы силами и средствами белой орг-ции. Скрывался в окрестностях Казани до взятия города частями Нар. армии Комуча и чехами (авг. 1918). Сформировал офиц. батарею и выступил с ней на фронт. Занимал должности в белых войсках Восточ. фронта: ст. адъютанта штаба Сев. группы войск, штаб-офицера для поручений при военном министре в Омске, военного докладчика Совету министров и докладчика по внутреннему фронту Верховному правителю адм. А.В. Колчаку и др. Капитан (март 1919), подполковник за боевые отличия (май 1919). Участник Великого Сибирского («Ледяного») похода 1920, полковник за отличия (1920). Участник Хабаровского похода (нояб. 1921 – апр. 1922). В 1922 — в штабе Волочаевской группы войск. С нояб. 1922 в эмиграции в Сев. Китае. В Харбине состоял секретарём Союза офицеров и Дальневосточ. отдела РОВС. С апр. 1925 — нач-к штаба рус. дивизии бронепоездов в составе Рус. группы войск кит. армии маршала Чжан-Су-Чана. В период с мая 1928 по июнь 1943 служил во франц. муниципальной полиции в Шанхае. За военную службу ранен четыре раза и один раз отравлен газами. За Первую мировую войну получил шесть боевых наград, включая орден св. Анны IV ст.; за Гражданскую войну имел ордена: св. Владимира III ст. с мечами, за Великий Сибирский поход I ст.; кроме того — франц. медали и кит. орден Тучного колоса II и I ст.

По взятии Шанхая амер. войсками, вступил в армию США на должность гражданского чиновника. В янв. 1949 эвакуировался из Китая на Филиппинские о-ва, здесь проживал до переезда в США в беженском лагере на о-ве Тубабао. В США жил в Сан-Франциско. Вице-председатель (с 1962), председатель (апр. 1964 – 70) Об-ва рус. ветеранов Великой войны.

И с т. АОРВВВ. Ген. штаба полк. Борис Борисович Попов // 1970. Альбом III.

Л и т. *Шмелёв А.В.* Сан-Франциcскому Об-ву ветеранов Великой войны — 75 лет // Наши вести (Санта-Роса — СПб.). 1999. Июнь. № 455/2756. С. 18–19.

ПОПОВ Василий Терентьевич (1886 – 20 янв. 1980, Лос-Анджелес) — участник Белого движения на Юге России, капитан. В эмиграции жил в США, в Лос-Анджелесе, где был членом Об-ва ветеранов Великой войны.

Л и т. Некролог // Часовой (Брюссель). 1980. Март – апр. № 624. С. 21.

ПОПОВ Виктор Иванович (31 июля 1897, стан. Усть-Медведица Обл. Войска Донского – ?) — инженер-строитель. После 1920 — в эмиграции в Кор. СХС. Оконч. строительный ф-т в Загребе (1926). Работал в Югославии и в Австрии. В США с 1950. Жил в Фрипорте (шт. Нью-Йорк). Член Об-ва рус. инж. в США.

И с т. АОРИ. Анкета.

ПОПОВ Владимир В. (род. 17 июля 1931, СССР) — преподаватель рус. яз., дьякон. Оконч. Свято-Троицкую дух. семинарию (1961) в Джорданвилле (шт. Нью-Йорк) со ст. бакалавра богословия. С 1960 преподавал рус. яз. в Свято-Троицкой семинарии. Магистр по славянск. языковедению в Нью-Йоркском ун-те (1967). Инструктор и лектор Йельского ун-та (1965–68). С 1967 до ухода на пенсию — ассистент по рус. яз. и зав. рус. отделением в Коннектикутском колледже. Опубликовал пособие по преподаванию рус. яз. Перевёл с рус. на англ. «Домострой». Рукоположен в дьяконы и служит в Свято-Николаевской церкви в Стратфорде (шт. Коннектикут) юрисдикции РПЦЗ. Состоял председателем Коннектикутского отдела КРА, член РАГ в США.

И с т. Archives of the Assn. of Russian-American Scholars in the USA. *Popov V.* Curriculum vitae, 1980.

ПОПОВ Георгий Евгеньевич (14 апр. 1900 – ?) — инженер-строитель. После 1920 — в эмиграции во Франц. Оконч. в Париже Рус. высший технич. ин-т. Пять лет работал статиком-конструктором. Переселившись в США, жил и работал в Лексингтоне (шт. Сев. Каролина). Член Об-ва рус. инж. в США (1950).

И с т. АОРИ. Анкета.

ПОПОВ Григорий Фёдорович (1922, Вологодская губ. – 1989) — художник. Род. в крестьянской семье. С юных лет увлекался изобразительным искусством. В средней школе брал уроки живописи в Вологде. Война 1941–45 прервала занятия **П.** живописью. Занятия **П.** смог возобновить только после войны в Австрии под рук. местных художников. В Канаде с 1949. Работал художником-графиком при монреальском ун-те Мак-Гилл. Свободное время посвящал живописи. Писал главным образом пейзажи, заслужив известность среди канадцев, особенно среди выходцев из России. Автор портрета *А.И. Солженицына*, написанного в 1975 с натуры, когда А.И. Солженицын посетил Монреаль.

И с т. АА. *Могилянский М.* Попов Григорий Фёдорович. Машинопись, 1 с. (2001).

ПОПОВ Егор Павлович (род. 6 февр. 1913, Киев) — инженер-строитель. Оконч. Калифорнийский ун-т с дипломом бакалавра (1933) и Массачусетский технологич. ин-т со ст. магистра (1934). Доктор в Стэнфордском ун-те (1946). Ведущий специалист по соединениям между стальными колоннами и балками в антисейсмич. постройках в Калифорнии. Профессор-эмеритус строительного искусства при Калифорнийском ун-те в Бёркли. В 1999 награждён Ин-том по изуч. землетрясений (Earthquake Research Institute) медалью Хознера (Hausner) за разработку практич. способов снижения опасности от землетрясений при строительных работах. В 1976 избран в Нац. академию инж. искусства. Был первым председателем Комитета по мероприятиям, обеспечивающим стальные конструкции от сейсмич. ударов при Ин-те железа и стали. Автор 46 печатных трудов.

С о ч. Mechanics of Materials. Prentice Hall, 1952.

И с т. *Popov E.P.* Resume. List of Publications, typescript 5 p. (1965, 6/7).

Л и т. Editorial. People & Places // Geotimes. 1999. June; *Rosenbaum D.* Seismic Design. Researchers says no one needed his warnings about connection. ENR. 1997. Febr. 10. P. 18.

ПОПОВ Иван — см. **ИННОКЕНТИЙ**, митрополит Московский.

ПОПОВ Константин Васильевич (1875, Вологда – 1965) — протоиерей МП РПЦ, миссионер в Америке. Род. в семье священника. Оконч. Вологодскую дух. семинарию (1895) и получил назначение певчим в Вологодский собор. В 1886 женился и рукоположен в диаконы. В своем стремлении стать миссионером подал прошение в Святейший Синод с просьбой о назначении в Сев. Америку. По прибытии в США рукоположен во иереи и назначен окормлять миссию Вихрах на Аляске. Затем посещал православных в долине р. Аллегени, обслуживая также приходы в Осцеола-Миллс и в Филипсбурге (шт. Пенсильвания). В 1899 переведён в Миннеаполис с назнач. ректором и преподавателем в миссионерскую школу. Посещал много приходов в центральных штатах и в Канаде. В 1907 возвратился в Россию, служил настоятелем церкви при тюрьме и при церкви школы для глухонемых.

В 1928 вторично приехал в США. Окормлял приходы в Айове, Онтарио, Оклахоме, Иллинойсе и в Калифорнии. В 1946 в своём стремлении способствовать единению всех православных перешел в юрисдикцию МП РПЦ, но, несмотря на это, продолжал пользоваться уважением духовенства др. юрисдикций. Перед уходом на покой исполнял обязанности настоятеля Свято-Николаевского собора в Нью-Йорке. Сотрудник журнала «Наш путь» (Чикаго). После **П.** остались неопубл. рукописи и воспоминания. Матушка **П.** скончалась в Ленинграде в 1940, где проживала с дореволюционного времени с тремя родившимися в Америке детьми, прибывшими на родину учиться. Одному из сыновей, *Константину*, удалось вернуться в США. Похоронен в Сеатле (шт. Вашингтон).

Л и т. *Abramtsev David*, fr. Archprirest Constantine Popoff // Orthodox America 1794–1976. Constance Tarasar (gen. ed.). P. 111.

ПОПОВ Константин Константинович — горный инженер. Автор рук. по подсчёту запасов полезных ископаемых. Род. в США в семье православного миссионера о. Константина Попова. Перед революцией был отправлен учиться в гимназию в Россию. После захвата власти большевики **П.** не выпускали домой в США, к отцу. В Ленинграде оконч. Горный ин-т и смог вернуться в США только в 1933 после установления дипломатич. отношений между СССР и США. Работал в Горном департаменте (United States Bureau of Mines), разрабатывая способы подсчёта запасов полезных ископаемых, использовав опыт, приобретённый в СССР.

И с т. АА. *Попов К.К.* Переписка с *Е.А. Александровым*.

ПОПОВ Николай Дмитриевич (26 сент. 1898, стан. Усть-Медведицкая Обл. Войска Донского – 5 авг. 1984, шт. Нью-Джерси) — участник Белого движения на Юге России, инженер-строитель, архитектор. Оконч. Донской императора Александра III кад. корпус в Новочеркасске (1917). Учился на архитектурном отделении Донского политехнич. ин-та (неоконч.). С 1918 — в белых войсках на Юге России. За храбрость произведён в офицеры. Эвакуировался из Крыма в нояб. 1920 в составе Рус. армии. После 1920 — в эмиграции в Кор. СХС. Оконч. технич. ф-т Белградского ун-та (1932). Имел строительную фирму. После 1945 — в США. Жил в Раритане (шт. Нью-Джерси). Член Об-ва рус. инж. в США. Участвовал в строительстве Свято-Владимирского храма-памятника у фермы РООВА (шт. Нью-Джерси). Член Войскового Донского Совета, ред. издания Совета. Член Об-ва помощи рус. военным инвалидам.

Похоронен в Нью-Йорке.

И с т. АОРИ. Анкета; Попов Николай Дмитриевич // Незабытые могилы / Сост. В.Н. Чуваков. Т. V. С. 605.

ПОПОВ Пётр (1899, Новочеркасск Обл. Войска Донского – 11 нояб. 1986, Фрихолд, шт. Нью-Джерси) — протоиерей ПЦА. Донской казак. Учился в Новочеркасской дух. семинарии. Племянник ген. от кав. *П.Х. Попова*. Участник Степного похода 1918. После 1920 — в эмиграции в Болгарии и Франции (до 1949). Оконч. Свято-Сергиевскую дух. академию в Париже и рукоположен в сан священника. В США с 1949. Назнач. настоятелем прихода при Свято-Владимирском кладбище в Джексоне (шт. Нью-Джерси). Попечением **П.** кладбищенская часовня Рождества Пресвятой Богородицы была перестроена в церковь. Хранитель архива ген. Попова. *Родственники*: матушка Татьяна.

Похоронен на Свято-Владимирском кладбище в Джексоне.

Л и т. *Ф.К.* Памяти протоиерея Петра Попова // НРС. 1986. Нояб.

ПОПОВ Пётр Иванович — литератор, врач. Переселился в США в нач. 70-х гг. XIX в., после того как, по его словам, был оправдан по обвинению в революционной деятельности в связи с делом (1869–71) С.Г. Нечаева. Работал в рус. консульстве в Нью-Йорке. Жена **П.** (урожд. Мокриевич) Матильда Андреевна работала портнихой, когда муж учился на мед. ф-те. Окончив мед. ф-т, в теч. трёх лет без особого успеха старался побороть конкуренцию и начать собственную врачебную практику в Нью-Йорке и Флориде. Решил переменить специальность. Работал корр. газ. «Нью-Йорк Таймс», «Сан», «Геральд»; журналов «Леслис» и «Индепендент». Печатал свои статьи об Америке в России в журналах «Вестник Европы», «Новое время», «Дело», «Наблюдатель», подписывая публикации псевд. «Казак». В 1906 в России увидела свет книга **П.** «В Америке», в которой автор знакомил рус. читателей с амер. образом жизни, политикой и гос. устройством. В 1924 опубликовал в Нью-Йорке записки, в которых заявлял, что ни с какими полит. группировками связи не имел.

Л и т. *Парри А.* Рус. в давней Америке // НРС. 1984. 13 апр.

ПОПОВ Пётр Харитонович (10 янв. 1867 [1866?], стан. Мигулинская Верхне-Донского округа Обл. Войска Донского – 6 окт. 1960, Нью-Йорк) — один из рук. Белого движения на Юге России, генерал от кавалерии. Казак стан. Новочеркасской Черкасского округа Войска Донского. Сын историка, ред. «Донской газеты», основателя и директора Донского музея в Новочеркасске Харитона Ивановича **П.** (ок. 1847–1920) и его жены

Александры Петровны — дочери священника стан. Мигулинской. Оконч. с золотой медалью Новочеркасскую гимназию (1889), вахмистром с перем. в подхорунжие Новочеркасское каз. юнкерское уч-ще (1891) и Николаевскую академию Ген. штаба (1899). Хорунжий (1892). Служил в 12-м Донском каз. ген.-ф. Светлейшего кн. Потёмкина-Таврич. полку (Радзивимов) 11-й кав. дивизии и 8-м Донском каз. ген. Иловайского полку 8-й кав. дивизии, стоявшем в Одессе. По оконч. Академии — в штабе 1-й гренадерской дивизии; преподаватель тактики в Александровском военном уч-ще; командир эскадрона в 1-м гус. Сумском ген. Сеславина полку 1-й кав. дивизии (Москва); штаб-офицер при штабе МВО и на др. должностях. Полковник (1908). Нач-к Новочеркасского каз. уч-ща (1910–18), генерал-майор (1913). После самоубийства Атамана Войска Донского ген. от кав. А.М. Каледина (29 янв. 1918) — Походный Атаман Войска Донского. Организатор и рук. Степного похода (февр. – апр. 1918) в Сальские степи, из которого на Дон вернулись более 3 тыс. казаков, преимущественно офицеров, сыгравших неоценимую роль в 1918 в развёртывании Донской армии. Генерал-лейтенант (май 1918), генерал от кавалерии (окт. 1919). Командовал Донской армией (май 1918), затем — председатель военной комиссии Войскового Круга. С февр. 1919 — председатель Донского правительства при Атамане ген. А.П. Богаевском. В теч. четырёх месяцев привёл в порядок отступающие части донцов, смог разбить большевиков и очистить от них Дон. Нач-к обороны Новочеркасска, зав. эвакуацией донцов из Новороссийска (1920). С марта 1920 — в Константинополе. Представитель (генерал для поручений) Донского Атамана на Константинополь, Болгарию, Сербию и Грецию (март – июнь 1920). В отставке с 7 июля 1920. В 1921–24 — и.о. помощника Донского Атамана.

В эмиграции в Болгарии (1920–28), далее во Франц., США, здесь работал поваром, с 1938 — в странах Европы. В 1938 частью каз. избран Донским Атаманом (наряду с гр. М.Н. Граббе) и поселился в Чехии. Жил в Праге. После вступления США во Вторую мировую войну (1941), ограничен в правах, как гражданин враждебной страны, и несколько месяцев провёл в заключении. В США с 1946. Работал на ферме и поваром. Атаманство **П.** в США было признано не всеми донскими каз. за рубежом. Попытка **П.** создать Донское зарубежное правительство не увенчалась успехом за недостатком средств. Автор трудов по истории и быту каз., историк Войска Донского. В США собирал материалы по истории Дона последних десятилетий. Однако рукописи, к сожалению, во время его временного отсутствия были уничтожены администрацией старческого дома, в котором **П.** проживал. *Родственники:* племянник *Пётр Попов* — протоиерей.

Похоронен на каз. участке Свято-Владимирского кладбища в Джексоне (шт. Нью-Джерси).

С о ч. Герои Дона. Новочеркасск, 1911; Донские казаки и их заслуги перед отечеством. Новочеркасск, 1912.

И с т. ЛАА. Справка *К.М. Александрова* на ген. П.Х. Попова; Попов Пётр Харитонович // Незабытые могилы / Сост. В.Н. Чуваков. Т. V. С. 608–609.

Л и т. *Волков С.В.* Энциклопедия Гр. войны. С. 440–441; Генерал П.Х. Попов // Часовой (Париж). 1935. Март. № 145. С. 5; *Денисов С. В.* Ген. штаба ген.-лейт. П.Х. Попов // в сб. Белая Россия. Альбом № 1. Нью-Йорк, 1937. С. 104–105; переизд.: СПб., 1991. С. 104–105; Каз. словарь-справочник / Сост. Г.В. Губарев. Ред.-изд. А.И. Скрылов. Т. II. Сан-Ансельмо, 1968. С. 293–297; *Курицын И.* Памяти ген. П.Х. Попова // НРС. 1960. 12 окт.; Некролог // Часовой (Брюссель). 1960. Нояб. № 414. С. 23; *Плешко Н.Д.* Генеалогич. хроника // Новик (Нью-Йорк). 1961. Отд. III. С. 12; *Рутыч Н.Н.* Биографич. справочник. Юг. С. 195–197; *Степняк.* Донской атаман Пётр Харитонович Попов // НРС. 1967. 29 янв.

ПОПОВ Фёдот Алексеевич — мореход. Спутник *С. Дежнёва*, прошёл морем в 1648 между Чукотским п-вом и Аляской.

ПОПОВА [урожд. **Истомина**] Ольга Сергеевна (12 апр. 1892, Москва – 12 нояб. 1961, Сан-Франциско) — сестра милосердия. Оконч. Московскую женскую гимназию кнг. Голицыной и в эмиграции — Белградский ун-т. С началом Первой мировой войны оконч. курсы сестёр милосердия при мед. ин-те Московского ун-та и назначена в передовой отряд Красного Креста на Сев. фронте, где служила в 1915–17. Награждена Георгиевской медалью 4-й ст. В 1920 эвакуировалась с мужем, полк. Николаем Алексеевичем Поповым в составе Рус. армии из Крыма. В 1920–21 — в Галлиполи, затем в эмиграции в Кор. СХС. Классная дама в Донском Мариинском инте (1922–36). При наступлении сов. войск в 1944 эвакуировалась в Австрию. Служила в амер. военной администрации, была секретарем Рус. нац. комитета Зальцбургской обл., секретарём Союза рус. военных инвалидов в Австрии.

В США с 1949, жила в Сан-Франциско. На жизнь зарабатывала, работая в страховом об-ве. Поступила в Сан-Франсисский комитет помощи рус. военным инвалидам, состояла почётным членом-попечителем Зарубежного Союза рус. военных инвалидов. Сотрудничала с Об-вом рус. ветеранов Великой войны в Сан-Франциско. *Родственники:* муж; дочери Мария и Наталья.

Похоронена на Сербском кладбище в Сан-Франциско.

И с т. АОРВВВ. Ольга Сергеевна Попова // 1961. Нояб. Альбом II.

ПОПРУЖЕНКО Михаил Михайлович (16 окт. 1892 – 30 окт. 1961, Сан-Франциско) — участник Белого движения на Юге и Востоке России, штабс-капитан. Род. в семье ген. Учился (с 1904) в Неплюевском кад. корпусе в Оренбурге, оконч. Владимирский кад. корпус в Киеве (1911), Константиновское арт. уч-ще (1914) и вышел подпоручиком в 44-ю арт. бригаду. Участник Первой мировой войны. Ранен (1915). Поручик (1915), штабс-капитан (1916).

За боевые отличия награждён 6 орденами и Георгиевским оружием. После Октябрьского переворота 1917 — на

Украине. В составе добровольч. частей участвовал в защите Киева от войск С.В. Петлюры (дек. 1918). После взятия Киева петлюровцами в составе офиц. эшелона эвакуирован в Германию, откуда при помощи союзников переправлен в Англию, а затем на Дальний Восток — в Сибирскую армию адм. А.В. Колчака. Участник Сибирского («Ледяного») похода 1920. После 1920 — в эмиграции в Маньчжурии. В США с 1925. Поселившись в Сан-Франциско, вступил в Об-во рус. ветеранов Великой войны. 24 года состоял членом правления Об-ва, занимал ряд должностей. С 1939 — почётный член правления.

Похоронен на Серб. кладбище в Сан-Франциско.

И с т. АОРВВВ. Штабс-капитан Михаил Михайлович Попруженко // 1961. Окт. Альбом II.

ПОРОХОВЩИКОВ [Porohovshikoff Pierre S., вариант: **Порховщиков**] Пётр Сергеевич (ок. 1867–1952) — юрист, историк. Член Санкт-Петербургской Судебной палаты. В 1916 — в служебной командировке в Лондоне. В эмиграции в США с 20-х гг. На 1944 — проф. истории ун-та Оглеторпа в Атланте (шт. Джорджия). Сотрудничал с музеем рус. культуры в Сан-Франциско. Автор книги «Шекспир без маски» (1940).

И с т. *Мартьянов Н.Н.* Список... С. 84–88; *Шмелёв А.В.* 50 лет Музею рус. культуры. Машинопись (1998), 3 с.; Пороховщиков Пётр Сергеевич // Незабытые могилы / Сост. В.Н. Чуваков. Т. V. С. 628. .

ПОРХАЕВ [Dimitri Alexander **Porkhayeff**] Димитрий Александрович (род. 20 марта 1924, Мниховцы под Прагой, Чехословакия) — инженер-строитель, мелиоратор. Род. в семье рус. беженцев. Оконч. Калифорнийский ун-т со ст. бакалавра по дорожному строительству и строительству аэропортов (1955), архитектурное отделение Колумбийского ун-та со ст. магистра градостроительства (1966). В 1958–64 работал в Нью-Йорке гражданским инж. и участвовал в планировании градостроительства, затем — инж.-мелиоратор в фирме Blauvelt Engineering Co (1964–68). После 1968 — в Лос-Анджелесе, где занимался строительством дорог и мостов.

И с т. Archives of Association of Russian-American Engineers in USA. *Porkhayeff D.* Resume, 1968. July

ПОСПЕЛОВСКИЙ Дмитрий Владимирович (род. 1935, с. Рясники Ровенской обл., Польша) — историк. Род. под Ровно, где сохранилась часть имения его деда Константина Константиновича Ушинского — сына известного педагога К.Д. Ушинского. Во время Второй мировой войны (1944) с матерью и сёстрами стал беженцем, выехав на Запад. После 1945 — в Зап. Германии, здесь учился в рус. школах. Образование получил в Канаде, окончив гимназию (high school) в Монреале (1953), колледж Sir George Williams (1957), ун-т в Лондоне в Онтарио со ст. магистра (1961). Докторскую ст. получил в 1967 в Высшей школе по экономике и политич. наукам при ун-те.

Член НТС (1953–96). В 1957–59 работал в системе НТС, в т. ч. на радиостанции «Свободная Россия», вещавшей на СССР с терр. ФРГ. Затем работал на радиостанции «Би-Би-Си» (1959–67) в Англии, в Гуверовском ин-те войны, революции и мира при Стэнфордском ун-те в Пало-Альто (1967–69), на радио «Свобода» (1969–72), рук. одним из отделения Исследовательской секции радиостанции. В 1972–97 преподавал рус. историю в ун-те Зап. Онтарио в Лондоне. Заслуженный проф. истории. На пенсии с 1997. Преподавал и вёл науч. работу в нескольких др. ун-тах, включая Рус. исследовательский центр Гарвардского ун-та. С 1990 ведёт специальные курсы по рус. церковной истории в разных богословских учебных заведениях, гражданских высших учебных заведениях России и Беларуси. Автор около 100 науч. и публицистич. трудов, в т.ч. монографий и учебных пособий. Работает над книгой (на 2000) по теме «Тоталитаризм и единобожие», предположительно в качестве учебного пособия для вузов. Один из основателей англояз. православного прихода Преображения Господня в Лондоне (Онтарио). *Родственники*: жена (урожд. Добрович) Марианна Петровна; дети Дарья, Андрей и Богдан.

С о ч. Рус. Православная Церковь в XX веке. М., 1995; Православная Церковь в истории Руси, России и СССР. М., 1996 [*на англ. яз.*: The Orthodox Church in the Histiory of Russia. Crestwood, N.Y., 1998]; Рус. Православная Церковь: испытания нач. XX века // Вопросы истории (Москва). 1993. № 1. С. 42–54; Russian Police Trade Unionism: Expertiment or Provocation? London, 1971; A History of Soviet Atheism in Theory and Practice, and the Believer. 3 v. London, 1987–88; The Russian Church under Soviet Regime 1917–1982. 2 v. Crestwood, N.Y., 1984;

И с т. АА. *Поспеловский Д.В.* Автобиография (рукопись 2000).

Л и т. *Григорий (Граббе)*, епископ. К истории рус. церковных разделений заграницей. Опровержение ошибок и неправд в соч. Д. Поспеловского «The Russian Church under Soviet Regime 1917–1982». Джорданвилл, 1992.; Pospielovsky Dimitry Vladimirovich // Canadian Who's Who (gen. ed. *Lumley Elizabeth*). Vol. XXXIV. Toronto, 1999.

ПОСТРИГАНЕВ-ХОТЯИНЦЕВ Владимир Георгиевич — горный инженер, проф. В 1899 оконч. Санкт-Петербургский Горный ин-т. В 1901 оконч. ин-т Монтефиоре в Льеже (Бельгия) с дипломом инж.-электрика. Штатный преподаватель Санкт-Петербургского Политехнич. ин-та (1904–12). В 1919–30 работал по управлению металлургич. промышленностью. Проф. Украинской промышленной академии (1936–40). В 1940–43 — проф. Днепропетровского металлургич. ин-та. С 1941 в нем. оккупации. В 1943 эвакуировался на Запад. Проф. и декан инж. ф-та Рус. высшего Технич. ин-та в Париже (1943–49). С 1952 в Нью-Йорке, науч. сотрудник Research Programm по вопросам, касающимся сов. чёрной металлургии.

ПОТАПОВ Виктор (24 дек. 1948, лагерь перемещённых Менхегоф под Касселем, Зап. Германия) — протоиерей РПЦЗ, миссионер, радиовещатель. Отец, Сергей Михайлович П. — лейтенант Красной армии, поручик РОА, избежал насильственной репатриации; мать, Прасковья Ивановна (урожд. Голик) — уроженка Украины, вывезенная во время нем. оккупации на принудительные работы в Германию.

В 1951 семья **П.** приехала в США и поселилась в Кливленде (шт. Огайо). Начальное и среднее образование получил в Кливленде. Оконч. Свято-Троицкую дух. семинарию в Джорданвилле (шт. Нью-Йорк) со ст. бакалавра богословия (1972).

Параллельно занимался в аспирантуре в Норвичском и Нью-Йоркском ун-тах. В 1971 рукоположен митрополитом *Филаретом (Вознесенским)* в сан диакона и назначен клириком Богородице-Покровского прихода в Наяке (шт. Нью-Йорк). В 1974 рукоположен в сан пресвитера с назнач. настоятелем Спасо-Сретенского прихода в Стратфорде (шт. Коннектикут). С 1977 — настоятель Свято-Иоанно-Предтеченского собора в Вашингтоне. Одновременно стал штатным сотрудником радиостанции «Голос Америки». С 1978 — составитель и ведущий еженедельной программы «Религия в нашей жизни». Работает комментатором по религиозным вопросам на радиостанции. В 1975–91 — отв. ред. единственного в рос. эмиграции детского журнала «Трезвон». Участвовал в изд. детских сб., посвящённых 1000-летию Крещения Руси, Пасхе и Рождеству («Тысяча лет»), «Праздников праздник». В 1976 вступил в основанный протопресвитером *Александром Киселёвым* межправославный «Комитет гонимых православных христиан», председатель Комитета (с 1978). Выступал в разных городах США, Канады и Европы с докладами, посвящёнными защите прав верующих в СССР и Восточ. Европе. Основатель и отв. ред. (1978–92) ежек. журнала на англ. яз. «The Orthodox Monitor». Член ред. совета журнала «Русское возрождение» (Нью-Йорк — Париж — Москва). Автор статей в рус. газ. «Русская мысль» (Париж), «Новое русское слово» (Нью-Йорк), «Православная Русь» (Джорданвилл), в журнале «Русское возрождение» и др. изданиях. Автор книг, изданных в России. Родственники: матушка (урожд. Черткова) Мария Сергеевна — дочь священника из Парижа; дети: Марк, Сергей, София.

С о ч. Молчанием предаётся Бог. М.; Суздаль, 1992; Жертва вечерняя: смысл и структура Всенощного Бдения. Ишим, 2000; Евангельские притчи. Ишим, 2002.

И с т. АА. *Потапов Виктор*, протоиерей. Автобиография, машинопись (окт. 2003), 2 с.

ПОТЕБНЯ О.Ю. — ветеран, полковник ВВС США. Уроженец Сибири. Эмигрировал с родителями в Китай, откуда переселился в США. Во время Второй мировой войны состоял амер. военным атташе при Нац. армии Китая генералиссимуса Чан Кайши. Награждён медалью Тайваня.

И с т. *Pantuhoff Oleg* — 1976.

ПОТЕБНЯ Стефанида — ветеран Второй мировой войны. Была сестрой милосердия на кит.-инд. границе. Награждена медалью Тайваня. Жена полк. *О.Ю. Потебни*.

И с т. *Pantuhoff Oleg* — 1976.

ПОТЁМКИН Димитрий Александрович (? – 15 сент. 1978, Нью-Йорк) — участник Белого движения на Юге России, корнет. Кадет Сумского кад. корпуса. Во время Октябрьского переворота 1917 спас корпусное знамя, затем — в белых войсках на Юге России. Эвакуировался из Крыма в нояб. 1920 в составе Рус. армии. В составе I вып. оконч. курс 7 кл. Крымского кад. корпуса 1920–21 уч. года в Стрнище (Словения), Николаевское кав. уч-ще в Белой Церкви и вышел корнетом в кадры 15-го гус. Украинского полка. Затем оконч. ун-т в Югославии. После 1945 — в эмиграции в США. Участвовал в жизни рус. воинских орг-ций.

И с т. Список кадет, окончивших Крымский кад. корпус // Кад. корпуса за рубежом 1920–1945. Монреаль, б. г. С. 142.

Л и т. *Волков С.В.* Офицеры армейской кавалерии. С. 427; *Дюкин В.* Незабытые могилы // Часовой (Брюссель). 1978. Нояб. – дек. № 615. С. 20.

ПРЕГЕЛЬ Александра Николаевна (2 дек. 1907, Гельсингфорс Вел. Княжества Финляндского – 28 июня 1984, Нью-Йорк) — художник. Род. в семье *Н.Д. Авксентьева*, члена партии эсеров. Мать П. вторично вышла замуж за *М.О. Цетлина*. В 1919, не приняв большевизм, Цетлины эмигрировали в Париж. Училась в Нац. школе декоративных искусств. В 1937 вышла замуж за Б.Ю. Прегеля. В 1940 уехала в Нью-Йорк. Продолжала заниматься живописью, проводила выставки. См. подробнее: *Лейкинд О.Л., Махров К.В., Северюхин Д.Я.* Худ. Рус. зарубежья. С. 472–473.

ПРЕСНЯКОВ Сергей Иванович (25 авг. 1894 – ?) — инженер-электрик. Оконч. в Бельгии Льежский ун-т (1930). В США жил в Балтиморе (шт. Мэриленд). Член Об-ва рус. инж. в США.

Ист. АОРИ. Анкета.

ПРИБЫЛОВ [Pribilof] Гавриил [Герасим?] Логинович — мореплаватель, промышленник. Открыл в 1788 (1786?) в Беринговом море, сев. Алеутских о-вов, группу из пяти необитаемые о-вов включая о-ва св. Георгия и св. Павла, позже названные именем П..

И с т. Краткая географич. энциклопедия. М., 1966. Т V. С. 398, 564.

Л и т. *Pierce R.A.* Russian America. A Biography Dictionary. Kingston, 1990. P. 412–413.

ПРИБЫТКИН Эдмунд Владимирович (24 авг. 1930, Харьков – 13 апр. 1986) — проф. математики, общественно-полит. деятель, председатель КРА (1979–86). Род. в семье агронома, ставшего жертвой сталинских репрессий в 1938. В результате военных действий семья П. с потоком беженцев оказалась в Германии, где конец войны застал их в Равенсбурге (земля Вюртемберг), вошедшем во франц. зону оккупации. Учился одновременно в рус. и в нем. гимназиях, был членом 22-го Равенсбургского Суворовского отряда рус. скаутов-разведчиков (ОРЮР) и участвовал в установке памятника на могилах суворовских солдат, скончавшихся от ран в Равенсбурге после перехода через Швейцарию на пути в Россию (1799). В 1952 Прибыткины переселились в Бразилию, где П. поступил в ун-т Мак-Кензи в Сан-Паулу, избрав специальностью математику. Одновременно зарабатывал на жизнь, работая на дорожном строительстве в тропич. условиях. Оконч. ун-т со ст. бакалавра математич. наук (1959) и стал ассистентом в Технологич. авиационном ин-те в Сан-Паулу. Получив стипендию для продолжения образования, в 1962 выехал с семьей в США, здесь поступил в Нью-Йоркский ун-т. Магистр (1965), преподавал математику в колледжах. В теч. 17 лет был проф. математики в Миллерсвиллском ун-те в Пенсильвании. Одновременно работал над докторской дисс. и вёл исследования в обл. теории эластичности. Гражданин США (1972). Один из основателей КРА (1973). В мае 1979 избран председателем Главного правления КРА и дважды переизбирался на этот пост, включая избрание на третий срок (1984–87), во время которого П. скончался. За это время проделал огромную работу по укреплению положения рус. этнич. группы в США.

Деятельность П. охватывала представительство интересов амер. граждан рус. происхождения перед местными, штатными и федеральными властями США. Осуществлял связь с законодателями и вёл борьбу против отождествления русских с коммунистами и России с СССР. Участвовал в правозащитной деятельности и в проведении ежегодных Дней

Скорби и Непримиримости 7 ноября — в годовщину захвата власти большевиками. Во время VII Всеамер. съезда КРА в Сент-Питерсбурге (шт. Флорида) 27 мая 1984 **П.** позвонил по телефону президент США Р. Рейган. Разговор передавался по телефону в зал, в котором собрались делегаты съезда. Президент отметил вклад, который внесли русские во все обл. амер. жизни, и осудил отождествление понятий «русский народ» и «коммунисты». *Родственники:* мать Марта Эдмундовна (ныне покойная); жена Тереза Ионовна (ныне покойная); дети с семьями: Владимир, Эдмунд, София.

Похоронен на кладбище Ново-Дивеево близ Нанует (шт. Нью-Йорк).

В память **П.** КРА учредил поощрительную стипендию для своих членов, обучающихся в амер. ун-тах, а также для рус. студентов и аспирантов в России и на Украине, чьи занятия и общественная деятельности способствует возрождению историч. рос. государственности и преодолению сов. наследия.

Л и т. *Александров Е.А.* Памяти Эдмунда Владимировича Прибыткина // РА. 1988. № 19. С. 1–13; Служба информации КРА. Кончина проф. Э.В. Прибыткина // Единение (Мельбурн). 1986.

ПРИГОЖИН Илья (1917, Москва – 28 мая 2003, Брюссель) — Нобелевский лауреат по химии. В 1921 выехал с родителями в Германию, откуда в 1929 переехал в Бельгию. Оконч. Брюссельский Свободный ун-т с дипломом и докторской ст. по химии (1949). С 1967 — проф. физики и инж. химии при Техасском ун-те, в котором основал центр, получивший позже название Центра **П.** для исследования статистич. механики и сложных систем. Продолжал сотрудничать со Свободным ун-том в Брюсселе. Автор и соавтор 20 книг и почти 1 тыс. науч. статей. *Родственники:* жена (урожд. Прокопович); сыновья Ив и Паскаль.

Л и т. *Chang K.* Ilya Prigogine, 86, Nobelist For Study of Complexity // The New York Times. 2003. May 30.

ПРИСТУПА Симеон Михайлович (3 февр. 1897, Славянск Харьковской губ. – ?) — инженер-механик-теплотехник. Оконч. с дипломом инж.-механика механич. отделение Политехнич. ин-та в Тифлисе (1911) и курсы для инж.-теплотехников при Харьковском технологич. ин-те (1925). Автор статей в журналах «Инженерный труд» и «Транспорт Украины». Выехал на Запад с оккупированной терр. СССР во время войны. После 1945 — в Зап. Германии. До прибытия в США имел тридцатилетний стаж работы в качестве инж.-теплотехника по проектированию, монтажу и ремонту тепловых установок. Переехав в США (1952), работал токарем-механиком. Вступил в дек. 1954 в Об-во рус.-амер. инж. в США. Жил в Нью-Джерси.

И с т. Анкета Об-ва рус.-амер. инж. в США (1954).

ПРИЩЕПЕНКО [Prise Walter Joseph] Владимир Иосифович (13 июня 1907, Благовещенск Приморской обл. – ?) — инженер-электромеханик. Оконч. Харбинский Политехнич. ин-т со званием инж.-электромеханика (1931). В США продолжил образование в Калифорнийском ун-те в Бёркли, где в 1937 получил ст. бакалавра по электротехнике. Инструктор по мор. электротехнике в филиале Калифорнийского ун-та (1942–44). По приглашению читал лекции по электронике в Калифорнийском штатном Политехнич. колледже в Сан-Луис-Обиспо. Состоял ред.-консультантом в журнале Electrical and Construction Magazine. Автор статей по электронным сетям и миниатюризации в профессиональных журналах. Ст. член и председатель Сан-Францискского отделения военной электроники Ин-та электрич. и электронных инж.

И с т. Archives of Association of Russian-American Engineers in USA. *Prise Walter J.* Curriculum vitae.

ПРОЗЕРСКИЙ Евгений Нилович (4 янв. 1900, Сувалки, Царство Польское – ?) — инженер, проектировщик туннелей. Оконч. Киевский Политехнич. ин-т. Получил лицензию профессионального инж. от администрации шт. Нью-Йорк. Работал 14 лет в Нью-Йорке инженером-расчётчиком по проектированию подводных туннелей. Член Об-ва рус. инж. в США.

И с т. АОРИ. Вопросник (1954).

ПРОКОПОВИЧ [Nikola R. **Prokopovich**] Николай Прохорович (24 авг. 1918, Киев – 26 мая 1999, Сакраменто, Калифорния) — геолог. Род. в старинной семье, среди представителей которой был соратник Петра I и фактич. рук. Святейшего Синода Феофан **П.** (1681–1736). Оконч. геологич. ф-т Киевского ун-та. В нем. оккупации с 19 сент. 1941. Вследствие военных действий и приказа нем. оккупационного командования очистить Киев от гражданского населения оказался в сент. 1943 года среди беженцев и выехал на Запад. После оконч. войны репатриироваться в СССР отказался. Жил во франц. зоне оккупации в Юго-Зап. Германии. Поступил в аспирантуру на геологич. ф-т Тюбингенского ун-та, при котором защитил докторскую дисс. В США с 1950. Занимался физич. трудом, но потом получил работу геолога в Бюро по мелиорации Департамента внутренних дел США в Калифорнии. Вёл исследовательские работы по многих. обл. геологии и охраны окружающей среды. Большинство вопросов, которыми занимался **П.**, были совершенно новыми и не имели прецедента. Информация о вариантах их решения отсутствовала. Предложил математич. расчёт для определения ст. оседания почвы при проектировании каналов в Центральной долине Калифорнии. Метод **П.** обеспечил создание надёжного проекта Канала Сан-Луи. Расчёты **П.** успешно применялись при восстановлении каналов для орошения и осушения и дали возможность завершить проект со значительной экономней средств. Кроме того, **П.** нашёл решения др. трудных инж.-геологич. проблем, связанных с проектировкой и строительными работами в Среднеатлантич. р-не шт. Калифорния, в т.ч.: гидравлич. уплотнения почв, определения кристаллич. давления в р-не каналов, вопроса о причинах отсутствия устойчивости жирных глин. Участвовал в многоч. международных конгрессах, симпозиумах, конференциях и форумах, заслужив широкую известность среди специалистов. Автор более 150 технич. статей и рефератов.

Признавая заслуги **П.**, секретарь внутренних дел США наградил его в 1986 похвальной грамотой, именной серебряной медалью и серебряным знаком для ношения в петлице. Значительная часть печатных трудов **П.** передана в технич. библиотеку Уральского филиала РАН в Екатеринбурге. *Родственники:* вдова (урожд. Удер) Сильвия — дочь полк. эстонской службы; дочь от первого брака и внучка (в Киеве).

Похоронен на местном православном кладбище в Сакраменто.

И с т. *Александров Е.А.* Биография Николая Прохоровича Прокоповича. Рукопись, 1999; *Duvall*

ПРОКОФЬЕВ [Prokofieff] Vlad] Владимир (1915–2002) — ветеран армии США, разведчик, дипломат, проф. Оконч. Колумбийский ун-т с дипломом магистра по рус. истории. Во время Второй мировой войны служил в чине лейтенанта в военной разведке. После 1945 работал в ЦРУ. Позже назначен Госдепартаментом в посольство США в Париже. Затем получил должность в отделе внутренней безопасности в посольстве США в Москве. После работы в Госдепартаменте — проф. по рус. истории в ун-те Майами (шт. Флорида).

И с т. АА. *Chase J.W.* Letter (2003. Nov. 25) to *Eugene A. Alexandrov*.

ПРОКОФЬЕВ Сергей Сергеевич (11 апр. 1891, с. Сонцовка Бахмутского уезда Екатеринославской губ. – 5 марта 1953, Москва) — композитор, дирижёр, пианист. Род. в семье агронома. С пяти лет соч. небольшие фортепианные пьесы. В 1902–03 с **П.** занимался Р. Глиэр. Оконч. Петроградскую консерваторию как композитор, дирижёр и пианист (1914), учился у А.К. Лядова, Н.Н. Черепнина и др. выдающихся муз. Летом 1914 познакомился с С.П. Дягилевым, с которым сотрудничал до его смерти (1929).

В 1918 через Сибирь и Японию прибыл в Сан-Франциско. Выступал в качестве пианиста в США, но без особого успеха. Опера **П.** по сказке К. Гоцци «Любовь к трём апельсинам» была поставлена в Чикаго в 1921 и стала «одной из самых примечательных премьер в истории американской музыки». С окт. 1921 жил и работал в Париже. В 1931 Л. Стоковский поставил в Метрополитен опере в Нью-Йорке балет **П.** «Le Pas d'Acier» («Стальной шаг»). Автор опер «Игрок» (1915–16), «Огненный ангел» (по повести В.Я. Брюсова, 1922?), «Война и мир» (1941–52), муз. к балетам «Ромео и Джульетта» (1935–36), «Золушка» (1946), «Сказ о каменном цветке» (1948–59), камерных соч., сонат и симфоний, муз. к кинофильмам («Александр Невский» 1938) и др. произведений. В 20-е гг. гастролировал по миру, в СССР впервые в 1927. В США выступал по всей стране с самыми выдающимися оркестрами в качестве дирижёра и исполнял собственные произведения. Творч. **П.** занимает одно из центральных мест в муз. жизни Америки. В 1936 вернулся на родину. В 1948 в СССР началась травля музыканта в связи с публикацией постановления «Об опере "Великая дружба"».

С о ч. Автобиография. М., 1973; С.С. Прокофьев: мат-лы, док-ты, воспоминания. М., 1961.

Л и т. *Савкина Н.* Прокофьев Сергей Сергеевич // // РЗ. Золотая кн. эм. С. 518–520; *Степанов О.Б.* Прокофьев Сергей Сергеевич // Большая сов. энциклопедия. Т. XXI. М., 1975. С. 68–69; Martianoff N.N. Undated. Russian Artists in America. P. 13.

ПРОКОФЬЕВ де Северский А.Н. — см. **СЕВЕРСКИЙ** А.Н.

ПРОСКУРЯКОВА [Proskouriakoff Tatiana] Татьяна (1909 – 30 авг. 1985, Уотертаун, шт. Коннектикут) — археолог, специалист по иероглифам майя, доколумбовому искусству и архитектуре. Переселившись в США, училась в Пенсильванском штатном ун-те (Филадельфия), где получила ст. бакалавра по архитектуре. Продолжала образование в аспирантуре ун-та, автор многоч. науч. статей и книг. Первую должность в качестве археолога получила в Ин-те Карнеги в Вашингтоне.

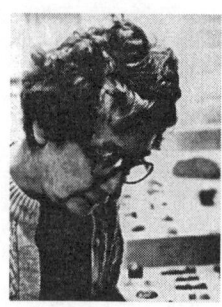

В 1958 приглашена в Пибоди-музей в Нью-Хэйвене (шт. Коннектикут). Главным занятием **П.** стало исследование коллекций нефритовых пластинок из священного жертвенного колодца Чичен-Ица на п-ове Юкатан в Мексике. Реставрировала и изуч. надписи на пластинках. Следствием исследований **П.** ещё в 1960 стала статья о числах и повторяющихся иероглифах-знаках на нефритовых пластинках. Плодом исследований **П.** явился труд на англ. яз. «Jades from Cenote of Sacrifice, Chichen Itza, Yukatan» (1975). **П.** открыла, что эти иероглифы обозначают имена историч. лиц, а цифры, соответствуют летоисчислению майя и хронологии событий, в которых эти лица участвовали. Расшифровка **П.** иероглифов майя как фонетич. знаков легла в основу всех дальнейших исследований и перев. летописей древнего народа. В 1976 опубликовала книгу «An Album of Maya Architecture», вышедшую третьим изданием. В конце науч. карьеры стала почётным куратором «Эмерита» искусств майя музея Пибоди. За науч. труды награждена орденом Кветцала — высшим орденом Гватемалы.

Л и т. *Eckholm E.* Secrets of Maya Decoded at Last, Revealing Darker Human History // Science Times — The New York Times. 1986. May 13; Tatiana Proskouriakoff, Maya Authority, Dies // Harvard Gazette. 1985. Sept. 13.

ПРОТОПОПОВ Дмитрий Александрович (1873 – 11 июля 1932, Сан-Франциско) — ветеран, полковник. Оконч. 2-й Московский кад. корпус, 2-е военное Константиновское уч-ще (8 авг. 1894) и вышел подпоручиком в 1-ю арт. бригаду. Участник рус.-яп. войны 1904–05 в составе 9-й бригады и 10-й Восточ.- Сибирской стрелковой арт. бригады. После 1905 — в рядах 3-й Восточ.- Сибирской бригады. На фронт Великой войны вышел командиром батареи 7-й Сибирской стрелковой бригады. В 1916 назначен командиром 7-го Туркестанского отдельного арт. дивизиона лёгкой арт. Далее командовал дивизионом 7-й Туркестанской бригады и бригадой. За боевые отличия награждён всеми орденами вплоть до ордена св. Георгия IV ст. При большевиках заключён в тюрьму, но потом привлечен как военный специалист к службе на инспекционных должностях по арт. В 1922 бежал из Читы в Маньчжурию, откуда эмигрировал в США. В Сан-Франциско стал одним из основателей Об-ва рус. ветеранов Великой войны и в теч. нескольких лет избирался членом правления, неся обязанности казначея заёмного капитала.

Похоронен в Сан-Франциско на Серб. кладбище.

И с т. АОРВВВ. Полк. Дмитрий Александрович Протопопов // 1932. Альбом № I.

ПРОТОПОПОВ Николай Александрович (8 авг. 1883, Курская губ. – 12 авг. 1963, Сан-Франциско) — участник Белого движения на Востоке России, полковник. Оконч. Курское реальное уч-ще (1903) и поступил вольноопределяющимся в 121-й Пензенский ген.-ф. гр. Милютина полк 31-й пех. дивизии, стоявший в Харькове. Оконч. Чугуевское пех. юнкерское уч-ще (1907) и вышел подпоручиком в 26-й Могилёвский полк 7-й пех. дивизии, стоявший в Воронеже. Поручик (1911). С июля 1914 — командир 8-й роты 2-го батальона 234-го Богучарского полка 59-й пех. дивизии. Участник Первой мировой войны. Штабс-капитан, капитан за боевые отличия (1915). Дважды ранен, награждён четырьмя боевыми орденами. В 1918 вступил в ряды Нар. армии Комуча в тяжёлый арт. дивизион. Подполковник (сент. 1919). Участник Сибирского («Ледяного») похода 1920, полковник (1920).

С 1922 в эмиграции в США. Участвовал в создании Об-ва рус. ветеранов Великой войны, член правления. К 20-летию Об-ва избран почётным членом.

Похоронен на Серб. кладбище в Сан-Франциско.

И с т. АОРВВВ. Полк. Николай Александрович Протопопов // 1963. Авг. Альбом II.

ПРОТОПОПОВ [Protopopoff Nicholas N.] Николай Н. (род. 18 дек. 1921, Кор. СХС) — преподаватель славянск. яз. Род. в семье рус. беженцев. После 1945 эмигрировал в Аргентину. В США с 1964. Окнч. со ст. магистра рус. яз. и лит. Сиракузский ун-т, где стал преподавателем рус. и сербскохорватского яз. (1964). В 1966 опубликовал учебник сербскохорватского яз. «On the Ground and in the Air» EELP. Автор многоч. статей и очерков на религиозные, лит. и др. темы в рус. зарубежных изданиях. Владеет рус., сербскохорватским, исп., англ., франц. и нем. яз.

И с т. Archives of the Assn. of Russian-American Scholars in the USA. *Protopopoff N.N.* Curriculum vitae, 1968.

ПРОТОПОПОВ Николай Николаевич (18 дек. 1921, селение Гаково, Кор. СХС – 7 янв. 1998, Санта-Роза (Калифорния)) — Атаман Войска Терского в Зарубежье, хорунжий, издатель. Род. в семье терского казака, есаула дивизиона Собственного Е.И.В. Конвоя Н.Н. Протопопова (? – 24 окт. 1944). Среднее образование начал в Донском императора Александра III кад. корпусе, окнч. рус.-сербскую гимназию в Белграде (1940). В 1940 поступил в Югославскую Кор. военную академию (неоконч.). В 1941 вместе с юнкерами попал в нем. плен. В 1942 освобождён и поступил на службу в Рус. Корпус, в рядах которого погибли отец и мл. брат (Георгий) **П.** Подпоручик. В февр. 1945 откомандирован в Офиц. школу ВС КОНР (РОА) в Мюнзинген (Германия). После расформирования школы (12 мая 1945) оказался на терр. Чехословакии, затем в Зап. Германии. В 1945–47 жил в Мюнхене и учился на лесном ф-те международного ун-та для перемещённых лиц UNRRA. В 1947 по контракту работал шахтёром в Бельгии. В 1948 с женой эмигрировал в Аргентину, здесь прожил более 10 лет. Работал на строительном предприятии, бухгалтером в рыбной компании.

В США с 1964. Преподавал рус. яз. и лит. в Сиракузах (шт. Нью-Йорк). Окнч. Сиракузский ун-т (1968) и получил магистерскую ст. по рус. лит. В 1970 переехал в Монтерей (шт. Калифорния). Преподавал до ухода на пенсию (1987). С 1976 — ред.-изд. журнала СчРК «Наши вести». Ред. журнал «Терский казак». Пожертвовал коллекцию зарубежных рус. журналов и газ. во Владивосток и 1200 рус. книг в библиотеку Свято-Троицкого монастыря в Джорданвилле (шт. Нью-Йорк). Принимал активное участие в деятельности СчРК, Объединения кад. рос. кад. корпусов, зарубежных каз. орг-ций и РПЦЗ. Оказывал помощь деятельности РОВС в России. *Родственники:* вдова Надежда Николаевна; дети Наталья, Николай с семьёй.

Похоронен на кад. участке Сербского кладбища в Сан-Франциско.

В России после смерти **П.** увидел свет II т. сборника «Русский Корпус на Балканах во время Второй Великой войны 1941–1945» (СПб., 1999), изданный трудами **П.** и И.Б. Иванова.

И с т. АА. *Протопопов Н.Н.* Автобиография (с дополнениями А. Сапронова).
Л и т. *Иванов И.Б.* Краткие биографич. данные чинов Рус. Корпуса, упомянутых в наст. сб. // РК. 1999. С. 425; *Сапронов А.* Николай Николаевич Протопопов // Бюллетень Объединения кадет рос. кад. корпусов в Сан-Франциско. 1998. Янв. № 55. С. 60; *Хорунжий Николай Николаевич Протопопов* // Там же. С. 59.

ПРОШИН Касьян [лит. псевдоним] — см. **БЕКЛЕМИШЕВ**.

ПРОЩАКОВ [Prostshakov] Борис Петрович (4 янв. 1893, стан. Глубокая Обл. Войска Донского – ?) — участник Белого движения на Юге России, инженер-теплотехник, исследователь антрацитовых газогенераторов. Донской казак. Окнч. реальное уч-ще в стан. Каменской (1915). Участник Первой мировой войны на Кавказском фронте (1915–17). После Октябрьского переворота 1917 — в белых войсках на Юге России. В 1917–18 — в антибольшевистских партизанских отрядах на Дону. Окнч. инж. отдел Донской офиц. школы (1919), до весны 1920 — в Донской армии. Эвакуироваться за границу не смог. Работал слесарем, электромонтёром и монтёр-механиком в Новочеркасске (1922–29). Одновременно учился на механич. ф-те Донского Политехнич. ин-та, который окнч. в 1929. Затем преподавал в ин-те теплотехнику (1929–32). В 1932–42 — зав. кафедрой машиноведения и лектор по теплотехнике в Ростовском машиностроительном ин-те, где в 1925–30 провёл полную установку электромеханич. и теплотехнич. оборудования. Эксперт по монтажу, сложным ремонтам и реконструкции теплотехнич. установок в радиусе 1 тыс. км вокруг Ростова (1925–42). Науч.-исследовательские работы **П.** включали использование антрацита взамен жидких горючих в автомобильно-тракторном хоз-ве и очистке газообразных тел от пыли. Автор 10 печатных работ о проекте антрацитовой газогенераторной машины, о пробеге из Ростова в Москву газогенераторной автомашины системы и конструкции автора, о гос. и межведомственных испытаниях в Москве антрацитовых газогенераторных автомобилей и др. (журналы «Мотор», «Автотракторное дело», «Известия Ростовского машиностроительного института»). Автор рукописи на рус. яз. «Энтропия и интеллект (Жизнь с точки зрения термодинамики)». С 1942 в нем. оккупации. Выехал на Запад, перемещённое лицо в Германии (с 1942). В США с 1950. Состоял членом Об-ва рус. инж. в США. *Родственники:* жена.

И с т. АОРИ. *Прощаков Б.П.* Автобиография; список печатных трудов; анкета (1954).

ПРУГЛО Александр Сергеевич (19 мая 1903 – 2003, Си Клифф, шт. Нью-Йорк) — инженер-электромеханик. Окнч. в СССР

Индустриальный ин-т (1930). Покинул оккупированную терр. СССР во время Второй мировой войны. В США проживал в Бруклине (Нью-Йорк). Уйдя в отставку жил в Си-Клиффе на Лонг-Айленде. Был членом Об-ва рус. инж. в США. *Родственники*: дочь.

И с т. АОРИ. Анкета.

ПРУЖАН Георгий Евгеньевич (?, Санкт-Петербург – ?, Вашингтон) — участник Белого движения на Востоке России. Юные годы провёл в Харбине (Маньчжурия), где семья **П.** поселилась после рус.-яп. войны 1904–05. Оконч. Харбинское коммерч. уч-ще. В нач. Первой мировой войны оконч. ускоренный курс школы прапорщиков и убыл на фронт. Будучи атлетом, гимнастом и мастером по фехтованию, получил назнач. в кон. арт. Во время революции 1917 и общего развала армии арестован в Смоленске, под угрозой расстрела бежал. Через Сибирь вернулся в Харбин и вступил добровольцем в один из антибольшевистских отрядов, в составе которого участвовал в боевых операциях в Сибири. Далее — в рядах Сибирской армии адм. А.В. Колчака, с которой дошёл до Волги и отступал верхом более 2 тыс. миль в зимнюю стужу. Участник Сибирского («Ледяного») похода 1920. В эмиграции в Маньчжурии. Служил стражником на КВЖД, затем инструктором верховой езды маршала Чжан Цзолина. При помощи знакомого амер. офицера получил разрешение на въезд в США (1922). Работал вновь инструктором верховой езды. В годы амер. депрессии (1929–33) завершил образование на мед. ф-те ун-та Western Reserve в Кливленде (шт. Огайо), где пробыл год. Затем перевёлся в Хайрам-колледж в Хайраме (шт. Огайо), где одновременно занял должность инструктора по верховой езде, гимнастике и фехтованию. Во время Второй мировой войны — на гос. службе. В военные и послевоенные годы объездил Пакистан, где провёл несколько лет, Корею, Японию, Индию, Таиланд и Филиппины. По выходе на пенсию в Вашингтоне завёл конюшню и продолжал учить молодёжь верховой езде.

Л и т. *Петров В.* Судьба белого воина // НРС. 1984. 11 мая.

ПРЯНИШНИКОВ Борис Виталиевич [лит. псевд. А. **Лисовский**] (21 июля 1902, Вилюнь Калишской губ. – 16 июня 2002, Силвер Спринг, шт. Мэриленд) — общественно-полит. деятель, публицист. Род. в семье офицера 5-го Донского каз. полка Виталия Яковлевича **П.** (1865–1942) и его жены (урожд. Мухиной) Марии Николаевны (?–1906). В 1917 учился в 5-м кл. Донского императора Александра III кад. корпуса в Новочеркасске. Летом 1918 телефонистом в рядах Партизанского (позднее ген. Алексеева) полка Добровольч. армии участвовал во 2-м Кубанском походе, за отличия награждён Георгиевской медалью IV ст. Осенью 1918 возобновил учёбу. В 1919 поступил в Атаманское военное уч-ще, в составе которого участвовал в боевых действиях в Крыму в 1920. За отличия под Каховкой (авг. 1920) награждён Георгиевским крестом IV ст. Эвакуировался из Крыма в нояб. 1920 в составе Рус. армии. В 1921 — на о-ве Лемнос, затем в эмиграции в Болгарии, здесь оконч. уч-ще в 1922 с производством в первый офиц. чин. Чин РОВС. Работал в Болгарии, затем выехал во Францию по контракту на металлургич. завод. С ноября 1925 по январь 1938 проживал в Лионе. С 1933 участвовал в выпуске «Обзора эмигрантской печати». Член НСПНП (НТС) с февр. 1933. Сотрудничал в газ. «За Россию» (Белград), «Меч» (Варшава) и др., а также во франц. газ., публикуя материалы о сов. действительности. Совместно с Р.П. Рончевским организовал ряд отделений НСНП в юго-восточ. Франции. Участвовал в попытках защиты РОВС от проникновения сов. агентуры. **П.** предупреждал председателя РОВС Ген. штаба ген.-лейт. Е.К. Миллера о возможном предательстве со стороны ген.-майора Н.В. Скоблина, но Миллер не внял предупреждению, был похищен в Париже в 1937 при участии Скоблина и расстрелян в Москве в 1939. В 1938–39 работал в Германии на тайной типографии под Берлином (база «Льдина»), организованной при участии яп. военного атташе по договоренности с центром НТСНП для печати антисов. листовок, изуч. сов. прессы и действительности. В 1939–41 — в Югославии и Румынии, участвовал в инструктаже членов НТСНП, перебрасывавшихся на терр. СССР. В 1942–49 — в Германии. В Берлине работал корректором в рус. газ. «Новое слово». Член КОНР, под псевд. «А. Лисовский» подписал Пражский манифест 14 нояб. 1944. В нояб. – дек. 1944 ред. первые номера газ. КОНР «Воля народа». В последние месяцы войны — представитель КОНР в Гамбурге, с авг. 1945 — в лагере «перемещённых лиц» Менхегоф под Касселем. Гл. ред. еженедельника «Посев» (нояб. 1945 – окт. 1946). С апр. 1947 — гл. ред. газ. «Эхо» в Регенсбурге. В 1949 переехал в США, жил в Нью-Йорке. Работал на временных работах. В 1951–57 служил в лаборатории General Anilin and Film Corporation. В 1949–51 возглавлял амер. орг-цию НТС. В 1954 по причине серьёзных разногласий с рук. орг-ции вышел из НТС, один из организаторов создания «Инициативной группы по созданию организации свободных солидаристов» (1954–68). С 1958 работал в отделе обслуживания программ радиостанции «Освобождение» (далее «Свобода»). Писал ежедневные обозрения сов. печати для составителей текстов радиопередач. В 1964 перешел на службу в рус. отдел изд. фирмы Мак Гроу Хилл. Прослужил 12 лет и вышел в 1976 на пенсию. Переводил с англ. на рус. книги для изд. Ф. Прегера.

Автор многоч. публикаций в газ. «Новое русское слово» (Нью-Йорк), «Русская жизнь» (Сан-Франциско), в журнале «Кадетская перекличка» (Нью-Йорк) и в др. рус. периодич. изданиях. *Родственники*: жена (урожд. Бонафеде) Ксения Николаевна (10 апр. 1906 – 4 марта 1985) — дочь полк. Рус. армии. Скончался на 100-м году жизни.

Похоронен в Рокквилле (шт. Мэриленд).

Ценная архивная коллекция **П.** хранится в АГИВРМ.

С о ч. АГИВРМ. Коллекция Б.*В. Прянишникова.* Коробка 1. О революционной работе Народно-Трудового Союза рос. солидаристов. Неопубл. рукопись; Незримая паутина. ВЧК — ГПУ — НКВД против белой эмиграции. 1-е изд. — США, 1979; 2-е изд. — СПб., 1993; Новопоколенцы. Силвер Спринг, 1986; О «Внутренней линии» // НРС. 1950. 16 июня; Тайны «Внутренней линии» // НРС. 1963. 30 сент.; 1, 7 окт. и др.

И с т. АА. *Прянишников Б.В.* Краткая автобиография. Машинопись (1999), 2 с.; Родословная и автобиография. Машинопись (24 сент. 1999), 11 с. ЛАА. Справка *К.М. Александрова* на члена КОНР Б.В. Прянишникова.

Л и т. *Бортневский В.Г.* Б.В. Прянишников и его книга // Незримая паутина. СПб., 1993. С. 457–459; Некролог // НРС. 2002. 27 июня; *Окороков А.В.* Краткие биографич. данные участников Рус. Освободительного движения // Материалы по истории Рус. Освободительного движения. Т. II. М., 1998. С. 467–468.

ПРЯНИШНИКОВ [**Прян**] Василий Димитриевич (20 марта 1908, Харбин, Маньчжурия – ?) — инженер-механик, проф. Оконч. Харбинский Политехнич.

ин-т с дипломом инж.-механика и электрика (1931), со ст. магистра машиностроения — Мичиганский ун-т (1932), где в 1935 защитил докторскую дисс.

С 1935 работал на инж. должностях как проектировщик и испытатель в компаниях Hydro Air, Northrup Aircraft, Lockheed Missiles & Space Division и др. В 1955 начал преподавательскую деятельность, заняв должность лектора на инж. отделении ун-та Юж. Калифорнии, доцента и главы отделения машиностроения в Коллеже Финн (шт. Огайо). С 1961 — проф. машиностроения в штатном колледже Сан-Хосе (шт. Калифорния). Одновременно с преподаванием занимался консультациями. Член 6 профессиональных инж. об-в и комитетов.
И с т. Archives of Association of Russian-American Engineers in USA. *Prian Vasily D.* Curriculum vitae. 1967. March.

ПРЯНИШНИКОВ Осип Андреевич — промышленник пушнины, помощник *А.А. Баранова*. К приезду Баранова в Америку (1791) промышлял во главе с *Егором Пуртовым* на 500 байдарках. Владел туземными яз. Сопровождал Баранова в разъездах. В июне 1792 участвовал в ночном отражении нападения тлингитов на партию Баранова. Еще до прибытия православных миссионеров, зная устав церковный, отправлял службу утреннюю, часы и вечерню.
Л и т. *Поберовский С.* Очерк истории Православия в Америке (1784–1867) // 1994. Апр. № 4. С. 20–28.

ПСАКЯН Карина Владимировна (4 янв. 1918, Карс, Зап. Армения – 26 февр. 2003, Сан-Франциско) — публицист, радиокомментатор. Род. в армянск. семье, бежавшей от тур. погромов во время Первой мировой войны и революции. Через Сибирь семья **П.** добралась до Харбина (Маньчжурия). Оконч. рус. школу в Харбине и Харбинскую консерваторию по кл. сольного пения. Обладая драматич. сопрано, стала солисткой местного симфонич. оркестра, заслужив лестные отзывы в рус. печати. После прихода сов. войск (1945) муж **П.**

А.Ф. Плавков — сотрудник газ. «Харбинское время» — был арестован, вывезен в СССР, сослан на Колыму, где погиб. Будучи женой заключённого, лишилась работы. Уехав с семьёй в Шанхай, быстро вошла в культурную жизнь города. Лично приглашена епископом Симеоном в архиерейский хор. После длительных хлопот получила возможность уехать в США со вторым мужем, А.Л. Вус-Вонсовичем, в США. В Сан-Франциско выступала на сцене Рус. центра, писала для газ. «Русская жизнь», организовала в Бёркли рус. женский хор. В 1964 получила вместе с мужем гос. службу в Вашингтоне.

В 1965–69 работала директором радиостанции «Голос Америки». Выступала на благотворительных вечерах в пользу Об-ва помощи детям в Европе и Литфонда, писала для газ. «Новое русское слово» (Нью-Йорк). В 1979 возвратилась в Сан-Франциско. Стала пом. ред., а затем — ред. газ. «Русская жизнь». Поддерживала Рус.-амер. об-во взаимопомощи, Свято-Кирилло-Мефодьевскую гимназию и деятельность рус. скаутов, устраивала концерты. Трижды организовывала Дни рус. культуры. В ознаменование 1000-летия Крещения Руси подготовила и осуществила торжественную постановку «Киевская Русь».
Л и т. *Аджемян М.* Карина Псакян // РЖ. 2003. 29 мая.

ПУАРЭ Инна Витальевна (1890, Туркестан – 17 июня 1959, Вашингтон) — геолог. Род. в семье офицера Рус. Императорской армии. Среднее образование получила в Москве в Екатерининском ин-те. Во время Первой мировой войны была сестрой милосердия. Награждена Георгиевской медалью. Была ранена, будучи солдатом женского ударного батальона, защищавшего Временное правительство (1917). После оконч. Гражданской войны поступила в Горный ин-т. Покинула СССР во время Второй мировой войны. Поступила на работу в Геологич. службу США. Занималась вопросами вечной мерзлоты. Перу **П.** принадлежит ряд науч. статей. Состояла членом Амер. ин-та горных инж., Амер. геологич. об-ва и Объединения женщин-географов.
Л и т. *Н.Н.* Памяти Инны Витальевны Пуарэ // НРС. 1959. 27 июня.

ПУГОВИЧНИКОВ Александр Николаевич (4 сент. 1886 – 25 марта 1968, Нью-Йорк) — участник Белого движения на Юге России, полковник. Из дворян Воронежской губ. Оконч. по I разряду Николаевское кав. уч-ще (1905) и вышел Л.-гв. корнетом в Уланский Его Императорского Величества полк Отдельной гв. кав. бригады, стоявший в Варшаве. В 1912 оконч. Офиц. кав. школу в Санкт-Петербурге с занесением имени на мраморную доску за проявление исключительных успехов. Блестящий кавалерист и спортсмен. Участник Первой мировой войны, командовал 6-м эскадроном (1914–17). Полковник (на 1917). После Октябрьского переворота 1917 — на Украине. Спас полковой штандарт от поругания и вывез его в Киев. С 1918 — в Добровольч. армии. Зав. хоз. частью 2-го гв. сводного кав. полка 2-й кав. дивизии (в составе V корпуса ВСЮР — 1919). В Рус. армии: командир Запасного кав. полка; нач-к хоз. отделения в Управлении ремонтирования. Эвакуировался из Крыма в составе Рус. армии в нояб. 1920. В эмиграции в Кор. СХС. С 1925 — в Кор. армии, инструктор офиц. кав. школы. Майор, зав. Кор. конюшен, инструктор верховой езды наследника престола королевича Петра Александровича (1929), затем снова преподавал в офиц. кав. школе. С апр. 1941 — в нем. плену, где подал рапорт об отправке на Восточ. фронт. В 1942–43 — в 600-м каз. дивизионе подполк. И.Н. Кононова в составе Корпуса войск безопасности тыла группы армий «Центр»; зам командира дивизиона (на 1943). С июня 1943 — помощник командира 5-го Донского каз. полка 2-й бригады 1-й каз. кав. дивизии Вермахта; в 1945 — в XV каз. кав. корпусе ген.-лейт. Х. фон Паннвица. Полковник (на 1945). Принудительной репатриации избежал. В 1945–49 — в лагерях «перемещённых лиц» в Зап. Германии. В США с 1949, жил в Нью-Йорке. Преподаватель верховой езды в кав. школе (1950–61). В 1961–68 — частный преподаватель верховой езды в кав. школе центрального парка Нью-Йорка.
Родственники: жена Вера Николаевна (1895–?).
Л и т. *Александров К.М.* С.231–232; *Бордель М.* Некролог // Часовой (Брюссель). 1969. Апр. № 514. С. 27; *Волков С.В.* Офицеры российской гвардии. С. 393–394.

ПУПАЦКО Александр Иванович — лейтенант ВВС США, лётчик. После оконч. средней школы учился 2 года в колледже, затем оконч. лётную школу. Член 1-го отдела РООВА. Участвовал в боевых полётах над Германией. Погиб в бою 5 авг. 1944. За выполнение боевых заданий над Европой награждён орденом «Дубовых листьев» (Oak Leaf Cluster).
И с т. *Pantuhoff Oleg* — 1976.
Л и т. *Beresney Timothy A.* In Memoriam // Russian Herald. 1947. Jan. – Febr. P. 157–163.

ПУРТОВ Егор — промышленник на Аляске и исследователь. В 1792–94 дважды пересёк Аляску по суше и рекам.
И с т. Краткая географич. энциклопедия. М., 1966. Т. V. С. 398.
Л и т. *Поберовский С.* Очерк истории Православия в Америке (1784–1867) // 1994. Апр. № 4. С. 20–28.

ПУТЯТИН Александр Михайлович, кн. (1897 – 22 февр. 1954, США) — подпоручик Л.-гв. 4-го Стрелкового Императорской фамилии полка. Сын генерал-майора (1912) Михаила Сергеевича **П.** (1861–1938). Оконч. ускор. курс Александровского лицея (1917). После 1920 — в эмиграции во Франции. *Родственники*: дети Мария (1922 г.р.), Алексей — в 1945 убит в Италии в рядах франц. армии, *Дмитрий* (1926–2000); внучка Марина Дмитриевна — в Канаде.
Похоронен на Western Cemetery в Лексингтоне (шт. Массачусетс).
Л и т. *Волков С.В.* Офицеры российской гвардии. С. 393–394.

ПУТЯТИН Дмитрий Александрович, кн. (1926, Париж – 2000, Монреаль). Род. в семье, ведущей родословную с XI в., сын Л.-гв. подпоручика *А.М. Путятина* (1897–1954). Из-за большевистского террора родители **П.** бежали в нач. 20-х гг. из России во Франц. Оконч. рус. кад. корпус в Версале под Парижем и франц. гимназию в Бельгии. После Второй мировой войны уехал в США, здесь оконч. Гарвардский ун-т.

В Канаде с 1958. Много лет занимал видное положение в промышленности, в частности в производстве асбеста. После ухода на пенсию состоял членом церковного совета в монреальском Петропавловском соборе. *Родственники*: вдова; дочь Марина. Мужского поколения у **П.** нет. Это даёт повод считать, что род кн. **П.** по мужской линии угас.
И с т. АА. *Могилянский М.* Письма от 30 нояб. 2000; 5 февр. 2001; 27 янв. 2002.

ПУХИРЬ Михаил Георгиевич — капитан II ранга. Ветеран Первой мировой и Гражданской войн, 14-й председатель Совета директоров Об-ва быв. рус. мор. офицеров в Америке.
И с т. АА. Список председателей Совета директоров Об-ва Рус. императорских мор. офицеров в Америке, 1974.

ПУЧКОВ Фёдор Абрамович (31 мая 1886, Бузулук Самарской губ. – 2 февр. 1953, Сан-Франциско) — участник Белого движения на Востоке России, Ген. штаба генерал-майор. Оконч. Виленское военное уч-ще (1906) и вышел подпоручиком в арм. пехоту. Оконч. Императорскую Николаевскую военную академию (1914). Штабс-капитан (на 1914). С нач. Великой войны назначен и. д. ст. адъютанта штаба 57-й пех. дивизии. 22 апр. 1915 переведён в Ген. штаб. Капитан (10 сент. 1915). И.о. нач-ка штаба 2-й Кубанской каз. дивизии (1916). Подполковник (15 авг. 1917). Демобилизация 1917–18 застала **П.** в должности ст. адъютанта штаба 4-й армии Рум. фронта. С апр. 1918 в Бузулуке. 12 июля 1918 вступил в Нар. армию Комуча, приняв должность нач-ка формирований Уфимского р-на. С сент. — и.д. нач-ка штаба 1-й Уфимской дивизии; с окт. — нач-к штаба II Уфимского арм. корпуса. Полковник (14 апр. 1919). С июля 1919 — командующий 8-й Камской стрелковой адм. Колчака дивизии Уфимской группы 3-й армии. Генерал-майор (14 авг. 1919). Участник Сибирского («Ледяного») похода 1920. С апр. 1920 — генерал-квартирмейстер штаба Дальневосточ. армии; нач-к штаба (28 июля 1920 – 18 июня 1921). Войсковой атаман Уссурийского каз. войска (1921–22). С 1 июня 1921 по 10 авг. 1922 — нач-к штаба войск Приамурского временного правительства и Земской рати, затем — нач-к канцелярии Приамурского края. 1 нояб. 1922 среди последних оставил родную землю. За службу в Рус. Императорской армии удостоился 7 орденских наград (в т.ч. 5 боевых) и ордена Звезды Румынии; кавалер знака отличия военного ордена За Великий Сибирский Поход I ст.

В эмиграции в США, жил в Калифорнии. 25 лет зарабатывал на насущный хлеб тяжёлым физич. трудом. Председатель Об-ва рус. ветеранов Великой войны в Сан-Франциско (1946–53). В своей деятельности **П.** уделял большое внимание помощи старикам и воспитанию молодёжи в рус. духе, в лице орг-ции Рус. Сокол, избравшей **П.** почётным членом. Состоял нач-м Сев.-Калифорнийского отдела РОВС. Скончался одиноким.
Похоронен на Серб. кладбище в Сан-Франциско.
С о ч. 8-я Камская стрелковая дивизия в Сибирском Ледяном походе // Вестник Об-ва Ветеранов Великой войны (Сан-Франциско). 1930. № 46/47; № 48/49; № 50/51; № 52/53; № 54/55; 1931. № № 56; 57; 58.
И с т. АОРВВВ. Генерал-майор Фёдор Абрамович Пучков // 1953. Февр. Альбом № I.
Л и т. *Волков Е.В., Егоров Н.Д., Купцов И.В.* Белые генералы, служившие в Нар. армии Самарского Комуча // Каппель и каппелевцы. М., 2003. С. 567–568; *Шмелёв А.В.* Сан-Францисскому Об-ву ветеранов Великой войны — 75 лет // Наши вести (Санта-Роза — СПб.). 1999. Июнь. № 455/2756. С. 18–19.

ПУШЕНТАЛЬ [Vladimir von **Poushental**] Владимир фон, бар. (1894 – 1978, Майами, шт. Флорида) — участник Белого движения на Юге России, предприниматель, общественный деятель. Род. в семье генерала инж. войск. Оконч. военную академию и служил в армии в чине капитана. Участник Первой мировой войны. В 1915 стал одним из первых военных лётчиков. Участвовал в воздушных налётах на Константинополь. Во время Гражданской войны сражался в рядах Рус. армии (на 1920). После эвакуации 1920 оказался в Турции. С 1923 — в США, где разыскал старого приятеля отца — *Георгия де Ботезата*, конструктора вертолётов. Работал у него помощником, затем — зав. фирмой по конструкции вертолётов и вентиляторов для промышленности. Гражданин США (1930). В 1940 в связи со смертью де Ботезата фирма закрылась, и **П.** стал искать другое занятие. В штате Мэн, в долине р. Кеннебек, появилась возможность заняться куплей и продажей недвижимости и земельных участков, привлекая по объявлениям рус. покупателей описанием климата, похожего на русский, дешевизной земли и домов, рыбной ловлей и охотой. Стал основателем «русской колонии» в р-не Ричмонда. По объявлениям **П.** сюда съезжались рус. эмигранты-антикоммунисты. Это были в основном чины Рус. Корпуса, воевавшие в 1941–45 в Югославии против коммунистич. партизан Тито и организованно прибывшие в США во главе с полк. *А.И. Рогожиным.* Корпусники создали благотворительное об-во взаимопомощи им. св. блг. кн. Александра Невского (юрисдикция РПЦЗ), способствовавшее устройству двух домов для престарелых, строительству первого православного храма в штате — часовни св. Александра Невского и неудачной попытке заняться доходным сельским хоз-вом. Впоследствии от прихода откололась часть прихожан и основала отдельный приход св. Александра Невского (юрисдикции ПЦА). В р-не Ричмонда обосновались также беженцы из СССР, избежавшие насильственной репатриации после 1945, и казаки. Некоторые из них стали фермерами. Число рус. налогоплательщиков в Ричмонде возросло в 60-е гг. до 130 чел. *Родственники*: жена Дж. Фр. Браун. Детей не имел.

Похоронен в Дрездене (шт. Мэн).

Л и т. *Jaster Robert S.* Russian Voices on the Kennebec // The University of Maine Press. Maine, 1999. P. 9–55.

ПУШКАРЁВ Борис Сергеевич (род. 22 окт. 1929, Прага) — общественно-полит. деятель, архитектор-градостроитель. Род. в семье историка *С.Г. Пушкарёва* и его жены (урожд. Поповой) Юлии Тихоновны (1896–1961) — дочери священника, преподавателя естествознания в Петрограде, выехавшей за границу из СССР в 1927. Учился в чешской нач. школе, в нем. гимназии и на рус. вечерних курсах, которыми заведовал отец. Здесь же в 1944 в молодёжном кружке познакомился с НТС. В апр. 1945 семья **П.** покинула сов. оккупационную зону в Чехии и попала в Зап. Германию, здесь провела 4 года в лагерях для беженцев («перемещённых лиц»). За это время законч. нем. гимназию, участвовал в рус. скаутском движении (ОРЮР) и в общественной деятельности. В 1949 по приглашению проф. Йельского ун-та *Г.В. Вернадского* Пушкарёвы переехали в США. Оконч. архитектурный ф-т Йельского ун-та со ст. магистра градостроительства (1956). В 1961–90 работал в Нью-Йорке в Ассоциации регионального планирования, последнее время — в качестве вице-президента по научно-исследовательской работе. Читал лекции по градостроительству в ряде амер. ун-тов. Опубликовал, частично в соавторстве, на англ. яз. пять книг об эстетике автострад, теории пешеходного движения, анализе городского общественного транспорта, в частности рельсового. Первая из книг («Рукотворная Америка») удостоилась Нац. книжной премии США.

В 50-е гг. (до 1962) был секретарём Ст. Скм. ОРЮР Б.Б. Мартино, скаутинструктор ОРЮР (в отставке). В 50-е гг. ездил в Европу по делам НТС. В 1970 впервые побывал на историч. родине. С 1980 — член Совета НТС, участвовал в разработке полит. документов. В 1981 создал в США Рус. исследовательский фонд, занимавшийся изуч. альтернатив сов. политике и просветительской деятельностью. На пенсии с 1990, целиком посвятил себя деятельности в НТС. С 1991 постоянно живёт в Москве. Автор курса лекций по экономич. политике, который читал в 1993–94 в Новом гуманитарном ун-те в Москве. С дек. 1995 — председатель НТС. В 1999 зарегистрировал и возглавил некоммерческое просветительское содружество «Посев», которое действует во Франкфурте-на-Майне и в России. Автор ряда проектов, связанных с просветительской и издательской деятельностью, популяризацией истории антикоммунистич. сопротивления, преодолением сов. наследия в топонимии. С 1991 постоянно поддерживает деятельность скаутов-разведчиков в Санкт-Петербурге. Организовал исправленное и дополненное переизд. трудов отца, работает над альтернативным курсом истории России XX столетия. *Родственники*: жена (урожд. Лёгкая) *Ираида Ивановна* — поэтесса.

С о ч. Россия и опыт Запада. Сб. статей. М., 1995.

И с т. АА. *Пушкарёв Б.С.* Автобиография (машинопись), 1995.

ПУШКАРЁВ Сергей Германович (8 авг. 1888, слобода Казацкая под Старым Осколом Курской губ. – 22 янв. 1984, Нью-Джерси) — историк. Род. в семье нотариуса. Оконч. с золотой медалью Курскую классич. гимназию (1907) и поступил на ист.-филологич. ф-т Харьковского ун-та. За участие в деятельности РСДРП (меньшевиков) был арестован и исключён из ун-та. Выехал в Германию, здесь слушал лекции в Гейдельбергском и Лейпцигском ун-тах. В 1914 возвратился в Россию и в 1916 вновь поступил в Харьковский ун-т. Оконч. ун-т в 1918 и был оставлен при ун-те для подготовки к проф. званию по рус. истории. В июне 1919 вступил в Сводно-стрелковый полк 3-й пех. дивизии Добровольч. армию. Оконч. пулемётные курсы в Ростове, затем служил на них инструктором и в пулемётной команде Сводно-стрелкового полка (в составе 9-й пех. дивизии). Участвовал в боях с махновцами, был ранен. В Рус. армии в Крыму (1920) — в статистич. отделе управления авиации и на лёгком бронепоезде «Офицер» 2-го бронепоездного дивизиона. Эвакуировался в нояб. 1920 в составе Рус. армии из Крыма. В эмиграции в Турции, с 1921 в Чехословакии. В 1924 выдержал магистерские экзамены и удостоился звания приват-доцента. В Праге занимался изуч. источников и лит. по рус. истории, подготовкой науч. статей и брошюр. Автор фундаментальных трудов по рус. истории, которые стали известны на родине после 1991. Труды «Обзор русской истории» и «Власть и общество» постоянно используется в качестве учебных пособий старшеклассниками, абитуриентами и студентами в России. Автор двух работ с критикой историч. теории марксизма, которые были утеряны в конце войны. После создания КОНР и провозглашения Пражского манифеста **П.** заявил о поддержке КОНР и готовился стать преподавателем в школе лётчиков ВВС КОНР, но оконч. войны не дало этому осуществиться.

Весной 1945 семья Пушкарёвых покинула Прагу и переехала в Зап. Германию, где проживала в лагерях «перемещённых лиц» до отъезда в США (1949) по приглашению проф. *Г.В. Вернадского*. Поселился в Нью-Хэйвене (шт. Коннектикут), где вёл науч. работу в Йельском ун-те и прожил 27 лет. В этом ун-те преподавал рус. яз. и рус. историю. Преподавал в Фордамском и Колумбийских ун-тах. Работая в Йельском ун-те, подготовил к печати девять книг и более сотни статей. Подготовил в 1972 издание книги С.П. Мельгунова «Как большевики захватили власть» под названием «The Bolshevik Seizure of Power». В 1972 увидела свет трёхтомная хрестоматия источников **П.** по рус. истории с древнейших времен по 1917. В 1970 опубликовал словарь рус. историч. терминов «Dictionatry of Russian Historical Terms from the Eleventh Century to 1917» (Yale University Press). В своих трудах **П.** опровергал распространённое, вопреки историч. фактам, мнение о том, что рус. народ жил в рабстве, привык к нему и стал неспособен к устройству жизни на началах свободы и самостоятельности. Член РАГ в США. Читал лекции для рус. молодёжи по новейшей истории России, в частности на тему «Революция 1917 года в России». *Родственники*: жена (урожд. Попова) Юлия Тихоновна (1896–19 авг. 1961); сын *Борис* — общественно-полит. деятель, архитектор.

Похоронен на кладбище Бивердэйл в Нью-Хейвене. Творч. **П.** в последнее время посвящены несколько дисс. в России.
С о ч. Воспоминания историка. М., 1999; Обзор рус. истории. Нью-Йорк, 1953; Лондон (Канада), 1987; М., 1991; Ставрополь, 1994; Крестьянская поземельно-передельная община в России. Дополненное и исправ. изд. Newtonville, 1976; Ленин и Россия. Сб. статей. Франкфурт-на-Майне, 1978; Самоуправление и свобода в России. Франкфурт-на-Майне, 1988; Россия 1801–1917: власть и общество. М., 2001. *Библиографию трудов П. см.*: Воспоминания историка. Указ. соч. С. 111–112.
Л и т. Некролог // Часовой (Брюссель). 1984. Май – июнь. № 649. С. 31; *Пушкарёв Б.С.* С.Г. Пушкарёв // НЖ. 1984. Кн. 154. С. 279–283; *С.Б.* 95 лет проф. С.Г. Пушкареву // НРС. 1983. 7 авг.; *Сергеев Б.* Жизненный и творч. путь С.Г. Пушкарёва // Рус. возрождение (Нью-Йорк — Париж — Москва). 1985. № 32. С. 100–109.

ПУШКАРЁВА [урожд. **Лёгкая**] Ираида Ивановна (род. 1 июля 1932, Тартак, Латвия) — поэтесса, радиожурналист. Род. в семье православного священника (впоследствии епископа) о. *Иоанна Лёгкого*. В 1936 семья переехала в Ригу. В результате Второй мировой войны о. Иоанн с семьёй был вынужден выехать в 1944 в Судетскую обл., вскоре оккупированную сов. войсками. По совету сов. солдат семья Лёгких бежала из Судет в амер. зону Германии и поселилась в беженском лагере в Шляйхсгейме. В Шляйхсгейме с сестрой учились в рус. гимназии. В 1949 переселилась с семьёй в США, где занималась в вечерней школе. Имеет незаконч. высшее образование. Первым браком была замужем за Ванделлосом.

В 1963–87 работала на радиостанции «Голос Америки», вещавшей на СССР. Стихи пишет с ранней юности. В стихах **П.** окружающий мир и культурная атмосфера превалируют над рус. тематикой. Публиковала стихотворения в журналах «Мосты» (Мюнхен), «Грани» (Франкфурт-на-Майне), «Новый журнал» (Нью-Йорк), «Возрождение» (Париж), «Время и мы» (Нью-Йорк — Иерусалим — Париж), в поэтич. альманахе «Перекрёстки» (1978), инициатором издания которого **П.** была в 1977, в газ. «Новое русское слово» (Нью-Йорк). Стихи **П.** вошли в антологии «На Западе» (Нью-Йорк, 1953), «Содружество» (Вашингтон, 1966) и в альманах «Встречи» (1983, быв. «Перекрёстки»). В 1995 ряд стихотворений **П.** был опубликован в антологии «Вернуться в Россию стихами». Первый сб. стихов Ираиды Лёгкой «Попутный ветер» вышел в изд-ве В. Камкина в 1968. Автор переводов произведений амер. поэтов на рус. яз. Занималась ред. деятельностью для журнала «Possev-USA». С 1992 участвует в оказании благотворительной помощи детям в России. *Родственники*: муж (во втором браке с 1973) *Б.С. Пушкарёв*.
С о ч. Подземный река. Сб. стихов. Нью-Йорк, 1999.
И с т. Dictionary of Russian Women Writers, 1994; Автобиография // *Крейд В.* С. 636; Автор о себе // Подземная река. Указ. соч. С. 167.

ПУЩИН [Ivan **Pouschine**] Иван — инженер. Был мэром Си-Клифа на Лонг-Айленде (шт. Нью-Йорк). Си-Клиф известен значительным рус. населением и первоначально четырьмя рус. православными церквями. Член Рус. дворянского об-ва (Russian Nobility Association) в Нью-Йорке.
Л и т. *Dragadze P.* The White Russians // Town & Country. 1984. March. P. 174–182, 250–253;. *Morton L.* In Sea Cliff, Links to Old Russia // The New York Times. 1977. Apr. 10.

ПФЕФФЕР [Alex V. **Pfaeffer**] Алексей В. — ветеран, полковник армии США. Служил в 1966.
И с т. *Pantuhoff Oleg* — 1976.

ПЫЖОВ [Walter J. **Pyzov**] Владимир И. (23 дек. 1923, Нью-Йорк? – 1943) — ветеран. Род. в семье Ивана Пыжова, члена 77-го отдела РООВА в Нью-Йорке.

Во время Второй мировой войны добровольно вступил в амер. военно-мор. флот. Служил в чине ЕМ2/с на подводной лодке. Погиб в бою в 1943 в р-не о-вов Мидуэй в Тихом океане.
И с т. *Pantuhoff Oleg* — 1976.
Л и т. *Beresney Timothy A.* In Memoriam // Russian Herald. 1947. Jan. – Febr. P. 157–163.

ПЯТИГОРСКИЙ Григорий Павлович (1903, Екатеринослав – 1976) — виолончелист. Солист в оркестре Большого театра (1919–21). Выехал за рубеж в 1921. В 1925–29 — солист Берлинской филармонии.

В США с 1930. Преподавал в Ин-те Кёртиса в Филадельфии (1941–49), с 1957 — в Бостонском ун-те. Соч. и аранжировал произведения для виолончели. Автор мемуаров (1965).
Л и т. *Raymond B., Jones D.* Piatigorsii Grigorii // The Russian Diaspora. 1917–1941. Maryland and London, 2000. P. 169.

ПЬЯНОВ Даниил Алексеевич (1900 – 14 марта 1987, Кливленд, шт. Огайо) — участник Белого движения на Юге России, сотник, атаман Кливлендской стан. Во время Гражданской войны защищал Кубань от большевиков. Эвакуировался из Крыма в нояб. 1920 в составе Рус. армии. В 1921 — на о-ве Лемнос в каз. частях. После 1921 в эмиграции в Кор. СХС. Здесь **П.** возглавил группу наездников-джигитов, с которой выступал перед зрителями по всей Европе. За сохранение кубанских войсковых регалий Атаманом Войска Кубанского в Зарубежье Ген. штаба ген.-майором *В.Г. Науменко* произведён в сотники. После 1945 — в США. Жил в Кливленде, где в 1964 была организована Общеказ. стан. **П.** стал её членом и через несколько лет был избран атаманом, сохраняя каз. самобытность. *Родственники*: вдова Анна Ивановна с семьёй.

Похоронен на Свято-Феодосьевском кладбище в Кливленде.

Л и т. *Ткаченко Е.М*. Памяти Данила Алексеевича Пьянова // НРС. 1987. 1 апр.

Р

РАДЕЕВ Владимир (1887, Рязань – ?) — певец-баритон. Муз. образование получ. в Московской консерватории. В 1913–14 выступал как лирич. баритон в Одесской опере. Затем приглашён для выступлений в сопровождении симфонич. оркестра в Павловск, летнюю резиденцию императорской семьи. Первая мировая война прервала оперную карьеру **Р.** до 1917. После Октябрьского переворота 1917 — на Востоке России, пел в Казани. В 1920–21 пел в Харбинской опере, преподавал пение в Нар. доме.

Посетив с концертами несколько азиатских стран, прибыл в США. В 1924–28 — директор рус. мужского квартета, с которым объехал США три раза и выступал во всех главных городах. Последние годы часто выступал по радио.

Л и т. *Martianoff N.N.* Vladimir Radeieff // Russian artists in America. 1933. P. 157.

РАДЕТЦКИЙ [Радецкий] Евгений Сергеевич (род. 12 нояб. 1932) — инженер-механик, контролёр. Оконч. ун-т Фарли Диккенсон в шт. Нью-Джерси (1960). Занимался в аспирантуре. Автор нескольких докладов и статей. Действительный член Об-ва рус. инж. в США.

И с т. АОРИ. Вопросник (1965).

РАДЕЦКИЙ-МИКУЛИЧ Георгий Васильевич (12 сент. 1900 – 8 апр. 1975, Сан-Франциско) — участник Белого движения на Юге России. После Октябрьского переворота 1917 — в белых войсках Восточ. фронта. На 1920 (1922?) — подпоручик, Георгиевский кавалер. После 1920 (1922?) — в эмиграции в Маньчжурии. Работал в системе КВЖД. Главный инструктор по скаутизму школ КВЖД, один из организаторов Маньчжурского отдела Орг-ции рус. скаутов (1923–28). С 22 июля 1928 — нач-к отдела Всерос. Нац. Орг-ции Рус. Скаутов в Сев. Китае. Нач-к дружины рус. скаутов в Шанхае (1930–37). С 1937 — нач-к Шанхайского р-на (на правах отдела) НОРС-Р. Во время боевых действий в Китае (1937) — нач-к скаутской бригады связи, которая оказывала разностороннюю помощь местному населению и обеспечивала связь. Награждён за отличия местными властями и Ст. Рус. Скаутом *О.И. Пантюховым*. С 11 нояб. 1938 — ст. рук., нач-к отдела НОРС-Р (с 6 мая 1941 — Орг-ция разведчиков) в Центральном и Юж. Китае. После 1945 — в эмиграции в США. Жил в Калифорнии и активно участвовал в деятельности НОРС. Старший Скаутмастер НОРС, председатель Высшего Суда Чести НОРС. *Родственники*: семья; внук; правнук.

И с т. ЛАА. Справка *К.М. Александрова* о скм. Г.В. Радецком-Микуличе.

Л и т. *Кудряшов Ю.В.* Рос. скаутское движение. Историч. очерк. Архангельск, 1997. С. 239–240, 351, 353, 371; Некролог // Часовой (Брюссель). 1975. Июнь – июль. № 588–589. С. 19.

РАДЗИМОВСКИЙ Евгений Иванович (4 дек. 1905, дер. Севериновка Киевской губ. – 1970) — инженер-механик, проф. Оконч. механич. отделение Киевского политехнич. ин-та со званием инженера-механика (1927). В 1927–41 работал в промышленности, совмещая работу с преподаванием в ин-те, в котором занимал должности начиная с ассистента до проф. и зав. кафедрой подъёмных машин, кранов и конвейеров. В 1940 удостоился награды АН СССР за труд «Внешние напряжения при динамической нагрузке». С 1941 в нем. оккупации. В 1943 выехал из Киева на Запад, переехав в Словакию. В 1944–45 — доцент Братиславского политехнич. ин-та. В конце войны эвакуировался в Германию. С 1946 — проф. Международного ун-та для «перемещённых лиц» UNRRA в Мюнхене, где защитил дисс. (1947); доктор технич. наук.

В США с 1950, приглашён проф. в Иллинойский ун-т в Урбане. Занимался подготовкой аспирантов к соисканию докторской ст. и самостоятельным исследованиям. Автор курса по смазкам разных машин, текст которого издан отдельной книгой. Создатель ряда лабораторных механизмов, обладатель двух патентов на изобретения. Некоторые идеи **Р.** использовались для оборудования космич. кораблей. Помимо преподавания и исследовательской работы был консультантом по вопросу строительства машин на крупных предприятиях в США и Канаде. Об-во амер. инж.-механиков удостоило **Р.** наградами в 1969 и в 1972 за работу по проектированию машин. Автор четырёх книг и более 50 статей в обл. инж. механики. Состоял членом РАГ в США. *Родственники*: вдова Татьяна; дочь Валентина.

И с т. АОРИ. *Radzimovsky E.I.* Curriculum vitae.

Л и т. Е.И. Радзимовский — Лауреат премии // НРС. 1969. 9 нояб.; Евгений Иванович Радзимовский // Записки РГА в США (Нью-Йорк). Т. IX. 1975. С. 318–319.

РАДОМАР Олег Владимирович — см. **РОДОМАР**.

РАДОСТОВЕЦ Павел Павлович (1894 – 19 авг. 1984, Нью-Йорк) — военный чиновник. Оконч. в Херсоне военно-фельдшерскую школу. Участник Первой мировой войны. После Октябрьского переворота 1917 — в белых войсках на Юге России, служил во 2-й гв. кон. батарее. В нояб. 1920 эвакуировался в составе Рус. армии из Крыма. В 1920–21 — в Галлиполи. После 1921 — в эмиграции в Кор. СХС. Служил на албанской границе в погранич. страже, затем чиновником в финансовом контроле. В 1941–45 — в Рус. Корпусе, служил фельдфебелем-санитаром. В США с семьёй с 1946. Участвовал в общественной жизни рус. колонии в Нью-Йорке, в оказании помощи рус. эмигрантам, прибывавшим в США из Европы после 1945. *Родственники*: жена; дочь.

Л и т. Некролог // Часовой (Брюссель). 1985. Май – июнь. № 655. С. 26.

РАЕВСКАЯ-ХЬЮЗ Ольга Петровна — проф. рус. лит. в Калифорнийском ун-те в Бёркли (шт. Калифорния). Ред. письма М.И. Цветаевой к Б.Л. Пастернаку. Автор книги о творч. Пастернака.

И с т. АА. *Ивask Ю.П.* Сообщение.

РАЕВСКИЙ Виктор Андреевич — писатель, художник, скульптор, коллекционер, издатель. Автор более 350 трудов — монографий, библиографич. очерков, критич. статей, рассказов, худ. и муз. обозрений, путевых заметок, включая монографию «Предки и потомки Пушкина и Толстого» (470 стр., 4 изд. в 1983–99) и книгу «Русь Тысячелетняя», сост., ред. и автором большей части которой является **Р.** Пятое издание монографии о предках и потомках А.С. Пушкина и Л.Н. Толстого вышло к 200-летию со дня рождения Пушкина в Краснодаре (1999).

Выставлял свои картины, посвящённые главным образом рус. пейзажу на 34 персональных выставках в США, Канаде, и Европе. **Р.** собрана большая коллекция, посвящённая жизни и лит. деятельности Л.Н. Толстого, которая включает 40 написанных им картин, изображающих Ясную Поляну. Занимался скульптурой. К 200-летию со дня рождения А.С. Пушкина извайял бюст поэта из белого мрамора высотой в 3 фута. Автор ряда цветных муз. фильмов об А.С. Пушкине, Л.Н. Толстом, *С.В. Рахманинове*, рус. романсах и др. *Родственники*: сын; внуки.

Л и т. *Александров Н.* Книга В.А. Раевского в России // РЖ. 1999. 6 апр.; Чествование писателя В.А. Раевского // Там же. 1989. 2 авг.

РАЕВСКИЙ Пётр Николаевич (1901, Харьков – 11 июля 1976, Сан-Франциско) — врач, церковный деятель. Род. в семье врача. По примеру отца посвятил себя служению человеку. Студенч. годы прошли в условиях сталинского террора. Несмотря на это, **Р.** оставался церковным человеком. В те годы встретил будущую супругу, Надежду Пантелеймоновну, активного члена церковного сестричества. После оконч. ин-та специализировался в обл. судебной мед., преподавал в 1-м Харьковском мед. ин-те. Во время нем. оккупации выехал с семьёй на Запад. Оказавшись в Мюнхене, встретил о. *Александра Киселева* — основателя дома Милосердного самарянина, ставшего центром дух. и общественной жизни на послевоенном Западе Европы. Создал при доме курсы сестёр милосердия, зубоврачебные курсы и амбулаторный приём нуждающихся в мед. помощи. В сер. 50-х гг. Раевские переселились в Сан-Франциско. Был принят на работу в патологич. отдел Франц. госпиталя, где снискал известность специалиста по патологии и судебной мед., став одновременно организатором одного из лучших в городе музея в этой обл. В возрасте 72 лет ушёл на пенсию. Состоял бессменным старостой Свято-Троицкого кафедрального собора, членом Епархиального совета Западно-Амер. епархии ПЦА, председателем Фонда взаимопомощи при соборе, преподавателем соборной школы. *Родственники*: вдова Надежда Пантелеймоновна; дочь Ольга.

Лит. *Бенигсен Георгий*, протоиерей. Памяти П.Н. Раевского // НРС. 1976. 22 июля.

РАЗМАХИН Иннокентий Дионисович (? – 20 окт. 1966, Санта-Роса, шт. Калифорния) — есаул Забайкальского каз. войска. Оконч Николаевское кав. уч-ще (1914) и вышел во 2-й Читинский каз. полк Забайкальского каз. войска (в составе 2-й Забайкальской каз. бригады). Участник Первой мировой войны на Кавказском фронте. После Октябрьского переворота 1917 — в белых войсках на Юге России. После 1920 — в эмиграции в США, куда прибыл из Европы с наездниками-джигитами. Зарабатывал на жизнь джигитовкой.

Л и т. Некролог // Часовой (Брюссель). 1967. Июнь. № 492. С. 23.

РАЙГОРОДСКИЙ Павел Маркович (13 авг. 1898, Проскуров Подольской губ. – ?) — инженер-нефтяник. Оконч. реальное уч-ще в Баку (1916). Участник Первой мировой войны, служил в кав. в чине поручика (?). В 1918–19 учился в Киевском Политехнич. ин-те. Продолжил образование в эмиграции: в 1920 — в Праге, затем в Остине (шт. Техас), в Техасском ун-те, который оконч. в 1924 с дипломом гражданского инж. В 1921–22 служил рядовым в корпусе ВВС США. Во время Второй мировой войны работал в Администрации по снабжению газолином и горючим газом. Занимался предпринимательством в обл. производства нефти, газа и нефтяных продуктов. Автор патентов по улавливанию паров углеводородов. Автор статей в профессиональных журналах по добыче естественного газолина. *Родственники*: жена (урожд. Мак-Галеб) Этель М.; дочери: Павла, Леда.

И с т. Archives of Assn. of Russian-American Engineers in USA. *Raigorodky Paul Mark*. Biographical Information. 1969. Apr. 3.

РАКИТИН Сергей Семёнович (8 дек. 1877 – 9 нояб. 1943, Сан-Франциско) — военный врач. Образование получил в реальном уч-ще, Лесном ин-те и Императорской Военно-мед. академии, по оконч. которой вступил в службу мл. врачом в 21-й Восточ.-Сибирский стрелковый полк, где состоял в должности до 16 апр. 1910. Служил в сибирских воинских частях и лазаретах. С 1914 до 28 февр. 1918 — ст. врач 22-го Сибирского полка 6-й Сибирской стрелковой дивизии. За свою работу удостоился чина надворного статского советника. В 1918–20 работал в госпитале Амер. Красного Креста во Владивостоке. За усердную службу в рядах Рос. Императорской армии и проявленную доблесть награждён шестью боевыми орденами.

После 1920 — в эмиграции в США. Занимался врачебной практикой, оставаясь верным рус. врачебной этике — служению больным и немощным, независимо от размера и возможности вознаграждения. Похоронен в Сан-Франциско на Серб. кладбище. Благодарные должники Р., рус. общественность и Об-во рус. ветеранов Великой войны собрали средства для учреждения при госпитале Стэнфордского ун-та койки для неимущих пациентов.

И с т. АОРВВВ. Доктор Сергей Семёнович Ракитин. Некролог // 1943. Нояб. Альбом I.

РАКОВСКИЙ Григорий Николаевич (17 дек. 1889, Могилёв – 29 апр. 1975, Нью-Йорк) — журналист, библиограф. Род. в семье священника. Оконч. дух. уч-ще в Орше, учился в Могилёвской дух. семинарии. В 1910 перешёл в Варшавский ун-т, который оконч. в 1914 со ст. кандидата юридич. наук. Будучи студентом сотрудничал в газ. В 1914 ушёл добровольцем на фронт, служил в чине корнета. В 1917 ранен и уволен из армии. Стал сотрудником газ. П.Н. Милюкова «Речь» (Пг.). После Октябрьского переворота 1917 — военный корр. в Добровольч. армии. В 1920 эвакуировался в Константинополь, оттуда переехал в Прагу. С 1925 в Нью-Йорке. Из-за незнания англ. яз. работал маляром. В 1926 основал книжное агентство, через которое амер. библиотеки приобретали редкие рус. изд. Постоянный сотрудник газ. «Новое русское слово» (Нью-Йорк) и «Русская мысль» (Париж), в которых вёл отдел «По Нью-Йорку» о достопримечательностях рус. и амер. Нью-Йорка, и книжных новинках. Вместе с проф. *М.М. Карповичем* основал об-во по изуч. рус. эмиграции в Америке. Материалы, собранные об-вом, были переданы Р. в Славянский отдел Нью-Йоркской публич. библиотеки.

С о ч. В стане белых. От Орла до Новороссийска. Константинополь, 1920; Конец белых. От Днепра до Босфора. Прага, 1921.

Л и т. *К.С.* Памяти Г.Н. Раковского // НРС. 1975. 1 мая.

РАУЗЕН Израиль Григорьевич (1882, Одесса Херсонской губ. – 17 дек. 1977, Нью-Йорк) — типограф, общественный деятель. Отбывал воинскую повинность в 82-м Дагестанском Е. И. Выс. Вел. Кн. Николая Михайловича полку 21-й пех. дивизии, стоявшем в Грозном. В 1914 убыл с полком на фронт Первой мировой войны. За храбрость в боях под Ивангородом (окт. 1914) произведен в ст. унтер-офицеры, награждён Георгиевским крестом IV ст. и медалью. В 1920 эмигрировал с братом Лазарем в Париж, где изуч. типографское дело. 20 лет работал линотипистом в газ. П.Н. Милюкова «Последние новости» (Париж). В Париже занимался общественной деятельностью, организовал Союз евреев-комбатантов. В 1940 с семьёй переехал в США. Проработав короткое время в типографии «Нового русского слова» (Нью-Йорк), основал с братом собственную типографию «Братьев Раузен». В типографии работали до 35 чел., выполнялись заказы изд-ва им. А.П. Чехова (Нью-Йорк) и правительства США. Один из создателей Об-ва приехавших из Европы, занимался благотворительностью. Состоял вице-председателем европейских друзей ОРТА и вице-председателем Одесского землячества. После смерти брата создал своё книжное дело. *Родственники*: жена София Моисеевна (? – до 1977); две дочери — погибли во Франц.; сын Джон — проф. математики; невестка; брат Лазарь.

Л и т. *А.С.* Сконч. И.Г. Раузен // НРС. 1977. 28 дек.

РАУНЕР Эрнст Эльевич (15 апр. 1896, Гельсингфорс, Вел. Княж. Финляндское – ?) — инженер-строитель. Участник Первой мировой войны (1915–17) и Белого движения (1918–20). После 1920 — в эмиграции в Австрии. Оконч. в Вене Технич. ин-т (1929). В 1929–32 работал в обл. водоснабжения в Голландской Гвиане. В 1933 возвратился в Европу, работал до 1945 в Австрии, откуда из-за угрозы сов. оккупации был вынужден переехать в Германию. Работал в обл. гражданского и дорожного строительства. В США с 1950, работал в фирме Вортингтон в Нью-Джерси.

И с т. АОРИ. Анкета; Rauner E. Curriculum vitae, typescript (1954).

РАХМАНИНОВ Сергей Васильевич (20 марта 1873, Онега Новгородской губ. – 28 марта 1943, Беверли-Хилс, шт. Калифорния) — композитор, пианист и дирижёр. Происходил из древнего дворянского рода. Ст. двоюродный брат Р. А.И. Зилоти стал выдающимся пианистом. Детство провёл в имении на Волхове, возле Новгорода. С 4 лет занимался муз. с матерью, затем учился у пианистки А. Орнатской. В нач. 80-х гг. семья Р. разорилась и переехала в Санкт-Петербург. В 1882 поступил в Санкт-Петербургскую консерваторию. В связи с разводом родителей занятия в Консерватории запустил и был лишён стипендии. В 1885 матери удалось перевести Р. при содействии Зилоти в пансион Зверева — одного из лучших педагогов Московской консерватории. В Московской консерватории Р. учился у Зверева, затем у Зилоти, Танеева, Аренского и др. выдающихся муз. В 1891 оконч. консерваторию по классу фортепиано, в 1892 — с большой золотой медалью по классу композиции. С большим успехом начал концертную деятельность и стал преподавать. В 1892 написал муз. к опере «Алеко» — дипломная работа Р., поставленная на сцене Большого театра в 1893. Талант молодого музыканта заслужил высокую оценку П.И. Чайковского, наследником которого считался Р., несмотря на то, что его Первая симфония (исполнение 1897) не встретила должной оценки. В сезон 1897–98 — дирижёр в Московской частной опере С. Мамонтова, где познакомился с *Ф.И. Шаляпиным*, с которым дружил всю жизнь. В 1904–06 — дирижёр Большого театра. Р. внёс неоценимый вклад в рус. дух. музыку, создав «Кондак Успению» (1893), «Литургию» (1910), и «Всенощную» (1915), явившиеся воплощением рус. движения в церковной муз. конца XIX – нач. XX вв. Автор муз. на Евангелие от Иоанна и на стихотворение Алексея Толстого «Пантелей Целитель» (1891). Впервые выступил в США солистом Бостонского симфонич. оркестра в 1902. В 1907–09 жил в Дрездене и работал над новыми произведениями. В 1909 вернулся в Россию. После Октябрьского переворота 1917 выехал с семьёй в Швецию. Затем жил в Париже и Швейцарии. Большевики не могли смириться с эмиграцией Р., поносили музыканта и не разрешали исполнять в СССР его дух. произведения. Однако в более позднее время в СССР издали «Литературное наследие» Р. — воспоминания композитора и статьи (в 3 т., М., 1978–80).

С 1918 жил в США, где работал с *М.М. Фокиным* над сценарием балета «Паганини». Балет Р. «Зимняя ночь» был поставлен в Лондоне в 1948. В 1918–26 занимался преимущественно концертной деятельностью. Большевики лишили Р. состояния, но музыкант, хорошо зарабатывая, изыскивал средства, чтобы заниматься благотворительностью, помогая нуждающимся рус. людям за рубежом и голодающим на родине (1921–22), куда через Амер. ассоциацию по оказанию помощи (АРА) отправил много посылок. В 1923 выделил зарождавшейся компании *И.И Сикорского* $5000, что поставило предприятие на ноги; состоял в совете директоров компании. Кроме собственных произведений блестяще исполнял муз. Л. Бетховена, Ф. Листа, Ф. Шопена и др. великих композиторов. На заработанные средства приобрёл в Швейцарии поместье («Сенар»), где работал и проводил значительную часть времени. В 1926–40 создал Четвёртый фортепианный концерт (1926), «Три русские песни» для хора, солистов и оркестра (1926), «Вариации на темы Корелли» для фортепиано (1931), Третью симфонию (1936), «Симфонические танцы» (1940) и др. произведения. Последние годы провёл в США. Член Комитета по созданию Толстовского фонда (1939). В 1941–42 дал несколько больших концертов с целью сбора средств на пенициллин, др. медикаменты и мед. оборудование для рус. солдат. Свой дар **Р.** сопроводил письмом: «От одного из русских посильная помощь русскому народу в его борьбе с врагом. Хочу верить, верю в полную победу! Сергей Рахманинов». **Р.** оставил в амер. муз. культуре столь же значительный след, как и в рус. 100-летний и 110-летний юбилеи **Р.** торжественно отмечались в Москве и в Тамбове. Вертолётная компания Сикорского устроила в 2003 в память о **Р.** концерт. *Родственники*: жена (двоюродная сестра, урожд. Сатина; в браке с 1902) Наталья Александровна; две дочери.

Похоронен с женой и одной из дочерей на кладбище Кенсико в Валхалле (шт. Нью-Йорк).

И с т. АМРЦ. *Морозова О.А.* Биографич. сборник — черновая рукопись: М-73 (MS 268). С. 7.41; Воспоминания о Рахманинове. В 2 т. М., 1957; 2-е изд. 1974; *Филиппов Б.* Встречи с Рахманиновым // НРС. 1973. 22 апр.

Л и т. *Алданов М.* С.В. Рахманинов // НРС. 1978. 1 апр.; *Брянцева В.Н.* Рахманинов Сергей Васильевич // БСЭ. Т. XXI. М., 1975. С. 510; *Вильданова Р.И., Кудрявцев В.Б., Лаппо-Данилевский К.Ю.* Краткий биографич. словарь рус. зарубежья // *Струве Г.* С. 352; *Мержанов В.* Певец земли русской // Сов. культура (Москва). 1983. 7 апр.; *Папков Андрей*, протодиакон. С.В. Рахманинов // ПР. 1993. № 20. С.10–11; *Петров В.* Рус. в Америке, XX век. Вашингтон, 1992. С. 78–79; *Прицкер М.* День рождения Рахманинова // НРС. 1993. 2 апр.; *Рахманинова Н.* С.В. Рахманинов // НЖ. 1972. Кн. 108. С. 237–247; *Розанова Ю.* Сергей Васильевич Рахманинов // РЗ. Золотая кн. эм. С. 532–534; *Сатина С.* С.В. Рахманинов. К 25-летию со дня кончины // НЖ. 1968. Кн. 91. С. 116–128; *Raymond B., Jones D.* Rakhmaninov Sergei // The Russian Diaspora. 1917–1941. Maryland and London, 2000. P. 173–174; *Sherman R.* The Flight Plan: Rachmaninoff // The New York Times. 2003. Jan. 26. P. 13.

РАШЕВСКИЙ [Raschevsky Nicholas] Николай — биолог-математик. Род. в Черниговской губ. Оконч. Киевский ун-т св. Владимира (1919). Эмигрировал в Чехословакию. В 1921–24 — проф. в Рус. ун-те в Праге. В 1934–35 — Рокфеллеровский стипендиат в Чикагском ун-те, где в 1947–65 был проф. математич. биологии. Затем работал в ун-те Анн-Арбор (шт. Мичиган). Автор трудов по математич. биологии.

И с т. *Мартьянов Н.Н.* Список… С. 84–88.

Л и т. *Кеппен А.А.*

РЕВВА Фёдор Акимович (? – 23 окт. 1961, Ричмонд, шт. Мэн) — полковник арт., ветеран Первой мировой войны и участник Белого движения.

Л и т. *Плешко Н.Д.* Генеалогич. хроника // Новик (Нью-Йорк). 1962. Отд. III. С. 8.

РЕДУТО Пётр [Peter **Reduto**] (4 сент. 1922, Бруклин, шт. Нью-Йорк) – 3 янв. 1945) — ветеран армии США. Служил в 134-м полку военно-мед. корпуса. Был смертельно ранен, помогая на поле боя товарищу, и умер от ранения.

Похоронен на военном кладбище в Лотарингии. Награждён орденом «Purple Heart» («Пурпурное сердце»).

И с т. *Pantuhoff Oleg* — 1976.

Л и т. *Beresney Timothy A.* In Memoriam // Russian Herald. 1947. Jan. – Febr. P. 157–163.

РЕДЬКО Ирина Ивановна — деятель КРА. После 1945 — беженка в Зап. Германии. Оконч. ун-т в Майнце по специальности переводчика на рус. и англ. яз.

В США получила ст. магистра по рус. яз. и лит. в Пенсильванском ун-те. Состояла членом Главного правления КРА. Возглавляла комитет по выработке изменений в устав КРА накануне проведения всеамер. съезда КРА (1981). Секретарь Филадельфийско-Делаварского отдела КРА. Работала в церковно-приходской школе при церкви св. блг. кн. Александра Невского в Хоуэлл (шт. Нью-Джерси). *Родственники*: муж Александр; сын Евгений.

И с т. Архив КРА. *Редько И.И.* Автобиография.

РЕЗАНОВ Николай Петрович (28 марта 1764 – 1 марта 1807, Красноярск) — директор Рус.-Амер. компании, камергер. В возрасте 14 лет поступил на военную службу в арт., откуда перевелся в Л.-гв. Измайловский полк, в котором прослужил 4 года. Дослужившись до чина капитана, перешёл на гражданскую службу. Дослужился в адмиралтействе до должности экзекутора коллегии и чина подполковника. Затем получил должность правителя канцелярии Г.Р. Державина и начал исполнять поручения императрицы Екатерины II. Получив назначение в особую миссию в пер. пол. 90-х гг. XVIII в., отправился в Иркутск, где познакомился с *Г.И. Шелиховым*. Участвовал в делах Шелихова, женился на его дочери Анне, но вскоре овдовел. После посещения Иркутска возвратился в Санкт-Петербург, где и продолжал продвигаться по службе, став обер-секретарём Правительствующего Сената. После кончины в 1795 Шелехова подал прошение императору Павлу I об учреждении монопольной Рус.-Амер. компании с главной квартирой в Иркутске и стал уполномоченным компании в столице (1799). Вскоре акционерами компании стали император Александр I и члены Императорской семьи. Число акционеров увеличилось с 17 до 400 чел. Снабжение Рус. Америки шло сухопутным путем через Сибирь, что занимало много времени и стоило дорого, поэтому **Р.** предложил наладить снабжение мор. путем. В результате была отправлена первая кругосветная экспедиция на кораблях «Надежда» и «Нева» под началом **Р.**, бывшего в чине генерала и имевшего звание действительного камергера (1803). На пути в Рус. Америку 6 мес. провёл в Японии, куда был направлен в качестве чрезвычайного посланника, безуспешно пытаясь наладить дипломатич. и торговые сношения с этой страной.

После захода в Петропавловск 6 авг. 1806 прибыл в Ново-Архангельск (ныне Ситка), где из-за отсутствия пропитания нашёл население в весьма бедственном положении. Требовались срочные меры по снабжению населения продуктами и питанием. Приобрёл бостонский корабль «Юнона» и отправился на нём в исп. колонию в Сан-Франциско, где закупил необходимую провизию. Во время пребывания в Сан-Франциско обручился с 15-летней Кончитой Аргуэльо де ла Консепсион — дочерью коменданта исп. крепости, которую страстно полюбил. Однако её браку с православным воспротивились католич. миссионеры. Р. решил при содействии императора Александра I ходатайствовать перед папой Римским о разрешении вступить в брак с Кончитой. Закупив провиант, пустился в обратное плавание на Аляску. Проплывая вдоль побережья сев. Сан-Франциско, убедился, что эти земли никем не заняты. После прибытия Р. в Ново-Архангельск было решено основать в сев. Калифорнии рус. селение с целью обеспечения продовольственного снабжения жителей Аляски. В итоге по поручению *А.А. Баранова И.А. Кусков* основал Форт Росс. По возвращении из Калифорнии Р. поспешил в Санкт-Петербург, куда отправился через Сибирь. В пути простудился и сконч. в Красноярске. Кончита Аргуэльо долго не верила известиям о кончине Р., ждала любимого 49 лет и затем ушла в монастырь, где скончалась в 1857. Романтич. история Р. и его исп. невесты послужил сюжетом для ряда лит. произведений и знаменитой рок-оперы «Юнона и Авось», с огромным успехом поставленной в Москве режиссёром М.А. Захаровым на сцене молодёжного театра (1981) и до сих пор пользующейся большой популярностью в России.

Л и т. *Петров В.* Камергер двора. Вашингтон, 1973; *Петров В.* Рус. в истории Америки. Вашингтон, 1988. С. 119–116.

РЕЙНГАРТ Константин Фёдорович, фон (1891, Санкт-Петербург – 1991, Толстовская ферма, Спринг-Валлей, шт. Нью-Йорк) — полковник, банкир. Оконч. Полоцкий кад. корпус. Дослужился до чина полковника Рус. армии. Участник Первой мировой войны и Белого движения на Юге России. Полковник (на 1920). В эмиграции во Франции, где занялся банковским делом. После 1945 переселился в США, где продолжал заниматься банковскими делами. Ушел в отставку в 1981 и поселился в Толстовской ферме. Сконч. в возрасте 100 лет.

РЕЙСЛЕР Георгий Владимирович (7 июля 1889 – ?) — инженер-путеец. Оконч. в Петрограде Ин-т инж. путей сообщения. В США жил в Нью-Йорке. Действительный член Об-ва рус. инж. в США.
Л и т. АОРИ. Анкета (1954).

РЕЙТЛИНГЕР [Mathias von **Reutlinger**] Матвей Эдмундович, фон (1897, Киев – 28 марта 1983) — художник, иконописец и иллюстратор. Род. в семье офицера Рус. Императорской армии нем. происхождения. Оконч. Орловский Бахтина кад. корпус, Елисаветградское кав. уч-ще (1917) и вышел во 2-й лейб-драг. Псковский полк 2-й кав. дивизии. Участник Первой мировой войны. После Октябрьского переворота 1917 — в белых войсках на Юге России. На 1920 — в штабе 2-й кав. дивизии Кон. корпуса Рус. армии, с которой эвакуировался из Крыма в нояб. 1920. В эмиграции в Кор. СХС. В 1926 поступил в Белграде в Кор. школу изящных искусств (Kralevska Umetnicka Skola), которую оконч. в 1932. Будучи студентом, во время летних каникул участвовал в росписи церквей по всей Югославии, сначала в качестве ученика, а затем сотрудника худ. *Андрея Биценко.* Участвуя в росписях фресками стен храмов, выработал свой худ. стиль композиций большого размера с множеством изображенных лиц. В 1933 приглашён в группу семи художников, получивших заказ на роспись фресками Кор. виллы в Дединье. По оконч. Кор. школы изящных искусств вплоть до 1941 продолжал посещать вечерние классы проф. Петра Добровича. Одновременно начал работать иллюстратором. С 1941 — в нем. оккупации. Накануне захвата власти коммунистами (1944) эвакуировался с супругой в Германию. Работал художником в кинематографии. После 1945 работал как независимый художник.

В 1951 с супругой эмигрировал в США, здесь работал, возрождая византийскую традицию, в обл. иконографии, главным образом в православных приходах и по частным заказам. Написал иконостас церкви Божией Матери в Филадельфии. Занимался живописью на пушкинские темы. Устраивал выставки в Югославии, Германии и США. Опубликовал в 1964 и 1970 в Филадельфии две книги иллюстраций пером и чернилами к произведениям рус. классиков, к «Братьям Карамазовым», «Левше», «Очарованному страннику», вошедшим в первую книгу (1964). Во вторую книгу вошли рис. к «Капитанской дочке», «Пиковой даме», «Войне и миру». Похоронен в р-не Лейквуда (шт. Нью-Джерси).

И с т. АА. Биография фон Рейтлингера. Листовка о выставке икон и графики в ун-те Темпл 6 дек. 1971 – 4 янв. 1972 (на англ. яз); *Рышко В.В.* Худ. Матвей Эдмундович Рейтлингер. «Чтоб их не поглотила медленная Лета...». Рукопись неопубл. статьи, 2 с. (2003. Февр.) и письма к *Е.А. Александрову* (2003. Февр.; 26 марта).
Л и т. *Волков С.В.* Офицеры армейской кавалерии. С. 443; *Коварская В.* Вторая книга М. фон Рейтлингера // НРС. 1970. 10 дек.

РЕМЕЛЕВ Даржа Иванович (2 апр. 1892, стан. Потаповская Обл. Войска Донского – 15 мая 1957, Филадельфия) — участник Белого движения на Юге России, сотник, калмыцкий общественный деятель, педагог. Оконч. Казанское военное уч-ще и служил офицером в Донском полку. После революции 1917 — представитель стан. Потаповской на Донском Войсковом Круге. Участник Степного похода 1918 и дальнейшей борьбы с большевиками. Раненым эвакуирован из Крыма в Тунис, откуда переехал в Болгарию, а затем в Чехословакию. В 1923–34 — классный надзиратель в Пражской рус. гимназии. С 1945 — беженец в Зап. Германии, где избран секретарём Калмыцкого нац. представительства. При переселении в США супруги Ремелевы подверглись дискриминации по расовому признаку и им было отказано в допуске в США, как не принадлежащим к белой расе. После апелляции в Вашингтоне генерал-прокурор отменил постановление, признав калмыков европейской расой. Это открыло дорогу в США всем калмыкам, оказавшимся в Европе. В хлопотах большую помощь калмыкам оказала *А.Л. Толстая.* В США проживал в Филадельфии.

Погребён на калмыцком участке Свято-Владимирского кладбища возле Кэссвилла (шт. Нью-Джерси).
Л и т. Каз. словарь-справочник / Сост. Г.В. Губарев. Ред.-изд. А.И. Скрылов. Т. III. Сан-Ансельмо, 1970. С. 27–28.

РЕМИЗОВ [Ре-ми] Николай Владимирович (1887, Санкт-Петербург – 1975, Пальм-Спринг, шт. Калифорния) — театральный декоратор и карикатурист. После Октябрьского переворота 1917 — в эмиграции во Франц. Поселился в Париже, где работал с Сергеем Судейкиным у *Никиты Балиева* в кабаре «Летучая мышь». В США с 1922, поселился в Нью-Йорке. Переехал в Калифорнию, в Голливуд, где начал удачно работать. Помимо знания и понимания декоративного искусства был великолепным карикатуристом. В СССР Р.

считался злостным контрреволюционером. После завершения карьеры в Голливуде поселился в Пальм-Спринг.

И с т. *Лобанов-Ростовский Н.* Николай Владимирович Ремизов // Записки РАГ в США (Нью-Йорк). 1994. Т. XXVI. С. 82–83.

РЕНЕВ Василий Дмитриевич (15 марта 1897 – 10 февр. 1965, Сан-Франциско) — участник Белого движения на Востоке России, капитан, горный инженер. По оконч. Уфимской мужской гимназии (1916) поступил в Санкт-Петербургский Политехнич. ин-т, где прослушал лекции в теч. 1-го семестра, затем поступил в Михайловское арт. уч-ще на ускоренный курс, который оконч. 1 июля 1917. Выпущен прапорщиком в 10-й отдельный полевой арт. дивизион и назначен мл. офицером в 1-ю батарею. Последовательно занимал должности казначея и нач-ка хоз. части дивизиона до 12 апр. 1918. После демобилизации вступил в Повстанч. отряд Саткинского завода Уфимской губ. на должность нач-ка арт. отряда, где служил до 14 июля 1918. Затем — в Сибирской армии. До янв. 1920 служил ст. офицером в арт. частях. Капитан, участник Сибирского («Ледяного») похода 1920. Награждён орденом св. Владимира IV ст. с мечами и бантом; знаком отличия I ст. «За Сибирский поход».

В США с 1923. Оконч. горное отделение Калифорнийского ун-та (1931) с дипломом горного инж. Из-за депрессии в экономике Р. удалось устроиться только шахтёром в шахты, где он стал жертвой обвала, но был спасён. Когда депрессия прошла, получил работу в «Pacific Gas and Electric Company», где и работал до ухода на пенсию (1962). С 1927 — член Об-ва рус. ветеранов Великой войны, в котором несколько лет занимал должность казначея.

Похоронен на Серб. кладбище в Сан-Франциско.

И с т. АОРВВВ. Капитан Вас. Дм. Ренев // 1965. Февр. Альбом III.

РЕРБЕРГ [**Roehrberg**] Николай Фёдорович (1 июля 1906, Харьковская губ. – ?) — инженер-строитель. Род. в семье генерала Рус. Императорской армии. До 1919 учился в рус. военном уч-ще. Занятия прервал из-за революции 1917. В 1922–25 учился в Колледже св. Екатерины, в Александрии, в Египте, где получил звание бакалавра по математике. Два года работал в Александрии электриком и испытателем смазочных масел. В 1930–34 учился на ф-те строительного искусства ун-та в Лилле (Франц.). Законч. образование со званием гражданского инж. Возвратившись в Египет, служил до 1952 технич. советником, механиком на Египетской Кор. военно-воздушной базе. Во время Второй мировой войны работал инж. по технич. обслуживанию Вооружённых Сил США на Среднем Востоке в Гелиополисе, инж.-механиком и гл. инж. в разных фирмах. В 1952 эмигрировал в Канаду. Получил место инж.-строителя в Монреале в Брит.-Амер. нефтяной компании. Действительный член Об-ва рус. инж. в США (1953).

И с т. АОРИ. Анкета (1954); *Roehrberg N.* Curriculum vitae, typescript (1953).

РЕРИХ Николай Константинович (1874, Санкт-Петербург – 1947, Кулу, Индия) — академик, художник-символист, философ-мистик, путешественник, общественный деятель. Род. в семье нотариуса скандинавского происхождения. Оконч. гимназию и Академию художеств, прослушал курс на ист.-филологич. ф-те Санкт-Петербургского ун-та. Начало творч. отражает интерес Р. к старине, к языч. славянск. и скандинавской тематикам. В 1909 оформил сцены половецких плясок в постановке С.П. Дягилева «Князь Игорь» во время гастролей в Париже. Перед революцией 1917 работы Р. в России стали пророчески отражать приближение катастрофы существующих устоев жизни и гос. строя. После ранней картины «Город строят» появились произведения «Крик змия» как тревожное предупреждение о надвигающейся опасности, затем — «Град обречённый», опоясанный змием. Условия жизни при сов. власти заставили Р. покинуть родину.

В нач. 20-х гг. жил и творил главным образом в США, здесь был очень популярен. Ещё в 1904 83 этюда Р., посланные в США с картинами др. художников, были сразу раскуплены. В 1923 группа рус. и амер. ценителей искусства Р. открыла в Нью-Йорке музей, где экспонировались 315 картин, пожертвованных художником. Музей просуществовал до 1935. Второй музей Р. открылся в 1949 на 107-й ул. в Нью-Йорке в Манхэттане, также как и первый музей, по инициативе рус. и амер. почитателей его творч. В музее хранится около 300 картин, посвящённых преимущественно «Сердцу Азии», которой мистически увлекался художник, веривший в глобально-мессианскую роль искусства. Эти картины, главным образом виды гор, писались под впечатлением путешествий Р. в Тибет, Гималаи, Кит. Туркестан, Алтай и Монголию. Ряд картин, выставленных в музее, посвящён рус. тематике, дух. сюжетам, на которых изображены святые Православной Церкви. Особенно Р. любил писать образ глубоко почитаемого им св. преп. Сергия Радонежского. Однако рус. худ. критики и искусствоведы отмечают в творч. Р. влияние символизма и не видят в его произведениях отражения православной духовности. Писал декорации к операм «Князь Игорь» А.П. Бородина, «Весна священная» *И.Ф. Стравинского* и «Снегурочка» Н.А. Римского-Корсакова. Личный стиль Р. демонстрирует ясность и чёткость форм, яркость и богатство красок, ощутимую прозрачность воздуха. За свою творч. жизнь написал около 7 тыс. картин — количество, поражавшее его коллег. Картины Р. выставлены в Третьяковской галерее, в Гос. музее, в музее Нижнего Новгорода, в Новосибирске. Занимал видное место как исследователь полупустынь Внутренней Монголии с целью введения засухоустойчивых растений из этой обл. в пустынных р-нах США. Ботанич. коллекции собирал в Тибете. Собранные гербарии в 1935 передал в Нью-Йорк, в музей Р., но результаты их изуч., очевидно, опубликованы не были. После длительных путешествий по Азии в 1936 окончательно поселился в Сев. Индии, где в предгорьях Гималаев продолжал работать и создал огромную серию картин в духе аллегоризма и близости к буддийской философии. В долине Кулу основал Гималайский ин-т науч. исследований, включавших искусство, изуч. восточ. религий и философии, лингвистики, биологии, мед. и фольклора. После кончины художника музей был превращён в Гималайский музей Рериха. Проживая в Индии, Р. и члены его семьи постоянно находились под наблюдением англ. властей, главным образом из-за рус. происхождения и традиционного англ. опасения проникновения рус. в Индию. Во время приезда (1943) в Харбин, оккупированный японцами, подвергался за свои философские взгляды травле со стороны прояпонск. прессы на рус. яз. Мессианство **Р.** и его увлечение нехристианскими мировоззрениями и философией отрицательно повлияли на восприятие его искусства среди православных. Всю жизнь был поборником мира, основой которого должна служить культура. Состоял в дружеских отношениях со многими гос. деятелями, включая М. Ганди, Д. Неру и Р. Тагора, уважавшими художника. В 1938 номинирован на Нобелевскую премию. Инициатор создания международной орг-ции защиты музеев, памятников культуры от разрушений и уничтожения во время военных действий, заслужив поддержку президента США Ф. Рузвельта. Прошло много лет, прежде чем эта идея воплотилась в действительность. Пакт Рериха при поддержке правительства Индии был подписан в Гааге в 1954 как акт Международной конвенции, ратифицированной 50 странами. *Родственники:* жена Елена Ивановна (?–1955) — основатель неотеософич. учения; сын Юрий. После кончины **Р.** его тело по древнеславянскому и индийскому обычаю предали огню. В 1957 сын передал в подарок рус. народу многие картины и дневники отца.

И с т. АМРЦ. *Морозова О.А.* Биографич. сборник — черновая рукопись: М-73-7, 2.4.136, 2.4.-139.

Л и т. *Александров Е.А.* Музей Рериха в Нью-Йорке // РА. 1995. № 20. С. 133–134; *Беликов П.Ф., Князева В.П.* Николай Константинович Рерих. Самара, 1996; *Вильданова Р.И., Кудрявцев В.Б., Лаппо-Данилевский К.Ю.* Краткий биографич. словарь рус. зарубежья / *Струве Г.* С. 352–353; *Гребенщиков Г.* Творец светлой легенды (О Николае Рерихе) // Молодая Чураевка. 1928. Янв. № 1/13. С. 6–10; *Жернаков В.Н.* Академик Н.К. Рерих в Маньчжурии // НЖ. 1973. Кн. 110. С. 299–302; *Климов Е.* Загадка Рериха. К 100-летию со дня рождения известного рус. художника // НРС. 1974. 17 марта; Николай Рерих // Там же. 1974. 27 окт.; *Петров В.* Рус. в Америке. Вашингтон, 1992; *Hucknall N.* Nicholas Roerich, Artist, Author, Peace Builder // The New York Times. 1988. Febr. 9; *Raymond B., Jones D.* Rakhmaninov Sergei // The Russian Diaspora. 1917–1941. Maryland and London, 2000. P. 175–176; Quinn Doris Kerns. A Fascination with Tibet // Christian Science Monitor. 1987. Sept. 2.

РЕУТ Иван Григорьевич (? – 26 июня 1962, Нью-Йорк) — полковник. Ветеран, Георгиевский кавалер.

Похоронен на кладбище монастыря Ново-Дивеево близ Нанует (шт. Нью-Йорк).

Л и т. *Плешко Н.Д.* Генеалогич. хроника // Новик (Нью-Йорк). 1963. Отд. III. С. 15.

РЕУТТ Игорь Константинович (2 сент. 1902 – 9 февр. 1989, Сан-Франциско) — кадет Хабаровского гр. Муравьёва-Амурского кад. корпуса. Жил в эмиграции в Сан-Франциско. Состоял членом Об-ва рус. ветеранов и Объединения кадет Рос. кад. корпусов.

Похоронен на Серб. кладбище в Сан-Франциско.

И с т. АОРВВВ. Некролог. И.К. Реутт. 1989. Февр.; АРЦ. *Тарала Г.А.* Сводка кладбищенских дат, 2003. С. 5.

РЕШЕТАР Димитрий (12 окт. 1896, Маунт-Кармен, шт. Пенсильвания – 1984) — протоиерей ПЦА, регент, общественный деятель. Род. в семье музыканта, переселенца из Галиции, входившей в то время в состав Австро-Венгерской империи, значительная часть населения которой считала себя рус. В детстве пел в рус. церковном хоре, играл на струнных инструментах и с оркестром отца, ездил на гастроли в Европу. Оконч. школу и Свято-Тихоновскую дух. семинарию (1917). Муз. образование продолжил в Нью-Йорке у *С.В. Рахманинова* и затем в Кливлендской консерватории, где слушал лекции *Ф.И. Шаляпина*. В 1921–39 — регент церковного хора в Олифанте, где создал струнный оркестр, преподавал муз. в Скрантон-колледже, участвовал в основании симфонич. оркестра в Вилькес-Барре (шт. Пенсильвания). В 1939 рукоположен во диаконы и на следующий день во священники. В 1940 — настоятель прихода в Лопез (шт. Пенсильвания), затем в Стамфорде (шт. Коннектикут) и в др. городах. Продолжал заниматься музыкой и орг-цией церковных хоров. Преподавал в Свято-Тихоновской семинарии богословие и церковное пение. Уйдя на покой (1972), преподавал рус. яз.

Похоронен на кладбище Свято-Тихоновского монастыря.

Л и т. *Полчанинов Р.В.* Памяти о. Димитрия Решетара // НРС. 1984. 18 дек.

РЖЕВСКАЯ Агния Сергеевна — см.: **ШИШКОВА** Агния Сергеевна.

РЖЕВСКИЙ [до 1969 наст. фам. **Суражевский**] Леонид Денисович (8 авг. 1905, Москва – 13 нояб. 1986, Нью-Йорк) — писатель, литературовед. Род. в военной дворянской семье. Учился в 3-й московской гимназии, затем во втором Московском ун-те, позже переименованном в Педагогич. ин-т. В 1928 начал преподавательскую деятельность в ин-тах Москвы, Тулы и Орехово-Зуева, доцент (с 1938). В 1941 защитил дисс. о яз. комедии А.С. Грибоедова «Горе от ума», получив ст. кандидата филолог. наук в Московском педагогич. ин-те по кафедре лит. яз. В 1941 призван в Красную армию в звании лейтенанта и попал в нем. плен. В 1941–43 — в лагерях военнопленных. В 1943 освобождён и назначен лектором для учителей на оккупированной терр. Женился на поэтессе *А.С. Шишковой*. Псевд. **Р.** взял в 1944. В ходе войны Ржевские стали беженцами и после оконч. военных действий жили под Мюнхеном. В 1950 начал сотруднич. в журнале «Грани» (Франкфурт-на-Майне), а затем стал ред. (1952–55). В 1953–63 преподавал рус. лит. в Лундском ун-те (Швеция). В 1956 — временный гл. ред. рус. отдела радиостанции «Освобождение» в Мюнхене. В США с 1963. Преподавал в ун-те Оклахомы. Проф. славянск. лит. в Нью-Йоркском ун-те (1964-73). Выйдя на пенсию со званием проф.-эмеритуса, продолжал занимать кафедру при Норвичском ун-те с почётной ст. доктора гуманитарной лит. Лит. наследство **Р.**, получившее высокую оценку рус. литературоведов в Европе, Америке и в России (после 1991), включает автобиографич. роман «Между двух звезд» (1953), повесть «…Показавшему нам свет» (1963), два сб. рассказов и повестей — «Двое на камне» (1963) и «Через пролив» (1966), романы «Две строчки времени» (1976), «Дина» (1979), «Бунт подсолнечника» (1981), сб. повестей «Звездопад» (1984) и посмертное изд. сб. рассказов «За околицей». Научно-исследовательские работы **Р.** включают труды: «Язык и тоталитаризм» (1951 и 1953), «Прочтение творческого слова» (1970), «Творец и подвиг» о творч. А.И Солженицына (1972), «Три темы по Достоевскому»(1972). Статьи **Р.** публ. в изд.: «Новый журнал» (Нью-Йорк), «Мосты» (Мюнхен), «Воздушные пути» (Нью-Йорк), «Грани», «Литературный современник», «Континент» (Париж), «Записки Русской академической группы в США» (Нью-Йорк), «Посев» (Франкфурт-на-Майне), а также в изд. на англ., нем. и франц. яз. По оценке *Бориса Филиппова* **Р.** является представителем классич. фабульного романа, построенного на вечной и никогда не умирающей основе — любви. Профессиональный стаж **Р.** составил около 40 лет. Состоял членом РАГ в США, Лит. фонда и Амер. ПЕН-клуба в Нью-Йорке. *Родственники:* вдова (урожд. Шишкова) Аглая (Агния) Сергеевна.

С о ч. Сентиментальная повесть // Грани. 1954. № 21; Две недели // Там же. 1959. № 42 и др.

И с т. АА. *Ржевский Л.Д.* Автобиография (рукопись, 1973).

Л и т. *Вильданова Р.И., Кудрявцев В.Б., Лаппо-Данилевский К.Ю.* Краткий биографич. словарь рус. зарубежья // Струве Г. С. 353; Казак В. С. 644–646; *Муравьёв П.* Л.Д. Ржевский // Записки РАГ в США. 1987. Т. XX. С. 382–384, 453; *Седых А.* Леонид Денисович Ржевский // НРС. 1986. 15 нояб.; *Филиппов Б.* Проза Леонида Ржевского // Там же. 1985. 12 окт.

РЖЕВСКИЙ [Rzhewvsky Nicholas] Николай Ярославович (род. 8 нояб. 1943, Линц, Австрия) — доцент (Associate Professor) рус. яз. и лит. Род. в семье рус. беженцев из Югославии. Семья Ржевских прибыла в США в 1949. Оконч. Ратгерский ун-т (шт. Нью-Джерси) со ст. бакалавра по рус. яз. Гражданин США (1966). Магистр по славистике в Принстонском ун-те (1968), где в 1972 защитил докторскую дисс. об А.И. Герцене в рус. лит. Начал преподавательскую деятельность в Оберлин-колледже. Преподавал в Ливингстон-колледже, Иллинойском ун-те. Преподает рус. яз. на элементарном, среднем и высшем уровнях, рус. лит. в ун-те шт. Нью-Йорка в Стоуни-Брук. Вёл семинары о творч. Ф.М. Достоевского, Л.Н. Толстого, рус. театре сов. периода, рус. прозе, критике, лит. и театре. Ред. Антологии рус. лит. («Anthology of Russian Literature». N.Y., 1996) и «Cambridge Companion to Modrern Russian Culkture» (Cambridge University Press, 1998). Перу Р. принадлежит монография, около 50 статей и рецензий, в т. ч. 14 очерков на лит. темы, 19 рефератов о книгах, четыре статьи в учебнике рус. лит., изданном Йельским ун-том (1984) и др. Ред. «Slavic and East European Art», консультант National Endowment for the Humanities. Slavic Review, University of Illinois Press, John Wiley & Sons, Cornell University Press. Восемь раз был стипендиатом, в т.ч. — четыре раза стипендиатом фонда Фулбрайта-Хэйса. Член РАГ в США и КРА. *Родственники:* жена Татьяна; дочери Кира и Наталья.

С о ч. Russian Literature and Idealogy: Herzen, Dostoevsky, Tolstoy, Leontiev, Fadeyev. Urbana University of Illinois Press, 1983.

И с т. АА. Анкета Биографич. словаря. *Ржевский Н.Я.* Автобиография, 4 с. (1999); American Association for the Advancement of Slavic studies, Mebership list; Archives of the Assn. of Russian American Scolars in the USA. *Rzhevsky N.* Curriculum vitae, 1986.

РОГОВ Евгений Алексеевич (4 марта 1898 – 18 июля 1974) — участник Белого движения на Юге России, подпоручик. Оконч. 6-ю им. цесаревича Алексея Николаевича гимназию в Санкт-Петербурге и два курса естественного ф-та Санкт-Петербургского ун-та. В авг. 1916 вступил на военную службу вольноопределяющимся во 2-й арт. Кронштадтский полк, откуда откомандирован на Сев. фронт во 2-й отдельный осадный арт. дивизион. Участник Первой мировой войны. Прапорщик (сент. 1917). После развала фронта и расформирования батареи, которая была взорвана командой при наступлении немцев (сент. 1917), отбыл в Валуйки к семье. Весной 1918 вступил в Добровольч. армию и назначен во 2-ю арт. батарею (с 1919 — ген. Дроздовского) 3-й пех. дивизии. В составе батареи участвовал во всех делах и походах Дроздовской стрелковой дивизии до эвакуации Рус. армии из Крыма в нояб. 1920.

В 1920–21 — в Галлиполи. С 1921 — в Болгарии, где командирован на разгрузку и уничтожение вооружения по требованию французов согласно условиям мирного договора с Болгарией. При разгрузке ранен разорвавшимся снарядом. В эмиграции занимался в двух архитектурных школах в Софии. В мае 1923 отбыл из Болгарии во Францию для продолжения образования. Работал во Франции, в 1936 переселился в Чили. В конце 1957 переехал в Аргентину. С янв. 1962 в США. *Родственники:* вдова Артемия Константиновна; дети.

И с т. АОРВВВ. Подпоручик Евгений Алексеевич Рогов // 1974. Июль. Альбом VI, 26-В.

РОГОВСКИЙ Андрей Васильевич (18 сент. 1892, Одесса Херсонской губ. – ?) — электротехник. После 1920 — в эмиграции во Франции. Учился два года в рус. секции Парижского Политехнич. ин-та. Занимался установкой радиовещательных станций, проектированием и проведением электропроводок. В США жил в Бруклине (Нью-Йорк). Член-соревнователь Об-ва рус. инж. в США.

И с т. АОРИ. Анкета.

РОГОЖИН Анатолий Иванович (12 апр. 1893, стан. Червлённая Обл. Войска Терского – 6 апр. 1972, Лейквуд, шт. Нью-Джерси) — участник Белого движения на Юге России, последний командир Рус. Корпуса (1945), полковник. Сын полковника Ивана Петровича Р. (1865–?). Оконч. Владикавказский кад. корпус (1911), портупей-юнкером Николаевское кав. уч-ще (1913) и вышел хорунжим в 1-й Кизляро-Гребенской ген. А.П. Ермолова полк 3-й Кавказской каз. дивизии, находившийся в тот момент в составе рус. войск в Персии. На фронт Великой войны вышел в авг. 1914 в составе полк. пулемётной команды. Участник Первой мировой войны на Юго-Зап. фронте (1914). С июня 1915 прикомандирован к 4-й терской сотне Собственного Е.И.В. Конвоя, 18 окт. 1915 зачислен в Конвой. Сотник (1916). На 1917 — мл. офицер 1-й сотни Терского гв. каз. дивизиона. За отличия награждён орденами: св. Станислава III ст. с мечами и бантом (1914), св. Анны IV ст. «За храбрость» (1915), св. Анны III ст. с мечами и бантом (1915), св. Станислава II ст. с мечами (1915), св. Владимира IV ст. с мечами и бантом (1916). После Октябрьского переворота 1917 и расформирования дивизиона во Владикавказе (май 1918) — в белых войсках на Юге России. Участник восстания терских казаков (июнь 1918). Адъютант Кизляро-Гребенского полка (авг. 1918 – февр. 1919), затем — командир 2-й сотни Кубанского гв. дивизиона. Тяжело ранен под Царицыном (1919). С авг. 1919 — командир 1-й сотни Терского гв. дивизиона. Подъесаул и есаул (янв. 1920). В Рус. армии: командир Терского гв. дивизиона (сотни). Эвакуировался из Крыма в нояб. 1920. В 1921 — на о. Лемнос, откуда отозван со своей сотней в Конвой Главнокомандующего ген. П.Н. Врангеля. В эмиграции в Кор. СХС, служил в погранич. страже в составе Кубанского гв. дивизиона. Полковник (на 1925). С 1937 — командир дивизиона Собственного Е.И.В. Конвоя. Осенью 1941 одним из первых вступил в Рус. Корпус, с 23 окт. 1941 — командир 3-го батальона, затем 1-го батальона (1 янв. 1943) 1-го полка, с которым участвовал во всех операциях. Рус. Корпус стал особым явлением в истории рус. эмиграции. В рядах Корпуса сыновья стали преемниками отцов, воевавших в Рус. армии во время Первой мировой войны и в рядах Белых армий в годы Гражданской войны. В тяжёлых условиях Корпус вёл непрерывные бои против коммунистич. партизан Тито в Югославии, а в 1944 — и против сов. войск. С 15 февр. 1944 — командир 5-го («Железного») полка. За боевые отличия награждён Железным Крестом II (1944) и I (1945) кл. После скоропостижной смерти ген.-лейт. Б.А. Штейфона 30 апр. 1945 принял командование Рус. Корпусом, который сложил оружие представителям брит. командования 12 мая 1945. Твёрдая позиция

Р. не допустила принудительной выдачи Корпуса в сов. зону оккупации, хотя сов. власти требовали и личной репатриации командира Корпуса. Чины Корпуса не подверглись насильственной выдаче, так как не считались гражданами СССР. 1 нояб. 1945 основал СчРК, председателем которого состоял до смерти. В 1945–51 — в рус. белом лагере Келлерберг (Австрия). В 1951 одним из последних покинул лагерь.

В США с 1952. Участвовал в жизни рус. воинских орг-ций. Познакомившись с бар. *В. фон Пушенталем*, занимавшимся куплей и продажей недвижимости в шт. Мен, начал с ним сотрудничать по устройству ветеранов-корпусников. Русских привлекал в Мен климат, похожий на климат центральной России, на досуге — рыбная ловля и охота. В итоге в Ричмонде возникла рус. колония, насчитывавшая около 130 налогоплательщиков, с двумя домами для престарелых, находившихся на попечении основанного корпусниками благотворительного Об-ва св. блг. кн. Александра Невского. Здесь же был построен первый православный храм в шт. — часовня св. Александра Невского. Попытка Р. заняться доходным сельским хоз-вом среди корпусников не дала особого успеха. *Родственники*: жёны: (урожд. Якимова) Ксения Васильевна; Людмила Михайловна (? – 25 дек. 1975, Огаст, США); дочь (в браке Каирец) Вероника (ок. 1935 – 16 июля 1974, Нью-Йорк); внук Анатолий.

Похоронен рядом с часовней-памятником чинам Рус. Корпуса на кладбище монастыря Ново-Дивеево близ Нанует (шт. Нью-Йорк).

С о ч. Последние дни Корпуса // РК. 1963. С. 346–401.

Л и т. *Александров К.М.* С. 234–236; *Волков С.В.* Офицеры российской гвардии. С. 410; Верные долгу. С. 39, 45; *Иванов И.Б.* Краткие биографич. данные чинов Рус. Корпуса, упомянутых в наст. сб. // РК. 1999. С. 427–428; *Орехов В.В.* Полк. А.И. Рогожин // Часовой (Брюссель). 1972. Июнь. № 552. С. 18; *Jaster Robert S.* Russian Voices on the Kennebeck, The Stry of Maine's Unlikely Colony // The University of Maine Press. Orono, 1999. P. 25–33.

РОГУЛЬСКИЙ Пётр Онуфриевич (1904 – 28 янв. 1978, Сан-Франциско) — скаутмастер. Получив среднее образование, увлёкся скаутизмом и всю жизнь работал над его распространением среди рус. молодёжи, получив звание скаутмастера и члена Суда чести отдела рус. скаутской орг-ции как на Дальнем Востоке, так и на Филиппинах, куда он переехал после 1920. Здесь продолжал работу со скаутами.

После 1945 переселился с семьей в США, жил в Сан-Франциско. В 1973 году стал членом, действительным членом, а затем членом правления Об-ва рус. ветеранов Великой войны.

Похоронен на Серб. кладбище в Сан-Франциско.

И с т. АОРВВВ. Скм. Пётр Онуфриевич Рогульский // 1978. Янв. Альбом № IV.

РОДЗЕВИЧ Алексей Николаевич (8 янв. 1911, Одесса Херсонской губ. – 28 марта 1982, Мадрид) — общественно-полит. деятель. Род. в семье директора гимназии, погибшего вместе с женой во время красного террора. Образование начал в Одесском кад. корпусе. С 1920 в эмиграции в Кор. СХС. Оконч. I Рус. Вел. Кн. Константина Константиновича кад. корпус в Сараево (Кор. СХС) в составе IX вып. 8 кл. 1928–29 уч. года. Учился на агрономич. ф-те Белградского ун-та. В 1931 вступил в НСРМ (позднее НТС), деятельности в котором посвятил всю жизнь. В 1941–42 — на оккупированной терр. СССР, в Смоленске участвовал в нелегальной работе НТС. Арестован немцами и выслан в Германию. Капитан РОА. Автор эскиза эмблемы РОА (1943), которая стала нарукавным шевроном у власовцев. В конце войны рук. эвакуацией беженцев в Австрию, занимался спасением сов. граждан от насильственной репатриации. С семьёй в Чили с 1948. Служил в военном министерстве, читал лекции о коммунизме офицерам чилийской армии. Слушатели Р. в 1973 участвовали в антисоциалистич. перевороте, предотвратив захват власти в Чили коммунистич. партией. С 1961 в США, здесь стал председателем Сев.-Амер. орг-ции НТС (1961–76). После переворота в Чили обратился с письмом к офицерам чилийской армии, своим быв. студентам, с предложением обменять арестованных чилийских коммунистов на политзаключенных в СССР. В итоге в 1976 состоялся обмен Ген. секретаря коммунистич. партии Чили Л. Корволана на диссидента В.К. Буковского. На пенсии с 1976, последние годы жизни провёл в Испании. *Родственники*: вдова Людмила Николаевна; две замужних дочери.

И с т. ЛАА. Справка *К.М. Александрова* на капитана РОА А.Н. Родзевича; Список окончивших корпус за время 1920–1945 // Кад. корпуса за рубежом 1920–1945. Монреаль, б. г. С. 481.

Л и т. А.Н. Родзевич // Встречи (Франкфурт-на-Майне). 1982. Апр. – май. № 240–241.

РОДЗЯНКО Александр Павлович (18 [13(?)] авг. 1879 – 6 мая 1970, Нью-Йорк) — участник Белого движения на Сев.-Зап. России, генерал-лейтенант. Отец Павел Владимирович Р.; мать (урожд. кнж. Голицына) Мария Павловна; дядя Михаил Владимирович Р. — председатель III и IV Гос. Дум. Оконч. Пажеский корпус (9 авг. 1899) и вышел по экзамену Л.-гв. корнетом в Кавалергардский Её Величества Гос. Императрицы Марии Фёдоровны полк 1-й гв. кав. дивизии. Участник международных кон. состязаний. Оконч. Офиц. кав. школу в Санкт-Петербурге (1907) и во франц. Сомюре (1908). Участник Олимпийских игр в Стокгольме (1912) и междунар. кон. состязаний в Лондоне (1913). Полковник, пом. командира полка по хоз. части (1912). Участник Первой мировой войны. Состоял прикомандированным ко 2-му Кавказскому и 2-му Кубанскому каз. полкам и в др. должностях, затем — в распоряжении командующего 8-й армией Юго-Зап. фронта ген. А.А. Брусилова (1914–15). Штаб-офицер Кавалергардского полка (1915–16), командир полка Офиц. кав. школы 4-й отдельной кав. бригады (1916–17). С апр. 1917 — командующий 1-й бригадой 17-й кав. дивизии 12-й армии, затем — вр. ком. дивизией (окт. 1917). Награды за отличия: итал. Кавалерский Крест ордена Короны (1903), ордена: св. Станислава III ст., св. Анны III ст. (до 1914); св. Анны IV ст. «За храбрость», св. Владимира IV ст. с мечами и бантом, св. Анны II ст. с мечами (1915–17). После расформирования дивизии (1918) остался во Пскове, интернирован. С авг. 1918 жил в Риге. С нояб. 1918 — генерал-майор, участник формирования Сев. добровольч. корпуса. Нач-к Южной группы войск корпуса (март 1919), командир Сев. корпуса (май 1919). С июля 1919 — командующий Сев.-Зап. армией. Сторонник наступления на Петроград на Псковском направлении, вопреки мнению Н.Н. Юденича, считавшего, что предпочтительнее наступать по линии Нарва – Гатчина. Генерал-лейтенант, помощник Главнокомандующего Сев.-Зап. армией ген. Юденича (к 15 окт. 1919). Участник Петроградской наступательной операции (окт. 1919) и взятия Царского Села. После отступления и конфликта с Юденичем освобождён от должности. С янв. 1920 — в эмиграции в Стокгольме, затем в Берлине и в США, где жизнь **Р.** прошла «в беженской и подчас очень трудной обстановке». *Родственники*: жена Лидия Феофановна; братья: Виктор (? – 8 окт. 1973, Кранфорд) — штабс-капитана Л.-гв. Конной арт., участник Белого движения на Юге России, в эмиграции в США; Владимир (1878–1965) — капитан I ранга, в эмиграции во Франц.; Павел (?–1965) — Л.-гв. полковник Кавалергардского полка, участник Белого движения на Востоке России, в эмиграции в Великобрит.

Похоронен на кладбище Ново-Дивеево близ Нанует (шт. Нью-Йорк).

С о ч. Воспоминания о Сев.-Зап. армии. Берлин, 1921; М., 2000.

И с т. ЛАА. Справка *К.М. Александрова* на ген.-лейт. А.П. Родзянко.

Л и т. *Волков С.В.* Офицеры российской гвардии. С. 411–412; Некролог // Часовой (Брюссель). 1970. Июнь. № 528. С. 29; *Рутыч Н.Н.* Биографич. справочник. Сев.-Зап. С. 327–344

РОДЗЯНКО Алексей Олегович — финансист. Род. в семье рус. эмигрантов *Олега* и *Татьяны Родзянко*. Был переводчиком по контракту в Госдепартаменте и на переговорах об ОСВ-2 (ограничении стратегич. наступательных вооружений). Вице-президент междунар. отдела банка Manufacturer's Hannover, потом — в отделе, ведавшим странами Юж. Америки.

Член КРА. Выступал на радиостанции с объяснением сути ежегодного Дня Скорби и Непримиримости 7 ноября. Преподаватель истории в рус. церковно-приходской школе в Наяке (шт. Нью-Йорк).

И с т. Archives of the CRA.*Rodzianko O.* Biography.

РОДЗЯНКО Виктор Михайлович — см. **ВАСИЛИЙ**, епископ ПЦА.

РОДЗЯНКО Олег Михайлович (род. 21 марта 1923, Панчево, Кор. СХС) — инженер-механик, проф. Род. в семье эмигрантов из России Михаила Михайловича **Р.** и его жены Елизаветы Фёдоровны, урожд. бар. Мейендорф. Родной брат епископа ПЦА *Василия*.

Прибыл в США 5 окт. 1949. Гражданин США (1955). Оконч. Купер Юнион в Нью-Йорке с дипломом инж.-механика (1959), магистр инж. искусства в Ин-те технологии Стивенса (1962). В 1954–59 работал на инж. должностях в компании F.L. Smith & Co. Engineers. Проф. (1959–91) Бронкского коммунального колледжа ун-та Нью-Йорка (City University of New York). В 1991 вышел в отставку со званием заслуженного проф. В 1954–59 активно участвовал в строительстве храма Покрова в Наяке (шт. Нью-Йорк). Участвовал в создании культурно-просветительного и благотворительного об-ва «Отрада» (1965–75), состоял секретарём и председателем об-ва (1973–75). В 1980–81 во время академич. годового отпуска, будучи председателем строительной комиссии, осуществил постройку здания школы и зала при церкви в Наяке. Многолетний член КРА, в теч. 9 лет — председатель избирательной комиссии КРА. За активную приходскую деятельность награждён тремя благодарственными грамотами Синода РПЦЗ. Состоит в амер. Об-ве инж.-механиков и об-в tbp и pts. *Родственники*: жена (урожд. Лопухина) *Татьяна Алексеевна*; пятеро детей; 14 внуков.

И с т. АА. *Родзянко О.М.* Анкета Биографич. словаря (2002); АОРИ. Вопросник.

РОДЗЯНКО [урожд. **Лопухина**] Татьяна Алексеевна (род. 18 дек. 1928, Тверь) — преподаватель рус. яз. и лит. Род. в семье Алексея Сергеевича Лопухина и Фёклы Богдановны, урожд. бар. Мейендорф. Прибыла в США 5 окт. 1949. Гражданин США (1955). Оконч. в Нью-Йорке Хантер колледж (1964). Магистр в Нью-Йоркском ун-те (1969), где в 1972 получила докторскую ст. по рус. лит. Преподавала рус. яз. в Манхэттенвилл колледже (1964–67), доцент рус. яз. и лит. в Рус. школе Норвичского ун-та (1973–95).

С 1954 преподаёт рус. яз. в рус. школе при церкви Покрова Божией Матери в Наяке (шт. Нью-Йорк). С 1998 — директор Ин-та им. *А.Л. Толстой*, в котором ведутся образовательные программы с группами детей, приезжающими из России на Толстовскую ферму в Спринг-Валли (шт. Нью-Йорк). Печаталась в «Новом журнале» (Нью-Йорк) и в «Русском возрождении» (Нью-Йорк — Париж — Москва). Член КРА и рус. просветительно-благотворительного об-ва «Отрада». Состоит в трёх амер. профессиональных об-вах. *Родственники*: муж Олег; пятеро детей и 14 внуков.

С о ч. Духовные основы творчества Солженицына. Франкфурт-на-Майне, 1974.

И с т. АА. *Родзянко Т.А.* Анкета Биографич. словаря (2002).

РОДИОНОВ Александр Петрович (2 авг. 1900 – ?) — инженер-строитель. После 1920 — в эмиграции в Чехословакии. Оконч. строительное отделение Пражского технологич. ин-та. В 1949 получил ст. магистра в Технологич. ин-те Миннесоты. Жил в Квинсе (Нью-Йорк). Член Об-ва рус. инж. в США.

И с т. АОРИ. Анкета.

РОДИОНОВ Сергей Васильевич (7 июля 1905 – ?) — инженер-строитель. После 1917 — в эмиграции во Франц. Оконч. Каперский ун-т во Франции с дипломом инж.-строителя (1930). В США жил в Элмхорсте (Нью-Йорк). Член Об-ва рус. инж. в США.

И с т. АОРИ. Анкета.

РОДОМАН Анатолий Иосифович (8 июля 1892, Станислав Варшавской губ. – ?) — инженер-строитель. Оконч. Киевский Политехнич. ин-т (1918). В 1943–46 работал по восстановлению мостов, дорог и аэродромов в Германии. В 1946–49 — рук.

группы по возведению плотины в Тунисе, здесь позже служил в Министерстве Общественных работ. В США с 1951.

И с т. АОРИ. Анкета (1954).

РОДОМАР [Радомар] Олег Владимирович (1895 – 30 янв. 1982, Торонто, Канада) — администратор, общественный деятель. Выехал из России через Владивосток в 1919.

Поселился в США, в 1923 переехал в Канаду. Во время Второй мировой войны служил администратом по контролю цен и распределению продовольствия. За свою службу удостоился Ордена Брит. империи. Был президентом и директором компании «Philips Electtronics Industries». Многие годы представлял Рус. православную церковь в Канадском совете церквей. Регент рус. церковных хоров в Монреале и Торонто, организовывал благотворительную помощь в послевоенной Европе. Член Канадского легиона ветеранов.

Л и т. *Плешко Н.Д.* Генеалогич. хроника // Новик (Нью-Йорк). 1961. Отд. III. С. 12; Anonimous. Oleg Rodomar // Canadian Family Tree. 1967. P. 277.

РОДСЕВИЧ-ПЛОТНИЦКИЙ Леонтий Леонтиевич (? – 6 июля 1959, Нью-Йорк) — Ген. штаба генерал-майор, Георгиевский кавалер.

Похоронен на кладбище Медон под Парижем.

Л и т. *Плешко Н.Д.* Генеалогич. хроника // Новик (Нью-Йорк). 1959. Отд. III. С. 6.

РОЖДЕСТВЕНСКИЙ [Roshde Oleg Alex] Олег Алексеевич (19 авг. 1909, Санкт-Петербург – 6 февр. 1992) — техник по сварке металлов, общественный деятель. В 1922–24 учился в сов. трудовой школе. В 1924 уехал в Чехословакию к отцу и продолжил учиться в рус. гимназии в Моравской Тшебове. Оконч. технич. уч-ще в Пльзене (1939). Затем работал на заводе Шкода. В США с 1949. 30 лет работал инж.-механиком в Кранфорде (шт. Нью-Джерси). В 1955 изменил фам. на Roshde. Состоял членом-соревнователем Об-ва рус. инж. в США, потомственным членом Мор. собрания, членом об-ва «Родина» и РИС-О.

Занимался благотворительностью. Скончался внезапно на XIII съезде Объединения зарубежных кадет в Венесуэле. *Родственники*: жена Нина.

И с т. АА. *Рождественская Н.* Биография Олега Алексеевича Рождественского-Roshde. Рукопись от 15 мая 2003, 3 с.; АОРИ. Анкета.

РОЖДЕСТВЕНСКИЙ Серафим Павлович (19 авг. 1903, Сызрань Симбирской губ. – 26 марта 1992, Сан-Ансельмо, шт. Калифорния) — участник Белого движения на Востоке России, общественно-полит. деятель НТС, журналист. Род. в семье учителя. В пятнадцатилетнем возрасте участвовал в Ярославском восстании 1918, затем — в белых войсках Восточ. фронта. Воевал в войсках ген. В.О. Каппеля. Прошёл с боями весь путь белых войск на Востоке до падения Владивостока. За боевые заслуги награждён Георгиевскими крестами IV и III ст. С нояб. 1922 — в эмиграции в Китае. В 1923 уехал по контракту на сельскохоз. работы в Австралию. Для оплаты проезда работал кочегаром на теплоходе. В Австралии был ковбоем. В 1930 переехал во Францию, где завершил образование, оконч. Франко-рус. коммерч. ин-т и стал журналистом. Член НСРМ (далее НТС) с 1931. Был председателем Парижского отделения и членом Франц. отдела Союза. После 1941, перебравшись в Германию, работал в Берлине в газ. «Новое слово», одновременно участвуя в подготовке пропагандных материалов НТС для оккупированных областей СССР и «восточных рабочих» в Германии. В июне 1944 в составе группы членов НТС арестован Гестапо. Заключён в тюрьму, где пробыл до конца войны. После оконч. войны вёл культурно-просветительную работу в беженском лагере Менхенгоф близ Касселя в Зап. Германии. Участвовал в создании журнала и издательства «Посев», писал в прессе НТС. В США с 1949. Работал канцелярским служащим, реферировал сов. прессу для науч. учреждений. Сотрудничал во многих зарубежных изданиях. Возглавлял организацию НТС в Калифорнии. Р. в 1991 посчастливилось увидеть над Кремлём бело-сине-красный флаг, борьбе за который он посвятил жизнь. *Родственники*: вдова Анна Александровна.

Л и т. *Терехов О.* С.П. Рождественский // Встречи (Франкфурт-на-Майне). 1992. Май – июнь. № 309. С. 11–12.

РОЗАНОВ Михаил Михайлович (13 окт. 1902, Тамбовская губ. – 1989) — писатель. После оконч. средней школы сотрудничал в газ. на Дальнем Востоке. В 1928 бежал в Маньчжурию. Был захвачен сов. органами во время сов.-кит. военного конфликта в 1929. За побег осуждён на 10 лет в Соловецком лагере особого назнач. Этот период жизни описал в очерках «На сопках Маньчжурии», опубликованных в еженедельнике «Посев» (1949) в Германии. В нач. войны в 1941 переведён в трудовой батальон и направлен на строительство укреплений. При крушении фронта попал в плен к немцам. После оконч. войны отказался возвращаться в СССР. В США с 1949. Свои мытарства во время войны Р. описал в очерках «Обычная история», «Бойцы Оборонстроя НКВД» и «В плену», опубликованных в журнале «Посев» (Франкфурт-на-Майне). В своих книгах «Завоеватели белых пятен» и «Соловецкий концлагерь в монастыре» описал сов. действительность с системой террора и лагерей принудительного труда.

С о ч. Завоеватели белых пятен. Франкфурт-на-Майне, 1951

И с т. Автобиография. См. там же.

РОЗЕНБЕРГ Виктор Викторович (12 февр. 1905, Гродненская губ. – 17 авг. 1973, Лос-Анджелес) — скаутмастер, специалист в обл. внешкольного воспитания. Род. в семье мирового судьи. В Риге, куда переехала вся семья, оконч. рус. гимназию и учился на экономич. ф-те. В возрасте 15 лет вступил в ряды рус. скаутов. Во время сов. оккупации 1940–41 вёл подпольную скаутскую работу. После 1945 награждён скаутским орденом «За верность», который даётся только за участие в скаутской подпольной работе. В 1945 вместе со скаутмастером *Б.Д. Лузиным* основал в лагере для «перемещённых лиц» в Регенсбурге дружину ОРЮР «Нижний Новгород». Представлял рус. разведчиков в межнациональном скаутском комитете. Р. были поручены орг-ция и проведение состязаний на юбилейных слётах ОРЮР в 1949 в Шляйсхейме, по случаю 40-летия рус. разведчества, и в 1959 в Калифорнии, по случаю 50-летия. В США с 1952. Послив-

шись в Лос-Анджелесе, основал дружину ОРЮР «Нижний Новгород», передав ей имя и традиции регенсбургской дружины. Работая в дружине, сосредоточился на помощи молодым рук. в приобретении ими руководительских навыков и опыта. Делился опытом в многочисленных статьях, опубликованных на страницах журнала ОРЮР «Опыт». Автор пособий: «Следопыт», «Шифры», «Игры и состязания». Семьи не имел, посвятив себя воспитанию детей и юношества в духе рус. скаутизма.
Л и т. *Полчанинов Р.В.* В.В. Розенберг // РМ. 1972. 21 сент.; *Полчанинов Р.В.* Памяти В.В. Розенберга // Единение (Мельбурн). 1972. 15 сент. № 37.

РОЗЕНБЕРГ Николай Яковлевич (1809–1857) — десятый правитель Рус. Америки. По оконч. мор. уч-ща служил во флоте на Балтийском море. В 1829 принят на службу в Рос.-Амер. компанию и плавал на её судах 7 лет. По возвращении в Россию (1839) служил во флоте. В 1847 вторично поступил в компанию, с 1850 — главный правитель. Не дослужив пятилетнего срока, по состоянию здоровья уволился и вернулся в Санкт-Петербург, где был произведён в чин капитана I ранга. Р. сменил в качестве исполняющего обязанности главного правителя *А.И. Рудакова*. Одна из гор на о-ве *Баранова*, возле Ситки, названа именем Р.
Л и т. *Петров В.* Рус. в истории Америки. Вашингтон, 1988. С. 152; *Pierce R.* Builders of Alaska. The Russian Governors (1818–1867). Kingston, Ontario, Jan. 1986. P. 31–36.

РОЗЕНТАЛЬ [von **Rolsenthal** Vetter] Феттер, фон (1753, Юрьев (Тарту) – 1829). В 1775 отправился в Америку воевать за независимость молодой республики. Рус. подданный из прибалтийских нем. дворян. Служил адъютантом у ген. Джексона и за смелость был произведён в чин майора. Как участник амер. революционной войны, награждён орденом Цинцинната. Был знаком с Дж. Вашингтоном.
И с т. *Ushanoff Basil B.* The Russian contribution to the United States of America (A typescript).

РОКИТЯНСКИЙ Николай Иванович (1 окт. 1912 – 4 нояб. 1996, Сан-Франциско) — преподаватель рус. яз., изучал историю пребывания рус. в Америке и Форта Росс в Калифорнии. Род. на Украине в семье железнодорожника, переехавшего с семьёй в Маньчжурию и работавшего на КВЖД. В 1937 с матерью переехал в США. Учился в Калифорнийском ун-те, зарабатывая на жизнь электросварщиком в доках. Во время Второй мировой войны

стал работать переводчиком для сов. моряков, прибывавших в США ремонтировать и принимать корабли. Занимался отправкой посылок нуждающимся в Россию. Затем получил должность референта славянского отделения в Библиотеке Конгресса; работал в Департаменте просвещения в Вашингтоне, где занимался сравнительным исследованием состояния образования в СССР, интерес к которому появился с запуском первого спутника.

Получив должность преподавателя рус. яз. в колледже, возвратился в Калифорнию, здесь включился в охрану и восстановление Форта Росс.
Похоронен на Серб. кладбище.
И с т. АРЦ. *Тарала Г.А.* Сводка кладбищенских дат, 2003. С. 5.
Л и т. *Башкирова Г., Васильев Г.* Путешествие в Рус. Америку. Рассказ о рус. эмиграции. М., 1990.

РОМАНОВ Александр, кн. Мл. брат *Никиты Романова*, переводчик и очеркист. Женат на Марии, урожд. сицилийской кнг. Di Niscemi, известной в Нью-Йоркском об-ве как Mimi di N. Член Рус. дворянского об-ва (Russian Nobility Association) в Нью-Йорке.
Л и т. *Dragadze P.* The White Russians // Town & Country. 1984. March. P. 174–182, 250–253.

РОМАНОВ Алексей Лаврентьевич — эмбриолог, птицевод. Род. в Санкт-Петербурге. Учился в Санкт-Петербурге, Томске и Владивостоке. Эмигрировал в США, где в 1928 защитил докторскую дисс. при Корнельском ун-те в шт. Нью-Йорк. Был оставлен при кафедре, проф. эмбриологии (1948–60-е гг.) Автор работ по эмбриологии, структуре и химич. составу яиц, химич. эмбриологии роста зародыша и его обмена веществ, влияния среды на его развитие.
И с т. *Мартьянов Н.Н.* Список... С. 84–88.
Л и т. *Кеппен А.А.*

РОМАНОВ Борис Георгиевич (1891, Санкт-Петербург – 1957, Нью-Йорк) — балетный хореограф. Оконч. Императорское

театральное уч-ще (1909) и вошёл в труппу Мариинского театра. Работал с Сергеем Дягилевым во время «Парижских сезонов» и с Игорем Стравинским. В 1926 выехал за рубеж на гастроли с Рус. романтич. театром и решил не возвращаться в СССР. Хореограф *А.В. Павловой* (1928–34). В 1938 переехал в США, здесь стал хореографом Метрополитен оперы. В 1944 занимался постановками в Нью-Йоркской компании Международного балета Маркиза де Куэваса и в 1956 — в Чикагской опере.
Л и т. *Raymond B., Jones D.* Romanov Boris // The Russian Diaspora. 1917–1941. Maryland and London, 2000. P. 178.

РОМАНОВ Василий Александрович, кн. (24 июня 1907, Гатчина Санкт-Петербургской губ. – 24 июня 1989, Вудсайд, шт. Калифорния) — Князь Императорской Крови. Сын Великого Князя Александра Михайловича (1866–1933) и сестры императора Николая II Великой Княгини Ксении Александровны (1875–1960). В эмиграции после 1917 в Великобритании, Франции, Дании, Бельгийском Конго. В США работал в фирме *И.И. Сикорского*, затем на бирже в Сан-Франциско. В 1931 женился на кнж. Наталье Александровне Голицыной, сконч. за несколько месяцев до смерти супруга. Жил в Сан-Франциско, участвовал в деятельности Об-ва рус. ветеранов Великой войны и Сан-Францисского Комитета помощи рус. зарубежным военным инвалидам. С 1951 — Почётный председатель Комитета и почётный член-попечитель Зарубежного Союза рус. военных инвалидов. Один из последних старейших членов Императорской фамилии (1981–89). Член рус. дворянского об-ва (Russian Nobility Association) в Нью-Йорке.
Родственники: дочь Мария (1940 г.р.), четверо внуков.

Похоронен на Серб. кладбище в Сан-Франциско.
И с т. АРЦ. *Тарала Г.А.* Сводка кладбищенских дат, 2003. С. 5; ЛАА. Справка *К.М. Александрова*; Василий Александрович, Вел. Кн. // Незабытые могилы / Сост. В.Н. Чуваков. Т. I. М., 1999. С. 500.
Л и т. Долг чести. Юбилейный сборник Комитета помощи русским военным инвалидам за рубежом. Сан-Франциско, 1955. С. 72; Некролог // Наши вести (Санта-Роза). 1989. Сент. № 416/27-17. С. 24; Николай Романович, кн. Скончался кн. Василий Александрович // РМ. 1989. 28 июня; *Dragadze P.* The White Russians // Town & Country. 1984. March. P. 174–182, 250–253.

РОМАНОВ Георгий Константинович, Вел. Кн. (13 апр. 1903 – 7 нояб. 1938) — сын Вел. Кн. Константина Константиновича.

В 1918 уехал в Швецию, откуда переехал в Бельгию. Работал в Лондоне в строительной фирме. В США с 1929. В Нью-Йорке был «импресарио по балетной части».

Похоронен на кладбище Маунт Оливет в Лонг-Айленде. Останки Р. перезахоронены на кладбище монастыря Ново-Дивеево возле Нануэт (шт. Нью-Йорк).

Л и т. Некролог // Кад. перекличка (Нью-Йорк). 1972. № 3.

РОМАНОВ Димитрий (1908, Царицын Саратовской губ. – 6 февр. 1984, Санта-Хелена, шт. Калифорния) — танцовщик, балетмейстер, преподаватель. Образование получил в Японии и в США. Ученик *Михаила Фокина, Михаила Мордкина* и *Адольфа Больма*. Начал профессионально выступать с 1935. Был главным танцором в Сан-Францисском балете, в балете Михаила Мордкина и в Амер. балетном театре в Нью-Йорке, в котором провёл большую часть карьеры до ухода на пенсию.

Л и т. Dimitri Romanoff, Dancer and teacher of Ballet, Dies at 86 // The New York Times. 1994. May 19.

РОМАНОВ Димитрий Герасимович — участник Белого движения на Востоке России, поручик. Оконч. 1-й Московский кад. корпус (1916) и Константиновское арт. уч-ще. После Октябрьского переворота 1917 — в белых войсках Восточ. фронта, командовал батареей Егерского арт. дивизиона в Сибирской армии адм. А.В. Колчака.

РОМАНОВ Никита, кн. Ст. внучатый племянник императора Николая II. Род. и вырос в Англии, историк и писатель. В США с 1949. Для заработка на жизнь и оплаты образования работал обивщиком мебели. Оконч. Калифорнийский ун-т в Бёркли со ст. магистра истории. Автор биографии Ивана Грозного и исследователь истории семьи Романовых. Член Рус. дворянского об-ва (Russian Nobility Association) в Нью-Йорке. *Родственники:* жена Жанет, уроженка Оклахомы — доктор по рус. яз.; сын Фёдор.

Л и т. *Dragadze P.* The White Russians // Town & Country. 1984. March. P. 174–182, 250–253.

РОМАНОВА Вера Константиновна, княж. (24 апр. 1906, Павловск Санкт-Петербургской губ. – 11 янв. 2001, Толстовская ферма, Валлей Коттедж, шт. Нью-Йорк) — Ея Высочество, Кнж. Императорской Крови. Дочь нач-ка Главного управления военно-уч. заведений, Президента Императорской Академии наук, поэта («К.Р.»), генерала от инфантерии Вел. Кн. Константина Константиновича (1858–1915) и Вел. Кнг. Елисаветы Маврикиевны (урожд. принцессы Саксен-Альтенбургской, в браке с 1884) (1865–1927). Младший ребёнок из девятерых детей Вел. Кн. Константина Константиновича. Правнучка императора Николая I, троюродная сестра императора Николая II. Один из братьев Кнж. **В. К.** кн. Олег (1892 г.р.) 27 сент. 1914 был смертельно ранен в рядах Л.-гв. Гус. Его Величества полка. Став перед смертью кавалером ордена св. Георгия IV ст., он скончался 29 сент. 1914 на руках родителей в госпитале в Вильно. Три др. брата — кавалер Георгиевского оружия Иоанн (1886 г.р.), Константин (1890 г.р.) и Игорь (1894 г.р.) — вместе с Вел. Кнг. Елисаветой Фёдоровной и др. мучениками ночью 18 июля 1918 были сброшены большевиками живыми в шахту Нижняя Селимская в 18 км от Алапаевска. Кавалер Георгиевского оружия брат Гавриил (1887–1955) — умер в эмиграции в Париже.

В эмиграции с матерью и мл. братом кн. *Георгием* (1903–1938) с 1918 в Швеции, в Бельгии (1920–22), Германии (1922–45), где жила у брата матери герцога Эрнста II Саксен-Альтенбургского в Альтенбурге (Саксония). Во время войны работала переводчиком и стремилась максимально облегчить участь «восточных рабочих». Накануне прихода сов. войск ушла пешком на Запад и через 12 дней достигла брит. оккупационной зоны. В 1945–51 — на зап. Германии, работала переводчиком в Брит. Красном Кресте. С 1951 в США. Жила в Нью-Йорке, работала в рус. благотворительных орг-циях: Толстовском Фонде, Об-ве помощи рус. детям за рубежом и Попечительстве о нуждах РПЦЗ, поддерживала постоянные контакты с рус. воинскими орг-циями (Об-во Галлиполийцев, РОВС и др.). Почётная Председательница Рос. Кад. Объединений за рубежом, «старшая сестра» всех рос. кадет. Неоднократно посещала кад. съезды в США, Канаде, Венесуэле и Франции. Сотрудник журнала «Военная Быль» (Париж). На пенсии с 1971, поселилась в Толстовском центре в Валлей Коттедж, окружённая заботами и попечением друзей. Замужем не была и не приняла иностранного гражданства, до конца жизни оставшись подданной Российской империи и рос. беженцем. Чадо РПЦЗ.

Похоронена 15 янв. 2001 рядом с братом Георгием на кладбище Успенского женского монастыря Ново-Дивеево близ Нануэт (шт. Нью-Йорк) при большом стечении представителей диаспоры и рус. общественных орг-ций.

С о ч. Из семейных воспоминаний // Военная Быль (Париж). 1956. Июль. № 19. С. 2–4.

И с т. ЛАА. Справка *К.М. Александрова*; *Спиридович А.И.* Великая война и Февральская революция 1914–1917 гг. Нью-Йорк, 1960. Т. I. С. 30–31.

Л и т. *Башкирова Г., Васильев Г.* Путешествие в Рус. Америку. Рассказ о рус. эмиграции. М., 1990; *Геринг А.А.* Список сотрудников журнала «Военная Быль» (с 1952 по 1967 год) // Военная Быль. 1967. Май. № 85. С. 39; Ея Высочество Княжна Вера Константиновна (1906–2001) // Наши вести (СПб.). 2000. Дек. — 2001. Май. № 461/2762. С. 2; Княжна Вера Константиновна // ПР. 2001. 14/28 янв. С. 12–13; *Миллер Л.П.* Святая мученица Российская Великая Княгиня Елизавета Фёдоровна. М., 2001. С. 225–226, 234–235; Памяти Ея Высочества Княжны Веры Константиновны // РЖ. 2001. 27 янв.

РОМАНЧЕК И.И. [J.J. **Romanchek**] — ветеран армии США, капитан.

И с т. *Pantuhoff Oleg* — 1976.

РОМАР Анатолий — инженер, изобретатель в разных обл. науки и техники. В 1971 награждён большой золотой медалью на нью-йоркском съезде изобретателей. Первый гражданин Канады, удостоившийся этой награды.

И с т. АА. *Могилянский М.* Письмо (1999).

РОСС Тина [псевд.] — см. **РЫШКО** Валентина.

РОССЕЛЕВИЧ Анатолий Михайлович (15 дек. 1902 – 24 марта 1977, Нью-Йорк) — быв. кадет Княжеконстантиновского кад. корпуса (вып. 1921). В эмиграции общественный деятель в теч. многих лет. Переселился из Бельгии в США.

Похоронен на кладбище монастыря Ново-Дивеево, возле Нануэт, в штате Нью-Йорк.

Л и т. Некролог // Часовой (Брюссель). 1977. Июнь – июль. № 606. С. 19.

РОССОВСКИЙ Леонид Степанович (5 июня 1903, Санкт-Петербург – ?) — инженер-строитель и проектировщик. После 1918 — в эмиграции в Чехословакии. Оконч. Лесной ин-т в Брно (1930). В США жил в Бруклине (Нью-Йорк). Действительный член Об-ва рус. инж. в США.

И с т. АОРИ. Вопросник (1962).

РОССОЛИМО Николай (1910 – 24 июля 1974, Нью-Йорк) — шахматист, гроссмейстер. В 1929 переехал из СССР во Францию. Став профессиональным шахматистом, выиграл десять турниров в чемпионате Парижа и чемпионат Франции (1948). От имени Франции занял первое место в турнире наций в Дубровнике. В США с 1953. Выступал в составе сборной команды США в шахматных олимпиадах 1958-60. Для заработка был вынужден подрабатывать таксистом. Трагически погиб при невыясненных обстоятельствах.

Л и т. *Штейн Э.* Гроссмейстер — рус. эмигрант // РМ. 1975. 14 авг.

РОСТОВСКИЙ [Салтовец] Александр Николаевич (1909, Ростов Обл. Войска Донского – 1987, шт. Нью-Йорк) — поэт. Род. в каз. семье. Работал на заводе. В 40-х гг. попал в Германию, затем переселился в США. Работал в пекарне. Печатал стихи на родине с 1935. Вдохновению Р. служила природа. Продолжал писать стихи в США, которые вошли в сб. «Иду по горизонту».

Л и т. Берега. Стихи поэтов второй эмиграции / Под ред. Вал. Синкевич. Филадельфия, 1992. С. 273.

РОСТОВЦЕВ Михаил Иванович (16 окт. 1870, Киев – 20 окт. 1952) — историк. С 1899 преподавал на Санкт-Петербургских Высших женских курсах. Свою исследовательскую работу о социально-экономич. истории Римской империи вёл в Санкт-Петербургском ун-те, где защитил докторскую дисс. (1910). Проф. (с 1902). За науч. труды по истории древнего мира удостоился избрания действительным членом РАН. После 1917 — в эмиграции в Великобрит., проф. Оксфордского ун-та. В 1919 получил кафедру древней истории в Висконсинском ун-те в США. В 1925 перешёл в Йельский ун-т, где прошла большая часть его академич. жизни. В 1928–37 возглавлял амер. археологич. экспедицию в Месопотамии. Автор трудов: «Иранцы и греки в Южной России»; «Крупное землевладение в Египте в III столетии до Рождества Христова» (1922); «Скифы и Боспор» (1931); «О караванных городах» (1932). Р. опубликованы результаты археологич. раскопок в р-не Дурх-Европос (1935–39) и трёхтомный труд «Экономическая и социальная история эллинистического мира» (40-е гг.).

В 1935 состоял президентом Амер. историч. ассоциации. Удостоен почётных званий ун-тов Висконсина, Чикаго, Гарварда, Лейпцига, Оксфорда, Кембриджа и Афин. Член комитета по основанию Толстовского фонда для оказания помощи рус. беженцам (1939). *Родственники*: вдова София (? – 16 янв. 1963).

Супруги Р. кремированы и похоронены на кладбище Гров Стрит в Нью-Хэйвене (шт. Коннектикут).

С о ч. История древнего мира. Берлин, 1925; О социальной и экономич. системе Римской империи. Оксфорд, 1929.

И с т. АМРЦ. *Морозова О.А.* Биографич. сборник — черновая рукопись: М-73-7, 2.4-128; М-73 (MS 268), стр. 7.34-35; РНБ. *Чуваков В.Н.* Незабытые могилы. Л. 445.

Л и т. *Вильданова Р.И., Кудрявцев В.Б., Лаппо-Данилевский К.Ю.* Краткий биографич. словарь рус. зарубежья // *Струве Г.* С. 354; Михаил Иванович Ростовцев // Новик (Нью-Йорк). 1953. Отд. III. С. 5; *Петров В.* Рус. в Америке XX век. Вашингтон, 1992. С. 65–66; *Плешков Н.Д.* Генеалогич. хроника // Новик. 1953. Отд. III. Стр. 3; *Wes Marinus A.* Michael Rostovtzeff, historian in exile, Russian roots in an American context: Historia, Journal of Ancient History, Einzelschriften Heft 65, Franz Steiner Verlag Stuttgart, 1990. 106 P.

РОСТРОПОВИЧ Мстислав Леопольдович (род. 27 марта 1927, Баку) — дирижёр Нац. симфонич. оркестра США, дирижёр и виолончелист. Род. в семье музыкантов. Отец — виолончелист, мать — пианистка, стали первыми учителями Р. В восемь лет начал учиться у отца игре на виолончели. По оконч. Московского детского муз. уч-ща поступил в Московскую консерваторию в класс виолончели и композиции. Проф. по композиции у Р. был Д. Шостакович. Муз. карьеру начал с участия в трёх междунар. конкурсах, на которых получил первые призы — дважды в Праге и один раз в Будапеште. С 1947 начал заграничные турне, и его талант заслужил всеобщее признание. Композиторы с мировым именем писали муз. для виолончели и посвящали свои произведения Р. Проживая в СССР, Р., вместе с женой, певицей *Галиной Вишневской*, не могли оставаться безучастными к людям, попавшим в немилость власти. Когда *А.И. Солженицыну* пришлось очень трудно, семья Р. пригласила писателя к себе где он жил в 1969–73. Властям это не понравилось. Творч. Р. и Вишневской стали ограничивать. Заграничн. поездки были прекращены, об их концертах перестали писать в прессе, сообщать по радио и телевидению. По личному настоянию сенатора Э. М. Кеннеди и благодаря его хлопотам перед Л.И. Брежневым супругам Р. разрешили выехать за границу. Выехав за рубеж, выступал с концертами, повсеместно встречая восторженный приём слушателей. Через четыре года после успешной поездки по странам свободного мира получил сообщение, что в 1978 Президиум Верховного Совета СССР лишил его и жену сов. гражданства. В окт. 1977 занял должность директора Нац. симфонич. оркестра США. Под рук. Р. оркестр совершил три поездки по США, выступал в Канаде, Мексике, странах Юж. Америки, в Японии, на Тайване и на Филиппинах, в ряде европейских стран. Полная свобода творч. открыла перед музыкантом новые возможности интерпретации муз. произведений во всей их широте и глубине. Труд Р. поставил Нац. оркестр США в первые ряды выдающихся оркестров Америки и свободного мира. Супруги Р. были приглашены президентом США Дж. Картером в Белый Дом, где дали концерт. Трижды дирижировал Нац. оркестром на открытом воздухе в День Независимости США 4 июля. Эти концерты собирали более 130 тыс. слушателей и транслировались по телевидению. Десятки млн амер. граждан могли насладиться исключительными по исполнению муз. произведениями, включая исполнение увертюры «1812 год» П.И. Чайковского. Вклад Р. в муз. искусство заслуженно оценен в мировом масштабе. Член пяти академий изящных искусств, награждён более чем 30 медалями, лауреат ряда международных премий. 34 ун-та наградили Р. почётной ст. доктора изящных искусств и муз. В благодарность за заслуги на муз. и общественном поприще КРА 18 окт. 1985 наградил **Р.** званием члена Рус.-Амер. Палаты Славы.

В 1987, когда в Белом Доме награждались деятели искусства, военные и политики, президент США Р. Рейган вручил **Р.** медаль Свободы. В 1987 в день 60-летия музыканта королева Елизавета II присвоила ему звание рыцаря-командора Брит. империи. Франция наградила **Р.** орденом Почётного легиона, а Германия — Почётным крестом. В 1988 избран членом Франц. Академии искусств. В Вашингтоне **Р.** чествовали в Центре Кеннеди с участием жены президента Н. Рейган. В 1990 супругам **Р.** было возвращено сов. гражданство. Во время событий 19–21 авг. 1991 **Р.** присоединился к москвичам, противостоявшим ГКЧП, и принял участие в защите Белого Дома от путчистов. После падения коммунизма в России вернулся в Москву и даёт благотворительные концерты. Творч. **Р.** оставило неизгладимый след в амер. муз. культуре.

Л и т. *Александров Е.А.* Мстислав Ростропович // РА. 1988. № 19. С. 48–63; *Его же.* Мстислав Ростропович в Палате Славы // НРС. 1985. 19 сент.; *Г.А.* Мстислав Ростропович — член Палаты Славы КРА // РМ. 1985. 15 нояб.; Чествование Ростроповича в Центре имени Кеннеди // НРС. 1987. 29 марта.

РОТ Георгий Николаевич (21 июля 1913 – 7 янв. 1978, Бингхамптон, шт. Нью-Йорк) — композитор и церковный регент. Сын Гв. капитана арт. Оконч. консерваторию в Загребе. До отъезда в США — регент в православной церкви в Риме.

И с т. АА. *Дмоховский Ю.В.* Письмо от 24 нояб. 2002.

Л и т. Некролог // Часовой (Брюссель). № 611. 1978. Март – апр. С. 18.

РОТОВА Ольга Дмитриевна (1899, Санкт-Петербург – 7 янв. 1967) — сестра милосердия, кавалер ордена св. Георгия IV ст. Ветеран Первой мировой и Гражданской войн. Род. в семье статского советника учёного-геолога Д.Л. Иванова-Литомина. Оконч. гимназию и курсы сестёр милосердия. Работала в лазарете им. короля Георга V, открытом брит. посольством для рус. раненых. После захвата власти большевиками **Р.** и её братья стали пробираться на Дон. В Балашове поступила сестрой милосердия в Кочетовский полк, в котором служила во время всех походов. Была ранена, попала в плен к красным и освобождена своими. Связала жизнь с казачеством. После 1920 — в эмиграции во Франции, после 1945 — в Канаде. 1 июня 1945 в Лиенце (Австрия) была свидетелем насильственной выдачи брит. командованием казаков-антикоммунистов большевикам. *Родственники*: муж Михаил Михайлович Ротов (1898–1969, Виннипег, Канада) — Гв. есаул; участник Белого движения на Юге России и формирования каз. частей в составе Вермахта в 1943–45.

С о ч. Горькая правда. Позорная страница в истории Западного мира // Кубанец — Донской атаманский вестник (Нью-Йорк). 1966. № 2. С. 27–32.

И с т. Вспоминая Ольгу Ротову // Там же. 1996. № 2. С. 24–25.

РОТЧЕВ Александр Гаврилович (1813–1878) — последний правитель Форта Росс в Калифорнии (1836–41). Чиновник особых поручений при Главном правителе в Ново-Архангельске (Ситке). Писатель, поэт, путешественник. Оконч. Московский ун-т. Занимался перев. на рус. яз. из произведений И. Шиллера, В. Шекспира и В. Гюго. Переписывался с А.С. Пушкиным по поводу публикации в журнале «Современник» введения в историч. обозрение Рос. владений в Америке *К.Т. Хлебникова*. Путешествовал по Зап. Европе, Азии, Африке и Америке. Публиковал описания путешествий в рус. газ. и журналах. Заключил договор со швейцарцем Суттером о продаже Форта Росс.

Перед Крымской кампанией 1853–56 опубликовал брошюру «Правда об Англии или сказание о расширении владений ея во всех частях света», затем — «Воспоминания русского путешественника в Вест-Индии, Калифорнии и Ост-Индии» (Пантеон. 1854. Т. XII). Занимался женским вопросом и др. *Родственники*: жена (урожд. Гагарина) *Елена Павловна*.

С о ч. О назначении женщины // Сев. пчела (Санкт-Петербург). 1861. 25 янв.

И с т. АА. *Забаринская С.П.* Письмо от 8 янв. 2001; Ротчев Александр Гаврилович // Энциклопедич. словарь Ф.А. Брокгауза и И.А. Ефрона. 1899. Т. 53. С. 163.

Л и т. *Петров В.* Рус. в истории Америки. Вашингтон, 1988. С. 61–63.

РОТЧЕВА [урожд. **Гагарина**] Елена Павловна — жена последнего правителя Форта Росс *А.Г. Ротчева*. Превратила свой дом в Форте Росс в рус. культурный уголок, который любили посещать испанцы из Юж. Калифорнии и др. иностранцы.

Совместно с учёным Ильёй Вознесенским и первым рус. фермером в Калифорнии Черных совершила восхождение на гору Маякмас, недалеко от Форта Росс, получившую название св. Елены. В память о том на горе св. Елены был поставлен мемориальный камень. По рассказам, **Р.** была захвачена в плен индейцами и освобождена без потерь исп. кавалерией, прибывшей на помощь из Президио (ныне Сан-Франциско). *Родственники*: муж; дети Елена, Ольга. Разошлась с мужем. В России — смотрительница Иркутского воспитательного дома (1855–63). После отъезда из Иркутска (1863) провела остаток жизни в Полтавской губ.

Похоронена в имении дочери Ольги Заборинской (позже Забаринской), потомки которой, Светлана и Людмила Забаринские, живут в Москве.

И с т. АА. *Забаринская С.П.* Письмо от 8 янв. 2001;

Л и т. *Петров В.* Рус. женщины-землепроходцы в Америке // РА. 1997. № 21. С. 170–174.

РОЩУПКИН [Rostschupkin] Леонид Михайлович (8 авг. 1896 – ?) — инженер-строитель. Оконч. Кубанский политехнич. ин-т (1923). В США жил в Бруклине (Нью-Йорк). Действительный член Об-ва рус. инж. в США.

И с т. АОРИ. Анкета.

РУБЕЦ Иван Филиппович (8 июля 1889 – 8 июня 1972, Наяк, шт. Нью-

Йорк) — участник Белого движения на Юге России, полковник. Оконч. 2-й Санкт-Петербургский (Николаевский) кад. корпус (1909), портупей-юнкером Николаевское кав. уч-ще (1911) и вышел Л.-гв. корнетом в Кирасирский Ея Величества Гос. Императрицы Марии Фёдоровны полк 1-й гв. кав. дивизии, стоявший в Гатчине. Участник Первой мировой войны, штабс-ротмистр (на 1917). После Октябрьского переворота 1917 — в белых войсках на Юге России. С нояб. 1918 — в эскадроне Кирасир Ея Величества в составе Сводно-Гв. полка 2-й бригады 1-й пех. дивизии Добровольч. армии. Затем — командир эскадрона Кирасир Ея Величества в Сводно-Гв. кав. полку (1918–19), пом. командира и командир эскадрона в Сводном полку Гв. кирасирской дивизии (1919). В Рус. армии (1920): в Запасном кав. полку. Эвакуировался из Крыма в нояб. 1920 в составе Рус. армии. Полковник (на 1920). В эмиграции состоял в кадрах родного полка. В мирное время участвовал в скачках и взял 212 призов. С 23 авг. 1942 — командир 3-й сотни 3-го отряда Рус. Охранной Группы (Рус. Корпуса). Участник боевых действий на терр. Югославии против партизан Тито и сов. войск. На 6 марта 1944 — командир 3-й роты 1-го батальона 3-го полка. Затем служил в 11-й роте 4-го полка. После 1945 — в Австрии и США. Участвовал в жизни рус. воинских орг-ций (СчРК и др.). На 1967 — сотрудник журнала «Военная Быль» (Париж). Автор воспоминаний. *Родственники:* жена Татьяна Николаевна.

Похоронен на кладбище Ново-Дивеево близ Нануэт (шт. Нью-Йорк).

С о ч. Призовая езда // Памятка Николаевского Кав. Уч-ща. Б.м., 1969. С. 61–64.

И с т. ЛАА. Справка *К.М. Александрова* на И.Ф. Рубца (1944);

Л и т. *Волков С.В.* Офицеры российской гвардии. С. 419; Незабытые могилы // Часовой (Брюссель). 1972. Сент. № 555. С. 15; РК. 1963. С. 78, 155.

РУБИНСКИЙ Иван Александрович (1890 – 1967, Бейрут) — инженер-самолётостроитель. Род. в семье православного священника. Оконч. дух. семинарию, поступил на механич. отделение Московского технологич. ин-та. Участвовал в строительстве самолётов и в создании авиационной аппаратуры. В нач. войны 1914 помогал в орг-ции лётной школы при Московском авиационном об-ве. В 1915 поступил в армию в чине подпоручика и назначен нач-ком мастерской Московской военной авиашколы. Демобилизовавшись в 1918, вернулся в Москву для продолжения занятий. В 1919 эмигрировал в США. С 1925 — проф. в Амер. ун-те в Бейруте (Ливан). Создал ряд авиационных инструментов, нашедших применение в ВВС США. Возвратившись в США, занимался в 1938–39 в Массачусетском технологич. ин-те проектированием «воздушной подушки» для судов и исследованиями в обл. гравитации.

Л и т. *Raymond B., Jones D.* Rubinskii Ivan // The Russian Diaspora. 1917–1941. Maryland and London, 2000. P. 182–183.

РУБИСОВА Елена Фёдоровна (1897 – после 1980) — писатель, искусствовед, поэтесса. До Второй мировой войны сотрудничала в парижской газ. «Последние новости». После 1945 переселилась в США. Более 25 лет публиковала статьи в газ. «Новое русское слово» (Нью-Йорк), в «Новом журнале» (Нью-Йорк) и в канадском «Современнике». Автор двух книг рассказов и двух монографий на англ. яз. о рус. живописи и искусстве Востока. Стихотворения **Р.** вошли в антологии «На Западе» и «Муза диаспоры»; опубликованы в сб. «Содружество», «Ковчег», и «Эстафета».

Л и т. *Витковский Е.В.* Антология… Кн. 2. С. 443.

РУДАКОВ Александр Ильич (1817 – 16 окт. 1875). Исполнял обязанности XII правителя Рус. Америки. По оконч. мор. уч-ща проходил службу на кораблях в Балтийском и Чёрном морях. В 1844 поступил на службу в Рос.-Амер. компанию, кораблями которой командовал. С 1851 — помощник главного правителя Рус. Америки. 7 авг. 1851 с семьёй отправился на борту корабля «Кадьяк» в Ситку, куда прибыл 7 мая 1852. Исполняющий должность главного правителя (1853). В 1854 **Р.** сменил *С.В. Воеводский*. Продолжал служить на Аляске, в 1855 произведён в чин капитана I ранга. Вернулся в Россию в 1857. Контр-адмирал (1865). Ушёл в отставку в 1870 в чине вице-адмирала. На о-ве *Баранова* есть гора, названная в честь **Р.**

Л и т. *Петров В.* Рус. в истории Америки. Вашингтон, 1988. С. 153; Pierce R. Builders of Alaska. The Russian Governors (1818–1867). Kingston, Ontario, Jan. 1986. P. 37.

РУДАКОВ [**Roudakoff** Paul P.] Павел П. — ветеран армии США. Майор в корпусе связистов. В 1945 служил в Берлине.

И с т. *Pantuhoff Oleg* — 1976.

РУДД Эммануил Николаевич (9 нояб. 1914, Петроград – 1 февр. 1994) — врач-ревматолог. Род. в семье фабриканта. После революции семья перебралась в Финляндию, затем в Париж, где **Р.** оконч. мед. ф-т и получил диплом врача. Переселился в США, здесь сдал все экзамены и открыл в Нью-Йорке врачебный кабинет по артриту и проблемам ревматизма. Работал в об-ве ревматологов. В 60-е гг. организовал науч. обмен с сов. врачами. Автор многоч. статей и ряда книг по специальности.

Л и т. Друзья. Памяти доктора Э.Н. Рудда // НРС. 1994. 26–27 февр.

РУДЕНКО Андрей Владимирович — создатель рус. камерного хора в Бостоне. За рубежом является представителем второго поколения рус. дирижёров. Свою карьеру церковного певчего и регента начал у отца — *Владимира Руденко*, рус. эмигранта из Югославии. Приобретая профессию инж.-механика, записался на курс дирижирования. Рук. университетским хором. Основав по примеру отца хор, следует семейной традиции и рус. церковному хоровому наследию, ведущему начало с древних знаменных распевов.

Л и т. *Успенская Т.* Рус. хор в Америке // НРС. 1994. 25 февр.

РУДЕНКО Владимир Павлович — основатель Рус. хорового об-ва. Род. в семье офицера Добровольч. армии. Вся семья поселилась в 20-х гг. в Кор. СХС. Оконч. Рус. кад. корпус.

В 1944 выехал в Германию, после 1945 — в США. В 1973 при рус. православной церкви в Вустере (шт. Массачусетс), основал хор из рус. певцов, проживавших постоянно в шт. Коннектикут, Массачусетс, Нью-Джерси, Нью-Йорк и Пенсильвания, съезжавшихся на спевки и на концерты. Главной целью Хорового об-ва стало знакомство амер. слушателей с сокровищницей рус. хорового пения. В теч. многих лет состоял в Об-ве Генделя и Гайдна, вошёл в состав Тенглвудского хора Бостонского симфонич. фестиваля. В репертуар хора **Р.** традиционно входило дух. пение, в частности, вечерня *С.В. Рахманинова*, созданная из пятнадцати частей по образцу знаменных распевов, а также —

соч. А. Аренского, П. Чеснокова, А. Бородина, А. Архангельского и А. Свешникова, аранжировавшего рус. нар. песни. Хор **Р.** выступал с концертами в 1974, 1975 и 1976 в Авери Фишер Холл в Нью-Йорке, в зале Алис Талли Холл, в зале Карнеги, в 1977 с Бостонским симфонич. оркестром и несколько раз с постоянно проживающим в Швеции Николаем Геддой. Концерт в Авери-Фишер Холл был дан на фестивале КРА в ознаменование 200-летия США.

И с т. Архив КРА. Материалы.

РУДНЕВ Илья Алексеевич (? – 23 нояб. 1969, Пасифик-Гров, шт. Калифорния) — участник Белого движения на Юге России, подполковник, военный лётчик. Отличился во время Первой мировой войны. Был несколько раз ранен. После Октябрьского переворота 1917 — в белых войсках на Юге России. Отличился в рядах Добровольч. армии. Семья **Р.** погибла от рук большевиков во время Гражданской войны. Переехал в США, работал в киностудиях Голливуда, состоял в амер. авиационной корпорации. Обладал талантами музыканта, скульптора, художника и артиста. Автор мемуаров «История русской авиации».

Л и т. Незабытые могилы // Часовой (Брюссель). 1970. Янв. № 523. С. 19.

РУДОЛЬФ — см. **ЖАБИНСКИЙ**, Владимир Иванович.

РУЗСКАЯ Ирина Николаевна (1894 – 18 сент. 1951, Нью-Йорк) — сестра милосердия. В 1914 поступила в сёстры милосердия. Служила в составе 5-го Кауфманского госпиталя им. императрицы Марии Фёдоровны. Прибыв в Петроград (1918), вступила в подпольную орг-цию ген. Н.Н. Юденича. После ареста (нач. 1919) брата Н.Н. Рузского стала одним из главных курьеров внутренней связи орг-ции, исполняя самые трудные и опасные поручения. В 1920 вместе со всей семьёй арестована большевиками и вместе с братом приговорена к расстрелу, чудом спасшись от гибели. На свободе вступила в орг-цию сенатора В.Н. Таганцева (1921), участвовала в подготовке Кронштадтского восстания 1921. После неудачи восстания с семьёй бежала за границу. Последний период жизни в эмиграции провела в США.

Л и т. И.Н. Рузская // Часовой (Брюссель). 1952. Янв. № 315. С. 23.

РУМЯНЦЕВ Николай Кузьмич (1894, Тверская губ. – 8 июля 1977, Сан-Франциско) — участник Белого движения на Юге России, полковник, деятель разведческого движения, педагог. Оконч. Павловское военное уч-ще. Во время Первой мировой войны служил в 16-м Мингрельском Его Императорского Выс. Вел. Кн. Дмитрия Константиновича полку Кавказской гренадерской дивизии. В ходе военных действий дослужился до должности командира батальона и чина штабс-капитана. Дважды ранен. Награждён пятью боевыми орденами и Георгиевским оружием. С авг. 1917 — нач-к учебной команды 192-го запасного полка в Москве. Во время Гражданской войны служил в Корниловском Ударном полку. Был пять раз ранен, один раз контужен и остался в строю. За боевые отличия капитан, затем — подполковник с переим. в полковники. Эвакуировался из Крыма в составе Рус. армии в нояб. 1920. В 1920–21 — в Галлиполи. С 1921 — в эмиграции в Болгарии. С 1924 чин РОВС. В Болгарии посвятил себя педагогич. деятельности и работе с молодёжью. Организатор роты молодой смены им. ген. Кутепова при III отделе РОВС. Активный рук. НОРР, затем — Нач-к НОРР, воспитатель в рус. гимназиях за границей.

Жил в США. В марте 1968 вступил в Об-во рус. ветеранов Великой войны в Сан-Франциско. Вдовец.

Похоронен на Серб. кладбище.

И с т. АОРВВВ. Полк. Николай Кузьмич Румянцев // 1977. Сент. Альбом VI. 27-В.

Л и т. Некролог // Часовой (Брюссель). 1977. Окт. – нояб. № 608. С. 19.

РУСЕЦКИЙ [Alexander **Rusecky**] Александр (31 марта 1921, Моррисвилль, шт. Пенсильвания) – 1 марта 1945) — лейтенант ВВС США. Оконч. в Моррисвилле среднюю школу, вступил добровольцем в армию США и в февр. 1943 зачислен в ВВС. Был прихожанином православной церкви св. Владимира в Трентоне (шт. Нью-Джерси). Состоял членом 101-го отдела РООВА. Оконч. лётную школу в Арканзасе (март 1944) и назначен пилотом на бомбардировщик Б-17 в составе 550-й эскадрильи 385-й группы бомбардировщиков VIII воздушного соединения. Во время 31-го вылета бомбил Ульм. Сбит с экипажем над Бельгией. Награждён медалью ВВС с дубовыми листьями и посмертно — медалью «Purple Heart» («Пурпурное сердце»).

Похоронен на амер. военном кладбище в Невилль-ан-Кондро в Бельгии.

И с т. *Pantuhoff Oleg* — 1976.

Л и т. *Beresney Timothy A.* In Memoriam // Russian Herald. 1947. Jan. – Febr. P. 160.

РУСИН Александр Иванович (8 авг. 1861 – 17 нояб. 1956, Касабланка, Марокко) — адмирал. Оконч. Морской корпус (1881) и выпущен гардемарином флота. Мичман (1882), лейтенант (1888), капитан II ранга (1901) с назнач. военно-мор. агентом в Японию. В 1906 за отличия в должности и за участие в составе рус. делегации на переговорах по заключению Портсмутского рус.-яп. мирного договора 1905 произведён в капитаны I ранга. С 1908 — директор Морского корпуса и исполняющий должность нач-ка Николаевской Мор. Академии. Контр-адмирал (1909), вице-адмирал (1912). Нач-к Главного Мор. штаба (1913), нач-к Мор. Ген. штаба (1914). С 1 июня 1915 — помощник Мор. министра. Адмирал, нач-к Мор. штаба Верховного Главнокомандующего императора Николая II (1916). После революции и Гражданской войны переселился в США, здесь был избран почётным председателем Об-ва рус. морских офицеров в Америке. В 1946 Об-во отметило 65-летний юбилей оконч. **Р.** Морского корпуса.

Л и т. Выписка о службе адмирала // Мор. записки (Нью-Йорк). 1946. Июнь. № 2. С. 118. Мартиролог рус. военно-мор. эм. С. 119.

РУСИН [**Russin** Jerry Y.] Джерри (13 июня 1920, Плэйнс, шт. Пенсильвания) – 1 апр. 2003, Олд Фордж) — ветеран, банковский ревизор, деятель ПЦА. Род. в семье, в которой был младшим из 11 детей. Оконч. в Блумсберге штатный педагогич. колледж с дипломом бакалавра; состоял в аспирантуре в ун-тах Уилкес и Бакнелл. Во время Второй мировой войны воевал в Нормандии и Рейнской обл. Удостоен трёх медалей. Занимал должность штатного банковского ревизора в теч. 35 лет.

нояб. 1920 в Константинополь. В Канаде с 1952.

Л и т. *Волков С.В.* Офицеры армейской кавалерии. С. 459; Некролог // Часовой (Брюссель). 1965. Окт. № 472. С. 23.

РЯБОВ Борис Иванович (1890–1973) — участник Белого движения, архитектор. Оконч. Николаевское инж. уч-ще (1915). Участник Первой мировой войны в сапёрных частях на Кавказском фронте, капитан (на 1917). После Октябрьского переворота 1917 — в Добровольч. армии. Получил командировку в Восточ. Сибирь для установления связи с армией адм. А.В. Колчака. После крушения Восточ. фронта через Японию и США пытался вернуться в Россию, но оказалось, что Белая армия перестала существовать и вернуться на родину стало невозможным. Получил на о-ве Куба работу по строительству железобетонного резервуара. В 1922 получил визу в США. Приехал в Нью-Йорк. Зарабатывал на жизнь физич. трудом и посещал вечерние курсы в Колумбийском ун-те. В 1924 за 2,5 года оконч. с двумя дипломами курс архитектурного отделения Пенсильванского ун-та, где затем работал инструктором по проектированию зданий. Работал в Филадельфии. На конкурсе из 100 проектов памятника Неизвестному солдату в Вашингтоне победил проект **Р.** По проектам **Р.** отстроены Вашингтонский Сенат, Библиотека Конгресса, а также скромная русская церковь (ПЦА) в Си-Клиффе под Нью-Йорком, одним из первых основателей которой он был и под которую отдал часть своего сада. Член Об-ва рус. студентов, оконч. амер. высшие учебные заведения при содействии Рус. студенч. фонда в Нью-Йорке.

Л и т. *Трубецкой С.* Памяти Б.И. Рябова // НРС. 1973. 13 марта; *Pestoff Alexis N.* Directory of Russian Graduates of American Colleges // Alumni Association of the Russian Student Fund, Inc. New York, Aug. 1929. P. 17.

РЯБОВ Юрий Васильевич (род. 1924, Торунь, Польша) — искусствовед, основатель музея. Род. в семье рус. беженцев, бежавших от большевиков. Получил нач. и среднее образование в польской и нем. гимназиях в Торуне. Став беженцем в конце Второй мировой войны, начал собирать произведения рус. художников. После 1945 — в Зап. Германии. В 1946–49 изуч. историю искусств в Мюнхенском ун-те. Переселившись в 1949 в США, продолжал в теч. 45 лет собирать коллекцию. Бакалавр (1951), магистр (1952) в Нью-Йоркском ун-е, где продолжал занятия в качестве аспиранта на соискание докторской ст. Работал над рядом науч.-иссл. проектов и делал перев. с рус., польск. и нем. яз. для Амер. науч.-иссл. службы при Госдепартаменте в Вашингтоне.

Работал архивариусом и переводчиком в Музее современного искусства в Нью-Йорке. Собрав 1,2 тыс. произведений 28 рус. художников, решил в 1990 подарить их Музею изящных искусств им. Джейн Воорхис Зиммерли при Ратгерском ун-те в Нью-Брансвик (шт. Нью-Джерси). Свой дар **Р.** сделал в память родителей Вас. и Эмилии Рябовых. Вместе с произведениями искусства в дар ун-ту была передана библиотека из 8 тыс. книг, журналов и др. печатных материалов по истории рус. искусства. Собрание **Р.** служит источником экспонатов для выставок, на которых представлены картины И.К. Айвазовского, Л.С. Бакста, А. Бенуа, К.П. Брюллова, Э.Ф. Голлербаха, М.В. Добужинского, К.А. Коровина, В.Е. Маковского, Н.К. Рериха, Шаталова, Экстер и др. художников, иконы XV–XVII вв., гравюры, театральные эскизы. Организатор тематич. выставок «Русские иконы», «Сергей Судейкин», «Русское театрально-декорационное искусство» (дважды), «Обзор русского искусства», «Максимилиан Волошин — поэт и художник», «Русское искусство революции», «Авангард в России, 1910–1930: новый взгляд», «Русское и советское политическое искусство, 1900–1986 гг.», «Чары искусства: русский балет Дягилева, 1900–1929». Выставки театрально-декорационного искусства коллекции **Р.** состоялись в Науч.-иссл. музее Академии художеств в Санкт-Петербурге и музее Торуни в Польше. Читал лекции по рус. искусству, автор искусствоведч. статей. Организовывал искусствоведч. поездки. Работал консультантом на аукционах фирм Кристис и Сотби. Состоял председателем Свято-Владимирского движения рус. молодёжи. Член РАГ в США и Совета опекунов Музея искусств Зиммерли при Ратгерском ун-те. Почётный член Науч. об-ва Торуни. За выдающиеся заслуги перед польской культурой и ин-том награждён бронзовой медалью Ин-та польской культуры в Майами (шт. Флорида).

И с т. Anonymous. The George Riabov Collection of Russian Art: The Jane Voorhees Art Museum, Rutgers // The State University of New Jersey, New Brunswick, 6 pp; *Plastyka Teatralna, Projekty Artystow Rosyjskich.* Театрально-декорационное искусство работы рус. художников из собрания Юрия Васильевича Рябова в Джейн Воорхис Зиммерли музее. Каталог, 44 с. // Muzeum Okregowe w Toruniu (на польск. и рус. яз.).

Л и т. *Александров Е.А.* Коллекция рус. искусства Георгия Рябова // РА. 1995. № 20. С. 132–133; *Завалишин Вяч.* // НРС. 1987. 18 сент.; *Орлов А.* Рус. искусство — в галерее амер. ун-та // Там же. 1993. 21 марта; *Teteriatnikov Natalia, Hilton Allison, Van Norman Baer, Nancy, Bowlt, John E.* The Riabov Collection of Russian Art // Jane Voorhees Zimmerli Art Museum. Rutgers, the State University of New Jersey. New Brunswick, 1994. 163 pp.

РЯБУШИНСКАЯ Мария Дмитриевна (8 февр. 1910, Москва – 28 февр. 1939) — художник. Род. в семье учёного-аэродинамика Д.П. Рябушинского. С 1919 в эмиграции во Франц. Брала частные уроки у скульптора И.А. Щукина. Оконч. Нац. школу декоративного искусства. В 1928 получила стипендию для поездки в США. Училась в Нац. академии искусств в Нью-Йорке. Писала пейзажи и натюрморты, создавала эскизы театральных костюмов. Погибла в автомобильной катастрофе.

Похоронена на кладбище Сент-Женевьев-де Буа под Парижем.

Л и т. *Лейкинд О.Л., Махров К.В., Северюхин Д.Я.* Худ. Рус. зарубежья. С. 507.

РЯБУШИНСКАЯ [по мужу **Лишина**] Татьяна (1916, Москва - 24 авг. 2000, Лос-Анджелес) — балерина. Род. в семье промышленника, старообрядца. После захвата власти большевиками семья подвергалась домашнему аресту. Слуги помогли матери **Р.** с четырьмя детьми бежать за границу. В эмиграции во Франц. В Париже училась М.Ф. Кшесинской — быв. прима-балерины Мариинского театра и у А.Е. Волина. Впервые выступала на сцене в возрасте 13 лет, получив прозвище «Бэби балерины». В 1932–42 танцевала по приглашению Дж. *Баланчина* в «Русском балете» Монте-Карло, в 1936–39 — в балетах полковника *де Базиля*, в Балете Елисейских полей, в Париже и в Лондоне. По классич. танцам **Р.** Уолт Дисней создал пародийный мультипликационный фильм «Фантазия». В 50-х гг. ушла со сцены и поселилась в Калифорнии. Основала вместе с мужем, хореографом Лишиным, балетную школу в Беверли Хиллс. *Родственники*: муж (?–1972); дочь Татьяна Лишина Кроуфорд; трое внуков.

Л и т. *Вронская Д., Чугунов В.* Кто есть кто в России и в бывшем СССР. 1994; *Dunning Jennifer.* Tatiana Riabushinska, 83, Ballerina and Disney Model // The New York Times. 2000. Sept. 3.

РЯЗАНОВСКАЯ [псевд. **Фёдорова**] Нина Фёдоровна — писатель. В 1940 получила от журнала «Атлантик» приз в 10 тыс. $ за роман на англ. яз. «Семья» (The Family).
И с т. АМРЦ. *Морозова О.А.* Биографич. сборник — черновая рукопись: М-73-7, 2.4.-32.

РЯЗАНОВСКИЙ [Riasanovsky Alexander V.] Александр Валентинович (род. 7 авг. 1928, Харбин, Маньчжурия) — историк. Род. в семье рус. беженцев, бежавших от большевиков в Маньчжурию. Сын проф. *В.А. Рязановского.* Оконч. философское отделение Орегонского ун-та со ст. бакалавра (1952). Магистр в Оксфордском ун-те (1955). В 1960 защитил докторскую дисс. по истории России средних веков при Стэнфордском ун-те в Пало-Альто (шт. Калифорния). В 1971 удостоился присуждения почётной ст. магистра при Пенсильванском ун-те. Начал преподавать с 1959 в Пенсильванском ун-те, где в 1972 получил звание полного проф. истории. Периодически преподавал в Миддлбери колледже, штатном колледже в Сан-Франциско, Гарвардском ун-те, Колледже Свартмор, где рук. семинарами, в ун-те Темпл и в ун-те в Майами (шт. Флорида). Автор статей на англ. яз., среди которых статьи о рус. путешественнике XV в. в Индию, «норманнском» источнике ранней рус. истории, ранней рус. утопии и сов. коммунизме (совместно с Алвином Рубинштейном), о сношениях древней Руси с иностранными государствами между IX и сер. XIII вв., о «беглых рабах» и Киеве XI в. Координатор (совместно с Барнсом Резником) сб. «Generalizations in Historical Writing» (Обобщения в историч. текстах. University of Pennsylvania Press, 1983; 238 pp.). Член редколлегии филадельфийского альманаха «Встречи». Известен как поэт, печатается в периодич. изданиях в США. Член РАГ в США.
И с т. Archives of the Assn. of Russian-American Scholars in the USA. *Riasanovsky A.V.* Curriculum vitae, 1972.
Л и т. *Витковский Е.В.* Антология... Кн. 4. С. 362.

РЯЗАНОВСКИЙ Валентин Александрович (1884–1956) — филолог и историк права. Оконч. Московский ун-т и был назначен проф. Томского ун-та. Эмигрировал в Маньчжурию. В 1922–24 преподавал в Юридич. ин-те в Харбине. В 1938 переехал в США. Автор книг по монгольскому праву, двухтомника о законах кочевых племён Сибири, монографий по истории культуры и науч. мысли в России. *Родственники:* дети: *Николай* — историк и *Александр* — историк.
С о ч. Survey of Russian Culture. N.Y., 1947; Development of Russian Scientific Thought. N.Y., 1951.
Л и т. *Raymond B., Jones D.* The Russian Diaspora. 1917–1941. Maryland and London, 2000. P. 177–178.

РЯЗАНОВСКИЙ Николай Валентинович (род. 21 дек. 1923, Харбин, Маньчжурия) — историк. Сын проф. *В.А. Рязановского.* В США с 1938. Оконч. Орегонский ун-т со ст. бакалавра по истории (1942). В 1943–46 служил в армии США. Затем поступил в аспирантуру Гарвардского ун-та, где занимался под рук. *М.М. Карповича.* Магистр в Гарвардском ун-те (1947). Благодаря успехам на академич. поприще, получил стипендию Родса и продолжил образование в Оксфордском ун-те. Доктор философии (1949). Возвратившись в США, стал проф. историч. ф-та при ун-те шт. Айова, где преподавал 8 лет. С 1957 — проф. европейской истории на кафедре им. Sidney Hollman Ehrman Калифорнийского ун-та. Автор монографий, около 20 статей и очерков, около 85 рефератов о книгах на историч. темы. В 1987 выбран членом Амер. академии искусств и наук. Член РАГ в США.
С о ч. Russia and the West in the Teaching of the Slavophiles. Harvard University Press, 1952; Nicholas I and Official Nationality in Russia, 1825–1855. University of California Press, 1959; A History of Russia. Oxford University Press, 1963.
И с т. АА. *Оболенская-Флам Л.* Николай Рязановский (биография), машинопись, 2002. 1 с.; Archives of the Assn. of Russian-American Scholars in the USA. *Riasanovsky N.V.* Curriculum vitae, 1971.
Л и т. *Kasenich E.* Foreword to Nicholas V. Riasanovsky, Collected Writing 1947–1994. Los Angeles, 1993.

РЯСНЯНСКИЙ Сергей Николаевич (6 сент. 1886 – 26 окт. 1976, Нью-Йорк) — участник Белого движения на Юге России, Ген. штаба полковник. Оконч. Петровский Полтавский кад. корпус (1904), Елисаветградское кав. уч-ще (1906) и вышел корнетом в 10-й гус. Ингерманландский Его Выс. Вел. Герцога Саксен-Веймарского полк 10-й кав. дивизии, стоявший в Чугуеве Харьковской губ. В 1914 оконч. Императорскую Николаевскую военную академию. Участник Первой мировой войны. В 1914–15 — на фронте. За кон. атаку и захват батареи противника награждён орденом св. Георгия IV ст. В службе Ген. штаба с 1915. Капитан (на 1917), служил в разведотделе генерал-квартирмейстера штаба Верховного Главнокомандующего. Участник выступления ген. Л.Г. Корнилова в авг. 1917. В сент. – окт. 1917 — в тюрьме в Быхове. С нояб. 1917 в Добровольч. армии. Участник 1-го Кубанского («Ледяного») похода 1918 в разведотделе штаба армии. В апр. 1918 откомандирован в распоряжение ген. *П.Х. Попова.* Подполковник (апр. 1918). Полковник (1918), нач-к штаба кон. группы Донской армии. В Рус. армии (1920): командир Гв. кав. полка 1-й кав. дивизии. Эвакуировался из Крыма в нояб. 1920 в составе Рус. армии. В 1920–21 — в Галлиполи, командир 4-го кав. полка кав. дивизии. В эмиграции в Кор. СХС. Служил в погранич. страже, преподавал в Николаевском кав. уч-ще в Белой Церкви (1922–23). В апр. – мае 1945 — нач-к штаба формирования (Die Gruene Armee z. b. V.) полк. Б.А. Смысловского, в составе которого был интернирован на терр. княжества Лихтенштейн. После освобождения — в Бельгии.

С конца 40-х гг. в США. С 1954 — нач-к Сев.-Амер. отдела РОВС и зам. нач-ка РОВС. Ред. «Вестника Совета Российского Зарубежного Воинства». Состоял помощником председателя Рус.-амер. союза и председателя Дома Свободной России в Нью-Йорке. *Родственники:* жена Мария Александровна; брат Борис (1894–1972) — участник Белого движения на Юге России, капитан. Автор неопубл. мемуаров.
С о ч. Императорская Николаевская Военная Академия Ген. штаба. Краткий историч. очерк // АРЦ — в коллекции материалов *В.К. Витковского.* С. 127–141; Краткая история 10-го гус. Ингерманландского полка. Б.м., б. г.; Рус.-яп. война Нью-Йорк, 1954; Рус. армия перед революцией 1917 года. Нью-Йорк, 1956.
И с т. ЛАА. Справка *К.М. Александрова* на нач-ка штаба «1-й русской национальной армии» Ген. штаба полк. С.Н. Ряснянского (апр. 1945).
Л и т. *Витковский В.К.* Полк. С.Н. Ряснянский // Часовой (Брюссель). 1956. Апр. № 364. С. 17; *Волков С.В.* Офицеры армейской кавалерии. С. 460–461; Некролог // Часовой. 1976. Нояб. – дек. С. 19; *Рутыч Н.Н.* Биографич. справочник. Юг. С. 211.

С

САБАНЕЕВА Талия — певица, лирическое колоратурное сопрано. Оконч. Императорскую консерваторию в Петрограде. В ранней юности начала карьеру в Санкт-Петербурге. В России и на гастролях в Зап. Европе наибольшим успехом пользовались партии С. в «Травиате», «Севильском цирюльнике», «Фаусте», «Лакме», «Мадам Баттерфляй», «Ромео и Джульетте» и во всех рус. операх.

В 1922 приглашена в США. Дебют С. состоялся в Нью-Йорке, в Метрополитен-опере, где она выступала в «Мадам Баттерфляй» с Бенджамином Джили и в Филадельфии, в «Ля Богем» с Маринелли. Пела в операх в Чикаго, Сан-Франциско и в Лос-Анджелесе. В Нью-Йорке пела в Фонде рус. оперы (New York Russian Opera Foundation).

Л и т. *Martianoff N. N.* Thalia Sabanieeva // Russian artists in America. 1933. P. 159.

САББАТОВСКИЙ Борис — музыкант-балалаечник.

В России работал с Е.Л. Зверьковым, дирижёром балалаечного оркестра, состоявшего из 30 музыкантов, певцов и танцоров. В 1920–24 оркестр гастролировал по Европе и странам Юж. Америки. В США с 1924, выступал в водевилях, но в 1926 ансамбль разделился на несколько групп. Группа С. продолжала участвовать в водевилях и выступала в ресторанах.

Л и т. *Martianoff N.N.* Russian Balalaika Orchestra Under Direction of Boris Sabbatovsky // Russian artists in America. 1933. P. 249.

САБЛИНСКИЙ Владимир Николаевич (род. 27 авг. 1929, Алма-Ата, Казахская АССР) — историк. Родился. Оконч. Калифорнийский ун-т в Бёркли со ст. бакалавра по изуч. России (1957). Магистр по истории (1959). В 1968 защитил докторскую дисс. по истории в Бёркли. В 1963–69 — ассистент проф. в Ньюкомб-колледже Тулэнского ун-та. С 1969 — доцент в ун-те Виргинии. Главным предметом исследований С. стали события революции 1905, в частности взаимоотношения между рабочими, революционными партиями и правительством. Той же теме посвящены печатные работы С.

И с т. Archives of the Assn. of Russian American Scholars in the USA. *Sablinsky W.* Curriculum vitae, 1974.

САВВИН Николай Николаевич (12 марта 1877, Калуга – 9 апр. 1954, Озон-Парк на Лонг-Айленде, шт. Нью-Йорк) — инженер-механик, проф. Оконч. Калужскую гимназию (1894), Санкт-Петербургский технологич. ин-т (1900) с дипломом инж.-механика. Профессиональную карьеру начал в 1900 на Балтийской кораблестроительной верфи. Ассистент и директор исследовательской лаборатории Политехнич. ин-та Петра Великого в Санкт-Петербурге (1904–09). Вёл исследования по технологии металлов. В 1909 защитил докторскую дисс. о сопротивлении металлов резанию и удостоился премии Об-ва инж.-механиков. Проф. (1909–17). При Временном правительстве (1917) состоял помощником министра торговли. После Октябрьского переворота 1917 — на Юге России, затем в эмиграции в Кор. СХС. Проф. в Загребском политехникуме, будучи одновременно консультантом, а затем — главным инж. исследовательской лаборатории заводов Шкода в Чехословакии. Создатель динамометра для режущих машин, аппарата для быстрого измерения удельной температуры жидкостей, машины для измерения износа металлов и др. материалов и измерения диаметров цилиндров большего диаметра. Автор 24 науч. работ, опубликованных в амер. и англ. журналах, статей в нем., франц., польск. и чешск. технич. журналах. В США с женой с 1949. Состоял членом РАГ и почётным членом Об-ва рус.-амер. инж. в США. В нач. 50-х гг. участвовал в попытке создания в США Рус. ун-та им. М.В. Ломоносова.

Похоронен на кладбище Маунт-Оливет под Нью-Йорком.

И с т. АОРИ. Анкета (1950); *Савин Н.Н.* Письмо от 12 марта 1953 секретарю Об-ва; *Sawin N.N.* Curriculum vitae (manuscript), 1953.

Л и т. *Плешко Н.Д.* Генеалогич. хроника // Новик (Нью-Йорк). 1954. С. 8; Сконч. проф. Н.Н. Савин // Россия (Нью-Йорк). 1954. 14 апр.

САВЕЛОВ-САВЕЛКОВ [Saveloff-Savelkoff, также Савёлов] Леонид Михайлович (30 апр. 1868, Варшава – 19 окт. 1947, Детройт) — генеалог, историк, публицист. Камергер Выс. Двора, действительный статский советник, почётный член и председатель Рус. ист.-родословного Об-ва в Нью-Йорке. Род. в семье офицера Л.-гв. Литовского полка. Потеряв мать, жил у дяди в Воронежской губ. В 1879 поступил в Полтавскую военную гимназию (Полтавский кад. корпус). В 1880 переведён отцом в Орловский Бахтина кад. корпус, который оконч. в 1885. В 1886 поступил на службу в Харьковскую Контрольную палату, женился на казачке Надежде Адриановне

Егоровой. У супругов **С.-С.** были четыре дочери. Поселившись в Таганроге, начал заниматься в нач. 1890-х гг. генеалогией, в первую очередь генеалогией донского дворянства, в чём ему содействовала жена. Деятельность **С.-С.** была перенесена в Москву. Помимо генеалогич. исследований занимался составлением библиографич. указателя по истории рус. дворянства. На труды **С.-С.** обратил внимание кн. А.Б. Лобанов-Ростовский, который привлёк его к переработке «Русской родословной книги», а затем пригласил в состав учредителей «Генеалогического общества». В 1892 избран Коротоякским предводителем дворянства и переехал в Воронежскую губ. На новом месте пробыл 11 лет и занимался составлением капитального труда «Родословные записи». Вернувшись в Москву, возглавил издание «Летописи Генеалогического общества». Под ред. **С.-С.** увидела свет «Родословная книга московского дворянства». Первая мировая война застала **С.-С.** на должности Холмского губернатора и прервала генеалогич. деятельность. После Октябрьского переворота 1917 — в эмиграции в Греции. Основал в Афинах лит. кружок, издал книгу «Русское древнее дворянство».

В 1937 с женой переехал к младшей дочери в США. Передал ист.-родословному об-ву в Нью-Йорке основанный им в 1934 в Афинах журнал «Новик». С 1939 — ред. журнала «Новик». Автор многоч. статей, посвящённых родословным рус. дворян, появлявшихся почти в каждом выпуске журнала и брошюр. Переписывается с сотрудником Рус. загранич. архива в Праге Н.М. Михайловым. Теперь переписка находится в Гос. архиве РФ (Москва) и публикуется. Рукопись **С.-С.**, составленная им в бытность предводителем Коротоякского дворянства (1892–1903) разыскана и издана в 1996 в Воронеже под названием «Из воспоминаний». Ист.-родословное об-во, восстановленное в 1990, устраивает при Гос. Историч. музее в Москве Савёловские чтения, посвященные рус. генеалогии. Организаторы чтений исходят из заключения, что сохранение памяти предков, способствующее воспитанию и образованию современников, всегда окупается и порождает добрую память потомков. Похоронен на кладбище Гленвуд. Здесь же похоронена дочь *Вера*, её первый муж И.И. Бибиков и др. представители рода.

И с т. *Смольянинов В.Н.* (сенатор). Леонид Михайлович Савелов. Из личных воспоминаний (1891–1940) // Новик (Нью-Йорк). 1940. № 4. С. 17–20.

Л и т. *Арсеньев В.* Светлой памяти Л.М. Савелова // Новик (Нью-Йорк). 1947. С. III; *Карпачев М.* Савелов Л.М. Из воспоминаний // Воронежский курьер (Воронеж). 1997. 20 марта. № 32; *Любимов А.* Леонид Михайлович Савелов // Рус. вестник (Москва). 2003. № 3; *Плешко Н.Д.* К пятидесятилетнему юбилею ист.-генеалогич. деятеля Леонида Михайловича Савелова-Савелкова // Новик. 1940. № 4 (28). С. 5–17; *Его же.* Л.М. Савелов-Савелков // Там же. 1947. С. I–II; *Филюшкин А.* Очерки провинциальной жизни. Рецензия на книгу Л.М. Савелова «Из воспоминаний» // Воронежские вести (Воронеж). 1997. 4 апр. № 14.

САВЕЛОВА Вера Леонидовна (19 февр. 1902, Острогожск Воронежской губ. – 10 янв. 1995) — дочь и сотрудник *Л.М. Савелова-Савелкова* в обл. изуч. рус. родословных. Мать — Надежда Адриановна (урожд. Егорова). После переезда семьи в Москву воспитывалась в Ин-те Московского дворянства. Осенью 1917 семья, спасаясь от большевиков, покинула Москву и выехала на Юг России, а в 1920 эвакуировались из Крыма в Грецию.

Переехав в США, вышла замуж за Иллариона Илларионовича Бибикова (1900–1952). Выписав отца (1937) в США, 10 лет была его помощником по сбору и составлению родословных. Овдовев в 1952, вторично вышла замуж в 1956 за Михаила Васильевича Хабаева (?–1975). В 1993 избрана почётным членом возрождённого Ист.-родословного об-ва (ИРО) в Москве, которому передала право на переиздание работ отца. *Родственники*: от первого брака дети: Илларион и Надежда (в браке Олимпич); пятеро внуков.

Похоронена в Детройте на кладбище Гленвуд.

И с т. *Наумов О.Н.* Вера Леонидовна Савелова // Публ. ИРО. С. 12–14.

САВЕЛЬЕВ Сидор — боцман на пакетботе «Св. Павел». 24 июля 1741 по приказу капитан-лейтенанта *А. Чирикова* высадился на берег Аляски вслед за десантом штурмана *А. Дементьева*. Пропал без вести с командой.

Л и т. *Петров В.* Открытие Америки экспедицией Беринга-Чирикова // НРС. 1991. 24 мая.

САВИН В. — см. **КУЛИКОВ** Валерьян Лукьянович.

САВИЦКАЯ Елена Ивановна (4 февр. 1901, Полтава – ?) — агроном. В 1937 получила в Москве кандидатскую степень. В 1940 при Ленинградском ун-те защитила докторскую дисс. по цитогенетике. Вела исследовательскую работу в обл. выращивания растений, в частности сахарной свеклы, в СССР, Польше, Германии, в США — в Департаменте сельского хозяйства в Салинас (шт. Калифорния). *Родственники*: муж *В.Ф. Савицкий*.

САВИЦКИЙ Вячеслав Дмитриевич (17 марта 1880, Екатеринодар Обл. Войска Кубанского – 12 февр. 1963, Голливуд, шт. Калифорния) — участник Белого движения на Юге России, генерал-майор, кубанский политич. деятель. Оконч. Оренбургский кад. корпус, учился в Технологич. ин-те (неоконч.). Оконч. Николаевское кав. уч-ще и вышел хорунжим в Варшавский Кубанский дивизион, из которого переведён в Собственный Е.И.В. Конвой. Есаул (на 1917). После Октябрьского переворота 1917 — на Кубани. Зимой 1917–18 — советник Кубанского Войскового правительства. Участник 1-го Кубанского («Ледяного») похода 1918 в рядах Кубанской дружины. Полковник за отличия (25 марта 1918). После освобождения Кубани от большевиков — член Кубанского краевого правительства Л.Л. Быча. Генерал-майор (осень 1918). Командирован во Францию. Член Кубанской делегации в Париже на Версальской мирной конференции. В Париже подписал с другими членами делегации проект договора дружбы с горцами. В эмиграции во Франции с 1919. Исключён из списков Войска Кубанского (дек. 1919). Зарабатывал на жизнь джигитовкой. С группой наездников-джигитов прибыл в 1925 году в США и поселился в Калифорнии. Много лет снимался в Голливуде в сценах в фильмах из рус. жизни.

Л и т. *Волков С.В.* Первые добровольцы... С. 275–276; Каз. словарь-справочник / Сост. Г.В. Губарев. Ред.-изд. А.И. Скрылов. Т. III.

Сан-Ансельмо, 1970. С. 27–28; Некролог. Незабытые могилы // Часовой (Брюссель). 1963. Апр. № 443. С. 26.

САВИЦКИЙ Вячеслав Фабианович (26 авг. 1902, Обл. Войска Кубанского – 1974) — генетик. С 1925 заведовал лабораторией генетики. Проф. Сельскохоз. ин-та в Белой Церкви Киевской обл. (1926–41). В 1936 получил кандидатскую степень в Москве, в 1939 защитил в Ленинграде докторскую дисс. по биологии и генетике. По совместительству заведовал лабораторией Научно-исследовательского ин-та сахарной промышленности в Киеве. После изгнания из Киева немцами гражданского населения (1943) стал беженцем. В 1943–45 — проф. генетики в ун-те Познани и в Галле. Переехав в США, сотрудничал в учреждениях Департамента сельского хоз-ва, в Солт Лейк Сити (шт. Юта) и в Салинас (шт. Калифорния). Автор около 50 науч. статей на разных яз. **С.** принадлежит открытие односемянной сахарной свеклы, которой теперь засеивается более 90% всех свекловичных полей в Америке. Проживая в США, помогал рус. беженцам при их переселении из Европы в США, оказывал содействие при устройстве эмигрантов в новой стране. *Родственники*: жена *Елена Ивановна*.
Л и т. *Персидский Д.Я., Ткаченко Ф.Р.* Памяти В.Ф. Савицкого // НРС. 1965. 20 мая.

САВИЦКИЙ Георгий Александрович (? – 20 янв. 1981, Бразилия) — участник Белой борьбы под Андреевским флагом на Юге России, ст. лейтенант. Оконч. Сумской кад. и Морской (1912) корпуса. С 1912 — на службе в Черноморском экипаже. Участник Первой мировой войны. Оконч. разные курсы и долгое время служил на «Ростиславе» минным офицером. После Октябрьского переворота 1917 — на Белом флоте на Юге России. Старший лейтенант за отличия по службе (10 апр. 1920). После 1920 — в эмиграции в США и Бразилии.
Л и т. Мартиролог рус. военно-мор. эм. С. 120; Некролог // Часовой (Брюссель). 1981. Март – апр. № 630. С. 18.

САВИЧ де' Евгений — хирург и патолог. Род. в Санкт-Петербурге. Учился в Пастеровском ин-те в Париже. В 1935 сдал экзамены на доктора мед. при Чикагском ун-те. С 1939 работал хирургом в США и Франции. Участник экспедиций в Африку. Автор науч. трудов, посвящённых витаминам и антибиотикам, которые применяются при туберкулезных заболеваниях.
Л и т. *Кеппен А.А.*

САВКЕВИЧ Виктор Викторович (? – 9 дек. 1968, Ютика (шт. Нью-Йорк)) — участник Белого движения на Юге России, капитан (на 1920). Оконч. гимназию в Вильно, Виленское военное уч-ще (1915) и вышел во 2-й Ростовский Е.И.Выс. Вел. Кн. Михаила Александровича полк 1-й гренадерской дивизии. Участник Первой мировой войны. После Октябрьского переворота 1917 — в белых войсках на Юге России. Эвакуировался из Крыма в нояб. 1920 в составе Рус. армии. В 1920–21 — в Галлиполи. После 1921 — в эмиграции в Болгарии. В 1942–45 — в Рус. Корпусе. После 1945 — в Австрии и в США. Жил в Ютике.
Л и т. Незабытые могилы // Часовой (Брюссель). 1968. Февр. № 500. С. 35.

САВЧУК [Alexander S. **Savchuk**] Александр Сергеевич (19 окт. 1914 – 1944) — ветеран армии США.

Состоял членом 28-го отдела РООВА. Оконч. среднюю школу. Рядовой I класса, пехотинец. Погиб в бою.
И с т. *Pantuhoff Oleg* — 1976.
Л и т. *Beresney Timothy A.* In Memoriam // Russian Herald. 1947. Jan.–Febr. P. 160.

САГАЙДАЧНЫЙ Пётр Яковлевич (10 апр. 1889, Санкт-Петербург – 31 дек. 1964, Лос-Анджелес) — участник Белого движения на Юге России, полковник. Оконч. Владимирское военное уч-ще (1912) и вышел в 95-й Красноярский полк 24-й пех. дивизии, стоявший в Юрьеве. Участник Первой мировой войны, капитан. Кавалер Георгиевского оружия и ордена св. Владимира IV ст. с мечами и бантом. В 1916–17 — в рядах 94-го пех. Енисейского полка. В 1917 командирован во Францию в Рус. экспедиционный корпус. После оконч. Первой мировой войны в составе Легиона Чести прибыл на Юг России в Добровольч. армию (1918), где вступил на службу в 1-й офиц. ген. Маркова полк 1-й пех. дивизии. В 1919–20 — командир батальона в 3-м полку Марковской дивизии. На окт. 1921 — подполковник, командир 3-го ген. Маркова пех. полка, затем — бригады (1-й и 3-й полки) Марковской дивизии. Участник последних боёв в Крыму в нояб. 1920, после чего эвакуировался в составе Рус. армии. В 1920–21 — в Галлиполи. За боевые отличия награждён орденом св. Николая Чудотворца II ст. (окт. 1921). После 1921 — в эмиграции в Болгарии. На 1925 — в кадрах Марковского пех. полка I арм. корпуса (в составе РОВС), полковник. В 1942–44 — в Рус. Корпусе, служил в 3-м полку. В 1945 откомандирован на службу в ВС КОНР. После 1945 — в Зап. Германии, на 1948 — в группе № 2 II отдела РОВС. В США с 1949. В 1949–64 работал на фабрике. Зам. председателя Об-ва Галлиполийцев в Калифорнии (на 1951). Член редколлегии журнала «Родные дали» (Лос-Анджелес).
И с т. ЛАА. Справка *К.М. Александрова* на полк. ВС КОНР П.Я. Сагайдачного.
Л и т. *Волков С.В.* Энциклопедия Гр. войны. С. 485; Незабытые могилы // Часовой (Брюссель). 1965. Февр. № 464. С. 23.

САЗАНОВИЧ [John M. **Sazanovich**] Иван Михайлович — ветеран армии США. Состоял членом 3-го отдела РООВА. Во время Второй мировой войны служил рядовым I класса в морской пехоте. Погиб в бою.
И с т. *Pantuhoff Oleg* — 1976.
Л и т. *Beresney Timothy A.* In Memoriam // Russian Herald. 1947. Jan.–Febr. P. 157–163.

САЗОНОВ Ростислав Дмитриевич (1906, Санкт-Петербург – 19 окт. 1991, Нью-Йорк) — художник-пейзажист, график и театральный художник. Род. в семье военного врача. Во время Гражданской войны учился в Морском корпусе в Севастополе. В 1920 с семьёй эвакуировался в Константинополь. После краткого пребывания в Турции Сазоновы переехали в Кор. СХС. Оконч. реальное уч-ще и архитектурный ф-т Белградского ун-та. Художественное образование получил в рус. худ. школе у проф. Вербицкого. **С.** был пейзажистом реалистом. Здесь он совершенствовался в архитектурном рисунке акварелью. Одновременно писал декорации. За декорации к опере «Снегурочка» в рус. театре в Белграде получил первый приз. Затем работал театральным художником в Далмации и Черногории. С апр. 1941 — в нем. оккупации в Сербии, откуда направлен на принудительные работы в Германию. После оконч. войны — беженец, жил в амер. оккупационной зоне Германии. Работал театральным художником в беженском лагере. Работа **С.** получила высокую оценку в нем. Академии искусств в Касселе, которая присудила ему диплом художника и графика. Под впечатлением от событий войны не без горького юмора изобразил быт и надежды иностранцев, волею судеб оказавшихся в развалинах оккупированной союзниками Германии. В первую очередь — это изображение оптимиста с удочкой, пытающегося выудить счастье в воронке от бомбы. Вторая картина с сарказмом изображает беженца, обосновавшегося в развалинах, где он обеспечил себя всеми доступными «удобствами». В 1947 с семьей эмигрировал в Марокко. Продолжал худ. деятельность в Агадире. Писал пейзажи, участвовал в выставках и был членом франц. об-ва художников.

В США с 1955, жил в Нью-Йорке. Состоял членом Рус. об-ва художников (позднее — председатель об-ва), членом Об-ва амер. профессиональных художников; участвовал в многочисл. выставках. Персональные выставки С. устраивались в Нью-Йорке и в Саутбери (шт. Коннектикут). Творч. С. посвящено городскому пейзажу и символич. композициям. Одна из картин С. на выставке в 1968 была выбрана для музея «Hammond» в Салеме (шт. Нью-Йорк). Картины С. экспонируются в музее «Zimmerli» Ратгерского ун-та в Нью-Брансвике (шт. Нью-Джерси). *Родственники:* вдова Галина Михайловна.

Похоронен на кладбище в Рослин на Лонг-Айленде (шт. Нью-Йорк).

И с т. АА. *Sazonov R.* Curriculum vitae, manuscript, 4 p.

Л и т. *Александров Е.А.* Ростислав Дмитриевич Сазонов // РА. 1997. № 21. С. 149 –152; *Голлербах С.* Памяти художника Ростислава Дмитриевича Сазонова // НРС. 1991. 10 дек.; *Коссовский В.* Светлой памяти Ростислава Дмитриевича Сазонова // Кад. перекличка (Нью-Йорк). 1992. Июнь. № 51. С. 125–127.

САЛИМОВСКИЙ Владимир Игнатьевич (17 апр. 1890, Кононовка Полтавской губернии – ?) — инженер-механик. После 1917 — в эмиграции в Кор. СХС. Оконч. Белградский ун-т с дипломом инж.-механика (1925). В США жил в Бронксе (Нью-Йорк). Действительный член Об-ва рус. инж. в США (1956).

И с т. Архив АОРИ. Анкета.

САЛМАНОВ Юрий Николаевич — см. **ВОЙКОВ** Юрий Николаевич.

САЛЬНИКОВ Иван Степанович (2 июня 1897, Обл. Войска Донского – ?) — инженер-нефтяник, изобретатель. Выпускник Новочеркасского военного уч-ща. После 1920 — в эмиграции в США. Оконч. Колорадскую горную школу с дипломом инж.-нефтяника (1925). С 1925 работал в нефтяных компаниях в Оклахоме и в Нью-Йорке, занимая ответственные должности в компаниях Картер Ойл и с 1946 — Стандард Ойл в Нью-Джерси. В 1953–62 — главный инж. компании Стандард Ойл по добыче нефти в США. Обладатель патентов за следующие изобретения: измеритель давления в буровых скважинах, метод завершения нефтяных скважин, гидравлич. подводный траншеекопатель, способ предотвращения образования накипи в капотах машин, электротермальный пиролиз битуминозных сланцев. Автор статей в технич. журналах. *Родственники:* жена София (урожд. Осина); сын Уильям.

И с т. АОРИ. Вопросник.

САМАРИН Владимир — см. **СОКОЛОВ** Владимир Дмитриевич.

САМОЙЛЕНКО Михаил Павлович (1912, Киев – 8 авг. 2003, Хартфорд, шт. Коннектикут) — инженер-механик, спортсмен. Род. в семье офицера Рус. Императорской армии, погибшего во время Первой мировой войны.

Оконч. Киевский индустриальный ин-т. Занимался спортом, плаванием и состоял до войны в футбольной команде спортивного об-ва «Динамо». Во время оккупации Киева 4 динамовца, работавшие на хлебозаводе № 1, с успехом выступили в составе сборной в футбольных матчах против нескольких нем. и венгерск. команд (июль – авг. 1942). После серии краж на хлебозаводе и диверсий зимой 1942–43 футболисты оказались в числе заложников и были расстреляны в качестве ответной репрессии. В сент. 1943 немцы объявили эвакуацию Киева и приказали жителям покинуть город. С. оказался в потоке беженцев, двигавшихся на Запад. Конец войны застал его в юго-зап. части Германии в Вюртемберге, попавшем в зону франц. оккупации. В США с 1950. Поселился в Нью-Йорке, работал в инж. фирмах. В 1950–78 — инж. в фирме Combustion Engineering в Хартфорде. Занимался проектированием паровых котлов для силовых станций. В отставке с 1978. *Родственники:* жена (урожд. Хаджинова) Тамара Гавриловна; пасынок Александр Вира.

Похоронен на кладбище Палисадо в Виндзоре (Хартфорфд).

И с т. АА. Биографич. сведения о М. Самойленко; *Самойленко Т.* Письмо от 15 авг. 2003.

САМОЙЛОВ Виктор Н. (1880, Россия – ?) — горный инженер. Образование получил в Горном ин-те в Санкт-Петербурге и в США, в Массачусетском Технологич. ин-те. Имел чин подпоручика. В России работал горным инж. В эмиграции в США. Был химиком на заводе насосов Вортингтон, в Ньюарке (шт. Нью-Джерси). Член Амер. об-ва горных инж. и металлургов; Горного об-ва Юж. Африки.

И с т. АОРИ. Материалы.

САМОЙЛОВ К.А. В 1786 уполномочен *Г.И. Шелиховым* исполнять должность правителя Рус. Америки, промышлять пушнину и «поступать расселением российских артелей для примирения американцев и прославления Российского государства на изъясненной земле Америке и Калифорнии».

Л и т. *Pierce R. A.* Russian America. Kingston, 1990. P. 546

САМОЙЛОВИЧ Георгий Иванович (21 авг. 1904, Харьков – ?) — инженер-химик. После 1920 в эмиграции в Кор. СХС. Оконч. технич. ф-т Загребского ун-та (1929). По специальности — инж.-химик, аналитик по металлам и неорганич. веществам. Работал в Югославии в лаборатории военного завода. В 1941 переведён на работу в Германию. Сначала был рабочим, затем — химик-аналитик по исследованию стали и металлов. В США с 1950. Жил в Куинс Вилледж (Нью-Йорк) и в Рауэй (шт. Нью-Джерси). Работал по специальности. Действительный член Об-ва рус. инж. в США. *Родственники:* жена; двое детей.

И с т. АОРИ. Анкета (1950); *Samoilovich G.* Resume, typescript.

САМПСИДИС Николай Васильевич (5 марта 1909, Ростов Обл. Войска Донского – ?) — инженер-судомеханик. Оконч. Ленинградский ин-т инж. водного транспорта с дипломом инж.-судомеханика. Служил механиком на теплоходах и пароходах на Чёрном море. В 1935–40 проектировал паровые котлы с пылеугольным отоплением. Во время Второй мировой войны стал «перемещённым лицом» и эмигрировал из Зап. Европы в США. В 1951–56 работал чертёжником-конструктором в судостроительной отрасли в Нью-Йорке. В 1956–68 — конструктор и расчётчик в Военно-мор. министерстве. Участвовал в проектировании атомного парохода «Саванна», танкеров, спасательных буксиров, разных грузовых судов торгового и военного флота.

И с т. АОРИ. Анкета.

САМСОНОВА Вера Александровна (1902 – 1980, Нью-Йорк) — руководитель и сотрудник благотворительных орг-ций. Родилась в семье генерала, будущего генерал-губернатора Туркестана. В 1922 работала в Петрограде в Амер. орг-ции помощи (ARA). В 1924 выехала из СССР в Болгарию. Оконч. Софийский ун-т, специализировалась в обл. политэкономии. Затем работала в Париже в коммерч. фирмах и изд-вах. Во время Второй мировой войны — переводчик в армии США. По оконч. войны работала в международных орг-циях помощи беженцам, включая отделения Толстовского фонда в Австрии, Бельгии, Франции, Италии, Германии, Иране, Иордании, Сирии и Ливане. Переселилась в США. С 1978 — член правления Толстовского фонда.

Л и т. *Вронская Дж., Чугунов В.* Кто есть кто в России и бывшем СССР. Б.м., 1994.

САН-ФИЛИППО [урожд. **Дворжицкая**] Ирина Юрьевна — экономист. Род. в Стамбуле в семье рус. беженцев Ольги и Георгия Дворжицких (De Dvorjitsky). Образование получила в школе Birch Wathen Lenox High School, в колледже Вильсон и в Колумбийском ун-те, где изуч. торговлю, рынок и делопроизводство. Член Рус. дворянского об-ва в Нью-Йорке.

Родственники: муж Августин Дж.; дочь Виктория И. Криете.

И с т. АА. Анкета Биографич. словаря (2003).

САНИН Александр Анисимович — театральный режиссёр. Один из основателей МХТ. С 1922 в эмиграции во Франции. Автор постановок в Парижской «Grande Opera». У *Н.Ф. Балиева* ставил «Летучую мышь», работал режиссёром в Мадриде, в Италии ставил «Бориса Годунова», «Сказку о царе Салтане», «Сорочинскую ярмарку». В 1932 — режиссёр в Метрополитен-опере, в Нью-Йорке.

И с т. АМРЦ. *Морозова О.А.* Биографич. сборник — черновая рукопись: М-73-8. 2.4-142.

САНИН Пётр Ильич (16 авг. 1903, Мариуполь Екатеринославской губ. – ?) — инженер, дорожный строитель. После 1920 в эмиграции в Чехословакии. Оконч. Пражский Политехнич. ин-т (1930). По специальности — проектировщик шоссейных дорог, электрик. В США жил в Бруклине (Нью-Йорк). Действительный член Об-ва рус. инж. в США.

И с т. АОРИ. Анкета (1951).

САНИН Николай (1890 – 31 янв. 1982) — протоиерей ПЦА, просветитель, миссионер. Получив среднее образование в Хабаровске, оконч. Московскую консерваторию. Участник Первой мировой войны и Белого движения на Востоке России. После 1920 — в эмиграции в Харбине. В нач. 20-х гг. с супругой Александрой Ивановной эмигрировал в США. Здесь вместе с певицей-супругой основал труппу певцов и танцоров, гастролировал по городам. В нач. 30-х гг. по обету, данному во время Гражданской войны, вступил в клир Православной Церкви. Служил псаломщиком и регентом, затем диаконом, протодиаконом и священником. В сане диакона помимо богослужения рук. церковной школой рус. яз. и Закона Божия. Организовал в Сеатле отдел Федерации Рус. православных клубов. Читал дух. лекции и подготовил многих иноверцев к принятию православия. Оказывал помощь рус. беженцам, переселявшимся в США из Европы и стран Азии. В 1965 рукоположен в сан иерея с назнач. на должность настоятеля церкви Св. Троицы в Вилкенсоне. Окормлял студентов-эскимосов и алеутов с Аляски. Впоследствии переехал в Калистогу (шт. Калифорния), где в 85-летнем возрасте получил приход в Санта-Роза. Матушка Александра Ивановна скончалась в 1971. Ушёл на покой в 1981, получив благодарственную грамоту Святейшего Синода ПЦА, подписанную всеми архиереями.

Похоронен рядом с матушкой на Серб. кладбище в Сан-Франциско.

Л и т. *Ковтунович Н.* Светлой памяти доброго пастыря // РЖ. 1982. 11 марта.

САНИНА [по мужу — **Шлей**; псевд. **Валентина**] Валентина Николаевна (1899, Киев – 1989, Нью-Йорк) — модельер, актриса. Училась театральному искусству в Харькове. Выехала за рубеж во время Гражданской войны. Состояла в Париже в театральной труппе «Летучая мышь» *Н.Ф. Балиева*. В США с 1923. Поселилась в Нью-Йорке, где под именем Валентины открыла модное ателье для клиентов высшего класса. В ателье **С.** шили и сценич. костюмы. Образцами для работ **С.** служила рус. крестьянская одежда.

САПАКОВ Антон Григорьевич — член об-ва «Наука» и деятель РООВА. Род. в крестьянской семье в Ковенской губ. В 1911 приехал в США на временные заработки, но остался здесь навсегда. На 10-й день после прибытия вступил в рус. просветительное об-во «Наука», в деятельности которого активно участвовал более 35 лет. Организовывал новые отделы об-ва. Участвовал в создании РООВА; в 1931 — председатель главного правления РООВА. Многие годы работал в деле развития и укрепления Союза рус. старообрядцев, Рус. коммерч. корпорации при об-ве «Наука», Кружка рус. молодёжи и др. орг-ций. Получив еще в России начальное образование в обл. фельдшерского дела, поступил в школу по изуч. зубной техники. По оконч. работал в обл. стоматологии, благодаря чему открыл собственное предприятие.

Л и т. *С.М.Е.* Антон Григорьевич Сапаков // Рус. вестник (Нью-Йорк). 1947. Янв. – февр. № 153–154. С. 83–84.

САПАРОВ Димитрий Иванович (6 окт. 1903 – ?) — инженер-строитель. Оконч. в Константинополе Инж. школу Роберт колледжа со ст. бакалавра по строительному искусству (1928). В США жил на Статен Айленде (Нью-Йорк). Действительный член Об-ва рус. инж. в США.

И с т. АОРИ. Анкета (1951).

САПОЖНИКОВ Борис Николаевич (7 июня 1899 – ?) — инженер-строитель. Оконч. Новосибирский строительный ин-т (1935). Покинул оккупированную терр. СССР во время Второй мировой войны. Переехав в США, жил в Нью-Йорке. Действительный член Об-ва рус. инж. в США.

И с т. АОРИ. Анкета.

САРДАНОВСКИЙ Василий Владимирович (20 сент. 1891 – ?) — инженер-строитель. Оконч. Киевский Политехнич. ин-т (1921). Специалист по водопроводу и канализации. В США работал по специальности, в т. ч. — на военной базе. Действительный член Об-ва рус. инж. в США.

И с т. АОРИ. Анкета.

САРДАНОВСКИЙ [Sardanowsky] Владимир Васильевич (род. 10 сент. 1933, Познань, Польша) — аэронавт. Учился в ун-те Цинциннати, специализируясь в обл. аэронавтики. Жил в Маунт Ст. Джозеф (шт.

САРМАТОВ Станислав Ф. (1879, Южная Россия – ?) — эстрадный певец, композитор. Готовил себя к мед. карьере, но неожиданно увлёкся искусством, сначала драматич. театром, затем — эстрадой. Интимные песни С. сделали его знаменитым по всей России. Владел двумя театрами, одним в Харькове, другим в Ростове-на-Дону.

Во время революции потерял имущество и переселился в США. Продолжил карьеру в Нью-Йорке. Песни С. записаны на пластинки несколькими компаниями. Приобрёл известность как композитор, автор около 500 песен, муз. скетчей и нескольких оперетт.

Л и т. *Martianoff N.N.* S.F. Sarmatoff // Russian artists in America. 1933. P. 229.

САРТОРИ Николай Петрович (15 сент. 1898 – 17 марта 1934, Эдридж, графство Сонома, шт. Калифорния) — участник Белого движения на Востоке России, подполковник. По оконч. Казанского военного уч-ща (1 окт. 1915) произведён в прапорщики с назнач. в 90-й запасной полк.

Участник Первой мировой войны в рядах 9-го и 16-го Финляндских стрелковых полков (3-я и 4-я Финляндские стрелковые дивизии). Ранен в бою 26 авг. 1916 на реке Варварке. За боевые отличия награждён орденами: св. Анны IV ст., св. Станислава III ст. с мечами, св. Владимира IV ст. с мечами и бантом. На 1917 — штабс-капитан, нач-к пулемётной команды 9-го Финляндского стрелкового полка. После Октябрьского переворота 1917 — в белых войсках Восточ. фронта. После 1922 — в эмиграции в США. Состоял членом Об-ва рус. ветеранов Великой войны.

Похоронен на Серб. кладбище в Сан-Франциско.

И с т. АОРВВВ. Подполк. Николай Петрович Сартори // 1934. Март. Альбом I.

САРЫЧЕВ Гавриил Андреевич (1753 – 1831) — адмирал, гидрограф и географ. В 1790–92, будучи в составе экспедиции Д. Биллингса, исследовавшей побережье Камчатки, изуч. побережье Аляскинского залива, берегов п-ова Аляска и Алеутских о-вов. Составил опись Алеутских о-вов и некоторых др. о-вов, прилегавших к сев.-зап. части Сев. Америки, описав природу и население. Именем С. назван ряд исследованных им географич. объектов.

С о ч. Путешествие флота капитана Сарычева по сев.-зап. части Сибири, Ледовитому морю и Восточ. океану. Ч.1–2 с атласом. СПб., 1802; переизд. в 1952.; Атлас сев. части Восточ. океана. СПб., 1826.

И с т. Краткая географич. энциклопедия. М., 1966. Т V. С. 398, 512.

САТИНА Софья Александровна (1879, Ивановка Тамбовской губ. – 24 февр. 1975, Нью-Йорк) — биолог, биограф, музыковед. Оконч. Высшие женские курсы в Москве (1904). С. была двоюродной сестрой и одновременно свояченицей *С.В. Рахманинова*. Ассистент на кафедре ботаники мед. ф-та (1907–11), ассистент и зав. ботанич. лабораторией физико-математич. ф-та (1912–21) Московских высших курсов. В эмиграции в США. В 1922–42 — науч. сотрудник и зав. Генетич. экспериментальной лабораторией Смит колледжа. Удостоена в колледже докторской ст. Honoris causa. Опубликовала свыше 40 статей в журналах в России, Франции, Германии и США. На протяжении жизни собирала письма и мат-лы, посвящённые творч. Рахманинова. Способствовала изданию книг о Рахманинове (на англ. яз.), включая книгу М.В. Добужинского «Памяти Рахманинова» (1946).

С о ч. Совм. с *H.F. Blakeslee*: The Genus Datura. New York, 1959.

Л и т. *Аренский К.* Памяти С.А. Сатиной // НЖ. 1975. Кн. 119. С. 267–271; Софья Александровна Сатина // На темы рус. и общие. Сб. статей и мат-в в честь проф. Н.С. Тимашева. /Под ред. П.А. Сорокина и Н.П. Полторацкого. Нью-Йорк, 1965. С. 425–426.

САФОНОВА [Maria **Safonoff**] Мария — пианистка. Дочь композитора Вас. Сафонова, дирижёра Нью-Йоркской филармонии, бывшего директора Московской консерватории. Муз. образование получила под рук. отца. Выступала с концертами в Европе и в США.

Л и т. *Martianoff N.N.* Maria Safonoff // Russian artists in America. 1933. Р. 77.

САХАРОВ Борис Александрович (6 нояб. 1900, Ковель Волынской губ. – ?) — горный инженер. Учился в Киевском Политехнич. ин-те (неоконч.), прервав занятия из-за событий Гражданской войны. После 1920 — в эмиграции в Кор. СХС. Оконч. Белградский ун-т с дипломом инженера-строителя (1928). В 1921–31 занимался в Мариборе проектированием и строительством стальных мостов. В 1931–49 работал в горной промышленности, в 1949–53 служил в Горном министерстве Югославии. Переселился в Канаду, где получил в 1953 должность в инж. отделе горной компании Sorel по разработкам железной и титановой руды. С 1956 в Монреале занимался консультациями в обл. перевозки железной руды и погрузки судов.

И с т. АОРИ. Вопросник.

САХНОВСКИЙ [Sachnovsky, Sakhnoffsky] Алексей Владимирович (1901–1964) — участник Белого движения на Юге России, промышленный художник, создатель первых автомобилей, обтекаемой формы. Род. в дворянской семье. В 1919 поступил в Добровольч. армию. С 1920 — в эмиграции в Париже. Учился в Швейцарии, в ун-те Лозанны, затем в Худ. и ремесленном уч-ще в Брюсселе. Не имея средств для дальнейшего образования, поступил чертёжником в бельгийскую компанию, изготовлявшую корпуса автомобилей. В 1924 владелец компании назнач. С. директором худ. отдела. Проектировал корпуса для автомобилей марок «Роллс-Ройс», «Фиат», «Мерседес-Бенц», «Паккард» и других престижных автомобилей. Приобрёл международную известность, выиграв высшую награду Монте-Карло. С 1928 работал худ. директором в США. Проекты С. использовались при производстве автомобилей марок «Виллис», «Студебеккер», «Уайт и Континентал». Во время Второй мировой войны служил в чине подполковника в ВВС США, в т.ч. в 1944 — на амер. военно-воздушной базе на сов. территории. Вышел в отставку в чине полковника ВВС США.

И с т. АА. *Лаптев А.* Письмо, 1976; *Pantuhoff Oleg* — 1976.

Л и т. *Raymond B., Jones D.* Sakhnovskii Aleksei // The Russian Diaspora. 1917–1941. Maryland and London, 2000. P. 183.

СВАН Альфред (9 окт. 1890, Санкт-Петербург – 2 окт. 1970) — музыковед и композитор. Род. в англ. семье. Оконч. Екатерининскую гимназию в Санкт-Петербурге (1907) и юридич. ф-т Оксфордского ун-та (1911), Санкт-Петербургскую консерваторию (1913). Занимаясь у Каратыгина (1913–15), написал первый цикл песен. С 1915 посвятил себя работе в Союзе Городов по опёке над нуждающимися и больными детьми. После 1917 колонии опекаемых детей перешли в ведение орг-ции ИМКА (YMCA), затем — Амер. Красного Креста. В 1918 дети эвакуируются на Восток. С. с женой сопровождают детей в условиях Гражданской войны через Поволжье, Сибирь, Забайкалье до Владивостока. Впоследствии ок. 700 детей через Финляндию были возвращены нашедшимся родителям или определены в приюты. Из Владивостока с супругой С. выехал в США. С 1921 читал лекции в амер. ун-тах, писал статьи, создавал муз. произведения, устраивал концерты рус. муз. С 1933 исследовал старорус. напевы, посещал Валаамский монастырь, бывший до 1940 на терр. Финляндии, путешествовал по Югославии и Чехословакии. Итогом исследований С. стала публикация трудов «Музыка восточных церквей» и «Архитектура знаменного распева», а также статей о рус. церковной и нар. муз. *Родственники*: вдова Джейн; сын Алексей.

Похоронен на кладбище Свято-Троицкого монастыря в Джорданвилле (шт. Нью-Йорк).

Л и т. *Женук С.* Проф. Альфред Сван // НРС. 1970. 11 окт.

СВАТИКОВА-БЕРЕЗНЯЯ Полина Васильевна — общественный деятель. Род. в крестьянской семье в Печёрском крае Псковской губ. Оконч. Высшие женские курсы в Петрограде. После Октябрьского переворота 1917 — в эмиграции во Франц. Жила в Париже, училась в Сорбонне, написала науч. работу «Жозеф де Местр и Россия». Сотрудничала с историком С.П. Мельгуновым. В США с 1928, поселилась в Чикаго. Стала членом Рус. независимого об-ва взаимопомощи, в школах которого преподавала рус. яз. В теч. 7 лет состояла членом Главного правления об-ва, ред. страницу об-ва в газ. «Рассвет». Помогала крестьянам, приехавшим в США из России, устраиваться в новой для них стране. Участвовала в деятельности РООВА в Нью-Йорке и Чикаго, в строительстве храма Рождества Пресвятой Богородицы на Свято-Владимирском кладбище в Кэссвилле (шт. Нью-Джерси). С 1937 — ред. журнала РООВА «Русский вестник». За время работы в РООВА (1937– 48) отред. и выпустила 118 номеров, написала более 100 статей для журнала. Последние 7 лет работала бесплатно.

В 1951 вернулась в Чикаго, где возобновила общественную работу в Женском отделе Рус. независимого об-ва взаимопомощи в Чикаго. Вместе с мужем, *Т.А. Березним*, составила сб. стихотворений рус. поэтов «Жемчужины русской поэзии» (изд. 1964).

Л и т. *Березний Т.А.* С. 194–198; Некролог // НРС. 1966. 20 мая.

СВЕНТОН Лидия Петровна (род. 5 марта 1939, Резекне (Режице), Латвия) — химик, общественный и церковный деятель. Приехала в Нью-Йорк, в США, в дек. 1949. Приняла гражданство США в Чикаго, в июле 1956. Оконч. Чикагский ун-т (1960) с дипломом бакалавра химии. Магистр химии в Калифорнийском ун-те в Бёркли (1962). В 1963–69 работала в компании Velsicol в обл. химич. синтеза. В 1970–2003 работала в фирме Searle Pharmacia в обл. спектроскопич. анализа для определения молекулярных структур. Участвовала в рус. общественной жизни в Чикаго, в устройстве рус. этнич. выставки. Секретарь отдела КРА в Чикаго, исполнитель рус. и исп. танцев. Член разных комитетов при церковном приходе.

И с т. АА. *Swenton L.* Curriculum vitae. 2004. March 22.

СВЕНЦИЦКИЙ Евгений Казимирович (8 авг. 1894, Уфа – 16 февр. 1968, Сан-Франциско) — участник Белого движения на Востоке России, капитан. Оконч. Уфимское реальное уч-ще. Учился в высшем учебном заведении (неоконч.). Оконч. Казанское военное уч-ще (май 1916) и вышел прапорщиком в 85-й Выборгский полк 22-й пех. дивизии. Участник Первой мировой войны. Подпоручик (дек. 1916), поручик (1917). Ранен и контужен. За отличия награждён орденом св. Анны IV степени. После развала армии и революции покинул часть и вступил в состав Польского легиона, расположенного в Быхове Могилёвской губ. После ухода польских частей на родину собрал взвод рус. солдат и присоединился к Чехословацкому легиону, с которым добрался в 1918 до Уфы, где в то время шло формирование Нар. армии Комуча для борьбы с большевиками. Вступил в 1-й Уфимский полк, в котором командовал 2-й ротой. Далее — в белых войсках Восточ. фронта. Участник Сибирского («Ледяного») похода 1920. В 1920, будучи раненым, перешёл кит. границу. В 1920 поступил на службу в Сибирскую флотилию адм. Г.К. Старка и назнач. ст. офиц. Отдельной десантной роты, в рядах которой служил в Белом Приморье до осени 1922. После 1922 — в эмиграции в США.

Зарабатывал на жизнь тяжёлым трудом на ф-ке. Был активным членом Об-ва рус. ветеранов, 7 лет состоял секретарём Об-ва.

Похоронен на Серб. кладбище в Сан-Франциско.

И с т. АОРВВВ. *Седьмых А.Д.* Капитан Евгений Казимирович Свенцицкий // 1968. Февр. Альбом III.

СВЕШНИКОВ Александр Петрович — горный инженер. Оконч. Мичиганский горный колледж (1927) со ст. бакалавра и магистра. Работал в «St. Joseph Lead Company». Состоял вице-президентом Об-ва рус. студентов, окончивших амер. высшие учебные заведения при содействии Рус. студенч. фонда в Нью-Йорке.
Л и т. *Pestoff Alexis N.* Directory of Russian Graduates of American Colleges // Alumni Association of the Russian Student Fund, Inc. New York, Aug. 1929. P. 19.

СВЕШНИКОВ Владимир В. (10 февр. 1889, Москва – ?) — инженер-химик, металлург, специалист по взрывчатым веществам и огнестрельному оружию. Образование получил в Московском ун-те, сдал экзамены в арт. уч-ще в Петрограде. Эксперт по дробящим взрывчатым веществам при Военном министерстве и высшем военном командовании России. Переехав в США, занимал должность химика в металлургич. и химич. лаборатории Военно-морского флота. Сотрудничал в Бюро стандартов для абразивов. Одним из первых предложил гальванизацию каналов стволов огнестрельного оружия. Вёл исследования по изуч. состава стали для изготовления стволов пулемётов. Автор печатных работ о факторах, влияющих на продолжительность жизни пулемётных стволов, термальных изменениях хромо-ванадиевых сталей, эрозии каналов стволов и др.
И с т. АОРИ. Материалы.

СВИГУН [Alexis C. **Svigoon**] Алексей К. — ветеран армии США, капитан. В 1945 служил в американском секторе в Берлине.
И с т. *Pantuhoff Oleg* — 1976.

СВИДЕРСКИЙ Даниил Даниилович (? – 31 дек. 1979, Санта-Барбара, шт. Калифорния) — участник Белого движения на Юге России, штабс-капитан (на 1925). Офицер с 1916, прапорщик 76-й арт. бригады. С дек. 1917 в Добровольч. армии. Участник 1-го Кубанского («Ледяного») похода 1918 в рядах 3-й арт. батареи. Затем — в белых войсках Юга России в рядах Корниловской арт. бригады. Эвакуировался из Крыма в составе Рус. армии в нояб. 1920. В 1920–21 — в Галлиполи в рядах 1-й батареи Корниловского арт. дивизиона. После 1921 — в Болгарии. Чин РОВС. После 1945 — в США. Жил в Калифорнии.
Родственники: жена Мария Николаевна (? – 21 окт. 1965). Автор воспоминаний.
Л и т. *Волков С.В.* Первые добровольцы... С. 280; Некролог // Часовой (Брюссель). 1980. Март – апр. № 624. С. 21.

СВИДЛО Иван Адрианович — инженер-оружейник. В 1915 командирован в США в качестве приёмщика Главного арт. управления. После 1917 остался в США. С 1918 — конструктор в Colts Manufacturing Co., в Хартфорде (шт. Коннектикут). В 1919 занимался счётными машинами. В 1934–54 — главный инж. и директор производства военного арсенала Springfield Armory в Спрингфильде (шт. Массачусетс). В 1945 награждён военным министром США медалью за орг-цию массового производства полуавтоматич. винтовки US Rifle Cal. 30MI (Garand) и успешного изготовления 3,5 млн винтовок во время Второй мировой войны. Автор статей, посвящённых испытаниям режущих инструментов, расчётам частей для автоматов, обработке металлов и роли инженера-инструментальщика в нац. обороне.
И с т. АОРИ. Материалы.
Л и т. Юбилейный сб. Объединения Санкт-Петербургских политехников (1952).

СВИНЬИН Павел Петрович (10 июня 1787 – 1839) — художник, писатель, журналист. Род. в семье генерал-поручика, впоследствии сенатора, Петра Сергеевича Свиньина. Учился в Москве, в ун-ском благородном пансионе, где проявил способности писателя и поэта. Позже увлёкся живописью и поступил в Санкт-Петербургскую Худ. академию, которую оконч., став её членом. Служил секретарём Рос. Ген. консула в Филадельфии, занимался вопросами торговли между Россией и США, о чём оставил записки со статистич. данными. Для ознакомления американцев с Россией издал в 1813 в Филадельфии (на англ. яз.) небольшую книгу «Sketches of Moscow and St. Petersburg», иллюстрированную девятью рис. С. в красках. Положительная рецензия на книгу была опубликована в 1813 в «Вестнике Европы». Посылал описания Америки в рус. издания. В 1814 в журнале «Сын Отечества» увидела свет большая статья С. о «Республике Соединенных Штатов Америки» с описанием географии, природных условий, истории, гос. устройства, экономики, культуры, городов, выдающихся гос. деятелей. Одновременно статья вышла из печати отдельной книгой. В сокращённом виде она вошла в книгу о путешествии по Америке для зарисовок, с добавлением очерков о религии, пароходе, Ниагарском водопаде, ген. Моро в Америке, увеселениях у индейцев и рыболовстве на прибрежных отмелях Нового Света. За три года С. издал пять книг. По сведениям Императорской библиотеки в Санкт-Петербурге, они пользовались огромным успехом у читателей. Избран членом Рос. Императорской Академии наук.

Путешествуя по Америке (1811–13), нарис. 52 акварели амер. природы и изобразил жизнь разных классов населения, включая рабов («Voyage Pittoresque aux États-Unis d'Amérique par Paul Svignine en 1811, 1812 et 1813»). Рис. С. хранятся в Рус. музее в Санкт-Петербурге. С. остался одним из первых рус. деятелей, развивавших культурные рус.-амер. связи. Увлекался историей молодой страны, восхищался дорогами и их протяжением, мостами и городами США. Особенно интересовался пароходами и старался ускорить их строительство в России. Возвратившись в Россию, много путешествовал по стране и занимался изуч. этнографии. Результаты наблюдений опубликовал в двух томах под названием «Отечественные записки». Впоследствии продолжил издание как журнал, ставший одним из лучших в России.
И с т. АА. *Ushanoff Basil B.* The Russian contribution to the United States of America (A typescript).
Л и т. *Khachaturova M.* Russian painter in the United States // Soviet Life. 1976. Nov.; *Yarmolinsky A.* Picturesque United States of America, 1811, 1812, 1813, New York. With 52 reproduction of water colors. 1930.

СВИР Ольга Константиновна (1887 – после 1967) — сестра милосердия, журналист и писатель. Казачка. В годы Первой мировой и Гражданской войн (в Добровольч. армии) — фронтовая сестра милосердия.

После 1920 — в эмиграции в США, жила в Лос-Анджелесе. Сотрудничала в журнале «Согласие». Автор книги «Поймем Россию». 90-летие **С.** торжественно отмечалось 23 июля 1967 Горско-Каз. станицей в Лос-Анджелесе и рус. общественностью.

Л и т. Чествование Ольги-Константиновны Свир // Согласие (Лос-Анджелес). 1967. Сент. № 192. С. 11–14.

СВИТИЧ А.К. — магистр богословия. До Второй мировой войны жил в Польше. В ходе войны стал беженцем. После оконч. войны жил во франц. зоне оккупации в Зап. Германии. Помогал быв. сов. гражданам избегать насильственной репатриации в СССР. Переселился в США, жил в Калифорнии.

СВИЩЁВ [**Свищов**] Иван Сергеевич (29 окт. 1875, Белгород Курской губ. – 22 июня 1973, Лос-Анджелес, шт. Калифорния) — участник Белого движения на Юге России, Ген. штаба генерал-майор, военный топограф, проф., общественно-полит. деятель. Предки **С.** — гос. крестьяне. Оконч. Курское землемерное (1895), Военно-топографич. (1897) уч-ща и вышел подпоручиком Корпуса военных топографов. В 1897–1902 — служил в Л.-гв. Измайловском полку 1-й гв. пех. дивизии, в Управлении топографич. съёмок, командиром роты в 198-м Александро-Невском полку 50-й пех. дивизии, стоявшим в Вологде. В чине капитана оконч. геодезич. отделение Николаевской Академии Ген. штаба (1907). Служил в Управлении триангуляций Зап. пограни. р-на, в военно-топографич. отделе Главного управления Ген. штаба (с 1909). Преподавал в Императорской Николаевской военной академии, Военно-топографич. уч-ще и др. уч. заведениях, состоял проф. инж.-строительного отделения Санкт-Петербургского Политехнич. ин-та. С 15 авг. 1909 — пом. нач-ка геодезич. отделения военно-топографич. отдела Главного управления Ген. штаба. В 1912 оконч. сейсмич. курсы при Академии наук и назначен нач-м экспедиции в Туркестан по изуч. р-в, подверженных землетрясениям. Занимался науч. работой при Пулковской обсерватории. Ген. штаба полковник (1914). В 1916–18 — нач-к Военно-топографич. уч-ща. Генерал-майор (1917). С нач. 1918 — в Добровольч. армии, состоял в резерве чинов. Создатель военно-топографич. отдела штаба Добровольч. армии. Проф. Екатеринодарского Политехнич. ин-та (1918–19). С 1919 — в эмиграции в Кор. СХС, состоял на гос. службе. Председатель Об-ва офицеров Корпуса военных топографов (1919–44). Проф. Высших геодезич. курсов Кор. армии и трёх отделений технич. ф-та Белградского ун-та. Нач-к отдела Югославского военно-географич. ин-та. Вёл большую общественную деятельность, оказывал помощь в трудоустройстве рус. офицерам-топографам. При содействии **С.** в Югославии около 100 рус. военных топографов были приняты в Военно-географич. ин-т и под его рук. создали для Югославии военные карты. Организатор землемерных курсов, на которых получили профессиональную подготовку около 300 человек и по оконч. курсов все выпускники получили возможность заработка. В 30-е гг. читал лекции на Белградском отделении Выс. Зарубежных военно-науч. курсах систематич. изуч. военного дела ген. Н.Н. Головина. В 1944 эвакуировался в Германию. В 1945 состоял на службе в ВС КОНР, преподаватель топографии в Офиц. школе ВС КОНР. Автор науч. трудов на рус. и сербск. яз. С лета 1945 жил в лагере для «перемещённых лиц» под Мюнхеном, в котором занимал ряд административных должностей. Организатор разных курсов, возглавлял просветительный отдел, Общество инженеров и Квалификационную комиссию, которая во всех лагерях для «перемещённых лиц» выдала около 40 тыс. свидетельств о специальности эмигрантов для поиска работы в странах иммиграции. Занимал должность проф. международного ун-та UNRRA в Мюнхене. С окт. 1947 участвовал в деятельности монархич. орг-ций, состоял представителем Высшего Монархич. Совета на Германию (на 1947). В США с 1949 (1950?). Поселился в Лос-Анджелесе, где организовал и возглавил Комитет помощи рус. военным инвалидам, Комитет помощи рус., пострадавшим от землетрясения в Югославии, Комитет по прославлению 1100-летия Рос. гос-ва. Организовывал комитеты по проведению ежегодных Дней Непримиримости (7 ноября) и Дней рус. культуры. Состоял членом правления Рос. представительства в США.

Похоронен 25 июня 1973 на кладбище в Голливуде.

И с т. АОРИ. Материалы; ЛАА. Справка *К.М. Александрова* на Ген. штаба полковника (на 1914) И.С. Свищова; Список Ген. штаба на 1 января 1916. Пг., 1916. С. 93.

Л и т. *Александров К.М.* С. 249–250; *Кирхгоф Ф.* 90-летие ген. Свищева // Часовой (Брюссель). 1965. Дек. № 474. С. 20–21; *Чухнов Н.Н.* С. 1-34–135, 138–139, 140–143.

СВЯТОПОЛК-МИРСКИЙ Иван Михайлович, кн. — математик и специалист по электронике. Член Рус. дворянского об-ва (Russian Nobility Association) в Нью-Йорке.

Л и т. *Dragadze P.* The White Russians // Town & Country. 1984. March. P. 174–182, 250–253.

СЕВАСТЬЯНОВ [German **Sevastianoff**] Герман — ветеран армии США, штаб-сержант (S/Sgt). Состоял на действительной службе в 1943–46.

И с т. *Pantuhoff Oleg* — 1976.

СЕВЕРСКИЙ [**Прокофьев-Северский** до 1917, Alexander P. de **Seversky**] Александр Николаевич (1894, Тифлис – 24 авг. 1974, Нью-Йорк) — лётчик, авиаконструктор, изобретатель, военно-воздушный теоретик, старший лейтенант рус. военно-мор. службы, майор ВВС США. Отец **С.** — один из первых рус. лётчиков, владевший в 1909 двумя самолётами. В 1909 самостоятельно построил две модели аэропланов, которые хорошо летали после ряда изобретённых им усовершенствований. Поступил в Морской корпус. Свободные часы проводил на аэродроме, где *И.И. Сикорский* испытывал свои аэропланы. Оконч. Морской корпус (6 нояб. 1914) с производством в мичманы и назначен на миноносец. Весной 1915 добился разрешения на поступление в военную авиационную школу в Севастополе. По оконч. назначен в военную эскадрилью в Ревеле на Балтийском море. Во время боевых действий в 1916 лишился ноги. **С.** запретили летать, но он нарушил запрет и подвергся аресту. Император Николай II отменил наказание и разрешил **С.** вернуться в боевую авиацию. В воздушных боях сбил **13** нем. самолётов. За боевые отличия награждён орденом св. Георгия IV ст. и получил золотой кортик из рук императора. Старший лейтенант за боевые отличия (1917). Одновременно с полётами занимался изобретениями. Создал прицел для бомб, сбрасываемых с самолётов, сконструировал лыжи для самолётов-амфибий, разработал способ охоты за подводными лодками противника и первым предложил заправлять самолёты горючим на лету. После Октябрьского переворота 1917 семья **С.** в 1918 нашла убежище в Америке. Занимал должность военного атташе при рус. посольстве, не признавшем большевиков. Амер. военные обратили внимание на метод, предложенный **С.** при бомбардировке мор. судов. Патент на созданный им усовершенствованный прицел при бомбометании был приобретён амер. армией. **С.**, ещё не будучи гражданином США, получил назначение на должность советника ВВС. Гражданин США, майор запаса ВВС США (1927). Основал собственную компанию и занялся конструкцией скоростных самолётов для тренировки лётчиков на большой высоте. Самолёт конструкции **С.** ВТ-8 достиг в 1938 скорости 340 миль в час и высоты 17 тыс. футов. Завод **С.** находился в Лонг-Айленде (шт. Нью-Йорк), на котором одновременно разрабатывались 85 секретных проектов и работали 1,5 тыс. человек. Самолёт-истребитель **С.** Р-35 успешно использовался во время Второй мировой войны. Участвовал в разработке проектов сверхзвуковых самолётов. За свои заслуги перед США награждён «Медалью за заслуги» — высшей амер. наградой для гражданских лиц за заслуги в военное время. Президент Ф. Рузвельт выдал **С.** грамоту, в которой отметил, что его изобретения и конструкции обеспечили господство амер. авиации в воздухе и способствовали победе во Второй мировой войне. Президент Г. Трумен также отмечал достижения **С.** в обл. создания военных самолётов. За исключительные заслуги перед ВВС США в 1918–69 получил в Пентагоне наградную грамоту (Exceptional Service Award). В конце карьеры занимался вопросами защиты от атомного оружия, в частности разрабатывал оборудование для очистки воздуха от радиоактивной пыли. *Родственники:* вдова (урожд. Олифант) Эвелин; брат *Георгий*.

И с т. АМРЦ. *Морозова О.А.* Биографич. сборник — черновая рукопись: М-73 (MS 268). С. 8.18.; М-73-8, 2.4-150-151, 155; Archives of Assn. of Rus.-American Engineers in USA; *De Seversky Alexander P.* Curriculum vitae.

Л и т. *Истомин А. (Е.А. Александров).* Рус. конструкторы самолётов и лётчики в США // РА. 1995. № 20. С. 151–160; Мартиролог рус. военно-мор. эм. С. 172; Некролог // Часовой (Брюссель). 1974. Нояб. № 581. С. 19; *Durkota A., Darcey T. and Kulikov V.* The Imperial Russian Air Force. Famous Pilots and Aircraft of World War I. Mountain View, CA and Stratford, 1995; *Raymond B., Jones D.* De Seversky Alexander // The Russian Diaspora. 1917–1941. Maryland and London, 2000. P. 186–187; Who is who. 1974 –75.

СЕВЕРСКИЙ Георгий [Жорж] Николаевич (4 дек. 1895 – 27 марта 1972, Нью-Йорк) — подпоручик, военный лётчик, певец. В 1914 г. Окончил Первый кад. корпус и Павловское военное уч-ще (1914). После 1917 — в эмиграции. Пел популярные рус. песни и записывал их на пластинках «Victor». В теч. многих лет выступал в лучших клубах Парижа и Лондона. В прошлом опереточ. премьер, драматич. актёр. В Нью-Йорке работал в фирме брата, майора *А.Н. Северского*. Общественный деятель. Выступал на благотворительных вечерах, состоял вице-председателем Об-ва помощи рус. детям за рубежом, председателем Объединения Первого кад. корпуса, вице-председателем Союза рус. инвалидов в Нью-Йорке и вице-председателем Союза рус. лётчиков. *Родственники:* вдова Рене.

И с т. АМРЦ. *Морозова О.А.* Биографич. сборник — черновая рукопись: М-73-8, 159.

Л и т. *Седых А.* Сконч. Г.Н. Северский // НРС. 1972. 28 марта.

СЕДЕЛЬНИКОВ Владимир Дмитриевич (1901 – 26 февр. 1967, Вайнланд, шт. Нью-Джерси) — участник Белого движения на Юге России. После Октябрьского переворота 1917 — в белых войсках на Юге России. Юнкер. Эвакуировался из Крыма в составе Рус. армии в нояб. 1920. В 1920–21 — в Галлиполи, в 1-й полуроте автопулемётной роты Технич. полка I арм. корпуса. Затем корнет, произведён из вольноопределяющихся в кадрах 11-го гус. Изюмского полка. В эмиграции в Кор. СХС. В 1941–45 — в Рус. Корпусе, служил в 1-й роте 2-го полка. После 1945 — в США. Состоял в СчРК.

И с т. ЛАА. Справка *К.М. Александрова* на чина 1-й роты 2-го полка Рус. Корпуса корнета В.Д. Седельникова (на 1943).

Л и т. *Волков С.В.* Офицеры армейской кавалерии. С. 470; Некролог // Часовой (Брюссель). 1967. Май. № 491. С. 23; Памяти ушедших // К. 1967. 15 марта. № 55. Л. 2.

СЕДЛЯР Елпидифор Павлович — инженер-путеец. Род. 22 окт. (?) в стан. Баклановской (она же Генерало-Ефремовская). В 1909 поступил в Санкт-Петербургский Ин-т путей сообщения, который после перерыва **С.** удалось окончить лишь в 1926. С 1920 до 1944 г., будучи студентом-практикантом и занимая должности от начальника участка до старшего инженера, работал на родине на строительстве железных и шоссейных дорог, на др. строительных работах. В 1944–45 работал в Чехии и Словакии на строительстве туннеля. В США с 1957. Жил в Нью-Йорке. Действительный член Об-ва рус. инж. в США.

И с т. АОРИ. Анкета.

СЕДУРО Владимир Ильич (11 дек. 1910, Минск – 14 марта 1995, Трой, шт. Нью-Йорк) — филолог, проф. современных яз. и рус. лит. В 1939 г. окончил филологич. ф-т ЛГУ, кандидат филологич. наук (1939). В 1941 окончил докторантуру Академии наук в Минске. С 27 июня 1941 в нем. оккупации. В 1941–44 — проф. современных яз. и лит. в Педагогич. ин-те в Минске. В 1944 выехал на Запад. В 1945–51 — проф. современных яз. и лит. в школе ИРО (IRO) в Зап. Германии. Переселившись в США, учился в 1952–53 в Колумбийском ун-те, где работал старшим науч. сотрудником по программе исследования СССР (1951–59). Будучи членом-корр. Мюнхенского Ин-та по изуч. СССР, сотрудничал в ряде изданий ин-та. С 1959 — проф. рус. яз. и лит. Рук. рус. программы при Ренсселирском Политехнич. ин-те в Трой. В 1959–63 состоял проф. рус. яз. и лит. в Мидлбери колледже в Вермонте, летом преподавал в Ин-те критич. яз. при Вингам колледже в Вермонте, а летом 1969 в качестве приглашённого проф. — в аспирантуре Иллинойского ун-та. Читал лекции в ряде об-в, кружков, уч. заведений. Автор следующих изданий: «Вестник Мюнхенского института» (Мюнхен), «Новый журнал» (Нью-Йорк), «Современник», «Грани» (Франкфурт-на-Майне). «Запісі і Конадні» Белорус. ин-та, «Белорусская Думка», «Записки Русской академической группы в США» (Нью-Йорк), «Russian Review», «Slavic Review», «Slavic Papers», «The New Orlean Review», «Sowjet Studien», «Problèmes Sovètiques», «Byelorussian review» Мюнхенского института; газ. «Русская мысль» (Париж) и «Новое русское слово» (Нью-Йорк). Автор книг, монографий и ок. 300 статей, опубликованных в лит.-худ. журналах и науч. изд. Состоял членом РАГ в США и в профессиональных объединениях преподавателей славянск. яз. в Америке.

Похоронен на кладбище Свято-Троицкого монастыря в Джорданвилле (шт. Нью-Йорк).

С о ч. Достоевсковедение в СССР. Мюнхен, 1955; The Byelorussian Theater and Drama. New York, 1955; Dostoevski in Russian literary criticism (1846–1956). Columbia University Press, 1957, Octagon Press, 1969; Vierzig Jahre Weissruthenischen Kultur unter den Sowjets. München, 1959; Les recents developments des Études sur Dostoievsky en Union Sovietique» (1955–1960). Munich, 1960; Smolensk land. New York, 1963; Dostoevsky in Russian and World Theater. North Quincy. MA, The Christopher Publishing House, 1977.

И с т. Association of Russian-American Scientists in the USA. *Seduro Vladimir I.* Curriculum vitae (manuscript), 1970.

Л и т. *Крупич В.* В.Н. Седуро // Записки РАГ в США. 1995. Т. XXVII. С. 368–370

СЕДЫХ [наст. **Цвибак** Яков Моисеевич] Андрей (1902, Феодосия Таврич. губ. – 8 янв. 1994, Нью-Йорк) — журналист, писатель, общественный деятель, ред. газ. «Новое русское слово» (Нью-Йорк). В Крыму после оконч. гимназии начал карьеру журналиста. В нояб. 1920 эвакуировался из Крыма в Константинополь вместе с беженцами и частями Рус. армии. Зарабатывал на хлеб грузчиком, матросом, продавал на улицах рус. газ. С 1921 во Франц. В Париже получил должность репортёра в ежедневной парижской газ. «Последние новости» П.Н. Милюкова. Посылал корреспонденцию в газ. «Сегодня» (Рига). Подписывал корреспонденции псевд. Андрей Седых. Был секретарём И.А. Бунина, получившего в 1933 Нобелевскую премию, и ездил вместе с ним в Стокгольм на торжественную церемонию. Дружил с А.И. Куприным и А.М. Ремизовым.

При наступлении немцев в 1940 покинул Францию и переселился с женой в Нью-Йорк. Начал работать в ред. газ. «Новое русское слово» и стал её главным ред. после кончины *М.Е. Вейнбаума*, отдав газ. 53 года жизни. Обращения С. к рус. эмиграции о поддержке газ. и предотвращении её сокращения или закрытия приносили плоды. Газ. продолжала существовать до того, как нахлынула волна «третьей эмиграции». Перу С. принадлежит 17 книг на рус. яз., в частности книги о Париже — «Старый Париж» (1926), «Монмартр» (1927) и др.; а также: «Замело тебя снегом, Россия», «Только о людях» (1955) и др. Проф. К. Каллаур написал докторскую дисс. «Проза Андрея Седых». Многие годы возглавлял Лит. фонд для оказания помощи нуждающимся рус. писателям и деятелям культуры за рубежом. За свою долгую жизнь встречался с большинством рус. деятелей искусства, лит. и политики Рус. Зарубежья. Личный архив С. передан в Йельский ун-т. *Родственники:* жена Дженни Грэй (*Евгения Липовская*) — певица.
С о ч. Там, где жили короли. Париж, 1930; Там, где была Россия. Париж, 1931; Люди за бортом. Париж, 1933; Дорога через океан. Нью-Йорк, 1942; сб. расск. Звездочёты с Босфора. Нью-Йорк, 1948; Сумасшедший шарманщик. Нью-Йорк, 1951; Далёкие, близкие. Нью-Йорк, 1962; Крымские рассказы. Нью-Йорк, 1977.
Л и т. *Вайнберг В.* Коллега, Учитель, Друг (воспоминания об Андрее Седых) // НРС. 2001. 17–18 авг.; *Глэд Дж.* Андрей Седых, интервью 1982 г. // Там же. 2000. 20 апр.; *Зверев А.* Последний свидетель // НРС. 1996. 2 февр.; *Лейкина И.* К столетию со дня рождения Андрея Седых // Там же. 2002. 17–18 авг.; *Наумов А.* Андрей Седых // Там же. 1997. 18 июля; Умер Андрей Седых // НРС. 1994. 10 янв.; *Синкевич Вал.* Пути-Дороги Андрея Седых // Там же. 2001. 17–18 авг.

СЕЛИВАНОВСКИЙ Всеволод Владимирович (15 мая 1925, Белград – 23 янв. 1988, Монтерей, шт. Калифорния) — деятель скаутского движения, преподаватель. Род. в семье рус. эмигрантов. В Белграде окончил рус. нач. школу и поступил в Рус.-сербск. гимназию, которую окончил в 1944. В 1937 вступил в Белградский отряд рус. скаутов НОРС-Р. В апр. 1941 Югославия была оккупирована немцами, и скаутская орг-ция запрещена. В ответ рус. скауты ушли в подполье. С. стал самым молодым в истории разведчества нач-ком отдела (в 1941–44 — нач-к Сербского отдела Орг-ции разведчиков). За подпольную работу награждён знаком «За верность» II ст. Член НТС с 1943. В 1945 — беженец в Австрии, продолжил скаутскую работу, став нач-ком Австрийского отдела ОРЮР. Возобновил изд. основанного в Югославии разведческого журнала «Мы». Переехав в Германию, в лагерь Менхегоф, участвовал в спасении власовцев и др. быв. граждан СССР от насильственной репатриации. С. прекрасно рисовал и изготовлял документы, которыми воспользовались около 100 власовцев. Переехав в Регенсбург, возглавил сектор информации ОРЮР. Ред. «Вестник разведчика», который продолжает выходить в ОРЮР в США под названием «Вестник руководителя». В дек. 1949 переехал с женой в США. Преподавал рус. яз. в Военной школе ин. яз. в Монтерее (шт. Калифорния). Постепенно дослужился до рук. должности, на которой оставался до своей кончины. Состоял представителем ОРЮР на Калифорнию. Продолжал участвовать в деятельности скаутов-разведчиков, основал сводный отряд им. камергера *Н.П. Резанова*. *Родственники:* жена (урожд. Куцевалова) Татьяна.
Л и т. *Александров К.М.* Селивановский Всеволод Владимирович. Комментарии к воспоминаниям Я.А. Трушновича «Русские в Югославии и Германии 1941–1945 гг.» // Новый Часовой (СПб.). 1994. № 2. С. 162; *Полчанинов Р.В.* Всеволод Владимирович Селивановский // Страницы истории разведчества-скаутизма (Нью-Йорк). 1999. Окт. № 9 (66).

СЕЛИНСКАЯ Людмила Ростиславовна (род. 8 сент. 1949, Вена, Австрия) — общественно-культурный деятель. Род. в семье *Ростислава Владимировича и Валентины Петровны Полчаниновых*. В США с родителями с 1951. В Нью-Йорке окончила худ. школу. Создатель декораций и костюмов для худ.-драматич. постановки, посвящённой 1000-летию Крещения Руси, проведённой под председательством *А.Б. Йордана*. Автор рис. на обложке 20-го номера альманаха «Русский Американец» (Нью-Йорк). Представляла рус. этнич. группу на этнич. выставках в округе Нэссо, на Лонг-Айленде.

Член КРА, состояла в Главном правлении КРА. Член ОРЮР. С 1989–90 С. вместе с отцом принимала активное участие в возвращении рус. скаут-разведческой орг-ции из эмиграции в Россию. Участвовала в десятках лагерей в России и в Крыму, оказывала постоянную помощь молодым рос. рук., занявшимся скаут-разведческой деятельностью и нац. воспитанием молодёжи на родине. С. оказывала помощь разведческим отрядам и дружинам в Обнинске, Санкт-Петербурге, Севастополе, Твери и др. городах. В ходе периодич. поездок в Россию неоднократно выступала в органах власти РФ и в культурных орг-циях. *Родственники:* муж Фёдор Георгиевич Селинский — инженер; сын Юрий — режиссёр и кинооператор. Проживает на Лонг-Айленде (шт. Нью-Йорк).
И с т. АА. *Полчанинов Р.В.* Сообщение, 2003; Архив КРА. Материалы.

СЕМЕНЕНКО Сергей Яковлевич (26 авг. 1903, Одесса Херсонской губ. – 26 апр. 1980) — банкир, финансовый консультант, филантроп. Род. в семье подрядчика по строительству портовых сооружений. Во время революции семья С. бежала в Турцию. Окончил в Константинополе колледж с отличием.

В 1924 поступил в аспирантуру Гарвардского ун-та, по окончании которого начал работать клерком в банке «First National». В 1967 ушёл в отставку с должности вице-председателя совета директоров банка. Имя **С.** приобрело широкую известно в финансовом мире. Он смело и расчётливо вёл большие финансовые дела, относящиеся к кино и издательскому делу. Самый крупный жертвователь в пользу РПЦЗ. В 1958 пожертвовал 1 млн $ на приобретение одного из значительных зданий в Манхаттане, на Парк авеню на сев.-зап. углу 93-й ул. под номером 75 Е. Это здание было перестроено в Синодальный собор Знамения Божией Матери (РПЦЗ) и меньший храм св. Сергия Радонежского, с помещением для Синода, покоями митрополита и духовенства, зала для торжественных собраний и школьных помещений. На здании имеется памятная доска с надписью, посвящённой **С.** Похоронен на кладбище Маунт-Оберн, в Кембридже (шт. Массачусетс).

Л и т. Тяжёлая утрата РПЦЗ // ПР. 1980. 15/28 мая. № 10. С. 13.

СЕМЁНОВ Николай Александрович (11 янв. 1898, Санкт-Петербург – ?) — инженер-механик. После 1920 — в эмиграции в Чехословакии. Оконч. Пражский Политехнич. ин-т (1926). В 1930–45 работал в Чехословакии (с 1939 — Протекторат) по специальности. В США с 1948. Работал в Пенсильвании инженером-проектировщиком, инспектором и нач-ком группы.

И с т. АОРИ. Анкета. (1954); *Semenov N.* Professional record, copy of a typescript (1954).

СЕМЁНОВА Виктория — актриса, радиодиктор. Выступала в Нью-Йорке в «Новом Театре» режиссёра *С.Н. Орловского (Болховского)*. Театр просуществовал три сезона, но в репертуаре было сыграно 10 постановок. Шли такие пьесы, как «Горе от ума» А.С. Грибоедова, «Василиса Мелентьева» и «Невольницы» А.Н. Островского, «Сверчок на печи» Ч. Диккенса и «Стакан воды» франц. драматурга Скриба. Ставились и современные пьесы: *Сергей Максимов* написал для «Нового Театра» пьесу «Семья Широковых», а *Сергей Малахов* — пьесу «Лётчики». Создав театр на профессиональном уровне, артисты снимали дачу, на которой летом репетировали пьесы следующего сезона, по очереди дежуря на кухне. Там же сами делали декорации и шили костюмы. В 1953 **С.** получила вместе с четой Орловских предложение работать в Мюнхене на амер. радиостанции «Свобода» и уехала в ФРГ.

И с т. АА. *Оболенская-Флам Л.* Новый Театр в Нью-Йорке. Машинопись, 2002. 3 с.

СЕМЕНЦОВ Анатолий Петрович (17 янв. 1886 – ?) — проф. химии. Оконч. Киевский ун-т. Занимался исследованиями в обл. органич. химии и истории химии. Был проф. Киевского ун-та и др. ин-тов в Киеве. В 1943 выехал с семьёй из Киева на Запад, став беженцем в Германии. Переселился в США. В 1955–59 преподавал в Лафайет колледже в Пенсильвании. Автор трёх книг и более 35 науч. статей и заметок. Состоял членом РАГ в США. *Родственники*: сын *Юрий*.

И с т. АА. *Sementsov A.* Curriculum vitae (manuscript), 1966.

СЕМЕНЦОВ [George **Siemiencow**] Юрий Анатольевич (19 июня 1915, Киев – 29 окт. 1992) — проф. химии, общественно-полит. деятель, участник скаутского движения. Род. в семье проф. *А.П. Семенцова*. Оконч. среднюю школу (1932) и химич. ф-т Киевского ун-та (1937). Поступил в аспирантуру, сдал кандидатские экзамены. В 1937–41 преподавал в Ин-те кожевенной промышленности. С сент. 1941 в нем. оккупации, продолжал работать химиком. В 1943 выехал с семьёй из Киева на Запад, став беженцем в Германии. Преподавал химию в лагерях для беженцев. При содействии польских эмигрантов избежал насильственной репатриации в СССР. В 1951 приехал с супругой Руфиной Александровной и родителями в США. Вскоре получил должность доцента в Моравском колледже, из которого перешёл в Лафайетт колледж в Истоне (шт. Пенсильвания). В этом колледже прошла вся преподавательская деятельность **С.** Автор 11 науч.-исследовательских работ по химии, по методике преподавания и истории химии, а также по методам преподавания и программам высших учебных заведений в СССР и в США. Состоял членом Академии наук шт. Пенсильвания, Амер. об-ва химиков, РАГ в США и др. орг-ций. В юности при сов. власти был членом подпольной рус. скаутской орг-ции в Киеве (до 1927). Будучи студентом Киевского ун-та, состоял в неофициальном кружке, где читались доклады на лит. темы, не санкционированные властями. Среди членов кружка не было ни одного комсомольца.

Попав на Запад, стал одним из деятельных участников ОРЮР и молодёжного лагеря Свято-Серафимовского фонда, где он проводил ежегодно летние месяцы, читал лекции по рус. истории и помогал в патриотическо-воспитательной работе. Участвовал в изд. скаутских журналов и был нач-ком отдела скаутов-одиночек, живших вдали от городов со значительным рус. населением. Связь со скаутами-одиночками осуществлялась путём личной регулярной переписки и участием в изд. журнала «Одиночка». За работу с молодёжью награждён ОРЮР знаком отличия «Золотая пальмовая ветвь». Был полит. эмигрантом по призванию, непреклонным противником коммунизма. Выступал в прессе со статьями, обличающими сталинскую диктатуру и делал доклады на торжественных собраниях рус. эмигрантов в дни Скорби и Непримиримости с большевиками. Некоторые статьи подписывал псевд. Кулага — прозвищем своих предков, малоросс. казаков, как он говорил.

И с т. АА. *Пахомов Г.* Материалы, 1992–93; *Севастьянов Е.* Письма, 1999; *Siemiencow G.* Curriculum vitae (manuscript), 1966.

СЕМЕНЮК Леонид Афанасьевич (род. 3 июня 1924, Мокра Гора, Кор. СХС) — участник скаутского движения, публицист, поэт. Род. в рус. семье в Сербии. Отец, Афанасий Андреевич, уроженец Белоруссии, служил в Крыму в чине капитана в сапёрных частях Рус. армии. Мать (урожд. Вобликова), Анна Семёновна, родом с Поволжья. Учился в Битоле в югославской нач. школе и гимназии. После нем. оккупации Югославии в 1941 югославянская часть Македонии была присоединена к Болгарии, и аттестат зрелости **С.** получил в Прилепе. Начал писать стихи в 1932, сперва по-сербск. Они печатались в журнале для учеников нач. школ «Джачки рад» («Школьный труд»). В гимназии читал стихи на собраниях лит. кружка. Печатался в рус. периодич. изд. США и Канады. В 1938 стал одиноч. скаутом-разведчиком, собрал звено «Ермак». Писал стихи и рассказы в районном журнале «Перекличка» и цетинском «У костра». За участие в скаутской деятельности награждён знаком отличия «Пальмовая ветвь» 4-й ст. В 1942 назначен представителем скаутской Инструкторской части в Болгарии. К осени 1944 мобилизован в отряды сопротивления Македонии, в которых оставался до 1946. Служил в военном интендантстве и преподавал рус. язык офиц. составу. В 1946–50 учился в Белграде в Высшей технич. школе. В 1950 власти Тито хотели выслать **С.** в Болгарию, но, как гражданину Сербии, ему было разрешено выехать в Триест, в лагерь для беженцев в Сан-Сабба. В Триесте женился на Надежде Милановне Стефанович, с которой вместе учился в Высшей технич. школе. В дек. 1951 прибыл в Торонто, в Канаду. Работал как чернорабочий, затем — в испытательных лабораториях Министерства автострад пров. Онтарио. Прослужив в министерстве 29 лет, вышел в 1984 на пенсию. Участвовал в работе торонтской дружины ОРЮР «Цесаревич Алексей», был произведён в инструкторы и назнач. нач-ком Канадского р-на рус. скаутов-одиночек. Сотрудничал в газ. «Новое русское слово» (Нью-Йорк), альманахе «Встречи» (Филадельфия), журналах «Вестник» (Балтимор), «Новый журнал» (Нью-Йорк) и в сербск. газ. «Американски Србобран» (Питтсбург). Писал прозу и стихи как по-рус., так и по-сербск. В сербск. газ. подписывался псевд. Златиборац, по названию края, где род. *Родственники*: дочь Александра (1952–99) — доктор философии.

С о ч. Канада и мы. Онтарио, 1975.

И с т. *Полчанинов Р.В.* Леонид Афанасьевич Семенюк // Страницы истории разведчества-скаутизма. 2003. Янв. № 21(78), rpolchaninoff@mindspring.com

СЕМИКОЛЕНОВ Василий Иванович (12 сент. 1895, стан. Владимирская – 16 янв. 1939, Лос-Анджелес) — участник Белого движения на Юге России, хорунжий, член каз. хора. Природный казак Войска Донского. Во время Первой мировой войны добровольцем служил в рядах 7-го Донского каз. войскового атамана Денисова полка 6-й Донской каз. дивизии. Неоднократно ранен, за боевые заслуги награждён Георгиевскими крестами всех 4 ст. После Октябрьского переворота 1917 — в Донской армии. В 1919 участвовал в рейде 4-го Донского отдельного кон. корпуса ген. К.К. Мамантова, произведён в чин хорунжего. В Рус. армии (1920) служил в 41-м Донском каз. полку. После 1920 — в эмиграции в США. В 1927–39 — член Донского каз. хора им. атамана гр. Платова, в составе которого участвовал в гастролях по всему миру.

Похоронен в Лос-Анджелесе.

Л и т. *Куцевалов Б.С.* Хорунжий В.И. Семиколенов // Часовой (Брюссель). 1939. 10 марта. № 231. С. 26.

СЕМЧЕВСКИЙ Константин Васильевич (6 мая 1894, Тифлис – 28 февр. [по др. дан. марта?] 1978, Пасифик-Гров, шт. Калифорния) — участник Белого движения на Востоке России, полковник. Род. в дворянской военной семье. Оконч. Тифлисский кад. и Пажеский (1913) корпуса.

В 1912–13 нёс придворную службу камер-пажом Выс. Двора. Служил в Л.-гв. кон. арт. и Ген. штабе. Во время Первой мировой войны за боевые заслуги награждён орденом св. Владимира IV ст., получив все награды до ордена св. Анны II ст. В 1915 награждён Георгиевским оружием. Оконч. ускоренный курс Академии Ген. штаба (1917). После Октябрьского переворота 1917 — в белых войсках на Востоке России. Участник Сибирского «Ледяного» похода 1920. С янв. 1920 — нач-к штаба 1-й кав. дивизии 3-й армии. С марта 1920 — ген.-квартирмейстер штаба 3-й армии, затем — в штабе III корпуса Дальневосточ. армии. Полковник (на 1920), награждён орденом св. Владимира III ст. Командирован в Японию и в Шанхай, затем — в эмиграции в Германии (на 1938). В 1945 — сотрудник Рус. Красного Креста в Зап. Германии. В 1950 вместе с женой, поэтессой Еленой Васильевной, эмигрировал в США. В теч. 15 лет преподавал рус. яз. в Военном колледже ин. яз. в Монтерее (Калифорния). Оставил воспоминания, преимущественно посвящённые жизни в Пажеском корпусе. В 1977 овдовел.

И с т. АМРК. К.В. Семчевский // Коллекции Гуверовского ин-та. Pdf 79 K; ЛАА. Справка *К.М. Александрова* на нач-ка 1-й кав. дивизии 3-й армии К.В. Семчевского.

Л и т. *Волков С.В.* Энциклопедия Гр. войны. С. 5-13; *Бывшие пажи*. Памяти полк. К.В. Семчевского // НРС. 1978. Март; Некролог // Часовой (Брюссель). 1978. Март – апр. № 611. С. 19.

СЕНАТОРОВ Николай Киприанович (5 дек. 1896, Казань – ?) — инженер-химик. Оконч. Коммерч. уч-ще, два года учился в Михайловском арт. уч-ще. После 1920 — в США. Оконч. Калифорнийский технологич. ин-т (1928) с дипломом инж.-химика. Работал в Лос-Анджелесской Газовой и Электрич. компании, где за 35 лет работы достиг должности нач-ка технич. службы. Особо занимался вопросами коррозии, одоризации и кондиционирования газа. Автор 32 технич. статей (в трудах «Pacific Coast Gas Assoc, National Association of Corrosion Engineers», в журнале «Oil and Gas J.» и др. изд.)

И с т. АОРИ. Вопросник; Archives of Assn. of Russ.-American Engineers in USA. *Senatoroff N.* List of publications.

СЕНИЦКАЯ Лидия Эразмовна — см. **ВОЛЫНЦЕВА** Лидия Эразмовна, поэтесса.

СЕНКЕВИЧ Александр Яковлевич (род. 6 нояб. 1925, Сремска Митровица, Кор. СХС) — инженер-строитель. Род. в семье рус. эмигрантов. В июне 1950 оконч. в Мюнхене Высшую технич. школу. Жил в Нью-Йорке. Действительный член Об-ва рус. инж. в США.

И с т. АОРИ. Анкета.

СЕНКЕВИЧ [Igor Sienkiewicz] Игорь Леонидович (род. 15 дек. 1907, Бендеры Бессарабской губ.) — энтомолог, агроном. Образование получил в 1931, оконч. ун-т Тулузы во Франц., Ясский ун-т в Кишинёве, бывшем в составе Рум. В 1965 получил докторскую степень по естественным наукам при ун-те в Люблине (Польша). В 1939–56 работал энтомологом в отделе защиты растений в министерстве сельского хоз-ва Румынии. В 1956–64 — науч. работник и куратор коллекций в отделе энтомологии Музея естественной истории Бухарестского ун-та. В Канаде с 1966, гражданин Канады. В 1967–78 — проф. в колледже в Saint-Jean-sur-Richelieu в пров. Квебек. В 60-х и 70-х гг. в летнее время занимался научно-исследовательской работой в разных странах. Во время исследовательской работы в Турции обнаружил два новых вида насекомых, неизвестных энтомологам. По предложению франц. учёных эти два вида были названы в честь **С.**

Автор 24 печатных работ, опубликованных Академиями наук, музеями и ун-тами в Рум., Польше, СССР, Франц. и Болгарии. Обладает огромной коллекцией насекомых, которую завещал РАН. *Родственники*: жена (урожд. Булавицкая) Татьяна Христофоровна.

И с т. АА. *Могилянский М.* Биография Б.Л. Сенкевича, письмо, 2001; *Sienkiewicz I.* Curriculum Vitae (typescript); *Sienkiewicz I.* Travaux publiés (typescript).

СЕНКЕВИЧ Татьяна Христофоровна (1906, Болград Бессарабской губ. – 1996, Монреаль) — художник-пейзажист. Род. в Бессарабии, попавшей после 1917 в состав Рум., а в 1940 в состав Одесской обл. в СССР. Занималась живописью с 14 лет. Учителем **С.** был О. Штрик — ученик *Н. Рериха* и И. Билибина. После этой подготовки училась 6 лет в парижской Худ. школе. Возвратившись в Рум., получила должность проф. изобразительного искусства при Высшей коммерч. школе в Тигине (Tighina). В 1940 потеряла отца-врача, ставшего жертвой сов. оккупантов.

В Канаду приехала в 1966 с мужем *И.Л. Сенкевичем* и продолжала заниматься живописью. Стала членом Об-ва профессиональных художников Квебека. Свои пейзажи и натюрморты выставляла около 20 раз. Работала в четырёх видах техники: масло, пастель, гуашь и акварель. Многие картины **С.** остались помимо воли автора в Кишинёве и в Бухаресте. Представители Украины получили от **С.** в дар несколько произведений, которые экспонируются в музеях Киева и Харькова.

И с т. *Могилянский М.* Биография Т.Х. Сенкевич, письмо, 2001.

Л и т. *Романовский В., Хомайко Ю.* Астры от Татьяны // Вечiрнiй Харкiв.

СЕНЮТОВИЧ Владимир Николаевич (? – 2 июля 1957, Санта-Фе, шт. Нью-Мексико) — почётный член Об-ва рус.-амер. инж. в США.

Похоронен в Санта-Фе.

И с т. *АОРИ. Сенютович В.Н.* Письмо секретарю Об-ва рус. инж. в США (1951).

Л и т. *Плешко Н.Д.* Генеалогич. хроника // Новик (Нью-Йорк). 1957. Отд. III. Стр. 6.

СЕНЮТОВИЧ-БЕРЕЖНОЙ В.Г. В 1960–63 — ред. рус. ист.-генеалогич. журнала «Новик» (Нью-Йорк), издававшегося Рус. ист.-генеалогич. об-вом в Америке.

СЕРАФИМ [в миру Константин Николаевич **СВЕЖЕВСКИЙ**] (14 авг. 1899, Проскуров Каменец-Подольской губ. – 13 сент. 1996, Ново-Дивеево, шт. Нью-Йорк) — архиепископ. Оконч. Одесский кад. корпус (1916) и Сергиевское арт. уч-ще (1917).

Участник Первой мировой войны, до янв. 1918 — на Рум. фронте. С 1918 в Добровольч. армии. Воевал под Царицыном (1919). Оконч. офиц. школу, участвовал в боях в Сев. Таврии (1920). После эвакуации из Крыма в составе Рус. армии (нояб. 1920) — в эмиграции в Болгарии и Бельгии. После нем. оккупации Бельгии (1940) переехал в Берлин. После оконч. войны поступил в монастырь преподобного Иова Почаевского в Мюнхене. В 1947 пострижен в малую схиму с именем **С.**, в 1948 рукоположен в сан иеродиакона. В 1949 переехал в Свято-Троицкий монастырь в Джорданвилле. Оконч. Свято-Троицкую дух. семинарию (1954), рукоположен в сан игумена и архимандрита (1956). В 1957 хиротонисан во епископа Каракасского и Венесуэльского. На этой кафедре **С.** пробыл 27 лет. В 1968–78 управлял также и Бразильской епархией РПЦЗ. Посвятил себя трудам по разъяснению Священного Писания. Уйдя на покой (1983), возвратился в Свято-Троицкий монастырь в Джорданвилле, жил в Ново-Дивеево.

Л и т. *Бобров Н.* Краткий историч. очерк строительства Свято-Троицкого монастыря. Джорданвилл, 1969; Памяти Архиепископа Серафима (Свежевского) // ПР. 1996. Окт. № 20. С. 4.

СЕРАФИМ [в миру Леонид Георгиевич **ИВАНОВ**] (1 авг. 1897, Курск – 25 июля 1987) — архиепископ РПЦЗ. В Курске оконч. классич. гимназию. Поступил в 1915 на филологич. ф-т Московского ун-та. В 1916 ушёл добровольцем в Действующую армию. После Октябрьского переворота 1917 — в белых войсках на Юге России, поручик. Эвакуировался из Крыма в составе Рус. армии в нояб. 1920. В эмиграции в Кор. СХС. Оконч. философский и богословский ф-ты Белградского ун-та. Решив принять монашество, в 1926 отправился на Афон, где был пострижен с именем **С.** Вернувшись в Югославию, рукоположен во иеромонахи. 3 года преподавал в рус. гимназии. Переехал в Закарпатскую Русь в Чехословакию. В теч. 16 лет, будучи иеромонахом, а затем архимандритом, служил настоятелем церкви в селе Владимирово (Ладемирово). Присоединился к братии основанной архимандритом *Виталием* (*Устиновым*) обители преподобного Иова Почаевского. За это время стараниями **С.** были выстроены около десяти православных храмов и возвращены из унии в православие несколько тыс. человек. Накануне прихода сов. войск эвакуировался на Запад. В Германии занимался миссионерской деятельностей среди восточных рабочих, вывезенных для принудительного труда с оккупированных территорий СССР.

В 1946 хиротонисан в архиереи митрополитом *Анастасием* (*Грибановским*) и переехал со своими подопечными монахами в США. Братия поселилась в Свято-Троицком монастыре в Джорданвилле (шт. Нью-Йорк). В 1950 начал устраивать Синодальное подворье в Магопаке (шт. Нью-Йорк), которое назвал Новой Коренной Пустынью. В 1957 возглавил Чикагскую епархию РПЦЗ, в которой прослужил около 30 лет и своими трудами увеличил количество приходов с 4 до 19. Архиепископ (1959). Основал в 100 милях на запад от Чикаго рус. посёлок Владимирово, в память о Ладемирове в Закарпатской Руси, где начинал служение. В новом Владимирове была построена церковь и ежегодно устраивался летний рус. детский лагерь Православной орг-ции рус. разведчиков (ПОРР). Окормлял паству в теч. 61 года. За это время создал свыше 50 приходов, был автором книг, которые издавал под псевд. Верин. Помимо личных забот, рук. летними детскими лагерями и устройством съездов православной молодежи, **С.** содействовал созданию местного отдела КРА.

И с т. АА. *Солдатов Г.* Жизнь Преосвященного Архиепископа Серафима (Машинопись, 1999. 2 с.); *Солдатов Ю.М.* Письмо от 5 сент. 1999.

Л и т. Архиепископ Серафим: Стороннее сообщение // НРС. 1987. 28 июля; *Павел*, епископ. Славный юбилей // ПР. 1976. № 21. С. 7–8; *Ю.Г.* Юбилей Архиепископа Серафима // НРС. 1976. 19 окт.; *Vallimont Cynthia.* Lost Lake Russians Cling to traditions // Northwest Illinois. 1985. Jan. 7.

СЕРБИНОВ Леонид Николаевич (5 авг. 1906 – ?) — инженер-лесовод. После 1917 — в эмиграции в Кор. СХС. Оконч. лесной ф-т Загребского ун-та (1936). В США жил в Нью-Йорке. Действительный член Об-ва рус. инж. в США.

И с т. АОРИ. Анкета.

СЕРГЕЕВ Михаил Васильевич (1896, Тюмень Тобольской губ. – 21 сент. 1951, Сан-Франциско) — участник Белого движения на Востоке России, прапорщик. Оконч. Иркутскую школу прапорщиков (1916).

Участник Первой мировой войны. Прибыв на фронт, назнач. мл. офицером 15-й роты 164-го Закатальского полка 41-й пех. дивизии. Тяжело ранен, эвакуирован в Москву для лечения. После демобилизации (1918) вернулся в Тюмень. В авг. 1918 вступил в 6-й Сибирский Степной полк, формировавшихся частей армии Сибирского правительства. Освобождён от военной службы из-за последствий тяжёлых ранений. Служил на разных гражданских должностях во Владивостоке и в Харбине. В эмиграции в Китае и США. В 1947 в Сан-Франциско вступил в Об-во рус. ветеранов Великой войны.

Похоронен на Серб. кладбище в Сан-Франциско.

И с т. АОРВВВ. Прапорщик Михаил Васильевич Сергеев // 1951. Сент. Альбом I.

СЕРГЕЕВ Сергей Иванович (13 сент. 1900, Шатск Тамбовской губ. – ?) — инженер-механик и строитель, проф. Переселившись в США, оконч. ун-т шт. Вашингтон (1923) с дипломом инж.-механика. В 1931 получил в ун-те ст. магистра по машиностроению. Кроме работы по проектированию строительных объектов в ун-те шт. Вашингтон преподавал сопротивление материалов, теорию эластичности, теорию эластич. устойчивости, строительную механику и строительное проектирование. Автор статей на темы о расчёте колонн, стоек, деформации стальных креплений, балок и др. строительных элементов.

И с т. АОРИ. Анкета

СЕРГЕЕВА [**Sergava**, **Sergeieva** Katharine] Екатерина (1909 [1918?], Тифлис [по др. дан. Санкт-Петербург] – 11 нояб. 2003, Пальм-Спринг, шт. Калифорния) — балерина, киноактриса. Драматич. и балетному искусству училась в Париже и в Лондоне. С нач. 30-х гг. снималась в брит. кинофильмах. Карьеру в США начала в Нью-Йорке. Во время Второй мировой войны выступала перед военнослужащими. Сдала экзамен на пилота. В Нью-Йорке танцевала в балете *М. М. Мордкина*, в театре Амер. балета и в рус. балете полк. *де Базиля*. Особую известность снискала, исполнив главную роль в балетной фантазии «Оклахома». Позднее поступила в актёрскую студию, играла роль пилота в пьесе «Мезальянс». В 1955 выступала в постановках «Вне Бродвея» («Off Broadway»). С 1960 жила в Пальм-Спринг.

Л и т. *Anderson J.* Katharine Sergava, the star of «Oklahoma» Ballet, Dies // The New York Times. 2003. Dec. 4.

СЕРГЕЕВСКИЙ Борис Николаевич (15 февр. 1883 – 31 мая 1976, Лос-Анджелес, (шт. Калифорния) — участник Белого движения на Юге России, Ген. штаба полковник. Из дворян Псковской губ., сын проф. Санкт-Петербургского ун-та и сенатора. Оконч. классич. Ларинскую гимназию, Константиновское арт. уч-ще (1904) и вышел Л.-гв. подпоручиком в Стрелковую арт. бригаду. Оконч. Императорскую Николаевскую военную академию, Ген. штаба капитан (1911); вольнослушателем — Императорский Археологич. ин-т. В службе Ген. штаба с 15 июля 1914. Участник Первой мировой войны. Офицер для поручений при штабе XXII арм. корпуса 10-й армии Сев.-Зап. фронта (1914). В сент.-окт. 1914 — и.д. нач-ка штаба 3-й Финляндской стрелковой бригады. С мая 1915 — и.д. нач-ка штаба отряда ген.-лейт. М.Н. Промптова. Награждён Георгиевским оружием за храбрость в боях с частями нем. гвардии (1915). И.д. штаб-офицера для поручений при штабе XXXX арм. корпуса 8-й армии Юго-Зап. фронта (1915). Ген. штаба подполковник (1916). Участник Луцкого прорыва 1916, и.д. нач-ка штаба корпуса. С февр. 1917 — штаб-офицер для делопроизводства и поручений при Управлении ген.-квартирмейстера при штабе Верховного Главнокомандующего, рук. службой связи в Ставке в Могилёве. Награждён за отличия Кавалерским крестом Почётного легиона и Командорским крестом Короны Румынии. Полковник, нач-к связи Действующей армии (авг. 1917). Генерал-майор (20 окт. 1917), от производства отказался. В нояб. 1917 оставил Ставку, далее в войсках Закавказья. Служил помощником нач-ка штаба Сводно-Армянского отряда, нач-ком штаба 1-й Рус. Закавказской стрелковой дивизии. С сент. 1918 в Добровольч. армии. Офицер для поручений при ген.-квартирмейстере. В 1919 — пом. нач-ка оперативного отделения штаба ВСЮР, нач-к штаба 5-й дивизии, нач-к службы связи Добровольч. армии (с 1920 — корпуса). В Рус. армии (1920): преподаватель Константиновского военного уч-ща. Участник десанта на Кубань (авг. 1920). Эвакуировался из Крыма в составе Рус. армии в нояб. 1920. В Галлиполи (1920–21) — инспектор классов уч-ща. С 1921 с уч-щем в Болгарии. В дек. 1922 вместе с группой ген. А.П. Кутепова выслан в Кор. СХС. Служил библиотекарем в Донском женском ин-те, преподавателем в Донском императора Александра III кад. корпусе и в рус.-сербск. гимназии в Белграде. Преподавал на Белградском отделении Зарубежных Высших военно-науч. курсов систематич. изуч. военного дела ген. Н.Н. Головина (1933–44). С 1943 — директор рус. гимназии в Белграде, с которой эвакуировался в 1944 в Германию. После оконч. войны возобновил занятия гимназии в беженском лагере Шляйхсгейм под Мюнхеном. Нач-к II отдела РОВС (1949–50).

В США с 1951. Преподавал в рус. приходской школе в Сан-Франциско. Участвовал в деятельности РОВС и др. рус. воинских орг-ций. Председатель Ин-та по исследованию проблем войны и мира. Собрал значительный военно-историч. архив. Автор мемуаров, многоч. статей и трудов по рус. истории.

Похоронен на местном кладбище в Лос-Анджелесе.

С о ч. Пережитое. 1914. Белград, 1933; Прошлое русской земли. Нью-Йорк, 1954; Ко дню 30-летней кончины Главнокомандующего Рус. армией генерала барона Петра Николаевича Врангеля (1928–1958) // Вестник Совета Рос. Зарубежного Воинства (Нью-Йорк). 1958. № 3; Отречение — 1917. Нью-Йорк, 1969.

И с т. АОРВВВ. Ген. штаба полк. Борис Николаевич Сергеевский // 1976. Июнь. Альбом 28-В;

ЛАА. Справка *К.М. Александрова* на Ген. штаба полк. Б.Н. Сергеевского; Список Ген. штаба на 1 янв. 1916. Пг., 1916. С. 123.

Л и т. *Волков С.В.* Энциклопедия Гр. войны. С. 514–515; *Лисицын К., Витте Н.М.* Борис Николаевич Сергеевский // Часовой (Брюссель). 1976. Июнь–июль. № 599. С. 19; *Николаевский А.* Воин, историк, педагог // НРС; *Рутыч Н.Н.* Биографич. справочник. Юг. С. 220–222.

СЕРГИЕВСКИЙ Борис Васильевич (8 февр. 1888, Гатчина Санкт-Петербургской губ. – 1971) — участник Белого движения на Сев.-Зап. России, капитан, лётчик-испытатель, общественный деятель. Род. в семье инж.-строителя. Оконч. Одесское реальное уч-ще св. Павла (1906) и поступил в Киевский Политехнич. ин-т, где познакомился с будущим авиаконструктором *И.И. Сикорским*. Увлёкся воздухоплаванием, в 1912 совершил первый самостоятельный полёт. Будучи студентом, прервал занятия, чтобы отслужить год в армии. По оконч. службы произведён в прапорщики (1912). Оконч. Политехнич. ин-т (1913), работал инж. на строительстве мостов.

На фронт Первой мировой войны вышел мл. офицером 125-го Курского полка 32-й пех. дивизии. В 1916 откомандирован в Севастопольскую военную авиашколу. В апр. 1917 получил звание лётчика и зачислен во 2-й отряд истребителей на Юго-Зап. фронте. В воздушных боях сбил 11 самолётов противника. Капитан (окт. 1917). Награждён орденами св. Анны IV, III, II ст., св. Владимира IV ст., св. Станислава III и II ст., св. Георгия IV ст. В 1919 — в белых войсках Сев.-Зап. фронта, в 1920 — командир авиации 3-й рус. армии. После 1920 — в Польше, с 1923 в эмиграции в США. Начал карьеру рабочим на строительстве туннеля под Гудзоном. Потом встретился с *И.И. Сикорским* и стал лётчиком-испытателем в его компании на Лонг-Айленде (шт. Нью-Йорк). **С.** принадлежит 18 международных авиационных рекордов, установленных в 30-х гг. по нагрузке и высоте полёта, о чем упоминалось в Палате представителей США. Работая у Сикорского, перегонял построенные на его заводе самолёты в Аргентину, проводил многоч. испытания и был пилотным инструктором для членов экспедиции в Экваториальной Африке, пользовавшейся двумя самолётами Сикорского. В общественно-полит. жизни оставался бескомпромиссным антикоммунистом, меценатом. Оказывал помощь многоч. рус. орг-циям и начинаниям. В 1939 вошел в комитет Толстовского фонда, в создании которого участвовал. Был создателем и председателем Рос. полит. комитета, бессменным командиром Рус. Гарнизона 297 амер. ветеранов иностранных войн им. бриг. ген. Дж. В. Турчина (*И.В. Турчанинова*). Участвовал в создании Свято-Серафимовского фонда, возглавлял Союз Георгиевских кавалеров. *Родственники*: вдова; дочь; сын от первого брака *Орест*.

Л и т. *Киселёв Александр*, протоиерей. 1972, Б.В. Сергиевский // НЖ. 1972. Кн. 100. С. 300–301; *Орехов В.В.* Б.В. Сергиевский // Часовой (Брюссель). 1972. Янв. № 547. С. 10; Brigadier-General John V. Turchinoff Garrison № 297, Army and Navy Union U.S.A. Bulletin. 1938. May 21; *Durkota A., Darcey T. and Kulikov V.* The Imperial Russian Air Force. Famous Pilots and Aircraft of World War I. Mountain View, CA and Stratford, 1995; *Raymond B., Jones D.* Sergievskii Boris // The Russian Diaspora, 1917–1941. Maryland and London, 2000. P. 186.

СЕРГИЕВСКИЙ Орест Борисович (1911, Киев – 1984, Нью-Йорк) — преподаватель балета. Сын *Б.В. Сергиевского*. Переселился в Нью-Йорк в 1931. Принимал участие в «Русском балете», был членом-основателем Театра балета, выступал в балете Метрополитен-опера.

С о ч. Мемуары танцовщика — тени, мечты, воспоминания. Нью-Йорк, 1979.

Л и т. Смерть Ореста Сергиевского // НРС. 1984. 24 окт.

СЕРГИЕНКО Николай (14 июля 1914 – ?) — инженер-химик. Оконч. Краснодарский ун-т (1937) с дипломом химика. В 1933–42 работал в Ростове-на-Дону в лаборатории по анализу продуктов для спирто-винной промышленности. С 1942 в нем. оккупации. Выехал на Запад. В 1944–46 занимался прикладной биохимией в Германии. В 1946–49 ведал качественным контролем при агломерации рудных порошков и испытании строительных материалов в Касабланке, в Марокко. В США жил в Бруклине (Нью-Йорк).

И с т. АОРИ. *Sergienko N.* Resume, typescript, 1959.

СЕРДАКОВСКИЙ Лев Викторович (12 мая 1904, Владикавказ Обл. Войска Терского – 19 мая 1980, Вашингтон) — участник Белого движения на Юге России, корнет. Сын офицера. Кадет Вольского и Тифлисского кад. корпусов. После Октябрьского переворота 1917 — в белых войсках на Юге России. В нояб. 1920 эвакуировался из Крыма. В составе I вып. 7 кл. 1920–21 уч. года оконч. Крымский кад. корпус в Стрнище в Словении. Затем оконч. Николаевское кав. уч-ще в Белой Церкви (1923?) и вышел корнетом в кадры 18-го драг. Северского короля Христиана Датского полк. В эмиграции в Кор. СХС. Оконч. Белградское отделение Высших Зарубежных военно-науч. курсов систематч. изуч. военного дела Ген. штаба ген.-лейт. Н.Н. Головина. В 1941–44 — сотрудник Управления по делам рус. эмиграции в Сербии. После 1944 — в Зап. Германии, затем в США. Работал секретарём Толстовского фонда, служил преподавателем в военной школе армии США в Монтерее (шт. Калифорния), затем — консультантом при Госдепартаменте. *Родственники*: жена Ксения Георгиевна.

И с т. ЛАА. Справка *К.М. Александрова* на корнета Л.В. Сердаковского — сотрудника ген. В.В. Крейтера (1942); Список кадет, окончивших Крымский кад. корпус // Кад. корпуса за рубежом 1920–1945. Монреаль, б. г. С. 142.

Л и т. *Волков С.В.* Офицеры армейской кавалерии. С. 475; Некролог // Часовой (Брюссель). 1980. Июль – авг. № 626. С. 23.

СЕРДЮК [Serduke James T.] Яков Т. (1897–?) — инженер-электрик, проф. физики. Род. в России. Образование получил в России и в США. В 1926–30 занимался исследованиями в General Electric Co., преподавал физику в Массачусетском технологич. ин-те. В 1935–40 — проф. физики в Пей-Йонг ун-те, в Китае. После возвращения в США занимал должность физика в Департаменте мор. флота. В 1943–46 участвовал в работе над проектом по созданию атомной бомбы в Лос-Аламос. С 1946 — консультант. С 1949 состоял физиком и инж. в Оборонных радиологич. лабораториях Мор. департамента США. Работа **С.** была посвящена главным образом ядерным реакторам, контролю управляемыми ракетами и ускорителям атомных частиц.

И с т. Archives of Association of Russian-American Engineers in USA.

СЕЧИНСКИЙ Ярослав (5 марта 1878, близ Львова, Австро-Венгерская империя – 22 февр. 1952, Пуэбло, шт. Калифорния) — протоиерей. Род. в Галиции в семье униатского священника. По оконч. гимназии в Черновицах и дух. семинарии во Львове прослушал курс юридич. наук во Львовском ун-те. Эмигрировав в Канаду, считая себя по духу рус. человеком и глубоко православным по своей религиозной настроенности. Не хотел сотрудничать с униатскими Василианами и искал сближения с православными рус. эмигрантами. В 1904 Канаду посетил архиепископ Сев.-Амер. *Тихон* (*Беллавин*). Делегация православного населения Виннипега обратилась к архиепископу Тихону с просьбой об орг-ции в Виннипеге прихода и рукоположения во священники **С.** Владыка предложил **С.** прибыть в Миннеаполис, где он был возведен в священный сан и назначен разъездным миссионером в Канаду, в пров. Манитоба, Альберта и Саскачеван. После двух лет успешной миссионерской работы в Канаде и строительства церкви во имя Св. Живоначальной Троицы в Виннипеге, переведён в США и назнач. настоятелем прихода в Шарлрой (шт. Пенсильвания). Имел все дух. награды, пожалован императором Николаем II золотым наперсным крестом с пожизненной пенсией. Из-за потери зрения, ушёл на покой. Жил в Пуэбло (шт. Калифорния).

Погребён на местном кладбище.

Л и т. *Свитич А.К.* Кончина и погребение протоиерея Ярослава Сечинского // РЖ. 1952. 6 марта.

СЕЧКАРЕВ [Setchkarev] Vsevolod] Всеволод Михайлович (1914, Харьков – 1 дек. 1998) — проф. славянск. яз. и лит. Гарвардского ун-та на кафедре им. Курта Гюго Рейснингера. Оконч. гимназию и ун-т в Берлине. Удостоился ст. магистра по славистике и докторской ст. в Берлине, Бонне и Гарварде. Занимал должность проф. славистики в Бонне, Гамбурге, с 1957, до ухода на пенсию, в Гарвардском ун-те. К науч. трудам **С.** относятся книги о Н.В. Гоголе, А.С. Пушкине и Н.С. Лескове, И. Анненском и Гундуличе. Автор более 70 статей и рецензий, опубликованных в разных науч. журналах. *Родственники:* вдова Маргарита Александровна. Кремирован.

И с т. Archives of the Assn. of Russian-American Scholars in the USA. *Setchkarev V.* Curriculum vitae, 1971.

СЕЧКИН Николай Петрович (?, Кострома – 26 янв. 1976, Вашингтон) — участник Белой борьбы под Андреевским флагом, инженер-механик, ст. лейтенант Рос. военно-мор. флота. Оконч. Московское Технич. уч-ще (1904), Морское инж. уч-ще (1907), Военно-мор. академию (1913). В 1908–18 — на службе в Рус. военно-мор. флоте, включая командировку на протяжении 4 лет в Великобрит., во время которой инспектировал и принимал для рус. военных кораблей и подводных лодок паровые турбины, дизели, поковки и механизмы. После 1920 — в эмиграции в США. 36 лет занимался проектированием для мор. флота паровых и газовых турбин, дизелей, испытанием топлива, изуч. процессов сгорания, вопросов термодинамики, воспламенения и сгорания жидкого и твёрдого топлива, исследовал причины пожаров и взрывов нефтеналивных судов и правительственных зданий. Последние два года работал в Библиотеке Конгресса по изуч. сов. технич. и науч. лит. Автор 8 статей, посвящённых результатам исследований испытаний топлива и использованной для этого аппаратуры, опубликованных в технич. изданиях.

И с т. АОРИ. Вопросник.

СИВОЛОБОВ Владимир Александрович (5 янв. 1896, Лодзь – ?) — инженер-электрик. Высшее образование получил в 1928 в Берлине. Действительный член Об-ва рус. инж. в США.

И с т. АОРИ. Анкета.

Л и т. Мартиролог рус. военно-мор. эм. С. 123.

СИДАМОН-ЭРИСТОВ Константин, кн. Оконч. Принстонский ун-т и юридич. ф-т Колумбийского ун-та. Воевал в рядах амер. армии во Вьетнаме, награждён орденом Бронзовой звезды. В 1978 основал собственную юридич. фирму. Работал в администрации транспортного отдела Нью-Йорка (Metropolitan Transportation Authority). Председатель Совета директоров Толстовского фонда (1979–89). С 1994 — председатель. Член Рус. дворянского об-ва (Russian Nobility Association) в Нью-Йорке. *Родственники:* жена (урожд. Фиппс) Анна.

Л и т. *Dragadze P.* The White Russians // Town & Country. 1984. March. P. 174–182, 250–255.

СИДОРОВА Татьяна Петровна (род. 1928, Иркутск) — литературовед. Среднее образование получила в СССР и в Германии.

Эмигрировала в Канаду в 1951. Оконч. Монреальский ун-т Конкордия, где получила в 1964 звание магистра. В 1970 защитила докторскую дисс. по литературоведению. В том же ун-те была ассистентом, затем проф., посвятив преподаванию, до ухода на пенсию, 27 лет жизни.

И с т. АА. *Могилянский М.* Биография Т.П. Сидоровой (рукопись), письмо, 2001.

СИДОРСКИЙ Василий Николаевич (15 нояб. 1988, с. Теплицы Ярославского округа, Галиция, Австро-Венгерская империя – ?) — деятель Об-ва рус. братств (ОРБ), учитель, регент. В США с 1908. Оконч. Певческий ин-т епископа Иоанна Снегурского в Перемышле. В США продолжал муз. образование в Скрантонской муз. консерватории (шт. Пенсильвания). Оконч. курсы по торговле недвижимым имуществом и по страховке при ун-те Темпл в Филадельфии. С 1909 член ОРБ. С 1918 переизбирался на должность протокольного секретаря ОРБ. Был учителем в Симпсоне (шт. Пенсильвания), где организовал 39-е юношеское отделение ОРБ. Основал 86-е юношеское отделение в Франквиле (шт. Пенсильвания). Главный контролёр ОРБ (1916–18). Состоял председателем Карпаторусской капеллы при Свято-Михайловском соборе в Филадельфии. Был членом ряда др. рус. и англо-амер. орг-ций и об-в.

И с т. Иллюстрированный Рус.-Амер. календарь на 1926. Филадельфия, изд. ОРБ.

СИКОРА Раймонд Николаевич — инженер-механик. Род. в Харькове. Оконч. Харьковский технологич. ин-т (1941). С 1941 в нем. оккупации. Покинул оккупированную терр. СССР во время Второй мировой войны. После 1945 — в США. Действительный член Об-ва русских инженеров в США (1968).

И с т. АОРИ. Анкета.

СИКОРСКИЙ [Igor Alexis Sikorsky] Игорь Алексеевич. Главный инж. по аэродинамике на заводе Sikorsky Aircraft Division, United Aircraft Corporation в Стратфорде (шт. Коннектикут). Опубликовал в 1940–60 ряд статей, делал доклады на инж. конференциях и съездах в США, Франц. и Великобрит. по вопросам расчётов и аэродинамики вертолётов и самолётов с вертикальным взлётом.

И с т. АОРИ. *Sikorsky I.A.* Aerodynamic parameters selection in helicopter design // The Journal of American Helicopter Design. 1960. V. 5. № 1. P. 41–60.

СИКОРСКИЙ Игорь Иванович (13 мая 1889, Киев – 26 окт. 1972) — авиаконструктор, учёный. Род. в семье проф. психиатрии

Киевского ун-та св. Владимира Ивана Алексеевича Сикорского, уроженца Сквирского уезда Киевской губ., где дед **С.** служил сельским священником. Оконч. гимназию (1903) и Морской корпус (1906), по оконч. которого уехал в Париж для изуч. воздухоплавания; учился в технич. школе Дювиньо де Ланно. Вернувшись в Киев, продолжил образование в Политехнич. ин-те, диплом инж. получил в Санкт-Петербургском Политехнич. ин-те (1914). Интересуясь ещё в ранней юности чертежами летательного аппарата Леонардо да Винчи, в 1909 создал свой первый вертолёт с мотором в 25 лошадиных сил. Более удачный вертолёт с более мощным мотором, способным поднимать собственный вес, был построен **С.** в 1910. В то время начинается всеобщее увлечение строительством самолётов, чему посвятил себя и **С.** В 1910 создал три первых своих самолёта (первые два — совместно с Ф. Былинкиным) и начал самостоятельные полёты (с 3 июня 1910), не имея лицензии лётчика. В 1911 от Императорского аэроклуба получил лицензию лётчика (№64) и построил пятый самолёт (С-5), способный держаться в воздухе до часа. Установил 4 Всерос. рекорда, совершил показательные полёты. В нач. сент. 1911 участвовал в военных маневрах, продемонстрировав преимущества С-5 над иностранными моделями аэропланов. Удостоен почётной медали Императорского Рус. Технич. об-ва и Большой Золотой медали на Московской Воздухоплавательной выставке (1912) за модели самолётов С-6 и С-6А. Имя **С.** приобрело Всерос. известность. В 1912–18 работал на Рус.-Балтийском вагонном заводе (РБВЗ), с апр. 1912 — главный конструктор авиационного отдела РБВЗ. Самолёты **С.** биплан С-10 и моноплан С-11А победили на конкурсе военных аэропланов (1913). Весной 1913 **С.** завершил создание гигантского четырёхмоторного пассажирского самолёта — биплана «Большой Балтийский» (или «Гранд»), совершившего первый полёт 27 апр. 1913 и после доработок переим. в «Русский Витязь». Самолёт имел размах верхнего крыла 30 м и длину фюзеляжа 18 м. Команда «Русского Витязя» составляла 8–10 человек, самолёт мог брать на борт такое же число пассажиров. Авиаконструктор предполагал, что самолёты такого типа будут использованы для пассажирского сообщения Москва – Петербург и Петербург – Киев. Проект **С.** открыл эпоху тяжёлого самолётостроения. В 1914 по образцу «Русского Витязя» был создан бомбардировщик «Илья Муромец», вооружённый несколькими пулемётами, из которых один монтировался в хвосте. Вооружение делало бомбардировщик неуязвимым для нем. истребителей. Всего во время Первой мировой войны **С.** построил 75 таких самолётов, из которых противнику удалось сбить лишь один. На фронте бомбардировщики этого типа успешно использовались в составе первого в мире соединения стратегич. авиации — Эскадры воздушных кораблей генерал-майора М.В. Шидловского, друга и соратника **С.**, убитого большевиками в Петрограде в 1918. Кроме того, **С.** строил истребители, разведчики, создал первый штурмовик (С-19). Последний истребитель (С-20) превосходил все зарубежные аналоги. Всего в России в 1909–17 **С.** создал 25 типов самолётов и 2 вертолёта. Дальнейшее строительство и применение на фронте самолётов **С.** было прервано большевистским переворотом. После развала армии, промышленности и закрытия РБВЗ в марте 1918 на брит. корабле эвакуировался из Мурманска за границу. В эмиграции в Великобрит., затем во Франц. В Париже франц. правительство заключило с **С.** договор на строительство многомоторных самолётов. Однако осенью 1918 наступило перемирие, Германия оказалась побеждена и военные самолёты стали не нужны.

В США с марта 1919. Первые шаги **С.** на амер. земле были нелёгкими. Зарабатывал на жизнь преподаванием математики рус. эмигрантам в вечерней школе. В 1923 вернулся к авиастроению. Первый самолёт в США был создан **С.** при помощи 15 рус. эмигрантов, жертвенно трудившихся бесплатно. Проекту сочувствовал и помог средствами *С.В. Рахманинов*. Однако испытание самолёта прошло неудачно. Следующий самолёт (S-29A) хорошо прошёл испытания и привлёк внимание амер. деловых кругов. В результате в 1925 на Лонг-Айленде (шт. Нью-Йорк) появилась авиационная компания «Sikorsky Manufacturing Company». Приступил к созданию самолётов-амфибий. Самолёт-амфибия S-38 (1928) оказался настолько удачным, что завод получил заказы на 114 таких машин. В 1928 **С.** перенёс деятельность в Стратфорд (шт. Коннектикут). Продолжал конструировать самолёты-амфибии и летающие лодки с двумя и четырьмя моторами. При разработке конструкции новых самолётов пользовался советами Ч. Линдберга, первым перелетевшим Атлантич. океан. Летающая лодка конструкции **С.** (S-38) начала совершать полёты через Тихий и Атлантич. океаны. Четырёхмоторная летающая лодка S-44 (1937) использовалась в качестве бомбардировщика во время Второй мировой войны. В США вернулся к работе над созданием вертолётов. В 1939 построил вертолёт, оказавшийся удачным летательным аппаратом, за ним появилась целая серия вертолётов, применявшихся армией США. Вертолёты **С.** были незаменимыми во время всех военных операций, как во время Второй мировой войны, так и во время военных действий в Корее и во Вьетнаме. **С.** придавал большое значение своим вертолётам при их использовании во время спасательных работ, при перевозке раненых и больных, при распределении гуманитарной и мед. помощи, в инж. работах. Благодаря вертолётам **С.** спасено более 1 млн жизней. Вертолёты **С.** известны во всём мире, их автор считается создателем амер. вертолётной промышленности. По роли, сыгранной в развитии технологии в США, **С.** сравнивают с Т.А. Эдисоном. **С.** не терял связи с др. рус. эмигрантами в США. В 1942 вместе с прихожанами православного прихода в Стратфорде построил церковь св. Николая Чудотворца. Состоял почётным членом РООВА и Об-ва рус.-амер. инж. в США. Читал лекции о последних достижениях в обл. вертолётостроения в Об-ве «Наука» при РООВА, состоявшем из рус. крестьян, переселившихся в Америку для заработков и стремившихся к знаниям, в Клубе рос. молодёжи в Нью-Йорке. Автор книг на философско-религиозные и автобиографич. темы: «The message of the Lord's prayer» (1942); «The invisible encounter» (1947); «The story of the Winged-S» (1938 и 1958); «Recollections and thoughts of a pioneer» (1964). Перу **С.** принадлежит ок. 20 статей, опубликованных в амер. профессиональных авиационных и инж. журналах. **С.** всегда считал, что отождествление понятий «русский» и «советский» является проявлением неуважения к рус. народу. **С.** и его вертолётам отведено место в музее Смитсониевского ин-та (Вашингтон), посвящены экспозиции в отделах двух музеев в Коннектикуте: в Авиационном музее Новой Англии (Хартфорд) и в небольшом Нац. музее вертолётов (Стратфорд). В Амер. музее вертолётов (American Helicopter Museum) в Вест-Честере (шт. Пенсильвания) выставлены вертолеты И.И. Сикорского: S-51 (1947) и XR4 (1943). На заводе рабочий кабинет **С.** сохраняется в таком виде, в каком был оставлен авиаконструктором за день до кончины. В 1951 президент Г. Трумэн вручил **С.** от имени вертолётной промышленности приз «Colliers». Именем **С.** в Бриджпорте (шт. Коннектикут) назван аэропорт (Sikorsky Memorial Airport). Существует Историч. архив им. **С.** («The Igor I. Sikorsky Historical Archives»). За свои труды удостоился 109 наград, благодарственных грамот, дипломов и почётных членств, в России был награждён орденом св. Владимира IV ст. Президент Л. Джонсон наградил **С.** Нац. медалью за науч. достижения (National Medal of Science). В 1951 Об-во рус. инж. в США избрало **С.** почётным членом. В 1976 сов. почта выпустила 16копеечную марку «Самолёт Илья Муромец», не упоминая имени конструктора-антикоммуниста **С.** Только в 80-х гг. запрет на упоминание имени **С.** в СССР был снят, и имя учёного вернулось на родину, заняв должное место в истории рус. авиации. В 1988 Почтовое ведомство США выпустило авиационную марку достоинством в 36 центов с портретом **С.**, изображением наиболее популярного из его вертолётов VS-300 и надписью: «Igor Sikorsky». Компания «United Technologies Sikorsky Aircraft» создала записанный на три видеокассеты биографич. видеофильм на англ. яз. о деятельности **С.** и созданного им предприятия (1. «Forty years of First»; 2. «The Dream Continues» (17 min.); 3. «Recollections of a Pioneer» by Sergei Sikorsky (38:30 min)). *Родственники:* во втором браке (с 1924) вдова (урожд. Семёнова) Елизавета Алексеевна — похоронена рядом с мужем; дети: дочь (от первого брака) *Татьяна* (в браке *фон Йорк*) — глава отдела социологии ун-та Sacred Heart; сыновья (от второго брака): *Сергей* — вице-президент заводов Sikorsky Aircraft, *Николай* — музыкант-скрипач, *Игорь* — адвокат, *Георгий* — математик; семь внуков; правнуки.

Похоронен на кладбище св. Иоанна (St. John's) в Стратфорде. Надпись на его надгробии гласит: «Rare is the man of vision whose dreams become reality. Rarer still is one whose vision brings a better life to others while fulfilling his own. Such a man was Igor I. Sikorsky, aeronautical pioneer, 'Father of the helicopter', inventor and philosopher» («Редко когда мечты дальновидного человека воплощаются в действительность. Еще реже случается, когда дальновидный человек приносит благо другим, осуществляя свое призвание. Таким человеком был Игорь Иванович Сикорский, пионер воздухоплавания, отец вертолёта, изобретатель и философ»).

С о ч. The Lord's Prayer. New York, 1942; Recollections and Thoughts of a Pioneer // Presented at the Wings Club. 1964. Nov. 16; The Story of the Winged S. New York, 1967.

И с т. Archives of Assn. of Russian-American Engineers in USA. *Sikorsky I.I.* A Brief Biography (typescript). 8 p.; Sikorsky Aircraft Branch Library. (Stratford, CT). *Sikorsky Igor I.* Ideas inspired by the Lord's Prayer. A manuscript, 1940. 49 pp.; The Evolution of the Soul. A manuscript, Library & Information Services // 1949. Nov. 15.

Л и т. *Бурова Н.* Наш прославленный соотечественник // НРС. 1989. 16 нояб.; *Истомин А.* (*Александров Е.А.*) Рус. конструкторы самолётов и лётчики в США // РА. 1995. № 20. С. 151–160; *Михеев В.Р.* «Русский витязь» // Отчизна. 1989. 11 нояб. С. 36-41; *Его же.* Сикорский Игорь Иванович РЗ. // Золотая кн. эм. С. 575–578; *Орехов В.В.* Кончина И.И. Сикорского // Часовой (Брюссель). 1972. Дек. № 558. С. 11; Рус. воздушные богатыри И.И. Сикорского. Belgrade, 1930; *Cochrane Dorothy, Hardesty Von, Lee Russell.* The Aviation Careers of Igor Sikorsky, University of Washington Press, 1985; *Delear Frank J.* Igor Sikorsky, His Three Careers in Aviation. New York, 1969, 1976; *Durkota A., Darcey T. and Kulikov V.* The Imperial Russian Air Force. Famous Pilots and Aircraft of World War I. Mountain View, CA and Stratford, 1995; Editorial, On Pioneer's Death // Sikorsky News. 1972. Nov. P. 4–5; *Finne K.N.* Igor Sikorsky. The Russian Years, Smithsonian Institution Press, Washington, 1987; *Morris Charles Lester.* Pioneering the Helicopter. New York - London, 1945; *Otfinovski Steven.* Igor Sikorsky, Father of the Helicopter. Vero Beach, FL, 1993; *Ryan Bill.* What Verne Imagined, Sikorsky Made it Fly // The New York Times. 1995. May 7; *Raymond B., Jones D.* Sikorsky Igor // The Russian Diaspora. 1917–1941. Maryland and London, 2000. P. 183; *Sizer Alvin V.* Remembering Sikorsky's Prophetic Interview // The Register.1993. Jan. 10; Straight Up. United Technologies. *Sikorsky Sergei* (ed.). Sikorsky Aircraft, Stratford, 1984.

СИКОРСКИЙ [Nicholas I. **Sikorsky**] Николай Игоревич — ветеран армии США, капрал. В 1945 служил в Берлине.
И с т. *Pantuhoff Oleg* — 1976.

СИКОРСКИЙ [Sergei I. **Sikorsky**] Сергей Игоревич — инженер-конструктор вертолётов, лётчик-испытатель. Старший сын *И.И. Сикорского*. Во время Второй мировой войны служил в течение двух лет в опытной вертолётной части Береговой охраны США. Был инструктором по пользованию спасательной лебёдкой на вертолётах типа «Sikorsky R-4». Впоследствии обращал большое внимание на придание спасательных функций вертолётам типа S-51, Bell UH-ID и др. Во время Вьетнамской войны 90% раненых амер. солдат были вывезены с поля боя на вертолётах **С.** Помогал отцу в проектировании и создании воздушного подъёмного моста (Skycrane) для вертолёта S-64, с подъёмной силой, превышающей 20 тонн.

В 1984 отред. богато иллюстрированную книгу-альбом по истории стремления человечества к вертикальному полёту «Straight Up». Книга охватывает 2 тыс. лет человеческой истории, начиная с появления игрушек-вертолётов в Китае до Рождества Христова.

Л и т. *Александров Е.А.* С.И. Сикорский // РА. 1997. № 21. С. 223; Straight Up. United Technologies. *Sikorsky Sergei* (ed.). Sikorsky Aircraft, Stratford, 1984.

СИКОРСКИЙ [Igor I. **Sikorsky**, Jr.] Игорь Игоревич — адвокат. Сын *И.И. Сикорского*.

Попечитель отдела, посвящённого отцу в Авиационном музее Новой Англии в Хартфорде (шт. Коннектикут). В этом музее находятся первые вертолёты И.И. Сикорского. Здесь же экспонируется богатая выставка фотографий, освещающая всю его созидательную жизнь в дореволюционной России и в США, начиная с первых опытов с вертолётами, гигантскими самолётами «Богатырь», «Илья Муромец», и заканчивая периодом расцвета авиастроения Сикорского в США.

И с т. Архив КРА. Материалы.

СИЛЬВЕСТР [в миру Иоанн Антонович **ГАРУНС**, Haruns] (1 нояб. 1914, Двинск – 18 мая 2000, Монреаль, Канада) — архиепископ ПЦА. Род. в Прибалтийском крае. Гимназистом состоял членом РСХД. В

1934 переехал в Париж, где поступил в Свято-Сергиевский богословский ин-т. По оконч. ин-та (1938) принял монашество и назнач. настоятелем церкви под Парижем. Во время нем. оккупации Франц. окормлял рус. рабочих, вывезенных на работы во Франц. В 1944 по ложному доносу арестован Гестапо и пробыл в заключении 6 недель. По оконч. войны окормлял самый большой приход в Париже, развил обширную образовательную систему для молодёжи и основал образцовую церковно-приходскую школу. Участвовал в изд. «Приходского вестника», позднее возглавил изд. В 1952 хиротонисан во епископы, назнач. викарным епископом на Юж. Франц. и Италию.

В 1963 прибыл в США и выбран епископом Монреаля и Канады, причислен к собору св. Петра и Павла в Монреале (пров. Квебек). В 1963–79 возглавлял РСХД. В конце 60-х гг. способствовал мирному переходу ПЦА к автокефалии. В 1966 произведен в архиепископы и был при болящем митрополите *Иринее* в теч. трёх лет временным управляющим делами ПЦА. Состоял председателем Департамента церковной истории и архива. В 1972–81 ездил несколько раз в Австралию, где под омофор ПЦА поступили несколько приходов.

Похоронен на Свято-Серафимовском кладбище в Раудоне (Rawdon) возле Монреаля.

И с т. АА. *Могилянский М.* Архиепископ Сильвестр. Машинопись, 2001. 2 с.

Л и т. Archbishop Sylvester // Orthodox America. (Gen. ed. *Tarasar Constance*). 1794–1976. P. 223; *Liberovsky A.* (OCA Archivist). Archbishop Sylvestre of Canada dies in retirement // The Orthodox Church. 2000. June / July. Vol. 36. № 6/7. P. 1, 11.

СИНЕГУРСКИЙ [Ssinegurski E.] Евгений Данилович — инженер-механик, храмостроитель, общественный деятель. Род. в семье офицера Рос. Императорского военно-мор. флота во Владивостоке. Оконч. в Москве Железнодорожный ин-т. После 1945 — в США. Продолжил образование в Колумбийском ун-те, где удостоился звания магистра.

Работал по постройке паровых котлов в компании «Combustion Engineering», Windsor, CT. За свою работу в 1979 награждён грамотой Амер. об-ва инж.-механиков. Строитель православного храма св. Пантелеимона Целителя в Хартфорде (шт. Коннектикут). Член КРА. *Родственники:* жена; четыре замужних дочери; внуки.

И с т. АА. *Костюкевич К.К.* Письмо от 7 апр. 1979.

СИНЕОКОВ Иван Димитриевич (17 июня 1885 – 30 янв. 1977, Сан-Франциско) — инженер путеец. В 1910 г. оконч. в Санкт-Петербурге Ин-т инж. путей сообщения (1910). Специализировался по железнодорожным изысканиям, строительству и геодезич. работам. В США жил в Сан-Франциско. Действительный член Об-ва рус. инж. в США.

И с т. АОРИ. Анкета.

СИНКЕВИЧ [Sinkevich Valentina] Валентина Алексеевна (род. 29 сент. 1926, Киев) — бибилиограф, поэтесса, лит. критик, эссеист. Выросла и провела юность в Остре Черниговской обл., куда её родители скрылись, чтобы избежать преследований со стороны сов. властей из-за «социального происхождения». Дед С. по отцу — священник, дед по матери — генерал Рус. Императорской армии. Двоюродная сестра публициста *К.Ф. Синькевича*. Занятия в школе прервала в 1941.

В 1942 отправлена в Германию на принудительные работы. После оконч. войны жила в лагере для «перемещённых лиц» в Гамбурге. Всю жизнь занималась и занимается самообразованием. В США с 1950. В 1960–87 работала библиографом в Филадельфии в Библиотеке Пенсильванского ун-та, в отделе сборного каталога (Union Library Catalogue). Стихи писала с 10-летнего возраста. Пишет стихи, литературоведч. статьи, очерки и рецензии, выступает с лекциями о рус. лит. в амер. ун-тах и культурных центрах. Ред. поэтич. ежегодника «Встречи» (Encounters — Vstrechi, Almanac of Russian Poetry and Art). Автор поэтич. сб. «Огни» (1973); двуязыч. сб. «Наступление дня» (1978); сб. «Цветенье трав» (1985); «Здесь я живу» (1988), «Избранное» (1992). Совместно с *В. Шаталовым* составила сб. «Берега» (Стихи поэтов второй эмиграции. Филадельфия, 1992. 290 с.), ред. которого была. Публиковалась на страницах газ. «Новое русское слово» (Нью-Йорк), в журналах «Грани» (Франкфурт-на-Майне), «Новый журнал» (Нью-Йорк), «The Philadelphia Inquirer», «Русское возрождение» (Нью-Йорк – Париж – Москва), в «Записках Русской академической группы в США» (Нью-Йорк). На родине публикации С. появились на страницах журналов «Новый мир» и «Октябрь» (Москва). Член РАГ в США и American Association of Teachers of Russian and East European Languages. Член ред. коллегии «Нового журнала», соред. альманаха «Перекрёстки» (Филадельфия).

И с т. АА. *Синкевич В.* Анкета Биографич. словаря; Archives of the Assn. of Russian American Scholars in the USA. *Sinkevich V.* Curriculum vitae, 1979; Автобиография // Берега. Филадельфия, 1992. С. 274, *Крейд В.* С. 654.

СИНЬКЕВИЧ Константин Фёдорович (2 окт. 1912 – 10 февр. 2005, Лонг Бич, шт. Калифорния) — публицист. Род. в семье протоиерея Феодора, участника монархич. движения, редактировавшего до 1917 в Киеве газ. «Двуглавый орёл». Старший брат С. Юрий погиб в Добровольч. армии, не достигнув 19 лет. Накануне прихода большевиков отец выехал из Киева с сыном Александром (впоследствии архиепископом Лос-Анджелесским *Антонием*). Мать Мария Николаевна с сыновьями Константином и *Сергеем* нелегально перешли в Румынию, а оттуда переехали в Кор. СХС. Здесь семья С. воссоединилась. Оконч. I Рус. Вел. Кн. Константина Константиновича кад. корпус в Белой Церкви (Югославия) в составе XII вып. 8 кл. 1931–32 уч. года. По оконч. корпуса поступил на агрономич. ф-т Загребского ун-та. Состоял два года секретарем отдела НТСНП. Через два года перевёлся в Белградский ун-т. Наступившая война не позволила **С.** сдать последние экзамены. В 1941 служил землемером в датской компании. Начавшаяся война Германии против Советского Союза воодушевила рус. диаспору в Сербии, многие надеялись на продолжение Белой борьбы против коммунизма. Вступил на службу в Рус. Корпус, по специальности агронома назнач. в ветеринарную службу. В 1941 в Белграде женился; жена — Даница из рус.-сербск. семьи. Старшая дочь род. в Югославии, две младших — в Австрии. На службе в Рус. Корпусе провел в чине унтер-офицера четыре года, получив лишь в конце войны чин лейтенанта (подпоручика по рус. производству) ветеринарной службы. В мае 1945 перешёл с Корпусом из Югославии в Австрию, здесь Корпус сложил оружие представителям брит. командования. Благодаря знанию языков получил должность переводчика в беженском лагере брит. зоны оккупации. Затем работал в амер. консульстве, занимавшимся приёмом беженцев в США. В 1946 получил предложение от эфиопского правительства поступить на должность преподавателя ботаники при колледже в столице Аддис-Абебе. Но оказалось, что вакансия уже занята, и **С.** предоставили должность управляющего кофейной плантацией. В Эфиопии прожил с семьёй 8,5 лет.

С 1958 в США. Гражданин США. Поступил на гос. службу в отдел министерства сельского хоз-ва на должность инспектора мясной промышленности, на которой работал 18 лет. С 1982 в отставке. Лит. способности стали проявляться у **С.** в юности, рано научился играть на струнных инструментах. Студентом подрабатывал игрой на гитаре в студенч. оркестрах, выступал на солдатских вечерах в Рус. Корпусе. Участвовал в театральных постановках в беженском лагере. Посылал репортажи в эмигрантскую газету. В Эфиопии писал «Репортажи из джунглей». Переселившись в США, начал много заниматься лит. работой, сотрудничал в журнале «Согласие» (Лос-Анджелес), стал его ред. Писал для журнала полит. передовицы. Находясь на посту председателя Объединения Рос. кадет в Сан-Франциско, выпускал (с 1984) бюллетень Объединения, превратившийся в журнал, выходящий ежеквартально на 60–70 страницах. С 1982 — помощник ред. газ. «Русская жизнь» (Сан-Франциско). Автор иллюстрированной книги «Вне Родины» (в печати в Москве) с описанием истории рода **С.**, семьи автора и всей его жизни, начиная с революции 1917 до послевоенных лет.

Похоронен на Серб. кладбище в Сан-Франциско.

И с т. АА. *Раевский В.* К.Ф. Синькевич (биографич. очерк), машинопись, 4 с., *Синькевич К.Ф.* Письмо от 29 окт. 2003; Список окончивших корпус за время 1920–1945 // Кад. корпуса за рубежом 1920–1945. Монреаль, б. г. С. 483.

СИНЬКЕВИЧ Сергей Феодорович (1905 – 3 окт. 2001, Монтерей, шт. Калифорния) — преподаватель рус. яз. В эмиграции в Кор. СХС. Оконч. Крымский кад. корпус в Белой Церкви в составе VII вып. 7 кл. (1926). Оконч. Югославское военное уч-ще (1929). Служил в офиц. чине в Кор. армии Югославии. После оконч. Второй мировой войны переселился в США, многие годы был преподавателем в военной школе в Монтерее. Участник строительства церкви в Монтерее. *Родственники*: вдова Нина Ивановна; дочери Ольга и Татьяна с семьями; братья: Константин и Михаил — живёт на о-ве Гуам.

Похоронен на городском кладбище Монтерея.

И с т. АА. *Раевский В.* К.Ф. Синькевич (биографич. очерк), машинопись, 4 с.; Список, кадет, окончивших Крымский кад. корпус // Кад. корпуса за рубежом 1920–1945. Монреаль, б. г. С. 150; Список кадет, окончивших Югославское военное или административное уч-ще // Там же. С. 163.

Л и т. Некрологи // РЖ. 2001. 13 окт.

СИРИН — см. **НАБОКОВ** В.В.

СИРОТИНСКИЙ [Syrotynsky] Иван Николаевич (21 июня 1896 – ?) — инженер-механик. Оконч. механич. отделение Политехнич. ин-та (1926). В США с 1951. Жил в Даннелон (шт. Нью-Джерси). Работал токарем и сварщиком. Действительный член Об-ва рус. инж. в США.

И с т. АОРИ. Анкета (1954).

СКВОРЦОВ Александр Васильевич (10 июня 1893, Седлец, Польша – ?) — инженер путей сообщений. Оконч. в Петрограде Ин-т инж. путей сообщения императора Александра I (1918). Член Ин-та инж.-строителей в Лондоне, Амер. Об-ва инж.-строителей, Об-ва рус. инж. в США (1954). Имел лицензию профессионального инж. в шт. Нью-Йорк.

И с т. АОРИ. Анкета.

СКВОРЦОВ Михаил Алексеевич (18 янв. 1887 – 19 апр. 1967, Голливуд, шт. Калифорния) — участник Белого движения на Юге России, генерал-майор. Из казаков стан. Суворовской Баталпашинского отдела Обл. Войска Кубанского. Оконч. 3-й Московский кад. корпус, Николаевское кав. уч-ще (1907) и вышел хорунжим в Кубанский (Варшавский) каз. отдельный дивизион. В 1910 прикомандирован, затем переведён в Собственный Е.И.В. Конвой. Участник Первой мировой войны. В составе Л.-гв. 1-й Кубанской сотни участвовал в боях на Зап. фронте (1915–16). Дважды ранен. За боевые отличия награждён орденом св. Владимира IV ст. с мечами и бантом и Георгиевским оружием. В 1917 в составе Кубанского гв. дивизиона прибыл на Кубань. Участник 1-го Кубанского («Ледяного») похода 1918 в рядах Конвоя Атамана Войска Кубанского и 1-го офиц. конного полка Доброволч. армии. В 1918–19 — командир 2-го Запорожского полка 1-й Кубанской каз. дивизии, бригады 4-й Кубанской каз. дивизии II Кубанского корпуса. С сент. 1919 — вр.и.о. командующего II Кубанским корпусом. Генерал-майор. Эвакуировался в 1920 из Новороссийска. В эмиграции в Кор. СХС. На 1922 — командир 3-го Сводно-Кубанского полка Кубанской каз. дивизии. Член Правления Союза Рус. военных инвалидов. С 20 сент. 1941 — в Рус. Корпусе. С 16 окт. 1941 — командир 11-й роты 4-го батальона Сводного полка. На 28 дек. 1941 — командир 6-й (каз.) роты 2-го полка. Участник боевых действий против коммунистич. партизан. На 1 янв. 1943 — командир 6-й сотни 2-го батальона 1-го каз. полка, на 31 дек. 1942 — командир 1-го батальона. 28 сент. 1944 ранен в бою. Командовал батальонами: тяжёлого оружия (3–24 нояб.) и 2-м (с 24 нояб. 1944). Отличился в боях за Челич (1944), кавалер Железного креста II кл. После оконч. войны — в Австрии, затем в США. Проживал в Лос-Анджелесе. Состоял почётным председателем Калифорнийского отдела Союза участников 1-го Кубанского («Ледяного») похода, почётным членом Об-ва рус. ветеранов Великой войны и Обще-Кад. Объединения. *Родственники:* вдова (урожд. Фёдорова) Мария Николаевна (? – 6 янв. 1968, Голливуд); сын Михаил.

Похоронен на кладбище Голливуд.

И с т. ЛАА. Справка *К.М. Александрова* на командира 2-го батальона 1-го каз. ген. Зборовского полка Рус. Корпуса генерал-майора М.А. Скворцова; Кавалеры Георгиевского оружия // Памятка Николаевского Кавалерийского Училища. Б.м., 1969. С. 253.

Л и т. *Волков С.В.* Офицеры российской гвардии. С. 445; *Иванов И.Б.* Краткие биографич. данные чинов Рус. Корпуса, упомянутых в наст. сб. // РК. 1999. С. 430; Некролог // Часовой (Брюссель). 1967. Июнь. № 492. С. 23; РК. 1963. С. 39, 42, 116, 118, 138, 149, 150–151.

СКИБИН Юрий [Жорж] Борисович (1929, Харьков – 1981) — танцовщик, хореограф. Покинул родину вместе с родителями, поступившими в Рус. балет С.П. Дягилева во Франции. В Париже начал балетную карьеру в студиях Преображенской и Егоровой. С 1937 — ученик С.М. Лифаря. Выступал в ансамбле «Балет молодёжи». В годы Второй мировой войны покинул Европу с балетом Блюма и *де Базиля*, обосновался в Австралии. Затем переехал в США, здесь работал с *М.М. Фокиным, Л.Ф. Мясиным и К.В. Нижинской.* В 1945 поступил в армию США и служил в Европе. После демобилизации — первый танцовщик созданного С.М. Лифарём и Е. Ю. Гринбергом «Нового балета Монте-Карло», который позднее перешёл в руки чилийского мецената маркиза Куэваса. Затем принял приглашение Парижской оперы, заняв должность хореографа и балетмейстера. В 1956 вместе с женой Марджори Толчиевой (Talklchief) — амер. балериной индейского происхождения — танцевал в труппе Нац. франц. балета во время его первых гастролей в Москве. Приехав вторично в США, стал худ. рук. Балета Харкнесса. Затем работал в Хьюстоне (шт. Техас).

СКИБИЦКИЙ Борис Фёдорович (11 июня 1895, Киев – ?) — инженер-геометр. В эмиграции в Чехословакии. Оконч. Пражский политехнич. ин-т с дипломом инж.-геодезиста (1927). В США жил в Бруклине (Нью-Йорк). Действительный член Об-ва рус. инж. в США.

И с т. АОРИ. Анкета (1950).

СКИДАН Алексей Николаевич (15 марта 1935, Белград – 13 марта 1988, Нью-Йорк) — музыковед. Род. в семье художника. В 1951 переселился из беженского лагеря в США. Оконч. в Нью-Йорке среднюю школу и школу Джульярд, в которой изуч. музыковедение и дирижёрство. Три года служил в рядах армии США в Корее. Работал в Славянском отделе Нью-Йоркской Публич. библиотеки. Устраивал концерты рус. и международной муз. Администратор церковного хора *Н.П. Афонского*, хора «Капелла», Рус. нац. хора и др. Под попечительством КРА был устроителем самого большого за всю историю рус. эмиграции рус. юбилейного концерта в Нью-Йорке по случаю 200-летия США. Преподавал в церковных школах, читал лекции на лит. темы. Долголетний сотрудник газ. «Новое русское слово» (Нью-Йорк). *Родственники*: жена (урожд. Ляшевич) Лидия Владимировна.

Л и т. *Григорий (Афонский)*, епископ. Памяти А.Н. Скидана // НРС. 1988. 25 мая.

СКИПЕТРОВ Леонид Николаевич (23 марта 1883, Виленская губ. – 22 авг. 1956, Лос-Анджелес) — участник Белого движения на Востоке России, генерал-майор. Оконч. 1-ю Виленскую гиназию, Виленское военное уч-ще (1904) и вышел в 170-й Молодечненский полк 43-й пех. дивизии. В 1904 добровольцем ушёл на фронт рус.-яп. войны 1904–05 в рядах 98-го Юрьевского полка 25-й пех. дивизии. Участвовал во многих боях со своей конно-охотничьей командой в рядах отряда ген. П.И. Мищенко. Ранен и контужен, по излечении возвратился на фронт. По оконч. войны вернулся в полк. На фронт Великой войны вышел командиром роты 170-го Молодеченского полка. Участник Первой мировой войны. Награждён за боевые отличия Георгиевским оружием (июль 1915) и орденом св. Георгия IV ст. (1916). Полковник, командир полка (1917), затем — и.д. генерала для поручений при командующем Иркутским ВО. После Октябрьского переворота 1917 — в белых войсках Восточ. фронта. Рук. восстания юнкеров в Иркутске (дек. 1917). В 1918 — нач-к штаба Особого Маньчжурского отряда, затем — помощник Атамана Г.М. Семёнова. С осени 1918 — нач-к 9-й Восточ.-Сибирской стрелковой дивизии. Генерал-майор (6 сент. 1918) за отличия по службе. В Забайкалье **С.** служил инспектором пехоты и военно-уч. заведений Дальневосточ. армии, нач-ком Читинского (Забайкальского) военного р-на. Ранен и контужен. Зимой 1919–20 предпринял попытку освобождения адм. А.В. Колчака. Отряд **С.** занял все туннели по Кругобайкальской жел. дороге, со своими четырьмя бронепоездами укрепился на ст. Байкал и с боями продвинулся к Иркутску, предъявив ультиматум франц. ген. Жанену освободить Верховного Правителя, угрожая в противном случае взорвать туннели. За час до истечения срока по тайному приказу франц. предателя чехи одновременно по всей линии туннелей напали на рус. отряд, разоружили его и поставили на охрану вооружённых ими рабочих. В ответ Семёнов перерезал линию жел. дороги у Читы, предъявив требование чешск. ген. Я. Сыровому освободить отряд, что и было выполнено. По оконч. Белой борьбы на Дальнем Востоке — с женой в эмиграции в Польше, затем в США. Поселился в Калифорнии.

Л и т. *Волков С.В.* Энциклопедия Гр. войны. С. 523; *Шайдицкий*, полк. Генерал-майор Л.Н. Скипетров // Часовой (Брюссель). 1956. Нояб. № 370. С. 23.

СКИПСКИЙ Владимир Павлович (5 окт. 1913, Угроеды Харьковской губ. – 1 окт. 1984) — биохимик. Род. в семье агронома. Отец **С.** был арестован по ложному обвинению во время сталинского террора. Оконч. Киевский ун-т (1938) и принят в аспирантуру в отдел эволюции функций Ин-та экспериментальной биологии и патологии. По оконч. аспирантуры (1941) — ст. науч. сотрудник отдела патологии Ин-та. Летом 1941 мобилизован в Красную армию и попал в нем. плен. Освобождён из плена в Виннице по ходатайству проф. А.А. Савастьянова. Вернулся в Киев, работал в отделе биохимии Ин-та экспериментальной биологии и патологии. В сент. 1943 немецкое командование приказало населению Киева оставить город, и **С.** стал беженцем вместе с др. сотрудниками Ин-та. После оконч. войны оказался во франц. зоне оккупации в Германии, откуда переехал в Штутгарт, в амер. зону.

Будучи убежденным противником коммунистич. диктатуры и избежав насильственной репатриации в СССР, переселился в США. Работал на апельсиновых плантациях. Затем нашёл работу по специальности в биохимич. лаборатории, поступил в аспирантуру. В 1956 защитил докторскую дисс. при ун-те Юж. Калифорнии в Лос-Анджелесе. В 1956 поступил на работу в Ин-т раковых заболеваний Слоан Кеттеринг (Sloan Kettering Institute, позже — Memorial Slaon Kettering Center) в городе Рай (Rye, шт. Нью-Йорк), где проработал 25 лет. Занимался исследованием липопротеинов в мембранах раковых клеток. К самым значительным достижениям **С.** относятся: 1) разработка методов по разделению и изоляции липидов, протеолипидов и их соединений из клеточных мембран путем тонкопленочной хроматографии; 2) выявление присутствия в мембранах раковых клеток и в крови больных раком специфических для рака протеолипидов и ганглиозидов; 3) изуч. роли гликосфинголипоидов и гликопротеинов в появлении метастаз. Автор 150 статей, опубликованных в 17 журналах, посвящённых биохимии и исследованиям рака. Автор отдельных глав в книгах «Biochemical Problems of Lipids (1955), «Blood Lipids and Lipoproteins (1972), «Methods of Enzymology» (1969, 1975), «Prevention and Detection of Cancer» (1978). Состоял членом 10 науч. об-в. *Родственники:* жена (в разводе) Ирина Андреевна (урожд. Лызлова); сын Павел.

Похоронен на кладбище монастыря Ново-Дивеево (шт. Нью-Йорк).

И с т. АА. Воспоминания, рукопись (1996); *Скипская И.А.* Переписка (1997); *Скипский Владимир Павлович.* Трудовая книжка, 1939.

Л и т. *Keппен A.A.*; Who's Who in Frontier Science and Technology. 1-st section, 1984–1985, P. 675.

СКОБЕЛЕВА Доротея (? – 16 сент. 1990, Сан-Франциско) — общественный и церковный деятель. Происходила из семьи ген. М.Д. Скобелева. Осталась сиротой в Китае. **С.** приютила семья англ. дипломата, помогла ей оконч. англ. гимназию и ун-т. Переселилась в США. В Сан-Франциско стала ходатаем перед властями по делам Скорбященского собора, Рус. центра. Расследовала дело о незаконной продаже древних рус. икон, старалась защищать доброе рус. имя и православие в прессе, отзывалась на нужды людей, нуждающихся в помощи.

Похоронена на Серб. кладбище в Сан-Франциско.

Л и т. *Петлин Н.* Некролог // РЖ. 1990. 25 сент.

СКОПИЧЕНКО Ольга Александровна (1908, Сызрань Симбирской губ. – ?) — поэтесса. Жила в Харбине, где опубликовала сб. стихов «Родные порывы» (1926). Произведения **С.** многие годы печатались в рус. изданиях Шанхая («Путь изгнанника», 1932) и Филиппин («День за днем», 1949). После переезда в США сотрудничала в рус. прессе в Сан-Франциско.

С о ч. Неугасимое. Сб. Сан-Франциско, 1953.

Л и т. *Витковский Е.В.* Антология… Кн. 3. С. 381.

СКОРНЯКОВ Виктор Георгиевич (1911, Польша – 1993, шт. Флорида) — книгоиздатель, писатель. Род. в Польше в семье землевладельцев, которая после революции оказалась за пределами границ Сов. России. Оконч. юридич. ф-т Варшавского университета, но Вторая мировая война и нем. оккупация (1939) прервали его карьеру. В ходе военных действий стал беженцем. После оконч. военных действий переселился с родителями в США. Здесь создал небольшое рус. издательство. Прозаик, автор романа «Остров безмятежных», сб. рассказов «Дверь с фокусом» и рассказа «Завтрашняя газета». Последняя общественная работа **С.** — издание памятки в честь 20-летия Рус. клуба в Санкт-Петербурге (шт. Флорида). Последние годы жил во Флориде.

Л и т. *Смирновы А. и Ю.* Памяти В.Г. Скорнякова // НРС. 1993. 3 дек.

СКОРНЯКОВ Георгий Валентинович (4 янв. 1895, Полтава – ?) — ветеран, инженер-механик. Оконч. Академию Ген. штаба. После 1920 — в эмиграции в Польше. Оконч. Варшавскую Технич. школу (1933). Работал по установке центрального отопления и водопровода. В США жил в Нью-Йорке. Действительный член Об-ва рус. инж. в США.

И с т. АОРИ. Анкета (1954).

СКОРОБАЦКИЙ Владимир Николаевич (? – 31 мая 1977, США) — участник Белого движения на Юге России, ст. унтер-офицер Марковского полка. После эвакуации (1920) переселился в США.

Л и т. Некролог // Часовой (Брюссель). 1977. Окт. – нояб. № 608. С. 18.

СКОРОДИНСКИЙ Н.А. — проф., специалист по строительству гидроэлектростанций. В общей сложности рук. строительством 18 гидростанций в России, Аргентине и Канаде. В посёлке Роуден возле Монреаля рус. ветеранами было создано кладбище, на котором по проекту **С.** был возведен памятник рус. воинам.

И с т. АА. *Могилянский М.* Письмо (1999).

СКОРОДУМОВ Михаил Фёдорович (1892 – 15 нояб. 1963, Лос-Анджелес) — участник Белого движения на Юге России, основатель Рус. Корпуса (1941), генерал-майор (по КИАФ). Оконч. 1-й кад. корпус (1910), Павловское военное уч-ще (1912) и вышел подпоручиком Л.-гв. в Павловский Его Величества полк 2-й гв. пех. дивизии, с которым в июле 1914 ушёл на фронт Первой мировой войны. 26 авг. 1914 в разведке ранен с раздроблением локтя правой руки, но сумел начертить кроки расположения противника, что позволило на следующий день разбить врага. За мужество награждён орденом св. Владимира IV ст. с мечами и бантом. По излечении от строевой службы отстранён, но зимой 1915 вернулся на фронт с 11-й маршевой ротой. 22 июля 1915 командовал батальоном, храбро прикрывая отступление 2-й пех. дивизии. Вторично тяжело ранен, пролежав 1,5 дня и 2 ночи на поле боя, подобран нем. санитарами и пленён. Единственный рус. офицер, награждённый за отличия орденом св. Георгия IV ст. в плену. В плену пробыл 1 год и 7 мес., трижды пытался бежать. Благодаря хлопотам чинов полка и Вел. Кнг. Марии Павловны был обменян на нем. инвалида и 26 февр. 1917 вернулся в Петроград. После Февральской революции 1917 — член конспиративной монархич. орг-ции, после Октябрьского переворота 1917 — в белых войсках на Юге России (с 1918). Протезный инвалид. Павловцы преподнесли **С.** серебряный протез на раненую руку с надписью «Павловцы своему герою». Нач-к команды кон. разведчиков в Павловском батальоне 1-го Сводно-гв. полка Сводно-гв. бригады ВСЮР (лето 1919). В конной атаке при штурме Киева ранен в третий раз и носил неизвлечённую пулю в ноге всю оставшуюся жизнь. Участник похода ген. Н.Э. Бредова (1920). Интернирован в Польше, откуда выехал в Крым, полковник (1920). Участник боёв на Перекопе (1920). Эвакуировался из Крыма в нояб. 1920 в составе Рус. армии. В 1920–21 — в Галлиполи, командир батальона Корниловского военного уч-ща. С 1921 в Болгарии. Комендант Ловеча. По распоряжению правительства Стамболийского вместе с ген. А.П. Кутеповым выслан из Болгарии. В эмиграции в Кор. СХС. На 1925 — в кадрах Гв. отряда. Участвовал в деятельности монархич. орг-ций. В 1930 организовал создание единственного Памятника Рус. Славы в Белграде, посвящённого императору Николаю II и 2 млн рус. воинов, «за Веру, Царя и Отечество в Первую мировую войну живот свой положивших». Высота памятника достигала 19 метров. Сюда по инициативе **С.** были перенесены останки чинов Рус. Императорской армии, павших во время Первой мировой войны в рядах Особой рус. бригады на Салоникском фронте. За свою деятельность награждён королём Югославии Александром I Карагеоргиевичем орденом св. Саввы III ст. Создатель военно-политич. орг-ции Рус. Нар. Ополчение. Генерал-майор (по КИАФ, 1930). С 22 мая 1941 — нач-к Бюро по делам рус. эмигрантов в Сербии. В условиях начавшегося в Сербии коммунистич. восстания партизан Тито, обратился к нем. оккупационным властям с инициативой создания крупных рус. воинских частей. 12 сент. 1941 отдал приказ о формировании отдельного Рус. Корпуса, но за независимый и патриотич. характер приказа был арестован Гестапо и вскоре освобождён без права заниматься политич. деятельностью. В 1941–44 работал сапожником. В 1944 вступил в Рус. Корпус рядовым и в составе запасной роты совершил Босанский поход от Белграда до Чачка и от Чачка до Славянского Брода, откуда выехал в Австрию (Куфштейн) для спасения семьи. 5 июня 1945 арестован амер. властями. Содержался в лагере Моосбург и др. местах заключения. Перед угрозой принудительной репатриации в сов. зону покушался на самоубийство, затем, как склонный к самоубийству, но будучи совершенно здоровым, 4,5 месяца содержался в психиатрич. больнице Егфлин Хаар под Мюнхеном, затем в лагере Дахау, откуда был освобождён (1946). В 1946–50 — в Южной Германии. В США с 1950, жил в Калифорнии. Участвовал в орг-ции переезда бывших чинов Рус. Корпуса из Австрии в США. До конца своих дней **С.** оставался убеждённым монархистом-легитимистом. Воспоминания и собственную политич. публицистику **С.** публиковал на страницах издаваемого им журнала «За моральную революцию». *Родственники:* вдова Екатерина Димитриевна.

Похоронен на кладбище Голливуд.

С о ч. История возникновения Рус. Корпуса в Сербии // РК. 1999. С. 43–54.

И с т. ЛАА. Справка *К.М. Александрова* на основателя Рус. Корпуса генерал-майора М.Ф. Скородумова; Там же. *Неелов Н.Л.* Краткая биография ген. Михаила Фёдоровича Скородумова (машинопись).

Л и т. *Александров К.М.* Генерал-майор Михаил Фёдорович Скородумов // Комментарии к воспоминаниям Я.А. Трушновича «Русские в Югославии и Германии 1941–1945 гг.» // Новый Часовой (СПб.). 1994. № 2. С. 150; *Волков С.В.* Офицеры российской гвардии. С. 446; *Иванов И.Б.* Краткие биографич. данные чинов Рус. Корпуса, упомянутых в наст. сб. // РК. 1999. С. 430–431; Некролог // Часовой (Брюссель). 1964. Февр. № 452. С. 23; *Чухнов Н.Н.* С. 15, 17, 22–24, 122–123.

СКОРЯШИНА Ирина — писатель. Род. в Санкт-Петербурге в семье генерала. Оконч. школу для сестёр милосердия при Красном Кресте и Мед. ин-т. Была замужем первым браком за гр. Келлером (в разводе), вторым браком — за Франклином Блэйксли (Blakeslee). В США с 1923, гражданин США (1929). Писала с 1930. В издательстве Bobbs Merrill Pub. Co (Нью-Йорк) были опубликованы её книги: «A World Can End» (1931), «A World Begins» (1932), «First to go Back» (1934), «Little Era in Old Russia» (1934), «New Worlds for Old» (1935).

И с т. АМРЦ. *Морозова О.А.* Биографич. сборник — черновая рукопись: М-73 (MS 268). С. 8.45; М-73-8, 2.4-188.

СКРИПКИН Анатолий Владимирович (10 янв. 1910, ст. Оловянная Забайкальской обл. – 18 февр. 1985, Сан-Франциско) — чин РОВС, сотник, журналист. С родителями ушёл от большевиков в Китай. На ст. Маньчжурия оконч. реальное уч-ще. Переехав в Харбин, окончил унтер-офиц. курсы РОВС, затем — двухгодич. военно-училищные курсы РОВС (1934), хорунжий. В 1936–37 — командир отделения 1-го взвода Офиц. роты Дальневосточ. союза военных. С 1938 — командир 2-го взвода Харбинского военного уч-ща Дальневосточ. союза военных. В 1941 приказом Главнокомандующего Вооружёнными Силами Рос. Восточ. окраины ген.-лейт. Г.М. Семёнова произведён в сотники по Забайкальскому каз. войску. В 1945 уехал в Шанхай, затем эвакуировался на о-в Тубабао на Филиппинах.

В 1951 прибыл в Сан-Франциско. Состоял членом Об-ва ветеранов Великой войны. Многолетний атаман Забайкальской каз. стан., некоторое время состоял председателем Общеказ. союза в Сан-Франциско. Будучи журналистом, сотруднич. в рус. эмигрантских газетах. **С.** всегда говорил: «Не могу воевать с врагом с оружием в руках, зато могу разоблачать его пером». *Родственники:* вдова Елена Петровна.

Похоронен на Серб. кладбище в Сан-Франциско.

И с т. АОРВВВ. Сотник Анатолий Владимирович Скрипкин // 1985. Альбом IV.

Л и т. *Друг.* Памяти А.В. Скрипкина // НРС. 1985. 28 февр.; Некролог // Часовой (Брюссель). 1985. Нояб. – дек. № 657. С. 30.

СКРОБКО Василий Андреевич — деятель РООВА. В США с 1912. Был призван на военную службу в армию США. Отслужив, в 20-х гг. начал работать в рус. общественных орг-циях. Занимался созданием Кружка рус. молодёжи в отделе РООВА им. А.П. Чехова. Заведовал Чеховским домом на Ферме РООВА, дважды избирался председателем правления Фермы (1944–45), председателем штатного комитета нью-йоркских отделов РООВА. Занимался устройством новоприезжих эмигрантов.

Л и т. *Березний Т.А.* С. 80.

СКРЫЛОВ Алексей Иванович (26 янв. 1894, Златоуст – 1979) — участник Белого движения на Юге России, войсковой старшина, инженер-землемер, журналист. Род. в семье железнодорожного техника. Оконч. церковно-приходскую школу в Челябинске, продолжил занятия в Курском и Псковском реальных уч-щах. Оконч. Гродненскую землеустроительно-налоговую школу с назнач. в Гродненскую землеустроительную комиссию. Участник Первой мировой войны. В 1914 поступил вольноопределяющимся в 8-й Туркестанский стрелковый арт. дивизион. За отличия произведён в офиц. чин, прапорщик арт. (1917). После Октябрьского переворота 1917 — в белых войсках на Юге России. В нояб. 1917 прибыл в отпуск на Кубань, вахмистр отдельной офиц. батареи Кубанской армии. С 1 дек. 1917 — мл. офицер, нач-к команды разведчиков 2-й Кубанской каз. пластунской батареи (с авг. 1918 — 6-я Кубанская каз. кон. батарея). Участник 1-го Кубанского («Ледяного») похода 1918. Затем — старший офицер в рядах батареи. Почётный казак (1919). Есаул (на 1920). После 1920 — в эмиграции в Кор. СХС. Оконч. Белградскую Геодезич. академию. Работал геодезистом на гос. службе. При наступлении сов. войск (1944) эвакуировался с семьёй в Германию. После 1945 жил под Мюнхеном в лагере для беженцев Шляйхсгейм, где участвовал в создании Общеказ. стан. и изд. журнала «На пикете». В США с семьёй с 1949. Первое время зарабатывал на жизнь физич. трудом, затем работал инженером-землемером. Деятельно участвовал в политич. и культурной жизни каз. эмиграции. Ред.-издатель «Казачьего словаря-справочника» (в 3 т.: Кливленд,

1966; Сан-Ансельмо, 1968 и 1970; репринт: М., 1992). *Родственники:* жена Елизавета Стефановна; дети: Валериан (род. 25 дек. 1925) и Николай (род. 30 июля 1919) — в США.
И с т. *АА. Рагозин С.* Сообщение, май 2001.
Л и т. *Волков С.В.* Первые добровольцы… С. 290; Каз. словарь-справочник / Сост. Г.В. Губарев. Ред.-изд. А.И. Скрылов. Т. III. Сан-Ансельмо, 1968. С. 94–95.

СКРЫПЛЕВ Константин Григорьевич — капитан-лейтенант Рос. Императорского военно-мор. флота. Командир корвета «Новик» в составе рус. Тихоокеанской эскадры контр-адм. *А.А. Попова*, посетившей Сан-Франциско в 1863–64 для участия в защите северян от возможного выступления Великобрит. и Франц. на стороне Юж. Конфедерации во время Гражданской войны в США 1861–65.
Л и т. *Тарсаидзе А.Г.* К 90-летнему юбилею прибытия русских эскадр в Америку, 1863–1953 // Морские записки (Нью-Йорк). 1953. Нояб. Т. XI. № 3. С. 11–23.

СКРЯБИН Владимир Петрович (? – 30 сент. 1983, Сан-Франциско) — участник Белого движения на Юге России, поручик Корниловского арт. дивизиона. Ветеран Белой армии. После эвакуации из Крыма (1920) переселился в США.
Л и т. Некролог // Часовой (Брюссель). 1984. Янв.– февр. № 647. С. 29.

СКУРИДИН Константин Константинович (26 янв. 1893 – 19 мая 1982, Сан-Франциско) — ротмистр. Офицер 2-го Лейб-гус. Павлоградского императора Александра III полка 2-й кав. дивизии. После 1920 — в США.
Л и т. Некролог // Часовой (Брюссель). 1982. Сент.– окт. № 639. С. 29.

СЛАВИНА Кира Марковна (род. 11 июня 1911, Санкт-Петербург) — поэтесса, радиожурналист. В США с 1928. Оконч. среднюю школу (1931), училась в Нью-Йоркском городском колледже (City College). Работала в ООН и 30 лет — на радиостанции «Голос Америки». Состояла в Кружке рус. поэтов. Публиковала стихи на страницах следующих изданий: «Новый журнал» (Нью-Йорк), «Новоселье», в сб. «Четырнадцать», в антологиях «Эстафета» (1948), «Содружество» (1966) и «Вернуться в Россию стихами» (М., 1995).
И с т. Автобиография // *Крейд В.* С. 655.
Л и т. *Витковский Е.В.* Антология… Кн. 4. С. 351.

СЛАВИНСКИЙ Н. — автор книги «Письма об Америке и русских переселенцах», опубликованной в 1870-х гг.
Л и т. *Полчанинов Р.В.* Рус. в Нью-Йорке в 1870-х гг: // НРС. 1986. 30 сент.

СЛАВЯНСКИЙ Дмитрий Александрович — см. **АГРЕНЕВ-СЛАВЯНСКИЙ**.

СЛАТИНА-ЦАКОНИ Ольга Александровна — пианистка. После эмиграции из России — концертмейстер Белградской Кор. оперы. Переехав в США, состояла муз. сотрудником балетной студии в Карнеги-холл, возглавляемой бывшей балериной Большого театра *Е. Андерсон*. Была замужем за Александром Слатиным, виолончелистом из харьковской муз. семьи Слатиных. Муж выступал в составе Хьюстонского симфонич. оркестра и сконч. в 60-х гг.
Л и т. *Николаев А.* Муз. семья Слатиных // НРС. 1984. 3 марта.

СЛЕПНЕВ Владимир Михайлович (8 марта 1893, Серпухов Московской губ. – ?) — техник путей сообщения, инженер-землеустроитель. Оконч. Тульское технич. уч-ще Министерства путей сообщения (1908) и Московское Константиновское межевое уч-ще (1915). В США жил в Бруклине (Нью-Йорк). Действительный член Об-ва рус. инж. в США (1951).
И с т. АОРИ. Анкета.

СЛИВИЦКИЙ Владимир Сергеевич (1931–1998) — вице-президент авиакомпании. Род. в семье рус. эмигрантов во Франц. Среднее образование получил во франц. гимназии.

В Канаде с 1951. Оконч. коммерч. ф-т во франц. ун-те в Монреале. Прослужил 37 лет в авиакомпании «Air Canada». Начал с простого клерка и законч. карьеру в должности вице-президента компании. Свободно владел четырьмя яз.
И с т. *АА. Могилянский М.* Биография В.С. Сливицкого (рукопись 2001).

СЛОБОДСКОЙ Серафим [в миру Серафим Алексеевич] (1912, с. Черновка Пензенской губ. – 1971) — протоиерей РПЦЗ. Род. в семье священника. После захвата власти большевиками отец подвергался гонениям, должен был скрываться у крестьян, служил в с. Петушки Владимирской губ. откуда в 1937 сослан без права переписки и пропал без вести. Оконч. среднюю школу и получил худ. образование. Работал художником в Москве до 1941.

В 1941 мобилизован в Красную армию, попал в нем. плен и после оконч. войны стал эмигрантом. В Мюнхене организовал религиозно-философский кружок для молодёжи. В 1951 рукоположен в сан иерея и вскоре переселился в США. В Нью-Йорке получил назнач. вторым священником в Свято-Отечской церкви, затем стал настоятелем в Покровском приходе в Наяке (шт. Нью-Йорк). Осуществил свою мечту и возвел в Наяке церковь Покрова Божией Матери, одновременно, будучи духовником летнего лагеря НОРР. Вклад о. Серафима в дело воспитания рус. молодёжи ознаменован основанием при храме в Наяке церковно-приходской школы, являющейся образцовой в Рус. Зарубежье. Составил учебник Закона Божьего, который издавался четыре раза за рубежом. Издание учебника в России достигло миллионных тиражей, служит просвещению населения России и его укреплению в православии. *Родственники:* матушка (урожд. Лопухина) Елена Алексеевна (? – 1 окт. 2003) — издатель детского журнала «Трезвон».
Л и т. *Папков Андрей*, протодиакон. Протоиерей о. Серафим Слободский // ПР. 1991. № 21. С. 6–7; *Его же.* Памяти матушки Елены Алексеевны Слободской // Там же. ПР. 2003. 28 нояб.

СЛОБОДЧИКОВ Николай Александрович (2 дек. 1911, Самара – 4 окт. 1991, Сан-Франциско) — инженер-электромеханик, музейный работник. Род. в семье адвоката и общественного деятеля, участника Белого движения на Востоке России. После поражения белых семья **С.** перебралась через Владивосток в Харбин. В Харбине оконч. гимназию им. Ф.М. Достоевского. В 1948 с семьей прибыл в Сан-Франциско.

Инж. образование получил в Льежском ун-те в Бельгии и в инж. колледже Хилдс в Сан-Франциско. Сначала работал на должности инж.-проектировщика в компании Pacific Gas and Electric, потом — инж. в California Public Utilities Commission. В отставке с 1976. Состоял членом Амер. обва инж.-механиков, Об-ва военных инж. и Амер. филателистич. общ-ва, многоч. рус. орг-ций.

Один из основателей музея при Рус. Центре в Сан-Франциско, в 1966–91 — директор музея. Способствовал получению новых поступлений, их описанию и включению в соответствующие музейные отделы. Под рук. **С.** музей собрал материалы о жизни рус. эмиграции во всём мире, включая материалы о России до революции, о Гражданской войне и о жизни русских за рубежом. В музее собрано более 15 тыс. книг, тысячи номеров газет и журналов, изданных за рубежом. *Родственники:* сын Константин с семьёй.

Похоронен на Серб. кладбище в Сан-Франциско.

И с т. АА. Николай Александрович Слободчиков, машинопись (1992), 1 с.; АРЦ. *Тарала Г.А.* Сводка кладбищенских дат, 2003. С. 5.

Л и т. Некролог // РЖ. 1991. 8 окт.; *Шмелёв А.В.* К 50-летию Музея рус. культуры в Сан-Франциско. Машинопись (1998), 3 с.

СЛОБОДЧИКОВ Сысой — казак, «поселился в Калифорнии 200 лет тому назад». Служащий РАК, мореход.

Л и т. *Башкирова Г., Васильев Г.* Путешествие в Рус. Америку — рассказ о рус. эмиграции. М., 1990.; *Pierce R.* Russian America. 1990. P. 475.

СЛОНИМ Марк Львович (4 апр. 1894, Новгород Северский Черниговской губ. – после 1974) — общественно-полит. деятель, филолог. Сын адвоката. Оконч. Одесскую гимназию, учился в Флорентийском ун-те. После возвращения в Россию принят на IV курс по романо-греч. отделению филологич. ф-та Петроградского ун-та. Член ПСР. Делегат Всерос. Учредительного Собрания (1917). После разгона Собрания (янв. 1918) уехал на Юг и участвовал в борьбе с большевиками. В 1919 выехал через Японию во Франц., затем в Италию. Оконч. Флорентийский ун-т. С 1922 жил в Праге, один из ред. журнала «Воля России». В 1926 прочитал в США более 50 лекций, сбор от которых пошёл в пользу полит. заключённых в СССР. Собранные **С.** средства переправлялись на родину через Е.П. Пешкову, первую жену М. Горького, которая рук. работой Политич. Красного Креста. Амер. коммунисты пытались эти сборы сорвать. В 1928 переехал в Париж, участвовал в эмигрантском обороч. движении. После нем. оккупации Франц. (1940) с трудностями выехал в США. Прибыв в Нью-Йорк (1942), читал лекции, сотруднич. в газ. «Новое русское слово» (Нью-Йорк). С 1943 преподал рус. и сравнит. еропейскую лит. в Сара-Лоуренс колледже. В 1962 вышел в отставку со званием заслуженного проф. Директор летней амер. школы для изуч. эпохи Возрождения во Флоренции (1957–69), директор европейской программы для амер. исследовательской работы (1963–70). В 1965–71 вёл собственную рубрику в газ. «Нью-Йорк Таймс». В 1963 вместе с женой Татьяной Владимировной поселился в Женеве. Принимал участие в орг-ции лекций на рус. яз. в Женевском ун-те. Перу **С.** принадлежат книги на рус. яз.: «Чего хотят эсеры» (1917), «Предтечи русского большевизма» (1923) и др. Издал на рус. и англ. яз. 6 книг о рус. и сов. лит., о рус. театре. Писал статьи в рус. журналах, готовил тексты передач, посвящённых рус. и иностр. лит., для радиостанции «Свобода».

С о ч. Три любви Достоевского. Нью-Йорк, 1953.

Л и т. *Иваск Ю.* 80-летие М.Л. Слонима // НРС. 1974. 28 марта.

СЛОНИМСКИЙ Николай Леонидович (15 апр. 1894, Санкт-Петербург – 25 дек. 1995, Лос-Анджелес) — дирижёр, композитор, лексикограф, муз. критик. С 10 лет занимался муз. импровизациями. До 1914 учился в Санкт-Петербургской консерватории. Призван в армию перед самой революцией 1917. После 1917 — в эмиграции. С 1921 в качестве пианиста выступал на концертах в Турции и в Европе. В США с 1923. Был постановщиком оперы в Муз. школе Истмана, секретарём дирижёра Бостонского симфонич. оркестра *С. Кусевицкого*. Соч. муз. произведения, стал муз. критиком, дирижёр. Преподавал муз. в Бостонской консерватории. В 1937 основал Бостонский камерный оркестр. К муз. произведениям **С.** принадлежат: «Gravestones of Hancock, New Hampshire» (1945), сюита для виолончели и рояля (1951), юмористич. «Piccolo divertimento» (Маленькое развлечение — 1941/1983), с мяуканьем кошки и стуком пишущей машинки, и «Пять рекламных песенок», со словами из объявлений в газ. «Saturday Evening Post». Возглавлял отдел славянск. яз. в Гарвардском ун-те (1945–47), преподавал в Калифорнийском университете в Лос-Анджелесе (1964–67).

В 1937 вышла первая книга **С.** «Music since 1900» («Музыка начиная с 1900 года»), в 1953 — лексикон «Lexicon of Musical Invective: Critical Assault on Composers Since Beethoven's Time», в котором автор обобщил критич. нападки на композиторов со времён Л. Бетховена до наших дней. На основании точных проверок и исследований **С.** развенчал многочисл. вымыслы о жизни многих композиторов. *Родственники:* дочь; двое внуков.

Л и т. *Гольдштейн М.* Патриарх музыковедов // 1979. 26 авг.; *Kozinn A.* Nicolas Slonimsky, Author of Widely Used Reference Works, Dies at 101 // The New York Times. 1995. Dec. 27.; *Page T.* A Musical Genius on his Way to 100 // Newsday. 1987; *Raymond B., Jones D.* Slonimsky Nicolas // The Russian Diaspora. 1917–1941. Maryland and London, 2000. P. 194–195.

СМИРНОВ А. — во время Гражданской войны 1861–65 сражался в армии А. Линкольна под командованием ген. *Турчанинова.*

СМИРНОВ Александр Ильич (15 нояб. 1892, Санкт-Петербург – ?) — инженер-электрик. Оконч. гимназию в Берлине, Павловское военное уч-ще и Берлинский ун-т. Во время Первой мировой войны командовал ротой финляндских стрелков. В 1916 назнач. на должность помощника военного атташе при Рос. посольстве в Вашингтоне. После захвата власти в России большевиками остался на постоянное жительство в США. С 1921 работал в электрич. компании «Потомак». Автор статей: «Влияние дневного света на силу электрического тока» и «Влияние температуры почвы на свойства электрического кабеля».

И с т. АОРИ. Материалы.

СМИРНОВ Владимир Александрович (1917, Петроград – 11 нояб. 2000, Канада) — микробиолог. Образование получил в России и во Франц., затем работал во Франц. и в Марокко в обл. микробиологии, паразитологии, энтомологии и экологии. Канадские учёные познакомились с печатными работами С. и пригласили его возглавить науч.-иссл. ин-т при ун-те Лаваль в Квебеке в Центре Лаврентийской лесной лаборатории Ст. Фуа в Квебеке.

В этом ин-те успешно работал в 1957–97 в обл. борьбы с вредителями лесного и сельского хоз-ва. Заслуженный проф. ун-та Лаваль. Автор более 300 печатных работ, принесших С. мировую известность среди учёных, в частности за применение безвредного для окружения микроорганизма Bacillus Thuringengiensis для борьбы с разрушительным еловым червецом (Spruce bud worm). При выходе в отставку Канадской лесной службой удостоен звания заслуженного учёного. За свой вклад в науку введён в члены Ордена Канады. В США труды С. приобрели большое значение и его прозвали канадским Пастером. Снискал известность своими зарисовками растений, создал большой гербарий. Автор 250 печатных работ с описанием своих исследований и открытий. Живопись была частью творч. С. В живописных произведениях учёного отразилась его любовь к природе и к охране окружающей среды. Уделял большое внимание воспитанию и образованию детей, которым рекомендовал прививать с раннего возраста интерес к науке. Канадский журнал (на франц. яз.) «Racine» посвятил работам С. специальный выпуск, подчеркнув их международное значение. *Родственники:* три дочери; десять внуков; два правнука.

Похоронен в Лашин (Квебек).

И с т. АА. *Cheng Thomas C*. Letter of appreciation. 1979. Jan. 19; *Могилянский М*. Рус. канадцы // Жизнь прожить. М., 1995. С. 61–62.

Л и т. Obituary. Dr. Wladimir Smirnoff, C.M., For. Eng., PhD, D. Sc., Sientist Emeritus // Montreal Gazette. 2000. Nov. 11.

СМИРНОВ Леонид Петрович — геолог. Род. в Санкт-Петербурге. В 1933–40 — главный геолог в экспедиции по разведке нефти в арктич. р-нах Сибири. В 1942 — проф. Ленинградского Горного ин-та. Эвакуирован из блокадного Ленинграда в 1942 на Сев. Кавказ в Кисловодск. С 1942 — в нем. оккупации. Немцы вывезли из Кисловодска большую группу русских учёных и инж. в Германию. В эту группу входил и **С**.

Не желая возвращаться после оконч. войны в СССР, в 1949 переселился в США. В США стал консультантом по разведке нефти в сев. широтах в условиях вечной мерзлоты. Был экспертом по оценке эффективности сов. нефтяной промышленности. Преподавал в ун-те в Торонто. *Родственники:* вдова; дочь (в браке).

И с т. АА. Личные воспоминания.
Л и т. *Ковалевский П.Е.* С. 165.

СМИРНОВ Михаил Вячеславович (1898, Россия – 1 янв. 1962, Роллы [Raleigh], Сев. Каролина) — проф. строительного искусства. Оконч. военное уч-ще, поручик (1916). После 1920 — в эмиграции в США. Оконч. Технологич. ин-т Карнеги с дипломом инж.- строителя (1929). В 1950 получил в ун-те Калифорнии ст. магистра, в 1955 защитил докторскую дисс. В США проектировал мосты и автомобильные дороги, железобетонные и стальные структуры. Читал лекции в Калифорнийском ун-те (1945–56). Доцент (1956).

Похоронен на Свято-Владимирском кладбище в Кэссвилле (шт. Нью-Джерси).

И с т. АОРИ. Материалы; Архив Свято-Владимирского кладбища в Нью-Джерси.

СМИРНОВ Николай Григорьевич (9 янв. 1905, Одесса Херсонской губ. – ?) — инженер телефонной связи. Оконч. Одесский Ин-т инж. связи (1934). Занимался линейным сооружениями городских телефонных связей. Переехав в США, жил в Джаксон-Хайтс (Нью-Йорк). Действительный член Об-ва рус. инж. в США (1951).

И с т. АОРИ. Анкета.

СМИРНОВ Юрий Александрович (2 нояб. 1914, Петроград – 31 янв. 2000, Риджфильд-Спринг, шт. Нью-Йорк) — инженер-металлург. Образование получил в Анненшуле — школе с нем. яз. преподавания и в Политехнич. ин-те, став инж.-металлургом. В Ленинграде пережил блокаду. После многих скитаний прибыл в Рио-де-Жанейро. Автор многочисл. науч. трудов и изобретений, участвовал в строительстве металлургич. заводов. Работал в Аргентине, в металлургич. промышленности в Чили.

Появление на политич. арене Чили президента-социалиста Сальвадора Альенде (1971) вынудило супругов Смирновых переехать в США. В 1959–79 преподавал в ун-те Дрексель в Филадельфии и несколько лет — в ун-те Алабамы, где получил ст. доктора металлургич. наук и звание проф.-эмеритуса. После выхода в отставку продолжал консультации по специальности. *Родственники:* вдова (урожд. Бутурлинская; бард *Анна Марли*) Анна Юрьевна, в браке с которой С. прожил 52 года.

Похоронен на кладбище Свято-Троицкого монастыря в Джорданвилле (шт. Нью-Йорк).

И с т. АА. *Дмоховский Ю.В.* Письмо от 24 нояб. 2002.

Л и т. *Н.* Анна Марли — Певец Свободы // РА. 1988. № 19. С. 200–201; Смирнова-Марли, Анна, Ю.А. Смирнов // ПР. 2000. 14 марта. № 5. С. 15.

СМИРНОВА [**Марли,** урожд. **Бутурлинская**] Анна — бард свободы, композитор, певица, поэтесса. Род. в Петрограде. Была вывезена родителями после революции во Франц., выросла на франц. Ривьере. Происходит из старой дворянской семьи, связанной с М.Ю. Лермонтовым, П.А. Столыпиным, атаманом М.И. Платовым. В возрасте 19 лет стала самым молодым членом Франц. об-ва писателей и композиторов. Давала концерты, исполняя свои песни под аккомпанемент гитары. Во время Второй мировой войны жила в Англии и подчинила своё творч. служению делу борьбы за освобождение Франции. Ежедневно выступала перед солдатами, моряками, лётчиками, рабочими, в военных лагерях и по радио «Би-Би-Си», в передачах для оккупированной Франц.

Одна из её песен стала гимном движения Сопротивления. Рус. слова и муз. С. — франц. текст двух членов Франц. Академии Жозефа Кессля и Мориса Дрюона. Этот гимн исполнялся вместе с «Марсельезой». После оконч. войны имя С. было тесно связано с освобождённой Франц. Со своей гитарой она объездила Европу, Юж. и Сев. Америку, Африку. Постепенно репертуар С. менялся, переходил от военного апофеоза к современности и романтике, юмору, радости жизни, но она оставалась трубадуром освобождения. Певице аплодировали ген. Д. Эйзенхауэр, ген. Ш. де Голль, маршал Б. Монтгомери, У. Черчилль. Песню С. «Освобождение» сов. хор под управлением А.В. Александрова исполнял по-франц. Была замужем за инж.-металлургом *Ю.А. Смирновым*, вместе с которым поселилась в Санкт-Петербурге (шт. Флорида). Супруги С. состояли членами КРА. Награждена правительством Франц. республики орденами Почётного легиона и «Дю Мерит». Имя С. выгравировано на стене музея Сопротивления в Доме Инвалидов, где находится мавзолей Наполеона Бонапарта, против войск которого воевал один из предков С. — атаман М.И. Платов. В альбоме военных песен С. помещён портрет ген. Ш. де Голля с посвящением: «Анне Марли, которая превратила свой талант в оружие в борьбе за свободу Франции». Лит.-муз. наследие С. включает её книгу поэм на франц. яз. («Messidor»), сб. басен, сценарии и муз. для англ. фильмов. Пластинки в исполнении С. изданы «Патэ Маркони» и «Шантеклер». В Нью-Йорке с большим успехом выступала перед рус. аудиторией с рус. песнями под аккомпанемент своей гитары. Овдовела 31 янв. 2000.

Л и т. *Н.* Анна Марли — Певец Свободы // РА. 1988. № 19. С. 198–201.

СМОЛА-СМОЛЕНКО Елисей Клементьевич (14 июля [по др. дан. 26 июня] 1894, Киев – 13 нояб. 1964, Пало-Альто, шт. Калифорния) — участник Белого движения на Юге России, подполковник. Оконч. 1-ю классич. Житомирскую гимназию (1914) и вступил вольноопределяющимся в Запасной полк в Харькове. По оконч. 2-й Одесской школы прапорщиков (1 окт. 1915) вышел в 155-й запасной батальон в Астрахани, откуда с маршевой ротой прибыл в 321-й Окский полк 81-й пех. дивизии (нояб. 1915).

Участник Первой мировой войны. В 1916 трижды ранен и контужен. Поручик, нач-к пулемётной команды (на 1917). Во время Великой войны награждён орденами: св. Станислава III ст. с мечами и бантом и св. Анны III ст. с мечами и бантом. После Октябрьского переворота 1917 — рядовым в Добровольч. армии (с 28 янв. 1917). С янв. 1918 — в рядах Партизанского полка. Участник 1-го Кубанского («Ледяного») похода 1918 в рядах 2-й роты Офиц. полка. Служил в 1-й роте 1-го Офиц. ген. Маркова полка (сент. – нояб. 1918), затем — в частях Марковской дивизии. Во время Гражданской войны ещё трижды ранен (1918–19). После последнего ранения (25 авг. 1919) вернулся в полк без правой руки, которая ему была ампутирована до плеча. Подполковник (окт. 1920). Эвакуировался из Крыма в составе Рус. армии в нояб. 1920. В 1920–21 — в Галлиполи в составе Марковского полка пех. дивизии I арм. корпуса. Затем в эмиграции в Болгарии. После 1941 — в рядах Рус. Корпуса, участвовал в боях с коммунистич. партизанами. С 20 июля 1944 — командир 4-й роты 3-го полка. В рядах Корпуса ещё дважды ранен (1944) и тяжело контужен (1945). Последняя должность — командир 6-й роты 2-го батальона 5-го («Железного») полка. После контузии — эвакуирован. За храбрость награждён Железным Крестом II кл. После оконч. войны — в Австрии, Чили, с 1958 — в США, в Сан-Франциско (до 1962). Состоял председателем ревизионной комиссии местного отдела СчРК и членом Об-ва рус. ветеранов Великой войны.

Похоронен на Серб. кладбище в Сан-Франциско.

И с т. АОРВВВ. Подполк. Елисей Клементьевич Смола-Смоленко // 1964. Нояб. Альбом II; ЛАА. Справка *К.М. Александрова* на командира 6-й роты 2-го батальона 5-го полка Рус. Корпуса подполк. Е.К. Смола-Смоленко.

Л и т. *Волков С.В.* Первые добровольцы... С. 293; *Иванов И.Б.* Краткие биографич. данные чинов Рус. Корпуса, упомянутых в наст. сб. // РК. 1999. С. 430–431; Некролог // Часовой (Брюссель). 1965. Февр. № 464. С. 23

СМОЛЯКОВ В. — наставник поморских старообрядцев в Сев. Америке.

Л и т. *Смоляков В.* Доклад съезду поморских наставников и мирян о признании Рус. Православной (Никонианской) Церковью Старого Обряда и о снятии клятв, наложенных на Древлеправославие в XVII столетии. Миллвилл, Нью-Джерси, 1975. 11 с.

СМОЛЬЯНИНОВ Владимир Николаевич (? – 8 авг. 1942, Нью-Йорк) — сенатор, гофмейстер, генеалог. Оконч. Московский ун-т. Проходил службу в Министерстве нар. просвещения. Занимал должности директора мужской Московской гимназии, директора рус. учебных заведений в Великом Княжестве Финляндском и попечителя Одесского учебного округа. Затем назнач. сенатором и пожалован чином гофмейстера Высочайшего Двора. Занимался генеалогией и разбором архивов, состоял тов. председателя Историко-родословного об-ва в Москве. После 1917 — в эмиграции в Кор. СХС. Возглавлял книжное дело «Славянская взаимность». В США с семьёй с 1941. Принимал участие в деятельности рус. Историко-родословного об-ва в Нью-Йорке, действительным членом которого был избран. *Родственники:* дочь; сын.

И с т. *Н.П.* Владимир Николаевич Смольянинов // Новик (Нью-Йорк). 1942. Вып. 2 (34). С. 35; *Савелов-Савелков Л.М.* Из моих воспоминаний о В.Н. Смольянинове // Там же. С. 35–37

СМОЛЬЯНИНОВ Степан Сергеевич (1891 – 2 янв. 1957, Лейквуд, шт. Нью-Джерси) — участник Белого движения на Востоке России, полковник. Происходил из дворян Рязанской губ. Образование получил в Орловском Бахтина кад. корпусе и Константиновском арт. уч-ще, которое оконч. в 1911 и вступил на службу во 2-й Сибирский мортирный арт. дивизион. Участник Первой мировой войны в рядах части, на 1917 — штабс-капитан, командующий батареей. С июля 1918 — в белых войсках Восточ. фронта. Вступил на службу в Иркутский арт. дивизион. Командовал батареей, затем совмещал обязанности нач-ка арт. дивизии и инспектора арт. корпуса. Участник Сибирского («Ледяного») похода 1920, полковник (март 1920).

После 1922 — в эмиграции в США. В 1924 вступил в Об-во ветеранов и зав. библиотекой до отъезда с супругой в Эстонию. В 1940 перед самым занятием Эстонии большевиками успел вернуться в США, жил в Лейквуде.

Похоронен на Свято-Владимирском кладбище в Кэссвилле (шт. Нью-Джерси).

И с т. АОРВВВ. Полк. Степан Сергеевич Смольянинов // 1957. Янв. Альбом II.

Л и т. *Плешко Н.Д.* Генеалогич. хроника // Новик (Нью-Йорк). 1957. Отд. III. С. 6.

СМОРТЦ [John F. **Smortz**] Иван Ф. (17 февр. 1922 – 1945, Бельгия) — ветеран армии США.

Оконч. среднюю школу в Бруклине (Нью-Йорк). Рядовой I кл. Скончался от ран, полученных во время сражения в Бельгии.

Похоронен на амер. военном кладбище в Бельгии.

И с т. *Pantuhoff Oleg* — 1976.

Л и т. *Beresney Timothy A.* In Memoriam // Russian Herald. 1947. Jan. – Febr. P. 157–168.

СНЕГИРЕВ Леонид Сергеевич (1908, Россия – 5 сент. 1963) — проф. медицины. Род. в семье священника. Прибыл в США с семьёй в 1913. Отец С. был настоятелем рус. православного собора в Чикаго. Получил образование в ун-тах Мак-Гилл и Сиракузском. В 1934 защитил докторскую дисс. в Гарвардском ун-те. Исследовал зависимость раковых заболеваний лёгких от курения. По данным С., люди, курящие табак, имеют в 52 раза больше шансов заболеть раком лёгких, нежели некурящие. Во время Второй мировой войны в чине майора служил врачом на европейском театре военных действий. Прошёл путь от Италии до Голландии. За военную службу награждён Медалью заслуги (Medal of Merit), Орденом Мальты (Order of Malta), Франц. и Бельгийским Военными Крестами заслуги (Croix de Guerre). После оконч. войны — доцент мед. при Гарвардском ун-те. Автор статей по химиотерапии, о курении среди врачей, о вреде курения и об эпидемиологии рака лёгких. Подчёркивая связь рака лёгких с курением, С. опередил своё время на несколько десятилетий. Сконч. бездетным.

И с т. АА. *Стэси О.С.* Архивные материалы о брате.

СНЕХОВСКИЙ Юрий Аполлинариевич (? – 29 янв. 1973, Бриджпорт, шт. Коннектикут) — участник Белого движения на Юге России, корнет. В 1919–20 служил добровольцем в Дроздовской стрелковой дивизии, потом на бронепоезде «Дроздовец» и в 3-м отряде танков. Эвакуировался из Крыма в нояб. 1920 в составе Рус. армии. После 1920 — в эмиграции в Кор. СХС. Оконч. Крымский кад. корпус (1922), Николаевское кав. уч-ще в Белой Церкви и вышел корнетом в кадры 12-го уланского Белгородского полка, в объединении которого состоял до конца жизни. Оконч. Белградское отделение Высших военно-науч. курсов систематич. изуч. военного дела Ген. штаба ген.-лейт. Н.Н. Головина. После 1945 — в США. *Родственники:* жена Мария Викторовна.

Л и т. *Волков С.В.* Офицеры армейской кавалерии. С. 489; Некролог // Часовой (Брюссель). 1973. Май. № 563. С. 19.

СОБАЧНИКОВ Харитон — член экспедиции *Булыгина* в устье р. Колумбии.

СОКОЛОВ Анатолий Александрович (1891, Санкт-Петербург – 1972?, Сан-Франциско) — художник-баталист. Род. в семье, увлекавшейся искусством. Начал заниматься рисованием с детских лет, даже тогда, когда родители определили его в Николаевский кад. корпус. Оконч. Николаевский кад. корпус (1909), Тверское кав. уч-ще (1911); офицер 8-го улан. Вознесенского Ея Императорского Высочества Вел. Княж. Татианы Николаевны и 20-го драг. Финляндского полков. Участник Первой мировой войны, на фронте которой продолжал делать зарисовки арм. жизни. Вернувшись в Петроград, поступил в Академию художеств. Ученик проф. Н. Самокиша, Б. Кустодиева, А. Кардовского и А. Савинова, начал работать в реалистич. стиле. По оконч. академии переехал в Симферополь, автор многих картин. С 1941 — в нем. оккупации, затем стал беженцем. После 1945 — беженец в Австрии, Швейцарии, Лихтенштейне и в Аргентине. В Аргентине участвовал в конкурсе на лучшую картину к 100-летию нац. героя Сан-Мартина и получил золотую медаль за картину «Переход через Анды». В США с 1951, поселился в Сан-Франциско. Здесь С. написал картину «Московские купцы торгуют с индейцами в Форте Росс», подаренную его сыном Игорем М.С. Горбачеву в 1990. К др. известным работам С., посвящённым истории США, принадлежат картины: «Битва за Банкер Хилл», «Марш генерала Вашингтона» и «Эмиссары Корн Валлиса в штаб-квартире Вашингтона». Рус. тематике С. посвятил картины: «Русская тройка» и «Куда несешься ты, Россия». Выставка картин С. состоялась в Петродворце в 1990. *Родственники:* сын Игорь.

Л и т. *Волков С.В.* Офицеры армейской кавалерии. С. 491; *Матюхин П.* Жизнь и судьба Анатолия Соколова // РЖ. 1990. 28 нояб. (по газ. «Вечерняя Москва»); *Однополчанин.* Незабытые могилы // Часовой (Брюссель). 1972. Июль. № 553. С. 15; Творч. художника-баталиста А. Соколова // РМ. 1972. 18 мая.

СОКОЛОВ Борис Фёдорович — врач-исследователь. Род. в Санкт-Петербурге. В 1911 защитил докторскую дисс. при Санкт-Петербургском ун-те. Специализировался по проблемам рака и атеросклероза. После эмиграции из России вёл исследования в Пастеровском ин-те в Париже. Переселился в США. С 1946 работал в Рокфеллеровском ин-те мед. и Колумбийском ун-те. Был директором лаборатории по исследованию рака. Автор книг на англ. яз.: «Рак», «Болезни цивилизации», «История пенициллина». Писал о лекарствах от рака, добываемых из юкки и лишайников.

Л и т. *Кеппен А.А.*

СОКОЛОВ Виктор Афанасьевич (4 марта 1892 – 21 мая 1954, шт. Калифорния) — участник Белого движения на Юге России, войсковой старшина. Оконч. Киевскую гимназию им. императора Александра II, Киевское Константиновское военное уч-ще (6 авг. 1912) и выпущен подпоручиком в 1-ю Сибирскую стрелковую арт. бригаду. Участник Первой мировой войны, был ранен. После Октябрьского переворота 1917 — в белых войсках на Юге России. Имел боевые награды до ордена св. Владимира IV ст. с мечами и бантом включительно. В нояб. 1920 эвакуировался из Крыма в составе Рус. армии, в 1920–21 — в Галлиполи. В США с 1923. Изуч. электротехнику и радио, работал по специальности. Состоял в Об-ве рус.

ветеранов Великой войны почти с момента основания Об-ва.

Похоронен на Серб. кладбище в Сан-Франциско.

И с т. АОРВВВ. Войсковой старшина Виктор Афанасьевич Соколов // 1954. Май. Альбом I.

СОКОЛОВ [псевд. **Самарин**] Владимир Дмитриевич (1913, Орёл – 1995, Канада) — преподаватель рус. яз. и лит., публицист, писатель. Сын дворянина, юриста. Оконч. педагогич. ин-т. Преподавал рус. яз. и лит. в средней школе и техникуме. В 1937, предвидя возможность ареста за сокрытие социального происхождения, скрылся в Воронеже. С июля 1942 в нем. оккупации. Вернулся в Орёл, сотрудник местной рус. газеты «Речь». После эвакуации на Запад (1943) жил в Смоленске, выступал с лекциями в частях РОА. В 1944–45 — сотрудник газ. КОНР «Воля народа» (Берлин). После оконч. войны — в брит. зоне оккупации Германии. Редактировал в Гамбурге еженедельник «Путь». В 1949–51 — зам. гл. ред. журнала «Посев», активный деятель НТС. В США с женой и дочерью с 1951, продолжал полит. и журналистскую работу. В 1952–56 работал лит. правщиком в изд-ве им. А.П. Чехова (Нью-Йорк). Ст. преподаватель рус. лит., сов. лит. и лит. «самиздата» в Йельском ун-те. До ухода в отставку провёл на преподавательской работе 17 лет и 25 лет был литератором. Автор книг. В 1972 написал брошюру «Торжествующий Каин» (на англ. яз.) о положении Церкви в СССР. Ряд лет устраивал в Нью-Йорке вечера журнала «Грани» (Франкфурт-на-Майне). Помимо «Посева» и «Граней» писал лит. обзоры и очерки в «Возрождении» (Париж), «Современнике», «Зарубежье», «Православной Руси» (Джорданвилл). Автор публикаций в газ. «Русская мысль» (Париж), «Новое русское слово» (Нью-Йорк), «Единение» (Мельбурн). Состоял членом РАГ в США. В 70-х гг. привлечён амер. иммиграционными властями к судебной ответственности за неточное указание должности в ред. газ., издававшейся во время нем. оккупации в Орле. В 1985 лишён гражданства США и приговорён к высылке в СССР. Последние годы жизни провёл в Канаде. *Родственники:* падчерица с дочкой и внучкой.

Похоронен на кладбище Свято-Троицкого монастыря в Джорданвилле (шт. Нью-Йорк).

С о ч. Civilian Life Under the German occupation, 1942–1944. New York, 1954; Песчаная отмель. Сб. рассказов. Нью-Йорк, 1964; Тени на стене. Сб. рассказов. Нью-Йорк, 1967; Цвет времени. Нью-Йорк, 1969; Далёкая звезда. Нью-Йорк, 1972; Тёплый мрамор. Нью-Йорк, 1976.

И с т. Архив РАГ в США. *Самарин В.Д.* Автобиография (рукопись), 1967; *Самарин В.Д.* Письмо от 6 дек. 1978.

Л и т. Приговор по «делу» В.Д. Соколова-Самарина // Рус. возрождение (Нью-Йорк – Париж – Москва). 1986. № 35. С. 173–176.

СОКОЛОВ Владимир Петрович (1905, Томск – 1995, Клируотер, шт. Флорида) — геохимик. Штатный сотрудник Геологич. службы и Горного департамента США (USGS, USBM). Выполнял работы в США и за границей. Преподавал в ун-те Дж. Гопкинса. По поруч. Геологич. службы составил сводку о полезных ископаемых в Израиле.

После ухода в отставку проживал в Клируотере до своей конч.

И с т. АА. *Александров Е.А.* Личные сведения

СОКОЛОВ Михаил Алексеевич (5 мая 1901, Бердянск Таврич. губ. – 16 марта 1981, Сан-Франциско) — участник Белой борьбы под Андреевским флагом на Юге России, подпоручик, протоиерей ПЦА. Оконч. 1-й кад. корпус в Петрограде (1918). Затем — на Юге России. Поступил на мор. службу. Плавал в Чёрном и Азовском морях на вооружённом ледоколе «Гайдамак» и на эсминце «Пылкий». В мае 1921 прибыл с рус. эскадрой в Бизерту. Оконч. Православный Богословский ин-т в Париже (1928). Рукоположен во иереи и назнач. настоятелем прихода св. преподобного Сергия в Коломбеле, в Нормандии. С 1942 — настоятель прихода св. Серафима Саровского. В США с 1961. С 1965 в клире ПЦА. Служил вторым священником в Свято-Троицком соборе в Сан-Франциско, а затем в 1966 — в храме Христа Спасителя.

И с т. АОРВВВ. Протоиерей Михаил Алексеевич Соколов // 1981. Альбом IV.

СОКОЛОВ Михаил Михайлович [ст.] (5 сент. 1885, Москва – 1985, Сан-Франциско) — участник Белого движения на Востоке России, генерал-майор, спортсмен, общественный деятель. Потомственный дворянин. Род. в семье Михаила Николаевича Соколова, служившего в 1-м гус. Сумском ген. Сеславина полку (Москва). Племянник ген.-лейт. Саймонова, участника Крымской кампании 1853–56, похороненного на Малаховом кургане в Севастополе. Оконч. 1-й (2-й?) Московский кад. корпус, Николаевское кав. уч-ще (1906) и вышел Л.-гв. корнетом в Кирасирский Её Величества Гос. Императрицы Марии Фёдоровны полк («синие кирасиры») 1-й гв. кав. дивизии, стоявший в Гатчине. Служил в эскадроне, которым командовал Вел. Кн. Михаил Александрович, брат императора Николая II. Был великолепным наездником, имел большой опыт в работе, связанной с кон. спортом. Ещё будучи в Москве, на скачках **С.** выигрывал призы, затем получал большие призы в Санкт-Петербурге. За рубку получил 1-й приз-жетон от вдовствующей императрицы Марии Фёдоровны (1906). В 1913 **С.** должен был участвовать во Всемирной олимпиаде по кон. спорту, но из-за надвигавшейся войны олимпиада не состоялась. Участник Первой мировой войны. За храбрость награждён штабс-ротмистром Георгиевским оружием и ротмистром — орденом св. Георгия IV ст. Полковник Л.-гв. Кирасирского Её Величества полка (на 1917). После Октябрьского переворота 1917 проживал в Петрограде, затем — в белых войсках Восточ. фронта. Участник Сибирского («Ледяного») похода 1920. Генерал-майор (на 1920). На 1920 — генерал для поручений при Атамане Г.М. Семёнове, затем — председатель военно-следственной комиссии Дальневосточ. армии. В 1922–48 — в эмиграции в Шанхае. До 31 июля 1932 — служил в Рус. Шанхайском полку, капитан, командир 4-й роты. Продолжал участвовать в кон. состязаниях, занимал первые места, выиграв призы «Дерби», «Шанхайский чемпионат» и «Золотую вазу». Председатель Об-ва рус. военных инвалидов и Об-ва Георгиевских кавалеров. В 1948 (1949?) эвакуировался при помощи Красного Креста на Филиппины, а потом в Австралию. В США с 1953, жил Сан-Франциско. Состоял председателем

Об-ва Георгиевских кавалеров, 5-го отдела Гв. объединения (на 1963) и участвовал в деятельности др. рус. воинских орг-ций. Монархист. За свою деятельность награждён Вел. Кн. Владимиром Кирилловичем орденом св. Анны. *Родственники*: сын Михаил с семьёй.

Похоронен на Серб. кладбище в Сан-Франциско.

И с т. *АА. Соколов-мл. М.М.* Биография семьи М.М. Соколова-ст. Рукопись от 30 марта 2003, 5 с.; ЛАА. Справка *К.М. Александрова* на ген. М.М. Соколова; Кавалеры императорского ордена Св. Вмч. и Победоносца Георгия; Кавалеры Георгиевского оружия // Памятка Николаевского Кав. Уч-ща. Б.м., 1969. С. 251, 253.

Л и т. *Волков С.В.* Офицеры российской гвардии. С. 453.

СОКОЛОВ Михаил Михайлович [мл.] (род. 5 апр. 1926, Шанхай) — моряк торгового флота, ветеран Корейской войны 1950–53, профсоюзный деятель. Род. в семье ген. *М.М. Соколова* и его жены Маргариты, урожд. Петровой. Нач. образование получил в Шанхае. В США с 1947. Был подрядчиком по строительным работам. Представитель и организатор профессионального союза моряков Дальнего Востока. До ухода в отставку состоял в профсоюзе моряков Тихого океана. Во время Корейской войны служил в Мор. корпусе США. За службу упомянут в приказе президента США. Награждён медалью. Член Рус. дворянского об-ва. Участвует в благотворительной орг-ции «Дар жизни». *Родственники:* жена Эвелин; дочь Маргарита; сыновья Михаил и Дон.

Л и т. *Sokoloff M.* Questionnaire of the Biographical Dictionary // Russians in North America. 2003. March 30.

СОКОЛОВ Никанор Авксентьевич (? – 1938) — протоиерей ПЦА. Оконч. Казанскую дух. академию. Служил законоучителем гимназии в Ташкенте. Оттуда переведён в Кременец инспектором классов и законоучителем Волынского женского епархиального уч-ща. В 1911 переведён на службу в Одессу.

Во время революции переехал в Константинополь, где состоял настоятелем посольской церкви и был членом епископского совета, читал лекции на Богословских курсах и издавал «Церковный листок». В США с 1923. Преподавал в Нью-Йоркской дух. семинарии. Служил настоятелем приходов в Норвиче, Коннектикуте, в Свято-Михайловской церкви в Чикаго в теч. 5 лет, с 1930 — в Албионе.

Похоронен в Албионе.

Л и т. *Леонтий*, епископ. Памяти Протоиерея Никанора А. Соколова // Юбилейный сб. в память 150-летия Рус. Православной Церкви в Сев. Америке. Б.м., 1945. С. 225.

СОКОЛЬНИКОВ Иван Степанович (10 нояб. 1901, Чернигов – ?) — заслуженный профессор прикладной математики. Оконч. классич. гимназию. В США оконч. ун-т Айдахо (1926) с дипломом инж.-электрика. В 1930 получил ст. доктора по математике при ун-те Висконсина. Преподавал математику в ун-те в звании ассистента, потом доцента. Перевёлся в Лос-Анджелес, где преподавал математику в Калифорнийском ун-те в звании доцента, с 1946 — в звании проф. Во время войны состоял главным технич. помощником в математич. комитете Нац. исследовательского совета обороны. В 1943 работал консультантом для ВВС США. Автор книг «Высшая математика для инженеров и физиков» (1934), «Математическая теория эластичности» (1936) и др. Ред. ежеквартальника «Applied Mathematics» («Прикладная математика»). Член ряда почётных об-в и фондов в США и в СССР. *Родственники:* жена (урожд. Лойер) Рут; дочь Катерина Анна.

И с т. Archives of Association of Russian-American Engineers in USA

СОКОЛЬСКИЙ Анатолий Алексеевич (род. 1903, Ковно) — литератор, историк, общественный деятель. Род. в семье офицера Рус. Императорской армии. Во время Первой мировой войны семья **С.** эвакуировалась в Ярославль, откуда вернулась в Литву, получившую независимость. Оконч. юридич. и гуманитарный ф-ты Каунасского ун-та. Во время Второй мировой войны с женой Ириной стал беженцем и, уходя от большевиков, поселился в Париже. В нач. 50-х годов с женой и сыном эмигрировал в США. Работал на ф-ке, но скоро устроился преподавать рус. лит. в Чикагском ун-те. Затем перевёлся в ун-т Юж. Флориды и поселился в Санкт-Петербурге. В общей сложности был проф. в теч. 15 лет. Во Флориде начал заниматься рус. культурно-просветительной и обществен- ной работой. В 1973 создал Рус.-Амер. клуб. В 1977 возглавил Западно-флоридский отдел КРА. Представитель КРА в шт. Флорида. Провёл историч. исследования об основателе города. В результате исследований **С.** местное городское управление официально признало, что город Санкт-Петербург во Флориде был основан в 1888 рус. эмигрантом *Петром Алексеевичем Дементьевым* (*Деменсом*). Добился у городского управления того, что один из прибрежных парков получил название «Деменс Лэндинг», в честь основателя города. Стараниями **С.** в парке установлен небольшой памятник, посвящённый Петру Деменсу-Дементьеву.

Автор многоч. статей и брошюр по рус. истории и лит., по истории флоридского Санкт-Петербурга и биографии его основателя. На эти темы и на темы о своих путешествиях прочёл перед рус. аудиторией более 60 лекций. Автор 10 книг, в т.ч.: «A history of Russian Language» (1966), «Russian Literature XI–XX centuries» (1970), сб. стихов «Свет и тени» (1975) и «Крылья» (1985), книги «Дементьев-Деменс, выдающийся русский американец, основатель Санкт-Петербурга во Флориде» (1988), а также книг на лит. темы и описаний путешествий, книги на англ. яз. — «Through War, Revolution and Peace» (1998). Автор статей в газ. «Новое русское слово» (Нью-Йорк), «Русская жизнь» (Сан-Франциско), «Русская мысль» (Париж), в «Новом журнале» (Нью-Йорк) и в местной амер. печати. За свою общественную, культурно-просветительную деятельность и историч. исследования удостоился звания почётного члена КРА и Рус.-Амер. культурно-просветительного клуба в Санкт-Петербурге во Флориде. 30 нояб. 2003 **С.** исполнилось 100 лет. *Родственники:* сын *Всеволод*.

С о ч. Рус. в независимой Литве // НРС. 1981. 10 июня.

И с т. *Сокольский А.А.* Переписка с Е.А. Александровым (1973–2001).

СОКОЛЬСКИЙ [**Sokolsky** Pierre] Всеволод Анатольевич — проф., физик. Сын *А.А. Сокольского*. Оконч. Чикагский ун-т

(1967), магистр в Иллинойском ун-те (1969). При том же ун-те защитил докторскую дисс. по атомной физике (1973). Проф. электроники и физики Колумбийского ун-та, вёл исследовательскую работу в лаборатории Брукхейвен в Лонг-Айленде. За науч. успехи получил средства для дальнейших исследований от фонда Альфреда П. Слоана.

Проф. ун-та Юта и директор станции по межпланетным исследованиям в Неваде. Занимается в обсерватории Dugway Proving Ground исследованиями в обл. физики космич. лучей сверхвысокой энергии. Принимает особое участие в изуч. спектра космич. лучей, их состава и анизотропии, участвует в поисках источников нейтральных космич. лучей. Сродни тому интересы С. в обл. физики взаимодействий энергий на уровнях превышающих достигаемые в ускорителях. Создан единственный в своем роде детектор для изуч. атмосферной флюоресценции, для наблюдения эволюции каскадов космич. лучей в атмосфере. Участвует в создании следующего поколения обсерваторий, состоящих из ряда телескопов в Японии и США. Активно работает над конструкцией детектора флюоресценции в космосе, который должен быть запущен NASA. Автор и соавтор ряда статей о космич. лучах.

И с т. АА. *Сокольский А.А.* Переписка с Е.А. Александровым (1973–2001); Sokolsky Pierre. 4/21/03, Research intersts: http//www. physics.utah.edu/people/faculty/sokolsky.html

СОЛДАТОВ Василий Васильевич (4 марта 1888, стан. Вешенская Обл. Войска Донского – 27 апр. 1960) — участник Белого движения на Юге России. Оконч. Одесский кад. корпус и Санкт-Петербургский Политехнич. ин-т. В чине офицера воевал во время Первой мировой и Гражданской войн. После 1920 — в эмиграции. В США с 1923. Работал инж.-металлургом. Некоторые проекты С. были приняты амер. промышленностью.

Л и т. Каз. словарь-справочник / Сост. Г.В. Губарев. Ред.-изд. А.И. Скрылов. Т. III. Сан-Ансельмо, 1970. С. 105.

СОЛДАТОВ [Soldatow George Michael] Юрий Михайлович (род. 1932, Новосибирск) — инженер-электрик, преподаватель рус. яз., биограф, церковный деятель, исследователь церковных архивов. Будучи беженцем, в Германии учился в рус. гимназии в Трауштейне и состоял в ОРЮР.

В США с 1956, гражданин США (1962). Образование получил в ун-те Миннесоты, в Миддлбери колледже и в Свято-Троицкой дух. семинарии. Успешная профессиональная деятельность С. заключалась в конструкции периферийных компьютерных устройств (ADC, American Monarch, Zytech Co.) и водоочистительных устройств Ecowater (1989–98). В результате была достигнута в значительной степени экономия производственных расходов. Автор трудов о митрополите Ростовском Арсении Мацеевиче (1696–72) — изд. St. Paul, Minnesota, 1971; о митрополите Филофее, в схиме Феодоре, просветителе Сибири (1650–1727) — изд. Minneapolis, Minnesota, 1971. Переводчик архивных сведений о епископе Алеутском и Аляскинском Несторе (470 стр.) — изд. The Right Reverend Nestor, Bishop of the Aleutians and Alaska: AARDM Press, Minneapolis, MN, 1993. Автор учебников по рус. яз., опубликованных: Sperry Univac Defense Systems: Scientific Russian — a Reading Course, Conversational Russian Course, Technical Russian — a Reading Course, Computer Technics and Air Traffic Control — English-Russian Glossary. Автор критич. статьи о книге сов. проф., преподавателя марксизма-ленинизма И.С. Нарского, посвящённой Готфриду Лейбницу и его религиозным взглядам (Philological Quarterly. Vol.. 54. Fall 1975. University of Iowa. P. 991–992). Член комиссии по ознаменованию 200-летия рус. православия в Америке и комиссии по канонизации *Алексея Товта*. Содействовал снабжению Санкт-Петербургской дух. академии мед. оборудованием и лекарствами. Читает лекции по истории Рус. Церкви и о рус. в Америке. Создатель Орг-ции рос. православных разведчиков (ОРПР, 1960). За свою деятельность удостоин ряда наград.

И с т. АА. *Солдатов Ю.М.* Автобиография (рукопись).

СОЛЖЕНИЦЫН Александр Исаевич (род. 28 нояб. 1918, Кисловодск) — писатель, лауреат Нобелевской премии (1970). Оконч. среднюю школу в Ростове-на-Дону и физико-математич. ф-т Ростовского ун-та (1941), параллельно заочно учился в Московском ин-те истории, философии и лит. С 1941 на фронте, капитан-артиллерист (на 1945). В февр. 1945 арестован за критич. высказывания о Сталине в частной переписке. Решением Особого Совещания осуждён на 8 лет лагерей. Пять лет провёл в науч.-исследовательских ин-тах («шарашках») МВД и МГБ СССР в Рыбинске и Марфино под Москвой. Условия труда и быта в «шарашках» описаны С. в романе «В круге первом» (1968). Затем переведён в лагерь в Экибастуз (Казахстан), где провёл три года. Этому периоду С. посвятил произведения: «Олень и Шалашовка» (пьеса, др. назв. «Республика труда», 1968). В 1953–56 — в ссылке в Средней Азии. Опыт ссылки отражён в романе «Раковый корпус» (1968). В 1956 реабилитирован, преподавал математику в Рязани и работал над лит. произведениями. По прямому разрешению Н.С. Хрущёва гл. ред. журнала «Новый мир» (Москва) А.Т. Твардовский опубликовал повесть С. «Один день Ивана Денисовича», которая принесла автору большую известность. В 1963 «Новый мир» опубликовал ещё 3 рассказа С. В 1966 в сов. печати был опубликован последний рассказ С. Сотруднич. с Твардовским и журналом «Новый мир» описано в автобиографич. книге «Бодался телёнок с дубом» (1975). После 1966 власть и цензура начали преследование писателя в связи с распространением его произведений в «самиздате». В 1969 исключён из Союза писателей. В 1970 стал лауреатом Нобелевской премии по лит., которую не смог получить лично. Решение Нобелевского комитета вызвало пропагандистскую кампанию против С. в СССР. Виолончелист М. Ростропович и его жена певица Г. Вишневская приютили С. на своей даче, что позволило писателю закончить работу над документо-лит. произведением «Архипелаг ГУЛАГ», в котором в лит.-худ. форме излагалась история сов. репрессий и лагерей 1918–56. В авг. 1973 один из экз. рукописи был изъят сотрудниками органов госбезопасности у хранителя, бывшего власовца и заключённого Л.А. Самутина, после чего С. принял решение о публикации на Западе той копии, которую ранее удалось нелегально вывезти из СССР. В февр. 1974 лишён сов. гражданства и выслан из СССР на Запад. Поселился с семьёй в Цюрихе, опубликовал ряд написанных прежде произведений («Письмо вождям Советского Союза», «Ленин в Цюрихе» — 11 глав из эпопеи «Красное колесо» и др.). Инициатор создания Фонда помощи рус. политзаключённым («Солженицынского»), из которого оказывалась помощь в СССР политзаключённым и членам их семей.

В США с 1976, 18 лет прожил в Вермонте. Основной труд амер. периода (полностью не воплощённый в действительности) — многотомный историч. труд «Красное колесо», посвящённый судьбам России в годы Первой мировой войны и революции. Проживая в Вермонте, собрал среди эмигрантов много свидетельских показаний и документов, относящихся к жизни под сов. властью и о насильственных репатриациях сов. граждан союзниками в 1945–47. Помимо лит. творч. выступал с докладами и лекциями перед разными аудиториями о положении в стране, высказывал свои мысли о будущем России. С конца 80-х гг. произведения **С.** стали публиковаться на родине. В 1990 возвращено гражданство и присуждена Гос. премия за «Архипелаг ГУЛАГ». В 1990 в Москве была опубликована острая социально-полит. брошюра **С.** «Как нам обустроить Россию». В 1994 с женой вернулся на родину, продолжил лит.-публицист. деятельность. В 1998 увидел свет сб. публицист. статей писателя «Россия в обвале», с перечислением всех бедствий, которые затронули Россию, и изложением взглядов автора, посвящённых вопросам возрождения земства, народовластия, состояния Церкви, положения этнич. рус. населения в отколовшихся от России окраинах. На центральном рос. ТВ **С.** вёл публицист. программу, в которой резко критиковал власть, демонстрируя независимость и резкость суждений, после чего программа перестала выходить в эфир. Последний труд **С.** в двух частях («Двести лет вместе». М., 2001; 2002) посвящён болезненной и проблемной теме рус.-еврейск. взаимоотношений. *Родственники:* жёны — в первом браке (урожд. Решетовская) Наталья Алексеевна, во втором браке с 1970 (урожд. Светлова) Наталья Дмитриевна; сыновья (от второго брака): Ермолай, Игнат, Степан.

И с т. Архив КРА. Материалы.

Л и т. *Казак В.* С. 719–722.

СОЛЛОГУБ Апполон Александрович, гр. (1892 – 7 янв. 1988, Сан-Франциско) — ред. газ. «Русская жизнь» (Сан-Франциско) в 1983–87. Пытался возродить в США иллюстрированный журнал «Нива». Общественный деятель. Состоял членом КРА.

К 95-летию получил личное поздравление от президента США Р. Рейгана. *Родственники:* вдова Нина Андреевна.

Л и т. Некролог // НРС. 1988. 13 янв.

СОЛЛОГУБ Николай Георгиевич — художник-декоратор. Род. в Париже, в семье рус. эмигрантов. Образование получил в рус. гимназии и во франц. уч-ще живописи и ваяния.

В Канаде с 1957. Работал худ.-декоратором и живописцем в разных жанрах, до ухода на пенсию. По заказу городской управы Монреаля сделал худ. росписи нескольких станций метро, в т. ч. написал фреску размером 35 на 35 метров для станции Мак-Гилл.

И с т. АА. *Могилянский М.* Биографич. записки, машинопись (2002).

СОЛНЦЕВ Константин Иванович (17 марта 1893, Спасск Рязанской губ. – 20 июля 1961, Нью-Йорк) — филолог, историк рус. культуры, полит. деятель. Сын настоятеля собора. Оконч. дух. семинарию и историко-филологич. ф-т Санкт-Петербургского ун-та. Во время Первой мировой войны — вольноопределяющийся на Кавказском фронте. После 1917 эмигрировал в США, но вскоре вернулся в Европу. Жил в Берлине. Несколько лет сотруднич. в газ. «Руль», издаваемой И.В. Гессеном. В сер. 30-х гг. переехал в Париж, где сблизился с С.П. Мельгуновым, участвовал в журнале «Голос минувшего — на чужой стороне» и во всех др. изд. Мельгунова. Во время нем. оккупации (1940–44) жил за счёт своего огорода. После войны принял участие в организованном Мельгуновым комитете помощи новым эмигрантам, выдачи которых требовали сов. органы. Участник создания Союза борьбы за свободу России. Вновь в США с 1948. Преподавал рус. яз. и лит. в школе восточноевропейских яз. при Сиракузском ун-те. На пенсии с 1959. Продолжал писать статьи и очерки в газ. «Новое русское слово» и «Новом журнале» (Нью-Йорк). Член Нью-Йоркской группы Союза борьбы за свободу России, Об-ва друзей рус. культуры и Об-ва помощи рус. детям за рубежом. По своим взглядам — либерал-идеалист, яркий представитель рус. интеллигенции. *Родственники:* вдова Варвара Михайловна (13 марта 1907 – 11 сент. 1992) и её племянники: *П.А. и С.А. Муравьёвы* с семьями.

Похоронен на кладбище монастыря Ново-Дивеево близ Нанует (шт. Нью-Йорк).

И с т. АА. *Федоровская М.Н.* Письмо от 19 окт. 1999 о Солнцевых.

Л и т. *Муравьёв П.* Памяти К.И. Солнцева // НРС. 1961. 27 авг.

СОЛОВЬЁВ Николай (1910, Москва – 1990, Монреаль) — худ.-декоратор. Оконч. Московский Ин-т изящных искусств. Работал худ.-декоратором в театрах и киностудиях. Кинорежиссёр С.М. Эйзенштейн трижды приглашал **С.** создавать декорации для своих кинофильмов, имевших успех у зрителей в России и за границей. Во время Второй мировой войны **С.** оказался в Зап. Европе. В Канаде с 1949. Начал работать в телевизионном отделе Радио Канада (Canadian Broadcasting Company), с самого его основания. Со своим большим опытом возглавил группу молодых худ.-декораторов, англо- и франко-канадцев, а также русских. В помощь худ.-декораторам опубликовал красоч. альбом с изображением нац. костюмов разных стран, а также с изображением внешних и внутренних видов домов в сельской местности, типичных для разных государств.

И с т. АА. *Могилянский М.* Биографич. записки, машинопись (2002).

СОЛОВЬЁВ Юрий Всеволодович (? – 13 авг. 1970, Нью-Йорк) — участник Белой борьбы под Андреевским флагом на Юге России, ст. лейтенант. Оконч. Морской корпус (1911). Участник Первой мировой войны. Офицер подводного плавания

(1916). После Октябрьского переворота 1917 — на Белом флоте на Юге России. Ст. лейтенант (март 1920). Затем — в эмиграции в США. 16-й Председатель совета директоров Общества бывших русских морских офицеров в Америке.

И с т. Список председателей Совета директоров Об-ва Рус. императорских мор. офицеров в Америке, 1974.

Л и т. Мартиролог рус. военно-мор. эм. С. 128.

СОЛОВЬЁВА Вера (1891, Россия – 1986, Денвилл (шт. Нью-Джерси) — актриса, педагог. С 17 лет выступала на сцене в постановках по новому методу К.С. Станиславского. Продолжала играть в Москве 21 год до перехода в Нац. Литовский театр, директором которого был назнач. Андриус Жилинский Олека. **С.** стала женой Олека. В 1935 с мужем переехала в США. Супруги вошли в труппу М. Чехова, выступавшую на сцене театра Маджестик в Бостоне и Филадельфии, а затем целиком посвятили себя преподаванию сценич. искусства. Продолжала преподавать после смерти Олека. В перечне учеников **С.** — ряд известных амер. актёров.

Л и т. Кончина рус. актрисы // НРС. 1986. 16 нояб.; Vera Soloviova, 95, Actress and Student of Stravinsky // The New York Times. 1986. Nov. 15.

СОЛОДУХИН Александр Игнатьевич [Alexander I. **Soloduchin**] (27 авг. 1916 – 19 нояб. 1943) — ветеран армии США. Оконч. колледж по юридич. наукам. В 1943 поступил добровольцем в армию США. Участник Второй мировой войны. Воевал в Европе рядовым в составе 9-й армии. Погиб в бою в долине р. Рур, в Германии. *Родственники:* вдова; сын.

И с т. *Pantuhoff Oleg* — 1976.

Л и т. *Beresney Timothy A.* In Memoriam // Russian Herald. 1947. Jan.– Febr. P. 157–163.

СОЛОДУХИН Гавриил Алексеевич (13 марта 1899, стан. Ильинская Кавказского отдела Обл. Войска Кубанского – ?) — участник Белого движения на Юге России, наездник, певец, танцор. Оконч. станич. школу. Во время Гражданской войны служил в пластунском полку. При отступлении заболел тифом и остался на терр., занятой большевиками. Был ими мобилизован и отправлен на север, где примкнул к Кронштадтскому восстанию (март 1921). После поражения восстания ушёл с кронштадтцами в Финляндию. В 1925 переехал во Франц. Выступал наездником-джигитом, певцом и танцором. В США с 1926. Выступал с группой каз. наездников в Нью-Йорке и в др. амер. городах, на стадионах и цирках в Голливуде. С 1944 — певец в Донском хоре *Н.Ф. Кострюкова*. *Родственники*: жена (урожд. Мищенко) *Людмила Владимировна*.

Л и т. Каз. словарь-справочник / Сост. Г.В. Губарев. Ред.-изд. А.И. Скрылов. Т. III. Сан-Ансельмо, 1970. С. 106.

СОЛОДУХИНА Людмила Владимировна (10 нояб. 1900, Порт-Артур – 28 янв. 1955, Майами, шт. Флорида). Род. в семье кав. офицера и инж. Владимира Мищенко, крестника императора Александра II. В 1901 отец был вынужден покинуть Россию из-за своих революционных взглядов. **С.** попала в США в годовалом возрасте и впоследствии стала изуч. балетное искусство. В 1931 вышла замуж за наездника *Г.А. Солодухина*, участвовала в голливудских киносъёмках в качестве балерины и наездницы.

Л и т. Каз. словарь-справочник / Сост. Г.В. Губарев. Ред.-изд. А.И. Скрылов. Т. III. Сан-Ансельмо, 1970. С. 106.

СОЛОНЕВИЧ Борис Лукьянович (1898 – 24 февр. 1989, Глен-Ков на Лонг-Айленде (шт. Нью-Йорк) — участник скаутского движения, скм., общественно-полит. деятель, писатель. Род. в семье журналиста, соиздателя газеты «Белорусская жизнь». Брат известного публициста и журналиста И.Л. Солоневича (1891–1953). Скаут с 1912. По образованию врач. Известный спортсмен. После Октябрьского переворота 1917 — на Юге России. Автор статьи о спорте в скаутизме в сб. «Русский скаут» (Армавир, 1919). Эвакуировался в нач. 1920 из Новороссийска в Константинополь. Имел звание ст. скм. После неудачной попытки создать по предложению *О.И. Пантюхова* в Крыму Главную квартиру скаутов остался в Крыму. В 1920–22 работал в Севастопольском отделе Амер. Красного Креста. В связи с участием в подпольной скаутской деятельности в 1926 арестован и заключён на 3 года в Соловецкий лагерь особого назнач. После освобождения жил с братом под Москвой. Жена брата Ивана — Тамара — работала в сов. торгпредстве в Берлине. Осенью 1933 при очередной попытке побега из СССР вместе с женой Ириной, братом и его сыном Юрием арестован. 28 нояб. 1933 заочно осуждён на 8 лет лагерей. Иван и Юрий получили, соответственно, 8 и 3 года, содержались в Белтбалтлаге (Карелия) в Медвежьей Горе, **С.** — в Свирском концлагере (Лодейное Поле). В целях пропаганды братья предложили лагерному начальству провести летом 1934 спартакиаду, благодаря чему смогли подготовить собственный побег. 28 июля 1934 Иван и Юрий бежали из лагеря в Медвежьей Горе, а **С.** — из Лодейного Поля. Перешёл финскую границу в районе Сердобля 12 авг. 1934 и оказался в Финляндии, где встретился с братом и племянником. Жена **С.** осталась в СССР и, по-видимому, погибла в одном из лагерей. В 1936 Солоневичи переехали в Софию. Братья договорились с издателем газ. «Голос труда» о переим. газ. в «Голос России» и о своём участии в издании. Газ. пользовалась большим успехом среди рус. читателей благодаря талантливым и острым статьям Солоневичей. **С.** печатал в газ. отрывки из будущей книги «Молодёжь и ГПУ» (София, 1937). Кроме этой книги им были изданы романы: «Тайна Соловков» («Тайна старого монастыря» — 1-е изд., «Тайна Соловков» — 2-е изд.) и «Рука адмирала», в которых главными героями были скауты. Автобиографич. книга «Молодёжь и ГПУ» была переведена на иностр. яз. (В нем. перев. — «Lebendiger Staub» («Живая пыль»). Эссен, 1938). Выступал с публич. докладами о жизни в СССР. В 1938 в ред. «Голоса России» произошёл взрыв бомбы, посланной по почте сов. агентами. В результате взрыва погибла Тамара, жена Ивана, и служащий редакции.

В 1938 Солоневичи покинули Болгарию и переехали в Германию. После войны переехал в Брюссель (Бельгия). Сотруднич. в журнале «Часовой» В.В. Орехова. С 1950 издавал газ. «Родина», которую продолжал издавать и после переезда в Нью-Йорк. Последний выпуск № 255 (на англ. яз.) для антикоммунистич. пропаганды среди американцев вышел в окт. 1978. К старости потерял зрение. Сконч. в старческом доме в Глен-Кове на Лонг-Айленде.

Похоронен на кладбище женского монастыря Ново-Дивеево близ Нанует (шт. Нью-Йорк).

Л и т. *Полчанинов Р.В.* Борис Лукьянович Солоневич // Страницы истории разведчества-скаутизма (Нью-Йорк). 2003. Июнь. № 26 (83); *Солоневич И.Л.* Россия в концлагере. М., 1999.

СОЛЬСКИЙ Борис Павлович (8 янв. 1885, Волынская губ. – 26 сент. 1954) —

инженер-строитель. Оконч. Киевский политехнич. ин-т (1912). В США жил в Элмхорсте, на Лонг-Айленде (Нью-Йорк). Действительный член Об-ва рус. инж. в США (на 1952). *Родственники:* вдова (урожд. Дудина) Елена.
И с т. АОРИ. Анкета.

СОМАЛЬ [Stephen J. Somal] Стивен Иванович — ветеран армии США. Рядовой, погиб в бою в 1945.
И с т. *Pantuhoff Oleg* — 1976.
Л и т. *Beresney Timothy A.* In Memoriam // Russian Herald. 1947. Jan.– Febr. P. 157–163.

СОРИН Савелий Абрамович (1879, Полоцк Витебской губ. – 1953, Нью-Йорк) — художник-портретист. Отец **С.** был портным, мать происходила из сектантов-молокан. В возрасте 14 лет бежал из дома из-за неладов с отцом. Зарабатывал на жизнь продажей газ. Самостоятельно поступил в гимназию и оконч. её. Стал рис., выдержал выпускной экзамен и оконч. Одесское худ. уч-ще. Поступив в Санкт-Петербургскую Академию худ., стал учеником И.Е. Репина. Конкурсной работой **С.** стал портрет певицы Элеоноры Дузэ, за который художник получил золотую медаль и стипендию для загранич. поездки на 3 года. Возвратившись в Россию, примкнул к объединению «Мир искусства», участвовал в выставках этой группы.

В нач. революции выехал в Крым, здесь написал серию портретов, принесших славу **С.** Среди портретов был портрет кнг. Дадиани. Будучи учеником Репина, считал себя продолжателем Энгра и Фейербаха. Писал нежными по колориту красками и любил пастель. Женские портреты кисти **С.** передают, прежде всего, привлекательность моделей и их благородство. Мужские портреты — захватывают характерностью и выразительностью. В Метрополитен-музее в Нью-Йорке находится портрет Льва Шестова работы **С.** В 1919 поселился в Париже, где написал портрет кн. Оболенского. Кисти **С.** принадлежит портрет *Анны Павловой*. Портрет привлёк внимание рейхсмаршала Г. Геринга, который увёз

его из Парижа в Германию. После оконч. войны портрет был возвращён Франц. Писал членов англ. кор. семьи: королеву-мать в бытность её герцогиней Йоркской. Когда принцесса Елизавета стала невестой, **С.** послал ей поздравление, в ответ на которое получил приглашение в Лондон для того, чтобы написать портрет молодой Елизаветы, тем временем вышедшей замуж и вскоре ставшей королевой.
Л и т. *Лидарцева Н.* Памяти большого портретиста (С.А. Сорина) // РЖ. 1973. 9 янв.; *Её же.* Памяти большого портретиста — 20 лет со дня смерти С.А. Сорина // РМ. 1973. 22 нояб.; *Martianoff N.N.* Savely Sorine // Russian artists in America. 1933. P. 215.

СОРОКА Владимир Валериевич [Soroka Walter Walery] (род. 18 сент. 1908, станция Цицикар, Маньчжурия – ?) — инженер-механик, проф. физики звука. Образование получил в США, в Массачусетском ин-те технологии. Бакалавр (1930), магистр (1933), доктор наук (1945). Там же начал преподавать, затем работал в авиационных компаниях. Продолжил карьеру преподавателя, занимая в Калифорнийском ун-те в Бёркли должность доцента и, с 1961, проф. физики звука и нач-ка департамента прикладной механики. Получил два патента на способы замораживания. Автор 30 статей и книги «Analog Methods in Comp- utation and Simulation» (1954); соавтор двух др. книг по аналоговым вычислениям и исследованиям толчков и вибраций.
И с т. АОРИ. Материалы.

СОРОКИН Константин. Биолог. Род. в Царицыне Саратовской губ. Оконч. в Новочеркасске Донской сельскохоз. ин-т (1929). В 1936 защитил при Сельскохоз. академии кандидатскую дисс. Покинул оккупированную терр. СССР во время Второй мировой войны. В эмиграции в США. Поступил в аспирантуру в Техасский ун-т и защитил докторскую дисс. (1955). В 1951–55 работал ст. научн. сотрудником в ун-те. С 1955 — ст. науч. сотрудник при ун-те Мэриленда. Автор ряда науч. трудов о физиологии клеток, фотосинтезе, секреции клеток. Разработал концепцию клеток
Л и т. *Кеппен А.А.*

СОРОКИН Питирим Александрович (17 [по др. дан. 11] янв. 1889, с. Турья Яренского уезда Вологодской губ. – 10 февр. 1968, Винчестер, шт. Массачусетс) — социолог. Род. в семье обрус. зырянки (коми) и золотых дел мастера, зырянина (коми) [по др. дан. рус.]. Отец изготовлял оклады и ризы на иконы. В возрасте неполных 3 лет лишился матери. В 1900 **С.** с братом поки-

нули отца и стали бродячими ремесленниками, занимались ремонтом церковных куполов. Оконч. сельскую школу (1901–04). Во время учёбы был певчим и регентом. С осени 1904 учился в церковно-учительской школе в дер. Хреново Костромской губ. С 1905 член ПСР, арестован за революционную деятельность (1906), помещён под надзор полиции. С осени 1907 в Санкт-Петербурге, занимался самообразованием и продолжать участвовать в революционной деятельности. Сдал экзамены на аттестат зрелости (1909) и поступил в Психоневрологич. ин-т, откуда в 1910 перевёлся на юридич. ф-т Санкт-Петербургского ун-та. Увлёкся социологией, сотрудник Л.И. Петражицкого, Е. де Роберти и др. учёных. В 1913 вторично арестован, но быстро освобождён по ходатайству коллег. Первую науч. работу по криминалистике опубликовал в 1914 («Преступление и кара, подвиг и награда». СПб., 1914). В 1914 оконч. юридич. ф-т с дипломом 1-й ст. Магистр по криминалистике, приват-доцент (1916). В годы Первой мировой войны читал лекции, работал в разных комитетах, один из создателей Рус. социологич. об-ва. После Февральской революции 1917 — член Исполкома Всерос. Совета крестьянских депутатов, гл. ред. эсеровской газ. «Воля народа». Секретарь министра-председателя Временного правительства А.Ф. Керенского.

Депутат Всерос. Учредительного Собрания, накануне открытия которого (янв. 1918) арестован большевиками и заключён в Петропавловскую крепость. После освобождения (февр. 1918) — член антибольшевистского Союза возрождения России. В 1918 скрывался на Севере и в Великом Устюге. От полит. деятельности отказался. Явился с повинной в ЧК (окт. 1918), арестован, приговорён к расстрелу, но был освобождён благодаря заступнич. сов. дипломата Л. Карахана. С дек. 1918 в Петрограде, преподаватель юридич. ф-та (далее — ф-т общественных наук) Петроградского ун-та. Проф. социологии Сельхоз. академии в Царском Селе. Обойдя сов. цензуру, труд «Система социологии» (2 т.,

Пг., 1920). Магистр социологии Петроградского ун-та (апр. 1922). Науч. занятия и выводы **С.**, особенно в связи с голодом в Поволжье (1922), привели к резкому конфликту с властью. Учёного травили В.И. Ленин, Л.Д. Троцкий, Г.Е. Зиновьев и др. Отстранён от преподавания, в сент. 1922 выслан из РСФСР в Берлин. В эмиграции в Чехословакии. В Праге ред. журнал «Крестьянская Россия», здесь же издал ряд своих трудов. По приглашению амер. социологов (Э. Хайеса и Э. Росса) с окт. 1923 в США. Читал лекции в колледжах и ун-тах, проф. социологии в ун-те Миннесоты (1924–30). Гражданин США (1930). В 1930–64 [по др. дан. до 1959] возглавлял социологич. центр при Гарвардском ун-те, который стал рук. социологич. центром США. Один из основателей амер. и мировой социологии. Почётный член Амер. академии искусств и наук, президент Международного конгресса социологии, Амер. социологич. общ-ва и т.д. Среди студентов **С.** — Дин Раск, быв. Гос. секретарём США, будущий президент Д.Ф. Кеннеди, учёные: А. Шлезингер и У. Ростоу. Свыше 30 т. трудов **С.** опубликованы на главных яз. мира. Труд **С.** «Современные социологические теории» перев. на 11 яз., а «Кризис нашего века» — на 8 яз. 10 книг на англ. яз. посвящены теориям **С.**, в т.ч.: «Преступление и наказание», «Социология революции», «Настоящая теория социологии», «Сила и мораль», «Социологические теории сегодняшнего дня» («Sociological Theories of Today». New York, 1966), «Американская сексуальная революция» и др. (Подробнее, см. библиографию к статье E. Tiryakian). *Родственники:* вдова Елена Петровна — биолог.

Л и т. *Вильданова Р.И., Кудрявцев В.Б., Лаппо-Данилевский К.Ю.* Краткий биографич. словарь рус. зарубежья // *Струве Г.* С. 359–360; *Кеппен А.А.; Ковалевский П.Е.* С. 161; *Куликова М.* Сорокин Питирим Александрович // РЗ. Золотая кн. эм. С. 588–591; *Петров В.* Рус. в Америке, XX век. Вашингтон, 1992. С. 60–61; *Тимашев Н.С.* П.А. Сорокин // НРС. 1968. 24 марта; *Raymond B., Jones D.* Sorokin Pitirim // The Russian Diaspora. 1917–1941. Maryland and London, 2000. P. 196–197; *Tiryakian E.* Sorokin Pitirim A. // International Encyclopedia of the Social Sciences. (editor David L. Sills). V. 15. The MacMillan Co. & The Free Press. P. 61–64.

СОРОКИНА Ольга Николаевна (род. 1916, Эстляндская губ.) — преподаватель рус. яз. и лит. Оконч. филологич. ф-т Тартусского ун-та. Защитила докторскую дисс. по рус. лит. и лингвистике при Берклийском ун-те в Калифорнии. С 1942 преподавала рус. яз. и лит. в разных амер. ун-тах, включая Берклийский ун-т. Автор книги о творч. И.С. Шмелёва, статей и рецензий на англ. яз. в разных журналах.

И с т. Архив РАГ в США. *Сорокина О.Н.* Автобиография, 1972.

СОФРОНОВ Пимен Максимович (4 сент. 1898, дер. Тихотка в Причудье, зап. берег Чудского оз. – 16 мая 1973, Милвилл, шт. Нью-Джерси) — иконописец, изограф. Род. в семье старообрядца, малоземельного крестьянина. После 1920 зап. берег Чудского оз. вошёл в состав Эстонской республики. На побережье были ещё и др. старообрядч. деревни: Чёрный Посад и Раюши. Кроме сельского хоз-ва отец занимался извозом и рыбной ловлей. Уходя от притеснений, старообрядцы поселились в этой местности ещё во времена патриарха Никона (сер. XVII в.) и стали известны как поморцы или поморы. В возрасте четырёх лет осиротел. В школе проявлял способности к рис., и мать отдала **С.** в ученики к известному иконописцу Гавриилу Ефимовичу Фролову, писавшему иконы немеркнувшими яичными красками в новгородско-псковском стиле. Фролов строго придерживался иконописной традиции, всего уклада старообрядч. жизни, а также правил письма одежды и украшений, репродукции которых публиковались в старообрядч. журнале «Родная Старина» (Рига). **С.** оказался столь способным и талантливым, что Фролов предложил ему работать у него на жалованьи. Вместе они писали иконы для иконостасов, расписывали церкви в разных городах и реставрировали старинные иконы. С образованием независимой Эстонии, захватившей рус. Причудье, и захвата власти в России большевиками у иконописцев появились трудности с поиском заказчиков. **С.** пришлось искать занятие в др. странах. По приглашению староверч. кружка ревнителей старины работал в Латвии. В рижской старообрядч. общине, известной как Гребенщиковская, познакомился со многими иконами XVI столетия, стиль письма которых оказал сильное влияние на его последующее творч. В 1931 приглашён в Париж рук. курсами древнерус. живописи, организованными об-вом «Икона». После выставки работ курсантов работал и преподавал в Бельгии, Чехословакии и в Югославии. В Югославии, с благословения патриарха Сербской Церкви Варнавы, организовал школу иконописи, которой рук. 3 года. Затем последовало приглашение в Рим, где **С.** должен был написать 56 икон для пятиярусного иконостаса, который предполагалось разместить в часовне на Всемирной выставке в 1942. Однако из-за военных действий выставка не состоялась, и работы **С.** оказались помещены в Восточ. ин-т и в Академию Грегориано Ватикана. После оконч. войны не подлежал насильственной репатриации как все русские, бывшие гражданами СССР, решил не возвращаться на родину, попавшую под власть безбожников.

В 1947 по приглашению епископа *Виталия* (*Максименко*) приехал по туристич. визе в США. В Америке стал получать многоч. заказы по росписи церквей, но вскоре виза **С.** истекла, потребовались сложные хлопоты для получения права на постоянное жительство. Для этого потребовался особый закон, проведённый в пользу **С.** в Палате представителей. Поселился в Милвилле, где существует старообрядч. община. Здесь **С.** купил дом, оборудовал мастерскую и собрал библиотеку древних книг, включая первопечатный «Апостол» Ивана Фёдорова, Острожскую Библию, Триадь постную, рукописную Библию и много старинных муз. вещей. Творч. **С.** достигло расцвета в США, в заказах мастер не имел недостатка. Роспись стен одного храма обычно занимала около двух лет. Расписывал храмы разных юрисдикций — РПЦЗ, ПЦА и старообрядческие. В 1953–55 расписал стены храма св. Петра и Павла в Сиракузах (шт. Нью-Йорк); в 1955–57 — стены и иконостас во Владимирской церкви в Трентоне (шт. Нью-Джерси); в 1958–60 — стены храма Св. Троицы в Бруклине (Нью-Йорк); в 1960–62 написал фрески и иконы для иконостаса в храме Трёх Святителей в Ансонии (шт. Коннектикут). Последнее расценивается как лучшее из того, что создано в США религиозным эмигрантским искусством. Украсил своей росписью старообрядч. храм св. Николая в Милвилле и усыпальницу архиепископа *Иоанна* (*Максимовича*). В июле 1965 в Сан-Франциско Об-вом ревнителей рус. православной старины под рук. **С.** были открыты курсы с целью возрождения искусства древнерус. иконописи, как величайшего проявления человеческой культуры и духа. Помимо росписи церквей с большим успехом устраивал выставки своих икон в Сан-Франциско, Лос-Анджелесе, Нью-Йорке (в музее *Николая Рериха*) и в Майами. За своё творч. в обл. возрождения византийской живописи награждён в 1952 греч. орденом Св. Дионисия. В нач. творч. пути написал несколько портретов, включая портреты А.С. Пушкина, И.А. Крылова и картин из мирской жизни. Но потом сосредоточился исключительно на иконописи, требовавшей определенной дух. сосредоточённости и подготовки к выполнению каждого образа. Каждый образ святого должен был обладать дух., безгрешным обликом и не иметь явно выраженных телесных форм. Творч. С. известно во многих странах, как среди православных, так и инославных. С. заслуженно считается самым выдающимся рус., из всего славянского мира, иконописцем XX столетия, сохранившим технику и стиль древнерус. письма, унаследованного от Византии. Произведения С. изуч. специалистами-искусствоведами и богословами. В Болгарии существуют иконописные школы имени Пимена С. Последователь иконописцев, писавших в псковском стиле XVI столетия, преподанном ему еще его учителем Гавриилом Фроловым, С. известен среди знатоков, таких как *Вяч. Завалишин*, живостью своей композиции и сочетанием канона с расширением тематики, преображением дух. и творч. опыта др. древних иконописных школ, помимо Псковской. Незадолго до кончины С. ныне покойные Вяч. Завалишин и проф. Б.Г. Унбегаун предполагали издать сб., посвящённый творч. великого мастера.

Похоронен на старообрядч. кладбище позади храма св. Николая в Милвилле.

И с т. АА. Данилов Ф. Изограф из Тихотки (рукопись), 1991. 10 с.; *Czap Ivan Michaelson.* Imopressions of the Icons of Pimen Sofronov // Icon Society of America. 2p.

Л и т. *Завалишин Вяч.* Выставка икон в Фордэмском ун-те // НРС. 1967. 8 июня; *Его же.* Иконник из Причудья // Там же. 1972. 3 дек.; *Его же.* Лучший иконописец нашего времени: // Рус. возрождение (Нью-Йорк – Париж – Москва). 1980. № 12. С. 177–190; *Н.Б.С.* Открытие курсов иконописи // РЖ. 1965. 31 июля; *Несговоров А. (Александров Е.А.)* Пимен Максимович Sofronov // PA. 1997. № 21. С. 144–148 (With English summary); *Шаталов В.* В гостях у Софронова // НРС. 1973. 22 марта; *Karnow N.* Pimen Sofronow: Master iconographer // The Russian Orthodox Journal. 1973. Sept. P. 14–15.

СПЕКТОРСКИЙ Евгений Васильевич (1875, Острог Волынской губ. – 1951, под Нью-Йорком) — проф. философии права, истории рус. правоведения и этики. Род. в семье мирового судьи. Оконч. классич. гимназию в Радоме (1893) и продолжил образование на юридич. ф-те Варшавского ун-та. По оконч. (1898) оставлен при ун-те для подготовки к проф. званию. Магистр (1901). В 1910 выбран проф. Киевского ун-та Св. Владимира. В 1918 избран деканом юридич. ф-та, затем дважды переизбирался ректором. Не желая оставаться под властью коммунистов, покинул Россию с Рус. армией ген. П.Н. Врангеля (1920) и поселился в Кор. СХС. В Югославии занимал проф. должность до 1945. Преподавал в Белграде и Любляне, читал лекции в Праге. Когда вновь возникла угроза попасть под власть коммунистов (1944–45) ушёл с женой пешком в Италию.

После переезда в США выбран первым председателем РАГ. Проф. Свято-Владимирской дух. академии. Опубликовал «Историю социальной философии» (в 2 т.) и «Русскую философию права». Труды С. публиковались в «Записках Русской академической группы» (Нью-Йорк), др. рус. зарубежных сборниках и журналах.

Л и т. *Белоусов К.* Е.В. Спекторский (1875–1951) // Записки РАГ. 1975. Т. IX. С. 305–306; *Вильданова Р.И., Кудрявцев В.Б., Лаппо-Данилевский К.Ю.* Краткий биографич. словарь рус. зарубежья // Струве Г. С. 361.

СПЕРАНСКИЙ Александр Николаевич (7 авг. 1875 – 1 июля 1963, Сан-Франциско) — участник Белого движения на Востоке России, полковник. Оконч. реальное уч-ще в Поневеже Ковенской губ., Виленское военное уч-ще (1898) и вышел в 117-й Ярославский полк 30-й пех. дивизии, стоявший в Рогачеве Могилёвской губ. Поручик (апр. 1903). Участник рус.-яп. войны 1904–05, награждён двумя боевыми орденами. Штабс-капитан (1906), капитан (1912). В 1914 полк выступил на Первую мировую войну в составе 30-й пех. дивизии IV арм. корпуса 1-й армии Сев.-Зап. фронта. В боях в Восточ. Пруссии тяжело ранен. За отличия в бою произведён в подполковники. В 1915 награждён за участие в непрерывных боях орденом св. Владимира IV ст. с мечами и бантом. Командирован на формирование Особой бригады предназначенной для отправки на нем. фронт во Франц. В янв. 1916 бригада из Москвы переброшена по жел. дороге в Дайрен, а оттуда мор. путём в Марсель. На фронте бригада вошла в состав 4-й франц. армии. За участие в боях весной 1917 произведён в полковники и награждён орденом св. Георгия IV ст. Однако к маю 1917 из-за влияния революции в России соединение оказалось небоеспособным и подлежало расформированию. Офицеры записались в Добровольч. армию и были отправлены на пароходе на Дальний Восток. В группе офицеров в сент. 1919 прибыл в Японию, затем — в белых войсках Восточ. фронта. В эмиграции (после 1920) в Шанхае. Работал в торговой компании.

В 1948 переехал на Филиппины, на о-в Тубабао, оттуда выехал в США. Состоял в Объединении оконч. Виленское военное уч-ще и в Об-ве рус. ветеранов. *Родственники:* жена Ольга Фёдоровна.

И с т. АОРВВВ. Полк. Александр Николаевич Сперанский // 1963. Июнь. Альбом II.

Л и т. Некролог. Незабытые могилы // Часовой (Брюссель). 1963. Июль. № 446. С. 23.

СПЕРАНСКИЙ Глеб Николаевич (1914, Санкт-Петербург – 6 нояб. 1995, Си Клифф, шт. Нью-Йорк) — поручик Рус. Корпуса, капитан ВС КОНР, председатель Кад. Объединения. Род. в военной семье. В 1920 эвакуировался с родителями из Крыма. В эмиграции в Кор. СХС. В 1923 поступил в Крымский кад. корпус, который в 1929 был объединён с Рус. кад. корпусом. В составе XI вып. 8 кл. 1930–31 уч. года оконч. 1-й Рус. Вел. Кн. Константина Константиновича кад. корпус. Оконч. архитектурное отделение технич. ф-та Белградского ун-та, работал инж.-архитектором. До 1941 член НТСНП. В сент. 1941 вступил добровольцем в Рус. Корпус для борьбы с коммунистами. Служил в 1-м, 3-м и 5-м пех. полках. Оконч. офиц. курсы и произведён в лейтенанты (подпоручики по рус. службе). В 1944 командовал сапёрной ротой 3-го пех. полка, укомплектованной добровольцами из Одессы, был ранен. По излеч. в Германии откомандирован в формировавшиеся части ВВС КОНР ген.-майора В.И. Мальцева и назнач. командиром 1-й роты отдельного парашютно-десантного отряда (батальона). Капитан (апр. 1945). В составе части сдался представителям 3-й армии США и интернирован. Из лагеря Регенсбург бежал.

До 1947 — в Зап. Германии, затем в США. Работал в Нью-Йорке и жил в Си-Клиффе, на Лонг-Айленде. На пенсии с 1990. В теч. 30 лет был председателем Кадетского Объединения — одной из самых деятельных рус. орг-ций за рубежом, издающей журнал «Кадетская перекличка» (Нью-Йорк), книги по истории Гражданской войны в России, отправляемые в большом количестве в Россию и, таким образом, донесшие до родины эстафету, начатую с основания Белой армии. Один из ред. сб. «Кадетские корпуса за рубежом». **С.** со своими однокашниками сумели сохранить кад. спайку и одновременно участвовали во всех полит. и общественных начинаниях в Зарубежье. *Родственники:* вдовец в первом браке, сын умер раньше; жена во втором браке — (урожд. Богданович) Татьяна.

Похоронен на кладбище Ново-Дивеево близ Нануэт (шт. Нью-Йорк).

Л и т. *Александров К.М.* С. 257–258; *Бодиско В.* Глеб Николаевич Сперанский // Кад. перекличка. 1996. № 58. Март. С. 132–138.

СПЕСИВЦЕВА Ольга А. (1895, Ростов Обл. Войска Донского – 16 сент. 1991) — балерина. Окончл. Императорскую балетную школу в Санкт-Петербурге (1913) и сразу поступила в балет Мариинского театра. Большевистский переворот заставил **С.** выехать за рубеж. В Париже приглашена С.П. Дягилевым в «Русский балет», в котором танцевали все звёзды Петроградского Мариинского театра из плеяды выпускников Императорского Театрального уч-ща. Сотрудничл. **С.** с Дягилевым началось ещё до 1917. В 1916 **С.** гастролировала с ним в США, где её партнером был Вацлав Нижинский. Во время первых трёхмесячных гастролей в США выступила в 114 спектаклях в 60 городах. В 1921 выступала в Лондоне в «Спящей красавице», 105 раз в роли Авроры. Однако из-за любви к родной земле, вернулась на родину. Условия жизни, состояние здоровья и общая обстановка, созданная сов. властью, заставили балерину вторично выехать за границу. Вновь выступала с необычайным успехом и в 20–30-е гг. считалась лучшей в истории балета исполнительницей роли Жизели. В 1924 приглашена в Париж, в «Гранд Опера». Блестящим партнёром **С.** был С. Лифарь. Временами страдала душевной болезнью, доводившей балерину до попыток самоубийства.

В 1937 переселилась в Нью-Йорк, но вскоре заболела. 20 лет провела в больнице, последние годы проживала в старческом доме Толстовского фонда.

Похоронена на кладбище монастыря Ново-Дивеево близ Нануэт (шт. Нью-Йорк).

И с т. АМРЦ. *Морозова О.А.* Биографич. сборник — черновая рукопись: М-73-8. 2.4-149.

Л и т. *Козлова Н.* Балерина // НРС. 1989. 30–31 дек.; *Томина-Мандельштам Е.* Юбилей великой балерины // Там же. 1990. 18 июля.

СПИРИДОВИЧ Александр Иванович (5 авг. 1873, Кемь Архангельской губ. – 30 июня 1952, Нью-Йорк) — генерал-майор, нач-к личной охраны императора Николая II, историк, публицист. Оконч. Нижегородский гр. Аракчеева кад. корпус и Павловское военное училище, из которого вышел в 105-й Оренбургский полк 27-й пех. дивизии, стоявший в Вильно. В 1899 перешёл на службу в Отдельный корпус жандармов. Служил пом. нач-ка Московского Охранного отделения, затем — нач-ком Киевского Охранного отделения. На служебном посту тяжело ранен революционерами. В 1906–16 — нач-к дворцовой охраны, нёс личную охрану Николая II, императрицы Александры Фёдоровны их детей и вдовствующей императрицы Марии Фёдоровны. С авг. 1916 — градоначальник Ялты и береговой полосы Крыма. Всю жизнь посвятил борьбе с революционными партиями. Был награждён многими орденами. Написал ряд книг о революционных движениях в России, в т. ч. по истории Боевой орг-ции ПСР и о деятельности большевиков. После захвата власти большевиками — в эмиграции во Франц. До 1950 жил в Париже, продолжал заниматься лит. деятельностью. Написал на франц. яз. две книги, одна была посвящена Г.Е. Распутину, другая — истории большевизма. В последней **С.** указывал на Сталина как на тайного сотрудника царской полиции. Лауреат Франц. академии за свои труды, изданные на франц. яз.

В США с 1950. Жил в Канаде и в Нью-Йорке, где выступал с лекциями о рус. революции. В 1960 на основании записок **С.** и собранных им архивных материалов состоялось посмертное изд. его самого известного трёхтомного труда автобиографич. характера. Этот лит.-мемуарный труд **С.** — ценный источник для историков, освещающих жизнь, труды, подвиги, радости и горе, патриотизм и сознание долга последнего самодержца всея России. **С.** убедительно опроверг мифы о неотвратимости революции в России, о попытках заключения сепаратного мира с немцами и австрийцами, о безволии Государя, о прогерманском влиянии при Дворе и др. *Родственники:* вдова (урожд. Гескет) Нина Александровна (**С.** состоял с ней в третьем браке).

С о ч. История большевизма в России от возникновения до захвата власти 1883–1903–1917. Париж, 1922; репринт Нью-Йорк, 1986; Великая война и Февральская революция 1914–1917. В 3 т. Нью-Йорк, 1960; Les dernieres annees de la cour de Tzarskoje-Selo. Payot, Paris, 1928 (Traduit du Russe par M. Jeanson).

Л и т. Ген. А.И. Спиридович // Часовой (Брюссель). 1952. Сент. № 322. С. 29; *Н. Ч.* Книга ген. Спиридовича // Знамя России (Нью-Йорк). 1960. Март. № 196; Сконч. ген. А.И. Спиридович // НРС. 1952. 2 июля; Сконч. ген. Александр Иванович Спиридович // Россия (Нью-Йорк). 1952. 4 июля.

СРЕЧИНСКИЙ Юрий Сергеевич (6 янв. 1909, Харбин, Китай – 23 февр. 1976) —

журналист, военный историк. Отец сражался против большевиков в рядах ВСЮР. В янв. 1920 с матерью эвакуирован из Новороссийска в Египет. Поступил в отряд рус. скаутов и оставался в Египте до ликвидации лагерей для беженцев. Узнав о гибели отца, уехал с матерью во Франц., здесь получил образование. Устроился на работу. В конце 20-х гг. вступил в Братство рус. правды (БРП) — орг-цию, продолжавшую борьбу с большевизмом при помощи партизанских операций в зап. обл. СССР. После того, как в сент. 1932 выяснилось, что один из рук. БРП (А. Кольберг) оказался сов. агентом, БРП во Франц. самоликвидировалось. Для продолжения борьбы **С.** вступил в НСНП. В 1939 призван во франц. армию, прошёл ускоренную подготовку и произведён в офицеры. В 1940 пережил поражение франц. армии, но плена избежал. Большая часть Франц. была оккупирована немцами, которые препятствовали орг-ции Представительства рус. нац. эмиграции во главе М.К. Горчаковым при участии **С.** Нем. власти поручили рук. Представительством своему доверенному лицу Ю.С. Жеребкову. Было также отказано в разрешении на создание молодежного содружества Св. Владимира, в которое вошёл **С.** с предложением основать курсы по подготовке кадров для работы в России. Поступив шофером на работу в строительную орг-цию, попал в Киев, когда из него немцы в сент. 1943 изгнали население. Убедился в безумии политики Гитлера и неизбежности поражения Германии. Однако Пражский манифест КОНР (1944) привлёк **С.** и он поступил на службу во власовскую армию. Попал в плен к американцам, чудом избежал выдачи в СССР. Освободившись из плена, жил в Мюнхене, где стал наборщиком и даже владельцем небольшой типографии. Познакомился и близко сошёлся с С.П. Мельгуновым, полит. взгляды которого были близки **С.** Затем эмигрировал с женой и сыном в США. Будучи знакомым по Парижу с *А. Седых*, который заведовал административной частью ежедневной газ. «Новое русское слово» (Нью-Йорк), получил работу наборщика на линотипе. Сразу после приезда начал выступать на страницах газ. с публикациями по истории России, вёл споры с укр. и белорус. сепаратистами, сторонниками расчленения историч. России. Когда в 1973 А. Седых, после смерти *М. Вейнбаума*, стал ред. газ., он предложил **С.** быть его помощником. На этой работе оставался до своей кончины. Жил в Астории, предместье Нью-Йорка. В 1974 сам набрал и отпечатал вручную книгу «Как мы покорялись. Цена Октября» (53 с.), посвящённую антибольшевистским рабоче-крестьянским восстаниям. Перу **С.** принадлежат брошюра на рус. яз. «Участие иностранцев в Октябрьской революции и Гражданской войне в России». *Родственники:* вдова; сын.

Похоронен на кладбище монастыря Ново-Дивеево близ Нанует (шт. Нью-Йорк).

И с т. АА. *Александров Е.А.* Личные сведения. Л и т. *Войцеховский С.Л.* Венок на могилу Ю.С. Сречинского // НРС. 1976. 25 февр.; *Полчанинов Р.В.* Памяти ушедших. Юрий Сергеевич Сречинский // За Свободную Россию (Нью-Йорк). 2003. Сент. № 13 (33).

СТАВРАКИ Георгий Владимирович — физиолог. Род. в Одессе Херсонской губ. Оконч. Одесский ун-т (1926), ун-т Мак-Гилл, в Монреале (1932), где получил звание магистра наук. Работал науч. сотрудником. В 1936 занял кафедру проф. физиологии в ун-те Зап. Онтарио. Науч. труды **С.** посвящены передаче нервных импульсов в теплокровных организмах, процессам выделения в гастровнутренней системе.

Л и т. *Кеппен А.А.*

СТАДНИЧЕНКО Таисия — геолог, сотрудник Геологич. службы США. Изуч. геологию угольных месторождений, автор статей в геологич. журналах.

И с т. АА. *Александров Е.А.* Личные сведения.

СТАЛИГАН [Usman Staligan] Усман — ветеран армии США. Рядовой, в 1945 служил в амер. секторе в Берлине.

И с т. *Pantuhoff Oleg* — 1976.

СТАЛИНСКИЙ Евсей Александрович (1880 – 1953, Нью-Йорк) — публицист, прозаик, лит. критик. Эсер, с 1908 в эмиграции во Франц. Парижский корр. журнала «Русское богатство». Весной 1917 вернулся в Россию и стал сотруднич. в петроградских газ. В 1919 вернулся в Париж. Стал соред. газ. «Pour la Russie». В 1924–32 — соред. журнала «Воля России», в 1927–32 — журнала «Социалист-революционер». Был близок к НТС. В нач. Второй мировой войны переехал в Нью-Йорк.

Л и т. *Вильданова Р.И., Кудрявцев В.Б., Лаппо-Данилевский К.Ю.* Краткий биографич. словарь рус. зарубежья // *Струве Г.* С. 361.

СТАНКЕЕВ Викторин Александрович (11 марта 1894 – 30 дек. 1946) — участник Белого движения на Востоке России, штабс-капитан. Оконч. Новониколаевское реальное уч-ще (1914) и поступил юнкером рядового звания в Иркутское пех. уч-ще. По оконч. ускоренного пятимесячного курса произведён в прапорщики в 20-й сапёрный батальон. Участник Первой мировой войны. Подпоручик (1916). Прикомандирован к штабу XX арм. корпуса 10-й армии Зап. фронта (1916–17) на должность зав. фотограмметрич. частью. В 1917 переведён в 7-й Сибирский авиационный отряд, где служил офицером-наблюдателем. После Октябрьского переворота 1917 — в белых войсках Восточ. фронта. Оконч. ускоренный курс Академии Ген. штаба в Томске. В июне 1918 вступил во 2-й Новониколаевский стрелковый полк Сибирской армии, откуда затем перевёлся рядовым во 2-й Барабинский полк, где позже командовал ротой. Дальнейшую службу нёс: в штабе Отдельной Сибирской стрелковой бригады — ст. адъютантом; в Партизанском атамана Анненкова отряде — ст. адъютантом; в штабе Поволжской группы Приамурской (Земской) рати — ст. адъютантом по разведывательной части. Произведён в поручики и в капитаны. За службу и боевые отличия награждён орденами: св. Анны IV ст., св. Станислава III ст., св. Анны III ст.

После 1922 — в эмиграции в США. Оконч. Калифорнийский ун-т. В 1937 вступил в Об-во рус. ветеранов Великой войны, избравшим **С.** почётным членом за благотворительную деятельность. Погиб в автомобильной катастрофе.

Похоронен на Серб. кладбище в Сан-Франциско.

И с т. АОРВВВ. Штабс-капитан Викторин Александрович Станкеев // 1946. Дек. Альбом № I.

СТАНЮКОВИЧ Михаил Николаевич — мореплаватель, адмирал. В 1828 во время кругосветного путешествия на шлюпе «Моллер» с заходом в Рус. Америку произвёл съёмку побережья п-ова Аляска и близлежащих о-вов.

И с т. Краткая географич. энциклопедия. М., 1966. Т V. С. 399, 518.

СТАРКОВСКИЙ Николай Алексеевич (род. 15 янв. 1922, Каир, Египет) — химик-исследователь. Род. в семье рус. мор. офицера. Оконч. химич. ф-т Каирского ун-та (1954), здесь же по органич. химии получил магистерскую ст. и защитил докторскую дисс. (1956). Эмигрировал в США. Преподавал 8 лет студентам колледжа и аспирантам органич. химию. Более 24 лет проработал по своей профессии с особыми интересами в обл. иммунологии и биомедицины. В теч. 2 лет занимал административные должности. Автор и соавтор 39 статей и 5 запатентованных открытий. Действительный член Об-ва рус. инж. в США (на 1969). Состоял в КРА.

И с т. АОРИ. Вопросник; Archive of the Association of Russian Scholars in the USA. *Starkovsky N.* Curriculum vitae (typescript), 1972.

СТАРОДУБ [**Starodub** Vicror] Виктор Иосифович (16 марта 1917 – 28 авг. 1943) — лейтенант-танкист армии США.

После оконч. технич. уч-ща призван в 1941 в армию США и служил в танковой дивизии. В февр. 1943 отправлен в Сев. Африку и участвовал в захвате Туниса. Погиб во время танкового боя в Алжире.

И с т. *Pantuhoff Oleg* — 1976.
Л и т. *Beresney Timothy A.* In Memoriam // Russian Herald. 1947. Jan.– Febr. P. 157–163.

СТАРЧИКОВ Мина Кузьмич (? – 29 мая 1963, Нью-Йорк) — участник Белого движения на Юге России, полковник. Оконч. Одесское военное уч-ще (1913) и вышел в 50-й Белостокский полк 13-й пех. дивизии, стоявший в Севастополе. Участник Первой мировой войны, награждён за отличия, капитан (на 1917). После Октябрьского переворота 1917 — в белых войсках на Юге России. Во ВСЮР и Рус. армии — командир батальона во 2-м Корниловском Ударном полку Корниловской дивизии. Награждён за отличия орденом св. Николая Чудотворца II ст. Эвакуировался из Крыма в нояб. 1920 в составе Рус. армии. После 1920 — в эмиграции в США. Участвовал в жизни рус. воинских орг-ций.

Л и т. Некролог. Незабытые могилы // Часовой (Брюссель). 1963. Дек. № 450. С. 23.

СТАСЮК Леонид Харитонович (7 дек. 1895, Хмельник Каменецкого уезда Подольской губ. – 26 сент. 1965, Сан-Франциско) — участник Белого движения на Юге России, штабс-капитан. Оконч. Гайсинскую гимназию, мл. портупей-юнкером — Сергиевское арт. уч-ще (22 дек. 1915) и вышел в чине прапорщика в запасной арт. дивизион, стоявший в Царском Селе. Участник Первой мировой войны. С апр. 1916 — мл. офицер 1-й батареи 2-го отдельного Ивангородского дивизиона. Затем — подпоручик, поручик, ст. офицер батареи. В период боев под Крево и Сморгонью отравлен газовыми снарядами. За боевые отличия отмечен 4 наградами, включая солдатский Георгиевский крест IV ст. с пальмовой ветвью. В февр. 1918 дивизион был снят с фронта и направлен в с. Аркадак Саратовской губ., где произошло его расформирование, С. уволен в запас. В авг. 1918 пробрался из Саратова в Киев и осенью вступил в Киевскую добровольч. дружину ген.-майора Л.Н. Кирпичёва. После падения власти гетмана П.П. Скоропадского (дек. 1918) отправился в Одессу. С янв. 1919 — в белых войсках на Юге России, служил в кон. батарее при сводном кав. полку Отдельной бригады Рус. Добровольч. армии ген.-майора Н.С. Тимановского. После боёв под Одессой с бригадой отошёл в Тульчу (Рум.), откуда бригада была отправлена в Новороссийск, а затем в Ростов. Далее служил мл. офицером 8-й кон. батареи, ст. адъютантом управления инспектора арт. V арм. корпуса ВСЮР, офицером штаба войск Киевской обл. После оставления Киева — оперативный адъютант нач-ка бронепоездов Крыма (1919–20). Эвакуировался из Крыма в нояб. 1920 в составе Рус. армии. В 1920–21 — в Галлиполи. С дек. 1921 в эмиграции в Кор. СХС. Служил в Министерстве путей сообщения, а затем — в Министерстве финансов. В 1941–45 — в Рус. Корпусе, затем в Австрии и Зап. Германии.

В США с 1950. Член Об-ва рус. ветеранов Великой войны, состоял секретарём Об-ва.

Похоронен на Серб. кладбище в Сан-Франциско.

И с т. АОРВВВ. Штабс-капитан Леонид Харитонович Стасюк // 1965. Сент. Альбом III.

СТАХОВИЧ [Irina **Stahovich**] Ирина — ветеран армии США, майор. Служила в 1966.

И с т. *Pantuhoff Oleg* — 1976.

СТАХОВСКИЙ Станислав Иванович (17 дек. 1896 – ?) — инженер-механик. Оконч. Московский ин-т машиностроения им. М.В. Ломоносова (1919). В США жил в Нью-Йорке. Действительный член Об-ва рус. инж. в США.

И с т. АОРИ. Анкета (1950).

СТАХОРСКИЙ Николай Иванович (? – 9 мая 1986, Лебанон) — участник Белого движения на Юге России, поручик Дроздовского арт. дивизиона. После 1920 — в эмиграции в США.

Л и т. Некролог // Часовой (Брюссель). 1987. Янв. № 663. С. 25.

СТАЦЕВИЧ Александр Александрович (1904 [по др. дан. 18 янв. 1905] – 8 июля 1989, Сан-Франциско) — корнет, картограф, лейтенант итальянск. армии. Учился в школе Александра II в Санкт-Петербурге (1912–14). В 1914 поступил во Владимирский Киевский кад. корпус, в котором находился вплоть до эвакуации в Кор. СХС. В Сараево закончил 7 кл. Рус. кад. корпуса (1921). Оконч. Николаевское кав. уч-ще в Белой Церкви (1923) и в чине корнета вышел в кадры 4-го гус. Мариупольского императрицы Елисаветы Петровны полка. Нёс погранич. службу на югославской границе в Словении. По оконч. службы (1929) получил работу в Военном министерстве в Белграде. В 1934–38 — представитель журнала «Армия и флот» в Бейруте.

В 1940 под фам. Беллини поступил добровольцем в итальянск. экспедиционный корпус в чине лейтенанта. В 1942 в составе итальянск. армии убыл на Восточ. фронт в Россию. В результате военных действий и расхождений между итальянск. и нем. политикой по вопросу о будущем устройстве России итальянская армия вернулась домой.

С. демобилизовался, работал картографом в Географич. ин-те. В 1952 при содействии брата *Всеволода* переселился в США. По прибытии в Сан-Франциско устроился на работу в Корпус инж., занимался исследованием залива Сан-Франциско. Прослужив почти 20 лет, вышел на пенсию в 1970. Председатель Об-ва рус. ветеранов в Сан-Франциско (1977–80). *Родственники:* жена (урожд. Леонова, в первом браке Рустанович) Елизавета Петровна (? – до 1989); братья: Всеволод; Георгий (? – 1973/74?, Калинин [Тверь]) — выпускник Одесского кад. корпуса (1919), участник Белого движения на Юге России, выдан в 1945 в СССР и провёл 10 лет в лагерях.

И с т. АОРВВВ. *Фолькерт Р.* Некролог. А.А. Стацевич // 1989. Июль. Альбом VI.
Л и т. *Волков С.В.* Офицеры армейской кавалерии. С. 500–501.

СТАЦЕВИЧ Всеволод Александрович (1907, Киев – 12 нояб. 1989, Сан-Франциско) — корнет, инженер-строитель, общественный деятель. В 1919 в составе кад. корпуса эвакуировался из Одессы через Болгарию в Кор. СХС. В Сараево окончил Рус. кад. корпус (1923), затем экстерном — Николаевское кав. уч-ще в Белой Церкви и в чине корнета вышел в кадры 4-го гус. Мариупольского императрицы Елисаветы Петровны полка. Два года нёс погранич. службу на югославской границе в Словении. В 1929 уехал на работу в Ливан. В Ливане и в Трансиордании работал 10 лет, затем вернулся в Белград. Оконч. Рус. высший технич. ин-т (1936) в Париже, получив диплом инженера-строителя и топографа. В 1941 попал на принудительные работы в Германию, затем работал в Дании, здесь встретил оконч. войны и позднее выехал из Дании на постоянное жительство в США. В 1964–69 работал в Великобрит., после 1969 в Калифорнии. Участвовал в создании Калифорнийского отдела КРА, состоял членом правления отдела. Участвовал в жизни рус. воинских, инж., политич. орг-ций. Популяризировал КРА во всех кругах рус.-амер. общественности. Бескомпромиссный борец с коммунизмом, поработившим Россию. *Родственники:* жена (урожд. Ярон) *Ольга*; дочери: Татьяна, Екатерина; братья: *Александр*; Георгий (? – 1973/74?, Калинин [Тверь]) — выпускник Одесского кад. корпуса (1919), участник Белого движения на Юге России, выдан в 1945 в СССР и провёл 10 лет в лагерях.

Л и т. *Ависов Г.Б.* В.А.Стацевич // РА. 1995. № 20. С. 210-211 (wth English summary); *Волков С.В.* Офицеры армейской кавалерии. С. 500–501.

СТАЦЕВИЧ [урожд. **Ярон**] Ольга Александровна (24 марта 1922, Владивосток – 7 дек. 1990, Сан-Франциско) — общественно-полит. деятель. В 1922–48 — с семьёй в эмиграции в Китае, с 1948 в США. Член НТС с 1950. В 1957–59 работала вместе с мужем в центре НТС во Франкфурте-на-Майне (ФРГ). Затем проживала с семьёй в Великобрит., США, в Таиланде, с 1968 — в Калифорнии. Занималась общественно-полит. деятельностью среди рус. и иностранцев. С 1973 до последнего времени изд. на англ. яз. «Бюллетень самиздата». *Родственники:* муж *Всеволод*; дочери: Татьяна, Екатерина.

Л и т. Некролог. О.А. Стацевич // Встречи (Франкфурт-на-Майне). 1991. Янв. – февр. № 301. С. 8.

СТЕЛЛЕЦКИЙ Всеволод Павлович (1904, Ахтырка Харьковской губ. – 1982) — создатель рус. военно-историч. музея в шт. Нью-Джерси. Род. в семье полк. Рус. Императорской армии. В 1914 поступил в Сумский кад. корпус. После Октябрьского переворота 1917 — в эмиграции в Кор. СХС. В 1924 оконч. курс 7 кл. Крымского кад. корпуса в Белой Церкви и вышел в кадры 10-го улан. Одесского полка, чины которого работали на строительстве дорог в Македонии. В 1930 переехал в Белград, зарабатывал на жизнь, выступая на сцене как певец-бас. В 1941–45 — в Рус. Корпусе, после 1945 — в Австрии.

В США с 1950. Поселился близ Лейквуда (шт. Нью-Джерси). Женился на Любови Милановне (урожд. Петрович), ставшей его помощником в деле основания рус. культурно-просветительского об-ва «Родина», при котором был создан военно-историч. музей. Экспонаты для музея поступали от рус. эмигрантов, главным образом военных, и представляли собой рус. военные мундиры, ордена, знамёна, значки, царские грамоты, портреты, оружие, редчайшие книги, альбомы — всё, что рус. беженцы смогли спасти от большевиков и сохранить в Зарубежье. Музей в Лейквуде стал одним из самых значительных рус. музеев в США. **С.** мечтал вернуть музей в Россию после освобождения родины от сов. власти. Мечта основателя музея сбылась после его кончины. Для экспонатов музея **С.** теперь отведён зал в Музее Вооружённых Сил РФ в Москве (до 1991 — Центральный музей Вооружённых Сил СССР). *Родственники:* вдова; две дочери.

Похоронен на Свято-Владимирском кладбище возле Кэссвилла (шт. Нью-Джерси).

Л и т. *А.К.* Памяти В.П. Стеллецкого // НРС. 1982. 26 февр.; *Александров Е.А.* Историч. музей Об-ва «Родина» // РА. 1995. № 20. С. 126–127; Памяти Всеволода Павловича Стеллецкого // Кад. перекличка (Нью-Йорк). 1982. Сент. № 31. С. 114–115.

СТЕН Анна (? – 1993) — киноактриса. В 20-е гг. была звездой сов. немого кино, в котором прославилась в кинокомедии «Девушка с коробкой». В США **С.** была приглашена в Голливуд, где сыграла роль Катюши Масловой в фильме «Воскресение» по одноимённому произведению Л.Н. Толстого. Затем играла в кино второстепенные роли, в которых её героям нужно было говорить на англ. яз. с акцентом. Возраст **С.** не был точно известен.

Л и т. *Завалишин Вяч.* Анна Стен // НЖ. 1993. № 192–193. С. 538–540.

СТЕНБОК-ФЕРМОР Иван Иванович, гр. (14 февр. 1887, – 25 сент. 1986, Сан-Франциско) — участник Белого движения на Юге России, штабс-ротмистр. Образование получил в гимназии, оконч. Пажеский корпус (февр. 1917) и вышел Л.-гв. корнетом в Конный Его Величества полк 1-й гв. кав. дивизии. После Октябрьского переворота 1917 — в белых войсках на Юге России. Во ВСЮР (на осень 1919) — в кон. дивизии ген. И.Г. Барбовича, затем — в Конвое Главнокомандующего Рус. армии ген.-лейт. П.Н. Врангеля. Штабс-ротмистр (на 1920). Эвакуировался из Крыма в составе части в нояб. 1920. После 1920 — в эмиграции во Франц., затем — в США, жил в Калифорнии. С 50-х гг. член Об-ва рус. ветеранов Великой войны. *Родственники:* мать; жена; дети (на окт. 1919 в Киеве).

И с т. АОРВВВ. Штабс-ротмистр Л.-Гв. Конного полка гр. И.И. Стенбок-Фермор // 1986. Сент. Альбом V.
Л и т. *Волков С.В.* Офицеры российской гвардии. С. 461; Некролог // Часовой (Брюссель). 1987. Янв. № 663. С. 25.

СТЕПАНОВ Александр Васильевич — геолог. Оконч. Чикагский ун-т (1925). Работал в «Mid Kansas Oil & Gas Co.» Занимал должность директора авиационной школы при ун-те Уичиты. Был членом Об-ва рус.

студентов, оконч. амер. высшие учебные заведения при содействии Рус. студенч. фонда в Нью-Йорке.

Л и т. *Pestoff Alexis N.* Directory of Russian Graduates of American Colleges // Alumni Association of the Russian Student Fund, Inc. New York, Aug. 1929. P. 19.

СТЕПАНОВ Андрей Ростиславович (род. 1957, Филадельфия) — инж.-механик, деятель НОРР. Род. в семье рус. эмигрантов. Учился в церковно-приходских школах в Филадельфии и в Ховелл (шт. Нью-Джерси). Оконч. среднюю школу (High School) в Моррисвилл (шт. Пенсильвания). Получил звание инж.-механика в Пенсильванском штатном ун-те и ст. магистра в Коннектикутском штатном ун-те в Нью-Бритэйн. В 1979–90 — инж.-строитель в Нью-Йорке, нач-к отделения и инж.-проектировщик в шт. Коннектикут.

С 1990 работает в фирме Pratt & Whitney в Коннектикуте, занимая должности ст. инж. по контролю систем взаимодействия, ст. технич. преподавателя и зав. стандартизацией. Работа в компании включала командировку в Москву (1993–94) в качестве инж. по установке и испытанию самолётных двигателей и инструктаж местного персонала по технологии машин изготовленных на Западе. С 2003 — адъюнкт-проф. в Центральном штатном ун-те в Нью-Бритэйн. В юности проводил лето в молодёжном лагере под рук. о. *Александра Киселёва*. С 1975 один из рук. НОРР. Директор-доброволец летнего лагеря на 125 детей и персонала в Вудберн (шт. Нью-Йорк). Состоял в рус. хоровом об-ве. Поёт в церковном хоре, церковный чтец. Член КРА с 1985. *Родственники*: жена; трое детей.

И с т. АА. *Stepanoff A. R.* Curriculum vitae and additional information, 2004; Archives CRA. *Stepanoff A. R.* Short curriculum vitae, 1993.

СТЕПАНОВ Павел Р. (род. 1958, Левиттаун, шт. Пенсильвания) — инженер-химик, деятель НОРР. Род. в семье рус. эмигрантов. Оконч. рус. церковно-приходскую школу церкви св. блг. кн. Александра Невского в Ховелл (шт. Нью-Джерси) и среднюю школу в Моррисвилле (1976). Высшее образование с дипломом магистра химии получил в Пенсильванском шт. ун-те. Получил лицензию профессионального инженера. Запатентовал два изобретения. Один из рук. НОРР. Успешно участвовал в борьбе с русофобией и отождествлением «русских» с «советскими». *Родственники*: жена; двое детей.

И с т. Archives CRA. *Stepanoff P.R.* Short curriculum vitae, 1993.

СТЕПАНОВА-ЗИКЕЕВА Нина Алексеевна (9 июня 1906, Оренбург – 1992) — метеоролог. Род. в зажиточ. семье, лишившейся состояния после Октябрьского переворота 1917. Оконч. географич. ф-т Ленинградского ун-та (1931). Вместе с мужем работала ст. специалистом в Гидрометеослужбе на Юге СССР. После нем. оккупации и войны оказались в Германии.

По приглашению Амер. метеорологич. об-ва в 1950 с мужем и дочерью переехала в Вашингтон. Здесь супруги работали по специальности до ухода на пенсию. **С.-З.**, убеждённая антикоммунистка, участвовала в полит. жизни рус. эмиграции, сотрудничала в газ. «Русская жизнь» (Сан-Франциско) и «Новое русское слово» (Нью-Йорк) под псевд. Н. Ефимова. Снискала известность как церковный и общественный деятель. *Родственники*: дочь София; внук Сергей; правнуки.

Л и т. *София*. Памяти Нины Алексеевны Степановой-Зикеевой // РМ. 1992. 12 февр.

СТЕФАН — иеродиакон. В 1794 прибыл в составе миссии из Валаамского монастыря просвещать туземцев Рус. Америки. Брат нач-ка миссии архим. *Иоасафа*, которого сопровождал в Иркутск на его хиротонисание во епископа в 1796. На обратном пути на Камчатку погиб во время бури на борту корабля «Феникс».

Л и т. *Петров В.* Рус. в истории Америки. Вашингтон, 1988.

СТЕФАН [в миру Александр **ДЗЮБАЙ**] — епископ.

СТЕФАНОВ Владимир Николаевич (? – 29 апр. 1985) — участник Белого движения на Юге России, вольноопределяющийся 2-го кон. ген. Дроздовского полка. После 1920 — в эмиграции в США.

Л и т. Некролог // Часовой (Брюссель). 1985. Сент. – окт. С. 28.

СТЕФАНОВСКАЯ Зинаида Валериановна (12 июля 1910, Ташкент Сыр-Дарьинской обл. – 12 нояб. 1979, Сан-Франциско) — защитник прав рус. рабочих в Германии во время Второй мировой войны. Род. в семье офицера Валериана Коха. Во время Второй мировой войны служила в администрации завода в Берлине. Пользуясь служебным положением, помогала рус. пленным и так называемым восточ. рабочим, защищая их от нем. произвола и насилия. Выехала из Берлина перед самым занятием города сов. войсками. Прибыла в Мариенбад, где находился штаб ВВС КОНР ген.-майора В.И. Мальцева. На апр. 1945 — переводчик в 9-м зенитном полку ВВС КОНР, где служил её муж. После 1945 — в Зап. Германии. С 1949 в США. Жила и работала в Сан-Франциско

Л и т. Пас. Память о рус. женщине-патриотке // РЖ. 1980. 10 мая.

СТЕШЕНКО [Ivan Steshenko] Иван — певец-бас. Род. в Лебедине Харьковской губ. В отрочестве пел сопрано, развившееся впоследствии в бас. Дебютировал в возрасте 21 года в Лоэнгрине, в Бергамо (Италия). После сезона в Бергамо приглашён на сезон в Рим. Во время Первой мировой войны зачислен в личный Конвой императора и временами выступал соло при Дворе. После 1917 пел в Киевской опере, гастролировал по России и в Польше.

В США с 1922. В теч. двух сезонов выступал в Чикагской опере, ездил на гастроли по Америке и Европе, затем 5 лет был премьером в Филадельфии. Исполнял главные роли в «Борисе Годунове» и в «Мефистофеле». Репертуар **С.** включал 60 оперных ролей. Пел на 5 яз., включая англ.

Л и т. *Martianoff N.N.* Ivan Steshenko // Russian artists in America. 1933. P. 181, 183.

СТОГОВ Пётр Евграфович (? – 20 июня 1975, Нью-Йорк) — участник Белой борьбы под Андреевским флагом на Юге России, капитан II ранга. Оконч. Морской корпус (1905). Участник Первой мировой войны. После Октябрьского переворота 1917 — на Юге России. Капитан II ранга (1920). После эвакуации из Крыма 1920 — в эмиграции в США. 11-й председатель Совета директоров Об-ва быв. рус. мор. офицеров в Америке. Член Исполнительного комитета Рос. антикоммунистич. орг-ций в США. Автор мемуаров.

Похоронен на кладбище Ново-Дивеево близ Нануэт (шт. Нью-Йорк).

С о ч. На старом «Памяти Меркурия» 1905–1906 // Мор. записки (Нью-Йорк). 1944. Т. II. № 4; На «Верном» в 1902 г. // Там же. 1948. Т. VI. № 3/4; Из корпусных воспоминаний // Там же. Т. VII. № 1. 1949;

И с т. Воззвание Исполнительного комитета Рос. антикоммунистич. орг-ций в США // НРС. 1959. 28 авг.; Список председателей Совета директоров Об-ва Рус. императорских мор. офицеров в Америке, 1974.

Л и т. Мартиролог рус. военно-мор. эм. С. 131.

СТОЛЕШНИКОВ В.А. (? – 1907, Мариетта, шт. Огайо) — архитектор, левый общественный деятель. По образованию юрист. Прибыл в США из Швейцарии, где участвовал в изд. (1875–76) журнала «Набат» П.Н. Ткачёва. Сотрудник журнала «Знамя» (Нью-Йорк), в котором публиковал свои стихи. В Америке стал архитектором. По чертежам С. в Нью-Йорке было построено здание концертного зала Карнеги-Холл. Умер после скитаний и мытарств.

Л и т. *Вильчур М.* Рус. в Америке. Первое рус. изд-во в Америке. С. 20–21; *Полчанинов Р.В.* Рус. в Нью-Йорке в 1870-х гг. // НРС. 1986. 30 сент.

СТОЛЯРОВ [Stoliaroff] — ветеран армии США, полковник. Служил в инж. войсках.

И с т. *Pantuhoff Oleg* — 1976.

СТОЦКИЙ Максим Кириллович — поэт-самоучка, член РООВА.

Приехал в США 17-летним юношей. В Америке перечитал произведения Пушкина, Лермонтова, Никитина, Надсона. От чтения постепенно перешёл к соч. и к стихосложению. Издал свои брошюры: «Рабочая муза», «Свободные мысли» и др. Позже вышла книга С. «Родник».

Л и т. *Березний Т.А.* С. 82–83.

СТРАВИНСКАЯ Вера Артуровна (13 дек. 1888, Санкт-Петербург – 17 сент. 1982, Нью-Йорк) — вдова композитора И.Ф. Стравинского. Род. в семье де Боссэ. В детстве и юности обуч. театральному искусству, балету и муз. в Москве. С 1914 снималась в кино. В 1920 выехала в Париж со своим первым мужем, художником Судейкиным. В Париже создавала костюмы для постановки С.П. Дягилева «Жар-птица», в Амстердаме — для постановки «Кармен». В 1940 вышла замуж за Стравинского, жила с ним в Лос-Анджелесе. В 1969 Стравинские переехали в Нью-Йорк. Рис. полуабстрактные миниатюры, которые выставлялись на 30 выставках, включая Токио, Тель-Авив, Мексико-Сити, Лондон, Париж и Берлин.

Похоронена в Венеции, рядом с мужем.

Л и т. *Лейкинд О.Л., Махров К.В., Северюхин Д.Я.* Худ. Рус. зарубежья. С. 547–548; *Hughes A.* Vera Stravinsky, Widow of Composer, Dead at 93 // The New York Times. 1982. Sept. 18.

СТРАВИНСКИЙ Игорь Фёдорович (5 июля [по др. дан. 5 июня] 1882, Ораниенбаум Санкт-Петербургской губ. – 6 апр. 1971, Нью-Йорк) — композитор, дирижёр. Род. в семье солиста-баса императорских театров Фёдора Игнатьевича С. и его супруги (урожд. Холодовской) Анны Кирилловны. С 9 лет играл на фортепиано. Оконч. частную гимназию (1900). В 1901–06 учился на юридич. ф-те Санкт-Петербургского ун-та, но выпускных экзаменов не сдавал, посвятив себя муз. В 1903–08 учился у Н.А. Римского-Корсакова. Первые соч. С.: Соната для фортепиано (1904), Фантастическое скерцо (1908) и др. Поддерживал тесные отношения с С.П. Дягилевым и др. представителями худ. объединения «Мир искусства». По заказу Дягилева написал балеты «Жар-птица» (1910), «Петрушка», «Весна священнная» (1913). С 1910 долго жил в Швейцарии, периодич. возвращаясь на родину (последний раз в 1914). После начала Первой мировой войны и последующей революции возвратиться в Россию С. уже не смог. Февральскую революцию 1917 композитор приветствовал, но к захвату власти большевиками отнёсся отриц. Главное произведение С. этого периода хореографич. кантата «Свадебка» (1917,

оконч. вар-т 1923). В муз. соч. С. 1910-х гг. отразилась тематика рус. нар. творч. В 1917 соч. пантомиму с чтецом «История солдата». Затем С. перешёл к созданию произведений в неоклассич. стиле (балет с пением «Пульчинелла», 1919). В 1920–39 жил и творил в Париже, затем в США. В жанре неоклассицизма работал в 1919–53, создав оперу-ораторию «Царь Эдип» (1927), «Поцелуй феи» (1928), «Симфонию псалмов» (1930), ряд концертов, балет «Орфей» (1947), оперу «Похождения повесы» (1951) и др. выдающиеся произведения. С 1948 в творч. композитора появилась дух. тематика, отразившаяся в таких соч., как: католич. «Месса» (1948), кантата «Священное песнопение» (Canticum sacrum, 1956), «Заупокойные песнопения» (Requiem canticles, 1966).

В США С. впервые побывал во время гастролей в 1925, а в 1939 получил приглашение от Гарвардского ун-та для чтения курса лекций. Гражданин США (1945). Отличался остротой ума и колким юмором. Давал концерты во многих странах, в т. ч. в СССР (сент. – окт. 1962; Москва и Ленинград). Н.С. Хрущёв лично, но безуспешно пытался уговорить С. вернуться на родину. Автобиографич. соч. С. перев. на рус. яз. Обширный архив С., в котором содержатся ценные материалы по муз., балету и лит. приобретён неизвестным меценатом за 3 млн 750 тыс. $ для передачи в библиотеку Моргана. В 1982 Почтовое ведомство США выпустило в честь С. с его портретом почтовую марку достоинством в 2 цента. *Родственники:* в первом браке (с 1906) жена (урожд. Носенко) Екатерина Гавриловна (?–1939); дочь (?–1939); сын *Сулима*; внук; во втором браке жена (урожд. де Боссэ) *Вера Артуровна*. Похоронен в Венеции в православной части кладбища на о-ве Сан-Микеле близ могилы С.П. Дягилева. Записи концертов, которыми дирижировал С., продолжают занимать ведущее место в муз. культуре США.

С о ч. Хроника моей жизни. Л., 1963; Диалоги (записи бесед С. с его секретарём Р. Крафтом). Л., 1971; Письма Стравинского // И.Ф. Стравинский. Статьи и мат-лы. Л., 1973.

И с т. АМРЦ. *Морозова О.А.* Биографич. сборник — черновая рукопись: М-73 (MS 268). С. 8.13., М- М-73-8, 2.4-72.
Л и т. *Варунц В.* Стравинский Игорь Фёдорович // РЗ. Золотая кн. эм. С. 601–603; *Гендлин Л.* Стравинский о себе и о др. // НРС. 1977. 4 дек.; *Друскин М.С.* Стравинский Игорь Федорович // БСЭ. Т. XXIV. Кн. I. М., 1976. С. 544; *Мельник И.* Легендарная фигура в муз. XX в. // РЖ. 2002. 26 окт.; *Седых А.* Судьба архива Игоря Стравинского // НРС. 1983. 14 июня; Holland B. Recordings to Mark Stravinsky's 100th // The New York Times. 1981. July 23; Raymond B., Jones D. Stravinsky Igor // The Russian Diaspora. 1917–1941. Maryland and London, 2000. P. 201–202.

СТРАВИНСКИЙ Сулима Игоревич (10 сент. 1910, Лозанна, Швейцария – 28 нояб. 1994) — композитор, пианист, преподаватель. Мл. сын *И.Ф. Стравинского*. Вырос и получил образование в Париже. Первое публич. выступление **С.** состоялось в Париже (1934), музыкант исполнил произведения отца. Первый раз приехал в США в 1939. Затем служил во франц. армии. Возвратился в США в 1948. Поселился на некоторое время в Голливуде, затем жил в Нью-Йорке и дал несколько концертов произведений отца. Исполнял произведения Скарлатти, Моцарта и др. композиторов, для которых составил модуляции. В 1950–78 преподавал в Иллинойском муз. уч-ще. *Родственники:* вдова; сын; сестра.
Л и т. *Kozinn A.* Soulima Stravinsky, Composer, Pianist and Educator, 84 // The York Times. 1994. Nov. 29.

СТРАННИК — псевд. архиепископа *Иоанна Шаховского*.

СТРАХОВ [Gregory **Strachov**] Григорий (род. 25 нояб. 1950, Каракас, Венесуэла) — художник. Род. в рус. семье. В США приехал с родителями в возрасте 6 лет. Акварельные краски получил в возрасте 8 лет. Художник-самоучка, реалист. Оконч. колледж со ст. бакалавра по биологии и химии. Слушал лекции по мор. биологии и геологии.

Преподавал в теч. 8 лет биологию и химию, но в 1979 целиком переключился на живопись. Получил сертификат в Кин (Kean) колледже с правом преподавать искусствоведение. Знакомство с геологией и природой отразилось на акварелях **С.**, на которых художник изображает отполированные ледником и мор. волнами скалы, валуны и гальку, в самых любопытных сочетаниях с цветком-колокольчиком, как бы проектируюший жизнь на мертвые камни. Кисти **С.** принадлежат портреты.
Л и т. *Adams H.* Gregory Strachov // Catalog Essay. The Butler Institute of American Art, Youngstown, Ohio. 1999. March 14 – April 25. 24 pp., ill.

СТРАХОВСКИЙ Леонид Иванович (1898, Оренбург – 1963, Торонто) — историк, поэт. В нач. 20-х гг. покинул Россию и обосновался в Бельгии, поступил в ун-т. Будучи студентом, выступал как поэт под псевд. Чадский. Опубликовал две книги стихов. Оконч. ун-т по курсу рус. истории, переселился в конце 20-х гг. в США.

Преподавал в Пенсильванском, затем — в Гарвардском ун-те. В 1956 переехал в Торонто (Канада). Продолжал преподавать в ун-те. Основал в Торонто квартальный журнал «Современник», посвящённый науч., историч. и библиографич. статьям, прозе и поэзии. К участию в журнале привлёк известных рус. критиков и литераторов из разных стран. В «Современнике» публиковались и собственные стихотворения **С.**
И с т. АА. *Могилянский М.* Письмо от 5 февр. 2001.
Л и т. *Крейд В.* С. 655.

СТРАШ Виктор — см. **СТРАШНИКОВ**

СТРАШНИКОВ Виктор — участник Белого движения на Востоке России, языковед. В детстве овладел франц. и нем. яз., ещё до того, как изуч. рус. яз. По оконч. гимназии поступил в Ин-т восточ. яз. Изуч. тур., арабск. и древнееврейск. яз., научился перев. с арамейск. яз. В 1914 призван в Рус. Императорскую армию, служил в Ген. штабе, участвовал в допросах нем. военнопленных. После Октябрьского переворота 1917 — в белых войсках Восточ. фронта. После 1920 — в эмиграции в Маньчжурии. Быстро изуч. кит. язык и ознакомился с яп. яз. В США с 1922, приехал в Сеатл, не зная англ. яз. В теч. года овладел англ. яз. и говорил на нём без акцента. 7 лет работал электриком. Образование завершил в ун-те Вашингтона, в котором затем преподавал и стал проф. После 1945 служил в чине майора в амер. оккупационной зоне в Германии. Вернувшись в США, призван на ответственную должность при ген. Клее (Clay) во время Берлинского кризиса (1961). *Родственники:* сын от первого брака; две дочери от третьего брака.
И с т. АА. *Ushanoff B.B.* The Russian contribution to the United States of America (A typescript).

СТРЕЛЬСКИЙ [**Strelsky** Nikander] Никандр (1893 – 21 июня 1946) — участник Белого движения на Юге России, преподаватель рус. яз. и срав. славянск. лит., доцент колледжа Вассар. Родился в России. Оконч. сельскохоз. уч-ще в Харькове (1915), Киевский Политехнич. ин-т (?), Алексеевское военное уч-ще.

Участник Первой мировой войны, несколько раз ранен, подвергался атаке ядовитыми газами. Награждён боевыми орденами. После Октябрьского переворота 1917 — в белых войсках на Юге России, капитан (на 1920). В нояб. 1920 эвакуировался из Крыма в составе Рус. армии. В эмиграции в Константинополе, с 1923 в США. Гражданин США (1930). Продолжил образование в Колумбийском ун-те в Нью-Йорке, магистр (1935), защитил докторскую дисс. (1940). Одновременно с занятиями в ун-те при поддержке Фонда Костюшко вёл исследования в Варшавском ун-те и в Ягеллонском ун-те в Кракове. Получив стипендию в Вассар-колледже, занимался науч. работой в Кондаковском ин-те в Праге и состоял членом Пражского об-ва им. Ф.М. Достоевского. Был секретарём Славянского и Восточ.-Европейского отдела Амер. ассоциации современных яз., членом-корр. Амер. ассоциации преподавателей славянск. и восточ.-европейских яз.

Занимал пост председателя Пушкинского об-ва в Америке. Член Совета директоров Толстовского фонда, член ред. «Нового журнала» (Нью-Йорк) и т.д. Департамент труда США поручил **С.** перевести на рус. яз. конституцию США и составить грамматику рус. яз. Автор многоч. статей, включая статьи о творч. И.А. Бунина, о развитии рус. критики и философии М.Е. Салтыкова-Щедрина. В теч. последнего года жизни работал над биографиями рус. писателей для «Словаря современной европейской литературы», который готовился к изд. Колумбийским ун-том. *Родственники:* вдова (урожд. Андерсон) Кетерина.

И с т. *Мартьянов Н.Н.* Список... С. 84–88.

Л и т. Obituary. Dr. Strelsky, 53, expert on Slavs // The New York Times. 1946. June 21.

СТРИЖКОВ Василий Владимирович (? – 10 дек. 1993) — горный инженер. Получил докторскую ст. по инж. наукам при Колумбийском ун-те. Работал в Горном департаменте США (United States Burerau of Mines) референтом по полезным ископаемым и горной промышленности СССР. *Родственники:* вдова Екатерина.

Л и т. Некролог // НРС. 1993. 17 дек.

СТРНАД Павел Вячеславович (2 янв. 1902, Санкт-Петербург – ?) — инженер-путеец. После революции — в эмиграции в Чехословакии. Оконч. в Праге Рус. высшее уч-ще техников путей сообщения (1926) со специализацией по регулировке рек и строительству шоссейных дорог. В 1926–45 работал в гос. технич. учреждениях Словакии производителем строительных работ и помощником инж. В США жил в Филадельфии (шт. Пенсильвания). Действительный член Об-ва рус. инж. в США.

И с т. АОРИ. Анкета (1953).

СТРУВЕ Глеб Петрович (9 мая [по др. дан. 19 апр.] 1898, Санкт-Петербург – 4 июня 1985, Бёркли, шт. Калифорния) — литературовед, поэт, издатель. Сын П.Б. Струве (1870–1944) — публициста и полит. деятеля, быв. в молодости представителем «легального марксизма» и ставшего позднее одним из идеологов рус. консервативного либерализма. Оконч. коммерч. уч-ще (1916), затем — зав. на Юго-Зап. фронте в Карпатах питательным пунктом Земгора. Участник Первой мировой войны вольноопределяющимся в рядах гв. конно-арт. дивизиона, где его застал большевистский переворот. В 1918 вслед за отцом — убеждённым противником большевизма — пешком перешёл финскую границу, в эмиграции в Великобрит. Учился в Оксфордском ун-те (1919–22), получив диплом по новой истории. Работал журналистом в изданиях отца: в Берлине (1922–24) в ред. журнала «Русская мысль», затем в Париже в ред. газ. «Возрождение» (1925–27). Член редакций еженедельников «Россия» (1927–28) и «Россия и славянство» (1928–32). В этих изданиях **С.** опубликовал ряд статей и исследований на лит. темы. Сов. литературоведами взгляды **С.** не воспринимались как враждебные. С 1932 читал лекции по истории рус. лит. в Лондонском ун-те, проф. славистики.

С 1946 читал лекции в ун-тах США. С 1947 преподавал рус. лит. в Калифорнийском ун-те Бёркли (1947–67) и в Колумбийском ун-те. На пенсии с 1967. Несмотря на «железный занавес», труды **С.** получили известность в СССР. Перевёл на англ. яз. ряд произведений рус. писателей. Под ред. **С.** совместно с *Б.А. Филипповым*, с которым он сотруднич. 30 лет, вышли в 4 т. собр. соч. Н.С. Гумилёва (1962–68), стихи Н.А. Заболоцкого (1965), 3 т. соч. А.А. Ахматовой (Вашингтон – Париж, 1965–83), в 3 т. собр. соч. О.Э. Мандельштама (1964–69), в 2 т. собр. соч. Н.А. Клюева (Мюнхен, 1969), в 2 т. стихи и поэмы М.А. Волошина (Париж, 1982–84). Собственные стихи **С.** в сб. «Утлое солнце» вышли из печати в 1965. Стихи **С.** публиковались в сб.: «Петербург в стихотворениях русских поэтов» (1923), «Чтец декламатор» (1962); в антологиях: «Якорь», «Эстафета», «На западе», «Муза диаспоры», «Содружество» и «Вернуться в Россию стихами» (М., 1995). Заслуги **С.** в развитии славистики в США отмечены Амер. Ассоциацией славистики (1973) и Калифорнийским ун-том (1978). Обладатель почётной ст. доктора права Торонтского ун-та (1971), почётный председатель РАГ в США (1977).

С о ч. Рус. европеец: Материалы для биографии и характеристики кн. П.Б. Козловского. Сан-Франциско, 1950; Рус. литература в изгнании. Нью-Йорк, 1956; К истории рус. поэзии 1910-х – нач. 1920-х гг. Бёркли, 1979; О четырёх поэтах: Блок, Сологуб, Гумилёв, Мандельштам. Лондон, 1981; Soviet Russian Literature. London, 1935 (перев. на франц. яз. Париж 1946; 2-е доп. изд. Бёркли, 1951; на нем. яз. Мюнхен, 1957 и 1964); Russian Literature under Lenin and Stalin 1917–1953. Berkeley, 1971 и др.

Л и т. *Вильданова Р.И., Кудрявцев В.Б., Лаппо-Данилевский К.Ю.* Краткий биографич. словарь рус. зарубежья // *Струве Г.* С. 362; *Ковалевский П.Е.* С. 165–166; *Крейд В.* С. 658; *Лаппо-Данилевский К.Ю.* Глеб Струве — историк литературы (вступительная статья) // *Струве Г.* Указ. соч. С. 7–17; *Раевская-Хьюз О.* Глеб Петрович Струве // Записки РАГ в США (Нью-Йорк). 1995. Т. XVIII. С. 346–348; *Рязановский Н.* Глеб Петрович Струве // Там же. 1985. Т. XVIII. С. 348–351; *Самарин В.Д.* Г.П. Струве // Записки РАГ в США (Нью-Йорк). 1975. Т. IX. С. 309–313; *Трущенко Е.* Струве Глеб Петрович // РЗ. Золотая кн. эм. С. 605–607; *Филиппов Б.А.* Г.П. Струве // НЖ. 1985. № 160. С. 278–282; *Его же.* Дорогое для меня тридцатилетие // НРС. 1984. 7 июля; *Raymond B., Jones D.* Gleb Struve // The Russian Diaspora. 1917–1941. Maryland and London, 2000. P. 202.

СТРУВЕ Николай Бернгардович — рус. дипломат, коллежский советник. Первый консул Российской империи в Монреале.

СТРУВЕ Отто Людвигович (12 авг. 1897, Харьков – 6 апр. 1963, Бёркли, шт. Калифорния) — участник Белого движения на Юге России, астроном, проф. Правнук основателя Пулковской обсерватории под Санкт-Петербургом Василия Яковлевича (Фридриха Георга Вильгельма) Струве. Отец Людвиг Оттович — ординарный проф. астрономии и геодезии Харьковского ун-та. Астрономией увлекался с детства, с 10 лет проводил самостоятельные наблюдения. Оконч. с отличием гимназию и учился в Харьковском ун-те, откуда перешёл в Михайловское арт. уч-ще. По оконч. уч-ща служил в чине подпоручика и поручика на Кавказском фронте. Участник Первой мировой войны, командовал батареей, был награждён за отличия. В 1918 вернулся в Харьков и в 1919 оконч. ун-т, где стал преподавать. В 1919 призван в ВСЮР, далее — в белых войсках на Юге России. Эвакуировался из Крыма в нояб. 1920 в составе Рус. армии. В 1920–21 в Галлиполи, затем в Константинополе. В 1921 по приглашению директора Йеркской обсерватории Чикагского ун-та Э. Фроста переселился в США и поступил на должность ст. ассистента по звёздной спектроскопии. Работая в обсерватории, исследовал двойные звёзды и одновременно писал докторскую дисс., которую защитил в 1923. Начал карьеру со звания преподавателя. Доктор философии (1923). Проф., директор Йоркской обсерватории (1932), с 1947 — почётный директор. С

1932 — зам. директора Гарвардской обсерватории. Занимал кафедру астрономии Чикагского ун-та (1947–50). Более 30 лет С. был негласным главой амер. астрономии. Его хлопотами и стараниями удалось убедить рук. ун-тов Чикаго, Техаса, Индианы и Миннесоты объединить средства и создать в Техасе на высоте 2 тыс. м. мощную обсерваторию, названную Мак-Дональдской, и ставшую астрономич. центром Америки (1939), который возглавил С. В своей науч. работе объединил теорию астрофизики с наблюдательной практикой. Первым предложил идею использования космич. кораблей для производства астрономич. наблюдений, что ныне воплощено в действительность. Первым применил радиоастрономию, пользуясь сорокадвухметровым радиотелескопом. Верил в существование жизни, включая высокоорганизованную, в пределах нашей галактики и в др. галактиках. С 1950 — зав. кафедрой астрофизики Калифорнийского ун-та в Бёркли, рук. Лейшнеровской обсерваторией.

Вице-президент и президент Международного союза астрономов (1948–55). С 1959 — директор Нац. радиоастрономич. обсерватории США в Гринбэк (Зап. Вирджиния). Автор трудов об астероидах, орбитах малых звезд, радиальной скорости 368 звезд, физич. свойствах газового субстрата. Особенно отмечены книги С.: «Звёздная эволюция» (1950), «Астрономическая Вселенная» (1958), «Звёздная спектроскопия» (1960–70), «Вселенная» (1962).

И с т. АМРЦ. *Морозова О.А.* Биографич. сборник — черновая рукопись: М-73 (MS 268). С. 8.28; АОРИ. Биография Отто Струве.

Л и т. *Кеппен А.А.*; *Куксин И.* От Пулкова до Чикаго // Нева (СПб.). 2003. № 1. С. 235–238; *Соколовская З.* Струве Отто // РЗ. Золотая кн. эм. С. 607–609; *Raymond B., Jones D.* Otto Struve // The Russian Diaspora. 1917–1941. Maryland and London, 2000. P. 203–204.

СТРУКОВ Михаил [Michael **Stroukoff**] (29 янв. 1883, Екатеринослав – дек. 1973, Трентон [по др. дан. 5 янв. 1974, Принстон], шт. Нью-Джерси) — авиаконструктор, лётчик. Оконч. Киевский Политехнич. ин-т Императора Александра II (1908). Участник Первой мировой войны, капитан. Награждён за храбрость орденом св. Георгия IV ст. В США с 1923. Строил мосты, здания, жел. дороги. Один из создателей и главный инж. фирмы Aircraft Corporation Chase and Stroukoff (1943). Создатель 16-местного десантного планера XCG-14 (1943–45), транспортного планера CG-18 (1944–45) и др. самолётов. В 1951 создал для ВВС США первый реактивный грузовой самолет С-123, которых в 1954–58 было выпущено более 300. Эти самолёты С. с успехом использовались во время войны во Вьетнаме. Спроектировал понтон для посадки самолётов на воду, на лёд и на сушу. Был лётчиком и летал до 74-летнего возраста. Действительный член Об-ва рус. инж. в США.

Л и т. Сконч. Михаил Струков // НРС. 1973. 25 дек.; *Соболев Д.* Струков Михаил // РЗ. Золотая кн. эм. С. 613–614; Anonymous. Michael Stroukoff Dead; Aircraft designer was 90 // The New York Times. 1973. Dec. 23; *Raymond B., Jones D.* Strukov Mikhail // The Russian Diaspora. 1917–1941. Maryland and London, 2000. P. 202.

СТУДЕНСКИЙ Василий Иванович (9 февр. 1886, Пенза – 8 сент. 1935) — врач, общественный деятель. Оконч. мед. ф-т Казанского ун-та (1911). После нескольких лет практики в качестве земского врача в Перми, в нач. Первой мировой войны призван на военную службу. Во время войны тяжело ранен и эвакуирован в Ялту. В 1922 покинул Россию и переехал в Константинополь, где работал у проф. Алексинского и состоял зав. мед. частью при госпитале Красного Креста. Прибыл в Нью-Йорк в 1923. Работал в лаборатории городского госпиталя, с 1926 посвятил себя частной практике. Принимал активное участие в деятельности Об-ва рос. врачей. В 1929 — тов. председателя Об-ва.

Л и т. Василий Иванович Студенский // Юбилейный сб. Об-ва рос. врачей г. Нью-Йорка. 1939. Сент. С. 30.

СТУДЕНСКИЙ [Studensky Paul] Павел — проф. экономики Колумбийского ун-та в Нью-Йорке.

И с т. *Мартьянов Н.Н.* Список… С. 84–88.

СТУПЕНКОВ Алексей Алексеевич (? – 9 марта 1963, Сан-Франциско) — участник Белого движения, капитан 18-го пех. Вологодского полка. После 1920 в эмиграции в США. Поступил в Нац. гв. шт. Нью-Йорк, получил чин первого сержанта и стал основателем рус. батареи в составе 244-го арт. полка Нац. гв. Личный состав батареи состоял из добровольцев, амер. граждан рус. происхождения. Батарея под командованием С. просуществовала с 19 февр. 1929 по 19 февр. 1932, когда её личный состав в угоду левым элементам был рассредоточен по др. подразделениям полка. Основал в Нью-Йорке Об-во друзей журнала «Часовой», принимал большое участие в общественных делах рус. колонии.

Л и т. Некролог. Незабытые могилы // Часовой (Брюссель). 1963. Май. № 444. С. 22; Рус. батарея 244-го арт. полка береговой обороны Нац. гв. штата Нью-Йорк // Там же (Париж). 1932. 15 июня.

СТЭЙСИ [Olga **Stacy**] Ольга Сергеевна (1903, Нью-Йорк – 20 окт. 1998, Гейтерсбург, шт. Мэриленд) — преподаватель рус. яз., переводчик, общественный деятель. Род. в семье рус. православного священника-миссионера.

Оконч. среднюю школу в Сиракузах (шт. Нью-Йорк), Сиракузский ун-т (1936) со ст. бакалавра искусств. В ун-те слушала лекции для аспирантов. Первым браком была замужем за инж. *В.Н. Фёдоровым*. Овдовев в 1972, вышла замуж за проф.- языковеда Р. Стэйси (Robert H. Stacy). Преподавала рус. яз., последнее время, до выхода на пенсию, в Военно-воздушной школе восточноевропейских яз. в Сиракузах, делала переводы из сов. изданий. Состояла членом Амер. ассоциации преподавателей славянск. и восточноевропейских яз., один срок состояла секретарем этой орг-ции. Активный член и сотрудник КРА, член правления Сиракузского отдела КРА. До последних лет жизни занималась оказанием помощи новейшим рус. эмигрантам. *Родственники*: дети: *Олег, Игорь* и *Нина Фёдоровы*; восемь внуков; пять правнуков.

Похоронена на кладбище Свято-Троицкого монастыря в Джорданвилле (шт. Нью-Йорк).

И с т. АА. *Fedoroff I.* Biography of Olga Stacy (typescript), 1998.

СУББОТИН Павел Фёдорович (? – 6 окт. 1977, США) — участник Белого движения на Юге России, штабс-капитан. Оконч. Суворовский кад. корпус (1917), юнкер Виленского военного уч-ща. После Октябрьского переворота 1917 — в Доброволь. армии. Участник 1-го Кубанского («Ледяного») похода 1918 в рядах Офиц. полка. Прапорщик (февр. 1918). Далее в рядах 1-го офиц. ген. Маркова полка: в учебной команде (нояб. 1918) и на др. должностях. Подпоручик (июль 1919), поручик (авг. 1919), штабс-капитан (сент. 1919). Принят в кадры Л.-гв. Егерского полка. После 1920 — в эмиграции в Кор. СХС, жил в Белграде. В 1941–45 — в Рус. Корпусе, затем в Австрии и в США.

Ис т. ЛАА. Справка *К.М. Александрова* на штабс-капитана П.Ф. Субботина.

Л и т. *Волков С.В.* Офицеры российской гвардии. С. 466; Некролог // Часовой (Брюссель). 1978. Март – апр. № 611. С. 19.

СУДЕЙКИН Сергей Юрьевич (7 марта 1882, Смоленск – 12 авг. 1946, Наяк под Нью-Йорком) — живописец, график, театральный художник. Род. в семье жандармского офицера полк. Г.П. Судейкина, убитого в дек. 1883 провокатором С. Дегаевым по заданию народовольцев. Учился в Московском уч-ще живописи, ваяния и зодчества (1897–1909), Санкт-Петербургской Академии худ. (1909–11) у Д.Н. Кардаковского, К.А. Коровина и В.А. Серова. Карьеру нач. в студиях К.С. Станиславского, В.Э. Мейерхольда и в театре В.Ф. Комиссаржевской в Санкт-Петербурге. Иллюстрировал журналы «Весы» (1904) и «Золотое руно» (1906–09), член худ. объединения «Голубая роза». Работы **С.** экспонировались на выставках Московского товарищества худ., Союза рус. худ. (1905–10) и др. Писал преимущественно в условно-декоративном и символико-аллегорич. стиле. В 1912 в Париже выполнял декорации для балетных постановок С.П. Дягилева. Участвовал в создании петербургских лит.-артистич. кабаре «Бродячая собака» (1911–15) и «Приют комедиантов» (1915–17).

Принял Февральскую революцию 1917. В 1917–19 — в Крыму, работал в Воронцовском дворце. С 1919 в Тифлисе, затем (1920) в эмиграции во Франц. В Париже сотруднич. с *Н.Ф. Балиевым*. В авг. 1922 приехал в Нью-Йорк. Писал декорации для балета «Фея кукол» для труппы *Анны Павловой* (1923). В 1924–31 работал в Метрополитен-опера (Нью-Йорк), оформлял постановки произведений *И.Ф. Стравинского* — балета «Петрушка» (1924–25), оперы «Соловей» (1925–26), кантаты «Свадебка» (1929); Н.А. Римского Корсакова — «Садко» (1929) и др. выдающихся композиторов (Р. Вагнера, В.А. Моцарта, М.П. Мусоргского, А. Тома). Написал первые декорации для «Porgy and Bess» Дж. Гершвина и для артистич. кабаре «Подвал падших ангелов». В лондонском театре Ковент Гарден оформил балет *С.В. Рахманинова* «Паганини» (1939–40). Сотруднич. с *Дж. Баланчиным* и др. деятелями искусства. В 40-х гг. открыл в Нью-Йорке кабаре «Привал комедианта». Кабаре было прекрасно расписано, но коммерч. успеха не имело. Своё худ. наследство завещал отправить в Россию, но большинство работ **С.** оказалось продано в частные руки. *Родственники*: жёны — Вера (урожд. Стравинская, во втором браке), Джин (урожд. Палмер, последняя жена).

Похоронен на Бруклинском кладбище. Мемориальная выставка работ **С.** состоялась в Нью-Йорке в 1964.

Со ч. Две встречи с Врубелем // Врубель: Переписка. Воспоминания о худ. Л., 1976.

Л и т. *Боулт Д.Э.*, кн. *Н.Д. Лобанов-Ростовский Н.Д.* С.Ю. Судейкин // Худ. рус. театра. М., 1994. С. 251–256; *Гофман И.* Судейкин Сергей Юрьевич // РЗ. Золотая кн. эм. С. 615–617; *Лобанов-Ростовский Н.Д.* Сергей Юрьевич Судейкин // Записки РАГ в США (Нью-Йорк). 1994. Т. XXVI. С. 84–85; *Martianoff N.N.* Sergei Yurievich Soudeikine // Russian artists in America. 1933. P. 217; *Raymond B., Jones D.* Sudeikin Sergei // The Russian Diaspora. 1917–1941. Maryland and London, 2000. P. 203–204.

СУДЛЕЦКАЯ Марина Васильевна (12 мая 1908, Москва – 5 апр. 1998, Ири, шт. Пенсильвания) — график, иконописец. Род. в семье В.Н. Масютина. В 1920 выехала с родителями в Ригу, затем переехала в Берлин. Училась в рус. и нем. гимназиях. Работала худ.-графиком, выполняя рис. для коммерч. целей. Вышла замуж за священника и писателя В.Д. Судлецкого (Сибирева), получившего в 1962 приход в Ири. Занималась прикладной графикой, писала иконы. См. подробнее: *Лейкинд О.Л., Махров К.В., Северюхин Д.Я.* Худ. Рус. зарубежья. С. 554.

СУКАЧЕВ Лев Павлович (3 марта 1895, имение Яблочкино – 29 янв. 1975, Монтерей, шт. Калифорния) — участник Белого движения на Юге России, ротмистр. Из дворян Екатеринославской губ. Оконч. Тенишевское уч-ще в Петрограде, Елисаветградское кав. уч-ще (1915) и вышел в 5-й улан. Литовский Его Величества кор. Виктора Эммануила III полк 5-й кав. дивизии. Участник Первой мировой войны. Нач-к команды в 1-м авиационном отряде. После Октябрьского переворота 1917 — в Доброволь. армии. Участник 1-го Кубанского («Ледяного») похода 1918 в отряде полк. В.С. Гершельмана. В 1919–20 служил в 5-м гус. Александрийском полку войск Сев. Кавказа, в дивизионе Александрийских гус. 1-го кав. полка 1-й кав. дивизии Кон. корпуса Рус. армии. Ротмистр (на 1920). Эвакуировался из Крыма в составе части в нояб. 1920. В 1920–21 — в Галлиполи. После 1921 в эмиграции в Кор. СХС, служил в погранич. страже. Майор Албанской армии (1924). В 1939–49 — на службе в итальянск. армии, бригадный генерал (1947). После 1949 в США. Участвовал в жизни рус. воинских орг-ций, автор мемуаров. *Родственники*: жена Наталия Михайловна; дочери.

Ис т. ЛАА. Справка *К.М. Александрова* на бриг. ген. итальянск. службы Л.П. Сукачёва.

Л и т. *Волков С.В.* Офицеры армейской кавалерии. С. 507–508; Некролог // Часовой (Брюссель). 1975. Апр. – май. № 586–587. С. 19.

СУКК Нина Владимировна (1902, Плоцк, рус. Польша – 16 дек. 1993, Нью-Йорк) — руководительница в Об-ве «Русский Сокол». Проживала и училась до 1915 в Плоцке. В 1915 в связи с наступлением нем. войск эвакуировалась с родителями в глубь России. В 1920 в Крыму, откуда выехала в Константинополь, затем в эмиграции в Кор. СХС. Аттестат зрелости получила в 1922 в Харьковском девичьем ин-те в Новом Бечее. Получив работу, переехала в Нови Сад. Участвовала в работе Об-ва «Русский Сокол», с 1933 — начальница женской ветви Об-ва. Вскоре избрана начальницей Краевого союза рус. сокольства в Югославии. Оконч. Второй мировой войны застало **С.** в Баварии (Юж. Германия), здесь она включилась в сокольскую деятельность. В США с 1951. В Нью-Йорке была начальницей местного Об-ва «Русский Сокол».

Л и т. *Полчанинов Р.В.* Сестра Нина Владимировна Сукк // Пути Рус. Сокольства (Нью-Йорк). 1994. Дек. № 19 (51).

СУЛИМА Борис Григорьевич (9 апр. 1899, Белгород Курской губ. – 1986, Санкт-Петербург, шт. Флорида) — участник Белого движения на Юге России, агроном. Род. в семье учителя муж. гимназии. В 1917 поступил на ветеринарный ф-т Харьковского ун-та. Один из дядей **С.**, священник, был схвачен чекистами во время богослужения и заживо сожжён в паровозной топке на глазах многих людей. Узнав об этом злодеянии, **С.** прервал занятия и поступил в Белую армию. После оконч. военных действий вернулся в Харьков и, скрыв участие в Белом движении, продолжал занятия на ветеринарном ф-те. Завершив образование, работал по специальности до 1941. Брат **С.**, участник Белого движения, вернулся в Белгород и в 1934 был расстрелян. В конце Второй мировой войны с женой и дочерью попал с потоком беженцев в Германию. Здесь семья **С.** жила в Кемптене и позже в Шляйсхгейме (Бавария). Семья **С.** пережила насильственную репатриацию рус. беженцев, которая была совершена амер. военными властями в Кемптене 12 авг. 1945. В США с 1949, жил с родными во Флориде.

Л и т. *М.В.* Памяти Б.Г. Сулимы // НРС. 1986. 18 июля.

СУЛИМОВСКАЯ [урожд. **Соловьёва**] Людмила Владимировна (1906?, Гельсингфорс, Вел. Княжество Финляндское – 1996) — издатель стихов поэта И. Савина. Род. в семье полк. 1-го Финляндского стрелкового полка. Оконч. в Гельсингфорсе Александровскую гимназию. Вышла замуж за поэта И.И. Саволайнена (псевд. Иван Савин). Брат **С.** Сергей в группе капитана-марковца В.А. Ларионова в 1927 совершил успешную вылазку из Финляндии в СССР, где кутеповцы бросили гранаты в партийный клуб и благополучно вернулись в Финляндию. Во время второй попытки перехода в СССР Сергей и его спутник Шорин погибли в стычке с погранич. патрулём. Иван Савин образовал «Кружок молодёжи», в котором ставились рус. пьесы. Стихи Савина (сб. «Ладонка») вышел в 1926 в Белграде и в 1947 был переизд. скм. *Р.В. Полчаниновым* подпольно в Менхегофе (Германия), так как амер. администрация в то время не разрешала печатать антисов. стихи. Следующее издание состоялось в 1959 в Нью-Йорке. В 1927 **С.** овдовела и в конце Второй мировой войны переселилась в США. Вышла вторично замуж за певца и худ. *В.И. Сулимовского*. Публиковалась в газ. «Новое русское слово» (Нью-Йорк). В 70-е гг. ред. «Информационный листок» Рус.-амер. об-ва пенсионеров, а в 80-х гг. — журнал «Пенсионер». Вторично овдовела в 1985. Архив Ивана Савина находился в Праге, но во время сов. оккупации исчез. Собрав из разных источников все стихотворения Савина, **С.** издала в 1988, в ознаменование 60-летия кончины поэта, сб. «Только одна жизнь (1922–1927)» (210 с., с предисл. Р.В. Полчанинова). Половина тиража попала в Россию, и Иван Савин стал, пожалуй, первым зарубежным поэтом, вернувшимся в своих стихах на родину.

Похоронена на Свято-Владимирском кладбище в Джексоне (шт. Нью-Джерси).

Л и т. *Полчанинов Р.В.* Памяти ушедших. Л.В. Сулимовская // За свободную Россию. 2004. Март. № 19 (39).

СУЛИМОВСКИЙ Владимир Иосафович (? – 13 окт. 1985, Лейквуд, шт. Нью-Джерси) — певец, художник, хорист оперы *Агренёва-Славянского* и хора *Платова*, общественный деятель. Иллюстрировал листок, а потом журнал «Пенсионер». *Родственники:* вдова (урожд. Соловьёва, в первом браке Саволайнен-Савина) *Людмила Владимировна*; брат *Николай*.

Похоронен на Свято-Владимирском кладбище в Джексоне (шт. Нью-Джерси).

Л и т. *К.Б.* Некролог // Пенсионер. 1986. Май. № 18; Некролог // Часовой (Брюссель). 1986. Янв.–февр. № 658. С. 27; *Полчанинов Р.В.* Владимир Иосафович Сулимовский // За свободную Россию. 2004. Март. № 19 (39).

СУЛИМОВСКИЙ Николай Иосафович (1910 – 18 дек. 1987, Лейквуд (шт. Нью-Джерси)) — художник. Брат *В.И. Сулимовского*. Кисти **С.** принадлежит портрет поэта И. Савина (Саволайнена). Жил в Лейквуде.

Похоронен на кладбище Вудлоун (Лейквуд).

Л и т. *Полчанинов Р.В.* Николай Иосифович Сулимовский // За свободную Россию. 2004. Март. № 19 (39).

СУНГУРОВ Г.И. — помощник капитана на службе в Рус.-Амер. компании на Аляске, зав. складами. Был женат на дочери А.А. Баранова, первого правителя Рус. Америки, Катерине Александровне. У супругов **С.** в дек. 1822 род. сын Николай. Вернулся с семьёй в Россию и в 1823 жил в Перми.

И с т. АА. *Афросина З.Б.* Потомки А.А. Баранова (рукопись, письма от 25 янв. 2001).

СУРНИНА Евгения Витальевна (8 апр. 1884, Торжок Тверской губ. – 1981, Санта-Барбара, шт. Калифорния) — сестра милосердия, ветеран Первой мировой войны. Оконч. в Торжке гимназию и Высшие педагогич. курсы в Москве. Во время войны оконч. курсы сестёр милосердия Николаевской общины в Москве и командирована в Варшаву в Крестовский лазарет. Затем откомандирована в летучий отряд в Галиции, зачислена в резервный отряд при 5-й армии Сев.-Зап. фронта, работала в перевязочном отряде 13-й Сибирской стрелковой дивизии. В феврале 1916 награждена Георгиевской медалью IV ст. После Октябрьского переворота 1917 муж **С.** — Александр Александрович, служил в белых войсках Восточ. фронта и в чине генерал-майора занимал должность нач-ка штаба I Средне-Сибирского арм. корпуса (по одной версии — погиб на поле боя, по др. — умер в эмиграции до 1942 в Шанхае). После 1920 — в эмиграции в Харбине, затем в Шанхае. После 1945 в США. В браке **С.** имела двоих детей. Сын переселился для учёбы в Австралию, дочь вышла замуж в США. Поселившись в Сан-Франциско, вступила в Об-во рус. ветеранов Великой войны. Умерла у дочери в Калифорнии.

И с т. АОРВВВ. Евгения Витальевна Сурнина // 1981. Альбом IV.

Л и т. *Волков С.В.* Энциклопедия Гр. войны. С. 548.

СУРОВЕЦКИЙ Борис Васильевич (8 февр. 1894, стан. Наурская Обл. Войска Терского – 4 апр. 1960, Нью-Йорк) — участник Белого движения на Юге России, войсковой старшина. Оконч. 2-й Московский кад. корпус, Николаевское кав. уч-ще и вышел хорунжим во 2-й Горско-Моздокский каз. полк, после расформирования которого перевёлся в 1-й Кизляро-Гребенской полк каз. ген. Ермолова полк 3-й Кавказской каз. дивизии, стоявший в Грозном. В 1912 (?) назнач. воспитателем в Донской императора Александра III кад. корпус в Новочеркасске. Участник 1-го Кубанского («Ледяного») похода 1918, затем возвратился в корпус. Оставался воспитателем и после эвакуации корпуса в Египет и Кор. СХС. После 1945 — в Германии, затем в США.

Л и т. Каз. словарь-справочник / Сост. Г.В. Губарев. Ред.-изд. А.И. Скрылов. Т. III. Сан-Ансельмо, 1970. С. 135.

СУСАНИН Николай Ильич — актёр времён немого кино, драматург, известный в Голливуде. Написал в 1934 пьесу «Дом Рензона», муз. к которой соч. композитор *А. Хаев*.

Л и т. *Коряков М.* Беседа двух друзей // НРС. 1972. 13 июля.

СУТКОВОЙ [Paul **Sutkovoy**] Павел (15 марта 1923, Уотербури (шт. Коннектикут) – 14 сент. 1944, Зап. фронт) — ветеран армии США, рядовой. После оконч. средней школы учился в колледже в Трентоне (шт. Нью-Джерси). Призван в армию и отправлен на фронт во Франц 12 авг. 1944 ранен, 12 сент. взял в плен 12 нем. солдат.

Погиб в бою. Награждён орденом «Purple Heart» («Пурпурное сердце») и серебряной звездой «Silver Star».

И с т. *Pantuhoff Oleg* — 1976.
Л и т. *Beresney Timothy A.* In Memoriam // Russian Herald. 1947. Jan.– Febr. P. 160.

СУХАЧЕВ Алексей Григорьевич (6 февр. 1893 – 19 нояб. 1988, Толстовский центр, Валлей Коттедж, шт. Нью-Йорк) — участник Белого движения на Юге России, полковник 15-го улан. Татарского полка. Участник Первой мировой и Гражданской войн. Эвакуировался из Крыма в нояб. 1920 в составе Рус. армии. В 1920–21 — в Галлиполи. После 1921 — в эмиграции в США.

Похоронен на кладбище монастыря Ново-Дивеево близ Нануэт (шт. Нью-Йорк).

СУХАЧЕВ [Igor Suhacev] Игорь Петрович (род. 1925, Загреб Кор. СХС) — художник, иконописец. Род. в семье участника Гражданской войны в России, вынужденного уйти в эмиграцию. В 1945, не желая попасть в руки к сов. властям, **С.** и его родные покидают Югославию и попадают в лагерь для «перемещённых лиц» в Зап. Германии. Поступил в Академию худ. в Гамбурге. Одновременно изучал иконографию в местной школе, созданной рус. иконописцами, включая его отца *П.П. Сухачёва*. В 1949 отправился с отцом в Абиссинию. Здесь они расписывали местные церкви, дворец негуса и даже создали и расписывали для императора Хайле Селассие в Аддис-Абебе большой трон. В Канаде с 1957. Быстро снискал известность в Канаде и США как талантливый религиозный художник и иконописец. **С.** сделаны росписи в 5 церквях в Торонто, в пяти церквях в Гамильтоне, в Монреале, в пров. Манитоба — росписи храма в Робвлине и в пров. Саскачеван — в Йорктауне. В США расписал соборы в Чикаго и в Саут Бенде (шт. Индиана). Для создания некоторых росписей у **С.** уходило по нескольку лет.

Последние годы художник занимается пейзажной и портретной живописью на полотне. *Родственники*: жена Сильвия — род. в Смоленске, покинула оккупированную терр. СССР во время войны и выехала на Запад.

И с т. АА. *Могилянский М.* Сухачёв Игорь Петрович (биография), машинопись, 1 с. 2002. 16 окт.

СУХАЧЕВ Пётр Петрович (1886, местечко Новоуколово – 1967, Оаквилл, пров. Онтарио, Канада) — участник Белого движения на Юге России, художник, иконописец. Оконч. Харьковскую гимназию и Ин-т изобразительных искусств. В 1918–20 — в белых войсках на Юге России. После 1920 — в эмиграции в Кор. СХС. Продолжал учиться в Академии худ. в Загребе. Создал фрески в здании парламента в Белграде и расписал несколько православных храмов. В 1945, спасаясь от коммунистов, вновь стал беженцем и попал в лагерь «перемещённых лиц» в Зап. Германии. Из Зап. Германии вместе с сыном *Игорем* выехал по приглашению в Абиссинию. 7 лет занимался росписью церквей, дворца негуса и созданием его трона.

В Канаде с 1957. Поселился в Торонто, где быстро приобрёл известность как мастер религиозной живописи, живописец и портретист. *Родственники*: сын Игорь (1925 г.р.) — художник.

И с т. АА. *Могилянский М.* Сухачёв Пётр Петрович (биография), машинопись, 1 с. 2002. 16 окт.

СУХОВ Григорий Тимофеевич (1893, Томск – 1986) — редактор-издатель. По оконч. средней школы изуч. ремесло линотиписта и получил работу в местной газ. Работал линотипистом во Владивостоке и зав. типографией штаба 9-й Сибирской стрелковой дивизии Сибирской армии адм. А.В. Колчака. После 1920 с женой Матроной Андреевной переехал в Харбин, где стал управляющим изд-ва газ. В 1928 Суховы переселились в Сан-Франциско. Открыл ежедневную рус. газ. «Новая заря», издание которой оказалось очень удачным. Газета стала популярной благодаря тому, что в ней давались сведения и печатались статьи, удовлетворявшие все слои рус. населения и старожилов в Америке. Газ. выходила без перерыва в теч. 47 лет. В 1973 её пришлось закрыть из-за ухудшения состояния здоровья **С.** Весь архив газ. был передан в Рус. отдел Калифорнийского ун-та. На основании материалов, собранных в архиве, ведутся историч. исследования и аспиранты готовят магистерские и докторские дисс. по истории рус. диаспоры и жизни рус. в США.

Л и т. *Г.И.Я.* Памяти большого труженика // РЖ. 1987. 3 дек.

СУХОВ Николай Васильевич (11 авг. 1898, стан. Сиротинская Обл. Войска Донского – ?) — горный инженер. Оконч. в Новочеркасске Донской Политехнич. ин-т (1929). Специализировался по шахтному строительству. В США жил в Бруклине (Нью-Йорк). Действительный член Об-ва рус. инж. в США.

И с т. АОРИ. Анкета (1951).

СЫЧЁВ Владимир Михайлович — электрохимик. Образование завершил в 1912. В 1918 был ред. газ. «Алтай» (Бийск). В 1920–25 служил учителем на КВЖД. Затем работал химиком в земельном отделе КВЖД. В США с 1930. В 1938–48 — химик в патологич. лаборатории в Санта-Клара (шт. Калифорния). В 1931–51 — биохимик в Пало-Альто, с 1952 — клинич. химик во Франц. госпитале в Сан-Франциско.

Л и т. Юбилейный сб. Объединения СПБ политехников (1952).

СЫЧЕНИКОВ Николай Захарович (12 дек. 1900, Торопец Псковской губ. – ?) — инженер-строитель. После 1920 в эмиграции в Кор. СХС. Окончил Белградский ун-т (1935). В США жил в Вест Нью-Йорке (шт. Нью-Джерси). Действительный член Об-ва рус. инж. в США.

И с т. АОРИ. Анкета (1951).

Т

ТАДДИНГТОН-ЩИГОРИН Яков С. (1888, Одесса Херсонской губ. – 1948) — актёр, радиокомментатор. После оконч. драматич. школы выступал в составе труппы театра Панаева в Санкт-Петербурге. После 1917 — в эмиграции. Выступал профессионально на Балканах. В 1923 посетил США. В 1937 вновь приехал в США и остался здесь до конца жизни. Писал тексты передач для радио и был радиокомментатором при рус. отделе радиостанции «Голос Америки». Во время Второй мировой войны служил цензором на гос. службе. *Родственники:* жена *Т. Тарыдина* — актриса.

Л и т. Anonymous. J. Taddington-Schigorin // The New York Times. 1948. Jan. 26.

ТАЛЬБЕРГ Николай Дмитриевич (1886, Коростышев Киевской губ. – 1967) — правовед, общественно-полит. деятель, монархист, специалист по церковной истории. Род. в семье проф. Киевского ун-та св. Владимира. Оконч. уч-ще Правоведения (1907), затем служил в МВД (1907–17). После захвата власти большевиками переехал в Киев и служил в МВД при Гетмане всея Украины П.П. Скоропадском (1918). После 1918 — в эмиграции в Болгарии, Германии и Австрии.

В США с 1950. Проф. Свято-Троицкой дух. семинарии в Джорданвилле (шт. Нью-Йорк). Автор ряда историч. трудов («История русской церкви», «Император Николай II» и «Трагедия русского офицерства» и др.). Похоронен на кладбище Свято-Троицкого монастыря в Джорданвилле (шт. Нью-Йорк).

Л и т. *Бобров Н.* Краткий историч. очерк строительства Свято-Троицкого монастыря. Джорданвилл, 1969; *Константин*, архимандрит. Памяти Николая Дмитриевича Тальберга // ПР. 1967. № 11. С. 6–8.

ТАМАРКИН Яков Давидович (1888–1945) — математик. Сын физика. Оконч. гимназию с золотой медалью. Оконч. физико-математич. ф-т Санкт-Петербургского ун-та (1910). В 1914 опубликовал труд «Руководство по математическому анализу». В 1917 защитил дисс. В 1920 служил консультантом в Центральном бюро погоды, физико-технологич. ин-те и в Гос. оптич. ин-те. В 1924 опубликовал труд «Курс высшей математики для инженеров и физиков». В США с 1925. Преподавал в колледже Дартмут. В 1927 назнач. проф. в ун-те Браун, где работал до своей кончины. Основатель и издатель журнала Амер. математич. об-ва. Состоял его вице-президентом, член Амер. Академии наук и искусств. В 1943 совместно с *Я.А. Шохатом* опубликовал труд «Проблема момента» (Problem of Moment).

Л и т. *Raymond B., Jones D.* The Russian Diaspora. 1917–1941. Maryland and London, 2000. P. 206.

ТАМИРОВ Аким (?, Баку – 17 сент. 1972, Пальм Спринг, шт. Калифорния) — актёр сцены и экрана. В детстве приехал в Москву. Стал характерным актером МХТ и театра «Летучая мышь» *Н.Ф. Балиева*. С театром выехал в первую заграничную поездку в 1923 и решил в сов. Россию не возвращаться. В США с 1927. Работал киноактёром в Голливуде. За 40 лет работы в кино снимался со звёздами экрана: И. Бергман, Г. Гарбо, Г. Купером, П. Устиновым, К. Хэпбёрн и др. Снялся более, чем в 100 фильмах. Играл с рус.-армянск. акцентом, что прибавило популярности **Т.** у зрителей. Кроме Голливуда много работал в Риме, Париже, Испании. Играл изредка и на Бродвее в Нью-Йорке, в частности в пьесе «Рошамэн», в которой исполнил роль японца. *Родственники: Тамара* (урожд.) Шейн — дочь импресарио В.И. Никулина, с которой **Т.** вместе играл в труппе Балиева.

После смерти кремирован.

И с т. АМРЦ. *Морозова О.А.* Биографич. сборник — черновая рукопись: М-73-11, 2.5-23.
Л и т. *А.С.* Умер Аким Тамиров // НРС. 1972. 19 сент.; *Raymond B., Jones D.* The Russian Diaspora. 1917–1941. Maryland and London, 2000. P. 207.

ТАМИРОВА-ШЕЙН Тамара (1903 – 1983) — киноактриса. Приехала в США с театральной группой. Исполняла в Голливуде роль матери в кинокартине «Johnson Story», снималась в фильмах: «Ниночка» (вместе с Г. Гарбо, в роли виолончелистки), О. Уэлса и П. Устинова «Ромео и Джульетта». Актриса в театре «Летучая мышь». *Родственники:* муж *А. Тамиров* — актёр.

Л и т. Кончина Голливудской киноактрисы Тамары Тамировой-Шейн // НРС. 1983. 26 окт.; *Седых А.* 14 ноября 1983, Памяти Тамары Тамировой // Там же. 1983. 14 нояб.

ТАРАКАНОВ Тимофей — приказчик на борту судна «Святой Николай» штурмана *Булыгина*. В 1808 корабль был отправлен *А.А. Барановым* для изуч. возможности основания рус. селения в устье р. Колумбия. После кораблекрушения у безымянного о-ва (позднее о-в Destruction Island) с командой пробивался на юг пешком вдоль берега, отражая в пути нападения враждебных индейцев. В конце концов, когда порох подмок, пленён и попал со всей командой в рабство к индейцам племени мака на терр. нынешнего шт. Вашингтон. Пребывая в рабстве, смастерил воздушного змея, которым забавлял индейцев. В то же время змей служил сигналом бедствия для проходящих кораблей. В 1810 амер. капитан Д. Браун, шедший на Аляску, заметил сигнал явно европейского происхождения, высадился на берег и выкупил **Т.** вместе с оставшимися в живых чинами команды. Под диктовку **Т.** был составлен журнал с подробным описанием неудавшейся экспедиции, гибели Булыгина и его жены, а также быта индейцев. В.М. Головнин включил журнал **Т.** в свои соч.

С о ч. Крушение Рос.-Амер. компании судна «Святой Николай» (под начальством штурмана Булыгина) при Сев.-зап. берегах Америки у о-ва названного Ванкувером Destruction Island (Пагубный Остров) 1 нояб. 1808. Б.м., 1810.

ТАРАЛА Юрий Андреевич (род. 18 нояб. 1927, Харбин) — инженер-механик, архивный работник. Род. в семье уссурийского казака. Оконч. Харбинский политехнич. ин-т (1952) со званием инж.-механика. Работал инж. на заводах (1952–57). В 1957 покинул Китай. В 1958–66 — фабричный инж. в Венесуэле.

В США с 1967. В 1967–89 работал инж. по строительству и модернизации заводов в Латинской Америке и в США. На пенсии с 1989. В 1989–94 — волонтёр в архиве Гуверовского ин-та Стэнфордского ун-та в Пало-Альто. С 1991 добровольно работает сотрудником в Музее рус. культуры Сан-Франциско, и.д. зав. музейным Архивом и зам. председателя. На протяжении ряда лет участвовал в сборе биографич. сведений и фотографий для биографич. словаря «Русские в Северной Америке».

И с т. АА. К 50-летию Музея русской культуры в Сан-Франциско. Машинопись, 1998. (3 с.); *Тарала Г.А.* февраль 2003, Автобиография. Машинопись, февр. 2003. (1 с.).

ТАРАНКО [Walter J. **Taranko**] Владимир — ветеран армии США. Род. в рус. семье в Польше. Служил в чине специалиста V кл. в 1-й кав. дивизии во Вьетнаме (июль 1967 – июнь 1968).

И с т. АА. *Таранко В.* Письмо от 5 мая 1976; *Pantuhoff Oleg* — 1976.

ТАРАНОВСКИЙ Фёдор Васильевич — проф. истории славянск. права. Отец Татьяны Фёдоровны Жардецкой, матери *О.В. Жардецкого*.

ТАРАСЕВИЧ Моисей Иванович (16 окт. 1921, Дулебо Минской губ. – 13 янв. 1996, Спринг Валлей, шт. Нью-Йорк) — преподаватель рус. яз. и лит., протоиерей. В ходе войны стал беженцем и оказался в Германии. Служил в 1-й пех. дивизии ВС КОНР (1945). Насильственной репатриации избежал. После войны оконч. в Мюнхене Зубоврачебный ин-т. Переехав в США, продолжал учиться. Оконч. Свято-Троицкую дух. семинарию в Джорданвилле (шт. Нью-Йорк) со званием бакалавра богословия (1961). В Норвичском ун-те (шт. Вермонт) получил ст. магистра, написав дипломную работу о Брестской церковной унии (1596), затем — магистерскую ст. по рус. яз. и лит. Преподавал в теч. 35 лет в Корнельском, Сиракузском ун-тах, в шт. университете в Олбани, в колледжах Виндхамском и Норвичском. Доцент Свято-Троицкой православной семинарии в Джорданвилле. Решив посвятить себя пастырскому служению, в 1971 рукоположен в сан дьякона. В 1988 возведен во иереи. Окормлял приходы в Скенектеди (шт. Нью-Йорк) и в Спрингфилде (шт. Массачусетс). Автор серии статей в рус. периодич. печати, преимущественно в газ. «Россия» (Нью-Йорк). Писал стихи. Состоял в РАГ в США и в КРА, являя собой редкий образец пастыря, живо участвовавшего в общественно-полит. жизни рус. эмиграции.

Похоронен на кладбище Свято-Троицкого монастыря в Джорданвилле.

И с т. АА. *Tarasevich M.* Curriculum vitae (typescript), 1971.

Л и т. *Молчанов В.* Протоиерей Моисей Тарасевич // Записки РАГ в США (Нью-Йорк). 1996-1997. Т. XXVIII. С. 506–508; *Окороков А.В.* Краткие биографич. данные участников Рус. Освободительного Движения // Материалы по истории РОД (1941–1945 гг.) / Под общ. ред. А.В. Окорокова. Т. II. М., 1998. С. 474.

ТАРАСОВ Петр Иванович (12 июня 1896 – ?) — капитан, инженер-металлург. Оконч. Михайловское арт. уч-ще (1910). Участник Первой мировой войны, служил на фронте с 1914 по 1916. Капитан, награждён Георгиевским оружием (1915). В 1916–18 — в командировке в США инспектором лёгкого огнестрельного оружия, закупленного рус. правительством. После 1917 остался в США. Служил инж. и консультантом в амер. военных арсеналах. Член Амер. об-ва инж.-электриков. *Родственники*: жена Евгения П.; дети: Людмила, Владимир.

И с т. АОРИ. Материалы.

ТАРАСОВА, Нина, руководила в 1940-х гг. балетной школой в Нью-Йорке.

ТАРСАИДЗЕ Александр Георгиевич (9 июня 1901, Тифлис – 24 [по др. дан. 25] февр. 1978, Нью-Йорк) — участник Белого движения на Юге России, литератор, историк, общественный деятель. Род. в семье врача-окулиста. Мать, кнг. Елизавета Эристова, происходила из рода грузинского царя Ираклия II. Оконч. общеобразовательные классы Морского корпуса (выпуск 7 марта 1918). Поступил в сов. кав. части, чтобы совершить переход на сторону Добровольч. армии, затем сражался в рядах белых войск на Юге России. В конце Гражданской войны эвакуировался в Константинополь. Благодаря знанию англ. яз. получил работу в Американской администрации по оказанию помощи голодающим в России (American Relief Administration — ARA).

В США с 1923. Работал в разных торговых предприятиях, был упаковщиком книг, служащим в парфюмерной фирме. Во время Второй мировой войны — гражданский служащий в арм. разведке. После войны работал в администрации крупных гостиниц вместе с кн. *С.П. Оболенским-Нелединским-Мелецким*, впоследствии владел собственной фирмой. Был рус. патриотом, занимал видное место в аристократич. рус. об-ве в США. Состоял членом Амер.-рус. союза помощи и Об-ва рус. мор. офицеров в Америке. Автор книги «Четыре мифа» (на рус. яз.) и др. трудов, статей в нью-йоркских рус. газ., в журналах «Морские записки» и «Новик» (Нью-Йорк), десятков писем с протестами против искажения рус. истории, опубликованных на страницах газ. «The New York Times» и «The Herald Tribune». *Родственники*: был трижды женат, все браки кончились разводами, сконч. бездетным.

С о ч. Грузины в Рос. Императорском флоте // Мор. записки (Нью-Йорк). 1943, 1944. Т. I, II. № 3; Морской корпус за четверть века. Сб. Нью-Йорк, 1944; Мор. офицеры в Америке с 1917 г. // Мор. записки. 1947. Т. V. № 1; Czars and Presidents: The Story of Forgotten Friendship. N.Y., 1954; Katia, Wife Before God. N.Y., 1970 — биография кнг. Ек. Юрьевской (урожд. Долгорукой), морганатич. жены императора Александра II.

ТАРЫДИНА [Таддингтон-Щигорина] Татьяна (5 янв. 1894 – 1978) — актриса. Быв. актриса Малого Театра в Москве. В театре Мак-Миллин, в Нью-Йорке, была режиссёром комедии «Бабушка» на рус. яз. в исполнении студентов Колумбийского ун-та и артистов Театра рус. драмы. *Родственники:* муж *Я.С. Таддингтон-Щигорин.*

Л и т. Mартиролог рус. военно-мор. эм. С. 132; Некролог // Часовой (Брюссель). 1978. Май – июнь. № 612. С. 20; Anonymous. Alexandre Tarsaidze, 77, Czarist Emigre, Acquired Own Public Relations Firm // The New York Times. 1978. Febr. 28.

ТАРЫДИНА [Таддингтон-Щигорина] Татьяна (5 янв. 1894 – 1978) — актриса. Быв. актриса Малого Театра в Москве. В театре Мак-Миллин, в Нью-Йорке, была режиссёром комедии «Бабушка» на рус. яз. в исполнении студентов Колумбийского ун-та и артистов Театра рус. драмы. *Родственники:* муж *Я.С. Таддингтон-Щигорин.*

Л и т. Anonymous. Columbia Unit to Give «Babushka» // The New York Times. Social Security Death Index.

ТАСКИН Юрий Александрович (6 сент. 1893, Санкт-Петербург – 1964, Нью-Йорк) — участник Белого движения, проф. географии. Во время Гражданской войны вступил в Добровольч. армию, но после 1920 остался в Сов. России и поселился в Харькове. Участие в Гражданской войне на стороне белых скрыл, получил высшее образование. Преподавал физич. географию в Харьковском педагогич. ин-те. В 30-х гг. женился, но после смерти дочери брак кончился разводом. С 1941 в нем. оккупации. Покинул оккупированную терр. СССР осенью 1943 с многотысячной волной беженцев, двигавшейся на Запад. Конец войны застал **Т.** в Мюнхене, где он устроился преподавать географию в рус. гимназии при доме Милосердного Самарянина, основанного протоиереем *Александром Киселёвым*.

В США с 1950, поселился в Нью-Йорке. Работал на основанной *С.В. Базавовым* спичеч. ф-ке, где находили работу многие рус. эмигранты. В сер. 50-х гг. возобновил профессиональную деятельность. Работал при Колумбийском ун-те по корректировке карт СССР. Корректировка карт была необходима потому, что сов. карты печатались с умышленными искажениями, которые нужно было находить и править. Затем получил должность проф. сов. географии в Фордамском ун-те. Во время летних семестров преподавал в Миддлбери колледже. Автор ряда работ опубликованных в географич. журналах США. В частности, **Т.** принадлежит статья, в которой он привёл данные о высыхании Каспийского моря (The Geographic Review. V. XLIV. 1954. № 4). Впоследствии выводы **Т.** подтвердили др. исследователи. Противник шовинизма, часто выступал на эмигрантских собраниях.

Похоронен на кладбище женского монастыря в Ново-Дивеево близ Нануeт (шт. Нью-Йорк).

И с т. Архив КРА. *Тремль В.Г.* Биография Юрия Александровича Таскина. Машинопись (февр. 2003), 1 с.

ТАТИЩЕВ Алексей Борисович (1904, Берлин – 1990) — переводчик, экономист. Отец **Т.** служил в рус. посольстве в Берлине. Учился в Париже. Переселился в США, в 1926 работал главным статистиком торговой биржи. С 1941 — главный экономист Военно-промышленного агентства США. В 1945 участвовал в работе Сан-Францисской конференции, положившей начало ООН. Затем назнач. зам. нач-ка переводческого отдела Госдепартамента США. В 1975 — главный переводчик и консультант NASA на переговорах, связанных с совместным полётом «Союз — Аполлон». Вышел в отставку в 1979. *Родственники:* вдова (урожд. кнж. Трубецкая) Агриппина; трое сыновей.

Л и т. Умер Алексей Татищев // НРС. 1990. 11 окт.

ТАТИЩЕВ Пётр — владелец галереи произведений искусств в Нью-Йорке. Специалист по современной амер. живописи. Член Рус. дворянского об-ва (Russian Nobility Association) в Нью-Йорке. *Родственники:* жена Флоренс, биржевой посредник в компании Меррилл Линч.

Л и т. *Dragadze P.* The White Russians // Town & Country. 1984. March. P. 174–182, 250–253.

ТАУБЕ Георгий Николаевич, бар. (23 апр. 1890 – 18 авг. 1975, Фрихолд, шт. Нью-Джерси) — участник Белой борьбы под Андреевским флагом, ст. лейтенант. В службе с 1907. Оконч. Морской корпус корабельным гардемарином (1911), мичман (6 дек. 1911). В 1912–13 — в загранич. плавании на броненосце «Россия». На 17 марта 1914 — в Гвардейском экипаже. Участник Первой мировой и Гражданской войн. После 1920 — в эмиграции в США. Ред. журнала «Морские записки» (Нью-Йорк) в 1946–63 и 1965. Четвёртый председатель Совета директоров Об-ва быв. рус. мор. офицеров в Америке.

С о ч. Описание действий Гвардейского экипажа на суше и на море в войну 1914–1917. Нью-Йорк, 1944.

И с т. ЛАА. Справка *К.М. Александрова* на бар. Г.Н. Таубе; Список МЧ — 1915. С. 343, 1007; Список председателей Совета директоров Об-ва Рус. императорских мор. офицеров в Америке, 1974.

Л и т. Mартиролог рус. военно-мор. эм. С. 133.

ТВЕРСКОЙ П.А. — см **ДЕМЕНТЬЕВ** П.

ТЕБЕНЬКОВ Михаил Дмитриевич (1802–1872) — девятый правитель Рус. Америки, вице-адмирал. Оконч. мор. уч-ще, служил во флоте на Балтийском море. Три раза получал должности в Рос.-Амер. компании. Первый раз начал службу в 1825 и прослужил на Аляске несколько лет. В 1829–31 проводил гидрографич. работы в сев.-восточ. части Берингова моря и в архипелаге Александра. Второй срок службы **Т.** на Аляске длился с 1835 до 1840. В 1844 в чине капитана II ранга назнач. главным правителем рус. владений в Америке. В это время в Калифорнии начались разработки золота. Успешно торговал с Калифорнией. Также успешной была торговля с Гаваями, которые тогда назывались Сандвичевыми о-вами. При **Т.** в Ново-Архангельске строились и чинились корабли. Здесь, впервые в Тихоокеанском бассейне, стали строить пароходы. В 1848 были построены пароходы «Князь Меньшиков» и «Баранов». В Ново-Архангельске завершилось строительство Свято-Михайловского собора, освящённого его создателем епископом *Иннокентием*. Автор большого и подробного атласа Тихоокеанского побережья Америки. Передал должность капитану II ранга *Н.Я. Розенбергу* и в 1851 вернулся в Россию. В 1860 вышел в отставку в чине вице-адмирала. После продажи Аляски США (1867) имя **Т.** было присвоено горе возле Якутата, мысу на о-ве Уналашка, заливу на о-ве Куйо и глетчеру на Кенайском п-ове.

И с т. Краткая географич. энциклопедия. М., 1966. Т V. С. 399.

Л и т. *Петров В.* Рус. в истории Америки. Вашингтон, 1988. С. 151–152.

ТЕВЯШОВА Лидия Сергеевна — см. **БЛЭК** Л.С.

ТЕЛЬБЕРГ Георгий Густавович (1881, Царицын Саратовской губ. – 1954, Нью-Йорк) — проф. истории рус. права. Оконч. Казанский ун-т, где получил кафедру истории рус. права. Читал лекции в Томском и Московском ун-тах, в Московском археологич. ин-те и на Высших женских курсах. В 1919 — вице-председатель Совета министров при Верховном правителе России адм. А.В. Колчаке, министр юстиции и нач-к комитета безопасности. После 1920 — в эмиграции в Харбине. Преподавал в амер. школе, читал лекции на харбинском юридич. ф-те, а также в Циндао и Шанхае. В США с 1940. С 1942 жил в Нью-Йорке, участвовал в общественной жизни, активно занимался культурно-просветительной деятельностью. *Родственники:* дочь — проф. социологии в ун-те шт. Огайо; сын — работал в химич. промышленности.

И с т. АМРЦ. *Морозова О.А.* Биографич. сборник — черновая рукопись: М-73-9, 2.5-16.

Л и т. Сконч. проф. Г.Г. Тельберг // НРС. 1954. 22 февр.

ТЕМКИН Дмитрий (1894, Санкт-Петербург – 1979, Лондон) — пианист, композитор. Род. в семье врача. Оконч. Петроградский ун-т и Петроградскую консерваторию.

В США с 1925. Писал муз. для фильмов в Голливуде. Автор муз. к 140 фильмам, в т.ч. к таким, как: «Высокий полдень», «Поезд просвистит четыре раза», «Пушки Наварроны», «Самый большой цирк в мире», «Рио Браво», «Аламо», «Высокопоставленные и могущественные», «Старик в море» и др. Муз. аранжировки к трём последним фильмам трижды принесли **Т.** академич. премию «Оскар». Автор песни «Зелень летней листвы» (1965), за которую также получил в Голливуде премию «Оскар». В 1965 Союз композиторов и издателей Франц. наградил **Т.** золотой медалью им. Мориса Равеля. *Родственники:* жёны — во втором браке (урожд. Раш) Альбертина (?–1967) — хореограф, балерина; в третьем браке (с 1972) (урожд. Патч) Оливия. Сконч. бездетным.

С о ч. Пожалуйста, не нужно меня ненавидеть. Гарден-Сити, 1959.

Л и т. *Борщевский Л.* Рус. создатель амер. муз. // НРС. 2000. 11–12 окт.; Некролог. Умер Дм. Темкин // Там же. 1979. 15 нояб.; Чествование Дм. Темкина // Там же. 1965. 4 июля; *Raymond B., Jones D.* Tiomkin Dmitrii // The Russian Diaspora. 1917–1941. Maryland and London, 2000. P. 210 and 203–204.

ТЕМНОМЕРОВ Владимир Аполлонович (11 апр. 1901, Санкт-Петербург – 15 янв. 1989) — скаутмастер. Род. семье священника. Был знаком с основателем рус. скаутизма *О.И. Пантюховым*. После Октябрьского переворота 1917 семья **Т.** переехала на Кубань в Анапу. Оконч. Анапскую гимназию (1918). При большевиках вёл подпольную скаутскую деятельность. После переезда в Батум устроил трёхмесячные курсы патрульных вожаков (вожаков звеньев), а потом с их помощью организовал дружину, состоявшую из двух отрядов. За работу и сдачу экзаменов награждён орденом «Белого медведя», а Закавказским центральным скаутским бюро — орденом «Золотой свастики» (1920). Вскоре эвакуировался в Константинополь, работал в англ. военном депо. В Константинополе был нач-ком отряда. Переехав в Нью-Йорк, безуспешно пытался организовать звено рус. скаутов. В 1926–1927 изуч. в Дартсмутском колледже Business administration (деловую администрацию), затем учился в Гарвардском ун-те. В 1931 переехал в Париж для защиты докторской дисс. в Сорбонне. Продолжал заниматься скаутизмом. Под рук. **Т.** в 1939 насчитывалось ок. 500 скаутов-разведчиков. После освобождения Парижа от нем. оккупации (1944) возродить здесь рус. скаутизм не удалось. В 1945 прибыл в Зап. Германию, получил значительную должность в беженском отделе ООН. Боролся против насильственной репатриации рус. эмигрантов в СССР. Занимался устройством переселения «перемещённых лиц» в Венесуэлу и Бразилию. В 1951 спасал рус. эмигрантов в Иране. Оказывал помощь беженцам из Югославии, Венгрии, Конго, Уганды и Танганьики, евреям из Ирана, грекам из Албании и многим др.

Л и т. Некролог // РМ. 1989. 19 мая; *Полчанинов Р.В.* Памяти В.А. Темномерова // Единение (Мельбурн). 1989. 20 окт. № 42. С. 11–12.

ТЕМОВ Сергей Васильевич — танцовщик, режиссёр. Карьеру начал до 1917 в Москве. После захвата большевиками власти в России выехал за рубеж. Стал первым танцовщиком в Харбине, в балете Монте-Карло, в Амер. балете и в Метрополитен опере в Нью-Йорке. В Метрополитен опере ставил танец царицы Шемаханской в опере Н.А. Римского-Корсакова «Золотой петушок», работал режиссёром в Голливуде. В Лос-Анджелесе исполнял роль Синей птицы в балете П.И. Чайковского «Спящая красавица». Работал над постановкой оперы Чайковского «Иоланта».

Л и т. *И.А.К.* Сергей Васильевич Темов // РЖ. 1989. 26 янв.

ТЕНИШЕВА Валерия Вячеславовна, кнж. (род. 11 нояб. 1917, Москва) — переводчик, секретарь. Род. в семье кн. Вяч. Тенишева и его супруги Софии Александровны, урожд. Треповой. Дед **Т.** по женской линии А.Ф. Трепов (1862–1928) — председатель Совета министров Рос. империи (19 нояб. – 26 дек. 1916), в эмиграции во Франц. состоял членом Высшего Монархич. Совета. После бегства семьи из России во время революции образование получила во Франц., в пансионе принцессы Феодоры в замке Квинси (Quincy sous Senart).

По профессии — переводчик с рус. и франц. на англ. яз., служила секретарём. Член Рус. дворянского об-ва в Америке. В живых членов семьи **Т.** не осталось.

Л и т. *Tenisheff V.* Questionnaire for the Biographical Dictionary // Russians in North America. 2003.

ТЕРЕМИН [Леон **Теремин**] Лев Сергеевич (1896–1993) — изобретатель терменвокса — инструмента электронной муз. Эмигрировал в США после 1917. Изобрёл электронный муз. инструмент терменвокс, играть на котором можно движениями рук в электрич. поле. Имел свою лабораторию и озвуч. голливудские фильмы. В 1935 похищен сов. агентурой и вывезен в СССР, где интересовались его работами. Работал в секретных лабораториях в Москве.

И с т. АМРЦ. *Морозова О.А.* Биографич. сборник — черновая рукопись: М-73-11, 2.5-26.
Л и т. *Вронская Дж., Чугуев В.* Кто есть кто в России и в бывшем СССР. М., 1994.

ТЕРПАК [Terpak John B.] Джон Б. (?, Мэйфильд (шт. Пенсильвания) – 1993) — олимпийский чемпион-тяжеловес. Оконч. среднюю школу в Мэйфильде. Спортивную карьеру, которая длилась 57 лет, посвятил подниманию тяжестей и участию в международных Олимпийских играх по всему миру. На международной арене представлял США в качестве участника соревнований, тренера и администратора амер. команд.

Во время Олимпийских игр 1936 в Берлине выиграл первую медаль. Впоследствии участвовал в теч. 57 лет во всех международных и Олимпийских играх. Состоял членом Об-ва рус. братств (Russian Brotherhood Organization — RBO). Удостоился почётной докторской ст. от Йорк колледжа (York College). *Родственники:* сын; дочь; несколько внуков.
Л и т. *Mensky P.M.* The Olympic Games — and the late John B. Terpak // The Truth. 1996. Aug. P. 1, 8.

ТЕРРАС Виктор (род. 21 янв. 1921, Эстонская республика) — преподаватель сравнительной и рус. лит. Оконч. ун-т в Тарту со ст. магистра по классич. филологии и индоевропейской лингвистике (1942). Переселившись в США, продолжал занятия по рус. лит. в аспирантуре в Чикагском ун-те, где защитил докторскую дисс. (1963). Имеет преподавательский стаж более 20 лет. Проф. славянск. яз. в ун-те Браун, в Провиденс, Род-Айленд. Автор ряда трудов на англ. яз. по специальности. Кроме рус. и англ., владеет нем., эстонск. и польск. яз. Член РАГ в США.
С о ч. (на англ. яз.). Молодой Достоевский. Mouton, 1969; Белинский и рус. лит. критика. Изд. Висконсинского ун-та, 1974; Компаньон Карамазова. Изд. Висконсинского ун-та, 1974.
И с т. Archives of the Assn. of Russian-American Scholars in the USA. *Terras V.* Curriculum vitae, 1981.

ТЕРСКИХ Александр Ильич (18 июля 1899, Армавир Обл. Войска Кубанского – 8 дек. 1982, Лос-Анджелес) — участник Белого движения на Юге России, инженер, публицист. Оконч. Армавирскую гимназию (1916) и уехал в Киев, где был принят в Политехнич. ин-т. (неоконч.). За две недели до Февральской революции 1917 поступил в Киевское Николаевское арт. уч-ще, по оконч. которого (авг. 1917) назнач. в Харьковский зап. арт. дивизион. В окт. 1917 убыл на фронт Первой мировой войны в состав 77-й арт. бригады. После развала фронта и демобилизации вернулся в Армавир. Летом 1918 вступил в Добровольч. армию и зачислен в 1-ю ген. Корнилова арт. батарею, далее служил в Корниловской арт. бригаде во ВСЮР и Рус. армии. В окт. 1920 попал в плен и отправлен по месту жительства в Армавир. Как быв. белый офицер состоял на учёте в органах ЧК-ОГПУ. Прошёл курс по холодильному делу при Народном комиссариате путей сообщения, получил звание кандидата наук и направлен на работу в Екатеринослав (с 1926 Днепропетровск). В 1930 внезапно выслан в Томск как «социально-чуждый элемент». Работал ст. инж. в управлении жел. дороги. В 1936 уволился и переехал в небольшой город под Ленинградом. Но на работу Т., несмотря на высокую квалификацию, нигде не принимали из-за того, что в его «трудовом списке» были указаны годы службы в Белой армии. В 1938 жил в Луге, где были арестованы жена и все её родственники. Жена получила срок 8 лет лагерей и освободилась в 1940. В 1941 вернулся в Армавир, куда после освобождения приехала жена. С 1942 в нем. оккупации. В янв. 1943 с женой через Украину и Польшу эвакуировался в Регенсбург (Бавария). Здесь супруги прожили до конца войны. Дальше последовал лагерь для беженцев в амер. оккупационной зоне с его бесконечными допросами, трепкой нервов («Где жил до 1 сент. 1939»). Насильственной репатриации в СССР избежал.

В США с женой с 1949, поселились в Нью-Йорке. Из-за плохого знания англ. яз. не мог найти работу инж., до выхода на пенсию оставался рабочим. В 1964 с семьёй переехал в Лос-Анджелес, где встретил соратников по Белой армии и даже своего командира полка. Публиковал воспоминания в газ. «Новое русское слово» (Нью-Йорк), затем работал в редколлегии журнала «Вестник первопоходника» (Лос-Анджелес). Публиковался на страницах журнала «Родные дали» (Лос-Анджелес). Принимал деятельное участие в жизни рус. общины Лос-Анджелеса. Переписывался с *А.И. Солженицыным*. Долгое время состоял секретарём местного отдела КРА, был членом правления Об-ва рус. военных инвалидов. *Родственники:* вдова (урожд. Пясс) Эльза Юльевна — инж.; дочь Аста (в браке *Аристова*) с мужем Олегом; два внука.

Похоронен на кладбище Голливуд в Лос-Анджелесе.

После смерти **Т.** дочь собрала все его статьи, письма и составила сб., который разослала по ряду архивов при ун-тах.
И с т. *Аристова (Терских) А.А.* Статьи и письма А.И. Терских. Б.м., 2002. 158 с.
Л и т. *Шохин А.* Памяти Александра Ильича Терских // Калифорнийский вестник. 1983. Янв.

ТИЗЕНГАУЗЕН де' [de Tiesenhausen] Алексей — специалист по рус. старине и произведениям искусства. Сотрудник галерей Christie в Нью-Йорке и в Лондоне.
Л и т. *Moohan Windy.* Collecting Russian Treasures // The New York Times. 2000. Dec. 15.

ТИЗЕНГАУЗЕН [псевд. **Туров**] Николай Фёдорович, бар. (3 авг. 1896, Варшава – 1971, Нью-Йорк) — писатель, журналист. Род. в богатой семье ген.-майора Рус. Императорской армии, служившего в гв. арт. Тизенгаузены жили в Санкт-Петербурге, в имениях на Волге и в Крыму, много путешествовали за границей. Во время Первой мировой войны ст. братья **Т.** в офиц. чинах воевали на фронте. После развала армии в 1917 братья вернулись в Петроград, вскоре были арестованы большевиками и расстреляны. В 1919 **Т.** покинул Петроград и для безопасности переезжал часто из города в город. В 1929 поселился в Ростове, где начал работать альпинистом. Побывал четыре раза на Эльбрусе и 15 раз на Казбеке. Этот увлекательный вид спорта поощрялся властями, что в какой-то мере, предохраняло от преследований по классовому признаку. В 1937 арестован, в 1937–40 — в заключении. За это время семья **Т.** терпела лишения, в результате которых от недоедания скончался его единственный сын. С 1941(1942?) в нем. оккупации. Вместе с женой бежал на Запад в Австрию. В 1945 при приближении сов. войск Тизенгаузены бежали в Баварию, где их застал конец войны. Из Баварии эмигрировали в США и поселились в Нью-Йорке. Здесь, в свободной стране, **Т.** свидетельствовал о пережитом под властью коммунистов. Постоянный сотрудник «Нового журнала» (Нью-Йорк), писал под псевд. Н. Туров. Автор очерков и статей: «Заместитель А.Н. Туполева», «Встреча с Абакумовым в тюрьме НКВД», «Парилка», «С. Орджоникидзе и замдиректора Краматорского комбината», «Чекисты за работой», «Падение Ростова» и др. Некоторые статьи **Т.** были переведены на франц. яз.

С о ч. Выдержки из автобиографии // Новый журнал. 1972. Кн. 100. С. 295–300.

Л и т. *Р.Г.* Н.Ф. Тизенгаузен (Н. Туров) // Там же. С. 295.

ТИМАШЕВ Андрей — инженер-электрик. Консультант гидроэлектрокомпании пров. Квебек (Канада).

И с т. АА. *Могилянский М.* Письмо, 1999.

ТИМАШЕВ Николай Сергеевич (10 нояб. 1886, Санкт-Петербург – 9 марта 1970, Нью-Йорк) — социолог, правовед. Род. в семье служившего в Сенате С.И. Тимашева (1858–1920), будущего министра торговли и промышленности (1909–1915) в правительствах П.А. Столыпина, В.Н. Коковцова и И.Л. Горемыкина. Оконч. классич. гимназию и Александровский лицей, затем продолжил образование в Страсбургском ун-те. В 1910 получил звание магистра, права, защитив в Петроградском ун-те дисс. на тему «Условное осуждение». Доцент Петроградского Политехнич. ин-та (1916). В 1916 защитил докторскую дисс. на тему «Преступное возбуждение масс». В 1918 избран экстраординарным, а позже и ординарным проф. экономич. отделения Политехнич. ин-та. Преследование большевиками интеллигенции и угроза ареста вынудили **Т.** бежать с женой и братом в Финляндию (1921). Проф. права на рус. ф-те в Праге и проф. славянск. исследований во Франц. (1923). До 1936 занимался науч. работой в Германии и Чехословакии.

В 1936 переехал в США, получив приглашение преподавать социологию в Гарвардском ун-те. С 1940 — проф. социологии в католич. Фордамском ун-те, где создал отдел социологии. До ухода в отставку преподавал социологию в Мэримаунтском колледже в Нью-Йорке. С 1958 преподавал летом в Ин-те Советоведения в Миддлбери (Вермонт). В 1959 вышел в отставку со званием проф. При уходе в отставку кардинал Спеллман вручил **Т.** благодарственную грамоту. В науч. работе и в преподавании придерживался междисциплинарной методики, постоянно искал связи между разными социальными науками, совершив переход от правоведения к социологии. Автор многоч. науч. трудов, в т.ч.: «Введение в социологию права», «Теория социологии: её сущность и развитие», «Сто лет условного осуждения, 1841–1941» и др. Последней книгой **Т.**, опубликованной в 1962, стала монография «Sociology of Luiggi Sturzo» («Социология Луиджи Стурцо»). В обл. социологии **Т.** написаны семь книг на англ. яз., с перев. на яп., исп. и португальск. яз. Шесть книг **Т.** посвящены проблемам СССР. Автор многоч. статей в периодич. изд., главные из которых вошли в список, опубликованный на 16 с. Занимался изуч. России и СССР всю жизнь. Исследуя основные направления историч. развития России, **Т.** полагал, что в процессе роста Россия не отличалась от др. народов и гос. образований, но её движение к открытым морям — Балтийскому и Чёрному — было чисто рус., означавшим возврат на земли, «искони составлявшие ось русской истории». **Т.** не считал нелепым параллель между западноевропейским империализмом и рус. гос.-терр. ростом. В науч. мире США оставался рус. человеком, считал себя американцем рус. происхождения. Отстаивал присутствие в рус. истории демократич. элементов, опровергавших большевистское будущее России, ссылаясь на вечевой строй Киевской Руси, Новгорода и Пскова, историю казачества, конституционные планы Александра I, либеральные реформы Александра II, традиции земства, развитие кооперативного движения и совершенствование после 1864 судебной власти, превосходившей судебные порядки в Зап. Европе. **Т.** считал, что революция 1917 не была ни необходимой, ни неизбежной. Изуч. не только прошлое, но и настоящее России и СССР, анализировал возможные окончательные формы историч. бытия Рос. гос-ва, полагая, что такой поворот событий возможен с последующим возникновением новой России. Сторонник полной независимости ПЦА. После принятия 17 июля 1959 при президенте Д. Эйзенхауэре русофобского закона о «плененных нациях» (закон 86-90) участвовал в борьбе против дискриминации рус. как этнического меньшинства в США, против русофобской сути закона, выражавшейся в исключении рус. народа из перечня наций и народов, порабощённых коммунизмом. Редактор «Нового журнала» (Нью-Йорк). Член Совета директоров Рус. православного богословского фонда. Гражданин США. *Родственники:* жена *Татьяна;* дочь Татьяна (в браке *Бобринская*) с семьёй; сын *Сергей.*

С о ч. Условное осуждение. СПб., 1914; Преступление против религии. Пг., 1916; Преступное возбуждение масс. Пг., 1916; Право советской России. Прага, 1925 (в сотрудич. с восемью др. учёными, в 2 т. с перев. на нем. яз.); Religion in Soviet Union, N.Y., 1942.

Л и т. *Акарьин П.* Предвидения Николая Тимашева // НРС. 1979. 13 марта; *Бобринская Т.Н.* Отец // Там же. 1970. 24 апр.; *Бэрвальд Ф.* Н.С. Тимашев как коллега // На темы рус. и общие. Сб. статей и мат-лов в честь проф. Н.С. Тимашева / Под ред. П.А. Сорокина и Н.П. Полторацкого. Нью-Йорк, 1965. С. 40–43; *Вильданова Р.И., Кудрявцев В.Б., Лаппо-Данилевский К.Ю.* Краткий биографич. словарь рус. зарубежья // *Струве Г.* С. 366–367; *Гуль Р.Б.* Николай Сергеевич Тимашев // НЖ. 1970. Кн. 99. С. 247–250; *Ковалевский П.Е.* С. 161–163; *Новицкий Г.И.* Жизненный и академический путь проф. Н.С. Тимашева // На темы рус. и общие. Указ. соч. С. 15–24; *Его же.* 75-летие проф. Николая Тимашева // НРС. 1961. 3 дек.; *Петров В.* Рус. в Америке, XX век. Вашингтон, 1992. С. 73–74; *Полторацкий Н.П.* Н.С. Тимашев (К 100-летию со дня рождения) // Записки РАГ в США (Нью-Йорк). 1986. Т. XIX. С. 439–449; *Скидан А.* К юбилею проф. Тимашева // НРС. 1986. 22 нояб.; *Фэйси о. П.* Н.С. Тимашев как учитель // На темы рус. и общие. Указ. соч. С. 34–39; *Шойер Дж.* Н.С. Тимашев о будущем России; Социология Н.С. Тимашева // На темы рус. и общие. Указ. соч. С. 25–33, 44–54; *Raymond B., Jones D.* Timashev Nikolai // The Russian Diaspora. 1917–1941. Maryland and London, 2000. P. 208–209.

ТИМАШЕВ Сергей Николаевич (род. 7 апр. 1926, Париж) — биохимик, проф. ун-та Брандэйс в Массачусетсе. Род. в семье проф. *Н.С. Тимашева.* Переселившись с семьёй в США, оконч. с отличием Фордамский ун-т со ст. бакалавра наук. Магистр (1947). В 1951 защитил при ун-те докторскую дисс. Адъюнкт проф. химии в Ин-те технологии Дрексел в Филадельфии (1952–53). Затем занимался науч. работой в Йельском ун-те, в Калифорнийском технологич. ин-те и в Департаменте сельского хоз-ва. В 1961–66 возглавлял исследования молочных продуктов Сельскохоз. департамента США. С 1966 преподавал физич. биохимию в ун-те Брандейс. Проф. Парижского ун-та (1972–73). Автор свыше 160 науч. статей на англ. яз., публикуется в науч. изд. с 1951. Был ред. пяти книг, включая трёхтомник на англ. яз. «Методы энзимологии» (Methods of Enzymologist, Academic Press. Vol. 25, 26, 27). Библиография трудов Т. частично опубл. (см.: Записки РАГ в США (Нью-Йорк). 1990. Т. XXIII. С. 243–244). За свои труды удостоился девяти наград и почетного избрания науч. об-вами. Член РАГ в США.

И с т. Archives of the Assn. of Russian-American Scholars in the USA. *Timascheff S.N.* Curriculum vitae, 1974.

ТИМАШЕВА [лит. псевд. **С. Горлова**] Татьяна Николаевна (2 нояб. 1891, Санкт-Петербург – 21 сент. 1950, Нью-Йорк) — поэтесса. Род. в семье промышленника Н.П. Рузского. С семи лет жила в Киеве. Оконч. гимназию, поступила в Санкт-Петербургский педагогич. ин-т. В нач. Первой мировой войны оконч. курсы сестёр милосердия и служила на передовой. За храбрость награждена Георгиевской медалью. После Октябрьского переворота 1917 арестована большевиками и подверглась заключению в тюрьме, о чём впоследствии написала воспоминания. В 1921 вышла замуж за социолога и юриста *Н.С. Тимашева.* В 1921 Тимашевы бежали из Петрограда в Финляндию, откуда через Германию и Чехословакию перебрались в 1926 в Париж. В 1939 переехала в США. В 1943 начала публиковать стихотворения под псевд. С. Горлова. Двадцать стихотворений Т. вошли в сб. «Четырнадцать». Публиковалась в «Новом журнале» (Нью-Йорк), «Возрождении» (Париж). 150 стихотворений Т. опубликованы в рус. периодич. печати. Посмертно её муж издал сб. «Избранные стихотворения» (1953). Стихи Т. также вошли в антологии «На Западе» и «Вернуться в Россию стихами». *Родственники:* муж; дочь Татьяна (в браке *Бобринская*) (см.) с семьёй; сын *Сергей.*

Л и т. *Крейд В.* С. 661.

ТИМОФЕЕВ Николай (1915, стан. Пашковская Екатеринодарского отдела Обл. Войска Кубанского – 1982, Альбукерк, шт. Нью-Мексико) — оперный певец, тенор. В эмиграцию попал в детском возрасте вместе с родителями. Оконч. I Рус. Вел. Кн. Константина Константиновича кад. корпус в Белой Церкви в составе XIII вып. 8 кл. 1932–33 уч. года, затем — агрономич. ф-т Белградского ун-та. Обладая голосом драматич. тенора, избрал профессию певца. Учился петь в Италии, выступал здесь 10 лет на больших сценах. По контракту приглашен в Юж. Америку на должность проф. Колумбийской консерватории. Переселившись в США, выступал с репертуаром из опер и концертов классич. муз. в кинофильмах, по радио, на телевидении с нар. песнями на итальянск., исп., рус., англ., франц., нем. и сербск. яз. Состоял членом Нац. корпорации артистов в Нью-Йорке. *Родственники:* жена (урожд. *Пуччини*) Аделина.

И с т. Список окончивших корпус за время 1920–1945 // Кад. корпуса за рубежом 1920–1945. Монреаль, б. д. С. 483.

Л и т. Каз. словарь-справочник / Сост. Г.В. Губарев. Ред.-изд. А.И. Скрылов. Т. III. Сан-Ансельмо, 1970. С. 158–159; Памяти Ник. Тимофеева // НРС. 1982. 30 дек.

ТИМОШЕНКО Владимир Прокофьевич — экономист в обл. сельского хоз-ва. В 1911–14 служил в Мин-вах земледелия и путей сообщения. В 1916 — помощник главноуполномоченного по нефтяному топливу. В 1919–20 — советник при укр. делегации в Париже. В 1922–28 — проф. в Укр. свободном ун-те в Праге. Переехал в США, работал в Стэнфордском и Мичиганском ун-тах. Специалист в обл. аграрной и торговой политики. Опубликовал на англ. яз. ряд работ: «Сельскохозяйственная Россия и проблема пшеницы», «Мировое производство пшеницы, его порайонное колебание и их межрайонная связь», «Послевоенное состояние советского сельского хозяйства», «Мировое сельское хозяйство и депрессия». Последний труд Т. вызвал в Америке полемику о значении денежного фактора при возникновении мирового кризиса 1929–30.

Похоронен в Пало-Алто (шт. Калифорния).

И с т. АМРЦ. *Морозова О.А.* Биографич. сборник — черновая рукопись: М-73-9, 2.5-10. АОРИ. Материалы.

ТИМОШЕНКО Владимир Семенович (род. 8 нояб. 1926, Беловеж, Польша) — инженер-строитель. Оконч. Высшее технич. уч-ще в Карлсруэ, в Германии (1950). В США жил в Маунт Вернон (шт. Нью-Йорк). Действительный член Об-ва рус. инж. в США. *Родственники:* брат *Юрий.*

И с т. АОРИ. Анкета.

ТИМОШЕНКО Григорий Степанович (18 окт. 1904, Санкт-Петербург – ?) — инженер-электрик, проф. Сын *С.П. Тимошенко.* Оконч. Высшую технич. школу в Берлине по прикладной физике. В 1932 получил докторскую ст. по электротехнике в Мичиганском ун-те в Анн Арбор, где затем работал ассистентом и исследователем (1932–34). В 1934–39 — инструктор по электротехнике в Массачусетском технологич. ин-те. С 1939 преподавал электротехнику в Коннектикутском ун-те в Сторрс, последовательно продвигаясь в званиях от ассистента до доцента. Проф. (1946), нач-к Электротехнич. отделения ун-та (1946–68). Работал в обл. электрофизики и точных измерений. Автор многоч. статей на эти темы. *Родственники:* жена (урожд. *Эйри*) Ирис; дочь Анна (в браке *Стерфани*); сын Джон Александр.

И с т. АОРИ. Вопросник.

ТИМОШЕНКО [Stephen **Timoshenko**] Степан Прокофьевич (11 дек. 1879, Штоповка Конотопского уезда Черниговской губ. – 29 мая 1972, Пало-Алто, шт. Калифорния?) — проф. сопротивления материалов и строительной механики. Род. в семье землемера, вышедшего из крепостных. Оконч. первым Роменское реальное уч-ще (1896). Принят по конкурсу в Ин-т инж. путей сообщения в Санкт-Петербурге, который оконч. в 1901. Отбывал воинскую повинность вольноопределяющимся в Л.-гв. Сапёрном батальоне в Санкт-Петербурге и вышел в запас в чине Л.-гв. прапорщика. В 1903–09 — лаборант в Санкт-Петербургском Политехнич. ин-те. Занимал должности проф. и декана Киевского Политехнич. ин-та. Ввиду конфликта с мин-вом нар. просвещения, установившего 15-процентную норму приёма еврейских студентов, из сочувствия к студентам подал в отставку и вернулся в Петербург. Получил должность проф. Ин-та инж. путей сообщения. За свою жизнь прочёл курсы по ряду разделов сопротивления материалов, теории упругости и строительной механики. Во время революции вернулся в Киев, где был приглашен в Киевский Политехнич. ин-т. Основал Укр. Академию наук. При самостийной «Директории» отказался признать требования петлюровцев о запрете использования рус. яз. на заседаниях Академии. В годы Гражданской войны в Киеве часто менялась власть, и Т. вместе с академиком *Г.В. Вернадским* отправился в Ростов-на-Дону с предложением своих услуг Добровольч. армии. В рядах ВСЮР — член военно-инж. совета. После 1920 — в эмиграции в Кор. СХС, здесь получил место проф. в Загребском политехникуме. В США с 1922. Приглашён на работу в инж. фирму в Филадельфии. В 1923–27 работал в исследовательской лаборатории Вестингауза в Питтсбурге. В то время основал в Амер. Об-ве инж.-механиков отдел прикладной механики. В 1925 опубликовал книгу «Applied Elasticity». В 1927 занял кафедру в Мичиганском ун-те в Анн Арбор. За время пребывания в Мичиганском ун-те под рук. **Т.** 30 студентов защитили докторские дисс. Многие из них стали проф. в амер. ун-тах. С 1936 преподавал и вёл науч.-технич. исследования в Стэнфордском ун-те в Пало-Альто. Проф.-эмеритус (1944). Удостоен звания доктора «Honoris causa» четырёх ун-тов и трёх политехн. ин-тов. Награждён рядом медалей и премий. В Стэнфордском ун-те имеются две комнаты им. **Т.**; в одной — его личная библиотека, в др. — медали, дипломы и бронзовый бюст учёного.

Главные труды **Т.**: «Курс сопротивления материалов» (1911; переизд. в США и выдержал 12 изд. на родине), «Сборник задач по сопротивлению материалов» (6 изд.), «Курс статики сооружений» (5 изд.), «Теория пластинок и оболочек», «Инженерная механика». Библиография трудов **Т.** занимает 9 с. (см. «Воспоминания»). В предисловии ко 2-му изд. мемуаров **Т.**, проф. Жире и Юнг назвали автора «отцом инженерной механики в Соединенных Штатах». Однако, публикуя свои труды в США, **Т.** преодолевал задержки со стороны издателей тем, что вынужден был приглашать в соавторы коллег — коренных американцев. После посещения Киева, Харькова, Москвы и Ленинграда в 1959 опубликовал книгу «Engineering Education in Russia», в которой пришёл к заключению, что подготовка к принятию в высшие учебные заведения в СССР более основательна, чем в США. Почётный член Об-ва рус.-амер. инж. в США. Амер. Об-во инж.-механиков учредило в честь **Т.** медаль, которая вручается Об-вом выдающимся инж. за их вклад в обл. теоретич. и практич. механики. Оказал большое влияние среди инж. всего мира на развитие теоретич. и прикладной механики, теорию эластичности и теорию вибрации. Состоял зарубежным членом Академии наук СССР, членом Академий наук Польши, Англии, Италии и Нац. Академии наук США. Почётный член Об-ва рус. инж. в США (на 1951).

Похоронен в Пало-Альто. По данным М. Высотского, **Т.** сконч. не в Калифорнии, а в Вуппертале (ФРГ), где жил у дочери.

С о ч. Воспоминания. Париж, 1963. (2-е изд. на англ. яз. Стэнфордского ун-та: Пало-Альто, 1968).

И с т. АМРЦ. *Морозова О.А.* Биографич. сборник — черновая рукопись: М-73 (MS 268). С. 8.13. М-73-9, 2.4-72; АОРИ. Тимошенко С.П. Анкета (1968).

Л и т. *Вечорин Евг.* 90-летие проф. С.П. Тимошенко // РМ. 1968. 26 дек.; Воспоминания проф. С. Тимошенко // НРС. 1964. 8 марта; *Высотский М.* Великий инженер-теоретик // Инженер. Орган об-ва Рус.-Амер. инж. в США. 1979. № 3. С. 1–4; *К.Б.* Степан Прокофьевич Тимошенко // Записки РАГ в США (Нью-Йорк). 1972. Т VI. С. 381–382; *Парри А.* О проф. С. Тимошенко // НРС. 1979. 9 февр.; *Петров В.* Рус. в Америке. XX век. Вашингтон, 1992. С. 44–48; *Рейтман М.* Как рус. инж.-теоретик завоевал Америку // НРС. 1995. 17 апр.; Anonymous. Dr. Stephen Timoshenko, Expert in Applied Mechanics // Mechanical Engineering. 1992. July.

ТИМОШЕНКО [по мужу **Полевская**] Людмила Федоровна (? – 1976) — виолончелистка. Род. в дворянской семье. Отец **Т.** был талантливым скрипачом, художником и автором романа «Коршун». Оконч. с золотой медалью гимназию и муз.-драматич. уч-ще Московского филармонич. об-ва со званием свободного художника (1916). Первая в России женщина-виолончелистка. Выступала с 1912. Выступления **Т.** пользовались огромным успехом и удостаивались блестящих рецензий. После 1917 продолжала выступать на концертах. В 1925 в Харькове приобрела известность как талантливый преподаватель. Проф. по классу виолончели в Москве и в Харькове вместе с мужем Н. Полевским, пианистом школы *С.В. Рахманинова*.

Покинула оккупированную терр. СССР во время Второй мировой войны и оказалась в эмиграции. Выступала с мужем в камерных концертах в Вене, Милане, Риме. Дальнейшие их концертные выступления продолжались за океаном, в Канаде и в США. С

Л и т. *Даров А.* Людмила // НРС. 1976. 11 янв.

ТИМОШЕНКО Юрий Семёнович (род. 26 дек. 1924, Беловеж, Польша) — инженер-строитель) — инженер-строитель. Оконч. Высшее технич. уч-ще в Карлсруэ, в Германии (1950). В США жил в Маунт Вернон (шт. Нью-Йорк). Действительный член Об-ва рус. инж. в США. *Родственники:* брат Владимир.

И с т. АОРИ. Анкета.

ТИМЧЕНКО Борис Владимирович (1899, Тамбовская губ. – 1976) — участник Белого движения на Юге России, садовод-архитектор. Род. в отцовском имении. Оконч. гимназию в Тамбове. В 1919 вместе с отцом и сестрами направился в Крым, вступив в Белую армию. Эвакуировался из Крыма в составе Рус. армии в нояб. 1920. В эмиграции в Константинополе. В 1920 с армией генерала Врангеля выехал в Константинополь. Получив амер. стипендию, оконч. сельскохоз. академию во Франц. В США занимался планированием садов и парков. По эскизам **Т.** в Вашингтоне были сделаны насаждения вокруг памятников Т. Джефферсону и А. Линкольну. В теч. 18 лет был архитектором выставок в Вашингтоне. За свои работы награждён медалью. Один из основателей православного храма св. Николая Чудотворца. Семьи не имел.

Л и т. *Е.К.* Памяти Б.В. Тимченко // НРС. 1976. 7 февр.

ТИПИКИН Георгий Иванович (4 авг. 1901, Киев – ?) — инженер по экономике теплового хоз-ва. Оконч. отделение строительного искусства Высшей технич. школы в Брно (1930). В 1929–45 имел в Чехословакии собственную контору по экономике теплового хоз-ва. В США с 1948, жил в Нью-Йорке. Действительный член Об-ва рус. инж. в США.

И с т. АОРИ. Анкета (1954).

ТИТОВ Виктор Дмитриевич (? – 8 мая 1986, Сан-Франциско) — участник Белого движения на Востоке России, штабс-капитан. После Октябрьского переворота 1917 — в белых войсках Восточ. фронта. Служил в частях ген.-лейт. В.О. Каппеля. После 1922 в эмиграции в США.

Л и т. Некролог // Часовой (Брюссель). 1986. Сент. – окт. № 662. С. 27.

ТИТОВ Григорий Петрович (1901, Санкт-Петербург – 1991, Вашингтон) — балалаечник-виртуоз. Род. в семье главного кассира императорского банка. С 1923 в эмиграции — в Харбине, затем в США. Поселился в Сиэтле. Работал на заводах, но игра на балалайке открыла ему путь на эстраду. В 30-х и 40-х гг. со своим балалаечным ансамблем снимался в голливудских фильмах. В Вашингтоне регулярно играл со своим оркестром в ночном клубе «Балалайка» и зале гостиницы «Мэйфлауэр», был известен широкой публике как Гриша. Выступал на концертах в Нью-Йорке, в др. городах США и в др. странах, знакомя слушателей с рус. нар. муз. инструментом. Снискал известность благотворительной деятельности.

Л и т. *Д.Г.* Памяти Григория Петровича (Гриши) Титова // НРС. 1991. 10 июня.

ТИХАНОВ Михаил Т. (ок. 1789 – 1852) — художник. Род. крепостным кн. Головнина. Талант Т. был замечен в возрасте 17 лет. Получил стипендию для прохождения образования по историч. классу в Академии изящных искусств в Санкт-Петербурге. Награждён золотой медалью за картину «Расстрел русских патриотов в 1812 г.». Освобождён от крепостной зависимости, окончил Академию (1815). В 1817 принят художником на шлюп «Камчатка», отправлявшийся под командованием кап.-лейт. *В.М. Головнина* в кругосветное плавание к берегам Рус. Америки. Рис. Т. изображают в быту и на досуге туземцев Рус. Америки, р-на Форта Росс и Монтерея (Калифорния), Гавайских о-вов, о-вов Океании. Пробыв в экспедиции ок. двух лет, вернулся больным в Кронштадт и больше не смог ввиду состояния здоровья заниматься искусством. 43 картины Т. находятся в Академии искусств в Санкт-Петербурге.

Л и т. *Головнин В.М.* Соч. Изд-во Главсевморпути, 1949; *Pierce Richard A.* Russian America: A Biographical Dictionary. Ontario; Fairbanks, 1990. P. 507.

ТИХВИНСКИЙ Леонид Михайлович (1897, Санкт-Петербург – 30 нояб. 1976, Сан-Луис, шт. Миссури) — участник Белого движения на Юге России, инженер, проф., изобретатель. Оконч. кад. корпус и военное уч-ще. Сражался в рядах Рус. Императорской армии, участник Первой мировой войны. После Октябрьского переворота 1917 — в белых войсках на Юге России. В нояб. 1920 эвакуировался из Крыма в составе Рус. армии. В 1920–21 — в Галлиполи. Затем в эмиграции в Чехословакии. Оконч. механич. отделение Пражского политехнич. ин-та (1929) с дипломом инж.-механика. Переселился в США. В 1929–41 работал инж.-конструктором в Питтсбурге в фирме Вестингауза. Во время Второй мировой войны работал в Аннаполисе. Занимался проектированием новых типов подводных лодок и вопросами заправки мор. судов горючим в открытом море. С 1946 — проф. механики Вашингтонского ун-та в Сан-Луи-се. Проф. механики Калифорнийского ун-та в Бёркли (1948–63). В 1952 был представителем США на съезде по вопросам энергии в Женеве. Состоял директором студенч. центра в Гёттингене (ФРГ), отделения Калифорнийского ун-та (1963–66). В США часто работал как эксперт в Питтсбурге, в Вашингтонском комитете по аэронавтике и в мор. ведомстве. За свои работы получил три награды. Автор 90 науч. докладов и статей. Получил 19 патентов для Вестингауза и для электрич. промышленности. Читал лекции по динамике жидкостей, по термодинамике, по вопросам передачи тепла и по вопросам оборудования военных и торговых судов.

И с т. АА. *Tichvinsky Leonid Michael.* Curriculum vitae (1986); АОРИ. Вопросник.
Л и т. *Н.К.* Л.М. Тихвинский 1897-1976 // Записки РАГ в США (Нью-Йорк). 1985. Т. XVIII. С. 357–358.

ТИХМЕНЁВ Пётр Александрович (конец 1820-х гг. – 7 сент. 1888, Буйск Костромской губ. ?) — мор. офицер, историк. Оконч. Морской корпус (1841) с чином мичмана, служил на Балтийском море. Лейтенант (1846). В 1852–54 служил на фрегате «Паллада» во время кругосветной экспедиции, описанной И.А. Гончаровым.

С сент. 1857 — на службе в Рос.-Амер. компании, получил задание состав. историю компании. Капитан-лейтенант (1858). Пользуясь архивами компании, подготовил историч. описание в 2 т., начиная от времён *Г.И. Шелихова*. Труд Т. содержал ценные сведения о *Н.П. Резанове*, *А.А. Баранове* и др. рус. деятелях Рос. Америки. За каждый том удостоен Демидовской премии. В 1864 назнач. в 8-й флотский экипаж с производством в чин капитана I ранга. В отставке. В 1878–81 — почётный мировой судья в Буйском уезде Костромской губ.

Л и т. *Pierce Richard A.* Russian America: A Biographical Dictionary. Ontario — Fairbanks, 1990. P. 507.

ТИХОМИРОВ Димитрий Митрофанович (1887, Борисоглебск Тамбовской губ. – ?) — участник Белого движения на Юге России, патолог, проф. Оконч. Военно-мед. академию в Санкт-Петербурге (1911). Служил в армии и флоте. В нояб. 1920 эвакуировался из Крыма в Бизерту (Тунис), затем в эмиграции в Кор. СХС. 22 года служил в Белградском ун-те, где в 1940 получил кафедру патологии. Во время Второй мировой войны выехал из Югославии в Германию. В США с 1949. Около 10 лет работал патологом в госпитале шт. Вашингтон. На пенсии с 1959. Жил с супругой в Сиэтле.

И с т. АА. *Тихомиров Д.М.* Автобиография, машинопись.

ТИХОН [в миру Василий Иванович **БЕЛАВИН**, более верное написание по последним исследованиям **БЕЛЛАВИН**] (19 янв. 1865, Торопец Псковской губ. – 7 апр. 1925, Москва) — епископ в Америке (1898–1907), Патриарх Московский и всея России (1918–25), причислен к лику святых. Род. в семье священника Спасо-Преображенской церкви. Оконч. Торопецкое дух. уч-ще (1872), с отличием Псковскую дух. семинарию (1884), со ст. кандидата-магистранта богословия Санкт-Петербургскую дух. академию (1888). С 1888 преподавал богословие и франц. яз. в Псковской дух. семинарии. 22 дек. 1891 пострижен в мантию с наречением имени Т. (в честь св. Тихона Задонского), затем — иеродиакон и иеромонах. С 1892 — инспектор, затем ректор Холмской дух. семинарии, архимандрит. Епископ Люблинский, викарий Холмско-Варшавской епархии (19 окт. 1897). 14 сент. 1898, в возрасте 33 лет, назнач. в Америку епископом Алеутским и Аляскинским, вначале с пребыванием резиденции в Сан-Франциско, а затем в Нью-Йорке. Епископ (Алеутский и Аляскинский в 1898–1900, Алеутский и Северо-Амер. в 1900–07) Т. должен был управлять епархией, раскинувшейся на весь Северо-Амер. материк, включая Аляску и Канаду. Поставил целью распространение православия на амер. материке, привлекая в лоно Православной Рос. Церкви арабов, сербов, греков и быв. униатов, выходцев из Австро-Венгерской империи. Последних было принято в православие 40 тыс. Службы в православных храмах велись на двух и иногда на трёх яз. По инициативе Т. в богослужебную практику вводился англ. яз. За время правления Т. в Америке были основаны многие новые приходы, построен ряд церквей, включая Свято-Николаевский собор в Нью-Йорке, фундамент которого он торжественно освятил (1901) в присутствии посла Российской империи, Ген. консула, матросов и офицеров с крейсера «Ретвизан». Архиепископ (1905). В 1905–06 преобразовал миссионерскую школу в Миннеаполисе в семинарию, тогда же был основан мужской монастырь возле Саут-Канаан (шт. Пенсильвания), открылась дух. семинария в Кливленде. Т. основаны церковные школы и приюты для детей. Пребывание архиепископа Т. в Америке укрепило православие и способствовало его распространению на весь материк. Учреждены два викариатства — Аляскинское и Бруклинское, организовано «Братство Нью-Йоркской церкви», основан «Крестовоздвиженский союз сестёр». По инициативе Т. вводилась практика привлечения мирян к участию в управлении епархией. Деятельность архиепископа получила высокую оценку со стороны американцев, избран почётным гражданином США.

После возвращения в Россию — архиепископ Ярославский и Ростовский (1907–13), Виленский и Литовский (с 3 янв. 1914). Во время Первой мировой войны эвакуировался в Москву. С 1915 присутствующий член Святейшего Синода. За время пастырского служения удостоен многих наград, в т.ч. орденов св. Анны I ст. (1904), св. Владимира II ст. (1909), св. Александра Невского (1913) и др. 23 июня 1917 епархиальным съездом духовенства и мирян избран на Московскую и Коломенскую кафедру. Митрополит (14 авг. 1917), председатель Поместного Собора Православной Рос. Церкви. 5 нояб. 1917 Собором избран и наречён Патриархом Московским и всея России — первым патриархом после смерти патриарха Гермогена (1700) при Петре I. Настолование Т. на Всерос. Патриарший престол состоялось 21 нояб. 1917, вслед за чем началось острое противостояние Рос. Церкви и сов. атеистич. власти. В слове 1(14) янв. 1918 перед новогодним молебном Т. сравнил сов. правительство с вавилонскими строителями, обличая их действия. В послании от 19 янв. (1 февр.) 1918 Т. анафематствовал тех по крещению православных христиан, которые участвовали в кровавых расправах и убийствах. 5(18) марта 1918 издал послание с резким осуждением Брестского мира. 13(26) окт. 1918 обратился с самым резким посланием к Совнаркому РСФСР, изобличив греховный характер его власти, призвав большевиков прекратить беззаконие, всякое насилие и взаимоистребление в России. Гонения на Церковь усилились. 3(16) февр. 1919 началась кампания по вскрытию святых мощей. 10(23) февр. 1922 — кампания по насильственному изъятию веками накопленных церковных ценностей. В то время по всей России велась ожесточённая борьба с Церковью, в результате которой были умерщвлены, зачастую мученически, десятки тысяч духовных лиц и мирян. В 1918–21 погибли 23 архиерея и более 10 тыс. представителей духовенства, а всего, по последним историч. исследованиям, большевики в 1917–41 убили ок. 134 тыс. клириков Православной Рос. Церкви и членов их семей. 21 мая 1922 Т. взят под стражу и затем находился в полной изоляции в Донском монастыре. 23 мая 1923 переведён в тюрьму ОГПУ на Лубянку, где подвергался оскорбительным допросам и угрозам со стороны представителей ленинской безбожной власти. Дело Т. получило большой международный резонанс, и власть решила отказаться от запланированного суда над Патриархом. С др. стороны Т. опасался усиления влияния созданной органами ОГПУ в 1922 такназыв. «живой церкви». 27 июня освобождён из-под стражи и вернулся в Донской монастырь. После выхода из заточения продолжал жить под неусыпной слежкой властей и органов госбезопасности. Сконч. в частной лечебнице на Остоженке на исходе праздника Благовещения, почитаемый всеми ветвями Православной Рос. Церкви на родине и за рубежом. Стоял на страже достоинства верховной церковной власти. Охранял чистоту веры и ограждал Церковь от националистич. страстей и социалистич. демагогии. Погребен в старом (зимнем) храме Московского Донского монастыря.

Причислен к лику святых Архиерейским собором Рус. Православной Церкви в Москве 9 окт. 1989. Мощи Т. обретены 22 февр. 1992.

Л и т. *Булгаков Н.* Патриарх // НРС. 1990. 16 февр.; *Губонин М.Е.* С. 897–898; *Иоанна, инокиня.* Исповедник Святитель Тихон и Америка: // ПР. 1995. № 9. С. 4–6; *Митрофанов Георгий*, протоиерей. История Рус. Православной Церкви 1900–1927. СПб., 2002; *Петров В.* Рус. в Америке. XX век. Вашингтон, 1992. С. 91; Путешествие Его Преосвященства, Преосвященнейшего Тихона, Епископа Алеутского и С.-Американского, по Восточным Штатам Америки // Амер. Православный Вестник. 1900. № 13. С. 268–274; *Kishkovsky Leonid*, Archpriest. Archbishop Tikhon & the North American Diocese, 1898–1907 // Orthodox America 1974–1976. Tarasar Constance (gen. ed.). 1975. P. 82–101.

ТИХОН [в миру **ТРОИЦКИЙ**] (1883 – 30 марта 1963, Джорданвилл, шт. Нью-Йорк) — епископ Сан-Францисский РПЦЗ. Род. в дух. семье. Высшее дух. образование получил в Казанской дух. академии. Монашество принял на студенч. скамье. Получив ст. кандидата богословия, поступил на службу в Житомирскую дух. семинарию — преподаватель, затем инспектор. Служил инспектором в Харькове. После захвата власти большевиками — в эмиграции в Кор. СХС. Здесь оставался на прежней педагогич. службе, один год в Богословии св. Саввы в Карловцах и восемь лет — в Призренской семинарии.

После избрания Синодом во епископа на древнейшую в США кафедру в Сан-Франциско хиротонисан в 1930 в Белграде в возрасте 47 лет. Участник Карловацкого и Кливлендского соборов, выдающийся поборник за канонич. Рус. Церковь за пределами России. Занимал кафедру в соборе Пресвятой Богородицы всех Скорбящих Радости более тридцати лет. В 1954 вместе с Первоиерархом РПЦЗ митрополитом *Анастасием (Грибановским)* дал благословение на строительство в Сан-Франциско нового собора. Совершил закладку храма 25 июня 1961.

Похоронен под алтарем монастырского храма в Джорданвилле.

Л и т. Высокопреосвященный Архиепископ Тихон // Юбилейный сб. в память 50-летия прихода и освящения Кафедрального Собора Пресвятой Богородицы всех Скорбящих радости, 1927–1977, в городе Сан-Франциско. Калифорния, 1978. С. 94–97; *Тальберг Н.* Дорогой памяти праведного архипастыря // ПР. 1963. № 7. С. 8–9.

ТИХОНРАВОВ Александр Александрович (1891 – 16 дек. 1958, Сан-Франциско) — участник Белого движения на Востоке России, капитан. Оконч. Благовещенскую муж. гимназию и в теч. пяти лет слушал курс Санкт-Петербургского Политехнич.

императора Петра Великого ин-та. В 1915 поступил в Михайловское арт. уч-ще. В нояб. 1915 произведён в прапорщики с назнач. на Зап. фронт в 9-ю арт. бригаду. Участник Первой мировой войны. В авг.1916 переведён 6-ю Сибирскую арт. бригаду. Награждён тремя боевыми орденами, поручик (на 1917). С авг. 1918 в белых войсках Восточ. фронта. Служил ст. адъютантом 8-й Сибирской стрелковой дивизии, затем командиром батареи 2-го Сибирского тяжёлого арт. дивизиона. После Сибирского («Ледяного») похода 1920 служил в Забайкалье в Управлении арт. снабжения Дальневосточ. армии. Капитан (сент. 1920). После 1920 — в эмиграции в Харбине.

В США с 1923, жил в Калифорнии. Работал лабораторным техником на геологич. отделении Стэнфордского ун-та. Сразу связался с др. рус. офицерами - ветеранами для орг-ции помощи рус. офицерам, оставшимся в Маньчжурии. В результате было образовано Об-во рус. ветеранов Великой войны, в котором **Т.** занимал должности секретаря, ред. «Вестника» Об-ва, вице-председателя и казначея. В 1949 избран почётным членом Об-ва. Похоронен на Серб. кладбище в Сан-Франциско.

И с т. АОРВВВ. Капитан Александр Александрович Тихонравов // 1958. Дек. Альбом II.

ТИЧ [Teach Joseph F.] Иосиф Фёдорович (1919, Уотербери (шт. Коннектикут) – 3 дек. 1942) — ветеран армии США. Член 41-го отдела РООВА. Оконч. среднюю школу и поступил добровольцем в армию. Попал в плен к японцам. Умер в плену от издевательств и лишений в Мукдене (Маньчжурия).

И с т. *Pantuhoff Oleg* — 1976.

Л и т. *Beresney Timothy A.* In Memoriam // Russian Herald. 1947. Jan.–Febr. P. 160.

ТКАЧЁВ Борис Иванович (12 мая 1896, стан. Ханская Майкопского отдела Обл. Войска Кубанского – 27 нояб. 1972, Квинс, Нью-Йорк) — участник Белого движения на Юге России, войсковой старшина. Оконч. Владикавказский кад. корпус, Оренбургское военное уч-ще (1915) и вышел в офиц. чине во 2-й Полтавский каз. полк 1-й Кубанской каз. дивизии. Участник Первой мировой войны. Оконч. Киевскую авиационную школу (1917). На 1917 — есаул, лётчик-наблюдатель арт. бригады. Георгиевский кавалер. После Октябрьского переворота 1917 — в белых войсках, частях Кубанского правительства (на дек. 1917). Участник 1-го Кубанского («Ледяного») похода 1918. В 1918–20 служил во 2-м Кубанском авиационном отряде, войсковой старшина (на 1920). Эвакуировался из Крыма в составе Рус. армии в нояб. 1920.

После 1920 — в эмиграции в Кор. СХС. В 1941–45 — в Рус. Корпусе. На 1944 – февр. 1945 — мл. командир во взводе противотанковых пушек (ПАК) 5-го («Железного») полка. Ранен в бою под Бусовачей 24 февр. 1945. После оконч. войны — в Австрии и в Зап. Германии. В США с 1950. Зарубежный Кубанский Атаман (1958–66 (по др. дан. до 1967?)). Участвовал в жизни рус. воинских орг-ций.

Родственники: вдова Мария Фёдоровна (? – 11 нояб. 1979, Патерсон, шт. Нью-Джерси). Автор мемуаров.

С о ч. В 5-м полку // РК. 1963. С. 225–229.

И с т. АА. *Рагозин С.* Сообщение (май 2001); ЛАА. Справка *К.М. Александрова* на поручика (по рус. службе) Рус. Корпуса Б.И. Ткачёва.

Л и т. *Волков С.В.* Первые добровольцы... С. 309–310; Каз. словарь-справочник / Сост. Г.В. Губарев. Ред.-изд. А.И. Скрылов. Т. III. Сан-Ансельмо, 1970. 2-е изд. Репринт. М., 1992. С. 160; РК. 1963. С. 322.

ТКАЧЕНКО Александр Петрович (7 дек. 1905, Екатеринослав – ?) — инженер-механик. В эмиграции в Кор. СХС. Оконч. Политехнич. ин-т в Загребе (1927). В США жил в Бруклине (Нью-Йорк).

И с т. АОРИ. Анкета (1954).

ТКАЧЕНКО Николай Григорьевич (? – 31 июля 1975) — участник Белого движения на Юге России, капитан Корниловского ударного полка. Участник Первой мировой войны. После Октябрьского переворота 1917 — в белых войсках на Юге России. Капитан (на 1920). После 1920 — в эмиграции в США.

Л и т. Некролог. Незабытые могилы // Часовой (Брюссель). 1975. Дек. № 594. С. 19.

ТОВТ Алексей [в миру — Алексей Георгиевич, Toth Alexis] — см. св. **АЛЕКСИЙ**.

ТОЛ Сергей Тимофеевич (род. 1918, Латвия) — поэт. В 1918 был вывезен родителями в Россию, здесь вырос и оконч. среднюю школу. В 1943 Вторая мировая война забросила **Т.** во Франц. В эмиграции во Франц. (1943–57). Переселился в США. Стихи писал с детства. Первое стихотворение было напечатано в СССР, когда **Т.** было 11 лет. В амер. период жизни публиковал стихи в журналах «Современник» (Торонто), «Калифорнийский вестник» и в альманахе «Встречи» (Филадельфия), который изд. *Вал. Синкевич.*

Л и т. Берега. Стихи поэтов второй эмиграции / Под ред. Вал. Синкевич. Филадельфия, 1992. С. 274–275.

ТОЛМАЧЁВ Иннокентий Павлович (13 апр. 1872, Иркутск – ?) — геолог и палеонтолог, проф. и куратор музея Карнеги в Питтсбурге (шт. Пенсильвания). Образование получил в Санкт-Петербургском (1897), Лейпцигском (1898) и Мюнхенском (1899–1900) ун-тах. С 1897 — ассистент по геологии и палеонтологии при Юрьевском ун-те. В 1899 назнач. куратором музея геологии и минералогии Рос. Академии наук в Санкт-Петербурге, с 1913 — главный куратор. В дальнейшем занимал проф. должности, состоял членом гос. комитетов Академии наук. В 1918 уехал в Сибирь, рук. комитетом по изуч. Севера России. В 1921 преподавал во Владивостоке. Переехал в США. В 1922–45 — куратор беспозвоноч. ископаемых музея Карнеги в Питтсбурге. Проф. палеонтологии Питтсбургского ун-та (1926–33). Преподавал в ун-те Техаса. Автор многоч. статей, опубликованных в России, Швеции, Швейцарии и в США.

Родственники: трижды женат; три сына, четыре дочери. .

И с т. АОРИ. Материалы.

Л и т. Who is who in Engineering. 1948. P. 2000.

ТОЛСТАЯ Александра Львовна (1 июля 1884 – 26 сент. 1979) — филантроп, основатель Толстовского фонда, писатель, лектор. Мл. дочь гр. Л.Н. Толстого (1828–1910). Стала секретарём отца в 1901, работала в созданной им больнице и школе в Ясной Поляне. Во время Первой мировой войны оконч. курсы сестёр милосердия, состояла в подвижном отряде Красного Креста по борьбе с эпидемиями. Оказывала помощь беженцам. За самоотверженное усердие в условиях фронта награждена тремя Георгиевскими медалями. После революции 1917 организовала подготовку изд. полного собр. соч. отца в 91 томе (1928–58). При сов. власти пять раз подвергалась арестам. В 1921 назнач. хранителем Ясной Поляны, превращённой в музей и культурно-просветительный центр. В 1929 получила разрешение на выезд за рубеж в Японию для чтения лекций о Толстом. Попав за границу, отказалась возвращаться в СССР. Т. всегда оставалась противником коммунизма. Особенно её угнетало то, что в Ясной Поляне начали вводить политграмоту.

В США с 1931. Читала лекции о Л.Н. Толстом и об истинном лице коммунизма в ун-тах, школах и клубах. В 1933–39 занималась сельским хоз-вом в Пенсильвании и Коннектикуте. Автор книги «Трагедия Толстого». Десять лет, прожитых при сов. власти, Т. описала в книге «Я работала для советов», которая вышла на англ. яз. в 1934. В 1939 совместно с *Б.А. Бахметьевым, С.В. Рахманиновым, Б.В. Сергиевским, Т.А. Шауфус* и др. рус. и амер. деятелями основала Толстовский фонд для помощи рус. эмигрантам. Впоследствии помощь фонда распространилась на всех беженцев из коммунистич. стран. При содействии Толстовского фонда в США въехали из разных стран ок. 40 тыс. человек. Благодаря хлопотам Т. удалось добиться отмены ограничения на въезд в США для калмыков, относимых к выходцам из Азии, и для рус. беженцев из коммунистич. Китая. Благотворительная деятельность приобрела новое развитие после получения Т. в дар фермы с 74 акрами земли в округе Роклэнд (шт. Нью-Йорк). Здесь возник центр для беженцев, с библиотекой, церковью, курсами рус. яз. и культуры для амер. студентов, ежегодным летним детским лагерем, старческим домом и приютом для 96 хронически больных (Nursing Home). Помощь от Толстовского фонда получили не только рус., но беженцы др. национальностей, например пакистанцы из Уганды, вьетнамцы. Приняла гражданство США в 1941, отказавшись от титула гр., но почитатели Т. продолжали её так называть. Президент Г. Трумэн отметил в 1946 гуманитарную деятельность Т. Её имя и деятельность получили широкую известность среди законодателей и в правительственных кругах США. Толстовский фонд имел до 15 отделений в странах Зап. Европы, на Ближнем Востоке и в Юж. Америке. Посвятила всю свою жизнь подлинно христианскому служению ближним и благотворительности. В благодарность за исключительную благотворительную и культурную деятельность КРА торжественно ввёл Т. в Русско-Амер. Палату Славы.

Похоронена на кладбище женского монастыря Ново-Дивеево в близ Нанует в Спринг-Валлей (шт. Нью-Йорк).

С о ч. Отец. В 2 т. Нью-Йорк, 1953; Дочь. Лондон (Канада), 1979 (перев. на 8 яз.).

Л и т. *Гуль Р.Б.* Александра Львовна Толстая // НЖ. 1979. Кн. 137. С. 189–193; *Н.К.* Гр. А.Л. Толстая // Записки РАГ в США (Нью-Йорк). 1980. Т. XIII. С. 354–355; *Raymond B., Jones D.* Tolstoy Aleksandra // The Russian Diaspora. 1917–1941. Maryland and London, 2000. P. 210; *Shenker Israel.* Alexandra Tolstoy, at 90, Is Honored for Lifetime of helping others // The New York Times. 1974. July 2.

ТОЛСТАЯ Вера Ильинична (1903 – 1999, шт. Флорида) — внучка Л.Н. Толстого. Бежала в 1920 перед наступающими большевиками в Чехословакию. В Чехословакии была замужем за Одо Баковским, но брак оказался непродолжительным, и Т. возвратила себе девичью фамилию. В Париже пела в ночном клубе.

В 1949 при содействии тётки, *А.Л. Толстой* переехала в США. Работала продавщицей в парфюмерном магазине в Нью-Йорке. При принятии амер. гражданства отказалась от гр. титула. Более 20 лет работала в рус. отделении радиостанции «Голос Америки» в Вашингтоне. После выхода в отставку поселилась во Флориде. В 1991 участвовала в съезде потомков Л.Н. Толстого в Ясной Поляне, на который собралось 187 прямых потомков писателя. *Родственники:* сын Сергей, принявший фам. Т.

Похоронена на кладбище женского монастыря Ново-Дивеево близ Нанует в Спринг-Валлей (шт. Нью-Йорк).

Л и т. *Dobbs M.* The Epic Gathering of the Tolstoys // The Washington Post. 1991. June 17; *Thomas Robert Jr.* Vera Tolstoy, Granddaughter of the Novelist, Dies at 96 // The New York Times. 1999. Apr. 3.

ТОЛСТАЯ Мария Андреевна (1908–?) — поэтесса. Внучка Л.Н. Толстого. В 40-е гг. жила в Нью-Йорке. Впервые опубликовала стихи в 1942 в «Новом журнале» (Нью-Йорк). Стихи Т. включены в антологии «Эстафета», «На Западе» и «Вернуться в Россию стихами» (М., 1995).

Л и т. *Крейд В.* С. 661.

ТОЛСТАЯ Мария М. (4 февр. 1908 – 3 мая 1993) — преподаватель рус. яз. В 1933 получила ст. магистра по славянской лингвистике в Карловом ун-те в Чехословакии. Переселившись в 1941 в США, преподавала в ун-тах Монреаля (Канада), Мичигана, Индианы, Колледже Миддлбери, Лимэн колледже и Хантер колледже в Нью-Йорке. Занималась историей семьи Толстых. Состояла членом РАГ в США.

И с т. Архив РАГ в США. *Толстая М.М.* Автобиография (рукопись), 1974.

ТОЛСТОВ Сергей Сергеевич (13 февр. 1881 – 9 нояб. 1950, Сан-Франциско) — участник Белого движения на Востоке России, полковник. Ветеран трёх войн: рус.-яп. 1904–05, Первой мировой и Гражданской. Получил многочисленные ранения. На 1916 — полковник, командир 5-го Сибирского полка 2-й Сибирской стрелковой дивизии. Участник ожесточённых боёв в Иркутске (дек. 1917) во время захвата власти большевиками. Арестован, бежал из тюрьмы во Владивосток. По приглашению местного антибольшевистского правительства в 1918 командовал Приморским ВО. С 1919 жил в Шанхае.

В 1923 с женой Лидией Владиславовной переселился в США. В Сан-Франциско занимался благотворительностью в пользу рус. военных инвалидов.

И с т. АМРК. С.С. Толстов // Коллекции Гуверовского ин-та. Pdf 64,3 К.

ТОЛСТОЙ Илья Львович, гр. (1865, Ясная Поляна – 12 дек. 1933, Нью-Хэвен, шт. Коннектикут) — лектор, литератор. Второй сын Л.Н. Толстого. Род. в отцовском имении, где получил домашнее образование и изуч. англ. яз. В 1915 занимался постановкой в кино коротенького рассказа Л.Н. Толстого.

В 1916 посетил США, читал лекции об отце. В нач. 1917 вернулся в Россию, но после захвата власти большевиками в том же году возвратился в Америку. Временно жил в Ньюарке (шт. Нью-Джерси). Затем поселился близи Уотербэри (шт. Коннектикут), где позднее возник рус. пос. Чураевка. Продолжал зарабатывать на жизнь чтением лекций об отце, о его творч. и философии, сотрудничество. в газ. и журналах. В 1926 в Голливуде участвовал в постановке кинофильма по роману отца «Воскресение». *Родственники*: вдова (урожд. Котульская) Надежда.

Похоронен на местном кладбище Эвергрин.

Л и т. Anonymous. Count Tolstoy, 68, dies in New Haven // The New York Times. 1933. Dec. 13.

ТОЛСТОЙ Павел — антрополог, проф. антропологии индейцев Америки. Род. в Москве. После Октябрьского переворота 1917 был вывезен из России. Поселился в США и работал инж. *Родственники*: сын Сергей. Умер в городке Готиер (шт. Миссури).

Похоронен в Сан-Сити (шт. Аризона).

Л и т. Сконч. внук Льва Толстого // НРС. 1994. 5–6 февр.

ТОЛСТОЙ-МИЛОСЛАВСКИЙ Владимир Дмитриевич — проф. рус. яз. и лит. в Военно-мор. академии в Аннаполисе

И с т. АА. *Щербатов А.П.* Сообщение от 23 марта 1999.

ТОЛСТОУХОВ Александр Владимирович (1889 – 6 июля 1959, Нью-Йорк) — проф. мед., врач, общественный деятель. До своего переезда в 1923 в США — проф. Варшавского ун-та. Обосновался в Нью-Йорке, сдал экзамены на право практики и был самым популярным врачом среди рус. эмигрантов. Нуждающихся лечил бесплатно. Перу **Т.** принадлежит ряд науч. трудов, опубликованных в амер. и европейских журналах.

Состоял председателем Пироговского мед. об-ва в Нью-Йорке, активно участвовал в др. рус. орг-циях. В период 1937–57 прочёл в отделах РООВА ок. 100 лекций и опубликовал в «Русском вестнике» 11 мед. статей. *Родственники*: вдова.

Похоронен на кладбище во Флашинге, на Лонг-Айленде (шт. Нью-Йорк).

Л и т. *Березний Т.А.* С. 138; Сконч. проф. А.В. Толстоухов // НРС. 1959. 10 июля.

ТОЛСТЫХ Андреан (? – 1766) — промышленник. В 1760–64 на подступах к Аляске завершил открытие Андреановских о-вов Алеутской цепи. Погиб в море.

И с т. Краткая географич. энциклопедия. М., 1966. Т V. С. 398, 524.

Л и т. *Pierce R. A.* Russian America. Biograph. Dict. Kingston, 1990. P. 509–510.

ТОМАШЕВСКАЯ [урожд. **Лисовская**] Елизавета Ивановна (1887, Киев – 1980, Филадельфия) — сотрудник благотворительных орг-ций. Оконч. Московский ин-т благородных девиц. Была замужем за офицером Рус. Императорской армии П. Томашевским — участником Первой мировой и Гражданской войн. В 1920 эвакуировалась из Крыма в Константинополь, откуда эмигрировала в США. Работала в Христианском союзе молодых женщин (YWCA) по оказанию помощи эмигрантам. В теч. 25 лет состояла деятельным сотрудником Толстовского фонда. В общей сложности посвятила около 50 лет жизни оказанию помощи эмигрантам в США. За работу в 1939 удостоилась премии Амер. ассоциации женщин-профессионалок. В 1954 **Т.** была отмечена Ассоциацией дочерей Амер. революции.

Л и т. Сконч. Е.И.Томашевская // НРС. 1980. 11 янв.

ТОМАШЕВСКИЙ Михаил Викентьевич (?, Рига Лифляндской губ. – 1968, Чикаго) — полит. деятель, ветеран антибольшевистской борьбы. Оконч. Чугуевское военное уч-ще. В чине поручика участвовал в Первой мировой войне. После Октябрьского переворота 1917 — в белых войсках на Юге России, служил на бронепоездах «Генерал Алексеев» и «На Москву». Эвакуировался из Крыма в составе Рус. армии в нояб. 1920. После 1920 — в эмиграции в Кор. СХС. В конце 20-х гг. сотруднич. с орг-цией ген. А.П. Кутепова. Член НТС (1932 – нач. 50-х гг.). В 1943 вступил в РОА. В 1945 — полномочный представитель КОНР по ведению переговоров с союзниками. После 1945 помогал чинам власовской армии избежать насильственной репатриации в СССР. Переселившись в США, продолжал антикоммунистическую деятельность и занимался публицистикой. Сотруднич. с орг-цией СБОНР. Подготовил к печати труд, посвящённый истории Власовского движения (Thorwald J. "Wenn sie verderben wollen". Stuttgart, 1952; в рус. варианте: Очерки к истории Освободительного Движения Народов России. Лондон (Канада), 1965).

Л и т. *Окороков А.В.* Краткие биографич. данные участников Рус. Освободительного Движения // Материалы по истории РОД (1941–1945 гг.) / Под общ. ред. А.В. Окорокова. Т. 1. М., 1997. С. 394.

ТОМАШЕВСКИЙ Михаил Фёдорович (10 марта 1897 – 31 июля 1984, Нью-Йорк) — участник Белого движения на Юге России, подпоручик. После Октябрьского переворота 1917 — в белых войсках на Юге России, служил в бронепоездных частях. Эвакуировался из Крыма в нояб. 1920 в составе Рус. армии. В 1920–21 — в Галлиполи, юнкер Сергиевского арт. уч-ща. Из Галлиполи с уч-щем переехал в Болгарию. По оконч. уч-ща произведён в подпоручики. До 1950 жил в Греции. Переехал в США, здесь выбран председателем правления Отдела Об-ва Галлиполийцев. Деятельно участвовал в жизни др. рус. нац. орг-ций.

Л и т. Некролог // Часовой (Брюссель). 1985. Март – апр. № 654. С. 28.

ТОМИЛОВ Николай Александрович (10 янв. 1894, стан. Усть-Быстрянская Обл. Войска Донского – 13 апр. 1953, Филадельфия) — участник Белого движения на Юге России, сотник. Оконч. Харьковское реальное и Елисаветградское кав. уч-ща.

Участник Первой мировой войны. В нояб. 1917 вернулся на Дон и поступил добровольцем в отряд полк. В.М. Чернецова, выступившего первым против большевиков. Участник 1-го Кубанского («Ледяного») похода 1918, затем — в белых войсках на Юге России. Эвакуировался из Крыма в нояб. 1920 в составе Рус. армии, жил в Кор. СХС. После 1945 — в Зап. Германии. В США с 1950. Участвовал в жизни каз. стан. в Филадельфии.

Похоронен на кладбище Окланд.

Л и т. Каз. словарь-справочник / Сост. Г.В. Губарев. Ред.-изд. А.И. Скрылов. Т. III. Сан-Ансельмо, 1970. С. 167–168.

ТОПОРКОВ Василий Семёнович — ст. урядник Забайкальского каз. войска. После Гражданской войны переселился в США. Сконч. в Сан-Франциско.

Л и т. Некролог // Часовой (Брюссель). 1985. Март – апр. № 654. С. 28.

ТОРН [Землис] Людмила Карлисовна (род. 1938, Ростов-на-Дону) — общественный деятель. Во время Второй мировой войны выехала с родителями с оккупированной терр. СССР в Германию. После оконч. войны жила в лагере для беженцев, откуда с родителями переселилась в США. После завершения образования получила в 70-х гг. должность зав. Домом Свободы в Нью-Йорке. Много занималась вопросами освобождения из афганского плена сов. военнопленных. За свою деятельность подвергалась нападкам сов. печати.

Л и т. *Вронская Дж., Чугуев В.* Кто есть кто в России и в бывшем СССР. М., 1994.

ТРЕГУБОВ Сергей Семёнович (16 сент. 1888, Киев – 13 мая 1966) — врач. Род. в семье настоятеля Владимирского собора. Оконч. гимназию и мед. ф-т, получил диплом врача (1913). В 1914 ушёл добровольцем на фронт. Участник Первой мировой войны, военный врач. Дослужился до чина надворного советника, что соответствовало подполковнику. После Октябрьского переворота 1917 — в белых войсках на Юге России. Эвакуировался из Крыма в составе Рус. армии в нояб. 1920. После 1920 — в эмиграции в Кор. СХС, жил в Сараево. Назнач. уездным врачом в Хорватии, через три года переведён в Белград, работал в Поликлинике Рус. Красного Креста и в рус. школе. В 1953 вышел на пенсию и, отказавшись от пенсии, выехал с супругой, кнж. Александрой Алексеевной (урожд. Мещерской) в США, куда ранее через Триест переселились их сыновья: Сергей и Никита. Никита служил потом амер. военным врачом во Франкфурте-на-Майне (ФРГ). **Т.** прав врача в США не получил, но продолжал помогать своим старым пациентам по Югославии. *Родственники*: вдова (1896–1975); сыновья.

Похоронен на кладбище монастыре Ново-Дивеево близ Нануэт (шт. Нью-Йорк).

И с т. *Полчанинов Р.В.* Материалы личного архива.

ТРЕМБОВЕЛЬСКИЙ Александр Дмитриевич (? – 1 февр. 1985, Санта-Барбара, шт. Калифорния) — участник Белого движения на Юге России, полковник. Оконч. Александровское военное уч-ще (1917?), прапорщик 56-го запасного пех. полка, стоявшего в Москве (1917). Участник боёв в Москве с большевиками 25 окт. – 2 нояб. 1917. Из Москвы уехал в Новочеркасск и вступил в Добровольч. армию (нояб. 1917). Участник 1-го Кубанского («Ледяного») похода 1918 в пулемётной роте Корниловского Ударного полка, был ранен. Затем служил на броневтомобиле «Партизан» 1-го броневтомобильного дивизиона. Подпоручик (1918), поручик (1919), штабс-капитан (1920). В Рус. армии: в экипаже танка «Генерал Скобелев», с июля 1920 — командир танка. Капитан и подполковник (авг. 1920) с перем. в полковники. Эвакуировался из Крыма в нояб. 1920 в составе Рус. армии. В 1920–21 — в Галлиполи в Технич. полку. Приказом ген.-лейт. П.Н. Врангеля № 242 от 2 авг. 1921 за боевые отличия награждён орденом св. Николая Чудотворца II ст. После 1921 — в эмиграции в Кор. СХС. Состоял в кадрах Технич. батальона (на 1925). Оконч. Высшие Зарубежные военно-науч. курсы систематич. изуч. военного дела ген.-лейт. Н.Н. Головина (Белградский филиал). После 1945 — в США. Участвовал в жизни рус. воинских орг-ций. Публиковался в журналах «Первопоходник» и «Вестник первопоходника»(Лос-Анджелес). *Родственники*: жена.

С о ч. Возвращение из первого похода // Первопоходник. 1971. Июнь. № 1. С. 12–15; Посвящается Варе Салтыковой, сестре милосердия Корниловского Ударного полка // Вестник первопоходника. 1968. Янв. – февр. – март. № 76–78. С. 98–100.

И с т. ЛАА. Справка *К.М. Александрова* на полк. А.Д. Трембовельского.

Л и т. *Волков С.В.* Первые добровольцы… С. 312; *Лампе фон А.А.* Орден Святителя Николая Чудотворца. Приложение 6-е. Список (второй) кавалеров ордена Святителя Николая Чудотворца // Новый Часовой (СПб.). 1994. № 1. С. 61; Некролог // Часовой (Брюссель). 1985. Март – апр. № 654. С. 28.

ТРЕМЛЬ Владимир Гаевич (род. 27 марта 1929, Харьков) — экономист, специалист по микро- и макроэкономике, экономике СССР и стран СНГ, а также по сравнительным эконом. системам. С 1941 в нем. оккупации. В 1943 с матерью попал в Германию и после оконч. войны остался на Западе. С отличием оконч. рус. гимназию Милосердного Самарянина в Мюнхене (1949).

В США с 1950. Три года служил в пехоте в армии США. Оконч. Бруклинский колледж со ст. бакалавра. В 1956 получил ст. магистра при Колумбийском ун-те. В 1963 защитил докторскую дисс. при ун-те шт. Сев. Каролина. Начал преподавать в 60-е гг. в колледже Франклина и Маршалла в Ланкастере (шт. Пенсильвания). В 1967 приглашён на кафедру экономики ун-та Дюк в Дарэме (шт. Сев. Каролина), где преподавал в теч. 32 лет до выхода в отставку (1999). По приглашениям читал лекции в др. ун-тах в США и за границей, включая ун-т Хоккайдо (Япония) и в МГУ, где **Т.** по программе Фулбрайта провёл весенний семестр 1992. Под ред. **Т.** вышли книги: «The Development of Soviet Economy, Plan and Performance» («Развитие советской экономики: план и действительность». Нью-Йорк, 1968), «Soviet Economic Statistics» («Советская экономическая статистика». Ун-т Дюк, 1970). В 1970 увидел свет совместный труд **Т.** с тремя др. экономистами, посвящённый структуре сов. экономики. Особо отмечается его книга, вышедшая в 1982 в ун-те Дюк, «Alcohol in the USSR, a Statistical Study» («Алкоголизм в СССР: статистический анализ»). В 1985 под ред. и с предисловием **Т.** была опубликована книга В. Раппопорта и Ю. Алексеева «High Treason: Essays on the History of the Red Army» («Измена родине. Очерки по истории Красной армии»). Член Амер. ассоциации славистов и Южной ассоциации славистов, президентом которой выбран в 1977–78. Консультант сенатской комиссии Конгресса США по иностранным делам, Военно-эконом. совещательной комиссии ЦРУ и др. правительственных орг-ций. Автор десятков статей, опубликованных в амер. и зарубежных журналах, посвящённых проблемам сов. теневой экономики, сов. статистики, сов. внешней торговли, сельскохоз. субсидий гос-ва, смертности и экономич. затрат, вызванных потреблением алкоголя. В апр. 1986 вместе с тремя др. экономистами приглашён в Белый Дом для консультаций президента США Р. Рейгана на тему реального состояния сов. экономики. С 1991 — директор Ин-та славянск. и восточ.-европейск. стран при ун-тах Дюк и Сев. Каролины. С 1989 публиковался на родине. Примерно в то же время начал выступать в еженедельных передачах на рус. яз. на радиостанции «Голос Америки». Участвовал в беседах, интервью, радиомостах и круглых столах до 1997. В 1999 в ун-те Дюк вышла работа **Т.** «Censorship, Access and Influence» («Цензура, доступ и влияние»). Ценное собр. трудов по экономике и собр. собственных работ по экономике пожертвовал Комитету «Книги для России» («Books for Russia Committee») для отправки в Россию. *Родственники:* жена (урожд. Мирошниченко, Миро) Эмма Серафимовна; сын; две дочери; внуки.

С о ч. The 1959 Soviet Intersectoral Table («Межотраслевой баланс СССР 1959 года». В 2 т. Вашингтон, 1964).

И с т. АА. Материалы Books for Russia Committee. *Оболенская-Флам Л.* Биография проф. В.Г. Тремля. Машинопись, 1999 (3 с.).

ТРЕМЛЬ Лидия Владимировна (18 дек. 1900, Харьков – 10 сент. 1990) — педагог, сотрудник Толстовского фонда. Род. в семье В.Ф. Тимофеева, проф. Киевского и Харьковского ун-тов. Оконч. Харьковскую гимназию и начала учиться в консерватории, но занятия прервала из-за революции. В 20-х гг. работала воспитательницей в приюте для беспризорных, затем — в отделении орг-ции по оказанию международной помощи голодающим. В 1928 вышла замуж за экономиста-статистика Гая Алексеевича Тремля. 27 марта 1929 у них род. сын *Владимир*. В дек. 1936 овдовела. В сер. 30-х гг. сдала гос. экзамены и стала преподавать нем. яз. в Харьковском финансовом ин-те, в котором работала до 1941. С 1941 в нем. оккупации. Семья Тимофеевых-Тремль была связана дружбой с *Ф.И. Шаляпиным*, семьёй В.Н. Немировича-Данченко и семьёй Л.Н. Толстого, оставшейся в России. Важной частью жизни **Т.** была многолетняя дружба с поэтом М.А. Волошиным и его женой Марусей, сопровождавшаяся частыми посещениями «Дома поэта» в Коктебеле, в Крыму. Много лет спустя опубликовала под псевд. Л. Ладина очерк о Волошине (См.: «Новый журнал» (Нью-Йорк). 1954. Кн. XXXIX).

В 1943 попала в волну беженцев, двигавшихся на Запад, и оказалась в Чехословакии. В Праге подрабатывала переводами. Арестована Гестапо и выслана с семьёй в Германию на работу в сельск. хоз-ве. После оконч. войны перебралась в Мюнхен. Здесь устроилась в только что организованном рус. Доме Милосердного Самарянина, в котором открылась рус. гимназия. Заняла должность зам. директора, преподавала в гимназии нем. яз. В конце 40-х гг. работала в Междунар. орг-ции, ведавшей опекой и переселением беженцев за океан.

Избежав насильственной репатриации, в апр. 1950 переселилась с сыном, тётей Марией Бурыго и родственником *Ю.А. Таскиным* в США. Здесь стала работать в Толстовском фонде, где занималась устройством приезжающих эмигрантов. Позже возглавила отдел розысков членов семей, потерявших друг друга в годы революции, Гражданской и Второй мировой войны, расселившихся по всему миру. Розыски велись в сотруднич. с Междунар. Красным Крестом, орг-циями беженцев и при содействии десятков эмигрантских газет. В этом отделе проработала до ухода на пенсию в сер. 60-х гг., но и затем продолжала работать на полставки. В 50 – 60-х гг. начала осторожно переписываться с друзьями, оставшимися в СССР. В письмах описывала жизнь семьи в Америке. В итоге письма **Т.** попали в руки прозаика И. Гофф, написавшей повесть «Долгий век», опубликованную в московском журнале «Октябрь» (1992. № 46). *Родственники:* сын; невестка; внук; две внучки; две правнучки.

Похоронена на кладбище женского монастыря Ново-Дивеево близ Нанует в Спринг-Валлей (шт. Нью-Йорк).

И с т. АА. *Тремль В.Г.* Биография Лидии Владимировны Тремль. Машинопись (февр. 2003), 2 с.

ТРЕСКИН Леонид Николаевич (11 янв. 1888 – 21(26?) июня 1957, Монтклэр, шт. Нью-Йорк) — участник Белого движения на Юге России, полковник. Из дворян Московской губ. Оконч. 2-й московский Императора Николая I кад. корпус (1906), Александровское военное уч-ще (1908) и вышел Л.-гв. подпоручиком в Волынский полк 3-й гв. пех. дивизии, стоявший в Варшаве. На 1914 — полковой адъютант. Участник Первой мировой войны. За отличия награждён орденами: св. Анны IV ст. «за храбрость», св. Станислава III ст. с мечами и бантом, св. Анны III ст. с мечами и бантом, св. Станислава II ст. с мечами и св. Владимира IV ст. с мечами и бантом. На 1917 — полковник, командующий батальоном Л.-гв. Волынского полка. Один из организаторов защиты Москвы от большевиков, рук. сопротивлением юнкеров в боях 25 окт. – 2 нояб. 1917. С нояб. 1917 в Добровольч. армии. Участник 1-го Кубанского («Ледяного») похода 1918, нач-к отдела связи штаба Добровольч. армии. С сент. 1918 — в резерве чинов при штабе армии. Эвакуировался за рубеж в период с дек. 1919 по март 1920. На май 1920 — в эмиграции в Кор. СХС, жил в Нови-Сад. Чин РОВС, председатель Суда Чести IV отдела. На нояб. 1941 — командир 1-й сотни (офиц.) Новосадской дружины ген.-майора *А.Н. Черепова*, сформированной из рус. белых эмигрантов для защиты от партизан. В дек. 1941 во главе сотни прибыл в Рус. Корпус в Белград. На янв. 1942 — командир 1-й сотни 1-й дружины 3-го отряда. Участвовал со своей сотней в спасении сербск. населения от геноцида со стороны хорватск. усташей на р. Дрина в р-не Рогачица – Баина Башта (апр.–май 1942). Далее — командир 2-й роты 1-го батальона 3-го полка (с дек. 1942). С 15 дек. 1943 — командир 3-го батальона 4-го полка. С окт. 1944 — командир 2-го батальона полка усиленного состава полк. *А.И. Рогожина* (затем — 5-й полк). Тяжело ранен в бою под Бусовачей 1 марта 1945, в результате ранения лишился ноги. После 1945 — в Австрии и в Зап. Германии. На 1949 — член Бюро связи Рос. монархич. движения, председатель Баварского отдела Гв. объединения. В США с 1950. Участвовал в жизни рус. воинских и нац. орг-ций. На нояб. 1951 — представитель полкового объединения (Л.-гв. Волынского полка) в США. Автор мемуаров. *Родственники:* вдова София Владимировна (? – 14 мая 1985, Ново-Дивеево); сын Андрей.

С о ч. 2-й батальон 5-го полка // РК. 1963. С. 288–294; Новосадская дружина // Там же. С. 83–91; 3-й батальон 4-го полка // Там же. С. 168–187.

И с т. ЛАА. Справка *К.М. Александрова* на полк. Л.Н. Трескина; *Трескина С.В.* 50 лет верной службы Л.-гв. Волынского полка полк. Леонида Николаевича Трескина Престолу и Отечеству. Б.м., 1959.

Л и т. *Волков С.В.* Офицеры российской гвардии. С. 483–484; *Его же*. Первые добровольцы… С. 313; РК. 1963. С. 76, 83–84, 88, 116, 165–166, 324; *Ходнев Д*. Полк. Л.Н. Трескин // Часовой (Брюссель). 1957. Нояб. № 381. С. 19; *Чичерюкин-Мейнгардт В.Г.* Полк. Трескин // Наши Вести (СПб.). 2000. № 459/2760.

ТРЕТЬЯКОВ Владимир Иванович (1897 – 18 сент. 1975, Нью-Йорк [по др. дан. Толстовская ферма]) — участник Белого движения на Юге России, полковник. Казак стан. Натухайской Таманского отдела Обл. Войска Кубанского. Оконч. Владикавказский кад. корпус и Оренбургское военное уч-ще. Участник Первой мировой войны, сотник (на 1917). После Октябрьского переворота 1917 — в офиц. батарее полк. А.П. Лесевицкого (части Кубанской Рады, на янв. 1918). Участник 1-го Кубанского («Ледяного») похода 1918 в рядах Сводно-Кубанской офиц. батареи, затем — в штабе кон. бригады и Корниловском кон. полку. Есаул (дек. 1918). В 1919–20 в кубанских частях. Эвакуировался из Крыма в нояб. 1920 в составе Рус. армии. В 1921 — на о-ве Лемнос. После 1921 в эмиграции в Кор. СХС. Считался прикомандированным к Кубанской кон. батарее, полковник (на 1925). В 1941–1945 — в Рус. Корпусе. На 1 янв. 1943 — командир взвода 6-й сотни 2-го батальона 1-го каз. полка, затем — командир 6-й сотни (на 31 дек. 1943). С 9 окт. 1944 — командир 3-й сотни 1-го батальона. После оконч. войны — в Австрии, откуда выехал в США. Участвовал в жизни рус. воинских и нац. орг-ций. Вице-председатель Союза Первопоходников. В 1966–74 — Атаман Войска Кубанского за рубежом. Сотрудник журнала «Военная Быль» (Париж).
И с т. ЛАА. Справка *К.М. Александрова* на полк. В.И. Третьякова.
Л и т. Верные долгу 1941–1961. Наяк, 1961. С. 46, 56; *Волков С.В.* Первые добровольцы… С. 313; Некролог // Часовой (Брюссель). 1975. Дек. № 594. С. 19; РК. 1963. С. 119.

ТРИБУХ Сергей Владимирович (13 февр. 1913, Гомель Могилёвской губ. – 21 июля 2004, Альтоона, шт. Пенсильвания) — общественно-полит. и церковный деятель. Род. в семье офицера Рус. Императорской армии, Георгиевского кавалера. После революции 1917 семья эмигрировала в Брест (до сент. 1939 Польша), но не приняла польского гражданства. Оконч. рус. гимназию в Бресте (1932) и Политехнич. ин-т в Варшаве. После прихода сов. войск в 1939 в Зап. Белоруссию и в Брест арестован. После занятия Бреста немцами 22 июня 1941 освобождён. Работал инж. в гор. самоуправлении. В годы войны вступил в НТС и эвакуировался из Бреста с фирмой «Эрбауэр» в Берг под Веной (Австрия), а затем в Нидерзахсенверфен. После оконч. войны со всеми служащими фирмы «Эрбауэр» переехал в лагер «перемещённых лиц» Менхегоф под Касселем (Зап. Германия). С 1948 — зам. нач-ка лагеря, затем секретарь лагерного комитета до закрытия лагеря 12 апр. 1949. В 1950 семья Т. переселилась США, в Ири (шт. Пенсильвания). В Ири работал 26 лет инж.-строителем. Здесь в 1956 основал приход и, будучи секретарём прихода, рук. строительством храма Пресвятой Богородицы юрисдикции РПЦЗ. Родственники: жена Галина Григорьевна (?–1993); дочь Ирина — автор ещё неизд. книги «Менхегоф — лагерь русских Ди-Пи» (103 с. с иллюстр.).
И с т. АА. *Полчанинов Р.В.* С.В. Трибух, рукопись, 1 с. Материалы для июльского выпуска бюллетеня «За Свободную Россию». 2005. № 34 (63).

ТРИВАС Виктор (1886 – 13 апр. 1970, Нью-Йорк) — постановщик, сценарист и писатель. В кино начала работать в России, был худ. директором нескольких фильмов С.М. Эйзенштейна. Уехал в Германию. Здесь создал фильм «Земля без людей», который был сожжён нацистами. Затем переехал во Францию, откуда в конце 30-х гг. выехал в США. Автор сценариев таких фильмов, как «Песни России» и «Пришелец». Фильм «Пришелец» принёс автору премию «Оскар», но фильм «Песни России» послужил для **Т.** источником неприятностей во время расследований, проводимых сенатором Маккарти. Автор нескольких книг, в т. ч. книги «День 32-й», которая была посвящена пребыванию под арестом в ЧК в 1920. Совместно с *Р.Б. Гулем* написал сценарию по его произведению «Азеф».
Л и т. Умер Виктор Тривас // НРС. 1970. 14 апр.

ТРИПОЛЬСКИЙ, см. **АНТ** Владимир.

ТРИФУНОВИЧ Зоя Викториновна (14 мая 1925, Ленинград – 29 сент. 1991, Вудмонт, шт. Коннектикут) — преподаватель. Род. в семье протоиерея Викторина Добронравова, новомученика, растерзанного в сов. лагере волками. Во время Второй мировой войны с матерью и отчимом, проф. *И.М. Андриевским*, попала в Ригу, оттуда в 1944 эвакуировалась в Германию. Оконч. рус. гимназию в лагере для «перемещённых лиц» в Менхегофе. Начала заниматься в Гёттингене. В США с 1950, поселилась в Нью-Йорке. В 1952 вышла замуж за Милорада Трифуновича. Оконч. Колумбийский ун-т (1954). Продолжала заниматься рус. яз., лит. и культурой. Долгие годы преподавала в Барнард колледже, одновременно была секретарём ред. журнала «Русское возрождение» (Нью-Йорк — Париж — Москва). После выхода в отставку Трифуновичи переселились в Вудмонте. *Родственники*: муж Милорад; дочери Ксения и Вера с семьями.
Похоронена на кладбище Свято-Троицкого монастыря в Джорданвилле (шт. Нью-Йорк).
Л и т. *Пушкарёва И.И.* Памяти друга // Рус. возрождение. 1991. № 55–56. С. 306–308.

ТРОИЦКАЯ [урожд. **Фурсенко**] Вера Григорьевна (род. 1924, Каховка Николаевской обл.) — библиотекарь. После оконч. средней школы (1941) поступила в Днепропетровский мед. ин-т, в котором не успела начать занятия ввиду войны и нем. оккупации. В 1942 насильно отправлена оккупантами на работу в Германию в качестве «восточной рабочей» (Ostarbeiter), обязанной носить на груди унизительный бело-голубой знак с надписью «Ost» (Восток). Работала на танковом заводе под Касселем. Пережила ужасы войны на терр. Германии, включая бомбёжки англо-амер. авиации. После войны решила не возвращаться в СССР, избежала насильственной репатриации и стала «перемещённым лицом» — эмигрантом. После скитаний по разным лагерям и работам стала библиотекарем (с 1951) в Мюнхенском ин-те по изуч. СССР, которым рук. *Н.А. Троицкий*. В США с 1956. В 1957 вышла замуж за Н.А. Троицкого. В США оконч. колледж и библиотеч. ф-т Сиракузского ун-та. Работала в библиотеке Корнельского ун-та в Итаке (шт. Нью-Йорк), а затем — зав. рус. отделом библиотеки Бингамптонского ун-та (шт. Нью-Йорк). Помощник Н.А. Троицкого, исследователя сов. действительности и Власовского движения. В 1993 передала свой архив в Гос. Архив Рос. Федерации в Москве (ГА РФ), которому продолжает оказывать помощь в сборе материалов по истории второй волны рос. эмиграции.
С о ч. Ди-Пи: дни и годы // В поисках истины. Пути и судьбы второй эмиграции. Сб. статей и док-в / Сост. В.С. Карпов, А.В. Попов, Н.А. Троицкий. Под общ. ред. *А.В. Попова*. М., 1997. С. 96–135.
Л и т. Вера Григорьевна Фурсенко // Там же. С. 96.

ТРОИЦКИЙ Александр Петрович (1896, Николаев Херсонской губ. – 8 авг. 1950, Миллертон, шт. Пенсильвания) — участник Белого движения на Юге России, полковник. Оконч. Елисаветградское кав. уч-ще (1913) и вышел корнетом в 17-й улан. Новомиргородский полк 3-й отдельной кав. бригады, стоявший в Новохопёрске. Участник Первой мировой войны, штабс-ротмистр (на 1917). После Октябрьского переворота 1917 — в белых войсках на Юге России. В Добровольч. армии и ВСЮР — в 1-м кон. ген. Алексеева полку 1-й кав. дивизии (1919). В Рус. армии — командир сводно-уланского дивизиона (в составе 1-го кав. полка 1-й кав. дивизии?). Награждён рядом боевых орденов. Эвакуировался из Крыма в нояб. 1920 в составе Рус. армии. В 1920–21 — в Галлиполи в составе 2-го кав. полка. После 1921 — в эмиграции в Кор. СХС, служил чиновником. После 1941 — в Рус. Корпусе. Был ранен и потерял зрение. При бомбардировке (апр. 1945) погибла жена Т. Эвакуирован в Германию, жил в лагере для «перемещённых лиц». Остался одиноким после гибели жены. Вдова полк. А.Е. Кривского, погибшего в рядах Рус. Корпуса, и её сын взяли Т. на попечение и способствовали его переселению в США (1950). Жил в Нью-Йорке.

Л и т. *Волков С.В.* Офицеры армейской кавалерии. С. 530; *Иордан Б.* Некролог // Часовой (Брюссель). 1950. Окт. № 301. С. 23.

ТРОИЦКИЙ Василий Иванович (1 янв. 1895, Владивосток – 14 февр. 1960) — участник Белого движения на Востоке России, штабс-капитан, экономист. Оконч. гимназию во Владивостоке, два курса в Санкт-Петербургском Политехнич. ин-те, три курса в Дальневосточ. ун-те. Оконч. Константиновское арт. уч-ще (дек. 1916) и в чине прапорщика вышел в 3-й Владивостокский крепостной арт. полк. Подпоручик (июль 1917). С авг. 1918 — в белых войсках Восточ. фронта. Участник Сибирского («Ледяного») похода 1920. Поручик (янв. 1920), штабс-капитан (февр. 1920).

С 1922 — в США, жил в Сан-Франциско. Вместе с 12 др. арт. офицерами участвовал в основании Об-ва рус. ветеранов Великой войны. Много внимания уделял Комитету по оказанию помощи рус. военным инвалидам за рубежом. Почётный член Комитета помощи рус. детям за рубежом.

Похоронен на Серб. кладбище в Сан-Франциско.

И с т. АОРВВВ. Штабс-кап. Василий Иванович Троицкий // 1960. Февр. Альбом II.

ТРОИЦКИЙ Николай Александрович [псевд.: **Норман** (1930–43), **Нарейкис** (1943–45), Борис **Яковлев** (1945–58)] (род. 7 апр. 1903, с. Вешкайма Симбирской губ.) — участник Власовского движения, один из авторов Пражского манифеста 1944, общественно-полит. деятель. Род. в семье дьякона. Оконч. дух. уч-ще в Симбирске (1918), школу II ступени (1921), Симбирский политехнич. ин-т (1924), Московский архитектурный ин-т (1932). Занимался строительством и проектированием в Ростове-на-Дону, Краснодаре и в 1924–30 — в Богородске под Москвой. С 1933 — и.о. учёного секретаря Московского архитектурного об-ва, в котором работал до роспуска творч. группировок всех видов искусства в СССР. В 1935–38 — зам. учёного секретаря Академии архитектуры СССР. В апр. 1938 репрессирован вместе со всем руководством Академии, содержался в заключении. После 16-месячного пребывания на Лубянке и в московских тюрьмах по решению военного трибунала освобождён (авг. 1939), но больше архитектурой не занимался и перешёл на лит. работу. Летом 1941 ушёл добровольцем на фронт в составе 13-й Ростокинской дивизии нар. ополчения Москвы. В окружении под Вязьмой (окт. 1941) рядовым в составе более 600 тыс. сов. бойцов и командиров попал в нем. плен. В 1941–43 — в нем. плену, содержался в лагере «Боровуха-1» под Полоцком, где провёл 1,5 года на грани смерти. С мая 1943 — участник Власовского движения, сотрудник газ. «За Родину» и «Доброволец». Способствовал преодолению нем. цензуры. Оконч. Дабендорфскую школу РОА (1944). С лета 1944 — в окружении ген.-лейт. А.А. Власова, офицер по особым поручениям. В окт. 1944 совместно с Г.Н. Жиленковым, А.Н. Зайцевым и Н.В. Ковальчуком принял участие в разработке Пражского манифеста — главного программного полит. документа антисталинского Освободительного движения. В марте 1945 — майор, нач-к отдела пропаганды штаба 1-й пех. дивизии ВС КОНР. В результате конфликта с командиром дивизии отстранён от должности и вернулся с фронта в Германию. После оконч. войны насильственной репатриации избежал. Жил в Мюнхене под именем Б.А. Яковлева, эмигранта из Югославии. В 1947–48 активно участвовал в общественно-полит. деятельности по объединению участников Власовского движения на основе программной части Пражского манифеста.

Участник учредительного съезда (13 нояб. 1949) и 1-й председатель Совета СБОНР (1949–55). Познакомившись с писателем А. Кестлером, с его помощью издавал рус. журнал «Литературный современник» (1951–54). Инициатор создания рус. библиотеки (1949), а затем — Мюнхенского ин-та по изуч. истории и культуры СССР, директор ин-та (1950–55). В 1955 амер. администрация взяла рук. ин-том в свои руки и удалила Т. с его поста. В июне 1972 ин-т был закрыт в угоду сов. правительству в связи с политикой «разрядки» в отношениях между США и СССР. Труд Т. «Концентрационные лагеря СССР» (1955) таинственным образом исчез с книжного рынка, что произошло, очевидно, не без участия сов. агентуры. В США с 1956. Оконч. библиотеч. ф-т Колумбийского ун-та, работал библиографом, а затем хранителем славянск. отдела библиотеки Корнельского ун-та в Итаке (шт. Нью-Йорк). На пенсии с 1968. Продолжал собирать архивные материалы об Освободительном движении народов России. В 1993 передал свой личный архив в Гос. Архив Рос. Федерации (ГА РФ) в Москве. В 1994 снялся в документальном фильме «Власов — дважды проклятый генерал» (эфир 1995, Берлин — СПб.). Автор пяти небольших сб. лит. новелл. *Родственники:* жена (урожд. Фурсенко, в браке с 1957) *Вера Григорьевна.* Проживает в шт. Нью-Йорк (на март 2005).

С о ч. Борис Леонидович Пастернак. Библиография произведений Б. Пастернака и лит. о нём на рус. яз.: аннот. указ. лит. Итака, 1969; Концентрационные лагеря СССР. Мюнхен, 1955; 2-е изд. Лондон (Канада), 1983; Путь «второй волны» и будущее России // В поисках истины. Пути и судьбы второй эмиграции. Сб. статей и док-в / Сост. В.С. Карпов, А.В. Попов, Н.А. Троицкий. Под общ. ред. А.В. Попова. М., 1997. С. 25–55.

Л и т. *Александров Е.А.* Николай Александрович Троицкий // РА. 1997. № 21. С. 169–170 (With

English summary); *Александров К.М.* Против Сталина. С. 152, 163; *Коссовский В.А.* Юбилей Н.А. Троицкого // РА. 1982–1985. № 18. С. 57–58; *Окороков А.В.* Краткие биографич. данные участников Рус. Освободительного Движения // Материалы по истории РОД (1941–1945 гг.) / Под общ. ред. А.В. Окорокова. Т. I. М., 1997. С. 394–395; *Попов А.В.* Фонд Н.А. Троицкого в ГА РФ. М., 1994; Николай Александрович Троицкий // В поисках истины. Указ. соч. С. 23–34.

ТРОФИМОВИЧ Антон Антонович (12 нояб. 1904 – ?) — инженер-путеец. Оконч. Киевский Политехнич. ин-т (1931). По специальности — инж.-эксплуататор жел. дорог. Покинул оккупированную терр. СССР во время Второй мировой войны. После 1945 — в США, жил в Нью-Йорке. Действительный член Об-ва рус. инж. в США.
И с т. АОРИ. Анкета.

ТРОЦКАЯ Зинаида Самеевна (1902, Вильна – 1968) — поэтесса. Училась в гимназии в Петрограде. В 1921 эмигрировала в Германию. В 1928 в Берлине опубликовала сб. стихов «Безголосые песни». В 1932 переехала в Париж, печаталась в «Иллюстрированной России». В США с 1941. В 1944 опубликовала сб. «Отголоски». Участвовала в сб. «Четырнадцать». Публиковала стихи в журналах «Дело» (Сан-Франциско), «Современник» (Торонто), «Новый журнал» (Нью-Йорк). В 1961 вышел последний сб. **Т.** «Вполголоса».
И с т. Содружество / Сб. Сост. Т. Фесенко. Нью-Йорк, 1966. С. 548.
Л и т. *Крейд В.* С. 658.

ТРУБЕЦКАЯ [в браке гр. **Пиетрасанта**] Александра, кнж., (1910, Санкт-Петербург – 1994, Нью-Йорк) — художник, общественный деятель. Племянница скульптора *П.П. Трубецкого* (1866–1938). Выехала с родителями из России в 1919. Образование получила во Франц. и в Англии. Изуч. живопись, акварель с 10-летнего возраста. В 30-х и 40-х гг. жила с мужем гр. Витторио Пиетрасанта в Италии. Как художник продолжала использовать девичью фам. После конч. мужа переселилась в США, в Нью-Йорке продолжала заниматься живописью. Первая выставка **Т.** состоялась в 1955. Акварельные пейзажи **Т.** вошли в коллекции ряда музеев и частных коллекционеров. В 50-х гг. помогала устраивать выставки рус. художников-антикоммунистов, включая картины и рис. *С.Г. Королькова*, свидетельствовавших в своих произведениях об антинар. сути большевизма и его преступлениях. Вторично была замужем за Дональдом Малколмом, овдовела в 1971. *Родственники*: дочь; две внучки.
Л и т. Anonymous. A. Troubetzkoy, 84, Princess and Artist // The New York Times. 1994. July 5.

ТРУБЕЦКОЙ [**Troubetzkoy** Eugene] Евгений Сергеевич, кн. — математик и физик. Род. в Кламар на Сене (Франц.). Оконч. Парижский ун-т по математике (1949) и в 1953 при ун-те получил диплом физика. Переселился в США, продолжал заниматься в аспирантуре при Колумбийском ун-те. В 1955 получил ст. магистра по теоретич. физике и в 1958 защитил докторскую дисс. В 1953–58 вёл теоретич. работу в Колумбийском ун-те по физике нейтронов и протонов. В 1969–71 работал в United Nuclear Corporation, был ст. науч. сотрудником в Колумбийском ун-те. С 1969 работал физиком-консультантом в Mathematical Applications Group, Inc. Автор 11 печ. работ и ряда служебных докладов, часть которых не подлежат оглашению. Состоит в Амер. ин-те физики, Амер. физич. об-ве и РАГ в США.
И с т. Archives of the Assn. of Russian-American Scholars in the USA. *Troubetzkoy E.* Curriculum vitae, 1974.

ТРУБЕЦКОЙ Николай Петрович, кн. (1892 [по др. дан. 1890] – 7(5?) июня 1961, Нью-Йорк) — участник Белого движения на Юге России, полковник (?), профессиональный фотограф. Участник Первой мировой войны, на 1917 — Л.-гв. подъесаул Каз. Его Величества полка. После Октябрьского переворота 1917 — в белых войсках на Юге России. Эвакуировался из Новороссийска в Салоники (март 1920). После 1920 — в эмиграции в Кор. СХС, Франц. (на 1938), с 1940 в США. Жил в Нью-Йорк, стал профессиональным фотографом. Состоял в Гарнизоне 297 Армии и Флота США, орг-ции рус. ветеранов Первой мировой войны. Родственники: вдова Глэдис; две сестры (одна — в браке с кн. Алексеем Оболенским, вторая — в браке с гр. Николаем Ламсдорфом); брат Владимир (1885–?) — подъесаул Л.-гв. Каз. Его Величества полка с семьёй, представитель полкового объединения в США (на 1951).
Л и т. *Волков С.В.* Офицеры российской гвардии. С. 485–486; Anonymous. Nicholas Troubetzkoy // New York Times. 1961. June 7. P. 41

ТРУБЕЦКОЙ [Paolo **Troubetzkoy**] Павел Петрович, кн. (16 февр. 1866, Итра, Италия – 13 февр. 1938, Полланца, Италия) — скульптор. Род. в семье кн. П. Трубецкого. Мать Ада, урожд. Уинанс — американка из шт. Вермонт. Учился искусству в Милане, где в 1894–97 работал в частных студиях. Первая выставка **Т.** состоялась в Риме (1894). В России жил в 1897–1906 и приезжал в 1907–14. В 1897 поселился в Москве, где создал портретный бюст Л.Н. Толстого (бронза, 1899), с которым дружил. В 1898–1906 преподавал в Московском уч-ще живописи, ваяния и зодчества. За свою выставку в Париже (1900) удостоился нескольких наград. Три скульптуры, показанные на выставке, вошли в собр. Люксембургского музея. Среди др. работ **Т.** — кон. памятник императору Александру III, открытие которого состоялось в Санкт-Петербурге (бронза, 1909). Памятник стоял на Знаменской площади у Николаевского вокзала, с которого начиналась Великая Сибирская магистраль, строительство которой началось в царствование Александра III (1891–1905). В 30-е гг. памятник был снят, в наст. вр. выставлен в курдонере Мраморного дворца. Неоднократно приезжал в США (после 1906), имел скульптурные мастерские в Нью-Йорке и в Калифорнии. Свое творч. посвящал изображению животных. Создал ряд бюстов известных представительниц высшего амер. об-ва. Играл на балалайке. *Родственники*: дважды женат; после конч. первой жены (1927), женился в 1931 на англ. артистке, известной под именем Гэй Десмонд; брат *Пётр*.
И с т. АА. *Рагозин С.* Письмо от 15 февр. 2003.
Л и т. Anonymous. Troubetzkoy Dies; Russian Sculptor // The New York Times. 1938. Febr. 14. P. 17

ТРУБЕЦКОЙ [**Troubetzkoy** Pierre] Пётр Петрович, кн. (1864, Милан – 1936, Шарлоттесвилл, шт. Вирджиния) — художник-портретист. Род. в семье кн. П. Трубецкого. Мать Ада, урожд. Уинанс — американка из шт. Вермонт. Учился в Collegio Calchi Taeggi в Милане. В молодости, проживая в Лондоне, написал два портрета Гладстона, один из которых находится в Нац. портретной галерее, а второй — в Нац. галерее в Эдинбурге. В 1896 переехал в США, вошёл в высшее общество, получив прозвище Льва. В 1896 женился на уроженке шт. Вирджиния, Амелии Ривс (Rives), авторе «смелого» романа «The Quick or the Dead». Открыл в Вашингтоне ателье. Первой **Т.** позировала для портрета в три четверти роста Стилсон-Хатчинс. В 1908 пошёл по стопам жены и написал роман «The Passerby» («Прохожий»), в котором под покровом фантазии описал Нью-Йорк и его знаменитостей так, что они были узнаваемы. В авг. 1910 занял должность постановщика живых картин в Ньюпорте. Много путешествовал с женой. Наиболее значительные работы **Т.** представлены портретами Маркиза Дуфферин и Ава в ратуше Довра, в Англии; портретом проф. Филиппа Брюса для ун-та Вирджинии; портретом Арчера Хантингтона для Ин-та Валенсии де Дон Хуан в Мадриде; рядом женских портретов, которые находятся во многих галереях и частных собр. Предпочитал называться художником, а не по своему княжескому титулу, хотя отмечал горячий интерес амер. женщин к европейским дворянским званиям и титулам. *Родственники:* вдова Амелия; брат *Павел (Паоло)*.

Л и т. Anonymous // The New York Times. 1936. Aug. 26.

ТРУБЕЦКОЙ Сергей Григорьевич, кн. (2 дек. 1906, Москва – 26 окт. 2003) — архивариус ПЦА. Род. в Москве в семье члена Гос. Совета кн. Григория Николаевича Трубецкого, и его жены Марии Константиновны (урожд. Бутенёвой). После 1917 года семья Трубецких бежала из России и поселилась во Франц. Оконч. ун-т Гриньон с дипломом инж.-агронома. В 1933 женился в Нью-Йорке на княж. Любови Алексеевне Оболенской. Карьера **Т.** в США заключалась в торговле сельскохоз. машинами. Во время Второй мировой войны получил назнач. от Госдепартамента в состав миссии А. Гарримана и убыл во Франц., здесь вёл планированием послевоенной реконструкции сельского хоз-ва. После войны служил в резерве ВВС, ушёл в отставку в чине майора. В 1950–70 работал в Монреале в фирме по изготовлению сельскохоз. оборудования, участвовал в церковных делах при соборе св. Петра и Павла, представитель епархии при ПЦА. После выхода в отставку (1970) — секретарь митрополита *Иринея*. С уходом митрополита Иринея на покой продолжал быть секретарём митрополита *Феодосия*. Основатель архива ПЦА. Благодаря трудам **Т.** архив обогатился многоч. документами, относящимися к истории рус. в Америке. Помимо документов, относящихся к церкви, в архиве хранятся свидетельства о культурной жизни выходцев из России. Обладал энциклопедическими знаниями и до конца жизни был советником канцелярии митрополита. Архивариус-эмеритус (1983). Продолжал работать неполный день. К своему 85-летию удостоился награждения митрополитом Феодосием орденом Св. Иннокентия. Стараниями **Т.** в ведение ПЦА удалось вернуть так наз. «Миннеапольский архив», в котором были собраны документы Аляскинской епархии, вывезенные оттуда из опасения высадки японцев во время Второй мировой войны и находившиеся с тех пор в ведении правительства США. Постоянный сотрудник газ. «Новое русское слово» (Нью-Йорк). Занимался семейной хроникой, несколько трудов **Т.** в этой обл. опубликованы в постсоветской России. Овдовел в 1991, прожив в браке с Любовью Алексеевной 58 лет. *Родственники:* сын Алексей (в Торонто); дочери: Елизавета (в Лондоне, Онтарио, Канада) и Мария (в Глен-Кове, шт. Нью-Йорк); шесть внуков; два правнука.

Похоронен в Свято-Тихоновском монастыре в Саут-Канаан (шт. Пенсильвания).

Л и т. *Николаев А.* Труды кн. Алексея Трубецкого // НРС. 1987. 14 авг.; Anonymous. Serge G. Troubetzkoy. OCA archivist emeritus // The Orthodox Church. 2003. Nov. / Dec. P. 6, 8.

ТРУБЕЦКОЙ Сергей Сергеевич, кн. (14 дек. 1914, Киев – 5 янв. 2001, Стонтон, шт. Вирджиния) — ветеран армии США, экономист. Мать Ольга, урожд. Демидова. Во время революции семья бежала от большевистского террора во Франц. Учился в Англии, Франц. и в США. В 1941 служил в 7-м Нью-Йоркском полку, в разведке, участвовал в высадке в Нормандии. После войны поселился в Зап. Хартфорде (шт. Коннектикут), где работал по экспорту. Затем переселился в Вирджинию, занимал должность в бельгийской стекольной компании. *Родственники:* вдова Дороти; сын Сергей; дочери Дарья и Вильна; двое внуков; трое правнуков.

Похоронен в Хартфорде.

Л и т. Anonymous. Troubetzkoy, Prince Serge // The Hartford Currant. 2001. Jan. 11.

ТУЛУЗ Евгений Андреевич (11 окт. 1898, Бухара – ?) — инженер, проф. Оконч. гидроэлектрич. отдел Калифорнийского ун-та с дипломом бакалавра (1927), в 1927–28 получил ст. магистра. В 1928–33 работал в Питтсбургском ун-те над докторской дисс. В 1928–35 — инж.-электрик в фирме Вестингауз в Питтсбурге. Зав. исследовательской лабораторией корпорации Nash Kelvinator в Детройте (1935–48). В 1948–51 — главный инж., а впоследствии — консультант в Горно-Технологич. ин-те в Сокорро (шт. Нью-Мексико). Одновременно был проф. в отделе для аспирантов в том же ин-те. В 1951–63 — главный инж. по испытательному оборудованию в компании Hughes Aircraft Engineering. Имел лицензии профессионального инж. от шт. Нью-Мексико и шт. Аризона.

И с т. АОРИ. Вопросник.

ТУМАН — см. **ТУМАНОВСКИЙ**.

ТУМАНОВА Тамара (2 марта 1919 – 29 мая 1996, Санта-Моника, шт. Калифорния) — балерина, «жемчужина русского балета», киноактриса. Род. в товарном вагоне в семье полк. Сибирской армии. После ухода из России семья Тумановых поселилась в Париже, где Тамара стала учиться балетному искусству у О. Преображенской. В 1929, в возрасте всего лишь девяти лет, поразила зрителей своим появлением в балете «L'éventail de Jeanne» (Веер Жанны). Когда **Т.** исполнилось 13 лет, она в числе трёх рус. юных балерин, включавших *Т. Рябушинскую* и *И. Баронову*, стала выступать с огромным успехом в Рус. балете полк. *В. де Базиля* (Col. W. de Basil's Ballets Ruses). Была солисткой Большой оперы в Париже. Создала ведущие роли в балетах *Дж. Баланчина* «Cotillon», «Concurrence» и *Л. Мясина* в «Jeux d'Enfants». В 1939 ушла из Рус. балета Монте Карло и стала выступать в Нью-Йорке на Бродвее. В 1940 вернулась в компанию де Базиля и участвовала в гастролях в Австралии и в США. Гражданин США (1944), дебютировала у Баланчина в Нью-Йорке. Снялась в нескольких амер. кинофильмах.

И с т. АМРЦ. Морозова О.А. Биографич. сборник — черновая рукопись: М-73 (MS 268). С. 8.13. М-73-9, 25-22.

Л и т. *Anderson J.* Tamara Toumanova, 77 Ballerina, Dies // The New York Times. 1996. May 31; *Raymond B., Jones D.* Toumanova Tamara // The Russian Diaspora. 1917–1941. Maryland and London, 2000. P. 211–212.

ТУМАНОВСКИЙ [Туман] Владимир Александрович (23 апр. 1922, Рига – 28 апр. 1994) — общественный деятель. Оконч. Рижскую рус. гос. гимназию (1940) и учился на химич. ф-те Латвийского ун-та. В 1944 накануне прихода сов. войск оказался с волной беженцев в Зап. Германии. Учился на юридич. ф-те Гейдельбергского ун-та.

Переселившись в США, продолжал образование в Городском колледже Нью-Йорка (City College) на отделении деловой администрации и получил ст. бакалавра (1953). Был одним из первых, вступивших в КРА. Состоял председателем отдела КРА на сев. побережье Лонг-Айленда (шт. Нью-Йорк), членом Главного правления

КРА, казначеем правления и вторым вице-председателем КРА. Член объединения бывших учеников Рижской рус. гимназии «Рутения». *Родственники*: вдова Ирина Ивановна; сын от первого брака; пасынок. Сконч. во время путешествия в Каире.

И с т. Архив КРА. Материалы 1973–94.

Л и т. *Александров Е.А.* В.А. Тумановский // РА. 1995. № 20. С. 208 (with English summary); Некролог // Листок «Рутении» (1994)

ТУМИНС Валерия А. (род. 1 марта 1922, Вологда) — литературовед. Имеет ст. магистра и доктора по рус. лит. XIX и XVIII вв. Преподавала в звании ассистента, проф. в Реджис колледже и в Браун ун-те, и в звании доцента в Калифорнийском ун-те в Дэвис. Автор книги о переписке Яна Рокыты с Иваном IV. Кроме рус. и англ. владеет латышск., нем., французск. и итальянск. яз. Член РАГ в США.

И с т. Archives of the Assn. of Russian American Scholars in the USA. *Tumins V.A.* Curriculum vitae, 1966.

ТУМКОВСКАЯ Антонина Димитриевна (род. 21 авг. 1905) — балерина-солист, преподаватель балетного искусства. Род. в дворянск. семье, раннее детство провела в родовом имении в Старой Басани Черниговской губ. До революции училась в Киеве в Фундуклеевской гимназии. После захвата власти большевиками отец скрывался, работая кладбищенским сторожем. Когда время пришло поступать в балетную школу, то Антонину и её сестру не принимали из-за происхождения. Однако препятствие удалось преодолеть при помощи личных знакомых. Оконч. Киевское балетное уч-ще (1923). Была солисткой в Киевском театре оперы и балета. Выступала в Большом театре в Москве и в Кировском (Мариинском) театре в Ленинграде. С 1941 в нем. оккупации.

В ходе войны стала беженкой и выехала в Германию. В Берлине работала в «Europäische Künstler Dienst», где трудились приезжие рус. артисты. После оконч. войны принудительной репатриации в СССР избежала. Скрывалась с мл. сестрой и племянницей в разных местах в Баварии, так как за ними охотились агенты НКВД. В США с конца 40-х гг. В 1949 стала преподавать в школе Амер. балета Дж. *Баланчина*. В 1990 удостоилась почётного назнач. на кафедру им. Вин (Mae I. Wien), на которой сменила ушедшую в отставку *А.Д. Данилову*. За 50 лет работы в школе через **Т.** как педагога прошли тыс. учениц и учеников. В свои 95 лет продолжала преподавать балет в старших классах три раза в неделю. Была дважды замужем и оба раза осталась вдовой. В 1944–46 мужем **Т.** был генерал-майор В.Ф. Малышкин (1896–1946) — нач-к Главного организационного управления КОНР и ближайший соратник ген.-лейт. А.А. Власова. В 1945–46 ген. Малышкин содержался в амер. плену, 25 марта 1946 в наручниках был принудительно выдан в сов. оккупационную зону и 1 авг. 1946 после инсценированного судебного процесса в Москве казнён вместе с ген. Власовым и его др. соратниками. В России опубликованы дневниковые записи Малышкина в амер. плену, в которых он часто заочно обращался к **Т.** *Родственники*: сестра Валентина (? – 10 мая 1944, станция Крейль в 35 км сев. Парижа) — балерина, погибла при бомбардировке амер. авиации.

И с т. АА. *Грин (Соколова) Н.* Письмо от 19 февр. 2001 (биография А.Д. Тумковской, машинопись, 4 с.); *Александров К.М.* Записи генерал-майора Василия Фёдоровича Малышкина (6 февр. 1945 – 7 марта 1946) // Против Сталина. С. 300–311.

ТУНИК-РОСНЯНСКАЯ Галина Сергеевна (род. 5 окт. 1931, Рига) — преподаватель рус. яз., дипломатич. переводчик. Род. в семье рус. адвоката и участника Белого движения. Училась в латвийской нач. школе, оконч. нем. среднюю школу в Германии.

В США с 1950. Оконч. Джорджтаунский ун-т с дипломом бакалавра (1954) со специализацией по нем. и франц. яз. и дипломатии. Гражданин США (1956). Магистр по рус. истории и рус. лит. в том же ун-те (1964). В 1969 защитила докторскую дисс. по лингвистике. Преподавательскую деятельность начала в Мэрилендском ун-те, где в 1963–69 преподавала рус. и нем. яз. Преподавала рус. яз. в ун-те Колорадо (1969–72) и в Калифорнийском ун-те (1972–74). В Госдепартаменте занимала должность ст. переводчика для конференций и дипломатич. переговоров. Одновременно являлась адъюнкт-проф. при Амер. ун-те в Вашингтоне. Автор 9 печ. работ, включая статьи о рус. эпосе, теории лингвистики, о глаголе «быть». Кроме рус. и англ. яз. владеет нем., латышск., франц. яз. Знакома с яп. яз., санскритом и латынью. Член РАГ в США. Организовала помощь многодетным в России и рус. старикам в Юж. Америке. Проводит сбор и отправку в библиотеки России рус. книг, изданных за рубежом.

И с т. АА. *Туник-Роснянская Г.С.* Анкета Биографич. словаря (Автобиография, 2003); *Tunik-Rosniansky G.* Professional experience and list of publications (2003); Archives of the Assn. of Russian American Scholars in the USA. *Tunik-Rosniansky G.* Curriculum vitae, 1991.

ТУРИЦЫН Александр Михайлович (17 авг. 1913, Воронеж – ?) — инженер-строитель. В эмиграции жил в Турции. Оконч. в Стамбуле Роберт колледж с дипломом бакалавра (1937). Переселившись в США, продолжил образование в Иллинойском ун-те в Урбане, где в 1938 получил ст. магистра — инженера-строителя. Заведовал несколькими проектами и строительством портовых сооружений. В 1943–46 — ст. инж.-проектировщик химич. и металлургич. заводов, железобетонных силосных башен для зерна и бункеров для угля. Занимался инж. консультациями. Автор технич. статей в профессиональных журналах.

И с т. Archives of Assn. of Russian-American Engineers in USA. *Turitzin A.M.* Resume.

ТУРКЕВИЧ Антоний Леонидович (23 июля 1916, Нью-Йорк – 7 сент. 2002) — академик, химик, космолог, проф. по атомной физике Иллинойского ун-та. Род. в семье протоиерея Леонида Туркевича, впоследствии епископа и митрополита *Леонтия*, возглавлявшего ПЦА. Оконч. Дартмутский колледж со ст. бакалавра по химии, защитил докторскую дисс. по химии в Принстонском ун-те. Во время Второй мировой войны участвовал в работе по созданию атомной бомбы в рамках «Манхэттенского проекта». Работа **Т.** заключалась в изуч. газовой диффузии и выпадения радиоактивных веществ из атмосферы. После войны — проф. в Чикагском ун-те. Участвовал в работе по созданию водородной бомбы и своими расчётами показал, что её создание возможно. Занимался оценкой состояния ядерной технологии в СССР, разработал способ для определения глобального распространения газов в результате ядерных взрывов.

В 1969 удостоился награды за исследования в обл. применения атомной энергии в мирных целях. Совместно с Э. Ферми рассчитал, что во время «Большого взрыва» при создании Вселенной соотношение гелия к водороду было как 25:75. Еще до того как на Луне побывали астронавты, первым определил при помощи сконструированного им альфа-спектрометра, с использованием кюрия как источника радиации, что породы на поверхности Луны представлены вулканич. базальтами с высоким содержанием титана. Спектрометр **Т.** работал в 1967 на борту автоматич. управляемого снаряда Сорвейор-5, совершившего мягкую посадку на Луну в р-не моря Спокойствия и позже — на борту снарядов 6 и 7. Спектрографич. анализы **Т.** получили подтверждение после того, как были исследованы лунные породы, доставленные на Землю астронавтами на корабле «Аполлон 11». В 1997 с коллегами приспособил свой спектроскоп для исследования Марса. Результаты исследований показали, что Земля и Марс имеют сходный состав, но в разных соотношениях. Спектроскоп **Т.** будет использован и в будущих экспедициях на Марс. *Родственники:* вдова Ирина; сын Леонид; дочь Дарья; три внука; братья — ст. *Иван* (1907–1998), Николай.
Л и т. *Mc-Coubrey Carmel.* A.L. Turkevich is dead at 86; Ascertained Moon's makeup // The New York Times. 2002. Sept. 21.

ТУРКЕВИЧ [John **Turkevich**] Иван Леонидович (1907, Миннеаполис – 25 марта 1998 Лоренсвилл, шт. Нью-Джерси) — проф. химии, протоирей ПЦА. Род. в семье протоиерея Леонида Туркевича, впоследствии епископа и митрополита *Леонтия*, возглавлявшего ПЦА. Получил ст. бакалавра и магистра в Дартмутском колледже, а докторскую дисс. защитил при Принстонском ун-те, где с 1936 стал преподавать и вести исследования катализа углеводородов. Открыл роль платинового катализатора в переработке нефти (1940). Это открытие вошло в несколько коммерческих процессов в нефтяной промышленности. Во время Второй мировой войны участвовал в работе по созданию первой атомной бомбы в рамках «Манхэттэнского проекта». В 50-х гг. — амер. делегат на первой конференции ООН по мирному использованию атомной энергии.

В 60-х гг. назнач. на должность первого атташе по науч. вопросам при посольстве США в Москве, возглавил амер. делегацию для переговоров по науч. обмену между США и СССР. Задолго до того, как правительство США начало в 70-х гг. огранич. добавление тетраэтила свинца в качестве антидетонатора в газолин, выработал способ изменения структуры молекул в горючем так, что его сжигание проходило медленнее, без взрывов в автомобильных моторах. Член Совета по Междунар. отношениям. Автор ряда книг на англ. яз., включая «Chemistry in the Soviet Union» (1965) и учебник «Russian for Scientists» (1959), который сост. совместно с женой. В конце карьеры занимал в Принстонском ун-те кафедру им. Евгения Хиггинса и посвятил этому ун-ту 50 лет своей науч. жизни. Основатель Междунар. об-ва катализа, состоял президентом Нац. ин-та катализа США. Помимо науч. деятельности и участия в развитии промышленной химии, последовал по стопам отца и принял сан православного священника. С 1964 окормлял в Принстонском ун-те православную паству в часовне во имя Преображения Господня. В 1970 — член делегации, получившей в Москве от патриарха Алексия I томос о предоставлении автокефалии ПЦА. В 1995 в 25-ю годовщину получения автокефалии **Т.** и др. члены делегации были награждены патриархом Алексием II орденом св. Иннокентия. *Родственники:* жена *Людмила;* две дочери; четыре внука; братья: *Антоний,* Николай.
Похоронен на Свято-Владимирском кладбище в Джаксоне (шт. Нью-Джерси).

Л и т. Anonymous. The Very Reverend John Turkevich // The Ortodox Church. 1998. May / June. P. 7; *Burkhardt F.* John Turkevich, 91, Pioneer in Use of Catalysts. // New York Times. 1998. Apr. 6; Who is who 1962–1963.

ТУРКЕВИЧ Леонид — см.: **Леонтий,** митрополит ПЦА.

ТУРКЕВИЧ Людмила Б. (1910, Нью-Бритэн (шт. Коннектикут) – 1995, Принстон) — литературовед. Род. в семье рус. миссионера Букетова. Училась в Нью-Йоркском ун-те и колледже Брин-Мор (шт. Пенсильвания). Защитила докторскую дисс. при Колумбийском унте. Вышла замуж за проф. *И.Л. Туркевича.*

С 1944 преподавала рус. яз. и лит. в Принстонском ун-те. Первая женщина-преподаватель в истории этого, в те времена, чисто мужского ун-та. Кроме рус. преподавала исп. яз. В 1961 приглашена на должность проф. рус. яз. и лит. на женское отделение Ратгерского ун-та (шт. Нью-Джерси), где проработала 18 лет. Науч. сотрудник Принстонского ун-та. Автор книг «Servantes in Russia» (1959), «Masterpieces in Russian Literature» (1964), «Spanish literature in Russia and in Soviet Union 1735–1964» (1967). Совместно с мужем издала в 40-х гг. рук-во к рус. науч. лит.: «Guide to Russian Scientific Literature» и учебник «Russian for Scientists» (1959). *Родственники*: две дочери; четыре внука.
Л и т. *Thomas Jr., Robert McG.* L.B. Turkevich, First Woman to teach Russian at Princeton, Dies at 85 // The New York Times. 1995. Apr. 16.

ТУРКУЛ Александра Фёдоровна (? – 25 дек. 1980) — вдова нач-ка Дроздовской дивизии (1920), командира Отдельного корпуса ВС КОНР (1945) ген.-майора А.В. Туркула (1892–1957). До 1957 в эмиграции в Германии, затем в США.
Л и т. Некролог // Часовой (Брюссель). 1981. Март – апр. № 630. С. 18.

ТУРОВ Н. — см. **ТИЗЕНГАУЗЕН** Николай Фёдорович, бар.

ТУРСКИЙ Владимир Иванович (род. 1 мая 1914, Полтавская губ.) — предприниматель, землеустроитель, строитель, благотворитель. После 1917 семья Турских успела выехать в Европу. В эмиграции в Кор. СХС. Оконч. Донской кад. корпус в Гораждe. По профессии — инженер-строитель, специализировался по гидравлике и землеустройству, подготовке земельных участков под жилищное и промышленное строительство. В 1949 из-за коммунистич. режима Тито был вынужден переехать с большими трудностями в Грецию, где жил в Афинах его отец, православный священник.

Из Греции переселился в США, в Сан-Франциско, где первые годы работал в строительной компании, возводившей плотины в США, Корее, Афганистане, Перу. Овладев англ. яз. и теорией предпринимательства, покупал в Калифорнии непригодные участки земли, подготовлял строительные площадки и возводил на них жилые дома. Начав с бедных р-нов Сан-Фанцисского залива, постепенно передвигался по направлению к более богатым р-нам и, наконец, организовал строительство в элитном Стробери, где построил не только жилой комплекс, но и закрытый теннисный клуб. Рус. центр в Сан-Франциско носит имя **Т.**, который своей материальной помощью помог обновить и укрепить его для обеспечения от разрушения при возможных землетрясениях. Стоимость укрепительных работ была недоступна для Центра. **Т.** и его жена Ольга Сергеевна не только пожертвовали для этого значительные суммы денег, но и заложили участок своей земли, благодаря чему Рус. центру удалось получить необходимый заём на недостающую сумму и законч. требуемые работы. Таким образом, благодаря Турским Рус. центр, служивший рус. общине 60 лет, был спасен и продолжает жить и служить рус. людям, как очаг рус. культуры и рус. духа на амер. земле. Один из ведущих деловых людей США. Обладатель двух именных грамот: от Нац. республиканского совета Конгресса (2000) как «республиканец года» и — как «деловой человек года Калифорнии» (2001).

Л и т. *Дунаев В.* Владимир Турский — «Человек года» Калифорнии // Новости. 2000 (?). С. 13–16.

ТУРЧАНИНОВ [John Basil **Turchin**] Иван Васильевич (24 дек. 1822, Новочеркасск Обл. Войска Донского – 18 июня 1901, Анна) — Ген. штаба полковник (рус. службы), бригадный генерал армии А. Линкольна. Род. в семье войскового старшины В.П. Турчанинова, участника Отечественной войны 1812. Образование начал в 1832 в Первом кад. корпусе в Санкт-Петербурге. В 1835 перевёлся в родной Новочеркасск. Оконч. Войсковую классич. гимназию (1840), Михайловское арт. уч-ще (1842) и вышел подпоручиком Л.-гв. в Донскую каз. гв. конно-арт. батарею, стоявшую в Новочеркасске. Участник Венгерского похода 1848–49. Оконч. с серебряной медалью Императорскую Военную академию (1852). Полковник во время Крымской войны 1853–56. По личному поручению императора Николая I обследовал Балтийское побережье. После выполнения задания назнач. нач-ком штаба Отдельного Гв. корпуса в Холмской губ. В 1856 неожиданно подал в отставку и выехал с женой Надеждой Антоновной в Америку. Рассматриваются разные причины отъезда **Т.** из России. Был знаком с А.И. Герценом, с которым встречался проездом в Лондоне, переписывался с ним и, видимо, интересовался его социально-полит. взглядами. В Америке Турчаниновы начали со случайных заработков. В 1856 приобрели на Лонг-Айленде ферму для занятия сельским хоз-вом в 35 милях к востоку от Бруклина. Дело у них не пошло и через год супруги уехали в Филадельфию продолжать образование. В Филадельфии **Т.** оконч. инж. уч-ще, а его жена — мед. уч-ще.

Турчаниновы приняли амер. гражданство, сократив фам. до Турчин (**Т.** — John Basil Turchin). Зав. технич. отделом Иллинойской центральной жел. дороги и сотруднич. в амер. газ. Будущий президент США А. Линкольн состоял юрисконсультом управления той же жел. дороги. Член Республиканской партии. В нач. Гражданской войны 1861–65 между Севером и Южн. Конфедерацией записался добровольцем в армию северян. 22 июня 1861 по выбору солдат и офицеров назнач. в чине полковника командиром 19-го Иллинойского добровольч. полка. Обучал строевой состав полка по рус. образцу, в частности штыковому бою. В итоге во время инспекций полк получал высшие оценки и успешно выходил с победой из самых сложных ситуаций на фронте. Вскоре назнач. на должность командира 8-й пех. бригады 3-й дивизии. В конце апр. 1862 бригада участвовала в прорыве фронта южан и вошла в Алабаму. В городе Атенс конфедераты устроили в домах мирных жителей засаду и напали на солдат бригады. Атака была отбита, в отместку **Т.** отдал своим солдатам на два часа город, который сильно пострадал от рук разъярённых солдат 18-го Огайского полка, входившего в 8-ю бригаду **Т.** Имели место случаи бесконтрольных реквизиций и грабежа. Дело о нарушении дисциплины солдатами 8-й бригады приняло неблагоприятный оборот. Отдан под военно-полевой суд и в результате предвзятого разбирательства 5 июля 1862 приговорён к увольнению со службы. На основании петиции делегации именитых граждан Чикаго и Надежды Турчиной, прибывших в Вашингтон, президент Линкольн быстро разобрался в интригах. Решением президента Линкольна 17 июля 1862 произведён в чин бригадного генерала. Это вызвало ликование в рядах северян, особенно в Чикаго, где от населения **Т.** была поднесена сабля с надписью. Возвратился в 8-ю бригаду и в теч. двух лет командовал вверенными частями. Особенно отличился в сражении под Чиккамога (25 нояб. 1863), в котором бригада **Т.** обошла южан с правого фланга и нанесла противнику удар с тыла. В результате Атланта пала, открыв северянам путь к океану. Прошёл со своей бригадой по полям сражений в Теннесси, Алабаме и Джорджии. **Т.** был прирождённым и высокообразованным военным, воевал красиво, снискав прозвища «неистовый казак» и «русский громобой». Имел большую популярность среди подчинённых, сложивших в его честь песню «Turchin's Got Your Mule». Во время сражения 14 июня 1864 получил тяжёлый солнечный удар и по состоянию здоровья вышел в отставку. Затем вернулся в Чикаго, продолжал работать в управлении Иллинойской жел. дороги. На участке земли в 270 милях от Чикаго основал городок Радом, который заселялся главным образом польскими эмигрантами, среди которых были и быв. добровольцы 19-го Иллинойского полка. Занимался сельским хоз-вом, журналистикой, писал книги, выступал скрипачом на концертах. В своих книгах всегда указывал свой амер. чин наравне с чином полковника рус. Ген. штаба. Один из его соратников сказал о **Т**: «Он был одним из самых всесторонне образованных и знающих солдат страны, он любил нашу страну сильнее, чем многие её уроженцы». *Родственники:* вдова (урожд. кнж. Львова) *Надежда Антоновна* (1826 – 17 июля 1904) — похоронена рядом с мужем.

Похоронен с военными почестями на нац. кладбище в Маундс-Сити (шт. Иллинойс). **Т.** посвящены более 50 статей и книг на англ. и рус. яз.

С о ч. Chickamauga. Noted Battles for the Union During the Civil War in the United States of America, 1861–1865. Chicago, 1888. .

Л и т. *Борщаговский А.* Где поселится кузнец // Сибирские огни. 1974. № № 11, 12; 1975. № 1, 2, 1975; *Он же.* Рус. ген. Линкольна // Отчизна (Москва). 1978. № 12. С. 14–15; Каз. словарь-справочник / Сост. Г.В. Губарев. Ред.-изд. А.И. Скрылов. Т. III. Сан-Ансельмо, 1970. С. 182–185; *Ленивов А.К.* Донской казак, ген. И.В. Турчанинов — нац. герой США, 1822–1901. Нью-Йорк, 1972; *Лучанинов Д. (Фибих Д.В.).* Судьба ген. Дж. Турчина. М., 1970; *Петров В.* Рус. в истории Америки. Вашингтон, 1988; *Степанов А.Ф. (Александров Е.А.).* Ген. Турчанинов // РА. 1976. С. 27–31; *Трайкл Дж. А.* Рус. офицер в армии Линкольна // Америка. 1968. Нояб. № 145. С. 51–53; *Шторм Г.* Рус. в Америке // Лит. газ. (Москва). 1976. 28 янв.; Brigadier-General John V. Turchinoff // Garrison № 297, Army and Navy Union U.S.A. 1938. May 21; *Cherevkov Julia M.* A Cossack in the Union Forces // The Russian Orthodox Journal. 1963. July; *Parry A.* John B. Turchin, Russian General in the American Civil War // The Russian Review. 1942. V. I. P. 4–60; *Parry A.* More on General Turchin // Russian Review. 1955. V. 14. P. 19–23; *Parry A.* Russian Cavalcade: a Military Record, in — Abe Lincoln's Cossack General. New York, 1944. P. 91–109.

ТУРЧАНИНОВА Надежда [Надин, урожд. кнж. **Львова**] Антоновна (26 нояб. 1826 – 17 июля 1904) — жена ген. *И.В. Турчанинова*, первая женщина — военный врач в истории США. Оконч. Филадельфийское мед. уч-ще и работала врачом. После вступления мужа в командование 19-м Иллинойским полком мужественно сопровождала его на фронте, оказывала мед. помощь раненым и больным офицерам и солдатам, даже помогала мужу в командовании, когда он болел. Пребывание женщины в рядах армии, даже в качестве мед. сестры, в те времена считалось недопустимым. Начались интриги, и командир дивизии потребовал удаления **Т.** из полка. Это совпало с назнач. мужа командиром 8-й пех. бригады, в которую входил и 19-й полк. Особым приказом получила разрешение продолжать мед. службу. Во время войны в период с мая 1863 по апр. 1864 вела дневник на франц. яз., переписывалась с А.И. Герценом. Написала повесть, которую старалась опубликовать при содействии Герцена. Повесть и дневники опубликованы не были, а рукопись повести затерялась. После отставки вернулась с мужем в Иллинойс.

Похоронена рядом с мужем на нац. кладбище в Маундс-Сити.

С о ч. Выдержки из дневника во время Гражданской войны в Америке // Отчизна (Москва). 1978. № 12. С. 16–17.

Л и т. *Борщаговский А.* Рус. ген. Линкольна. // Там же. С. 14–15.

ТУРЧИК Симеон Тимофеевич (15 сент. 1879, Ясло, Галиция, Австро-Венгерская империя – ?) — деятель Об-ва рус. братств (ОРБ), лавочник. В округе Ясло посещал школу. В 1896 приехал в США. Открыл в Йонкерсе под Нью-Йорком торговлю смешанными товарами. В 1916 вступил в ОРБ. Гражданин США. Организовал в Йонкерсе Товарищество им. *Товта*. Начиная с 1920 неоднократно переизбирался на должность главного казначея ОРБ. Состоял членом правления в ряде рус. орг-ций в Америке.

Л и т. Иллюстрированный Рус.-Амер. календарь на 1926 год. Филадельфия, изд. ОРБ.

ТУРЧИН — см. **ТУРЧАНИНОВ** Иван Васильевич.

ТУФАНОВ Анатолий Иванович (1897 – 2 авг. 1973, Сан-Франциско) — участник Белой борьбы под Андреевским флагом на Юге России, мор. офицер. Подпоручик по Адмиралтейству (1918). Штурман дальнего плавания, 3-й помощник капитана транспорта «Русь» на Чёрном море. В 1919–20 продолжал плавать на судах Черноморского флота. После ухода Рус. армии ген. П.Н. Врангеля из Крыма (нояб. 1920) плавал в 1921–24 матросом на паровых и парусных судах разных государств.

В эмиграции в США. В 1928–33 служил сержантом береговой арт. армии США, затем — третьим и вторым помощником капитана и капитаном дальнего плавания на судах амер. торгового флота. С 1933 — на амер. минных заградителях. С 1942 вновь капитан каботажного и дальнего плавания.

Похоронен на Серб. кладбище.

И с т. АРЦ. *Тарала Г.А.* Сводка кладбищенских дат, 2003. С. 5.

Л и т. Туфанов Анатолий Иванович // Бюллетень Ассоциации рус. императорских мор. офицеров в Америке. 1973. № 1/128.

ТУШНОВ Сергей (1884, Казань – ?) — певец-баритон, врач. В возрасте 23 лет оконч. с отличием Казанский ун-т и получил диплом врача. Одновременно оконч. местный Филармонич. ин-т. Будучи поклонником итальянской школы пения бельканто и пользуясь своими мед. знаниями, вёл исследования правильной и естественной тренировки голоса. Имея 16 лет опыта пения и обучения пению, развил собственный метод постановки голоса. В 1918 выехал из России. В теч. следующих шести лет дал более 100 концертов в Турции, на Балканах и во Франц.

В 1925 после выступлений в Париже и Лондоне переселился в США, выступал у *Н.Ф. Балиева* в театре «Летучая мышь». Во время гастролей дал концерты в более чем 60 городах США. С 1926 — проф. в муз. школе Беренда.

Лит. *Martianoff N.N.* Serge Touchnoff // Russian Artists in America. 1933. P. 165.

ТЫРКОВА-ВИЛЬЯМС Ариадна Владимировна (14 нояб. 1869, Санкт-Петербург – 12 янв. 1962, Вашингтон) — литератор, общественно-полит. деятель, филантроп. Дочь мирового судьи В.А. Тыркова. Детство провела в родовом имении под Новгородом. Экзамены за гимназич. курс сдала экстерном, год училась на математич. отделении Высших женских курсов. Занималась лит. перев. В 1890–97 состояла в замужестве с инж. А. Борманном, в браке с которым имела двух детей. С сер. 90-х гг. писала для газ. «Русские ведомости» и др., близко познакомилась с либеральными деятелями рус. земств. В 1904 осуждена на 2,5 года тюрьмы за попытку ввоза в Россию запрещённого либерального журнала «Освобождение», издававшегося П.Б. Струве в Штутгарте. Освобождена под залог и бежала за границу. Вернулась на родину после амнистии и изд. манифеста 17 окт. 1905, участвовала в создании партии нар. свободы (конституционно-демократич.). С апр. 1906 — член ЦК кад. партии. В 1906 вышла замуж вторично за брит. журналиста Г.В. Вильямса. В 1906–17 активно занималась полит. и публицистич. деятельностью. Писала для либеральных газ. «Биржевые ведомости», «Речь», «Слово» и др., ред. газ. (1912–13) «Русская молва». Во время Первой мировой войны работала в Земгоре, участвовала в создании санитарных отрядов в помощь армии. После Февральской революции 1917 активно участвовала в партийной деятельности в Петрограде. Делегат Гос. совещания в Москве (авг. 1917), сторонник установления диктатуры ген. Л.Г. Корнилова. После Октябрьского переворота 1917 участвовала в борьбе с большевиками, занималась отправкой офицеров на Юг. В марте 1918 с мужем выехала через Мурманск на Запад, в эмиграции в Великобрит. В Лондоне защищала Белое движение в России, имея постоянную связь с Белыми армиями на родине. **Т.-В.** считала, что история Белых армий — лучшая страница истории России и говорила: «Что осталось бы от русской чести без борьбы Добровольческой армии?».С осени 1918 регулярно публиковалась в амер. газ. «The Christian Science Monitor». В числе др. деятелей рус. эмиграции обращалась к президенту США с просьбой о спасении России путём интервенции. Участвовала в создании общественного Комитета спасения России (1919). В июле 1919 вернулась с мужем в Россию, работала в ОСВАГе при ВСЮР ген.-лейт. *А.И. Деникина*. Вторично в эмиграции в Лондоне с 1920. Возглавляла Об-во помощи рус. беженцам. Критиковала любые рассуждения на тему о «постепенной эволюции» сов. власти. Занималась лит. творч. Участвовала в церковно-общественной жизни. Имя **Т.-В.** было связано с разными начинаниями как благотворительного, так и полит. характера. В 30-х гг. собрала среди эмиграции 10 тыс. подписей протеста против использования рабского труда в СССР и подала петицию в Лигу Наций. Основным трудом **Т.-В.** стала двухтомная биография А.С. Пушкина. Публиковалась в журнале «Возрождение».

В 1951 переехала в США к сыну. Вновь занялась полит. деятельностью, одна из основателей Рус. полит. комитета. *Родственники*: муж во втором браке (?–1935?) Гарольд; дети от первого брака — сын *Аркадий Борманн*; дочь Светлана (в браке Бочарская); внучка; правнучка.

Похоронена на кладбище Рок Крик в Вашингтоне.

С о ч. Жизнь Пушкина. I т. Париж, 1929; II т. Париж, 1948; На путях к свободе. Нью-Йорк, 1952; Петроградский дневник. Публ. *М.Ю. Сорокиной* // Звенья (М. — СПб.). 1992. Вып. 2.

И с т. ЛАА. Справка *К.М. Александрова* об А.В. Тырковой-Вильямс.

Л и т. *А.Б.* Конч. А.В. Тырковой-Вильямс // Часовой (Брюссель). 1962. Февр. № 429. С 22; *Борман Арк.* А.В. Тыркова-Вильямс по её письмам и воспоминаниям сына. Лувэн — Вашингтон, 1964; *Вильданова Р.И., Кудрявцев В.Б., Лаппо-Данилевский К.Ю.* Краткий биографич. словарь рус. зарубежья // *Струве Г.* С. 368; *Гавлин М.* Тыркова-Вильямс Ариадна Владимировна // РЗ. Золотая кн. эм. С. 635–637; *Jones D.* Tyrkova-Williams Ariadna // The Russian Diaspora. 1917–1941. Maryland and London, 2000. P. 218.

ТЫЧИНИН Владимир Александрович (10 нояб. 1887, Самара – 25 июля 1959, Сан-Франциско) — капитан. Оконч. Самарскую гимназию (1909), Казанское военное уч-ще (1911) и вышел подпоручиком в 183-й Пултусский полк 46-й пех. дивизии, стоявший в Костроме. В 1913 переведён в 189-й Измаильский полк 48-й пех. дивизии, стоявший в Самаре. В 1914 вышел с полком на фронт, участник Первой мировой войны, был ранен. За отличия награждён орденами: св. Анны IV ст., св. Анны III ст., св. Станислава с мечами и бантом III ст. По ранению признан годным к службе только в тылу и назнач. членом Казанской приёмной комиссии. Позднее — воспитатель 2-го Оренбургского Неплюевского кад. корпуса. После 1920 — в эмиграции в Шанхае, работал корректором в рус. изд-ве и преподавал рус. яз. в англ. школе.

Затем в эмиграции в США. В Сан-Франциско вновь занимался педагогич. деятельностью.

Похоронен в Окленде (шт. Калифорния).

И с т. АОРВВВ. Капитан Владимир Александрович Тычинин // 1959. Июль. Альбом II.

У

УВАРОВ Дмитрий Михайлович (ок. 1896, стан. Екатерининская Обл. Войска Донского – 24 янв. 1962, Патерсон, шт. Нью-Джерси) — участник Белого движения на Юге России. После Октябрьского переворота 1917 — в белых войсках на Юге России. Участник 1-го Кубанского («Ледяного») похода 1918. В Новороссийске (1920) попал в плен к большевикам. Мобилизован и в составе каз. части отправлен на Польский фронт (1920). Во время сов.-польск. войны перешёл на сторону польск. армии. После 1920 в эмиграции. Переселился в США, участвовал в жизни каз. воинских и общественных орг-ций.

Л и т. Каз. словарь-справочник / Сост. Г.В. Губарев. Ред.-изд. А.И. Скрылов. Т. III. Сан-Ансельмо, 1970. С. 187.

УДАЛОВ Сергей — инж.-электрик, поэт. Род. в Восточ. Европе. Детство и юность провёл в беженском лагере. Эмигрировав в США, оконч. ун-т в Юж. Калифорнии с дипломом магистра. Автор и соавтор 15 технич. публикаций, некоторые из которых заслужили междунар. признание. В 1982 избран почётным членом Ин-том инж.-электриков и электронщиков за выдающийся вклад в развитие инж. профессии. Автор коротких рассказов на рус. и англ. яз. Один из рассказов **У.** на англ. яз. в 1990 получил высокую оценку на конкурсе Writer's Digest. За первое стихотворение на англ. яз. получил первое место на конкурсе Southwest Manuscripters.

И с т. *Udalov S.* Biographical annotation, 1997.

УДОВИЦКИЙ Михаил Никитич (1890 – ?) — инженер-геодезист. Оконч. Горнопромышленное отделение Харьковского Коммерч. ин-та (1919). В эмиграции в США, жил в Нью-Йорке. Член Об-ва рус. инж. в США.

И с т. АОРИ. Анкета (1950).

УЛАНОВ Бадьма Наранович (19 марта 1880, стан. Ново-Алексеевская Обл. Войска Донского – 23 апр. 1969, Нью-Йорк) — юрист, гос. и общественный деятель. Оконч. Новочеркасское реальное уч-ще и юридич. ф-т Санкт-Петербургского ун-та. Занимался частной практикой, служил юрисконсультом всех калмыцких станиц. В 1912 — выборщик от Сальского округа в IV Гос. Думу. После Февральской революции 1917 — представитель стан. Ново-Алексеевской на Донском Войсковом съезде и на Войсковых Кругах, избирался тов. председателя. Депутат Всероссийского Учредительного Собрания (1917). При правлении в Обл. Атамана ген. П.Н. Краснова (май 1918 – февр. 1919) участвовал в разработке Основных Законов Всевеликого Войска Донского. При Атамане ген. А.П. Богаевском (с февр. 1919) — член Донского правительства. После 1920 — в эмиграции в Чехословакии. Председатель Калмыцкой культурной комиссии, ред. калмыцкого журнала «Улан Залат». Печатался в изд.: «Казачья Лава» (Прага, 1922–27, ред.), «Казачий Путь» (Зап. Германия), «Тихий Дон», «Казачья мысль», «Вестник Казачьего Союза» (Париж), состоял сотрудником журнала «Родимый край» (с 1954). После 1945 избран представителем калмыков. Вместе с *А.Л. Толстой* участвовал в хлопотах о предоставлении калмыкам разрешения на въезд в США. В Нью-Йорке занимал пост секретаря «Союза борьбы за свободу России», сотруднич. в «Российском демократе», — печ. органе «Союза».

Похоронен на калмыцком участке Свято-Владимирского кладбища возле Кэссвилла (шт. Нью-Джерси).

Л и т. Каз. словарь-справочник. Сост. *Г.В. Губарев*. Ред.-изд. *А. И. Скрылов*. Т. III. Сан-Ансельмо, 1970. С. 195–196.

УЛАШИН [Eric E. **Oulashin**] Эрик Е. — ветеран армии США, майор. Служил до 1943 в р-не Персидского залива и в Германии.

И с т. *Pantuhoff Oleg* — 1976.

УЛИТИН Владимир Григорьевич (16 сент. 1905, стан. Каменская Донецкого округа Обл. Войска Донского – 21 окт. 2004, Лос-Анджелес) — заслуженный проф. рус. яз. и рус. культуры, инженер. Казак хутора Шумилина (ныне стан. Шумилинская) стан. Казанской Верхне-Донского округа. После 1920 в эмиграции в Кор. СХС. Учился в Донском кад. корпусе, на инж. отделениях Колледжа Роберт в Турции и Белградского ун-та, получив диплом бакалавра (1932). Работал в Югославии, Австрии, Германии, Польше и Италии по строительству туннелей и дорог. Переселившись в США, оконч. штатный колледж в Лос-Анджелесе. Преподавал рус. яз. (1955–75). Возглавлял департамент рус. яз. в колледже Помоны (1960–75), где основал рус. программу. Преподавал рус. лит. XVIII и XIX вв. с точки зрения классич. православия как души рус. культуры, историю Церкви. Посвятил ряд статей «Русской правде». Собрание статей **У.** хранится в университетской библиотеке Хоннолд (Honnold). Заслуженный проф. (1968). Кроме рус., владел тур., сербск., нем. яз., говорит по-франц.

Посвятил много сил рус. общественной работе. Основал дома для престарелых беженцев, бежавших от коммунистич. властей («Казачий хутор», «Наш дом Родина»), храм-памятник жертвам насильственной выдачи казаков и их семей сталинским палачам в 1945, культурный центр, школу рус. яз. для студентов и детскую школу в

Клермонте (Калифорния). Подарил Донской Гос. публич. библиотеке (Ростов-на-Дону) 350 книг, изданных на рус. яз. за рубежом. При финансовом участии У. в Ростове-на-Дону изд. три сб. о каз. (1998). Член РАГ в США. *Родственники*: жена София Григорьевна; пасынок протоиерей Леонид Кишковский с матушкой Александрой; внучки Софья, Мария; правнуки Фёдор, София, Александр; брат *Николай*.

Похоронен на кладбище Голливуд (Лос-Анджелес).

И с т. Archives of the Association of Russian American Scholars in the USA. *Ulitin V.* Curriculum vitae (typescript 1999, 24 may).

Л и т. Некролог // РЖ. 2004. 6 нояб.; *Хохульников К.* Заметка о проф. В.Г. Улитине // Станица (Москва). 2000. Март. № 1(31). С. 25; *Kobzeff M.* Shadows of the Past // The Glendoran. 1993. Jan. / Feb. P. 53–55.

УЛИТИН Григорий Антонович (1880, стан. Казанская Обл. Войска Донского – 20 сент. 1966, каз. хутор Глендор, шт. Калифорния) — каз. деятель. В 1918 — Войскового Донского Круга. В эмиграции в США.

Похоронен на кладбище в Голливуде (Лос-Анджелес).

Л и т. Каз. словарь-справочник / Сост. Г.В. Губарев. Ред.-изд. А.И. Скрылов. Т. III. Сан-Ансельмо, 1970. С. 197–198.

УЛИТИН Николай Григорьевич (1902 – 5 авг. 2000) — казак. *Родственники:* вдова Валентина Андреевна; дети; внуки; брат *Владимир*.

Похоронен на кладбище города Сонома, в Калифорнии.

УЛЬЯНОВ [псевд. Н. **Бурназельский**, Н. **Казабланкский**, Н. **Шварц-Омонский**] Николай Иванович (5 янв. 1904 [по др. дан. по ст. ст. 23 дек. 1904], Санкт-Петербург – 7 марта 1985, Нью-Хейвен, шт. Коннектикут) — историк, писатель, публицист. Предки У. крестьяне, отец род. в с. Ганежа Осминской волости Гдовского уезда Санкт-Петербургской губ. Оконч. среднюю школу (1922), оконч. общественный ф-т (1927) Ленинградского гос. ун-та (ЛГУ). Последний ученик С.Ф. Платонова, под рук. которого занимался историей Сев.-Зап. России и рус. Севера XVI–XVII вв. Написанные в аспирантуре (1927–30) первые труды У. («Торговая книга XVI в.», «Колонизация Мурмана в XVII в.», «Общественные и политические воззрения Б.Н. Чичерина») получили высокую оценку Платонова. К защите дисс. готовился в Ин-те истории АН СССР (Москва). Защитил дисс. на тему: «Влияние иностранного капитала на колонизацию русского севера в XVI–XVII вв.», кандидат историч. наук (1930). В 1930–33 — доцент Северного краевого комвуза им. Молотова, работал в Архангельском педагогич. ин-те. В 1933 переехал в Ленинград. Сотрудник постоянной ист.-археографич. комиссии АН СССР (1933–36), доцент (1933–35), проф. ист. ф-та (1936) ЛГУ, учёный специалист Ин-та истории АН СССР. Проф. Ленинградского ин-та истории, философии и лингвистики (ЛИФЛИ). В условиях тотальной идеологизации гуманитарных наук оставался убеждённым последователем традиций рус. академич. науки. 7 нояб. 1935 в газ. ЛИФЛИ была опубликована статья У. «Советский исторический фронт», в которой автор подверг критике состояние сов. историч. науки и низкий уровень преподавания гражданской истории. Статья была признана антисов. 2 июня 1936 арестован и осуждён на 5 лет лагерей по обвинению в «контрреволюционной деятельности, антисоветской пропаганде и протаскивании антипартийных взглядов в печати». При аресте пропали и погибли 5 больших трудов У. («Буржуазно-националистическое движение и панфинская пропаганда в Карелии (1905–1917 гг.)» и др.). Срок отбывал на Соловках и в Норильлаге. Освобождён летом 1941. До сент. 1941 работал ломовым извозчиком в Ульяновске. Затем мобилизован и отправлен на окопные работы под Вязьму, где попал в плен в окт. 1941. Из Дорогобужского лагеря военнопленных бежал и пешком отправился под Ленинград, где в Пушкине проживала жена. Прошёл пешком 600 км, разыскал жену и поселился с ней в глухой деревушке в 150 км от Ленинграда. Работал учителем в деревенской школе. Осенью 1943 супруги угнаны на принудительные работы в Германию. Работал автогенным сварщиком. Оконч. войны встретил в лагере Карсфельд под Мюнхеном. В СССР возвращаться отказался, принудительной репатриации избежал. В эмиграции — в лагерях для «перемещённых лиц» в Зап. Германии, затем в Касабланке (Марокко), где работал сварщиком на заводе Шварц-Омон в местечке Бурназель. С 1949 публиковался в журналах «Возрождение» (Париж), «Грани» (Лимбург-на-Лане, Франкфурт-на-Майне), «Новом журнале» (Нью-Йорк), «Российский демократ» (Париж). В 1952 в изд-ве им. А.П. Чехова (Нью-Йорк) увидел свет роман У. «Атосса». Член Союза борьбы за свободу России С.П. Мельгунова. С 1953 с супругой в Монреале, жил на субсидию проф. *М.М. Карповича* и работал над проблемами малорос. истории XVI–XVII вв. В 1955 приглашён на должность главного редактора рус. программ радио «Освобождение», но через месяц демонстративно подал в отставку по причине резких столкновений с амер. куратором М. Вильямсом, требовавшим выпуска в эфир русофобских программ.

В США с 4 окт. 1955. В 1956–1973 — проф. Йельского ун-та, преподавал рус. ист. и лит. Гражданин США. Исследователь проблемы сепаратизма, резко критиковал региональный сепаратизм, считая «рос. лженациями» белорусов, украинцев, казаков и сибиряков. За 35 лет творч. деятельности написал 8 книг, 3 брошюры, более 200 статей и эссе. Кроме перечисленных, работы У. публиковались в журналах «Воздушные пути» (Нью-Йорк), «Мосты» (Мюнхен), «Опыты» (Нью-Йорк), газ. «Новое русское слово» (Нью-Йорк), «Русская мысль» (Париж) и др. В эмиграции вёл большую культурную работу. В 1962 в Нью-Йорке на многолюдном собрании, посвящённом 1100-летию гос-ва Российского произнёс блестящую речь «Исторический путь России», изданную позднее отдельной брошюрой. Дружил с историком-евразийцем проф. *Г.В. Вернадским*. В общественной деятельности выступал резким противником активной полит. деятельности, считая полит. борьбу эмиграции против большевиков бессмысленной и бесплодной, полагал необходимым уделять большее внимание культурной деятельности. Особенно осуждал активность СБОНР и НТС. Не верил У. и в перспективы диссидентского движения внутри СССР, искренне считая до 1974 «Архипелаг ГУЛАГ» — плодом творч. сов. органов госбезопасности, а *А.И. Солженицына* — вымышленным лицом. Организатор изд-ва «Киннипиак», в котором выпускал собственные произведения. *Родственники:* вдова (в браке с 1936) Надежда Николаевна (? – 21 нояб. 2003, Нью-Хейвен) — врач. Памяти У. в 1986 под ред. проф. Вс. Сечкарева издан сб. статей «Отклики», в который вошла неопубликованная статья учёного «Петровские реформы» и его биография в изложении П. Муравьева и С. Крыжицкого. После

1991 труды **У.** публикуются и переизд. на родине, его жизненному пути и творч. посвящён ряд исследований.

Супруги **У.** похоронены на кладбище «Grove Street» в Нью-Хейвене.

С о ч. Сов. историч. фронт // За пролетарские кадры (газ. ЛИФЛИ). 1935. 7 нояб. №20(94); К нац. вопросу // Социалистич. вестник (Нью-Йорк). 1948. №6; Об одном учении в нац. вопросе // Возрождение. 1949. №6; История и утопия // Рос. демократ. 1951. №1; Застигнутый ночью // НЖ. 1954. №39; Историч. опыт России. Нью-Йорк, 1962 (2-е изд. Роман-газета. М., 1994); Северный Тальма. Вашингтон, 1964; Происхождение укр. сепаратизма. Нью-Йорк, 1966 (2-е изд. М., 1997); Диптих. Нью-Йорк, 1967; Под каменным небом. Нью-Хейвен, 1970; Свиток. Нью-Хейвен, 1972; Сириус. Нью-Хейвен, 1977; Спуск флага. Нью-Хейвен, 1979; Скрипты. Сб. статей памяти С.Ф. Платонова. Анн Арбор, 1981.

И с т. ЛАА. Справка *К.М. Александрова*. Из предисловия к переизд. труда Н.И. Ульянова «Происхождение украинского сепаратизма».

Л и т. *Базанов П.Н.* Н.И. Ульянов // Вече (СПб.). 1999. Вып. 12. С. 170–182; *Он же*. Н.И. Ульянов — петербургский историк в политич. эмиграции // Зарубежная Россия 1917–1945. Кн. 3. СПб., 2004. С. 104–111; *В.С.* Служение России (Памяти Н.И. Ульянова) // Вече (Мюнхен). 1985. № 18. С. 193–196; *Вильданова Р.И., Кудрявцев В.Б., Лаппо-Данилевский К.Ю.* Краткий биографич. словарь рус. зарубежья // Струве Г. С. 366–367; *Муравьёв П.* Памяти Н.И. Ульянова // НРС. ?; На темы рус. и общие. Сб. статей и мат-лов в честь проф. Н.С. Тимашева. Под ред. *П.А. Сорокина и Н.П. Полторацкого*. Нью-Йорк, 1965. С. 427; *Ровская Н.* Н.И. Ульянову — 80 лет // РМ. 1985. 7 февр.; *Самарин В.* Памяти Н.И. Ульянова // Рус. возрождение (Нью-Йорк — Париж — Москва). 1985. С. 199–203; *Седых А.* 80-летие Н.И. Ульянова // НРС. 1984. 22 дек.; *Сечкарев Н.* Н.И. Ульянов — эссеист и учёный // НЖ. 1975. Кн. 119. С. 261–266; *Ульянова Н.Н.* Список печ. трудов Н.И. Ульянова // Отклики. 1986. С. 65–70; *Федукович Е.* Николай Иванович Ульянов // РА. 1988. № 19. С. 225–226.

УМАНСКИЙ Александр (1895–1983) — хореограф и театральный импресарио. Работал с В. Нижинским, сотруднич. с И.Ф. Стравинским, был связан с Метрополитен опера в Нью-Йорке и с труппой «Ballet Intime».

Л и т. Сконч. Александр Уманский // НРС. 1983. 17 июня.

УМАНСКИЙ Леонид Александрович (11 июля 1890 – 1957) — инженер-электрик. Оконч. Санкт-Петербургский Политехнич. ин-т с дипломом инж.-электромеханика. Служил в чине арт. офицера в Рус. Императорской армии. В 1915–19 — в Арт. комиссии в США по приёму снарядов для рус. армии. После оконч. работы комиссии остался в США. Работал инж. в «General Electric Co.» в Скенектеди (шт. Нью-Йорк). С 1920 занимался электрификацией металлургич. промышленности, прокатных станов, доменных печей, распределением энергии. Занимал последовательно всё более высокие административные должности. С 1950 — нач-к инж.-промышленного отдела компании. В 1956 Амер. ин-том инж.-электриков награждён медалью Томаса А. Эдисона за «исключительный вклад в электрификацию промышленности». Обладатель 18 патентов, автор 30 науч. трудов. *Родственники:* вдова Клавдия.

И с т. АОРИ. Материалы.

УМИДОВ Мирза Мансур (1901, Ташкент Сыр-Дарьинской обл. – ?) — инженер-самолётостроитель. Оконч. Киевский Политехн. ин-т и Политехникум в Берлине-Шарлоттенбург. В эмиграции в Германии. В теч. 14 лет работал во Франц. в авиационной промышленности. В Германии 10 лет участвовал в производстве самолётов типа «Юнкерс», «Мессершмидт», «Хейнкель» и в создании первой межконтинентальной ракеты «Фау-2». После 1945 — в США, приехал в страну при содействии *А.Л. Толстой и Б.В. Сергиевского*, приславшего официальное приглашение. Работал в амер. промышленности по созданию межпланетных ракет «Аполлон» и «Сатурн II».

И с т. АОРИ. Вопросник.

УМРИХИН Николай (? – 24 июня 1982, Наяк (шт. Нью-Йорк) — участник Белого движения на Юге России, поручик. Во время Гражданской войны служил в Марковской железнодорожной роте. В эмиграции в США.

Л и т. *В.О.* Некролог // Часовой (Брюссель). 1983. Май – июнь. С. 26.

УНБЕГАУН [Boris Ottokar **Unbegaun**] Борис Генрихович (11 авг. 1898, Москва – 4 марта 1973, Нью-Йорк) — участник Белого движения на Юге России, лингвист. Оконч. московскую гимназию при Реформатской церкви и Константиновское арт. уч-ще. Участник Первой мировой войны. После Октябрьского переворота 1917 — в белых войсках на Юге России, дважды ранен. Эвакуировался из Крыма в нояб. 1920 в составе Рус. армии. После 1920 в эмиграции в Кор. СХС. Оконч. ун-т в Любляне. Лиценциат (1926) и доктор лит. наук (1935) Парижского ун-та Сорбонны. Проф. Брюссельского свободного (1936–53), Страсбургского (1937–53), эвакуированного в Клермон-Ферран, и Оксфордского (с 1953) ун-тов. В Оксфордском ун-те для **У.** была основана кафедра сравнительной славянск. филологии. В 1939, а затем в 1959–60 — Visiting Professor Колумбийского, Нью-Йоркского (1964–65) и Йельского (1964–65) ун-тов. В 1943 арестован нацистами и отправлен как полит. заключённый в концлагерь Бухенвальд, где находился до своего освобождения амер. войсками (май 1945). Избран членом Бельгийской и Германской Академий наук. Главные труды **У.**: «La langue russe au XVI-éme siécle» (Paris, 1935), «Les débus de la langue litéraire chez les Serbes» (Paris, 1935), «A Bibliographical Guide to the Russian Language» (Oxford, 1953), «Russian versification» (Oxford, 2nd edition 1963), «Russian Grammar» (Oxford, 2nd ed. 1960). В 1968 в Брюссельском и Нью-Йоркском ун-тах в честь **У.** были изданы юбилейные сб. За науч. карьеру опубликовал ок. 400 печ. работ. Награждён Командорским Крестом Ордена Короны (бельгийск.), кавалер Почётного Легиона и Ордена Леопольда. Был многолетним членом правления и вице-председателем РАГ в США.

Похоронен в Оксфорде (Великобрит.).

Л и т. *Ковалевский П.Е.* С. 163–164; На темы рус. и общие. Сб. статей и мат-лов в честь проф. Н.С. Тимашева. Под ред. *П.А. Сорокина и Н.П. Полторацкого*. Нью-Йорк, 1965; *Филипп В.* Б.Г. Унбегаун // НЖ. 1969. Кн. 94. С. 250–257; Некролог // Часовой (Брюссель). 1973. Май. № 563. С. 19; *Raymond B., Jones D.* Unbegaun Boris // The Russian Diaspora. 1917–1941. Maryland and London, 2000. P. 219.

УНИНСКИЙ Александр (1910, Киев – 1972) — концертный пианист. Оконч. Киевскую, затем Парижскую консерватории и Сорбонский ун-т. Получил первый приз на конкурсе Шопена в Варшаве, успешно выступал в Европе. В США впервые выступил в Нью-Йорке, в Карнеги-Холл в 1943. Позднее посвятил себя педагогич. деятельности. Преподавал во многих ун-тах. Последние годы жизни преподавал в Юж. методич. ун-те в Далласе (шт. Техас). *Родственники:* жена; дочь.

Л и т. Сконч. Александр Унинский // НРС. 1972. 24 дек.

УОРХОЛ — см. **ВАРХОЛ** Энди.

УРАЛЬЦЕВ — см. **КАСИМ** Андрей.

УРБАНОВИЧ Витольд (5 нояб. 1907, Одесса Херсонской губ. – ?) — инженер-электрик. Оконч. Киевский железнодорожный техникум (1927), Одесский

Индустриальный ин-т (1936) со званием дипломированного инж. по электрооборудованию промышленно-заводских предприятий. Покинул оккупированную терр. СССР во время Второй мировой войны. В США жил в Бруклине.

И с т. АОРИ. Анкета.

УРТЬЕВ Павел Андреевич (род. 23 февр. 1931, Ниш, Югославия) — доктор инж. наук. Учился в сербск. нач. школе. Среднее образование начал в 1-м Рус. Вел. Кн. Константина Константиновича кад. корпусе в Белой Церкви. С переездом в Германию (1944) продолжал учиться в нем. гимназии в Мюнхене. После войны продолжил образование в рус. гимназии при доме Милосердного Самарянина и завершил его в гимназии им. Д.И. Менделеева в лагере для беженцев Шляйхсгейм под Мюнхеном.

В США с 1950. Оконч. инж. ф-т Калифорнийского ун-та в Бёркли со ст. бакалавра (1955). После службы в армии США вернулся в ун-т для стажировки в той же обл. Магистр (1959), доктор инж. наук (1964), специализировался в обл. аэромеханики и газодинамики. В Бёркли начал науч.-исследовательскую деятельность в обл. газовой детонации, опубликовав несколько трудов в науч. журналах. С 1967 — науч. сотрудник-экспериментатор Ливерморской Нац. лаборатории им. Лоренса, где прослужил до выхода на пенсию (1995). В Ливерморе начал заниматься измерением температуры в металлах, подверженных ударной нагрузке в несколько сот тыс. атмосфер, а также и в энергетич. материалах, перешедших в детонацию вследствие нагрузки ударной волной. Исследовал возможные эффекты аварийных последствий истечения в атмосферу жидких углеводородов при их транспорте в больших объемных цистернах. Занимался разработкой датчиков для измерения давления и массовой скорости для исследования состояния материалов, подверженных динамич. нагрузке до нескольких тыс. атмосфер. Участвовал во многих междунар. конференциях в США и в др. странах, включая Россию. Первый раз попал на родину предков по приглашению АН СССР, а после 1991 бывал в России много раз по служебным делам в качестве специалиста в своей обл., а иногда и в качестве специалиста-переводчика. Автор и соавтор более чем 150 науч. трудов, из которых 81 напечатан в открытой науч. лит. или в отдельных сб. докладов, представленных на междунар. конференциях. Состоял членом нескольких амер. профессиональных об-в, членом редколлегии журнала РАН «Физика горения и взрыва». Консультант по вопросам реагирующих систем, находящихся как в газовом, так и в конденсированном состоянии. В 1998 Ин-том Гидродинамики им. М.А. Лаврентьева Сибирского отделения РАН награждён почётным дипломом. Активно участвует в деятельности скаутов-разведчиков, скм. ОРЮР.

И с т. АА. *Уртьев П.А.* Автобиография (машинопись), 2000. С. 1–2.

УРУСОВ Сергей Леонидович, кн. — банкир, вице-президент Morgan Guarantee Trust. Сын беженца, бежавшего от большевиков кн. Леонида Урусова и Екатерины (урожд. Карлайл). Член Рус. дворянского об-ва (Russian Nobility Association) в Нью-Йорке.

Л и т. *Dragadze P.* The White Russians // Town & Country. 1984. March. P. 174–182, 250–253.

УСАЧЁВА Нина — художник. Стилизованные работы У. отражают влияние древнерус. и византийской живописи. На её картинах нередко изображены фантастич. существа из сказаний и былин

Л и т. *Завалишин Вяч.* Цветофантазия Нины Усачёвой // НРС. 1986. 12 дек.

УСАЧЕВСКИЙ [Ussachevsky Vladimir] Владимир (1911, Хайлар, Маньчжурия – 4 янв. 1989, Бронкс, Нью-Йорк) — композитор электронной муз. Род. в семье офицера Рус. Императорской армии, участника рус.-яп. войны 1904–05. В 1931 переселился в США, оконч. колледж Помона (шт. Калифорния) со ст. бакалавра. Муз. образование продолжал в Муз. школе Истмэн в Рочестере (шт. Нью-Йорк), где получил ст. магистра и доктора. Работал в псевдо-романтич. рус. стиле, подчеркивая связь с церковным православным хоровым пением. Автор первого произведения электронной муз. в США. С 1957 работал в Лаборатории Белл в Нью-Джерси. Возглавил центр электронной муз., известный впоследствии под названием Колумбийско-Принстонского центра электронной муз. Преподавал в ун-те шт. Юта и в Колумбийском ун-те (1947–80). Автор ряда произведений для оркестра, хоровых исполнений, телевидения и кино.

Л и т. *Rockwell J.* Vladimir Ussachevsky, 78, Electronic Composer // The New York Times. 1989. Jan. 5.

УСАЧЕВСКИЙ Леонид Александрович (? – 27 июля 1976, Лос-Анджелес) — участник Белого движения, подпоручик. Оконч. Константиновское военное уч-ще (1917) и вышел в 3-й особый арт. дивизион 12-й армии. После 1920 в эмиграции. Переселился в США. Помимо воинской доблести обладал талантами композитора, муз. и учителя муз. Состоял многолетним членом Об-ва рус. ветеранов Великой войны в Калифорнии.

Л и т. *Лисицын К.* Некролог // Часовой (Брюссель). 1976. Окт. № 601. С. 19.

УСКОВ Александр Васильевич (25 февр. 1895, Красноярск Енисейской губ. – 29 февр. [по др. дан. 29 янв.] 1985, Сан-Франциско) — участник Белого движения на Востоке России, поручик. Род. в семье инж. Оконч. гимназию, два курса Петроградского ун-та, портупей-юнкером Николаевское кав. уч-ще (февр. 1917) и вышел корнетом в 11-й гус. Изюмский ген. Дорохова полк 11-й кав. дивизии. До окт. 1917 — сменный офицер Николаевского кав. уч-ща. После большевистского переворота вернулся в Красноярск и поступил в Сибирскую армию с прикомандированием к Енисейскому каз. войску. Командовал Особой атаманской сотней и заведовал офиц. курсами, затем — ст. адъютант по оперативной части Атамана войска, ст. штаб-офицер 1-го полка Енисейской каз. бригады. Поручик (1919). За боевые заслуги награждён орденом св. Владимира IV ст. с мечами и бантом. После 1920 — в эмиграции в Китае. Член Офиц. собрания в Шанхае.

В США с 1948. В Сан-Франциско вступил в Об-во русских ветеранов Великой войны. Председатель Об-ва (1970–85).

Похоронен на Серб. кладбище в Сан-Франциско.

И с т. АОРВВВ. Поручик Александр Васильевич Усков // 1985. Альбом IV.

Л и т. *Волков С.В.* Офицеры армейской кавалерии. С. 539; Некролог // Часовой (Брюссель).

1985. Март – апр. № 654. С. 28; *Шмелёв А.В.* Сан-Францисскому Об-ву ветеранов Великой войны — 75 лет // Наши Вести (СПб.). 1999. Июнь. № 455 / 2756. С. 18–19.

УСПЕНСКАЯ Мария (1876, Россия – 1949) — характерная актриса, преподаватель. В молодости собиралась стать оперной певицей. Училась пению в Москве и в Варшаве, но из-за недостатка средств перешла в обл. драматич. искусства. После оконч. Драматич. школы А.И. Адашева гастролировала по России. Затем выступала на сцене МХТ. После 1917 в эмиграции. Выступала в Европе.

В США с 1924. При помощи Р. Болеславского, ученика К.С. Станиславского, стала преподавателем драматич. искусства в «American Laboratory Theatre». В 1929 основала собственную школу. Коронными ролями У. в театре и кино стали роли мудрой матери. Успех У. принесли роли в фильмах «Love affair» («Любовная история», 1939), «A Classic Christmas Scrooge» («Рождественский скряга»), «Beyond Tomorrow» («Послезавтра», 1940), «The Shanghai Gesture» («Шанхайский жест»), в фильмах ужасов — «The Wolfman» («Оборотень», 1941), «Frankenstein meets the Wolfman» («Франкенштейн встречается с оборотнем», 1943). В 1949 заснула с зажжённой сигаретой и погибла в результате пожара от ожогов.

И с т. http://movies.yahoo.com/shop

УСПЕНСКИЙ Яков Викторович (17 апр. 1883, Урга, Монголия – 27 янв. 1947) — проф. математики. Отец занимал должность рус. консула. Дед со стороны матери, Кондратий Крымский, происходил из дух. семьи. Кондратий был отправлен с богословской миссией в Китай для миссионерской работы с православными албазинцами — потомками рус. воинов, сражавшихся в крепости Албазин на Амуре при царевне Софье (посл. четв. XVII в.), попавших к китайцам в плен и назнач. богдыханом в личную охрану. Помимо миссионерства дед У. участвовал в рус.-кит. переговорах о включении Амурской обл. в состав России. Отец тоже происходил из дух. семьи. Оконч. ун-т, изуч. кит., монгольск. и маньчжурск. яз. и поступил на дипломатич. службу. В 1890 мать с четырьмя др. детьми выехала в Санкт-Петербург, чтобы дать им образование. В Петербурге оконч. классич. гимназию, в которой большое внимание уделялось древнегреч. и латинск. яз. Знание яз. дало У. впоследствии возможность читать классич. труды по математике в оригинале. С первых лет учёбы в гимназии увлёкся математикой, астрономией и теоретич. физикой, превзошёл в знаниях соучеников. Отказывая себе в развлечениях, тратил все средства на приобретение редких книг по математике, составив библиотеку из 1 тыс. томов. Поступив в Санкт-Петербургский ун-т, обладал знаниями, далеко превышающими те, что требовалось от студентов, проявлял в занятиях независимость и оригинальность мышления. Пребывание У. в ун-те совпало с Первой рус. революцией, нарушившей нормальные занятия, но продолжал заниматься, включая религиозные и философские вопросы. Оконч. ун-т (1906) со ст. кандидата математич. наук. Последующие два года провёл в подготовке к магистерским экзаменам. Находясь под влиянием проф. А.А. Маркова опубликовал в 1908 первую работу по теории чисел и написал магистерскую дисс. в виде книги, одобренную ф-том (1910). Удостоился ст. магистра чистой математики, что приравнивается, согласно с *С.П. Тимошенко* к докторской ст. в Америке. Преподавал с 1907: в Ин-те инж. связи (1907–29), на Высших женских курсах (1911–18), в Санкт-Петербургском (Петроградском) ун-те. Доцент (1912), проф. (1916). Из ун-та ушёл в связи с несогласием по поводу сов. нововведений. Одновременно продолжал публиковать науч. статьи. В 1921 в возрасте 38 лет избран в сов. Академию наук. В 1924 — делегат АН СССР на междунар. математич. конгрессе в Торонто (Канада). Во время конгресса познакомился с амер. математиками и обратился к ним с просьбой оказать помощь в получении преподавательской должности в США. В 1926 приглашён для чтения лекций в Колледже Карлтон, в Нортфилде (шт. Миннесота). Осенью 1927 приглашен в Стэнфордский ун-т в Пало-Альто (шт. Калифорния). Здесь женился на амер. девушке. Вместе с женой на короткий срок вернулся в СССР, но, получив отпуск в АН СССР, навсегда покинул родину в 1929. Проф. Стэнфордского ун-та, в котором преподавал и занимался исследованиями до смерти. Лекции У. пользовались большой популярностью среди студентов и аспирантов, привлекали слушателей и воодушевляли студентов, интересовавшихся математикой. После семинаров общался с учениками, с юмором рассказывая им забавные случаи и анекдоты из жизни знаменитых математиков. Ряд учеников У. в России, США и Юж. Америке стали известными математиками и проф. Помимо теории чисел занимался применением математики в астрономии, в изуч. движений Луны, в инж. задачах и в истории математики. Автор шести книг и 55 статей на рус., англ., франц. и исп. яз. Микрофильмы большинства трудов У. сделаны библиотекой Стэнфордского ун-та в 1952. Семья Успенских потомства не оставила.

С о ч. Введение в неэвклидову геометрию. Петроград, 1922; История открытия логарифмов. Петроград, 1923; Избранные задачи по теории математич. задач. Петроград, 1924; Introduction to Mathematical Probability. McGraw Hill, 1937; Elementary Number Theory (with M.A. Heaslet). McGraw Hill, 1939); Theory of Equations. McGraw Hill, 1948.

И с т. АА. *Timoshenko S.P.* Obituary of James Victor Uspensky, 3 p; Family history of James Victor Uspensky, 2 p. (typescript); *Uspensky J.V.* Resume of scientific work of James Victor Uspensky (typescript); Museum and Archives of Russian Culture in San Francisco. *Polya G., Young S.*, D.H., 1947, Memorial Resolution // James Victor Uspesnky (typescript), 1947; *Мартьянов Н.Н.* Список... С. 84–88.

Л и т. *Ковалевский П.Е.* С. 152; *Raymond B., Jones D.* Uspenskii Yakov // The Russian Diaspora. 1917–1941. Maryland and London, 2000. P. 220–221.

УСТИНОВ Платон Михайлович — штаб-ротмистр. Сын рус. ген. консула в Нью-Йорке. В детстве 6 лет провёл в Японии. Оконч. Императорский Александровский лицей (1908). В 1907 плавал в качестве добровольца на военных судах. В 1909–13 служил земским нач-ком в Тульской и Могилёвской губ. В 1914 поступил вольноопределяющимся во 2-й Лейб-гус. Павлоградский император Александра III полк 2-й кав. дивизии. Участник Первой мировой войны, штаб-ротмистр (на 1917). Был дважды ранен. С конца 1918 — в Нью-Йорке. В 1919 откомандирован во Владивосток. С апр. 1920 вторично в США (шт. Огайо). Состоял наследственным членом Об-ва рус. мор. офицеров в Америке (на 1944 и 1949).

Л и т. *Волков С.В.* Офицеры армейской кавалерии. С. 539; Ред. сообщение // Мор. записки (Нью-Йорк). 1943. Т. I. С. 31.

УСТЮГОВ П. — путешественник. В 1818–19 участвовал вместе с *П. Корсаковским* в исследования оз. Илиамна и участков побережья Берингова моря между

УТГОФ [Utgoff Vadim V.] Вадим Викторович (род. 3 авг. 1917, Россия) — авиационный инженер, военный лётчик США. Сын *В.В. Утгофа*. В 1935 поступил в Мор. академию. Оконч. военное образование (1939), служил в военно-мор. авиации. Участник Второй мировой войны. Отличился в боях в Тихом океане, был командиром ночного самолёта «Consolidated PBY».
Л и т. Who's Who in Aviation and Aerospace. 1983. P. 1008.

УТГОФ-отец Виктор Викторович (1889, Ново-Радомск – 11 окт. 1930, шт. Массачусетс) — участник Первой мировой войны, военный лётчик. Оконч. Морской корпус (1909) и назнач. в Черноморский флотский экипаж на крейсер «Кагул». Оконч. в Санкт-Петербурге авиационную школу (1913). С 1914 — командир эскадрильи самолётов военно-мор. авиации на Чёрном море. Во время Первой мировой войны был первым офицером Рос. Императорского военно-мор. флота, удостоившимся награды орденом св. Георгия IV ст. за мужество при полёте, совершённом над побережьем Болгарии, над Босфором и Константинополем. Кавалер ордена Почётного Легиона (франц.). Ст. лейтенант (на 1917).

В США с семьёй с 1918. Здесь присоединился к своему другу *И.И. Сикорскому*, которому помогать в создании его первого самолёта в США. Желая продолжить службу в ВВС, поступил в авиацию береговой охраны США. Погиб во время тренировоч. полёта. *Родственники:* сыновья: *Вадим, Виктор*.
Похоронен с воинскими почестями на Арлингтонском кладбище в Вашингтоне.
Л и т. Мартиролог рус. военно-мор. эм. С. 138; *Durkota A., Darcey T. and Kulikov V.* The Imperial Russian Air Force. Famous Pilots and Aircraft of World War I. Mountain View, CA and Stratford, 1995. P. 243–257.

УТГОФ-сын Виктор Викторович (1915, Севастополь – 1955) — военный лётчик США. Сын *В.В. Утгофа*. В США с родителями с 1918. Во время Второй мировой войны служил в военно-мор. авиации. Погиб в 1955 во время испытания летающей лодки.
Л и т. Brigadier-General John V. Tutrchinoff // Garrison № 297, Army and Navy Union U.S.A. Bulletin. 1938. May 21; *Durkota A., Darcey T. and Kulikov V.* The Imperial Russian Air Force. Famous Pilots and Aircraft of World War I. Mountain View, CA and Stratford, 1995. P. 243–257.

УХТОМСКИЙ Александр Сергеевич, кн. (1887, Санкт-Петербург – 4 февр. 1950, Лос-Анджелес) — участник Белого движения, ротмистр. Оконч. Александровский Императорский лицей и Николаевское кав. уч-ще. Участник Первой мировой войны и Белого движения в рядах кав. Был тяжело ранен и контужен, имел несколько орденов за храбрость. В США с 1918, служил в армии США. По оконч. войны много лет работал в почтовом ведомстве.
Л и т. *Бекиш Ф.* Ротмистр кн. А.С. Ухтомский // Часовой (Брюссель). 1950. Май. № 297. С. 22; *Волков С.В.* Офицеры армейской кавалерии. С. 539–540.

УХТОМСКИЙ Иоиль Валерианович, кн. (2 июня 1887 – 17 июня 1980, Сан-Франциско) — участник Первой мировой войны, корнет, юрист. Общее образование получил в Императорском уч-ще Правоведения (1908). В 1908 отбыл воинскую повинность в 1-м гус. Сумском Его Величества Кор. Дании Фредерика VIII полку 1-й кав. дивизии. Чиновник Мин-ва земледелия.

Во время Первой мировой войны — корнет 2-го Лейб-драг. Псковского Ея Величества Императрицы Марии Фёдоровны полка 2-й кав. дивизии. Затем откомандирован в штаб Зап. фронта. Занимая обер-офицерские должности, оставался на фронте до нач. 1918. Затем в эмиграции в Харбине. До 1921 служил в управлении КВЖД. С 1921 в Шанхае, служил во франц. муниципалитете и Ген. консульстве. В США с 1949. В 1951 в Сан-Франциско вступил в Об-во рус. ветеранов Великой войны. Похоронен на Серб. кладбище в Сан-Франциско.
И с т. АОРВВВ. Корнет Иоиль Валерианович, кн. Ухтомский // 1980. Альбом IV; *Волков С.В.* Офицеры армейской кавалерии. С. 540.

УШАКОВ [Ouchakof Vladimir] Владимир Иванович (род. 11 дек. 1923, Берлин) — спортсмен, чемпион соревнований по плаванию для пожилых. Род. в семье рус. беженцев. Отец У. родом из Устюжно Вологодской губ., мать — из Архангельска. Во Франц. оконч. рус. школу, изуч. инж. искусство, прошёл курсы в дух. семинарии и в Нац. консерватории искусств и ремёсел. По профессии — специалист по всем видам холодильного дела.

В США с 1955. Гражданин США (1960). Начал участвовать в соревнованиях в возрасте 50 лет. Выступал в соревнованиях в шести странах и многих штатах в США. В 2003 в возрасте 80 лет выиграл дистанцию по плаванию на 400 метров. Обладатель ряда дипломов, золотых медалей и наград за победы в соревнованиях. Писал в газ. о спорте. Занимался профессиональными переводами с франц. и исп. яз. Член КРА, Об-ва шахматистов, Об-ва пловцов, Об-ва скаутской орг-ции. Проживает с женой в Хартфорде (шт. Коннектикут). *Родственники:* дети: Олег, Борис, Мария; внуки.
И с т. АА. For Immigrant a New Life Through Swimming // Associated Press. 2003. Aug. 18; *Ушаков В.И.* Анкета Биографич. словаря (25 сент. 2003);

УШАКОВ Иван Иванович (1870, Донецкий округ Обл. Войска Донского – 1962) — педагог, депутат II Гос. Думы. Оконч. Учительский ин-т, служил учителем в стан. Елизаветинской. Избран депутатом Гос. Думы второго созыва по списку Конституционно-демократич. партии. После роспуска Думы (1907) — поверенный в судебных делах. Директор Азовского об-ва взаимопомощи. После Февральской революции 1917 — представитель стан. Елизаветинской на всех сессиях Донского Войскового Круга. В эмиграции с 1920. Жил в США.

Похоронен на кладбище в Саутбери, возле рус. посёлка Чураевка (шт. Коннектикут).

Л и т. Каз. словарь-справочник / Сост. Г.В. Губарев. Ред.-изд. А.И. Скрылов. Т. III. Сан-Ансельмо, 1970. С. 220–221.

УШАКОВ Николай Александрович (1875, стан. Краснокутская Обл. Войска Донского – 23 июня 1963, Нью-Йорк) — участник Белого движения на Юге России, полковник. Участник Первой мировой войны. За отличия награждён рядом боевых наград, включая орден св. Владимира IV ст. с мечами и бантом. После Октябрьского переворота 1917 — в белых войсках на Юге России. Участник Общедонского каз. восстания весной 1918, участвовал в аресте и казни казаков-большевиков Ф.Г. Подтелкова и Кривошылкова, виновных в убийстве зимой 1918 полк. В.М. Чернецова. Эвакуировался из Крыма в нояб. 1920 в составе Рус. армии. В США с 1923. Зарабатывал на жизнь физич. трудом, был водителем такси.

Похоронен на каз. участке Свято-Владимирского кладбища близ Кэссвилла (шт. Нью-Джерси).

Л и т. Каз. словарь-справочник / Сост. Г.В. Губарев. Ред.-изд. А.И. Скрылов. Т. III. Сан-Ансельмо, 1970. С. 221.

УШАНОВ Василий Васильевич (1904, Маньчжурия – после сент. 1988, Исли, шт. Юж. Каролина) — художник-любитель, посвятивший творч. истории Рус. Америки. Отец служил на КВЖД. Оконч. рус. гимназию в Харбине (1921).

В США прибыл на яп. корабле в 1922. Высадившись в Сэатле, работал в лесном промысле и на др. случайных работах. Оконч. с отличием Калифорнийский ун-т, получив диплом зубного врача. Более 30 лет занимался зубоврачебной практикой в Голливуде. В отставке с 1966. Поселился в Лагуна Бич (шт. Калифорния), где стал изуч. историю Рус. Америки. Рис. и писал портреты, картины, иллюстрации, посвящённые Рус. Америке. В качестве образца для своих произведений У. использовал рис. рус. художников, посещавших владения России в Америке. Услугами У. как художника-любителя пользовались сотрудники музеев, выставок и авторы статей о Рус. Америке. Автор более 130 картин. Все они были сняты на цветные диапозитивы, снабжены подробным каталогом и пояснениями. Коллекция диапозитивов передана У. в библиотеку по истории Аляски в Джуно. На одной из последних картин художника изображена сцена официальной передачи Аляски 18 окт. 1867 США (см.: журнал «Русский Американец» (Нью-Йорк) 1979–82). Автор рукописи на англ. яз. о вкладе рус. в создание и жизнь США. *Родственники:* сын Артур Вильям — врач; невестка (жена сына во 2-м браке) Елизавета.

И с т. *Shalkop R.I.* A Pictorial History of Russian Alaska. Paintings and Text by V.V. Ushanoff // Anchorage Historical and Fine Arts Museum. Е.А.А, 1979–82, 75–78; *Ushanoff B.B.* The Russian contribution to the United States of America (A typescript).

Ф

ФАБЕРЖЕ Александр Кириллович (1913, Москва – 1988, шт. Техас) — генетик, цитолог. Внук ювелира К. Фаберже. После 1917 выехал за границу. Защитил мед. докторскую дисс. при Лондонском ун-те, преподавал в Великобрит. В США с 1945 с родителями. В 1945–47 преподавал в ун-те шт. Висконсин. Доцент в Мэрилендском ун-те (1947–55). Последние годы работал в Техасском ун-те. Автор работ о питании, витамине С, обмене веществ, полисахаридах, гликопротеинах, ревматоидном артрите.
Л и т. *Кеппен А.А.*

ФАЛЕНБЕРГ Николай Фёдорович (1886 – 1 окт. 1950, Нью-Йорк) — артиллерист, военный юрист, общественный деятель. Род. в семье командира батареи. Был арт. офицером, затем получил высшее военно-юридич. образование. После Гражданской войны — в США, здесь посвятил себя рус. общественной деятельности. Много трудился будучи секретарём Рус.-Амер. союза, секретарём Свято-Владимирского об-ва, сотрудником газ. «Россия» (Нью-Йорк) и журнала «Православная Русь» (Джорданвилл). Сост. и изд. Свято-Владимирского настольного календаря.
Л и т. *Никон Флоридский*, епископ. Николай Федорович Фаленберг // ПР. 1950. № 21. С. 14.

ФАРАФОНТОВ А. П. — историк, быв. член РАН и Рос. Императорского Географич. об-ва. Сотрудник Музея рус. культуры в Сан-Франциско. Автор публикации, посвящённой регенту *А.К. Пичугину*.
С о ч. Рус. песня за океаном // Рубеж. 1936. № 39.
И с т. АА. *Полчанинов Р.В.* Письмо от 9 марта 2004.

ФЕДЕНКО [Натали **Боннелл**] Наталья. Из России уехала в 1918 в Великобрит., затем в США. В Голливуде рук. исследовательско-информационным отделом в компании «Metro-Goldwin-Meyers».

И с т. АМРЦ. *Морозова О.А.* Биографич. сборник — черновая рукопись: М-73-10, 2.5-42..

ФЕДИЧКИН Димитрий Иванович (9 февр. 1885 – 24 окт. 1966, Сан-Франциско) — участник Белого движения на Востоке России, один из рук. Ижевского нар. восстания 1918, полковник. Оконч. Оренбургское реальное уч-ще (1902) и в февр. 1903 вступил в службу рядовым в Орловский резервный батальон. Оконч. учебную команду, унтер-офицер (1904). Участник рус.-яп. войны 1904–05. За отличия в боях на р. Шахэ (сент. 1904) произведён в подпрапорщики (янв. 1905). 12 янв. 1905 ранен в бою при Сандепу, дважды ранен в бою 13 февр. 1905. За храбрость награждён Георгиевскими крестами (Знаками отличия Военного ордена) IV и III ст. В четвёртый раз ранен в Мукденском сражении (февр. 1905) и по ранению попал в плен. 13 марта 1906 вернулся в Россию, прикомандирован к Казанскому военному уч-щу. По оконч. уч-ща (1908, по др. дан. 1909) произведён в подпоручики и вышел в 6-й Закаспийский стрелковый батальон. С июня 1911 — на службе в 13-м Туркестанском полку 4-й Туркестанской стрелковой бригады, стоявшем в Мерве. Поручик (1913). В составе полка вышел на Кавказский фронт Первой мировой войны. Участвовал в сражениях при Саракамыше (дек. 1914 – янв. 1915) и под Эрзерумом (янв. – февр. 1916). Будучи командиром роты, отличился в атаке на укреплённые позиции противника у селения Выхыл-Капу (14–15 янв. 1916) и награждён орденом св. Георгия IV ст. За боевые отличия в Первую мировую войну награждён пятью орденами. На 1917 — полковник. 29 окт. 1917 убыл в отпуск. Весной 1918 в Казани вступил в подпольную офиц. антибольшевистскую орг-цию. После начала антибольшевистского восстания рабочих и др. жителей Ижевска (7–8 авг. 1918) Прикамским Комитетом членов Всерос. Учредительного Собрания назнач. Главнокомандующим Прикамской (Ижевской) нар. армией (10 авг. – 20 (23) окт. 1918). Прикамская нар. армия, состоявшая главным образом из рабочих Ижевского и Воткинского заводов, насчитывала около 25 тыс. бойцов и сражалась с противником в полном окружении около 100 дней. После того, как Прикамский комитет отказал Ф. в эвакуации Ижевска и его защитников (20 окт. 1918), подал в отставку и убыл в Уфу. С 3 дек. 1918 — комендант Томска. В мае 1919 откомандирован в освобождённый от большевиков Ижевск. С 1 июня 1919 — помощник нач-ка Ижевской стрелковой дивизии. Участник Сибирского («Ледяного») похода 1920. Затем — в Забайкалье. В эмиграции в Маньчжурии и США. В Сан-Франциско жил очень скромно, зарабатывал на жизнь тяжёлым физич. трудом. *Родственники*: жена; тёща; три дочери.
И с т. ЛАА. Справка *К.М. Александрова* на полковника Д.И. Федичкина; *Федичкин Д.И.* Записки командующего Ижевской армии // Ижевско-Воткинское восстание 1918. М., 2000. С. 64–77.
Л и т. *Волков С.В.* Энциклопедия Гражданской войны. С. 590; Некролог // Часовой (Брюссель). 1966. Дек. № 486. С. 23.

ФЁДОРОВ Иван — штурман. В 1732 натолкнулся на «неведомую землю» — Аляску.
Л и т. *Pierce R.* Russian America. 1990. P. 142–143.

ФЁДОРОВ [Гинденбург] Александр Петрович (род. 1923, Прилуки Полтавской губ.) — инженер, строитель электростанций, поэт. Учился в Гейдельберге (ФРГ) и в США, здесь строил электростанции. В 1951 изд. два номера лит.-философского журнала «Тропа».
С о ч. Острые годы. Сб. стихов 1943–46. Мюнхен, 1968.
И с т. *Фёдоров А.П.* Автобиография // Берега. Стихи поэтов второй эмиграции / Под ред.

Вал. Синкевич. Филадельфия, 1992. С. 275–276.

ФЁДОРОВ Валентин Матвеевич (11 авг. 1904 – ?) — инженер-механик, конструктор. Оконч. Ростовский машиностроительный ин-т (1929) со специализацией по грузоподъёмным и транспортным сооружениям. Работал в этой обл. в Харькове, на заводе Запорожсталь, на паровозоремонтном заводе в Литве. Покинул оккупированную терр. СССР во время Второй мировой войны. В США жил в Джамейке, пригороде Нью-Йорка. Член Об-ва рус. инж. в США и Об-ва рус. инж. в Лос-Анджелесе

И с т. АОРИ. (1954).

ФЁДОРОВ Василий Тимофеевич (8 янв. 1891, Мерв Закаспийской обл. – 23 дек. 1976, Майами, шт. Флорида) — ветеран, химик по взрывчатым веществам. Род. в семье офицера Рус. Императорской армии. Оконч. вице-фельдфебелем Ташкентский кад. корпус (1909) и Томский политехникум (1914), по специальности — инж.-технолог. В 1914–16 — помощник нач-ка и ревизор тяги Средне-Азиатской жел. дороги. Затем — гардемарин по механич. части на Черноморском флоте (на 1917). Служил корабельным механиком на Дальнем Востоке и получил командировку в Японию. Из Японии переехал в Канаду, записался рядовым в Канадскую армию и отправлен на Зап. фронт во Франц. (1918). Отравлен газами, эвакуировался в Канаду. После излеч. работал лесорубом. В 1920–31 — чертёжник и химик в Сан-Франциско и Лос-Анджелесе. В 1931–41 работал во Франц. технич. помощником, оконч. ун-т в Сорбонне. В 1940 защитил докторскую дисс. по химии.

В 1941 вернулся в США, работал по новой специальности. В 1941–45 — главный химик на заводе взрывчатых веществ в Мэдвилле (шт. Пенсильвания). В 1946–65 — химик по взрывчатым веществам в арсенале Пикатинни, в Довере (шт. Нью-Джерси). С 1965 консультант. Совместно с Оливером Е. Шефильдом сост. в 1960, 1962 и 1966 энциклопедию взрывчатых веществ (в 6 т., 1,2 тыс. с. — Encyclopedia of Explosives and Related Items, NTIS, Fetman Research Laboratories). Автор нескольких статей, посвящённых взрывчатым веществам и оружию, опубликованных на рус. и нем. яз.

И с т. АОРИ. *Фёдоров В.Т.* Автобиография.
Л и т. Науч. успех рус. офицера // Часовой (Брюссель). 1973. Нояб. № 569. С. 18; Некролог // Там же. 1976. Февр. – март. № 604. С. 20.

ФЁДОРОВ Всеволод Николаевич (1 янв. 1900, Нагасаки, Япония – 1972) — инженер. В 1918 — в Чикаго, один из основателей и преподавателей Рус. нар. ун-та, который содействовал подъёму культуры выходцев из России, здесь проживавших. Сотрудники ун-та организовывали науч.-популярные лекции по важнейшим отраслям знаний. Оконч. Йельский ун-т в Нью-Хейвене (шт. Коннектикут) со ст. бакалавра наук (1924). Магистр (1925), специалист по горному делу.

Работал в промышленных компаниях, специализировался в обл. воздушного охлаждения и промышленного замораживания. Автор статей в инж. журналах. Будучи секретарём и казначеем, участвовал в деятельности Рус. студенч. фонда и в изд. журнала «Russian Student Fund». Член РАГ в США и Нац. академии США.
Родственники: вдова Ольга Сергеевна (во втором браке *Стэйси*); дети: Игорь, Олег, Нина; внуки; правнуки.

И с т. АА. *Fedoroff I.* Biography of Olga S. Stacy (typescript), 1998; *Fedoroff V.N.* Curriculum vitae (manuscript), 1966.
Л и т. *Pestoff Alexis N.* Directory of Russian Graduates of American Colleges // Alumni Association of the Russian Student Fund, Inc. New York, Aug. 1929. P. 8.

ФЁДОРОВ Георгий Александрович (род. 1941, Берлин) — преподаватель, художник, общественно-политический деятель. Отец, Александр Тимофеевич (? – 28 июля 1978, Нью-Йорк) — штабс-ротмистр 5-го драг. Каргопольского полка. Нач. образование получил в лагере для беженцев в Германии.

В США с 1951. Оконч. худ. школу в Нью-Йорке и добровольно поступил в армию США. Последний год преподавал рус. яз. офицерам, помощник директора школы ин. яз. в форте Беннинг (шт. Джорджия). По оконч. службы — художник в рекламных фирмах в Нью-Йорке. Член РИС-О с 1957. С 60-х гг. — нач-к Центрального (Нью-Йоркского) отдела, избран членом Верховного совета РИС-О. Генеральный секретарь (1972), Нач-к (1994) РИС-О. Активно участвовал в монархич. деятельности, часто организовывал монархич. мероприятия на Восточ. побережье США. С 1958 — член Общерос. Монархич. фронта (ОМФ) и Рук. Центра ОМФ. По просьбе архиепископа Никона и с его помощью участвовал в орг-ции и в работе Фонда Царя-мученика с целью подготовки общественности к канонизации царской семьи. С момента первого приезда Вел. кн. Владимира Кирилловича в Нью-Йорк (1967) в последующем сопровождал Великокняжескую семью во время их визитов в США. Главой Рос. Императорского Дома Е.И.В. Вел. кн. Марией Владимировной 13 марта 2002 пожалован орденом св. Анны I ст.

И с т. АА. *Фёдоров Г.А.* Автобиография (машинопись), 2002.

ФЁДОРОВ [ФЕОДОРОВ] Николай Васильевич (30 нояб. 1901, хутор Рогожин Обл. Войска Донского – 28 сент. 2003, Сафферн, шт. Нью-Йорк) — участник Белого движения на Юге России, один из последних белых воинов, инженер-гидравлик, Атаман Всевеликого Войска Донского за рубежом, почётный председатель РОВС (2000–2003). Георгиевский кавалер. Род. в семье казака Василия Петровича Ф. и его жены (урожд. Мятневой) Ольги Андреевны. Рос на хуторе в низовьях Дона. Учился в Новочеркасской Атамана гр. М.И. Платова гимназии. Играл на кларнете в гимназич. оркестре. При Высочайшем посещении Новочеркасска и гимназии после успешного выступления оркестра император Николай II погладил самого маленького музыканта Ф. по голове. В дек. 1917 вступил в добровольч. Партизанский отряд есаула В.М. Чернецова, участник защиты Дона от большевиков зимой 1917–18. В янв. 1918 в бою под Ростовом тяжело контужен и в бессознательном состоянии доставлен в Новочеркасск. После вступления в Новочеркасск красногвардейцев укрыт и спасён няней. Участник Общедонского каз. восстания (апр.–май 1918), затем — в белых войсках на Юге России. Служил в арт. батарее есаула М.Т. Попова. В бою у стан. Усть-Калитвенной (1919) участвовал в спасении арт. орудия и за храбрость награждён Георгиевским крестом IV ст. В

1918–20 несколько раз контужен. Кроме арт. частей служил в эскадроне Сумских гус. 3-го кон. полка 2-й кав. дивизии (1919). После Новорос. эвакуации (1920) прибыл в Крым и зачислен в оркестр Л.-гв. Атаманского Е.И.В. полка Гв. бригады 1-й Донской кон. дивизии. Летом 1920 участвовал в боевых вылетах авиаотряда и в разгроме частей кон. корпуса Д.П. Жлобы в Сев. Таврии, затем — в арт. частях до эвакуации Крыма. 16 нояб. 1920 в составе батареи эвакуировался из Керчи. В 1920–21 — в частях Донского корпуса в Константинополе, Чилингире и на о-ве Лемнос, откуда музыкантом оркестра при Атаманском уч-ще убыл в Болгарию. В эмиграции в Болгарии. Поступил на службу в оркестр Болгарск. армии. В 1923 участвовал в ликвидации вооружённого выступления болгарск. коммунистов, затем служил в оркестрах 1-й Софийской и 6-й дружин, Полицейском оркестре. Произведён в подофицеры Болгарск. армии (подхорунжий по рус. службе). Приглашён в оркестр Болгарск. оперы, но от муз. карьеры отказался и решил продолжать образование. В 1929 оконч. Софийский свободный ун-т со ст. бакалавра.

В США с 1929. Продолжил занятия в Колумбийском ун-те, учился на ф-те, на котором преподавал гидравлику и гидродинамику *Б.А. Бахметьев*. Ученик Б.А. Бахметьева. Оконч. Колумбийский ун-т (1935). Дипломная работа **Ф.** посвящена проблеме фильтрации жидкости сквозь пористую среду. В дополнение к диплому магистра получил диплом гражданского инж. Два года работал на Гаваях, возглавлял исследовательский отдел службы водоснабжения Гонолулу, занимался проектом водообеспечения путём аккумуляции атмосферных осадков. После работы на Гаваях вернулся в Колумбийский ун-т, где под рук. Бахметьева продолжил исследование течения жидкостей в пористой среде. Во время Второй мировой войны в Манхэттенском колледже начал преподавательскую карьеру. Затем преподавал в ун-те Фарли-Дикинсон (шт. Нью-Джерси), в Дельфтском ун-те (Голландия), Городском колледже Нью-Йорка и в др. высших учебных заведениях. Доктор инж. наук при ун-те Секвойя (1952). Обладатель ряда высоких наград за свои труды в обл. инж. искусства, в т.ч. — ордена Академич. пальмовой ветви от франц. правительства. В 1988 награждён серебряной эмблемой Амер. геофизич. союза. Автор трудов по специальности и книг: «Кто есть кто, кто есть что», «Провокация Керенского», «Трагедия казачества — трагедия России», «Записки генерала Алферова» и др. Писал книгу о подвиге женщины-казачки (неконч.?). С 1965 — и.о. Войскового Атамана Всевеликого Войска Донского за рубежом, позднее избран Атаманом. Деятельно участвовал в жизни рус. воинских, каз. и общественных орг-ций. Многие годы состоял членом КРА, 8 амер. и одного англ. инж. об-в. Ред. журнала «Донской атаманский вестник» (с 1965), член правления РАГ в США, председатель Об-ва помощи рус. военным инвалидам и Тройственного Союза казаков Дона, Кубани и Терека. После 1991 вёл обширную переписку с донскими, яицкими (оренбургскими) и московскими казаками. В 1997 в возрасте 96 лет посетил Россию и Дон. В США рус. оператор Г.Ф. Селинский снял несколько больших интервью **Ф.** для каз. серии историко-документального цикла Н.С. Михалкова «Русский выбор». С сент. 2000 — почётный председатель РОВС. Убеждённый сторонник деятельности рус. белых орг-ций на родине. Пожертвовал все личные сбережения на помощь рус. военным инвалидам, деятельность кад. корпуса им. императора Николая II (Ростов-на-Дону) и белых орг-ций, изд. журнала «Вестник РОВС» (Санкт-Петербург). Рус. общественность, включая ведущие рус. орг-ции, торжественно отметили 25 нояб. 2001 в об-ве «Отрада» (Спринг-Валлей, шт. Нью-Йорк) 100-летие со дня рождения **Ф.**, который также получил многоч. поздравления от разных орг-ций из России. После 100-летнего юбилея продолжал выступать с публич. докладами. Несмотря на тяжёлую болезнь, не оставлял общественной деятельности до последних дней жизни, сохранив твёрдую принципиальность и горячую веру в возрождение родины. *Родственники*: брат Пётр (ок. 1898 – 7 марта 1952, Нью-Йорк) — подпоручик, участник Белого движения в рядах 2-го кон. ген. Дроздовского полка (1919), в эмиграции в США с 1927.

Похоронен 2 окт. 2003 на каз. участке Владимирского кладбища в Джексоне (шт. Нью-Джерси).

С о ч. От берегов Дона до берегов Гудзона. Ростов-на-Дону, 1994.

И с т. АОРИ. Материалы; ЛАА. *Александров К.М.* Жизненный путь проф. Н.Ф. Федорова (биографич. справка, 2005); Archive of the Assn. of Russian American Scientists in the USA. *Feodoroff N.* Curriculum vitae, 1972.

Л и т. *Борисов Г.* Каз. атаман // НРС. 1998. 15 мая; *Нестеров Е.А.* Учёный-гидравлик — Атаман донских казаков за рубежом // Мелиорация и водное дело. MiVX № 4. С. 46–48; Николай Васильевич Фёдоров // Вестник РОВС. 2004. № 8–9. С. 1–6; *Weinberg III, „Russ" M.M.* Nicholas Feodoroff // Sum. 1995. Dec. 24, 31; 1996. Jan. 7; Who's Who in the East, 1977–1978. Chicago, 1978.

ФЁДОРОВ Сергей — биолог. Род. в Латвии. Учился в Канаде. В 1958 защитил при Саскачеванском ун-те докторскую дисс., проф. (1964). Вёл науч. исследования в обл. изуч. токсичности серума крови на клетках животных. Открыл гетерофильную антигенную систему, в которой антигены находятся на поверхности клеток некоторых видов животных. Удостоен нескольких наград. Автор печатных работ, посвящённых биологии клеток.

Л и т. *Кеппен А.А.*

ФЁДОРОВ Ф. — художник. Уроженец Черниговской губ. Эмигрировал в 1924 в США и поселился в Макдональде возле Питтсбурга (шт. Пенсильвания). В 1939 получил первый приз за свои три картины, выставленные в зале Карнеги.

И с т. АМРЦ. *Морозова О.А.* Биографич. сборник — черновая рукопись: М-73-10, 2.5.-51.

ФЁДОРОВА [Fedoroff Nina Vsevolod] Нина Всеволодовна (род. 9 апр. 1942, Кливленд) — генетик, член (академик) Нац. Академии наук США. Род. в семье проф. *В.Н. Фёдорова* и его жены Ольги Сергеевны, урожд. *Снегирёвой*. Принадлежит к третьему поколению рус. американок, в совершенстве владеет рус. яз. Оконч. Сиракузский ун-т со ст. бакалавра (1966). В 1972 получила докторскую ст. по молекулярной биологии при Рокфеллеровском ун-те.

После защиты дисс. вела исследования в Калифорнийском ун-те в Лос-Анджелесе и в Ин-те Карнеги в Вашингтоне. Проф. биологии Ун-та Дж. Гопкинса. Читала лекции в Пенсильванском ун-те, работала в Нац. науч. фонде (National Science Foundation), советник по вопросам генетики при Конгрессе США. Состояла членом многих науч. комитетов и редакций, включая Международный науч. фонд, который предоставляет РАН амер. науч. лит. Автор многоч. науч. статей, посвященных результатам исследований, и специальных глав в книгах по биологии. 12 мая 1990 выбрана действительным членом Нац. Академии наук США. Удостоилась ряда наград от науч. об-в. С 1995 — проф. на кафедре им. В.М. Уиллимэна, директор Ин-та биотехнологии при Пенсильванском ун-те.

И с т. Материалы *Е.А. Александрова.*
Anonymous. 60 New Members Elected to Academy of Sciences // The New York Times. 1990. May 13.
Л и т. Fedoroff, Nina Vsevolod: 48th edition // Who's Who in America, 1991. P. 1065.

ФЁДОРОВА Нина (1895, Полтавская губ. – 1985) — писатель. Оконч. Высшие Бестужевские (женские) курсы в Санкт-Петербурге. После революции 1917 выехала в Харбин. В США с 1938. Преподавала в ун-те шт. Орегон. В 1940 опубликовала на англ. яз. первый роман-летопись «Family» («Семья»), посвящённый жизни рус. эмиграции в Китае. Эта книга снискала успех, получила премию от журнала «Atlantic Monthly» и сразу была переведена на несколько яз. Затем последовала новелла на рус. яз. «Дети». В 1964 увидел свет первый том трилогии на рус. яз. «Жизнь».

Л и т. *Raymond B., Jones D.* Fedorova Nina // The Russian Diaspora. 1917–1941. Maryland and London, 2000. P. 103.

ФЕДОРОВСКИЙ М.Я. — капитан I ранга. Командир фрегата «Александр Невский» в составе рус. эскадры контр-адм. *С.С. Лесовского,* посетившей в 1863–64 Нью-Йорк для участия в защите северян от возможного выступления Великобрит. и Франции во время Гражданской войны 1861–65 на стороне Юж. Конфедерации.

Л и т. *Тарсаидзе А.Г.* К 90-летнему юбилею прибытия русских эскадр в Америку, 1863–1953 // Морские записки (Нью-Йорк). 1953. Нояб. Т. XI. № 3. С. 11–23

ФЕДОРОВСКИЙ Павел (? –1958) — скрипач. Играл в Бостонском симфонич. оркестре. Муж певицы *Ольги Аверино.*

ФЕДОТОВ [псевд. **Богданов** Е.] Георгий Петрович (1 окт. 1886, Саратов – 1 сент. 1951, Бэкон, шт. Нью-Джерси) — православный мыслитель, социолог, историк, переводчик, лит. критик. Дед Ф. был полицмейстером, отец Пётр Иванович — управляющим канцелярией саратовского губернатора, мать Елизавета Андреевна, урожд. Иванова — учительница муз. Во время учёбы в гимназии увлёкся чтением произведений социалистов-разночинцев XIX в. и марксистской теорией. Оконч. с золотой медалью 1-ю воронежскую гимназию (1904), затем учился на механич. отделении Технологич. ин-та (неоконч.) в Санкт-Петербурге. За социал-демократич. деятельность в Саратове арестован и приговорён к ссылке в Архангельскую губ., которая была заменена высылкой на 2 года за границу. В 1906–08 учился в ун-тах Берлина и Вены, изуч. историю и философию. После возвращения на родину продолжил образование в Санкт-Петербургском ун-те, завершив образование на ист.-филологич. ун-те (1910). Специализировался по истории средних веков. Не успел сдать гос. экзамены, так как вторично возникла угроза ареста Ф. из-за его социал-демократич. деятельности. Уехал в Италию, в 1911 вернулся в Петербург и сдался полиции. Выслан в Ригу, где готовился к сдаче экзаменов, которые успешно выдержал в 1912. Оставлен в Санкт-Петербургском ун-те для приготовления к проф. званию по кафедре всеобщей истории. Приват-доцент по кафедре истории средних веков (1915). С осени 1917 работал в Публич. библиотеке. Участник религиозно-философского кружка «Воскресение» (1918), затем христианского братства. В 1919 женился на Елене Николаевне Нечаевой. В 1920–23 преподавал в Саратове, затем вернулся в Петроград, где произошло окончательное воцерковление Ф. благодаря общению с членами братства А. Мейером и др. Работал переводчиком в частных издательствах. В сент. 1925 выехал из СССР. В эмиграции во Франции (1925–40). Выступал со статьями на религиозно-философские и историософские темы на страницах рус. парижских журналов «Путь», «Современные записки», «Числа» и др. С 1926 преподавал в Парижском (Свято-Сергиевском) богословском ин-те. Участник экуменич. движения и РСХД. Совместно с Ф.А. Степуном и И.И. Фондаминским изд. журнал «Новый Град» (Париж, 1931–39). В своих трудах особое внимание уделял причинам и значению рус. революции, особенностям рус. святости и духовного типа рус. характера, социальным проблемам. Многие суждения Ф. вызывали полярные оценки в рус. эмиграции. После нем. оккупации (1940) переехал на Юг Франции, откуда выехал в Америку. В сент. 1941 прибыл в США. В 1941–43 жил в Нью-Хейвене (шт. Коннектикут). С 1943 — проф. истории Свято-Владимирской семинарии в Нью-Йорке. Публиковался на страницах «Нового журнала» (Нью-Йорк), выступал с публич. лекциями, сотруднич. с амер. периодич. изданиями («Christianity and Crisis» и др.). Один из организаторов Лиги борьбы за народную свободу (1949). Главные печатные труды Ф.: «Святые старой России» (Париж, 1931), «The Russian Religious Mind» (неоконч., увидели свет лишь 2 т.).

С о ч. Новый Град. Сб. статей. Нью-Йорк, 1952; Христианин в революции. Сб. статей. Париж, 1957; Собр. статей. В 4 т. Париж, 1973–88; Судьба и грехи России. Статьи. В 2 т. СПб., 1991.
Л и т. *Аронсон Г.* Проф. Г.П. Федотов // НРС. 1962. 9 янв.; *Вильданова Р.И., Кудрявцев В.Б., Лаппо-Данилевский К.Ю.* Краткий биографич. словарь рус. зарубежья // *Струве Г.* С. 370; *Галахтин М.* Федотов Георгий Петрович // РЗ. Золотая кн. эм. С. 647–650.

ФЕДОТОВ Николай Владимирович (13 окт. 1885, Санкт-Петербург – ?) — инженер-механик. Оконч. Киевский политехнич. ин-т с дипломами инж.-механика и инж.-электрика. В 1910–16 работал на заводах компании «Сименс и Шукерт» в России и Германии. В 1917 стал работать в США. С 1922 — главный инж. в компании Clifford Auto. Получил патент на изобретение генератора постоянного тока высокого напряжения. Опубликовал работу о телефонах в автомобилях. Член Амер. ин-та инж.-электриков.

И с т. АОРИ. Материалы.

ФЕДОТОВ-УАЙТ [Fedotoff White, Dimitri] Димитрий Николаевич (14 окт. 1889, Кронштадт Санкт-Петербургской губ. – 21 нояб. 1950, Филадельфия) — ст. лейтенант Рос. Императорского военно-мор. флота, организатор береговой обороны Филадельфии во время Второй мировой войны. В службе с 1907. Оконч. Морской корпус (1910). Мичман (1910), лейтенант (6 апр. 1914). Награждён орденом св. Станислава III ст. (1914). Участник Первой мировой войны. Служил в Рос. и в Брит. Кор. флотах, на 1915 — в Балтийском флотском экипаже. После 1920 (?) в эмиграции в США. Жил в Филадельфии, автор мемуаров. Во время Второй мировой войны совместно с Дональдом Ф. Дженксом (Donald F. Jenks), учитывая угрозу саботажа и подрывной деятельности со стороны противника, разработал проект орг-ции Добровольного отряда для обеспечения безопасности порта в Филадельфии под командой капитана порта. План Уайта-Дженкса (White-Jenks) был осуществлен в 1942. Более тыс. добровольцев несли службу безопасности в доках, верфях и вдоль побережья, что послужило примером для орг-ции добровольной службы при капитанах др. портов США.

Похоронен возле часовни памяти Вашингтона в Нац. парке в Валлей-Фордж возле Филадельфии. Имя **Ф.** упомянуто Малькольмом Уиллоуби в «The US Coast Guard in WWII».

С о ч. Survival. Through War end Revolution in Russia. Philadelphia, 1939.

И с т. АА. *Stinson Peter A.* USCGR, 4/6/02 A Monumental task. 1 р.; Список МЧ-1915. С. 319.

Л и т. Мартиролог рус. военно-мор. эм. С. 140.

ФЕДУКОВИЧ [Fedukowicz Waclaw] Вацлав Станиславович (6 дек. 1897, Денисов Виленской губ. – 29 дек. 1979, Сарасота, шт. Флорида) — геофизик. В 1907–15 учился в реальном уч-ще. Первая мировая война вынудила семью **Ф.** выехать из родных мест вглубь России. Работал в Земгоре, участвовал в деятельности по оказанию помощи беженцам и раненым. После прекращения работы Земгора слушал лекции в Петроградском горном ин-те. Прервал занятия в связи с революцией и последовавшей за ней разрухой. В 1924 оконч. Екатеринославский горный ин-т. Будучи студентом, занимал должность ассистента и после оконч. ин-та оставлен при кафедре преподавателем геофизики. С 1930 — проф. геофизики в новом Киевском горном ин-те. В Киеве развил преподавательскую и исследовательскую деятельность. Был помощником декана геологич. ф-та и ред. трудов Киевского горного ин-та. В 1935 защитил дисс. и получил ст. кандидата физико-математич. наук. Одновременно Высшей аттестационной комиссией утверждён в звании проф. В конце 1935 Киевский горный ин-т расформирован вследствие переезда столицы УССР из Харькова в Киев и нехватки помещений для учреждений. Геологич. ф-т переведён в Днепропетровский (бывший Екатеринославский) горный ин-т и объединён с геолого-маркшейдерским ф-том. **Ф.** занял кафедру геофизики (1935–37). Свою преподавательскую деятельность начал на заре развития разведочной геофизики, когда разрабатывались новые методы исследований, создавалась новая аппаратура. В такой атмосфере науч.-технич. творчества **Ф.** вводил своих студентов в обл. геофизики. Быв. студенты **Ф.** заняли ведущее положение в геофизике, стали учёными, исследователями и выдающимися преподавателями. Во время «ежовщины» (1937–38) два родных брата **Ф.** были арестованы по ложным обвинениям и погибли в сталинских лагерях в расцвете сил. Погибли многие коллеги учёного и студенты. Спасся от неминуемого ареста благодаря тому, что оставил кафедру, целый год скрывался в Киеве и на Кавказе. В Киеве избегал выходить на улицу. С супругой *Еленой Терентьевной* увлекался альпинизмом, много времени проводил в горах. Этот вид спорта помог **Ф.** укрываться и пережить трудные времена. Когда волна террора ослабла, возвратился в Киев. В 1938–41 возглавлял геофизич. отдел Геологич. ин-та Укр. АН, преподавал геофизику в Киевском гос. ун-те. С сент. 1941 вместе с супругой в нем. оккупации. Работал на метеорологич. станции. В 1943 вместе с женой покинул Киев и эвакуировался на Запад через Польшу, Чехословакию и Австрию. Много пути супруги **Ф.** проделали пешком, с повозочкой, на которой везли свой скромный беженский скарб. В 1945–49 — в Зап. Германии.

В США с 1949. Амер. период жизни начал с занятий физич. трудом. Ведь никакой труд не может унизить человека, какое бы положение в науке или об-ве он до того ни занимал. **Ф.** любил говорить: «Инженер должен уметь делать всё, быстро ориентироваться и стремиться к решению любой технической задачи». Это дало ему преимущество, успешно справился с новой обл. труда — массовым изготовлением гипсовых скульптур для рекламы. Особенно удалась **Ф.** собственная техника изготовления съёмных форм для отливки скульптур. С 1950 вновь занимался геофизикой. Занимался геофизич. разведкой в Аппалачских горах, в Аризоне, Нью-Мексико, Колорадо, Онтарио, в знойной пустыне и занесённых снегом канадских лесах. В 1954 перешёл на работу в Ламонтскую обсерваторию Колумбийского ун-та, где получила развитие новая теория в геологии о движениях земной коры, перемещениях континентальных плит, горообразовательных процессах и связанных с этим образованием месторождений полезных ископаемых. Здесь вплоть до отставки и ухода на пенсию (1971) занимался геологией и геофизикой моря. Список печатных трудов **Ф.** включает статьи и книги по маркшейдерской съёмке, по горно-соляному делу, сейсмической разведке, магнитным аномалиям, гравитационной съёмке и физич. свойствам мор. воды на больших глубинах. Автор изобретений в обл. измерения кривизны буровых скважин, гравитационной и магнитной аппаратуры и геофизич. методов разведки. Член ряда амер. профессиональных об-в. Участвовал в создании РАГ в США, член правления РАГ. *Родственники:* вдова Елена Терентьевна.

По завещанию после смерти кремирован. Прах **Ф.** был развеян над водами Мексиканского залива.

И с т. АА. Федукович В.С. Автобиография (анкетные сведения), рукопись, 1975.

Л и т. *Александров Е. А.* Вацлав Станиславович Федукович // Записки РАГ в США (Нью-Йорк). 1980. Т. XIII. С. 360–362.

ФЕДУКОВИЧ [Fedukowicz Helena, урожд. **Бианковская**] Елена Терентьевна (1900 Петриковка Екатеринославской губ. – 2 июля 1998, Сарасота (шт. Флорида)) — врач-офтальмолог, общественный деятель. Род. в семье православного священника. Оконч. Екатеринославский мед. ин-т (1921). Вела науч. работу в Киеве. В 1921–29 работала ассистентом по офтальмологии при мед. ин-те в Екатеринославе, в 1929–30 читала лекции по микробиологии и инфекции глаза в Москве. Ассистент (1930) Киевского мед. ин-та. В 1935 получила кандидатскую ст., доцент по кафедре офтальмологии. **Ф.** подверглась давлению со стороны коммунистич. администрации, следившей за преподаванием материала в строго установленных материалистич. рамках, не допускавших свободного толкования предмета, не совпадавшего с установленной материалистич. концепцией. С сент. 1941 в нем. оккупации. Некоторое время занимала должность проф. при Мед. ин-те в Виннице, работала в больницах. В 1943 вместе с мужем *Вацлавом Станиславовичем* эвакуировалась на Запад. Став беженкой, прошла пешком Польшу и Чехословакию и в 1945 оказалась в лагере для «перемещённых лиц» в Регенсбурге (Бавария). В 1945–49 работала врачом в госпитале междунар. орг-ции для беженцев и перемещенных лиц (УНРРА) в Германии. В 1949 выехала с мужем в США. Вела исследовательскую работу в Нью-Йоркском ун-те, где занимала должность адъюнкт-доцента по бактериальным заболеваниям глаза и вела занятия с аспирантами. Проф. офтальмологич. ф-та Нью-Йоркского ун-та (1949–74). В 1953 изд. на англ. яз. богато иллюстрированный цветными фотографиями и рис. учебник «Наружные инфекции глаза — бактериальные, вирусные и грибковые» («External Infections of the Eye»). Книга встретила исключительный прием в междунар. мед. мире и выдержала три издания. Ученики **Ф.** высоко ценят этот труд, ссылки на него появляются теперь уже в их собственных трудах (см.: *Susan M. Stenson*. «Surgical Management of External Diseases of the Eye»). В мае 2001 в журнале «Arch Ophthal» (Vol. 119. P. 763) указано, что книга **Ф.** числится в списках 100 выдающихся книг по офтальмологии, опубликованных в XX в. За свою карьеру написала 35 науч. статей. Член Амер. академии офтальмологии, которая чествовала **Ф.** за её труды на своем съезде в Сан-Франциско в 1982.

Принимала активное участие в жизни рус. диаспоры в США. Одна из основателей КРА и РАГ в США, многие годы состояла членом правлений указанных орг-ций. В 1990 КРА отметил вклад **Ф.** в амер. науку и в общественно-полит. жизнь Рус. Зарубежья, имя **Ф.** внесено в Рус.-Амер. Палату Славы. К своему 90-летию получила поздравление от президента США. Постоянно поддерживала связь со своими учениками-офтальмологами. Последним вкладом **Ф.** в историю второй эмиграции стал очерк «Из воспоминаний офтальмолога: *Parvum ex multo*» (см. сб.: «В поисках истины. Пути и судьбы второй эмиграции»). Потомства у супругов **Ф.** не осталось.

Кремирована.

И с т. АА. *Федукович Е. Т.* Переписка 1977 — 95 с Е. А и Н. В. Александровыми; Archive of the Assn. of Russian-American Scholars in the USA. *Fedukowicz Helena.* Curriculum vitae (typescript), 1987; *Baum Jules.* Helena Fedukowicz (Pioneer Educator in Ocular Microbiology) // Boston Eye Associates (typescript), 5 pp., 1999; Автобиография // В поисках истины. Пути и судьбы второй эмиграции. Сб. статей и док-в / Сост. В.С. Карпов, А.В. Попов, Н.А. Троицкий. Под общ. ред. А.В. Попова. М., 1997. С. 136–150.

Л и т. *Александров Е.А.* Доктор Е.Т. Федукович в Рус.-Амер. Палате Славы // РА. 1995. № 20. С. 41–42; *Он же.* Елена Терентьевна Федукович // Там же. 1997. С. 160–161.(With English summary); *Он же.* Елена Терентьевна Федукович // Записки РАГ в США (Нью-Йорк). 1998. Т. XXIX. С. 526–529; *Недрига Н.* Доктор Е.Т. Федукович — кандидат в Палату Славы // НРС. 1989. 7 нояб.; *Fedukowicz Helena.* The Happiest Chapter in a Fairy Tale Life // Sarasota Herald Tribune. 1982. Dec. 5–11; *Stockbridge Dorothy.* Dreams Do Come True // Sarasota Herald Tribune. 1982. Dec. 5; *Stockbridge Dorothy.* Life in USA «Fairy Tale» for Russian Eye Doctor // Sarasota Journal. 1978. Apr. 27.

ФЕДУЛЕНКО Валентин Васильевич (10 февр. 1894, Казань – 1974, Сан-Франциско) — участник Белого движения на Востоке России. Оконч. Алексеевское военное уч-ще (1914), произведён в офицеры. Участник Первой мировой войны. После демобилизации в 1918 — в белых войсках Восточ. фронта. Эвакуировался в окт. 1922 из Владивостока с флотилией адм. Г.К. Старка. В эмиграции в Шанхае. Автор мемуаров «Жизнь русских эмигрантов в Шанхае». После 1945 — зам. председателя Рус. эмигрантской ассоциации в Шанхае. Способствовал эвакуации нескольких тыс. рус. эмигрантов из Китая в лагерь беженцев на о-в Тубабао (Филиппины).

В США с 1950, поселился в Сан-Франциско. Оказывал помощь рус. эмигрантам в переселении с Тубабао в США или в Австралию. В 1970 опубликовал работу «Зарождение и развитие театра в Казани».

И с т. АМРК. В. В. Федуленко // Коллекции Гуверовского ин-та. Pdf 53,4 К.

ФЕДЯЙ Сергей Алексеевич (10 февр. 1912, Милеево – ?) — инженер-строитель. С 1919 в Польше. Оконч. Варшавский ун-т с дипломом магистра философии (1945). Затем продолжил образование в Высшей технич. школе в Мюнхене, получил звание дипломированного инженера. Эмигрировал в США. В 1948–64 работал в Нью-Йорке проектировщиком, ст. проектировщиком и рук. группы инж. В 1964 аттестован в качестве профессионального инж. в шт. Нью-Йорк. С 1965 — ст. инж.-строитель в администрации шт. Нью-Йорк.

И с т. АОРИ. Материалы.

ФЕЕР Александр Дмитриевич (? – 20 авг. 1963, Нью-Йорк) — мор. офицер. В Нью-Йорке состоял помощником командира рус. гарнизона 297 армии и флота США. *Родственники:* вдова Клавдия Александровна.

Л и т. Некролог. Незабытые могилы // Часовой (Брюссель). 1963. Нояб. № 449. С. 23.

ФЕКУЛА Павел Михайлович (3 сент. 1905, США – 1982) — создатель православного музея. Род. в семье православного священника, уроженца Галиции, считавшего себя рус. **Ф.** овладел лит. рус. яз., будучи уже взрослым человеком. Оконч. Гарвардский ун-т по экономике с дипломом «Magna cum laude». Автор труда «Советское хозяйство и деньги». По профессии — экономист. С 1932 собирал редкие рус. книги, положив начало уникальному собранию. Первая часть коллекции — постоянная выставка в «Православной комнате» в «Interchurch Center» (№ 475 по Риверсайд Драйв в Нью-Йорке). В «Православной комнате» 13 витрин, в которых выставлено 125 предметов, таких как богослужебная книга домонгольского периода (возраст — около 750 лет), календарь святых XV в., венецианское изд. сб. (1538), Евангелие, отпечатанное на алеутск. и славянск. яз. в Новоархангельске (Ситке), церковная утварь и облачения. Вторая часть коллекции, в которой представлены древние Евангелия-псалтыри, летописи, книги, альбомы и сб. из библиотеки императрицы Александры Фёдоровны, указы, подписанные рус. императорами, рус. дореволюционные газ., книги по рус., византийск. и славянск. истории и искусству, включая эскизы декораций и костюмов для рус. опер, находится при библиотеке епископальной Богословской семинарии в Нью-Йорке, построенной в 1963. Вторая часть собрания **Ф.** также включает 20 православных икон XV–XVII вв., церковную утварь, всего более 20 тыс. книг и музейных предметов. Эта часть коллекции не предназначена для осмотра, а доступна только исследователям. Помимо двух вышеупомянутых музеев устроил около 50 выставок от Кливленда до Бостона. «Православную комнату» за первые десять лет посетили около полумиллиона человек. Об этой выставке был создан телевизионный фильм, ознакомивший миллионы зрителей с сокровищами рус. православной культуры.

Л и т. *Полчанинов Р. В.* Коллекция П. М. Фекулы // НРС. 1969. 23 нояб.

ФЕОДОРОВ Николай Васильевич — см. **ФЕДОРОВ** Николай Васильевич.

ФЕОДОСИЙ [в миру Федор **ЛАЗАР**] (род. 27 окт. 1933, Канонсбург, шт. Пенсильвания) — митрополит всея Америки и Канады ПЦА. Оконч. Колледж Вашингтона и Джефферсона в Вашингтоне и Свято-Владимирскую дух. семинарию (1960). В теч. следующего года знакомился с работой Экуменич. ин-та в Босси (Швейцария), совершил паломничество в Святую Землю и православные центры по всей Европе и на Среднем Востоке.

Возвратившись в США, принял монашество, рукоположен во диаконы и иереи. В 1961–66 — настоятель церкви Рождества Божией Матери в Мэдисоне (шт. Иллинойс), состоял помощником военного священника. В 1967 возведён в сан епископа Аляскинской епархии и принял на себя труд по возрождению православия на Аляске. Рук. восстановлением собора Архистратига Михаила в Ситке (Новоархангельск) после разрушительного пожара, уничтожившего этот храм, построенный *св. Иннокентием* в 1848. В мае 1970 возглавил делегацию ПЦА, отправившуюся в Москву для официального получения от Русской Православной Церкви Московского Патриархата (РПЦ МП) томоса о предоставлении автокефалии. Через три месяца возглавил на Аляске прославление св. Германа Аляскинского. В 1972 переведён в Питтсбургскую епархию, в которой организовал подготовку диаконов к служению, содействовал развитию образовательных программ и постоянному росту одной из старейших православных епархий в Америке. В окт. 1977 на 5-м Всеамериканском Синоде в Монреале избран митрополитом всея Америки и Канады ПЦА, заместив болящего митрополита *Иринея*. **Ф.** стал первым первоиерархом ПЦА, родившемся в США. В 1981 Святейший Синод учредил новую епархию в Вашингтоне, назначив **Ф.** на должность архиепископа. Вашингтонская епархия стала средоточием деятельности митрополита на междунар. поле, включая встречи с первоиерархами православных церквей мира, многочисленных духовных лидеров, включая Папу Римского Иоанна-Павла II. В 1990 приглашён к новому Патриарху РПЦ МП Алексею II. В 1992 участвовал в ознаменовании 600-летия кончины преподобного св. Сергия Радонежского. Президенты США Дж. Буш-старший и Б. Клинтон пользовались личными советами **Ф.** по религиозным и полит. вопросам, касающимся стран Восточ. и Центральной Европы. Участвовал в официальных совещаниях с Экуменич. Патриархом Варфоломеем I. В 1994 сослужил Патриарху Московскому Алексию II в Успенском соборе в Кремле при канонизации святых, подвизавшихся в Америке — *Александра Хотовицкого и Иоанна Кочурова*. По состоянию здоровья с 22 июля 2002 на покое.

Л и т. Anonymous. Happy 65th birth, your Beatitude! // The Orthodox Church. 1998. Oct./Nov. P. 1, 8.

ФЕОФИЛ [в миру Федор Николаевич **ПАШКОВСКИЙ**] (1874, Киевская губ. – 1959) — митрополит всея Америки и Канады ПЦА. Род. в дух. семье. Учился в дух. семинарии и по обету стал в 1894 послушником в Киево-Печерской Лавре. Посетивший Лавру епископ всея Америки и Канады Николай пригласил **Ф.** в Америку. Прибыв в Америку, получил место секретаря рус. миссии в Сан-Франциско. В 1897 рукоположен в сан священника. В 1906 вернулся в Россию с архиепископом *Тихоном (Беллавиным)*. Помогал архиепископу Тихону в управлении Варшавско-Виленской епархией. Во время Первой мировой войны — военный священник, затем участвовал в оказании помощи голодающим в Поволжье.

Овдовев, вернулся в 1922 в США, здесь принял монашеский постриг с именем **Ф.** Хиротонисан во епископа, окормлял Чикагскую епархию до 1931. Переведён в Сан-Францисскую епархию, и после кончины митрополита *Платона (Рождественского)* выбран в 1934 митрополитом всея Америки и Канады. После закрытия семинарии в Теналфи (шт. Нью-Джерси) способствовал основанию Свято-Владимирской семинарии в Скарсдэл (шт. Нью-Йорк), пастырской школы и приюта для сирот при Свято-Тихоновском монастыре в Соут-Канаан (шт. Пенсильвания). Приобрёл здание для собора Покрова в Нью-Йорке, ставшего духовным и административным центром митрополии в Америке. Управление **Ф.** имело чрезвычайно важное значение для умиротворения и установления автономности управления Православной Рос. Церкви в Америке, получившей официальное положение (инкорпорированной) в соответствии с амер. законодательством. После 15-летнего перерыва открыл в Нью-Йорке семинарию.

Л и т. *Бензин В. М.* Святительствование Вл. митрополита Феофила // Юбилейный сб. в память 150-летия РПЦА. Б. м., 1945. С. 39–42; Metropolitan Theofilus // Orthodox America 1794–1976. *Tarasar Constance* (Gen. Ed.). 1975. P. 200–201.

ФЕСЕНКО Андрей — библиограф. Перед Второй мировой войной учился и жил в Киеве. В конце войны был вынужден выехать с женой Татьяной в Германию. Избежал насильственной репатриации в СССР. В США с 1947. Получил должность библиографа рус. отдела Библиотеки Конгресса в Вашингтоне, где проработал 30 лет. В соавт. с женой написал несколько книг, в т. ч. труд «Русский язык при советах» (Нью-Йорк, 1955).

Л и т. *Витковский Е.В.* Антология... Кн. 4. С. 356; *Езерская Б.* Памяти друга // НРС. 2000. 7 июля.

ФЕСЕНКО [урожд. **Святенко**] Татьяна Павловна (7 нояб. 1915, Киев – 12 июля 1995, Вашингтон) — литератор, поэтесса, библиограф. Род. в семье юриста и агронома, павшего жертвой сталинского террора в конце 30-х гг.

В 1941 оконч. аспирантуру на ф-те ин. яз. Киевского ун-та. Работала над сост. англо-укр. словаря в Ин-те языкознания АН СССР. С 1941 в нем. оккупации. В 1943 в результате поголовного выселения немцами киевского населения с мужем вывезена в Верхнюю Силезию (Германия) в лагерь для «восточных рабочих». После 1945 супруги Ф. жили в лагере для «перемещённых лиц» в амер. оккупационной зоне в Зап. Германии, где издали учебник англ. яз. «First Steps» для «перемещённых лиц» укр. происхождения. В США с 1947. В 1951–63 работала над сост. каталогов в Библиотеке Конгресса США в Вашингтоне и описала собрание редких рус. книг XVIII в. «Eighteens Century Russian Publications in the Library of Congress» (1961). Это собрание было приобретено Библиотекой в 1906 у Г. Юдина. В соавт. с мужем написала несколько книг, в т. ч. труд «Русский язык при советах» (Нью-Йорк, 1955). Автор сб. стихов и автобиографич. произведений. Стихи **Ф.** вошли в антологии: «Перекрёстки» (1977), «Встречи» (1983), «Берега» (1983) и «Вернуться в Россию стихами» (М., 1995). Сотрудничая с *В. П. Камкиным*, содействовала изд. книг И. В. Одоевцевой, стихов *Корвин-Пиотровского*, *Н. Моршена*, *И. Елагина*.

С о ч. Повесть кривых лет. Нью-Йорк, 1963; Глазами туриста. Вашингтон, 1966; Пропуск в былое. Сб. стихов. Буэнос-Айрес, 1975; Рус. сокровища Библиотеки Конгресса // Отклики. Сб. памяти Н.И. Ульянова. Нью-Хейвен, 1986; Двойное зрение. Сб. стихов. Париж, 1987; Сорок лет дружбы с Иваном Елагиным. Париж, 1991.

И с т. АА. *Синкевич Вал.* Биография Т.П. Фесенко (рукопись), 1997; Автобиография // Берега. Стихи поэтов второй эмиграции / Под. ред. Вал. Синкевич. Филадельфия, 1992. С. 276–277; Автобиография // *Крейд В.* С. 663.

Л и т. *Витковский Е. В.* Антология… Кн. 4. С. 356.

ФЕТИСОВ Иван Флорович (1897, стан. Морозовская Обл. Войска Донского – 28 февр. 1956, Лос-Анджелес) — участник Белого движения на Юге России. Военную службу начал в рядах арм. пехоты и выступил на войну вольноопределяющимся 180-го Виндавского полка 45-й пех. дивизии. За боевые заслуги награждён двумя Георгиевскими крестами, произведён в фельдфебели, а затем подпрапорщики. В 1916 окончил Саратовскую школу прапорщиков. После Октябрьского переворота 1917 — в белых войсках на Юге России. Участвовал в рейде 4-го Донского отдельного корпуса ген.-лейт. К.К. Мамонтова (1919). В боях под Ельцом, командуя сотней, взял бронепоезд большевиков «Непобедимый». Эвакуировался из Крыма в составе Рус. армии в нояб. 1920. В 1921 — на о-ве Лемнос. После 1921 в эмиграции в Болгарии. В 1941–45 — в Рус. Корпусе. После 1945 — в Австрии, Зап. Германии и США. Жил в Лос-Анджелесе.

Л и т. *Осипов А.* Сотник И. Ф. Фетисов // Часовой (Брюссель). 1956. Июнь. № 366. С.19.

ФЕТИСОВ-ШАБАЕВ Валентин Александрович — художник. Род. в России. Прибыл в Канаду в 20-е гг. Картины Ф.-Ш. успешно продавались в монреальских магазинах. Давал частные уроки рис. Предположительно скончался в нач. 80-х гг.

И с т. АА. *Могилянский М.* Письмо от 10 нояб. 2000.

ФЕШИН Николай Иванович (1881, Казань – 1955, Санта-Моника, шт. Калифорния) — художник, скульптор. Род. в семье столяра и резчика по дереву, делавшего иконостасы для церквей. Занятия отца повлияли на **Ф.**, с детства он писал иконы и занимался резьбой, к чему его поощрял отец. Детские работы **Ф.** получили высокую оценку за их талантливое исполнение. Благодаря своим способностям был принят в 13-летнем возрасте в Казанское худ. уч-ще. Получив стипендию, продолжал дальнейшее образование в Императорской худ. академии в Санкт-Петербурге. Ученик И.Е. Репина. Оконч. академию с отличием со званием академика (1907). При оконч. академии получил ещё одну стипендию для поездки за границу для изуч. работ европейских мастеров. С 1908 — преподаватель в Казанском худ. уч-ще.

В 1910 **Ф.** пригласили выставить свои произведения в Ин-те Карнеги в Питтсбурге (шт. Пенсильвания). Творч. **Ф.** в России было прервано лишениями и трудностями в связи с революцией 1917 и плохим состоянием здоровья. С семьёй выехал за рубеж. В эмиграции в США, с 1923 в Нью-Йорке. Снискал успех и известность как портретист. В 1927 переехал в Таос (шт. Нью-Мексико), где продолжал работать, увлекаясь местными сюжетами. Построил дом, который обильно украсил резьбой в рус. стиле. Гражданин США (1931). Много путешествовал по Мексике, Японии, Яве и о-ву Бали. Путевые впечатления отразились в творч. **Ф.** В своих картинах часто писал Средний Запад США. В 1948 купил студию в Санта-Моника, в которой продолжал работать до смерти. В 1979 дом **Ф.** в Таосе был объявлен властями шт. Нью-Мексико историч. памятником и внесён во всеамер. официальный список историч. зданий. В 1981 в доме **Ф.** был открыт ин-т его имени. Директором ин-та стала его дочь *И.Н. Фешина-Брэнхэм*. **Ф.** ценят как художника двух континентов, Европы и Америки. У **Ф.** нашлись последователи и ценители в Китае. Работы **Ф.** находятся в Рус. императора Александра III музее в Санкт-Петербурге, в музее изобразительных искусств в Казани и др. музеях России. В США картины **Ф.** выставлены в галерее Олбрайт-Нокс в Буффало (шт. Нью-Йорк) и в Центре изящных искусств в Колорадо-Спрингс (шт. Колорадо), в Нац. палате славы ковбоев в Оклахома Сити и в Центре зап. наследия в Колорадо-Спрингс. Помимо портретов и картин с изображением рус. быта, писал портреты и красоч. картины из быта жителей др. стран, особенно индейцев юго-зап. штатов США. *Родственники*: дочь; внучка.

Похоронен в Казани.

И с т. *Heese James T.* Russian-American artist Nikolai Fechin: Heese Waldun Production Co., (video, 30 minutes), 1991.

Л и т. *Александров Е.А.* Ин-т Н. И. Фешина в Таосе, Нью-Мексико // РА. 1995. № 20. С. 134–135; *Fechin E.* Teenage memories of Taos // American West. 1984. Nov. / Dec. P. 29–36; Fechin Eya in co-operation with Moses Porter // Fechin: The Builder. Published by Eya Fechin, 1992; *Shcherbakova G.* Nikolai Feshin, an Extraordinary Painter // Soviet Life. 1982. July.

ФЕШИНА-БРЭНХЭМ Ия Николаевна — дочь художника *Н.И. Фешина*. Основатель и рук. центра Фешина в Аризоне, открытого в 1981 в доме художника в Таосе, в котором устраиваются выставки и семинары для художников и скульпторов. Ежегодно в ин-те происходит выставка произведений Н.И. Фешина.

Л и т. *Александров Е. А.* Ин-т Н.И. Фешина в Таосе, Нью-Мексико // РА. 1995. № 20. С. 134–135.

ФИВЕЙСКИЙ Михаил Михайлович (1881, Нижний Новгород – 1956, Нью-Йорк) — дирижёр, композитор. Учился в Санкт-Петербургской и Московской консерваториях, ученик Н.А. Римского-Корсакова и С.И. Танеева. В 1911 году выступил с дебютом в Московской опере — дирижировал «Царской невестой». Работал дирижером в этой опере до революции 1917 года. Уходя от большевиков, переехал со своей компанией в Сибирь, затем в Шанхай, Японию и Индию, где давал концерты в главных городах. В 1921 с концерта в Сан-Франциско начал выступления в США. Переехав в Нью-Йорк, поставил «Царскую невесту». В 1923–26 компания была в ведении импресарио С. Юрока (S. Hurok). Летом

выступал с концертами на открытом воздухе в Центральном парке в Нью-Йорке. В 1931 оркестр прекратил существование. Дирижировал рус. операми, которые ставились время от времени в разных городах США. Весной 1956 дирижировал оперой «Борис Годунов» в ун-те в Майами в сопровождении университетского хора и в Оксфорде (шт. Огайо). Последние годы посвятил композиции, преподаванию оркестровки, контрапункта и пения. Автор опер «Маскарад» и «Последняя жертва», которые исполнялись местными муз. об-вами. Автор и издатель песен: «Dawn» («Рассвет»), «Farewell» («Прощание»), «Enchantemt» («Очарование»), «Spring song» («Весенняя песня»), «Voice of the ocean» («Голос океана») и «We'll Go No more Aroving» («Мы не будем больше скитаться»). Муз. оформление **Ф.** стихотворения Дж. Байрона удостоилось награды от Нью-Йоркского об-ва композиторов. В мае 1956 аккомпанировал последний раз программе своих произведений, исполнявшихся в концертном зале Карла Фишера в Нью-Йорке. Вместе с ним выступала жена *Л. Нелидова* с чтением своих стихотворений. *Родственники*: вдова; сестра; племянник Геннадий Рождественский — дирижёр Большого театра в Москве.
Л и т. Michael Fiveiski, Conductor, Dead // The New York Times. 1956. July 7. P. 13.

ФИЛАРЕТ [в миру Георгий Николаевич **ВОЗНЕСЕНСКИЙ**] (2 марта 1903, Курск – 21 нояб. 1985, Нью-Йорк) — митрополит, первоиерарх РПЦЗ. Род. в семье протоиерея. Семья переехала в 1909 на Дальний Восток в Благовещенск. С 1920 в эмиграции в Харбине (Маньчжурия). Оконч. Харбинский Политехнич. ин-т (1927) с дипломом инж.-электромеханика. В 1931 рукоположен во иереи и принял постриг с именем **Ф.** Духовное образование получил на пастырско-богословских курсах, на которых впоследствии читал лекции. Затем в сане архимандрита священствовал около 30 лет в Харбине. Во время яп. оккупации (1931–45) проявил себя бесстрашным защитником православия. После захвата в Китае власти коммунистами в 1950 выехал со своей паствой в Австралию. В 1962 хиротонисан в чин епископа, служил епископом в Брисбене. В 1964 собор архипастырей РПЦЗ под председательством уходящего на покой митрополита *Анастасия (Грибановского)* избрал **Ф.** первоиерархом. Автор богословских трудов. При **Ф.** состоялось прославление св. праведного Иоанна Кронштадтского и св. блаженной Ксении Петербуржской. 19 окт. 1981 в Нью-Йорке возглавил прославление Новомучеников и Исповедников Рос.

Погребен в Свято-Троицком монастыре в Джорданвилле (шт. Нью-Йорк).
Л и т. *Владимиров Н.* 50-летие служения митрополита Филарета // НРС. 1981. 4 янв.; *Скидан А.* Сконч. митрополит Филарет // Там же. 1985. 23 нояб.; *James G.* Primate of 80,000-Member Russian Church Dies // The New York Times. 1985. Nov. 23.

ФИЛИПП [в миру Виталий Стефанович **СТАВИССКИЙ**] — епископ.

ФИЛИПП Валерия (род. 21 сент. 1919, Польша) — филолог. Оконч. Нью-Йоркский ун-т по славянск. языковедению. Здесь же получила ст. магистра (1964) и сдала устные экзамены на соискание докторской ст. (1968). В 1959–63 преподавала рус. яз. для взрослых в Фармингдэльской школе. С 1965 преподавала рус. яз. в Куинс-колледже Городского ун-та Нью-Йорка. Член РАГ в США.
И с т. Archive of the Assn. of Russian American Scholars in the USA. *Filipp V.* Curriculum vitae, 1968.

ФИЛИППЕНКО Алексей — астроном, космолог. Род. в Окланде (шт. Калифорния). Оконч. Калифорнийский ун-т в Санта-Барбара по физике (1979). В 1984 защитил докторскую дисс. по астрономии при Калифорнийском Технологич. ин-те («Калтекс»). Следующие два года вёл исследования в ун-те Бёркли. В «Калтексе» в 1985, совместно с У. Сарджантом, открыл новую звезду, доселе неизвестного класса. Помимо астрономич. исследований в «Калтексе» снискал популярность как преподаватель. На курсы **Ф.** по введению в астрономию записывались более 500 студентов. Позднее — проф. астрономии Калифорнийского ун-та в Бёркли. Эксперт по квазарам и активным галактикам. Исследования новых звёзд и «чёрных дыр» ведёт на горе Гамильтон (восточ. Сан-Хосе) при помощи автоматич. телескопа, следящего за сверхновыми звёздами, небесными телами и фотографирующего их. Используя данные, полученные запущенным в межпланетное пространство телескопом Хаббл (Hubble), со своими сотрудниками вёл наблюдения за взрывающимися сверхзвёздами. Занимался вопросами тёмной энергии и тёмного вещества в космосе, космич. эволюции сверхновых звёзд и их угасания. В 1998 со своими коллегами пришёл к заключению об ускорении расширения космоса, что противоречит заключению А. Эйнштейна.
И с т. Filippenko Alex. University of California Astronomy Dept. 3 p. // 2004. Feb. 25. Internet.
Л и т. *Glanz J.* New data on 2 Doomsday ideas, Big Rip vs. Big Crunch // The New York Times. 2004. Feb. 21; *Rodarmor W.* A conversation with Alex Filippenko // California Monthly. 1996. June. P. 24–28.

ФИЛИППОВ [наст. **Филистинский**] Борис Андреевич (6 авг. 1905, Ставрополь – 3 мая 1991, Юниверсити-Хиллс под Вашингтоном) — поэт, литературовед, востоковед, иллюстратор, издатель. Род. в семье офицера Рус. Императорской армии.

Оконч. в 1928 Ленинградский Восточ. ин-т по монгольскому разряду, специализируясь по философии Востока и экономике. Пережил две мировые войны, одну гражданскую, три ареста по обвинению в «контрреволюции». Отбыл пять лет в сталинских Ухт-Печерских лагерях. Иллюстрировал литературные произведения. В 1935 с иллюстрациями **Ф.** был издан монгольский эпос «Гэсэриада». В 1941–43 — в нем. оккупации в Новгороде. 1944–45 — в Латвии и Зап. Германии. В 1944 в Риге опубликовал сб. стихов

«Град невидимый». Перу **Ф.** принадлежит более 20 сб. с многоч. эссе, рассказами и стихами. Своё творч. посвящал России, был большим знатоком муз. и живописи. Печатался в журналах «Грани» и «Посев» (Франкфурт-на-Майне). Отредактировал самостоятельно и совместно с *Г.П. Струве* свыше 70 книг рус. писателей. В США с 1950. Жил в Нью-Йорке, с 1954 — в Вашингтоне, где преподавал, писал и занимался редакторской работой. Читал лекции в Нью-Йоркском, Канзасском, Йельском, и Вандербильтском ун-тах. Был проф. Амер. ун-та в Вашингтоне. Возглавлял издательство «Inter-Language Literary Associates», выпустившее более 50 книг лит. произведений, критич., психологич. и философских трудов, запрещённых в СССР. Автор более 30 книг, сб. стихотворений и прозы, лит. критики, истории лит. Издал сб. стихов «Непогодь» (1960), «Бремя времени» (1961), «Рубежи» (1962) и др. Прошлое **Ф.** рассматривал через призму настоящего и в своих произведениях использовал рус. фольклор. Сотруднич. в газ. «Новое русское слово» (Нью-Йорк). Произведения **Ф.** стали известны на родине, когда в журнале «Север» (1990. Нояб., дек.) были опубликованы главы из книги «Избранное» под общим названием «Кресты и перекрёстки». В 1990 вышла последняя книга **Ф.** «Всплывшее в памяти». Состоял членом РАГ в США. Гражданин США.

С о ч. Ветер Скифии. Сб. стихов. Вашингтон, 1959; Стынущая вечность. Сб. стихов. Вашингтон, 1964; За тридцать лет. Сб. стихов. Вашингтон, 1971; В пыли чужих дорог. Сб. стихов. Нью-Йорк, 1988; Дорогое для меня тридцатилетие // НРС. 1984. 7 июля.

И с т. Архив РАГ в США. *Филиппов Б.А.* Автобиография (рукопись), 1971; Автобиография // Берега. Стихи поэтов второй эмиграции / Под ред. Вал. Синкевич. Филадельфия, 1992. С. 277; Автобиография // *Крейд В.* С. 663.

Л и т. *Вильданова Р.И., Кудрявцев В.Б., Лаппо-Данилевский К.Ю.* Краткий биографич. словарь рус. зарубежья // *Струве Г.* С. 371; *Витковский Е.В.* Антология… Кн. 3. С. 371.

ФИЛИППОВ Владимир — реолог. Род. в Петергофе Санкт-Петербургской губ. В 1932 оконч. Берлинский политехнич. ин-т, где в 1934 защитил докторскую дисс. В США с 1948. В 1951–59 работал в частных научно-исследовательских лабораториях. С 1968 — проф. Бруклинского политехнич. ин-та. Вёл исследовательскую работу в обл. реологии, полимерных растворов, вибрационных испытаний, лучей рентгена в мыльном растворе и поведения полимеров при флотации.

Л и т. *Кеппен А. А.*

ФИЛИППОВ Георгий Владимирович (26 июня 1880, Константинополь – 15 апр. 1946, Нью-Йорк) — Ген. штаба полковник, общественный деятель. Род. в семье ген.-лейт. В.Н. Филиппова. Оконч. Псковский кад. корпус, Николаевское кав. уч-ще (1899) и вышел Л.-гв. корнетом в Уланский (?) полк, в котором дослужился до чина Л.-гв. штабс-ротмистра. Участник Кит. кампании 1900–1901 и рус.-яп. войны 1904–05. Оконч. Николаевскую Академию Ген. штаба. Участник Первой мировой войны, нач-к штаба 14-й кав. дивизии. Был помощником нач-ка Персидской дивизии, после расформирования которой прибыл в США и поселился в Нью-Йорке. Много лет состоял членом Союза рос. дворян в Америке. 20 лет был председателем Об-ва помощи рус. зарубежным военным инвалидам. Занимался рус. и иностранной геральдикой, сотруднич. в журнале «Новик» (Нью-Йорк). *Родственники:* жена Мария Владимировна; сыновья: Владимир, Кирилл.

Л и т. *Н.П.* Г.В. Филиппов (некролог) // Новик. 1946. С. 63–65.

ФИЛИППОВ Иван — строитель города Клируотер в шт. Флорида, куда он приехал в 1883 к своему дяде *Ф.Ф. Каменскому*. Здесь стал подрядчиком. Построил гостиницу «Скрантон», кинотеатр «Капитоль», здание городского управления, банк и особняк «Рэблинг эстет». Местная пресса во Флориде отметила жертвенность **Ф.** во время спасения погибающих от стихийных бедствий.

И с т. Материалы архива Сокольского А.А.

ФИЛИППОВ Иван Дмитриевич (13 сент. 1894, Санкт-Петербург – ?) — инженер-электрик. Оконч. Петроградский Политехнич. ин-т с дипломом инж.-электрика. В ин-те был преподавателем при кафедре электротехники. Ассистент при кафедре физики Петроградского мед. ин-та. Уйдя в эмиграцию, попал в Зап. Германию, где после оконч. войны состоял членом группы Рос. Красного Креста, а затем членом YMCA по оказанию помощи беженцам. Выехав во Францию, занимал должность проф. и зав. кафедрой электрич. машин в Рус. высшем технич. ин-те в Париже. Представлял амер. компании. Эмигрировал в США. В Библиотеке Конгресса США в Вашингтоне работал зав. отделом по науч.-технич. исследованиям. Автор статей о фотоэлектрич. эффектах и квантовой системе единиц.

И с т. АОРИ. Вопросник.

ФИЛИППОВ Петр Гаврилович (3 июня 1862 – 9 апр. 1942, Астория, Лонг-Айленд, шт. Нью-Йорк) — генерал-майор по Адмиралтейству. Ветеран. После оконч. Гражданской войны поселился в США. Почётный член Об-ва рус. мор. офицеров в Америке.

Л и т. Сведения о службе и наградах см.: Мор. Записки (Нью-Йорк). 1943. Дек. С. 68–69.

ФИЛИПС-ЮЗВИГ [Filips-Juswigg Katherina] Екатерина Фёдоровна (род. 7 дек. 1921, Полтава) — проф. рус. яз. и лит. В 1941 оконч. в Виннице Педагогич. ин-т по истории и филологии. Покинула во время Второй мировой войны оккупированную терр. СССР. В эмиграции в Зап. Германии и Канаде. Продолжала образование по рус. яз. и лит. в Монреальском ун-те, при котором в 1961 защитила докторскую дисс. Начала преподавательскую деятельность в 1961 в ун-те Альберты (Канада). В 1962–67 — доцент в ун-те шт. Орегон. С 1967 в звании доцента и с 1971 в звании проф. занимала пост главы департамента славянск. яз. в ун-те Милуоки (шт. Висконсин). Опубликовала ряд статей в языковедческих и лит. журналах. В 1987 награждена первой премией Джо Малика за заслуги в обл. развития славистики в Америке. Член РАГ в США.

И с т. Archive of the Assn. of Russian-American Scholars in the USA. *Filips-Juswigg K.* Curriculum vitae, 1974.

Л и т. *Веркова Л.* 25-летний юбилей проф. деятельности Е.Ф. Филипс-Юзвиг // НРС. 1986. 14 дек.

ФИЛИПЬЕВ Павел Тимофеевич (2 дек. 1896, Екатеринодар Обл. Войска Кубанского – 1981, Сан-Франциско) — участник Белого движения на Востоке и Юге России, железнодорожный техник, художник. Оконч. Екатеринодарское худ. уч-ще (1915) и призван на военную службу. Оконч. Тифлисское военное уч-ще (май 1916) и произведён в прапорщики.

Участник Первой мировой войны на Кавказском фронте. После Октябрьского переворота 1917 — в белых войсках в Сибири и на Юге России. Эвакуировался из Крыма в нояб. 1920 в составе Рус.

армии. В эмиграции в Кор. СХС, работал художником и чертёжником (1920–25). В 1925 переехал в Прагу, оконч. Рус. высшее уч-ще техников путей сообщения (1928). Работал инспектором, рук. проекта и ревизором в отделе жел. дорог Гос. департамента строительства Чехословакии (до 1941). Затем был вынужден менять несколько раз работу, был мастеровым и учителем в школе в городе Клатовы. В янв. 1947 нелегально пересёк границу оккупированной союзниками Германии. Поменяв несколько профессий, в 1951 эмигрировал из ФРГ в США. Жил и работал в Сан-Франциско. Как и *А.А. Куренков* занимался изуч. и расшифровкой «Велесовой книги», тщётно пытаясь доказать её подлинность, хотя она отвергнута учёными как подделка.

И с т. АМРК. Филипьев Павел Тимофеевич // Коллекции Гуверовского ин-та. Pdf 64,3 К.

ФИЛИСТИНСКИЙ Борис Андреевич — см. **ФИЛИППОВ** Борис Андреевич.

ФЛАМ Людмила Сергеевна — см. **ОБОЛЕНСКАЯ-ФЛАМ** Людмила Сергеевна.

ФЛАУМЕ Анатолий Яковлевич (15 февр. 1912, Екатеринодар Обл. Войска Кубанского – 27 нояб. 1989, Чези-Чейс, шт. Мэриленд). Род. в семье банковского служащего. Оконч. Рижскую рус. гимназию (быв. Ломоносовскую), работал учителем. Учился в Латвийском ун-те на филологич. ф-те, который не успел оконч. Член рус. студенч. союза «Рутения», для которого написал песню-гимн. В 1944 был нач-ком отдела печати Рус. комитета в Латвии. Под именем Анатолия Фролова в июне 1943 написал знаменитый «Марш РОА», который начинался словами:

*Мы идём широкими полями
На восходе утренних лучей.
Мы идём на бой с большевиками
За свободу родины своей.*

Конец войны встретил в Баварии. Для рус. гимназии при «Доме милосердного Самарянина» сост. учебник по рус. грамматике. В США с 1950. Преподавал рус. яз. в военной школе в Монтере (шт. Калифорния), где написал основной курс рус. яз. и ряд пособий по преподаванию рус. яз. В 1958–61 — в аспирантуре Пенсильванского ун-та, в стенах которого защитил дисс., посвящённую методике составления учебников по рус. яз. Проф. славянск. филологии в Джорджтаунском ун-те в Вашингтоне.

Л и т. *Полчанинов Р.В.* Памяти Анатолия Яковлевича Флауме // РЖ. 2004. 4 сент.

ФЛОРИН Алексей — см. **ЦВЕТИКОВ** Алексей Николаевич

ФЛОРИНСКИЙ Михаил Т. (1895, Киев – 1981, Швейцария) — экономист, историк. Учился на юридич. ф-те Киевского ун-та св. Владимира. Арт. офицером участвовал в Первой мировой войне. Был ранен и четыре раза удостоился воинских наград. После 1917 — в эмиграции в Великобрит. Изуч. экономич. науки в Кор. колледже (Kings College) в Лондоне. Под ред. **Ф.** увидели свет 12 томов, посвящённых России, в серии «Экономическая и социальная история Мировой войны» (опубликовано: «Carnegie Endowment for International Peace»). В США с 1926, поступил в Колумбийский ун-т. В 1931 защитил докторскую дисс. В 30–40-х гг. занимался исследованием европейских проблем и фашизма. Перу **Ф.** принадлежит история революции и большевизма в России (март 1918 – 1945). Автор трудов (на англ. яз.) «Интегрированная Европа?» и «Краткая история России». Ред. книг: «Коммерческая и тарифная история главных европейских стран» и «The McGraw-Hill Encyclopedia of Russia and the Soviet Union». Полный проф. (1956).

И с т. *Мартьянов Н.Н.* Список… С. 84–88.

Л и т. *Montgomery P. L.* Michael Florinsky, 86, Author and Ex-Columbia Professor // The New York Times. 1981. Oct. 14.

ФЛОРОВСКИЙ Георгий Васильевич (1893, Елисаветград Херсонской губ. – 11 авг. 1979, Принстон) — протоиерей ПЦА, богослов, историк, литературовед, лит. критик, общественный деятель. Род. в потомственной дух. семье. Оконч. гимназию и ист.-филологич. ф-т Новорос. ун-та, где также слушал лекции по математике, физике и биологии. Первые печатные работы **Ф.**, посвящённые физиологии, классич. философии и логике, появились в 1913 и 1916.

В эмиграции с 1920 в Болгарии, с 1921 в Чехословакии. В Праге защитил магистерскую дисс. «Историческая философия Герцена» и получил звание приват-доцента. Специализировался по истории церкви и рус. культуры. В 1926 приглашён о. Сергием Булгаковым занять кафедру патрологии в Православном богословском ин-те в Париже, которую занимал до 1948. В 1932 митрополитом Евлогием (Георгиевским) рукоположен в сан священника. Окормлял РСХД в Париже. Ранние труды **Ф.** посвящены творч. В.С. Соловьёва, Ф.И. Тютчева и А.И. Герцена. В 1931 и 1933 опубликовал 2 т. курса патрологии «Восточные отцы IV века» и «Византийские отцы V–VIII века». Активно участвовал в экуменич. движении. В 1933–39 читал лекции в высших богословских учебных заведениях Англиканской церкви в Великобрит., Ирландии и Шотландии. Во время Второй мировой войны жил в Швейцарии, Югославии, Чехословакии и Франции. В США с 1948. Гражданин США (1954). Проф. патрологии в Свято-Владимирской семинарии, проф. богословия Гарвардского, Колумбийского, Бостонского и Принстонского ун-тов, богословской семинарии «Юнион», ун-та св. Андрея в Шотландии. После выхода на пенсию приглашён для науч. работы в богословскую школу Принстонского ун-та, на славянском отделении которого также читал лекции аспирантам о рус. цивилизации. В кругах западного христианства и среди сторонников экуменич. движения получил признание наиболее авторитетного богослова. Вклад **Ф.** в богословие отмечен присвоением докторских ст. рядом амер. ун-тов, ун-том Сэйнт-Эндрью в Шотландии и Салоникским ун-том в Греции. Занимаясь историей богословия, пришёл к убеждению, что евангельское благовестие прошло через горнило эллинско-византийской мысли, заимствовав у неё то терминологич. и интеллектуальное оружие, при помощи которого отцы церкви смогли защищать евангельское учение от внебиблейских идей и понятий. Перу **Ф.** принадлежат более 100 печатных работ. Состоял членом Амер. академии искусств и наук, Афинской академии, Амер. историч. об-ва, членом центрального и исполнительного комитетов Всемирного Совета Церквей.

Похоронен в Трентоне (шт. Нью-Джерси).

С о ч. Пути рус. богословия. Париж, 1937.

Л и т. *Вильданова Р.И., Кудрявцев В.Б., Лаппо-Данилевский К.Ю.* Краткий биографич. словарь рус. зарубежья // Струве Г. С. 371; *Kesich V.* Georges V. Florovsky // Записки РАГ в США (Нью-Йорк). 1980. С. 351–353; *Bird T.* Georgii Vasil'evich Florovsky, 1879–1979 // Russian Review. 1980. P. 126–128; *Bird T.* George Florovsky, Ekumenisches Portrait // Una Sancta. 1968 / 3. V. VIII–X; *Cook J.* Rev. G.V. Florovsky, Theologian // The New York Times. 1979. Aug.

14; *Raymond B., Jones D.* Florovskii Georgii // The Russian Diaspora. 1917–1941. Maryland and London, 2000. P. 105.

ФЛУГ Василий Егорович (1859 [по др. дан. 19 марта 1860] – 3 дек. 1955, Сан-Франциско) — участник Белого движения на Юге и Востоке России, генерал от инфантерии. Оконч. 2-ю санкт-петербургскую военную гимназию (1877), Михайловское арт. уч-ще (1880) и вышел подпоручиком в 7-ю кон.-арт. батарею. Служил в 23-й кон.-арт. батарее. По оконч. по I разряду Николаевской Академии Ген. штаба (1890) — офицер службы Ген. штаба в Приамурском ВО. Нач-к строевого отдела штаба Владивостокской крепости (1893–94). Затем состоял ст. адъютантом Кавказской гренадерской дивизии. Штаб-офицер при управлении 2-й Восточ.-Сибирской стрелковой бригады (1896–99). Участник Кит. кампании 1900–1901. На 1900 — и. д. нач-ка штаба 3-й (Порт-Артурской) Восточ.-Сибирской стрелковой бригады. Участвовал в форсировании р. Тумен-улу на бурдюках и взятии в ночном рукопашном бою кит. крепости Лутай 9 сент. 1900. За храбрость награждён Георгиевским оружием. С 1902 — нач-к штаба войск Квантунской обл. Генерал-майор за боевые отличия (1903). Участник рус.-яп. войны 1904–05, занимал должность генерал-квартирмейстера Полевого штаба наместника на Дальнем Востоке (с янв. 1904). Генерал-квартирмейстер 2-й Маньчжурской армии (янв.–сент. 1905). В 1905–09 — военный губ. Приморской обл., Наказной Атаман Уссурийского каз. войска. Генерал-лейтенант (6 дек. 1909). Занимался исследованиями рек и тайги Уссурийского края, высаживался на Командорские о-ва. Нач-к 37-й пех. (1909–12) и 2-й гв. пех. (1912–13) дивизий, стоявших в Санкт-Петербурге. С янв. 1913 — пом. Туркестанского ген.-губ. и командующего войсками Туркестанского ВО. Участник Первой мировой войны. С 22 авг. 1914 — командующий 10-й армией Сев.-Зап. фронта, которая успешно вела операции против 8-й нем. армии в сент. 1914. В результате интриг ген. М.Д. Бонч-Бруевича и разногласий с ген. Н.В. Рузским отчислен от должности «за опасную активность». Генерал от инфантерии (6 дек. 1914). С 8 июня 1915 — командир II арм. корпуса, который действовал в составе 10-й, 7-й и 9-й армий (1915–17). Отличился с корпусом в составе 7-й армии во время наступления войск Юго-Зап. фронта в мае – июне 1916. Корпус **Ф.** разбил XIII австро-венгерск. корпус на р. Стрыпь и взял в плен около 10 тыс. чел. За отличия во время наступления награждён орденом св. Георгия IV ст. (1916). После Февральской революции 1917 — командующий 9-й армией Рум. фронта. С 30 мая 1917 — в резерве чинов при штабе Петроградского ВО. После Октябрьского переворота 1917 уехал на Дон и вступил в нояб. 1917 в Алексеевскую орг-цию (Добровольч. армию). Зимой 1918 откомандирован ген. М.В. Алексеевым в Сибирь для работы в тылу у большевиков. Участник Сибирского подпольного центра (с февр. 1918). Член правительства ген. Д.Л. Хорвата (с июня 1918). С дек. 1918 — командующий войсками Приамурского ВО, затем — пом. по гражданской части Верховного уполномоченного на Дальнем Востоке. В нач. 1919 возвратился на Юг и вступил во ВСЮР. С сент. 1919 — пом. по военной части командующего войсками Киевской обл. ген. А.М. Драгомирова, затем в резерве чинов войск Киевской и Новорос. обл. Эвакуировался из Крыма в нояб. 1920 в составе Рус. армии. В эмиграции в Кор. СХС. Служил в Военном министерстве Кор. армии. С 1924 активный чин РОВС. Участвовал в деятельности Об-ва офицеров Ген. штаба. В 1930 — временно и. о. нач-ка IV отдела РОВС. Писал для рус. военной зарубежной печати. В 1941–45 — в Рус. Корпусе.

После 1945 — в Зап. Германии, затем в США. Почётный член Об-ва Рус. ветеранов Великой войны, председатель Об-ва ревнителей памяти убиенного императора Николая II. Почетный член Об-ва рус. ветеранов Великой войны.

Похоронен на Серб. кладбище в Сан-Франциско.

С о ч. Новые франц. уставы полевой службы // Часовой (Париж). 1931. Февр.; 10-я армия в сент. 1914 // Военный сб. Кн. V. Белград, 1924. С. 232–260.

И с т. АОРВВВ. Ген. от инф. Василий Егорович Флуг // 1955. Дек. Альбом № 1; ЛАА. Справка *К.М. Александрова* на ген. от инф. В.Е. Флуга.

Л и т. *Волков С.В.* Энциклопедия Гр. войны. С. 595; К 95-летию ген. В.Е. Флуга // Часовой (Брюссель). 1955. Февр. № 350. С. 20; *Протасевич*, полк. Ген. В.Е. Флуг // Там же. 1956. Янв. № 361. С. 21; *Рутыч Н.Н.* Юг. С. 249–250.

ФОКАГИТОВ — см. **НИКИТИН** Д. В.

ФОКИН Михаил Михайлович (23 апр. 1880, Санкт-Петербург – 22 авг. 1942, Нью-Йорк) — танцовщик, балетмейстер, хореограф. Отец **Ф.** владел буфетом-рестораном в Императорском Яхт-клубе. В 1898 оконч. Петербургское театральное уч-ще, в котором учился у таких мастеров балета как Н. Волков, П. Карсавин, Н. Легат и др. Исполнительская карьера **Ф.** складывалась удачно, выступал на сцене Мариинского театра. С 1904 — танцовщик I разряда, преподаватель Петербургского театрального уч-ща. Танцевал в балетах «Лебединое озеро», «Спящая красавица», «Щелкунчик» и др. Вместе с тем увлекался живописью, брал частные уроки рис., играл на муз. инструментах. С 1905 искал новые формы балетного искусства. Учеником **Ф.** был великий танцовщик В.Ф. Нижинский. В 1907 познакомился с А.Н. Бенуа и вошёл в мир петербургского искусства.

Широкое признание публики приобрели премьерные постановки **Ф.** «Павильон Армиды» (1907) и «Египетские ночи» (1908). Бенуа рекомендовал **Ф.** С.П. Дягилеву в качестве постановщика для Рус. сезонов в Париже (1909–12 и 1914), во время которых вершиной творч. балетмейстера стала постановка балета «Петрушка» И.Ф. *Стравинского* (премьера 13 июня 1911). Во время Первой мировой войны ставил балеты на сцене Мариинского театра. Весной 1918 отправился на гастроли в Швецию и на родину не вернулся. В США с женой с 1919. 30 дек. 1919 состоялся первый концерт **Ф.** в Метрополитен-опера. С 1921 супруги поселились в Нью-Йорке, открыв балетную школу на Лонг-Айленде (1923). В 1921–31 получал неоднократные приглашения вернуться на родину, но после раздумий отказывался. За рубежом самыми крупными постановками **Ф.** стали балеты: «Паганини» на муз. *С.В. Рахманинова* (Лондон, 1939), «Синяя Борода» на муз. Ж. Оффенбаха (Мехико-Сити, 1941) и «Русский солдат» на муз. *С.С. Прокофьева* (Бостон, 1942). Автор мемуаров. Школа **Ф.**, носившая его имя, продолжала

существовать и после смерти мастера. *Родственники:* вдова (урожд. Антонова) *Вера Петровна.*
С о ч. Умирающий лебедь. Л., 1961; Против течения. Воспоминания балетмейстера. Статьи, письма. Л.; М., 1962; Л., 1981.
И с т. АМРЦ. *Морозова О.А.* Биографич. сборник — черновая рукопись: М-73-10. 2.5-54.
Л и т. *Соколов-Каминский А.* Фокин Михаил Михайлович // РЗ. Золотая кн. эм. С. 655–660; *Raymond B., Jones D.* Fokin Mikhail // The Russian Diaspora. 1917–1941. Maryland and London, 2000. P. 106.

ФОКИНА [урожд. **Антонова**] Вера Петровна (8 марта 1886, Санкт-Петербург – 29 июля 1958, Нью-Йорк) — балерина, жена *М.М. Фокина.* Оконч. Петербургское театральное уч-ще (1904). Выступала на сцене Мариинского театра до 1918. Весной 1918 вместе с мужем выехала в Швецию.

В США с мужем с 1919. С 1921 супруги поселились в Нью-Йорке, открыв балетную школу на Лонг-Айленде (1923), где Ф. преподавала долгое время.
Л и т. *Вронская Дж., Чугуев В.* Кто был кто в России и в бывшем СССР. Б. м., 1994.

ФОЛЬКЕРТ Ромил Адольфович (1903 – 24 нояб. 1997, Сан-Франциско). Кадет IV вып. 8 кл. Рус. кад. корпуса в Сараево (1924). Председатель Объединения выпускников кад. корпусов (1979–81). *Родственники:* вдова Елизавета Петровна; дочь Марина (в браке Садовникова); внуки.
Похоронен на Серб. кладбище в Сан-Франциско.

Л и т. Некролог // Бюллетень Объединения рос. кад. корпусов в Сан-Франциско. 1988. Янв. № 55. С. 28, 35.

ФОМИН Александр Петрович (12 марта 1909, Россия – ?) — инженер-электрик. Оконч. в Московский электротехнич. ин-т (1935) со специализацией по слабым токам. Покинул оккупированную терр. СССР во время Второй мировой войны. В США жил в Бруклине.
И с т. АОРИ. Анкета.

ФОМИН Иван Константинович (31 янв. 1903, Новочеркасск Обл. Войска Донского – ?) — инженер-строитель. После 1920 — в эмиграции в Кор. СХС. Оконч. Технич. ф-т Белградского ун-та (1931). В США жил в Манхэттане. Член Об-ва рус. инж. в США.
И с т. АОРИ. Анкета.

ФОМИН Леонтий Андреевич (? – 21 янв. 1964, Сан-Франциско) — участник Белого движения на Востоке России, есаул. Род. в дворянской семье Новгородской губ. Оконч. Сарапульское реальное уч-ще (1915), учился в Электротехнич. ин-те в Петрограде (не оконч.). Оконч. Николаевское кав. уч-ще (февр. 1917) и вышел хорунжим в 1-й Нерчинский каз. Наследника Цесаревича полк Уссурийской каз. дивизии. После Октябрьского переворота 1917 — в белых войсках Восточ. фронта, в Забайкальском каз. войске. Служил в личном конвое атамана ген.-лейт. Г.М. Семёнова. После 1922 — в эмиграции в США, жил в Сан-Франциско.
Л и т. Некролог. Незабытые могилы // Часовой (Брюссель). 1964. Июль. № 456. С. 23.

фон **АНРЕП** Юния Павловна — см. **АНРЕП** фон, Юния Павловна

фон **АРНОЛЬД** Антонина Романовна — см. **АРНОЛЬД** фон, Антонина Романовна

фон **БЕНЗЕМАН** Г.А. — см. **БЕНЗЕМАН** Г.А.

фон **БОК** Б.И. — см. **БОК** Б.И.

фон **ВИРЕН-ГАРЧИНСКАЯ** Вера Робертовна — см. **ВИРЕН-ГАРЧИНСКАЯ** фон, Вера Робертовна

фон **ВРАНГЕЛЬ** Елизавета Васильевна — см. **ВРАНГЕЛЬ** Елизавета Васильевна.

фон **ВРАНГЕЛЬ** Фердинанд Петрович — см. **ВРАНГЕЛЬ** Фердинанд Петрович.

фон **ГАРТМАН** Максимилиан (Макс) Евгениевич — см. **ГАРТМАН** фон, Максимилиан (Макс) Евгениевич

фон **ГОЕРЦ** Алексей Александрович — см. **ГОЕРЦ** фон, Алексей Александрович

фон **ГОЕРЦ** Владимир Никитич — см. **ГОЕРЦ** фон, Владимир Никитич

фон **ГОЙНИНГЕН-ГЮНЕ** Николай Николаевич — см. **ГОЙНИНГЕН-ГЮНЕ** фон, Николай Николаевич, бар. 1-й

фон **ДЕН** Александр Дмитриевич — см. **ДЕН** фон, Александр Дмитриевич

фон **ДЕПП** Филипп Георгиевич — см. **ДЕПП** фон, Филипп Георгиевич

фон дер **ПАЛЕН** Юрий Платонович — см. **ПАЛЕН** фон дер, Юрий Платонович

фон **КЕЛЛЕР** Артур — см. **КЕЛЛЕР** фон, Артур

фон **КЕЛЛЕР** Николай — см. **КЕЛЛЕР** фон, Николай

фон **КРУЗЕНШТЕРН** Константин Акселевич — см. **КРУЗЕНШТЕРН** фон, Константин Акселевич

фон **КРУЗЕНШТЕРН** Юстина Владимировна — см. **КРУЗЕНШТЕРН** фон, Юстина Владимировна

фон **ЛАНГ** Валериан Димитриевич — см. **ЛАНГ** фон, Валериан Димитриевич

фон **МЕЙЕР** Валериан Михайлович — см. **МЕЙЕР** фон, Валериан Михайлович

фон **МЕЙЕР** Михаил Михайлович — см. **МЕЙЕР** фон, Михаил Михайлович

фон **МЕЙЕР** Юрий Константинович — см. **МЕЙЕР** фон, Юрий Константинович

фон **МЕКК** Владимир Владимирович — см. **МЕКК** фон, Владимир Владимирович

фон **МИДДЕНДОРФ** Владимир Андреевич — см. **МИДДЕНДОРФ** фон, Владимир Андреевич

фон **МОРЕНШИЛЬДТ** Димитрий Сергеевич — см. **МОРЕНШИЛЬДТ** фон, Димитрий Сергеевич фон **НОТБЕК** Евгений (Курт) Иванович — см. **НОТБЕК** фон, Евгений (Курт) Иванович

фон **ПУШЕНТАЛЬ** Владимир — см. **ПУШЕНТАЛЬ** фон, Владимир

фон **РЕЙНГАРТ** Константин Фёдорович — см. **РЕЙНГАРТ** фон, Константин Фёдорович

фон **РЕЙТЛИНГЕР** Матвей Эдмундович — см. **РЕЙТЛИНГЕР** фон, Матвей Эдмундович

фон **РОЗЕНТАЛЬ** Феттер — **РОЗЕНТАЛЬ** фон, Феттер

фон **ШЛИППЕ** Алексей Фёдорович — **ШЛИППЕ** фон, Алексей Фёдорович

ФОСТЕР [урожд. **Колесникова**] Людмила Александровна (род. 31 дек. 1931, Владикавказ) — литературовед, общественный деятель. Во время Второй мировой войны оказалась с родителями, полит. эмигрантами, в числе беженцев, в Польше, Австрии и Германии.

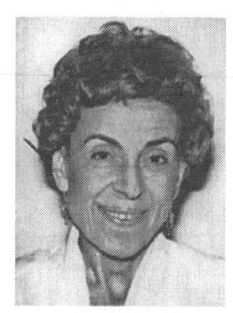

В США с 1950. Гражданка США (1955). Оконч. 3 ун-та, включая Гарвардский ун-т, при котором в 1970 получила докторскую ст. по филологии. В 1974–88 вела цикл передач «Книги и люди» на радиостанции «Голос Америки». Работала в Информационном агентстве США (USIA) администратором по обмену представителями с РФ. Член Главного правления КРА с 1990. Директор Вашингтонского представительства КРА. В лице Ф. представительство находилось в постоянной связи с федеральными властями и законодателями в Вашингтоне, а также с консульскими работниками РФ. Член ряда общественных и культурных орг-ций, в т. ч.: MENSA, League of Women Voters, РАГ в США, World Affairs Council, и др. В нояб. 1995 в качестве представителя КРА участвовала в парламентских слушаниях в Москве, посвящённых рус. диаспоре. Организовала ряд сессий, посвящённых рус. зарубежной лит., для славистов в США и в Канаде. Автор уникального справочного издания, посвящённого библиографии рус. зарубежной лит., которое содержит 17 тыс. справок с указанием источников. Автор ряда статей на англ. и рус. яз. в науч. журналах и рус. газ., главным образом, посвящённых рус. зарубежной лит. Овдовела, имеет двух сыновей и внука.

С о ч. Russian Emigre Literature 1918–1968. 2 v. Boston, 1970.
И с т. Archives CRA. *Фостер Л. А.* Автобиография со списком публикаций, 4 с. (2000); *Foster L.A.* Curriculum vitae, 1999; Archives of the Assn. of Russian American Scholars in the USA. *Foster L.A.* Curriculum vitae, 1998.
Л и т. *Ковалевский П.Е.* С.165.

ФОТИЕВ Кирилл Васильевич (11 нояб. 1928, Москва – 28 авг. 1990, Мюнхен) — протоиерей ПЦА, публицист, литературовед. Род. в семье театрального критика и режиссёра Вас. Вас. Ф. и его жены (урожд. Юдиной) Екатерины Сергеевны. Семья жила в сырой полуподвальной комнате в Денисовском переулке, родители болели туберкулёзом и, опасаясь за жизнь сына, решили отправить его к родной тётке в Либаву (Латвийская республика). При помощи дяди, знаменитого хирурга С.С. Юдина в 1934 выехал из СССР в Латвию. С 1940 прислуживал в церкви. Весной 1941 с семьёй тётки попал в Германию. Учился в гимназии в Любеке, затем жил в Бреславле. В 1944 семья тётки была арестована Гестапо за участие в конспиративной деятельности НТС, и Ф. опекали знакомые. Оконч. рус. гимназию в лагере Менхегоф под Касселем (1946) и поступил на философский ф-т Гамбургского ун-та. Член НТС с 1947. Весной – осенью 1949 жил в Марокко, работал землемером. В нояб. 1949 получил стипендию для учёбы в Париже в Свято-Сергиевском богословском православном ин-те. Учился у выдающихся рус. богословов А. В. Карташёва, протоиереев Николая Афанасьева, Вас. Зеньковского и др. Кроме богословия изуч. искусство, философию, поэзию. По оконч. ин-та (1954) переехал в Рим и участвовал в полит. деятельности НТС, затем работал в ФРГ на радиостанции НТС «Свободная Россия», вещавшей на СССР. Член Рук. Круга НТС с 1959. В 1962 принял сан священника в форме целибата. Получил назнач. в Монреаль (Канада), а потом в Нью-Йорк, где был секретарём митрополита ПЦА *Иринея*. Затем получил приход в Бруклине (Нью-Йорк). С 1977 участвовал в создании «рабочей группы "Посева"» и деятельности Рус. Исследовательского Фонда, развивал контакты с выезжавшими из СССР эмигрантами. Устраивал публич. лекции для богословов протоиереев *Иоанна Мейендорфа*, Андрея Шмемана и др. Читал лекции на богословско-философские, лит. и полит. темы. Участвовал в редактировании журнала «Посев» (Франкфурт-на-Майне), на страницах которого опубликовал десятки статей. Член редколлегии журнала «Посев». Вёл цикл религиозных программ на радиостанции «Голос Америки». В 1985 вернулся в Европу, вёл религиозные передачи на радиостанции «Свобода» в Мюнхене. Помимо великолепного владения лит. рус. яз., знал франц., нем., итальянск. и англ. яз. и читал на них доклады. В некрологе друзья написали о Ф. так: «Православная традиция не мешала ему ценить традиции западного христианства: даже внешность его вне богослужения была по-западному гражданская, за что друзья его любя называли Padre. Церковь для него была, прежде всего, вселенской: он не терпел использования Церкви в этнических целях, как не терпел любого низведения Духа к земным или вещественным ценностям».

Похоронен на рус. кладбище Сент-Женевьев де Буа под Парижем.

С о ч. Попытки украинской автокефалии в XX веке. Мюнхен, 1955; Высокая человечность. К 100-летию со дня рождения А. П. Чехова // Посев. 1960. 31 янв. № 5 (716); Предрассветный крик // Там же. 1961. 23 апр. № 17 (780); Судить ответственно и осторожно // Там же. 1979. № 12; Рус. Церковь сегодня: духовенство и миряне // Там же. 1981. № 9; Побеждать злую разобщённость мира сего // Там же. 1986. № 6.
И с т. ЛАА. Справка *К.М. Александрова* на члена РК НТС прот. Кирилла Фотиева.
Л и т. *Б.П.* К.В. Фотиев // Посев. 1990. Нояб.–дек. № 6. С. 96–98; Некролог // НРС. 1990. Авг.

ФРАМ Василий Павлович (? – 9 апр. 1957, Глен-Ков на Лонг-Айленде, шт. Нью-Йорк) — участник Белого движения на Юге России, штабс-капитан. Оконч. Петровско-Полтавский кад. корпус, Алексеевское военное уч-ще (июль 1915) и вышел прапорщиком в 301-й Бобруйский полк 76-й пех. дивизии. Участник Первой мировой войны. На фронте был ранен, контужен и отравлен газами. Награждён боевыми орденами. После Октябрьского переворота 1917 — участник Белого движения. В эмиграции в США. Активно участвовал в монархич. движении.
Л и т. *X.* Штабс-кап. В. П. Фрам // Часовой (Брюссель). 1957. Июнь. № 377. С. 20.

ФРАНК де, Иван Леонович (? – 31 мая 1966, Лос-Анджелес [по др. дан. Панорама-Сити, шт. Калифорния]) — капитан I ранга. Оконч. Мор. инж. уч-ще (1901).

Участник рус.-яп. войны 1904–05. Во время боя при Чемульпо находился на борту канонерской лодки «Кореец» и участвовал во взрыве лодки. За храбрость награждён орденом св. Георгия IV ст. Затем служил на учебном судне «Океан». В начале Первой мировой войны служил в Архангельском порту. После Октябрьского переворота 1917 — в эмиграции в Латвии. Изобрёл особый состав для быстрой и дешёвой чистки корабельных труб, и в связи с изобретением прибыл в 30-х гг. в США. Автор мемуаров.

С о ч. Воспоминания о пережитом. Чемульпо. // Мор. записки (Нью-Йорк). 1944. Т. II. № 1.
И с т. АОРИ. Анкета (1948).
Лит. Мартиролог рус. военно-мор. эм. С. 54; Незабытые могилы // Часовой (Брюссель). 1966. Авг. № 482. С. 22.

ФРАНКЛИН И. — сотрудник Музея рус. культуры в Сан-Франциско.
И с т. АА. *Шмелёв А.В.* К 50-летию Музея рус. культуры в Сан-Франциско. Машинопись, 3 с. (1988).

ФРЕЙ Вилльям — см. **ГЕЙНС** Владимир Константинович.

ФРОМАН Маргарита Петровна (1896, Москва – 20 марта 1970, Бостон) — прима-балерина, хореограф, балетный педагог, оперный режиссёр. Отец — швед, мать — рус. Оконч. Московское императорское театральное уч-ще, по оконч. которого поступила солисткой в балет Большой оперы в Москве, став партнёршей своего учителя Тихомирова. Репетировала роли с *М.М. Мордкиным*, была ангажирована С.П. Дягилевым для его балетной труппы, с которой отправилась в турне по Европе и Америке. В турне Дягилева вошла в семью таких выдающихся рус. артистов, как *А.П. Павлова, М.М. Фокин*, а также — Гельцер, Карсавина, Нижинский и др. Во время турне в 1916 танцевала в Нью-Йорке в Метрополитен-опера с партнёром В.Ф. Нижинским. Вернувшись в Россию, застала революцию 1917 и вместе с М.М. Мордкиным уехала в Крым, где они дали ряд спектаклей. Из Крыма через Турцию выехала в Кор. СХС. В Загребе прожила значительную часть жизни. Во время приезда на гастроли в Загреб МХТ поставила балет «Шахерезада» и «Половецкие пляски» Творч. Ф. удостоилось высокой оценки со стороны К.С. Станиславского. К приезду в Югославию *Ф.И. Шаляпина* обновила в Загребской опере постановку «Бориса Годунова», заслужив самый лестный отзыв от великого певца. В Загребе поставила 28 балетов. В балете «Петрушка» выступали 6 членов семьи Ф. Работая в Загребе, часто выезжала для балетных постановок в Вену, Лондон, Милан и Париж. В США с 1956. До 1970 занималась педагогич. деятельностью в своей балетной студии. Проф. консерватории в Хартфорде и в ун-те Сторс (шт. Коннектикут). Память о Ф. сохранилась не только в США, но и в Хорватии. Её творч. посвящён ряд публикаций и выступлений, приуроченных к 50-летию основания Люблянской оперы. Ф. называют основателем Югославского балета, вдохновителем композиторов, впервые создавших нац. югославские балеты.

Л и т. Памяти прима-балерины М. П. Фроман // НРС. 1970. 2 апр.; *Солодовников А.* Прима-балерина Маргарита Фроман // НРС. 1971. Март.

ФРУКТОВ Николай Александрович (3 апр. 1888, Ржев Тверской губ. – ?) — инженер-строитель. Оконч. Военно-инж. уч-ще и в 1916 — среднее технич. уч-ще. Выдержал гос. испытание на звание техника путей сообщения. Оконч. Одесский Политехнич. ин-т (1930) с дипломом инж.-строителя. Покинул оккупированную терр. СССР во время Второй мировой войны. В США жил в Йонкерсе под Нью-Йорком. Член Об-ва рус. инж. в США (на 1951).
И с т. АОРИ. Анкета.

ФУРСА [**Fursa** Constantin] Константин (? – 19 сент. 1989) — общественный деятель РООВА.
Похоронен на Свято-Владимирском кладбище возле Кэссвилла (шт. Нью-Джерси).
И с т. АА. *Рагозин С.* Письмо от 22 сент. 2002.

ФУРСЕНКО Вера Григорьевна — см. **ТРОИЦКАЯ** Вера Григорьевна.

ФУРУГЕЛЬМ [**Furuhjelm** Johan Hampus] Иван Васильевич (11 марта 1821, Гельсингфорс – 1909, Хонгола, Великое Княжество Финляндское) — Четырнадцатый правитель Рус. Америки. Оконч. мореходное уч-ще (1839) в Або (Финляндия). В чине гардемарина поступил в Рос. Императорский военно-мор. флот и перешёл на службу в РАК. В 1850–58 — командир портов Аян и Охотск. С 1858 — главный правитель Рус. Америки.

Приступил к обязанностям в 1859. Одной из административных задач Ф. было установление дружественных отношений с воинственными индейцами-тлингитами, нападавшими в 1855 на столицу Рус. Америки — Новоархангельск. На Аляске Ф. сменил последний губернатор Рус. Америки кн. *Д.П. Максутов*. В 1864 вернулся в Финляндию. В 1865–70 — военный губернатор Приморской обл. на Дальнем Востоке. Вице-адмирал (1874). На восток. стороне о-ва *Баранова* в честь Ф. названа гора. *Родственники*: жена Анна; дети (род. на Аляске) — дочь Анни-Фредерика; сыновья: Отто-Эдвин, Элисс Кампбелл Николай

Л и т. *Петров В.* Рус. в истории Америки. Вашингтон, 1988. С. 154–155; *Pierce R.* Builders of Alaska. The Russian Governors (1818–1867). Kingston, Ontario, Jan. 1986. P. 40–43.

Х

ХАБАЕВ Михаил Васильевич (8 сент. 1891 – 22 марта 1975, Нью-Йорк) — участник Белого движения, Ген. штаба полковник. Казак стан. Новоосетинской Обл. Войска Терского. Оконч. Елисаветградское кав. уч-ще (1912) и вышел в 17-й драг. Нижегородский Е.И.В. полк Кавказской кав. дивизии, стоявший в Тифлисе. Оконч. Императорскую Николаевскую военную академию. Участник Первой мировой войны. После Октябрьского переворота 1917 — в белых войсках. После 1920 — в эмиграции в США. *Родственники*: брат Даниил (1877–?) — участник Белого движения на Юге России, остался в РСФСР и погиб в ЧК.
Л и т. *Волков С.В.* Офицеры армейской кавалерии. С. 551; Некролог // Часовой (Брюссель). 1975. Июнь – июль. № 588–589. С. 19.

ХАГЕМЕЙСТЕР Леонтий А. — см. **ГАГЕМЕЙСТЕР Л.А.**

ХАЕВ Алексей (род. 1914, близ Благовещенска Приморской обл.) — композитор. В 1920 уехал вместе с родителями в Харбин, где начал заниматься муз. В США с 1931. Композиторские способности Х. оценил *С.В. Рахманинов* и посоветовал ему брать уроки у К.Н. Шведова. Оконч. консерваторию в Нью-Йорке, учился два года в Париже. Дважды получил стипендию в Амер. академии в Риме. Ученик С.В. Рахманинова и *И.Ф. Стравинского*, написал несколько произведений специально для хора *Н. Качанова.* Х. отмечал влияние «русского элемента» на своё творч. За свою муз. получил ряд премий в Нью-Йорке, Копенгагене, Венеции. Фортепианный концерт Х. был исполнен на фестивале Колумбийского ун-та под управлением Леопольда Стоковского. Премьера произведения Х. «Страстная седмица» была исполнена хором в Канаде в 1988.
Л и т. *Коряков М.* Беседа двух друзей // НРС. 1972. 13 июля; *Непомнящий С.* Концерт для души хора // Там же. 1989. 2 мая.

ХАЗОВ-ПОЛОНСКИЙ Иван Михайлович (17 сент. 1893 – 11 янв. 1983, Сан-Франциско) — участник Белого движения на Востоке России, подполковник. Оконч. четырёхкл. Коломенское городское уч-ще (1911). Участник Первой мировой войны. В 1916 оконч. 4-ю Московскую школу прапорщиков и вышел в 62-й Суздальский Генералиссимуса кн. Итальянского, гр. Суворова-Рымникского полк 16-й пех. дивизии. Затем служил в 125-м запасном батальоне и 14-м Сибирском полку 4-й Сибирской стрелковой дивизии, в рядах которого произведён во все чины до штабс-капитана включительно. Награждён орденами св. Станислава III ст. с мечами и бантом, св. Анны IV ст. с надписью «За храбрость». Был ранен и контужен. С 1918 — в белых войсках Восточ. фронта в составе 2-го Казанского офиц. батальона (группа войск ген. Степанова). Вторично ранен. В 1920 — в рядах Сибирской армии адм. А.В. Колчака, затем — Дальневосточ. армии войск Российской восточ. окраины ген.-лейт. Г.М. Семёнова. Подполковник (на 1922). В 1922 в составе 3-го Егерского полка 1-й стрелковой бригады (Урало-Егерского отряда Ведомства внутренних дел) эвакуировался в Маньчжурию. В 1923–45 — в эмиграции в Харбине. В 1945 арестован большевиками и вывезен в СССР. В результате восьмилетних хлопот его жены Х.-П. получил визу на выезд из СССР и проезд в США. Жил в Сан-Франциско. Состоял членом Об-ва рус. ветеранов Великой войны.
Похоронен на Серб. кладбище в Сан-Франциско.
И с т. АОРВВВ. Подполк. Иван Михайлович Хазов-Полонский // 1983. Альбом IV.

ХАПУГИН Сергей Константинович (? – 20 марта 1982, Нью-Йорк) — участник Белого движения на Востоке России, инженер-поручик. После Октябрьского переворота 1917 — в белых войсках Восточ. фронта. Участник Сибирского («Ледяного») похода 1920. После 1920 — в эмиграции в США.
Л и т. Некролог // Часовой (Брюссель). 1982. Июль – авг. № 638. С. 31.

ХАРЖЕВСКИЙ Владимир Григорьевич (6 мая 1892 – 4 июня 1981, Лейквуд, шт. Нью-Джерси) — участник Белого движения на Юге России, генерал-майор. По оконч. среднего учебного заведения отбыл вольноопределяющимся воинскую повинность, прапорщик запаса. В бытность студентом Горного ин-та в Санкт-Петербурге (1914) призван на фронт. Участник Первой мировой войны. На 1917 — капитан на Рум. фронте. Зимой 1917–18 вступил в 1-ю нац. бригаду рус. добровольцев Ген. штаба полк. М.Г. Дроздовского. Участник похода Яссы – Дон 1918, затем в рядах 2-го офиц. (с янв. 1919 — ген. Дроздовского) полка 3-й пех. дивизии Добровольч. армии. Участник 2-го Кубанского похода 1918. С дек. 1919 — командир 2-го офиц. стрелкового ген. Дроздовского полка Дроздовской дивизии. Полковник (на 1919). Участник всех боев при отступлении на Новороссийск и в Крыму — 62 боя за 5 месяцев. Генерал-майор за отличия (сент. 1920). В последних боях в Крыму (окт. 1920) принял командование Дроздовской стрелковой дивизией вместо заболевшего ген.-майора А.В. Туркула. Эвакуировался из Крыма в нояб. 1920 в составе Рус. армии. В 1920–21 — в Галлиполи. После 1921 — в эмиграции в Болгарии, состоял в кадрах Дроздовского полка. С 1924 в эмиграции в Чехословакии. Оконч. Горный ин-т (Академию) в Пршибраме под Прагой, по гражданской специальности — горный инж. Работал по специальности. Председатель Об-ва галлиполийцев в Чехословакии, активный чин РОВС (в составе VI отдела) и ОРВС (1939–45), один из рук. юго-восточного подотдела ОРВС. До 1930 рук. местным филиалом орг-ции ген. А.П. Кутепова. Собрал большой архив по истории дроздовских частей в годы Гражданской войны, который был вывезен после 1945 в СССР и в наст. время хранится в ГА РФ в Москве. Весной 1945 выехал на Запад и прибыл в Германию. С 1949 в Марокко, работал бухгалтером.

В США с 1956. Работал проектировщиком в строительной компании. На пенсии с 1964. Председатель Объединения чинов I арм. корпуса и местного (в США) отдела Об-ва Галлиполийцев. Один из инициаторов изд. журнала галлиполийцев «Перекличка» (1951–1970). С 27 янв. 1957 — 1-й помощник Председателя РОВС Ген. штаба ген.-майора А.А. фон Лампе. Председатель РОВС (с 19 мая 1967), последний председатель РОВС в чине генерала. В 1972 рус. воинские орг-ции торжественно отметили 80-летие Х. *Родственники*: вдова Лидия Петровна.

Похоронен на военном участке кладбища женского монастыря Ново-Дивеево близ Нанует (шт. Нью-Йорк).

И с т. ЛАА. Справка *К.М. Александрова* на ген. В. Г. Харжевского.

Л и т. *Волков С.В.* Энциклопедия Гр. войны. С. 601; *Нилов С.Р.* Ген. В. Г. Харжевский (к его 80-летию) // Часовой (Брюссель). 1972. Июнь. № 552. С. 14; *Рутыч Н.Н.* Юг. С. 253–254; *Фёдоров Н.В.* Ген. Владимир Григорьевич Харжевский // РЖ. 1981. 1 июля; *Он же.* Некролог о ген. В.Г. Харжевском // Часовой. 1981. Июль – авг. № 632. С. 17, 24; *Чичерюкин-Мейнгардт В.Г.* Дроздовцы после Галлиполи. М., 2002. С. 10–12, 21–23, 80.

ХАРИТАНСКИЙ Борис Александрович (1904, Кишинёв – ?) — инженер-технолог. Оконч. в гимназию в Екатеринодаре и Кубанский Политехнич. ин-т (1924) со званием инженера-электрика. Продолжал образование в Ленинградском Политехнич. ин-те по отделению обработки металлов резанием, инженер-технолог. В 1924–42 работал на разных заводах в качестве нормировщика, конструктора по инструментам и приспособлениям, был производственным инженером. Покинул оккупированную терр. СССР во время Второй мировой войны. В эмиграции в США. Член Об-ва рус. инж. в США (1949). Жил и работал в Нью-Йорке. *Родственники*: жена; дочь; два внука.

И с т. АА. Материалы, личные сведения; АОРИ. *Хаританский Б. А.* Автобиография (1949).

ХАРИТОН Михаил — пианист. Род. в Киеве. Учился в Киевской и Петроградской консерваториях. Продолжал образование в Берлине перед тем, как принять должность проф. Московской консерватории. Выступал с концертами в России и Европе.

Был приглашен в 1924 в США, здесь с успехом выступал, исполняя произведения П.И. Чайковского. Игра Х. была оценена критиками в Нью-Йорке, Вашингтоне и в Атлантик-Сити как типично рус., «с русской душой».

Л и т. *Martianoff N. N.* Michael Khariton // Russian Artists in America. 1933. P. 71.

ХАРИТОНОВ Николай Васильевич (9 дек. 1880, Ярославская губ. – 30 сент. 1944) — художник. Работал в Санкт-Петербурге по изготовлению вывесок. В 1895 поступил послушником в Валаамский монастырь, писал иконы. Через два года вернулся в Петербург, продолжал учиться живописи. В 1901 поступил в Академию художеств, с 1902 учился в мастерской И.Е. Репина. Писал портреты, жанровые сцены, пейзажи. Участвовал в выставках. Во время Первой мировой войны мобилизован, рис. портреты генералов рус. армии. С 1919 в эмиграции в Кор. СХС. В США с 1923, писал портреты. См. подробнее: *Лейкинд О.Л., Махров К.В., Северюхин Д.Я.* Худ. Рус. зарубежья. С. 587–588.

ХАРИТОНОВ А. Г. — ветеран армии США, майор. Служил в Берлине в 1945.

И с т. *Pantuhoff Oleg* — 1976.

ХАРЛАМОВ Всеволод Васильевич (1905, стан. Усть-Быстрянская – 19 нояб. 1991) — врач. Род. в семье В. А. Харламова (1875–1957) — депутата I, II, III и IV Гос. Дум, члена кадетской партии и рук. думской каз. надпартийной фракции. Отец с семьей жил в Царском Селе и в 1917 был избран депутатом Всерос. Учредительного Собрания. После Февральской революции 1917 семья Х. возвратилась на Дон, в Новочеркасск, а в 1920 выехала за рубеж. Оконч. Рус. лицей в Париже и мед. ф-т Пражского ун-та с дипломом врача. Работал врачом в Чехословакии и в лагерях для рус. в Германии. Затем переехал в Аргентину, здесь получил должность окружного врача и директора больницы. В США с 1957. Деятельность Х. на посту помощника директора психиатрич. больницы в городе Покипси (шт. Нью-Йорк) стала образцом гуманного отношения к больным. После выхода на пенсию продолжал работать консультантом в больнице ветеранов армии США и по делам суд.-мед. экспертизы. Сохранил тягу и любовь к донской земле. Убеждённо придерживался понимания уникальности естественного народоправства и свободы личности, традиционно характеризовавших каз. Верил в возрождение Дона после падения сов. власти. Архив и материалы переписки, которая велась Х. в теч. 15 лет с *В.Г. Улитиным* на темы о России и каз., возвращена на родину в ведение новых деятелей на Дону.

Л и т. *Улитин В.Г.* Памяти друга (В.В. Харламова) // НРС. 1991. 30 дек.

ХАРСКИЙ Иосиф Эдуардович (1896 – 1 мая 1987) — преподаватель рус. яз. Род. в семье обрус. поляка. Во время Первой мировой войны сражался в рядах рус. армии в чине офицера. В эмиграции в США. С 1924 преподавал физич. культуру в Питтсбургском ун-те. Перешёл на преподавание рус. яз. в том же ун-те. Основал в Питтсбурге Рус. лит. об-во. После смерти Х. остались неопубликованные рукописи воспоминаний, хранившиеся в Питтсбургском ун-те.

Л и т. *Парри А.* Памяти И.Э. Харского // НРС. 1988. 26 мая.

ХВОСТОВ Николай Александрович— лейтенант Рос. Императорского военно-мор. флота. На службе в РАК. Капитан «Юноны», на борту которой камергер Н.П. Резанов отправился с дипломатич. миссией в Сан-Франциско.

Л и т. *Pierce R.* Russian America. 1990. P. 534–535.

ХЕЙСТИ [**Hasty** Olga, урожд. **Петрова**] Ольга Владимировна (род. 9 сент. 1951, Лэйкленд, шт. Флорида) — литературовед. Род. в семье эмигрантов, прибывших в США из лагеря для «перемещённых лиц» в Шлейсгейме в Баварии (Зап. Германия). В 1973 оконч. Вассар-колледж со ст. бакалавра, в 1974 — ун-т Браун со ст. магистра. В 1980 получила докторскую ст. при Йельском ун-те. В 1984–89 преподавала на рус. отделении Trinity College, в 1989–93 — на славянск. отделении Пенсильванского ун-та, с 1993 — на славянск. отделении Принстонского ун-та. Доцент (Associate Professor) рус. лит. Принстонского ун-та.

Автор книг по специальности. *Родственники*: муж Хейсти — музыковед; дочь.

С о ч. Pushkin's Tatiana. Wisconsin University Press, 1999; Tsvetaeva's Orphic Journeys in the Worlds of the Word. Northwestern University Press, 1996; в соавт. с С. Фюссо — America Through Russian Eyes. Yale University Press, 1988.

И с т. АА. *Хейсти О.* Автобиография (рукопись), авг. 1999.

ХЕЙФЕЦ Яков [Яша] (1901–1987) — скрипач. Учился в Виленской муз. школе. В 1910 принят в Санкт-Петербургскую консерваторию. Выступал с концертами в Санкт-Петербурге и Саратове. Переехав в США, стал играть в Карнеги Холл, выступал солистом и был виртуозным исполнителем произведений Л. Бетховена, И. Брамса, А.К. Глазунова, *С.С. Прокофьева* и Я. Сибелиуса. Во время Второй мировой войны присоединился к *С.В. Рахманинову* и совершал муз. поездки по амер. военным госпиталям и базам. В 1962 приглашён преподавать в ун-те Юж. Калифорнии. Последнее выступление Х. состоялось в 1972.

Л и т. *Raymond B., Jones D.* The Russian Diaspora. 1917–1941. Maryland and London, 2000. P. 117–118.

ХЕКЕ [урожд. **Губанова**] Валерия Константиновна (?, Кавказ – 29 марта 1986, Нью-Йорк) — составитель церковных служб. Получила домашнее и муз. образование. После большевистского переворота 1917 семья при помощи итальянск. консула в Тифлисе перебралась в Константинополь, откуда переехала в Кор. СХС. Оконч. богословский ф-т Белградского ун-та. Вышла замуж за Павла Александровича Хеке — немца по происхождению, принявшего православие и ставшего священником. После оконч. Второй мировой войны муж был арестован коммунистами в Берлине и пропал без вести. С тремя детьми скиталась по беженским лагерям. После пребывания в Иерусалиме и в Бейруте переехала с детьми в 1956 в США и поселилась в Нью-Йорке. Ещё в молодости, помимо стихов светского содержания, стала заниматься составлением служб на церковно-славянск. яз. Первая служба Х. Курской иконе Божией Матери была одобрена в 30-х гг. митрополитом Антонием (Храповицким), первоиерархом РПЦЗ. Автор-составитель 25 полных служб, 23 из которых применяются Православной Церковью. Митрополит Антоний называл Х. современной Кассией, сравнивая её с составительницей канонов в IX в.

Л и т. *Шатилова А.* Кассия двадцатого века // НРС. 1986. 8 апр.

ХЕНЗЕЛЬ [**Haensel**] Vladimir] Владимир Петрович — см. **ГЕНЗЕЛЬ** Владимир Петрович.

ХИЛКОВСКИЙ Валентин Иванович (12 марта 1865, Новоархангельск (Ситка) на Аляске – 22 окт. 1936, Сан-Франциско) — участник Белого движения на Востоке России, генерал-майор. Род. в семье капитана, командовавшего единственным на целую обл. линейном батальоном. После продажи Аляски США (1867) капитан Иван Хилковский уехал с семьёй и большинством солдат в Приамурский край. Путешествие с Ситки до Николаевска на Амуре на парусном судне продолжалось около трёх месяцев. Детство до 15-летнего возраста провёл в р-не оз. Ханки, в 50-ти верстах от Никольск-Уссурийского, в местности глухой, с богатым животным миром — тиграми, медведями, пантерами, рысями. При разбросанности батальона по Уссурийскому краю отцу приходилось часто совершать длинные поездки верхом. На все свои поездки капитан брал с собой сына, привязывая его к седлу. На случай нападения тигра или другого зверя брались пять лошадей. Первым ехал проводник, вторым отец, третьим сын, четвёртым вестовой, а пятой шла вьючная лошадь, которая отдавалась в жертву в случае нападения зверя — последние нападали чаще сзади. В возрасте 15 лет поступил вольноопределяющимся в батальон к отцу. В 17 лет поступил в Киевское военное юнкерское уч-ще, откуда вышел подпрапорщиком в 19-й Костромской полк 5-й пех. дивизии, стоявший в Житомире, в рядах которого служил до 1913. В 1913 зачислен для прохождения курсов в Офиц. стрелковую школу в Ораниенбауме. После оконч. курса и с началом Первой мировой войны назнач. командиром батальона 316-го Хвалынского полка 79-й пех. дивизии, с которым провёл большую часть кампании до конца 1916. Дважды тяжело контужен. За отражение ряда повторных атак немцев в бою у Фридрихштадта 16 авг. 1915 и проявленные при том распорядительность, храбрость и личный пример, награждён Георгиевским оружием. С нояб. 1916 — нач-к 2-й Иркутской школы прапорщиков. Во время большевистского восстания в Иркутске (дек. 1917) после двенадцатидневных боёв, в которых участвовали 800 юнкеров, офицеров и студентов против 12 тыс. солдат и красногвардейцев, бежал из Иркутска и скрывался. Затем — в белых войсках Восточ. фронта. После сформирования военного уч-ща в Чите — инспектор классов.

После 1920 — в эмиграции в Маньчжурии. В Харбине занимался педагогич. деятельностью. В 1922 переселился в Сан-Франциско. Состоял членом Об-ва рус. ветеранов Великой войны.

Похоронен на Серб. кладбище в Сан-Франциско.

И с т. АОРВВВ. Генерал-майор Валентин Николаевич Хилковский // 1936. Окт. Альбом № I.

ХИТРОВО Михаил Владимирович (1902, Санкт-Петербург – ?) — создатель коллекций миниатюрных фигурок военных. После Октябрьского переворота 1917 — в эмиграции в Чехословакии. Оконч. гимназию в Моравской Тршебове (1924). В США с 1925. В 1934 получил высшее образование. В 1939 стал собирать и изготавлять в Филадельфии миниатюрные раскрашенные фигурки, главным образом военных в мундирах рус. полков, общей численностью до 15 тыс. штук. Фигурки изготовлялись и использовались для создания диорам и реконструкций историч. сражений. В музее «Родина» в Лейквуде (шт. Нью-Джерси) выставил четыре диорамы, в частности изображающие сражение рус. с франц. под Прейсиш-Эйлау 27 янв. 1807 и Бородинскую битву 26 авг. 1812. Один из основателей об-ва «Miniature Figure

Collectors of America» (1941) и участник выставок.

Л и т. *Полчанинов Р.В.* Уголок коллекционера. Коллекция М.В. Хитрово // НРС. 1970. 19 июля; *Он же*. Уголок коллекционера. Миниатюрные фигурки // Там же. 1970. 26 июля.

ХЛЕБНИКОВ Кирилл Тимофеевич (15 марта 1785, Кунгур – 14 апр. 1838, Санкт-Петербург) — контролёр РАК. Поступил на службу в РАК в 1800. Служил в Рус. Америке, преимущественно в Ситке, до 1833. 12 раз по делам службы ездил за провиантом в Калифорнию. Автор «Записок» о Рус. Америке.

Л и т. *Pierce R.A.* Russian America: A Biographical Dictionary. Kingston Ont., 1990. P. 229–230.

ХЛЕБНИКОВ [Klebnikov Paul] Пол [Павел] Георгиевич (1963, Нью-Йорк – 9 июля 2004, Москва) — журналист. Род. в семье рус. эмигрантов, ныне покойных Георгия (Юрия) Хлебникова и его жены Александры (урожд. Небольсиной), покинувших Россию в 1918 после Октябрьского переворота 1917. Оконч. Калифорнийский ун-т в Бёркли и Лондонскую школу экономики, где в 1991 получил докторскую ст., защитив дисс. о сельскохозяйственной реформе П.А. Столыпина.

С 1998 работал в журнале «Forbes». Занимался журналистскими расследованиями, посвящёнными проблемам собственности олигархов в России. Один из лучших специалистов в мире по журналистским расследованиям. В 2000 изд. две книги на эту тему. В мае 2004 опубликовал список самых богатых граждан России, разбогатевших после 1991 и приватизации. С 2004, движимый патриотич. чувством, работал в Москве и, будучи главным ред., занимался изд. рус. версии журнала «Forbes». Изд. 4 выпуска журнала. Многие годы участвовал в охране памятников искусства и культуры в России. *Родственники*: вдова (урожд. Трэйн) Елена (Муза — Musa); дети — Александр, Григорий, София; братья — Михаил, Пётр; сестра Анна; племянница; три племянника. Погиб в результате покушения, пав жертвой неизвестных убийц.

Похоронен в Bridgehampton на Лонг-Айленде (шт. Нью-Йорк). *А.И. Солженицын* отозвался о гибели Х. так: «Он отдал жизнь за Правду и за Россию». Семья, коллеги и друзья Х. основали фонд его имени (The Paul Klebnikov Fund), целью которого остаётся поддержка свободы слова и становления гражданского общества в России. Фонд присуждает ежегодную премию за мужество в журналистике.

И с т. *Никитин С.* Убит главный редактор рос. Forbes // Утро ru (Интернет). 2004. 10 июля; The Paul Klebnikov Fund, http // www.paulklebnikovfund.org/.

Л и т. *Chives C.J. & Sophia Kishkovsky*. US investigative journalist is shot to death in Russia // The New York Times. 2004. July 10; *Chives C.J., Erin E. Averlung & Sophia Kishkovsky*. Editor's death raises questions about change in Russia // The New York Times. 2004. July 18; Obituary, Klebnikov Paul // The New York Times. 2004. July 12.

ХЛЕБНИКОВ Юрий [George] (1923, Данциг – 12 нояб. 1996, Нью-Йорк) — лингвист, переводчик в ООН. Род. в семье кав. офицера ставшего беженцем после захвата большевиками власти в России. Вскоре семья переселилась в Париж. Свободно и без акцента владел рус., франц. и англ. яз., затем овладел исп., итальянск. и португальск. яз. После оконч. Второй мировой войны учился в ун-те. Приглашён переводчиком на Нюрнбергский процесс 1945 над нацистскими преступниками. Подобные переводы стали особенно успешными благодаря телефонной связи с микрофонами. В 1946 приглашён с некоторыми из своих сотрудников в Нью-Йорк для показа техники такого одновременного перевода в только что организованной ООН. Став штатным переводчиком ООН, преимущественно переводил с франц. или рус. на англ. яз. Артистически переводил двухчасовые выступления министра ин. дел (с 1949) СССР А.Я. Вышинского, передавая оттенки его озлобления и сарказма. Одновременно с работой переводчиком учился в Колумбийском ун-те, где получил магистерскую ст., а затем защитил докторскую дисс. по франц. яз. Помимо работы во время заседаний ООН переводил на международных конференциях, как, например, в 1954 году на Женевской конференции, в результате которой франц. войска и администрация покинули Вьетнам, и на Дартмутской конференции между США и СССР, посвящённой обмену специалистами. Принимал участие в дипломатич. миссиях, был одним из наблюдателей при вторжении войск Сев. Кореи в Юж. Корею в 1950. В 1983, после десятилетнего пребывания на должности директора переводческого отдела ООН, вышел в отставку. Но и после этого продолжал участвовать в разнообразной дипломатич. деятельности. *Родственники*: вдова; сыновья от первого брака — Михаил, Пётр и Павел; дочь Анна; трое внуков.

Похоронен в Оак-Хилл (шт. Нью-Йорк).

Л и т. *Thomas Jr. Robert*. George Klebnikov, 73, a Language Wizard // The New York Times. 1996. Nov. 13.

ХМЕЛЕВ Всеволод Иванович (4 мая 1897 – ?) — инженер-электрик. Оконч. электромеханич. отделение Высшего технич. ин-та в Брно. Член Об-ва рус. инж. в США. Проживал в Нью-Йорке.

И с т. Анкета АОРИ.

ХОБОТОВ [Chobotov Vladimir] Владимир Александрович (род. 2 апр. 1929, Загреб, Югославия) — инженер по контрольным системам сателлитов. Род. в семье рус. беженцев в Загребе. Оконч. Ин-т Пратт в Нью-Йорке (1951) с дипломом инж.-механика. В 1956 получил ст. магистра по той же специальности в Бруклинском Политехнич. ин-те. В 1963 удостоился докторской ст. при ун-те Юж. Калифорнии. В 1951–53 — инж. на заводе *И.И. Сикорского* в Бриджпорте (шт. Коннектикут). В 1953–56 нач-к группы в Republic Aviation Corp. в Фармингдэле (шт. Нью-Йорк). С 1962 работал инж. в отделе по контролю Aerospace Corporation в Эль-Секундо (шт. Калифорния). Ведал анализом и оценкой высотного контроля спутников. В 1968 был сопредседателем на симпозиуме по градиенту силы притяжения. Преподавал динамику контроля спутников, устойчивость в нелинейных системах, введение в теоретич. механику. Специалист по прикладной механике. Автор ряда статей, опубликованных в журналах ARS Journal, J. of Applied Mechanics, J. of Acoustical Society of America, J. of Spacecraft and Rockets и др.

И с т. АОРИ. Анкета (окт. 1968).

ХОДАЦКИЙ Юрий Иванович (12 мая 1891, Брюссель, Бельгия – ?) — инженер-химик. Оконч. Высший химич. ин-т (1926) с дипломом инж.-химика и специализацией по сахароварению. В США проживал в Нью-Йорке. Член Об-ва рус. инж. в США (1950).

И с т. АОРИ. Анкета.

ХОЛЕНКОВ Георгий Иванович — участник Белого движения, экономист, искусствовед. Участник Первой мировой войны в чине офицера. Служил в тяжёлой арт. особого назнач. После Октябрьского переворота 1917 — в Добровольч. армии. В эмиграции в США, работал в Департаменте искусства Принстонского ун-та. Член Амер. Археологич. об-ва.

Лит. Юбилейный выпуск Объединения Санкт-Петербургских политехников. Б. м., 1952.

ХОЛОДНАЯ [урожд. **Киселёва**] Милица Александровна (род. 22 июля 1934, Нарва, Эстонская республика) — общественно-церковный деятель, славистка, ред. журнала «Русское возрождение» (Нью-Йорк — Париж — Москва). Род. в семье протопресвитера *Александра Киселёва*. В США с родителями со 2 июня 1949.

Гражданин США (1954). Оконч. Барнард колледж по изуч. России (Russian Area Studies). В 1958 получила в Гарвардском ун-те ст. магистра по славянск. лит. и яз. Училась у проф. *Р.С. Якобсона* и проф. о. *Георгия Флоровского*. Год училась в Базельском ун-те (Швейцария). Преподавала рус. яз. и лит. в Вассар коллеже (1958–60), в Бернард колледже и в Колумбийском ун-те (1963–68), в колледже Сары Лоренс (1970–72). С ранней молодости участвовала в деятельности Свято-Серафимовского фонда в Нью-Йорке, в работе с рус. молодёжью и в детских летних лагерях в Кэтскиллских горах (шт. Нью-Йорк). Принимала деятельное участие в устройстве съездов православной рус. общественности в связи с 1000-летием Крещения Руси. Работала в РСХД и ОРЮР в США. С 1981 — член редколлегии, с 1982 — главный ред. журнала «Русское возрождение». Председатель Свято-Серафимовского фонда (с 1997). В 1996 удостоилась получения ордена св. равноап. кнг. Ольги. Член Амер. ассоциации по изуч. славянск. яз. (AATSEEL). *Родственники*: муж *И.П. Холодный*; дети: Пётр — священник и банкир в Interros, Андрей — проф. нейрохирургии в Корнельском ун-те; дочь Анна; внуки. Андрей женат на враче Марии Евгеньевне Долгопятовой (в браке дети: Елена 1992 г. р., Сергей 1994 г. р.). Пётр женат на Татьяне Георгиевне Лариной (в браке дети: Александр 1988 г. р., Анастасия 1990 г. р., Филипп 1994 г. р.). Анна замужем за Марио Ферейра (в браке дочери: Каллиста 2000 г. р., и Каллиопия 2002 г. р.).

И с т. АА. *Холодная М. А*. Анкета биографич. словаря, 8 нояб. 2002.

ХОЛОДНЫЙ Игорь Петрович — физик. Защитил докторскую дисс. по ядерной физике, лектор на мед. ф-те Нью-Йоркского ун-та.

Общественный деятель. Был директором Свято-Серафимовского фонда. Член правления Об-ва помощи рус. детям в Нью-Йорке. *Родственники*: жена *Милица Александровна* (урожд. Киселёва); дети: Пётр, Андрей, Анна.

ХОЛОДОВИЧ Лидия Анатольевна (30 марта 1901, Одесса Херсонской губ. – 1985, Санкт-Петербург, шт. Флорида) — актриса. Училась в драматич. студии. После Октябрьского переворота 1917 — на Юге России. Эвакуировалась из Крыма в 1920. На пароходе вышла замуж за Виктора Холодовича — выпускника Пажеского корпуса. В эмиграции в Кор. СХС. В Белграде выступала в Рус. общедоступном театре, на сцене которого играла главные роли с момента его открытия до закрытия в 1944. Исполняла роли Софьи («Горе от ума»), Мирандолины («Хозяйка гостиницы»), Лизы («Коварство и любовь») и др.

После захвата в Югославии власти коммунистами через Австрию эмигрировала в 1947 в США. Обосновавшись в Лейквуде (шт. Нью-Джерси), участвовала в культурно-просветительной работе об-ва «Родина». *Родственники*: дочь Татьяна.

И с т. АА. *Михайлова-Бэк Т*. Краткая биография моей матери Лидии Холодович. Рукопись, 4 с.

Л и т. Миклашевский О. Памяти Лидии Холодович // НРС. 1985. 17 нояб.

ХОМИК Антоний Васильевич (25 дек. 1883, с. Великой Святковой, округ Ясло, Галиция, Австро-Венгерская империя – ?) — деятель Об-ва рус. братств (ОРБ). Посещал сельскую школу, затем в США прошёл общеобразовательный курс. В США с 1900. Стал домовладельцем и торговцем в городе Вотербери (шт. Коннектикут). Гражданин США. С 1909 — член ОРБ, зам. председателя ОРБ. Основатель в Вотербери братства св. Владимира, переименованного затем в братство свв. Петра и Павла, как 56-й отдел ОРБ.

Состоял членом ряда местных рус. и англо-амер. орг-ций и об-в.

Л и т. Иллюстрированный Рус.-Амер. календарь на 1926. Филадельфия, 1925. Изд. ОРБ.

ХОМИЦКИЙ Всеволод Вячеславович (18 февр. 1902 – 12 нояб. 1980) — драматург, постановщик, актёр, поэт. Режиссёр трагикомедии «Эмигрант Бунчук», поставленной на сцене рус. театра Белграда и затем пользовавшейся большим успехом во многих странах рус. рассеяния.

Автор коротких юмористич. и горьких постановок (скетчей), пьес «Разъединение» и «Миша Курбатов» (по роману Ивана Макарова, погибшего во время «ежовщины»). *Родственники*: вдова; сын с семьёй.

Л и т. *Завалишин Вяч.* Памяти Всеволода Хомицкого // НРС. 1980. 26 нояб.

ХОМЯКОВ [лит. псевд. **Андреев**] Геннадий Андреевич (1904, под Царицыном – 4 февр. 1984) — общественно-полит. деятель, литератор. В возрасте 15 лет исключён из школы по обвинению в «контрреволюционной деятельности». По оконч. средней школы (1926) начал работать в губ. газ., в которой напечатал несколько рассказов. В 1927 арестован и осуждён на 10 лет лагерей. Срок отбывал в разных местах, в т. ч. и на Соловках. В 1935 освобождён с запретом на право проживания в 41 городе СССР. В 1941 призван в армию. В 1942 в Крыму попал в плен. Сидел в лагере военнопленных в Норвегии. После освобождения в СССР возвращаться отказался, насильственной репатриации избежал. Вступил в НТС, был членом Совета НТС и редактировал журнал «Посев». В 1946 возобновил лит. деятельность, свои произведения и статьи подписывал псевд. Г. Андреев. Жил и работал в Мюнхене. Автор пьесы «Награда» (в соавт. с *Л.Д. Ржевским*). В сент. 1954 оставил ряды НТС в результате разногласий с рук. орг-ции. В 1958 Мюнхене принял участие в создании «Товарищества зарубежных писателей», которое выпустило около 20 книг, издавало альманах «Мосты», ред. которого был **Х.** (1958–70). После переезда в США поселился в Нью-Йорке. Сотрудничал в газ. «Новое русское слово» (Нью-Йорк), на страницах которой еженедельно печатал статьи на общественно-полит. и злободневные темы. Автор автобиографических повестей «Трудные дороги» и «Соловецкие острова». В 1975 стал соред. «Нового Журнала», в 1980–81 редактировал журнал «Русское возрождение» (Нью-Йорк — Париж — Москва).

Похоронен возле Лейквуда в шт. Нью-Джерси.

С о ч. Награда // Грани (Франкфурт-на-Майне). 1951. № 12; Из того, что было // НЖ. № 148; Заявление // *Прянишников Б.В.* Новопоколенцы. Силвер Спринг, 1986. С. 279.

Л и т. *Назаров М.В.* Хомяков Геннадий Андреевич. Примечания и комментарии // *Романов Е.Р.* В борьбе за Россию. Воспоминания. М., 1999. С. 300; *Ржевский Л.Д.* Памяти Геннадия Андреева (Хомякова) // НРС. 1984. 18 февр.; *Он же.* Памяти Геннадия Андреевича Хомякова // Рус. возрождение. 1984. № 25. С. 182–184.

ХОТОВИЦКИЙ Александр Александрович (1871, Кременец Волынской губ. – 1937 [по др. дан. 1930]) — протопресвитер, рус. православный миссионер в Америке, Новомученик Рос. Род. в семье ректора Волынской дух. семинарии протоиерея Александра Хотовицкого. Оконч. семинарию и Санкт-Петербургскую дух. академию, при которой защитил магистерскую дисс. Получил назнач. в Нью-Йорк, служил чтецом в церкви. Женился на Марии Владимировне Щербугиной. В 1896 рукоположен в Сан-Франциско во иереи и назнач. настоятелем Нью-Йоркского прихода. В 1900 ездил в Россию для сбора средств, даже среди членов императорской семьи, на строительство храма в Нью-Йорке. Трудами и хлопотами **Х.** в 1902 в Нью-Йорке был построен Свято-Николаевский кафедральный собор, настоятелем которого он служил 12 лет (1903–14). Многие годы был изд. и ред. епархиального Амер. православного вестника. Помимо устной и письменной миссионерской деятельности среди униатов и инославных, участвовал в основании православных приходов в шт. Нью-Йорк, Пенсильвания, Новая Англия и в Канаде. Возглавлял Православное об-во взаимопомощи, оказывавшее материальную помощь австро-венгерским русинам, македонским славянам, рус. солдатам в Маньчжурии и в яп. плену. Был сотрудником епископа Алеутского и Аляскинского *Тихона* (*Белавина*) в окормлении многонациональной Православной Церкви в Америке. Пастырская деятельность **Х.** протекала необычайно успешно, что привлекло внимание врагов, клеветавших, угрожавших и даже приславших ему в 1905 самодельную бомбу.

В 1914 возвратился в Россию. В течение двух лет служил в Гельсингфорсе, а затем в Москве. С 1917 — протопресвитер, ключарь московского кафедрального храма Христа Спасителя. Участник Поместного Собора Православной Рос. Церкви 1917–18. Один из инициаторов восстановления патриаршества, предложил кандидатуру митрополита Тихона в патриархи всея России. В 1921 арестован по обвинению в сокрытии от коммунистов церковных ценностей. Приговорён Московским трибуналом к расстрелу (1922), но затем сослан в Соловецкий лагерь. После отбытия заключения вернулся в Москву и продолжал священствовать в сане протопресвитера. Вторично арестован в 1937. Матушка Мария получила от властей справку, что **Х.** осуждён «на 10 лет без права переписки», означавшую расстрел. (По другой версии, **Х.** не вышел из заключения и был расстрелян в лагере). Новомученик, причислен к лику святых православными церквами в России и в США.

Л и т. *Губонин М.Е.* С. 902–903; Св. Александр (Хотовицкий) // Миссионерский период Православной церкви в Америке / Под ред. Г.М. Солдатова. Часть 1. Minneapolis, 1998; *Туркевич В.* Десятилетие священства протоиерея А. Хотовицкого // Амер. православный вестник. 1906. № 5. С. 81–96; Editorial. The Life of Saint Alexander Hotovitzky // The Orthodox Church. 1995. Jan. / Feb. P. 8; Orthodox America 1974–1976. Tarasar Consatnce (Gen. Ed.). 1975.

ХОХЛАЧЁВ Николай Алексеевич (5 дек. 1891 – 10 нояб. 1971, Нью-Йорк [по др. дан. Лейквуд, шт. Нью-Джерси]) — участник Белого движения на Юге России, Ген. штаба подполковник. Казак стан. Баклановской Обл. Войска Донского. Оконч. Донской императора Александра III кад. корпус, Николаевское кав. уч-ще (1913) и курсы при Академии Ген. штаба (1917). Участник Первой мировой войны. Награждён за храбрость Георгиевским оружием. После Октябрьского переворота 1917 — в белых войсках на Юге России. В 1918 — в Донской армии. Войсковой старшина (авг. 1918). Служил ст. адъютантом штаба 2-й Донской кон. дивизии, нач-ком штаба 4-й Донской каз. дивизии. В 1919 причислен к Ген. штабу. На дек. 1919 — нач-к штаба 4-й кон. бригады. В Крыму — в резерве офицеров Ген. штаба при штабе Донского корпуса. Эвакуировался из Крыма в нояб. 1920 в составе Рус. армии. В 1921 — на о-ве Лемнос. Затем в эмиграции в Болгарии. В 1942 (?) прибыл в Рус. Корпус. На 1 янв. 1943 — командир взвода 9-й сотни 3-го батальона 1-го каз. полка. На 11 сент. 1944 — командир сотни. Ранен в бою под Ново Село (р-н Шабца) 26 сент. 1944. После 1945 — в эмиграции в Австрии и США. Председатель Донского войскового совета.

И с т. ЛАА. Справка *К.М. Александрова* на командира 9-й сотни 3-го батальона 1-го каз. ген. Зборовского полка Рус. Корпуса Ген. штаба подполк. Н.А. Хохлачёва; Кавалеры Георгиевского оружия // Памятка Николаевского Кавалерийского Училища. Б.м., 1969. С. 254.

Л и т. *Волков С.В.* Энциклопедия Гр. войны. С. 605; РК. 1963. С. 119, 149; Некролог. Незабытые могилы // Часовой (Брюссель). 1972. Февр. № 549. С. 23.

ХОХЛОВ [Hochloff William T.] Василий (12 янв. 1893, Вятка – ?) — участник Белого движения на Востоке России, горный инженер, нефтяник. Оконч. Сибирский Технологич. ин-т и Колорадскую высшую горную школу с дипломом горного инж. Во время Первой мировой войны был офицером. После Октябрьского переворота 1917 — в белых войсках Восточ. фронта, служил в Сибирской армии адм. А.В. Колчака. После 1922 — в эмиграции в США. Два года работал горным инж. и 31 год служил химиком в компании Carter Oil.

И с т. АОРИ. Анкета.

ХОХЛОВ Николай Евгеньевич (род. 1922, Нижний Новгород) — сотрудник сов. разведки, невозвращенец. В 1941 — боец истребительного батальона в Москве, затем на службе в разведорганах НКВД. Оконч. спецшколу и выполнял разведывательно-диверсионные задания в нем. тылу. Участвовал в орг-ции убийства гауляйтера Белоруссии В. Кубе 27 сент. 1943. После 1945 — на службе в 1-м главном управлении (разведка за границей) МГБ СССР. Выполнял служебные задания в Австрии и Германии. В 1953 — капитан, служил в 9-м отделе (террор и диверсии за границей) МВД СССР, которым рук. П.А. Судоплатов. Получил задание при помощи двух нем. агентов органов госбезопасности ГДР Ф. Куковича и Ф. Вебера организовать убийство Г.С. Околовича — одного из рук. НТС. Убийство было санкционировано Президиумом (Политбюро) ЦК КПСС. Но под влиянием жены Янины и общего разочарования в сов. действительности Х. от выполнения задания решил отказаться. 13 янв. 1954 вылетел из Москвы в Вену. 18 февр. 1954 явился на квартиру к Г.С. Околовичу во Франкфурте-на-Майне, рассказал о полученном задании и остался на Западе. Х. также выдал амер. разведке двух нем. агентов. 22 апр. 1954 дал открытую пресс-конференцию с демонстрацией привезённых из СССР орудий убийства. Однако сотрудники амер. разведки обманули Х. и не смогли, как обещали, вывезти из Москвы его жену, сына и мать. В СССР заочно осуждён к смертной казни (1954), жена репрессирована. История Х. получила широкую междунар. огласку и способствовала разоблачению террористич. деятельности сов. органов госбезопасности за границей. 15 сент. 1957 во время конференции газ. «Посев» во Франкфурте-на-Майне Х. был отравлен сов. агентурой радиоактивным таллием, и амер. врачи с трудом спасли ему жизнь. В 60-е гг. готовил группы партизан Юж. Вьетнама для заброски на терр. коммунистич. Сев. Вьетнама. Затем — проф. психологии одного из амер. ун-тов. Проживая в США, оформил развод с женой, оставшейся в СССР.

С о ч. Право на совесть. Автобиографич. повесть. Франкфурт-на-Майне, 1957; Интервью // Посев (Франкфурт-на-Майне). Ежекв. вып. 1979. II.

И с т. ЛАА. Справка *К.М. Александрова* на капитана МВД СССР Н. Е. Хохлова.

Л и т. Барон Дж. КГБ. Работа сов. секретных агентов. Тель-Авив, 1978. С. 397–400; НТС. Мысль и дело 1930–2000. М., 2000. С. 42–43.

ХРАМКО Елисей Степанович (1 июня 1896, посад Клинцы Черниговской губ. – 2 апр. 1973, Сан-Франциско) — участник Белого движения на Юге России, штабс-капитан. Окончил Гомельскую гимназию, 3-ю Московскую школу прапорщиков (1917) и из ст. портупей-юнкеров произведён в прапорщики в 233-й запасной полк с оставлением при школе пом. курсового офицера. Участник боёв с большевиками в Москве 25 окт. – 2 нояб. 1917. После поражения защитников Москвы выехал на Юг. С сент. 1918 — в Киевской офиц. добровольч. дружине. В 1919 — в рядах 52-го Виленского полка 13-й пех. дивизии III арм. корпуса войск Новорос. обл. Затем — в рядах Симферопольского офиц. полка. Дважды ранен. Эвакуировался из Крыма в нояб. 1920 в составе Рус. армии. В 1920–21 — в Галлиполи, переведён в ряды Алексеевского пехотного полка. Затем в эмиграции в Болгарии, работал бухгалтером на большой ф-ке. В 1942 оставил место, выехал в Сербию и вступил в Рус. Корпус. Участник боевых действий против партизан И.Б. Тито. Тяжело ранен и эвакуирован в р-н Мюнхена. После 1945 — в Марокко.

В США с семьёй с 1955. Состоял членом Об-ва рус. ветеранов, участвовал в жизни др. рус. воинских орг-ций (СчРК и др.).

И с т. АОРВВВ. Некролог. Штабс-кап. Елисей Степанович Храмко // 1973. Апр. Альбом VI, 29-В.

ХРАМОВ Константин Дмитриевич (14 мая 1916, Москва – 7 нояб. 1995, Нью-Хейвен, шт. Коннектикут) — ст. преподаватель рус. яз. в Йельском ун-те, председатель Коннектикутского отдела КРА. После Октябрьского переворота 1917 семья Х. выехала в Латвию и поселилась в Риге. Учился в рус. гимназии, оконч. дух. семинарию и геодезич. отделение Латвийского ун-та (1944). Вторично стал беженцем.

В США с 1948. Магистр по славянск. яз. и лит. в Йельском ун-те (1960). В 1970 защитил докторскую дисс. при Нью-Йоркском ун-те. Преподавал рус. яз. в Йельском ун-те в теч. 38 лет, зав. преподаванием рус. яз. и возглавлял Йельский летний ин-т яз. В 1958–81 работал над сост. и ред. 14 учебников рус. яз. При уходе Х. в отставку его именем была названа одна из аудиторий департамента славянск. яз. У Х. учились сотни студентов, некоторые получили большую известность и достигли высоких должностей в амер. правительстве, включая зам. Гос. секретаря С. Талботта. В теч. 25 лет рук. церковными хорами в рус. православных церквах в шт. Коннектикут, один из основателей Русского хора Йельского ун-та. Принимал живое участие в рус. общественно-полит. жизни. Состоял активным членом КРА, был председателем Коннектикутского отдела КРА, членом редколлегии журнала «Русский американец» (Нью-Йорк). *Родственники*: вдова Эмилия Павловна — ст. преподаватель рус. языка Йельского ун-та (в отставке).

Похоронен в Нью-Хейвене на кладбище Grove Street.

Л и т. *Александров Е.А.* К.Д. Храмов // НРС. 1996. Нояб.; *Он же.* Константин Дмитриевич Храмов // РА. 1997. № 21. С. 247–248; In Memoriam. Konstantin Dmitrievich Hramov. Hramov Emilia (compiler), Lemelin Christopher W. (ed.). Yale Uniuvetrsity, New Haven, Connecticut, 1996; Konstantin Hramov, 79, lector emeritus at Yale // New Haven Register. 1995. Nov. 10; *Pedersen Jamie D.*, et al. In Memoriam // Yale Alumni Magazine. 1996. Apr. Vol. LIX. № 6.

ХРЕННИКОВ Александр Павлович — инженер-путеец, проф. Оконч. Московский ин-т путей сообщения (1920). Преподавал технич. науки и проектирование сооруже-

ХРИСТИАНИ Е. — поэт. Опубликовал свои стихотворения в 1925 в сб. «Из Америки», в котором участвовали *Г.В. Голохвастов* и *Д.А. Магула*.
Л и т. *Крейд В.* С. 618.

ХРОМЧЕНКО Василий Степанович (? – 1849?) — моряк и географ. В 1820–25 служил в РАК. В 1821 участвовал вместе с М. Васильевым в исследованиях юго-восточ. побережья Берингова моря, в открытии о-ва Нуниак, залива Кускокуим и пролива Этолина на Аляске. Трижды совершил плавание в Рус. Америку. В 1833 вышел в отставку в чине капитана III ранга.
И с т. Краткая географич. энциклопедия. М., 1966. Т. V. С. 399.
Л и т. *Pierce R.A.* Russian America: A Biographical Dictionary. Kingston Ont., 1990. P. 232.

ХРУЩЁВ Степан Петрович (1791–1865) — моряк, географ. В чине ст. лейтенанта совершил кругосветное плавание на Камчатку и Аляску. В 1822–23 защищал рус. владения в Америке от браконьеров. В 1823 составил описание архипелага Королевы Шарлотты. Капитан II ранга (1824). В 1827–30 плавал в Средиземном и Эгейском морях. Участвовал в Наваринском сражении 8 окт. 1827 и в блокаде Дарданелл. Капитан I ранга (1829). Командир Архангельского порта и военный губернатор Архангельска (1854).
И с т. Краткая географич. энциклопедия. М., 1966. Т. V. С. 399.
Л и т. *Pierce R.A.* Russian America: A Biographical Dictionary. Kingston Ont., 1990. P. 233.

ХРУЩОВ Вячеслав Константинович (3 окт. 1913, Орёл – ?) — инженер-механик, ракетчик. После Октябрьского переворота 1917 с семьёй в эмиграции в Кор. СХС. Получил в Белграде высшее образование с дипломом инж. (1940). В Калифорнийском ун-те в Лос-Анджелесе последовательно получил ст. магистра (1962) и доктора инж. наук (1968). До 1954 работал конструктором в разных обл. общего машиностроения и в орг-ции производства. В 1954–60 работал по конструкции, испытаниям и усовершенствованию разных механич. аппаратов и систем для самолётов и ракет. В 1960–70 занимался теоретич. и прикладными вопросами, связанными с полётами ракет, их управлением и проектированием их полётов на компьютерах. Автор печатных работ «О вращательных уравнениях Эйлера для тел с меняющимся тензором инерции», «Ограничения стандартного метода для поправок посредине лунных траекторий».
И с т. АОРИ. Анкета.

ХУДЕКОВ [Chudekov] Сергей Владимирович (1 июня 1893 – ?) — инженер-механик. Оконч. Высшую технич. школу в Праге (1924). В США проживал в Нью-Йорке. Член Об-ва рус. инж. в США.
И с т. АОРИ. Анкета.

ХУДЯКОВ Андрей Тимофеевич (1894–1985) — участник Белого движения, художник-портретист, театральный декоратор. Изображал жанровые сцены, преподавал. Работал в Европе и в США. Картины **Х.** хранятся в музеях и частных собраниях Европы и США. Писал фрески в Нью-Йорке и в Пенсильвании. Проживал в Ньютауне (шт. Коннектикут). Скульптор *А. Коненков* очень хотел, чтобы **Х.** вернулся в СССР, но художник отказался, оставшись на всю жизнь белогвардейцем.
Л и т. *Завалишин Вяч.* Андрей Тимофеевич Худяков. Некролог // НЖ. 1985. № 161. С. 286–292; *Он же.* Скульптуры Коненкова // НРС. 1987. 12 июня; Худяков Андрей Тимофеевич // Перекрёстки. Б. м., 1979.

ХУТИЕВ Георгий Степанович (1878, стан. Черноярская Обл. Войска Терского – 18 сент. 1965, Нью-Йорк) — участник Белого движения на Юге России, Ген. штаба полковник. Оконч. Тифлисское военное уч-ще (1904) и вышел хорунжим в Кубанский пластунский батальон. Участник рус.-яп. войны 1904–05. Оконч. Императорскую Николаевскую военную академию (1912). Участник Первой мировой войны в рядах 2-го Кубанского пластунского батальона. Неоднократно награждён за отличия, в т.ч. — орденом св. Владимира IV ст. с мечами и Георгиевским оружием. На 1917 — полковник, и. д. нач-ка штаба VI Кавказского арм. корпуса Кавказской армии. После Октябрьского переворота 1917 — в белых войсках на Юге России. Участник Терского антибольшевистского восстания 1918. С 28 апр. 1919 — нач-к штаба Терского каз. войска (до 1922), член Терского войскового правительства. Эвакуировался из Крыма в нояб. 1920 в составе Рус. армии. В 1921 — на о. Лемнос. В эмиграции в Болгарии, Кор. СХС и США. В Нью-Йорке работал на спичеч. ф-ке *Б.А. Бахметьева*.
Л и т. Каз. словарь-справочник / Сост. Г.В. Губарев. Ред.-изд. А.И. Скрылов. Т. III. Сан-Ансельмо, 1970. С. 252.

Ц

ЦАГОЛ [Цаголов] Афанасий Саввич (? – 1962, Нью-Йорк) — экономист, проф., общественно-полит. деятель. В 1944–45 — член КОНР. Насильственной репатриации избежал. Сотруднич. с С.П. Мельгуновым в Союзе борьбы за свободу России. Переселился в США. Статьи в зарубежной прессе публиковал под псевд. «профессор Богданов». Сконч. «при загадочных и невыясненных обстоятельствах».
Л и т. Кончина А.С. Цаголова // Наша страна (Буэнос-Айрес). 1962. 28 авг.

ЦВЕТИКОВ [псевд. **Флорин**] Алексей Николаевич — физик-космолог, поэт. Науч. эрудиция **Ц.** распространялась от астрономии до мед., и от муз. до теории относительности. Занимался вопросами гравитации, материи и энергии. Развивал идею Н.А. Козырева о происхождении энергии из времени. Во время Второй мировой войны попал в Германию. Привлёк внимание нем. учёных из Ин-та Гмелина. После 1945 — в эмиграции в США. Получил должность проф. Стэнфордского ун-та в Пало-Альто (шт. Калифорния). Знаток науч. и философских работ, изобретений рус. космолога К.Э. Циолковского, писавшего еще в 1915 о проекте межпланетного корабля с двигателем на жидком топливе. В молодые годы участвовал в поэтич. кружках Москвы. Поэт **Б. Нарциссов** ценил его не только как поэта лирич. пейзажа, но и отмечал, что его главной обл. была фантастика и фольклор.
Л и т. *Нарциссов Б.* Поэт Алексей Флорин // НРС. 1977. 15 сент.; *Палий П.Н.* Константин Эдуардович Циолковский // НЖ. 1981. Март. № 142. С. 221–252; Там же. Июнь. № 143. С. 216–227.

ЦВЕТКОВ Алексей Петрович (9 сент. 1896 – 3 авг. 1937, Нью-Йорк) — участник Белого движения на Востоке России, подполковник, инженер-механик. Оконч. Костромское реальное уч-ще, первый ускоренный курс Константиновского арт. уч-ща (май 1915) и вышел в 24-ю арт. бригаду. Участник Первой мировой войны. В рядах бригады ранен в бою 11 авг. 1916 на р. Стоход, после чего причислен к III разряду Александровского комитета о раненых. После Октябрьского переворота 1917 — в белых войсках Восточ. фронта. В янв. 1918 поступил канониром в одну из батарей арт. дивизиона, формировавшегося ген. М.М. Плешковым для борьбы с большевиками на станции Эхо. Затем командовал батареей. Был командирован для слушания курсов Академии Ген. штаба в Томске. По оконч. курса (май 1919) назнач. ст. адъютантом 1-й отдельной стрелковой бригады, а после переименования бригады в Ижевскую стрелковую дивизию, стал ст. адъютантом и нач-ком штаба дивизии. В рядах ижевцев проделал Сибирский («Ледяной») поход 1920. После прибытия армии в Читу — пом. нач-ка оперативного отдела штаба Дальневосточ. армии.

После 1922 в эмиграции в США. Оконч. механич. отделение Калифорнийского ун-та, работал инженером. Принимал деятельное участие в работе Об-ва рус. ветеранов Великой войны. Вице-председатель Об-ва (с 1936).
И с т. АОРВВВ. Подполк. Ген. штаба Алексей Петрович Цветков // 1937. Авг. Альбом I.

ЦВИБАК Яков Моисеевич — см. **СЕДЫХ** Андрей.

ЦВИКЕВИЧ [Cvikevich] Сергей Евгениевич (род. 28 июля 1930, Прага) — инженер-механик. Оконч. Технологич. ин-т Стивенса. Жил в Си-Клиффе на Лонг-Айленде под Нью-Йорком. Член Об-ва рус. инж. в США (1953).
И с т. АОРИ. Анкета (1954).

ЦЕЙГЕР [Васильева-Цейгер, Zeiger] Ольга Викторовна — гидролог-океанограф. Род. в Керчи Таврич. губ. Оконч. Ленинградский гос. ун-т (1936). Занимала должность ст. гидролога. Покинула оккупированную терр. СССР во время Второй мировой войны. В эмиграции в США.
И с т. АОРИ. Анкета (1954).

ЦЕПУШЕЛОВ Александр Ильич (? – 14 авг. 1960, Лос-Анджелес) — полковник. Оконч. Киевское юнкерское уч-ще (1901) и вышел в 74-й Ставропольский полк 19-й пех. дивизии, стоявший в Умани Киевской губ. Участник рус.-яп. войны 1904–05. Оконч. Владивостокский ин-т восточ. яз., служил в штабе Приамурского ВО. Служил в Шанхае во франц. муниципалитете. Переселился в США, жил в Лос-Анджелесе.
Л и т. *Загорский А.* Полк. А.И. Цепушелов // Часовой (Брюссель). 1960. Нояб. № 414. С. 23.

ЦЕРЕКВИЦКИЙ Константин Иванович (10 нояб. 1889 – ?) — инженер-кораблестроитель и моторостроитель. Оконч. Кораблестроительное отделение Мор. инж. уч-ща (1911). Член Об-ва рус. инж. в США (на 1951). Проживал в Бруклине (Нью-Йорк).
И с т. АОРИ. Анкета.

ЦЕТЛИН [псевд. **Амари**] Михаил Осипович (1882 – 10 нояб. 1945, Нью-Йорк) — поэт, лит. критик. В 1906 двумя изд. вышли «Стихотворения» **Ц.** и в 1916 — сб. «Глухие слова». С 1920 в эмиграции во Франции, жил в Париже. В 1920 изд. книгу «Прозрачные тени». Был лит. консультантом журнала «Современные записки» (Париж). Участник об-ва «Зелёная лампа». В

1939 в Париже вышла книга стихотворений Ц. «Кровь на снегу», посвящённая декабристам. В 1942 переселился в Нью-Йорк. Совместно с *М.А. Алдановым* участвовал в создании «Нового журнала» (Нью-Йорк). Автор двух историко-биографич. книг в прозе: «Пятеро и другие» и «Декабристы». *Родственники:* жена (урожд. Тумаркина, в первом браке — Авксентьева) Мария Самойловна — мать художницы *А.Н. Прегель*.

Л и т. *Вильданова Р.И., Кудрявцев В.Б., Лаппо-Данилевский К.Ю.* Краткий биографич. словарь рус. зарубежья // *Струве Г*. С. 140–141, 374; *Крейд В*. С. 598.

ЦЕХАНОВИЧ Леонид Владимирович (18 дек. 1897 – ?) — инженер-строитель. Оконч. Ин-т инж. путей сообщения Императора Александра I (1912). Жил в США во Флашинге на Лонг-Айленде (шт. Нью-Йорк). Член Об-ва рус. инж. в США.

И с т. АОРИ. Анкета.

ЦЕХАНОВСКИЙ Георгий Емельянович (1892?, Санкт-Петербург – 25 марта 1986 Йорктаун-Хайтс, шт. Нью-Йорк) — оперный певец, баритон. Род. в аристократич. семье в Санкт-Петербурге. Год рождения Ц. точно не установлен. Первую мировую войну оконч. в чине мор. офицера. Бежал из России в Константинополь со своей приёмной матерью и учительницей пения Верой Цехановской.

В 1922 прибыл в США, начал петь в гастролирующей опере Сан Карло. В 1926 принят на второстепенные роли для баритона в Метрополитен-опера в Нью-Йорке. Временами исполнял руководящие роли, но обычно выступал в небольших и средних ролях. Чаще всего пел в «Богеме» и в «Кармен». К моменту ухода в отставку, после 60 лет работы, участвовал в 1706 представлениях в Нью-Йорке и в 677 спектаклях во время гастролей, в теч. 40 сезонов. Исполнил 97 ролей, пел на шести яз. После ухода в отставку продолжал сотруднич. в Метрополитен-опера в качестве учителя рус. яз., помогавшего певцам правильно произносить текст ролей в шедших на рус. яз. оперных постановках. С 1976, когда началась подготовка к постановке оперы «Борис Годунов», сост. лат. буквами рус. текст каждой роли и на магнитофоне записал произношение на рус. яз., а затем индивидуально работал с каждым певцом. Перед смертью подготовил текст и запись произношения для всех ролей оперы А.П. Бородина «Князь Игорь» и нескольких опер Н.А. Римского-Корсакова. Много времени посвятил постановке оперы М.П. Мусоргского «Хованщина». Свободно владел пятью европейскими яз. *Родственники:* жёны — в первом браке певица Элизабет Ретберг, во втором — Горохова.

Л и т. *С. Л.* 85 лет Георгия Цехановского // НРС. 1977. 28 нояб.; *Скидан А.* Сконч. Георгий Цехановский // Там же. 1986. 27 марта; *Crutchfield W.* George Cehanovsky, Singer With Met Opera for 60 years // The New York Times. 1986. March 29.

ЦИБАКИН [George **Sibakin**] Ярослав Фёдорович (1911, Екатеринослав – 3 июня 1989, Гамильтон, пров. Онтарио, Канада) — учёный, инженер-металлург. Род. в семье металлурга и его жены, университетского преподавателя нем., франц. и англ. яз. Людмилы Петровны. Этими яз. овладел в совершенстве, что очень способствовало его последующей науч. деятельности. Оконч. Днепропетровский металлургич. ин-т (1935) и был принят ассистентом на кафедру электрометаллургии. В том же ин-те занимался исследованием производства стали, опубликовал пять работ в технич. журналах. Одновременно работал над дисс., кандидат технич. наук (1939). Научно-исследовательские работы Ц. были связаны с промышленными опытами и применением их результатов на металлургич. заводах Днепропетровска, Запорожья и др. городов. Во время Второй мировой войны стал беженцем и оказался в качестве «перемещённого лица» во франц. зоне оккупации в Юго-Зап. Германии. Благодаря свободному знанию четырёх яз., получил должность чиновника UNRRA — орг-ции, опекавшей «перемещённых лиц» из стран Восточ. Европы и оказывавшей им содействие при переселении на новые места жительства. В 1949 переехал с семьёй в Канаду и поступил на работу в крупную металлургич. фирму «The Steel Company of Canada Ltd.» («Stelco»). При поступлении на работу указал, что готов принять любую должность, которую ему предоставят. С 1951 — металлург по специальным заданиям. («Metallurgist — Special Duties»). В обязанности Ц. входило изуч. тех или иных проблем металлургич. процессов и решение многих производственных проблем. Вскоре стал ведущим изобретателем на этом предприятии, развил научно-практич. связи «Стелко» с соответствующими заводами и лабораториями в др. странах, особенно в Японии, где они развивались с необычайным успехом и быстротой. Будучи лингвистом, увлёкся яп. яз., которым овладел в достаточ. степени. Результаты исследований Ц. были опубликованы в специальных журналах в США и в Канаде. В 1957, к удивлению местных металлургов, статья Ц. «Оптимальные размеры прокатных болванок» была награждена об-вом металлургов AISI («American Iron and Steel Institute»). В общении с коллегами Jaroslav стал известен под именем Джорджа — «легче произносить». В своей деятельности использовал опыт не только заводов США, но и достижения европейских стран, а также Японии. Ездил в эти страны и устанавливал деловые контакты. Коллеги прозвали Ц. «нашим посланником доброй воли» («our ambassador of good will»).

В 1962 приобрёл междунар. известность как создатель нового экономич. выгодного процесса переработки железной руды в сталь, получившего название как способ «Stelco-Lurgie» (S.L.). Применение этого способа устранило промежуточ. процессы при производстве стали. Он стал применяться в др. странах, включая Бразилию, ЮАР и Новую Зеландию. В 1962 руководство компании «Stelco» создало Исследовательский департамент, директором которого стал Ц. Пробыл на должности 23 года, а в компании, в общей сложности, проработал 28 лет. Под рук. Ц. были построены корпуса исследовательского центра с лабораториями, экспериментальными металлургич. печами и прокатными станами. Впервые в Канаде создал многоч. коллектив исследователей-металлургов. Под рук. Ц. решались вопросы производственного характера и вопросы новейшей технологии металлургич. процессов. Другая крупная работа Ц. касалась производства стали в электропечах с применением окатышей (pellets). Новый процесс под названием «Contimelt», стал успешно применяться на многих заводах в разных странах. За эту работу награждён в 1967 медалью Ин-та амер. металлургов «AISI». Достижения Ц. принесли ему мировую известность. Сотрудники и администрация относились к Ц. чрезвычайно тепло, что отразилось в изд. специальной брошюры («George»), опубликованной к его уходу в отставку в 1977. Брошюра была посвящена его жизни, профессиональной деятельности, обширным знаниям и частным интересам, в обл. истории, нумизматики, филателии и свойственного ему юмора. Кроме рук. исследовательским центром «Stelco» в теч. 15 лет был ведущим преподавателем металлургии в ун-те Мак Мастер в Гамильтоне, сотруднич. в университетском информационном бюллетене. Перу Ц. принадлежит ряд статей в профессиональных технич. журналах. *Родственники:* вдова Кира; дочь; внуки.

И с т. АА. *Добровольский М. Н.* Ярослав Фёдорович Цибакин — биография (рукопись 1999), 3 с.

Л и т. *Holt J.* Man who put Stelco steel on the map dies // Hamilton Spectator.1989. June 6; *McKay J.*, et al. George // The Steel Company of Canada, Ltd. Research and Development Department, 36 pp. 1977.

ЦИКОВСКИЙ Николай (10 дек. 1894, Пинск Минской губ. – 1984, Нью-Йорк) — художник. Учился в Виленской рис. школе и в Пензенском худ. уч-ще. В 1919 служил художником в Красной армии, в 1923 уехал в США. Экспериментировал в духе кубизма, затем начал писать реалистические пейзажи Нью-Йорка. Писал сцены из жизни портовых рабочих, стенные панно. Многократно устраивал в Нью-Йорке персональные выставки. Преподавал в худ. школе в Колумбусе, Огайо, в Академии художеств в Цинциннати, Худ. ин-те в Чикаго и др. *Родственники:* сын Николай — искусствовед. См. подробнее: *Лейкинд О.Л., Махров К.В., Северюхин Д.Я.* Худ. Рус. зарубежья. С. 598.

ЦИЛЬБОРГ Георгий (?, Киев – 1959) — врач-психиатр. В 1917 сдал экзамен при Санкт-Петербургском психоневрологич. ин-те. Служил врачом в русской армии. Участник Февральской революции 1917. Служил в кабинете кн. Г.Е. Львова и А.Ф. Керенского. Переселившись после большевистского переворота в США, сдал в 1926 вторично докторский экзамен при Колумбийском ун-те. Работал в разных больницах в США, занимался частной практикой. Лектор по психиатрии с международной известностью. Состоял членом многих об-в психиатров. Автор науч. работ по психиатрии.

Л и т. *Кеппен А.А.*

ЦОНЕВ Валентин Иванович (18 янв. 1907, Москва – 1993, Вашингтон) — участник Власовского движения, общественно-полит. деятель, инженер-механик, радиокомментатор. Родился в рус. семье. Предки Ц. по отцовской линии были болгарами. Отец был адвокатом. Оконч. механич. ф-т Московского ин-та им. М.В. Ломоносова (1930). Получив образование инж.-механика, занимался изобретениями и мотоциклетным спортом. Отец и брат (инж.) были репрессированы, отец погиб в сов. концлагере. Военинженер III ранга запаса (1938). 24 июня 1941 призван по мобилизации Молотовским райвоенкоматом Москвы и направлен на Юго-Зап. фронт. Попал в Киевское окружение (сент. 1941), тяжело ранен и взят в плен. Нем. военные врачи сделали Ц. операцию и после выздоровления направили в лагерь военнопленных. Осенью 1944 вступил в ВС КОНР ген.-лейт. А. А. Власова, аттестован в чине майора. Служил в разведотделе центрального штаба ВС КОНР. 9 мая 1945 в составе Южной группы власовской армии сдался представителям 26-й пех. дивизии 3-й армии США в р-не Каплице — Крумау (Юж. Чехия). В 1945–46 — в лагерях военнопленных Ганакер, Регенсбург, Платтлинг. В февр. 1946 из лагеря Платтлинг бежал накануне насильственной репатриации. В 1946–51 — в Зап. Германии.

В США с женой с 1951. В Нью-Йорке участвовал в деятельности Рос. союза беспартийных антикоммунистов. Был науч. сотрудником при ун-те в шт. Сев. Каролина. В 1964 поступил на работу в рус. отдел радиостанции «Голос Америки», где проработал 21 год и вёл программу, посвящённую амер. науке и технике. Обладая энциклопедич. знаниями, участвовал в др. программах радиостанции. В 1985 вышел на пенсию. *Родственники:* вдова (урожд. Бондарь) Наталия Григорьевна — сотрудник, позднее ред. журнала «Америка» (на рус. яз.), предназначенного для распространения в СССР.

Похоронен на кладбище монастыря Ново-Дивеево близ Нанует (шт. Нью-Йорк).

Л и т. *Александров К.М.* С. 287–288; *Ю.З.* Памяти большого патриота России // НРС. 1993. 15 апр.

ЦУКЕРБЕРГ Александр Фёдорович — художник, скульптор. Потомственный петербуржец. Оконч. Санкт-Петербургский Политехнич. ин-т. По оконч. ин-та, будучи толстовцем, уехал в своё имение под Петербургом, где основал школу для крестьянских детей. После захвата власти большевиками был вынужден бросить имение, школу и бежал с семьёй на Запад. В 1931 Ц. разыскал глава секты духоборов П. Веригин, предложил ему приехать в Зап. Канаду и организовать школу для детей духоборов. Во время своих поездок с семьёй по Брит. Колумбии обнаружил у слияния р. Колумбия и р. Кутней необычайно живописный о-в. Местность удивительно напоминала Россию и картину И.Л. Левитана «Над вечным покоем». Пользуясь тем, что в то время ещё можно было получить бесплатно надел земли при условии его обработки, получил во владение этот о-в с землёй напротив него. Здесь построил дом, который украшен внутри пейзажами кисти владельца и скульптурами из красного кедра, которые также расставлены в парке.

В нач. 60-х гг. скончал. и похоронен в парке, в часовне, рядом с умершей до него женой. В 1976 администрация соседнего городка Кастлгар получила от федерального правительства денежное пособие, откупила о-в у наследников Ц. и превратила его в нац. парк — парк им. Александра Цукерберга.

Л и т. *Могилянский М.* Жизнь прожить. Воспоминания, интервью, статьи. М., 1995. С. 108–112.

ЦУРИКОВ Владимир Алексеевич (род. 30 мая 1970, Платтсбург (шт. Нью-Йорк)) — литературовед, историк рус. диаспоры, диакон. Отец — Алексей Николаевич, мать (урожд. гр. Игнатьева) Екатерина Леонидовна; родители Ц. слависты. Внук публициста и общественного деятеля *Н.А. Цурикова*. Вырос в Германии.

В 1988 вернулся в США и поступил в Свято-Троицкую дух. семинарию, которую оконч. в 1993 со ст. бакалавра богословия. В 2000 получил магистерскую ст. по рус. яз. и лит. в Миддлбери колледже. Зачислен в аспирантуру в штатном ун-те в Олбани для соискания докторской ст. по гуманитарным наукам. С сент. 1996 — преподаватель и административный секретарь Свято-Троицкой дух. семинарии. С 2001 — зам. декана семинарии. Занимается исследованиями в обл. истории рус. диаспоры, её лит. и рус. дух. мысли. Автор шести статей, посвящённых творч. Н.А. Цурикова. Ред. I т. трудов митрополита Московского Филарета (1787–1867). Занятия и исследования были отмечены присуждением стипендий от Рус. православного богословского фонда (пять раз) и Кулаевского фонда (два раза). Член Рус. дворянского об-ва.
Родственники: жена (урожд. Клар) Анна; сыновья: Михаил, Андрей.

И с т. АА. *Цуриков В.А.* Письмо от 15 апр. 2003; *Он же.* Автобиография (2003).

ЦУРИКОВ [псевд. Иван **Беленихин**] Николай Александрович (1886, Орловский уезд Тульской губ. – 1957, Нью-Йорк) — участник Белого движения на Юге России, общественно-полит. деятель, публицист, литературовед. Окончил юридич. ф-т Московского ун-та. Участник Первой мировой войны. После Октябрьского переворота 1917 — в белых войсках на Юге России. В 1920 эвакуировался в составе Рус. армии из Крыма в Константинополь. В эмиграции в Чехословакии с 1923, поселился в Праге. Состоял членом Союза рус. писателей и журналистов. В 1928–34 — сотрудник газ. «Россия и славянство» (Париж). В 30-е гг. один из идеологов антибольшевистского «активизма», деятельный чин РОВС, сторонник активной борьбы эмиграции против сов. власти. Во время Второй мировой войны был арестован нацистами и находился в заключении. После 1945 — в Зап. Германии, возглавлял Союз борьбы за свободу России. Жил в Мюнхене и участвовал в спасении быв. сов. граждан от насильственной репатриации. Статьи Ц. публиковались на страницах многих рус. изданий: «Борьба за Россию» (Прага), «Вестник главного правления Общества галлиполийцев», «Возрождение» (Париж), «Годы», «Грани» (Франкфурт-на-Майне), «Казачий сполох», «Меч» (Варшава), «Русская мысль» (Париж), «Часовой» (Брюссель) и др. Последние годы жизни провёл в Нью-Йорке.

С о ч. Господин Солоневич и его «работа» в эмиграции. Париж, 1939.

Л и т. *Вильданова Р.И., Кудрявцев В.Б., Лаппо-Данилевский К.Ю.* Краткий биографич. словарь рус. зарубежья // *Струве Г.* С. 375.

ЦЫТОВИЧ [Rostislav **Cytowicz**] Ростислав Семёнович — общественный деятель. Род. в рус. семье в Польше, на территории, которая до 1917 входила в состав Рос. империи (ныне Беларусь). Во время Второй мировой войны, в ходе военных действий, стал беженцем в Германии.

В США с 1950. Член КРА с 1978. Состоял в правлении местного отдела КРА в Нью-Джерси. Член Главного правления КРА с 1987. Возглавил комитет по введению в Русско-Амер. Палату Славы художника *М.А. Вербова*, организовывал выставки его работ. Представитель КРА на Восточ. побережье США. Участвовал в работе многих рус. орг-ций, ведал сбором средства на благотворительные и общественные цели. Руководитель ОРЮР. Попечитель памятника ген.-лейт. А.А. Власову и участникам антисталинского Освободительного движения 1941–1945 в Ново-Дивеево. Церковный деятель, регент церковного хора, с которым ездит в Россию, Беларусь и на Аляску.

И с т. Archives CRA. *Cytowicz R.* Autobiography, 1999.

Ч

ЧАВЧАВАДЗЕ [Бен Чавчавадзе] Георгий Николаевич (род. 1921, Харьков) — участник Второй мировой войны и Власовского движения, ротмистр. В 1938 вместе с матерью выехал в Германию (в числе лиц, обменянных на австрийских коммунистов). В 1940 оконч. нем. военное уч-ще. С 1941 на Восточ. фронте. Служил во фронтовой разведке, командир 756-го разведывательного эскадрона LVI танкового корпуса нем. армии (до янв. 1945). Участвовал в боевых действиях в Латвии, под Лугой, Великими Луками, Витебском, Вязьмой, Ржевом и т. д. С осени 1941 привлекал в эскадрон рус. добровольцев. С февр. 1945 – в 1-й пех. дивизии ВС КОНР, командир 3-го эскадрона разведывательного дивизиона майора Б.А. Костенко. Участник боёв в Праге 6–8 мая 1945. После роспуска дивизии 12 мая 1945 с группой подчинённых ушёл на восток, до авг. 1945 участвовал в партизанском антикоммунистич. сопротивлении в Словакии и Галиции. После возвращения на Запад участвовал в деятельности НТС в Восточ. Германии. Затем из Зап. Германии переехал в Канаду. 35 лет был сотрудником при ф-те естественных наук Оттавского ун-та. Автор воспоминаний. *Родственники:* жена (урожд. Климова) Ирина Георгиевна – участник Власовского движения в 1944–45; дети: Андрей, Нина, Николай.
С о ч. О Рус. Освободительном движении // Материалы по истории Рус. Освободительного движения (Статьи, документы, воспоминания) / Под общ. ред. А.В. Окорокова. Т. II. М., 1998. С. 401–421.

ЧАВЧАВАДЗЕ Давид — ветеран армии США.

Служил в 1943–47 офицером связи с сов. военными на Аляске и в Берлине. Законч. службу в чине капитана.
И с т. *Pantuhoff Oleg* — 1976.

ЧАВЧАВАДЗЕ Павел Александрович — писатель и переводчик. Автор жизнеописания (на англ. яз.) Марии Авиновой (урожд. кнж. Щербатовой) — вдовы расстрелянного большевиками после пыток и заключения земского деятеля Николая Николаевича Шуматова.
И с т. *Chavchavadze P.* Marie Avinoff — Her amazing Life.

ЧАВЧАВАДЗЕ [в первом браке **Ольховская**]. От первого брака имеет сына Павла, специализировавшегося по полит. наукам при Джорджтаунском ун-те в Вашингтоне. Член Рус. дворянского об-ва (Russian Nobility Association) в Нью-Йорке.
Л и т. *Dragadze P.* The White Russians // Town & Country. 1984. March. P. 174–182, 250–253.

ЧАЙКОВСКАЯ Алла — ассист. проф. городского колледжа в Чикаго.

ЧАЙКОВСКИЙ Пётр Ильич — композитор. Был приглашён на открытие концертного зала Карнеги в Нью-Йорке, давал концерты в США.

ЧАКИРОВ Никита (21 марта 1933, Харбин, Маньчжурия – 21 авг. 1987, Комбро-матта, Австралия) — протодиакон, издатель. В Харбине жил до 1957. Переселился в Австралию. В Нью-Йорке основал изд-во при Комитете рус. православной молодёжи и Синоде РПЦЗ. Комитет начал выпускать красочные церковные календари, дух. книги и брошюры. Под рук. **Ч.** для молодёжи устраивались поездки в Святую Землю. Похоронен на кладбище Свято-Троицкого монастыря в Джорданвилле (шт. Нью-Йорк). После кончины **Ч.** Комитет рус. православной молодёжи продолжает изд. деятельность.
Л и т. *Каргай С.* Кончина протодиакона Никиты Чакирова // НРС. 1987. 30 сент.

ЧАПЛЫКИН [Nikolaj **Tschaplykin**] Николай Титович (3 сент. 1896, Павлоград Екатеринославской губ. – ?) — инженер-путеец. В 1926 оконч. в Праге Высшую технич. школу путей сообщения. Инж. по строительству жел. и шоссейных дорог, мостов, водных путей, специалист по мелиорации. Состоял членом Об-ва рус. инж. в США (на 1952).
И с т. АОРИ. Анкета (1954).

ЧАРКОВСКИЙ Борис Валерьянович (3 янв. 1893, Киев – 24 нояб. 1979, Монтерей, шт. Калифорния) — участник Первой мировой войны, поручик. Род. в военной семье. Оконч. Киевский Владимирский кад. корпус, Киевское пех. уч-ще (1914) и вышел офицером в 17-й Архангелогородский Е. И. Выс. Вел. Кн. Владимира Александровича полк 5-й пех. дивизии, стоявший в Житомире. В авг. 1914 в рядах полка ушёл на фронт Первой мировой войны. Воевал на Юго-Зап. фронте, участник боевых действий в Галиции. Тяжело ранен, пленён. В 1914–17 — в австро-венгерск. плену. В нач. 1917 выменен на раненого австрийского офицера и вернулся в Киев. Осенью 1918, когда капитулировала Германия, находился в Киеве и присоединился к рус. добровольч. отряду, который состоял из офицеров, кадет и гимназистов. После занятия Киева войсками С.В. Петлюры (дек. 1918) весь отряд попал в плен, и его спасли от расправы немцы, которые вывезли его в Германию. **Ч.** застрял в Германии, где сначала работал водителем такси. В 20-е гг. изуч. печатное дело, работал технич. сотрудником в газ. «Руль» (Берлин), в изд-ве «Слово», «Геликон» и затем в газ. «Новое слово» (Берлин). Во время Второй мировой войны помогал новым беженцам из СССР, многим помог выбраться из нем. плена. Участвовал во Власовском движении. В 1944–45 — сотрудник Главного управления пропаганды КОНР. После 1945 — в эмиграции в США. Имел в Сан-Франциско небольшой книжный магазин «Слово». После выхода на пенсию переселился в Монтерей, где и похоронен.

Л и т. Некролог // Часовой (Брюссель). 1980. Май – июнь. № 625. С. 22; *Павлов Б.* Памяти Бориса Валерьяновича Чарковского // Кад. перекличка (Нью-Йорк). 1980. Сент. № 25. С.100–101.

ЧАРНЕЦКИЙ Владислав Степанович (1894 – 13 мая 1988, Риверсайд, шт. Калифорния) — участник Белой борьбы под Андреевским флагом на Юге и Востоке России, лейтенант Рос. военно-мор. флота. Оконч. Виленскую гимназию и Мор. корпус (1916). В июле 1916 выпущен мичманом в Черноморский флотский экипаж, где прослужил до окт. 1917. Участник Первой мировой войны. С 25 нояб. 1917 до янв. 1918 – арт. офицер крейсера «Память Меркурия». Бежал от большевиков в Полтавскую губ. При гетмане П.П. Скоропадском (1918) служил в Киеве, в Мор. Ген. штабе. С янв. 1919 служил в Севастополе, затем на кораблях Каспийской и Сибирской флотилий. Ушёл с Сибирской флотилией из Владивостока (окт. 1922). Лейтенант. Попав на Филиппины, много лет служил по специальности. Переселился в США. Вступил в 1969 в Об-во рус. ветеранов Великой войны. Сконч. у сына в Риверсайде.

И с т. АОРВВВ. Лейтенант Владислав Степанович Чарнецкий // 1988. Май. Альбом V.

ЧАУСОВ Г. — офицер. В 1859 прибыл в Рус. Америку на должность командира 14-го Сибирского линейного батальона (150 чел.), составлявшего рус. гарнизон Ситки. С 1862 — нач-к Кенайской угольной экспедиции. В июле 1864 возвратился в Россию.

Л и т. *Pierce R.A.* Russian America — A Biographical dictionary. Kingstone, Ont. 1990. P. 84.

ЧЕБОТАРЁВ Григорий Порфирьевич (3 февр. 1899, Павловск Санкт-Петербургской губ. – 1986, Твиннинг Виллидж, шт. Пенсильвания) — участник Белого движения на Юге России, общественно-полит., каз. деятель, инженер-строитель. Сын офицера Л.-гв. 6-й Донской каз. батареи, ген.-лейт. (1918) Порфирия Григорьевича Ч. (1873–1920) и его жены (урожд. Дубягской) Валентины И. Мать была близка к императрице Александре Фёдоровне и Вел. Кнж. Ольге и Татьяне. С 1911 учился в уч-ще Правоведения (не оконч., 3-й кл.). Оконч. Михайловское арт. уч-ще (1916) и вышел Л.-гв. хорунжим в 6-ю Донскую каз. батарею. После Октябрьского переворота 1917 — в белых войсках на Юге России. В 1918 — в добровольч. арт. взводе донских частей; переводчик при Атамане Всевеликого Войска Донского ген. П.Н. Краснове. В 1919 служил во 2-й Донской каз. батарее, затем — адъютант инспектора арт. Донской армии. В марте 1920 с Донским кад. корпусом эвакуирован в Египет. Адъютант (1920–21), преподаватель (с 1921) корпуса в Египте. В эмиграции в Германии. Оконч. Высшую технич. школу в Берлине (Technische Hochschule) в 1925 с дипломом инж. В 1925–37 работал инж.-строителем во Франции, Германии и Египте. С 1937 преподавал в Принстонском ун-те, занимал должность проф. строительного искусства (1937–64). Читал лекции в Корнельском ун-те и ун-те Делавэра. Науч. исследования Ч. посвящены механике грунтов и закладыванию фундаментов.

Гражданин США (1941). Во время Второй мировой войны работал консультантом в Администрации гражданской авиации и ВМФ США. Работы Ч. включали строительство мостов, туннелей и плотин. Во время этих работ и испытаний крупного масштаба обнаружил ряд расхождений между существовавшими тогда стандартными инж. расчётами и данными, полученными на практике. В 1953 избран почётным членом Об-ва рус. инж. в США. В 1959 посетил СССР в составе делегации амер. инж.-строителей. Автор книги (на англ. яз.) «Russia my Native Land» (N.Y., 1964) с предисловием проф. Дж. Кеннана, быв. посла США в Москве. На англ. яз. опубликовал статью о каз. и революции 1917 в «The Russian Review». Выступал в рус. печати с критикой искажения истории казаками-сепаратистами. Подписал протест амер. граждан рус. происхождения, проф. и общественных деятелей против русофобского закона 86-90 («Закон о порабощённых нациях»), возлагающего вину за зверства коммунистов исключительно на рус. народ и исключающий его из перечня народов, порабощённых коммунизмом. В связи с этим опубликовал в 1962 брошюру (на англ. яз.) «Плённые нации» с критикой амер. отношения к России и рус. В 1964 ушёл отставку с почётным званием проф.-эмеритуса и продолжал вести при Принстонском ун-те свои исследования. Автор учебников, изд. McGraw-Hill и посвящённых механике грунтов, фундаментам и земляным насыпям, которые считаются среди инж. классич., и в первую очередь учебник «Foundations» (1973). В 1979 этот учебник был изд. на португальск. яз. в Бразилии. Автор более 100 статей в профессиональных журналах. Изуч. Ч. проблем закладки фундаментов в мёрзлом грунте послужило основой для разработки стандартов дорожного строительства. За свои работы удостоился в 1979 награды им. Карла Терцаги. Избран почётным членом Амер. об-ва гражданских инж., почётным членом Об-ва рус.-амер. инж. в США и об-ва Сигма Кси. Участвовал в деятельности Нац. об-ва инж., Амер. историч. об-ва и Амер. ассоциации по изуч. славянск. наук (American Association for the Advancement of Slavic Studies). Будучи участником борьбы с большевиками, Ч. меньше всего ожидал, что у него лично возникнут осложнения из-за непонимания разницы между рус. и большевиками. Произошёл конфликт в ун-те, когда Ч. открыто осудил злонамеренные искажения рус. истории, исходившие во времена сенатора Маккарти из Амер. информационного агентства. Отказался от предложения стать тайным агентом ЦРУ во время обмена науч. делегациями между США и СССР. В 1970 отказался от почётного звания проф.-эмеритуса Принстонского ун-та в знак протеста против несправедливого отношения и надуманных претензий полит. характера университетской администрации к проф. славянск. яз. и лит. Давиду Джапаридзе.

Родственники: вдова Флоренс; сестра *Валентина*.

И с т. АОРИ. *Чеботарёв Г.П.* Письмо председателю Об-ва рус. инж. в США (1953).

Л и т. *Волков С.В.* Офицеры российской гвардии. С. 516; Gregory Tschebotarioff, civil engineer // Philadelphia Inquirer. 1986. Jan.; Top foreign-born civil engineers speak their minds // Civil Engineering — ASCE. 1980. Oct.

ЧЕБОТАРЁВА-БИЛЛ Валентина Порфирьевна (4 янв. 1909, Павловск Санкт-Петербургской губ. – 17 июля 1995) — литературовед, экономист. Дочь офицера Л.-гв. 6-й Донской каз. батареи, ген.-лейт. (1918) Порфирия Григорьевича Чеботарёва (1873–1920) и его жены (урожд. Дубягской) Валентины И. Мать была близка к императрице Александре Фёдоровне и Вел. Кнж. Ольге и Татьяне. В 1920 семья Чеботарёвых оставила Новочеркасск. Вместе с братом *Григорием* Валентина, после кратковременного пребывания в Египте, переселилась в Германию. Оконч. гимназию и Берлинский ун-т (1934), получив ст. доктора по нар. хоз-ву. Сотрудник журнала

«Der deutsche Landwirt», на страницах которого опубликовала 31 статью, посвящённую финансово-экономич. проблемам СССР. В США с 1937, науч. сотрудник Принстонского ун-та (1939–44). В 1948–74 преподавала на отделении славянск. яз. и лит. В 1949–57 читала курс лекций по истории рус. культуры для аспирантов в Нью-Йоркском ун-те. Сотрудник журнала «Russian Review». Автор трудов по специальности. Член РАГ в США. *Родственники*: муж Эдвард Билл; дочь; внучка; брат *Григорий*.

С о ч. The Forgotten Class — the Russian Bourgeoisie. Praeger, 1959; The Russian People — a reader on their History and Culture. Chicago University Press, 1959; 1965; 1974; Introduction to Russian Syntax. Holt, Rinehart and Winston, 1972.

И с т. АА. Чеботарёва-Билл Вал. Жизнеописание (рукопись), 1974.

Л и т. *Круговой Г.* В.П. Чеботарёва-Билл // Записки РАГ в США (Нью-Йорк). 1995. Т. XXVII. С. 370–372.

ЧЕБЫШЕВ П.А. — капитан II ранга. Командир корвета «Богатырь» в составе рус. Тихоокеанской эскадры контр-адм. А.А. Попова, посетившей в 1863–64 Сан-Франциско для участия в защите северян от возможного выступления Великобритании и Франции на стороне Юж. Конфедерации во время Гражданской войны в США 1861–65.

Л и т. *Тарсаидзе А.Г.* К 90-летнему юбилею прибытия русских эскадр в Америку, 1863–1953 // Мор. записки (Нью-Йорк). 1953. Нояб. Т. XI. № 3. С. 11–23

ЧЕВДАР Эраст Константинович (11 нояб. 1888, Аккерман Бессарабской губ. – 1981, Нью-Йорк) — участник Белого движения на Юге России, инженер-строитель, общественно-полит. деятель, публицист. Род. в семье, предки которой имели албанское происхождение. Будучи студентом-путейцем на 5 курсе Ин-та инженеров путей сообщения Императора Александра I, работал в России на изысканиях и строительстве жел. дорог: Балтийской, Донецкой, Бухарестской. В конце 1914 поступил на военную службу. Участник Первой мировой войны. После Октябрьского переворота 1917 — в белых войсках на Юге России. После 1920 — в эмиграции в Кор. СХС. Оконч. Технич. ф-т Белградского ун-та (1923). Служил в дирекции по строительству новых дорог — на изыскании Адриатич. жел. дороги и др. В 1926–27 — нач-к работ по съёмке р. Дуная. Междунар. Дунайская комиссия выразила особую благодарность Кор. правительству за эти работы **Ч.** В 1942–45 служил проектировщиком в фирме Готлиб Теш, в Берлине, где встретил оконч. войны. Избежав внимания сов. следственных органов, переселился в США и продолжал работать инж. С 1951 служил в нескольких проектировоч. фирмах в Нью-Йорке по мостам и промышленному строительству. Участвовал в работе над проектами автострадного моста через р. Миссисипи в Нью-Орлеане, создания мостов у пресечения дорог близ Буффало и др. Проверял расчёты железобетонного водохранилища на 100 млн. жителей на о-ве Стэтен-Айленд. В ведомстве водоснабжения работал 7 лет. Участвовал в деятельности Демократич. партии США. Автор воспоминаний и статей, опубликованных на страницах газ. «Новое русское слово» (Нью-Йорк). Состоял членом Об-ва рус. инж. в США (1950) и КРА (1973). Был холост. *Родственники*: племянник с семьёй.

И с т. АА. *Александров Е.А.* Воспоминания (2001); АОРИ. *Чевдар Э.К.* Автобиография, машинопись, 1 с. (19 авг. 1968).

ЧЕЛИЩЕВ [André **Tchelistcheff**] Андрей (Андрэ) (1901, Московская губ. – 1994) — участник Белого движения на Юге России, учёный-винодел, дегустатор. Род. в семье проф. права и землевладельца. В 1918 юнкером поступил в Добровольч. армию, служил в белых войсках на Юге России. В 1920 в составе Рус. армии эвакуировался из Крыма в нояб. 1920. В 1920–21 — в Галлиполи. С 1921 в эмиграции в Чехословакии, изуч. сельское хоз-во в ун-те в Брно. В 1930 отправился во Францию для специализации по виноградарству и виноделию. Некоторое время работал в Шампани в известной фирме «Моэ де Шандон».

В 1938 приглашён известным виноделом де Латура на работу в Калифорнию, в долину Напа. Здесь проработал 56 лет в качестве учёного специалиста по виноделию, селекционера и консультанта у ряда виноделов в Калифорнии, в шт. Вашингтон и в Италии. Способствовал выходу калифорнийских вин на междунар. рынок и признанию их высоких качеств, не уступающих качествам традиционных европейских вин.

Л и т. Умер знаменитый амер. дегустатор Андрей Челищев // НРС. 1994. 8 апр.; The Wine Doctor // Los Angeles Times. *Berger D.* 1991. Oct. 11; *Prial F.J.* André Tschelistcheff, 92, Authority on Wine // The New York Times. 1994. Apr. 7.

ЧЕЛИЩЕВ Виктор Викторович (5 мая 1906 – 26 дек. 1997) — архитектор. В 1921 покинул родину с родителями, бежавшими от большевиков. Приехал в США из Германии в 1948. Работал архитектором в Пало-Альто (шт. Калифорния). Архитектурная карьера **Ч.** ознаменовалась исполнением архитектурных проектов в Скво-Валлей на оз. Тахо, а также франц. и австрийск. павильонов для зимних спортивных игр 1960. Занимался проблемой восстановления разрушенной при сов. власти церкви в с. Красное, в 160 км от Москвы, которую построил его прадед в 1852.

И с т. АРЦ. *Тарала Г.А.* Сводка кладбищенских дат, 2003. С. 6.

Л и т. *Маккэб М.* Архитектор Виктор Челищев хочет перестроить церковь в России // РЖ. 1993. 3 дек. (Перепечатка из «San-Francisco Chronicle»).

ЧЕЛИЩЕВ Владимир Николаевич (1881 – 1 мая 1952, Сан-Франциско) — общественно-полит. деятель, конституционный демократ (кадет). Член антибольшевистского Нац. центра в Москве (1918). В 1919 переехал на Юг и назнач. нач-ком Управления юстиции в Особом Совещании при Главнокомандующем ВСЮР. После 1920 — в эмиграции во Франции, жил в Париже. После 1945 в США.

Л и т. *Рутыч Н.Н.*, *Махров К.В.* Биографич. справочник // *П.С. Махров*. В Белой армии ген. Деникина, СПб., 1994. С. 258.

ЧЕЛИЩЕВ Дмитрий Андреевич — винодел. Работает в Веллингтоне (шт. Невада). Сын *А. Челищева*.

ЧЕЛИЩЕВ Павел Фёдорович (1898 – 1957, Рим) — участник Белого движения на Юге России, сценограф, художник-неоромантик, сюрреалист. Учился у сценографа в Большом театре. В 1918 переехал в Киев, где продолжил образование в Академии художеств. С 1919 на службе во ВСЮР. В 1920 эвакуировался из Севастополя в Константинополь. Работал в Париже, Лондоне и в Нью-Йорке, в Метрополитен опере.

И с т. АМРЦ. *Морозова О.А.* Биографич. сборник — черновая рукопись: М-73-1. 2.5-75.

Л и т. *Raymond B.*, *Jones D.* The Russian Diaspora 1917–1941. Maryland and London, 2000. P. 92–93.

ЧЕЛНОВ [Chelnov Anatole] Анатолий (1919, Москва – 1990, Сан-Франциско) — ветеран, торговый представитель. Образование получил в Бельгии. В США с 1937. Во время Второй мировой войны служил в ВВС США. С 1960 работал в торговом отделе изд-ва Брит. энциклопедии. Ведал продажей энциклопедии в Европе и Азии. С 1969 состоял директором междунар. торгового отделения Брит. энциклопедии. Вице-президент отделения (1983).
Л и т. Anatole Chelnov // The New York Times. 1990. July 11.

ЧЕРЕП-СПИРИДОВИЧ Артур Иванович, гр. (1868 – 1926, Статен-Айленд, под Нью-Йорком.) — Флота генерал-майор. Оконч. Мор. корпус (1887). После 1920 в эмиграции в США. Почётный член Об-ва рус. мор. офицеров в США.
Л и т. Мартиролог рус. военно-мор. эм. С. 144; Некролог // Мор. записки (Нью-Йорк). 1943. Дек. С. 69.

ЧЕРЕПНИН Александр Николаевич (1899, Санкт-Петербург – 1981) — композитор. Род. в семье композитора Н. Черепнина. В 1921 выехал за рубеж. Написал 2-й акт оперы «Женитьба» (1-й акт был написан М.П. Мусоргским). **Ч.** принадлежит опера «Оль-Оль», со сценами из студенч. жизни, сюжет которой навеян пьесой Л. Андреева «Дни нашей жизни». Жил во Франции и в США. Автор ряда опер, 5 симфоний, 6 концертов, муз. для виолончели и скрипки, кантат. *Родственники:* сын *Иван*.
И с т. АМРЦ. *Морозова О.А.* Биографич. сборник — черновая рукопись: М-73-1. 2.5-75.
Л и т. *Raymond B., Jones D.* The Russian Diaspora 1917–1941. Maryland and London, 2000. P. 93–94.

ЧЕРЕПНИН Иван Александрович (1943, Париж – 1998, Бостон) — композитор, проф. муз. Сын композитора *А.Н. Черепнина* и Ли-Хсиен-Минг — первой женщины-пианистки, оконч. Шанхайскую консерваторию, внук петербургского композитора Н. Черепнина.

Оконч. Гарвардский ун-т. Продолжал учиться в Европе. Одно время жил в Сан-Франциско, где сотруднич. с композиторами Д. Кэйджем и Д. Тюдором. 25 лет состоял проф. и директором студии электронной муз. при Гарвардском ун-те. В 1996 получил премию Громейера при ун-те Луивилла (150 тыс. $) за произведение «Двойной концерт для скрипки, виолончели и оркестра». *Родственники:* жена Сю-Эллен; дочь; трое сыновей; два брата.
И с т. АМРЦ. *Морозова О.А.* Биографич. сборник — черновая рукопись: М-73-12. 2.5-75.
Л и т. Composer Ivan A. Tcherepnin, 55 // Newsday. Associated Press. 1998. Apr. 15.

ЧЕРЕПНИН [Tcherepnin Serge] Сергей Александрович (род. 1941) — композитор, проф. Калифорнийского ин-та искусств и проф. Нью-Йоркского ун-та. Сын композитора *А.Н. Черепнина*.
И с т. Gale Group.

ЧЕРЕПОВ Александр Николаевич (17 авг. 1877 – 15 февр. 1964, Нью-Йорк) — участник Белого движения на Юге России, генерал-майор. Происходил из дворян Курской губ. Оконч. Орловский Бахтина кад. корпус, Одесское военное уч-ще (1898) и вышел в 136-й Таганрогский полк 34-й пех. дивизии, стоявший в Ростове-на-Дону. На 1914 — командир 1-й роты, капитан. Участник Первой мировой войны. За отличия награждён всеми орденами до ордена св. Георгия IV ст. (1915 — за взятие Ужокского перевала в Карпатах) и Георгиевского оружия. Подполковник, командир батальона (1915). В 1917 — полковник, командир 282-го Александрийского полка 71-й пех. дивизии. За успешные действия в летнем наступлении 1917 произведён в генерал-майоры с назнач. командиром бригады 155-й пех. дивизии. Последняя должность до Октябрьского переворота 1917 — командующий 4-й пех. дивизией. После Октябрьского переворота уехал к семье в Ростов-на-Дону, где сформировал добровольч. отряд. С 5 дек. 1917 — в Добровольч. армии, командир сформированного им 1-го добровольч. отряда. Участник 1-го Кубанского («Ледяного») похода 1918 в должности командира бригады 1-й пех. дивизии. С июня 1918 — командир бригады 2-й пех. дивизии, участник 2-го Кубанского похода 1918. В 1918–19 — нач-к 2-й пех. дивизии. Зимой 1919 дополнительно принял должность Черноморского ген.-губ. До эвакуации в Крым — нач-к Туапсинского отряда. В Рус. армии: командир десантного отряда, с которым осуществил высадку под Анапу (авг. 1920), командир бригады 7-й пех. дивизии, нач-к Отдельного сводного отряда у Каховки, нач-к 6-й пех. дивизии. Был тяжело ранен. Эвакуировался из Крыма в нояб. 1920 в составе Рус. армии. В эмиграции в Кор. СХС. На 1931 — нач-к группы участников 1-го Кубанского похода в Нови Сад. Председатель Новосадского отделения IV отдела РОВС. Осенью 1941 сформировал Новосадскую дружину, во главе которой в дек. 1941 прибыл в Белград в состав Рус. Охранной Группы (Рус. Корпуса). С 10 янв. 1942 — командир 1-й дружины 3-го отряда. С мая по нояб. 1942 занимался формированием 4-го отряда, кадры которого поступили на пополнение др. частей. С 9 дек. 1942 — командир 3-й дружины 3-го отряда. 25 дек. 1943 принял командование 2-м батальоном 3-го полка Рус. Корпуса. На 26 окт. 1944 — командир запасного батальона Сводного полка в долине р. Ибр. 4 мая 1945 батальон **Ч.** был влит 3-м батальоном в состав 1-го ген. Зборовского полка Рус. Корпуса. За боевые отличия награждён Железным Крестом II кл. После оконч. войны — в Австрии и Зап. Германии, где состоял председателем Союза рус. военных инвалидов. С 1950 в эмиграции в США. Участвовал в деятельности Фонда св. блг. кн. Александра Невского. Вице-председатель СчРК. Председатель Союза участников 1-го Кубанского ген. Корнилова похода (12 апр. 1948 – 15 февр. 1964). Член РИС-О. *Родственники:* вдова София Ардальоновна (? – 23 мая 1970, Нью-Йорк); сын *Владимир*.

Похоронен на кладбище Ново-Дивеево близ Нанует (шт. Нью-Йорк).
И с т. ЛАА. Справка *К.М. Александрова* на командира Запасного батальона Рус. Корпуса (на 1944) генерал-майора А.Н. Черепова; Сообщение о смерти // Перекличка (Нью-Йорк). 1964. Февр. – март. № 146–147. С. 23; *Трескин Л.Н.* Новосадская дружина // РК. 1963. С. 83–85.
Л и т. *Волков С.В.* Энциклопедия Гр. войны. С. 612–613; *Иванов И.Б.* Краткие биографич. данные чинов Рус. Корпуса, упомянутых в наст. сб. // РК. 1999. С. 436–437; РК. 1963. С. 76–77, 83–84, 87, 99–100, 120–121, 143, 155, 166, 282–283; *Рутыч Н.Н.* Биографич. справочник. Юг. С. 261–262.

ЧЕРЕПОВ Владимир Александрович (9 июля 1902 – 26 янв. 1981, Глен-Ков, шт. Нью-Йорк) — участник Белого движения на Юге России, корнет. Сын генерал-майора *А.Н. Черепова* и его жены Софии Ардальоновны. Участник 1-го Кубанского («Ледяного») похода 1918 рядовым, затем — в белых войсках на Юге России. Эвакуировался из Крыма в нояб. 1920 в составе Рус. армии. В 1920–21 — в Галлиполи, затем в Кор. СХС. Оконч.

Николаевское кав. уч-ще в Белой Церкви и вышел корнетом в кадры 18-го драг. Северского Кор. Датского Христиана IX полка. Жил в Нови Сад в 70 км от Белграда. В 1941–45 — в Рус. Корпусе. Службу начал осенью 1941 в составе сформированного отцом Новосадского батальона, с которым прибыл в Рус. Охранную Группу и был зачислен в формировавшийся 3-й отряд, командир отделения. С мая до 30 нояб. 1942 — командир кон. взвода сотни управления формировавшегося 4-го отряда, помощник полк. *В.И. Гетца*. Затем служил во 2-м «юнкерском» взводе 6-й роты 2-го батальона 2-го полка. Оконч. нем. школу верховой езды в Белграде (окт. 1943). С 23 окт. 1943 — взводный фельдфебель 7-й роты 2-го батальона 4-го полка. Оконч. военно-училищные курсы в Белграде и 7 сент. 1944 произведён в подпоручики по рус. службе с назнач. в 3-й полк. После 1945 — в эмиграции в США. Участвовал в деятельности рус. воинских орг-ций. Автор мемуаров.

Похоронен на кладбище Ново-Дивеево близ Нануэт (шт. Нью-Йорк).

С о ч. Белое воинство // РК. 1963. С. 66–69; В 4-м полку I формирования // Там же. С. 92–94; 6-я рота 2-го полка // Там же. С. 121–125; Школа верховой и упряжной езды // Там же. С. 135–138; 7-я рота 4-го полка // Там же. С. 187–195; Тревожные дни в долине р. Ибра: 3–5 авг. 1944 // Там же. С. 229–238.

И с т. ЛАА. Справка *К.М. Александрова* на подпоручика Рус. Корпуса В.А. Черепова.

Л и т. *Волков С.В.* Офицеры армейской кавалерии. С. 569; *Иванов И.Б.* Краткие биографич. данные чинов Рус. Корпуса, упомянутых в наст. сб. // РК. 1999. С. 437; Некролог // Часовой (Брюссель). 1981. Май – июнь. № 631. С. 20.

ЧЕРЕПОВ Георгий — художник-портретист. Автор картин, изображающих жанровые сцены и виды в Мексике, Италии, пейзажи Новой Англии. Член «Grand Central Art Galleries», «Allied Artists of America, Inc.», «American Artists Professional League», «The New Haven Paint and Clay Club», «Silvermine Guild of Artists».

ЧЕРЕШНЕВ Вячеслав Васильевич (1895, стан. Усть-Лабинская Екатеринодарского отдела Обл. Войска Кубанского — после 1970) — участник Белого движения на Юге России, полковник. Род. в семье екатеринодарского нотариуса. Студентом 2-го курса юридич. ф-та Московского ун-та перевёлся в Павловское военное уч-ще. После производства в первый офиц. чин, прослушал курс подрывного кл. Николаевского инж. училища. Участник Первой мировой войны на Юго-Зап. фронте. За отличия получил ряд наград, включая орден св. Владимира IV ст. с мечами и бантом. Был контужен. Подъесаул (на 1917). После Октябрьского переворота 1917 возвратился на Кубань. С дек. 1917 — в рядах отряда Кубанской Рады, боровшегося против местных красногвардейцев. Участник 1-го Кубанского («Ледяного») похода 1918 во 2-й сотне 1-го офиц. кон. полка. Был ранен. По выздоровлении — офицер 1-го Запорожского полка 1-й кон. дивизии Добровольч. армии. Есаул (нояб. 1918). Занимал должности от мл. офицера до командира полка. За два года ещё трижды ранен. Произведен в полковники в возрасте 24 лет (1920). В нояб. 1920 эвакуировался из Крыма в составе Рус. армии. В эмиграции в Турции. Служил ездовым англ. батареи в р-не Константинополя. В США с 1923. Зарабатывая на жизнь работой в ночную смену на ф-ках, прошёл трёхлетний курс юридич. ф-та Пенсильванского ун-та. Получив диплом, занялся судебной практикой в Филадельфии. Во время Второй мировой войны поступил добровольцем в береговую охрану США и одновременно преподавал рус. яз. мор. офицерам и будущим дипломатам в Хаверфорд колледже. С окт. 1946 состоял в запасе в чине лейтенант-командора. Возвратившись к адвокатской практике, вскоре занял должность управляющего химич. заводом. Состоял атаманом Общеказ. стан. в Филадельфии. Много помогал казакам, оставшимся в Германии, и способствовал их переселению в США. В 1964 был одним из основателей Каз. нац. представительства за рубежом.

Л и т. *Волков С.В.* Первые добровольцы... С. 339; Каз. словарь-справочник / Сост. Г.В. Губарев. Ред.-изд. А.И. Скрылов. Т. III. Сан-Ансельмо, 1970. С. 265–266.

ЧЕРКАС [Черкашенников] Константин Михайлович (род. 1918) — художник. В 14-летнем возрасте принят в Суриковское худ. уч-ще в Москве. После Второй мировой войны оказался в лагере для «перемещённых лиц» в Германии. Продолжал образование в Мюнхенской академии художеств.

Переселившись в 1950 в США, начал карьеру с реставрации работ Рембрандта, Эль Греко, Беллини и др. мастеров. Стал известен как художник, посвятивший своё творч. юго-западу Сев. Америки. Работал как реалист, но не был чужд влиянию кубизма. Пейзажи, которые Ч. писал более 30 лет, выставлялись в Таосе, в ин-те Фешина (см. «Русский американец» (Нью-Йорк). № 20), Нью-Мексико, в Техасе и в Калифорнии. Участник многочисленных выставок. Символич. картины Ч. оставляют глубокое впечатление, особенно картина «Бремя», столь понятная тем, кто пережил тиранич. режимы XX в. В сент. 1997 в залах Центрального музея Вооружённых Сил России, в дни празднования 850-летия Москвы, открылась персональная выставка Ч. Выставка впервые организована в России по инициативе журнала «Этносфера», программы «Русское зарубежье» Фонда «Социальная экология» при содействии Комитета общественных и межрегиональных связей правительства Москвы.

Л и т. *Александров Е.А.* Константин Михайлович Черкас (Черкашенников) // РА. 1997. № 21. С. 154–155 (With English summary); *Завалишин Вяч.* Мастерство Константина Черкаса // НРС. 1977. 7 июля; Cherkas P., Zavalishin V., Bylinsky G. Constantine Cherkas, A Fifty Year Retrospective, As Presented By The Frye Art Museum // Stepping Out Art Publishers, Seattle Washington, 1994.

ЧЕРКАССКАЯ [Tcherkassky Marianna] Марианна (род. 1943, Глен-Ков на Лонг-Айленде, шт. Нью-Йорк) — прима-балерина. Отец Ч. — рус., мать — японка, крёстный отец — *А. Еглевский*. Детство провела в Си-Клифе на Лонг-Айленде (шт. Нью-Йорк) и в Кенсингтоне (шт. Мэрилэнд). Семья увлекалась балетом, и маленькую Ч. брали в театр чуть ли не с трёхлетнего возраста.

Первые уроки танца начала брать с 7-летнего возраста. Мать Лиллиан, балерина, танцевавшая в балете Монте Карло маркиза де Куэваса, стала первой учительницей дочери. Затем последовали занятия в Вашингтонской балетной школе. В возрасте

14 лет получила стипендию фонда Форда для дальнейшего образования в Школе амер. балета в Нью-Йорке. Следует в своих выступлениях традициям балета XIX в., но в её творч. отражается и влияние новой традиции, связанной с именем и школой Дж. Баланчина. В 1970 принята в кордебалет Амер. балета (American Ballet Theatre). В 1972 стала солисткой. Исполняла главные роли в балетах «Баядерка», «Сильфида», «Щелкунчик», «Жизель». С приходом в Амер. балетный театр М.Н. Барышникова (худ. рук. с 1980) начала выступать в его новых, нетрадиционных постановках. *Родственники:* муж Терренс Орр — балетмейстер.

Л и т. Триумф Марианны Черкасской // НРС. 1976. 12 авг.; *Farmighetti J.* She was "born into the ballet" // Glen Cove Record Pilot. 1982. June 17.

ЧЕРКАССКИЙ Алексей — певец, оперный и концертный баритон. Сын артистки Императорских театров М.Б. Черкасской. После выступлений по приглашению в Ницце продолжал муз. образование в Париже и в рус. консерватории у Обухова. В возрасте 34 лет начал в 1939 выступать на концертах в США, во Флориде. В 50-х гг. пел в Нью-Йорке.

И с т. АМРЦ. *Морозова О.А.* Биографич. сборник — черновая рукопись: М-73-12. 2.5.-80.

ЧЕРКАССКИЙ Александр [Шура] (7 окт. 1911, Одесса Херсонской губ. – 1984) — пианист. Занимался игрой на пианино с раннего детства.

В 1922 переселился с родителями в США. Здесь продолжал муз. образование, специализируясь в классич. муз. Амер. дебют Ч. состоялся в 1923 в Балтиморе. Помимо концертов во многих городах США, выступал в Австралии и в ЮАР. Европейские концерты возобновил в 1945. Муз. критики и любители музыки называли Ч. одним из последних романтиков.

Л и т. *Kozinn A.* Shura Cherkassky, Pianist of Romantic School Dies at 84 // The New York Times. 1995. Dec. 29.

ЧЕРКАШЕННИКОВ — см. **ЧЕРКАС**.

ЧЕРМАЕВ [Serge **Chermayeff**] Сергей (1901, Кавказ – 1996 Уэллфлит, шт. Массачусет) — архитектор. Получил образование в Англии, здесь начал свою карьеру. В 30-х гг. начал преподавать в Европейско-Средиземноморской академии в Кавальер (Франция). В США с 1939. Работал в архитектурных фирмах, одновременно читая лекции в Сан-Францисском ин-те искусств и в Бруклинском колледже, в котором возглавлял отдел проектирования (1942–46). Затем преподавал в Технологич. ин-те шт. Массачусетс. В 1953 возглавил архитектурный ф-т Гарвардского ун-та. В 1962 занял ту же должность в Йельском ун-те, где продолжал работать до ухода в отставку в 1970. К ранним работам Ч. относятся здания в Англии (Bexhill Pavilion) и в Окленде (шт. Калифорния) (Clarence Mayhew House) и в округе Марин (Horn House). В соавт. с Александером (S. Alexander) написал книгу «Community and Privacy: Toward a New Architecture of Humanism» (1953), с Александром Цонисом (A. Tzonis) — «Shape of Community: Realization of Humnan Potential» (1971). Участвовал в основании об-ва планировщиков и архитекторов, был президентом Чикагского ин-та проектирования (Chicago Institute of Design). Прожил 55 лет в Уэллфлите. *Родственники:* жена Варвара Мэйлэнд Мэй; сыновья — Пётр, Иван; внуки; правнуки.

Л и т. *Saxon W.* Serge Chermayeff, 95 Architects, Taught at Harvard and Yale: // The New York Times. 1996. May 10.

ЧЕРНИ Виктор Павлович — см. **ЧЕРНЫЙ** Виктор Павлович

ЧЕРНОВ [псевд. **Гарденин, Оленин** и др.] Виктор Михайлович (9 нояб. 1873, Новоузенск Самарской губ. – 15 апр. 1952, Нью-Йорк) — общественно-полит. деятель, социолог. Идеолог народнич. социализма. Член ПСР с дек. 1901, главный теоретик и идеолог партии. Член ЦК ПСР, один из основателей и ведущий публицист эсеровских газ. «Голос», «Дело народа» и др. После Февральской революции 1917 — тов. Председателя Петроградского Совета, член городского комитета ПСР и ред. газ. «Дело народа». Министр земледелия в 1-м коалиционном составе Временного правительства, участник 2-го коалиционного правительства. Депутат и Председатель Всерос. Учредительного Собрания (5 янв. 1918), разогнанного большевиками по приказу В.И. Ленина. С сент. 1920 в эмиграции в Эстонии, затем во Франции, с 1938 постоянно жил в Париже. Основатель и ред. журнала «Революционная Россия» (Ревель, Берлин, Париж). Член Загранич. делегации ПСР (1921–28). В 1929–30 совершил поездку в США и Канаду. С 1940 в эмиграции в США, жил в Нью-Йорке, член редколлегии журнала «За свободу». Сторонник создания в эмиграции единой социалистич. партии. Один из основателей Лиги борьбы за нар. свободу (1949). Автор мемуаров. *Родственники:* жена (в браке с 1898) А. Слетова

С о ч. Аграрный вопрос и современный момент. М., 1917; Конструктивный социализм. Т. I. Прага, 1925; Записки социалиста-революционера. Кн. 1. Берлин; М.; Пг., 1926; Перед бурей. Воспоминания. Нью-Йорк, 1954.

Л и т. *Вильданова Р.И., Кудрявцев В.Б., Лаппо-Данилевский К.Ю.* Краткий биографич. словарь рус. зарубежья // *Струве Г.* С. 376–377; *Ерофеев Н.* Чернов Виктор Михайлович // РЗ. Золотая кн. эм. С. 685–689.

ЧЕРНОВА-ШАЛЯПИНА Татьяна Фёдоровна — см. **ШАЛЯПИНА** Татьяна Фёдоровна

ЧЕРНОСВИТОВ Л.Л. — энтомолог, специалист по борьбе с вредными мушками, личинки которых приносят ущерб хвойным лесам Канады. Работал в Брит. музее, вёл исследования в лесах Чехословакии, Швеции и Финляндии. Изучив положение, пришёл к заключению, что вредителями являются мушки, личинки которых поражаются паразитом, водящимся в Европе. Приглашён Канадским правительством для борьбы с этими мушками. По предложению Ч. европейского паразита ввели в хвойных лесах Канады, и количество вредных мушек уменьшилось на 60%.

И с т. АМРЦ. *Морозова О.А.* Биографич. сборник — черновая рукопись: М-73-12. 2.5.-82.

ЧЕРНУШЕВИЧ Алексей Михайлович (1887 – 2 янв. 1958, Вашингтон) — участник Белой борьбы под Андреевским флагом, капитан II ранга. Оконч. Морской корпус (1908) и в офиц. чинах прошёл курс офиц. штурманского кл. в Черноморском флоте. Был флагманским штурманом штаба нач-ка бригады крейсеров. Участник Первой мировой и Гражданской войн. В 1923, после нескольких лет, проведённых в Константинополе, прибыл в Нью-Йорк. Служил в Географич. об-ве, затем — в картографич. отделении в Вашингтоне, где работал в обл. исправления амер. карт. Шестой председатель Совета директоров Об-ва быв. рус. мор. офицеров в Америке в 1931–33. Под псевд. Черноморцев писал рассказы и очерки из мор. жизни.

И с т. АА. Список председателей Совета директоров Об-ва Рус. императорских мор. офицеров в Америке, 1974.

Л и т. Капитан II ранга А.М. Чернушевич // Часовой (Брюссель). 1958. Март. № 389. С. 21.

ЧЕРНЫЙ [ЧЕРНИ, CERNI] Виктор Павлович (11 нояб. 1901, Одесса Херсонской губ. – 1989, Лонг-Айленд, шт. Нью-Йорк) — инженер-электрик, авиаконструктор. После 1917 проживал в Бессарабии, оккупированной в 1919 румынами. Оконч. Болградскую гимназию. В 1921 поступил в Ясский ун-т, но перевёлся в Высшую технич. школу в Праге, которую оконч. в 1929 с дипломом инж.-электрика. Работал в Праге на авиазаводе до 1945, когда был вынужден выехать в Зап. Германию, чтобы не оказаться под властью коммунистов. В Германии состоял в Рус. инж. об-ве. Переехав в США, поселился в Нью-Йорке, где работал инж.-авиаконструктором. Член Об-ва рус. инж. в США (1949).

Гражданин США (1959). Член КРА, помогал орг-ции по мере возможностей. Был известным филателистом, собрал значительную коллекцию почтовых марок, получившую высокую оценку специалистов. Оставил по завещанию часть наследства КРА. Из этой суммы был выделен нерушимый фонд для учреждения ежегодной поощрительной стипендии, состоящей из годового дохода от вклада фонда в банк. Стипендия имени Ч. выдавалась рус. студентам в США, специализирующимся в науках о России. С 2001 фонд посвящён выдаче небольших прожиточ. стипендий нуждающимся аспирантам и студентам высших учебных заведений в России. *Родственники:* жена Людмила (?–1982). Потомков Ч. не осталось.

Л и т. *Александров Е.А.* Виктор Павлович Чёрный (Черни) // РА. 1995. С. 200.

ЧЕРНЫХ Егор [**Георгий**] Леонтьевич (1813, Сев. Камчатка – 30 июня 1843, Ситка) — агроном, служащий РАК. В 1823 отправлен учиться в Москву в сельскохоз. школу, только что открытую Императорским сельскохоз. об-вом. Оконч. школу (1827), возвратился на Камчатку, занявшись садоводством и огородничеством. С авг. 1835 — агроном Форта Росс (Калифорния) с жалованьем 3,5 тыс. руб. в год. Основал хутор в нескольких милях от Форта Росс. Вёл сельское хоз-во, занимался садоводством, разводил скот. Автор нескольких статей, опубликованных в рос. агрономич. журналах. В 1841 вместе с *А.Г. Ротчевым*, комендантом Форта Росс, *И.Г. Вознесенским*, исследователем природы и коллекционером, и др., совершил восхождение на гору, названную им горой св. Елены — самую высокую возвышенность в этой части Калифорнии. Об этом событии на горе была оставлена памятная плита. После продажи форта переехал в Ситку и занял должность главного инспектора РАК с жалованьем в 5 тыс. руб. в год. *Родственники:* вдова (урожд. Будилова) Екатерина Петровна; сын Николай (4 мая 1842 – ?). Сконч. внезапно.

Л и т. *Pierce R.A.* Russian America — A Biographical dictionary. Kingstone, Ont. 1990. P. 86.

ЧЕРНЮК Эдвард (25 дек. 1912, Астория на Лонг-Айленде (шт. Нью-Йорк) – 11 окт. 2003) — бригадный генерал армии США. Родители Ч. переселились из России на заработки в США в 1911. Отец перед приездом в США прошёл военную службу в Л.-гв. Преображенском полку. В 1914 мать с двухлетним Ч. отправилась в Россию навестить семью. Начавшаяся Первая мировая война, с последовавшей революцией, Гражданской войной и отходом к Польше р-на Несвижа, где оказались мать с сыном, не дали им возможности возвратиться домой в США. Только в 1922, при содействии Амер. Красного Креста, они смогли вернуться в Америку.

После возвращения в США и оконч. школы поступил в армию США, в которой прослужил 35 лет и выслужил все чины, начиная от рядового до бригадного генерала. Службу начал во 2-м батальоне полевой арт. в Форте Клэйтон, в зоне Панамского канала. Вышел в отставку с должности командира 411-й инж. бригады в Форте Тилден (шт. Нью-Йорк). В теч. службы учился в Военном колледже Ген. штаба в Форте Ливенворт (шт. Канзас) и в Военном колледже в Карлайл Барракс (шт. Пенсильвания). Заслужил 12 амер. орденов и медалей, а также награждён медалями Второй мировой войны от правительств Югославии, Польши, Франции, Венгрии, Чехословакии, Италии и др. стран. Помимо военной службы выполнял особые поручения Белого дома. При президенте Ф. Рузвельте участвовал в установлении контактов с главным сов. командованием. Представитель США в Союзной контрольной комиссии в Венгрии. При президенте Г. Трумэне по просьбе Папы Пия XII и католиков Венгрии разыскал и возвратил Церкви правую десницу св. Стефана, похищенную отступавшими нацистами. Президентом Л. Джонсоном назнач. личным представителем на торжественном открытии 11 нояб. 1967 в Оранжбурге (шт. Нью-Йорк) мемориала и парка в честь ветеранов Второй мировой войны.

При президенте Р. Рейгане назнач. членом комитета по особым поручениям. В благодарность за службу награждён медалью «За заслуги», числится в почётном списке Рейгана. Имел докторскую ст. за диссертацию о военных действиях в трёх измерениях. Ч. посвящён постоянный отдел в военном музее Юж. Новой Англии. *Родственники:* вдова; дочь Глория (в браке Кларк); внук; внучка.

Похоронен с военными почестями на Свято-Владимирском кладбище возле Кэссвилла (шт. Нью-Джерси).

И с т. АА. *Czerniuk E.J.* Autobiographical sketch (typescript), 2 р.

Л и т. *Александров Е.А.* Бриг. ген. Эдуард Чернюк // РА. 1995. № 20. С. 161–163.

ЧЕРНЯВСКИЙ Александр Януариевич (7 июля 1902, Вяземская, Приморье – ?) — инженер-механик, химик. Оконч. Харбинский политехнич. ин-т в Маньчжурии с дипломом инж.-механика. Работал инж.-проектировщиком в фирме Сименса, преподавал механику в том же ин-те, в Харбине. В 1928, переехав в США, продолжил образование в Калифорнийском ун-те и получил ст. магистра наук. С 1938 — зав. департаментом проектирования на заводе синтетич. резины фирмы Шелл в Эмеривилле (шт. Калифорния). Автор многоч. процессов для химич. заводов, имел амер. патенты для переработки нефтепродуктов. Член Об-ва рус. инж. в США. *Родственники:* жена (урожд. Вершинина) Мария Н.; сын Георгий.

И с т. АОРИ. Материалы.

ЧЕРНЯВСКИЙ Сергей Фёдорович (род. 6 авг. 1928, Симферополь) — инженер-механик, конструктор, общественный и церковный деятель. Отец Фёдор Григорьевич — инж.-путеец; мать (урожд. Семёнова) Нина Антоновна — дочь полк. Рус. армии, участника Белого движения. Проучился несколько лет на родине в нач. школе до начала войны (1941). Покинул во время войны с родителями оккупированную терр. СССР и оказался в Зап. Германии. Два года учился в рус. гимназии, в беженском лагере Шляйхсгейм под Мюнхеном. В США с июня 1947. Оконч. в 1948 амер. школу (High School), в 1953 — Сиракузский ун-т Cum Laude с дипломом бакалавра инж.-механика и получил амер. гражданство. Инж.-конструктор по машиностроению в корпорации «Дженерал Моторс» (июнь 1953 – март 1957). С апр. 1957 по февр. 1969 — инж.-конструктор в обл. военной электроники в корпорации «Дженерал Дайнамикс». С марта 1969 по дек. 1992 вновь работал инж.-конструктором по машиностроению в «Дженерал Моторс». С дек. 1992 на пенсии. Быв. председатель Свято-Владимирского кружка молодёжи в Рочестере (шт. Нью-Йорк). С 1954 бессменный церковный староста прихода Покрова Пресвятой Богородицы в Рочестере. С 1984 — председатель Рочестерского филиала КРА. Состоял членом Главного правления КРА. Быв. председатель Рочестерского отдела Союза рус.-амер. инж. Член местного об-ва «Литература и искусство». Долгие годы занимался отправкой посылок нуждающимся в Россию и на Украину. Член комитета по строительству нового храма в Рочестере.

За свои труды удостоился двух грамот от епархиальных и местных церковных властей. Состоит членом Амер. об-ва инж.-механиков (ASME), почётного об-ва инж. «Тау Бета Пи», Нац. об-ва инж.-механиков «Пи Тау Сигма» и университетского стрелкового клуба («Pershing Rifles» Drill Team, ROTC). Состоял в Об-ве рус. инж. в США. *Родственники:* жена (урожд. Рыдалевская) Валерия Ивановна; дочь (живёт в Австралии); сыновья — Алексей, Николай (живут в США); внуки — Павел, Александр, Патрикий, Вениамин.
И с т. АА. *Чернявский С.Ф.* Автобиография, машинопись (2002), 3 с.

ЧЕРНЯХОВСКИЙ [Cherniachovsky Vladimir G.] Владимир Гаврилович (род. 13 сент. 1920, Россия) — инженер-механик. В 1941 оконч. Ин-т Пратт в Нью-Йорке с дипломом инж.-механика. В 1947–52 слушал курсы по гуманитарным наукам на вечернем ф-те Нью-Йоркского ун-та. В 1945 проходил тренировоч. школу для мор. офицеров. Работал лаборантом в механич. мастерской по конструкции экспериментального оборудования, технич. инструктором и помощником нач-ка технич. уч-ща, проектировал паровые котлы. Инж. в торговом флоте на паровых и дизельных судах, проектировщик в компании «Эбаско», проектировщик силовых станций и нефтеочистительных заводов. Помимо работы изуч. на уровне колледжа психологию и психоанализ. Член Амер. об-ва инж.-механиков, Нью-Йоркского об-ва профессиональных инж., получил диплом профессионального инж. от шт. Нью-Йорк, лицензированный мор. инж. Состоял членом Об-ва рус. инж. в США. *Родственники:* жена (урожд. Бэшор) Джин (в браке с 1953).
И с т. АОРИ. Анкета.

ЧЕРТКОВ Георгий Иванович (2 июня 1893, Самара – 6 дек. 1983, Глен-Ков на Лонг-Айленде, шт. Нью-Йорк) — участник Белого движения на Востоке России, литератор, преподаватель. Потомок по материнской линии *Г.И. Шелихова*. Оконч. гимназию (1912), Коммерческое уч-ще (1913), Ташкентское военное уч-ще (1915). Поручик арт. (на 1915).

Участник Первой мировой войны на Зап. фронте. За отличия награждён орденом св. Владимира IV ст. с мечами. После Февральской революции 1917 участвовал в составе делегации войск 10-й армии в визите к Временному правительству с целью обсуждения мер по борьбе с надвигавшейся большевистской опасностью. В конце 1917 занимался орг-цией подпольной работы против большевиков на Волге и создания добровольч. отрядов. Был вынужден бежать в Сибирь и на Дальний Восток, затем — в белых войсках Восточ. фронта (1918–22), командовал стрелковой ротой. Одновременно изд. антибольшевистскую газ. «Последние известия». В Иркутске участвовал в спасении офицеров Сибирской армии адм. А.В. Колчака. Осенью 1922 кратковременно состоял членом Приамурского правительства и ведал эвакуацией частей и соединений Земской Рати Приамурского края. Был последним офицером, покинувшим Россию на последнем корабле перед вступлением большевиков во Владивосток. Один из немногих рус. эмигрантов, обосновавшихся в Японии, где прожил 18 лет. Работал корреспондентом рус. газ. Постепенно овладел яп. яз., публиковался в местных газ. В 1934 в Токио работал собственным корреспондентом ежедневных рус. газ. изд-ва «Заря» в Харбине, Тяньцзине и в Шанхае. В Японии состоял председателем Об-ва рус. эмигрантов. В 1940 переехал в Китай, до 1949 служил в муниципалитете Шанхая, занимал должности в англ. и амер. компаниях в Бразилии. В США с 1951. Первое время работал в коммерч. фирме, затем в теч. 15 лет преподавал рус. яз. в военной школе в Монтерее (шт. Калифорния). Одновременно совершенствовал знания, слушая курсы в Колледже п-ова Монтерей, в Калифорнийском и в Колумбийском ун-тах. Выйдя в отставку, продолжал преподавать рус. яз. в Норвиче (шт. Вермонт) и в Свято-Сергиевской гимназии в Нью-Йорке. Постоянный корреспондент газ. «Новое русское слово» (Нью-Йорк), в которой подписывал свои статьи инициалами ГИЧ. Состоял членом РАГ в США и КРА.
И с т. АА. *Чертков Г.И.* Автобиография (рукопись), 1978.
Л и т. *А.С.* Сконч. Георгий Иванович Чертков // НРС. 1983. 7 дек.; Георгию Ивановичу Черткову — 90 лет // НРС. 1983. Июнь.

ЧЕСНОКОВА Галина Александровна — пианистка. Род. в Елисаветграде Херсонской губ. В 1908 оконч. муз. консерваторию. В США жила в Бруклине (Нью-Йорк). Состояла членом-соревнователем Об-ва рус. инж. в США.
И с т. АОРИ. Анкета.

ЧЕТВЕРИКОВА Александра (7 авг. 1899, Чернигов – ?) — преподаватель рус. яз. и лит.. В 1924 получила диплом кандидата филологии при ун-те Любляны в Кор. СХС. Переехав в США, получила в ун-те Индианы ст. магистра. В том же ун-те преподавала в теч. 10 лет рус. яз. и лит. 3 года преподавала в Свято-Владимирской семинарии. Состояла членом РАГ в США.

ЧЕТЫРКИН Сергей Сильвестрович — участник Белого движения на Юге России, поручик, учёный член науч. экспедиций. Оконч. Археологич. ин-т. С одобрения Рус. Императорской АН участвовал в науч. экспедициях, включая экспедиции с Г.Я. Седовым в Арктику и с П.К. Козловым в Центральную Азию. За спасение рус. экспедиции в Тибете от нападения враждебных туземцев лично награждён императором Николаем II знаком отличия Военного ордена (Георгиевским крестом IV ст.). Во время Гражданской войны поступил добровольцем в Корниловский Ударный полк, где служил командиром разведчиков. За боевые отличия произведен в офиц. чин. Был ранен и контужен. Переселился в США. Принимал участие в амер. экспедициях в Центральную и Юж. Америку. Снискал известность как исследователь мор. дна.

И с т. АМРЦ. *Морозова О.А.* Биографич. сборник — черновая рукопись: М-73-12. 2.5.-84.ъ

Л и т. *Клодницкий Н.* Поручик Четыркин // Часовой (Брюссель). 1938. 1 сент. № 217–218. С. 25.

ЧЕХИРОВ Борис Георгиевич (11 июля 1905, Бахмут Екатеринославской губ. – ?) — химик. В 1929 получил высшее образование с дипломом химика. Продолжал образование, в 1932 получил второй диплом. В науч. работе в 1931–35 занимался исследованиями технич. смесей лигроина с бензином, новых морозоустойчивых растворов для радиаторов и изменений характеристик смазочных масел. В 1934–35 изд. учебное пособие «Автотракторные горючие и смазочные материалы и контроль их качеств». В 1935–41 исследовал вопросы липкости смазоч. масел, определения мышьяка в растворах колориметрич. способом и возможности извлечения ванадия из сточных вод. Покинул оккупированную терр. СССР во время Второй мировой войны и выехал на Запад. После 1945 в эмиграции в США. Член Об-ва рус. инж. в США (на 1953). Жил в Нью-Йорке. *Родственники*: жена *Галина Дмитриевна*.

И с т. АОРИ. Анкета.

ЧЕХИРОВА Галина Дмитриевна (12 марта 1907, Харьков – ?) — инженер-металлург. В 1940 получила высшее образование, работала инж.-металлургом и преподавателем при ун-те. Покинула оккупированную терр. СССР во время Второй мировой войны и выехала на Запад. После 1945 в эмиграции в США. В Нью-Йорке изуч. курс термич. обработки металлов в Горном ин-те (School of Mines) Колумбийского ун-та. Была оставлена при кафедре и проработала 4 года по исследованию атомной энергии. Перевелась в Нью-Йоркский ун-т, где занималась исследованием сплавов благородных металлов. Соавтор с мужем пособия по нефтепродуктам. Действительный член Об-ва рус. инж. в США (на 1953). *Родственники*: муж *Борис Георгиевич*.

И с т. АОРИ.

ЧЕХОВ Михаил Александрович (16 авг. 1891, Санкт-Петербург – 1 окт. 1955, Лос-Анджелес) — актёр, киноактёр, режиссёр, педагог. Племянник А.П. Чехова. Отец — Александр Павлович, ст. брат писателя; мать — Наталья Александровна Гольден, гувернантка ст. детей отца. С детства интересовался театром и лит. Оконч. Театральную школу им. А. Суворина при театре Лит.-Худ. об-ва (1910) и стал артистом, работая преимущественно в развлекательном жанре. Весной 1912 представлен К.С. Станиславскому и принят в МХТ, на сцене которого играл с 1912–13. Популярность Ч. принесли роли в спектаклях 1-й студии МХТ (1914–15), особенно роли Эрика IV в одноимённой трагедии А. Стриндберга и Хлестакова в «Ревизоре» Н.В. Гоголя (1921). С 1922 директор 1-й студии МХТ, которая в 1924 стала называться МХАТ 2-й. Заслуженный артист республики (1924). Одна из лучших последних ролей Ч., сыгранная им на родине — роль Гамлета (1924), в котором актёр увидел «интеллигента, борющегося со злом мира». В 1927 впервые снялся в кино. Летом 1928 уехал в Германию, где жили его первая жена и дочь. От возвращения в СССР отказался в результате сохранявшегося в театре конфликта, усиления цензуры и ужесточения режима, хотя долгое время сохранял сов. гражданство. Играл и ставил спектакли на сцене театров Вены, Берлина, Парижа, Риги, Каунаса, Брюсселя (1928–34).

В февр. 1935 с группой актёров (Пражская труппа МХАТ) прибыл в США. Выступал в Бостоне, Нью-Йорке, Филадельфии, ставил инсценировки по произведениям А.П. Чехова, читал монологи из прежних спектаклей, выступал с публич. лекциями о творч. в театральном искусстве. С 1936 работал в Англии в Театральной студии, в которой готовил актёров по новой авторской системе. В 1938 студия переехала в США, в Риджфилд, и в 1939 была преобразована в театр со школой при нём. 24 окт. 1939 на Бродвее в Нью-Йорке состоялась премьера первого спектакля, поставленного по новой методике Ч. («Одержимый» по роману «Бесы» Ф.М. Достоевского), который левая пресса подвергла нападкам по полит. мотивам. Театр просуществовал до 1942. В 1942 при помощи *С.В. Рахманинова* поступил на работу в Голливуд. Снялся в 11 фильмах — «В наше время» (1944), «Зачарованный» (1945), «Клянусь» (1946) и др. Давал уроки актёрам Голливуда, среди учеников Ч. звёзды амер. кино: *Ю. Бриннер*, М. Монро, Г. Пек и др. Во время Второй мировой войны давал концерты в пользу Красного Креста, направлявшего собранные средства в СССР. С нач. 50-х гг. писал биографич. повести об А.П. Чехове, К.С. Станиславском и др. Написал на англ. яз. автобиографию «Путь актёра» («The Path of an Actor», 1928) и книги: «Об актёрском мастерстве» (1946, на рус. яз.), «Актёру» (1953, «To the Actor»). Автор мемуаров «Жизнь и встречи», опубликованных в «Новом журнале» (Нью-Йорк, 1944–45). *Родственники*: первая жена в браке 1914–17) О.К. Книппер; дочь Ольга (1916 г.р.) — актриса нем. кино и театра; вторая жена (в браке с 1918) Е. Зиллер. Урна с прахом актёра похоронена на кладбище Форест Лаун Мемориел в Голливуде. В 1963 Ч. Леонард опубликовал сб. «Michael Chekhov's. To the Directors and Playwright» и «Michael Chekhov: Lessons for the Professional Actor», составленные на основании лекций Ч. Ю. Бриннер писал, что только через методику Михаила Чехова он смог найти путь к достижению мастерства. Ч. оказал огромное влияние на развитие театрального и актёрского искусства США. Быв. ученики Ч. основали в 1980 в Нью-Йорке учебную студию его имени (Michael Chekhov Studio), в Лос-Анджелесе был создан Учебный центр им. Ч. (Michael Chekhov Study Center). Ч. и его коллеге *Г. Жданову* посвящён документальный фильм «From Russia to Hollywood. The 100-year Odessey of Chekhov and Shdanoff».

С о ч. Лит. наследие. В 2 т. М., 1986.

И с т. АМРЦ. *Морозова О.А.* Биографич. сборник — черновая рукопись: М-73-12. 2.5.-74.

Л и т. *Иванов М.* Чехов Михаил Александрович // РЗ. Золотая кн. эм. С. 692–694; *Мазурова А.* Мих. Чехов в пути и у цели // НРС. 1954. 16 мая; *Рахлин С.* Из России в Голливуд // Панорама. 1999.

8–14 сент.; *Black I.* Michael Chekhov as Actor, Director and Teacher. Ann Arbor, 1987.

ЧЕХОНИН Михаил Георгиевич (1907, Петрозаводск Олонецкой губ. – 1962) — поэт. Жил в Нью-Йорке. Опубликовал стихи в сб. Кружка рус. поэтов в США «Четырнадцать». Стихотворения, написанные Ч. в 1929–45, опубликованы в сб. «Стихи» (Нью-Йорк, 1946). Печатал стихи и рассказы в «Новом журнале» (Нью-Йорк), «Гранях» (Франкфурт-на-Майне), «Возрождении» (Париж), «Новоселье». Стихи Ч. вошли в антологии «Эстафета» (1947), «На Западе» (1953) и «Вернуться в Россию стихами» (М., 1995).
Л и т. *Крейд В.* С. 667.

ЧИЖЕВИЧ Борис Георгиевич (? – 2 дек. 1973, США) — участник Белого движения на Юге России, полковник. Оконч. Михайловское арт. уч-ще. Участник Первой мировой войны. После Октябрьского переворота 1917 — в белых войсках на Юге России. Служил в дроздовской кон. арт. Эвакуировался из Крыма в нояб. 1920 в составе Рус. армии. В 1920–21 — в Галлиполи. В эмиграции в США.
Л и т. Некролог. Незабытые могилы // Часовой (Брюссель). 1974. Июнь. № 576. С. 19

ЧИЖЕВСКИЙ Дмитрий Иванович (1894, Александрия Херсонской губ. – 1977) — специалист по рус. лит., филолог и философ. Учился в Киевском и Санкт-Петербургском ун-тах. Науч. карьеру начал в обл. математики и астрономии. Но философия, лит. и история стали главными предметами, которым Ч. посвятил жизнь. Выехал в Германию в 1921, слушал курсы по философии в Гейдельберге и Франкфурте. В 1924–29 — проф. Укр. ун-та в Праге, с 1932 по 1945 преподавал в Галле и Марбурге (Германия). Проф. Гарвардского ун-та в США (1949–55). В 1956 вернулся в Гейдельберг. Занимался в равной мере рус. и укр. лит., философией. Среди трудов Ч. — история древней рус. лит. (на нем. яз.), история средневековой укр. лит. (на укр. яз.), история рус. лит. от XI в. до эпохи барокко (на англ. яз.), сотни статей по специальности.
Л и т. *Вильданова Р.И., Кудрявцев В.Б., Лаппо-Данилевский К.Ю.* Краткий биографич. словарь рус. зарубежья // *Струве Г.* С. 377; *Иваск Ю.* Михаил Иванович Чижевский // НРС. 1977. 7 июля; *Плетнёв Р.* 1977, Д. И. Чижевский // НЖ. 1977. Кн.128. С. 268–272.

ЧИЛОВСКИЙ [Chilowsky Constantin] Константин (1881, Россия – ?) — инженер-электрик, изобретатель. Сын адвоката. Образование получил в России и в Германии. Занимался юриспруденцией путем самообразования, но переключился на точные науки. Изобрёл аппарат для обнаружения подводных лодок, широко применявшийся во время Первой мировой войны, за который получил от франц. правительства орден Почётного легиона. В эмиграции во Франции (до 1940), в США. Здесь разработал для Нац. комитета обороны прицельные устройства для направления авиационных бомб в цель, эффективно использованных во время Второй мировой войны ВВС США в Сев. Африке. Обладатель патентов на несколько атомных реакторов, устройство для телевидения, электронные кристаллы и термомагнитный аппарат.
И с т. АОРИ. Биография К. Чиловского на англ. яз. Машинопись, 1 с.

ЧИННОВ Игорь Владимирович (12 сент. 1914, Рига Лифляндской губ. – 21 мая 1996, Дайтона-Бич, шт. Флорида) — литературовед, поэт. Род. в семье судьи, в Риге провёл молодость. Оконч. рус. Ломоносовскую гимназию и Латвийский ун-т. При наступлении сов. войск во время Второй мировой войны уехал в Германию. После войны до 1953 жил во Франции, где продолжал образование в Сорбонне и получил учёную ст. магистра. В 1953 вернулся в ФРГ и работал до 1962 в рус. отделе радиостанции «Освобождение» («Свобода»). В 1962 переселился в США. Преподавал рус. лит. в ун-те Канзаса, Питтсбурга и Вандербильта, со званием доцента и проф. Публиковался с 30-х гг. Печатался в журналах «Числа» (Париж), «Новый журнал» (Нью-Йорк), «Грани» (Франкфурт-на-Майне), «Литературный современник», «Современник», «Новоселье», «Опыты» (Нью-Йорк), «Возрождение» (Париж), «Мосты» (Мюнхен), «Континент» (Париж), в альманахе «Воздушные пути» (Нью-Йорк). Автор сб. стихов «Монолог» (1950), «Линии» (1960), «Метафоры» (1968), «Партитура» (1970), «Композиции» (1972), «Пасторали» (1976), «Антитеза» (1979), «Автограф» (1984). После ухода на пенсию (1977) переселился во Флориду, продолжал соч. стихи. С 1991 публиковался в России. Стихи Ч. вошли в антологию «Вернуться в Россию стихами» (М., 1995). Гражданин США.
Похоронен на Ваганьковском кладбище в Москве.
И с т. АА. *Чиннов И.В.* Автобиография (рукопись), 1972; *Чиннов И.В.* Автобиография // *Крейд В.* С. 667.
Л и т. *Вильданова Р.И., Кудрявцев В.Б., Лаппо-Данилевский К.Ю.* Краткий биографич. словарь рус. зарубежья // *Струве Г.* С. 246, 378.

ЧИРИКОВ Алексей Ильич (1703–1748) — мореплаватель, капитан-командор. Участник 1-й и 2-й Камчатской экспедиции *В. Беринга* к берегам Америки. Во время 2-й Камчатской экспедиции, отправленной к берегам Америки 4 июня 1741 на кораблях «Св. Пётр» и «Св. Павел», капитаном пакетбота «Св. Павел» был Ч. Во время плавания корабли потеряли друг друга и продолжали свой путь к берегам Америки самостоятельно. Ч. подошёл 15 июля 1741 к берегу Аляски под 57 градусом 15 минутами сев. широты на сутки раньше Беринга. Высадил два десанта, один под командой штурмана *А. Дементьева*, а через шесть дней второй во главе с боцманом *С. Савельевым*. Матросы на борт корабля не возвратились. Ч. решив, что их захватили или убили индейцы, вернулся 12 окт. 1741 в Петропавловск на Камчатке. В 1774 исп. мореплаватель Хуан Перез (Juan Perez) видел у индейцев рус. штык и изделия из железа, вероятно, принадлежавшие матросам из десанта, посланного на разведку Ч. Открыл в 1741 участок сев.-восточ. побережья залива Аляски, п-ова Кенай, о-ва Кадьяк и, независимо от Беринга, несколько Алеутских о-вов, из групп Лисьих, Андреановских и Ближних о-вов.

Участвовал в сост. Мор. академией карты рус. открытий в Тихом океане (1746). Именем Ч. названы острова в заливе Аляска, мыс о-ва Атту и др. В Вашингтоне проживает *Т.Г. Чирикова-Мозер*, прямой потомок капитана Ч.
И с т. АА. *Ushanoff B.B.* The Russian contribution to the United States of America (A typescript); Краткая географич. энциклопедия. М., 1966. Т V. С. 397, 535.
Л и т. *Петров В.* Потомки землепроходцев в Вашингтоне // РЖ. 1997. 22 февр.

ЧИРИКОВА-МОЗЕР Татьяна Георгиевна — потомок капитана *А.И. Чирикова*, внучка писателя Чирикова. Род. в Чехословакии в семье беженцев, бежавших от большевиков. После 1945 семья Ч. переселилась в США и здесь живёт со взрослыми детьми Павлом и Екатериной. Выйдя замуж, сохранила девичью фамилию в сочетании с фам. мужа.

Л и т. *Петров В.* Потомки землепроходцев в Вашингтоне // РЖ. 1997. 22 февр.

ЧИРИКОВА-ШНИТНИКОВА Людмила Евгеньевна (1895, Санкт-Петербург – после 1990) — график. Род. в семье писателя Е.Н. Чирикова. В 1910-е гг. брала уроки живописи у Д.Н. Кардовского. В 1918–19 жила в Крыму, работала под руководством И.Я. Билибина, с которым эмигрировала в Египет. Зарабатывала исполнением характерных танцев в рус. концертной труппе и уроками рис. В 1922 переехала в Берлин, оформляла книги рус. авторов и журнал «Жар-птица». В 20-х гг. жила в Нью-Йорке. Выполняла заказы для текстильной ф-ки и театральных мастерских. См. подробнее: *Лейкинд О.Л., Махров К. В., Северюхин Д.Я.* Худ. Рус. зарубежья. С. 609–610.

ЧИСТЯКОВ Иван Егорович (1790–1862) — пятый правитель Рус. Америки. Оконч. мор. уч-ще. В 1819–21 участвовал в мор. сражениях против турок и французов. Отправился в плавание на Аляску на корабле «Бородино» лейтенанта *З.М. Панафидина*. В 1824 командовал кораблем «Елена», на котором после кругосветного плавания прибыл в Рус. Америку и сменил *М.И. Муравьева* на должности главного правителя. В 1828 послал на Юж. Курильские о-ва экспедицию *А.К. Этолина* для включения о-вов в состав рус. владений. В итоге был занят о-в Уруп, где была основана фактория для промысла мор. зверя. В 1829 по распоряжению Ч. мичман *И. Васильев* исследовал р. Кускоквим и основал на ней новое селение. Завершил службу в Рус. Америке в 1830 и вернулся в Санкт-Петербург, где служил в Мор. министерстве. Адмирал (1858). В заливе Бристоль один из о-вов назван именем Ч.

Л и т. *Петров В.* Рус. в истории Америки. Вашингтон, 1988; *Pierce R.A.* Russian America — A Biographical dictionary. Kingstone, Ont. 1990. P. 89–91.

ЧИЧАГОВ Игорь Евгеньевич (род. 1923, Иркутск) — аккомпаниатор, регент, оперный дирижер. В 1923 семья Ч. переехала в Царское (Детское) Село, ныне г. Пушкин. В 1934 принят в 4-й класс Муз. школы при Ленинградской консерватории. Оконч. школу по классу рояля и композиции в июне 1941. После начала войны попал в оккупацию и был вывезен в Германию. По оконч. войны работал регентом в православной церкви под Франкфуртом-на-Майне и параллельно выступал с концертами в разбомблённых городах Германии и в лагерях для беженцев. В США с 1949. С 1950 — регент в рус. православной церкви в Балтиморе (шт. Мэриленд). В 1951 оперной певицей Р. Понселл приглашён стать аккомпаниатором в её студии и ассистировать в работе с молодыми певцами. Совместная работа Ч. с Понселл продолжалась 30 лет. С 1954 — дирижёр оперы в Балтиморе, много лет работает муз. рук. оперы в Принстоне (шт. Нью-Джерси) и в Bel-Canto-опере в Нью-Йорке. В 1956 Роза Понселл записала две долгоиграющие пластинки для компании RCA-Victor при участии Ч., который ей аккомпанировал. В 1981 сконч. и оставила по завещанию средства для орг-ции помощи молодым певцам. Был создан Фонд Розы Понселл, муз. директором которого стал Ч. Его главной задачей стало проведение междунар. конкурсов и подготовка певцов к конкурсу. За свои труды получил диплом лучшего аккомпаниатора. В 1998 приглашён членом жюри вокального отделения конкурса П.И. Чайковского. Продолжает работать с молодыми певцами в своей студии в Нью-Йорке. *Родственники:* жена (урожд. Бакланова) Кира — певица.

И с т. АА. *Чичагов И.Е.* О себе. Машинопись (сент. 2002), 2 с.

ЧУЖОЙ Анатолий (1895, Рига Лифляндской губ. – 1969, Нью-Йорк) — балетный критик. Учился на юридич. ф-тах ун-тов Риги, Варшавы и Петрограда. В 1918 оконч. юридич. ф-т Петроградский ун-та. В нач. 20-х гг. эмигрировал в США, здесь начал сотруднич. в балетной прессе. В 1936 основал журнал «Dance Magazine». В 1942–69 изд. и ред. «Dance News». Автор, переводчик и ред. ряда книг о балете, включая «Энциклопедию танца» (изд. 1949, 1967) и «Нью-Йорк Сити Балет» (1953). Ред. воспоминаний *М.М. Фокина* (1961).

Л и т. Умер Анатолий Чужой // НРС 30 лет тому назад. 1999. 26 февр.

ЧУПРАКОВ Николай Макарович (род. 22 марта 1918, Минск) — инженер-механик. Род. в семье мл. офицера Рус. Императорский армии, ставшего после 1917 поездным мастером. Оконч. в Минске Высшее педагогич. уч-ще.

В США с 1949. Оконч. ун-т Вашингтона в Сан-Луисе (шт. Миссури) с дипломом инж.-механика. Студентом работал чертёжником. Оконч. ун-т, стал инж.-конструктором специальных машин. Затем получил должность нач-ка отдела силовых машин. В 1952 совместно с рус. эмигрантом из Ростова К. Земельсом участвовал в создании новой машиностроительной компании. Компания создавалась на основе нового механизма, разработанного рус. инж., эмигрантом *К.Н. Неклютиным.* Компания быстро росла, открыла ф-ки в Бельгии, в Германии и в шт. Коннектикут и Миссисипи. Член Об-ва рус. инж. в США. Состоит членом КРА и Амер.-рус. союза помощи «Отрада». *Родственники:* жена Лариса; падчерица Сусанна; внук Матвей.

И с т. АА. *Чупраков Н.М.* Анкета Биографич. словаря (май 2003).

ЧУРИЛО [Peter A. **Churilo**] Пётр А. (1915 – 1945) — ветеран армии США. Участник Второй мировой войны.

В 1944-45 служил в бронетанковых войсках в составе 3-й армии ген. Дж. Паттона в Европе. Погиб в бою. Награждён орденом Purple Heart.

И с т. *Pantuhoff Oleg* — 1976.
Л и т. *Beresney Timothy A.* In Memoriam // Russian Herald. 1947. Jan.– Febr. P. 137–163.

ЧУХНОВ Николай Николаевич (1897, Санкт-Петербург – 10 янв. 1978, Нью-

Йорк) — участник Белого движения на Юге России, общественно-полит. деятель. Корнет. После 1920 — в эмиграции в Кор. СХС. Председатель Союза рус. молодёжи. В 1924–26 — изд. газ. «Наше будущее». Главный ред. еженедельника «Словен» (Белград, 1926–27). Участник Рус. Зарубежного съезда в Париже (1926). Занимался журналистикой, жил в Белграде. Весной 1942 вступил в формировавшийся в Белграде капитаном М.А. Семёновым из рус. эмигрантской молодёжи добровольч. батальон (с 1944 — Особый полк «Варяг»), который участвовал в боевых действиях против партизан И. Тито. В 1944 некоторое время был прикомандирован к штабу 1-й каз. кав. дивизии ген.-майора Х. фон Паннвица, сражавшейся в составе нем. армии. В апр.– мае 1945 в Зальцбурге, в штабе формировавшегося Отдельного корпуса ВС КОНР ген.-майора А.В. Туркула. После оконч. войны — в Зап. Германии, жил под Мюнхеном в лагере «перемещённых лиц». 1 июня 1946 выпустил № 1 журнала «Огни». В окт. 1947 в Мюнхене вошёл в состав инициативной группы по возрождению монархич. движения в Зарубежье. С 21 нояб. 1947 — Генеральный секретарь Представительства Высшего Монархич. Совета (ВМС) на Германию и Австрию.

Прибыл в Бостон из Германии 7 июля 1949, поселился в Нью-Йорке. При финансовой помощи кн. *С.С. Белосельского-Белозерского* 4 сент. 1949 выпустил № 1 монархич., общественно-полит. журнала «Знамя России». С нояб. 1949 член Главного управления Рос. Общемонархич. Объединения (ГУ РОМО) в Сев. Америке, с 8 марта 1953 — председатель ГУ РОМО. Один из организаторов и рук. Общемонархич. съезда в Нью-Йорке 22–24 марта 1958, в результате которого был создан Общемонархич. фронт (ОМФ). Член Рук. Центра ОМФ. Автор мемуаров. *Родственники*: жена Тамара Владимировна — сестра милосердия; брат Юрий (1907–45) — лейтенант полка «Варяг», расстрелян партизанами Тито в Триесте; Владимир (? – 11 окт. 1979, Виннипег, Канада) — участник Белого движения на Юге России в рядах эскадрона Кирасир Его Величества Гв. кав. полка (на 1920), участник монархич. движения.

С о ч. В смятённые годы. Нью-Йорк, 1967.
И с т. Справка *К.М. Александрова* на офицера полка «Варяг» (Freiwilligen SS-Regiment "Wariag") Н.Н. Чухнова.
Л и т. *Волков С.В.* Офицеры армейской кавалерии. С. 576; *Он же.* Офицеры российской гвардии. С. 524; *Орехов В.В.* Некролог // Часовой (Брюссель). 1978. Март – апр. № 611. С. 18.

ЧЭЙС [CHASE John W. II] Джон В. II. (род. 1917, Бруклин, Нью-Йорк) — изд. еженедельных рекламных журналов, филантроп. Род. в семье эмигрантов-крестьян, переселившихся в США в 1912.

До приезда в США отец **Ч.** был рабочим на ф-ке в Вильно, точным механиком, работавшим на машинах для изготовления всевозможных пружин. Мать **Ч.** род. на Украине и жила в Полтаве. В семье было двое сыновей: мл. Фред — учился у отца точной механике, а ст. Джон — учился в Бруклинской технич. средней школе. Оконч. школу, выдержал экзамен на должность почтового служащего и получил работу в Вашингтоне. Проработав в столице 6 лет, перевёлся в Нью-Йорк, чтобы продолжать образование. Работал вечерами, а днём посещал лекции в Нью-Йоркском ун-те, специализируясь по советологии и рус. яз., которым свободно владел. В 1942 призван в армию и назнач. в 69-ю пех. дивизию. Участник Второй мировой войны. В чине капрала прослужил 5 месяцев и ввиду знакомства со счетоводством назнач. в финансовый отдел дивизии. С дивизией был отправлен в Англию и затем в Бельгию, где оказался в тылу известного сражения Балдж (Bulge). При дальнейшем наступлении дошёл до Лейпцига и после перевода в Париж получил назнач. в Чехословакию офицером связи между амер. и сов. командованием. Затем год провел на той же должности на границе с сов. зоной в Германии. После войны в 1945 вернулся в Нью-Йорк на работу на почте. Снова работал вечерами и слушал лекции днём, специализируясь по экономике. Оконч. четырёхлетний курс за 3 года. Переехал на запад. В 1950 начал работать в шт. Вашингтон в обл. исследования рынка для яблок. Занимался вопросом рекламы в газ. «Лос-Анджелес Таймс», в ряде журналов и стал корреспондентом газет. Вернувшись в р-н Нью-Йорка, поселился в Йорктаун-Хайтс, где развил рекламное дело, начав издавать еженедельные брошюры под названием «Pennysaver» с рекламами местных торговых предприятий и частных лиц. В 1962 открыл собственную типографию. Довёл выпуск рекламных рассылаемых по почте брошюр «Pennysaver» до 350 тыс. в неделю, что составляет 3,5 млн страниц текста. Ежегодный доход этой ставшей самой большой компанией в Йорктауне, с 60 служащими, доходит до 50 млн $ в год. «Американская мечта» **Ч.** сбылась. Изд. еженедельную газ. «North County News», посвящённую искусству и спорту, со статьями об известных писателях, художниках и артистах. Член КРА, щедрый жертвователь на нужды орг-ции. Журнал (альманах) КРА «Русский американец» (Нью-Йорк) ряд лет печатался бесплатно в его типографии. *Родственники*: жена Христа; дочери — Карла, директор компании **Ч.**, Глория (в браке, трое детей).

И с т. АА. Chase John W. II. Autobiography, typescript (Nov. 2003); *Grantham. Kathy.* John Chase's Formula for success, typescript, 4 p. (2003).

Ш

ШАБАЕВ Валентин (1891 – ?) — художник. Худ. образование получил в Московской худ. академии и в Императорской академии в Петрограде, посвятив себя византийской настенной живописи. Революция заставила Ш. покинуть родину. Первые три года эмиграции работал в Японии, Китае и Индокитае, проектируя бронзовые скульптуры для монументальных зданий.

Переселился в США, но затем осел в Канаде, в Монреале. Здесь в своей студии продолжал создавать красоч. мозаики, иконы в византийском стиле, живописные изображения кон. групп, образы из сказаний.
Л и т. Lehmann H. Artist Shabaeff, 83 // Montreal Star. 1974. Nov. 15. P. C8.

ШАЙДИЦКИЙ Владимир Иоаннович (24 авг. 1890, Киев – 1981, Сан-Франциско) — участник Белого движения на Востоке России, полковник. Получил образование в реальном и в Виленском военном уч-щах. В 1912 выпущен в чине подпоручика на должность строевого офицера 1-й роты в 117-й Ярославский полк 30-й пех. дивизии, стоявший в Рогачёве Могилёвской губ. Участник Первой мировой войны. До 1916 произведён во все офиц. чины до капитана включительно. Награждён за отличия орденами: св. Владимира IV ст. с мечами и бантом, св. Анны II, III и IV ст., св. Станислава III и II ст. с мечами. Получил Высочайшую благодарность по 1-й армии. В июле 1916 переведён на должность курсового офицера в 1-ю Петергофскую школу прапорщиков. В марте 1917 отправлен в распоряжение нач-ка 1-й рус. дивизии во Францию. В окт. 1919 откомандирован во Владивосток, в распоряжение Маньчжурского ВО, по прибытии назнач. в Западный отряд на станции Байкал. В янв. 1921 поступил в Азиатскую кон. дивизию ген.-лейт. бар. Р.Ф. Унгерна фон Штернберга. Зачислен по кав., участник обороны Даурии. В период до 1926 получил производства в чины подполковника и полковника. В 1926–28 — ст. офицер Шандунского военного уч-ща. В 1930–44 служил во франц. муниципалитете в Шанхае.

С 1948 проживал в Аргентине, в 1961 переселился в США, в Сан-Франциско. Состоял действительным членом Об-ва рус. ветеранов Великой войны, в котором занимал ряд должностей.

Похоронен на Серб. кладбище в Сан-Франциско.
И с т. АОРВВВ. Полк. Владимир Иоаннович Шайдицкий // 1981. Альбом IV.
Л и т. Некролог // Часовой (Брюссель). 1981. Май – июнь. № 631. С. 20.

ШАЙКОВИЧ [*Čajkovic* или *Sajkovic* Vladimir I.] Владимир И. (род. 25 янв. 1912, Павловск Обл. Войска Донского) — преподаватель рус. яз. и лит. В 1932 оконч. Рус. реальное уч-ще в Райяйоки, в Финляндии. Учился в Чешской высшей технич. школе в Брно (1932–35) и на богословском ф-те Хельсинкского ун-та (1935–37). В 1940–46 служил в Югославской армии. Переселившись в США, учился в Пенсильванском ун-те, в 1949 удостоился звания магистра по славянск. яз. В том же ун-те защитил в 1953 докторскую дисс. Преподавал в теч. 18 лет в Пенсильванском ун-те и в Маунт-Холиок колледже. В последнем возглавлял 12 лет рус. отдел. 6 лет преподавал аспирантам рус. лит. и рук. дисс. Автор антологии «Достоевский для детей» на англ. яз. Владеет рус., финск., нем., франц., англ., шведск., сербско-хорватск. и чешск. яз. Член РАГ в США.
И с т. Archives of the Assn of Russian American Scholars in the USA. *Čajkovic V.I.* Curriculum vitae, 1973; *Čajkovic V.I.* Directory of American Scholars, 5th edition, 1969.
Л и т. Sajkovic V.I. // Who is who in American Education, 1967–68.

ШАЛЯПИН Фёдор Иванович (13 февр. [по др. дан. 1 нояб.] 1873, Казань – 12 апр. 1938, Париж) — бас, самый выдающийся премьер оперы. Род. в семье писаря, бедного крестьянина деревни Сырцово Вятской губ. Ивана Яковлевича Ш. и его супруги (урожд. Прозоровой) Евдокии Михайловны. С 9 лет пел в церковном хоре. С 1890 пел в театральном хоре в Уфе. Учился частным образом у рус. и итальянск. педагогов. В 1895 принят в труппу Мариинского театра в Санкт-Петербурге, дебютировал 5 апр. 1895 партией Мефистофеля в опере «Фауст» Ш. Гуно. В 1896 приглашён С. Мамонтовым в Московскую частную оперу, заняв ведущее положение и снискав всерос. известность блестящим исполнением оперных партий Ивана Грозного («Псковитянка» Н.А. Римского-Корсакова), Бориса Годунова («Борис Годунов» М.П. Мусоргского) и др. Ряд партий подготовил совместно с *С.В. Рахманиновым*, с которым дружил до конца жизни. С сент. 1899 — ведущий солист Большого и одновременно Мариинского театров. С 1901 с триумфом выступал за границей. Первое зарубежное выступление Ш. с огромным успехом состоялось в Милане в знаменитой опере «Ла Скала», где певец исполнил партию Мефистофеля в одноим. опере А. Бойто с Э. Карузо. Завоевал всерос. и мировую славу неповторимым голосом и артистич. талантом, создав партии Дон Кихота («Дон Кихот» Ж. Массне), Ивана Сусанина («Жизнь за царя» М.И. Глинки), Кончака («Князь Игорь» А.П. Бородина), Мельника («Русалка» А.С. Даргомыжского) и др. Впервые выступал в Нью-Йорке в 1908 в Метрополитен-опере в операх «Мефистофель» А. Бойто, «Фауст» Ш. Гуно, «Севильский цирюльник» Дж. Россини (партия Дона Базилио) и др. Амер. критика тех лет разделилась во мнениях о его исполнении, от высшей похвалы до менее лестных оценок. Певец не принял амер. критики, объясняя её непониманием и отсутствием знакомства с европейским оперным искусством. В тот приезд в Америку выступал в Нью-Йорке и Филадельфии 22 раза в опере и один раз в сборном концерте. Кроме того, гастролировал в Риме (1904), Монте-Карло (1905), Оранже (Франция, 1905), Берлине (1907), Париже (1908), Лондоне (1913–14). Во время Первой мировой войны на свои средства основал госпиталь для раненых. После Октябрьского переворота 1917 рук. художественной частью Мариинского театра. Одним из первых удостоен звания нар. артиста республики. Большевики лишили Ш. достатка и благополучия, национализировали его дом, подвергали обыскам. Во время поездок на гастроли за границу певца облагали оброком, как крепостного.

Вторично приехал в США в 1921 по специальному разрешению сов. властей с условием, что он соберёт средства для помощи голодающим в России. Первый концерт, на котором присутствовали 8 тыс. слушателей, дал в Нью-Йорке. Публика встречала Ш. нескончаемыми овациями. После Нью-Йорк выступал в Чикаго, Бостоне, Кливленде и Филадельфии. Вернувшись на короткое время в РСФСР, добился весной 1922 разрешения выехать на гастроли за границу со всей своей многочисленной семьей и детьми от двух браков. Во время гастролей остался за границей. Третий раз посетил Нью-Йорк 1 нояб. 1922. Концертный зал Карнеги не мог вместить всех желающих. Сов. правительство не простило эмиграции Ш., которого стали подвергать нападкам в сов. прессе. В 1927 лишён звания нар. артиста. Позднее отношение власти к Ш. изменилось, его усиленно приглашали вернуться в СССР при помощи М. Горького. Но певец был последовательным и ни на какие посулы большевиков не поддался. Своё отношение к большевикам Ш. выразил фразой, что к ним он не поедет «ни живым ни мёртвым». В США жил в 1922–35. Проживая в Нью-Йорке, гастролировал по всему миру, включая Гавайские о-ва, Китай и Японию. В Метрополитен-опере выступал 109 раз в партиях Бориса Годунова, Мефистофеля, Дона Базилио, Лепорелло («Дон Жуан» В. Моцарта) и Филиппа. В 20-30-х гг. сделал ок. 300 граммофонных записей своих выступлений. В 1932 снялся в фильме «Дон Кихот» нем. режиссёра Г. Пабста. Последний концерт в США дал в 1935. Память об этом событии сохранилась в Метрополитен опере в Нью-Йорке, где выставлен портрет Ш. в роли Бориса Годунова кисти *Вербова*. *Родственники*: жёны — в первом браке итальянск. балерина Иола Торнаги (? – 3 янв. 1965, Рим); дети — Ирина; *Лидия*; *Борис*; близнецы *Татьяна* и *Фёдор*; во втором браке — Мария Валентиновна; дети — Марина; Марфа; Дассия. Последние годы жил и выступал в Париже.

Был похоронен в Батиньоле. В окт. 1984, вопреки завещанию певца, прах Ш. был перенесён на Новодевичье кладбище в Москве.

С о ч. Страницы из моей жизни. Автобиография // Шаляпин Ф.И. Т. I. М., 1957; 1976; Маска и душа. М., 1989.

Л и т. *А.С.* Сконч. Иола И. Шаляпина // НРС. 1965. 5 янв.; *Алексеева Л.* Шаляпин Фёдор Иванович // РЗ. Золотая кн. эм. С. 706–708; *Вильданова Р.И., Кудрявцев В.Б., Лаппо-Данилевский К.Ю.* Краткий биографич. словарь рус. зарубежья // *Струве Г.*; *Дарский И.* Шаляпин в Нью-Йорке // НРС. 1995. 24 нояб.; 1, 8 дек.; Ф.И. Шаляпин // НРС. 1997. 17 февр.

ШАЛЯПИН Борис Фёдорович (22 сент. 1904, Москва – 18 мая 1979) — художник-портретист. Род. в семье *Ф.И. Шаляпина*. В доме отца, в детстве, видел знаменитых рус. живописцев того времени, что повлияло на увлечение Ш. рис. и на его дальнейшую карьеру. Худ. образование получил в России у В.И. Шухаева и *С.Т. Конёнкова*. В 1925 эмигрировал в Париж. Первая выставка картин Ш., изображающих жизнь в России, а также жанровые портреты купцов, гармонистов, волжских бурлаков, цыган, С.Т. Разина и Е.И. Пугачёва, состоялась в 1927 в Лондоне, заслужив высокие оценке в брит. прессе. Дальнейшее худ. образование завершил в Париже в худ. школе Коларосси, где преподавали рус. художники К.А. Коровин и П. Степанов. Написал портреты *С.В. Рахманинова*, М.А. *Чехова*, К.А. Коровина. В 1934 году удостоен в Париже большой золотой медали. В США с 1935. Выставка портретов и набросков оперных и балетных постановок Ш. состоялась вскоре после его приезда в Нью-Йорке. После выставки приглашён портретистом в журнал «Time Magazine». На обложках журнала в 40-70-е гг. были помещены более 400 портретов гос. деятелей и выдающихся людей с междунар. известностью, написанных Ш. Помимо портретов писал пейзажи Франции, России и Дальнего Запада США. Среди портретов Ш. нужно отметить ряд портретов его отца Ф.И. Шаляпина в разных оперных ролях, *С.А. Кусевицкого* и др. рус. артистов, балерин и музыкантов, живших и выступавших в США. Автор декораций к опере А. Рубинштейна «Демон» и к кинофильму «Дон Кихот».

Л и т. *Дарский И.* Выставка Бориса Шаляпина в Линкольн-Центре // НРС. 1985. 13 окт.; *Левкова-Ламм И.* 19 февраля 1984, Выставка Бориса Шаляпина // НРС. 1984. 19 февр.; *Лейкинд О.Л., Махров К.В., Северюхин Д.Я.* Худ. Рус. зарубежья. С. 614–615; Anonymous. Portraits by Boris Chaliapin: Vincent Astor Gallery, The New York Public Library at Lincoln Center (A catalogue), 1986.

ШАЛЯПИН Фёдор Фёдорович (1905, Москва – ?) — киноартист. Сын *Ф.И. Шаляпина* и его первой жены Иолы, урожд. Торнаги. Выехал за рубеж после оконч. Гражданской войны и поселился в США. Снимался в ряде кинофильмов в Голливуде.

ШАЛЯПИНА Лидия Фёдоровна (1901 – 18 дек. 1975, шт. Коннектикут) — певица. Дочь

Ф.И. Шаляпина и его первой жены Иолы, урожд. Торнаги. Начала учиться пению в студии отца. Покинув Россию, выступала в Берлине и Риме. В 1933 с помощью импресарио С. Юрока приехала в США, здесь открыла студию пения.

Похоронена в Стаффорд-Спрингс (шт. Коннектикут).

Л и т. Некролог. Похороны Лидии Шаляпиной // НРС. 1975. 21 дек.

ШАЛЯПИНА Татьяна Фёдоровна (? – 1993, Москва) — певица. Дочь *Ф.И. Шаляпина* и его первой жены Иолы, урожд. Торнаги. Работала в Вашингтоне в рус. отделе радиостанции «Голос Америки». Первым браком была замужем за итальянцем, у супругов было двое детей — Лидия и Франко. После развода вышла замуж за немца Конера (Kohner). У супругов родился сын Фёдор. Из Вашингтона уехала в Нью-Йорк, в третий раз вышла замуж за своего старого друга купца Минаса Чернова. Овдовев, в конце 60-х гг. переехала в Стаффорд Спрингс (шт. Коннектикут), где проживал её сын Фёдор с семьёй. *Родственники:* сын Фёдор Конер-Шаляпин; внуки Гарри и Александр. Сконч. во время пребывания в Москве на торжествах по случаю 120-летия со дня рождения отца.

Похоронена рядом с отцом на Новодевичьем кладбище в Москве.

И с т. АА. *Рышко Вал. (Тина Росс).* Воспоминания о Татьяне Фёдоровне Шаляпиной.

Л и т. *Симонов Е.* Татьяну Шаляпину похоронят рядом с отцом // РЖ. 1993. 17 марта.

ШАНДОР [урожд. **Кочурова**] Виктория Ивановна — см. **КТОРОВА** Алла.

ШАПИРО [псевд. **Надя Лаврова**] Надежда Лазаревна — журналист. Род. в Иркутске, сотруднич. в Благовещенских и Харбинских газетах. В Японии была корреспонденткой ряда газ., в т. ч. газ. «Хочи Шим бун». С 1925 жила в США, была сотрудником газ. «San Francisco Examiner», в которой подписывала статьи псевд. Nadia Lavrova.

И с т. АМРЦ. *Морозова О.А.* Биографич. сборник — черновая рукопись: М-73-12. 2.5.-97. С. 5.3.

ШАТАЛОВ Владимир Михайлович (род. 20 июля 1917, Белгород Курской губ.) — художник, поэт. В 1934–35 оконч. Ин-т изящных искусств в Харькове и в 1941 — Худ. ин-т в Киеве. В 1943 стал беженцем после эвакуации гражданского населения из Киева. Участвовал в выставках рус. художников в Германии после оконч. войны. Переселившись на постоянное жительство в США, продолжал писать маслом, акварелью, акриликом и казеином портреты, пейзажи, натюрморты и жанровые композиции. Участвовал в 42 худ. выставках, групповых и индивидуальных. За свои картины удостоился 60 наград, включая четыре золотые медали. Работы Ш. представлены в семи музеях, включая Музей изящных искусств в Сан-Диего (шт. Калифорния), Вудмир-музей в Филадельфии (шт. Пенсильвания), и в Нац. академии рис. в Нью-Йорке. Член семи амер. об-в профессиональных художников. Действительный член Амер. Нац. академии искусств. Имеет звание Нац. академика (National Academician). Член РАГ в США. Стихи начал писать ещё до Второй мировой войны. Проживая в США, в Филадельфии, печатался в «Новом русском слове» (Нью-Йорк), в сб. под ред. *В.А. Синкевич* «Перекрёстки», «Встречи», «Берега» и в антологии «Вернуться в Россию стихами».

С о ч. Автобиография // Берега. Стихи поэтов второй эмиграции / под ред. Вал. Синкевич. Филадельфия, 1992. С. 278; *Крейд В.* С. 667; Archives of the Assn. of Russian-American Scholars in the USA; *Shatalov V.* Curriculum vitae, 1984.

Л и т. *Витковский Е.В.* Антология... Кн. 4. С. 358–359; *Юпп М.Е.* Выставка Владимира Шаталова // НРС. 1983. 4 дек.

ШАТИЛОВ Борис Николаевич (23 сент. 1891, Курск – 20 марта 1972, Нью-Йорк) — участник Белого движения на Юге России, полковник. Оконч. Орловский Бахтина кад. корпус, Михайловск. арт. уч-ще (1912) и вышел Л.-гв. подпоручиком в 1-ю арт. бригаду. Участник Первой мировой войны. Ранен и контужен (1915), но остался в строю. За отличия в боях награждён орденом св. Владимира IV ст. с мечами и бантом, Георгиевским оружием. С лета 1918 в Добровольч. армии. Участник 2-го Кубанского похода 1918. На янв. 1919 — командир взвода Сводно-гв. полка 2-й бригады 1-й пех. дивизии. На сент. 1919 — командир пулемётной команды в частях гв. арт. За отличия награждён брит. орденом. Эвакуировался из Крыма в составе Рус. армии в нояб. 1920. В 1920–21 — в Галлиполи в составе отдельной гв. батареи. С 1921 в эмиграции в Болгарии. Служил воспитателем в рус. гимназии. На 1925 — в кадрах Гв. отряда. Работал чертёжником в Министерстве земледелия, преподавал математику в ст. кл. На 22 сент. 1931 — действительный член Об-ва господ офицеров Л.-гв. 1-й арт. бригады в Болгарии. С 1942 — в Рус. Корпусе, участвовал в боевых действиях на терр. Югославии против коммунистич. партизан Тито и сов. войск. По прибытии в Корпус назнач. мл. офицером 8-й сотни 3-го отряда. Затем служил командиром взвода противотанковых орудий (РаК или ПАК). С 22 окт. 1944 — командир сводной арт. роты противотанковых орудий в составе Сводного полка полк. *А.И. Рогожина*. Отличился в тяжёлых боях под Травником и Бусовачей (1945) в рядах 5-го «Железного» полка Рус. Корпуса. О храбрости Ш. корпусником А.А. Навроцким были сложены стихи:

Тито Броз, друг Сталина презренный,
Масс твоих не страшна нам волна:
"ПАК" у нас Шатилова отменный,
Пушек ряд лихого Мурзина.

За боевые отличия награждён Железным Крестом II кл. (1945). После сдачи Рус. Корпуса брит. командованию (май 1945) — командир 5-й роты 5-го полка. Затем был командиром 27-й лесной роты на работах в Австрии, откуда прибыл в рус. белый лагерь Келлерберг. В лагере вёл большую общественную деятельность, став одним из ближайших соратников А.И. Рогожина. После 1948 — в США. Состоял председателем Об-ва михайловцев-арт., членом Союза Георгиевских Кавалеров, Гв. и Общекад. объединений. Вице-председатель СчРК и Фонда св. блг. кн. Александра Невского.

И с т. ЛАА. Справка *К.М. Александрова* на командира сводной арт. роты противотанковых орудий (окт. 1944) полк. Б.Н. Шатилова.

Л и т. *Волков С.В.* Офицеры российской гвардии. С. 527; *Иванов И.Б.* Краткие биографич. данные чинов Рус. Корпуса, упомянутых в наст. сб. // РК. 1999. С. 437–438; Некролог. Незабытые могилы // Часовой (Брюссель). 1972. Май. № 551. С. 19; РК. 1963. С. 166, 304.

ШАТОВ Владимир Петрович — общественный деятель. Сын *М.В. Шатова*. Состоял членом КРА с 1974. В 1976–83 избирался в совет директоров КРА. Способствовал основанию стипендиального фонда КРА. В теч. ряда лет участвовал в работе НОРР. Имеет ст. магистра по междунар. торговле. 25 лет работал в телефонной промышленности

И с т. Archives of the Congress of Russian Americans. *Schatoff V.* Curriculum vitae, 1993.

ШАТОВ Михаил Васильевич [наст. **Каштанов** Пётр Васильевич] (5 июля 1920, дер. Нарышкино (?) Рязанской губ. – 22 окт. 1980, Нью-Йорк) — участник Власовского движения, майор ВС КОНР, библиограф, общественно-полит. деятель. Учился в ин-те и военном уч-ще. Накануне войны служил на флоте, занимал должность командира (?) боевой части (БЧ-2) корабля, затем — в погранич. войсках, капитан (на 1942). В 1942 попал в плен. Из лагеря военнопленных весной 1942 вступил в экспериментальную рус. часть, сформированную группой белоэмигрантов во главе с С.Н. Ивановым и полк. К.Г. Кромиади между Оршей и Смоленском (Абвергруппа-203 или РННА — Рус. Нац. Нар. армия). По собственному признанию, сделанному Ш. Кромиади, он вступил в РННА для того, чтобы «подкормиться, дождаться тёплых дней и уйти в лес», но в ходе службы стал идейным противником сталинской диктатуры. Участвовал в боевых действиях против партизан, был несколько раз ранен, в т. ч. один раз тяжело. С 1943 — на Западе. С 1944 — командир отряда личной охраны ген.-лейт. А.А. Власова в Далеме, предместье Берлина, затем нач-к охраны центрального штаба ВС КОНР (янв. 1945). Майор ВС КОНР (1945). С весны 1945 — член молодёжной орг-ции при КОНР — Союз молодёжи народов России (СМНР), член Совета СМНР. После оконч. войны насильственной репатриации избежал, скрывался во франц. зоне оккупации Германии под именем Михаила Шатова. Участвовал в спасении сов. граждан от принудительной репатриации, создании власовских послевоенных орг-ций СБОНР и СВОД (1947–49). Совместно с *Р. Дудиным* и *Г.Н. Чавчавадзе* изд. журнал «Призыв» (1948, орган отдела СБОНР во франц. зоне). В США с 1950. Работал маляром, каменщиком, таксистом. В 1955–71 работал в библиотеке Колумбийского ун-та (Нью-Йорк). В 1956 создал уникальный «Архив РОА», ныне находящийся на закрытом для исследователей хранении в Бахметьевском архиве Колумбийского ун-та. В Архив на протяжении более 20 лет поступали периодич. изд., письма, рукописи, документы и др. мат-лы от участников Власовского движения и их родственников. Автор статей и публикаций по истории РОА и ОДНР, продолжал участвовать в деятельности СБОНР. В 1967 получил высшее библиотечно-библиографич. образование при Колумбийском ун-те. Автор ряда библиографич. трудов и каталогов. В 50–60-е гг. предпринимал попытки создать Рус. Зарубежную Книжную Палату для учёта и регистрации рус. зарубежных изданий, однако по финансовым причинам эта инициатива привела лишь к изд. Ш. нескольких библиографич. трудов. В 1972 был одним из основателей КРА. Ряд лет состоял членом Главного правления КРА и вице-председателем КРА. Активный антикоммунист, Ш. и его деятельность служили частой мишенью клеветнических выступлений в сов. прессе. Состоял членом РАГ в США. *Родственники:* вдова; два сына; внук.

Похоронен на кладбище монастыря Ново-Дивеево близ Нануэт (шт. Нью-Йорк).

С о ч. Библиографич. указатель рус печати за рубежом за 1957–1958 годы // Мосты (Мюнхен). 1960. № 3; Библиографич. указатель рус печати за рубежом за 1959 год // Там же. 1961. № 6; Библиографич. указатель рус печати за рубежом за 1960 год // Там же. № 8; Библиография ОДНР в годы Второй мировой войны (1941–1945). Нью-Йорк, 1961; Half A Century of Russian Serials, 1917–1968. V. II. N.Y., 1971; V. I, III, IV. N.Y., 1972; совм. с *Carol Maichel*: A List of Russian newspaper in the Colombia University Libraries. N.Y., 1959.

И с т. АА. *Шатов М.В.* Автобиография (рукопись), 1977; ЛАА. Справка *К.М. Александрова* на майора ВС КОНР П.В. Каштанова (М.В. Шатова).

Л и т. *Днепров Р.* Памяти друга // НРС. 1980. 29 окт.; *Кремнёв С.С.* Михаил Вас. Шатов — библиограф и издатель «второй» эмиграции // Книга. Культура. Общество. Сб. науч. трудов по мат-м 12-х Смирдинских чтений. Т. 154. СПб., 2002. С. 155–164; *Полчанинов Р.В.* Ещё раз о справочнике Шатова // НРС. 1993. 12 апр. С. 9; *Schatoff M.V.* Who's Who in the East, 1977–1978.

ШАТОВ [**Chatov** Roman] Роман (11 июня 1901, Ростов-на-Дону – июнь 1987) — художник, модернист-фрескоист. В 16 лет рис. иллюстрации для журналов. Первым учителем Ш. был художник Сарьян. В 1918 был военным корреспондентом-художником на полях боёв. Выехав из России в 1920, посвятил себя монументальной живописи. В США с 1923. Его значительными работами были декорации для Библейской мистерии М. Геста в Филадельфии и фрески в клубе «Кавказ» в Детройте, в ресторане «Арбат», клубе «Максим» и «Russian Tea Room» в Нью-Йорке, а также в частных квартирах и виллах.

Л и т. *Martianoff N.N.* Roman Chatov // Russian artists in America. 1933. P. 209.

ШАУФУС [урожд. **Рапопорт**] Татиана Алексеевна (1901 – 25 июля 1986, Валлей Коттедж, шт. Нью-Йорк) — ближайший сотрудник *А.Л. Толстой* в деле создания и рук. Толстовским фондом. Работала до революции с А.Л. Толстой. Во время Первой мировой войны оконч. курсы сестёр милосердия в Санкт-Петербурге. Заведовала школой Свято-Георгиевской общины, состояла генеральным секретарем Рус. профсоюза сестёр милосердия. При сов. власти три раза арестовывалась за религиозные убеждения (1919, 1928–29). Сослана на поселение в Восточ. Сибирь, где провела три с половиной года. Благодаря заступничеству Междунар. Комитета Красного Креста получила в 1933 разрешение эмигрировать в Чехословакию. Здесь начала работу в Комитете помощи беженцам под рук. Алисы Масарик, дочери президента Чехословакии. За общественные заслуги правительство Чехословакии и город Прага присвоили Ш. почётное чехословацкое гражданство. По приглашению Амер. Красного Креста приехала в 1938 в США, где встретилась с А.Л. Толстой и вошла 15 апр. 1939 в состав Комитета Толстовского фонда, оказывавшего помощь беженцам при эмиграции в некоммунистич. страны. При эмиграции беженцы сохраняли все свои культурно-этнич. традиции. В Толстовском фонде занимала второе место после А.Л. Толстой. В 1947 расширила деятельность Толстовского Фонда, открыв его отделения, помимо США, в Канаде, Зап. Германии, Австрии, Италии и в Юж. Америке. Основала старч. дома для беженцев во Франции, в Германии, в Зап. Берлине и в Юж. Америке. В 1970 основала дом для хронически больных Толстовского фонда в Валлей Коттедж, где и сконч.

Похоронена на кладбище монастыря Ново-Дивеево близ Нануэт (шт. Нью-Йорк).

Л и т. Некролог // Часовой (Брюссель). 1986. Сент. – окт. № 662. С. 26–27; *Сахарова В.* Т.А. Шауфус и создание Толстовского фонда // НРС. 1986. 24 авг.

ШАХОВ Павел Васильевич (1893, Одесса Херсонской губ. – 30 сент. 1972, Нью-Йорк) — участник Белой борьбы под Андреевским флагом на Востоке России, ст. лейтенант. Оконч. Мор. корпус (1914). Участник Первой мировой войны. Служил на Чёрном море. Во время оккупации Юга России немцами (1918) пробрался на Дальний Восток и служил арт. офицером на пароходе на р. Сунгари в белых войсках Восточ. фронта. Ст. лейтенант за боевые отличия производства адм. А.В. Колчака (янв. 1919). После оконч. Гражданской войны вернулся в Одессу и, перейдя границу с Румынией, выехал во Францию, здесь служил в торговом флоте. В США с 1923. Работал на заводе *И.И. Сикорского*. Состоял вице-председателем и зам. председателя Мор. об-ва.

Похоронен на кладбище монастыря Ново-Дивеево близ Нанует (шт. Нью-Йорк).

Л и т. Мартиролог рус. военно-мор. эм. С. 147: Шахов Павел Васильевич // Бюллетень об-ва рус. мор. офицеров в Америке. 1973. № 1/128. С. 18.

ШАХОВСКОЙ Дмитрий Алексеевич — см. **ИОАНН**, архиепископ.

ШАХОВСКОЙ Сергей Сергеевич, кн. (1941, Чехия –1996) — сотрудник Госдепартамента США. В нач. 50-х гг. переехал с матерью Людмилой Васильевной и отчимом *В.И. Алексеевым* в США.

Получил среднее образование и оконч. ун-т в Миннеаполисе (шт. Миннесота). В 1967 законч. военную службу в армии США. Некоторое время был диктором на радиостанции «Голос Америки», служил в торговой палате «США — Советский Союз». Участвовал в космич. программе и по делам службы ездил в СССР, в закрытый город Арзамас-16. Участвовал в деятельности Орг-ции рос. православных разведчиков (ОРПР), работал в летнем лагере Орг-ции во Владимирове (шт. Иллинойс). Занимался восстановлением древних церквей в России. *Родственники:* вдова (урожд. Прокопова) Нелли; двое усыновленных детей из России.

Л и т. *Верл М.* С.С. Шаховской // ПР. 1997. 28 янв. № 2. С. 15.

ШАХОВСКОЙ Тимофей, кн. По приказу царя Петра I отправлен в Англию обучаться мореходному делу. Был первым рус., посетившим в 1697 восточ. побережье Америки на борту англ. военного корабля.

И с т. АА. *Ushanoff B.B.* The Russian contribution to the United States of America (A typescript).

ШАХТЕР [урожд. **Дмитровская**], также Ди [Dee] Ирина — художник. Род. в Киеве, где училась в школе для одарённых детей. После Второй мировой войны продолжала образование в Германии. В нач. 1950 переселилась в США.

Здесь училась в Купер Юнионе и затем в Студенческой лиге искусств. Получила ст. бакалавра по преподаванию, а затем магистра по живописи при шт. колледже Монклэр. Работы Ш. находятся в частных коллекциях президентов США Р. Рейгана, Дж. Буша, актёров Ф. Синатры, Л. Минелли и др. известных лиц. Мастер портрета и пастельной техники. Председатель Нью-Джерсийской ассоциации «Союз культур через искусство». Работы Ш. были отмечены во время Нац. соревнования по портретной живописи. Член девяти профессиональных объединений художников.

И с т. АА. *Шахтер И.* Curriculum vitae, 2000; Dmitrovskaya-Schachter Irena. Curriculum vitae, 1995

ШАШОЛИН Святослав Игоревич (род. 16 июля 1930, Харбин) — полковник в отставке ВВС США, преподаватель, переводчик. Имя Ш. было выбрано родителями, которых звали Ольга и Игорь, не случайно — по примеру киевских кн. X в. Оконч. Калифорнийский ун-т в Бёркли. Продолжая образование по аспирантской программе, специализировался в науках о России в Северо-Зап. ун-те, в Ун-те Индианы, Московском гос. ун-те и в Промышленном колледже ВВС США. Военную карьеру начал в 1948 рядовым в ВВС США. Будучи на действительной службе и в активном запасе, поднимался в чинах, и в 1990, уходя в отставку, был произведён в чин полковника с представлением к награде орденом «Legion of Merit». В ВВС служил в разведке в качестве специалиста-советолога. Действительная служба Ш. включала работу в Военной миссии по связи в Берлине, перев. мат-в о сов. военной доктрине, орг-цию курсов в Ин-те ин. яз. в Монтерее (шт. Калифорния), работу переводчиком при инспекции по разоружению и уничтожению ядерного оружия.

В гражданской жизни преподавал в теч. 30 лет в ст. кл. средней школы («High School») в Сономе (шт. Калифорния). Читал лекции в Рус. ин-те Ратгерского ун-та. Был протокольным переводчиком во время встречи между президентом США Р. Никсоном и Генеральным секретарём ЦК КПСС Л.И. Брежневым. Во время холодной войны с достоинством отмечал своё рус. происхождение и выступал против отождествления понятий «русский» и «советский».

С о ч. Автобиография // РА. 1996. № 20. С. 168–169.

Л и т. Anonymous. Russian descent recognized // The Sonoma (Calif.) Index-Tribune. 1983. Nov. 23.

ШВЕД Георгий Александрович (20 нояб. 1888 – 15 апр. 1966, Сан-Франциско) — участник Белого движения на Юге России, полковник. Сын офицера Рус. Императорской армии. Оконч. Одесский кад. корпус (1906), Елисаветградское кав. уч-ще (1908) и вышел корнетом в 1-й гус. Сумскую ген. Сеславина полк 1-й кав. дивизии, стоявший в Москве. Поручик (1911), штабс-ротмистр (1913). Участник Первой мировой войны. Ротмистр (1915), подполковник (1917). В 1915–16 — командир 3-го эскадрона своего полка, в 1916–18 — пом. командира полка по хоз. части. Ранен в Восточ. Пруссии. За время войны награждён шестью боевыми орденами. После Октябрьского переворота 1917 и расформирования части — на Украине. При гетмане П.П. Скоропадском (1918) командовал уездной вартовой сотней. В февр. 1919 (по др. дан. в дек. 1918) со своей сотней вошёл в состав Добровольч. армии. Формировал в Одессе эскадрон Сумских гусар, вошедший в состав Сводно-кав. (затем 3-го кон.) полка Одесской стрелковой бригады. С июля 1919 — командир эскадрона, затем дивизиона Сумских гусар. С мая 1920 — командир взвода Сумских гусар в 7-и кав. полку Отдельной кав. бригады Рус. армии. С авг. 1920 — командир дивизиона Сумских гусар 7-го кав. полка 2-й кав. дивизии. Полковник (на 1920). Вторично ранен на Перекопе. Эвакуировался из Крыма в нояб. 1920 в составе Рус. армии. В 1920–21 — в Галлиполи, затем в эмиграции в Кор. СХС. Служил в погранич. страже. Работал чертёжником. В 1942 вступил в Сербии в Рус. Корпус. В 1942–45 участвовал в боевых действиях на терр. Югославии. После 1945 — в Австрии. В США с 1949.

Зарабатывал на жизнь физич. трудом. В 1950 вступил в Об-во рус. ветеранов Великой войны, в котором избирался в правление, в суд чести и пять лет занимал должность вице-председателя Об-ва. *Родственники:* жена Вера Александровна (1894–?) — сестра милосердия Сумских гусар.

Похоронен на Серб. кладбище в Сан-Франциско.

И с т. АОРВВВ. Полк. Георгий Александрович Швед // 1966. Апр. Альбом III.

Л и т. *Волков С.В.* Офицеры армейской кавалерии. С. 581.

ШВЕХГЕЙМЕР Павел Оттович (1894, Рига Лифляндской губ. – 14 сент. 1982, Васалборо, шт. Мен) — экономист. Род. в семье обрус. балтийских немцев. В Риге был почётным филистёром рус. студенч. корпорации «Фратернитас Арктика». Служебную карьеру начал до 1917 и дослужился до должности директора коммерч. банка. *Родственники:* вдова Надежда Васильевна; внучка.

Л и т. *Эберштейн И.* Памяти Швехгеймера // НРС. 1982. 10 нояб.

ШВЕЦОВ Иван Григорьевич (янв. 1895, Сызрань Симбирской губ. – 5 марта 1966, Сан-Франциско) — участник Белого движения на Востоке России, полковник. Учился в Сызранском реальном уч-ще, из которого перевёлся в Самарское реальное уч-ще, оконч. его в 1912. В сент. 1912 поступил в Казанское военное уч-ще, по оконч. которого портупей-юнкером вышел в 8-й Туркестанский ген.-ад. фон Кауфмана полк 2-й Туркестанской стрелковой дивизии. В нояб. 1914 с полком убыл на фронт Первой мировой войны. Дважды ранен. Дослужился до командира батальона в своём полку в чине капитана. Получил все военные награды, включая ордена: св. Анны IV ст. на шашку, св. Станислава III ст. и II ст., св. Владимира IV ст. с мечами и бантом. Служил до расформирования полка в нач. 1918. После демобилизации переехал в Самару. С лета 1918 — в белых войсках Восточ. фронта. Служил в Нар. армии Комуча, затем в Волжской группе ген. В.О. Каппеля. Участник Сибирского («Ледяного») похода 1920. Полковник (на 1920).

После 1920 — в эмиграции в США. По приезде в Сан-Франциско вступил в Об-во рус. ветеранов Великой войны (1929).

Похоронен на Серб. кладбище в Сан-Франциско.

И с т. АОРВВВ. Полк. Иван Григорьевич Швецов // 1966. Март. Альбом III.

Л и т. Некролог. Незабытые могилы // Часовой (Брюссель). 1966. Май. № 479. С. 15.

ШВЕЦОВ Николай Александрович (15 авг. 1887 – 17 июля 1966, Сан-Франциско) — участник Гражданской войны, полковник. Оконч. 1-й кад. корпус, Павловское военное уч-ще (1907) и вышел Л.-гв. подпоручиком в Преображенский Его Величества полк 1-й гв. пех. дивизии. Назнач. мл. офицером в 7-ю роту. С 1911 — командир нестроевой роты, затем был командиром 2-го батальона (до 6 дек. 1917). Участник Первой мировой войны в рядах Л.-гв. Преображенского полка. За службу в мирное и военное время получил 13 орденов и медалей. В дек. 1917 арестован большевиками и заключён в тюрьму, откуда в сент. 1918 сумел бежать в Киев. Здесь вступил в Киевскую добровольч. дружину ген.-майора Л.Н. Кирпичёва.

В дек. 1918 Киев был занят частями С. Петлюры, дружина расформирована. После прихода петлюровцев арестован, выслан в Германию и заключён в лагерь рус. военнопленных. Позднее в эмиграции в Германии и США. За рубежом тяжело работал для того, чтобы содержать семью. *Родственники:* брат Сергей (1889–28 июля 1964, Ингольштадт, ФРГ) — полковник, командир 4-й батареи Л.-гв. Кон. арт., чин РОВС.

Похоронен на Серб. кладбище в Сан-Франциско.

И с т. АОРВВВ. Полк. Николай Александрович Швецов // 1966. Июль. Альбом № III.

Л и т. *Волков С.В.* Офицеры российской гвардии. С. 530.

ШЕБАНОВ Константин Яковлевич (18 июня 1895, Киев – 1973) — инж.-железнодорожник.. Оконч. Владивостокскую гимназию (1914). Учился в Ин-те инж. путей сообщения в Санкт-Петербурге (неоконч.), откуда перешёл в Михайловское арт. уч-ще. По оконч. уч-ща (1914) произведён в офицеры. Участник Первой мировой войны. После Октябрьского переворота 1917 выехал в Польшу, где завершил образование на дорожном ф-те Варшавского ун-та. В 1935 получил магистерскую ст. и в 1939 защитил докторскую дисс. при Варшавском политехн. ин-те. Строил жел. дороги в Польше. При наступлении сов. войск в 1944–45 выехал в Зап. Германию. После 1945 — проф. железнодорожного строительства в междунар. ун-те UNRRA в Мюнхене. В США с 1950, работал инж. в разных фирмах. С 1960 работал в городском управлении Нью-Йорка. По проектам Ш. были построены несколько мостов, получивших похвалу от Амер. Ин-та проектирования стальных мостов. Состоял членом РАГ в США и действительным членом Об-ва рус. инж. в США.

И с т. АОРИ. Анкета (1958).

Л и т. *К.Б.* Константин Яковлевич Шебанов //

Записки РАГ в США (Нью-Йорк). 1973. С. 331–332.

ШЕВЕЛЁВ Юрий Владимирович — филолог. Опубликовал в Гейдельберге (ФРГ) книгу «Доисторический славянский язык — историческая фонология общеславянского языка» (Гейдельберг, 1964). Изуч. период возникновения индоевропейского яз. славянск. ветви до её разделения на отдельные славянск. яз. Книга была опубликована в США на англ. яз. Проф. славистики Колумбийского ун-та.
Л и т. *Ковалевский П.Е.* С. 165.

ШЕВЕЛЁВА Ирина Георгиевна (1911, Санкт-Петербург – 1977, Монреаль) — режиссёр радиовещания. После Гражданской войны выехала с семьёй в Германию. В Берлине завершила среднее образование и поступила на историко-филологич. ф-т Берлинского ун-та. После оконч. ун-та несколько лет работала в администрации киностудии UFA.

В 1952 эмигрировала в Канаду. Благодаря хорошему знанию яз., в 1953 получила место режиссёра радиопередач (продюсера) в рус. секции междунар. отдела Radio Canada в Монреале, где работала 24 года.
И с т. АА. *Могилянский М.* Биография И.Г. Шевелевой. Машинопись, 2002. 4 нояб.

ШЕВИЧ Сергей Е. — участник социалистич. движения в США. Родом из старинной дворянской семьи. Прибыл в США в 1870-х гг. Примкнул к амер. социалистич. движению. В нач. 80-х гг. XIX в. был одним из ред. газ. на нем. яз. «Volkszeiteung», а позже социалистич. газ. на англ. яз. «Leader». Порвав с амер. социалистич. партией, создал партию рабочих социалистов. Постоянный сотрудник еженедельника «Знамя». Участвовал в предвыборных кампаниях. *Родственники*: жена (урожд. Раковиц) — нем. гр.
Л и т. *Вильчур М.* Рус. в Америке. Первое рус. изд-во в Америке. С. 21–22; *Полчанинов Р.В.* Рус. в Нью-Йорке в 1870-х гг. // НРС. 1986. 30 сент.

ШЕВЦОВА Вера Фёдоровна (род. 22 апр. 1960, Дерби, шт. Коннектикут) — богослов, доцент. Род. в семье инж.-химика, священника о. Фёдора и Нины Шевцовых. В 1982 оконч. Йельский ун-т со ст. бакалавра, Summa cum lauda, специализируясь по изуч. России и стран Восточ. Европы. В 1988 получила ст. магистра богословия академич. похвалой (Academic Commendation) в Свято-Владимирской дух. семинарии. В 1994 защитила в Йельском ун-те дисс. на тему «Народное православие в поздний период сельской Императорской России», за что удостоилась премии Ганса Гатцке (Hans Gatzke). В 1982–83 участвовала в программе по изуч. современной сов. лит. в Ленинградском гос. ун-те. В 1988–89 слушала лекции в Ленинградской дух. академии. В 1989–90 и осенью 1990 изуч. в Пенсильванском ун-те антропологию религии, культурную антропологию, социологию религии и фольклор. С 1994 преподаёт в департаменте религии и библейской лит. в Смит колледже в Нортхэмптоне (шт. Массачусетс). Будучи аспиранткой в Йельском ун-те и занимая должность доцента в Смит колледже удостоилась получения 15 стипендий и пособий (грантов) для своих исследований. Автор шести статей на англ. яз., в т.ч.: «Иконы, мир и власть в русской православной церкви в 1861–1917 гг.» (The Russian Review. 1999. Jan.); «Часовни и церковный мир в крестьянской дореволюционной России» (Slavic Review. 1966. Fall.) и «Поэтизирование набожности. Образ Божией Матери в русских акафистных гимнах» (St. Vladimir's Theological Quarterly. 2000. № 3–4. V. 44.). Прочла на науч. съездах, семинарах и по приглашению в амер. ун-тах и в Москве 21 лекцию на богословские темы.

Организатор и рук. ряда профессиональных семинаров, симпозиумов и совещаний по методам преподавания. Член Амер. академии религий, Амер. ассоциации по продвижению славянск. исследований, Амер. историч. об-ва, Амер. об-ва по изуч. церковной истории и Православного богословского об-ва в Америке. *Родственники*: муж Иван Вас. Зебрун — врач-невропатолог; дочери Нина, Анна.
И с т. АА. *Шевцов о. Фёдор.* Устное сообщение, 2002; *Шевцова В.* Curriculum vitae, typescript (2002), 6 pp.

ШЕВЯКОВ Григорий Илларионович (? – 20 окт. 1975, Патерсон, шт. Нью-Джерси) — участник Белого движения на Юге России, подпоручик арт. Эвакуировался из Крыма в нояб. 1920 в составе Рус. армии. В 1920–21 — в Галлиполи, затем в эмиграции в Кор. СХС. В 1941–45 — в Рус. Корпусе. После 1945 — в эмиграции в США. Участвовал в жизни рус. воинских орг-ций, член СчРК.
Л и т. Некролог. Незабытые могилы // Часовой (Брюссель). 1975. Дек. № 594. С. 19.

ШЕЙЕР Александр Иванович (17 февр. 1898, Фастов Киевской губ. – ?) — инж.-строитель. Оконч. Киевский Индустриальный ин-т по коммунальному строительству (1932). С 1917 работал на железнодорожном строительстве: 15 лет техником путей сообщения, затем инж. С 1941 в нем. оккупации, выехал на Запад с оккупированной терр. СССР. После 1945 в эмиграции в США.
И с т. АОРИ. *Шейер А.И.* Автобиография (1948).

ШЕЙН Алексей Михайлович — проф. рус. лит. в шт. Нью-Йоркском ун-те в Олбани. Автор книг о Евгении Замятине и Алексее Ремизове.

ШЕЛИХОВ [Шелехов] Григорий Иванович (1747, Рыльск Курской губ. – 20 июля 1795) — «Колумб российский», купец-предприниматель, основатель Рус. Америки. Род. в небогатой купеческой семье. В возрасте 26 лет отправился в Сибирь с рекомендательным письмом богатого курского купца Голикова к своему родственнику. Прибыв в Иркутск, поступил приказчиком к Ивану Ларионовичу Голикову, ведущему торговлю мехами. Ознакомившись с пушным делом, решил самостоятельно заняться пушным промыслом на Курильских и Алеутских о-вах. Обосновавшись в Охотске, стал отправлять на промысел экспедиции. В 1776–81 снарядил и отправил на промысел десять судов. Прежний хозяин Ш. И.Л. Голиков начал вкладывать средства при орг-ции экспедиций. Но Ш. не удовлетворился такой постановкой дела, потому что для каждого похода основывалась новая компания и после возвращения судна из морского похода с пушниной доходы делились между пайщиками и компания прекращала существовать. В 1781 предложил И.Л. Голикову основать постоянную компанию, сроком лет на десять, и добиться в Санкт-Петербурге права на исключительные права промышлять и торговать на о-вах и на материке Америки. Иван Голиков принял это предложение, и оба предпринимателя отправились в Санкт-Петербург, где 17 авг. 1781 образовали «Северо-восточную компанию», в которую вошёл племянник Голикова, капитан Михаил Голиков. Однако императрица Екатерина II не предоставила пайщикам монопольных прав. Возвратившись в Охотск, начал строить три галиота: «Три Святителя», «Симеон и Анна» и «Св. Михаил». После завершения строительства 16 авг. 1783 отбыл в плавание к сев.-зап. побережью Америки, к о-ву Кадьяк. **Ш.** сопровождала супруга Наталья Алексеевна с пятилетним сыном Михаилом, а также 192 промышленника, большинство которых должны были поселиться на о-вах, где намечалось строительство постоянных селений. Рус. мореплаватели находились в плавании почти год и, после небольших остановок и зимовки на о-ве *Беринга*, прибыли на о-в Кадьяк 3 авг. 1784. На Кадьяке было основано первое постоянное селение и крепость «Три Святителя». На о-ве Афогнак и на Кенайском п-ове были тоже основаны селения и крепости. Промышленники расселились по берегам бухт и заливов, построив бревенчатые избы, окружённые частоколом.

Тем самым было положено основание рус. владениям на Аляске и Алеутских о-вах, получившим на географич. картах название Рус. Америки. В 1786 решил отправиться с женой, 12 рус. промышленниками и 40 эскимосами на галиоте «Три Святителя» обратно на Камчатку. Возвратившись в Иркутск, продолжал с помощью иркутского ген.-губернатора Якоби хлопотать о получении монопольных прав на ведение дел в Америке. В докладной записке губернатору подробно описал путешествие с приложением карт. В 1791–93 опубликовал в Санкт-Петербурге описание своих плаваний со штурманами Г. Измайловым и Д. Бочаровым под названием: «Российского купца именитого Рыльского гражданина Григория Шелихова первое странствование с 1783 по 1787 год из Охотска по Восточному океану к Американским берегам». Эта работа была быстро перев. и изд. в Англии и Германии. Предполагал развить торговлю с кит. и с англ. Ост-Индской компанией. В февр. 1788 вместе с И.Л. Голиковым отправился в Санкт-Петербург, где оба обратились к императрице Екатерине II с просьбой о денежной поддержке и о предоставлении их компании монопольных прав. Екатерина II воздержалась от предоставления компании монопольных прав, но наградила их золотыми медалями, серебряными шпагами и похвальными грамотами. После возвращения в Иркутск, продолжал развивать деятельность компании. Корабли **Ш.** ходили вдоль берегов Аляски и по о-вам, оставляли там знаки принадлежности России. Это были литые рус. медные гербы и доски с надписью «Земля российского владения». Разрабатывал планы торговли с Макао, Батавией, с Филиппинскими и Марианскими о-вами. Назначив управляющим всеми делами в Америке *А.А. Баранова*, распорядился разработать план основания большого города Славороссии, с широкими, прямыми улицами, школами, музеями и церквами. Трудами **Ш.** Россия стала державой, раскинувшейся на трёх континентах. В результате хлопот **Ш.** в 1888 в Рус. Америку прибыла дух. миссия для окормления православных и христианского просвещения туземцев. Скоропостижно сконч. в расцвете сил.

Похоронен на подворье Знаменского монастыря в Иркутске. В 1800 на могиле **Ш.** установлено надгробие работы скульптора Мартоса со стихами Г.Р. Державина

*Колумб здесь русский погребен!
Прошел моря, открыл страны безвестны,
И, зря, что все на свете тлен,
Направил парус свой на океан небесный —
Искать сокровищ горних, не земных...*

и И.И. Дмитриева:

*Как царства падали к ногам Екатерины,
Рос Шелихов без войск без громоносных сил
Притек в Америку чрез бурные пучины
И нову область ей и Богу покорил,
Не забывай потомок!
Что Рос, твой предок, и на Востоке громок!*

В Рыльске существовал бронзовый памятник **Ш.** снятый немцами во время оккупации 1941–43, но до сих пор не восстановленный.

С о ч. Путешествие Г. Шелехова с 1783 по 1790 год из Охотского моря к американским берегам и возвращение в Россию. В 2 частях. СПб., 1812.

И с т. Краткая географич. энциклопедия. М., 1966. Т V. С. 398, 538.

Л и т. *Петров В.* Рус. в истории Америки. Вашингтон, 1988. С.95–101; *Чалых Н.Н.* Шелихов и гос. муж. Предки великого мореплавателя. Рыльск — родина Г.И. Шелихова // РЖ. 2001. 12 мая – 9 июня; *Чертков Г.И. (ГИЧ).* Колумб Рос. // НРС. 1983.

ШЕЛИХОВА Наталия Алексеевна (? – 1810) — жена *Г.И. Шелихова*. По сведениям *Г.И. Черткова* **Ш.** была внучкой землепроходца, старовера Никифора Акинфеевича Трапезникова, и вдовой Гуляева. По данным же Э. Базильской **Ш.** — дочь и внучка мореходов Кожевиных. Выйдя замуж за Г.И. Шелихова, стала его помощником и спутницей в экспедиции в Америку, путь в которую лежал не только через бурное море, но и по суше. Для того, чтобы добраться из Иркутска до Охотска, нужно преодолеть 3 тыс. вёрст по бездорожью на лошадях, оленях, собаках и по рекам. Экспедиция длилась три года. В Охотске Шелиховы оставили в своём доме двух дочерей — трёхлетнюю Анну и двухлетнюю Катерину. С собой взяли пятилетнего сына Михаила. В пути, во время остановки на о-ве *Беринга*, у Шелиховых родилась дочь Авдотья. Основатель первой рус. школы для 25 детей туземцев в Новом Свете, участвовала в основании первого постоянного рус. поселения и крепости «Три Святителя» на о-ве Кадьяк. После возвращения домой у Шелиховых родилась дочь Александра, сын Василий и еще одна дочь — Елизавета. Занималась образованием детей, выписывала для них учебники и заботилась об алеутских детях, привезённых в Иркутск для обучения. После кончины мужа в 1795 от простудной горячки осталась с восьмью детьми и продолжала его дело, борясь с интригами конкурентов. Император Павел I опубликовал 15 февр. 1798 указ, в котором было сказано: «...наше внимание на заслуги умершего гражданина Шелихова, жертвовавшего жизнью с иждивением в присоединении к скипетру нашему обитающих в Северной Америке народов и положившего в том краю основание православной Греко-Кафолической христианской веры [...] жалуем жене его, вдове Наталье Шелиховой... и рождённым от них детям дворянское нашей Империи достоинство». При содействии зятя, камергера *Н.П. Резанова*, женатого на её дочери Анне, компания получила 8 сент. 1798 от императора Павла I монопольные права на ведение дел в Америке. В 1800 РАК взята под Высочайшее покровительство и ей были дарованы привилегии. Эти привилегии монопольно действовали 70 лет в Рус. Америке до её продажи США.

Л и т. *Базильская Э.* Жена Колумба Рос. — Наталья Алексеевна Шелихова // Иркутянка. 1996. Апр. С. 8; *Чертков Г.И. (ГИЧ).* Колумб Рос. // НРС. 1983.

ШЕЛОМЕНЦОВ [Peter P. Shelomensoff] Пётр П. — ветеран армии США, сержант (TSgt).

И с т. *Pantuhoff Oleg* — 1976.

ШЕНДРАКОВ Илья Никифорович (?,Семиреченская обл. – 9 июля 1957, Сан-Франциско) — присяжный поверенный. Род. в каз. семье. Во время Первой мировой войны занимался вопросами снабжения армии и состоял в комитете по оказанию помощи семьям призванных в армию. Став на сторону противников сов. власти в 1917, назнач. членом Туркестанского комитета Временного правительства. Спасаясь от большевиков, бежал при помощи туземцев в Сибирь и принимал участие в освобождении Сибири от большевиков. Избран Семиреченским каз. войском членом Гос. совещания в Уфе (1918). После прихода к власти адм. А.В. Колчака избран Семиреченским войском в члены Каз. конференции, в которой состоял секретарём и юрисконсультом. В 1922 вместе с остатками Сибирской Белой армии эвакуировался в Китай. Изд. в Шанхае газ. «Русское эхо», организовал Каз. союз, имел свой юридич. кабинет. В 1949 эмигрировал в США. В Сан-Франциско сотруднич. в газ. «Русская жизнь».

Л и т. М.Н. Шендраков // Часовой (Брюссель). 1957. Окт. № 380. С. 21.

ШЕПЧЕНКО Иван Павлович (20 июля 1895, Бердянск Таврич. губ. – ?) — инж.-строитель. В 1931 оконч. инж.-строительное отделение Технич. ф-та Белградского ун-та. В США жил в Лонг-Кове, на Лонг-Айленде (шт. Нью-Йорк). Действительный член Об-ва рус. инж. в США.

И с т. АОРИ. Анкета (1956).

ШЕРЕМЕТЕВ Никита Васильевич, гр. (род. 25 июня 1932, Женева) — администратор. Род. в семье Вас. Дмитриевича и Дарии Борисовны, урожд. Татищевой. Нач. образование получил в Париже в С. Жан де Пасси и в Монтевидео (Уругвай) в Ин-те Альфредо Вазкез Ацеведо. В 1956 оконч. Йельский ун-т со ст. бакалавра и в 1961 — Нью-Йоркский ун-т со ст. магистра. По специальности управляющий. Занимал должности ген. директора и вице-президента ряда компаний. Занимал до 2002 должность директора и казначея Толстовского фонда. Член совета директоров Рус. дворянского об-ва (Russian Nobility Association) в Нью-Йорке. *Родственники:* жена (урожд. Кобиашвили) Маико Константиновна; дети: Константин, Кира, Ксения и Николай; четверо внуков.

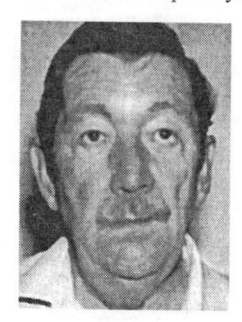

И с т. АА. *Cheremeteff N.* Questionnaire for the Biographical Dictionary «Russians in North America», 2003.

Л и т. *Dragadze P.* The White Russian // «Town & Country». 1984. March. P. 174–182, 250–253.

ШЕРЕМЕТЕВА [Cheremeteff Maria] Мария (род. 16 окт. 1946, Брюссель) — искусствовед. В 1969 оконч. Калифорнийский ун-т в Лос-Анджелесе со званием бакалавра по истории искусств и яз. В 1978 получила звание магистра по средневековой истории искусств при Сан-Францисском шт. ун-те и в 1987 защитила докторскую дисс. по византийскому и классич. греч. искусству при ун-те Орегона в городе Юджин. С 1983 преподавала в Городском колледже Сан-Франциско и с 1987 в Калифорнийском колледже искусств и ремесел. Член РАГ в США.

И с т. АА. *Cheremeteff M.* Curriculum vitae (typescript), 1988.

ШЕРЕМЕТОВ Николай Александрович (1924 – 20 дек. 1995, Фейрфакс) — чин Рус. Корпуса, ветеран армии США. В 1941–45 — в Рус. Корпусе. Служил в 3-й роте 1-го полка, в 5-й роте 3-го полка, унтер-офицер 5-го «Железного» полка. За отличия награждён Железным крестом II кл. Зимой 1945 откомандирован в ВС КОНР, подпоручик ВС КОНР. После 1945 — в эмиграции в США. Мл. лейтенант запаса армии США. Член СчРК.

Л и т. *Окороков А.В.* Краткие биографич. данные участников Рус. Освободительного движения // Материалы по истории Рус. Освободительного движения 1941–1945 гг. (Статьи, документы, воспоминания). Т. II. М., 1998. С. 478.

ШЕСТАКОВ Георгий Васильевич — участник Белого движения на Востоке России, металлург. В 1918 — штаб-офицер при Войсковом атамане Сибирского каз. войска. Через Монголию отступил в 1923 в Кит. Туркестан. С 1924 — аналитик в химич. лаборатории в Ханькоу и Шанхае. Затем служил главным химиком в гос. лаборатории по проверке товаров. В 1949 переселился на Филиппины, откуда в 1950 эмигрировал в США.

Л и т. Юбилейный сб. Объединения СПб политехников (1952).

ШЕФТЕЛЬ [Marc Szeftel] Марк Юльевич (10 февр. 1902, Староконстантинов Волынской губ. – ?) — заслуженный проф. рус. истории. Оконч. в 1925 Варшавский ун-т по юриспруденции и полит. наукам со званием «Magister juris». Продолжал образование на юридич. ф-те Брюссельского ун-та, в котором в 1934 получил докторскую ст. В том же ун-те в 1939 был лицензирован по славянск. филологии и истории. С 1936 по 1940 преподавал в Брюссельском ун-те. Переехав в США, преподавал в 1942–45 в Нью-Йорке. В 1945 перешёл в Корнельский ун-т, в котором был проф. до 1961. В 1961–72 — проф. в ун-те шт. Вашингтон в Сеатле. Посвятил свою науч. деятельность рус. истории допетровского периода, периода 1854–1917 и сравнительной истории установлений. Автор комментариев к книгам: «La Geste du Prince Igor» (Annuaire de l'Institut de Philologie et d'Histoire Orientales et Slaves. V. VIII. N. Y., 1948), «Documents de droit publique relatifs à la Russie Médiévale» (Brussels, 1963), «Russian Institutions and Culture up to Peter the Great» (Variform Reprints, London, 1975), «The Russian Constitution of April 23, 1906» (Brussels, 1977) и 66 науч. статей, опубликованных на англ. и франц. яз. Открыто и решительно возражал авторам, занимавшим необъективные и подчас отриц. позиции в отношении к России. Сюда относится критика весной 1980 **Ш.** монографии Р. Пайпса «Россия при старом режиме» и книги Э. Крэнкшоу «В тени Зимнего дворца». Состоял членом РАГ в США.

И с т. АА. *Szeftel M.* Curriculum vitae, bibliography (typescript), 1984.

Л и т. *Андреев Н.* М.Ю. Шефтелю — восемьдесят лет // НРС. 1982. 6 февр.; *Н.Ж.* Марк Шефтель (1902–1985) // Записки РАГ в США. 1986. Т. XIX. С. 452–453.

ШЕФФЕР Егор [Георг Антон] — врач, ботаник, на службе в РАК, основатель рус. форта Елисавет на о-ве Кауаи, на Гаваях, который сейчас является шт. амер. заповедником и обознач. на картах о-ва. Правитель Рус. Америки *А.А. Баранов* вёл регулярную торговлю с Китаем. Эта торговля вызвала необходимость основания на Гаваях постоянной базы-порта на пути в Китай. С этой целью на о-в Кауаи в 1815 была направлена миссия во главе с **Ш.** Однако вместо того, чтобы вести переговоры с гавайским королём Камехамеха I, быв. в дружеских отношениях с Барановым, Ш. начал вести переговоры с правителем Кауаи Каумали, не признававшим над собой верховную власть Камехамехи. Склонил Каумали к измене, пообещав поддержку в завоевании др. о-вов архипелага. Для обеспечения успеха своих планов в 1816 начал строительство крепости на о-ве Кауаи, у впадения р. Уаимеа в залив того же названия, назвав её Форт Елисавет в честь супруги императора Александра I. Крепость была распланирована по образцу европейских крепостей с бастионами для пушек, со стеной из базальтовых глыб и щебня. Для этой работы было привлечено несколько сот гавайцев. Внутри крепости располагались казарма, склад, жилые помещения. Над крепостью реял трёхцветный флаг с двуглавым орлом РАК. Однако незадачливая и самовольная политика Ш. вызвала конфликт с Камехамехой, и рус. пришлось покинуть Гаваи в 1817.

Л и т. *Александров Е.А.* Рус. форт Елисавета на Гаваях // РА. 1995. № 20. С.142–143.

ШЕШКО [George J. **Sheshko**] Георгий Иванович (3 марта 1924 – 7 окт. 1944) — ветеран армии США. После оконч. средней школы учился в Нью-Йоркском ун-те. Член 2-го отделка РООВА. Поступил добровольцем в амер. армию, первый лейтенант-лётчик. Совершил 30 боевых вылетов на Европейский континент. Погиб во время полёта над Германией.

И с т. *Pantuhoff Oleg* — 1976.

Л и т. *Beresney Timothy A.* In Memoriam // Russian Herald. 1947. Jan. – Febr. P. 157–163.

ШИДЛОВСКИЙ [Dimitry **Schidlovsky**] Дмитрий Юрьевич (род. 1959) — художник. Род. в семье *Ю.И. Шидловского*.

В 1980 оконч. ун-т Новой Англии со ст. бакалавра по мор. биологии, а также школу Парсонс по изящным искусствам. Работает над иллюстрациями в обл. прикладных наук — технич. наук, мед., биологии и др. Пишет главным образом маслом, но использует в своём творчестве графику, создание рис. при помощи компьютеров, и офсетную печать. Работы Ш. посвящены иллюстрациям к науч. статьям в «Smithsonian», в изд. «Harper & Row», к науч. разделу газ. «The New York Times», «International Herald Tribune», «Science Times» (в рус. и англ. изд.), «Newsweek», «Forbes», «Scientific American», «Outdoor Life», «National Wildlife», «Smithsonian», «Science», «S.A. Cancer Journal», «Yachting» и в др. изданиях. Работы Ш. включают рис. для репортажей, портреты, скульптуры и декорации. Создал для КРА рис. марки-наклейки, посвящённой 200-летию православия в Рус. Америке. Ряд работ Ш. отличается чисто рус. стилем. С 1983 участвует в худ. выставках, преподаёт. Работы Ш. в Интернет см.: http://www.sci-imagemakers.com

И с т. АА. *Schidlovsky D.* Curriculum vitae, 1998; Exhibition, Celebrating the Millennium 988-1988.

ШИДЛОВСКИЙ [Nicolas G. **Schidlovsky**] Николай Юрьевич (род. 20 июня 1954, Ойстер Бэй, шт. Нью-Йорк) — музыковед-историк. Род. в семье биолога и общественного деятеля *Ю.И. Шидловского* и Софии Дмитриевны, урожд. Енгалычевой.

В 1976 оконч. Уиллиамс колледж в Уилиамстауне (шт. Массачусетс) со ст. бакалавра, cum laude. В 1978–83 защитил магистерскую и докторскую дисс. по историч. музыковедению при Принстонском ун-те. С 1978 по 1982 преподавал в Принстонском ун-те. В 1998 на основании неопубликованных рукописей XI–XIV вв. в архивах Москвы и Санкт-Петербурга занялся исследованием средневекового церковного пения, а также критич. изуч. связей ранних славянск. песнопений с традиционным византийским пением. Снискал известность как исследователь материалов о Л. Бетховене в архивах России. В Принстонском ун-те ведёт при муз. ф-те исследования в обл. рус. муз., рассчитанные на ряд лет. Участник междунар. музыковедческих съездов и конференций, выступлений с докладами и лекциями. Автор ряда статей, в т. ч.: «Acta musicologica», «Musica Antiqua Europea Orientalis, Acta Scientifica» (Bygdoszcz, 1985), «Festschrift for D.S. Likhachev» (Thessaloniki, 1984–85). Ред. «Répertoire International de Litérature Musicale» (City University of New York, 1984–87). Соред. 1 т. (на англ. яз.) «A Thousand years of Russian Sacred Music» (Washington, 1989). В 1996 вошёл в состав совета директоров об-ва «Псалом» («Psalm»), ставящего задачей служить через своих членов регентам православных хоров, певчим, композиторам, духовенству и всем заинтересованным в православном литургич. пении. Удостоился 12 наград и премий. С 1976 выступает с концертами как пианист.

И с т. АА. *Schidlovsky N.G.* Curriculum vitae (typescript), 3 p., 1998.

ШИДЛОВСКИЙ Олег Петрович (род. 15 авг. 1928, Прилуки Полтавской губ., далее Черниговской обл.) — хирург, подполковник мед. службы армии США, общественный деятель. С 1941 в нем. оккупации. В возрасте 14 лет вместе с родителями покинул Киев и выехал на Запад, став беженцем. Эвакуировался в Польшу, затем в Словакию и в февр. 1945 прибыл в Баварию. После войны сдал экстерном гимназич. экзамены и поступил в Междунар. ун-т UNRRA в Мюнхене, затем в 1952 оконч. мед. ф-т ун-та Людвига Максимилиана со званием доктора мед. Переселился на постоянное жительство в США.

Здесь два года был интерном и 5 лет резидентом по общей хирургии в шт. Мичиган. В 1957 получил амер. гражданство и в 1958 сдал экзамен на право практики (license to practice medicine). 22 года занимался частной практикой по хирургии в р-не Детройта. После того служил 15 лет военным хирургом в амер. армии. Во время действительной службы в армии работал в военных госпиталях во Франции и во Франкфурте-на-Майне в ФРГ. Последнее назначение было в Сев. Италии, где Ш. был почти 5 лет нач-ком хирургич. отделения арм. госпиталя в Виченце. В 1996 вышел на пенсию в чине подполковника. Помимо профессиональной деятельности активно работал в Объединении рос. студентов (ОРС) в Германии. В нач. 50-х гг. был вице-председателем Объединения, в котором состояло 600 членов. В теч. 16 лет был в Детройте членом правления, вице-председателем и председателем РАО (Рус.-Амер. Об-ва), существующего с 1923. До 1984 изд. журнал СчРК «Наши вести». Занимал должность вице-председателя Мичиганского отдела КРА. Член КРА со дня основания, член РАГ в США. Живёт с женой во Флориде. У Шидловских трое детей.

И с т. АА. *Шидловский О.П.* Автобиография (рукопись), 4 с., 2003. 26 февр.; Archives of the Assn. of Russian-American Scholars in the USA. *Schidlowsky O.* Curriculum vitae, 1970; *Pantuhoff Oleg* — 1976.

ШИДЛОВСКИЙ Пётр Семёнович (20 дек. 1892, Влодава, Царство Польское – 29 авг. 1986, Детройт) — участник Белого движения на Юге России, хирург, проф. мед. Сын губ. секретаря. Получил среднее образование в гимназии в Бяла-Подляске Седлецкой, позднее Холмской губ. В 1916 оконч. мед. ф-т Московского ун-та и утверждён в ст. лекаря с «отличием и всеми правами и преимуществами законами Российской империи сей степени присвоенными». Во время Первой мировой войны призван на военную службу, служил врачом на Зап. фронте. Во время Гражданской войны служил в Добровольч. армии. Эвакуироваться с Добровольч. армией не смог, потому что заболел тифом. В 1918–21 работал в хирургич. клинике в Ростове-на-Дону. В теч. 1918–20 сдал при ун-те 28 экзаменов на ст. доктора мед. В 1921 переехал в Киев, преподавал в Киевском мед. ин-те до 1943, начав с должности ассистента, потом доцента и став в итоге проф. на кафедре оперативной хирургии и топографич. анатомии. В 1937 защитил дисс. на тему «Лобные пазухи» на звание доктора мед. наук. В марте 1938 утверждён Высшей аттестационной комиссией по делам высшей школы при СНК СССР в учёной ст. доктора мед. наук. В окт. 1938 утверждён во 2-м Киевском гос. мед. ин-те в звании проф. С сент. 1941 в нем. оккупации. В 1943 с женой Верой Васильевной и сыном *Олегом* выехал в Польшу, где жил его брат. Вскоре приглашён в Братиславу (Словакия), где работал в ортопедич. клинике и был проф. хирургии в Братиславском ун-те. При приближении сов. войск переехал в Германию. После войны состоял в Мюнхене ординарным проф. и деканом мед. ф-та ун-та UNRRA — междунар. орг-ции опекавшей беженцев. После закрытия ун-та работал главным хирургом в госпиталях Аугсбурга и в Байрейте (Бавария). В 1945–54 — председатель Пироговского об-ва рус. зарубежных врачей в Зап. Германии, изд. 10 номеров «Бюллетеня» об-ва. В 1948–52 — шеф-хирург в госпиталях IRO (International Relief Organization) в Германии. В нояб. 1952 получил от Баварского министерства внутренних дел свидетельство, подтверждающее врачебный диплом 1916. Звание доктора мед., полученное в Киеве в 1938, было удостоверено ген. консулом США в Мюнхене в февр. 1953.

В 1954 эмигрировал в США, здесь получил лицензию на право практиковать мед. и хирургию в шт. Род-Айланд и Мичиган, без отбывания резидентуры и сдачи экзаменов, как это требуется ото всех врачей, получивших образование за границей. Опубликовал свыше 90 статей по вопросам хирургии и соприкасающихся с ней обл. мед. на рус., укр., нем. и англ. яз. Был членом нескольких мед. об-в. Участвовал в движении украинцев-федералистов-демократов во главе с проф. *Ф.П. Богатырчуком*. Один из первых членов КРА, состоял в РАГ в США и в Рус.-Амер. об-ве в Детройте. *Родственники*: сыновья Олег, Юрий; невестка Ирина; внучки Ольга, Елизавета.

Похоронен на кладбище Свято-Троицкого монастыря в Джорданвилле (шт. Нью-Йорк).

И с т. Архив КРА. Копии диплома и др. документов П.С. Шидловского; Архив РАГ в США. *Шидловский П.С.* Автобиография, 1984.
Л и т. Пётр Семёнович Шидловский // НЖ. 1961. Кн. 61. С. 236–237; *Шидловский О.П.* Памяти проф. П.С. Шидловского // НРС. 1986. 17 сент.

ШИДЛОВСКИЙ Юрий Илиодорович (род. 27 нояб. 1927, Кенитра, Франц. Марокко) — биолог, общественный и церковный деятель. Род. в семье рус. эмигрантов. В 1940–45 учился в рус. кад. корпусе Императора Николая II в Версале под Парижем. В США с 1947. Гражданин США (1953). Оконч. Нью-Йоркский ун-т со ст. бакалавра по биологии. Участник Корейской войны 1950–53, на фронте был медиком (1951–52). За службу награждён «commendation ribbon» (похвальной ленточкой). С 1954 работал ассистентом в Брукхэйвенской нац. лаборатории, в Рокфеллеровском ин-те мед. исследований. В 1958–62 — науч. сотрудник в Исследовательском ин-те Корпорации Мартин-Мариетта. В 1960–62 продолжал образование в аспирантуре при ун-те Дж. Гопкинса, специализируясь в обл. биологии клеток. В 1962–76 занимался электронной микроскопией и вирологией в Нац. раковом ин-те в Бетесде, в Мериленде. С 1976 по 1992 работал в обл. электронной микроскопии и патологии окружающей среды в Брукхэйвенской нац. лаборатории. Автор многоч. статей в науч. журналах, посвящённых исследованиям в обл. фотосинтеза, изуч. при помощи электронного микроскопа соотношения рака и вирусов на лабораторных животных и людях, определению при помощи гамма-лучей и флюоресценции микроскопич. содержаний свинца в костях взрослых людей и детей как следствия загрязнения окружающей среды. Участвовал в создании прибора для определения содержания свинца при помощи синхротронных лучей.

С 1992 — председатель правления Попечительства о нуждах РПЦЗ, член Кад. объединения в Нью-Йорке, администратор изд-ва журнала «Кадетская перекличка» (Нью-Йорк). Член КРА. *Родственники*: жена (урожд. Енгалычева) София Дмитриевна; пятеро сыновей; дочь; 8 внуков; 3 внучки.

И с т. АА. *Шидловский Ю.И.* Автобиография, 1998.

ШИЛАЙ Роман И. (1897 – 8 дек. 1982) — деятель РООВА. Прибыл на заработки в США перед Первой мировой войной.

Похоронен на Свято-Владимирском кладбище возле Кэссвилла (шт. Нью-Джерси).

И с т. АА. *Рагозин С.* Письмо от 22 нояб. 2002.

ШИЛЕНОК Алексей Дмитриевич (род. 22 янв. 1922, дер. Враньево близ Нового Бечея, Кор. СХС) — инж., каз. деятель, педагог. Род. в семье казака стан. Некрасовской Майкопского отдела Обл. Войска Кубанского, участника Первой мировой войны и Белого движения на Юге России, эмигрировавшего в 1920. Мать (урожд. Поляниченко) Елена Тихоновна — терская казачка, участвовала в подпольной борьбе против большевиков и затем служила сестрой милосердия в белых войсках на Юге России. Оконч. в Белграде Рус. гимназию (1941), педагогич. и геодезич. курсы. В 1943 выехал в Германию. Здесь в 1947 женился на Светлане Александровне Ивановой. В США с 1950.

Оконч. ун-т со званием инженера-механика. Работал 40 лет, до 1992, на заводе Fleer Corporation в Филадельфии, дослужившись до должности ст. и затем главного инж. В 1978 избран Филадельфийским об-вом фабрич. инж. — инж. года. Был председателем об-ва в теч. двух сроков. Состоял членом Нью-Йоркской Академии наук. Обладая педагогич. образованием, основал в Филадельфии при церкви св. Владимира рус. школу, директором которой был в теч. 15 лет. Многие годы преподавал в этой школе. Неустанно работал в каз. орг-циях. В 1970 возглавил в Филадельфии Пенсильванскую кубанскую стан. Избирался атаманом Объединения кубанских казаков в Америке, в которое входили 14 станиц. Изд. журнал «Кубанец» и журнал рус. культурно-просветительного об-ва «Беседа». Выпускающий ред. журнала «Донской атаманский вестник». Ведает Благотворительным фондом для помощи продуктами, учебниками и одеждой нуждающимся православным детям на Кубани. Роль Ш., как редактора журнала «Кубанец», сыгравшего важную роль в возрождении казачества, высоко оценена на Кубани. *Родственники*: дети Дмитрий, Екатерина; внуки Валерия, Александр и Николай.

С о ч. Автобиография // Кубанец. Донской атаманский вестник. 1996. № 1. С. 1.

Л и т. *Полчанинов Р.В.* 80-летний юбилей Алексея Дмитриевича Шиленок // За Свободную Россию (Нью-Йорк). Сообщение местной орг-ции НТС на Востоке США. 2002. Дек. Машинопись, 1 с.; *Он же.* 80-летний юбилей Алексея Дмитриевича Шиленка // ПР. 2002. 15/28 дек. № 24. С. 8.

ШИЛОВ Василий (окт. 1733 – 1798) — купец, землепроходец на Алеутских о-вах.

ШИЛЯЕВ [псевд. К. **Павлов**] Евгений Павлович (20 февр. 1916, Пермская губ. – 27 окт. 2003) — востоковед-экономист, журналист. Оконч. Ин-т востоковедения и коммерч. наук в Харбине по кит. отделению со званием дипломированного учёного синолога (1937). После получения высшего образования работал до авг. 1945 в Харбине, в Представительстве Министерства иностранных дел Маньчжоу-Го. В 1938–45 — по совместительству проф. Ин-та «Харбин-гакуин», быв. рус.-яп. ин-та в Харбине. В 1945–57 служил в правлении и управлении Китайско-Чанчунской жел. дороги в Чанчуне и Харбине. В 1957–61 работал в Министерстве железнодорожного транспорта КНР в Пекине, в управлении междунар. перевозок. В те же годы по совместительству состоял лектором в Пекинском железнодорожном ин-те. В США с нояб. 1961.

В 1962–66 преподавал в Ин-те иностранных яз. Министерства обороны США в Монтерее (шт. Калифорния). Гражданин США (1967). В 1966–81 работал в Нью-Йоркском отделе Радио «Свободная Европа» и «Свобода». Последняя должность — ст. ред. и рук. части прессы. Совмещал должность с первоначальной обязанностью освещения разных проблем в Азии, особенно Китая, с упором на сов.-кит. отношения. В 60-80 гг. опубликовал многоч. статьи в рус. периодич. изд.: газ. «Новое русское слово» и «Новый журнал» (Нью-Йорк), газ. «Русская жизнь» (Сан-Франциско), журнале «Русские в Азии» (Торонто). Писал под псевд. К. Павлов. В 60-70 гг. сотруднич. в «Бюллетене» (на англ. яз.) Мюнхенского Ин-та по изуч. СССР. В тематике статей Ш. преобладали проблемы Азии, Китая, СССР и современной России. Сотруднич. в «Записках Русской академической группы в США» (Нью-Йорк). Проф. рус. словесности и яз. при Нью-Йоркском ун-те (1970). *Родственники*: вдова *Ариадна Семёновна*; дети: Алексей, Александр.

Похоронен на кладбище монастыря Ново-Дивеево близ Нануэт (шт. Нью-Йорк).

С о ч. Лики и профили вождей Красного Китая. Калуга, 2002; На грани обвала. Сов.-кит. отношения в 60-70-х гг. прошлого столетия. Калуга, 2002.

И с т. АА. *Шиляев Е.П.* Автобиография // Анкета Биографич. словаря, 1998.

ШИЛЯЕВА [Shilaeff Ariadna] Ариадна Семёновна (род. 1 окт. 1920, Благовещенск) — проф. рус. яз. и лит. Оконч. гимназию и колледж Христианского Союза Молодых Людей (ХСМЛ–YMCA) в Харбине со ст. бакалавра. Преподавательскую деятельность начала в 1940 в Харбине, в гимназии, где преподавала англ. яз. В 1944–53 преподавала рус. яз. в кит. высших учебных заведениях в Калгане и Тяньцзине. В США с семьёй с 1955.

Гражданин США (1961). Продолжала образование в Нью-Йоркском ун-те, где получила в 1965 ст. магистра, а в 1969 — докторскую ст. по рус. яз. и лит. В 1961–95 преподавала рус. яз. и лит. в Нью-Йоркском ун-те, последние 15 лет преподавала и возглавляла кафедру рус. яз. и лит. в Уитон колледже (Wheaton College) в Нортоне (шт. Массачусетс). В 1985 вышла на пенсию со званием заслуженного проф. (Emerita). Именем Ш. в Уитон колледже названа стипендия Фонда Арроусона (The Ariadna Shilaeff Scholarship of the Arrowson Foundation). Перу Ш. принадлежит ряд статей в «Новом журнале» (Нью-Йорк), «Записках Русской Академической Группы в США» (Нью-Йорк), «Новом русском слове» (Нью-Йорк), «Современнике», «Russian Language Journal». *Родственники*: муж Евгений Павлович; дети: Алексей, Александр.

С о ч. Борис Зайцев и его беллетризированные биографии. Нью-Йорк, 1971.

И с т. АА. *Шиляева А.С.* Автобиография // Анкета Биографич. словаря, 1998; Shilaeff A.S. Curriculum vitae, typescript (1998), 6 р.

ШИПОВНИКОВ [псевд., наст. **Качуровский**] Михаил Ильич (1900, Харьков – 1975, Филадельфия) — художник-пейзажист, поэт. До войны преподавал анатомию в Харьковском мед. ин-те. В 1943 с потоком беженцев попал в Германию. После оконч. войны жил в Фленсбурге, возле Гамбурга. В США с 1950. В живописи изображал природу. Автор трёх сб. стихотворений, включая сб. «Из чащи промелькнувших лет» (Вашингтон, 1967), «Почти автобиография», и фантастич. повести «Стихада о фиолетовой мечте» (Вашингтон, 1969).

И с т. Автобиография // *Крейд В.* С. 668.

Л и т. Берега. Стихи поэтов второй эмиграции / под ред. Вал. Синкевич. Филадельфия, 1992. С. 277–278.

ШИПУНОВ Константин Васильевич (1 июня 1879 – 20 авг. 1961, Сан-Франциско) — участник Белого движения на Востоке России, полковник. В службе вольноопределяющимся с 1899. Оконч. Иркутское военное уч-ще (1904) и вышел подпоручиком в 157-й Имеретинский полк 40-й пех. дивизии, стоявший в Бобруйске Могилёвской губ.

Участник рус.-яп. войны 1904–05 в рядах полка. По оконч. войны переведён в 189-й Измаильский полк 48-й пех. дивизии, стоявший в Самаре. В авг. 1914 выступил с полком на фронт Первой мировой войны. Участник боевых действий на Юго-Зап. и Румынском фронтах. Капитан, командующий 3-м батальоном полка. Награждён за отличия орденом св. Георгия IV ст. В 1917 контужен и тяжело отравлен удушливыми газами. Мед. комиссией признан совершенно не годным к военной службе. После Октябрьского переворота 1917 — в белых войсках Восточ. фронта. Летом 1918 вступил добровольцем в Нар. армию Комуча и назнач. нач-ком хоз. части Телеграфного батальона. Подполковник (1918), откомандирован для прохождения курсов Военной академии, по оконч. которых назнач. нач-ком штаба Егерской бригады (полка, быв. Егерский батальон охраны Ставки Верховного Главнокомандующего адм. А.В. Колчака). В 1919 врачебной комиссией отправлен на излечение в Японию. Из Японии выехал с семьёй в США. Жил в Сан-Франциско. Состоял членом Об-ва рус. ветеранов Великой войны.

Похоронен на Серб. кладбище в Сан-Франциско.

И с т. АОРВВВ. Полк. Константин Васильевич Шипунов // Альбом II. 1961. Авг.

ШИПУНОВ Николай Иванович (1879 – 25 сент. 1953, Лос-Анджелес) — участник Белого движения на Востоке России, полковник. На 1899 — корнет Приморского драг. полка Уссурийской каз. бригады, стоявшего в с. Раздольное в р-не Никольск-Уссурийска. На строевых должностях в рядах полка участвовал в подавлении боксёрского восстания в Китае 1900–01, рус.-яп. войне 1904–05, Первой мировой и Гражданской войнах. Награждён за отличия всеми наградами, включая орден св. Георгия IV ст. включительно. Дважды ранен. Полковник, командир полка (1916). После Октябрьского переворота 1917 — в белых войсках Восточ. фронта. Командовал Приморским драг. полком, одновременно был нач-м бригады из трёх родов оружия. После 1920 — в эмиграции в США.

Л и т. *Коваленко А.* Полк. Н.И. Шипунов // Часовой (Брюссель). 1953. Сент. № 334. С. 30.

ШИРОКОВ — см. **МАКСИМОВ** Сергей Сергеевич

ШИРЯЕВ Алексей — художник-декоратор в телевизионном отделе «Радио Канада», пейзажист. Устраивал персональные выставки. Был женат на *Л.А. Ширяевой*, но развёлся.

И с т. АА. *Могилянский М.* Письмо от 10 нояб. 2000.

ШИРЯЕВА [Ludmilla **Chiriaeff**] Людмила Александровна (1914 – 1996, Монреаль) — балерина, балетмейстер. Род. в семье писателя Александра Горного, выехавшего в 1917 с семьёй в Германию. Проживая в родительском доме в Берлине, встречалась в юности с литераторами, художниками и балетмейстерами. Встречи с Л.Ф. Мясиным, *М.М. Фокиным* и с членами труппы С.П. Дягилева вызвали у Людмилы увлечение балетом. Училась балетному искусству у М.М. Фокина в Берлине, где начала балетную карьеру в Берлине. В начале Второй мировой войны Ширяевы выехали в Швейцарию. Здесь создала в Женеве труппу «Балетное искусство Женевы». Эмигрировав в Канаду, в Квебек, основала «Балет Ширяевой», что потребовало упорного труда для преодоления квебекского католич. консерватизма, обусловленного отсутствием знакомства с классич. балетом. Постепенно жители Монреаля увлеклись балетом Ш., которая нашла ключ к их сердцам, включив в свои постановки элементы франко-канадского фольклора. Этому помог телевизор, благодаря которому искусство Ш. стало доступным населению Квебека в глухих углах этой огромной провинции и за её пределами. Достигнутый успех способствовал основанию в 1958 балета «Le Grand Ballet Canadien», директором и балетмейстером которого она стала. В 1966 основала Высшую школу танца (École Supérieure de Dance). Отношение к классич. балету изменилось настолько, что 1969 в Монреале в соборе св. Иосафа состоялось выступление балета Ш. на дух. темы — Большой симфонии псалмов *И.Ф. Стравинского*.

Благодаря таланту и трудам Ш. ещё одна страна приобщилась к искусству классич. балета. Бронзовый бюст Ш. установлен в Монреальской балетной школе. Награждена орденом Канады, Нац. орденом Квебека, рядом почётных грамот и в 1978 провозглашена «Великой Монреалкой» (Grande Montréalaise). Ун-т Мак-Гил, Монреальский ун-т и Квебекский ун-т удостоили Ш. почётными докторскими ст. Дважды была замужем, оба брака кончились разводами. *Родственники:* дочери — Мид, Анастасия, Людмила; сыновья — Авдей, Глеб; четыре внучки

Л и т. *Могилянский М.* Покорившая Квебек (Людмила Александровна Ширяева) // НРС. 1991. 2 дек; *Его же.* Рус. в Канаде // Жизнь прожить. М., 1995. С. 83–85; *Anderson J.* Ludmilla Chiriaeff, 72, Founder of Ballet Company in Monreal // The New York Times. 1996. Sept. 25.

ШИШКИН П. — мореплаватель. В 1759–69 вместе с С. Глотовым участвовал в открытии и исследовании о-вов Умиак и Уналашка Лисьей группы Алеутской цепи.

И с т. Краткая географич. энциклопедия. М., 1966. Т. V. С. 398.

ШИШКОВА [Ржевская Агния Сергеевна] Аглая (1923–1998, Нью-Йорк) — поэтесса. На Запад попала во время войны в 40-е гг. Жила в Германии и Швеции, где её муж *Л.Д. Ржевский* преподавал в Лундском ун-те. В 1955–60 училась в том же ун-те. В 1953 в изд-ве «Посев» (Франкфурт-на-Майне) опубликовала сб. стихов «Чуждаль», который стал первой книгой в серии «Русская зарубежная поэзия». Публиковала стихи и публицистику в журналах «Грани» и «Посев» (Франкфурт-на-Майне), «Мосты» (Мюнхен), «Новый журнал» (Нью-Йорк) и др., в сб. «Стихи» (Мюнхен, 1947), «Литературное зарубежье» (Мюнхен, 1958), «Муза диаспоры», «На Западе», «Содружество»; в антологии «Вернуться в Россию стихами». *Вал. Синкевич* отмечает, что поэзии Ш. присущи тонкая женская лирика, тяга к природе и память о прошлом, о родине. В 1963 переселилась с мужем в США. Приняла амер. гражданство. В 1969 оконч. шт. ун-т Нью-Йорка, в котором позднее преподавала.

С о ч. Автобиография // *Крейд В.* С. 669.

Л и т. Берега / Под ред. Вал. Синкевич. Филадельфия, 1992. С. 278–279; *Вильданова Р.И., Кудрявцев В.Б., Лаппо-Данилевский К.Ю.* Краткий биографич. словарь рус. зарубежья // *Струве Г.* С. 381.

ШИШМАРЁВ Глеб Семёнович (1781 – 22 окт. 1835) — мор. офицер. В 1794 поступил в Мор. кад. корпус, по оконч. которого (1801) получил чин гардемарина. Во время кругосветного плавания в 1815–18 в чине лейтенанта служил ст. офицером на бриге «Рюрик» под командованием *О.Е. Коцебу*. Задача экспедиции заключалась в поисках прохода из Берингова моря через Сев. Ледовитый океан в Атлантич. океан вдоль берегов Сибири или Сев. Америки. Одновременно велось описание побережья Рус. Америки. Дважды проходил через Берингов пролив, но льды помешали дальнейшему движению. Был произведён гидрографич. съёмка о-ва св. Лаврентия и во время зимовки — съёмка Сан-Францисского залива.

После возвращения в Кронштадт продолжал служить на флоте. Контр-адм. (1829). Именем Ш. на Аляске назван залив Sishmaref Inlet и пос. на о-ве Сарычева.

И с т. БСЭ. Т. XXIX. М., 1978. С. 420.

Л и т. *Pierce R.A.* Russian America — A Biographical dictionary. Kingstone, Ont. 1990. P. 464–465.

ШКУРЕНКО Георгий Петрович (18 февр. 1896, Екатеринослав – ?) — горный инж. Учился в Петроградском Политехнич. ин-те. Оконч. Горный ин-т в Пршибраме (1925), в Чехословакии. В 1926–45 работал в Чехословакии и Чехии горным инж. В 1946–48 — ассистент в междунар. ун-те UNRRA для «перемещённых лиц» в Мюнхене. В США с 1949. Занимался планировкой новых поселений.

И с т. АОРИ. Анкета (1954).

ШЛЕЕ Александр Александрович (7 марта 1892, Таврич. губ. – 1 апр. 1954, Сан-Франциско) — участник Белого движения на Юге России, подпоручик. Оконч. Ялтинскую гимназию, Московский ун-т, Алексеевское военное уч-ще (1915) и вышел прапорщиком в 237-й запасной пех. полк, стоявший в Курске. После производства в подпоручики назнач. в химич. команду при штабе 7-й армии Юго-Зап. фронта, в рядах которой служил до Октябрьского переворота 1917. Затем — в белых войсках на Юге России. В 1920 эвакуировался в Болгарию. В Софии открыл собственное ресторанное дело. В 1942 переехал в Германию.

В США с 1952, жил в Сан-Франциско. В 1953 вступил в Об-во рус. ветеранов Великой войны.

Похоронен на Серб. кладбище в Сан-Франциско.

И с т. АОРВВВ. Подпоручик Александр Александрович Шлее // 1954. Апр. Альбом № I.

ШЛИППЕ Алексей Фёдорович, фон (1915, Бекасово Московской губ. – 1988, ФРГ) — художник. С 1918 жил с родителями в Германии, Италии, Бельгии. Учился в Берлинской школе изящных искусств, по классам живописи и истории искусств. С 1954 с семьёй в США. В 1963–83 преподавал живопись и историю искусств в Коннектикутском шт. ун-те в Норвиче. Творч. Ш. вдохновляла природа. Писал темперой. Критиками положительно отмечены пейзажи Ш. и изображение фигур, сидящих в состоянии транса. Персональные выставки Ш. устраивались в Бостоне, Нью-Хэйвене, Норвиче и Мюнхене. Состоял членом РАГ в США.

С о ч. Картины 1935–1986. Мюнхен, 1986.

Л и т. *Голлербах С.* А.Ф. фон Шлиппе // Записки РАГ в США (Нью-Йорк). Т. XXIII. С. 245–247.

ШМЕЛЁВ Николай Фёдорович (27 нояб. 1899, Смоленск – ?) — инж.-путеец, строитель, доцент. Оконч. Московский ин-т путей сообщения со званием инж. (1925). Специализировался в обл. промышленного строительства. В 1924–30 занимался восстановлением железнодорожных мостов и металлургич. заводов, разрушенных во время революции. Имел многолетний стаж по производству строительных работ и по проектированию промышленных зданий, сооружений и мостов. С 1932 работал в Киевском инж.-строительном ин-те, рук. дипломным и курсовым проектированием. В Киевском индустриальном ин-те читал лекции по основаниям и фундаментам, и механике грунтов. В 1939 получил звание доцента по кафедре металлич. и деревянных конструкций. С сент. 1941 — в нем. оккупации. Занимался проектированием домов. В 1943 работал в строительной компании в Германии. Насильственной репатриации избежал. В 1945–50 преподавал в Мюнхене математику в средней школе. В США с 1950. Жил в Филадельфии (шт. Пенсильвания). Действительный член Об-ва рус. инж. в США.

И с т. АОРИ. Анкета (1951).

Л и т. *Shmelev N.F.* Curriculum vitae, typescript (1951).

ШМЕМАН о. Александр (13 сент. 1921, Таллинн, Эстонская респ. – 13 дек. 1983, Крествуд, шт. Нью-Йорк) — богослов, философ, литературовед, священник ПЦА. Род. в семье рус. эмигрантов, переселившихся из Петрограда в Эстонию после большевистской революции. Юность и студенческие годы провёл во Франции. Начал учиться в рус. кад. корпусе императора Николая II в Версале, но в возрасте 15 лет перешёл во франц. лицей. Оконч. Сорбонну и Свято-Сергиевскую дух. академию в Париже со ст. бакалавра. В 1946 рукоположен во иереи митрополитом Владимиром (Тихоницким). В академии удостоился ст. кандидата богословия и доктора церковных наук. Читал лекции по церковной истории (1945–51), проф. (1951). Переехал в США. В 1962 преподавал литургич. богословие, декан Свято-Владимирской академии в Крествуде. Адъюнкт-проф. в Колумбийском ун-те, читал лекции в Нью-Йоркском ун-те и в Union Theological Seminary, выступал с лекциями перед рус. общественностью. При участии Ш. ПЦА получила от Московской Патриархии томос об автокефалии. Сотрудник и советник митрополитов *Леонтия*, *Иринея* и *Феодосия*, выдающийся священник в своём приходе.

Еженедельные проповеди Ш. передавались в теч. 30 лет радиостанцией «Свобода», став достоянием миллионов слушателей в СССР и др. странах мира. Автор книг: «Главные вопросы», «Церковь, мир, миссия», «Объяснение божественной литургии», перев. на 11 яз. труда: «For the Life of the World» и др. *Родственники:* вдова *Юльяна Сергеевна*; сын *Сергей*; дочери — Анна (в браке Хопко), Мария (в браке Ткачук); 9 внуков и внучек.

Похоронен на кладбище Свято-Тихоновского монастыря в Пенсильвании.

С о ч. Историч. путь православия. Нью-Йорк, 1954; англ. изд. 1963; Введение в литургич. богословие. Париж, 1962; For the Life of the World. N.Y., 1962; Ultimatre Questions. An Anthology of Russian Religious Thought. N.Y., 1963.

Л и т. *Григорий (Афонский)*, епископ. Некролог об о. Александре Шмемане // НРС. 1984. Янв.; На темы рус. и общие. Сб. ст. и мат-в в честь проф. Н.С. Тимашева / под ред. П.А. Сорокина, Н.П. Полторацкого. Нью-Йорк, 1965. С. 427–428; Сконч. прот. Александр Шмеман // НРС. 1983. 14 дек.; *Фотиев Кирилл*, прот. Отец Александр Шмеман — In Memoriam // НЖ. Кн. 184. С. 284–288; *Meyendorff John*, fr. Fr. Alexander Schmemann // Записки РАГ в США (Нью-Йорк). 1984. Т XVII. С. 316.

ШМЕМАН Сергей Александрович — журналист. Сын богослова, проф. о *Александра Шмемана*. Оконч. Гарвардский ун-т с дипломом бакалавра и Колумбийский ун-т со ст. магистра. Постоянный корр. газ. «Нью-Йорк Таймс», автор книг на англ. яз. о России. Представлял газ. «Нью-Йорк Таймс» в России, Германии и в Израиле. В первые годы получил назнач. в Москву в 1980 и пробыл там в 1980–86, вторично — в 1991–94. Первые попытки Ш. посетить быв. родовое имение Кольцово, в 90 милях к югу от Москвы, не увенчалось успехом из-за препятствий со стороны сов. властей. Однако с отмиранием сов. власти эта преграда отпала и ему удалось преодолеть, встретиться с жителями Кольцово и на основании бесед с ними в 1997 написать книгу «Echoes of a Native Land: Two Centuries of a Russian Village» («Отзвуки родимой земли: двести лет русской деревни»). В 1990 участвовал в сост. книги «The Collapse of Communism» («Крушение коммунизма»). В 1997 сост. труд «Israel: Historic Atlas». Лауреат премий: «Overseas Press Club of America Hal Boyle Award» (1986), «Overseas Press Club of America Citation for Exsellence» (1990) и в 1991 — премию Пулитцера за репортажи о воссоединении Германии.

И с т. АА. Anonymous. Serge Schmeman // Columbia University, Graduate School of Journalism, 1 p., 2002; Shneider Deborah, Historian of Place // The Alumni. 2 p.

ШМЕМАН [урожд. **Осоргина**] Юльяна Сергеевна — педагог. Вдова (матушка) богослова, проф. о. *Александра Шмемана*. Оконч. в Париже Сорбонну. Переселившись с мужем в США, преподавала франц. яз. в частной нью-йоркской женской франц. школе. В 1979 стала директором школы. В 1980 франц. правительство наградило Ш. орденом «Академической пальмы». По приглашению выступала перед прихожанками православных храмов в Америке с лекциями о современных дух. задачах христиан, включая греч., антиохийские и коптские приходы. Мать постоянного корр. газ. «Нью-Йорк Таймс» *С.А. Шмемана*.

ШНЕЙДЕРОВ Анатолий — геофизик. Род. в Екатеринбурге. Выехал из России через Китай. В США оконч. ун-т в Сеатле (1944). С 1945 работал геофизиком в геологич. службе в Вашингтоне. В 1948 защитил при Колумбийском ун-те докторскую дисс.. Науч. труды Ш. посвящены теории о расширении земли и проблемам астросейсмологии.

Л и т. *Кеппен А.А.*

ШНЕУР Александр Константинович (20 авг. 1884 – 16 сент. 1977, Сан-Франциско) — участник Белого движения на Юге России, Ген. штаба полковник. Оконч. 8 кл. гимназии Гуревича, Михайловское арт. уч-ще и в 1916 — Императорскую Николаевскую военную академию. По оконч. уч-ща вышел в кон. арт. Во время Первой мировой войны награждён пятью боевыми орденами. После Октябрьского переворота 1917 — на Юге России. Служил на Кавказе и в Закавказье. Занимал штабные должности, включая и.д. нач-ка штаба республики Армения. Вёл переговоры с англичанами о доставке оружия. Состоял добровольцем в рядах Франц. армии. Дважды ранен и контужен. Полковник (1919). В Галлиполи и в Болгарии — преподаватель Офиц. военной школы.

Эмигрировал в США. Вступил действительным членом в Об-во рус. ветеранов Великой войны. Публиковал воспоминания в журнале «Вестник», изд. книгу «Армяне».

Похоронен на Серб. кладбище в Сан-Франциско.

И с т. АОРВВВ. Ген. штаба полк. Александр Константинович Шнеур // 1977. Сент. Альбом VI. 30-В.

Л и т. Некролог // Часовой (Брюссель). 1977. Дек. № 609. С. 19.

ШОХАТ [**Shohat** James Alexander] Яков Александрович (1866–1944) — математик. После оконч. гимназии учился в Санкт-Петербургском ун-те и в 1913 получил магистерскую ст. по математике. С 1912 преподавал в Санкт-Петербургском коммерч. уч-ще и в Санкт-Петербургском Политехнич. ин-те. После оконч. работы над докторской дисс. (1916) преподавал в Горном ин-те. В США с 1923, занимал должность ассистента в Чикагском ун-те. Преподавал два года в Париже. Возвратившись в США, был лектором в Пенсильванском ун-те, в котором дослужился до звания полного проф. (1942). Автор многоч. теоретич. статей в науч. журналах в Европе и в Америке. К печатным работам Ш. относятся: «Общая теория квадратных полиномов Чебышева» (Париж, 1934); «Библиография квадратных полиномов», изд. в 1940 Советом Амер. Нац. Академии наук. Совместно с *Я.Д. Тамаркиным* опубликовал в 1943 труд: «The Problem of the Moment». В 1944 — консультант Мор. министерства, член ряда математич. ассоциаций. В теч. четырёх лет ред. бюллетень Амер. математич. об-ва.

Л и т. *Raymond B., Jones D.* The Russian Diaspora. 1917–1941. Maryland and London, 2000. P. 190–191.

ШПАК Григорий Захарович (1897, стан. Новоджерелиевская Таманского отдела Обл. Войска Кубанского – 3 окт. 1964, США) — участник Белого движения на Юге России. Участник Первой мировой войны. После Октябрьского переворота 1917 — в белых войсках на Юге России. В 1920 раненым попал в плен к большевикам на берегу Чёрного моря. Подвергался издевательствам, избиениям, многолетним заключениям в сов. концлагерях. В 1941 отправлен из лагеря на фронт. В ходе военных действий на стороне противников сталинского режима. Служил в 1-й каз. дивизии (с февр. 1945 — XV каз. кав. корпус) ген.-лейт. Х. фон Паннвица, в составе части сдался представителям брит. командования в Австрии в мае 1945. Насильственной выдачи избежал. После 1945 — в Зап. Германии. В США с 1953. Избран Атаманом Каз. нац. округа. Перед Комиссией Конгресса США выступал с показаниями об условиях жизни казаков под сов. властью и большевистских репрессиях.

Л и т. Каз. словарь-справочник / Сост. Г.В. Губарев. Ред.-изд. А.И. Скрылов. Т. III. Сан-Ансельмо, 1970. С. 308.

ШПАКОВСКИЙ Анатолий Игнатьевич (27 февр. 1895, Санкт-Петербург – ?) — социолог, заслуженный проф. После оконч. Московской 6-й гимназии учился в Московском ун-те. В 1921–25 продолжал образование в ун-те Любляны (Кор. СХС) и в 1926 — в ун-те Нанси (Франция). В 1927 получил ст. доктора философии в ун-те Любляны. Переселившись в США, был в 1957–65 проф. социологии, нем. и рус. яз. в шт. ун-те в Джаксонвилле (шт. Алабама). Затем преподавал гуманитарные науки в Колледже Афин (Athens) и Майтс колледже в Бирмингеме и Хантсвилле (шт. Алабама). Опубликовал ряд работ о кризисе образования и культуры, об аналитич. структуре человеческого сознания, психологич. динамизме и формирование мира, об общих перспективах культуры, и в частности, западноевропейской культуры, о свободе, детерминизме и индетерминизме. Изд. на рус. яз. сб. стихов «На путях жизни и мысли» и на англ. «Reflections and impressions». Состоял членом РАГ в США.

И с т. АА. *Spakovsky von, A.* Curriculum vitae (manuscript), 1973.

ШРАМЧЕНКО Яков Владимирович (1886 – 17 окт. 1967, Нью-Йорк) — участник Белой борьбы под Андреевским флагом на Юге России, капитан I ранга. Оконч. Мор. корпус (1906). Служил на Чёрном море. Оконч. арт. офиц. кл. Ст. лейтенант (1912). В 1914 — ст. арт. офицер на эсминце «Беспокойный». Участник Первой мировой войны. В 1917 — капитан II ранга, командир «Беспокойного». На этой должности Ш. застал Октябрьский переворот 1917 с угрозой расстрела. Скрывшись от расправы в апр. 1918, принял участие в Белой борьбе на Чёрном море командиром канонерской лодки «Терец», сыгравший решающую роль в зимней обороне 1920 севера Крыма. Удостоился особой благодарности ген.-лейт. П.Н. Врангеля. Во время Крымской эвакуации (нояб. 1920) — командир транспорта-мастерских «Рион», ушёл из Севастополя в Константинополь, имея на борту 8 тыс. человек. Из Константинополя эвакуировался с группой мор. офицеров в Кор. СХС. Здесь получил службу на военном арт. складе, затем работал на метеорологич. станции Кор. Югославского воздушного флота. В 1944, после кратковременной службы оружейным мастером в Рус. Корпусе, эвакуировался в Австрию. В 1949 эмигрировал в США, поселился в Нью-Йорке. Работал на рус. спичеч. ф-ке до 1953, когда вышел на пенсию. С 1949 состоял членом Об-ва офицеров Рос. Императорского военно-мор. флота в Америке, председатель Об-ва (1955–56).

Похоронен на мор. участке кладбища женского монастыря Ново-Дивеево близ Нанует (шт. Нью-Йорк).

С о ч. Жуткие дни. Агония Черноморского флота // Мор. записки (Нью-Йорк). 1961. Т. XIX. № 54.

И с т. АА. Список председателей Совета директоров Об-ва Рус. императорских мор. офицеров в Америке, 1974.

Л и т. *Кадесников Н.З.* Командир канонерской лодки «Терец» // НВ. 1999. Сент. – дек. № 456. С.20-22.

ШРЕЙБЕР [G. **Schriber**] Г. — ветеран армии США, сержант. В 1946 служил в Берлине.

И с т. *Pantuhoff Oleg* — 1976.

ШТЕКЛ де, [**Stoeckl** Eduard] Эдуард (1803 – 26 янв. 1892, Париж) — дипломат. Род. в семье австрийца, поступившего на рус. службу. Оконч. Lycée Richilieu в Одессе. Посвятил себя рус. дипломатич. службе. В 1839 начал служить в Вашингтоне, затем — в Лондоне. В 1848 вернулся на рус. легацию в Вашингтон в качестве «chargé d'affaire». С 1853 — Ген. консул на Сандвичевых о-вах. В 1854 получил должность секретаря рус. легации в Вашингтоне. В 1857 назнач. императором Александром II полномочным представителем в Вашингтоне. В 1860 стало известно о секретном интересе президента США Бьюкенена к Рус. Америке. Ш. уведомлял об этом Санкт-Петербург, где уже рассматривался вопрос о возможной продаже Аляски в связи с экспансией США и угрозы со стороны Великобрит. Взамен в России считалось необходимым прикладывать усилия к освоению недавно приобретённого Дальнего Востока. В 1861 в США вспыхнула Гражданская война, и вопрос о принадлежности Аляски отошёл на задний план. После оконч. войны (1865) возвратился в Россию. В 1867 по поручению Александра II возобновил переговоры о продаже рус. владений в Сев. Америке, в связи с чем вновь приехал в США. Президент США Джонсон отнёсся к перспективе покупки Аляски прохладно, но ввиду того, что кабинет придерживался противоположного мнения, президент поручил гос. секретарю Сьюарду связаться с Ш. Стороны договорились о продаже России Аляски США за 7 млн. $. К этой сумме были добавлены 200 тыс. $ на добавочные, секретные расходы, связанные с покупкой — продажей Аляски. Александр II одобрил сделку, о чём Ш. уведомил Сьюарда 29 марта 1867. Сенат ратифицировал договор, и 18 окт. 1867 в Новоархангельске (Ситке) состоялась торжественная передача рус. владений в Америке США.

Ушёл в отставку и поселился с семьёй в Париже. *Родственники:* жена Элиза У. Хоуард; ст. сын Владимир — крестник императора Александра II, дипломат.

Похоронен на кладбище St. Germain.

Л и т. *Pierce R.A.* Russian America — A Biographical dictionary. Kingstone, Ont. 1990. P. 486–489.

ШТЕППА Константин Феодосьевич (1896, Лохвиц Полтавской губ. – 1958) — историк. Род. в семье православного священника. Учился в Полтавской дух. семинарии. В 1914 поступил на историко-филологич. ф-т Петроградского ун-та. В 1916 призван в Действующую армию, участник Первой мировой войны. В 1922 завершил высшее образование, окончив ф-т истории и психологии Нежинского ин-та. Приглашён преподавать в том же ин-те. В 1927 защитил докторскую дисс. и в 1930 получил должность зав. кафедрой истории древнего мира и средних веков в Киевском ун-те. В то же время был председателем Комиссии АН Украинской ССР по истории Византии. Обл. исследований Ш. заключалась в оценке социального характера восстаний в древности и в исследовании марксистских взглядов на проблемы антич. мира. История во время сов. власти принадлежала к категории полит. наук и находилась под жёстким идеологич. контролем. В 1938 арестован и находился 1,5 года под арестом, после освобождения жил в Киеве. С сент. 1941 — в нем. оккупации. Профессура Киевского ун-та избрала Ш. ректором, но немцы ун-т закрыли, так как оккупационные власти преследовали цели лишить местное населения высшего образования. Ред. антикоммунистич. газ. «Новое украинское слово» (Киев), на страницах которой выступал с призывом объединить все силы для борьбы с большевистской идеологией и сталинизмом, что вызвало злобные нападки сов. подполья и укр. шовинистов-сепаратистов. В 1943 эвакуировался на Запад. Попав в Германию, продолжал писать в рус. печати под псевд. Громов и Лагодин.

После оконч. войны насильственной репатриации избежал, жил в Зап. Германии. Один из учредителей и науч. сотрудник Мюнхенского ин-та по изуч. истории и культуры СССР. В США с 1952. Работал над исследованием сов. историч. науки и историографии, равно как и вопросов партийного гос. управления со времён ранних социалистов до периода правления Н.С. Хрущёва. *Родственники*: дочь Аглая; зять; внуки.

С о ч. Автобиография // В поисках истины. Пути и судьбы второй эмиграции. Сб. статей и док-в / Сост. В.С. Карпов, А.В. Попов, Н.А. Троицкий / под общ. ред. А.В. Попова. М., 1997. С. 151; История антич. и христианской демонологии. В 2 т. Нежин, 1926, 1927; Крестьянские восстания в Древнем мире. Нежин, 1930; Маркс, Энгельс и проблемы антич. производства. Киев, 1934; Революции рабов в антич. мире. Киев, 1942; Сов. система управления массами и её психологич. последствия. Мюнхен, 1951; Russian Historians in the Soviet Union. N.Y., 1962.

ШТРАНДМАН Василий Николаевич (1877 – 18 нояб. 1963, Вашингтон) — дипломат. Род. в семье ген.-лейт., коменданта Царскосельского дворца. Крёстным отцом Ш. был император Александр II. Оконч. Пажеский корпус (1897) и вышел Л.-гв. корнетом в Улан. Ея Величества полк 2-й гв. кав. дивизии, стоявший в Новом Петергофе. Дослужившись до чина штабс-ротмистра, перешёл на дипломатич. службу. В 1914 на службе в рус. посольстве в Сербии. Заняв должность рос. посланника, был непосредственным участником историч. событий, связанных со вступлением России в Первую мировую войну. После войны, революции и эвакуации Рус. армии из Крыма в 1921–41 — рус. дипломатич. представитель в Югославии со званием делегата по защите интересов рус. эмиграции. На своём крайне трудном посту опирался на личную дружбу короля Александра I Карагеоргиевича после его гибели (1934) — на поддержку регента престола, принца Павла и личных друзей — сербск. генералов. После оккупации Белграда нем. армией (апр. 1941) арестован, потом освобождён, но лишён права заниматься прежней деятельностью по защите интересов рус. диаспоры. После войны — в эмиграции в США. 15 лет состоял на попечении дочери быв. амер. посланника в Белграде. *Родственники*: жена Ксения Орестовна — врач; брат Николай (1875–20 сент. 1963, Афон) — полковник Л.-гв. 4-го стрелкового Императорской Фамилии полка, в эмиграции — иеросхимонах Никон.

Похоронен на кладбище при Свято-Троицком монастыре в Джорданвилле (шт. Нью-Йорк).

Л и т. *Волков С.В.* Офицеры российской гвардии. С. 543; *Никон*, архиепископ. Отблеск великой России // ПР. 1963. № 22. С. 3–4.

ШТРИМЕР Осип Яковлевич (21 окт. 1881, Ростов-на-Дону – 3 янв. 1962) — композитор, дирижёр. Оконч. Санкт-Петербургскую консерваторию по кл. виолончели. Образование продолжал в Лейпциге, в консерватории по кл. дирижирования. Приглашён в Дюссельдорфскую оперу, но вскоре вернулся в Россию и снова поступил в Санкт-Петербургскую консерваторию по кл. композиции. Ученик Н.А. Римского-Корсакова, А.К. Лядова и Витоля. Вместе с сыном Римского-Корсакова, Андреем Николаевичем, учредил журнал «Музыкальный современник» и создал муз. изд-во. После 1917 переехал в Париж, занимался композицией. Произведения **Ш.** выпускались 13 издательствами. В 1941 переехал в США. В Нью-Йорке занимался педагогич. деятельностью. *Родственники*: дочь; зять.

Л и т. Сконч. композитор О.Я. Штример // НРС. 1962. 1 июля.

ШТУРМЕР [Штюрмер] Роман Аркадиевич (10 авг. 1896 – 1979, Сан-Франциско) — участник Белой борьбы под Андреевским флагом, лейтенант, протоиерей. Оконч. Варшавскую гимназию, штурманский кл. Мор. корпуса (1916) и выпущен мичманом в Черноморский флотский экипаж на линкор «Императрица Мария». Занимал должность вахтенного нач-ка, штурманский офицер.

Участник Первой мировой войны. Награждён орденом св. Анны IV ст. с надписью «За храбрость». В 1917 переведён на линкор «Император Александр». За боевые отличия произведён в лейтенанты. По оконч. военных действий в России перешёл в дух. звание и переселился на жительство в США. Назнач. священником в Свято-Троицкий собор в Сан-Франциско, затем возведён в сан соборного протоиерея. В янв. 1947 вступил действительным членом в Об-во рус. ветеранов Великой войны.

И с т. АОРВВВ. Лейт. Роман Аркадиевич Штурмер // 1979. Альбом IV.

ШТЮРМЕР Николай Александрович (3 марта 1897 – 11 нояб. 1977, Сан-Франциско) — участник Белого движения на Востоке России, полковник. Получил образование в Псковском Сергиевском реальном уч-ще и во 2-й Петроградской школе прапорщиков, по оконч. которой (авг. 1915) вышел прапорщиком в 42-й полк 11-й Сибирской стрелковой дивизии. Участник Первой мировой войны. Штабс-капитан, командующий батальоном (янв. 1917). За боевые заслуги награждён пятью орденами. Ранен, контужен и отравлен газами. В февр. 1918 при оккупации немцами Минска взят в плен. В мае бежал и, встретив Особый кон. партизанский отряд есаула И.Н. Красильникова, присоединился к нему. В сент.

в Омске перешёл в отряд особого назнач. атамана Г.М. Семёнова и назнач. нач-ком пулемётного взвода отдельной сотни. С нояб. — пом. командира полка по строевой части 1-го кон. Бурятского полка. Есаул, войсковой старшина (февр. 1919). С нояб. 1919 — командующий полком. За отличную службу произведён в чин полковника со старшинством в чине с сент. 1921.

После 1922 — в эмиграции в США. Жил в Сан-Франциско. В февр. 1946 вступил действительным членом в Об-во рус. ветеранов Великой войны.

Похоронен на Серб. кладбище в Сан-Франциско.

И с т. АОРВВВ. Некролог. Полк. Николай Александрович Штюрмер // 1977. Нояб. Альбом VI, 31-В.

ШУВАЛОВ Пётр Павлович, гр. (? – 30 мая 1978) — публицист. Сотрудник газ. «Русская мысль». Жил в эмиграции в США.

Л и т. Некролог // Часовой (Брюссель). 1978. Июль – авг. № 613. С. 20.

ШУВАЛОВА Елизавета Павловна, гр. (? – 18 янв. 1975, Нортхэмптон, шт. Массачусетс) — поэтесса, преподаватель рус. яз. Первые годы эмиграции провела в Греции. Училась в Дрездене и долгие годы жила в Париже, где была известна в лит. кругах. В 50-х гг. переселилась в США. Преподавала рус. яз. в ун-те Сиракуз (шт. Нью-Йорк). Потом приглашена преподавать в женский колледж Смит в Нортхэмптоне. Стихи **Ш.** печатались в журнале «Опыты» (Нью-Йорк).

Л и т. *Иваск Ю.* Памяти Е.П. Шуваловой // НРС. 1975. 18 февр.; Некролог. Гр. Елизавета Павловна Шувалова // Часовой (Брюссель). 1975. Июнь – июль. № 588–589. С. 19.

ШУГАЕВСКИЙ В. — нумизмат. Быв. сотрудник Эрмитажа. В 1941 переведён в Киев и в сент. 1941 оказался в оккупации. В 1943 эвакуировался в Германию, после 1945 переехал в США. Жил в Нью-Йорке. Писал науч. статьи по нумизматике. *Родственники:* дочь (в браке).

И с т. АА. Личные сведения.

ШУЛИКА Григорий Осипович (? – 1983, Рочестер (шт. Нью-Йорк)) — участник Белого движения на Юге России. В белых войсках служил в Алексеевском пех. полку. В 1941–45 — в Рус. Корпусе, фельдфебель. После 1945 — в США.

Л и т. Некролог // Часовой (Брюссель). 1984. Май – июнь. № 649. С. 31.

ШУЛЬКЕВИЧ Борис Ананьевич (12 мая 1885 – 2 апр. 1963, Сан-Франциско) — участник Белого движения на Востоке России, генерал-майор. Сын подполковника. Оконч. Симбирский кад. корпус (1902), Павловское военное уч-ще (1904) и вышел Л.-гв. подпоручиком в Егерский полк 1-й гв. пех. дивизии. Участник Первой мировой войны, во время которой получил все боевые награды до Георгиевского оружия и ордена св. Георгия IV ст. включительно. Полковник (на 1917). После Октябрьского переворота 1917 — в белых войсках Восточ. фронта. На авг. 1918 — командир 1-го Казанского стрелкового полка Нар. армии Комуча. С 21 марта 1919 — пом. нач-ка 15-й Омской Сибирской стрелковой дивизии IV Сибирского арм. корпуса Сибирской отдельной армии. Кратковременно был нач-ком (май) и и.д. нач-ка дивизии (сент. 1919). Генерал-майор (1919). В нояб. – дек. 1919 служил в канцелярии военного министерства. После 1920 — в эмиграции в Харбине. Состоял в Объединении чинов Л.-гв. Егерского полка. После занятия Маньчжурии сов. войсками (1945) арестован, вывезен в СССР и пробыл в конц-лагерях 10 лет. После усиленных хлопот родных, проживавших в Сан-Франциско, был освобождён и получил разрешение выехать в США, куда прибыл полным инвалидом.

Похоронен на Серб. кладбище в Сан-Франциско.

И с т. АРЦ. *Тарала Г.А.* Сводка кладбищенских дат, 2003. С. 6.

Л и т. *Волков С.В.* Офицеры российской гвардии. С. 545; Некролог. Незабытые могилы. // Часовой (Брюссель). 1963. Май. № 444. С. 22–23.

ШУЛЬЦ [Schultz Rostislaw] Ростислав Геннадиевич (род. 26 мая 1933, Красный Луч Ворошиловградской обл.) — преподаватель рус. яз. и лит., радиовещатель. Род. в семье врачей. С 1941 в нем. оккупации. Выехал с родителями на Запад. После оконч. войны — в Зап. Германии. В 1953 получил аттестат зрелости в рус. гимназии «Милосердный Самарянин» в Мюнхене. В 1955–58 изуч. мед., исп. яз. и др. предметы в Мадридском ун-те. В 1958–61 преподавал рус. и нем. яз. в амер. военной школе в Обераммергау (Бавария, ФРГ). В 1961–64 преподавал рус. яз. и лит. в Амер. военном ин-те в Гармиш-Партенкирхен (ФРГ). Переселившись на постоянное жительство в США, соискал ст. бакалавра на славянск. ф-те Нью-Йоркского ун-та. В 1971 получил магистерскую ст. и в 1983 защитил докторскую дисс. при том же ун-те. Начиная с 1951, сотруднич. в рус. зарубежных. газ. и журналах. В 1971–72 преподавал рус. яз. в Нью-Йоркском ун-те и в 1972–73 в ун-те Чарли Диккинсон, в Тинэк (шт. Нью-Джерси). 10 лет работал на радио «Свобода» в Нью-Йорке. В 1974 стал шт. сотрудником радио «Голос Америки». Автор статей о Лат. Америке, о творч. Ф.М. Достоевского и А.С. Пушкина. Владеет рус., нем., исп. и англ. яз.. Автор литературовед. работ на рус., англ. и нем. яз.

С о ч. Пушкин и Книдский миф. Нью-Йорк, 1984; Мюнхен, 1985; Пушкин и Казот. Вашингтон, 1987.

И с т. АА. *Шульц Р.Г.* Образование и библиографич. данные. Машинопись (2003), 4 с.; Archives of the Assn. of Russian-American Scholars in the USA. Schultz R. Curriculum vitae, 1985.

ШУМАТОВ [Shoumatoff Alex] Александр — писатель. Шт. сотрудник газ. «Нью-Йорк Таймс». Автор «The Mountain of Names» (N.Y., 1985), посвящённого генеалогии современников. Сын *Н. Шуматова*.

ШУМАТОВ Андрей Николаевич — энтомолог. Член рус. закупоч. миссии в США в конце Первой мировой войны, брат мужа художницы *Е.Н. Шуматовой*. Коллекции **Ш.** бабочек, собранные главным образом в Маньчжурии, хранятся в московском музее. Часть коллекции была продана большевиками в нач. 30-х гг. Берлинскому музею. В США — куратор музея Карнеги.

Л и т. *Трубецкой С.* К конч. Елизаветы Николаевны Шуматовой // НРС. 1980. 11 дек.

ШУМАТОВ [Nicholas Shoumatoff] Николай (1919, Нью-Йорк – 13 сент. 1999) — инж., альпинист, натуралист. В 1939 получил диплом инж. в Массачусетском технологич. ин-те. Служил во время Второй мировой войны в военно-мор. флоте США. После войны занимался строительством ф-к для производства бумаги. Был председателем Нью-Йоркского энтомологич. об-ва. Ещё в юности впервые участвовал в энтомологич. экспедиции на Ямайке со своим дядей *А.Н. Авиновым*. Именем **Ш.** назван один вид бабочек. Альпинист. Со своей женой Ниной, урожд. Адамович, описал восхождения на вершины в Центральной Азии и в др. частях света. В 1995 об этом на англ. яз. вышла книга «Around the

Roof of the World» (University of Michigan Press) — «Вокруг Крыши Мира». К выпуску была приготовлена вторая книга: «The Alps: Europe's Mountain Heart» («Альпы: сердце гор Европы). Овдовел в 1995. *Родственники*: дети — сыновья *Александр* — писатель, Николай Авинов-Шуматов, дочь Антония Шуматова-Фостер; семь внуков.

Л и т. *Pace E.* Nicholas Shoumatoff, 81, Nature Enthusiast. 1999. Sept. 26.

ШУМАТОВА Елизавета Николаевна (1987, Харьков – 30 нояб. 1980, Локуст-Валли на Лонг-Айленде, шт. Нью-Йорк) — художник-портретист. Род. семье ген.-лейт. Николая Андреевича Авинова — помещика Полтавской губ., представителя старинного новгородского рода. Была замужем за рус. офицером Львом Николаевичем Шуматовым, прибывшим в США с женой в 1917 во главе рус. закупоч. миссии и оставшимся в Америке после большевистского переворота. В 1928 муж утонул.

Овдовев, посвятила свою жизнь искусству, став профессиональным художником и проработав в этой обл. более 50 лет. Дважды писала портрет президента США Ф. Д. Рузвельта. Во время работы **Ш.** над вторым портретом, в Ворм-Спрингс в Джорджии Рузвельт скоропостижно сконч. Незаконченный портрет президента подарила музею «Рузвельт Мемориал», созданный в Ворм-Спрингс. Автор около 3 тыс. портретов. Портрет президента США Л. Джонсона работы **Ш.** был взят за образец для амер. почтовой марки, выпущенной в 1973. Автор портретов жены и двух дочерей Джонсона.

Л и т. Сконч. Елизавета Шуматова — автор последнего портрета Рузвельта // НРС. 1980. 2 дек.; *Трубецкой С.* К конч. Елизаветы Николаевны Шуматовой // Там же. 1980. 11 дек.

ШУМИЛИН И.Н. — муз. терапевт, проф. Вёл исследования при Колумбийском ун-те в обл. муз. терапии и продолжал их в ряде психиатрич. больниц, в школе для парализованных детей (в Нью-Джерси), в клиниках для животных.

Л и т. Проф. Шумилин // НРС. 1966. 20 окт.

ШУМОВ Александр Димитриевич (29 июля 1895, Самара – 30 сент. 1958, Сан-Франциско) — участник Белого движения на Сев.-Зап. России, мл. унтер-офицер. Окончил Самарскую классич. гимназию. В янв. 1916 вольноопределяющимся вступил в 5-й гус. Александрийский Е.В. Гос. Императрицы Александры Фёдоровны полк 5-й кав. дивизии. Участник Первой мировой войны.

После Октябрьского переворота 1917 — в белых войсках на Сев.-Зап. России в рядах 1-го Самарского кав. полка Западной армии. Сражался с большевиками и пробыл в рядах части до оставления России. Переселившись в США, состоял в Об-ве рус. ветеранов в Сан-Франциско.

Похоронен на Серб. кладбище в Сан-Франциско.

И с т. АОРВВВ. Мл. унтер-офицер вольноопределяющийся Александр Димитриевич Шумов // 1958. Сент. Альбом II.

ШУМСКИЙ Пётр Николаевич (20 сент. 1901, Бузулук Самарской губ. – ?) — участник Белого движения на Востоке России. Род. в семье пекаря. Летом 1918 записался добровольцем в отряд Ген. штаба подполк. В.О. Каппеля, затем — в белых войсках Восточ. фронта. Участник Сибирского («Ледяного») похода 1920. После 1922 — в эмиграции в Китае. В 1957 покинул пределы Китая и временно поселиться у дочери в Австралии. В 1959 переехал в США ко второй дочери. 20 сент. 2001 отпраздновал 100-летний юбилей.

Л и т. *Степанченко Д.* Петру Шумскому 100 лет! / РЖ. 2001. 22 сент.

ШУНЕВИЧ Митрофан Андреевич (? – 12 мая 1977, Нью-Йорк) — участник Белого движения, полковник. Оконч. Полтавский кад. корпус и Михайловское арт. уч-ще. Участник Первой мировой и Гражданской войн. Эмигрировал в США, жил в Нью-Йорке.

Л и т. *Мацевич Н.К.* Некролог // Часовой (Брюссель). 1978. Март – апр. № 611. С.19; Некролог // Там же. 1977. Окт. – нояб. 1977. № 608. С. 18.

ШУРУПОВ Иван Алексеевич (1898, стан. Усть-Медведицкая Обл. Войска Донского – ?, Сиракузы(шт. Нью-Йорк)) — участник Белого движения на Юге России, каз. офицер. Во время эвакуации частей ВСЮР с Сев. Кавказа в Крым (март 1920) был оставлен на берегу Чёрного моря в Новороссийске. Попал в плен к большевикам, заключён в тюрьму и подвергался преследованием. Жил в СССР. После оккупации терр. Дона нем. войсками в 1942 вступил в каз. доброволч. часть, воевал на фронте. После оконч. войны остался в Зап. Германии. Насильственной репатриации избежал. В США с 1952.

Л и т. Каз. словарь-справочник / Сост. Г.В. Губарев. Ред.-изд. А.И. Скрылов. Т. III. Сан-Ансельмо, 1970. С. 310.

Щ

ЩЕГЛОВ Александр Владимирович (1889 [1890?], дер. Лужки Смоленской губ. – 1987) — участник Власовского движения, полит. деятель. Был рабочим в Петрограде. Воевал в Красной армии. Стал членом Коммунистич. партии, но вышел из её рядов, будучи свидетелем расстрелов непокорных железнодорожников. Стал противником сов. власти. Накануне войны работал в библиотеке Ин-та стали. В 1941 ушёл добровольцем на фронт. В окт. 1941 под Вязьмой попал в нем. плен. Из лагеря военнопленных вступил в части РОА. В 1944 — кандидат в члены КОНР. Под именем «солдат Щеглов» подписал 14 нояб. 1944 Пражский манифест КОНР. После 1945 — в Зап. Германии. Насильственной репатриации избежал. В США с 50-х гг. Жил во Флориде, зарабатывал на жизнь физич. трудом.

Прах **Щ.** после 1991 перевезён в Россию и похоронен на Ваганьковском кладбище в Москве.

Л и т. *Окороков А.В.* Краткие биографич. данные участников Рус. Освободительного Движения // Материалы по истории РОД (1941–1945 гг.) / Под общ. ред. А.В. Окорокова. Т. I. М., 1997. С. 400–401.

ЩЕГОЛЕВ Павел Иннокентиевич (1896, Змеиногорск Алтайского горного округа – 17 нояб. 1978) — участник Белого движения на Востоке России, общественный деятель. Род. в крепкой старообрядч. семье. Домашнее воспитание отразилось на всей дальнейшей жизни **Щ.** и на христианском отношении к людям. По оконч. Пензенской учительской семинарии (1914), поступил вольноопределяющимся в ряды Рус. Императорской армии. Прапорщик. Участник Первой мировой войны в рядах 98-го Юрьевского полка 25-й пех. дивизии. После Октябрьского переворота 1917 стал пробираться на Алтай, сражаясь с большевиками, расправлявшимися и издевавшимися над офицерами. Прибыв домой, сразу, с благословения отца, вступил в белые войска Восточ. фронта. Служил в Сибирской армии адм. А.В. Колчака и в личной охране Верховного Правителя России. После предательства союзниками и выдачи ими адм. Колчака противнику (янв. 1920) заключён в Иркутскую тюрьму. Из тюрьмы с группой белых пленных бежал в тайгу. В тайге они провели больше года, пройдя через сев. дикие места, гольцы и горы до Якутии и из Якутии до Хабаровска. Из Хабаровска бежал под пулемётным огнём большевиков по льду через р. Уссури в Китай.

Прожив некоторое время в Харбине, через Японию переехал в 1923 в США. Жил в Сан-Франциско, затем переселился в 1926 в Нью-Йорк. До выхода на пенсию работал механиком по силовым установкам на спичеч. ф-ке «Лайон Мач Компани», принадлежавшей *Б.А. Бахметьеву*. Живя в США, следовал рус. обычаям и всегда оказывал помощь ближним, особенно впервые ступившим на амер. землю. После 1945 лично содействовал переселению в США около 100 семейств рус. беженцев. Всегда занимался посещением стариков и больных, хоронил одиноких. Послал нуждающимся рус. беженцам во все страны мира огромное количество посылок. Состоял членом старообрядческ. общины в Милвилле (шт. Нью-Джерси), один из основателей её моленной. Постоянный член и бессменный казначей Гарнизона Армии и Флота США 297 им. ген. Дж. Б. Турчина (*И.В. Турчанинова*). В теч. ряда лет активно участвовал в сборе пожертвований среди рус. в благотворительный «Humanities Fund», основателем и председателем которого был Б.А. Бахметьев. Один из основателей об-ва «Родина» в Хоуэлл (шт. Нью-Джерси), активный член рус. республиканского клуба, член РООВА, КРА и др. орг-ций. *Родственники:* вдова Татьяна Георгиевна; пасынок *Владимир Конон* с семьёй. Сконч. от ран, нанесённых автомобилем.

Похоронен на кладбище монастыря Ново-Дивеево близ Нануэт (шт. Нью-Йорк).

Л и т. *Александров Е.А.* Памяти П.Н. Щеголева // НРС.

ЩЕГОЛЬКОВ Виктор Кириллович (20 янв. 1902, Саратов – ?) — инж.-строитель. В эмиграции в США. Оконч. ун-т шт. Вашингтон (1929) с дипломом бакалавра — гражданского инж. В 1933 в том же ун-те получил ст. магистра. Работал в строительных предприятиях, занимая должности вплоть до главного инж. С 1949 занимался частной практикой, будучи инж.-строителем-консультантом. Получил лицензию профессионального инж. в шт. Орегон и Вашингтон.

И с т. АОРИ. Анкета.

ЩЕЛКУНОВ Сергей А. (27 янв. 1897, Самара – 2 мая 1992, Хайстаун, шт. Нью-Джерси) — участник Белого движения на Востоке России, изобретатель, специалист по электромагнетизму. Учился в Московском ун-те (не оконч.), прервав занятия в связи с Первой мировой войной и революцией. После Октябрьского переворота 1917 — в офиц. чине в белых войсках Восточ. фронта, служил в Сибирской армии адм. А.В. Колчака. Пройдя с боями весь путь через Сибирь до Маньчжурии, прибыл через Японию в 1921 в Сиетл. В США изуч. англ. яз., продолжил образование. Оконч. колледж шт. Вашингтон со званием бакалавра и магистра по математике, затем получил докторскую ст. при Колумбийском ун-те (1928). Начал карьеру с работы в лабораториях Вестерн Электрик и Белл. За 35 лет стал пом. директора по математич. исследованиям и пом. вице-президента по связям с ун-тами. За свои изобретения получил 15 патентов на радиоантенны, отражатели и волноводы. В 1935 с тремя сотрудниками создал соосный кабель для телепередач или 200 телефонных цепей. Занимался исследованиями радаров, распространения электромагнитных волн в атмосфере и в микроволновых проводниках, коротковолнового радио, широковолновых антенн и заземления. Консультант по магнетронам. Автор книг и десятков статей в технич. журналах. Преподавал в теч. 5 лет в Колумбийском ун-те до ухода на пенсию в 1965. Награждён Ин-том радиоинж. премией за вклад в теорию распространения радиоволн, Ин-том Франклин — медалью. *Родственники:* жена (урожд. Кеннеди) Джин. Потомков не имел.

С о ч. Электромагнитные волны. D. Van Nostrand, 1943; Прикладная математика для инж. и учёных. 1948, 1965; Совм. с *Г. Т. Фриис*: Антенны: теория и практика. John Wiley, 1952.

И с т. Archives of Association of Russian-American Engineers in USA.

Л и т. *Lambert B.* S.A. Schelkunoff, 95, Researcher and Developer of Coaxial Cable // The New York Times. 1992. May 17.

ЩЕПАНСКИЙ Владимир Петрович (1895, Сестрорецк Санкт-Петербургской губ. – 28 янв. 1985) — художник. Род. в семье художника-гравера. Учась в реальном уч-ще, посещал вечерами школу рис. при Академии художеств. Оконч. школу, получил право преподавания в средних учебных заведениях России. Высшее образование получил в Императорской Академии художеств, в которую был принят одним из первых по очень жёсткому конкурсу. Проучившись в Академии два года, был вынужден после большевистского переворота 1917 переселиться в Финляндию, где отец построил дом рядом со знаменитыми «Пенатами» И.Е. Репина. Общаясь с Репиным, совершенствовал творч., став прекрасным портретистом и реставратором. Кроме того, оказался способным драматич. артистом и успешно выступал в рус. театре в Хельсинки. В 1942 во время налёта сов. бомбардировщиков на Хельсинки и его окрестности погибли жена и двое детей Щ. Сражённый горем, спасаясь от угрозы сов. оккупации, выехал после сент. 1944 в Стокгольм со своей второй женой, прима-балериной Хельсинкского балета. В Швеции начал снова работать, в частности, в обл. иконописи. Работы Щ. приобрели известность, и к нему обратилась Кор. семья с просьбой отреставрировать несколько принадлежащих ей старинных картин.

В Канаде с женой с 1951, жил в Монреале. Здесь начался его самый плодотворный период жизни. Поселившись впоследствии в местечке Лак Милетт в Лаврентийских горах, прожил с женой 14 лет, увлекаясь пейзажной живописью и полуабстрактными картинами. В Канаде с успехом состоялись 15 выставок Щ. В 1967, реставрируя по заказу посредственную картину, обнаружил под ней более старинную живопись, которая оказалась картиной работы Тициана. В 70-е гг. вновь поселился в Монреале. За свою плодотворную жизнь в Канаде написал 2,5 тыс. картин, ставших достоянием частных собраний. Часть из них передана родственникам в Финляндии.

И с т. *Могилянский М.* Рус. канадцы // Жизнь прожить. Воспоминания, интервью, статьи. М., 1995. С.85–88.

ЩЕПЕТИЛЬНИКОВ Михаил Павлович (? – 4 апр. 1957, Нью-Йорк) — участник Белого движения на Юге России, генерал-майор (по Терскому каз. войску). Оконч. Тифлисское военное уч-ще и вышел в офиц. чине в пехоту. Участник Первой мировой войны, был ранен. За отличия награждён всеми боевыми орденами до ордена св. Георгия IV ст. включительно. На 1917 — полковник. После Октябрьского переворота 1917 — в белых войсках на Юге России. С апр. 1919 — командир 14-го Терского пластунского батальона. Со 2 нояб. 1919 — командир 2-го Кизляро-Гребенского пластунского батальона. В Рус. армии (1920) — в Терском пластунском полку. Тяжело ранен. Эвакуировался из Крыма в составе Рус. армии в нояб. 1920. В эмиграции в США. Состоял председателем Нью-Йоркского отдела Союза рус. военных инвалидов. Сбит автомобилем.

Л и т. *Волков С.В.* Энциклопедия Гр. войны. С. 647; Награждён боевыми // Часовой (Брюссель). 1957. Июнь. № 377. С. 20.

ЩЕРБАКОВ Константин Иосафович (22 авг. 1891, стан. Наурская Обл. Войска Терского – 22 сент. 1983, Ричмонд, шт. Мен) — участник Белого движения на Юге России, полковник. Оконч. Владикавказский кад. корпус, вахмистром сотни Николаевское кав. уч-ще (1 дек. 1914) и вышел в Кизляро-Гребенскую запасную сотню. Участник Первой мировой войны. На 1917 — подъесаул 1-го Терского пешего батальона. После Октябрьского переворота 1917 — в белых войсках на Юге России. На 1918 — командир сотни 1-го Терского запасного полка. В 1919 – марте 1920 — нач-к конвоя командующего войсками Сев. Кавказа. С 1920 — есаул Терского гв. дивизиона. С авг. 1920 — командир Терской гв. сотни, участник десанта на Кубань. Войсковой старшина (авг. – сент. 1920). Эвакуировался в составе части из Крыма в нояб. 1920. В 1921 — в составе Гв. дивизиона 2-й Кубанской стрелковой дивизии Кубанского корпуса на о-ве Лемнос, затем в эмиграции в Болгарии. С 1922 — командир 3-й Терской гв. сотни, войсковой старшина. На 1925 — в составе Гв. дивизиона в Кор. СХС. В окт. 1941 вступил в формировавшийся в Белграде Рус. Корпус. На 22 нояб. 1941 — мл. офицер 9-й каз. сотни 3-й дружины 1-го Сводного отряда в Шабаце. На 1 мая 1942 — командир 1-го взвода. В 1942 в связи с очередным производством переим. по рус. службе в полковники. На 1 янв. 1943 — командир 3-й сотни 1-го батальона 1-го полка. После переформирования полка ввиду тяжёлых потерь 29 сент. – 4 окт. 1944 в двухбатальонный состав командовал 2-й сотней 1-го батальона. В составе части 12 мая 1945 в р-не Клагенфурта (Австрия) сдался представителям 8-й брит. армии. После оконч. военных действий — в лагере Келлерберг, в Австрии, затем в США. Активно участвовал в деятельности СчРК и др. рус. воинских орг-ций. На сент. 1961 — зам. председателя Объединения чинов 1-го каз. ген. Зборовского полка Рус. Корпуса. *Родственники:* вдова Дарья Михайловна.

Похоронен 24 сент. 1983 на корпусном участке кладбища в Ричмонде.

И с т. ЛАА. Справка *К.М. Александрова* на чина Рус. Корпуса (1943) полк. К.И. Щербакова; Список фельдфебелей школы подпрапорщиков и вахмистров эскадрона по порядку выпусков с основания школы // Памятка НКУ. С. 261–262; Л и т. Верные долгу 1941-1961. Наяк, 1961. С. 40, 44–45; *Волков С.В.* Энциклопедия Гр. войны. С. 647; Некрологи // К. 1983. Сент. – окт. № 224. Л. 2; Часовой (Брюссель). 1984. Янв. - февр. № 467. С. 29; РК. 1963. С. 116, 118, 149.

ЩЕРБАТОВ Алексей Павлович, кн. Рюрикович (14 нояб. 1910, Санкт-Петербург – 10 июня 2003) — историк. Отец, кн. Павел Борисович Щербатов — адъютант Вел.

кн. Николая Николаевича (Младшего), мать — урожд. княж. Барятинская. После Февральской революции 1917 Щербатовы переехали в Крым, откуда в 1920 уехали за границу. В эмиграции в Бельгии. Оконч. ун-т в Брюсселе, специализировался по истории. В 1945, будучи на службе в армии США, работал над «Смоленским архивом» партийных органов и органов госбезопасности (1918–41), который попал в руки немцев в 1941 и был вывезен на Запад. Из Германии после 1945 часть архива американцы вывезли в США. **Щ.** изуч. мат-лы «Смоленского архива», сделал ряд заключений о значительной роли «интернациональных бригад» из австро-венгерских военнопленных и др. иностранцев во время Гражданской войны в России.

Переселившись в США, преподавал рус. историю в ун-те Фарлей-Диккенсон в Нью-Джерси. Много лет состоял председателем Об-ва рус. дворян в США. Специалист по генеалогии высших дворянских родов России и Кор. дворов Европы (потомков Анны Ярославны, дочери Киевского кн. Ярослава I (Мудрого), родоначальницы претендента на франц. престол гр. Парижского и Бразильского императорского дома). Известный консультант по вопросам рус. истории в академич. мире. Эксперт по тайным делам сов. правителей на междунар. арене и в финансовом мире. В качестве одного из экспертов участвовал в деятельности Комиссии по изуч. останков, извлечённых после 1991 под Екатеринбургом, на предмет их отождествления с останками семьи императора Николая II и расстрелянных большевиками вместе с ней лиц 17 июля 1918. В ходе исследования пришёл к заключению о недостаточности данных, подтверждающих безусловную подлинность останков. Состоял членом РАГ в США, почётным членом КРА и ряда др. рус. орг-ций. Член и консультант Рус. дворянского собрания (Russian Nobility Association) в Нью-Йорке. В 1998 награждён Патриархом Московским и всея Руси Алексием II орденом св. *Иннокентия, Апостола и просветителя Америки*. В нояб. 2001 передал в Нью-Йорке представителю президента РФ В.В. Путина 19 писем имама Шамиля, сдавшегося 25 авг. 1859 в ауле Гуниб после длительной борьбы с рус. войсками на Сев. Кавказе ген. кн. А.И. Барятинскому — деду **Щ.** со стороны матери и, таким образом, подавшему пример чеченским сепаратистам XXI в. *Родственники*: жёны — в первом браке: (урожд. Комерфорд) Кэтлин Мак Лафлин (? – 5 дек. 1999), во втором браке: (урожд. Криворучкина) Лариса Фёдоровна.

И с т. АА. Интервью с кн. А.П. Щербатовым (рукопись), 1997.

Л и т. *Криворучкина Л.* Интервью с президентом Дворянского собрания Америки и Канады кн. Алексеем Павловичем Щербатовым // Большой Вашингтон. 2000. № 3 (27). С. 28; *Степанова И.* Долгое возвращение // Вечерний Ленинград. 1991. 29 авг.; Anonymous. Prince Alexis Scherbatow, 92, Dies // The New York Times. 2003. June 14; *Dragadze P.* The White Russian // Town & Country. 1984. March. P. 174–182, 250–253.

ЩЕРБАТОВ Георгий Александрович, кн. (1898, Санкт-Петербург – 13 дек. 1976). Род. в княж. семье. Мать — урожд. Строганова. Троюродный брат кн. *А.П. Щербатова*. В 1914 мать **Щ.** создала на собственные средства 2 санитарных поезда Красного Креста, служила сестрой милосердия. 16-летний **Щ.** был записан санитаром поезда. После Октябрьского переворота 1917 — в эмиграции в США с нач. 20-х гг. По поручению Вел. кн. Николая Николаевича (Мл.) занимался сбором средств для рус. воинских орг-ций в Кор. СХС и Франции. В начале Второй мировой войны поступил добровольцем в военно-мор. флот США. Владея свободно несколькими яз., назнач. перев. в Мор. ведомство. Участвовал в союзных конвоях между Англией и Архангельском. В 1945 назнач. перев. в состав амер. делегации на Ялтинскую конференцию, но по требованию сов. стороны отстранён как рус. эмигрант. После 1945 — на правительственной службе в Вашингтоне. Занимался историей своих предков Строгановых, о которых написал 2 книги. После выхода в отставку поселился в Шароне (шт. Коннектикут). Погиб в автокатастрофе по дороге в Нью-Йорк.

Л и т. *Трубецкой С.* Памяти кн. Г.А. Щербатова // НРС. 1976. 21 дек.

ЩЕРБАТОВ Кирилл Павлович, кн. (? – 13 апр. 1993, Нью-Йорк) — член Рус. дворянского об-ва в Нью-Йорке. *Родственники*: вдова; брат *Алексей*.

Л и т. *Dragadze P.* The White Russian // Town & Country. 1984. March. P. 174–182, 250–253.

ЩЕРБАТСКОЙ Сергей Александрович (род. 31 июля 1908, Буюк Дере, Турция) — инж.-электрик, геофизик. Род. в рус. посольстве в семье Александра Ипполитовича **Щ.** и Марии Владимировны (урожд. Толмачёвой). В 1929 оконч. в Париже ун-т Сорбонны с дипломом бакалавра наук. Переселившись в США, работал в лаборатории Bell Telepnone, корпорации Philco Radio & Television, занимался каротажем нефтяных скважин, был президентом Geophysical Measuremewnts Corp. в Оклахоме. На свои изобретения получил более 200 амер. и загранич. патентов. *Родственники*: жена (урожд. Данхэм) Мэри Эллен; сын Джон (Jon).

И с т. АА. *Scherbatskoy J.* (son). Questionnaire, Biograhical Dictionairy 2003. Apr. 15; АОРИ. Материалы.

Э

ЭДУАРДОВА Евгения Платоновна (1882, Санкт-Петербург – 10 дек. 1960) — балерина, преподаватель. В 1901 оконч. Театральное уч-ще в Санкт-Петербурге. Принята в балет Мариинского театра, в труппе которого выступала до 1917. Выехала за границу с *А.П. Павловой*. В 1920 основала в Берлине свою балетную школу. Переселилась в 1935 в Париж, где преподавала до 1947. Переехала в США, преподавала в Нью-Йорке.

ЭЙХЕНВАЛЬД Маргарита — певица, лирическое колоратурное сопрано, педагог. По оконч. Московской консерватории (1889) принята в состав Московского Большого Императорского театра, на сцене которого выступала с большим успехом. Одновременно продолжала совершенствовать своё мастерство в Милане и в Париже. Коронные роли Э. — Снегурочки, Татьяны, Маргариты, Людмилы, Дездемоны. Пела в операх В. Моцарта, Л. Бетховена, К. Глюка и др. композиторов-классиков. Готовилась к своим выступлениям под рук. Н.А. Римского-Корсакова, П.И. Чайковского и А.С. Аренского. С 1908 — преподаватель Московской консерватории, проф. пения.

Преподавала до 1925. Затем эмигрировала в США и открыла в Нью-Йорке свою собственную студию. Ученики Э. с успехом выступали в столицах Европы и по радио в Америке.

Л и т. *Martianoff N. N.* Margaret Eichenwald // Russian Artists in America. 1933. P. 183.

ЭЛЛИС Владислав Валентинович (27 апр. 1913, Елисаветград Херсонской губ. – 1975, Глендел, шт. Калифорния) — инженер, поэт. Вырос и учился в Харькове. Оконч. Харьковский инж.-строительный ин-т с дипломом инж.-строителя (1936). В 1936–41 работал инж. в науч.-исследовательском ин-те «Южшахтпроект». Впервые опубликовал свои стихи в 1926. Отец и брат Э. были расстреляны во время сталинского террора в 30-х гг. В 1941 призван в армию и попал в нем. плен. В 1943–45 работал в Германии дипломированным инж. в Управлении строительства гос. жел. дороги (Reichs Bahnbaudirektion). Насильственной репатриации избежал. В 1947 уехал с женой Евдокией Григорьевной из Германии в Бельгию, где работал на угольных шахтах. В 1956 супруги Э. эмигрировали в США. Поселились в Калифорнии, где Э. продолжил образование и получил диплом инж.-строителя. Получил в Калифорнии и во Флориде лицензии профессионального инженера. Участвовал в строительстве космодромов, аэродромов, метро и др. Автор сб. стихов «Избранное» (1968). Публиковался в антологии «Содружество», «Берега» и «Вернуться в Россию стихами».

И с т. АОРИ. Материалы; Автобиография // *Крейд В.* С. 670.

Л и т. Берега. Стихи поэтов второй эмиграции / Под ред. Вал. Синкевич. Филадельфия, 1992. С. 278–279; *Витковский Е. В.* Антология... Кн. 4. С. 354.

ЭМЕРИ [урожд. **Фролова**] Мария Александровна (1910, Санкт-Петербург – 8 дек. 1994) — языковед, преподаватель, экономист. В 1931 получила ст. магистра по экономике при Загребском ун-те (Югославия). При том же ун-те в 1939 удостоилась звания магистра по педагогике и психологии. Училась в аспирантуре, изуч. междунар. право в Загребском ун-те. Проф. нем. яз. и лит. в отделении Мюнхенской академии в Загребе (1941). Покинув Югославию, преподавала рус., сербохорватск. и нем. яз. в школе Берлица в Вене. Служила переводчиком в амер. военной администрации в Германии. Приехала в США с мужем *С.А. Эмери* в 1947. После переселения в США в звании доцента преподавала франц., и нем. яз., историю Европы и курс междунар. отношений в колледже Селем (шт. Виргиния). Изуч. амер. историю и исп. яз. в ун-те Тампа (шт. Флорида). Преподавала в Лэйкленд-колледже (Висконсин), ун-те Фордам (Нью-Йорк). В 1958–75 — доцент в ун-те Хофстра на Лонг-Айленде (шт. Нью-Йорк). В 1985 ушла в отставку со званием проф.-эмеритуса. Автор книг, 8 брошюр по вопросам изуч. яз. и лит., 20 рассказов и текстов для радиопередач на франц. и нем. яз. Преподавала в субботней школе православной церкви в Хемпстэде (Лонг-Айленд), участвовала в качестве добровольца в благотворительных и общественных орг-циях и учреждениях. Состояла членом РАГ в США.

С о ч. Вопросы цены и стоимости. Загреб, 1934; Руководство по науч. рус. яз. (совм. с мужем С.А. Эмери). Нью-Йорк, 1963.

И с т. АА. *Emery M.A.* Curriculum Vitae (manuscript), 1966; *Emery M.A.* Resume (manuscript), 1975.

ЭМЕРИ [**Емельянов**] Сергей Александрович (9 окт. 1897, Новгород – 24 марта 1964) — участник Белого движения на Юге России, инженер-строитель. Детство провёл в Кременце. В 1914 поступил в Санкт-Петербургский ин-т инж. путей сообщения. В 1916 призван на военную службу. Оконч. Павловское военное уч-ще, офицер Л.-гв. Павловского Его Величества полка 2-й гв. пех. дивизии. После Октябрьского переворота 1917 участвовал в Гражданской войне в Польше и в Крыму. Эвакуировался из Крыма в нояб. 1920 в составе Рус. армии. В эмиграции в Кор. СХС. Оконч. инж.-строительное отделение Политехникума в Загребе. В 1926 создал своё инж. строительно-землемерное предприятие. Вторая мировая война разорила Э. В 1942–45 работал в Австрии. В 1945–47 имел своё переводческое бюро в Аугсбурге (Бавария). В США с 1947. Сдал экзамены на права инж. и работал по специальности. Занимал должность ст. инж. в компании «Baldwin & Ciornelius». Преподавал рус. яз. на курсах для будущих преподавателей рус. яз. в ун-те Хофстра и колледже С.В. Пост (S.W. Post). Вместе с женой сост. учебник рус. яз. «Scientific Russian Guide», изданный в 1962. *Родственники:* вдова *М.А. Эмери*.

Похоронен на кладбище Свято-Троицкого монастыря в Джорданвилле (шт. Нью-Йорк).

И с т. АОРИ. Анкета.

Л и т. Некрологи // НРС. 1964. 9 апр.; 1969. 28 марта.

ЭММАНЮЭЛЬ Николай Сергеевич (? – 20 февр. 1975, Ютика (шт. Нью-Йорк)) — участник Белого движения на Юге России, штабс-капитан. После Октябрьского переворота 1917 — в белых войсках на Юге России, служил в Корниловском Ударном полку. Эвакуировался из Крыма в нояб. 1920 в составе Рус. армии. В эмиграции на Балканах. В 1941–45 — в Рус. Корпусе. После 1945 — в Австрии и США.

Л и т. Некролог // Часовой (Брюссель). 1975. Апр. – май. № 586–587. С. 19.

ЭНГЕЛЬГАРД Александр Константинович (1881, Санкт-Петербург – 6 июля 1956, Бруклин, Нью-Йорк) — подполковник, общественный деятель. Крёстным отцом Э. был император Александр II. Оконч. 1-й кад. корпус (1898), Павловское военное уч-ще (1900) и вышел подпоручиком в 102-й Вятский полк 26-й пех. дивизии, стоявший в Гродно. Затем прикомандирован Л.-гв. к Гренадерскому Его Величества полку 2-й гв. пех. дивизии. Участник рус.-яп. войны 1904–05, попал в плен. Участник Первой мировой войны Зап. фронта и пом. нач-ка отделения Главного штаба. После Октябрьского переворота 1917 арестован вместе с женой большевиками, дочери Э. погибли от голода. Преследовался чекистами, постоянно скрывался, часто меняя место жительства. Во время Второй мировой войны выехал в Германию. Организовал в Германии отдел Об-ва быв. кадет 1-го корпуса, участвовал в общественной жизни эмиграции, публиковался в зарубежной прессе. Переселился в США.

Л и т. *Однокашник*. Подполк. А.К. Энгельгард // Часовой (Брюссель). 1956. Нояб. № 374. С. 22.

ЭНГЕЛЬГАРДТ Евгений Николаевич (? – 1971, Оклэнд) — горный инж. Род. в дворянской семье в России. Во время Балканской войны поступил добровольцем в арт. сербск. армии, боровшейся против турецкого владычества. Переселился в США с намерением получить образование и стать горным инженером. Первое время зарабатывал на жизнь физич. трудом за 8 $ в неделю. Пробовал присоединиться к рус. фермерам в Канзасе и работать на земле. В Канзасе женился, и с женой Аделаидой Алексеевной вернулся в Нью-Йорк, где поступил на Горный ф-т Колумбийского ун-та. Оконч. ун-т, по совету своего проф. отправился в шт. Колорадо работать на руднике, начиная с должности горнорабочего. Начальство заметило Э. и перевело его на технич. работу. Он достиг должности помощника зав. рудника. Переехал в Калифорнию и получил назнач. на должность главного инж. горной компании «Силвер энд Голд Смелтинг». *Родственники:* вдова; пять дочерей.

Л и т. *Парри А*. Рус. в Америке -2 // НРС. 1984. 13 апр.

ЭРИКС [Ericks Vladimir] Владимир Васильевич — инж.- химик. Оконч. в 1927 ин-т Пратт в Нью-Йорке. Разработал процесс грануляции безводной лимонной кислоты. Химик-исследователь в «National Aniline & Chemical Co.» в Баффало (шт. Нью-Йорк). Член Об-ва рус. студентов, оконч. амер. высшие учебные заведения при содействии Рус. студенч. фонда в Нью-Йорке.

Л и т. *Pestoff Alexis N*. Directory of Russian Graduates of American Colleges // Alumni Association of the Russian Student Fund, Inc. New York, Aug. 1929. P. 8.

ЭРИКСОН Николай Адольфович (2 июня 1890 – 5 мая 1942, Монреаль) — участник Белой борьбы под Андреевским флагом, лейтенант. Оконч. Мор. корпус в 1909. После Гражданской войны переехал в Канаду. Состоял почётным членом Об-ва рус. мор. офицеров в Америке.

И с т. Сведения о прохождении службы // Мор. записки (Нью-Йорк). 1943. Дек. С. 69.

ЭРИСТОВ Александр — доброволец. Во время Гражданской войны 1861–65 сражался в армии А. Линкольна (1862).

ЭРИСТОВ Димитрий Георгиевич, кн. Юрист. Оконч. в 1925 юридич. ф-т ун-та Вашингтона и Ли. Член Об-ва рус. студентов, оконч. амер. высшие учебные заведения при содействии Рус. студенч. фонда в Нью-Йорке.

Л и т. *Pestoff Alexis N*. Directory of Russian Graduates of American Colleges // Alumni Association of the Russian Student Fund, Inc. New York, Aug. 1929. P. 8.

ЭРИСТОВ-СИДАМОН Константин — см. **СИДАМОН-ЭРИСТОВ** Константин.

ЭРТЕ [Тиртов] Роман (22 нояб. 1892, Санкт-Петербург – 20 авг. 1990, США) — художник-декоратор. Сын адм. Изуч. искусство частным образом. В 1912 выехал в Париж, работал в модных домах. Занялся созданием театральных костюмов, в т. ч. и для «Фоли Бержер». В 20–30-е гг. работал в стиле arts deco, а в 60-е гг. — в стиле arts nouveaux. В дальнейшем занимался литографией и скульптурой. В США последней работой Э. в Нью-Йорке были декорации к муз. постановке «Stardust».

Л и т. *Вронская Дж., Чугуев В*. Кто есть кто в России и в бывшем СССР. 1994.

ЭССЕН Владимир Александрович (30 янв. 1893 – 26 дек. 1954, Сан-Франциско) — участник Белого движения на Востоке России, поручик. Оконч. 3-ю Киевскую школу прапорщиков (сент. 1915) и в чине прапорщика вышел в 164-й Закатальский полк 41-й пех. дивизии, в рядах которого участвовал в Первой мировой войне. В бою под Бучачем 6 мая 1916 ранен и награждён орденом св. Анны IV ст. с надписью «За храбрость». Великую войну законч. подпоручиком. После Октябрьского переворота 1917 — в белых войсках Восточ. фронта. В 1918 вступил в Чистопольский отряд, затем с 1919 продолжал службу в штабе 13-й Сибирской стрелковой дивизии Уфимской группы Зап. армии. После перехода через оз. Байкал (февр. 1920) произведён в поручики.

В эмиграции в Шанхае. Служил в частных фирмах чертёжником по отоплению и водопроводу. По прибытии в США работал по той же специальности. Состоял действительным членом Об-ва рус. ветеранов Великой войны.

Похоронен на Серб. кладбище в Сан-Франциско.

И с т. АОРВВВ. Поручик Владимир Александрович Эссен // 1954. Дек. Альбом I.

ЭТОЛИН Адольф Карлович (9 янв. 1799, Гельсингфорс – 1876) — мореплаватель, контр-адмирал, восьмой правитель и исследователь Рус. Америки. Оконч. мор. уч-ще, поступил на службу в РАК, отбыв в авг. 1817 в Рус. Америку.

На Аляске прослужил пять лет, обследовал её берега и реки. В 1821 вместе с *В. Хромченко* исследовал юго-восточ. побережье Берингова моря. Затем вернулся в Кронштадт. В марте 1826 получил второе назнач. на Аляску. Продолжил исследования и командовал кораблями, которые ходили по сев. части Тихого океана, вплоть до Калифорнии. Замещал главного правителя Ф.П. Врангеля во время его инспекторских поездок. Вернувшись в Россию (1837), произведён в чин капитана II ранга.

Получил третье назначение на пост главного правителя Аляски, куда прибыл с женой Маргаритой 1 мая 1840. Во время правления Э. Форт Росс в Калифорнии был продан выходцу из Швейцарии Д. Суттеру. По оконч. службы (1845) сдал дела временному заместителю капитану II ранга Зарембо и выехал в Охотск, где передал дела управления новому правителю Рус. Америки капитану II ранга *М.Д. Тебенькову*. Контр-адмирал (1847). В память об Э. на Аляске остались несколько географич. названий: мыс и залив на о-ве Нунивак, о-в возле города Врангель, пролив и гора, носящие его имя.

И с т. Краткая географич. энциклопедия. М., 1966. Т. V. С. 399, 543.

Л и т. *Петров В.* Рус. в истории Америки. Вашингтон, 1988. С. 150–151.

ЭШШОЛЬЦ [Eshscholtz Johann Frierdrich] Иван Иванович (1 нояб. 1793, Дерпт – 7 мая 1831, Кронштадт) — исследователь, путешественник. В отрочестве увлекался коллекционированием насекомых и растений. Оконч. Дерптский ун-т (1815) с дипломом врача. Участник экспедиции *О. Коцебу*, цель которой заключалась в изуч. сев. побережья п-ова Сьюард. В 1822 занял должность экстраординарного проф. Дерптского ун-та.

В 1823 получил новое приглашение Коцебу принять участие в экспедиции вдоль берегов Аляски на военном корабле «Предприятие». Кроме сбора коллекции современных растений и животных, в вечной мерзлоте были обнаружены кости мамонта. За 2,5 года экспедиции собрал и описал 2,4 тыс. новых образцов.

И с т. Краткая географич. энциклопедия. М., 1966. Т. V. С. 399.

Л и т. *Pierce R.A.* Russian America — A Biographical dictionary. Kingstone, Ont. 1990. P. 135–136.

Ю

ЮВЕНАЛИЙ [в миру Яков **Говорухин**] (ок. 1761, Екатеринбург – 1796, Аляска) — иеромонах, миссионер. Род. в семье шахтмейстера Нерчинских заводов. В 1774 получил должность с чином на Колывано-Воскресенских заводах. В 1791 уволился, поступил в Валаамский монастырь. В 1794 приехал из Валаамского монастыря в Рус. Америку в составе миссии архимандрита *Иосафа*. В 1795 прибыл в Нучек, в заливе Принца Вильямса. Проповедовал христианство чугачам. В 1795 крестил 700 человек, запретив им многожёнство, что вызвало недовольство туземцев. Погиб мученич. смертью в 1796 от рук враждебных индейцев возле оз. Илямна на материковой части Аляски. В 1980 причислен ПЦА вместе с *Петром Алеутом* к лику святых первомучеников.

Л и т. *Барсуков И.* Иннокентий, митрополит Московский и Коломенский. М., 1883; *Григорий, Епископ Аляскинский.* Аляскинские мученики // НРС. 1980. Июнь; *Петров В.* Рус. в истории Америки. Вашингтон, 1988. С. 150–151; *Поберовский С.* Очерк истории Православия в Америке (1784–1867). 1994. Апр. № 4. С. 20–28.

ЮДЕНИЧ Алексей (1944, Сараево – 1990, Вурхис, шт. Нью-Джерси) — танцовщик. Род. в семье рус. беженцев. С 1961 выступал в балете Сараевской оперы. Переселился в США. Здесь в 1964 стал главным танцором в Пенсильванской балетной компании. С 1972 — главный танцор в Нац. балете Канады. Вернулся в США, преподавал балет в р-не юж. Нью-Джерси и Пенсильвании.

Л и т. Alexei Yudenich, Ballet Dancer, 46 // The New York Times. 1990. Jan. 28.

ЮЖНЫЙ Яков [Яша] — основатель театра «Синяя Птица», основанного на рус. нац. (крестьянском) искусстве. Играл на сцене с 17 лет. В 1916 создал «Театр Южного». После 1917 — в эмиграции в Германии. В 1921 ставил постановки в Берлине. Выступал в 21 стране мира. В 1924 привёз в США театр «Синяя Птица», ставший здесь очень популярным.

К 1932 театр **Ю.** дал в общей сложности 4570 представлений в Европе и Америке.

Л и т. *Martianoff N.N.* Yasha Yushny // Russian Artists in America. 1933. P. 193.

ЮНГ Игорь Леонидович (29 авг. 1914, Ташкент Сыр-Даринской обл. – 18 нояб. 1971) — общественно-полит. деятель, участник Власовского движения, майор ВС КОНР. Род. в семье офицера Рус. Императорской армии, немца по происхождению. После 1917 — с родителями в эмиграции в Германии, жил в Берлине. В конце 30-х гг. вступил в НТСНП. В марте 1942 убыл на оккупированную территорию в Смоленск и вместе с участником Белого движения полк. К.Г. Кромиади участвовал в формировании РННА (до сент. 1942). По заданию председателя НТС *В.М. Байдалакова* поступил на службу в VI управление (политическая разведка) Имперского Главного управления безопасности. Участвовал в операциях по разложению тыла Красной армии и борьбе с партизанским движением на оккупированных территориях, формировании новых воинских частей из сов. военнопленных (1942–43). В сент. 1944 разработал проект для подготовки рук. антисов. партизанских групп на терр. СССР. Для их подготовки был создан лагерь Санкт-Йоаханн-ам-Вальде под Маттигофеном (сев. Зальцбурга), в котором до весны 1945 скрывались от репрессий Гестапо члены НТС. С марта 1945 — на службе во власовской армии (ВС КОНР), аттестован в чине майора. В апр. 1945 получил задание вступить в контакт с представителями командования 7-й армии США для обсуждения судьбы власовцев, но был интернирован. В 1945–46 в составе группы власовских офицеров во главе с генерал-майором В.Ф. Малышкиным находился в американских лагерях военнопленных Аугсбург и Секкенхайм. Как русский эмигрант, освобождён в 1946 и выехал в Чили. В США с 1966. Активно участвовал в деятельности НТС. *Родственники:* вдова Татьяна Николаевна; дети — Георгий, Екатерина.

Похоронен 21 нояб. 1971 на кладбище Ново-Дивеево близ Нанует (шт. Нью-Йорк).

И с т. ЛАА. Справка *К.М. Александрова* о родственниках майора ВС КОНР И.Л. Юнга.

Л и т. *Александров К.М.* С. 301–302.

ЮРАСОВ [Рудольф **Жабинский**] Владимир Иванович (1914 – 16 нояб. 1996) — писатель, публицист. Рос и учился в Ростове-на-Дону. В 1930 оконч. школу-десятилетку. В 1934 поступил на лит. ф-т Ленинградского ин-та философии и лит. В 1938 арестован и осуждён на 8 лет лагерей за «антисоветскую пропаганду». Во время войны в 1941 бежал из заключения во время бомбёжки эшелона, в котором перевозили заключённых. Скрывался в теч. трёх лет у сестёр. В 1944 выдал себя за больного солдата, устроился работать на заводе в Ростове-на-Дону. Призван в армию в звании инж.-майора. После 1945 в звании подполковника служил в сов. оккупационной зоне в Германии, откуда бежал в амер. оккупационную зону. В США с 1951. Около 30 лет работал комментатором радио «Освобождение» («Свобода»). С юных лет писал стихи. Автор романа «Параллакс» (1972). Похоронен на кладбище Ново-Дивеево близ Нанует (шт. Нью-Йорк).

И с т. Автобиография // Берега. Стихи поэтов второй эмиграции / Под ред. Вал. Синкевич. Филадельфия, 1992. С. 279–280.

ЮРГЕНС [**Juergens** Walter] Владислав Михайлович (3 июня 1927, Тихорецк Краснодарского края – 3 нояб. 1997, Брайтон, шт. Мичиган) — авиационный инж., предприниматель, общественный деятель. В 1938 отец **Ю.** подвергся истязаниям и погиб в застенках органов госбезопасности. Семья была зачислена в категорию «врагов народа». Наступление нем. армии в 1942 прервало школьные занятия **Ю.** В 1943 вывезен с матерью и сестрой на работу в Германию. В 1945 освобождён амер. армией. Успешно сдал экстерном экзамены за курс нем. гимназии в Мюнхене и в 1951 получил полную стипендию для продолжения образования в ун-те Браун.

Переселившись в США, оконч. ун-т Браун со ст. бакалавра, с отличием и дипломом инж. по воздухоплаванию. Затем поступил на ф-т ведения деловых предприятий Гарвардского ун-та. По оконч. ун-та (1957) работал в нескольких крупных амер. корпорациях, ведя многомиллионными бюджетами. Работая в компании Raytheon Manufacturing, участвовал в развитии ракетных систем — «земля-воздух» известных под названием «Ястреб» (Hawk) и «воздух-воздух» — «Воробей» (Sparrow). Работая в корпорации Northrop, в сотрудничестве с корпорацией Sperry, внёс вклад в разработку навигационной системы для подводных лодок типа «Полярис», вооружённых ядерными ракетами. В 1978 начал собственное дело — центр по обслуживанию автомобилей. Вскоре в р-не Большого Детройта у **Ю.** было более десяти таких центров. В 1990, готовясь к уходу в отставку, начал постепенно сокращать участие в деятельности своего предприятия, посвящая больше времени общественной работе. Всю жизнь был антикоммунистом, рус. православным христианином, деятельно поддерживал рус.-амер. орг-ции. С нач. 80-х гг. состоял членом Главного правления КРА. По приглашению правительства РФ ездил в Россию в составе официальной делегации КРА. Щедро жертвовал на разные виды деятельности КРА, включая содержание Вашингтонского представительства КРА, на благотворительность и в общий фонд КРА. *Родственники:* вдова Елена Петровна; два сына; дочь.

Л и т. *Будзилович П.Н.* Владислав Михайлович Юргенс // РА. 1997. № 21. С. 257–258 (With English summary).

ЮРКЕВИЧ [**Yourkevitch**] Владимир Иванович (18 июня 1885, Москва – 15 дек. 1964, Йонкерс, Нью-Йорк) — инж., конструктор мор. кораблей. Род. в семье преподавателя истории и географии, действительного статского советника. Оконч. 4-ю Московскую гимназию с золотой медалью, корабельное отделение Санкт-Петербургского Политехнич. ин-та (1909). В 1910 произведён в корпус корабельных инж. при Кронштадтском мор. инж. уч-ще. Поступил инж. на Балтийский судостроительный завод в Петербурге, на котором построил 11 подводных лодок. По проектам **Ю.** на заводе были построены четыре крейсера-супердредноута — корабли обтекаемой формы с режущим заострённым носом. Во время Первой мировой войны — капитан по адмиралтейству. После революции 1917 переехал в Николаев, работал по кораблестроению ещё год до отъезда за границу.

В 1922 получил визу во Францию. Работал простым рабочим на заводе «Рено», чертёжником на судостроительном заводе в Аржантей. Ознакомившись с проектами франц. кораблей, обнаружил, что его формулы расчёта здесь неизвестны. В 1929 во время разработки проекта самого большого корабля «Норманди» были произведены испытания модели **Ю.** и модели, изготовленной французами. Модель **Ю.** оказалась более экономной. По проекту **Ю.** носовая форма корпуса почти не создавала носовой волны. Самый большой в мире трансатлантич. корабль «Норманди» водоизмещением в 83423 т., построенный по проекту **Ю.**, был спущен на воду и в 1935 вышел в первое плавание в Нью-Йорк. При соревновании с англ. и нем. кораблями «Норманди» показала себя лучшим кораблём по скорости и огромной экономии топлива. В Париже основал бюро по конструкции кораблей с отделением в Нью-Йорке. В 1939 с семьёй переехал в Нью-Йорк и работал в бюро. В 1940 принял американское гражданство. Вторым новшеством **Ю.** в кораблестроении было создание цельнобетонных грузовых судов. Автор проекта для трансатлантич. судна водоизмещением в 90 тыс. т. на 5 тыс. пассажиров, стоимость переезда на котором из Америки в Европу стоила бы тогда со всеми удобствами всего 50 $ с человека. Состоял членом Об-ва рус. инж. в США. *Родственники:* вдова *Ольга Всеволодовна*.

Похоронен на кладбище Ново-Дивеево близ Нанует (шт. Нью-Йорк).

Л и т. В.И. Юркевич // Часовой (Париж). 1935. Июнь. № 150. С. 14; *Вечорин Е.* Памяти В.И. Юркевича // НРС. 1964. 20 дек.; *Катенев Н.* Корабельный инж. В.И. Юркевич — к 10-летию смерти: 1964–1974 // Там же. 1974. 15 дек.; *Его же.* Корпуса Корабельных инж. В.И. Юркевич // Бюллетень Об-ва рус. мор. офицеров в Америке. 1975. 15 апр. № 4/131. С. 14–19; Мартиролог рус. военно-мор. эм. С. 154; Некролог. Незабытые могилы // Часовой (Брюссель). 1965. Март. № 465. С. 19; Некролог. Эпоха в судостроительстве (Памяти В.И. Юркевича) // НРС. 1965. 15 янв.; «Нормандия» — триумф Владимира Юркевича // Там же. 1997. 16 мая; Сконч. В.И. Юркевич // Там же. 1964. 15 дек.; Создатель «Нормандии» // Посев (Франкфурт-на-Майне). 1965. 12 марта; *Юркевич О.* В. Юркевич, корабли царской России и «Нормандия» // НРС. 1969. 3 нояб.; *Raymond B., Jones D.J.* Yurkevich Vladimir // The Russian Diaspora. 1917–1941. Maryland and London, 2000. P. 233.

ЮРКЕВИЧ [урожд. Крестовская, лит. псевд. Ольга **Йорк**] Ольга Всеволодовна (8 февр. 1898 – 5 дек. 1976) — писатель. Автор романов «Река времён» и «Всесокрушающий поток». Вдова кораблестроителя *В.И. Юркевича*.

И с т. АА. *Полчанинов Р.В.* Письмо от 5 сент. 2003.

ЮРЧЕНКО Александр Данилович (1896, стан. Полтавская Таманского отдела Обл. Войска Кубанского – 17 февр. 1967, Чикаго) — участник Белого движения на Юге России, каз. офицер. Оконч. учительскую семинарию (1916) и по мобилизации направлен в Ташкентское военное уч-ще, по оконч. которого служил в офиц. чине в Кубанском пластунском батальоне. Участник Первой мировой войны. После Октябрьского переворота 1917 — в белых войсках на Юге России. Был ранен на Царицынском фронте (1919). В нояб. 1920 в составе Рус. армии эвакуировался из Крыма. В эмиграции в Кор. СХС. Был хористом Кубанского хора. Будучи на гастролях с хором в 1930, остался в США. Зарабатывал на жизнь, служа регентом в православных храмах.

Лит. Каз. словарь-справочник / Сост. Г.В. Губарев. Ред.-изд. А.И. Скрылов. Т. III. Сан-Ансельмо, 1968. С. 323.

ЮРЬЕВ Михаил (род. 3 нояб. 1961, Амитивилл, шт. Нью-Йорк) — преподаватель рус. яз. и театрального искусства. Оконч. школу рус. яз. при Норвичском ун-те. Изуч. театральное и кинематографич. искусство в Нью-Йоркском ун-те, где соискал звание бакалавра (1983), магистра (1984) и докторскую ст. (1989). Имеет 13-летний стаж преподавания, 9 лет был актером-преподавателем и 12 лет работал режиссёром по методам К.С. Станиславского. Член РАГ в США

Ист. Archives of the Assn. of Russian-American Scholars in the USA. *Yurieff M.* Curriculum vitae, 1992.

ЮРЬЕВ Сергей Владимирович (? – 12 нояб. 1960, Нью-Йорк) — юрист, общественно-полит. деятель. Секретарь Всерос. Комитета Освобождения. До 1917 служил в звании церемониймейстера двора Его Величества на ответственных должностях гражданского ведомства. В эмиграции, в Белграде, — один из рук. Державной комиссии по оказанию помощи рус. эмиграции. В Нью-Йорке был ближайшим помощником кн. *С.С. Белосельского-Белозерского* в созданных им в США рос. антикоммунистич. орг-циях.

Организатор демонстраций в Нью-Йорке против сов. диктатуры в России.

Лит. *В.О.* С.В. Юрьев // Часовой (Брюссель). 1961. Янв. № 416. С. 30; Стороннее сообщение. Воззвание Исполнительного комитета Российских антикоммунистических организаций в США // НРС. 1959. 28 авг.

ЮРЬЕВА Зоя Осиповна [Иосифовна] (род. 21 авг. 1922, Семитыч, Польша) — литературовед. Родители эмигрировали в Польшу после 1917. В 1940–41 училась во Львовском ун-те, но война между Германией и СССР прервала её занятия. Выехала на Запад. В 1945–46 продолжала занятия в Мюнхенском ун-те, бакалавр в Барнард колледже (1949), магистр при Радклифф колледже (1950). В 1956 защитила при Гарвардском ун-те докторскую дисс. об интерпретации творч. Н.В. Гоголя рус. символистами. С 1959 преподавала в Нью-Йоркском ун-те на отделении славянск. яз. и лит. до выхода на пенсию в 1987. Автор статей о рус. и польск. лит. в журналах и в энциклопедиях («Russian Literature», McGraw Hill Encyclopedia of Russia and Soviet Union; «Slavic Literatures», American Oxford Encyclopedia, N.Y). В 1973 опубликовала книгу о польск. писателе Иосифе Витлине (Joseph Witlin). В 1985 изд. в Нью-Йорке книгу стихотворных перев. Казимира Вежинского (Kazimierz Wierzynski) с польск. на рус. Ю. принадлежат перев. с рус. на польск. стихотворений Бориса Пастернака и Осипа Мандельштама (Wiadomosci, London, 1959). Больше всего занималась рус. символизмом, в частности космич. темой у рус. символистов («Творческий космос у Андрея Белого»). Читала курсы, вела семинары, рук. дисс., писала статьи, участвовала в междунар. съездах. Перу Ю. также принадлежат около 30 литературоведческих статей на рус., польск. и англ. яз. Член РАГ в США, Укр. АН, Польского науч. ин-та и др. науч. и лит. об-в.

Ист. Archives of the Assn. of Russian-American Scholars in the USA. *Yurieff Z.* Curriculum vittae, 1967.

Лит. *Астман-Ледковская М.* З.О. Юрьева // НЖ. 1989. Сент. Кн. № 176. С. 295–298; *Филипс-Юзвиг Е.* К 70-летию проф. З.О. Юрьевой // Записки РАГ в США (Нью-Йорк). 1992–93. Т. XXV. С. 331–334.

ЮШКЕВИЧ Игорь (13 марта 1912, Киевская губ. – 13 июня 1994, Нью-Йорк) — танцовщик. Род. в семье судьи, эмигрировавшего в ходе Гражданской войны в Кор. СХС. Учился на инж. ф-те Белградского ун-та, состоял в об-ве «Сокол». Во время спортивных состязаний на Ю. обратила внимание балерина Ксения Грунт (Xenia Grunt) и убедила его, что он обладает талантом танцовщика. Это привело Ю. в Париж, где он начал учиться балету в возрасте 20 лет. Несмотря на столь позднее начало карьеры, преуспел и стал выступать на сцене. С 1938 танцевал в Рус. балете Монте-Карло. Был партнёром *А. Даниловой*, *Т. Тумановой*, *Н. Красовской*, Марии Толлчиф, Алисии Алонсо и многих др. выдающихся балерин, получив репутацию мастера классич. балета. В начале Второй мировой войны переселился в Нью-Йорк. В 1944 поступил в военно-мор. флот США. После войны с большим успехом возобновил балетную карьеру, выступая в разных компаниях, в т. ч. и в балете *Дж. Баланчина*. На сцене отличался живостью, изяществом и благородством исполнения ролей. Ю. были чужды дешёвые эффекты, за которые он критиковал некоторых танцоров, приезжавших в США из СССР. После ухода в отставку (1962) преподавал в собственной школе в Нью-Йорке. В 1971–82 преподавал на драматич. отделении Техасского ун-та в Остине. *Родственники*: вдова (урожд. Скарпова) Анна; дочь Мария.

Лит. *Anderson J.* Igor Youskevitch, Master of Classical Ballet Style, Dies at 82 // The New York Times. 1994. June 14.

ЮШКЕВИЧ Людвиг Степанович (? – 30 янв. 1975, США) — участник Белого движения на Юге России, штабс-капитан. Оконч. Константиновское арт. уч-ще. Участник Первой мировой войны. После Октябрьского переворота 1917 — в белых войсках на Юге России. Служил в Дроздовском арт. дивизионе. После 1920 — в эмиграции на Балканах. В 1941–45 — в Рус. Корпусе. После 1945 — в Австрии и США.

Лит. Некролог. Незабытые могилы // Часовой (Брюссель). 1975. Авг. – сент. № 590–591. С. 24.

ЮШКЕВИЧ Нина Семёновна (1920, Одесса Херсонской губ. –1988, Нью-Йорк) — балерина. Род. в семье писателя С. Юшкевича. В 1921 семья Ю. переехала в Париж. Здесь получила балетное образование, оконч. консерваторию по классу рояля. С 10 лет выступала под рук. Нижинской в «Opera russe de Paris». В 1934 в возрасте 14 лет танцевала в балете «Les Biches» в постановке полк. *де Базиля*. Переселившись в США, выступала в балете Метрополитен Опера в Нью-Йорке. В 1945 танцевала в «Спящей красавице» в Сан-Франциско. Преподавала балет в Голливуде и в 1977 открыла балетную школу в Манхэттане. *Родственники*: сын.

Лит. *Kisselgoff A.* Nina Youskevitch, 77, Dancer in Nijinska Ballets and Teacher // The New York Times. 1998. Nov. 6.

Я

ЯБЛОКОВ [Nicholas M. **Yablokoff**] Николай М. — первый лейтенант армии США. Служил в 1945 в амер. секторе в Берлине.

И с т. *Pantuhoff Oleg* — 1976.

ЯВОРСКАЯ [**Javorsky** Kaleria] Калерия (28 авг. 1928 – 1999) — проф. рус. яз. и лит. Оконч. Нью-Йоркский ун-т, получила магистрскую ст. и в 1971 защитила при том же ун-те докторскую дисс. В теч. 8 лет преподавала в Нью-Йоркском ун-те и четыре года при ООН в Нью-Йорке. Автор двух печатных работ. Состояла членом и секретарём правления РАГ в США.

И с т. Archives of the Assn. of Russian-American Scholars in the USA. *Javorsky K.* Curriculum vitae, 1971.

ЯВОРСКИЙ Валентин Тарасович (19 нояб. 1896, Зайсан – ?) — инж.-межевик, доцент. В 1931 оконч. в Праге Политехнич. ин-т. Доцент Политехнич. ин-та в Братиславе. Имел патенты. В США проживал в Бэйсайде, Нью-Йорк. Член Об-ва рус. инж. в США (на 1957).

И с т. АОРИ. Анкета.

ЯВОРСКИЙ Валериан Иванович (?, Одесса Херсонской губ. – 1980, шт. Флорида) — участник Белой борьбы под Андреевским флагом на Юге России, театральный постановщик, теннисист. После оконч. гимназии поступил в драматич. школу, одновременно учился на мед. ф-те Одесского ун-та. Оконч. драматич. уч-ще, выступал в Одесском драматич. театре. Был первым чемпионом России по теннису среди любителей. Ушёл добровольцем на фронт Первой мировой войны. За всё время военной службы дослужился до чина капитана, был четыре раза ранен и получил 25 наград. Во время Гражданской войны командовал миноносцем Белой армии «Живой». После 1920 эвакуировался с женой Евгенией Ивановной в Константинополь, здесь стал директором первого теннисного клуба ИМКА (YMCA) на Востоке. Переселившись в Нью-Йорк (1922), стал директором спортивного клуба.

Преподавал рус. яз., основал рус. камерный драматич. театр. Ставил спектакли во многих театрах Америки. Оконч. кинематографич. школу «Ornato», играл в нескольких кинофильмах. Стал профессиональным теннисистом. Переехав во Флориду, открыл театральную студию. Писал картины. *Родственники:* вдова Евгения Ивановна.

Похоронен в Бока-Ратон (шт. Флорида).

Л и т. *Кальбус Л.* Памяти друга // НРС. 1980. 16 февр.; *Martianoff N.N.* Valerian Yavorsky // Russian Artists in America. 1933. P. 191.

ЯДОВ Олег Иванович (14 июня 1902, Ростов-на-Дону Обл. Войска Донского – март 1961) — участник Белого движения на Юге России, специалист по воздухоплаванию. Добровольцем записался в Корниловский Ударный полк. Служил в белых войсках до эвакуации Крыма в нояб. 1920. В эмиграции в Кор. СХС. Продолжал образование в Белградском унте. С 1923 во Франции. В 1925 получил ст. бакалавра в обл. математики и философии. В 1931 защитил в Сорбонне первую докторскую дисс. по инж. наукам. Занимался науч. исследованиями и преподаванием в науч. ин-тах, связанных с Сорбонной, а также в Рус. Технологич. ин-те в Париже. Автор трудов по аэронавтике и гидроэлектротехнике. В 1939 защитил вторую докторскую дисс. по физике, в 1946 — третью докторскую дисс. по математике. Во время Второй мировой войны (1939–40) служил в ВВС Франции. Во время нем. оккупации участвовал в Сопротивлении. Награждён франц. и амер. орденами.

В 1947 приглашён как специалист по аэронавтике и гидравлике в Колумбийский ун-т. Был известен как консультант. Почётный член Об-ва рус.-амер. инж. в США (1953). Проживал в Нью-Йорке. *Родственники:* жена София Львовна.

И с т. АМРК. О.И. Ядов // Коллекции Гуверовского ин-та. pdf 70,9 К.; АОРИ. Материалы.

ЯЗВИН Константин Геннадиевич (? – 20 янв. 1958) — полковник Л.-гв. Гренадерского полка. *Родственники:* вдова, дети и внуки.

Похоронен на Свято-Владимирском кладбище в Кэссвилле (шт. Нью-Джерси).

ЯКОБСОН [урожд. **Zhemchuzhnaya**; в первом браке — **Bates**; во втором браке — **Yakobson** Helen Lucy] Елена Александровна (21 мая 1913, Санкт-Петербург – 4 дек. 2002) — заслуженный проф. рус. яз. Во время революции выехала с семьёй из России в Китай. Училась в гимназии в Тяньцзине и в Харбине, где оконч. ун-т со ст. бакалавра наук по экономике и юриспруденции (1934). В 1936 преподавала в средней школе в Тяньцзине рус. яз. и лит. Выйдя замуж за американца Бэйтса, бежала с мужем в 1937 от яп. армии, вторгшейся в Китай. В США с 1945. Работала переводчиком, участвовала в сост. учебников рус. яз. Впоследствии работала на радиостанции «Голос Америки». В 1950 после развода вторично вышла замуж за *С.О. Якобсона*. С 1951 преподавала рус. яз. на отделении славистики в ун-те им. Дж. Вашингтона. Полный проф. (1966). В 1953–69 возглавляла отделение рус. яз. и лит. Автор и соавтор 8 учебников рус. яз. для студентов разных уровней владения рус. яз. Преподавала рус. яз. служащим гос. учреждений и по телевидению. Автор автобиографич. повести о пути через Россию и Китай в США («Crossing Borders»).

В 1995 получила от Рос. посольства награду за «сохранение и развитие русской культуры и духовных ценностей». Кавалер пяти наград и почётных членств, включая звание выдающегося проф. ун-та Дж. Вашингтона (1966). Ушла в отставку в 1983 со званием заслуженного профессора (Professor Emeritus) и стала заниматься общественной и просветительной деятельностью. Была председателем Амер. ассоциации преподавателей славянск. и восточ.-европейск. яз. (American Association of Teachers of Slavic and East European Languages), Ассоциации преподавателей ин. яз. Большого Вашингтона (The Greater Washington Association of Teachers of Foreign Languages), Почётного славянск. об-ва (National Slavic Honor Society) и Юж. конференции по изуч. славянск. яз. и культуры (Southern Conference of Slavic Studies). В 1987 основала ежегодную стипендию им. Елены и Сергея Якобсонов для аспирантов, специализирующихся в обл. изуч. России и Восточ. Европы. Член ряда профессиональных науч. орг-ций. В теч. 12 лет рук. в Вашингтоне отделом благотворительной орг-ции «Литературный фонд» для сбора пожертвований в пользу нуждающихся деятелей рус. культуры. Возглавляла в Вашингтоне комитет по ознаменованию 1000-летия христианства на Руси. Состояла в 8 амер. науч. и профессиональных об-вах. и РАГ в США.

Родственники: от первого брака — дочь Наталья (в браке Ретиг, Natalia Reatig); от второго брака — сын Деннис; внук Роберт; внучки Эллен Никкел и Сюзанн Бйокрлунд.

Похоронена на кладбище Рок Крик (шт. Мэриленд).

И с т. АА. *Reatig N.* Professional Resume of Helen Zhemchuzhnaya Bates Yakobson. Typescript, 2 p., 2003. Febr. 26; Archives of the Assn. of Russian-American Assn of Russian-American Scholars in the USA. *Yakobson, Bates H.* Curriculum vitae, 1983.

Л и т. *Головской В.* Судьба сложилась удачно // НРС. 1988. 15 нояб.; Helen Bates Yakobson, an obituary // The Washington Post. 2002. Dec. 6.

ЯКОБСОН [Jacobson Roman, псевд. Олаф Янсен**]** Роман Осипович (11 окт. 1896, Москва – 18 июля 1982, Кембридж, шт. Массачусетс) — специалист по древней лит., лингвист. Род. в семье инж.-химика. Оконч. Лазаревский ин-т восточ. яз. (1914) и ист.-филологич. ф-т Московского ун-та (1917). В 1921 выехал в Прагу в качестве переводчика и культурного атташе сов. Красного Креста. Впоследствии в Сов. Россию не вернулся. В 1926 был одним из основателей Пражского лингвистич. кружка. В 1930 защитил докторскую дисс. при Пражском ун-те. Принял чехословацкое гражданство. В 1933–39 преподавал в ун-те Брно. В 1939–40 проживал в Дании, Норвегии и Швеции. В 1941 переехал в Нью-Йорк. Преподавал в Вольной школе высших исследований. В 1946–49 — проф. славянск. яз. и лит. и общей лингвистики в Колумбийском ун-те. В 1949–67 — проф. Гарвардского ун-та и Массачусетского ин-та технологии. Основным направлением в работе **Я.** была теория языка (включая поэтику — теорию поэзии), невролингвистика и славистика. За исследования в обл. семиотики и лингвистики удостоился пяти междунар. наград. В 1967 в честь **Я.** издан юбилейный сб.

С о ч. A Bibliography of his Writings, Paris, 1971.

Л и т. *Вильданова Р.И., Кудрявцев В.Б., Лаппо-Данилевский К.Ю.* Краткий биографич. словарь рус. зарубежья // *Струве Г.* С. 385; *Ковалевский П.Е.* С.167–168; *Raymond B., Jones D.J.* Yakobson Roman // The Russian Diaspora, 1917–1941. Maryland and London, 2000. P. 232–233; *Terras V.* Jacobson Roman Osipovich in // Handbook of Russian Literature, Yale University Press, 1985. P. 207–210.

ЯКОБСОН Сергей Осипович (1901, Москва – 1979) — преподаватель, учёный-библиотекарь, консультант при Библиотеке Конгресса в Вашингтоне. В 1918–20 учился в Московском ун-те. После 1917 бежал с семьёй за границу. В 1920–26 учился в Гамбургском и Берлинском ун-тах. В последнем получил докторскую ст. по современной и средневековой восточ.-европейск. истории как главным предметам. В обл. интересов **Я.** входили славянск. филология, лит. и философия. Вёл науч. работу в Прусском гос. архиве, но в 1933 был вынужден выехать из Германии в связи с приходом к власти нацистов. Переехав в Англию, получил место преподавателя в Кор. колледже Лондонского ун-та. Преподавал в Оксфордском и Кембриджском ун-тах. Во время Второй мировой войны перев. на рус. яз. для передачи по радио сообщения Брит. министерства информации. В США с 1940.

Получив стипендию Фонда Рокфеллера, занял должность в Библиотеке Конгресса. В 1947 переведён с должности консультанта по славянск. истории на должности аналитика справоч. отдела по иностранному законодательству. С 1949 — ст. специалист по делам, связанным с Россией и СССР. В 1951–71, до ухода на пенсию, занимал должность директора центрально-европейск. отдела библиотеки. После ухода на пенсию до 1979 — почётный консультант по славяноведению. *Родственники*: вдова Елена Александровна; падчерица Наталья (в браке Ретиг); сын Деннис; две внучки; внук.

И с т. АА. *Reatig N.* Professional Resume of Helen Zhemchuzhnaya Bates Yakobson. Typescript, 2 p., 2003. Febr. 26

ЯКОВ — см. **НЕЦВЕТОВ** Яков.

ЯКОВЛЕВ Борис А. — см: **ТРОИЦКИЙ** Николай Александрович.

ЯКОВЛЕВ [Yakovleff Paul J.**]** Павел Иванович (1894–1983) — создатель музея мозга, преподаватель клинич. неврологии в Бостонском ун-те. В теч. 18 лет — проф. мед. ф-та Гарвардского ун-та. Коллекция мозгов, собранная **Я.** в Гарварде, находится теперь в Нац. музее здоровья и мед. (National Museum of Health and Medicine) при

Ин-те патологии Вооружённых Сил в Вашингтоне и продолжает расти. Коллекция содержит ок. 1,8 тыс. человеческих мозгов, сохраняемых в формалине, включая мозг самого создателя коллекции. Мозг каждого индивидуума сопровождается описанием его здоровья и историей болезни. В коллекции имеется 4 тыс. тонких срезов мозгов. Все собрание доступно только для исследователей. Изуч. срезов усовершенствовано и стало более эффективным благодаря применению компьютеров.

И с т. *Мартьянов Н.Н.* Список... С. 84–88; *Dolnick E.* The Museum of Gray Matter Health. 1991. Jan./Feb.

ЯКОВЛЕВ-ГЕРБАЧЕВСКИЙ Павел Павлович (27 янв. 1890, Варшава – ?) — инж.-строитель. Оконч. 1-й Московский кад. корпус и Эдинбургский ун-т в Шотландии с дипломом бакалавра наук — гражданского инж. В 1921–44 работал в Польше. Участвовал в строительстве трансатлантич. радиостанции, небоскрёбов, портовых сооружений, воздушной канатной дороги в Карпатах и двух холодильных заводов. За заслуги в железнодорожном строительстве награждён польск. орденом Золотого креста. В США проектировал мосты, дороги и промышленные здания под Бостоном. Разработал проект собора в Балтиморе, радиотелескопа диаметром в 300 футов. Проектировал мосты в Вермонте, Теннесси и Массачусетсе. Автор 30 технич. статей в обл. гражданского строительства, опубликованных в Польше, Германии и США. Владел шестью яз.

И с т. АОРИ. Анкета.

ЯКОВЧУК Михаил Юрьевич (26 сент. 1886, с. Горошово, округ Борщев, Галиция, Австро-Венгерская империя – ?) — член Об-ва рус. братств (ОРБ). В селе посещал школу. В США с 1907, работал на ф-ке. Открыл в Бриджпорте (шт. Коннектикут) бакалейную лавку. Гражданин США.

С 1907 — член ОРБ. С 1921 — член Главного правления и Главного суда ОРБ. Организатор читальни Об-ва им. М. Качковского в Бриджпорте, член местного Рус. нар. клуба. Член правления Братства свв. Кирилла и Мефодия в Бриджпорте, 86-го отдела ОРБ и др. местных орг-ций.

Л и т. Иллюстрированный Рус.-Амер. календарь на 1926. Филадельфия, б. г. Изд. ОРБ.

ЯКУБ Константин Кирович (16 дек. 1916, дер. Низы Лиозянского р-на Витебской губ. – после 1979) — изд., церковный деятель. После войны проживал в 1945 в Германии, в белорус. лагере для «перемещённых лиц». Занимался общественной деятельностью. Стоял на общерос. платформе. Изд. журнал «Белая Русь» на рус. яз.

Переселившись в США и приехав в Трентон (шт. Нью-Джерси), продолжал изд. журнал «Белая Русь», который вышел в количестве более 50 номеров. Начал выпускать сб. «Религиозно-нравственные рассказы» для детей. Для того основал в сер. 60-х гг. изд-во «Православная христианская семья». Пользовался поддержкой архиепископа *Иоанна (Шаховского)*, архиепископа *Никона* Вашингтонского, епископа Никодима Ричмондского, архиепископа *Виталия* Восточ.-Амер., духовенства, и общественных деятелей. Статей не писал, а только подбирал подходящую прозу и поэзию. Вышло более 120 сб., в некоторых из них было более 100 с. Некоторые сб. выходили на англ. яз. Выпустил 77 номеров «Литературно-художественного журнала» и бюллетеня «Православный миссионер» (43 номера в теч. периода 1965-69).

И с т. АА. *Полчанинов Р.В.* Якуб Константин Кирович. Рукопись, 1 с.

ЯКУБОВСКИЙ Николай Михайлович (1887, Полтавская губ. – 23 янв. 1974, Наяк, шт. Нью-Йорк) — участник Белого движения на Юге России, полковник. Оконч. 1-й кад. корпус (1905), Елисаветградское кав. уч-ще (1907) и вышел корнетом в 11-й гус. Изюмский ген. Дорохова, ныне Его Высочества принца Генриха Прусского полк 11-й кав. дивизии. Участник Первой мировой войны, штабс-ротмистр (1914). За отличия награждён Георгиевским оружием (1917). После Октябрьского переворота 1917 — в белых войсках на Юге. В 1919 — в рядах дивизиона Изюмских гусар Сводно-гус. полка 3-й бригады 1-й кав. дивизии. Полковник (на 1920). В 1920 — в Рус. армии, с частями которой эвакуировался из Крыма в нояб. 1920. В 1920–21 — в Галлиполи, служил в рядах 2-го кав. полка кав. дивизии I арм. корпуса. В эмиграции на Балканах. В 1941–44 служил в Рус. Корпусе, занимал должность командира 10-й роты 2-го полка. Зимой 1945 перешёл на службу в формировавшиеся части ВС КОНР. После оконч. войны — в Зап. Германии. В США к 1952. Участвовал в жизни рус. воинских орг-ций. Состоял членом Нью-Йоркского отдела СчРК.

Похоронен на кладбище Ново-Дивеево близ Нанует (шт. Нью-Йорк).

И с т. ЛАА. Справка *К.М. Александрова* на полк. Н.М. Якубовского.

Л и т. *Волков С.В.* Офицеры армейской кавалерии. С. 611; *Иванов И.Б.* Краткие биографич. данные чинов Рус. Корпуса, упомянутых в наст. сб. // РК. 1999. С. 442; Некролог. Незабытые могилы // Часовой (Брюссель). 1974. Март. № 573. С. 19.

ЯКУНИН Николай Т. (14 мая 1894, Царское Село Санкт-Петербургской губ. – ?) — инж.-самолётостроитель. Оконч. Стэнфордский ун-т в Пало-Альто (шт. Калифорния) с дипломом инж. Во время Второй мировой войны работал в авиационной промышленности. В 1946–59 — на заводе *И.И. Сикорского*. С 1959 — инж.-консультант в корпорации Сикорского, в Стратфорде (шт. Коннектикут). Занимался аэродинамикой, вопросами изгиба лопастей вертолёта, вибрациями и анализом напряжений. Имел лицензию профессионального инженера и землемера шт. Нью-Йорк.

И с т. АОРИ. Вопросник

ЯНКОВСКАЯ Виктория Юрьевна (5 февр. 1909, Владивосток – 6 апр. 1996) — поэтесса. Род. в семье владивостокского предпринимателя Юрия Михайловича Янковского. Во время Гражданской войны семья **Я.** бежала через Сев. Корею в Китай. Продолжая образование, изуч. англ. и яп. яз., рус. лит. Публиковала стихи в журналах «Рубеж», «Парус» и «Прожектор», рус. газ. «Слово» (Шанхай). Рассказы **Я.** перев. на яп. яз. и печатались в газ. «Осака-Майнити». Вышла замуж за П. Чистякова. У супругов род. сын Ор (от Викт-Ор). После трудной жизни под яп. оккупацией в 1945 в Маньчжурию пришла Красная армия, начались аресты рус. эмигрантов и их отправка в лагеря. Не избежали того и члены семьи **Я.** В 1949 выехала к проживавшей в Чили сестре Музе. Пришлось осваивать новый язык — исп. Через некоторое время стала перев. на рус.

яз. стихи лауреата Нобелевской премии Г. Мистраль. Затем переехала в США. Некоторое время жила в Нью-Йорке, где изд. книгу «По странам рассеяния». Затем семья **Я.** поселилась в Хилсбурге, на Рус. речке (шт. Калифорния), где поэтесса прожила ок. 30 лет. Публиковалась в газ. «Русская жизнь» (Сан-Франциско). *Родственники:* сестры Муза; сын Ор Чистяков, проживающие в Калифорнии.

Похоронена возле Рус. речки.

Л и т. *Витковский Е.В.* Антология... Кн. 4. С. 348; *Степанченко Д.* Она верила: судьба даётся Богом // РЖ. 2000. 1 янв.

ЯНКОВСКИЙ Владимир Платонович (27 дек. 1904 – ?) — инж.-строитель. Оконч. ун-т в Каунасе (1934), политехникум в Вене. В США жил на Статен Айленде, близ Нью-Йорка. Член Об-ва рус. инж. в США.

И с т. АОРИ. Анкета.

ЯНОВСКИЙ [псевд. В. **Мирный**] Василий Семёнович (1906, Полтавская губ. – 20 июля 1989, Нью-Йорк) — писатель, врач. В 16 лет эмигрировал с родителями через Польшу в Париж. Первую книгу («Колесо») написал в 1924 в 18 лет. Название книги подразумевало события, связанные с революцией, так же как позднее у *А.И. Солженицына* — «Красное колесо». Книга **Я.** была опубликована М.А. Осоргиным в изд-ве «Молодые писатели». Оконч. мед. ф-т ун-та. Будучи студентом III курса, написал произведения «Мир», «Любовь вторая» — о христианском преображении, «Портативное бессмертие» — о борьбе дух. преображения с подавляющим развитием цивилизации, «Поля Елисейские» — воспоминания о рус. лит. Париже. В США с 1942.

Начал работать врачом в клиниках для венерич. больных. Гражданин США (1947). Автор 24 книг, включая 20 романов дух. и метафизич. измерения на рус., итальянск., франц. и англ. яз. С 60 лет писал только на англ. яз. Автор книг «No Man's Time» (1967), «Of Light and Sounding Brass» (1972) и «The Great Transfer» (1974). Его переводчиком была жена — Изабелла Левитина-Яновская.

В 1972 написал книгу «Dark Fields of Venus: From a Doctor's Log Book» («Мрак вокруг Венеры: из журнала врача»). Затем написал книгу «Medicine, Science and Life» («Медицина, наука и жизнь»). Писал короткие рассказы, что привело к созданию в 1940, совм. с *Е. Извольской*, лит. журнала «The Third Hour» («Третий час»). *Родственники:* вдова Изабелла; дочь; пасынок.

Похоронен на кладбище Ново-Дивеево близ Нанует (шт. Нью-Йорк).

Л и т. *Вильданова Р.И., Кудрявцев В.Б., Лаппо-Данилевский К.Ю.* Краткий биографич. словарь рус. зарубежья // *Струве Г.* С. 198–200, 385; *Тролль Ю.* Мы жили напряжённой дух. жизнью // НРС. 1989. 30 июля; *Fraser C.* Gerald, V.S. Yanovsky, a Soviet Emigre, Author and Physician, Dies at 83 // The New York Times. 1989. July 26.

ЯНОВСКИЙ Семён Иванович [в монашестве **Сергий**] (1789–1876) — третий правитель Рус. Америки в 1818–20. Оконч. мор. уч-ще. После службы на Балтийском и Сев. флоте, поступил в 1816 на службу в РАК. В 1817 прибыл в Ново-Архангельск (Ситку).

С 1818 — главный правитель РАК, заменив *Л.А. Гагемейстера*. Был женат на Ирине — дочери первого правителя Рус. Америки *А.А. Баранова*, родившейся в Америке. В 1819 во время поездки с семьёй по Аляске познакомился с иноком *Германом* и воспринял от него глубоко дух. православное мировоззрение, определившее весь последующий жизненный путь **Я.** В 1821 отбыл с женой и двумя детьми, Александром и Марией, в Россию, в Охотск. В 1823 жена **Я.** сконч. Вскоре умерла и дочь Мария. Сын постригся в монахи, в 1864 его примеру последовал и **Я.**, приняв имя Сергия. Был схимонахом. На Аляске, на о-ве Баранова, одна из гор возле Китового залива названа в честь **Я.**

Л и т. *Петров В.* Рус. в истории Америки. Вашингтон, 1988; *Поберовский С.* Очерк истории Православия в Америке (1784–1867). 1994. Июль.

ЯНСЕН Константин Августович (? – 11 нояб. 1985, США) — полковник. Первую мировую войну оконч. в чине ротмистра, будучи тяжело раненым. После 1917 — в эмиграции в Кор. СХС. В Югославии получил благодарность от РОВС за деятельность по устройству рус. военных инвалидов. В США был долголетним участником Об-ва помощи рус. инвалидам.

Л и т. Некролог // Часовой (Брюссель). 1986. Янв. – февр. № 658. С. 27.

ЯНЧЕНКО Василий Иванович (1894, Никольск-Уссурийск – ?) — участник Белого движения на Юге России, военный лётчик, инж. В 1914 поступил добровольцем в Рус. Императорскую армию. Участник Первой мировой войны. Оконч. курсы лётчиков при Петроградском Политехнич. ин-те и авиашколу под Севастополем. В боях с нем. и австро-венгерскими лётчиками сбил 16 самолётов противника. Награждён за отличия Георгиевскими крестами IV, III, II ст., орденом св. Анны IV ст. с надписью «За храбрость», и двумя румынскими орденами. Прапорщик (на 1917). После Октябрьского переворота 1917 — в белом воздушном флоте на Юге России. Командовал 2-й эскадрильей. После 1920 — в эмиграции в США. Работал инж. на заводе *И.И. Сикорского*. Затем перевёлся в Сиракузы (шт. Нью-Йорк), где работал инж. до ухода в отставку.

ЯРМАК Иван Еремеевич — инж.-электрик. Оконч. Массачусетский технологич. ин-т в 1925. Главный инж. компании «Foote, Pierson & Co., Inc.», директор авиационной школы при ун-те Уичиты. Член Об-ва рус. студентов, оконч. амер. высшие учебные заведения при содействии Рус. студенч. фонда в Нью-Йорке.

Л и т. *Pestoff Alexis N.* Directory of Russian Graduates of American Colleges // Alumni Association of the Russian Student Fund, Inc. New York, Aug. 1929. P. 16.

ЯРМОЛИНСКИЙ [**Yarmolinsky** Anthony G.] Антон Г. (? – 8 авг. 1996) — вице-президент Об-ва рус. братств (ОРБ; Russian Brotherhood Organization — RBO) в 1962–91.

Похоронен на Свято-Владимирском кладбище в Джексоне (шт. Нью-Джерси).

Л и т. *Anthony G. Yarmolinsky* // The Truth (ed. Uram J.). 1996. Oct. P. 3.

ЯРОЦКИЙ [**Yarotsky** Michael F.] Михаил Ф. — инж.-металлург. Оконч. в 1923 Массачусетский технологич. ин-т со ст. бакалавра наук по горному делу и металлургии. Работал пом. нач-ка цеха мартеновских печей «Bethlehem Steel Company». Член Об-ва рус. студентов, оконч. амер. высшие учебные заведения при содействии Рус. студенч. фонда в Нью-Йорке.

Л и т. *Pestoff Alexis N.* Directory of Russian Graduates of American Colleges // Alumni Association of the Russian Student Fund, Inc. New York, Aug. 1929. P. 16.

ЯРОШЕВИЧ Евгений Анатольевич (род. 4 июня 1929, Вильнюс, Литовская республика) — инж.-строитель. В 1953 оконч. Дартмут колледж с дипломом инж.-строителя в Гановере (шт. Нью Хэмпшир). Работал проектировщиком мор. сооружений и мостов. Служил в инж. корпусе армии США. Член Об-ва рус. инж. в США.

И с т. АОРИ. Анкета.

ЯСИНИЦКИЙ Григорий Владимирович — композитор. Род. в семье Владимира и Глории Ясиницких в шт. Калифорния. Оконч. шт. ун-т Сан-Франциско, где получил ст. магистра по муз. Занял должность ассистента проф. муз. в шт. ун-те Сан-Хозе. Преподавал в шт. ун-те Сан-Франциско, в Колледже Марии, в Сан-Рафаеле и в колледже Лос-Алтос. Симфонич. оркестры исполняют симфонич. сказку **Я.** на слова амер. поэта-сатирика Сейса, концерт для флейты и оркестра, «Первую симфонию», посвящённую «своим предкам». Вдохновение для создания симфонии родилось у **Я.** при посещении им мемориала «Хатынь» в Белоруссии, на месте которого находилась одноимённая деревня (Логойский р-н Минской обл.), уничтоженная во время нем. оккупации 22 марта 1943 карателями со всем населением (149 чел., в т.ч. 75 детей). Выступает с Сан-Франсисским оркестром по особым приглашениям. *Родственники*: — жена, выдающаяся флейтистка.

Л и т. Выдвигающийся молодой композитор // РМ. 1981. 4 июня.

ЯССЕН Ирина [наст. **Чеквер** Рахиль] (1883, Ромны Полтавской губ. – 28 нояб.1957, Нью-Йорк) — поэтесса. В Ромнах оконч. гимназию с золотой медалью. В Санкт-Петербурге оконч. Высшие женские курсы. Возвратившись в Ромны, редактировала местную газ. В эмиграции по инициативе **Я.** было организовано парижское изд-во «Рифма», которое после войны стало основным поэтич. рус. изд-вом в Европе и Америке. В США с 1923. В 1944 опубликовала сб. стихов «Земной плен». В 1946 вышла книга **Я.** «Дальний путь». Участвовала в создании и была одним из ред. антологии «Эстафета». Опубликовала в изд-ве «Рифма» сб. «Лазурное око» (1950), «Память сердца» (1950) и посмертно — «Последние стихи» (1959). Стихи **Я.** включены в антологию «Вернуться в Россию стихами» (М., 1995).

И с т. *Яссен И.* Автобиография // Крейд В.

Л и т. *Витковский Е.В.* Антология... Кн. 4. С. 348.

ЯССЕР [Joseph **Yasser**] Иосиф (1893 – ?) — органист, музыковед. В 1917 оконч. с отличием Московскую консерваторию. В 1918 приглашён в консерваторию заведовать отделением игры на органе.

С 1919 — органист Московской оперы. Сотруднич. с К.С. Станиславским. Выступал на концертах. В 1920 через Сибирь выехал за границу с гос. оркестром и хором на гастроли и для чтения лекций по истории камерной музыки. Прибыв в Китай, получил должность муз. директора и дирижёра в об-ве «Шанхайские певцы». Переселившись в Америку, выступал солистом-органистом на концертах «Лиги композиторов». Был хормейстером во время постановки в Метрополитен опере балета «Les Noces» («Свадебке») *И.Ф. Стравинского*. Автор статей по музыковедению и фундаментальной работы «A Theory of Evolving Tonality», опубликованной Амер. библиотекой музыковедения.

Л и т. *Martianoff N.N.* Josepj Yasser (organist and musicologist) // Russian Artists in America. 1933. P. 85.

ЯУКШ-ОРЛОВСКИЙ Кирилл (4 нояб. 1917, Одесса Херсонской губ. – ?) — литературовед. Получил ст. магистра и доктора по рус. лит. при Монреальском ун-те в Квебеке. Преподавал рус. яз. в Германии и Франции. С 1966 — глава рус. отдела ун-та Лаваль в Квебеке. Автор статей. Состоял членом РАГ в США.

И с т. Archives of the Assn. of Russian-American Scholars in the USA. *Jauksch-Orlovski C.* Curriculum vitae (manuscript), 1968.

ЯЦЕНКО Михаил Георгиевич — инж.-механик, генерал-майор. Участник Первой мировой войны и Белого движения. В США — 9-й председатель совета директоров Об-ва быв. рус. мор. офицеров в Америке.

И с т. АА. Список председателей Совета директоров Об-ва Рус. императорских мор. офицеров в Америке, 1974.

ЯЩЕНКО Эдуард Евдокимович (1918, Уотербери (шт. Коннектикут) – 26 июля 1944, Великобритания) — сержант-арт. армии США. Член РООВА. Призван в армию в 1944, служил в арт. на Европейском фронте. В 1944 ранен во Франции, эвакуирован в Англию, здесь сконч. от ран.

И с т. *Pantuhoff Oleg* — 1976.

Л и т. *Beresney Timothy A.* In Memoriam // Russian Herald. 1947. Jan. – Febr. P. 137–163.

Список сокращений и аббревиатур

авг. — август
АГИВРМ — Архив Гуверовского Института Войны, Революции и Мира при Стэнфордском университете (Пало-Альто)
адм. — адмирал
амер. — американский
АН — Академия наук
апр. — апрель
АРА — Американская ассоциация помощи голодающим в Поволжье (1921)
арм. — армейский
арт. — артиллерийский
АЦОДНР — Антибольшевистский центр Освободительного движения народов России
б. г. — без года
б. м. — без места
БАКУ — Бахметьевский архив Колумбийского университета (Нью-Йорк)
бар. — барон, баронесса
брит. — британский
быв. — бывший
в теч. — в течение
ВВС — Военно-воздушные силы
Вел. кн. — Великий Князь
Вел. кнг. — Великая княгиня
Вел. княж. — Великая княжна
венг. — венгерский
ВМС — Высший Монархический Совет
ВМФ — Военно-морской флот
ВО — военный округ
ВОХР Карлага — военизированная охрана Карагандинских лагерей
вр. и. д. — временно исполняющий должность
вр. и. о. — временно исполняющий обязанности
ВС КОНР — Вооружённые силы КОНР
ВСЮР — Вооружённые Силы Юга России
ВТУЗ — Высшее техническое учебное заведение
ВЦИК — Всероссийский Центральный Исполнительный Комитет
ВЦС — Высший Церковный Совет
газ. — газета
ген. — генерал
ген.-лейт. — генерал-лейтенант
Ген. штаб — Генеральный штаб
гос. — государственный
гр. — граф
греч. — греческий
груз. — грузинский
губ. — губерния
гус. — гусарский
дан. — данные
дисс. — диссертация
докт. — докторский
др. — другой
драг. — драгунский

Е. И. В. — Его (Её) Императорское Величество
Е. И. Выс. — Его (Её) Императорское Высочество
зав. — заведующий
зам. — заместитель
зап. — западный
и. д. — исполняющий должность
и. о. — исполняющий обязанности
избр. — избранный
изд. — издатель, издание, изданный
изд-во — издательство
ин. — иностранный
инж. — инженер, инженерный
ин-т — институт
исп. — испанский
Испол. бюро — Исполнительное бюро
Исполком — Исполнительный комитет
ист. — источник
ист.-фил. — историко-филологический
ИТЛ — исправительно-трудовой лагерь
кав. — кавалерия, кавалерийский
кад. — кадетский
каз. — казак, казачий
КВЖД — Китайско-Восточная железная дорога
КИАФ — Корпус Императорских Армии и Флота
кит. — китайский
кл. — класс
кн. — князь
кнг. — княгиня
княж. — княжна
кон. — конный
КОНР — Комитет освобождения народов России
Кор. — Королевский
Кор. СХС — Королевство Сербов, Хорватов и Словенцев
корр. — корреспондент
КРА — Конгресс Русских Американцев
Л.-гв. — Лейб-гвардия
лат. — латинский
ЛМЗ — Ленинградский металлический завод
лит. — литература, литературный
М. — Москва (в библиографии)
мед. — медицинский
МИД — министерство иностранных дел
мин. — министерство
МКК — Международный Красный Крест
мл. — младший
мор. — морской
МХАТ — Московский художественный академический театр
МХТ — Московский художественный театр
нар. — народный
наст. — настоящий (при именовании)
нац. — национальный
нач-к. — начальник
нек. — некоторые
нем. — немецкий

неоконч. — неоконченный
неопубл. — неопубликованный
НОРМ — Национальная организация русской молодёжи
НОРР — Национальная организация русских разведчиков
НОРС-Р — Национальная организация русских скаутов-разведчиков
нояб. — ноябрь
НТСНП-НТС — Национально-Трудовой Союз Нового Поколения (февр. 1936–нояб. 1942) — Национально-Трудовой Союз (российских солидаристов) (нояб. 1942–июль 1957), с 7 июля 1957 — Народно-Трудовой Союз (российских солидаристов).
о. — отец (применительно к духовному лицу)
об-во — общество
обл. — область, областной
о-в — остров
ОДНР — Освободительное движение народов России
ок. — около
окт. — октябрь
ООН — Организация Объединённых Наций
опубл. — опубликованный
ОРБ — Организация русских братств
ОРВС — Объединение Русских Воинских Союзов
орг-ция — организация
ОРЮР — Организация российских юных разведчиков
ОСВАГ — Осведомительное агентство
ОУН (Б) — Организация украинских националистов (Степана Бандеры)
офиц. — офицерский
Пг. — Петроград (в библиографии)
пех. — пехотный
п-ов — полуостров
полит. — политический
польск. — польский
пом. — помощник
португ. — португальский
ПриВО — Приволжский ВО
проф. — профессор
псевд. — псевдоним
ПСР — партия социалистов-революционеров
публ. — публикатор, публикация
ПЦА — Православная Церковь Америки
РАГ в США — Русская Академическая Группа в США
РАК — Российско американская компания
РАН — Российская Академия наук
ред. — редактор
ред.-изд. — редактор-издатель
р-н — район
РННА — Русская национальная народная армия
РНО — Российское национальное объединение
РИС-О — Российский Имперский Союз-Орден
РОА — Русская Освободительная Армия
РОВС — Русский Обще-Воинский Союз
род. — родился (родилась)
РООВА — Русское объединённое общество взаимопомощи в Америке
рос. — российский
РПЦЗ — Русская Православная Церковь Заграницей
РСДРП — Российская социал-демократическая рабочая партия
РСФСР — Российская Советская Федеративная Социалистическая Республика
РСХД — Русское студенческое христианское движение

рус. — русский
РФ — Российская Федерация
с. — село (при названии)
с. — страница
САФ — Союз Андреевского Флага
сб. — сборник
СБОНР — Союз борьбы за освобождение народов России
Св. — Святейший (применительно к патриарху и Синоду)
св. — святой
св. блг. кн. — святой благоверный князь
СВОД — Союз воинов Освободительного движения
сев. — северный
сент. — сентябрь
сер. — середина
серб. — сербский
СЗРВ — Совет Зарубежного Российского Воинства
скм. — скаутмастер
см. — смотри
соавт. — соавторство
сов. — советский
сост. — составитель
соц.-дем. — социал-демократический
соч. — сочинения
СПб. — Санкт-Петербург
СССР — Союз Советских Социалистических Республик
ст. — степень, старший
стан. — станица
СчРК — Союз чинов Русского Корпуса
ТАСС — Телеграфное агенство Советского Союза
творч. — творчество
тов. — товарищ
тур. — турецкий
УК РСФСР — Уголовный кодекс РСФСР
улан. — уланский
УНР — Украинская Народная Рада
ун-т — университет
урожд. — урождённая
УС — Учредительное Собрание
уч-ще — училище
февр. — февраль
физ.-мат. — физико-математический
филолог. — филологический
ф-ка — фабрика
франц. — французский
ф-т — факультет
хоз-во — хозяйство
худ. — художественный
ЦА ФСБ РФ — Центральный архив Федеральной службы безопасности РФ
церк.-слав. — церковно-славянский
ЦК — Центральный Комитет
ЦРУ США — Центральное разведывательное управление США
чел. — человек
чешск. — чешский
член-корр. — член-корреспондент
шт. — штат
эмигр. — эмиграция, эмигрантский
эст. — эстонский
яз. — язык
янв. — январь
яп. — японский
IRO — International Relief Organization

Список сокращений, принятых в описании источников и литературы

Pantuhoff Oleg — 1976. — *Pantuhoff Oleg (Bates, John L.)* Russian Americans in Active Service of the United States. Typescript, 1976. 6 p.

АА.— Архив Александрова Е. А.

Александров К. М. — *Александров К. М.* Офицерский корпус армии генерал-лейтенанта А. А. Власова 1944–1945. СПб., 2001.

Александров К. М. Против Сталина.— *Александров К. М.* Против Сталина. Власовцы и восточные добровольцы во Второй мировой войне. Сб. статей и материалов. СПб., 2001.

АМРК — Архив Музея рус. культуры в Сан-Франциско

АОРВВВ — Архив Общества русских ветеранов Великой войны в Сан-Франциско

АОРИ — Архив Общества русских инженеров в США

Архив НЧ. *Шебалин П. Л.* — Архив редакции военно-исторического журнала «Новый Часовой» (СПб.). *Шебалин П. Л.* Мартиролог русских авиаторов. Рукопись.

АРЦ. — Архив Рус. центра в Сан-Франциско

Березний Т. А. — *Березний Т. А.* Русский мужик и водородная бомба. Нью-Йорк, 1958.

БСЭ — Большая советская энциклопедия

ВБ. —Военная Быль (Париж)

Верные долгу. — Верные долгу 1941–1961. Наяк, 1961

Вильданова Р. И., Кудрявцев В. Б., Лаппо-Данилевский К. Ю. Словарь // *Струве Г.* — *Вильданова Р. И., Кудрявцев В. Б., Лаппо-Данилевский К. Ю.* Краткий биографический словарь русского зарубежья // *Струве Г.* Русская литература в изгнании. Париж; М., 1996

Витковский Е. В. Антология… — «Мы жили тогда на планете другой». Антология поэзии русского зарубежья. 1920–1990 / Сост. *Е. В. Витковский.* Кн. 3. М., 1994.

Волков С. В. Офицеры армейской кавалерии — *Волков С. В.* Офицеры армейской кавалерии: опыт мартиролога. М., 2004.

Волков С. В. Белое дв. в России. — *Волков С. В.* Белое движение в России: организационная структура (Материалы для справочника). М., 2000.

Волков С. В. Офицеры российской гвардии — *Волков С. В.* Офицеры российской гвардии. Опыт мартиролога. М., 2002

Волков С. В. Первые добровольцы… — *Волков С. В.* Первые добровольцы на Юге России. М., 2001

Волков С. В. Энциклопедия Гр. войны. — *Волков С. В.* Энциклопедия Гражданской войны. Белое движение. М.; СПб, 2002.

ВП. — Вестник первопоходника (Лос-Анджелес)

Геринг А. А. Список сотрудников ВБ 1952–67 — *Геринг А. А.* Список сотрудников журнала «Военная Быль» (с 1952 по 1967 год) // Военная Быль. 1967. Май. № 85.

Елисеев Ф. И. — *Елисеев Ф. И.* Казаки на Кавказском фронте 1914–1917. М., 2001.

Записки РАГ в США. — Записки Русской Академической Группы в США (Нью-Йорк)

ЗР 1917–1945. — Зарубежная Россия 1917–1945. Кн. 2. СПб., 2003; Кн. 3. СПб., 2004. С. 46.

К — Корпусник (Нью-Йорк).

Кад. корпуса за рубежом. — Кадетские корпуса за рубежом 1920–1945. Монреаль, б.г.

Кад. перекличка (Нью-Йорк) — Кадетская перекличка (Нью-Йорк).

Казак В. — *Казак В.* Энциклопедический словарь русской литературы с 1917 года. Лондон, 1988.

Кеппен А. А. — *Кеппен А. А.* Научные достижения российской эмиграции в США // Рус. жизнь (Сан-Франциско). 1993. 13 окт.

Ковалевский П. Е. — *Ковалевский П. Е.* Зарубежная Россия. Париж, 1971.

Корнилов А. А. — *Корнилов А. А.* Духовенство перемещённых лиц. Биографический словарь. Нижний Новгород, 2002.

Крейд В. — Вернуться в Россию – стихами…: 200 поэтов эмиграции: Антология / Сост. В. Крейд. М., 1995.

ЛАА.— Личный архив Александрова К. М.

Лампе фон А. А. Орден Св. Николая Чудотворца. Приложение 3-е. Кавалерский список // НЧ (СПб.). 1994. № 1. — *Лампе фон А. А.* Орден Святителя Николая Чудотворца. Приложение 3-е. Список кавалеров ордена Святителя Николая Чудотворца // Новый Часовой (СПб.). 1994. № 1.

Лейкинд О. Л., Махров К. В., Северюхин Д. Я. Худ. Рус. зарубежья. — *Лейкинд О. Л., Махров К. В., Северюхин Д. Я.* Художники Русского зарубежья 1917–1939. Биографический словарь. СПб., 1999.

Маевский Вл. — *Маевский Вл.* Русские в Югославии 1920–1945. Взаимоотношения России и Сербии. Т. II. Нью-Йорк, 1966.

Мартиролог рус. военно-мор. эм. — Мартиролог русской военно-морской эмиграции по изданиям 1920–2000 гг. / Под ред. В. В. Лобыцына. М.; Феодосия, 2001.

Мартьянов Н. Н. Список–1944. — *Мартьянов Н. Н.* Список рус. профессоров, преподающих в американских университетах. Настольный календарь справочник 1944.

Материалы по истории РОД. — Материалы по истории Рус. Освободительного движения 1941–1945 гг. (Статьи, документы, воспоминания) / Под общ. ред. А. В. Окорокова. Т. I. М., 1997; Т. II. М., 1998; Т. IV. М., 1999.

НВ — Наши вести (Нью-Йорк — Монтерей —Санта-Роса)

Незабытые могилы. / Сост. В. Н. Чуваков — Незабытые могилы. Российское зарубежье: некрологи 1917–1997 в шести томах. / Сост. В. Н. Чуваков. Т. I. М., 1999.

НЖ — Новый журнал (Нью-Йорк).

НРС — Новое русское слово (Нью-Йорк).

НС — Наша страна (Буэнос-Айрес)

НЧ — Новый Часовой (СПб.)

Общий список оф. чинам РИА – 1910. — Общий список офицерским чинам Русской Императорской Армии. Сост. по 1 янв. 1910 г. СПб., 1910.

П. — Первопоходник (Лос-Анджелес)

Памятка НКУ — Памятка Николаевского Кавалерийского Училища. Б. м., 1969.

ПЖ — Православная жизнь

Полит. партии России. — Политические партии России. Конец XIX — первая треть XX века. М., 1996.

ПР — Православная Русь (Джорданвилл)

Приложение 3 // Акты Святейшего Тихона, Патриарха Московского… М. Е. Губонин. — Приложение 3. Общий алфавитный список православных и раскольнических епархий 1917–1946 гг. // Акты Святейшего Тихона, Патриарха Московского и всея России, позднейшие документы и переписка о каноническом преемстве высшей церковной власти 1917–1943. Сб. в двух частях. / Сост. М. Е. Губонин. М., 1994.

Приложение 4 // Акты Святейшего Тихона, Патриарха Московского… М. Е. Губонин. — Приложение 4. Общий алфавитный список православных епископов и раскольнических иерархов 1917–1946 гг. // Акты Святейшего Тихона, Патриарха Московского и всея России, позднейшие документы и переписка о каноническом преемстве высшей церковной власти 1917–1943. Сб. в двух частях. / Сост. М. Е. Губонин. М., 1994.

Прянишников Б. В. Незримая паутина. — *Прянишников Б. В.* Незримая паутина. ВЧК – ГПУ – НКВД против белой эмиграции. СПб., 1994.

Прянишников Б. В. Новопоколенцы. — *Прянишников Б. В.* Новопоколенцы. Силвер Спринг, 1986.

РА. — Русский Американец (Нью-Йорк)

РГЭС. — Российский гуманитарный энциклопедический словарь. В 3 т. М.–СПб., 2002.

РЖ. — Русская жизнь (Сан-Франциско)

РЗ. Золотая кн. эм. — Русское Зарубежье. Золотая книга эмиграции. Первая треть XX века. Энциклопедический биографический словарь. М., 1997.

РК на Балканах. 1963 — Русский Корпус на Балканах во время II Великой войны 1941–1945 гг. Исторический очерк и сборник воспоминаний соратников / Под ред. Д. П. Вертепова. Нью-Йорк, 1963.

РК на Балканах. 1999 — Русский Корпус на Балканах во Время II Великой войны 1941–1945. Воспоминания соратников и документы. Т. II / Под ред. Н. Н. Протопопова и И. Б. Иванова. СПб., 1999.

РМ. — Русская мысль (Париж)

РП. — Русское прошлое (СПб.)

Рус.-амер. справочник. — Русско-американский справочник

Рутыч Н. Н. Биографич. справочник. Сев.-Зап. — *Рутыч Н. Н.* Белый фронт генерала Юденича. Биографии чинов Северо-Западной армии. М., 2002.

Рутыч Н. Н. Биографич. справочник. Юг. — *Рутыч Н. Н.* Биографический справочник высших чинов Добровольской армии и Вооружённых Сил Юга России (Материалы к истории Белого движения). М., 1997

Сб. мат-в и док-в. — Сборник материалов и документов

Список генералам — 1916. — Список генералам по старшинству. Исправлен по 10 июля 1916. Пг., 1916.

Список ГШ – 1916 — Список Генерального штаба. Исправлен по 1 янв.1916 г. (С приложением изменений по 1 марта 1916). Пг., 1916.

Список МЧ–1911 — Настольный список личного состава судов флота, строевых и административных учреждений Морского ведомства с 4 апреля 1911. СПб., 1911.

Список МЧ–1915 — Список Морским чинам на 2 янв. 1915. Пг., 1915.

Список полковникам — 1916. — Список полковникам по старшинству на 1916. Исправлен по 1 авг. 1916. Пг., 1916.

Тарала Г. А. — *Тарала Г. А.* Сводка кладбищенских дат, 2003.

Хоффманн И. — Хоффманн И. История власовской армии. Париж, 1990.

Чичерюкин-Мейнгардт В. Г. Дроздовцы… — *В. Г. Чичерюкин-Мейнгардт.* Дроздовцы после Галлиполи. М., 2002

Чичерюкин-Мейнгардт В. Г. Кладбище Голливуд. — Русский воинский некрополь кладбища Голливуд – Лос-Анджелес / Публ. В. Г. Чичерюкина-Мейнгардта // Русское прошлое (СПб.). 2001. № 9.

Чичерюкин-Мейнгардт В. Г. Сербское кладбище. — Русский воинский некрополь Сербского кладбища в Сан-Франциско / Публ. В. Г. Чичерюкина-Мейнгардта // Русское прошлое (СПб.). 2001. № 9

Чухнов Н. Н. — *Чухнов Н. Н.* В смятённые годы. Очерки нашей борьбы в годы 1941–1965. Нью-Йорк, 1967

Шкаровский М. В. — Шкаровский М. В. Нацистская Германия и Православная Церковь. (Нацистская политика в отношении Православной Церкви и религиозное возрождение на оккупированной территории СССР). М., 2002

Евгений Александрович Александров

Русские в Северной Америке
Биографический словарь

Ответственные редакторы	К. М. Александров,
	А. В. Терещук
Корректор	Н. В. Волохонская

Подписано в печать 22.09.2005.
Формат 84×108 1/16. Бумага офсетная. Усл. печ. л. 70,5. Печать офсетная. Тираж 1000 экз.
Заказ № 398.

Лицензия ЛП № 00156 от 27.04.99
Филологический факультет Санкт-Петербургского государственного университета
199034, С.-Петербург, Университетская наб., д. 11.
тел./ факс 323-06-24

Отпечатано с готовых диапозитивов в ОАО «Издательско-полиграфическое предприятие "Искусство России".
198099, С.-Петербург, ул. Промышленная, д. 38, корп. 2.

СОДЕРЖАНИЕ

От составителя	3
От редактора	5
А	7
Б	40
В	86
Г	119
Д	161
Е	188
Ж	196
З	203
И-Й	215
К	232
Л	296
М	321
Н	355
О	374
П	383
Р	422
С	443
Т	492
У	516
Ф	523
Х	538
Ц	546
Ч	550
Ш	562
Щ	581
Э	584
Ю	587
Я	590
Список сокращений и аббревиатур	595
Список сокращений, принятых в описании источников и литературы	597